Bolk

Beratungsschwerpunkte Kapitalgesellschaft

Wolfgang Bolk

Beratungsschwerpunkte Kapitalgesellschaft

Bilanzierung, Besteuerung und zivilrechtliche Fragen in der steuerberatenden Praxis

Herausgegeben von
Wolfgang Bolk, Diplom-Finanzwirt, Steuerberater, Nordkirchen

bearbeitet von
Steffen Asmus, M.A., Steuerberater, Kaiserslautern
Egid Baumgartner, LL.M., Steuerberater, München
Wolfgang Bolk
Dr. Karl Broemel, MTaxS, Steuerberater, Bonn
Dr. Aicke Hasenheit, LL.M., Rechtsanwalt, Berlin
Carolin Hennemann, LL.M., Diplom-Finanzwirtin, Berlin
Markus Hüls, Diplom-Finanzwirt, Steuerberater,
Fachberater für Unternehmensnachfolge, Bocholt
Sven Kamchen, Diplom-Betriebswirt, LL.M., Steuerberater, Wirtschaftsprüfer, Kaiserslautern
Dr. Alexander Kersten, Diplom-Finanzwirt, Rechtsanwalt, Steuerberater,
Fachanwalt für Steuerrecht, Köln
Johannes Koch, Diplom-Betriebswirt, Steuerberater, Wirtschaftsprüfer, Kaiserslautern
Dr. Raoul Kreide, Diplom-Betriebswirt, Mediator, Rechtsanwalt, Heidelberg
Kerstin Löbe, Diplom-Finanzwirtin, Steuerberaterin, Xanten
Prof. Dr. Volker Mayer, Steuerberater, Köln
Dr. Sebastian Mirbach, M.Sc., Steuerberater, Fachberater für Internationales Steuerrecht, Aachen
Dr. Frieder B. Mörwald, Steuerberater, Bonn
Prof. Dr. Hans Ott, Steuerberater, vereidigter Buchprüfer, Köln
Dr. Dominik Probst, M.Sc., Steuerberater, Stuttgart
Axel Scholz, Rechtsanwalt, Fachanwalt für Handels- und Gesellschaftsrecht,
Fachanwalt für Steuerrecht, Steuerberater, Delmenhorst
Henning Stümpfig, Diplom-Finanzwirt, Steuerberater,
Fachberater für Internationales Steuerrecht, Bonn
Prof. Dr. Oliver Tillmann, Diplom-Finanzwirt, Steuerberater, Tecklenburg
Dr. Peter Wiesmann, Rechtsanwalt, Fachanwalt für Steuerrecht, Fachanwalt für Handels- und Gesellschaftsrecht, Aachen

Deubner
Steuern & Praxis

Impressum

Bibliografische Information der Deutschen Nationalbibliothek
Die Deutsche Nationalbibliothek verzeichnet diese Publikation in der Deutschen Nationalbibliografie; detaillierte bibliografische Daten sind im Internet über http://dnb.d-nb.de abrufbar.

Wichtiger Hinweis
Die Deubner Recht & Steuern GmbH & Co. KG ist bemüht, ihre Produkte jeweils nach neuesten Erkenntnissen zu erstellen. Deren Richtigkeit sowie inhaltliche und technische Fehlerfreiheit werden ausdrücklich nicht zugesichert. Die Deubner Recht & Steuern GmbH & Co. KG gibt auch keine Zusicherung für die Anwendbarkeit bzw. Verwendbarkeit ihrer Produkte zu einem bestimmten Zweck. Die Auswahl der Ware, deren Einsatz und Nutzung fallen ausschließlich in den Verantwortungsbereich des Kunden.

Deubner Recht & Steuern GmbH & Co. KG
Sitz in Köln
Registergericht Köln HRA
16268

Persönlich haftende Gesellschafterin:
Deubner Recht & Steuern GmbH & Co. KG
Beteiligungs-GmbH Sitz in Köln
Registergericht Köln
HRB 37127
Geschäftsführer: Ralf Wagner, Jochen Hortschansky, Kurt Skupin

Deubner Recht & Steuern GmbH & Co. KG
Oststraße 11, D-50996 Köln
Fon +49 221 937018-0
Fax +49 221 937018-90
kundenservice@deubner-verlag.de
www.deubner-steuern.de

Umschlag geschützt als eingetragenes Design der
Deubner Recht & Steuern GmbH & Co. KG
Satz: Barbara Brudlo, 25832 Tönning
Druck: Beltz Grafische Betriebe GmbH, Bad Langensalza
Printed in Germany

ISBN 978-3-88606-840-1

Vorwort

Eine Kapitalgesellschaft und hier insbesondere die GmbH bietet sich mit ihrem niedrigen Körperschaftsteuersatz von 15 % zzgl. Solidaritätszuschlag trotz endgültiger Gewerbesteuerbelastung einerseits und der strukturellen Haftungsbeschränkung andererseits als attraktive Rechtsform für unternehmerisches Handeln mittelständischer Betriebe an. Die Trennung des Vermögens der Gesellschaft von demjenigen ihrer Gesellschafter verhindert bei entsprechender Gestaltung die Verstrickung stiller Reserven im Ertragsteuerrecht. Nicht zuletzt die Besteuerung der Dividenden bzw. der Gewinnanteile im Wege der offenen und verdeckten Ausschüttung, aber auch des Gewinns aus Anlass einer Veräußerung der Anteile nach den Grundsätzen des Teileinkünfteverfahrens und der damit verbundenen Steuerbefreiung von 40 % der Erträge, kennzeichnet die Kapitalgesellschaft in der Rechtsform der GmbH oftmals als Herausforderung in der Rechts- und Steuerberatung.

Die nunmehr hier in der dritten Auflage vorliegenden *Beratungsschwerpunkte Kapitalgesellschaft* wurden umfangreich im Hinblick auf inzwischen ergangene Rechtsprechung des BFH und Verwaltungsanweisungen aktualisiert. Das Werk wendet sich in erster Linie an Steuerberater und Wirtschaftsprüfer, aber auch an Fachanwälte für Steuerrecht und Mitarbeiter der Kapitalgesellschaften, die mit den entsprechenden Rechtsfragen befasst sind. Ebenso finden Hochschullehrer, Dozenten und Referenten sowie Studenten und andere Personen in der fortgeschrittenen Ausbildung eine qualifizierte Unterstützung, vor allem aber auch einen kompakten Gesamtüberblick. Nicht zuletzt sind die in der Finanzverwaltung mit den vielfältigen Problemen einer Kapitalgesellschaft befassten Fachbeamten angesprochen.

Mit dem Buch soll auch dem bereits mit dieser Gesellschaftsform vertrauten Rechtsanwender neben einschlägigen Kommentaren und Fachaufsätzen zu Einzelfragen eine Brücke zur Verfügung stehen, Probleme bei der Bearbeitung von Fragen des Gesellschaftsrechts oder des Körperschaftsteuerrechts in der Praxis im Ganzen bis hin zur Umsetzung in Buchführung und Handels- sowie Steuerbilanz, ggf. auch bezogen auf die Umsatzsteuer, Gewerbesteuer sowie Grunderwerbsteuer, zu lösen. Vor diesem Hintergrund werden alle praxisrelevanten Probleme von der Gründung der Gesellschaft, der laufenden Besteuerung der Gesellschaft und ihrer Anteilseigner, den einschlägigen Bilanzierungsfragen in der Handels- und soweit abweichend in der Steuerbilanz, den verdeckten Einlagen und Gewinnausschüttungen, der Kapitalerhöhung und -herabsetzung, den eigenen Anteilen, bis zur Ermittlung des zu versteuernden Einkommens außerhalb oder innerhalb einer Organschaft, der Gesellschafterfremdfinanzierung und auch der Liquidation behandelt. Schließlich wird dem Optionsmodell nach § 1a KStG und anderen wichtigen Reformen Raum gegeben.

Nachweise bezogen auf Rechtsprechung und Verwaltungsanweisungen sowie das einschlägige Fachschrifttum sind umfangreich in Fußnoten eingearbeitet, um eine vertiefende Bearbeitung schwieriger Rechtsfragen zu unterstützen. Dies gelingt auch mit einer Vielzahl von Beispielen mit ihren methodisch aufgebauten Lösungen. Dabei erfolgt die Darstellung der jeweiligen Sachkreise weder nur aus dem Blickwinkel der Finanzverwaltung noch nur aus wissenschaftlicher Sicht, vor allem aber stets auf der Basis der Rechtsprechung des BFH, denn das Werk soll der Beratungspraxis eine wichtige Unterstützung bieten. Die detaillierte Gliederung ergänzt durch das Stichwortverzeichnis sowie die praktische Onlinedatenbank mit integrierter Volltextsuche sollen helfen, sich unmittelbar dem jeweils gewünschten Thema zuzuwenden.

Herzlicher Dank gebührt den geschätzten Mitautoren dieses Werks, dem Verlag und seinen Mitarbeitern sowie insbesondere auch Frau Ulrike Jung für das Engagement und die Unterstützung bei der Erstellung dieser dritten Auflage.

Köln, im September 2024

Deubner Steuern & Praxis — Wolfgang Bolk

Die digitalen Komponenten

„Zum Mitnehmen oder für hier?“ Diese Frage müssen Sie bei *Beratungsschwerpunkte Kapitalgesellschaft* nicht beantworten. Auch wenn Sie das Fachbuch in der Kanzleibibliothek belassen, haben Sie alle Inhalte schnell im Zugriff. Den kompletten Fachbuchinhalt, die zitierte Rechtsprechung, eine umfangreiche Gesetzessammlung und alle Arbeitshilfen zum Download finden Sie online. Loggen Sie sich doch gleich einmal unter **www.deubner-steuern.de** ein.

Ihre Zugangsdaten zum Onlinebereich haben Sie per E-Mail erhalten.

Unsere Mein-Deubner-App

Kennen Sie schon unsere neue App „**Mein Deubner**“? Damit haben Sie mit nur einem Klick Zugriff auf alle Ihre Deubner-Online-Produkte. Kein umständlicher Anmeldeprozess mehr. Endlich Schluss mit der Suche nach Benutzernamen und Passwort.

Laden Sie die Desktop-Version einfach hier herunter:

www.deubner-steuern.de/service/app.html

Und so geht´s:

Einfach die Mein-Deubner-App installieren, einmalig Zugangsdaten eingeben, und ab sofort sind alle Ihre Deubner-Online-Produkte nur noch einen Mausklick entfernt.

Ich freue mich über Ihre Entscheidung für *Beratungsschwerpunkte Kapitalgesellschaft* und wünsche Ihnen viel Erfolg bei der Betreuung Ihrer Kapitalgesellschaftsmandate.

Köln, im September 2024

Deubner Steuern & Praxis Elisabeth Makiseva (Produktmanagerin)

Autorenverzeichnis

Der Herausgeber

Wolfgang Bolk, Diplom-Finanzwirt, Steuerberater, Nordkirchen, war seit 1974 Dozent und bis Ende 2012 Lehrbereichsleiter für Bilanz- und Unternehmenssteuerrecht an der Fachhochschule für Finanzen NRW, Nordkirchen. Er ist seit 1975 Referent in Steuerberaterlehrgängen, Seminaren und Vortragsveranstaltungen für Steuerberater, Wirtschaftsprüfer und Fachanwälte für Steuerrecht mit den Schwerpunkten Buchführung und Bilanzierung nach Handels- und Steuerrecht, Besteuerung von Personen- und Kapitalgesellschaften und deren Gesellschafter im Hinblick auf Einkommensteuer, Umsatzsteuer und Gewerbesteuer. Bolk ist Herausgeber des Fachbuchs *Bilanzierung und Besteuerung der Personengesellschaften und ihrer Gesellschafter* bei Deubner Steuern & Praxis.

Die Autoren

Steffen Asmus, Steuerberater und erlangte den Master of Arts im Bereich Taxation. Er ist Partner der Sozietät Asmus Kamchen Koch Wermke GbR (*www.ihre-mittelstandsberater.de*), die auf die interdisziplinäre Beratung familien- und inhabergeführter Unternehmen spezialisiert ist. Sein Arbeitsschwerpunkt liegt hier insbesondere in der Beratung zur Bilanzierung und Besteuerung von kleinen und mittleren Personen- und Kapitalgesellschaften. Nach der Ausbildung zum Steuerfachangestellten in einer mittelständischen Kanzlei studierte Asmus BWL mit Schwerpunkt auf Steuern und Prüfungswesen an der DHBW in Mannheim. Darauf aufbauend begann er 2010 ein berufsbegleitendes Masterstudium an der Taxmaster GmbH. Parallel erfolgte im Jahr 2013 die Bestellung zum Steuerberater. Der Master of Arts wurde ihm im Februar des Jahres 2016 verliehen. Privat engagiert er sich sozial u.a. bei Lichtblick 2000 e.V. und im Rotary E-Club Distrikt 1860.

Egid Baumgartner, LL.M., ist Steuerberater im Münchener Büro von Allen & Overy (*www.allenovery.com*). Er studierte Betriebswirtschaftslehre in München und Steuerwissenschaften in Münster. 2015 wurden seine Arbeiten mit dem Ottmar-Bühler-Preis der Ludwig-Maximilians-Universität München ausgezeichnet. Baumgartner berät insbesondere zu sämtlichen Fragen auf dem Gebiet des Umsatzsteuerrechts, insbesondere zu transaktionsspezifischen Steuerfragen bei Akquisitionen, Restrukturierungen, Finanztransaktionen sowie im Rahmen von Betriebsprüfungen. Er veröffentlicht regelmäßig in Fachzeitschriften und Kommentierungen zum Umsatzsteuerrecht. Er ist Mitglied des Umsatzsteuer-Forum e.V., TeCIT, des Fördervereins Technology, eCommerce, Indirect Taxes e.V., der Blockchain Bayern e.V. sowie der Schmalenbach-Gesellschaft.

Dr. Karl Broemel, MTaxS (Auckland), ist Steuerberater und assoziierter Partner bei Flick Gocke Schaumburg (*www.fgs.de*) in Bonn und Hamburg. Er studierte Betriebswirtschaftslehre mit dem Schwerpunkt Steuern in Hamburg und absolvierte einen Masterstudiengang im internationalen Steuerrecht in Auckland, promovierte am Arbeitsbereich für Betriebswirtschaftliche Steuerlehre der Universität Hamburg und ist seit 2015 Steuerberater. Dabei berät Broemel vorwiegend insbesondere in den Bereichen Umstrukturierungen, Unternehmens- und Konzernsteuerrecht und Immobiliensteuerrecht. Er ist Mitglied der International Fiscal Association (IFA).

Dr. Aicke Hasenheit, LL.M. (London), ist Rechtsanwalt und seit 2010 Partner bei bdp Bormann Demant & Partner Berlin (*www.bdp-team.de*). Dem Studium der Rechtswissenschaften und Psychologie an der Freien Universität Berlin und an der Humboldt Universität zu Berlin und dem Rechtsreferendariat schloss Hasenheit ein Studium am King's College London (University of London) an, das er mit dem Abschluss Master of Laws erfolgreich beendete. Seitdem ist er als wirtschaftsrechtlich spezialisierter Rechtsanwalt tätig, promovierte 2009 zudem mit einer gesellschaftsrechtlichen Themenstellung (deutsches und englisches Recht) in Berlin und hatte über viele Jahre hinweg einen Lehrauftrag für Wirtschaftsrecht an einer Fachhochschule inne.

Carolin Hennemann, LL.M., ist im Bundesministerium der Finanzen in Berlin beschäftigt. Nach dem Studium an der Fachhochschule für Finanzen Nordkirchen arbeitete die Diplom-Finanzwirtin als Sachbearbeiterin in verschiedenen Finanzämtern. Ein Postgraduiertenstudium „Steuerwissenschaften" schloss Hennemann 2008 erfolgreich magna cum laude zum Master of Laws ab. Seit 2009 examinierte Steuerberaterin, war sie bis zu ihrem Wechsel an das Ministerium im Unternehmenssteuerreferat der OFD NRW am Standort Münster tätig.

Markus Hüls, Diplom-Finanzwirt (FH), Steuerberater, Fachberater für Unternehmensnachfolge (DStV e.V.), ist Partner der Kanzlei Uepping Hüls & Partner Steuerberater mbB (*www.uepping-huels.de*) in Bocholt, die sich auf die Unternehmensnachfolgeberatung sowie auf Unternehmensumstrukturierungen mittelständischer Unternehmen spezialisiert hat. Nach der Ausbildung zum Steuerfachgehilfen und dem Studium an der Fachhochschule für Finanzen Nordkirchen war Hüls von 2001 bis 2019 in verschiedenen Stellen der Finanzverwaltung (u.a. als Betriebsprüfer) tätig. Neben seinem Einsatz im Finanzamt wirkte er darüber hinaus lange Jahre im Unternehmenssteuerreferat der Oberfinanzdirektion Münster/Nordrhein-Westfalen und als Dozent für die Fachhochschule für Finanzen Nordkirchen. Überdies ist Hüls als Lehrbeauftragter verschiedener Steuerrechtsinstitute in der Steuerberateraus- und -fortbildung aktiv. Seine Tätigkeitsschwerpunkte liegen im Bereich der Bilanzierung und Besteuerung von Personen- und Kapitalgesellschaften, der Gestaltungs-, Abwehr- und Unternehmensnachfolgeberatung.

Sven Kamchen, LL.M., Wirtschaftsprüfer, Steuerberater, ist Partner der auf die interdisziplinäre Beratung mittelständischer familien- und inhabergeführten Unternehmen spezialisierte Sozietät Asmus Kamchen Koch Wermke, Kaiserslautern (*www.ihre-mittelstandsberater.de*). Kamchen studierte von 1998 bis 2001 an der Dualen Hochschule Mannheim in der Fachrichtung Steuern und Prüfungswesen, welches er als Diplom-Betriebswirt (DH) abgeschlossen hat. Im Jahr 2007 erfolgte die Bestellung zum Steuerberater, 2010 zum Wirtschaftsprüfer. Im Jahr 2012 wurde Kamchen zum Mitglied im Prüfungsausschuss der Wirtschaftsprüfer ernannt. 2017 erlangte er seinen Masterabschluss als Wirtschaftsjurist (LL.M.). Kamchen ist Fachautor zahlreicher Veröffentlichungen im Bereich Bilanzierung und Besteuerung von Personen- und Kapitalgesellschaften und deren Gesellschafter. Die Schwerpunkte seiner Tätigkeit liegen in der Beratung von national und international tätigen kleinen und mittelständischen Unternehmen. Zudem hat er sich auf die Besteuerung und Bilanzierung von Kryptowährungen spezialisiert und 2020 ein Buch zur „Bilanzierung und Besteuerung von Bitcoin & Co." veröffentlicht.

Dr. Alexander Kersten ist Rechtsanwalt, Steuerberater und Fachanwalt für Steuerrecht. Parallel zu seiner Tätigkeit als Koordinator in der Landesfinanzverwaltung NRW studierte er Rechtswissenschaften an der Universität Köln. Sein Referendariat absolvierte Kersten in Köln, Bonn und Brüssel und promovierte anschließend bei Professor Joachim Hennrichs am Institut für Gesellschaftsrecht in Köln. Nach mehrjähriger Tätigkeit in einer großen Wirtschaftsprüfungs- und Steuerberatungsgesellschaft berät er nunmehr als Partner der Kanzlei Stein Rechtsanwälte Steuerberater (*www.energieundrecht.com*) Unternehmen und Privatpersonen in den Bereichen Steuergestaltung, Steuerstreit, Steuerstrafrecht sowie Gesellschaftsrecht. Darüber hinaus berät er federführend auch energierechtliche Themen mit steuerlichen Bezügen, wie beispielsweise im Rahmen von Umstrukturierungen oder im Zusammenhang mit Energie- und Stromsteuern.

Johannes Koch, ist Steuerberater, Wirtschaftsprüfer, Wirtschaftsjurist (LL.M.) und diplomierter Betriebswirt. Er ist Partner der interdisziplinären Kanzlei Asmus Kamchen Koch Wermke GbR (*www.ihre-mittelstandsberater.de*). Seit Abschluss seines Studiums der Betriebswirtschaft war Koch bei mittelstandsorientierten Wirtschaftsprüfer-, Steuerberater- und Rechtsanwaltskanzleien beschäftigt. 2004 wurde Koch zum Steuerberater bestellt. Im Jahr 2010 folgte die Bestellung zum Wirtschaftsprüfer. Seit 2012 ist Koch Mitglied im Prüfungsausschuss der Wirtschaftsprüfer. Seinen Masterabschluss erlangte er an der juristischen Fakultät der Universität Saarbrücken im Februar 2017. Koch ist Ansprechpartner für die steuerliche und betriebswirtschaftliche Beratung mittelständischer Unternehmen aller Rechtsformen.

Dr. Raoul Kreide, Diplom-Betriebswirt (BA), ist als Rechtsanwalt und Local Partner der überörtlichen Sozietät GSK Stockmann (*www.gsk.de*) in den Bereichen Restrukturierung und Unternehmensfinanzierung tätig. Dort leitet er die Praxisgruppe Restrukturierung. Als ausgebildeter Mediator liegt einer seiner Schwerpunkte in der Sanierung von Familienunternehmen. Dabei steht er für einen ganzheitlichen Beratungsansatz, der auch die Interessen der Familienmitglieder miteinbezieht. Kreide ist Lehrbeauftragter des LL.M.-Studiengangs Corporate Restructuring der Universität Heidelberg und als Dozent im „Zertifikatslehrgang Restrukturierungs- und Sanierungsberater" des IfUS-Instituts für Unternehmenssanierung tätig. Er ist Autor zahlreicher Veröffentlichungen im Bereich der Unternehmensrestrukturierung und hält regelmäßig Vorträge zu aktuellen insolvenzrechtlichen Themen. 2014 gründete er das Institut für Sanierungsbilanzrecht (*www.ifsbr.de*), einer nicht-universitären Einrichtung zum interdisziplinären Gedanken- und Erfahrungsaustausch von Sanierungspraktikern.

Kerstin Löbe ist Steuerreferentin beim Rheinischen Sparkassen- und Giroverband Düsseldorf. Nach der dualen Ausbildung in der Finanzverwaltung NRW mit dem Studium an der Fachhochschule für Finanzen in Nordkirchen war die Diplom-Finanzwirtin als Koordinatorin an einem Düsseldorfer Finanzamt tätig. Seit 2006 Steuerberaterin, berät Löbe daneben in eigener Kanzlei, seit 2020 zudem als Gesellschafter-Geschäftsführerin in einer auf Bankensteuerrecht spezialisierten GmbH. Löbe ist regelmäßig schriftstellerisch aktiv, hält Fachvorträge für die Rheinische Sparkassenakademie und fertigt im Rahmen eines Gutachtenservice für Steuerberater wissenschaftliche Kurzgutachten für Deubner Steuern & Praxis.

Dr. Volker Mayer, Steuerberater, ist Jura-Professor an der Fakultät für Wirtschafts- und Rechtswissenschaften der TH Köln. Nach Studium und Referendariat in Bayern promovierte Mayer an der Universität Bayreuth bei Prof. Dr. Dr. mult. h.c. Häberle als Stipendiat der Hanns-Seidel-Stiftung, München. Anschließend war er Steuersyndikus (deutsches und internationales Steuerrecht, M&A) bei der ThyssenKrupp AG und als Fachanwalt für Insolvenzrecht und Steuerrecht tätig, bevor er 2009 dem Ruf der TH Köln folgte. Dort ist er Inhaber des Lehrstuhls für Bürgerliches Recht, Handels-, Bilanz- und Steuerrecht und Programmleiter verschiedener Masterstudiengänge, die zum Steuerberatungs- und zum Wirtschaftsprüferexamen führen.

Dr. Sebastian Mirbach, M.Sc., Steuerberater, Fachberater für Internationales Steuerrecht, ist Partner der Kanzlei Dr. Paffen Schreiber und Partner mbB (*www.vbr.de*) in Aachen. Nach dem Studium der Betriebswirtschaftslehre in Köln und Promotion an der Universität Freiburg ist er heute insbesondere in der steuerorientierten Gestaltungs- und Abwehrberatung, bei der Planung von Umstrukturierungen und Generationennachfolge und in der Beratung der Besteuerung grenzüberschreitender Angelegenheiten tätig. Mirbach ist Lehrbeauftragter an der Albert-Ludwigs-Universität Freiburg, Dozent verschiedener Fortbildungseinrichtungen und publiziert vielfach als Fachautor u.a. in mehreren Praxishandbüchern und Kommentaren zum Ertragsteuerrecht.

Dr. Frieder B. Mörwald ist Steuerberater und assoziierter Partner, studierte Rechts- und Wirtschaftswissenschaften in Augsburg sowie in North Carolina. Seit 2015 ist er in der Kanzlei Flick Gocke Schaumburg (*www.fgs.de*) am Standort Bonn tätig. Nach dem Studium wurde er 2012 zum Steuerberater bestellt und promovierte später ebenfalls an der Universität Augsburg über die Personengesellschaft im Grunderwerbsteuerrecht. Die Beratungsschwerpunkte von Mörwald liegen insbesondere im Unternehmens- und Konzernsteuerrecht, bei der steuerlichen Begleitung von M&A-Transaktionsberatung und im Immobiliensteuerrecht. Mörwald ist seit 2021 assoziierter Partner.

Prof. Dr. Hans Ott, Steuerberater und vereidigter Buchprüfer, ist als geschäftsführender Partner der KOM Ott & Partner, Steuerberater, in Köln (*www.kompartner.de*) mit Schwerpunkten in der steuerlichen Beratung bei Umstrukturierung und Umwandlung sowie beim Unternehmenskauf und der Unternehmensnachfolge tätig. Ott ist als Referent zu steuer- und bilanzrechtlichen Themen sowie als Herausgeber und Fachautor mit zahlreichen Veröffentlichungen zum Umwandlungssteuerrecht und zur Unternehmensnachfolge bekannt. Für Deubner Steuern & Praxis zeichnet er als Herausgeber für die Praxishandbücher *Veräußerung, Übertragung und Aufgabe von Gewerbebetrieb und Freiberuflerpraxis* und *Steuergestaltung bei der Unternehmensnachfolge* sowie für die *Beratungsschwerpunkte Unternehmenskauf* verantwortlich.

Dr. Dominik Probst, M.Sc., Steuerberater, ist für die Kanzlei Flick Gocke Schaumburg (*www.fgs.de*) am Standort Stuttgart tätig. Nach seinem Bachelor in Volkswirtschaftslehre 2014 an der Albert-Ludwigs-Universität Freiburg absolvierte er im Jahr 2016 den Master in Economics an der Universität zu Köln. Im Anschluss promovierte Probst zu einem konzernsteuerrechtlichen Thema am Lehrstuhl von Prof. Dr. Wolfgang Kessler. Er ist Autor zahlreicher Fachbeiträge und berät vor allem auf den Gebieten der Verrechnungspreise und des Konzernsteuerrechts.

Axel Scholz, Steuerberater, Rechtsanwalt, Fachanwalt für Steuerrecht, Fachanwalt für Handels- und Gesellschaftsrecht, ist in eigener Kanzlei und als freier Mitarbeiter einer überörtlichen Sozietät von Wirtschaftsprüfern, Steuerberatern und Rechtsanwälten in Delmenhorst tätig. Er ist zudem seit 2007 freiberuflicher Dozent für Steuerrecht an einer überörtlichen Hochschule.

Henning Stümpfig ist Steuerberater und Fachberater für Internationales Steuerrecht. Nach dem dualen Studium an der Fachhochschule für Finanzen, Nordkirchen, war Stümpfig zunächst einige Jahre als Koordinator in einem Bonner Finanzamt tätig, bevor er 2008 in die renommierte Kanzlei Flick Gocke Schaumburg (*www.fgs.de*) in Bonn gewechselt ist, wo er seit 2019 assoziierter Partner ist. Stümpfig betreut insbesondere vermögende Privatiers, Familienunternehmer und deren Unternehmen in allen steuerlichen Fragestellungen.

Dr. Oliver Tillmann ist Professor für Steuerrecht und Wirtschaftsprivatrecht an der Hochschule Osnabrück. Als Steuerberater und Jurist ist er seit vielen Jahren an der Schnittstelle des Steuerrechts und des Zivilrechts tätig. Nach dem Studium der Rechtswissenschaften an den Universitäten Köln und Brighton promovierte Tillmann bei Prof. Lang in Köln und absolvierte sein Referendariat in Aachen und Sydney. Anschließend war er mehrere Jahre in einer mittelständischen Rechtsanwalts- und Steuerberaterkanzlei in Köln tätig, bevor er 2008 dem Ruf der Hochschule Osnabrück folgte. Er ist Mitautor des EStG-Kommentars *Herrmann/Heuer/Raupach*, Herausgeber der *Rechtsfragen in der Steuerberatung* von Deubner Steuern & Praxis und außerdem Erster Vorsitzender des TuS Graf Kobbo Tecklenburg e.V. von 1902.

Dr. Peter Wiesmann, Rechtsanwalt, Fachanwalt für Steuerrecht und Fachanwalt für Handels- und Gesellschaftsrecht, ist Partner der Kanzlei Dr. Paffen Schreiber und Partner mbB (*www.vbr.de*) in Aachen. Er studierte Rechtswissenschaften in Bonn und promovierte nach dem Referendariat in Aachen und der rechtsanwaltlichen Zulassung 2006 bei Prof. Dr. Paeffgen an der Rheinische Friedrich-Wilhelm-Universität Bonn zum Dr. jur. Wiesmann berät insbesondere bei gesellschaftsrechtlichen Vertragsgestaltungen, im Rahmen von gesellschaftsrechtlichen Konflikten sowie bei Unternehmenstransaktionen.

Inhaltsverzeichnis

1. Gründung einer GmbH

1.1 Echte Neugründung

Ist die Entscheidung zur Eröffnung einer GmbH gefallen, so stellt sich die Frage, wie die GmbH zu gründen ist. Dabei sind verschiedene Aspekte zu berücksichtigen: 1.1

- Soll eine „normale“ GmbH verwendet werden mit einem Stammkapital von mindestens 25.000 € oder kann so viel Stammkapital nicht aufgebracht werden?
- Soll die Gesellschaft vollständig neu gegründet werden (echte Neugründung)?
- Oder soll eine stillgelegte GmbH reaktiviert werden (Mantelgründung)?
- Alternativ könnte daran gedacht werden, eine bereits bestehende Personengesellschaft in eine GmbH umzuwandeln.

1.2 Als gesetzlicher Normalfall sieht das GmbHG eine Entstehung im Rahmen einer sogenannten echten Neugründung vor. Diese Vorgehensweise gewährleistet den Gesellschaftern größtmögliche Flexibilität. Es kommt dabei nicht darauf an, ob die Gesellschaft kapitalistisch oder personalistisch strukturiert ist, ob es sich um eine Einpersonengesellschaft oder um eine Komplementär-GmbH handelt.

1.1.1 Gesellschaftsrechtliche Vorgehensweise

1.3 Das GmbHG sieht für die Neugründung einer GmbH folgenden Fahrplan vor:

- Abschluss eines notariellen Gründungvertrags,
- Bestellung der Organe (Geschäftsführer),
- Erbringung der Bar- bzw. Sacheinlagen,
- Anmeldung und Eintragung zum Handelsregister.

1.1.1.1 Vorabüberlegungen

1.4 Vor Abschluss eines Vertrags sollten ein paar Grundentscheidungen getroffen werden, die im Vertrag dann konkretisiert werden:

- Die **Firma** und der **Sitz** der Gesellschaft: Gegebenenfalls sollte mit der IHK oder Handwerkskammer die Zulässigkeit des Namens geklärt werden (ist i.d.R. kostenfrei).
- Der **Unternehmensgegenstand** muss bezeichnet werden, darf aber nicht zu allgemein formuliert werden. „Handel mit Waren“ ist z.B. nicht zulässig.

Hinweis

Auf der einen Seite gewährt ein weit gefasster Unternehmensgegenstand Flexibilität, so dass bei einer Erweiterung des Geschäftsfelds keine Satzungsänderung notwendig ist. Auf der anderen Seite ist zu beachten, dass der Geschäftsführer innerhalb des Unternehmensgegenstands selbst keine Eigengeschäfte tätigen kann. Dies führt u.U. zu einem Schadenersatzanspruch der Gesellschaft bzw. im Fall der Nichtgeltendmachung zu einer verdeckten Gewinnausschüttung (bei Gesellschafter-Geschäftsführern).

- Die **Höhe des Stammkapitals** muss mindestens 25.000 € betragen, wovon mindestens 12.500 € eingezahlt werden müssen.
- Die **Erbringung des Stammkapitals:** Dabei ist zu klären, ob ggf. Sachwerte vorhanden sind, die als Sacheinlage erbracht werden sollen.

- Die Zahl und Zusammensetzung der **Gesellschafter:** Auch Gesellschaften können wiederum Gesellschafter sein.
- Die Person des **Geschäftsführers:** Es sind auch mehrere Geschäftsführer zulässig.

1.1.1.2 Notarieller Vertrag

Der nächste – und aus Beratersicht entscheidende – Schritt ist der Abschluss eines notariell beurkundeten Gesellschaftsvertrags, auch „**Satzung**" genannt. Die notwendigen Satzungsbestandteile ergeben sich aus § 3 GmbHG. Ohne diese kann eine Eintragung nicht erfolgen. Freilich sind in der Praxis weitere Punkte regelungsbedürftig. 1.5

Checkliste Satzungsbestandteile einer GmbH

Pflichtangaben	**Anmerkung**
Sitz der Gesellschaft	Kann frei gewählt werden. Maßgeblich für das zuständige Handelsregister.
Gegenstand des Unternehmens	Möglichst eindeutige Bezeichnung, aber auch eventuelle spätere Ausweitung des Geschäftsfelds bedenken.
Firma	Phantasienamen zulässig, darf aber nach allgemeinen Regeln nicht über Geschäftstätigkeit in die Irre führen. Unterscheidbarkeit vorab klären durch Nachfrage bei IHK/Registergericht.
Stammkapital	Mindestens 25.000 € (sonst Unternehmergesellschaft).
Nennbeträge der Geschäftsanteile der Gesellschafter	Jeder Gesellschafter übernimmt einen oder mehrere Geschäftsanteile (voller Eurobetrag). Die Summe der Geschäftsanteile muss das Stammkapital ergeben.

Fakultative Bestandteile einer Satzung	**Anmerkung**
Berufung der Geschäftsführer	Mindestens einer, muss nicht Gesellschafter sein. Der Geschäftsführer kann bereits in der Satzung festgelegt sein (nur empfehlenswert bei Einpersonengesellschaften), oder es kann auf einen gesonderten Beschluss der Gesellschafterversammlung verwiesen werden.
Vertretungsbefugnis des Geschäftsführers	Bei welchen Entscheidungen muss der Geschäftsführer die Zustimmung der Gesellschafter einholen? Keine Auswirkung auf die Wirksamkeit der Geschäfte (Geschäftsführer hat nach außen immer unbeschränkte Vertretungsmacht), aber bei Verstoß Pflicht zum Schadenersatz. Besser zusätzlich Vier-Augen-Prinzip festlegen, das auch nach außen Wirkung hat. Das Selbstkontrahierungsverbot gem. § 181 BGB sollte ausgeschlossen werden.
Beschlussfassung der Gesellschafter	Es können allgemeine Regelungen und solche für konkrete Situationen (Abberufung Geschäftsführer, Verfügungen über Geschäftsanteile) getroffen werden. Mehrheiten können sich nach Köpfen oder Kapitalanteilen richten. Der Gesetzgeber stellt bei der Zählweise auf die abgegebenen Stimmen ab, es können davon abweichend aber auch existierende Stimmen als Maßstab genommen werden. Beschlüsse können auch im Umlaufverfahren oder elektronisch (z.B. per E-Mail) gefasst werden.
Einberufung der Gesellschafterversammlung	Der Geschäftsführer ist für die Einberufung zuständig, die mindestens einmal im Jahr stattzufinden hat. Sie erfolgt mittels eingeschriebenen Briefs. Die gesetzliche Frist beträgt eine Woche. Üblicherweise werden zwei Wochen in der Satzung vereinbart. In Krisensituationen kann hingegen eine kürzere Frist sinnvoll sein.

Fakultative Bestandteile einer Satzung	**Anmerkung**
Verfügung und Vererbung von Geschäftsanteilen	Ohne Regelung sind alle Gesellschaftsanteile frei abtretbar und vererblich. In Mehrpersonengesellschaften sind daher „Vinkulierungsklauseln" üblich, wonach die Abtretung von der Zustimmung der anderen Gesellschafter abhängig gemacht wird. Hinsichtlich der Vererblichkeit ist zu bedenken, dass eine mit der gewillkürten oder gesetzlichen Erbfolge kompatible Regelung gefunden wird.
Wettbewerbsverbot	Ohne Regelung unterliegen Gesellschafter keinem Wettbewerbsverbot. Allerdings ist ein übermäßiges Verbot nichtig. Zulässig wäre es, einem Gesellschafter die Konkurrenz in einem räumlich umgrenzten Gebiet für zwei Jahre zu untersagen.
Jahresabschluss und Ergebnisverwendung	Über die Feststellung entscheidet die Gesellschafterversammlung, wenn die Aufgabe nicht z.B. einem Beirat übertragen wurde. Die Entscheidung über die Feststellung und die Ergebnisverwendung müssen spätestens bis zum Ablauf der ersten acht Monate (elf Monate bei einer kleinen oder Kleinst-GmbH) des auf den Abschlussstichtag folgenden Geschäftsjahres getroffen werden. Eine Verlängerung dieser Fristen durch den Gesellschaftsvertrag ist nicht möglich.
Ausscheiden und Auseinandersetzung	Das Gesetz sieht die Möglichkeit einer ordentlichen oder außerordentlichen Kündigung nicht vor. Insoweit ist es empfehlenswert, Kündigungsmöglichkeiten für bestimmte Situationen (freiwilliges Ausscheiden oder „Rausschmiss") zu formulieren. Besonderes Augenmerk sollte auf die Abfindungsregelungen gelegt werden. Ohne Regelung ist eine Abfindung zum Verkehrswert sofort fällig. In der Satzung sind daher vor allem die (Berechnung der) Höhe der Abfindung und die Zahlungsmodalitäten zu regeln.

Fakultative Bestandteile einer Satzung	**Anmerkung**
Gründungskosten	Ohne Regelung haben die Gesellschafter die Kosten zu übernehmen. Es ist darauf zu achten, dass die Kostenübernahme durch die GmbH so detailliert wie möglich formuliert wird. Ist noch eine spätere Kapitalerhöhung möglich, sollten auch diese potentiellen Kosten in der Satzung berücksichtigt werden.

1.6 Seit dem 01.08.2022 kann die GmbH (und UG) im Falle einer reinen Bargründung auch online errichtet werden. Die Voraussetzungen dafür sind im Gesetz zur Umsetzung der Digitalisierungsrichtlinie (DiRUG)[1] geregelt. Die Gründung kann ohne persönliches Erscheinen per Onlinemeeting mit dem Notar erfolgen. Dies ist selbst vom Ausland aus möglich.

1.7 Darüber hinaus hat der Gesetzgeber Gründern die Möglichkeit eingeräumt, eine **Mustersatzung** zu nutzen, die im Anhang des GmbHG abgedruckt ist. Diese ist gedacht für Einpersonengesellschaften und Gesellschaften mit zwei oder drei Gesellschaftern. Sinn und Zweck der Mustersatzungen ist die (moderate) Ersparnis von Notarkosten.

Hinweis

1.8 Jede GmbH muss einen Geschäftsführer haben, der mit Gründung zu bestellen ist. Es können auch mehrere Geschäftsführer bestellt werden. Die Bestellung kann auf zwei Wegen erfolgen. Zum einen kann sie unmittelbar in der Satzung selbst erfolgen. Dies ist insbesondere bei Einpersonengesellschaften üblich. Alternativ kann der Geschäftsführer auch durch Beschluss der Gesellschafterversammlung im Anschluss an den Abschluss des Gesellschaftsvertrags bestellt werden. Häufig ist letztere Variante vorteilhafter, da bei einem Geschäftsführerwechsel nicht die Satzung geändert werden muss.

[1] Gesetz zur Umsetzung der Digitalisierungsrichtlinie (DiRUG) v. 05.07.2021, BGBl I, 3338.

1.1.1.3 Bestellung des Geschäftsführers

Jede GmbH muss einen Geschäftsführer haben, der mit Gründung zu bestellen ist. Es können auch mehrere Geschäftsführer bestellt werden. Die Bestellung kann auf zwei Wegen erfolgen. Zum einen kann sie unmittelbar in der Satzung selbst erfolgen. Dies ist insbesondere bei Einpersonengesellschaften üblich. Alternativ kann der Geschäftsführer auch durch Beschluss der Gesellschafterversammlung im Anschluss an den Abschluss des Gesellschaftsvertrags bestellt werden. Häufig ist letztere Variante vorteilhafter, da bei einem Geschäftsführerwechsel nicht die Satzung geändert werden muss. 1.9

Hinweis

Die Bestellung des Geschäftsführers bewirkt, dass dieser vertretungsberechtigtes Organ der GmbH ist. Denken Sie daran: Die Vertretungsmacht ist nach außen unbeschränkbar. Dennoch sollte durch **Vorbehaltsklauseln** geregelt werden, dass wichtige Entscheidungen nur durch die Gesellschafterversammlung getroffen werden. Diese wirken zwar nur im Innenverhältnis, führen aber ggf. zu einer internen Schadenersatzpflicht des Geschäftsführers gegenüber der Gesellschaft nach § 43 Abs. 2 GmbHG. 1.10

Darüber hinaus darf nicht vergessen werden, dass noch ein **Anstellungsvertrag** mit dem Geschäftsführer abzuschließen ist. Denn z.B. die Vergütung, der Urlaub oder Einzelheiten zu den Aufgaben sind üblicherweise nicht in der Satzung geregelt. Wichtig in dem Zusammenhang ist eine Abstimmung der Satzung mit dem – rechtlich davon unabhängigen – Anstellungsvertrag. Dieses Abstimmungsbedürfnis betrifft vor allem die Regelungen zu den Kompetenzen und der Abberufung/Kündigung des Geschäftsführers.

1.1.1.4 Erbringung der Einlagen

In der Satzung ist die Höhe des Stammkapitals zu bestimmen. Gemäß § 5 Abs. 1 GmbHG beträgt das Mindeststammkapital 25.000 €. Es ist gestückelt in Geschäftsanteile, wobei die konkrete Stückelung den Gesellschaftern überlassen ist, sofern es sich um ganzzahlige Eurobeträge handelt. Empfohlen wird – um spätere Anteilsübertragungen flexibel zu ermöglichen – eine Einteilung in möglichst viele Geschäftsanteile. 1.11

Soll das Stammkapital geringer als 25.000 € sein, kommt nur die Gründung einer Unternehmergesellschaft (haftungsbeschränkt) in Betracht (siehe dazu Rdnr. 2.1 ff.). 1.12

In der Satzung ist zu regeln, welche Art von Einlagen zu erbringen ist. Es kommen drei verschiedene Varianten in Betracht, die ggf. für Gesellschafter individuell geregelt werden können: 1.13

- Bareinlagen,
- Sacheinlagen.
- gemischte Sacheinlagen.

1.14 **Bareinlagen** werden durch Überweisung des Geldbetrags auf das Gesellschaftskonto erbracht. Zu diesem Zweck muss ein Geschäftskonto eröffnet werden. Zur Eröffnung eines Geschäftskontos müssen sich üblicherweise alle Verfügungsberechtigten (Geschäftsführer) bei der Bank durch Ausweis legitimieren und den notariellen Gesellschaftsvertrag (Gründungsbeglaubigung) vorlegen.

1.15 Die Bareinlagen brauchen nicht in voller Höhe sofort erbracht zu werden. In Absprache mit der Gesellschafterversammlung kann auch zunächst ein geringerer Betrag geleistet werden. Gemäß § 7 Abs. 2 GmbHG muss lediglich ein Betrag eingezahlt werden, der 25 % des vereinbarten Stammkapitals beträgt, wobei die absolute Grenze von 12.500 € nicht unterschritten werden darf.

Hinweis

1.16 Die Einstellung der Einlageforderung in ein Kontokorrent gilt als unzulässige Stundung und ist damit nicht wirksam (§ 19 Abs. 2 GmbHG). Die Einlageforderung erlischt jedoch, wenn alle Aufrechnungsvoraussetzungen im konkreten Verrechnungszeitpunkt vorliegen.[2]

1.17 Als **Sacheinlagen** können prinzipiell alle nachweislich werthaltigen und bilanzierbaren körperlichen und unkörperlichen Wirtschaftsgüter eingebracht werden. Auch Sachgesamtheiten (z.B. Betriebe) sind sacheinlagefähig. Es kommt für die Zulässigkeit darauf an, dass die Sacheinlagen wirtschaftlich verwertbar und bilanzierbar sind. Es muss also ein objektiv feststellbarer Vermögenswert vorhanden sein.

1.18 Sacheinlagefähig sind somit z.B.

- bewegliche und unbewegliche Sachen,
- Gesellschaftsanteile oder Unternehmen(steile),
- sonstige Rechte (z.B. Urheberrechte, Lizenzrechte, Konzessionen),
- Forderungen auf Zahlung eines bestimmten Geldbetrags gegenüber Dritten,
- beschränkt dingliche Rechte an Sachen (z.B. Dienstbarkeiten, Nießbrauch).

---

[2] FASTRICH, in: NOACK/SERVATIUS/HAAS, GmbHG, 23. Aufl. 2022, § 19 Rdnr. 38.

Nicht einlagefähig sind hingegen Vermögensgegenstände, deren Wert nicht feststellbar ist oder rein schuldrechtliche Ansprüche gegen den Gesellschafter, z.B. 1.19

- Darlehensforderungen ohne feststellbaren Wert (z.B. gegen eine Bahamas Ltd.),
- ein Geschäfts- oder Firmenwert,
- Forderungen gegen den Gesellschafter auf Dienstleistungen (als Geschäftsführer),
- obligatorische Nutzungsrechte für eine unbestimmte Dauer (z.B. unentgeltliche Überlassung eines Grundstücks), da diese erst künftig der Gesellschaft Aufwendungen ersparen; etwas anderes kann gelten, wenn die Überlassungsdauer die Nutzungsdauer vereinbarungsgemäß übersteigt, so dass quasi das wirtschaftliche Eigentum übertragen wird.[3]

Wird eine Sacheinlage vereinbart, muss nach § 5 Abs. 4 GmbHG der Gegenstand im Gesellschaftsvertrag möglichst konkret (beim Pkw z.B. die Fahrgestellnummer) benannt werden. Zudem ist ein schriftlicher Sachgründungsbericht anzufertigen, der von sämtlichen Gesellschaftern unterzeichnet wird. In diesem Sachgründungsbericht sind Angaben über die Sacheinlagen und die Umstände der Einbringung zu machen. Sacheinlagen können auch mit Bareinlagen kombiniert werden („Mischeinlage“). 1.20

Einbringungsgegenstände können **gemischte Sacheinlagen** sein, die zu unterscheiden sind von den o.g. Mischeinlagen. Eine gemischte Sacheinlage liegt vor, wenn der Gegenstand der Sacheinlage höherwertig ist als der geschuldete Nennbetrag und die Gesellschaft in der Sacheinlagevereinbarung verpflichtet wird, dem Gesellschafter den Unterschiedsbetrag durch Zahlung oder anders gutzubringen.[4] Dieser Fall ist vor allem bei der Einbringung von Unternehmen oder Unternehmsteilen relevant. 1.21

1.1.1.5 Typische Haftungsgefahren bei der Gründung

Das GmbHG sieht eine Reihe von Vorschriften zur Sicherstellung der ordnungsgemäßen Kapitalaufbringung vor. Verstöße führen zu einer Neuerfüllungs- bzw. Schadenersatzpflicht. Zu den besonders haftungsträchtigen Fällen gehören: 1.22

- Ist die Sacheinlage zum Anmeldungszeitpunkt nicht ausreichend werthaltig, so kann das Registergericht die Eintragung verweigern. Falls sie akzeptiert wird, kann vom Inferenten aber nachträglich – unabhängig vom Verschulden – der Differenzbetrag als Bareinlage gefordert werden (§ 9 Abs. 1 GmbHG). 1.23

---

3 Ekkenga, ZHR 161 (1997), 609.

4 MüKo-GmbHG/Märtens, 4. Aufl. 2022, § 5 Rdnr. 208.

1.24 – **Falsche Angaben:** Werden dem Handelsregister gegenüber falsche Angaben gemacht (z.B., wenn Einlagen gar nicht in das Vermögen der GmbH eingebracht wurden), so haften alle Gesellschafter dafür (§ 9a Abs. 1 GmbHG). Allerdings können einzelne Gesellschafter nachweisen, dass sie kein Verschulden trifft, in diesem Fall ist die Haftung ausgeschlossen.

1.25 – **Überhöhte Gründungskosten:** Die Gesellschafter haften auch für überhöhte Gründungskosten, soweit ihnen mindestens grobe Fahrlässigkeit trifft. Auch hier ist eine Exkulpationsmöglichkeit gegeben.

1.26 – **Verdeckte Sacheinlage:** Wird zunächst eine Bareinlage erbracht, und kurze Zeit (bis zu ca. sechs Monate) danach veräußert der Gesellschafter eine Sache oder eine Forderung an die GmbH, so gilt die ursprüngliche Bareinlage als nicht erbracht und muss wiederholt werden (§ 19 Abs. 4 GmbHG). Es wird unterstellt, dass schon bei Erbringung der Bareinlage eine Verabredung zur (späteren) Sacheinlage getroffen wurde, so dass die Bareinlage nie der Gesellschaft „zur freien" Verfügung stand. Allerdings wird auf die Bareinlageverpflichtung der Wert der Sacheinlage angerechnet.

1.27 – **Hin- und Herzahlen:** Wird eine Bareinlage erbracht, aber kurze Zeit danach dem Gesellschafter oder einer ihm nahestehenden Person zurückgewährt, so gilt die Bareinlage als nicht erbracht und muss wiederholt werden (§ 19 Abs. 5 GmbHG). Dies gilt vor allem auch dann, wenn dem Gesellschafter oder einem Angehörigen durch die Gesellschaft ein Darlehen gewährt wird. Ausnahmsweise ist die Darlehensvergabe unschädlich, wenn der Vorgang zum Handelsregister angemeldet wird, das Darlehen jederzeit fällig gestellt werden kann und der Gesellschafter nachweisen kann, dass der Darlehensnehmer zum Zeitpunkt der Handelsregisteranmeldung solvent war.

1.28 – **Unterbilanzhaftung/Verlustdeckungshaftung:** Zum Zeitpunkt der Eintragung in das Handelsregister (nicht: Anmeldung) muss das Stammkapital den Gläubigern in voller Höhe als Sicherungsmasse zur Verfügung stehen. Ist es bereits durch Geschäftsvorfälle angegriffen, so haften die Gesellschafter im Rahmen einer sogenannten „Unterbilanzhaftung" (oder auch „Vorbelastungshaftung" genannt) für die entstandene Unterbilanz anteilig und unbeschränkt.[5] In dieser Bilanz sind die Aktiva mit ihren Zeitwerten zu bilanzieren. Dabei ist von einer Fortführung auszugehen. Wurde ein Unternehmen eingebracht, kommt auch eine Bewertung nach dem Ertragswertverfahren in Betracht. Eigenkapitalersetzende Darlehen (§ 39 Abs. 1 Nr. 5 InsO) sind grundsätzlich zu passivieren, auch wenn eine einfache Rangrücktrittsvereinbarung besteht.[6]

---

[5] BGH, Urt. v. 23.11.1981 – II ZR 115/81, GmbHR 1982, 235.

[6] Im Einzelnen streitig, vgl. nur PRIESTER, ZIP 1994, 413, 417; siehe zur Gestaltung einer Rangrücktrittvereinbarung auch Rdnr. 32.62 ff.

- Eine Unterbilanz liegt dann vor, wenn die Aktiva abzüglich der Schulden das gezeichnete Kapital nicht decken. Die Gesellschafter haften anteilig und unbeschränkt, wenn das Stammkapital zum Eintragungszeitpunkt nicht vom Nettovermögen gedeckt ist. Kommt es nicht zur Eintragung, ist maßgeblicher Zeitpunkt zur Beurteilung, ob und inwieweit eine Haftung gegeben ist, das Scheitern der Eintragung. Man spricht dann von einer „Verlustdeckungshaftung“. 1.29

1.1.1.6 Anmeldung und Eintragung zum Handelsregister

Die Gründung ist erst mit Eintragung in das Handelsregister abgeschlossen. Der Notar stellt die Unterlagen für das Handelsregister fertig und reicht diese auf elektronischem Weg beim Registergericht ein. Üblicherweise erfolgt die Eintragung innerhalb der nächsten zwei Wochen. 1.30

Seit 2017 sieht das Geldwäschegesetz (GwG)[7] ein elektronisches **Transparenzregister** vor. Ziel ist es, die Verschleierung illegaler Vermögenswerte mithilfe komplexer Firmenkonstruktionen zu verhindern. Das Transparenzregister soll über die wirtschaftlich Berechtigten von Unternehmen Auskunft geben. Bislang konnten Kapitalgesellschaften auf die Änderungen verzichten, wenn sich die notwendigen Daten z.B. aus dem Handelsregister entnehmen ließen. Seit dem 01.08.2021 ist die Mitteilungsfiktion gem. § 20 Abs. 2 GWG entfallen, und für alle Kapitalgesellschaften, die nach 2007 gegründet wurden, müssen die wirtschaftlich Berechtigten dem Transparenzregister gemeldet werden. Zu den wirtschaftlich Berechtigten gehören vor allem natürliche Personen, die 1.31

- (un)mittelbar Kapitalanteile von mehr als 25 % halten,
- Stimmrechte von mehr als 25 % kontrollieren oder
- auf vergleichbare Art die Gesellschaft kontrollieren.

Hinweis

Für Unternehmen, die früher von der Mitteilungsfiktion profitiert haben, bestand eine Übergangsfrist bis zum 30.06.2022 (für im Handelsregister eingetragene Personengesellschaften bis zum 31.12.2022). 1.32

[7] Gesetz über das Aufspüren von Gewinnen aus schweren Straftaten (Geldwäschegesetz – GwG) v. 23.06.2017, BGBl I, 1822, zuletzt geändert durch Art. 34 Abs. 21 des Gesetzes v. 22.12.2023, BGBl I, Nr. 411.

1.1.1.7 Checkliste: Gründung einer GmbH (oder UG)

1.33 **A. Vorüberlegung**

- Stammkapital mindestens 25.000 €?
  - Wenn nein: Unternehmergesellschaft (nur Bargründung möglich)
  - Wenn ja: Bar- oder Sacheinlagen?
- Mustersatzung? Wenn ja: Nur Bareinlagen möglich
- Beteiligungsverhältnisse der Gesellschafter?
- Wer soll Geschäftsführer werden? Mehrere Geschäftsführer?
- Klärung: Firma der GmbH zulässig?

B. Vorbereitung Notartermin

- Bankkonto der Gesellschaft
- Daten der Gesellschafter (Gesellschafterliste)
- Vertretung der Gesellschafter während der Notartermins?

C. Schritte nach Gründung der Gesellschaft

- Gewerbeanmeldung
- steuerlicher Erfassungsbogen (Gesellschaftsvertrag, steuerliche Vertretungs- und Empfangsvollmacht, u.U. SEPA-Lastschriftmandat, Gründungsbilanz)
- Erstellung der Geschäftspapiere und Anpassung des Internetauftritts (Impressum)
- ggf. Anmeldung bei der zuständigen Berufsgenossenschaft
- ggf. Beantragung einer Umsatzsteuer-Identifikationsnummer beim Bundeszentralamt für Steuern
- Beantragung einer Betriebsnummer bei der Bundesagentur für Arbeit und Anmeldung bei der Krankenkasse (wenn Arbeitnehmer beschäftigt werden)
- Anmeldung bei der zuständigen Kammer nicht erforderlich; das Gewerbeamt leitet die Daten automatisch weiter

1.1.2 Bilanzielle Konsequenzen

Hinsichtlich der Gründung sind bei der GmbH die allgemeinen Regelungen des Handels- und Steuerrechts zu beachten. Es gelten auch für die Eröffnungsbilanz die allgemeinen und konkreten Bestimmungen zur ordnungsmäßigen Bilanzierung und Bewertung. Insofern ist daher auch die Einstufung der Größenklasse der Gesellschaft notwendig (§§ 267 f. HGB). Bei einer Neugründung reicht es aus, wenn die Kriterien zur Einstufung der Größenklassen am ersten nachfolgenden Abschlussstichtag vorliegen (§ 267 Abs. 4 Satz 2 HGB).[8] Gesetzlich ungeregelt ist jedoch die Situation, wenn die Größenkriterien bei Aufstellung der Gründungs- und Eröffnungsbilanz vor Ablauf des ersten Rumpfwirtschaftsjahres noch nicht bekannt sind. Soweit sich die Daten nicht errechnen lassen (z.B. Bilanzsumme), ist es in einem solchen Fall empfehlenswert, diese im Rahmen einer ordentlichen Planungsrechnung unter Berücksichtigung saisonaler Einflüsse und anderer absehbarer Faktoren bis zum nächsten Jahresabschlussstichtag zu schätzen. Dies gilt auch für die Höhe der Umsatzerlöse und die durchschnittliche Arbeitnehmerzahl.[9] 1.34

1.1.2.1 Erstellung einer Gründungsbilanz

Nach § 242 HGB hat der Kaufmann **zu Beginn seines Handelsgewerbes** eine Bilanz aufzustellen. Dies ist bei der Gründung einer GmbH nicht erst mit Eintragung der Fall. Nach h.M.[10] ist bereits mit Abschluss des Gesellschaftsvertrags und der Entstehung einer Vorgesellschaft von einer Bilanzierungspflicht auszugehen. Dies gilt unabhängig davon, ob der Gesellschaftszweck auf den Betrieb eines Kleingewerbes oder einer freiberuflichen Tätigkeit gerichtet ist, da die Vorgesellschaft bereits (zumindest dem Charakter nach) Formkaufmann ist.[11] Der erste Geschäftsvorfall dürfte dementsprechend die Einforderung bzw. Leistung der Einlagen durch die Gesellschafter sein. Die folgende Eintragung der Gesellschaft hat keine Auswirkungen auf die Bilanzierung, so dass die Kontinuität gewahrt wird. 1.35

Hinsichtlich der **Laufzeit des Geschäftsjahres** enthält das GmbHG keine besonderen Bestimmungen, so dass diese in der Satzung frei geregelt werden kann. Die Bestimmung des Geschäftsjahres kann satzungsgemäß auch der Geschäftsführung überlassen werden.[12] Wird nichts Abweichendes geregelt, so gilt das Kalenderjahr als Geschäftsjahr. Für steuerliche Zwecke gilt, dass eine spätere Umstellung auf ein nicht kalendergleiches Jahr nur mit Zustimmung des Finanzamts möglich ist (§ 7 1.36

[8] STÖRK/LAWALL, in: Beck'scher Bilanzkommentar, 13. Aufl. 2022, § 267 HGB Rdnr. 21.
[9] STÖRK/SCHELLHORN, in: DEUBERT/FÖRSCHLE/STÖRK, Sonderbilanzen, 6. Aufl. 2021, D 103 ff.
[10] WINNEFELD, Bilanz-Handbuch, 5. Aufl. 2015, N 124 f. m.w.N.
[11] STÖRK/SCHELLHORN, in: DEUBERT/FÖRSCHLE/STÖRK, Sonderbilanzen, 6. Aufl. 2021, D 65 ff.
[12] OLG Stuttgart, Urt. v. 07.05.1992 – 8 W 72/92, DNotZ 1992, 742; aber **a.A.** z.B. PRIESTER, GmbHR 1992, 584.

Abs. 4 Satz 3 KStG). Bei einem unterjährigen Geschäftsbeginn ist zu Beginn ein Rumpfwirtschaftsjahr zu bilden.

1.37 **Bis wann** die Gründungsbilanz aufgestellt werden muss, ist für Vorgesellschaften nicht ausdrücklich geregelt. Nach wohl h.M. ist hier § 264 Abs. 1 Satz 3 und 4 HGB anzuwenden, wonach bei kleinen Kapitalgesellschaften eine Frist von sechs Monaten für die Erstellung des Jahresabschlusses gilt, bei den übrigen drei Monate. Dies gilt auch bei der Eröffnungsbilanz einer noch nicht eingetragenen GmbH.[13] Diese Fristen können aber nicht ohne weiteres ausgenutzt werden. Zu beachten ist der Grundsatz, dass die Aufstellung innerhalb eines ordnungsgemäßen Geschäftsgangs zu erfolgen hat (§ 243 Abs. 1 HGB).[14]

1.38 Die Bilanz ist von allen Geschäftsführern zu **unterzeichnen**. Für sie besteht keine Offenlegungs- oder Prüfungspflicht i.S.d. § 316 HGB. Auch muss sie nicht von den Gesellschaftern festgestellt werden (§ 46 Nr. 1 GmbHG).[15]

Hinweis

1.39 Tätigt die GmbH vor Eintragung in das Handelsregister bereits Umsätze, oder erleidet sie bis zum Eintragungszeitpunkt Verluste, empfiehlt sich die Erstellung einer Vorbelastungsbilanz zum Eintragungszeitpunkt. Diese Vorbelastungsbilanz dient zur Feststellung, ob die Voraussetzungen einer Unterbilanzhaftung der Gesellschafter (siehe dazu oben Rdnr. 1.28) vorliegen.

1.1.2.2 Inhalt der Gründungsbilanz

1.40 Für die Aktivierung der Vermögensgegenstände in der Gründungsbilanz gelten die allgemeinen Vorschriften (§§ 246 ff. HGB). Auf der Aktivseite sind alle Einzahlungen der Gesellschafter auszuweisen. Die ausstehenden Einlagen auf das gezeichnete Kapital stellen eine potentielle Forderung der GmbH an den betreffenden Gesellschafter dar, die noch nicht konkretisiert ist. Bis zur Einforderung ist diese Forderung daher rechtlich noch nicht entstanden. Diese ausstehenden und noch nicht eingeforderten Einlagen sind auf der Passivseite vom Posten „Gezeichnetes Kapital" offen abzusetzen, was zu einem Nettoausweis des „eingeforderten Kapitals" führt (§ 272 Abs. 1 Satz 2 HGB).[16]

[13] LANGSEDER, in: Beck'sches Handbuch der GmbH, 6. Aufl. 2021, § 9 Rdnr. 52.
[14] STÖRK/SCHELLHORN, in: DEUBERT/FÖRSCHLE/STÖRK, Sonderbilanzen, 6. Aufl. 2021, D 107.
[15] LANGSEDER, in: Beck'sches Handbuch der GmbH, 6. Aufl. 2021, § 9 Rdnr. 53 m.w.N.
[16] RINKER, BC 2018, 94.

Beispiel

A gründet die A-GmbH mit einem Stammkapital von 50.000 €, das in bar zu leisten ist. A zahlt davon 27.000 € ein. Mehr passiert nicht. 1.41

Bank	27.000 €	Gezeichnetes Kapital	50.000 €
		Ausstehende Einlagen	– 23.000 €
Summe Aktiva	27.000 €	Summe Passiva	27.000 €

Werden die ausstehenden Einlagen eingefordert, sind sie hinreichend konkretisiert und müssen auf der Aktivseite ausgewiesen werden (§ 272 Abs. 1 Satz 2 HGB).

Abwandlung

A zahlt 27.000 € ein, und der Restbetrag (23.000 €) wird von der Gesellschaft von A eingefordert.

Lösung

Bank	27.000 €	Gezeichnetes Kapital	50.000 €
Forderungen gegen Gesellschafter	23.000 €		
Summe Aktiva	50.000 €	Summe Passiva	50.000 €

Hinweis

Hinsichtlich der Forderungen gegen den Gesellschafter ist auch die Werthaltigkeit zu prüfen. Neben haftungsrechtlichen Konsequenzen (siehe oben zur Unterbilanzhaftung), sind in bilanzieller Hinsicht die Folgen:[17] 1.42

- bei nicht eingeforderten Einlagen: bloßer Vermerk im Anhang,
- bei eingeforderten Einlagen: entsprechende bilanzielle Bewertung mit dem gemeinen Wert.

1.1.2.3 Bilanzielle Einordnung des Gründungsaufwands

Die Gründung der GmbH ist mit Kosten verbunden. Dazu gehören insbesondere 1.43

- Notar- und Gerichtskosten,
- Beratungskosten (Rechtsanwalt, Steuerberater),
- Kosten für Wertgutachten und Genehmigungen,

[17] WINKELJOHANN/K. HOFFMANN, in: Beck'scher Bilanzkommentar, 13. Aufl. 2022, § 272 HGB Rdnr. 35 f.

- Kosten der Veröffentlichung,
- Auslagenersatz der Gesellschafter.

Die Kosten der Gründung und Eigenkapitalbeschaffung sind im gesetzlichen Normalfall, also wenn keine abweichenden Regelungen getroffen wurden, von den Gesellschaftern zu tragen. In einem solchen Fall ergeben sich hinsichtlich der Bilanzierung bei der GmbH keine Besonderheiten. Insbesondere bleibt das gezeichnete Kapital unberührt und muss vollständig erbracht werden.

1.44 Es steht den Gesellschaftern aber frei zu vereinbaren, dass die Gründungskosten von der Gesellschaft übernommen werden. Nach h.M.[18] muss dies analog § 26 Abs. 2 AktG ausdrücklich in der Satzung geregelt und kann frühestens nach fünf Jahren wieder geändert werden.[19] In dieser sind dann die einzelnen (möglichst konkreten) Kostenarten anzugeben bzw. ggf. zu schätzen. Nicht ausreichend ist eine bloße Benennung des Gesamtbetrags.[20] Eine formlose Vereinbarung, dass die Gründergesellschafter die Kosten übernehmen, reicht hingegen nicht aus und ist unwirksam.

Hinweis

1.45 Zulässig wäre z.B. die Formulierung: „Die Kosten der Gründung bei Notar, Handelsregister, Veröffentlichung, Steuerberater und Rechtsanwalt trägt die Gesellschaft bis zur Höhe von 2.500 €." Erfahrungsgemäß wird von den Registergerichten ein Betrag von bis zu 10 % des Stammkapitals als Gründungsaufwand akzeptiert.

1.46 Wenn die Kostenübernahme durch die GmbH eindeutig vereinbart wurde, dürfen die Aufwendungen nicht in der Eröffnungsbilanz aktiviert werden (§ 248 Abs. 1 HGB). Zum Teil wird zwar vertreten, dass die Bildung eines Rechnungsabgrenzungspostens oder Postens eigener Art möglich ist. Nach h.M. ist dies jedoch nicht zulässig.[21] Daraus folgt, dass die Gründungskosten als Aufwand zu behandeln sind und in der Handelsbilanz ein Bilanzverlust auszuweisen ist. Eine Verrechnung des Aufwands mit einer Kapitalrücklage wäre prinzipiell zulässig, müsste aber entsprechend im Gesellschaftsvertrag vereinbart werden. Hingegen wäre eine Aufrechnung mit dem gezeichneten Kapital unzulässig, da dieses zwingend mit dem Nennbetrag anzusetzen ist (§ 272 Abs. 1 HGB).

---

[18] OLG Celle v. 22.10.2014 – 9 W 124/14, NZG 2014, 138.

[19] Analog § 26 Abs. 4 AktG; siehe ALTMEPPEN, GmbHG, 11. Aufl. 2023, § 5 Rdnr. 52 m.w.N.

[20] OLG Celle, Beschl. v. 11.02.2016 – 9 W 10/16, BB 2016, 2580.

[21] Vgl. STÖRK/SCHELLHORN, in: DEUBERT/FÖRSCHLE/STÖRK, Sonderbilanzen, 6. Aufl. 2021, D 147 m.w.N.

Fortsetzung Beispiel Rdnr. 1.41

A gründet eine GmbH mit einem Stammkapital von 50.000 € im Wege der Bargründung. In der Satzung ist ausdrücklich geregelt, dass die GmbH die (einzeln aufgezählten Kosten) von 1.000 € übernimmt. Nach Abschluss des notariellen Vertrags zahlt A seine Bareinlagen ein und begleicht die Rechnungen zunächst aus eigenen Mitteln, so dass er eine Forderung i.H.v. 1.000 € gegen seine GmbH hat. 1.47

Lösung

Bank	50.000 €	Gezeichnetes Kapital	50.000 €
		Jahresfehlbetrag	– 1.000 €
		Verbindlichkeiten	1.000 €
	50.000 €		50.000 €

Wurde die Übernahme der Gründungskosten durch die GmbH nicht in der Satzung ausdrücklich festgelegt, so sind alle Rechtshandlungen und Erfüllungsgeschäfte gegenüber der GmbH zivilrechtlich unwirksam (§ 26 Abs. 3 AktG analog). Zahlungen (z.B. Erstattungen an den Gesellschafter) wären dann als verdeckte Gewinnausschüttung zu qualifizieren.[22] 1.48

1.1.2.4 Bilanzielle Behandlung der Kosten für die Ingangsetzung des Geschäftsbetriebs

Von den Gründungskosten zu unterscheiden sind die Kosten für die Ingangsetzung des eigentlichen Geschäftsbetriebs. Zu diesen Aufwendungen zählen z.B. Kosten für die Anschaffung von Büromaterial, für den Abschluss von Darlehensverträgen oder Mietverträgen. Bis 2010 bestand die Möglichkeit, diese Kosten zu aktivieren (§ 269 HGB a.F.). Nach Streichung der Vorschrift dürfen nach aktueller Rechtslage die Anlaufkosten nicht mehr aktiviert werden (§ 248 Abs. 1 HGB). 1.49

1.1.2.5 Bilanzielle Besonderheiten bei der Sachgründung

Offene Sacheinlagen werden im Rahmen eines Tauschs gegen neue Gesellschaftsanteile erbracht. Die Erbringung von Sacheinlagen erfolgt in gesellschaftsrechtlicher Hinsicht nach den Zeitwerten, so dass in der Handelsbilanz die Wirtschaftsgüter **nach objektiven Kriterien** zu bemessen sind. Damit ist das Anlagevermögen mit den Wiederbeschaffungswerten und das Umlaufvermögen mit den Einzelveräußerungswerten zu aktivieren.[23] 1.50

[22] BFH, Urt. v. 11.02.1997 – I R 42/96, BFH/NV 1997, 711; JANSSEN, Verdeckte Gewinnausschüttungen, 12. Aufl. 2017, Anm. 1463.

[23] WINNEFELD, Bilanz-Handbuch, 5. Aufl. 2015, N 80.

1.51 Es kommt insbesondere bei der Einbringung von Unternehmen(steilen) vor, dass der Wert der eingebrachten Sache über dem Betrag des geschuldeten Einlagebetrags liegt. Wird ein solches Aufgeld (Agio) geleistet, so ist der Zeitwert der eingebrachten Sache zu aktivieren. Auf der Passivseite ist das nominelle Stammkapital auszuweisen. Darüber hinaus ist in Höhe des Aufgeldes erfolgsneutral eine Kapitalrücklage gem. § 272 Abs. 2 Nr. 1 HGB zu bilden (Buchungssatz: Bank an Kapitalrücklagenkonto).[24]

1.52 Im Gesellschaftsvertrag kann geregelt werden, dass die GmbH dem Gesellschafter den „überzahlten" Betrag erstattet. In diesem Fall ändert sich nichts an der Aktivierung des Wirtschaftsguts, lediglich auf der Passivseite ist eine entsprechende Verbindlichkeit der Gesellschaft auszuweisen.

Fortsetzung Beispiel Rdnr. 1.41

1.53 A überlegt sich, als Sacheinlage das Grundstück (Verkehrswert 400.000 €) einzubringen. Das Stammkapital soll aber nur 300.000 € betragen. Es wird im Gesellschaftsvertrag vereinbart, dass dem A die Differenz i.H.v. 100.000 € erstattet wird. Nach Einbringung des Grundstücks stellt sich die Handelsbilanz wie folgt dar:

Grundstück	400.000 €	Gezeichnetes Kapital	300.000 €
		Verbindlichkeiten	100.000 €
	400.000 €		400.000 €

Hinweis

1.54 Sind mehrere Personen an der Gründung beteiligt und erbringen die Gesellschafter teilweise Bareinlagen, so ist zu beachten, dass es nicht zulässig ist, die „Verbindlichkeiten" der GmbH aus der Erbringung der Sacheinlage mit den Beträgen der Bargründung zu begleichen.

1.1.3 Steuerliche Auswirkungen der Gründung einer GmbH

1.55 Hinsichtlich der steuerlichen Konsequenzen sind bei einer Kapitalgesellschaft die Gründungsabschnitte zu unterscheiden. Während in der Vorgründungsphase auch in steuerlicher Hinsicht noch eine Personengesellschaft (oder ein Einzelunternehmen) besteht, entsteht mit Abschluss des notariellen Vertrags eine rechtsfähige Vorgesellschaft, die den Regelungen von Körperschaften unterliegt. Sie geht mit Eintragung in das Handelsregister unter Wahrung ihrer Identität in eine endgültige GmbH über.

---

[24] BFH, Urt. v. 24.04.2007 – I R 35/05, BStBl II 2008, 253; siehe dazu auch das Beispiel in Rdnr. 29.33.

1.1.3.1 Steuerliche Behandlung der Vorgründungsgesellschaft

Vor Unterzeichnung des notariellen Vertrags liegt eine sogenannte Vorgründungsgesellschaft vor. Die Vorgründungsgesellschaft ist eine Personengesellschaft (GbR oder OHG) bzw. bei Einmann-Gründungen ein Einzelunternehmen. Diese Gesellschaft ist nicht mit der späteren GmbH identisch, und es findet auch kein automatischer Vermögensübergang statt. Für die Vorgründungsgesellschaft gelten die **allgemeinen steuerlichen Vorschriften** für Personenunternehmen, d.h., sie kann als Mitunternehmerschaft i.S.d. § 15 Abs. 1 Nr. 2 EStG einzuordnen sein. Auch liegt eine **Gewerbesteuerpflicht** der Vorgründungsgesellschaft vor, wenn diese selbst eine gewerbliche Tätigkeit nach außen aufgenommen hat (§ 2 Abs. 1 GewStG). In der Praxis kann es vorkommen, dass die Gesellschafter der Vorgründungsgesellschaft bereits Geschäfte für die spätere GmbH tätigen. Zivilrechtlich handeln sie dann als Vertreter ohne Vertretungsmacht (§ 179 BGB) einer noch nicht existierenden Person (GmbH). Die spätere GmbH kann das Geschäft nachträglich genehmigen. Allerdings ist bei Verlustgeschäften darauf zu achten, dass Vermögensminderung der GmbH zugunsten ihrer Gesellschafter gegen das Nachzahlungsverbot verstoßen und als verdeckte Gewinnausschüttung zu behandeln sind.[25] 1.56

Die Vorgründungsgesellschaft kann als Personengesellschaft (oder Einzelunternehmen) auch Unternehmerin i.S.d. Umsatzsteuerrechts sein. Dies wäre z.B. der Fall, wenn sie selbst bereits als OHG tätig wäre. Für sie käme dann auch ein **Vorsteuerabzug** in Betracht. Ist sie selbst nicht unternehmerisch tätigt, so ist ein Vorsteuerabzug grundsätzlich ausgeschlossen. Als Folge des Faxworld-Urteils des EuGH[26] ist aber aufgrund der Besteuerungsneutralität auch in den Fällen ein Vorsteuerabzug durch die Vorgründungsgesellschaft zulässig, in denen die Vorgründungsgesellschaft Investitionen tätigt, die für die künftige Nutzung durch die spätere GmbH erforderlich sind. In einem solchen Ausnahmefall wäre bereits die nicht unternehmerisch tätige Vorgründungsgesellschaft als umsatzsteuerliche Unternehmerin anzusehen und daher zum Vorsteuerabzug berechtigt.[27] 1.57

---

[25] Kirmse/Spönemann, in: Michalski/Heidinger/Leible/Schmidt, GmbHG, 4. Aufl. 2023, Systematische Darstellung Rdnr. 47.

[26] EuGH, Urt. v. 29.04.2004 – C-137/02, UR 2004, 362; vgl. Folgeurteil BFH, Urt. v. 15.07.2004 – V R 84/99, BStBl 2005 II, 155.

[27] Sterzinger, DStR 2013, 1308 m.w.N.

Praxistipp

1.58 Es kommt darauf an, dass die an die Vorgründungsgesellschaft getätigte Leistung als „Investition" der GmbH gesehen werden kann, dabei ist auch eine „Geschäftsveräußerung im Ganzen" i.S.d. § 1 Abs. 1a UStG möglich (Abschn. 15b.2a Abs. 3 UStAE). Keine Investitionsgüter sind aber hingegen Beratungsleistungen gegenüber der Vorgründungsgesellschaft, wohl aber die notarielle Beurkundung der Satzung.[28]

1.1.3.2 Steuerliche Behandlung der Vor-GmbH

1.59 Nach Abschluss des notariellen Vertrags entsteht eine Vorgesellschaft (Vor-GmbH). Sie ist von der Vorgründungsgesellschaft zu unterscheiden, und es findet von dieser kein automatischer Vermögensübergang statt. Zwar ist die Vor-GmbH noch keine endgültige GmbH, denn dafür ist noch eine Eintragung in das Handelsregister erforderlich. Allerdings wenden die Finanzverwaltung und h.M.[29] – in Anlehnung an die gesellschaftsrechtliche Betrachtung – schon **mit Entstehung der Vorgesellschaft** die Grundsätze der Kapitalgesellschaften an. Somit ist eine Körperschaftsteuerpflicht schon mit Abschluss des Gesellschaftsvertrags gegeben (H 1.1 KStH). Das Gleiche gilt auch bezüglich der Gewerbesteuer (H 2.1 Abs. 4 GewStH).

1.60 **Scheitert die Eintragung** der GmbH, liegt eine sogenannte unechte Vorgesellschaft vor. Diese ist gesellschaftsrechtlich und steuerrechtlich als Personenunternehmen (Einzelunternehmer, GbR oder OHG) zu betrachten, so dass für diese die Grundsätze der Vorgründungsgesellschaft gelten.

1.1.3.3 Steuerliche Folgen der Einlagenerbringung und der Eintragung

1.61 Die Eintragung der Gesellschaft selbst hat keine unmittelbaren Konsequenzen auf die steuerliche Situation. Forderungen und Schulden der Vorgesellschaft gehen automatisch auf die GmbH über. Das gilt ebenso für einen eventuell bestehenden Verlustvortrag.

1.62 Die Bar- oder Sachgründung erfolgt steuerneutral. In der Steuerbilanz der Gesellschaft sind nach § 6 Abs. 6 EStG die gemeinen Werte anzusetzen. Die Bewertungsbeschränkungen des § 6 Abs. 1 Nr. 5 Buchst. a)–c) EStG gelten also nicht für die offene Sacheinlage.[30] Ist der Wert des eingelegten Wirtschaftsguts höher als die Einlageforderung und wird kein Ausgleich vereinbart, so liegen regelmäßig die Voraussetzungen einer verdeckten Einlage gem. § 8 Abs. 3 Satz 3 KStG vor.

---

[28] BFH, Urt. v. 11.11.2015 – V R 8/15, BFH/NV 2016, 863; OFD Frankfurt, Vfg. v. 30.03.2005 – S 7104 A – 47 – St I 1.10, DStR 2005, 1099.

[29] WINNEFELD, Bilanz-Handbuch, 5. Aufl. 2015, N 124 f.

[30] KRUMM, in: BRANDIS/HEUERMANN, Ertragsteuerrecht, § 6 EStG Rdnr. 1970 m.w.N. (05/2023).

Bei den **Gründungskosten** ist zu differenzieren. Grundsätzlich haben die Gesellschafter diese zu tragen. Soweit aber in der Satzung vereinbart ist, dass die GmbH diese übernimmt, liegen Betriebsausgaben vor. Beträge, die über den in der Satzung genannten Höchstbetrag hinausgehen, sind im Fall der Leistung durch die GmbH als verdeckte Gewinnausschüttung gem. § 8 Abs. 3 Satz 2 KStG zu qualifizieren. 1.63

Hinweis

In den Musterprotokollen des GmbHG ist unter 5. festgelegt, dass die Gesellschaft die Gründungskosten bis zu 300 € trägt. Dies ist folglich der Betrag, der steuerlich höchstens als Betriebsausgabe abzugsfähig ist. 1.64

Hinsichtlich des **Vorsteuerabzugs bei Sacheinlagen** durch die Gesellschafter ist nach deren Herkunft zu unterscheiden: Gehörten die Sacheinlagen zum Privatvermögen des Gesellschafters ist ein Vorsteuerabzug nicht zulässig (Abschn. 15.2a Abs. 12 Satz 2 UStAE). Waren die Sacheinlagen hingegen vorher dem Unternehmen des Gesellschafters zuzuordnen, so kann ein steuerbarer Umsatz anzunehmen sein, sofern keine Geschäftsveräußerung im Ganzen (§ 1 Abs. 1a UStG) vorliegt (Abschn. 1.6 Abs. 2 UStAE). Der Umsatz ist auch steuerpflichtig, insbesondere liegt keine steuerfreie Gewährung von Gesellschaftsrechten gem. § 4 Nr. 8 Buchst. f) UStG vor.[31] 1.65

1.1.3.4 Steuerliche Folgen bei den Gesellschaftern

Die Gründungskosten der Gesellschafter, zu denen auch die Bar- oder Sacheinlagen gehören, erhöhen deren Anschaffungskosten der Beteiligung. Wird ein Gegenstand aus dem Betriebsvermögen des Gesellschafters geleistet, so führt dies als tauschähnlicher Vorgang grundsätzlich zu einer Aufdeckung der stillen Reserven (§ 6 Abs. 6 EStG). 1.66

Praxistipp

Ist der Gegenstand der Sacheinlage ein Betrieb, Teilbetrieb oder Anteil an einer Personengesellschaft, so kann die Aufdeckung der stillen Reserven nach § 20 UmwStG vermieden und zu Buchwerten eingebracht werden.[32] 1.67

---

31 THIEDE/STEINHAUSER, DB 2000, 1295.

32 Im Einzelnen dazu BMF-Schreiben v. 11.11.2011 – IV C 2 - S 1978 - b/08/10001, BStBl I, 1314 (UmwSt-Erlass), Rdnr. 20.01 ff., ebenso der Entwurf des neuen BMF-Schreibens v. 20.11.2023, Rdnr. 20.03 ff.

1.68 Erfolgt die Sacheinlage aus dem Privatvermögen heraus, können Einkünfte gem. § 22 Nr. 2 i.V.m. § 23 EStG entstehen, wenn die Einbringung innerhalb der entsprechenden Fristen von einem Jahr bzw. zehn Jahren (bei Grundstücken) nach Anschaffung erfolgt.

1.69 In umsatzsteuerlicher Hinsicht ist zu beachten, dass mit Sacheinbringung auch ein steuerbarer und steuerpflichtiger Umsatz vorliegen kann (siehe dazu Rdnr. 1.65; zu Sacheinlagen allgemein siehe Rdnr. 1.16 ff.).

1.2 Mantelgründung und Vorratsgesellschaften

1.70 Wird eine GmbH nicht vollständig neu errichtet, sondern wird eine bereits bestehende GmbH verwendet, die unmittelbar davor nicht unternehmerisch tätig war, kann dies gesellschaftsrechtlich dennoch als Neugründung zu werten sein. Zu diesen „wirtschaftlichen Neugründungen" zählt der Erwerb

- einer Vorratsgesellschaft oder
- eines Altmantels, d.h. der Kauf eines bereits wirtschaftlich, aber nicht rechtlich abgewickelten Unternehmens.

1.2.1 Gesellschaftsrechtliche Einordnung der wirtschaftlichen Neugründung

1.71 Nach der Rechtsprechung des BGH[33] greifen bei der Nutzung von Vorratsgesellschaften bzw. Mantel-GmbHs die Regelungen zur Neugründung. Danach haben die Neugesellschafter bei der (Re-)Aktivierung den Vorgang dem Handelsregister gegenüber offenzulegen, und die Geschäftsführer haben zu versichern, dass das statuarische Stammkapital vorhanden ist (§ 7 Abs. 2 und 3 GmbHG). Die Formulierung dieser Versicherung sollte beinhalten, dass das Stammkapital ordnungsgemäß erbracht wurde, heute (Zeitpunkt der Anmeldung) durch das Vermögen der Gesellschaft vollständig gedeckt ist und zur freien Verfügung des Geschäftsführers steht.

Hinweis

1.72 Abgrenzungsprobleme von einem Altmantel zu einer bloßen Fortführung des Unternehmens können sich ergeben, wenn die GmbH nach Einstellung des Hauptgeschäfts immer wieder mal geringfügig tätig war. Nach der Rechtsprechung liegt keine wirtschaftliche Neugründung vor, wenn die Gesellschaft im Rahmen des Unternehmensgegenstands in irgendeiner wirtschaftlich noch gewichtbaren Weise aktiv ist. Dies ist nicht der Fall, wenn eine GmbH aus der Liquidation herausgeführt wird oder das Unternehmen erheblich umorganisiert wird.

---

[33] BGH, Urt. v. 09.12.2002 – II ZR 12/02, BGHZ 153, 158; BGH, Urt. v. 07.07.2003 – II ZR 4/02, GmbHR 2003, 1125.

Für die Abgrenzung der wirtschaftlichen Neugründung von der bloßen Umorganisation oder Sanierung einer noch aktiven GmbH ist entscheidend, ob die Gesellschaft noch ein aktives Unternehmen betreibt, an das die Fortführung des Geschäftsbetriebs – sei es auch unter wesentlicher Umgestaltung, Einschränkung oder Erweiterung seines Tätigkeitsgebiets – in irgendeiner wirtschaftlich noch gewichtbaren Weise anknüpft, oder ob es sich tatsächlich um einen leer gewordenen Gesellschaftsmantel ohne Geschäftsbetrieb handelt, der nur dazu dient, unter Vermeidung der rechtlichen Neugründung einer die beschränkte Haftung gewährleistenden Kapitalgesellschaft eine gänzlich neue Geschäftstätigkeit – ggf. wieder – aufzunehmen.[34]

1.2.2 Bilanzierung der wirtschaftlichen Neugründung

Im Rahmen einer wirtschaftlichen Neugründung ist keine Gründungsbilanz zu erstellen. Allerdings empfiehlt sich die Aufstellung einer Vorbelastungsbilanz. Denn soweit das satzungsmäßige Stammkapital nicht mehr vorhanden ist, haften die Gesellschafter nach den Grundsätzen der Unterbilanzhaftung (siehe dazu oben Rdnr. 1.28). Freilich haften sie nicht unbeschränkt, sondern nur anteilig für eine im Zeitpunkt der erstmals nach außen in Erscheinung getretenen Neugründung bestehende Deckungslücke.[35] 1.73

1.3 Schluss- und Eröffnungsbilanzen bei der Umwandlung

Entsteht eine GmbH im Rahmen einer 1.74

- Verschmelzung (§§ 2 ff. UmwG),
- Auf- oder Abspaltung (§§ 123 ff. UmwG) oder einer
- Ausgliederung (§§ 152 ff. UmwG),

so sind eine Schluss- und eine Eröffnungsbilanz zu erstellen.[36] Hinsichtlich des übertragenden Rechtsträgers ist zu beachten, dass der Stichtag der Schlussbilanz höchstens acht Monate zurückliegen darf, bezogen auf den Tag der Umwandlungsanmeldung beim Handelsregister. Es kommt nicht darauf an, ob der übertragende Rechtsträger bestehen bleibt oder nicht. Im Übrigen gelten für die Aufstellung der Schlussbilanz die Vorschriften des HGB für die Jahresbilanz. Eine Schlussbilanz entfällt also, wenn der übertragende Rechtsträger gar nicht buchführungspflichtig ist. Die Eröffnungsbilanz des übernehmenden Rechtsträgers erfolgt nach den oben dargestellten allgemeinen Grundsätzen.

---

[34] BGH, Beschl. v. 08.04.2020 – II ZB 3/19, GmbHR 2020, 832.

[35] BGH, Urt. v. 06.03.2012 – II ZR 56/10, NJW 2012, 1875.

[36] Siehe § 17 Abs. 2, §§ 125, 135 UmwG; LANGSEDER, in: Beck'sches Handbuch der GmbH, 6. Aufl. 2021, § 9 Rdnr. 50 ff.

1.75 Keine Eröffnungs- oder Schlussbilanz sind bei einem **Formwechsel** erforderlich, da die Identität der Gesellschaft gewahrt bleibt (zu den Umwandlungstatbeständen siehe im Einzelnen Rdnr. 29.1 ff.).

2. Gründung einer Unternehmergesellschaft (haftungsbeschränkt)

2.1 Ausgangssituation

B plant den Betrieb eines kleinen Online-Shops. Er möchte sich auf der einen Seite vor Haftungsrisiken schützen. Auf der anderen Seite verfügt er über nur geringe finanzielle Mittel, so dass eine „klassische" GmbH nicht gegründet werden kann. B fragt Sie, ob eine Unternehmergesellschaft (UG) als Alternative in Betracht gezogen werden kann. 2.1

2.2 Gesellschaftsrechtliche Betrachtung der Gründung einer UG und Übergang in eine GmbH

Hinsichtlich der Gründung und der gesellschaftsrechtlichen Einordnung der UG (z.B. die Bestellung des Geschäftsführers oder die Haftungsgefahren) kann auf das Recht der GmbH verwiesen werden (siehe dazu im Einzelnen Rdnr. 1.1 ff.). Es wird hier nur auf die – von der GmbH abweichenden – Besonderheiten hingewiesen. 2.2

2.2.1 Unterschied zwischen UG und GmbH

Die UG existiert seit 2008 und ist eine GmbH, deren Stammkapital weniger als 25.000 € beträgt („Mini-GmbH"). Die Unterschiede zur GmbH sind ausschließlich in § 5a GmbHG geregelt. Im Übrigen gelten für sie die Bestimmungen zur GmbH. In folgenden Punkten unterscheidet sich die UG von der GmbH: 2.3

- Das Stammkapital der UG beträgt zwischen 1 € und 24.999 € (§ 5a Abs. 1 GmbHG).

- Die UG muss firmieren als „Unternehmergesellschaft (haftungsbeschränkt)" oder „UG (haftungsbeschränkt)".[1]
- Es ist bei der UG nur eine Bargründung erlaubt, Sachgründungen sind nicht möglich (§ 5a Abs. 2 GmbHG).
- Die Bareinlage muss vor Anmeldung in voller Höhe erbracht werden (§ 5a Abs. 2 GmbHG).
- Es besteht eine Thesaurierungspflicht i.H.v. 25 % des Jahresüberschusses. Dieser Teil des Ertrags muss in eine Rücklage eingestellt und darf nicht ausgeschüttet werden. Die Rücklage dient dazu, das Stammkapital zu erhöhen, damit die UG zu einer vollwertigen GmbH „heranwächst".
- Die Gesellschafterversammlung muss bei der UG bei „drohender Zahlungsunfähigkeit" einberufen werden, bei der GmbH wird darauf abgestellt, dass die Hälfte des Stammkapitals verloren ist.
- Kein Unterschied besteht bezüglich der Möglichkeit, die Gesellschaft als Gesellschafter einzusetzen. Die Errichtung einer UG & Co. KG ist also möglich.

Praxistipp

2.4 Achten Sie bei der Firmierung der UG darauf, nicht unberechtigterweise als „GmbH" aufzutreten. Der BGH nimmt bei falschen oder missverständlichen Bezeichnungen eine persönliche Haftung des Geschäftsführers gem. § 179 BGB an.[2]

2.2.2 Rücklagenbildung

2.5 Der Jahresüberschuss der Gesellschaft darf nicht vollständig ausgeschüttet werden. Es ist vielmehr i.H.v. 25 % eine Rücklage zu bilden, die gem. § 5a Abs. 3 GmbHG für folgende Zwecke verwendet werden darf:

- Kapitalerhöhung aus Gesellschaftsmitteln i.S.d. § 57c GmbHG,
- Ausgleich eines Jahresfehlbetrags, soweit kein Gewinnvortrag oder Bilanzgewinn mehr vorhanden ist,
- Ausgleich eines Verlustvortrags, soweit dieser nicht durch den Jahresüberschuss gedeckt ist.

Die Vorgehensweise sei anhand eines Beispiels (zur bilanziellen Behandlung siehe Beispiel in Rdnr. 6.16) dargestellt:

---

[1] Auch die Bezeichnung als „XY Holding UG (haftungsbeschränkt)" ist zulässig, siehe OLG Frankfurt, Beschl. v. 16.04.2019 – 20 W 53/18, NZG 2019, 1232.

[2] BGH, Urt. v. 12.06.2012 – II ZR 256/11, WM 2012, 1629.

Beispiel

B gründet zum 01.01.01 eine UG mit einem Stammkapital von 1.500 € und erleidet in den ersten Jahren einige Verluste. Zum 31.12.04 zeigt die Bilanz der Gesellschaft im Eigenkapital einen Verlustvortrag i.H.v. 1.000 € und einen Jahresfehlbetrag i.H.v. 700 € (damit Verlustvortrag für das kommende Jahr insgesamt 1.700 €). Im Jahr 05 erzielt die UG (nach Abzug der KSt und der GewSt) einen Jahresüberschuss i.H.v. 2.100 €. 2.6

Lösung

Die Rücklagenzuführung berechnet sich nun wie folgt:

Jahresüberschuss	2.100 €
Verlustvortrag	– 1.700 €
verbleibender Betrag	**400 €**
25 % Rücklagenzuführung	100 €

2.2.3 Aufstockung des Stammkapitals

Nach der Vorstellung des Gesetzgebers ist die UG nur eine Übergangslösung, bis sie in eine vollwertige GmbH überführt werden kann. Zu diesem Zweck muss eine Rücklage i.H.v. 25 % des Jahresüberschusses gebildet werden, die nur zum Ausgleich von Verlusten bzw. zur Aufstockung des Stammkapitals verwendet werden darf. Erhöht die UG (durch notariell beurkundeten Beschluss, der in das Handelsregister eingetragen wird) ihr Stammkapital auf mindestens 25.000 €, gelten die Sonderregeln des § 5a GmbHG nicht mehr. Die UG wird mit der Erhöhung des Stammkapitals zur regulären GmbH. Es findet dabei weder ein Rechtsformwechsel noch eine Umwandlung statt.[3] Da sich die Identität der Gesellschaft nicht ändert, gilt das Folgende: 2.7

- Das Vermögen und die Schulden gehen automatisch auf die „neue“ Gesellschaft über.
- Die Gesellschaft darf (muss aber nicht) sich jetzt als „GmbH“ bezeichnen.
- Es gilt nicht mehr § 5a GmbHG, es muss also insbesondere nichts mehr thesauriert werden.
- Für die „entscheidende“ Kapitalerhöhung (über die 25.000-€-Grenze) gilt das Bareinlagegebot nicht mehr und auch nicht die Pflicht zur vollständigen Erbringung.[4]

---

3 MüKo-GmbHG/Rieder, 4. Aufl. 2022, § 5a Rdnr. 37a.

4 BGH, Beschl. v. 19.04.2011 – II ZB 25/10, WM 2011, 984.

2.3 Bilanzielle Behandlung der Rücklagenbildung

2.8 Zur Veranschaulichung der bilanziellen Behandlung der Rücklagen wird die Entwicklung des Kapitalkontos an der Fortsetzung des Beispiels dargestellt.

Fortsetzung Beispiel von Rdnr. 2.6

Kapitalkonto zum 31.12.04

...	A. Eigenkapital	
	I. Gezeichnetes Kapital	1.500 €
	II. Verlustvortrag	– 1.000 €
	III. Jahresfehlbetrag	– 700 €

Kapitalkonto zum 31.12.05

...	A. Eigenkapital	
	I. Gezeichnetes Kapital	1.500 €
	II. Gesetzliche Rücklage	100 €
	III. Bilanzgewinn (§ 268 Abs. 1 HGB)	300 €

3 Der Status des GmbH-Geschäftsführers

3.1 Der dienst- bzw. arbeitsrechtliche Status des GmbH-Geschäftsführers

3.1 Der GmbH-Geschäftsführer ist das gesetzlich bestimmte Vertretungsorgan der Gesellschaft (§ 35 Abs. 1 GmbHG). Mit dem zugrundeliegenden gesellschaftsrechtlichen Bestellungsakt entsteht das sogenannte gesellschaftsrechtliche Organverhältnis, aufgrund dessen der Geschäftsführer handelndes Organ der Gesellschaft wird und dessen inhaltliche Ausgestaltung nach Maßgabe von Satzung bzw. Gesetz erfolgt.

3.2 Das Organverhältnis entsteht mit Bestellung der betreffenden Person als Geschäftsführer durch Beschluss der Gesellschafterversammlung gem. § 46 Nr. 5 GmbHG und dessen Annahme. Dieser Akt entfaltet eine konstitutive Wirkung für den Status als Geschäftsführer, so dass der anschließenden Eintragung des Geschäftsführers im

Handelsregister lediglich deklaratorische Bedeutung zukommt.[1] Mit Begründung der organschaftlichen Rechtsstellung werden somit zugleich die organschaftlichen Pflichten und – die flankierenden – organschaftlichen Haftungsnormen in Kraft gesetzt.

3.3 Die Beendigung des Organverhältnisses erfolgt – spiegelbildlich zum Bestellungsakt – durch die Abberufung, die, vorbehaltlich einer gesellschaftsvertraglich normierten Zuständigkeit des Aufsichtsrats, der Gesellschafterversammlung obliegt (§ 46 Nr. 5 GmbHG). Die Abberufung führt dazu, dass die organschaftliche Stellung und hiermit das Pflichtenprogramm des Gesellschafters für die Zukunft beendet werden.[2] Die Abberufung bedarf keiner sachlichen Rechtfertigung und wird im Zeitpunkt der Mitteilung gegenüber dem Geschäftsführer rechtswirksam.[3]

3.4 Rechtlich hiervon zu trennen ist das schuldrechtliche Dienstverhältnis in Gestalt des Geschäftsführeranstellungsvertrags, durch den weitergehende spezifische Verpflichtungen des Geschäftsführers begründet werden können. Insoweit ist der Geschäftsführer Angestellter der Gesellschaft, die ihm gegenüber gem. § 46 Nr. 5 GmbHG durch die Gesellschafterversammlung – vorbehaltlich einer abweichenden Zuständigkeitszuweisung durch die Satzung an den Aufsichtsrat der Gesellschaft – vertreten wird, die entsprechende gesellschaftsrechtliche Weisungsrechte gegenüber dem Geschäftsführer besitzt.

3.5 Zur (einseitigen) Beendigung des schuldrechtlichen Anstellungsvertrags ist eine Kündigung des Geschäftsführeranstellungsvertrags erforderlich, die den Voraussetzungen des Anstellungsvertrags unterliegt. Auch die Beendigung fällt ebenso regelmäßig als Annexkompetenz des § 46 Nr. 5 GmbHG in die Zuständigkeit der Gesellschafterversammlung.[4]

3.6 In diesem Spannungsfeld zwischen Organstellung einerseits und weisungsunterworfenem Anstellungsverhältnis andererseits bedarf es daher zunächst einer Einordnung des rechtlichen Status des Geschäftsführers vor dem Hintergrund, dass eine etwaige Arbeitnehmereigenschaft das weitreichende Schutzregime des Arbeitsrechts für den Geschäftsführer eröffnen würde. Umgekehrt würde die fehlende Eigenschaft als Arbeitnehmer für den Geschäftsführer bedeuten, dass er nicht den Arbeitnehmerschutzvorschriften unterfiele und insbesondere eine Kündigung seines Anstellungsverhältnisses durch die Gesellschaft keiner sozialen Rechtferti-

---

[1] Kleindiek, in: Lutter/Hommelhoff, GmbHG, 21. Aufl. 2023, § 6 Rdnr. 42, 43; für das Entstehen der steuerrechtlichen Pflichtenstellung vgl. z.B. BFH, Urt. v. 26.02.1985 – VII R 110/79, BFH/NV 1985, 20.

[2] U.H. Schneider/S. Schneider, in: Scholz, GmbHG, 13. Aufl. 2022, § 38 Rdnr. 14, 32.

[3] BGH, Urt. v. 03.11.2003 – II ZR 158/01, NJW-RR 2004, 540.

[4] BGH, Urt. v. 14.05.2019 – II ZR 299/17, DStR 2019, 1533, 1534.

gung gemäß den Regelungen des KSchG bedürfe[5] sowie die Kündigungsfristen für Arbeitnehmer gem. § 622 Abs. 2 BGB nicht gelten würden, sondern § 621 BGB Anwendung fände.[6]

Für das grundlegende systematische Verständnis ist in dem Zusammenhang vorab außerdem von Bedeutung, dass eine sozialversicherungsrechtliche Einstufung als abhängige Beschäftigung i.S.v. § 7 Abs. 1 SGB IV kein Präjudiz für die arbeitsrechtliche Bewertung ist. Denn der arbeitsrechtliche Begriff des Arbeitnehmers i.S.v. § 5 ArbGG und der des sozialversicherungsrechtlichen Beschäftigungsverhältnisses sind nicht deckungsgleich.[7] 3.7

3.2 Dienstrechtlicher Status des GmbH-Geschäftsführers

3.2.1 Rechtsvorschriften auf Grundlage nationalen Rechts

Nach nationalem Recht, das nicht auf europarechtlichen Vorgaben beruht bzw. keiner europarechtskonformen Auslegung unterliegt, wird das schuldrechtliche Verhältnis zwischen Gesellschaft und Geschäftsführer vom BGH[8] sowie von der jüngeren Rechtsprechung des BAG[9] sowohl für Gesellschafter-Geschäftsführer als auch für Fremdgeschäftsführer grundsätzlich nicht als Arbeitsverhältnis, sondern als Dienstverhältnis beurteilt. 3.8

Ein Arbeitsverhältnis unterscheidet sich von einem Dienstverhältnis durch den Grad der persönlichen Abhängigkeit, in der sich der zur Dienstleistung Verpflichtete befindet.[10] Nach § 611a Abs. 1 BGB ist Arbeitnehmer, wer durch den Arbeitsvertrag im Dienst eines anderen zur Leistung weisungsgebundener, fremdbestimmter Arbeit in persönlicher Abhängigkeit verpflichtet ist. Das Weisungsrecht kann Inhalt, Durchführung, Zeit und Ort der Tätigkeit betreffen. Weisungsgebunden ist, wer seine Tätigkeit nicht im Wesentlichen frei gestalten und seine Arbeitszeit bestimmen kann.[11] Der Grad der persönlichen Abhängigkeit hängt dabei auch von 3.9

5 Zu beachten ist in dem Zusammenhang allerdings, dass die Geltung der materiellen Regelungen des KSchG einzelvertraglich im Anstellungsvertrag des Geschäftsführers vereinbart werden kann, vgl. BGH, Urt. v. 10.05.2010 – II ZR 70/09, NZA 2010, 889, 890 ff.

6 BAG, Urt. v. 11.06.2020 – 2 AZR 374/19, NJW 2020, 2824, 2827.

7 BAG, Urt. v. 27.04.2021 – 2 AZP 540/20, NZA 2021, 857, 859; BAG, Urt. v. 21.01.2019 – 9 AZB 23/18, NZA 2019, 490, 494.

8 BGH, Urt. v. 13.05.2022 – AnwZ (Brfg) 21/21, NZA 2022, 1220; BGH, Urt. v. 07.12.2020 – AnwZ (Brfg) 17/20, NZA 2021, 207, 208; BGH, Urt. v. 10.05.2010 – II ZR 70/09, NZA 2010, 889, 890.

9 BAG, Beschl. v. 08.02.2022 – 9 AZB 40/21, NJW 2022, 1189; BAG, Urt. v. 27.04.2021 – 2 AZR 540/20, NJW 2021, 2059; BAG, Urt. v. 11.06.2020 – 2 AZR 374/19, NJW 2020, 2824, 2827; BAG, Urt. v. 21.01.2019 – 9 AZB 23/18, NZA 2019, 490, 493.

10 BAG, Urt. v. 21.01.2019 – 9 AZB 23/18, NZA 2019, 490, 493.

11 BAG, Urt. v. 21.01.2019 – 9 AZB 23/18, NZA 2019, 490, 493.

der Eigenart der jeweiligen Tätigkeit ab. Für die Feststellung, ob ein Arbeitsvertrag vorliegt, ist eine Gesamtbetrachtung aller Umstände vorzunehmen. Zeigt die tatsächliche Durchführung des Vertragsverhältnisses, dass es sich um ein Arbeitsverhältnis handelt, kommt es auf die Bezeichnung im Vertrag nicht an.[12]

3.10 Nach diesen Maßgaben könnte erwogen werden, bereits die gesellschaftsrechtliche Weisungsgebundenheit des Geschäftsführers gegenüber der Gesellschafterversammlung als ausreichend für eine persönliche Abhängigkeit anzusehen.[13] Eine Weisungsgebundenheit, die so stark ist, dass sie auf einen Status als Arbeitnehmer schließen lässt, ist damit allerdings nach höchstrichterlicher Rechtsprechung des BAG nicht per se verbunden, sondern kommt nur in extremen Ausnahmefällen in Betracht,[14] in denen die Weisungsrechte weit über die gesetzlich normierten gesellschaftsrechtlichen Weisungsrechte hinausgehen.[15] Interne Beschränkungen, wie z.B. besondere Zustimmungsvorbehalte der Gesellschafterversammlung, gemeinschaftliche Vertretungsbefugnis mit einem Mitgeschäftsführer o.Ä., genügen jedenfalls nicht, da die gesetzlichen, nach außen nicht beschränkbaren Vertretungsbefugnisse den Geschäftsführer grundlegend von anderen leitenden (nicht selbständigen) Arbeitnehmern unterscheiden.[16]

3.11 Denkbar ist somit die Annahme eines Arbeitsverhältnisses allenfalls in extremen Ausnahmefällen dann, wenn der Geschäftsführer dem Direktionsrecht der Gesellschafterversammlung hinsichtlich Art, Ort, Dauer und Zeit seiner Geschäftsführertätigkeiten unterliegt.[17]

3.2.2 Sonderfall Kündigungsschutz: Negative Fiktion des § 14 KSchG

3.12 Unabhängig von einer materiellrechtlichen Einordnung des Rechtsverhältnisses als Arbeitsverhältnis ist die Anwendung des KSchG bereits gem. § 14 KSchG ausgeschlossen, durch den ein Organmitglied, das zur Vertretung der juristischen Person berufen ist, von dem personellen Anwendungsbereich der Regelungen zum allgemeinen Kündigungsschutz ausgenommen wird. § 14 KSchG knüpft insoweit allein an die formale organschaftliche Stellung des Geschäftsführers an und sperrt die Anwendung des KSchG, wenn die organschaftliche Stellung als Geschäftsführer

---

12 BAG, Urt. v. 21.01.2019 – 9 AZB 23/18, NZA 2019, 490, 493.

13 So z.B. für den Bereich des Unionsrechts: EuGH, Urt. v. 11.11.2010 – C-232/09, „Danosa", NZA 2011, 143, Rdnr. 51.

14 BAG, Urt. v. 20.07.2023 – 6 AZR 228/22, NZG 2023, 1661, 1663; BAG, Beschl. v. 08.02.2022 – 9 AZB 40/21, NZA 2022, 430; BAG, Urt. v. 27.04.2021 – 2 AZR 540/20, NJW 2021, 2059.

15 LAG Düsseldorf, Beschl. v. 12.11.2019 – 3 Ta 377/19, NZA-RR 2020, 96, 100; LAG Schleswig-Holstein, Beschl. v. 04.07.2019 – 6 Ta 51/19, BeckRS 2019, 22166.

16 BAG, Urt. v. 11.06.2020 – 2 AZR 374/19, NJW 2020, 2824, 2826.

17 BAG, Beschl. v. 08.02.2022 – 9 AZB 40/21, NZA 2022, 430; BAG, Urt. v. 24.11.2005 – 2 AZR 614/04, NZA 2006, 366, 367.

zum Zeitpunkt der Kündigung noch besteht,[18] unabhängig davon, ob das der Organstellung zugrundeliegende schuldrechtliche Anstellungsverhältnis materiellrechtlich als Arbeitsverhältnis oder als freies Dienstverhältnis zu qualifizieren ist.[19]

Praxistipp

Um bereits die formale Sperrwirkung des § 14 KSchG zu erhalten und einen allgemeinen Kündigungsschutz zu umgehen, kann es sich daher aus Sicht der Gesellschaft empfehlen, das Anstellungsverhältnis mit dem Geschäftsführer zu kündigen, bevor die Abberufung als Geschäftsführer erfolgt. 3.13

3.2.3 Rechtsvorschriften auf Grundlage des EU-Rechts

Soweit gesetzliche Vorschriften durch Rechtsnormen der Europäischen Union bzw. im Rahmen einer richtlinienkonformen Auslegung bestimmt werden, ist ein unionsrechtlicher Arbeitnehmerbegriff zu beachten. Der unionsrechtliche Arbeitnehmerbegriff ist maßgeblich, wenn und soweit eine europarechtliche Regelung angewandt oder nationales Recht richtlinienkonform angewandt bzw. ausgelegt werden muss.[20] Ausgangspunkt dieser Entwicklung ist die Entscheidung des EuGH vom 11.11.2010 („Danosa"-Entscheidung), in der die Arbeitnehmereigenschaft der Geschäftsführerin einer Kapitalgesellschaft im Rahmen der Anwendung des gesetzlichen Mutterschutzes angenommen wurde,[21] gefolgt von der „Balkaya"-Entscheidung des EuGH vom 09.07.2015 zum Kündigungsschutz gemäß der Massenentlassungsrichtlinie 98/59/EG.[22] Hiernach ist die Arbeitnehmereigenschaft eines Geschäftsführers zu bejahen, sofern er Weisungen unterliegt, für die bereits die gesellschaftsrechtlichen Weisungsbefugnisse ausreichen, und jederzeit abberufen werden kann. Hieran anknüpfend hat der BGH im Jahr 2019 im Zusammenhang mit der Anwendung des AGG entschieden, dass § 6 Abs. 1 Satz 1 Nr. 1 AGG europarechtskonform ausgelegt werden müsse und so eine Arbeitnehmereigenschaft zumindest beim Fremdgeschäftsführer bejaht werden könne.[23] Dieser Linie folgt nunmehr auch das BAG mit Blick auf den Begriff der Arbeitnehmerüberlassung 3.14

---

18 BAG, Urt. v. 20.07.2023 – 6 AZR 228/22, NZG 2023, 1661, 1662; BAG, Urt. v. 27.04.2021 – 2 AZR 540/20, NJW 2021, 2059, 2060; BAG, Urt. v. 11.06.2020 – 2 AZR 374/19, NJW 2020, 2824, 2825.

19 BAG, Urt. v. 20.07.2023 – 6 AZR 228/22, NZG 2023, 1661, 1662; BAG, Urt. v. 27.04.2021 – 2 AZR 540/20, NJW 2021, 2059, 2060.

20 BAG, Urt. v. 25.07.2023 – 9 AZR 43/22, NZA 2023, 1531, 1533; BAG, Urt. v. 27.04.2021 – 2 AZR 540/20, NZA 2021, 857, 859.

21 EuGH, Urt. v. 11.11.2010 – C-232/09, „Danosa", Rdnr. 51.

22 EuGH, Urt. v. 09.07.2015 – C-229/14, „Balkaya", NJW 2015, 2481, Rdnr. 8, 34.

23 BGH, Urt. v. 26.03.2019 – II ZR 244/17, NJW 2019, 2086, 2088.

i.S.d. AÜG[24] sowie hinsichtlich der Anwendung des BUrlG.[25] Im Gegensatz dazu entfaltet der europarechtliche Arbeitnehmerbegriff für das allgemeine Kündigungsschutzrecht keine Wirkung.[26]

Hinweis

3.15 Soweit gesetzliche Vorschriften im Einflussbereich europäischer Rechtsnormen stehen und daher einer europarechtskonformen Auslegung unterliegen, gilt ein unionsrechtlicher Arbeitnehmerbegriff, der weiter reicht als die Definition nach nationalem Recht. In der Praxis sind daher Fremdgeschäftsführer sowie Gesellschafter-Geschäftsführer mit Stimmrechten von weniger als 50 % als Arbeitnehmer einzustufen.

3.2.4 Verhältnis von organschaftlicher Abberufung und Kündigung des Anstellungsvertrags

3.16 Obwohl die Beendigung des Organverhältnisses und des Anstellungsverhältnisses auf den ersten Blick einen natürlichen Zusammenhang bilden, ist die rechtliche Behandlung differenziert vorzunehmen.

- **Rechtliche Trennung von Abberufung und Beendigung des Dienstvertrags**

3.17 Nach der von der Rechtsprechung vertretenen Trennungstheorie führt die Abberufung nicht automatisch zur Beendigung des Dienstvertrags.[27] Demnach sind Organ- und Anstellungsverhältnis voneinander zu trennen. Die Kündigung des Anstellungsverhältnisses unterliegt den Regelungen des BGB. Danach kann z.B. ein Dienstverhältnis ohne Einhaltung einer Kündigungsfrist nur aus wichtigem Grund gekündigt werden (vgl. § 626 BGB). Die organschaftliche Abberufung unterfällt diesen Regelungen hingegen nicht. Eine Abberufung des Geschäftsführers bedarf daher keiner sachlichen Rechtfertigung.[28]

3.18 Vor dem Hintergrund dieser unterschiedlichen rechtlichen Anforderungen kann eine Abberufung mit sofortiger Wirkung rechtswirksam erfolgen, während eine (außer-)ordentliche Kündigung des Anstellungsvertrags jedoch ausgeschlossen ist bzw. einem abweichenden (vertraglichen bzw. gesetzlichen) Fristenregime unterliegt (vgl. § 621 BGB). Eine ordentliche Kündigung durch die Gesellschaft und die damit verbundene Beachtung bestehender Kündigungsfristen sind nach einer erfolgten Abberufung allerdings aus Sicht der Gesellschaft regelmäßig unerwünscht, da eine weitere Tätigkeit bis zum Ablauf

24 BAG, Urt. v. 26.04.2022 – 9 AZR 139/21, BeckRS 2022, 22076.
25 BAG, Urt. v. 25.07.2023 – 9 AZR 43/22, NZA 2023, 1531, 1533; BAG, Urt. v. 08.02.2022 – 9 AZB 40/21, NJW 2022, 1189, 1190.
26 BAG, Urt. v. 27.04.2021 – 2 AZR 540/20, NZA 2021, 857, 859.
27 BAG, Urt. v. 20.07.2023 – 6 AZR 228/22, NZG 2023, 1661, 1663.
28 BGH, Urt. v. 14.05.2019 – II ZR 299/17, DStR 2019, 1532, 1534.

der Kündigungsfrist zur Vermeidung von Nachteilen für die Gesellschaft vermieden werden soll. Insoweit verbleibt praktisch nur der Ausweg, den Geschäftsführer bis zum Ablauf der Kündigungsfrist von seinen Verpflichtungen aus dem Anstellungsvertrag freizustellen.

Hinweis

Im Anstellungsvertrag kann eine vertragliche Verknüpfung des organschaftlichen und des dienstvertraglichen Rechtsverhältnisses vereinbart werden (sog. Kopplungsklausel). Die Klausel führt dazu, dass das Anstellungsverhältnis an das Organverhältnis geknüpft wird und im Fall einer Beendigung des Organverhältnisses ebenfalls automatisch – unter Beachtung bestehender Kündigungsfristen – beendet wird. 3.19

– **Wechsel eines bisherigen Arbeitnehmers in die Geschäftsführung**

In Fällen, in denen ein bisheriger Arbeitnehmer des Unternehmens zum Geschäftsführer der Gesellschaft aufsteigt, wird vorbehaltlich einer abweichenden Regelung durch den Abschluss eines schriftlichen Geschäftsführeranstellungsvertrags das bisherige Arbeitsverhältnis beendet.[29] Der schriftliche Abschluss des Anstellungsvertrags genügt insoweit dem Schriftformerfordernis des § 623 BGB.[30] 3.20

Anders stellt sich dies dar, wenn kein gesonderter schriftlicher Geschäftsführeranstellungsvertrag geschlossen wird, sondern die Bestellung des Arbeitnehmers im Rahmen seines bisherigen Arbeitsvertrags erfolgt. In einem solchen Fall wird das Arbeitsverhältnis mangels Beachtung der zwingenden Schriftform nicht beendet, vielmehr werden die rechtlichen Pflichten lediglich während der Bestellung als Geschäftsführer modifiziert,[31] was zur Folge hat, dass der Arbeitsvertrag später mit Abberufung bzw. Niederlegung des Geschäftsführeramts in seiner bisherigen Gestalt wieder Anwendung findet.[32] 3.21

Gleiches gilt, sofern die Vertragspartner ausdrücklich vereinbaren, dass der bisherige Arbeitsvertrag für die Dauer der Geschäftsführertätigkeit ruhend gestellt wird und nach Beendigung des Geschäftsführeramts wieder auflebt.[33] 3.22

[29] BAG, Urt. v. 24.10.2013 – 2 AZR 1078/12, NZA 2014, 540, 542; BAG, Urt. v. 19.07.2007 – 6 AZR 774/06, NZA 2007, 1095, 1097.

[30] BAG, Urt. v. 24.10.2013 – 2 AZR 1078/12, NZA 2014, 540, 542; BAG, Beschl. v. 15.03.2011 – 10 AZB 32/10, NZA 2011, 874, 875; BAG, Urt. v. 21.07.2007 – 6 AZR 774/06, NZA 2007, 1095, 1097.

[31] BAG, Urt. v. 20.07.2023 – 6 AZR 228/22, NZG 2023, 1661, 1663; BAG, Beschl. v. 15.03.2011 – 10 AZB 32/10, NZA 2011, 874, 875.

[32] BAG, Urt. v. 20.07.2023 – 6 AZR 228/22, NZG 2023, 1661, 1663; BAG, Beschl. v. 15.03.2011 – 10 AZB 32/10, NZA 2011, 874, 875.

[33] BAG, Urt. v. 21.01.2019 – 9 AZB 23/18, NZA 2019, 490, 492.

Praxistipp

3.23 In der Praxis empfiehlt sich bereits bei Abschluss des Geschäftsführeranstellungsvertrags von vornherein eine klare Regelung, welches rechtliche Schicksal das bisherige Arbeitsverhältnis haben soll.

3.2.5 Gerichtsstand

3.24 Ferner ergibt sich die Frage, welcher Rechtsweg dem abberufenen GmbH-Geschäftsführer offensteht. Das Prozessrecht unterliegt dabei keinen unionsrechtlichen Vorgaben.[34] Der Rechtsweg zu den Arbeitsgerichten ist gem. § 2 Abs. 1 Nr. 3 Buchst. a) und b) ArbGG ausschließlich eröffnet für bürgerliche Rechtsstreitigkeiten zwischen Arbeitnehmern und Arbeitgebern aus dem Arbeitsverhältnis und solchen betreffend das Bestehen oder Nichtbestehen eines Arbeitsverhältnisses.

3.25 Ob ein Arbeitsverhältnis vorliegt, bestimmt sich nach § 5 ArbGG. Danach sind Arbeitnehmer Arbeiter und Angestellte sowie die zu ihrer Berufsausbildung Beschäftigten. Als Arbeitnehmer gelten auch die in Heimarbeit Beschäftigten und die ihnen Gleichgestellten sowie sonstige Personen, die wegen ihrer wirtschaftlichen Unselbständigkeit als arbeitnehmerähnliche Personen anzusehen sind (§ 5 Abs. 1 Satz 1, 2 ArbGG). Als Arbeitnehmer gelten bei einer GmbH hingegen nicht Personen, die als Mitglieder der Geschäftsführung zur Vertretung der GmbH berufen sind (vgl. § 5 Abs. 1 Satz 3 ArbGG).

3.26 Der **Rechtsweg** kann bereits **wegen § 5 Abs. 1 Satz 3 ArbGG ausgeschlossen** sein. Diese Norm enthält eine negative Vermutungsregelung bezüglich des Bestehens eines Arbeitsverhältnisses. Die Norm soll sicherstellen, dass kein Organ einer juristischen Person einen Rechtsstreit vor den Arbeitsgerichten führt. Soweit also der Geschäftsführer im Zeitpunkt der Klageerhebung weder abberufen worden ist noch sein Amt niedergelegt hat, ist dem Geschäftsführer gem. § 5 Abs. 1 Satz 3 ArbGG der Rechtsweg zu den Arbeitsgerichten versperrt.[35]

3.27 Ist der Geschäftsführer hingegen abberufen, § 5 Abs. 1 Satz 3 ArbGG mithin nicht anwendbar, führt dies umgekehrt keinesfalls automatisch dazu, dass eine Zuständigkeit der Arbeitsgerichte bejaht werden kann. Denn allein die Abberufung als

[34] BAG, Beschl. v. 08.02.2022 – 9 AZB 40/21, NZA 2022, 430; BAG, Urt. v. 21.01.2019 – 9 AZB 23/18, NZA 2019, 490, 492.

[35] BAG, Urt. v. 25.07.2023 –9 AZR 43/22, NZA 2023, 1531 f.; BAG, Urt. v. 21.01.2019 – 9 AZB 23/18, NZA 2019, 490, 492; Hessisches LAG, Beschl. v. 13.01.2023 – 10 Ta 3/23, BeckRS 2023, 1393; Hessisches LAG, Beschl. v. 28.02.2020 – 10 Ta 434/19, GmbHR 2020, 1288; LAG Düsseldorf, Beschl. v. 10.12.2019 – 3 Ta 402/19, BeckRS 2019, 43637, Rdnr. 27.

Geschäftsführer hat nicht zur Folge, dass sich hierdurch der arbeitsrechtliche Status des Geschäftsführers ändert.[36]

Vielmehr richtet sich die Rechtswegzuständigkeit dann nach § 2 Abs. 1 Nr. 3 Buchst. a) und b) ArbGG i.V.m. § 5 Abs. 1 und 2 ArbGG, so dass es maßgeblich darauf ankommt, ob der Geschäftsführer die materiellrechtlichen **Voraussetzungen eines Arbeitnehmers i.S.v. § 611a BGB** nach nationaler Definition erfüllt.[37] Eine Rechtswegzuständigkeit nach § 5 Abs. 1 Satz 2 ArbGG i.V.m. § 2 Abs. 1 Nr. 3 Buchst. a) und b) ArbGG wird vom BAG verneint, da der GmbH-Geschäftsführer keine „arbeitnehmerähnliche Person" i.S.v. § 5 Abs. 1 Satz 2 ArbGG sei, sondern vielmehr als „arbeitgeberähnliche Person" im Lager des Arbeitgebers stehe.[38] 3.28

Aus prozessualer Sicht sind folgende (Mindest-)Anforderungen zu beachten: Ist die Klage des Geschäftsführers nur dann begründet, wenn sein Rechtsverhältnis zur Gesellschaft als Arbeitsverhältnis einzuordnen ist, welches nach wirksamer Beendigung der Organstellung als solches fortbesteht oder wieder auflebt (sog. sic-non-Fall), genügt bereits die bloße Rechtsansicht des Geschäftsführers in der Klageschrift, um die Rechtswegzuständigkeit der Arbeitsgerichtsbarkeit zu eröffnen.[39] Ist das Schicksal der Klage hingegen unabhängig von der Einordnung als Arbeitsverhältnis oder als Dienstvertrag, genügt die bloße Rechtsansicht des Klägers nicht, vielmehr muss er sodann schlüssig darlegen, dass die materiellrechtlichen Voraussetzungen als Arbeitnehmer erfüllt sind.[40] 3.29

3.3 Der sozialversicherungsrechtliche Status des GmbH-Geschäftsführers

Die sozialversicherungsrechtliche Einstufung des GmbH-Geschäftsführers unterliegt den Voraussetzungen des § 7 Abs. 1 SGB IV und richtet sich nach Maßgabe der Umstände des Einzelfalls. Hiernach ist „Beschäftigung" die nichtselbständige Arbeit, insbesondere in einem Arbeitsverhältnis. 3.30

---

[36] BAG, Beschl. v. 08.02.2022 – 9 AZB 40/21, NZA 2022, 430; BAG, Urt. v. 21.01.2019 – 9 AZB 23/18, NZA 2019, 490, 492; Hessisches LAG, Beschl. v. 28.02.2020 – 10 Ta 434/19, GmbHR 2020, 1288; LAG Düsseldorf, Beschl. v. 10.12.2019 – 3 Ta 402/19, BeckRS 2019, 43637, Rdnr. 27.

[37] Hessisches LAG, Beschl. v. 28.02.2020 – 10 Ta 434/19, GmbHR 2020, 1288.

[38] BAG, Urt. v. 21.01.2019 – 9 AZB 23/18, NZA 2019, 490, 494.

[39] BAG, Beschl. v. 08.02.2022 – 9 AZB 40/21, NZA 2022, 430; BAG, Urt. v. 21.01.2019 – 9 AZB 23/18, NZA 2019, 490, 492; Hessisches LAG, Beschl. v. 13.01.2023 – 10 Ta 3/23, BeckRS 2023, 1393; Hessisches LAG, Beschl. v. 28.02.2020 – 10 Ta 434/19, GmbHR 2020, 1288; LAG Köln, Beschl. v. 24.01.2017 – 7 Ta 221716, BeckRS 2017, 108067, Rdnr. 11; LAG Mecklenburg-Vorpommern, Beschl. v. 03.11.2016 – 3 Ta 29/16, NZA-RR 2017, 155, 156.

[40] BAG, Beschl. v. 08.02.2022 – 9 AZB 40/21, NZA 2022, 430; BAG, Urt. v. 21.01.2019 – 9 AZB 23/18, NZA 2019, 490, 493; Hessisches LAG, Beschl. v. 13.01.2023 – 10 Ta 3/23, BeckRS 2023, 1393; Hessisches LAG, Beschl. v. 28.02.2020 – 10 Ta 434/19, GmbHR 2020, 1288.

3.31 Der Begriff der sozialversicherungspflichtigen „Beschäftigung“ ist nicht gleichbedeutend mit dem Begriff des Arbeitsverhältnisses.[41] Daraus folgt, dass grundsätzlich eine Beschäftigung vorliegt, wenn ein Arbeitsverhältnis besteht, allerdings auch, dass eine Beschäftigung ebenfalls dann vorliegen kann, wenn kein Arbeitsverhältnis besteht.

3.32 Eine abhängige Beschäftigung von Geschäftsführern ist nicht bereits deshalb ausgeschlossen, weil nach § 5 Abs. 1 Satz 3 ArbGG Personen, die kraft Gesetzes, Satzung oder Gesellschaftsvertrags allein oder als Mitglieder des Vertretungsorgans zur Vertretung einer juristischen Person berufen sind, nicht als Arbeitnehmer gelten, da diese gesetzliche Regelung keine Geltung im Sozialversicherungsrecht beansprucht.[42] Ebenso irrelevant ist der Umstand, dass GmbH-Geschäftsführer im Verhältnis zu sonstigen Arbeitnehmern Arbeitgeberfunktionen wahrnehmen.[43] Anknüpfungspunkt für das Vorliegen einer sozialversicherungspflichtigen (abhängigen) Beschäftigung ist vielmehr allein § 7 Abs. 1 SGB IV, d.h., Anhaltspunkte für eine Beschäftigung sind eine Tätigkeit nach Weisungen und eine Eingliederung in die Arbeitsorganisation des Weisungsgebers.[44]

3.33 Bei einer Beschäftigung in einem fremden Betrieb ist dies der Fall, wenn der Beschäftigte in den Betrieb eingegliedert ist und dabei einem Zeit, Dauer, Ort und Art der Ausführung umfassenden Weisungsrecht des Arbeitgebers unterliegt.[45] Demgegenüber ist eine selbständige Tätigkeit vornehmlich durch das eigene Unternehmerrisiko, das Vorhandensein einer eigenen Betriebsstätte, die Verfügungsmöglichkeit über die eigene Arbeitskraft und die im Wesentlichen frei gestaltete Tätigkeit und Arbeitszeit gekennzeichnet. Ob jemand abhängig beschäftigt oder selbständig tätig ist, richtet sich ausgehend von den genannten Umständen nach dem Gesamtbild der Arbeitsleistung und hängt davon ab, welche Merkmale

---

41 BSG, Beschl. v. 04.06.2019 – B 12 R 11/18 R, DStR 2019, 2429, 2430 f.

42 BAG, Beschl. v. 08.02.2022 – 9 AZB 40/21, NZA 2022, 430; BSG, Urt. v. 14.03.2018 – B 12 KR 13/17 R, NJW 2018, 2662, 2663.

43 BSG, Urt. v. 23.02.2021 – B 12 R 15/19 R, DStR 2021, 2649, 2650; BSG, Urt. v. 14.03.2018 – B 12 KR 13/17 R, NJW 2018, 2662, 2663.

44 BSG, Urt. v. 13.12.2022 – B 12 R 3/21 R, NZG 2023, 1189; BSG, Urt. v. 13.03.2023 – B 12 R 4/21 R, NZG 2023, 1275; BSG, Urt. v. 01.02.2022 – B 12 KR 37/19 R, DStR 2022, 1624; BSG; BSG, Urt. v. 27.04.2021 – B 12 R 8/20 R, DRsp Nr. 2021/14885; BSG, Urt. v. 23.02.2021 – B 12 R 15/19 R, DStR 2021, 2649, 2650.

45 BSG, Urt. v. 01.02.2022 – B 12 KR 37/19 R, DStR 2022, 1624; BSG; BSG, Urt. v. 27.04.2021 – B 12 R 8/20 R, DRsp Nr. 2021/14885; BSG, Urt. v. 23.02.2021 – B 12 R 15/19 R, DStR 2021, 2649, 2650; BSG, Urt. v. 29.08.2012 – B 12 KR 25/10, NZA-RR 2013, 252; BSG, Urt. v. 14.03.2018 – B 12 KR 13/17 R, NJW 2018, 2662, 2663.

überwiegen.[46] Die Rechtsprechung verlangt als zentrale Voraussetzung für eine abhängige Beschäftigung, dass der Arbeitnehmer vom Arbeitgeber persönlich abhängig ist.[47] Dieses Kriterium der persönlichen Abhängigkeit gilt dementsprechend vom Grundsatz her auch für Geschäftsführer einer GmbH.[48] Da ein GmbH-Geschäftsführer gem. § 37 Abs. 1 GmbHG i.V.m. § 38 Abs. 1 GmbHG sowie § 46 Nr. 5, 6 GmbHG dem Weisungsrecht der Gesellschafterversammlung unterliegt, richtet sich dies bei ihm primär allerdings danach, ob er kraft der ihm zukommenden, sich aus dem Gesellschaftsvertrag ergebenden Rechtsmacht in der Lage ist, ihm nicht genehme Weisungen verhindern oder Beschlüsse beeinflussen zu können, die sein Geschäftsführer-Anstellungsverhältnis betreffen.[49]

3.3.1 Fremdgeschäftsführer

Hieraus ergibt sich, dass ein Fremdgeschäftsführer einer GmbH ausnahmslos nicht selbständig tätig ist. Ohne Beteiligung am Stammkapital und hieraus abgeleitete Stimmrechte in der Gesellschafterversammlung hat er keine Rechtsposition inne, die es ihm ermöglicht, Weisungen der Gesellschafterversammlung zu verhindern.[50] 3.34

3.3.2 Gesellschafter-Geschäftsführer

Bei einem Gesellschafter-Geschäftsführer bedarf es einer differenzierten Beurteilung, welche sich am Umfang der Kapitalbeteiligung und des sich daraus für ihn ergebenden Einflusses auf die Gesellschaft ausrichtet.[51] 3.35

Ist ein GmbH-Geschäftsführer zugleich als Gesellschafter am Kapital der Gesellschaft beteiligt, sind der Umfang der Kapitalbeteiligung und das Ausmaß des sich daraus für ihn ergebenden Einflusses auf die Gesellschaft ein wesentliches Merk- 3.36

46 BSG, Urt. v. 13.03.2023 – B 12 R 6/21 R, DStR 2023, 2410, 2411; BSG, Urt. v. 01.02.2022 – B 12 KR 37/19 R, DStR 2022, 1624, 1625; BSG, Urt. v. 27.04.2021 – B 12 R 8/20 R, DRsp Nr. 2021/14885; BSG, Urt. v. 23.02.2021 – B 12 R 15/19 R, DStR 2021, 2649, 2652; BSG, Urt. v. 29.08.2012 – B 12 KR 25/10, NZA-RR 2013, 252.

47 BSG, Urt. v. 13.03.2023 – B 12 R 6/21 R, DStR 2023, 2410, 2411; BSG, Urt. v. 13.12.2022 – B 12 R 3/21 R, NZG 2023, 1189; BSG, Urt. v. 01.02.2022 – B 12 KR 37/19 R, DStR 2022, 1624, 1625; BSG, Urt. v. 27.04.2021 – B 12 R 8/20 R, DRsp Nr. 2021/14885.

48 BSG, Urt. v. 13.03.2023 – B 12 R 6/21 R, DStR 2023, 2410, 2411; BSG, Urt. v. 13.12.2022 – B 12 R 3/21 R, NZG 2023, 1189; BSG, Urt. v. 01.02.2022 – B 12 KR 37/19 R, DStR 2022, 1624, 1625; BSG, Urt. v. 27.04.2021 – B 12 R 8/20 R, DRsp Nr. 2021/14885.

49 BSG, Urt. v. 13.12.2022 – B 12 R 3/21 R, NZG 2023, 1189; BSG, Urt. v. 01.02.2022 – B 12 KR 37/19 R, DStR 2022, 1624, 1625; BSG, Urt. v. 19.09.2020 – B 12 R 25/18 R, NZS 2020, 183, 184; BSG, Urt. v. 10.12.2019 – B 12 KR 9/18 R, GmbHR 2020, 894, 895.

50 BSG, Urt. v. 13.03.2023 – B 12 R 4/21 R, NZG 2023, 1275; BSG, Urt. v. 19.09.2020 – B 12 R 25/18 R, NZS 2020, 183, 184; BSG, Urt. v. 14.03.2018 – B 12 KR 13/17 R, NJW 2018, 2662, 2663; BSG, Urt. v. 10.12.2019 – B 12 KR 9/18 R, GmbHR 2020, 894, 895.

51 BSG, Urt. v. 13.12.2022 – B 12 R 3/21 R, NZG 2023, 1189; BSG, Urt. v. 01.02.2022 – B 12 KR 37/19 R, DStR 2022, 1624, 1625.

mal bei der Abgrenzung von abhängiger Beschäftigung und selbständiger Tätigkeit.[52] Ein Gesellschafter-Geschäftsführer ist nicht per se kraft seiner Kapitalbeteiligung selbständig tätig, sondern muss über seine Gesellschafterstellung hinaus die Rechtsmacht besitzen, durch Einflussnahme auf die Gesellschafterversammlung die Geschicke der Gesellschaft bestimmen zu können.[53] Grundlegende Voraussetzung ist, dass diese Rechtsmacht gesellschaftsrechtlich eingeräumt, also in der Satzung verankert ist. Außerhalb des Gesellschaftsvertrags bestehenden Regelungen, wie etwa im Geschäftsführeranstellungsvertrag selbst oder in einem Treuhandvertrag mit anderen Mitgesellschaftern, mangelt es an einer gesellschaftsrechtlichen Grundlage. Sie sind aufgrund ihrer rein schuldrechtlichen Natur aus diesem Grund nicht ausreichend.[54] Es ist deshalb davon auszugehen, dass auch Stimmbindungsverträge zwischen Gesellschaftern nicht genügen.[55]

Praxistipp

3.37 Da die Rechtsprechung maßgeblich auf die in der Satzung normierte Beteiligung am Stammkapital abstellt und einen Treuhänder dementsprechend nicht als abhängigen Geschäftsführer anerkennt, selbst wenn er aufgrund des Treuhandvertrags den Weisungen des Treuegebers unterliegt, kann dies in Fällen als Gestaltungsvariante nutzbar gemacht werden, wenn ein bislang in der privaten Krankenversicherung versicherter Allein- oder Mehrheitsgesellschafter zukünftig wieder in die gesetzliche Krankenversicherung wechseln möchte. Wegen § 6 Abs. 3a SGB V ist dies allerdings nur bis zur Vollendung des 55. Lebensjahres möglich.

3.38 Das erforderliche Ausmaß einer rechtlichen Position, welche eine hinreichende Einflussnahme ermöglicht, sieht die Rechtsprechung bei einem Gesellschafter gegeben, der Geschäftsanteile von wenigstens 50 % hält. Umgekehrt scheidet eine selbständige Tätigkeit bei einem Minderheitsgesellschafter grundsätzlich aus.[56] Eine Aus-

---

[52] BSG, Urt. v. 13.12.2022 – B 12 R 3/21 R, NZG 2023, 1189; BSG, Urt. v. 01.02.2022 – B 12 KR 37/19 R, DStR 2022, 1624, 1625; BSG, Urt. v. 07.07.2020 – B 12 R 17/18 R, NZS 2021, 643.

[53] BSG, Urt. v. 13.12.2022 – B 12 R 3/21 R, NZG 2023, 1189; BSG, Urt. v. 01.02.2022 – B 12 KR 37/19 R, DStR 2022, 1624, 1625; bei einer GmbH & Co. KG ist eine Mehrheitsbeteiligung als Kommanditist irrelevant, da es maßgeblich auf satzungsgemäße Rechtsmacht in der Gesellschafterversammlung der Komplementärin ankommt, BSG, Urt. v. 08.07.2020 – B 12 R 2/19 R, DRsp Nr. 2021/998.

[54] BSG, Beschl. v. 05.10.2020 – B 12 R 25/20 B, DRsp Nr. 2021/1906; BSG, Urt. v. 14.03.2018 – B 12 KR 13/17 R, NJW 2018, 2662, 2664; BSG, Urt. v. 10.12.2019 – B 12 KR 9/18 R, GmbHR 2020, 894, 896.

[55] BSG, Beschl. v. 05.10.2020 – B 12 R 25/20 B, DRsp Nr. 2021/1906; vgl. BSG, Urt. v. 11.11.2015 – B 12 R 2/14 R, GmbHR 2016, 537; LSG Baden-Württemberg, Urt. v. 11.10.2022 – L 11 BA 4134/20, DRsp Nr. 2022/17203.

[56] BSG, Urt. v. 13.12.2022 – B 12 R 3/21 R, NZG 2023, 1189; BSG, Urt. v. 01.02.2022 – B 12 KR 37/19 R, DStR 2022, 1624, 1625; BSG, Urt. v. 23.02.2021 – B 12 R 18/18 R, NZA 2021, 1320.

nahme von diesem Grundsatz wird dann eingeräumt, wenn ihm hinsichtlich der Beschlussfassung in der Gesellschafterversammlung nach dem Gesellschaftsvertrag eine qualifizierte Sperrminorität eingeräumt ist, welche die gesamte Unternehmenstätigkeit umfasst.[57] Denn nur nach diesen Maßgaben verfügt der Gesellschafter-Geschäftsführer über eine Einflussmöglichkeit, im Rahmen von Gesellschafterbeschlüssen Weisungen zu verhindern. Hingegen vermittelt eine Sperrminorität, welche nur auf bestimmte Gegenstände begrenzt ist, keine hinreichende Rechtsmacht.[58]

Die Rechtsprechung fordert darüber hinaus weiterhin, dass ein nicht abhängig beschäftigter Gesellschafter-Geschäftsführer in der Lage sein muss, auf die Ausrichtung der Geschäftstätigkeit des Unternehmens „kraft seiner mit organschaftlichen Rechten ausgestatteten Führungsfunktion" umfassend Einfluss zu nehmen und damit das unternehmerische Geschick der GmbH insgesamt wie ein Unternehmensinhaber zu lenken. Dafür wird eine sich auf die gesamte Unternehmenstätigkeit erstreckende Gestaltungsmacht verlangt.[59] 3.39

Ein rein faktisches, rechtlich nicht gebundenes und daher jederzeit änderbares Verhalten der Beteiligten ist aufgrund des Erfordernisses der Vorhersehbarkeit sozialversicherungs- und beitragsrechtlicher Tatbestände ebenso wenig entscheidend wie der Umstand, dass ein Gesellschafter-Geschäftsführer eine alleinige Vertretungsbefugnis besitzt oder von den Beschränkungen des § 181 BGB befreit ist.[60] Eine im Widerspruch zu ursprünglich getroffenen Vereinbarungen stehende tatsächliche Beziehung und die hieraus gezogene Schlussfolgerung auf die tatsächlich gewollte Natur der Rechtsbeziehung geht der nur formellen Vereinbarung vor, soweit eine – formlose – Abbedingung rechtlich möglich ist. In diesem Sinne gilt, dass die tatsächlichen Verhältnisse den Ausschlag geben, wenn sie von Vereinbarungen abweichen. Umgekehrt gilt, dass die Nichtausübung eines Rechts unbeachtlich ist, solange diese Rechtsposition nicht wirksam abbedungen ist.[61] Zu den tatsächlichen Verhältnissen in diesem Sinne gehört daher – unabhängig von ihrer Ausübung – auch die einem Beteiligten zustehende Rechtsmacht. Maßgeblich ist 3.40

---

57 BSG, Urt. v. 13.12.2022 – B 12 R 3/21 R, NZG 2023, 1189; BSG, Urt. v. 01.02.2022 – B 12 KR 37/19 R, DStR 2022, 1624, 1625; BSG, Urt. v. 19.09.2020 – B 12 R 25/18 R, NZS 2020, 183, 184 f.

58 BSG, Urt. v. 13.12.2022 – B 12 R 3/21 R, NZG 2023, 1189; BSG, Urt. v. 01.02.2022 – B 12 KR 37/19 R, DStR 2022, 1624, 1625; BSG, Urt. v. 23.02.2021 – B 12 R 18/18 R, NZA 2021, 1320; BSG, Urt. v. 19.09.2020 – B 12 R 25/18 R, NZS 2020, 183, 185 f.; BSG, Urt. v. 10.12.2019 – B 12 KR 9/18 R, GmbHR 2020, 894.

59 BSG, Urt. v. 13.03.2023 – B 12 R 6/21 R, DStR 2410, 2412.

60 BSG, Urt. v. 13.03.2023 – B 12 R 4/21 R, NZG 2023, 1275; BSG, Urt. v. 19.09.2020 – B 12 R 25/18 R, NZS 2020, 183, 185.

61 BSG, Urt. v. 29.08.2012 – B 12 KR 25/10, NZA-RR 2013, 252, 253.

die Rechtsbeziehung so, wie sie praktiziert wird, und die praktizierte Beziehung so, wie sie rechtlich zulässig ist.[62]

3.41 Auch eine wirtschaftliche Einflussnahme durch einen Minderheitsgesellschafter, der zugleich Geschäftsführer ist, vermag die entscheidende Machtposition für den Geschäftsführer nicht zu vermitteln. So ergibt sich allein aus der Gewährung eines Gesellschafterdarlehens oder der Übernahme einer Kreditsicherheit für ein Darlehen der Gesellschaft noch keine ausreichende Rechtsmacht, da die hierfür zugrundeliegenden Rechtsverhältnisse für die Begründung und Ausführung des Dienstverhältnisses des Geschäftsführers unabhängig sind.[63]

3.4 Steuerliche Aspekte

3.4.1 Steuerliche Behandlung des GmbH-Geschäftsführers

3.42 Der Geschäftsführer einer GmbH erzielt i.d.R. Einkünfte aus nichtselbständiger Tätigkeit i.S.d. § 19 Abs. 1 Satz 1 Nr. 1 EStG,[64] die grundsätzlich dem Lohnsteuerabzug unterliegen (§ 38 EStG). GmbH-Geschäftsführer können indes in Ausnahmefällen auch **Einkünfte aus Gewerbebetrieb** (§ 15 Abs. 2 EStG) **oder selbständiger Arbeit** (§ 18 EStG) erzielen, wenn sie zugleich Gesellschafter sind und mindestens 50 % des Stammkapitals innehaben.[65] Die Abgrenzung zwischen einer selbständigen und einer nichtselbständigen Tätigkeit ist anhand einer Vielzahl von Merkmalen (z.B. Arbeitszeiten, persönliche Abhängigkeiten und Weisungsgebundenheit; vgl. auch H 19.0 „Allgemeines" LStH 2015) nach dem Gesamtbild der Verhältnisse zu beurteilen.[66]

62 BSG, Urt. v. 29.08.2012 – B 12 KR 25/10, NZA-RR 2013, 252, 253.

63 BSG, Urt. v. 13.12.2022 – B 12 KR 16/20 R, NZA 2023, 910; BSG, Urt. v. 19.09.2020 – B 12 R 25/18 R, NZS 2020, 183, 185; BSG, Urt. v. 29.08.2012 – B 12 KR 25/10, NZA-RR 2013, 252, 255.

64 BFH, Urt. v. 09.10.1996 – XI R 47/96, BStBl II, 255; BFH, Urt. v. 11.03.1960 – VI 172/58 U, BStBl III, 214.

65 BFH, Urt. v. 02.12.2005 – VI R 16/03, DStR 2006, 365; BFH, Urt. v. 20.10.2010 – VIII R 34/08, BFH/NV 2011, 585.

66 Für die in Betracht kommenden Kriterien findet sich eine Aufzählung z.B. in BFH, Urt. v. 25.06.2009 – V R 37/08, BStBl II, 873; BFH, Urt. v. 14.06.1985 – VI R 150-152/82, BStBl II, 661.

Hinweis

In concreto handelt es sich um Fälle, in denen ein Geschäftsführer nicht das übliche Aufgabenfeld eines Geschäftsführers abdeckt, sondern in völlig freier Tätigkeit nur eine bestimmte Aufgabe erfüllt.[67] Denkbar ist dies etwa bei der Vertretung einer deutschen GmbH lediglich gegenüber der ausländischen Muttergesellschaft durch einen ebenfalls im Ausland ansässigen Geschäftsführer.[68] 3.43

Neben der Geschäftsführungstätigkeit kann der Geschäftsführer auch noch eine **separate selbständige Tätigkeit** ausüben, bei der die Gesellschaft Auftraggeberin ist. Derlei Vereinbarungen werden auch steuerlich grundsätzlich anerkannt, insoweit bedarf es jedoch insbesondere einer entsprechenden Trennung der Tätigkeiten. Zudem ist auf die Angemessenheit der Gesamtbezüge zu achten (dazu unten Rdnr. 3.54 ff.). 3.44

Es kann auch eine **stille Gesellschaft oder verdeckte Mitunternehmerschaft** vorliegen, wenn ein GmbH-Geschäftsführer eine außerordentlich hohe Gewinnbeteiligung erhält. In diesen Fällen wäre dann die Tätigkeitsvergütung als Einnahme aus Kapitalvermögen (§ 20 Abs. 1 Nr. 4 EStG) respektive aus Gewerbebetrieb einzustufen. Dabei ist zu beachten, dass die Vermögenseinlage eines stillen Gesellschafters statt in Geld oder Sachwerten auch im Erbringen einer Arbeitsleistung bestehen kann.[69] 3.45

Wird ein Gesellschafter für „seine" Kapitalgesellschaft tätig, kann dies als Arbeitnehmer (oder selbständig, siehe oben), aber auch **in seiner Rolle als Gesellschafter** erfolgen. Letzteres ist regelmäßig der Fall, wenn eine gesonderte Vergütung für die Tätigkeit nicht erfolgt oder es an einer entsprechenden Vereinbarung fehlt.[70] 3.46

Umsatzsteuerlich können die Geschäftsführungsleistungen eines GmbH-Geschäftsführers nach ähnlichen Kriterien[71] ebenfalls als selbständig i.S.d. § 2 Abs. 2 Nr. 1 UStG zu beurteilen sein. Die Organstellung des GmbH-Geschäftsführers steht dem auch insoweit nicht entgegen.[72] 3.47

---

67 Hessisches FG, Urt. v. 12.07.1979 – I 149/74, EFG 1980, 80.

68 Vgl. auch FISCHER, in: LÜDICKE/SISTERMANN, Unternehmensteuerrecht, 2. Aufl. 2018, § 6 Rdnr. 17.

69 Vgl. eingehend etwa RATSCHOW, in: BRANDIS/HEUERMANN, Ertragsteuerrecht, § 20 EStG Rdnr. 216 ff. (05/2023); GESERICH, ebenda, § 19 EStG Rdnr. 19 (05/2023); H 15.8 Abs. 1 EStH 2022 „Verdeckte Mitunternehmerschaft".

70 Vgl. auch FISCHER, in: LÜDICKE/SISTERMANN, Unternehmensteuerrecht, 2. Aufl. 2018, § 6 Rdnr. 20.

71 Vgl. BMF-Schreiben v. 31.05.2007 – IV A 5 - S 7100/07/0031, BStBl I, 503; geändert durch BMF-Schreiben v. 02.05.2011 – IV D 2 - S 7104/11/10001, BStBl I, 490, Rdnr. 3 f.

72 BFH, Urt. v. 10.03.2005 – V R 29/03, BStBl II, 730; Abschn. 2.2 Abs. 2 Satz 4 f. UStAE.

3.48 Ist der Geschäftsführer der Komplementär-GmbH bei einer GmbH & Co. KG **zugleich Gesellschafter der KG**, stellt das **Geschäftsführergehalt** Sondervergütungen i.S.d. § 15 Abs. 1 Nr. 2 EStG dar, unabhängig davon, ob das Gehalt unmittelbar von der KG oder von der GmbH gezahlt wird, die ihrerseits Aufwendungsersatz von der KG erhält. Unmaßgeblich ist insoweit auch, mit welcher Gesellschaft der Dienstvertrag abgeschlossen wurde. Dies gilt auch für Versorgungsbezüge und Pensionszusagen. Eine **Lohnsteuerpflicht** gem. § 38 EStG besteht insoweit nicht, da keine Einkünfte aus nichtselbständiger Arbeit vorliegen. Weil in diesem Fall die Sozialabgaben zu den Sondervergütungen gerechnet werden und folglich den Gewinn nicht mindern, sind auch die Arbeitgeberanteile als Vorsorgeaufwendungen abzugsfähig.

3.49 Sondervergütungen des Kommanditisten liegen auch dann vor, wenn der GmbH ein „**Vorabgewinn**" für ihre Dienste als Geschäftsführer der KG gewährt wird. Die Zurechnung erfolgt insoweit bei dem die Geschäfte der GmbH führenden Kommanditisten, unabhängig davon, ob die GmbH ihm ein Entgelt für seine Tätigkeit schuldet.[73]

3.50 Soweit der Gesellschafter jedoch teilweise für einen **eigengewerblichen Betrieb der Komplementär-GmbH** tätig wird, erzielt er wiederum Einkünfte nach § 19 EStG (oder ggf. §§ 15 oder 18 EStG, siehe oben Rdnr. 3.42).

3.51 Ist der Geschäftsführer der Komplementär-GmbH **nicht zugleich Gesellschafter der KG**, scheidet bei ihm das Vorliegen von Sonderbetriebsausnahmen freilich aus. Bei der GmbH sind die Betriebsausgaben allerdings insoweit als Sonderbetriebsausgaben bei der KG zu erfassen, als sie für die Geschäftsführung der KG gezahlt werden.

3.52 **Umsatzsteuerlich** wird die Komplementär-GmbH gegenüber der KG regelmäßig selbständig und nachhaltig tätig.[74] Ein Geschäftsführungs- und/oder Haftungsentgelt (nicht indes lediglich eine Gewinnbeteiligung) unterliegt somit grundsätzlich der Umsatzsteuer. Die Umsatzsteuerpflicht des Geschäftsführers der Komplementär-GmbH ist ebenfalls nach den oben (siehe Rdnr. 3.47) dargestellten Kriterien zu beurteilen.[75]

---

[73] BFH, Urt. v. 28.05.2020 – IV R 11/18, BStBl II, 641; dazu auch Bode, DB 2020, 2214.

[74] BFH, Urt. v. 06.06.2002 – V R 43/01, BStBl II 2003, 36; Abschn. 2.2 Abs. 6 Satz 1 UStAE.

[75] Daran ändert sich auch nichts, wenn ertragsteuerlich aufgrund des § 15 Abs. 1 Satz 1 Nr. 2 EStG gewerbliche Einkünfte vorliegen; BMF-Schreiben v. 31.05.2007 – IV A 5 - S 7100/07/0031, BStBl I, 503, Rdnr. 4; geändert durch BMF-Schreiben v. 02.05.2011 – IV D 2 - S 7104/11/10001, BStBl I, 490.

Im Übrigen sind Geschäftsführer aus umsatzsteuerlicher Sicht i.d.R. als unselbständig tätig einzustufen. Somit unterliegen ihre Vergütungen nicht der Umsatzsteuer.[76] In Ausnahmefällen kann allerdings auch hier eine selbständige Tätigkeit denkbar sein. Zudem ist bei beherrschenden Gesellschafter-Geschäftsführern von Kapitalgesellschaften zu beachten, dass die Voraussetzungen einer umsatzsteuerlichen Organschaft (§ 2 Abs. 2 UStG) erfüllt sein können, so dass der Geschäftsführer Organträger wäre. 3.53

3.4.2 Versorgung des Geschäftsführers

3.4.2.1 Angemessenheit der Ausstattung

Die Angemessenheit der Vergütungen für Geschäftsführer stellt einen regelmäßigen Streitpunkt im Rahmen steuerlicher Außenprüfungen dar. Schuldrechtliche Leistungsbeziehungen zwischen der Kapitalgesellschaft und dem Gesellschafter werden steuerlich zwar grundsätzlich anerkannt und führen auf der Ebene der Kapitalgesellschaft zu Betriebsausgaben. Die Finanzverwaltung ist jedoch angehalten, zu überprüfen, ob die Vereinbarung ganz oder teilweise durch das Gesellschaftsverhältnis veranlasst ist.[77] 3.54

Geschäftsführervergütungen sind daher in der Praxis in besonderem Maße daraufhin zu überprüfen, ob sie dem Grunde und der Höhe nach einem Fremdvergleich standhalten. Setzt sich die Vergütung des Gesellschafter-Geschäftsführers – wie dies regelmäßig der Fall ist – aus mehreren Bestandteilen zusammen, so ist auf die Gesamtausstattung abzuheben (siehe dazu unten Rdnr. 3.60 ff.). 3.55

Die Finanzverwaltung[78] nimmt eine **Angemessenheitsprüfung in drei Schritten** vor: 3.56

- Einzelüberprüfung aller vereinbarten Vergütungsbestandteile, ob sie **dem Grunde nach** durch das Gesellschaftsverhältnis veranlasst sind. (Bejahendenfalls liegt eine verdeckte Gewinnausschüttung in vollem Umfang vor.)
- Prüfung, ob die verbleibenden Vergütungsbestandteile **der Höhe nach** als durch das Gesellschaftsverhältnis veranlasst anzusehen sind. (Soweit die gesellschaftliche Veranlassung reicht, liegt eine verdeckte Gewinnausschüttung vor.)
- Prüfung, ob die verbliebene, nicht durch das Gesellschaftsverhältnis veranlasste Vergütung **in Summe** angemessen ist. (Soweit dies nicht der Fall ist, liegt eine vGA vor.)

---

[76] Vgl. EuGH, Urt. v. 18.10.2007 – C-355/06, DStR 2007, 1958.
[77] BMF-Schreiben v. 14.10.2002 – IV A 2 - S 2742 – 62/02, BStBl I, 972, Rdnr. 1 f.
[78] BMF-Schreiben v. 14.10.2002 – IV A 2 - S 2742 - 62/02, BStBl I, 972, Rdnr. 5 ff.

3.4.2.1.1 Angemessenheit dem Grunde nach

3.57 Für das Vorliegen einer bereits dem Grunde nach unangemessenen Geschäftsführervergütung ist darauf abzustellen, ob sie ihrer Art und ihren Bestandteilen nach einem Fremdvergleich standhält[79]. Folgende Vereinbarungen können dazu führen, dass die Geschäftsführervergütung insgesamt als unangemessen betrachtet wird:

- Zusage von Umsatztantiemen oder zeitlich unbefristeten Nur-Tantiemen (siehe dazu eingehend Rdnr. 3.74),
- Nur-Pensionsanwartschaften[80] oder Pensionszusagen, die gegen die Grundsätze der Wartezeit[81] verstoßen,[82]
- Zusage von Überstunden-, Sonn- und Feiertags- und Nachtzuschlägen,[83]
- Vereinbarung von Sondervergütungen für besondere Leistungen (siehe dazu Rdnr. 3.77),
- Parallelleistung von Renten und laufenden Gehältern.[84]

3.58 Eine verdeckte Gewinnausschüttung dem Grunde nach kann zudem vorliegen bei Pensionszusagen, die gegen die Grundsätze der Wartezeit[85] verstoßen.[86] Zudem kann bei **beherrschenden Gesellschafter-Geschäftsführern** eine verdeckte Gewinnausschüttung dem Grunde nach vorliegen, wenn die insoweit geltenden Sonderanforderungen nicht beachtet werden (siehe dazu Rdnr. 3.75 ff.).

3.4.2.1.2 Angemessenheit der Höhe nach

3.59 Sofern die Vergütung dem Grunde nach anerkannt wird, erfolgt die Angemessenheitsprüfung der Höhe nach. Insoweit vollzieht die Prüfung sich, wie dargetan, in zwei Schritten:

- Überprüfung der einzelnen Vergütungsbestandteile und
- Überprüfung der Gesamtausstattung.

[79] Vgl. Wagner, LSt 2023, Rdnr. 233.
[80] Statt vieler BFH, Urt. v. 28.04.2010 – I R 78/08, BStBl II 2013, 41; BFH, Urt. v. 26.06.2013 – I R 39/12, BStBl II 2014, 174.
[81] BMF-Schreiben v. 14.05.1999 – IV C 6 - S 2742 - 9/99, BStBl I, 512, unter 1.
[82] BMF-Schreiben v. 14.10.2002 – IV A 2 - S 2742 - 62/02, BStBl I, 972, Rdnr. 5.
[83] Diese werden als nicht mit dem Aufgabenbild eines Geschäftsführers vereinbar angesehen, BFH, Urt. v. 19.03.1997 – I R 75/96, BStBl II, 577, und BFH, Urt. v. 27.03.2001 – I R 40/00, BStBl II, 655.
[84] BFH, Urt. v. 02.12.1992 – I R 54/91, BStBl II 1993, 311, 314; dies ablehnend Gosch, in: Gosch, KStG, 4. Aufl. 2020, § 8 Rdnr. 1133.
[85] BMF-Schreiben v. 14.05.1999 – IV C 6 - S 2742 - 9/99, BStBl I, 512, unter 1.
[86] BMF-Schreiben v. 14.10.2002 – IV A 2 - S 2742 - 62/02, BStBl I, 972, Rdnr. 5.

Hierbei handelt es sich jedoch grundsätzlich nicht um eine strikte Prüfungsreihenfolge, nach der im Rahmen einer Vorprüfung zunächst die Angemessenheit der jeweiligen Einzelbestandteile zu prüfen wäre:[87]

Angemessenheit der Gesamtausstattung

3.60 Die Angemessenheit der Gesamtausstattung erfolgt hinsichtlich ihrer Zusammensetzung sowie der Höhe der Vergütung durch eine Gesamtwürdigung aller Umstände des konkreten Einzelfalls. Als **allgemeine Richtschur** wird darauf abgestellt, ob der Gesellschaftserfolg zwischen der Gesellschaft und ihren Gesellschafter-Geschäftsführern in angemessener Weise aufgeteilt wird.

3.61 **Beurteilungskriterien** für die Angemessenheit sind:[88]

- Art und Umfang der Tätigkeit (wird vorrangig durch die Größe des Unternehmens (determiniert durch Umsatzhöhe und Beschäftigtenzahl) bestimmt),
- die künftigen Ertragsaussichten des Unternehmens,
- das Verhältnis des Geschäftsführergehalts zum Gesamtgewinn und zur verbleibenden Eigenkapitalverzinsung sowie
- Art und Höhe der Vergütungen, die im selben Betrieb gezahlt werden oder in gleichartigen Betrieben an Geschäftsführer für entsprechende Leistungen gewährt werden.

3.62 Als **Untergrenze** für einen angemessenen Teil des Gesamtgewinns, welcher der Gesellschaft verbleiben muss, kann eine **angemessene Eigenkapitalverzinsung**[89] angesehen werden.[90] Es kann daraus jedoch nicht gefolgert werden, dass der nach Abzug dieser Verzinsung verbleibende Teil des Gesamtgewinns in voller Höhe Geschäftsführervergütung darstellen darf.[91] Umgekehrt ist jedoch selbst **bei ertragsschwachen Gesellschaften** davon auszugehen, dass auch ein Fremdgeschäftsführer nicht einmal **in Verlustjahren** auf ein angemessenes Gehalt verzichten würde. Das

[87] BFH, Urt. v. 27.02.2003 – I R 46/01, BStBl II 2004, 132; BFH, Urt. v. 04.06.2003 – I R 24/02, BStBl II 2004, 136; a.A. noch BMF-Schreiben v. 14.10.2002 – IV A 2 - S 2742 - 62/02, BStBl I, 972.

[88] BFH, Urt. v. 05.10.1994 – I R 50/94, BStBl II 1995, 549; BMF-Schreiben v. 14.10.2002 – IV A 2 - S 2742 - 62/02, BStBl I, 972, Rdnr. 10 ff.

[89] Hierbei schwankten die Werte für eine derartige Verzinsung zwischen 10 % und 25 %, wobei hinsichtlich der genauen Berechnung Unklarheit besteht; GOSCH, in: GOSCH, KStG, 4. Aufl. 2020, § 8 Rdnr. 809 m.w.N.

[90] BFH, Urt. v. 28.06.1989 – I R 89/85, BStBl II 1989, 854.

[91] BFH, Urt. v. 28.06.1989 – I R 89/85, BStBl II, 854; BMF-Schreiben v. 14.10.2002 – IV A 2 - S 2742 - 62/02, BStBl I, 972, Rdnr. 16.

Unterschreiten einer Mindestverzinsung des eingesetzten Kapitals führt daher in diesen Fällen nicht zwangsläufig zu einer verdeckten Gewinnausschüttung.[92]

3.63 Generell wird – auch von Seiten der Finanzverwaltung[93] eine jeweils **hälftige Teilung des Gesamtgewinns zwischen Gesellschaft und Gesellschafter-Geschäftsführer** i.d.R. als angemessen erachtet,[94] wobei dies lediglich als grobe Verallgemeinerung gilt und Umstände des Einzelfalls stets eine Abweichung rechtfertigen bzw. erfordern können. Insbesondere stellt die hälftige Aufteilung auch keine Obergrenze für eine angemessene Vergütung dar.[95] Die Finanzverwaltung weist jedoch umgekehrt auch explizit darauf hin, dass der „Halbteilungsgrundsatz" es auch **bei sehr ertragsstarken Gesellschaften** nicht rechtfertige, die Vergütungen unbegrenzt zu steigern.[96] Konkretere Wertverhältnisse lassen sich allerdings nicht ableiten, da sie allzu stark von den Umständen des jeweiligen Einzelfalls abhängen. Derlei zu berücksichtigende Faktoren sind etwa:[97]

3.64
- **Subjektive** Kriterien:[98]
  - Sachkompetenz,
  - persönliche Qualifikation,
  - Erfahrung,[99]
  - Art und Umfang der Tätigkeit,
  - Risikobereitschaft.
- **Objektive** Kriterien:
  - übliche Gehälter in der Branche,
  - Vergütungsart und -höhe gleichartiger Betriebe,
  - Verhältnis des Geschäftsführergehalts zum Gesamtgewinn,

---

92 Vielmehr wird von einer angemessenen Ausstattung der Gesamtbezüge des Gesellschafter-Geschäftsführers ausgegangen, wenn sich die Gesamtbezüge am unteren Ende des entsprechenden Vergleichsmaßstabes (dazu Rdnr. 3.64) befinden, BMF-Schreiben v. 14.10.2002 – IV A 2 - S 2742 - 62/02, BStBl I, 972, Rdnr. 18.

93 BMF-Schreiben v. 14.10.2002 – IV A 2 - S 2742 - 62/02, BStBl I, 972, Rdnr. 16.

94 Gosch, in: Gosch, KStG, 4. Aufl. 2020, § 8 Rdnr. 804.

95 Hansmann, EStB 2003, 143, 146 m.w.N.; BFH, Urt. v. 27.03.2001 – I R 27/99, BStBl II 2002, 111.

96 BMF-Schreiben v. 14.10.2002 – IV A 2 - S 2742 - 62/02, BStBl I, 972, Rdnr. 17.

97 BFH, Beschl. v. 16.10.1991 – I B 227–228/90, BFH/NV 1992, 341; Hansmann, EStB 2003, 143; Gosch, in: Gosch, KStG, 4. Aufl. 2020, § 8 Rdnr. 806 f.

98 Keine besondere Bedeutung haben insoweit jedoch Ausbildung, Lebensalter, Berufserfahrung, Dauer der Betriebszugehörigkeit, Geschlecht u.Ä.; Gosch, in: Gosch, KStG, 4. Aufl. 2020, § 8 Rdnr. 807 m.w.N.

99 BFH, Beschl. v. 29.10.1997 – I B 9/97, BFH/NV 1998, 749.

- Umsatz, Gewinn, Umsatzentwicklung, Gewinnaussichten,
- Umfang des Kundenkreises,
- Zahl der Mitarbeiter.

In die Gesamtausstattung werden neben dem laufenden Gehalt namentlich folgende Bestandteile einbezogen: 3.65

- Pensionszusagen,
- Dienstwagengestellung,
- Tantiemen und
- Versicherungsbeiträge.

Zu Letzteren zählen dabei auch die Beiträge für eine Berufshaftpflicht-, Honorarausfall- oder Betriebsunterbrechungsversicherung sowie auch die Prämien für sog. **D&O-Versicherungen**. Hierbei ist jedoch stets danach zu unterscheiden, ob die jeweilige Versicherung im vorwiegenden Interesse der Gesellschaft steht und somit die Annahme von Arbeitslohn ausgeschlossen ist.[100] 3.66

Hinweis

Für die Beurteilung der Drittüblichkeit können **empirische Studien** herangezogen werden („externer Betriebsvergleich"),[101] wobei diese ggf. an die steuerlichen Vorgaben[102] anzupassen sind (etwa weil sich aus der Studie nicht die Gesamtausstattung ergibt, weil etwa (wie z.B. im Fall der Kienbaum-Studie) eine Pkw-Gestellung oder eine betriebliche Altersvorsorge außen vor bleiben).[103] Die Unangemessenheit der Vergütung eines Gesellschafter-Geschäftsführers will die Finanzverwaltung zudem aus einem **internen Vergleich mit einem Fremdgeschäftsführer** herleiten („interner Betriebsvergleich").[104] Dies scheidet jedoch aus, da sich insbesondere Arbeitseinsatz und Haftungsrisiken in beiden Fällen deutlich unterscheiden.[105] 3.67

[100] Vgl. BFH, Urt. v. 11.03.2015 – I R 16/13, BFH/NV 2015, 1273; Niedersächsisches Finanzministerium, Vfg. v. 25.01.2002 – S 1301 - 625 - 33 3, DB 2002, 399; GOSCH, in: GOSCH, KStG, 4. Aufl. 2020, § 8 Rdnr. 803 (Fn. 1982).

[101] Vgl. etwa BFH, Urt. v. 10.07.2002 – I R 37/01, BFH/NV 2003, 269; BFH, Urt. v. 14.07.1999 – I B 91/98, BFH/NV 1999, 1645; BMF-Schreiben v. 14.10.2002 – IV A 2 - S 2742 - 62/02, BStBl I, 972, Rdnr. 17, 21.

[102] Zu alledem OFD Karlsruhe, Vfg. v. 08.08.2000 – S 2742 A-89-St 331.

[103] GOSCH, in: GOSCH, KStG, 4. Aufl. 2020, § 8 Rdnr. 808.

[104] BMF-Schreiben v. 14.10.2002 – IV A 2 - S 2742 - 62/02, BStBl I, 972, Rdnr. 20.

[105] BFH, Beschl. v. 16.10.1991 – I B 227–228/90, BFH/NV 1992, 341; Hessisches FG, Urt. v. 18.11.1999 – 4 K 4573/97, EFG 2000, 287 (rkr.); a.A. FG Saarland, Urt. v. 18.12.1996 – 1 K 32/95, EFG 1997, 491, das dem internen Vergleichsmaßstab Vorrang einräumt; aufgehoben und zurückverwiesen durch BFH, Urt. v. 13.08.1997 – I R 12/97, BFH/NV 1998, 498.

3.68 Zu beachten ist jedoch, dass eine verdeckte Gewinnausschüttung vorliegt, sofern die Gehaltszahlung von der **wirtschaftlichen Lage der Gesellschaft** abhängig gemacht wird.[106] Ebenso bestehen Zweifel an der Ernsthaftigkeit, wenn die **Auszahlung des Gehalts nur in unregelmäßigen Abständen** erfolgt.[107] Dies gilt jedoch nicht, wenn die Gehaltszahlung aus betrieblichen Gründen für einen begrenzten Zeitraum unterbleibt, z.B. weil sich die **Gesellschaft in finanziellen Schwierigkeiten** befindet oder das rückständige Gehalt aufgrund einer (bei beherrschenden Gesellschaftern im Voraus getroffenen) Darlehensvereinbarung in ein Darlehen umgewandelt wird.[108] Erfolgt eine Verbuchung jedoch erst bei Erstellung des Jahresabschlusses, kann auf eine verdeckte Gewinnausschüttung rückzuschließen sein.[109]

3.69 Sind für die jeweilige Gesellschaft **mehrere Geschäftsführer** bestellt, gelten die dargestellten Grundsätze gleichermaßen. Dabei muss sich allerdings die Angemessenheit der Geschäftsführervergütung auf die Gesamtgeschäftsführung beziehen. Die Finanzverwaltung will daher insbesondere bei kleineren Gesellschaften (auch wenn diese ertragsstark sind) einen Abschlag vornehmen, da sie unterstellt, dass Anforderungen und Arbeitseinsatz des einzelnen Geschäftsführers geringer sind als bei einem Alleingeschäftsführer. Zudem wird davon ausgegangen, dass von dem einzelnen Geschäftsführer im Regelfall auch Aufgaben wahrgenommen werden, die bei vergleichbaren Gesellschaften von Nichtgeschäftsführern erledigt werden.[110] Der Argumentation ist jedoch nicht uneingeschränkt zu folgen, denn umgekehrt kann auch – gerade bei kleineren Gesellschaften – ein Zuschlag gerechtfertigt sein, weil die Geschäftsführer zusätzlich Aufgaben von (nicht vorhandenen) leitenden Angestellten mitübernehmen.[111]

3.70 Ein gewichtiges Indiz für das Vorliegen von verdeckten Gewinnausschüttungen ist gegeben im Fall häufig wechselnder Vereinbarungen zwischen der Gesellschaft und dem Gesellschafter-Geschäftsführer sowie **der Höhe nach stark schwankende Gehaltszahlungen**.[112] Problematisch auswirken können sich zudem **rapide Gehalts-**

---

106 BFH, Urt. v. 13.12.1989 – I R 99/87, BStBl II 1990, 454.

107 BFH, Urt. v. 13.11.1996 – I R 53/95, BFH/NV 1997, 622; BFH, Urt. v. 21.03.2001 – I B 31/00, BFH/NV 2001, 1149.

108 BFH, Urt. v. 12.12.1979 – I R 183/71, BStBl II 1974, 179; BFH, Urt. v. 13.11.1996 – I R 53/95, BFH/NV 1997, 622; Gosch, GmbHR 1997, 417.

109 BFH, Urt. v. 13.03.1997 – I B 124/96, BFH/NV 1997, 712.

110 BMF-Schreiben v. 14.10.2002 – IV A 2 - S 2742 - 62/02, BStBl I, 972, Rdnr. 13; BFH, Urt. v. 11.12.1991 – I R 152/90, BStBl II, 690.

111 So zutr. Gosch, in: Gosch, KStG, 4. Aufl. 2020, § 8 Rdnr. 813.

112 FG Münster, Urt. v. 18.08.1993 – 9 K 4472/90 K, G, EFG 1994, 117; die Nichtzulassungsbeschwerde wurde vom BFH, Urt. v. 30.03.1994 – I B 185/93, BFH/NV 1995, 164, als unbegründet zurückgewiesen; FG Saarland, Urt. v. 08.02.1994 – 1 K 157/93, EFG 1994, 678; a.A. Kohlhepp, in: Schnitger/Fehrenbacher, KStG, 2. Aufl. 2018, § 8 Rdnr. 545 „Gesamtvergütung".

steigerungen binnen kürzester Zeit. Äußerstenfalls kann hierin sogar ein Mangel der Ernstlichkeit der ursprünglichen Vereinbarung gesehen werden, der das Vorliegen einer verdeckten Gewinnausschüttung dem Grunde nach zur Folge hätte.[113] Eine Unschädlichkeit allzu drastischer Gehaltszuwächse wird sich nur bei einer entsprechenden Entwicklung der Geschäftserfolge ergeben können.[114]

Für GmbHs, die **freiberufliche Tätigkeiten** i.S.d. § 18 Abs. 1 Nr. 1 EStG oder vergleichbare personenbezogene Tätigkeiten ausüben, gelten insoweit keine Besonderheiten, obwohl hier regelmäßig die persönliche Arbeitsleistung der Gesellschafter-Geschäftsführer im Vordergrund steht.[115] Eine Ausnahme gilt jedoch dann, wenn der Geschäftsführer zuvor freiberuflich tätig war. Hier sollte seine Gesamtvergütung mindestens jener seiner vorherigen Tätigkeit entsprechen, wobei aber neben der Geschäftsführervergütung auch etwaige Gewinnausschüttungen miteinzubeziehen sind. 3.71

Sofern ein Geschäftsführer auch noch **anderweitige unternehmerische Tätigkeiten** ausübt (z.B. als Einzel- oder Mitunternehmer) oder bei anderen Gesellschaften angestellt ist, etwaig gar als deren Geschäftsführer („**Mehrfachgeschäftsführer**"), ist jedes Anstellungsverhältnis für sich zu beurteilen. Die Höhe einer angemessenen Vergütung richtet sich nach dem jeweiligen tatsächlichen Arbeitseinsatz im Rahmen der jeweiligen Tätigkeit.[116] Eine pauschale Gesamtbetrachtung „pro Geschäftsführer" verbietet sich.[117] Es besteht allerdings eine widerlegbare Vermutung dafür, dass ein auch noch anderweitig tätiger Geschäftsführer regelmäßig nicht seine gesamte Arbeitskraft jeder einzelnen Tätigkeit zu widmen vermag.[118] Im Grundsatz wird dies daher zu einer Reduzierung des angemessenen Gehalts führen.[119] 3.72

---

113 Ebenso Gosch, in: Gosch, KStG, 4. Aufl. 2020, § 8 Rdnr. 810a.

114 Z.B. FG Saarland, Urt. v. 08.02.1994 – 1 K 163/93, EFG 1994, 677, Verdreifachung des Gehalts in sechs Monaten; FG Saarland, Urt. v. 08.02.1994 – 1 K 157/93, EFG 1994, 678, Erhöhung um 25 % und weitere 20 % innerhalb von sechs bzw. zwölf Monaten; ähnlich FG Hessen, Urt. v. 27.06.2001 – 4 K 752/01, EFG 2002, 490; BFH, Urt. v. 06.04.2005 – I R 27/04, BFH/NV 2005, 1633, Erhöhung um rd. 40 % in knapp drei Monaten und um weitere 50 % im nachfolgenden Monat; FG Sachsen, Urt. v. 16.08.2005 – 3 K 1318/02; nachfolgend BFH, Beschl. v. 25.05.2016 – I B 139/05, BeckRS 2006, 25009598, Vervierfachung in zwei Jahren; vgl. auch FG Hessen, Urt. v. 17.09.2002 – 4 K 2429/01, EFG 2003, 640, in der Sache bestätigt, aber zurückverwiesen durch BFH, Urt. v. 15.09.2004 – I R 62/03, BStBl II 2005, 176.

115 Z.B. BFH, Urt. v. 15.09.2004 – I R 134/97, BFH/NV 1999, 370; Bilsdorfer, INF 1999, 298.

116 BFH, Urt. v. 27.02.2003 – I R 80, 81/01, BFH/NV 2003, 1346.

117 So jedoch BMF-Schreiben v. 14.10.2002 – IV A 2 - S 2742 - 62/02, BStBl I, 972, Rdnr. 16; vgl. auch Brass, BB 2002, 1724; wie hier: Gosch, in: Gosch, KStG, 4. Aufl. 2020, § 8 Rdnr. 816.

118 BMF-Schreiben v. 14.10.2002 – IV A 2 - S 2742 - 62/02, BStBl I, 972, Rdnr. 12.

119 BFH, Urt. v. 27.02.2003 – I R 46/01, BStBl II 2004, 132; eingehend Gosch, in: Gosch, KStG, 4. Aufl. 2020, § 8 Rdnr. 816 ff.

Angemessenheit einzelner Bestandteile

3.73 Bei der Überprüfung einzelner Bestandteile gilt allgemein der Grundsatz, dass die Gesamtausstattung einem Fremdvergleich durchaus standhalten kann, wenn verschiedene Bezüge und Gehaltsbestandteile eines Gesellschafter-Geschäftsführers gegeneinander ausgeglichen werden können, so dass z.B. ein am unteren Rand des Angemessenen liegendes Festgehalt eine am oberen Rand des Angemessenen liegende Gewinntantieme kompensieren kann („interner“ Vorteilsausgleich).[120]

3.74 Insbesondere **Tantiemevereinbarungen** stehen regelmäßig im Fokus steuerlicher Angemessenheitsprüfungen. Zunächst gilt auch hier der allgemeine Grundsatz, dass es durch die Tantieme nicht zu einer Gewinnabsaugung kommen darf. Kritisch gesehen werden vor diesem Hintergrund **Umsatztantiemen, die** nur ausnahmsweise akzeptiert werden, ebenso wie Tantiemen von **mehr als 50 %** des Jahresergebnisses[121] und **„Nur-Tantiemen“**.[122] In derlei Fällen ist jedenfalls eine betragsmäßige und zeitliche Begrenzung (zur Unterstreichung der betrieblichen Veranlassung) dringend zu empfehlen.[123] Schließlich ist Vorsicht geboten, wenn im Zeitpunkt der Zusage unerwartete Gewinn- und folglich auch Tantiemesprünge absehbar waren.[124] Auch hier ist die Vereinbarung einer absoluten Obergrenze zur Gewährleistung einer insgesamt angemessenen Gesamtausstattung zwingend. Nach der Rechtsprechung des BFH[125] und Auffassung der Finanzverwaltung[126] ist zur Aufteilung von fixen und variablen Vergütungsbestandteilen eine **Relation von 75 % zu 25 %** (im Zeitpunkt der Vereinbarung)[127] vorgesehen.[128] Eine **Mindesttantieme** wird insoweit jedoch als Festgehalt betrachtet, da sie nicht an den Gewinn anknüpft.[129] Wichtig ist zudem eine Regelung, durch welche ein Verlustvortrag, für den der Gesellschafter-

---

120 GOSCH, in: GOSCH, KStG, 4. Aufl. 2020, § 8 Rdnr. 805.

121 Z.B. BFH, Urt. v. 17.12.2003 – I R 16/02, BFH/NV 2004, 817, m.w.N.; BMF-Schreiben v. 03.01.1996 – S 2742, BStBl I, 53; R 8.8 Abs. 1 KStR.

122 Zur Nur-Gewinntantieme: BFH, Urt. v. 02.12.1992 – I R 54/91, BStBl II, 311; zur Nur-Rohgewinntantieme: BFH, Urt. v. 05.10.1994 – I R 50/94, BStBl II, 549; zur Nur-Umsatztantieme: BFH, Urt. v. 19.05.1993 – I R 83/92, BFH/NV 1994, 124.

123 Vgl. nur BFH, Urt. v. 04.06.2003 – I R 24/02, BStBl II, 136.

124 BFH, Urt. v. 27.02.2003 – I R 46/01, BStBl II, 132.

125 St. Rspr., vgl. z.B. BFH, Urt. v. 04.06.2003 – I R 24/02, BStBl II, 136.

126 H 8.8 Grundsätze KStH; vgl. BMF-Schreiben v. 01.02.2002 – IV A 2 - S 2742 - 4/02, BStBl I, 219.

127 SPINDLER, DStR 2004, 36, 42. Eine Erhöhung des variablen Teils aufgrund einer guten Ertragsentwicklung vermag nichts an der Angemessenheit zu ändern. Allerdings verlangt der BFH eine turnusmäßige Überprüfung und ggf. Gehaltsanpassung spätestens nach Ablauf von drei Jahren, vgl. z.B. BFH, Urt. v. 05.10.1994 – I R 50/94, BStBl. II, 549.

128 Zur Kritik vgl. nur GOSCH, in: GOSCH, KStG, 4. Aufl. 2020, § 8 Rdnr. 1264 ff. m.w.N.

129 Vgl. BFH, Urt. v. 05.07.2002 – I R 69/01, BStBl II, 329; BFH, Urt. v. 14.03.2006 – I R 72/05, BFH/NV 2006, 1711; vgl. auch BGH, Urt. v. 09.05.1994 – II ZR 128/93, WM 1994, 1245; BFH, Urt. v. 10.03.2003 – II ZR 163/02, BB 2003, 917, 919.

Geschäftsführer mitverantwortlich ist, in die Bemessungsgrundlage der Gewinntantieme einbezogen wird.[130]

3.4.2.1.3 Besondere Erfordernisse bei beherrschenden Gesellschafter-Geschäftsführern

Vereinbarungen mit beherrschenden Gesellschaftern halten stets nur dann einer steuerlichen Überprüfung stand, wenn sie 3.75

- im Voraus,
- klar und eindeutig sowie
- zivilrechtlich wirksam vereinbart wurden und
- tatsächlich durchgeführt worden sind.

Die **zivilrechtliche Wirksamkeit** richtet sich nach allgemeinen Grundsätzen. Es 3.76
wird jedoch zu Recht bezweifelt, ob dieses Kriterium bei Nichtvorliegen tatsächlich zwingend zu einer verdeckten Gewinnausschüttung führt.[131] Denn ein Gesellschafter, der trotz unwirksamen Vertrags als sogenannter **faktischer Geschäftsführer** tätig wird, wird zivilrechtlich gleichwohl als Geschäftsführer anerkannt.[132]

Eine **schädliche Rückwirkung** ist nicht gegeben bei einem Vergütungsverzicht des 3.77
beherrschenden Gesellschafter-Geschäftsführers mit Besserungsschein. In der Literatur[133] wird zudem zutreffend vertreten, dass bei nicht vorhergesehenen, spontan gewährten Einmalleistungen, etwa der Honorierung besonderer Anstrengungen oder Akquisitionen, im Allgemeinen eine vorherige Vereinbarung bzw. Inaussichtstellung entbehrlich ist. Dies folgt bereits aus der Außerordentlichkeit, Nichtvorhersehbarkeit und Spontanität solcher Vergütungen. Gleichwohl kann hier **keine Gestaltungssicherheit** geboten werden, zumal der BFH grundsätzlich eine abweichende Auffassung vertritt.[134]

---

[130] BFH, Urt. v. 17.12.2003 – I R 22/03, BStBl II, 524. Jahresfehlbeträge müssen hiernach regelmäßig vorgetragen und durch zukünftige Jahresüberschüsse ausgeglichen werden; eine vorhergehende Verrechnung mit einem etwa bestehenden Gewinnvortrag laut Handelsbilanz darf i.d.R. nicht vorgenommen werden, BFH, Urt. v. 18.09.2007 – I R 73/06, BStBl II, 314; H 8.8 „Verlustvorträge" KStH.

[131] GOSCH, in: GOSCH, KStG, 4. Aufl. 2020, § 8 Rdnr. 800; a.A. RENGERS, in: BRANDIS/HEUERMANN, Ertragsteuerrecht, § 8 KStG Rdnr. 632 (11/2023); LANG, in: BOTT/WALTER, KStG, § 8 Rdnr. 1186 (07/2023); TILLMANN/SCHMIDT, DStR 1996, 849.

[132] BGH, Urt. v. 16.01.1995 – II ZR 290/93, DStR 1995, 652.

[133] GOSCH, in: GOSCH, KStG, 4. Aufl. 2020, § 8 Rdnr. 799.

[134] BFH, Urt. v. 15.09.2004 – I R 62/03, BStBl II, 176, für eine „spontane" Provisionszusage, und BFH, Urt. v. 12.03.2014 – I R 45/13, BStBl II, 719, für eine „spontane" Sondertantieme; zustimmend z.B. RENGERS, in: BRANDIS/HEUERMANN, Ertragsteuerrecht, § 8 KStG Rdnr. 623 (11/2023).

Praxistipp

3.78 Für Gehaltsabsprachen empfiehlt sich generell die **Einhaltung der Schriftform**, i.d.R. im Geschäftsführeranstellungsvertrag. Mündliche Absprachen stehen einer steuerlichen Anerkennung grundsätzlich zwar nicht entgegen. Die Beweislast liegt insoweit jedoch im Zweifel bei der Gesellschaft, die sich auf die entsprechende Absprache beruft. Es liegt jedoch auch keine schädliche Rückwirkung darin, wenn durch die schriftliche Abfassung lediglich eine bereits zuvor (klar und eindeutig) mündlich vereinbarte Leistungszusage festgehalten wird.[135]

3.4.2.2 Rechtsfolgen einer unangemessenen Vergütung

3.79 Liegt bereits dem Grunde nach eine Unangemessenheit vor, so ist in vollem Umfang eine verdeckte Gewinnausschüttung gegeben. Ist die Gesamtvergütung des Gesellschafter-Geschäftsführers „nur" unangemessen der Höhe nach, so liegt in Höhe des unangemessenen Teils eine verdeckte Gewinnausschüttung vor.

3.80 Hinsichtlich der Frage, **welchen Bestandteilen die verdeckte Gewinnausschüttung zuzuordnen ist**, hat sich die Finanzverwaltung[136] wie folgt festgelegt:

- Bei nicht zeitgleicher Vereinbarung der einzelnen Vergütungsbestandteile soll der die Angemessenheitsgrenze übersteigende Teil der Vergütung i.d.R. dem (oder den) zuletzt vereinbarten Vergütungsbestandteilen zugerechnet werden.
- Bei zeitgleicher Vereinbarung der einzelnen Vergütungsbestandteile soll hingegen der die Angemessenheitsgrenze übersteigende Betrag nach sachgerechten Maßstäben (z.B. quotal) auf die einzelnen Vergütungsbestandteile aufgeteilt werden.

Je nachdem, welcher Auffassung man folgt, entscheidet sich, in welchem Zeitpunkt die verdeckte Gewinnausschüttung beim Gesellschafter zu versteuern ist.

---

[135] Ebenso Gosch, in: Gosch, KStG, 4. Aufl. 2020, § 8 Rdnr. 325.

[136] BMF-Schreiben v. 14.10.2002 – IV A 2 - S 2742 - 62/02, BStBl I, 972, Rdnr. 8 f. In der Literatur herrschen hierzu verschiedene Auffassungen, vgl. mit einer Übersicht: Gosch, in: Gosch, KStG, 4. Aufl. 2020, § 8 Rdnr. 824, der sich mit guten Gründen für ein Wahlrecht ausspricht.

Hinweis

Nach der Rechtsprechung des BFH liegt bei einer nur geringfügigen Überschreitung der Angemessenheitsgrenze noch keine verdeckte Gewinnausschüttung vor. Eine verdeckte Gewinnausschüttung ist aber jedenfalls dann anzunehmen, wenn die tatsächliche Vergütung die Angemessenheitsgrenze um mehr als 20 % überschreitet.[137] 3.81

Auf Ebene des Gesellschafter-Geschäftsführers unterliegt die Geschäftsführervergütung, sofern oder soweit sie eine verdeckte Gewinnausschüttung darstellt, dem besonderen Steuersatz des § 32d Abs. 1 EStG. Eine nachträgliche Option zur Besteuerung nach dem Teileinkünfteverfahren scheidet aus, denn der Antrag ist spätestens mit Abgabe der Einkommensteuererklärung zu stellen und nicht nachholbar.[138] 3.82

Praxistipp

Eine Wiedereinsetzung in die Frist ist nur bei Steuerpflichtigen möglich, die bei Erklärungsabgabe nicht fachkundig beraten waren.[139] Das Problem kann jedoch durch einen vorsorglichen Antrag in der Einkommensteuererklärung vermieden werden, der eingreift, wenn Kapitalerträge i.S.d. § 20 Abs. 1 Nr. 1 und/oder 2 EStG tatsächlich anfallen.[140] 3.83

3.4.2.3 Gewährung von Sachlohn als Gestaltungsmöglichkeit

Aufgrund der Steuer- und Sozialabgabenpflicht kommt eine reguläre Bonuszahlung i.d.R. nur zur Hälfte beim Empfänger an. Werden jedoch Möglichkeiten wie Gutscheine, Sachleistungen, Erholungsbeihilfen und weitere Incentives kombiniert, können Steuerbelastung und Sozialversicherungsabgaben signifikant reduziert werden. 3.84

Eine beachtliche Optimierungsmöglichkeit besteht darin, den Bonus nicht in bar auszuzahlen, sondern das Geld auf eine Prepaid-Kreditkarte einzuzahlen, die dem Mitarbeiter ausgehändigt wird. Dieser kann dann bei den Akzeptanzpartnern Waren einkaufen oder Dienstleistungen in Anspruch nehmen. Da das Kreditkartenguthaben nicht einfach an den Arbeitnehmer ausbezahlt werden kann, liegt kein Barlohn, sondern Sachlohn vor. Für welche Waren oder Dienstleistungen die Mitarbeiter das Prepaid-Guthaben verwenden, ist nicht entscheidend (und natürlich funktioniert die Gestaltung auch ohne Prepaid-Kreditkarte mit „normalen“ 3.85

137 BFH, Urt. v. 28.06.1989 – I R 89/85, BStBl II, 854; so auch die Finanzverwaltung, jedoch mit dem Hinweis, eine Freigrenze sei hiermit nicht verbunden, BMF-Schreiben v. 14.10.2002 – IV A 2 – S 2742 – 62/02, BStBl I, 972, Rdnr. 23.

138 BFH, Urt. v. 28.07.2015 – VIII R 50/14, BStBl II, 894.

139 BFH, Urt. v. 29.08.2017 – VIII R 33/15, BStBl II, 69.

140 So auch BFH, Urt. v. 14.05.2019 – VIII R 20/16, BStBl II, 586.

Warengutscheinen). Für den gewährten Sachlohn kann der Arbeitgeber nach § 37b Abs. 2 EStG die Steuerbelastung übernehmen. Diese beträgt pauschal 30 % und stellt – ebenso wie der Sachlohn selbst – Betriebsausgaben dar.

3.86 Die Sonderzahlung muss jedoch zusätzlich zum ohnehin geschuldeten Arbeitslohn (also freiwillig) geleistet werden. Es dürfen zudem pro Jahr nicht mehr als 10.000 € als Kreditkartenguthaben bzw. Sachlohn an den jeweiligen Arbeitnehmer ausgegeben werden.

Hinweis

3.87 Entgegen anderslautender höchstrichterlicher Rechtsprechung[141] ist durch das Jahressteuergesetz 2020 in § 8 Abs. 4 EStG „klargestellt" worden, dass nur echte Zusatzleistungen des Arbeitgebers steuerbegünstigt sind. Eine Umwandlung des bereits bestehenden Gehalts scheidet daher aus.

Praxistipp

3.88 Das Vorliegen der Voraussetzungen des Prepaid-Kreditkartenmodells kann auf Antrag im Vorfeld im Wege einer Anrufungsauskunft nach § 42e EStG bei der Lohnsteuerarbeitgeberstelle im Finanzamt abgesichert werden. Dieser Service des Finanzamts ist kostenlos.

3.89 Das vorstehende Modell dürfte auch für **Gesellschafter-Geschäftsführer einer GmbH** interessant sein. Hier wird das Finanzamt jedoch stets prüfen, ob es sich nicht um eine verdeckte Gewinnausschüttung handelt, namentlich, weil die Vergütung nicht im Vorhinein vereinbart wurde. Von dem Vorherigkeitsverlangen wird jedoch abgesehen, wenn eine Vereinbarung im Voraus praktisch unmöglich wäre. Dies gilt in Einzelfällen bei „spontan" erteilten Sonderzusagen, welche eine Belohnung für eine besondere, nicht vorhersehbare Leistung darstellen (z.B. eine unverhoffte Akquisition oder ein betriebsnotwendiger überobligatorischer Einsatz, etwa bedingt durch Corona). Allerdings muss hier eine private Mitveranlassung in besonderer Weise ausgeschlossen werden können (Geschäftsüblichkeit und Angemessenheit der Honorierung, vergleichbare Prämien auch an andere Arbeitnehmer).[142] In der Praxis ist insoweit zu besonderer Vorsicht zu raten, zumal der BFH hier einer restriktiveren Auffassung den Vorzug zu geben scheint.[143]

---

141 Vgl. BFH, Urt. v. 01.08.2019 – VI R 32/18, BStBl II, 106; BFH, Urt. v. 01.08.2019 – VI R 21/17, BFH/NV 2019, 1339; BFH, Urt. v. 01.08.2019 – VI R 40/17, BFH/NV 2019, 1341.

142 Gosch, in: Gosch, KStG, 4. Aufl. 2020, § 8 Rdnr. 325.

143 BFH, Urt. v. 15.09.2004 – I R 62/03, BStBl II, 176, für eine „spontane" Provisionszusage; BFH, Urt. v. 12.03.2014 – I R 45/13, BStBl II, 719, für eine „spontane" Sondertantieme; zustimmend z.B. Rengers, in: Brandis/Heuermann, Ertragsteuerrecht, § 8 KStG Rdnr. 623 (11/2023).

4 Die Haftung des GmbH-Geschäftsführers

Inhalt **Rdnr.**

4.1 Im Rahmen der Haftung des Geschäftsführers einer GmbH ist grundlegend zwischen dem Innen- und dem Außenverhältnis zu unterscheiden: Zum einen haftet der Geschäftsführer im Innenverhältnis für Pflichtverletzungen gegenüber der Gesellschaft, zum anderen können Ansprüche gesellschaftsfremder Dritter im Außenverhältnis bestehen. Das Haftungsrisiko kann im Außenverhältnis nicht durch eine Beschränkung der Vollmacht gemindert werden, da § 37 GmbHG lediglich für das Innenverhältnis die Möglichkeit einer Beschränkung der Vollmacht des Geschäftsführers vorsieht.

4.1 Die Haftung des Geschäftsführers im Innenverhältnis

4.1.1 Der Pflichtenumfang

4.2 Zwischen dem Geschäftsführer und der Gesellschaft besteht ein organschaftliches Sonderrechtsverhältnis, das grundsätzlich rechtlich unabhängig von einem regelmäßig parallel begründeten Geschäftsführeranstellungsverhältnis zu betrachten ist.[1] Dieses Sonderrechtsverhältnis begründet spezifische organschaftliche Pflichten des Geschäftsführers, wie z.B. die Pflicht zur ordnungsgemäßen Leitung des Unternehmens, Überwachungs- und Kontrollpflichten und die Treuepflicht.

Hinweis

Der organschaftliche Pflichtenkreis beginnt bereits mit der Bestellung des Geschäftsführers kraft Beschlusses der Gesellschafterversammlung und nicht erst mit der zeitlich nachfolgenden Eintragung in das Handelsregister. Er endet analog bereits mit der Abberufung durch Gesellschafterbeschluss bzw. einer Amtsniederlegung des Geschäftsführers.[2] 4.3

§ 43 GmbHG erlegt dem Geschäftsführer daher eine Haftung für eine eigene schuldhafte Verletzung der ihm aus der Organstellung obliegenden **organisationsrechtlichen Pflichten** auf.[3] § 43 Abs. 1 GmbHG konkretisiert den Pflichten- und zugleich den Sorgfaltsmaßstab für das Handeln des Geschäftsführers,[4] während § 43 Abs. 2 GmbHG die gesetzliche Grundlage für die Geschäftsführerhaftung darstellt.[5] Rechtsgrundlage für einen Haftungsanspruch der GmbH gegen ihren Geschäftsführer ist regelmäßig § 43 Abs. 2 GmbHG. Ergänzende Haftungsnormen finden sich in den §§ 9a, 9b, 31 Abs. 6, § 57 Abs. 4 GmbHG, § 15b InsO sowie den allgemeinen zivilrechtlichen Haftungsnormen der §§ 823 ff., 812 ff., 985 ff., 861 ff. BGB. 4.4

Hiervon zu unterscheiden ist die Verletzung von Pflichten, die dem Geschäftsführer im Rahmen seines **schuldrechtlichen Anstellungsvertrags** mit der Gesellschaft auferlegt worden sind, welche zusätzlich zu den nachfolgend dargestellten Pflichten zu beachten sind. Allerdings nimmt das Organschaftsverhältnis die im Anstellungsvertrag normierten Pflichten zugleich in sich auf.[6] Dieser der Privatautonomie unterfallende Regelungsbereich wird für die vorliegende Betrachtung ausgeblendet. 4.5

Das wichtigste Ziel des Geschäftsführers muss darin liegen, den Gesellschaftszweck möglichst effektiv zu verfolgen. Hieraus entstehen für ihn die allgemeine Pflicht zur ordnungsgemäßen Unternehmensleitung, die sich in weitere Pflichten, wie Organisations- sowie Kontroll- und Überwachungspflichten und Berichts- 4.6

1 Vgl. Verse, in: Scholz, GmbHG, 12. Aufl. 2021, § 43 Rdnr. 15.
2 BGH, Urt. v. 11.12.2001 – VI ZR 123/00, NJW 2002, 1122.
3 Kleindiek, in: Lutter/Hommelhoff, GmbHG, 21. Aufl. 2023, § 43 Rdnr. 1.
4 Verse, in: Scholz, GmbHG, 12. Aufl. 2021, § 43 Rdnr. 1, 4.
5 Kleindiek, in: Lutter/Hommelhoff, GmbHG, 21. Aufl. 2023, § 43 Rdnr. 1.
6 BGH, Urt. v. 12.06.1989 – II ZR 334/87, NJW-RR 1989, 1255, 1256; Verse, in: Scholz, GmbHG, 12. Aufl. 2021, § 43 Rdnr. 15.

pflichten gegenüber Gesellschafterversammlung bzw. Aufsichtsrat, untergliedert, und die Treuepflicht.[7]

4.7 Generell liegt eine Pflichtverletzung vor, wenn der Geschäftsführer in Angelegenheiten der Gesellschaft nicht die Sorgfalt eines ordentlichen Geschäftsmannes angewendet hat. Diese Grundregeln ordnungsgemäßer Unternehmensführung führen somit zu einer inhaltlichen Ausgestaltung der Geschäftsführerpflichten. Es handelt sich um einen gesetzlich geregelten objektiven Verschuldensmaßstab, der zugleich den Maßstab für die einzelnen Verhaltenspflichten des Geschäftsführers darstellt. Daher führt ein Verstoß gegen eine Norm erst dann zu einer Pflichtverletzung i.S.v. § 43 Abs. 2 GmbHG, wenn der Geschäftsführer auch die gebotene Sorgfalt missachtet hat.

4.1.2 Gesamtverantwortung und Zuweisung von Pflichten

4.8 Strukturell liegt die organschaftliche Verantwortung für die Geschäftsführung bei dem Gesellschaftsorgan „Geschäftsführung" als Gesamtheit, somit unabhängig davon, ob dieses eingliedrig oder mehrgliedrig besetzt ist. Besteht das Geschäftsführungsorgan aus mehreren Mitgliedern, besteht daher für jedes einzelne Mitglied die eigenständige organschaftliche Pflicht, die Geschäftsführung der Gesellschaft auszuführen bzw. an ihr mitzuwirken (sog. Grundsatz der Gesamtverantwortung).[8] Dies hat zur Folge, dass eine Pflichtverletzung eines Geschäftsführers den anderen Organmitgliedern im Rahmen ihrer gesamtschuldnerischen Haftung als jeweils eigener Pflichtverstoß rechtlich zugerechnet wird. Haftungsbegründende Tatbestände können dabei durch aktives Tun oder durch Unterlassen verwirklicht werden, Letzteres etwa dann, wenn sie gegen eine pflichtwidrige Handlung eines anderen Geschäftsführers nicht einschreiten.[9]

Hinweis

4.9 Aufgrund des Grundsatzes der Gesamtverantwortung darf sich ein Geschäftsführer bei Beschlüssen aller Mitgeschäftsführer nicht blind auf den anderen verlassen, sondern muss selbst den Sachverhalt überprüfen und bewerten.[10]

---

[7] Vgl. VERSE, in: SCHOLZ, GmbHG, 12. Aufl. 2021, § 43 Rdnr. 48.

[8] KLEINDIEK, in: LUTTER/HOMMELHOFF, GmbHG, 21. Aufl. 2023, § 37 Rdnr. 29; BGH, Urt. v. 14.03.2023 – II ZR 162/21, NZG 2023, 837, 840; vgl. BGH, Urt. v. 06.11.2018 – II ZR 11/17, NZG 2019, 225, 226.

[9] BGH, Urt. v. 28.04.2015 – II ZR 63/14, NZG 2015, 792, 794.

[10] VERSE, in: SCHOLZ, GmbHG, 12. Aufl. 2021, § 43 Rdnr. 130.

4.1.2.1 Horizontale Kompetenzverteilung

Dem steht allerdings nicht entgegen, dass bestimmte Zuständigkeiten unter den Geschäftsführern aufgeteilt werden können (sog. Ressortprinzip), wenn sämtliche Geschäftsführer der Aufteilung und Zuordnung der Pflichten zu den einzelnen Ressorts zustimmen,[11] wie z.B. Buchführungs- und Rechnungslegungspflichten, ferner steuerliche Erklärungs-, Einbehaltungs- und Abführungspflichten[12] sowie die Pflicht zum Einbehalt und zur Abführung von Sozialversicherungsbeiträgen zu einem kaufmännischen Geschäftsführer.[13] Die rechtliche Grundlage hierfür kann entweder in Gestalt einer Satzungsregelung, eines Gesellschafterbeschlusses oder in einer von der Gesellschafterversammlung (bzw. einem Aufsichtsrat, soweit diesem die Befugnis zugewiesen ist) per Beschluss erlassenen Geschäftsordnung für die Geschäftsführung liegen. Schließlich können die Geschäftsführer, vorbehaltlich einer der vorbezeichneten Regelungen, eine Ressortaufteilung auch selbst untereinander vornehmen. 4.10

Praxistipp

Für die Praxis empfiehlt es sich für mehrere Geschäftsführer, die Aufgaben auf einzelne Geschäftsführer in Zuständigkeitsbereiche zu verteilen, um auf diese Weise eine Minderung des Pflichtenumfangs und damit des Haftungsrisikos zu erreichen. Eine Ressortverteilung ist abhängig von der Größe des Unternehmens und der Art der vorzunehmenden Geschäfte möglich und ggf. – nach Maßgabe der konkreten Umstände des Einzelfalls – sogar notwendig.[14] 4.11

Als Folge einer horizontalen Aufteilung und Zuweisung von Ressorts innerhalb des Geschäftsführungsorgans wird die volle Verantwortung für das einzelne Ressort dem jeweiligen Ressortgeschäftsführer zugewiesen. Korrespondierend hierzu reduziert sich gleichzeitig auf der anderen Seite die Verantwortung der anderen ressortfremden Geschäftsführer analog, indem eine Zurechnung fremden Verschuldens ausscheidet.[15] 4.12

---

11 BGH, Urt. v. 06.11.2018 – II ZR 11/17, NZG 2019, 225, 226; Kleindiek, in: Lutter/Hommelhoff, GmbHG, 21. Aufl. 2023, § 37 Rdnr. 29, 31.

12 Vgl. BFH, Urt. v. 21.10.2003 – VII B 353/02, BFH/NV 2004, 147; BFH, Urt. v. 26.01.2006 – VII B 220/05, BFH/NV 2006, 906; FG Münster, Urt. v. 17.02.2021 – 7 K 63/19 L, DRsp Nr. 2021/4250.

13 BGH, Urt. v. 06.11.2018 – II ZR 11/17, NZG 2019, 225, 226; BGH, Urt. v. 26.06.1995 – II ZR 109/94, DStR 1995, 1639, 1640; BGH, Urt. v. 03.05.2016 – II ZR 311/14, NJW 2017, 886, 887 f.

14 BGH, Urt. v. 06.11.2018 – II ZR 11/17, NZG 2019, 225, 226.

15 BGH, Urt. v. 14.03.2023 – II ZR 162/21, NZG 2023, 837, 840; OLG Hamm, Urt. v. 24.04.1991 – 8 U 188/90, GmbHR 1992, 375, 377.

4.13 Für die einzelnen Mitglieder der Geschäftsführung hat dies den Vorteil, dass hierdurch für sie grundsätzlich eine Haftung für Maßnahmen in einem anderen, ihnen nicht zugeordneten Ressort ausgeschlossen wird und lediglich eine Haftung für eigenes, nicht für fremdes Verschulden verbleibt.[16] Durch die Ressortaufteilung wird somit der Inhalt der Pflichten hin zu einer Kontrollpflicht verändert, während hingegen der Grundsatz der Gesamtverantwortung unverzichtbar und unentziehbar bleibt.[17] Denn auch eine Ressortverteilung entbindet jeden einzelnen Geschäftsführer nicht von seiner Verantwortung für die ordnungsgemäße Führung der Geschäfte der Gesellschaft.[18] Er muss in jedem Fall für eine Organisation sorgen, die ihm die für die Wahrnehmung seiner Pflichten erforderliche Übersicht über die wirtschaftliche und finanzielle Situation jederzeit ermöglicht.[19]

4.14 Daher verbleibt jedem Geschäftsführer eine Informations- und Überwachungspflicht in Bezug auf das Handeln seiner Geschäftsführungskollegen. Er muss sich über jene Maßnahmen in regelmäßigen Abständen in dem erforderlichen Umfang informieren, also entsprechende Auskunftsrechte ausüben, und das pflichtgemäße Handeln der Mitgeschäftsführer überwachen.[20] Die übrigen Geschäftsführer dürfen davon ausgehen, dass der für ein bestimmtes Ressort zuständige Mitgeschäftsführer zuverlässig und rechtzeitig die erforderlichen Informationen erteilt, die für die Wahrnehmung der Geschäftsführerpflichten erforderlich sind.[21] Ergeben sich für ihn hierbei Anhaltspunkte dafür, dass ein zuständiger Ressortgeschäftsführer seine Geschäftsführungsaufgaben nicht pflichtgemäß erfüllt, muss ein Geschäftsführer einschreiten.[22]

4.15 Allerdings verbleiben bestimmte Aufgaben- und Pflichtenbereiche, die grundsätzlich nicht Gegenstand einer ausschließlichen Ressortzuordnung sein können, sondern jedem Geschäftsführer zwingend zufallen.[23] Hierzu gehören insbesondere

– die Insolvenzantragspflicht (§ 15a InsO),

---

[16] KLEINDIEK, in: LUTTER/HOMMELHOFF, GmbHG, 21. Aufl. 2023, § 37 Rdnr. 29.

[17] BGH, Urt. v. 14.03.2023 – II ZR 162/21, NZG 2023, 837, 840; BGH, Urt. v. 15.10.1996 – VI ZR 319/95, NJW 1997, 130, 132.

[18] BGH, Urt. v. 14.03.2023 – II ZR 162/21, NZG 2023, 837, 840; BGH, Urt. v. 06.11.2018 – II ZR 11/17, NZG 2019, 225, 226.

[19] BGH, Urt. v. 14.03.2023 – II ZR 162/21, NZG 2023, 837, 840; BGH, Urt. v. 06.11.2018 – II ZR 11/17, NZG 2019, 225, 226.

[20] BGH, Urt. v. 14.03.2023 – II ZR 162/21, NZG 2023, 837, 840; BGH, Urt. v. 06.11.2018 – II ZR 11/17, NZG 2019, 225, 226.

[21] BGH, Urt. v. 14.03.2023 – II ZR 162/21, NZG 2023, 837, 840; BGH, Urt. v. 06.11.2018 – II ZR 11/17, NZG 2019, 225, 226 f.

[22] BGH, Urt. v. 09.01.2001 – VI ZR 407/99, NJW 2001, 969, 971.

[23] BGH, Urt. v. 06.07.1990 – 2 StR 549/89, NJW 1990, 2560, 2565.

- die Pflichten zur Kapitalaufbringung und Kapitalerhaltung (§§ 9a, 9b, 41 Abs. 3 GmbHG, § 15b InsO),[24]
- Entscheidungen, die für die Gesellschaft von grundlegender Bedeutung sind, wie z.B. wesentliche Investitionsmaßnahmen, oder Entscheidungen, wenn sich die Gesellschaft in einer Ausnahme- bzw. Krisensituation befindet, wie etwa im Fall einer Rückrufaktion wegen Produktfehlern.[25]

Hinweis

Bei einer Ressortverteilung und -zuordnung müssen folgende Voraussetzungen beachtet werden: 4.16

a) Die Ressortverteilung muss eine klare und eindeutige Abgrenzung der Geschäftsführungsaufgaben enthalten.[26]

b) Die Wahrnehmung der Geschäftsführungsaufgaben muss fachlich und persönlich geeigneten Personen zugewiesen werden. Sämtliche Geschäftsführer müssen diese Eignung im Vorfeld prüfen, wenn sie selbst die Ressortverteilung untereinander vornehmen. Die Zuständigkeit des Gesamtorgans für nicht delegierbare Angelegenheiten muss bestehen bleiben.[27]

c) Sämtliche Geschäftsführer müssen einer Ressortverteilung zustimmen.[28]

d) In jedem Fall empfiehlt es sich, die Aufgabenzuweisung schriftlich vorzunehmen, um die Reduzierung des Pflichtenumfangs zu dokumentieren.

e) Außerdem sollte mit Blick auf eine effektive Erfüllung der Auskunfts- und Informationspflichten darauf geachtet werden, ein regelmäßiges Berichtswesen der einzelnen Ressorts zu installieren.

4.1.2.2 Vertikale Kompetenzzuweisung an Mitarbeiter bzw. externe Dritte

Die Überwachungs- und Organisationspflichten des Geschäftsführers verstärken sich ebenfalls, wenn Aufgaben, die nicht gesetzlich zwingend dem Geschäftsführer zufallen, im Rahmen einer vertikalen Zuordnung an untergeordnete Mitarbeiter delegiert werden. In solchen Fällen muss der Geschäftsführer in regelmäßigen Abständen prüfen, ob der Dritte in der Lage ist, die Aufgaben angemessen zu erledigen, er muss den Mitarbeiter sorgfältig auswählen, anleiten und kontrollieren. Eine Haftung des Geschäftsführers kommt sodann nur für die Verletzung dieser eigenen 4.17

[24] Vgl. KLEINDIEK, in: LUTTER/HOMMELHOFF, GmbHG, 21. Aufl. 2023, § 37 Rdnr. 31.
[25] BGH, Urt. v. 06.07.1990 – 2 StR 549/89, NJW 1990, 2560, 2565.
[26] BGH, Urt. v. 06.11.2018 – II ZR 11/17, NZG 2019, 225, 226 f.
[27] BGH, Urt. v. 06.11.2018 – II ZR 11/17, NZG 2019, 225, 226 f.
[28] BGH, Urt. v. 06.11.2018 – II ZR 11/17, NZG 2019, 225, 226 f.

Pflichten in Betracht.[29] Für das Fehlverhalten des Mitarbeiters haftet der Geschäftsführer hingegen nicht, da ihm dessen Verschulden nicht gem. § 278 BGB zugerechnet wird.[30]

Praxistipp

4.18 Eine weitere Reduzierung des eigenen Pflichtenumfangs und damit der eigenen Haftungsrisiken kann durch eine Delegation von Aufgaben an Mitarbeiter erfolgen, da sich die eigenen Pflichten sodann auf die sorgfältige Auswahl, Anleitung und Überwachung beschränken. Dies verlangt indes die Einrichtung geeigneter organisatorischer Verfahrensabläufe und Kontrollinstrumente, die ein rechtskonformes Verhalten der Mitarbeiter gewährleisten. Für die Vergabe von Aufgaben an Dritte, wie z.B. die Buchführungsaufgaben an einen Steuerberater, gilt insoweit Entsprechendes.[31]

4.1.3 Die Pflicht zur ordnungsgemäßen Unternehmensleitung

4.19 Das organschaftliche Rechtsverhältnis begründet die Pflicht des Geschäftsführers gegenüber der Gesellschaft, die Geschäfte der Gesellschaft zu führen und das Unternehmen ordnungsgemäß zu leiten.[32] Die allgemeine Leistungspflicht des Geschäftsführers untergliedert sich in mehrere spezifische Einzelpflichten und wird durch die gesetzlichen Regelungen, die Satzung der GmbH, die Geschäftsordnung, Einzelweisungen der Gesellschafterversammlung bzw. des Aufsichtsrats sowie durch Regelungen des Anstellungsvertrags begrenzt.[33]

4.20 Dementsprechend hat der Geschäftsführer insbesondere – orientiert am Unternehmensgegenstand – die gesetzlich normierten Pflichten zu erfüllen.[34] Die Leitungspflicht des Geschäftsführers umfasst vor diesem Hintergrund zugleich die Verpflichtung, die hierfür erforderliche organisatorische Struktur in dem Unternehmen zu installieren und vorzuhalten, die einen ordnungsgemäßen Geschäftsbetrieb sicherstellt. Hierzu gehört etwa, dass er die organisatorischen Voraussetzungen dafür schaffen muss, die an Mitarbeiter delegierten Aufgaben und die wirtschaftliche und finanzielle Situation der Gesellschaft jederzeit kontrollieren zu

---

29 BGH, Urt. v. 07.11.1994 – II ZR 270/93, NJW 1995, 326, 329 f.

30 BGH, Urt. v. 07.11.1994 – II ZR 270/93, NJW 1995, 326, 329 f.; in Bezug auf externe Dritte: BGH, Urt. v. 20.09.2011 – II ZR 234/09, NZG 2011, 1271, 1273.

31 BGH, Urt. v. 20.09.2011 – II ZR 234/09, NJW 2011, 1271, 1273.

32 BGH, Urt. v. 07.05.2019 – VI ZR 512/17, NJW 2019, 2164, 2165; BGH, Urt. v. 10.07.2012 – VI ZR 341/10, NJW 2012, 3439, 3441; vgl. Kleindiek, in: Lutter/Hommelhoff, GmbHG, 21. Aufl. 2023, § 43 Rdnr. 11, 12.

33 Kleindiek, in: Lutter/Hommelhoff, GmbHG, 21. Aufl. 2023, § 43 Rdnr. 12.

34 BGH, Urt. v. 10.07.2012 – VI ZR 341/10, NJW 2012, 3439, 3441; BGH, Urt. v. 26.04.2018 – IX ZR 238/17, NJW 2018, 2125, 2128; BGH, Urt. v. 07.05.2019 – VI ZR 512/17, NJW 2019, 2164, 2165.

können.[35] Der Geschäftsführer hat die Pflicht, sich stets über die wirtschaftliche Lage der Gesellschaft zu vergewissern[36] und im Krisenfall eine Überprüfung einer Überschuldung bzw. Zahlungsunfähigkeit vorzunehmen.[37]

Dies bedeutet für den Geschäftsführer, dass er sich über die Entscheidungsgrundlagen hinreichend informieren und eine Entscheidung treffen muss, die dem Interesse der Gesellschaft am besten entspricht und nicht ein unangemessenes Risiko für die Gesellschaft darstellt.[38] Er muss die Rechtslage sorgfältig prüfen, soweit erforderlich Rechtsrat einholen und die höchstrichterliche Rechtsprechung sorgfältig beachten. Grundsätzlich trägt der Geschäftsführer in dem Zusammenhang das Risiko, die Rechtslage zu verkennen.[39] 4.21

Liegen diese Voraussetzungen vor, so führen das bewusste Eingehen geschäftlicher Risiken, Fehlbeurteilungen und Fehleinschätzungen nicht zu einer Haftung. Verfügt der Geschäftsführer hingegen nicht über ausreichende persönliche Kenntnisse, muss er sich extern beraten lassen.[40] Auch hierfür gelten spezifische Anforderungen. Unzureichend ist der Verweis darauf, der Aufsichtsrat habe ihn im Rahmen von dessen Kontrolltätigkeit beraten. Denn die Überwachungspflicht des Aufsichtsrats steht selbständig neben den Pflichten des Geschäftsführers.[41] Ebensowenig genügt der generelle Verweis darauf, die Gesellschaft werde ständig von einem Steuerberater beraten, der stets Zugriff auf sämtliche die Liquidität des Unternehmens betreffenden Unterlagen gehabt und erklärt habe, es bestehe kein Grund für einen Insolvenzantrag.[42] Erforderlich ist vielmehr stets, dass ein konkreter Auftrag zur Prüfung der Liquiditätslage und Insolvenzreife auf vollständiger Tatsachengrundlage und sodann eine Auskunft erteilt wird, die einer Plausibilitätsprüfung zugänglich ist.[43] 4.22

Auch eine schlichte Anfrage bei einer von dem Geschäftsführer für fachkundig gehaltenen Person genügt nicht. Vielmehr muss der Gesellschafter unter umfassender Darstellung der Verhältnisse der Gesellschaft und Offenlegung der erforderlichen Unterlagen von einem unabhängigen, für die zu klärende Fragestellung fachlich 4.23

---

[35] BGH, Urt. v. 27.10.2020 – II ZR 355/18, NZG 2021, 66, 71; BGH, Urt. v. 07.11.1994 – II ZR 270/93, NJW 1995, 326, 329.

[36] BGH, Urt. v. 24.09.2019 – II ZR 248/17, NZI 2020, 180, 181; BGH, Urt. v. 14.05.2007 – II ZR 48/06, NJW 2007, 2118, 2120.

[37] BGH, Urt. v. 27.10.2020 – II ZR 355/18, NZG 2021, 66, 71; BGH, Urt. v. 27.03.2012 – II ZR 171/10, NZG 2012, 672, 673; BGH, Urt. v. 14.05.2007 – II ZR 48/06, NJW 2007, 2118, 2120.

[38] Verse, in: Scholz, GmbHG, 12. Aufl. 2021, § 43 Rdnr. 67.

[39] BGH, Urt. v. 20.09.2011 – II ZR 234/09, NZG 2011, 1271, 1272 f.

[40] BGH, Urt. v. 27.10.2020 – II ZR 355/18, NZG 2021, 66, 71; BGH, Urt. v. 27.03.2012 – II ZR 171/10, NZG 2012, 672, 673; BGH, Urt. v. 14.05.2007 – II ZR 48/06, NJW 2007, 2118, 2120.

[41] BGH, Urt. v. 20.09.2011 – II ZR 234/09, NZG 2011, 1271, 1273.

[42] BGH, Urt. v. 27.10.2020 – II ZR 355/18, NZG 2021, 66, 71.

[43] BGH, Urt. v. 27.10.2020 – II ZR 355/18, NZG 2021, 66, 71.

qualifizierten Berufsträger beraten lassen.[44] Es ist in dem Zusammenhang nicht erforderlich, dass ein Prüfauftrag ausdrücklich für eine bestimmte Rechtsfrage erteilt wird, vielmehr nur, dass die Prüfung aus Sicht des nicht fachkundigen Geschäftsführers die zweifelhafte Frage umfasst.[45] Den Rat des externen Beraters darf der Geschäftsführer sodann nicht lediglich hinnehmen, sondern ist seinerseits verpflichtet, diesen auf seine Plausibilität hin zu überprüfen,[46] wodurch bloße Gefälligkeitsgutachten ausgeschlossen werden. Allein das Vertrauen in die Fachkompetenz eines Beraters ersetzt die Plausibilitätskontrolle somit nicht.[47] Diese verlangt vielmehr die Prüfung, ob dem externen Berater sämtliche erforderlichen Informationen zur Verfügung gestanden haben, der Berater diese Informationen verarbeitet hat und ob dabei alle sich einem Rechtsunkundigen aufdrängenden Fragen beantwortet worden sind.[48]

Hinweis

4.24 Die Dokumentation der Plausibilitätsprüfung ist für den Geschäftsführer im Hinblick auf die ihn treffende Beweislast für die Anwendung der gebotenen Sorgfalt von großer Bedeutung. Hat der Geschäftsführer diese Anforderungen beachtet, darf er sich auf den eingeholten Rat des externen Beraters verlassen, ohne dass er sich schadenersatzpflichtig macht, wenn der eingeholte Rat sich später als falsch erweist.[49]

4.1.3.1 Inhaltliche Konkretisierung durch Satzung und Anstellungsvertrag

4.25 Einen grundlegenden inhaltlichen Maßstab der Pflicht zur ordnungsgemäßen Geschäftsführung geben zunächst die Bestimmungen der Satzung sowie des Geschäftsführeranstellungsvertrags. Dabei wird der Handlungsrahmen durch den Unternehmensgegenstand vorgegeben.[50] Der Geschäftsführer darf also nicht hiervon abweichen.[51]

---

[44] BGH, Urt. v. 14.05.2007 – II ZR 48/06, NJW 2007, 2118, 2120; BGH, Urt. v. 20.09.2011 – II ZR 234/09, NZG 2011, 1271, 1273; BGH, Urt. v. 28.04.2015 – II ZR 63/14, NZG 2015, 792, 794.

[45] BGH, Urt. v. 28.04.2015 – II ZR 63/14, NZG 2015, 792, 795.

[46] BGH, Beschl. v. 24.09.2019 – II ZR 248/17, NZI 2020, 180, 182; BGH, Urt. v. 14.05.2007 – II ZR 48/06, NJW 2007, 2118, 2120; BGH, Urt. v. 27.03.2012 – II ZR 171/10, NZG 2012, 672, 673; BGH, Urt. v. 20.09.2011 – II ZR 234/09, NZG 2011, 1271, 1273.

[47] BGH, Urt. v. 20.09.2011 – II ZR 234/09, NZG 2011, 1271, 1274.

[48] BGH, Urt. v. 28.04.2015 – II ZR 63/14, NZG 2015, 792, 795.

[49] BGH, Urt. v. 14.05.2007 – II ZR 48/06, NJW 2007, 2118, 2120.

[50] KLEINDIEK, in: LUTTER/HOMMELHOFF, GmbHG, 21. Aufl. 2023, § 43 Rdnr. 16.

[51] KLEINDIEK, in: LUTTER/HOMMELHOFF, GmbHG, 21. Aufl. 2023, § 43 Rdnr. 16.

4.1.3.2 Folgepflicht bezüglich Weisungen der Gesellschafterversammlung

Im Rahmen der Leitungsverantwortung hat der Geschäftsführer bestehende Gremienzuständigkeiten zu beachten und Weisungen der Gesellschafterversammlung bzw. – soweit die Satzung dies vorsieht – des Aufsichtsrats grundsätzlich zu befolgen (§ 37 Abs. 1 GmbHG). Rechtwirksame Anweisungen führen somit zu einer Folgepflicht[52] und haben – wenn er sie erfüllt – eine Haftungsbefreiung für den Geschäftsführer zur Folge. Von wesentlicher praktischer Relevanz ist es für den Geschäftsführer jedoch zu beachten, dass nur Beschlüsse des jeweiligen Gremiums selbst eine rechtswirksame Anweisung begründen, während die „Weisung" einzelner Aufsichtsratsmitglieder bzw. einzelner Gesellschafter keine rechtliche Folgepflicht – und damit keine Haftungsbefreiung – entstehen lässt.[53] 4.26

Praxistipp

Vor wirtschaftlich bedeutsamen Entscheidungen bzw. Maßnahmen sollte der Geschäftsführer die Anweisung der Gesellschafterversammlung zur entsprechenden Umsetzung einholen, weil er sich dadurch einer persönlichen Haftung entzieht.[54] „Weisungen" einzelner Gremienmitglieder genügen nicht.[55] 4.27

Die allgemeine Pflicht zur ordnungsgemäßen Unternehmensleitung einerseits und die organschaftliche Haftung andererseits führen zu gegenläufigen Pflichtenkollisionen: Der Geschäftsführer ist einerseits verpflichtet, rechtswirksamen Weisungen der Gremien zu folgen. Da diese Folgepflicht aber nur für rechtswirksame Weisungen besteht, hat er zugleich die Pflicht zu prüfen, ob die Weisung rechtlich wirksam besteht. Darüber hinaus steht ihm allerdings weder eine Prüfungsbefugnis noch -pflicht zu, unabhängig davon, ob der Geschäftsführer die Weisung als nachteilig für die Gesellschaft ansieht. Einen nichtigen Weisungsbeschluss, d.h. einen solchen, der offensichtlich gegen wesentliche gesetzliche Vorschriften, wie z.B. § 15b Abs. 5 Satz 1 InsO, § 30 GmbHG oder gegen § 266a StGB, verstößt, darf der Geschäftsführer per se nicht ausführen.[56] 4.28

Ein Verstoß gegen sonstige Bestimmungen führt lediglich dazu, dass der Weisungsbeschluss rechtswidrig und damit anfechtbar ist. Der Geschäftsführer muss somit die Weisungsbeschlüsse sorgfältig auf ihre Rechtswirksamkeit prüfen. Soweit er 4.29

---

52 OLG Frankfurt, Urt. v. 07.02.1997 – 24 U 88/95, NJW-RR 1997, 736, 737.

53 OLG Frankfurt, Urt. v. 07.02.1997 – 24 U 88/95, NJW-RR 1997, 736, 737; Kleindiek, in: Lutter/Hommelhoff, GmbHG, 21. Aufl. 2023, § 43 Rdnr. 41.

54 Verse, in: Scholz, GmbHG, 12. Aufl. 2021, § 43 Rdnr. 260.

55 Kleindiek, in: Lutter/Hommelhoff, GmbHG, 21. Aufl. 2023, § 43 Rdnr. 41.

56 BGH, Urt. v. 28.04.2008 – II ZR 264/06, NJW 2008, 2437, 2441; OLG Naumburg, Urt. v. 10.02.1999 – 6 U 1566/99, NJW-RR 1999, 1343.

daher Zweifel an der Rechtmäßigkeit des Weisungsbeschlusses hat, muss er sich an das jeweilige Gremium wenden und darauf hinwirken, dass es von dem Beschluss Abstand nimmt.[57] Nimmt das Gremium den Weisungsbeschluss nicht zurück, hat der Geschäftsführer unter Beachtung des Verhältnismäßigkeitsgrundsatzes ggf. von seinem Amt zurückzutreten, um einer persönlichen Haftung zu entgehen. Er bewirkt keine Haftungsbefreiung für den Geschäftsführer.[58] Daraus ergibt sich, dass eine uneingeschränkte Folgepflicht nur für durch Ablauf der Anfechtungsfrist unanfechtbar gewordene Beschlüsse besteht.[59]

Praxistipp

4.30 Für die Praxis empfiehlt sich daher, bei Zweifeln stets eine erneute Befassung des zuständigen Gremiums zu veranlassen. Die ständige Kontrolle, ob jede einzelne Maßnahme noch von dem Beschluss des Aufsichtsrats bzw. der Gesellschafterversammlung gedeckt wird, ist für den Geschäftsführer von entscheidender Bedeutung.

4.1.3.3 Entscheidungen im unternehmerischen Ermessen

4.31 Soweit eine Konkretisierung der Pflicht zur ordnungsgemäßen Unternehmensleitung weder durch Gesetz, Satzung oder Weisungen eingetreten ist, steht dem Geschäftsführer ein Ermessen zu, das er auf Grundlage einer sorgfältig ermittelten Tatsachen- und Rechtsbasis nach Maßgabe des Unternehmensinteresses ausüben muss.[60] Zu diesem unternehmerischen Ermessen gehört neben dem bewussten Eingehen geschäftlicher Risiken grundsätzlich auch die Inkaufnahme der Gefahr, bei der wirtschaftlichen Betätigung Fehlbeurteilungen und Fehleinschätzungen zu unterliegen. Denn derartige Entscheidungen müssen regelmäßig aufgrund einer zukunftsbezogenen Gesamtabwägung von Chancen und Risiken getroffen werden, die die Gefahr erst nachträglich erkennbarer Fehlbeurteilungen enthält.

4.32 Eine Pflichtverletzung des Geschäftsführers liegt in entsprechender Anwendung des § 93 Abs. 1 AktG vor, wenn die Grenzen, in denen sich ein von Verantwortungsbewusstsein getragenes, ausschließlich am Unternehmenswohl orientiertes, auf sorgfältiger Ermittlung der Entscheidungsgrundlagen beruhendes unternehmerisches Handeln bewegen muss, überschritten sind, die Bereitschaft, unternehmerische Risiken einzugehen, in unverantwortlicher Weise überspannt wird oder das Verhalten des Geschäftsführers aus anderen Gründen als pflichtwidrig gelten muss.[61]

---

57 OLG Frankfurt, Urt. v. 07.02.1997 – 24 U 88/95, NJW-RR 1997, 736, 737.

58 KLEINDIEK, in: LUTTER/HOMMELHOFF, GmbHG, 21. Aufl. 2023, § 43 Rdnr. 42.

59 VERSE, in: SCHOLZ, GmbHG, 12. Aufl. 2021, § 43 Rdnr. 263, 264.

60 BGH, Urt. v. 14.07.2008 – II ZR 202/07, NJW 2008, 3361, 3362.

61 BGH, Urt. v. 10.02.2022 – 3 StR 329/21, NZG 2022, 1293, 1294; BGH, Urt. v. 22.11.2016 – 1 StR 354/16, NStZ 2017, 227, 230.

Das erfordert, dass der Geschäftsführer alle verfügbaren Informationsquellen tatsächlicher und rechtlicher Art ausschöpft und auf dieser Grundlage die Vor- und Nachteile der bestehenden Handlungsoptionen sorgfältig abschätzt und den erkennbaren Risiken Rechnung trägt. Die konkrete Entscheidungssituation ist danach der Bezugsrahmen des Ausmaßes der Informationspflichten für den Geschäftsführer. Dementsprechend ist es notwendig, aber auch ausreichend, dass sich der Geschäftsführer eine unter Berücksichtigung des Faktors Zeit und unter Abwägung der Kosten und Nutzen einer weiteren Informationsgewinnung angemessene Tatsachenbasis verschafft.[62] Dem Geschäftsführer steht danach letztlich ein dem konkreten Einzelfall angepasster Spielraum zu, den Informationsbedarf zur Vorbereitung seiner unternehmerischen Entscheidung selbst abzuwägen. Ausschlaggebend ist nicht, ob die Entscheidung tatsächlich auf der Basis angemessener Information erfolgte und dem Wohl der Gesellschaft diente, sondern es reicht aus, dass der Geschäftsführer dies vernünftigerweise annehmen durfte.[63] Die Beurteilung des Geschäftsführers muss aus Sicht eines ordentlichen Geschäftsführers vertretbar erscheinen. 4.33

Die hierbei anzuwendende Sorgfalt ist abhängig von Risiko und Bedeutung der Entscheidung für das Unternehmen. Erweist sich unter Beachtung dieser Prämissen eine Entscheidung nachträglich als fehlerhaft, haftet er nicht hierfür, während erhebliche Überschreitungen des Ermessensrahmens zu einer Schadenersatzhaftung führen.[64] 4.34

Bei risikoreichen Geschäften hat der Geschäftsführer das Geschäft zweckmäßig vorzubereiten, eine sorgfältige Risikoabwägung vorzunehmen und geeignete Vorsorgemaßnahmen zur Risikominimierung zu treffen, wobei die Anforderungen an die Sorgfalt mit dem Grad des Risikos steigen.[65] Stellt sich das Risiko als zu groß dar, so hat er von dem Geschäft Abstand zu nehmen. Wenn sich im Entscheidungszeitpunkt die zu erwartenden positiven Folgen für die Gesellschaft wahrscheinlicher darstellen als die negativen Konsequenzen, handelt der Geschäftsführer im Rahmen seiner sorgfältigen Ermessensausübung und ist nicht haftbar, wenn später dennoch ein Schaden eintritt. 4.35

62 BGH, Urt. v. 10.02.2022 – 3 StR 329/21, NZG 2022, 1293, 1294; BGH, Urt. v. 22.11.2016 – 1 StR 354/16, NStZ 2017, 227, 230.

63 BGH, Urt. v. 10.02.2022 – 3 StR 329/21, NZG 2022, 1293, 1294; BGH, Urt. v. 22.11.2016 – 1 StR 354/16, NStZ 2017, 227, 230.

64 BGH, Urt. v. 10.02.2022 – 3 StR 329/21, NZG 2022, 1293, 1294; BGH, Urt. v. 14.07.2008 – II ZR 202/07, NJW 2008, 3361, 3362; BGH, Urt. v. 18.06.2013 – II ZR 86/11, NZG 2013, 1021, 1023.

65 BGH, Urt. v. 21.03.2005 – II ZR 54/03, NZG 2005, 562, 563, zu einer ungesicherten Kreditvergabe durch eine Genossenschaftsbank; BGH, Urt. v. 21.04.1997 – II ZR 175/95, NJW 1997, 1926, 1928; OLG Frankfurt, Urt. v. 02.06.2017 – 25 U 107/13, GmbHR 2017, 974; OLG Koblenz, Urt. v. 23.12.2014 – 3 U 1544/13, BeckRS 2015, 712.

Praxistipp

4.36 Da die Grenzen an dieser Stelle fließend sind, ist dem Geschäftsführer daher in der Praxis zu empfehlen, vorher einen (haftungsbefreienden) Weisungsbeschluss der Gesellschafterversammlung einzuholen.

4.1.3.4 Organisationspflicht

4.37 Zu den wesentlichen Pflichten des Geschäftsführers gehört ferner, die Organisationsstruktur des Unternehmens – abhängig von der Unternehmensgröße, der Anzahl der Mitarbeiter und dem Unternehmensgegenstand – so aufzustellen, dass ein ordnungsgemäßer Geschäftsbetrieb ermöglicht wird und ein Compliancemanagementsystem geschaffen wird, durch das die Begehung von Rechtsverstößen durch das Unternehmen bzw. deren Mitarbeiter/-innen verhindert werden kann.[66] Erforderlich ist auch die Sicherstellung eines effektiven Informationsflusses, so dass sich der Geschäftsführer stets über betriebswirtschaftlich relevante Daten des Unternehmens unterrichten und die Erfüllung der delegierten Aufgaben durch Mitarbeiter kontrollieren kann.[67] Analog zu den delegierten Aufgabenzuweisungen bestehen daher entsprechende Berichts- und Kontrollpflichten entlang der hierarchischen Unternehmensgliederung.[68] Wie er die konkrete Organisation des Unternehmens strukturiert, steht – vorbehaltlich etwaiger Vorgaben in Satzung oder Gremienbeschlüssen – im Ermessen des Geschäftsführers. Delegiert der Geschäftsführer seine Überwachungsaufgabe, reduziert sich seine effektive Überwachungspflicht auf die ihm unmittelbar unterstellten Mitarbeiter und deren Führungs- und Überwachungsverhalten („Überwachung der Überwacher").[69] Soweit er diese Organisationspflichten erfüllt hat, entfällt eine persönliche Haftung für dennoch durch Mitarbeiter verursachte Schäden. Ist die Organisation hingegen unzureichend, bleibt der Geschäftsführer hierfür verantwortlich.

4.1.3.5 Kontroll- und Überwachungspflicht

4.38 Neben der Organisationspflicht bleiben Kontroll- und Überwachungspflichten bestehen. Den Geschäftsführer trifft selbst bei ausreichender Unternehmensorganisation die Pflicht, die organisatorischen Betriebsabläufe zu überwachen, wobei er auch diese Überwachungspflicht wiederum auf Dritte delegieren kann.[70] Er muss

---

66 OLG Nürnberg, Urt. v. 30.03.2022 – 12 U 1520/19, NZG 2022, 1058, 1061; BGH, Urt. v. 20.02.1995 – II ZR 9/94, NJW-RR 1995, 669, 670; LG München, Urt. v. 10.12.2013 – 5 HKO 1387/10, NZG 2014, 345, 346.

67 OLG Nürnberg, Urt. v. 30.03.2022 – 12 U 1520/19, NZG 2022, 1058, 1061; BGH, Urt. v. 07.11.1994 – II ZR 270/93, NJW 1995, 326, 329.

68 OLG Nürnberg, Urt. v. 30.03.2022 – 12 U 1520/19, NZG 2022, 1058, 1062.

69 OLG Nürnberg, Urt. v. 30.03.2022 – 12 U 1520/19, NZG 2022, 1058, 1062.

70 BGH, Urt. v. 07.11.1994 – II ZR 270/93, NJW 1995, 326, 329 f.; OLG Nürnberg, Urt. v. 30.03.2022 – 12 U 1520/19, NZG 2022, 1058, 1062.

aber sicherstellen, dass alle Aufgaben seinen Vorgaben entsprechend erfüllt werden. Er muss sich regelmäßig über sämtliche wesentlichen Angelegenheiten der Gesellschaft informieren.

Im Mittelpunkt steht die laufende Kontrolle der Liquidität und der Finanzlage der Gesellschaft, und zwar unabhängig davon, wann eine Jahresbilanz vorliegt. Gelangt eine sorgfältige Prüfung zu dem Ergebnis, dass Anhaltspunkte für eine Krisensituation vorliegen, muss der Geschäftsführer eine Zwischenbilanz aufstellen und sodann folgende Schritte ergreifen: 4.39

- Ist das Stammkapital um mehr als 50 % angegriffen, muss der Geschäftsführer die Gesellschafterversammlung einberufen (§ 49 Abs. 3 GmbHG).
- Es ist die Erstellung eines Finanz- und Liquiditätsplans erforderlich.
- Er muss unverzüglich erforderliche Maßnahmen ergreifen, um die Krisensituation zu beseitigen.
- Er muss dafür Sorge tragen, dass die Arbeitnehmerbeiträge zur Sozialversicherung bei Fälligkeit einbehalten und abgeführt werden.[71]

4.1.3.6 Berichtspflichten gegenüber Gesellschafterversammlung bzw. Aufsichtsrat

Es bestehen folgende gesetzliche Informations- und Berichtspflichten gegenüber der Gesellschafterversammlung: 4.40

- Einberufen der Gesellschafterversammlung, wenn dies im Interesse der Gesellschaft erforderlich erscheint (§ 49 Abs. 2 GmbHG);
- Einberufen der Gesellschafterversammlung, wenn sich aus der Jahresbilanz oder einer im Laufe des Jahres aufgestellten Bilanz ergibt, dass die Hälfte des Stammkapitals verbraucht ist (§ 49 Abs. 3 GmbHG);
- Auskunftspflicht, wenn ein Gesellschafter Auskunft verlangt über Angelegenheiten der Gesellschaft. Zu diesen Angelegenheiten der Gesellschaften gehören zugleich sämtliche Angelegenheiten von unmittelbaren und (mittelbaren) Beteiligungsgesellschaften (§ 51a GmbHG);
- Vorlage des Jahresabschlusses (§ 42a Abs. 1 GmbHG);
- auf Verlangen des Aufsichtsrats (analog § 90 Abs. 3, 4, 5 Satz 1, 2 AktG analog): Vorlage des Jahresabschlusses und des Jahresabschlussberichts (§ 52 Abs. 1 GmbHG).

---

71 BGH, Urt. v. 09.01.2001 – VI ZR 407/99, NJW 2001, 969, 970; OLG Düsseldorf, Urt. v. 16.09.2014 – I-21 U 38/14, NZI 2015, 517, 518.

Weitere Berichtspflichten ergeben sich aus der Satzung, dem Anstellungsvertrag oder den Beschlüssen der Gesellschafterversammlung.

4.1.3.7 Treuepflicht

4.41 Den Geschäftsführer trifft neben seinen allgemeinen Pflichten zur ordnungsgemäßen Unternehmensleitung ebenfalls eine besondere Treuepflicht gegenüber der Gesellschaft.[72] Diese Treuepflicht wirkt in verschiedener Hinsicht:

- Zunächst verlangt sie von dem Geschäftsführer, dass er stets die **Interessen der Gesellschaft** verfolgt und seinen eigenen Interessen vorzieht.[73] Insgesamt muss der Geschäftsführer im Rahmen der Geschäftsführung vor diesem Hintergrund daher stets eine Abwägung der beteiligten Interessen vornehmen.
- Ferner unterliegt der Geschäftsführer grundsätzlich einem **Wettbewerbsverbot,** das ihm jede Teilnahme am geschäftlichen Verkehr im Geschäftsbereich der Gesellschaft verbietet.[74]
- Darüber hinaus ist der Geschäftsführer verpflichtet, bei der Wahrnehmung eigener Interessen auf das Interesse der Gesellschaft **Rücksicht** zu nehmen und ihr keinen Schaden zuzufügen. Sich bietende Geschäftschancen darf er nicht an sich ziehen, sondern muss sie im Interesse der Gesellschaft verwerten.[75]
- Über Geheimnisse der Gesellschaft hat der Geschäftsführer Stillschweigen zu bewahren, soweit hieran ein objektives Geheimhaltungsinteresse besteht. Diese **Pflicht zur Verschwiegenheit** wird darüber hinaus durch den strafrechtlichen Schutz des § 85 GmbHG flankiert.[76]

4.2 Spezifische Haftung des Geschäftsführers im Rahmen der Kapitalaufbringung

4.2.1 Haftung für falsche Angaben zum Zweck der Gründung (§§ 9a, 9b GmbHG)

4.42 Werden zum Zweck der Errichtung der Gesellschaft falsche Angaben gemacht, haben die Gesellschafter und Geschäftsführer der Gesellschaft als Gesamtschuldner fehlende Einzahlungen zu leisten, eine Vergütung, die nicht unter den Grün-

---

[72] BGH, Urt. v. 26.11.2007 – II ZR 161/06, NJW-RR 2008, 484; BGH, Urt. v. 23.09.1985 – II ZR 246/84, NJW 1986, 585, 586.

[73] BGH, Urt. v. 26.11.2007 – II ZR 161/06, NJW-RR 2008, 484.

[74] BGH, Urt. v. 23.09.1985 – II ZR 246/84, NJW 1986, 585, 586; Schleswig-Holsteinisches OLG, Urt. v. 12.02.2020 – 9 U 137/18, BeckRS 2020, 49950; KG, GmbHR 2010, 869.

[75] BGH, Urt. v. 23.09.1985 – II ZR 246/84, NJW 1986, 585, 586; Schleswig-Holsteinisches OLG, Urt. v. 12.02.2020 – 9 U 137/18, BeckRS 2020, 49950; KG, Urt. v. 16.03.2010 – 14 U 45/09, GmbHR 2010, 869.

[76] KLEINDIEK, in: LUTTER/HOMMELHOFF, GmbHG, 21. Aufl. 2023, § 43 Rdnr. 20 m.w.N.

dungsaufwand aufgenommen ist, zu ersetzen und für den sonst entstehenden Schaden Ersatz zu leisten (§ 9a Abs. 1 GmbHG). Von diesen Verpflichtungen ist ein Geschäftsführer befreit, wenn er die die Ersatzpflicht begründenden Tatsachen weder kannte noch bei Anwendung der Sorgfalt eines ordentlichen Geschäftsführers kennen musste (§ 9a Abs. 3 GmbHG), wobei bereits einfache Fahrlässigkeit genügt.[77] Das Gesetz vermutet also ein Verschulden, wenn die Haftungsvoraussetzungen des § 9a Abs. 1 GmbHG vorliegen. Dem Geschäftsführer wird daher die **Beweislast** für ein fehlendes Verschulden zugewiesen.

Die Schadenersatzhaftung des Geschäftsführers für falsche Angaben wird **strafrechtlich** durch § 82 Abs. 1 Nr. 1, 2, 4 GmbHG flankiert. 4.43

Die Haftung des Geschäftsführers entsteht im Zeitpunkt der Eintragung der Gesellschaft in das Handelsregister und scheidet daher aus, wenn es gar nicht erst zur Eintragung der Gesellschaft kommt.[78] Ein **Verzicht** der Gesellschaft auf Ersatzansprüche nach § 9a GmbHG oder ein **Vergleich** der Gesellschaft über diese Ansprüche ist **unwirksam**, soweit der Ersatz zur Befriedigung der Gläubiger der Gesellschaft erforderlich ist (§ 9b Abs. 1 Satz 1 GmbHG). Dies gilt nur im Fall einer Zahlungsunfähigkeit – analog zusätzlich auch im Fall der Überschuldung i.S.v. § 19 InsO,[79] wenn er sich zur Abwendung des Insolvenzverfahrens mit seinen Gläubigern vergleicht oder wenn die Ersatzpflicht in einem Insolvenzplan geregelt wird (§ 9b Abs. 1 Satz 2 GmbHG). Im Hinblick auf eine Kapitalerhöhung gelten die Vorschriften analog (§ 57 Abs. 4 GmbHG). § 36 Abs. 2, § 135 Abs. 2 und § 197 Satz 1 UmwG bestimmen eine entsprechende Anwendung bei Umwandlungen. 4.44

Die Haftung des Geschäftsführers umfasst den gesamten Gründungsvorgang und nur erhebliche Angaben, die „zum Zweck der Errichtung“, mithin vor der Eintragung der Gesellschaft im Rahmen des Gründungsverfahrens gemacht worden sind. Sie betreffen also insbesondere 4.45

- Angaben zur Übernahme der Gesellschaftsanteile, die Versicherung des Geschäftsführers gem. § 8 Abs. 2 GmbHG, dass die in § 7 Abs. 2 und 3 GmbHG bezeichneten Bar- bzw. Sacheinlageleistungen auf die Geschäftsanteile bewirkt sind und dass sich der Gegenstand der Leistung endgültig in der freien Verfügung der Geschäftsführer befindet (§ 8 Abs. 2 GmbHG);
- Angaben über den Wert der Sacheinlage (§ 8 Abs. 1 Nr. 5 GmbHG) und
- den Gründungsaufwand, den die Gesellschaft zu tragen hat.[80]

77 KG, Urt. v. 13.07.1999 – 14 U 8764/95, NZG 2000, 841, 843.
78 BAYER, in: LUTTER/HOMMELHOFF, GmbHG, 21. Aufl. 2023, § 9a Rdnr. 1.
79 VEIL, in: SCHOLZ, GmbHG, 13. Aufl. 2022, § 9b Rdnr. 13 m.w.N.
80 VEIL, in: SCHOLZ, GmbHG, 13. Aufl. 2022, § 9a Rdnr. 19.

4.46 Unerheblich ist dabei, von wem die Angaben gemacht werden.[81] Angaben sind falsch i.S.v. § 9a GmbHG, wenn sie im Zeitpunkt der Erklärung objektiv nicht der Wirklichkeit entsprechen.[82] Für das Verschulden ist hingegen der Zeitpunkt der Eintragung der Gesellschaft in das Handelsregister maßgebend.[83] Erkennt der Geschäftsführer vor der Eintragung, dass seine Angaben im Rahmen des Gründungsverfahrens falsch sind, muss er sie unverzüglich richtigstellen.

4.47 Rechtsfolge ist, dass der Geschäftsführer die Gesellschaft so zu stellen hat, wie sie stehen würde, wenn die Angaben zutreffend gewesen wären. Wird also z.B. im Vergleich zur tatsächlich geleisteten Einlage eine zu hohe Einlageleistung oder ein zu niedriger Gründungaufwand angegeben, muss der Differenzwert geleistet werden – erfolgt die Einlageleistung der Gesellschafter nachträglich, erlischt die Haftung des Geschäftsführers nach § 9a GmbHG.[84]

4.2.2 Die Haftung des Geschäftsführers für ein Handeln vor Eintragung der GmbH ins Handelsregister (§ 11 Abs. 2 GmbHG)

4.48 Vor der Eintragung in das Handelsregister besteht die GmbH als solche nicht (§ 11 Abs. 1 GmbHG). Ist vor der Eintragung im Namen der GmbH gehandelt worden, so haften die Handelnden Dritten gegenüber unbeschränkt persönlich und solidarisch für die durch sie rechtsgeschäftlich[85] begründeten Verbindlichkeiten (§ 11 Abs. 2 GmbHG). Als Handelnder kommt daher insbesondere derjenige in Betracht, der als Geschäftsführer bestellt worden ist.[86] Die persönliche Haftung ist unbeschränkt, so dass der Gesellschafter daher nicht einwenden kann, der Gesellschaft stünde im Zeitpunkt der Eintragung lediglich ihr satzungsmäßiges Stammkapital zur Verfügung.[87] Die Haftung erlischt mit der Eintragung der Gesellschaft in das Handelsregister.[88]

Praxistipp

4.49 Zur Vermeidung dieser Haftungsrisiken für den Geschäftsführer ist daher stets zu empfehlen, die Tätigkeit im Namen der GmbH erst ab Eintragung im Handelsregister zu beginnen.

---

81 Veil, in: Scholz, GmbHG, 13. Aufl. 2022, § 9a Rdnr. 10.
82 OLG Brandenburg, Urt. v. 28.12.2017 – 6 U 87/15, DRsp Nr. 2018/5618; OLG Bremen, Urt. v. 06.05.1997 – 2 U 135/96, BeckRS 1997, 31133637; Veil, in: Scholz, GmbHG, 13. Aufl. 2022, § 9a Rdnr. 20.
83 KG, Urt. v. 13.07.1999 – 14 U 8764/95, NZG 2000, 841, 842.
84 KG, Urt. v. 13.07.1999 – 14 U 8764/95, NZG 2000, 841, 842.
85 K. Schmidt, in: Scholz, GmbHG, 13. Aufl. 2022, § 11 Rdnr. 117.
86 BGH, Urt. v. 31.05.1976 – II ZR 185/74, NJW 1976, 1685.
87 K. Schmidt, in: Scholz, GmbHG, 13. Aufl. 2022, § 11 Rdnr. 124.
88 BGH, Urt. v. 16.03.1981 – II ZR 59/80, NJW 1981, 1452.

4.3 Spezifische Haftung im Rahmen der Kapitalerhaltung

4.3.1 Die Haftung für Verstöße gegen die Ausschüttungssperre des § 30 GmbHG (§ 41 Abs. 3 GmbHG)

Gemäß § 30 Abs. 1 GmbHG darf das zur Erhaltung des Stammkapitals erforderliche Vermögen der Gesellschaft nicht an die Gesellschafter – und ihnen gleichgestellte Dritte – ausgezahlt werden. Dies gilt gem. § 30 Abs. 1 Satz 2 GmbHG nicht bei Leistungen, die bei Bestehen eines Beherrschungs- oder Gewinnabführungsvertrags i.S.v. § 291 AktG erfolgen oder durch einen vollwertigen Gegenleistungs- oder Rückgewähranspruch gegen den Gesellschafter gedeckt sind. Eine weitere Ausnahme von dem Auszahlungsverbot gilt bei der Rückgewähr eines Gesellschafterdarlehens und bei Leistungen auf Forderungen, die einem Gesellschafterdarlehen wirtschaftlich entsprechen (§ 30 Abs. 1 Satz 3 GmbHG). Voraussetzung dieser bilanziellen Ausschüttungssperre ist somit, dass durch die Auszahlung eine Unterbilanz der Gesellschaft entsteht oder eine bereits vorhandene Unterbilanz verstärkt wird und keiner der gesetzlichen Ausnahmefälle von Absatz 1 Satz 2 und 3 vorliegen.[89] 4.50

Wird eine auf eine gegen § 30 GmbHG verstoßende Auszahlung gerichtete Forderung von dem Gesellschafter dennoch geltend gemacht, steht der Gesellschaft dem Gesellschafter gegenüber eine anspruchshindernde Einwendung zu.[90] Haftungsansprüche entstehen somit erst dann, wenn die Auszahlung entgegen des Auszahlungsverbots erfolgt ist. In diesem Fall steht der Gesellschaft zunächst ein Erstattungsanspruch gegen den Gesellschafter zu. 4.51

Die somit vordergründig nur die Gesellschafter betreffende Ausschüttungssperre des § 30 GmbHG erweist sich allerdings bei genauerer Betrachtung zugleich als sehr bedeutsame Haftungsgrundlage für den Geschäftsführer der Gesellschaft. Da es der Pflicht des Geschäftsführers gem. § 43 Abs. 1 GmbHG unterfällt zu prüfen, ob die Voraussetzungen einer verbotenen Auszahlung aus dem Gesellschaftsvermögen gem. § 30 GmbHG vorliegen, haftet der Geschäftsführer der Gesellschaft gem. § 43 Abs. 3 GmbHG zusätzlich auf Schadenersatz, wenn er eine verbotene Auszahlung schuldhaft bewirkt hat. Ein Verschulden wird insoweit analog § 93 Abs. 2 Satz 2 AktG vermutet.[91] Der Geschäftsführer hat in dem Zusammenhang nicht nur durch ihn veranlasste Auszahlungen zu unterlassen, sondern aufgrund seiner Überwachungspflicht sicherzustellen, dass solche Auszahlungen auch nicht 4.52

---

[89] Verse, in: Scholz, GmbHG, 13. Aufl. 2022, § 30 Rdnr. 17.

[90] BGH, Urt. v. 15.02.1996 – IX ZR 245/94, NJW 1996, 1341, 1342; vgl. BGH, Urt. v. 10.06.2008 – XI ZR 331/07, NZG 2008, 595, 596.

[91] BGH, Urt. v. 04.11.2002 – II ZR 224/00, NJW 2003, 358, 359; OLG Nürnberg, Urt. v. 30.03.2022 – 12 U 1520/19, NZG 2022, 1058, 1062.

von Mitgeschäftsführern oder anderen vertretungsberechtigten Personen vorgenommen werden.[92]

4.53 Darüber hinaus kann eine persönliche Haftung des Geschäftsführers auch gegenüber den übrigen Gesellschaftern eintreten. Denn die Mitgesellschafter haften der Gesellschaft ihrerseits im Rahmen einer Ausfallhaftung gem. § 31 Abs. 3 GmbHG für die Rückzahlung der verbotenen Auszahlung, soweit die Rückzahlung von dem empfangenden Gesellschafter nicht erfolgt. Werden die Gesellschafter im Rahmen dieser Ausfallhaftung in Anspruch genommen, steht ihnen ein Regressanspruch gegen den Geschäftsführer aus § 31 Abs. 6 GmbHG zu, wenn dieser die Auszahlung schuldhaft bewirkt hat. Es handelt sich insoweit um eine reine Innenhaftung des Geschäftsführers, so dass außenstehende Gläubiger keine Ansprüche gegen den Geschäftsführer geltend machen können.[93]

4.3.1.1 Auszahlung i.S.v. § 30 GmbHG

4.54 Als Auszahlung i.S.v. § 30 GmbHG in Betracht kommen die Weggabe eines Vermögensgegenstands, die Erbringung einer Leistung und die Gewährung von Sicherheiten:

– **Die Weggabe eines Vermögensgegenstands bzw. Erbringung einer Leistung**

  Als „Auszahlung" wird von der Rechtsprechung jede Verringerung des Gesellschaftsvermögens angesehen,[94] so dass somit jede Weggabe eines Vermögensgegenstands erfasst wird, soweit die Gesellschaft hierfür keine angemessene Gegenleistung erhält.[95]

4.55 Das Auszahlungsverbot betrifft nicht nur Geldleistungen, sondern Leistungen aller Art.[96] Hierfür ist es nicht erforderlich, dass sich die Verringerung des Gesellschaftsvermögens auch bilanziell auswirkt, da andernfalls der mit der Norm bezweckte Gläubigerschutz lückenhaft wäre, wenn man allein auf den Buchwert eines Vermögensgegenstands abstellen oder Dienstleistungen oder Nutzungsüberlassungen ohne angemessene Gegenleistung ausklammern würde.[97] Es ist vielmehr stets auf den Verkehrswert des ausgekehrten Vermögensgegenstands bzw. der ausgekehrten Leistung abzustellen, so dass also der Transfer von stillen Reserven aus dem Gesellschaftsvermögen, wie z.B. der Verkauf eines Gegenstands unter dem Verkehrswert, als Auszahlung erfasst wird.[98]

---

92 BGH, Urt. v. 25.06.2001 – II ZR 38/99, NJW 2001, 3123, 3124.

93 BGH, Urt. v. 25.06.2001 – II ZR 38/99, NJW 2001, 3123, 3124.

94 BGH, Urt. v. 21.03.2017 – II ZR 93/16, NZG 2017, 658, 659.

95 Verse, in: Scholz, GmbHG, 13. Aufl. 2022, § 30 Rdnr. 18.

96 BGH, Urt. v. 21.03.2017 – II ZR 93/16, NZG 2017, 658, 659 f.

97 BGH, Urt. v. 21.03.2017 – II ZR 93/16, NZG 2017, 658, 659 f.; Verse, in: Scholz, GmbHG, 13. Aufl. 2022, § 30 Rdnr. 18b.

98 Verse, in: Scholz, GmbHG, 13. Aufl. 2022, § 30 Rdnr. 18a.

Weitere praxisrelevante Beispiele für Verstöße gegen das Auszahlungsverbot sind die Zahlung überhöhter Darlehenszinsen für Gesellschafterdarlehen, eine unterlassene Gewährung einer angemessenen Avalprovision für eine von der Gesellschaft gewährte Sicherheit für Verbindlichkeiten des Gesellschafters gegenüber Dritten[99] oder der Verzicht auf eine Forderung. Das bloße Unterlassen der Geltendmachung einer Forderung erfüllt nach der jüngeren Rechtsprechung des BGH allerdings noch nicht die Voraussetzungen einer Auszahlung i.S.v. § 30 GmbHG.[100] 4.56

– **Die Gewährung von Sicherheiten als Auszahlung**

Darüber hinaus erfüllen auch Sicherheiten die Voraussetzungen einer Auszahlung i.S.v. § 30 Abs. 1 GmbHG, welche die Gesellschaft Dritten für Verbindlichkeiten des Gesellschafters gewährt, soweit der Anspruch der Gesellschaft gegen ihren Gesellschafter, sie von der Inanspruchnahme der Sicherheit bei Fälligkeit des Darlehens freizustellen, nicht vollwertig ist.[101] Insoweit ist der Freistellungsanspruch als „Gegenleistungs- oder Rückgewähranspruch" i.S.v. § 30 Abs. 1 GmbHG vollwertig und ein Ausfall unwahrscheinlich, wenn der Ausfall des Darlehensrückzahlungsanspruchs des Sicherungsnehmers unwahrscheinlich ist.[102] 4.57

Ist der Freistellungsanspruch bei der Bestellung der Sicherheit nicht vollwertig, stellt bereits ihre Bestellung eine Auszahlung dar, so dass es auf eine nachfolgende Verschlechterung nicht mehr ankommt.[103] Denn der außenstehende Dritte kann die Sicherheit verwerten, ohne dass ihm die Gesellschaft die Einwendung aus § 30 Abs. 1 GmbHG entgegenhalten kann, die schließlich voraussetzt, dass der Empfänger Gesellschafter ist bzw. diesem gleichgestellt ist.[104] Insoweit gilt der Auszahlungsbegriff unabhängig davon, ob die Sicherheit in der Bilanz lediglich als Vermerk unter der Bilanz gem. §§ 251, 268 Abs. 7 HGB, als Rückstellung oder als Verbindlichkeit abgebildet wird.[105] Wenn der Freistellungsanspruch bei der Bestellung der Sicherheit werthaltig ist, ist – wie bei der Gewährung eines Darlehens – eine spätere Verschlechterung der Vermögenslage des Gesellschafters für das Vorliegen einer Auszahlung grundsätzlich nicht von Bedeutung. Das bloße Unterlassen der Einforderung einer Sicherheit stellt noch keine Auszahlung i.S.v. § 30 Abs. 1 GmbHG dar.[106] 4.58

---

99 VERSE, in: SCHOLZ, GmbHG, 13. Aufl. 2022, § 30 Rdnr. 99.
100 BGH, Urt. v. 21.03.2017 – II ZR 93/16, NZG 2017, 658, 660.
101 BGH, Urt. v. 21.03.2017 – II ZR 93/16, NZG 2017, 658, 660.
102 BGH, Urt. v. 21.03.2017 – II ZR 93/16, NZG 2017, 658, 660.
103 BGH, Urt. v. 21.03.2017 – II ZR 93/16, NZG 2017, 658, 660.
104 BGH, Urt. v. 21.03.2017 – II ZR 93/16, NZG 2017, 658, 660; BGH, Urt. v. 10.01.2017 – II ZR 94/15, NZG 2017, 344, 345; VERSE, in: SCHOLZ, GmbHG, 13. Aufl. 2022, § 30 Rdnr. 104.
105 BGH, Urt. v. 21.03.2017 – II ZR 93/16, NZG 2017, 658, 660.
106 BGH, Urt. v. 21.03.2017 – II ZR 93/16, NZG 2017, 658, 660.

4.59 Stellt die GmbH eine Sicherheit zugunsten eines Gesellschafters für Forderungen des Gesellschafters gegenüber Dritten, so löst erst die Verwertung der Sicherheit eine Auszahlung aus, weil der Gesellschaft gegenüber dem Gesellschafter bis dahin die Einwendung des § 30 Abs. 1 GmbHG zusteht.[107] Solange sich die GmbH daher in einer Unterbilanz befindet, darf diese Sicherheit von einem Gesellschafter nicht verwertet werden. Andernfalls werden Ersatzansprüche gegen Gesellschafter und Geschäftsführer aktiviert (§ 31 Abs. 1, 3, § 43 Abs. 3 GmbHG).

4.3.1.2 Angemessene Gegenleistung

4.60 Eine angemessene Gegenleistung liegt nur dann vor, wenn ein gewissenhafter, nach kaufmännischen Grundsätzen handelnder Geschäftsführer das Geschäft unter gleichen Umständen auch mit einem gesellschaftsfremden Dritten abgeschlossen hätte, wobei dem Geschäftsführer ein gewisser Beurteilungsspielraum zugebilligt wird.[108] Die bloß subjektive Meinung des Geschäftsführers, Leistung und Gegenleistung seien ausgeglichen, ist insoweit unerheblich, es kommt entscheidend auf die objektiven Tatsachen an.[109]

4.61 Die Vermögensminderung muss von der Gesellschaft veranlasst sein, d.h., das Handeln muss dem generellen Aufgabenkreis des Organs zugewiesen sein.[110] Damit fällt beispielsweise auch der Verzicht auf eine Rechtsposition hierunter, während das bloße Unterlassen der Geltendmachung eines Anspruchs noch nicht den Tatbestand einer Auszahlung erfüllt.[111]

4.3.1.3 Empfänger der Auszahlung

4.62 Grundsätzlich erfasst § 30 Abs. 1 GmbHG nur Auszahlungen **an Gesellschafter**. Wer Gesellschafter ist, bestimmt sich anhand der Gesellschafterliste (vgl. § 16 GmbHG). Die bloße Nähebeziehung eines Dritten zu einem Gesellschafter genügt für sich alleine somit noch nicht.[112] Es werden außerdem nur Auszahlungen an einen Gesellschafter „in seiner Eigenschaft als solcher" (causa societatis) erfasst,[113] d.h., die Zahlung muss ihre Grundlage im Gesellschaftsverhältnis haben.[114] Ausge-

---

[107] BGH, Urt. v. 10.06.2008 – XI ZR 331/07, NZG 2008, 595, 596 f.; BGH, Urt. v. 15.02.1996 – IX ZR 245/94, NJW 1996, 1341, 1342.

[108] BGH, Urt. v. 13.11.1995 – II ZR 113/94, NJW 1996, 589, 590; BGH, Urt. v. 01.12.1986 – II ZR 306/85, NJW 1987, 1194, 1195.

[109] BGH, Urt. v. 13.11.1995 – II ZR 113/94, NJW 1996, 589, 590.

[110] BGH, Urt. v. 01.12.1986 – II ZR 306/85, NJW 1987, 1194, 1195; OLG Hamm, Urt. v. 13.03.2017 – I-8 U 79/16, NZG 2017, 741, 742, wonach auch strafbare Handlungen des Geschäftsführers hierunter fallen.

[111] BGH, Urt. v. 21.03.2017 – II ZR 93/16, NZG 2017, 658, 660.

[112] Verse, in: Scholz, GmbHG, 13. Aufl. 2022, § 30 Rdnr. 40 f. m.w.N.

[113] BGH, Urt. v. 09.05.2005 – II ZR 287/02, NJW 2005, 2450, 2452.

[114] Verse, in: Scholz, GmbHG, 13. Aufl. 2022, § 30 Rdnr. 30.

schieden werden somit Sachverhalte, in denen der Gesellschafter der Gesellschaft wie ein fremder Dritter gegenübertritt und die Gesellschaftereigenschaft dieses nicht beeinflusst hat.[115]

Von diesen Grundsätzen gibt es folgende **Ausnahmen**: 4.63

- Künftige Gesellschafter werden erfasst, wenn zwischen der Auszahlung aus dem Gesellschaftsvermögen und dem Erwerb der Gesellschafterstellung ein enger sachlicher und zeitlicher Zusammenhang besteht und die Leistung mit Rücksicht hierauf erfolgt, wie z.B. durch Zurverfügungstellung von Darlehensmitteln für den Anteilskauf.[116]

- Entsprechendes gilt für bereits ausgeschiedene Gesellschafter, wenn die Krise schon zum Zeitpunkt des Ausscheidens bestanden hat.[117]

- Ausnahmsweise werden darüber hinaus auch sonstige Dritte ebenfalls einbezogen, wenn die Zuwendung an den Dritten bei wirtschaftlicher Betrachtung gleichbedeutend einer Zuwendung an den Gesellschafter ist, etwa wenn hierdurch eine Verbindlichkeit oder Sicherheit des Gesellschafters gegenüber dem Dritten abgelöst wird.[118]

- Des Weiteren werden Sachverhalte erfasst, in denen der Gesellschafter die Auszahlung an einen Dritten (mit-)veranlasst bzw. sie mit seinem Einverständnis erfolgt und diese nicht von dem Gesellschaftsinteresse gedeckt ist.[119]

Im Rahmen von Treuhandverhältnissen gilt Folgendes: Ein **Treuhänder** (Strohmann) wird zum Leistungsempfänger i.S.v. § 30 GmbHG, wenn er den erlangten Gegenstand an den Treugeber abführt.[120] Erfolgt die Leistung der GmbH an den Treugeber, wird dieser rechtlich einem Gesellschafter gleichgestellt.[121] 4.64

[115] BGH, Urt. v. 01.12.1986 – II ZR 306/85, NJW 1987, 1194, 1195.

[116] BGH, Urt. v. 24.09.2013 – II ZR 39/12, NZG 2013, 1385, 1386; BGH, Urt. v. 13.11.2007 – XI ZR 294/07, NZG 2008, 106.

[117] BGH, Urt. v. 24.09.2013 – II ZR 39/12, NZG 2013, 1385, 1386; das KG, Urt. v. 09.03.2015 – 23 U 112/11, BeckRS 2015, 7626, will den Haftungszeitraum indes weitergehend auf maximal ein Jahr nach dem Ausscheiden begrenzen.

[118] BGH, Urt. v. 29.09.2008 – II ZR 234/07, NJW 2009, 68, 70; BGH, Urt. v. 05.05.2008 – II ZR 108/07, NZG 2008, 507, 508; OLG Düsseldorf, Urt. v. 21.10.2016 – I-16 U178/15, BeckRS 2016, 21147.

[119] BGH, Urt. v. 29.05.2000 – II ZR 118/98, NJW 2000, 2577, 2578; OLG Düsseldorf, Urt. v. 21.10.2016 – I-16 U 178/15, BeckRS 2016, 21147.

[120] OLG Düsseldorf, Urt. v. 21.10.2016 – I-16 U 178/15, BeckRS 2016, 21147.

[121] BGH, Urt. v. 13.11.2007 – XI ZR 294/07, NZG 2008, 106.

4.65 Zahlungen an eine **andere Beteiligungsgesellschaft** werden erfasst, wenn der Gesellschafter – unabhängig von einer vorherigen Veranlassung der Auszahlung – eine maßgebliche Beteiligung an dem Empfängerunternehmen hält, so dass er einen „bestimmenden Einfluss" ausüben kann. Dies wird dann bejaht, wenn er entweder die Möglichkeit hat, mit Mehrheitsstimmrechten einen Weisungsbeschluss in der Gesellschafterversammlung des Empfängerunternehmens fassen zu können oder als alleinvertretungsberechtigter Geschäftsführer des Empfängerunternehmens praktisch unabhängig von einer Weisung agieren zu können.[122]

4.66 Eine Auszahlung an einen Dritten entsteht bereits mit dem Abschluss des zugrundeliegenden Rechtsgeschäfts, so dass es auf den Erfüllungsakt insoweit nicht ankommt.[123] Diese Auskehr ist grundsätzlich nicht verboten, weil § 30 GmbHG nur Zahlungen an Gesellschafter erfasst. Erfolgt die Auskehr an einen Gesellschafter, verschiebt sich der Moment wiederum auf den Erfüllungszeitpunkt, weil dem Anspruch des Gesellschafters zuvor die Einwendung des § 30 Abs. 1 GmbHG entgegengehalten werden kann.

4.3.1.4 Das zur Erhaltung des Stammkapitals erforderliche Vermögen

4.67 Das Kapitalerhaltungsgebot des § 30 Abs. 1 GmbHG erstreckt sich auf das zur Erhaltung des Stammkapitals erforderliche Vermögen. Unzulässig sind daher Auszahlungen, durch die eine Unterbilanz entsteht, oder wenn sich die Gesellschaft im Auszahlungszeitpunkt bereits in einer Unterbilanz oder sogar in einer Überschuldungssituation befindet.[124] Ob eine Unterbilanz entsteht bzw. besteht, richtet sich nach einer Gegenüberstellung des satzungsgemäßen Stammkapitals einerseits und dem nach den für die Handelsbilanz geltenden Ansatz- und Bewertungsvorschriften (§§ 246 ff., 252 ff. HGB) auf Basis des letzten Jahresabschlusses zu ermittelnden Reinvermögen der Gesellschaft im Zeitpunkt der Auszahlung andererseits.[125] Stille Reserven bleiben somit – anders als bei Prüfung der Voraussetzungen einer Auszahlung (siehe oben) – unberücksichtigt. Zum Zweck des Gläubigerschutzes werden auf diese Weise Unsicherheiten und Unwägbarkeiten einer Bewertung etwaiger stiller Reserven vermieden, die ggf. zur Erhaltung des Stammkapitals erforderlich sind.[126]

---

122 BGH, Urt. v. 05.05.2008 – II ZR 108/07, NZG 2008, 507, 508; OLG Düsseldorf, Urt. v. 21.10.2016 – I-U 178/15, BeckRS 2016, 21147.

123 BGH, Urt. v. 18.06.2007 – II ZR 86/06, NJW-RR 2008, 51, 53.

124 BGH, Urt. v. 29.09.2008 – II ZR 234/07, NJW 2009, 68, 69; BGH, Urt. v. 11.12.1989 – II ZR 78/89, NJW 1990, 1109 f.

125 BGH, Urt. v. 29.09.2008 – II ZR 234/07, NJW 2009, 68, 69; BGH, Urt. v. 11.12.1989 – II ZR 78/89, NJW 1990, 1109 f.; VERSE, in: SCHOLZ, GmbHG, 13. Aufl. 2022, § 30 Rdnr. 53.

126 BGH, Urt. v. 11.12.1989 – II ZR 78/89, NJW 1990, 1109 f.

Zum Zweck der Unterbilanzprüfung sind allerdings[127] folgende Korrekturen vorzunehmen: 4.68

- nicht eingeforderte Einlageforderungen werden beim Aktivvermögen angesetzt;
- Rückzahlungsansprüche gem. § 31 GmbHG;
- Aktiva, die einer Ausschüttungssperre unterliegen (§ 253 Abs. 6 Satz 2, § 268 Abs. 8 HGB) bleiben außer Ansatz;
- Rückstellungen für ungewisse Verbindlichkeiten, Verluste aus schwebenden Geschäften (§ 249 Abs. 1 Satz 1, Satz 2 Nr. 2 HGB) sind anzusetzen, nicht jedoch Aufwandsrückstellungen.

Nur soweit das Reinvermögen das Stammkapital übersteigt, ist eine Auszahlung nach § 30 Abs. 1 GmbHG erlaubt, im Übrigen greift die Auszahlungssperre.

4.3.1.5 Ausnahmen vom Auszahlungsverbot

Ausnahmsweise sind Auszahlungen in folgenden Fallgruppen zulässig: 4.69

- Die Auszahlung erfolgt „bei“ Bestehen eines Beherrschungs- bzw. Gewinnabführungsvertrags i.S.v. § 291 AktG analog (§ 30 Abs. 1 Satz 1 erste Alternative GmbHG);
- Auszahlungen (insbesondere Darlehen) der Gesellschaft an Gesellschafter, wenn und soweit diese durch einen nach bilanziellen Grundsätzen vollwertigen Gegenleistungs- bzw. Rückzahlungsanspruch gedeckt sind (§ 30 Abs. 1 Satz 1 zweite Alternative GmbHG).[128] Ist dies der Fall, so ist es unerheblich, ob die Auszahlung einem Drittvergleich standhält.[129] Maßgeblicher Zeitpunkt für die Bewertung der Vollwertigkeit eines Gegenleistungs- bzw. Rückzahlungsanspruchs ist der Zeitpunkt der Auszahlung;[130]
- Rückgewähr von Gesellschafterdarlehen und Leistungen auf Forderungen, die einem Gesellschafterdarlehen wirtschaftlich entsprechen (§ 30 Abs. 1 Satz 3 GmbHG).

Rückzahlungen von geleisteten Nachschüssen, die im Gesellschaftsvertrag vereinbart sind (§ 30 Abs. 2 GmbHG), sind zulässig, unterliegen allerdings zusätzlichen Auszahlungsvoraussetzungen gem. § 30 Abs. 3 GmbHG. In Fällen des § 28 Abs. 2 4.70

127 VERSE, in: SCHOLZ, GmbHG, 13. Aufl. 2022, § 30 Rdnr. 62 ff. m.w.N.
128 BGH, Urt. v. 01.12.2008 – II ZR 102/07, NJW 2009, 850, 851.
129 VERSE, in: SCHOLZ, GmbHG, 13. Aufl. 2022, § 30 Rdnr. 84.
130 VERSE, in: SCHOLZ, GmbHG, 13. Aufl. 2022, § 30 Rdnr. 88 m.w.N.

GmbHG, in denen Nachschüsse kraft Satzungsgrundlage schon vor vollständiger Einzahlung des Stammkapitals erfolgen dürfen, setzt die Rückzahlung des Nachschusses voraus, dass das gesamte Stammkapital zuvor vollständig eingezahlt worden ist. Die Volleinzahlung ist somit Voraussetzung für die Rückzahlung des Stammkapitals. Es bedarf eines Rückzahlungsbeschlusses und des Ablaufs der Sperrfrist von drei Monaten ab Bekanntmachung des Beschlusses im Bundesanzeiger.

4.3.1.6 Sorgfaltspflichten des Geschäftsführers

4.71 Der Geschäftsführer muss bei Leistungen an einen Gesellschafter bzw. ihm gleichzustellende Dritte stets überprüfen, ob eine Unterbilanz vorliegt und eine Auszahlung zu einer Verringerung des Gesellschaftsvermögens führt. Bei Zweifeln muss der Geschäftsführer eine Zwischenbilanz auf den Auszahlungszeitpunkt aufstellen. Der Geschäftsführer hat die ihm obliegende Sorgfalt dann nicht beachtet, wenn er keine hinreichende Kontrolle vorgenommen hat, um eine Auszahlung zu verhindern.

4.3.1.7 Die Haftung des Geschäftsführers der Komplementärin einer GmbH & Co. KG

4.72 Die Haftung nach § 43 Abs. 3 GmbHG ist für den Geschäftsführer einer Komplementär-GmbH einer GmbH & Co. KG ebenfalls relevant, wenn er schuldhaft mangels ausreichender Leistungsfähigkeit der KG eine Haftung der Komplementär-GmbH gem. §§ 128, 161 Abs. 2 HGB begründet hat, der ihrerseits im Innenverhältnis kein vollwertiger Freistellungsanspruch der GmbH gegenüber der KG gegenübersteht, und wenn hierdurch bei der GmbH eine Unterbilanz entsteht bzw. bereits besteht.[131] Von dem Auszahlungsverbot werden Auszahlungen an GmbH-Gesellschafter und denen gleichgestellte Dritte sowie analog Auszahlungen aus dem KG-Vermögen sowie aus dem GmbH-Vermögen an Kommanditisten erfasst, soweit an der KG keine natürliche Person beteiligt ist.[132] Eine Auszahlung aus dem GmbH-Vermögen an die KG steht einer Zahlung an deren Gesellschafter gleich.[133]

---

131 BGH, Urt. v. 21.03.2017 – II ZR 93/16, NZG 2017, 658, 659. Darüber hinaus ist theoretisch eine Auszahlung denkbar, wenn sich infolge der Auszahlung auf Ebene der KG der Wert der Beteiligung der GmbH an der KG mindert. Soweit die GmbH aber an dem Vermögen der KG nicht beteiligt ist, ist dies nicht der Fall, vgl. VERSE, in: SCHOLZ, GmbHG, 13. Aufl. 2022, § 30 Rdnr. 130 m.w.N.

132 BGH, Urt. v. 09.12.2014 – II ZR 360/13, NZG 2015, 225; OLG Nürnberg, Urt. v. 30.03.2022 – 12 U 1520/19, NZG 2022, 1058, 1061.

133 Vgl. BGH v. 10.12.2007 – II ZR 180/06, NJW-RR 2008, 480, 482; VERSE, in: SCHOLZ, GmbHG, 13. Aufl. 2022, § 30 Rdnr. 134.

4.3.2 Die Haftung des Geschäftsführers für Zahlungen nach Eintritt der Zahlungsunfähigkeit bzw. Überschuldung (§ 15b InsO)

Gemäß § 15b Abs. 1 GmbHG sind Zahlungen nach Eintritt der Zahlungsunfähigkeit und/oder der Feststellung der Überschuldung verboten. Dies gilt nicht für Zahlungen, die mit der Sorgfalt eines ordentlichen und gewissenhaften Geschäftsleiters vereinbar sind, wobei dieser Sorgfaltsmaßstab in § 15b Abs. 2 und 3 InsO weiter konkretisiert wird. Die Ratio der Vorschrift liegt darin, das noch vorhandene Vermögen der insolvenzreifen Gesellschaft für die Gesamtheit der Gläubiger zu erhalten[134] und eine bevorzugte Befriedigung von einzelnen Gläubigern zu verhindern.[135] Ab dem Eintritt der Zahlungsunfähigkeit bzw. Überschuldung darf der Geschäftsführer deshalb – mit Ausnahme von § 15b Abs. 1 Satz 2, Abs. 2, 3 InsO – keine Zahlungen mehr leisten, sondern hat einen Insolvenzantrag zu stellen.[136] Verstößt der Geschäftsführer gegen dieses Verbot, haftet er der Gesellschaft nach Maßgabe von § 15b Abs. 4 InsO persönlich für die Erstattung dieser Zahlungen. 4.73

4.3.2.1 Der Begriff der „Zahlung" i.S.v. § 15b Abs. 1 InsO

Vor dem Hintergrund dieses Schutzzwecks der Norm wurde der Tatbestand einer „Zahlung" i.S.d. § 64 GmbHG a.F. von der Rechtsprechung des BGH weit ausgelegt und auf sämtliche Leistungen erstreckt, die eine Minderung des Gesellschaftsvermögens bewirken. An dieser gebotenen extensiven Auslegung hat sich durch die Einführung von § 15b InsO nichts geändert.[137] Umgekehrte Folge ist, dass eine korrespondierende Gegenleistung, welche endgültig in das Gesellschaftsvermögen gelangt und verwertbar ist, den Ersatzanspruch des § 15b InsO ausschließt, soweit sie eine Erhöhung des Gesellschaftsvermögens bewirkt.[138] Erforderlich ist allerdings stets ein unmittelbarer wirtschaftlicher, nicht notwendig zeitlicher Zusammenhang zwischen dem Vermögensabfluss und dem späteren -zufluss.[139] 4.74

Ausgangspunkt für die Prüfung einer etwaigen kompensierenden Wirkung einer Gegenleistung ist stets der Zeitpunkt des Zuflusses in das Vermögen der Gesellschaft.[140] Maßgeblich ist der Liquidationswert der Gegenleistung, wobei der BGH bei geringwertigen, typischerweise für einen alsbaldigen Verkauf bestimmten Wirt- 4.75

[134] Vgl. zu § 64 GmbHG a.F.: BGH, Urt. v. 25.01.2010 – II ZR 258/08, DStR 2010, 661, 662.
[135] Vgl. Kleindiek in: Lutter/Hommelhoff, GmbHG, 21. Aufl. 2023, § 15b InsO Rdnr. 5.
[136] Vgl. zu § 64 GmbHG a.F.: BGH, Urt. v. 27.10.2020 – II ZR 355/18, DStR 2020, 2884, 2889.
[137] Weber/Dömmecke, in: Braun, InsO, 9. Aufl. 2022, § 15b Rdnr. 8; Gehrlein, DB 2020, 2393 m.w.N.
[138] Vgl. BGH, Urt. v. 27.10.2020 – II ZR 355/18, NZG 2021, 66, 69; BGH, Urt. v. 04.07.2017 – II ZR 319/15, NZG 2017, 1034, 1035 f.
[139] Vgl. BGH, Urt. v. 27.10.2020 – II ZR 355/18, DStR 2020, 2884, 2889; BGH, Urt. v. 04.07.2017 – II ZR 319/15, NZG 2017, 1034, 1035 f.
[140] BGH, Urt. v. 27.10.2020 – II ZR 355/18, DStR 2020, 2884, 2886; BGH, Urt. v. 18.11.2014 – II ZR 231/13, NZG 2015, 149, 150.

schaftsgütern keine Verwertbarkeit für Gläubiger annimmt.[141] Es muss somit im Zeitpunkt eines Vermögenszuflusses geprüft werden, ob eine korrespondierende, wertmäßig äquivalente Gegenleistung zeitlich nach dem Vermögensabfluss erfolgen wird.

4.76 Auf Grundlage der alten Rechtslage unter § 64 GmbHG a.F. hatte der BGH die Auffassung vertreten, die umgekehrte Konstellation eines in diesem Zeitpunkt bereits realisierten Vermögenszuflusses könne den Haftungstatbestand einer verbotenen Auszahlung nicht verhindern.[142] Für den Geschäftsführer bedeutete dies somit, dass er keine Vorleistung eines Vertragspartners akzeptieren durfte, sondern selbst vorleisten musste. Für ihn entstand damit das Dilemma, dass er ohne hinreichende Besicherung für diese – das Gesellschaftsvermögen mindernde – Vorleistung in Regress genommen werden konnte, wenn die kompensierende vertraglich geschuldete Gegenleistung des Vertragspartners später ausblieb. Infolge der Einführung von § 15b Abs. 4 InsO spricht vieles dafür, dass die Rechtsprechung in Abkehr hiervon zukünftig auch Vorleistungen kompensatorische Wirkung beimessen wird (siehe hierzu Rdnr. 4.84).[143]

4.77 Die bloße Begründung einer Verbindlichkeit erfüllt nach den vorgenannten Grundsätzen keine Zahlung, da das Aktivvermögen der Gesellschaft nicht gemindert wird. Gleichwohl ist generell zu beachten, dass die Begründung eines Rechtsgeschäfts mit Dritten in einer Insolvenzsituation Schadenersatzansprüche unter dem Gesichtspunkt des Eingehungsbetrugs (§ 263 StGB i.V.m. § 823 Abs. 2 BGB) bzw. der Insolvenzverschleppung (§ 15a InsO i.V.m. § 823 Abs. 2 BGB) auslösen kann.[144]

4.78 Den Zahlungseingang auf einem debitorisch geführten Bankkonto sieht der BGH ebenfalls grundsätzlich nicht als relevanten Zahlungsabfluss an, wenn die eingezogene Forderung im Rahmen einer Sicherung an die Bank abgetreten ist.[145] Etwas anderes gilt nur, wenn der Bank nach Eintritt der Insolvenzantragspflicht des § 15a Abs. 1 InsO eine werthaltige Forderung im Wege der Abtretung erst verschafft wird oder wenn die Forderung erst nach diesem Zeitpunkt entsteht oder werthaltig wird.[146] Der Geschäftsführer darf somit nach Ablauf der Insolvenzan-

---

[141] BGH, Urt. v. 04.07.2017 – II ZR 319/15, NZG 2017, 1034, 1036.

[142] BGH, Urt. v. 27.10.2020 – II ZR 355/18, DStR 2020, 2884, 2888.

[143] Frystatzki, GmbHStB 2021, 11; a.A.: Kleindiek, in: Lutter/Hommelhoff, GmbHG, 21. Aufl. 2023, § 15b InsO Rdnr. 11.

[144] Vgl. BGH, Urt. v. 27.10.2020 – II ZR 355/18, DStR 2020, 2884, 2889.

[145] BGH, Urt. v. 08.12.2015 – II ZR 68/14, DStR 2016, 617, 618; BGH, Urt. v. 23.06.2015 – II ZR 366/13, NZG 2015, 998, 999.

[146] BGH, Urt. v. 26.01.2016 – II ZR 394/13, NZG 2016, 658, 661; BGH, Urt. v. 08.12.2015 – II ZR 68/14, DStR 2016, 617, 618; BGH, Urt. v. 23.06.2015 – II ZR 366/13, NZG 2015, 998, 1000.

tragsfristen des § 15a Abs. 1 InsO auch kein Rechtsgeschäft mehr begründen, aufgrund dessen eine Zahlung auf einem debitorisch geführten Bankkonto der Gesellschaft eingeht, weil dann wirtschaftlich betrachtet eine Leistung der Gesellschaft an die Bank vorliegt.[147]

4.3.2.2 Verschulden des Geschäftsführers

4.79 Obgleich eine Zahlung vorliegt, scheidet eine Haftung des Geschäftsführers dennoch aus, wenn sie mit der „Sorgfalt eines ordentlichen Geschäftsmannes" erfolgt ist. Gemäß § 15b Abs. 1 Satz 2, Abs. 2, 3 InsO wird das Verschulden des Geschäftsführers gesetzlich vermutet, wenn er trotz Eintritt der Zahlungsunfähigkeit bzw. Überschuldung eine Zahlung leistet. § 15b Abs. 2 und 3 InsO konkretisieren den Sorgfaltsmaßstab.[148] Der Geschäftsführer kann diese Vermutung jedoch widerlegen.[149]

4.3.2.3 Zahlungen im Zeitraum vor Eintritt der Insolvenzantragspflicht des § 15a Abs. 1, 2 InsO

4.80 Gemäß § 15b Abs. 2 InsO sind bestimmte Zahlungen, die im Rahmen eines ordnungsgemäßen Geschäftsgangs und in dem Zeitraum erfolgen, in dem die Insolvenzantragspflicht (noch) nicht besteht, von dem Zahlungsverbot ausgenommen. Ausdrücklich erwähnt der Gesetzgeber insbesondere solche Zahlungen, die der Aufrechterhaltung des Geschäftsbetriebs dienen. Hierunter sind solche Zahlungen zu verstehen, denen für die Fortführung des Betriebs erforderliche Leistungen gegenüberstehen,[150] worunter vor allem Lohnzahlungen an Arbeitnehmer, einschließlich der Abführung der Sozialversicherungsbeiträge fallen.[151] Sonstige Zahlungen im ordnungsgemäßen Geschäftsgang, die mithin nicht der Aufrechterhaltung des Geschäftsbetriebs dienen, wird man zutreffend auf solche begrenzen müssen, welche der Aufrechterhaltung des Geschäftsbetriebs wertungsmäßig gleichzustellen sind, die der Wiederaufnahme des Geschäftsbetriebs oder der Umsetzung eines Sanierungskonzepts dienen.[152] Im Stadium der Insolvenzreife ist jedoch stets Voraussetzung, dass der Geschäftsführer Maßnahmen zur nachhaltigen Beseitigung der Insolvenzreife oder zur Vorbereitung eines Insolvenzantrags mit der Sorgfalt eines ordentlichen und gewissenhaften Geschäftsleiters betreibt. Sobald jedoch die von § 15a Abs. 1 Satz 1 und 2 InsO vorgegebene Frist zur rechtzeitigen Stellung

---

147 BGH, Urt. v. 26.01.2016 – II ZR 394/13, NZG 2016, 658, 661.

148 KLEINDIEK, in: LUTTER/HOMMELHOFF, GmbHG, 21. Aufl. 2023, § 15b InsO Rdnr. 15; vgl. BITTER, GmbHR 2021, R 16, 20.

149 WEBER/DÖMMECKE, in: BRAUN, InsO, 9. Aufl. 2022, § 15b Rdnr. 21, 23; vgl. zu § 64 GmbHG a.F.: BGH, Urt. v. 05.05.2008 – II ZR 38/07, DStR 2008, 1346, 1347.

150 WEBER/DÖMMECKE, in: BRAUN, InsO, 9. Aufl. 2022, § 15b Rdnr. 26.

151 GEHRLEIN, DB 2020, 2393, 2395; WEBER/DÖMMECKE, in: BRAUN, InsO, 9. Aufl. 2022, § 15b Rdnr. 21.

152 WEBER/DÖMMECKE, in: BRAUN, InsO, 9. Aufl. 2022, § 15b Rdnr. 28.

des Insolvenzantrags endet bzw. keine Sanierungsmaßnahmen mehr ergriffen werden, schließt sich der zeitliche Anwendungsbereich des Ausnahmetatbestands von § 15b Abs. 2 InsO. Hat der Geschäftsführer bis dahin keinen Antrag gestellt, ist jede weitere Zahlung, also etwa auch eine Lohnzahlung an Arbeitnehmer, gem. § 15b Abs. 3 InsO i.d.R. nicht mit der Sorgfalt eines ordentlichen und gewissenhaften Geschäftsleiters vereinbar.

4.81 Von praktischer Relevanz ist für den Geschäftsführer daher die mit Wirkung zum 01.01.2021 eingeführte Verlängerung der Antragshöchstfrist im Fall der Überschuldungssituation. Während zuvor sowohl bei Zahlungsunfähigkeit als auch Überschuldung einheitlich eine Antragshöchstfrist von drei Wochen galt, ist der Insolvenzantrag nunmehr gem. § 15a Abs. 1, 2 InsO spätestens drei Wochen nach Eintritt der Zahlungsunfähigkeit und sechs Wochen nach Eintritt der Überschuldung zu stellen. Durch die Verlängerung des Zeitraums im Fall einer Überschuldung soll dem Schuldner nach dem Willen des Gesetzgebers eine bessere Möglichkeit gewährt werden, die Sanierung des Unternehmens zu erreichen.[153]

4.82 Für die Erfüllung von steuerlichen Zahlungspflichten besteht keine Ausnahme von dem Zahlungsverbot des § 15b Abs. 1 InsO. Das grundsätzlich im Insolvenzfall auftretende Dilemma des Geschäftsführers zwischen dem Zahlungsverbot des § 15b Abs. 1 InsO zum Zwecke der Massesicherung einerseits und der Haftung für schuldhaft verletzte steuerliche Zahlungspflichten gem. § 69 AO andererseits hat der Gesetzgeber durch die Einführung von § 15b Abs. 8 Satz 1 InsO für den Zeitraum zwischen Eintritt des Insolvenzfalls und der Entscheidung des Insolvenzgerichts über den Insolvenzantrag dahin gehend aufgelöst, dass eine Verletzung steuerrechtlicher Zahlungspflichten nicht vorliegt, wenn zwischen dem Eintritt der Zahlungsunfähigkeit oder der Überschuldung und der Entscheidung des Insolvenzgerichts über den Insolvenzantrag Ansprüche aus dem Steuerschuldverhältnis nicht oder nicht rechtzeitig erfüllt werden, soweit der Geschäftsführer seiner Pflicht zur rechtzeitigen Insolvenzantragstellung nach § 15a InsO nachkommt. Wird der Insolvenzantrag nicht rechtzeitig gestellt, gilt dies gem. § 15b Abs. 8 Satz 2 InsO nur für die nach Bestellung eines vorläufigen Insolvenzverwalters oder Anordnung der vorläufigen Eigenverwaltung fällig werdenden Ansprüche aus dem Steuerschuldverhältnis.

4.3.2.4 Zahlungen im Zeitraum vom Eintritt der Insolvenzantragspflicht des § 15a Abs. 1, 2 InsO bis zur Eröffnung des Insolvenzverfahrens

4.83 Zahlungen, die im Zeitraum zwischen der Stellung des Insolvenzantrags und der Eröffnung des Insolvenzverfahrens geleistet werden, gelten gem. § 15b Abs. 2 Satz 3 InsO auch dann als mit der Sorgfalt eines ordentlichen und gewissenhaften

[153] GEHRLEIN, DB 2020, 2393, 2395.

Geschäftsleiters vereinbar, wenn sie mit Zustimmung eines vorläufigen Insolvenzverwalters vorgenommen wurden. Insoweit ist mit GEHRLEIN[154] allerdings eine restriktive Auslegung anzunehmen und der Anwendungsbereich nur auf die Bestellung eines Insolvenzverwalters i.S.v. § 22 InsO zu beschränken, da dem Geschäftsführer nur diesem gegenüber die Verfügungsbefugnis entzogen wird.

4.3.2.5 Gleichgestellte Zahlungen an Gesellschafter (§ 15b Abs. 5 InsO)

Das Zahlungsverbot des § 15b Abs. 1 InsO gilt analog auch für Zahlungen an Gesellschafter der GmbH, soweit diese zur Zahlungsunfähigkeit der juristischen Person führen mussten, es sei denn, dies war auch bei Beachtung der Sorgfalt eines ordentlichen Geschäftsmannes nicht erkennbar. 4.84

4.3.2.6 Umfang der Haftung (§ 15b Abs. 4 InsO)

§ 15b Abs. 4 Satz 1 InsO normiert die Ersatzpflicht des Geschäftsführers für die Vornahme einer Zahlung entgegen des in Absatz 1 normierten Zahlungsverbots. Er haftet somit grundsätzlich für jede einzelne Zahlung. Jedoch eröffnet § 15b Abs. 4 Satz 2 InsO dem Geschäftsführer sodann den Nachweis eines geringeren Schadens der Gläubigerschaft. Gelingt ihm der Nachweis, ist die Ersatzpflicht auf den Ausgleich dieses geringeren Schadens beschränkt. Denn die Inanspruchnahme des Geschäftsführers soll nicht über den Zweck des Zahlungsverbots, die Erhaltung der Masse zu sichern, hinausgehen.[155] 4.85

Selbst wenn der Geschäftsführer eine Auszahlung in Ausführung eines Beschlusses der Gesellschafterversammlung oder des Aufsichtsrats vornimmt, verwehrt ihm § 15b Abs. 4 Satz 3 InsO eine Haftungsbefreiung, soweit die Erstattung oder der Ersatz zur Befriedigung der Gläubiger der GmbH erforderlich ist. 4.86

Ein Verzicht der GmbH auf Erstattungs- oder Ersatzansprüche oder ein Vergleich über diese Ansprüche ist unwirksam (§ 15b Abs. 4 Satz 4 InsO). Dies gilt nur dann nicht, wenn 4.87

- der Erstattungs- oder Ersatzpflichtige zahlungsunfähig ist und sich zur Abwendung des Insolvenzverfahrens mit seinen Gläubigern vergleicht,
- die Erstattungs- oder Ersatzpflicht in einem Insolvenzplan geregelt wird oder
- ein Insolvenzverwalter für die juristische Person handelt (§ 1b Abs. 4 Satz 5 InsO).

---

[154] GEHRLEIN, DB 2020, 2393, 2395.
[155] GEHRLEIN, DB 2020, 2393, 2398.

In dem Zusammenhang hat der BGH nunmehr klargestellt, dass die Zustimmung eines vorläufigen Insolvenzverwalters zur Nichtbeachtung des Zahlungsverbots gegen das Vergleichs- und Verzichtsverbot des § 15b Abs. 4 InsO verstößt und unwirksam ist.[156]

4.4 Schaden und Kausalität

4.88 Die Haftung des Geschäftsführers setzt einen bei der Gesellschaft entstandenen Vermögensschaden voraus, so dass also eine bloße Pflichtverletzung allein für den Haftungstatbestand demnach nicht genügt. Die Ersatzpflicht erstreckt sich auf die eingetretene Vermögensminderung im Vergleich zu dem hypothetischen Zustand, in dem der Geschäftsführer die Pflichtverletzung nicht begangen hätte.[157] Der Schaden muss durch eine Pflichtverletzung des Geschäftsführers verursacht worden sein. Ist das Verhalten des Geschäftsführers nicht kausal für den entstandenen Schaden, so besteht daher kein Ersatzanspruch.

4.89 In der Praxis ist die Beweislastverteilung von großer Bedeutung. Die Gesellschaft trägt nach herrschender Rechtsprechung die Darlegungs- und Beweislast für den eingetretenen Schaden und für die Tatsachen, aus denen sich die Pflichtverletzung ergibt.[158] Der Geschäftsführer hat hingegen in entsprechender Anwendung des § 93 Abs. 2 Satz 2 AktG darzulegen und nachzuweisen, dass das den Schaden auslösende Verhalten nicht pflichtwidrig war bzw. der gebotenen Sorgfalt entsprochen hat oder ein Schaden auch bei pflichtgemäßem Verhalten eingetreten wäre (siehe hierzu sogleich Rdnr. 4.90).[159]

4.5 Verschulden; Entlastung; Geltendmachung

4.5.1 Verschulden

4.90 Der Geschäftsführer haftet der Gesellschaft, wenn er in den Angelegenheiten der Gesellschaft „die Sorgfalt eines ordentlichen Geschäftsmannes" nicht anwendet (§ 43 Abs. 1 GmbHG). Welche Anforderungen an diese Sorgfalt zu stellen sind, wird von den Umständen des Einzelfalls, insbesondere abhängig von Größe und Art des Geschäfts sowie der finanziellen Situation der Gesellschaft bestimmt.[160]

---

[156] BGH, Urt. v. 20.04.2021 – II ZR 387/18, DStR 2021, 1442.

[157] BGH, Urt. v. 18.02.2008 – II ZR 62/07, NZG 2008, 314, 315.

[158] BGH, Urt. v. 18.02.2008 – II ZR 62/07, NZG 2008, 314, 315; BGH, Urt. v. 04.11.2002 – II ZR 224/00, DStR 2003, 124, 125; OLG Nürnberg, Urt. v. 30.03.2022 – 12 U 15202/19, NZG 2022, 1058, 1061.

[159] BGH, Beschl. v. 22.06.2021 – II ZR 140/20, DStR 2021, 1959; BGH, Urt. v. 04.11.2002 – II ZR 224/00, DStR 2003, 124, 125; OLG Nürnberg, Urt. v. 30.03.2022 – 12 U 15202/19, NZG 2022, 1058, 1061.

[160] Vgl. OLG Nürnberg, Urt. v. 30.03.2022 – 12 U 15202/19, NZG 2022, 1058, 1062; Kleindiek, in: Lutter/Hommelhoff, GmbHG, 21. Aufl. 2023, § 43 Rdnr. 10.

Eine Krisensituation erfordert z.B. eine höhere Sorgfalt als eine „normale“ Unternehmenssituation. Persönliche Eigenschaften können nicht entlastend geltend gemacht werden. Auf das Fehlen individueller Fähigkeiten und Kenntnisse kommt es daher im Einzelfall nicht an.[161] Wie soeben ausgeführt, wird ein Verschulden des Geschäftsführers in analoger Anwendung von § 93 Abs. 2 Satz 2 AktG vermutet.[162] Dem Geschäftsführer obliegt es daher im Prozess, diese gesetzliche Beweisvermutung zu entkräften.

4.5.2 Entlastung, Haftungsfreistellung

Möglichkeiten der Haftungsbegrenzung im **Innenverhältnis** sind für den Geschäftsführer: 4.91

- eine Entlastung durch die Gesellschafterversammlung,
- ein Verzicht auf die Haftungsinanspruchnahme,
- eine Freistellung von einer Haftungsinanspruchnahme sowie
- der Abschluss einer D&O-Versicherung oder eine Ressortteilung (siehe Rdnr. 4.94).

Im **Außenverhältnis** ist eine generelle Haftungsbeschränkung ausgeschlossen.

Eine Entlastung tritt grundsätzlich ein, wenn ein Entlastungsbeschluss gem. § 46 Nr. 5 GmbHG vorliegt oder der Geschäftsführer auf rechtmäßige Weisung der Gesellschafterversammlung oder des Aufsichtsrats gehandelt hat. 4.92

Die Geltendmachung eines Anspruchs gegen den Geschäftsführer bedarf gem. § 46 Nr. 8 GmbHG grundsätzlich eines Gesellschafterbeschlusses, für den die einfache Mehrheit genügt, sofern die Satzung nichts anderes vorsieht. Soll ein möglicherweise bestehender Anspruch nicht geltend gemacht werden, so ist hierfür ebenfalls ein entsprechender Beschluss erforderlich. Für Entscheidungen über einen Erlassvertrag, einen Vergleich oder eine sonstige Freistellung von der Haftung ergibt sich die Zuständigkeit der Gesellschafterversammlung aus der entsprechenden Anwendung des § 46 Nr. 8 GmbHG. Die Gesellschafter selbst oder Gläubiger der Gesellschaft können einen Anspruch aus § 43 Abs. 2 GmbHG nicht erheben, auch nicht über § 823 Abs. 2 BGB. Denn § 43 Abs. 2 GmbHG ist kein Schutzgesetz zugunsten der Gesellschafter oder der Gläubiger der Gesellschaft. 4.93

[161] BGH, Urt. v. 14.03.1983 – II ZR 103/82, NJW 1983, 1856, 1857.
[162] BGH, Urt. v. 04.11.2002 – II ZR 224/00, DStR 2003, 124, 125; OLG Nürnberg, Urt. v. 30.03.2022 – 12 U 15202/19, NZG 2022, 1058, 1061.

4.94 Soweit Gläubigerschutzvorschriften, wie insbesondere §§ 9a, 9b, 31 Abs. 6, § 43 Abs. 3 GmbHG sowie §§ 15a, 15b InsO und die Buchführungspflichten des § 41 GmbHG betroffen sind, ist die gesetzliche Haftung nicht disponibel, d.h. einer Haftungsbeschränkung durch Vereinbarung mit der Gesellschaft nicht zugänglich.[163] Das hohe Haftungsrisiko für den Geschäftsführer kann durch den Abschluss einer D&O-Versicherung begrenzt werden. Hierdurch wird das wirtschaftliche Risiko nicht nur für den Gesellschafter, sondern auch für die Gesellschaft begrenzt.

4.5.3 Verjährung; Verjährungsvereinbarungen

4.95 Die Haftung aus dem Innenverhältnis verjährt gem. § 43 Abs. 4 GmbHG unabhängig von der Kenntnis der Gläubigerin in fünf Jahren nach Entstehung des Anspruchs, d.h. frühestens mit Eintritt des Schadens, wobei die endgültige Höhe noch nicht feststehen muss.[164] Die Verjährung sonstiger Schadenersatzansprüche richtet sich nach den allgemeinen Regeln. Sie beträgt gem. § 195 BGB grundsätzlich drei Jahre und ist gem. § 199 Abs. 2 BGB kenntnisabhängig. § 199 Abs. 3 BGB normiert abweichend von der Grundregel Höchstfristen von zehn Jahren, unabhängig von der Kenntnis oder grob fahrlässigen Unkenntnis, und von 30 Jahren, unabhängig von Entstehung und Kenntnis bzw. grob fahrlässiger Unkenntnis. Die Haftung aus Delikts-, Bereicherungsrecht und Herausgabeansprüchen u.Ä. folgt ihren eigenen Verjährungsregeln der §§ 195 ff. BGB. § 43 Abs. 3 GmbHG verdrängt diese Regelungen weder im Innen- noch im Außenverhältnis.[165]

4.6 Außenhaftung des Geschäftsführers

4.96 Neben der Haftung gegenüber der Gesellschaft für Pflichtverletzungen im Innenverhältnis kann sich der Geschäftsführer auch im Außenverhältnis gegenüber Dritten haftbar machen. Eine persönliche Inanspruchnahme des Geschäftsführers durch Gläubiger der Gesellschaft erfordert jedoch das Vorliegen besonderer Voraussetzungen, die den sogenannten Durchgriff auf den Geschäftsführer erlauben. Insoweit kommen insbesondere folgende wesentliche Haftungsnormen in Betracht:

4.6.1 Schadenersatzhaftung aus unerlaubter Handlung gem. § 823 Abs. 1 BGB

4.97 Eine Schadenersatzpflicht gem. § 823 Abs. 1 BGB kommt nach den allgemeinen Grundsätzen durch schuldhafte Verletzung eines der gesetzlich aufgeführten

---

[163] BGH, Urt. v. 18.02.2008 – II ZR 62/07, NZG 2008, 314, 315; vgl. Kleindiek, in: Lutter/Hommelhoff, GmbHG, 21. Aufl. 2023, § 43 Rdnr. 64 m.w.N.

[164] OLG Frankfurt, Urt. v. 04.12.1998 – 25 U 39/98, NZG 1999, 767, 768; OLG Köln, Urt. v. 29.06.2000 – 18 U 31/00, NZG 2000, 1137.

[165] BGH, Urt. v. 15.03.2011 – II ZR 204/09, NZG 2011, 624, 626; OLG Stuttgart, Urt. v. 29.06.2000 – 13 U 185/99, NJW-RR 2001, 174.

Rechtsgüter eines Dritten in Betracht, also durch die schuldhafte Verletzung des Lebens, des Körpers, der Gesundheit, Freiheit, fremden Eigentums oder eines sonstigen Rechts (z.B. Schutz vor Eingriff in einen fremden Gewerbebetrieb, Schutz vor Verletzung fremder Immaterialgüterrechte). Die Rechtsprechung bejaht insoweit weitgehende Verkehrssicherungs- und Organisationspflichten, die eine Garantenstellung des Geschäftsführers begründen, insbesondere bei umweltgefährdenden Anlagen.[166]

4.6.2 Schadenersatzhaftung aus unerlaubter Handlung wegen Verletzung eines Schutzgesetzes gem. § 823 Abs. 2 BGB

Verletzt der Geschäftsführer im Rahmen seiner Tätigkeit eine strafrechtliche Vorschrift, so kann er sowohl gegenüber der Gesellschaft als auch gegenüber Dritten gem. § 823 Abs. 2 BGB i.V.m. der strafrechtlichen Vorschrift Ersatz des entstandenen Schadens verlangen. Voraussetzung ist, dass es sich bei der Strafnorm zugleich um ein Schutzgesetz i.S.v. § 823 Abs. 2 BGB handelt, was voraussetzt, dass die Norm zumindest auch den Schutz eines Einzelnen oder einzelner Personenkreise gegen die Verletzung eines bestimmten Rechtsguts bezweckt.[167] Hier kommen in der Praxis insbesondere Straftaten wie Betrug (263 StGB), z.B. bei Nichtaufklärung über die fehlende Zahlungsfähigkeit der Gesellschaft oder bei Verschweigen der Insolvenzreife, Untreue (§ 266 StGB), Vorenthaltung oder Veruntreuung von Arbeitnehmerbeiträgen (§ 266a StGB), Vereitelung der Zwangsvollstreckung (§ 288 StGB) und Straftaten in Zusammenhang mit einer Insolvenz der Gesellschaft (§ 15a InsO) in Betracht.[168] 4.98

Im Zusammenhang mit der Bankrottstraftat des § 283 Abs. 1 Nr. 7 Buchst. a) StGB hat der BGH mittlerweile entschieden, dass es sich bei dieser Vorschrift nicht um ein Schutzgesetz i.S.v. § 823 Abs. 2 BGB handelt.[169] Richtigerweise muss dies für sämtliche Bankrottdelikte der §§ 283 ff. StGB sowie für die unrichtige Darstellung der Verhältnisse der GmbH gem. § 331 HGB gelten, weil diese Vorschriften das Vertrauen der Allgemeinheit in die Richtigkeit und Vollständigkeit der Informationen über die Verhältnisse der Gesellschaft schützen und keinen ausreichenden Individualbezug zu dem einzelnen Gläubiger aufweisen.[170] 4.99

---

166 Vgl. KLEINDIEK, in: LUTTER/HOMMELHOFF, GmbHG, 21. Aufl. 2023, § 43 Rdnr. 31.

167 GRÜNEBERG/SPRAU, BGB, 83. Aufl. 2024, § 823 Rdnr. 58.

168 Gemäß BGH, Urt. v. 19.11.2019 – II ZR 233/18, DStR 2020, 458, 459, ist § 64 GmbHG a.F. hingegen kein Schutzgesetz i.S.v. § 823 Abs. 2 BGB, so dass die Insolvenzgläubiger keinen unmittelbaren Anspruch gegen den Geschäftsführer wegen verbotener Zahlungen nach Insolvenzeintritt haben.

169 BGH, Urt. v. 11.12.2018 – II ZR 455/17, DStR 2019, 805, 808.

170 Vgl. MEYER, in: SCHOLZ, GmbHG, 12. Aufl. 2021, § 41 Rdnr. 7 m.w.N.

4.100 Schwerpunkte der zivilrechtlichen Haftung des Geschäftsführers aus der Verletzung der in einer Krisensituation besonders relevanten Tatbestände des § 15a InsO sowie des § 266a StGB sind:

- **Verletzung der Insolvenzantragspflicht gem. § 823 Abs. 2 BGB i.V.m. § 15a InsO**

4.101 Gerät die Gesellschaft in eine Krise, so unterliegt der Geschäftsführer stärkeren Sorgfaltspflichten. Dies sind

- die Insolvenzantragspflicht (§ 15 a InsO) und
- das Verbot von Zahlungen nach Eintritt der Zahlungsunfähigkeit und Überschuldung (§ 15b InsO, siehe hierzu Rdnr. 4.73).

4.102 Der Geschäftsführer ist verpflichtet, im Fall der Zahlungsunfähigkeit oder der Überschuldung der von ihm geführten Gesellschaft ohne schuldhaftes Zögern, spätestens aber drei Wochen nach Eintritt der Zahlungsunfähigkeit bzw. sechs Wochen nach Eintritt der Überschuldung den Antrag auf Eröffnung des Insolvenzverfahrens zu stellen (§ 15a InsO).

4.103 **Zahlungsunfähigkeit** ist nach § 17 Abs. 2 InsO gegeben, wenn die GmbH nicht mehr in der Lage ist, ihre Zahlungsverpflichtungen zu erfüllen; dies ist regelmäßig dann anzunehmen, wenn die Zahlungen eingestellt werden. Der Geschäftsführer hat vor diesem Hintergrund eine Prognose über die Entwicklung der Liquiditätslage aufzustellen, in der für einen dreiwöchigen Prognosezeitraum die zu dem Zeitpunkt verfügbare und die in dem Prognosezeitraum „flüssig zu machende“ Liquidität den fälligen Verbindlichkeiten gegenüberzustellen ist.[171]

4.104 Kommt die Prognose des Geschäftsführers zu dem Ergebnis, dass mehr als 90 % der in dem Prognosezeitraum fälligen Verbindlichkeiten mit den zur Verfügung stehenden liquiden Mitteln beglichen werden können, liegt grundsätzlich lediglich eine insolvenzrechtlich unbeachtliche Liquiditätslücke und keine Zahlungsunfähigkeit vor.[172] Dies gilt nur dann nicht, wenn bereits absehbar ist, dass die Liquiditätslücke demnächst ein Ausmaß von mindestens 10 % (oder mehr) einnehmen wird.[173] Umgekehrt bedeuten fehlende liquide Mittel von 10 % (oder mehr) grundsätzlich eine Zahlungsunfähigkeit, es sei denn, dass mit an Sicherheit grenzender Wahrscheinlichkeit angenommen werden kann, dass die Liquiditätslücke kurzfristig geschlossen werden und auch den Gläubi-

---

[171] BGH, Urt. v. 08.01.2015 – IX ZR 203/12, NJW-RR 2015, 612, 613; BGH, Urt. v. 12.10.2006 – IX ZR 228/03, NZI 2007, 36, 37 f.

[172] BGH, Urt. v. 28.06.2022 – II ZR 112/21, NZI 2022, 787, 788; BGH, Urt. v. 24.05.2005 – IX ZR 123/04, NJW 2005, 3062, 3065 f.

[173] BGH, Urt. v. 28.06.2022 – II ZR 112/21, NZI 2022, 787, 788; BGH, Urt. v. 24.05.2005 – IX ZR 123/04, NJW 2005, 3062, 3065 f.

gern nach den konkreten Umständen des Einzelfalls ein Abwarten über einen kurzen Zeitraum zugemutet werden kann.[174]

Unabhängig von einer Liquiditätsbilanz genügt es für den Nachweis einer Zahlungsunfähigkeit, wenn der Liquiditätsstatus am Stichtag eine erhebliche Unterdeckung ausweist und wenn an keinem der im Prognosezeitraum von drei Wochen liegenden (wenigstens) drei bilanzierten Tage im Wochenrhythmus die Liquiditätslücke in relevanter Weise geschlossen wird.[175] 4.105

Überschuldung liegt gem. § 19 Abs. 2 Satz 1 InsO vor, wenn das Vermögen der GmbH die bestehenden Verbindlichkeiten nicht mehr deckt, es sei denn, die Fortführung des Unternehmens in den nächsten zwölf Monaten ist nach den Umständen überwiegend wahrscheinlich. Forderungen auf Rückgewähr von Gesellschafterdarlehen oder aus Rechtshandlungen, die einem solchen Darlehen wirtschaftlich entsprechen, für die gem. § 39 Abs. 2 InsO zwischen Gläubiger und Schuldner der Nachrang im Insolvenzverfahren hinter den in § 39 Abs. 1 Nr. 1–5 InsO bezeichneten Forderungen vereinbart worden ist, sind bei der Feststellung des Überschuldungsstatus hingegen nicht zu berücksichtigen (§ 19 Abs. 2 Satz 2 InsO). 4.106

Hinweis

Für die Praxis ist insbesondere einer weit verbreiteten Fehlvorstellung entgegenzutreten: Die Frist für die Antragstellung beginnt in dem Zeitpunkt zu laufen, in dem ein ordentlicher Geschäftsführer unter Anwendung der erforderlichen Sorgfalt die Zahlungsunfähigkeit bzw. die Überschuldung erkannt hätte. Dann hat der Geschäftsführer den Antrag gem. § 15a InsO unverzüglich, d.h. ohne schuldhaftes Zögern, zu stellen. Das bedeutet keinesfalls, dass dann in jedem Fall noch die Dreiwochenfrist bei Zahlungsunfähigkeit bzw. Sechswochenfrist bei Überschuldung zur Verfügung steht. 4.107

Stellt der Geschäftsführer schuldhaft keinen Insolvenzantrag, oder stellt er ihn verspätet, so können die Gesellschaftsgläubiger von ihm Schadenersatz gem. § 823 Abs. 2 BGB i.V.m. § 15a InsO verlangen. Er muss in dem Zusammenhang den Schaden ersetzen, der infolge der verspäteten Stellung des Insolvenzantrags entstanden ist. Sogenannte Altgläubiger, d.h. solche, die ein Rechtsgeschäft mit der GmbH bereits vor dem Zeitpunkt der Insolvenzreife begründet haben, erhalten für Forderungen, die nach Insolvenzreife fällig werden und nicht mehr erfüllt werden, als Schadenersatz lediglich den Betrag, um den sich die Insolvenzquote, die sie bei rechtzeitiger Insolvenzantragstellung erhalten hätten, durch Verzögerung der Antragstellung verringert (sog. Quotenscha- 4.108

---

[174] BGH, Urt. v. 28.06.2022 – II ZR 112/21, NZI 2022, 787, 788; BGH, Urt. v. 24.05.2005 – IX ZR 123/04, NJW 2005, 3062, 3065.

[175] BGH, Urt. v. 28.06.2022 – II ZR 112/21, NZI 2022, 787, 788.

den).[176] Der Grund hierfür liegt in dem Schutzzweck der Insolvenzantragspflicht des § 15a InsO, durch die materiell insolvente Gesellschaften vom Geschäftsverkehr ferngehalten und Neugläubiger vor einer Vorleistung an die Gesellschaft geschützt werden sollen.

4.109 Neugläubigern, also solchen, die ihre Forderungen erst nach dem Eintritt der Insolvenzreife erworben haben, wird hingegen ein Anspruch auf Ersatz des Schadens zuteil, der ihnen dadurch entsteht, dass sie mit der überschuldeten oder zahlungsunfähigen Gesellschaft noch in Rechtsbeziehungen getreten sind. Ersatzfähig ist somit nur der Schaden, der dadurch entsteht, dass der vertragliche Neugläubiger infolge des Vertragsschlusses mit der insolventen Gesellschaft – im Vertrauen auf deren Leistungsfähigkeit – dieser noch Geld- oder Sachmittel als Vorleistungen zur Verfügung gestellt und dadurch Kredit gewährt hat, ohne einen entsprechend werthaltigen Gegenanspruch oder eine entsprechende Gegenleistung erlangt zu haben, oder wenn er infolge des Vertragsschlusses Aufwendungen erbracht hat.[177]

– **Haftung für Schäden aus der Nichtabführung von Sozialversicherungsbeiträgen (§ 823 Abs. 2 BGB i.V.m. § 266a StGB)**

4.110 Der Geschäftsführer haftet gem. § 823 Abs. 2 BGB i.V.m. § 266a Abs. 1 StGB persönlich gegenüber dem Sozialversicherungsträger, wenn Sozialversicherungsbeiträge nicht abgeführt werden. Dabei ist zwischen dem Arbeitgeberanteil und dem Arbeitnehmeranteil zur Sozialversicherung zu unterscheiden. Während der Arbeitgeberanteil gem. § 20 SGB IV eine eigene Schuld des Arbeitgebers darstellt, hat er den Arbeitnehmeranteil hingegen treuhänderisch zu verwalten und an den Sozialversicherungsträger abzuführen (§ 28e SGB IV). Der Geschäftsführer ist verpflichtet, dafür Sorge zu tragen, dass die GmbH die Arbeitnehmeranteile auch tatsächlich abführt.

4.111 Eine Haftung für die Arbeitnehmerbeiträge zur gesetzlichen Sozialversicherung entsteht sogar unabhängig von einer tatsächlichen Lohnzahlung und deren Höhe. Denn die Beitragspflicht zur gesetzlichen Sozialversicherung entsteht durch die versicherungspflichtige Beschäftigung eines Arbeitnehmers gegen Entgelt.[178] Das gilt so lange, wie noch liquide Mittel zur Verfügung stehen, welche die Beitragszahlung abdecken. Erst wenn Letzteres nicht mehr der Fall ist, dem Geschäftsführer ein normgemäßes Verhalten daher unmöglich ist, entfällt die Haftung.[179]

176 BGH, Urt. v. 22.10.2013 – II ZR 394/12, NJW 2014, 698, 699.
177 BGH, Urt. v. 21.10.2014 – II ZR 113/13, DStR 2015, 368, 369 f.
178 BGH, Urt. v. 09.01.2001 – VI ZR 407/99, NJW 2001, 969, 970.
179 BGH, Urt. v. 28.05.2002 – 5 StR 16/02, NJW 2002, 2480, 2481.

Ein Verstoß gegen die Verpflichtungen führt neben der zivilrechtlichen Haftung gem. § 823 Abs. 2 BGB i.V.m. § 28e SGB IV, § 266a StGB auch zu einer Strafbarkeit gem. § 266a StGB. Diese Schutzgesetze beschränken die Haftung des Geschäftsführers grundsätzlich auf die Nichtabführung des Arbeitnehmeranteils. Für die Nichtabführung des Arbeitgeberanteils haftet der Geschäftsführer gegenüber dem Sozialversicherungsträger hingegen nicht. 4.112

4.6.3 Deliktische Haftung gem. § 826 BGB

Eine Haftung tritt nach § 826 BGB außerdem ein, wenn der Geschäftsführer einen Dritten vorsätzlich sittenwidrig schädigt. Objektiv sittenwidrig ist ein Verhalten, das nach Inhalt oder Gesamtcharakter, der durch zusammenfassende Würdigung von Beweggrund und Zweck zu ermitteln ist, gegen das Anstandsgefühl aller billig und gerecht Denkenden verstößt, d.h. mit den grundlegenden Wertungen der Rechts- und Sittenordnung nicht vereinbar ist. Es ist also eine besondere Verwerflichkeit erforderlich, die sich aus dem verfolgten Ziel, den eingesetzten Mitteln, der Gesinnung oder den eintretenden Folgen ergeben kann.[180] Ein solcher Fall kann etwa auftreten, 4.113

- wenn der Geschäftsführer dem Vertragspartner der Gesellschaft bei Verhandlungen den ihm bekannten Umstand der Zahlungsunfähigkeit der Gesellschaft nicht offenbart und der Dritte einen Schaden aus dem Vertragsschluss erleidet,[181]

- ferner in Fällen, in denen das Geschäftsmodell der GmbH auf die Schädigung Dritter angelegt ist[182] und die GmbH zielgerichtet so ausgestaltet wird, dass sie als materiell unterkapitalisierter Geschäftspartner für Dritte deren Forderungen aus Geschäften ausgesetzt wird, während die Erträge aus den Geschäften einer anderen Gesellschaft zuteilwerden und als Haftungsmasse dem Gläubigerzugriff entzogen werden sollen.[183]

4.6.4 Haftung nach öffentlichem Recht

Eine Haftung des Geschäftsführers kann auch aufgrund von öffentlich-rechtlichen Normen bestehen. Da sich die öffentlich-rechtlichen Pflichten an die Gesellschaft richten (z.B. aus dem Umweltrecht), müssen dem Geschäftsführer deren Eigenschaften zugerechnet werden können, so z.B. im Bereich der Ordnungswidrigkeiten oder Straftaten (§ 9 Abs. 1 Nr. 1 OWiG, § 14 Abs. 1 Nr. 1 StGB). Entsteht einem 4.114

---

180 Grüneberg/Sprau, BGB, 83. Aufl. 2024, § 826 Rdnr. 4.
181 BGH, Urt. v. 27.07.2021 – II ZR 164/20, NZG 2021, 1406, 1407.
182 Vgl. BGH, Urt. v. 14.07.2015 – VI ZR 463/14, DB 2015, 2624.
183 Vgl. BGH, Urt. v. 25.04.1988 – II ZR 175/87, NJW-RR 1988, 1181, 1182.

Dritten aufgrund der Verletzung einer solchen öffentlich-rechtlichen Pflicht ein Schaden, so ist der Geschäftsführer ersatzpflichtig.

4.6.5 Steuerrechtliche Haftung des Geschäftsführers

4.115 § 69 AO statuiert eine öffentlich-rechtliche Schadenersatzhaftung, die den Geschäftsführer als gesetzlichen Vertreter der GmbH zur Rechenschaft zieht, wenn aufgrund einer vorsätzlichen oder grob fahrlässigen Verletzung steuerlicher Pflichten Ansprüche aus dem Steuerschuldverhältnis nicht oder nicht rechtzeitig festgesetzt oder erfüllt worden sind oder wenn Steuervergütungen oder Steuererstattungen ohne rechtlichen Grund gezahlt werden.[184]

4.116 Die haftungsbegründende Pflichtverletzung besteht in der Verletzung einer steuerlichen Pflicht, der haftungsbegründende Schaden entsteht dadurch, dass Ansprüche aus dem Steuerschuldverhältnis, die dem Grunde und der Höhe nach feststehen, aber nicht notwendigerweise auch schon festgesetzt worden sein müssen, entweder

- nicht festgesetzt (erste Variante),
- nicht rechtzeitig festgesetzt (zweite Variante),
- nicht erfüllt (dritte Variante) oder
- nicht rechtzeitig erfüllt worden sind (vierte Variante).[185]

Die fünfte Variante besteht schließlich in der Zahlung von Steuervergütungen oder Erstattungen ohne Rechtsgrund.

4.117 Die Pflichtverletzung des Geschäftsführers muss für den eingetretenen Steuerschaden ursächlich geworden sein.[186] Dies ist also insbesondere in Fällen zu verneinen, in denen selbst bei pflichtgemäßem Verhalten ausreichende liquide Mittel zur Begleichung der Steuerschulden nicht zur Verfügung gestanden hätten.[187] Insoweit gilt jedoch der Grundsatz der anteiligen Tilgung, wonach der Geschäftsführer vorhandene liquide Mittel zu gleichen Teilen zur Tilgung von Verbindlichkeiten einzusetzen hat. Mit anderen Worten muss der Geschäftsführer alle Gläubiger gleich behandeln.[188] Verwendet der Geschäftsführer nicht wenigstens diesen Betrag zur

---

[184] LOOSE, in: TIPKE/KRUSE, AO, § 69 Rdnr. 2 (11/2021).

[185] LOOSE, in: TIPKE/KRUSE, AO, § 69 Rdnr. 15 (01/2023).

[186] BFH, Urt. v. 05.09.1989 – VII R 61/87, BStBl II, 979; BFH, Urt. v. 26.04.1984 – V R 128/79, BStBl II, 776, 778.

[187] BFH, Beschl. v. 29.08.2018 – XI R 57/17, NZI 2019, 89, 91; BFH, Urt. v. 06.03.2001 – VII R 17/00, BFH/NV 2001, 1100; BFH, Urt. v. 26.04.1984 – V R 128/79, BStBl II, 776, 778.

[188] BFH, Beschl. v. 11.11.2015 – VII B 57/15, BFH/NV 2016, 372; BFH, Urt. v. 31.03.2000 – VII B 187/99, BFH/NV 2000, 1322.

Tilgung der Steuerverbindlichkeiten, handelt er insoweit pflichtwidrig und haftet für den Differenzbetrag.[189]

Im Rahmen der Haftung des Geschäftsführers gem. § 38 Abs. 3, § 41a EStG i.V.m. § 34 Abs. 1, § 69 AO für die einzubehaltende und an das Finanzamt abzuführende Lohnsteuer ergeben sich Besonderheiten: Der Geschäftsführer hat als rechtlicher und tatsächlicher Verfügungsberechtigter über die Gelder der Gesellschaft für die Entrichtung der Lohnsteuer Sorge zu tragen. Verfügt die Gesellschaft im Fälligkeitszeitpunkt nicht über die notwendige Liquidität, um die Gehälter vollständig, d.h. einschließlich der öffentlichen Abgaben, zu zahlen, so ist eine entsprechende Kürzung der Löhne vorzunehmen und sodann die auf die gekürzten Löhne entfallende Lohnsteuer einzubehalten und abzuführen.[190] Somit müssen letztlich Lohnkürzung und Lohnsteuerabzugsbetrag korrespondieren. 4.118

Das grundsätzlich im Insolvenzfall auftretende Dilemma des Geschäftsführers zwischen dem Zahlungsverbot des § 15b Abs. 1 InsO zum Zwecke der Massesicherung einerseits und der Haftung für schuldhaft verletzte steuerliche Zahlungspflichten andererseits hat der Gesetzgeber durch die Einführung von § 15b Abs. 8 Satz 1 InsO für den Zeitraum zwischen Eintritt des Insolvenzfalls und der Entscheidung des Insolvenzgerichts über den Insolvenzantrag zugunsten der Massesicherung aufgelöst, sofern der Geschäftsführer der Pflicht zur Stellung eines Insolvenzantrags nach § 15a InsO nachkommt. Wird Letzterer verspätet gestellt, so gilt die Privilegierung nur für die nach Bestellung eines vorläufigen Insolvenzverwalters oder Anordnung der vorläufigen Eigenverwaltung fällig werdenden Ansprüche aus dem Steuerschuldverhältnis (§ 15b Abs. 8 Satz 2 InsO). Wird das Insolvenzverfahren nicht eröffnet, und ist dies auf eine Pflichtverletzung der Antragspflichtigen zurückzuführen, tritt die Privilegierung nicht ein (§ 15b Abs. 8 Satz 3 InsO). 4.119

4.7 Spezifische strafrechtliche Haftung des Geschäftsführers

Neben den allgemeinen strafrechtlichen Vorschriften sind im StGB, GmbHG, der Insolvenzordnung und in der Abgabenordnung eigene Straftatbestände geregelt, die speziell auf die Verantwortung und die Pflichten eines GmbH-Geschäftsführers zugeschnitten sind. Schwerpunktmäßig handelt es sich um die folgenden Straftatbestände: 4.120

- Falsche Angaben (§ 82 GmbHG),
- Verletzung der Pflicht zur Anzeige des Verlusts der Hälfte des Stammkapitals (§ 84 GmbHG),

189 BFH, Urt. v. 26.01.2016 – VII R 3/15BB 2016, 1119; BFH, Urt. v. 26.08.1992 – VII R 50/91, BStBl II 1993, 8.

190 BFH, Urt. v. 14.12.2021 – VII R 32/20, NZI 2022, 659, 661; BFH, Urt. v. 22.10.2019 – VII R 30/18, NZI 2020, 585, 587; BFH, Urt. v. 21.12.1998 – VII B 175/98, BFH/NV 1999, 745.

- Verletzung der Geheimnispflicht (§ 85 GmbHG),
- Veruntreuung von Gesellschaftsvermögen (§ 266 StGB)
- Nichtabführung von Sozialversicherungsbeiträgen (§ 266a StGB),
- Unrichtige Darstellung (§ 331 HGB),
- Insolvenz- und Bankrottstraftaten
  - Insolvenzverschleppung (§ 15a InsO),
  - Strafbarkeit wegen Bankrott (§ 283 StGB),
  - Verletzung der Buchführungspflicht (§ 283b StGB),
  - Gläubigerbegünstigung (§ 283c StGB),
  - Schuldnerbegünstigung (§ 283d StGB),
  - Steuerhinterziehung bzw. leichtfertige Steuerverkürzung (§ 370 AO bzw. § 378 AO).

5. Jahresabschlussprüfung bei Kapitalgesellschaften

5.1 Gesetzliche Grundlage der Jahresabschlussprüfung

5.1.1 Pflicht zur Jahresabschlussprüfung

Der **nationale gesetzliche Rahmen** der Jahresabschlussprüfung ist im Handelsrecht in den §§ 316–324a HGB geregelt. Eine Pflicht zur Prüfung des Jahresabschlusses trifft nach § 316 Abs. 1 HGB solche Kapitalgesellschaften, die nicht kleine i.S.d. § 267 Abs. 1 HGB sind. Ausgenommen von der Prüfungspflicht sind auch die sogenannten Kleinstkapitalgesellschaften nach § 267a HGB. 5.1

5.2 Als Kapitalgesellschaften sind von dieser Regelung somit insbesondere die Rechtsformen der Aktiengesellschaft (AG) und der Gesellschaft mit beschränkter Haftung (GmbH) betroffen. Darüber hinaus trifft die Prüfungspflicht auch Personenhandelsgesellschaften i.S.d. § 264a Abs. 1 HGB, bei denen nicht wenigstens ein persönlich haftender Gesellschafter direkt bzw. über eine beteiligte Personengesellschaft beteiligt ist. Somit erstreckt sich die Prüfungspflicht insbesondere auch auf die in der Praxis häufig anzutreffende GmbH & Co. KG mit einer GmbH als alleiniger Komplementär (Vollhafter).

5.3 Die in §§ 267, 267a HGB angegebenen **Größenkriterien** stellen sich nach aktueller Rechtslage tabellarisch wie folgt dar:

Größenklasse/ Kriterien	**kleinst**	**klein**	**mittel**	**groß**
Bilanzsumme	< 350 T€	< 6 Mio. €	> 6 Mio. € < 20 Mio. €	> 20 Mio. €
Umsatzerlöse	< 700 T€	< 12 Mio. €	> 12 Mio. € < 40 Mio. €	> 40 Mio. €
Arbeitnehmer	< 10	< 50	< 50 < 250	> 250

5.4 Ein Wechsel der Größenklasse tritt nach § 267 Abs. 3 und 4 HGB dann ein, wenn mindestens zwei Größenkriterien an den Abschlussstichtagen zwei aufeinanderfolgender Geschäftsjahre über- oder unterschritten werden. Die **Einordnung in die jeweilige Größenklasse** entsteht bereits ab dem zweiten Geschäftsjahr, in dem die Kriterien erfüllt werden. Welche Größenklassenkriterien jeweils überschritten sind, ist unerheblich. Anders liegt der Fall bei Neugründungen oder Umwandlungen i.S.d. UmwG. Hier erfolgt die Größenklassenbestimmung gem. § 267 Abs. 4. Satz 2 HGB bereits am ersten Abschlussstichtag nach der Gründung bzw. Umwandlung.

Beispiel 1

5.5 Eine im Geschäftsjahr 2017 neu gegründete GmbH hat im (Rumpf-)Geschäftsjahr 2017 (kalenderjahrgleiches Geschäftsjahr) Umsatzerlöse von 15 Mio. € erzielt und beschäftigte im Geschäftsjahr 2017 im Durchschnitt 60 Arbeitnehmer bei einer Bilanzsumme zum Abschlussstichtag von 5 Mio €.

Lösung

Aufgrund des Überschreitens der Größenmerkmale Umsatzerlöse und Arbeitnehmerzahl erfüllt die GmbH bereits im Geschäftsjahr 2017 die Größenkriterien einer mittelgroßen Gesellschaft. Hieraus entsteht die Pflicht zur Prüfung des Jahresabschlusses und des Lageberichts des Geschäftsjahres 2017 nach § 316 Abs. 1 HGB.

Beispiel 2

Eine GmbH & Co. KG i.S.d. § 264a Abs. 1 HGB erfüllt zu den jeweiligen Bilanzstichtagen folgende Größenklassenkriterien und war bis zum Geschäftsjahr 01 (GJ01) nicht prüfungspflichtig:

	GJ01	GJ02	GJ03
Umsatzerlöse in Mio. €	10,6	12,3	11,8
Bilanzsumme in Mio. €	6,5	6,8	5,9
Arbeitnehmer	52	48	52

Lösung

Im GJ01 überschreitet die Gesellschaft erstmals die Größenklassenkriterien einer mittelgroßen Kapitalgesellschaft im Bereich der Bilanzsumme und der Arbeitnehmerzahl. Aufgrund des erstmaligen Überschreitens tritt für das GJ01 kein Größenklassenwechsel ein. Im GJ01 unterliegt die Gesellschaft nicht der Prüfungspflicht.

Im GJ02 überschreitet die Gesellschaft die Größenklassenkriterien der mittelgroßen Kapitalgesellschaft bei den Umsatzerlösen und der Bilanzsumme. Da die Gesellschaft nun zum zweiten Mal in Folge zwei der Größenklassenkriterien der mittelgroßen Kapitalgesellschaft überschreitet, ist die Gesellschaft ab dem GJ02 als mittelgroße Kapitalgesellschaft einzugruppieren. Daher trifft die Gesellschaft die Pflicht zur Prüfung des Jahresabschlusses des GJ02.

Im GJ03 überschreitet die Gesellschaft nur noch bei den Arbeitnehmern die Größenklassenkriterien einer mittelgroßen Kapitalgesellschaft. Da für einen Wechsel der Größenklasse die Kriterien jedoch in zwei aufeinanderfolgenden Geschäftsjahren vorliegen müssen, findet im GJ03 kein Größenklassenwechsel statt. Die Gesellschaft ist somit im GJ03 weiterhin als mittelgroße Kapitalgesellschaft einzugruppieren. Der Jahresabschluss des GJ03 unterliegt somit der Prüfungspflicht.

Für kapitalmarktorientierte Gesellschaften, d.h. Gesellschaften, die einen organisierten Markt i.S.d. § 2 Abs. 5 WpHG in Anspruch nehmen bzw. die Zulassung solcher Wertpapiere an einem organisierten Markt beantragt haben, sind Sonderregelungen zu beachten. So gelten gem. § 267 Abs. 3 Satz 2 HGB kapitalmarktorientierte Gesellschaften stets als große Kapitalgesellschaften. 5.6

5.1.2 Freiwillige Jahresabschlussprüfung

Neben den gesetzlichen Prüfungspflichten ist es in der Praxis häufig anzutreffen, dass sich Unternehmen einer freiwilligen oder durch die Satzung bzw. Gesellschaftsvertrag bestimmten Jahresabschlussprüfung unterwerfen. Die freiwillige Jahresabschlussprüfung kann z.B. erforderlich sein aufgrund von Kreditverträgen, die einen geprüften Jahresabschluss als Nebenbedingung (sog. Covenants) vorsehen. In Familienunternehmen mit verzweigter Gesellschaftsstruktur bzw. bei Ein- 5.7

satz von Fremdgeschäftsführern wird oftmals eine freiwillige Jahresabschlussprüfung durchgeführt, um den Interessen der nicht am operativen Geschäft involvierten Gesellschafter gerecht zu werden. Weiter können freiwillige Jahresabschlussprüfungen erforderlich sein bei der Vorbereitung von Unternehmenstransaktionen.

5.8 Auch **aus steuerlichen Gründen** kann die Durchführung freiwilliger Jahresabschlussprüfungen zur Sicherung der steuerlichen Anerkennung körperschaftsteuerlicher Organschaften sinnvoll eingesetzt werden. So gilt gem. § 14 Abs. 1 Nr. 3 Satz 5 KStG der Gewinnabführungsvertrag auch dann als durchgeführt, wenn die Gewinnabführung auf einem Jahresabschluss mit fehlerhaften Bilanzansätzen durchgeführt wurde und wenn dieser Jahresabschluss im Rahmen einer freiwilligen Jahresabschlussprüfung mit einem uneingeschränkten Bestätigungsvermerk testiert ist.

5.1.3 Rechtsfolgen nicht erfolgter Pflichtprüfungen

5.9 Sofern nun ein prüfungspflichtiger Jahresabschluss keiner Abschlussprüfung unterzogen wurde, kann gem. § 316 Abs. 1 Satz 2 HGB der nicht geprüfte Jahresabschluss nicht festgestellt werden. Daraus folgt, dass die gesellschaftsrechtlichen Pflichten der GmbH-Gesellschafter aus § 42 Abs. 2 Satz 1, § 46 Nr. 1 GmbHG bzw. der Aktionäre aus § 171 Abs. 2 Satz 4, §§ 172, 173 Abs. 1 AktG nicht erfüllt werden können.

5.10 Ein ungeprüfter prüfungspflichtiger Jahresabschluss ist bei der AG nach § 256 Abs. 1 Nr. 2 AktG nichtig. Aufgrund der analogen Anwendung[1] dieser Vorschrift auf die Rechtsform der GmbH ist ein ungeprüfter prüfungspflichtiger Jahresabschluss der GmbH ebenso nichtig. Aufgrund der **Nichtigkeit** kann zudem keine Ergebnisfeststellung erfolgen, was bei Gewinnverwendungsbeschlüssen deren Nichtigkeit zur Folge haben kann. Ebenso kann der nicht geprüfte Jahresabschluss nicht nach § 325 Abs. 1 Nr. 1 HGB wirksam im elektronischen Bundesanzeiger offengelegt werden, was die Durchführung von Ordnungsgeldverfahren gem. § 329 Abs. 4, §§ 335, 340o und 341o HGB zur Folge hat.

5.2 Ziele der Jahresabschlussprüfung

5.11 Nach § 317 Abs. 1 Satz 2 HGB hat sich die Prüfung „darauf zu erstrecken, ob die gesetzlichen Vorschriften und sie ergänzende Bestimmungen des Gesellschaftsvertrages oder der Satzung beachtet worden sind“. Weiter soll durch eine Abschlussprüfung erkannt werden, ob Unrichtigkeiten und Verstöße gegen die gesetzlichen

[1] Vgl. JUSTENHOVEN/KÜSTER/BERNHARDT, in: Beck'scher Bilanzkommentar, 14. Aufl. 2024, § 316 HGB Rdnr. 12.

Rechnungslegungsvorschriften oder Vertragsbestimmungen vorliegen, die sich auf die Darstellung der Vermögens-, Finanz- und Ertragslage des Unternehmens auswirken.

Das Ziel der Jahresabschlussprüfung liegt zunächst darin, die Verlässlichkeit und Ordnungsmäßigkeit, der in dem Jahresabschluss und dem Lagebericht enthaltenen Informationen von einem unabhängigen Dritten zu bestätigen und die Glaubhaftigkeit dieser Informationen zu erhöhen.[2] Unter Berücksichtigung der Berichtspflichten des Abschlussprüfers in seinem Prüfungsbericht bzw. dem Bestätigungsvermerk kommt der Abschlussprüfung auch eine Informations- und Entscheidungsfunktion zu. Diese Funktion richtete sich in erster Linie an die Adressaten des Prüfungsberichts, also den gesetzlichen Vertreter, die Aufsichtsorgane und die Anteilseigner. 5.12

Aber auch die breite Öffentlichkeit sowie weitere Geschäftspartner bzw. Marktteilnehmer eines geprüften Unternehmens erhalten über den Bestätigungsvermerk eine Aussage über die Gesetzesmäßigkeit und Ordnungsmäßigkeit der Jahresabschlussinformationen, da der Bestätigungsvermerk über die Offenlegung im elektronischen Bundesanzeiger der interessierten Öffentlichkeit zugänglich ist. 5.13

Umgekehrt ist jedoch auch zu berücksichtigen, dass der Wirtschaftsprüfer die Prüfung des Jahresabschlusses und ggf. des Lageberichts nicht als sogenannte Vollprüfung durchführt, sondern nach gewissenhafter Berufsausübung und unter Beachtung der Grundsätze der Wirtschaftlichkeit sowie der Wahrung einer kritischen Grundhaltung eine Aussage über ein mit hinreichender Sicherheit zu treffendes Prüfungsergebnis trifft.[3] 5.14

Der Gesetzgeber hat in § 317 Abs. 4a HGB nunmehr auch geregelt, dass sich eine Abschlussprüfung nicht darauf zu erstrecken hat, ob der Fortbestand des geprüften Unternehmens oder die Wirksamkeit und Wirtschaftlichkeit der Geschäftsführung zugesichert werden kann. 5.15

5.3 Gegenstand der Jahresabschlussprüfung

Der Gegenstand und der Umfang einer Jahresabschlussprüfung ergeben sich aus § 317 HGB. Somit ist zunächst der Jahresabschluss gem. § 242 Abs. 1, 2 HGB, bestehend aus **Bilanz, Gewinn- und Verlustrechnung** sowie der gem. § 264 Abs. 1 HGB zu erstellende Anhang der Prüfung zu unterziehen. 5.16

---

[2] Vgl. IDW Prüfungsstandard: Ziele und allgemeine Grundsätze zur Durchführung von Abschlussprüfungen (IDW PS 200), Stand: 03.06.2015, Rdnr. 8.

[3] Vgl. IDW Prüfungsstandard: Ziele und allgemeine Grundsätze zur Durchführung von Abschlussprüfungen (IDW PS 200), Stand: 03.06.2015, Rdnr. 9.

5.17 Darüber hinaus ist die **Buchführung** des zu prüfenden Unternehmens in die Prüfung einzubeziehen. Dies betrifft insbesondere die Finanzbuchhaltung, aber auch die Nebenbuchhaltungssysteme wie etwa die Anlagen-, die Lager-, die Lohn- und Gehaltsbuchhaltung oder Kassensysteme. Darüber hinaus sind auch **innerbetriebliche Kostenrechnungssysteme** prüfungsrelevant, wenn diese als Grundlage für die Bewertung von Jahresabschlusspositionen, wie z.B. selbst erstellte immaterielle Vermögensgegenstände des Anlagevermögens, unfertige Erzeugnisse/Leistungen, aktivierte Eigenleistungen und Rückstellungen herangezogen werden.

5.18 Die Prüfung hat sich darauf zu erstrecken, ob die **gesetzlichen Vorschriften** zur Aufstellung des Jahresabschlusses sowie die Grundsätze ordnungsmäßiger Buchführung, wie Nachvollziehbarkeit, Unveränderbarkeit, Richtigkeit, Zeitgerechtigkeit, Geordnetheit und Vollständigkeit, im Rahmen der unterjährigen Buchführung beachtet wurden. Es handelt sich somit um eine Prüfung der Ordnungs- und Gesetzesmäßigkeit der Buchführung und des Jahresabschlusses.

5.19 Gegenstand der Jahresabschlussprüfung ist auch der nach §§ 289 ff. HGB aufzustellende **Lagebericht.** Der Lagebericht ist gem. § 317 Abs. 2 HGB darauf zu prüfen, ob er mit dem Jahresabschluss sowie mit den bei der Prüfung gewonnenen Erkenntnissen in Einklang steht und ob der Lagebericht insgesamt ein zutreffendes Bild von der Lage des Unternehmens vermittelt. Darüber hinaus ist zu prüfen, ob die Chancen und Risiken der künftigen Entwicklung zutreffend dargestellt und die gesetzlichen Vorschriften zur Aufstellung des Lageberichts beachtet wurden.

5.20 Bei börsennotierten AGs ist das nach § 91 Abs. 2 AktG vom Vorstand einzurichtende **Risikoüberwachungssystem** ebenso in die Prüfung miteinzubeziehen und hinsichtlich der Angemessenheit und Wirksamkeit zu beurteilen. Darüber hinaus kann der Prüfungsgegenstand auch über das gesetzlich geforderte Mindestmaß erweitert werden. Beispielsweise kann die Prüfung des Abhängigkeitsberichts bei abhängigen AGs nach § 313 AktG oder die Prüfung der Tätigkeitsabschlüsse bei integrierten Energieversorgungsunternehmen nach § 6b EnWG oder auch die Prüfung der Ordnungsmäßigkeit der Geschäftsführung nach § 53 HGrG im Rahmen der Abschlussprüfung einbezogen werden.[4] Die Erweiterung der Jahresabschlussprüfung hat explizit im Rahmen der Beauftragung des Abschlussprüfers zu erfolgen und ist in den Prüfungsauftrag miteinzubeziehen.

---

[4] IDW, WP-Handbuch, 18. Aufl. 2023, Kap. O Rdnr. 6.

5.4 Der Abschlussprüfer

5.4.1 Anforderungen an den Abschlussprüfer

Als Abschlussprüfer können grundsätzlich nur Wirtschaftsprüfer oder Wirtschaftsprüfungsgesellschaften bestellt werden (§ 319 Abs. 1 Satz 1 HGB). Es gibt jedoch größenklassenspezifische Sonderregelungen in § 319 Abs. 1 Satz 2 HGB, wonach bei mittelgroßen (Personenhandels-)Gesellschaften auch vereidigte Buchprüfer bzw. Buchprüfungsgesellschaften zum Abschlussprüfer bestellt werden können. 5.21

Der Prüfer einer gesetzlichen Jahresabschlussprüfung muss sich nach den berufsrechtlichen Vorgaben in § 38 Nr. 1 Buchst. h) oder Nr. 2 Buchst. f) WPO im Berufsregister der Wirtschaftsprüferkammer als Abschlussprüfer registrieren und über einen Auszug aus dem Berufsregister[5] der Wirtschaftsprüferkammer verfügen, aus dem sich ergibt, dass er als Abschlussprüfer bei der Wirtschaftsprüferkammer registriert ist. 5.22

5.4.2 Ausschlussgründe

Neben diesen Positiv-Voraussetzungen gibt es bei der Auswahl des Abschlussprüfers auch gesetzlich in § 319 Abs. 2 und 3 HGB geregelte Ausschlussgründe, wonach unter bestimmten Voraussetzungen ein WP/vBP oder eine WPG/vBG nicht Abschlussprüfer sein kann. Ein Wirtschaftsprüfer oder vereidigter Buchprüfer kann als Abschlussprüfer nach § 319 Abs. 2 HGB ausgeschlossen sein, wenn während des Geschäftsjahres, für dessen Schluss der zu prüfende Jahresabschluss aufgestellt wird, oder während der Abschlussprüfung Gründe vorliegen, nach denen die Besorgnis der Befangenheit besteht. Eine solche Befangenheit kann insbesondere bei Beziehungen in geschäftlicher, finanzieller oder persönlicher Art vorliegen. 5.23

In § 319 Abs. 3 HGB sind konkrete Ausschlussgründe aufgeführt, die eine unwiderlegbare gesetzliche Vermutung einer Besorgnis der Befangenheit begründen.[6] Eine Befangenheit kann hiernach (§ 319 Abs. 3 Nr. 1 HGB) vorliegen, wenn der Abschlussprüfer an dem zu prüfenden Unternehmen beteiligt ist bzw. an einem Unternehmen beteiligt ist, das mit dem zu prüfenden Unternehmen verbunden oder zu mehr als 20 % beteiligt ist. 5.24

Von der Prüfung ausgeschlossen ist ein Abschlussprüfer, soweit er gem. § 319 Abs. 3 Nr. 2 HGB in Funktion eines gesetzlichen Vertreters, Aufsichtsratsmitglied oder Arbeitnehmer für das zu prüfende Unternehmen tätig ist. Ein Ausschluss liegt auch dann vor, wenn der Abschlussprüfer diese Funktion mittelbar über ein ande- 5.25

[5] https://www.wpk.de/register/.
[6] Vgl. JUSTENHOVEN, in: Beck'scher Bilanzkommentar, 14. Aufl. 2024, § 319 HGB Rdnr. 30.

res Unternehmen, das mit dem zu prüfenden Unternehmen verbunden ist oder zu mehr als 20 % an dem zu prüfenden Unternehmen beteiligt ist, ausübt.

5.26 Sofern ein Abschlussprüfer neben der Durchführung der Jahresabschlussprüfung für das zu prüfende Unternehmen tätig ist (§ 319 Abs. 3 Nr. 3 HGB), kann ein Ausschlussgrund vorliegen. Einen Prüfungsausschluss können folgende Tätigkeiten zur Folge haben, wenn sie nicht nur von untergeordneter Bedeutung sind:

- Mitwirkung an der Buchführung oder an der Aufstellung des zu prüfenden Jahresabschlusses,
- Mitwirkung an der internen Revision des zu prüfenden Unternehmens,
- Erbringung von Unternehmensleitungs- und Finanzdienstleistungen,
- eigenständige versicherungsmathematische oder Bewertungsleistungen.

5.27 Nach § 319 Abs. 3 Nr. 4 HGB erstrecken sich die Ausschlussgründe nicht nur auf die Person des Abschlussprüfers selbst, sondern auch auf solche Personen, die der Abschlussprüfer beschäftigt und bei der Durchführung einer Abschlussprüfung einsetzt. Ebenso ist ein Ausschlussgrund gegeben, wenn in der Person des Ehegatten oder des Lebenspartners des Abschlussprüfers die Ausschlussgründe vorliegen.

5.28 Ein weiterer Ausschlussgrund liegt bei einer sogenannten finanziellen Abhängigkeit bzw. einer Umsatzabhängigkeit gem. § 319 Abs. 3 Nr. 5 HGB vor. Hiernach ist ein Abschlussprüfer von der Jahresabschlussprüfung ausgeschlossen, wenn jeweils mehr als 30 % der Gesamteinnahmen aus der beruflichen Tätigkeit der vergangenen fünf Jahre von dem zu prüfenden Unternehmen oder von Unternehmen bezogen wurden, an denen das zu prüfenden Unternehmen zu mehr als 20 % beteiligt ist.

5.29 Auch Prüfungsgesellschaften können gem. § 319 Abs. 4 HGB als Abschlussprüfer ausgeschlossen sein, wenn die in § 319 Abs. 2 und 3 HGB angeführten Ausschlussgründe durch

- sie selbst,
- einen ihrer gesetzlichen Vertreter,
- einen Gesellschafter, der mehr als 20 % der Stimmrechte besitzt,
- ein mit der Prüfungsgesellschaft verbundenes Unternehmen,
- einen bei der Prüfung verantwortlichen Gesellschafter oder
- eine andere bei der Prüfungsgesellschaft beschäftigte Person, die das Prüfungsergebnis beeinflussen kann,

erfüllt werden.

Darüber hinaus gibt es bei der Auswahl des Abschlussprüfers in Bezug auf Unternehmen von öffentlichem Interesse in § 319a HGB besondere Ausschlussgründe. Ein weiterer Ausschluss eines Abschlussprüfers kann aufgrund einer Mitgliedschaft in einem Berufsnetzwerk nach § 319b HGB gegeben sein. Der Abschlussprüfer ist von der Prüfung ausgeschlossen, wenn ein Mitglied seines Netzwerks einen der oben angeführten Ausschlussgründe erfüllt. 5.30

5.4.3 Bestellung und Beauftragung des Abschlussprüfers

Die Bestellung des Abschlussprüfers erfolgt in einem zweistufigen Prozess. In der **ersten Stufe** wird der Abschlussprüfer nach § 318 Abs. 1 HGB von den Gesellschaftern **gewählt**. Je nach Rechtsform des zu prüfenden Unternehmens ergeben sich folgende Zuständigkeiten:[7] 5.31

- Aktiengesellschaft (AG): Die Hauptversammlung wählt den Abschlussprüfer auf Vorschlag des Aufsichtsrats.
- Gesellschaft mit beschränkter Haftung (GmbH): Die Gesellschafterversammlung wählt den Abschlussprüfer. Allerdings kann der Gesellschaftsvertrag hiervon abweichende Bestimmungen enthalten.
- Personenhandelsgesellschaft i.S.d. § 264a HGB: Die Wahl des Abschlussprüfers erfolgt durch Gesellschafterbeschluss. Auch hier kann der Gesellschaftsvertrag abweichende Bestimmungen vorsehen.

Nach der Wahl des Abschlussprüfers durch die Haupt- bzw. Gesellschafterversammlung ist zwischen der Gesellschaft und dem Abschlussprüfer ein **schriftlicher Prüfungsvertrag** zu schließen. Der Gesetzgeber hat an den Prüfungsvertrag keine gesetzlichen Vorgaben geknüpft. Für den Berufsstand der Abschlussprüfer sind in IDW PS 220 konkrete Inhalte an den Prüfungsvertrag im Rahmen der Facharbeit vorgegeben. 5.32

Die Bestellung des Abschlussprüfers soll nach § 318 Abs. 1 Satz 2 HGB jeweils vor Ablauf des zu prüfenden Geschäftsjahres erfolgen. Dies ist insbesondere dann von Bedeutung, wenn der Abschlussprüfer bereits im zu prüfenden Geschäftsjahr seine Prüfungstätigkeit entfalten muss, z.B. im Rahmen einer Inventurbeobachtung. 5.33

Ist ein Abschlussprüfer im Rahmen einer gesetzlichen Jahresabschlussprüfung wirksam bestellt, kann eine **Kündigung bzw. eine Abberufung** des Abschlussprüfers nur in den vom Gesetzgeber in § 318 Abs. 3 und 6 HGB konkret bestimmten Konstellationen erfolgen. Insbesondere kann eine Kündigung des Prüfungsauftrags 5.34

---

7 Vgl. IDW Prüfungsstandard: Beauftragung des Abschlussprüfers (IDW PS 220), Stand: 09.09.2009, Rdnr. 4 ff.

nur durch den Abschlussprüfer und nicht durch das zu prüfende Unternehmen ausgesprochen werden. Weiter erfordert eine Kündigung durch den Abschlussprüfer einen wichtigen Grund, was insbesondere nicht in Form von Meinungsverschiedenheiten über Prüfungsfeststellungen und der daraus zu ziehenden Folgen für das Prüfungsergebnis gegeben ist.

5.35 Aus einer Kündigung des Prüfungsauftrags durch einen Abschlussprüfer nach § 318 Abs. 8 HGB folgt eine Pflicht zur Information gegenüber der Wirtschaftsprüferkammer sowohl für den Abschlussprüfer als auch für das zu prüfende Unternehmen, wonach die Gründe für die Kündigung schriftlich darzulegen sind. Durch die Regelungen in § 318 HGB soll die Einflussnahme des zu prüfenden Unternehmens auf das Prüfungsergebnis bei unliebsamen Prüfungsfeststellungen oder Meinungsverschiedenheiten eingeschränkt werden. Insbesondere wird verhindert, dass der Abschlussprüfer durch ein Unternehmen nach Belieben ausgetauscht werden kann.

5.5 Durchführung und Ablauf einer Jahresabschlussprüfung

5.36 In den §§ 316–319b HGB sind zunächst die Prüfungspflicht, der Gegenstand und der Umfang der Prüfung, die Anforderungen an den Abschlussprüfer und die Auswahl sowie die Bestellung des Abschlussprüfers geregelt. § 320 HGB regelt die Rechte des Abschlussprüfers sowie die Vorlagepflichten und Auskunftspflichten des zu prüfenden Unternehmens gegenüber dem Abschlussprüfer, und die §§ 321–322 HGB regeln die Anforderungen an das Prüfungsergebnis, insbesondere in Form des Prüfungsberichts und des Bestätigungsvermerks. Was der Gesetzgeber jedoch nicht ausdrücklich gesetzlich geregelt hat, sind die Anforderungen an die Art und Weise der Prüfungsdurchführung.

5.37 Im Zuge der Umsetzung der sogenannten Abschlussprüferrichtlinie[8] wurde § 317 Abs. 5 HGB eingeführt, wonach bei der Durchführung einer Prüfung der Abschlussprüfer die **internationalen Prüfungsstandards** anzuwenden hat. Somit sieht der Gesetzgeber grundsätzlich die verpflichtende Anwendung der International Standards on Auditing (ISA) vor, die vom International Auditing and Assurance Standards Board (IAASB) herausgegeben wurden. Allerdings setzt die Vorschrift voraus, dass die verpflichtend anzuwendenden ISA-Standards in einem förmlichen Verfahren von der Europäischen Kommission angenommen wurden, jeder angenommene Prüfungsstandard vollständig in jeder Amtssprache der Europäischen Gemeinschaft übersetzt und im Amtsblatt der Europäischen Union veröffentlicht wurde. Dieses Verfahren ist bis zum aktuellen Datum noch nicht abgeschlossen,

[8] Richtlinie 2014/56/EU des Europäischen Parlaments und des Rates vom 16.04.2014 zur Änderung der Richtlinie 2006/43/EG über Abschlussprüfer von Jahresabschlüssen und konsolidierten Abschlüssen, ABl Nr. L 158/196.

mithin wurde noch kein internationaler Prüfungsstandard von der Europäischen Kommission angenommen, offiziell übersetzt und im Amtsblatt der EU veröffentlicht.

Solange keine internationalen Prüfungsstandards von der Europäischen Kommission „adoptiert“ sind, können die Mitgliedstaaten nach § 26 Abs. 1 Abschlussprüferrichtlinie ihre **nationalen Prüfungsstandards** anwenden. Auf nationaler Ebene hat sich der Berufsstand der Wirtschaftsprüfer über das Institut der Wirtschaftsprüfer in Deutschland e.V. (IDW) zahlreiche Prüfungsstandards selbst auferlegt. Im Rahmen dieser Prüfungsgrundsätze berücksichtigt das IDW die internationalen Prüfungsstandards (ISA) und arbeitet diese in die IDW-Prüfungsstandards ein, sofern keine nationalen gesetzlichen Besonderheiten einer Umsetzung entgegenstehen. Hierdurch finden die internationalen Prüfungsstandards bereits ihre Anwendung in der Jahresabschlussprüfung. 5.38

Ausgangspunkt für die Entwicklung und Anwendung der deutschen Grundsätze ordnungsmäßiger Abschlussprüfung bildet der IDW PS 201. In diesem Prüfungsstandard legt das IDW fest, „welche Rechnungslegungs- und Prüfungsgrundsätze bei einer der Berufsauffassung entsprechenden Abschlussprüfung von Wirtschaftsprüfern unbeschadet ihrer Eigenverantwortlichkeit zu beachten sind und verdeutlicht zugleich gegenüber der Öffentlichkeit Inhalt und Grenzen derartiger Prüfungen“.[9] 5.39

Obwohl die vom IDW entwickelten und in einem öffentlichen Verfahren verabschiedeten Prüfungsstandards keinen Gesetzescharakter haben, kommt ihnen in der Berufsausübung der Abschlussprüfer besondere Bedeutung zu. So sollte eine Abweichung von den IDW-Prüfungsstandards nur in Ausnahmefällen erfolgen. Werden die IDW-Prüfungsstandards nicht beachtet, ohne dass dafür gewichtige Gründe vorliegen, so muss der Abschlussprüfer in Regressfällen, in einem Verfahren der Berufsaufsicht oder in einem Strafverfahren mit Nachteilen rechnen. 5.40

Neben den Prüfungsstandards erarbeitet und veröffentlicht das IDW auch Prüfungshinweise, die weitergehende Orientierungshilfen für die Abschlussprüfer geben, sowie Stellungnahmen und Hinweise zu Fragen der Rechnungslegung. 5.41

---

9 Vgl. IDW Prüfungsstandard: Rechnungslegungs- und Prüfungsgrundsätze für die Abschlussprüfung (IDW PS 201), Stand: 23.04.2021, Rdnr. 1, IDW Life 6/2021.

5.6 Der risikoorientierte Prüfungsansatz

5.42 Der Abschlussprüfer muss seine Prüfung so anlegen, dass **Unrichtigkeiten und Verstöße** gegen die gesetzlichen sowie die ergänzenden gesellschaftsvertraglichen oder satzungsmäßigen Bestimmungen zur Rechnungslegung, die sich auf die Darstellung des sich nach § 264 Abs. 2 HGB ergebenden Bilds der Vermögens-, Finanz- und Ertragslage des Unternehmens wesentlich auswirken, bei gewissenhafter Berufsausübung erkannt werden (§ 317 Abs. 1 Satz 3 HGB). Die Jahresabschlussprüfung hat somit nicht den Anspruch auf eine absolute Prüfungssicherheit. Ebenso stellt eine Jahresabschlussprüfung keine vollständige Prüfung aller Sachverhalte dar. Eine absolute Sicherheit ist bei einer Abschlussprüfung nicht zu erreichen, da auch bei einer ordnungsmäßigen Planung und Prüfungsdurchführung ein unvermeidbares Risiko einer begrenzten Erkenntnis- und Feststellungsmöglichkeit besteht.[10]

5.43 Vielmehr hat der Abschlussprüfer die Zielsetzung, ein Prüfungsergebnis unter dem Grundsatz der Wirtschaftlichkeit und mit einer hinreichenden, also nicht absoluten, Sicherheit zu treffen.[11] Um dieses Ziel zu erreichen, erfolgt die Jahresabschlussprüfung nach einem risikoorientierten Prüfungsmodell, das ausgehend von einer kritischen Grundhaltung des Abschlussprüfers auch Wesentlichkeitsgesichtspunkte berücksichtigt. Der risikoorientierte Prüfungsansatz erstreckt sich, ausgehend von der Entscheidung über die Annahme eines Prüfungsauftrags bis hin zur Bildung eines Prüfungsurteils und der Berichterstattung grundsätzlich durch den gesamten Ablauf der Jahresabschlussprüfung, der sich wie folgt skizzieren lässt.[12]

[10] Vgl. IDW Prüfungsstandard: Ziele und allgemeine Grundsätze der Durchführung von Abschlussprüfungen (IDW PS 200), Stand: 03.06.2015, Rdnr. 24 ff.

[11] Vgl. IDW Prüfungsstandard: Ziele und allgemeine Grundsätze der Durchführung von Abschlussprüfungen (IDW PS 200), Stand: 03.06.2015, Rdnr. 9.

[12] IDW, WP-Handbuch, 18. Aufl. 2023, Kap. L Rdnr. 16.

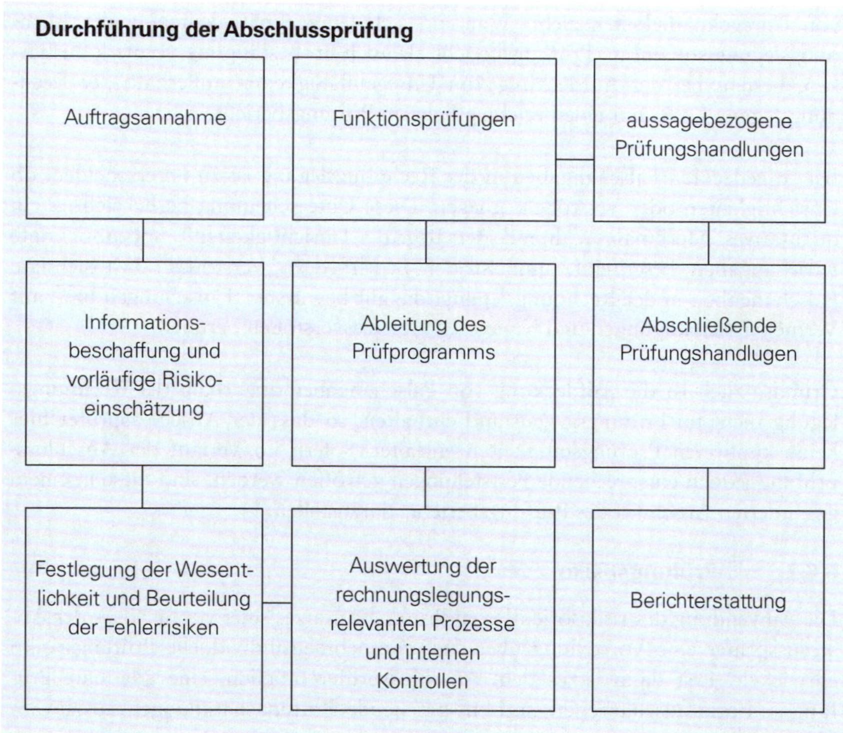

5.6.1 Unrichtigkeiten und Verstöße

Die Grundsätze ordnungsgemäßer Abschlussprüfung subsumieren die unbestimmten Rechtsbegriffe der Unrichtigkeiten und Verstöße als sogenannte Unregelmäßigkeiten.[13] Einen Überblick über den Begriff der Unregelmäßigkeiten aus Sicht der Abschlussprüfung gibt folgende Übersicht wieder:[14] 5.44

Zunächst ist zu unterscheiden, ob Unregelmäßigkeiten vorliegen, die sich in dem Rechnungslegungswerk, bestehend aus Bilanz, Gewinn- und Verlustrechnung, Anhang oder Lagebericht, niederschlagen, oder ob sie außerhalb der Rechnungslegung bestehen. Diese Unterscheidung wirkt sich insbesondere auf die Konsequenzen aus, die der Abschlussprüfer für das Prüfungsergebnis bei der Feststellung 5.45

[13] Vgl. IDW Prüfungsstandard: Zur Aufdeckung von Unregelmäßigkeiten im Rahmen der Abschlussprüfung (IDW PS 210), Stand: 12.12.2012, Rdnr. 7.

[14] Vgl. IDW Prüfungsstandard: Zur Aufdeckung von Unregelmäßigkeiten im Rahmen der Abschlussprüfung (IDW PS 210), Stand: 12.12.2012, Rdnr. 7.

von Unregelmäßigkeiten zieht. Während sich Unregelmäßigkeiten in der Rechnungslegung sowohl im Prüfungsbericht als auch im Bestätigungsvermerk auswirken, besteht bei der Aufdeckung von Unregelmäßigkeiten außerhalb der Rechnungslegung i.d.R. nur eine Berichtspflicht im Prüfungsbericht.

5.46 Bei aufgedeckten **Falschangaben in der Rechnungslegung** ist zu unterscheiden, ob Unrichtigkeiten oder Verstöße vorliegen. Diese Unterscheidung berücksichtigt ein qualitatives Merkmal. Während der Begriff „Unrichtigkeiten" unbeabsichtigte Falschangaben beschreibt, umfasst der Begriff des „Verstoßes" beabsichtigte Falschangaben in der Rechnungslegung, die auf bewussten Täuschungen bzw. auf Vermögensschädigungen und bewussten Gesetzesverstößen beruhen.

5.47 Grundsätzlich ist die Aufdeckung von **Falschangaben außerhalb der Rechnungslegung** nicht im Prüfungsgegenstand enthalten, so dass der Abschlussprüfer hier keine konkreten Prüfungstätigkeiten entfaltet. Sofern im Verlauf der Abschlussprüfung jedoch entsprechende Feststellungen getroffen werden, sind diese in einem gesonderten Abschnitt des Prüfungsberichts darzustellen.[15]

5.6.2 Prüfungsrisiko

5.48 Die Anwendung des risikoorientierten Prüfungsansatzes setzt voraus, dass der Abschlussprüfer eine Vorstellung über das unternehmensindividuelle Prüfungsrisiko entwickelt. Erst dann ist es dem Abschlussprüfer möglich, eine adäquate Prüfungsstrategie auszuarbeiten und entsprechende Prüfungshandlungen auszuwählen.

5.49 Das Prüfungsrisiko setzt sich zunächst aus zwei Komponenten zusammen: einerseits dem sogenannten Fehlerrisiko, also dem Risiko, dass falsche Rechnungslegungsaussagen in einem Abschluss enthalten sind, und andererseits dem sogenannten Entdeckungsrisiko, also dem Risiko, dass durch die Abschlussprüfung falsche Rechnungslegungsaussagen entdeckt werden.

[15] Vgl. IDW Prüfungsstandard: Zur Aufdeckung von Unregelmäßigkeiten im Rahmen der Abschlussprüfung (IDW PS 210), Stand: 12.12.2012, Rdnr. 57.

Prüfungsrisiko[16] 5.50

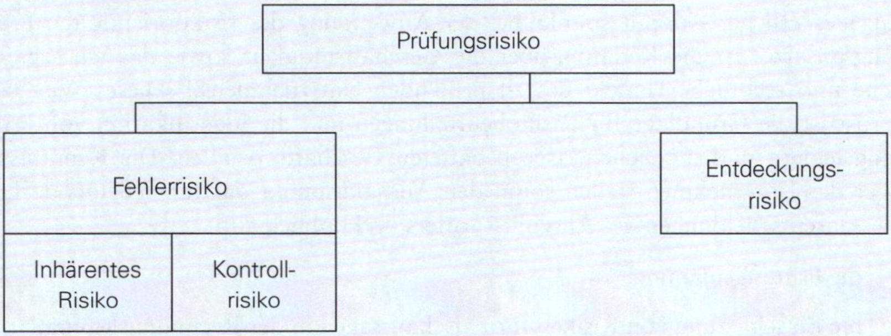

Während das **inhärente Risiko** die Anfälligkeit eines Prüffelds (z.B. Geschäftsvorfall oder Bilanzposition) für Fehler bezeichnet, stellt das **Kontrollrisiko** die Gefahr dar, dass solche Fehler durch das im Unternehmen eingerichtete Kontrollsystem nicht verhindert oder entdeckt werden.[17] Somit steht das Fehlerrisiko in einer Abhängigkeit zu dem Kontrollrisiko. 5.51

Je besser die unternehmensseitigen **internen Kontrollsysteme** wirksam eingerichtet und in Funktion sind, desto geringer wird das Kontroll- und somit auch das Fehlerrisiko. Umgekehrt wird das Fehlerrisiko hoch, wenn keine oder nur rudimentär eingerichtete Kontrollsysteme vorhanden sind oder die vorgesehenen Kontrollsysteme umgangen oder ausgeschaltet werden können. Grundsätzlich ist zu beachten, dass immer ein Fehlerrisiko verbleibt, da es in der Praxis undenkbar ist, alle auftretenden Fehler durch Kontrollsysteme zu verhindern.[18] 5.52

Das **Entdeckungsrisiko** wiederum bezeichnet das Risiko des Abschlussprüfers, Fehler in der Rechnungslegung nicht zu entdecken. Je höher nun das Fehlerrisiko durch den Abschlussprüfer unter Berücksichtigung der im Unternehmen eingerichteten Kontrollsysteme eingeschätzt wird, desto geringer muss das Entdeckungsrisiko eingestuft werden. Einen Einfluss auf das Entdeckungsrisiko nimmt der Abschlussprüfer durch das Prüfungsprogramm, in dem die Art und der Umfang von Prüfungshandlungen festgelegt werden. 5.53

---

16 Vgl. IDW Prüfungsstandard: Feststellung und Beurteilung von Fehlerrisiken und Reaktionen des Abschlussprüfers auf die beurteilten Fehlerrisiken (IDW PS 261), Stand: 15.09.2017, Rdnr. 6.

17 Vgl. IDW Prüfungsstandard: Feststellung und Beurteilung von Fehlerrisiken und Reaktionen des Abschlussprüfers auf die beurteilten Fehlerrisiken (IDW PS 261), Stand: 15.09.2017, Rdnr. 6.

18 IDW, WP-Handbuch, 18. Aufl. 2023, Kap. L Rdnr. 47.

5.6.3 Kenntnisse über das zu prüfende Unternehmen

5.54 Ein wesentlicher Ausgangspunkt bei der Anwendung des risikoorientierten Prüfungsansatzes ist die Kenntnis über die Geschäftstätigkeit sowie das wirtschaftliche und rechtliche Umfeld des zu prüfenden Unternehmens.[19] Dieses Wissensgerüst ist die Grundlage für Risikobeurteilungen und die Identifikation von Prüfungsfeldern und möglichen risikobehafteten Geschäftsvorfällen. Die Kenntnisse über das Unternehmen stellen somit den Ausgangspunkt dar für bedeutende Ermessensentscheidungen des Abschlussprüfers im Hinblick auf:

- die Prüfungsplanung,
- die Einschätzung von Risiken für Falschaussagen in der Rechnungslegung,
- die Beurteilung interner Kontroll- und Risikomanagementsysteme,
- die Festlegung von Wesentlichkeitsgrenzen,
- die Auswahl und Durchführung geeigneter Prüfungshandlungen,
- die Würdigung hieraus resultierender Prüfungsnachweise und
- die Ableitung von Prüfungsfeststellungen.

5.55 Bereits im Rahmen der Auftragsannahme hat sich der Abschlussprüfer hinreichende Informationen über das zu prüfende Unternehmen und dessen rechtliches und wirtschaftliches Umfeld zu beschaffen, um sich ein Bild darüber machen zu können, ob die für die Prüfung erforderlichen Kenntnisse über das zu prüfende Rechnungslegungssystem oder spezielle Branchenkenntnisse vorhanden sind und ob für den Umfang der Prüfungsarbeiten ausreichend interne Ressourcen vorhanden sind.

5.56 Für die Abschlussprüfung relevante Kenntnisse sind neben generellen Informationen zu gesamtwirtschaftlichen Rahmenbedingungen insbesondere Kenntnisse:

- zur Branche und Branchenentwicklung,
- zu branchenspezifischen Besonderheiten sowie
- zu unternehmensspezifischen Merkmalen:
  - die Eigentümer- und Gesellschafterstruktur,
  - die Geschäftsführungsorgane,

[19] Vgl. IDW Prüfungsstandard: Kenntnisse über die Geschäftstätigkeit sowie das wirtschaftliche und rechtliche Umfeld des zu prüfenden Unternehmens im Rahmen der Abschlussprüfung (IDW PS 230), Stand: 08.12.2005.

- die Aufbau- und Ablauforganisation des Unternehmens,
- die Geschäftsaktivitäten,
- finanzielle Kennziffern zur Vermögens-, Finanz- und Ertragslage sowie
- der geografische Wirkungskreis des Unternehmens.

Der Umfang der Kenntnisse über die Geschäftstätigkeit und das wirtschaftliche und rechtliche Umfeld müssen so weit reichen, dass sich der Abschlussprüfer ein hinreichend sicheres Bild über die zentralen Einflussfaktoren für den Unternehmenserfolg, die Unternehmensstrategie und der diese Strategie möglicherweise gefährdenden Geschäftsrisiken nebst den im Unternehmen installierten Reaktionen zur Begegnung dieser Risiken sowie der wesentlichen Geschäftsprozesse mit ihren wesentlichen Risiken und Kontrollmechanismen verschaffen kann.[20] Im Verlauf einer Abschlussprüfung werden die Kenntnisse über das Unternehmen stetig erweitert und aktualisiert, was wiederum Auswirkungen auf die Durchführung von Prüfungshandlungen hat. 5.57

5.6.4 Kenntnisse über das interne Kontrollsystem des Unternehmens

Für den Abschlussprüfer sind die Kenntnisse über interne Kontroll- und Überwachungssysteme in jeder Phase der Prüfungsdurchführung relevant, da sich die Art, der Umfang und die Wirksamkeit solcher Systeme immer auf das Risiko, falsche Aussagen in der Rechnungslegung (nicht) zu entdecken, auswirkt. Das IDW umschreibt den Begriff des internen Kontrollsystems als alle von dem Management eines Unternehmens eingeführten Grundsätze, Verfahren, Regeln und Maßnahmen, die auf die organisatorische Umsetzung der Managemententscheidungen zur Sicherung der Wirksamkeit und Wirtschaftlichkeit der Geschäftstätigkeit, zur Ordnungsmäßigkeit und Verlässlichkeit der internen und externen Rechnungslegung sowie der Einhaltung der für das Unternehmen maßgeblichen rechtlichen Vorschriften ausgerichtet sind.[21] 5.58

[20] Vgl. IDW Prüfungsstandard: Kenntnisse über die Geschäftstätigkeit sowie das wirtschaftliche und rechtliche Umfeld des zu prüfenden Unternehmens im Rahmen der Abschlussprüfung (IDW PS 230), Stand: 08.12.2005, Rdnr. 8.

[21] Vgl. Vgl. IDW Prüfungsstandard: Feststellung und Beurteilung von Fehlerrisiken und Reaktionen des Abschlussprüfers auf die beurteilten Fehlerrisiken (IDW PS 261), Stand: 15.09.2017, Rdnr. 19.

5.59 **Interne Kontrollsysteme**[22]

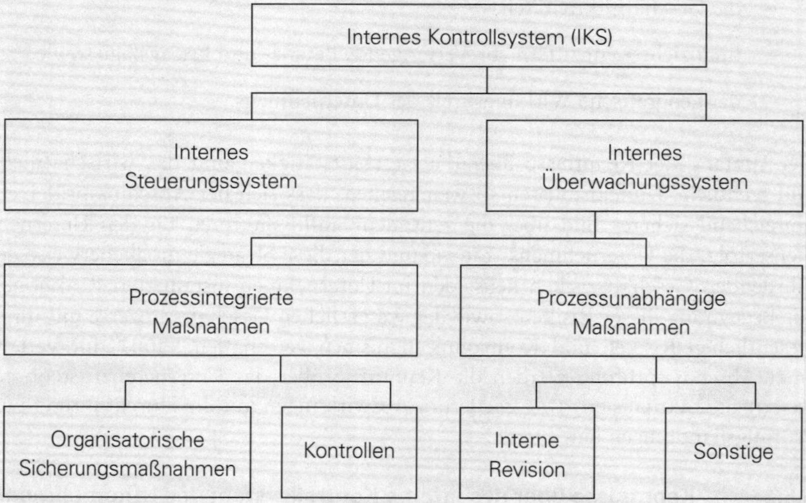

5.60 Die Anforderungen an die Ausgestaltung eines Interessenkontrollsystems sind in der Praxis sehr individuell und abhängig von der Unternehmensgröße, der Komplexität und der Art der Geschäftstätigkeit, der Gesellschafter- und Eigentümerstruktur sowie den von den Unternehmen zu beachtenden rechtlichen Vorschriften. Während AGs gem. § 91 Abs. 2 AktG rechtsformspezifisch dazu verpflichtet sind, ein geeignetes Überwachungssystem einzurichten, existieren keine vergleichbaren Rechtsvorschriften für andere Rechtsformen.

5.61 Ebenso ist in der Praxis bei fremdgeführten Unternehmen mit einer entsprechenden Rechenschaftspflicht der Geschäftsführung gegenüber den Anteilseignern i.d.R. eher eine Einrichtung und Dokumentation solcher Systeme anzutreffen als in kleinen und mittelgroßen inhabergeführten Unternehmen, die etwa von einem Gesellschafter-Geschäftsführer dominiert werden. Gerade bei solchen Unternehmen sind bei der Risikobeurteilung die Möglichkeiten der Aushebelung interner Kontrollmaßnahmen durch die Gesellschafter-Geschäftsführer einzubeziehen.

5.62 Im Abschlussprüfungsprozess hat sich der Abschlussprüfer einen Überblick über die internen Kontrollsysteme zu verschaffften, insbesondere solche mit Bezug zur

[22] Vgl. IDW Prüfungsstandard: Feststellung und Beurteilung von Fehlerrisiken und Reaktionen des Abschlussprüfers auf die beurteilten Fehlerrisiken (IDW PS 261), Stand: 15.09.2017, Rdnr. 20.

Rechnungslegung und Buchführung. Damit das IKS bei der Risikobeurteilung berücksichtigt werden kann, ist der Abschlussprüfer gehalten, es hinsichtlich der Angemessenheit zu beurteilen. Dies erfolgt durch eine sogenannte Aufbauprüfung, in deren Rahmen sich der Abschlussprüfer die installierten Regelungsprozesse darstellen und erläutern lässt und entsprechend dokumentiert. Schließlich hat der Abschlussprüfer die Wirksamkeit des IKS mittels einer Funktionsprüfung zu beurteilen.

5.6.5 Risikobeurteilung für wesentliche falsche Angaben

Der Abschlussprüfer führt die Abschlussprüfung mit dem Ziel durch, das Prüfungsurteil mit hinreichender Sicherheit zu treffen. Bei diesem Prüfungsansatz spielt der Wesentlichkeitsgrundsatz eine große Rolle, da dies dem Prüfer die Möglichkeit gibt, Fehler zu akzeptieren, soweit diese einzeln oder in ihrer Gesamtheit als un wesentlich für die Gesamtaussage des Jahresabschlusses sind. 5.63

Der **Grundsatz der Wesentlichkeit** ist in allen Phasen der Abschlussprüfung anzuwenden und beinhaltet sowohl quantitative als auch qualitative Aspekte. So findet der Wesentlichkeitsgrundsatz einerseits Anwendung bei Bilanz-, Gewinn- und Verlustpositionen sowie andererseits auch bei Anhangsangaben und bei Lageberichtsaussagen. Im Konzept der Wesentlichkeit legt der Abschlussprüfer fest, ab welcher Größenordnung ein festgestellter Fehler bzw. die Summe der festgestellten Fehler in ihrem Ausmaß so bedeutend sind, dass sie sich auf das Prüfungsurteil auswirken. Der Wesentlichkeitsgrad und das Prüfungsrisiko stehen in einem wechselseitigen Zusammenhang.[23] Das bedeutet, dass sich bei einer Herabsetzung des Wesentlichkeitsgrads die Wahrscheinlichkeit für das Vorliegen wesentlicher Fehler erhöht, was wiederum in einer Erhöhung des Fehler- und Entdeckungsrisikos mündet. 5.64

Zunächst ist der **Jahresabschluss als Ganzes** zu beurteilen. Der Abschlussprüfer legt fest, ab welcher Grenze das Ausmaß von Unrichtigkeiten und Verstößen in der Rechnungslegung die Abschlussadressaten in ihrer wirtschaftlichen Entscheidung beeinflussen.[24] Praktisch orientiert sich der Abschlussprüfer bei der Bestimmung der Wesentlichkeitsgrenzen an Kernbezugsgrößen wie z.B. an den Umsatzerlösen, dem Jahresergebnis (z.B. EBT) oder der Bilanzsumme. Auf diese Bezugsgrößen werden zur Bestimmung der Wesentlichkeitsgrenzen spezifische Prozentsätze angewendet, die im Ermessen des Abschlussprüfers liegen. 5.65

---

23 Vgl. IDW Prüfungsstandard: Feststellung und Beurteilung von Fehlerrisiken und Reaktionen des Abschlussprüfers auf die beurteilten Fehlerrisiken (IDW PS 261), Stand: 15.09.2017, Rdnr. 9.

24 IDW, WP-Handbuch, 18. Aufl. 2023, Kap. L Rdnr. 40.

5.66 Zur Bestimmung der Wesentlichkeitsgrenzen haben sich in der Praxis gewisse Bandbreiten entwickelt, innerhalb derer üblicherweise die Berechnungsgrößen abgeleitet werden:[25]

- Bilanzsumme: 0,25 %–4 %
- Umsatzerlöse: 0,5 %–3 %
- Gewinn vor Steuern (EBT): 3 %–10 %.

Ausgehend von dieser Wesentlichkeitsgrenze leitet der Abschlussprüfer in einem nächsten Schritt die sogenannte Toleranzwesentlichkeit und die Nichtaufgriffsgrenze ab.

5.67 Die **Toleranzwesentlichkeit** wird in der Praxis etwa in einer Bandbreite von 70 %–80 % des Wesentlichkeitsbetrags festgelegt. Hierbei liegt der Gedanke zugrunde, dass neben entdeckten Fehlern eine Wahrscheinlichkeit für Fehler besteht, die vom Abschlussprüfer nicht aufgedeckt werden. Diese Fehlerwahrscheinlichkeit wird durch die Absenkung des absoluten Wesentlichkeitsbetrags berücksichtigt.

5.68 Die **Nichtaufgriffsgrenze** bestimmt einen Betrag, unterhalb dessen falsche Angaben als unbeachtlich gelten, d.h., Fehler unterhalb dieser Grenze bleiben ohne praktische Folgen für die Rechnungslegung und die Abschlussprüfung.[26] Die Nichtaufgriffsgrenze wird z.B. als Prozentsatz in einer Bandbreite von 3 %–5 % der Wesentlichkeit für den Abschluss als Ganzes angenommen.[27]

5.69 Allerdings sind die vom Abschlussprüfer im Rahmen der Prüfungsplanung festgelegten Wesentlichkeitsgrenzen nicht starr. Vielmehr kann er im Verlauf einer Jahresabschlussprüfung auf Grundlage verbesserter Erkenntnisse die Wesentlichkeitsgrenzen bzw. die Toleranzwesentlichkeit dynamisch anpassen und somit auf den Prüfungsverlauf angemessen reagieren.

5.6.6 Festlegung und Durchführung von Prüfungshandlungen

5.70 Auf Grundlage der nun erlangten Kenntnisse über das zu prüfende Unternehmen sowie der vorläufigen Risikoeinschätzung über die Wahrscheinlichkeit auftreten-

[25] Vgl. Fragen und Antworten: Zur Festlegung der Wesentlichkeit und der Toleranzwesentlichkeit nach ISA 320 bzw. IDS PS 250 n.F. (F&A zu ISA 320 bzw. IDW PS 250 n.F.), Stand: 11.05.2020, Frage 3.3.3.

[26] Vgl. IDW Prüfungsstandard: Wesentlichkeit im Rahmen der Abschlussprüfung (IDW PS 250 n.F.), Stand: 12.12.2012, Rdnr. 19.

[27] Vgl. Fragen und Antworten: Zur Festlegung der Wesentlichkeit und der Toleranzwesentlichkeit nach ISA 320 bzw. IDS PS 250 n.F. (F&A zu ISA 320 bzw. IDW PS 250 n.F.), Stand: 11.05.2020, Frage 2.5.

der Unregelmäßigkeiten in der Rechnungslegung plant der Abschlussprüfer das **Prüfungsprogramm**, in dem konkrete Prüfungsfelder bestimmt und entsprechende Prüfungshandlungen festgelegt werden. Bei der Auswahl der Prüfungshandlungen geht der Abschlussprüfer systematisch vor und startet ausgehend von den Erkenntnissen über die IKS, die im Rahmen der Risikobeurteilung als sogenannte Aufbauprüfung durchgeführt wurde.

Nach der Aufbauprüfung des Kontrollsystems schließt sich die **Funktionsprüfung** 5.71
an. Dies ist erforderlich, damit sich der Abschlussprüfer ein Bild über die Wirksamkeit der Kontrollsysteme verschaffen kann. Die Kenntnisse über die Funktionsweise interner Kontrollen sind erforderlich zur Ableitung weiterer Prüfungshandlungen. Die Funktionsprüfungen erfolgen stichprobenbasiert. Die Auswahl des Umfangs von Stichproben wiederum ist abhängig von dem zu erwartenden inhärenten Risiko eines Geschäftsvorfalls bzw. eines Verarbeitungsprozesses. Ebenso ist die Häufigkeit von Geschäftsvorfällen bedeutsam für die Bestimmung des Umfangs von Stichproben. Beispielsweise wird bei täglich durchzuführenden Kontrollaufgaben die Stichprobenauswahl deutlich höher ausfallen als bei Geschäftsvorfällen, die nur jährlich im Rahmen der Abschlusserstellung durchgeführt werden.

Ein weiteres Merkmal zur Stichprobenauswahl bestimmt sich durch die Durchfüh- 5.72
rungsart von Kontrollmaßnahmen. Hierbei unterscheidet man manuelle Kontrollen, die von Mitarbeitern durchgeführt werden, und automatisierte Kontrollen, die in der Software bzw. im IT-System integriert sind. Speziell im Zusammenhang mit dem Einsatz von IT-Systemen erweitert sich die Prüfungspflicht des Abschlussprüfers auch auf IT-Systeme, welche i.d.R. durch eine gezielte IT-Systemprüfung nach IDW PS 330[28] flankiert wird.

Nach Durchführung der Funktionstests erhält der Abschlussprüfer wichtige Er- 5.73
kenntnisse über die Angemessenheit und Wirksamkeit der internen Kontrollmaßnahmen. Sofern er im Verlauf der Prüfung jedoch bedeutsame Mängel feststellt, sind diese Feststellungen im Rahmen seiner Berichtspflichten an die verantwortlichen Instanzen zu berichten. Insbesondere bei Unternehmen mit Aufsichtsrat hat der Abschlussprüfer solche Feststellungen mündlich an den Aufsichtsrat zu berichten.[29] Im weiteren Prüfungsverlauf führt der Abschlussprüfer insbesondere bei bedeutsamen Prüfungsfeldern sogenannte aussagebezogene Prüfungshandlungen durch. Diese können einerseits als analytische Prüfungshandlungen sowie mittels Einzelfallprüfungshandlungen durchgeführt werden.

---

[28] IDW Prüfungsstandard: Abschlussprüfung bei Einsatz von Informationstechnologie (IDW PS 330), Stand: 24.09.2002.

[29] Vgl. IDW Prüfungsstandard: Grundsätze für die Kommunikation mit den für die Überwachung Verantwortlichen (IDW PS 470 n.F.), Stand: 29.10.2021.

5.6.6.1 Analytische Prüfungshandlungen

5.74 Unter analytische Prüfungshandlungen versteht man **Plausibilitätsbeurteilungen** von Verhältniszahlen und Trends, durch die Beziehungen von prüfungsrelevanten Daten eines Unternehmens zu anderen Daten aufgezeigt sowie auffällige Abweichungen festgestellt werden.[30] So werden in der Praxis z.B. spezifische Kennzahlenanalysen im Vorjahres- bzw. im Mehrjahresvergleich durchgeführt oder Abweichungsanalysen von betriebsinternen Plan- zu Ist-Zahlen oder Branchenvergleiche erstellt. Anhand der Erkenntnisse aus diesen Analysen können auffällige Entwicklungen abgeleitet werden, die wiederum zu vertiefenden Prüfungshandlungen führen können.

5.6.6.2 Einzelfallprüfungshandlungen

5.75 Bei der Durchführung von Einzelfallprüfungshandlungen kommen eine Vielzahl **unterschiedlicher Prüfungstechniken** in Betracht. Einzelfallprüfungen werden in Form von

- Einsichtnahme und Inaugenscheinnahme,
- Beobachtung,
- Befragung,
- Bestätigung,
- Nachrechnen,
- Nachvollziehen oder
- Vergleichen

durchgeführt.[31]

5.76 Eine **Einsichtnahme** beschreibt das Sichten von Ein- und Ausgangsrechnungen, Belegen, internen und externen Aufzeichnungen oder Vertragsunterlagen, die den zu prüfenden Geschäftsvorfällen oder Sachverhalten zugrunde liegen. Bei einer **Inaugenscheinnahme** lässt sich der Abschlussprüfer konkrete Vermögensgegenstände zeigen, z.B. im Rahmen der Inventurbeobachtung das vorhandene Waren- und Vorratsvermögen bzw. spezielle Vermögensgegenstände des Anlagevermögens.

5.77 Durch **Beobachtungen** kann sich der Abschlussprüfer insbesondere Prozessschritte, z.B. im Rahmen interner Kontrollaktivitäten, demonstrieren lassen. Beispiele für

---

[30] Vgl. IDW Prüfungsstandard: Analytische Prüfungshandlungen (IDW PS 312), Stand: 13.03.2013, Rdnr. 5.

[31] Vgl. IDW Prüfungsstandard: Prüfungsnachweise im Rahmen der Abschlussprüfung (IDW PS 300 n.F.), Stand: 14.06.2016, Rdnr. A11 ff.

Prüfungshandlungen durch Beobachten sind die Anwesenheit bei der körperlichen Inventuraufnahme oder das Beobachten von Mitarbeitern bei der Durchführung bestimmter Arbeitsabläufe.

Befragungen stellen eine wichtige Prüfungshandlung dar, die in allen Phasen einer Abschlussprüfung zum Einsatz kommt. Durch Befragungen der Geschäftsführung, des Managements oder fachlicher Mitarbeiter bzw. externer Dritter erhält der Abschlussprüfer eine Vielzahl von Informationen. Diese Informationen sind jedoch hinsichtlich ihrer Validität durch weitere Prüfungshandlungen abzusichern. 5.78

Einzelfallprüfungshandlungen in Form von **Bestätigungen** finden häufig Anwendung in der Abschlussprüfung. Sie finden sich in Form von schriftlichen Saldenbestätigungsaktionen bei Debitoren und Kreditoren oder durch Bankbestätigungen bzw. Rechtsanwalts- und Steuerberaterbestätigungen oder durch das Einfordern von Sachverständigengutachten wie etwa versicherungsmathematische Gutachten und Bewertungsgutachten. 5.79

Schließlich gewinnt der Abschlussprüfer auch Prüfungsnachweise, indem Berechnungen **nachgerechnet** werden, unternehmensinterne Vorgänge und Prozesse **nachvollzogen** bzw. Unternehmensangaben mit Informationen unabhängiger Dritter **verglichen** werden. 5.80

Der Umfang und das Ausmaß der durchzuführenden Prüfungshandlungen liegt immer im Ermessen des Abschlussprüfers und ist abhängig von der Komplexität der zu prüfenden Einheit. Der Abschlussprüfer muss letztlich in der Lage sein, ein Prüfungsurteil mit hinreichender Sicherheit auf Grundlage angemessener und ausreichender Prüfungsnachweise zu treffen. 5.81

5.6.6.3 Dokumentation

Die im Rahmen einer Abschlussprüfung durchgeführten Prüfungshandlungen hat der Abschlussprüfer in Form von Arbeitspapieren zeitnah zu dokumentieren.[32] Dort dokumentiert er alle prüfungsrelevanten Informationen, ausgehend von der Beurteilung der Auftragsannahme, der Prüfungsplanung über die Art, den zeitlichen Ablauf, den Umfang der durchgeführten Prüfungshandlungen und die im Laufe der Jahresabschlussprüfung erhaltenen Prüfungsnachweise bis hin zur Ableitung des Prüfungsergebnisses in Form des Bestätigungsvermerks schließlich der Erstellung des Prüfungsberichts.[33] 5.82

[32] Vgl. Neufassung IDW Prüfungsstandard: Arbeitspapiere des Abschlussprüfers (IDW PS 460 n.F.), Stand: 09.09.2009.

[33] Vgl. Neufassung IDW Prüfungsstandard: Arbeitspapiere des Abschlussprüfers (IDW PS 460 n.F.), Stand: 09.09.2009, Rdnr. 13.

5.83 Die vom Abschlussprüfer erstellten **Arbeitspapiere** bestehen insbesondere in erhaltenen Originalunterlagen: prüfungsbezogener Schriftverkehr, Bestätigungen von Dritten, Bewertungsgutachten sowie vom Abschlussprüfer angefertigte Kopien von Urkunden, Rechnungen und sonstigen Belegen. Weiter sind durchgeführte Prüfungshandlungen wie Plausibilitätsbeurteilungen und Einzelfallprüfungshandlungen angemessen zu dokumentieren.

5.84 Die Arbeitspapiere können sowohl in elektronischer als auch in Papierform erstellt und archiviert werden. Man unterscheidet i.d.R. Dauerarbeitspapiere, die jahresübergreifend bedeutsame Informationen über das Unternehmen beinhalten (z.B. Gesellschaftsvertrag, Unternehmensverträge, Unternehmensorganisation, Unternehmensstrategie, Informationen über interne Kontrollsysteme usw.), sowie die laufende Prüfungsakte, die jahresspezifische Informationen zu dem Jahresabschluss sowie Dokumente zu einzelnen Prüfungshandlungen enthält.

5.85 Der Abschlussprüfer ist gehalten, die Arbeitspapiere innerhalb einer angemessenen Zeit nach Erteilung des Bestätigungsvermerks abzuschließen. Nach berufsrechtlicher Auffassung sollte der Zeitraum des Abschlusses der Auftragsdokumentation 60 Tage nach dem Datum des Bestätigungsvermerks nicht überschreiten.[34]

5.7 Rechte des Abschlussprüfers und Vorlagepflichten des Unternehmens

5.86 Damit der Abschlussprüfer die berufsrechtlich erarbeiteten Prüfungshandlungen durchführen kann, ist in § 320 Abs. 1 HGB zunächst eine gesetzlich normierte **Vorlagepflicht** geregelt, wonach die gesetzlichen Vertreter des zu prüfenden Unternehmens dem Abschlussprüfer den Jahresabschluss, bestehend aus Bilanz, Gewinn- und Verlustrechnung und Anhang sowie den Lagebericht unverzüglich nach der Aufstellung vorzulegen haben. Weiter ist vorgegeben, dass die gesetzlichen Vertreter dem Abschlussprüfer zu gestatten haben, die Bücher und Schriften des Unternehmens sowie die Vermögensgegenstände und Schulden, namentlich die Kasse, die Wertpapierbestände und die Waren zu prüfen.

5.87 Zur Stärkung der Position des Abschlussprüfers hat er nach § 320 Abs. 2 HGB einen Anspruch gegen die gesetzlichen Vertreter auf Aufklärungen und Nachweise, die für eine sorgfältige Abschlussprüfung notwendig sind. Diese **Auskunftsrechte** stehen dem Abschlussprüfer in sämtlichen Phasen der Jahresabschlussprüfung zu und erstrecken sich auch auf Informationen gegenüber Mutter- oder Tochterunternehmen des zu prüfenden Unternehmens, soweit diese für die sorgfältige Prüfung notwendig sind.

[34] Vgl. Neufassung IDW Prüfungsstandard: Arbeitspapiere des Abschlussprüfers (IDW PS 460 n.F.), Stand: 09.09.2009, Rdnr. 17.

5.8 Ergebnis der Jahresabschlussprüfung

Nach Abschluss der Prüfungsdurchführung erfolgt die Berichterstattung über das Ergebnis der Jahresabschlussprüfung. Die Berichterstattung des Abschlussprüfers erfolgt nach § 321 HGB in Form eines schriftlichen Prüfungsberichts und nach § 322 HGB durch einen schriftlichen Bestätigungsvermerk. Zusätzlich trifft den Abschlussprüfer eine Berichtspflicht gegenüber dem Aufsichtsorgan des geprüften Unternehmens gem. § 171 Abs. 1 Satz 2 AktG. Die jeweilige **Form der Berichterstattung** richtet sich an unterschiedliche Adressaten. Während sich der Bestätigungsvermerk an die interessierte Öffentlichkeit richtet, dient der Prüfungsbericht i.d.R. nur einem begrenzten internen Adressatenkreis wie z.B. den Anteilseignern. 5.88

5.8.1 Prüfungsbericht

Der Prüfungsbericht hat insbesondere die Aufgabe, die Überwachung des Unternehmens zu unterstützen. Insofern richtet sich der Prüfungsbericht mit seinen Aussagen über Gegenstand, Art und Umfang, Feststellungen und Prüfungsergebnisse vornehmlich an die Organe des Unternehmens, denen die Aufsicht obliegt.[35] Der Abschlussprüfer hat nach § 321 Abs. 5 HGB die Pflicht, einen datierten und unterzeichneten Prüfungsbericht den gesetzlichen Vertretern oder dem Aufsichtsorgan vorzulegen. 5.89

Hinsichtlich des **Inhalts eines Prüfungsberichts** enthält § 321 HGB konkrete Vorgaben. Durch die Facharbeit des Institut der Wirtschaftsprüfer im IDW PS 450 n.F.[36] werden diese gesetzlichen Vorgaben in einem Prüfungsstandard weiter konkretisiert und der Aufbau und Inhalt des Prüfungsberichts für die Abschlussprüfer berufsrechtlich quasi vorgegeben. Der in Deutschland seit Jahren etablierte Prüfungsbericht stellt eine nationale Besonderheit dar und ist international nicht üblich.[37] Außerhalb der Bundesrepublik Deutschland wird i.d.R. kein vergleichbarer Prüfungsbericht erstellt. 5.90

Bei der Berichterstattung im Prüfungsbericht haben sich aktuell aufgrund der sogenannten EU-Abschlussprüferverordnung[38] insbesondere bei Unternehmen von öffentlichem Interesse spezielle Anforderungen ergeben, wonach das IDW die 5.91

---

35 Vgl. IDW Prüfungsstandard: Grundsätze ordnungsmäßiger Erstellung von Prüfungsberichten (IDW PS 450 n.F.), Stand: 28.10.2021, Rdnr. 1.

36 Vgl. IDW Prüfungsstandard: Grundsätze ordnungsmäßiger Erstellung von Prüfungsberichten (IDW PS 450 n.F.), Stand: 28.10.2021.

37 IDW, WP-Handbuch, 18. Aufl. 2023, Kap. M Rdnr. 3.

38 Verordnung (EU) Nr. 537/2014 des Europäischen Parlaments und des Rates vom 16.04.2014 über spezifische Anforderungen an die Abschlussprüfung bei Unternehmen von öffentlichem Interesse und zur Aufhebung des Beschlusses 2005/909/EG der Kommission, ABl Nr. L 158/77; Nr. L 170/66.

Grundsätze ordnungsmäßiger Erstellung von Prüfungsberichten (IDW PS 450 n.F.) überarbeitet hat. Beim Aufbau eines Prüfungsberichts nach IDW PS 450 n.F. ist zu beachten, dass der Musteraufbau Berichtsbestandteile berücksichtigt, die nur fakultativ aufzunehmen sind. Sofern im Rahmen der Jahresabschlussprüfung keine Unregelmäßigkeiten in der Rechnungslegung bzw. sonstige Unregelmäßigkeiten festgestellt wurden, entfällt dieser Gliederungspunkt. Eine Negativfeststellung ist im Prüfungsbericht insofern nicht vorgesehen.

Mustergliederung Prüfungsbericht

5.92

Die Mustergliederung eines Prüfungsberichts* stellt sich wie folgt dar:	
1.	Prüfungsauftrag
2.	Grundsätzliche Feststellungen
2.1	Lage des Unternehmens
2.1.1	Stellungnahme zur Lagebeurteilung der gesetzlichen Vertreter
2.1.2	Entwicklungsbeeinträchtigende oder bestandsgefährdende Tatsachen
2.2	Unregelmäßigkeiten
2.2.1	Unregelmäßigkeiten in der Rechnungslegung
2.2.2	Sonstige Unregelmäßigkeiten
3.	Gegenstand, Art und Umfang der Prüfung
4.	Feststellungen und Erläuterungen zur Rechnungslegung
4.1	Ordnungsmäßigkeit der Rechnungslegung
4.1.1	Buchführung und weitere geprüfte Unterlagen
4.1.2	Jahresabschluss
4.1.3	Lagebericht
4.2	Gesamtaussage des Jahresabschlusses
4.2.1	Feststellungen zur Gesamtaussage des Jahresabschlusses
4.2.2	Bewertungsgrundlagen
4.2.3	Änderungen in den Bewertungsgrundlagen
4.2.4	Sachverhaltsgestaltende Maßnahmen
4.2.5	Aufgliederungen und Erläuterungen
4.2.6	Erbrachte Steuerberatungs- und Bewertungsleistungen

5.	Feststellungen zum Risikofrüherkennungssystem
6.	Feststellungen aus Erweiterungen des Prüfungsauftrags
7.	Bestätigungsvermerk
8.	Anlagen zum Prüfungsbericht
8.1	Bilanz
8.2	Gewinn- und Verlustrechnung
8.3	Anhang
8.4	Lagebericht
8.5	Fakultative Anlagen

* Quelle: IDW Prüfungsstandard: Grundsätze ordnungsmäßiger Erstellung von Prüfungsberichten (IDW PS 450), Stand: 15.09.2017.

Der Prüfungsbericht kann eine Vielzahl von Informationen transportieren. Damit er als sinnvolles Instrument für die Unternehmensüberwachung dienen kann, gelten für die Erstellung eines Prüfungsberichts **allgemeine Grundsätze**, die darauf ausgerichtet sind, eine auf das Wesentliche reduzierte Berichterstattung zu erhalten. 5.93

So hat die Berichterstattung durch den Abschlussprüfer gewissenhaft, also vollständig und der Wahrheit entsprechend, unparteiisch und mit der gebotenen Klarheit zu erfolgen. Die klare Berichterstattung zielt auf eine verständliche, eindeutige und problemorientierte Darlegung berichtspflichtiger Sachverhalte ab. Die Berichterstattung hat ferner in verständlicher Form zu erfolgen. Ebenso muss aus den Ausführungen erkennbar sein, welche Angaben auf geprüften und welche auf ungeprüften Grundlagen beruhen bzw. welche Beurteilungen aus nicht selbst durchgeführten Prüfungshandlungen oder aus Sachverständigengutachten abgeleitet werden.[39] Weiter ist ein Prüfungsbericht immer in schriftlicher Form zu erstellen und vom Abschlussprüfer zu unterzeichnen. 5.94

Diese Grundsätze der Berichterstattung trifft nicht nur auf die gesetzlichen Abschlussprüfungen zu. Vielmehr hat auch bei freiwilligen Jahresabschlussprüfungen eine den Grundsätzen des IDW PS 450 n.F. entsprechende Berichterstattung zu erfolgen. 5.95

39 Vgl. IDW Prüfungsstandard: Grundsätze ordnungsmäßiger Erstellung von Prüfungsberichten (IDW PS 450 n.F.), Stand: 28.10.2021, Rdnr. 9–16.

5.8.2 Bestätigungsvermerk

5.96 Nach § 322 Abs. 1 HGB hat der Abschlussprüfer das Ergebnis der Prüfung schriftlich in einem Bestätigungsvermerk zusammenzufassen. Im Gegensatz zu dem Prüfungsbericht, der sich insbesondere an interne Empfänger wie die Gesellschafter oder die Überwachungsorgane richtet, entfaltet der Bestätigungsvermerk eine **Außenwirkung** und stellt eine Informationsquelle für externe Adressaten dar, die i.d.R. keine Einblicke in den Prüfungsbericht nehmen können.

5.97 Im Bestätigungsvermerk bringt der Abschlussprüfer zum Ausdruck,

- zu welchem Prüfungsurteil er gelangt ist,
- dass die gesetzlichen Vertreter des geprüften Unternehmens für die Rechnungslegung verantwortlich sind,
- dass die Abschlussprüfung entsprechend der gesetzlichen Regelungen und der Grundsätze ordnungsmäßiger Abschlussprüfung durchgeführt wurde und
- zu welchem Gesamtergebnis die durchgeführte Abschlussprüfung gekommen ist.[40]

5.98 Der Abschlussprüfer kann im Ergebnis nach § 322 Abs. 2 HGB folgende Bestätigungsvermerke erteilen:

- Uneingeschränkten Bestätigungsvermerk
- Eingeschränkten Bestätigungsvermerk
- Versagungsvermerk aufgrund von Einwendungen
- Versagungsvermerk aufgrund von Prüfungshemmnissen

5.99 Ergänzend zu den gesetzlichen Regelungen des HGB hat das Institut der Wirtschaftsprüfer umfangreiche Verlautbarungen zum Bestätigungsvermerk in Form von Prüfungsstandards veröffentlicht: Diese Prüfungsstandards bilden den Rahmen, innerhalb dessen ein Abschlussprüfer den Bestätigungsvermerk formuliert. Im Zuge der Umsetzung der EU-Abschlussprüferrichtlinie durch das AReG[41] wurden die berufsrechtlichen Vorgaben an den Bestätigungsvermerk überarbeitet und erweitert. Für die Bildung des Bestätigungsvermerks hat das IDW den Prüfungs-

---

[40] IDW, WP-Handbuch, 18. Aufl. 2023, Kap. M Rdnr. 86.

[41] Gesetz zur Umsetzung der prüfungsbezogenen Regelungen der Richtlinie 2014/56/EU sowie zur Ausführung der entsprechenden Vorgaben der Verordnung (EU) Nr. 537/2014 im Hinblick auf die Abschlussprüfung bei Unternehmen von öffentlichem Interesse (Abschlussprüferreformgesetz – AReG) v. 10.05.2016, BGBl I, 1142.

standard IDW PS 400 n.F.[42] überarbeitet, der das Rahmenkonzept und die Grundlagen für den Inhalt eines Bestätigungsvermerks bildet. Ergänzend wurde der IDW PS 401[43] veröffentlicht, der die Pflicht des Abschlussprüfers zur Mitteilung besonders wichtiger Prüfungssachverhalte zum Gegenstand hat.

Sofern der Abschlussprüfer zu dem Ergebnis kommt, keinen uneingeschränkten Bestätigungsvermerk zu erteilen, spricht man von einer Modifizierung des Bestätigungsvermerks. Hierzu hat das IDW im neuen IDW PS 405[44] entsprechende Vorgaben veröffentlicht. Eine Modifizierung liegt vor bei einer Einschränkung des Bestätigungsvermerks bzw. bei einem Versagungsvermerk aufgrund von Einwendungen oder bei einem Versagungsvermerk aufgrund eines Prüfungshemmnisses. 5.100

Der neu verabschiedete IDW PS 406[45] regelt die Möglichkeit des Abschlussprüfers aus § 322 Abs. 3 Satz 2 HGB, bei einem uneingeschränkten, also nicht modifizierten Bestätigungsvermerk einen zusätzlichen Hinweis auf Umstände aufzunehmen, auf die der Abschlussprüfer in besonderer Weise aufmerksam machen möchte. Weitere konkrete Vorgaben für die Formulierung des Bestätigungsvermerks finden sich insbesondere in dem PS 270 n.F.,[46] der die Auswirkungen einer unangemessenen Annahme des Bewertungsgrundsatzes der Going-Concern-Prämisse bzw. der Fortführung der Unternehmenstätigkeit zum Gegenstand hat. 5.101

Mustergliederung Bestätigungsvermerk

5.102

Nach den Vorgaben des IDW PS 400 ist der Bestätigungsvermerk* inhaltlich wie folgt aufgebaut:	
1.	Empfänger des Bestätigungsvermerks
2.	Vermerk über die Prüfung des Abschlusses und ggf. des Lageberichts
2.1	Prüfungsurteile
2.2	Grundlage für die Prüfungsurteile

[42] IDW Prüfungsstandard: Bildung eines Prüfungsurteils und Erteilung eines Bestätigungsvermerks (IDW PS 400 n.F.), Stand: 29.10.2021.

[43] IDW Prüfungsstandard: Mitteilung besonders wichtiger Prüfungssachverhalte im Bestätigungsvermerk (IDW PS 401), Stand: 29.10.2021.

[44] IDW Prüfungsstandard: Modifizierungen des Prüfungsurteils im Bestätigungsvermerk (IDW PS 405), Stand: 29.10.2021.

[45] IDW Prüfungsstandard: Hinweise im Bestätigungsvermerk (IDW PS 406), Stand: 29.10.2021.

[46] IDW Prüfungsstandard: Die Beurteilung der Fortführung der Unternehmenstätigkeit im Rahmen der Abschlussprüfung (IDW PS 270 n.F.), Stand: 29.10.2021.

2.3	Wesentliche Unsicherheit im Zusammenhang mit der Fortführung der Unternehmenstätigkeit
2.4	Besonders wichtige Prüfungssachverhalte in der Prüfung des Abschlusses
2.5	Sonstige Informationen
2.6	Verantwortung für den Abschluss und ggf. für den Lagebericht
2.7	Verantwortung des Abschlussprüfers für die Prüfung des Abschlusses und ggf. des Lageberichts
2.8	Ort der Beschreibung der Verantwortung des Abschlussprüfers für die Prüfung des Abschlusses und ggf. des Lageberichts
3.	Sonstige gesetzliche und andere rechtliche Anforderungen
4.	Name des verantwortlichen Abschlussprüfers
5.	Ort der Niederlassung des Abschlussprüfers
6.	Datum, Unterschrift und Erteilung des Bestätigungsvermerks

* Quelle: IDW Prüfungsstandard: Bildung eines Prüfungsurteils und Erteilung eines Bestätigungsvermerks (IDW PS 400), Stand: 30.11.2017.

5.103 Durch die Neufassung der HGB-Vorschriften zum Bestätigungsvermerk mit dem AReG wurden die Anforderungen an die Formulierung durch den Abschlussprüfer spürbar erhöht. Hierdurch wurde eine weitere Individualisierung des Bestätigungsvermerks an die Gegebenheiten des geprüften Unternehmens ermöglicht. Inwieweit dies von der Prüfungspraxis genutzt wird, bleibt abzuwarten.

5.104 Zusammenfassend trifft der Abschlussprüfer bei einem uneingeschränkten Bestätigungsvermerk als Ergebnis seiner durchgeführten Jahresabschlussprüfung folgende Aussage:

Die laufende unterjährige Buchhaltung ist ordnungsgemäß, also jederzeit nachvollziehbar, unveränderbar, richtig, zeitgerecht, geordnet und vollständig, die Bilanz, die Gewinn- und Verlustrechnung und der Anhang entsprechen allen gesetzlichen Vorschriften und ggf. den ergänzenden Bestimmungen des Gesellschaftsvertrags. Der Lagebericht steht im Einklang mit dem Jahresabschluss und stellt zutreffend die Vermögens-, Finanz- und Ertragslage sowie die künftigen Chancen und Risiken des Unternehmens vollständig dar und entspricht den gesetzlichen Regelungen für die Aufstellung des Lageberichts.

6. Offenlegung

6.1 Begriff der Offenlegung

Kapitalgesellschaften sowie Personengesellschaften ohne natürliche Person als persönlich haftender Gesellschafter müssen ihre Rechnungslegungsunterlagen fristgerecht und vollständig offenlegen (sog. Publizitätspflicht). Die Offenlegung und Prüfung durch den Betreiber des Bundesanzeigers ist in den §§ 325–329 HGB und 6.1

im PublG[1] geregelt. Unter Offenlegung versteht das HGB die **elektronische Einreichung** und die **Bekanntmachung der relevanten Jahresabschlussunterlagen** im Bundesanzeiger.[2] Der Umfang der einzureichenden Unterlagen richtet sich hierbei maßgebend nach der Größe des betroffenen Unternehmens und dessen Geschäftsgegenstand.

6.2 Herausgeber des Bundesanzeigers ist das Bundesministerium der Justiz und für Verbraucherschutz. Der Bundesanzeiger leitet die an ihn übermittelten Unterlagen und deren Bekanntmachung an das Unternehmensregister weiter, über das diese sowie weitere veröffentlichungspflichtige Daten eingesehen werden können. Welche Daten das Unternehmensregister zur Einsicht genau bereitstellt, ist in § 8b Abs. 2 und 3 HGB abschließend enthalten. Die Konsequenz hieraus ist, dass alle veröffentlichten Unterlagen von jedermann zu jeder Zeit über das Internet eingesehen werden können.

6.3 Vorrangiger Zweck der Offenlegung ist es, die **Informationsbedürfnisse des interessierten Personenkreises**, wie Anteilseigner, Arbeitnehmerinnen und Arbeitnehmer, Gläubiger und künftige Vertragspartner, zu bedienen. Sie können sich durch die offengelegten Unterlagen über die wirtschaftlichen Verhältnisse des Unternehmens informieren. Somit dient die Publizität insbesondere dem Schutz Dritter, da die Kapitalgesellschaft grundsätzlich nur mit dem Gesellschaftsvermögen haftet. Sie stellt für das Unternehmen selbst sozusagen die Kehrseite der gewählten Haftungsbeschränkung dar. Die Offenlegung des Jahresabschlusses und der dazugehörigen Unterlagen kann auch positiv im Wettbewerb und öffentlichen Interesse genutzt werden, weshalb sich diverse Chancen und Risiken aus der Offenlegung ergeben.

6.2 Grundlagen der Offenlegung

6.2.1 Entwicklung der Rechtslage

6.4 Bereits seit mehr als 30 Jahren ist durch **gesellschaftsrechtliche Richtlinien der EU** vorgesehen, die Rechnungslegungsunterlagen von Kapitalgesellschaften fristgerecht und vollständig offenzulegen. Vor der Einführung des Gesetzes über elektronische Handelsregister und Genossenschaftsregister sowie das Unternehmensregister (EHUG) zum 01.01.2007 waren die Jahresabschlüsse in Papierform beim Handelsregister einzureichen. Im Anschluss erfolgte die Veröffentlichung im Bundesanzeiger. Diese Offenlegungsverpflichtung wurde häufig missachtet und nicht

[1] Gesetz über die Rechnungslegung von bestimmten Unternehmen und Konzernen (Publizitätsgesetz – PublG) v. 15.08.1969, BGBl I, 1189, zuletzt geändert durch Art. 15 des Gesetzes v. 12.12.2019, BGBl I, 2637.

[2] Vgl. GROTTEL, in: Beck'scher Bilanz-Kommentar, 14. Aufl. 2024, § 325 HGB Rdnr. 10 ff.

konform der EU-Vorgaben sanktioniert. Hierdurch kam es zu Verfahren vor dem EuGH, in denen Deutschland vorgeworfen wurde, die EU-Vorgaben nicht ausreichend durchzusetzen.

Seit der Einführung des **EHUG** sind für alle Geschäftsjahre, die nach dem 31.12.2005 beginnen, die offenlegungspflichtigen Unterlagen elektronisch beim Bundesanzeiger einzureichen und dort bekanntzumachen. Ziel des EHUG war u.a., die Offenlegungsquote in Deutschland zu erhöhen und die Nichtbefolgung der Offenlegungspflichten gemäß den EU-Richtlinien zu sanktionieren. Beides gelang. Für die Durchsetzung der Offenlegungspflichten ist das Bundesamt für Justiz zuständig, das durch ein entsprechendes Sanktionssystem die Offenlegungsquote der Unternehmen von 10 % auf ca. 90 % seit Einführung des EHUG steigern konnte.[3] Die offenzulegenden Unterlagen sind nach § 325 Abs. 1 Satz 2 HGB elektronisch beim Betreiber des Bundesanzeigers in deutscher Sprache einzureichen und unverzüglich bekanntmachen zu lassen. 6.5

Hinweis

Die Offenlegung hat über die Publikationsplattform beim elektronischen Bundesanzeiger zu erfolgen. Diese ist über die Internetseite www.bundesanzeiger.de erreichbar. Vor der erstmaligen Inanspruchnahme ist eine Registrierung durchzuführen. 6.6

Die rechtlichen Grundlagen zur Offenlegung sind in den §§ 325–329 HGB und im PublG verankert. Nach § 325 HGB sind die Mitglieder des vertretungsberechtigten Organs von Kapital- und Personengesellschaften ohne natürliche Person als persönlich haftenden Gesellschafter zur Offenlegung der offenlegungspflichtigen Unterlagen für die Gesellschaft verpflichtet. So obliegt die Pflicht zur vollständigen und fristgemäßen Offenlegung bei der GmbH den Geschäftsführern, bei einer AG den Vorstandsmitgliedern, bei einer KGaA den persönlich haftenden Gesellschaftern und bei einer Personengesellschaft ohne natürliche Person als persönlich haftender Gesellschafter den Mitgliedern des vertretungsberechtigten Organs der vertretungsberechtigten Kapitalgesellschaft, also z.B. bei einer GmbH & Co. KG den Geschäftsführern der Komplementär GmbH. 6.7

6.2.2 Zeitpunkt der Offenlegung

Nach § 325 Abs. 1a Satz 1 HGB sind der festgestellte oder gebilligte Jahresabschluss, der Lagebericht und der Bestätigungs- oder Versagungsvermerk des Abschlussprüfers spätestens **ein Jahr nach dem Abschlussstichtag** des Geschäftsjahres, auf das sie sich beziehen, elektronisch beim Bundesanzeiger einzureichen 6.8

3 Vgl. Antwort der Bundesregierung auf eine kleine parlamentarische Anfrage zur Publizitätspflicht für Unternehmen, BT-Drucks. 19/2094, S. 2.

und bekanntmachen zu lassen. Für kapitalmarktorientierte Kapitalgesellschaften, also börsennotierte Gesellschaften und Gesellschaften, die Wertpapieremittenten sind und die keine Gesellschaften i.S.d. § 327a HGB darstellen, beträgt die Frist für die Publikation lediglich vier Monate.

6.9 Eine fristwahrende Offenlegung vor der Feststellung oder Billigung des Jahresabschlusses kann seit Einführung des BilRUG[4] nicht mehr erfolgen, da nun nach dem Gesetzeswortlaut der festgestellte oder gebilligte Jahresabschluss offenzulegen ist. Dafür wurde die frühere Verpflichtung zur unverzüglichen Offenlegung des Jahresabschlusses nach der Vorlage bei den Gesellschaftern aufgehoben. Prüfungspflichtige Unternehmen haben seit dem BilRUG den Jahresabschluss sowie den Lagebericht zusammen mit dem Bestätigungs- oder Versagungsvermerk des Abschlussprüfers oder der Abschlussprüfungsgesellschaft in ihrer Gesamtheit innerhalb der zwölfmonatigen Frist offenzulegen.[5] Innerhalb der Jahresfrist können die Unterlagen grundsätzlich getrennt beim Bundesanzeiger eingereicht werden.

6.10 Nach § 328 Abs. 1a Satz 3 HGB ist bei der Publikation ggf. darauf hinzuweisen, dass die Offenlegung nicht gleichzeitig mit allen anderen gesetzlich geforderten Unterlagen erfolgt. Somit bleibt die Möglichkeit erhalten, die nicht rechnungslegungsbezogenen sonstigen offenzulegenden Unterlagen, wie z.B. den Bericht des Aufsichtsrats und die Entsprechenserklärung nach § 161 AktG, nach Ablauf der Jahresfrist nachzureichen, um die Unterlagen zu vervollständigen.

6.11 Nach § 325 Abs. 1b Satz 2 HGB ist ebenfalls der Beschluss über die Ergebnisverwendung unverzüglich nach seinem Vorliegen offenzulegen. Mittelgroße oder große Kapitalgesellschaften können den Beschluss über die Ergebnisverwendung nach § 285 Nr. 34 i.V.m. § 288 Abs. 1 Nr. 1 HGB im Anhang mit aufnehmen. Da jedoch im Zeitpunkt der Jahresabschlusserstellung regelmäßig lediglich der Vorschlag für die Ergebnisverwendung vorliegt, kann der Ergebnisverwendungsbeschluss auch weiterhin erst im Anschluss gesondert offengelegt werden.

---

4 Gesetz zur Umsetzung der Richtlinie 2013/34/EU des Europäischen Parlaments und des Rates vom 26.06.2013 über den Jahresabschluss, den konsolidierten Abschluss und damit verbundene Berichte von Unternehmen bestimmter Rechtsformen und zur Änderung der Richtlinie 2006/43/EG des Europäischen Parlaments und des Rates und zur Aufhebung der Richtlinien 78/660/EWG und 83/349/EWG des Rates (Bilanzrichtlinie-Umsetzungsgesetz – BilRUG) v. 17.07.2015, BGBl I, 1245.

5 Vgl. GROTTEL, in: Beck'scher Bilanz-Kommentar, 14. Aufl. 2024, § 325 HGB Rdnr. 30 ff.

Hinweis
§ 325 Abs. 4 Satz 2 HGB stellt klar, dass nicht zu beeinflussende technische Verzögerungen bei der Publikation nicht zu Lasten der Kapitalgesellschaft gehen dürfen und daher für die Fristwahrung der Zeitpunkt der Einreichung der Unterlagen beim Bundesanzeiger und nicht das Datum der Veröffentlichung im Bundesanzeiger maßgebend ist. 6.12

6.3 Offenzulegende Unterlagen

6.3.1 Überblick

Gemäß § 325 Abs. 1 und Abs. 1b HGB sind die folgenden Unterlagen **in deutscher Sprache und elektronischer Form** offenzulegen: 6.13

- der Jahresabschluss, bestehend aus Bilanz, Gewinn- und Verlustrechnung und Anhang; bei kapitalmarktorientierten Kapitalgesellschaften gehören hierzu nach § 264 Abs. 1 Satz 2 HGB auch die Kapitalflussrechnung, der Eigenkapitalspiegel und ggf. die Segmentberichterstattung,
- der Lagebericht,
- der Bestätigungs- oder Versagungsvermerk bei prüfungspflichtigen Gesellschaften,
- der Bericht des Aufsichtsrats ggf. einschließlich des Ergebnisses der Prüfung des Konzernabschlusses und Konzernlageberichts,
- die Entsprechenserklärung nach § 161 AktG zum deutschen Corporate Governance Kodex bei börsennotierten Kapitalgesellschaften,
- Änderungen des Bestätigungs- bzw. Versagungsvermerks aufgrund von Nachprüfungen und
- der Beschluss über die Ergebnisverwendung, sofern der Jahresabschluss nur den Vorschlag für die Ergebnisverwendung enthält.

Die genannten Unterlagen sind nur von großen Kapitalgesellschaften vollständig offenzulegen. Für kleinst-, kleine und mittelgroße Kapitalgesellschaften bestehen, neben den Erleichterungen bei der Aufstellung des Jahresabschlusses, weitere größenabhängige Entlastungen bei der Offenlegung. 6.14

Praxistipp

6.15 Sonderbilanzen, wie z.B. die Eröffnungs- oder Gründungsbilanz, die Umwandlungsbilanz nach dem Aktien- oder Umwandlungsgesetz, Verschmelzungsbilanz, Liquidationsschlussbilanz etc. gehören nicht zum offenzulegenden Jahresabschluss. Hingegen sind der Jahresabschluss, der die Schlussbilanz der übertragenden Gesellschaft bei Umwandlungsvorgängen darstellt, die Abwicklungseröffnungsbilanz, die Jahresbilanzen während des Liquidationszeitraums und die Abschlüsse für Rumpfgeschäftsjahre offenzulegen.[6]

6.16 **Weitere** beim Handelsregister einzureichende **Unterlagen** können sich aus dem AktG und dem GmbHG ergeben. So ist bei einer AG eine öffentlich beglaubigte Abschrift der Niederschrift über die Beschlussfassungen in der Hauptversammlung einschließlich der Anlagen einzureichen (§ 130 Abs. 5 AktG). Bei einer GmbH ist nach § 40 Abs. 1 GmbHG eine vom Geschäftsführer unterzeichnete Gesellschafterliste nach jeder Veränderung in den Beteiligungsverhältnissen einzureichen. Die Gesellschafterliste umfasst Name, Vorname, Geburtsdatum und Wohnort des jeweiligen Gesellschafters sowie die Nennbeträge und laufende Nummern der Geschäftsanteile.

6.3.2 Größenabhängige Erleichterungen für offenlegungspflichtige Unternehmen

6.3.2.1 Einteilung der Größenklassen

6.17 Nach §§ 326 und 327 HGB bestehen, neben den Befreiungen bei der Aufstellung des Jahresabschlusses, auch bei der Offenlegung des Jahresabschlusses für Kleinstkapitalgesellschaften sowie für kleine und mittelgroße Kapitalgesellschaften größenabhängige Erleichterungen. Eine gesetzliche Pflicht, die möglichen Entlastungen bei der Offenlegung auch in Anspruch zu nehmen, besteht nicht. Jedoch können sich faktische Verpflichtungen zur Inanspruchnahme der Erleichterungen für die gesetzlichen Vertreter einer Kapitalgesellschaft aufgrund der Interessenlage der Gesellschafter ergeben.[7] Die Einteilung der Größenklassen für die Offenlegung richtet sich dabei nach den in den §§ 267 und 267a HGB angegebenen Größenkriterien (dazu ausführlich Rdnr. 5.3 f.). Während für Kleinst-, kleine und mittelgroße Kapitalgesellschaften das HGB bereits bei der Erstellung größenabhängige Erleichterungen enthält und diese zum Zwecke der Offenlegung des Jahresabschlusses weiter ergänzt, bestehen für große Kapitalgesellschaften keinerlei Erleichterungen bei der Publikation.

---

6 Vgl. Grottel, in: Beck'scher Bilanz-Kommentar, 14. Aufl. 2024, § 325 HGB Rdnr. 385.

7 Vgl. Grottel, in: Beck'scher Bilanz-Kommentar, 14. Aufl. 2024, § 326 HGB Rdnr. 1; Kreipl, in: Grottel, in: Beck'scher Bilanz-Kommentar, 14. Aufl. 2024, § 328 Rdnr. 26.

Praxistipp

Im Gegensatz zu den Personenhandelsgesellschaften nach § 264a HGB existieren für Kapitalgesellschaften keine Vermeidungsstrategien zur Offenlegung, abgesehen von der Befreiung von Tochterunternehmen unter bestimmten Voraussetzungen nach § 260 Abs. 3 HGB. Die Mindestpflicht für Kleinstkapitalgesellschaften besteht immer in der Hinterlegung der Bilanz einschließlich der ggf. erforderlichen Vermerke unter der Bilanz. Für Kapitalgesellschaften kann somit lediglich der Umfang der offenzulegenden Unterlagen über die Beeinflussung der Größenklasse nach § 267 HGB minimiert werden. Um die Schwellenwerte der Bilanzsumme, Umsatzerlöse und Arbeitnehmer zur nächsten Größenklasse einzuhalten, stehen bei der Erstellung des Jahresabschlusses bilanzpolitische Instrumente in Form von Sachverhaltsgestaltungen und Sachverhaltsabbildungen zur Verfügung. 6.18

6.3.2.2 Erleichterungen für Kleinstkapitalgesellschaften

Kleinstkapitalgesellschaften können bereits bei der Aufstellung des Jahresabschlusses die Erleichterungen nach § 264 Abs. 1 Satz 5, § 266 Abs. 1 Satz 4, § 275 Abs. 5 HGB nutzen. Hierdurch kann die Kleinstkapitalgesellschaft auf die Aufstellung eines Anhangs verzichten, wenn sie bestimmte Angaben unter der Bilanz angibt. Sie kann eine **verkürzte Bilanz** aufstellen, in der nur die in § 266 Abs. 2 und 3 HGB mit Buchstaben bezeichneten Posten aufgenommen werden, und sie kann die Gewinn- und Verlustrechnung in verkürzter Form gem. § 275 Abs. 5 HGB darstellen, wenn die gesetzlichen Voraussetzungen bei der Aufstellung des Jahresabschlusses beachtet werden. 6.19

Darüber hinaus haben Kleinstkapitalgesellschaft nach § 256 Abs. 2 Satz 1 HGB das **Wahlrecht**, ihre Publikationspflichten gem. § 325 Abs. 1 und Abs. 2 HGB durch eine elektronische Offenlegung ihres Jahresabschlusses oder durch die elektronische Einreichung der Bilanz und Erteilung eines dauerhaften Hinterlegungsauftrags beim Betreiber des Bundesanzeigers zu erfüllen. Um von dem Wahlrecht der Hinterlegung Gebrauch machen zu können, muss die Kleinstkapitalgesellschaft nach § 326 Abs. 2 Satz 3 HGB dem Betreiber des Bundesanzeigers mitteilen, dass sie zwei der drei in § 267a Abs. 1 HGB genannten Merkmale für die maßgeblichen Abschlussstichtage nicht überschreitet. Diese Erklärung erfolgt bei der elektronischen Hinterlegung beim Betreiber des Bundesanzeigers durch eine Kontrollkästchenabfrage. 6.20

Im Gegensatz zu den offengelegten Bilanzen können die hinterlegten Bilanzen nicht unmittelbar über die Internetseite des Bundesanzeigers eingesehen werden. Nach § 9 Abs. 6 Satz 3 HGB kann die Einsichtnahme in hinterlegte Bilanzen durch Dritte nur auf einen entsprechenden Antrag durch Übermittlung einer kostenpflichtigen Kopie erfolgen. Die Kosten für die Übermittlung der Kopie der hinterlegten Bilanz belaufen sich auf 4,50 €, wobei aufgrund der potentiell in 6.21

Anspruch genommenen Erleichterungen die Aussagekraft der Bilanz stark eingeschränkt sein kann.

6.22 Die Kombination der Erleichterungen bei der Jahresabschlussaufstellung mit den Entlastungen bei der Offenlegung des Jahresabschlusses führt dazu, dass Kleinstkapitalgesellschaften lediglich ihre verkürzte Bilanz veröffentlichen bzw. die verkürzte Bilanz beim Betreiber des Bundesanzeigers elektronisch hinterlegen müssen. Ein eventuell freiwillig aufgestellter Anhang der Kleinstkapitalgesellschaft muss hierbei nicht offengelegt bzw. hinterlegt werden.[8] Allerdings sind mit der Bilanz auch die unter der Bilanz erforderlichen Vermerke mit im Bundesanzeiger zu veröffentlichen.

6.23 Macht die Kleinstkapitalgesellschaft von einer der vorgesehenen Erleichterungen Gebrauch, schließt dies eine **Zeitwertbewertung** aus. Sie kann dann die nach § 246 Abs. 2 Satz 2 HGB zu verrechnenden Vermögensgegenstände nicht mit dem beizulegenden Zeitwert bewerten (§ 253 Abs. 1 Satz 5 und 6 HGB). Die Bewertung dieser Vermögensgegenstände hat dann zu Buchwerten zu erfolgen.

6.24 Die Hinterlegung der Bilanz ist wie die Offenlegung gem. § 325 Abs. 1 HGB innerhalb der gesetzlichen Frist von zwölf Monaten vorzunehmen.

Hinweis

6.25 Da bereits der Anhang kein Bestandteil der hinterlegungspflichtigen Unterlagen ist, entfällt die Verpflichtung zur Veröffentlichung des Beschlusses über die Ergebnisverwendung bei Kleinstkapitalgesellschaften.

6.3.2.3 Erleichterungen für kleine Kapitalgesellschaften

6.26 Nach § 326 Abs. 1 Satz 1 und 2 HGB unterliegen kleine Kapitalgesellschaften einer **eingeschränkten Publizität**. Es sind lediglich die Bilanz und der Anhang ohne die Angaben, die die Gewinn- und Verlustrechnung betreffen, offenzulegen. Die weiteren in § 325 HGB genannten Unterlagen sowie die Gewinn- und Verlustrechnung müssen von kleinen Kapitalgesellschaften nicht eingereicht werden.

6.27 Kleine Kapitalgesellschaften können unabhängig von den Offenlegungserleichterungen bereits bei der Aufstellung ihres Jahresabschlusses verschiedene Wahlrechte nutzen. Hierzu gehört, dass sie nur eine verkürzte Bilanz nach § 266 Abs. 1 Satz 3 HGB aufstellen müssen, die die mit Buchstaben und römischen Zahlen bezeichneten Posten umfasst. Nach § 276 HGB genügt bei kleinen Kapitalgesellschaften

[8] GROTTEL, in: Beck'scher Bilanz-Kommentar, 14. Aufl. 2024, § 326 HGB Rdnr. 46, 70.

die Aufstellung der Gewinn- und Verlustrechnung unter Zusammenfassung des Rohergebnisses. § 288 HGB regelt, dass kleine Kapitalgesellschaften auf diverse Angaben im Anhang verzichten können. Daneben normiert § 274a HGB weitere größenabhängige Erleichterungen und befreit kleine Kapitalgesellschaften von Erläuterungen im Anhang zu rechtlich noch nicht entstandenen Forderungen und Verbindlichkeiten, von dem gesonderten Ausweis des abzugrenzenden Unterschiedsbetrags nach § 250 Abs. 3 HGB sowie von der Abgrenzung latenter Steuern.

Wird bei der Aufstellung des Jahresabschlusses auf die möglichen Erleichterungen 6.28 freiwillig verzichtet, so ist fraglich, ob die Offenlegung so zu erfolgen hat, wie bilanziert wurde, oder so, wie hätte bilanziert werden dürfen. Eine Regelung im HGB findet sich hierzu nicht. Die EU-Richtlinie geht nicht von einer Verbindung zwischen der Aufstellung, Feststellung und Offenlegung des Jahresabschlusses aus, die einzeln nicht wirksam werden könnte. Die Inanspruchnahme der genannten **Aufstellungserleichterungen** kann **nach Belieben**, unabhängig von ihrer Anwendung bei der Aufstellung, für den elektronisch einzureichenden Jahresabschluss erfolgen.[9] Es kann also rein für die Offenlegung so bilanziert werden, wie hätte bilanziert werden dürfen. Eine erneute Feststellung des Jahresabschlusses ist hierbei nicht erforderlich.

Ebenso kann für die Aufstellung und Offenlegung des Jahresabschlusses zwischen 6.29 dem großen Bilanzschema nach § 266 Abs. 1 Satz 2 HGB und dem kleinen Bilanzschema gem. § 266 Abs. 1 Satz 3 HGB frei gewählt werden. So kann beispielsweise die Aufstellung nach dem großen Bilanzschema, die Offenlegung jedoch nach dem kleinen Bilanzschema erfolgen.

Hinweis

Zu den Aufstellungserleichterungen bei kleinen Kapitalgesellschaften gehört auch 6.30 der Beschluss über die Verwendung des Ergebnisses (§ 288 Abs. 1 Nr. 1 HGB). Eine Offenlegung des Gewinnverwendungsbeschlusses entfällt somit ebenfalls.

Um die Mindestangaben der offenzulegenden Bilanzen bei kleinen Kapitalgesell- 6.31 schaften einzuhalten, müssen bestimmte **Sonderausweise** aufgrund von Einzelvorschriften des HGB, AktG und GmbHG beachtet werden. Hierzu gehören:

- Angabe des Gewinn- bzw. Verlustvortrags, wenn der Bilanzgewinn bzw. -verlust ausgewiesen wird (§ 268 Abs. 1 HGB),
- Angabe eines nicht durch Eigenkapital gedeckten Fehlbetrags (§ 268 Abs. 3 HGB),

[9] Vgl. GROTTEL, in: Beck'scher Bilanz-Kommentar, 14. Aufl. 2024, § 326 HGB Rdnr. 15.

- Vermerk zum Betrag der Forderungen mit einer Restlaufzeit von mehr als einem Jahr (§ 268 Abs. 4 Satz 1 HGB),
- Vermerk zum Betrag der Verbindlichkeiten mit einer Restlaufzeit von bis zu einem Jahr bzw. von über fünf Jahren (§ 268 Abs. 5 Satz 1 HGB),
- Angabe von Haftungsverhältnissen (§ 268 Abs. 7 HGB).

6.32 Darüber hinaus haben kleine GmbHs die folgenden Angaben zu machen:

- bei Einziehung von Nachschüssen der Gesellschafter die eingeforderten Nachschüsse und die dazugehörige Rücklage (§ 42 Abs. 2 Satz 2 und 3 HGB),
- Ausweis in der Bilanz oder Angabe im Anhang zu Ausleihungen, Forderungen und Verbindlichkeiten gegenüber Gesellschaftern (§ 42 Abs. 3 GmbHG).

6.33 Kleine AGs und KGs auf Aktien müssen die folgenden Angaben ergänzen:

- Offene Absetzung des Nennbetrags oder rechnerischen Werts der erworbenen eigenen Anteile vom gezeichneten Kapital (§ 272 Abs. 1a Satz 1 HGB),
- Angabe des auf jede Aktiengattung entfallenden Betrags des Grundkapitals, des Nennbetrags von bedingtem Kapital, der Gesamtstimmenanzahl von Mehrstimmrechtsaktien und der übrigen Aktien in Bilanz oder Anhang (§ 152 Abs. 1 AktG),
- Angabe in Bilanz oder Anhang zu den Einstellungen in und Entnahmen aus der Kapitalrücklage (§ 152 Abs. 2 AktG),
- Angabe zu den Bewegungen der einzelnen Posten der Gewinnrücklagen in Bilanz oder Anhang (§ 152 Abs. 3 AktG).

6.34 Der offenzulegende **Anhang** muss, im Gegensatz zu dem im aufgestellten und festgestellten Jahresabschluss enthaltenen Anhang, die folgenden **Pflichtangaben** nicht enthalten:

- Abweichungen zum Vorjahr in der Darstellung, insbesondere bei der Gliederung sowie der Gewinn- und Verlustrechnung (§ 265 Abs. 1 Satz 2 HGB),
- Angaben zu nicht vergleichbaren oder angepassten Vorjahreszahlen der Gewinn- und Verlustrechnung (§ 265 Abs. 2 HGB),
- Angaben und Begründungen zur Gliederung der Gewinn- und Verlustrechnung (§ 265 Abs. 4 HGB),
- gesonderter Ausweis der Zusammenfassung von Posten der Gewinn- und Verlustrechnung (§ 265 Abs. 7 HGB),

- Angaben zu den auf die Gewinn- und Verlustrechnung angewandten Bilanzierungs- und Bewertungsmethoden nach § 284 Abs. 2 Nr. 1 HGB,
- bei Anwendung des Umsatzkostenverfahrens die Angabe des Personalaufwands (§ 285 Nr. 8b HGB) und
- die Angabe der auf die Posten des Anlagevermögens entfallenden außerplanmäßigen Abschreibungen nach § 277 Abs. 3 Satz 1 HGB.

Hinweis

Für kleine Kapitalgesellschaften, die sich aufgrund ihrer Satzung oder aufgrund von Regelungen aus dem Gesellschaftsvertrag freiwilligen Abschlussprüfungen unterziehen müssen, besteht keine Verpflichtung zur Wiedergabe des Bestätigungs- oder Versagungsvermerks im Rahmen der Offenlegung.[10] 6.35

6.3.2.4 Erleichterungen für mittelgroße Kapitalgesellschaften

Im Gegensatz zu den kleinen Kapitalgesellschaften müssen mittelgroße Kapital- 6.36
gesellschaften grundsätzlich sämtliche in § 325 HGB geforderten Unterlagen beim Betreiber des Bundesanzeigers elektronisch einreichen. Das bedeutet: Offenzulegen ist der vollständige Jahresabschluss, bestehend aus Bilanz, Gewinn- und Verlustrechnung sowie Anhang, einschließlich des Lageberichts und des Bestätigungs- oder Versagungsvermerks, sowie der weiteren nach § 325 HGB geforderten Unterlagen. Bereits bei der Erstellung des Jahresabschlusses darf die Gewinn- und Verlustrechnung der mittelgroßen Kapitalgesellschaft, wie die der kleinen Kapitalgesellschaft, in verkürzter Form, unter **Ausweis des Rohergebnisses** aufgestellt werden (§ 276 Satz 1 HGB). Demnach kann auch rein zum Zweck der Offenlegung die verkürzte Gewinn- und Verlustrechnung genutzt werden, während die Aufstellung nach dem großen Gliederungsschema erfolgt.

Gemäß § 327 HGB haben mittelgroße Kapitalgesellschaften darüber hinaus ein 6.37
Wahlrecht, inhaltliche Erleichterungen bei der Offenlegung in Anspruch zu nehmen. So kann die mittelgroße Kapitalgesellschaft unter zusätzlicher Angabe bestimmter Posten in der Bilanz oder im Anhang, die Bilanz in der für kleine Kapitalgesellschaften nach § 266 Abs. 1 Satz 3 HGB vorgegebenen verkürzten Form offenlegen. Dies bedeutet: Nur die in § 266 Abs. 2 und 3 HGB mit Buchstaben und römischen Zahlen bezeichneten Posten der Bilanz sind gesondert und in der vorgeschriebenen Reihenfolge aufzunehmen. Das verkürzte Bilanzschema darf hierbei nur für Zwecke der Offenlegung genutzt werden, während die Aufstellung und Feststellung nach dem großen Bilanzschema zu erfolgen hat. Des Weiteren können bei der Offenlegung die nach § 327 Nr. 2 HGB genannten Anhangs-

[10] Vgl. GROTTEL, in: Beck'scher Bilanz-Kommentar, 14. Aufl. 2024, § 328 HGB Rdnr. 42.

angaben unterbleiben. Auch bei der mittelgroßen Kapitalgesellschaft können rein für den Zweck der Offenlegung die Aufstellungserleichterungen genutzt werden. Eine erneute Feststellung des Jahresabschlusses unter Berücksichtigung der genutzten Erleichterungen ist nicht erforderlich.

6.38 Damit die Bilanz in der für kleine Kapitalgesellschaften maßgeblichen Form offengelegt werden kann, sind in ihr selbst oder im Anhang die folgenden **Posten der Aktivseite** zusätzlich gesondert anzugeben:

- selbst geschaffene gewerbliche Schutzrechte und ähnliche Rechte und Werte,
- Geschäfts- oder Firmenwert,
- Grundstücke, grundstücksgleiche Rechte und Bauten einschließlich der Bauten auf fremden Grundstücken,
- technische Anlagen und Maschinen,
- andere Anlagen, Betriebs- und Geschäftsausstattung,
- geleistete Anzahlungen und Anlagen im Bau,
- Anteile an verbundenen Unternehmen,
- Ausleihungen an verbundene Unternehmen,
- Beteiligungen,
- Ausleihungen an Unternehmen, mit denen ein Beteiligungsverhältnis besteht,
- Forderungen gegen verbundene Unternehmen,
- Forderungen gegen Unternehmen, mit denen ein Beteiligungsverhältnis besteht,
- Anteile an verbundenen Unternehmen.

6.39 Von den **Gliederungspunkten der Passivseite** sind für die Inanspruchnahme des verkürzten Bilanzgliederungsschemas die folgenden Posten zusätzlich gesondert in der Bilanz oder im Anhang anzugeben:

- Anleihen,
- Verbindlichkeiten gegenüber Kreditinstituten,
- Verbindlichkeiten gegenüber verbundenen Unternehmen,
- Verbindlichkeiten gegenüber Unternehmen, mit denen ein Beteiligungsverhältnis besteht.

Aufgrund fehlender Erleichterungen sind die in der Bilanz zusätzlich aufzuführenden Posten (oben Rdnr. 6.38) des Anlagevermögens auch im offenzulegenden Anlagengitter mit aufzunehmen (§ 284 Abs. 3 HGB).

Praxistipp

Erfolgt eine Eingliederung der gesondert aufzuführenden Posten in der Bilanz unter Nennung der Beträge in der Hauptspalte, ist für jeden aufgegliederten Hauptposten ein weiterer Sammelposten mit der Bezeichnung „übrige …" oder „sonstige …" in die Bilanz aufzunehmen. Die gesondert aufzuführenden Posten können hingegen auch in Form von Davonvermerken in das Gliederungsschema der Bilanz eingefügt werden. Im Gegensatz zu der Eingliederung der Posten in der Bilanz entfällt bei den Davonvermerken die Angabe des Sammelpostens „übrige …" oder „sonstige …"[11] 6.40

Mittelgroße Kapitalgesellschaften können bereits bei der Aufstellung des Anhangs 6.41 nach § 288 Abs. 2 HGB größenabhängige Erleichterungen in Anspruch nehmen und **auf diverse Angaben verzichten.** Die größenabhängigen Erleichterungen für mittelgroße Kapitalgesellschaften in Bezug auf den Anhang werden für Zwecke der Offenlegung um die Angaben nach § 327 Nr. 2 HGB ergänzt. Die folgenden Anhangsangaben können demnach bei der elektronischen Einreichung des Jahresabschlusses beim Betreiber des Bundesanzeigers weggelassen werden:

- die Aufgliederung der einzelnen Posten der Verbindlichkeiten mit einer Restlaufzeit von mehr als fünf Jahren und der durch Pfandrechte oder ähnliche Rechte gesicherten Verbindlichkeiten (§ 285 Nr. 2 HGB),
- die Angaben zum Materialaufwand bei Anwendung des Umsatzkostenverfahrens (§ 285 Nr. 8a HGB) und
- die Erläuterungen der in der Bilanz unter dem Posten „sonstige Rückstellungen" zusammengefasst ausgewiesenen Rückstellungen von nicht unerheblichem Umfang (§ 285 Nr. 12 HGB).

[11] Vgl. GROTTEL, in: Beck'scher Bilanz-Kommentar, 14. Aufl. 2024, § 327 HGB Rdnr. 9.

Praxistipp

6.42 Bei der Inanspruchnahme der Aufstellungs- oder Offenlegungserleichterungen ist bei der Wiedergabe des Bestätigungs- oder Versagungsvermerks des Jahresabschlussprüfers darauf hinzuweisen, dass sich der Bestätigungs- oder Versagungsvermerk auf den vollständigen Jahresabschluss bezieht. Zur Vermeidung der Hinweispflicht kann die offenzulegende Fassung des Jahresabschlusses freiwillig in den Prüfungsauftrag miteinbezogen werden. Hierdurch entfällt die Hinweispflicht nach § 328 Abs. 1a HGB.[12]

6.3.3 Weitere Befreiungen in Sonderfällen

6.3.3.1 Befreiung von Tochterunternehmen unter bestimmten Voraussetzungen

6.43 Handelt es sich um eine Kapitalgesellschaft, die als Tochterunternehmen eines nach § 290 HGB zur Aufstellung eines Konzernabschlusses verpflichteten Mutterunternehmens in diesen miteinbezogen ist, kann sie unter bestimmten Voraussetzungen nach § 260 Abs. 3 HGB auf die Anwendung der Vorschriften über den Jahresabschluss und Lagebericht, die Prüfung sowie die Offenlegung verzichten. Die folgend genannten Voraussetzungen des § 260 Abs. 3 HGB müssen hierfür kumulativ erfüllt werden:

1. Alle Gesellschafter des Tochterunternehmens haben der Befreiung für das jeweilige Geschäftsjahr zugestimmt.
2. Das Mutterunternehmen hat sich bereiterklärt, für die von dem Tochterunternehmen bis zum Abschlussstichtag eingegangenen Verpflichtungen im folgenden Geschäftsjahr einzustehen.
3. Der Konzernabschluss und der Konzernlagebericht des Mutterunternehmens wurden nach den Rechtsvorschriften des Staates, in dem das Mutterunternehmen seinen Sitz hat, und im Einklang mit den geltenden EU-Richtlinien aufgestellt und geprüft.
4. Die Befreiung des Tochterunternehmens ist im Anhang des Konzernabschlusses des Mutterunternehmens angegeben.
5. Für das Tochterunternehmen wurden nach § 325 Abs. 1–1b HGB offengelegt:
   - der Beschluss nach Nr. 1,
   - die Erklärung nach Nr. 2,
   - der Konzernabschluss,

[12] Vgl. IDW, WP-Handbuch, 18. Aufl. 2023, Kap. M Rdnr. 1003; GROTTEL, in: Beck'scher Bilanz-Kommentar, 14. Aufl. 2024, § 328 HGB Rdnr. 40.

- der Konzernlagebericht und
- der Bestätigungsvermerk zum Konzernabschluss und Konzernlagebericht des Mutterunternehmens nach Nr. 3.

Das Tochterunternehmen braucht die Unterlagen gem. § 260 Abs. 3 Satz 1 Nr. 5 HGB nicht erneut offenzulegen, wenn das Mutterunternehmen diese bereits offengelegt hat und sie im Bundesanzeiger auch unter dem Tochterunternehmen auffindbar sind. Damit die Befreiung für das Tochterunternehmen eintritt, muss das Mutterunternehmen die betreffenden Unterlagen in deutscher oder in englischer Sprache offengelegt haben. Sollten die Unterlagen in einer anderen Sprache vorliegen, kann das Tochterunternehmen eine beglaubigte Übersetzung in deutscher Sprache offenlegen. Das Tochterunternehmen kann die Befreiungen in unterschiedlichem Umfang ausüben und z.B. einen Jahresabschluss erstellen aber nicht offenlegen. 6.44

6.3.3.2 Offenlegung von Zweigniederlassungen von Kapitalgesellschaften mit Sitz im Ausland

Inländische Zweigneiderlassungen von Kapitalgesellschaften mit Sitz in einem anderen EU- oder EWR-Mitgliedstaat haben die Unterlagen der Rechnungslegung der Hauptniederlassung nach § 325a HGB beim Betreiber des Bundesanzeigers elektronisch einzureichen. Dabei sind die Unterlagen der Rechnungslegung offenzulegen, die **nach dem für die Hauptniederlassung maßgeblichen Recht** erstellt, geprüft und offengelegt wurden. Die Offenlegung hat in deutscher Sprache zu erfolgen. Ist deutsch nicht die Amtssprache am Sitz der Hauptniederlassung, so ist es möglich, die Unterlagen auch in englischer Sprache einzureichen. Alternativ sind die einzureichenden Unterlagen in einer vom Register der Hauptniederlassung beglaubigten Abschrift einzureichen oder sofern eine dem Register vergleichbare Stelle nicht existent oder hierzu befugt ist, in einer vom Wirtschaftsprüfer bescheinigten Abschrift, verbunden mit der Erklärung, dass eine dem Register vergleichbare Stelle nicht existent oder hierzu befugt ist. Von der Beglaubigung des Registers ist wiederum eine in deutscher Sprache abgefasste beglaubigte Übersetzung einzureichen. § 325a HGB gilt nicht für die Zweigniederlassungen von Kreditinstituten i.S.d. § 340 HGB und Versicherungsunternehmen i.S.d. § 341 HGB. 6.45

Die Offenlegung der Zweigniederlassung betrifft rein die **Rechnungslegungsunterlagen der Hauptniederlassung.** Ein Jahresabschluss für die Zweigniederlassung ist nach dem HGB nicht zu erstellen und muss demnach auch nicht offengelegt werden. Ausnahmen hierzu bestehen für die Zweigniederlassungen von Kreditinstituten i.S.d. § 340 HGB und Versicherungsunternehmen i.S.d. § 341 HGB. 6.46

6.3.3.3 Offenlegung eines IFRS-Einzelabschlusses

6.47 Nach § 325 Abs. 2a HGB kann statt des Jahresabschlusses ein nach den in § 315e Abs. 1 HGB bezeichneten internationalen Rechnungslegungsstandards aufgestellter Einzelabschluss offengelegt und bekanntgemacht werden. Voraussetzung hierfür ist, die in den IFRS genannten Standards vollständig zu befolgen und die in § 325 Abs. 2a Satz 3 HGB genannten Vorschriften des HGB befolgt werden. Eine **Mischung** der Bilanzierungsvorschriften des HGB und IFRS ist **unzulässig**. Ein etwaiger Lagebericht gem. § 289 HGB, in dem auch in dem hierfür erforderlichen Umfang auf den IFRS-Abschluss eingegangen wird, ist ebenfalls offenzulegen. In ihm sind wesentliche Unterschiede zwischen dem Jahresabschluss nach HGB und dem Abschluss nach IFRS zu erläutern, sollten diese nicht aus dem Anhang ersichtlich sein.

6.48 Formal bestehen nach § 312 Abs. 2b HGB folgende Voraussetzungen, die kumulativ erfüllt sein müssen, damit für den Abschluss nach IFRS die **befreiende Wirkung der Offenlegung** eintritt:

1. Der Bestätigungs- oder Versagungsvermerk zum IFRS-Abschluss muss nach § 325 Abs. 2b Nr. 1 HGB mit offengelegt werden.

2. Der Gewinnverwendungsvorschlag oder ggf. der Gewinnverwendungsbeschluss sind nach § 325 Abs. 2b Nr. 2 HGB unter Angabe des Jahresüberschusses bzw. -fehlbetrags in die Offenlegung mit einzubeziehen.

3. Der Jahresabschluss nach HGB ist einschließlich des dazugehörigen Bestätigungs- bzw. Versagungsvermerks nach § 325 Abs. 2b Nr. 3 HGB beim Bundesanzeiger einzureichen.

6.49 Zu beachten ist, dass der nach den IFRS aufgestellte Jahresabschluss weder für die Bemessung der Ausschüttungsgrundlage noch als Grundlage für die Besteuerung genutzt werden kann. Die Pflicht zur Aufstellung eines Jahresabschlusses nach den Vorschriften des HGB ist dennoch gegeben. Dies hat zur Folge, dass lediglich freiwillig, zusätzlich zum Jahresabschluss nach dem HGB, ein IFRS-Abschluss zum Zwecke der Offenlegung und Bekanntmachung erstellt werden kann.

6.3.4 Form und Inhalt der offenzulegenden Unterlagen

6.50 § 328 HGB bestimmt die Anforderungen an Form und Inhalt der offenlegungspflichtigen Unterlagen. Hierbei wird zwischen den Erfordernissen bei der Pflichtpublizität und denen der freiwilligen Publizität unterschieden. Offenlegung betrifft nur die nach § 325 HGB gesetzlich vorgeschriebene Einreichung der entsprechenden Unterlagen, also die Pflichtpublizität. Für diese sind § 328 Abs. 1 und 1a HGB maßgeblich. Hiernach gilt das Gebot der **Vollständigkeit und Richtigkeit** im

Rahmen der Offenlegung. Dies bedeutet für große Kapitalgesellschaften, dass der offenzulegende Jahresabschluss in der Fassung wiederzugegeben ist, die den für seine Aufstellung maßgeblichen Vorschriften entspricht. Der Vollständigkeitsgedanke gibt vor, dass keine Kürzungen des Jahresabschlusses vorgenommen werden dürfen.

Bei Kleinst-, kleinen oder mittelgroßen Kapitalgesellschaften, welche die Erleichterungen der §§ 326, 327 HGB nutzen, ist der hiernach verkürzte Jahresabschluss für die Offenlegung zu verwenden. Die Aufstellungserleichterungen für diese Gesellschaften dürfen nur für die Publikation der Unterlagen nachgeholt werden. Das Gebot der Vollständigkeit und Richtigkeit bezieht sich dann auf diese Version des Jahresabschlusses. Das Gebot der Richtigkeit besagt, dass etwaige Fehler, die in der Originalfassung enthalten sind, bei der Offenlegung zu berichtigen sind. Eine Ausnahme hiervon gilt, wenn der Jahresabschluss die Fehler bereits in der festgestellten Fassung enthält. Dann sind die Fehler der Originalfassung für die Offenlegung zu übernehmen, d.h., Fehlerkorrekturen des festgestellten Jahresabschlusses bei der Offenlegung, wie z.B. bei Fehlern der Postenbezeichnung, dürfen nicht mehr erfolgen.[13] 6.51

Die vorstehenden Grundsätze sind nach § 325 Abs. 3 HGB auch auf den zu veröffentlichen Lagebericht, Bericht des Aufsichtsrats, Vorschlag und Beschluss über die Ergebnisverwendung und für die Aufstellung des Anteilsbesitzes entsprechend anzuwenden. Sofern der Jahresabschluss festgestellt worden ist, ist nach § 328 Abs. 1a Satz 1 HGB das Datum der Feststellung oder Billigung anzugeben. Nach § 328 Abs. 1a Satz 2 HGB ist bei prüfungspflichtigen Unternehmen auch der vollständige Wortlaut des Bestätigungs- oder Versagungsvermerks wiederzugeben. Bei der Inanspruchnahme der Aufstellungs- oder Offenlegungserleichterungen ist bei der Wiedergabe des Bestätigungs- oder Versagungsvermerks des Jahresabschlussprüfers oder der Jahresabschlussprüfungsgesellschaft darauf hinzuweisen, dass sich der Vermerk auf den vollständigen Jahresabschluss bezieht. Gegebenenfalls ist nach § 328 Abs. 1a Satz 3 HGB darauf aufmerksam zu machen, dass die Offenlegung nicht gleichzeitig mit den anderen gem. § 325 HGB offenlegungspflichtigen Unterlagen erfolgt. 6.52

Bei **Änderungen der Firmierung** nach dem Bilanzstichtag ist die neue Firma für die Aufstellung, Feststellung und Offenlegung maßgebend. Erfolgte die Feststellung des Jahresabschlusses noch unter der alten Firmenbezeichnung, ist hierauf bei der Offenlegung hinzuweisen.[14] 6.53

---

13 Vgl. Kreipl, in: Bertram/Kessler/Müller, HGB Bilanz-Kommentar, 14. Aufl. 2023, § 328 Rdnr. 22; Grottel, in: Beck'scher Bilanz-Kommentar, 14. Aufl. 2024, § 328 HGB Rdnr. 27.

14 Vgl. Grottel, in: Beck'scher Bilanz-Kommentar, 14. Aufl. 2024, § 328 HGB Rdnr. 7.

6.54 Vorsätzliche **Zuwiderhandlungen** gegen den § 328 werden nach § 334 HGB als Ordnungswidrigkeit geahndet und mit einem Bußgeld belegt.

6.3.5 Nachreichung von Änderungen offengelegter Unterlagen

6.55 Nach § 325 Abs. 1b HGB sind Änderungen des festgestellten und offengelegten Jahresabschlusses dem Betreiber des Bundesanzeigers nachzureichen und bekanntzumachen. Dies gilt auch für die anderen nach § 325 HGB offenzulegenden Unterlagen. Unabhängig vom Umfang der Änderungen ist es nicht ausreichend, nur die Änderung bekanntzumachen. Die geänderten Unterlagen, wie z.B. der Jahresabschluss einschließlich des Lageberichts, sind in ihrer Gesamtheit nachzureichen.[15]

Hinweis

6.56 Eine Änderung der bereits eingereichten offenlegungspflichtigen Dokumente ist nur so lange möglich, bis die Offenlegung in Form der Hinterlegung oder Veröffentlichung im Bundesanzeiger stattgefunden hat.

6.57 Löschungen bzw. teilweise Löschungen bereits offengelegter Jahresabschlüsse oder der übrigen Unterlagen sind grundsätzlich nicht möglich. Eine Ausnahme hiervon besteht nur dann, wenn es zu einer Veröffentlichung von offensichtlich rechtswidrigen Inhalten kam. Dies ist z.B. der Fall, wenn die Angaben gegen datenschutzrechtliche Bestimmungen verstoßen oder die Inhalte von beleidigender Art sind. Werden z.B. ohne gesetzliche Verpflichtung personenbezogene Daten veröffentlicht und es liegt keine Einwilligung der betroffenen Person/en vor, so ist dies ein Verstoß gegen datenschutzrechtliche Bestimmungen, der eine Löschung der bekanntgemachten Unterlagen rechtfertigt.

6.58 Im Fall einer **Bilanzänderung** bei einem bereits veröffentlichten oder hinterlegten Jahresabschluss oder bei Änderungen der sonstigen in § 325 HGB genannten offenlegungspflichtigen Unterlagen muss die Veröffentlichung oder Hinterlegung insgesamt geändert werden. Dies erfolgt dadurch, dass die geänderten Unterlagen, wie z.B. der geänderte Jahresabschluss und Lagebericht, insgesamt nachzureichen sind. Die Offenlegung bzw. Hinterlegung eines geänderten Jahresabschlusses ist erst nach dessen Feststellung bzw. Billigung möglich.

6.59 Der Bundesanzeiger nimmt eine entsprechende **Kennzeichnung** für geänderte Offenlegungen vor. So ist im Bundesanzeiger die Berichtigung der Veröffentlichung ersichtlich.

[15] GROTTEL, in: Beck'scher Bilanz-Kommentar, 14. Aufl. 2024, § 325 HGB Rdnr. 110 ff.

6.3.6 Checklisten über die einreichungspflichtigen Unterlagen und Offenlegungserleichterungen

6.3.6.1 Checkliste: Einzureichende Unterlagen

6.60

	Kleinstgesellschaften	**kleine Gesellschaften**	**mittelgroße Gesellschaften**	**große Gesellschaften**
Form der Offenlegung	Offenlegung oder Hinterlegung	Offenlegung	Offenlegung	Offenlegung
Jahresabschluss bestehend aus:				
Bilanz	☑ einschließlich Vermerken	☑	☑	☑
Gewinn und Verlustrechnung	☐	☐	☑	☑
Anhang	☐	☑	☑	☑
Lagebericht	☐	☐	☑	☑
Gewinnverwendungsbeschluss	☐	☐	☑	☑
Bestätigungs- oder Versagungsvermerk	☐	☐	☑	☑
Bericht des Aufsichtsrats nach § 171 Abs. 2 AktG	☐	☐	☑	☑
Feststellungs- oder Billigungsdatum des Jahresabschlusses	☑	☑	☑	☑

Darüber hinaus sind rechtsform- bzw. branchenspezifische Vorschriften für die beim Betreiber des Bundesanzeigers elektronisch einzureichenden Unterlagen nach anderen Gesetzen als dem HGB zu beachten.

6.3.6.2 Checkliste: Offenlegungserleichterungen für Bilanz und Gewinn- und Verlustrechnung

6.61

	Kleinstgesellschaften	**kleine Gesellschaften**	**mittelgroße Gesellschaften**	**große Gesellschaften**
Offenlegung der Bilanz mit verkürztem Gliederungsschema nach § 266 Abs. 1 Satz 2 bzw. Satz 3 HGB	☑ Hinterlegung der Bilanz mit den geforderten Vermerken unter der Bilanz	☑ Verkürztes Schema kann bereits bei der Aufstellung genutzt werden	☑ Beachtung der gesonderten Angaben in Bilanz oder Anhang	☐
Offenlegung der verkürzten Gewinn- und Verlustrechnung unter Ausweis des Rohergebnisses	☑ Keine Offenlegung der Gewinn- und Verlustrechnung erforderlich	☑ Keine Offenlegung der Gewinn- und Verlustrechnung erforderlich	☑ Bereits die Aufstellung der Gewinn- und Verlustrechnung ist in verkürzter Form möglich	☐

6.3.6.3 Checkliste: Offenlegungserleichterungen für den Anhang

6.62

	Kleinstgesellschaften	**kleine Gesellschaften**	**mittelgroße Gesellschaften**	**große Gesellschaften**
Verzicht der Angaben zur Gewinn- und Verlustrechnung	☑ Keine Hinterlegung des Anhangs erforderlich	☑	☑	☐

	Kleinstgesellschaften	kleine Gesellschaften	mittelgroße Gesellschaften	große Gesellschaften
Verzicht der Aufgliederung für jeden einzelnen Posten der Verbindlichkeiten nach Restlaufzeiten und Sicherheiten nach § 285 Nr. 2 HGB	☑ Keine Hinterlegung des Anhangs erforderlich	☑	☑	☐
Verzicht der Angabe des Materialaufwands bei Anwendung des Umsatzkostenverfahrens	☑ Keine Hinterlegung des Anhangs erforderlich	☑ Keine Angaben zur Gewinn- und Verlustrechnung im Anhang erforderlich	☑	☐
Verzicht auf die Aufgliederung der einzelnen Rückstellungen von nicht unerheblichem Umfang	☑ Keine Hinterlegung des Anhangs erforderlich	☑	0	0

6.4 Prüfung der einzureichenden Unterlagen durch den Betreiber des Bundesanzeigers

6.63 Wie viele publikationspflichtige Unternehmen in Deutschland genau existieren, ist nicht bekannt. Die Bundesanzeiger Verlag GmbH geht nach einer groben Schätzung von 1,3 Mio. offenlegungspflichtigen Unternehmen in Deutschland aus. Die **Überwachung** der fristgemäßen und vollständigen Einreichung der offenlegungspflichtigen Unterlagen ist nach § 329 Abs. 1 HGB Aufgabe vom Betreiber des Bundesanzeigers. Ferner ist der Betreiber des Bundesanzeigers nach § 329 Abs. 2 HGB zur Ermittlung verpflichtet, ob die in Anspruch genommenen Erleichterungsvorschriften auch hätten in Anspruch genommen werden dürfen, wenn die Prüfung der Unterlagen Anlass zu Bedenken geben.

Hinweis

6.64 Bei der Prüfung der fristgemäßen Einreichung ist entscheidend, wann die Einreichung der Unterlagen erfolgte. Die Überprüfung und anschließende Bekanntmachung der Unterlagen durch den Bundesanzeiger ist zur Fristwahrung irrelevant. Entsprechend ist die Frist noch gewahrt, wenn die elektronische Übermittlung der Unterlagen am letzten Tag der gesetzlichen Frist und die Bekanntmachung erst nach dem Verstreichen der Frist erfolgt sind.

6.65 Die Prüfung der Vollzähligkeit stellt darauf ab, ob alle Unterlagen eingereicht wurden, die für die Rechtsform, Unternehmensgröße, Branche und Art der Offenlegung erforderlich sind, und ob von etwaigen größenabhängigen Erleichterungen zu Recht Gebrauch gemacht wurde. Nicht vom Betreiber des Bundesanzeigers geprüft wird hierbei der materielle Inhalt der veröffentlichten Unterlagen. Hierzu gehört z.B. die rechtmäßige Inanspruchnahme von Erstellungserleichterungen, auch wenn sie nur zum Zwecke der Offenlegung in Anspruch genommen werden, und die Beachtung des § 328 HGB.

6.66 Zum Zwecke der Prüfung werden dem Betreiber des Bundesanzeigers die hierfür erforderlichen Informationen zu den eingetragenen und offen- bzw. hinterlegungspflichtigen Unternehmen über das **Unternehmensregister** von den Landesjustizverwaltungen der Bundesländer bereitgestellt. Die Prüfung, ob von eventuellen größenabhängigen Erleichterungen zulässig Gebrauch gemacht wurde, ist jedoch nicht ohne Zusatzinformationen über die Umsatzerlöse und die Arbeitnehmeranzahl möglich. Daher steht dem Betreiber des Bundesanzeigers nach § 328 Abs. 2 HGB ein Auskunftsrecht zu, das erlaubt, die zur Größenklassifizierung notwendigen Informationen unmittelbar von der Gesellschaft zu verlangen.

Hinweis

6.67 Die Erleichterungsmöglichkeiten gelten als zu Unrecht in Anspruch genommen und die Unterlagen als nicht eingereicht, sollte dem Auskunftsverlangen des Bundesanzeigers nicht innerhalb der gegebenen Frist nachgekommen werden (§ 329 Abs. 2 Satz 2 HGB).

6.68 Nach § 329 Abs. 4 HGB hat der Betreiber des Bundesanzeigers der zuständigen Verwaltungsbehörde, dem Bundesamt für Justiz mit Sitz in Bonn, mitzuteilen, wenn die Einreichung der Unterlagen unterbleibt oder die Rechnungslegungsunterlagen nicht vollständig eingereicht werden. Die Übermittlung der zugehörigen Unternehmensdaten erfolgt in elektronischer Form an das Bundesamt für Justiz, das darauf hin von Amts wegen tätig wird und das Verfahren nach § 335 HGB einleitet.

6.5 Rechtsfolgen bei Verstößen gegen die Offenlegungspflicht

Bei Nichterfüllung der Offenlegungsverpflichtungen wird nach § 335 HGB gegen die Mitglieder des vertretungsberechtigten Organs oder gegen die Gesellschaft durch das Bundesamt für Justiz ein Ordnungsgeld festgesetzt. Das **Ordnungsgeld** hat eine Spannweite von 2.500 € bis zu 25.000 €. Nach § 335 Abs. 1a HGB beträgt das Ordnungsgeld bei kapitalmarktorientierten Kapitalgesellschaften höchstens den höheren Wert aus 10 Mio. €, 5 % des jährlichen Gesamtumsatzes oder dem zweifachen Wert des wirtschaftlichen Vorteils aus der nicht vorgenommenen Offenlegung. Bei Androhung des Ordnungsgeldes gegenüber einer natürlichen Person gilt als Höchstbetrag der höhere Wert aus 2 Mio. € und dem zweifachen Wert des wirtschaftlichen Vorteils aus der nicht vorgenommenen Offenlegung (§ 335 Abs. 1a Satz 2 HGB). Unterbleibt die Veröffentlichung nach der Ordnungsgeldfestsetzung weiterhin zu Unrecht, wird ein Ordnungsgeld erneut festgesetzt. Nach § 4 Abs. 5 Nr. 8 EStG stellt das verhängte Ordnungsgeld eine nicht abzugsfähige Betriebsausgabe dar. 6.69

Bevor das Ordnungsgeld vom Bundesamt für Justiz festgesetzt wird, erfolgt eine Androhung nach § 335 Abs. 3 HGB. Mit der Androhung entsteht eine sechswöchige Frist. Innerhalb dieser Frist ist entweder den Offenlegungsverpflichtungen nachzukommen oder die Unterlassung durch einen Einspruch zu rechtfertigen. 6.70

Hinweis

Im Rahmen der Androhung des Ordnungsgeldes werden zugleich die Kosten des Verfahrens erhoben. Diese betragen aktuell 100 € zuzüglich der Zustellungskosten i.H.v. derzeit 3,50 €. 6.71

Die Ordnungsgeldfestsetzung kann vermieden werden, wenn die Offenlegung innerhalb der vom Bundesamt für Justiz festgesetzten Frist von sechs Wochen nachgeholt wird.

Sofern die geforderten Unterlagen nicht innerhalb der sechswöchigen Nachfrist eingereicht werden, setzt das Bundesamt für Justiz das Ordnungsgeld endgültig fest und fordert, unter erneuter Androhung von Ordnungsgeld verbunden mit einer erneuten Fristsetzung, zur Einreichung der Unterlagen auf. Das Ordnungsgeld bezieht sich hierbei nur auf die Missachtung der fristgemäßen Offenlegung. Verstöße gegen den § 328 HGB über die Form oder Inhalt der zu hinterlegenden, offenzulegenden bzw. zu veröffentlichenden Unterlagen werden durch den § 334 HGB als Ordnungswidrigkeiten mit einer **Geldbuße** von bis zu 50.000 € sanktioniert. 6.72

6.73 Erfüllen die an dem Ordnungsgeldverfahren Beteiligten ihre Pflicht zur Einreichung der Unterlagen nach Ablauf der sechswöchigen Frist, hat das Bundesamt für Justiz das Ordnungsgeld nach § 335 Abs. 4 HGB wie folgt zu reduzieren: bei Kleinstkapitalgesellschaften, die von ihrem Wahlrecht zur Hinterlegung des Jahresabschlusses Gebrauch machen, auf 500 €, bei kleinen Kapitalgesellschaften auf 1.000 € und bei mittelgroßen und großen Gesellschaften auf 2.500 €, wenn ein höheres Ordnungsgeld angedroht wurde. Ferner kann das Bundesamt für Justiz das Ordnungsgeld auf einen geringeren Betrag herabsetzen, wenn die Sechswochenfrist nur geringfügig überschritten wurde.

6.74 Wird die sechswöchige Frist zur Einreichung der Unterlagen oder eines begründeten Einspruchs unverschuldet versäumt, ist vom Bundesamt für Justiz auf Antrag nach § 335 Abs. 5 HGB die **Wiedereinsetzung in den vorherigen Stand** zu gewähren. Der Antrag ist binnen zwei Wochen nach Wegfall des Hindernisses beim Bundesamt für Justiz in Schriftform zu stellen. In ihm ist glaubhaft zu machen, dass ein Hindernis der fristgemäßen Pflichterfüllung entgegenstand. Die Einreichung der Unterlagen oder eines begründeten Einspruchs ist innerhalb von sechs Wochen nach Wegfall des Hindernisses nachzuholen. Die Wiedereinsetzung wird nicht gewährt, wenn innerhalb von einem Jahr nach Ablauf der Sechswochenfrist weder die Wiedereinsetzung beantragt noch die versäumte Handlung nachgeholt wurde.

Hinweis

6.75 Beschwerden gegen Entscheidungen über die Festsetzung von Ordnungsgeld oder gegen die Verwerfung des begründeten Einspruchs sind an das zuständige Landgericht in Bonn zu richten.

7. Eigenkapital in der Handelsbilanz

7.1 Eigenkapitalgliederung in der Bilanz

7.1.1 Form und Bezeichnung

Die Bilanz einer Kapitalgesellschaft ist nach § 266 Abs. 1 HGB in Kontoform aufzustellen. Die in der Bilanz auszuweisenden Posten sind gesondert und nach Maßgabe der in § 266 Abs. 2 und 3 HGB vorgeschriebenen Reihenfolge und Bezeichnung auf der Aktiv- bzw. Passivseite gegenüberzustellen. Diese Grundsätze gelten auch für die Passivierung des Eigenkapitals, das nach § 266 Abs. 3 A. HGB wie folgt zu gliedern ist: 7.1

A. Eigenkapital

I. Gezeichnetes Kapital

II. Kapitalrücklage

III. Gewinnrücklagen

1. gesetzliche Rücklage
2. Rücklage für Anteile an einem herrschenden oder mehrheitlich beteiligten Unternehmen
3. satzungsmäßige Rücklagen
4. andere Gewinnrücklagen

IV. Gewinnvortrag/Verlustvortrag

V. Jahresüberschuss/Jahresfehlbetrag

7.1.2 Anmerkungen zu den Positionen des Eigenkapitals

7.1.2.1 Gezeichnetes Kapital

7.2 Das gezeichnete Kapital entspricht dem Betrag, auf den die Haftung der Gesellschafter für die Verbindlichkeiten der Kapitalgesellschaft gegenüber deren Gläubigern beschränkt ist (§ 272 Abs. 1 HGB). Dies entspricht dem Grundkapital bei einer AG (§§ 6, 152 AktG) und dem Stammkapital bei einer GmbH (§§ 5, 42 Abs. 1 GmbHG). Der Bilanzausweis hat mit dem Nennbetrag zu erfolgen. Dieser ergibt sich aus der Satzung bzw. dem Gesellschaftsvertrag und der am Bilanzstichtag maßgeblichen Eintragung im Handelsregister (zu den Besonderheiten der Kapitalerhöhung bzw. Kapitalherabsetzung siehe Rdnr. 12.102, 13.1 ff., 14.1 ff.).

7.1.2.2 Kapitalrücklage

7.3 Als Kapitalrücklage sind nach § 272 Abs. 2 HGB, § 152 Abs. 2 AktG, § 42 Abs. 2 GmbHG insbesondere auszuweisen:

- Beträge, die bei der Ausgabe von Anteilen über den Nennbetrag hinaus erzielt werden (§ 272 Abs. 2 Nr. 1 HGB)
- Beträge anderer Zuzahlungen, die Gesellschafter freiwillig in das Eigenkapital leisten, ohne dafür eine Gegenleistung in Form von Vorzügen von der Gesellschaft zu bekommen (§ 272 Abs. 2 Nr. 4 HGB)

Beispiele

1. Bei der Ausgabe von Geschäftsanteilen leisten die Gesellschafter satzungsgemäß ein Agio über den Nennbetrag hinaus.
2. Im Rahmen einer Sachgründung (§ 5 Abs. 4 GmbHG) überschreitet der gemeine Wert (Verkehrswert) der eingebrachten Vermögensgegenstände oder eines ganzen Betriebs, Teilbetriebs oder Mitunternehmeranteils den als Stammeinlage für den übernommenen Geschäftsanteil zu leistenden Betrag.
3. Bei der Gründung einer GmbH leisten die Gesellschafter neben der Einzahlung zur Erlangung der Geschäftsanteile zum Nennbetrag (Stammeinlage) jeweils eine weitere Einlage, um die Liquidität zu Anfang der Geschäftstätigkeit zu sichern.
4. Nach Eintritt einer Krise leistet der Gesellschafter eine weitere Einlage als andere Zuzahlung in die Kapitalrücklage, um die Gesellschaft in die Lage zu versetzen, ein Gesellschafterdarlehen dieses Gesellschafters zu tilgen. Diese Gestaltung ist auch im Hinblick auf die Entstehung nachträglicher Anschaffungskosten i.S.d. § 17 EStG nicht als Gestaltungsmissbrauch gem. § 42 Abs. 1 Satz 1 AO zu würdigen. Entsprechendes gilt, wenn der Gesellschafter, der für Verbindlichkeiten seiner Gesellschaft als Bürge einzustehen hat, der

Gesellschaft im Wege der Einlage Mittel zur Verfügung stellt, damit diese die fraglichen Schulden tilgen kann.[1]

5. Erwerb eines Anteils an der Kapitalgesellschaft verbunden mit einer Zuzahlung (Einlage) in die Kapitalrücklage.[2]

Obwohl § 272 Abs. 2 HGB vier verschiedene Gründe für eine Zuführung zur Kapitalrücklage regelt, erfolgt in der Bilanz dennoch nur ein zusammengefasster Bilanzausweis. Das Gesetz regelt die Bezeichnung für den (Gesamt-)Betrag aus diesem Grund auch nur im Singular. 7.4

Gegenstand der Zuführung zur Kapitalrücklage können Geld- und/oder Sacheinlagen sein. Voraussetzung dafür ist die Zuführung eines bilanzierungsfähigen Vermögensvorteils durch Einlage eines Vermögensgegenstands. Ein Vermögensvorteil kann auch durch Verzicht auf eine werthaltige Forderung gegenüber der Gesellschaft bewirkt werden. In Betracht kommt auch eine offene Einlage, deren gemeiner Wert die dafür eingeräumte Erhöhung des gezeichneten Kapitals übersteigt.[3] Nicht ausreichend ist dagegen ein Nutzungsvorteil, etwa in der Form der unentgeltlichen Überlassung eines Vermögensgegenstands oder der zinslosen Gewährung eines Darlehens, weil es insoweit an einer Vermögensposition fehlt, die als Objekt für den Zugriff der Gläubiger der Kapitalgesellschaft geeignet ist.[4] 7.5

Die Zuführung zur Kapitalrücklage nach § 272 Abs. 2 Nr. 4 HGB durch Einzahlung der Gesellschafter kann nach Beschluss oder aufgrund gesellschaftsvertraglicher Regelung auch disquotal erfolgen. Dies gilt auch für den Fall, dass schuldrechtlich vereinbart wurde, die spätere Rückzahlung nach Maßgabe der tatsächlich geleisteten disquotalen Einlagen vorzunehmen.[5] Dafür ist es ohne Bedeutung, ob die Einlagen zur Verbesserung der Liquidität einer in die Krise geratenen GmbH oder aus anderen Gründen erfolgen. Aus steuerlicher Sicht sind dabei die schenkungsteuerlichen Folgen gem. § 7 Abs. 8 ErbStG[6] und die Konsequenzen für die Zuführung zum steuerlichen Einlagekonto nach § 27 Abs. 1 Satz 1 KStG zu berücksichtigen. Besondere Aufmerksamkeit ist im Fall von Ausschüttungen im 7.6

---

1 BFH, Urt. v. 20.07.2018 – IX R 5/15, BStBl II 2019, 194; BFH, Urt. v. 11.07.2017 – IX R 36/15, BStBl II 2019, 208; BMF-Schreiben v. 05.04.2019 – IV C 6 - S 2244/17/10001, BStBl I, 257; OFD Frankfurt, Vfg. v. 10.04.2019 – S 2244 A - 61 - St 215, DStR 2019, 1820; vgl. auch ausführlich Rdnr. 11.34 ff.

2 Geils, GmbHR 2021, 804, zu Fallstricken.

3 BFH, Urt. v. 24.04.2007 – I R 35/05, BStBl II 2008, 253 (Überpari-Emission).

4 Kliem/Meyer, in: Beck'scher Bilanz-Kommentar, 14. Aufl. 2024, § 272 HGB Rdnr. 401 m.w.N.

5 Wollweber, GmbHR 2019, 874, mit Vorschlag für eine Satzungsklausel.

6 BFH, Urt. v. 05.02.2020 – II R 9/17, BStBl II, 658; die Verfassungsbeschwerde mit dem Az. 1 BvR 2072/20 wurde zur Entscheidung nicht angenommen.

Hinblick auf die Verwendungsreihenfolge gem. § 27 Abs. 1 Satz 3 KStG geboten, die nicht personenbezogen disquotal erfolgt.[7]

7.7 Ist die disquotale Einlage betrieblich veranlasst, erhöhen sich die Anschaffungskosten der Beteiligung gem. § 17 Abs. 2a Nr. 1 EStG für den leistenden Gesellschafter. Wird eine solche Einlage indes überquotal geleistet, um etwa einen nahestehenden Mitgesellschafter zu begünstigen, reduziert sich die Zuführung zu den Anschaffungskosten auf den Betrag, der einer quotalen Einlage entsprechen würde. Der übersteigende Betrag erhöht jedoch als mittelbare Zuwendung die Anschaffungskosten der Beteiligung der nahestehenden Person.[8]

7.8 Auch verdeckte Einlagen können Gegenstand einer Zuführung zur Kapitalrücklage sein. Maßgebend dafür ist der Wille des Gesellschafters, ob eine Stärkung des Eigenkapitals als (freiwillige) andere Zuzahlung in die Kapitalrücklage gem. § 272 Abs. 2 Nr. 4 HGB gewollt ist oder ob damit ein Ertragszuschuss insbesondere zur Verlustdeckung in der Form eines „verlorenen" Zuschusses beabsichtigt ist.[9] Die Zweckbestimmung entscheidet folglich über die Sachbehandlung. Das gilt auch für die Bewertung verdeckter Sacheinlagen, die mangels gesetzlicher Regelung bei Unentgeltlichkeit mit 0 €, bei Teilentgeltlichkeit mit der effektiven Gegenleistung oder auch mit dem Verkehrswert erfolgen kann.[10] Im Zweifel ist eine Erklärung des Gesellschafters herbeizuführen. Während im Fall der Zuführung zur Kapitalrücklage ein erfolgsneutraler Geschäftsvorfall verwirklicht wird, wird der Ertragszuschuss erfolgswirksam erfasst und verändert daher den Jahresüberschuss bzw. Jahresfehlbetrag. Im Anhang ist dieser Ertrag zu erläutern.[11]

7.9 Wird die verdeckte Einlage als Ertragszuschuss beurteilt und entsprechend gebucht, ist der handelsrechtlichen Bilanzierung für Zwecke der Steuerbilanz zu folgen (§ 5 Abs. 1 Satz 1 erster Halbsatz EStG). Bei der Ermittlung des zu versteuernden Einkommens, also außerhalb der Steuerbilanz, ist der gebuchte Ertrag allerdings nach Einlagegrundsätzen zu kürzen (§ 4 Abs. 1 Satz 8 EStG). Daneben erfolgt eine Zuführung zum steuerlichen Einlagekonto nach § 27 KStG.

7.1.2.3 Gewinnrücklagen

7.10 Während als Kapitalrücklage nur Einzahlungen der Gesellschafter in das Eigenkapital in Betracht kommen, dürfen als Gewinnrücklagen nur Beträge ausgewiesen werden, die aus dem Ergebnis gebildet worden sind (§ 272 Abs. 3 HGB). Die

---

7 Vgl. zu allem auch Ott, DStR 2021, 897.

8 Gosch, in: Kirchhof/Seer, EStG, 23. Aufl. 2024, § 17 Rdnr. 93.

9 Kkiem/Meyer, in: Beck'scher Bilanz-Kommentar, 14. Aufl. 2024, § 272 HGB Rdnr. 400.

10 Kkiem/Meyer, in: Beck'scher Bilanz-Kommentar, 14. Aufl. 2024, § 272 HGB Rdnr. 405.

11 Kkiem/Meyer, in: Beck'scher Bilanz-Kommentar, 14. Aufl. 2024, § 272 HGB Rdnr. 196.

Zuführung kann auf gesetzlichen Vorschriften (z.B. § 5a Abs. 3 GmbHG, siehe dazu Rdnr. 7.20), auf Gesellschaftsvertrag bzw. Satzung oder auf Beschluss im Rahmen der Ergebnisverwendung beruhen (§ 174 AktG, § 29 Abs. 2 GmbHG). Je nach Anlass ist ein entsprechender Passivposten im Eigenkapital gem. § 266 Abs. 3 A.III. HGB geboten. Dabei setzt sich der jeweilige Bestand aus den in früheren Geschäftsjahren und dem abgeschlossenen Geschäftsjahr zugeführten Beträgen zusammen, verringert um Entnahmen zugunsten des Bilanzgewinns.

Von der **Ergebnisverwendung** (§ 29 Abs. 2 GmbHG) ist die **Gewinnverteilung** nach § 29 Abs. 3 GmbH zu unterscheiden. Folgt aus dem Gesellschaftsvertrag bzw. der Satzung, dass ein Beschluss der Gesellschafterversammlung zulässig ist, wonach ein Teil des Ergebnisses in eine personenbezogene Gewinnrücklage einzustellen ist, richtet sich dieser Beschluss auf die Ergebnisverwendung. Eine disquotale bzw. inkongruente Gewinnverteilung i.S.d. § 29 Abs. 3 Satz 2 GmbHG liegt insoweit nicht vor.[12] 7.11

Unbeachtlich dafür ist, dass die personenbezogene Gewinnrücklage bei einem erneuten Beschluss in einem späteren Geschäftsjahr in den **Bilanzgewinn** einzubeziehen ist und personenbezogen, also disquotal im Rahmen der Gewinnverteilung, dem benannten Gesellschafter zugerechnet werden kann. Auf diese Weise ist es folglich zulässig, den Anteil am Gewinn einer GmbH personenbezogen zu thesaurieren und erst in einem späteren Geschäftsjahr inkongruent auszuschütten.[13] Diesen Beschlüssen hat die Bilanzierung zu folgen. Allerdings ist die personenbezogene Gewinnrücklage nicht mit Namenszusatz im Eigenkapital auszuweisen, sondern als Teil der **anderen Gewinnrücklagen** zu passivieren (§ 266 Abs. 3 A.III.4. HGB). In Umsetzung der Verwendungsbeschlüsse in der Finanzbuchführung empfiehlt sich allerdings die Einrichtung eines gesellschafterbezogenen Unterkontos. 7.12

Im Zeitpunkt der Einstellung in eine personenbezogene Gewinnrücklage entsteht noch kein Auszahlungsanspruch des Gesellschafters. Dieser Anspruch entsteht erst mit dem auf Ausschüttung gerichteten Gewinnverwendungsbeschluss. Zu Recht erfolgt deshalb bis zur Ausschüttung auch keine Passivierung einer Verbindlichkeit gegenüber dem Gesellschafter. Das gilt auch für einen beherrschenden Gesellschafter, der die Ausschüttung durch Beschluss mit einfacher Stimmenmehrheit herbeiführen kann. Solange dieser Beschluss fehlt, kann der Gesellschafter nicht sicher sein, ob er die personenbezogen thesaurierten Gewinnanteile durch Ausschüttung realisieren kann, weil diese im Verlustfall unmöglich werden kann.[14] 7.13

---

12 BFH, Urt. v. 28.09.2021 – VIII R 25/19, BFH/NV 2022, 267.

13 Hermes, DB 2020, 1302, 1307; Birkemeyer/Obser, GmbHR 2022, 850.

14 BFH, Urt. v. 28.09.2021 – VIII R 25/19, BFH/NV 2022, 267, Rdnr. 16.

7.14 Dies ist auch **steuerrechtlich** zu akzeptieren, so dass der Bezug der Gewinnausschüttung nach § 20 Abs. 1 Nr. 1 i.V.m. § 11 Abs. 1 Satz 1 EStG nicht bereits mit der Einstellung in die personenbezogene Gewinnrücklage zu unterstellen ist, sondern erst im Anschluss an den späteren Gewinnverteilungsbeschluss erfolgt. Ohne Bedeutung für diese Sachbehandlung ist auch, ob die personenbezogene Gewinnrücklage einen **beherrschenden Gesellschafter** betrifft und ihm nach dem Quorum im Gesellschaftsvertrag ein entsprechender Einfluss auf die Beschlüsse der Gesellschafterversammlung möglich ist.[15] Die von der Finanzverwaltung[16] für inkongruente Gewinnausschüttungen[17] infolge der Rechtsprechung[18] anzuwendenden Grundsätze beim Fehlen außersteuerlicher Gründe greifen hier ebenso wenig wie die Rechtsprechung[19] zum vorgezogenen Zufluss von Gewinnausschüttungen, auf die beherrschende Gesellschafter aufgrund Gewinnverteilungsbeschlusses Anspruch haben.

Übersicht Bilanzausweis Gewinnrücklagen

7.15

Anders als bei der Kapitalrücklage ist ein zusammengefasster Bilanzausweis unzulässig. § 266 Abs. 3 A. III. HGB verlangt eine Trennung in:	
Gesetzliche Rücklage	Zur Bildung gesetzlicher Rücklagen aus dem Ergebnis sind die AG nach § 150 AktG und die UG (haftungsbeschränkt) nach § 5a Abs. 3 GmbHG verpflichtet. Die AG muss 5 % des um einen Verlustvortrag geminderten Jahresüberschusses in die gesetzliche Rücklage einstellen. Dies gilt so lange, bis die gesetzliche Rücklage und die Kapitalrücklage zusammen 1/10 des Grundkapitals oder eines in der Satzung bestimmten höheren Betrags erreichen. Die UG (haftungsbeschränkt) muss 25 % des um einen Verlustvortrag aus dem Vorjahr geminderten Jahresüberschusses in die gesetzliche Rücklage einstellen. Insoweit greift keine Höchstbetragsbegrenzung. Die Dotierung unterbleibt erst dann, wenn die Gesellschaft ihr Stammkapital auf mindestens 25.000 € anhebt (§ 5a Abs. 5 GmbHG). Dabei kann die Stammkapitalerhöhung durch Einzahlung oder zu Lasten der gesetzlichen Rücklage nach § 57c GmbHG erfolgen (§ 5a Abs. 3 Nr. 1 GmbHG).

15 BFH, Urt. v. 28.09.2021 – VIII R 25/19, BFH/NV 2022, 267, Rdnr. 10 ff.

16 BMF-Schreiben v. 17.12.2013 – IV C 2 - S 2750-1/11/10001, BStBl I 2014, 63.

17 Vgl. dazu ausführlich STRECKER, KÖSDI 2022, 22657.

18 BFH, Urt. v. 19.08.1999 – I R 77/96, BStBl II 2001, 43; BFH, Urt. v. 04.12.2014 – IV R 28/11, BFH/NV 2015, 495, Rdnr. 22; BFH, Urt. v. 23.03.2018 – IX R 35/16, BFH/NV 2018, 936, Rdnr. 22.

19 BFH, Urt. v. 02.12.2014 – VIII R 2/12, BStBl II 2015, 333.

Rücklage für Anteile an einem herrschenden oder mehrheitlich beteiligten Unternehmen	Die Bildung einer Rücklage für Anteile an einem herrschenden oder mehrheitlich beteiligten Unternehmen ist zwingend (§ 272 Abs. 4 HGB). Die aus dem Ergebnis oder aus frei verfügbaren Rücklagen zu dotierende Rücklage hat die Wirkung einer Ausschüttungssperre. Mit der Zuführung zur Rücklage wird erreicht, dass der Erwerb von Anteilen an einem herrschenden oder mehrheitlich beteiligten Unternehmen (vgl. dazu §§ 16, 17 AktG) nicht zur mittelbaren Rückzahlung von Einzahlungen in das gezeichnete Kapital oder von durch Satzung oder Zweck gebundene Rücklagen führt. Die Passivierung hat bereits in dem Jahresabschluss für das Geschäftsjahr zu erfolgen, in dem die Anteile erworben wurden.
Satzungsmäßige Rücklagen	Gewinnrücklagen, deren Dotierung durch Satzung bzw. Gesellschaftsvertrag der Höhe nach geregelt ist, müssen aus dem Ergebnis gebildet werden und als solche in der Bilanz ausgewiesen werden. Unbeachtlich dafür ist, ob die Bildung dieser Rücklage mit einer Zweckbestimmung verbunden ist. Zu den satzungsmäßigen Rücklagen gehören dagegen nicht Einstellungen, die auf einer bloßen gesellschaftsvertraglichen Ermächtigung der Gesellschafterversammlung beruhen und dieser einen entsprechenden Gewinnverwendungsbeschluss gestatten. Die auf einer solchen Ermächtigung beruhende Dotierung gehört zu den anderen Gewinnrücklagen i.S.d. § 266 Abs. 3 A. III. 4 HGB.
Andere Gewinnrücklagen	Als andere Gewinnrücklagen sind Einstellungen in die Gewinnrücklagen auszuweisen, die weder auf Gesetz noch auf Satzung bzw. Gesellschaftsvertrag beruhen. Es handelt sich um die erst durch Beschluss der Gesellschafterversammlung im Rahmen der **Ergebnisverwendung** veranlasste Zuführung zu den Gewinnrücklagen (§ 174 AktG, § 29 Abs. 2 GmbHG). Oftmals ist insoweit auch von freien Rücklagen die Rede, obwohl eine solche Bezeichnung in der Bilanz unzulässig ist. Bei entsprechender gesellschaftsvertraglicher Regelung kann auch eine **gesellschafterbezogene** Ergebnisverwendung beschlossen werden. Die Einstellung in die anderen Gewinnrücklagen ist dem Betrag nach Teil der in der Bilanz auszuweisenden Position, jedoch auf einem Unterkonto personenbezogen fortzuführen (siehe dazu Rdnr. 7.11–7.14).

	In die anderen Gewinnrücklagen können auch die in das Ergebnis eingegangenen rechnerischen Eigenkapitalanteile aufgrund von Wertaufholungen nach § 253 Abs. 5 HGB bei Vermögensgegenständen des Anlage- und Umlaufvermögens eingestellt werden (§ 58 Abs. 2a AktG; § 29 Abs. 4 GmbHG). Der Betrag dieser Rücklagen ist gesondert auszuweisen oder im Anhang anzugeben. Entsprechendes gilt für ergebniswirksame Eigenkapitalanteile, die abweichend von der handelsrechtlichen Rechnungslegung bei der steuerrechtlichen Gewinnermittlung als Passivposten ausgewiesen werden dürfen.[20] Hier handelt es sich vornehmlich um Rücklagen nach § 6b EStG, R 6.6 EStR (RfE), § 5 Abs. 7 EStG.

Beispiel

7.16 Bei der Veräußerung eines Betriebsgrundstücks wurde ein Veräußerungsgewinn i.H.v. 1.000.000 € erzielt. In Höhe dieses Betrags wurde in der Steuerbilanz eine Rücklage nach § 6b EStG passiviert.

Lösung

Die §-6b-Rücklage wird für Zwecke der Steuerbilanz gewinnmindernd passiviert. Demgegenüber sind in der Gewinn- und Verlustrechnung für Zwecke der Handelsbilanz einerseits sonstige betriebliche Erträge i.H.v. 1.000.000 € und anderseits Aufwendungen aus der Zuführung zur Position für latente Steuern i.H.v. (vereinfacht) 300.000 € auszuweisen. In Höhe des Eigenkapitalanteils von 700.000 € kann eine Einstellung in die anderen Gewinnrücklagen erfolgen.

7.1.2.4 Gewinnvortrag/Verlustvortrag

7.17 Als Gewinnvortrag werden Beträge ausgewiesen, die aufgrund Beschlusses der Gesellschafterversammlung einer GmbH bzw. Hauptversammlung einer AG im Rahmen der Ergebnisverwendung weder in Gewinnrücklagen eingestellt noch an die Gesellschafter ausgeschüttet werden. Der Betrag wird auch als „Vortrag auf neue Rechnung“ bezeichnet und steht zur Ergebnisverwendung im Folgejahr zur Verfügung (§ 29 Abs. 1 GmbHG; § 174 AktG).

[20] KLIEM/MEYER, in: Beck`scher-Bilanz-Kommentar, 14. Aufl. 2024, § 272 HGB Rdnr. 258–259.

Beispiel

Jahresüberschuss 02		575.000 €
Gewinnvortrag aus 01	+	15.000 €
Einstellung in andere Gewinnrücklagen	–	300.000 €
Ausschüttung für 02	–	250.000 €
Gewinnvortrag aus 02		**40.000 €**

Als Verlustvortrag wird der Jahresfehlbetrag (Verlust) des Vorjahres ausgewiesen, soweit dieser nicht durch Entnahmen aus den Gewinnrücklagen ausgeglichen wurde. Ist das Eigenkapital durch Verluste aufgezehrt, muss auf der Aktivseite der Bilanz die Position „Nicht durch Eigenkapital gedeckter Fehlbetrag" ausgewiesen werden, wenn die Summe der Schuldposten und Rechnungsabgrenzungsposten sowie der passivierten latenten Steuern die Summe der Aktivposten für Vermögensgegenstände und Rechnungsabgrenzungsposten übersteigt (§ 268 Abs. 3 HGB). 7.18

Die Positionen Gewinnvortrag bzw. Verlustvortrag sind nur Folge der Beschlüsse der Gesellschafterversammlung im Rahmen der Ergebnisverwendung. Es ist unzulässig, erfolgswirksame Bilanzberichtigungen über diese Positionen abzuwickeln und die Gewinn- und Verlustrechnung unberührt zu lassen. Das Gleiche gilt für die gebotene Kapitalangleichung im ersten Jahresabschluss nach vorangehenden Bilanzberichtigungen. Zutreffend dagegen sind die Folgen einer zulässigen Bilanzberichtigung unter den sonstigen betrieblichen Aufwendungen bzw. Erträgen ergebniswirksam in laufender Rechnung zu erfassen (§ 275 Abs. 2 Nr. 4 und 8 HGB). Im Allgemeinen werden dafür besondere Konten für periodenfremde Erträge oder Aufwendungen in der Buchführung eingerichtet. Das gilt nicht für Steuernachzahlungen. Diese sind als Steueraufwand zu buchen (§ 275 Abs. 2 Nr. 14 HGB).[21] Fehler können dabei zur Nichtigkeit des Jahresabschlusses führen und damit eine erneute Bilanzaufstellung erfordern, weil die Bilanzierung auf einem schwerwiegenden Verstoß gegen die Grundsätze ordnungsmäßiger Buchführung und dem folgend gegen die Generalnorm (§ 264 Abs. 2 HGB) beruht (siehe Rdnr. 9.92 ff.). 7.19

Die in der Praxis vermeintlich aus Vereinfachungsgründen anzutreffende Anpassung des Gewinnvortrags im Rahmen einer Kapitalangleichung nach einer Betriebsprüfung, die dem Zweck dienen soll, die Doppelerfassung der Gewinnauswirkungen auf Ebene der Ermittlung des zu versteuernden Einkommens der Kapi- 7.20

[21] SCHUBERT, in: Beck'scher Bilanz-Kommentar, 14. Aufl. 2024, § 253 HGB Rdnr. 818; auch KLIEM/MÜLLER, ebd., § 275 HGB Rdnr. 220.

talgesellschaft nach § 8 KStG zu vermeiden, ist auch mit dieser Begründung nicht zu rechtfertigen. Vielmehr ist nach einer erfolgswirksamen Anpassung in laufender Rechnung mit Einfluss auf den Jahresüberschuss bei der Ermittlung des zu versteuernden Einkommens des ersten Jahres nach einer Bilanzberichtigung eine Hinzurechnung bzw. Kürzung außerhalb der Bilanz bei der Ermittlung des zu versteuernden Einkommens geboten.

Beispiel

7.21 Die Betriebsprüfung für die Jahre 01–03 hat zum 31.12.03 unwidersprochen zu Bilanzberichtigungen bei den Rückstellungen i.H.v. 100.000 € geführt. Die fehlerhafte Bewertung hat nicht dazu geführt, dass der Jahresabschluss 03 wegen Verstoßes gegen die Generalnorm (§ 264 Abs. 2 HGB) als nichtig anzusehen wäre.[22]

Ohne Kapitalangleichung beträgt der Jahresüberschuss 04 10.000.000 €. Aufgrund der Passivierung einer § 6b-Rücklage in der Steuerbilanz unterschreitet der Steuerbilanzgewinn nach Berücksichtigung der latenten Steuern den Jahresüberschuss um 400.000 €. Nach § 4 Abs. 5, 5b EStG und § 8b Abs. 5 und § 10 KStG sind außerhalb der Steuerbilanz Hinzurechnungen i.H.v. 3.500.000 € sowie nach §§ 8a, 8b KStG Kürzungen i.H.v. 1.000.000 € geboten.

Lösung

Nach Buchung der aufgrund Kapitalangleichung erforderlichen Anpassung der Rückstellung beträgt der Jahresüberschuss 10.100.000 €. Die Ermittlung des zu versteuernden Einkommens hat nach folgenden Grundsätzen zu geschehen:

Jahresüberschuss	10.100.000 €
Abweichung HB/StB	– 400.000 €
Steuerbilanzgewinn	9.700.000 €
Hinzurechnungen	3.500.000 €
Kürzungen	– 1.000.000 €
Kapitalangleichung	– 100.000 €
Zu versteuerndes Einkommen	**12.100.000 €**

7.1.2.5 Jahresüberschuss/Jahresfehlbetrag

7.22 Der Jahresüberschuss bzw. Jahresfehlbetrag zeigt das Ergebnis des Geschäftsjahres. Die Beträge entsprechen dem Saldo der Gewinn- und Verlustrechnung nach § 275 Abs. 2 Nr. 17 HGB bei Anwendung des Gesamtkostenverfahrens und § 275 Abs. 3 Nr. 16 HGB bei Anwendung des Umsatzkostenverfahrens. Kleinstkapitalgesellschaften i.S.d. § 267a HGB können eine verkürzte Gewinn- und Verlustrechnung entwickeln (§ 275 Abs. 4 HGB).

22 Vgl. dazu JDW RS HFA 6, IDW-FN 2007, 265, Rdnr. 16 und 17.

Einstellungen in Gewinnrücklagen sowie Entnahmen aus Gewinnrücklagen und der Kapitalrücklage dürfen in der Gewinn- und Verlustrechnung erst nach dem Jahresüberschuss/Jahresfehlbetrag gezeigt werden. 7.23

- Für die **AG** ist die Darstellung in Fortsetzung der Nummerierung entsprechend § 275 Abs. 2 HGB etwa beim Gesamtkostenverfahren wie folgt nach § 158 Abs. 1 AktG vorgeschrieben:

  - 17. Jahresüberschuss
  - 18. Gewinnvortrag/Verlustvortrag aus Vorjahr
  - 19. Entnahmen aus der Kapitalrücklage
  - 20. Entnahmen aus Gewinnrücklagen
  - 21. Einstellungen in Gewinnrücklagen
  - 22. Bilanzgewinn

  Dabei sind bei den Positionen 20. und 21. die Entnahmen bzw. Einstellungen getrennt entsprechend der Gliederung in § 266 Abs. 3 A. III. HGB zu zeigen.

- Für eine **GmbH** ist diese strenge Darstellung der Ergebnisverwendung nicht vorgeschrieben. Dennoch ist die Übernahme dieser Grundsätze durchaus sachgerecht und wird regelmäßig zu Recht auch praktiziert.

7.2 Ausstehende Einlagen

Soweit die Einlagen auf das Stammkapital noch nicht geleistet wurden, ist dennoch das gezeichnete Kapital nach § 266 Abs. 3 A. I. HGB in Höhe des Stammkapitals zu passivieren. Soweit die Einlagen eingefordert, jedoch noch nicht gezahlt wurden, sind auf der Aktivseite Forderungen mit entsprechender Bezeichnung anzusetzen (§ 272 Abs. 1 Satz 3 letzter Halbsatz HGB).[23] Die noch nicht eingeforderten ausstehenden Einlagen sind von dem Posten „Gezeichnetes Kapital" offen abzusetzen mit der Folge, dass der verbleibende Betrag als „Eingefordertes Kapital" zu passivieren ist (§ 272 Abs. 1 Satz 3 HGB). Die früher zulässige aktivische Darstellung der nicht eingeforderten ausstehenden Einlagen ist seit Änderung des HGB durch das Bilanzrechtsmodernisierungsgesetz[24] nicht mehr erlaubt. 7.24

Beispiel

Gezeichnetes Kapital	100.000 €		
Ausstehende Einlagen	27.500 €	davon eingefordert	7.500 €

[23] DATEV SKR 04 = Konto 1298.
[24] Art. 66 Abs. 3 EHGB i.d.F. des BilMoG v. 25.05.2009, BGBl I, 1102.

Lösung

Andere Aktiva	xxx	Gezeichnetes Kapital	100.000 €	
Eingeforderte noch ausstehende Einlagen	7.500 €	Ausstehende nicht eingeforderte Einlagen[25]	– 20.000 €	
Geldkonten	72.500 €	Eingefordertes Kapital		80.000 €
		Fremdkapital		xxx

7.3 Eigenkapital in der Bilanz der UG (haftungsbeschränkt)

7.25 Grundsätzlich entspricht die Bilanzgliederung der UG (haftungsbeschränkt) – vorbehaltlich der Darstellung im Rahmen der Offenlegung – den allgemeinen Grundsätzen (§§ 242, 264, 266 HGB). Abweichend von § 266 Abs. 3 HGB kommt allerdings während des Bestehens der UG (haftungsbeschränkt)[26] ein gesonderter Ausweis des Gewinnvortrags und des Jahresüberschusses in der Bilanz nicht in Betracht. Ursächlich dafür ist, dass die UG (haftungsbeschränkt) nach § 5a Abs. 3 GmbHG verpflichtet ist, bereits bei der Bilanzaufstellung eine gesetzliche Rücklage zu Lasten des Jahresüberschusses zu bilden (siehe dazu auch Rdnr. 2.5).[27] In diese Rücklage ist 1/4 des Jahresüberschusses nach Abzug eines Verlustvortrags aus dem Vorjahr einzustellen.

7.26 Diese Verpflichtung ist zum Ende eines jeden Geschäftsjahres erneut zu erfüllen, solange keine Erhöhung des Stammkapitals (§ 57c GmbHG) aufgrund einer entsprechenden notariell beurkundeten Satzungsänderung in das Handelsregister eingetragen wurde (siehe dazu Rdnr. 8.23 ff.). Allein dadurch, dass die gesetzliche Rücklage den Betrag von 25.000 € erreicht, endet die Verpflichtung zur Dotierung dieser Rücklage nicht.

7.27 Mit der Verpflichtung zur Passivierung dieser Gewinnrücklage (§ 266 Abs. 3 HGB) bereits bei der Bilanzaufstellung ist verbunden, dass die Bilanz unter Berücksichtigung einer teilweisen **Ergebnisverwendung** aufgestellt wird (§ 268 Abs. 1 i.V.m. § 270 Abs. 2 HGB). Folgerichtig ist anstelle von Gewinnvortrag und Jahresüberschuss der **Bilanzgewinn** nach teilweiser Ergebnisverwendung als Bilanzposition

25 DATEV SKR 04 = Konto 2910.

26 BGH, Urt. v. 13.01.2022 – III ZR 210/20, GmbHR 2022, 351, zur Haftung des Vertreters einer UG mangels Rechtsformzusatzes und Hinweises auf die Haftungsbeschränkung der Firma.

27 Wicke, GmbHR 2018, 1105; Bayer/Hoffmann, GmbHR 2018, 1156.

des Eigenkapitals auszuweisen (siehe dazu auch Rdnr. 8.7 ff. und Rdnr. 8.23 ff. mit Beispiel).

Diese Bilanzierungsgrundsätze sind auch maßgebend, wenn die UG (haftungsbeschränkt) lediglich zu dem Zweck gegründet wird, Komplementärin einer KG zu sein, die folglich als **UG (haftungsbeschränkt) & Co. KG** firmiert. Unbeachtlich ist auch, wenn nach der Gründung der KG durch Abtretung der Anteile an der UG (haftungsbeschränkt) eine **Einheits-UG (haftungsbeschränkt) & Co. KG** verwirklicht wird.[28] 7.28

7.4 Bilanz bei Bestehen einer stillen Gesellschaft (GmbH & Still)

Eine stille Gesellschaft ist dadurch gekennzeichnet, dass sich ein Gesellschafter durch Vermögenseinlage am Handelsgewerbe eines Dritten (Einzelkaufmann, Personenhandelsgesellschaft oder Kapitalgesellschaft) beteiligt, ohne nach außen in Erscheinung zu treten (§ 230 Abs. 1 HGB). Die Einlage[29] des stillen Gesellschafters geht in das Vermögen des Inhabers des Handelsgeschäfts über, so dass die Gesellschaft nicht über gemeinschaftliches Vermögen verfügt. Dennoch greifen die §§ 705 ff. BGB zusätzlich, denn die stille Gesellschaft ist im Innenverhältnis eine GbR, im Außenverhältnis bleibt der Kaufmann alleiniger Inhaber des Geschäfts. Alle Rechtsverhältnisse verwirklicht er im eigenen Namen, während der stille Gesellschafter lediglich über Einsichts- und Kontrollrechte verfügt (§ 233 HGB). 7.29

Die stille Gesellschaft ist als Innengesellschaft nicht Kaufmann (§§ 1, 6 Abs. 1 HGB) und deshalb als solche nach Handelsrecht weder buchführungs- noch bilanzierungspflichtig (§§ 238 ff. HGB). Die nach § 232 HGB gebotene Gewinnermittlung erfolgt nur auf der Grundlage des Jahresabschlusses des Geschäftsinhabers, im Fall der GmbH & Still folglich nur der GmbH. Dafür ist unbeachtlich, ob nach steuerrechtlicher Wertung eine typisch oder atypisch stille Gesellschaft vorliegt (siehe zur **Steuerbilanz** Rdnr. 9.52 ff.). 7.30

Während die geleistete Einlage des stillen Gesellschafters in der Handelsbilanz als Vermögenszugang zu aktivieren ist, gehört die Verpflichtung zur Rückzahlung der Einlage zu den **sonstigen Verbindlichkeiten** (§ 266 Abs. 3 C. 8. HGB), denn bei Beendigung der stillen Gesellschaft ist das „Guthaben in Geld zu berichtigen“ (§ 235 HGB).[30] Wird die Einlage durch Abtretung einer Darlehensforderung geleistet, die gegenüber dem Inhaber des Handelsgewerbes besteht, tritt die Verbind- 7.31

---

[28] Zur wirksamen Gründung dieser Einheitsgesellschaft mit der Notwendigkeit mehrerer Gründungsschritte vgl. OLG Celle, Beschl. v. 10.10.2022 – 9 W 81/22, GmbHR 2023, 30 = DStR 2023, 658.

[29] BFH, Urt. v. 24.04.2014 – IV R 18/10, BFH/NV 2014, 1516. Das gilt auch im Fall einer Forderungsabtretung.

[30] BFH, Urt. v. 27.03.2012 – I R 62/08, BStBl II, 745, Rdnr. 13.

lichkeit gegenüber dem stillen Gesellschafter an die Stelle der bisherigen Darlehensschuld (zur Sachbehandlung auf Ebene des stillen Gesellschafters siehe Rdnr. 9.52).[31]

7.32 Soweit der stille Gesellschafter zugleich Gesellschafter der GmbH ist, erfolgt die Passivierung unter den **Verbindlichkeiten gegenüber Gesellschaftern** (§ 42 Abs. 3 GmbHG) oder eine entsprechende Angabe im Anhang (§ 284 Abs. 1 HGB). Ist der stille Gesellschafter am Verlust beteiligt und kann die Gesellschaft für mindestens fünf Jahre nicht gekündigt werden, ist die Beteiligung nicht als Fremdkapital, sondern als **Sonderposten innerhalb des Eigenkapitals** auszuweisen, wenn eine Rückzahlung der Einlage erst nach Befriedigung aller Gläubiger verlangt werden kann.[32]

7.33 Der Gewinnanteil des stillen Gesellschafters mindert den Jahresüberschuss und ist im Jahresabschluss als Ergebnis eines Teilgewinnabführungsvertrags auszuweisen.[33] Er ist in der Gewinn- und Verlustrechnung als **Aufwand aus Teilgewinnabführung** zu bezeichnen (§ 277 Abs. 3 Satz 2 HGB) und gehört in der Bilanz zu den **sonstigen Verbindlichkeiten** (§ 232 Abs. 1 HGB). Sollte der Stille zugleich Gesellschafter der GmbH sein, erfolgt der Bilanzausweis unter den **Verbindlichkeiten gegenüber Gesellschaftern** (§ 42 Abs. 3 GmbHG).

7.34 Abweichend davon ist die Einlage des stillen Gesellschafters um den Gewinnanteil zu erhöhen, wenn dies vertraglich vereinbart ist (§ 232 Abs. 3 HGB). Für den Fall der noch nicht oder nicht vollständig geleisteten Einlage ist der Gewinnanteil zunächst mit der insoweit bestehenden Forderung zu verrechnen. Verlustanteile mindern mit Ablauf des Geschäftsjahres des Inhabers des Handelsgewerbes den Buchwert der Verbindlichkeiten gegenüber dem stillen Gesellschafter, soweit sich dieser zur Verlusttragung nach § 231 HGB verpflichtet hat.[34] Eine spätere Saldierung ist unbeachtlich. Ist die Einlage durch Verlustanteile gemindert, müssen Gewinnanteile zur Wiederauffüllung eingesetzt werden (§ 232 Abs. 2 Satz 2 HGB), so dass deren Auszahlung abweichend von § 232 Abs. 3 HGB nicht verlangt werden kann.[35]

---

[31] BFH, Urt. v. 28.11.2019 – IV R 54/16, BStBl II 2023, 447.

[32] SCHUBERT/HARGARTEN, in: Beck'scher Bilanz-Kommentar, 14. Aufl. 2024, § 247 HGB Rdnr. 215. Nach SCHUBERT/HARGARTEN, ebd., § 266 HGB, Rdnr. 192, Ausweis gesondert nach dem Eigenkapital.

[33] KLIEM/MÜLLER, in: Beck'scher Bilanz-Kommentar, 14. Aufl. 2024, § 277 HGB Rdnr. 10 und 23.

[34] BFH, Urt. v. 27.03.2012 – I R 62/08, BStBl II, 745, Rdnr. 14, 15.

[35] BFH, Urt. v. 23.07.2002 – VIII R 36/01, BStBl II, 858.

8. Ergebnisverwendung

8.1 Bilanzaufstellung vor Ergebnisverwendung

Die Gliederung des Eigenkapitals nach § 266 Abs. 3 A. HGB entspricht einer Bilanzaufstellung vor Ergebnisverwendung. Mit dem Jahresüberschuss/Fehlbetrag und dem Gewinnvortrag/Verlustvortrag aus dem Vorjahr wird in der Bilanz das unverteilte Ergebnis gezeigt. Diese Bilanzierung kommt indes nur in Betracht, wenn eine Einstellung in **Gewinnrücklagen** weder nach Gesetz noch aufgrund der Satzung bzw. des Gesellschaftsvertrags in Betracht kommt. 8.1

Die Ergebnisverwendung ist in diesem Fall nach Feststellung des Jahresüberschusses ein Geschäftsvorfall im folgenden Geschäftsjahr. Durch den Beschluss der Gesellschafterversammlung wird bestimmt, in welchem Umfang Gewinnausschüttungen einerseits und eine Einstellung in die anderen Gewinnrücklagen oder eine Entnahme daraus andererseits erfolgen sollen. Während die beschlossenen Gewinnausschüttungen als Verbindlichkeiten gegenüber Gesellschaftern bis zur Auszahlung zu buchen sind, verändert die Einstellung in die anderen Gewinnrücklagen – soweit beschlossen – diese Eigenkapitalposition unmittelbar. Da für eine Ergebnisverwendung neben dem Jahresüberschuss des abgelaufenen Geschäftsjahres auch der Gewinnvortrag aus der vorangegangenen Rechnungsperiode zur Verfügung steht, ist schließlich ein nach Ausschüttung und Einstellung in die anderen Gewinnrücklagen verbleibender Betrag auf neue Rechnung vorzutragen und als (neuer) „Gewinnvortrag“ auszuweisen. 8.2

Beispiel

8.3

Stammkapital	25.000 €
Andere Gewinnrücklagen 31.12.01	20.000 €
Gewinnvortrag aus 01	2.000 €
Jahresüberschuss 02	121.000 €

Beschluss der Gesellschafterversammlung in 03 nach Bilanzfeststellung:

Ausschüttung für 02	50.000 €
Einstellung in andere Gewinnrücklagen	70.000 €
Vortrag auf neue Rechnung	3.000 €

Lösung

Bilanz 31.12.02

		Gezeichnetes Kapital	25.000 €
		Andere Gewinnrücklagen	20.000 €
		Gewinnvortrag	2.000 €
		Jahresüberschuss	121.000 €

Erst **nach Beschluss** der Gesellschafterversammlung über die Ergebnisverwendung wird die Veränderung der Rücklagen durch Buchung erfasst:

Jahresüberschuss	121.000 €		
Gewinnvortrag aus 01	2.000 €	an Ergebnisverwendung	123.000 €
Ergebnisverwendung	123.000 €	an Verbindl. ggü. Gesellschaftern	50.000 €
		an andere Gewinnrücklagen	70.000 €
		an Gewinnvortrag aus 02	3.000 €

8.4 Diese Bilanzierung ist solchen Kapitalgesellschaften nicht gestattet, die eine gesetzliche Rücklage bereits in dem Jahresabschluss für das Geschäftsjahr zu bilden haben, in dem der Jahresüberschuss erzielt wurde. Dies gilt für die UG (haftungsbeschränkt) nach § 5a Abs. 3 Satz 1 HGB und für die AG nach § 150 Abs. 1 AktG.

8.5 Einer GmbH ist diese Bilanzierung nur dann verwehrt, wenn dem Gesellschaftsvertrag zufolge eine satzungsmäßige Rücklage zu Lasten des Jahresüberschusses zu bilden und die Zuführung in der Bilanz auszuweisen ist. In diesen Fällen kommt nur eine Bilanzierung unter Berücksichtigung einer teilweisen Ergebnisverwendung in Betracht (siehe dazu unten Rdnr. 8.7 ff.).

8.6 Unabhängig von diesen Grundsätzen sind Zuführungen zur **Kapitalrücklage** oder Entnahmen daraus stets bereits bei der Bilanzaufstellung zu berücksichtigen (§ 270 Abs. 1 HGB). Dabei beruhen Zuführungen nur auf Einlagen nach Maßgabe des § 272 Abs. 2 HGB. Eine Zuführung aus dem Ergebnis ist unzulässig. Entnahmen aus der Kapitalrücklage verändern nicht den Jahresüberschuss oder Jahresfehlbetrag, sondern erhöhen nur den Bilanzgewinn (§ 272 Abs. 4 HGB,

§ 158 Abs. 1 AktG, § 29 Abs. 1 Satz 2 GmbHG). Erfolgt eine Entnahme aus der Kapitalrücklage, liegt im engeren Sinne deshalb keine Ergebnisverwendung vor. Dennoch tritt auch in diesem Fall in der Eigenkapitalgliederung in der Bilanz (§ 266 Abs. 3 A. HGB) an die Stelle von Gewinnvortrag (Verlustvortrag) und Jahresüberschuss (Jahresfehlbetrag) der Bilanzgewinn nach folgender Rechnung:

	Jahresüberschuss (– Jahresfehlbetrag)
+	Gewinnvortrag (– Verlustvortrag)
+	Entnahmen aus der Kapitalrücklage
=	Bilanzgewinn

8.2 Bilanzaufstellung mit teilweiser Ergebnisverwendung

Nach § 268 Abs. 1 HGB darf die Bilanz auch unter Berücksichtigung einer teil- 8.7
weisen Ergebnisverwendung aufgestellt werden. Dies kommt in Betracht, wenn die Einstellung in gesetzliche, vertragliche bzw. satzungsmäßige Gewinnrücklagen bereits bei der Bilanzaufstellung (§ 270 Abs. 2 HGB) erfolgt. Eine solche Bilanzaufstellung ist im Hinblick auf die zwingende Dotierung der gesetzlichen Rücklage bei einer AG nach § 150 Abs. 1 AktG und bei der UG (haftungsbeschränkt) nach § 5a Abs. 3 GmbHG der Regelfall.

Bei einer GmbH ist die Bilanzaufstellung unter Berücksichtigung einer teilweisen 8.8
Ergebnisverwendung nur dann zwingend, wenn dem Gesellschaftsvertrag zufolge zu Lasten des Jahresüberschusses eine satzungsmäßige Rücklage in bestimmter Höhe zu bilden und die Zuführung bereits in der Bilanz auszuweisen ist (§ 29 Abs. 1 Satz 2 GmbHG). Außerdem ist dies geboten, wenn und soweit eine Rücklage für Anteile an einem beherrschenden oder mit Mehrheit beteiligten Unternehmen nach § 272 Abs. 4 HGB bereits bei der Bilanzaufstellung gebildet werden muss (zur Vorabausschüttung vgl. Rdnr. 8.15 ff.).

Nicht zur teilweisen Ergebnisverwendung gehört 8.9

a) die vorgeschlagene Ausschüttung und

b) die Einstellung in die **anderen** Gewinnrücklagen oder eine Entnahme daraus, die nach Bilanzfeststellung durch **Beschluss** der Gesellschafterversammlung erfolgt.

Wird die Bilanz unter Berücksichtigung einer teilweisen Ergebnisverwendung auf- 8.10
gestellt, tritt in der Gliederung des Eigenkapitals in der Bilanz an die Stelle von Jahresüberschuss und Gewinnvortrag der **Bilanzgewinn**. Dies entspricht auch § 29

Abs. 1 GmbHG, denn danach haben die Gesellschafter grundsätzlich Anspruch auf den Jahresüberschuss zuzüglich Gewinnvortrag (abzüglich Verlustvortrag). Bei teilweiser Ergebnisverwendung reduziert sich der Anspruch auf den Bilanzgewinn aufgrund folgender Rechnung (§ 158 Abs. 1 AktG):

	Jahresüberschuss
+	Gewinnvortrag (– Verlustvortrag)
–	Einstellung in die gesetzliche Rücklage
–	Einstellung in satzungsmäßige bzw. vertragliche Gewinnrücklagen
=	Bilanzgewinn

8.11 Nach Maßgabe der gesetzlichen Vorgaben erfolgen die notwendigen Buchungen für eine Bilanzaufstellung unter Berücksichtigung einer teilweisen Ergebnisverwendung teilweise bereits bei der Bilanzaufstellung, weil insoweit ein Geschäftsvorfall des abgelaufenen Geschäftsjahres vorliegt, und im Übrigen nach Beschluss der Gesellschafterversammlung.

Beispiel

Stammkapital	600.000 €
Einlagen der Gesellschafter in 02	100.000 €
Verdeckte Einlage (Forderungsverzicht) in 02	75.000 €
Gewinnvortrag aus 01	10.000 €
Satzungsmäßige Gewinnrücklagen 31.12.01	300.000 €
Andere Gewinnrücklagen 31.12.01	50.000 €
Jahresüberschuss 02	412.000 €
Beschluss in 03 für 02:	
Ausschüttung	180.000 €
Einstellung in andere Gewinnrücklagen	30.000 €

Dem Gesellschaftsvertrag zufolge sind jährlich 50 % des Jahresüberschusses, höchstens 200.000 €, in satzungsmäßige Gewinnrücklagen einzustellen.

Lösung

1. Die Einlage der Gesellschafter ist als Zuzahlung in das Eigenkapital i.S.d. § 272 Abs. 2 Nr. 4 HGB zu beurteilen. Die damit verbundene Einstellung in die Kapitalrücklage erfolgt bereits bei der Aufstellung der Bilanz und beeinflusst (anders als eine Entnahme) nicht den Bilanzgewinn (§ 270 Abs. 1 HGB). Die mit dem Forderungsverzicht verbundene verdeckte Einlage (§ 8 Abs. 3 Satz 3 KStG) hat bereits den Jahresüberschuss 02 beeinflusst, denn insoweit ist eine gewinnerhöhende Buchung erfolgt. Eine (weitere) Einstellung in die Kapitalrücklage kommt daher nicht in Betracht.[1]
2. Der Bilanzgewinn 02 beträgt:

Jahresüberschuss 02	412.000 €
Gewinnvortrag	+ 10.000 €
Einstellung in satzungsmäßige Rücklagen	– 200.000 €
Bilanzgewinn	**222.000 €**

Bilanz 31.12.02

	Gezeichnetes Kapital	600.000 €
	Kapitalrücklage	100.000 €
	Satzungsmäßige Rücklagen	500.000 €
	Andere Gewinnrücklagen	50.000 €
	Bilanzgewinn	222.000 €

3. Buchung für Zwecke der Bilanzaufstellung:

Jahresüberschuss	412.000 €		
Gewinnvortrag 01	10.000 €	an Ergebnisverwendung	422.000 €
Ergebnisverwendung	422.000 €	an satzungsmäßige Rücklagen	200.000 €
		an Bilanzgewinn	222.000 €

Nach dem **Beschluss** der Gesellschafterversammlung über die Verwendung des Bilanzgewinns wird die Veränderung der anderen Gewinnrücklagen als Geschäftsvorfall im Folgejahr buchmäßig erfasst und der verbleibende Betrag als Vortrag auf neue Rechnung gebucht:

Bilanzgewinn	222.000 €	an Verbindl. ggü. Gesellschaftern	180.000 €
		an andere Gewinnrücklagen	30.000 €
		an Gewinnvortrag[2] aus 02	12.000 €

[1] Unabhängig von dieser Wertung ist zu berücksichtigen, dass sowohl die Einstellung in die Kapitalrücklage als auch die verdeckte Einlage als Zugang zum steuerlichen Einlagekonto (§ 27 KStG) zu erfassen ist; siehe dazu ausführlich Rdnr. 12.12 und Rdnr. 18.1 ff.

[2] DATEV SKR 04 Konto 2979 „Vortrag auf neue Rechnung (Bilanz)".

Die Auszahlung der beschlossenen Ausschüttung erfordert schließlich die Berücksichtigung der nach §§ 43, 43a EStG einzubehaltenen **Kapitalertragsteuer** (45.000 €) zzgl. **Solidaritätszuschlag** (2.475 €):

Verbindlichkeiten ggü. Gesellschaftern	180.000 €	an Verbindlichkeiten ggü. Finanzamt	47.475 €
		an Finanzkonto	132.525 €

8.12 Die für die Ergebnisverwendung zuständigen Organe der Gesellschaft können auch beschließen, den Bilanzgewinn vollständig auf neue Rechnung vorzutragen, um die Liquidität der Gesellschaft zu schonen. Dieser Betrag ist sodann in der Bilanz für das folgende Geschäftsjahr gesondert als Gewinnvortrag auszuweisen (§ 266 Abs. 3 A.IV. HGB). Diese Maßnahme eröffnet auch die Möglichkeit, im folgenden Jahr eine höhere Gewinnausschüttung (Dividende) beschließen zu können.

8.13 Vermehrt sind in der Praxis Jahresabschlüsse von Kapitalgesellschaften anzutreffen, in denen ein Bilanzgewinn in der Bilanz ausgewiesen ist, obwohl eine Einstellung weder in gesetzliche noch in satzungsmäßige Gewinnrücklagen zu erfolgen hat. Offenbar dient dies der Vermeidung des Ausweises von Jahresfehlbeträgen, indem die Jahresfehlbeträge nach Saldierung mit in früheren Jahren nicht ausgeschütteten Jahresüberschüssen in der Position Bilanzgewinn „versteckt" werden. Diese Bilanzierung ist unzulässig und verstößt gegen § 264 Abs. 2 HGB. Entgegen der tatsächlichen Ertragslage wird insbesondere der Eindruck eines gesunden Unternehmens vermittelt.

8.14 **Beispiel**

Jahresüberschuss 02	150.000 €
Gewinnvortrag aus 01	250.000 €
Jahresfehlbetrag 03	– 30.000 €
Jahresfehlbetrag 04	– 80.000 €
Jahresfehlbetrag 05	– 140.000 €

Darstellung in der Bilanz

31.12.03	Bilanzgewinn	370.000 €
31.12.04	Bilanzgewinn	290.000 €
31.12.05	Bilanzgewinn	150.000 €

Lösung

Mit dieser Bilanzierung wird der Eindruck erweckt, in allen Geschäftsjahren seit 03 seien positive Ergebnisse erzielt worden. Dies ist unzulässig.

Soweit Ausschüttungen für 01 und 02 nicht erfolgt sind, muss die zutreffende Bilanzierung mangels Einstellung in Gewinnrücklagen lauten:

31.12.03	Gewinnvortrag	400.000 €
	Jahresfehlbetrag	– 30.000 €
31.12.04	Gewinnvortrag	370.000 €
	Jahresfehlbetrag	– 80.000 €
31.12.05	Gewinnvortrag	290.000 €
	Jahresfehlbetrag	– 140.000 €

Eine **Vorabausschüttung**, die nach dem Bilanzstichtag für das abgelaufene Geschäftsjahr beschlossen und ausgezahlt wird, kann nicht Gegenstand einer Buchung und damit eines Bilanzausweises als Verbindlichkeiten gegenüber Gesellschaftern (§ 42 Abs. 3 GmbHG) sein. Es fehlt an einer Verpflichtung am Bilanzstichtag. Weder zum Schluss des abgelaufenen Jahres noch in laufender Rechnung des Folgejahres kommt eine Buchung zu Lasten des Gewinnvortrags in Betracht. Diese Größe unterliegt dem Bilanzenzusammenhang und verändert sich erst bei der Buchung der Ergebnisverwendung für das abgelaufene Jahr. 8.15

Ist die Vorabausschüttung bereits **vor Ablauf** des Geschäftsjahres im Hinblick auf das für dieses Jahr erwartete Ergebnis ausgezahlt worden, muss der Jahresabschluss für dieses Geschäftsjahr zwingend unter Berücksichtigung einer teilweisen Ergebnisverwendung aufgestellt werden.[3] Ein Wahlrecht dem Wortlaut des § 268 Abs. 1 HGB entsprechend besteht hier nicht, denn der Anspruch der Gesellschafter nach § 29 Abs. 1 GmbHG kann nicht mehr auf den Jahresüberschuss gerichtet sein, sondern nur noch auf den **Bilanzgewinn** nach Abzug der Vorabausschüttung.[4] 8.16

Soweit der Beschluss, eine Vorabausschüttung vorzunehmen, bereits vor Ablauf des Geschäftsjahres gefasst wurde, während die Auszahlung erst im neuen Jahr erfolgt, sind aufgrund der Verpflichtung am Stichtag bereits Verbindlichkeiten gegenüber Gesellschaftern zu passivieren. Dabei kommt allerdings eine Buchung „Gewinnvortrag an Verbindlichkeiten" nicht in Betracht. Vielmehr ist ein Teil des Ergebnisses durch Beschluss bereits verwendet, so dass eine Bilanzaufstellung nach 8.17

[3] So auch SCHUBERT/HARGARTEN, in: Beck'scher Bilanz-Kommentar, 14. Aufl. 2024, § 268 HGB Rdnr. 8.

[4] Bei Zahlung erfolgt die Buchung auf dem Konto 7790 (SKR 04).

teilweiser Ergebnisverwendung folgerichtig ist (§ 268 Abs. 1, § 270 Abs. 2 HGB, § 29 Abs. 1 GmbHG). Anstelle von Jahresüberschuss des laufenden Jahres und Gewinnvortrag aus dem Vorjahr ist der verbleibende Bilanzgewinn im Eigenkapital auszuweisen.

Beispiel

Gewinnvortrag aus 07	=	90.000 €
Jahresüberschuss 08	=	540.000 €

Am 20.12.08 wurde eine Vorabausschüttung i.H.v. 80.000 € beschlossen, die am 10.01.09 ausgezahlt wurde.

Lösung

Aufgrund des Beschlusses vor Ablauf des Geschäftsjahres, einen Teil des Ergebnisses vorab auszuschütten, ist die Bilanz zum 31.12.08 unter Berücksichtigung einer teilweisen Ergebnisverwendung aufzustellen. Die dafür notwendige den Jahresabschluss vorbereitende Buchung lautet:

Gewinnvortrag	90.000 €		
Jahresüberschuss	540.000 €		
		an Verbindlichkeiten ggü. Gesellschaftern	80.000 €
		an Bilanzgewinn	550.000 €

8.18 Nach Feststellung des Jahresabschlusses erfolgt keine Ergebnisverwendung mehr, sondern es kann nur noch ein Beschluss über die Verwendung des Bilanzgewinns gefasst werden (**Gewinnverwendung**).

8.19 Grundsätzlich erfolgt die Zurechnung von Vorabausschüttungen nach dem Verhältnis der Geschäftsanteile, es sei denn, der Gesellschaftsvertrag enthält davon abweichende Vorgaben (§ 29 Abs. 3 GmbHG). Davon abweichend kann auch ein satzungsdurchbrechender Beschluss gefasst werden, wonach eine **inkongruente Vorabausschüttung** erfolgen soll, die nur einem bestimmten Gesellschafter zugutekommen soll.[5] Ist der Beschluss einstimmig gefasst, und kommt eine Anfechtung nicht in Betracht, ist dieser zivilrechtlich wirksame Beschluss entgegen der Auffassung der Finanzverwaltung[6] auch steuerlich anzuerkennen. Folgerichtig bezieht auch nur der durch den Beschluss begünstigte Gesellschafter Einkünfte gem. § 20 Abs. 1 Nr. 1 Satz 1 EStG. Ein Gestaltungsmissbrauch i.S.d. § 42 Abs. 2 Satz 1 AO

5 Zu den schenkungsteuerrechtlichen Folgen inkongruenter Ausschüttungen vgl. FG Rheinland-Pfalz, Urt. v. 26.01.2022 – 4 K 1274/20, EFG 2022, 278.

6 BMF-Schreiben v. 17.12.2013 – IV C 2 – S 2750-a/11/10001, BStBl I 2014, 63 (Anlage 6 KStH 2022).

liegt nicht vor.[7] Eine entsprechende Prüfung dazu hat nach denselben Grundsätzen zu erfolgen, die auch für in der Satzung geregelte inkongruente Ausschüttungen gelten.

Beispiel

An der Z-GmbH sind der Kläger K und die X-GmbH jeweils zu 50 % beteiligt. K ist alleiniger Gesellschafter der X-GmbH. Der Gesellschaftsvertrag der Z-GmbH enthält keine von der Verteilung nach Geschäftsanteilen abweichende Regelung. 8.20

K und die X-GmbH, wirksam vertreten durch K, fassen im Rahmen der Gesellschafterversammlung der Z-GmbH einstimmig einen Vorabausschüttungsbeschluss nur zugunsten der X-GmbH.

Lösung

Der BFH[8] folgt dem zivilrechtlich wirksamen inkongruenten Vorabausschüttungsbeschluss und ordnet die Vorabausschüttung nur der X-GmbH als bezogene Gewinnausschüttung nach § 8b Abs. 1 KStG zu.

8.3 Bilanzaufstellung mit vollständiger Ergebnisverwendung

Nach § 268 Abs. 1 HGB kann die Bilanzaufstellung auch unter Berücksichtigung 8.21 einer vollständigen Ergebnisverwendung erfolgen. Dies setzt allerdings voraus, dass der Jahresüberschuss neben einer evtl. verpflichtenden Einstellung in die gesetzliche Rücklage vollständig in eine satzungsmäßige Gewinnrücklage eingestellt werden muss. Weitergehend kann dies auch nur oder zusätzlich in Betracht kommen, wenn die endgültige und vollständige Ergebnisverwendung bereits vor der Bilanzaufstellung beschlossen worden ist, so dass insoweit das Ergebnis als verwendet gilt.

In der Folge wird weder ein Bilanzgewinn noch ein Bilanzverlust im Rahmen der 8.22 Gliederung des Eigenkapitals ausgewiesen. Die Buchung der Ergebnisverwendung einschließlich der Einstellung in die Gewinnrücklagen erfolgt vollständig bereits bei der Bilanzaufstellung. Soweit in diesem Zusammenhang auch schon Ausschüttungen an die Gesellschafter beschlossen wurden, sind insoweit Verbindlichkeiten gegenüber Gesellschaftern zu passivieren (§ 42 Abs. 3 GmbHG).

8.4 Ergebnisverwendung der UG (haftungsbeschränkt)

Bei der Aufstellung der Bilanz der Unternehmergesellschaft (haftungsbeschränkt) 8.23 bzw. UG (haftungsbeschränkt) i.S.d. § 5a GmbHG ist zu berücksichtigen, dass diese Gesellschaft zur Dotierung einer gesetzlichen Rücklage gem. § 5a Abs. 3

[7] BFH, Urt. v. 28.09.2022 – VIII R 20/20, BFH/NV 2023, 196.
[8] BFH, Urt. v. 28.09.2022 – VIII R 20/20, BFH/NV 2023, 196.

EStG verpflichtet ist (siehe Rdnr. 2.5). Dies erfordert eine Bilanzaufstellung unter Berücksichtigung einer teilweisen Ergebnisverwendung (§ 268 Abs. 1 i.V.m. § 270 Abs. 2 HGB). Die Zuführung zur gesetzlichen Rücklage beträgt **25 %** des Jahresüberschusses vermindert um einen Verlustvortrag aus dem Vorjahr.

8.24 In der Bilanz ist deshalb abweichend vom Wahlrecht des § 268 Abs. 1 HGB anstelle von Gewinnvortrag/Verlustvortrag und Jahresüberschuss/Jahresfehlbetrag zwingend der **Bilanzgewinn** auszuweisen. Nur in dieser Höhe besteht eine Anspruchsgrundlage der Gesellschafter (§ 29 Abs. 1 Satz 2 GmbHG). Dafür ist unmaßgeblich, ob ein Gesellschaftsvertrag abgeschlossen wurde (§ 2 Abs. 1, § 3 GmbH) oder der Gründung der Gesellschaft nur ein **Musterprotokoll** im vereinfachten Verfahren nach § 2 Abs. 1a GmbH zugrunde liegt.[9]

Beispiel

Am 01.07.02 wurde die Gründung einer UG (haftungsbeschränkt) mit Musterprotokoll (§ 2 Abs. 1a GmbHG) und einem Stammkapital i.H.v. 1.500 € beurkundet. Der Jahresüberschuss für 02 beträgt 20.500 €.

Lösung

Die Zuführung zur gesetzlichen Rücklage gem. § 5a Abs. 3 GmbHG beträgt 5.215 € (20.500 € x 25 %). Der Bilanzgewinn reduziert sich demgemäß mangels Gewinnvortrags aus dem Vorjahr zum 31.12.02 auf 15.375 €.

Bilanz 31.12.02

Verschiedene Aktiva	60.000 €	Gezeichnetes Kapital	1.500 €	
		Gewinnrücklagen		
		1. Gesetzliche Rücklage	5.125 €	
		Bilanzgewinn	15.375 €	22.000 €
		Verbindlichkeiten		38.000 €
	60.000 €			60.000 €

8.25 Die gesetzliche Rücklage darf nur zum Ausgleich eines Jahresfehlbetrags verringert um einen Gewinnvortrag, zum Ausgleich eines Verlustvortrags oder zur Kapitalerhöhung (§ 57c GmbHG) verwendet werden. Erst wenn das **Stammkapital** durch Satzungsänderung auf **mindestens 25.000 €** erhöht wird, sei es durch Einlagen oder durch Umwandlung der Rücklage,[10] und die Erhöhung beurkundet und im **Handelsregister** eingetragen ist, entfällt die Verpflichtung zur weiteren Dotierung der Rücklage (§ 5a Abs. 5 GmbHG). Erst danach darf die Gesellschaft mit dem

[9] Zum Musterprotokoll vgl. OLG Stuttgart, Beschl. v. 07.07.2020 – 8 W 188/20, GmbHR 2021, 98.

[10] Beachte ggf. aus steuerlicher Sicht Sonderausweis nach § 28 Abs. 1 Satz 3 KStG.

Zusatz „**GmbH**" firmieren. Sie kann allerdings trotz Kapitalerhöhung auch weiterhin als UG (haftungsbeschränkt) nach außen auftreten (§ 5a Abs. 5 zweiter Halbsatz GmbHG).

Die Kapitalerhöhung kann erst nach Feststellung des Jahresabschlusses und Beschlussfassung über die Ergebnisverwendung für das dem Kapitalerhöhungsbeschluss vorangehende Geschäftsjahr beschlossen werden (§ 57c Abs. 2 GmbHG). Dem Beschluss ist eine Bilanz zugrunde zu legen (§ 57c Abs. 3 HGB), wobei es sich um die letzte durch vereidigten Buchprüfer geprüfte Jahresbilanz handeln kann (§ 57e Abs. 2 GmbHG). Die Beschränkungen entsprechend § 57d Abs. 2 und 3 GmbHG zur Umwandlung von Rücklagen in gezeichnetes Kapital sind zu beachten. 8.26

Erfolgt die Kapitalerhöhung dem Beschluss nach zulässigerweise durch Umwandlung der gesetzlichen Rücklage, ist eine Umgliederung innerhalb des Eigenkapitals geboten, und zwar durch Zugang beim „Gezeichneten Kapital" und Abgang beim Posten „III. Gewinnrücklagen, 1. Gesetzliche Rücklage", entsprechend § 266 Abs. 3 HGB. 8.27

Beispiel (Fortsetzung)

Zum 31.12.05 erreicht die gesetzliche Rücklage gem. § 5a Abs. 3 GmbHG den Betrag von 30.000 €. Durch Beschluss in 06 wird das Stammkapital von 1.500 € auf 25.000 € erhöht. Die Satzungsänderung wird notariell beurkundet und in das Handelsregister eingetragen. Der Jahresüberschuss 05 beträgt 37.000 €, der Gewinnvortrag aus 04 beträgt 3.000 €. Eine Änderung der Satzung mit dem Ziel, Einstellungen in satzungsmäßige Gewinnrücklagen vorzunehmen, wurde nicht beschlossen. 8.28

Lösung

Bilanz 31.12.06

Verschiedene Aktiva	180.000 €	Gezeichnetes Kapital	25.000 €	
		Gewinnrücklagen 1. Gesetzliche Rücklage	5.000 €	
		Gewinnvortrag	3.000 €	
		Jahresüberschuss	37.000 €	70.000 €
		Verbindlichkeiten		110.000 €
	180.000 €			180.000 €

Erfolgt die Eintragung einer Kapitalerhöhung nach § 57 Abs. 1, § 57c Abs. 1 GmbHG im Handelsregister nicht, obwohl die Rücklage die für eine Umwandlung in Stammkapital erforderliche Summe aufweist, ist weiterhin die Einstellung 8.29

in die gesetzliche Rücklage nach Maßgabe des § 5a Abs. 3 GmbHG geboten, und die Gesellschaft muss weiterhin als „Unternehmergesellschaft (haftungsbeschränkt)“ oder „UG (haftungsbeschränkt)“ firmieren.

9. Eigenkapital in der Steuerbilanz

9.1 Von der Handelsbilanz abweichende Steuerbilanz

9.1 Nach § 5b Abs. 1 Satz 3 EStG i.V.m. § 60 Abs. 2 Satz 2 EStDV kann anstelle einer sogenannten Überleitungsrechnung eine (eigenständige) von der Handelsbilanz abweichende Steuerbilanz aufgestellt und der Finanzbehörde elektronisch eingereicht werden. Während in der Überleitungsrechnung lediglich für die jeweilige Rechnungsperiode eine Gegenüberstellung der nach Steuerrecht abweichenden Bilanzpositionen und Gewinnauswirkungen darzustellen sind und daneben ein Betriebsvermögensvergleich nach § 4 Abs. 1 Satz 1 EStG verlangt wird, ist die von der Handelsbilanz abweichende Steuerbilanz der Praxis schon deshalb zu empfehlen, weil die Abweichungen sich vielfach über mehrere Wirtschaftsjahre erstrecken. Daher sichert die abweichende Steuerbilanz unter Wahrung des Bilanzenzusammenhangs eine Entwicklung der Buchwerte, die für steuerliche Zwecke in der Zukunft eine Rolle spielen können. In besonderer Weise sind das Sachverhaltskonstellationen im Zusammenhang mit Abschreibungen aufgrund steuerlicher Normen, aber auch Folgen aus der Umwandlung oder Einbringung nach dem UmwStG, der Übertragung nach § 6 Abs. 5 Satz 3 EStG, der Veräußerung im Zusammenhang mit und ohne Begünstigung nach § 6b EStG sowie dem Ausscheiden von Wirtschaftsgütern aufgrund höherer Gewalt oder eines behördlichen Eingriffs (R 6.6 EStR).

9.2 Der selbständigen (oder eigenständigen) Steuerbilanz kann eine selbständige, nur steuerlichen Zwecken dienende Buchführung zugrunde liegen. Dies würde indes erfordern, dass alle Geschäftsvorfälle doppelt und zeitgleich nach Handelsrecht und soweit abweichend nach Steuerrecht erfasst werden müssten. Empfehlenswert ist stattdessen eine Sachbehandlung, bei der der handelsrechtlich vorgeschriebenen Buchführung ein **Kontensystem** angegliedert wird, das die steuerrechtlich gebotenen oder im Wahlrecht zulässigen Abweichungen aufnimmt und nur an die Steuerbilanz abgibt. Zutreffend kann insoweit von einer **„integrierten Steuerbuchführung“** gesprochen werden.[1] Dies vereinfacht auch die Erfüllung der vielfältigen Aufzeichnungspflichten, wie sie etwa in § 5 Abs. 1 Satz 2, § 6 Abs. 2 Satz 5, § 6b Abs. 4 Satz 1 Nr. 5 EStG geregelt sind und in der Praxis vielfach beachtet werden müssen.

9.3 Weitergehend ist die Aufstellung einer von der Handelsbilanz **abweichenden Steuerbilanz** mit ergänzender Buchführung schon deshalb ratsam, weil sich die Buchwerte laut Steuerbilanz aufgrund steuerlicher Regelungen zum Teil langfristig nicht in Übereinstimmung mit den Buchwerten laut Handelsbilanz unter Beachtung des Bilanzenzusammenhangs entwickeln. Dies sichert in der Zukunft die zutreffende Berechnung eines Veräußerungsgewinns sowie eine richtige Bewertung bei der Ein-

[1] KLIEM/BUCHHOLZ, Beck'scher Bilanz-Kommentar, 14. Aufl. 2024, § 274 Rdnr. 273.

bringung auf Antrag zu Buchwerten nach dem UmwStG. Schließlich wird insbesondere die Beurteilung latenter Steuern für Zwecke der Handelsbilanz vereinfacht.

Das Steuerrecht enthält keine besonderen Normen zur Aufstellung einer Steuerbilanz.[2] Stattdessen sind die handelsrechtlichen Grundsätze ordnungsmäßiger Buchführung (GoB) bezogen auf Ansatz und Bewertung der Wirtschaftsgüter des Anlage- und Umlaufvermögens und der Schuldposten grundlegend, so dass insoweit Handels- und Steuerbilanz jedenfalls im Prinzip übereinstimmen (Maßgeblichkeitsgrundsatz, § 5 Abs. 1 Satz 1 erster Halbsatz EStG). Regelmäßig sind allerdings davon abweichend Aktivierungsgebote oder -verbote ebenso wie Passivierungsgebote oder -verbote nach steuerrechtlichen Vorschriften (siehe dazu Rdnr. 9.7) zwingend ebenso zu beachten wie die Möglichkeit, nur für Zwecke der Steuerbilanz Wahlrechte in Anspruch zu nehmen (§ 5 Abs. 1 Satz 1 zweiter Halbsatz EStG). Schließlich greift der Bewertungsvorbehalt (§ 5 Abs. 6 EStG) ein, der die Bindung an die Bewertungsgrundsätze des Handelsrechts aufhebt oder einschränkt.[3] 9.4

Trotz der vielfältigen Einzelregelungen zur Bilanzierung und Bewertung nach Steuerrecht existiert keine für die Steuerbilanz gültige Gliederung der Bilanzpositionen. Daraus folgt, dass auch hinsichtlich der Darstellung die handelsrechtlichen Grundsätze ordnungsmäßiger Buchführung maßgebend sind, wie sie in § 266 HGB zum Ausdruck kommen. Weicht deshalb eine Bilanzposition vom handelsrechtlich gebotenen oder im Wahlrecht zulässigen Bilanzausweis ab, ist für die Steuerbilanz zwar der nach Steuerrecht maßgebliche Ansatz des Wirtschaftsguts und dessen Bewertung bindend, jedoch ist der Bilanzposten formal nach den für die Bilanzgliederung gem. § 266 Abs. 2 und 3 HGB geregelten Grundsätzen auszuweisen. Einer Erläuterung der Abweichungen bedarf es dabei nicht. Allerdings ist der Ausweis einer zusätzlichen Position im Passivposten „Eigenkapital" geboten, soweit Gewinnauswirkungen oder verdeckte Einlagen mit den Abweichungen verbunden sind (siehe dazu Rdnr. 9.19 ff.). 9.5

Unabhängig davon, ob eine Steuerbilanz neben der Handelsbilanz oder eine Überleitungsrechnung zur Handelsbilanz für das jeweilige Wirtschaftsjahr erstellt und nach § 5b Abs. 1 EStG der Finanzbehörde eingereicht wird, ist zu berücksichtigen, dass mit der elektronischen Form der Übermittlung die Einhaltung technischer Vorgaben verbunden ist. Die von der Finanzverwaltung bekanntgegebene **Taxonomie** zwingt den Jahresabschluss in das „Korsett" eines amtlich vorgeschriebenen Datensatzes.[4] § 5b Abs. 1 EStG ist verfassungsgemäß.[5] Der finanzielle Auf- 9.6

[2] Weber-Grellet, DB 2016, 1279, beklagt dies und fordert ein eigenständiges Bilanzsteuerrecht.

[3] BFH, Urt. v. 20.11.2019 – XI R 46/17, BStBl II 2020, 195.

[4] Zur Taxonomie 6.8 vgl. BMF-Schreiben v. 27.05.2024 – IV C 6 - 2733-b/24/10001 :002, BStBl I, 928, mit Nachweisen zu den vorangehenden Versionen.

[5] BFH, Urt. v. 21.04.2021 – XI R 29/20, BStBl II 2022, 52.

wand für die Erfüllung der danach bestehenden Pflichten ist regelmäßig wirtschaftlich zumutbar.[6] Das gilt auch für eine Unternehmergesellschaft (haftungsbeschränkt) i.S.d. § 5a GmbHG.

9.2 Ursachen für eine Abweichung zwischen Handels- und Steuerbilanz

9.7 Grundsätzlich sind die Ansätze von Wirtschaftsgütern, Rückstellungen und Verbindlichkeiten sowie deren Bewertung nach Handelsrecht für die steuerrechtlich gebotene Gewinnermittlung maßgeblich (§ 5 Abs. 1 Satz 1 erster Halbsatz EStG). Abweichend davon regeln zahlreiche Vorschriften indes eine Durchbrechung dieses Maßgeblichkeitsgrundsatzes.

- **§ 5 Abs. 1 Satz 1 erster Halbsatz EStG:**
  Bilanzposten für latente Steuern entsprechend § 274 HGB dürfen in der Steuerbilanz nicht ausgewiesen werden. Es fehlt diesen Posten, die als Bilanzierungshilfe einen Einblick in die Vermögenslage der Gesellschaft vermitteln sollen, der Charakter eines Wirtschaftsguts.

- **§ 5 Abs. 1 Satz 1 erster Halbsatz EStG:**
  Genussrechtskapital ist nach den Grundsätzen ordnungsmäßiger Buchführung nach Auffassung der Finanzverwaltung in der Steuerbilanz seinem schuldrechtlichen Charakter nach als Fremdkapital auszuweisen.[7] Das gilt auch dann, wenn das Genussrecht unter Beachtung des Vorsichtsprinzips in der Handelsbilanz aufgrund der Nachrangigkeit, der erfolgsabhängigen Vergütung, der Beteiligung am Verlust und der Langfristigkeit der Kapitalüberlassung als Eigenkapital behandelt wird.[8] Für den Fall der Sachbehandlung in der Handelsbilanz als Teil des Eigenkapitals sind Vergütungen auf das Genussrechtskapital als Betriebsausgaben abzugsfähig und mindern deshalb vorbehaltlich § 8 Abs. 3 Satz 2 zweite Alternative KStG grundsätzlich das zu versteuernde Einkommen der Gesellschaft.

- **§ 5 Abs. 1 Satz 1 zweiter Halbsatz EStG:**
  In der Steuerbilanz dürfen **Rücklagen** aufgrund steuerrechtlicher Vorschriften (§ 5 Abs. 7 Satz 5, § 6b Abs. 3 EStG, R 6.5, R 6.6, R 6.11 Abs. 3 EStR, BMF-

---

[6] Vgl. zur Anwendung des § 150 Abs. 8 AO in diesem Zusammenhang BFH, Urt. v. 21.04.2021 – XI R 29/20, BStBl II 2022, 52, Rdnr. 30 ff.

[7] BMF-Schreiben v. 11.04.2023 – IV C 6 - S 2133/19/10004 :002, BStBl I, 672.

[8] Vgl. zur handelsrechtlichen Beurteilung IDW HFA 1/1994, WPg 1994, 419 ff.; SCHUBERT/HAARGARTEN, in: Beck'scher Bilanzkommentar, 14. Aufl. 2024, § 247 HGB Rdnr. 194 ff.; SCHUBERT/HAARGARTEN, ebd., § 266 HGB Rdnr. 191.

Schreiben[9]) **unabhängig** von der Handelsbilanz passiviert werden. Im Fall der Passivierung von Rücklagen sind Aufzeichnungen nach § 5 Abs. 1 Satz 2 und 3 EStG nicht zu machen, weil insoweit keine Wirtschaftsgüter bilanziert werden. Hier genügt es, die Rücklage ausdrücklich und erkennbar in der Steuerbilanz auszuweisen (vgl. dazu R 6b.2 Abs. 2, R 6.6 Abs. 4 Satz 7 EStR).

Durchaus fraglich ist allerdings, ob die Darstellung nur in einer Überleitungsrechnung jedenfalls im Fall der Begünstigung nach **§ 6b EStG** ausreichend ist, denn nach § 6b Abs. 3 Satz 1 EStG ist **„eine den steuerlichen Gewinn mindernde Rücklage“** zu bilden. Dafür kommt wohl nur eine formal eigenständige Steuerbilanz in Betracht.[10] Jedenfalls ist es nicht ausreichend, nur in der Buchführung oder in anderen Unterlagen eine Rücklage zu dokumentieren.[11] Erst der Ausweis der Rücklage in der Steuerbilanz lässt erkennen, dass das Wahlrecht ausgeübt wurde und eine Bindung für die Folgejahre aufgrund des Bilanzenzusammenhangs besteht.[12]

Grundlage dieser Steuerbilanz ist eine die handelsrechtliche Finanzbuchführung ergänzende **nur für steuerrechtliche Zwecke** geführte Buchführung (siehe dazu bereits Rdnr. 9.2), weil § 6b Abs. 4 Satz 1 Nr. 5 EStG für den Abzug der stillen Reserven („Übertragung“) sowie für die Bildung und Auflösung der Rücklage eine Pflicht zur Darstellung in der Buchführung regelt.[13] Da einer Überleitungsrechnung keine Buchführung im engeren Sinne zugrunde liegt, sollte gefolgert werden, dass der insoweit ergänzenden Buchführung eine von der Handelsbilanz abweichende Steuerbilanz auch formal folgt. Entsprechendes dürfte auch für die anderen Rücklagen gelten, die nach Steuerrecht zulässigerweise gebildet werden können, obwohl etwa R 6.6 Abs. 4 EStR für die Rücklage für Ersatzbeschaffung[14] die Erfüllung weitergehender Dokumentationspflichten nicht verlangt.

---

9 BMF-Schreiben v. 08.12.2020 – IV C 6 - S 2133/19/10002 :013, BStBl I, 1367, zur Neuregelung der Bilanzierung von Pfandgeldern; vgl. dazu BFH, Urt. v. 09.01.2013 – I R 33/11, BStBl II 2019, 150.

10 SCHMIDT/LOSCHELDER, EStG, 43. Aufl. 2024, § 6b Rdnr. 57, ohne dies allerdings im Hinblick auf § 5b Abs. 1 Satz 2 EStG bzw. § 60 Abs. 2 Satz 1 EStDV weiter zu problematisieren.

11 BFH, Urt. v. 24.01.1990 – I R 152–153/85, BStBl II, 426. Mangels Bilanz kann bei einer Schätzung das Wahlrecht nicht ausgeübt werden, BFH, Urt. v. 16.09.2008 – X B 42/08, BFH/NV 2008, 2055.

12 BFH, Urt. v. 06.12.2017 – VI R 68/15, BStBl II 2019, 128, Rdnr. 24.

13 BFH, Beschl. v. 10.07.2017 – X B 38/17, BFH/NV 2017, 1607.

14 Die verfehlt in R 6.6 Abs. 4 EStR als „steuerfrei“ bezeichnete Rücklage löst davon abweichend lediglich eine Steuerstundung aus, die zur Beurteilung latenter Steuern nach § 274 HGB Anlass gibt.

- **§ 5 Abs. 1 Satz 1 zweiter Halbsatz EStG:**

  Weitere nicht unerhebliche Abweichungen folgen aus diesem **Wahlrechtsvorbehalt** im Hinblick auf die degressive AfA bei beweglichen Anlagegütern nach § 7 Abs. 2 EStG, die steuerrechtlich zulässigen Sonderabschreibungen (§ 7b, § 7c und § 7g Abs. 2 und 5 EStG), die erhöhten Absetzungen (§ 7h, § 7i EStG) sowie bezogen auf den Abzug von den Anschaffungs- oder Herstellungskosten nach § 6b Abs. 1 bzw. § 10 EStG oder R 6.6 Abs. 1 Nr. 3 EStR, die **unabhängig** von der Bewertung für Zwecke der Handelsbilanz vorgenommen werden können (zur Teilwertabschreibung vgl. R 6.8 Abs. 1 Satz 3 und 4 EStR). Um diese steuerlichen Wahlrechte ausüben zu können, sind zusätzliche Aufzeichnungen entsprechend § 5 Abs. 1 Satz 2 und 3 EStG geboten.

- **§ 5 Abs. 2 EStG:**

  In der Steuerbilanz gilt für selbst geschaffene immaterielle Wirtschaftsgüter ein Aktivierungsverbot, während nach Handelsrecht ein Wahlrecht besteht (§ 248 Abs. 2 HGB).

- **§ 5 Abs. 2a EStG:**

  Verpflichtungen, die nur aus künftigen Gewinnen bzw. Einnahmen zu erfüllen sind, dürfen in der Steuerbilanz nicht passiviert werden.[15]

- **§ 5 Abs. 3 EStG:**

  Die Passivierung von Rückstellungen wegen der Verletzung von Schutzrechten ist in der Steuerbilanz nur eingeschränkt zulässig.

- **§ 5 Abs. 4 EStG:**

  Die Passivierung von Jubiläumsrückstellungen anlässlich von Dienstjubiläen ist in der Steuerbilanz nur eingeschränkt zulässig.[16]

- **§ 5 Abs. 4a EStG:**

  Rückstellungen für drohende Verluste aus schwebenden Geschäften dürfen in der Steuerbilanz nicht passiviert werden.

- **§ 5 Abs. 4b EStG:**

  Eine Rückstellung ist unzulässig, wenn die Erfüllung der Verpflichtung künftig zur Entstehung eines aktivierungspflichtigen Wirtschaftsguts führt. Dies gilt

[15] Vgl. BFH, Urt. v. 30.11.2011 – I R 100/10, BStBl II 2012, 332, sowie BFH, Urt. v. 10.08.2016 – I R 25/15, BStBl II 2017, 670, zum Rangrücktritt.

[16] Vgl. dazu BMF-Schreiben v. 08.12.2008 – IV C 6 - S 2137/07/10002, BStBl I, 1013.

übrigens handelsrechtlich im Grundsatz ebenfalls. Die Vorschrift hat nur klarstellenden Charakter und war Folge einer Entscheidung des BFH.[17]

– **§ 5 Abs. 5 Satz 2 EStG:**
  Auf eine Rechnungsabgrenzung kann bei einheitlicher Sachbehandlung in der Steuerbilanz verzichtet werden, wenn die abzugrenzenden Beträge jeweils die für geringwertige Wirtschaftsgüter geltende Wertgrenze von derzeit 800 € (§ 6 Abs. 2 EStG) nicht übersteigen. Dieses Wahlrecht kann erstmals in Wirtschaftsjahren ausgeübt werden, die nach dem 31.12.2021 enden (§ 52 Abs, 9 Satz 1 EStG i.d.F. des JStG 2022[18]). Damit wurde die entgegenstehende Rechtsprechung des BFH[19] aufgehoben.

  Die für die Handelsbilanz maßgebliche Regelung zur Rechnungsabgrenzung in § 250 Abs. 1 und 2 HGB wurde nicht geändert. Dem entspricht, dass der Grundsatz der Wesentlichkeit bisher schon einen Verzicht auf Rechnungsabgrenzung im Fall geringfügiger Beträge unter Beachtung der Generalnorm des § 264 Abs. 2 Satz 1 HGB ermöglicht.[20] Fraglich war und ist weiterhin nur, ob die Wertgrenze für geringwertige Wirtschaftsgüter nach § 6 Abs. 2 EStG im handelsrechtlichen Jahresabschluss Anwendung finden kann. Rechtlich kann sich vor diesem Hintergrund deshalb durchaus eine Abweichung zwischen Handels- und Steuerbilanz mangels Regelung dem Betrag nach im HGB ergeben. In der Praxis wird eine solche Abweichung tatsächlich aber nicht angestrebt, so dass der Verzicht auf eine Rechnungsabgrenzung bis zur Wertgrenze von derzeit 800 € in Handels- und Steuerbilanz übereinstimmend der Normalfall sein wird.

– **§ 5 Abs. 6 EStG:**
  Der Bewertungsvorbehalt zwingt dazu, die gegenüber dem HGB restriktiven Bewertungsgrundsätze des § 6 EStG und insbesondere des § 6a sowie § 7 EStG vorrangig anzuwenden. Im Hinblick auf die Rückstellungen nach Steuerrecht ist dabei zu berücksichtigen, dass die Bewertung nach handelsrechtlichen Grundsätzen ordnungsmäßiger Buchführung nicht maßgebend ist (§ 5 Abs. 1 Satz 1 EStG), soweit dieser Wert die Bewertung nach Maßgabe des § 5 Abs. 6 i.V.m. § 6 Abs. 1 Nr. 3a EStG überschreitet. Ist jedoch der nach Handelsrecht ermittelte Wert niedriger als der aufgrund der Bewertung nach § 6 Abs. 1 Nr. 3a EStG ermittelte Betrag, so ist der Betrag nach Handelsrecht maßgebend

---

17 BFH, Urt. v. 19.08.1998 – XI R 8/96, BStBl II 1999, 18.

18 Jahressteuergesetz 2022 (JStG 2022) v. 16.12.2022, BGBl I, 2294.

19 BFH, Urt. v. 16.03.2021 – X R 34/19, BStBl II, 844; anders noch BFH, Urt. v. 18.03.2010 – X R 20/09, BFH/NV 2010, 1796.

20 SCHUBERT, in: Beck'scher Bilanzkommentar, 14. Aufl. 2024, § 250 HGB Rdnr. 28; KAHLE/KOPP, DStR 2022, 2627 m.w.N.

für die Steuerbilanz.[21] Dies folgt nach Auffassung des BFH aus dem Einleitungssatz zu § 6 Abs. 1 Nr. 3a EStG, wonach „**Rückstellungen … höchstens … anzusetzen**“ sind.[22] Damit wird eine Bewertungsobergrenze geregelt.

Ursächlich für solche Abweichungen sind insbesondere das nach Steuerrecht zwingend zu beachtende Stichtagsprinzip (§ 6 Abs. 1 Nr. 3a Buchst. f) EStG), während nach § 253 Abs. 1 Satz 2 HGB bei der Bestimmung des notwendigen Erfüllungsbetrags künftige Preis- und Kostensteigerungen zu berücksichtigen sind, sowie die Abzinsung, die anders als nach § 253 Abs. 2 Satz 1 HGB mit einem festen Zinssatz (derzeit noch) von 5,5 % (§ 6 Abs. 1 Nr. 3a Buchst. e) EStG) zu berechnen ist. Bei der Bestimmung der Restlaufzeit soll der Beginn der Erfüllung maßgebend sein.[23]

Neben Rekultivierungsrückstellungen und Rückstellungen für die Aufbewahrung der Jahresabschlüsse[24] sind regelmäßig die Jubiläumsrückstellungen[25] betroffen. Schließlich ergeben sich Differenzen auch bei der pauschalen Bewertung langlaufender Gewährleistungs- und Garantierückstellungen, denn diese werden für Zwecke der Steuerbilanz nicht abgezinst.[26]

– **§ 5 Abs. 7 EStG:**

  Die Passivierung von entgeltlich erworbenen Verpflichtungen, die beim Veräußerer (ursprünglich Verpflichteter) einem Ansatzverbot (z.B. § 5 Abs. 4a EStG), einer Ansatzbeschränkung (z.B. § 5 Abs. 3 und 4 EStG) oder einer Begrenzung bei der Bewertung aufgrund des Bewertungsvorbehalts (z.B. § 5 Abs. 6 i.V.m. § 6a EStG) unterlegen haben, erfolgt in den dem Erwerb folgenden Steuerbilanzen nicht mit den Anschaffungskosten, sondern mit dem Be-

21 BFH, Urt. v. 11.10.2012 – I R 66/11, BStBl II 2013, 676, Rdnr. 14; BFH, Urt. v. 13.07.2017 – IV R 34/14, BFH/NV 2017, 1426, Rdnr. 29, und BFH, Urt. v. 20.11.2019 – XI R 46/17, BStBl II 2020, 195, Rdnr. 24; BFH, Urt. v. 09.03.2023 – IV R 24/19, BStBl II, 698.

22 SCHMIDT/WEBER-GRELLET, EStG, 43. Aufl. 2024, § 5 Rdnr. 26 m.w.N., folgt der Auffassung des BFH nicht.

23 BMF-Schreiben v. 26.05.2005 – IV B 2 - S 2175 - 7/05, BStBl I, 699, Rdnr. 26; R 6.11 Abs. 3 EStR.

24 Vgl. dazu FALTERBAUM/BOLK/REIß/KIRCHNER, Buchführung und Bilanz, 23. Aufl. 2020, Kap. 20.1.6.1 mit Beispiel.

25 Zur Bewertung vgl. BMF-Schreiben v. 27.02.2020 – IV C 6 - S 2137/19/10002:001, BStBl I, 254, mit Tabelle für die Bewertung der Rückstellungen zum Schluss der nach dem 29.06.2020 endenden Wirtschaftsjahre; FALTERBAUM/BOLK/REIß/KIRCHNER, Buchführung und Bilanz, 23. Aufl. 2020, Kap. 20.2.7.2 mit Beispiel.

26 Vgl. zur Gewährleistungsrückstellung nach VOB FALTERBAUM/BOLK/REIß/KIRCHNER, Buchführung und Bilanz, 23. Aufl. 2020, Kap. 20.2.6.1 mit Beispiel.

trag, mit dem die Verpflichtungen beim ursprünglich Verpflichteten ohne Rücksicht auf die Übernahme weiterhin zu bilanzieren gewesen wären.[27]

– **§ 1a KStG:**

  Eine Personenhandels- oder Partnerschaftsgesellschaft wird wie eine Kapitalgesellschaft besteuert (siehe dazu ausführlich Rdnr. 9.25 ff.).

Darüber hinaus ist zu berücksichtigen, dass die Gewinnermittlung nicht nur unabhängig von der Handelsbilanz auf Grundlage einer abweichenden Steuerbilanz (§ 4 Abs. 1 Satz 1 EStG), sondern zusätzlich auch **außerhalb der Steuerbilanz** zu erfolgen hat. Dies erfordert es, ausgehend vom Jahresüberschuss laut Handelsbilanz und der Berücksichtigung des davon abweichenden Steuerbilanzgewinns eine Vielzahl von Hinzurechnungen und Kürzungen auf dem Weg zum Gewinn aus Gewerbebetrieb einer Kapitalgesellschaft aufgrund folgender Rechnung zu berücksichtigen: 9.8

	Jahresüberschuss lt. Handelsbilanz
+/–	Abweichungen für Zwecke der Steuerbilanz
=	**Steuerbilanzgewinn**[28]
+	Hinzurechnungen außerhalb der Steuerbilanz
–	Kürzungen außerhalb der Steuerbilanz[29]
=	**Gewinn aus Gewerbebetrieb**

Abweichend von R 7.1 Abs. 1 Nr. 1 KStR 2022 handelt es sich beim Steuerbilanzgewinn nicht um einen „korrigierten Jahresüberschuss/Jahresfehlbetrag lt. Handelsbilanz“, denn selbstverständlich wird der Jahresüberschuss, der die gesellschaftsrechtliche Anspruchsgrundlage nach § 29 Abs. 1 GmbHG widerspiegelt, nicht durch steuerrechtlich abweichende Ansatz- und/oder Bewertungsvorschriften beeinflusst und schon gar nicht korrigiert. Gewinnauswirkungen, die abweichend von der Handelsbilanz nur das Betriebsvermögen beeinflussen, das in der Steuer- 9.9

[27] Vgl. dazu BMF-Schreiben v. 30.11.2017 – IV C 6 - S 2133/14/10001, BStBl I, 1619; Schultz/Debnar, BB 2014, 107; Fuhrmann, DB 2014, 9; Adrian/Fey, StuB 2014, 53; Lüdenbach/Hoffmann, GmbHR 2014, 123; Förster/Staaden, Ubg 2014, 1; Förster/ Werthebach, BB 2019, 299.

[28] Der BFH, Urt. v. 27.05.2020 – XI R 8/18, BStBl II, 772, Rdnr. 31, 33, verwendet leider den Begriff „Bilanzgewinn“. Das ist zu kritisieren, denn dieser Begriff steht nach § 268 Abs. 1 HGB für einen anderen Inhalt.

[29] In der Praxis – und wiederholt auch der Rechtsprechung – wird dies als „außerbilanzielle Korrektur“ bezeichnet. Dabei wird durch Hinzurechnungen und Kürzungen außerhalb der Steuerbilanz nichts „korrigiert“ (berichtigt), insbesondere nicht der Steuerbilanzgewinn, denn der beruht auf dem Betriebsvermögensvergleich entsprechend § 4 Abs. 1 Satz 1 EStG.

bilanz auszuweisen ist, nehmen ebenso wie Maßnahmen außerhalb der Steuerbilanz keinen Einfluss auf den **Jahresüberschuss** (§ 275 Abs. 2 Nr. 17 HGB) oder den **Bilanzgewinn** (§ 268 Abs. 1 HGB). Ein „steuerlicher Jahresüberschuss" existiert mangels Rechtsgrundlage nicht, auch wenn dies aus mancher Buchführungssoftware folgt. Weicht der Jahresüberschuss nach Handelsrecht vom Gewinn nach Steuerrecht (Steuerbilanzgewinn) gem. § 4 Abs. 1 Satz 1 EStG ab, bedarf es deshalb in der Steuerbilanz der Darstellung eines Ausgleichspostens (siehe dazu Rdnr. 9.5 und 9.15 ff.).

9.10 Zu den Hinzurechnungen außerhalb der Steuerbilanz gehören solche Aufwendungen, die sowohl den Jahresüberschuss als auch aufgrund des Maßgeblichkeitsgrundsatzes den Steuerbilanzgewinn als Betriebsausgaben gemindert haben, nach Vorschriften des Steuerrechts jedoch nicht oder nur beschränkt den Gewinn aus Gewerbebetrieb beeinflussen dürfen. Zu den Kürzungen außerhalb der Steuerbilanz gehören dagegen steuerfreie Erträge. Dabei handelt es sich bei Kapitalgesellschaften insbesondere um

- **verdeckte Gewinnausschüttungen**, die nach der Rechtsprechung des BFH[30] außerhalb der Steuerbilanz hinzugerechnet werden, soweit sie den Unterschiedsbetrag gem. § 4 Abs. 1 Satz 1 EStG gemindert haben (§ 8 Abs. 3 Satz 2 KStG; R 8.5–7 KStR 2022). Umgekehrt sind **verdeckte Einlagen**, soweit sie den Jahresüberschuss und dem folgend den Steuerbilanzgewinn erhöht haben, zu kürzen (§ 8 Abs. 3 Satz 3 KStG; R 8.9 KStR 2022; ausführlich zu verdeckten Gewinnausschüttungen und verdeckten Einlagen Rdnr. 19.1 ff. und 18.1 ff.);
- Gewinnauswirkungen und Beteiligungserträge im Zusammenhang mit Beteiligungen an anderen Körperschaften, die außerhalb der Steuerbilanz nach § 8b KStG im Fall von Gewinnerhöhungen gekürzt bzw. im Fall von Aufwendungen oder Abschreibungen hinzugerechnet werden (siehe zu § 8b KStG ausführlich Rdnr. 25.1 ff.).

9.11 Darüber hinaus gehören zu den Hinzurechnungen, die außerhalb der Steuerbilanz zu berücksichtigen sind, gewinnmindernd gebuchte Aufwendungen vor allem wie folgt:

- Nicht abziehbare Betriebsausgaben (§ 4 Abs. 5 EStG). Das gilt insbesondere für die
  - Zuwendungen an Geschäftsfreunde (§ 4 Abs. 5 Nr. 1 EStG)
  - Bewirtungsaufwendungen (§ 4 Abs. 5 Nr. 2 EStG)

[30] BFH, Urt. v. 21.08.2007 – I R 74/06, BStBl II 2008, 277; vgl. dazu BMF-Schreiben v. 28.05.2002 – IV A 2 - S 2742 - 32/02, BStBl I, 603.

  - Aufwendungen für Einrichtungen außerhalb des Orts eines Betriebs, die als Gästehäuser der Bewirtung, Beherbergung oder Unterhaltung von Personen, die nicht Arbeitnehmer sind, dienen (§ 4 Abs. 5 Nr. 3 EStG)
  - Aufwendungen für Jagd oder Fischerei, für Segel- oder Motorjachten sowie für ähnliche Zwecke, insbesondere auch Golfturniere, einschließlich Bewirtungsaufwendungen (§ 4 Abs. 5 Nr. 4 EStG)
  - Betrieblich veranlasste Aufwendungen, die die Lebensführung anderer Personen berühren und nach allgemeiner Verkehrsauffassung als unangemessen anzusehen sind (§ 4 Abs. 5 Nr. 7 EStG)
  - Geldbußen, Ordnungsgelder und Verwarnungsgelder, die nach deutschem Recht oder von Organen der Europäischen Union festgesetzt wurden; das gilt unter weiteren Voraussetzungen für Geldbußen nicht, soweit der durch den Gesetzesverstoß erlangte wirtschaftliche Vorteil abgeschöpft worden ist (§ 4 Abs. 5 Nr. 8 EStG)
  - Zinsen auf hinterzogene Steuern nach § 235 AO (§ 4 Abs. 5 Nr. 8a EStG)
  - Ausgleichszahlungen, die im Rahmen einer Organschaft (§§ 14 und 17 KStG) an außenstehende Anteilseigner geleistet werden (§ 4 Abs. 5 Nr. 9 EStG)
  - Aufwendungen, die im Zusammenhang mit der Gewährung von Vorteilen stehen, wenn die Zuwendung eine rechtswidrige Handlung darstellt, die durch Geldbuße geahndet wird (§ 4 Abs. 5 Nr. 10 EStG)
- Gewerbesteueraufwand (§ 4 Abs. 5b EStG)
- Parteispenden (§ 4 Abs. 6 EStG); siehe dazu Rdnr. 16.35 ff.
- Begrenzung des Betriebsausgabenabzugs im Hinblick auf die Veräußerung von Verpflichtungen, insbesondere von Pensionslasten (§ 4f EStG)[31]
- Kappung des Schuldzinsenabzugs (Zinsschranke, § 4h EStG i.V.m. § 8a KStG)
- Abzugsverbot hinsichtlich Körperschaftsteuer und Solidaritätszuschlag sowie der Umsatzsteuer im Zusammenhang mit verdeckten Gewinnausschüttungen und bestimmten Vorsteuerabzugsbeträgen (§ 10 Nr. 2 KStG)
- Teilabzugsverbot für Vergütungen, die an Mitglieder des Aufsichtsrats oder eines Verwaltungsrats gewährt werden. Gleiches gilt für die Vergütungen, die an Beiratsmitglieder gezahlt werden, soweit der Beirat mit der Überwachung oder Kontrolle der Geschäftsführung beauftragt ist (§ 10 Nr. 4 KStG; R 10.3 KStR 2022). Zur Umsatzsteuerpflicht ist wie folgt zu unterscheiden: Wird dem Mitglied des Aufsichtsrats oder Beirats eine Festvergütung ohne zusätzliche

---

[31] Vgl. dazu BMF-Schreiben v. 30.11.2017 – IV C 6 - S 2133/14/10001, BStBl I, 1619.

variable Vergütungsbestandteile gewährt, fehlt es an der Selbständigkeit und damit an der Unternehmereigenschaft. Übersteigen die variablen Bestandteile dagegen 10 % der Gesamtvergütung im Kalenderjahr, ist die Unternehmereigenschaft zu bejahen, so dass vorbehaltlich § 19 UStG Umsatzsteuerpflicht besteht.[32]

- Übernommene Einkommensteuer für Sachzuwendungen i.S.d. § 4 Abs. 5 Nr. 1 EStG mit einem Pauschsteuersatz von 30 % nach § 37b EStG,[33] die eine weitere Zuwendung darstellt.[34] § 37b EStG erweitert nicht den Kreis der Einkunftsarten.[35] Die übernommene Steuerschuld unterliegt der gesetzlichen Regelung nach dem Abzugsverbot, soweit die Summe aus Aufwendungen und übernommener Einkommensteuer den Betrag von 35 € je Person und Kalenderjahr übersteigt. Abweichend von der BFH-Rechtsprechung erlaubt die Finanzverwaltung weiterhin, die Freigrenze von 35 € ohne Einbeziehung der Pauschalsteuer anzuwenden.[36]

9.12 Abgerundet werden die Maßnahmen außerhalb der Steuerbilanz durch

- Beschränkung des Spendenabzugs (§ 9 Abs. 1 Nr. 2 KStG)
- Hinzurechnungen oder Kürzungen bei ausländischen Einkünften
- Folgen des Bestehens einer Organschaft
- Gewinnzuschlag nach § 6b Abs. 7 EStG
- Abzug und Hinzurechnung des Investitionsabzugsbetrags (§ 7g EStG)
- Verlustabzug nach § 10d EStG
- Ausschluss vom Verlustabzug nach § 8c und § 8d KStG (Rdnr. 17.1 ff.).

9.13 Das auf diese Weise ausgehend vom Jahresüberschuss laut Handelsbilanz unter Berücksichtigung der zusätzlichen Gewinnauswirkungen laut Steuerbilanz und den Hinzurechnungen bzw. Kürzungen außerhalb der Steuerbilanz ermittelte Er-

---

32 BFH, Urt. v. 27.11.2019 – V R 23/19 (V R 62/17), BStBl II 2021, 542; BMF-Schreiben v. 08.07.2021 – III C 2 - S 7104/19/10001 :003, BStBl I, 919. Zur Abrechnung durch Gutschriften vgl. BMF-Schreiben v. 19.08.2021 – III C 2 - S 7283/19/10001 :002, BStBl I, 1087; vgl. zu allem auch OFD Frankfurt/Main, Vfg. v. 17.09.2021 – S 7100 A - 287 - St 110.2.

33 BMF-Schreiben v. 19.05.2015 – IV C 6 - S 2297-b/14/10001, BStBl I, 468, Anhang 25a EStH.

34 BMF-Schreiben v. 19.05.2015 – IV C 6 - S 2297-b/14/10001, BStBl I, 468, Rdnr. 26; bestätigt durch BFH, Urt. v. 30.03.2017 – IV R 13/14, BStBl II, 892.

35 BFH, Urt. v. 16.10.2013 – VI R 47/12, 57/11 und 78/12, BStBl II 2015, 457, 490 und 495; BMF-Schreiben v. 19.05.2015 – IV C 6 - S 2297-b/14/10001, BStBl I, 468, Rdnr. 3.

36 BMF-Schreiben v. 19.05.2015 – IV C 6 - S 2297-b/14/10001, BStBl I, 468, Rdnr. 25; vgl. dazu Fußnote im BStBl zur Veröffentlichung der BFH-Entscheidung v. 30.03.2017 – IV R 13/14, BStBl II, 892; ein außergewöhnliches und durchaus kritikwürdiges Vorgehen des BMF aus verfassungsrechtlicher Sicht.

gebnis entspricht schließlich dem **zu versteuernden Einkommen** i.S.d. § 7 Abs. 2 i.V.m. § 8 Abs. 1 KStG. Dabei sind bei unbeschränkt steuerpflichtigen Kapitalgesellschaften sämtliche Einkünfte solche aus Gewerbebetrieb (§ 8 Abs. 2 KStG).

Ist im Jahresabschluss einer GmbH nach teilweiser Ergebnisverwendung der Bilanzgewinn ausgewiesen (§ 268 Abs. 1 HGB, § 158 Abs. 1 AktG, § 29 Abs. 1 GmbHG; siehe dazu Rdnr. 8.7), bedarf es einer Rückrechnung, um den Jahresüberschuss entsprechend § 275 Abs. 2 Nr. 17 HGB, den Steuerbilanzgewinn nach § 4 Abs. 1 Satz 1 i.V.m. § 5 Abs. 1 EStG, den Gewinn aus Gewerbebetrieb (§ 15 Abs. 1 Nr. 1 EStG) und schließlich das zu versteuernde Einkommen (§ 7 Abs. 1, § 8 Abs. 2 KStG) zu ermitteln: 9.14

	Bilanzgewinn
–	Gewinnvortrag (+ Verlustvortrag)
+	Einstellung in die gesetzliche Rücklage
+	Einstellung in satzungsmäßige bzw. vertragliche Gewinnrücklagen
–	Entnahme aus der Kapitalrücklage
=	**Jahresüberschuss (Jahresfehlbetrag)**
+/–	Gewinnauswirkungen aufgrund von Abweichungen der Steuerbilanz
=	**Steuerbilanzgewinn**
+	Hinzurechnungen außerhalb der Steuerbilanz
–	Kürzungen außerhalb der Steuerbilanz
=	**Gewinn aus Gewerbebetrieb**
+/–	Weitere Maßnahmen außerhalb der Bilanz (Organschaft, AStG, Verlustabzug etc.)[37]
=	**Zu versteuerndes Einkommen** (§ 7 Abs. 1 KStG)

9.3 Aufstellung einer abweichenden Steuerbilanz und Eigenkapital

9.3.1 Kapitalgesellschaften

§ 5b Abs. 1 Satz 3 EStG i.V.m. § 60 Abs. 2 Satz 2 EStDV erlaubt die Aufstellung einer von der Handelsbilanz abweichenden Steuerbilanz und deren elektronische Einreichung bei der Finanzbehörde. Es fehlen allerdings Vorgaben für die Darstellung des steuerlichen Eigenkapitals, das in einer solchen Steuerbilanz einer Kapitalgesellschaft zwangsläufig vom handelsrechtlich maßgeblichen Eigenkapital ab- 9.15

37 Vgl. dazu im Einzelnen R 7.1 Abs. 1 KStR 2022.

weicht. Dies beeinträchtigt die Bilanzpraxis seit Jahrzehnten und hat sich in gewisser Weise verschärft, weil inzwischen auch die elektronische Einreichung einer **Kapitalkontenentwicklung** zur Bilanz nebst Gewinn- und Verlustrechnung über den Wortlaut des § 5b Abs. 1 EStG hinaus verlangt wird. Dabei haben sich die Gesellschaften bei der Übermittlung nach einem amtlich vorgeschriebenen Datensatz auf Grundlage einer vorgegebenen **Taxonomie**[38] zu richten.

9.16 Für Wirtschaftsjahre, die nach dem 31.12.2020 beginnen (Wirtschaftsjahr 2021 oder bei Abweichung 2021/2022), hat zwingend auch eine „werthaltige Übermittlung" eines „steuerlichen Betriebsvermögensvergleichs" zu erfolgen.[39] Der Betriebsvermögensvergleich folgt aus § 4 Abs. 1 Satz 1 EStG mit der folgenden Berechnung:

	Betriebsvermögen nach Maßgabe der steuerrechtlichen Ansatz- und Bewertungsvorschriften zum Schluss des Wirtschaftsjahres
–	Betriebsvermögen am Schluss des vorangegangenen Wirtschaftsjahres
=	**Unterschiedsbetrag**[40]
+	Entnahmen
–	Einlagen (beachte zugleich § 27 KStG)
=	**Gewinn**

9.17 Mangels außerbetrieblicher Sphäre geht die Rechtsprechung[41] davon aus, dass Entnahmen i.S.d. § 4 Abs. 1 Satz 1 und 2 EStG bei einer GmbH nicht denkbar sind. Stattdessen handelt es sich um Ausschüttungen, die außerhalb der Steuerbilanz (nicht jedoch als Entnahme) bei der Ermittlung des zu versteuernden Einkommens dem Steuerbilanzgewinn hinzugerechnet werden, soweit sie den Unterschiedsbetrag gemindert haben. Die elektronische Übermittlung von Entnahmen im Rahmen des Betriebsvermögensvergleichs scheidet deshalb bei einer Kapitalgesellschaft aus.

9.18 Angesichts der vielfältigen Abweichungen des Steuerbilanzgewinns vom Jahresüberschuss laut Handelsbilanz ist der Praxis dringend zu empfehlen, eine von der Handelsbilanz abweichende (selbständige) Steuerbilanz aufzustellen, die nicht nur

38 Zur Taxonomie 6.8 vgl. BMF-Schreiben v. 27.05.2024 – IV C 6 - S 2733-b/24/10001 :002, BStBl I, 928, mit Nachweisen zu den vorangehenden Versionen.

39 BMF-Schreiben v. 23.07.2020 – IV C 6 - S 2133-b/20/10002 :003, BStBl I, 639.

40 Maßgebende Größe für die Frage, ob eine verdeckte Gewinnausschüttung zu dessen Verringerung geführt hat; siehe dazu Rdnr. 19.12 ff.

41 Grundlegend BFH, Urt. v. 29.06.1994 – I R 137/93, BStBl II 2002, 366; BMF-Schreiben v. 28.05.2002 – IV A 2 - S 2742 - 32/02, BStBl I, 603.

der Ermittlung des zutreffenden Steuerbilanzgewinns, der Kapitalkontenentwicklung und des Betriebsvermögensvergleichs dient, sondern vor allem auch der Sicherstellung der künftig zutreffenden steuerrechtlich maßgeblichen Buchwerte im Hinblick auf spätere Veräußerungen, Umwandlungen und Auseinandersetzungen.

Dabei sorgen nicht nur die Ursachen im Hinblick auf Bilanzposten (siehe Rdnr. 9.4) 9.19
selbst für die Abweichung vom Handelsrecht in der Steuerbilanz, sondern auch das Eigenkapital laut Steuerbilanz entspricht der Höhe nach nicht der Passivierung des Eigenkapitals in der Handelsbilanz entsprechend § 266 Abs. 3 A. HGB. Der sich ergebende Unterschiedsbetrag bedarf allerdings eines gesonderten Ausweises in der Steuerbilanz, weil die einzelnen Positionen des Eigenkapitals laut Handelsbilanz unter Berücksichtigung der Grundsätze ordnungsmäßiger Buchführung und deren Maßgeblichkeit für die Gewinnermittlung dabei dem Grund und der Höhe nach unverändert bleiben. Sie sind folglich auch der Gliederung nach gleichlautend in der Steuerbilanz auszuweisen. Das gilt insbesondere auch für den Jahresüberschuss und den Gewinnvortrag bzw. den Bilanzgewinn im Fall einer Bilanzaufstellung unter Berücksichtigung einer teilweisen Ergebnisverwendung (siehe dazu Rdnr. 8.7).

Es ist schlicht unzulässig, in diese Größen einzugreifen und unter dieser Bezeich- 9.20
nung in der Steuerbilanz andere Beträge auszuweisen als in der Handelsbilanz. Nicht korrekt ist es deshalb, einen sogenannten steuerlichen Jahresüberschuss auszuweisen und im Folgejahr den Gewinnvortrag zu bemühen, um die Bilanzsummengleichheit zu organisieren. Dieser Vorwurf gilt insbesondere auch diverser Software in der Praxis.

Richtigerweise ist der **Unterschiedsbetrag** zwischen dem Eigenkapital laut Han- 9.21
delsbilanz und dem Betriebsvermögen (Eigenkapital) laut Steuerbilanz i.S.d. § 4 Abs. 1, § 5 EStG gesondert auf der Passivseite als zusätzlicher Posten im Rahmen der Eigenkapitalgliederung in der Steuerbilanz (E-Bilanz) auszuweisen und elektronisch der Finanzbehörde zu übermitteln. Mangels Legaldefinition hat sich dafür als Bezeichnung der **steuerliche Ausgleichsposten (StAP)** bewährt.[42]

Beispiel

Die i.S.d. § 267 HGB kleine X-GmbH hat im Rahmen der nur steuerlichen Zwecken 9.22
dienenden (ergänzenden) Buchführung Sonderabschreibungen nach § 7g EStG bei Betriebsvorrichtungen i.H.v. 20.000 € vorgenommen und außerdem zutreffend eine Rücklage für Ersatzbeschaffung (R 6.6 EStR) i.H.v. 50.000 € gewinnmindernd erfasst. In der Handelsbilanz zum 31.12.03 ist aus diesem Grund eine Rückstellung für latente Steuern (§ 249 Abs. 1 Satz 1 HGB) i.H.v. 21.000 € passiviert.

[42] FALTERBAUM/BOLK/REIß/KIRCHNER, Buchführung und Bilanz, 23. Aufl. 2020, Kap. 34.4.8.

Handelsbilanz 31.12.03

Anlagevermögen	600.000 €	Eigenkapital		
Umlaufvermögen	300.000 €	Gezeichnetes Kapital	25.000 €	
		Gewinnrücklagen	30.000 €	
		Gewinnvortrag	5.000 €	
		Jahresüberschuss	140.000 €	200.000 €
		Rückstellungen*		80.000 €
		Verbindlichkeiten		620.000 €
	900.000 €			900.000 €

* einschl. Rückstellungen für latente Steuern

Lösung

Die Rückstellung für latente Steuern ist mit Maßgeblichkeit in der Steuerbilanz auszuweisen (§ 5 Abs. 1 Satz 1 erster Halbsatz EStG). Der damit verbundene Steueraufwand wird erst außerhalb der Steuerbilanz bei der Ermittlung des zu versteuernden Einkommens im Hinblick auf § 4 Abs. 5b EStG und § 10 Nr. 2 KStG wieder hinzugerechnet; siehe dazu ausführlich Rdnr. 10.21 ff. und 10.29 ff.

Der steuerliche Ausgleichsposten (StAP) beträgt 70.000 €.

Steuerbilanz 31.12.03

Anlagevermögen	580.000 €	Eigenkapital		
Umlaufvermögen	300.000 €	Gezeichnetes Kapital	25.000 €	
		Gewinnrücklagen	30.000 €	
		Gewinnvortrag	5.000 €	
		Jahresüberschuss	140.000 €	200.000 €
		StAP		– 70.000 €
		Rücklage (R 6.6 EStR)		50.000 €
		Rückstellungen*		80.000 €
		Verbindlichkeiten		620.000 €
	880.000 €			880.000 €

* einschl. Rückstellungen für latente Steuern

9.23 Der steuerliche Ausgleichsposten ist als Bestandteil des steuerlichen Eigenkapitals im Bilanzenzusammenhang fortzuentwickeln und entsprechend in der von der Handelsbilanz abweichenden **Steuerbilanz** (§ 60 Abs. 2 Satz 2 EStDV) oder ggf. in der **Überleitungsrechnung** zur Handelsbilanz (§ 60 Abs. 2 Satz 1 EStDV) auszuweisen. Abhängig von der Ursache für die Abweichung zwischen Handels- und Steuerbilanz kann es deshalb angezeigt sein, dass der steuerliche Ausgleichsposten (StAP) bis zur Liquidation der Gesellschaft fortzuführen ist.

Beispiel

Aktivierung bisher als Erhaltungsaufwand gebuchter Aufwendungen, die jedoch nach § 6 Abs. 1 Nr. 1a EStG in der Steuerbilanz zu aktivieren sind:

StAP 31.12.01		0 €
Gewinnauswirkung aufgrund Aktivierung 02	+	100.000 €
Mehr-AfA 02	–	3.000 €
StAP 31.12.02	+	97.000 €
Mehr-AfA 03	–	3.000 €
StAP 31.12.03		**94.000 €**

Soweit mehrere Ursachen für eine Abweichung der Steuerbilanz von der Handelsbilanz zu berücksichtigen sind, ist dennoch nur ein Ausgleichsposten zu führen. Hier ist es angezeigt, ein besonderes Konto einzurichten, das alle Differenzen zwischen Jahresüberschuss und Steuerbilanzgewinn aufnimmt und sich nach Maßgabe von „Anfangsbestand“ zum „Endbestand“ in Summe fortentwickelt. Das Ergebnis dieses Kontos bildet zusammen mit dem Eigenkapital laut Handelsbilanz (§ 266 Abs. 3 A. HGB) dem Betrag nach das Betriebsvermögen am Schluss des Wirtschaftsjahres, das dem Betriebsvermögensvergleich nach § 4 Abs. 1 Satz 1 EStG zugrunde zu legen ist. 9.24

Zur Erfüllung der Pflicht, nicht nur eine E-Bilanz und eine Kapitalkontenentwicklung nebst Betriebsvermögensvergleich, sondern auch eine **steuerliche Gewinnermittlung** dem Finanzamt elektronisch einzureichen, ist es außerdem angezeigt, die Gewinnermittlung für steuerrechtliche Zwecke vom Handelsrecht ausgehend wie folgt durchzuführen: 9.25

	Jahresüberschuss lt. Handelsbilanz
+/–	Abweichungen für Zwecke der Steuerbilanz (Zugang/Abgang zum StAP)
=	**Steuerbilanzgewinn**
+/–	Hinzurechnung/Kürzungen außerhalb der Steuerbilanz
=	**Gewinn aus Gewerbebetrieb**

Beispiel

Die i.S.d. § 267 HGB mittelgroße A-GmbH hat Pensionsverpflichtungen zum versicherungsmathematischen Barwert i.H.v. 900.000 € am 01.12.03 auf ihre Schwestergesellschaft, die B-GmbH, im Wege des Schuldbeitritts mit Freistellungsverpflichtung übertragen. Zugleich hat die A-GmbH ihre Ansprüche aus einer Rückdeckungsversicherung i.H.v. 600.000 € übertragen und eine Zahlung von 300.000 € geleistet.

Die Pensionsrückstellungen waren in der Handelsbilanz (HB) der A-GmbH mit 900.000 € und in der Steuerbilanz (StB) nach § 6a EStG mit 750.000 € passiviert.

Die A-GmbH macht von dem Wahlrecht, aktive latente Steuern entsprechend § 274 Abs. 1 Satz 2 HGB auszuweisen, keinen Gebrauch.

Lösung

Buchungen bei der A-GmbH

HB ⇒	Rückstellungen	900.000 €	an Forderungen*	600.000 €
			an Finanzkonto	300.000 €
StB ⇒	Rückstellungen	750.000 €	an Forderungen*	600.000 €
	Aufwand	**150.000 €**	an Finanzkonto	300.000 €

* Sonstige Vermögensgegenstände

Außerhalb der Steuerbilanz (§ 4f EStG)

03 ⇒ **Hinzurechnung** i.H.v. 14/15 des Aufwands = 140.000 €.

04 ff. ⇒ **Kürzung** i.H.v. 1/15 des Aufwands = 10.000 €.

Bilanzierung bei der B-GmbH (reduziert auf den Fall)

Handelsbilanz 31.12.03

Forderungen	600.000 €	Eigenkapital		
Finanzkonto	300.000 €	Gezeichnetes Kapital	500.000 €	
Sonstige Aktiva	3.100.000 €	Gewinnrücklagen	400.000 €	
		Gewinnvortrag	10.000 €	
		Jahresüberschuss	490.000 €	1.400.000 €
		Rückstellungen*		900.000 €
		Verbindlichkeiten		1.700.000 €
	4.000.000 €			4.000.000 €

§ 5 Abs. 7 EStG zwingt dazu, die Rückstellungen nach § 6a EStG i.H.v. 750.000 € zu bewerten. In Höhe von 14/15 der dadurch gegenüber der Handelsbilanz verursachten Gewinnerhöhung (150.000 €) kann in der Steuerbilanz eine gewinnmindernde Rücklage i.H.v. 140.000 € passiviert werden, die in den Folgejahren grundsätzlich jeweils zu 1/14 gewinnerhöhend aufzulösen ist.

Steuerbilanz 31.12.03

Forderungen	600.000 €	Eigenkapital		
Finanzkonto	300.000 €	Gezeichnetes Kapital	500.000 €	
Sonstige Aktiva	3.100.000 €	Gewinnrücklagen	400.000 €	
		Gewinnvortrag	10.000 €	
		Jahresüberschuss	490.000 €	1.400.000 €
		StAP		10.000 €
		Rücklage (§ 5 Abs. 7 EStG)		140.000 €
		Rückstellungen*		750.000 €
		Verbindlichkeiten		1.700.000 €
	4.000.000 €			4.000.000 €

* Vor weiteren Zuführungen aufgrund Neubewertung zum Bilanzstichtag.

Das Eigenkapital laut Steuerbilanz beträgt zum 31.12.03 1.410.000 €. Zum 31.12.04 ist die Rücklage in der Steuerbilanz um 1/14 = 10.000 € zu verringern und beträgt dann noch 130.000 €. Die damit verbundene Gewinnerhöhung beeinflusst nur den Steuerbilanzgewinn, so dass der StAP zum 31.12.04 i.H.v. 20.000 € zu passivieren ist. Nicht zu rechtfertigen wäre dagegen die Erhöhung des Jahresüberschusses zum 31.12.03 um 10.000 € mit der Folge eines um 10.000 € höheren Gewinnvortrags zum 31.12.04.

9.3.2 Personenhandelsgesellschaften nach Option zur Besteuerung wie eine Kapitalgesellschaft

9.3.2.1 Antragsgebundene Option

Personenhandels- und Partnerschaftsgesellschaften wird durch § 1a KStG i.d.F. des KöMoG[43] die Möglichkeit eingeräumt, ohne Änderung ihres zivilrechtlichen Rechtskleids auf Antrag zur Ertragsbesteuerung wie eine Kapitalgesellschaft zu optieren (siehe dazu auch Rdnr. 34.4 ff.). Personenhandelsgesellschaften sind die OHG und die KG (§§ 105, 161 HGB), wenn sie im Zeitpunkt der Stellung des Antrags im Handelsregister auch nur als vermögensverwaltende Gesellschaft eingetragen sind (§ 105 Abs. 2 HGB) oder ein Handelsgewerbe i.S.d. § 1 Abs. 2 HGB betreiben. Im Fall der Rechtsform einer GmbH & Co. KG ist es ohne Bedeutung, ob die Komplementär-GmbH am Vermögen der KG beteiligt ist (Regelfall) oder ob die KG ihrerseits die Beteiligung an der Komplementär-GmbH hält (Einheits- 9.26

[43] Gesetz zur Modernisierung des Körperschaftsteuerrechts (KöMoG) v. 25.06.2021, BGBl I, 2050; BStBl I, 889; vgl. zur Anwendung BMF-Schreiben v. 10.11.2021 – IV C 2 - S 2707/21/10001 :004, BStBl I, 2212.

GmbH & Co. KG). Partnerschaftsgesellschaften müssen im Zeitpunkt der Antragstellung im Partnerschaftsregister bereits eingetragen sein (§ 7 Abs. 1 PartGG).

9.27 Die Option zur Besteuerung wie eine Kapitalgesellschaft erfolgt durch Antrag der Personenhandels- oder Partnerschaftsgesellschaft grundsätzlich nach amtlichem Datensatz[44] durch Datenfernübertragung spätestens einen Monat vor Beginn des Wirtschaftsjahres, ab dem die Besteuerung wie eine Kapitalgesellschaft erfolgen soll. Der Antrag ist an das Finanzamt zu richten, das für die gesonderte und einheitliche Feststellung der Gesellschaft nach § 180 AO zuständig ist (§ 1a Abs. 2 KStG). Bei einem mit dem Kalenderjahr übereinstimmenden Wirtschaftsjahr ist der Antrag – vorbehaltlich § 108 Abs. 3 AO – fristgemäß bei Einreichung spätestens am 30.11. des Vorjahres.

9.3.2.2 Jahresabschluss nach Handelsrecht

9.28 Trotz der **Option**, wie eine Körperschaft besteuert zu werden, hat die optierende Gesellschaft zivilrechtlich betrachtet unverändert die Rechtsform einer Personenhandelsgesellschaft inne. Sie ist deshalb nach handelsrechtlichen Grundsätzen ordnungsmäßiger Buchführung weiterhin zur Befolgung der Rechnungslegungsvorschriften für diese Gesellschaften und zur Aufstellung eines Jahresabschlusses nach §§ 238 ff. HGB und in den Fällen einer GmbH & Co. KG nach §§ 264a ff. HGB verpflichtet.

9.29 In der Bilanz (Handelsbilanz) ist das **Eigenkapital** nach Maßgabe gesetzlicher Vorschriften oder wie regelmäßig in der Praxis aufgrund gesellschaftsvertraglicher Vorgaben zu gliedern. Die Option nimmt auf die Bilanzierung des Eigenkapitals keinen Einfluss. Man muss allerdings zur Kenntnis nehmen, dass im Jahresabschluss einer Personengesellschaft eine **Körperschaftsteuerrückstellung** nebst Rückstellung für den Solidaritätszuschlag zu passivieren ist. Die Körperschaftsteuer nebst Solidaritätszuschlag mindert als Steuer vom Einkommen und Ertrag den **Jahresüberschuss** (§ 275 Abs. 2 Nr. 13 und 17 HGB).

9.3.2.3 Steuerbilanz

9.30 Der Jahresabschluss nach Handelsrecht ist nach dem Wirksamwerden der Option im Prinzip nicht mehr maßgeblich für die Steuerbilanz, weil insbesondere im Hinblick auf die Übernahme der Korrekturposten aus den Ergänzungsbilanzen und der damit verbundenen Abweichung beim Eigenkapital kein Gleichklang nach Art einer „Einheitsbilanz" in Betracht kommen kann. Weitergehend betrifft dies auch den steuerlichen Gewinn, der regelmäßig vom Jahresüberschuss nach Handelsrecht abweicht.

---

[44] Das bundeseinheitliche Muster für den Antrag durch „Vordruck KStOpt" wird unter www.formulare-bfinv.de zur Verfügung gestellt.

Die optierende Gesellschaft ist verpflichtet, den Gewinn nach § 5 Abs. 1 i.V.m. § 4 Abs. 1 Satz 1 EStG durch Betriebsvermögensvergleich zu ermitteln. Sie hat deshalb auf den Zeitpunkt des Wirksamwerdens der Option zu Beginn des Wirtschaftsjahres nach dem Übergang zur Körperschaftsbesteuerung und sodann jeweils zum Schluss eines jeden Wirtschaftsjahres eine Steuerbilanz sowie eine Gewinn- und Verlustrechnung zu erstellen. 9.31

Die Finanzverwaltung verlangt ausdrücklich eine (selbständige) **Steuerbilanz,** die nach den für Kapitalgesellschaften maßgeblichen Grundsätzen als **E-Bilanz** nebst GuV und Betriebsvermögensvergleich dem zuständigen Finanzamt elektronisch einzureichen ist (§ 5b Abs. 1 Satz 1 und 3 EStG, § 60 Abs. 2 Satz 2 EStDV).[45] Eine Überleitungsrechnung wird trotz der „Kannvorschrift“ ohne weitere gesetzliche Grundlage nicht akzeptiert.[46] 9.32

Wie in der Handelsbilanz ist die **Körperschaftsteuerrückstellung** nebst Rückstellung für den Solidaritätszuschlag auch in der Steuerbilanz zu passivieren. Der Steueraufwand mindert den Steuerbilanzgewinn. Zur Ermittlung des zu versteuernden Einkommens der Optionsgesellschaft ist die Steuerbelastung aus Vorauszahlungen und Zuführung zu den Rückstellungen jedoch außerhalb der Steuerbilanz wieder hinzuzurechnen (§ 10 Nr. 2 KStG). 9.33

Handelt es sich um eine optierende **Partnerschaftsgesellschaft,** so ist die Fortsetzung der Gewinnermittlung nach **§ 4 Abs. 3 EStG,** soweit bisher praktiziert, unzulässig (§ 1a Abs. 3 Satz 6 KStG). Dies zwingt im Fall einer vorangehenden Gewinnermittlung nach § 4 Abs. 3 EStG zur Ermittlung eines Übergangsgewinns. Der **Übergangsgewinn,** der vornehmlich auf noch nicht bezahlten Honorarforderungen und unfertigen Leistungen beruhen dürfte, erhöht die Gewinnanteile der Gesellschafter im letzten Jahr vor dem Wirksamwerden der Option.[47] Eine Verteilung auf das Jahr des Übergangs und die folgenden zwei Jahre ist nicht möglich, weil der Übergang auch bei Fortführung der Buchwerte nach § 20 UmwStG einer Veräußerung entspricht.[48] 9.34

9.3.2.4 Eigenkapital und steuerliches Einlagekonto

Das Eigenkapital einer Kapitalgesellschaft im handelsrechtlichen Jahresabschluss unterliegt einer verbindlichen Gliederung (§ 266 Abs. 3 A. HGB). Diese Gliederung kann für eine optierende Gesellschaft jedoch nicht maßgeblich sein, denn es 9.35

45 Zur Taxonomie 6.8 vgl. BMF-Schreiben v. 27.05.2024 – IV C 6 - S 2733-b/24/10001 :002, BStBl I, 928, mit Nachweisen zu den vorangehenden Versionen.

46 BMF-Schreiben v. 10.11.2021 – IV C 2 - S 2707/21/10001 :004, BStBl I, 2212, Rdnr. 53, 101.

47 BMF-Schreiben v. 10.11.2021 – IV C 2 - S 2707/21/10001 :004, BStBl I, 2212, Rdnr. 24.

48 BFH, Urt. v. 13.09.2001 – IV R 13/01, BStBl II 2002, 287, zu § 24 UmwStG.

handelt sich trotz Option weiterhin um eine Personenhandelsgesellschaft, für die allein die Rechnungslegungsgrundsätze des Handelsrechts nach Maßgabe dieser Rechtsform bindend sind.

9.36 Gesetzliche Regelungen, nach welchen Grundsätzen das Eigenkapital bei Abweichung von der Handelsbilanz in der Steuerbilanz auszuweisen ist, fehlen allerdings. Offensichtlich ist nur, dass die optierende Gesellschaft anders als eine Kapitalgesellschaft nicht über Nennkapital (Grundkapital, Stammkapital) verfügt, so dass ein Posten „Gezeichnetes Kapital" nicht denkbar ist. Aber auch die anderen Positionen, die sich auf die Kapitalrücklage, die Gewinnrücklagen, den Gewinnvortrag und den Jahresüberschuss beziehen, sind so nicht Gegenstand des Eigenkapitalausweises einer Personengesellschaft. Hier ist regelmäßig neben dem Festkapital ein variables Eigenkapitalkonto (Kapital II) und ein dazugehörendes Verlustvortragskonto praxisüblich.

9.37 Der Bilanzausweis des Gewinnvortrags und des Jahresüberschusses im Rahmen einer Bilanzaufstellung ohne Ergebnisverwendung kommt nur ausnahmsweise in Betracht, wenn der Gesellschaftsvertrag der Personengesellschaft die Entstehung der Gewinnauszahlungsansprüche der Gesellschafter von einem Beschluss der Gesellschafterversammlung abhängig macht.[49] Im Grundsatz aber entstehen die Gewinnauszahlungsansprüche der Gesellschafter mit Ablauf des Geschäftsjahres. Die Gesellschafter erlangen bereits in diesem Zeitpunkt eine unentziehbare Forderung gegen die Gesellschaft, die diese als „Verbindlichkeiten gegenüber Gesellschaftern" zu passivieren hat (§ 264c Abs. 1 HGB).

Beispiel

9.38
- Das Führen von Konten mit den Bezeichnungen „Verrechnungskonto, Gesellschafterkonto, Privatkonto, Kapital III" etc. in diesem Zusammenhang ist üblich und wird von manchen Gesellschaftsverträgen favorisiert. Das macht es indes nicht besser, denn diese Kontenbezeichnungen vernebeln oftmals den tatsächlichen Charakter als Eigen- oder Fremdkapital, so dass es nicht selten zu Streit mit Blick auf die Bestimmung des Auseinandersetzungsguthabens einerseits und steuerlichen Folgen andererseits etwa im Hinblick auf § 15a EStG oder § 1 Abs. 1 Nr. 1 UStG kommt.
- Im hier interessierenden Zusammenhang ist die gesellschafts- und schuldrechtlich zutreffende Unterscheidung zwischen Eigen- und Fremdkapital für eine Ermittlung des steuerlichen Einlagekontos maßgebend.[50]

[49] IDW RS HFA 7 v. 30.01.2018, IDW Life 2/2018, Rdnr. 258. Siehe zur Bilanzierung des Eigenkapitals einer Personengesellschaft in Handels- und Steuerbilanz ausführlich BOLK, Bilanzierung und Besteuerung der Personengesellschaft und ihrer Gesellschaft, 5. Aufl. 2023, Rdnr. 2.17 ff. und 5.09 m.w.N.

[50] Zu Versorgungszusagen vgl. HÖFER, DB 2022, 839.

Nach § 1a Abs. 2 Satz 4 KStG wird das im Einbringungszeitpunkt in der Steuerbilanz auszuweisende Eigenkapital auf dem steuerlichen Einlagekonto erfasst. Ohne weitere Auseinandersetzung wird daraus offenbar abgeleitet, dass in der Steuerbilanz das „steuerliche Einlagekonto" als Eigenkapital anzusetzen ist.[51] Dies verkennt, dass das steuerliche Einlagekonto nach § 27 KStG trotz des Begriffs „Konto" weder eine Bilanzposition ist, noch in der Buchführung als solches zu erfassen ist. Das steuerliche Einlagekonto folgt vielmehr einer eigenen Gesetzmäßigkeit und steht systematisch nicht mit dem Eigenkapital in der Steuerbilanz, das auf § 4 Abs. 1 Satz 1 EStG beruht, im Einklang. Sichtbar wird dies unmittelbar bei **verdeckten Einlagen**, die erst außerhalb der Steuerbilanz bei der Ermittlung des zu versteuernden Einkommens abgezogen werden (§ 8 Abs. 3 Satz 3 KStG) und als Zugang auf dem steuerlichen Einlagekonto zu erfassen sind (§ 27 Abs. 1 Satz 2 KStG). 9.39

Aus § 1a Abs. 3 Satz 4 KStG folgt deshalb nicht, dass das steuerliche Einlagekonto als **Eigenkapital** in der Steuerbilanz auszuweisen ist. Vielmehr wird damit nur geregelt, dass das Eigenkapital in der Schlussbilanz der Personenhandelsgesellschaft und demzufolge auch in der Eröffnungsbilanz der Optionsgesellschaft der Höhe nach zugleich in das steuerliche Einlagekonto im vollen Umfang gem. § 27 Abs. 1 KStG einzustellen ist. Dieser Sicht entspricht, dass es der Steuergesetzgeber bisher stets vermieden hat, für das Eigenkapital in der Steuerbilanz inhaltliche Vorgaben außerhalb der Maßgeblichkeit der Handelsbilanz zu machen. 9.40

Viel spricht dafür, die im Zeitpunkt des Wirksamwerdens der Option nicht zuletzt auch aufgrund der Auflösung der Ergänzungsbilanzen durchaus unterschiedlich hohen Eigenkapitalpositionen der Gesellschafter weiterhin in der Steuerbilanz zu zeigen. Damit werden auch nachvollziehbar die **Anschaffungskosten** für die Anteile der nunmehr an einer Optionsgesellschaft beteiligten Gesellschafter gezeigt, die für die Ermittlung des Gewinns aus Anlass einer Veräußerung der Anteile nach § 17 Abs. 1 oder § 20 Abs. 2 Satz 1 Nr. 1 EStG maßgebend sind. Weitergehend ist zu berücksichtigen, dass für die **Bewertung** der Beteiligung an einer Personengesellschaft außerhalb des Ertragsteuerrechts die Vorgaben gem. § 97 Abs. 1 Nr. 5 i.V.m. Abs. 1a BewG unverändert maßgebend sind und dass dabei eine personenbezogene Aufteilung zu erfolgen hat. 9.41

Unterstellt man dagegen, dass § 1a Abs. 3 Satz 4 KStG verlangt, alle Eigenkapitalpositionen aus der Schlussbilanz der Personenhandelsgesellschaft unabhängig von der personellen Zuordnung und losgelöst von der Qualität als Festkapital, variables Eigenkapital oder Rücklagen (ggf. auch Bilanzgewinn bei einer Bilanzierung 9.42

[51] Demuth, KÖSDI 2021, 22241, Rdnr. 14; Ott, StuB 2021, 913 zu 4; Levedag, in: Wacker/Krüger/Levedag/Loschelder, DStR-Beihefter 2121, 3 zu 4.1.4.3.

aufgrund teilweiser Ergebnisverwendung; siehe dazu Rdnr. 8.7 ff.) in einer Summe unter der Bezeichnung „steuerliches Einlagekonto“ in der Eröffnungsbilanz der Optionsgesellschaft anzusetzen, dann bedarf es zur Sicherung der zutreffenden Besteuerung nach § 17 EStG oder im Fall von Umwandlungen der Optionsgesellschaft zusätzlicher Aufzeichnungen, um die Anschaffungskosten bestimmen zu können.

9.43 Es bleibt abzuwarten, wie die Finanzverwaltung die **Taxonomie** zur E-Bilanz einer Optionsgesellschaft ausgestalten wird. Das zur Option ergangene BMF-Schreiben hilft hier nicht weiter, indem es einerseits nur den Gesetzestext wiederholt[52] und andererseits verlangt, dass die optierende Gesellschaft eine Steuerbilanz nebst Gewinn- und Verlustrechnung für eine Körperschaft nach § 5b Abs. 1 Satz 1 und 3 EStG elektronisch übermitteln soll.[53] Wie diese Vorgaben im Einzelfall angesichts der elementaren Unterschiede im Hinblick auf die Gliederung des Eigenkapitals zu erfüllen sind, bleibt derzeit unklar.

9.3.2.5 Auflösung der Ergänzungsbilanzen

9.44 Der Übergang zur Besteuerung wie eine Kapitalgesellschaft **gilt** als **Formwechsel** (§ 1a Abs. 2 Satz 1 KStG i.V.m. § 1 Abs. 3 Nr. 3 UmwStG). Damit verbunden ist eine Auflösung von Ergänzungsbilanzen, die für die Gesellschafter auf den Schluss des Wirtschaftsjahres vor dem Übergang aufgestellt wurden. Die Korrekturposten aus einer positiven **Ergänzungsbilanz** erhöhen im Einbringungszeitpunkt die entsprechenden Bilanzposten in der Übertragungsbilanz durch **Aufstockung.** Aufgrund negativer Ergänzungsbilanzen sind die Korrekturposten Anlass für eine **Abstockung** der Bilanzposten, die mit den Korrekturposten korrespondieren. Abweichend von der Handelsbilanz erhöht oder/und verringert die Auflösung das Eigenkapital in der Steuerbilanz (§ 25 Satz 1 i.V.m. § 9 Satz 2 UmwStG). Folgerichtig ist auch das **steuerliche Einlagekonto** im vollen Umfang zu Recht beeinflusst (§ 1a Abs. 2 Satz 3 i.V.m. § 27 KStG), denn in den Ergänzungsbilanzen war bisher für die betreffenden Gesellschafter ein Mehr- oder Minderkapital ausgewiesen.

9.45 Anders als bei einem (echten) Formwechsel (siehe dazu Rdnr. 29.46 ff.) ist das Mehr- und/oder Minderkapital aus den aufgelösten Ergänzungsbilanzen nicht in einem einzigen **steuerlichen Ausgleichsposten** als zusätzliche Position in der Steuerbilanz auszuweisen. Vielmehr sind die Beträge im Hinblick auf die unterschiedlichen personenbezogenen Ursachen der jeweiligen Ergänzungsbilanz abweichend vom handelsrechtlich maßgeblichen Kapitalanteil vorzugsweise in besonderen Bilanzpositionen im Rahmen des **Eigenkapitals personenbezogen** zuzuweisen. Soweit hier lediglich ein (einheitlicher) steuerlicher Ausgleichsposten (wie bei einer Kapitalge-

---

[52] BMF-Schreiben v. 10.11.2021 – IV C 2 - S 2707/21/10001 :004, BStBl I, 2212, Rdnr. 42.

[53] BMF-Schreiben v. 10.11.2021 – IV C 2 - S 2707/21/10001 :004, BStBl I, 2212, Rdnr. 101.

sellschaft) bejaht wird,[54] bleibt unberücksichtigt, dass der personelle Bezug für die Bestimmung der jeweiligen Anschaffungskosten der Beteiligung an der Optionsgesellschaft notwendig ist und erst in der Zusammenfassung den Zugang zum steuerlichen Einlagekonto beeinflusst.[55]

Beispiel

Für eine GmbH & Co. KG, zu deren Gesellschaftsvermögen die Anteile an ihrer Komplementär-GmbH gehören, sind zum Schluss des Wirtschaftsjahres 01 die folgenden Bilanzen aufzustellen: 9.46

KG-Bilanz zum 31.12.01

Grundstück	100.000.000 €	Kapital A	7.500.000 €
Andere Aktiva	900.000.000 €	Kapital B	2.500.000 €
Beteiligung Kpl-GmbH	25.000 €	**Rücklagen**	200.000.000 €
		Ausgleichsposten für eigene Anteile	25.000 €
		Verbindlichkeiten	790.000.000 €
	1.000.025.000 €		1.000.025.000 €

Ergänzungsbilanz für B zum 31.12.01

Grundstück		300.000 €	Mehrkapital 01.01.01	1.050.000 €
Geschäftswert	750.000 €		– Verlust 01	50.000 €
– AfA	50.000 €	700.000 €		
		1.000.000 €		1.000.000 €

Lösung

Übertragungsbilanz zum 31.12.01

Geschäftswert	700.000 €	Kapital A	7.500.000 €
Grundstück	100.300.000 €	Kapital B	2.500.000 €
Andere Aktiva	900.000.000 €	**Mehrkapital B**	**1.000.000 €**
Beteiligung Kpl-GmbH	25.000 €	Rücklagen	200.000.000 €
		Ausgleichsposten für eigene Anteile	25.000 €
		Verbindlichkeiten	790.000.000 €
	1.001.025.000 €		1.001.025.000 €

---

[54] DEMUTH, KÖSDI 22241, Rdnr. 16.

[55] Ebenso zu Recht EGGERT, BBK, 2021, 1161, 1164.

Die Eröffnungsbilanz der Optionsgesellschaft weicht inhaltlich von der Übertragungsbilanz nicht ab (siehe dazu auch Rdnr. 9.49). Der Anfangsbestand des steuerlichen Einlagekontos beträgt 211.000.000 €.

9.47 Nach dem Übergang zur Besteuerung wie eine Kapitalgesellschaft ist der Einfluss der gegenüber der Handelsbilanz abweichenden Bilanzposten auf den Steuerbilanzgewinn zu berücksichtigen. Dies erfordert einerseits die Beurteilung latenter Steuern (§ 274 HGB; Rdnr. 10.1 ff.) und andererseits die Vereinbarung disquotaler Ausschüttungen, um die personenbezogenen Folgen auszugleichen:

- **Positive** Ergänzungsbilanzen verursachen in der Steuerbilanz nach der Option regelmäßig zusätzliche Abschreibungen, die zu einem niedrigeren Steuerbilanzgewinn gegenüber dem Jahresüberschuss nach Handelsrecht führen.
- **Negative** Ergänzungsbilanzen führen zu niedrigeren Posten in der Steuerbilanz, so dass je nach Wirtschaftsgut geringere Abschreibungen oder höhere Erträge beim Abgang und damit ein höherer Steuerbilanzgewinn die Folge ist.

9.3.2.6 Bewertungswahlrecht nach § 20 UmwStG

9.48 Mit dem Übergang zur Besteuerung **wie** eine Kapitalgesellschaft nach Art eines Formwechsels auf Antrag nach § 1a Abs. 1 KStG ist die Einbringung der Mitunternehmeranteile in das Betriebsvermögen der optierenden Gesellschaft verbunden (§ 25 i.V.m. §§ 20–23 UmwStG). Einbringende sind die einzelnen Mitunternehmer. Soll diese Einbringung zum **Buchwert** erfolgen, ist ein entsprechender Antrag nach § 20 Abs. 2 Satz 2 UmwStG erforderlich. Während der Antrag nach § 1a Abs. 1 KStG spätestens einen Monat vor dem geplanten Übergang zu stellen ist, muss der Antrag nach § 20 UmwStG spätestens mit der steuerlichen Schlussbilanz dem Finanzamt eingereicht werden, mit der das Wahlrecht ausgeübt wird (§ 20 Abs. 2 Satz 3 UmwStG). Es handelt sich also um zwei Anträge unterschiedlichen Inhalts.

9.49 Auf den Schluss des Wirtschaftsjahres, das dem Erstjahr der Begründung der Optionsgesellschaft vorangeht, sind neben dem handelsrechtlichen Jahresabschluss die folgenden Bilanzen für steuerliche Zwecke aufzustellen:

- **Steuerbilanz** der Gesellschaft nebst Ergänzungs- und Sonderbilanzen nach allgemeinen Grundsätzen für das abgeschlossene Wirtschaftsjahr.
- **Übertragungsbilanz** (§ 9 Satz 2 UmwStG), in der die Wirtschaftsgüter und Schulden der Gesellschaft unter Auflösung der Korrekturwerte in den Ergänzungsbilanzen auszuweisen sind. Die Kapitalanteile der Gesellschafter, die

Rücklagen sowie das personenbezogene Mehr- oder Minderkapital aufgrund der Auflösung der Ergänzungsbilanzen sind zu passivieren.

- **Eröffnungsbilanz** für die Optionsgesellschaft, die dem Inhalt nach der Übertragungsbilanz entspricht. In dieser Eröffnungsbilanz kann das Eigenkapital (Kapitalanteile der Gesellschafter, Rücklagen, personenbezogenes Mehr- oder Minderkapital aufgrund der Auflösung der Ergänzungsbilanzen) weiterhin personenbezogen oder in einer Summe dargestellt werden. Die Summe entspricht zugleich dem Anfangsbestand des steuerlichen Einlagekontos gem. § 27 KStG.

- **Schlussbilanz** der Optionsgesellschaft auf den Einbringungszeitpunkt (immer noch auf denselben Stichtag), in der das **Bewertungswahlrecht** durch Ansatz der Buchwerte, ggf. Zwischenwerte, ausgeübt wird. Diese Schlussbilanz ist dem zuständigen Finanzamt nebst **Antrag** auf Buchwertfortführung für **jeden Mitunternehmeranteil** als E-Bilanz einzureichen (§ 20 Abs. 2 Satz 3 UmwStG). Eine Bilanzaufstellung mit Rückwirkung nach § 9 Satz 3 UmwStG ist unzulässig (§ 1a Abs. 2 Satz 3 zweiter Halbsatz KStG). In dieser **Schlussbilanz** sind auch die Zugänge aus der Simultaneinbringung der Wirtschaftsgüter des Sonderbetriebsvermögens zu berücksichtigen, die nach dem Wollen der Beteiligten zugleich mit dem fiktiven Formwechsel Gesellschaftsvermögen der Optionsgesellschaft werden sollen. Die mit dieser Einbringung einhergehenden Einlagen beeinflussen ebenfalls das steuerliche Einlagekonto.

Bei optierenden Gesellschaften, die weder Ergänzungs- noch Sonderbilanzen für ihre Gesellschafter aufzustellen haben, weichen die Schlussbilanz, die Übertragungsbilanz, die Eröffnungsbilanz und schließlich die Schlussbilanz mit Antrag nach § 20 UmwStG, die Buchwerte fortzuführen, nicht voneinander ab, denn alle werden auf **denselben Zeitpunkt** aufgestellt! Die in der Schlussbilanz ausgewiesenen Bilanzposten bilden die Anfangsbestände für die Finanzbuchführung der Optionsgesellschaft im Erstjahr. 9.50

9.3.2.7 Forderungen gegenüber der Gesellschaft

Forderungen der Gesellschafter gegenüber der optierenden Gesellschaft, die vor der Option **korrespondierend** in der Sonderbilanz aktiviert wurden, gehören nicht zu den wesentlichen Betriebsgrundlagen.[56] Mit dem Übergang gelangen diese Forderungen im Wege der Entnahme in das Privatvermögen oder durch Überführung in ein anderes Betriebsvermögen der jeweiligen Gesellschafter, ohne dass dadurch die Einbringung der Mitunternehmeranteile nach § 20 UmwStG zum Buchwert gefährdet wäre. Da diese Forderungen nicht veranlasst durch den fiktiven Formwech- 9.51

[56] Schiffers, DStZ 2021, 348, 361; Bodden, KÖSDI 2022, 22927.

sel begründet werden, sondern regelmäßig auf vorangehenden schuldrechtlichen Vereinbarungen beruhen, kann ihnen **nicht** der Charakter einer **sonstigen Gegenleistung** nach Maßgabe des § 20 Abs. 2 Nr. 4 UmwStG zugeschrieben werden.[57]

9.4 Steuerbilanz der stillen Gesellschaft

9.4.1 Typisch stille Gesellschaft

9.52 Die für die Handelsbilanz des Inhabers des Handelsgewerbes (Prinzipal) geltende Sachbehandlung gilt im Fall einer typisch stillen Gesellschaft ohne Abweichung auch für die Steuerbilanz dieses Betriebs (Maßgeblichkeitsgrundsatz, § 5 Abs. 1 Satz 1 erster Halbsatz EStG; siehe dazu bereits Rdnr. 7.31 ff.). Die Verbindlichkeit gegenüber dem Stillen ist als Fremdkapital zu passivieren.[58] Dem steht die Vermögensmehrung aufgrund der Einlage gegenüber. Wird die Einlage durch Abtretung einer Darlehensforderung geleistet, die gegenüber dem Inhaber des Handelsgewerbes besteht, tritt die Verbindlichkeit gegenüber dem stillen Gesellschafter an die Stelle der bisherigen Darlehensschuld, soweit die Parteien ihren Willen insoweit unzweifelhaft zum Ausdruck bringen (Novation).[59] Unmaßgeblich dafür ist, ob die typisch stille Beteiligung am Handelsgewerbe einer Kapitalgesellschaft, einer Personengesellschaft (Mitunternehmerschaft) oder einem Einzelunternehmen begründet wird. Anders als im Fall der atypisch stillen Gesellschaft (siehe Rdnr. 9.59 ff.) wird für die typisch stille Gesellschaft als solche keine Steuerbilanz aufgestellt und der Finanzbehörde nach § 5b EStG elektronisch eingereicht.

9.53 Der Gewinnanteil mindert den Jahresüberschuss als **Aufwand aus Teilgewinnabführung** (§ 277 Abs. 3 Satz 2 HGB). Die damit verbundene Minderung des Gewinns aus Gewerbebetrieb ist bei der Ermittlung des Gewerbeertrags der GmbH nach Maßgabe der gem. § 8 Nr. 1 GewStG geltenden Grundsätze wieder hinzuzurechnen (§ 8 Nr. 1c GewStG). Verlustanteile aus einer stillen Beteiligung, zu dessen Tragung der stille Gesellschafter sich nach § 231 HGB verpflichtet hat, mindern die Summe der übrigen nach § 8 Nr. 1 GewStG hinzuzurechnenden Aufwendungen. Übersteigen die Verlustanteile diese Summe, erfolgt eine negative Hinzurechnung.[60]

9.54 Ist eine Kapitalgesellschaft an einem anderen Handelsgewerbe typisch still beteiligt, ist die geleistete Einlage in deren Handels- und Steuerbilanz als Forderung unter den sonstigen Ausleihungen auszuweisen (§ 266 Abs. 2 A.III.6. HGB). Das gilt

---

57 Vgl. für viele ebenso Ott, DStZ 2021, 559, 565; Rapp, DStR 2017, 580.

58 BFH, Urt. v. 27.03.2012 – I R 62/08, BStBl II, 745, Rdnr. 13.

59 BGH, Urt. v. 14.03.2013 – III ZR 417/12, NZM 2013, 545, Rdnr. 11.

60 BFH, Urt. v. 01.10.2015 – I R 4/14, BStBl II 2017, 59; BFH, Urt. v. 28.01.2016 – I R 15/15, BStBl II 2017, 62; R 8.1 Abs. 3 GewStR ist damit überholt.

auch für einen Einzelunternehmer, der die stille Beteiligung seinem Betriebsvermögen zuordnet (§ 247 Abs. 1 HGB). Wird die stille Gesellschaft dadurch begründet, dass eine Darlehensforderung in eine typisch stille Beteiligung umgewandelt oder zu diesem Zweck abgetreten wird, steht dem Erwerb der stillen Beteiligung die Hingabe der Darlehensforderung gegenüber, so dass ein tauschähnlicher Vorgang gegeben ist. Die erworbene stille Beteiligung ist mit den Anschaffungskosten zu bewerten, die dem gemeinen Wert des hingegebenen Wirtschaftsguts, hier der Darlehensforderung, entsprechen (§ 6 Abs. 6 Satz 1 EStG).[61] Maßgebend sind die Wertverhältnisse im Zeitpunkt des Wirksamwerdens der Vereinbarung. Ohne Bedeutung dafür ist, ob die Darlehensforderung vorangehend bereits auf den niedrigeren Teilwert abgeschrieben wurde.

Der Gewinnanteil des typisch stillen Gesellschafters gehört zu den Einkünften aus Gewerbebetrieb, wenn die Beteiligung zum Betriebsvermögen gehört (§ 20 Abs. 1 Nr. 4 i.V.m. Abs. 8 EStG). Der Anspruch auf den Gewinnanteil ist phasengleich als Forderung zu aktivieren, es sei denn, eine Verrechnung mit Vorjahresverlusten kommt in Betracht. Verlustanteile mindern den Buchwert der stillen Beteiligung mit Ablauf des Geschäftsjahres des Inhabers des Handelsgewerbes.[62] Eine spätere Saldierung ist unbeachtlich. Die Verringerung des Buchwerts um Verlustanteile ist nicht mit einer Teilwertabschreibung gleichzusetzen. Auf eine voraussichtlich dauernde Wertminderung kommt es deshalb nur an, wenn über die Erfassung der Verlustanteile hinaus eine Teilwertabschreibung nach § 6 Abs. 1 Nr. 2 Satz 2 EStG angestrebt wird. 9.55

Die Gewinn- bzw. Verlustanteile beeinflussen den Gewerbeertrag des Betriebs, zu dessen Betriebsvermögen die typisch stille Beteiligung gehört (§ 7 Satz 1 GewStG). Eine Kürzung nach Maßgabe des § 9 GewStG oder eine Hinzurechnung nach § 8 GewStG zur Vermeidung einer doppelten Erfassung kommt mangels gesetzlicher Regelung nicht in Betracht. § 8 Nr. 1c GewStG betrifft nur den Gewerbeertrag des Inhabers des Handelsgewerbes. 9.56

9.4.2 Atypisch stille Gesellschaft

Die atypisch stille Gesellschaft ist dadurch gekennzeichnet, dass der stille Gesellschafter Mitunternehmerinitiative entfalten kann und Mitunternehmerrisiko trägt. Mitunternehmerrisiko trägt der stille Gesellschafter insbesondere dann, wenn er neben einer Gewinnbeteiligung und einer auf seine Einlage beschränkten Verlustbeteiligung an der Wertentwicklung des Unternehmens durch Beteiligung an den stillen Reserven und/oder einem Geschäftswert partizipiert. Für die Verwirk- 9.57

---

[61] BFH, Urt. v. 28.11.2019 – IV R 54/16, BStBl II 2023, 447, 420, Rdnr. 44; Kolbe, StuB 2020, 331.

[62] BFH, Urt. v. 27.03.2012 – I R 62/08, BStBl II, 745, Rdnr. 14, 15.

lichung der Mitunternehmerinitiative ist eine Teilnahme an unternehmerischen Entscheidungen Voraussetzung. Dafür genügt die Möglichkeit zur Ausübung von Gesellschafterrechten, die den Stimm-, Kontroll- und Widerspruchsrechten der Kommanditisten nach §§ 164, 166 HGB a.F. oder den Kontrollrechten nach § 716 Abs. 1 BGB a.F. annähernd entsprechen.[63] Bei bestehendem Mitunternehmerrisiko reicht bereits die Wahrnehmung der Kontrollrechte gem. § 233 HGB bei einem stillen Gesellschafter aus.[64] Mit Wirkung vom 01.01.2024 sind an die Stelle der Kontroll- und Widerspruchsrechte jetzt **Informationsrechte** und -pflichten getreten (§ 717 BGB, § 105 Abs. 3 HGB für die OHG, § 166 HGB für die Kommanditisten).

9.58 Mit der Begründung der atypisch stillen Gesellschaft entsteht folglich eine **Mitunternehmerschaft**, deren Mitunternehmer die GmbH und der stille Gesellschafter sind, denn die atypisch stille Gesellschaft ist eine andere Gesellschaft i.S.d. § 15 Abs. 1 Nr. 1 Satz 1 EStG.[65] Damit greift auch die Verlustausgleichsbeschränkung nach § 15a Abs. 5 Nr. 1 EStG. § 20 Abs. 1 Nr. 4 EStG ist dagegen nicht anwendbar. Das gilt auch dann, wenn der atypisch stille Gesellschafter bereits Gesellschafter der GmbH ist. Da die Beteiligung des stillen Gesellschafters an einem Handelsgewerbe besteht, für das bereits nach Handelsrecht Buchführungs- und Bilanzierungspflicht besteht (§§ 238 ff. HGB),[66] ist es nicht zulässig, Sonderbetriebseinnahmen des atypisch stillen Gesellschafters nach den Regeln einer Überschussrechnung zu erfassen.

9.59 Der Betrieb der GmbH wird ertragsteuerrechtlich der **Mitunternehmerschaft** zugeordnet. Das Betriebsvermögen der GmbH wird im Wege der **Einbringung** nach § 24 UmwStG Betriebsvermögen der atypisch stillen Gesellschaft und kann dort zu Buchwerten fortgeführt werden.[67] Damit ist diese Gesellschaft Subjekt der Einkünfteerzielung und Gewinnermittlung geworden. Unstreitig erfolgt die Gewinnermittlung bei einer atypisch stillen Gesellschaft mit einer GmbH deshalb nach den Grundsätzen des Betriebsvermögensvergleichs (§ 5 Abs. 1 Satz 1, § 4 Abs. 1 Satz 1 EStG). Die Fragen der Umsetzung dieser Vorgaben mit Blick auf eine eigenständige Steuerbilanz sind noch nicht abschließend geklärt.[68] Aus § 5b EStG i.V.m. § 60 Abs. 2 EStDV folgt jedoch, dass die Erklärungspflichten im Hinblick

63 BFH, Urt. v. 13.07.2017 – IV R 41/14, BStBl II, 1133, Rdnr. 20.

64 BFH, Urt. v. 19.07.2018 – IV R 10/17, BFH/NV 2018, 1268, Rdnr. 36.

65 BFH, Urt. v. 12.02.2015 – IV R 48/11, BFH/NV 2015, 1075.

66 BFH, Urt. v. 25.06.2014 – I R 24/13, BStBl II 2015, 141; krit. dazu: HENNRICHS, DStR 2015, 1420.

67 BFH, Urt. v. 24.04.2014 – IV R 34/10, BStBl II 2017, 233, Rdnr. 31; BFH, Urt. v. 18.06.2015 – IV R 5/12, BStBl II, 935, und BFH, Urt. v. 08.12.2016 – IV R 8/14, BStBl II 2017, 538.

68 BFH, Urt. v. 25.06.2014 – I R 24/13, BStBl II 2015, 141, Rdnr. 15.

auf Betriebsvermögen und Gewinn der atypisch stillen Gesellschaft auf zwei verschiedenen Wegen erfüllt werden können:

- Nach § 5b Abs. 1 Satz 2 EStG, § 60 Abs. 2 Satz 1 EStDV können das Betriebsvermögen und die Gewinnermittlung durch Betriebsvermögensvergleich aus der Handelsbilanz oder ggf. aus der abweichenden Steuerbilanz der GmbH abgeleitet werden,[69] indem der Bilanz Erläuterungen beigefügt werden, aus denen sich die abweichenden Bilanzpositionen und der steuerliche Gesamtgewinn der GmbH & Still und dessen (angemessene)[70] Verteilung ergeben.[71] Ist der Gesellschafter einer GmbH zugleich atypisch still an dieser Gesellschaft beteiligt, muss sich auch eine Verlustbeteiligung des stillen Gesellschafters an den geleisteten Beiträgen messen lassen.[72] Der festgestellte angemessene Gewinn- bzw. Verlustanteil ist für die Körperschaftsteuerfestsetzung für die GmbH bindend (§ 182 AO). 9.60

  Zusammen mit einer etwaigen Sonderbilanz des atypisch stillen Gesellschafters und den Ergänzungsbilanzen, die infolge der Einbringung nach § 24 UmwStG bei Buchwertfortführung aufzustellen sind,[73] ergibt sich sodann aufgrund additiver Gewinnermittlung auch ohne formell „eigene“ Steuerbilanz der GmbH & atypisch Still der Gesamtgewinn. Dieser Gesamtgewinn ist der gesonderten und einheitlichen Feststellung zugrunde zu legen und den Mitunternehmern mit Bindung für die der Körperschaftsteuer unterliegenden Gewinnanteile der GmbH[74] und für die Einkünfte des stillen Gesellschafters zuzurechnen (§ 180 Abs. 1 Nr. 2a, § 182 AO). 9.61

- Anstelle einer Überleitung aus dem Jahresabschluss der GmbH ist es allerdings dem **Wahlrecht** nach § 60 Abs. 2 Satz 2 EStDV, § 5b Abs. 1 Satz 3 EStG folgend vorzugswürdig, für die GmbH & atypisch Still als Subjekt der Gewinnerzielung, Gewinnermittlung und Einkünftequalifikation[75] eine eigenständige Steuerbilanz nebst Sonderbilanz für den atypisch stillen Gesellschafter sowie Ergänzungsbilanzen infolge der Einbringung nach § 24 UmwStG aufzustellen (Gesamtbilanz der Mitunternehmerschaft). 9.62

---

[69] BFH, Urt. v. 25.06.2014 – I R 24/13, BStBl II 2015, 141, Rdnr. 15.

[70] BFH, Urt. v. 18.06.2015 – IV R 5/12, BStBl II, 935; Wendt, FR 2015, 1131.

[71] So zutreffend Krumm, in: Kirchhof/Seer, EStG, 23. Aufl. 2024, § 15 Rdnr. 193. Im Ergebnis wohl auch BFH, Urt. v. 05.07.2002 – IV B 42/02, BFH/NV 2002, 1447, sowie BFH, Urt. v. 25.06.2014 – I R 24/13, BStBl II 2015, 141, Rdnr. 15, wenn dort der StB-Gewinn aus dem Jahresüberschuss des Inhabers des Handelsgeschäfts lt. HB abgeleitet wird.

[72] FG Münster, Urt. v. 14.05.2019 – 2 K 3371/18 F, EFG 2019, 1521 (rkr.).

[73] BFH, Urt. v. 01.03.2018 – IV R 38/15, BStBl II, 587, Rdnr. 37.

[74] BFH, Urt. v. 12.02.2015 – IV R 48/11, BFH/NV 2015, 1075.

[75] Schmidt/Wacker, EStG, 43. Aufl. 2024, § 15 Rdnr. 347.

9.63 In dieser Steuerbilanz ist das der GmbH & atypisch Still zuzurechnende Betriebsvermögen der GmbH nach Maßgabe der Grundsätze der Einzelbewertung auszuweisen. Die Einlage des stillen Gesellschafters und die Beteiligung der GmbH werden als **Eigenkapital** bilanziert. Dieser Bilanzierung folgen auch die steuerliche **Gewinnermittlung** und die **Kapitalkontenentwicklungen** für die Mitunternehmer, die neben der E-Bilanz der Finanzbehörde elektronisch übermittelt werden müssen.

9.64 Die sich aus der Bilanzierung ableitenden Kapitalkontenentwicklungen erleichtern eine eventuelle Anwendung des § 15a Abs. 5 Nr. 1 EStG im Rahmen der Verlustausgleichsbeschränkung für den stillen Gesellschafter. Die Kapitalkontenentwicklung für den stillen Gesellschafter entspricht derjenigen für einen Kommanditisten. Für den Inhaber des Handelsgewerbes und Mitunternehmer der atypisch stillen Gesellschaft ist dagegen eine Kapitalkontenentwicklung nach den für Vollhafter geltenden Grundsätzen der Finanzbehörde elektronisch einzureichen.

9.65 Mit der **Taxonomie**[76] zur elektronischen Einreichung der Abschlüsse ist auch die Übermittlung eines „steuerlichen Betriebsvermögensvergleichs" verpflichtend. Außerdem verlangt die **Taxonomie** die Erklärung spezifischer Positionen für atypisch stille Gesellschaften. Dies ist Anlass, die Rechnungslegung des Inhabers des Gewerbebetriebs anzupassen und für eine ergänzende Buchführung unter dem Siegel der atypisch stillen Gesellschaft zu sorgen.

9.66 Dem BMF[77] zufolge ist es derzeit ausreichend, nach § 5b Abs. 1 EStG eine E-Bilanz nebst Gewinn- und Verlustrechnung für den Betrieb des Handelsgewerbes der GmbH zur Gewinnfeststellungserklärung der atypisch stillen Gesellschaft mit allen für eine Mitunternehmerschaft relevanten Berichtsbestandteilen und Angaben zu übermitteln. Die Einlage des atypisch stillen Gesellschafters ist dabei nicht als Verbindlichkeit auszuweisen, sondern als **Eigenkapital** darzustellen.

9.67 Auch für die GmbH, deren Betrieb steuerrechtlich betrachtet vollständig der atypisch stillen Gesellschaft zuzurechnen ist, ist die Geschäftsführung verpflichtet, eine E-Bilanz zusammen mit der Körperschaftsteuererklärung einzureichen.[78] Abweichend davon verlangt das BMF keine E-Bilanz für die GmbH, es sei denn, dass

---

[76] BMF-Schreiben v. 27.05.2024 – IV C 6 - S 2733-b/24/10001 :002, BStBl I, 994, zur Taxonomie 6.8 mit Hinweisen auf die vorangehenden Versionen.

[77] BMF-Schreiben v. 24.11.2017 – IV C 6 - S 2133-b/17/10004, BStBl I, 1543, mit Übergangsregelung für Wirtschaftsjahre, die vor dem 01.01.2018 begonnen haben.

[78] So zu Recht LEY, KÖSDI 2019, 21228, 21234; a.A. RIEPOLD, StuB 2018, 135.

ihr neben der atypischen stillen Gesellschaft ein eigenständiger Betrieb zuzuordnen ist.[79] Dem ist angesichts der klaren Regelung in § 5b EStG nicht zu folgen.

In der **Steuerbilanz der GmbH** selbst sind einzelne Vermögensgegenstände und Schulden der GmbH sowie Rückstellungen vorbehaltlich Steuerrückstellungen (siehe dazu Rdnr. 9.70 ff.) nicht mehr auszuweisen, sondern abweichend von der Handelsbilanz dieser GmbH nur noch die spiegelbildlich bilanzierte Beteiligung an der atypisch stillen Gesellschaft.[80] Dies gilt uneingeschränkt jedenfalls dann, wenn die Inhaberin des Handelsgewerbes nicht über eigenes Vermögen verfügen sollte, das neben dem Betriebsvermögen besteht, das ertragsteuerlich der atypisch stillen Gesellschaft als mitunternehmerisches Vermögen zugerechnet wird.[81] 9.68

Beispiel

Z ist an der A-GmbH mit einer Einlage i.H.v. 50.000 € als atypisch stiller Gesellschafter beteiligt. Die Einlage ist vollständig geleistet und als Vermögenszugang im Umlaufvermögen erfasst. 9.69

Handelsbilanz der A-GmbH

Anlagevermögen	600.000 €	Eigenkapital	950.000 €
Umlaufvermögen	900.000 €	Verbindlichkeiten gegenüber Z	50.000 €
		Andere Passiva	500.000 €
	1.500.000 €		1.500.000 €

Steuerbilanz der A-GmbH

Beteiligungen	1.000.000 €	Eigenkapital	1.000.000 €
	1.000.000 €		1.000.000 €

[79] BFH, Urt. v. 01.03.2018 – IV R 38/15, BStBl II, 587, zur Frage eigenen Vermögens der Inhaberin des Handelsgewerbes.

[80] BFH, Urt. v. 24.03.1999 – I R 114/97, BStBl II 2000, 399; BFH, Urt. v. 20.04.2003 – I R 102/01, BStBl II 2004, 804; BFH, Urt. v. 30.10.2002 – IV R 33/01, BStBl II 2003, 272; SCHMIDT/WACKER, EStG, 43. Aufl. 2024, § 15 Rdnr. 690; FALTERBAUM/BOLK/REIß/KIRCHNER, Buchführung und Bilanz, 23. Aufl. 2020, Kap. 11.5.3 m.w.N.; dazu auch Rdnr. 28.28 ff.

[81] BFH, Urt. v. 01.03.2018 – IV R 38/15, BStBl II, 587; vgl. zur Bilanzierung auch LEY, KÖSDI 2019, 21228, 21233, und BOLK, Bilanzierung und Besteuerung der Personengesellschaft und ihrer Gesellschafter, 5. Aufl. 2023, Rdnr. 8.63 ff.

Steuerbilanz der A-GmbH & atypisch Still			
Anlagevermögen	600.000 €	Kapital A-GmbH	950.000 €
Umlaufvermögen	900.000 €	Kapital Z	50.000 €
		Andere Passiva	500.000 €
	1.500.000 €		1.500.000 €

9.70 Die **Gewerbesteuerschuld** der atypisch stillen Gesellschaft belastet (unstreitig) die GmbH, denn § 5 Abs. 1 Satz 3 GewStG qualifiziert nur eine Personengesellschaft als Steuerschuldnerin, nicht jedoch eine stille Gesellschaft.[82] Demzufolge ist die **Gewerbesteuerrückstellung** auch nur in der Handels- und Steuerbilanz der GmbH zu passivieren. Unabhängig davon ist der atypisch stille Gesellschafter über die vereinbarte Gewinnverteilung belastet und zur Anrechnung der Gewerbesteuer nach § 35 Abs. 2 EStG als Mitunternehmer berechtigt, soweit es sich um eine natürliche Person handelt.

9.71 Wie die Gewerbesteuerrückstellung ist auch die **Körperschaftsteuerrückstellung** sowie die Rückstellung für den Solidaritätszuschlag in Handels- und Steuerbilanz der GmbH zu passivieren, denn Schuldnerin ist die GmbH (§§ 30, 31 KStG, § 1 SolZG).

9.72 Die atypisch stille Gesellschaft ist als solche keine Unternehmerin i.S.d. § 2 Abs. 1 UStG. Innengesellschaften, die ohne eigenes Vermögen, ohne Betrieb, ohne Rechtsfähigkeit und ohne Firma bestehen, fehlt umsatzsteuerrechtlich mangels Auftretens nach außen die Unternehmereigenschaft (Abschn. 2.1 Abs. 5 UStAE). Unternehmer i.S.d. UStG können nur die an der Innengesellschaft beteiligten Personen oder Gesellschaften sein. Das ist die Inhaberin des Handelsgewerbes, die Leistungen gegen Entgelt an Leistungsempfänger ausführt. Die **Umsatzsteuerschuld**, soweit diese am Bilanzstichtag noch nicht abgeführt wurde, ist daher nur in der Handels- und Steuerbilanz der GmbH zu passivieren.

9.73 Trotz Belastung der GmbH durch Gewerbesteuer, Umsatzsteuer und Körperschaftsteuer sowie Solidaritätszuschlag ist zu berücksichtigen, dass das Betriebsvermögen der GmbH im Regelfall vollständig für die Dauer des Bestehens der atypischen stillen Gesellschaft zugerechnet wird. Der Inhaber des Handelsgewerbes verwaltet dieses Betriebsvermögen im eigenen Namen, aber für Rechnung der Mitunternehmerschaft.[83]

---

82 BFH, Urt. v. 08.12.2016 – IV R 8/14, BStBl II 2017, 538.

83 BFH, Urt. v. 18.06.2015 – IV R 5/12, BStBl II, 935, Rdnr. 31; BFH, Urt. v. 08.12.2016 – IV R 8/14, BStBl II 2017, 538, Rdnr. 20.

Zu diesem Betriebsvermögen gehören auch die Bankguthaben, denen die Zahlung der Steuerbelastung belastet wird. Folgerichtig werden Steuerschulden der GmbH zu Lasten des Betriebsvermögens der atypisch stillen Gesellschaft getilgt, während die entsprechenden Schuldposten in der Handels- und Steuerbilanz der GmbH passiviert sind. In der Steuerbilanz der atypisch stillen Gesellschaft ist deshalb nach einer entsprechenden Belastung eine **Ausgleichsverpflichtung** gegenüber dem Inhaber des Handelsgewerbes zu passivieren. Dieser Passivposten entspricht am Bilanzstichtag der Höhe nach den noch bereitzustellenden Mitteln, die zur Tilgung der Steuerschulden erforderlich sind. In der Steuerbilanz der GmbH ist ein entsprechender Ausgleichsanspruch zu aktivieren. 9.74

Beispiel

Die Körperschaftsteuer- und Gewerbesteuervorauszahlungen für die X-GmbH, die Mitunternehmerin der X-GmbH & atypisch Still ist, haben im Wirtschaftsjahr 02 insgesamt 250.000 € betragen. Als Abschlusszahlungen werden für 02 noch 25.000 € erwartet.

Lösung

– Buchungen für Zwecke der Handelsbilanz der X-GmbH (zusammengefasst):

Steueraufwand	275.000 €	an Bank	250.000 €
		an Steuerrückstellungen	25.000 €

– Buchungen für Zwecke der Steuerbilanz der GmbH

Ausgleichsforderung	25.000 €	an Steuerrückstellungen	25.000 €

– Buchungen für Zwecke der Steuerbilanz der atypisch stillen Gesellschaft

Steueraufwand	275.000 €	an Bank	250.000 €
		an Ausgleichs-verpflichtung	25.000 €

– Hinzurechnung außerhalb der Steuerbilanz nach § 4 Abs. 5b EStG bzw. § 10 Nr. 2 KStG 275.000 €.

– Die Ausgleichsverpflichtung erlischt mit der Zahlung der Steuerschulden.

In der Steuerbilanz für die atypisch stille Gesellschaft ist auch die Verbindlichkeit gegenüber dem stillen Gesellschafter im Hinblick auf den ihm zustehenden Gewinnanteil zu passivieren. Dieser Verbindlichkeit steht auf Ebene der atypisch stillen Gesellschaft korrespondierend eine Forderung in der Sonderbilanz für den stillen Gesellschafter gegenüber. Die für die Gewinnanteile der Kommanditisten gel- 9.75

tenden Grundsätze gelten entsprechend und sind mit der Übermittlung der E-Bilanz nachzuvollziehen.[84]

9.76 In der Handels- und Steuerbilanz der GmbH ist auch das **„eigene" Vermögen** der GmbH auszuweisen. Dazu gehören etwa bereits ausgezahlte (nicht stehengelassene) Gewinnanteile sowie etwa erzielte Veräußerungspreise aufgrund der Übertragung eines Teils der Beteiligung an der atypisch stillen Gesellschaft.[85] Dies erfordert eine Trennung des eigenen Vermögens der GmbH von dem der atypisch stillen Gesellschaft gewidmeten Vermögen. **Praxisgerecht** sollte dies bereits durch die Einrichtung entsprechend getrennter Konten in der Finanzbuchführung und insbesondere vorzugsweise getrennter Bankkonten organisiert werden.

9.4.3 Sonderbilanz für den atypisch stillen Gesellschafter

9.77 Für den atypisch stillen Gesellschafter hat die Geschäftsführung der GmbH eine **Sonderbilanz** zu erstellen, soweit ihm Sonderbetriebsvermögen zuzurechnen ist. Dabei handelt es sich um **Sonderbetriebsvermögen I**, wenn der Stille Wirtschaftsgüter an die GmbH & atypisch Still zur Nutzung überlässt oder Darlehen gewährt.[86] Gleiches gilt für den noch nicht ausgezahlten Gewinnanteil, der auf Ebene der Gesellschaft unter den Verbindlichkeiten ausgewiesen ist und deshalb nach den Grundsätzen korrespondierender Bilanzierung in der Sonderbilanz als Forderung zu aktivieren ist.

9.78 Bei einer Pensionszusage gegenüber dem atypisch stillen Gesellschafter ist die Versorgungsanwartschaft in der Sonderbilanz zu aktivieren. Der Bilanzansatz entspricht dabei korrespondierend der Pensionsrückstellung nach Maßgabe des § 6a EStG laut Steuerbilanz der GmbH & atypisch Still.[87] Dem Aufwand zu Lasten des Gewinns der atypisch stillen Gesellschaft stehen in der Sondergewinn- und Verlustrechnung entsprechend Erträge neben anderen (Sonder-)Vergütungen gegenüber.

9.79 Sollte der stille Gesellschafter zugleich Gesellschafter der GmbH sein, ist diese Beteiligung als **Sonderbetriebsvermögen II** zu aktivieren, wenn die Beteiligung mindestens 10 % erreicht.[88] Dem folgend stellen Ausschüttungen Sonderbetriebseinnahmen dar, die in einer Sondergewinn- und Verlustrechnung auszuweisen sind.

---

[84] BMF-Schreiben v. 27.05.2024 – IV C 6 - S 2733-b/24/10001 :002, BStBl I, 994, zur Taxonomie 6.8 mit Hinweisen auf die vorangehenden Versionen.

[85] BFH, Urt. v. 01.03.2018 – IV R 38/15, BStBl II, 587.

[86] Ebenso SCHIFFERS/FORST, GmbHR 2019, 321.

[87] BFH, Urt. v. 30.03.2006 – IV R 25/04, BStBl II 2008, 171, zur vergleichbaren Sachbehandlung bei einer KG, sowie BMF-Schreiben v. 29.01.2008 – IV B 2 - S 2176/07/0001, BStBl I, 317.

[88] BFH, Urt. v. 18.06.2015 – IV R 5/12, BStBl II, 935; vgl. dazu WENDT, FR 2015, 1131, 1134.

Die Geschäftsführung der GmbH ist verpflichtet, diese Sonderbilanz mit Sondergewinn- und Verlustrechnung sowie Kapitalkontenentwicklung der Finanzbehörde elektronisch einzureichen (§ 5b EStG).

Die Steuerbefreiung aufgrund des Teileinkünfteverfahrens (§ 3 Nr. 40 EStG) wird 9.80
erst außerhalb der Sonderbilanz auch mit Wirkung für den Gewerbeertrag (§ 7 Satz 4 GewStG) berücksichtigt. Das gilt auch für die gesonderte und einheitliche Feststellung (§ 180 Abs. 1 Nr. 2 Buchst. a) AO).

Hinweis

Den folgenden Sachverhalten gebührt dabei eine besondere Aufmerksamkeit: 9.81

- Eine sogenannte „Brutto-Feststellung" im Hinblick auf die Steuerbefreiung nach dem Teileinkünfteverfahren ist nur dann ausreichend, wenn sich aus weiteren Feststellungen für einen „verständigen Empfänger" zweifelsfrei ergibt, dass die Ermittlung der steuerpflichtigen Beträge einen zusätzlichen Rechenschritt erfordert.[89]
- Soweit Betriebsausgaben mit Einnahmen i.S.d. § 3 Nr. 40 EStG im Zusammenhang stehen, die dem Teileinkünfteverfahren unterliegen (Teilabzugsverbot gem. § 3c Abs. 2 EStG), gelten die vorstehenden Grundsätze entsprechend.
- Stehen Einnahmen der Gesellschaft im Zusammenhang mit Aufwendungen, die korrespondierend Sondervergütungen der Mitunternehmer gem. § 15 Abs. 1 Nr. 2 zweiter Halbsatz EStG sind, greift das Teilabzugsverbot für diese Aufwendungen nicht.[90] In Betracht kommen insoweit Zinsaufwendungen für die Gewährung eines Darlehens eines Mitunternehmers, wenn und soweit die Gesellschaft ihrerseits steuerfreie Einnahmen i.S.d. § 8b KStG bezieht.

9.4.4 Ergänzungsbilanz für den atypisch stillen Gesellschafter

Wird eine atypisch stille Beteiligung entgeltlich erworben, und zahlt der Erwerber 9.82
einen Kaufpreis, der die in der Steuerbilanz als Eigenkapital ausgewiesene Einlage übersteigt, ist der für die anteiligen stillen Reserven gezahlte Mehrbetrag in einer positiven Ergänzungsbilanz als Mehrkapital zu passivieren. Dem stehen auf der Aktivseite Korrekturposten für die anteilig erworbenen Wirtschaftsgüter des Betriebsvermögens der atypisch stillen Gesellschaft gegenüber, soweit die auf diese Wirtschaftsgüter anteilig entfallenden Anschaffungskosten deren Buchwert über-

[89] BFH, Urt. v. 25.07.2019 – IV R 47/16, BStBl II 2020, 142; BFH, Urt. v. 06.02.2020 – IV R 5/18, BStBl II, 448, Rdnr. 17, 30.

[90] Teleologische Reduktion der Vorschrift nach BFH, Urt. v. 06.02.2020 – IV R 5/18, BStBl II, 448.

steigen.[91] Für den Fall, dass der Kaufpreis den Betrag der atypisch stillen Einlage unterschreiten sollte, ist eine negative Ergänzungsbilanz mit einer entsprechenden Abstockung in Höhe der anteiligen Minderreserven geboten.

9.83 Für die Aufstellung und Fortführung der Ergänzungsbilanz sind die für Mitunternehmerschaften unabhängig von der Rechtsform geltenden Grundsätze maßgebend.[92]

Beispiel

X war bis zum 31.12.01 an der X-GmbH als Gesellschafter und daneben mit einer Einlage i.H.v. 600.000 € als atypisch stiller Gesellschafter beteiligt. Die Einlage ist vollständig geleistet. Mit Wirkung vom 01.01.02 hat X die Hälfte der stillen Beteiligung an Z für 550.000 € veräußert. Die Mehrzahlung beruht unstreitig auf zum Betriebsvermögen gehörende Beteiligungen an anderen Kapitalgesellschaften (100.000 €) und auf dem Geschäfts- bzw. Firmenwert der X-GmbH (150.000 €).

Steuerbilanz der X-GmbH & atypisch Still zum 31.12.01

Anlagevermögen	1.300.000 €	Kapital X-GmbH	600.000 €
Umlaufvermögen	700.000 €	Kapital X	600.000 €
		Andere Passiva	800.000 €
	2.000.000 €		2.000.000 €

Lösung

Die Abtretung der atypisch stillen Beteiligung ist als Veräußerung eines Anteils an einem Mitunternehmeranteil zu beurteilen. Der Veräußerungsgewinn beträgt 250.000 € und ist gem. § 16 Abs. 1 Satz 2 EStG als laufender Gewinn zu versteuern.

Steuerbilanz der X-GmbH & atypisch Still zum 01.01.02

Anlagevermögen	1.300.000 €	Kapital X-GmbH	600.000 €
Umlaufvermögen	700.000 €	Kapital X	300.000 €
		Kapital Z	300.000 €
		Andere Passiva	800.000 €
	2.000.000 €		2.000.000 €

91 BFH, Urt. v. 20.11.2014 – IV R 1/11, BStBl II 2017, 34; BMF-Schreiben v. 19.12.2016 – IV C 6 - S 2241/15/10005, BStBl I 2017, 34; Bolk, DStZ 2015, 472; ders., DStR 2018, 424 und DStR 2020, 584; Ley, KÖSDI 2017, 20278 jeweils m.w.N.

92 Vgl. dazu ausführlich Bolk, Bilanzierung und Besteuerung der Personengesellschaft und ihrer Gesellschafter, 5. Aufl. 2023, Rdnr. 4.14 ff. und Rdnr. 14.149 ff.

Ergänzungsbilanz für Z zum 01.01.02

Firmenwert	150.000 €	Mehrkapital Z	250.000 €
Beteiligungen an KapG	100.000 €		
	250.000 €		250.000 €

Eine Ergänzungsbilanz kann auch erforderlich werden, wenn die Einlage des atypisch stillen Gesellschafters durch Umwandlung einer Darlehensforderung begründet wird, die gegen die GmbH als Inhaberin des Handelsgewerbes besteht (siehe zu den Rechtsfragen in diesem Zusammenhang bereits Rdnr. 9.52 und 9.53). Die Umwandlung der Darlehensforderung in eine atypisch stille Beteiligung verbunden mit der Begründung einer Mitunternehmerschaft bedeutet zugleich eine **Einbringung** des Betriebs der GmbH in das Betriebsvermögen dieser Mitunternehmerschaft (§ 24 Abs. 1 UmwStG). Die Einbringung kann auf Antrag zu Buchwerten erfolgen (§ 24 Abs. 2 UmwStG). Die Einbringung erfordert die Aufstellung einer negativen Ergänzungsbilanz für die GmbH, um die Aufdeckung stiller Reserven zu vermeiden. 9.84

Beispiel

Z hat der X-GmbH, an der X als einziger Gesellschafter beteiligt ist, ein Darlehen gewährt, das zum 31.12.01 mit 400.000 € valutiert. Mit Wirkung vom 01.01.02 wurde das Darlehensverhältnis in eine atypisch stille Beteiligung umgewandelt. Z ist als atypisch stiller Gesellschafter am Ergebnis der GmbH mit 40 % beteiligt. 9.85

Der Unternehmenswert der X-GmbH beträgt 600.000 €. Davon entfallen stille Reserven auf Grundstücke (140.000 €) und auf den Firmen- bzw. Geschäftswert (60.000 €).

Lösung

Mit dem Eintritt des Z als atypisch stiller Gesellschafter wird eine gewerblich tätige Mitunternehmerschaft begründet. Dafür ist unbeachtlich, ob die Einlage aus liquiden Mitteln oder wie hier durch Umwandlung einer Darlehensforderung geleistet wird. Die damit nach Steuerrecht verbundene Einbringung des Betriebs in die atypisch stille Gesellschaft kann nach § 24 UmwStG zu Buchwerten erfolgen.

In der Steuerbilanz der GmbH ist abweichend von deren Handelsbilanz nur die Beteiligung an der atypisch stillen Gesellschaft nach den Grundsätzen der Spiegelbildmethode auszuweisen.

Das Betriebsvermögen der GmbH, das mit der Einbringung steuerrechtlich der atypisch stillen Gesellschaft zuzurechnen ist, wird in der Steuerbilanz der atypisch stillen Gesellschaft mit dem gemeinen Wert angesetzt. Die Position Anlagevermögen ist deshalb um 200.000 € zu erhöhen. Damit verbunden ist auch die Erhöhung des

Kapitalanteils der GmbH in der atypisch stillen Gesellschaft (60 %). In der negativen Ergänzungsbilanz für die GmbH werden Korrekturposten passiviert, die den Wirtschaftsgütern mit stillen Reserven zugeordnet sind.

Handelsbilanz der X-GmbH zum 31.12.01

Anlagevermögen	1.100.000 €	Eigenkapital	400.000 €
Umlaufvermögen	900.000 €	**Darlehensschuld** ggü. Z	400.000 €
		Andere Passiva	1.200.000 €
	2.000.000 €		2.000.000 €

Handelsbilanz der X-GmbH zum 01.01.02

Anlagevermögen	1.100.000 €	Eigenkapital	400.000 €
Umlaufvermögen	900.000 €	**Verbindlichkeiten** ggü. Z	400.000 €
		Andere Passiva	1.200.000 €
	2.000.000 €		2.000.000 €

Steuerbilanz der X-GmbH zum 01.01.02

Beteiligungen	400.000 €	Eigenkapital	400.000 €
	400.000 €		400.000 €

Steuerbilanz der Z-GmbH & atypisch Still zum 01.01.02

Anlagevermögen	1.300.000 €	Kapital A-GmbH	600.000 €
Umlaufvermögen	900.000 €	Kapital Z	400.000 €
		Andere Passiva	1.200.000 €
	2.200.000 €		2.200.000 €

Ergänzungsbilanz für die X-GmbH zum 01.01.02

Minderkapital	200.000 €	Firmenwert	60.000 €
		Grundstück	140.000 €
	200.000		200.000 €

9.4.5 Problemkreis Organschaft

9.86 Die atypisch stille Gesellschaft ist als bloße Innengesellschaft zwar eine Mitunternehmerschaft i.S.d. § 15 Abs. 1 Satz 1 Nr. 2 EStG, aber keine Personengesellschaft. Sie kann deshalb nicht **Organträgerin** sein, weil es bereits an der finanziellen Eingliederung mangelt. Diese Voraussetzung muss im Verhältnis zu einer Personengesellschaft selbst erfüllt sein (§ 14 Abs. 1 Nr. 2 Satz 2 und 3 KStG). Die an einer Kapitalgesellschaft bestehende atypisch stille Gesellschaft kann als Mitunternehmerschaft auch nicht Organgesellschaft nach Maßgabe der §§ 14, 17 KStG sein.

Eine GmbH, an der eine atypisch stille Beteiligung besteht, kann auch nicht selbst Organträgerin i.S.d. § 14 Abs. 1 Nr. 2 KStG sein, denn der Betrieb dieser GmbH wird der atypisch stillen Gesellschaft als Mitunternehmerschaft zugerechnet. Sie kann auch nicht **Organgesellschaft** eines anderen Organträgers sein, weil sie nicht ihren ganzen Gewinn aufgrund eines Ergebnisabführungsvertrags an ein einziges anderes gewerbliches Unternehmen abzuführen hat (§ 14 Abs. 1 Satz 1, Abs. 2 KStG).[93] Die Beteiligung des stillen Gesellschafters hat zur Folge, dass die Zuweisung des Gewinnanteils als Teilgewinnabführung zu beurteilen ist (§ 277 Abs. 3 HGB, § 292 Abs. 1 Nr. 2 AktG).[94] Abweichend von diesen Grundsätzen genießen atypisch stille Gesellschaften Vertrauensschutz, soweit diese bereits am 20.08.2015 existent und als körperschaftsteuerliche Organschaft von Seiten der Finanzbehörde anerkannt waren.[95] 9.87

9.4.6 Verfahrensrecht

Die gemeinschaftlichen Einkünfte der Mitunternehmerschaft für den Inhaber des Handelsgeschäfts und den atypisch stillen Gesellschafter sind gesondert und einheitlich festzustellen (§ 179 Abs. 2 Satz 2, § 180 Abs. 1 Nr. 2 Buchst. a) AO).[96] Nach § 181 Abs. 1 Satz 2 Nr. 2a AO ist jeder Mitunternehmer als Feststellungsbeteiligter (FB) verpflichtet, die Erklärung zur gesonderten und einheitlichen Feststellung abzugeben. Wenn – wie vertraglich vereinbart – der Inhaber des Handelsgewerbes, hier vertreten durch die Geschäftsführung der GmbH, diese Pflicht erfüllt, sind die anderen Mitunternehmer und damit insbesondere der stille Gesellschafter von der Erklärungspflicht befreit (§ 181 Abs. 2 Satz 3 AO). 9.88

Der Feststellungsbescheid (Grundlagenbescheid) ist bindend dem Grunde und der Höhe nach für den Körperschaftsteuerbescheid der GmbH und den Steuerbescheid des stillen Gesellschafters (vgl. § 182 Abs. 1 Satz 1 AO). Eine umgekehrte Bindungswirkung von einem Folgebescheid auf den Grundlagenbescheid ist mangels 9.89

93 BFH, Beschl. v. 31.03.2011 – I B 177/10, BFH/NV 2011, 1397; zur Rechtsfrage sind erneut Revisionen anhängig unter dem Az. I R 33/22 gegen FG Mecklenburg-Vorpommern, Urt. v. 05.07.2022 – 1 K 395/14, DStR 2023, 8, und unter dem Az. I R 17/21 gegen FG Düsseldorf, Urt. v. 12.04.2021 – 6 K 2616/17, EFG 2021, 1052; vgl. dazu auch OFD Frankfurt, Vfg. v. 01.02.2023 – S 2770 - A-053 - St 53, DStR 2023, 776.

94 BGH, Urt. v. 21.07.2003 – II ZR 109/02, DStR 2003, 2031.

95 BMF-Schreiben v. 20.08.2015 – IV C 2 - S 2770/12/10001, BStBl I, 649.

96 BFH, Urt. v. 19.12.2002 – IV R 47/01, BStBl II 2003, 507.

gesetzlicher Regelung unzulässig.[97] Der Feststellungsbescheid muss die Qualität der Einkünfte für den Adressaten klar erkennbar ausweisen. Soweit § 8b KStG anzuwenden ist, sind die steuerpflichtigen Beträge gesondert und einheitlich festzustellen. Eine Feststellung der Einnahmen in voller Höhe einschließlich des steuerfreien Teils ist nur zulässig, wenn sich aus den weiteren Feststellungen zweifelsfrei ergibt, dass die Beträge § 8b KStG unterliegen.[98]

9.90 Ist an einer GmbH als Inhaberin des Handelsgeschäfts eine Personengesellschaft, etwa eine GbR als atypisch stille Gesellschafterin, beteiligt, sind für die atypisch stille Gesellschaft und die GbR jeweils gesonderte und einheitliche Feststellungen geboten, weil es sich um eine doppelstöckige Mitunternehmerschaft handelt (§ 15 Abs. 1 Nr. 2 Satz 2 EStG). Der Feststellungsbescheid für die atypisch stille Gesellschaft mit den Gesellschaftern GmbH und GbR als Untergesellschaft ist bindend für die Körperschaftsteuerfestsetzung der GmbH und den Feststellungsbescheid der GbR (Obergesellschaft), der zugleich Grundlagenbescheid für die Steuerfestsetzungen der Gesellschafter der GbR ist.[99]

9.91 Weil die atypisch stille Gesellschaft lediglich eine **Innengesellschaft** ist, kann sie nicht Beteiligte eines finanzgerichtlichen Verfahrens sein, das die gesonderte und einheitliche Feststellung der Einkünfte betrifft.[100] Als Innengesellschaft hat die stille Gesellschaft keine Organe und keine Bevollmächtigten, so dass ein rechtsgeschäftliches Handeln für die Gesellschaft im Außenverhältnis nicht möglich ist. An die Stelle eines fehlenden vertretungsberechtigten Geschäftsführers tritt bei einer atypischen (mitunternehmerischen) stillen Gesellschaft gem. § 48 Abs. 1 Nr. 1 zweite Alternative, Abs. 2 FGO der Empfangsbevollmächtigte.[101] Entsprechendes gilt für das Verfahren der gesonderten und einheitlichen Feststellung der Gewerbesteuermessbeträge nach § 35 Abs. 2 EStG, weil die atypisch stille Gesellschaft nicht i.S.d. § 48 Abs. 1 Nr. 1 FGO für die Gesellschafter prozessführungsbefugt ist.

---

97 BFH, Urt. v. 12.02.2015 – IV R 48/11, BFH/NV 2015, 1075.

98 BFH, Urt. v. 25.07.2019 – IV R 47/16, BStBl II 2020, 142; BFH, Urt. v. 06.02.2020 – IV R 5/18, BStBl II, 448, Rdnr. 17, 30; BFH, Urt. v. 18.07.2012 – X R 28/10, BStBl II 2013, 444.

99 BFH, Urt. v. 07.11.2019 – IV R 9/18, BFH/NV 2020, 338; Entsprechendes gilt, wenn sich ein Kommanditist einer GmbH & Co. KG zugleich atypisch still an dieser GmbH & Co. KG beteiligt; vgl. dazu BOLK, Bilanzierung und Besteuerung der Personengesellschaft und ihrer Gesellschafter, 5. Aufl. 2023, Rdnr. 8.80 ff.

100 BFH, Urt. v. 03.03.1998 – VIII B 62/97, BStBl II, 401 m.w.N.

101 BFH, Urt. v. 22.09.2011 – IV R 8/09, BStBl II 2012, 183.

9.5 Eigenkapital nach Bilanzberichtigung oder Bilanzänderung

9.5.1 Bilanzberichtigung und Handelsbilanz

Ein Jahresabschluss ist fehlerhaft, wenn die darin enthaltene Bilanz (§§ 264, 242 HGB) zwingenden Vorschriften des HGB oder den Grundsätzen ordnungsmäßiger Buchführung (GoB) widerspricht. Gesetzliche Vorschriften, die Anlass und Folgen einer Berichtigung des handelsrechtlichen Jahresabschlusses regeln, bestehen nicht. Dem folgend kommt eine Bilanzberichtigung nach Feststellung eines fehlerhaften Jahresabschlusses nicht in Betracht, wenn der Jahresabschluss trotz der **fehlerhaften Bilanzierung** noch ein den tatsächlichen Verhältnissen entsprechendes Bild der **Vermögens-, Finanz- und Ertragslage** i.S.d. § 264 Abs. 2 HGB widerspiegelt[102] und der Fehler unter Anwendung der Sorgfalt eines ordentlichen Kaufmannes nicht hätte erkannt werden müssen.[103] Sollte der Fehler im folgenden Jahresabschluss nicht aufgrund des Bilanzenzusammenhangs mit umgekehrter Auswirkung beseitigt sein, ist jetzt eine Richtigstellung geboten. Dies hat auch Bedeutung für die Wirksamkeit des Ergebnisabführungsvertrags bei einer Organschaft (§ 14 Abs. 1 Nr. 3 Satz 4 KStG). 9.92

Bei der Prüfung der Frage, ob eine Bilanzierung fehlerhaft ist, wird die Auffassung vom **subjektiven** Fehlerbegriff für das Handelsrecht als maßgebend betrachtet.[104] Danach liegt kein fehlerhafter Jahresabschluss vor, wenn bei fristgerechter Aufstellung des Jahresabschlusses alle zur Verfügung stehenden fachbezogenen Nachweise und Informationen sowie Stellungnahmen zur Rechnungslegung beachtet wurden und folglich die Bilanz **subjektiv** betrachtet zutreffend ist.[105] Das gilt auch für eine Berücksichtigung einer zum Zeitpunkt der Bilanzaufstellung praktizierten Auffassung der Finanzverwaltung oder bei Vorliegen von maßgeblicher Rechtsprechung, selbst wenn sich diese nach der Bilanzaufstellung derart geändert hat, dass sich die seinerzeitige Bilanzierung **objektiv** als fehlerhaft erweisen sollte.[106] 9.93

Davon abweichend folgt das OLG Frankfurt[107] bei der Identifikation des Fehlers auch für die Handelsbilanz allein einem objektiven Fehlerbegriff und damit der 9.94

---

[102] IDW RS HFA 6 v. 12.04.2007, FN-IDW 5/2007, 265, Rdnr. 6 ff.

[103] Zu Folgen für die Anerkennung eines Ergebnisabführungsvertrags vgl. § 14 Abs. 1 Satz 1 Nr. 3 KDtGg sowie LfSt Niedersachsen, Vfg. v. 29.01.2020 – S 2770 - 181 - St 241, DStR 2020, 984.

[104] IDW RS HFA 6 v. 12.04.2007, FN-IDW 5/2007, 265, Rdnr. 14; zur Steuerbilanz, deren Erstellung (nunmehr) nur noch einem objektiven Fehlerbegriff unterliegt, vgl. BFH, Beschl. v. 31.01.2013 – GrS 1/10, BStBl II, 317.

[105] BFH, Beschl. v. 31.01.2013 – GrS 1/10, BStBl II, 317; DRÜEN, GmbHR 2013, 505; SCHULZE-OSTERLOH, BB 2013, 1131; GOSCH, BFH/PR 2013, 505; WEBER/GRELLET, BB 2014, 42.

[106] Die bisherige Rechtsprechung, vgl. BFH, Urt. v. 23.01.2008 – I R 40/07, BStBl II, 669, ist damit überholt.

[107] OLG Frankfurt, Beschl. v. 04.02.2019 – WpÜG 3/16, WpÜG 4/16, AG 2019, 687.

Rechtsprechung des Großen Senats des BFH[108] zur fehlerhaften Steuerbilanz.[109] Danach ist der Jahresabschluss fehlerhaft, wenn und soweit er handelsrechtlichen Normen oder auch nicht normierten Grundsätzen ordnungsmäßiger Buchführung widerspricht (zur Steuerbilanz siehe Rdnr. 9.68). Die Auswirkungen auf den Jahresabschluss, die aus den auf diese Weise festgestellten Fehlern resultieren, sollen jedoch begrenzt werden, indem auf einer zweiten Stufe der Prüfung die Wesentlichkeit des Fehlers zu bestätigen oder zu verneinen ist.[110] Dabei ist die Wesentlichkeit anhand qualitativer und quantitativer Kriterien zu bestimmen und entzieht sich einer pauschalen Betrachtung. Vielmehr ist jeweils der Einzelfall zu prüfen. Dabei kann eine quantitative Auswirkung durchaus von einer qualitativ bedeutsamen Dimension verdrängt werden, so dass trotz quantitativer Beeinflussung des Zahlenwerks im Ergebnis kein fehlerhafter Bilanzansatz vorliegt.[111]

9.95 Abgrenzend ist zu betonen, dass die Korrektur von erkannten Fehlern **vor der Feststellung** des Jahresabschlusses selbstverständlich geboten ist und nicht im Belieben der Beteiligten steht. Insoweit ist die Stellungnahme des IDW,[112] wonach die Fehlerberichtigung jederzeit „möglich“ ist, durchaus missverständlich.

9.96 Sollte die **fehlerhafte Bilanzierung nach Handelsrecht** schwerwiegend sein und der Jahresabschluss folglich ein den tatsächlichen Verhältnissen entsprechendes Bild der Vermögens-, Finanz- und Ertragslage nicht mehr widerspiegeln, ist der Jahresabschluss **nichtig**. Hier kommt eine Bilanzberichtigung nicht in Betracht. Stattdessen ist ein richtiger Jahresabschluss aufzustellen, der den fehlerhaften ersetzt.[113] Dem Grundsatz des Bilanzenzusammenhangs folgend müssen dann auch alle folgenden Jahresabschlüsse trotz bereits erfolgter Feststellung geändert werden. Sämtliche geänderten Jahresabschlüsse müssen als solche gekennzeichnet werden. Außerdem hat nach Änderung eine erneute Feststellung und ggf. Prüfung zu erfolgen.

9.97 Ein neuer Gewinnverwendungsbeschluss ist nur erforderlich, wenn sich auch eine Änderung des **Bilanzgewinns** ergeben hat. Dies ist nicht der Fall, wenn die erfolgswirksame Änderung des Jahresüberschusses zugleich eine Änderung der anderen Gewinnrücklagen nach sich zieht (§ 268 Abs. 1 i.V.m. § 270 HGB, § 158 AktG und § 29 GmbHG).[114] Dem liegt die folgende Berechnung zugrunde:

---

108 BFH, Beschl. v. 31.03.2013 – GrS 1/10, BStBl II, 317; WEBER-GRELLET, DStR 2013, 731.

109 EBELING/HÄSNER, FR 2020, 858 m.w.N.; SCHULZE-OSTERLOH, BB 2013, 1132, hat diese Konsequenzen bereits nach Ergehen der Entscheidung des Großen Senats gefordert.

110 IDW PS 250 v. 12.12.2012, FN-IDW 1/2013, 4, Rdnr. 8 ff.

111 MUJKANOVIC, StuB 2019, 908.

112 IDW RS HFA 6 v. 12.04.2007, FN-IDW 5/2007, 265, Rdnr. 3.

113 IDW RS HFA 6 v. 12.04.2007, FN-IDW 5/2007, 265, Rdnr. 15 ff.

114 SCHUBERT, in: Beck'scher Bilanz-Kommentar, 14. Aufl. 2024, § 253 HGB, Rdnr. 806–808.

	Jahresüberschuss lt. GuV
+	Gewinnvortrag / – Verlustvortrag
–	Entnahmen aus der Kapitalrücklage
+	Einstellung in / – Entnahme aus den Gewinnrücklagen
=	**Bilanzgewinn**

Erkennbar unterliegt die Praxis und verschiedentlich auch die Rechtsprechung sowie die kautelarjuristische Szene einem nicht unerheblichen Irrtum, wenn sie vom Bilanzgewinn spricht, aber den Jahresüberschuss meint.

9.5.2 Bilanzberichtigung und Steuerbilanz

9.5.2.1 Rechtsgrundlage

Eine Bilanz **kann** nach § 4 Abs. 2 Satz 1 EStG auch nach Einreichung beim Finanzamt geändert (berichtigt)[115] werden (**Bilanzberichtigung**), wenn ein Bilanzansatz gegen Grundsätze ordnungsmäßiger Buchführung des Handelsrechts und damit gegen den Maßgeblichkeitsgrundsatz verstößt.[116] Darüber hinaus kommt eine Bilanzberichtigung auch dann in Betracht, wenn ein Bilanzansatz **nur** steuerrechtlichen Vorschriften widerspricht.[117] Dieser Grundsatz hat im Hinblick auf Aktivierungs- und Passivierungsgebote sowie entsprechende Verbote, die nur die Steuerbilanz betreffen, besondere Bedeutung. 9.98

Darüber hinaus können fehlerhafte Bilanzierungen unter Verstoß gegen den Bewertungsvorbehalt (§ 5 Abs. 6 EStG) sowie die rechtsfehlerhafte Inanspruchnahme steuerrechtlicher Wahlrechte (§ 5 Abs. 1 Satz 1 zweiter Halbsatz EStG) Gegenstand einer Bilanzberichtigung sein. Dies kommt auch in Betracht, wenn sich erst nach Einreichung der Bilanz beim Finanzamt die Möglichkeit eröffnet, **erstmalig** ein Wahlrecht z.B. nach § 6b EStG auszuüben. Das gilt jedenfalls dann, wenn die fehlende Ausübung des Wahlrechts nicht auf Fahrlässigkeit beruht.[118] 9.99

---

[115] BFH, Urt. v. 17.07.2008 – I R 85/07, BStBl II, 924. Mit dieser Entscheidung wird unausgesprochen erneut die Kritik am Gesetzeswortlaut deutlich, wonach eine falsche Bilanz nicht geändert, sondern berichtigt wird.

[116] BFH, Urt. v. 05.04.2006 – I R 46/04, BStBl II, 688.

[117] BFH, Urt. v. 14.03.2006 – I R 83/05, BStBl II, 799; BFH, Urt. v. 13.06.2006 – I R 58/05, BStBl II, 928.

[118] BFH, Urt. v. 27.09.2006 – IV R 7/06, BStBl II 2008, 600.

9.100 Eine Berichtigung der Steuerbilanz ist geboten, wenn und soweit Bilanzansätze **objektiv** unrichtig sind. Unbeachtlich ist, ob man bei fristgerechter Aufstellung der Bilanz davon ausgegangen ist, dass die Bilanz subjektiv betrachtet zutreffend ist. Das gilt auch dann, wenn der Steuerpflichtige sich für die Bilanzierung auf eine zum Zeitpunkt der Bilanzaufstellung praktizierte Auffassung der Finanzverwaltung oder der Rechtsprechung, jedoch erst später geänderte Rechtsauffassung berufen kann.[119] Dies beruht auf dem Gedanken, dass sich eine Bindung der Finanzbehörde an einen **objektiv** fehlerhaften Bilanzansatz gesetzlich betrachtet nicht rechtfertigen lässt (Art. 3 Abs. 1 und Art. 20 Abs. 3 GG). Selbst wenn eine Bilanzierung nach den Grundsätzen ordnungsmäßiger Buchführung (GoB) auf der Grundlage eines subjektiven Fehlerbegriffs handelsrechtlich – so der Große Senat des BFH –[120] akzeptiert wird, ist dem für Zwecke der Steuerbilanz nicht zu folgen. § 5 Abs. 1 Satz 1 EStG bietet dafür keine Rechtsgrundlage. Überlegungen zur Wesentlichkeit eines Fehlers – wie diese für fehlerhafte Handelsbilanzen maßgebend sind (siehe Rdnr. 9.93 ff.) – sind unbeachtlich, soweit steuerrechtliche Normen dafür keinen Anlass geben. Damit unterscheidet sich der Grundsatz der Wesentlichkeit im Hinblick auf die Identifikation eines Fehlers grundlegend von den Überlegungen zum Handelsrecht.[121]

9.101 Erkennbar wurde dies z.B. bei der Pflicht zur **Rechnungsabgrenzung** in der Steuerbilanz nach § 5 Abs. 5 Satz 1 EStG auch in Fällen von geringer Bedeutung.[122] Inzwischen hat der Gesetzgeber mit dem JStG 2022[123] ein Wahlrecht geregelt. In Wirtschaftsjahren, die nach dem 31.12.2021 enden, kann nach § 5 Abs. 5 Satz 2 EStG nunmehr auf eine Rechnungsabgrenzung bei Beträgen jeweils orientiert an der Wertgrenze für geringwertige Wirtschaftsgüter nach § 6 Abs. 2 EStG von derzeit 800 € in der Steuerbilanz verzichtet werden (§ 52 Abs. 9 Satz 1 EStG). Damit gelingt wieder eine Übereinstimmung mit der Handelsbilanz, in der schon bisher auf eine Rechnungsabgrenzung bei geringfügigen Beträgen nach dem Grundsatz der Wesentlichkeit gegen den Wortlaut des § 250 Abs. 1 und 2 HGB verzichtet werden konnte. Der Sache nach erscheint ein Bezug auf die Wertgrenze für gering-

---

119 Die bisherige Rechtsprechung, vgl. dazu BFH, Urt. v. 23.01.2008 – I R 40/07, BStBl II, 669, ist damit überholt.

120 BFH, Beschl. v. 31.01.2013 – GrS 1/10, BStBl II, 317, lässt in Rdnr. 60 offen, ob der subjektive Fehlerbegriff GoB entspricht. Die h.M. bejaht dies in Übereinstimmung mit IDW RS HFA 6, FN-IDW 5/2007, 265, Rdnr. 14, für die Handelsbilanz und vermeidet so die Korrektur bereits festgestellter Jahresabschlüsse; ebenso EGGERT, BBK 2018, 223, 225.

121 BÖCKING/WIRTH, Wpg 2019, 1264.

122 BFH, Urt. v. 16.03.2021 – X R 34/19, BStBl II, 844. Damit weicht der X. Senat von seiner Entscheidung v. 18.03.2010 – X R 20/09, BFH/NV 2010, 1796, ab. Vgl. dazu SCHUBERT/WAUBKE, in: Beck'scher Bilanz-Kommentar, 14. Aufl. 2024, § 250 Rdnr. 28; SCHMIDT/WEBER-GRELLET, EStG, 43. Aufl. 2024, § 5 Rdnr. 242; REDDIG, in: KIRCHHOF/SEER, 23. Aufl. 2024, § 5 Rdnr. 67, 109a; FALTERBAUM/BOLK/REIß/KIRCHNER, Buchführung und Bilanz, 23. Aufl. 2020, Kap. 8.4.4.8; KRUMM, in: BRANDIS/HEUERMANN, Ertragsteuerrecht, § 5 Rdnr. 259 (12/2021).

123 Jahressteuergesetz 2022 (JStG 2022) v. 16.12.2022, BGBl I, 2294.

fügige Wirtschaftsgüter nach § 6 Abs. 2 EStG auch im handelsrechtlichen Jahresabschluss wünschenswert und wird sicher verbreitet auch praktiziert. Rechtlich ist diese Bezugnahme mangels gesetzlicher Regelung durchaus fraglich, denn der Grundsatz der Wesentlichkeit orientiert sich nicht an festen Beträgen. Vielmehr ist sein Einfluss auf die Darstellung der Vermögens-, Finanz- und Ertragslage im Jahresabschluss zu berücksichtigen (§ 264 Abs. 2 Satz 1 HGB).

Aus dem Beschluss des Großen Senats folgt einerseits, dass eine **Änderung der Rechtsprechung** nachträglich eine objektiv falsche Steuerbilanz zur Folge haben kann, und andererseits, dass im Fall einer erstmaligen Entscheidung des BFH zu einer konkreten Frage der Bilanzierung eine der kaufmännischen Sorgfalt entsprechende bisherige Bilanzierung unbeachtlich ist, wenn sie unzutreffend ist.[124] Es kommt daher zur Berichtigung, soweit die Steuerfestsetzungen verfahrensrechtlich noch änderbar sind. Dies gilt unabhängig davon, ob sich die geänderte Rechtsansicht des Steuerpflichtigen zu seinen Gunsten oder zu seinen Lasten auswirkt.[125] 9.102

Hinweis

Der BFH[126] hat entschieden, dass die Passivierung einer Rückstellung für die Kosten einer zukünftigen Betriebsprüfung bei Großbetrieben (§ 200 AO i.V.m. § 4 Abs. 2 BpO) auch ohne Vorliegen einer Prüfungsanordnung **geboten** ist. Es ist ernstlich mit einer Inanspruchnahme aus dieser Verpflichtung zu rechnen. Das Vorliegen einer Vorbehaltsfestsetzung (§ 164 AO) ist dafür ohne Bedeutung. Grundlage früherer Rechtsansicht, die Passivierung sei nur **nach** Ergehen einer Prüfungsanordnung zulässig, auf den Ausweis der Rückstellung verzichtet wurde, sind die entsprechenden Bilanzen **fehlerhaft**. Können die zugrundeliegenden Steuerfestsetzungen nach Maßgabe der Vorschriften der AO noch geändert werden, muss die Finanzbehörde die gewinnmindernde Rückstellung (nachträglich) – ggf. auch nur zum Zweck einer Kompensation mit Mehrergebnissen aus anderem Anlass – zulassen.[127] 9.103

Bei **belastender** Änderung der objektiven Beurteilung einer bilanziellen Rechtsfrage greift allerdings der **Vertrauensschutz** nach § 176 Abs. 1 Nr. 3 AO, soweit eine Änderung der Rechtsprechung des BFH eine bisherige Bilanzierung zum Nachteil des Steuerpflichtigen nunmehr als fehlerhaft erscheinen lässt. Entsprechendes gilt, 9.104

---

[124] BFH, Beschl. v. 31.01.2013 – GrS 1/10, BStBl II, 317, Rdnr 66; BFH, Urt. v. 26.02.2014 – I R 12/14, BFH/NV 2014, 1544, zur Geltung des Vorsichtsprinzips.

[125] Die Anweisung in R 4.4 Abs. 1 Satz 3–8 EStR mit der Möglichkeit einer Bilanzänderung ist überholt. Eine entsprechende Verlautbarung des BMF fehlt dazu bis heute. Allerdings sind die Sätze 3–8 im amtlichen Einkommensteuer-Handbuch nicht mehr abgedruckt. Stattdessen verweist H 4.4 „Bilanzberichtigung" EStH auf die Entscheidung des Großen Senats.

[126] BFH, Urt. v. 06.06.2012 – I R 99/10, BStBl II 2013, 196.

[127] Das BMF-Schreiben v. 07.03.2013 – IV C 6 - S 2137/12/10001, BStBl I, 274, ist im Hinblick auf die Bezugnahme auf R 4.4. Satz 3 ff. EStR durch die Entscheidung des Großen Senats überholt.

wenn der BFH eine Verwaltungsvorschrift des Bundes oder der Länder als nicht im Einklang mit geltendem Recht bezeichnet hat (§ 176 Abs. 2 AO), auf die die bisherige Bilanzierung jedoch gestützt wurde.

Hinweis

9.105 Rückstellungen für die gesetzlich geregelte Verpflichtung zur Prüfung der Jahresabschlüsse der mittelgroßen und großen Kapitalgesellschaften sind zu passivieren (§ 249 Abs. 1 HGB, § 5 Abs. 1 EStG). Folgerichtig hat der BFH[128] entschieden, dass eine entsprechende Rückstellung bei fehlender gesetzlicher Verpflichtung für die kleinen Kapitalgesellschaften und Kleinstkapitalgesellschaften (§§ 267, 267a HGB) selbst dann unzulässig ist, wenn sich die Verpflichtung aus dem Gesellschaftsvertrag ergibt. Hier liegt nur eine gesellschaftsrechtliche Verpflichtung, nicht aber eine Außenverpflichtung vor.[129]

Wurden im Jahresabschluss einer kleinen Kapitalgesellschaft entsprechende Rückstellungen bilanziert, sind die fraglichen Bilanzen jedenfalls steuerrechtlich betrachtet falsch. Soweit die Vorschriften der AO eine Änderung der Steuerfestsetzungen zulassen, ist die Berichtigung nicht zu vermeiden. § 176 AO greift insoweit nicht, weil es an einer anders lautenden Verwaltungsvorschrift fehlt.

Praxistipp

9.106 Für Zwecke der Handelsbilanz wird in der Praxis[130] an der Pflicht zur Passivierung der Rückstellung aufgrund vertraglicher Verpflichtung, insbesondere gegenüber einem Kreditinstitut, festgehalten, obwohl der BFH seine Entscheidung ausdrücklich auch mit § 249 Abs. 1 Satz 1 HGB, der dafür maßgeblichen Norm des Handelsrechts, begründet hat.

9.5.2.2 Berichtigung typischer Fehler in der Steuerbilanz

9.107 Grundsätzlich sind Fehler, die den Ansatz oder die Bewertung von Positionen in der Steuerbilanz betreffen, mit Wirkung für das Jahr zu berichtigen, in dem der Fehler das Betriebsvermögen erfolgswirksam oder erfolgsneutral beeinflusst hat (§ 4 Abs. 1 Satz 1 und Abs. 2 Satz 1 EStG). Soweit der Fehler auch die Bilanzierung der dem Fehlerjahr folgenden Jahre beeinflusst hat, erfolgt demgemäß eine Rückwärtsberichtigung bis zur Fehlerquelle.

---

128 BFH, Urt. v. 05.06.2014 – IV R 26/11, BStBl II, 886.

129 WEBER-GRELLET, BB 2015, 45; PRINZ, DB 2015, 147; SCHIFFERS/KÖSTER, DStZ 2014, 758, 764.

130 Nach IDW RH HFA 1.009 v. 02.02.2007, IDW-FN 11/2010, 354, Rdnr. 6, ist eine Passivierung geboten. Daran hält der HFA fest; vgl. dazu SCHUBERT, in: Beck'scher Bilanz-Kommentar, 14. Aufl. 2024, § 249 HGB Rdnr. 130 „Jahresabschlusskosten".

Voraussetzung für eine Berichtigung an der Fehlerquelle ist grundsätzlich, dass die Bilanz einer Steuerfestsetzung oder Gewinnfeststellung zugrunde liegt, die nach den Vorschriften der AO noch geändert werden kann (§ 4 Abs. 2 Satz 1 EStG). Ist dies nicht der Fall, so ist zu berücksichtigen, dass der weiterhin existente Fehler über den Bilanzenzusammenhang (§ 252 Abs. 1 Nr. 1 HGB, § 4 Abs. 1 Satz 1 EStG) auch das Betriebsvermögen und folglich die Gewinnermittlung der folgenden Jahre beeinflusst. Dem entspricht, dass der Bilanzenzusammenhang nicht an das materiellrechtlich zutreffende Betriebsvermögen des vorangegangenen Jahres anschließt, sondern an das (fehlerhafte) Betriebsvermögen, das tatsächlich der nach den Vorschriften der AO nicht mehr änderbaren Steuerfestsetzung oder Gewinnfeststellung zugrunde gelegt wurde (formeller Bilanzenzusammenhang).[131] 9.108

Dabei gelten im Einzelnen die folgenden Grundsätze:

- Erfolgswirksame Fehler durch zu niedrige Bewertung etwa aufgrund unzulässiger Teilwertabschreibung bei Vorräten, fertigen und unfertigen Leistungen werden erfolgswirksam in der ersten Bilanz, die einer nach den Vorschriften der AO änderbaren Steuerfestsetzung zugrunde liegt, gewinnerhöhend berichtigt, soweit der Fehler weiterhin existent ist und das Betriebsvermögen dieses Jahres beeinflusst hat. 9.109
- Sind Anschaffungs- oder Herstellungskosten für ein Wirtschaftsgut sachlich unzutreffend als sofort abziehbare Betriebsausgaben gebucht worden, und kann das Fehlerjahr nach den Vorschriften der AO nicht mehr geändert werden, so ist das Wirtschaftsgut erfolgswirksam mit dem Wert Gegenstand einer Bilanzberichtigung, mit dem es bei von Anfang an zutreffender Bilanzierung anzusetzen gewesen wäre.[132] 9.110
- Erfolgswirksam sind auch Rückstellungen in der Bilanz zu berichtigen, die einer nach AO noch änderbaren Steuerfestsetzung oder Gewinnfeststellung zugrunde liegt. Dies gilt durchaus auch zugunsten des Betriebsinhabers im Fall einer zu niedrigen Bewertung. Betrifft eine zu hohe Bewertung eine Pensionsrückstellung für eine Pensionszusage gegenüber einem Gesellschafter der GmbH, bei der die Grundsätze einer Überversorgung nicht beachtet wurden, hat die erfolgswirksame Bilanzberichtigung Vorrang vor der Erfassung einer verdeckten Gewinnausschüttung i.S.d. § 8 Abs. 3 Satz 2 KStG. Ist die Pensionsrückstellung dagegen dem Grunde und der Höhe nach unter Beachtung des § 6a EStG zutreffend in der Steuerbilanz ausgewiesen, aber dennoch durch das Gesellschaftsverhältnis veranlasst (Angemessenheit, Erdienbarkeit, Finanzier- 9.111

---

[131] BFH, Urt. v. 17.06.2019 – IV R 19/16, BStBl II, 614; vgl. zu allem SCHMIDT/LOSCHELDER, EStG, 43. Aufl. 2024, § 4 Rdnr. 280 ff., sowie ausführlich mit Beispielen FALTERBAUM/BOLK/REIß/KIRCHNER, Buchführung und Bilanz, 23. Aufl. 2020, Kap. 24.1.3.

[132] BFH, Urt. v. 09.05.2012 – X R 38/10, BStBl II, 725.

barkeit, Eindeutigkeitsgebot),[133] sind die Konsequenzen außerhalb der Steuerbilanz nach Maßgabe der für eine verdeckte Gewinnausschüttung geltenden Grundsätze zu ziehen (R 8.7 KStR 2022).

9.112 – Rücklagen, die nach Vorschriften des Steuerrechts passiviert werden können (§ 5 Abs. 7, § 6b EStG, R 6.6. EStR) sind erfolgswirksam aufzulösen, wenn die Voraussetzungen für ihre Passivierung nicht oder wegen Fristablaufs nicht mehr vorliegen. Das gilt auch dann, wenn der Fristablauf in einem Jahr liegt, das nach den Vorschriften der AO nicht mehr änderbar ist. Abweichend von den Grundsätzen des formellen Bilanzenzusammenhangs soll die erfolgswirksame Auflösung der Rücklage im Zusammenhang mit § 6b EStG nicht auf § 4 Abs. 2 Satz 1, sondern auf § 6b Abs. 3 Satz 5 EStG gestützt werden.[134] Diese Auffassung hat zur Folge, dass der Gewinnzuschlag außerhalb der Steuerbilanz für einen längeren Zeitraum als vier bzw. sechs Jahre zu berechnen sein soll.

Hinweis

9.113 Der Wortlaut der Regelung lässt durchaus eine andere Auslegung zu. Danach ist eine Rücklage nach § 6b Abs. 3 Satz 5 EStG aufzulösen, die „vorhanden" ist. Ein Gewinnzuschlag kommt nur in Betracht, für eine Rücklage, die „bestanden" hat.[135] Ein Bilanzposten indes, der nicht vorhanden war oder nicht mehr ist und deshalb auch nicht mehr bestehen kann, ist unabhängig vom Ausweis in der Steuerbilanz und von seiner Bezeichnung als „Rücklage" keine Rücklage i.S.d. § 6b EStG, so dass die Steuerbilanz abweichend von der Auffassung des BFH falsch ist. Richtigerweise hat dagegen eine Berichtigung unter Beachtung des formellen Bilanzenzusammenhangs im ersten nach den Vorschriften der AO änderbaren Jahres zu erfolgen. Ein Gewinnzuschlag kommt nach hier vertretener Auffassung nicht in Betracht, weil der formelle Bilanzenzusammenhang Hinzurechnungen außerhalb der Steuerbilanz nicht erfasst.[136]

9.114 – Hat der Bilanzierungsfehler in einem Jahr, das nach den Vorschriften der AO nicht mehr geändert werden kann, das steuerliche Ergebnis nicht beeinflusst (erfolgsneutraler Fehler), ist die fehlerhafte Bilanzierung **erfolgsneutral** mit Wirkung für das erste noch änderbare Jahr richtigzustellen. Dabei sind zu Unrecht bilanzierte Wirtschaftsgüter mit dem Buchwert **„auszubuchen"**. Eine damit im Zusammenhang stehende verdeckte Gewinnausschüttung kann **nicht**

---

133 BFH, Beschl. v. 10.07.2019 – XI R 47/17, BStBl II, 760.

134 Liebl, in: Kirchhof/Seer, EStG, 23. Aufl. 2024, § 6b Rdnr. 31, 32; Schmidt/Loschelder, EStG, 43. Aufl. 2024, § 6b Rdnr. 88 a.E.; BFH, Urt. v. 02.02.2012 – IV R 16/09, BStBl II, 766, Rdnr. 24, zu § 7g EStG a.F.

135 Falterbaum/Bolk/Reiß/Kirchner, Buchführung und Bilanz, 23. Aufl. 2020, Kap. 24.1.3.4.

136 A.A. evtl. BFH, Beschl. v. 30.01.2017 – X B 83/16, BFH/NV 2017, 607, denn nach Rdnr. 17 könnte auch im Fall der Auflösung der Rücklage im Rahmen einer Bilanzberichtigung ein Gewinnzuschlag nicht ausgeschlossen sein.

nachgeholt werden. Der Bilanzierungsfehler betrifft nur den fehlerhaft ausgewiesenen Bilanzposten. Fehlerhaft **nicht** bilanzierte Wirtschaftsgüter sind dagegen mit dem Wert „**einzubuchen**“, mit dem sie bei von Anfang an richtiger Bilanzierung zu Buche stehen würden.[137] Die **AfA**, die auf Zeiträume vor dem Jahr der Berichtigung entfällt, darf insoweit nicht nachgeholt werden.[138]

Die Verwendung der Begriffe „einbuchen“ und „ausbuchen“ in den BFH-Entscheidungen ist im Prinzip nicht zielführend, denn Buchungen erfolgen im Rahmen einer Bilanzberichtigung schon deshalb nicht, weil die eigentliche Buchführung bei Aufdeckung des Fehlers bereits abgeschlossen ist. Im Allgemeinen reicht es in diesen Fällen aus, die falschen Bilanzwerte in der **Eröffnungsbilanz bzw. Anfangsbilanz**[139] des ersten nach AO änderbaren Jahres **erfolgsneutral unmittelbar** nach der Konteneröffnung anzupassen. 9.115

Ist die **Absetzung für Abnutzung (AfA)** bei bilanzierten Wirtschaftsgütern des Sachanlagevermögens in Jahren, für die eine Steuerfestsetzung bzw. Gewinnfeststellung nach den Vorschriften der AO nicht mehr geändert werden, unterblieben oder zu niedrig bemessen worden, ist die Nachholung der AfA zulässig.[140] Dies geschieht jedoch **nicht** in Höhe eines Einmalbetrags, sondern ausgehend vom fehlerhaften Buchwert in der **Anfangsbilanz**[141] des ersten nach AO änderbaren Jahres, und zwar 9.116

- bei linearer AfA gem. § 7 Abs. 1 bzw. Abs. 4 Satz 2 EStG durch Verteilung des zu hohen Buchwerts auf die in diesem Zeitpunkt tatsächlich noch bestehende betriebsgewöhnliche Nutzungsdauer (bRND); 9.117

- bei degressiver AfA gem. § 7 Abs. 2 EStG durch Anwendung des richtigen degressiven AfA-Satzes auf den zu hohen Buchwert nach Maßgabe der im Einzelfall geltenden Rechtslage[142] für das Wirtschaftsgut und dessen Investitionszeitpunkt. Regelmäßig dürfte in diesen Fällen ein Wechsel zur linearen AfA-Methode angezeigt sein (§ 7 Abs. 3 Satz 1 und 2 EStG); 9.118

- bei **Gebäuden**, die nach § 7 Abs. 4 Satz 1 EStG typisiert abgeschrieben werden, durch Anwendung des für das Gebäude maßgeblichen AfA-Satzes auf 9.119

---

137 BFH, Urt. v. 26.11.2008 – X R 23/05, BStBl II 2009, 407 m.w.N.; BFH, Urt. v. 29.07.2015 – X R 37/13, BFH/NV 2016, 537.

138 BFH, Urt. v. 24.10.2001 – X R 153/97, BStBl II 2002, 75; SCHMIDT/KULOSA, EStG, 43. Aufl. 2024, § 7 Rdnr. 8 ff.; H 7.4 „Unterlassene oder überhöhte AfA – Betriebsvermögen“ EStH.

139 BFH, Urt. v. 02.09.2008 – X R 32/05, BStBl II 2009, 634 zu 2. c) der Gründe.

140 H 7.4 „Unterlassene oder überhöhte AfA“ EStH; die Nachholung ist unzulässig, wenn die AfA willkürlich zur Erlangung beachtlicher Steuervorteile unterblieben ist.

141 BFH, Urt. v. 18.08.2009 – X R 40/06, BStBl II 2010, 961, Rdnr. 25 und 26.

142 § 52 Abs. 15 EStG; § 7 Abs. 2 EStG i.d.F des Zweiten Corona-Steuerhilfegesetzes v. 29.06.2020, BGBl I, 1512 = BStBl I, 563.

der Grundlage der für das Gebäude geltenden AfA-Bemessungsgrundlage (Anschaffungskosten, Herstellungskosten oder Einlagewert). Die Nachholung erfolgt (automatisch) durch Verlängerung der Abschreibungszeit.

9.120 Beruht die zu niedrige Abschreibung auf einer fehlerhaft zu niedrig ermittelten AfA-Bemessungsgrundlage, weil im Zeitpunkt der damaligen Einlage ein zu niedriger Teilwert angesetzt wurde, ist die Anfangsbilanz des ersten nach der AO änderbaren Jahres erfolgsneutral zu berichtigen. Dabei ist der seinerzeit zutreffende Zugangswert um die inzwischen in Anspruch genommenen Abschreibungen zu verringern und mit dem verbleibenden Wert erfolgsneutral anzusetzen. Die der Berichtigung folgende AfA richtet sich bei einem Gebäude, das der Abschreibung nach § 7 Abs. 4 Satz 1 EStG unterliegt, nach dem Zugangswert, der ursprünglich hätte zugrunde gelegt werden müssen. Bei anderen abnutzbaren Wirtschaftsgütern ist der berichtigte Wert auf die betriebsgewöhnliche Nutzungsdauer zu verteilen. Letzteres gilt auch bei Gebäuden in den Fällen des § 7 Abs. 4 Satz 2 EStG.

9.121 – Eine besondere Fehlerquelle stellt die Abweichung zwischen Handels- und Steuerbilanz in den Fällen dar, in denen die GmbH an einer Personengesellschaft (Mitunternehmerschaft) beteiligt ist. Während die Beteiligung in der Handelsbilanz nach allgemeinen Grundsätzen als Finanzanlagevermögen angesetzt und bewertet wird (siehe dazu Rdnr. 27.5 ff.), kommt in der Steuerbilanz nur ein Bilanzansatz nach Maßgabe der Spiegelbildmethode in Betracht (Rdnr. 27.22 ff.). Die Bewertung der Bilanzposition folgt dabei nicht als solche nach § 6 Abs. 1 EStG, sondern beruht auf der Bewertung der Wirtschaftsgüter, die der Mitunternehmerschaft (§ 39 Abs. 2 Nr. 1 und 2 AO) und damit anteilig der GmbH als Mitunternehmerin zuzurechnen sind.[143] Diese Bewertung wiederum spiegelt sich in dem Eigenkapitalkonto[144] (und bei Kontentrennung in der Summe der Eigenkapitalkonten einschließlich Rücklage) und den Kapitalkonten in einer Ergänzungs- und/oder Sonderbilanz für die GmbH auf Ebene der Mitunternehmerschaft (Gesamtbilanz) wider und bildet so der Höhe nach die Grundlage für den Ansatz in der Steuerbilanz der GmbH. Soweit für die

143 BFH, Beschl. v. 25.02.1991 – GrS 7/89, BStBl II, 691, 700; BFH, Urt. v. 30.04.2003 – I R 102/01, BStBl II 2004, 804; BFH, Urt. v. 25.02.2010 – IV R 49/08, BStBl II, 726, Rdnr. 19; BFH, Urt. v. 20.11.2014 – IV R 1/11, BStBl II 2017, 34, Rdnr. 14.

144 Die Bezeichnung „Eigenkapital“ beruht auf dem Umstand, dass der BFH mit Urt. v. 16.10.2008 – IV R 98/06, BStBl II 2009, 272, und ihm folgend das Schrifttum lediglich von „Kapitalkonten“ spricht und dabei das Fremdkapitalkonto in die sog. Kapitalkontenmodelle einbezieht.

GmbH als Mitunternehmerin in der Steuerbilanz der Mitunternehmerschaft ein negatives Kapitalkonto ausgewiesen sein sollte, ist dann auch der Bilanzposten „Beteiligung“ in der Steuerbilanz der GmbH negativ.[145]

Regelmäßig weicht der mit der Spiegelbildmethode ermittelte Wert von dem Bilanzansatz in der Handelsbilanz ab, so dass neben dem mit Maßgeblichkeit aus der Handelsbilanz abzuleitenden Eigenkapital ein **steuerlicher Ausgleichsposten (StAP)** in der Steuerbilanz als weitere Position des Eigenkapitals zu passivieren ist und das steuerliche Einlagekonto (§ 27 KStG) beeinflusst (siehe dazu mit Beispiel Rdnr. 9.21 ff.). 9.122

Wirtschaftsgüter, die zum Gesellschaftsvermögen der GmbH gehören und deshalb in der Handelsbilanz auszuweisen sind (§ 246 Abs. 1 HGB), gehören steuerrechtlich betrachtet zum Sonderbetriebsvermögen der Personengesellschaft (Mitunternehmerschaft), soweit sie dieser zu dienen bestimmt sind (Sonderbetriebsvermögen I) oder die Beteiligung an dieser Mitunternehmerschaft begründen oder stärken (Sonderbetriebsvermögen II).[146] Die Qualifikation als Sonderbetriebsvermögen zwingt dazu, diese Wirtschaftsgüter auf Ebene der Mitunternehmerschaft in einer **Sonderbilanz** zu aktivieren und Schulden bei entsprechendem Veranlassungszusammenhang zu passivieren. Die mit dem Vorrang des Sonderbetriebsvermögens verbundene Bilanzierungskonkurrenz ist zugunsten der Sonderbilanz aufzulösen.[147] Die **Überführung** der entsprechenden Wirtschaftsgüter aus dem Betriebsvermögen der GmbH in das Sonderbetriebsvermögen auf Ebene der Mitunternehmerschaft erfolgt nach § 6 Abs. 5 Satz 2 EStG **erfolgsneutral** zu Buchwerten. 9.123

Die mit den Wirtschaftsgütern des Sonderbetriebsvermögens verbundenen Aufwendungen (insbesondere AfA) und Erträge (insbesondere Vergütungen i.S.d. § 15 Abs. 1 Nr. 2 EStG) sind als Sonderbetriebsausgaben bzw. Sonderbetriebseinnahmen in einer Sonder-GuV zu erfassen, die zusammen mit der Sonderbilanz und einer Sonderkapitalkontenentwicklung der Finanzbehörde elek- 9.124

[145] LEY, KÖSDI 2010, 17148, 17162; dem kann zugestimmt werden, denn es handelt sich nicht um ein Wirtschaftsgut. Es wird auch vertreten, den Beteiligungsbuchwert bei 0 € anzuhalten und den übersteigenden Verlustanteil außerhalb der Bilanz als „Merkposten“ fortzuführen. Ein praktischer Wert kann darin nicht gesehen werden; vgl. zu den verschiedenen Auffassungen ausführlich FG Köln, Urt. v. 16.04.2008 – 13 K 3868/06, EFG 2008, 1230 (rkr.).

[146] Vgl. dazu ausführlich und mit umfangreichen Nachweisen BOLK, Bilanzierung und Besteuerung der Personengesellschaft und ihrer Gesellschafter, 5. Aufl. 2023, Rdnr. 3.1 ff.

[147] BFH, Urt. v. 24.03.1999 – I R 114/97, BStBl II 2000, 399: „Sonder-BV kann nicht noch einmal in der StB des Mitunternehmers angesetzt werden.“; vgl. auch IDW RS HFA 18 v. 25.11.2011, IDW-FN 1/2012, 24, Rdnr. 43.

tronisch einzureichen ist.[148] Die Verpflichtung dazu trifft nicht die GmbH, sondern die Geschäftsführung der Mitunternehmerschaft.[149]

9.125 Die Ergebnisse der Sonder-GuV gehen in die gesonderte und einheitliche Feststellung des Gewinns der Mitunternehmerschaft ein (§ 180 Abs. 1 Nr. 2a AO) und erreichen erst auf diese Weise die Einkommensermittlung auf Ebene der GmbH (§ 182 AO). Eine Berücksichtigung von Aufwendungen und Erträgen als solche in der steuerlichen Gewinn- und Verlustrechnung der GmbH ist deshalb unzulässig, soweit es sich um Sonderbetriebsausgaben oder -einnahmen handelt. Stattdessen ist steuerrechtlich vielmehr das für die GmbH gesondert festgestellte Ergebnis als Beteiligungsertrag bzw. Beteiligungsaufwand zu erfassen. Damit verbunden ist anschließend bei der Ermittlung des Gewerbeertrags eine Hinzurechnung eines Verlustanteils nach § 8 Nr. 8 GewStG bzw. eine Kürzung eines Gewinnanteils nach § 9 Nr. 2 GewStG.

9.126 Neben Wirtschaftsgütern, die der Personengesellschaft (Mitunternehmerschaft) im Rahmen einer Nutzungsüberlassung dienen, gehören auch Forderungen der GmbH gegenüber der Mitunternehmerschaft zum Sonderbetriebsvermögen und sind deshalb vorrangig in einer Sonderbilanz zu aktivieren. Dies hat grundsätzlich korrespondierend in Höhe der Verbindlichkeiten zu geschehen, die in der Steuerbilanz der Mitunternehmerschaft den Forderungen gegenüberstehen. Unmaßgeblich für diese vorrangige Bilanzierung ist, ob es sich um Darlehensforderungen oder andere Ansprüche, insbesondere den Anspruch auf Auszahlung der sogenannten entnahmefähigen Gewinnanteile, handelt. Es spielt auch keine Rolle, welche Bezeichnung die Konten tragen, auf denen die entsprechenden Verbindlichkeiten auf Ebene der Mitunternehmerschaft gebucht und bilanziert sind. Deshalb greift der Vorrang bei Gesellschafterdarlehenskonten ebenso wie bei sogenannten Verrechnungskonten oder Privatkonten, soweit diesen Konten nach dem Gesellschaftsvertrag die Qualität von Fremdkapital zukommt.

9.127 – Bilanzposten für **latente Steuern**, die in der Handelsbilanz der GmbH ausgewiesen sind, unterliegen nicht der Maßgeblichkeit für die Steuerbilanz (§ 5 Abs. 1 EStG). Fehlerhafte Ansätze in der Handelsbilanz sind deshalb nicht Gegenstand einer Berichtigung der Steuerbilanz. Allerdings beeinflusst die damit verbundene Abweichung in der Steuerbilanz den Ausweis eines StAP als zusätzliche Position des Eigenkapitals (dazu ausführlich Rdnr. 10.17 ff.).

[148] BMF-Schreiben v. 27.05.2024 – IV C 6 - S 2733-b/24/10001 :002, BStBl I, 994, zur Taxonomie 6.8 mit Hinweisen auf die vorangehenden Versionen.

[149] BFH, Urt. v. 25.01.2006 – IV R 14/04, BStBl II, 418.

9.5.3 Befugnis zur Berichtigung der Steuerbilanz

Schon der Wortlaut des § 4 Abs. 2 Satz 1 EStG deutet darauf hin, dass eine Bilanzberichtigung erfolgen darf. Dabei obliegt es allein der Geschäftsführung der GmbH, ob sie eine Berichtigung ihrer Bilanz durchführt oder nicht.[150] Wird in diesem Zusammenhang offenbar, dass die bisher erstellte und dem Finanzamt eingereichte Bilanz unzutreffend ist und dass dadurch eine **unzutreffende Steuererklärung** abgegeben worden ist, hat nach § 153 AO eine Richtigstellung zu erfolgen, wenn die falsche Erklärung zu einer **Steuerverkürzung** führen kann. Dieser Korrektur kann eine berichtigte Bilanz beigefügt werden, ein Gebot besteht indes dafür nicht. § 153 AO zwingt nicht zur Bilanzberichtigung! 9.128

Wird eine berichtigte Bilanz dem Finanzamt nicht eingereicht, dann ist eine wirksame Bilanzberichtigung nach § 4 Abs. 2 Satz 1 EStG nicht erfolgt, so dass auch eine Bilanzänderung nach § 4 Abs. 2 Satz 2 EStG nicht mehr nachfolgen kann. Dies gilt für alle Unternehmer unabhängig von der Rechtsform, in der sie ihren Betrieb führen. 9.129

Soweit eine berichtigte Bilanz nicht eingereicht wird, darf das Finanzamt die nach seiner Ansicht falsche Bilanz der Kapitalgesellschaft **nicht** korrigieren.[151] Stattdessen hat es die Auswirkungen eines Bilanzierungsfehlers bei der Steuerfestsetzung im verfahrensrechtlich zulässigen Rahmen zugunsten wie zuungunsten zu berücksichtigen, indem es die vorliegende falsche Bilanz insoweit zu ignorieren und der Veranlagung eine eigene Gewinnermittlung zugrunde zu legen hat (§ 88 AO).[152] Dabei hat es die in der eingereichten Bilanz zulässigerweise ausgeübten Wahlrechte zu berücksichtigen. 9.130

Es ist deshalb verfehlt, aus der Sicht der Handlungen der Finanzbehörde von einer Bilanzberichtigung zu sprechen. Das gilt auch für die Betriebsprüfung. Werden dort fehlerhafte Bilanzansätze festgestellt und wird deshalb eine sogenannte **Prüferbilanz** aufgestellt, handelt es sich nicht um die berichtigte Bilanz des Steuerpflichtigen. Die Prüferbilanz tritt auch nicht – entgegen verbreiteter Annahme – an die Stelle der Bilanz des Steuerpflichtigen etwa in Form einer Bilanzberichtigung. Folgerichtig scheidet auch ein Bilanzenzusammenhang insoweit aus.[153] Vielmehr stellt die Prüferbilanz lediglich „Aufzeichnungen" des Prüfers/der Prüferin dar, die bei Abweichungen der berichtigten Ermittlung von Besteuerungsgrundlagen dienen. 9.131

---

[150] BFH, Urt. v. 04.11.1999 – IV R 70/98, BStBl II 2000, 129; BFH, Urt. v. 13.06.2006 – I R 84/05, BFH/NV 2006, 2334.

[151] BFH, Urt. v. 09.02.2012 – IV B 30/11, BFH/NV 2012, 965.

[152] BFH, Beschl. v. 31.01.2013 – GrS 1/10, BStBl II, 317, Rdnr. 73; BFH, Urt. v. 02.09.2008 – X R 32/05, BStBl II 2009, 634, zu 2c der Gründe.

[153] Zu Recht FG Sachsen-Anhalt, Urt. v. 27.02.2019 – 3 K 972/14, DStR 2019, 219.

9.5.4 Bilanzänderung

9.132 Von einer Bilanzänderung ist die Rede, wenn ein richtiger Bilanzposten aufgrund eines **Bilanzierungs- oder Bewertungswahlrechts** durch einen anderen richtigen Bilanzposten ersetzt wird (§ 4 Abs. 2 Satz 2 EStG). Voraussetzung dafür ist, dass die Bilanzänderung in einem engen zeitlichen und sachlichen Zusammenhang mit einer (vorangehenden) Bilanzberichtigung steht. Dabei ist die Bilanzänderung auf die Gewinnauswirkung begrenzt, die die Bilanzberichtigung ausgelöst hat. Das gilt auch in den Fällen des § 164 AO, wenn die Vorgaben entsprechend § 4 Abs. 2 Satz 2 EStG erfüllt sind.[154]

9.133 Soweit die Ausübung des Wahlrechts eine gleichlautende Bilanzierung nach **Handelsrecht** voraussetzt, ist die Bilanzänderung nur zulässig, wenn gleichzeitig die Handelsbilanz geändert wird (§ 5 Abs. 1 Satz 1 erster Halbsatz EStG). Der Rahmen gleichlautender Ausübung von Bilanzierungs- bzw. Bewertungswahlrechten ist allerdings überschaubar. Denkbar sind folgende Fallgestaltungen:

- Einbeziehung von Schuldzinsen in die Ermittlung der Herstellungskosten (§ 255 Abs. 3 Satz 2 HGB, R 6.3 Abs. 5 EStR)[155]
- Einbeziehung der angemessenen Teile der Kosten der allgemeinen Verwaltung in die Ermittlung der Herstellungskosten (§ 255 Abs. 2 Satz 3 HGB, § 6 Abs. 1 Nr. 1b EStG)[156]
- Festwert (§ 240 Abs. 3 HGB, R 5.4 Abs. 3 EStR)
- Durchschnittsbewertung (§ 240 Abs. 4 HGB, R 6.8 Abs. 3 und Abs. 4 EStR)

9.134 Formal erfolgt die Bilanzänderung durch Einreichung der geänderten Bilanz beim Finanzamt. In diesem Fall muss der Steuerpflichtige spätestens auch die (vorangehende) Bilanzberichtigung vornehmen. Eines Antrags – wie noch vielfach zu lesen – bedarf es dafür nicht. Die Bilanzänderung ist ohne Ermessensprüfung durch das Finanzamt bei der Änderung der Veranlagung und damit des Steuerbescheids zu berücksichtigen, wenn die Voraussetzungen nach § 4 Abs. 2 Satz 2 EStG erfüllt sind.

---

[154] BFH, Urt. v. 14.02.2007 – XI R 16/05, BFH/NV 2007, 1293.

[155] BMF-Schreiben v. 12.03.2010 – S 2133/09/10001, BStBl I, 239, Rdnr. 6. Die Pflicht, diese Aktivierung auch in der StB nachzuvollziehen entspricht zwar R 6.3 Abs. 5 EStR, war aber schon bisher und ist weiterhin durchaus fraglich. Grund dafür ist, dass Fremdkapitalzinsen im Fall ihrer Aktivierung lediglich als Herstellungskosten gelten, aber keine sind. Steuerrechtlich sind nach § 6 Abs. 1 Satz 1 EStG jedoch nur Herstellungskosten zu aktivieren; BFH, Urt. v. 21.10.1993 – IV R 87/92, BStBl II 1994, 176. Der Bewertungsvorbehalt (§ 5 Abs. 6 EStG) verbietet es, die Fiktion des HGB in die StB zu übernehmen.

[156] R 6.3. Abs. 3 EStR in der gegenwärtigen Fassung ist überholt.

Dazu gehört auch der enge zeitliche Zusammenhang mit der Bilanzberichtigung. Dieser soll gewahrt sein, wenn die Bilanzänderung **unverzüglich** erfolgt. Ausreichend ist es, wenn die Bilanzänderung bis zum Ablauf der Einspruchsfrist herbeigeführt wird. Besteht Streit über die vorangehende Bilanzberichtigung oder die Zulässigkeit einer Bilanzänderung, so muss der Unternehmer zunächst nicht eine berichtigte und geänderte Bilanz einreichen, wenn er den Streit gerichtlich klären lassen will. Er ist vielmehr berechtigt, zunächst diese Klärung zu betreiben und erst dann eine entsprechend geänderte Bilanz aufzustellen, wenn die Bilanzänderung rechtskräftig für zulässig erachtet worden ist.[157] 9.135

Die vorangehende **Bilanzberichtigung** ist auch dann Voraussetzung für eine Bilanzänderung, wenn keine selbständige Steuerbilanz nach § 60 Abs. 2 Satz 2 EStDV dem Finanzamt eingereicht wird, sondern der Abschrift der (Handels-)Bilanz und der Gewinn- und Verlustrechnung eine sogenannte **Überleitungsrechnung** i.S.d. § 60 Abs. 2 Satz 1 EStDV beigefügt wird. Die in der Überleitungsrechnung ausgewiesenen Anpassungen bezogen auf die Ansätze und Beträge in der (Handels-)Bilanz sind unabhängig von der Form der Darstellung Bilanzansätze, die den steuerlichen Vorschriften zu entsprechen haben. Es handelt sich zwar um eine Darstellung außerhalb der Handelsbilanz, nicht jedoch außerhalb der Bilanzierungsgrundsätze, die für die Steuerbilanz maßgebend sind. Dies schließt die Voraussetzungen, unter denen eine Bilanzänderung zulässig ist, ein.[158] 9.136

Eine **Bilanzänderung** i.S.d. § 4 Abs. 2 Satz 2 EStG liegt nicht vor, wenn sich die Möglichkeit, ein Bilanzierungs- oder Bewertungswahlrecht auszuüben, tatsächlich erst nach Einreichung der Bilanz eröffnet.[159] Dieser Sachverhalt kann sich insbesondere im Zusammenhang mit Rücklagen nach § 6b EStG oder R 6.6 EStR (Rücklage für Ersatzbeschaffung) ergeben, wenn und soweit die Gegenleistung oder Entschädigung nach Aufstellung der Bilanz eine Änderung erfährt, die sich auf die aufgedeckten stillen Reserven auswirkt. In diesen Fällen kann deshalb ohne vorangehende Bilanzberichtigung das Wahlrecht neu oder ergänzend ausgeübt werden, soweit die Vorschriften der AO eine Änderung der Steuerfestsetzung erlauben. 9.137

9.6 Kapitalangleichung im Anschluss an eine Betriebsprüfung

9.6.1 Anpassung der Handels- und/oder Steuerbilanz

Eine besondere Herausforderung stellt die Erstellung der Jahresabschlüsse dar, wenn Ergebnisse von Betriebsprüfungen berücksichtigt werden müssen. Dabei ist zu unterscheiden, ob es sich um Berichtigungen handelt, die sowohl den handels- 9.138

[157] BFH, Urt. v. 31.07.2007 – IV R 54/05, BStBl II 2008, 665, 667, und BFH, Urt. v. 17.07.2008 – I R 85/07, BStBl II, 924.
[158] BFH, Urt. v. 27.05.2020 – XI R 12/18, BStBl II, 779.
[159] BFH, Urt. v. 27.09.2006 – IV R 7/06, BStBl II 2008, 600, Rdnr. 12.

rechtlichen Jahresabschluss (Bilanz, Gewinn- und Verlustrechnung, Anhang, § 264 Abs. 1 HGB) als auch die Steuerbilanz bzw. die Überleitungsrechnung betreffen, oder ob es sich um Fehler handelt, deren Berichtigung ausschließlich steuerrechtliche Auswirkungen nach sich ziehen.

9.6.2 Fehler im Jahresabschluss nach Handelsrecht

9.139 Geben die Feststellungen der Betriebsprüfung Anlass, für die geprüften Geschäftsjahre auch von einer fehlerhaften Bilanzierung nach Handelsrecht auszugehen, erfolgt keine Berichtigung (Neuaufstellung) des fehlerhaften Jahresabschlusses, wenn – wie in den überwiegenden Fällen – keine schwerwiegenden Fehler vorliegen, die die Darstellung der Vermögens-, Finanz- und Ertragslage beeinträchtigt haben.[160] Stattdessen ist eine erfolgswirksame **Anpassung** an die Feststellungen der Betriebsprüfung **in laufender Rechnung** geboten, die folglich den Jahresabschluss beeinflusst, der der Bekanntgabe der Feststellungen folgt.[161] Das gilt auch für die Ergebnisverwendung (§ 29 GmbHG), die auf dem Jahresabschluss nach Anpassung beruht.

9.140 Die erforderlichen Buchungen zur Anpassung der handelsrechtlich maßgeblichen Rechnungslegung dürfen dabei nicht in einem Sammelposten zusammengefasst werden. Vielmehr sind die Auswirkungen in der Gewinn- und Verlustrechnung nach § 275 Abs. 2 HGB unter den sonstigen betrieblichen Erträgen bzw. den sonstigen betrieblichen Aufwendungen auszuweisen. Soweit auch eine Änderung der Steuerrückstellungen zu berücksichtigen ist, muss der geänderte Steueraufwand in der Position Steuern vom Einkommen und vom Ertrag (ggf. sonstige Steuern) erfasst werden.[162]

Beispiel

9.141 Eine Betriebsprüfung hat mit Einfluss auf die Handelsbilanz zum Schluss des Prüfungszeitraums das Folgende ohne Widerspruch festgestellt:

– Verringerung der Rückstellungen (50.000 €)
– Erhöhung des Bilanzpostens bebaute Grundstücke (40.000 €)
– Erhöhung des Bestands an Forderungen (35.700 €)
– Erhöhung der Umsatzsteuerschuld (5.700 €)
– Erhöhung der KSt- und GewSt-Rückstellungen (36.000 €)

[160] IDW RS HFA 6 v. 12.04.2007, IDW-FN 5/2007, 265, Rdnr. 14.

[161] IDW RS HFA 6 v. 12.04.2007, IDW-FN 5/2007, 265, Rdnr. 35; SCHUBERT, in: Beck'scher Bilanz-Kommentar, 14. Aufl. 2024, § 253 HGB Rdnr. 815, sowie KLIEM/MÜLLER, ebd., § 275 HGB Rdnr. 91 „Erträge aus einer Fehlerkorrektur in laufender Rechnung".

[162] Dies kann zu negativem Steueraufwand führen, vgl. dazu IDW RS HFA 6 v. 12.04.2007, IDW-FN 5/2007, 265, Rdnr. 36.

Lösung

Die Anpassungsbuchung lautet:

Rückstellungen	50.000 €		
Grundstücke	40.000 €		
Forderungen	35.700 €	an Umsatzsteuer	5.700 €
		an sons. betr. Erträge	120.000 €
Steuern vom Einkommen	36.000 €	an Steuerrückstellungen	36.000 €
Jahresüberschuss	+ 84.000 €		

Die für Kapitalgesellschaften in § 266 Abs. 3 A. HGB geregelte **strenge Eigenkapitalgliederung** verbietet es, entsprechende Anpassungen – wie bei Einzelkaufleuten – unmittelbar erfolgsneutral auf einem Kapitalkonto zu erfassen. Dies ist auch im Hinblick darauf geboten, dass die Gesellschafter der GmbH Anspruch auf den Jahresüberschuss zuzüglich des Gewinnvortrags (ggf. abzüglich Verlustvortrag) haben, der bei einer vorangehenden Ergebnisverwendung beschlossen wurde (§ 29 Abs. 1 GmbHG). Dieser Gewinnvortrag darf daher nicht in laufender Rechnung geändert werden. 9.142

Ausgehend davon, dass die auf diese Weise vorgenommenen Anpassungen aufgrund Maßgeblichkeit auch die Steuerbilanz und damit den Steuerbilanzgewinn erreichen (§ 4 Abs. 1, § 5 Abs. 1 EStG), muss sodann zur Vermeidung einer doppelten Erfassung eine Rückgängigmachung dieser Gewinnauswirkungen, die bereits Eingang in die (geänderte) Steuerfestsetzung der geprüften Jahre gefunden haben, im Rahmen der Ermittlung des zu versteuernden Einkommens **außerhalb der Steuerbilanz** erfolgen (§ 8 Abs. 1 und 2 KStG). 9.143

Beispiel (Fortsetzung)

Außerhalb der Steuerbilanz ist das Folgende zu veranlassen:

Jahresüberschuss (reduziert auf den Fall)	+ 84.000 €
Rückgängigmachung der sonst. betr. Erträge	– 120.000 €
Hinzurechnung des Steueraufwands	+ 36.000 €
zu versteuerndes Einkommen	0 €

Im Ergebnis ist dies auch zutreffend, denn die Gewinnänderungen sind steuerrechtlich bereits im Rahmen der geänderten Steuerfestsetzungen auf der Grundlage der Prüferbilanz wirksam geworden.

9.144 Durchaus praxisüblich[163] – aber dennoch unzutreffend – ist es, anstelle erfolgswirksamer Buchungen zur Richtigstellung des Erfolgsausweises eine erfolgsneutrale Anpassung über Gewinnvortrag zu buchen.[164] Dieses Vorgehen bedeutet ein Eingreifen in die durch Beschluss der Gesellschafterversammlung für das Vorjahr bestimmte Ergebnisverwendung. Ein solches Eingreifen steht weder dem Geschäftsführer der GmbH und schon gar nicht dem steuerlichen Berater bei der Erstellung des Jahresabschlusses zu.

9.145 Formal betrachtet handelt es sich weitergehend um eine unzulässige Durchbrechung des Bilanzenzusammenhangs.[165] Nach § 252 Abs. 1 Nr. 1 HGB müssen die Wertansätze der Schlussbilanz eines Geschäftsjahres mit den Wertansätzen in der Eröffnungsbilanz des folgenden Geschäftsjahres übereinstimmen. Das gilt auch für den Gewinnvortrag. Dabei bedarf es trotz des Gesetzeswortlauts nicht der Aufstellung einer Eröffnungsbilanz. Ausreichend – aber zwingend – ist es, wenn die Saldenvorträge mit den entsprechenden Schlussbilanzwerten des Vorjahres übereinstimmen.

Beispiel (Fortsetzung)

Würde – unzutreffend – die Anpassung über „Gewinnvortrag" gebucht, würde sich der auf Beschluss der Gesellschafterversammlung für das Vorjahr beruhende Gewinnvortrag nachträglich beim Jahresabschluss für das Folgejahr um 84.000 € erhöhen. Die Irritation der Gesellschafter ist leicht zu erkennen.

9.146 **Steuerrechtlich** betrachtet bedeutet die (unzulässige) Änderung des Gewinnvortrags, dass die Wiederherstellung des Bilanzenzusammenhangs (§ 4 Abs. 1 Satz 1 EStG) bereits innerhalb der Bilanz erfolgsneutral abgebildet wurde und dass in der Folge keine Maßnahmen mehr außerhalb der Steuerbilanz erforderlich sind. Der Umstand, dass die Praxis oftmals diesen Weg wählt, bedeutet nicht, dass er zutreffend ist. Sie ist insbesondere handelsrechtlich abzulehnen.

9.6.3 Fehler, die nur die Steuerbilanz betreffen

9.147 Stellt die Betriebsprüfung Bilanzierungsfehler fest, die nur die Ermittlung des Gewinns nach Steuerrecht betreffen und werden diese Korrekturen in einer sogenannten Prüferbilanz dargestellt, wird damit lediglich mitgeteilt, welche Bilanzpositionen mit welchem Betrag Anlass für eine abweichende Steuerfestsetzung waren bzw. sein werden, denn i.d.R. steht bei Bekanntgabe des Prüfungsberichts nebst Prüferbilanz die Änderung der Steuerbescheide noch aus. Eine Bilanzberichtigung, zu der

---

163 So auch – und unverzeihlich – Aufgabenstellung in der Steuerberater-Prüfung 2013.

164 Zu Recht kritisiert EGGERT, BBK 2018, 223, 228, diese Buchungspraxis.

165 KLIEM/BÜSSOW, in: Beck'scher Bilanz-Kommentar, 14. Aufl. 2024, § 252 HGB Rdnr. 8.

allein der Steuerpflichtige berechtigt ist (§ 4 Abs. 2 Satz 1 EStG), ist damit nicht verbunden.[166] Stattdessen wird der Steuerfestsetzung auf der Grundlage der Prüferbilanz eine **eigenständige Gewinnermittlung** zugrunde gelegt.[167]

Ausgehend von diesen Grundsätzen kann der Steuerpflichtige aufgrund der Feststellungen der Betriebsprüfung eine berichtigte Bilanz für die geprüften Jahre aufstellen, er kann aber auch im Wege der **Kapitalangleichung** (Anpassung) die berichtigten Bilanzansätze im ersten Jahr, das dem Prüfungszeitraum folgt, übernehmen und insoweit seine Steuerbilanz für die Zukunft anpassen. Dabei sind die berichtigten Bilanzansätze der Gewinnermittlung des folgenden Jahres als **Betriebsvermögen des vorangegangenen Jahres** zugrunde zu legen (§ 4 Abs. 1 Satz 1 EStG).[168] Ohne Bedeutung dafür ist, ob die fehlerhafte letzte Bilanz im Prüfungszeitraum formal berichtigt und dem Finanzamt eingereicht wird oder nicht.[169] In der Regel unterbleibt eine solche Berichtigung richtigerweise und praxisgerecht. 9.148

Angesichts der Vorgabe, dass es sich um Fehler handelt, die nur die Gewinnermittlung nach Steuerrecht betreffen, ist zu berücksichtigen, dass in der Prüferbilanz zum Schluss des letzten Prüfungsjahres ein **steuerlicher Ausgleichsposten (StAP)** in Höhe des Unterschiedsbetrags zwischen dem Eigenkapital laut Handelsbilanz und dem Eigenkapital nach Steuerrecht ausgewiesen ist.[170] Dieser Ausgleichsposten ist fortzuschreiben, soweit der Fehler über den Bilanzstichtag des Jahres der Anpassung hinausreicht.[171] 9.149

Während eine solche Anpassung mit Wirkung für die Handelsbilanz – soweit diese ebenfalls unzutreffend sein sollte – grundsätzlich erfolgswirksam zu erfolgen hat, muss die Anpassung der Steuerbilanz zur **Vermeidung der Doppelbesteuerung** erfolgsneutral durchgeführt werden, denn steuerrechtlich betrachtet sind die Auswirkungen auf den Gewinn bereits im Rahmen der Berichtigung des Fehlerjahres und folglich des Steuerbescheids für die Prüfungsjahre berücksichtigt worden. 9.150

---

166 BFH, Urt. v. 04.11.1999 – IV R 70/98, BStBl II 2000, 129.

167 BFH, Beschl. v. 31.01.2013 – GrS 1/10, BStBl II, 317, Rdnr. 73; BFH, Urt. v. 02.09.2008 – X R 32/05, BStBl II 2009, 634 zu 2c der Gründe.

168 BFH, Urt. v. 19.08.1999 – IV R 73/98, BStBl II 2000, 18.

169 BFH, Urt. v. 14.03.2006 – I R 83/05, BStBl II, 799.

170 Zum Ausgleichsposten vgl. BFH, Urt. v. 20.04.1999 – VIII R 38/96, BStBl II, 647; zur Notwendigkeit im Fall von der HB abweichender Steuerbilanz vgl. zu Recht LEY, DStR 2013, 271; DIES., KÖSDI 2015, 19317 ff. und 19353 ff. zur E-Bilanz, E-Sonderbilanz, E-Ergänzungsbilanz.

171 FALTERBAUM/BOLK/REIß/KIRCHNER, Buchführung und Bilanz, 23. Aufl. 2020, Kap. 14.4.8 und 24.1 ff.

Beispiel

9.151 Nach den Feststellungen der Betriebsprüfung wurden zum 31.12.01 berichtigt:

Darlehensschulden (wegen fehlender Abzinsung)	– 50.000 €
Rücklagen nach § 6b EStG (Fristende 31.12.01)	– 150.000 €
Gewinnzuschlag (§ 6b Abs. 7 EStG, 150.000 € × 24 %)	+ 36.000 €
Verdeckte Gewinnausschüttungen (vGA)	+ 100.000 €
Steuerrückstellungen (336.000 € × 30 %[172])	+ 100.800 €

StB 31.12.01 (vor Betriebsprüfung)

xxx	Eigenkapital lt. HB		xxx
	StAP		– 150.000 €
	Rücklage		150.000 €

Prüferbilanz 31.12.01

xxx	Eigenkapital lt. HB		xxx
	StAP bisher	– 150.000 €	
	Gewinn	+ 99.200 €	– 50.800 €
	Rücklage		0 €
	Steuerrückstellungen		100.800 €
	Darlehensschulden		– 50.000 €

Die verdeckte Gewinnausschüttung (vGA) und der Gewinnzuschlag (§ 6b Abs. 7 EStG) beeinflussen dagegen nicht den StAP, weil insoweit kein Bilanzposten betroffen ist. Auf die Darstellung latenter Steuern wird hier aus Vereinfachungsgründen verzichtet (siehe dazu ausführlich Rdnr. 10.1 ff.).

Anpassungsbuchung für Zwecke der HB und der StB:

Steueraufwand	100.800 €	an Steuerrückstellung	100.800 €

Anpassungsbuchung (nur) für Zwecke der Steuerbilanz:

§-6b-Rücklage	150.000 €	an StAP	150.000 €
Darlehensschulden	50.000 €	an StAP	50.000 €

Änderung des Ausgleichspostens + 200.000 €.

172 KSt, SolZ und GewSt aus Vereinfachungsgründen im Beispiel mit 30 % unterstellt.

Handelsbilanz 31.12.02

xxx	Eigenkapital		xxx
	Jahresüberschuss		– 100.800 €
	Steuerrückstellungen		100.800 €

StB 31.12.02 (nach Kapitalangleichung)

xxx	Eigenkapital lt. HB		xxx
	Jahresüberschuss		100.800 €
	StAP bisher	– 150.000 €	
	Angleichung	+ 200.000 €	50.000 €
	Rücklage		0 €
	Steuerrückstellungen		100.800 €
	Darlehensschulden		– 50.000 €

9.7 Bilanzierung überhöhter Kaufpreise in Handels- und Steuerbilanz

9.7.1 Verdeckte Gewinnausschüttung

Verdeckte Gewinnausschüttungen (vGA) i.S.d. § 8 Abs. 3 Satz 3 KStG sind Vermögensminderungen oder verhinderte Vermögensmehrungen, die durch das Gesellschaftsverhältnis veranlasst sind und sich auf den Unterschiedsbetrag i.S.d. § 4 Abs. 1 Satz 1 EStG einer Kapitalgesellschaft ausgewirkt haben, jedoch nicht auf einem ordnungsmäßigen Beschluss der Gesellschafterversammlung beruhen.[173] Außerdem setzt die Annahme einer verdeckten Gewinnausschüttung voraus, dass die Minderung des Unterschiedsbetrags geeignet ist, beim Gesellschafter einen sonstigen Bezug i.S.d. § 20 Abs. 1 Nr. 1 Satz 2 EStG auszulösen.[174] 9.152

Eine solche verdeckte Gewinnausschüttung liegt auch vor, wenn der Gesellschafter „seiner" GmbH ein Grundstück zu Eigentum überträgt, dessen Verkehrswert unstreitig niedriger ist als der vereinbarte Kaufpreis. 9.153

173 St. Rspr. des BFH, zuletzt Urt. v. 31.10.2011 – I R 75/11, BStBl II 2013, 1046.

174 BFH, Urt. v. 20.08.2008 – I R 19/07, BStBl II 2011, 60, und BFH, Urt. v. 08.10.2008 – I R 61/07, BStBl II 2011, 62; siehe dazu ausführlich Rdnr. 19.6 ff.

Beispiel

9.154 X ist Alleingesellschafter der X-GmbH. Er überträgt Anfang 02 ein bebautes Grundstück (Bodenwertanteil 40 %) mit Wirkung vom 01.01.01 zu Eigentum in das Gesellschaftsvermögen der X-GmbH. Als Kaufpreis wurden 1.200.000 € vereinbart und notariell beurkundet. Der Verkehrswert des bebauten Grundstücks beträgt (unstreitig) 1.000.000 €.

Der Kaufpreis wurde im vollen Umfang fremdfinanziert. Die Grunderwerbsteuer[175] (vereinfacht 5 % von 1.200.000 € = 60.000 €) hat die GmbH in 01 bezahlt (aus Vereinfachungsgründen wird hier auf die Einbeziehung von Notar- und Grundbuchkosten verzichtet, weil dies für die Lösung ohne Bedeutung ist).

Der Vorgang wurde wie folgt in 02 gebucht

Grund und Boden	504.000 €	an Darlehen	1.200.000 €
Gebäude	756.000 €	an Finanzkonto	60.000 €
Abschreibungen (2 %)	15.120 €	an Gebäude	15.120 €

Lösung

Die vGA beträgt 200.000 €, denn in dieser Höhe tritt eine Vermögensminderung ein, die sich auf den Unterschiedsbetrag gem. § 4 Abs. 1 Satz 1 EStG ausgewirkt hat, weil das Grundstück – jedenfalls steuerrechtlich betrachtet – höchstens mit den Anschaffungskosten zu bewerten ist. Dies sind nach § 255 Abs. 1 HGB, § 5 Abs. 1 und 6, § 6 Abs. 1 Nr. 1 und Nr. 2 EStG nur diejenigen Aufwendungen, die für den Erwerb geleistet wurden. Der im Fremdvergleich (hier unstreitig) überhöhte Teil des Kaufpreises beruht dagegen allein auf Erwägungen, die durch das Gesellschaftsverhältnis veranlasst sind.[176] Unbeachtlich dafür ist, dass dem Zugang des Grundstücks in gleicher Höhe eine Betriebsschuld gegenübersteht, denn diese beruht auf einem selbständigen Geschäftsvorfall.

Weitergehend liegt jedoch keine vGA im Hinblick darauf vor, dass die Grunderwerbsteuer angesichts des beurkundeten Kaufpreises um 10.000 € höher festgesetzt wird, als dies bei Abwicklung des Rechtsgeschäfts wie unter Fremden geschehen wäre. Grund hierfür ist, dass zwar eine Vermögensminderung eintritt, die indes mangels Zuflusses nicht geeignet ist, einen sonstigen Bezug beim Gesellschafter auszulösen.

---

[175] Die Bemessungsgrundlage für die Grunderwerbsteuer orientiert sich grundsätzlich an der zivilvertraglich vereinbarten Gegenleistung (§ 8 Abs. 1 GrEStG).

[176] BFH, Urt. v. 05.03.2008 – I R 45/07, BFH/NV 2008, 1534. Abweichend davon wäre zu entscheiden, wenn der Erwerb des Grundstücks ausschließlich im persönlichen Interesse des Gesellschafters gelegen hätte und das Grundstück unverändert zu privaten Wohnzwecken des Gesellschafters genutzt wird. In einem solchen Fall wäre zu prüfen, ob nicht nur die Differenz, sondern der ganze Kaufpreis als vGA zu beurteilen wäre. BMF-Schreiben v. 28.05.2002 – IV A 2 - S 2742 - 32/02, BStBl I, 603, Rdnr. 42.

Gleiches gilt für die hier nicht weiter dargestellten Notariats- und Grundbuchkosten sowie für den Vorsteuerabzug aufgrund der Rechnung des Notars. Und schließlich gilt dies auch für die Schuldzinsen, die wegen der Aufnahme des Darlehens zur Kaufpreisfinanzierung zu entrichten sind.[177]

Schließlich liegt auch keine weitere vGA in Höhe der AfA vor, die aufgrund der Buchung und Bilanzierung des überhöhten Kaufpreises den Jahresüberschuss der GmbH gemindert hat. Im Rahmen der notwendigen Berichtigung der steuerlichen Gewinnermittlung ausgehend von den zutreffenden Anschaffungskosten ergibt sich die richtige AfA.[178] Nach allem ist die vGA bei der Ermittlung des zu versteuernden Einkommens der X-GmbH für 02 i.H.v. 200.000 € hinzuzurechnen.

9.7.2 Handelsbilanz

Handelsrechtlich betrachtet ist davon auszugehen, dass der Vermögensgegenstand bei entgeltlichem Erwerb auch dann mit den tatsächlich angefallenen Aufwendungen zu aktivieren ist, wenn diese überhöht sein sollten (§ 253 Abs. 1 Satz 1 HGB). Eine Angemessenheitsprüfung soll nicht erfolgen,[179] weil grundsätzlich „echte“ Kaufpreise zu unterstellen sind und nicht etwa überhöhte Kaufpreise aus Geschäften mit Gesellschaftern, die als verdeckte Gewinnausschüttung zu beurteilen sind. Allerdings soll zum folgenden Bilanzstichtag eine gewinnmindernde Abschreibung auf den niedrigeren beizulegenden Wert (Zeitwert) erfolgen, soweit von einer voraussichtlich dauernden Wertminderung auszugehen ist (§ 253 Abs. 3 Satz 3 HGB). 9.155

Eine Bewertung mit dem Zeitwert bereits im Zeitpunkt des Erwerbs lässt sich grundsätzlich nicht mit der gebotenen Erfolgsneutralität des Anschaffungsvorgangs[180] vereinbaren. Soweit dies dennoch für zutreffend gehalten wird, ist letztlich die Auswirkung auf den Jahresüberschuss identisch. Entweder wird bereits im Zeitpunkt des Erwerbs hinsichtlich des unangemessenen Teils des Kaufpreises ein Aufwand erzeugt oder erst durch die außerplanmäßige Abschreibung zum Schluss des Geschäftsjahres. 9.156

Bedeutung gewinnt der Unterschied allerdings in der Darstellung des Anlagengitters bzw. Anlagespiegels nach § 284 Abs. 3 HGB, weil im Fall der außerplanmäßigen 9.157

177 BFH, Urt. v. 05.03.2008 – I R 45/07, BFH/NV 2008, 1534 m.w.N.

178 Ebenso RÄTKE, BBK 2013, 489, 492.

179 SCHUBERT/HUTZLER, in: Beck'scher Bilanz-Kommentar, 14. Aufl. 2024, § 255 HGB Rdnr. 10. Die Bezugnahme auf die Entscheidung des BFH, Urt. v. 08.10.1987 – IV R 5/85, BStBl II, 853, geht allerdings fehl, denn dort ging es um die Angemessenheit i.S.d. § 4 Abs. 5 Nr. 7 EStG und nicht um die Angemessenheit des Kaufpreises selbst.

180 BFH, Urt. v. 26.04.2006 – I R 49, 50/04, BStBl II, 656.

Abschreibung ursprüngliche Anschaffungskosten in Höhe des seinerzeit überhöhten Kaufpreises gezeigt werden.

9.158 Unabhängig von der Art der gebuchten Gewinnminderung stellt sich allerdings die Frage, ob in Höhe der Differenz ein Rückgewähranspruch zu aktivieren ist, wie dies bei konzernintern überhöhten Preisen anzunehmen ist. Dies dürfte bei einer Einpersonen-GmbH (wie im Beispiel oben) wohl kaum in Betracht kommen.

9.159 Schließt man sich der im Rahmen mittelständischer Gesellschaften wohl überwiegend gehandhabten Praxis an, den tatsächlich gezahlten Kaufpreis zu aktivieren, auf eine außerplanmäßige Abschreibung zu verzichten und die Feststellung des Überpreises und damit der verdeckten Gewinnausschüttung einer späteren Betriebsprüfung zu überlassen, dann ist die Buchung des Zugangs und der planmäßigen Abschreibung im Beispiel (siehe oben Rdnr. 9.154) im Ergebnis zwar falsch, wird aber hingenommen.

9.7.3 Steuerbilanz

9.160 Das zu einem überhöhten Kaufpreis erworbene Wirtschaftsgut ist im Zeitpunkt des Zugangs mit den Anschaffungskosten zu bewerten, die im Fremdvergleich für den Erwerb aufzuwenden gewesen wären.[181] Außerdem sind (natürlich) die Anschaffungsnebenkosten zu aktivieren (§ 255 Abs. 1 HGB, § 5 Abs. 1 und 6, § 6 Abs. 1 und 2 EStG).

9.161 Der Vorgang ist von vornherein nicht als reiner Kaufvertrag zu werten. Vielmehr handelt es sich um ein gemischtes Rechtsgeschäft mit Elementen einer Schenkung (negotium mixtum cum donatione).[182] Der aus gesellschaftlicher Veranlassung (causa societatis) aufgewendete Mehrbetrag ist schon dem Grunde nach jedenfalls in der Steuerbilanz nicht als Anschaffungskosten zu aktivieren, weil es insoweit an Aufwendungen fehlt, die betrieblich veranlasst sind. Folgerichtig ergibt sich aus steuerrechtlicher Sicht bereits im Zeitpunkt des Erwerbs eine Gewinnminderung mit Wirkung auf den Betriebsvermögensvergleich, die bei der Ermittlung des zu versteuernden Einkommens wieder hinzuzurechnen ist.[183]

9.162 Es handelt sich dabei nicht um eine Teilwertabschreibung i.S.d. § 6 Abs. 1 Nr. 1 Satz 2 EStG, denn diese käme nur bei einer Wertminderung in Betracht, die die Anschaffungskosten unterschreitet. Dies ist bei überhöhtem Kaufpreis gerade

[181] BMF-Schreiben v. 28.05.2002 – IV A 2 - S 2742 - 32/02, BStBl I, 603, Rdnr. 42; BFH, Urt. v. 05.03.2008 – I R 45/07, BFH/NV 2008, 1534.

[182] Knobbe-Keuk, Bilanz- und Unternehmenssteuerrecht, 5. Aufl. 1993, S. 459, 467.

[183] BFH, Urt. v. 17.11.2004 – I R 56/03, BFH/NV 2005, 793 m.w.N.

nicht der Fall.[184] Überlegungen zu einer Teilwertabschreibung verbieten sich auch im Hinblick auf die Folgen, denn die Vornahme einer Teilwertabschreibung unterliegt dem Wahlrecht (§ 5 Abs. 1 Satz 1 zweiter Halbsatz i.V.m. § 6 Abs. 1 Nr. 1 Satz 2 EStG).[185] Es steht indes nicht im Belieben des Geschäftsführers einer GmbH, eine Gewinnminderung aufgrund einer verdeckten Gewinnausschüttung zu vermeiden.

Beispiel (Fortsetzung)

a) Kontenentwicklung 9.163

Grund und Boden

Zugang (400.000 € + 24.000 €)	424.000 €
Buchwert 31.12.01	424.000 €
Auswirkung auf den Steuerbilanzgewinn	– 80.000 €

Gebäude

Zugang (600.000 € + 36.000 €)	636.000 €
– AfA 01	– 12.720 €
Buchwert 31.12.01	623.280 €
Auswirkung auf den Steuerbilanzgewinn	– 117.600 €

b) Ergänzende (berichtigende) Buchung für Zwecke der Steuerbilanz

sonst. betr. Aufw.	200.000 €	an Grund und Boden	80.000 €
		an Gebäude	117.600 €
		an Abschreibungen	2.400 €

c) Ermittlung des zu versteuernden Einkommens

Steuerbilanzgewinn	– 197.600 €
Hinzurechnung der vGA	+ 200.000 €
zu versteuerndes Einkommen	+ 2.400 €

184 A.A. insoweit SCHMIDT/KULOSA, EStG, 43. Aufl. 2024, § 6 Rdnr. 246, der das Problem unter dem Stichwort „Fehlmaßnahme" erwähnt. Fehlmaßnahmen rechtfertigen aber nur dann eine Teilwertabschreibung, wenn beim Erwerb des Wirtschaftsguts irrtümlich ein Mehraufwand in Gestalt eines überhöhten Kaufpreises in Kauf genommen wurde. Das kann bei einer Vertragsgestaltung zwischen Gesellschaft und Gesellschafter nicht ohne weiteres unterstellt werden, und dies schon gar nicht, wenn es um die Bezifferung von Kaufpreisen geht, die durch Vergleich auf dem Grundstücksmarkt verifiziert werden könnten.

185 JÄGER/LANG/RAIBLE/OTT, Körperschaftsteuer, 20. Aufl. 2022, S. 324, nehmen „gedanklich" Teilwertabschreibung an.

9.164 Solange keine Anpassung an den im Fremdvergleich zutreffenden Kaufpreis für Zwecke der Handelsbilanz erfolgt, weicht die Steuerbilanz von der Handelsbilanz ab. Die Abweichung betrifft nicht nur den Bilanzposten „Grundstücke" (Grund und Boden sowie Gebäude), sondern auch das Eigenkapital. Da das Eigenkapital (§ 266 Abs. 3 A. HGB) hinsichtlich seiner Gliederung im handelsrechtlichen Jahresabschluss den Positionen und der Höhe nach zwingend ebenfalls in der Steuerbilanz zu passivieren ist, ist der Differenzbetrag, der bezogen auf das vorangehende Beispiel im Jahr 02 insgesamt –197.600 € beträgt, als negativer **steuerlicher Ausgleichsposten (StAP)** als zusätzliche Eigenkapitalposition in der Steuerbilanz auszuweisen (siehe dazu bereits Rdnr. 9.19 ff.).

9.165 Sollte die Steuerfestsetzung des Jahres, in dem sich der Erwerb zu einem gesellschaftlich veranlasst überhöhten Kaufpreis ereignet hat, nach den Vorschriften der AO nicht mehr änderbar sein, ist die Steuerbilanz im ersten insoweit noch änderbaren Jahr im Hinblick auf den in der letzten Schlussbilanz ausgewiesenen Bilanzansatz erfolgsneutral zu korrigieren. Als Gewinnauswirkung ergibt sich sodann in diesem Jahr nur noch die Berichtigung der Abschreibung. Die Hinzurechnung der verdeckten Gewinnausschüttung darf entgegen der Auffassung der Finanzverwaltung[186] nicht im ersten nach AO offenen Jahr nachgeholt werden, denn sie beruht auf einem Ereignis in einem Jahr, für das bereits Bestandskraft eingetreten ist.[187]

9.8 Bilanzierung zu niedriger Kaufpreise in Handels- und Steuerbilanz

9.8.1 Erwerb eines Wirtschaftsguts

9.166 Erwirbt die GmbH von ihrem Gesellschafter ein Wirtschaftsgut zu einem Kaufpreis, der bei fremdüblicher Betrachtung den Verkehrswert (gemeinen Wert) tatsächlich unterschreitet, liegt ein teilentgeltliches Rechtsgeschäft vor. In der Handelsbilanz erfolgt die Zugangsbewertung in solchen Fällen grundsätzlich nur mit den Anschaffungskosten in Höhe des vereinbarten Kaufpreises (§ 253 Abs. 1 HGB). Soweit davon abweichend eine Aktivierung mit dem Verkehrswert ausdrücklich gewollt sein sollte, ist die Passivierung eines Zugangs zur Kapitalrücklage nach § 272 Abs. 2 Nr. 4 HGB in Höhe des Differenzbetrags geboten.[188] Nur in diesem Fall unterbleibt eine Würdigung latenter Steuern entsprechend § 274 Abs. 1 HGB.

---

186 BMF-Schreiben v. 28.05.2002 – IV A 2 - S 2742 - 32/02, BStBl I, 603, Rdnr. 43.

187 Falterbaum/Bolk/Reiß/Kirchner, Buchführung und Bilanz, 23. Aufl. 2020, Kap. 24.1.3.4 und 34.4.3.1.

188 Kliem/Buchholz/Lewe, in: Beck'scher Bilanz-Kommentar, 14. Aufl. 2024, § 272 HGB Rdnr. 415.

Steuerrechtlich ist das teilentgeltliche Rechtsgeschäft zwingend einerseits als Anschaffungsgeschäft und hinsichtlich der Kaufpreisdifferenz aufgrund der gesellschaftsrechtlich veranlassten Vermögensmehrung andererseits als **verdeckte Einlage** zu beurteilen (siehe dazu ausführlich Rdnr. 18.10 ff.). 9.167

Auf Seiten des Gesellschafters führt die verdeckte Einlage zur Erhöhung seiner **Anschaffungskosten** für die Beteiligung an der GmbH. Dies folgt aus § 6 Abs. 6 Satz 2 EStG für Anteile im Betriebsvermögen und aus § 17 Abs. 2a Nr. 1 EStG für Anteile im Privatvermögen (siehe dazu ausführlich Rdnr. 18.37 ff.). Stammt das Wirtschaftsgut aus dem Betriebsvermögen des Gesellschafters, liegt bezogen auf die Kaufpreisvereinbarung eine Veräußerung und bezogen auf die Kaufpreisdifferenz eine **Entnahme** vor (§ 4 Abs. 1 Satz 2 EStG). Die Höhe der Umsatzsteuerschuld kann durch Ansatz der Mindestbemessungsgrundlage gem. § 10 Abs. 5 Nr. 1 UStG beeinflusst sein. Die Gewinnauswirkung folgt aus dem Unterschiedsbetrag zwischen dem Kaufpreis nach Abzug geschuldeter Umsatzsteuer und dem Teilwert hinsichtlich der Entnahme (§ 6 Abs. 1 Nr. 4 EStG) sowie dem Buchwert des veräußerten Wirtschaftsguts. 9.168

In der Steuerbilanz der GmbH ist das bezogene Wirtschaftsgut insoweit in Übereinstimmung mit der Handelsbilanz mit den Anschaffungskosten nach § 6 Abs. 1 Nr. 1 oder 2 EStG zu bewerten und weitergehend hinsichtlich der Kaufpreisdifferenz grundsätzlich mit dem Teilwert (§ 6 Abs. 1 Nr. 5 Satz 1 EStG; siehe dazu auch Rdnr. 18.20). Diese Bewertung ist zwingend und hat eine Abweichung gegenüber der Bewertung für Zwecke der Handelsbilanz der GmbH zur Folge, soweit dort nicht der Verkehrswert angesetzt wird (siehe oben Rdnr. 9.166). Das steuerliche Mehrkapital aufgrund der Einlage ist durch einen steuerlichen **Ausgleichsposten** (StAP) in der Steuerbilanz zu passivieren (siehe Rdnr. 9.15 ff.).[189] Dem entspricht auch der Zugang auf dem steuerlichen Einlagekonto (§ 27 Abs. 1 KStG),[190] der hier regelmäßig nicht mit einem Zugang zur Kapitalrücklage entsprechend § 272 Abs. 2 Nr. 4 HGB übereinstimmt (siehe dazu oben Rdnr. 9.166). 9.169

9.8.2 Erwerb eines Mitunternehmeranteils

Ist Gegenstand der Anschaffung i.V.m. der verdeckten Einlage in das Vermögen einer GmbH nicht ein einzelnes Wirtschaftsgut, sondern ein Mitunternehmeranteil i.S.d. § 15 Abs. 1 Nr. 2, § 16 Abs. 1 Nr. 2 EStG, insbesondere ein KG-Anteil, so 9.170

[189] FALTERBAUM/BOLK/REIß/KIRCHNER, Buchführung und Bilanz, 23. Aufl. 2020, Kap. 34.4.8.
[190] BMF-Schreiben v. 04.06.2003 – IV A 2 - S 2836 - 2/03, BStBl I, 366, Rdnr. 18.

wird handelsrechtlich betrachtet ein Vermögensgegenstand erworben, der in der Handelsbilanz im Rahmen der Finanzanlagen als Beteiligung zu bilanzieren (§ 240 Abs. 1, § 246 Abs. 1, § 271 HGB) und nach Maßgabe des § 253 Abs. 1 HGB zu bewerten ist.[191]

9.171 Der Bilanzierung der Beteiligung an der KG in der Handelsbilanz der GmbH kommt steuerrechtlich keine Bedeutung zu.[192] Der KG-Anteil ist abweichend vom Maßgeblichkeitsgrundsatz kein eigenständiges (immaterielles) Wirtschaftsgut, das folglich in der Steuerbilanz der GmbH als solches nicht angesetzt werden kann und deshalb auch nicht einer selbständigen Bewertung nach § 6 Abs. 1 Nr. 2 EStG unterliegt.[193] Stattdessen ist die „Beteiligung" in der Steuerbilanz als quotale Berechtigung an den zum Gesellschaftsvermögen der KG gehörenden Wirtschaftsgütern und Schulden auf Grundlage der Bruchteilsbetrachtung nach § 39 Abs. 2 Nr. 2 AO anzusetzen.[194] An diesen Grundsätzen hat sich nach Aufgabe des Gesamthandsprinzips (§§ 718, 719 BGB a.F.) durch das MoPeG[195] nichts geändert. Dem entspricht auch die Neufassung des § 39 Abs. 2 Nr. 2 AO. Danach gelten rechtsfähige Personengesellschaften jedenfalls für die Ertragsbesteuerung als Gesamthand und deren Vermögen als Gesamthandsvermögen.[196]

9.172 Diese rechtlichen Vorgaben führen allerdings nicht dazu, dass die Wirtschaftsgüter der KG, an der eine Beteiligung erworben wurde, anteilig in der Steuerbilanz der GmbH auszuweisen wären. Vielmehr obliegt das Bilanzierungsgebot für diese Wirtschaftsgüter allein der KG in deren Steuerbilanz, denn die KG selbst ist das Subjekt der Einkünfteerzielung und Gewinnermittlung. Die quotale Berechtigung an den Wirtschaftsgütern des Gesellschaftsvermögens der KG spiegelt sich in dem steuerlichen Kapitalanteil wider, der in der **Gesamtbilanz der Mitunternehmerschaft**[197] für die GmbH als Kommanditistin ausgewiesen und dem Betriebsvermögensvergleich im Rahmen der Gewinnermittlung und der Zurechnung der Einkünfte auf Ebene der KG zugrunde zu legen ist (§ 15 Abs. 1 Nr. 2 EStG). Dem

---

191 BFH, Urt. v. 15.03.2017 – I R 41/16, BFH/NV 2017, 1548, Rdnr. 23.

192 BFH, Urt. v. 30.04.2003 – I R 102/01, BStBl II 2004, 804.

193 BFH, Beschl. v. 25.02.1991 – GrS 7/89, BStBl II, 691, 700; BFH, Urt. v. 30.10.2002 – IV R 33/01, BStBl II 2003, 272; BFH, Urt. v. 30.04.2003 – I R 102/01, BStBl II 2004, 804; BFH, Urt. v. 01.07.2010 – IV R 100/06, BFH/NV 2010, 2056; BFH, Urt. v. 30.08.2012 – IV R 44/10, BFH/NV 2013, 376, Rdnr. 31.

194 IDW RS HFA 18 v. 04.06.2014, IDW-FN 7/2014, 417, Rdnr. 2, 43; SCHUBERT/HUTZLER, in: Beck'scher Bilanz-Kommentar, 14. Aufl. 2024, § 255 HGB Rdnr. 131.

195 Gesetz zur Modernisierung des Personengesellschaftsrechts v. 10.08.2021, BGBl I, 3436.

196 § 39 Abs. 2 Nr. 2 Satz 2 AO i.d.F. des Art. 23 Nr. 6 des Gesetzes zur Förderung geordneter Kreditzweitmärkte und zur Umsetzung der Richtlinie (EU) 2021/2167 über Kreditdienstleister und Kreditkäufer sowie zur Änderung weiterer finanzrechtlicher Bestimmungen (Kreditzweitmarktförderungsgesetz v. 22.12.2023, BGBl I, Nr. 411.

197 BFH, Urt. v. 30.03.2006 – IV R 25/04, BStBl II 2008, 171, zu II.2c) ff. der Gründe.

folgt die Bindung der Besteuerung der Kapitalgesellschaft insoweit an die gesonderte und einheitliche Feststellung auf Ebene der KG und den dort festgestellten Gewinnanteil (§§ 179, 180 Abs. 1 Nr. 2a, § 182 Abs. 1 AO).[198] Zutreffend folgt daraus für den Gewerbeertrag der GmbH, dass der bezogene Gewinnanteil der Kürzung nach § 9 Nr. 2 GewStG und ein Verlustanteil der Hinzurechnung nach § 8 Nr. 8 GewStG jeweils unterliegt.

In der Steuerbilanz der GmbH entspricht der Bilanzposten „Beteiligung“ der Höhe nach spiegelbildlich der Summe der (Eigen-)Kapitalkonten der GmbH in der **Gesamtbilanz der Mitunternehmerschaft**, die aufgrund additiver Gewinnermittlung aus der Steuerbilanz der KG, einer Ergänzungsbilanz für die GmbH und/oder einer Sonderbilanz besteht (**Spiegelbildmethode**; siehe dazu ausführlich Rdnr. 28.31 ff.). Dieser Bilanzposten verändert sich in demselben Maß, in dem sich die (Eigen-)Kapitalkonten der GmbH in deren Steuerbilanz sowie in einer Ergänzungsbilanz oder/und einer Sonderbilanz für die GmbH aufgrund der Gewinnermittlung auf Ebene der KG ändern. 9.173

Die Änderung der Summe der (Eigen-)Kapitalkonten der GmbH in der Steuerbilanz der KG beruht auf der Bewertung der Wirtschaftsgüter, die zum Gesellschaftsvermögen der KG gehören. Hinsichtlich des entgeltlichen Teils des Erwerbs des Mitunternehmeranteils an der KG sind dieser Bewertung die Anschaffungskosten und im Hinblick auf die **verdeckte Einlage** der Teilwert zugrunde zu legen.[199] Unterstellt man, dass die Kaufpreisdifferenz auf den **Firmen-/Geschäftswert** entfällt, ist dieser ganz oder teilweise Gegenstand einer Einlage geworden (§ 4 Abs. 1 Satz 8 EStG). Das Aktivierungsverbot nach § 5 Abs. 2 EStG greift insoweit nicht.[200] Diese Sachbehandlung folgt auch dem Grundsatz, dass ein die materiellen und immateriellen Einzelwirtschaftsgüter übersteigender Betrag einer Gegenleistung für eine Sachgesamtheit (Betrieb, Teilbetrieb, Mitunternehmeranteil) auf den Firmenwert als Residualgröße entfällt. Damit entspricht die Berechnung der modifizierten Stufentheorie und folgt dem Rechtsgedanken des § 6 Abs. 1 Nr. 7 EStG.[201] 9.174

---

198 BFH, Urt. v. 08.09.2005 – IV R 52/03, BStBl II 2006, 128.

199 Vgl. dazu für viele SCHMIDT/WACKER, EStG, 43. Aufl. 2024, § 15 Rdnr. 690 und § 16 Rdnr. 460 ff.; SEER, in: KIRCHHOF/SEER, EStG, 23. Aufl. 2024, § 16 Rdnr. 118.

200 FALTERBAUM/BOLK/REIß/KIRCHNER, Buchführung und Bilanz, 23. Aufl. 2020, Kap. 21.4.5.2.

201 KRUMM, in: KIRCHHOF/SEER, EStG, 23. Aufl. 2024, § 15 Rdnr. 247; SCHMIDT/KULOSA, EStG, 43. Aufl. 2024, § 6 Rdnr. 122; BOLK, Bilanzierung und Besteuerung der Personengesellschaft und ihrer Gesellschafter, 5. Aufl. 2023, Rdnr. 14.149 f.; a.A. SCHMIDT/WACKER, EStG, 43. Aufl. 2024, § 16 Rdnr. 462, der eine gleichmäßige Aufstockung nach dem Verhältnis der Teilwerte einschl. des Firmenwerts als „modifizierte Stufentheorie“ bezeichnet. Offenbar wird der Begriff nicht einheitlich verwendet.

9.175 Soweit die Bewertung der mit dem Mitunternehmeranteil anteilig erworbenen Wirtschaftsgüter auf Ebene der KG mit den Anschaffungskosten und bezogen auf die verdeckte Einlage mit dem Teilwert zu Beträgen führt, die über die fortzuführenden Buchwerte in der Steuerbilanz der KG hinausgehen, ist der Mehrbetrag als **Korrekturposten** in einer **Ergänzungsbilanz** für die GmbH zur Steuerbilanz der KG anzusetzen.[202] Gleichzeitig ist ein entsprechendes Mehrkapital zu passivieren (siehe dazu auch Rdnr. 28.52 ff.). Weil der Firmen-/Geschäftswert zu den abnutzbaren Wirtschaftsgütern gehört, ist der Korrekturposten nach Maßgabe des § 7 Abs. 1 Satz 3 EStG abzuschreiben.[203] Diese Abschreibung mindert den Gewinnanteil der GmbH gem. § 15 Abs. 1 Nr. 2 erster Halbsatz EStG und ist als Ergänzungsbilanzverlust verfahrensrechtlich gesondert festzustellen.[204]

9.176 Das nach zeitanteiliger Abschreibung (Auflösung) des Korrekturpostens verbleibende Mehrkapital beeinflusst wie das Steuerbilanzkapital den spiegelbildlich in der Steuerbilanz der GmbH auszuweisenden Bilanzposten „KG-Beteiligung". Der Änderung dieser aktiven Bilanzposition steht auf der Passivseite der Steuerbilanz der GmbH eine Veränderung (Minderung) des Ausgleichspostens beim Eigenkapital gegenüber, die der Höhe nach mit der Abschreibung in der Ergänzungsbilanz übereinstimmt (siehe dazu mit Beispiel auch Rdnr. 28.57 ff.).

9.177 Soweit die „KG-Beteiligung" und hier insbesondere der auf der verdeckten Einlage beruhende Mehrbetrag als „Merkposten" bezeichnet wird, der weder auf Ebene der KG noch der GmbH einer Abschreibung unterliegen soll, wird der rechtliche Hintergrund der Bilanzierung der Beteiligung an einer Mitunternehmerschaft nach den Grundsätzen der Spiegelbildmethode verkannt.[205] Beim Erwerb eines Mitunternehmeranteils geht es gerade nicht um eine Bewertung auf Ebene des Erwerbers. „Merken" sollte man sich deshalb, dass der Steuerbilanz der GmbH eine Bewertung auf Ebene der Steuerbilanz der KG vorausgeht.

9.8.3 Erwerb eines Anteils an einer Kapitalgesellschaft

9.178 Erwirbt die Kapitalgesellschaft von ihrem Anteilseigner Anteile an einer anderen Kapitalgesellschaft (zum Erwerb eigener Anteile vgl. Rdnr. 15.1 ff.) zu einem

---

[202] BFH, Urt. v. 20.11.2014 – IV R 1/11, BStBl II 2017, 34; BMF-Schreiben v. 19.12.2016 – IV C 6 - S 2241/15/10005, BStBl I 2017, 34.

[203] FREIKAMP, DB 2015, 1063; WENDT, FR 2015, 552, 554; BOLK, DStZ 2015, 472; DERS., DStR 2018, 424; LEY, KÖSDI 2017, 20278; DIES., in: SCHULZE-OSTERLOH/HENNRICHS/WÜSTEMANN, Handbuch des Jahresabschlusses, VII/5 (10/2019); KRUMM, in: KIRCHHOF/SEER, EStG, 23. Aufl. 2024, § 15 Rdnr. 251; SCHMIDT/WACKER, EStG, 43. Aufl. 2024, § 15 Rdnr. 466; BOLK, Bilanzierung und Besteuerung der Personengesellschaft und ihrer Gesellschafter, 5. Aufl. 2023, Rdnr. 4.27 ff. und 14.153 ff.

[204] BFH, Urt. v. 16.12.2021 – IV R 7/19, BStBl II 2023, 378.

[205] BFH, Urt. v. 20.11.2014 – IV R 1/11, BStBl II 2017, 34, Rdnr. 14.

Preis, der den gemeinen Wert unterschreitet, liegt hinsichtlich der Differenz eine verdeckte Einlage vor. Die Bewertung des Erwerbsvorgangs hat sich deshalb einerseits nach den Anschaffungskosten (§ 255 Abs. 1 HGB, § 5 Abs. 1 und § 6 Abs. 1 Nr. 2 EStG) und andererseits zugleich nach den Grundsätzen der Bewertung von Einlagen (§ 6 Abs. 1 Nr. 5 EStG) zu richten (vgl. dazu ausführlich Rdnr. 18.20 ff.). Dabei scheidet eine Bewertung der verdeckten Einlage mit den ursprünglichen Anschaffungskosten auf Grundlage des § 6 Abs. 1 Nr. 5b EStG aus, weil die verdeckte Einlage auf Seiten des Gesellschafters als Veräußerung gilt (§ 6 Abs. 6 Satz 2, § 17 Abs. 1 Satz 2, § 20 Abs. 2 Satz 2 EStG, § 8b Abs. 2 Satz 6 KStG).

Befinden sich Grundstücke im Gesellschaftsvermögen der Erwerberin, entsteht 9.179
nach § 1 Abs. 3 Nr. 1 GrEStG **Grunderwerbsteuer**, wenn mit dem Anteilserwerb eine Vereinigung von mindestens 90 % der Anteile in der Hand der Erwerberin verbunden ist.[206] Schuldnerin der Grunderwerbsteuer ist die erwerbende Kapitalgesellschaft (§ 13 Nr. 5 GrEStG). Die Grunderwerbsteuer gehört in diesen Fällen nicht zu den Anschaffungskosten und beeinflusst auch nicht die Bewertung der verdeckten Einlage. Die Zahlung der Grunderwerbsteuer ist als Betriebsausgabe nach § 4 Abs. 4 EStG gewinnmindernd zu buchen.[207]

[206] Vgl. dazu gleichlautende Erlasse der obersten Finanzbehörden der Länder v. 05.03.2024 – S 4501 - 7/11, BStBl I, 383, und im Zusammenhang mit einer Organschaft gleichlautende Erlasse der obersten Finanzbehörden der Länder v. 05.03.2024 – S 4501 - 7/11, BStBl I, 393.

[207] BFH, Urt. v. 20.04.2011 – I R 2/10, BStBl II, 761.

10. Latente Steuern

10.1 Latente Steuern gem. § 274 HGB

Stimmen die **Wertansätze** in Handels- und Steuerbilanz nicht überein, und bauen sich die daraus folgenden Differenzen in späteren Geschäftsjahren voraussichtlich ab, sind latente Steuern in der Handelsbilanz nach Maßgabe des § 274 HGB in besonderer Bilanzposition auszuweisen. Ergibt sich unter Berücksichtigung aller nicht übereinstimmenden Wertansätze **insgesamt** eine Steuerbelastung, so **sind** „passive latente Steuern“ anzusetzen (§ 266 Abs. 3 E. HGB). Eine voraussichtlich entstehende Steuerentlastung **kann** als „aktive latente Steuern“ **aktiviert** werden (§ 266 Abs. 2 D. HGB). Dabei ist ein unsaldierter Ausweis aktiver und passiver latenter Steuern ebenso zulässig wie eine Verrechnung (§ 274 Abs. 1 Satz 3 HGB). 10.1

Aufgrund der zahlreichen vom Handelsrecht abweichenden Bilanzierungs- und Bewertungsgrundsätze des Steuerrechts sowie der unabhängigen Ausübung steuerrechtlicher Wahlrechte ergeben sich vielfach Anlässe (siehe dazu unten Rdnr. 10.6) für die Beurteilung latenter Steuern. Dabei sind nicht nur solche Bilanzansätze betroffen, die sowohl in der Handels- als auch in der Steuerbilanz ausgewiesen sind, sondern auch solche, die entweder nur in der einen oder der anderen Bilanz aufgrund von Geboten, Verboten oder Wahlrechten in Betracht kommen. 10.2

Voraussetzung ist aber stets, dass sich die Differenz in späteren Geschäftsjahren voraussichtlich wieder abbaut. Oftmals geschieht dies bereits zeitanteilig durch eine unterschiedliche Abschreibung, aber auch durch Wegfall der entsprechenden Bilanzposition, etwa im Zusammenhang mit der Erfüllung von ungewissen Verbindlichkeiten (Rückstellungen) oder der Auflösung steuerrechtlich begründeter Rücklagen (z.B. nach § 6b EStG). Unter Umständen baut sich der Unterschiedsbetrag auch erst bei der Veräußerung eines Wirtschaftsguts wieder ab, wenn die Bewertungsdifferenz etwa ein nichtabnutzbares Wirtschaftsgut (z.B. Grund und Boden) betrifft. 10.3

10.4 Die Beurteilung latenter Steuern unterbleibt im Hinblick auf **permanente Differenzen**, die sich etwa aufgrund steuerfreier Gewinne, der Feststellung verdeckter Gewinnausschüttungen sowie von nicht abziehbaren Aufwendungen gem. § 4 Abs. 5 EStG und § 10 KStG ergeben.

10.5 Maßgebend für die Bewertung der latenten Steuern ist eine auf den Bilanzpositionen beruhende Ermittlung der Ansatz- und Wertunterschiede zwischen Handels- und Steuerbilanz (tempory concept). Der Höhe nach ist der Berechnung der latenten Steuerbelastung oder -entlastung der Ertragsteuersatz im voraussichtlichen Umkehrzeitpunkt der Belastung oder Entlastung ohne Abzinsung zugrunde zu legen (§ 274 Abs. 2 Satz 1 HGB). Der Ertragsteuersatz ist dabei auf Grundlage der am jeweiligen Bilanzstichtag geltenden Rechtslage jeweils neu zu bestimmen. Soweit zu diesem Zeitpunkt bereits gesetzliche Änderungen der für den Ertragsteuersatz maßgeblichen Steuergesetze vorliegen, sind diese zu berücksichtigen.

10.6 Der maßgebliche Ertragsteuersatz für die latenten Steuern bezieht sich bei den Kapitalgesellschaften auf die Körperschaftsteuer, den Solidaritätszuschlag und die Gewerbesteuer und kann derzeit in Summe regelmäßig pauschal mit 30 % unterstellt werden. Eine genaue am Hebesatz orientierte Berechnung ist natürlich im Hinblick auf eine den tatsächlichen Verhältnissen entsprechende Vermögens-, Finanz- und Ertragslage vorzugswürdig (§ 264 Abs. 2 HGB). Bei einer GmbH & Co. KG kommt eine latente Ertragsteuerbelastung nur im Hinblick auf die Gewerbesteuer auf der Grundlage des am Bilanzstichtag geltenden Hebesatzes in Betracht.

10.7 In der Bilanz ausgewiesene latente Steuern sind erfolgswirksam aufzulösen, sobald die Steuerbe- oder -entlastung eintritt oder mit ihr nicht mehr zu rechnen ist (§ 274 Abs. 2 Satz 2 HGB). Die Gewinnauswirkungen aufgrund einer erstmaligen Bilanzierung oder der an die Verhältnisse im Abschlussstichtag erforderlichen Anpassung der Bilanzposition „Latente Steuern" ist in der Gewinn- und Verlustrechnung **gesondert** unter dem Posten „Steuern vom Einkommen und Ertrag" darzustellen (§ 274 Abs. 2 Satz 3 HGB).

10.8 Neben den Fragen der Bilanzierung ist im Zusammenhang mit der Beurteilung latenter Steuern das Folgende zu beachten:

- Im Anhang ist anzugeben, auf welchen Differenzen die latenten Steuern beruhen und welche Steuersätze der Bewertung zugrunde liegen (§ 285 Nr. 29 HGB). Entsprechendes gilt im Hinblick auf die steuerlichen Verlustvorträge.

- Soweit von der Aktivierung latenter Steuern Gebrauch gemacht wird, dürfen Gewinne nur ausgeschüttet werden (**Ausschüttungssperre**), wenn die nach Ausschüttung noch zur Verfügung stehenden frei verfügbaren Gewinnrücklagen (§ 266 Abs. 3 A. II. 4 HGB) zuzüglich Gewinnvortrag und abzüglich Verlustvortrag (§ 266 Abs. 3 A. IV. HGB) mindestens dem Betrag entsprechen, um den die aktiven latenten Steuern die passiven latenten Steuern übersteigen (§ 268 Abs. 8 Satz 2 HGB). Diese Ausschüttungssperre greift also nur bei einem Überhang der aktiven latenten Steuern im Fall von deren Bilanzierung, und zwar unabhängig davon, ob die latenten Steuern unsaldiert oder nach Verrechnung angesetzt werden (§ 274 Abs. 1 Satz 3 HGB),

- Beim Ansatz und der Bewertung latenter Steuern sind Differenzen nicht zu berücksichtigen, die sich aus dem **Mindeststeuergesetz**[1] und/oder einem ausländischen Mindeststeuergesetz ergeben (§ 274 Abs. 3 HGB i.V.m. Art. 91 Abs. 2 EGHGB). Allerdings sind Pflichtangaben im Anhang entsprechend § 285 Nr. 30a HGB und im Konzernanhang gem. § 314 Abs. 1 Nr. 22a HGB in Jahresabschlüssen für Geschäftsjahre geboten, die nach dem 28.12.2023 bzw. nach dem 30.12.2023 enden (Art. 91 Abs. 1 EGHGB).

Die Pflicht, aufgrund dieser Ursachen latente Steuern nach § 274 Abs. 1 HGB im Jahresabschluss ausweisen zu müssen, betrifft nur Kapitalgesellschaften sowie entsprechende Gesellschaften, insbesondere in der Rechtsform der GmbH & Co. KG. Dies folgt bereits daraus, dass die Regelung im dritten Buch, zweiter Abschnitt des HGB – „ergänzende Vorschriften für Kapitalgesellschaften und bestimmte Personenhandelsgesellschaften" – eingeordnet ist. 10.9

§ 274a Nr. 5 HGB begrenzt den Kreis allerdings auf die i.S.d. § 267 Abs. 2 und 3 HGB großen und mittelgroßen Gesellschaften. Die kleine Kapitalgesellschaft und die kleine GmbH & Co. KG i.S.d. § 267 Abs. 1 HGB sowie die Kleinstkapitalgesellschaften (§ 267a HGB) sind von der Berechnung und Bilanzierung latenter Steuern befreit. Diese Gesellschaften haben allerdings passive latente Steuern zu ermitteln und zu passivieren, wenn gleichzeitig die Tatbestandsvoraussetzungen für den Ansatz einer Rückstellung nach § 249 Abs. 1 Satz 1 HGB vorliegen (siehe dazu Rdnr. 10.21). 10.10

[1] Gesetz zur Gewährleistung einer globalen Mindestbesteuerung für Unternehmensgruppen (Mindeststeuergesetz – MinStG) v. 21.12.2023, BGBl I, Nr. 397.

10.2 Ursachen für latente Steuern

10.2.1 Passive latente Steuern – latente Steuerbelastung

10.11 Passive latente Steuern[2] sind zu würdigen, wenn auf der Aktivseite der Handelsbilanz ein Bilanzausweis erfolgt, der den Ansatz in der Steuerbilanz überschreitet. Gleiches gilt, wenn ein Passivposten in der Handelsbilanz eine entsprechende Passivierung in der Steuerbilanz unterschreitet oder nicht ausgewiesen werden darf. Insbesondere kommen die folgenden Bilanzierungs- und/oder Bewertungsunterschiede zwischen Handels- und Steuerrecht in Betracht:

- Passivierung von Rücklagen für Investitionen nach § 6b Abs. 3 EStG, R 6.5 Abs. 4 EStR (RfE), R 6.6 Abs. 4 EStR (Zuschussrücklage)

- Rücklage nach § 6 UmwStG für Konfusionsgewinne nach Umwandlung

- Rücklage nach § 5 Abs. 7 EStG nach Verpflichtungsübernahme

- Abzug stiller Reserven nach § 6b Abs. 1 und 3 EStG oder R 6.6 Abs. 4 EStR sowie Abzug nach R 6.5 Abs. 4 EStR

- Gebäude-AfA nach § 7 Abs. 4 Satz 1 Nr. 1 EStG, wenn bei der Bewertung für Zwecke der Handelsbilanz ein niedrigerer AfA-Satz zugrunde gelegt wird als derjenige, der nach § 7 Abs. 4 EStG zwingend anzuwenden ist

- Sonderabschreibungen und erhöhte Absetzungen (§§ 7b, 7c, 7g, 7h,[3] 7i EStG)

- Vollabschreibung von Computerhardware und -software zur Dateneingabe im Jahr einer Investition nach dem 31.12.2020 mit steuerrechtlicher Wirkung,[4] während handelsrechtlich lediglich eine planmäßige Abschreibung gem. § 253 Abs. 3 HGB in Betracht kommt; dies gilt auch in den Fällen, in denen im Rahmen der steuerlichen Gewinnermittlung der Restbuchwert entsprechender Investitionen aus der Zeit vor dem 01.01.2021 einer Vollabschreibung zugeführt wird (§ 7 Abs. 1 Satz 7 EStG analog)

- Sammelposten nach § 6 Abs. 2a EStG, wenn keine entsprechende Bewertung in der Handelsbilanz erfolgt

---

2 IDW RS HFA 18 v. 04.06.2014, IDW-FN 7/2014, 417 ff.

3 BFH, Urt. v. 10.10.2017 – X R 6/16, BStBl II 2018, 181; im Wesentlichen inhaltsgleich: BFH, Urt. v. 10.10.2017 – X R 1/17, BFH/NV 2018, 416.

4 BMF-Schreiben v. 22.02.2022 – IV C 3 - S 2190/21/10002 :025, BStBl I, 187.

- Aktivierung selbst geschaffener immaterieller Vermögensgegenstände (§ 248 Abs. 2 Satz 1 HGB; § 5 Abs. 2 EStG)

- Bewertung der Vorräte in der Handelsbilanz nach der sogenannten FiFo-Methode (§ 256 HGB), die steuerrechtlich unzulässig ist, so dass für Zwecke der Steuerbilanz lediglich eine Bewertung nach Durchschnittssätzen in Betracht kommt

- Beteiligungen an Personengesellschaften, soweit eine unterschiedliche Sachbehandlung in der Handelsbilanz einerseits und der Steuerbilanz aufgrund der dort anzuwendenden Spiegelbildmethode andererseits geboten ist. Nach steuerrechtlicher Wertung handelt es sich hinsichtlich der Beteiligung an einer Personengesellschaft nicht um ein Wirtschaftsgut. Ansatz und Bewertung erfolgen nach Maßgabe der sogenannten Spiegelbildmethode. Danach entspricht der Bilanzausweis in der Steuerbilanz abweichend von der Handelsbilanz stets dem entsprechenden Kapitalanteil des beteiligten Unternehmens in der Steuerbilanz der Personengesellschaft sowie den Kapitalkonten in ggf. aufgestellten Ergänzungs- und/oder Sonderbilanzen (siehe dazu Spiegelbildmethode, Rdnr. 28.31 ff.).

- Passive Latenzen können sich aus positiven Ergänzungsbilanzen auf Ebene der Personengesellschaft ebenso ergeben wie aus der Zuweisung eines Verlustanteils, soweit dieser nicht der Verlustausgleichsbeschränkung nach § 15a EStG unterliegt.[5] Die latente Steuerbelastung reduziert sich in diesen Fällen auf die Körperschaftsteuer zzgl. Solidaritätszuschlag. Eine Gewerbesteuerbelastung ergibt sich dagegen aufgrund der Hinzurechnung nach § 9 Nr. 2 GewStG bzw. Kürzung nach § 8 Nr. 8 GewStG nicht.

10.2.2 Aktive latente Steuern – latente Steuerentlastung

Aktive latente Steuern werden verursacht, wenn der Bilanzausweis auf der Aktivseite der Handelsbilanz niedriger ist als der entsprechende Bilanzansatz in der Steuerbilanz. Gleiches gilt, wenn ein Passivposten in der Handelsbilanz den entsprechenden Bilanzansatz in der Steuerbilanz überschreitet oder ein entsprechender Passivposten in der Steuerbilanz unzulässig ist. Insbesondere sind die folgenden Fälle in der Praxis typisch: 10.12

- Aktivierung anschaffungsnaher Herstellungskosten in der Steuerbilanz (§ 6 Abs. 1 Nr. 1a EStG), soweit die Aktivierung in der Handelsbilanz nach Maßgabe des § 255 Abs. 1 und 2 HGB den Steuerbilanzwert nicht erreicht

[5] IDW RS HFA 18 v. 04.06.2014, IDW-FN 7/2014, 417, Rdnr. 42 ff.

- Aktivierung und Abschreibung des entgeltlich erworbenen Geschäfts- bzw. Firmenwerts in der Handelsbilanz verteilt auf fünf Jahre, während die Abschreibung in der Steuerbilanz verteilt auf 15 Jahre nach § 7 Abs. 1 Satz 3 EStG geboten ist

- Degressive Abschreibung von beweglichen Anlagegütern in der Handelsbilanz nach § 253 Abs. 3 Satz 2 HGB, soweit diese Abschreibung steuerrechtlich wegen Investition vor dem 01.01.2020 unzulässig ist; bei Investition nach dem 31.12.2019 und vor dem 01.01.2022 ist die degressive Abschreibung auch steuerrechtlich zulässig, allerdings nur unter Beachtung der Begrenzung gem. § 7 Abs. 2 EStG auf das Zweieinhalbfache, max. 25 % des jeweiligen Restbuchwerts. Bei entsprechenden Investitionen in der Zeit vom 01.04.–31.12.2024 beträgt die degressive AfA 20 % des Restbuchwerts, begrenzt auf das Zweifache der linearen AfA.[6]

- Abschreibung von Finanzanlagen in der Handelsbilanz auf den niedrigeren Börsen- oder Marktpreis bzw. beizulegenden Wert nach § 253 Abs. 3 Satz 4 HGB im Fall voraussichtlich lediglich vorübergehender Wertminderung, während eine Teilwertabschreibung in diesen Fällen steuerrechtlich unzulässig ist (§ 6 Abs. 1 Nr. 1 Satz 2 und Nr. 2 Satz 2 EStG)

- Beteiligungen an Personengesellschaften sind nach § 253 Abs. 1 und 3 Satz 5 HGB mit den Anschaffungskosten oder dem niedrigeren beizulegenden Wert im Fall voraussichtlich dauernder Wertminderung zu bewerten. Für den Fall einer vorübergehenden Wertminderung kann die außerplanmäßige Abschreibung im Wahlrecht erfolgen (§ 253 Abs. 3 Satz 6 HGB).

- Eine entsprechende Teilwertabschreibung ist in der Steuerbilanz unzulässig. Abweichend von § 6 Abs. 1 Nr. 2 EStG folgt dies bereits aus dem Grundsatz, dass Beteiligungen an einer Personengesellschaft keine Wirtschaftsgüter sind, die als solche der Maßgeblichkeit gem. § 5 Abs. 1 EStG und der Bewertung nach § 6 Abs. 1 EStG unterliegen. Da der Bilanzausweis in der Steuerbilanz stets dem Kapitalanteil des Gesellschafters in der Steuerbilanz der Personengesellschaft sowie den Kapitalkonten in ggf. aufgestellten Ergänzungs- und/oder Sonderbilanzen folgt (Spiegelbildmethode, siehe Rdnr. 28.28 ff.), können sich insbesondere aktive Latenzen aus einer negativen Ergänzungsbilanz ergeben, die für den Gesellschafter auf Ebene der Personengesellschaft aufgestellt wird. Bei der Berechnung der aktiven latenten Steuern ist eine Gewerbesteuerbelastung im Hinblick auf die Hinzurechnung nach § 9 Nr. 2 GewStG bzw. Kürzung nach § 8 Nr. 8 GewStG insoweit nicht zu berücksichtigen.

---

6 § 7 Abs. 2 EStG i.d.F. des Art. 3 des Wachstumschancengesetzes v. 27.03.2024, BGBl I, Nr. 108.

- Damnum bzw. Disagio, das nach § 250 Abs. 3 HGB sofort als Aufwand erfasst wird, nach § 5 Abs. 5 Satz 1 Nr. 1 EStG in der Steuerbilanz jedoch aktiv abzugrenzen ist

- Für Zwecke der Handelsbilanz als Aufwand gebuchte Ausgaben für Zölle und Verbrauchsteuern auf Vorräte, für die steuerrechtlich eine aktive Rechnungsabgrenzung zwingend ist (§ 5 Abs. 5 Satz 2 Nr. 1 EStG)

- Als Aufwand gebuchte Umsatzsteuer auf erhaltene Anzahlungen (§ 13 Abs. 1 Nr. 1a Satz 4 UStG) ist nach § 5 Abs. 5 Satz 2 Nr. 2 EStG in der Steuerbilanz zu aktivieren. Diese Fallgestaltung setzt voraus, dass die erhaltenen Anzahlungen selbst mit ihrem Nennwert, also einschließlich Umsatzsteuer (Bruttobetrag) passiviert wurden.[7] Handelsrechtlich wird dagegen die Passivierung der erhaltenen Anzahlungen mit dem „Nettobetrag“ und daneben der Ausweis der Umsatzsteuerschuld für zutreffend gehalten, so dass es zu einer Aufwandsbuchung in Höhe der Umsatzsteuer nicht kommen kann.[8] Die Praxis folgt diesen Vorgaben regelmäßig auch für Zwecke der Steuerbilanz.[9]

- Passivierung von unverzinslichen Verbindlichkeiten in der Handelsbilanz mit dem Erfüllungsbetrag (§ 253 Abs. 1 Satz 2 HGB), während nach § 6 Abs. 1 Nr. 3 EStG eine Abzinsung etwa bei Gesellschafterdarlehen oder anderen unverzinslichen Verpflichtungen der Kapitalgesellschaft (sog. Verrechnungskonto) in Wirtschaftsjahren, die vor dem 01.01.2023 enden (siehe dazu Rdnr. 11.6 ff.), geboten ist

- Passivierung von Rückstellungen für drohende Verluste aus schwebenden Geschäften (§ 249 Abs. 1 Satz 1 HGB), während eine entsprechende Bilanzierung in der Steuerbilanz unzulässig ist (§ 5 Abs. 4a EStG)

- Passivierung von Pensionsrückstellungen nach § 253 Abs. 2 HGB, während für Zwecke der Steuerbilanz eine Begrenzung nach § 6a EStG zu beachten ist

- Passivierung anderer Rückstellungen, wenn die Bewertung nach § 6 Abs. 1 Nr. 3a EStG zu einem niedrigeren Wertansatz führt, als dies nach Maßgabe des § 253 Abs. 2 HGB für die Bewertung in der Handelsbilanz der Fall ist. Ursachen können hier die Abzinsung, die Bestimmung des Erfüllungsbetrags und

---

[7] BFH, Urt. v. 03.07.1980 – IV R 138/76, BStBl II, 648; SCHMIDT/WEBER-GRELLET, EStG, 43. Aufl. 2024, § 5 Rdnr. 261, 550.

[8] SCHUBERT/HARGARTEN, in: Beck'scher Bilanz-Kommentar, 14. Aufl. 2024, § 266 HGB Rdnr. 226.

[9] FALTERBAUM/BOLK/REIß/KIRCHNER, Buchführung und Bilanz, 23. Aufl. 2020, Kap. 11.2.1.

die Bewertung mit den Vollkosten sein. Eine Bewertung in der Steuerbilanz, die den handelsrechtlich zulässigen Wert überschreitet, ist dagegen unzulässig.[10]

10.13 Schließlich sind kraft ausdrücklicher Regelung steuerliche **Verlustvorträge** nach § 10d EStG bzw. § 10a GewStG bei der Beurteilung aktiver latenter Steuern zu berücksichtigen. Die Berücksichtigung ist auf die innerhalb der nächsten fünf Jahre voraussichtlich zu erwartende Verlustverrechnung zu begrenzen (§ 274 Abs. 1 Satz 4 HGB). Das gilt auch für den Verlustvortrag nach § 8d KStG und die Folgen für § 10a GewStG.[11]

10.14 Macht eine Personenhandels- oder Partnerschaftsgesellschaft von der Möglichkeit Gebrauch, für eine Besteuerung **wie** eine Kapitalgesellschaft zu optieren, **gilt** dies im Zeitpunkt des Übergangs zum Körperschaftsteuerrecht als **Formwechsel** (§ 1a Abs. 2 Satz 1 KStG i.V.m. § 1 Abs. 3 Nr. 3 UmwStG). Damit verbunden ist eine Auflösung von Ergänzungsbilanzen, die für die Gesellschafter auf den Schluss des Wirtschaftsjahres vor dem Übergang aufgestellt wurden.

10.15 Während **positive** Ergänzungsbilanzen nach der Option abweichend von der Handelsbilanz regelmäßig zusätzliche Abschreibungen verursachen, die zu einem niedrigeren Steuerbilanzgewinn gegenüber dem Jahresüberschuss nach Handelsrecht führen, führen **negative** Ergänzungsbilanzen zu niedrigeren Posten in der Steuerbilanz, so dass sich je nach Wirtschaftsgut geringere Abschreibungen oder höhere Erträge beim Abgang ergeben können und damit ein höherer Steuerbilanzgewinn realisiert wird. Diese Differenzen sind bei der Bilanzierung der latenten Ertragsteuerbelastung (KSt, SolZ, GewSt) nach § 274 HGB zu berücksichtigen. Bei größenabhängiger Erleichterung (§ 274a Nr. 4 HGB) sind Rückstellungen nach § 249 Abs. 1 HGB zu passivieren (siehe dazu Rdnr. 10.13 ff.).

10.16 Soweit die Personenhandelsgesellschaft vor der Option bereits eine latente Steuerbelastung aufgrund Inanspruchnahme steuerlicher Wahlrechte (§ 5 Abs. 1 Satz 1 zweiter Halbsatz EStG) in Höhe der latenten Gewerbesteuer passiviert hat und diese künftige Steuerbelastung im Zeitpunkt des Wirksamwerdens der Option fortbesteht, ist eine Anpassung in Höhe der zusätzlich erwarteten Steuerbelastung bezogen auf Körperschaftsteuer und Solidaritätszuschlag geboten.[12] Diese Anpassung hat erfolgswirksam zu erfolgen. Im Anhang des Jahresabschlusses für das erste Geschäftsjahr nach der Option ist insoweit eine Erläuterung nach § 285 Nr. 31 HGB mit Bezug auf die Erstanwendung des Optionsmodells gem. § 1

---

[10] BFH, Urt. v. 20.11.2019 – XI R 46/17, BStBl II 2020, 195, Rdnr. 24; R 6.11 Abs. 3 EStR.

[11] Vgl. dazu BMF-Schreiben v. 18.03.2021 – IV C 2 - S 2745-b/19/10002 :002, BStBl I, 363, und gleichlautende Erlasse der obersten Finanzbehörden der Länder v. 19.03.2021, BStBl I, 359.

[12] SCHIFFERS, DStZ 2021, 531.

Abs. 1a KStG geboten. Außerdem ist eine Angabe im Anhang im Hinblick auf die fehlende Vergleichbarkeit der latenten Steuerbeträge erforderlich (§ 265 Abs. 2 Satz 2 HGB).

10.3 Latente Steuern nach § 274 HGB und Steuerbilanz

In der Steuerbilanz dürfen weder aktive noch passive latente Steuern, die nach 10.17
§ 274 HGB in der Handelsbilanz auszuweisen sind, bilanziert werden. Es fehlt dem in der Handelsbilanz ausgewiesenen Bilanzposten der Charakter eines Wirtschaftsguts bzw. eines Schuldpostens, so dass die handelsrechtlich gebotene Bilanzposition nicht vom **Maßgeblichkeitsgrundsatz** erfasst wird (§ 5 Abs. 1 Satz 1 erster Halbsatz EStG).[13] Folglich kommt auch eine Einbeziehung in die steuerliche Gewinnermittlung nicht in Betracht.

Damit führt nicht nur die Ursache für die Entstehung latenter Steuern zu einer 10.18
Abweichung der Steuerbilanz von der Handelsbilanz, sondern auch der Bilanzposten selbst. Die Konsequenzen sind entweder durch **Überleitungsrechnung** (§ 5b Abs. 1 Satz 2 EStG; § 60 Abs. 2 Satz 1 EStDV) oder durch Aufstellung und elektronische Einreichung einer **abweichenden Steuerbilanz** (§ 5b Abs. 1 Satz 3 EStG; § 60 Abs. 2 Satz 2 EStDV) zu ziehen. Angesichts der regelmäßig längerfristigen Abweichungen ist zur Wahrung des Bilanzenzusammenhangs, der zutreffenden Fortführung der abweichenden Buchwerte sowie des steuerlichen Eigenkapitals dringend zu empfehlen, eine von der Handelsbilanz abweichende (selbständige) Steuerbilanz aufzustellen. Weil in diesem Fall das Eigenkapital laut Steuerbilanz vom Handelsrecht abweicht, ist der Unterschiedsbetrag als **steuerlicher Ausgleichsposten** (StAP) auszuweisen. Unzulässig ist dagegen eine abweichende Darstellung der nach Handelsrecht maßgeblichen Positionen des Eigenkapitals nach Maßgabe des § 266 Abs. 3 A. HGB. Das gilt insbesondere für den Jahresüberschuss und den Gewinnvortrag (siehe dazu bereits oben Rdnr. 9.12 ff.).

Beispiel

Die i.S.d. § 267 Abs. 2 HGB mittelgroße A-GmbH möchte nach einem Feuerschaden 10.19
in den Betriebsräumen eine nach R 6.6 Abs. 4 EStR auch der Höhe nach zulässige Rücklage für Ersatzbeschaffung (RfE) i.H.v. 500.000 € passivieren. In der der Handelsbilanz zugrundeliegenden Buchführung ist die Entschädigung der Versicherungsgesellschaft in dieser Höhe gewinnerhöhend als außerordentlicher Ertrag gebucht worden. Daneben wurde erstmals eine Rückstellung für drohende Verluste aus schwebenden Geschäften i.H.v. 200.000 € erfasst. Schließlich wurden nach Verrechnung passive latente Steuern i.H.v. 90.000 € ermittelt. Der Jahresüberschuss laut GuV beträgt 5.350.000 €.

[13] Falterbaum/Bolk/Reiß/Kirchner, Buchführung und Bilanz, 23. Aufl. 2020, Kap. 34.4.8.

Handelsbilanz

Aktiva	22.600.000 €	Gezeichnetes Kapital	1.000.000 €
		Kapitalrücklage	2.000.000 €
		Gewinnrücklagen	5.000.000 €
		Gewinnvortrag	60.000 €
		Jahresüberschuss	5.350.000 €
		Rückstellungen	600.000 €
		Verbindlichkeiten	8.500.000 €
		Passive latente Steuern	90.000 €
	22.600.000 €		22.600.000 €

Steuerbilanz

Aktiva	22.600.000 €	Gezeichnetes Kapital	1.000.000 €
		Kapitalrücklage	2.000.000 €
		Gewinnrücklagen	5.000.000 €
		Gewinnvortrag	60.000 €
		Jahresüberschuss	5.350.000 €
		StAP	**– 210.000 €**
		Rücklage (R 6.6 EStR)	**500.000 €**
		Rückstellungen	**400.000 €**
		Verbindlichkeiten	8.500.000 €
		Passive latente Steuern	0 €
	22.600.000 €		22.600.000 €

Jahresüberschuss	5.350.000 €
Mindergewinn (StAP)	– 210.000 €
Steuerbilanzgewinn	**5.140.000 €**

Eine Hinzurechnung der latenten Steuerbelastung nach § 10 Nr. 2 KStG bzw. § 4 Abs. 5b EStG kommt bei der Ermittlung des zu versteuernden Einkommens nicht (mehr) in Betracht, weil die entsprechenden Beträge den Steuerbilanzgewinn (bei richtiger Sachbehandlung) nicht gemindert haben.

Eine abweichende Bilanzierung der nach § 266 Abs. 3 A. HGB auszuweisenden Eigenkapitalpositionen ist in der Steuerbilanz unzulässig.[14] Dies würde den Maßgeblichkeitsgrundsatz verletzen. Insbesondere entspricht es nicht § 4 Abs. 1 Satz 1 EStG, einen sogenannten steuerlichen Jahresüberschuss auszuweisen und im Folgejahr den Gewinnvortrag anzupassen. Der Gewinnvortrag beruht auf dem Beschluss der Gesellschafterversammlung im Rahmen der Ergebnisverwendung (§ 29 Abs. 1 GmbHG; § 158 AktG) und steht für Anpassungsbuchungen welcher Art auch immer nicht zur Verfügung. Die Taxonomie zur E-Bilanz[15] bedarf hier noch der Anpassung, denn weiterhin verlangt diese, den (steuerlichen) „Jahresüberschuss" zu übermitteln. 10.20

10.4 Rückstellungen für latente Steuern nach § 249 Abs. 1 HGB

Trotz Befreiung nach § 274a Nr. 5 HGB „haben kleine Kapitalgesellschaften und Kleinstkapitalgesellschaften (...) passive latente Steuern zu ermitteln, wenn gleichzeitig die Tatbestandsvoraussetzungen für ... eine Rückstellung (...) vorliegen."[16] Danach ist eine Rückstellung für latente Steuern nach § 249 Abs. 1 Satz 1 HGB zu passivieren, wenn die künftig entstehende Steuerschuld bereits das abgelaufene Geschäftsjahr wirtschaftlich belastet und mit einer Inanspruchnahme ernstlich zu rechnen ist.[17] Die Verpflichtung ist auch dem Informationsbedürfnis der Gläubiger geschuldet, um die mit dem Unternehmen verbundenen finanziellen Risiken abzubilden. Weil die Passivierung in der Position **Steuerrückstellungen** erfolgt, ist ein Davonvermerk zu empfehlen. Gleiches gilt auch für die kleine GmbH & Co. KG und im Prinzip auch für alle anderen Kaufleute, denn § 249 Abs. 1 Satz 1 HGB regelt ein Passivierungsgebot. 10.21

Obwohl die Passivierungspflicht für Rückstellungen wegen latenter Steuerbelastung nach § 249 Abs. 1 Satz 1 HGB im Fachschrifttum kontrovers diskutiert wurde,[18] ist nach inzwischen wohl herrschender Auffassung von einer Verpflichtung auszugehen.[19] Insbesondere einer GmbH könnte die Missachtung dieser Vorgaben durchaus Probleme bescheren (beachte § 256 Abs. 1 Nr. 1 und Abs. 5 Satz 1 Nr. 2 AktG; §§ 331, 334, 335b HGB). 10.22

---

[14] Ebenso LEY, DStR 2013, 271.

[15] Zur Taxonomie 6.8 vgl. BMF-Schreiben v. 27.05.2024 – IV C 6 - S 2733-b/24/10001 :002, BStBl I, 994, mit Hinweisen auf die vorangehenden Versionen.

[16] Regierungsentwurf eines Bilanzrechtsmodernisierungsgesetzes, BT-Drucks. 16/10067, S. 68.

[17] IDW RS HFA 7 v. 31.01.2018, IDW Life 2018, 258, Rdnr. 26, zur entsprechenden Verpflichtung der Personengesellschaften.

[18] Zustimmend GROTTEL, in: Beck'scher Bilanzkommentar, 14. Aufl. 2024, § 274a HGB Rdnr. 41; KIRSCH/HOFFMANN/SIEGEL, DStR 2012, 1290; VON KANITZ, Wpg 2011, 900, 906; ERNST, NWB 37/2011, 3073; FÖRSTER/BEER, StuW 2012, 85. Dagegen LÜDENBACH, StuB 2011, 68, und LÜDENBACH/FREIBERG, BB 2011, 1579 m.w.N.; ebenso EGGERT, Stbg 2011, 318, VÖLKNER/FELDGEN, BB 2012, 1333; differenzierend RUBERG, Ubg 2011, 626.

[19] Vgl. HADDAD/HENRICH/WOLZ, StuB 2013, 679, zur Rechtfertigung.

10.23 Abweichend von § 274 Abs. 1 HGB sind passive latente Steuern allerdings nur dann Gegenstand einer Rückstellung nach § 249 Abs. 1 HGB, wenn die Abweichung zwischen Handels- und Steuerbilanz zeitlich bestimmbar ist (temporäre Differenz). Dafür kommen folgende Sachverhalte in Betracht:

- Investitionsabzugsbetrag (§ 7g Abs. 1 und 2 EStG)
- Abzug von den Investitionskosten nach § 7g Abs. 2 Satz 2 EStG
- Passivierung von Rücklagen (§ 5 Abs. 7, § 6b Abs. 3 EStG, R 6.5 Abs. 4, R 6.6 Abs. 4 EStR)
- Abzug von den Investitionskosten nach § 6b Abs. 1 EStG oder R 6.6 EStR
- Sonderabschreibungen und erhöhte Absetzungen (§§ 7g, 7h, 7i EStG)

10.24 Soweit aktive Latenzen aufgrund erfolgswirksamer Ursachen bestehen, sind diese bei der Bewertung der Rückstellung zu saldieren.[20] Das gilt insbesondere im Fall von Verlustvorträgen. Eine Abzinsung kann – entgegen § 253 Abs. 2 HGB – aus Vereinfachungsgründen und im Gleichklang mit § 274 HGB unterbleiben.

10.25 Eine Rückstellung für latente Steuern kommt abweichend von § 274 HGB nicht in Betracht, soweit es sich um sogenannte quasi-permanente Differenzen handelt, die sich erst zu einem unbestimmten Zeitpunkt durch Veräußerung, also veranlasst durch den Kaufmann, umkehren. Dies ist etwa bei der Übertragung stiller Reserven nach § 6b EStG oder R 6.6 EStR durch Abzug von den Anschaffungskosten beim Grund und Boden anzunehmen, weil keine Umkehrung durch eine planmäßige Abschreibung (AfA) erfolgt.

10.26 Einer Verlautbarung der Bundessteuerberaterkammer[21] zufolge soll eine Rückstellung nur im Fall eines Investitionsabzugsbetrags (§ 7g Abs. 1 EStG) und bei der Passivierung steuerrechtlich begründeter Rücklagen nach § 6b EStG oder R 6.6 EStR geboten sein, wenn „eine hinreichende Wahrscheinlichkeit besteht, dass die Rücklage oder der Investitionsabzugsbetrag in der Zukunft ohne Übertragung auf ein Wirtschaftsgut aufgelöst wird. Mit dieser Entwicklung muss ernsthaft zu rechnen sein."[22] Dem ist schlicht nicht zu folgen.[23] Die Verlautbarung[24] verkennt, dass

[20] Gegen Verlautbarung der Bundessteuerberaterkammer v. 18.09.2012, DStR 2012, 2296, zu Recht bejaht von HADDAD/HENRICH/WOLZ, StuB 2013, 679.
[21] Verlautbarung der Bundessteuerberaterkammer v. 18.09.2012, DStR 2012, 2296; vgl. zur Kritik KARRENBROCK, BB 2013, 235.
[22] Verlautbarung der Bundessteuerberaterkammer v. 18.09.2012, DStR 2012, 2296, Rdnr. 8.
[23] KARRENBROCK, BB 2013, 235, 239; die fehlende Rückstellung ist eine Ordnungswidrigkeit (§ 334 HGB).
[24] Die Verlautbarung wird verteidigt von KLEEMANN/METZING, DStR 2012, 2405.

eine Rücklage für Ersatzbeschaffung gar nicht zulässig ist, wenn es an einer Ersatzbeschaffungsabsicht[25] fehlt. § 6b EStG verlangt zwar keine Investitionsabsicht, jedoch wird in der Praxis wohl regelmäßig nur dann eine Rücklage passiviert, wenn eine Reinvestition beabsichtigt ist. Denn im anderen Fall würde ein Gewinnzuschlag von 6 % je Jahr bei fehlender Reinvestition drohen.

Darüber hinaus soll aus Anlass von Sonderabschreibungen und dem Abzug von den Investitionskosten (§ 7g Abs. 2 Satz 2 bzw. § 6b Abs. 1, 3, 10 EStG, R 6.6 EStR) mangels Stundung keine Passivierung erfolgen.[26] Auch dies ist nicht nachzuvollziehen, denn die Vorschriften bezwecken geradezu ein Hinausschieben der Steuerbelastung, indem innerhalb des Begünstigungszeitraums eine höhere Abschreibung gewährt wird und danach nur eine niedrigere Abschreibung zulässig ist. Insoweit erfolgt auch eine Umkehrung der Steuerbelastung aufgrund der sich im Verhältnis zur Handelsbilanz ergebenden regelmäßig gleichbleibenden Abschreibung (§ 7g Abs. 2 Satz 2 EStG, R 7.3 (4) EStR).[27] 10.27

Eine überzeugende Begründung für die einschränkende Beurteilung der Passivierung einer Rückstellung für latente Steuern auf Ebene der i.S.d. § 267 Abs. 1 HGB kleinen Kapitalgesellschaften ist die Bundessteuerberaterkammer schuldig geblieben. Vermutlich hat sie aber ihre Auffassung ohnehin stillschweigend aufgegeben, denn nachdem das IDW[28] seine Position seinerzeit erneut bekräftigt hatte, fehlt – soweit ersichtlich – eine Reaktion der Kammer. Zu Recht hält das IDW[29] auch aktuell daran fest, dass bei zeitbezogenen Differenzen eine Rückstellung gem. § 249 Abs. 1 Satz 1 HGB zwingend ist. 10.28

---

25 R 6.6 Abs. 4 Satz 1 EStR: „… Ersatzbeschaffung ernstlich geplant und zu erwarten …"; vgl. zur Ersatzbeschaffungsabsicht BFH, Urt. v. 12.10.2012 – IV R 4/09, BStBl II 2014, 443.

26 Verlautbarung der Bundessteuerberaterkammer v. 18.09.2012, DStR 2012, 2296, Rdnr. 7.

27 Ebenso KARRENBROCK, StuB 2013, 917; HADDAD/HENRICH/WOLZ, StuB 2013, 679.

28 Position des IDW zur Verlautbarung der Bundessteuerberaterkammer v. 18.09.2012, IDW-FN 2012, 583.

29 IDW HFA RS 7 i.d.F. v. 30.01.2018, IDW Life 2018, 258, Rdnr. 26–27, zur vergleichbaren Situation bei Personengesellschaften. Gleichlautend die Neufassung im Entwurf v. 17.06.2024 (IDW ERS FAB7).

10.5 Rückstellung für latente Steuern und Steuerbilanz

10.29 Wird in der Handelsbilanz aufgrund latenter Steuerbelastung eine Rückstellung nach § 249 Abs. 1 Satz 1 HGB passiviert, ist diese Rückstellung dem Maßgeblichkeitsgrundsatz folgend auch in der Steuerbilanz auszuweisen (§ 5 Abs. 1 Satz 1 erster Halbsatz EStG).[30] Dies hat zur Folge, dass sich das Betriebsvermögen und damit das Eigenkapital mindert (siehe zur Kritik Rdnr. 10.31 ff.). Dem folgend ist außerhalb der Steuerbilanz bei der Ermittlung des zu versteuernden Einkommens der Kapitalgesellschaft eine Hinzurechnung des latenten Steueraufwands nach § 10 Nr. 2 KStG bezogen auf Körperschaftsteuer und Solidaritätszuschlag und nach § 4 Abs. 5b EStG bezogen auf die Gewerbesteuer geboten.[31]

10.30 **Beispiel**

Die i.S.d. § 267 Abs. 1 HGB kleine B-GmbH möchte bei beweglichen Wirtschaftsgütern des Anlagevermögens Sonderabschreibungen nach § 7g Abs. 5 EStG i.H.v. 30.000 € und außerhalb der Steuerbilanz einen Investitionsabzugsbetrag i.H.v. 50.000 € abziehen. Die latente Ertragsteuerbelastung wurde mit 24.000 € ermittelt. Der Jahresüberschuss beträgt 84.000 €.

Handelsbilanz

Sachanlagen	130.000 €	Gezeichnetes Kapital	25.000 €
Umlaufvermögen	160.000 €	Gewinnrücklagen	20.000 €
		Gewinnvortrag	5.000 €
		Jahresüberschuss	84.000 €
		Steuerrückstellungen	36.000 €
		davon latente Steuern 24.000 €	
		Verbindlichkeiten	120.000 €
	290.000 €		290.000 €

[30] Nur insoweit zutreffend Verlautbarung der Bundessteuerberaterkammer v. 18.09.2012, DStR 2012, 2296, Rdnr. 12.

[31] Vgl. dazu mit Beispiel, aber auch Kritik FALTERBAUM/BOLK/REIß/KIRCHNER, Buchführung und Bilanz, 23. Aufl. 2020, Kap. 12.3.6.2. Nach Sinn und Zweck sollte nach SCHUBERT/ADRIAN, in: Beck'scher Bilanzkommentar, 14. Aufl. 2024, § 274 HGB Rdnr. 225, ein Ansatz in der Steuerbilanz ausscheiden. Eine Stellungnahme der Finanzverwaltung fehlt.

Steuerbilanz

Sachanlagen	**100.000 €**	Gezeichnetes Kapital	25.000 €
Umlaufvermögen	160.000 €	Gewinnrücklagen	20.000 €
		Gewinnvortrag	5.000 €
		Jahresüberschuss	84.000 €
		StAP	**– 30.000 €**
		Steuerrückstellungen	**36.000 €**
		davon latente Steuern 24.000 €	
		Verbindlichkeiten	120.000 €
	260.000 €		260.000 €

Jahresüberschuss	84.000 €
Mindergewinn (StAP)	– 30.000 €
Steuerbilanzgewinn	54.000 €
Hinzurechnung des Steueraufwands	+ 36.000 €
Investitionsabzugsbetrag	– 50.000 €
Zu versteuerndes Einkommen	**40.000 €**
Ertragsteuerbelastung (vereinfacht pauschal 30 %)	12.000 €
Latente Ertragsteuerbelastung (pauschal 30 %)	24.000 €

Die Hinzurechnung der latenten Steuerbelastung und der Steuerbelastung für das Wirtschaftsjahr erfolgt nach § 10 Nr. 2 KStG bzw. § 4 Abs. 5b EStG, weil die entsprechenden Beträge – anders als latente Steuern i.S.d. § 274 HGB – den Steuerbilanzgewinn mit der Buchung „Steueraufwand an Steuerrückstellungen" gemindert haben.

Das Gebot, die latente Steuerbelastung als Rückstellung auch in der Steuerbilanz zu passivieren, folgt zweifellos aus dem Maßgeblichkeitsgrundsatz (§ 5 Abs. 1 Satz 1 EStG). Es ist dennoch fraglich, ob dem Gesetzgeber die Folgen für die Steuerbilanz der nicht von § 274 HGB erfassten Unternehmen (§ 274a Nr. 4 HGB) klar gewesen sind. Sichtbar wird dies deutlich an der Passivierung der Rücklage nach § 6b EStG, die bereits rechnerisch einen Fremdkapitalanteil enthält. Folgt man daher dem Maßgeblichkeitsgrundsatz konsequent, kommt es mit der Passivierung der Rückstellung für die latente Steuerbelastung zu einer zweifachen Berücksichtigung der künftigen Steuerbelastung in der Steuerbilanz. 10.31

10.32 Zutreffend ist dagegen wohl in diesen Fällen eine steuersystematisch notwendige Reduktion des Maßgeblichkeitsgrundsatzes mit dem Ziel, eine nach Handelsrecht gebotene Rückstellung für die latente Steuerbelastung (§ 249 Abs. 1 Satz 1 HGB) nicht in der Steuerbilanz auszuweisen und damit eine (weitere) Verringerung des Betriebsvermögens zu verhindern. Dem entspricht wohl auch die Sachbehandlung der Praxis, wonach die einschlägige Software ohne Angabe von Gründen die Passivierung dieser Rückstellungen auf den handelsrechtlichen Jahresabschluss begrenzt.[32]

Beispiel

10.33 Sachverhalt wie im vorangehenden Beispiel, jedoch erfolgt keine Passivierung der Rückstellung für latente Steuern in der Steuerbilanz.

Lösung

Steuerbilanz

Sachanlagen	**100.000 €**	Gezeichnetes Kapital	25.000 €
Umlaufvermögen	160.000 €	Gewinnrücklagen	20.000 €
		Gewinnvortrag	5.000 €
		Jahresüberschuss	84.000 €
		StAP	**– 6.000 €**
		Steuerrückstellungen	**12.000 €**
		Verbindlichkeiten	120.000 €
	260.000 €		260.000 €

Jahresüberschuss	84.000 €
Mindergewinn (StAP)	– 6.000 €
Steuerbilanzgewinn	78.000 €
Hinzurechnung des Steueraufwands	+ 12.000 €
Investitionsabzugsbetrag	– 50.000 €
zu versteuerndes Einkommen	40.000 €
Ertragsteuerbelastung (vereinfacht pauschal 30 %)	**12.000 €**

[32] Vgl. z.B. DATEV-Kontenrahmen SKR 03 = Konto 0969 und SKR 04 = Konto 3060 mit Angabe zum Abschlusszweck nur für die Handelsbilanz. Zusätzlich wird ein Konto „Steuerrückstellung aus Steuerstundung (BStBK)" zur Verfügung gestellt, das sowohl handelsrechtlichen als auch steuerrechtlichen Zwecken dienen soll. Offenbar will man damit der Verlautbarung der BStBK (Rdnr. 7) entgegenkommen, ohne die dortigen Aussagen zu hinterfragen.

Die Hinzurechnung der Steuerbelastung für das Wirtschaftsjahr erfolgt nach § 10 Nr. 2 KStG bzw. § 4 Abs. 5b EStG, weil die entsprechenden Beträge – anders als die Rückstellung für die latenten Steuern hier nach § 249 Abs. 1 HGB – den Steuerbilanzgewinn gemindert haben.

11. Verbindlichkeiten gegenüber Gesellschaftern

11.1 Bilanzausweis

11.1 Verbindlichkeiten gegenüber den Gesellschaftern sind im Jahresabschluss gesondert als solche zu passivieren oder im Anhang anzugeben (§ 42 Abs. 3 GmbHG). Dazu gehören auch Gesellschafterdarlehen mit Rangrücktrittsvereinbarung[1] und sogenannte eigenkapitalersetzende Darlehen[2] i.S.d. § 39 Abs. 1 Nr. 5 InsO. Soweit

---

[1] Vgl. dazu sowie zum Verzicht und zum Ausfall solcher Forderungen BFH, Urt. v. 06.08.2019 – VIII R 18/16, BStBl II 2020, 833, und BFH, Urt. v. 24.10.2017 – VIII R 13/15, BStBl II 2020, 831, sowie ausführlich Ott, DStZ 2018, 179, und Levedag, GmbHR 2021, 14; zur Frage der Ablösung eines Gesellschafterdarlehens durch Gewährung einer Einlage zugunsten der Kapitalrücklage vgl. OFD Frankfurt, Vfg. v. 10.04.2019 – S 2244 A - 61 - St 215, DStR 2019, 1820.

[2] Auf den Eigenkapitalersatz und den Rangrücktritt ist in einem „Davonvermerk" mit Blick auf § 264 Abs. 2 Satz 2 HGB hinzuweisen; vgl. dazu Schubert/Hargarten, in: Beck'scher Bilanzkommentar, 14. Aufl. 2024, § 266 HGB Rdnr. 257; zur Sachbehandlung auf Ebene des Gesellschafters vgl. BFH, Urt. v. 11.07.2017 – IX R 36/15, BStBl II 2019, 208, und BFH, Urt. v. 06.12.2017 – IX R 7/17, BStBl II 2019, 213; BFH, Urt. v. 20.07.2018 – IX R 5/15, BStBl II 2019, 194, sowie BFH, Urt. v. 02.07.2019 – IX R 13/18, BStBl II 2020, 89, auch zum typisierenden Vertrauensschutz für Altfälle; vgl. dazu auch Levedag, GmbHR 2020, 114; zur Sachbehandlung aus Sicht der Finanzverwaltung vgl. BMF-Schreiben v. 05.04.2019 – IV C 6 - S 2244/17/10001, BStBl I, 257.

die Restlaufzeit ein Jahr nicht übersteigt, ist dies zu vermerken (§ 268 Abs. 5 Satz 1 HGB). Die Verpflichtung zur besonderen Darstellung dieser Verbindlichkeiten ist unabhängig vom Umfang der Beteiligung. Eine nach Gesellschaftern getrennte Angabe ist nicht vorgeschrieben. Unbeachtlich ist auch, ob der Gesellschafter zugleich Geschäftsführer der Gesellschaft ist und ob eine Kreditgewährung unter Beachtung des § 43a GmbHG vorliegt. Letzteres erfordert eine weitere Angabe im Anhang (§ 285 Nr. 9c HGB). Die Einordnung entsprechender Verbindlichkeiten verbunden mit den Folgen eines körperschaftsteuerlichen Abzugsverbots entsprechend § 8b Abs. 3 Satz 4–7 KStG ist für den Bilanzausweis unbeachtlich.[3] Gleiches gilt für den Fall, dass in der Steuerbilanz nach § 5 Abs. 2a EStG ein Passivierungsverbot greift (siehe dazu ausführlich Rdnr. 11.26 ff. und 31.46).

11.2 Voraussetzung für den gesonderten Ausweis ist, dass die Gesellschafterstellung am Abschlussstichtag besteht. Soweit ein Gesellschafter während des Geschäftsjahres ausgeschieden sein sollte, entfällt der gesonderte Ausweis für weiterhin bestehende Verbindlichkeiten gegenüber dem ehemaligen Gesellschafter. Ist ein Gesellschafter erst während des Geschäftsjahres eingetreten, umfasst der gesonderte Ausweis auch die Verbindlichkeiten, die vor dem Eintritt begründet wurden.

11.3 Ob eine Verbindlichkeit gegenüber Gesellschaftern tatsächlich besteht, ist auch im Steuerrecht nach Zivilrecht zu beantworten. Mit der Feststellung des Jahresabschlusses bestätigen die Gesellschafter die Richtigkeit der Angaben zu den Vermögensverhältnissen der Gesellschaft. Damit erklären sie zugleich das im Jahresabschluss ausgewiesene Schuldverhältnis zwischen einem Gesellschafter und der Gesellschaft als rechtsverbindlich und verzichten damit auf Einreden. Der festgestellte Jahresabschluss spiegelt insoweit ein deklaratorisches Schuldanerkenntnis wider.[4] Im Zweifel kann davon auszugehen sein, dass der festgestellte Jahresabschluss indiziell für das Bestehen der Verbindlichkeit des Gesellschafters dem Grunde und der Höhe nach spricht. Diese Grundsätze gelten nicht nur für Darlehensverpflichtungen gegenüber Gesellschaftern, sondern auch für Verpflichtungen gegenüber einer dem Anteilseigner nahestehenden Person.[5]

11.4 Haben die Gesellschafter durch Feststellung des Jahresabschlusses im Verhältnis zur Gesellschaft rechtsverbindlich bestätigt, dass eine im Jahresabschluss ausgewiesene Verbindlichkeit der Gesellschaft gegenüber einem Gesellschafter in bilanzierter Höhe besteht, ist dies auch für die Steuerbilanz der Gesellschaft und

---

3 BFH, Beschl. v. 15.05.2018 – I B 114/17, BFH/NV 2018, 1092, zur Beurteilung einer fälligen, aber „stehengelassenen" Verpflichtung aus Lieferungen und Leistungen.

4 BGH, Urt. v. 02.03.2009 – II ZR 264/07, NZG 2009, 659, unter II.2.b; BGH, Urt. v. 18.07.2013 – IX ZR 198/10, NJW 2014, 305, Rdnr. 20.

5 BFH, Urt. v. 16.06.2020 – VIII R 5/17, BStBl II, 807, zur Anwendung des Abgeltungsteuersatzes gem. § 32d Abs. 1 und 2 EStG auf Ebene der nahestehenden Person.

schließlich auch für die Besteuerung des Gesellschafters von Bedeutung.[6] Dies gilt auch für gewinn- oder umsatzabhängige Kaufpreisverpflichtungen, wenn neben dem fixen Kaufpreis ein variabler Bestandteil etwa aufgrund einer Earn-out-Klausel vereinbart ist.[7] Solange ein Verzicht nicht ausdrücklich erklärt wurde, ist eine Verbindlichkeit gegenüber einem Gesellschafter auch dann noch zu passivieren, wenn trotz Anzeige der Liquidation gegenüber dem Finanzamt und Veräußerung des Anlagevermögens eine Inanspruchnahme durch den Gläubiger weiterhin wahrscheinlich ist, sei es nach einer Einlage oder durch Erfüllung im Rahmen einer Nachtragsliquidation.[8]

Handelt es sich gegenüber dem Gesellschafter lediglich um ungewisse Verbind- 11.5
lichkeiten, bei denen die Voraussetzungen für eine Passivierung nach § 249 Abs. 1 Satz 1 HGB als Rückstellungen vorliegen, ist ein gesonderter Ausweis nicht erforderlich, weil § 42 Abs. 3 HGB ausdrücklich nur Verbindlichkeiten in Bezug nimmt. Zu diesen Verbindlichkeiten gehören andererseits aber Haftungsverhältnisse gegenüber Gesellschaftern, soweit diese nicht in der Bilanz auszuweisen, aber unter der Bilanz in einem Betrag angegeben werden müssen (§ 251 HGB).

11.2 Abzinsung von Verbindlichkeiten

11.2.1 Abzinsung in der Handelsbilanz

Verbindlichkeiten sind mit ihrem Erfüllungsbetrag, der i.d.R. – vorbehaltlich 11.6
Fremdwährungsverbindlichkeiten – mit dem Nennbetrag übereinstimmt, auch im Fall ihrer Unverzinslichkeit ohne Abzinsung zu bewerten (§ 253 Abs. 1 Satz 2 HGB). Das Abzinsungsgebot nach Handelsrecht betrifft nur die Rückstellungen, wenn die Restlaufzeit mehr als ein Jahr beträgt (§ 253 Abs. 2 HGB). Die Abzinsung erfolgt mit einem durchschnittlichen Marktzinssatz der vergangenen sieben Geschäftsjahre,[9] der monatlich von der Bundesbank mitgeteilt wird (§ 253 Abs. 2 Satz 3 HGB). Aus der Sicht des Gesellschafters entsprechen die Anschaffungskosten der dieser Verbindlichkeit gegenüberstehenden Forderung ebenfalls grundsätzlich dem Nennwert. Gehört die Forderung zum Betriebsvermögen des Gesellschafters, ist die Unverzinslichkeit dort jedoch durch Abschreibung auf den niedrigeren

[6] BFH, Urt. v. 02.07.2019 – IX R 13/18, BStBl II 2020, 89, Rdnr. 19–20; zum Ausfall einer privaten Darlehensforderung vgl. BFH, Urt. v. 27.10.2020 – IX R 5/20, BStBl II 2021, 600, und BFH, Urt. v. 01.07.2021 – VIII R 28/18, BStBl II, 911; BMF-Schreiben v. 03.06.2021 – IV C 1 - S 2252/19/10003 :002, BStBl I, 723, Rdnr. 60.

[7] Zur Seite des Gläubigers im Hinblick auf § 8b KStG i.V.m. § 175 Abs. 1 Nr. 2 AO vgl. BFH, Urt. v. 19.12.2018 – I R 71/16, BStBl II 2019, 493.

[8] FG Münster, Urt. v. 23.07.2020 – 10 K 2222/19 K, G, BB 2020, 2480.

[9] Zur Abzinsung von Pensionsverpflichtungen mit einem durchschnittlichen Marktzins bei einer angenommenen Restlaufzeit von 15 Jahren siehe § 253 Abs. 2 Satz 2 HGB und Art. 67 Abs. 1 EGHGB; BFH, Urt. v. 05.05.2011 – IV R 32/07, BStBl II 2012, 98, zur Abzinsung einer Rekultivierungsrückstellung.

beizulegenden Wert (§ 253 Abs. 3 HGB – Anlagevermögen oder § 253 Abs. 4 HGB – Umlaufvermögen), der dem Barwert entspricht, und sukzessive Wertaufholung (§ 253 Abs. 5 HGB) zu berücksichtigen.

11.2.2 Abzinsung in der Steuerbilanz

11.7 Verbindlichkeiten sind in der Steuerbilanz nach § 6 Abs. 1 Nr. 3 EStG in entsprechender Anwendung des § 6 Abs. 1 Nr. 2 EStG mit den Anschaffungskosten zu bewerten. Die Anschaffungskosten entsprechen regelmäßig dem Nennwert der Schuld (zu Schulden in fremder Währung siehe Rdnr. 11.18). Die Unverzinslichkeit der Verpflichtung führt nicht zur Abzinsung in Wirtschaftsjahren, die nach dem 31.12.2022 enden.[10] Das Abzinsungsgebot für Rückstellungen nach § 6 Abs. 1 Nr. 3a Buchst. e) EStG gilt dagegen unverändert weiter, es sei denn, die Verpflichtung ist verzinslich, oder die Laufzeit beträgt am Bilanzstichtag weniger als zwölf Monate. Eine Abzinsung unterbleibt auch, wenn die Verpflichtung auf einer Anzahlung oder anderen Vorausleistung beruht.

11.8 Auf Antrag kann auch in Steuerbilanzen auf den Schluss früherer Wirtschaftsjahre auf eine Abzinsung verzichtet werden. Dies betrifft auch in Folge der Coronapandemie ausgereichte unverzinsliche Soforthilfedarlehen. Der Sache nach handelt es sich – bezogen auf Bilanzen, die bereits der Finanzbehörde eingereicht wurden und einer nach der AO noch änderbaren Steuerfestsetzung unterliegen – um eine den Gewinn mindernde Bilanzänderung. Die Durchsetzung der Bilanzänderung ist allerdings davon abhängig, dass diese im zeitlichen und sachlichen Zusammenhang mit einer (vorangehenden) Bilanzberichtigung derselben Steuerbilanz steht (§ 4 Abs. 2 Satz 2 EStG; vgl. dazu auch Rdnr. 9.132).

11.9 Wird kein solcher Antrag gestellt, bleibt es dabei, dass bei der Bewertung von unverzinslichen Verbindlichkeiten in Wirtschaftsjahren, die vor dem 01.01.2023 enden, also bei kalendergleichem Wirtschaftsjahr letztmalig zum 31.12.2022 – anders als nach Handelsrecht – eine Abzinsung nach Maßgabe des § 6 Abs. 1 Nr. 3 EStG a.F. im Fall einer Restlaufzeit von **mindestens zwölf Monaten** am Bilanzstichtag zu erfolgen hat.[11] Der Abzinsung ist ein Zinssatz i.H.v. 5,5 % zugrunde zu legen.[12] Unverzinsliche Verbindlichkeiten liegen vor, wenn weder ausdrücklich noch

[10] § 6 Abs. 1 Nr. 3 und § 52 Abs. 12 Satz 2 EStG.

[11] Dem BFH, Urt. v. 22.05.2019 – X R 19/17, BStBl II, 795, Rdnr. 66, 73 ff., zufolge bestehen gegen das Abzinsungsgebot dem Grunde nach keine verfassungsrechtlichen Bedenken.

[12] Die Entscheidung des BVerfG, Beschl. v. 08.07.2021 – 1 BvR 2237/14 und 1 BvR 2422/17, NJW 2021, 3309, ist zu § 238 AO ergangen. Diese Vorschrift wurde daraufhin geändert. Die zur Abzinsung nach § 6 Abs. 1 Nr. 3 EStG erwartete Entscheidung des BFH ist wegen Erledigung der Hauptsache ausgeblieben; vgl. dazu BFH, Beschl. v. 06.12.2022 – IV R 4/22 (Vorinstanz FG Münster, Urt. v. 18.01.2022 – 2 K 700/18 G, F, DRsp Nr. 2022/3061).

verdeckt eine Verzinsung vereinbart wurde.[13] Dagegen ist Verzinslichkeit bereits dann schon gegeben, wenn der vereinbarte Zinssatz deutlich unter 5,5 % liegt. Auch eine Zinsvereinbarung unterhalb des Marktzinses ist zulässig. Im Allgemeinen wird eine Verzinsung von 0,5 % für ausreichend erachtet, derzeit müssten 0,1 % schon reichen. Eine **rückwirkend** vereinbarte Verzinsung ist bis zum Zeitpunkt der Vertragsänderung unbeachtlich.

Unabhängig von der im Einzelfall vereinbarten Verzinsung bleibt allerdings zu prü- 11.10
fen, ob der Darlehensvertrag trotz zivilrechtlicher Wirksamkeit unter den Gesichtspunkten eines **Fremdvergleichs** anzuerkennen ist.[14] Soweit dies nicht der Fall ist, liegt keine betrieblich veranlasste Schuld vor. Eine Passivierung der Verpflichtung ist in der Steuerbilanz unzulässig. Stattdessen handelt es sich bei der Zuführung der Darlehensvaluta um eine **Einlage** (§ 4 Abs. 1 Satz 8 EStG, § 8 Abs. 3 Satz 3 und § 27 KStG) und bei Tilgungsleistungen jeweils um eine verdeckte Gewinnausschüttung. Die Gewährung und Tilgung des zivilrechtlich vereinbarten Darlehens erfolgt ausschließlich auf der privaten Vermögensebene mit ggf. schenkungsteuerrechtlichen Folgen bezogen auf die ersparten Zinsen. Von der betrieblichen Veranlassung des Darlehens selbst zu unterscheiden ist die Frage des Fremdvergleichs im Hinblick auf die Verzinsung der Darlehensvaluta und der Feststellung, ob eine verdeckte Gewinnausschüttung nach § 8 Abs. 2 Satz 3 KStG vorliegt.[15]

11.2.3 Abzinsung von unverzinslichen Gesellschafterdarlehen

Die Aufhebung der Abzinsungspflicht für Wirtschaftsjahre, die nach dem 11.11
31.12.2022 enden (siehe dazu oben Rdnr. 11.7), betrifft auch unverzinsliche Verbindlichkeiten gegenüber Gesellschaftern. Letztmalig sind daher entsprechende Verpflichtungen bei kalendergleichem Wirtschaftsjahr zum 31.12.2022 nach § 6 Abs. 1 Nr. 3 EStG mit einem Satz von 5,5 % (zur Verfassungsmäßigkeit siehe oben Rdnr. 11.7) zu verzinsen, wenn die Laufzeit aus der Sicht des Bilanzstichtags mindestens zwölf Monate beträgt (zum Antrag auf vorgezogene Anwendung des geänderten § 6 Abs. 1 Nr. 3 EStG und zu der Möglichkeit einer Bilanzänderung siehe Rdnr. 11.8).

Die folgenden Ausführungen betreffen die Bewertung unverzinslicher Verbind- 11.12
lichkeiten gegenüber Gesellschaftern, die der Abzinsung (noch) unterliegen, weil

[13] BMF-Schreiben v. 26.05.2005 – IV B 2 - S 2175 - 7/05, BStBl I, 699.

[14] BFH, Urt. v. 22.05.2019 – X R 19/17, BStBl II, 795; BFH, Urt. v. 13.07.2017 – VI R 62/15, BStBl II 2018, 15, zum Darlehen von Verwandten; Paus, DStZ 2018, 124.

[15] BFH, Urt. v. 18.05.2021 – I R 62/17, BStBl II 2023, 723; vgl. dazu auch BMF-Schreiben zu den Verwaltungsgrundsätzen Verrechnungspreise v. 06.06.2023 – IV B 5 - S 1341/19/10017 :003, BStBl I, 1093.

ein Antrag zum Verzicht auf die Abzinsung nicht gestellt wurde. Dem BFH[16] zufolge sind unverzinsliche Darlehen eines Gesellschafters an seine GmbH bei der Bewertung für Zwecke der Steuerbilanz auch dann abzuzinsen, wenn es sich um Darlehen mit **„eigenkapitalersetzendem" Charakter** (§ 39 Abs. 1 Nr. 5 und Abs. 4 InsO) handelt. Unmaßgeblich ist im Grundsatz, dass die fehlende Zinsbelastung der GmbH eventuell eine höhere Ausschüttung ermöglicht.[17] Unmaßgeblich ist auch die Frage, ob die unverzinsliche Darlehensgewährung durch das Gesellschaftsverhältnis veranlasst ist, denn der verdeckte Zinsvorteil ist nicht einlagefähig.[18]

Beispiel

11.13 Gesellschafter G hat seiner GmbH am 02.01.02 ein unverzinsliches, in einer Summe zum 31.12.06 rückzahlbares Darlehen über 100.000 € gewährt. Das Darlehen ist wie folgt nach § 6 Abs. 1 Nr. 3 EStG i.V.m. Tabelle 1 zu § 12 Abs. 3 BewG bzw. Anlage 2 zum BMF-Schreiben vom 26.05.2005[19] zu bewerten:

zum 02.01.02 mit 76.500 € (Vervielfältiger 0,765)

zum 31.12.02 mit 80.700 € (Vervielfältiger 0,807)

zum 31.12.03 mit 85.200 € (Vervielfältiger 0,852)

zum 31.12.04 mit 89.800 € (Vervielfältiger 0,898)

zum 31.12.05 mit 94.800 € (Vervielfältiger 0,948)

---

16 BFH, Urt. v. 06.10.2009 – I R 4/08, BStBl II 2010, 177; BFH, Urt. v. 27.01.2010 – I R 35/09, BStBl II, 478.

17 BFH, Urt. v. 27.01.2010 – I R 35/09, BStBl II, 478.

18 BFH, Urt. v. 26.07.1987 – GrS 2/1986, BStBl II 1988, 348. Soweit der Gesellschafter die fraglichen Kreditmittel seinerseits durch Aufnahme eines Bankdarlehens refinanziert hat, können die Zinsen Werbungskosten im Rahmen der Ermittlung der Einkünfte nach § 20 Abs. 1 Nr. 1 EStG sein; vgl. dazu BFH, Urt. v. 25.07.2000 – VIII R 35/99, BStBl II 2001, 698, zu 6b) aa) der Gründe; beachte in diesem Zusammenhang aber § 3c Abs. 2 EStG und dazu BMF-Schreiben v. 23.10.2013 – IV C 6 - S 2138/07/10001, BStBl I, 1269, sowie BFH, Urt. v. 17.07.2013 – X R 17/11, BStBl II, 817 m.w.N.; BFH, Urt. v. 17.07.2013 – X R 6/12, BFH/NV 2014, 21; BFH, Urt. v. 28.02.2013 – IV R 49/11, BStBl II, 802.

19 BMF-Schreiben v. 26.05.2005 – IV B 2 - S 2175 - 7/05, BStBl I, 699.

Lösung

Die Buchungen mit Wirkung für die Steuerbilanz lauten:

02.01.02:	Bank	100.000 €	an Darlehen	76.500 €
			an Ertrag[20] (⇒ StAP)	23.500 €
31.12.02:	Aufwand	4.200 €	an Darlehen	4.200 €
31.12.03:	Aufwand	4.500 €	an Darlehen	4.500 €
31.12.04:	Aufwand	4.600 €	an Darlehen	4.600 €
31.12.05:	Aufwand	5.000 €	an Darlehen	5.000 €
31.12.06:	Aufwand	5.200 €	an Darlehen	5.200 €
31.12.06:	Darlehen	100.000 €	an Bank	100.000 €

Die Abzinsung am 31.12.05 unterbleibt nicht, weil die Restlaufzeit am Bilanzstichtag nicht weniger als zwölf Monate beträgt.

Spätestens zum 31.12.2023 erfolgt nach Aufhebung des Abzinsungsgebots entsprechend § 6 Abs. 1 Nr. 3 EStG eine gewinnmindernde Erhöhung des Passivpostens bis zum Erfüllungsbetrag, i.d.R. des Nennwerts.

Im handelsrechtlichen Jahresabschluss sind die latenten Steuern gem. § 274 HGB (siehe Rdnr. 10.1 ff.) anzupassen.

Die Darlehensschuld ist nach Auffassung der Finanzverwaltung[21] mit dem abgezinsten Betrag in der Steuerbilanz zu passivieren. Der Ausweis einer aktiven Rechnungsabgrenzung unterbleibt. Der Ertrag aus der Abzinsung und der Aufwand aus der sich anschließenden Aufzinsung wird nur in der (ergänzenden) steuerrechtlichen Zwecken dienenden Buchführung zur abweichenden Steuerbilanz gebucht. Die Abweichung des steuerrechtlich maßgebenden **Eigenkapitals** gegenüber dem Eigenkapital laut Handelsbilanz ist in der Steuerbilanz als steuerrechtlicher Ausgleichsposten (StAP) auszuweisen und korrespondierend zur Bewertung der Verbindlichkeiten fortzuentwickeln (siehe dazu oben Rdnr. 9.7 ff.). 11.14

Der Aufwand aufgrund der Aufzinsung stellt kein Entgelt für Schulden i.S.d. § 8 Nr. 1a GewStG dar. Eine Hinzurechnung nach dieser Vorschrift unterbleibt daher. Andererseits gehören der Ertrag und der Aufwand aber zu den Zinserträgen bzw. 11.15

[20] Dem BMF-Schreiben v. 26.05.2005 – IV B 2 - S 2175 - 7/05, BStBl I, 699, Rdnr. 41 Satz 2, zufolge soll es sich dabei um einen „außerordentlichen Ertrag“ und bei der sich anschließenden Aufzinsung um einen „außerordentlichen Aufwand“ handeln. Gemessen daran, dass es eine Buchung nur für Zwecke der Steuerbilanz ist, ist es bemerkenswert, hier eine Ausweisfrage zur GuV i.S.d. § 275 Abs. 2 HGB regeln zu wollen. Das Schreiben offenbart eine fehlende Sensibilität für die Abweichung der Steuerbilanz von der Handelsbilanz.

[21] BMF-Schreiben v. 26.05.2005 – IV B 2 - S 2175 - 7/05, BStBl I, 699, Rdnr. 41 Satz 1.

Zinsaufwendungen bei der Berechnung der Zinsschranke gem. § 4h Abs. 3 Satz 4 EStG i.V.m. § 8a KStG.

11.2.4 Unverzinsliche unbefristete Gesellschafterdarlehen

11.16 Eine Abzinsung in Wirtschaftsjahren, die vor dem 01.01.2023 enden (siehe dazu Rdnr. 11.11), ist auch bei fehlender Befristung geboten. Dem ist insbesondere bei unverzinslich geführten sogenannten Verrechnungskonten große Aufmerksamkeit zu schenken. Der BFH[22] lehnt es ab, ein auf unbestimmte Zeit gewährtes Darlehen von der Abzinsung nur deshalb auszunehmen, weil die Möglichkeit der jederzeitigen Kündigung mit einer Frist von drei Monaten nach § 488 Abs. 3 BGB besteht. Vielmehr sei das Gebot der Abzinsung vorrangig an der tatsächlichen wirtschaftlichen Belastung auszurichten. Diese werde aber nicht nur vom Zivilrecht bestimmt, sondern vor allem von dem Umstand geprägt, wie lange der Schuldner nach den tatsächlichen Verhältnissen mit der Kapitalüberlassung rechnen kann. Der BFH hat – ohne Anlass im Streitfall – darauf verwiesen, dass der Abzinsung bei „Nutzungen von unbestimmter Dauer" das **9,3Fache** des Jahreswerts zugrunde zu legen ist (§ 13 Abs. 2 BewG).

Beispiel

11.17 Gewährung eines unverzinslichen Darlehens i.H.v. 100.000 € ohne Zeitbestimmung für die Tilgung.

Lösung

100.000 € x 5,5 % = Jahreswert der Nutzung =	5.500 €
Wert der Zinslosigkeit = 5.500 € x 9,3 =	51.150 €
Passivierung in der Steuerbilanz	48.850 €
Gewinn aus Gewerbebetrieb	+ 51.150 €

Die Buchung mit Wirkung für die Steuerbilanz lautet:

02.01.02:	Bank	100.000 €	an Darlehen	48.850 €
			an Ertrag[23]	51.150 €

Die Verbindlichkeit wird in der Steuerbilanz in den Folgejahren weiterhin mit 48.850 € passiviert, solange tatsächlich keine Tilgung erfolgt oder eine Verzinsung vereinbart wird. Dementsprechend beträgt der steuerliche Ausgleichsposten (StAP) zum 31.12.02 in der Steuerbilanz + 51.150 €.

[22] BFH, Urt. v. 06.10.2009 – I R 4/08, BStBl II 2010, 177; BFH, Urt. v. 27.01.2010 – I R 35/09, BStBl II, 478.

[23] BFH, Urt. v. 22.05.2019 – X R 19/17, BStBl II, 795; BFH, Urt. v. 13.07.2017 – VI R 62/15, BStBl II 2018, 15, zum Darlehen von Verwandten; Paus, DStZ 2018, 124.

Soweit sich der Kontensaldo der Verbindlichkeit weiter erhöhen sollte, ist zum jeweiligen Bilanzstichtag, letztmals zum 31.12.2022, eine Neubewertung nach Maßgabe der oben geschilderten Grundsätze erforderlich, so dass weitere „virtuelle" Zinserträge den steuerlichen Gewinn erhöhen.

Spätestens zum 31.12.2023 erfolgt nach Aufhebung des Abzinsungsgebots entsprechend § 6 Abs. 1 Nr. 3 EStG eine gewinnmindernde Erhöhung des Passivpostens bis zum Erfüllungsbetrag, i.d.R. des Nennwerts.

Im handelsrechtlichen Jahresabschluss sind die latenten Steuern gem. § 274 HGB (siehe Rdnr. 10.1 ff.) anzupassen.

11.3 Verbindlichkeiten in fremder Währung

11.3.1 Fremdwährungsdarlehen

Die Grundsätze, die für die Bewertung des Umlaufvermögens in der Steuerbilanz maßgebend sind (§ 6 Abs. 1 Nr. 2 EStG, sind auf Verbindlichkeiten sinngemäß anzuwenden (§ 6 Abs. 1 Nr. 3 Satz 1 EStG).[24] In der Folge entsprechen die Anschaffungskosten dem Nennwert der Schuld und der voraussichtlich zu leistende Erfüllungsbetrag deren Teilwert, der nur bei voraussichtlich dauernder Werterhöhung angesetzt werden darf. Das gilt insbesondere für **Fremdwährungsdarlehen.** 11.18

Besteht die Verpflichtung, eine Darlehensschuld gegenüber einem Gesellschafter in fremder Währung zu erfüllen, erfolgt die Bewertung grundsätzlich mit dem **Umrechnungskurs** zum Zeitpunkt des Entstehens der Schuld. Eine **höhere Bewertung** aufgrund einer Wechselkursänderung zum Bilanzstichtag, kommt bei Verpflichtungen mit einer Restlaufzeit von bis zu zehn Jahren regelmäßig nicht in Betracht, soweit es sich um allgemeine Währungsschwankungen am Devisenmarkt handelt.[25] In diesen Fällen ist davon auszugehen, dass sich die Währungsschwankungen in der Regel ausgleichen, so dass von einer voraussichtlich dauernden Werterhöhung keine Rede sein kann.[26] 11.19

Eine Abweichung von diesen Grundsätzen kommt in Betracht, wenn sich die wirtschaftlichen Rahmenbedingungen im Verhältnis zwischen Euro und einer Fremdwährung in fundamentaler Weise verändert haben. Dabei dürfen die Anforderungen nicht überspannt werden, weil eine Fehlprognose zu jedem folgenden Bilanzstichtag durch eine Wertaufholung korrigiert werden kann.[27] Eine Vereinfachung 11.20

---

[24] Zutreffende Wiedergabe der gesetzlichen Regelung in BMF-Schreiben v. 02.09.2016 – IV C 6 - S 2171-b/09/10002 :002, BStBl I, 995, Rdnr. 30–33.

[25] BFH, Urt. v. 04.02.2014 – I R 53/12, BFH/NV 2014, 1016; BFH, Urt. v. 23.04.2009 – IV R 62/06, BStBl II 2009, 778; BFH, Urt. v. 08.06.2011 – I R 98/10, BFH/NV 2011, 1758.

[26] Offengeblieben in BFH, Urt. v. 04.02.2014 – I R 53/12, BFH/NV 2014, 1016, Rdnr. 14.

[27] BFH, Urt. v. 10.06.2021 – IV R 18/18, BStBl II 2022, 211; BFH, Urt. v. 02.07.2021 – XI R 29/18, BStBl II 2022, 205.

der Wertermittlung im Wege der Vorgabe fester Prozentsätze zur Beschreibung der Wertänderung lehnt der BFH in diesem Zusammenhang ab. Kursschwankungen, die nach dem Bilanzstichtag eintreten, sind nicht lediglich wertaufhellend, sondern bleiben als wertbegründend außer Betracht (§ 5 Abs. 1 Satz 1 EStG i.V.m. § 252 Abs. 1 Nr. 4 HGB).[28]

11.21 Aufgrund dieser Vorgaben ist die **Abweichung der Steuerbilanz von der Handelsbilanz** entsprechend § 5b Abs. 1 Satz 3 EStG, § 60 Abs. 2 Satz 2 EStG, nicht mehr zu vermeiden, denn **handelsrechtlich** besteht grundsätzlich die Verpflichtung, die Verbindlichkeit mit dem **Devisenkassamittelkurs** zu bewerten (§ 256a Satz 1 HGB). Bei einer Restlaufzeit bis zu einem Jahr ist dies – abweichend von § 6 Abs. 1 Nr. 3 EStG – auch dann der Fall, wenn dies zum Ausweis eines nicht realisierten Gewinns führen sollte (§ 256a Satz 2 HGB).

11.22 Gewinnminderungen (Zinsaufwendungen), die im Zusammenhang mit einer Darlehensverbindlichkeit stehen, unterliegen der Abzugsbeschränkung gem. § 8b Abs. 3 Satz 3 und 4 KStG, wenn das Darlehen von einem Gesellschafter an eine Kapitalgesellschaft gewährt wurde, an der er zu mehr als 1/4 unmittelbar oder mittelbar beteiligt ist. Der Abzug als Betriebsausgabe ist allerdings dann nicht bedroht, wenn ein fremder Dritter das Darlehen unter entsprechenden Bedingungen gewährt hätte. Dafür muss ein Gegenbeweis angetreten werden (§ 8b Abs. 3 Satz 7 KStG).

11.23 Zu den Gewinnminderungen in diesem Sinne gehören nicht **Währungskursverluste** (§ 8b Abs. 3 Satz 6 KStG).[29] Gemäß § 34 Abs. 5 Satz 1 KStG gilt dies für Währungsverluste, die nach dem 31.12.2021 eintreten. Für Veranlagungszeiträume vor 2022 vertritt die Finanzverwaltung die Auffassung, dass entsprechende Verluste der Abzugsbeschränkung nach § 8b Abs. 3 Satz 4 und 5 KStG unterliegen. Erträge, die mit Sicherungsgeschäften in diesem Zusammenhang stehen, dürfen mit den von der Abzugsbeschränkung erfassten Aufwendungen nicht saldiert werden.

11.3.2 Kurzlaufende Verbindlichkeiten

11.24 Soweit Verbindlichkeiten gegenüber Gesellschaftern nach Art des Geschäftsvorfalls regelmäßig nach kurzer Restlaufzeit in fremder Währung zu tilgen sind, ist dem auch der Beobachtungszeitraum für die Feststellung einer andauernden Wert-

---

[28] BFH, Urt. v. 10.06.2021 – IV R 18/18, BStBl II 2022, 211, Rdnr. 25.

[29] LfSt Niedersachsen, Vfg. v. 15.04.2020 – S 2750a - 113 - St 241, DStR 2020, 1573; so auch FG Baden-Württemberg, Urt. v. 24.09.2020 – 3 KK 1486/19, EFG 2021, 402; die Revision ist beim BFH unter dem Az. I R 41/20 anhängig.

erhöhung anzupassen. Deshalb ist der gestiegene Wechselkurs der Bewertung der Schuld am Bilanzstichtag zugrunde zu legen, wenn die Wechselkurserhöhung bis zur fristgemäßen **Bilanzaufstellung**[30] oder ggf. einer vorangehenden Tilgung anhält. Dabei sollen Wechselkursschwankungen nach dem Bilanzstichtag nach Auffassung des BMF **wertaufhellend** zu berücksichtigen sein.[31]

Gemessen daran, dass Kursänderungen nach dem Bilanzstichtag bei börsennotierten Wertpapieren als **wertbegründend** einzustufen sind, ist die Auffassung des BMF durchaus nicht zwingend.[32] Wie die Börsenkurse sind auch die Wechselkurse regelmäßig von Entwicklungen aufgrund besonderer Ereignisse beeinflusst. Abgesehen davon ist im Prinzip nicht einsichtig, wieso das Börsengeschehen auf der Aktivseite einer Bilanz anders abgebildet werden soll als auf der Passivseite. 11.25

11.4 Verbindlichkeiten und Rangrücktritt

11.4.1 Passivierungsverbot

Verbindlichkeiten können dem **Passivierungsverbot gem. § 5 Abs. 2a EStG** unterliegen, soweit die Verpflichtungen aus künftig anfallenden Einnahmen oder Gewinnen zu erfüllen sind. In besonderer Weise sind von dieser Regelung Verbindlichkeiten gegenüber Gesellschaftern betroffen, für die ein Rangrücktritt vereinbart wurde. Das Passivierungsverbot schließt auch Verpflichtungen ein, die der Vereinbarung nach nur aus künftigen Jahresüberschüssen nach Handelsrecht oder dem Liquidationsüberschuss zu erfüllen sind (siehe zur Formulierung Rdnr. 31.51). Dem entspricht, dass die Passivierung neben dem rechtlichen Bestehen der Schuld eine gegenwärtige **wirtschaftliche Belastung** am Bilanzstichtag voraussetzt. Daher kommt die Passivierung der Verbindlichkeit trotz Rangrücktritts nur in Betracht, wenn die mit dem Rangrücktritt verbundene **Besserungsabrede** sich nicht nur auf eine Tilgung aus künftigen Gewinnen (Bilanzgewinn) und einem Liquidationsüberschuss bezieht, sondern auch auf eine Tilgung aus dem **sonstigen freien Vermögen.**[33] Nur eine solche weitergehende Vereinbarung verhindert eine erfolgswirksame Ausbuchung der subordinierten Verbindlichkeit.[34] Dabei ist unbeachtlich, ob die Gesellschaft als Schuldnerin aufgrund fehlender operativer Geschäftstätigkeit aus der Sicht des Bilanzstichtags nicht in der Lage ist, sonstiges freies Vermögen zu schaf- 11.26

---

30 FALTERBAUM/BOLK/REIß/KIRCHNER, Buchführung und Bilanz, 23. Aufl. 2020, Kap. 9.1.2, zum Zeitpunkt der Bilanzaufstellung nach HGB und EStG.

31 BMF-Schreiben v. 02.09.2016 – IV C 6 - S 2171-b/09/10002 :002, BStBl I, 995, Rdnr. 34–36.

32 Ebenso RÄTKE, BBK 2014, 849, 864 und BBK 2016, 987, 1003.

33 BFH, Urt. v. 15.04.2015 – I R 44/14, BStBl II, 769.

34 Das entspricht auch der Auffassung der Finanzverwaltung, vgl. dazu BMF-Schreiben v. 08.09.2006 – IV B 2 - S 2133 - 10/06, BStBl I, 497, Rdnr. 6.

fen und eine tatsächliche Belastung des Vermögens der Gesellschaft voraussichtlich nicht eintreten wird.[35]

11.27 Die Bezugnahme auf das die sonstigen Verbindlichkeiten übersteigende (freie) Vermögen sollte **ausdrücklich** erfolgen, um eine Auseinandersetzung mit der Finanzbehörde zu vermeiden. Zwar hat der IV. Senat des **BFH**[36] im Fall eines nicht näher präzisierten Rangrücktritts **ohne ausdrückliche** Bezugnahme auf das sonstige freie Vermögen im **Wege der Auslegung** auf einen entsprechenden Verzicht geschlossen („nicht spezifizierter Rangrücktritt"). Dies aber war der Besonderheit des Streitfalls geschuldet und sollte nicht Anlass für eine Verallgemeinerung sein.[37]

11.28 Dagegen wird das Passivierungsverbot weder durch eine bloße Bezugnahme auf den Jahresüberschuss noch auf den Bilanzgewinn unter Hinweis auf die eventuelle Entnahme aus der Kapitalrücklage (§ 272 Abs. 2 Nr. 4 HGB) verhindert, unabhängig davon, ob es sich um bestehende oder neue Verpflichtungen handelt, für die ein Rangrücktritt vereinbart wird. Dies ist nur konsequent, denn eine wirtschaftliche Belastung am Bilanzstichtag kann sich nicht auf den künftigen **Bilanzgewinn** beziehen, der nur aus Jahresüberschüssen oder im Hinblick auf die Auflösung einer gegenwärtig fehlenden **Kapitalrücklage** nur aus künftigen Einlagen der Gesellschafter geschaffen werden kann. Das gilt auch für ggf. vorhandene, aber noch nicht realisierte stille Reserven sowie den **Liquidationsüberschuss.** Zwar betreffen die Zahlungspflichten insoweit bereits das gegenwärtige Vermögen. Sie belasten aber dieses Vermögen (noch) nicht, weil der Liquidationsfall bei der Bewertung noch nicht berücksichtigt wird (Grundsatz der Unternehmensfortführung gem. § 252 Abs. 1 Nr. 2 HGB).[38]

11.29 Diese Grundsätze gelten auch für die **Liquidationsschlussbilanz.**[39] Mit der Zustimmung des Gläubigers zur Liquidation ist kein Forderungsverzicht verbunden.[40] Die wirtschaftliche Belastung durch die Verbindlichkeit entfällt erst, wenn der Gläubiger seinen Anspruch objektiv betrachtet nicht geltend machen wird.[41] Die Vermögenslosigkeit des Schuldners, die in der Liquidationsschlussbilanz sichtbar wird, nimmt daher keinen Einfluss auf die Pflicht zur Passivierung der Verbind-

---

35 BFH, Urt. v. 19.08.2020 – XI R 32/18, BStBl II 2021, 279; vgl. dazu auch TREIBER, BFH/PR 2021, 97, sowie RÄTKE, StuB 2021, 95.

36 BFH, Urt. v. 10.11.2005 – IV R 13/04, BStBl II 2006, 618.

37 Zum Verlust aus dem Verzicht auf eine Darlehensforderung aus der Sicht des Anteilseigners vgl. BFH, Urt. v. 14.01.2020 – IX R 9/18, BStBl II, 490.

38 Kritisch HOFFMANN, StuB 2015, 729 zu 3.

39 BFH, Urt. v. 05.02.2014 – I R 34/12, BFH/NV 2014, 1014.

40 OFD Frankfurt/M., Vfg. v. 30.06.2017 – S 2743 A - 12 - St 525, DStR 2017, 2056, geändert durch Vfg. v. 07.09.2017, DStR 2018, 79; vgl. dazu auch SCHMIDT, DB 2017, 1998.

41 BFH, Urt. v. 26.02.2001 – II R 19/01, BStBl II, 561, Rdnr. 21.

lichkeit.[42] Das gilt selbst dann, wenn sich die Gesellschaft im Insolvenzverfahren befinden sollte (siehe dazu weitergehend und ausführlich Rdnr. 32.1 ff.).

11.4.2 Verdeckte Einlage

11.30 Kommt es nach § 5 Abs. 2a EStG zur gewinnwirksamen Ausbuchung der Verbindlichkeit aufgrund eines Rangrücktritts mit Besserungsabrede ohne Bezug auf die Tilgung aus sonstigem freien Vermögen, so liegt eine **verdeckte Einlage** vor, **soweit** die fragliche Verbindlichkeit am Bilanzstichtag **werthaltig** sein sollte (§ 4 Abs. 1 Satz 8 EStG). Voraussetzung für die Annahme einer verdeckten Einlage ist allerdings, dass es sich um eine Veranlassung durch das **Gesellschaftsverhältnis** handelt.

11.31 Nach § 8 Abs. 3 Satz 3 KStG erhöhen verdeckte Einlagen das Einkommen nicht. Der Gewinnerhöhung innerhalb der Bilanz folgt deshalb außerhalb der Steuerbilanz eine Kürzung in Höhe des werthaltigen Teils der Verbindlichkeit.[43] Dafür ist unbeachtlich, dass die Schuld in der Handelsbilanz weiterhin auszuweisen ist, denn die Einlagevorschriften des EStG unterliegen nicht der Maßgeblichkeit.

11.5 Forderungsverzicht gegen Besserungsschein

11.5.1 Erlöschen des Schuldverhältnisses

11.32 Erlässt der Gesellschafter der Gesellschaft durch Vertrag die gegen sie bestehenden Forderungen, erlischt das Schuldverhältnis (§ 397 Abs. 1 BGB). Dem steht eine Vereinbarung nicht entgegen, wonach bei Eintritt der Besserung der Verhältnisse die Verpflichtungen aus dem Schuldverhältnis nach Maßgabe der im Einzelnen vereinbarten auflösenden Bedingungen wieder zu erfüllen sind.[44] Mit dem Wirksamwerden des Verzichts ist die Verbindlichkeit gegenüber dem Gesellschafter in Handels- und Steuerbilanz gewinnerhöhend aufzulösen.[45] Bei einem Teilverzicht bezieht sich die Auflösung auf den Betrag des Forderungsverzichts.

11.5.2 Werthaltigkeit der Forderung

11.33 In Höhe des Betrags der Verbindlichkeit, auf deren Tilgung verzichtet wird, liegt eine Vermögensmehrung vor, soweit der Anspruch **werthaltig** sein sollte. Es liegt eine (verdeckte) Einlage vor, soweit der Verzicht durch das **Gesellschaftsverhältnis**

---

42 BFH, Urt. v. 10.08.2016 – I R 25/15 BStBl II 2017, 670, Rdnr. 15.

43 BFH, Urt. v. 15.04.2015 – I R 44/14, BStBl II, 769; Abkehr von der Entscheidung v. 30.11.2011 – I R 100/10, BStBl II 2012, 332.

44 BFH, Urt. v. 30.05.1990 – I R 41/87, BStBl II 1991, 588.

45 BFH, Urt. v. 24.10.2017 – VIII R 19/16, BStBl II 2019, 34, Rdnr. 29 m.w.N.; BFH, Urt. v. 06.08.2019 – VIII R 18/16, BStBl II 2020, 833.

veranlasst ist (§ 4 Abs. 1 Satz 8 EStG, § 8 Abs. 3 Satz 3 KStG). Die Einlage ist mit dem Teilwert zu bewerten (§ 6 Abs. 1 Nr. 5 Satz 1 EStG).[46]

11.34 Weil der Verzicht mit der Folge der Ausbuchung der Verbindlichkeit den Gewinn innerhalb der Handels- und Steuerbilanz eine Gewinnerhöhung zur Folge hat, muss die verdeckte Einlage bei der Ermittlung des zu versteuernden Einkommens außerhalb der Steuerbilanz abgezogen werden (§ 8 Abs. 3 Satz 3 KStG).[47] Auf Ebene des Gesellschafters liegt ein Zufluss des noch werthaltigen Betrags der Forderung vor. Dies gewinnt Bedeutung, wenn die Forderung sich auf Vergütungen für Tätigkeit, Nutzungsüberlassung oder Darlehensgewährung bezieht. Der Verzicht auf den nicht werthaltigen Teil der Forderung steht einer Abtretung gleich und ist als Forderungsausfall zu berücksichtigen (§ 20 Abs. 2 Satz 2 EStG).[48] Die Bestimmung der Anschaffungskosten bei Beteiligungen im Privatvermögen regelt nunmehr § 17 Abs. 2a i.V.m. § 52 Abs. 25a EStG.[49]

11.5.3 Eintritt des Besserungsfalls

11.35 Ist der Besserungsfall nach den Bedingungen der Besserungsabrede eingetreten, muss die Verbindlichkeit in Höhe des Betrags, auf den seinerzeit verzichtet wurde, wieder gewinnmindernd passiviert (eingebucht) werden. Soweit seinerzeit in Höhe des werthaltigen Teils der Forderung eine verdeckte Einlage angenommen worden ist, liegt nunmehr eine Rückgewähr von Einlagen vor. Der Gewinnminderung innerhalb der Handels- und Steuerbilanz folgt bei der Ermittlung des zu versteuernden Einkommens außerhalb der Steuerbilanz eine Hinzurechnung dieses Betrags.[50] Auch eine Abtretung der Forderung gem. § 398 BGB, also ein Gläubigerwechsel, ändert an diesem Zurechnungszusammenhang nichts. Eine verdeckte Gewinnausschüttung (vGA) liegt dagegen grundsätzlich nicht vor.[51]

11.36 Erstreckt sich der Forderungsverzicht auch auf den Anspruch auf Darlehenszinsen, stellen die gezahlten Zinsen nach dem Bedingungseintritt abziehbare Betriebsausgaben dar. Dies gilt auch für eine Nachzahlung von Zinsen für die Zeit während der Wirksamkeit des Verzichts. Die Anwendung des § 4h Abs. 1 EStG i.V.m. § 8a

---

46 BFH, Beschl. v. 09.06.1997 – GrS 1/94, BStBl II 1998, 307.

47 BFH, Urt. v. 15.04.2015 – I R 44/14, BStBl II, 769; Abkehr von BFH, Urt. v. 30.11.2011 – I R 100/10, BStBl II 2012, 332.

48 BFH, Urt. v. 06.08.2019 – VIII R 18/16, BStBl II 2020, 833; ausführlich Demuth, KÖSDI 2020, 21771; Drüen, FR 2020, 663.

49 Ott, DStZ 2020, 735, 743.

50 BFH, Urt. v. 30.05.1990 – I R 41/87, BStBl II 1991, 588; H 8.9 KStH „Forderungsverzicht gegen Besserungsschein".

51 BMF-Schreiben v. 02.12.2003 - IV A 2 - S 2743 - 5/03, BStBl I, 648; die Ausführungen zu § 8 Abs. 4 KStG sind überholt, vgl. abgrenzend BFH, Urt. v. 21.02.2018 – I R 46/16, BStBl II 2020, 412, zur vGA, wenn der Besserungsfall durch Verschmelzung auf eine Schwesterkapitalgesellschaft herbeigeführt wird.

KStG (Zinsschranke) kann dabei zu einer Begrenzung des Betriebsausgabenabzugs führen.

Refinanzierungszinsen auf Seiten des Gesellschafters in der Zeit der Wirksamkeit des Verzichts vor Eintritt des Besserungsfalls stehen nicht (mehr) im Zusammenhang mit Erträgen aus Kapitalforderungen (§ 20 Abs. 1 Nr. 7 EStG), sondern in diesem Zeitrahmen durch Änderung des Veranlassungszusammenhangs vorrangig mit Beteiligungserträgen (§ 20 Abs. 1 Nr. 1 EStG).[52] Das Abzugsverbot für Werbungskosten im Zusammenhang mit Kapitalerträgen (§ 20 Abs. 9 EStG) kann durch Antrag nach § 32d Abs. 2 Nr. 3 EStG vermieden werden, soweit die Voraussetzungen im Einzelfall vorliegen. 11.37

11.6 Ablösung von Gesellschafterdarlehen durch Einlage

11.6.1 Ausfall des Darlehens

Als Veräußerung gilt nach § 17 Abs. 4 Satz 1 EStG auch die Auflösung einer Kapitalgesellschaft. Der Ermittlung des Veräußerungsgewinns sind die Anschaffungskosten für den Erwerb der Anteile zugrunde zu legen (§ 17 Abs. 2 Satz 1 i.V.m. Abs. 2a Satz 1 EStG). Anschaffungskosten sind auch die Nebenkosten des Erwerbs sowie die nachträglichen Anschaffungskosten (§ 17 Abs. 2a Satz 2 EStG). Zu den nachträglichen Anschaffungskosten gehört der Ausfall von Darlehen in Höhe des Nennwerts der Verpflichtung, die der Gesellschafter einer Kapitalgesellschaft nach Eintritt einer Krise als Finanzplandarlehen oder als Krisendarlehen bzw. krisenbestimmtes Darlehen gewährt hat. Gesellschafterdarlehen in diesem Sinne sind auch auf sogenannten Verrechnungskonten passivierte Verpflichtungen gegenüber dem Gesellschafter (§ 42 Abs. 3 GmbHG). 11.38

Demgegenüber stellt der Verlust der Darlehensvaluta nur begrenzt auf deren Werthaltigkeit nachträgliche Anschaffungskosten auf die Beteiligung dar, wenn es sich um ein Gesellschafterdarlehen handelt, das vor Eintritt der Krise gewährt und gesellschaftsrechtlich veranlasst nicht zurückgefordert wurde (§ 17 Abs. 2a Satz 3 Nr. 2 EStG).[53] Dabei liegt nach § 17 Abs. 2a Satz 4 EStG eine gesellschaftsrechtliche Veranlassung vor, wenn ein fremder Dritter das Darlehen oder andere Finanzierungshilfen unter gleichen Bedingungen zurückgefordert oder gar nicht erst gewährt hätte. 11.39

Maßgebend für die Werthaltigkeit und damit für die Berechnung des Verlusts ist in Ermangelung einer Regelung zur Bewertung in § 17 Abs. 2a EStG nach Auffassung 11.40

[52] BFH, Urt. v. 24.10.2017 – VIII R 19/16, BStBl II 2019, 34.
[53] BFH, Urt. v. 18.07.2023 – IX R 21/21, BFH/NV 2024, 80; FR 2024, 132 m. Anm. BODE.

des BFH[54] der **Teilwert** dieser Forderungen im Zeitpunkt des Eintritts der Krise bzw. der Entscheidung, die Forderung stehen zu lassen. Nur bis zu diesem Betrag liegen nachträgliche Anschaffungskosten vor, die im Rahmen des Teileinkünfteverfahrens Berücksichtigung finden können. Es ist ratsam, den Zeitpunkt der Entscheidung, nicht zurückzufordern, ebenso zu dokumentieren wie die Grundlagen der Bewertung der Forderung in diesem Zeitpunkt.

11.41 Entsteht unter Berücksichtigung dieser nachträglichen Anschaffungskosten ein Verlust gem. § 17 Abs. 2 Satz 1 EStG, unterliegt dieser dem Teilabzugsverbot (§ 3 Nr. 40c i.V.m. § 3c Abs. 2 Satz 1 und 7 EStG). Ein darüber hinaus entstehender Verlust ist als nicht krisenbestimmt den Einkünften aus Kapitalvermögen nach § 20 Abs. 2 Satz 1 Nr. 7, Abs. 4 EStG zuzuordnen. Insoweit unterliegt der Verlust zwar nicht dem Teilabzugsverbot, aber dem beschränkten Verlustausgleich entsprechend § 20 Abs. 6 EStG.[55]

11.42 Praxisgerecht ist regelmäßig davon auszugehen, dass der Teilwert mangels Werthaltigkeit der Forderungen 0 € betragen wird, so dass nachträgliche Anschaffungskosten nicht anzunehmen sind. Der Verlust gehört dann in voller Höhe ausschließlich zu den negativen Einkünften aus Kapitalvermögen ohne Möglichkeit der Saldierung mit positiven Einkünften im Rahmen anderer Einkunftsarten.

11.43 Diese Grundsätze gelten gleichermaßen für andere Finanzierungshilfen, etwa für eine **Bürgschaft** (§§ 765 ff. BGB) mit der daraus resultierenden Regressforderung oder für vergleichbare Ansprüche. Auch in diesen Fällen liegen nachträgliche Anschaffungskosten vor, wenn mit der Erfüllung dieser Ansprüche nach Eintritt der Krise ganz oder teilweise nicht mehr gerechnet werden kann (§ 17 Abs. 2a Satz 3 Nr. 3 EStG).[56] Dafür reicht die Eröffnung des Insolvenzverfahrens nicht aus, es sei denn, die Insolvenzeröffnung wird mangels Masse abgelehnt. Bei einer Mehrheit von Bürgen (§ 769 BGB) kann der Bürge den Ausfall der Regressforderung gegenüber der Kapitalgesellschaft allerdings nur insoweit geltend machen, als sein Ausgleichsanspruch gegenüber einem Mitbürgen als Gesamtschuldner nach § 426 BGB nachweislich nicht realisierbar ist.

11.44 Bezogen auf die Zurechnung negativer Einkünfte aus Kapitalvermögen nach § 20 Abs. 2 Satz 1 Nr. 7 EStG hinsichtlich des nichtwerthaltigen Teils der Regressforde-

[54] BFH, Urt. v. 18.07.2023 – IX R 21/21, BFH/NV 2024, 80, Rdnr. 32. In Entscheidungen, die Streitjahre vor Inkrafttreten der Regelungen in § 17 Abs. 2a i.V.m. § 52 Abs. 25a EStG betreffen, war bisher anstelle des Teilwerts vom gemeinen Wert die Rede. Auf den rechtlichen Unterschied zwischen den beiden Bewertungsmaßstäben entsprechend §§ 9, 10 BewG und warum jetzt der Teilwert maßgebend sein soll, geht der X. Senat des BFH nicht ein.

[55] BFH, Urt. v. 14.11.2023 – IX R 3/23, BFH/NV 2024, 280.

[56] BFH, Urt. v. 20.06.2023 – IX R 2/22, BFH/NV 2023, 1257.

rung erfolgt eine Gesamtbetrachtung von Beteiligung und Regressforderung, so dass von einer Einkünfteerzielungsabsicht auszugehen ist. Aus diesem Grund ist es unbeachtlich, ob eine **Bürgschaftsprovision** (Avalprovision) vereinbart wurde. § 20 Abs. 8 EStG ist deshalb bezogen auf den nicht gesellschaftsrechtlich veranlassten Verlust nicht anwendbar.

Nach § 52 Abs. 25a EStG ist § 17 Abs. 2a EStG erstmals auf Veräußerungen nach dem 31.07.2019 anzuwenden. Auf Antrag des Steuerpflichtigen kann die Regelung auch der Besteuerung entsprechender Vorgänge vor dem 31.07.2019 zugrunde gelegt werden.[57] 11.45

11.6.2 Einlage in das Gesellschaftsvermögen

Leistet der Gesellschafter eine Einlage in das Gesellschaftsvermögen, die freiwillig und ohne Gewährung von Vorzügen als andere Zuzahlung in die Kapitalrücklage gem. § 272 Abs. 2 Nr. 4 HGB zu qualifizieren ist, bewirkt diese Einzahlung eine Erhöhung der Anschaffungskosten für seine Beteiligung (§ 17 Abs. 2a Satz 3 Nr. 1 EStG; zur zeitlichen Anwendung siehe § 52 Abs. 25a EStG). Diese Grundsätze sind auch bei verdeckten Einlagen maßgebend, etwa bei Verzicht eines Gesellschafterdarlehens im Hinblick auf den werthaltigen Teil der Verpflichtung.[58] 11.46

Eine Einlage nach diesen Grundsätzen liegt auch vor, wenn der Kapitalgesellschaft Mittel zugeführt werden, mit denen das in der Krise stehengelassene Gesellschafterdarlehen wiederum getilgt wird. Dem BFH[59] zufolge liegt kein Gestaltungsmissbrauch i.S.d. § 42 Abs. 1 Satz 1 AO vor. Mit der Einzahlung in das Gesellschaftsvermögen wurde der Gesellschaft die Möglichkeit verschafft, betrieblich veranlasste Verbindlichkeiten zu tilgen. Es handelt sich hinsichtlich der Beteiligung einerseits und der Darlehensforderung andererseits um verschiedene Wirtschaftsgüter, so dass auch insoweit eine getrennte Beurteilung geboten ist. Unbeachtlich ist schließlich auch die Zeitnähe zwischen Einlage und Tilgung des Gesellschafterdarlehens sowie der Umstand, dass die Kapitalgesellschaft die Darlehensrückzahlung nur vornehmen kann, weil sie zuvor die Mittel vom nämlichen Gesellschafter durch Einlage erhalten hat.[60] 11.47

Es ist ohne Bedeutung, dass sich die Positionen des Gesellschafters und der Kapitalgesellschaft wirtschaftlich betrachtet nicht geändert haben und dass das „Hin- 11.48

[57] Vgl. zu allem auch BMF-Schreiben v. 07.06.2022 – IV C 6 - S 2244/20/10001 :001, BStBl I, 897.

[58] Vgl. dazu BMF-Schreiben v. 07.06.2022 – IV C 6 - S 2244/20/10001 :001, BStBl I, 897, Rdnr. 3–6; Ott, DStZ 2022, 580.

[59] BFH, Urt. v. 20.07.2018 – IX R 5/15, BStBl II 2019, 194.

[60] BMF-Schreiben v. 05.04.2019 – IV C 6 - S 2244/17/10001, BStBl I, 257; OFD Frankfurt, Vfg. v. 10.04.2019 – S 2244 A - 61 - St 215, DStR 2019, 1820.

und Herzahlen“ erst die Erhöhung der Anschaffungskosten und damit die Berücksichtigung eines Verlusts gem. § 17 Abs. 4 EStG möglich gemacht hat. Diese Gestaltung widerspricht nicht dem Gesellschaftsrecht und kann deshalb nicht zugleich einen Missbrauch von Gestaltungsmöglichkeiten des Rechts darstellen.[61]

11.49 Die gleichen Rechtsfolgen treten ein, wenn der Gesellschafter, der als Bürge für Verbindlichkeiten der Gesellschaft einzustehen hat, seiner Gesellschaft die notwendigen Mittel im Wege der Einlage als andere Zuzahlung in die Kapitalrücklage (§ 272 Abs. 2 Nr. 4 HGB) zur Verfügung stellt, damit diese die fraglichen Verbindlichkeiten tilgen kann. Nicht ausreichend ist dagegen lediglich die Vereinbarung einer Umgliederung freier Gewinnrücklagen in eine (zweckgebundene) Kapitalrücklage.[62]

11.50 Davon zu unterscheiden sind diejenigen Fälle, in denen der Gesellschafter keine Einlage leistet, sondern (lediglich) aus der Bürgschaft in Anspruch genommen wird und insoweit Aufwendungen getragen hat. Nachträgliche Anschaffungskosten liegen (noch) nicht vor. Erst mit dem Ausfall der Regressforderung nach Eintritt der Krise ist der Tatbestand des § 17 Abs. 2a Satz 3 Nr. 3 EStG erfüllt.

61 BFH, Urt. v. 11.07.2017 – IX R 36/15, BStBl II 2019, 208.
62 BFH, Urt. v. 06.12.2017 – IX R 7/17, BStBl II 2019, 213.

12. Steuerliches Einlagekonto (§ 27 KStG)

12.1 Regelungsgehalt

12.1 § 27 Abs. 1 Satz 1 KStG bestimmt, dass die unbeschränkt steuerpflichtige Kapitalgesellschaft die nicht in das Nennkapital geleisteten Einlagen am Schluss jedes Wirtschaftsjahres auf einem besonderen Konto (steuerliches Einlagekonto) auszuweisen hat. Ein derartiger Ausweis ist deswegen erforderlich, weil durch die Ausschüttung von Gewinnen beim Anteilseigner steuerbare Einnahmen i.S.d. § 20 Abs. 1 Nr. 1 EStG entstehen, während die Rückgewähr von Einlagen an den Anteilseigner nicht zu Einnahmen i.S.d. § 20 EStG (vgl. § 20 Abs. 1 Nr. 1 Satz 3 EStG), sondern zu einer Minderung der Anschaffungskosten an der Beteiligung führt.[1]

12.2 Die Vorschrift richtet sich an die Körperschaft und dient der Identifizierung der beim Gesellschafter nach § 20 Abs. 1 Nr. 1 Satz 3 EStG nicht steuerpflichtigen Einlagenrückgewähr sowie deren Separierung von den nach § 20 Abs. 1 Nr. 1 Satz 1 EStG grundsätzlich steuerpflichtigen Kapitalerträgen.[2] Um dies zu gewährleisten, werden die nicht in das Nennkapital geleisteten (verdeckten) Einlagen **außerhalb der Steuerbilanz** auf einem besonderen Konto festgehalten und bei Rückgewähr entsprechend bescheinigt.

12.3 Für die Rückgewähr von (verdeckten) Einlagen ist in § 27 Abs. 1 Satz 3 KStG eine **Verwendungsreihenfolge** vorgesehen. Danach dürfen Leistungen der Gesellschaft erst dann mit dem steuerlichen Einlagekonto verrechnet werden, wenn keine anderweitigen Eigenkapitalbestandteile vorhanden sind. Auf der Ebene der Gesellschaft ist die Auskehrung von Einlagen an die Gesellschafter steuerneutral, es ist daher (insoweit) keine Kapitalertragsteuer einzubehalten (§ 43 Abs. 1 Satz 1 Nr. 1 und Satz 3 EStG).

[1] Vgl. z.B. BFH, Urt. v. 16.03.1994 – I R 70/92, BStBl II, 527.

[2] Fraktionsentwurf eines Gesetzes zur Senkung der Steuersätze und zur Reform der Unternehmensbesteuerung (Steuersenkungsgesetz – StSenkG), BT-Drucks. 14/2683, S. 125.

Absatz 2 des § 27 KStG regelt die gesonderte Feststellung der Bestände des steuerlichen Einlagekontos. Absatz 3 regelt das Bescheinigungsverfahren, wenn die Gesellschaft selbst unmittelbar ausschüttet, Absatz 4, wenn die Ausschüttung über ein Kreditinstitut erfolgt. Absatz 5 enthält Haftungsregelungen für fehlerhafte oder fehlerhaft nicht ausgestellte Bescheinigungen. Die Sonderregelungen des Absatzes 6 betreffen die Auswirkungen von (organschaftlichen) Minder- und Mehrabführungen auf das Einlagekonto der Organgesellschaft. 12.4

Durch § 27 Abs. 7 KStG i.d.F des UntStFG[3] wurde der persönliche Anwendungsbereich der Vorschrift auf andere unbeschränkt steuerpflichtige Körperschaften ausgedehnt, die Leistungen i.S.d. § 20 Abs. 1 Nr. 1, 9 und 10 EStG gewähren können (z.B. sonstige juristische Person des privaten Rechts, nicht rechtsfähige Vereine, Betriebe gewerblicher Art). 12.5

Im Rahmen des SEStEG[4] wurde die Anwendung der Vorschriften über das Einlagekonto auch auf Leistungen von Körperschaften erweitert, die in einem anderen Mitgliedstaat der EU der unbeschränkten Steuerpflicht unterliegen und Einkünfte i.S.d. § 20 Abs. 1 Nr. 1 oder 9 EStG gewähren können (§ 27 Abs. 8 KStG). 12.6

§ 27 KStG wird durch die (vorrangig anzuwendenden) §§ 28, 29 KStG flankiert. § 28 KStG regelt die **Rechtsfolgen** in Bezug auf das steuerliche Einlagekonto bei der Umwandlung von Rücklagen in Nennkapital und der Herabsetzung des Nennkapitals. § 29 KStG normiert die Rechtsfolgen für Verschmelzungs- und Spaltungsfälle. 12.7

12.2 Ermittlung und Fortschreibung des steuerlichen Einlagekontos

12.2.1 Begriff des steuerlichen Einlagekontos

Wenn der Gesetzgeber anordnet, dass die (verdeckten) Einlagen auf einem besonderen Konto (steuerliches Einlagekonto) auszuweisen sind, meint er damit nicht, dass der Bestand des steuerlichen Einlagekontos etwa in der Steuer- oder Handelsbilanz als eigener Posten zu erfassen ist. Das Einlagenkonto stellt vielmehr eine steuerliche Nebenrechnung außerhalb der Buchführung dar, die unabhängig von den Eigenkapitalpositionen in der Steuer- oder Handelsbilanz zu führen ist.[5] Das „steuerliche Einlagekonto“ ist daher nicht als Konto im buchhalterischen Sinne zu 12.8

---

[3] Gesetz zur Fortentwicklung des Unternehmenssteuerrechts (Unternehmenssteuerfortentwicklungsgesetz – UntStFG) v. 20.12.2001, BGBl I, 3858.

[4] Gesetz über steuerliche Begleitmaßnahmen zur Einführung der Europäischen Gesellschaft und zur Änderung weiterer steuerlicher Vorschriften (SEStEG) v. 07.12.2006, BGBl I, 2782.

[5] Vgl. Stimpel, in: Rödder/Herlinghaus/Neumann, KStG, 2. Aufl. 2023, § 27 Rdnr. 42.

verstehen. Die Führung des steuerlichen Einlagekontos erfolgt **gesellschaftsbezogen** (keine gesellschafterbezogene Betrachtung). Im Ergebnis können damit auch Gesellschafter, die selbst keine entsprechenden Einlagen geleistet haben, „Einlagerückzahlungen" erhalten.

12.2.2 Anfangsbestand und Fortschreibung

12.9 Das steuerliche Einlagekonto hat innerhalb des Teileinkünfteverfahrens die Funktion des bisherigen Teilbetrags EK 04 (= Anrechnungsverfahren) übernommen. Entsprechend wurden die zum Schluss des Anrechnungsverfahrens vorhandenen positiven und nach § 36 Abs. 7 KStG gesondert festgestellten EK-04-Bestände als Anfangsbestand auf dem steuerlichen Einlagekonto erfasst (vgl. § 39 Abs. 1 KStG). Bei fehlenden Schlussbeständen oder negativem EK 04 betrug der Anfangsbestand entsprechend 0 €.[6] Das steuerliche Einlagekonto ist ausgehend von dem Bestand am Ende des vorangegangenen Wirtschaftsjahres um die jeweiligen Zu- und Abgänge des Wirtschaftsjahres fortzuschreiben.

12.2.3 Erhöhung des steuerlichen Einlagekontos

12.2.3.1 (Nicht in das Nennkapital geleistete) Einlagen

12.10 Gemäß § 27 Abs. 1 Satz 1 KStG hat die Kapitalgesellschaft nur die nicht in das Nennkapital geleisteten Einlagen am Schluss jedes **Wirtschaftsjahres** auf einem besonderen Konto auszuweisen. Damit sind die in das Nennkapital geleisteten Einlagen nicht im steuerlichen Einlagekonto nach § 27 KStG auszuweisen, da es sich bei dem Nennkapital um eine anlässlich der Gründung in der Satzung bzw. im Gesellschaftsvertrag spezifizierte Größe handelt, deren Veränderung besonderen Formvorschriften unterliegt und daher ohne Probleme nachvollzogen werden kann.[7]

12.11 Maßgeblich für den **Einlagebegriff** ist nicht die handels-, sondern die **steuerrechtliche** Wertung. Die Höhe des steuerlichen Einlagekontos wird daher regelmäßig vom Bestand der Kapitalrücklage i.S.d. § 272 Abs. 2 HGB abweichen, da die verdeckten Einlagen (§ 8 Abs. 3 Satz 3 KStG) zu einer Erhöhung des steuerlichen Einlagekontos führen, handelsrechtlich aber regelmäßig ertragswirksam erfasst und später in die Gewinnrücklage (§ 272 Abs. 3 HGB) eingestellt werden.

---

6 Siehe auch Dötsch/Werner/Krämer, in: Dötsch/Pung/Möhlenbrock, Die Körperschaftsteuer, § 27 KStG Rdnr. 20 (12/2023); zum Anfangsbestand bei Eintritt in die unbeschränkte Steuerpflicht und bei Neugründungen (§ 27 Abs. 2 Satz 3 KStG) siehe Rdnr. 12.58 ff.

7 Berninghaus, in: Herrmann/Heuer/Raupach, EStG/KStG, § 27 KStG Rdnr. 27 (01/2024).

Von § 27 Abs. 1 KStG werden alle durch das Gesellschaftsverhältnis veranlassten Zuwendungen in Form von **einlagefähigen Vermögensvorteilen** erfasst.[8] Reine **Nutzungsvorteile** (z.B. unentgeltliche oder verbilligte Gebrauchs-/Nutzungsüberlassung eines Wirtschaftsguts) sind nicht bilanzierungsfähig und können daher nicht Gegenstand einer (verdeckten) Einlage sein und damit auch nicht zur Erhöhung des steuerlichen Einlagekontos führen (vgl. H 8.9 „Nutzungsvorteile" KStH 2015). Zu den Einlagen i.S.d. § 27 Abs. 1 Satz 1 KStG rechnen daher insbesondere: 12.12

- verdeckte Einlagen (siehe dazu Rdnr. 18.1 ff.),
- ein Agio bei Aktien (§ 272 Abs. 2 Nr. 1 HGB),
- andere Zuzahlungen des Gesellschafters i.S.d. § 272 Abs. 2 Nr. 4 HGB,
- Nachschüsse i.S.d. § 26 GmbHG,
- Eintrittsgelder bei Genossenschaften.

Zu einer Erhöhung des steuerlichen Einlagekontos kommt es auch dann, wenn die verdeckte Einlage das Einkommen der Kapitalgesellschaft ausnahmsweise – entgegen § 8 Abs. 3 Satz 3 KStG – gem. § 8 Abs. 3 Satz 4 und 5 KStG erhöht hat (materielle Korrespondenz).[9] Dies folgt aus dem Wortlaut des § 8 Abs. 3 Satz 4 und 5 KStG, der den Tatbestand der verdeckten Einlage unberührt lässt und lediglich die Rechtsfolge der Steuerpflicht nur für Zwecke der Einkommensermittlung nach § 8 Abs. 1 KStG anordnet. 12.13

Nach einhelliger Meinung im Schrifttum[10] soll bei der **Sachgründung einer Kapitalgesellschaft** (u.a. auch Einbringungsvorgänge i.S.d. § 20 UmwStG) der Teil des in der Eröffnungsbilanz als Eigenkapital ausgewiesenen Betrages, der das gezeichnete Kapital übersteigt und gem. § 272 Abs. 2 Nr. 1 HGB in die Kapitalrücklage einzustellen ist, zu einer Erhöhung des steuerlichen Einlagekontos führen.[11] Diese Meinung ist im Ergebnis systemkonform: Wird bei einer Sachgründung der Wert des eingebrachten Wirtschaftsguts vollumfänglich mit dem gezeichneten Kapital verrechnet, führt dies zwar nicht zu einer Erhöhung des steuerlichen Einlagekontos nach § 27 KStG. Die Rückzahlung des Nennkapitals (im Fall der Herabsetzung 12.14

---

[8] Vgl. BFH, Beschl. v. 09.06.1997 – GrS 1/94, BStBl II 1998, 307; BFH, Beschl. v. 26.10.1987 – GrS 2/86, BStBl II 1988, 348; zum Begriff des „Einlagefähigen Vermögensvorteils" vgl. auch H 8.9 „Einlagefähiger Vermögensvorteil" KStH 2022.

[9] So auch die h.M., vgl. z.B. BERNINGHAUS, in: HERRMANN/HEUER/RAUPACH, EStG/KStG, § 27 KStG Rdnr. 26 m.w.N. (01/2024).

[10] Vgl. u.a. STIMPEL, in: RÖDDER/HERLINGHAUS/NEUMANN, KStG, 2. Aufl. 2023, § 27 KStG Rdnr. 53; BERNINGHAUS, in: HERRMANN/HEUER/RAUPACH, EStG/KStG, § 27 KStG Rdnr. 27 (01/2024), sowie DÖTSCH/WERNER/KRÄMER, in: DÖTSCH/PUNG/MÖHLENBROCK, Die Körperschaftsteuer, § 27 KStG Rdnr. 35b (12/2023); siehe auch Rdnr. 1.50.

[11] Ebenso BMF-Schreiben v. 04.06.2003 – IV A 2 - S 2836 - 2/03, BStBl I, 366, Rdnr. 6 und 27.

oder der Auflösung der Körperschaft) würde indes nach § 28 Abs. 2 Satz 1 zweiter Halbsatz und Satz 3 KStG zu einer Einlagenrückgewähr führen. Es ist daher für den Fall der Überpari-Emission nur folgerichtig, das steuerliche Einlagekonto in Höhe des in die Kapitalrücklage einzustellenden Agios zu erhöhen. Allerdings korreliert diese Auffassung nicht mit der Rechtsprechung des BFH,[12] wonach die Einbringung eines Wirtschaftsguts in eine GmbH im Rahmen einer sogenannten Überpari-Emission auch im Hinblick auf jenen Teilbetrag des Einbringungswerts, der über den Nennbetrag der Stammeinlageverpflichtung des Einlegenden hinausgeht, nach den für Tauschgeschäfte geltenden Regeln und nicht als Einlage zu bewerten ist. Dies gilt zumindest dann, wenn die Sacheinlagevereinbarung die vollständige Einbringung des (ungeteilten) Wirtschaftsguts als Einlageleistung vorsieht.

Beispiel

12.15 Die B-GmbH wurde zum 01.01.24 von B als alleinigem Gesellschafter mit einem statutarischen Stammkapital von 50.000 € gegründet. Seine Einlage leistete B aufgrund einer gesellschaftsvertraglichen Sacheinlageverpflichtung durch Übereignung eines unbebauten Grundstücks. Dieses hatte B im Jahr 22 erworben (AK 200.000 €). Nach der Sacheinlagevereinbarung beträgt der Wert des eingebrachten Grundstücks 250.000 €. Davon soll ein Betrag i.H.v. 50.000 € auf die Stammeinlage angerechnet werden. Soweit der Wert der Sacheinlage die übernommene Stammeinlage übersteigt, ist er der Kapitalrücklage der Gesellschaft zuzuweisen.

Lösung

Wird einer GmbH im Zuge der Gründung oder einer Kapitalerhöhung ein Wirtschaftsgut im Wege der Sacheinlage zugeführt, so handelt es sich dabei um ein entgeltliches Geschäft. Der Gesellschafter überträgt den Sachwert auf die Gesellschaft und erhält dafür den Gesellschaftsanteil; aus Sicht der Gesellschaft liegt das Anschaffungsgeschäft in der Hingabe der Einlageforderung gegen den Empfang des Sachwerts. Auch der auf das Aufgeld entfallende Wertanteil des eingebrachten Grundstücks ist hierbei Bestandteil der von B im Austausch gegen die Verschaffung der Beteiligungsrechte an der B-GmbH geschuldeten Leistung und folglich auch Gegenstand des tauschähnlichen Einbringungsgeschäfts. Der Einbringungsvorgang ist steuerlich als **tauschähnliches Geschäft** zu werten. Daher ist das Grundstück in der steuerlichen Gewinnermittlung mit dem gemeinen Wert anzusetzen (§ 6 Abs. 6 Satz 1 EStG). Die Bewertung des Grundstücks hat somit nicht nach den für Einlagen (§ 6 Abs. 1 Nr. 5 EStG) geltenden Regeln zu erfolgen, so dass ein Ansatz mit den (fortgeführten) AK/HK nicht in Betracht kommt. Demnach stellt sich die Eröffnungsbilanz der B-GmbH wie folgt dar:

[12] BFH, Urt. v. 24.04.2007 – I R 35/05, BStBl II 2008, 253.

Eröffnungsbilanz B-GmbH 01.01.12

Grund und Boden	250.000 €	Gezeichnetes Kapital	50.000 €
		Kapitalrücklage	200.000 €
	250.000 €		250.000 €

Obwohl hier keine (verdeckte) Einlage vorliegt, kommt es in Höhe des Teilbetrags, der das gezeichnete Kapital übersteigt und gem. § 272 Abs. 2 Nr. 1 HGB in die Kapitalrücklage einzustellen ist, zu einer Erhöhung des steuerlichen Einlagekontos nach § 27 Abs. 1 Satz 1 KStG.[13]

Exkurs: Der Gesellschafter B erzielt einen Veräußerungsgewinn i.S.d. § 23 Abs. 1 Nr. 1 EStG, der sich wie folgt ermittelt (§ 23 Abs. 3 Satz 1 und 4 EStG).

Veräußerungspreis	250.000 €
Anschaffungskosten Grund und Boden	– 200.000 €
Veräußerungsgewinn	**50.000 €**

Ob eine Einlagevereinbarung anlässlich der Gründung einer GmbH so auszulegen ist, dass die zusätzlich zur Bareinlage vom Gründer in Aussicht gestellte Einbringung eines Betriebs Bestandteil des für die Gesellschaftsanteile zu leistenden **Entgelts** (d.h. ein Aufgeld) ist oder ob es sich dabei um eine (**unentgeltliche**) verdeckte Einlage handelt, ist nach den jeweiligen Umständen des Einzelfalls anhand der für die Auslegung von korporationsrechtlichen Bestimmungen geltenden Regeln zu beurteilen.[14] 12.16

12.2.3.2 Zeitpunkt (Zuflussprinzip)

Der Zugang auf dem steuerlichen Einlagekonto ist nach h.M.[15] und Auffassung der Finanzverwaltung[16] erst im Zeitpunkt (= Wirtschaftsjahr) des **tatsächlichen Zuflusses** zu erfassen. Mithin reichen nur „aktivierte" Einlageforderungen für eine Bestandserhöhung nicht aus. In diesen Fällen erhöht sich als Folge des Bilanzausweises lediglich das für Ausschüttungen verwendbare Eigenkapital laut Handels- und Steuerbilanz und damit gleichzeitig der „ausschüttbare Gewinn". 12.17

[13] Ebenso BMF-Schreiben v. 04.06.2003 – IV A 2 - S 2836 - 2/03, BStBl I, 366, Rdnr. 6 und 27.

[14] BFH, Beschl. v. 01.12.2011 – I B 127/11, BFH/NV 2012, 1015; siehe auch Rdnr. 18.8.

[15] Berninghaus, in: Herrmann/Heuer/Raupach, EStG/KStG, § 27 KStG Rdnr. 28 m.w.N. (0/2024).

[16] BMF-Schreiben v. 04.06.2003 – IV A 2 - S 2836 - 2/03, BStBl I, 366, Rdnr. 26.

12.2.4 Verringerung des steuerlichen Einlagekontos durch Leistungen

12.2.4.1 Grundaussagen der Vorschrift

12.18 § 27 Abs. 1 Satz 3 KStG bestimmt, dass Leistungen der Kapitalgesellschaft – mit Ausnahme der Rückzahlung von Nennkapital i.S.d. § 28 Abs. 2 Satz 2 und 3 KStG (siehe dazu Rdnr. 14.12 ff.) – das steuerliche Einlagekonto

- unabhängig von ihrer handelsrechtlichen Einordnung nur dann mindern (und somit als verwendet gelten),
- soweit sie den auf den Schluss des vorangegangenen Wirtschaftsjahres
- ermittelten ausschüttbaren Gewinn übersteigen (Einlagenrückgewähr).

12.19 Die Frage, ob das steuerliche Einlagekonto als verwendet gilt, ist damit grundsätzlich nach der **sogenannten Differenzrechnung** zu bestimmen; das bedeutet, dass auch eine Auskehrung an die Anteilseigner, die handelsrechtlich eine Rückzahlung aus der Kapitalrücklage darstellt, für steuerliche Zwecke als Leistung i.S.d. § 27 Abs. 1 KStG zu behandeln ist. Mithin bestimmt sich auch in diesen Fällen die Frage der Verwendung ausschließlich nach der Differenzrechnung des § 27 Abs. 1 Satz 3 KStG (siehe dazu ausführlich Rdnr. 12.45 ff.). Damit normiert der Gesetzgeber in § 27 Abs. 1 Satz 3 KStG eine Verwendungsreihenfolge, wonach die Leistungen (i.d.R. Ausschüttungen) der Gesellschaft erst dann mit dem steuerlichen Einlagekonto verrechnet werden, wenn keine anderweitigen Eigenkapitalbestandteile (ausschüttbarer Gewinn) vorhanden sind. Damit ist es der Kapitalgesellschaft – jedenfalls für Steuerzwecke – verwehrt, frei zu bestimmen, ob Einlagen zurückgewährt oder Gewinne ausgeschüttet werden. Die Verwendungsfiktion wirkt zu Lasten der Anteilseigner, die durch die vorgezogene Besteuerung einen Zinsnachteil hinnehmen müssen.[17] Ein **direkter Zugriff** auf das steuerliche Einlagekonto ist mithin grundsätzlich **nicht zulässig** (zu den Ausnahmen siehe Rdnr. 12.40 ff.).

12.20 Nach § 27 Abs. 1 Satz 4 erster Halbsatz KStG kann der Bestand des steuerlichen Einlagekontos durch Leistungen **nicht negativ** werden. Eine Verringerung nach § 27 Abs. 1 Satz 3 KStG ist daher grundsätzlich auf den positiven Bestand des Einlagekontos zum Schluss des vorangegangenen Wirtschaftsjahres begrenzt.[18] Etwas anderes gilt in den Fällen des § 27 Abs. 6 KStG (vgl. § 27 Abs. 1 Satz 4 zweiter Halbsatz KStG). Danach wird das steuerliche Einlagenkonto durch Minderabführungen erhöht und durch Mehrabführungen vermindert. Letzteres kann auch zu einem Negativbestand führen.

---

[17] Vgl. z.B. WERRA/TEICHE, DB 2006, 1455, 1458.

[18] Vgl. auch BMF-Schreiben v. 04.06.2003 – IV A 2 - S 2836 - 2/03, BStBl I, 366, Rdnr. 10.

12.2.4.2 Begriff der Leistung

Leistungen i.S.d. § 27 Abs. 1 Satz 3 KStG sind alle Auskehrungen, die ihre Ursache im Gesellschaftsverhältnis haben.[19] Damit gehören insbesondere die 12.21

- offenen und verdeckten Gewinnausschüttungen,
- die Vorabausschüttungen,
- die Verteilung des Vermögens innerhalb einer Liquidation und
- bestimmte Mehrabführungen im Rahmen einer körperschaftsteuerlichen Organschaft

zu diesem Bereich. Damit fordert die vorstehende Bestimmung nicht zwingend einen zivilrechtlich wirksamen Ausschüttungsbeschluss. Auch die Rückzahlung des Stammkapitals im Rahmen einer Kapitalherabsetzung oder der Auflösung der Körperschaft stellt begrifflich eine Leistung i.S.v. § 27 Abs. 1 Satz 3 KStG dar, sie ist aber ausdrücklich von der Verwendungsfiktion ausgenommen. Insoweit geht § 28 Abs. 2 Satz 2 und 3 KStG, die einen Direktzugriff auf das steuerliche Einlagekonto normiert, als lex specialis § 27 Abs. 1 Satz 3 KStG vor.

12.2.4.3 Differenzrechnung (§ 27 Abs. 1 Satz 3 KStG)

In welcher Höhe das steuerliche Einlagekonto für eine Leistung der Körperschaft als verwendet gilt, regelt § 27 Abs. 1 Satz 3–5 KStG. Danach mindern Leistungen der Kapitalgesellschaft das steuerliche Einlagekonto, soweit sie den auf den Schluss des **vorangegangenen** Wirtschaftsjahres ermittelten ausschüttbaren Gewinn übersteigen. Als ausschüttbarer Gewinn gilt das um das gezeichnete Kapital geminderte in der Steuerbilanz ausgewiesene Eigenkapital abzüglich des Bestands des steuerlichen Einlagekontos (§ 27 Abs. 1 Satz 5 KStG). Zur Bestimmung der Leistung, für die das steuerliche Einlagekonto als verwendet gilt, ist daher eine Differenzrechnung durchzuführen. Die Differenzrechnung[20] stellt sich wie folgt dar: 12.22

[19] Siehe BMF-Schreiben v. 04.06.2003 – IV A 2 - S 2836 - 2/03, BStBl I, 366, Rdnr. 10; Stimpel, in: Rödder/Herlinghaus/Neumann, KStG, 2. Aufl. 2023, § 27 Rdnr. 59; BFH, Urt. v. 06.10.2009 – I R 4/08, BStBl II 2010, 177; BFH, Urt. v. 09.06.2010 – I R 43/09, BFH/NV, 2010, 2117.

[20] BMF-Schreiben v. 04.06.2003 – IV A 2 - S 2836 - 2/03, BStBl I, 366, Rdnr. 14.

Differenzrechnung nach § 27 Abs. 1 Satz 3 KStG

Eigenkapital lt. Steuerbilanz des Vj.	Summe der Leistungen
– Gezeichnetes Kapital des Vj.	
– Positiver Bestand Einlagekonto des Vj.	
= **ausschüttbarer Gewinn (wenn negativ Ansatz mit 0 €)**	– ausschüttbarer Gewinn
	= **Leistung, die nach § 27 Abs. 1 Satz 3 KStG als verwendet gilt**

Beispiel

12.23 Die A-GmbH (Nennkapital = 25.000 €) hat in 22 einen Jahresüberschuss i.H.v. 100.000 € erzielt. Ebenfalls in 22 haben die Gesellschafter eine Einlage in die Kapitalrücklage i.H.v. 50.000 € geleistet. In dieser Höhe ist auch (zutreffend) ein Zugang auf dem steuerlichen Einlagekonto (§ 27 KStG) erfasst worden. Das Eigenkapital der A-GmbH stellt sich zum 31.12.22 wie folgt dar:

Eigenkapital A-GmbH 31.12.22

Nennkapital	25.000 €
Kapitalrücklage	50.000 €
Jahresüberschuss	**100.000 €**
Summe	175.000 €
Bestand Einlagekonto	**50.000 €**

Im Wj. 23 erfolgt an die Gesellschafter eine Gewinnausschüttung i.H.v. 100.000 €.

Lösung

Die Frage, ob das steuerliche Einlagekonto als verwendet gilt, ist nach der Differenzrechnung des § 27 Abs. 1 KStG zu bestimmen. Ermittlung wie folgt:

Differenzrechnung nach § 27 Abs. 1 Satz 3 KStG

Summe der Leistungen in 23		100.000 €
Eigenkapital lt. **Steuerbilanz 31.12.22**	175.000 €	
Gezeichnetes Kapital 31.12.22	– 25.000 €	
Positiver Bestand Einlagekonto 31.12.22	– 50.000 €	
ausschüttbarer Gewinn	100.000 €	– 100.000 €
Leistung, die nach § 27 Abs. 1 Satz 3 KStG als verwendet gilt		**0 €**

Vorliegend kommt es nicht zu einer Verwendung des steuerlichen Einlagekontos, weil die Summe der Leistungen (hier: die Gewinnausschüttung i.H.v. 100.000 €) den ausschüttbaren Gewinn des Vorjahres nicht übersteigt. Die Ausschüttung führt daher in voller Höhe zu Bezügen i.S.d. § 20 Abs. 1 Nr. 1 EStG.

Die Differenzrechnung führt im Ergebnis dazu, dass vorrangig das übrige Eigenkapital (ausschüttbarer Gewinn) – mit Ausnahme des Nennkapitals – und erst im Anschluss das steuerliche Einlagekonto als verwendet gilt. 12.24

Beispiel Abwandlung

Die Gewinnausschüttung im Wj. 23 beträgt 120.000 €.

Lösung

Verwendungsfiktion/Differenzrechnung nach § 27 Abs. 1 KStG:

Differenzrechnung nach § 27 Abs. 1 Satz 3 KStG

Summe der Leistungen in 23		120.000 €
Eigenkapital lt. Steuerbilanz 31.12.22	175.000 €	
Gezeichnetes Kapital 31.12.22	– 25.000 €	
Positiver Bestand Einlagekonto 31.12.22	– 50.000 €	
ausschüttbarer Gewinn	100.000 €	– 100.000 €
Leistung, die nach § 27 Abs. 1 Satz 3 KStG als verwendet gilt		**20.000 €**

Vorliegend kommt es i.H.v. 20.000 € zu einer Verwendung des steuerlichen Einlagekontos, weil die Summe der Leistungen (hier: die Gewinnausschüttung i.H.v. 120.000 €) den ausschüttbaren Gewinn (hier: 100.000 €) des Vorjahres um 20.000 € übersteigt. Der Bestand des steuerlichen Einlagekontos mindert sich um 20.000 €. Zum 31.12.23 ist der Bestand des steuerlichen Einlagekontos i.H.v. 30.000 € gesondert festzustellen (§ 27 Abs. 2 Satz 1 KStG). Die Bezüge i.S.d. § 20 Abs. 1 Nr. 1, Abs. 8 EStG betragen 100.000 €.

Der Berechnung sind jeweils die Bestände zum Schluss des **vorangegangenen** Wirtschaftsjahres zugrunde zu legen. Wegen der für **Liquidationen** geltenden Besonderheiten wird auf das BMF-Schreiben zur Auflösung und Abwicklung von Körperschaften und Personenvereinigungen hingewiesen.[21] 12.25

[21] Vgl. BMF-Schreiben v. 26.08.2003 – IV A 2 - S 2760 - 4/03, BStBl I, 434, Rdnr. 12–15; siehe auch Rdnr. 32.69 ff.

Hinweis

12.26 Die Vorjahresbetrachtung gilt auch für im laufenden Wirtschaftsjahr gezahlte **Vorab-** und verdeckte Gewinnausschüttungen. Durch das Vorziehen der Gewinnausschüttung (noch) in das laufende Wirtschaftsjahr kann ggf. die Verwendung des steuerlichen Einlagekontos begünstigt werden, weil das Jahresergebnis nur den ausschüttbaren Gewinn des laufenden Jahres, nicht aber den des Vorjahres erhöht.[22]

12.2.4.4 Ausschüttbarer Gewinn

12.27 Der ausschüttbare Gewinn entspricht nach der Legaldefinition in § 27 Abs. 1 Satz 5 KStG dem Eigenkapital **laut Steuerbilanz** abzüglich des gezeichneten Kapitals und des Bestands des steuerlichen Einlagekontos. Dabei stellen Rückstellungen und Verbindlichkeiten auch dann Fremdkapital dar, wenn sie auf außerhalb der Steuerbilanz zu korrigierenden verdeckten Gewinnausschüttungen i.S.d. § 8 Abs. 3 Satz 2 KStG beruhen. Nicht zum Eigenkapital gehören diejenigen auf der Passivseite der Steuerbilanz ausgewiesenen Posten, die aufgrund steuerrechtlicher Vorschriften erst bei ihrer Auflösung zu versteuern sind (Sonderposten mit Rücklageanteil i.S.d. § 247 Abs. 3 HGB a.F., z.B. Rücklage nach § 6b EStG oder Rücklagen für Ersatzbeschaffung i.S.v. R 6.6 EStR).[23]

12.28 Ungeachtet dessen enthält § 27 Abs. 1 Satz 5 KStG keine Verpflichtung zur Aufstellung einer Steuerbilanz. Hat die Kapitalgesellschaft eine Steuerbilanz nicht aufgestellt, ist das steuerliche Eigenkapital – ausgehend von der Handelsbilanz – nach den Vorschriften über die steuerliche Gewinnermittlung zu ermitteln (§ 60 Abs. 2 Satz 1 EStDV, § 5b Abs. 1 Satz 2 EStG).[24]

12.29 Der „ausschüttbare Gewinn" sowie das „Eigenkapital laut Steuerbilanz" sind reine **Rechengrößen**, die – anders als der Bestand des steuerlichen Einlagekontos – nicht gesondert festgestellt werden. Daher beeinflussen nachträglich erkannte Bilanzierungsfehler (z.B. im Rahmen von Betriebsprüfungen) regelmäßig auch die Höhe des ausschüttbaren Gewinns und damit – vorbehaltlich der Verwendungsfestschreibung in § 27 Abs. 5 Satz 1 KStG – auch die Höhe einer etwaigen Verwendung des steuer-

[22] Siehe hierzu DÖTSCH/WERNER/KRÄMER, in: DÖTSCH/PUNG/MÖHLENBROCK, Die Körperschaftsteuer, § 27 KStG Rdnr. 41a (12/2023), sowie BFH, Urt. v. 19.05.2010 – I R 51/09, BStBl II 2014, 937.

[23] BMF-Schreiben v. 04.06.2003 – IV A 2 - S 2836 - 2/03, BStBl I, 366, Rdnr. 16 und 17.

[24] BMF-Schreiben v. 04.06.2003 – IV A 2 - S 2836 - 2/03, BStBl I, 366, Rdnr. 25.

lichen Einlagekontos.[25] Maßgebend sind die materiellrechtlich zutreffenden Bilanzansätze (nicht die tatsächlichen Wertansätze).[26]

Der ausschüttbare Gewinn ist gem. § 27 Abs. 1 Satz 3 KStG auf den Schluss des **vorangegangenen** Wirtschaftsjahres zu ermitteln. Zugänge bzw. Abgänge des laufenden Wirtschaftsjahres beeinflussen den ausschüttbaren Gewinn nicht. Dem folgend stehen auch **unterjährige Zugänge** im steuerlichen Einlagekonto **nicht** für Leistungen (Ausschüttungen) im selben Jahr zur Verfügung.[27] 12.30

Bei der Ermittlung des ausschüttbaren Gewinns ist vom Eigenkapital laut Steuerbilanz das **gezeichnete Kapital** abzuziehen, und zwar auch dann, wenn es aus einer Kapitalerhöhung aus Gewinnrücklagen stammt und hierzu ein Sonderausweis i.S.d. § 28 Abs. 1 Satz 3 KStG gebildet wurde.[28] Abzustellen ist auf das zum Ende des Wirtschaftsjahres im Handelsregister eingetragene gezeichnete Kapital. Kapitalerhöhungen/-herabsetzungen sind daher erst im Zeitpunkt der Eintragung im Handelsregister (zivilrechtliche Wirksamkeit) zu berücksichtigen. Nach Auffassung der Finanzverwaltung[29] soll das gezeichnete Kapital für die Berechnung des ausschüttbaren Gewinns aus Vereinfachungsgründen auch dann mit dem Nominalbetrag anzusetzen sein, wenn es nicht vollständig eingezahlt ist. Das soll unabhängig davon gelten, ob ausstehende Einlagen ganz oder teilweise eingefordert sind.[30] 12.31

Ist der Bestand des steuerlichen Einlagekontos ausnahmsweise negativ, ist er bei der Ermittlung des ausschüttbaren Gewinns nicht zu berücksichtigen.[31] 12.32

12.2.4.5 Mehrere Leistungen/Sammelbetrachtung

Sind in einem Wirtschaftsjahr mehrere Leistungen (Gewinnausschüttungen) abgeflossen, so sind für die Verrechnung mit dem steuerlichen Einlagekonto nach h.M.[32] 12.33

---

25 Siehe auch STIMPEL, in: RÖDDER/HERLINGHAUS/NEUMANN, KStG, 2. Aufl. 2023, § 27 Rdnr. 83 und 84.

26 STIMPEL, in: RÖDDER/HERLINGHAUS/NEUMANN, KStG, 2. Aufl. 2023, § 27 Rdnr. 88 m.w.N.; siehe hierzu auch Rdnr. 12.58 ff. mit Beispiel.

27 Vgl. H 27 „Unterjährige Zugänge" KStH 2022; BFH, Urt. v. 30.01.2013 – I R 35/11, BStBl II, 560.

28 BERNINGHAUS, in: HERRMANN/HEUER/RAUPACH, EStG/KStG, § 27 KStG Rdnr. 64 (01/2024).

29 BMF-Schreiben v. 04.06.2003 – IV A 2 - S 2836 - 2/03, BStBl I, 366, Rdnr. 20.

30 Ablehnend BERNINGHAUS, in: HERRMANN/HEUER/RAUPACH, EStG/KStG, § 27 KStG Rdnr. 64 m.w.N. (01/2024) für ausstehende, aber nicht eingeforderte Einlagen auf das Nennkapital, die gem. § 272 Abs. 1 Satz 2 HGB passivisch vom gezeichneten Kapital offen abzusetzen sind. Der ausschüttbare Gewinn ist nach dort vertretener Auffassung um das nicht eingeforderte Nennkapital zu niedrig.

31 BMF-Schreiben v. 04.06.2003 – IV A 2 - S 2836 - 2/03, BStBl I, 366, Rdnr. 21.

32 STIMPEL, in: RÖDDER/HERLINGHAUS/NEUMANN, KStG, 2. Aufl. 2023, § 27 Rdnr. 79.

und Auffassung der Finanzverwaltung[33] alle im Wirtschaftsjahr abgeflossenen Leistungen zusammenzufassen. Eine sich danach ergebende Verwendung des steuerlichen Einlagekontos ist den einzelnen Leistungen **anteilig zuzuordnen.**[34] Diese sogenannte Sammelbetrachtung verwehrt der Kapitalgesellschaft durch Wahl der zeitlichen Reihenfolge der Ausschüttungen innerhalb des Wirtschaftsjahres (z.B. zunächst an einen zur Anrechnung der Kapitalertragsteuer berechtigten Anteilseigner und später an einen nicht zur Anrechnung/Erstattung von Kapitalertragsteuer berechtigten Anteilseigner) zu bestimmen, welcher Anteilseigner in den Genuss des § 20 Abs. 1 Nr. 1 Satz 3 EStG kommt und welcher nicht. Die identische Problematik ergibt sich, wenn eine Betriebsprüfung eine (weitere) verdeckte Gewinnausschüttung aufdeckt.

Beispiel

12.34 Die Gesellschafterversammlung der A-GmbH beschließt im April 24 für das abgelaufene Wj. 23 eine (offene) Gewinnausschüttung (GA) i.H.v. 100.000 €. Im November 21 erfolgt eine weitere (Vorab-)Ausschüttung i.H.v. 60.000 € auf den voraussichtlichen Gewinn 24. Sämtliche Ausschüttungen sind im Wj. 21 abgeflossen. Das Eigenkapital lt. Steuerbilanz betrug zum 31.12.23 350.000 € (davon Stammkapital 150.000 €). Der Bestand des steuerlichen Einlagekontos beträgt zum 31.12.23 = 100.000 €.

Lösung

Für die Verrechnung mit dem steuerlichen Einlagekonto sind alle Leistungen (hier offene GA für das Wj. 23 und Vorabausschüttung für das Wj. 24) eines Wirtschaftsjahres zusammenzufassen. Demnach ergibt sich folgende Verwendungsrechnung (§ 27 Abs. 1 Satz 3 KStG):

Differenzrechnung nach § 27 Abs. 1 Satz 3 KStG

Summe der Leistungen im Wj. 24 (100.000 € + 60.000 €)		160.000 €
Eigenkapital lt. Steuerbilanz 31.12.23	350.000 €	
Gezeichnetes Kapital 31.12.23	– 150.000 €	
Positiver Bestand Einlagekonto 31.12.23	– 100.000 €	
ausschüttbarer Gewinn	100.000 €	– 100.000 €
Leistung, die nach § 27 Abs. 1 Satz 3 KStG als verwendet gilt		**60.000 €**

Die sich hiernach ergebende Verwendung des steuerlichen Einlagekontos (§ 27 KStG) i.H.v. 60.000 € ist den einzelnen Leistungen anteilig zuzuordnen.

Offene GA für das Wj. 23	60.000 x 100/160	37.500 €
Vorabausschüttung für das Wj. 24	60.000 x 60/160	22.500 €

[33] BMF-Schreiben v. 04.06.2003 – IV A 2 - S 2836 - 2/03, BStBl I, 366, Rdnr. 12.
[34] Ebenso Hessisches FG, Urt. v. 20.11.2014 – 4 K 208/13, EFG 2015, 676.

Folge der Sammelbetrachtung ist, dass **erst mit Ablauf des Wirtschaftsjahres** der Kapitalgesellschaft final und rückwirkend feststeht, in welchem Umfang die in dem jeweiligen Wirtschaftsjahr erfolgten Leistungen auf einer Verwendung des steuerlichen Einlagekontos beruhen. Wird im Laufe des Wirtschaftsjahres eine fehlerhafte Steuerbescheinigung erteilt, in dem die Minderung des Einlagekontos zu niedrig bescheinigt worden ist, bleibt die der Bescheinigung zugrunde gelegte Verwendung gem. § 27 Abs. 5 Satz 1 KStG unverändert, eine Berichtigung der Steuerbescheinigung ist nicht zulässig (§ 27 Abs. 5 Satz 3 KStG). Wird die Verwendung des steuerlichen Einlagekontos zu hoch bescheinigt, haftet die Kapitalgesellschaft für die auf den überhöht ausgewiesenen Betrag der Einlagenrückgewähr entfallende Kapitalertragsteuer gem. § 27 Abs. 5 Satz 4 KStG. In diesem Fall ist die Berichtigung der Steuerbescheinigung aber gem. § 27 Abs. 5 Satz 5 KStG zulässig (siehe dazu auch Rdnr. 12.76 f.). 12.35

Praxistipp

Vor Ablauf des Wirtschaftjahres sollten daher für die erfolgten Ausschüttungen keine Steuerbescheinigungen i.S.v. § 27 Abs. 3 KStG erteilt werden.

Die durch eine weitere Leistung rechtswidrig werdende Kapitalertragsteueranmeldung (für die erste Ausschüttung) kann gem. § 175 Abs. 1 Nr. 1 AO und – solange der gem. § 168 Satz 1 AO hinsichtlich der Kapitalertragsteueranmeldung bestehende Vorbehalt der Nachprüfung nicht aufgehoben wurde oder weggefallen ist – auch gem. § 164 Abs. 2 AO geändert werden. 12.36

12.2.4.6 Zeitpunkt (Abflussprinzip)

Leistungen sind in dem Zeitpunkt zu verrechnen bzw. in die Differenzrechnung nach § 27 Abs. 1 Satz 3 KStG einzubeziehen, wenn sie tatsächlich erbracht worden sind. Maßgeblich ist hier der **Abflusszeitpunkt** bei der Kapitalgesellschaft.[35] Auf den Zuflusszeitpunkt beim Anteilseigner i.S.v. § 11 bzw. § 44 EStG kommt es nicht an. Bei einer verhinderten Vermögensmehrung tritt der Vermögensabfluss in dem Augenblick ein, in dem die verhinderte Vermögensmehrung bei einer unterstellten angemessenen Entgeltvereinbarung sich nach den allgemeinen Realisationsgrundsätzen gewinnerhöhend ausgewirkt hätte.[36] Eine Gewinnausschüttung ist grundsätzlich auch dann abgeflossen, wenn die Gewinnanteile dem Gesellschafter auf Verrechnungskonten, über die die Gesellschafter vereinbarungsgemäß frei verfügen können, bei der Gesellschaft gutgeschrieben worden sind.[37] 12.37

35 Vgl. H 27 (Abflusszeitpunkt) KStH 2022 m.w.N.; BERNINGHAUS, in: HERRMANN/HEUER/RAUPACH, EStG/KStG, § 27 KStG Rdnr. 51 m.w.N. (01/2024).

36 BFH, Urt. v. 23.06.1993 – I R 72/92, BStBl II, 801.

37 BFH, Urt. v. 11.07.1973 – I R 144/71, BStBl II, 806.

12.38 Unmaßgeblich ist der Zeitpunkt der Betriebsvermögensminderung. Eine Gewinnausschüttung ist daher noch nicht verwirklicht i.S.d. § 27 Abs. 1 Satz 3 KStG, wenn offene oder verdeckte Gewinnausschüttungen bei der Kapitalgesellschaft lediglich als Verpflichtung gegenüber dem Anteilseigner passiviert werden (z.B. Bildung einer Tantiemenrückstellung unter Verstoß gegen das steuerliche Rückwirkungsverbot).

Beispiel

12.39 Am 01.03.24 hat die A-GmbH für das Wirtschaftsjahr 23 (01.01.–31.12.) eine offene Gewinnausschüttung i.H.v. 300.000 € beschlossen. Die Ausschüttung wurde im April 24 ausgezahlt. Bei der Erstellung des Jahresabschlusses für das Wj. 24 hat der Steuerberater im Rahmen der Einkommensermittlung folgende außerbilanzielle Korrekturen (zutreffend) vorgenommen:

- Erhöhung des zu versteuernden Einkommens wegen einer zum 31.12.24 gebildeten Tantiemenrückstellung i.H.v. 45.000 € (vGA wegen Verstoßes gegen das Rückwirkungsverbot),
- Erhöhung des zu versteuernden Einkommens wegen einer überhöhten Gehaltszahlung i.H.v. 30.000 € (Abfluss der vGA im Dezember 24).

Ferner hat der Steuerberater im Rahmen der Einkommensermittlung (zutreffend) berücksichtigt, dass der Alleingesellschafter A der A-GmbH am 15.10.24 auf die Rückzahlung seines voll werthaltigen Gesellschafterdarlehens i.H.v. 100.000 € verzichtet hat. Das Eigenkapital laut Steuerbilanz stellte sich zum 31.12.23 wie folgt dar:

Eigenkapital zum 31.12.23

Stammkapital	150.000 €
Kapitalrücklage	+ 75.000 €
Gewinnrücklage	+ 150.000 €
Jahresüberschuss	+ 150.000 €
Gesamt	**525.000 €**

Der Bestand des steuerlichen Einlagekontos betrug zum 31.12.23 75.000 €.

Lösung

Für die Verrechnung mit dem steuerlichen Einlagekonto sind alle im Wj. 24 **abgeflossenen Leistungen** (hier offene GA für das Wj. 23 und überhöhte Gehaltszahlung für das Wj. 24) zusammenzufassen. Die zutreffend passivierte – aber nicht im Wj. 23 abgeflossene – Tantiemenrückstellung ist daher nicht in die Verwendungsrechnung (§ 27 Abs. 1 Satz 3 KStG) einzubeziehen. Demnach ergibt sich folgende Berechnung:

Differenzrechnung nach § 27 Abs. 1 Satz 3 KStG

Summe der Leistungen im Wj. 24 (300.000 € + 30.000 €)		330.000 €
Eigenkapital lt. **Steuerbilanz 31.12.23**	525.000 €	
Gezeichnetes Kapital 31.12.23	- 150.000 €	
Positiver Bestand Einlagekonto 31.12.23	– 75.000 €	
ausschüttbarer Gewinn	300.000 €	– 300.000 €
Leistung, die nach § 27 Abs. 1 Satz 3 KStG als verwendet gilt		**30.000 €**

Das steuerliche Einlagekonto mindert sich mithin in Bezug auf die Gewinnausschüttungen i.H.v. 30.000 €. Wegen der verdeckten Einlage ist das steuerliche Einlagekonto indes um 100.000 € zu erhöhen. Demnach ist der Bestand des steuerlichen Einlagekontos gem. § 27 Abs. 2 KStG wie folgt gesondert festzustellen:

Bestand Einlagekonto zum 31.12.24

Stand 01.01.24	75.000 €
Abgang	– 30.000 €
Zugang	+ 100.000 €
Stand 31.12.24	**145.000 €**

12.2.5 Sonderfälle der Verrechnung mit dem Einlagekonto

12.2.5.1 Direktzugriff

Der Grundsatz,[38] dass sich die Verwendung aus dem steuerlichen Einlagekonto ausschließlich nach der sogenannten Differenzrechnung bestimmt, erfährt Ausnahmen. Abweichend von diesem Grundsatz kommt es aufgrund gesetzlicher Anordnung in den nachfolgenden Fällen zu einem sogenannten „**Direktzugriff**" auf das steuerliche Einlagekonto: 12.40

- Herabsetzung und Rückzahlung von Nennkapital i.S.d. § 28 Abs. 2 Satz 3 KStG (siehe dazu Rdnr. 12.41),
- in organschaftlicher Zeit verursachte Mehrabführungen einer Organgesellschaft, (§ 27 Abs. 6 KStG; siehe dazu Rdnr. 12.79).

Das Nennkapital wird im Gegensatz zu den sonstigen Einlagen des Gesellschafters nicht im steuerlichen Einlagekonto erfasst und untersteht deshalb auch nicht der Verwendungsfiktion des § 27 Abs. 1 Satz 3 KStG. Stattdessen ist es nach Maßgabe des § 28 Abs. 2 KStG (einschließlich Sonderausweis) im Fall seiner Herabsetzung 12.41

[38] Vgl. hierzu BFH, Urt. v. 11.02.2015 – I R 3/14, BStBl II, 816 m.w.N.

dem Einlagekonto gutzuschreiben und bei Rückzahlung unmittelbar von diesem abzuziehen.[39] Hierin erkennt der BFH keinen Gleichheitsverstoß, da das ins Handelsregister einzutragende Nennkapital regelmäßig durch Satzung oder Gesellschaftsvertrag eindeutig festgelegt und seine Änderung besonderen (Form-)Vorschriften unterworfen ist (vgl. zur GmbH §§ 58 ff. GmbHG). Daraus folgt, dass auch die Auskehr des herabgesetzten Nennkapitals sowohl dem Grunde als auch der Höhe nach zumindest im Regelfall zweifelsfrei identifiziert werden kann. Demgemäß ist es nach Auffassung des BFH nicht zu beanstanden, dass der Gesetzgeber im Rahmen seiner Entscheidung zugunsten einer praxistauglichen steuerrechtlichen Verwendungsreihenfolge die Rückzahlung von Nennkapital aus der Differenzrechnung des § 27 Abs. 1 Satz 3 KStG ausnimmt.[40]

Hinweis

12.42 Die Regelungssystematik des § 28 KStG ermöglicht damit in der Praxis – über den Umweg einer Nennkapitalerhöhung aus Gesellschaftsmitteln mit anschließender Nennkapitalherabsetzung und -auszahlung – einen **Direktzugriff** auf das steuerliche Einlagekonto. Im Rahmen einer Gestaltungsberatung ist jedoch zu berücksichtigen, dass sowohl die Kapitalerhöhung als auch die Kapitalherabsetzung als satzungsändernde Maßnahmen einen notariell zu beurkundenden Gesellschafterbeschluss erfordern und damit nicht unerhebliche Kosten verursachen.[41]

12.2.5.2 Rückzahlung von Nachschusskapital

12.43 Bis zur Änderung des § 27 Abs. 1 Satz 3 KStG durch das SEStEG sah die Finanzverwaltung[42] für die Rückzahlung von Nachschüssen der Anteilseigner i.S.d. § 26 GmbHG einen Direktzugriff auf das steuerliche Einlagekonto vor, weil es sich bei diesen Beträgen eben nicht um erwirtschaftete und ausgeschüttete Gewinne der Kapitalgesellschaft, sondern vielmehr um die Rückgewähr einer Einlage handele.[43] Hierbei handelt es sich um im Gesellschaftsvertrag festgelegte Gesellschafterbeiträge, die über die Stammeinlage hinausgehen. Bei dem durch Nachschüsse zugeführten Kapital handelt es sich um Eigenkapital, das als Kapitalrücklage auszuweisen ist (§ 272 Abs. 2 HGB). Diese Beträge sind gesellschaftsrechtlich geschuldet

---

[39] Vgl. BFH, Urt. v. 21.10.2014 – I R 31/13, BFHE 247, 351.

[40] BFH, Urt. v. 11.02.2015 – I R 3/14, BStBl II, 816; siehe ausführlich dazu Rdnr. 14.12 ff.

[41] Vgl. auch DÖTSCH/WERNER/KRÄMER, in: DÖTSCH/PUNG/MÖHLENBROCK, Die Körperschaftsteuer, § 27 KStG Rdnr. 59 (12/2023); sowie OTT, DStR 2017, 1505, 1508.

[42] BMF-Schreiben v. 04.06.2003 – IV A 2 - S 2836 - 2/03, BStBl I, 366, Rdnr. 29.

[43] DÖTSCH/WERNER/KRÄMER, in: DÖTSCH/PUNG/MÖHLENBROCK, Die Körperschaftsteuer, § 27 KStG Rdnr. 64 (12/2023) m.w.N.

und gesellschaftsrechtlich gebunden (kein Darlehen). Zu diesem Bereich gehören nicht die freiwilligen Nachschüsse eines Gesellschafters. Gesellschaftsrechtlich ist zu beachten, dass eine Rückzahlung hier nur unter den engen Voraussetzungen des § 30 Abs. 2 GmbHG zulässig ist.

Mit dem SEStEG wurde mit Wirkung ab dem Veranlagungszeitraum 2006 in § 27 Abs. 1 Satz 3 KStG der Zusatz eingefügt, dass die Verwendungsfiktion (Differenzrechnung) **unabhängig von der handelsrechtlichen Einordnung** der Leistung gilt. Daher kommt ein Direktzugriff im Fall Rückzahlung von Nachschusskapital[44] ab diesem Zeitpunkt nicht mehr in Betracht. Das BMF-Schreiben vom 04.06.2003[45] ist insoweit überholt. 12.44

12.2.5.3 Rückzahlung einer Kapitalrücklage

Eine ausgewiesene Kapitalrücklage (z.B. nach § 272 Abs. 2 Nr. 4 HGB) kann bei einer GmbH mit einem normalen Gesellschafterbeschluss aufgelöst und im Zuge einer nachfolgenden Gewinnverwendung an den Gesellschafter ausgezahlt werden. Die Rückzahlung einer Kapitalrücklage kann aber auch ohne Berührung des Bilanzgewinns als ergebnisunabhängige Entnahme und damit als Vermögensverteilung behandelt werden. 12.45

Steuerrechtlich stellt die Rückzahlung der Kapitalrücklage in jedem Fall eine Leistung i.S.d. § 27 Abs. 1 KStG dar; denn unter den Regelungsbereich des § 27 Abs. 1 KStG fallen sämtliche gesellschaftsrechtlich veranlassten Vermögensauskehrungen. Es ist also unmaßgeblich, ob die Auflösung und Rückzahlung im Zuge einer Gewinnverwendung erfolgt ist oder ob eine ergebnisunabhängige Entnahme vorliegt. Die Frage, ob das steuerliche Einlagekonto als verwendet gilt, ist damit auch in diesen Fällen – ohne Bindung an das Handelsrecht – ausschließlich nach der Verwendungsfiktion/Differenzrechnung zu bestimmen.[46] Nach Auffassung der Finanzverwaltung galt dies auch schon vor Änderung des § 27 Abs. 1 Satz 3 KStG durch das SEStEG.[47] 12.46

---

44 RegE SEStEG, BT-Drucks. 16/2710, 31; ebenso Endert, in: Frotscher/Drüen, KStG/GewStG/UmwStG, § 27 KStG Rdnr. 102 (04/2023); Dötsch/Werner/Krämer, in: Dötsch/Pung/Möhlenbrock, Die Körperschaftsteuer, § 27 KStG Rdnr. 65 (12/2023).

45 BMF-Schreiben v. 04.06.2003 – IV A 2 - S 2836 - 2/03, BStBl I, 366, Rdnr. 29.

46 Vgl. BFH, Urt. v. 11.02.2015 – I R 3/14, BFHE 249, 448.

47 Siehe auch BFH, Urt. v. 08.06.2011 – I R 69/10, BFH/NV 2011, 1921; BFH, Urt. v. 09.06.2010 – I R 43/09, BFH/NV 2010, 2117.

Beispiel

12.47 Die Bilanz der A-GmbH weist zum 31.12.23 folgendes Eigenkapital aus:

Stammkapital	25.000 €
Kapitalrücklage	+ 75.000 €
Gewinnrücklage	+ 100.000 €
Jahresüberschuss	+ 50.000 €
Summe	**250.000 €**

Der Bestand des steuerlichen Einlagekontos (§ 27 KStG) beträgt zum 31.12.23 75.000 €. Nach einem Gesellschafterbeschluss im Wj. 24 wird die Kapitalrücklage an die Gesellschafter ausbezahlt.

Lösung

Ein Direktzugriff auf das steuerliche Einlagekonto ist nicht zulässig. Die Frage, ob das steuerliche Einlagekonto als verwendet gilt, ist ausschließlich nach der Verwendungsfiktion/Differenzrechnung zu bestimmen. Ermittlung wie folgt:

Differenzrechnung nach § 27 Abs. 1 Satz 3 KStG

Summe der Leistungen		75.000 €
Eigenkapital lt. Steuerbilanz (Vj.)	250.000 €	
Gezeichnetes Kapital (Vj.)	– 25.000 €	
Positiver Bestand Einlagekonto (Vj.)	– 75.000 €	
ausschüttbarer Gewinn	150.000 €	– 150.000 €
Leistung, die nach § 27 Abs. 1 Satz 3 KStG als verwendet gilt		**0 €**

Im vorliegenden Fall kommt es also nicht zu einer Verwendung des steuerlichen Einlagekontos, weil die Summe der Leistungen (hier: die Rückzahlung der Kapitalrücklage i.H.v. 75.000 €) den ausschüttbaren Gewinn des Vorjahres nicht übersteigt.

Hinweis

12.48 Da die Rückzahlung einer Kapitalrücklage zu steuerpflichtigen Bezügen i.S.d. § 20 Abs. 1 Nr. 1, Abs. 8 EStG führt, soweit die Zahlung den ausschüttbaren Gewinn nicht übersteigt, dürfte – zur Beseitigung von Liquiditätsengpässen – regelmäßig die Gewährung eines Darlehens steuerlich vorteilhaft sein. Dies gilt insbesondere auch im

Hinblick auf einen möglichen Ausfall der Einlage,[48] der wegen § 8b Abs. 3 Satz 3 KStG und § 3c Abs. 2 Satz 1 EStG teilweise bzw. voll steuerunwirksam ist. Der Ausfall einer Darlehensforderung ist hingegen nur unter den qualifizierten Voraussetzungen des § 8b Abs. 3 Satz 4 ff. KStG bzw. § 3c Abs. 2 Satz 2 und 3 EStG (teilweise) steuerunwirksam (siehe dazu ausführlich Rdnr. 25.115 ff. und Rdnr. 24.33 ff.).

12.3 Gesonderte Feststellung (§ 27 Abs. 2 KStG)

12.3.1 Gesonderte Feststellung des Bestands des steuerlichen Einlagekontos

Nach § 27 Abs. 2 Satz 1 KStG ist der unter Berücksichtigung der Zu- und Abgän- 12.49
ge des Wirtschaftsjahres ermittelte Bestand des steuerlichen Einlagekontos gesondert festzustellen. Die zur Führung eines steuerlichen Einlagekontos verpflichteten Körperschaften haben daher auf den Schluss jedes Wirtschaftsjahres eine Erklärung zur gesonderten Feststellung der Bestände einzureichen (§ 27 Abs. 2 Satz 4 KStG). Die Erklärungen sind von den in § 34 AO bezeichneten Personen eigenhändig zu unterschreiben (§ 27 Abs. 2 Satz 5 KStG). Die Feststellung hat auf das Ende des Wirtschaftsjahres (ggf. Rumpfwirtschaftsjahr) zu erfolgen (nicht zum Ende des Veranlagungszeitraums). Die Feststellung nach § 27 Abs. 2 Satz 1 KStG hat auch dann zu erfolgen, wenn sich gegenüber der Vorjahresfeststellung keine Änderungen ergeben haben oder der Bestand 0 € beträgt.[49]

12.3.2 Grundlagenbescheid und Bindungswirkung

§ 27 Abs. 2 Satz 2 KStG bestimmt, dass der Feststellungsbescheid Grundlagenbe- 12.50
scheid für den Feststellungsbescheid zum Ende des Folgewirtschaftsjahres ist. Diese Regelung dient der Rechtssicherheit und vermeidet die Verlagerung materieller Fehler der Vergangenheit in die Gegenwart. Die Bestandskraft eines Feststellungsbescheids hat zur Folge, dass Einwendungen gegen die Rechtsmäßigkeit des Feststellungsbescheids nicht im Verfahren gegen einen folgenden Feststellungsbescheid geltend gemacht werden können. Angegriffen werden muss daher der Bescheid, in dem der Fehler erstmals aufgetreten ist. Demgegenüber führt die Änderung eines

---

[48] Die (verdeckte) Einlage führt auf Ebene des Gesellschafters zu nachträglichen Anschaffungskosten auf die Beteiligung, § 6 Abs. 6 Satz 2 EStG, vgl. auch H 8.9 (Behandlung beim Gesellschafter) KStH 2022; BFH, Urt. v. 12.02.1980 – VIII R 114/77, BStBl II, 494; BFH, Urt. v. 29.07.1997 – VIII R 57/94, BStBl II 1998, 652. Eine Teilwertabschreibung des Anteils unterliegt dem Anwendungsbereich des § 8b Abs. 3 Satz 3 KStG (Kapitalgesellschaft) bzw. § 3c Abs. 2 Satz 1 EStG (natürliche Person, Anteile im Betriebsvermögen).

[49] Berninghaus, in: Herrmann/Heuer/Raupach, EStG/KStG, § 27 KStG Rdnr. 80 m.w.N. (01/2024); a.A. hinsichtlich Nullfeststellungen Dötsch/Werner/Krämer, in: Dötsch/Pung/Möhlenbrock, Die Körperschaftsteuer, § 27 KStG Rdnr. 110 (12/2023).

vorhergehenden Feststellungsbescheids notwendig zur Korrektur des Folgebescheids nach § 175 Abs. 1 Nr. 1 AO.

Hinweis

12.51 Die Kapitalgesellschaft, der gegenüber der Feststellungsbescheid ergeht, ist bei einer unrichtigen Feststellung des steuerlichen Einlagekontos selbst klagebefugt.[50] Demgegenüber ist der Gesellschafter einer Kapitalgesellschaft nicht befugt, den gegen die Kapitalgesellschaft ergangenen Bescheid über die gesonderte Feststellung des Bestands des steuerlichen Einlagekontos anzufechten.[51]

12.52 Die **Bindungswirkung** der Feststellung ergibt sich **für die Kapitalgesellschaft** in verfahrensrechtlicher Hinsicht aus § 182 Abs. 1 AO und umfasst den festgestellten Bestand des steuerlichen Einlagekontos.[52] Dies gilt (natürlich) auch dann, wenn der Feststellungsbescheid materiellrechtlich unzutreffend ist. Es besteht daher grundsätzlich nicht die Möglichkeit, die unterlassene Erfassung einer Einlage im ersten offenen Jahr nachzuholen. Der (ggf. fehlerhafte) festgestellte Bestand des steuerlichen Einlagekontos ist dann auch für die ggf. im Folgewirtschaftsjahr durchzuführende Differenzrechnung i.S.d. § 27 Abs. 1 Satz 3 KStG bindend. Gegenstand der Feststellung ist aber nicht der „ausschüttbare Gewinn" i.S.d. § 27 Abs. 1 Satz 5 KStG, dieser kann sich im „Nachhinein" noch ändern (z.B. weil die Bilanz fehlerhafte Ansätze enthielt).

Beispiel

12.53 Der ausschüttbare Gewinn (§ 27 Abs. 1 Satz 5 KStG) beträgt nach den Berechnungen der A-GmbH zum 31.12.21 100.000 €, der Bestand des steuerlichen Einlagekontos 0 €. Infolgedessen ist die im Wj. 22 erfolgte Gewinnausschüttung i.H.v. 50.000 € nicht mit dem steuerlichen Einlagekonto verrechnet worden. Eine Steuerbescheinigung i.S.d. § 27 Abs. 3 KStG wurde daher nicht erstellt. Im Wj. 22 stellt sich heraus, dass eine (verdeckte) Einlage im Wj. 21 i.H.v. 100.000 € irrigerweise nicht erfasst wurde. Der Feststellungsbescheid nach § 27 Abs. 2 KStG zum 31.12.21 steht unter dem Vorbehalt der Nachprüfung (§ 164 AO), der Feststellungsbescheid zum 31.12.19 ist bereits bestandskräftig.

Lösung

Da der Feststellungsbescheid zum 31.12.21 unter dem Vorbehalt der Nachprüfung (§ 164 AO) steht, ist der Bescheid zu ändern und der Bestand des steuerlichen Einlagekontos auf 100.000 € festzustellen. Da § 27 Abs. 2 Satz 2 KStG bestimmt,

---

50 Vgl. BFH, Urt. v. 30.01.2013 – I R 35/11, BStBl II, 560.

51 Vgl. BFH, Urt. v. 21.12.2022 – I R 53/19, BStBl II 2023, 504, anhängig beim BVerfG unter dem Az. 1 BvR 1060/23.

52 Vgl. auch Endert, in: Frotscher/Drüen, KStG/GewStG/UmwStG, § 27 KStG Rdnr. 114 (04/2023).

dass der Feststellungsbescheid Grundlagenbescheid für den Bescheid über die gesonderte Feststellung zum folgenden Feststellungszeitpunkt ist, ist gem. § 175 Abs. 1 Nr. 1 AO auch der Feststellungsbescheid für den VZ 22 zu ändern. Die Änderung des Feststellungsbescheids zum 31.12.22 löst grundsätzlich gem. § 175 Abs. 1 Satz 1 Nr. 1 AO auch eine Folgeänderung der Einlagekontoverwendung nach § 27 Abs. 1 Satz 3 KStG im Wj. 19 aus (die materiellrechtlich zutreffende Einlagekontoverwendung beträgt 50.000 €); dies gilt dann aber nicht, wenn die Verwendungsfiktion des § 27 Abs. 1 Satz 3 KStG – wie hier – wegen der in § 27 Abs. 5 Satz 1–3 KStG normierten Verwendungsfestschreibung gesperrt ist.[53] Der Feststellungsbescheid zum 31.12.22 ist daher gem. § 175 Abs. 1 Nr. 1 AO zu ändern und der Bestand des steuerlichen Einlagekontos auf 100.000 € festzustellen.

Die gesonderte Feststellung des Bestands des steuerlichen Einlagekontos einer Kapitalgesellschaft entfaltet zwar grundsätzlich keine unmittelbare **Bindungswirkung für die Anteilseigner** i.S.d. § 182 AO, da Gegenstand der gesonderten Feststellung nur Besteuerungsgrundlagen der Kapitalgesellschaft sind und sich der Feststellungsbescheid auch nur gegen die Kapitalgesellschaft und nicht gegen deren Anteilseigner richtet. Gleichwohl entfaltet der Feststellungsbescheid gem. § 27 Abs. 2 KStG über § 20 Abs. 1 Nr. 1 Satz 3 EStG materiellrechtliche Bindungswirkung auch für die Anteilseigner. Denn nach dieser Vorschrift gehören Bezüge aus Anteilen an einer Körperschaft nicht zu den Einnahmen aus Kapitalvermögen, soweit dieses Eigenkapital i.S.d. § 27 KStG als verwendet gilt. Tatbestandsmerkmal des § 20 Abs. 1 Nr. 1 Satz 3 EStG sind damit die im Bescheid nach § 27 Abs. 2 KStG ausgewiesenen Bestände. Gilt danach das steuerliche Einlagekonto für die Leistung der Körperschaft als verwendet, ist diese Verwendungsfiktion auch auf der Ebene der Gesellschafter zu beachten. Ein Gesellschafter kann sich deshalb nicht mit Erfolg darauf berufen, das steuerliche Einlagekonto sei im Bescheid über die Feststellung des steuerlichen Einlagekontos unzutreffend ausgewiesen.[54] 12.54

12.3.3 Korrektur des Feststellungsbescheids

Für den Feststellungsbescheid gelten nach allgemeiner Ansicht die Verfahrensvorschriften der §§ 179–184 AO und damit über § 181 Abs. 1 AO auch die für Steuerbescheide geltenden Änderungsvorschriften der §§ 172 ff. und § 129 AO; §§ 130 ff. AO finden keine Anwendung.[55] Es ist in Schrifttum und Rechtsprechung umstritten, unter welchen Voraussetzungen insbesondere eine Änderungsmöglichkeit nach 12.55

[53] Stimpel, in: Rödder/Herlinghaus/Neumann, KStG, 2. Aufl. 2023, § 27 Rdnr. 119; siehe dazu im Einzelnen Rdnr. 12.64 ff. und 12.69 ff.

[54] Vgl. BFH, Urt. v. 28.01.2015 – I R 70/13, BFH/NV 2015, 1022; BFH, Urt. v. 19.05.2010 – I R 51/09, BStBl II 2014, 937.

[55] Berninghaus, in: Herrmann/Heuer/Raupach, EStG/KStG, § 27 KStG Rdnr. 80 (01/2024).

§ 173 Abs. 1 Nr. 2 AO und § 129 AO besteht.[56] Regelmäßig dürfte eine Korrektur nach § 129 AO nicht in Betracht kommen, weil die Feststellung des steuerlichen Einlagekontos von zusätzlichen rechtlichen Würdigungen und tatsächlichen Ermittlungen abhängt.[57] Eine Änderung nach § 129 AO kommt allerdings in denjenigen Fällen in Betracht, in denen die offenbare Unrichtigkeit auf der versehentlichen Nichtangabe eines Werts in der Steuererklärung beruht, wenn für jeden unvoreingenommenen Dritten klar und deutlich erkennbar ist, dass die Nichtangabe fehlerhaft ist; Entsprechendes gilt, wenn (nur) die Angabe einer Endsumme mit 0 € erfolgt und dies erkennbar unrichtig ist.[58]

12.56 Ebenso dürfte für den Regelfall eine Korrektur nach § 173 Abs. 1 Nr. 2 AO ausscheiden, wenn die Erklärung zum steuerlichen Einlagekonto falsch ausgefüllt wurde; denn in diesem Fall trifft den Steuerpflichtigen grundsätzlich ein grobes Verschulden.[59] Vor diesem Hintergrund sollte dem steuerlichen Einlagekonto stets besondere Aufmerksamkeit zuteilwerden.

Hinweis

12.57 Kann der Feststellungsbescheid aus verfahrensrechtlichen Gründen nicht mehr geändert werden, ist der hierdurch eintretende steuerliche Nachteil für den Gesellschafter regelmäßig nur **temporärer Natur**. Zwar scheidet insoweit zukünftig eine Einlagenrückgewähr i.S.d. § 20 Abs. 1 Nr. 1 Satz 3 EStG aus. Da sich aber infolge der (verdeckten) Einlage auf Ebene des Gesellschafters die Anschaffungskosten an der Beteiligung erhöhen,[60] wird ein späterer Veräußerungs-/Auflösungsgewinn entsprechend niedriger ausfallen.[61]

---

56 Zum Stand der Rechtsprechung ausführlich Herken, GmbH-StB, 2016, 78: vgl. im Weiteren auch Binnewies, GmbH-StB 2013, 22, 23, und Ott, DStR 2014, 673, 674.

57 Vgl. hierzu z.B. BFH, Urt. v. 20.08.2014 – I R 60/13, BFH/NV 2015, 148; FG München, Urt. v. 17.09.2018 – 7 K 2805/17, EFG 2019, 10; FG Münster, Urt. v. 25.02.2014 – 9 K 840/12 K F, EFG 2014, 1155; FG Münster, Urt. v. 02.04.2014 – 9 K 2089/13 F, juris; FG Sachsen-Anhalt, Urt. v. 15.08.2012 – 3 K 325/08, EFG 2013, 996. Das FG Köln, Urt. v. 06.03.2012 – 13 K 1250/10, EFG 2014, 417, hat den Anwendungsbereich des § 129 AO im dort verhandelten Fall bejaht.

58 BFH, Urt. v. 08.12.2021 – I R 47/18, BStBl II 2022, 827; im Streitfall wies der Jahresabschluss der Klägerin eine Kapitalrücklage gem. § 272 Abs. 2 Nr. 4 HGB aus, wobei die Gründe für die Bilanzposition und deren Höhe im Einzelnen erläutert wurden. Dagegen war in der Erklärung zur gesonderten Feststellung des steuerlichen Einlagekontos für den Schluss des vorangegangenen und für den Schluss des laufenden Wirtschaftsjahres ein Bestand des steuerlichen Einlagekontos von jeweils 0 € angegeben.

59 Endert, in: Frotscher/Drüen, KStG/GewStG/UmwStG, § 27 KStG Rdnr. 118 (04/2023).

60 Für die Frage, ob sich die Anschaffungskosten des Gesellschafters an der Beteiligung erhöhen, ist unmaßgeblich, ob die (verdeckte) Einlage auch im steuerlichen Einlagekonto der Gesellschaft erfasst wurde. So weit reicht die (materiellrechtliche) Bindungswirkung der gesonderten Feststellung nach § 27 Abs. 2 KStG nicht.

61 Stimpel, in: Rödder/Herlinghaus/Neumann, KStG, 2. Aufl. 2023, § 27 Rdnr. 118; zu Gestaltungsalternativen bei fehlerhaft nicht gesondert festgestellten Einlagen siehe Rdnr. 12.99 ff.

12.3.4 Eintritt in die unbeschränkte Steuerpflicht

Für Neugründungsfälle und für andere Fälle, in denen erstmals eine unbeschränkte Körperschaftsteuerpflicht begründet wird (Wechsel von der beschränkten zur unbeschränkten Steuerpflicht), regelt Satz 3 in § 27 Abs. 2 KStG, dass auf den Tag des Eintritts der unbeschränkten Steuerpflicht der vorhandene Bestand der nicht in das Nennkapital geleisteten Einlagen gesondert festzustellen ist.[62] Der Eintritt in die unbeschränkte Steuerpflicht beginnt i.d.R. mit der Vorgesellschaft.[63] Der gesondert festgestellte Bestand gilt als Bestand des steuerlichen Einlagekontos am Ende des vorangegangenen Wirtschaftsjahres. Das BMF-Schreiben vom 04.06.2003 ist insoweit seit 2006 überholt.[64] 12.58

Damit stehen die Einlagen bereits zur Finanzierung von Ausschüttungen im Erstjahr zur Verfügung. Da der ausschüttbare Gewinn in Neugründungsfällen 0 € beträgt, werden Ausschüttungen im Gründungsjahr vorrangig mit dem steuerlichen Einlagekonto verrechnet. 12.59

Beispiel

Die A-GmbH wurde zum 01.01.22 von A als alleinigem Gesellschafter gegründet. A hat nach dem Gesellschaftsvertrag eine Einlage i.H.v. 150.000 € zu leisten. Die Stammeinlage beträgt nach dem Gesellschaftsvertrag 50.000 €, der darüber hinausgehende Betrag soll (gem. § 272 Abs. 2 Nr. 1 HGB) in die Kapitalrücklage eingestellt werden.

Lösung

Auf den Tag des Eintritts in die unbeschränkte Steuerpflicht ist der vorhandene Bestand der nicht in das Nennkapital geleisteten Einlagen i.H.v. 100.000 € gesondert festzustellen. Die Eröffnungsbilanz der A-GmbH stellt sich wie folgt dar:

Eröffnungsbilanz A-GmbH 01.01.22

Bank	150.000 €	Gezeichnetes Kapital	50.000 €
		Kapitalrücklage	100.000 €
	150.000 €		150.000 €

Nimmt die A-GmbH im Wj. 22 eine Vorabausschüttung vor, wird diese – bis zum Verbrauch – vorrangig mit dem steuerlichen Einlagekonto verrechnet.

---

62 Berninghaus, in: Herrmann/Heuer/Raupach, EStG/KStG, § 27 KStG Rdnr. 91 (01/2024).

63 Vgl. H 1.1 (Beginn der Steuerpflicht) KStH 2015; Endert, in: Frotscher/Drüen, KStG/GewStG/UmwStG, § 27 KStG Rdnr. 131 (04/2023).

64 Vgl. BMF-Schreiben v. 04.06.2003 – IV A 2 - S 2836 - 2/03, BStBl I, 366, Rdnr. 5 und 6.

12.4 Ausstellung einer Steuerbescheinigung

12.60 Nach § 27 Abs. 3 KStG ist eine Kapitalgesellschaft verpflichtet, für die Einlagenrückgewähr, die nach § 27 Abs. 1 Satz 3 KStG als Abgang auf dem steuerlichen Einlagekonto zu berücksichtigen ist, eine Steuerbescheinigung nach amtlich vorgeschriebenem Muster zu erteilen. Der Steuerbescheinigung nach § 27 Abs. 3 KStG kommt die Aufgabe zu, die durch die Feststellung des Einlagekontos bestimmte Korrespondenz beider Besteuerungsebenen abzusichern. In der Steuerbescheinigung sind

- Namen und Anschrift des Anteilseigners,
- die Höhe der Leistungen, soweit das steuerliche Einlagekonto gemindert wurde, und
- der Zahlungstag

zu bescheinigen, für die das steuerliche Einlagekonto als verwendet gilt.

12.61 Die Vorschrift begründet für den Anteilseigner einen einklagbaren zivilrechtlichen Anspruch auf Erteilung einer Bescheinigung, der frühestens mit Erbringung, d.h. Abfluss der Leistung, entsteht.[65] Die Bescheinigung sollte jedoch regelmäßig nicht vor Ablauf des Wirtschaftsjahres erteilt werden, da – wegen möglicher weiterer Leistungen im selben Wirtschaftsjahr – erst zu diesem Zeitpunkt final (und ggf. rückwirkend) feststeht, in welchem Umfang die in dem jeweiligen Wirtschaftsjahr erfolgten Leistungen auf einer Verwendung des steuerlichen Einlagekontos beruhen.[66] Die Steuerbescheinigung „muss" aber spätestens bis zur Bekanntgabe des (erstmaligen) Feststellungsbescheids des Wirtschaftsjahres der Leistung erfolgen, weil andernfalls § 27 Abs. 5 Satz 2 KStG eine Verwendung des steuerlichen Einlagekontos i.H.v. 0 € fingiert (siehe dazu im Einzelnen Rdnr. 12.69 ff.).

12.62 Liegt eine beim Anteilseigner in vollem Umfang steuerpflichtige Ausschüttung vor, ist die Kapitalgesellschaft hingegen nicht verpflichtet, eine Bescheinigung i.S.d. § 27 Abs. 3 KStG zu erstellen; es genügt vielmehr eine „allgemeine" Kapitalertragsteuerbescheinigung i.S.d. § 45a Abs. 2 EStG, die keine Angaben zur Verwendung des Einlagekontos enthält.

12.63 Eine Bescheinigung ist nach dem eindeutigen Wortlaut des § 27 Abs. 1 Satz 3 KStG nur für Leistungen zu erteilen, die nach § 27 Abs. 1 Satz 3 KStG als Abgang auf dem steuerlichen Einlagekonto zu verzeichnen sind. Zwar gehört zu den Leis-

---

[65] Stimpel, in: Rödder/Herlinghaus/Neumann, KStG, 2. Aufl. 2023, § 27 Rdnr. 132.

[66] Zur Durchsetzbarkeit des Anspruchs durch den Anteilseigner vor Ende des Wj. Hinweis auf Berninghaus, in: Herrmann/Heuer/Raupach, EStG/KStG, § 27 KStG Rdnr. 107 (01/2024).

tungen i.S.d. des § 27 Abs. 1 Satz 3 KStG auch die Rückzahlung von Nennkapital, andernfalls müsste der Gesetzgeber sie nicht vom Anwendungsbereich der Vorschrift ausnehmen, der Abgang aus dem steuerlichen Einlagekonto folgt hier aber aus § 28 Abs. 2 Satz 3 KStG. Deshalb ist für eine Einlagekontoverwendung **im Rahmen einer Nennkapitalrückzahlung keine Steuerbescheinigung** zu erteilen.[67]

12.5 Fehlerhaft ausgestellte Steuerbescheinigung

12.5.1 Bescheinigung von zu niedriger Verwendung

Ist für eine Leistung (i.d.R. Gewinnausschüttung) der Kapitalgesellschaft die Minderung des Einlagekontos zu niedrig bescheinigt worden, bleibt die der Bescheinigung zugrunde gelegte Verwendung gem. § 27 Abs. 5 Satz 1 KStG unverändert. Eine Berichtigung der Steuerbescheinigung i.S.d. § 27 Abs. 3 KStG ist nicht zulässig (§ 27 Abs. 5 Satz 3 KStG). Hintergrund dieser sogenannten **Verwendungsfestschreibung** ist, dass eine Änderung der Steuerbescheinigungen in der Praxis bei einer Vielzahl von Gesellschaftern unpraktikabel bis unmöglich ist (z.B. bei Publikumsgesellschaften). Die Verwendungsfestschreibung tritt in dem **Zeitpunkt** ein, in dem die Steuerbescheinigung erstellt und zumindest einem Anteilseigner **ausgehändigt** worden ist.[68] Vor der Aushändigung kann die Bescheinigung jederzeit berichtigt werden. 12.64

Bei § 27 Abs. 5 Satz 1 und 3 KStG handelt sich um eine sogenannte materielle Präklusionsbestimmung, die zum einen eine (spätere) Korrektur der Steuerbescheinigung und zum anderen die hierdurch ausgelöste Verwendungsbestimmung der Eigenkapitalteile ausschließt. Damit überlagert die Festschreibung nach § 27 Abs. 5 Satz 1 KStG die Verwendungsfiktion des § 27 Abs. 1 Satz 3 KStG und entfaltet materiellrechtliche Bindungswirkung, weil beim Gesellschafter der zu niedrig bescheinigte Betrag als nicht steuerbare Einlagenrückgewähr i.S.v. § 20 Abs. 1 Nr. 1 Satz 3 EStG zu berücksichtigen und im Übrigen der Bezug i.S.v. § 20 Abs. 1 Nr. 1 Satz 1 EStG als (Betriebs-)Einnahme zu versteuern ist.[69] 12.65

Beispiel

Die A-GmbH hat im Wj. 22 eine Gewinnausschüttung i.H.v. 100.000 € vorgenommen (Abfluss in 22). Auf der Grundlage der nachfolgenden Differenzrechnung hat sie noch im Wj. 22 eine Einlagenrückgewähr i.H.v. 50.000 € bescheinigt (§ 27 Abs. 3 KStG). Sämtliche Bescheide (einschließlich des Feststellungsbescheids nach § 27 KStG) stehen unter dem Vorbehalt der Nachprüfung. 12.66

---

67 Vgl. BMF-Schreiben v. 04.06.2003 – IV A 2 - S 2836 - 2/03, BStBl I, 366, Rdnr. 23.

68 Berninghaus, in: Herrmann/Heuer/Raupach, EStG/KStG, § 27 KStG Rdnr. 119 (01/2024) mit Hinweis auf BFH, Urt. v. 10.06.2009 – I R 10/09, BStBl II, 974.

69 BFH, Urt. v. 11.02.2022 – I R 3/14, BStBl II, 816; BFH, Beschl. v. 11.07.2018 – I R 30/16, BFHE 262, 347; FG Sachsen, Urt. v. 08.06.2016 – 2 K 1860/15, EFG 2017, 156.

Differenzrechnung nach § 27 Abs. 1 Satz 3 KStG

Summe der Leistungen im Wj. 22 (Gewinnausschüttung)		100.000 €
Eigenkapital zum 31.12.21	400.000 €	
Gezeichnetes Kapital 31.12.21	– 50.000 €	
Positiver Bestand Einlagekonto zum 31.12.21	– 300.000 €	
ausschüttbarer Gewinn	50.000 €	– 50.000 €
Leistung, die nach § 27 Abs. 1 Satz 3 KStG als verwendet gilt		**50.000 €**

Der Feststellungsbescheid nach § 27 Abs. 2 KStG stellt sich zum 31.12.22 demnach wie folgt dar:

Bestand Einlagekonto zum 31.12.22

Stand 01.01.22	300.000 €
Abgang	– 50.000 €
Zugang	0 €
Stand 31.12.22	**250.000 €**

Im Jahr 23 stellt sich heraus, dass die A-GmbH im Wj. 21 fehlerhaft eine zwingend gebotene Rückstellung nach § 249 Abs. 1 HGB i.H.v. 50.000 € weder in Handels- noch in Steuerbilanz passiviert hat.

Lösung

Maßgeblich für die Differenzrechnung i.S.d. § 27 Abs. 1 Satz 3 KStG sind die materiellrechtlich zutreffenden Bilanzansätze (nicht die tatsächlichen Wertansätze).[70] Dem folgend beträgt der richtige „ausschüttbare Gewinn" 0 €, weil sich das Eigenkapital und damit auch der ausschüttbare Gewinn in Höhe der Rückstellung (50.000 €) mindert. Nach der Verwendungsrechnung ergäbe sich demnach eine Verwendung des steuerlichen Einlagekontos i.H.v. 100.000 €. Die bescheinigte Einlagekontoverwendung i.H.v. 50.000 € erweist sich im Nachhinein als zu niedrig. Gemäß § 27 Abs. 5 Satz 1 KStG bleibt aber die der Bescheinigung zugrunde gelegte Verwendung i.H.v. 50.000 € unverändert. Dies gilt ungeachtet dessen, dass sämtliche Bescheide nach den verfahrensrechtlichen Vorschriften (§ 164 AO) grundsätzlich noch änderbar wären. Dem folgend bleibt zum einen der Bestand des festgestellten steuerlichen Einlagekontos (250.000 €) und zum anderen die bescheinigte Einlagenrückgewähr unverändert.

12.67 Die Kapitalgesellschaft kann der Verwendungsfestschreibung auch nicht dadurch entkommen, dass sie bei Unsicherheit über die Höhe der Verwendung keine Bescheinigung ausstellt. In diesem Fall fingiert § 27 Abs. 5 Satz 2 KStG die Erteilung einer Nullbescheinigung (im Einzelnen dazu siehe Rdnr. 12.69 ff.).

70 Stimpel, in: Rödder/Herlinghaus/Neumann, KStG, 2. Aufl. 2023, § 27 Rdnr. 88 m.w.N.

Fraglich ist, ob die Verwendungsfestschreibung nach § 27 Abs. 5 Satz 1 KStG auch dann eingreift, wenn zwar die Differenzrechnung nach § 27 Abs. 1 Satz 3 und 5 KStG zutreffend erfolgte, die fehlerhafte (zu niedrige) Steuerbescheinigung aber auf einem reinen **Schreib- oder Übernahmefehler** beruht (z.B. 1.000 € statt 10.000 €). Nach Auffassung von DÖTSCH/WERNER/KRÄMER[71] soll auch in diesen Fällen die Verwendungsfestschreibung nach § 27 Abs. 5 Satz 1 KStG durchgreifen, weil es für eine Steuerbescheinigung an einer § 129 AO entsprechenden Vorschrift mangelt. Nach der vorzugswürdigen Gegenauffassung[72] soll die Verwendungsfestschreibung keine Anwendung finden, weil der Wortlaut von § 27 Abs. 5 Satz 1 KStG lediglich die Unveränderlichkeit der – der Bescheinigung zugrunde gelegten – Verwendung (Fortschreibung und der Feststellung) anordnet; die der Bescheinigung zugrunde gelegte Verwendungsrechnung i.S.d. § 27 Abs. 1 Satz 3 KStG ist in diesem Fall aber zutreffend. Gleichwohl soll nach dort vertretener Auffassung das Berichtigungsverbot des § 27 Abs. 5 Satz 3 KStG Anwendung finden, d.h., eine Berichtigung der Bescheinigung soll nicht möglich sein. Damit besteht – wegen der fehlerhaften Steuerbescheinigung – die Gefahr einer unzutreffenden Besteuerung beim Anteilseigner. 12.68

12.5.2 Unterlassene oder verspätete Bescheinigung

§ 27 Abs. 5 Satz 2 KStG enthält eine gesetzliche Fiktion, die eingreift, sobald der Feststellungsbescheid des Wirtschaftsjahres der Leistung erstmals bekanntgegeben worden ist und eine Steuerbescheinigung i.S.d. § 27 Abs. 3 KStG bis zu diesem Zeitpunkt nicht erteilt worden ist, wobei die allgemeine Steuerbescheinigung i.S.v. § 45a Abs. 2 EStG keine Bescheinigung i.S.d. § 27 Abs. 3 KStG ist. In diesen Fällen fingiert der Gesetzgeber die Verwendung des steuerlichen Einlagekontos i.H.v. 0 €. Die Rechtsfolgen einer nicht oder verspätet erteilten Bescheinigung sind damit die gleichen wie im Fall des § 27 Abs. 5 Satz 1 KStG.[73] 12.69

- Bei der Kapitalgesellschaft tritt mangels einer Bescheinigung eine Verringerung des Einlagekontos nicht ein. Wie Satz 1 der Vorschrift verdrängt auch § 27 Abs. 5 Satz 2 KStG die Verwendungsfiktion des § 27 Abs. 1 Satz 3 KStG.
- Infolgedessen hat die Kapitalgesellschaft für den Gesamtbetrag der Leistung Kapitalertragsteuer einzubehalten und an das Finanzamt abzuführen.
- Die Leistungen führen bei den Anteilseignern zu Bezügen i.S.d. § 20 Abs. 1 Nr. 1 EStG; Satz 3 der Vorschrift (Einlagenrückgewähr) greift nicht, weil der Gesetzgeber eine Verwendung des steuerlichen Einlagekontos suspendiert.

---

[71] DÖTSCH/WERNER/KRÄMER, in: DÖTSCH/PUNG/MÖHLENBROCK, Die Körperschaftsteuer, § 27 KStG Rdnr. 206 (12/2023).

[72] BERNINGHAUS, in: HERRMANN/HEUER/RAUPACH, EStG/KStG, § 27 KStG Rdnr. 119 (01/2024).

[73] Vgl. FG Mecklenburg-Vorpommern, Urt. v. 12.09.2013 – 2 K 62/11, EFG 2014, 936.

12.70 § 27 Abs. 5 Satz 3 KStG ergänzt Satz 1 und bestimmt, dass eine erstmalige Erteilung einer Steuerbescheinigung i.S.d. § 27 Abs. 3 KStG nach der Bekanntgabe des Feststellungsbescheids unzulässig ist. Dies gilt auch dann, wenn die Bescheinigung aus Versehen nicht erteilt worden ist.[74] Die Regelung hat für die Kapitalgesellschaft bzw. den Gesellschafter insbesondere den **nachteiligen Effekt**, dass für im Nachhinein erkannte/aufgedeckte **verdeckte Gewinnausschüttungen** (typischerweise im Rahmen von Betriebsprüfen) regelmäßig eine Verwendung des steuerlichen Einlagekontos nicht mehr in Betracht kommt, weil für die verdeckte Gewinnausschüttung im Normalfall keine Steuerbescheinigung ausgestellt wird.[75]

Beispiel

12.71 Im Rahmen einer Betriebsprüfung in 24 stellt der Betriebsprüfer eine verdeckte Gewinnausschüttung für das Wj. 22 i.H.v. 50.000 € fest. Das Eigenkapital der A-GmbH stellt sich zum 31.12.21 wie folgt dar:

Eigenkapital A-GmbH zum 31.12.21

Nennkapital	25.000 €
Kapitalrücklage	+ 100.000 €
Bilanzgewinn	+ 20.000 €
Summe	**145.000 €**

Nach der gesonderten Feststellung für 21 (§ 27 Abs. 2 KStG) beträgt der Bestand des steuerlichen Einlagekontos zum 31.12.21 100.000 €. Der Feststellungsbescheid 23 (§ 27 KStG) wurde der A-GmbH im April 23 bekanntgegeben (Bestand unverändert 100.000 €). Da die A-GmbH im Wj. 23 keine offenen Gewinnausschüttungen vorgenommen hatte, wurde auch keine Steuerbescheinigung erteilt.

Lösung

Nach der Differenzrechnung des § 27 Abs. 1 Satz 3 KStG würde für die verdeckte Gewinnausschüttung grundsätzlich das steuerliche Einlagekonto i.H.v. 30.000 € als verwendet gelten. Ermittlung wie folgt:

74 BFH, Urt. v. 11.02.2015 – I R 3/14, BStBl II, 816.

75 BFH, Beschl. v. 19.01.2021 – I B 3/20, BFH/NV 2021, 648; zur Frage, ob im Fall einer unbescheinigten Einlagenrückgewähr nach § 27 Abs. 5 Satz 2 und 3 KStG im Zeitpunkt des Zuflusses der Kapitalerträge beim Gläubiger eine Haftungsinanspruchnahme des Schuldners der Kapitalerträge nach § 44 Abs. 5 Satz 1 EStG zu erfolgen hat, vgl. BFH, Urt. v. 17.05.2022 – VIII R 14/18, DStR 2022, 1654.

Differenzrechnung nach § 27 Abs. 1 Satz 3 KStG		
Summe der Leistungen (vGA) in 22		50.000 €
Eigenkapital zum 31.12.21	145.000 €	
Gezeichnetes Kapital zum 31.12.21	- 25.000 €	
Positiver Bestand Einlagekonto zum 31.12.21	- 100.000 €	
ausschüttbarer Gewinn	20.000 €	– 20.000 €
Leistung, die nach § 27 Abs. 1 Satz 3 KStG als verwendet gilt		**30.000 €**

Da vorliegend für die verdeckte Gewinnausschüttung keine Steuerbescheinigung erteilt worden ist, gilt der Betrag der Einlagenrückgewähr als mit 0 € bescheinigt (§ 27 Abs. 5 Satz 2 KStG). Da eine Berichtigung bzw. erstmalige Erteilung der Steuerbescheinigung nach § 27 Abs. 5 Satz 3 KStG nicht zulässig ist, ist die bisherige Verwendung des steuerlichen Einlagekontos (hier: 0 €) festgeschrieben. Der Gesellschafter bezieht daher i.H.v. 50.000 € Einnahmen i.S.d. § 20 Abs. 1 Nr. 1 Satz 2 EStG. **Korrespondierend** dazu hat auch die A-GmbH ihr steuerliches Einlagekonto nur in Höhe der bescheinigten Einlagerückzahlung (hier: 0 €) zu verringern.

12.5.3 Zu hoch bescheinigte Einlagenrückgewähr

12.5.3.1 Regelungsinhalt

Nach § 27 Abs. 5 Satz 4 KStG ist die auf den überhöht ausgewiesenen Betrag der Einlagenrückgewähr entfallende Kapitalertragsteuer durch Haftungsbescheid gegen die ausschüttende Kapitalgesellschaft geltend zu machen. In diesem Fall besteht nach § 27 Abs. 5 Satz 5 KStG die Möglichkeit, aber nicht die Pflicht zur Berichtigung der Steuerbescheinigung.[76] Ferner ist die Feststellung des Einlagenkontos zum Schluss des Wirtschaftsjahres der Leistung an die der Kapitalertragsteuerhaftung zugrunde gelegte Einlagenrückgewähr anzupassen (§ 27 Abs. 5 Satz 6 KStG), d.h., im Rahmen der Feststellung ist nur der zutreffende, hingegen nicht der unrichtig überhöht ausgewiesene Betrag der Einlagenrückgewähr abzuziehen; bei der Vorschrift handelt es sich um eine spezialgesetzliche Berichtigungsnorm. 12.72

12.5.3.2 Haftung nach § 27 Abs. 5 Satz 4 KStG

§ 27 Abs. 5 Satz 4 KStG normiert eine gesetzliche Verpflichtung der Finanzbehörden, bei Vorliegen der Tatbestandsvoraussetzungen die insoweit zu Unrecht nicht einbehaltene und angemeldete Kapitalertragsteuer durch Haftungsbescheid festzusetzen. Abweichend von § 191 AO besteht hier regelmäßig kein Ermessen für die 12.73

[76] Das Wahlrecht soll die Handhabung bei Publikumsgesellschaften erleichtern, vgl. Beschlussempfehlung des Finanzausschusses zum RegE SEStEG, BT-Drucks. 16/3369, S. 19.

Finanzbehörde.[77] Die Haftung der Kapitalgesellschaft ist verschuldensunabhängig. § 27 Abs. 5 Satz 4 erster Halbsatz KStG schließt die Anwendung von § 44 Abs. 5 Satz 1 EStG ausdrücklich aus. Ein Haftungsbescheid ist daher auch dann zu erteilen, wenn die zu hohe Bescheinigung weder vorsätzlich noch grob fahrlässig erfolgte. Der sonst geltende Grundsatz des Vorrangs des Veranlagungs- vor dem Haftungsverfahren[78] soll hier nach h.M.[79] nicht gelten.

12.74 Die Höhe der Haftung bestimmt sich danach, inwieweit die Verwendung des steuerlichen Einlagekontos in der Bescheinigung überhöht ausgewiesen ist. Dies richtet sich nach der Differenz zwischen dem jeweiligen Betrag, der nach § 27 Abs. 3 Satz 1 Nr. 2 KStG i.V.m. § 27 Abs. 1 Satz 3 KStG dem jeweiligen Anteilseigner zu bescheinigen gewesen wäre, und dem diesem Anteilseigner tatsächlich bescheinigten Betrag. Zur Ermittlung dieser Differenz ist jede einzelne Leistung i.S.d. § 27 Abs. 1 Satz 3 KStG gesondert zu betrachten. Die nachzuerhebende Kapitalertragsteuer ist auf der Grundlage des § 43a Abs. 1 Nr. 1 erste Alternative EStG mit 25 % des überhöht ausgewiesenen Betrags anzusetzen.

Beispiel

12.75 Der ausschüttbare Gewinn (§ 27 Abs. 1 Satz 5 KStG) der A-GmbH beträgt zum 31.12.23 100.000 €, der Bestand des steuerlichen Einlagekontos (§ 27 KStG) 120.000 €. Im Wj. 24 nimmt die A-GmbH an ihren Alleingesellschafter (konfessionslos) eine Gewinnausschüttung i.H.v. 120.000 € vor und bescheinigt ihrem Gesellschafter in gleicher Höhe eine Verwendung des steuerlichen Einlagekontos. Dem folgend wird der Bestand des steuerlichen Einlagekontos um 120.000 € auf null gemindert.

Lösung

Nach der Differenzrechnung des § 27 Abs. 1 Satz 3 KStG kommt es nur i.H.v. 20.000 € zu einer Verwendung des steuerlichen Einlagekontos, weil die Leistung den ausschüttbaren Gewinn nur insoweit übersteigt. Die bescheinigte Verwendung des steuerlichen Einlagekontos ist daher um 100.000 € überhöht. Die A-GmbH haftet für die auf den überhöht ausgewiesenen Betrag der Einlagenrückgewähr entfallende Kapitalertragsteuer i.H.v. 25.000 € zzgl. Solidaritätszuschlag i.H.v. 1.375 €. Die Feststellung des Einlagenkontos zum 31.12.24 ist an die der Kapitalertragsteuerhaftung zugrunde gelegte Einlagenrückgewähr anzupassen (§ 27 Abs. 5 Satz 6 KStG), d.h., im Rahmen der Feststellung ist nur der zutreffende Betrag der Einlagenrückgewähr i.H.v. 20.000 € abzuziehen, das steuerliche Einlagekonto ist daher zum 31.12.24 i.H.v. 100.000 € festzustellen.

---

77 Vgl. FG Hessen, Urt. v. 20.11.2014 – 4 K 208/13, EFG 2015, 676; Berninghaus, in: Herrmann/Heuer/Raupach, EStG/KStG, § 27 KStG Rdnr. 130 (01/2024).

78 Vgl. hierzu BFH, Urt. v. 28.11.1961 – I 40/60 S, BStBl III 1962, 107.

79 Dötsch/Werner/Krämer, in: Dötsch/Pung/Möhlenbrock, Die Körperschaftsteuer, § 27 KStG Rdnr. 217 (12/2023); Endert, in: Frotscher/Drüen, KStG/GewStG/UmwStG, § 27 KStG Rdnr. 211 (04/2023).

12.5.3.3 Berichtigung der Steuerbescheinigung (§ 27 Abs. 5 Satz 5 KStG)

Die Berichtigung der fehlerhaften Steuerbescheinigung nach § 27 Abs. 5 Satz 5 KStG setzt – anders als in den Fällen des § 45a EStG – zwar nicht die Rückforderung der ursprünglichen Steuerbescheinigung voraus, wohl aber eine dem § 45a EStG entsprechende Kennzeichnung.[80] Es besteht zwar wegen fehlender Praktikabilität bei Publikumskapitalgesellschaften keine Pflicht zur Berichtigung, regelmäßig wird eine Berichtigung aber im Interesse des bzw. der Gesellschafter sein. Denn die berichtigte Steuerbescheinigung ist Voraussetzung für die Anrechnung der (nacherhobenen) Kapitalertragsteuer (sofern keine Abgeltungswirkung eintritt). 12.76

Wird die fehlerhafte Bescheinigung nicht berichtigt, wirkt die nachentrichtete Kapitalertragsteuer definitiv. Bei Berichtigung der Steuerbescheinigung tritt eine Kapitalertragsteuerhaftung nach § 27 Abs. 5 Satz 4 KStG nicht (mehr) ein;[81] in diesem Fall gilt dann auch wieder der grundsätzliche Vorrang des Veranlagungsverfahrens vor dem Steuerabzugsverfahren.[82] 12.77

12.5.3.4 Rechtsfolgen für den Gesellschafter

Wird die Steuerbescheinigung nach § 27 Abs. 5 Satz 5 KStG **berichtigt**, ist die (berichtige) Steuerbescheinigung der Besteuerung des Gesellschafters zugrunde zu legen. Wird die Steuerbescheinigung **nicht berichtigt**, vertritt ein Teil der Kommentarliteratur die Auffassung, dass beim Gesellschafter in Höhe der (überhöht) bescheinigten Einlagerückgewähr gem. § 20 Abs. 1 Nr. 1 Satz 3 EStG keine steuerbaren Einnahmen vorliegen; insoweit könne eine gesellschafterbezogene Korrektur der Bescheinigung genutzt werden, um in Abhängigkeit von der steuerlichen Situation des Anteilseigners eine Steuerwirkung hervorzurufen oder zu vermeiden.[83] Diese Auffassung verkennt, dass nicht die Steuerbescheinigung, sondern vielmehr die Minderung des steuerlichen Einlagekontos nach § 27 Abs. 1 Satz 3 KStG materiellrechtliche Bindungswirkung entfaltet. Da gem. § 27 Abs. 5 Satz 6 KStG im Rahmen der Feststellung nur der zutreffende, hingegen nicht der unrichtig überhöht ausgewiesene Betrag der Einlagenrückgewähr vom Bestand des steuerlichen Ein- 12.78

---

80 DÖTSCH/WERNER/KRÄMER, in: DÖTSCH/PUNG/MÖHLENBROCK, Die Körperschaftsteuer, § 27 KStG Rdnr. 221 (12/2023).

81 DÖTSCH/WERNER/KRÄMER, in: DÖTSCH/PUNG/MÖHLENBROCK, Die Körperschaftsteuer, § 27 KStG Rdnr. 222 (12/2023); ENDERT, in: FROTSCHER/DRÜEN, KStG/GewStG/UmwStG, § 27 KStG Rdnr. 15 (04/2023).

82 Ebenso DÖTSCH/WERNER/KRÄMER, in: DÖTSCH/PUNG/MÖHLENBROCK, Die Körperschaftsteuer, § 27 KStG Rdnr. 222 (12/2023); VOẞKUHL/KLEMKE, DB 2012, 2248; a.A. STIMPEL, in: RÖDDER/HERLINGHAUS/NEUMANN, KStG, 2. Aufl. 2023, § 27 Rdnr. 167, der den Erlass eines Haftungsbescheids nur dann für verzichtbar hält, wenn die Körperschaft von sich aus die betreffende Kapitalertragsteueranmeldung berichtigt und die zutreffende Kapitalertragsteuer abführt.

83 Vgl. z.B. ENDERT, in: FROTSCHER/DRÜEN, KStG/GewStG/UmwStG, § 27 KStG Rdnr. 220 (04/2023).

lagekontos abzuziehen ist, erzielt der Gesellschafter im Umfang der überhöht bescheinigten Einlagenrückgewähr vielmehr steuerpflichtige Kapitalerträge i.S.v. § 20 Abs. 1 Nr. 1 EStG.[84]

12.6 Auswirkungen von Mehr- und Minderabführungen bei der Organgesellschaft

12.79 Bei der **Organgesellschaft** erhöhen Minderabführungen das steuerliche Einlagekonto, und Mehrabführungen mindern das Einlagekonto einer Organgesellschaft, wenn sie ihre Ursache jeweils in **organschaftlicher** Zeit haben (§ 27 Abs. 6 KStG). Damit setzt § 27 Abs. 6 KStG die Minderabführung in ihrer Wirkung einer Einlage des Organträgers in die Organgesellschaft und die Mehrabführung einer Einlagenrückgewähr gleich. Dem liegt für die Minderabführung die Fiktion zugrunde, dass die Organgesellschaft zunächst ihren ganzen Gewinn an den Organträger abführt und dieser sodann eine Einlage in die Organgesellschaft leistet (Doppelmaßnahme).[85] Dem entspricht nunmehr auch die durch das KöMoG vom 25.06.2021[86] in § 14 Abs. 4 KStG kodifizierte Regelung, wonach in organschaftlicher Zeit verursachte Minderabführungen als Einlagen des OT in die OG und umgekehrt Mehrabführungen als Einlagenrückgewähr durch die OG an den OT gelten (zum Vorliegen von Mehr- und Minderabführungen siehe Rdnr. 20.96 ff.).

12.80 In den Fällen einer in organschaftlicher Zeit verursachten Mehrabführung kann das Einlagekonto auch negativ werden (vgl. § 27 Abs. 1 Satz 4 zweiter Halbsatz KStG).

12.81 Der (erst) durch das KöMoG eingefügte Satz 2 in § 27 Abs. 6 KStG ordnet an, dass in organschaftlicher Zeit verursachte Mehrabführungen das steuerliche Einlagekonto der Organgesellschaft – unabhängig von der Differenzrechnung i.S.d. § 27 Abs. 1 Satz 3 KStG – **vorrangig** vor anderen Leistungen mindern. Diese Verwendungsreihenfolge kann zu dem nachteiligen Ergebnis führen, dass für die anderen Leistungen (insbesondere Gewinnausschüttungen), die anders als Mehrabführungen nicht zu einem negativen Bestand des Einlagekontos führen können (§ 27 Abs. 1 Satz 4 erster Halbsatz KStG), der Bestand desselbigen bereits verbraucht ist.[87] Allerdings dürfte die Vorschrift nur selten zur Anwendung gelangen, weil

---

84 Stimpel, in: Rödder/Herlinghaus/Neumann, KStG, 2. Aufl. 2023, § 27 Rdnr. 171; Dötsch/Werner/Krämer, in: Dötsch/Pung/Möhlenbrock, Die Körperschaftsteuer, § 27 KStG Rdnr. 222a (12/2023).

85 Dötsch/Werner/Krämer, in: Dötsch/Pung/Möhlenbrock, Die Körperschaftsteuer, § 27 KStG Rdnr. 233 (12/2023).

86 Gesetz zur Modernisierung des Körperschaftsteuerrechts vom 25.06.2021, BGBl I, 2050 (KöMoG).

87 RegE KöMoG, BT-Drucks. 19/28656, S. 26; vgl. auch Dötsch/Werner/Krämer, in: Dötsch/Pung/Möhlenbrock, Die Körperschaftsteuer, § 27 KStG Rdnr. 245 (12/2023).

Gewinnausschüttungen während der Organschaft zwar denkbar (z.B. bei Ausschüttung vororganschaftlicher Rücklagen), aber die Ausnahme sind.[88]

§ 27 Abs. 6 Satz 2 KStG i.d.F. des KöMoG ist erstmals auf Minder- und Mehrabführungen anzuwenden, die nach dem 31.12.2021 erfolgen (§ 34 Abs. 6e Satz 5 KStG). Hinsichtlich des Zeitpunkts der Minder- und Mehrabführungen ist auf das Ende des Wirtschaftsjahres der Organgesellschaft abzustellen (§ 34 Abs. 6e Satz 6 KStG). 12.82

12.7 In einem anderen EU-Mitgliedstaat unbeschränkt steuerpflichtige Körperschaften

Durch das SEStEG wurde für Körperschaften, die in einem **anderen** Mitgliedstaat der Europäischen Union der **unbeschränkten Steuerpflicht** unterliegen, die Möglichkeit eröffnet, nachzuweisen, dass eine Zahlung an den Anteilseigner als Einlagenrückgewähr zu qualifizieren ist. Mit dem JStG 2022[89] wurde der Anwendungsbereich der gesetzlichen Regelung zur Feststellung einer Einlagenrückgewähr für nicht unbeschränkt steuerpflichtige Gesellschaften von EU-Gesellschaften auf EWR- und Drittstaaten-Kapitalgesellschaften ausgeweitet. Nach § 34 Abs. 10 KStG ist § 27 Abs. 8 KStG i.d.F. des JStG 2022 erstmalig anzuwenden auf Leistungen, die nach dem 31.12.2022 erbracht werden. Hierdurch wird die Rechtsprechung des BFH umgesetzt.[90] Von Bedeutung ist dies für im Inland (Deutschland) veranlagte Anteilseigner von Auslandskapitalgesellschaften. Dabei wird nach § 27 Abs. 8 Satz 3 KStG der Betrag der Einlagenrückgewähr auf Antrag der leistenden Körperschaften gesondert festgestellt. 12.83

12.7.1 Ermittlung der Einlagenrückgewähr

Nach § 27 Abs. 8 Satz 2 KStG ist die Einlagenrückgewähr in entsprechender Anwendung des § 27 Abs. 1–6 und der §§ 28 und 29 KStG zu ermitteln, d.h., in diesen Fällen wird – anders als im Inlandsfall – der Betrag der Einlagenrückgewähr und nicht der Bestand des steuerlichen Einlagekontos festgestellt. 12.84

Die entsprechende Anwendung von § 27 Abs. 1–6 KStG bedeutet, dass die Antragstellerin zunächst einmal unter Berücksichtigung von Zu- und Abgängen den Bestand des nach § 27 KStG anzusetzenden Einlagekontos zum Schluss des der Leistung vorangegangenen Wirtschaftsjahres darzulegen hat. Für den Nachweis, 12.85

---

[88] DÖTSCH/WERNER/KRÄMER, in: DÖTSCH/PUNG/MÖHLENBROCK, Die Körperschaftsteuer, § 27 KStG Rdnr. 245 (12/2023).

[89] Jahressteuergesetz 2022 (JStG 2022) v. 16.12.2022, BGBl I, 2294.

[90] Vgl. BFH, Urt. v. 20.10.2010 – I R 117/08, BFHE 232, 15; BFH, Urt. v. 13.07.2016 – VIII R 47/13, BFHE 254, 390, und VIII R 73/13, BFHE 254, 404; BFH, Urt. v. 10.04.2019 – I R 15/16, BFHE 265, 56.

in welcher Höhe das Einlagekonto als für eine Leistung verwendet gilt, muss sie, ausgehend von der **ausländischen Bilanz**, den ausschüttbaren Gewinn i.S.d. § 27 Abs. 1 Satz 5 KStG – u.U. seit deren Gründung – ermitteln; die Entwicklung der verschiedenen Eigenkapitalbestandteile hat dabei nach den Vorschriften des **deutschen Steuerrechts** zu erfolgen,[91] eine in der Praxis oft unüberwindliche Hürde für die Antragstellung.[92]

12.7.2 Antragstellung

12.86 Die Ermittlung und gesonderte Feststellung der Einlagenrückgewähr erfolgen nur auf Antrag der ausländischen Körperschaft.

- Der Antrag war bisher nach amtlichem Vordruck bis zum Ablauf des Kalenderjahrs zu stellen, das auf das Kalenderjahr der Leistung folgt. Mit Geltung des § 27 Abs. 8 Satz 4 KStG i.d.F. des JStG 2022 ist der Antrag nunmehr bis zum Ende des zwölften Monats zu stellen, der auf das Ende Wirtschaftsjahres folgt, in dem die Leistung erfolgt ist. Die Änderung bezweckt laut Gesetzesmaterialien einen gleichmäßigeren Antragseingang beim Bundeszentralamt für Steuern sowie eine Angleichung der Verfahrensweise an Inlandsfälle.[93]

- Der Antrag ist bei der nach § 20 AO zuständigen Behörde zu stellen. Dies ist in den Fällen der beschränkten Steuerpflicht das für die Festsetzung der Körperschaftsteuer zuständige Finanzamt. Existiert zum Zeitpunkt der Antragstellung keine nach § 20 AO zuständige Behörde, ist der Antrag beim Bundeszentralamt für Steuern zu stellen.

Nach Auffassung der Finanzverwaltung[94] soll es sich bei der Antragsfrist des § 27 Abs. 8 Satz 4 KStG um eine **nicht** verlängerbare Ausschlussfrist handeln.[95]

12.87 Die ausländische Körperschaft hat ihrem inländischen Anteilseigner eine **Steuerbescheinigung** i.S.d. § 27 Abs. 3 KStG über die Höhe der Einlagenverwendung auszustellen, in die gem. § 27 Abs. 8 Satz 8 KStG Name und Aktenzeichen der zuständigen Behörde (BZSt oder FA) aufzunehmen sind.

12.88 Soweit für Leistungen nach § 27 Abs. 8 Satz 1 KStG eine Einlagenrückgewähr nicht gesondert festgestellt worden ist, gilt die Einlagenrückgewähr gem. § 27

---

91 Dötsch/Werner/Krämer, in: Dötsch/Pung/Möhlenbrock, Die Körperschaftsteuer, § 27 KStG Rdnr. 269 (12/2023); a.A. Sedemund, IStR 2009, 579, 582.

92 Vgl. dazu Rödder/Schumacher, DStR 2006, 1481, 1490; Blumenberg/Lechner, BB Special 8/2006, 25, 33; Körner, IStR 2006, 469; Binding/Sick/Lukaschek, IStR 2014, 401.

93 Vgl. Finanzausschuss zum RegE JStG 2022, BT-Drucks. 20/4729, S. 144.

94 Vgl. BMF-Schreiben v. 04.04.2016 – IV C 2 - S 2836/08/10002, BStBl I, 468.

95 Ebenso BFH, Beschl. v. 27.02.2018 – I B 37/17, BFH/NV 2018, 841.

Abs. 8 Satz 9 KStG als **Gewinnausschüttung i.S.d. § 20 Abs. 1 Nr. 1** oder 9 EStG.[96] Die dort geregelte **Fiktion** knüpft, wohl um Missbräuche zu vermeiden, nicht an eine ausgestellte Steuerbescheinigung, sondern an die vorgenommene gesonderte Feststellung an.

Die bisher streitige Frage, ob auch Nennkapitalrückzahlungen unter den Anwendungsbereich des § 28 KStG fallen, ist unter Geltung des JStG 2022 überholt, denn der Gesetzgeber[97] hat diese nunmehr ausdrücklich mit in § 27 Abs. 8 Satz 9 KStG aufgenommen. 12.89

Ungeklärt bleibt indes auch weiterhin, nach welchen Kriterien zu entscheiden ist, ob Eigenkapital einer ausländischen Kapitalgesellschaft Nennkapital i.S.v. §§ 27, 28 KStG darstellt. Das BMF-Schreiben enthält hierzu keine Aussage. 12.90

Nach der BFH-Rechtsprechung richtet sich diese Einordnung nach dem ausländischen Personal- und Gesellschaftsstatut (Heimatrecht) der die Leistung erbringenden Kapitalgesellschaft.[98] Das Heimatrecht der ausländischen Kapitalgesellschaft kann jedoch insoweit unergiebig sein, d.h., ausdrückliche Regelungen dazu, welche Eigenkapitalbestandteile „Nennkapital“ sind, können fehlen. 12.91

Nach der Kommentarliteratur zeichnet sich Nennkapital aus durch 12.92

- die betragsmäßige Festlegung seiner Höhe in der Satzung oder im Gesellschaftsvertrag,
- entsprechende Handelsregistereintragungen und/oder
- Gesellschafterbeschlüsse, die ausdrücklich die Nennkapitalerhöhung oder -herabsetzung regeln.

Diese Kommentarmeinung stimmt mit der BFH-Rechtsprechung überein, wonach ein sogenannter Direktzugriff auf das Nennkapital deshalb zulässig ist, weil das ins Handelsregister einzutragende Nennkapital regelmäßig durch Satzung oder Gesellschaftsvertrag eindeutig festgelegt und eine Änderung besonderen (Form-) Vorschriften unterworfen ist, mithin zweifelsfrei identifiziert werden kann, ob eine Einlagenrückgewähr eine Nennkapitalrückzahlung ist. 12.93

---

96 Vgl. hierzu auch BFH, Urt. v. 27.10.2020 – VIII R 18/17, BFHE 270, 495.

97 Finanzausschuss zum RegE JStG 2022, BT-Drucks. 20/4729, S. 144.

98 Vgl. Behrens/Renner, BB 2016, 1180, mit Hinweis auf BFH, Urt. v. 14.10.1992 – I R 1/91, BStBl II 1993, 189.

12.94 Das BMF-Schreiben enthält zwar keine ausdrückliche Regelung zur Frage des **Direktzugriffs.** Aus dem Verweis in § 27 Abs. 8 Satz 2 KStG auf § 28 KStG wird jedoch allgemein gefolgert, dass § 28 KStG auch bei Kapitalrückzahlungen ausländischer EU-/EWR-Kapitalgesellschaften Anwendung findet.[99]

Hinweis

12.95 Wird innerhalb der Antragsfrist des § 27 Abs. 8 Satz 4 KStG kein Antrag auf eine gesonderte Feststellung nach § 27 Abs. 8 KStG für die Nennkapitalrückzahlung gestellt, ist § 27 Abs. 8 Satz 9 KStG mit der Folge anzuwenden, dass die Nennkapitalrückzahlung als Gewinnausschüttung i.S.d. § 20 Abs. 1 Nr. 1 EStG gilt.

12.96 In § 7 Abs. 2 Satz 1 und 2 **KapErhStG** war für den Fall der Nennkapitalerhöhung (ausländischer Kapitalgesellschaften) aus Gesellschaftsmitteln geregelt, dass Nennkapitalherabsetzungen und -auszahlungen innerhalb von fünf Jahren nach der Nennkapitalerhöhung aus Gesellschaftsmitteln vom Anteilseigner als Dividenden zu versteuern sind. Der vom BMF bestätigte Vorrang von § 27 Abs. 8 KStG gegenüber § 7 Abs. 2 Satz 1 und 2 KapErhStG entspricht dem Gesetzeswortlaut von § 7 Abs. 2 Satz 3 KapErhStG.[100] § 7 Abs. 2 KapErhStG wurde durch das JStG 2022 aufgehoben.

12.8 Rechtsfolgen der Einlagenrückgewähr für den Anteilseigner

12.97 Leistungen aus dem steuerlichen Einlagekonto nach § 27 KStG gehören gem. § 20 Abs. 1 Nr. 1 Satz 3 EStG nicht zu den Einnahmen i.S.d. § 20 Abs. 1 Nr. 1, Abs. 8 EStG. Es handelt sich vielmehr um die Rückgewähr einer Einlage, die beim Gesellschafter nicht zu steuerpflichtigen Erträgen führen darf. Da steuerrechtlich gesehen jede Einlage in das Vermögen einer Kapitalgesellschaft (ggf. nachträgliche) Anschaffungskosten des Gesellschafters auf den Kapitalanteil auslöst, führt die Einlagerückgewähr zu einer Minderung der Anschaffungskosten. § 20 Abs. 1 Nr. 1 Satz 3 EStG modifiziert damit den steuerlichen Begriff der Anschaffungskosten. Bei Ausschüttungen aus dem steuerlichen Einlagekonto i.S.d. § 27 KStG, die den Buchwert bzw. die Anschaffungskosten der Beteiligung übersteigen, ist hinsichtlich der Rechtsfolgen weiter danach zu unterscheiden, ob sich die Anteile an der Kapitalgesellschaft im Betriebs- oder Privatvermögen des Gesellschafters befinden.

---

99 Vgl. Stimpel, in: Rödder/Herlinghaus/Neumann, KStG, 2. Aufl. 2023, § 27 Rdnr. 224.

100 Vgl. RegE SEStEG, BT-Drucks. 16/2710, S. 56; Broer, in: Brandis/Heuermann, Ertragsteuerrecht, § 7 KapErhStG Rdnr. 29a (10/2015).

Befinden sich die Anteile im **Betriebsvermögen** einer Kapitalgesellschaft, einer natürlichen Person oder einer Mitunternehmerschaft, so ist der den Buchwert überschießende Teil der Einlagenrückgewähr – wie in der Handelsbilanz – als Beteiligungsertrag zu erfassen.[101] Ist Gesellschafterin eine **Kapitalgesellschaft**, soll der den Buchwert übersteigende Teil der Einlagenrückgewähr nach Auffassung der Finanzverwaltung[102] der Steuerbefreiungsvorschrift des § 8b Abs. 2 und Abs. 3 Satz 1 KStG unterliegen (siehe hierzu ausführlich Rdnr. 25.21 ff.). Ist Gesellschafterin eine **natürliche Person**, unterliegt die Einlagenrückgewähr bzw. die Minderung des Beteiligungsbuchwertes § 3 Nr. 40a, § 3c Abs. 2 EStG (siehe hierzu Rdnr. 24.11 ff.). Bei **Mitunternehmerschaften** ist nach der Rechtsform der beteiligten Gesellschafter zu differenzieren (Transparenzprinzip). 12.98

Befinden sich die Anteile im **Privatvermögen** und übersteigen die zurückgewährten Einlagen die Anschaffungskosten, wird beim Beteiligten i.S.v. § 17 EStG ein Gewinn nach § 17 Abs. 4 EStG realisiert. § 17 Abs. 4 Satz 1 EStG fingiert insoweit einen Veräußerungstatbestand. Dieser Gewinn unterliegt dem Teileinkünfteverfahren (§ 3 Nr. 40 Satz 1 Buchst. c) Satz 2 EStG). Liegt hingegen keine Beteiligung i.S.d. § 17 EStG vor, so sind Zahlungen aus dem steuerlichen Einlagekonto nicht steuerbar (§ 20 Abs. 1 Nr. 1 Satz 3 EStG). Sie mindern die Anschaffungskosten der Beteiligung und können auch zu negativen Anschaffungskosten führen.[103] § 20 Abs. 2 Nr. 1 EStG greift nicht ein, weil es an einer § 17 Abs. 4 EStG entsprechenden Norm mangelt. 12.99

Beispiel

A erwirbt zum 01.01.21 100 % der Anteile an der Z-GmbH. Da sich die Z-GmbH in wirtschaftlichen Schwierigkeiten befunden hat, beträgt der Kaufpreis „nur" 10.000 €. Der Bestand des steuerlichen Einlagekontos der Z-GmbH beträgt zum 31.12.20/01.01.21 aufgrund von Einlagen der Altgesellschafter 50.000 €. Nach der Sanierung der Z-GmbH kommt es im Wj. 24 zu einer Gewinnausschüttung an A i.H.v. 100.000 €, wovon 30.000 € als aus dem steuerlichen Einlagekonto verwendet gelten. 12.100

[101] BFH, Urt. v. 20.04.1999 – VIII R 38/96, BStBl II, 647; H 6.2 „Ausschüttungen aus dem steuerlichen Einlagekonto i.S.d. § 27 KStG" EStH.

[102] BMF-Schreiben v. 28.04.2003 – IV A 2 - S 2750a - 7/03, BStBl I, 292, Rdnr. 6; H 8b „Ausschüttungen aus dem steuerlichen Einlagekonto" KStH 2022.

[103] Vgl. BMF-Schreiben v. 22.12.2009 – IV C 1 - S 2252/08/10004, BStBl I 2010, 94, Rdnr. 92, mit Hinweis auf BFH, Urt. v. 20.04.1999 – VIII R 44/96, BStBl II, 698.

Lösung

Die Gewinnausschüttung führt i.H.v. 70.000 € zu Bezügen i.S.d. § 20 Abs. 1 Nr. 1 Satz 1 EStG, die bei A grundsätzlich der Abgeltungsteuer unterliegen. Da für die Ausschüttung das steuerliche Einlagekonto nach § 27 KStG i.H.v. 30.000 € als verwendet gilt, liegt steuerrechtlich insoweit keine Einnahme nach § 20 Abs. 1 Nr. 1 EStG vor (vgl. § 20 Abs. 1 Nr. 1 Satz 3 EStG). Die Ausschüttung aus dem steuerlichen Einlagekonto führt vielmehr als Einlagenrückgewähr zur Minderung der Anschaffungskosten. Da A aber nur Anschaffungskosten i.H.v. 10.000 € hatte, entsteht in Höhe des übersteigenden Betrags von 20.000 € ein Gewinn nach § 17 Abs. 4 EStG, der dem Teileinkünfteverfahren nach § 3 Nr. 40 Satz 1 Buchst. c) Satz 2 EStG unterliegt. Der Gewinn nach Anwendung des Teileinkünfteverfahrens beträgt daher 12.000 € (60 % von 20.000 €).

12.9 Gestaltungshinweise bei fehlerhaft nicht gesondert festgestellten Einlagen

12.101 Da es in der Praxis immer wieder zur fehlerhaften Nichterfassung von Einlagen im steuerlichen Einlagekonto kommt, eine Korrektur im Fehlerjahr nach verfahrensrechtlichen Vorschriften regelmäßig ausscheidet (siehe hierzu Rdnr. 12.55) und eine Nachholung der Einlage im Folgejahr an der Bindungswirkung des vorhergehenden Feststellungsbescheids nach § 27 Abs. 2 Satz 2 KStG scheitert, drängt sich die Frage nach Gestaltungsalternativen auf. Im Schrifttum werden hierbei insbesondere eine „Kapitalerhöhung (aus Gesellschaftsmitteln) mit anschließender Kapitalherabsetzung“ und der „Erwerb und die (anschließende) Veräußerung eigener Anteile“ als Gestaltungsalternativen vorgeschlagen.

12.9.1 Kapitalerhöhung und anschließende Kapitalherabsetzung

12.102 Nach zum Teil im Schrifttum vertretener Auffassung[104] soll es möglich sein, eine fehlerhaft unterbliebene Erfassung einer Einlage im steuerlichen Einlagekonto durch eine Kapitalerhöhung aus Gesellschaftsmitteln nach den §§ 207–220 AktG bzw. §§ 57c ff. GmbHG und anschließender Kapitalherabsetzung nachzuholen. Diese Auffassung stützt sich darauf, dass sich der Wortlaut des § 28 Abs. 1 Satz 3 KStG – anders als § 28 Abs. 1 Satz 1 KStG – nicht auf den positiven Bestand des steuerlichen Einlagekontos, sondern vielmehr auf die tatsächlich geleisteten Einlagen der Anteilseigner bezieht. Damit erhöhen – bei wortlautgetreuer Auslegung der Norm – fehlerhaft im steuerlichen Einlagenkonto nicht erfasste Einlagen nicht den Sonderausweis nach § 28 Abs. 1 Satz 3 KStG. Dies führt dann im Fall einer späteren Kapitalherabsetzung nach § 28 Abs. 2 Satz 1 zweiter Halbsatz KStG zu einer Erhöhung des steuerlichen Einlagekontos in materiellrechtlich zutreffender Höhe.

---

[104] Vgl. OTT, DStR 2014, 673, 675, sowie SCHWEDHELM/OLBING/BINNEWIES, GmbHR 2013, 1233, 1242.

Beispiel 12.103

Zum Ende des Wj. 24 weist die Bilanz der A-GmbH folgende Beträge aus:

Eigenkapital zum 31.12.24

Nennkapital (davon Sonderausweis: 0 €)	100.000 €
Kapitalrücklage	+ 60.000 €
Gewinnrücklage	+ 100.000 €
Summe	**260.000 €**
Bestand Einlagekonto	**10.000 €**

Die Kapitalrücklage ist i.H.v. 50.000 € auf eine Einlage des Alleingesellschafters A im Wj. 24 zurückzuführen. Irrigerweise wurde ein Zugang im steuerlichen Einlagekonto nicht erfasst. Der Bescheid über die gesonderte Feststellung des steuerlichen Einlagenkontos zum 31.12.24 ist gem. § 27 Abs. 2 KStG bestandskräftig und nach den Vorschriften der AO nicht mehr änderbar. Der Bestand des steuerlichen Einlagekontos ist dabei fehlerhaft i.H.v. 10.000 € (statt richtig 60.000 €) festgestellt worden. Im Wj. 25 wird bei der A-GmbH eine Kapitalerhöhung aus Gesellschaftsmitteln i.H.v. 100.000 € vorgenommen. Im Wj. 26 wird eine (vereinfachte) Kapitalherabsetzung i.H.v. 100.000 € vorgenommen; der Betrag wird in die Kapitalrücklage eingestellt.

Lösung

Nach o.a. Meinung soll sich nur ein Sonderausweis i.H.v. 40.000 € ergeben, weil gem. § 28 Abs. 1 Satz 3 KStG vorrangig eine Verrechnung mit den Einlagen der Anteilseigner zu erfolgen hat. Der Wortlaut der Vorschrift stelle hierbei nicht auf den Bestand des steuerlichen Einlagekontos ab, weshalb die Regelung auch Einlagen einschließe, die bei der gesonderten Feststellung nach § 27 Abs. 2 KStG fehlerhaft unberücksichtigt geblieben sind. Die Ermittlung des steuerlichen Einlagekontos sowie des Sonderausweises zum 31.12.25 ermitteln sich dann wie folgt:

	Vorspalte	**§ 27 KStG**	**§ 28 KStG**
Anfangsbestand 01.01.25		10.000 €	0 €
+ Einlage Bestand nach § 28 Abs. 1 Satz 2 KStG			
Betrag der Kapitalerhöhung	100.000 €		
Vorrangige Verwendung aus Einlagen der Anteilseigner	– 60.000 €	– 10.000 €	
Zugang beim Sonderausweis	– 40.000 €		40.000 €
Schlussbestände 31.12.25		**0 €**	**40.000 €**

Für die Kapitalherabsetzung im Wj. 26 bestimmt § 28 Abs. 2 Satz 1 KStG, dass zunächst der Sonderausweis zum Schluss des vorangegangenen Wirtschaftsjahres zu mindern und ein übersteigender Betrag dem steuerlichen Einlagekonto gutzuschreiben ist. Da der Sonderausweis im Wj. 25 – wegen der tatsächlich geleisteten Einlagen i.H.v. 60.000 € – nur um 40.000 € (und nicht um 90.000 €) erhöht wurde, führt die Herabsetzung des Nennkapitals im Wj. 26 zu einem Zugang im steuerlichen Einlagekonto i.H.v. 60.000 €.

	Vorspalte	**§ 27 KStG**	**§ 28 KStG**
Anfangsbestand 01.01.26			40.000 €
Nennkapitalherabsetzung	100.000 €		
Verminderung Sonderausweis	– 40.000 €		– 40.000 €
Erhöhung des Einlagekontos	– 60.000 €	60.000 €	
Schlussbestände 31.12.26		**60.000 €**	**0 €**

Wird eine ordentliche Kapitalherabsetzung vorgenommen und das Nennkapital an den Anteilseigner **ausgekehrt**, mindert sich das steuerliche Einlagekonto im Wege des **Direktzugriffs** nach § 28 Abs. 2 Satz 3 KStG i.H.v. 60.000 € auf 0 €. Dies führt beim Anteilseigner – unter Umgehung der Verwendungsfiktion des § 27 Abs. 1 Satz 3 KStG – zu einer nicht steuerbaren Einlagenrückgewähr (§ 20 Abs. 1 Nr. 1 Satz 3 EStG) i.H.v. 60.000 €. Die Rückzahlung des Nennkapitals gilt, soweit der Sonderausweis zu mindern ist (hier i.H.v. 40.000 €), als Gewinnausschüttung, die beim Anteilseigner zu Bezügen i.S.d. § 20 Abs. 1 Nr. 2 EStG führt (§ 28 Abs. 2 Satz 2 KStG).

Hinweis

12.104 Die überwiegende Kommentarmeinung lehnt eine ausschließlich am Wortlaut der Vorschrift orientierte Auslegung (zu Recht) ab und verweist auf den Zweck und die Systematik der Norm.[105] Bei einer derartigen Gestaltungsberatung besteht daher ein hohes prozessuales Risiko.

12.9.2 Erwerb und Weiterveräußerung eigener Anteile

12.105 Mit dem Einfügen von § 272 Abs. 1a und 1b HGB durch das BilMoG[106] wurde für nach dem 31.12.2009 beginnende Geschäftsjahre (Art. 66 Abs. 3 EGHGB) der handelsbilanzielle Ausweis eigener Anteile rechtsformunabhängig geregelt. Da-

[105] Vgl. hierzu ausführlich ENDERT, in: FROTSCHER/DRÜEN, KStG/GewStG/UmwStG, § 28 KStG Rdnr. 19–21 m.w.N. (06/2020).

[106] Gesetz zur Modernisierung des Bilanzrechts (Bilanzrechtsmodernisierungsgesetz – BilMoG) v. 25.05.2009, BGBl I, 1102.

nach ist der Nennbetrag der eigenen Anteile nunmehr stets auf der Passivseite in der Vorspalte offen von dem Posten „Gezeichnetes Kapital" abzusetzen. Bilanziell stellt der Erwerb eigener Anteile also keinen Anschaffungsvorgang dar; die eigenen Anteile werden handelsrechtlich damit nicht mehr als Vermögensgegenstand erfasst.[107] Der Erwerb sowie die Veräußerung eigener Anteile werden handelsrechtlich vielmehr als **(wirtschaftliche) Kapitalherabsetzung bzw. (wirtschaftliche) Kapitalerhöhung** behandelt.[108] Nach Auffassung der Finanzverwaltung[109] und der wohl h.M. im Schrifttum[110] folgt die steuerrechtliche Behandlung des Erwerbs und der Veräußerung eigener Anteile der wirtschaftlichen Betrachtungsweise des Handelsrechts (siehe dazu ausführlich Rdnr. 15.1 ff.).

Daraus folgert die Finanzverwaltung im Weiteren, dass auf den Erwerb eigener Anteile § 28 Abs. 2 KStG entsprechend anzuwenden ist, wobei aber abweichend von § 28 Abs. 2 Satz 1 KStG ein bestehender Sonderausweis nicht zu mindern sein soll. Der über die Rückzahlung des herabgesetzten Nennkapitals hinausgehende Betrag stellt nach Auffassung der Finanzverwaltung eine Leistung der Gesellschaft an den veräußernden Anteilseigner dar, die nach den Grundsätzen des § 27 Abs. 1 Satz 3 KStG zu einer Minderung des steuerlichen Einlagekontos führt, soweit sie den maßgebenden ausschüttbaren Gewinn übersteigt.[111] Die Weiterveräußerung der eigenen Anteile sei **wie eine Erhöhung des Nennkapitals** zu behandeln, die in Höhe des Nennbetrags der eigenen Anteile weder eine Auswirkung auf den Bestand des steuerlichen Einlagekontos noch auf einen bestehenden Sonderausweis habe; ein den Nennbetrag übersteigender Betrag erhöhe den Bestand des steuerlichen Einlagekontos.[112] Folgt man dieser Sichtweise, so kommt es durch den Erwerb und die Veräußerung eigener Anteile zu einer Umgliederung von Beträgen aus dem ausschüttbaren Gewinn in das steuerliche Einlagekonto.[113] 12.106

[107] Vgl. z.B. SCHIFFERS, GmbHR 2014, 79.
[108] MAYER/WAGNER, DStR 2014, 571.
[109] Vgl. BMF-Schreiben v. 27.11.2013 – IV C 2 - S 2742/07/10009, BStBl I, 1615, Rdnr. 8.
[110] Vgl. z.B. WATERMEYER, in: HERRMANN/HEUER/RAUPACH, EStG/KStG, § 8b KStG Rdnr. 64 (11/2023); BERNINGHAUS, ebd., § 28 KStG Rdnr. 40 (03/2024); BLUMENBERG/LECHNER, DB 2014, 141; MAYER/WAGNER, DStR 2014, 571; MÜLLER/REINKE, DStR 2014, 711.
[111] BMF-Schreiben v. 27.11.2013 – IV C 2 - S 2742/07/10009, BStBl I, 1615, Rdnr. 9.
[112] BMF-Schreiben v. 27.11.2013 – IV C 2 - S 2742/07/10009, BStBl I, 1615, Rdnr. 13; krit. dazu SCHMIDTMANN, Ubg 2013, 759.
[113] Vgl. hierzu OTT, DStR 2014, 673; DERS., StuB 2014, 163 m.w.N. und Berechnungsbeispielen.

Hinweis

12.107 Da die Finanzverwaltung ihre Auffassung im BMF-Schreiben vom 27.11.2013[114] zum Zwecke einer einheitlichen Rechtsanwendung dargelegt hat, ist grundsätzlich nicht damit zu rechnen, dass einzelne Finanzämter eine andere Rechtsauffassung vertreten werden. Erwirbt die Gesellschaft indes die Anteile, um sie sodann im Anschluss direkt wieder an den (identischen) Anteilseigner zurückzuveräußern, muss davon ausgegangen werden, dass die Finanzverwaltung hierin einen Missbrauch von rechtlichen Gestaltungsmöglichkeiten (§ 42 AO) sieht, wenn für die gewählte Gestaltung keine außersteuerlichen Gründe ersichtlich sind.

Im Übrigen ist darauf hinzuweisen, dass das FG Münster[115] der Sichtweise der Finanzverwaltung bereits eine Absage erteilt und entschieden hat, dass nicht zum Zwecke der Einziehung erworbene eigene Anteile als Wirtschaftsgüter anzusehen sind. Deren Erwerb und Veräußerung sei daher nicht als Kapitalmaßnahme, sondern als Anschaffungs- bzw. Veräußerungsgeschäft zu beurteilen, auf das § 8b KStG Anwendung finde. Weiter ist zu berücksichtigen, dass der Erwerb eigener Anteile gesellschaftsrechtlichen Einschränkungen unterliegt: Bei der AG ist er nur unter den Voraussetzungen der §§ 71 ff. AktG, bei der GmbH nur unter den Voraussetzungen des § 33 GmbHG zulässig. Nicht zuletzt muss bedacht werden, dass der Erwerb eigener Anteile durch die Gesellschaft für den Anteilseigner ein Veräußerungsgeschäft darstellt, das nach allgemeinen Grundsätzen der Besteuerung unterliegt.[116]

---

[114] BMF-Schreiben v. 27.11.2013 – IV C 2 - S 2742/07/10009, BStBl I, 1615.

[115] FG Münster, Urt. v. 13.10.2016 – 9 K 1087/14 K,G,F, EFG 2017, 423.

[116] BMF-Schreiben v. 27.11.2013 – IV C 2 - S 2742/07/10009, BStBl I, 1615, Rdnr. 20; vgl. auch FG Münster, Urt. v. 13.10.2016 – 9 K 1087/14 K,G,F, EFG 2017, 423 m.w.N.

13. Kapitalerhöhung

13.1 Sinn und Zweck der Kapitalerhöhung

Im Laufe des Lebens einer GmbH können zahlreiche Situationen eintreten, die es notwendig machen, das Stammkapital zu erhöhen, oder in denen eine Kapitalerhöhung zumindest von Vorteil ist. Das gilt insbesondere dann, wenn die GmbH nur mit dem gesetzlichen Mindestkapital von 25.000 € oder – berücksichtigt man die Unternehmergesellschaft (haftungsbeschränkt) – gar mit einem Mindestkapital 13.1

von 1 € gegründet wurde. Gründe für eine Kapitalerhöhung können z.B. die Zuführung flüssiger Mittel oder die Verbesserung der Kreditwürdigkeit der Gesellschaft sein. Bei der Kapitalerhöhung wird zwischen der (**effektiven**) Kapitalerhöhung durch Zuführung neuer Mittel und der Zuführung aus Gesellschaftsmitteln (**nominell**) unterschieden.

13.2 Für eine etwaige notwendig werdende Sanierung der GmbH kann eine Kapitalerhöhung auch mit einer vereinfachten Kapitalherabsetzung (§ 58a Abs. 1 GmbHG) kombiniert werden. In diesem Fall spricht man von einem **Kapitalschnitt.**

Beispiel

Das Stammkapital der GmbH i.H.v. 100.000 € ist durch Verluste zu 75 % aufgebraucht. Für eine nachhaltige Sanierung wird frisches Kapital i.H.v. weiteren 50.000 € benötigt, das ein Investor bereit ist, aufzubringen. Dieser möchte jedoch nicht mit den Altverlusten belastet sein. Außerdem wäre er nach der Kapitalerhöhung nur zu rund 33 % an der Gesellschaft beteiligt, was ihm aufgrund des Risikos und des eingesetzten Kapitals zu wenig ist.

Lösung

Um das Ziel zu erreichen, wird das bestehende Stammkapital (ohne Rückzahlung) zunächst um 75 % herabgesetzt. Erst in einem zweiten Schritt erfolgt die Erhöhung des Stammkapitals durch den Investor. Danach ist der Investor zu 2/3 (50.000 €/ 75.000 €) an der Gesellschaft beteiligt. Durch den Kapitalschnitt wurde erreicht, dass die bisher eingetretenen Verluste von den bisherigen Gesellschaftern getragen wurden.

13.2 Kapitalerhöhung gegen Einlagen

13.3 Die Kapitalerhöhung gegen Einlagen wird durch die §§ 55–57a GmbHG geregelt. Die Erhöhung des Stammkapitals durch neue Mittel kann dabei durch die bisherigen Gesellschafter erfolgen. Denkbar ist aber auch, dass im Rahmen der Kapitalerhöhung auch neue Gesellschafter hinzutreten und Mittel einbringen. Auch vorhandene Fremdmittel können in Stammkapital umgewandelt werden. Wenn von der Zuführung von „neuen Mitteln" die Rede ist, dann kann es sich dabei um Bar- oder Sacheinlagen handeln. Die Kapitalerhöhung unterliegt bei der Kapitalgesellschaft strengen gesellschaftsrechtlichen Bestimmungen. Die einzelnen Schritte werden im Folgenden im Detail beschrieben:

13.2.1 Beschlussfassungen

13.2.1.1 Kapitalerhöhungsbeschluss und Bezugsrechte

Der Kapitalerhöhungsbeschluss nach § 55 Abs. 1 GmbHG stellt eine **Änderung der Satzung** dar. Nach § 53 Abs. 2 GmbHG muss der Beschluss notariell beurkundet werden, und er bedarf einer Dreiviertelmehrheit der abgegebenen Stimmen, es sei denn, die Satzung schreibt eine höhere Mehrheit vor. 13.4

Hinweis

Der Kapitalerhöhungsbeschluss muss angeben, zu welchem Betrag die neuen Anteile erworben werden können. Die neuen Geschäftsanteile müssen auf Euro lauten und mit dem erhöhten Stammkapital übereinstimmen. 13.5

Die Geschäftsanteile müssen auf volle Euro lauten (§ 55 Abs. 4 i.V.m. § 5 Abs. 2 GmbHG) und können folglich jeweils 1 € betragen. Ein Gesellschafter kann mehrere Geschäftsanteile übernehmen. 13.6

Hinweis

Lautet der Kapitalerhöhungsbeschluss auf eine Ausgabe von neuen Anteilen im Wert von 10.000 € zu jeweils 1 €, entstehen 10.000 neue Geschäftsanteile, die in beliebiger Anzahl von den Gesellschaftern übernommen werden können. Bei einem späteren teilweisen Verkauf müssen die Geschäftsanteile dann nicht erst zum Verkauf getrennt werden. 13.7

In einigen Konstellationen kann zum Zeitpunkt der Beschlussfassung unklar sein, welche neuen Geschäftsanteile tatsächlich übernommen werden (z.B. weil der Wert der Sacheinlage noch nicht feststeht oder der Übernehmer aus einem Optionsvertrag noch frei wählen kann, wie viele Anteile er übernehmen wird). In diesen Fällen kann geregelt werden, dass eine Kapitalerhöhung bis zu einem bestimmten Höchstbetrag stattfinden soll. Im Fall einer **„Um-bis-zu"-Kapitalerhöhung** geht die h.M.[1] davon aus, dass im Beschluss außerdem eine Frist von höchstens sechs Monaten festgesetzt werden muss, bis zu deren Ablauf die Geschäftsanteile aus der Kapitalerhöhung übernommen sein müssen. 13.8

Diese Frist dient der Konkretisierung des Beschlusses, da andernfalls nicht von vornherein feststünde, wann die zur Ermittlung des Kapitalerhöhungsbetrags notwendige Zeichnungsphase abgeschlossen ist.

[1] BeckOK GmbHG/Ziemons, 58. Ed. (11/2023), § 55 Rdnr. 32–50 (m.w. Literaturhinw.).

13.9 Durch den Kapitalerhöhungsbeschluss entsteht ein **gesetzliches Bezugsrecht** analog § 186 AktG auf die neuen Geschäftsanteile. Das Bezugsrecht gewährt den Gesellschaftern das Recht, an der Kapitalerhöhung im Verhältnis ihrer bisherigen Beteiligungen teilzunehmen. Eine Verpflichtung zur Übernahme besteht jedoch nicht. Insofern kann das Bezugsrecht – abhängig von etwaigen satzungsmäßigen Einschränkungen – grundsätzlich auch veräußert werden.

13.10 Es ist aber auch möglich, Gesellschafter im Interesse der Gesellschaft vom Bezugsrecht auszuschließen. Als Voraussetzung muss der Ausschluss geeignet, erforderlich und angemessen sein. Das bedeutet, es muss also einen sachlichen Grund für den Bezugsrechtsausschluss geben (z.B. strategische Beteiligung von Externen oder Führungskräften), es darf kein anderes, weniger in die Interessen der Gesellschafter eingreifendes Mittel geben, um dieses Ziel zu erreichen, und die Interessen der Gesellschaft am Ausschluss müssen gegen die individuellen Interessen der Gesellschafter an der Gewährung des Bezugsrechts abgewogen werden und diese überwiegen.

13.11 **Der Ausschluss** kann bereits in der Satzung erfolgen, im Übrigen im Kapitalerhöhungsbeschluss (§ 186 Abs. 3 Satz 1 AktG analog). Der Ausschluss in einem separaten Beschluss, etwa dem Zulassungsbeschluss, ist unzulässig.[2] Da es sich dabei um einen Eingriff in das Mitgliedschaftsrecht handelt, ist der Beschluss mit einer Dreiviertelmehrheit zu fassen. Formal ist darauf zu achten, dass über den Bezugsrechtsausschluss analog § 186 Abs. 4 Satz 2 AktG ein schriftlicher Bericht anzufertigen ist, welcher der Einladung zur Sitzung beizufügen ist. Der Bezugsrechtsausschluss muss in der Tagesordnung genannt werden. Auf den Bericht kann nur verzichtet werden, wenn jeder einzelne Gesellschafter dem zustimmt.

13.12 Ist der Bezugsrechtsausschluss materiell nicht gerechtfertigt oder formell fehlerhaft, kann der Beschluss gerichtlich angefochten werden.

13.2.1.2 Zulassungsbeschluss

13.13 Der sogenannte Zulassungsbeschluss, der mit dem Kapitalerhöhungsbeschluss verbunden werden kann, wird durch die Gesellschafterversammlung gefasst und bestimmt die Übernehmer und die jeweilig zu übernehmende Stammeinlage. Die Beschlussfassung kann **formfrei** mit einfacher Mehrheit erfolgen und bedarf keiner notariellen Beurkundung.

13.14 Ob ein Zulassungsbeschluss stets erforderlich ist oder nicht, ist strittig. Teile der Literatur[3] sind der Auffassung, dass der Zulassungsbeschluss dann entbehrlich ist,

---

[2] BeckOK GmbHG/ZIEMONS, 58. Ed. (11/2023), § 55 Rdnr. 79–81.

[3] Z.B. SERVATIUS, in: NOACK/SERVATIUS/HAAS, GmbHG, 23. Aufl. 2022, § 55 Rdnr. 21.

wenn das durch den Kapitalerhöhungsbeschluss entstehende Bezugsrecht der (Alt-) Gesellschafter nicht ausgeschlossen wurde. Andererseits[4] kann sich das Erfordernis aus § 55 Abs. 2 GmbHG ergeben, da diese Vorschrift nicht danach differenziert, ob das Bezugsrecht eingeschränkt wurde. Wichtig ist zuletzt jedoch, dass auch ohne eindeutigen Zulassungsbeschluss die (Alt-)Gesellschafter ein Bezugsrecht entsprechend ihrer bisherigen Beteiligungsquote analog § 186 AktG haben.

13.2.2 Übernahmeerklärung

Wurde der Beschluss zur Kapitalerhöhung gefasst, so muss im nächsten Schritt die Erhöhung durchgeführt werden. Dies geschieht durch die Übernahme der Geschäftsanteile gegen **Leistung einer Einlage** gem. § 14 GmbHG. Die Höhe der zu leistenden Einlage bestimmt sich nach dem in der Übernahmeerklärung festgesetzten Nennbetrag des Geschäftsanteils (§ 14 Satz 3 GmbHG). 13.15

Begrifflich könnte man darauf schließen, es handele sich um eine einseitige Erklärung. Rechtlich handelt es sich jedoch bei der Übernahmeerklärung um einen Vertrag zwischen dem übernehmenden (künftigen) Gesellschafter (Übernahmeerklärung) und der Gesellschaft (Annahmeerklärung). Die Übernahmeerklärung muss zumindest notariell beglaubigt werden und kann notariell beurkundet werden. In der Regel werden der Kapitalerhöhungsbeschluss und die Übernahmeerklärung in einer notariellen Urkunde zusammengefasst. Die Annahme durch die Gesellschaft kann **formfrei** bzw. konkludent erfolgen. 13.16

In der Übernahmeerklärung müssen folgende Punkte genannt werden: 13.17

- Person des Übernehmers
- Nennbetrag des neu übernommenen Geschäftsanteils
- Art der zu erbringenden Einlage (Geldeinlage, Sacheinlage, Mischeinlage)
- etwaige Nebenleistungen (z.B. Agio)

13.2.3 Leistung der Einlagen

13.2.3.1 Bareinlagen

Durch § 56a GmbHG wird bestimmt, dass die für die Gründung bzw. die erstmalige Einzahlung der Stammeinlage geltenden Vorschriften entsprechend anzuwenden sind. Insbesondere wird durch den Verweis auf § 7 Abs. 2 Satz 1 GmbHG geregelt, dass auch bei der Kapitalerhöhung mindestens 25 % des Nennkapitals eines jeden Geschäftsanteils eingezahlt werden muss. In Abweichung zur Ersteinzahlung 13.18

---

[4] Z.B. BeckOK GmbHG/Ziemons, 58. Ed. (11/2023), § 55 Rdnr. 89–90.1.

muss jedoch nicht die Mindestquote von 50 % auf das gesamte Erhöhungskapital erreicht werden, da explizit nur auf § 7 Abs. 2 Satz 1 GmbHG verwiesen wird.

13.19 Der Kapitalerhöhungsbeschluss kann eine **abweichende Quote** bis hin zur vollständigen Einzahlung vorsehen. Zu denken ist auch an ein etwaiges Agio. Dieses ist dann zu leisten, wenn es der Beschluss vorsieht; ansonsten erst nach Aufforderung. Eine § 36a Abs. 1 AktG entsprechende Regelung kennt das GmbHG nicht.

Hinweis

13.20 Zum Nachweis, dass die Bareinlagen endgültig zur freien Verfügung der Gesellschaft erbracht wurden, ist, sofern kein positives Konto bei der Bank besteht, zu empfehlen, ein eigenes – extra für die Kapitalerhöhung vorgesehenes – Konto anzulegen. Denn besteht bei der Bank ein im Soll geführtes Konto, kommt es im Wesentlichen darauf an, ob über die eingezahlten Barmittel tatsächlich verfügt werden kann. Die Verfügungsgewalt kann eingeschränkt sein, wenn die Kreditlinie überschritten ist.

13.21 Ebenso ist bei anderweitigen Verbindlichkeiten der an der Kapitalerhöhung teilnehmenden Personen darauf zu achten, dass die Einzahlung mit einer ausdrücklichen **Tilgungsbestimmung** versehen wird. Ansonsten ist unklar, auf welche Verbindlichkeit geleistet wurde.

13.22 Betrachtet man den **Zeitpunkt der Einzahlung**, so kann zwischen der Einzahlung vor dem Kapitalerhöhungsbeschluss und danach bis zur Eintragung unterschieden werden. Es geht dabei um die Frage, ob die Einlage zur endgültigen freien Verfügung durch die Gesellschaft stand. Bei der Einzahlung im Zeitraum zwischen dem Kapitalerhöhungsbeschluss und der Anmeldung zur Eintragung oder der tatsächlichen Eintragung ist es zulässig, dass die Gesellschaft mit den eingezahlten Mitteln bereits arbeitet.

13.23 **Vorleistungen** auf eine noch zu beschließende Kapitalerhöhung sind grundsätzlich unzulässig. Nach Auffassung des BGH[5] können die vorab geleisteten Beträge nicht als wirksam erbrachte Bareinlage gewertet werden, es sei denn, sie stehen zum Zeitpunkt des Kapitalerhöhungsbeschlusses und zum Zeitpunkt der Übernahmevereinbarung noch unvermindert zur freien Verfügung der Geschäftsführer (Zahlung auf ein debitorisches Konto sei jedoch nicht ausreichend). In einem weiteren Verfahren hat der BGH[6] entschieden, dass ausnahmsweise Voreinzahlungen unter engen Voraussetzungen als wirksame Erfüllung der später übernommenen Einlageschuld anerkannt werden können, wenn

---

5 BGH, Urt. v. 15.03.2004 – II ZR 210/01, BGHZ 158, 283.

6 BGH, Urt. v. 26.06.2006 – II ZR 43/05, BGHZ 168, 201.

- die Beschlussfassung über die Kapitalerhöhung im Anschluss an die Voreinzahlung mit aller gebotenen Beschleunigung nachgeholt wird,
- ein akuter Sanierungsfall vorliegt, andere Maßnahmen nicht in Betracht kommen und
- die Rettung der sanierungsfähigen Gesellschaft scheitern würde, falls die übliche Reihenfolge der Durchführung der Kapitalerhöhungsmaßnahme beachtet werden müsste.

Bereits früher hatte der BGH[7] entschieden, dass es im Regelfall bei einer GmbH erforderlich sein wird, dass die Gesellschafterversammlung bereits mit dem Tagesordnungspunkt „Kapitalerhöhung" einberufen worden ist. 13.24

13.2.3.2 Sacheinlagen

Unter eine Sachkapitalerhöhung fallen nicht nur tatsächliche Sacheinlagen, sondern z.B. auch Wertpapiere, Forderungen, Patente oder Grundstücke. Ganz abstrakt kann man davon ausgehen, dass **alle bilanzierungsfähigen Rechtsobjekte**, die selbständig übertragbar sind, für eine Sacheinlage in Betracht kommen.[8] 13.25

§ 56 GmbHG regelt, was bei einer Sachkapitalerhöhung zu beachten ist. Im Wesentlichen gelten die gleichen Anforderungen wie bei der Sachkapitalgründung. Unterschiede bestehen darin, dass von Gesetzes wegen der Anmeldung keine Bescheinigung der Werthaltigkeit beigefügt werden muss. Zudem ist ein Sachkapitalerhöhungsbericht nicht erforderlich. Jedoch muss über § 57a GmbHG § 9c Abs. 1 Satz 2 GmbHG beachtet werden, weshalb das Gericht im Einzelfall zur weiteren Prüfung Erläuterungen, Nachweise und im Zweifel auch Sachverständigengutachten verlangen kann. Bei der Unternehmergesellschaft sind Sachkapitalerhöhungen nicht zulässig (§ 5 Abs. 2 Satz 2 GmbHG). 13.26

Im Vergleich zur Barkapitalerhöhung kann die Gesellschaft sich durch die Hingabe von Anteilen liquiditätsschonend mit betriebsnotwendigem Vermögen versorgen. Andererseits ist zu bedenken, dass die bisherigen Gesellschafter diese Kapitalerhöhung mit der Verwässerung ihrer Beteiligungsquote teilweise „mitbezahlen". 13.27

Die Sachkapitalerhöhung bietet sich auch an, um Schulden eines Gesellschafters in Eigenkapital umzuwandeln (**Dept-Equity-Swap**). In diesem Fall ist jedoch insbesondere die Werthaltigkeit des Rückzahlungsanspruchs zu beurteilen. Nach § 56a i.V.m. § 7 Abs. 3 GmbHG muss die Sacheinlage vor der Anmeldung der Kapitalerhöhung voll erbracht sein. Daher muss zum Zeitpunkt der Anmeldung nach- 13.28

---

7 BGH, Urt. v. 07.11.1994 – II ZR 248/93, NJW 1995, 460.
8 BeckOK GmbHG/Ziemons, 58. Ed. (11/2023), § 5 Rdnr. 178.

weisbar sein, dass die Gesellschaft die Schulden in voller Höhe auch hätte zurückzahlen können. Ist dies nicht der Fall, dann ist das (Gesellschafter-)Darlehen nicht (voll) werthaltig, weshalb sich die Gesellschafter und Geschäftsführer potentiellen Haftungsrisiken ausgesetzt sehen.

13.29 Wenn eine gemischte Sacheinlage oder eine **Mischeinlage** vereinbart wird, sind insgesamt die Regeln der Sachkapitalerhöhung einzuhalten.

13.30 Im Kapitalerhöhungsbeschluss muss

- der Gegenstand der Sacheinlage und
- der Nennbetrag des Geschäftsanteils, auf den sich die Sacheinlage bezieht,

festgesetzt werden. Enthält der Kapitalerhöhungsbeschluss nicht die von § 56 geforderten Festsetzungen, ist der Beschluss **anfechtbar**, und die Kapitalerhöhung darf nicht in das Handelsregister eingetragen werden. Die Festsetzungen müssen in die Übernahmeerklärung (§ 55 GmbHG) des die Sacheinlage leistenden Übernehmers aufgenommen werden.

13.31 Erreicht der Wert der Sacheinlage nicht den Nennbetrag der neu ausgegebenen Anteile, muss der **Differenzbetrag** in bar nachgezahlt werden (§ 9 GmbHG).

13.2.3.3 Sachübernahme

13.32 Nach § 56 Abs. 2 GmbHG findet § 19 Abs. 2 Satz 2 GmbHG entsprechend Anwendung. Danach ist es möglich, mit einer Forderung aus der Überlassung von Vermögensgegenständen aufzurechnen, wenn die Anrechnung nach § 5 Abs. 4 Satz 1 GmbHG vereinbart worden ist (Sachübernahme).

Beispiel

Der (neue) Gesellschafter, der auch die durch die Kapitalerhöhung entstehenden Anteile i.H.v. 10.000 € übernehmen soll, hat der Gesellschaft eine Maschine für 10.000 € verkauft. Die Kaufpreiszahlung ist noch nicht erfolgt.

Lösung

In diesem Fall ist es zulässig, im Kapitalerhöhungsbeschluss festzusetzen und im Übernahmevertrag zu regeln, dass die Kaufpreisforderung mit der Einlageverpflichtung verrechnet wird.

13.2.3.4 Verdeckte Sacheinlage

13.33 § 56 Abs. 2 GmbHG verweist auch auf § 19 Abs. 4 GmbHG. Hierdurch sollen die Fälle von verdeckten Sacheinlagen (siehe hierzu auch Rdnr. 18.1 ff.) geregelt werden, also Kapitalerhöhungen, bei denen eine Geldeinlage vereinbart wurde, die

Erbringung aber letztlich wirtschaftlich als Sacheinlage zu qualifizieren ist. Im Gegensatz zum früheren Recht werden diese Fälle nicht mehr als nichtig beurteilt. Vielmehr findet eine Anrechnung der geleisteten Sacheinlage auf die geforderte Geldeinlage statt. Stellt sich heraus, dass die Sacheinlage nicht den Wert der Geldeinlage erreicht, besteht die Einlageverpflichtung fort. Im Ergebnis wird dem übernehmenden Gesellschafter die Beweislast für die Werthaltigkeit zugewiesen.

13.2.4 Anmeldung und Eintragung zum Handelsregister

13.2.4.1 Inhalt und Form der Anmeldung

Nachdem sämtliche Geschäftsanteile übernommen und die Mindesteinlagen geleistet sind, haben sämtliche Geschäftsführer in öffentlich beglaubigter Form die Anmeldung zum Handelsregister vorzunehmen. Die Einreichung muss gem. § 12 Abs. 1 HGB **auf elektronischem Weg** erfolgen. Die Kapitalerhöhung ist zum für den Sitz der Gesellschaft zuständigen Registergericht anzumelden. 13.34

In der Anmeldung ist die Versicherung abzugeben, dass die Bareinlagen in Höhe der Mindesteinlage oder die Sacheinlagen vollständig erbracht wurden und der Gesellschaft endgültig zur freien Verfügung stehen. Der Anmeldung sind folgende Unterlagen beizufügen: 13.35

- notarielle Niederschrift des Erhöhungsbeschlusses
- die notariell beglaubigten oder beurkundeten Übernahmeerklärungen
- eine Liste der (neuen) Gesellschafter, welche die Geschäftsanteile übernommen haben
- bei Sacheinlagen die Verträge, die den Festsetzungen des Kapitalerhöhungsbeschlusses zugrunde liegen

13.2.4.2 Haftung der Geschäftsführer

Wie bei der Gründung haften die Geschäftsführer **für falsche Angaben** nach zivil- und strafrechtlichen Vorschriften. Gegenüber der Gesellschaft selbst haften die Geschäftsführer als Gesamtschuldner, im Fall falscher Angaben für fehlende Einzahlungen sowie für einen sonst entstehenden Schaden. Voraussetzung ist, dass dem jeweiligen Geschäftsführer die haftungsbegründenden Tatsachen bekannt waren oder er sie bei Anwendung der Sorgfalt eines ordentlichen Kaufmannes hätte kennen müssen (zur Haftung des Geschäftsführers siehe im Übrigen auch Rdnr. 4.1 ff.). 13.36

Für vorsätzlich falsche Angaben sind die Geschäftsführer strafrechtlich gem. § 82 Abs. 1 Nr. 3 GmbHG verantwortlich. Dritte (Gesellschafter und Gläubiger der Gesellschaft) können Schadenersatzansprüche gem. §§ 826, 823 Abs. 2 BGB i.V.m. § 82 GmbHG geltend machen. 13.37

13.2.4.3 Eintragung durch das Registergericht

13.38 Das Registergericht trägt die Kapitalerhöhung nach pflichtgemäßer Prüfung, ob die Kapitalerhöhung satzungs- und gesetzeskonform vorgenommen wurde, ein. Wenn sich im Einzelfall Anhaltspunkte für Zweifel an der ordnungsgemäßen Kapitalaufbringung ergeben, kann das Registergericht Nachweise anfordern, sofern es dies für erforderlich hält. Erst mit der Eintragung ist die Kapitalerhöhung gem. § 54 Abs. 3 GmbHG **wirksam.**

13.2.4.4 Änderung der Gesellschafterliste

13.39 Neben der Anmeldung muss § 40 GmbHG beachtet werden, da sich durch die Kapitalerhöhung mindestens der Beteiligungsumfang an der Gesellschaft ändern wird. Bei notarieller Mitwirkung hat der Geschäftsführer gem. § 40 Abs. 2 GmbHG unverzüglich nach Wirksamwerden der Änderung eine neue Gesellschafterliste mit den persönlichen Daten der Gesellschafter, den Nennbeträgen sowie den laufenden Nummern zum Handelsregister einzureichen und eine Abschrift an die Gesellschaft zu übermitteln.

13.3 Kapitalerhöhung aus Gesellschaftsmitteln

13.3.1 Abgrenzung zur Bar- oder Sachkapitalerhöhung

13.40 Im Gegensatz zu den Bar- oder Sachkapitalerhöhungen wird bei der Kapitalerhöhung aus Gesellschaftsmitteln der Gesellschaft kein Vermögen zugeführt. Das Stammkapital wird dabei durch Umwandlung von Rücklagen erhöht (§ 57c GmbHG). Die neuen Geschäftsanteile stehen den Gesellschaftern im Verhältnis ihrer bisherigen Geschäftsanteile zu (§ 57j GmbHG).

13.41 Die Kapitalerhöhung aus Gesellschaftsmitteln hat insbesondere Bedeutung bei geplanten **Finanzierungsmaßnahmen**, da Stammkapital die Kreditwürdigkeit stärken kann. Zudem hat diese Form der Kapitalerhöhung nach Einführung der Unternehmergesellschaft (haftungsbeschränkt) an Bedeutung gewonnen.

13.3.2 Voraussetzungen

13.42 Der Kapitalerhöhungsbeschluss kann erst **nach Feststellung des letzten Jahresabschlusses** und der Beschlussfassung über die Ergebnisverwendung gefasst werden und muss bestimmten formellen Vorgaben genügen sowie den gesetzlichen Mindestinhalt enthalten. Die Umgehung der Voraussetzungen der §§ 57c ff. GmbHG, z.B. durch das Hin- und Herzahlen von Finanzmitteln, ist unzulässig.

13.43 Dem Beschluss über die Kapitalerhöhung ist nach § 57c Abs. 3 GmbHG eine **Bilanz** zugrunde zu legen. Dadurch soll sichergestellt werden, dass die Rücklagen, die in Stammkapital umgewandelt werden sollen, auch tatsächlich vorhanden sind. Es muss sich um die endgültige Bilanz handeln, eine vorläufige Bilanz ist nicht ausreichend. Zudem muss die Bilanz zum Zeitpunkt der Beschlussfassung geprüft und mit einem uneingeschränkten Bestätigungsvermerk versehen sein (§ 57e Abs. 1 und § 57f Abs. 2 GmbHG). Die Bilanz darf zum Zeitpunkt der Anmeldung des Kapitalerhöhungsbeschlusses zur Eintragung in das Handelsregister höchstens acht Monate alt sein (§ 57e Abs. 1 GmbHG). Grundsätzlich kann auch eine Zwischenbilanz erstellt werden, was aber aus Sicht der Praxis nicht optimal ist, da dies mit weiteren Aufwendungen verbunden ist.

Bei den **Rücklagen** ist insbesondere zu beachten, dass diese erst für eine Umwandlung zur Verfügung stehen, wenn in der Bilanz kein Verlust oder Verlustvortrag mehr ausgewiesen ist (§ 57d GmbHG). 13.44

Die geforderte **Prüfungspflicht** führt bei mittelgroßen oder großen Kapitalgesellschaften zu keinen Besonderheiten, da diese ohnehin durch einen Abschlussprüfer zu prüfen sind (§ 316 Abs. 1 HGB). Kleine Kapitalgesellschaften haben jedoch keine solche Verpflichtung, weshalb sich für diese aus § 57e GmbHG eine besondere gesetzliche Prüfungspflicht ergibt. 13.45

Die Voraussetzungen der Kapitalerhöhung aus Gesellschaftsmitteln lassen sich wie folgt zusammenfassen: 13.46

- Prüfung des Jahresabschlusses (§ 57e GmbHG)
- Feststellung des letzten Jahresabschlusses (§ 57c Abs. 2 GmbHG)
- Beschlussfassung über die Ergebnisverwendung (§ 57c Abs. 2 GmbHG)
- Beschlussfassung über die Kapitalerhöhung und notarielle Beurkundung (§ 57c Abs. 4 i.V.m. § 53 Abs. 1 und 2 GmbHG)
- Anmeldung zur Eintragung ins Handelsregister (§ 57c Abs. 4 i.V.m. § 54 Abs. 1, § 57i GmbHG)
- Eintragung ins Handelsregister (§ 57c Abs. 4 i.V.m. § 54 Abs. 3 GmbHG)

13.3.3 Kombination mit Bar- oder Sachkapitalerhöhungen

Da die Kapitalerhöhung aus Gesellschaftsmitteln bei der Gesellschaft zu keinem Zufluss von Kapital führt, kann es notwendig sein, die Kapitalerhöhung aus Gesellschaftsmitteln mit einer Kapitalerhöhung gegen Einlagen zu verbinden, um die Kreditwürdigkeit der Gesellschaft ausreichend stark zu erhöhen. Nach Literaturmeinung ist es zulässig, eine Kapitalerhöhung aus Gesellschaftsmitteln zeitlich im Rahmen einer einzigen Gesellschafterversammlung mit einer Kapitalerhöhung ge- 13.47

gen Einlagen zu verbinden, wenn beide Kapitalmaßnahmen durch **zwei getrennte Beschlüsse** getroffen werden.[9] Nach (umstrittener) Ansicht der Rechtsprechung[10] können die beiden Kapitalmaßnahmen auch in einem einzigen Gesellschafterbeschluss miteinander verbunden werden.

Hinweis

13.48 Da die Zusammenfassung in einem Beschluss umstritten ist, empfiehlt es sich in der Praxis, zwei getrennte Beschlüsse zu fassen, die in einer Urkunde beurkundet werden können.

13.4 Genehmigtes Kapital

13.4.1 Grundlagen

13.49 Mit dem MoMiG[11] wurde auch für die GmbH erstmals die gesetzliche Grundlage geschaffen, genehmigtes Kapital zu begründen. § 55a GmbHG orientiert sich inhaltlich an den Regelungen für Aktiengesellschaften (§§ 202 ff. AktG). Durch die Einführung des genehmigten Kapitals wird die Entscheidungszuständigkeit von den Gesellschaftern auf die Geschäftsführung verlagert (Ermächtigung).

13.50 Dadurch wird eine **Erleichterung der Unternehmensfinanzierung** erreicht. Denn die Kapitalerhöhung kann von der Geschäftsführung kurzfristig und nach der Interessenlage der Gesellschaft wahrgenommen werden, um flexibel auf die Bedürfnisse der Gesellschaft und die Situation am Kapitalmarkt reagieren zu können. Eines Gesellschafterbeschlusses bedarf es für die eigentliche Kapitalerhöhung dann nicht mehr. Auch über die Höhe und andere Einzelheiten entscheidet die Geschäftsführung in bestimmten Grenzen selbständig. Sowohl Bar- als auch Sacheinlagen (nach expliziter Ermächtigung) sind zulässig.

13.4.2 Voraussetzungen

13.4.2.1 Ermächtigung der Geschäftsführung

13.51 § 55a GmbHG sieht zwei Möglichkeiten vor: die Ermächtigung im Rahmen der Gründung der GmbH (in der Gründungssatzung) oder die Ermächtigung im Rahmen eines satzungsändernden Beschlusses. Da die Schaffung genehmigten Kapitals eine etwaige künftige Kapitalerhöhung zur Folge hat, sind die übrigen Voraussetzungen (Beschluss, notarielle Beurkundung, Eintragung) für Kapitalerhöhungen zu

---

[9] BeckOK GmbHG/RÜHLAND, 58. Ed. (11/2023), § 57c Rdnr. 24.

[10] OLG Düsseldorf, Beschl. v. 25.10.1985 – 3 Wx 365/85, BB 1986, 1732; LG München I, Beschl. v. 20.10.1982 – 11 HKT 15 989/82.

[11] Gesetz zur Modernisierung des GmbH-Rechts und zur Bekämpfung von Missbräuchen (MoMiG) v. 23.10.2008, BGBl I, 2026.

beachten. Entgegen des Wortlauts handelt es sich bei genehmigtem Kapital noch nicht um Stammkapital. Dies ist erst dann der Fall, wenn die Geschäftsführung die Ermächtigung ausgeübt und die Kapitalerhöhung durchgeführt und im Handelsregister eingetragen ist.

Die Geschäftsführung entscheidet nach pflichtgemäßem Ermessen über die Ausübung der Ermächtigung, was insbesondere die Fragen betrifft, ob und wie diese ausgeführt wird. Der Beschluss der Geschäftsführung muss auf die erteilte Ermächtigung Bezug nehmen. 13.52

13.4.2.2 Bezeichnung des Nennbetrags

Die Ermächtigung muss genau bezeichnen, bis zu welchem Nennbetrag das Stammkapital erhöht werden darf. Der Betrag ist **genau zu beziffern,** wohingegen Prozentangaben nicht zulässig sind. Eine davon abweichende Formulierung führt zur Nichtigkeit (analog § 241 Nr. 3 AktG) des Beschlusses. Das genehmigte Kapital darf die Hälfte des im Zeitpunkt der Ermächtigung vorhandenen Stammkapitals nicht überschreiten (§ 55a Abs. 1 Satz 2 GmbHG). 13.53

Hinweis

Es ist möglich, die Schaffung genehmigten Kapitals mit anderen Maßnahmen (Kapitalerhöhung und Kapitalherabsetzung) zu kombinieren. Dabei kann eine in derselben Gesellschafterversammlung beschlossene ordentliche Kapitalerhöhung oder eine Kapitalerhöhung aus Gesellschaftsmitteln berücksichtigt werden bzw. muss eine beschlossene Kapitalherabsetzung berücksichtigt werden, wenn diese vor Eintragung des genehmigten Kapitals eingetragen wird. Daher ist bei zeitgleichen Beschlüssen unbedingt auf die Reihenfolge der Eintragungen im Handelsregister zu achten. Für die Handelsregisteranmeldung sind entsprechende Bestimmungen zu treffen. Kapitalherabsetzungen, die zeitlich nach der Eintragung des genehmigten Kapitals liegen, haben keinen Einfluss auf dessen Wirksamkeit. 13.54

13.4.2.3 Zeitliche Befristung

Die Dauer der Ermächtigung zugunsten der Geschäftsführung darf maximal fünf Jahre (§ 55a Abs. 1 GmbHG) betragen und muss im Beschluss angegeben werden. Die Angabe kann dadurch erfüllt werden, dass ein **konkretes Datum** genannt wird oder unter Bezugnahme auf die gesetzliche Frist (von der Eintragung im Handelsregister an für die Dauer von fünf Jahren). Auch hier droht bei Nichtnennung die Nichtigkeit des Beschlusses analog § 241 Nr. 3 AktG. 13.55

Gerechnet wird die Fünfjahresfrist ab der Eintragung der Satzungsänderung im Handelsregister bzw. der Ersteintragung der Gesellschaft. Sie gilt nur dann als gewahrt, wenn die Durchführung der Kapitalerhöhung vor dem festgelegten Fristab- 13.56

lauf im Handelsregister eingetragen ist. Da weder die Eintragung der Satzungsänderung noch die Eintragung der Kapitalerhöhung in der Hand der handelnden Organe liegen, sollte ein entsprechender Puffer eingeplant werden.

13.4.3 Durchführung

13.57 Im Unterschied zur regulären Kapitalerhöhung bedarf es bei der Erhöhung durch genehmigtes Kapital keines Beschlusses zur Satzungsänderung, da dieser bereits vorgelagert stattgefunden hat. Vielmehr **entscheidet die Geschäftsführung** über die Durchführung ohne das weitere Eingreifen der Gesellschafterversammlung. Die beschlossene Erhöhung des Stammkapitals ist sodann zur Eintragung in das Handelsregister anzumelden (§ 57 Abs. 1 GmbHG).

13.58 In Abweichung zu den allgemeinen Regeln ist der Beschluss zu **dokumentieren.** Dieses Formerfordernis ergibt sich daraus, dass ein Kapitalerhöhungsbeschluss grundsätzlich formbedürftig ist und der Beschluss der Geschäftsführer zusammen mit der Satzungsbestimmung über das genehmigte Kapital den Kapitalerhöhungsbeschluss bildet; er bedarf daher mindestens der Textform.[12] Der Beschluss der Geschäftsführung muss auf die erteilte Ermächtigung Bezug nehmen.

13.4.4 Arbeitshilfe

13.59 **Überblick Kapitalerhöhung**

Allgemeines	Zu unterscheiden sind die Kapitalerhöhung, bei der die Gesellschafter der Gesellschaft neue Mittel zur Verfügung stellen (reguläre Kapitalerhöhung), und die Kapitalerhöhung aus Gesellschaftsmitteln. Bei der Kapitalerhöhung aus Gesellschaftsmitteln werden vorhandene Rücklagen der GmbH in Stammkapital umgewandelt, das danach dem Rückzahlungsverbot des § 30 GmbHG unterliegt. Im Unterschied zur regulären Kapitalerhöhung fließt der GmbH daher kein frisches Kapital zu. Die Erhöhung des Stammkapitals der Gesellschaft erfordert eine Änderung des Gesellschaftsvertrags.
Bezugsrechte	Die bisherigen Gesellschafter haben bei einer Kapitalerhöhung ein gesetzliches Bezugsrecht auf das erhöhte Stammkapital entsprechend ihrem bisherigen Anteil. Ein Bezugsrechtsausschluss ist nur unter sehr eingeschränkten Voraussetzungen zulässig.

[12] BeckOK GmbHG/Ziemons/Jaeger, 58. Ed. (11/2023), § 55a Rdnr. 44.

Ablauf	Das GmbHG sieht folgenden Ablauf der Kapitalerhöhung vor: (1) notariell beurkundeter Kapitalerhöhungsbeschluss mit einer Mehrheit von 3/4 des vertretenen Stammkapitals mit Bezugsrecht oder Ausschluss des Bezugsrechts, (2) Zulassungsbeschluss, mit dem die Zeichner/Übernehmer zugelassen werden, (3) Abschluss eines Übernahmevertrags zwischen GmbH und Übernehmer, (4) Einlageleistung durch die Übernehmer, (5) Anmeldung der Kapitalerhöhung zum Handelsregister, (6) Eintragung ins Handelsregister und Bekanntmachung. Die Erhöhung des Stammkapitals ist aufgrund § 57 GmbHG durch sämtliche Geschäftsführer zum Handelsregister am Sitz der Gesellschaft elektronisch in öffentlich beglaubigter Form anzumelden.
Beizufügende Unterlagen	Der Anmeldung zur Erhöhung des Stammkapitals sind folgende Anlagen beizufügen: (1) notariell beurkundeter Erhöhungsbeschluss in Ausfertigung oder beglaubigter Abschrift, (2) Übernahmeerklärungen (Unterschriften beglaubigt), (3) vollständiger neuer Wortlaut des Gesellschaftsvertrags mit Notarbestätigung, (4) vom Notar erstellte aktuelle Gesellschafterliste (§ 40 Abs. 2 GmbHG) unter Berücksichtigung der neuen Beteiligungsstruktur, (5) die zugrunde gelegte Bilanz mit einer Bestätigung der Prüfer, deren Inhalt in § 57f Abs. 2 Satz 3 GmbHG geregelt ist. Zudem ist die letzte Jahresbilanz beizufügen, sofern sie noch nicht gem. § 325 Abs. 1 HGB eingereicht wurde, (6) Erklärung der Anmeldenden, dass nach ihrer Kenntnis seit dem Stichtag der zugrunde gelegten Bilanz bis zum Tag der Anmeldung keine Vermögensminderung eingetreten ist, die der Kapitalerhöhung entgegenstünde, wenn sie am Tag der Anmeldung beschlossen worden wäre.

Prüfung durch Gericht	Das Gericht muss die Eintragung ablehnen, wenn die Kapitalerhöhung nicht ordnungsgemäß durchgeführt wurde. Dies betrifft insbesondere die Prüfungspflicht des Registergerichts in Bezug auf die Bewertung der Sacheinlagen bei einer Sachkapitalerhöhung. Die Eintragung ist abzulehnen, wenn die Sacheinlagen „nicht unwesentlich überbewertet" worden sind.
Haftung des Geschäftsführers	Soll die Gesellschaft im Fall einer Barkapitalerhöhung bei wirtschaftlicher Betrachtung aufgrund einer im Zusammenhang mit der Übernahme des Geschäftsanteils getroffenen Absprache einen Sachwert erhalten, liegt eine **verdeckte Sacheinlage** vor. Diese kann zu einer Strafbarkeit und einer Haftung des Geschäftsführers führen. Im Fall eines sogenannten „Hin- und Herzahlens" fließt die Einlage aufgrund einer vorherigen Absprache wieder an den Gesellschafter zurück. Das Hin- und Herzahlen ist in § 19 Abs. 5 GmbHG ausdrücklich geregelt. Auch dies kann zu einer Strafbarkeit und einer Haftung des Geschäftsführers führen.

13.5 Bilanzielle Konsequenzen der effektiven Kapitalerhöhung

13.60 Ganz gleich, ob Barmittel oder Sacheinlagen zugeführt werden, die Buchung des Erhöhungsbetrags erfolgt auf das Konto „**Gezeichnetes Kapital**". Ein etwaig zu zahlendes Agio wird der Kapitalrücklage zugebucht. Die Gegenbuchung erfolgt je nachdem auf das Konto „Ausstehende Einlagen auf das gezeichnete Kapital, nicht eingefordert" oder auf das Konto „Ausstehende Einlagen auf das gezeichnete Kapital, eingefordert". Sobald eine tatsächliche Einzahlung erfolgt ist oder die Sacheinlage erbracht wurde, erhöhen sich die liquiden Mittel oder das Sachanlagevermögen bei Sacheinlagen.

13.6 Steuerliche Auswirkungen der Kapitalerhöhung

13.6.1 Steuerliche Folgen für die Gesellschaft

13.61 Eine Kapitalerhöhung hat keine Auswirkungen auf das zu versteuernde Einkommen der Gesellschaft, weder bei einer effektiven noch einer Kapitalerhöhung aus Gesellschaftsmitteln. Mit der Kapitalerhöhung zusammenhängende Aufwendungen wie z.B. Notargebühren oder Handelsregistergebühren können von der Gesellschaft übernommen werden, ohne dass eine verdeckte Gewinnausschüttung angenommen wird. Dies gilt jedoch nicht für die mit der Übernahme der neuen

Anteile zusammenhängenden Kosten im Rahmen einer effektiven Kapitalerhöhung. Diese müssen vom Gesellschafter selbst getragen werden.[13]

13.6.1.1 Effektive Kapitalerhöhung

In den meisten Fällen wird es bei einer effektiven Kapitalerhöhung zu einer zusätzlichen Zahlung eines Aufgeldes (**Agio**) kommen. Dieser Betrag ist nicht als Ertrag zu erfassen, sondern ergebnisneutral in der Kapitalrücklage (§ 272 Abs. 2 HGB) einzustellen. In gleicher Höhe kommt es zu einem Zugang beim gesondert festzustellenden steuerlichen Einlagekonto gem. § 27 KStG. 13.62

13.6.1.2 Kapitalerhöhung aus Gesellschaftsmitteln

Erfolgt die Kapitalerhöhung aus Gesellschaftsmitteln, ist gem. § 28 Abs. 1 KStG eine bestimmte Verwendungsreihenfolge der Rücklagen zu beachten. Dies ist von Bedeutung, da sowohl Rückzahlungen aus dem Nennkapital als auch aus dem steuerlichen Einlagenkonto an die Gesellschafter steuerfrei erfolgen können. Nach dieser Vorschrift gilt ein positiver Bestand des steuerlichen Einlagekontos i.S.v. § 27 KStG als vor den sonstigen Rücklagen in Nennkapital umgewandelt (§ 28 Abs. 1 Satz 1 KStG). Maßgeblich ist der Bestand des steuerlichen Einlagekontos zum Schluss des Wirtschaftsjahres der Rücklagenumwandlung, allerdings noch vor der Rücklagenumwandlung (§ 28 Abs. 1 Satz 2 KStG). 13.63

Ist das steuerliche Einlagekonto für die Kapitalerhöhung aufgebraucht oder besteht ein solches nicht, so können auch die sonstigen Rücklagen für die Kapitalerhöhung verwendet werden. In diesem Fall ist der aus der Umwandlung von sonstigen Rücklagen entstandene Teil des Nennkapitals im Rahmen eines Sonderausweises getrennt auszuweisen und gesondert festzustellen. 13.64

Beispiel

Die Rücklagen der Gesellschaft belaufen sich insgesamt auf 150.000 €. Der Bestand des steuerlichen Einlagekontos der GmbH wurde mit 100.000 € festgestellt. Im Wirtschaftsjahr 17 (01.03.17) leistet der Gesellschafter eine Einlage i.H.v. 50.000 € in die GmbH. Am 01.06.17 wird eine Kapitalerhöhung i.H.v. 200.000 € beschlossen, die noch im selben Jahr in das Handelsregister eingetragen wird. 13.65

Lösung

Der Bestand des steuerlichen Einlagenkontos ist im Rahmen der Einlage des Gesellschafters auf 150.000 € zu erhöhen. Zeitlich danach wird die Kapitalerhöhung durchgeführt. Im Zuge dessen ist zunächst das komplette steuerliche Einlagenkonto zu verwenden. Der übersteigende Betrag i.H.v. 50.000 € (200.000 € – 150.000 €) ist als Sonderausweis zu erfassen und gesondert festzustellen.

[13] BFH, Urt. v. 19.01.2000 – I R 24/99, BStBl II, 545.

Abwandlung

Die Kapitalerhöhung soll am 01.03.17 und die Einlage am 01.06.17 erfolgt sein.

Lösung

Es ergibt sich keine Änderung der Lösung, da der Bestand des steuerlichen Einlagekontos am Schluss des Wirtschaftsjahres der Rücklagenumwandlung maßgeblich ist.

13.6.1.3 Kapitalerhöhung bei Verschiebung der Beteiligungsquoten

13.66 Kommt es in Zusammenhang mit einer Kapitalerhöhung zu einer Verschiebung von Beteiligungsquoten, weil z.B. nicht alle bisherigen Gesellschafter an der Kapitalerhöhung teilnehmen, so kann ein vollständiger **Verlustuntergang** gem. § 8c Abs. 1 Satz 3 KStG in Betracht kommen. Nach dieser Vorschrift steht eine Kapitalerhöhung bei einer Verlustkörperschaft der Übertragung des gezeichneten Kapitals gleich. Demzufolge gehen bei einer mittelbaren oder unmittelbaren Verschiebung von Beteiligungsquoten von mehr als 50 % die vollständig nicht genutzten Verluste unter.

13.67 Anteilsveräußerer im Sinne dieser Vorschrift ist dabei der Gesellschafter, dessen Beteiligungsquote an der GmbH absinkt. Anteilserwerber ist der Gesellschafter, der infolge der Kapitalerhöhung mit einer höheren Quote an der GmbH beteiligt wird. Ob es sich um eine Kapitalerhöhung gegen Einlage oder um eine solche aus Gesellschaftsmitteln handelt, ist irrelevant.

13.68 Der Verlustuntergang findet auch statt, wenn nur eine mittelbare Verschiebung von Beteiligungsquoten erfolgt, wenn sie also nicht bei der Verlust-GmbH selbst, sondern auf einer übergeordneten Beteiligungsebene eintritt. Voraussetzung ist, dass die durchgerechnete Erwerbsquote mehr als 50 % beträgt.

Hinweis

13.69 Mit Beschluss vom 29.03.2017 hat das BVerfG § 8c Abs 1 Satz 1 KStG zum quotalen schädlichen Beteiligungserwerb in der bis zum 31.12.2015 geltenden Fassung für unvereinbar mit Art. 3 Abs. 1 GG erklärt.[14] Es hat dem Gesetzgeber bis zum 31.12.2018 die Möglichkeit eingeräumt, rückwirkend für die Zeit vom 01.01.2008 bis zum 31.12.2015 den festgestellten Verfassungsverstoß zu beseitigen. Mit Gesetz vom 11.12.2018[15] ist die Regelung des § 8c Abs. 1 KStG, die den Verlustuntergang bei einem Anteilseignerwechsel von mehr als 25 % regelte, rückwirkend ab 2008 ersatzlos aufgehoben worden. Damit ist ein Anteilseignerwechsel von bis zu 50 % für die Anwendung des § 8c KStG unerheblich.

---

14 BVerfG, Beschl. v. 29.03.2017 – 2 BvL 6/11, DB 2017, 1124.

15 Gesetz zur Vermeidung von USt-Ausfällen beim Handel von Waren im Internet und zur Änderung weiterer steuerlicher Vorschriften v. 11.12.2018 (BGBl I, 2338).

13.6.2 Steuerliche Folgen für die Gesellschafter

Die steuerlichen Auswirkungen bei einer Kapitalerhöhung entsprechen grundsätzlich denjenigen bei der Gründung einer GmbH. Durch die Kapitalerhöhung werden die Anschaffungskosten des Gesellschafters um das anteilig erbrachte neue Stammkapital erhöht. Im Rahmen einer Veräußerung oder Liquidation sind damit die erhöhten Anschaffungskosten für die Beteiligung zur Ermittlung des Veräußerungs- oder Liquidationsgewinns zu berücksichtigen. 13.70

Je nachdem wie die (neuen) Gesellschafter ihre Einlagen erbringen, können durch die Einlagen auch steuerpflichtige Veräußerungen (bei natürlichen Personen insbesondere § 17 und § 23 EStG) vorliegen. Wird die Einlageverpflichtung durch die Einbringung eines Betriebs, Teilbetriebs oder Mitunternehmeranteils nach § 20 UmwStG oder im Rahmen eines Anteilstauschs nach § 21 UmwStG erfüllt, ist die **Einbringung zu Buchwerten** zwar grundsätzlich steuerneutral. Es ist jedoch zu beachten, dass die neu gewährten Anteile einer siebenjährigen Sperrfrist nach § 22 UmwStG unterliegen. Vor Inkrafttreten des SEStEG[16] waren Einbringungen zu Buchwerten einbringungsgeboren i.S.v. § 21 UmwStG a.F. (zur steuerlichen Behandlung bei den Anteilseignern siehe Rdnr. 22.1 ff. und Rdnr. 23.1 ff.; Hinweise zum qualifizierten Anteilstausch siehe Rdnr. 29.75 ff.). 13.71

Folglich kann zwischen folgenden Anteilen unterschieden werden: 13.72

- Anteile, die nicht sperrfristbehaftet oder einbringungsgeboren sind,
- Anteile, die einbringungsgeboren sind (vor SEStEG), und
- Anteile, die sperrfristbehaftet sind (nach SEStEG).

Waren die eingebrachten Anteile bereits sperrfristbehaftet oder einbringungsgeboren, sind auch die gewährten Anteile sperrfristbehaftet oder einbringungsgeboren, da durch die Kapitalerhöhung die stillen Reserven der bisherigen auf die neu gewährten Anteile übergehen.

16 Gesetz über steuerliche Begleitmaßnahmen zur Einführung der Europäischen Gesellschaft und zur Änderung weiterer steuerrechtlicher Vorschriften (SEStEG) v. 07.12.2006, BGBl I, 2782, ber. BGBl I 2007, 68.

14. Kapitalherabsetzung

14.1 Sinn und Zweck der Kapitalherabsetzung

Bei einer Kapitalherabsetzung wird das Stammkapital der Gesellschaft herabgesetzt. Im Gegensatz zur Kapitalerhöhung steht bei der Kapitalherabsetzung weniger die tatsächliche Rückzahlung von Gesellschaftsvermögen (**effektive** Kapitalherabsetzung) als vielmehr die Veränderung des Eigenkapitals in bilanzieller Hinsicht (**nominelle** Kapitalherabsetzung) im Vordergrund. Je nach Lage der Gesellschaft dient die ordentliche Kapitalherabsetzung unterschiedlichen Zwecken. Im Wesentlichen können folgende in der Praxis am häufigsten vorkommenden Fälle genannt werden: 14.1

- Beispielhaft kann die Gesellschaft eine **Unterbilanz** beseitigen. Eine Unterbilanz liegt dann vor, wenn das Vermögen der GmbH nach Abzug der Verbindlichkeiten und Rückstellungen den Betrag des Stammkapitals nicht mehr deckt. In diesem Fall dient die Kapitalherabsetzung lediglich der Anpassung des Stammkapitals an das verbleibende Gesellschaftsvermögen. Einer Auszahlung von Kapital an die Gesellschafter würde insoweit § 30 Abs. 1 GmbHG entgegenstehen. Da es zu keiner Rückzahlung von Stammkapital kommt, handelt es sich um eine nominelle Kapitalherabsetzung. 14.2

- Von der Unterbilanz zu unterscheiden ist die **Überschuldung.** Hier übersteigen die Buchwerte der Passiva (ohne Stammkapital) die Buchwerte der Aktiva. In diesem Fall reicht eine Kapitalherabsetzung allein nicht zur Beseitigung einer Überschuldung aus. Vielmehr muss der Gesellschaft zusätzlich neues Kapital zugeführt werden. 14.3

- Ist das Stammkapital hingegen durch vorhandene Aktiva gedeckt, kann durch die Kapitalherabsetzung **gebundenes Vermögen zur Rückzahlung** freigesetzt werden. Das freigesetzte Kapital kann auch zur Gewinnausschüttung verwendet oder in eine Kapitalrücklage eingestellt werden. Der Vorteil der Einstellung 14.4

in eine Kapitalrücklage liegt darin, dass das Kapital zwar in der Gesellschaft verbleibt, die Gesellschafter jedoch kurzfristig auf die in die Kapitalrücklage eingestellten Mittel zugreifen können, da die Kapitalbindung nach § 30 GmbHG nicht mehr gegeben ist.

14.2 Ordentliche Kapitalherabsetzung (§ 58 GmbHG)

14.5 Durch die Kapitalherabsetzung wird bisher als Stammkapital geführtes Vermögen der Vermögensbindung nach § 30 GmbHG entzogen. Eine Reduzierung der Stammkapitalziffer unter die in § 5 Abs. 1 GmbHG geregelte Mindestkapitalausstattung ist nicht zulässig (vgl. § 58 Abs. 2 GmbHG). Im Gegensatz zur vereinfachten Kapitalherabsetzung müssen, aufgrund des im Vordergrund stehenden Gläubigerschutzes, für die ordentliche Kapitalherabsetzung **umfangreiche Voraussetzungen** erfüllt werden. Diese lassen sich folgendermaßen zusammenfassen:

Voraussetzungen Kapitalherabsetzung

1. Beschlussfassung über die Kapitalherabsetzung (§ 53 Abs. 1 und 2 GmbHG),
2. Bekanntmachung des Herabsetzungsbeschlusses (§ 58 Abs. 1 Nr. 1 GmbHG),
3. Befriedigung oder Sicherstellung der Gläubiger (§ 58 Abs. 1 Nr. 2 GmbHG),
4. Einhaltung des Sperrjahres (§ 58 Abs. 1 Nr. 3 GmbHG),
5. ggf. Umstellung des Stammkapitals auf Euro (§ 1 Abs. 1 Satz 4 EGGmbHG),
6. Anmeldung zur Eintragung in das Handelsregister (§ 54 Abs. 1, § 58 Abs. 1 Nr. 3 GmbHG),
7. Eintragung in das Handelsregister (§ 54 Abs. 3 GmbHG) und
8. Umsetzung der Kapitalherabsetzung.

14.3 Vereinfachte Kapitalherabsetzung (§§ 58a ff. GmbHG)

14.6 Die Regelungen zur vereinfachten Kapitalherabsetzung wurden für die Fälle geschaffen, in denen eine ordentliche Kapitalherabsetzung wegen ihrer umfangreichen Regeln zum Schutz der Gläubiger der Gesellschaft ungeeignet ist. Vorwiegend dient die vereinfachte Kapitalherabsetzung dazu, die **Sanierung** von Unternehmen in wirtschaftlichen Schwierigkeiten zu **erleichtern**. Durch die Beschränkung der Anwendung auf Fälle, in denen Wertminderungen ausgeglichen oder sonstige Verluste gedeckt werden sollen, trägt man dem Schutz von Gesellschaftsgläubigern Rechnung. Die Kapitalherabsetzung soll nur in solchen Fällen möglich sein, in denen die wirtschaftliche Lage der Gesellschaft eine Sanierung erfordert und die eingetretenen oder drohenden Verluste nicht mehr anderweitig ausgeglichen werden können.[1]

14.4 Steuerrecht

14.4.1 Steuerliche Folgen für die Gesellschaft

Eine Kapitalherabsetzung hat keine Auswirkung auf das **zu versteuernde Einkommen** der Gesellschaft. Das gilt sowohl für eine ordentliche sowie für eine vereinfachte Kapitalherabsetzung, und zwar unabhängig davon, ob der Betrag der Kapitalherabsetzung an die Gesellschafter zurückbezahlt wird. 14.7

Eine Kapitalherabsetzung hat jedoch Auswirkungen auf einen **Sonderausweis** nach § 28 KStG und das steuerliche Einlagekonto (dazu im Einzelnen Rdnr. 32.69 ff.). Im Fall der Verwendung des Sonderausweises ist die Kapitalertragsteuerpflicht gem. § 43 Abs. 1 Nr. 1 EStG zu beachten. Sinn und Zweck des Sonderausweises nach § 28 KStG ist es, dass Rückzahlungen an die Gesellschafter aufgrund einer Kapitalherabsetzung, die einer Kapitalerhöhung aus Gesellschaftsmitteln folgt, der Dividendenbesteuerung zugeführt werden. Denn die Rückzahlung von Stammkapital nach einer Kapitalherabsetzung ist grundsätzlich nicht steuerbar, während Ausschüttungen an die Gesellschafter aus sonstigen Rücklagen zu steuerpflichtigen Kapitalerträgen gem. § 20 Abs. 1 Nr. 1 EStG führen. 14.8

Daher ist es konsequent, dass (nicht ausgeschüttete) sonstige Rücklagen, die zu Nennkapital umgewandelt wurden, zu steuerpflichtigen Erträgen führen, wenn dieser Teil des Nennkapitals wieder herabgesetzt und an die Gesellschafter ausgeschüttet wird. § 28 Abs. 2 KStG regelt im Detail die steuerliche Behandlung der Nennkapitalherabsetzung. Die Regelung kann zweistufig betrachtet werden: 14.9

Stufe 1 (§ 28 Abs. 2 Satz 1 KStG):

Die Wirkungen des § 28 Abs. 2 Satz 1 KStG beschränken sich auf die „**Umbuchung**“ der Rücklagen innerhalb des Eigenkapitals, ohne dass es zu einer Auszahlung an die Gesellschafter kommt. Dies betrifft die Fälle der vereinfachten Kapitalherabsetzung. Bei Vorhandensein eines Sonderausweises wird dieser zunächst in Höhe des Betrags der Kapitalherabsetzung verringert. Bilanzmäßig fällt der Betrag, um den der Sonderausweis gemindert wird, in die sonstigen Rücklagen zurück. Soweit der Betrag der Kapitalherabsetzung den auf den Schluss des vorangegangenen Wirtschaftsjahres festgestellten Sonderausweis übersteigt, ist dieser Betrag dem steuerlichen Einlagekonto gutzuschreiben. Die Zuschreibung erfolgt in dem Jahr, in dem die Kapitalherabsetzung in das Handelsregister eingetragen worden ist. Liegt 14.10

[1] Begründung zum Regierungsentwurf eines Einführungsgesetzes zur Insolvenzordnung (EGInsO), BT-Drucks. 12/3803, S. 88, 89.

kein Sonderausweis vor, ist der Gesamtbetrag der Kapitalherabsetzung in voller Höhe dem steuerlichen Einlagekonto zuzuordnen.

Beispiel

14.11 Das Nennkapital der Gesellschaft beträgt 50.000 €. Die sonstigen Rücklagen der Gesellschaft belaufen sich auf 30.000 €. Das steuerliche Einlagenkonto wurde mit 10.000 € gesondert festgestellt. Im Jahr 01 soll das Nennkapital um 20.000 € aus Gesellschaftsmitteln erhöht werden. Im Jahr 02 wird von den Gesellschaftern eine Kapitalherabsetzung i.H.v. 15.000 € beschlossen.

Lösung

Im Jahr 01 wird zunächst das steuerliche Einlagenkonto i.H.v. 10.000 € für die Kapitalerhöhung verwendet und beträgt zum Ende des Jahres 0 €. Für die restlichen 10.000 € vermindern sich die sonstigen Rücklagen, die sich zum Jahresende noch auf 20.000 € belaufen. In Höhe des Betrags, der das steuerliche Einlagenkonto übersteigt, ist ein Sonderausweis i.H.v. 10.000 € zu bilden.

Im Jahr 02 gilt zunächst der Betrag des Sonderausweises als für die Kapitalherabsetzung verwendet. Diese 10.000 € fallen wieder den sonstigen Rücklagen zu. Die sonstigen Rücklagen belaufen sich wieder auf 30.000 €. Der übersteigende Betrag i.H.v. 5.000 € (15.000 € – 10.000 €) ist dem steuerlichen Einlagenkonto zuzuführen. Dieses beläuft sich zum Jahresende auf 5.000 €.

Stufe 2 (§ 28 Abs. 2 Satz 2–4 KStG):

14.12 Für den Fall einer ordentlichen Kapitalherabsetzung mit Rückzahlung des Nennkapitals an die Gesellschafter regelt § 28 Abs. 2 Satz 2–4 KStG die Stufe der **Auskehrung**, entweder aus den sonstigen Rücklagen und/oder aus dem steuerlichen Einlagenkonto. Stufe 2 kommt also nur zum Tragen, wenn es sich um eine ordentliche Kapitalherabsetzung handelt.

14.13 Bei Ausschüttung des herabgesetzten Nennkapitals gilt Folgendes:

1. Soweit sich der Sonderausweis verringert, führt der Herabsetzungsbetrag gem. § 28 Abs. 2 Satz 2 KStG bei den Gesellschaftern zu steuerpflichtigen Kapitalerträgen.
2. Ist ein Sonderausweis nicht vorhanden oder übersteigt die Ausschüttung diesen, wird der Herabsetzungsbetrag gem. § 28 Abs. 2 Satz 1 KStG zunächst dem steuerlichen Einlagekonto zugeschlagen, soweit die Einlage in das Nennkapital geleistet ist. Für die anschließende Ausschüttung gilt gem. § 28 Abs. 2 Satz 3 KStG das Einlagekonto als verwendet.
3. Übersteigt der Ausschüttungsbetrag den Bestand des Einlagekontos, gilt er gem. § 28 Abs. 2 Satz 4 KStG als Kapitalertrag gem. § 20 Abs. 1 Nr. 2 EStG.

14.4.2 Steuerliche Folgen für die Gesellschafter

Nur im Rahmen einer ordentlichen Kapitalherabsetzung, wenn es zu einer Auszahlung an die Gesellschafter kommt, können steuerliche Folgen auf Ebene der Gesellschafter auftreten. Grundsätzlich führt die Rückzahlung herabgesetzten Stammkapitals zu **nicht steuerbaren Leistungen an die Gesellschafter**, da lediglich das bereits aus versteuertem Einkommen eingezahlte Kapital zurückgezahlt wird. Auch wenn die Rückzahlung aus dem steuerlichen Einlagekonto erfolgt, liegt keine steuerbare Leistung vor. Nur wenn für die Rückzahlung der Sonderausweis i.S.d. § 28 KStG als verwendet gilt, sind steuerliche Folgen zu ziehen. Die steuerlichen Folgen unterscheiden sich, je nachdem, ob die Anteile an der Kapitalgesellschaft im Privat- oder im Betriebsvermögen gehalten werden und ob es sich um Betriebsvermögen eines Einzelunternehmens, einer Personengesellschaft oder einer Kapitalgesellschaft handelt (zur Besteuerung von Anteilseignern siehe ausführlich Rdnr. 23.1 ff., Rdnr. 24.1 ff. und Rdnr. 25.1 ff.). 14.14

14.4.2.1 Beteiligung im Privatvermögen

Hält der Gesellschafter die Anteile im Privatvermögen, erzielt er Einkünfte aus Kapitalvermögen gem. § 20 Abs. 1 Nr. 2 EStG, soweit für die Rückzahlung der Sonderausweis als verwendet gilt. Die Einkünfte unterliegen der Besteuerung nach der **Abgeltungsteuer**. Diese Einkünfte unterliegen bei der Gesellschaft dem Kapitalertragsteuerabzug nach § 43 Abs. 1 Nr. 1 EStG. 14.15

Beträgt die Beteiligung mehr als 1 %, so liegt gem. § 17 EStG eine wesentliche Beteiligung vor. Nach § 17 Abs. 4 EStG entsteht ein steuerpflichtiger Gewinn, wenn der ausgeschüttete Betrag nach Abzug eventueller Kosten die Anschaffungskosten für die Beteiligung übersteigt. Der Betrag der Kapitalherabsetzung ist zunächst in voller Höhe – und nicht lediglich anteilig in prozentualer Höhe der Kapitalherabsetzung – mit den Anschaffungskosten zu verrechnen. Erst wenn diese überschritten werden, ergibt sich ein **Herabsetzungsgewinn.**[2] Der Gewinn ist nach den Regeln des Teileinkünfteverfahrens zu ermitteln, d.h., die ausgeschütteten Beträge, die anzusetzenden Kosten und die Anschaffungskosten sind nur zu 60 % anzusetzen. 14.16

Der Gewinn aus § 17 Abs. 4 EStG ist nach § 17 Abs. 3 EStG zu versteuern, d.h., es ist ein **Freibetrag** zu ermitteln. Der Freibetrag beträgt für 100 % Anteile an der Gesellschaft 9.060 €. Ist die Beteiligung geringer, verringert sich der Freibetrag entsprechend. Der Freibetrag wird jedoch nur in voller Höhe gewährt, wenn der Gewinn 36.100 € nicht übersteigt. Wird dieser Betrag überschritten, vermindert sich der Freibetrag um den übersteigenden Betrag. Beträgt die Beteiligung weniger als 100 %, verringert sich auch der Betrag von 36.100 € anteilig. 14.17

---

[2] BFH, Urt. v. 29.06.1995 – VIII R 69/93, BStBl II, 725; BFH, Urt. v. 16.03.1994 – I R 70/92, BStBl II, 527; BFH, Urt. v. 14.10.1992 – I R 1/91, BStBl II 1993, 189.

14.4.2.2 Beteiligung im Betriebsvermögen

14.18 Wird die Beteiligung im Betriebsvermögen einer Personengesellschaft mit natürlichen Personen als Gesellschaftern oder im Betriebsvermögen eines Einzelunternehmens gehalten, führt die Ausschüttung, für die der Sonderausweis verwendet wird, gem. § 20 Abs. 1 Nr. 2 Abs. 8 i.V.m. § 15 EStG zu steuerpflichtigen (gewerblichen) Einkünften, auf die ebenfalls das **Teileinkünfteverfahren** anzuwenden ist.

14.19 Befinden sich die Gesellschaftsanteile im Betriebsvermögen einer Kapitalgesellschaft, führt die Rückzahlung, soweit hierfür der Sonderausweis i.S.d. § 28 KStG verwendet wird, zu nach § 8b Abs. 1 KStG steuerfreien Erträgen. Allerdings unterliegen nach § 8b Abs. 5 KStG 5 % des Ausschüttungsbetrags als nicht abziehbare Betriebsausgaben der Besteuerung.

15. Eigene Anteile

15.1 Erwerb eigener Anteile durch eine GmbH

15.1 Eine GmbH kann von ihren Gesellschaftern eigene **Geschäftsanteile** (§ 5 Abs. 2 GmbHG) erwerben. Das GmbHG regelt anders als § 72 Abs. 2 Satz 1 AktG insoweit keine 10-%-Grenze. Voraussetzung ist im Rahmen der zwingend zu beachtenden Grundsätze der **Kapitalaufbringung** aber, dass die Stammeinlagen auf diese Anteile vollständig geleistet wurden (§ 33 Abs. 1 GmbHG). Unbeachtlich ist der Zweck des Erwerbs. Insbesondere ist der Erwerb eigener Anteile zur Abfindung von Gesellschaftern nach einer Verschmelzung, einer Spaltung oder einem Formwechsel zulässig (§ 33 Abs. 3 GmbHG). Aber auch das Ausscheiden eines Gesellschafters verbunden mit dem Wunsch, keinen Nachfolger an seiner Stelle dulden zu wollen, kommt als Grund in Betracht.

15.2 Handelt es sich danach um voll eingezahlte Geschäftsanteile, ist der Erwerb unter Wahrung der Grundsätze der **Kapitalerhaltung** nur zulässig, wenn die Möglichkeit besteht, in Höhe der Anschaffungskosten eine Rücklage zu passivieren, ohne das Stammkapital oder eine nach Gesellschaftsvertrag ausgewiesene nicht frei verfügbare Rücklage (satzungsmäßige Rücklage i.S.d. § 266 Abs. 3 A. III. 3. HGB) zu mindern (§ 33 Abs. 2 Satz 1 GmbHG).[1] Nach § 33 Abs. 2 Satz 3 GmbHG führt der Verstoß gegen das Gebot, Rücklagen bilden zu können, zwar zur Nichtigkeit des verbotswidrigen Vertrags, nicht jedoch zur Unwirksamkeit des Erwerbs (zur Inpfandnahme vgl. § 33 Abs. 2 Satz 2 GmbHG). Bei der finanziellen Abwicklung des Erwerbs eigener Anteile ist deshalb dafür Sorge zu tragen, dass das gebundene Vermögen der GmbH nicht durch Fremdfinanzierung angetastet wird. Dies schließt allerdings eine Kreditaufnahme nicht aus, um bei ausreichend vorhandenem, aber derzeit nicht realisierbarem Vermögen die notwendige Liquidität zur Finanzierung des Kaufpreises bereitzustellen.

15.3 Maßgebend für die Beurteilung, ob eine Rücklage gebildet werden könnte, ist der Zeitpunkt des Abschlusses des **obligatorischen Rechtsgeschäfts.**[2] Verlangt ist lediglich die Möglichkeit der Bildung einer entsprechenden Rücklage. Tatsächlich wird eine solche Rücklage allerdings nicht passiviert, weil es für diese Passivierung im Jahresabschluss für Geschäftsjahre, die nach dem 31.12.2009 (Art. 66 Abs. 3 EGHGB) beginnen, keine Rechtsgrundlage mehr gibt. Das soll auch im Fall der Ratenzahlung gelten. Während danach die Veränderung der finanziellen Lage der GmbH nach Vertragsabschluss unberücksichtigt bleibt, ist der Praxis aus Gründen der Vorsicht dennoch zu empfehlen, dass die Rücklage nicht nur im Zeitpunkt des Vertragsabschlusses, sondern auch bei späterer Zahlung des Kaufpreises gebildet werden könnte. Die Verhältnisse am Bilanzstichtag nach dem Erwerb sind dagegen ohne Bedeutung.

15.4 Angesichts des Ziels der Regelungen in § 33 GmbHG, die Kapitalaufbringung und Kapitalerhaltung zu sichern, ist die Anwendung der Vorschrift zwingend.[3] Unbeachtlich sind deshalb abweichende Regelungen im Gesellschaftsvertrag oder in Vereinbarungen im Vertrag zwischen Gesellschaft und Gesellschafter aus Anlass des Erwerbs der eigenen Geschäftsanteile. Aus gleichen Gründen gehen auch anderweitige Beschlüsse der Gesellschafterversammlung ins Leere. Daher ist § 33 GmbHG umgehungsfest.[4]

15.5 Der Erwerb eigener Geschäftsanteile ist nach § 33 Abs. 3 GmbHG unter den gleichen Voraussetzungen zulässig, um Gesellschafter im Rahmen einer Verschmelzung (§§ 29 Abs. 1, 122i UmwG) oder einer Spaltung (§ 125 UmwG) oder eines Formwechsels (§ 207 UmwG) abzufinden.

---

[1] Vgl. zu allem auch FASTRICH, in: NOACK/SERVATIUS/HAAS, GmbHG, 23. Aufl. 2022, § 33 Rdnr. 3 ff., sowie MüKo-GmbHG/LÖWISCH, 4. Aufl. 2022, § 33 Rdnr. 23 m.w.N.

[2] OLG Rostock, Urt. v. 30.01.2013 – 1 U 75/11, NZG 2013, 543 = DStR 2013, 1554 m.w.N.; zum Meinungsstand vgl. KLIEM/MEYER, in: Beck'scher Bilanzkommentar, 14. Aufl. 2024, § 272 HGB Rdnr. 120.

[3] BGH, Urt. v. 29.06.1998 – II ZR 253/97, NJW 1998, 3121.

[4] MüKo-GmbHG/LÖWISCH, 4. Aufl. 2022, § 33 Rdnr. 10.

An der **Gesellschafterversammlung**, die den Erwerb eigener Anteile beschließt, dürfen Geschäftsführer, die nicht zugleich Gesellschafter sind, grundsätzlich nicht teilnehmen. Das Recht zur Teilnahme folgt insoweit nicht aus der Befugnis zur Einberufung (§ 49 Abs. 1 GmbHG) oder der Auskunftspflicht (§ 51a GmbHG). Selbstverständlich können die Gesellschafter den oder die Geschäftsführer zur Teilnahme verpflichten. 15.6

Erwirbt eine GmbH zulässigerweise eigene Anteile (§ 33 GmbH), sind im Hinblick auf die von der Geschäftsführung höchstpersönlich[5] zum Handelsregister einzureichende **Gesellschafterliste** mangels Regelung zu eigenen Anteilen in § 16 GmbHG keine Besonderheiten zu beachten. § 40 GmbHG verlangt, jede Änderung der Person der Gesellschafter oder des Umfangs ihrer Beteiligung durch eine geänderte Gesellschafterliste zur Eintragung im Handelsregister anzumelden. In dieser Liste ist die GmbH als Gesellschafterin anzugeben. Zur Klarstellung und Vermeidung von Missverständnissen sollte ein Hinweis auf die insoweit bestehenden eigenen Anteile erfolgen. 15.7

Bei eigenen Anteilen weichen die rechtliche und wirtschaftliche Berechtigung bezogen auf die Beteiligung an der GmbH ab. Die Mitgliedschaftsrechte und insbesondere das Stimmrecht sowie das Gewinnbezugsrecht ruhen. Wirtschaftlich betrachtet ist die GmbH nicht an sich selbst beteiligt. Dies führt dazu, dass die wirtschaftliche Beteiligung der anderen Gesellschafter höher ist als deren rechtliche Berechtigung. Daraus folgt die Frage, welche Konsequenzen im Hinblick auf die Eintragung im **Transparenzregister** gem. §§ 18 ff. Geldwäschegesetz (GwG) zu ziehen sind. Wegen der Abweichung zwischen den rechtlich und wirtschaftlich Berechtigten macht die (geänderte) Gesellschafterliste die Meldung zum Transparenzregister nicht entbehrlich. Die wirtschaftlich Berechtigten sollen aus dem Transparenzregister für jedermann auch ohne besondere Rechtskenntnisse erkennbar sein. Dies erfordert, die Veränderung des Umfangs der Beteiligung der wirtschaftlichen berechtigten anderen Gesellschafter zu melden. 15.8

15.2 Bilanzierung des Erwerbs eigener Anteile

15.2.1 Handelsbilanz

Erwirbt eine Kapitalgesellschaft und hier insbesondere eine GmbH eigene Geschäftsanteile, die nicht zur Einziehung bestimmt sind, regelt § 272 Abs. 1a HGB die Bilanzierung. Ein Bilanzansatz auf der Aktivseite als Vermögenswert des Umlaufvermögens ist danach nicht mehr zulässig.[6] Das gilt auch dann, wenn die Anteile bei sich bietender Gelegenheit wieder ausgegeben werden sollen. Auch die Dauer 15.9

[5] OLG Brandenburg, Beschl. v. 23.02.2022 – 7 W 21/22, GmbHR 2022, 645.

[6] Anders noch nach § 266 Abs. 2 B. III. 2, § 265 Abs. 3 Satz 2 HGB i.d.F. vor Inkrafttreten des BilMoG.

des Haltens der eigenen Anteile ist ohne Bedeutung. Das **Aktivierungsverbot** folgt unmittelbar aus dem Gebot, den Nennbetrag der eigenen Anteile vom gezeichneten Kapital offen in der Bilanz abzusetzen. Damit handelt es sich abweichend von früherer Sachbehandlung – unabhängig von der Möglichkeit einer späteren Veräußerung und der Frage, ob insoweit ein echter Vermögenswert existiert –[7] mit Blick auf die Bilanzierung nicht (mehr) um einen Anschaffungsvorgang, sondern der Art nach um eine **Kapitalherabsetzung**[8] und bei wirtschaftlicher Betrachtung um eine Kapitalrückgewähr an den Anteilseigner.[9]

15.10 Der Nennbetrag der eigenen Anteile ist auf der Passivseite der Bilanz offen von dem Posten **„Gezeichnetes Kapital"** in einer Vorspalte abzusetzen (§ 272 Abs. 1a Satz 1 HGB). Der Unterschiedsbetrag zwischen der Gegenleistung für den Erwerb (Kaufpreis) und dem anteiligen Nennbetrag der erworbenen eigenen Anteile ist mit den **frei verfügbaren Rücklagen** zu verrechnen (vgl. § 272 Abs. 1a Satz 2 HGB). Mangels Eingrenzung können für diese Verrechnung sowohl ein frei verfügbarer Teil der **Kapitalrücklage** (§ 272 Abs. 2 HGB) als auch frei verfügbare **Gewinnrücklagen** (§ 272 Abs. 3 HGB) in Betracht kommen.

15.11 Aufwendungen, die der Sache nach als Anschaffungsnebenkosten im Zusammenhang mit dem Erwerb der eigenen Anteile von der GmbH geleistet wurden, sind Aufwand des Geschäftsjahres, in dem der Erwerb rechtswirksam geworden ist (§ 272 Abs. 1a Satz 3 HGB). Der Ausweis erfolgt in der Gewinn- und Verlustrechnung unter den sonstigen betrieblichen Aufwendungen (§ 275 Abs. 2 Nr. 8 HGB). Die **Vorsteuer**, die der GmbH mit diesen Aufwendungen in Rechnung gestellt wird, ist nicht im Hinblick auf § 15 Abs. 1 Nr. 1 UStG i.V.m. Abschn. 2.3 (2) UStAE vom Abzug ausgeschlossen, weil (und soweit) die Aufwendungen unmittelbar mit der umsatzsteuerpflichtigen Tätigkeit der GmbH im wirtschaftlichen Zusammenhang stehen (Abschn. 15.2b (2) Satz 4 Nr. 3 UStAE).

Beispiel

15.12 Die X-GmbH mit dem Geschäftszweck der Erbringung digitaler Dienstleistungen hat von ihrem Gesellschafter G am 01.09.02 Geschäftsanteile im Nennwert von 15.000 € zum Kaufpreis von 20.000 € unter Beachtung der Grundsätze des § 33 GmbHG erworben und den Kaufpreis per Bank überwiesen. Die Nebenkosten des Erwerbs, die die X-GmbH zu tragen hat, haben 1.000 € zzgl. 190 € Umsatzsteuer betragen und wurden 02 bezahlt. Zur Verrechnung im Hinblick auf § 272 Abs. 1a Satz 2 EStG stehen andere Gewinnrücklagen (§ 266 Abs. 3 A. III. 4 i.V.m. § 272 Abs. 3 HGB) in ausreichender Höhe zur Verfügung.

---

7 SCHMIDTMANN, StuW 2020, 292.

8 Zur Darstellung des Erwerbs eigener Anteile im Konzernabschluss vgl. DRS 22 (Konzerneigenkapital) v. 25.09.2015, BAnz AT v. 23.02.2016, B1; vgl. dazu auch MÜLLER/REINKE, StuB 2019, 198.

9 Zum „Doppelcharakter der eigenen Anteile" vgl. ausführlich DRÜEN, DB 2020, 1807.

Buchung im Zeitpunkt des Erwerbs der Anteile

1.	Gezeichnetes Kapital[10]	15.000 €		
	Andere Gewinnrücklagen	5.000 €	an Bank	20.000 €
2.	Sonst. betr. Aufwendungen	1.000 €		
	Vorsteuer	190 €	an sonst. Verbindlichkeiten	1.190 €

Handelsbilanz 31.12.02

Anlagevermögen	600.000 €	Gezeichnetes Kapital	100.000 €	
Umlaufvermögen	300.000 €	Eigene Anteile	– 15.000 €	85.000 €
		Gewinnrücklagen	25.000 €	
		Gewinnvortrag	5.000 €	
		Jahresüberschuss	270.000 €	300.000 €
		Rückstellungen		115.000 €
		Verbindlichkeiten		400.000 €
	900.000 €			900.000 €

15.2.2 Steuerbilanz

Für Zwecke der Steuerbilanz sind die in § 272 Abs. 1a und 1b HGB geregelten Grundsätze und das daraus folgende Aktivierungsverbot für eigene Anteile maßgebend (§ 5 Abs. 1 Satz 1 erster Halbsatz EStG).[11] Deshalb ist der Erwerb der Anteile auch steuerrechtlich nicht als Anschaffung mit der Folge eines aktivischen Ausweises zu beurteilen, sondern als Teilliquidation und daher nach Auffassung der Finanzverwaltung „wie“ eine Kapitalherabsetzung zu beurteilen.[12] Damit ist eine Entscheidung darüber, ob eigene Anteile, die nicht zur Einziehung bestimmt sind, Wirtschaftsgüter sind, nicht verbunden, denn sie haben ihre Rechtsqualität 15.13

[10] DATEV SKR 04 = Konto 2909.

[11] Müller/Reinke, DStR 2014, 711; Schmidt/Weber-Grellet, 43. Aufl. 2024, § 5 Rdnr. 270, und Schmidt/Levedag, ebd., § 17 Rdnr. 30; Störk/Buchholz, in: Beck'scher Bilanzkommentar, 14. Aufl. 2024, § 274 Rdnr. 222; Falterbaum/Bolk/Reiß/Kirchner, Buchführung und Bilanz, 23. Aufl. 2020, Kap. 11.9.2.3; Herlinghaus, in: Rödder/Herlinghaus/Neumann, KStG, 2. Aufl. 2022, § 8b Rdnr. 200; Pung, in: Dötsch/Pung/Möhlenbrock, Die Körperschaftsteuer, § 8b KStG Rdnr. 129b (12/2023); Krumm, in: Brandis/Heuermann, Ertragsteuerrecht, § 5 EStG Rdnr. 740 (12/2021).

[12] BMF-Schreiben v. 27.11.2013 – IV C 2 - S 2742/07/10009, BStBl I, 1615.

nicht verloren.[13] Eine Bestätigung durch den BFH hat diese Sicht bisher nicht erfahren.

15.14 Unbeachtlich für die Sachbehandlung auf Ebene der Gesellschaft in Übereinstimmung mit der Handelsbilanz ist jedenfalls, dass der Erwerb auf Ebene des Gesellschafters steuerrechtlich betrachtet eine Veräußerung der Anteile darstellt[14] (siehe dazu nachstehend Rdnr. 15.47 ff.). Die Steuergesetze enthalten insoweit keine korrespondierenden Regelungen, die dazu zwingen würden, die Rechtsfolgen auf Seiten der Gesellschaft der Besteuerung auf Seiten des Gesellschafters zugrunde zu legen.[15]

15.15 Die Aufwendungen, die im Zusammenhang mit dem Erwerb der eigenen Anteile stehen, sind Betriebsausgaben. Ein Abzugsverbot besteht insoweit nicht. Im Zusammenhang mit der späteren Veräußerung der eigenen Anteile stehende Aufwendungen sind ebenfalls abziehbar. § 8b Abs. 3 Satz 1 KStG greift insbesondere nicht, weil kein Zusammenhang mit Gewinnen i.S.d. § 8b Abs. 2 KStG besteht, denn trotz der Frage, ob die eigenen Anteile dem Charakter nach (trotz fehlender besonderer Bilanzierung weiterhin) Wirtschaftsgüter sind, liegt keine Veräußerung von Anteilen an eine Körperschaft vor, sondern wirtschaftlich betrachtet eine Kapitalerhöhung.[16] Das gilt auch mit Blick auf eine Absicht, die erworbenen eigenen Anteile alsbald mit Aufschlag wieder zu veräußern (zur Veräußerung der erworbenen Anteile siehe Rdnr. 15.17).

15.16 Überhöhte Kaufpreise, die durch das Gesellschaftsverhältnis veranlasst sind, oder unangemessene, d.h. nicht fremdübliche erwerbsbezogene Aufwendungen sind verdeckte Gewinnausschüttungen (§ 8 Abs. 3 Satz 2 KStG). Unterschreitet der Kaufpreis den gemeinen Wert der Anteile, handelt es sich in Höhe der Differenz um eine verdeckte Einlage (§ 8 Abs. 3 Satz 4 KStG). Damit sind indes weder eine freigebige Zuwendung noch ein Fall des § 7 Abs. 1 Satz 1 ErbStG verbunden.[17]

15.3 Veräußerung der erworbenen Anteile

15.3.1 Handelsbilanz

15.17 Werden die eigenen Anteile wieder veräußert, ist der Einfluss auf das gezeichnete Kapital wieder rückgängig zu machen (§ 272 Abs. 1b Satz 1 HGB). Der offene

[13] Drüen, DB 2020, 1809, zu II.2.b) m.w.N.; FG Münster, Urt. v. 13.10.2016 – 9 K 1087/14, EFG 2017, 423, Rdnr. 35, 44 ff. (rkr.)

[14] BFH, Urt. v. 06.12.2017 – IX R 7/17, BStBl II 2019, 213, Rdnr. 19; vgl. dazu auch BMF-Schreiben v. 05.04.2019 – IV C 6 - S 2244/17/10001, BStBl I, 257.

[15] BFH, Urt. v. 06.12.2017 – IX R 7/17, BStBl II 2019, 213, Rdnr. 20.

[16] BMF-Schreiben v. 27.11.2013 – IV C 2 - S 2742/07/10009, BStBl I, 1615, Rdnr. 18; insoweit a.A. FG Münster, Urt. v. 13.10.2016 – 9 K 1087/14, EFG 2017, 423 (rkr.)

[17] BFH, Urt. v. 20.01.2016 – II R 40/14, BStBl II 2018, 284; vgl. dazu auch gleichlautende Erlasse der obersten Finanzbehörden der Länder v. 20.04.2018 – S 3806, BStBl I, 632.

Ausweis der eigenen Anteile in der Vorspalte des Postens „**Gezeichnetes Kapital**" entfällt damit. Der Differenzbetrag zwischen dem Nennwert der Anteile und dem Veräußerungserlös ist zunächst bis zur Höhe des Betrags in die frei verfügbaren Rücklagen einzustellen, der beim Erwerb aus den freien Rücklagen entnommen wurde (§ 272 Abs. 1b Satz 2 HGB). Ein über den Nennwert und die Wiedereinstellung in die **frei verfügbaren Rücklagen** hinausgehender Betrag des Veräußerungspreises ist nach Art eines Aufgeldes in die Kapitalrücklage gem. § 272 Abs. 2 Nr. 1 HGB einzustellen (§ 272 Abs. 1b Satz 3 HGB). Gesetzlich geregelt ist deshalb trotz des Begriffs „Veräußerungserlös" nicht ein Veräußerungsvorgang, sondern eine Kapitalerhöhung. Die **Aufwendungen**, die im Zusammenhang mit einer Veräußerung der eigenen Anteile stehen, sind Aufwand des Geschäftsjahres, in dem die Veräußerung erfolgt ist (§ 272 Abs. 1b Satz 4 HGB), und in der Gewinn- und Verlustrechnung unter den sonstigen betrieblichen Aufwendungen auszuweisen (§ 275 Abs. 2 Nr. 8 HGB).

Die Veräußerung der Anteile ist zwar eine sonstige Leistung i.S.d. § 3 Abs. 9 UStG 15.18
(Abschn. 3.5 (8) UStAE), die jedoch nach § 1 Abs. 1 Nr. 1 UStG nicht steuerbar ist, weil es insoweit an einem Handeln als Unternehmer gem. § 2 Abs. 1 UStG mangelt (vgl. dazu 2.3 (2) UStAE). Ein Vorsteuerabzug ist deshalb in Bezug auf die Nebenkosten im Zusammenhang mit der Veräußerung nicht zulässig (§ 15 Abs. 1 Nr. 1 UStG). § 4 Nr. 8 Buchst. f) i.V.m. § 15 Abs. 2 Nr. 1 UStG sind insoweit nicht anwendbar.

Beispiel

Sachverhalt wie Rdnr. 15.12 mit folgender Ergänzung: Die X-GmbH hat die erworbe- 15.19
nen eigenen Geschäftsanteile zum Kaufpreis von 22.000 € am 01.12.02 an den Neugesellschafter N veräußert. N hat seine Kaufpreisverpflichtung durch Banküberweisung erfüllt. Die Nebenkosten, die die X-GmbH zu tragen hat, haben 1.100 € zzgl. 209 € Umsatzsteuer betragen.

Buchung im Zeitpunkt der Veräußerung der Anteile

1.	Bank	22.000 €	an Gezeichnetes Kapital	15.000 €
			an andere Gewinnrücklagen	5.000 €
			an Kapitalrücklage	2.000 €
2.	Sonst. betr. Aufwendungen	1.309 €	an sonst. Verbindlichkeiten	1.309 €

Diese Grundsätze gelten auch dann, wenn eigene Anteile zu verschiedenen Zeit- 15.20
punkten und unterschiedlich hohen Abfindungszahlungen erworben wurden.

Beispiel

Die Z-GmbH hat am 01.04.02 eigene Anteile zum Nennwert von 1.000 € für 800 € und am 01.07.03 Anteile zum Nennwert von 2.000 € für 2.400 € erworben.

Am 01.12.04 gibt die Z-GmbH eigene Anteile zum Nennwert von 500 € gegen Zahlung i.H.v. 750 € an einen Neugesellschafter aus.

Lösung

Das gezeichnete Kapital war im Jahr 02 um 1.000 € und 03 um (insgesamt) 3.000 € offen herabzusetzen. Die Gewinnrücklagen wurden in den Jahren 02 um 200 € verringert und 03 um 400 € erhöht.

Mit der Ausgabe der eigenen Anteile im Jahr 04 ist das gezeichnete Kapital noch i.H.v. 2.500 € offen herabzusetzen. Die Gewinnrücklagen sind um 250 € zu erhöhen, so dass die Veränderung insoweit insgesamt betrachtet 450 € beträgt.

15.3.2 Steuerbilanz

15.21 Auch steuerrechtlich betrachtet liegt insoweit unabhängig davon, ob die eigenen Anteile den Charakter eines Wirtschaftsguts haben,[18] keine Veräußerung vor, die von § 8b Abs. 2 KStG erfasst sein könnte. Stattdessen ist § 272 Abs. 1b HGB maßgeblich, so dass auch für Zwecke der Steuerbilanz und daher für die Ermittlung des zu versteuernden Einkommens der Gesellschaft nach wirtschaftlichen Grundsätzen von einer Kapitalerhöhung auszugehen ist (§ 5 Abs. 1 Satz 1 erster Halbsatz EStG). Aus diesem Grund sind auch die Aufwendungen im Zusammenhang mit der Veräußerung der eigenen Anteile als Betriebsausgaben abziehbar, soweit sie angemessen sind. Es erfolgt daher weder eine Hinzurechnung nach § 8b Abs. 2 Satz 1 KStG, noch eine Kürzung nach § 8b Abs. 3 Satz 1 KStG.[19] Es ist auch keine Kapitalertragsteuer einzubehalten und abzuführen.

15.22 Eine verdeckte Gewinnausschüttung gem. § 8 Abs. 3 Satz 2 KStG kann in diesem Zusammenhang in Betracht kommen, wenn die Anteile gegen eine unter dem Fremdvergleichspreis liegende Zahlung veräußert werden und auf diese Weise dem erwerbenden Gesellschafter ein Vorteil zugewendet wird.[20] Hier ist jedoch das Gebot, Kapitalertragsteuer einzubehalten und abzuführen, zu befolgen.[21]

15.23 Werden die eigenen Anteile zur Tilgung einer **Lohnzahlungsverpflichtung** an eigene Arbeitnehmer ausgegeben, liegt bei dieser Sachzuwendung keine Veräußerung vor.

18 Vgl. dazu Drüen, DB 2020, 1807; van Lishaut/Heinemann, in: Rödder/Herlinghaus/van Lishaut, UmwStG, 3. Aufl. 2019, Anhang 3 Rdnr. 66 ff.

19 BMF-Schreiben v. 27.11.2013 – IV C 2 - S 2742/07/10009, BStBl I, 1615, Rdnr. 18; insoweit a.A. FG Münster, Urt. v. 13.10.2016 – 9 K 1087/14, EFG 2017, 423, rkr.

20 Gosch, in: Gosch, KStG, 4. Aufl. 2020, § 8 Rdnr. 570.

21 BMF-Schreiben v. 27.11.2013 – IV C 2 - S 2742/07/10009, BStBl I, 1615, Rdnr. 15.

Der Tilgung der Verpflichtung zur Zuwendung steht die Kapitalerhöhung nach Maßgabe des § 272 Abs. 1b HGB gegenüber. Dieser steht die Erfüllung der Sachleistungsverpflichtung gegenüber. Der damit verbundene Lohnaufwand ist als Betriebsausgabe gewinnmindernd zu buchen.[22] Eine Zahlung der Arbeitnehmer mindert natürlich den Lohnaufwand. Sollte die Zahlung den Betrag der Kapitalerhöhung nach § 272 Abs. 1b HGB überschreiten, liegt schon dem Grunde nach keine Veräußerung vor (siehe dazu oben Rdnr. 15.17).

Die Rechtsfrage, ob eigene Anteile unabhängig vom Bilanzausweis, der durch 15.24
§ 272 Abs. 1a und 1b HGB gesetzlich geregelt ist, weiterhin als Vermögensgegenstand nach HGB und auf Grundlage des § 5 Abs. 1 EStG als Wirtschaftsgut nach EStG zu beurteilen sind, ist noch nicht höchstrichterlich entschieden. Es ist daher derzeit ungeklärt, ob eigene Anteile Gegenstand einer erfolgsneutralen Übertragung nach § 6 Abs. 5 Satz 3 EStG oder im Rahmen einer echten oder unechten Realteilung nach § 16 Abs. 3 Satz 2 EStG sein können. Letzteres wird im Schrifttum bejaht, weil der fehlende Bilanzausweis dem teleologisch nicht entgegenstehe.[23]

15.4 Erwerb zur Einziehung von Geschäftsanteilen

Die Einziehung von Geschäftsanteilen (Amortisation) ist einer GmbH nur gestattet, 15.25
wenn diese im Gesellschaftsvertrag geregelt und daher zulässig ist (§ 34 Abs. 1 GmbHG). Sollten die Voraussetzungen für eine Einziehung im Gesellschaftsvertrag insbesondere bei Ausschluss aus wichtigem Grund geregelt sein, bevor der Anteilseigner den Geschäftsanteil erworben hat, kann die Einziehung auch ohne sein Einverständnis erfolgen (§ 34 Abs. 2 GmbHG). Dabei sind die Grundsätze der Kapitalerhaltung entsprechend § 30 GmbHG zu befolgen.

Die Einziehung führt zum Untergang der Geschäftsanteile. Damit stimmt die 15.26
Summe der Geschäftsanteile nicht mehr mit dem Stammkapital überein. Dies ist auch vor dem Hintergrund der Vorgaben zur Übereinstimmung nach § 5 Abs. 3 Satz 2 GmbHG zulässig.[24] Der Beschluss über die Einziehung von GmbH-Anteilen ist deshalb auch bei fehlenden Kapitalmaßnahmen nicht nichtig.[25] Der Nennwert der Anteile ist in der Bilanz offen vom gezeichneten Kapital in einer Vorspalte abzusetzen, es sei denn, eine Kapitalherabsetzung entsprechend §§ 58 ff. GmbHG (siehe dazu Rdnr. 14.1 ff.) oder eine Aufstockung der anderen Geschäftsanteile

---

22 OFD Frankfurt, Vfg. v. 22.05.2019 – S 2144 A-129-St 516, DStR 2019, 1212, bestätigt dies, ohne auf die bilanzielle Sachbehandlung einzugehen.

23 Drüen, DB 2020, 1807, 1864, 1869.

24 BGH, Urt. v. 02.12.2014 – II ZR 322/13, NJW 2015, 1385 = DStR 2015, 1194.

25 Zu Fragen der persönlichen Haftung der Gesellschafter für die Abfindung des ausgeschiedenen Gesellschafters vgl. BGH, Urt. v. 10.05.2016 – II ZR 342/14, GmbHR 2016, 754 mit Anm. Münnich, DStR 2016, 1558.

wird beschlossen. Soweit eine Rückzahlung an den Gesellschafter aus Mitteln der Gesellschaft zu erfolgen hat, sind vorbehaltlich § 30 i.V.m. § 5 Abs. 1 GmbHG Verbindlichkeiten zu passivieren. In der dem Handelsregister einzureichenden geänderten Gesellschafterliste ist die Einziehung der Geschäftsanteile anzuzeigen (§ 2 Abs. 3 Nr. 3 Gesellschafterlistenverordnung).

15.27 Die Einziehung von Geschäftsanteilen kann als **Schenkung** zu beurteilen sein, soweit damit eine Werterhöhung der Geschäftsanteile der verbleibenden Gesellschafter verbunden ist. Das ist nach § 7 Abs. 7 Satz 2 ErbStG der Fall, wenn der Geschäftsanteil einer GmbH aufgrund einer Regelung im Gesellschaftsvertrag beim Ausscheiden eines Gesellschafters eingezogen wird und der Wert des Anteils – bewertet nach § 12 ErbStG – den Abfindungsanspruch übersteigt (zur Einziehung von Todes wegen vgl. § 7 Abs. 7 Satz 3 i.V.m. § 10 Abs. 10 Satz 2 ErbStG). Diese Rechtsfolge tritt bei jeglicher Einziehung von GmbH-Anteilen nach § 34 Abs. 1, 2 GmbHG ein und ist nicht auf Fälle der Zwangseinziehung von Anteilen beschränkt.[26]

15.28 Bei einer Aktiengesellschaft ist die Einziehung dagegen nur zulässig, wenn die zwangsweise Einziehung in der Satzung geregelt ist oder durch eine Satzungsänderung vor der Übernahme oder Zeichnung der Aktien angeordnet oder gestattet ist (§ 237 Abs. 1 AktG). In der Satzung oder in dem Beschluss der Hauptversammlung sind die Voraussetzungen und die Durchführung der Zwangseinziehung festzulegen.[27]

15.29 Weitergehend sind die Vorschriften über die ordentliche Kapitalherabsetzung (§§ 222 ff. AktG) zu befolgen (§ 237 Abs. 2 AktG).[28] Einer ordentlichen Kapitalherabsetzung bedarf es allerdings insbesondere nicht, wenn die Aktien der Gesellschaft unentgeltlich zur Verfügung gestellt werden oder wenn die Aktien zu Lasten des Bilanzgewinns oder einer frei verfügbaren Rücklage eingezogen werden (§ 237 Abs. 3 AktG). In diesen Fällen ist ein Betrag in Höhe des auf die eingezogenen Aktien entfallenden Teils des Grundkapitals in die Kapitalrücklage einzustellen (§ 237 Abs. 5 AktG).

15.5 Kaduzierung und Erwerb eigener Anteile

15.30 Die Kaduzierung bezeichnet einen Zwangsausschluss von Anteilseignern einer GmbH oder einer AG, die mit ihren Zahlungen auf ihre Kapitalbeteiligung auf Aktien bzw. der Stammeinlage in Verzug sind (§ 21 GmbHG bzw. § 64 AktG).

---

[26] BFH, Urt. v. 17.11.2021 – II R 21/20, BStBl II 2022, 500.

[27] BFH, Urt. v. 07.09.2016 – I R 57/14, BFH/NV 2017, 423, zur Einziehung von Kommanditaktien bei einer KGaA.

[28] Zum Bilanzausweis nach HGB und IFRS vgl. SEIDLER/THIERE, BB 2019, 2091.

Hat ein Gesellschafter einer GmbH die Zahlungen auf seine Stammeinlage nicht rechtzeitig geleistet und ist eine Nachfrist erfolglos verstrichen, so kann der Gesellschafter seines Geschäftsanteils und der geleisteten Teilzahlungen für verlustig erklärt werden.[29] Voraussetzung ist, dass die Gesellschaft den säumigen Gesellschafter unter Androhung seines Ausschlusses mit dem Geschäftsanteil, auf welchen die Zahlung zu erfolgen hat, mittels eingeschriebenen Briefes erneut mit einer Nachfrist von mindestens einem Monat zur Zahlung auffordert.

Lässt der säumige Gesellschafter die Nachfrist verstreichen, ist er seines Geschäftsanteils und der geleisteten Teilzahlungen zugunsten der Gesellschaft für verlustig zu erklären. Auch diese Erklärung muss mittels eingeschriebenen Briefes erfolgen. Dabei kann der Ausschluss bereits erfolgen, ohne dass zugleich ein Beschluss über die Verwertung des Geschäftsanteils gefasst sein muss.[30] Der Gesellschafter haftet der GmbH nach dem Verlust des Geschäftsanteils gleichwohl für den rückständigen Betrag. Für eine von dem ausgeschlossenen Gesellschafter nicht erfüllte Einlageverpflichtung haftet der Gesellschaft auch der letzte und jeder frühere Rechtsvorgänger des Ausgeschlossenen nach Maßgabe des § 22 GmbHG. 15.31

Ist die Zahlung des rückständigen Betrags weder vom ausgeschlossenen Gesellschafter noch von Rechtsvorgängern zu bekommen, kann die GmbH den Geschäftsanteil im Wege öffentlicher Versteigerung veräußern (§ 23 Satz 1 GmbHG). In diesem Fall handelt es sich auf Ebene des Gesellschafters um eine Veräußerung des Geschäftsanteils, was abgesehen vom fortgesetzten Ausweis der noch ausstehenden Einlagen bis zu deren Einzahlung keine bilanziellen Konsequenzen auf Ebene der Gesellschaft nach sich zieht. 15.32

Anstelle der öffentlichen Versteigerung kann auch eine andere Verwertung erfolgen. Diese ist aber nur mit Zustimmung des ausgeschlossenen Gesellschafters zulässig (§ 23 Satz 2 GmbHG). Als andere Verwertung in diesem Sinne kommt neben der gesellschaftsvertraglich vorgesehenen Übernahme durch die verbleibenden Gesellschafter auch der Erwerb der Anteile durch die GmbH nach Maßgabe des § 33 GmbHG in Betracht, soweit die ausstehenden Einlagen zunächst geleistet wurden und die Rücklage entsprechend § 33 Abs. 2 GmbHG gebildet werden könnte. Sollte mit Zustimmung des säumigen Gesellschafters unter diesen Voraussetzungen eine Einziehung des Geschäftsanteils erfolgen, ist auf Ebene der Gesellschaft § 272 Abs. 1a HGB anzuwenden (siehe dazu bereits Rdnr. 15.9). 15.33

---

[29] BGH, Urt. 10.11.2020 – II ZR 211/19, DStR 2021, 177, zur Einziehung eines nach der Gesellschafterliste nicht (mehr) existenten Geschäftsanteils.

[30] BGH, Urt. v. 04.08.2020 – II ZR 171/19, DStR 2020, 2264.

15.6 Anteilsvereinigung und Grunderwerbsteuer

15.6.1 Grunderwerbsteuer

15.34 Im Rahmen des Erwerbs eigener Anteile droht eine Belastung durch Grunderwerbsteuer. Dies kommt in Betracht, wenn mit dem Erwerb eine Anteilsvereinigung aller Anteile oder mindestens 90 % der Anteile der Gesellschaft unmittelbar oder mittelbar in einer Hand nach § 1 Abs. 3 Nr. 1 GrEStG verwirklicht wird. Auch dann, wenn nicht der einzige verbleibende Gesellschafter, sondern die GmbH selbst die Anteile vom ausgeschiedenen vorletzten Gesellschafter erwirbt, handelt es sich um eine Anteilsvereinigung, so dass Grunderwerbsteuer entsteht, soweit zum Gesellschaftsvermögen der GmbH Grundbesitz gehört.[31] § 1 Abs. 2b GrEStG findet beim Erwerb eigener Anteile keine Anwendung, weil die Vorschrift einen Gesellschafterwechsel auf einen Neugesellschafter voraussetzt und sich dadurch das Beteiligungsverhältnis zu den Neugesellschaftern zu Lasten der Altgesellschafter verändert.[32]

15.35 Der Grunderwerbsteuer unterliegt das obligatorische Rechtsgeschäft über den Grundbesitz, so dass sie mit Abschluss des notariell beurkundeten Vertrages (§ 15 Abs. 3 GmbHG) entsteht.[33] Steuerschuldner ist der Erwerber (§ 13 Nr. 5 Buchst. a) GrEStG); ihm ist der Grunderwerbsteuer-Bescheid bekanntzugeben. Erwerber in diesem Sinne ist nicht die GmbH, sondern der Gesellschafter der grundbesitzenden Gesellschaft, unabhängig davon, dass nicht er selbst, sondern die GmbH den Geschäftsanteil des anderen Gesellschafters erwirbt. Mit dem Rechtsgeschäft erwirbt der verbleibende Gesellschafter eine dem zivilrechtlichen Eigentum vergleichbare Rechtszuständigkeit an dem Gesellschaftsgrundstück.[34] Dafür ist es ohne Bedeutung, dass die GmbH zwar eigene Anteile halten kann (§ 33 Abs. 2 und 3 GmbHG), aber dennoch keine von ihr selbst verschiedene Person sein kann.[35] Der Gesellschafter, der mindestens 90 % der nicht von der Kapitalgesellschaft selbst gehaltenen Anteile an dieser hält, beherrscht das Vermögen der Gesellschaft in

---

31 BFH, Urt. v. 20.01.2015 – II R 8/13, BStBl II, 553 = NZG 2015, 526; WACHTER, GmbHR 2015, 546; BFH, Urt. v. 22.02.2017 – II R 52/14, BStBl II, 653, zur Steuerbefreiung nach § 3 Nr. 2 GrEStG im Fall einer Anteilsvereinigung in einer Hand; BFH, Urt. v. 15.10.2014 – II R 14/14, BStBl II 2015, 405, Rdnr. 32 ff., zu unentgeltlichen und entgeltlichen Übertragungen mit den Folgen des § 1 Abs. 3 Nr. 1 GrEStG und der zulässigen Anwendung des § 3 Nr. 2 Satz 1 GrEStG; vgl. demgegenüber BFH, Urt. v. 25.11.2015 – II R 35/14, BStBl II 2016, 234, zu § 1 Abs. 1 Nr. 3 GrEStG und der nicht zulässigen Anwendung des § 3 Nr. 3 GrEStG; BFH, Urt. v. 12.05.2016 – II R 26/14, BStBl II 2016, 748, zur Nichtanwendung des § 1 Abs. 1 Nr. 3 GrEStG im Fall der Abtretung des Anspruchs auf Übertragung eines Gesellschaftsanteils.

32 Vgl. dazu gleichlautende Erlasse der obersten Finanzbehörden der Länder v. 10.05.2022 – FM3 - S 4430 - 1/30, BStBl I, 821.

33 BFH, Urt. v. 15.10.2014 – II R 14/14, BStBl II 2015, 405, Rdnr. 17.

34 BFH, Urt. v. 12.02.2014 – II R 46/12, BStBl II, 536, Rdnr. 14 ff.

35 BFH, Urt. v. 20.01.2015 – II R 8/13, BStBl II, 553, Rdnr. 20.

gleicher Weise, wie derjenige, der anstelle der Gesellschaft alle Anteile selbst halten würde.[36]

Sollten hinsichtlich des Erwerbs der eigenen Anteile trotz abgeschlossenen Rechtsgeschäfts die Voraussetzungen entsprechend § 33 Abs. 2 GmbHG nicht erfüllt sein, wird dennoch der Tatbestand der Anteilsvereinigung verwirklicht, nunmehr aber nach § 1 Abs. 3 Nr. 2 GrEStG. Danach unterliegt die Anteilsvereinigung von mindestens 90 % der Anteile auch dann der Grunderwerbsteuer, wenn kein schuldrechtliches Geschäft i.S.d. § 1 Abs. 3 Nr. 1 GrEStG vorangegangen ist. Dies wäre anzunehmen, wenn der Übertragungsvertrag wegen Verstoßes gegen § 33 Abs. 2 GmbHG nichtig wäre. Trotz Nichtigkeit des Vertrags wäre der Anteilserwerb selbst aber wirksam und folglich steuerpflichtig.[37] 15.36

Nach § 6a Satz 1 GrEStG wird die Grunderwerbsteuer für eine Anteilsvereinigung i.S.d. § 1 Abs. 1 Nr. 3 GrEStG nicht erhoben, wenn der im Grundsatz steuerbare Rechtsvorgang bei Umstrukturierungen in einem Konzern auf einer Umwandlung (§ 1 Abs. 1 Nr. 1–3 UmwG), einer Einbringung oder einem anderen Erwerbsvorgang auf gesellschaftsvertraglicher Grundlage beruht. Voraussetzung dafür ist grundsätzlich, dass an dem Rechtsvorgang ausschließlich ein herrschendes Unternehmen und ein oder mehrere von diesem Unternehmen abhängige Gesellschaften beteiligt sind (§ 6a Satz 3 GrEStG). Gleiches gilt, wenn von dem Rechtsvorgang nur mehrere von einem herrschenden Unternehmen abhängige Gesellschaften erfasst werden. Abhängig in diesem Sinne ist eine Gesellschaft, wenn das herrschende Unternehmen am Kapital oder Gesellschaftsvermögen innerhalb der letzten fünf Jahre vor und fünf Jahre nach dem Rechtsvorgang zu mindestens 90 % unmittelbar oder mittelbar beteiligt ist (§ 6a Satz 4 GrEStG).[38] 15.37

Die Begünstigung verstößt nicht gegen Unionsrecht. Der EuGH[39] hat nach Vorlage des BFH[40] entschieden, dass die Begünstigung nach § 6a GrEStG eine nach Art. 107 Abs. 1 AEUV verbotene Beihilfe darstellt.[41] 15.38

---

36 BFH, Urt. v. 18.09.2013 – II R 21/12, BStBl II 2014, 326, Rdnr. 19 m.w.N.

37 BFH, Urt. v. 20.01.2015 – II R 8/13, BStBl II, 553, Rdnr. 25; zum Anspruch auf Aufhebung der Steuerfestsetzung nach § 16 Abs. 2 Nr. 1 und insbesondere § 16 Abs. 5 GrEStG vgl. in dieser Entscheidung Rdnr. 27 ff.

38 Hornstein/Hefner, BB 2022, 1879.

39 EuGH, Urt. v. 19.12.2018 – C-374/17, EuZW 2019, 209.

40 BFH, Beschl. v. 30.05.2017 – II R 62/14, BStBl II, 916.

41 Die Nachfolgeentscheidungen des BFH, Urt. v. 21.08.2019 – II R 15/19 bis II R 21/19 sind im BStBl II, 329–352 veröffentlicht.

15.6.2 Ertragsteuerrechtliche Folgen

15.39 Die Belastung durch Grunderwerbsteuer ist auch ertragsteuerrechtlich zu würdigen:

- Erwirbt **ein Gesellschafter** Geschäftsanteile an einer grundbesitzenden GmbH **von einem Mitgesellschafter** und verwirklicht er damit den grunderwerbsteuerpflichtigen Tatbestand einer Anteilsvereinigung in einer Hand, gehört die aus diesem Anlass geschuldete Grunderwerbsteuer weder zu den Anschaffungskosten für das Grundstück, das sich im zivilrechtlichen Eigentum der GmbH befindet, noch zu den nachträglichen Anschaffungskosten für die vorhandenen Anteile oder zu den Anschaffungskosten der erworbenen Anteile.[42] Dies folgt unmittelbar aus § 1 Abs. 3 Nr. 1 GrEStG selbst, denn maßgebend für die Entstehung der Grunderwerbsteuer ist die Zuordnung aller Anteile in einer Hand, mit der ein Erwerbsvorgang bezogen auf die zum Gesellschaftsvermögen gehörenden Grundstücke fingiert wird. Gegenstand der Besteuerung ist daher nicht der Erwerb der Anteile als solcher.[43]

15.40 a) Sind die Anteile dem **Betriebsvermögen** oder **Sonderbetriebsvermögen** des Erwerbers zuzuordnen, stellt die gezahlte Grunderwerbsteuer Aufwendungen dar, die zu den Betriebsausgaben bzw. Sonderbetriebsausgaben gehören (§ 4 Abs. 4 EStG). Mit dem **Teileinkünfteverfahren** nach § 3 Nr. 40d EStG bezogen auf die Beteiligungserträge ist das **Teilabzugsverbot** der Aufwendungen nach § 3c Abs. 2 EStG verbunden.

15.41 b) Gehören die Anteile dagegen zum **Privatvermögen**, kommt ein Abzug als Werbungskosten nicht in Betracht (§ 20 Abs. 9 Satz 1 EStG). Das gilt auch dann, wenn ein Antrag auf **Günstigerprüfung** nach § 32d Abs. 6 EStG gestellt wird.[44] Infolge dieses Antrags unterliegen allerdings die Beteiligungserträge nicht mehr dem Teileinkünfteverfahren entsprechend § 3 Nr. 40d EStG.[45] Beachtlich ist, dass dieser Antrag für den jeweiligen **Veranlagungszeitraum** nur einheitlich für alle bezogenen Kapitalerträge gestellt werden kann (§ 32d Abs. 6 Satz 3 EStG). Bei der Zusammenveranlagung von Ehe-

---

42 BFH, Urt. v. 20.04.2011 – I R 2/10, BStBl II, 761, Rdnr. 19 ff.; BFH, Urt. v. 14.03.2011 – I R 40/10, BStBl II 2012, 281, Rdnr. 17 ff.; vgl. BFH, Urt. v. 02.09.2014 – II R 50/13, BStBl II 2015, 260, zur Personengesellschaft zu § 1 Abs. 2a i.V.m. § 13 Abs. 6 GrEStG, sowie OFD NRW, Vfg. v. 21.04.2015 – S 2174 - St 141 (01/2009)/S 2174 - 1001 - St 141, DB 2015, 1013, auch zu § 1 Abs. 1 Nr. 3 GrEStG.

43 BFH, Urt. v. 25.08.2010 – II R 65/08, BStBl II 2011, 225, Rdnr. 10 ff.

44 BFH, Urt. v. 02.12.2014 – VIIII R 34/13, BStBl II 2015, 387; BFH, Urt. v. 28.01.2015 – VIII R 13/13, BStBl II, 393.

45 BFH, Urt. v. 29.08.2017 – VIII R 33/15, BStBl II 2018, 69, Rdnr. 24 ff.; BFH, Urt. v. 30.11.2016 – VIII R 11/14, BStBl II 2017, 443; BFH, Urt. v. 29.08.2017 – VIII R 5/15, BStBl II 2018, 66; vgl. dazu auch BMF-Schreiben v. 12.04.2018 – IV C 1 - S 2252/08/10004 :021, BStBl I, 624, Rdnr. 119a.

gatten (§§ 26, 26b EStG) umfasst der Antrag sämtliche Kapitalerträge beider Ehegatten (§ 32d Abs. 6 Satz 4 EStG). Eine Bindung für zukünftige Jahre ist mit dem Antrag nicht verbunden.

Im gegebenen Fall muss deshalb geprüft werden, ob ein **weiterer Antrag** nach § 32d Abs. 2 Nr. 3 EStG zu stellen ist. Voraussetzung für diesen weiteren Antrag ist, dass der Gesellschafter zu mindestens 25 % an der Gesellschaft beteiligt ist oder zu mindestens 1 %, wenn er durch eine berufliche Tätigkeit für diese Gesellschaft **maßgeblich unternehmerischen Einfluss**[46] nehmen kann. Dies dürfte bei allen geschäftsführenden und leitenden Tätigkeiten, etwa auch als Prokurist, der Fall sein. Die Antragstellung hat zugleich mit der Einreichung der Steuererklärung zu erfolgen (§ 32d Abs. 2 Nr. 3 Satz 4 EStG).[47] Dieser Antrag ermöglicht den Abzug als Werbungskosten zwar nur unter Berücksichtigung des Teilabzugsverbots nach § 3c Abs. 2 Satz 1 EStG, stellt aber zugleich sicher, dass die Beteiligungserträge dem Teileinkünfteverfahren und damit nur zu 60 % der Steuerpflicht unterliegen (§ 3 Nr. 40d EStG). Dabei ist zu berücksichtigen, dass die Ausübung des Antragswahlrechts den Gesellschafter nicht nur im **Antragsjahr** zur Regelbesteuerung unter Berücksichtigung des Teileinkünfteverfahrens zwingt (§ 3 Nr. 40d EStG), sondern auch in den folgenden **vier** Kalenderjahren.[48] 15.42

c) Unabhängig davon, ob die Anteile beim Erwerber zum Betriebs- oder Privatvermögen gehören, liegt grundsätzlich eine **verdeckte Gewinnausschüttung** vor (§ 8 Abs. 3 Satz 3 KStG), wenn die GmbH die Grunderwerbsteuer, die der Gesellschafter gem. § 13 Nr. 5 Buchst. a) GrEStG schuldet, an das Finanzamt aus dem Gesellschaftsvermögen entrichtet. 15.43

– Die aufgrund einer Anteilsvereinigung geschuldete Grunderwerbsteuer gehört auch in den Fällen, in denen die **GmbH selbst die Anteile erwirbt**, weder zu 15.44

---

46 Klarstellung durch Änderung des EStG v. 23.12.2016, BGBl I, 3000, mit Wirkung für Veranlagungszeiträume ab 2017, nachdem der BFH, Urt. v. 25.08.2015 – VIII R 3/14, BStBl II 2015, 892, die seinerzeitige Regelung der nur „beruflichen Tätigkeit" weder qualitativ noch quantitativ für ausreichend gehalten hat.

47 BFH, Urt. v. 29.08.2017 – VIII R 33/15, BStBl II 2018, 69, Rdnr. 26 ff., zur Wiedereinsetzung in den vorherigen Stand, wenn die Antragstellung im Irrtum über den materiellrechtlichen Gehalt einer Vorschrift von einem fachkundig nicht beratenen Steuerpflichtigen unverschuldet nicht fristgerecht zugleich mit der Steuererklärung gestellt wurde; zur Fristversäumnis durch Steuerberater vgl. dagegen BFH, Urt. v. 28.07.2015 – VIII R 50/14, BStBl II, 894; BMF-Schreiben v. 12.04.2018 – IV C 1 - S 2252/08/10004 :021, BStBl I, 624, Rdnr. 141.

48 Korn, DStR 2009, 2509, 2511; BFH, Urt. v. 21.10.2014 – VIII R 48/12, BStBl II 2015, 270, zur Unmöglichkeit der Option zur Regelbesteuerung, wenn keine Einnahmen mehr fließen; vgl. dazu auch OFD NRW, Kurznachricht ESt Nr. 13/2015 v. 22.04.2015, FR 2015, 478.

den Anschaffungskosten für das sich in ihrem zivilrechtlichen Eigentum befindliche Grundstück noch zu den nachträglichen Anschaffungskosten für die bereits vorhandenen und auch nicht zu den Anschaffungskosten für die erworbenen eigenen Anteile.[49] Dies folgt aus dem Grundsatz, dass diese Anteile einer Aktivierung nicht zugänglich sind, weil der Erwerb nach Art einer Kapitalherabsetzung zu würdigen ist.

15.45 Nach § 272 Abs. 1a Satz 3 HGB sind Aufwendungen, die im Prinzip Anschaffungsnebenkosten sind, mangels Aktivierung der erworbenen eigenen Anteile Aufwand des Geschäftsjahres und damit Betriebsausgaben. Das gilt auch bei der Ermittlung des zu versteuernden Einkommens.[50] Fraglich ist hier, ob die Grunderwerbsteuer, die nach § 13 Nr. 5 Buchst. a) GrEStG zwar vom Gesellschafter aufgrund der Anteilsvereinigung gem. § 1 Abs. 3 Nr. 1 oder 2 GrEStG geschuldet wird, nicht (auch) im Interesse der GmbH an das Finanzamt abgeführt wird. Zwar ist die GmbH nicht Schuldnerin der Grunderwerbsteuer, dennoch könnte im Hinblick auf das Eigeninteresse der GmbH davon auszugehen sein, dass diese die Steuerschuld für Rechnung des Gesellschafters erfüllt oder nach Zahlung durch ihn im Wege des Aufwendungsersatzes an den Gesellschafter satzungsgemäß erstattet.

15.46 Dieses Vorgehen erfüllt nicht zwangsläufig die Voraussetzungen für die Annahme einer verdeckten Gewinnausschüttung (§ 8 Abs. 3 Satz 3 KStG), denn die Zahlung der GmbH beruht nicht vorrangig auf dem Gesellschaftsverhältnis, und die Vermögensminderung nach Buchung eines Aufwands würde ein ordentlicher und gewissenhafter Geschäftsführer (§ 43 Abs. 1 GmbHG) in einem vergleichbaren Fall mit vorrangigem Eigeninteresse auch Dritten gegenüber hinnehmen. Rechtsprechung hierzu liegt – soweit ersichtlich – nicht vor. Folgt man diesen Überlegungen – mit Bereitschaft zum Rechtsstreit – nicht und strebt daher den Abzug der Grunderwerbsteuer als Aufwand auf Ebene des Gesellschafters an, dann entsprechen die ertragsteuerrechtlichen Folgen den bereits oben (siehe Rdnr. 15.39 ff.) dargestellten Grundsätzen.

15.7 Veräußerung der Anteile aus Sicht des Gesellschafters

15.47 Veräußert ein Gesellschafter einen Geschäftsanteil an „seine“ GmbH gegen Zahlung eines Kaufpreises, handelt es sich trotz Sachbehandlung des Erwerbs als Kapitalherabsetzung auf Seiten der GmbH um eine Veräußerung nach § 17 Abs. 1 Satz 1 EStG auf Seiten des Gesellschafters, soweit die Anteile zum **Privatvermögen** gehören und die Beteiligungsgrenze von mindestens 1 % innerhalb der letzten fünf

[49] BFH, Urt. 20.04.2011 – I R 2/10, BStBl II, 761, Rdnr. 19 ff.; BFH, Urt. v. 14.03.2011 – I R 40/10, BStBl II 2012, 281, Rdnr. 17 ff.

[50] BMF-Schreiben v. 27.11.2013 – IV C 2 - S 2742/07/10009, BStBl I, 1615, Rdnr. 18.

Jahre vor der Veräußerung erfüllt ist.[51] Der Veräußerungsgewinn, ermittelt nach § 17 Abs. 2 EStG, unterliegt dem Teileinkünfteverfahren und ist folglich zu 40 % steuerfrei (§ 3 Nr. 40c EStG).

Soweit die Voraussetzungen nach § 17 Abs. 1 Satz 1 EStG nicht erfüllt sein sollten, gehört der Veräußerungsgewinn zu den **Einkünften aus Kapitalvermögen** (§ 20 Abs. 2 Nr. 1 EStG). Vorbehaltlich eines Antrags auf **Günstigerprüfung** (§ 32d Abs. 6 EStG) unterliegt der Gewinn der **Abgeltungsteuer** (§ 32d Abs. 1 EStG). Mangels Pflicht zur Einbehaltung und Abführung von Kapitalertragsteuer auf Seiten der Gesellschaft muss der Veräußerer der Geschäftsanteile die mit der Veräußerung verbundenen Kapitalerträge in seiner Einkommensteuererklärung angeben (§ 32d Abs. 3 EStG). 15.48

Waren die Geschäftsanteile dem **Betriebsvermögen oder Sonderbetriebsvermögen**[52] des Gesellschafters oder als **Gesellschaftsvermögen** dem Betriebsvermögen **einer Mitunternehmerschaft** zuzuordnen, unterliegt der Veräußerungsgewinn unabhängig von der Höhe der Beteiligung nach Maßgabe des Teileinkünfteverfahrens gem. § 3 Nr. 40b EStG der Tarifbesteuerung (§ 20 Abs. 8 EStG). 15.49

Für die steuerrechtliche Beurteilung der Veräußerung auf Seiten des Gesellschafters ist es ohne Bedeutung, dass auf Ebene der Gesellschaft in deren Steuerbilanz in Übereinstimmung mit der Handelsbilanz nach § 272 Abs. 1a HGB, § 5 Abs. 1 EStG kein Anschaffungsvorgang abgebildet wird, sondern dass der Erwerb der eigenen Anteile nach Art einer Kapitalherabsetzung gewürdigt wird[53] (siehe dazu vorstehend Rdnr. 15.9). Weder das KStG noch das EStG regeln insoweit eine korrespondierende Sachbehandlung.[54] 15.50

15.8 Einfluss auf das steuerliche Einlagekonto

15.8.1 Erwerb

Auf den Erwerb eigener Geschäftsanteile ist im Hinblick auf das steuerliche Einlagekonto § 28 KStG entsprechend anzuwenden.[55] In Höhe des Nennbetrags der Anteile ist das Einlagekonto zunächst zu erhöhen (§ 28 Abs. 2 Satz 1 zweiter Halbsatz KStG). Anschließend mindert die Auszahlung an den Gesellschafter wie- 15.51

[51] BFH, Urt. v. 06.12.2017 – IX R 7/17, BStBl II 2019, 213; Ratschow, BFH/PR 2018, 130.

[52] Bolk, Bilanzierung und Besteuerung der Personengesellschaft und ihrer Gesellschafter, 5. Aufl. 2023, Rdnr. 3.80 ff., zur Beurteilung von Anteilen an Kapitalgesellschaften als Sonderbetriebsvermögen II.

[53] BFH, Urt. v. 06.12.2017 – IX R 7/17, BStBl II 2019, 213, Rdnr. 19.

[54] BFH, Urt. v. 06.12.2017 – IX R 7/17, BStBl II 2019, 213, Rdnr. 20.

[55] BMF-Schreiben v. 27.11.2013 – IV C 2 - S 2742/07/10009, BStBl I, 1615, Rdnr. 9.

derum in Höhe des Nennbetrags das Einlagekonto. Ein bestehender Sonderausweis ist in diesen Fällen nicht nach § 28 Abs. 2 Satz 1 KStG zu mindern.

15.52 – Soweit der Kaufpreis den Nennbetrag der Anteile überschreitet, liegt eine Leistung an den Gesellschafter vor, die als Einlagenrückgewähr nach § 27 Abs. 1 Satz 3 KStG das Einlagekonto mindert, soweit diese den ausschüttbaren Gewinn übersteigt.[56]

Beispiel

Sachverhalt wie Rdnr. 15.12 (siehe dort auch zur Buchung und Bilanzierung).

Lösung

Das steuerliche Einlagekonto ist zunächst um 15.000 € zu mindern und anschließend um 15.000 € wieder zu erhöhen. Der übersteigende Betrag von 5.000 € ist als Einlagenrückgewähr nach § 27 Abs. 1 Satz 3 KStG zu beurteilen, soweit dadurch der ausschüttbare Gewinn überschritten wird.

15.53 – Erreicht der Kaufpreis unter Beachtung des Fremdvergleichs nicht den Nennbetrag der Anteile, liegt eine Kapitalherabsetzung ohne gleich hohe Auszahlung an den Gesellschafter vor. Die entsprechende Anwendung des § 28 Abs. 1 KStG führt deshalb in Höhe der Differenz zwischen Nennbetrag und Zahlung zunächst zur Verringerung eines Sonderausweises. Besteht ein solcher nicht oder reicht er nicht aus, ist das steuerliche Einlagekonto hinsichtlich der Differenz insoweit zu erhöhen.[57]

15.8.2 Veräußerung

15.54 Die Veräußerung der seinerzeit erworbenen eigenen Anteile ist nicht als gewinnrealisierender Vorgang mit den Folgen des § 8b Abs. 1 und 5 KStG zu beurteilen, sondern „wie" eine Kapitalerhöhung. In Höhe des Nennbetrags der Anteile ändert sich der Bestand des steuerlichen Einlagekontos nicht. Dies entspricht im Ergebnis dem Wegfall des Davonabzugs beim gezeichneten Kapital in der Bilanz. Auch ein bestehender Sonderausweis wird nicht beeinflusst. Soweit der erzielte Kaufpreis den Nennbetrag der Anteile übersteigt, ist der Bestand des steuerlichen Einlagekontos zu erhöhen.

15.55 Erfolgt die Veräußerung unter Beachtung der Fremdvergleichsmaßstäbe unterhalb des Nennbetrags der Anteile, muss die Differenz zwischen Nennbetrag und Zahlung als Kapitalerhöhung aus Gesellschaftsmitteln beurteilt werden. Die entspre-

[56] Vgl. dazu auch GOSCH, in: GOSCH, KStG, 4. Aufl. 2020, § 28 Rdnr. 43.
[57] BMF-Schreiben v. 27.11.2013 – IV C 2 - S 2742/07/10009, BStBl I, 1615, Rdnr. 10.

chende Anwendung des § 28 KStG zwingt dazu, den Bestand des steuerlichen Einlagekontos in Höhe dieser Differenz zu verringern. Sollte dessen Bestand dafür nicht ausreichen, ist ein bestehender Sonderausweis zu erhöhen oder erstmals zu bilden.[58]

15.8.3 Einziehung der Anteile

Ist die Einziehung der Anteile mit der Zahlung einer Entschädigung an den ehemaligen Gesellschafter verbunden, gelten im Hinblick auf die Entwicklung des steuerlichen Einlagekontos die gleichen Grundsätze, die auch für den Erwerb gelten. Die Zahlung der Entschädigung ist in diesen Fällen wie eine Kaufpreiszahlung zu beurteilen. 15.56

Sollte das Stammkapital aufgrund der Einziehung nicht herabgesetzt werden, ist in Höhe des Nennbetrags der eingezogenen eigenen Anteile von einer Kapitalerhöhung aus Gesellschaftsmitteln auszugehen. Dies hat zur Folge, dass der Bestand des steuerlichen Einlagekontos zu verringern ist. Sollte dessen Bestand dafür nicht ausreichen, ist ein bestehender Sonderausweis zu erhöhen oder erstmals zu bilden. 15.57

15.8.4 Übergangsregelungen für Altfälle

Für Zeiträume, in denen bereits das Halb- bzw. Teileinkünfteverfahren anzuwenden war und der Erwerb und die Veräußerung der eigenen Anteile noch nicht nach § 271 Abs. 1a und § 272 Abs. 1b HGB zu würdigen war, also für Zeiträume vor Inkrafttreten des Bilanzrechtsmodernisierungsgesetzes (BilMoG),[59] ist aus Sicht der Finanzverwaltung das seinerzeit veröffentlichte BMF-Schreiben vom 02.12.1998[60] wieder in Kraft gesetzt worden.[61] 15.58

15.9 Eigene Anteile und Umwandlung

Soweit ein Rechtsträger, der an einer Umwandlung beteiligt ist, eigene Anteile erworben hat, die in Höhe des Nennbetrags vom gezeichneten Kapital offen abgesetzt und im Übrigen in den frei verfügbaren Rücklagen verrechnet wurden, ergeben sich im Hinblick auf § 29 KStG folgende Konsequenzen: 15.59

---

58 BMF-Schreiben v. 27.11.2013 – IV C 2 - S 2742/07/10009, BStBl I, 1615, Rdnr. 14.

59 BilMoG v. 25.05.2009, BGBl I, 1102; zum Inkrafttreten vgl. Art. 68 EGHGB.

60 BMF-Schreiben v. 02.12.1998 – IV C 6 - S 2741 - 12/98, BStBl I, 1509.

61 BMF-Schreiben v. 27.11.2013 – IV C 2 - S 2742/07/10009, BStBl I, 1615, Rdnr. 26 und 27. Soweit vorübergehend auf Grundlage des BMF-Schreibens v. 10.08.2010 – IV C 2 - S 2742/07/10009, BStBl I, 659, anders verfahren wurde, soll die jeweils zuständige Finanzbehörde unter Berücksichtigung der allgemeinen Grundsätze im Einzelfall notwendige Entscheidungen treffen. Das BMF-Schreiben schweigt dazu, welche Vorgaben dabei zugrunde zu legen sein sollen.

15.60 – Hält der übertragende Rechtsträger eigene Anteile, gehen diese im Zuge der Verschmelzung oder Aufspaltung vollständig unter. Bezogen auf § 29 Abs. 1 KStG ist im Hinblick auf die insoweit bereits erfolgte Kapitalherabsetzung nichts weiter zu veranlassen. Dies entspricht den zur Einziehung geltenden Grundsätzen.[62] Nennkapital i.S.d. § 29 Abs. 1 KStG ist das um den Nennbetrag der eigenen Anteile verringerte Nennkapital des übertragenden Rechtsträgers.

15.61 – Hält der übertragende Rechtsträger Anteile am übernehmenden Rechtsträger, werden diese **nicht zu eigenen Anteilen** des Übernehmers. Vielmehr gehen diese Anteile im Wege des Direkterwerbs unmittelbar auf die Anteilseigner des übernehmenden Rechtsträgers über. Die Gesellschafter des übertragenden Rechtsträgers werden insoweit entschädigt.

15.62 – Werden Gesellschafter des übertragenden Rechtsträgers mit **vorhandenen eigenen Anteilen** des übernehmenden Rechtsträgers entschädigt, erfolgt zwar zivilrechtlich betrachtet keine Erhöhung des Nennkapitals. Weil die Ausgabe eigener Anteile aber bilanziell und steuerrechtlich ebenso „wie" eine Kapitalerhöhung[63] behandelt wird, sind die Rechtsfolgen entsprechend § 28 Abs. 1 KStG zu beachten. Es kommt folglich in Höhe des Nennwerts der ausgegebenen eigenen Anteile zur Verringerung des steuerlichen Einlagekontos.[64] Dies entspricht dem Umstand, dass der umwandlungsbedingte Vermögenszugang nicht als Einlage zu beurteilen ist und folglich nicht als Gegenleistung für die Ausgabe der eigenen Anteile anzusehen ist.

15.63 – Wird das Nennkapital des übernehmenden Rechtsträgers aus Anlass der Umwandlung zur Ausgabe neuer Anteile an die Gesellschafter des übertragenden (untergehenden) Rechtsträgers erhöht, sind im Hinblick auf das steuerliche Einlagekonto § 29 Abs. 4 i.V.m. § 28 Abs. 1 und 3 KStG anzuwenden.

§ 29 Abs. 4 i.V.m. § 28 Abs. 1 und 3 KStG ist nicht anzuwenden, soweit eine Kapitalerhöhung nicht erfolgt, weil der übernehmende Rechtsträger die Gesellschafter des übertragenden Rechtsträgers durch Barausgleich oder gar nicht entschädigt.

§ 29 Abs. 4 i.V.m. § 28 Abs. 1 und 3 KStG ist ebenfalls nicht anzuwenden, wenn zwar eine Kapitalerhöhung erfolgt, diese aber nicht auf dem Vermögenszugang durch Verschmelzung beruht, sondern auf Bar- oder Sacheinlagen anderer Zuführung.

---

[62] BMF-Schreiben v. 27.11.2013 – IV C 2 - S 2742/07/10009, BStBl I, 1615, Rdnr. 16.
[63] BMF-Schreiben v. 27.11.2013 – IV C 2 - S 2742/07/10009, BStBl I, 1615, Rdnr. 13.
[64] BMF-Schreiben v. 27.11.2013 – IV C 2 - S 2742/07/10009, BStBl I, 1615, Rdnr. 14.

16. Ermittlung des zu versteuernden Einkommens

Inhalt

16.1 Allgemeines

16.1.1 Steuerpflicht

16.1 Kapitalgesellschaften mit Sitz oder Geschäftsleitung im Inland sind gem. § 1 Abs. 1 Nr. 1 KStG unbeschränkt körperschaftsteuerpflichtig. Eine Besonderheit bei Kapitalgesellschaften ist – im Vergleich zu anderen Körperschaftsteuersubjekten –, dass diese unabhängig von ihrer tatsächlichen Betätigung gem. § 8 Abs. 2 KStG ausschließlich Einkünfte aus Gewerbebetrieb i.S.d. § 15 EStG erzielen. Diese gesetzliche Norm ist zielführend, da Kapitalgesellschaften nach ständiger Rechtsprechung keine außerbetriebliche Sphäre[1] haben und folglich die gesamte Wertschöpfung einer Kapitalgesellschaft steuerrelevant ist.

16.2 Die gewerbliche Qualifizierung der Einkünfte einer Kapitalgesellschaft wird auch im GewStG konsequent fortgesetzt. Gemäß § 2 Abs. 2 Satz 1 GewStG gilt die Tätigkeit der Kapitalgesellschaft stets und in vollem Umfang als Gewerbebetrieb mit der Folge, dass sämtliche Einkünfte einer Kapitalgesellschaft grundsätzlich auch der Gewerbesteuer unterliegen.

Hinweis

16.3 Unter den Anwendungsbereich des § 1 Abs. 1 Nr. 1 KStG fallen grundsätzlich auch sogenannte Eigengesellschaften, d.h. Kapitalgesellschaften, bei denen die Mehrheit der Stimmrechte unmittelbar oder mittelbar auf juristische Personen des öffentlichen Rechts entfallen. Auf die Besteuerung der öffentlichen Hand soll an dieser Stelle jedoch nicht weiter eingegangen werden.

16.1.2 Grundlagen der Besteuerung (§ 7 KStG)

16.4 Bemessungsgrundlage der Körperschaftsteuer ist das zu versteuernde Einkommen gem. § 7 Abs. 1 KStG. Die Körperschaftsteuer ist als Jahressteuer ausgestaltet (§ 7 Abs. 3 Satz 1 KStG); das zu versteuernde Einkommen ist daher jährlich zu ermitteln. Bei Kapitalgesellschaften ist der Gewinn nach dem Wirtschaftsjahr, das dem Kalenderjahr entsprechen kann, aber nicht entsprechen muss, zu ermitteln, für das regelmäßige Abschlüsse erstellt werden (§ 7 Abs. 4 Satz 1 KStG). § 7 Abs. 4 Satz 2 KStG normiert dabei, dass bei einem vom Kalenderjahr abweichenden Wirtschaftsjahr der Gewinn aus Gewerbebetrieb in dem Kalenderjahr bezogen wird, in dem das Wirtschaftsjahr endet. Diese gesetzliche Regelung ist z.B. für die Anwendung des Steuersatzes (§ 23 Abs. 1 KStG) von Bedeutung.

---

[1] BFH, Urt. v. 15.02.2012 – I B 97/11, BStBl II, 697 m.w.N.

Hinweis

Ist eine Kapitalgesellschaft mit einem vom Kalenderjahr abweichendem Wirtschaftsjahr als Mitunternehmerin an einer Personengesellschaft beteiligt, deren Wirtschaftsjahr dem Kalenderjahr entspricht, hat die Kapitalgesellschaft ihren Gewinnanteil in dem Wirtschaftsjahr zu erfassen, das am Bilanzstichtag der Personengesellschaft abläuft.[2] 16.5

Die Umstellung des Wirtschaftsjahres auf einen vom Kalenderjahr abweichenden Zeitraum erfordert nach § 7 Abs. 4 Satz 3 KStG die Zustimmung des zuständigen Finanzamts. Mangels gesetzlicher Normierung ist die Umstellung auf ein kalenderjahrgleiches Wirtschaftsjahr ohne Zustimmung möglich. 16.6

16.1.3 Ermittlung des Einkommens (§ 8 KStG)

Das KStG bestimmt keinen eigenen Einkommensbegriff. Nach § 8 Abs. 1 Satz 1 KStG ist zur Bestimmung des Einkommens grundsätzlich auf die Vorschriften des EStG zurückzugreifen. 16.7

Praxistipp

R 8.1 KStR 2022 enthält eine Übersicht der Normen des EStG, die auch bei der Gewinnermittlung nach KStG Anwendung finden. Im Umkehrschluss legt die Tatsache, dass bestimmte Normen in der Auflistung nicht enthalten sind (z.B. § 10, § 12 EStG etc.), nahe, dass diese **keine** Anwendung finden. 16.8

Zugleich ergänzt das KStG die einkommensteuerlichen Vorschriften um spezielle Normen, die als leges speciales den Regelungen des EStG insoweit vorgehen. Die Anwendung des EStG tritt insbesondere dann zurück, wenn die Vorschriften auf Eigenschaften abstellen, die für natürliche Personen charakteristisch sind. Daher scheidet z.B. eine Anwendung des § 16 Abs. 4 oder § 33a EStG aus. Demgegenüber bestehen Sondervorschriften des KStG, die speziell auf Kapitalgesellschaften zugeschnitten sind (insbesondere die Regelungen über die verdeckte Gewinnausschüttung nach § 8 Abs. 3 Satz 2 KStG). Kapitalgesellschaften sind zudem stets buchführungspflichtig (§ 238 HGB). Ausgangspunkt für die Ermittlung des zu versteuernden Einkommen gem. § 2 Abs. 2 Nr. 1 i.V.m. § 5 Abs. 1 EStG ist daher das Ergebnis der Handels- bzw. der Steuerbilanz. 16.9

[2] BFH, Urt. v. 30.09.1964 – I 231/62 U, BStBl III 1965, 54.

Hinweis

16.10 Der Handelsbilanzgewinn ist aufgrund **bilanzsteuerrechtlicher Besonderheiten** hinsichtlich der Bilanzierung und Bewertung gem. § 60 Abs. 2 EStDV in ein steuerbilanzielles Ergebnis überzuleiten (siehe zur Überleitungsrechnung im Einzelnen Rdnr. 9.4 ff.).

Der steuerbilanzielle Gewinn ist dann für die Berechnung des zu versteuernden Einkommens aufgrund zahlreicher EStG- und KStG-Normen außerbilanziell zu korrigieren.

Praxistipp

16.11 Anhaltspunkt für die Einkommensermittlung bei Kapitalgesellschaften bieten auch die Steuererklärungsvordrucke (Körperschaftsteuererklärung, bis 2016 Vordruck KSt 1 A; ab 2017: Anlage GK zur KSt 1). Ausgangsgröße für die Ermittlung des zu versteuernden Einkommen der Kapitalgesellschaft ist der Steuerbilanzgewinn/-verlust bzw. der Jahresüberschuss/-fehlbetrag. Von dieser Ausgangsgröße werden zahlreiche Korrekturen vorgenommen, die in den verschiedenen Anlagen zur Körperschaftsteuererklärung dargestellt werden.

16.1.4 Schema zur Ermittlung des Einkommens bei Kapitalgesellschaften

16.12 R 7.1 Abs. 1 KStR 2022 enthält ein praktisches Ermittlungsschema zur Ermittlung des Einkommens von Kapitalgesellschaften. Nachfolgende Tabelle bietet eine vereinfachte Darstellung des Ermittlungsschemas.

	Jahresüberschuss/Jahresfehlbetrag lt. Handelsbilanz
+/–	Anpassungen aufgrund steuerrechtlicher Bewertungs- und Bilanzierungsvorschriften gem. § 60 Abs 2 EStDV
=	**Gewinn/Verlust laut Steuerbilanz**
+/–	Anpassungen aufgrund einkommensteuerlicher Vorschriften (z.B. Korrekturen wegen § 7g EStG, nicht abziehbare Betriebsausgaben gem. § 4 Abs. 5 EStG, § 160 AO etc.) *Hinweis: Die Bildung und Auflösung eines IAB nach § 7g EStG erfolgt grundsätzlich außerhalb der Bilanz.*

	Anpassungen aufgrund körperschaftsteuerlicher Vorschriften
+	Verdeckte Gewinnausschüttungen (§ 8 Abs. 3 Satz 2 KStG) *Hinweis: Kann in Ausnahmefällen auch eine bilanzielle Korrektur erfordern (z.B. überhöhte Anschaffungskosten bei Wirtschaftsgütern)*
–	Verdeckte Einlagen (§ 8 Abs. 3 Satz 3 KStG) *Hinweis: Immer auch an die Besonderheiten des steuerlichen Einlagekontos (§ 27 KStG) denken!*
+	nichtabziehbare Aufwendungen • § 10 Nr. 2 KStG: Steueraufwendungen • § 10 Nr. 3 KStG: Geldstrafen • § 10 Nr. 4 KStG: Aufsichtsratvergütungen
–	*nur bei KGaA: Gewinnanteil des persönlich haftenden Gesellschafters (phG)*
+	Gesamtbetrag der Zuwendungen nach § 9 Abs. 1 Nr. 2 KStG
–	sonstige inländische steuerfreie Einnahmen (z.B. steuerfreie Einnahmen aus bestimmten Photovoltaikanlagen gem. § 3 Nr. 72 EStG; nach DBA steuerfrei ausländische Einkommensteile)
+/–	Kürzungen/Hinzurechnungen nach § 8b KStG
+/–	Korrekturen bei Organschaft i.S.d. §§ 14 und 17 KStG (z.B. gebuchte Gewinnabführung, Verlustübernahme, Ausgleichszahlungen i.S.d. § 16 KStG)
=	**steuerlicher Gewinn**
–	Zuwendungen und Zuwendungsvortrag nach Höchstbetragsberechnung (§ 9 Abs. 1 Nr. 2 KStG)
+/–	bei Organträgern: • Zurechnung des Einkommens von Organgesellschaften (§§ 14 und 17 KStG), • Kürzungen/Hinzurechnungen bezogen auf das dem Organträger zugerechnete Einkommen von Organgesellschaften (§ 15 KStG), • Abzug des der Organgesellschaft nach § 16 Satz 2 KStG zuzurechnenden Einkommens des Organträgers

+/–	bei Organgesellschaften: • Zurechnung von Einkommen des Organträgers nach § 16 Satz 2 KStG, • Abzug des dem Organträger zuzurechnenden Einkommens (§§ 14 und 17 KStG)
=	**Gesamtbetrag der Einkünfte i.S.d. § 10d EStG**
–	Verlustabzug nach § 10d EStG
=	**Einkommen und zugleich zu versteuerndes Einkommen** *Hinweis: Bei Kapitalgesellschaften kein Anwendungsbereich für Freibeträge nach §§ 24, 25 KStG*

16.13 Im Einzelfall kann es zu weiteren Korrekturen kommen, z.B.:

- Hinzurechnung nicht ausgleichsfähiger Verluste (u.a. nach § 15 Abs. 4 Satz 1, 3 und 6, § 15a Abs. 1 und 1a, § 15b Abs. 1 Satz 1 EStG, § 2 Abs. 4 Satz 1, § 20 Abs. 6 Satz 4 UmwStG),
- Gewinnzuschläge nach § 6b Abs. 7 EStG,
- Korrekturen bei Umwandlungen (z.B. nach § 4 Abs. 6 und § 12 Abs. 2 Satz 1 UmwStG),
- Hinzurechnungen und Kürzungen bei ausländischen Einkünften,
- Berichtigungen nach § 1 AStG.

16.2 Betriebseinnahmen und Betriebsausgaben

16.14 Dem Grundsatz nach ist jede Vermögensveränderung der Kapitalgesellschaft Betriebseinnahme oder Betriebsausgabe nach § 4 Abs. 4 EStG oder (verdeckte) Einlage bzw. eine Mittelverwendung (d.h. verdeckte oder offene Gewinnausschüttung).

Die Kapitalgesellschaft besitzt keine außerbetriebliche Sphäre (siehe oben). Stellt eine Vermögensminderung keine Mittelverwendung dar, ist sie folglich im Regelfall Betriebsausgabe. Vermögensmehrungen sind regelmäßig dann Betriebseinnahmen, wenn ihre Ursache nicht im Gesellschaftsverhältnis liegt.

Hinweis

Jedoch ist wie bei Einzelunternehmern oder Personengesellschaften auch bei Kapitalgesellschaften nicht jede Betriebsausgabe steuerlich abziehbar.

16.2.1 Betriebseinnahmen

Im Zweifel stellt eine Vermögensmehrung bei der Kapitalgesellschaft eine steuerpflichtige Betriebseinnahme dar. So sind sogar **Erbschaften** oder andere **Zuwendungen** an eine Kapitalgesellschaft durch eine Person, die weder Gesellschafter noch nahestehende Person eines Gesellschafters ist, nach Rechtsprechung des BFH steuerpflichtige Betriebseinnahmen.[3] Dass in diesem Zusammenhang eine Doppelbelastung mit Körperschaft- und Erbschaftsteuer besteht, hat der BFH hingenommen. In der Praxis sind dies „Schenkungen“ an Kapitalgesellschaften. 16.15

Hinweis

Im Urteilsfall war die beschenkte Kapitalgesellschaft als Pflegeheim nicht gewerbesteuerpflichtig. Es bleibt daher offen, ob der BFH eine andere Entscheidung getroffen hätte, wenn es neben der Belastung mit Erbschaftsteuer und Körperschaftsteuer auch noch zu einer Belastung mit Gewerbesteuer gekommen wäre (Idee des Halbteilungsgrundsatzes). 16.16

Trinkgelder an einen Arbeitnehmer der Kapitalgesellschaft stellen hingegen keine Betriebseinnahmen dar, da sie nicht der Gesellschaft, sondern dem Arbeitnehmer direkt zugewendet werden. Dies muss auch dann gelten, wenn der Arbeitnehmer Geschäftsführer der Kapitalgesellschaft ist. Belegschafts-„Spenden“, sprich Zuwendungen an die GmbH, die diese für Zwecke ihrer Belegschaft zu verwenden hat, sind Betriebseinnahmen. Ihnen stehen dann entsprechende Betriebsausgaben gegenüber. 16.17

Vermögensmehrungen, die einen **gesellschaftsrechtlichen** Hintergrund haben (Errichtung, Kapitalerhöhung, Agios bei Ausgabe von Anteilen) sind **keine** Betriebseinnahmen, sondern regelmäßig Einlagen. Sollten sie gewinnwirksam gebucht werden, ist die gewinnerhöhende Wirkung außerhalb der Bilanz zu korrigieren (siehe dazu im Einzelnen Rdnr. 19.31 ff.). 16.18

Es obliegt dabei dem Steuerpflichtigen nachzuweisen, dass es sich im Einzelfall um eine Vermögensmehrung mit Ursache im Gesellschaftsverhältnis und damit **nicht** um Betriebseinnahmen handelt.

---

[3] BFH, Urt. v. 06.12.2016 – I R 50/16, BStBl II 2017, 324.

16.2.2 Betriebsausgaben

16.19 Eine Vermögensminderung führt bei der Kapitalgesellschaft im Zweifel zu einer Betriebsausgabe, wenn keine Mittelverwendung nachgewiesen wird. Jedoch bedeutet dies nicht, dass jedwede Betriebsausgabe auch steuerlich abziehbar ist. Die Abziehbarkeit wird auch bei der Kapitalgesellschaft insbesondere durch § 4 Abs. 5 EStG begrenzt. Keine Anwendung finden § 4 Abs. 5 Satz 1 Nr. 5, 6, 6a und 6b EStG (siehe auch R 8.1 Abs. 1 Nr. 1 KStR 2022). Diese Regelungen sind auf natürliche Personen zugeschnitten und können daher keine entsprechende Anwendung auf Kapitalgesellschaften finden. Erstattet daher z.B. eine GmbH einem Arbeitnehmer die Kosten eines **Homeoffice (häuslichen Arbeitszimmers)**, sind die Kosten ohne Rücksicht auf § 4 Abs. 5 Satz 1 Nr. 6b EStG abziehbar.

Hinweis

16.20 Die Wirkungen einer verdeckten Gewinnausschüttung nach § 8 Abs. 3 Satz 2 KStG (siehe dazu auch Rdnr. 19.24) gehen § 4 Abs. 5 EStG vor. Hintergrund ist hierbei vor allem, dass es sich dem Grunde nach um keine Betriebsausgaben, sondern um Mittelverwendung handelt.

16.21 Werden im Rahmen einer Außenprüfung Einnahmen aufgrund einer Nachkalkulation zugeschätzt, stellt sich für die Kapitalgesellschaft die Frage nach der Verwendung der zugeschätzten Einnahmen. Nach Rechtsprechung des BFH sind diese Zuschätzungen dann als verdeckte Gewinnausschüttung an die Gesellschafter zu beurteilen, wenn sich der Verbleib nicht gebuchter Betriebseinnahmen nicht feststellen lässt, d.h. die betriebliche Verwendung der zugeschätzten Einnahmen nicht nachgewiesen werden kann. Die Unaufklärbarkeit des Verbleibs geht insoweit zu Lasten der Gesellschafter,[4] obwohl die objektive Feststellungslast für das Vorliegen einer verdeckten Gewinnausschüttung grundsätzlich der Finanzverwaltung obliegt.[5]

Hinweis

16.22 In der Praxis wird der Nachweis einer Betriebsausgabe kaum erfolgreich gelingen. Selbst wenn der Nachweis gelingen würde, dass keine Mittelverwendung für Leistungen an Gesellschafter vorliegt, dürfte die Finanzverwaltung die Annahme von Betriebsausgaben gleichwohl wegen § 160 AO (sog. Bennennungsverlangen) ablehnen.

4 BFH, Urt. v. 22.09.2004 – III R 9/03, BStBl II 2005, 160.

5 St. Rspr., vgl. u.a. BFH, Urt. v. 27.10.1992 – VIII R 41/89, BStBl II 1993, 569.

16.3 Abziehbare Aufwendungen

§ 9 KStG ergänzt die Regelungen des § 8 KStG zur Einkommensermittlung. Dabei normiert § 9 KStG für Kapitalgesellschaften insbesondere den Spendenabzug und für Kommanditgesellschaften auf Aktien (KGaA) die Abzugsfähigkeit bestimmter Gewinnanteile, die dem persönlich haftenden Gesellschafter (phG) einer KGaA zu 16.23

16.3.1 Gewinnanteil des persönlich haftenden Gesellschafters einer KGaA (§ 9 Abs. 1 Nr. 1 KStG)

Die KGaA ist eine Kapitalgesellschaft, die Elemente der Aktiengesellschaft (AG) und Kommanditgesellschaft (KG) verbindet und somit eine Zwittergesellschaft ist (§ 278 AktG). Die KGaA erfordert mindestens einen Gesellschafter, der den Gesellschaftsgläubigern unbeschränkt haftet (persönlich haftender Gesellschafter). Die übrigen an dem in Aktien zerlegten Grundkapital Beteiligten haften nicht persönlich für die Verbindlichkeiten der Gesellschaft (Kommanditaktionäre). Das Rechtsverhältnis der persönlich haftenden Gesellschafter bestimmt sich gem. § 278 Abs. 2 AktG nach den Vorschriften des HGB über die KG. 16.24

Eine KGaA ist gem. § 1 Abs. 1 Nr. 1 KStG unbeschränkt körperschaftsteuerpflichtig und erzielt gem. § 8 Abs. 2 KStG ausschließlich Einkünfte aus Gewerbebetrieb. Insgesamt handelt es sich jedoch bei der KGaA um eine in Deutschland nicht sehr verbreitete Gesellschaftsform, zumal die steuerliche Behandlung aufgrund der besonderen Mischform aus Kapital- und Personengesellschaft nicht hinreichend geklärt ist.[6] 16.25

§ 9 Abs. 1 Nr. 1 KStG normiert, dass der Teil des Gewinns der KGaA, der an persönlich haftende Gesellschafter gezahlt wird oder als Vergütung (Tantieme) für die Geschäftsführung verteilt wird, abziehbaren Aufwand darstellt. Die Norm findet nicht nur auf inländische KGaA Anwendung, sondern grundsätzlich auch auf nach ausländischem Recht vergleichbare Rechtsinstitute (z.B. Société en Commandite par Actions (S. C.A.)), vorausgesetzt, diese unterliegen der inländischen Besteuerung. 16.26

Im Ergebnis wird das Einkommen einer KGaA durch § 9 Abs. 1 Nr. 1 KStG in zwei Teile aufgeteilt. Der Teil des Gewinns, der dem persönlich haftenden Gesellschafter zuzurechnen ist, ist auch bei diesem steuerpflichtig; lediglich der verbleibende Gewinn unterliegt bei der KGaA der Körperschaftsteuer. § 9 Abs. 1 Nr. 1 16.27

---

6 Vgl. Hinweise auf verschiedene Rechtsauffassungen in der Literatur: BFH, Urt. v. 15.03.2017 – I R 41/16, BFHE 258, 246; ebenso BFH, Urt. v. 01.06.2022 – I R 44/18, BFHE 277, 263.

KStG stellt somit sicher, dass die dem persönlich haftenden Gesellschafter zuzurechnenden Einkommensteile nicht zusätzlich auch der Besteuerung bei der KGaA unterliegen.

16.28 Im Hinblick auf die Gewerbesteuer ist zu beachten, dass gem. § 8 Nr. 4 GewStG Gewinnanteile, die an persönlich haftende Gesellschafter einer KGaA verteilt werden, für die Ermittlung des Gewerbeertrags bei der KGaA hinzuzurechnen sind und folglich diese Gewinnverteilung an den persönlich haftenden Gesellschafter gleichwohl auf Ebene der KGaA der Gewerbesteuer unterliegt. Unterliegt der die Gewinnverteilung empfangene persönlich haftende Gesellschafter der Gewerbesteuer, verhindert die Kürzung nach § 9 Nr. 2b GewStG eine doppelte Gewerbesteuerbelastung.

Hinweis

16.29 Handelt es sich bei dem persönlich haftenden Gesellschafter um eine Kapitalgesellschaft, gehört die Beteiligung an der KGaA zum Betriebsvermögen und auch der Gewinnanteil stellt eine Betriebsvermögensmehrung dar, die bei der als persönlich haftenden Gesellschafterin agierenden Gesellschaft der Körperschaftsteuer unterliegt. Ist der persönlich haftende Gesellschafter eine natürliche Person, stellt der Gewinnanteil gem. § 15 Abs. 1 Satz 1 Nr. 3 EStG Einkünfte aus Gewerbebetrieb dar. Neben dem Gewinnanteil unterliegen auch etwaige Sondervergütungen (Tätigkeitsvergütungen, Zins-, Miet- oder Pachtzahlungen etc.) der Besteuerung beim persönlich haftenden Gesellschafter.

16.30 § 9 Abs. 1 Nr. 1 KStG regelt nicht nur die Abzugsfähigkeit des Gewinnanteils, sondern auch den Abzug von Vergütungen, die an den persönlich haftenden Gesellschafter geleistet werden.

16.3.2 Zuwendungen für steuerbegünstigte Zwecke (§ 9 Abs. 1 Nr. 2 KStG)

16.3.2.1 Allgemeines

16.31 Spenden einer Kapitalgesellschaft stellen unter den Voraussetzungen des § 9 Abs. 1 Nr. 2 KStG abzugsfähige Aufwendungen dar. Die Regelungen im KStG entsprechen weitgehend denjenigen des § 10b EStG. Da jedoch Kapitalgesellschaften nicht über eine außerbetriebliche Sphäre verfügen, können Spenden nicht wie bei natürlichen Personen zu berücksichtigende Sonderausgaben darstellen. Der Abzug von Spenden erfolgt bei Kapitalgesellschaften daher bereits im Rahmen der Einkunftsermittlung. Auch wenn § 10b EStG bei Kapitalgesellschaften keine Anwendung findet, sind die zum Spendenabzug ergangenen Anweisungen in der EStDV (§ 50 EStDV) einschlägig (vgl. auch R 8.1 Abs. 1 Nr. 2 KStR 2022).

Hinweis

Zum 07.02.2024 hat das Bundeszentralamt für Steuern ein Zuwendungsempfängerregister gem. § 60b AO online gestellt.[7] Die Speicherung der Daten soll dabei einen Abgleich bei den digitalen Zuwendungsbestätigungen ermöglichen. Über drei Suchfelder (Name der Organisation; Ort; Steuerbegünstigte Zwecke) können Organisationen gesucht werden. 16.32

Wesentlicher Unterschied zum EStG ist dabei, dass bei Kapitalgesellschaften nach § 9 Abs. 2 KStG Spenden auch in Verlustjahren berücksichtigungsfähig sind, da sie einen Verlust erhöhen oder begründen können. 16.33

Hinweis

Politische Spenden hingegen stellen gem. § 8 Abs. 1 KStG i.V.m. § 4 Abs. 6 EStG keine Betriebsausgaben dar. 16.34

16.3.2.2 Zuwendungen und Spenden

Zuwendungen i.S.d. § 9 Abs. 1 Nr. 2 KStG liegen vor, wenn: 16.35

- die Zahlungen nicht als Betriebsausgabe abzugsfähig sind (insbesondere in Abgrenzung zum Sponsoring),
- die Zahlungen keine verdeckte Gewinnausschüttung darstellen,
- die Zahlungen der Förderung steuerbegünstigter Zwecke i.S.d. §§ 52–54 AO dienen,
- der Empfänger nach § 5 Abs. 1 Nr. 9 KStG steuerbefreit ist.

Der in § 9 Abs. 1 Nr. 2 KStG verwendete Begriff der Zuwendungen umfasst dabei sowohl Geld- als auch Sachspenden. Aufwandsspenden, d.h. die unentgeltliche Überlassung von Nutzungen oder Leistungen hingegen, sind grundsätzlich gem. § 9 Abs. 2 Satz 2 KStG keine Zuwendungen i.S.d. § 9 Abs. 1 Nr. 2 KStG.

Praxistipp

Auch unentgeltliche Nutzungen und Leistungen können Zuwendungen darstellen, wenn zunächst ein fremdübliches Entgelt vereinbart wird und im Nachhinein hierauf von der zuwendenden Kapitalgesellschaft verzichtet wird (§ 9 Abs. 2 Satz 4 KStG). Jedoch darf der Anspruch nicht unter der Bedingung des Verzichts eingeräumt worden sein (§ 9 Abs. 2 Satz 5 KStG). 16.36

---

7 Zuwendungsempfängerregister, https://www.bzst.de/DE/Unternehmen/Gemeinnuetzigkeit/Zuwendungsempfaengerregister/Zuwendungsempfaengerregister_node.html.

16.37 Die Hingabe von Wirtschaftsgütern (**Sachspende**) kann gem. § 9 Abs. 2 Satz 2 KStG ebenfalls eine Zuwendung darstellen. Der Wert bestimmt sich hierbei aufgrund des Verweises des § 9 Abs. 2 Satz 3 KStG nach § 6 Abs. 1 Nr. 4 Satz 1 und Satz 4 EStG. Grundsätzlich ist bei Sachspenden aus dem Betriebsvermögen demnach der Teilwert anzusetzen, da das Wirtschaftsgut betriebsfremden Zwecken zugewendet wird. Es kommt dann zu einer ertragsteuerwirksamen Aufdeckung von stillen Reserven; die Spenden sind ebenfalls in Höhe des Teilwerts anzusetzen.

16.38 Nach § 6 Abs. 1 Nr. 4 Satz 4 EStG kann eine „Entnahme" des hingegebenen Wirtschaftsguts auch mit dem Buchwert erfolgen (sog. **Buchwertprivileg**). In diesem Fall kommt es zu **keiner Aufdeckung stiller Reserven**, konsequenterweise ist allerdings auch die Spende nur in Höhe des Buchwerts anzusetzen. Ob eine „Entnahme" des zugewendeten Wirtschaftsguts mit dem Teilwert oder mit dem Buchwert günstiger ist, ist unter den Gegebenheiten des Einzelfalls zu prüfen.

16.39 § 9 Abs. 1 Nr. 2 KStG fordert darüber hinaus, dass die Zuwendung keine verdeckte Gewinnausschüttung (dazu ausführlich Kapitel 19) darstellt. Für Kapitalgesellschaften ist diese Norm relevant, da nach der Rechtsprechung des BFH eine Zuwendung dann als verdeckte Gewinnausschüttung zu qualifizieren sein kann, wenn sie ausschließlich oder überwiegend im Interesse eines Anteilseigners oder einer ihm nahestehenden Person gewährt wurde.[8] Diese Abgrenzung wird regelmäßig eine Einzelfallentscheidung sein und war bereits Gegenstand zahlreicher FG-Entscheidungen.

16.40 Der BFH[9] hält es für die Beurteilung einer Zuwendung einer Körperschaft an eine dem Anteilseigner nahestehende Person als verdeckte Gewinnausschüttung für entscheidend, ob die Körperschaft einen Vermögensnachteil in Kauf genommen hat, den ein ordentlicher und gewissenhafter Geschäftsleiter nicht hingenommen hätte und der deshalb ohne das Hinzutreten des Interesses des Anteilseigners nicht eingetreten wäre. Der BFH[10] hat diese Auffassung im Ergebnis erneut bekräftigt und entschieden, dass eine gemeinnützige Stiftung im Verhältnis zu einem Anteilseigner einer Kapitalgesellschaft eine nahestehende Person sein kann und folglich auch Zuwendungen einer Kapitalgesellschaft an eine gemeinnützige Stiftung eine verdeckte Gewinnausschüttung begründen können. Eine Spende ist nach Auffassung des BFH jedenfalls dann als verdeckte Gewinnausschüttung zu werten, wenn

8 BFH, Urt. v. 25.10.1963 – I 325/61 S, BStBl III 1964, 17.
9 BFH, Beschl. v. 19.12.2007 – I R 83/06, BFH/NV 2008, 988.
10 BFH, Beschl. v. 13.07.2021 – I R 16/18, BStBl II 2022, 119.

die Zahlung durch ein besonderes Näheverhältnis zwischen dem Empfänger und dem Gesellschafter der spendenden Kapitalgesellschaft veranlasst ist. Im Urteilsfall hatte eine GmbH von ihr erworbene Kunstwerke an eine gemeinnützige Stiftung gespendet, die von den Gesellschaftern der GmbH errichtet worden war.

Hinweis

In der Literatur wird zum Teil die Auffassung vertreten, dass Spenden einer Kapitalgesellschaft, die steuerlich als verdeckte Gewinnausschüttung an deren Anteilseigner behandelt wurde, nach Vorlage einer geänderten Zuwendungsbestätigung von dem Anteilseigner als abzugsfähige Spende geltend gemacht werden.[11] 16.41

Abgrenzungsprobleme im Zusammenhang mit Spenden sind zudem im Bereich des **Sponsorings** zu finden. Unter Sponsoring wird die Gewährung von Geld oder geldwerten Vorteilen verstanden, mit denen Unternehmen – d.h. auch Kapitalgesellschaften – bestimmte Personengruppen oder Organisationen fördern, die in sportlichen, kulturellen, sozialen, ökologischen oder verwandten gesellschaftspolitischen Bereichen tätig sind.[12] Für die Hingabe des Geldes oder der geldwerten Vorteile sind regelmäßig allerdings auch eigene unternehmensbezogene Ziele entscheidend, beispielsweise der Werbung oder der Öffentlichkeitsarbeit. Die leistende Kapitalgesellschaft verfolgt in den Fällen des Sponsorings folglich keine altruistischen, sondern wirtschaftliche Ziele, daher werden im Zusammenhang mit Sponsoring auch regelmäßig Verträge zwischen dem leistenden Unternehmen und dem Zuwendungsempfänger geschlossen. 16.42

Gleichwohl bleibt die Abgrenzung – insbesondere in Fällen, in denen keine vertraglichen Abreden bestehen – schwierig. Grundsätzlich sind Zuwendungen als Betriebsausgaben abzugsfähig, wenn der Sponsor hierdurch wirtschaftliche Vorteile anstrebt oder erlangt. Hiervon ist regelmäßig auszugehen, wenn der Empfänger auf Plakaten, Veranstaltungshinweisen oder in sonstigen Medien auf die Produkte des Sponsors werbewirksam hinweist. Auch eine Berichterstattung kann einen wirtschaftlichen Vorteil für den Sponsor darstellen, z.B. dann, wenn der Sponsor an Pressekonferenzen oder anderen öffentlichen Veranstaltungen mitwirkt. Hinsichtlich der ertragsteuerlichen Behandlung von Aufwendungen für VIP-Logen in Sportstätten gibt ebenfalls ein BMF-Schreiben[13] die Verwaltungsauffassung wieder. 16.43

---

[11] So z.B. KRÄMER, in: DÖTSCH/PUNG/MÖHLENBROCK, Die Körperschaftsteuer, § 9 KStG Rdnr. 102a (06/2023).

[12] Vgl. auch BMF-Schreiben v. 18.02.1998 – IV B 2 - S 2144/98, BStBl I, 212.

[13] BMF-Schreiben v. 22.08.2005 – IV B 2 - S 2144 - 41/05, BStBl I, 845.

Hinweis

16.44 **Crowdfunding** ist ein Konzept, das insbesondere für junge Unternehmen eine beliebter werdende Form der Mittelakquise unter Nutzung internetbasierter Strukturen darstellt. In diesem Zusammenhang taucht die Frage auf, inwieweit Beiträge zum Crowdfunding Spenden sein können. Die Finanzverwaltung hat sich hierzu insoweit positioniert, dass Zahlungen im Rahmen eines „klassischen Crowdfunding" nicht als „Spende" abziehbar sind.[14]

16.3.2.3 Ermittlung der abzugsfähigen Zuwendungen

16.45 Spenden stellen – mangels außerbetrieblicher Sphäre – Betriebsausgaben der Kapitalgesellschaft i.S.v. § 4 Abs. 4 EStG i.V.m. § 8 Abs. 1 KStG dar und sind folglich im Rahmen der bilanziellen Gewinnermittlung erfolgswirksam. Da gem. § 9 Abs. 1 Nr. 2 KStG die Höhe der Abzugsfähigkeit der Spenden vom Einkommen der Kapitalgesellschaft abhängig ist, sind in einem ersten Schritt die in Abzug gebrachten Spenden außerbilanziell hinzuzurechnen. (vgl. auch Anlage GK zur Körperschaftsteuererklärung 2022, Zeile 92). Erst unter Berücksichtigung der Höchstbeträge sind dann die abziehbaren Zuwendungen in Abzug zu bringen (vgl. auch Anlage Z zur Körperschaftsteuererklärung 2017, Zeile 7 und Anlage ZVE, Zeile 34).

16.46 Bei der **Berechnung der Höchstbeträge** bestehen nach § 9 Abs. 1 Nr. 2 KStG zwei alternative Berechnungsgrößen. Insoweit hat der Steuerpflichtige ein Wahlrecht, das er nach freiem Belieben ausüben kann.[15]

Nach § 9 Abs. 1 Nr. 2 KStG sind begünstigte Zuwendungen insgesamt

- Buchstabe a) bis zu 20 % des Einkommens oder
- Buchstabe b) bis zu 4 ‰ der Summe der gesamten Umsätze und der im Kalenderjahr aufgewendeten Löhne und Gehälter abzugsfähig.

Für die Berechnung des Höchstbetrags ist nach § 9 Abs. 1 Nr. 2 Satz 1 Buchst. a) KStG das Einkommen[16] im Veranlagungszeitraum maßgeblich bzw. die im Kalenderjahr erwirtschafteten Umsätze und aufgewendeten Löhne und Gehälter (R 9 Abs. 4 KStR 2022).

Zu den Umsätzen nach § 9 Abs. 1 Nr. 2 Satz 1 Buchst. b) KStG gehören nicht nur die steuerpflichtigen, sondern auch die steuerfreien und nicht steuerbaren Umsätze.[17]

---

[14] BMF-Schreiben v. 15.12.2017 – IV C 4 - S 2223/17/10001, BStBl I 2018, 246.

[15] BFH, Urt. v. 04.02.1970 – I R 69/68, BStBl II, 349.

[16] Zur Ermittlung des besonderen Abwicklungseinkommens in der Liquidation siehe Rdnr. 34.26; zur Einkommensermittlung in der Organschaft siehe Rdnr. 20.70, zu den Besonderheiten der Einkommensermittlung bei einer Beteiligung an einer Personengesellschaft siehe Rdnr. 28.37.

[17] BFH, Urt. v. 04.12.1996 – I R 151/93, BStBl II 1997, 327; vgl. auch R 10b.3 Abs. 1 EStR 2017.

Hinweis

Bis zum Veranlagungszeitraum 2016 bestand eine sogenannte Belegvorlagepflicht, d.h., die Zuwendungsbestätigung war bei der zuständigen Finanzbehörde vorzulegen. Diese Vorlagepflicht wurde ab dem Veranlagungszeitraum 2017 durch eine sogenannte Belegvorhaltepflicht abgelöst. 16.47

Gemäß § 9 Abs. 3 KStG darf die Kapitalgesellschaft auf die Richtigkeit der Zuwendungsbestätigung vertrauen, es sei denn, dass sie diese durch unlautere Mittel oder falsche Angaben erwirkt hat oder dass ihr die Unrichtigkeit dieser bekannt oder infolge grober Fahrlässigkeit nicht bekannt war. 16.48

Praxistipp

Bei Zuwendungen zur Hilfe in Katastrophenfällen und bei einer Zuwendung bis 300 € (vgl. § 50 Abs. 4 EStDV) bedarf es für eine steuerliche Abzugsfähigkeit grundsätzlich keiner Zuwendungsbestätigung. In diesen Fällen ist der Bareinzahlungsbeleg oder eine Buchungsbestätigung des Kreditinstituts (z.B. ein Kontoauszug) ausreichend. 16.49

Im Hinblick auf die Folgen der Coronakrise hat das BMF[18] zur Förderung und Unterstützung des gesamtgesellschaftlichen Engagements zahlreiche Maßnahmen zur Hilfe der von der Coronakrise Betroffenen beschlossen. Insbesondere wurde ein vereinfachter Zuwendungsnachweis für Zuwendungen zur Hilfe in der Coronakrise im Zeitraum vom 01.03.–31.12.2020 vorgesehen, der mehrfach verlängert wurde und bis zum 31.12.2023 Anwendung findet.[19]

Auch im Zusammenhang mit dem Krieg in der Ukraine hat das BMF[20] zahlreiche Maßnahmen zur Unterstützung der von diesem Krieg Geschädigten beschlossen. Auch in diesen Fällen wurde ein vereinfachter Zuwendungsnachweis für entsprechende Zuwendungen zunächst für den Zeitraum vom 24.02.–31.12.2022 vorgesehen. Der Zeitraum wurde bisher bis zum 31.12.2024 verlängert.[21]

16.3.2.4 Spendenvortrag

§ 9 Abs. 1 Nr. 2 Satz 9 KStG normiert, dass abziehbare Zuwendungen, die die Höchstbeträge des Abzugs überschreiten, in die nachfolgenden Veranlagungszeiträume vorgetragen werden können. Hierfür werden sie gesondert festgestellt (§ 9 Abs. 1 Nr. 2 Satz 10 KStG i.V.m. § 10d Abs. 4 EStG). 16.50

18 BMF-Schreiben v. 09.04.2020 – IV C 4 - S 2223/19/10003 :003, BStBl I, 498.

19 BMF-Schreiben v. 18.12.2020 – IV C 4 - S 2223/19/10003 :006, BStBl I 2021, 57; BMF-Schreiben v. 15.12.2021 – IV C 4 - S 2223/19/10003 :006, BStBl I, 2476, und v. 12.12.2022 – IV C 4 - S 2223/19/10003 :006, BStBl I, 1677.

20 BMF-Schreiben v. 17.03.2022 – IV C 4 - S 2223/19/10003 :013, BStBl I, 330.

21 BMF-Schreiben v. 17.11.2022 – IV C 4 - S 2223/19/10003 :018, BStBl I, 1516, und v. 24.10.2023 – IV C 4 - S 2223/19/10003 :023, BStBl I, 1869.

16.4 Nicht abziehbare Aufwendungen (§ 10 KStG)

16.51 § 10 KStG normiert für Körperschaftsteuersubjekte, dass bestimmte Aufwendungen das zu versteuernde Einkommen nicht mindern dürfen, obwohl diese regelmäßig vom Charakter her als Betriebsausgaben nach § 4 Abs. 4 EStG zu berücksichtigen sind. Durch § 10 KStG kommt es zu einer **außerbilanziellen Hinzurechnung** entsprechender Aufwendungen. § 10 KStG ergänzt die einkommensteuerlichen Vorschriften zu den nicht abzugsfähigen Ausgaben (z.B. § 4 Abs. 5–7 EStG), die über § 8 Abs. 1 KStG auch bei der Körperschaftsteuer Anwendung finden. Dass die Norm des § 10 KStG keinen abschließenden Charakter hat, macht die Formulierung „nicht abziehbar sind **auch**" deutlich.

Hinweis

16.52 § 12 EStG findet bei Kapitalgesellschaften keine Anwendung, da diese nicht über einen außerbetriebliche Sphäre verfügen (vgl. auch R 8.1 KStR 2022, keine Nennung von § 12 EStG).

16.53 Dies bedeutet jedoch nicht, dass bestimmte Betätigungen, die im Wesentlichen im Interesse des Gesellschafters liegen („Liebhaberei"), bei einer Kapitalgesellschaft ohne Korrekturen bleiben. Vielmehr sind entsprechende Vorgänge bei einer Kapitalgesellschaft nach den Regelungen zur verdeckten Gewinnausschüttung zu bewerten (siehe dazu ausführlich Rdnr. 19.1 ff.).

16.4.1 Aufwendungen zur Erfüllung satzungsmäßiger Zwecke (§ 10 Nr. 1 KStG)

16.54 § 10 Nr. 1 KStG findet nach seinem Wortlaut bei sämtlichen Körperschaftsteuersubjekten Anwendung. Jedoch ist die Norm für nicht steuerbefreite Kapitalgesellschaften i.d.R. bedeutungslos. Die Gewinnerzielungsabsicht einer Kapitalgesellschaft soll regelmäßigen Zuwendungen an die Gesellschafter dienen. Entsprechende (offene oder verdeckte) Gewinnausschüttungen sind allerdings bereits nach § 8 Abs. 3 Satz 1 KStG nicht abzugsfähig. § 10 Nr. 1 KStG ist primär für Vereine und Stiftungen von Bedeutung, die satzungsmäßige Zwecke (z.B. sog. Destinationszahlungen bei Stiftungen) zu erfüllen haben.

16.4.2 Steueraufwendungen (§ 10 Nr. 2 KStG)

16.55 § 10 Nr. 2 KStG entspricht im Regelungsgehalt § 12 Nr. 3 EStG. Personensteuern und damit zusammenhängende Nebenleistungen dürfen das Einkommen der Kapitalgesellschaft nicht mindern. Unter den Anwendungsbereich des § 10 Nr. 2 KStG fallen daher bei Kapitalgesellschaften:

- die Körperschaftsteuer (ggf. auch vergleichbare ausländische Körperschaftsteuer),

- Kapitalertragsteuer, wenn die Kapitalgesellschaft Gläubiger der Kapitalerträge ist,
- der Solidaritätszuschlag,
- die Erbschaftsteuer,
- die Umsatzsteuer für Umsätze, die Entnahmen oder verdeckte Gewinnausschüttungen sind,
- die Vorsteuerbeträge auf Aufwendungen, für die das Abzugsverbot des § 4 Abs. 5 Satz 1 Nr. 1–4 und 7 oder Abs. 7 EStG gilt.

Erstattungen entsprechender Steuern sind nach Sinn und Zweck des § 10 Nr. 2 KStG nicht zu den steuerpflichtigen Einnahmen zu rechnen.[22]

Hinweis
Die Gewerbesteuern zzgl. entsprechender Nebenleistungen sind bereits gem. § 8 Abs. 1 KStG i.V.m. § 4 Abs. 5b EStG nicht abzugsfähig. Der Begriff der Nebenleistungen wird in § 3 Abs. 4 AO normiert; eine entsprechende Auflistung findet sich auch in H 10.1 „Nicht abziehbare steuerliche Nebenleistungen" KStH 2022. 16.56

Erstattungszinsen nach § 233a AO stellen grundsätzlich steuerpflichtige Einnahmen dar,[23] obwohl Nachzahlungszinsen gem. § 10 Nr. 2 KStG nicht abzugsfähig sind. Erstattungszinsen sind lediglich dann nicht als steuerpflichtige Einnahmen zu behandeln, wenn es sich um zurückgezahlte Nachzahlungszinsen handelt (R 10.1 Abs. 2 Satz 3 KStR 2022). 16.57

Hinweis
Mit dem Forschungszulagengesetz[24] wurde eine steuerliche Förderung von Forschung und Entwicklung (FuE) in Form einer Forschungszulage (FZul) eingeführt, die grundsätzlich am 01.01.2020 in Kraft getreten ist. Diese Forschungszulage steht grundsätzlich auch Kapitalgesellschaften zu (§ 1 Abs. 1 FZulG) und wird durch Anrechnung auf die festgesetzte Körperschaftsteuer geleistet (§ 10 Abs. 1 Satz 2 FZulG). Ergibt sich kein ausreichendes Anrechnungsvolumen (Forschungszulage ist größer als die festgesetzte Körperschaftsteuer), erfolgt eine Auszahlung als Körperschaftsteuer- 16.58

[22] BFH, Urt. v. 04.12.1991 – I R 26/91, BStBl II 1992, 686; zur körperschaftsteuerlichen Behandlung der Umsatzsteuer bei verdeckten Gewinnausschüttungen siehe Rdnr. 19.54.

[23] BFH, Beschl. v. 15.02.2012 – I B 97/11, BStBl II, 697; R 10.1 Abs. 2 Satz 2 KStR 2022

[24] Gesetz zur steuerlichen Förderung von Forschung und Entwicklung (Forschungszulagengesetz – FZulG) v. 14.12.2019, BGBl I, 2763, zuletzt geändert durch Art. 5 des Gesetzes v. 16.07.2021, BGBl I, 2931.

erstattung (§ 10 Abs. 1 Satz 3 KStG). Nach dem BMF-Schreiben v. 07.02.2023[25] ist der bilanzielle Ertrag aus der Anrechnung auf die Körperschaftsteuer außerbilanziell nach § 10 Nr. 2 KStG zu korrigieren.

Hinweis

16.59 Mit BMF-Schreiben vom 16.03.2021[26] wurde die ertragsteuerliche Erfassung der Zinsen auf Steuernachforderungen und Steuererstattungen gem. § 233a AO neu geregelt. Aus sachlichen Billigkeitsgründen kann regelmäßig eine Verrechnung von Nachzahlungs- und Erstattungszinsen zulässig sein, wenn beide Zinstatbestände auf ein und demselben Ergebnis beruhen. Dies wird beispielsweise bejaht, wenn im Rahmen einer Betriebsprüfung in einem Jahr der Warenbestand erhöht wird (Gewinnerhöhung, Nachzahlungszinsen) und im Folgejahr es durch diese Erhöhung des Warenbestands zu einer Erhöhung des Wareneinsatzes (Gewinnminderung, Erstattungszinsen) kommt.

Der Antrag auf Gewährung einer Billigkeitsmaßnahme nach § 163 AO ist bei dem örtlich zuständigen Finanzamt zu stellen. Die nach § 163 AO außer Ansatz zu lassenden Erstattungszinsen sind im Bedarfsfall sachgerecht zu schätzen.

16.60 Gebühren für eine verbindliche Auskunft stellen gem. § 3 Abs. 4 Nr. 7 AO steuerliche Nebenleistungen dar. Soweit eine verbindliche Auskunft mit Bezug zu einer Personensteuer gestellt wurde, sind die gezahlten Gebühren steuerlich nicht abzugsfähig (siehe auch H 10.1 „Nicht abziehbare steuerliche Nebenleistungen" KStH 2022). Das Abzugsverbot gilt gleichwohl nicht für Beratungskosten im Zusammenhang mit dem Antrag auf Erteilung einer verbindlichen Auskunft.

Hinweis

Aufgrund der durch den Rat der Europäischen Union erlassenen Verordnung über „Notfallmaßnahmen als Reaktion auf die hohen Energiepreise"[27] wurde mit dem EU-Energiekrisenbeitragsgesetz[28] eine Zufallsgewinn-/Übergewinnsteuer in Deutschland eingeführt. Schuldner des Energiekrisenbeitrags sind Unternehmen, die mindestens 75 % ihres Umsatzes in den Bereichen Extraktion, Bergbau, Erdölraffination und Herstellung von Kokereierzeugnissen erzielen, unabhängig von der Rechtsform des Unternehmens. Da es sich nach § 1 Abs. 3 EU-EnergieKBG um eine Steuer handelt, darf diese gem. § 10 Nr. 2 KStG die körperschaftsteuerliche Bemessungsgrundlage nicht mindern.

---

25 BMF-Schreiben v. 07.02.2023 – IV C 3 - S 2020/22/10007 :003, BStBl I, 364, Rdnr. 287.

26 BMF-Schreiben v. 16.03.2021 – IV C 1 - S 2252/19/10012 :011, BStBl I, 353.

27 Verordnung (EU) 2022/1854 des Rates vom 06.10.2022 über Notfallmaßnahmen als Reaktion auf die hohen Energiepreise, ABl Nr. L 261/I1.

28 Gesetz zur Einführung eines EU-Energiekrisenbeitrags nach der Verordnung (EU) 2022/1854 (EU-Energiekrisenbeitragsgesetz – EU-EnergieKBG) v. 16.12.2022, BGBl I, 2294, 2325.

16.4.3 Geldbußen (§ 4 Abs. 5 Satz 1 Nr. 8 EStG)

§ 10 Nr. 3 KStG ergänzt die in § 4 Abs. 5 Satz 1 Nr. 8 EStG normierte Nichtabzugsfähigkeit für Geldbußen, Ordnungsgelder und Verwarngelder, die über § 8 Abs. 1 KStG auch bei Kapitalgesellschaften Anwendung findet (vgl. auch R 8.1 Abs. 1 KStR 2022). Zu den Geldbußen rechnen alle Sanktionen, die nach deutschem Recht so bezeichnet sind, in erster Linie also Geldbußen nach dem OWiG. Ebenso sind Geldbußen erfasst, die nach den Disziplinargesetzen des Bundes und der Länder und nach den berufsgerichtlichen Gesetzen (StBerG, BRAO etc.) festgesetzt werden. Besondere Bedeutung haben in der jüngeren Vergangenheit auch Geldbußen nach dem Recht der Europäischen Gemeinschaft erlangt. Die EU-Kommission verhängt sogenannte Kartellbußen gegen Unternehmen, die Preisabsprachen getroffen haben oder den Markt manipulieren. 16.61

Die Norm wurde mit dem Gesetz zur weiteren steuerlichen Förderung der Elektromobilität und zur Änderung weiterer steuerlicher Vorschriften[29] geändert. Nach der Neufassung sind nun auch die von der Europäischen Kommission festgesetzten Geldbußen, mit denen Kartellvergehen geahndet werden sollen, vom Betriebsausgabenabzug ausgeschlossen. Nach dem Willen des Gesetzgebers sind zur Gewährleistung der Wettbewerbsneutralität und der Gleichmäßigkeit der Besteuerung sowie zur Bekräftigung der Ahndungswirkung auch die durch andere EU-Mitgliedstaaten festgesetzten Geldbußen in das Betriebsausgabenabzugsverbot einzubeziehen. 16.62

Als **wesentliche Änderung** wurde zudem normiert, dass andere Aufwendungen, die im Zusammenhang mit der Geldbuße, dem Ordnungsgeld oder dem Verwarngeld im Zusammenhang stehen, wie diese selbst den Gewinn nicht mehr mindern dürfen (§ 4 Abs. 5 Satz 1 Nr. 10 EStG). Dies gilt beispielsweise auch für die Zinsen zur Finanzierung der Geldbuße. Die Neuregelung gilt erstmalig für nach dem 31.12.2018 entstandene, mit der Geldbuße, dem Ordnungsgeld oder dem Verwarngeld zusammenhängende Aufwendungen (§ 52 Abs. 6 Satz 13 EStG). 16.63

Hinweis

Auch bei kleineren Kapitalgesellschaften drohen durchaus Geldbußen. So wurden z.B. mit dem Mindestlohn Bußgeldvorschriften (§ 21 MiLoG) eingeführt, die Geldbußen bis zu 500.000 € ermöglichen. 16.64

Vom Betriebsausgabenabzug ausgeschlossen sind nach § 4 Abs. 5 Satz 1 Nr. 8 Satz 2 EStG auch Leistungen zur Erfüllung von Auflagen oder Weisungen, die in 16.65

[29] Gesetz zur weiteren steuerlichen Förderung der Elektromobilität und zur Änderung weiterer steuerlicher Vorschriften v. 12.12.2019, BGBl I, 2451.

einem berufsgerichtlichen Verfahren bei einer Einstellung aufgrund des entsprechend anwendbaren § 153a Abs. 1 Nr. 2, 3 StPO (vgl. z.B. § 116 der BRAO) erteilt werden.

16.66 § 4 Abs. 5 Satz 1 Nr. 8 Satz 3 EStG normiert explizit, dass die Rückzahlung von nicht abzugsfähigen Sanktionen nach den Sätzen 1 und 2 den Gewinn nicht erhöhen darf und folglich keine steuerpflichtige Einnahme darstellt. Besonderes Augenmerk ist aus Sicht der Steuerberatung auf § 4 Abs. 5 Satz 1 Nr. 8 Satz 4 EStG zu legen, wonach ein sogenannter Abschöpfungsanteil einer Sanktion abzugsfähig bleibt. Abschöpfungsanteil bedeutet, dass eine Sanktion unter Einbeziehung des durch die Zuwiderhandlung erlangen Mehrerlöses festgesetzt wird. Der Betrag, der folglich den wirtschaftlichen Vorteil aus der rechtswidrigen Handlung abschöpfen soll, kann abzugsfähig sein, wenn die ertragsteuerliche Belastung bei der Bemessung der Geldbuße nicht berücksichtigt wurde. Der Steuerpflichtige hat dies und die Höhe des Abschöpfungsanteils durch geeignete Unterlagen glaubhaft zu machen (R 4.13 Abs. 3 Satz 3 EStR 2022).

Hinweis

16.67 Nach Verwaltungsauffassung enthalten die von der EU-Kommission festgesetzten Kartellbußen, die sich nach dem Grundbetrag i.S.d. Art. 23 Abs. 3 Verordnung (EG) Nr. 1/2003[30] bemessen, keinen Abschöpfungsanteil (vgl. auch R 4.13 Abs. 3 Satz 4 EStR 2022) und unterliegen in vollem Umfang dem Betriebsausgabenabzugsverbot. Der Umstand, dass das Bundeskartellamt bei der Bußgeldbemessung wegen unerlaubter Kartellabsprachen den tatbezogenen Umsatz heranzieht, um den Ahndungsteil zu ermitteln, bewirkt nach der Rechtsprechung des BFH[31] keine Abschöpfung des unrechtmäßig erlangten wirtschaftlichen Vorteils i.S.d. § 4 Abs. 5 Satz 1 Nr. 8 erster Halbsatz EStG. Nach Auffassung des BFH sind vielmehr die kartellrechtlichen Wertungen, die der Ermittlung der Bußgeldhöhe zugrunde liegen, bei der Frage, ob einer Geldbuße Abschöpfungswirkung beizumessen ist, zu beachten.

16.4.4 Hinterziehungszinsen (§ 4 Abs. 5 Satz 1 Nr. 8a EStG)

16.68 Nach § 4 Abs. 5 Satz 1 Nr. 8a EStG sind Zinsen auf hinterzogene Steuern nach § 235 AO nicht abzugsfähig. Diese Norm, die über § 8 Abs. 1 KStG auch bei Kapitalgesellschaften Anwendung findet, wurde erweitert. Nicht abzugsfähig sind demnach ebenfalls Zinsen nach § 233a AO, soweit diese nach § 235 Abs. 4 AO auf die

[30] Verordnung (EG) Nr. 1/2003 des Rates v. 16.12.2002 zur Durchführung der in den Artikeln 81 und 82 des Vertrags niedergelegten Wettbewerbsregeln, ABl Nr. L 1/1, zuletzt geändert durch Verordnung (EG) Nr. 487/2009 des Rates v. 25.05.2009 zur Anwendung von Artikel 81 Absatz 3 des Vertrags auf bestimmte Gruppen von Vereinbarungen und aufeinander abgestimmten Verhaltensweisen im Luftverkehr, ABl Nr. L 148/1.

[31] BFH, Urt. v. 22.05.2019 – XI R 40/17, BStBl II, 663.

Hinterziehungszinsen angerechnet wurden. Die Neufassung gilt erstmalig für nach dem 31.12.2018 festgesetzte Zinsen (§ 52 Abs. 6 Satz 14 EStG).

16.4.5 Geldstrafen (§ 10 Nr. 3 KStG)

Nach deutschem Strafrecht sind Geldstrafen, Auflagen und Weisungen gegenüber Kapitalgesellschaften nicht zulässig (R 10.2 Satz 2 KStR 2022). Anders verhält es sich hingegen im Strafrecht ausländischer Staaten, so dass § 10 Nr. 3 KStG nur für inländische Sachverhalte ins Leere läuft. Zudem kann es im deutschen Recht gegenüber Kapitalgesellschaften zu Nebenstrafen vermögensrechtlicher Art kommen. Gemäß § 74 i.V.m. § 74a StGB können Gegenstände eingezogen werden; auch insoweit ist § 10 Nr. 3 KStG einschlägig (R 10.2 Satz 4 KStR 2022). 16.69

§ 10 Nr. 3 KStG wurde im Zusammenhang mit der Änderung des § 4 Abs. 5 Nr. 8 KStG ebenfalls angepasst. Für Aufwendungen, die mit Geldstrafen im Zusammenhang stehen, gilt folglich nunmehr auch ein Abzugsverbot. Die Neufassung der Norm und das damit begründete Abzugsverbot für Aufwendungen im Zusammenhang mit der Geldstrafe greift erstmalig für Aufwendungen (insbesondere Gerichts- und Anwaltskosten), die nach dem 31.12.2018 entstanden sind (§ 34 Abs. 6c KStG, R 10.2 Satz 5 KStR 2022). 16.70

Praxistipp

Ausländische Geldstrafen können als Betriebsausgaben abzugsfähig sein, wenn die Rechtsordnung, nach der sie festgesetzt wurden, in wesentlichen Grundsätzen der deutschen Rechtsordnung widerspricht (H 4.13 „Ausländisches Gericht" EStR 2022). 16.71

16.4.6 Aufsichtsratsvergütungen (§ 10 Nr. 4 KStG)

Nach § 10 Nr. 4 KStG sind die Hälfte der Vergütungen an Personen, die mit der Überwachung der Geschäftsführung beauftragt sind (z.B. Aufsichtsrat, Verwaltungsrat oder Beirat), nicht abzugsfähig. Gremien, die lediglich beratend oder repräsentativ tätig werden, fallen nicht unter den Anwendungsbereich. Der Begriff der Überwachung der Geschäftsführung ist dabei weit auszulegen.[32] 16.72

Unter das hälftige Abzugsverbot fallen alle Leistungen, die als Entgelt für eine Tätigkeit gezahlt werden, d.h. auch Tage- und Sitzungsgelder, Reisegelder und sonstige Aufwandsentschädigungen. Auch geldwerte Vorteile (Pkw-Überlassung, freie Unterbringung etc.) können unter den Anwendungsbereich fallen. Die Bemessungsgrundlage für die hälftige Nichtabzugsfähigkeit ist bei Kapitalgesellschaften, die die Umsatzsteuer des Aufsichtsratsmitglieds (i.d.R. Unternehmer i.S.d. § 2 UStG) als 16.73

[32] BFH, Urt. v. 15.11.1978 – I R 65/76, BStBl II 1979, 193; ebenso R 10.3 Abs. 3 Satz 1 KStR 2022.

Vorsteuer abziehen können, der Nettobetrag der Zahlungen. Ist die Kapitalgesellschaft nicht oder nur anteilig vorsteuerabzugsberechtigt, ist auch die Hälfte der nicht abziehbaren Umsatzsteuer bzw. der nur anteilig abziehbaren Umsatzsteuer hinzuzurechnen.

Praxistipp

16.74 Ein Nichtabzug der Zahlungen nach § 10 Nr. 4 KStG kann verhindert werden, soweit den mit der Überwachung der Geschäftsführung beauftragten Personen beispielsweise keine pauschalen Reisegelder gezahlt werden, sondern lediglich tatsächlicher Aufwand erstattet wird (R 10.3 Abs. 1 Satz 3 KStR 2022).

Hinweis

16.75 Zahlt eine Kapitalgesellschaft ausländischen Personen Vergütungen für eine Tätigkeit in einem mit der Überwachung der Geschäftsführung beauftragten Gremium, unterliegt die Zahlung grundsätzlich dem Steuerabzug nach § 50a Abs. 1 Nr. 4 EStG, der durch die Kapitalgesellschaft anzumelden und i.H.v. 30 % der Vergütung abzuführen ist. Durch die Tätigkeit als Aufsichtsratsmitglied kann eine beschränkte inländische Steuerpflicht begründet werden (§ 49 Abs. 1 Nr. 3 i.V.m. § 18 Abs. 1 Nr. 3 EStG). Die Übernahme dieser einzubehaltenden Steuer bei beschränkt Steuerpflichtigen durch die Kapitalgesellschaft gehört zur Aufsichtsratsvergütung und ist folglich ebenfalls nur zur Hälfte abziehbar.

16.5 Verlust oder Beschränkung des Besteuerungsrechts der Bundesrepublik Deutschland (§ 12 KStG)

16.5.1 Wegzugs- bzw. Entstrickungsbesteuerung

16.76 § 12 KStG zählt zu den allgemeinen Vorschriften der Einkommensermittlung und dient der Sicherstellung des Steueraufkommens bei Ausschluss oder Beschränkung des deutschen Besteuerungsrechts (sog. Entstrickung). Mit der Regelung wird eine Besteuerung der im Inland steuerverhafteten stillen Reserven mit Körperschaftsteuer sichergestellt. Für den Bereich des EStG finden sich vergleichbare Normen beispielsweise in § 4 Abs. 1 Satz 3 ff. oder in § 16 Abs. 3a EStG. Ein wesentlicher Unterschied zu §§ 7–10 KStG ist, dass eine Anwendung von § 12 KStG nicht zu außerbilanziellen, sondern zu innerbilanziellen Korrekturen führt.[33]

---

33 Benecke/Staats, in: Dötsch/Pung/Möhlenbrock, Die Körperschaftsteuer, § 12 KStG Rdnr. 29 m.w.N. (03/2022).

Mit der Anti-Tax Avoidance Directive[34] (ATAD) wurde für Körperschaftsteuersubjekte ein sogenanntes Mindestschutzniveau der inländischen Körperschaftsteuer-Bemessungsgrundlage bei Entstrickungstatbeständen eingeführt. Diese Regelungen zur Übertragung von Vermögenswerten und Wegzugsbesteuerung (Art. 5 ATAD) mussten in den Mitgliedstaaten spätestens bis zum 31.12.2019 in das nationale Gesetz implementiert und ab dem 01.01.2020 angewendet werden (Art. 11 Abs. 5 ATAD). Mit dem ATAD-Umsetzungsgesetz[35] erfolgte daher eine umfassende Überarbeitung des § 12 KStG, die gem. § 36 Abs. 6d KStG erstmals für nach dem 31.12.2019 endende Wirtschaftsjahre anzuwenden ist. 16.77

Mit dem KöMoG[36] wurde § 12 Abs. 2 und 3 KStG aufgehoben, da die ertragsteuerliche Behandlung von Umwandlungen von Körperschaften einheitlich im Umwandlungssteuerrecht normiert ist und infolge der Erweiterung des persönlichen Anwendungsbereichs des UmwStG auch für Körperschaften in Staaten außerhalb des EWR keine Notwendigkeit mehr bestand, Wegzüge von Körperschaften in Drittstaaten anders zu behandeln als Wegzüge in EU-/EWR-Staaten. § 12 Abs. 4 KStG wurde ebenfalls aufgehoben.[37] 16.78

16.5.2 Entstrickung von Wirtschaftsgütern (§ 12 Abs. 1 KStG)

Eine Entstrickung nach § 12 Abs. 1 KStG führt zur Aufdeckung von stillen Reserven oder zur Berücksichtigung von Nutzungsüberlassungen unter Zugrundelegung des gemeinen Werts, wenn z.B. Wirtschaftsgüter dem deutschen Besteuerungszugriff entzogen werden. Die Norm findet dabei sowohl bei unbeschränkt als auch bei beschränkt steuerpflichtigen Kapitalgesellschaften Anwendung. 16.79

Hinweis

Die Gewährung einer Steuerbefreiung nach § 5 KStG stellt keinen Ausschluss und keine Beschränkung des deutschen Besteuerungsrechts i.S.d. § 12 KStG dar, vielmehr sind die Besteuerungsfolgen in diesen Fallkonstellationen nach § 13 KStG zu beachten. 16.80

---

34 Richtlinie (EU) 2016/1164 des Europäischen Rates v. 12.07.2016 mit Vorschriften zur Bekämpfung von Steuervermeidungspraktiken mit unmittelbaren Auswirkungen auf das Funktionieren des Binnenmarkts (Anti-Tax Avoicance Directive – ATAD), ABl Nr. L 193/1.

35 Gesetz zur Umsetzung der Anti-Steuervermeidungsrichtlinie v. 25.06.2021 (ATAD-Umsetzungsgesetz – ATADUmsG), BGBl I, 2035).

36 Gesetz zur Modernisierung des Körperschaftsteuerrechts v. 25.06.2021 (KöMoG), BGBl I, 2050.

37 Gesetz zur Abwehr von Steuervermeidung und unfairem Steuerwettbewerb (Steueroasen-Abwehrgesetz – StAbwG) v. 25.06.2021, BGBl I, 2056, zuletzt geändert durch Art. 8 Abs. 2 des Gesetzes v. 22.12.2022, BGBl I, 2730.

16.81 § 12 Abs. 1 KStG entspricht hinsichtlich der Tatbestandsmerkmale dem § 4 Abs. 1 Satz 3 EStG. Das Regelbeispiel des § 12 Abs. 1 Satz 2 KStG dürfte den Hauptanwendungsfall der Norm darstellen. Zu einer Entstrickungsbesteuerung kommt es demnach, wenn ein bisher einer inländischen Betriebsstätte einer Kapitalgesellschaft zugeordnetes Wirtschaftsgut einer ausländischen Betriebsstätte dieser Kapitalgesellschaft zugeordnet wird.

Hinweis

16.82 § 12 Abs. 1 KStG erfasst ausweislich der Gesetzesmaterialien ausschließlich betrieblich veranlasste Vorgänge, d.h., dass gesellschaftsrechtlich motivierte Vorgänge, die den Tatbestand der verdeckten Gewinnausschüttung nach § 8 Abs. 3 Satz 2 KStG erfüllen, von der Entstrickungsbesteuerung des § 12 KStG **nicht** erfasst werden.[38]

16.83 In der **Rechtsfolge** des § 12 Abs. 1 KStG gilt ein Wirtschaftsgut als mit dem gemeinen Wert veräußert bzw. überlassen mit der Konsequenz, dass es aufgrund der fingierten Veräußerung zur Entstehung eines Gewinns in Höhe der stillen Reserven kommt. § 12 Abs. 1 Satz 1 zweiter Halbsatz KStG sieht zur Abmilderung der Besteuerung des Entstrickungsgewinns vor, dass der Steuerpflichtige einen Ausgleichposten nach § 4g EStG bilden kann.

16.84 Der im Rahmen des ATAD-Umsetzungsgesetzes eingefügte § 12 Abs. 1 Satz 3 KStG regelt den Wegfall einer Beschränkung des Besteuerungsrechts hinsichtlich des Gewinns aus der Veräußerung eines Wirtschaftsguts. Das Wirtschaftsgut gilt in diesem Fall als zu dem Wert veräußert und wieder angeschafft, den der andere Staat im Rahmen einer Entstrickungsbesteuerung zugrunde gelegt hat, höchstens mit dem gemeinen Wert.

16.85 Ziel dieser Regelung ist es, Körperschaftsteuersubjekten eine antragsabhängige Realisierung stiller Reserven in einem Wirtschaftsgut zu ermöglichen, um das Risiko einer Doppelbesteuerung zu vermeiden. Zu einer Doppelbesteuerung kann es beispielsweise kommen, wenn ein Wirtschaftsgut aus einer ausländischen Anrechnungsbetriebsstätte in eine inländische Betriebsstätte überführt wird.[39] Unterliegt diese Überführung im Ausland einer Entstrickungsbesteuerung, wird die hierauf entstehende ausländische Steuer regelmäßig im Inland nicht angerechnet

[38] RegE eines Gesetzes über steuerliche Begleitmaßnahmen zur Einführung der Europäischen Gesellschaft und zur Änderung weiterer steuerrechtlicher Vorschriften (SEStEG), BT-Drucks. 16/2710, S. 31.

[39] RegE ATAG-Umsetzungsgesetz, BT-Drucks. 19/28652, S. 44.

werden können. Bei einer späteren Veräußerung dieses Wirtschaftsguts aus der inländischen Betriebsstätte käme es zu einer Besteuerung eines Veräußerungsgewinns und damit zu einer Doppelbesteuerung. Um diese Doppelbesteuerung zu verhindern, gilt das Wirtschaftsgut auf Antrag als zu dem Wert veräußert und wieder angeschafft, den der andere Staat im Rahmen seiner Entstrickungsbesteuerung zugrunde gelegt hat, höchstens mit dem gemeinen Wert. Bei Antragstellung könnte folglich die ausländische Steuer nach DBA und nach § 26 KStG i.V.m. § 34c EStG auf die inländische Steuer angerechnet werden.

16.5.3 Ausgleichsposten nach § 4g EStG

Nach § 12 Abs. 1 Satz 1 zweiter Halbsatz KStG i.V.m. § 4g EStG kann in Höhe des Entstrickungsgewinns bei der Kapitalgesellschaft auf Antrag ein **Ausgleichsposten in der Steuerbilanz** gebildet werden,[40] soweit das Wirtschaftsgut infolge seiner Zuordnung zu einer Betriebsstätte desselben Steuerpflichtigen in einem anderen Mitgliedstaat der Europäischen Union oder des Europäischen Wirtschaftsraums als entnommen gilt, sofern durch diese Staaten Amtshilfe entsprechend oder i.S.d. Amtshilferichtlinie und gegenseitige Unterstützung bei der Beitreibung i.S.d. Beitreibungsrichtlinie einschließlich der in diesem Zusammenhang anzuwendenden Durchführungsbestimmungen in den für den jeweiligen Veranlagungszeitraum geltenden Fassungen oder eines Nachfolgerechtsakts geleistet wird (§ 36 Abs. 5 Satz 1 EStG). Der Antrag nach § 4g Abs. 1 EStG ist gem. § 4g Abs. 1 Satz 3 unwiderruflich. Der Ausgleichsposten ist gem. § 4g Abs. 2 EStG nach Bildung ratierlich über fünf Jahre aufzulösen und führt daher zu einer zeitlichen Streckung der Besteuerung des Entstrickungsgewinns. Die ratierliche Besteuerung des Einbringungsgewinns schlägt über § 7 GewStG auch auf die Gewerbesteuer durch. 16.86

Der Ausgleichsposten ist gem. § 4g Abs. 2 Satz 2 EStG jedoch unmittelbar aufzulösen, wenn ein Ereignis i.S.d. § 36 Abs. 5 Satz 4 EStG eintritt (z.B. Ausscheiden des Wirtschaftsguts aus dem Betriebsvermögen des Steuerpflichtigen, § 36 Abs. 5 Satz 4 Nr. 1 EStG) oder Wegzug in einen Drittstaat (§ 36 Abs. 5 Satz 4 Nr. 3 EStG). 16.87

In den Fällen des § 16 Abs. 3a EStG findet § 36 Abs. 5 EStG vorrangig Anwendung. Die Norm des § 36 Abs. 5 EStG sieht – wie auch § 4g EStG – eine ratierliche Steuerbelastung vor. Anders als § 4g EStG normiert § 36 Abs. 5 EStG jedoch keine ratierliche Steuerentstehung, sondern eine ratierliche Steuererhebung. 16.88

[40] BENECKE/STAATS, in: DÖTSCH/PUNG/MÖHLENBROCK, Die Körperschaftsteuer, § 12 KStG Rdnr. 75 (03/2022).

16.5.4 Wirtschaftsgüter der außerbetrieblichen Sphäre (§ 12 Abs. 1a KStG)

16.89 Mit der Einführung des § 12 Abs. 1a KStG wurde Art. 5 Abs. 5 ATAD umgesetzt, der hinsichtlich des Wertansatzes im Fall der erstmaligen Verstrickung von Wirtschaftsgütern oder dem Wegfall einer Beschränkung des Besteuerungsrechts nicht zwischen Wirtschaftsgütern des Betriebsvermögens und Wirtschaftsgütern der außerbetrieblichen Sphäre einer Körperschaft unterscheidet.

16.90 Vor dem Hintergrund, dass Kapitalgesellschaften – anders als Körperschaftsteuersubjekte, die in den Katalog des § 1 Abs. 1 Nr. 4–6 KStG fallen – ausschließlich eine betriebliche Sphäre haben, können Wirtschaftsgüter einer Kapitalgesellschaft nicht Gegenstand der Regelung sein.[41]

[41] Siehe auch von Freeden, in: Rödder/Herlinghaus/Neumann, KStG, 2. Aufl. 2023, § 12 Rdnr. 83n.

17. Verlustabzug gem. § 10d EStG und § 8c KStG

17.1 Thematische Einführung

Aufgrund der weitreichenden steuerlichen Auswirkungen bildet die steuerliche Berücksichtigung von Verlusten bei Körperschaften einen wesentlichen Beratungsaspekt in der steuerberatenden Praxis. Da ein Verlustausgleich aufgrund der Singularität der Einkunftsart bei inländischen Kapitalgesellschaften gem. § 8 Abs. 2 KStG ausscheidet, sind die Regeln des Verlustabzugs von herausragender Bedeutung. Der Verlustabzug bei der Körperschaftsteuer bestimmt sich zunächst nach der einkommensteuerrechtlichen Vorschrift des § 10d EStG. Denn über § 8 Abs. 1 KStG ist auch § 10d EStG bei der Ermittlung des zu versteuernden Einkommens bei der Körperschaftsteuer anzuwenden. § 10d EStG ermöglicht unter bestimmten Voraussetzungen sowohl einen Rücktrag als auch einen Vortrag des Verlusts. 17.1

Vor dem Hintergrund missbräuchlicher Mantelkaufgestaltungen hat der Gesetzgeber mit § 8c KStG eine Beschränkung des Verlustabzugs im Fall eines schädlichen Beteiligungserwerbs normiert. Diese Vorschrift ist in einem zweiten Schritt nach der Feststellung der Verlustvorträge nach § 10d EStG zu prüfen. 17.2

17.2 Der praktische Fall

17.3 Die A-GmbH betreibt einen Handel mit Medizinprodukten und wurde 2022 gegründet. Alleingesellschafterin ist die B-GmbH. Am 01.07.2024 veräußert die B-GmbH 40 % der Geschäftsanteile der A-GmbH an die Z-AG. Bis zum 31.12.2023 erwirtschaftete die A-GmbH ausschließlich Verluste, so dass vom Finanzamt ein Verlustvortrag von 1,2 Mio. € auf den 31.12.2023 festgestellt wurde. Im Jahr 2024 hat die A-GmbH erstmals einen Gewinn erwirtschaftet, der in der Körperschaftsteuererklärung für den Veranlagungszeitraum 2024 mit 1 Mio. € deklariert wurde. Ein Zwischenabschluss zum 30.06.2024 weist ein bis zu diesem Stichtag erzieltes steuerliches Ergebnis von 450.000 € aus.

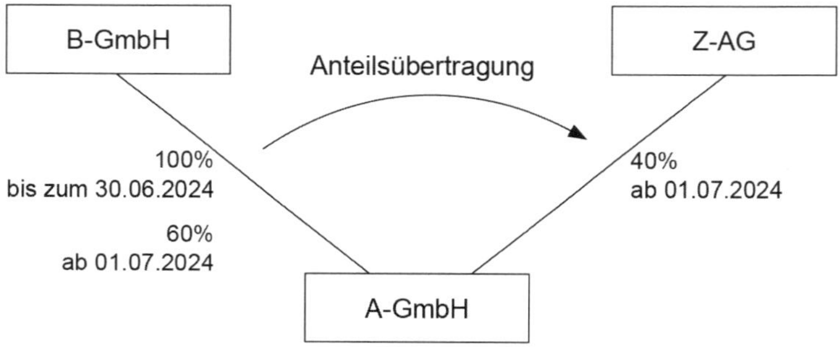

Beispiel

17.4 Das Finanzamt nimmt aufgrund der Übertragung von nicht mehr als 50 % der Geschäftsanteile unter Verweis auf § 8c Abs. 1 Satz 1 KStG keinen Untergang des Verlustvortrags an und berücksichtigt im Rahmen der Körperschaftsteuerveranlagung 2024 den vollständigen Verlustvortrag.

Lösung

Nach alter Rechtslage war bei einer Übertragung von mehr als 25 % der Geschäftsanteile der Tatbestand des § 8c Abs. 1 Satz 1 KStG a.F. erfüllt mit der Rechtsfolge, dass die nicht ausgeglichenen oder abgezogenen Verluste anteilig in Höhe der Anteilsübertragung nicht abzugsfähig sind (quotaler Verlustuntergang). Im Rahmen der neuen Fassung des § 8c KStG aus dem Jahr 2018 hat der Gesetzgeber sich gegen den quotalen Verlustuntergang entschieden und ordnet seitdem einen vollständigen Untergang der nicht genutzten Verluste an, sobald mehr als 50 % der Geschäftsanteile übertragen worden sind.

Streitpunkt 1: Unterjähriger Beteiligungserwerb

Fraglich ist, welche Konsequenzen aus dem unterjährigen Beteiligungserwerb zu ziehen sind. Nach früherer Auffassung der Finanzverwaltung durfte auch ein bis zum schädlichen Beteiligungserwerb erwirtschafteter Gewinn nicht mit nicht genutzten Verlusten verrechnet werden.[1] Dem hat sich der BFH[2] nicht angeschlossen und auf den hinter der Regelung des § 8c KStG stehenden Grundgedanken verwiesen. Denn danach ändert sich durch das wirtschaftliche Engagement eines neuen Anteilseigners gleichzeitig die wirtschaftliche Identität der gesamten Gesellschaft. Für dieses neue Engagement sollen Verluste, die aus der Zeit eines früheren Engagements herrühren, nicht nutzbar sein.[3] 17.5

Das FG Köln führt in einem streitigen Verfahren[4] darauf aufbauend aus, dass sich dem Wortlaut von § 8c Abs. 1 Satz 1 KStG ferner kein etwaiger Ausschluss entnehmen lässt. Aus der Entwurfsbegründung wird deutlich, dass die Verlustnutzung mit der wirtschaftlichen Identität der Gesellschaft, die durch den Anteilseigner(-kreis) bestimmt wird, verknüpft werden soll. Bei der Verrechnung von Gewinnen, die vor der Anteilsübertragung entstanden sind, werden die Verluste jedoch nur für das frühere Engagement nutzbar gemacht. Eine Verrechnung dieser Gewinne mit alten Verlusten ist beim unterjährigen Beteiligungserwerb daher zulässig.[5] 17.6

Streitpunkt 2: Verfassungswidrigkeit der Verlustabzugsbeschränkung (schädlicher Beteiligungserwerb über 25 %)

Nach der Entscheidung des BVerfG vom 29.03.2017[6] ist § 8c Satz 1 KStG in seiner bis zum 31.12.2015 geltenden Fassung, wonach der Verlustvortrag einer Körperschaft anteilig wegfällt, wenn innerhalb von fünf Jahren mehr als 25 % und bis zu 50 % der Anteile übertragen werden, mit dem allgemeinen Gleichheitssatz des Art. 3 Abs. 1 des GG unvereinbar. Nach Auffassung des BVerfG fehlt ein sachlicher Grund für die Ungleichbehandlung von Kapitalgesellschaften bei der Ermittlung der steuerlichen Bemessungsgrundlage im Fall eines schädlichen Beteiligungserwerbs. 17.7

1 BMF-Schreiben v. 04.07.2008 – IV C 7 - S 2745 a/08/10001, BStBl I, 736.
2 BFH, Urt. v. 30.11.2011 – I R 14/11, BStBl II 2012, 360.
3 Vgl. Begründung zum Fraktionsentwurf eines Unternehmensteuerreformgesetzes 2008, BT-Drucks. 16/4841, S. 76; BFH, Urt. v. 30.11.2011 – I R 14/11, BStBl II 2012, 360.
4 FG Köln, Urt. v. 08.12.2022 – 13 K 198/20, DStRE 2023, 1308.
5 Nunmehr auch BMF-Schreiben v. 28.11.2017 – IV C 2 - S 2745-a/09/10002 :004, BStBl I, 1645, Rdnr. 33.
6 BVerfG, Beschl. v. 29.03.2017 – 2 BvL 6/11, DB 2017, 1124.

Hinweis

17.8 Die mit Spannung erwartete Entscheidung zu § 8c KStG betrifft den Kernbereich des deutschen Körperschaftsteuerrechts und ist von höchster Praxisrelevanz. Die Entscheidung des BVerfG stellt einen weiteren Meilenstein in der bereits seit 1988 laufenden Entwicklung der „Mantelkaufregelung" dar, die von Rechtsunsicherheiten, fehlender Planungssicherheit für die Unternehmen und Streitanfälligkeit geprägt war.[7] Die Gründe, die zur Verfassungswidrigkeit von § 8c Satz 1 KStG i.d.F. des Unternehmensteuerreformgesetzes 2008 führen, treffen auf die damit wortlautidentischen nachfolgenden Fassungen von § 8c Abs. 1 Satz 1 KStG a.F. bis zum Inkrafttreten des mit dem Gesetz zur Weiterentwicklung der steuerlichen Verlustverrechnung bei Körperschaften vom 20.12.2016 eingefügten § 8d KStG ebenso zu. Ob durch Einführung von § 8d KStG mit Wirkung vom 01.01.2016 der Anwendungsbereich von § 8c Abs. 1 Satz 1 KStG a.F. in einer Weise reduziert worden ist, dass die Norm nunmehr den Anforderungen von Art. 3 Abs. 1 GG genügt, war nicht Gegenstand des verfassungsgerichtlichen Verfahrens und bedarf gesonderter Betrachtung. Nach der Auffassung des erkennenden Senats sei die aktuelle Vorschrift allerdings nicht mehr ohne weiteres aus denselben Gründen mit dem Grundgesetz unvereinbar wie vor dem Inkrafttreten von § 8d KStG, so dass eine Erstreckung der Unvereinbarkeitserklärung über diesen Zeitpunkt hinaus nicht in Betracht kam. Der Gesetzgeber musste bis zum 31.12.2018 rückwirkend eine Neuregelung für den Zeitraum 01.01.2008 bis 31.12.2015 schaffen. Mit dem JStG 2018[8] wurde die Anwendung des quotalen Verlustuntergangs ersatzlos auch für die Zukunft aufgehoben. Mit dieser Neuregelung ist der Beteiligungserwerb nur noch dann schädlich, wenn mehr als 50 % der Anteile veräußert oder übertragen werden (§ 8c Abs. 1 Satz 1 KStG n.F.).

17.9 Bereits vor der gesetzlichen Neuregelung musste das Finanzamt vor dem Hintergrund der Entscheidung des BVerfG die Steuerfestsetzung nach § 165 Abs. 1 Satz 1 Nr. 2 und Satz 4 AO aussetzen.

---

[7] Zur Entwicklung der Mantelkaufregelungen siehe HEINEMANN, in: RÖDDER/HERLINGHAUS/NEUMANN, KStG, 2. Aufl. 2023, § 8c Rdnr. 34 ff. Vor dem BFH waren einige weitere Revisionsverfahren anhängig (I R 31/11, I R 79/11, I R 75/12), bei denen sich die Frage der Vereinbarkeit von § 8c KStG mit dem Prinzip der wirtschaftlichen Leistungsfähigkeit und dem Gebot der Folgerichtigkeit gestellt hat und die bis zu dieser Entscheidung des BVerfG ausgesetzt worden sind.

[8] Gesetz zur Vermeidung von Umsatzsteuerausfällen beim Handel mit Waren im Internet und zur Änderung weiterer steuerlicher Vorschriften („Jahressteuergesetz 2018") v. 11.12.2018, BGBl I, 2338.

Abwandlung

Die B-GmbH veräußert 80 % der Geschäftsanteile der A-GmbH an die Z-AG. Das Finanzamt lehnt den Verlustabzug nun vollständig ab und stellt den vortragsfähigen Verlust zum 31.12.2024 mit 0 € fest. 17.10

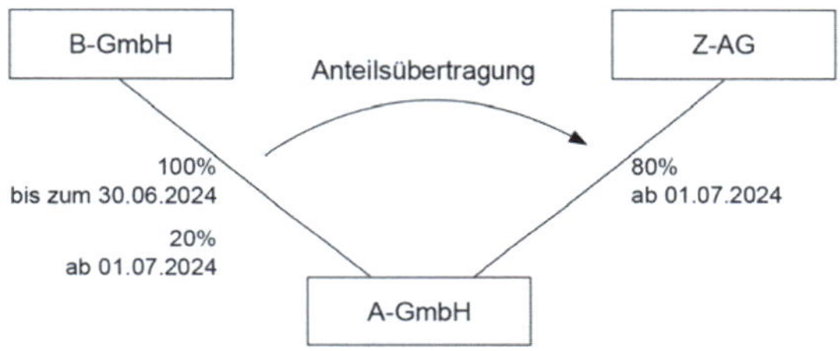

Lösung

In der Abwandlung ergibt sich unter Berücksichtigung der BFH-Rechtsprechung zum unterjährigen Beteiligungserwerb zunächst ein zu versteuerndes Einkommen von 550.000 €. Der verbleibende Verlustvortrag von 750.000 € geht nach § 8c Abs. 1 Satz 1 KStG **vollständig** unter.

Streitpunkt: Verfassungswidrigkeit der Verlustabzugsbeschränkung (schädlicher Beteiligungserwerb über 50 %)

Das FG Hamburg hat nun auch den übrigen Teil des § 8c Abs. 1 KStG i.d.F. des Unternehmensteuerreformgesetzes,[9] wonach der Verlustvortrag einer Körperschaft anteilig wegfällt, wenn innerhalb von fünf Jahren mehr als 50 % der Anteile übertragen werden, dem BVerfG zur Prüfung vorgelegt.[10] Als Begründung der Vorlage wird vom FG Hamburg auch in diesem Normenkontrollverfahren ein Verstoß gegen das auf Art. 3 Abs. 1 GG rückführbare Gebot der Besteuerung nach der wirtschaftlichen Leistungsfähigkeit festgestellt. 17.11

Hinweis

Sollte das BVerfG in diesem Verfahren schneller als im ersten Verfahren (sechs Jahre Verfahrensdauer) entscheiden, könnte dem Gesetzgeber die Möglichkeit eröffnet werden, die Verlustabzugsbeschränkung bei Körperschaften umfassend neu zu regeln. In der Praxis sollten alle entsprechenden Bescheide – sofern nicht bereits vorläufig ergangen – unter Hinweis auf dieses neue Normenkontrollverfahren mittels Einspruchs offengehalten werden. 17.12

---

9 Unternehmensteuerreformgesetz 2008 v. 14.08.2007, BGBl I, 1912.

10 FG Hamburg, Beschl. v. 29.08.2017 – 2 K 245/17, EFG 2017, 1906.

17.13 Nach der jüngsten Entscheidung des FG Hamburg vom 11.04.2018[11] ist mit Rücksicht auf das vorgenannte anhängige Normenkontrollverfahren beim BVerfG wegen jener Verfassungsfrage auch Aussetzung der Vollziehung zu gewähren. Insoweit sei dem Interesse des Steuerpflichtigen an der Gewährung vorläufigen Rechtsschutzes der Vorrang vor dem öffentlichen Haushaltsinteresse einzuräumen. Im Rahmen der für die Aussetzungsentscheidung maßgeblichen summarischen Prüfung ist nach Auffassung des erkennenden Senats des FG Hamburg eher zu erwarten, dass § 8c Abs. 1 Satz 2 KStG a.F. nicht nur für die Zukunft, sondern auch rückwirkend für nichtig erklärt wird. Konsequenterweise gewährte der vorlegende Senat im hiesigen Verfahren auch vorläufigen Rechtsschutz und die Aussetzung der Vollziehung des angefochtenen Verlustfeststellungsbescheids.

17.14 Diese Sichtweise teilt auch der BFH in einem Beschluss vom 12.04.2023.[12] Das Aussetzungsinteresse überwiege demnach insbesondere wegen des Vorliegens ernstlicher Zweifel an der Verfassungsmäßigkeit der Norm. Es handelt sich aus Sicht des BFH demnach um die in ständiger Rechtsprechung entwickelte Fallgruppe, in der das Aussetzungsinteresse überwiegt, da eine ähnliche Vorschrift bereits für nichtig erklärt wurde. Die Einstufung des § 8c Abs. 1 Satz 1 KStG mit Beschluss vom 29.03.2017 als verfassungswidrig fließt demnach auch in diese Interessenabwägung mit ein.

Hinweis

In der Praxis können entsprechende Bescheide daher, neben der obligatorischen Anfechtung mittels Einspruchs, auch durch eine Aussetzung – unter Beachtung des Verzinsungsrisikos – offengehalten werden.

17.15 In der Abwandlung muss die Steuerfestsetzung bis zur Entscheidung des BVerfG im zweiten Normenkontrollverfahren nach § 165 Abs. 1 Satz 1 Nr. 3 AO vorläufig erfolgen.

17.3 Zivilrechtliche Hinweise

17.16 § 8c KStG knüpft die Rechtsfolge des Untergangs ungenutzter Verluste an eine „Anteilsübertragung“ an. Der sachliche Anwendungsbereich dieser Vorschrift umfasst vom Gesetzeswortlaut her die Übertragung von Anteilen, Mitgliedschafts-, Beteiligungs- oder Stimmrechten. Die Übertragung von Gesellschaftsanteilen richtet sich nach zivilrechtlichen Grundsätzen.

11 FG Hamburg, Beschl. v. 11.04.2018 – 2 V 20/18, EFG 2018, 1128.

12 BFH, Beschl. v. 12.04.2023 – I B 74/2, BFHE 280, 181.

Die gesellschaftsrechtliche Beteiligung des Veräußerers stellt den unmittelbaren Gegenstand der Übertragung (z.B. im Wege eines Kaufvertrags) dar, so dass die Identität des Unternehmens zivilrechtlich unberührt bleibt. Im Fall des Anteilskaufs wird diese Form des Unternehmenskaufs als **Share Deal** bezeichnet. Der Share Deal ist ein Rechtskauf i.S.d. § 453 BGB. Nur wenn der Gesellschaftsanteil in einem Wertpapier (z.B. einer Aktie) verkörpert ist, liegt neben dem Rechtskauf auch ein Sachkauf i.S.d. § 433 BGB vor. 17.17

Anteile am gezeichneten Kapital einer Körperschaft setzen ein gesellschaftsrechtlich gebundenes Kapital voraus. Diese Bezeichnung ist weder im Gesellschaftsrecht zu finden (§ 5 Abs. 1 GmbHG: Stammkapital; § 6 AktG: Grundkapital; § 7 Nr. 1 GenG: Geschäftsanteil), noch stimmt sie mit dem Begriff der „Anteile an einer Kapitalgesellschaft“ nach § 17 Abs. 1 Satz 3 EStG überein. Sie soll auf § 272 Abs. 1 Satz 1 HGB Bezug nehmen und einen Sammelbegriff des Kapitals umfassen, auf das die Haftung der Gesellschafter für Verbindlichkeiten der Gesellschaft gegenüber den Gläubigern beschränkt ist.[13] Damit muss der Anteil am gezeichneten Kapital der Aktie (§ 8 AktG), dem Geschäftsanteil (§ 14 GmbHG), dem Geschäftsguthaben (§ 76 Abs. 1 GenG) oder einem vergleichbaren Gesellschafterrecht für einen ausländischen Rechtsträger entsprechen. Hinsichtlich der Übertragung von **Mitgliedschafts- und Beteiligungsrechten** sind das Verständnis und der mögliche Anwendungsbereich umstritten und wenig praktikabel. Eine gesetzliche Definition existiert nicht.[14] Auch die Finanzverwaltung äußert sich in ihrem aktualisierten Anwendungsschreiben dazu nicht.[15] 17.18

Stimmrechte beziehen sich auf die korporationsrechtlichen Willenserklärungen der Gesellschafter in der Gesellschafter- bzw. Hauptversammlung. Der konkrete Umfang des Stimmrechts ergibt sich aus den gesetzlichen Regelungen (§ 12 AktG, § 47 Abs. 4 GmbHG) oder durch besondere Ausgestaltungen des Gesellschaftsvertrags bzw. der Satzung. 17.19

Zur Übertragung von Anteilen an Kapitalgesellschaften sind besondere Formvorschriften zu beachten. So verlangt das GmbHG z.B. zur Wirksamkeit der Abtretung eines Geschäftsanteils durch einen Gesellschafter den Abschluss eines Vertrags in notarieller Form (§ 15 Abs. 3 GmbHG), i.d.R. also dessen **notarielle Beurkundung** (§ 128 BGB). 17.20

Bei der Bewertung einer Anteilsübertragung als steuerschädlicher Beteiligungserwerb hat sich der Steuergesetzgeber an der zivilrechtlichen Bedeutung der Betei- 17.21

---

13 Vgl. ROSER, in: GOSCH, KStG, 4. Aufl. 2020, § 8c Rdnr. 31.
14 Dazu ROSER, in: GOSCH, KStG, 4. Aufl. 2020, § 8c Rdnr. 32 f.
15 BMF-Schreiben v. 28.11.2017 – IV C 2 - S 2745-a/09/10002 :004, BStBl I, 1645.

ligungshöhe orientiert. So besitzt der Aktionär mit einer Beteiligung von mehr als 25 % bereits eine sogenannte **Sperrminorität** und hat damit besondere Einfluss- und Vetorechte in der Hauptversammlung (§ 179 Abs. 2, § 262 Abs. 1 Nr. 2 AktG). Bei einer Beteiligung von mehr als 50 % besitzt der Gesellschafter die Anteilsmehrheit und kann grundsätzlich jeden Gesellschafterbeschluss herbeiführen.

17.4 Auswirkungen bei der Gesellschaft

17.4.1 Bilanzielle Konsequenzen

17.22 Bilanzielle Auswirkungen ergeben sich insbesondere bei der Bilanzierung latenter Steuern. Nach § 274 Abs. 1 Satz 4 HGB sind steuerliche Verlustvorträge in der Handelsbilanz bei der Berechnung **aktiver latenter Steuern** zu berücksichtigen, sofern eine Verrechnung innerhalb der nächsten fünf Jahre mit dem für diese Jahre steuerpflichtigen Einkommen erwartet werden kann. Solange eine steuerliche Nutzung der Verlustvorträge möglich ist, kommt es nicht darauf an, wann die Verlustvorträge entstanden sind. Verlustvorträge, für die eine Verrechnung erst nach dem Fünfjahreszeitraum zu erwarten ist, können nur dann berücksichtigt werden, wenn sich ansonsten insgesamt ein Überhang der passiven über die aktiven latenten Steuern ergibt.[16]

17.23 Bei der Einschätzung der Nutzbarkeit des Verlustvortrags für bilanzielle Zwecke sind die eingeschränkte Verrechenbarkeit durch die sogenannte Mindestbesteuerung nach § 8 Abs. 1 KStG i.V.m. § 10d Abs. 2 EStG bzw. nach § 10a Satz 1 und 2 GewStG und das Risiko eines möglichen Untergangs des Verlustvortrags nach § 8c KStG oder § 10a Satz 10 GewStG zu beachten.

17.4.2 Verlustabzug nach § 10d EStG

17.24 § 10d EStG ermöglicht es, im jeweiligen Veranlagungszeitraum nicht ausgeglichene negative Einkünfte in das Vorjahr zurück- oder zeitlich unbefristet in Folgejahre vorzutragen. Nach der Systematik des Verlustabzugs ist der Verlustrücktrag in den dem Jahr der Verlustentstehung vorangegangenen Veranlagungszeitraum vorrangig durchzuführen. Weder durch Verlustrücktrag noch durch Verlustvortrag ausgeglichene Verluste der Kapitalgesellschaft sind nach § 10d Abs. 4 EStG gesondert festzustellen.

[16] H.M., vgl. GROTTEL/LARENZ, in: Beck'scher Bilanz-Kommentar, 13. Aufl. 2022, § 274 HGB Rdnr. 40.

17.4.2.1 Verlustrücktrag

Verluste der Kapitalgesellschaft in einem Veranlagungszeitraum können **bis zur Höhe von 1 Mio. €**[17] (Rechtslage ab 2013)[18] in den unmittelbar vorangegangenen Veranlagungszeitraum zurückgetragen werden. Der Verlustrücktrag ist von Amts wegen durch die Finanzbehörde vorzunehmen. Allerdings besteht für die Kapitalgesellschaft die Möglichkeit, durch form- und begründungslosen Antrag auf den vorrangigen Verlustrücktrag ganz oder teilweise zu verzichten (§ 10d Abs. 1 Satz 5 EStG). Dieser Antrag kann bis zum Eintritt der Bestandskraft des Verlustfeststellungsbescheids für den Veranlagungszeitraum der Verlustentstehung gestellt, modifiziert oder zurückgenommen werden.[19] 17.25

17.4.2.2 Verlustvortrag

Soweit ein Verlust nicht im Wege des Verlustrücktrags verrechnet wird, ist er zeitlich unbegrenzt in den auf das Verlustentstehungsjahr folgenden Veranlagungszeiträumen zu verrechnen (Verlustvortrag). Der Verlustvortrag erfolgt stets von Amts wegen bis zur vollen Höhe des positiven Einkommens der Kapitalgesellschaft. Ein vollständiger oder teilweiser Verzicht sowie ein Antrag auf Vortrag in andere Folgejahre durch die Kapitalgesellschaft sind im Gegensatz zum Verlustrücktrag nicht möglich. 17.26

Der Verlustvortrag erfolgt in zwei Schritten: Bis zu einem Sockelbetrag von 1 Mio. € können vortragsfähige Verluste unbeschränkt mit dem positiven Einkommen der Kapitalgesellschaft des Folgejahres verrechnet werden. Ein darüber hinausgehender Verlustvortrag kann jährlich nur bis zur Höhe von 70 % des 1 Mio. € übersteigenden positiven Einkommens im Folgejahr abgezogen werden, so dass 30 % dieses übersteigenden Betrags in jedem Fall steuerpflichtig sind. Hierdurch hat der Gesetzgeber gleichzeitig eine „Mindestbesteuerung"[20] bei Verlustvorträgen geschaffen. Die Erhöhung der Prozentgrenze von ursprünglich 60 % auf 70 % erfolgte im Rahmen des am 27.03.2024 verkündeten Wachstumschancenge- 17.27

---

17 Infolge der Coronakrise sind die Höchstbetragsgrenzen beim Verlustrücktrag nach § 10d Abs. 1 EStG für die Veranlagungszeiträume 2020 und 2021 auf 10 Mio. € (20 Mio. € bei Zusammenveranlagung) angehoben worden. Diese Erhöhung des Verlustrücktrags kommt auch für Körperschaftsteuersubjekte zur Anwendung; drittes Corona-Steuerhilfegesetz v. 10.03.2021, BGBl I, 330.

18 Änderung des § 10d Abs. 1 EStG durch das Gesetz zur Änderung und Vereinfachung der Unternehmensbesteuerung und des steuerlichen Reisekostenrechts v. 20.03.2013, BGBl I, 285.

19 BFH, Urt. v. 17.09.2008 – IX R 72/06, BStBl II 2009, 639.

20 Dazu PFIRRMANN, in: KIRCHHOF/SEER, EStG, 23. Aufl. 2024, § 10d Rdnr. 3.

setzes[21] als Maßnahme zur Stärkung der Liquidität des Mittelstands. Diese Regelung gilt temporär für die Veranlagungszeiträume 2024–2027.[22]

Beispiel

17.28 Für die X-GmbH wurde zum 31.12.2024 ein Verlustvortrag von 3 Mio. € gesondert festgestellt (§ 10d Abs. 4 Satz 1 EStG). Im Jahr 2025 erzielt die X-GmbH ein positives Einkommen (vor Verlustabzug) von 750.000 € und in 2026 von 1,5 Mio. €.

Lösung

Der Verlustvortrag führt im Jahr 2025 zu einem zu versteuernden Einkommen von 0 €, da das Einkommen von 750.000 € voll mit dem Verlustvortrag verrechnet werden kann. Der zum 31.12.2025 verbleibende Verlustvortrag beträgt 2.250.000 €.

Im Jahr 2026 ist zunächst nur ein Verlust von 1 Mio. € ausgleichsfähig. Das 1 Mio. € übersteigende Einkommen von 500.000 € ist nur i.H.v. 70 % (= 350.000 €) abziehbar. Die X-GmbH hat im Jahr 2026 somit ein Einkommen von 150.000 € zu versteuern, obwohl sie weiterhin einen verbleibenden Verlustvortrag von 900.000 € zum 31.12.2026 innehat.

17.4.3 Verlustabzugsbeschränkung nach § 8c KStG

17.29 Neben der Mindestbesteuerung beim Verlustabzug nach § 10d EStG hat der Gesetzgeber im Körperschaftsteuerrecht mit § 8c KStG eine weitreichende Verlustabzugsbeschränkung eingeführt. § 8c KStG, der zum 01.01.2008 die alte Mantelkaufregelung des § 8 Abs. 4 KStG abgelöst hat, sieht eine Beschränkung des Verlustabzugs für solche Körperschaften vor, deren Anteilseigner gewechselt haben. Der Vorschrift liegt die gesetzgeberische Überlegung zugrunde, dass eine Verlustnutzung nur unter der Voraussetzung zulässig ist, dass die verlustnutzende Gesellschaft mit der Gesellschaft wirtschaftlich identisch ist, die den Verlust auch erlitten hat (Veranlassungszusammenhang). Diese Voraussetzung sieht das Gesetz typisierend bei einem schädlichen Beteiligungserwerb im Rahmen der Änderung des Gesellschafterbestands nicht (mehr) als gegeben an.[23]

17.4.3.1 Regelungssystematik

17.30 Die Verlustabzugsbeschränkung des durch das JStG 2018 geänderten § 8c KStG klassifiziert zwei Arten des Beteiligungserwerbs und belegt diese mit abweichenden Rechtsfolgen.

---

21 Gesetz zur Stärkung von Wachstumschancen, Investitionen und Innovation sowie Steuervereinfachung und Steuerfairness (Wachstumschancengesetz) v. 27.03.2024, BGBl I, Nr. 108.

22 § 52 Abs. 18b EStG i.d.F. von Art. 6 Nr. 2 Wachstumschancengesetz; RegE Wachstumschancengesetz, BT-Drucks. 20/8628, S. 136.

23 Zu Zweifelsfragen siehe auch das BMF-Schreiben v. 28.11.2017 – IV C 2 - S 2745-a/09/10002 :004, BStBl I, 1645.

- Übertragung von Anteilen an einen Erwerber oder eine diesem nahestehende Person von bis zu 50 %.

  Rechtsfolge: **unschädlicher Beteiligungserwerb**, alle ungenutzten Verluste bleiben bestehen.

- Übertragung von Anteilen an einen Erwerber oder eine diesem nahestehende Person von mehr als 50 % (§ 8c Abs. 1 Satz 1 KStG n.F.).

  Rechtsfolge: **vollständiger Verlustuntergang.**

Im Fall des schädlichen Beteiligungserwerbs i.S.d. § 8c KStG gehen nicht nur nicht 17.31 ausgeglichene Verluste nach § 10d EStG unter, sondern auch solche nach §§ 2a, 15 Abs. 4, 15a und 15b EStG. Für den Zinsvortrag nach § 4h Abs. 1 Satz 5 EStG und gewerbesteuerliche Verluste gilt § 8c KStG entsprechend (§ 8a Abs. 1 Satz 3 KStG, § 10a Satz 10 GewStG).

Der Beteiligungserwerb gilt für Zwecke des § 8c KStG mit dem Übergang des 17.32 wirtschaftlichen Eigentums als erfolgt. Bei einem **unterjährigen Beteiligungserwerb** kann ein bis zur Anteilsübertragung erzielter Gewinn mit den bisher nicht ausgeglichenen Verlusten verrechnet werden (siehe dazu oben Rdnr. 17.5).

17.4.3.2 Schädlicher Beteiligungserwerb

Zur Feststellung eines schädlichen Beteiligungserwerbs werden alle Anteilsüber- 17.33 tragungen an denselben Erwerber oder an eine diesem nahestehende Person innerhalb **eines Zeitraums von fünf Jahren** zusammengerechnet. Auch **mittelbare** Anteilsübertragungen werden einbezogen.

Praxistipp

In der steuerberatenden Praxis ist daher jede gesellschaftsrechtliche Veränderung 17.34 oberhalb der Verlustgesellschaft von vornherein auch stets vor dem Hintergrund des § 8c KStG zu beurteilen. Dies gilt insbesondere für mittelbare Veränderungen bei den Anteilseignern (z.B. infolge von Umstrukturierungsmaßnahmen).

Der Fünfjahreszeitraum beginnt mit der ersten (unmittelbaren oder mittelbaren) 17.35 Anteilsübertragung an den Erwerber. Bei Überschreiten der 50-%-Grenze greift § 8c Abs. 1 Satz 1 KStG n.F. ein. Für eine darauf folgende Übertragung beginnt der Fünfjahreszeitraum erneut.

Beispiel

17.36 Für die V-GmbH besteht zum 31.12.01 ein Verlustvortrag von 1 Mio. €. Im April 02 erwirbt der Neugesellschafter A 12 % der Anteile. Im Jahr 03 erwirbt er weitere 19 % und 06 weitere 20 %.

In den Jahren 02 und 03 wird die Schädlichkeitsgrenze von 50 % durch die Beteiligungserwerbe von A nicht überschritten, so dass kein Verlustvortrag untergeht. Im Jahr 06 geht dann der gesamte zu diesem Zeitpunkt bestehende Verlustvortrag unter, da nun innerhalb des Fünfjahreszeitraums (02–07) die 50-%-Grenze des § 8c Abs. 1 Satz 1 KStG n.F. erreicht wird.

17.37 Der maßgebliche Erwerber i.S.d. § 8c KStG kann auch aus mehreren Personen (**Erwerberkreis**) bestehen:

- **Erwerber und diesem nahestehende Person:** Für den Begriff der „nahestehenden Person" ist auf die Grundsätze zur verdeckten Gewinnausschüttung bzw. verdeckten Einlage zurückzugreifen.[24]
- **Erwerber mit gleichgerichteten Interessen:** Nach § 8c Abs. 1 Satz 2 KStG n.F. gilt auch eine Gruppe von Erwerbern mit gleichgerichteten Interessen als Erwerber i.S.d. § 8c KStG. Die gemeinsame Beherrschung der Gesellschaft wird hier als Indiz für das Vorliegen gleichgerichteter Interessen angesehen.[25]

Die Beteiligungsquoten des gesamten Erwerberkreises sind zur Prüfung des § 8c KStG zusammenzurechnen.

Hinweis

17.38 Keinen Erwerberkreis bilden die Gesellschafter einer Personengesellschaft, die steuerlich als Mitunternehmerschaft anzusehen ist. Deren Anteile werden nicht (transparent) den Mitunternehmern zugerechnet.[26] Etwas anderes gilt für die rein vermögensverwaltende Personengesellschaft, die keine Mitunternehmerschaft i.S.d. § 15 Abs. 1 Nr. 2 EStG ist. Hier erfolgt nach § 39 Abs. 2 Nr. 2 AO eine unmittelbare Zurechnung zu den Gesellschaftern im Wege der Bruchteilsbetrachtung.

17.39 § 8c KStG liegt der Gedanke zugrunde, dass sich die wirtschaftliche Identität einer Kapitalgesellschaft durch das neue Engagement eines qualifiziert beteiligten An-

---

24 Zur Begriffsbestimmung siehe BMF-Schreiben v. 28.11.2017 – IV C 2 - S 2745-a/09/10002 :004, BStBl I, 1645, Rdnr. 26.

25 BMF-Schreiben v. 28.11.2017 – IV C 2 - S 2745-a/09/10002 :004, BStBl I, 1645, Rdnr. 28.

26 BMF-Schreiben v. 28.11.2017 – IV C 2 - S 2745-a/09/10002 :004, BStBl I, 1645, Rdnr. 25.

teilseigners verändert.[27] Durch die Anteilsübertragung muss demnach ein „**Change of Control**“ erfolgen. In der Konsequenz kann ein dem Wortlaut nach vorliegender schädlicher Beteiligungserwerb mangels Eintritts eines „Change of Control“ eine Verlustvernichtung ausscheiden lassen.

Hinweis

Dieses Konzept führt zu Bedenken bezüglich der Vereinbarkeit mit dem körperschaftsrechtlichen Trennungsprinzip. Nach einem Verfahren vor dem FG Münster,[28] in dem das Gericht eine teleologische und verfassungskonforme Reduktion des § 8c KStG zur Begründung des Change-of-Control-Prinzips vorbringt, ist nun der BFH im Rahmen der Revision mit dieser Frage beschäftigt.[29]

Der Anteilsübertragung gleichgestellte Vorgänge führen ebenfalls zu einem quotalen oder vollständigen Verlustuntergang. Dies können z.B. sein:[30] 17.40

- **Einbringungen**, wenn nach der Einbringung neu hinzugekommene Gesellschafter im schädlichen Umfang beteiligt sind,
- **Verschmelzungen**, wenn nach der Umwandlung neu hinzugekommene Gesellschafter im schädlichen Umfang beteiligt sind,
- **Kapitalerhöhungen**, soweit sie zu einer Veränderung der Beteiligungsquoten führen (§ 8c Abs. 1 Satz 3 KStG n.F.).

§ 8c KStG erfasst neben dem entgeltlichen auch den unentgeltlichen Beteiligungserwerb. Unschädlich ist lediglich der unentgeltliche Erwerb im Rahmen eines Erbfalls und im Wege der vorweggenommenen Erbfolge durch Angehörige i.S.d. § 15 AO.[31] 17.41

17.4.3.3 Ausnahme 1: Konzernklausel

Ein schädlicher Beteiligungserwerb liegt nicht vor, wenn sich der Anteilseignerwechsel als rein konzerninterner Vorgang darstellt (§ 8c Abs. 1 Satz 4 KStG n.F.).[32] 17.42

---

27 Begründung zum Fraktionsentwurf eines Unternehmensteuerreformgesetzes 2008, BT-Drucks. 16/4841, S. 76.

28 FG Münster, Urt. v. 23.08.2023 – 9 K 2166/21 K,G,F, DRsp Nr. 2023/12629.

29 Az. des anhängigen Verfahrens beim BFH: I R 53/23.

30 Zu den einzelnen schädlichen Vorgängen BMF-Schreiben v. 28.11.2017 – IV C 2 - S 2745-a/09/10002 :004, BStBl I, 1645, Rdnr. 7 f.

31 BMF-Schreiben v. 28.11.2017 – IV C 2 - S 2745-a/09/10002 :004, BStBl I, 1645, Rdnr. 4.

32 Zu Zweifelsfragen nun BMF-Schreiben v. 28.11.2017 – IV C 2 - S 2745-a/09/10002 :004, BStBl I, 1645, Rdnr. 39 ff.

Nach der Konzernklausel liegt ein schädlicher Beteiligungserwerb nicht vor, wenn:

- an dem übertragenden Rechtsträger der Erwerber zu 100 % mittelbar oder unmittelbar beteiligt ist und der Erwerber eine natürliche oder juristische Person oder Personenhandelsgesellschaft ist (Nr. 1),
- an dem übernehmenden Rechtsträger der Veräußerer zu 100 % mittelbar oder unmittelbar beteiligt ist und der Veräußerer eine natürliche oder juristische Person oder Personenhandelsgesellschaft ist (Nr. 2),
- an dem übertragenden oder dem übernehmenden Rechtsträger dieselbe natürliche oder juristische Person oder eine Personenhandelsgesellschaft zu jeweils 100 % mittelbar oder unmittelbar beteiligt ist (Nr. 3).

Beispiel

17.43 Herr C ist Alleingesellschafter der beiden Gesellschaften D-GmbH und Z-GmbH. Bei der D-GmbH besteht ein Verlustvortrag von 500.000 €.

Nun veräußert C seine Beteiligung an der D-GmbH an die Z-GmbH. Für diesen Fall greift die Konzernklausel gem. § 8c Abs. 1 Satz 4 Nr. 2 KStG n.F., da der C als Veräußerer zu 100 % unmittelbar an der übernehmenden Gesellschaft beteiligt ist. Der Verlustvortrag der D-GmbH bleibt bestehen.

Die als Konzernholding geführte H-AG ist Alleingesellschafterin ihrer beiden Tochtergesellschaften T1-GmbH und T2-GmbH. Die T1-GmbH ist wiederum zu 100 % an der E-GmbH beteiligt, die einen Verlustvortrag von 1 Mio. € hat.

Nun überträgt die T1-GmbH ihre Beteiligung an der E-GmbH im Wege des Kaufs auf die T2-GmbH. Für diesen Fall greift die Konzernklausel gem. § 8c Abs. 1 Satz 4 Nr. 3 KStG n.F., da an dem übernehmenden Rechtsträger (T2-GmbH) und an dem übertragenden Rechtsträger (T1-GmbH) jeweils die H-AG zu 100 % beteiligt ist. Der Verlustvortrag der E-GmbH geht nicht unter.

17.4.3.4 Ausnahme 2: Stille-Reserven-Klausel

17.44 Nach der Ausnahmeregelung des § 8c Abs. 1 Satz 5 KStG n.F. kommt es auch dann nicht zu einem Verlustuntergang, wenn der nicht genutzte Verlust

- bei einem Anteilserwerb von mehr als 25 % die anteiligen und
- bei einem Anteilserwerb von mehr als 50 % die gesamten

im Inland steuerpflichtigen stillen Reserven des Betriebsvermögens der Kapitalgesellschaft nicht übersteigt.[33] Stille Reserven im Sinne dieser Vorschrift sind die

[33] Zu Zweifelsfragen nun BMF-Schreiben v. 28.11.2017 – IV C 2 - S 2745-a/09/10002 :004, BStBl I, 1645, Rdnr. 49 ff.

Differenz zwischen dem gemeinen Wert der erworbenen Anteile, soweit diese im Inland steuerpflichtig sind, und dem (ggf. anteiligen) steuerlichen Eigenkapital der Kapitalgesellschaft. Dies gilt demnach nicht für Anteile nach § 8b Abs. 2 KStG. Im Fall eines negativen steuerlichen Eigenkapitals gilt die Sonderregelung des § 8c Abs. 1 Satz 7 KStG n.F.

Berechnungsschema:

	Gemeiner Wert der erworbenen Anteile an der Kapitalgesellschaft
–	steuerliches Eigenkapital zum Zeitpunkt des Anteilserwerbs (ggf. anteilig)
=	vorläufige stille Reserven
–	steuerfreie oder in ausländischem Betriebsvermögen enthaltene stille Reserven, für die Deutschland kein Besteuerungsrecht hat (ggf. anteilig)
=	im Inland steuerpflichtige stille Reserven

Beispiel

Herr C ist Alleingesellschaft der D-GmbH, die zum 31.12.2023 über einen Verlustvortrag von 120.000 € und ein steuerliches Eigenkapital von 30.000 € verfügt. C veräußert am 01.01.2024 alle Geschäftsanteile der D-GmbH an den fremden Dritten K zu einem Kaufpreis von 80.000 €.

Die D-GmbH verfügt damit über stille Reserven i.H.v. 50.000 € (Veräußerungspreis abzüglich steuerliches Eigenkapital). Der Verlustvortrag bleibt gem. § 8c Abs. 1 Satz 5 KStG n.F. i.H.v. 50.000 € bestehen und geht i.H.v. 70.000 € unter.

17.4.3.5 Ausnahme 3: Sanierungsklausel

Nach § 8c Abs. 1a KStG ist ein Verlustuntergang nach § 8c Abs. 1 KStG auch 17.45
dann ausgeschlossen, wenn der Beteiligungserwerb zum Zwecke der Sanierung des Geschäftsbetriebs der Körperschaft erfolgt. Für diese Restrukturierung müssen folgende Kriterien erfüllt sein:

- die Körperschaft ist bei Beteiligungserwerb zahlungsunfähig oder überschuldet bzw. von einer Überschuldung oder Zahlungsunfähigkeit bedroht,
- die wesentlichen Betriebsstrukturen der Körperschaft bleiben erhalten,
- innerhalb von fünf Jahren nach Beteiligungserwerb erfolgt kein Branchenwechsel,
- keine Einstellung des Geschäftsbetriebs bis zum Zeitpunkt des Beteiligungserwerbs.

17.46 Der Gesetzgeber definiert eine Sanierung in § 8c Abs. 1a KStG als Maßnahme, die darauf gerichtet ist, die Zahlungsunfähigkeit oder Überschuldung zu verhindern oder zu beseitigen und zugleich die wesentlichen Betriebsstrukturen zu erhalten. Der Erhalt der wesentlichen Betriebsstrukturen setzt ferner voraus, dass eine Betriebsvereinbarung über Arbeitsplätze geschlossen wird, ein Lohnsummenvergleich in sinngemäßer Anwendung des § 13a Abs. 1 ErbStG durchgeführt wird oder durch Einlage wesentliches Betriebsvermögen zugeführt wird. Erforderlich ist, dass zumindest eines der Merkmale erfüllt ist.[34]

17.47 Der Anteilserwerb muss zu einem Zeitpunkt erfolgen, zu dem die Zahlungsunfähigkeit oder Überschuldung droht oder bereits eingetreten ist. Vor diesem Zeitpunkt findet § 8c Abs. 1a KStG keine Anwendung. Keine Sanierung liegt darüber hinaus vor, wenn die Körperschaft zum Zeitpunkt des Anteilserwerbs ihren Geschäftsbetrieb bereits im Wesentlichen gem. § 8c Abs. 1a Satz 4 KStG eingestellt hat.[35]

Hinweis

17.48 Das FG Düsseldorf nimmt in einem streitigen Verfahren[36] Bezug auf die Auslegung der Vornahme eines Lohnsummenvergleichs i.S.d. § 13a Abs. 1 Satz 4 ErbStG. Streitig war die Anwendung der Regelung auf Kleinstbetriebe, die die Voraussetzungen des § 8c Abs. 1a Satz 3 Nr. 2 KStG per se nicht erfüllen können. Das Gericht kommt zu dem Ergebnis, eine Auslegung des Verweises auf § 13a Abs. 1 Satz 4 ErbStG zugunsten von Kleinstbetrieben nicht vorzunehmen; stattdessen seien Kleinstbetriebe auf die beiden übrigen Möglichkeiten der Erlangung einer Privilegierung zu verweisen. Das Gericht begründet seine Auffassung mit der Absicht des Gesetzgebers, eine Privilegierung durch Anwendung der Sanierungsklausel nur im Ausnahmefall zu gewähren. Eine etwaige Entlastung von Kleinstbetrieben finde in der Entwurfsbegründung keinen Anklang. Diese Auslegung verstoße auch nicht gegen Art. 3 Abs. 1 GG. Vielmehr sei es problematisch, wenn der Beteiligungserwerb eines sanierungsbedürftigen Kleinbetriebs per se privilegiert würde.

---

34 Beschlussempfehlung und Bericht des Finanzausschusses zum Regierungsentwurf eines Gesetzes zur verbesserten steuerlichen Berücksichtigung von Vorsorgeaufwendungen (Bürgerentlastungsgesetz Krankenversicherung), BT-Drucks. 16/13429, S. 51.

35 Vgl. OFD NRW v. 20.12.2018 – S 2745a-2015/0011 - St 135, DB 2019, 26, Rdnr. 4.

36 FG Düsseldorf, Urt. v. 15.01.2024 – 6 K 2095/22, K, G, F, BB 2024, 614; Revision anhängig beim BFH unter dem Az. I R 9/24.

Hinweis

Wegen eines Streits mit der Europäischen Kommission, die die Sanierungsklausel als eine mit dem Europarecht unvereinbare und damit unzulässige Beihilfe betrachtet, war die Sanierungsklausel zeitweise nicht anzuwenden.[37] Infolge des Beihilfebeschlusses der Europäischen Kommission zur Sanierungsklausel[38] wurden sämtliche Steuervorteile deutscher Körperschaften zurückgefordert und die Sanierungsklausel von Finanzverwaltung und Gesetzgeber suspendiert. Der EuGH hat nun mit seiner Entscheidung vom 28.06.2018[39] diesen Beihilfebeschluss für nichtig erklärt. Nach Ansicht des EuGH hat die Kommission den selektiven Charakter der Sanierungsklausel im Rahmen ihrer Bewertung als staatliche Beihilfe anhand eines fehlerhaft bestimmten Referenzsystems beurteilt. Nach diesem Paukenschlag des EuGH zugunsten sanierungsbedürftiger Kapitalgesellschaften musste die deutsche Finanzverwaltung die Sanierungsklausel des § 8c Abs. 1a KStG infolge der Nichtigerklärung des Kommissionsbeschlusses grundsätzlich wieder anwenden. Der Gesetzgeber hat die Suspendierung zwischenzeitlich rückwirkend aufgehoben und in § 34 Abs. 6 Satz 3 und 4 KStG n.F. bestimmt, dass die Sanierungsklausel erstmals für den Veranlagungszeitraum 2008 und auf Anteilsübertragungen nach dem 31.12.2007 Anwendung findet. Die rückwirkende Anwendung betrifft alle nicht bestandskräftigen Fälle und kann zur Erstattung von zunächst als Beihilfen zurückgeforderten Beträgen führen. 17.49

17.4.3.6 Ausnahme 4: Fortführungsgebundener Verlustvortrag nach § 8d KStG

Der Gesetzgeber[40] hat mit § 8d KStG[41] eine Regelung eingeführt, die im Fall eines schädlichen Beteiligungserwerbs gem. § 8c KStG die weitere Nutzung bestehender Verluste ermöglichen soll, sofern der Geschäftsbetrieb der Körperschaft erhalten bleibt und eine anderweitige Nutzung der Verluste ausgeschlossen ist. 17.50

Zweck der Regelung ist die Vermeidung des Verlustuntergangs für solche Körperschaften, die durch die bisherigen Verschonungsregelungen (Konzernklausel, Stille-Reserven-Klausel, Sanierungsklausel) nicht erfasst wurden, aber gleichwohl keine missbräuchliche Veränderung des Gesellschafterbestands vorgenommen haben, sondern vielmehr auf die Neuaufnahme oder den Wechsel von Anteilseignern zur 17.51

---

[37] BMF-Schreiben v. 30.04.2010 – IV C 2 - S 2745 a/08/10005 :002, BStBl I, 482, 488.

[38] Beschluss 2011/527/EU der Kommission v. 26.01.2011 – C 7/2010, ABl Nr. L 235/26.

[39] EuGH, Urt. v. 28.06.2018 – C-203/16 P, „Andres (Insolvenz Heitkamp Bauholding)/Kommission“, DB 2018, 1639. In diesem Sinne wurden durch den EuGH auch die entsprechenden Urteile des EuG in den folgenden Rechtssachen aufgehoben: Rechtssachen C-208/16 P und C-209/16 P, „Deutschland./. Kommission“ und EuGH-Urteil C-219/16 P, „Lowell Financial Services, vormals GFKL Financial Services AG./. Kommission“.

[40] Gesetz zur Weiterentwicklung der steuerlichen Verlustverrechnung bei Körperschaften v. 23.12.2016, BStBl I, 2998.

[41] Das BMF-Schreiben vom 18.03.2021 – IV C 2 - S 2745-b/19/10002 :002, BStBl I, 363, nimmt ausführlich zur Anwendung des § 8d KStG aus Sicht der Verwaltung Stellung.

weiteren Finanzierung des Unternehmens angewiesen sind.[42] Die Neuregelung kommt damit insbesondere Krisenunternehmen, deren stille Reserven durch Verluste aufgebraucht sind und jungen Gründungsunternehmen (Start-ups), deren Potential sich noch nicht in einer belastbaren Unternehmensbewertung manifestiert hat, zugute.[43]

17.52 Die Körperschaft muss seit ihrer Gründung oder seit dem Beginn des dritten Veranlagungszeitraums, der dem Veranlagungszeitraum des schädlichen Beteiligungserwerbs vorausgeht, ausschließlich denselben Geschäftsbetrieb (zur Definition siehe § 8d Abs. 1 Satz 3 und 4 KStG) unterhalten haben. Der Begriff des „Geschäftsbetriebes" ist tätigkeitsbezogen und anhand qualitativer Merkmale zu bestimmen, die in § 8d Abs. 1 Satz 4 KStG nicht abschließend aufgelistet sind. Maßgeblich ist eine Gesamtbetrachtung im Einzelfall; nicht alle Merkmale müssen vorliegen oder in gleicher Form ausgeprägt sein. Auch ist eine Veränderung der qualitativen Merkmale unschädlich, sofern sie den wesentlichen Kern der Betätigung nicht verändern.[44]

Hinweis

17.53 Die V-GmbH wird 2020 mit dem Ziel gegründet, ein Kosmetikprodukt zu entwickeln. Zu diesem Zweck beschäftigt sie zunächst größtenteils Wissenschaftler des jeweiligen Fachgebietes. Nach der Fertigstellung des Produkts eröffnet die V-GmbH 2022 Produktionsstätten und stellt Arbeitnehmer für die Bereiche Vertrieb und Marketing ein.

Sowohl im Jahr 2020 als auch im Jahr 2022 handelt es sich um denselben Geschäftsbetrieb i.S.d. § 8d KStG. Der Kern der Betätigung besteht in dem entwickelten Kosmetikprodukt, sodass eine veränderte Gewichtung der qualitativen Merkmale unschädlich ist. Erst bei einer grundlegenden Anpassung des Geschäftsmodells, welche die Veränderung nahezu sämtlicher qualitativer Merkmale zur Folge hat, handelt es sich nicht mehr um denselben Geschäftsbetrieb.

17.54 Liegen mehrere Geschäftsbetriebe vor, ist der Anwendungsbereich von § 8d KStG grundsätzlich nicht eröffnet. Das ist der Fall, wenn eine Körperschaft mehreren selbständigen Betätigungen nachgeht, die sich unter Berücksichtigung der qualitativen Merkmale des § 8d Abs. 1 Satz 4 KStG voneinander abheben. Eine Ausnahme besteht dann, wenn zwischen ihnen ein gegenseitiger Förder- und Sach-

---

[42] Vgl. Regierungsentwurf eines Gesetzes zur Weiterentwicklung der steuerlichen Verlustverrechnung bei Körperschaften, BT-Drucks. 18/9986, S. 1, 9, 12.

[43] Vgl. FÖRSTER/VON CÖLLN, DStR 2017, 8.

[44] BMF-Schreiben v. 18.03.2021 – IV C 2 - S 2745-a/19/10002 :002, BStBl I, 363; BMF-Schreiben v. 28.11.2017 – IV C 2 - S 2745-a/09/10002 :004, BStBl I, 1645.

zusammenhang gegeben ist (Synergieeffekt). Um einen selbständigen weiteren Geschäftsbetrieb handelt es sich auch dann nicht, wenn die zusätzlich ausgeübte Tätigkeit eine geringfügige Betätigung ist. Diese ist dadurch gekennzeichnet, dass sie 3 % der Gesamtnettoumsatzerlöse der Verlustkörperschaft und den Betrag von 24.500 € im Veranlagungszeitraum nicht übersteigt.[45].

Gleichzeitig darf in diesem Zeitraum bis zum Schluss des Veranlagungszeitraums des schädlichen Beteiligungserwerbs kein schädliches Ereignis nach § 8d Abs. 2 KStG stattfinden. 17.55

Schädliche Ereignisse nach § 8d Abs. 2 KStG sind:[46] 17.56

- Die Einstellung des Geschäftsbetriebs, die nach den Grundsätzen der Betriebsaufgabe beurteilt wird
  Erforderlich dafür ist eine Willensentscheidung oder Handlung, gerichtet darauf, den Betrieb als selbständigen Organismus in seiner bisherigen Form nicht mehr bestehen lassen zu wollen. Dabei reicht es aus, wenn die verbleibende Tätigkeit im Vergleich zu der vorherigen nur noch „unwesentlich" ist. Ausführungen zum unbestimmten Rechtsbegriff der „Unwesentlichkeit" enthalten allerdings weder die Begründung zum Regierungsentwurf[47] noch das BMF-Schreiben vom 18.03.2021. Umfasst der einheitliche Geschäftsbetrieb mehrere eigenständige Betätigungen, von denen bei Einstellung mehrerer Betätigungen zumindest eine Betätigung verbleibt, gilt diese dann als der maßgebliche Geschäftsbetrieb.

- Die Einstellung oder Ruhendstellung des Geschäftsbetriebs
  Diese liegt vor, wenn trotz der Möglichkeit der Fortführung die unternehmerische Entscheidung getroffen wurde, den Geschäftsbetrieb nicht weiterzuführen. Um eine schädliche Ruhendstellung handelt es sich indes nicht bei vorübergehenden Betriebsschließungen aufgrund behördlicher Anordnung sowie temporäre Unterbrechungen aufgrund einer schweren Erkrankung des Betriebsinhabers.

---

45 BMF-Schreiben v. 18.03.2021 – IV C 2 - S 2745-a/19/10002 :002, BStBl I, 363; BMF-Schreiben v. 28.11.2017 – IV C 2 - S 2745-a/09/10002 :004, BStBl I, 1645.

46 Zu den einzelnen schädlichen Ereignissen: BMF-Schreiben v. 18.03.2021 – IV C 2 - S 2745-a/19/10002 :002, BStBl I, 636; BMF-Schreiben v. 28.11.2017 – IV C 2 - S 2745-a/09/10002 :004, BStBl I, 1645.

47 RegE eines Gesetzes zur Weiterentwicklung der steuerlichen Verlustverrechnung bei Körperschaften, BT-Drucks. 18/9986, S. 12.

- Die Aufnahme eines zusätzlichen Geschäftsbetriebs
  Davon ausgenommen sind die Fälle, in denen die zusätzliche Betätigung in einem Förder- und Sachzusammenhang mit dem vorhandenen Geschäftsbetrieb steht oder nicht ins Gewicht fällt.

- Die Beteiligung an einer Mitunternehmerschaft
  Darunter sind wohl Mitunternehmerschaften i.S.d. § 15 Abs. 1 Satz 1 Nr. 3 EStG als auch gewerblich infizierte oder geprägte Personengesellschaften nach § 15 Abs. 3 Nr. 1 und 2 EStG zu fassen, unabhängig von ihrer Höhe oder wirtschaftlichen Bedeutung. Unschädlich ist hingegen die Beteiligung an originär vermögensverwaltenden Personengesellschaften sowie typisch stille Beteiligungen. Eine Ausnahme besteht nur dann, wenn die Beteiligung an einer vermögensverwaltenden Personengesellschaft eine solche Bedeutung einnimmt, dass darin ein weiterer selbständiger Geschäftsbetrieb zu sehen ist.

- Der Erhalt einer Organträgerstellung i.S.d. § 14 Abs. 1 KStG
  Das gilt auch für den Fall, dass der betreffende Organträger im Rahmen einer Organschaftskette auch die Stellung einer Organgesellschaft einnimmt.

- Die Übertragung von Wirtschaftsgütern auf die Verlustkapitalgesellschaft mit Ansatz unter dem gemeinen Wert.

17.57 Die neue Verschonungsregel ist erstmals anwendbar auf schädliche Beteiligungserwerbe, die nach dem 31.12.2015 erfolgen, wenn der Geschäftsbetrieb der Körperschaft vor dem 01.01.2016 weder eingestellt noch ruhend gestellt war (§ 34 Abs. 6a Satz 1 KStG).

17.58 Eine Anwendung von § 8d KStG erfolgt nur auf Antrag seitens der vom Verlustuntergang betroffenen Körperschaft. Ein solcher Antrag ist nach § 8d Abs. 1 Satz 5 KStG für den Veranlagungszeitraum zu stellen, in den der schädliche Beteiligungserwerb fällt. Er kann bis zur Unanfechtbarkeit der Steuerfestsetzung bzw. der Feststellung über den Verlustvortrag nachgeholt werden.[48]

17.5 Auswirkungen beim Gesellschafter

17.59 Auswirkungen beim Gesellschafter ergeben sich aufgrund des Trennungsprinzips bei der Körperschaftsteuer zunächst nicht. Lediglich mittelbar steht dem Gesellschafter durch die zusätzlichen Steuerbelastungen der Gesellschaft wegen der Beschränkung des Verlustabzugs weniger Ausschüttungspotential zur Verfügung.

48 BMF-Schreiben v. 18.03.2021 – IV C 2 - S 2745-a/19/10002 :002, BStBl I, 363; BMF-Schreiben v. 28.11.2017 – IV C 2 - S 2745-a/09/10002 :004, BStBl I, 1645.

18. Verdeckte Einlage

18.1 Einführung

18.1 Einlagen in eine Kapitalgesellschaft bewirken auf der gesellschaftlichen Ebene Vermögensmehrungen der Gesellschaft. In der Regel handelt es sich um Vermögensgegenstände (z.B. Geld, Forderungen, andere Sachwerte oder Schuldübernahmen), die der Kapitalgesellschaft gegen Gewährung von Anteilsrechten überlassen werden. Dies kann im Rahmen der Gründung der Kapitalgesellschaft, aber auch zu einem späteren Zeitpunkt geschehen. Werden die gesellschaftsrechtlichen Vorschriften beachtet, handelt es sich um **offene Einlagen**, die – handels- und steuerrechtlich ergebnisneutral – zunächst in der Bilanz als Vermögenszugänge (Erhöhung der Aktiva) oder Schuldabgänge (Minderung der Passiva) entweder das Nennkapital (gezeichnetes Kapital, § 272 Abs. 1 HGB) erhöhen oder zu einer Erhöhung der Kapitalrücklage (§ 272 Abs. 2 HGB) führen. Werden gesellschaftsrechtliche Vorschriften für die Einlage nicht eingehalten, kann es sich um eine **verdeckte Einlage** handeln.

18.2 Rechtliche Grundlagen der verdeckten Einlage

18.2 Nach § 8 Abs. 3 Satz 3 KStG[1] erhöhen verdeckte Einlagen das Einkommen der Körperschaft nicht. Entsprechend wird diese bei Ermittlung des zu versteuernden Einkommens außerhalb der Steuerbilanz (**zweite Gewinnermittlungsstufe**) wieder abgezogen (vgl. R 7.1 Abs. 1 Nr. 13 KStR 2022).

18.3 Während die Auswirkung der verdeckten Einlagen in § 8 Abs. 3 Satz 3 KStG geregelt ist, definiert der Gesetzgeber den Begriff der verdeckten Einlage nicht näher. Eine Beschreibung ist in den Körperschaftsteuerrichtlinien zu finden (vgl. R 8.9 Abs. 1 KStR 2022). Danach liegt eine verdeckte Einlage vor, wenn

- ein Gesellschafter oder eine ihm nahestehende Person der Körperschaft
- außerhalb der gesellschaftsrechtlichen Einlagen
- einen einlagefähigen Vermögensvorteil zuwendet und
- diese Zuwendung durch das Gesellschaftsverhältnis veranlasst ist.

18.4 Diese Definition ist durch die Rechtsprechung entwickelt worden und basiert auf dem Grundgedanken des einkommensteuerlichen Einlagebegriffs.[2] Auch der BFH

[1] Erst durch das JStG 2007 sind in § 8 Abs. 3 KStG die Sätze 3–6 angefügt worden. Damit wird die Auswirkung der verdeckten Einlage erstmals gesetzlich geregelt. Die Anfügung hat aber nur klarstellende Bedeutung, die die bisherige Auffassung der Finanzverwaltung in R 40 Abs. 2 KStR a.F. bestätigt.

[2] HEY U.A, in: HERRMANN/HEUER/RAUPACH, EStG/KStG, § 8 KStG Rdnr. 460 (03/2024).

definiert die verdeckte Einlage in ähnlicher Form.[3] Dabei stellt die aktuelle Rechtsprechung wesentlich auf die Unentgeltlichkeit der Vermögenszuführung ab.[4] Die verdeckte Einlage ist danach eine einseitige Vorteilszuwendung des Gesellschafters, ohne dass die Gesellschaft zu einer Gegenleistung verpflichtet ist. Dabei bedeutet „verdeckt“, dass diese Einlage durch andere Geschäftsvorfälle überlagert wird und nicht explizit als Einlage zu erkennen ist.

Hinweis

18.5 Die einzelnen Tatbestandsmerkmale der verdeckten Einlage ähneln denjenigen der verdeckten Gewinnausschüttung (vGA) (§ 8 Abs. 3 Satz 2 KStG), weshalb die verdeckte Einlage oftmals als Spiegelbild der vGA angesehen wird. Es finden sich aber auch einzelne Unterschiede. So kann z.B. die verbilligte Nutzungsüberlassung eines Wirtschaftsguts von der Gesellschaft an den Gesellschafter eine vGA begründen. Andersherum führt die verbilligte Nutzungsüberlassung durch den Gesellschafter an die Gesellschaft, mangels eines einlagefähigen Vermögensvorteils (siehe Rdnr. 18.10), nicht zu einer verdeckten Einlage.

18.2.1 Gesellschafter oder nahestehende Person

18.6 Der Vermögensvorteil muss nicht aus dem Vermögen des Gesellschafters stammen. Die Zuwendung kann auch von einer dem Gesellschafter nahestehenden Person erbracht werden. Da der Begriff der „nahestehenden Person“ gesetzlich nicht in § 8 Abs. 2 Satz 3 ff. KStG definiert ist, gilt die von der Rechtsprechung zur vGA entwickelte Definition.[5]

18.7 Zur Begründung des „Nahestehens“ reicht jede Beziehung eines Gesellschafters zu einer anderen Person aus, die den Schluss zulässt, sie habe die Vorteilszuwendung der Körperschaft an die andere Person beeinflusst (siehe H 8.9 und H 8.5 III „nahestehende Person“ KStH 2022). Derartige Beziehungen können insbesondere familienrechtlicher (z.B. Ehegatte oder Kinder) und gesellschaftsrechtlicher (z.B. Schwestergesellschaft),[6] aber auch schuldrechtlicher oder rein tatsächlicher Art sein.[7] Zu den nahestehenden Personen können sowohl natürliche Personen als auch juristische Personen zählen.[8] Bei der steuerlichen Beurteilung geht man

---

[3] Vgl. BFH, Urt. v. 16.04.1991 – VIII R 100/87, BStBl II 1992, 234: „wenn ein Gesellschafter seiner Kapitalgesellschaft außerhalb der gesellschaftsrechtlichen Einlagen Vermögensgegenstände zuwendet und die Zuwendung ihre Ursache im Gesellschaftsverhältnis hat“.

[4] Vgl. BFH, Urt. v. 04.03.2009 – I R 32/08, BStBl II 2012, 341.

[5] So auch: Hey u.a., in: Herrmann/Heuer/Raupach, EStG/KStG, § 8 KStG Rdnr. 463 (03/2024).

[6] Der BFH hat mit Urteil v. 01.10.1986 – I R 54/83, BStBl II 1987, 459, eine Personenhandelsgesellschaft als nahestehende Person gewertet.

[7] Vgl. BFH, Urt. v. 18.12.1996 – I R 139/94, BStBl II 1997, 301.

[8] Vgl. zu nahestehender Person bei vGA: BFH, Urt. v. 01.10.1986 – I R 54/83, BStBl II 1987, 459.

davon aus, dass die Zuwendung der nahestehenden Person zunächst an den Gesellschafter erfolgt und der Vermögensvorteil sodann durch den Gesellschafter der Gesellschaft zugeführt wird.

Beispiel

A ist zu 100 % Anteilseigner der A-GmbH und der B-GmbH. Die B-GmbH verkauft an die A-GmbH einen Pkw zu einem unangemessen niedrigen Preis.

Lösung

Es liegt zunächst eine vGA der B-GmbH an den Gesellschafter A vor. Daran schließt sich die verdeckte Einlage des A in die A-GmbH an.

18.2.2 Abgrenzung zur offenen Einlage

18.8 Entsprechen Einlagen den gesellschaftsrechtlichen Vorschriften, werden diese – handelsrechtlich **ergebnisneutral** – entweder zu Nennkapital (gezeichnetes Kapital) oder führen zu einer Erhöhung der Kapitalrücklage (§ 272 Abs. 2 HGB). Diese Einlagen können nicht zu einer verdeckten Einlage führen, da sie im Zusammenhang mit einer entgeltlichen Leistung (Gewährung von Gesellschaftsrechten) stehen.[9] Durch eine offene Einlage wird sowohl ein Aktivposten (z.B. Bankguthaben) als auch ein Passivposten (z.B. Kapitalrücklage) erhöht. Da keine Einkommenserhöhung erfolgt, ist auch keine Abrechnung bei der Einkommensermittlung notwendig.

18.9 Bei der verdeckten Einlage handelt es sich dagegen um **Vermögensmehrungen** in Gestalt einer schuldrechtlichen Leistung, die die wahre Grundlage im Gesellschaftsverhältnis verdeckt. Durch Einlage entsteht oder erhöht sich ein Aktivposten, oder ein Passivposten vermindert sich oder fällt weg. Hierdurch kommt es zu einer Einkommenserhöhung, so dass eine Kürzung bei der Einkommensermittlung erforderlich ist.

18.2.3 Einlagefähiger Vermögensvorteil

18.10 Nach Verwaltungsauffassung (H 8.9 KStH 2022 – Einlagefähiger Vermögensgegenstand) und Rechtsprechung[10] muss es sich um einen einlagefähigen Vermögensvorteil handeln. Hierunter sind nur solche Posten zu verstehen, die bei der

[9] Vgl. G. Frotscher, in: Frotscher/Drüen, KStG/GewStG/UmwStG, § 8 KStG Rdnr. 157 (01/2024); fraglich nach Hey u.a., in: Herrmann/Heuer/Raupach, EStG/KStG, § 8 KStG Rdnr. 460 (03/2024), für die Einlage in die Kapitalrücklage gem. § 272 Abs. 2 Nr. 4 HGB: Diese führt i.d.R. nicht zu einer Gegenleistung (keine Vermittlung von Gesellschaftsrechten), so dass der Tatbestand der verdeckten Einlage grundsätzlich erfüllt sein dürfte.

[10] Z.B. BFH, Urt. v. 24.05.1984 – I R 166/78, BStBl II, 747.

empfangenden Gesellschaft **bilanzierungsfähig** sind und zum Ansatz (bzw. Erhöhung) eines Aktivpostens oder zum Wegfall (bzw. Minderung) eines Passivpostens geführt haben. Hierbei ist die (richtige) Bilanzierung in der Steuerbilanz maßgeblich.[11] Demnach ist sowohl die Einlage materieller Wirtschaftsgüter als auch immaterieller Wirtschaftsgüter denkbar.

Hinweis

Für selbst geschaffene immaterielle Wirtschaftsgüter besteht gem. § 5 Abs. 2 EStG grundsätzlich ein Aktivierungsverbot. Dieses gilt aber nur, wenn die Gesellschaft selber das immaterielle Wirtschaftsgut geschaffen hat. Hat der Gesellschafter das immaterielle Wirtschaftsgut geschaffen, kann es Gegenstand der verdeckten Einlage sein. Dies folgt aus der Abgrenzung der betrieblichen von der gesellschaftsrechtlichen Sphäre. Nach der Rechtsprechung des BFH kann dagegen ein Firmenwert nicht isoliert in eine Kapitalgesellschaft eingelegt werden. Dies ist nur im Rahmen einer Teilbetriebsübertragung möglich. 18.11

Auch vom Gesellschafter übernommene Verbindlichkeiten oder der Erlass von Gesellschafterforderungen können Gegenstände einer verdeckten Einlage sein. 18.12

Beispiel

Die A-GmbH hat aus Warenlieferungen eine Verbindlichkeit gegenüber ihrem Lieferanten Z i.H.v. 10.000 €. Da die A-GmbH derzeit nicht über die notwendige Liquidität zur Begleichung der Schuld verfügt, erklärt der Gesellschafter A die Schuldübernahme und begleicht die Schuld der A-GmbH. Auf einen Ausgleich von der A-GmbH an A wird verzichtet.

Lösung

Bei der Übernahme der Schuld der A-GmbH durch A handelt es sich um einen einlagefähigen Vermögensvorteil, der Gegenstand einer verdeckten Einlage sein kann.

Nach der Rechtsprechung des BFH[12] können bloße Nutzungs-, Gebrauchs- und Leistungsvorteile wegen fehlender Bilanzierbarkeit generell nicht in die Gesellschaft eingelegt werden. Somit scheiden Vermögensvorteile, die die Kapitalgesellschaft aus Zinsersparnissen bei Darlehensgewährungen, aus unentgeltlichen oder verbilligten Dienstleistungen des Gesellschafters oder durch unentgeltliche oder verbilligte Nutzungsüberlassung zieht, als Gegenstand einer verdeckten Einlage aus. 18.13

---

11 Vgl. BFH, Urt. v. 15.05.2013 – VI R 24/12, BStBl II 2014, 495.

12 Vgl. BFH, Beschl. v. 26.10.1987 – GrS 2/86, BStBl II 1988, 348.

Beispiel

18.14 Gesellschafter A stellt seiner A-GmbH unentgeltlich ein Grundstück zur Nutzung zur Verfügung.

Lösung

Die unentgeltliche Nutzungsüberlassung stellt keinen einlagefähigen Vermögensvorteil dar. Es liegt keine verdeckte Einlage i.S.d. § 8 Abs. 3 Satz 3 KStG, die das Einkommen der Kapitalgesellschaft erhöht, vor.

Abgrenzungsbeispiel

Gesellschafter A stellt seiner A-GmbH ein Grundstück zu einem angemessenen Mietzihs von 1.000 € pro Monat zur Verfügung. Nachdem die A-GmbH trotz vorhandener Liquidität sechs Monate die Miete nicht entrichtet hat, verzichtet A sowohl auf die bisher aufgelaufene Mietforderung als auch auf zukünftige Mietforderungen.

Lösung

Hinsichtlich der bisher entstandenen Mietforderung für sechs Monate liegt ein einlagefähiger Vermögensgegenstand vor. Bei dem Verzicht könnte, unter den weiteren Voraussetzungen, eine verdeckte Einlage vorliegen. Der Verzicht auf zukünftige Mietforderungen wiederum stellt keinen einlagefähigen Vermögensvorteil dar.

Beispiel

Gesellschafter A gewährt seiner A-GmbH ein zinsloses Darlehen.

Lösung

Der Aufwand des Gesellschafters führt nicht zu einer verdeckten Einlage in die Gesellschaft. Die Gesellschaft hat das unverzinsliche Darlehen in der Steuerbilanz nach § 6 Abs. 1 Nr. 3 EStG abzuzinsen. Die Abzinsung führt bei der Gesellschaft zunächst zu einem Ertrag und nicht zu einer verdeckten Einlage (keine außerbilanzielle Einkommenskorrektur). Über die Laufzeit des Darlehens entsteht durch die entsprechende Aufzinsung des Darlehens der Gesellschaft Aufwand, der ebenfalls nicht zu korrigieren ist.

Praxistipp

18.15 Bei grenzüberschreitenden Sachverhalten kann eine „Nutzungseinlage", die nicht zu einer verdeckten Einlage führt, dennoch eine Einkommenskorrektur auslösen (§ 1 Abs. 1 AStG).

18.2.4 Veranlassung durch das Gesellschaftsverhältnis

Die Zuwendung muss ihre Ursächlichkeit im Gesellschaftsverhältnis haben. Dies ist nach Auffassung der Finanzverwaltung (R 8.9 Abs. 3 KStR 2022) gegeben, „wenn ein Nichtgesellschafter bei Anwendung der Sorgfalt eines ordentlichen Kaufmanns den Vermögensvorteil der Gesellschaft nicht eingeräumt hätte." Dies ist grundsätzlich durch einen **Fremdvergleich** festzustellen (R 8.9 Abs. 3 Satz 2 KStR 2022). 18.16

Für die Frage, ob die Zuwendung gesellschaftsrechtlich veranlasst ist, ist auf den Zeitpunkt des Eingehens der Verpflichtung abzustellen. Der Zeitpunkt der Erfüllung der Verpflichtung ist nicht entscheidend, so dass die Leistung auch nach Ausscheiden des Gesellschafters als verdeckte Einlage zu qualifizieren sein kann (R 8.9 Abs. 5 KStR 2022). 18.17

Beispiel

A ist an der A-GmbH zu 100 % beteiligt und schließt am 05.03.01 einen Kaufvertrag über den Kauf eines Pkw mit der A-GmbH ab. Danach hat die A-GmbH 10.000 € zu entrichten. Der Pkw hat unstreitig einen Verkehrswert von 15.000 €. Ein fremder Dritter wäre bereit, diesen Betrag zu entrichten. Kaufpreiszahlung und Übergabe des Pkw wurde auf den 01.04.01 bestimmt. Am 17.03.01 veräußert A seine Anteile an der A-GmbH und scheidet endgültig aus der GmbH aus. 18.18

Lösung

Zwar ist A bei Übergabe des Pkw nicht mehr Gesellschafter der A-GmbH. Für die Beurteilung, ob eine verdeckte Einlage vorliegt und der Fremdvergleich eingehalten wurde, ist aber der Zeitpunkt des Abschlusses des Verpflichtungsgeschäfts (Kaufvertrag) maßgeblich. Da A zu diesem Zeitpunkt noch Gesellschafter der A-GmbH war, ist von einer gesellschaftsrechtlichen Veranlassung für die Vereinbarung des niedrigen Kaufpreises auszugehen und dies als verdeckte Einlage zu behandeln.

Erfolgt die Vermögenszuführung aus eigenwirtschaftlichen Interessen des Leistenden, liegt keine gesellschaftsrechtliche Begründung vor, so dass keine verdeckte Einlage anzunehmen ist. Dabei ist die Abgrenzung oftmals schwierig. **Eigenwirtschaftliche Interessen** können z.B. vorliegen, wenn ein Verzicht auf eine Forderung erfolgt, um die Gesellschaft zu stärken und dadurch bestehende Geschäftsbeziehungen aufrechtzuerhalten.[13] 18.19

---

[13] Siehe dazu FÖRSTER/WALLA, FR 2015, 961.

18.3 Auswirkungen bei der Kapitalgesellschaft

18.3.1 Bewertung der verdeckten Einlage

18.20 Bei der Kapitalgesellschaft hat die verdeckte Einlage Auswirkung auf die Einkommensermittlung und das steuerliche Einlagekonto. Da die verdeckte Einlage das Einkommen der Körperschaft nicht erhöhen darf, ist die Einlage grundsätzlich mit dem Betrag zu bewerten, welcher der Vermögenserhöhung in der Steuerbilanz durch die Einlage entspricht. In der Steuerbilanz sind Einlagen von Wirtschaftsgütern mit ihrem **Teilwert** im Zeitpunkt der Zuführung anzusetzen (§ 6 Abs. 1 Nr. 5 erster Halbsatz EStG i.V.m. § 8 Abs. 1 KStG; R 8.9 KStR 2022). Diese Behandlung erfolgt aufgrund des steuerlichen Bewertungsvorbehalts des § 5 Abs. 6 EStG unabhängig davon, ob das Wirtschaftsgut in der Handelsbilanz bei schuldrechtlichen Vereinbarungen nur mit dem tatsächlich vereinbarten Kaufpreis statt mit dem Wert anzusetzen ist, der dem übertragenen Wirtschaftsgut beizulegen ist.[14]

18.21 Besteht die verdeckte Einlage darin, dass der Anteilseigner ein Wirtschaftsgut zu einem unangemessen niedrigen Kaufpreis an die Körperschaft veräußert, so stellt nur der unentgeltliche Teil der Leistung die verdeckte Einlage dar.

18.22 Auch im Rahmen der Bewertung der verdeckten Einlage sind grundsätzlich die speziellen Bewertungsregeln des § 6 Abs. 1 Nr. 5 Satz 1 zweiter Halbsatz Buchst. a)–c) EStG zu beachten,[15] so dass eine verdeckte Einlage eines Wirtschaftsguts höchstens mit den (fortgeführten) Anschaffungs- oder Herstellungskosten zu bewerten ist, wenn z.B. das Wirtschaftsgut innerhalb der letzten drei Jahre vor dem Zeitpunkt der Einlage (durch den Gesellschafter) angeschafft wurde.

Beispiel

18.23 A hat am 03.07.02 einen Oldtimer für 100.000 € privat angeschafft. Im Jahr 04 verkauft er den Oldtimer an seine A-GmbH für 80.000 €. Der Marktwert (= gemeiner Wert = Teilwert) des Oldtimers war zu diesem Zeitpunkt auf 125.000 € gestiegen.

[14] So EuGH, Urt. v. 03.10.2013 – C-322/12 „GIMLE“, NZG 2014, 36.
[15] Vgl. BFH, Urt. v. 11.02.1998 – I R 89/97, BStBl II 1998, 691.

Lösung

Der Oldtimer ist in der Steuerbilanz der A-GmbH nach § 6 Abs. 1 Nr. 5 Satz 1 Buchst. a) EStG i.V.m. § 8 Abs. 1 KStG mit den ursprünglichen Anschaffungskosten des Gesellschafters i.H.v. 100.000 € anzusetzen, da die Zuführung innerhalb von drei Jahren nach Anschaffung erfolgte. Es kommt zu einer Erhöhung des Steuerbilanzgewinns von 20.000 €. Insoweit ist das Einkommen der A-GmbH außerbilanziell nach § 8 Abs. 3 Satz 3 KStG zu mindern.

Abweichend vom Wortlaut des § 6 Abs. 1 Nr. 5 Satz 1 zweiter Halbsatz Buchst. a)–c) 18.24
EStG ist dennoch der Teilwert in den Fällen anzusetzen, in denen die Einlage des Wirtschaftsguts auf Ebene des Gesellschafters eine steuerbare Veräußerungsfiktion nach sich zieht (R 8.9 Abs. 4 Satz 2–4 KStR 2022). Dies ist z.B. in den Fällen der Einlage von (wesentlichen) Anteilen an Kapitalgesellschaften (§ 17 Abs. 1 Satz 2, Abs. 2 Satz 2 EStG), bei Erfüllung des Tatbestands des privaten Veräußerungsgeschäfts nach § 23 Abs. 1 EStG (§ 23 Abs. 1 Satz 5 Nr. 2 EStG) oder bei Veräußerungsfiktionen nach § 20 Abs. 2 Satz 2 EStG anzunehmen.

Abwandlung des Beispiels

A veräußert den Oldtimer am 01.03.03 an die A-GmbH. 18.25

Lösung

Die Veräußerung stellt beim Gesellschafter ein privates Veräußerungsgeschäft nach § 23 Abs. 1 Nr. 2 i.V.m. Satz 5 EStG dar, da die Veräußerung/verdeckte Einlage in die Kapitalgesellschaft innerhalb von einem Jahr nach Anschaffung des Wirtschaftsguts erfolgte. Als Veräußerungspreis gilt nach § 23 Abs. 3 Satz 2 EStG der gemeine Wert des Wirtschaftsguts (125.000 €). A hat einen Gewinn von 25.000 € zu versteuern.

Die A-GmbH hat den Oldtimer in ihrer Steuerbilanz mit dem Teilwert (§ 6 Abs. 1 Nr. 5 Satz 1 Buchst. a) EStG) i.H.v. 125.000 € anzusetzen. Es kommt zu einer Erhöhung des Steuerbilanzgewinns von 45.000 € (Differenz entrichteter Kaufpreis zu anzusetzendem Teilwert), der außerhalb der Bilanz wieder zu kürzen ist (§ 8 Abs. 3 Satz 3 KStG).

Hinweis

Das Steuerrecht unterscheidet zwischen den Begrifflichkeiten „gemeiner Wert" und 18.26
„Teilwert". Beide Begrifflichkeiten wollen den Verkehrswert eines Wirtschaftsguts beschreiben, müssen aber im Ergebnis nicht den identischen Wert haben. Während der gemeine Wert „durch den Preis bestimmt wird, der im gewöhnlichen Geschäftsverkehr nach der Beschaffenheit des Wirtschaftsguts bei einer Veräußerung zu erzielen wäre" (§ 9 Abs. 2 BewG), ist der Teilwert der Betrag, den „ein Erwerber eines ganzen Betriebes im Rahmen des Gesamtkaufpreises für das einzelne Wirtschaftsgut ansetzen würde" (§ 10 BewG).

So ist ein gedachter Erwerber i.d.R. bereit, für ein auf die individuellen Bedürfnisse des Betriebs zurechtgeschnittenes Betriebsgrundstück mehr zu entrichten, wenn er den gesamten Betrieb übernimmt, um diesen weiter zu betreiben, als jemand, der das Grundstück isoliert kauft, um dort ggf. ein anderes Unternehmen zu betreiben.

18.3.2 Auswirkung auf das Einkommen

18.3.2.1 Grundtatbestand des § 8 Abs. 3 Satz 3 KStG

18.27 Nach § 8 Abs. 3 Satz 3 KStG darf eine verdeckte Einlage **das Einkommen** der Körperschaft **nicht erhöhen.** Soweit eine verdeckte Einlage den Steuerbilanzgewinn (erste Gewinnermittlungsstufe; § 4 Abs. 1 Satz 1 EStG i.V.m. § 8 Abs. 1 Satz 1 KStG) erhöht hat, ist diese außerhalb der Bilanz (zweite Gewinnermittlungsstufe) wieder in Abzug zu bringen.

Beispiel

Gesellschafter A hat eine Forderung i.H.v. 10.000 € aus einer an seine A-GmbH erbrachten Leistung (angemessen vereinbartes Entgelt). Nunmehr verzichtet er gegenüber der A-GmbH auf die Forderung.

Lösung

Handelsrechtlich wird der Erlass der Forderung folgendermaßen abgebildet:

per Verbindlichkeit gegenüber Gesellschafter	10.000 €
an sonstige betriebliche Erträge	10.000 €

Es kommt zu einer Erhöhung des handelsrechtlichen (und steuerrechtlichen) Jahresüberschusses (erste Gewinnermittlungsstufe). Der außerbetriebliche Erfolg ist außerbilanziell zu kürzen:

Jahresüberschuss:	10.000 €
verdeckte Einlage:	– 10.000 €
zu versteuerndes Einkommen	**0 €**

18.28 Die außerbilanzielle Korrektur führt bei der Kapitalgesellschaft zu einer Minderung des steuerlichen Gewinns und damit auch des zu versteuernden Einkommens, das die Bemessungsgrundlage der Körperschaftsteuer darstellt. Da sich die Höhe des Solidaritätszuschlags an der festgesetzten Körperschaftsteuer misst, hat die verdeckte Einlage auch hierauf Auswirkung (§ 4 Satz 1 i.V.m. § 3 Abs. 1 Nr. 1 SolZG).

Zudem ermittelt sich auch der Gewerbeertrag zunächst aus dem nach den Vorschriften des KStG errechneten Gewinn (§ 7 Abs. 1 Satz 1 GewStG), so dass die verdeckte Einlage auch auf die Höhe der Gewerbesteuer Auswirkung hat. 18.29

18.3.2.2 Ausnahmetatbestand des § 8 Abs. 3 Satz 4 KStG

Abweichend von dem Grundsatz des § 8 Abs. 3 Satz 3 KStG, dass die verdeckte Einlage das Einkommen der Körperschaft **nicht** erhöhen darf, wird das Einkommen dennoch erhöht, soweit eine verdeckte Einlage[16] das Einkommen des Gesellschafters gemindert hat (§ 8 Abs. 3 Satz 4 KStG).[17] Technisch kommt es nicht zu einer außerbilanziellen Korrektur auf der zweiten Gewinnermittlungsstufe bei der Körperschaft, so dass der bilanziell erfasste Ertrag zur endgültigen Einkommenserhöhung bei der Körperschaft führt. 18.30

Beispiel

Die A-GmbH gewährt ihrer Gesellschafterin, der B-GmbH, ein Darlehen (100.000 €) zur Anschaffung eines Betriebsgrundstücks zu einem unangemessenen Zinssatz von 8 % (angemessen wären 3 %). Der Steuerbescheid der B-GmbH, in dem die insgesamt gezahlten Zinsen von 8.000 € als Betriebsausgaben berücksichtigt wurden, ist bereits bestandskräftig und nicht mehr änderbar. 18.31

Lösung

Die A-GmbH hat den gesamten Zinsertrag i.H.v. 8.000 € in der handelsrechtlichen und steuerrechtlichen Gewinnermittlung (erste Gewinnermittlungsstufe) als Ertrag gebucht. Es liegt in Höhe des unangemessenen Differenzbetrags von 5.000 € eine Vermögenszuwendung der B-GmbH an die A-GmbH und damit der Tatbestand der verdeckten Einlage vor. Eine außerbilanzielle Korrektur (zweite Gewinnermittlungsstufe) unterbleibt aber, da die verdeckte Einlage das Einkommen des Gesellschafters gemindert hat (§ 8 Abs. 3 Satz 4 KStG).

18.3.2.3 Ausnahmetatbestand des § 8 Abs. 3 Satz 5, 6 KStG

Beruht die verdeckte Einlage auf einer vGA einer dem Gesellschafter nahestehenden Person und wurde die vGA bei der Besteuerung des Gesellschafters nicht berücksichtigt, wird das Einkommen (entsprechend § 8 Abs. 3 Satz 4 KStG) ebenfalls nicht korrigiert (§ 8 Abs. 3 Satz 5 erster Halbsatz KStG). Davon sind wiederum die 18.32

[16] § 8 Abs. 3 Satz 4 KStG gilt für Einlagen, die seit dem 18.12.2006 getätigt wurden; angefügt mit dem JStG 2007 v. 13.12.2006, BGBl I, 2878.

[17] Strittig ist, ob dieses Korrespondenzprinzip nur auf Körperschaften als Gesellschafter anwendbar ist, so die h.M., z.B. G. Frotscher, in: Frotscher/Drüen, KStG/GewStG/UmwStG, § 8 KStG Rdnr. 232 (01/2024), oder auch auf natürliche Personen, hierzu ausführlich Hey u.a., in: Herrmann/Heuer/Raupach, EStG/KStG, § 8 KStG Rdnr. 471 (03/2024).

Fälle ausgenommen, bei denen die vGA bei der leistenden Körperschaft das Einkommen nicht gemindert hat (§ 8 Abs. 3 Satz 5 zweiter Halbsatz KStG).

Beispiel

18.33 Die M-GmbH ist zu 100 % Anteilseignerin der T1-GmbH und der T2-GmbH. Die T1-GmbH verkauft der T2-GmbH einen Pkw zu einem Preis von 15.000 €, angemessen wären 20.000 €.

Lösung

Es liegt zunächst eine vGA der T1-GmbH an die Gesellschafterin M-GmbH i.H.v. 5.000 € vor. Daran schließt sich die verdeckte Einlage der M-GmbH in die T2-GmbH ebenfalls i.H.v. 5.000 € an. Der Vorgang wurde in den bisherigen Steuerbescheiden der Gesellschaften nicht erfasst.

Abwandlung 1

Die Bescheide der T1 und der M sind bestandskräftig und nicht mehr änderbar. Der Bescheid der T2 ist noch verfahrensrechtlich offen.

Lösung

Die vGA ist nicht mehr bei T1 und M zu berücksichtigen. Durch die verdeckte Einlage kommt es bei der T2 zunächst zu einer Gewinnerhöhung auf der ersten Gewinnermittlungsstufe von 5.000 €. Da die verdeckte Einlage auf einer vGA einer der M nahestehenden Person beruht und bei der Besteuerung nicht berücksichtigt wurde, wird das Einkommen der T2 auf der zweiten Gewinnermittlungsstufe nicht gemindert.

Abwandlung 2

Wie vor, jedoch wurde die vGA dem Einkommen der T1 zugerechnet.

Lösung

Da das Einkommen der leistenden Körperschaft erhöht wurde, ist die Rückausnahme des § 8 Abs. 3 Satz 5 zweiter Halbsatz KStG erfüllt, mit der Folge, dass die verdeckte Einlage das Einkommen der T2 nicht erhöhen darf.

18.34 Korrespondierend unterbleibt in den Fällen des § 8 Abs. 3 Satz 5 KStG eine Erhöhung der Anschaffungskosten der Beteiligung des Gesellschafters (§ 8 Abs. 3 Satz 6 KStG) um den Betrag der verdeckten Einlage.

18.3.3 Auswirkung auf das steuerliche Einlagekonto (§ 27 KStG)

Nicht in das Nennkapital geleistete Einlagen sind dem steuerlichen Einlagekonto gutzuschreiben (§ 27 Abs. 1 Satz 1 KStG; siehe dazu Rdnr. 12.1 ff.). Da eine verdeckte Einlage nie in das Nennkapital der Kapitalgesellschaft geleistet wird (in diesem Fall handelt es sich um eine offene Einlage), führt die verdeckte Einlage stets zu einer Erhöhung des Stands des steuerlichen Einlagekontos in dem Zeitpunkt, in dem der Gegenstand der verdeckten Einlage der Körperschaft tatsächlich zufließt.[18] 18.35

Beispiel

Gesellschafter A verkauft mit Kaufvertrag aus 01 einen Pkw an seine A-GmbH zu einem Preis von 15.000 €. Ein angemessener Kaufpreis beträgt 20.000 €. Der wirtschaftliche Übergang des Pkw und die Kaufpreiszahlung finden in 02 statt.

Lösung

Erst in 02 fließt die verdeckte Einlage der Körperschaft zu, so dass das steuerliche Einlagekonto erst in 02 um 5.000 € erhöht wird.

Hinweis

Auch in den Fällen, in denen die Einkommenskorrektur auf Ebene der Körperschaft aufgrund von § 8 Abs. 3 Satz 4 ff. KStG unterbleibt, wird das steuerliche Einlagekonto erhöht, da es sich dennoch weiterhin um eine „Einlage" in die Körperschaft handelt. 18.36

18.4 Auswirkungen bei dem Gesellschafter

Beim Anteilseigner hängen die steuerlichen Folgen einer verdeckten Einlage von mehreren Faktoren ab. Zu unterscheiden ist, ob die Beteiligung an der Körperschaft von einer juristischen oder natürlichen Person gehalten wird, dem Privat- oder Betriebsvermögen zuzuordnen ist und ob das verdeckt eingelegte Wirtschaftsgut aus dem Privat- oder Betriebsvermögen des Anteilseigners stammt. Grundsätzlich erhöhen sich zunächst die Anschaffungskosten des Gesellschafters auf die Beteiligung (§ 6 Abs. 6 Satz 2 EStG, H 17 Abs. 5 EStH 2021), sofern nicht ein Ausnahmetatbestand des § 8 Abs. 3 Satz 6 KStG gegeben ist (siehe dazu Rdnr. 18.32). 18.37

[18] BMF-Schreiben v. 04.06.2003 – IV A 2 - S 2836 - 2/03, BStBl I, 366.

18.4.1 Anteile an Kapitalgesellschaft im Privatvermögen einer natürlichen Person

18.38 Werden die Anteile an der Kapitalgesellschaft im steuerlichen Privatvermögen einer natürlichen Person gehalten, so erhöhen sich durch die verdeckte Einlage die Anschaffungskosten des Gesellschafters für seine Anteile. Die Anschaffungskosten für die Beteiligung an der Körperschaft erhöhen sich um den gemeinen Wert des verdeckt eingelegten Wirtschaftsguts (H 17 Abs. 5, H 6.12 EStH 2021). Dies wird wiederum relevant, wenn der Anteilseigner zu einem späteren Zeitpunkt mit den Anteilen an der Körperschaft einen steuerbaren Veräußerungsvorgang verwirklicht (z.B. § 17 oder § 23 EStG), da sich hierdurch ein etwaiger Veräußerungsgewinn mindert bzw. ein Veräußerungsverlust erhöht.

18.4.1.1 Verdeckt eingelegtes Wirtschaftsgut aus dem Privatvermögen

18.39 Stammt das verdeckt eingelegte Wirtschaftsgut aus dem Privatvermögen des Anteilseigners, und war dieses nicht **„steuerverstrickt"**, treten neben der Erhöhung der Anschaffungskosten für die Beteiligung grundsätzlich keine weiteren Rechtsfolgen für den Anteilseigner ein.

18.40 Ist dagegen Gegenstand der verdeckten Einlage ein **bisher steuerverstricktes** Wirtschaftsgut des Privatvermögens, wird die verdeckte Einlage regelmäßig einer entgeltlichen Veräußerung gleichgestellt (siehe § 17 Abs. 1 Satz 2, § 20 Abs. 2 Satz 2, § 23 Abs. 1 Satz 5 Nr. 2 EStG). Hierdurch erzielt der Anteilseigner entweder Einkünfte aus Gewerbebetrieb (§ 17 EStG), Einkünfte aus Kapitalvermögen (§ 20 Abs. 2 EStG), oder aber ein privates Veräußerungsgeschäft (§ 23 EStG).

18.4.1.2 Verdeckt eingelegtes Wirtschaftsgut aus dem Betriebsvermögen

18.41 Stammt das verdeckt eingelegte Wirtschaftsgut aus dem Betriebsvermögen des Anteilseigners, so wird das Wirtschaftsgut zunächst aus dem Betriebsvermögen entnommen (§ 4 Abs. 1 Satz 2 EStG), bevor es verdeckt in die Körperschaft eingelegt wird. Da die Entnahme im abgebenden Betriebsvermögen mit dem Teilwert (§ 6 Abs. 1 Nr. 4 EStG) zu bewerten ist, entsteht beim Anteilseigner ein entsprechender Entnahmegewinn (oder -verlust).

18.4.2 Anteile an Kapitalgesellschaft im Betriebsvermögen einer natürlichen Person

18.4.2.1 Verdeckt eingelegtes Wirtschaftsgut aus dem Privatvermögen

18.42 Hält der Anteilseigner die Beteiligung an der Kapitalgesellschaft in einem Betriebsvermögen und legt er ein Wirtschaftsgut aus seinem steuerlichen Privatvermögen verdeckt in die Körperschaft ein, ist dieser Vorgang in **zwei** voneinander zu unterscheidende **Teilschritte** aufzuteilen. Zunächst kommt es im ersten Schritt zu einer

Einlage des Wirtschaftsguts aus dem Privatvermögen in das Betriebsvermögen und danach im zweiten Schritt zu einer verdeckten Einlage aus dem Betriebsvermögen des Anteilseigners in das Betriebsvermögen der Körperschaft.[19]

Die im **ersten Schritt** erfolgte Einlage des Wirtschaftsguts in das Betriebsvermögen wird nach § 6 Abs. 1 Nr. 5 EStG mit dem Teilwert bzw. den (fortgeführten) Anschaffungskosten (in den Fällen des § 6 Abs. 1 Nr. 5 Satz 1 Buchst. a)–c) EStG) bewertet. Die sich **anschließende** verdeckte Einlage aus dem Betriebsvermögen des Anteilseigners in das Betriebsvermögen der Körperschaft erhöht die Anschaffungskosten (den Buchwert) der im Betriebsvermögen des Anteilseigners gehaltenen Beteiligung an der Körperschaft nach § 6 Abs. 6 Satz 2 EStG um den Teilwert des verdeckt eingelegten Wirtschaftsguts. In den Fällen des § 6 Abs. 1 Nr. 5 Satz 1 Buchst. a) EStG (Anschaffung des Wirtschaftsguts innerhalb von drei Jahren) erhöhen sich die Anschaffungskosten nur um den Einlagewert des Wirtschaftsguts (§ 6 Abs. 6 Satz 3 EStG). 18.43

Handelt es sich bei dem verdeckt eingelegten Wirtschaftsgut um ein **Grundstück** i.S.d. § 23 Abs. 1 Nr. 1 EStG, ist die Einlage in das Betriebsvermögen des Anteilseigners (Schritt 1) selber kein steuerbarer Vorgang. Erst durch den Schritt 2, die verdeckte Einlage in das Betriebsvermögen der Körperschaft, gilt die Einlage des Wirtschaftsguts als Veräußerung und kann zu steuerpflichtigen Einkünften führen (§ 23 Abs. 1 Satz 5 Nr. 1 i.V.m. Satz 5 Nr. 2 EStG). Als Veräußerungspreis ist in diesen Fällen der bei der Einlage bestimmte Wert (§ 23 Abs. 3 Satz 2 EStG) anzusetzen. 18.44

Ist das eingelegte Wirtschaftsgut eine Beteiligung i.S.d. § 17 EStG (wesentliche Beteiligung an einer anderen Kapitalgesellschaft) oder ein Wirtschaftsgut i.S.d. § 20 Abs. 2 EStG, das im Rahmen von Schritt 1 mit den Anschaffungskosten nach § 6 Abs. 1 Nr. 5 Satz 1 Buchst. b) bzw. c) EStG angesetzt wurde, dann führt die im Rahmen von Schritt 2 eintretende Erhöhung der Anschaffungskosten für die Beteiligung an der Körperschaft um den Teilwert des verdeckt eingelegten Wirtschaftsguts zu einer Gewinnrealisierung im Betriebsvermögen des Anteilseigners. Diese kann ggf. auch zu einer Gewerbesteuerbelastung beim Anteilseigner führen. 18.45

18.4.2.2 Verdeckt eingelegtes Wirtschaftsgut aus demselben Betriebsvermögen

Stammt das verdeckt eingelegte Wirtschaftsgut aus demselben Betriebsvermögen, in dem der Anteilseigner seine Beteiligung an der Körperschaft hält, führt die verdeckte Einlage nach § 6 Abs. 6 Satz 2 EStG zu einer Erhöhung der Anschaffungskosten (des Buchwerts) der Beteiligung an der Körperschaft in Höhe des Teilwerts 18.46

[19] So auch SCHMIDT/KULOSA, EStG, 43. Aufl. 2024, § 6 Rdnr. 864.

des verdeckt eingelegten Wirtschaftsguts. In den Fällen des § 6 Abs. 1 Nr. 5 Satz 1 Buchst. a) EStG (Anschaffung des Wirtschaftsguts innerhalb von drei Jahren) erhöhen sich die Anschaffungskosten nur um die fortgeführten Anschaffungskosten des Wirtschaftsguts (§ 6 Abs. 6 Satz 3 EStG).

18.47 Das verdeckt eingelegte Wirtschaftsgut ist aus dem Betriebsvermögen des Einlegenden ertragsneutral mit dem Buchwert auszubuchen. Durch die Erhöhung der Anschaffungskosten der Beteiligung an der Körperschaft um den Teilwert des verdeckt eingelegten Wirtschaftsguts führt die verdeckte Einlage in Höhe der Differenz zwischen dem wegfallenden Buchwert des verdeckt eingelegten Wirtschaftsguts und dessen Teilwert zu einer Gewinnrealisierung im Betriebsvermögen des Anteilseigners.[20]

18.4.2.3 Verdeckt eingelegtes Wirtschaftsgut aus einem anderen Betriebsvermögen

18.48 Legt der Anteilseigner ein Wirtschaftsgut aus einem anderen Betriebsvermögen als demjenigen, in dem die Anteile an der Körperschaft gehalten werden, verdeckt in die Körperschaft ein, so ist der Vorgang in **drei** voneinander zu unterscheidende **Teilschritte** aufzuteilen.

18.49 Im ersten Schritt kommt es zu einer Entnahme des Wirtschaftsguts aus dem Herkunftsbetriebsvermögen des Anteilseigners und einer sich anschließenden Einlage in das Zielbetriebsvermögen des Anteilseigners (Schritt 2). Im dritten Schritt kommt es zu einer verdeckten Einlage aus dem Zielbetriebsvermögen des Anteilseigners in das Betriebsvermögen der Kapitalgesellschaft.

18.50 Die Entnahme im Schritt 1 und die Einlage im Schritt 2 erfolgen zwingend zu Buchwerten (Anwendungsbereich des § 6 Abs. 5 Satz 1 EStG).[21] Da sich das Wirtschaftsgut nach Schritt 2 in demselben Betriebsvermögen des Anteilseigners befindet, in dem auch die Beteiligung an der Körperschaft gehalten wird, erfolgt die weitere Behandlung analog zu dem oben (siehe Rdnr. 18.46) Beschriebenen.

18.51 Erfolgt dagegen die Übertragung des Wirtschaftsguts von einem mitunternehmerischen Betriebsvermögen oder wird die Beteiligung an der Körperschaft in einem mitunternehmerischen Betriebsvermögen gehalten, wäre die Entnahme im

---

20 So auch SCHMIDT/KULOSA, EStG, 43. Aufl. 2024, § 6 Rdnr. 871; dagegen a.A. EHMCKE, in: BRANDIS/HEUERMANN, Ertragsteuerrecht, § 6 EStG Rdnr. 1411 (12/2023), der im Vorfeld der verdeckten Einlage eine erfolgswirksame Entnahme aus dem Betriebsvermögen i.S.d. § 4 Abs. 1 Satz 2 i.V.m. § 6 Abs. 1 Nr. 4 EStG annimmt und stattdessen die Erhöhung des Buchwertansatzes der Beteiligung an der Körperschaft ertragsneutral behandelt.

21 Vgl. BMF-Schreiben v. 08.12.2011 – IV C 6 - S 2241/10/10002, BStBl I, 1279; geändert durch BMF-Schreiben v. 20.11.2019 – IV C 6 - S 2241/15/10003, BStBl I, 1291.

Schritt 1 mit dem Buchwert nach § 6 Abs. 5 Satz 3 EStG anzusetzen. Da an dem Wirtschaftsgut durch die verdeckte Einlage aber schlussendlich eine Körperschaft beteiligt wird, regelt § 6 Abs. 5 Satz 6 EStG, dass für die fiktive Entnahme im Schritt 1 bereits der Teilwert anzusetzen ist und es damit zu einer Aufdeckung der stillen Reserven in dem Ausgangsbetriebsvermögen kommt.

18.4.3 Anteile an Körperschaft im Betriebsvermögen einer juristischen Person

Ist der Anteilseigner der Gesellschaft wiederum eine Körperschaft, führt die verdeckte Einlage eines Wirtschaftsguts ebenfalls nach § 6 Abs. 6 Satz 2 EStG i.V.m. § 8 Abs. 1 KStG zur Erhöhung der Anschaffungskosten dieser Beteiligung in Höhe des Teilwerts des verdeckt eingelegten Wirtschaftsguts und zur Ausbuchung des eingelegten Wirtschaftsguts (siehe Rdnr. 18.47). 18.52

Beispiel

Die A-GmbH ist zu 100 % an der B-GmbH und zu 20 % an der C-GmbH beteiligt. In 01 veräußert die A-GmbH ihre Beteiligung an der C-GmbH an die B-GmbH. Die A-GmbH hat die Anteile an der C-GmbH bisher zu Anschaffungskosten (20.000 €) bilanziert. Als Veräußerungspreis wurden 30.000 € vereinbart. Der angemessene Verkaufspreis (= Teilwert) liegt bei 50.000 €. 18.53

Lösung

Die A-GmbH berücksichtigt den Vorgang im Rahmen der laufenden Buchführung wie folgt:

per Bank	30.000 €	an Beteiligung B-GmbH	20.000 €
		an Ertrag	10.000 €

In Höhe der Differenz zwischen dem vereinbarten Kaufpreis von 30.000 € und dem eigentlichen Teilwert des Wirtschaftsguts von 50.000 liegt eine verdeckte Einlage vor. Diese erhöht nach § 6 Abs. 6 Satz 2 EStG i.V.m. § 8 Abs. 1 KStG die Anschaffungskosten an der B-GmbH um 20.000 €. In der Steuerbilanz ist folgende, ergänzende Buchung zu erfassen:

per Beteiligung C-GmbH	20.000 €	an Ertrag	20.000 €

Letztendlich ist aus der Veräußerung/der verdeckten Einlage der A-GmbH ein bilanzieller Gewinn von 30.000 € entstanden. Außerbilanziell ist dieser Gewinn nach § 8b Abs. 2 KStG zu kürzen, 5 % hiervon gelten als nicht abzugsfähige Betriebsausgaben (§ 8b Abs. 3 KStG):

Handelsrechtlicher Jahresüberschuss	10.000 €
Steuerbilanzielle Abweichung	+ 20.000 €

Kürzung § 8b Abs. 2 KStG	– 30.000 €
Hinzurechnung § 8b Abs. 3 KStG	+ 1.500 €
zu versteuerndes Einkommen aus dem Vorgang	**1.500 €**

18.5 Auswirkung auf andere Steuerarten

18.54 § 8 Abs. 3 Satz 3 KStG ist grundsätzlich eine ertragsteuerliche „Korrektur"-Vorschrift, kann aber im Einzelfall auch Auswirkungen auf andere Steuerarten nach sich ziehen.

18.5.1 Umsatzsteuer

18.55 Ist der die verdeckte Einlage leistende Anteilseigner selbst **kein Unternehmer** i.S.d. § 2 UStG, löst eine verdeckte Einlage auf Ebene des Anteilseigners im Regelfall keine umsatzsteuerlichen Folgen aus, wenn er einen Gegenstand unentgeltlich oder verbilligt der Körperschaft überlässt.

18.56 Ist der Anteilseigner dagegen **Unternehmer** i.S.d. § 2 UStG und wendet er der Körperschaft im Wege der verdeckten Einlage unentgeltlich einen Gegenstand seines Unternehmensvermögens zu, der ihn zum Vorsteuerabzug berechtigt hat, kann dies eine unentgeltliche Wertabgabe i.S.d. § 3 Abs. 1b Satz 1 Nr. 3 UStG darstellen. Die vom Anteilseigner geschuldete Umsatzsteuer wird auf Grundlage der Mindestbemessungsgrundlage i.S.d. § 10 Abs. 4 Satz 1 Nr. 1 UStG berechnet. Da der Anteilseigner für die unentgeltliche Wertabgabe keine Rechnung ausstellen darf, kann die Körperschaft auch keinen Vorsteuerabzug geltend machen (Abschn. 3.2 Abs. 2 Satz 5 und 6 UStAE).

18.57 Liefert der Anteilseigner der Körperschaft einen Gegenstand zu einem **unangemessen niedrigen Kaufpreis**, können die Voraussetzungen des § 10 Abs. 5 Satz 1 Nr. 1 UStG erfüllt sein, so dass eigentlich die umsatzsteuerliche Mindestbemessungsgrundlage (§ 10 Abs. 4 UStG) Anwendung finden müsste. Ist die Körperschaft aber zum vollen Vorsteuerabzug berechtigt, wird auf die Anwendung der Mindestbemessungsgrundlage verzichtet, wenn der in Anspruch genommene Vorsteuerabzug auch keiner Vorsteuerberichtigung nach § 15a UStG unterliegt (Abschn. 10.7 Abs. 6 Satz 2 UStAE).

18.58 Wird dagegen dem Anteilseigner von der Körperschaft ein Gegenstand zu einem **überhöhten Kaufpreis** geliefert, ist die Bemessungsgrundlage für die von der Körperschaft geschuldete Umsatzsteuer der überhöhte Kaufpreis. Der Anteilseigner hat aber unter den weiteren Voraussetzungen des § 15 UStG auch den Vorsteuerabzug für die entstandene Umsatzsteuer.

18.5.2 Grunderwerbsteuer

Steht die verdeckte Einlage im Zusammenhang mit einer Grundstücksübertragung, so führt dies auch i.d.R. zur Entstehung von Grunderwerbsteuer (§ 1 GrEStG). Die Bemessungsgrundlage für die Grunderwerbsteuer bestimmt sich nach dem Wert der Gegenleistung (§ 8 Abs. 1 GrEStG). Dies gilt selbst dann, wenn die vereinbarte Gegenleistung weit über oder weit unter dem Verkehrswert des übertragenden Grundstücks liegt.[22] 18.59

Beispiel

Der Alleingesellschafter A veräußert ein Grundstück an seine A-GmbH zu einem Kaufpreis von 300.000 €. Der angemessene Kaufpreis beträgt unstreitig 400.000 €.

Lösung

Zwar liegt eine verdeckte Einlage vor, die mit 100.000 € zu bemessen ist, die Grunderwerbsteuer wird aber anhand der vereinbarten Gegenleistung von 300.000 € bemessen.

Nur wenn keine Gegenleistung vorhanden ist, wird für die Bemessung der Grunderwerbsteuer an die Grundbesitzwerte, ermittelt nach dem BewG, angeknüpft (§ 8 Abs. 2 Satz 1 Nr. 1 GrEStG, der auf § 151 Abs. 1 Satz 1 Nr. 1 i.V.m. § 157 Abs. 1–3 BewG verweist). 18.60

Beispiel

A überträgt unentgeltlich ein Grundstück an seine A-GmbH. Ein angemessener Kaufpreis läge bei 500.000 €. Der nach BewG ermittelte Grundbesitzwert (§ 151 Abs. 1 Satz 1 Nr. 1 i.V.m. § 157 Abs. 1–3 i.V.m. §§ 176 ff. BewG) beträgt 450.000 €.

Lösung

Für die Bemessung der Grunderwerbsteuer wird der nach BewG ermittelte Grundbesitzwert i.H.v. 450.000 € herangezogen (§ 8 Abs. 2 Satz 1 Nr. 1 GrEStG).

[22] BFH, Urt. v. 26.10.1977 – II R 115/69, BStBl II 1978, 201.

Praxistipp

18.61 Nach § 3 Nr. 2 GrEStG sind Grundstücksschenkungen von der Grunderwerbsteuer befreit. Die unentgeltliche Übertragung des Grundstücks an die Körperschaft selber stellt keinen schenkungsteuerbaren Tatbestand dar. Sind an der Körperschaft aber weitere Gesellschafter beteiligt, und erbringt nur einer eine (disquotale) Einlage, kann dies einen schenkungsteuerbaren Tatbestand auslösen (siehe dazu Rdnr. 18.62). In diesem Fall käme die Grunderwerbsteuerbefreiung des § 3 Nr. 2 GrEStG in Betracht, um eine „Doppelbelastung" des Vorgangs mit Grunderwerbsteuer und Schenkungsteuer zu vermeiden.[23]

18.5.3 Schenkungsteuer

18.62 Auf Ebene des Anteilseigners kann eine verdeckte Einlage u.U. schenkungsteuerliche Folgen auslösen. Als Schenkung gilt nach § 7 Abs. 8 Satz 1 ErbStG[24] auch die Werterhöhung von Anteilen an einer Kapitalgesellschaft, die eine an der Gesellschaft beteiligte Person durch die Leistung einer anderen Person an die Gesellschaft erlangt.

Beispiel

Vater A und Sohn B sind zu jeweils 50 % an der AB-GmbH beteiligt. Im Rahmen einer verdeckten Einlage legt A ein Grundstück im Wert von 900.000 € in die AB-GmbH ein. Durch diese Einlage erhöht sich auch der Wert der GmbH um 900.000 €.

Lösung

An der Werterhöhung partizipiert B zu 50 %, ohne dass er eine Gegenleistung zu erbringen hat. Diese disquotale Einlage gilt nach § 7 Abs. 8 ErbStG als Schenkung von A an B und ist mit 450.000 € zu bewerten.

18.63 Dabei kann als Leistender neben dem Gesellschafter auch ein gesellschaftsfremder Dritter auftreten. Sofern die Leistung dieses Dritten auf eine unmittelbare Bereicherung der Kapitalgesellschaft abzielt, soll nach Auffassung der Finanzverwaltung[25] eine steuerbare Zuwendung i.S.d. § 7 Abs. 1 Nr. 1 ErbStG an die Kapitalgesellschaft selbst vorliegen. Diese Verwaltungsauffassung ist als Folge der Änderung

---

23 Vgl. HÖNE/NIENHAUS, UVR 2012, 306.

24 Angefügt durch Gesetz zur Umsetzung der Beitreibungsrichtlinie sowie zur Änderung steuerlicher Vorschriften (Beitreibungsrichtlinie-Umsetzungsgesetz – BeitrRLUmsG) v. 07.12.2011, BGBl I, 2592; anzuwenden auf Erwerbe, für die die Steuer nach dem 13.12.2011 entsteht (siehe § 37 Abs. 7 ErbStG).

25 Gleichlautende Erlasse v. 20.04.2018 – 3 - S 380.6/88, BStBl I, 632.

der Rechtsprechung des BFH[26] zu der Frage, wer Schenker und Beschenkter im Rahmen einer vGA an einen nahen Angehörigen ist, formuliert worden, wird aber von Teilen der Literatur als kritisch angesehen.[27] Die gleichlautenden Erlasse vom 20.04.2018 für Steuertatbestände, die nach dem 31.12.2019 verwirklicht werden, wurden im Jahr 2021 aufgehoben.[28] Die Finanzverwaltung hält aber in diesem Punkt an ihrer Rechtsauffassung weiter fest und hat sie in die Erbschaftsteuerrichtlinien 2020 aufgenommen (RE 7.5 Abs. 10 Satz 5 ErbStR 2020).

Ist Gegenstand der verdeckten Einlage selber ein Anteil an einer anderen Kapitalgesellschaft und hat der einlegende Gesellschafter diese Beteiligung vorher unentgeltlich unter Berücksichtigung der Steuerbefreiung nach §§ 13a, 13b ErbStG erhalten, so stellt die verdeckte Einlage einen Behaltensfristverstoß nach § 13a Abs. 6 Nr. 4 ErbStG dar. Dies führt dazu, dass der zunächst bei der Schenkung/Erbschaft in Anspruch genommene Verschonungsabschlag i.S.d. § 13a Abs. 1 ErbStG und der Abzugsbetrag nach § 13a Abs. 2 ErbStG, zeitanteilig, rückwirkend entfallen. 18.64

18.6 Einzelfälle/Besonderheiten

18.6.1 Korrekturvorschrift des § 32a Abs. 2 KStG

Durch § 32a Abs. 2 KStG wird verfahrensrechtlich sichergestellt, dass die steuerlichen Konsequenzen einer verdeckten Einlage auf der Gesellschaftsebene und der Gesellschafterebene aufeinander abgestimmt erlassen, aufgehoben und geändert werden. Bei dieser Vorschrift handelt es sich um eine eigenständige Korrekturvorschrift außerhalb der AO. 18.65

Hinweis

Neben der Korrekturvorschrift nach § 32a Abs. 2 KStG bleiben die Änderungsvorschriften der AO (z.B. § 164 Abs. 2, § 173 AO) unberührt bestehen und können ggf. ergänzend zur Anwendung kommen, soweit die einzelnen Tatbestandsmerkmale einschlägig sind. 18.66

§ 32a Abs. 2 KStG eröffnet die Möglichkeit, den Steuerbescheid gegenüber der Körperschaft zu ändern, zu erlassen oder aufzuheben, soweit gegenüber dem Gesellschafter ein Steuerbescheid (oder Feststellungsbescheid) hinsichtlich der Berücksichtigung einer verdeckten Einlage erlassen, aufgehoben oder geändert wird. 18.67

---

26 BFH, Urt. v. 13.09.2017 – II R 54/15, BFH/NV 2018, 383; BFH, Urt. v. 13.09.2017 – II R 32/16, BFH/NV 2018, 386; BFH, Urt. v. 13.09.2017 – II R 42/16, BFH/NV 2018, 389.

27 Vgl. z.B. Kotzenberg/Lorenz, DStR 2018, 1346.

28 Gleichlautende Erlasse v. 18.03.2021 – 3 O 200.0/99, BStBl I, 391.

Beispiel

Der Steuerbescheid des Jahres 01 des Gesellschafters A wurde im Rahmen einer Betriebsprüfung im Jahr 05 geändert. Eine als Aufwand berücksichtigte Ausbuchung einer Forderung gegenüber der A-GmbH wurde als verdeckte Einlage gewertet, so dass die Anschaffungskosten der Beteiligung erhöht wurden. Bei der A-GmbH wurde im Rahmen der ursprünglichen Veranlagung ein Ertrag durch die Ausbuchung der Verbindlichkeit erfasst.

Lösung

Der Körperschaftsteuerbescheid gegenüber der A-GmbH, der der Vermögensvorteil durch Wegfall der Verbindlichkeit zugewendet wurde, ist nach § 32a Abs. 2 KStG zu ändern und das zu versteuernde Einkommen um den Betrag der verdeckten Einlage zu erhöhen (§ 8 Abs. 3 Satz 3 KStG). Entsprechend ändert sich auch der Gewerbesteuermessbescheid (§ 35b Abs. 1 GewStG). Zudem erhöht sich das steuerliche Einlagekonto (§ 27 KStG) um den Betrag der verdeckten Einlage. Insoweit ist ebenfalls der Bescheid über die gesonderte Feststellung (§ 27 Abs. 2 KStG) nach § 32a KStG zu ändern.

18.68 Nach § 32a Abs. 2 Satz 2 i.V.m. § 32a Abs. 1 Satz 2 KStG wird der Ablauf der regulären Festsetzungsfrist des korrespondierend zu ändernden Bescheides der Körperschaft gehemmt. Hiernach endet die Festsetzungsfrist, soweit eine verdeckte Einlage festgestellt wurde, nicht vor Ablauf eines Jahres nach Unanfechtbarkeit des Steuerbescheids des Gesellschafters.

Hinweis

18.69 Da es sich um eine Ablaufhemmung handelt, gilt in jedem Fall mindestens die reguläre Festsetzungsfrist des § 169 Abs. 2 Nr. 2 AO von vier Jahren bzw. bei Vorliegen von leichtfertiger Steuerverkürzung oder Steuerhinterziehung von fünf bzw. zehn Jahren (§ 169 Abs. 2 Satz 2 AO). Auch können neben der Ablaufhemmung nach § 32a KStG weitere Ablaufhemmungen nach § 171 AO einschlägig sein, die das Ende der Festsetzungsfrist weiter hinausschieben.

18.6.2 Forderungsverzichte

18.70 Verzichtet ein Gesellschafter auf eine ihm gegen die Körperschaft zustehende Forderung, so führt dies bei der Körperschaft zum **Wegfall der passivierten Verbindlichkeit** und zu einem Ertrag auf Ebene der ersten Gewinnermittlungsstufe in Höhe des Buchwerts der Verbindlichkeit. Die Höhe der verdeckten Einlage und damit die Einkommensminderung bei der Körperschaft wird durch den Teilwert der Forderung bestimmt. Ist die Forderung voll werthaltig, entspricht die Höhe der verdeckten Einlage dem Nennbetrag der Forderung. Ist die Forderung dagegen nicht voll werthaltig, ist die verdeckte Einlage nur mit dem werthaltigen Teil zu bewerten.[29]

Beim Gesellschafter führt ebenfalls nur der werthaltige Teil der Forderung zur Erhöhung der Anschaffungskosten der Beteiligung. Sofern der Forderung eine Leistungsbeziehung im Rahmen von Überschusseinkünften zugrunde liegt, kommt es zum Zeitpunkt der Einlage zum Zufluss nach § 11 EStG i.H.d. werthaltigen Teils der Forderung. 18.71

Beispiel

Die A-GmbH hat ihrem Gesellschafter-Geschäftsführer A eine Pensionszusage erteilt. Da die A-GmbH sich in einer finanziellen Krise befindet, verzichtet A auf die Pensionsanwartschaft Die Pensionsrückstellung beträgt 170.000 €, der Teilwert der Pensionsanwartschaft beträgt aufgrund der Krisensituation 120.000 €. Der Verzicht ist als verdeckte Einlage zu werten.

Lösung

Die A-GmbH löst in der Steuerbilanz die Rückstellung auf, was zu einem Ertrag i.H.v. 170.000 € führt. In Höhe des Teilwerts der Anwartschaft von 120.000 € ist das Einkommen nach § 8 Abs. 3 Satz 3 KStG zu kürzen. Insoweit ist der Betrag als Zugang zum steuerlichen Einlagekonto (§ 27 KStG) zu erfassen.

In Höhe des Teilwerts der Anwartschaft (120.000 €) kommt es bei A zu einem Zufluss (§ 11 EStG) von Einnahmen bei den Einkünften aus nichtselbständiger Tätigkeit (§ 19 EStG). Insoweit erhöhen sich auch die Anschaffungskosten der Beteiligung des A.

Auch der durch den Gesellschafter ausgesprochene Forderungsverzicht gegen Besserungsschein führt bei der Gesellschaft zunächst in Höhe des werthaltigen Teils der Forderung zu einer verdeckten Einlage. Tritt zu einem späteren Zeitpunkt der Besserungsfall ein, lebt die Forderung wieder auf. Die Verbindlichkeit ist bei der Gesellschaft wieder vermögensmindernd einzubuchen. Soweit die ursprüngliche Ausbuchung als verdeckte Einlage zu beurteilen war, gilt diese als zurückgewährt. Im Rahmen der steuerlichen Gewinnermittlung ist der Unterschiedsbetrag i.S.d. § 4 Abs. 1 EStG i.V.m. § 8 Abs. 1 KStG entsprechend zu korrigieren.[30] 18.72

18.6.3 Rückzahlung einer verdeckten Gewinnausschüttung

Nach § 38 AO entstehen Ansprüche aus dem Steuerschuldverhältnis, sobald der Tatbestand verwirklicht ist, an den das Gesetz die Leistungspflicht knüpft. Damit 18.73

[29] BFH, Urt. v. 09.06.1997 – GrS 1/94, BStBl II 1998, 307.

[30] Vgl. BMF-Schreiben v. 02.12.2003 – IV A 2 - S 2743 - 5/03, BStBl I, 648, und BFH, Urt. v. 30.05.1990 – I R 41/87, BStBl II 1991, 588.

sind Vereinbarungen, die einen bereits verwirklichten Tatbestand rückgängig machen, steuerrechtlich grundsätzlich nicht anzuerkennen, soweit sie gesetzlich nicht ausdrücklich vorgesehen sind; steuerrechtlich zulässige Rückwirkungen sind z.B. in § 2 UmwStG zu finden. Damit kann eine bereits vollzogene vGA nicht rückgängig gemacht werden. Eine etwaige Rückerstattung durch den Gesellschafter, unabhängig davon, ob er zivilrechtlich hierzu verpflichtet ist, führt damit zu einer verdeckten Einlage.

18.6.4 Disquotale Einlage

18.74 Sofern an der Kapitalgesellschaft mehrere Anteilseigner beteiligt sind und nicht alle Gesellschafter entsprechend ihrer Beteiligungsquote der Gesellschaft Vermögen verdeckt zuführen, liegen disquotale (oder inkongruente) Einlagen vor. Von diesen profitieren neben den einlegenden Gesellschaftern auch die übrigen Gesellschafter. Nach § 6 Abs. 6 Satz 2 EStG erhöhen verdeckte Einlagen die Anschaffungskosten der Beteiligung an der Kapitalgesellschaft um den Teilwert des eingelegten Wirtschaftsguts. Nach dem Gesetzeswortlaut scheint der Gesetzgeber keine Rücksicht darauf zu nehmen, in welchem Umfang der Einbringende an der Gesellschaft beteiligt ist und das eingelegte Vermögen somit „seinen Anteilen" zugutekommt.

18.75 Erfolgt die disquotale Zuführung aus eigenwirtschaftlichen Interessen des Gesellschafters (z.B. um die Gesellschaft in einer Notlage konkret zu stützen), dürften sich nur die Anschaffungskosten des einlegenden Gesellschafters, nicht die der anderen Gesellschafter erhöhen. Erfolgt aber die disquotale Zuführung aus fremdnützigen Motiven zugunsten der anderen Gesellschafter, dürften sich entsprechend der Beteiligungsquoten auch die Anschaffungskosten der anderen Gesellschafter erhöhen.[31] Von fremdnützigen Zwecken kann grundsätzlich aufgrund privater Mitveranlassung unter nahen Angehörigen ausgegangen werden, wenn der die Vermögenszuführung leistende Gesellschafter keinen Ausgleich für seine Mehrleistung erhalten soll und auch keine anderen Gründe für ein eigenwirtschaftliches Interesse gegeben sind (zu den schenkungsteuerlichen Folgen einer disquotalen Einlage siehe Rdnr. 18.62 ff.).

18.6.5 Verzicht auf Pensionsanspruch des Gesellschafters

18.76 Verzichtet ein Gesellschafter auf seinen bereits erdienten Pensionsanspruch, so führt dies in der Handels- und in der Steuerbilanz zu einem erfolgswirksamen Wegfall des Schuldpostens (Rückstellung). Die Bewertung der so geschaffenen verdeckten Einlage richtet sich nicht nach dem Teilwert der Pensionsverbindlichkeit, die nach § 6a EStG zu ermitteln ist, sondern nach dem Teilwert der Pensionsanwartschaft. Diese wird mit den Wiederbeschaffungskosten, die der Gesellschaf-

[31] Abgeleitet aus BFH, Urt. v. 29.07.1997 – VIII R 57/94, BStBl II 1998, 652.

ter zum Zeitpunkt des Verzichts hätte aufwenden müssen, um eine gleich hohe Pensionsanwartschaft zu erwerben, bewertet. Neben der Höhe der Zusage hängt die Bewertung auch von der Bonität der Gesellschaft ab.

Dem Gesellschafter fließt in gleicher Höhe Arbeitslohn zu, der nach § 19 EStG bei ihm zu versteuern ist. Ebenso erhöhen sich seine Anschaffungskosten der Beteiligung um diesen Wert (§ 6 Abs. 6 Satz 2 EStG). 18.77

Verzichtet der Gesellschafter-Geschäftsführer (ggf. teilweise) auf eine bereits erdiente und werthaltige Pensionsanwartschaft, ist nur dann keine verdeckte Einlage zu sehen, wenn auch ein fremder Geschäftsführer unter sonst gleichen Umständen die Anwartschaft aufgegeben hätte (sog. Past Service). Dennoch kann der Verzicht zu einem Lohnzufluss in Höhe des Teilwerts führen. Dies gilt selbst dann, wenn der Gesellschafter-Geschäftsführer nach einer Gehaltskürzung zur Vermeidung einer Überversorgung auf einen Teil seiner bereits erdienten Versorgungsansprüche verzichtet.[32] 18.78

Beispiel

Die A-GmbH hat ihrem Gesellschafter-Geschäftsführer A eine Pensionszusage erteilt. Er verzichtet auf die Pensionsanwartschaft, um die Eigenkapital- und Gewinnsituation der GmbH in einer Krise zu verbessern. Die Pensionsrückstellung beträgt 100.000 €, der Teilwert der Pensionsanwartschaft beträgt wegen der Krisensituation 70.000 €. 18.79

Lösung

Der Verzicht auf die bereits erdiente Pensionsanwartschaft stellt eine verdeckte Einlage dar. Die A-GmbH muss die Rückstellung auflösen. Innerbilanziell hat die A-GmbH einen Ertrag von 100.000 € zu buchen. Die Auflösung ist in Höhe des Teilwerts der Anwartschaft von 70.000 € aber steuerneutral; außerhalb der Bilanz ist zur Ermittlung des Einkommens der Gewinn um die Einlage zu kürzen. Dieser Betrag ist gem. § 27 KStG auf dem steuerlichen Einlagekonto zu erfassen.

Beim Gesellschafter liegt Arbeitslohn nach § 19 EStG in Höhe des Teilwerts von 70.000 € vor, die Anschaffungskosten der Beteiligung erhöhen sich außerdem um diesen Betrag. In Höhe der Differenz von 30.000 € zwischen dem Buchwert der Pensionsverpflichtung und dem Teilwert der Pensionsanwartschaft liegt weder ein Zufluss beim Gesellschafter noch eine Erhöhung seiner Anschaffungskosten vor.

32 Vgl. BFH Urt. v. 23.08.2017 – VI R 4/16, BStBl II 2018, 208.

18.6.6 Verdeckte Einlage in eine Tochtergesellschaft

18.80 Wendet der Gesellschafter einer Gesellschaft unentgeltlich ein Wirtschaftsgut zu, an der er über eine andere Kapitalgesellschaft nur mittelbar beteiligt ist, liegt auf jeder Beteiligungsstufe eine verdeckte Einlage vor.[33]

Beispiel

Gesellschafter A ist zu 100 % an der A-GmbH beteiligt, die wiederum alle Anteile an der B-GmbH hält. A verkauft der B-GmbH ein Grundstück im Wert von 100.000 € für 60.000 €.

Lösung

Die B-GmbH muss das Grundstück in ihrer Steuerbilanz zu einem Wert von 100.000 € ansetzen und verbucht, da sie nur 60.000 € entrichtet hat, einen innerbilanziellen Ertrag von 40.000 €. In dieser Höhe ist der Tatbestand der verdeckten Einlage erfüllt, so dass der Gewinn wiederum um 40.000 € außerbilanziell zu mindern ist. Es findet ein Zugang zum steuerlichen Einlagekonto (§ 27 KStG) bei der B-GmbH statt.

Die Einlage wird der A-GmbH als Anteilseignerin zugerechnet. Ihre Anschaffungskosten auf die Beteiligung an der B-GmbH erhöhen sich um 40.000 €, so dass sie in ihrer Steuerbilanz den Beteiligungswert ertragswirksam um 40.000 € erhöht. Dies stellt eine verdeckte Einlage des A in die A-GmbH dar, so dass der Gewinn außerbilanziell wieder neutralisiert wird. Es findet ein Zugang zum steuerlichen Einlagekonto (§ 27 KStG) bei der A-GmbH statt.

Die Anschaffungskosten des A auf seine A-GmbH erhöhen sich um 40.000 €. Sofern die Veräußerung des Grundstücks des A steuerbar ist (z.B. § 23 EStG), ist zur Berechnung eines etwaigen Veräußerungsgewinns ein Veräußerungspreis für das Grundstück von 100.000 € anzusetzen.

[33] BFH, Urt. v. 23.10.1985 – I R 247/81, BStBl II, 1988.

19. Verdeckte Gewinnausschüttung

19.1 Rechtliche Grundlage der verdeckten Gewinnausschüttung

19.1 Durch die Gesellschaft und deren Gesellschafter kann das Ergebnis der Gesellschaft beeinflusst werden, ohne dass dies zunächst nach außen hin sichtbar wird. Der Gesellschafter kann z.B. verdeckt Beträge „entnehmen", die bei der Gesellschaft nicht als Gewinnausschüttung erscheinen, sondern den Aufwand der Gesellschaft erhöhen oder den Ertrag vermindern.

Beispiel

19.2 Gesellschafter A vermietet ein unbebautes Grundstück an seine A-GmbH zu einer Miete von 130 €. Die angemessene Miete beträgt 30 €.

Lösung

In Höhe des unangemessenen Teils der Miete von 100 € wurde der Aufwand der Gesellschaft unzulässig erhöht, insoweit kann eine verdeckte Gewinnausschüttungen (vGA) vorliegen.

19.3 Nach § 8 Abs. 3 Satz 2 KStG mindern vGA das Einkommen der Körperschaft nicht. Entsprechend wird diese bei Ermittlung des zu versteuernden Einkommens außerhalb der Steuerbilanz wieder hinzugerechnet.[1]

Praxistipp

Bei der vGA handelt es sich grundsätzlich um eine außerbilanzielle Hinzurechnungsvorschrift (zweite Gewinnermittlungsstufe). Es sind aber dennoch in der Handels- und Steuerbilanz Buchungen vorzunehmen, da die aufgrund der Hinzurechnung anfallende Steuerbelastung (Körperschaftsteuer, Solidaritätszuschlag und Gewerbesteuer) innerbilanziell zu erfassen ist.

Fortsetzung Beispiel

19.4 Aufgrund der festgestellten vGA von 100 € kommt es zu einer Belastung mit Körperschaftsteuer von 15 € und Gewerbesteuer von 15 €.

Lösung

Buchung in der Handelsbilanz und Steuerbilanz:

[1] Vgl. R 7.1 Abs. 1 Nr. 7 KStR 2022; BMF-Schreiben v. 28.05.2002 – IV A 2 - S 2742 - 32/02, BStBl I, 603; BFH, Urt. v. 29.06.1994 – I R 137/93, DStR 1994, 1802.

per Miete	130 €	an Bank	130 €
per KSt	15 €	an Steuerrückstellung	30 €
per GewSt	15 €		

außerbilanzielle Hinzurechnungen

§ 8 Abs. 3 Satz 2 KStG (vGA):	+ 100 €
§ 4 Abs. 5b EStG (Gewerbesteueraufwand):	+ 15 €
§ 10 Nr. 2 KStG (Körperschaftsteueraufwand):	+ 15 €

Der Gesetzgeber definiert den **Begriff** der vGA nicht. Vielmehr ist der Begriff durch die Rechtsprechung geprägt und von der Finanzverwaltung übernommen worden. Danach ist eine vGA gegeben, wenn folgende Voraussetzungen kumulativ erfüllt sind:[2] 19.5

- Vermögensminderung oder verhinderte Vermögensmehrung,
- die durch das Gesellschaftsverhältnis veranlasst ist,
- sich auf die Höhe des Unterschiedsbetrags nach § 4 Abs. 1 Satz1 EStG auswirkt und
- nicht auf einem ordentlichen Gesellschafterbeschluss beruht.

19.1.1 Vermögensminderung oder verhinderte Vermögensmehrung

Eine **Vermögensminderung** liegt vor, wenn die Gesellschaft einen Aufwand tätigt, dem keine angemessene Gegenleistung gegenübersteht. 19.6

Eine **verhinderte Vermögensmehrung** ist gegeben, wenn die Gesellschaft für eine erbrachte Leistung kein angemessenes Entgelt erhält. 19.7

Sowohl die Vermögensminderung, als auch die verhinderte Vermögensmehrung ist mit Hilfe der **Steuerbilanz** zu ermitteln, wie sie ohne Berücksichtigung der Rechtsfolge aus § 8 Abs. 3 Satz 2 KStG unter Anwendung des Maßgeblichkeitsgrundsatzes (§ 5 Abs. 1 EStG) aufzustellen ist. Der so ermittelte Steuerbilanzgewinn ist mit demjenigen zu vergleichen, der sich bei dem Ansatz des Aufwands als Ausschüttung bzw. bei der Erfassung der verhinderten Vermögensmehrung als 19.8

[2] Vgl. R 8.5 Abs. 1 KStR 2022; BFH, Urt. v. 22.02.1989 – I R 44/85, BStBl II, 475.

Einnahme ergibt. Die Vermögensminderung oder verhinderte Vermögensmehrung besteht aus dem ggf. sich ergebenen Differenzbetrag.[3]

Beispiel

19.9 Die A-GmbH vermietet einen Pkw an seinen Gesellschafter für 20 €. Der angemessene Mietpreis beträgt 25 €.

Lösung

Die Gesellschaft erhält für ihre erbrachte Leistung i.H.v. 5 € kein angemessenes Entgelt. Es liegt insoweit eine verhinderte Vermögensmehrung vor.

19.1.2 Veranlassung durch das Gesellschaftsverhältnis

19.10 Eine Veranlassung durch das Gesellschaftsverhältnis ist dann gegeben, wenn die Leistungsbeziehung zwischen der Gesellschaft und ihrem Gesellschafter einem **Fremdvergleich** nicht standhält. Dies ist nach ständiger Rechtsprechung des BFH dann der Fall, wenn die Kapitalgesellschaft ihrem Gesellschafter oder einer ihm nahestehenden Person (dazu Rdnr. 19.66) einen Vermögensvorteil zuwendet, den sie bei Anwendung der Sorgfalt eines ordentlichen und gewissenhaften Geschäftsleiters einem Nichtgesellschafter nicht gewährt hätte.[4] Dabei wird davon ausgegangen, dass der ordentliche und gewissenhafte Geschäftsleiter i.d.R. gewinnorientiert handelt und sich nach unternehmerischen Maßstäben richtet.[5] Im Rahmen des Fremdvergleichs bieten die Kriterien der Üblichkeit und Ernsthaftigkeit zusätzliche Anhaltspunkte.[6]

19.11 Darüber hinaus ist ein sogenannter **doppelter Fremdvergleich** anzustellen. Trifft die Gesellschaft mit ihrem Gesellschafter eine an sich für sie günstige Vereinbarung, der ein gedachter Fremder nicht zugestimmt hätte, kann ebenfalls eine vGA vorliegen.[7] Nicht in jedem Fall lässt sich der Fremdvergleich heranziehen. Dieser ist z.B. nicht möglich, wenn ein vergleichbares Geschäft mit einem Dritten ausgeschlossen ist und nur mit einem Gesellschafter abgeschlossen werden kann.[8]

---

3 Vgl. BFH, Urt. v. 23.06.1993 – I R 72/92, BStBl II, 801.

4 Vgl. BFH, Urt. v. 07.08.2002 – I R 2/02, BStBl II 2004, 131.

5 Vgl. BFH, Urt. v. 28.11.1991 – I R 13/90, BStBl II 1992, 359.

6 GOSCH, in: GOSCH, KStG, 4. Aufl. 2020, § 8 Rdnr 345.

7 Vgl. BFH, Urt. v. 17.05.1995 – I R 147/93, BStBl II 1996, 204, zur Gewährung einer „Nur-Pension" als alleinige Vergütung für eine Geschäftsführertätigkeit.

8 Vgl. HEY U.A., in: HERRMANN/HEUER/RAUPACH, EStG/KStG, § 8 KStG Rdnr. 137 (03/2024).

19.1.3 Auswirkung auf die Höhe des Unterschiedsbetrags nach § 4 Abs. 1 Satz 1 EStG

Die vGA setzt eine durch das Gesellschaftsverhältnis veranlasste Minderung (oder verhinderte Mehrung) des Unterschiedsbetrags i.S.d. § 4 Abs. 1 Satz 1 EStG (i.V.m. § 8 Abs. 1 Satz 1 KStG) voraus.[9] § 8 Abs. 1 Satz 1 KStG verweist zur Ermittlung des Einkommens einer Körperschaft zunächst auf die Vorschriften des EStG, so dass der Gewinn der Unterschiedsbetrag zwischen dem Betriebsvermögen am Schluss des Wirtschaftsjahres und dem Betriebsvermögen am Schluss des vorangegangenen Wirtschaftsjahres ist. Technisch gesehen muss zunächst ein überhöhter (steuer-)bilanzieller Aufwand oder ein verminderter (steuer-)bilanzieller Ertrag vorliegen, der durch die vGA korrigiert werden kann. Zusätzlich muss die Auswirkung auf den Unterschiedsbetrag bei dem Anteilseigner einen Beteiligungsertrag auslösen können (**Vorteilsgeeignetheit**).[10] 19.12

Beispiel

Die A-GmbH gewährt ihrem Gesellschafter-Geschäftsführer eine Pensionszusage. 19.13
Zur Rückdeckung der Zusage schließt die A-GmbH eine Kapitallebensversicherung ab, bei der der Gesellschafter die versicherte Person ist, die GmbH aber im Versicherungsfall der Bezugsberechtigte. Das Finanzamt sieht die Gewährung der Pensionszusage im vorliegenden Fall bereits dem Grunde nach als durch das Gesellschaftsverhältnis veranlasst und behandelt die Zuführung zur Pensionsrückstellung ebenso wie die geleisteten Beiträge zur Lebensversicherung als vGA.

Lösung

Die Gewährung der Pensionszusage stellt einen Vorteil für den Gesellschafter dar, da er aus der Zusage im Pensionsfall mit einer Auszahlung rechnen kann. Die als Aufwand gebuchte Zuführung zur Rückstellung ist daher außerbilanziell bei Ermittlung des Einkommens der A-GmbH wieder hinzuzurechnen.

Dagegen sind die als Betriebsausgabe gebuchten Beiträge zu der Lebensversicherung und die dadurch eingetretene Gewinnminderung nicht als vGA zu werten. Die Lebensversicherungsbeiträge dienen der Finanzierung der dem Gesellschafter-Geschäftsführer zugesagten Pension und stellen bei diesem keinen zusätzlichen Beteiligungsertrag dar. Die Versicherungsleistung fließt im Versicherungsfall ausschließlich der A-GmbH zu und wurde damit ausschließlich aus betrieblichem Interesse abgeschlossen.

---

9 Vgl. BFH, Urt. v. 17.10.2001 – I R 103/00, BStBl II 2004, 171.

10 Vgl. BFH, Urt. v. 07.08.2002 – I R 2/02, BStBl II 2004, 131.

19.1.4 Nicht auf einem ordentlichen Gesellschafterbeschluss beruhend

19.14 Als weitere Voraussetzung darf die (verdeckte) Gewinnausschüttung nicht auf einem ordentlichen Gesellschafterbeschluss beruhen. In diesem Fall liegt bereits eine **offene Gewinnausschüttung** vor. Auch offene Gewinnausschüttungen sind bei der Ermittlung des Einkommens der Körperschaft unbeachtlich (§ 8 Abs. 3 Satz 1 KStG).

19.2 Auswirkung bei der Kapitalgesellschaft

19.2.1 Ermittlung des Einkommens

19.15 Sind die Tatbestandsvoraussetzungen der vGA auf Ebene der Kapitalgesellschaft erfüllt, wird nach ständiger Rechtsprechung des BFH dem auf der ersten Gewinnermittlungsstufe ermittelten Unterschiedsbetrag (i.S.d. § 4 Abs. 1 Satz 1 EStG i.V.m. § 8 Abs. 1 Satz 1 KStG) der Betrag der vGA auf der **zweiten Gewinnermittlungsstufe** außerhalb der Steuerbilanz wieder hinzugerechnet.[11] Es wird somit weder die Steuerbilanz (§ 4 Abs. 1 EStG) korrigiert noch – in Abgrenzung zu § 4 Abs. 5 EStG – ein Betriebsausgabenabzug versagt.[12]

Praxistipp

19.16 In der Regel wird eine vGA erst nach ursprünglicher Aufstellung der Steuerbilanz z.B. im Rahmen einer Betriebsprüfung festgestellt. In diesen Fällen kann es durch die richtige Erfassung des Sachverhalts zunächst zu einer Auswirkung auf der ersten Gewinnermittlungsstufe kommen, die sodann durch Erfassung der vGA auf der zweiten Gewinnermittlungsstufe korrigiert wird.

Beispiel

19.17 Die A-GmbH erwirbt von ihrem Gesellschafter A ein Grundstück zu einem Kaufpreis von 150.000 €. In der Handels- und Steuerbilanz setzt die A-GmbH das Grundstück mit Anschaffungskosten von 150.000 € an. Im Rahmen einer Betriebsprüfung wird festgestellt, dass der Kaufpreis i.H.v. 50.000 € unangemessen hoch war.

---

[11] BFH, Urt. v. 29.06.1994 – I R 137/93, BStBl II 2002, 366; BMF-Schreiben v. 28.05.2002 – IV A 2 - S 2742 - 32/02, BStBl I, 603.

[12] Vereinzelt wird die Gegenauffassung vertreten, dass eine Korrektur der vGA innerhalb der Steuerbilanz erfolgt; vgl. Bareis, BB 2005, 354; ders., FR 2008, 537; Reiß, StuW 2003, 21; Briese, FR 2009, 991. Dem ist m.E. nicht zuzustimmen.

Lösung

Die A-GmbH hat das Grundstück zu Anschaffungskosten zu bewerten. Hinsichtlich des gezahlten Überpreises liegen keine Anschaffungskosten vor,[13] so dass in der Steuerbilanz nur 100.000 € anzusetzen sind. Es entsteht ein innerbilanzieller Verlust von 50.000 €. Da es sich insoweit um eine vGA handelt, erfolgt wiederum eine außerbilanzielle Hinzurechnung von 50.000 €.

Den Grundsätzen des BFH[14] und der Finanzverwaltung[15] folgend, unterscheiden sich die Auswirkungen der vGA bei laufenden Betriebsausgaben von denen bei Aktivierung von Wirtschaftsgütern auf der Aktivseite und von der Passivierung von Verpflichtungen. 19.18

19.2.1.1 Verdeckte Gewinnausschüttung bei laufenden Betriebsausgaben

Bei laufenden Betriebsausgaben ist für die Hinzurechnung als vGA und damit für die Einkommenserhöhung der Betrag maßgebend, der im laufenden Jahr das Einkommen gemindert hat. Hierzu zählen insbesondere unangemessene Gehaltszahlungen und überhöhte Mieten für die Nutzung eines durch den Gesellschafter zur Nutzung überlassenen Wirtschaftsguts. 19.19

19.2.1.2 Verdeckte Gewinnausschüttung bei Aktivierung von Wirtschaftsgütern

Wirtschaftsgüter sind durch die Gesellschaft in der Steuerbilanz grundsätzlich zu Anschaffungskosten zu bewerten (§ 6 Abs. 1 EStG i.V.m. § 8 Abs. 1 KStG). Soweit ein Wirtschaftsgut von einem Gesellschafter (oder einer ihm nahestehenden Person) erworben wurde und hierfür ein überhöhter Preis gezahlt wurde, bestimmen sich die Anschaffungskosten nicht nach dem tatsächlich gezahlten, sondern nach dem unter fremden Dritten üblichen Kaufpreis.[16] In Höhe der Differenz zum tatsächlich gezahlten Betrag wird ein Aufwand gebucht. In Höhe dieses Betrags ist das Einkommen nach § 8 Abs. 3 Satz 2 KStG zu korrigieren. 19.20

---

[13] Vgl. OPPENLÄNDER, Verdeckte Gewinnausschüttung, 2004, S. 251.

[14] Vgl. BFH, Urt. v. 29.06.1994 – I R 137/93, BStBl II 2002, 366.

[15] BMF-Schreiben v. 28.05.2002 – IV A 2 - S 2742 - 32/02, BStBl I, 603.

[16] Vgl. BFH, Urt. v. 13.03.1985 – I R 9/81, BFH/NV 1986, 116.

Praxistipp

19.21 Sofern die Veranlagung für das Wirtschaftsjahr der Anschaffung nicht mehr geändert werden kann, ist der Bilanzansatz in der Schlussbilanz des ersten offenen Veranlagungszeitraums ertragswirksam zu korrigieren (R 15 Abs. 1 EStR) und der Wert anzusetzen, der sich als Buchwert bei Ansatz der angemessenen Anschaffungskosten abzüglich Abschreibungen ergeben hätte. Der dabei entstehende Gewinn soll nach Ansicht des BMF als vGA dem Einkommen hinzuzurechnen sein.[17]

19.2.1.3 Verdeckte Gewinnausschüttung bei Passivierung von Verpflichtungen

19.22 Hat eine Vereinbarung mit dem Gesellschafter in der Steuerbilanz zur Bildung eines Passivpostens geführt (Verbindlichkeit oder Rückstellung) und wird hierin ganz oder teilweise eine vGA gesehen, so hat dies auf die Passivierung der Verpflichtung keine Auswirkung. Durch die Passivierung entsteht ein **innerbilanzieller Verlust**, der nach § 8 Abs. 3 Satz 2 KStG auf der zweiten Gewinnermittlungsstufe hinzuzurechnen ist.

19.23 Für Zwecke der weiteren steuerlichen Behandlung soll aber nach Auffassung des BMF[18] in Höhe des Betrags der vGA – unabhängig davon, ob sie zur Einkommenserhöhung bei der Körperschaft geführt hat – im Rahmen einer Nebenrechnung ein „Teilbetrag I" gebildet werden. Zudem ist in einem „Teilbetrag II" ergänzend festzuhalten, in welchem Umfang der Teilbetrag I bei der Einkommensermittlung dem Steuerbilanzgewinn hinzugerechnet worden ist. Die Teilbeträge sind entsprechend der Entwicklung des Passivpostens in der Steuerbilanz fortzuschreiben. Wird die Verpflichtung in der Steuerbilanz gewinnerhöhend aufgelöst, ist sie, soweit sie anteilig auf den durch das Gesellschaftsverhältnis veranlassten Teil entfällt, bis zur Höhe des aufzulösenden Teilbetrags II außerhalb der Steuerbilanz zur Vermeidung einer doppelten Erfassung wieder abzuziehen.[19]

19.2.2 Ertragsteuerliche Auswirkung

19.24 Die außerbilanzielle Hinzurechnung führt bei der Kapitalgesellschaft zu einer **Erhöhung des steuerlichen Gewinns** und damit auch des zu versteuernden Einkommens, das die Bemessungsgrundlage der Körperschaftsteuer darstellt. Da sich

---

17 BMF-Schreiben v. 28.05.2002 – IV A 2 - S 2742 - 32/02, BStBl I, 603; dagegen kann nach FROTSCHER, FR 2002, 859, die vGA nur in dem Jahr erfasst werden, in dem die Leistung aus gesellschaftsrechtlichen Gründen erbracht worden ist. Eine spätere Berücksichtigung hebele unzulässigerweise die Wirkungen der Bestandskraft und der Festsetzungsverjährung aus. Dem ist m.E. zuzustimmen.

18 BMF-Schreiben v. 28.05.2002 – IV A 2 - S 2742 - 32/02, BStBl I, 603.

19 Siehe hierzu umfangreiche Beispiele im BMF-Schreiben v. 28.05.2002 – IV A 2 - S 2742 - 32/02, BStBl I, 603.

die Höhe des Solidaritätszuschlags an der festgesetzten Körperschaftsteuer misst, hat die vGA auch hierauf Auswirkung (§ 4 Satz 1 i.V.m. § 3 Abs. 1 Nr. 1 SolZG). Zudem ermittelt sich auch der Gewerbeertrag zunächst aus dem nach den Vorschriften des KStG errechneten Gewinn (§ 7 Abs. 1 Satz 1 GewStG), so dass die vGA auch auf die Höhe der Gewerbesteuer Auswirkung hat.

Beispiel

Bei der A-GmbH wurde eine vGA i.S.d. § 8 Abs. 3 Satz 2 KStG i.H.v. 100.000 € festgestellt. Der anzuwendende Gewerbesteuerhebesatz beträgt 400 %. 19.25

Lösung

Der Gewinn der A-GmbH ist außerbilanziell um die vGA i.H.v. 100.000 € zu erhöhen. Entsprechend erhöhen sich die festzusetzenden Steuerbeträge:

Körperschaftsteuer:	100.000 € x 15 % =	15.000 €
Solidaritätszuschlag:	15.000 € x 5,5 % =	825 €
Gewerbesteuer:	100.000 € x 3,5 % x 400 % =	14.000 €

19.2.3 Auswirkungen auf das steuerliche Einlagekonto

Eine vGA kann, ebenso wie eine offene Gewinnausschüttung, zu einer **Minderung** des steuerlichen Einlagekontos (§ 27 KStG) führen. Insoweit wird nicht zwischen einer vGA und einer offenen Gewinnausschüttung unterschieden (siehe dazu Rdnr. 12.1 ff.). 19.26

Beispiel

Für die A-GmbH wurde zum 31.12.01 ein steuerliches Einlagekonto (§ 27 KStG) i.H.v. 500.000 € festgestellt. Die Gesellschaft weist zum 31.12.01 ein Stammkapital von 25.000 €, eine Kapitalrücklage von 500.000 € und eine Gewinnrücklage von 75.000 € aus. Der Jahresüberschuss des Jahres 01 betrug 84.623 €. Es wurde mit Feststellung des Jahresabschlusses 01 am 10.04.02 eine Ausschüttung des Jahresüberschusses i.H.v. 84.000 € beschlossen. Diese wurde am Folgetag ausbezahlt. Darüber hinaus erfolgte in 02 eine Leistung i.H.v. 92.000 € der Gesellschaft an ihren Gesellschafter, die als vGA (§ 8 Abs. 3 Satz 2 KStG) zu werten ist. Der Jahresüberschuss des Jahres 02 beträgt 97.000 €. 19.27

Lösung

Soweit Leistungen im Jahr 02 den ausschüttbaren Gewinn zum 31.12.01 übersteigen, mindern diese das steuerliche Einlagekonto.

Ausschüttbarer Gewinn zum 31.12.01:		
Stammkapital:	25.000 €	
Kapitalrücklage:	+ 500.000 €	
Gewinnrücklage:	+ 75.000 €	
Jahresüberschuss 01:	+ 84.000 €	
Eigenkapital:	684.000 €	
Abzgl. Stammkapital:	– 25.000 €	
Abzgl. steuerl. Einlagekonto	– 500.000 €	
Ausschüttbarer Gewinn:	159.000 €	
Leistungen des Jahres 02:	– 176.000 €	(84.000 € + 92.000 €)
Minderung steuerl. Einlagekonto:	**17.000 €**	

19.2.4 Bewertung der vGA

19.28 Nach Auffassung der Finanzverwaltung wird die vGA mit dem „gemeinen Wert der angemessenen Gegenleistung" bewertet (vgl. H 8.6 KStH 2022). Der gemeine Wert enthält als Bruttowert auch die Umsatzsteuer, die somit auch zur vGA rechnet und nach § 10 Nr. 2 KStG nicht gesondert hinzugerechnet wird (vgl. R 8.6 KStR 2022).

19.29 Nach Auffassung des BFH[20] soll sich die Hinzurechnung der vGA aber maximal auf die Höhe der steuerbilanziellen Gewinnauswirkung beschränken. Diese kann im Fall eines umsatzsteuerlich als unentgeltliche Wertabgabe zu qualifizierenden Geschäftsvorfalls (siehe dazu Rdnr. 19.54 ff.) auch niedriger als der gemeine Wert sein. Hieraus ergibt sich folgendes Wertermittlungsschema für eine vGA:

	Gemeiner Wert des Wirtschaftsguts/angemessene Vergütung (inkl. Umsatzsteuer)
–	im gemeinen Wert enthaltene (fiktive) Umsatzsteuer
+	tatsächlich angefallene Umsatzsteuer
–	ggf. Zuzahlung des Gesellschafters (der nahestehenden Person)
=	vGA

[20] Vgl. BFH, Urt. v. 31.03.2004 – I R 65/03, BStBl II 2005, 664.

Beispiel

Die A-GmbH liefert an ihren Gesellschafter Ware im gemeinen Wert von 1.190 € und verlangt hierfür nur 585 €. Die Ware hat die Gesellschaft vorher für (netto) 700 € eingekauft. 19.30

Lösung

Es entsteht Umsatzsteuer i.H.v. 133 € (Bemessungsgrundlage in Höhe des Einkaufswerts, 700 €, § 10 Abs. 5 Nr. 1 i.V.m. Abs. 4 Nr. 1 UStG).

Die Gesellschaft bucht in der Steuerbilanz:

per Bank	585 €	an Erlöse	452 €
		an USt	133 €
Aufwand	700 €	an Ware	700 €

Es entsteht ein innerbilanzieller Aufwand aus dem Geschäftsvorfall von 248 €.

Die vGA wird wie folgt bewertet:

Gemeiner Wert der Ware:	1.190 €
fiktive USt:	– 190 €
tatsächliche USt	+ 133 €
Zuzahlung	– 585 €
Höhe der vGA	**548 €**

In dieser Höhe erfolgt eine außerbilanzielle Hinzurechnung. Der „Gesamtgewinn" aus der Lieferung der Ware beträgt somit 300 €.

19.3 Auswirkung beim Gesellschafter

Die steuerliche Auswirkung einer vGA hängt im Wesentlichen davon ab, ob die Beteiligung in einem Betriebsvermögen oder im steuerlichen Privatvermögen des Gesellschafters gehalten wird und ob dieser einkommensteuerpflichtig oder körperschaftsteuerpflichtig ist. Dabei ist der zugewendete Vorteil nach § 8 Abs. 2 EStG zu bewerten und ungeschmälert als Bruttoertrag anzusetzen.[21] 19.31

19.3.1 Anteil an Kapitalgesellschaft im Privatvermögen einer natürlichen Person

Ist die Beteiligung an der Kapitalgesellschaft dem steuerlichen Privatvermögen des Gesellschafters zuzurechnen, so gehören nach § 20 Abs. 1 Nr. 1 Satz 2 EStG vGA zu den **Einkünften aus Kapitalvermögen.** Dabei ist nach den allgemeinen Regelungen die vGA beim Gesellschafter in dem Zeitpunkt zu erfassen, in dem ihm der Vermögensvorteil i.S.d. § 11 EStG zufließt. 19.32

[21] BFH, Urt. v. 06.12.2005 – VIII R 70/04, BFH/NV 2006, 722.

19.33 Bezüge aus vGA gehören nicht zu den Einnahmen, wenn für diese Beträge das steuerliche Einlagekonto nach § 27 KStG als verwendet gilt (§ 20 Abs. 1 Nr. 1 Satz 3 EStG). Das steuerliche Einlagekonto wird verwendet, wenn Ausschüttungen des Wirtschaftsjahres, den ausschüttbaren Gewinn übersteigen (§ 27 Abs. 1 Satz 3 KStG). Als ausschüttbarer Gewinn wiederum gilt das um das gezeichnete Kapital geminderte in der Steuerbilanz ausgewiesene Eigenkapital abzüglich des Bestands des steuerlichen Einlagekontos (§ 27 Abs. 1 Satz 5 KStG).

Beispiel

19.34 Die A-GmbH weist am 31.12.01 ein Stammkapital von 50.000 €, Kapitalrücklage 300.000 €, Verlustvortrag von 20.000 € und einen Jahresüberschuss von 30.000 € aus. Das steuerliche Einlagekonto wurde mit 300.000 € festgehalten. In 02 wird eine vGA i.H.v. 15.000 € festgestellt.

Lösung

Der ausschüttbare Gewinn beträgt:

Eigenkapital (50.000 € + 300.000 € + 30.000 € – 20.000 €):	360.000 €
Gezeichnetes Kapital:	– 50.000 €
Steuerliches Einlagekonto:	– 300.000 €
Ausschüttbarer Gewinn:	**10.000 €**

Die vGA gehört mit 10.000 € zu den Einkünften aus Kapitalvermögen, für den den ausschüttbaren Gewinn übersteigenden Teil (5.000 €) gilt das steuerliche Einlagekonto als verwendet. Dieser Teil gehört nicht zu den Einnahmen aus Kapitalvermögen („Rückgewähr von Einlagen").

Hinweis

19.35 Nach § 27 Abs. 3 KStG hat die ausschüttende Kapitalgesellschaft – auch bei Vorliegen einer vGA – die etwaige Verwendung des steuerlichen Einlagekontos zu bescheinigen. Diese Bescheinigung dient dem Gesellschafter als Nachweis, dass keine steuerpflichtigen Einnahmen vorliegen.

19.36 Die steuerneutrale Leistung aus dem steuerlichen Einlagekonto führt aber zur **Minderung der Anschaffungskosten** des Gesellschafters an der Gesellschaft (siehe dazu im Einzelnen Rdnr. 12.97 ff.).

19.37 Da die vGA bei dem Gesellschafter Einkünfte aus Kapitalvermögen darstellt, unterliegen diese Einkünfte grundsätzlich dem gesonderten Steuertarif nach § 32d Abs. 1 EStG (**Abgeltungsteuer**) von 25 % (zzgl. Solidaritätszuschlag und ggf. Kirchensteuer). Die Behandlung als vGA kann somit durchaus bei dem Gesellschafter isoliert betrachtet zu einem steuerlich positiven Ergebnis führen, insbesondere in den Fällen, in denen z.B. Einnahmen aus nichtselbständiger Tätigkeit oder aus Vermietung und Verpachtung wegen überhöht vereinbartem Entgelt umqualifiziert werden.

Beispiel

Der Gesellschafter-Geschäftsführer der A-GmbH erhält ein Gehalt von 450.000 €. Angemessen wäre ein Gehalt von 350.000 €. 19.38

Lösung

Der unangemessene Anteil des Gehalts i.H.v. 100.000 € stellt eine vGA dar. Insoweit sind die Einkünfte beim Gesellschafter nicht als solche aus nichtselbständiger Tätigkeit (§ 19 EStG) zu erfassen, sondern als Einkünfte aus Kapitalvermögen (§ 20 Abs. 1 Nr. 1 Satz 2 EStG) zu qualifizieren. Während die Einkünfte aus nichtselbständiger Tätigkeit dem (progressiven) Spitzensteuersatz von 45 % unterliegen, werden die Einkünfte aus Kapitalvermögen lediglich mit dem Abgeltungsteuertarif (25 %) belegt. Der Gesellschafter hat daher einen individuellen Einkommensteuer-„Vorteil" von 20.000 € (zzgl. Solidaritätszuschlag und ggf. Kirchensteuer).

Zu beachten ist, dass bei den Einkünften aus Kapitalvermögen ein **Werbungskostenabzugsverbot** verankert ist (§ 20 Abs. 9 EStG). Sämtliche Aufwendungen im Zusammenhang mit Einnahmen aus Kapitalvermögen stellen zwar grundsätzlich Werbungskosten (§ 9 EStG) dar, können aber nicht von den Einnahmen abgezogen werden. Gerade im Zusammenhang mit unternehmerischen Beteiligungen an Kapitalgesellschaften kann dies für den Gesellschafter, nicht nur bei Feststellung einer vGA, nachteilig sein. Aus diesem Grund hat der Gesetzgeber dem Gesellschafter ein Wahlrecht eingeräumt, auf den Abgeltungsteuertarif zu verzichten (§ 32d Abs. 1 Nr. 3 EStG). Dieses antragsgebundene Wahlrecht fordert eine Mindestbeteiligungsquote von 25 % oder setzt voraus, dass der Gesellschafter zu mindestens 1 % an der Gesellschaft beteiligt ist und durch eine berufliche Tätigkeit für diese maßgeblichen unternehmerischen Einfluss auf deren wirtschaftliche Tätigkeit nehmen kann. 19.39

Wird dieser Antrag gestellt, so gilt das Werbungskostenabzugsverbot des § 20 Abs. 9 EStG nicht (§ 32d Abs. 1 Nr. 3 Satz 2 EStG). Zudem finden sodann § 3 Nr. 40 und § 3c Abs. 2 EStG Anwendung. Mithin bleiben 40 % der Einnahmen steuerfrei und 40 % der Werbungskosten können nicht abgezogen werden. Auf die sodann verbleibenden Einkünfte wird der (progressive) Steuertarif des § 32a EStG angewendet. 19.40

Beispiel

19.41 Alleingesellschafter A hat seine Beteiligung an der A-GmbH fremdfinanziert und zahlt hierfür jährlich Schuldzinsen i.H.v. 100.000 €. Er erhält jährliche Gewinnausschüttungen i.H.v. 120.000 €.

Lösung

Die Gewinnausschüttung wird grundsätzlich mit dem Abgeltungsteuertarif (25 %) belegt, die Schuldzinsen unterliegen dabei dem Werbungskostenabzugsverbot. Es kommt zu einer Steuerbelastung von 30.000 €.

Sofern der Antrag nach § 32d Abs. 1 Nr. 3 EStG gestellt wird, ergibt sich bei unterstelltem Spitzensteuersatz (45 %) nachfolgende Steuerbelastung: Von den Einnahmen i.H.v. 120.000 € bleiben 40 % steuerfrei (§ 3 Nr. 40 Satz 1 Buchst. d) EStG), mithin sind 72.000 € steuerpflichtig. Die Schuldzinsen sind als Werbungskosten zu 60 % abzuziehen (§ 3c Abs. 2 EStG), mithin 60.000 €. Es bleiben zu versteuernde Einkünfte von 12.000 €, die zu einer Steuerbelastung von 5.400 € führen.

19.42 Auch findet der Abgeltungsteuertarif keine Anwendung, soweit eine vGA das Einkommen der leistenden Kapitalgesellschaft gemindert hat (§ 32d Abs. 2 Nr. 4 EStG). In diesem Fall ist aber auch die 40%ige Steuerfreistellung nach § 3 Nr. 40 Satz 1 Buchst. d) Satz 2 EStG ausgeschlossen (**materielle Korrespondenz**).

Beispiel

19.43 Gesellschafter A erhält von der A-GmbH ein um 50.000 € unangemessen hohes Gehalt. Es liegen grundsätzlich die Tatbestände einer vGA vor. Eine Hinzurechnung nach § 8 Abs. 3 Satz 2 KStG ist bei der A-GmbH bisher unterblieben. Der Bescheid ist auch nicht mehr änderbar.

Lösung

Beim Gesellschafter handelt es sich in Höhe des unangemessenen Gehalts nicht um Einnahmen bei den Einkünften aus nichtselbständiger Tätigkeit (§ 19 EStG), sondern um Einnahmen aus Kapitalvermögen (§ 20 Abs. 1 Nr. 1 Satz 2 EStG). Da die vGA das Einkommen der A-GmbH gemindert hat (die außerbilanzielle Hinzurechnung ist unterblieben), ist bei A sowohl der Abgeltungsteuertarif als auch die 40%ige Steuerfreistellung ausgeschlossen. Die Einnahmen sind mit dem tariflichen Steuersatz des A zu versteuern.

19.3.2 Anteil an Kapitalgesellschaft im Betriebsvermögen einer natürlichen Person

19.44 Werden die Anteile an der Kapitalgesellschaft von dem Gesellschafter in einem steuerlichen Betriebsvermögen gehalten, so sind sowohl offene als auch vGA den **Einkünften aus Gewerbebetrieb** zuzuordnen (§ 20 Abs. 8 EStG). Als Folge werden die Einkünfte nicht dem gesonderten Steuertarif des § 32d EStG (25 %) unterworfen (siehe § 32d Abs. 1 EStG). Von den Einnahmen bleiben 40 % steuerfrei (§ 3 Nr. 40 Satz 1 Buchst. d) i.V.m. Satz 2 EStG) und werden mit dem individuellen Steuersatz (§ 32a EStG) des Gesellschafters versteuert.

Etwaige Aufwendungen im Zusammenhang der Beteiligung sind als Betriebsausgaben abzugsfähig. Ein Werbungskostenabzugsverbot (§ 20 Abs. 9 EStG) besteht nicht. Zu beachten ist aber, dass 40 % der Betriebsausgaben nicht abzugsfähig sind (§ 3c Abs. 2 EStG). 19.45

Wurde das Einkommen der leistenden Kapitalgesellschaft entgegen § 8 Abs. 3 Satz 2 KStG nicht gemindert, so ist nach § 3 Nr. 40 Satz 1 Buchst. d) Satz 2 EStG die 40%ige Steuerfreistellung ausgeschlossen (**materielle Korrespondenz**). 19.46

19.3.3 Anteil an Kapitalgesellschaft im Betriebsvermögen einer juristischen Person

Ist Anteilseigner der Kapitalgesellschaft wiederum eine andere Kapitalgesellschaft (juristische Person), so stellen etwaige vGA bei dieser Bezüge dar, die nach § 8b Abs. 1 KStG steuerfrei sind, wenn die Beteiligung zu Beginn des Kalenderjahres unmittelbar mindestens 10 % betragen hat (§ 8b Abs. 4 KStG). Von den steuerfreien Bezügen gelten aber 5 % als nicht abzugsfähige Betriebsausgaben (§ 8b Abs. 5 KStG). 19.47

Beispiel

Die B-GmbH ist zu 20 % an der A-GmbH beteiligt. Für die Überlassung eines unbebauten Grundstücks erhält die B-GmbH eine i.H.v. 80.000 € unangemessene Vergütung. 19.48

Lösung

In Höhe der unangemessenn Vergütung von 80.000 € liegt eine vGA vor, die zu den Einnahmen der B-GmbH zählen. Da die B-GmbH zu mindestens 10 % an der A-GmbH beteiligt ist, bleibt der Betrag bei der Ermittlung des Einkommens der B-GmbH außer Ansatz. 5 % der Bezüge gelten als nicht abzugsfähige Betriebsausgaben (4.000 €).

B-GmbH	innerbilanziell	80.000 €	Ertrag (Bezüge nach § 20 Abs. 1 Nr. 1 EStG)
	außerbilanziell	– 80.000 €	steuerfrei (§ 8b Abs. 1 KStG)
	außerbilanziell	+ 5.000 €	nicht abzugsfähige Betriebsausgaben (§ 8b Abs. 5 KStG)

19.49 Wurde das Einkommen der leistenden Kapitalgesellschaft entgegen § 8 Abs. 3 Satz 2 KStG nicht gemindert, ist nach § 8b Abs. 1 Satz 2 KStG die Steuerfreistellung der Bezüge bei der empfangenden Kapitalgesellschaft ausgeschlossen (**materielle Korrespondenz**).

19.3.4 Gewerbesteuer beim Anteilseigner

19.50 Soweit die Anteile an der Kapitalgesellschaft einem Betriebsvermögen des Gesellschafters zuzurechnen sind, gehört der steuerpflichtige Anteil einer vGA grundsätzlich auch zum Gewerbeertrag des Betriebs (§ 7 Satz 1 und 4 GewStG). Sofern die Beteiligung im Betriebsvermögen zu Beginn des Erhebungszeitraums mindestens 15 % des Stammkapitals beträgt, ist der bei Ermittlung des Gewinns angesetzte Ertrag wiederum zu kürzen (§ 9 Nr. 2a GewStG). Werden diese Voraussetzungen nicht erfüllt, wird der nach § 3 Nr. 40 EStG bzw. § 8b KStG freigestellte Ertrag dem Gewerbeertrag hinzugerechnet (§ 8 Nr. 5 GewStG).

Hinweis

19.51 Bei einem einkommensteuerpflichtigen Anteilseigner wird die Gewerbesteuer (teilweise) nach § 35 EStG auf die Einkommensteuer angerechnet, wodurch die durch die Gewerbesteuer ausgelösten Belastungswirkungen wieder abgemildert werden. Diese Anrechnungsmöglichkeit fehlt aber bei einem körperschaftsteuerpflichtigen Anteilseigner.

19.3.5 Ertragsteuerlicher Belastungsvergleich

19.52 Die nachfolgende Tabelle zeigt die Belastungswirkung der vGA bei der leistenden Körperschaft und dem Anteilseigner. Hierbei wurde eine eventuelle Kirchensteuerpflicht des Anteilseigners aus Vereinfachungsgründen nicht dargestellt. Die Tabelle veranschaulicht deutlich, welche erheblichen ertragsteuerlichen Belastungswirkungen drohen, wenn eine vGA angenommen und der Besteuerung zugrunde gelegt wird.

Ertragsteuerliche Belastungswirkung der verdeckten Gewinnausschüttung auf beiden Besteuerungsebenen

		Anteilseigner ist eine natürliche Person				**Anteilseigner ist eine Körperschaft**		
		Abgeltungsteuer	**Teileinkünfteverfahren (PV)**	**Teileinkünfteverfahren (BV) Beteiligung <15 %**	**Teileinkünfteverfahren (BV) Beteiligung >15 %**	**vGA Beteiligung >15 %**	**vGA Beteiligung <10 %**	**vGA Beteiligung >10 % aber <15 %**
Ebene der Körperschaft	vGA (§ 8 Abs. 3 Satz 2 KStG)	100.000	100.000	100.000	100.000	100.000	100.000	100.000
	GewSt (Hebesatz 400 %)	14.000	14.000	14.000	14.000	14.000	14.000	14.000
	KSt (15 %)	15.000	15.000	15.000	15.000	15.000	15.000	15.000
	SolZ (5,5 % auf KSt)	825	825	825	825	825	825	825
	Steuerbelastung Körperschaft	**29.825**	**29.825**	**29.825**	**29.825**	**29.825**	**29.825**	**29.825**
Ebene des Anteilseigners	vGA (§20 Abs. 1 Nr. 1 Satz 2 EStG)	100.000	100.000	100.000	100.000	100.000	100.000	100.000
	steuerfrei § 3 Nr. 40 EStG/ § 8b KStG		– 40.000	– 40.000	– 40.000	– 95.000	–	– 95.000
	Steuerpflichtige Einkünfte (ESt/KSt)	**100.000**	**60.000**	**60.000**	**60.000**	**5.000**	**100.000**	**5.000**
	GewSt-Hinzurechnung § 8 Nr. 5 GewStG			40.000				95.000
	GewSt-Kürzung § 9 Nr. 2a GewStG				– 60.000			
	Gewerbeertrag			**100.000**	**–**	**5.000**	**100.000**	**100.000**
	GewSt (Hebesatz 400 %)			**14.000**	**–**	**700**	**14.000**	**14.000**
	Steuersatz (ESt/KSt)	25 %	0–45 %	0–45 %	0–45 %	15 %	15 %	15 %
	ESt/KSt (minimal)	**25.000**	**–**	**–**	**–**	**750**	**15.000**	**750**
	SolZ (minimal)	**1.375**	**–**	**–**	**–**	**41,25**	**825**	**41,25**
	Steuerbelastung Anteilseigner (minimal)	**26.375**	**–**	**14.000**	**–**	**1.491,25**	**29.825**	**14.791,25**

	Anteilseigner ist eine natürliche Person				**Anteilseigner ist eine Körperschaft**		
	Abgeltungsteuer	**Teileinkünfteverfahren (PV)**	**Teileinkünfteverfahren (BV) Beteiligung <15 %**	**Teileinkünfteverfahren (BV) Beteiligung >15 %**	**vGA Beteiligung >15 %**	**vGA Beteiligung <10 %**	**vGA Beteiligung >10 % aber <15 %**
ESt/KSt (maximal)	25.000	27.000	27.000	27.000	750	15.000	750
Anrechnung GewSt § 35 EStG			– 13.300				
zu erhebende ESt/KSt (maximal)	**25.000**	**27.000**	**13.700**	**27.000**	**750**	**15.000**	**750**
SolZ (maximal)	**1.375**	**1.485**	**753,50**	**1.485**	**41,25**	**825**	**41,25**
Steuerbelastung Anteilseigner (maximal)	**26.375**	**28.485**	**28.453,50**	**28.485**	**1.491,25**	**29.825**	**14.791,25**
Gesamtbelastung minimal	**56.200**	**29.825**	**43.825**	**29.825**	**31.316,25**	**59.650**	**44.616,25**
Steuerquote minimal	56,20 %	29,83 %	43,83 %	29,83 %	31,32 %	59,65 %	44,62 %
Gesamtbelastung maximal	**56.200**	**58.310**	**58.278,50**	**58.310**	**31.316,25**	**59.650**	**44.616,25**
Steuerquote maximal	56,20 %	58,31 %	58,28 %	58,31 %	31,32 %	59,65 %	44,62 %

19.4 Auswirkungen auf andere Steuerarten

19.53 § 8 Abs. 3 Satz 2 KStG ist grundsätzlich eine ertragsteuerliche „Korrektur"-Vorschrift, kann aber auch im Einzelfall Auswirkungen auf andere Steuerarten haben.

19.4.1 Umsatzsteuer

19.54 Wird eine vGA dadurch verwirklicht, dass die Kapitalgesellschaft z.B. ein Wirtschaftsgut unentgeltlich an den Anteilseigner überträgt oder zur Nutzung überlässt, können hierdurch die Voraussetzungen einer unentgeltlichen Wertabgabe i.S.v. § 3 Abs. 1b Satz 1 Nr. 3, Abs. 9a Nr. 1 oder Nr. 2 UStG erfüllt sein (Abschn. 3.2. Abs. 1 UStAE). Wenn eine verbilligte Übertragung oder Überlassung eines Wirtschaftsguts an einen Anteilseigner erfolgt, sind zudem oftmals die Voraussetzungen des § 10 Abs. 5 Satz 1 Nr. 1 UStG erfüllt. In diesen Fällen gelangt die **Mindestbemessungsgrundlage** i.S.v. § 10 Abs. 4 UStG zur Anwendung.

Praxistipp

Da für eine unentgeltliche Wertabgabe keine Rechnung erteilt werden darf, steht dem Empfänger der Leistung auch kein Recht zum Vorsteuerabzug zu (Abschn. 3.2 Abs. 2 Satz 5 und 6 UStAE). Dies kann insbesondere in den Fällen, in denen der Tatbestand der vGA durch eine Überlassung an einen nahen Angehörigen erfolgt, zu erhöhten Steuerfolgen führen, wenn diesem grundsätzlich ein Vorsteuerabzug zustehen würde. Dagegen ist in den Fällen, in denen die Mindestbemessungsgrundlagen nach § 10 Abs. 4 i.V.m. § 10 Abs. 5 UStG zur Anwendung gelangt, diese in der Rechnung auszuweisen (Abschn. 14.9 Abs. 1 UStAE). 19.55

Beispiel

A ist Alleingesellschafter der A-GmbH. Die A-GmbH überlässt für einen Großauftrag einen Lkw an das Einzelunternehmen der Ehefrau des A für einen Zeitraum von einem Jahr. Hierfür wurden 30.000 € (zzgl. MwSt) als Gegenleistung vereinbart. Einem fremden Dritten hätte die A-GmbH für die Überlassung des Lkw ein angemessenes Entgelt von 50.000 € (zzgl. MwSt) in Rechnung gestellt. Der Lkw wurde kurz vor der Überlassung durch die GmbH für 300.000 € angeschafft. 19.56

Lösung

Mit der Überlassung des Lkw an das Unternehmen der Ehefrau des A liegt eine sonstige Leistung nach § 3 Abs. 9 UStG und damit ein steuerbarer Umsatz (Inland unterstellt) i.S.v. § 1 Abs. 1 Nr. 1 UStG vor. Die Bemessungsgrundlage richtet sich grundsätzlich nach § 10 Abs. 1 UStG und würde danach 30.000 € betragen (vereinbartes Entgelt). Da die Leistung an eine dem Gesellschafter nahestehende Person erfolgt (§ 10 Abs. 5 Nr. 1 UStG), ist die Mindestbemessungsgrundlage des § 10 Abs. 4 UStG zu prüfen. Nach § 10 Abs. 4 Nr. 2 UStG wird der Umsatz nach sämtlichen Ausgaben, soweit sie zum Vorsteuerabzug berechtigt haben, bemessen. Dabei sind auch Anschaffungskosten zu berücksichtigen, die, soweit sie 500 € übersteigen, auf den für das Wirtschaftsgut maßgeblichen Zeitraum des § 15a UStG zu verteilen sind (§ 10 Abs. 4 Nr. 2 Satz 2 und 3 UStG). Mithin beträgt die Bemessungsgrundlage 300.000 € (Anschaffungskosten Lkw): 5 (Jahre) = 60.000 € für die Nutzungsüberlassung von einem Jahr. Da der Umsatz aber höchstens nach dem marktüblichen Entgelt zu bemessen ist (§ 10 Abs. 5 Satz 1 zweiter Halbsatz UStG), ist vorliegend die Umsatzsteuer auf 50.000 € zu berechnen und beträgt 9.500 €. Dieser Betrag ist in der Rechnung auszuweisen (Abschn. 14.9 UStAE) und an das Finanzamt abzuführen.

Das Einzelunternehmen der Ehefrau hat, unter den weiteren Voraussetzungen des § 15 UStG, einen entsprechenden Vorsteuerabzug.

In dem Fall, dass eine Kapitalgesellschaft ein Wirtschaftsgut oder eine sonstige Leistung zu einem überhöhten Preis von ihrem Anteilseigner bezieht, bleibt dagegen der überhöhte Preis (als Entgelt i.S.d. § 10 Abs. 1 UStG) als Bemessungsgrundlage der 19.57

Umsatzsteuer bestehen (Abschn. 10.1 Abs. 2 UStAE), vorausgesetzt, der Anteilseigner ist als Unternehmer i.S.d. § 2 UStG zu qualifizieren. Bei ordnungsgemäßer Rechnungserteilung hat die Kapitalgesellschaft aber auch den entsprechenden Vorsteuerabzug (unter den weiteren Voraussetzungen des § 15 UStG).

19.4.2 Grunderwerbsteuer

19.58 Steht die vGA im Zusammenhang mit einer Grundstücksübertragung, führt dies auch i.d.R. zur Entstehung von Grunderwerbsteuer (§ 1 GrEStG). Die Bemessungsgrundlage für die Grunderwerbsteuer bestimmt sich nach dem Wert der Gegenleistung (§ 8 Abs. 1 GrEStG). Dies gilt selbst dann, wenn die vereinbarte Gegenleistung weit über oder weit unter dem Verkehrswert des übertragenen Grundstücks liegt.[22]

Beispiel

Der Alleingesellschafter A veräußert ein Grundstück an seine A-GmbH zu einem Kaufpreis von 500.000 €. Der angemessene Kaufpreis beträgt unstreitig 400.000 €.

Lösung

Zwar liegt eine vGA vor, die mit 100.000 € zu bemessen ist, die Grunderwerbsteuer wird aber anhand der vereinbarten Gegenleistung von 500.000 € bemessen.

19.59 Nur wenn keine Gegenleistung vorhanden ist, wird für die Bemessung der Grunderwerbsteuer an die Grundbesitzwerte, ermittelt nach dem BewG angeknüpft (§ 8 Abs. 2 Satz 1 Nr. 1 GrEStG, der auf § 151 Abs. 1 Satz 1 Nr. 1 i.V.m. § 157 Abs. 1–3 BewG verweist).

Beispiel

Die A-GmbH überträgt unentgeltlich ein Grundstück an ihren Alleingesellschafter A. Ein angemessener Kaufpreis läge bei 500.000 €. Der nach dem BewG ermittelte Grundbesitzwert (§ 151 Abs. 1 Satz 1 Nr. 1 i.V.m. § 157 Abs. 1–3 i.V.m. §§ 176 ff. BewG) beträgt 450.000 €.

Lösung

Für die Bemessung der Grunderwerbsteuer wird der nach dem BewG ermittelte Grundbesitzwert i.H.v. 450.000 € herangezogen (§ 8 Abs. 2 Satz 1 Nr. 1 GrEStG).

---

[22] BFH, Urt. v. 26.10.1977 – II R 115/69, BStBl II 1978, 201.

19.4.3 Schenkungsteuer

Bei Verwirklichung des Tatbestands der vGA, deren Leistung **einer nahestehenden Person** des Gesellschafters zugutekommt, stellt sich die Frage, ob diese auch eine freigebige Zuwendung i.S.d. § 7 Abs. 1 Nr. 1 ErbStG darstellt und damit relevant für die Schenkungsteuer ist. Während die Finanzverwaltung zunächst noch in den Erbschaftsteuerrichtlinien 2003 (R 18 Abs. 8) u.U. bei einer vGA an eine nahestehende Person auch eine freigebige Zuwendung **des Gesellschafters an die nahestehende Person** annahm, wurde diese Auffassung aufgrund der Rechtsprechung des BFH[23] im Jahr 2010 aufgegeben.[24] Danach konnte bei einer vGA aber eine freigebige Zuwendung **der Kapitalgesellschaft an die nahestehende Person** gegeben sein. 19.60

Aber auch in einer verdeckten Gewinnausschüttung **zugunsten eines Gesellschafters** sah die Finanzverwaltung eine freigebige Zuwendung der Gesellschaft, soweit die Vorteilsgewährung die gesellschaftsrechtliche Beteiligungsquote übersteigt. Die Auffassung der Finanzverwaltung hat der BFH[25] im Jahr 2013 abgelehnt. Danach kann es im Verhältnis zwischen einer Kapitalgesellschaft und ihren Gesellschaftern neben betrieblich veranlassten Rechtsbeziehungen lediglich offene und verdeckte Gewinnausschüttungen sowie Kapitalrückzahlungen geben, aber keine freigebigen Zuwendungen. Ende des Jahres 2017 ist der BFH zudem in drei Entscheidungen[26] der Rechtsauffassung entgegengetreten, dass bei einer vGA an eine nahestehende Person eine freigebige Zuwendung der Gesellschaft an die nahestehende Person gesehen werden kann. Dabei hat der BFH aber angedeutet, dass ggf. in diesem Fall eine freigebige Zuwendung des Gesellschafters an die nahestehende Person vorliegen könnte, was wiederum der früheren Rechtsauffassung der Finanzverwaltung in den Körperschaftsteuerrichtlinien 2003 entsprechen würde. Daraufhin hat die Finanzverwaltung ihre Rechtsauffassung angepasst.[27] 19.61

Nach dieser neuen Rechtsauffassung liegt **keine freigebige Zuwendung** bei einer vGA der Kapitalgesellschaft, die zu einem Vermögensvorteil des Gesellschafters führt, im Verhältnis der Kapitalgesellschaft zum Gesellschafter vor. Auch liegt, wenn eine Kapitalgesellschaft auf Veranlassung eines Gesellschafters einer nahestehenden Person, die nicht Gesellschafter ist, überhöhte Vergütungen zahlt, keine freigebige Zuwendung der Kapitalgesellschaft an die nahestehende Person vor. In diesen Fällen soll regelmäßig eine **freigebige Zuwendung** i.S.d. § 7 Abs. 1 Nr. 1 19.62

---

23 BFH, Urt. v. 07.11.2007 – II R 28/06, BStBl II 2008, 258.

24 Vgl. gleichlautende Ländererlasse v. 20.10.2010 – IV 303 - S 3806 - 1/04 u.a., BStBl I, 1207, zuletzt geändert durch gleichlautende Ländererlasse v. 14.03.2012 – B/5 - S 3806-16-V A 6, BStBl I, 331.

25 BFH, Urt. v. 30.01.2013 – II R 6/12, BStBl II, 930.

26 BFH, Urt. v. 13.09.2017 – II R 54/15, BFH/NV 2018, 383; BFH, Urt. v. 13.09.2017 – II R 32/16, BFH/NV 2018, 286; BFH, Urt. v. 13.09.2017 – II R 42/16, BFH/NV 2018, 289.

27 Gleichlautende Erlasse v. 20.04.2018 – 3 - S 380.6/88, BStBl I, 632.

ErbStG **zwischen dem Gesellschafter und der nahestehenden Person** vorliegen. Diese Rechtsauffassung wird kritisch gesehen[28] und birgt weiterhin Streitpotential, so dass abzuwarten bleibt, wie die Rechtsprechung hierauf reagiert.

19.63 Zwischenzeitlich hat die Finanzverwaltung ihre Rechtsauffassung in die Erbschaftsteuerrichtlinien übernommen (vgl. R E 7.5 Abs. 7 ErbStR 2020), so dass regelmäßig bei einer vGA an eine nahestehende Person eines Gesellschafters von einer Schenkung nach § 7 Abs. 1 Nr. 1 ErbStG des Gesellschafters an die nahestehende Person auszugehen ist. Hiervon ausgenommen liegt keine freigebige Zuwendung vor, wenn zwischen dem Gesellschafter und der nahestehenden Person Rechtsbeziehungen bestehen, die eine Gegenleistung für die überhöhte, zu geringe oder fehlende Vergütung rechtfertigen. Auch kann die Schenkungsteuer unter den Voraussetzungen des § 29 Abs. 1 Nr. 1 ErbStG erlöschen.

Beispiel

19.64 Die Ehefrau des Gesellschafters A der A-GmbH verkauft im Jahr 01 der A-GmbH ein Grundstück für 1 Mio. €. Das Grundstück hat einen tatsächlichen Verkehrswert von nur 400.000 €. Nachdem das Finanzamt im Jahr 04 i.H.v. 600.000 € den Tatbestand der vGA festgestellt hat, zahlt die Ehefrau einen Teilbetrag von 200.000 € an den Ehemann (zurück).

Lösung

Nach Auffassung der Finanzverwaltung liegt im Jahr 01 durch den überhöhten Kaufpreis (600.000 €) eine Schenkung von A an seine Ehefrau vor. Nach Abzug des persönlichen Freibetrags (500.000 €) entsteht eine Schenkungsteuer von 11.000 €. Die Rückzahlung im Jahr 04 bewirkt nicht, dass die Schenkungsteuer erlischt, da die schlichte „Rückschenkung" nicht den Tatbestand des § 29 ErbStG erfüllt. Vorliegend hat die Ehefrau „freiwillig" einen Teilbetrag von 200.000 € zurückgeführt, was wiederum als eine Schenkung ihrerseits an A zu werten wäre.

Die Schenkungsteuer würde z.B. entfallen, wenn A ein Rückforderungsrecht auf den „geschenkten" Betrag geltend machen könnte (§ 29 Abs. 1 Nr. 1 ErbStG) oder wenn im Rahmen des Zugewinnausgleichsanspruchs die Schenkung auf den Zugewinnausgleichsanspruch angerechnet wird (§ 29 Abs. 1 Nr. 4 ErbStG, Möglichkeit der „Güterstandsschaukel").

19.65 Bei einer Schenkung durch eine Kapitalgesellschaft ist nach § 15 Abs. 4 ErbStG für die Besteuerung (z.B. Bestimmung der persönlichen Freibeträge, § 16 ErbStG, und des Steuersatzes, § 19 ErbStG) das persönliche Verhältnis des Erwerbers zu derjenigen an der Gesellschaft beteiligten Person zugrunde zu legen, durch die sie veranlasst ist.

[28] Vgl. z.B. Kotzenberg/Lorenz, DStR 2018, 1346.

19.5 Einzelfälle/Besonderheiten

19.5.1 Nahestehende Person

Auch Leistungen der Gesellschaft an eine dem Gesellschafter nahestehende Person können eine vGA auslösen. Dies ist dann der Fall, soweit nicht die Gesellschaft selbst ein eigenes, ausschließlich unternehmerisches Interesse an der Leistung an die nahestehende Person hat.[29] 19.66

Zur Begründung des „Nahestehens" reicht jede Beziehung eines Gesellschafters zu einer anderen Person aus, die den Schluss zulässt, sie habe die Vorteilszuwendung der Körperschaft an die andere Person beeinflusst (H 8.5 Abs. 3 „nahestehende Person" KStH 2022). Derartige Beziehungen können insbesondere familienrechtlicher (z.B. Ehegatte oder Kinder) und gesellschaftsrechtlicher (z.B. Schwestergesellschaft),[30] aber auch schuldrechtlicher oder rein tatsächlicher Art sein.[31] 19.67

Liegt eine vGA durch eine Leistung an eine nahestehende Person vor, so wird der Kapitalertrag (§ 20 Abs. 1 Nr. 1 EStG) dem Gesellschafter, nicht der nahestehenden Person zugerechnet. Insoweit geht die Besteuerung beim Gesellschafter als vGA der Erfassung von Einkünften bei der nahestehenden Person vor.[32] 19.68

Beispiel

Die Ehefrau EF des Gesellschafters A vermietet an die A-GmbH ein Grundstück zu einem Mietpreis von 15.000 €. Der angemessene Mietzins beträgt 5.000 €.

Lösung

EF erzielt nur i.H.v. 5.000 € Einnahmen aus Vermietung und Verpachtung. Der unangemessene Teil des Mietzinses i.H.v. 10.000 € führt bei A zu Einnahmen aus Kapitalvermögen (§ 20 Abs. 1 Nr. 1 EStG).

Hinweis

Der BFH hat zuletzt entschieden,[33] dass in einem solchen Fall keine steuerbare Schenkung i.S.d. § 7 Abs. 1 Nr. 1 ErbStG der GmbH an die nahestehende Person vorliegt. Er hat aber angedeutet, dass eine Schenkung des Gesellschafters an die 19.69

---

[29] Vgl. BFH, Urt. v. 18.12.1996 – I R 139/94, BStBl II 1997, 301.

[30] Der BFH hat mit Urt. v. 01.10.1986 – I R 54/83, BStBl II 1987, 459, eine Personenhandelsgesellschaft als nahestehende Person gewertet.

[31] Vgl. BFH, Urt. v. 18.12.1996 – I R 139/94, BStBl II 1997, 301.

[32] Hey u.a., in: Herrmann/Heuer/Raupach, EStG/KStG, § 8 KStG Rdnr. 125 (03/2024).

[33] BFH, Urt. v. 13.09.2017 – II R 54/15, BFH/NV 2018, 383; BFH, Urt. v. 13.09.2017 – II R 32/16, BFH/NV 2018, 286; BFH, Urt. v. 13.09.2017 – II R 42/16, BFH/NV 2018, 289.

ihm nahestehende Person gegeben sein könnte. Die Finanzverwaltung[34] sieht darin regelmäßig eine Schenkung des Gesellschafters an den nahen Angehörigen (siehe dazu Rdnr. 19.60 f.).

Beispiel

19.70 Die M-GmbH ist zu 100 % Anteilseignerin der T1-GmbH und der T2-GmbH. Die T1-GmbH verkauft der T2-GmbH einen Pkw zu einem Preis von 15.000 €, angemessen wären 20.000 €.

Lösung

Es liegt eine vGA der T1-GmbH an die Gesellschafterin M-GmbH i.H.v. 5.000 € vor.

19.5.2 Beherrschender Gesellschafter

19.71 Hat ein Gesellschafter eine beherrschende Stellung in der Gesellschaft, werden bei Anstellen des Fremdvergleichs die materiellen Kriterien der Üblichkeit und Angemessenheit durch formelle Kriterien erweitert.[35] Nach der Rechtsprechung des BFH[36] stellt eine Vergütung an einen beherrschenden Gesellschafter (oder eine ihm nahestehende Person) auch eine vGA dar, wenn

- sie nicht auf einer von vornherein getroffenen klaren und eindeutigen Vereinbarung beruht, die zivilrechtlich wirksam ist, oder
- nicht den getroffenen Vereinbarungen entsprechend durchgeführt wird.

19.5.2.1 Beherrschung

19.72 Wenn ein Anteilseigner allein, oder im Zusammenwirken mit anderen Gesellschaftern aufgrund gleichgerichteter Interessen, über die Mehrheit der Stimmrechte (§ 47 GmbHG; §§ 133 ff. AktG) verfügt, so ist er „beherrschend". In diesem Fall hat er die Möglichkeit, seinen Willen in der Gesellschaft – gegen jeden Widerstand – durchzusetzen. Auch eine mittelbare Beherrschung durch eine Beteiligung über eine andere Personen- oder Kapitalgesellschaft reicht aus, soweit der Gesellschafter in jeder der zwischengeschalteten Gesellschaften über die Mehrheit der Stimmrechte verfügt.[37]

---

[34] Gleichlautende Länderlasse v. 20.04.2018 – 3 - S 380.6/88, BStBl I, 632, und R E 7.5 Abs. 7 ErbStR 2020.

[35] HEY U.A., in: HERRMANN/HEUER/RAUPACH, EStG/KStG, § 8 KStG Rdnr. 144 (03/2024).

[36] Vgl. BFH, Urt. v. 17.12.1997 – I R 70/97, BStBl II 1998, 545.

[37] FROTSCHER, in: FROTSCHER/DRÜEN, KStG/GewStG/UmwStG, Anh. zu § 8 KStG Rdnr. 130 (01/2024).

Beispiel

A ist zu 40 % an der A-KG und an der A-GmbH beteiligt. Zudem ist die A-KG zu 60 % an der A-GmbH beteiligt.

Lösung

A ist zwar unmittelbar zu 40 % und mittelbar über die A-KG zu 24 % (40 % von 60 %) an der A-GmbH beteiligt, eine „Beherrschung" i.S.d. vGA-Rechtsprechung wird aber grundsätzlich verneint, da A die A-KG nicht beherrscht und er dort seinen Willen nicht uneingeschränkt durchsetzen kann.[38]

Die Stimmrechte mehrerer Gesellschafter werden zusammengerechnet, wenn die Interessen dieser Gesellschafter für das zu beurteilende Rechtsgeschäft gleichgerichtet sind. 19.73

Beispiel

Gesellschafter A, B und C sind jeweils zu 1/3 an der ABC-GmbH beteiligt. A und B erbringen ab Januar 01 Beratungsleistungen an die GmbH, für die zunächst kein gesondertes Entgelt vereinbart wurde.

Lösung

A und B sind für das Rechtsgeschäft „Beratung" als beherrschende Gesellschafter anzusehen, da ihre Stimmenanteile zusammengerechnet werden.

19.5.2.2 Von vornherein getroffene, klare und eindeutige Vereinbarung

Vereinbarungen zwischen der Gesellschaft und dem beherrschenden Gesellschafter sind vor Beginn der Leistung zu treffen. Rückwirkende Vereinbarungen führen selbst dann zu einer vGA, wenn sie innerhalb eines Veranlagungszeitraums[39] erfolgten. 19.74

Fortsetzung Beispiel

Im April vereinbaren die Gesellschafter, dass die GmbH für diese Beratungsleistungen – auch für Januar bis März rückwirkend – ein angemessenes Entgelt von 3.000 € zahlt.

[38] Vgl. BFH, Urt. v. 13.12.1989 – I R 45/84, BFH/NV 1990, 455.

[39] Vgl. BFH, Urt. v. 18.02.1972 – I R 165/70, BStBl II, 721.

Lösung

Da das Entgelt für diese Leistung nicht von vornherein vereinbart war, liegt für die Zahlung Januar bis März eine vGA vor, auch wenn das Entgelt grundsätzlich der Höhe nach angemessen war. Ab April stellen die angemessenen Zahlungen keine vGA dar.

19.75 Klar und deutlich ist eine Vereinbarung, wenn ein außenstehender Dritter unmissverständlich erkennen kann, dass die Leistungen aufgrund einer Vereinbarung erbracht werden, die auch die Höhe der Gegenleistung genau bestimmt.[40]

Praxistipp

Sofern nicht zivilrechtliche Formvorschriften zu beachten sind, können die Abreden auch mündlich getroffen werden. Aus Gründen der Beweisvorsorge sollten die Vereinbarungen aber stets schriftlich festgehalten werden.

19.5.2.3 Tatsächliche Durchführung

19.76 Werden zwar Vereinbarungen mit dem beherrschenden Gesellschafter im Vorhinein getroffen, diese aber nicht entsprechend umgesetzt, kann auch dies eine vGA auslösen; dies insbesondere dann, wenn eine Unentgeltlichkeit der Leistung verdeckt werden soll.[41]

Beispiel

Der 100-%-Gesellschafter A erhält ein mit 3 % angemessen verzinsliches Darlehen von seiner A-GmbH. Es wurde vereinbart, dass Zinsen monatlich zu zahlen sind. Trotz vorhandener Liquidität zahlt A die Zinsen zunächst nicht. Die A-GmbH verzichtet darauf, den Gesellschafter hinsichtlich der Zahlung der Zinsen zu mahnen.

Lösung

Zwar wurde die Darlehensvereinbarung mit angemessenem Zinssatz im Vorhinein abgeschlossen. Die tatsächliche Durchführung entspricht aber nicht dem Vereinbarten, so dass eine vGA vorliegen kann.

---

[40] Hey u.a., in: Herrmann/Heuer/Raupach, EStG/KStG, § 8 KStG Rdnr. 152 (03/2024).

[41] Vgl. BFH, Urt. v. 28.10.1987 – I R 110/83, BStBl II 1988, 301.

19.5.3 Korrekturvorschrift des § 32a Abs. 1 KStG

Durch § 32a Abs. 1 KStG wird verfahrensrechtlich sichergestellt, dass die steuerlichen Konsequenzen einer vGA auf der Gesellschaftsebene und der Gesellschafterebene aufeinander abgestimmt erlassen, aufgehoben und geändert werden. Bei dieser Vorschrift handelt es sich um eine eigenständige Korrekturvorschrift außerhalb der Abgabenordnung. 19.77

Hinweis

Neben der Korrekturvorschrift nach § 32a Abs. 1 KStG bleiben die Änderungsvorschriften der Abgabenordnung (z.B. § 164 Abs. 2 AO, § 173 AO) unberührt bestehen und können ggf. ergänzend zur Anwendung kommen, soweit die einzelnen Tatbestandsmerkmale einschlägig sind.

§ 32a Abs. 1 KStG eröffnet die Möglichkeit, den Steuerbescheid gegenüber einem Gesellschafter, dem eine vGA zuzurechnen ist, zu ändern, zu erlassen oder aufzuheben, soweit gegenüber einer Körperschaft ein Steuerbescheid hinsichtlich der Berücksichtigung einer vGA erlassen, aufgehoben oder geändert wird. 19.78

Beispiel

Im Rahmen einer Betriebsprüfung wurde bei der A-GmbH festgestellt, dass eine vGA an den Gesellschafter A im Jahr 01 gegeben ist. Der Körperschaftsteuerbescheid der A-GmbH wurde daraufhin geändert.

Lösung

Die Auswirkungen der vGA können auch bei dem Gesellschafter A berücksichtigt werden. Ein etwaiger bereits bestandskräftiger Einkommensteuerbescheid kann nach § 32a Abs. 1 KStG geändert werden.

Nach § 32a Abs. 1 Satz 2 KStG wird der Ablauf der regulären Festsetzungsfrist des korrespondierend zu ändernden Bescheids des Gesellschafters gehemmt. Hiernach endet die Festsetzungsfrist, soweit eine vGA festgestellt wurde, nicht vor Ablauf eines Jahres nach Unanfechtbarkeit des Steuerbescheids der Gesellschaft. 19.79

Hinweis

Da es sich um eine Ablaufhemmung handelt, gilt in jedem Fall mindestens die reguläre Festsetzungsfrist des § 169 Abs. 2 Nr. 2 AO von vier Jahren, bzw. bei Vorliegen von leichtfertiger Steuerverkürzung oder Steuerhinterziehung von fünf bzw. zehn Jahren (§ 169 Abs. 2 Satz 2 AO). Auch können neben der Ablaufhemmung nach § 32a KStG weitere Ablaufhemmungen nach § 171 AO einschlägig sein, die das Ende der Festsetzungsfrist weiter hinausschieben. 19.80

19.5.4 Kapitalertragsteuer (§ 43 EStG)

19.81 Verdeckte Gewinnausschüttungen unterliegen genau wie offene grundsätzlich zum Zeitpunkt ihres Zuflusses beim Gläubiger der Kapitalerträge (Anteilseigner) dem Kapitalertragsteuerabzug (§ 43 Abs. 1 Satz 1 Nr. 1, § 43a Abs. 1 Satz 1 Nr. 1, § 44 Abs. 1 Satz 2 EStG) i.H.v. 25 %. Dies gilt auch dann, wenn die vGA gem. § 3 Nr. 40 EStG oder § 8b KStG beim Empfänger ganz oder teilweise steuerbefreit ist (§ 43 Abs. 1 Satz 3 EStG). Die ausschüttende Körperschaft hat die Kapitalertragsteuer für Rechnung des Anteilseigners einzubehalten und an das Finanzamt abzuführen (§ 44 Abs. 1 Satz 3 EStG). Sie haftet nach § 44 Abs. 5 EStG bei einem etwaigen Ausfall. Dem Anteilseigner ist eine ordnungsgemäße Steuerbescheinigung, ggf. unter Bescheinigung der Verwendung des steuerlichen Einlagekontos, auszustellen. Im Rahmen der Veranlagung kann der Anteilseigner die von der Körperschaft entrichtete Kapitalertragsteuer auf die Einkommen- bzw. Körperschaftsteuerschuld anrechnen (§ 36 Abs. 2 Nr. 2 EStG).

19.82 Ist der Anteilseigner eine natürliche Person und hält er die Anteile im Privatvermögen, so ist die Einkommensteuer grundsätzlich mit dem Kapitalertragsteuerabzug abgegolten (§ 43 Abs. 5 Satz 1 EStG).

19.83 Sofern eine vGA vorliegt, unterbleibt im Regelfall der ordnungsgemäße Steuerabzug vom Kapitalertrag. Dies ist darauf zurückzuführen, dass sich die Beteiligten der Unangemessenheit des Leistungsaustauschs nicht bewusst sind, oder auch darauf, dass die Beteiligten die von ihnen erkannte Unangemessenheit des Leistungsaustauschs bewusst gegenüber dem Finanzamt verschleiern wollen. In diesen Fällen wird auf eine Nacherhebung der Kapitalertragsteuer verzichtet, wenn die vGA beim Gesellschafter im Rahmen der Veranlagung zur Einkommensteuer (oder Körperschaftsteuer) berücksichtigt wird.[42]

19.84 Wird dagegen die Kapitalertragsteuer von der Kapitalgesellschaft entrichtet, und die Steuer wurde nicht vor der Ausschüttung in Abzug gebracht, entsteht der Kapitalgesellschaft ein zivilrechtlicher Ausgleichsanspruch gegenüber dem Gesellschafter. In diesem Fall ist zunächst eine Forderung (z.B. auf dem Gesellschafterverrechnungskonto) zu buchen.

19.85 Sofern die Gesellschaft auf die Erstattung der Kapitalertragsteuer verzichtet, entsteht eine weitere Leistung an den Gesellschafter, was wiederum als vGA zu werten ist. Für diesen Fall ist die Kapitalertragsteuer (ohne Kirchensteuer) mit 33 1/3 % des ursprünglichen vGA-Betrags zu berechnen.

---

42 HEY U.A., in: HERRMANN/HEUER/RAUPACH, EStG/KStG, § 8 KStG Rdnr. 220 (03/2024).

Beispiel

Die A-GmbH liefert Ware an ihren Gesellschafter zu einem um 30.000 € zu niedrigen Preis. 19.86

a) Die A-GmbH verlangt den Ausgleich der Kapitalertragsteuer von dem Gesellschafter.

b) Die A-GmbH verzichtet auf den Ausgleich der Kapitalertragsteuer.

Lösung

a) Die Kapitalertragsteuer entsteht i.H.v. 25 % der vGA (30.000 € x 25 % = 7.500 €), mithin hat die GmbH bei Entrichtung zu buchen:

per Forderung Gesellschafter	7.500 €	an Bank	7.500 €

Die vGA ist i.H.v. 30.000 € bei der GmbH außerbilanziell hinzuzurechnen (§ 8 Abs. 3 Satz 2 KStG), bei dem Gesellschafter liegen Einnahmen nach § 20 Abs. 1 Nr. 1 Satz 2 EStG i.H.v. 30.000 € vor, die Kapitalertragsteuer ist bei dem Gesellschafter auf die Steuerschuld anzurechnen.

b) Bei Verzicht auf den Ausgleich der Kapitalertragsteuer ist die Kapitalertragsteuer mit 33 1/3 % zu berechnen und beträgt (30.000 € x 33 1/3 %) 10.000 €. Die GmbH hat wie folgt bei Entrichtung der Kapitalertragsteuer zu buchen:

per Aufwand	10.000 €	an Bank	10.000 €

Die Übernahme der Kapitalertragsteuer stellt eine weitere vGA dar, so dass insgesamt bei der GmbH eine außerbilanzielle Hinzurechnung i.H.v. 40.000 € zu erfolgen hat (§ 8 Abs. 3 Satz 2 KStG). Der Gesellschafter hat Einnahmen nach § 20 Abs. 1 Nr. 1 Satz 2 EStG i.H.v. 40.000 € zu versteuern und kann die entrichtete Kapitalertragsteuer (10.000 €) auf seine Steuerschuld anrechnen.

19.5.5 Rückzahlung einer verdeckten Gewinnausschüttung

Nach § 38 AO entstehen Ansprüche aus dem Steuerschuldverhältnis, sobald der Tatbestand verwirklicht ist, an den das Gesetz die Leistungspflicht knüpft. Damit sind Vereinbarungen, die einen bereits verwirklichten Tatbestand rückgängig machen, steuerrechtlich grundsätzlich nicht anzuerkennen, soweit sie gesetzlich nicht ausdrücklich vorgesehen sind. Steuerrechtlich zulässige Rückwirkungen sind z.B. in § 2 UmwStG zu finden. Damit kann eine bereits vollzogene vGA nicht rückgängig gemacht werden. Eine etwaige Rückerstattung durch den Gesellschafter, unabhängig davon, ob er zivilrechtlich hierzu verpflichtet ist, führt damit zu einer verdeckten Einlage. 19.87

19.5.6 Pensionszusage

19.88 Auch im Rahmen einer Pensionszusage können sich die Konsequenzen einer vGA ergeben:

- Bei Pensionsverpflichtungen ist zunächst zu prüfen (**Schritt 1**), ob die Zusage zivilrechtlich wirksam ist. Ist dies bereits zu verneinen, so ist in der Handelsbilanz die Pensionsrückstellung erfolgswirksam aufzulösen. Daneben müssen auch die Voraussetzungen des § 6a EStG erfüllt sein. Sind sie nicht erfüllt, ist die Pensionsrückstellung insoweit innerhalb der steuerrechtlichen Gewinnermittlung (Steuerbilanz) erfolgswirksam aufzulösen (vgl. R 8.7 Satz 3 KStR 2022).
- Erst im **zweiten Schritt** ist zu prüfen, ob und inwieweit die Pensionsverpflichtung auf einer vGA beruht. Dies ist dann der Fall, wenn die allgemeinen Tatbestandsmerkmale der vGA erfüllt sind. Problematisch kann in diesem Zusammenhang insbesondere der „Fremdvergleich“ sein. Durch das Gesellschaftsverhältnis veranlasst könnte die Zusage der Pension sein, wenn sie in der Form nicht einem fremden Angestellten eingeräumt worden wäre. Hierbei spielen insbesondere die Aspekte der **Erdienbarkeit** und **Angemessenheit** eine Rolle.

19.5.6.1 Erdienbarkeit

19.89 Nach Auffassung der Finanzverwaltung muss der Zusage ein Mindestpensionsalter (für Zusagen ab Dezember 2016) von 67 Jahren im Sinne einer Untergrenze zugrunde gelegt werden.[43] Ist ein Pensionseintritt für einen früheren Zeitpunkt vorgesehen, wird dies i.d.R. als nicht fremdüblich angesehen.[44] Als Höchstpensionsalter gilt die Vollendung des 74. Lebensjahres. Kann die Pension erst zu einem späteren Zeitpunkt in Anspruch genommen werden, gilt dies als fremdunüblich und als durch das Gesellschaftsverhältnis veranlasst.[45]

19.90 Nach der Rechtsprechung führt die Pensionszusage an einen **beherrschenden** Gesellschafter-Geschäftsführer zu einer vGA, wenn der Zeitraum zwischen dem Zeitpunkt der Zusage der Pension und dem vorgesehenen Zeitpunkt des Eintritts in den Ruhestand weniger als zehn Jahre beträgt.[46] Dieser Auffassung schließt sich die Finanzverwaltung an (vgl. H 8.7 Erdienbarkeit KStH 2022). In diesen Fällen geht man davon aus, dass einem „Fremdgeschäftsführer“ eine solche Zusage nicht erteilt worden wäre.

---

43 BMF-Schreiben v. 09.12.2016 – IV C 6 - S 2176/07/10004 :003, BStBl I, 1427.

44 Vgl. BFH, Urt. v. 23.10.2013 – I R 89/12, BStBl II 2014, 729.

45 Vgl. GOSCH, in: GOSCH, KStG, 4. Aufl. 2020, § 8 Rdnr. 1092.

46 Vgl. BFH, Urt. v. 21.12.1994 – I R 98/93, BStBl II 1995, 419.

Beispiel

Der alleinige Gesellschafter-Geschäftsführer der A-GmbH ist 59 Jahre alt. Zu diesem Zeitpunkt räumt ihm die A-GmbH eine Pension ein, die ab Vollendung seines 67. Lebensjahres zur Auszahlung gelangt. 19.91

Lösung

Da der Zeitraum zwischen dem Zeitpunkt der Zusage und dem Eintritt in den Ruhestand weniger als zehn Jahre beträgt, geht man i.d.R. davon aus, dass das Merkmal der „Erdienbarkeit" nicht erfüllt ist. Die Pensionszusage ist in diesem Fall durch das Gesellschaftsverhältnis veranlasst, so dass eine vGA vorliegt.

Bei der Bestimmung dieser Frist hatte sich die Rechtsprechung zunächst an der ursprünglich langen arbeitsrechtlichen Unverfallbarkeitsfrist orientiert.[47] Aber auch nach Absenkung der arbeitsrechtlichen Unverfallbarkeitsfrist auf fünf Jahre hat der BFH an seiner Erdienbarkeitsrechtsprechung von zehn Jahren festgehalten.[48] Fraglich dürfte aber sein, ob nach Absenkung der arbeitsrechtlichen Unverfallbarkeitsfrist zum 01.01.2018 auf drei Jahre die Auffassung des BFH noch Bestand haben wird. Soweit ersichtlich besteht hierzu noch keine Rechtsprechung. Bei der Beurteilung müsste allerdings auch der Wandel der Gesellschaft berücksichtigt werden. Da mittlerweile viele Arbeitnehmer auch im Alter weit jenseits der 50 noch den Arbeitgeber wechseln, dürften auch zukünftig häufiger fremden Arbeitnehmern Pensionszusagen erteilt werden, bei denen die Laufzeit des Erdienens unter zehn Jahren liegt. 19.92

Die Zusage einer Pension an einen **nicht beherrschenden** Gesellschafter-Geschäftsführer kann zwar dem Fremdvergleich standhalten, wenn der Zeitraum zwischen dem Zeitpunkt der Zusage der Pension und dem vorgesehenen Zeitpunkt des Eintritts in den Ruhestand weniger als zehn Jahre beträgt. In diesem Fall muss der Erdienenszeitraum aber mindestens drei Jahre betragen, und der Gesellschafter-Geschäftsführer musste dem Betrieb bereits länger als zwölf Jahre angehören. Andernfalls soll ebenfalls eine vGA vorliegen.[49] 19.93

19.5.6.2 Angemessenheit

Die erteilte Pensionszusage wird bei der Prüfung der Angemessenheit der Gesamtbezüge des Gesellschafter-Geschäftsführers einbezogen. Dabei ist von einer fiktiven Jahresnettoprämie auszugehen, die er selbst für eine entsprechende Versicherung zu zahlen hätte (abzüglich etwaiger Abschluss- und Verwaltungskosten; vgl. H 8.7 Angemessenheit KStH 2022). Zu der Angemessenheit der Gesamtbezüge eines 19.94

[47] Vgl. PFIRRMANN, DB 2019, 984 ff.

[48] Vgl. BFH, Urt. v. 14.07.2004 – I R 14/04, BFH/NV 2005, 245.

[49] Vgl. BFH, Urt. v. 24.01.1996 – I R 41/95, BStBl II 1997, 440.

Gesellschafter-Geschäftsführers hat das Bundesministerium für Finanzen mit Schreiben vom 14.10.2002 ausführlich Stellung genommen.[50]

19.5.6.3 Auswirkungen

19.95 Ist die Pensionszusage als vGA zu werten, so ist in der „Ansparphase" der in der Steuerbilanz bei Zuführung der Rückstellung ausgewiesene Aufwand außerbilanziell bei Ermittlung des Einkommens hinzuzurechnen. Bei späterer Zahlung der Pension ist ebenfalls in Höhe des innerhalb der Bilanz entstehenden Aufwands außerbilanziell wieder hinzuzurechnen.

Beispiel

19.96 Die A-GmbH erteilt ihrem Gesellschafter-Geschäftsführer eine Pensionszusage, die zivilrechtlich wirksam ist, und bildet in der Steuerbilanz eine Rückstellung (jährliche Erhöhung um 50.000 €), die den Anforderungen des § 6a EStG entspricht. In der Auszahlungsphase erhält der Geschäftsführer eine jährliche Pension von 60.000 € (Minderung der Pensionsrückstellung um jeweils 50.000 €). Die Pensionszusage wird als vGA gewertet.

Lösung

a) In der Ansparphase bucht die Kapitalgesellschaft in der Steuerbilanz:

per Aufwand	50.000 €	an Rückstellung	50.000 €

Da die Pensionszusage als vGA gewertet wird, ist der innerbilanzielle Aufwand von 50.000 € außerbilanziell dem Einkommen hinzuzurechnen.

b) In der Auszahlungsphase bucht die Kapitalgesellschaft:

per Rückstellung	50.000 €	an Bank	60.000 €
		an Aufwand	10.000 €

Der innerbilanzielle Aufwand von 10.000 € wird als vGA außerbilanziell dem Einkommen hinzugerechnet.

[50] BMF-Schreiben v. 14.10.2002 – IV A 2 - S 2742 - 62/02, BStBl I, 972.

20. Steuerliche Organschaft

20.1 Begriff

„Organschaft“ ist ein rein steuerliches Rechtsinstitut zur Besteuerung verbundener Unternehmen im Bereich der Körperschaftsteuer, der Gewerbesteuer und der Umsatzsteuer. Manche Voraussetzungen und Rechtsfolgen sind vergleichbar, andere hingegen völlig unterschiedlich geregelt. Bei einer Organschaft bestehen mindes- 20.1

tens zwei zivil- bzw. gesellschaftsrechtlich selbständige Betriebe, bei denen eine wirtschaftliche Abhängigkeit vorliegt. Die Folge einer Organschaft besteht darin, das Einkommen oder die Umsätze einer Organgesellschaft einem anderen Steuerpflichtigen, dem Organträger, zuzurechnen. Weitere Konsequenz ist hierdurch, dass bei dem Organträger die Besteuerung insgesamt vorzunehmen ist. Dies stellt eine Abweichung von dem im deutschen Steuerrecht vorherrschenden Steuersubjektprinzip dar. Die Organschaft knüpft an bestimmte vorgefundene wirtschaftliche Verhältnisse an, nämlich an die Existenz wirtschaftlich stark verbundener Unternehmen (finanzielle Eingliederung), die sich untereinander darüber hinaus in besonderer Weise durch Abschluss eines Gewinnabführungsvertrags (zumeist in Kombination mit einem Beherrschungsvertrag) gebunden haben. Der besonders hohe Grad der auf diese Weise bewirkten wirtschaftlichen Abhängigkeit des zur Gewinnabführung verpflichteten Unternehmens von der Obergesellschaft dient als Grund, die verbundenen Unternehmen in Bezug auf die steuerliche Rechtsfolge wie einen einzigen Steuerpflichtigen anzusehen.

20.2 So weist die Organgesellschaft eine dem Organträger gegenüber untergeordnete eingegliederte Stellung auf, der Organträger spielt also eine übergeordnete, die Organgesellschaft beherrschende Rolle. Die beiden Betriebe werden steuerlich zu einem Betrieb zusammengefasst, es entsteht nur ein steuerpflichtiger Betrieb des Organträgers. Die Summe aller Betriebe einer Organschaft wird als sogenannter **Organkreis** bezeichnet. Diesem werden neben seinen eigenen Einkünften bzw. Umsätzen auch die Einkünfte bzw. Umsätze der Organgesellschaft(en) zugeordnet und von ihm versteuert.

Hinweis

20.3 Auch wenn nachfolgend aus Gründen der Übersichtlichkeit immer nur von „einer" Organgesellschaft die Rede ist, existiert tatsächlich keine zahlenmäßige Begrenzung. Neben einer Organgesellschaft kann horizontal eine unbegrenzte Anzahl weiterer eingegliederter Organgesellschaften zum selben Organträger vorliegen. Auch in vertikaler Hinsicht kann jeder Organträger seinerseits wiederum Organgesellschaft eines anderen Organträgers sein.

20.2 Körperschaftsteuerliche Organschaft

20.4 Liegen die Voraussetzungen einer körperschaftsteuerlichen Organschaft vor, wird dem Organträger das Einkommen der Organgesellschaft steuerlich zugerechnet (§ 14 Abs. 1 KStG). Zunächst werden die Einkommen sowohl der Organgesellschaft als auch des Organträgers getrennt voneinander ermittelt. In einem zweiten Schritt ist das hiernach ermittelte Einkommen der Organgesellschaft dem Organträger als eigenes zuzurechnen. Dies erfordert eine Gegenkorrektur in Gestalt einer gleich hohen Einkommensminderung, da die organschaftliche Gewinnabführung das eigene Einkommen des Organträgers zuvor erhöht hat. Ohne die Gegenkorrektur würde eine doppelte Erfassung der nämlichen Beträge vorliegen. Auch das Einkommen der Organgesellschaft muss korrigiert werden, da sich die passivierte Abführungsverpflichtung gegenüber dem Organträger als Minderungsposten auswirken würde. Diese Gegenkorrekturen sind dem Wesen der Organschaft immanent. Die Organschaft ermöglicht damit auch einen **sofortigen Ausgleich von Verlusten** der Organgesellschaft mit Gewinnen des Organträgers und umgekehrt und damit eine entsprechende Minderung der Einkommen- bzw. Körperschaftsteuerbelastung.[1]

Beispiel

Die M-GmbH hat eine 100%ige Tochtergesellschaft, die T-GmbH. Diese erzielt meist einen Verlust, während die M-GmbH nachhaltig Gewinne erwirtschaftet. Ohne eine Organschaft müsste die M-GmbH ihre Gewinne in voller Höhe versteuern, während die Verluste der T-GmbH jeweils nur deren Verlustvortrag erhöhen würden und damit materiell ungenutzt blieben. 20.5

Lösung

Mit einer Organschaft können die Verluste in die M-GmbH transferiert und dort von den Gewinnen gekürzt werden. Damit sinkt die Steuerlast im Organkreis insgesamt.

Ein weiterer positiver Effekt entsteht dadurch, dass die Ergebnisabführung der Organgesellschaft an ihren Organträger – anders als eine Gewinnausschüttung – nicht zur Anwendbarkeit des § 8b Abs. 5 KStG führt und damit ein pauschales Betriebsausgabenabzugsverbot i.H.v. 5 % der jeweiligen Ausschüttung vermieden wird. Zudem muss auf die Gewinnabführung keine Kapitalertragsteuer einbehalten werden, insoweit besteht ein **Liquiditätsvorteil.** 20.6

Beispiel

(Organträger) GmbH A hält 100 % an (Organgesellschaft) GmbH B. Beide erzielen in 01 jeweils einen handels- und steuerlichen Gewinn von 100.000 €. 20.7

Lösung

a) Vollausschüttung:

GmbH B: 100.000 € Gewinn abzgl. Körperschaftsteuer und Gewerbesteuer (vereinfachende Annahme jeweils 15 %), Ergebnis nach Steuern 70.000 € = Ausschüttung an GmbH A.

[1] RODE, in: BRANDIS/HEUERMANN, Ertragsteuerrecht, § 14 KStG Rdnr. 2 (11/2023).

GmbH A: 100.000 € Gewinn zzgl. handelsrechtlicher Ertrag, Ausschüttung GmbH B von 70.000 €, wegen § 8b Abs. 1 und 5 KStG außerbilanzielle Kürzung zu 95 %, Einkommen = 103.500 €.

b) Organschaft:

GmbH A versteuert Gewinn von 100.000 € zzgl. 100.000 € Gewinn B. Steuerersparnis: 3.500 € x Steuersatz (angenommen 30 %) = 1.050 €; daneben: keine Zwischenfinanzierung der Kapitalertragsteuer auf Ausschüttung von 70.0000 € x 25 % = 17.500 € erforderlich.

Abwandlung

GmbH A erwirtschaftet Verlust von 100.000 € vor Ausschüttung.

Lösung

a) Ohne Organschaft ändert sich für GmbH B verglichen mit vorstehendem Ergebnis nichts (Steuerlast vereinfacht 30.000 €). GmbH A zahlt aufgrund des Verlusts keine Steuern (– 100.000 € zzgl. Ausschüttung 70.000 € zu 95 % steuerfrei = – 96.500 €).

b) Aufgrund der Organschaft werden die steuerlichen Einkommen von GmbH B (100.000 €) und GmbH A (– 100.000 €) zusammengerechnet, das zu versteuernde Einkommen beträgt 0 €. Es ergibt sich eine Steuerersparnis von 30.000 €.

20.8 Eine Anwendung des § 8d KStG auf Ebene des Organträgers ist ausdrücklich ausgeschlossen (§ 8d Abs. 1 Satz 2 Nr. 2 bzw. Satz 1 i.V.m. Abs. 2 Nr. 5 KStG).[2] Auf Ebene der Organgesellschaft ist die Anwendung des § 8d KStG dem Grunde nach möglich, ein „vororganschaftlicher" Verlustvortrag nach § 15 Satz 1 Nr. 1 KStG ist als „vororganschaftlicher" fortführungsgebundener Verlustvortrag gesondert auszuweisen und festzustellen. Eine Verrechnung ist erst nach Beendigung der Organschaft und nur unter der Voraussetzung möglich, dass zwischenzeitlich kein schädliches Ereignis i.S.d. § 8d Abs. 2 KStG bei der Organgesellschaft eingetreten ist.[3] Daneben ist zu beachten, dass das Einnehmen der Stellung eines Organträgers i.S.d. § 14 Abs. 1 gem. § 8d Abs. 2 Satz 2 Nr. 5 KStG ein schädliches Ereignis darstellt. Dies gilt auch für den Fall, dass der betreffende Organträger im Rahmen einer Organschaftskette daneben zudem die Stellung einer Organgesellschaft (im Verhältnis zu einem anderen Organträger) einnimmt. Die Stellung einer Organge-

2 BMF-Schreiben v. 18.03.2021 – IV C 2 - S 2745-b/19/10002 :002, BStBl I, 363 Rdnr. 59.

3 BMF-Schreiben v. 18.03.2021 – IV C 2 - S 2745-b/19/10002 :002, BStBl I, 363 Rdnr. 60.

sellschaft i.S.d. § 14 Abs. 1 oder § 17 Abs. 1 KStG ist für Zwecke des § 8d KStG hingegen unschädlich.[4]

20.2.1 Organträger

Grundvoraussetzung für die Organträgereignung ist nach § 14 Abs. 1 Satz 1 erster Halbsatz KStG ein gewerbliches Unternehmen. Organträger kann gem. § 14 Abs. 1 Satz 1 Nr. 2 KStG sein: 20.9

- eine natürliche Person,
- ein nicht steuerbefreites Körperschaftsteuersubjekt,
- eine Personengesellschaft, wenn sie eine Tätigkeit i.S.d. § 15 Abs. 1 Satz 1 Nr. 1 EStG ausübt (Mitunternehmerschaft), die originär gewerblich tätig ist.

Natürliche Personen kommen stets als Organträger in Betracht, sofern sie Träger eines gewerblichen Unternehmens sind. Unerheblich ist, ob diese nach § 1 Abs. 1–3 EStG unbeschränkt oder nach § 1 Abs. 4 EStG mit dem Organträgereinkommen beschränkt steuerpflichtig sind. Voraussetzung ist nach § 14 Abs. 1 Satz 1 Nr. 2 Satz 4 KStG lediglich, dass die Organgesellschaftsbeteiligung einer inländischen Betriebsstätte der natürlichen Person zuzuordnen ist, so dass bei Erfüllung dieser Voraussetzung auch natürliche Personen ohne Wohnsitz (§ 8 AO) oder gewöhnlichen Aufenthalt (§ 9 AO) im Inland Organträger sein können.[5] Da eine im Inland weder unbeschränkt noch beschränkt steuerpflichtige Person keine inländische Betriebsstätte unterhält (sonst wäre sie zumindest beschränkt steuerpflichtig i.S.d. § 49 Abs. 1 Nr. 2 Buchst. a) EStG), kann sie nicht Organträgerin sein. 20.10

Als Organträger kommen zudem unbeschränkt steuerpflichtige Körperschaften mit Sitz und Geschäftsführung im Inland oder mit Sitz oder Geschäftsführung im Ausland wie auch beschränkt steuerpflichtige Körperschaften mit Sitz und Geschäftsführung im Ausland in Frage. Die notwendige Inlandsanbindung, die die Besteuerung des Organgesellschaftseinkommens im Inland gewährleistet, wird über die Voraussetzung einer inländischen Betriebsstätte, der die Beteiligung zuzuordnen ist, erreicht. 20.11

Auch bei einer Personengesellschaft als Organträger muss die Organgesellschaftsbeteiligung einer inländischen Betriebsstätte zuzuordnen sein. Der Gesetzeswortlaut des § 14 Abs. 1 Satz 1 Nr. 2 Satz 2 KStG lässt offen, ob die Personengesellschaft ausschließlich gewerblich tätig sein muss oder ob eine geringfügige gewerb- 20.12

[4] BMF-Schreiben v. 18.03.2021 – IV C 2 - S 2745-b/19/10002 :002, BStBl I, 363 Rdnr. 41.

[5] RÖDDER/LIEKENBROCK, in: RÖDDER/HERLINGHAUS/NEUMANN, KStG, 2. Aufl. 2023, § 14 Rdnr. 170; RODE, in: BRANDIS/HEUERMANN, Ertragsteuerrecht, § 14 KStG Rdnr. 61 (11/2023).

liche Tätigkeit ausreicht. Nach Auffassung der Finanzverwaltung[6] darf die eigene gewerbliche Tätigkeit „nicht nur geringfügig“ sein. Liegt eine gemischte Tätigkeit gem. § 15 Abs. Nr. 1 erste Alternative EStG vor, soll dies ausreichen, um Organträger sein zu können, allerdings muss die Organgesellschaftsbeteiligung in diesem Fall dem originär gewerblich tätigen Sektor der Mitunternehmerschaft funktional zuzuordnen sein. Hierdurch wird die Organschaft auf den gewerblichen Bereich beschränkt, und zugleich ist die Gleichbehandlung mit der natürlichen Person als Organträger gewährleistet.[7]

20.13 Eine gewerbliche Prägung der Personengesellschaft nach § 15 Abs. 3 Nr. 2 EStG ist für die Organträgerstellung nicht ausreichend,[8] Gleiches gilt für eine Infizierung nach § 15 Abs. 3 Nr. 1 zweite Alternative EStG durch Beteiligung an einer Tochtermitunternehmerschaft.[9]

20.14 Nach Auffassung der Finanzverwaltung kann eine gewerblich infizierte Personengesellschaft i.S.d. § 15 Abs. 3 Nr. 1 erste Alternative EStG nicht Organträger sein.[10] Diese Auffassung wird mangels gesetzlicher Grundlage von der h.M. allerdings abgelehnt.[11]

20.15 Eine Besitzpersonengesellschaft im Rahmen einer Betriebsaufspaltung kommt jedenfalls als Organträger in Betracht, da dieser die gewerbliche Tätigkeit i.S.d. § 15 Abs. 1 Satz 1 Nr. 1 EStG der Betriebsgesellschaft zugerechnet wird.[12] Die finanzielle Eingliederung zur Personengesellschaft muss nach § 14 Abs. 1 Satz 1 Nr. 2 Satz 3 KStG selbst bestehen, d.h., die Beteiligung an der Organgesellschaft muss sich im **Gesamthandsvermögen** der Personengesellschaft befinden. Es genügt nicht, wenn sich die Beteiligung im Sonderbetriebsvermögen der Gesellschafter befindet.

---

6 BMF-Schreiben v. 10.11.2005 – IV B 7 - S 2770 - 24/05, BStBl I, 1038, Rdnr. 17; OFD Frankfurt, Vfg. v. 29.06.2015 – S 2770 A - 39 - St 51 Rdnr. 17.

7 NEUMANN, in: GOSCH, KStG, 4. Aufl. 2020, § 14 Rdnr. 80.

8 RÖDDER/SCHUMACHER, DStR 2003, 805, 808; OFD Frankfurt, Vfg. v. 29.06.2015 – S 2770 A - 39 - St 51 Rdnr. 15.

9 BMF-Schreiben v. 10.11.2005 – IV B 7 - S 2770 - 24/05, BStBl I, 1038, Rdnr. 20.

10 BMF-Schreiben v. 10.11.2005 – IV B 7 - S 2770 - 24/05, BStBl I, 1038, Rdnr. 17; siehe auch OFD Frankfurt, Vfg. v. 29.06.2015 – S 2770 A - 39 - St 51, Rdnr. 17, worin betont wird, dass die vom BFH aufgestellten Bagatellgrenzen zur Beurteilung der Abfärbung (3 % vom Nettoumsatz oder 24.500 €) nicht automatisch dazu führen, dass eine für Organschaftszwecke anzuerkennende Gewerblichkeit vorliegt.

11 RÖDDER/LIEKENBROCK, in: RÖDDER/HERLINGHAUS/NEUMANN, KStG, 2. Aufl. 2023, § 14 Rdnr. 186 m.w.N.

12 OFD Frankfurt, Vfg. v. 29.06.2015 – S 2770 A 39 St 51 Rdnr. 16; BFH, Urt. v. 17.11.2020 – I R 72/16, BFH/NV 2021, 863; BFH, Urt. v. 28.05.2020 – IV R 4/17, BStBl II, 710.

Hinweis

Bei ausländischen, originär gewerblich tätigen Unternehmen ist es erforderlich, dass die Beteiligung des Organträgers an der potentiellen Organgesellschaft und deren Einkommen einer inländischen Betriebsstätte sowohl nach nationalen als auch nach abkommensrechtlichen Bestimmungen zugeordnet wird.[13] Es ist denkbar, dass sich durch neu abgeschlossene Doppelbesteuerungsabkommen oder aber auch durch deren Änderungen (sog. passive Entstrickung) die Zuordnung der Organgesellschaft ändert und folglich eine Organschaft beendet werden könnte.[14] 20.16

20.2.2 Organgesellschaft

§ 14 Abs. 1 Satz 1 KStG verlangt, dass die Organgesellschaft eine Europäische Gesellschaft, eine AG oder eine KGaA (§§ 278 ff. AktG) ist. Die GmbH wird hier zwar nicht erwähnt, ist aber gem. § 17 Abs. 1 Satz 1 KStG in den Kreis der Organgesellschaften eingeschlossen. Die Vorschrift erweitert den Kreis zudem auf „andere als die in § 14 Abs. 1 Satz 1 bezeichneten Kapitalgesellschaften" und bewirkt damit eine Verknüpfung zu § 1 Abs. 1 Nr. 1 KStG. Eine Kapitalgesellschaft kann nur dann Organgesellschaft sein, wenn sich ihre Geschäftsleitung im Inland und ihr Sitz in einem EU-/EWR-Mitgliedstaat befindet. Die Integration einer ausländischen Kapitalgesellschaft mit Geschäftsleitung im Inland scheitert in der Praxis i.d.R. an einem dem deutschen Rechtsverständnis äquivalenten Gewinnabführungsvertrag. Personengesellschaften und die atypisch stille Gesellschaft können hingegen **nicht** Organgesellschaft sein.[15] 20.17

Hinweis

Im Hinblick auf den bereits vollzogenen Brexit ist zu beachten, dass die britische Limited nicht mehr als EU-/EWR-Kapitalgesellschaft gilt und damit bestehende Organschaften mit einer britischen Limited zum 01.01.2021 ertragsteuerlich beendet wurden. Ob der Brexit bzw. der damit verbundene Verlust der Eigenschaft als Organgesellschaft einen wichtigen Kündigungsgrund i.S.d. § 1 Abs. 1 Satz 1 Nr. 3 Satz 2 KStG darstellt, der nicht zur nachträglichen Unwirksamkeit der Organschaft führt, ist fraglich.[16] Der BFH hält eine gravierende Änderung der steuerlichen Rahmenbedingungen als wichtigen Grund zur Kündigung eines Unternehmensvertrags für „denkbar".[17] 20.18

---

13 Zu den Zuordnungsgrundsätzen vgl. WACKER, DStR 2019, 836, 844 ff.

14 Vgl. zum Begriff der passiven Entstrickung: GROTHERR, IWB 2020, 597.

15 BMF-Schreiben v. 20.08.2015 – IV C 2 - S 2770/12/10001, BStBl I, 649.

16 ZIEGLMAIER/HEYD, StuB 9/2021, Beilage, S. 2.

17 BFH, Urt. v. 06.06.2013 – I R 38/11, BStBl II 2014, 398 zu § 14 Abs. 3 KStG 2002.

20.19 Der Bundesrat hat am 25.06.2021 das Gesetz zur Modernisierung des Körperschaftsteuerrechts (KöMoG) verabschiedet (siehe dazu Rdnr. 34.1 ff.). Mit § 1a KStG wird Personenhandelsgesellschaften und Partnerschaftsgesellschaften und ihren Gesellschaftern die Möglichkeit eingeräumt, ertragsteuerlich und demzufolge auch verfahrensrechtlich wie eine Kapitalgesellschaft und deren nicht persönlich haftende Gesellschafter behandelt zu werden. Damit finden insbesondere alle Regelungen des KStG Anwendung, die auf Kapitalgesellschaften oder auf Körperschaften Bezug nehmen. Gesellschaftsrechtlich bleibt die optierte Gesellschaft jedoch eine Personenhandels- bzw. Partnerschaftsgesellschaft. Eine optierende Gesellschaft kann unabhängig von der Art ihrer Tätigkeit Organträgerin sein. Ob die optierende Gesellschaft die Stellung einer Organgesellschaft im Rahmen eines Organschaftsverhältnisses einnehmen kann (sofern die Voraussetzungen nach den §§ 14 ff. KStG im Übrigen erfüllt sind), wird in der Literatur zwar grundsätzlich bejaht, allerdings werden Schwierigkeiten bei den gesellschaftsrechtlichen Grundvoraussetzungen, insbesondere im Hinblick auf den Ergebnisabführungsvertrag, gesehen.[18] Nach Ansicht der Finanzverwaltung scheidet eine Anerkennung der optierenden Gesellschaft als Organgesellschaft jedoch aus.[19]

20.2.3 Finanzielle Eingliederung

20.2.3.1 Mehrheit der Stimmrechte

20.20 Der Organträger muss nach § 14 Abs. 1 Satz 1 Nr. 1 Satz 1 KStG an der Organgesellschaft so beteiligt sein, dass ihm die Mehrheit der Stimmrechte aus den Anteilen an der Organgesellschaft zusteht (finanzielle Eingliederung). Ob der Organträger auch die Mehrheit der Anteile besitzt, hat hingegen keine Bedeutung, auch wenn sich i.d.R. Anteilsmehrheit und Stimmrechtsmehrheit im Gleichlauf befinden. Es ist aber gesellschaftsrechtlich möglich, dass diese auseinanderfallen. Gewährt eine Minderheitsbeteiligung die Mehrheit der Stimmrechte, liegen die Voraussetzungen der finanziellen Eingliederung vor. Ist der Organträger dagegen zwar mehrheitlich an der potentiellen Organgesellschaft beteiligt, verfügt er aber nicht über die Mehrheit der Stimmrechte, scheitert die Organschaft am Erfordernis der finanziellen Eingliederung. Eine finanzielle Eingliederung zwischen Schwestergesellschaften ist ausgeschlossen.[20]

Hinweis

20.21 Allerdings können Verluste einer Schwestergesellschaft im Ergebnis über die Einkommenspoolung bei der Muttergesellschaft mit Gewinnen einer anderen Schwestergesellschaft verrechnet werden („Querkonsolidierung"), wenn Mutter- und Schwestergesellschaften die Voraussetzungen der Organschaft allesamt erfüllen.

18 Mayer/Käshammer, NWB 2021, 1300, 1308; Rödder/Liekenbrock, in: Rödder/Herlinghaus/Neumann, KStG, 2. Aufl. 2023, § 14 Rdnr. 94a.

19 BMF-Schreiben v. 10.11.2021 – IV C 2 - S 2707/21/10001 :004, BStBl I, 2212, Rdnr. 56.

20 BFH, Urt. v. 22.02.2017 – I R 35/14, BStBl II 2018, 33.

Mit „Mehrheit der Stimmrechte“ ist die einfache Mehrheit gemeint, denn diese reicht i.d.R. zur Beschlussfassung in der Haupt- bzw. Gesellschafterversammlung über normale abzuhandelnde Angelegenheiten aus. Die Stimmrechtsmehrheit bestimmt sich daher nach dem Verhältnis der Stimmrechte aus der Beteiligung des Organträgers zur Gesamtzahl der Stimmrechte. Regelmäßig hat der Organträger demnach die Mehrheit inne, wenn ihm mehr als 50 % der Stimmrechte zustehen. Eine in der Satzung vorgesehene qualifizierte Mehrheit, die nur für Satzungsänderungen und ähnlich außergewöhnliche Beschlüsse vorgesehen ist, ändert hieran nichts, denn durch das Erfordernis der finanziellen Eingliederung soll die Einflussmöglichkeit des Organträgers auf das Geschehen im täglichen Geschäftsverkehr sichergestellt werden. 20.22

Etwas anderes gilt dann, wenn der Wille des Beteiligten auch bei üblichen Beschlüssen nicht mit einfacher Mehrheit durchgesetzt werden kann, wenn die Satzung generell eine qualifizierte Mehrheit vorschreibt. In diesem Fall kann eine Organschaft nur begründet werden, wenn diese in der Satzung vorgesehene qualifizierte Stimmrechtsmehrheit gehalten wird. Bloß schuldrechtlich vereinbarte Ausweitungen bzw. Einschränkungen des Stimmrechts sind für die Anwendung des § 14 Abs. 1 Satz 1 Nr. 1 KStG unmaßgeblich.[21] 20.23

Hinweis

Bei der Ermittlung der Gesamtzahl der Stimmen ist zu beachten, dass die von der Organgesellschaft ggf. gehaltenen eigenen Anteile nicht mit eingerechnet werden.[22] 20.24

20.2.3.2 Mittelbare Beteiligungen

Obwohl der Regelfall der finanziellen Eingliederung in der Praxis wohl die unmittelbare Beteiligung sein wird, sind nach § 14 Abs. 1 Satz 1 Nr. 1 Satz 2 KStG auch mittelbare Beteiligungen zu berücksichtigen, „wenn die Beteiligung an jeder vermittelnden Gesellschaft die Mehrheit der Stimmrechte gewährt“. Eine finanzielle Eingliederung kann nicht allein aufgrund einer bloß mittelbaren Beteiligung, sondern auch mittels einer Kombination von mittelbarer und unmittelbarer Beteiligung (Additionsgebot) dargestellt werden.[23] 20.25

---

[21] BFH, Urt. v. 10.05.2017 – I R 51/15, BStBl II 2018, 30; BFH, Urt. v. 09.08.2023 – I R 50/20, BB 2023, 2965.

[22] Rödder/Liekenbrock, in: Rödder/Herlinghaus/Neumann, KStG, 2. Aufl. 2023, § 14 Rdnr. 195.

[23] BMF-Schreiben v. 26.08.2003 – IV A 2 - S 2770 - 18/03, BStBl I, 437, Rdnr. 13.

Beispiel

20.26 Die Muttergesellschaft M-GmbH ist an der Tochtergesellschaft T-GmbH zu 90 % beteiligt. Die T-GmbH hält an der Enkelgesellschaft E-GmbH eine Beteiligung von 80 %. Die E-GmbH ist damit unmittelbar in die T-GmbH finanziell eingegliedert und mittelbar auch in die M-GmbH.

Lösung

Unter der Voraussetzung, dass auch die übrigen Merkmale der Organschaft erfüllt sind, bestehen für die beteiligten Gesellschaften zwei Möglichkeiten,

- eine Organschaftskette (M-GmbH als Organträger, T-GmbH als Organgesellschaft und T-GmbH als Organträger, E-GmbH als Organgesellschaft) oder
- ein direktes Organschaftsverhältnis zwischen der M-GmbH als Organträger und der E-GmbH als Organgesellschaft (ob auch gleichzeitig ein Organschaftsverhältnis zwischen der M-GmbH als Organträger und der T-GmbH als Organgesellschaft besteht, spielt dabei keine Rolle).

20.27 Die Möglichkeit der mittelbaren Beteiligung hat jedoch keinen Einfluss darauf, dass der Organträger selbst eine der die finanzielle Eingliederung vermittelnden Beteiligungen halten muss. Somit ist ein Organschaftsverhältnis zwischen **Schwestergesellschaften** nicht möglich. Die Gesellschaften, die die Beteiligung vermitteln, müssen selbst nicht die Voraussetzungen einer Organgesellschaft erfüllen. So können auch eine Personengesellschaft oder eine ausländische Gesellschaft zwischengeschaltet werden. Die Grundsätze zur steuerlichen Zurechnung der Beteiligung und der Stimmrechte bei unmittelbarer Beteiligung gelten nach R 14.2 Satz 2 KStR 2022 jedoch auch für die mittelbare Beteiligung.

20.28 Unmittelbare und mittelbare Beteiligungen (bzw. mehrere mittelbare Beteiligungen) dürfen zwar zusammengefasst werden, allerdings sind nur solche mittelbaren Beteiligungen zu berücksichtigen, die auf Beteiligungen des Organträgers an vermittelnden (Kapital- oder Personen-)Gesellschaften beruhen, an denen der Organträger jeweils die Mehrheit der Stimmrechte hat und die jeweils die Voraussetzungen des § 14 Abs. 1 Satz 1 Nr. 2 Satz 4 und 5 KStG erfüllen (R 14.2 Satz 3–4 KStR 2022).

Beispiel 1

20.29 Die M-GmbH ist unmittelbar an der S-GmbH zu 49 % und der T-GmbH zu 80 % beteiligt. Die T-GmbH ist selbst ebenfalls unmittelbar zu 25 % an der S-GmbH beteiligt.

Lösung

Die B-GmbH ist damit finanziell in die M-GmbH eingegliedert, da die unmittelbare und die mittelbare Beteiligung zusammengerechnet werden.

Beispiel 2

Die M-GmbH ist unmittelbar an der S-GmbH zu 25 % beteiligt und an der T-GmbH zu 45 %. Die T-GmbH ist selbst ebenfalls unmittelbar zu 60 % an der S-GmbH beteiligt.

Lösung

Eine finanzielle Eingliederung der S-GmbH in die M-GmbH liegt nicht vor. Die Beteiligungen können nicht zusammengerechnet werden, da die M-GmbH an der vermittelnden T-GmbH nicht die Mehrheit der Stimmrechte besitzt.

Fraglich ist, ob § 14 Abs. 1 Satz 1 Nr. 1 Satz 2 KStG verlangt, dass der Organträger an der Organgesellschaft die Stimmrechtsmehrheit im Wege der Durchrechnung hält (**Durchrechnungsmethode**), oder ob es genügt, dass auf jeder Zwischenstufe die vermittelnde Gesellschaft in ihre Mehrheitsgesellschafterin finanziell eingegliedert ist (**Additionsmethode**). Die Finanzverwaltung (R 14.2 KStR 2022 Beispiel 3)[24] und einige Stimmen in der Literatur[25] halten die Durchrechnung für geboten, da nur so Wortsinn sowie Sinn und Zweck der Vorschrift erfüllt würden und nur insoweit eine rechtlich anzuerkennende Möglichkeit der Stimmrechtsausübung im Interesse des Organträgers vorliege. Allerdings überwiegt in der Fachliteratur die gegenläufige Meinung, die eine Durchrechnung verneint.[26] Diese Auffassung wird zum einen durch den Wortlaut des § 14 Abs. 1 Satz 1 Nr. 1 Satz 2 KStG bestätigt, denn hiernach wird bei mittelbaren Beteiligungen verlangt, dass „die Beteiligung an jeder vermittelnden Gesellschaft die Mehrheit der Stimmrechte gewährt". Zum anderen ist auf den Zweck der finanziellen Eingliederung abzustellen: Sie soll sicherstellen, dass der Organträger seinen Willen in der Organgesellschaft durchsetzen kann. Dies ist bei der Additionsmethode gewährleistet. Soweit nämlich der Organträger innerhalb der Beteiligungskette aufgrund der jeweils bestehenden Mehrheit der Stimmrechte in den vermittelnden Gesellschaften seinen Willen durchzusetzen vermag, ist er auch in der Lage, die tatsächliche Zahl der Stimmrechte aus den Anteilen an der Organgesellschaft geltend zu machen. 20.30

Beispiel

Die M-GmbH ist unmittelbar an der T-GmbH zu 31 % beteiligt und an der S-GmbH zu 75 %. Die S-GmbH hält eine unmittelbare Beteiligung an der T-GmbH von 20 %. 20.31

24 Vgl. auch BMF-Schreiben v. 29.09.2022 – IV C 2 - S 2770/19/10004 :007, BStBl I, 1412 Rdnr. 34.

25 Neumann, in: Gosch, KStG, 4. Aufl. 2020, § 14 Rdnr. 139 m.w.N.; Herlinghaus, FR 2000, 1105, 1112.

26 Kolbe, in: Herrmann/Heuer/Raupach, EStG/KStG, § 14 KStG Rdnr. 113 (02/2022) m.w.N.

Lösung

Ob eine finanzielle Eingliederung vorliegt, hängt davon ab, ob man die Durchrechnung anwendet oder nicht: Ohne Anwendung der Durchrechnung liegt eine finanzielle Eingliederung vor (31 % + 20 %). Die durchgerechnete Beteiligung hingegen ergibt nur 46 % (31 % + 15 % (20 % von 75 %)) und führt zu der Verneinung einer finanziellen Eingliederung.

20.32 Unklar ist des Weiteren, ob bei mittelbaren Beteiligungssträngen die Mehrheit der Stimmrechte auch auf der letzten Stufe zur Organgesellschaft gegeben sein muss. Hiergegen spricht, dass das Gesetz lediglich verlangt, dass die Beteiligung an jeder „vermittelnden Gesellschaft" die Mehrheit der Stimmrechte gewährt. Die Organgesellschaft ist jedoch keine vermittelnde Gesellschaft. Damit ist auf der letzten Stufe keine Stimmrechtsmehrheit zu verlangen.[27]

20.2.3.3 Eingliederungszeitraum

20.33 Die finanzielle Eingliederung der Organgesellschaft in das Unternehmen des Organträgers muss nach § 14 Abs. 1 Satz 1 Nr. 1 KStG „vom Beginn ihres Wirtschaftsjahres an ununterbrochen" vorliegen. Erfolgt die Eingliederung erst innerhalb des laufenden Wirtschaftsjahres der Organgesellschaft, kann das bis zum Ende des Wirtschaftsjahres erwirtschaftete Ergebnis nicht dem Organträger zugerechnet werden. Dies gilt unabhängig davon, wie kurz der Zeitraum vor der Eingliederung auch sein mag. Nach der h.M. in der Literatur[28] und der Auffassung der Finanzverwaltung (R 14.4 Abs. 1 Satz 2 KStR 2022) bedeutet die „ununterbrochene" finanzielle Eingliederung, dass diese **vom Beginn** des Wirtschaftsjahres der Organgesellschaft an ohne Unterbrechung **bis zum Ende** des Wirtschaftsjahres der Organgesellschaft bestehen muss.

20.34 Diese zeitliche Komponente ist ein gesondert zu prüfendes Tatbestandsmerkmal für die finanzielle Eingliederung und unabhängig von der steuerlich gebotenen Vertragsdauer des Ergebnisabführungsvertrags. Jegliche – auch nur vorübergehende – Unterbrechung oder vorzeitige Beendigung der finanziellen Eingliederung vor Schluss des Wirtschaftsjahres der Organgesellschaft ist schädlich mit der Folge, dass eine Organschaft für dieses Wirtschaftsjahr nicht gegeben ist.

---

27 Neumann, in: Gosch, KStG, 4. Aufl. 2020, § 14 Rdnr. 143; Frotscher, in Frotscher/Drüen, KStG/GewStG/UmwStG, § 14 KStG Rdnr. 239 (01/2023).

28 Neumann, in: Gosch, KStG, 4. Aufl. 2020, § 14 Rdnr. 155.

Hinweis

Unter den Begriff „Wirtschaftsjahr" in § 14 Abs. 1 Satz 1 Nr. 1 KStG fällt auch ein Rumpfwirtschaftsjahr (R 14.4 Abs. 1 Satz 3 KStR 2022; zu der nach § 7 Abs. 4 Satz 3 KStG erforderlichen Zustimmung des Finanzamts vgl. R 14.4 Abs. 3 KStR 2022). 20.35

Beispiel

Die T-GmbH wird am 01.06.2022 mit einem kalenderjahrgleichen Wirtschaftsjahr gegründet. Gleichzeitig wird mit der alleinigen Anteilseignerin (M-GmbH) ein Organschaftsverhältnis mit Ergebnisabführungsvertrag begründet. 20.36

Lösung

Das im Rumpfwirtschaftsjahr 01.06.–31.12.2022 erzielte Einkommen der T-GmbH ist der M-GmbH zuzurechnen, da die finanzielle Eingliederung vom Beginn des Wirtschaftsjahres (das dem Rumpfwirtschaftsjahr der T-GmbH entspricht) an vorliegt.

Wird die Beteiligung an der Organgesellschaft durch den Organträger zum Ende des Wirtschaftsjahres der Organgesellschaft an ein anderes gewerbliches Unternehmen veräußert, unterstellt die Finanzverwaltung in R 14.4 Abs. 2 KStR 2022, dass der Vertrag die Fiktion enthält, dass der Eigentumsübergang genau in der logischen Sekunde zwischen diesem und dem folgenden Wirtschaftsjahr der Organgesellschaft stattfindet (Mitternachtsregelung). Der veräußernde Organträger wäre damit Eigentümer der Organgesellschaft bis zum letzten Tag dieses Wirtschaftsjahres, 24 Uhr, und das erwerbende Unternehmen würde Eigentümer ab 0 Uhr des folgenden Wirtschaftsjahres der Organgesellschaft. Damit wären in diesem Wirtschaftsjahr beim veräußernden und im folgenden Wirtschaftsjahr beim erwerbenden Unternehmen die Voraussetzungen der finanziellen Eingliederung gegeben. 20.37

Dies gilt auch dann, wenn der Organträger seine Beteiligung an der Organgesellschaft während des Wirtschaftsjahres der Organgesellschaft veräußert und die Organgesellschaft mit Zustimmung des Finanzamts ihr Wirtschaftsjahr auf den Zeitpunkt der Veräußerung umstellt. Die finanzielle Eingliederung der Organgesellschaft beim Veräußerer der Anteile ist bis zum Ende des entstandenen Rumpfwirtschaftsjahres der Organgesellschaft und beim Erwerber der Anteile vom Beginn des anschließenden Wirtschaftsjahres der Organgesellschaft an gegeben. 20.38

Im Fall der Verschmelzung von zwei Kapitalgesellschaften tritt der übernehmende Rechtsträger (Organträger) hinsichtlich des Merkmals der finanziellen Eingliederung (§ 14 Abs. 1 Satz 1 Nr. 1 KStG) auch dann nach § 12 Abs. 3 i.V.m. § 4 Abs. 2 Satz 3 UmwStG in die Rechtsstellung des übertragenden Rechtsträgers ein, wenn der umwandlungssteuerliche Übertragungsstichtag nicht auf den Beginn des 20.39

Wirtschaftsjahres der Organgesellschaft zurückbezogen wird (sog. Fußstapfentheorie).[29] Dies gilt auch für das Merkmal der Zuordnung der Beteiligung an der Organgesellschaft zu einer inländischen Betriebsstätte des Organträgers nach § 14 Abs. 1 Satz 1 Nr. 2 Satz 4 KStG. Die umwandlungssteuerliche Rechtsnachfolge in die finanzielle Eingliederung setzt nicht voraus, dass beim übertragenden Rechtsträger sämtliche Voraussetzungen einer körperschaftsteuerrechtlichen Organschaft erfüllt waren.

20.2.4 Ergebnisabführungsvertrag

20.40 Eine körperschaftsteuerliche Organschaft besteht nur, wenn zwischen der Organgesellschaft und dem Organträger ein Ergebnisabführungsvertrag (EAV) geschlossen wird, mit dem sich die Organgesellschaft verpflichtet, ihren gesamten handelsrechtlichen Gewinn an den Organträger abzuführen (§ 14 Abs. 1 Satz 1 KStG). Eine Ausnahme gilt hier für von der Organgesellschaft geleistete **Ausgleichszahlungen** an außenstehende Anteilseigner, die steuerlich als nicht abzugsfähige Betriebsausgaben behandelt werden und von der Organgesellschaft als **eigenes Einkommen** zu versteuern sind (§ 16 KStG).

20.2.4.1 Formerfordernisse

20.41 Wirksam wird der Ergebnisabführungsvertrag mit der Eintragung im Handelsregister der Organgesellschaft. Der Zeitpunkt des Abschlusses des Vertrags ist ohne Bedeutung. Die Eintragung hat konstitutive Bedeutung. Da auf den Zeitpunkt der Eintragung des Ergebnisabführungsvertrags in das Handelsregister nur schwerlich Einfluss genommen werden kann, erkennt die Finanzverwaltung Vereinbarungen an, nach der die Laufzeit des Ergebnisabführungsvertrags erst in dem Wirtschaftsjahr beginnt, in dem der Ergebnisabführungsvertrag im Handelsregister eingetragen wird.[30] Eine steuerliche Anerkennung der Organschaft schon für das Jahr der Anmeldung des Ergebnisabführungsvertrags in das Handelsregister ist selbst dann ausgeschlossen, wenn die Vertragsparteien die Eintragung frühzeitig beantragt haben und die verzögerte Eintragung im Folgejahr allein der Arbeitsweise des Handelsregistergerichts anzulasten ist.[31] Ist die rechtzeitige Eintragung in das Handelsregister z.B. wegen langer Erledigungszeiten des Registergerichts unterblieben,

---

[29] BFH, Urt. v. 11.07.2023 – I R 45/20, BFH/NV 2024, 139; BFH, Urt. v. 11.07.2023 – I R 21/20, BFH/NV 2024, 127; BFH, Urt. v. 11.07.2023 – I R 36/20, BFH/NV 2024, 133; BFH, Urt. v. 11.07.2023 – I R 40/20, BFH/NV 2024, 147; BFH, Urt. v. 28.07.2010 – I R 89/09, BStBl II 2011, 528; BFH, Urt. v. 28.07.2010 – I R 111/09, BFH/NV 2011, 67.

[30] BMF-Schreiben v. 10.11.2005 – IV B 7 - S 2770 - 24/05, BStBl I, 1038, Rdnr. 4.

[31] Niedersächsisches FG, Urt. v. 13.12.2007 – 6 K 411/07, EFG 2008, 885 m. Anm. Kuhfus; BFH, Beschl. v. 12.06.2008 – I B 20/08, BeckRS 2008, 25013620.

können die hieraus sich ergebenden negativen steuerlichen Folgen für die an der Organschaft Beteiligten nicht im Billigkeitsweg beseitigt werden.[32]

Bei einer AG bzw. einer KGaA als Organgesellschaft erfordert der Vertrag i.S.d. § 291 Abs. 1 AktG für seine zivilrechtliche Wirksamkeit gem. § 293 Abs. 3 AktG die **Schriftform**, die **Zustimmung** der Hauptversammlung mit notariell beurkundetem Zustimmungsbeschluss (§ 130 Abs. 1 Satz 1 AktG) sowie die **Eintragung** im Handelsregister der Organgesellschaft. Nach § 293 Abs. 1 AktG muss die Hauptversammlung bei der zukünftigen Organgesellschaft in der Rechtsform der AG, SE oder KGaA dem Vertrag mit qualifizierter Mehrheit (75 %) zustimmen. 20.42

Bei einer aktienrechtlich **eingegliederten Gesellschaft** i.S.d. §§ 319–327 AktG wird der Unternehmensvertrag hingegen bereits zivilrechtlich wirksam, sobald er schriftlich abgeschlossen wurde. 20.43

Der Ergebnisabführungsvertrag einer **GmbH** muss ebenfalls schriftlich abgeschlossen werden, zivilrechtlich wirksam sein und die Abführung des gesamten Gewinns der Organgesellschaft sowie eine Verlustübernahmeverpflichtung des Organträgers analog § 302 Abs. 1 AktG vorsehen. Gemäß § 17 Satz 2 Nr. 2 KStG kann ein Organschaftsverhältnis zu einer GmbH nur anerkannt werden, wenn eine Verlustübernahme durch Verweis auf die Vorschriften des § 302 AktG in seiner jeweils gültigen Fassung vereinbart wird (sog. dynamischer Verweis). Der Abschluss einer entsprechenden Vereinbarung ist nicht etwa deshalb entbehrlich, weil zivilrechtlich diese Vorschrift im GmbH-Konzern analog anzuwenden ist. Dabei genügt es, wenn in dem Text des Ergebnisabführungsvertrags auf § 302 Abs. 1, 3 und 4 AktG verwiesen oder er entsprechend ihrem Inhalt formuliert wird. 20.44

Hintergrund: Nachdem der BFH[33] entschieden hatte, dass Gewinnabführungsverträge von Organschaften i.S.d. § 17 KStG nur dann die Voraussetzungen des § 17 Satz 2 Nr. 2 KStG a.F. erfüllen, wenn der Gewinnabführungsvertrag bei wörtlicher Wiedergabe des § 302 AktG auch die Regelung des § 302 Abs. 4 AktG enthält, war dem Nichtanwendungserlass[34] die Grundlage entzogen. In Altfällen war ein fehlender Verweis bzw. eine fehlende Wiedergabe des § 302 Abs. 4 AktG im Ge- 20.45

[32] BFH, Urt. v. 23.08.2017 – I R 80/15, BStBl II 2018, 141, Rdnr. 19 f.; hierzu WACHTER, DB 2018, 272; Thüringer FG, Urt. v. 09.10.2013 – 3 K 438/09, BeckRS 2015, 95346; BFH, Beschl. v. 05.11.2014 – I B 34/14, BFH/NV 2015, 356.

[33] BFH, Urt. v. 10.05.2017 – I R 93/15, BStBl II 2019, 278.

[34] BMF-Schreiben v. 20.04.2010 – IV C 2 - S 2770/08/10006, BStBl I, 372.

winnabführungsvertrag zuvor nicht zu beanstanden.[35] Dies galt auch unter Berücksichtigung des § 34 Abs. 10b KStG i.d.F. des AIFM-StAnpG.[36]

Praxistipp

20.46 Im Hinblick auf die Billigkeitsregelung hatte das BMF eine Vertrauensschutzregelung erlassen.[37] Danach stehen Gewinnabführungsverträge, die keinen Verweis auf die entsprechende Anwendung von § 302 Abs. 4 AktG enthalten, aber von der genannten Billigkeitsregelung umfasst waren, der Anerkennung der Organschaft **nicht** entgegen, wenn diese bis zum Ablauf des 31.12.2019 an die Regelung des § 17 Abs. 1 Satz 2 Nr. 2 KStG (dynamischer Verweis) angepasst wurden. In diesen Fällen liegt nach § 17 Abs. 2 KStG i.V.m. § 34 Abs. 10b KStG i.d.F. des AIFM-StAnpG kein Neuabschluss vor; die Mindestlaufzeit des § 14 Abs. 1 Satz 1 Nr. 3 Satz 1 KStG beginnt daher nicht von neuem zu laufen. Die Anpassung konnte unterbleiben, wenn das Organschaftsverhältnis vor dem 01.01.2020 beendet wurde.

20.47 Sofern in Verträgen nur eine geminderte Verlustübernahmeverpflichtung vereinbart wurde, ist das Organschaftsverhältnis nicht anzuerkennen.[38] Eine Vereinbarung, dass ein sonst entstehender Jahresfehlbetrag auch durch die Auflösung von Kapitalrücklagen ausgeglichen werden kann, stellt keine ausreichende Verlustübernahmevereinbarung i.S.v. § 17 Satz 2 Nr. 2 KStG a.F. i.V.m. § 302 AktG dar. Die Vorschrift des § 302 Abs. 1 AktG erlaubt nur eine Minderung der Verlustübernahmeverpflichtung durch die Auflösung von anderen Gewinnrücklagen, nicht jedoch durch die Auflösung von Kapitalrücklagen.

Praxistipp

20.48 Die Vereinbarung im Ergebnisabführungsvertrag sollte lauten: „Die Vorschriften des § 302 AktG in ihrer jeweils gültigen Fassung gelten entsprechend.Es wird eine Verlustübernahme entsprechend § 302 AktG in seiner jeweils gültigen Fassung vereinbart."[39]

Abweichende textliche Fassungen oder Ergänzungen sollten vermieden werden.

---

[35] BMF-Schreiben v. 16.12.2005 – IV B 7 - S 2770 - 30/05, BStBl I 2006, 12.

[36] Gesetz zur Anpassung des Investmentsteuergesetzes und anderer Gesetze an das AIFM-Umsetzungsgesetz (AIFM-Steuer-Anpassungsgesetz) v. 23.12.2013, BGBl I, 4318.

[37] BMF-Schreiben v. 03.04.2019 – IV C 2 - S 2770/08/10004 :001, BStBl I, 467.

[38] FG Düsseldorf, Urt. v. 17.04.2018 – 6 K 2507/17 K, DStR 2018, 1857; OFD Nordrhein-Westfalen v. 11.07.2018 – S 2770 - 2018/0013 - St 131, KSt-Kartei NW KStG § 17 Karte 2, GmbHR 2018, 1092.

[39] RODE, in: BRANDIS/HEUERMANN, Ertragsteuerrecht, § 17 KStG Rdnr. 26 m.w.N. (11/2023).

Aufgrund der am 01.01.2021 in Kraft getretenen Änderung des § 302 AktG[40] kann sich eine Pflicht zur Anpassung des Ergebnisabführungsvertrags ergeben. Hierzu liefert das BMF-Schreiben vom 24.03.2021 Vorgaben.[41] Betroffen von der Anweisung sind vor dem 27.02.2013 abgeschlossene oder letztmalig geänderte Gewinnabführungsverträge, bei denen nach § 17 Satz 2 Nr. 2 KStG a.F. durch statischen Verweis auf § 302 AktG oder durch wörtliche Wiedergabe dieser Regelung ein Verlustausgleich vereinbart worden ist. Dennoch verbleibt ein „Rechtsprechungsrisiko", etwa im Hinblick auf den Zeitpunkt der wirksamen Anpassung des Gewinnabführungsvertrags.[42] 20.49

Nach § 293 Abs. 1 und 2 AktG ist für die Annahme des Ergebnisabführungsvertrags eine Mehrheit von mindestens 3/4 des bei der Beschlussfassung vertretenen Grundkapitals des Organträgers erforderlich, wenn es sich beim Organträger um eine AG, SE oder KGaA handelt. 20.50

Sind beide Vertragsparteien eine GmbH, haben beide Gesellschafterversammlungen zur Wirksamkeit des Ergebnisabführungsvertrags mit satzungsändernder Mehrheit zuzustimmen. Der Zustimmungsbeschluss des **beherrschten** Unternehmens ist notariell zu beurkunden[43] und zusammen mit dem Ergebnisabführungsvertrag und dem Namen des anderen Vertragsteils zur Eintragung ins Handelsregister am Sitz der beherrschten Gesellschaft anzumelden. Der BGH[44] verlangt die qualifizierte Mehrheit von 75 % auch beim **beherrschenden** Unternehmen in der Rechtsform der GmbH, eine notarielle Beurkundung des Zustimmungsbeschlusses soll in diesem Fall nicht erforderlich sein. 20.51

Die formalen Voraussetzungen, die beim erstmaligen Abschluss eines Ergebnisabführungsvertrags[45] zu erfüllen sind, gelten auch für dessen Änderung.[46] 20.52

---

40 Art. 15 des Gesetzes zur Fortentwicklung des Sanierungs- und Insolvenzrechts (Sanierungs- und Insolvenzrechtsfortentwicklungsgesetz – SanInsFoG) v. 22.12.2020, BGBl I, 3256.

41 BMF-Schreiben v. 24.03.2021 – IV C 2 - S 2770/21/10001 :001, BStBl I, 379.

42 Hierzu POHL, DB 2021, 1087.

43 BGH, Beschl. v. 24.10.1988 – II ZB 7/88, NJW 1989, 295.

44 BGH, Beschl. v. 24.10.1988 – II ZB 7/88, NJW 1989, 295; BGH, Beschl. v. 30.01.1992 – II ZB 15/91, GmbHR 1992, 253.

45 Zur Anerkennung eines ertragsteuerlichen Organschaftsverhältnisses unter Beteiligung einer im EU-/EWR-Ausland gegründeten Kapitalgesellschaft mit Geschäftsleitung in Deutschland vgl. OFD Frankfurt, Vfg. v. 09.07.2020 – S 2770 A - 55 - St 55, DB 2020, 1768.

46 BFH, Urt. v. 22.10.2008 – I R 66/07, BFH/NV 2009, 299.

20.2.4.2 Dauer und tatsächliche Durchführung

20.53 Ein Ergebnisabführungsvertrag muss gem. § 14 Abs. 1 Satz 1 Nr. 3 Satz 1 KStG auf mindestens **fünfmal zwölf Monate (Zeitjahre)** abgeschlossen sein. Die Mindestlaufzeit muss ausdrücklich in den Vertrag aufgenommen werden oder sich anderweitig eindeutig aus dem Vertrag erforderlichenfalls im Wege der Auslegung nach objektiven Gesichtspunkten, die sich aus dem Vertrag selbst erschließen lassen,[47] ergeben. Das ist etwa dann der Fall, wenn die Ausübung des ordentlichen Kündigungsrechts erst nach Ablauf des Fünfjahreszeitraums ermöglicht wird.[48] Ein im Ergebnisabführungsvertrag genanntes erstmaliges Kündigungsdatum, das auch nur einen Tag vor dem Ablauf dieser Frist liegt, ist schädlich.[49] Auch in dem Fall, dass die Fünfjahresfrist nicht Gegenstand des Vertrags ist, reicht dieser steuerlich nicht aus, selbst wenn er tatsächlich länger als fünf Jahre durchgeführt wird.

20.54 Der Vertrag muss nicht nur formal korrekt abgeschlossen werden und für mindestens fünf Jahre bestehen, sondern auch tatsächlich durchgeführt werden. **Tatsächliche Durchführung** des Ergebnisabführungsvertrags bedeutet insbesondere, dass die von der Organgesellschaft ermittelten Gewinne durch Zahlung oder Verrechnung an den Organträger gelangen. „Verrechnung" ist in diesem Zusammenhang dahin zu verstehen, dass es sich um eine einer tatsächlichen Zahlung gleichstehende Aufrechnung handeln muss; die reine Buchung der Forderung ohne Erfüllungswirkung ist dagegen nicht ausreichend.[50] Es ist notwendig, zumindest entsprechende Forderungen oder Verbindlichkeiten auszuweisen. Der tatsächliche Vollzug muss mit seinem Inhalt übereinstimmen, sonst ist die Organschaft nicht wirksam. Wird der Vertrag innerhalb der Mindestlaufzeit nicht durchgehend durchgeführt, so wird das Organschaftsverhältnis von Anfang an nicht anerkannt (R 14.5 Abs. 8 Satz 1 Nr. 1 KStR 2022).[51] Zudem muss der Fünfjahreszeitraum von Neuem vereinbart werden. Es reicht nicht aus, den bisherigen Ergebnisabführungsvertrag ab dem Vertragsverstoß in der dann folgenden Spanne von fünf Jahren ordnungsgemäß durchzuführen, weil es wegen des Vertragsverstoßes an der erforderlichen Vereinbarung eines Fünfjahreszeitraums fehlt, in dem der Vertrag tatsächlich beachtet worden ist.[52]

20.55 Liegt der Verstoß gegen den Ergebnisabführungsvertrag erst nach dem Fünfjahreszeitraum, führt dies nicht zur Aberkennung der Organschaft von Beginn an, sondern es tritt für den Zeitraum des Verstoßes eine Organschaftspause ein. Die

---

[47] Vgl. hierzu BFH, Urt. v. 28.11.2007 – I R 94/06, BFH/NV 2008, 1270; BFH, Urt. v. 13.07.2022 – I R 42/18, BFH/NV 2023, 237.

[48] NEUMANN, in: GOSCH, KStG, 4. Aufl. 2020, § 14 Rdnr. 212.

[49] BFH, Beschl. v. 23.01.2013 – I R 1/12, BFH/NV 2013, 989.

[50] BFH, Beschl. v. 26.04.2016 – I B 77/15, BFH/NV 2016, 1177.

[51] Vgl. auch BFH, Urt. v. 02.11.2022 – I R 37/19, BStBl II 2023, 409.

[52] NEUMANN, in: GOSCH, KStG, 4. Aufl. 2020, § 14 Rdnr. 325.

Finanzverwaltung vertritt die Ansicht, dass die Organschaft nach Nichtdurchführung des Ergebnisabführungsvertrags für ein Jahr nur anzuerkennen sein soll, wenn der Ergebnisabführungsvertrag danach wieder für einen Zeitraum von fünf Jahren tatsächlich durchgeführt wird (R 14.5 Abs. 8 Satz 1 Nr. 2 KStR 2022). Diese Auffassung wird in der Kommentierung aus guten Gründen abgelehnt.[53]

Die tatsächliche Durchführung erfordert u.a. die ordnungsgemäße Abführung des **handelsrechtlichen „gesamten Gewinns"** bzw. den vollständigen und wirksamen Ausgleich eines etwaigen Verlusts. Die Organschaft ist gefährdet, wenn infolge von fehlerhaften Handelsbilanzen ein Gewinn abgeführt wird, der entweder die Höchstgrenze des § 301 AktG überschreitet bzw. unterhalb des korrekten Handelsbilanzgewinns liegt, so dass nicht der ganze Gewinn i.S.d. § 14 Abs. 1 Satz 1 KStG abgeführt wird und damit der Ergebnisabführungsvertrag nicht tatsächlich durchgeführt ist. In § 14 Abs. 1 Satz 1 Nr. 3 Satz 4 ff. KStG wurden daher Heilungsmöglichkeiten bei **Bilanzierungsfehlern** kodifiziert. 20.56

Der Anwendungsbereich ist nach dessen Wortlaut aber auf fehlerhafte Bilanzansätze mit einer Wirkung auf den abgeführten Gewinn oder ausgeglichenen Verlust beschränkt und bezieht sich auf die Höhe des abzuführenden Gewinns oder auszugleichenden Verlusts. Nicht erfasst ist dagegen der fehlerhafte Ausweis eines in der Organgesellschaft verbleibenden Gewinns oder Verlusts durch den unterlassenen Ausweis einer Forderung (Verlustausgleichsanspruch) oder einer Verbindlichkeit (Gewinnabführungsverpflichtung) der Organgesellschaft auf der Grundlage des Ergebnisabführungsvertrags.[54] 20.57

Eine vorzeitige Kündigung des Vertrags ist nur bei Vorliegen eines **wichtigen Grunds** zulässig (§ 14 Abs. 1 Satz 1 Nr. 3 Satz 2 KStG). Was in diesem Zusammenhang ein wichtiger Grund ist, ist weder gesetzlich definiert noch durch die Rechtsprechung hinreichend konkretisiert worden. Auch die Finanzverwaltung hat sich bislang nur punktuell mit dem Vorliegen eines wichtigen Grunds beschäftigt (vgl. z.B. R 14.5 Abs. 6 Satz 2 KStR). Am 11.10.2023 hat die Finanzverwaltung den Entwurf eines BMF-Schreibens[55] veröffentlicht, der eine Überarbeitung des BMF-Schreibens vom 11.11.2011[56]) ankündigt. Betroffen ist auch der Teil des UmwStE, der sich mit den Auswirkungen der Umwandlung auf eine Organschaft 20.58

[53] Frotscher, in: Frotscher/Drüen, KStG, § 14 Rdnr. 359a (01/2023); Kolbe, in: Herrmann/Heuer/Raupach, EStG/KStG, § 14 KStG Rdnr. 207 (02/2022); Walter, in: Bott/Walter, KStG, § 14 Rdnr. 723 (03/2021); Krumm, in: Brandis/Heuermann, Ertragsteuerrecht, § 14 KStG Rdnr. 132 (08/2021); Scheifele/Marx, DStR 2014, 1793, 1799.

[54] BFH, Urt. v. 02.11.2022 – I R 37/19, BStBl II 2023, 409, Rdnr. 21.

[55] BMF-Schreiben v. 11.10.2023 – IV C 2 - S 1978/19/10001 :013 (UmwStE 2024).

[56] BMF-Schreiben v. 11.11.2011 – IV C 2 - S 1978 b/08/10001, BStBl I, 1314 (UmwStE 2011).

(Rdnr. Org.01 ff.) beschäftigt. Im UmwStE 2024 ist Rdnr. Org.04 Satz 2 (Verschmelzung als wichtiger Grund) ersatzlos aufgehoben worden.

20.59 Zwischenzeitlich hat sich der BFH[57] für eine entsprechende Anwendung auf die Beendigung des Gewinnabführungsvertrags kraft Gesetzes – hier durch Konfusion – ausgesprochen. Für § 14 Abs. 1 Satz 1 Nr. 3 Satz 2 KStG ist nicht die Form, sondern nur die Beendigung des Gewinnabführungsvertrags als solches relevant.[58] Obwohl sich der BFH zur Aufwärtsverschmelzung, der UmwStE hingegen zur Abwärtsverschmelzung positioniert, ist die Aussage übertragbar, denn allein die Verschmelzungsrichtung kann für das Vorliegen eines wichtigen Grunds nicht entscheidend sein. Ob das Urteil die Finanzverwaltung deshalb dazu veranlassen wird, Rdnr. Org.04 Satz 2 UmwStE beizubehalten, bleibt abzuwarten. Andernfalls sollte der Steuerpflichtige bemüht sein, auch in Fällen einer Konfusion ausreichende Gründe darzulegen, um eine willkürliche Beeinflussung der Besteuerung mittels der Organschaft auszuschließen.

Hinweis

20.60 In der Praxis scheitert eine Organschaft häufig daran, dass es erst im nachfolgenden Jahr zur Eintragung des Ergebnisabführungsvertrags im Handelsregister der Organgesellschaft kommt und daher nicht mindestens fünf Jahre wirksam ist. Da die Mindestlaufzeit zwingende Tatbestandsvoraussetzung für die Anerkennung der ertragsteuerlichen Organschaft ist, sollte beim Abschluss des Ergebnisabführungsvertrags die Laufzeit sorgfältig beachtet und im Zweifel eine längere Laufzeit vereinbart werden.

20.2.4.3 Ausgleichszahlungen

20.61 Sind neben dem Organträger Dritte an der Organgesellschaft beteiligt, sieht § 304 AktG die zwingende Verpflichtung zur Vereinbarung von angemessenen Ausgleichszahlungen für die durch die Gewinnabführung entgangene Dividende für diesen außenstehenden Anteilseigner vor. Ausgleichszahlungen an außenstehende Anteilseigner stehen der Anerkennung der Organschaft – trotz der Voraussetzung der Gesamtgewinnabführung – grundsätzlich nicht entgegen, weil der Steuergesetzgeber die Leistung von Ausgleichszahlungen an außenstehende Gesellschafter bei der Statuierung der Selbstversteuerungspflicht der Organgesellschaft in § 16, § 17 Abs. 1 Satz 1 KStG vorausgesetzt hat.[59]

57 BFH, Urt. v. 11.07.2023 – I R 36/20, BFH/NV 2024, 133.
58 Vgl. bereits BFH, Urt. v. 13.11.2013 – I R 45/12, BStBl II 2014, 486.
59 BFH, Urt. v. 04.03.2009 – I R 1/08, BStBl II 2010, 407; BFH, Urt. v. 10.05.2017 – I R 93/15, BStBl II 2019, 278.

Die Vereinbarung von Ausgleichszahlungen des beherrschenden Unternehmens an einen außenstehenden Gesellschafter der beherrschten Gesellschaft stand nach Auffassung des BFH der körperschaftsteuerrechtlichen Anerkennung eines Gewinnabführungsvertrags aber dann entgegen, wenn neben einem bestimmten Festbetrag ein zusätzlicher Ausgleich gewährt wurde, dessen Höhe sich am Ertrag der vermeintlichen Organgesellschaft orientierte und der zu einer lediglich anteiligen Gewinnzurechnung an den vermeintlichen Organträger führte.[60] 20.62

Mit dieser Rechtsprechung erteilte der BFH der Auffassung der Finanzverwaltung,[61] wonach Ausgleichszahlungen, die über den gesellschaftsrechtlichen Mindestschutz i.S.d. § 304 Abs. 2 Satz 1 AktG hinausgehen, für die Anerkennung der ertragsteuerlichen Organschaft nicht schädlich waren, eine Absage. Mit § 14 Abs. 2 KStG n.F.[62] hat der Gesetzgeber[63] auf diese Rechtsprechung reagiert und Kriterien für die Zulässigkeit von variablen Ausgleichszahlungen aufgestellt.[64] Da § 14 Abs. 2 nach § 34 Abs. 6b KStG rückwirkend für alle offenen Veranlagungen gilt, entfällt die Organschaftsschädlichkeit der Genussrechtsauskehrungen rückwirkend. 20.63

Hinweis

Ist eine Organschaft zum 01.08.2018 (Zeitpunkt des Kabinettbeschlusses des Gesetzes zur Vermeidung von Umsatzsteuerausfällen beim Handel mit Waren im Internet und zur Änderung weiterer steuerlicher Vorschriften) bereits nach den o.g. Verwaltungsgrundsätzen anerkannt worden, sind diese nach § 34 Abs. 6b Satz 2 KStG übergangsweise bis zum Veranlagungszeitraum 2021 in den jeweiligen Einzelfällen weiterhin anzuwenden (Altfälle). Ein bestehender Ergebnisabführungsvertrag, der bisher eine Regelung enthielt, die nicht den Anforderungen des § 14 Abs. 2 KStG entspricht, musste zur Anerkennung der Organschaft ab dem Veranlagungszeitraum 2022 bis spätestens zum 31.12.2021 angepasst werden.[65] Darüber hinaus unterstellt § 34 Abs. 6b Satz 3 KStG einen wichtigen Kündigungsgrund i.S.d. § 14 Abs. 1 Satz 1 Nr. 3 Satz 2 KStG in diesen Altfällen. 20.64

---

60 BFH, Urt. v. 04.03.2009 – I R 1/08, BStBl II 2010, 407; BFH, Urt. v. 10.05.2017 – I R 93/15, BStBl II 2019, 278.

61 BMF-Schreiben v. 13.09.1991 – IV B 7 S 2770 34/91 und v. 20.04.2010 – IV C 2 S 2770/08/10006, BStBl I, 372.

62 Vgl. hierzu eingehend Hasbach, DStR 2019, 81; Neumann, in: Gosch, KStG, 4. Aufl. 2020, § 14 Rdnr. 326–328.

63 Gesetz zur Vermeidung von Umsatzsteuerausfällen beim Handel mit Waren im Internet und zur Änderung weiterer steuerlicher Vorschriften v. 11.12.2018, BGBl I, 2338.

64 Vgl. BMF-Schreiben v. 04.03.2020 – IV C 2 - S 2770/19/10003 :002, „Anwendungsfragen zu § 14 Absatz 2 KStG“, BStBl I, 256.

65 Vgl. Finanzausschuss zum RegE eines Gesetzes zur Vermeidung von Umsatzsteuerausfällen beim Handel mit Waren im Internet und zur Änderung weiterer steuerlicher Vorschriften, BT-Drucks. 19/5595, S. 27.

20.65 Der Anwendungsbereich des § 14 Abs. 2 KStG ist nur eröffnet, wenn Ausgleichszahlungen vereinbart und geleistet werden. Neben der festen Ausgleichszahlung nach § 304 Abs. 2 Satz 1 AktG kann ein variabler Zahlungsbestandteil vereinbart werden, Voraussetzung ist dann, dass die Ausgleichszahlung insgesamt (Kombination aus fester und variabler Ausgleichszahlung) den dem Anteil am Grundkapital entsprechenden handelsrechtlichen Gewinnanteil des außenstehenden Gesellschafters nicht übersteigt, der diesem ohne Gewinnabführungsverpflichtung hätte zufließen können. Zur Ermittlung des Gewinnanteils des außenstehenden Gesellschafters nach § 14 Abs. 2 Satz 2 KStG sind Vereinbarungen über inkongruente Gewinnausschüttungen unbeachtlich.[66]

20.66 Nach § 14 Abs. 2 Satz 3 KStG muss die Kombination aus variabler Ausgleichszahlung und fester Ausgleichszahlung außerdem „nach vernünftiger kaufmännischer Beurteilung wirtschaftlich begründet sein“ (sog. Kaufmannstest). Bei Vereinbarungen zwischen fremden Dritten hat der Kaufmannstest allerdings keine praktische Bedeutung.[67] Wenn die an außenstehende Gesellschafter insgesamt geleisteten Ausgleichszahlungen den nach § 14 Abs. 2 KStG zulässigen Höchstbetrag nicht übersteigen, greift die gesetzliche Fiktion, und der ganze Gewinn gilt als abgeführt. Übersteigen die an den außenstehenden Gesellschafter insgesamt geleisteten Ausgleichszahlungen den zulässigen Höchstbetrag, steht dies der steuerlichen Anerkennung der Organschaft entgegen.

20.2.5 Inlandsbezug

20.67 Der doppelte Inlandsbezug der Organgesellschaft wurde durch die sogenannte kleine Organschaftsreform[68] grundsätzlich aufgegeben. Er gilt allerdings weiterhin für die Europäische Gesellschaft (SE) fort, weil sie nach Art. 7 Satz 1 der SE-VO[69] ihren statutarischen Sitz stets in dem Mitgliedstaat haben muss, in dem sich ihre Hauptverwaltung befindet. Eine Kapitalgesellschaft kann dann Organgesellschaft sein, wenn sich ihre Geschäftsleitung im Inland und ihr Sitz in einem EU- oder EWR-Mitgliedstaat befinden. Kapitalgesellschaften mit Geschäftsleitung in Inland und mit Sitz in einem Drittstaat sowie solche mit Sitz im Inland und mit Geschäftsleitung im Ausland können keine Organgesellschaft sein, obgleich sie unbe-

66 BMF-Schreiben v. 04.03.2020 – IV C 2 - S 2770/19/10003 :002, BStBl I, 256, Rdnr. 7–8.

67 Finanzausschuss zum RegE eines Gesetzes zur Vermeidung von Umsatzsteuerausfällen beim Handel mit Waren im Internet und zur Änderung weiterer steuerlicher Vorschriften, BT-Drucks. 19/5595, S. 61; BMF-Schreiben v. 04.03.2020 – IV C 2 - S 2770/19/10003 :002, BStBl I, 256, Rdnr. 13.

68 Gesetz zur Änderung und Vereinfachung der Unternehmensbesteuerung und des steuerlichen Reisekostenrechts v. 20.02.2013, BGBl I, 285.

69 Verordnung (EG) Nr. 2157/2001 des Rates vom 08.10.2001 über das Statut der Europäischen Gesellschaft (SE), ABl EG Nr. L 294/1.

schränkt steuerpflichtig sind. Die Gesellschaftsanteile an der Organgesellschaft müssen einer **inländischen Betriebsstätte** des Organträgers zuzurechnen sein.

20.2.6 Folgen für die handelsrechtliche Rechnungslegung

Die Verpflichtung zur Erstellung handelsrechtlicher Jahresabschlüsse bleibt für in einen Vertragskonzern einbezogene Mutter-, Tochter- und Enkelgesellschaften vom Bestehen einer ertragsteuerlichen Organschaft grundsätzlich unberührt. Das für mittelgroße und große Kapitalgesellschaften geltende Bilanzgliederungsschema des § 266 Abs. 2 und 3 HGB sieht für Beziehungen zu verbundenen Unternehmen gesonderte Ausweise bei den Finanzanlagen (Anteile und Ausleihungen), bei den Forderungen, bei den Wertpapieren des Umlaufvermögens und bei den Verbindlichkeiten vor. Soweit mittelgroße Kapitalgesellschaften von dem Wahlrecht des § 327 Nr. 1 Satz 1 HGB Gebrauch machen, ihre Bilanz in verkürzter Form zum eBundesanzeiger einzureichen, sind sie zu entsprechenden Angaben in der Bilanz oder im Anhang verpflichtet (§ 327 Nr. 1 Satz 2 HGB). Verpflichtungen aus Haftungsverhältnissen i.S.d. § 251 HGB gegenüber verbundenen Unternehmen sind im Anhang gesondert anzugeben (§ 268 Abs. 7 HGB). 20.68

Kleine Kapitalgesellschaften brauchen diese Bestimmungen nicht anzuwenden (§ 266 Abs. 1 Satz 3 HGB), Gleiches gilt für Kleinstkapitalgesellschaften (§ 266 Abs. 1 Satz 4 HGB). Zur begrifflichen Abgrenzung der verbundenen Unternehmen nimmt § 271 Abs. 2 HGB auf §§ 290 ff. HGB Bezug und bezeichnet diejenigen Unternehmen als verbunden, welche als Mutterunternehmen oder Tochterunternehmen nach den Vorschriften über die Vollkonsolidierung (§§ 300–307 HGB) in einen Konzernabschluss einzubeziehen sind. Darüber hinaus umfasst der Kreis der verbundenen Unternehmen aber auch diejenigen Tochterunternehmen, die nach § 296 HGB in den Konzernabschluss nicht einbezogen werden müssen. Zwischenzeitlich wurde die als lückenhaft kritisierte Verbunddefinition in § 271 Abs. 2 HGB mit Wirkung für ein nach dem 31.12.2023 beginnendes Geschäftsjahr (Art. 90 Abs. 1 Satz 1 EGHGB) angepasst.[70] 20.69

Nach § 290 Abs. 1 HGB hat die **Aufstellung eines Konzernabschlusses** zu erfolgen, wenn mindestens ein Tochterunternehmen unter einheitlicher Leitung einer inländischen Kapitalgesellschaft steht und dieser eine Beteiligung nach § 271 Abs. 1 HGB an dem Tochterunternehmen zusteht. Daneben besteht die Pflicht zur Aufstellung eines Konzernabschlusses gem. § 291 Abs. 2 HGB, wenn einer Kapitalgesellschaft mit Sitz im Inland die Mehrheit der Stimmrechte der Gesellschafter an einem anderen Unternehmen zustehen („Control"-Konzept). Auf die Höhe der Beteiligung kommt es dabei nicht an. 20.70

---

[70] Vgl. MOCK, in: HACHMEISTER/KAHLE/MOCK/SCHÜPPEN, Bilanzrecht Kommentar, 3. Aufl. 2022, § 271 HGB Rdnr. 39.

20.71 Wenn es sich bei dem Organträger um eine Kapitalgesellschaft handelt und die steuerlichen Voraussetzungen der Organschaft erfüllt sind, liegt insbesondere aufgrund der finanziellen Eingliederung regelmäßig ein Mutter-Tochter-Verhältnis i.S.d. § 290 Abs. 1 oder 2 HGB vor. Sofern ein Beherrschungsvertrag zwischen dem Organträger und der Organgesellschaft begründet wurde, steht die Organgesellschaft unter der Leitung des Organträgers.

20.72 In der **Gewinn- und Verlustrechnung** sind – auch bei kleinen Kapitalgesellschaften – jeweils **Vermerke** bei den Erträgen aus Beteiligungen (§ 275 Abs. 2 Nr. 9 bzw. Abs. 3 Nr. 8 HGB), bei den Erträgen aus anderen Wertpapieren und Ausleihungen des Finanzanlagevermögens (§ 275 Abs. 2 Nr. 10 bzw. Abs. 3 Nr. 9 HGB), bei den sonstigen Zinsen und ähnlichen Erträgen (§ 275 Abs. 2 Nr. 11 bzw. Abs. 3 Nr. 10 HGB) sowie bei den Zinsen und ähnlichen Aufwendungen (§ 275 Abs. 2 Nr. 13 bzw. Abs. 3 Nr. 12 HGB) über die darin enthaltenen Erträge aus verbundenen oder Aufwendungen an verbundene Unternehmen anzubringen.

20.73 Nicht eindeutig war, ob bei der Anknüpfung an die Konzernrechnungslegungspflicht auch die bestehenden größenmäßigen Befreiungen nach § 293 HGB zu beachten sind.[71] Nach dem Wortlaut des § 271 Abs. 2 HGB bestehen keine verbundenen Unternehmen, wenn z.B. aufgrund der Befreiung von der Konzernrechnungslegungspflicht nach § 293 HGB (**größenabhängige Befreiungen**) kein Konzernabschluss aufzustellen ist. Wenn die Beurteilung als verbundenes Unternehmen z.B. nur an den Größenmerkmalen des § 293 HGB scheitert, besteht die Möglichkeit der freiwilligen Erweiterung des Kreises der verbundenen Unternehmen, so dass die bilanziellen Folgen der Verbundenheit freiwillig beachtet werden können.

20.74 Daneben ist zu beachten, dass die aus dem (alten) Wortlaut des § 271 Abs. 2 HGB resultierenden Einschränkungen im Hinblick auf die Transparenzfunktion des Begriffs „verbundene Unternehmen" weder zweckmäßig noch systematisch verständlich waren. In der Literatur war deshalb schon seit Einführung der Bestimmung die Ansicht verbreitet, es komme für die Verbundenheit von Unternehmen nicht darauf an, ob eine Konzernabschlusspflicht bestehe. Die Praxis ging von einem erweiterten Kreis verbundener Unternehmen aus: Allein das Vorliegen eines Mutter-Tochter-Verhältnisses war dabei entscheidend. Mit der Änderung des HGB durch das Gesetz zur Umsetzung der Richtlinie (EU) 2021/2101 im Hinblick auf die Offenlegung von Ertragsteuerinformationen durch bestimmte Unternehmen und Zweigniederlassungen sowie zur Änderung des Verbraucherstreitbeilegungsgesetzes und des Pflichtversicherungsgesetzes v. 19.06.2023, BGBl. I Nr. 154 wurde

[71] Mock, in: Hachmeister/Kahle/Mock/Schüppen, Bilanzrecht Kommentar, 3./4. Aufl. 07/2022, § 271 HGB Rdnr. 34.

die Verbunddefinition des § 271 Abs. 2 HGB klarer und weiter gefasst. Für die Zugehörigkeit zu einem handelsbilanzrechtlichen Unternehmensverbund ist nun nur noch maßgeblich, ob zwischen den Unternehmen ein Mutter-Tochter-Verhältnis i.S.d. § 290 Abs. 1 Satz 1 und Abs. 2 bis 4 HGB besteht. Die bislang praktizierte erweiterte Auslegung des Verbundbegriffs ist somit mit Wirkung für ein nach dem 31.12.2023 beginnendes Geschäftsjahr hinfällig geworden.[72]

Die **OHG und die KG** haben nach § 264a HGB die vorstehend beschriebenen Vorschriften für Kapitalgesellschaften bei der Rechnungslegung ebenso zu befolgen, wenn nicht wenigstens eine natürliche Person als persönlich haftender Gesellschafter beteiligt ist. Handelt es sich bei dem Organträger um einen Einzelkaufmann oder eine Personengesellschaft und ist nach dem ersten Abschnitt des **PublG** ein Einzelabschluss aufzustellen, so gilt aufgrund der Verweisung in § 5 Abs. 1 Satz 2 PublG § 271 Abs. 2 HGB sinngemäß. Dies bedeutet u.a., dass die Voraussetzung für die Verbundenheit von Unternehmen die Konzernrechnungspflicht nach den Vorschriften des PublG ist.[73] 20.75

Nach § 277 Abs. 3 Satz 2 HGB sind Erträge und Aufwendungen aus Verlustübernahme und aufgrund eines Gewinnabführungsvertrags erhaltene oder abgeführte Gewinne in der Gewinn- und Verlustrechnung unter entsprechender Bezeichnung gesondert als **zusätzliche Posten** auszuweisen. Der Organträger sollte Erträge aus Gewinnabführungsverträgen möglichst hinter dem Posten des § 275 Abs. 2 Nr. 9 bzw. Abs. 3 Nr. 8 HGB, Aufwendungen aus Verlustübernahme vor oder hinter dem Posten § 275 Abs. 2 Nr. 13 bzw. Abs. 3 Nr. 12 HGB ausweisen.[74] Aufwendungen bzw. Erträge aus Verlustübernahmen sind nach h.M. bei der Obergesellschaft unter dem Posten „Aufwendungen aus Verlustübernahme“ vor oder hinter dem Posten § 275 Abs. 2 Nr. 13 HGB bzw. § 275 Abs. 3 Nr. 12 HGB und bei der Untergesellschaft unter dem Posten „Erträge aus Verlustübernahme“ vor dem Posten § 275 Abs. 2 Nr. 17 HGB bzw. vor dem Posten § 275 Abs. 3 Nr. 16 HGB auszuweisen.[75] Dieser Ausweis unmittelbar vor dem Jahresüberschuss ist dem Umstand geschuldet, dass ein solcher nicht zum Ausweis gelangt.[76] 20.76

Die Organgesellschaft hat gem. § 302 AktG bei Bestehen eines Beherrschungs- oder Gewinnabführungsvertrags im Fall eines Verlusts einen Anspruch auf Aus- 20.77

[72] BeckOK HGB/Papenroth, 43. Ed. 01.07.2024, HGB § 271 Rdnr. 36.

[73] BeckOK HGB/Papenroth, 43. Ed. 01.07.2024, HGB § 271 Rdnr. 5.

[74] Schüppen, in: Hachmeister/Kahle/Mock/Schüppen, Bilanzrecht Kommentar, 3./4. Aufl. 07/2022, § 275 HGB Rdnr. 28 ff.

[75] Vgl. IDW, WPH Edition, Wirtschaftsprüfung & Rechnungslegung, 18. Aufl. 2023, Kap. F Tz 783.

[76] Wobbe, in: Bertram/Kessler/Müller, Haufe HGB Bilanz Kommentar, § 275 HGB Rz. 199, Stand: 13.10.2023.

gleich des „sonst entstehenden Jahresfehlbetrags". Dieser Verlustausgleichsanspruch ist als Forderung gegenüber dem Organträger im Verlustjahr zu aktivieren. Die Verlustausgleichsverpflichtung ist beim Organträger als Rückstellung für ungewisse Verbindlichkeiten oder als Verbindlichkeit zu passivieren. Dies hängt von dem Zeitpunkt der Entstehung des Verlustausgleichsanspruchs ab.

20.2.7 Steuerliche Rechtsfolgen

20.78 Liegen die Voraussetzungen einer körperschaftsteuerlichen Organschaft vor, wird das selbständig zu ermittelnde Einkommen der Organgesellschaft während des Bestehens der Organschaft – mit Ausnahme von Ausgleichszahlungen an außenstehende Gesellschafter – für Zwecke der Körperschaftsteuer bzw. Einkommensteuer dem Organträger zugerechnet.

Beispiel

20.79 Der Gewinn der Organgesellschaft B-GmbH beträgt im Wj. (= Kj.) 2020 80.000 €. Die an den Minderheitsgesellschafter geleistete Zahlung i.H.v. 8.500 € sowie die darauf entfallende Steuer (zutreffende Rückstellung für KSt 1.500 €, Soli 82,50 €) wurde gewinnmindernd verbucht.

Lösung

Gewinn der B-GmbH:	80.000,00 €
Ausgleichszahlung § 4 Abs. 5 Nr. 9 EStG	+ 8.500,00 €
Steuern § 10 Nr. 2 KStG (KSt, Soli)	+ 1.582,50 €
Einkommen	**80.082,50 €**
zu versteuern durch B-GmbH (20/17 von 8.500 €)	10.000,00 €
zu versteuern durch Organträger	70.082,50 €

Hinweis

20.80 Werden die Ausgleichszahlungen durch den Organträger geleistet, ist R 16 Abs. 2 Satz 3 KStR 2022 zu beachten.

20.81 Es erfolgt eine **gesonderte und einheitliche Feststellung** gegenüber dem Organträger und der Organgesellschaft (§ 14 Abs. 5 KStG). Diese umfasst das dem Organträger zuzurechnende Einkommen der Organgesellschaft, die damit zusammenhängenden Besteuerungsgrundlagen und die bei der Organgesellschaft einbehaltenen beim Organträger anrechenbaren Steuerabzugsbeträge.

20.2.7.1 Organgesellschaft

Die Organgesellschaft hat ihre **eigene Gewinnermittlung** durch Betriebsvermögensvergleich zu erstellen. Somit werden auch Geschäftsvorfälle innerhalb des Organkreises regulär erfasst. So führt z.B. ein Warenverkauf der Organgesellschaft an den Organträger zu einer Gewinnrealisierung. Die Gewinnabführungsverbindlichkeit bzw. Verlustausgleichsforderung stellt handelsrechtlich Aufwand bzw. Ertrag bei der Organgesellschaft dar und ist entsprechend in der Gewinn- und Verlustrechnung der Organgesellschaft zu erfassen, weshalb der Jahresüberschuss regelmäßig null beträgt. Aufgrund des Maßgeblichkeitsgrundsatzes gilt dies entsprechend für die Steuerbilanz der Organgesellschaft, eine Korrektur findet nicht bilanziell, sondern erst auf der zweiten Stufe bei der Gewinn- bzw. Einkommensermittlung statt (R 14.6 Abs. 1 KStR 2022). Im Rahmen der Einkommensermittlung zur Bestimmung des dem Organträger zuzurechnenden Einkommens ist auf Ebene der Organgesellschaft das abgeführte bzw. abzuführende positive handelsrechtliche Ergebnis oder der übernommene bzw. zu übernehmende Jahresfehlbetrag zu **korrigieren**. 20.82

Das körperschaftsteuerliche Einkommen der Organgesellschaft ist gem. §§ 7 ff. KStG selbständig zu ermitteln. In § 15 KStG sind insoweit allerdings Ausnahmen festgelegt, die von der Anwendung ausgeschlossen werden. Darunter fällt u.a. der Verlustabzug nach § 10d EStG. Vororganschaftliche Verluste der Organgesellschaft werden so eingefroren und sind erst wieder nutzbar, wenn die Organschaft beendet wurde. Weitere Verluste während der Organschaft können wegen der Übernahmeverpflichtung des Organträgers nicht entstehen. 20.83

In Bezug auf die zu kürzenden **steuerbefreiten Einkommensteile** ist bei der Einkommensermittlung auf Ebene der Organgesellschaft die sogenannte **Bruttomethode** gem. § 15 Satz 1 Nr. 2 KStG zu beachten. Sämtliche Steuerbefreiungen nach § 8b KStG und § 3 Nr. 40 EStG sowie die ggf. nicht abzugsfähigen Aufwendungen nach § 3c EStG werden erst auf Ebene des Organträgers berücksichtigt. Auf der Ebene der Organgesellschaft sind die genannten Bezüge und Veräußerungsgewinne daher in deren Gewinn zu erfassen (brutto). Entsprechendes gilt für Gewinnminderungen i.S.d. § 8b Abs. 1–3 KStG und Ausgaben i.S.d. § 3c Abs. 2 EStG. 20.84

Die Auswirkungen der **Zinsschranke** sind ebenfalls nicht bei der Organgesellschaft, sondern erst auf Ebene des Organträgers zu erfassen. Die Zinsen sind bei der Einkommensermittlung der Organgesellschaft zunächst ohne die Beschränkungen durch § 4h EStG und § 8a KStG abzuziehen. Nach § 15 Satz 1 Nr. 3 Satz 2 KStG gelten der Organträger und die Organgesellschaft als ein Betrieb. Nachteilig ist damit für die Organschaft insbesondere, dass die Freigrenze nach § 4h Abs. 2 Satz 1 Buchst. a) EStG nur einmal für den Organkreis genutzt werden kann. 20.85

20.86 Die von der Organgesellschaft geleisteten **Ausgleichszahlungen** i.S.d. § 4 Abs. 5 Nr. 9 EStG sind einkommenserhöhend zu erfassen: Soweit Ausgleichszahlungen an Minderheitsgesellschafter geleistet werden, muss die Organgesellschaft 20/17 dieser Zahlung als Körperschaftsteueraufwand selbst versteuern (§ 16 KStG). Hat die Organgesellschaft keine Ausgleichszahlungen zu versteuern, ergeht ihr gegenüber eine Steuerfestsetzung über 0 Körperschaftsteuer.

20.87 Obwohl die Organgesellschaft sich verpflichten muss, ihren gesamten Gewinn abzuführen, ist es ihr gem. § 14 Abs. 1 Satz 1 Nr. 4 KStG erlaubt, Beträge aus dem Jahresüberschuss in die **Gewinnrücklagen** einzustellen, wenn dies bei vernünftiger kaufmännischer Beurteilung wirtschaftlich begründet ist (vgl. auch R 14.5 Abs. 5 Nr. 3 KStR 2022). Die Auflösung vororganschaftlicher Rücklagen, die aus bereits versteuerten Gewinnen gebildet worden sind, führt zu keinen Besonderheiten bei der Einkommensermittlung der Organgesellschaft. Die Auflösung der Gewinnrücklagen erhöht zwar das handelsrechtliche Ergebnis, steht aber nicht zur Abführung an den Organträger zur Verfügung, sondern kann nur an die Anteilseigner der Organgesellschaft ausgeschüttet werden. Wird die aufgelöste Rücklage gleichwohl an den Organträger abgeführt, ist § 301 AktG nicht beachtet, so dass die mangelnde Durchführung des Gewinnabführungsvertrags die steuerliche Organschaft gefährdet.[77]

Hinweis zu Pensionszusagen

20.88 Die sich aus der Neuregelung in § 253 Abs. 2 HGB – verglichen mit der Altregelung – ergebenden Bewertungsunterschiede sind nach § 253 Abs. 6 HGB ausschüttungsgesperrt. Eine ausdrückliche Abführungssperre enthält § 301 AktG insoweit nicht. Vor diesem Hintergrund stellt sich die Frage, ob die entsprechenden Beträge im Vertragskonzern abgeführt und auf Ebene des Mutterunternehmens ausgeschüttet werden können. Dies wird vom BMF mangels Abführungssperre bejaht.[78] Eine Abführung des Abstockungsgewinns kann nur dann unterbleiben, wenn insoweit die Voraussetzungen für die Bildung einer Rücklage nach § 14 Abs. 1 Satz 1 Nr. 4 KStG vorliegen und diese gebildet wird.[79] Gründe für eine entsprechende Rücklagenbildung können etwa die absehbare Beendigung des Ergebnisabführungsvertrags oder die zur Risikoabsicherung für Pensionszusagen notwendige Erhöhung der Eigenkapitalquote bei der Organgesellschaft sein.

---

77 NEUMANN, in: GOSCH, KStG, 4. Aufl. 2020, § 14 Rdnr. 415a.

78 BMF-Schreiben v. 23.12.2016 – IV C 2 - S 2770/16/10002, BStBl I 2017, 41; kritisch dazu insbesondere HAGEBÖKE/HENNRICHS, DB 2017, 18; OSER/WIRTZ, DB 2017, 261; WALTER, GmbHR 2016, 354; FUHRMANN, NWB 2017, 1009; KESSLER/EGELHOF, DStR 2017, 998; HENCKEL, StuB 2017, 345.

79 Vgl. HAGEBÖKE/HENNRICHS, DB 2017, 18.

20.2.7.2 Organträger

Ausgangspunkt ist das handelsbilanzielle Ergebnis des Organträgers, das im Grundsatz für die steuerliche Gewinnermittlung maßgeblich ist. Das Einkommen des Organträgers ist nach § 8 KStG bzw. bei natürlichen Personen und Personengesellschaften nach §§ 4 und 5 EStG zu ermitteln. Dabei ist zu berücksichtigen, dass in das handelsbilanzielle Ergebnis der Anspruch auf die Abführung des Gewinns bzw. die Verpflichtung zur Verlustübernahme bzw. die tatsächliche Zahlung zur Deckung eines Verlusts bei der Organgesellschaft als erfolgswirksame Geschäftsvorfälle eingeflossen sind – diese Vermögensmehrung bzw. -minderung muss eliminiert werden.[80] Dies geschieht dadurch, dass bei der Einkommensermittlung des Organträgers das hierin eingeflossene bilanzielle Ergebnis um erfasste Gewinnabführungen gemindert und um berücksichtigte Verlustübernahmen erhöht wird (R 14.6 Abs. 1 Satz 2 KStR 2022). 20.89

Darüber hinaus sind die nicht abzugsfähigen Ausgaben zu korrigieren. Auch die vom Organträger geleisteten Ausgleichszahlungen an außenstehende Gesellschafter sind zu addieren. Schließlich sind noch steuerbefreite Einkommensteile zu kürzen, wobei insbesondere von der Organgesellschaft bezogene Dividenden und Beteiligungsverkäufe der Organgesellschaft erst auf Ebene des Organträgers aus dem Einkommen zu eliminieren sind (§ 15 Satz 1 Nr. 2 Satz 2 KStG). 20.90

Beim Organträger werden diese „brutto" zugerechneten Erträge auf der zweiten Ebene der Gewinnermittlung (= außerbilanziell) nach den Regeln, die für den Organträger in Bezug auf Bezüge, Gewinne oder Gewinnminderungen i.S.d. § 8b KStG gelten, korrigiert. Finanzierungskosten für Kredite, die der Organträger zum Erwerb der Organbeteiligung aufgenommen hat, dürfen bei der Ermittlung seines Einkommens abgezogen werden (R 14.7 Abs 1 KStR 2022). Insoweit greift das in § 8b Abs. 5 KStG geregelte pauschale 5%ige Abzugsverbot nicht, denn die Gewinnabführung ist kein nach § 8b Abs. 1 KStG steuerfreier Bezug. 20.91

Ist der Organträger eine natürliche Person, oder sind an der Organträger-Personengesellschaft natürliche Personen beteiligt, so ist das Teileinkünfteverfahren anzuwenden (§ 3 Nr. 40, § 3c Abs. 2 EStG). Halten mehrere Beteiligte eines Organschaftskreises Beteiligungen an derselben Körperschaft, stellt § 15 Satz 1 Nr. 2 Satz 4 KStG klar, dass die Beteiligungen bei der Anwendung der Bruttomethode auf der Ebene des Organträgers nicht zusammengerechnet, sondern getrennt betrachtet werden. Soweit als Bemessungsgrundlage für den Spendenrahmen des § 9 Abs. 1 Nr. 2 KStG bzw. § 10b Abs. 1 EStG auf das Einkommen bzw. den Gesamtbetrag der Einkünfte des Organträgers abzustellen ist, ist damit das eigene Einkommen bzw. der eigene Gesamtbetrag der Einkünfte gemeint. In die 20.92

[80] Neumann, in: Gosch, KStG, 4. Aufl. 2020, § 14 Rdnr. 426.

Höchstbetragsberechnung ist das (positive oder negative) Einkommen der Organgesellschaft nicht einzubeziehen.[81]

20.93 Dem so ermittelten eigenen Einkommen des Organträgers wird das Einkommen der Organgesellschaft zugerechnet und ergibt das steuerlich zu erfassende Einkommen des Organkreises. BFH und Finanzverwaltung nehmen die Einkommenszurechnung außerhalb der Gewinnermittlung beim zu versteuernden Einkommen[82] bzw. beim Gesamtbetrag der Einkünfte (so Finanzverwaltung in R 7.1 Abs. 1 Nr. 25 KStR 2022) des Organträgers vor. Die Finanzverwaltung geht davon aus, dass das zuzurechnende Einkommen der Organgesellschaft erst der Summe der Einkünfte des Organträgers zur Ermittlung des Gesamtbetrags der Einkünfte hinzugerechnet werden soll (R 7.1 Abs. 1 KStR 2022).[83] Dagegen wird in der Literatur vielfach eine Erfassung des Organeinkommens bei der Gewinnermittlung gefordert.[84] Die Fragen, welche rechtliche Qualität die Zurechnung des Organeinkommens hat und auf welcher Rechenstufe im Rahmen der Einkommensermittlung des Organträgers diese zu erfolgen hat, sind nicht abschließend geklärt.[85]

Hinweis

20.94 Die steuerlichen Wirkungen der Organschaft beziehen sich damit auf die Ebene der Einkommensermittlung und der Einkommenszurechnung (Zurechnungstheorie), nicht auf die Gewinnermittlung. Nach § 14 KStG erfolgt für den Organträger und für die Organgesellschaft die Einkommenszurechnung außerhalb der Gewinnermittlung und somit außerhalb der Bilanz. Die neuere Rechtsprechung des BFH scheint das Organgesellschaftseinkommen bereits auf der Ebene der Einkünfteermittlung bei dem Organträger berücksichtigen zu wollen und nicht erst auf seiner Ebene der Einkommensermittlung.[86] Diese Rechtsprechung könnte die Konsequenz haben, dass das Organgesellschaftseinkommen den Spendenrahmen des Organträgers beeinflusst.[87]

---

81 BFH, Urt. v. 23.01.2002 – XI R 95/97, BFH/NV 2002, 972.

82 So BFH, Urt. v. 23.01.2002 – XI R 95/97, BStBl II 2003, 9.

83 A.A. Neumann, in: Gosch, KStG, 4. Aufl. 2020, § 14 Rdnr. 426; Wassermeyer, DStR 2004, 214, 216.

84 Rödder/Liekenbrock, in: Rödder/Herlinghaus/Neumann, KStG, 2. Aufl. 2023, § 14 Rdnr. 478.

85 Dötsch/Pung, in: Dötsch/Pung/Möhlenbrock, Die Körperschaftsteuer, § 14 KStG Rdnr. 771 (06/2022).

86 BFH, Urt. v. 12.10.2016 – I R 92/12, DStR 2017, 589, Rdnr. 49; BFH, Urt. v. 12.10.2016 – I R 93/12, BFH/NV 2017, 586, Rdnr. 45; vgl. auch Prinz, FR 2018, 916, 917; Pohl, DStR 2017, 1687.

87 Pohl, DStR 2017, 1687, 1689.

Das Einkommen der Organgesellschaft ist dem Organträger für das Kalenderjahr (Veranlagungszeitraum) zuzurechnen, in dem die Organgesellschaft ihr Einkommen bezogen hat (H 14.7 KStH 2022). Haben Organgesellschaft und Organträger beide das gleiche Wirtschaftsjahr, so ist das Einkommen der Organgesellschaft für das nämliche Wirtschaftsjahr des Organträgers zuzurechnen. Zeitliche Abweichungen bei der Zurechnung ergeben sich dann, wenn Organgesellschaft und Organträger unterschiedliche Wirtschaftsjahre haben.[88] 20.95

20.2.7.3 Mehr- bzw. Minderabführungen

Der abgeführte Gewinn ermittelt sich anhand der Handelsbilanz, muss aber nicht mit dem Jahresüberschuss (vor Gewinnabführung) übereinstimmen. Die Differenzen zwischen der handelsrechtlichen Gewinnabführung an den Organträger und dem maßgebenden steuerlichen Bilanzgewinn der Organgesellschaft werden als Mehr- bzw. Minderabführungen bezeichnet (§ 14 Abs. 4 Satz 6 KStG). Die handels- und steuerbilanzielle Verlustsituation ist begrifflich eingeschlossen. Eine Mehrabführung setzt keinen tatsächlichen Vermögensabfluss voraus; es genügt eine rechnerische Differenz zwischen dem handelsbilanziellen Jahresüberschuss und der Steuerbilanz. Die Ursachen für solche Differenzen können vielfältig sein, beispielhaft zu nennen sind folgende Tatbestände: 20.96

- zulässige Bildung einer Gewinnrücklage durch die Organgesellschaft (§ 14 Abs. 1 Satz 1 Nr. 4 KStG),
- Bewertungsdifferenzen zwischen Handelsbilanz und Steuerbilanz,
- Aktivierung zusätzlicher Anschaffungskosten/Herstellungskosten in der Steuerbilanz,
- unterschiedliche Abschreibungszeiträume für ein Wirtschaftsgut,
- Nichtberücksichtigung von Passivposten in der Steuerbilanz,
- Ausgleich eines vororganschaftlichen handelsbilanziellen Verlustvortrags der Organgesellschaft.

Ist der abgeführte Gewinn laut Handelsbilanz höher als das steuerliche Ergebnis der Organgesellschaft, liegt eine Mehrabführung vor; ist der abgeführte Gewinn geringer als der Steuerbilanzgewinn, ist eine Minderabführung gegeben. Eine Mehrabführung kann nicht durch eine Saldierung mit weiteren vororganschaftlichen und/oder organschaftlichen Minderabführungen dem Betrag nach begrenzt werden. Es ist vielmehr auf die einzelnen Geschäftsvorfälle abzustellen (sog. 20.97

---

[88] NEUMANN, in: GOSCH, KStG, 4. Aufl. 2020, § 14 Rdnr. 506 f.; RÖDDER/LIEKENBROCK, in: RÖDDER/HERLINGHAUS/NEUMANN, KStG, 2. Aufl. 2023, § 14 Rdnr. 479 ff.

geschäftsvorfallbezogene Betrachtungsweise).[89] Die **Mehr- bzw. Minderabführungen** sind allein nach deren zeitlicher Entstehung zu unterscheiden in **vororganschaftlich** (§ 14 Abs. 3 KStG) und **organschaftlich** (§ 14 Abs. 4 KStG) bedingte Mehr- oder Minderabführungen. Der BFH[90] hat mittlerweile entschieden, dass sogenannte außerorganschaftlich verursachte Mehrabführungen nicht wie vororganschaftliche zu behandeln sind und das Tatbestandsmerkmal „vororganschaftlich" nur in zeitlicher Hinsicht zu verstehen sei. Entscheidend ist also, wann der Sachverhalt begründet wurde, aus dem sich die Mehr- oder Minderabführung ergibt:

20.2.7.3.1 Vororganschaftlich verursachte Mehr- oder Minderabführungen

20.98 Liegt der Zeitpunkt der Differenzentstehung vor Beginn der Organschaft, begründet dies eine vororganschaftliche Mehr- bzw. Minderabführung. Vororganschaftlich verursachte **Mehrabführungen** gelten kraft Gesetzes als Gewinnausschüttung der Organgesellschaft an den Organträger zum Ende des jeweiligen Wirtschaftsjahres der Organgesellschaft. Diese unterliegt daher auch dem Kapitalertragsteuerabzug (§ 43 Abs. 1 Nr. 1 EStG); die Verpflichtung zum Steuerabzug entsteht mit Feststellung der Handelsbilanz, spätestens acht Monate nach Ablauf des Wirtschaftsjahres der Organgesellschaft.

Beispiel

20.99 Bei einer GmbH fand für 01 eine Betriebsprüfung statt. In 02 wurde eine Organschaft begründet. Der Prüfer hat in der Prüferbilanz 01 ein Wirtschaftsgut mit 10.000 € aktiviert, dessen Nutzungsdauer vier Jahre beträgt. Der Jahresüberschuss 02 von 50.000 € wurde an den Organträger abgeführt, der Steuerbilanzgewinn beträgt aufgrund der zusätzlichen steuerlichen Abschreibung nur 47.500 €.

Lösung

Es liegt eine Mehrabführung von 2.500 € vor. Diese Mehrabführung aus vororganschaftlicher Zeit gilt als Gewinnausschüttung.

20.100 Vororganschaftliche **Minderabführungen** sind als Einlage des Organträgers in die Organgesellschaft zu werten und erhöhen das steuerliche Einlagekonto.

20.2.7.3.2 Organschaftlich verursachte Mehr- oder Minderabführungen

20.101 Liegt der Zeitpunkt der Differenzentstehung in organschaftlicher Zeit, ist eine organschaftliche Mehr- bzw. Minderabführung gegeben. Durch das KöMoG[91]

---

[89] BFH, Urt. v. 27.11.2013 – I R 36/13, BStBl II 2014, 651, Rdnr. 29.

[90] BFH, Urt. v. 21.02.2022 – I R 51/19, BStBl II 2023, 409; entgegen BMF-Schreiben v. 11.11.2011 – IV C 2 - S 1978 b/08/10001, BStBl I, 1314, Rdnr. Org.33, Anpassung vorgesehen in UmwStE 2024 v. 11.10.2023 – IV C 2 - S 1978/19/10001 :013 (Entwurf), Rdnr. Org.33 Satz 2.

[91] Gesetz zur Modernisierung des Körperschaftsteuerrechts v. 25.06.2021, BStBl I, 889 (KöMoG).

wurde ein Wechsel der bisherigen Behandlung von Minder- und Mehrabführungen vollzogen und die Bildung steuerlicher Ausgleichsposten durch die Einlagelösung ersetzt. Die Finanzverwaltung hat sich hierzu mit BMF-Schreiben vom 29.09.2022 positioniert.[92] Die neuen gesetzlichen Regelungen wurden durch das JStG 2022[93] insbesondere um gesetzliche Klarstellungen zur Absicherung der bisherigen Verwaltungspraxis sowie um gesetzliche Regelungen zur mittelbaren Organschaft ergänzt. Für Minder- und Mehrabführungen, die bis zum 31.12.2021 erfolgt sind, gilt die Ausgleichspostenmethode fort, wobei hinsichtlich des Zeitpunkts der Mehr- und Minderabführungen auf das Ende des Wirtschaftsjahres der Organgesellschaft abzustellen ist (§ 14 Abs. 4 Satz 4, § 34 Abs. 6e Satz 6 KStG).

Bei der **Organgesellschaft** sind organschaftlich verursachte Mehrabführungen als Abgang und entsprechende Minderabführungen als Zugang zum steuerlichen Einlagekonto zu erfassen (§ 27 Abs. 6 Satz 1 KStG).[94] 20.102

Beim **Organträger** ist eine organschaftliche Mehr- bzw. Minderabführung gewinnneutral zu stellen, da sonst eine doppelte steuerliche Berücksichtigung als Ertrag bzw. als Aufwand beim Organträger und der Organgesellschaft eintreten würde. Es gilt das Prinzip der Einmalbesteuerung im Organkreis.[95] Eine Mehr- bzw. Minderabführung führt aber nicht zu einer Veränderung des steuerlichen Wertansatzes der Beteiligung an der Organgesellschaft. Um die Einmalbesteuerung auch bilanztechnisch zu erreichen, erfolgt beim Organträger die Bildung eines aktiven oder passiven Ausgleichspostens in der Steuerbilanz (sog. Ausgleichspostenmethode, § 14 Abs. 4 KStG). Liegt eine Minderabführung vor, wird beim Organträger ein aktiver steuerlicher Ausgleichsposten gebildet. Ist eine Mehrabführung erfolgt, weist der Organträger einen passiven Ausgleichsposten aus. Der Ausgleichsposten ist weder als eigenständiges Wirtschaftsgut noch als Korrekturposten zum Beteiligungsansatz, sondern als steuerliche Bilanzierungshilfe zu qualifizieren, die in Form eines steuerbilanziellen Merkpostens ausschließlich darauf gerichtet ist, eine zweifache Besteuerung des nämlichen – dem Organträger steuerlich bereits zugerechneten – Einkommens zu vermeiden.[96] 20.103

92 Vgl. BMF-Schreiben v. 29.09.2022 – IV C 2 - S 2770/19/10004 :007, BStBl I, 1412 Rdnr. 1.
93 Jahressteuergesetz 2022 (JStG 2022) v. 16.12.2022, BGBl I, 2294.
94 Vgl. BMF-Schreiben v. 26.08.2003 – IV A 2 - S 2770 - 18/03, BStBl I, 437, Rdnr. 40–42.
95 BFH, Urt. v. 24.07.1996 – I R 41/93, BStBl II, 614.
96 BFH, Urt. v. 29.08.2012 – I R 65/11, BStBl II 2013, 555; BFH, Urt. v. 29.10.2008 – I R 31/08, BFH/ NV 2009, 790; BFH, Urt. v. 17.02.2007 – I R 5/05, BStBl II, 796.

Hinweis

20.104 Der Organträger kann in seiner Handelsbilanz seinen Beteiligungsbuchwert an der Organgesellschaft aufgrund von organschaftlichen Minder- bzw. Mehrabführungen grundsätzlich nicht erhöhen und mindern. Da die Erhöhung bzw. Minderung der Anschaffungskosten zu einer quasi-permanenten Differenz zwischen Handels- und Steuerbilanz führt, kommt jedoch der Ausweis latenter Steuern gem. § 274 HGB in der Handelsbilanz des Organträgers in Betracht.[97]

Beispiel

20.105 Im Rahmen eines steuerlich anzuerkennenden Organschaftsverhältnisses wird von einem Gewinn i.H.v. 100.000 € (Handelsbilanz = Steuerbilanz) zulässigerweise nur ein Teilbetrag i.H.v. 50.000 € abgeführt. Der Restbetrag wird bei der Organgesellschaft in die Gewinnrücklage eingestellt.[98]

Lösung

Unabhängig der Höhe der Abführung muss der Organträger das gesamte Einkommen der Organgesellschaft von 100.000 € versteuern, das Einkommen der Organgesellschaft beträgt entsprechend 0 €. In Höhe von 50.000 € ist bei der Organträgerin ein aktiver Ausgleichsposten zu bilden. Innerhalb der steuerbilanziellen Gewinnermittlung ist der Vorgang wie folgt zu erfassen:

Aktiver Ausgleichsposten (Beteiligung Organgesellschaft) an Ertrag 50.000 €

Außerhalb der Bilanz ist das Einkommen des Organträgers i.H.v. 50.000 € wieder zu mindern. Alternativ kann die unmittelbar neutrale Bildung gegen Ausweis des steuerlichen Mehrkapitals (StAP) möglich sein.[99] Gleichzeitig erhöht die Minderabführung von 50.000 € bei der Organgesellschaft den Bestand des steuerlichen Einlagekontos (§ 27 Abs. 4 KStG).

20.106 **Ausnahme:** Wirkt sich ein nicht auszugleichender handelsrechtlicher Beteiligungsverlust aus einer Mitunternehmerschaft der Organgesellschaft auch steuerlich im Ergebnis nicht aus, ist nach Auffassung des BFH[100] kein passiver organschaftlicher Ausgleichsposten zu bilden. Praxisrelevant ist dies vor allem für verrechenbare Verluste nach § 15a EStG. Zwar führen diese technisch zu einer Mehrabführung, die aber bei der Einkommensermittlung der Organgesellschaft außerbilanziell wieder korrigiert wird. Damit ergibt sich im Ergebnis kein Bedarf für einen Aus-

97 RÖDDER/JOISTEN, in: RÖDDER/HERLINGHAUS/NEUMANN, KStG, 2. Aufl. 2023, § 14 Rdnr. 634.
98 Beispiel nach KIRCHNER, Deubner Verlag – Kapitalgesellschaftstage 2019, 29.03.2019.
99 So KIRCHNER, Deubner Verlag – Kapitalgesellschaftstage 2019, 29.03.2019.
100 BFH, Urt. v. 29.08.2012 – I R 65/11, BStBl II, 555.

gleichsposten. Die Finanzverwaltung wendet diese Rechtsauffassung beschränkt auf Fälle des § 15a EStG an.[101]

Kein Ausgleichsposten ist ferner zu bilanzieren, wenn eine Differenz zwischen dem abgeführten Gewinn und dem zuzurechnenden Einkommen durch außerbilanzielle Hinzurechnungen eintritt, z.B. durch nicht abziehbare Betriebsausgaben i.S.d. § 4 Abs. 5 EStG.[102] Auch in diesem Fall droht keine Doppelbesteuerung. 20.107

Wird die Steuerbilanz der Organgesellschaft nachträglich geändert bzw. berichtigt, ist beim Organträger für die betroffenen Jahre eine entsprechende Bildung oder Anpassung von Ausgleichsposten vorzunehmen. 20.108

Beispiel

Bei einer Organgesellschaft fand für 01 eine Betriebsprüfung statt. Der Prüfer hat den Warenbestand in der Prüferbilanz um 5.000 € erhöht. Die Waren sind bereits in 02 veräußert worden. Der Jahresüberschuss 01 mit 40.000 € ist an den Organträger abgeführt worden. Der Steuerbilanzgewinn 01 hat sich durch die Betriebsprüfung um 5.000 € auf 45.000 € erhöht. In 02 beträgt der abgeführte Handelsbilanzgewinn 60.000 €, der Steuerbilanzgewinn 02 ist durch den höheren Wareneinsatz um 5.000 € geringer. 20.109

Lösung

Damit ist beim Organträger in 01 angesichts der organschaftlichen Minderabführung ein aktiver Ausgleichsposten mit 5.000 € zu bilden, der angesichts der organschaftlichen Mehrabführung in 02 i.H.v. 5.000 € bereits wieder aufgelöst wird. Bei der Organgesellschaft wird in 01 das steuerliche Einlagekonto um den Betrag der Minderabführung mit 5.000 € erhöht und in 02 um die entsprechende Mehrabführung vermindert.

Die Ausgleichsposten beim Organträger sind im Zeitverlauf entsprechend dem Ansatz bzw. dem Bilanzausweis bei der Organgesellschaft auf- bzw. abzubauen. Bei der Anwendung des § 14 Abs. 4 KStG ist zu beachten, dass im Regelfall jeder Minderabführung in einem späteren Jahr eine entsprechende Mehrabführung gegenübersteht. Sobald die Wertansätze in Handels- und Steuerbilanz wieder übereinstimmen, entfällt die Ursache für die ursprüngliche Abführungsdifferenz. Ebenso steht jeder Mehrabführung i.d.R. später eine entsprechende Minderabführung gegenüber. Die Entscheidung darüber, ob ein aktiver oder ein passiver Ausgleichsposten zu bilanzieren ist, ist in dem Jahr des erstmaligen Auftretens der Differenz 20.110

101 BMF-Schreiben v. 15.07.2013 – IV C 2 - S 2770/07/10004 :004, BStBl I, 921; a.A. BFH, Urt. v. 15.03.2017 – I R 37/15, BFH/NV 2017, 1276.

102 Rödder/Joisten, in: Rödder/Herlinghaus/Neumann, KStG, 2. Aufl. 2023, § 14 Rdnr. 644.

mit Geltung für die gesamte Bestehenszeit des Ausgleichspostens zu treffen (geschäftsvorfallbezogene Betrachtungsweise).[103]

20.111 In Folgejahren einer Minderabführung hieraus resultierende Mehrabführungen führen nicht zur Bildung eines passiven Ausgleichspostens, sondern vielmehr zur Minderung des im Erstjahr gebildeten aktiven Ausgleichspostens. Umgekehrt führt eine Mehrabführung im Erstjahr zur Bildung eines passiven Ausgleichspostens, der sich ebenfalls in späteren Jahren durch Minderabführungen wieder abbaut. Die Neutralisierung kann – je nach Sachverhalt – bereits innerhalb zweier Wirtschaftsjahre erfolgen oder sich über Jahrzehnte hin erstrecken. Die Auflösung der Ausgleichsposten kann gewinnneutral oder gewinnwirksam vorzunehmen sein. Eine gewinnneutrale Auflösung erfolgt, wenn eine Organgesellschaft eine handelsrechtlich zulässig gebildete Gewinnrücklage nach § 14 Abs. 1 Satz 1 Nr. 4 KStG in den folgenden Jahren wieder ganz oder teilweise auflöst. In diesem Fall wird parallel dazu beim Organträger der aktive Ausgleichsposten einkommensneutral verringert.

20.112 Resultiert ein Ausgleichsposten aber aus anderen Gründen als der Bildung einer Gewinnrücklage, ist der dazu in der Steuerbilanz des Organträgers gebildete Ausgleichsposten gewinnwirksam aufzulösen. Auf die betreffende Einkommenserhöhung bzw. -minderung aus einem aufgelösten Ausgleichsposten sind je nach Rechtsform des Organträgers § 8b KStG bzw. § 3 Nr. 40, § 3c EStG (Steuerbefreiung bzw. Teileinkünfteverfahren) anzuwenden.

20.113 Spätestens im Fall einer Veränderung der Beteiligungshöhe bzw. der Veräußerung der Beteiligung an der Organgesellschaft sind die ausgewiesenen Ausgleichsposten (anteilig) aufzulösen. Dadurch erhöht oder vermindert sich der steuerliche Veräußerungsgewinn, der im Rahmen von § 8b Abs. 2 KStG bzw. § 3 Nr. 40, § 3c EStG zu versteuern ist (R 14.8 Abs. 1 Satz 1–3, Abs. 2, Abs. 3 Satz 2 und 3 KStR 2015). Die Beendigung des Ergebnisabführungsvertrags allein führt nicht zu einer gewinnwirksamen Auflösung eines Ausgleichspostens; dieser wird vielmehr nach den vorstehenden Grundsätzen fortgeführt (R 14.8 Abs. 4 Satz 7 KStR 2022).

20.114 Die Regelung zur Bildung und Auflösung besonderer Ausgleichsposten beim Organträger ist für Mehr- und Minderabführungen anzuwenden, die bis einschließlich 31.12.2021 erfolgen. Für alle Mehr- und Minderabführungen nach dem 31.12.2021 ist § 14 Abs. 4 sowie § 27 Abs. 1 Satz 3 und Abs. 6 KStG n.F. anzuwenden. Die in organschaftlicher Zeit verursachten Abweichungen zwischen handelsrechtlicher Gewinnabführung und Steuerbilanzgewinn sind danach als

[103] Vgl. BMF-Schreiben v. 28.10.1997 – IV B 7 - S 2770 - 29/97, BStBl I, 939 unter III.; BFH, Urt. v. 27.11.2013 – I R 36/13, BStBl II 2014, 651, Rdnr. 29.

Einlage (Minderabführung) bzw. Einlagenrückgewähr (Mehrabführung) zu behandeln. Mit dem Wechsel von der Ausgleichspostenmethode zur Einlagelösung liegt nach der Übergangsregelung des § 34 Abs. 6e Satz 13 und 14 KStG ein veräußerungsähnlicher Ertrag insoweit vor, als die passiven Ausgleichsposten die Summe aus dem Beteiligungsbuchwert und den aktiven Ausgleichsposten übersteigen.[104]

§ 34 Abs. 6e Satz 9–12 KStG sieht bei Beteiligung des Organträgers von weniger als 100 % am Nennkapital der Organgesellschaft die Bildung eines Angleichungsfaktors vor, der mit den aktiven und passiven Ausgleichsposten zu multiplizieren ist. Der Angleichungsfaktor ist der Kehrwert aus der durchschnittlichen Beteiligungsquote des Organträgers an der Organgesellschaft in den letzten fünf Wirtschaftsjahren (§ 34 Abs. 6e Satz 10 KStG). Besteht die Organschaft noch keine fünf Wirtschaftsjahre, ist der entsprechend kürzere Zeitraum zu berücksichtigen. Auf den veräußerungsähnlichen Ertrag sind § 8b KStG bzw. § 3 Nr. 40 und § 3c Abs. 2 EStG anzuwenden (vgl. § 34 Abs. 6e Satz 14 KStG). Alternativ kann der veräußerungsähnliche Ertrag in der Steuerbilanz des Organträgers in eine den Gewinn mindernde Rücklage nach § 34 Abs. 6e Satz 15 ff. KStG eingestellt werden.[105] 20.115

Die Übergangsregelung in § 34 Abs. 6e Satz 7 KStG i.d.F. des KöMoG sah vor, dass die Ausgleichsposten „in dem Wirtschaftsjahr aufzulösen [sind], das nach dem 31.12.2021 endet“. Zu welchem Zeitpunkt innerhalb des Wirtschaftsjahres die Auflösung erfolgen muss, blieb offen. Durch das JStG 2022 wurde in § 34 Abs. 6e Satz 7 KStG sowohl der Zeitpunkt der Auflösung der organschaftlichen Ausgleichsposten als auch die Berechnungsreihenfolge klargestellt.[106] Ausgangsbetrag ist der steuerbilanzielle Buchwert zu Beginn des Wirtschaftsjahres, das nach dem 31.12.2021 endet. Anschließend sind zunächst unterjährige Veränderungen des Buchwerts (etwa durch Einlagen oder eine Einlagenrückgewähr) zu berücksichtigen. Sodann werden die Minder- oder Mehrabführungen im Rahmen der Einlagenlösung verrechnet. Erst dann kommt es zum Schluss des Wirtschaftsjahres, das nach dem 31.12.2021 endet, zur Auflösung der Ausgleichsposten (bei kalenderjahrgleichem Wirtschaftsjahr am 31.12.2022).[107] 20.116

---

104 BMF-Schreiben v. 29.09.2022 – IV C 2 - S 2770/19/10004 :007, BStBl I, 1412 Rdnr. 12.

105 Zur Bildung und Auflösung der Rücklage vgl. BMF-Schreiben v. 29.09.2022 – IV C 2 - S 2770/19/10004 :007, BStBl I, 1412 Rdnr. 14 ff.; wegen eines möglichen Verstoßes der steuerpflichtigen Auflösung bestehender Ausgleichsposten gegen das verfassungsrechtliche Rückwirkungsverbot und das Gewinnrealisationsprinzip vgl. Reifarth-Belli/Lechtenberg, DStR 2021, 2222, unter 5, sowie Nonnenmacher/Peterich, Ubg 2021, 510, 519.

106 Beschlussempfehlung zum RegE JStG 2022, BT-Drucks. 20/4729, S. 141.

107 Rödder/Joisten, in: Rödder/Herlinghaus/Neumann, KStG, 2. Aufl. 2023, § 14 Rdnr. 696.

20.117 Mit der Neuregelung in § 14 Abs. 4 KStG wurde „ein Wechsel von der komplizierten bisherigen Behandlung von Mehr- und Minderabführungen durch Bildung steuerlicher Ausgleichsposten (bisheriger § 14 Abs. 4 KStG) zu einer einfacheren,Einlagelösung' vollzogen".[108] Organschaftlich verursachte Minderabführungen gelten nun als Einlage des Organträgers in die Organgesellschaft, der Beteiligungsbuchwert ist entsprechend zu erhöhen. Der Ertrag, der sich aus der buchtechnischen Erhöhung des Beteiligungsbuchwerts ergibt, ist außerbilanziell zu korrigieren. § 14 Abs. 4 Satz 2 KStG fingiert in den Fällen einer organschaftlichen Mehrabführung eine Einlagenrückgewähr der Organgesellschaft an den Organträger. Insoweit verringert sich der Buchwert der Organbeteiligung.[109]

20.118 Diese Minderung stellt für den Organträger bis zu einem Beteiligungsbuchwert von 0 € einen einkommensneutralen Vorgang dar. Der Aufwand, der durch die buchtechnische Minderung des Beteiligungsbuchwerts entsteht, ist außerbilanziell zu korrigieren. Sofern die Einlagenrückgewähr die Summe aus Buchwert und Einlage übersteigt, liegt ein Ertrag vor, auf den die Regelungen des § 8b Abs. 2, 3, 6, 7 und 8 KStG sowie § 3 Nr. 40 Buchst. a) und § 3c Abs. 2 EStG anzuwenden sind (§ 14 Abs. 4 Satz 5 KStG).[110]

Beispiel

Die A-GmbH (Organträgerin) ist zu 100 % an der B-GmbH (Organgesellschaft) beteiligt. Die Wirtschaftsjahre der A- und B-GmbH entsprechen dem Kalenderjahr. Die Anschaffungskosten entsprechen dem Buchwert der Beteiligung und betragen 100 €. Im Jahr 03 kommt es im Rahmen der Gewinnabführung für das Jahr 02 zu einer Mehrabführung der B-GmbH an die A-GmbH von 130 €.[111]

Lösung

Die Mehrabführung führt grundsätzlich zu einer Verringerung des Beteiligungsbuchwerts um 130 € in der Steuerbilanz der A-GmbH auf den 31.12.02. Da aber ein negativer Beteiligungsbuchwert infolge einer Mehrabführung innerhalb der Steuerbilanz ausgeschlossen ist, verringert sich der Beteiligungsbuchwert von 100 € auf 0 €. Der übersteigende Betrag von 30 stellt bei der A-GmbH im Jahr 02 einen veräußerungsähnlichen Ertrag dar, der unter Anwendung des § 8b Abs. 2 und 3 KStG i.H.v. 5 % der Besteuerung unterliegt.

---

108 RegE KöMoG, BT-Drucks. 19/28656, S. 26.

109 BMF-Schreiben v. 29.09.2022 – IV C 2 - S 2770/19/10004 :007, BStBl I, 1412 Rdnr. 3.

110 Vgl. auch BMF-Schreiben v. 29.09.2022 – IV C 2 - S 2770/19/10004 :007, BStBl I, 1412 Rdnr. 11.

111 Das Beispiel ist dem BMF-Schreiben v. 29.09.2022 – IV C 2 - S 2770/19/10004 :007, BStBl I, 1412 Rdnr. 11, entnommen.

Organschaftliche Minder- und Mehrabführungen erfolgen in dem Zeitpunkt, in dem das Wirtschaftsjahr der Organgesellschaft endet, daher ist eine Saldierung der Minder- und Mehrabführungen beim Organträger beteiligungsbezogen zulässig.[112] Mehrabführungen mindern hierbei den Beteiligungsbuchwert in einem Wirtschaftsjahr erst dann, wenn die sich aus den Minderabführungen resultierenden Erhöhungen des Beteiligungsbuchwerts im selben Wirtschaftsjahr berücksichtigt wurden. 20.119

Minderabführungen erhöhen und Mehrabführungen mindern das steuerliche Einlagekonto einer Organgesellschaft, wenn sie ihre Ursache in organschaftlicher Zeit haben. Mehrabführungen mindern dabei das steuerliche Einlagekonto vorrangig vor anderen Leistungen (§ 27 Abs. 6 Satz 2 KStG) und führen zu einem Direktzugriff auf dessen Bestand (§ 27 Abs. 1 Satz 3 KStG). Mehrabführungen können zum Entstehen oder zu einer Erhöhung eines negativen Bestands des steuerlichen Einlagekontos führen (§ 27 Abs. 1 Satz 4 zweiter Halbsatz KStG). 20.120

Durch das KöMoG wurde in § 27 Abs. 6 KStG ein zusätzlicher Satz 2 eingefügt, wonach Leistungen aufgrund einer organschaftlichen Mehrabführung das steuerliche Einlagekonto vor anderen Leistungen mindern. Hierdurch soll verhindert werden, dass das steuerliche Einlagekonto für reguläre Leistungen im laufenden Jahr verwendet und durch eine organschaftliche Mehrabführung anschließend negativ wird. Stattdessen sollen die regulären Leistungen dann nicht als aus dem steuerlichen Einlagekonto erbracht gelten und folglich als Ausschüttungen besteuert werden. 20.121

Hinweis

Die gesetzlich angeordnete vorrangige Minderung des Einlagekontos um organschaftliche Mehrabführungen verstärkt das Risiko, dass eine Einlagenrückgewähr am Ende des Wirtschaftsjahres doch als steuerpflichtige Ausschüttung zu qualifizieren ist. Da die Organgesellschaft aufgrund des Gewinnabführungsvertrags grundsätzlich keine Ausschüttungen an den Organträger vornimmt, kann die Situation in der Praxis insbesondere bei Leistungen an außenstehende Gesellschafter und bei der Auflösung und Auskehrung vororganschaftlicher Rücklagen eintreten. Hinzu können vororganschaftlich verursachte Mehrabführungen treten. Verfahrensrechtlich ist selbst bei bereits unterjährig ausgestellter Bescheinigung eine Umqualifizierung möglich, da eine zu hohe Bescheinigung der Verwendung des steuerlichen Einlagekontos berichtigt werden kann (§ 27 Abs. 4 Satz 5 KStG).[113] 20.122

[112] BMF-Schreiben v. 29.09.2022 – IV C 2 - S 2770/19/10004 :007, BStBl I, 1412 Rdnr. 6.
[113] Rödder/Joisten, in: Rödder/Herlinghaus/Neumann, KStG, 2. Aufl. 2023, § 14 Rdnr. 672.

20.2.7.4 Verunglückte Organschaft

20.123 Liegt mindestens eine Voraussetzung der Organschaft von Beginn des Organschaftsverhältnisses an nicht vor, oder entfällt eine der Voraussetzungen der Organschaft, spricht man von „verunglückter" Organschaft. Grundsätzlich ist jede vorzeitige Beendigung des Gewinnabführungsvertrages **steuerschädlich**, so dass die Organschaft steuerlich aberkannt wird, entweder

- vom Zeitpunkt der wirksamen Kündigung,
- oder dem Aufhebungszeitpunkt,
- oder von Beginn an, wenn die fünfjährige Mindestlaufzeit noch nicht erfüllt ist.

Eine vorzeitige Beendigung des Gewinnabführungsvertrags ist gem. § 14 Abs. 1 Satz 1 Nr. 3 Satz 3 KStG nur dann steuerlich **unschädlich**, wenn die Beendigung auf **wichtigem Grund** beruht. Nach Auffassung der Finanzverwaltung (R 14.5 Abs. 6 KStR 2022) ist ein wichtiger Grund insbesondere in der Veräußerung oder Einbringung der Organbeteiligung durch den Organträger, der Umwandlung, Verschmelzung oder Liquidation des Organträgers oder der Organgesellschaft zu sehen. Auch die Eröffnung des Insolvenzverfahrens über das Vermögen des Organträgers oder über das Vermögen der Organgesellschaft stellt einen wichtigen Grund im Sinne dieser Vorschrift dar.[114] Der BFH[115] hat klargestellt, dass der wichtige Grund normspezifisch zu verstehen ist und von dem zivilrechtlich wichtigen Grund i.S.d. §§ 297, 304 Abs. 4, § 305 Abs. 5 und § 307 AktG abweichen kann; als wichtiger Kündigungsgrund abgelehnt wurde eine konzerninterne Veräußerung der Organbeteiligung, so dass die Folge eine verunglückte Organschaft wäre.

20.124 Bei dem nachträglichen Wegfall einer Voraussetzung ist entscheidend, ob das Organschaftsverhältnis zuvor mindestens fünf Jahre korrekt bestanden hat. Ist dies nicht der Fall, sind die zwischenzeitlichen Einkommens- oder Verlustübernahmen von Anfang an – nicht erst vom Zeitpunkt des Wegfalls einer Voraussetzung – zu revidieren. Im Fall der verunglückten Organschaft hat die Organgesellschaft ihr Einkommen **selbst** zu versteuern. Bereits unter Anerkennung der körperschaftsteuerlichen Organschaft durchgeführte Einkommensteuer- bzw. Körperschaftsteuerveranlagungen sind gem. § 175 Abs. 1 Nr. 2 AO zu ändern. Soweit die Gewinnabführung an den Organträger dem Einkommen der Organgesellschaft wieder zuzurechnen ist, hat die Organgesellschaft das Einkommen auch zu versteuern.

[114] BFH, Urt. v. 02.11.2022 – I R 29/19, ZIP 2023, 365.
[115] Vgl. BFH, Urt. v. 13.11.2013 – I R 45/12, BStBl II 2014, 486.

Die durchgeführte **Gewinnabführung** an den Organträger wird als **verdeckte Gewinnausschüttung** qualifiziert. Dementsprechend stellen die abgeführten Gewinne bei dem Organträger Betriebseinnahmen dar, die zu versteuern sind. Die verdeckte Gewinnausschüttung ist auf Ebene des Organträgers gem. § 8b Abs. 1, 5 KStG zu 95 % steuerbefreit, wenn der Organträger eine Kapitalgesellschaft ist. Sofern natürliche Personen an einer Organträger-Personengesellschaft beteiligt sind, ist die verdeckte Gewinnausschüttung gem. § 3 Nr. 40 Buchst. a) EStG zu 60 % (Teileinkünfteverfahren) steuerpflichtig. 20.125

Liegen die Voraussetzungen der Organschaft im Fall einer **Verlustübernahme** durch den Organträger nicht vor, ist ebenfalls zu korrigieren. Auf der Ebene der Organgesellschaft ist die Verlustübernahme in Gestalt des erfolgten Ausgleichs von Fehlbeträgen durch den Organträger oder des bilanziellen Ausweises eines entsprechenden Ausgleichsanspruchs gegenüber dem Organträger eine Einlage, die nach § 27 KStG auf deren steuerlichem Einlagekonto zu erfassen ist. Bei dem Organträger stellt die Übernahme der Verluste durch tatsächliche Zahlungen oder durch Ausweis einer entsprechenden Verbindlichkeit zum Bilanzstichtag nachträgliche Anschaffungskosten auf die Beteiligung an der Organgesellschaft dar.[116] Bei beiden Beteiligten ist dieser Vorgang steuerlich erfolgsneutral.[117] Zwar kann der vermeintliche Organträger den Verlust des Tochterunternehmens u.U. über eine eventuell zulässige Teilwertabschreibung geltend machen (§ 6 Abs. 1 Nr. 2 Satz 2–3 EStG). Diese unterliegt allerdings den Restriktionen des § 8b Abs. 3 KStG (Körperschaften) bzw. § 3c Abs. 2 EStG (natürliche Personen). 20.126

Die Ausgleichszahlungen an Minderheitsgesellschafter der vermeintlichen Organschaft unterliegen bei verunglückter Organschaft nicht der Besteuerung nach § 16 KStG. Sofern die vermeintliche Organgesellschaft die Ausgleichszahlung zu Lasten ihres Gewinns getragen hat, ist sie wie eine verdeckte Gewinnausschüttung an den Minderheitsgesellschafter zu behandeln. Sofern der vermeintliche Organträger die Ausgleichszahlung geleistet hat, ist in einem ersten Schritt eine verdeckte Einlage des vermeintlichen Organträgers in die vermeintliche Organgesellschaft anzunehmen und in einem zweiten Schritt eine verdeckte Gewinnausschüttung der vermeintlichen Organgesellschaft an den Minderheitsgesellschafter zu unterstellen. 20.127

20.3 Gewerbesteuerliche Organschaft

Die Vorteile der gewerbesteuerlichen Organschaft liegen in der Möglichkeit der sofortigen Gewerbeverlustverrechnung sowie in der Vermeidung der zweifachen Erfassung von Entgelten für Dauerschulden beim Gewerbeertrag. 20.128

[116] BFH, Urt. v. 16.05.1990 – I R 96/88, BStBl II, 797.
[117] NEUMANN, in: GOSCH, KStG, 4. Aufl. 2020, § 14 Rdnr. 542.

20.3.1 Voraussetzungen

20.129 Seit dem Veranlagungszeitraum 2002 gibt es zwischen den Voraussetzungen der gewerbesteuerlichen und der körperschaftsteuerlichen Organschaft **keine Abweichungen** mehr (R 2.3 Abs. 1 Satz 1 GewStR 2009). Liegen also die vorstehend beschriebenen Tatbestandsmerkmale für eine körperschaftsteuerliche Organschaft vor, besteht auch eine gewerbesteuerliche Organschaft.

20.3.2 Rechtsfolgen

20.3.2.1 Betriebsstättenfiktion

20.130 Nach § 2 Abs. 2 Satz 2 GewStG gilt die Organgesellschaft als Betriebsstätte des Organträgers (sog. Betriebsstättenfiktion). Die Organgesellschaft unterliegt nicht mehr selbst der Gewerbesteuer, da mit der Begründung des gewerbesteuerlichen Organschaftsverhältnisses ihre persönliche, aber nicht ihre sachliche Gewerbesteuerpflicht erlischt (R 2.3 Abs. 1 Satz 5 GewStR 2009). Die persönliche Gewerbesteuerpflicht (§ 5 Abs. 1 GewStG) der Organgesellschaft wird für die Dauer der Organschaft dem Organträger zugerechnet.[118]

Deshalb wird der einheitliche Gewerbesteuermessbetrag für die zum Organkreis gehörenden Gewerbebetriebe – also für die Gewerbebetriebe des Organträgers und der Organgesellschaft – gegenüber dem Organträger festgesetzt.

20.131 Der Gewerbesteuermessbetrag wird nach § 28 GewStG auf die Betriebsstätten des gesamten Organkreises, d.h. der Unternehmen des Organträgers und der Organgesellschaft, wie auf Betriebsstätten eines einheitlichen Unternehmens zerlegt.[119] Die Organgesellschaft haftet für diejenigen Steuern des Organträgers, für welche die Organschaft zwischen ihnen steuerlich von Bedeutung ist (§ 73 AO). Im Fall des § 2 Abs. 2 Satz 2 GewStG haftet die Organgesellschaft für die Gewerbesteuer, die der Organträger schuldet; die Haftung umfasst damit die gesamte Steuerschuld des Organträgers. Will eine Gemeinde den Anspruch aus der Haftung der Organgesellschaft geltend machen, so muss sie der Organgesellschaft einen schriftlichen Bescheid erteilen, aus dem der Grund der Haftbarmachung erkennbar ist (§ 191 Abs. 1 AO).

20.132 Die Betriebsstättenfiktion führt nicht dazu, dass Organträger und Organgesellschaft als einheitliches Unternehmen anzusehen sind. Organträger und Organgesellschaft ermitteln ihre jeweiligen Gewerbeerträge weiterhin **getrennt** voneinander, bei der Organgesellschaft sind hierbei Besonderheiten zu beachten (vgl. § 7a GewStG). Für beide Unternehmen sind auch während der Organschaft getrennte Gewerbesteuererklärungen zu erstellen. Erst in einem zweiten Schritt erfolgt die Zusammenrechnung der Gewerbeerträge auf Ebene des Organträgers. Der Ge-

118 BFH, Urt. v. 27.06.1990 – I R 183/85, BStBl II, 916.
119 BFH, Urt. v. 17.02.1993 – I R 19/92, BStBl II, 679.

werbeertrag der Organgesellschaft ist damit unselbständige Besteuerungsgrundlage beim Organträger und wird zusammen mit dem selbst erwirtschafteten Gewerbeertrag des Organträgers besteuert. Es sind die Gewerbeerträge derjenigen Wirtschaftsjahre des Organträgers und der Organgesellschaft zusammenzurechnen, die in demselben Erhebungszeitraum enden. Bei der Zusammenfassung der Gewerbeerträge von Organgesellschaft und Organträger zu einem gemeinsamen Gewerbeertrag ist darauf zu achten, dass es durch die zunächst getrennte Ermittlung nicht zu einer Doppelerfassung wirtschaftlich identischer Beträge oder zu einer doppelten Entlastung von wirtschaftlich identischen Rechenposten kommt.

Hinweis

Der Gewerbeertrag der Organgesellschaft wird nur finanzamtsintern ermittelt und an das Finanzamt des Organträgers nachrichtlich weitergeleitet. Gegen die Organgesellschaft ergeht weder ein Gewerbesteuermessbescheid noch ein Gewerbesteuerbescheid. Besteuert wird nur noch der Organträger. Anders als bei der Körperschaftsteuer gibt es bei der gewerbesteuerlichen Organschaft weiterhin kein Feststellungsverfahren. Die Höhe des Gewerbeertrags der Organgesellschaft wird auch ab Erhebungszeitraum 2014 weiterhin nur nachrichtlich mitgeteilt und letztlich nur als Teil des Gewerbesteuermessbescheids für den Organträger festgestellt. Mangels Verwaltungsakts können Einwendungen gegen den ermittelten Gewerbeertrag der Organgesellschaft nicht von dieser mit Einspruch angegriffen werden. Einwendungen sind erst gegen den Gewerbesteuermessbescheid des Organträgers für den Organkreis möglich. 20.133

§ 35b GewStG ermöglicht in Organschaftsfällen auch bei einer Gewinnänderung auf der Ebene der Organgesellschaft eine Änderung des bestandskräftigen Gewerbesteuermessbescheids.[120] 20.134

Die zur Ermittlung des Gewerbeertrags erforderlichen Hinzurechnungen und Kürzungen nach §§ 8, 9 GewStG werden für jedes der organschaftlich verbundenen Unternehmen selbständig durchgeführt. Auch die gesetzlichen Vergünstigungen werden nicht dem Organkreis, sondern nur dem Organunternehmen eingeräumt, bei dem sie vorliegen.[121] Soweit für eine gewerbesteuerliche Kürzung eine bestimmte Grenze vorgesehen ist (z.B. Beteiligung von 15 % für das Schachtelprivileg), kommt eine Zusammenrechnung von verschiedenen kleineren Beteiligungen am selben Unternehmen, die von verschiedenen Gesellschaften des Organkreises gehalten werden, nicht in Betracht. In diesem Sinne ist für die Beurteilung der Frage, ob eine Kürzung nach § 9 Nr. 2a, § 7 GewStG zu erfolgen hat, auf die Höhe der 20.135

---

120 BFH, Urt. v. 21.10.2009 – I R 29/09, BStBl II 2010, 644.

121 R 8.8 Abs. 1 Satz 10 GewStR 2009; JONAS/MÜLLER, DStR 1988, 623; HERLINGHAUS, EFG 2002, 216.

Beteiligung bei jeder einzelnen Organgesellschaft abzustellen; eine „Beteiligung des Organkreises“ gibt es nicht. Andererseits sind deshalb auch Freibeträge jeder Gesellschaft im Organkreis, insgesamt also mehrmals, zu gewähren.

20.136 Auch für die Frage, ob bestimmte Gewinne der Organgesellschaft steuerfrei sind, kommt es allein darauf an, ob diese Steuerbefreiung dem Organ zustünde, wenn keine Organschaft vorläge.[122] Die Steuerfreiheit bleibt also erhalten, wenn die Organgesellschaft den Tatbestand der Steuerbefreiung nach § 3 GewStG erfüllt. Die Gewerbesteuerbefreiung einer Organgesellschaft (z.B. gem. § 3 Nr. 20 GewStG) strahlt aber nicht auf andere Organgesellschaften desselben Organkreises aus, auch wenn sich ihre Tätigkeiten ergänzen.[123] Die gewerbesteuerliche Betriebsstättenfiktion hebt die rechtliche Selbständigkeit der Organgesellschaften untereinander und im Verhältnis zum Organträger nach Ansicht des BFH nicht auf. Die Organgesellschaft ist weiterhin selbständiges Gewerbesteuersubjekt, auf dessen Ebene sich die Frage der Steuerbefreiung entscheidet; dem Organträger ist nur der Gewerbeertrag zuzurechnen, der auf der Ebene der Organgesellschaft auch steuerpflichtig ist.

20.137 Im Rahmen der gewerbesteuerlichen **Hinzurechnungen und Kürzungen** werden allerdings die Beträge ausgeschieden, die von Unternehmen aus dem Organkreis stammen (R 7.1 Abs. 5 Satz 3 und 4 GewStR 2009). Die Vermeidung doppelter Hinzurechnungen, etwa die Hinzurechnung von Schuldzinsen bzw. Entgelten für Schulden, im Organkreis gilt als einer der wichtigsten Vorteile der gewerbesteuerlichen Organschaft. Gewährt ein Unternehmen des Organkreises Kredite an ein anderes Unternehmen des Organkreises, so gehören die Zinsen bei dem Kreditgeber zu dessen Gewerbeertrag. Die Hinzurechnung der Schuldzinsen bei dem Kreditnehmer würde zur doppelten Erfassung dieser Positionen innerhalb des Organkreises führen und hat daher zu unterbleiben.[124]

Dies gilt unabhängig davon, ob der Organträger oder die Organgesellschaft den Kredit gewährt; die Hinzurechnung hat auch zu unterbleiben, wenn sich zwei Organgesellschaften untereinander Kredit gewähren.[125] Andererseits beruht das Unterlassen der Hinzurechnung nur darauf, dass entsprechend dem Prinzip der Organschaft eine doppelte Belastung mit Gewerbesteuer vermieden werden soll. Besteht die Gefahr einer doppelten Erfassung im Einzelfall nicht, so hat die Hinzurechnung zu erfolgen.

---

[122] BFH, Urt. v. 04.06.2003 – I R 100/01, BStBl II 2004, 244 zu § 3 Nr. 20 GewStG.

[123] BFH, Urt. v. 04.06.2003 – I R 100/01, BStBl II 2004, 244; BFH, Urt. v. 10.03.2010 – I R 41/09, BStBl II 2011, 181.

[124] Keß, in: Lenski/Steinberg, GewStG, § 2 Rdnr. 3766 (09/2023).

[125] Vgl. BFH, Urt. v. 30.10.2014 – IV R 9/11, BFH/NV 2015, 227, Rdnr. 25.

Da die Einkommenszurechnung innerhalb des Organschaftsverhältnisses, ebenso wie bei der körperschaftsteuerlichen Organschaft, auch dann nicht als Gewinnausschüttung gilt, wenn der Organträger ebenfalls eine Kapitalgesellschaft ist, greift die Steuerbefreiung nach § 8b KStG nicht, sondern sie unterliegt der Gewerbesteuer. Dementsprechend gelten hier grundsätzlich auch keine Abzugsbeschränkungen für Aufwendungen des Organträgers in Zusammenhang mit seiner Beteiligung an der Organgesellschaft. Verlustbedingte Teilwertabschreibungen auf die Beteiligung an der Organgesellschaft sind aber nach § 8 Nr. 10 GewStG wieder hinzuzurechnen.[126] 20.138

20.3.2.2 (Vor-)Organschaftliche Gewerbeverluste

Hinsichtlich der Verlustnutzung ist zu unterscheiden zwischen solchen Verlusten, die vor und nach bzw. während des Bestehens der Organschaft entstanden sind. **Vororganschaftliche** Gewerbeverluste der **Organgesellschaft** können nach § 10a Satz 3 GewStG den maßgebenden Gewerbeertrag nicht kürzen. Sie werden weiterhin gesondert festgestellt und können erst nach Beendigung der Organschaft mit positiven Gewerbeerträgen der Organgesellschaft verrechnet werden. Vororganschaftliche Gewerbeverluste des **Organträgers** können hingegen von positiven organschaftlichen Gewerbeerträgen der Organgesellschaften abgezogen werden. 20.139

Die während des Bestehens der Organschaft von den Organgesellschaften im jeweiligen Erhebungszeitraum erzielten positiven und negativen Gewerbeerträge werden zusammen- und dem Organträger zugerechnet. Gewerbeverluste, die die Organgesellschaft während des Bestehens der Organschaft erleidet, sind auf den Organträger zu übertragen und können dort mit den positiven Gewerbeerträgen des Organträgers (oder anderer Organgesellschaften) ausgeglichen werden. Erzielt der Organkreis insgesamt einen Gewerbeverlust, ist dieser nach § 10a GewStG bei dem Organträger vortragsfähig. Organschaftliche Verluste bleiben auch nach Beendigung der Organschaft dauerhaft auf den Organträger übertragen, eine Geltendmachung dieser Verluste auf Ebene der Organgesellschaft nach Ende der Organschaft ist nicht möglich. 20.140

20.3.2.3 Bruttomethode

Da die Ermittlung des Gewerbeertrags auf der körperschaftsteuerlichen Einkommensermittlung aufbaut, hat die dort maßgebende sogenannte Bruttomethode auch bei der Gewerbesteuer ihre Auswirkung. Aus einer Schachtelbeteiligung von einer Organgesellschaft bezogene Dividenden, die an sich nach § 8b Abs. 1 KStG körperschaftsteuerfrei sind, unterlagen nach der BFH-Rechtsprechung bis einschließlich zum Erhebungszeitraum **2016** der Kürzung nach § 9 Nr. 2a GewStG, 20.141

---

[126] GÜROFF, in: GLANEGGER/GÜROFF, GewStG, 11. Aufl. 2023, § 2 Rdnr. 531 m.w.N.; KEß, in: LENSKI/STEINBERG, GewStG, 1§ 2 Rdnr. 3768 (09/2023).

weil nach § 15 Abs. 1 Nr. 2 KStG die Befreiungsvorschrift nicht bei der Ermittlung des Einkommens der Organgesellschaft, sondern erst des Organträgers anzuwenden ist (Bruttomethode). Das hatte zur Folge, dass der Kürzungsbetrag nicht um die 5%ige sogenannte Schachtelstrafe zu vermindern war. Da der Gewinnanteil bei der Zusammenrechnung der Gewerbeerträge beim Organträger infolge der Kürzung nicht mehr im Gewerbeertrag der Organgesellschaft „enthalten“ ist, erfolgte auch beim Organträger keine Hinzurechnung der Schachtelstrafe.[127]

20.142 Ab dem Erhebungszeitraum 2017 ist der **zweistufig** ausgestaltete § 7a GewStG anzuwenden. Bei der zunächst vorzunehmenden Ermittlung des Gewerbeertrags der Organgesellschaft sind die Kürzungsregelungen in § 9 Nr. 2a, 7 und 8 GewStG nicht anzuwenden (§ 7a Abs. 1 Satz 1 GewStG). Zugleich sind Aufwendungen, die mit Gewinnen aus Anteilen i.S.d. § 9 Nr. 2a, 7 und 8 GewStG zusammenhängen, nicht nach § 8 Nr. 1 GewStG hinzuzurechnen (§ 7a Abs. 1 Satz 2 GewStG). Sodann ist dieser Gewerbeertrag entsprechend der Rechtsform des Organträgers und den Beteiligungsverhältnissen bei Personenunternehmen als Organträger um bestimmte Beträge zu korrigieren (§ 7a Abs. 2 GewStG). Dieser korrigierte Gewerbeertrag ist dem Organträger zuzurechnen.

20.143 Auf diesen Gewerbeertrag sind nach § 7a Abs. 2 Satz 1 GewStG die Regelungen des § 15 Satz 1 Nr. 2 Satz 2 ff. KStG entsprechend anzuwenden. So kommt es insbesondere zur Anwendung des § 8b KStG bzw. § 3 Nr. 40 und § 3c Abs. 2 EStG. § 7a Abs. 2 Satz 2 GewStG stellt klar, dass im Zuge der Ermittlung des Betrags der Zurechnung zum Organträger der Betrag der Hinzurechnung nach § 8 Nr. 1 GewStG bei der Organgesellschaft neu zu ermitteln ist. Hierdurch können sich Änderungen bei der Gewährung des Freibetrags nach § 8 Nr. 1 GewStG ergeben.

Beispiel

20.144 Organträger ist die A-GmbH, die 100 % an drei Organgesellschaften hält. Diese GmbHs erzielten jeweils 100.000 € Dividendenertrag aus 60%igen Beteiligungen.

Lösung (in Tausend €)

Schachteldividende	100 €	100 €	100 €
Aufwand hierzu (Zinsen)		- 12 €	- 160 €
= Gewinn (§ 7 GewStG)	100 €	88 €	- 60 €
= Gewerbeertrag der OG	100 €	88 €	- 60 €
§ 7a Abs. 2 GewStG:			
§ 8b Abs. 1 KStG	- 100 €	- 100 €	- 100 €

[127] BFH, Urt. v. 17.12.2014 – I R 39/14, BStBl II 2015, 1052.

§ 8b Abs. 5 KStG	+ 5 €	+ 5 €	+ 5 €
§ 9 Nr. 2a GewStG			
§ 8 Nr. 1 GewStG		+ 3 €	+ 40 €
= Zurechnungsbetrag der OG zum OT	**+ 5 €**	**– 4 €**	**– 115 €**

Liegt hingegen keine Schachtelbeteiligung vor, sondern sogenannter **Streubesitz**, kommt es bei der Organgesellschaft zu keiner Kürzung nach § 9 Nr. 2a GewStG und auch zu keiner Hinzurechnung nach § 8 Nr. 5 GewStG. Die Dividenden sind im körperschaftsteuerlichen Einkommen der Organgesellschaft enthalten; bei der Ermittlung des Gewerbeertrags der Organgesellschaft erfolgt keine Korrektur. Die Steuerbefreiung nach § 8b KStG wird auf Ebene des Organträgers umgesetzt, so dass beim Gewerbeertrag des Organträgers eine Hinzurechnung nach § 8 Nr. 5 GewStG erforderlich wird. 20.145

Hat die Organgesellschaft einen Gewinn aus der **Veräußerung** von Anteilen an in- oder ausländischen Körperschaften erzielt, ist dieser Gewinn im Einkommen enthalten, da auch § 8b Abs. 2 KStG durch die Bruttomethode bei der Organgesellschaft nicht angewendet wird. Gewerbesteuerlich ergibt sich daraus **weder** eine **Hinzurechnung noch** eine **Kürzung**. Erst beim Organträger kommt es zur Steuerfreistellung bei der Körperschaftsteuer mit der Folge, dass der Veräußerungsgewinn nicht mehr im Gewinn aus Gewerbebetrieb enthalten ist. Damit ist auch beim Organträger keine gewerbesteuerliche Hinzurechnung oder Kürzung nötig. 20.146

Ein den Gewinn mindernder Veräußerungsverlust oder eine Teilwertabschreibung wird bei der Organgesellschaft weder beim Einkommen noch beim Gewerbeertrag korrigiert, da § 8b Abs. 3 KStG auf dieser Ebene nicht angewendet wird. Die körperschaftsteuerliche Hinzurechnung nach § 8b Abs. 3 Satz 3 KStG erfolgt sodann auf Ebene des Organträgers, so dass der erhöhte Gewinn auch Basis der Gewerbesteuerermittlung ist. Eine weitere Hinzurechnung oder eine Kürzung bei der Gewerbesteuer des Organträgers ist nicht mehr vorzunehmen. 20.147

20.4 Umsatzsteuerliche Organschaft

Eine umsatzsteuerliche Organschaft liegt nach § 2 Abs. 2 Satz 1 Nr. 2 UStG und der hierzu ergangenen Rechtsprechung vor, wenn eine juristische Person oder – unter weiteren Voraussetzungen auch eine Personengesellschaft – nach dem Gesamtbild der tatsächlichen Verhältnisse finanziell, wirtschaftlich und organisatorisch in ein Unternehmen eingegliedert ist. 20.148

20.149 Der deutsche Gesetzgeber hat es bisher versäumt, die Organschaftsregelung des § 2 Abs. 2 Nr. 2 UStG an die unionsrechtlichen Vorgaben des Art. 11 MwStSystRL zur „Mehrwertsteuergruppe" anzupassen. Danach kann ein Mitgliedstaat rechtlich selbständige Personen, die durch gegenseitige finanzielle, wirtschaftliche und organisatorische Beziehungen eng miteinander verbunden sind, zusammen als einen Steuerpflichtigen behandeln (sog. Mehrwertsteuergruppe). Zugleich kann der Mitgliedstaat die erforderlichen Maßnahmen treffen, um Steuerhinterziehungen und -umgehungen vorzubeugen (Art. 11 Abs. 2 MwStSystRL). Der BFH hatte Bedenken, ob der nationale Gesetzgeber den Organträger, also nur ein Gruppenmitglied, anstelle der Mehrwertsteuergruppe (Organkreis) zum Unternehmer bestimmen darf, und hat den EuGH um Klärung angerufen.[128] Der EuGH entschied mit Urteilen vom 01.12.2022,[129] dass die deutsche gesetzliche Regelung in § 2 Abs. 2 Nr. 2 UStG, der zufolge der Organträger Unternehmer und Umsatzsteuerschuldner für den gesamten Organkreis ist, dem Unionsrecht entspricht (Art. 4 Abs. 4 Unterabs. 2 RL 77/388/EWG; aktuell Art. 11 Abs. 1 MwStSystRL).

20.150 Allerdings lässt sich den Urteilen entnehmen, dass die deutsche Regelung zur Organschaft einer grundlegenden Reform bedarf. Dies gilt zum einen für das vom deutschen Gesetz vorgesehene Über- und Unterordnungsverhältnis. Aus Sicht des EU-Rechts besteht keine Notwendigkeit für ein solches Über- und Unterordnungsverhältnis. Eine Organschaft muss somit grundsätzlich auch für Sachverhalte ohne Über- und Unterordnungsverhältnis geöffnet werden, etwa für Schwestergesellschaften. Weiterhin entschied der EuGH, dass es für die finanzielle Eingliederung allein auf eine Mehrheitsbeteiligung ankommt. Nicht erforderlich ist hingegen eine Stimmenmehrheit des Organträgers. Ferner stellt der EuGH fest, dass ein Organkreis nur eine Steuernummer haben kann. Die deutsche Praxis, wonach jeder Teil des Organkreises eine eigene USt-IdNr. erhält und eine eigene „Zusammenfassende Meldung" abgeben muss (§ 18a Abs. 5 Satz 4, § 27a Abs. 1 Satz 3 UStG), ist daher unzulässig.

20.151 Nicht zuletzt werfen die Entscheidungen des EuGH die Frage auf, ob das deutsche Verständnis der Rechtswirkung einer Organschaft grundlegend unzutreffend ist. Gegenwärtig sind Leistungen zwischen den Mitgliedern eines Organkreises als Innenleistungen nicht steuerbar. Demgegenüber führt der EuGH aus, dass die Mitglieder eines Organkreises jeweils selbständig eine unternehmerische Tätigkeit

[128] BFH, Beschl. v. 11.12.2019 – XI R 16/18, DStR 2020, 645 = UR 2020, 338 mit Anm. Reiß; vgl. auch Szabó/Joost, UVR 2020, 153; Peter, MwStR 2020, 650; BFH, Beschl. v. 07.05.2020 – V R 40/19, DStR 2020, 1367; dazu Reiß, UR 2020, 747.

[129] EuGH, Urt. v. 01.12.2022 – C-141/20, „Norddeutsche Gesellschaft für Diakonie mbH", MwStR 2022, 880; EuGH, Urt. v. 01.12.2022 – C-269/20, „S", MwStR 2022, 891.

ausüben. Folglich sind auch entgeltliche Leistungen zwischen Mitgliedern des Organkreises möglich. Ob diese Leistungen allerdings auch zu besteuern sind oder weiterhin als nichtbesteuerte Innenleistungen gelten, bleibt offen. Der BFH[130] hat den EuGH jüngst erneut angerufen und weitere Fragen (zweites Vorabentscheidungsersuchen) vorgelegt. Es muss geklärt werden, ob an der bisherigen Annahme der Nichtsteuerbarkeit der Innenumsätze weiter festzuhalten ist. Insoweit hatte der V. Senat Bedenken, die für ihn eine erneute Vorlage an den EuGH rechtfertigten. Nachstehend wird die aktuelle Rechtslage ohne Einbeziehung der EuGH-Rechtsprechung dargestellt.

Im Gegensatz zur körperschaft- und gewerbesteuerlichen Organschaft ist es bei einer umsatzsteuerlichen Organschaft nicht erforderlich, dass bestimmte zeitliche Voraussetzungen erfüllt werden. Die umsatzsteuerliche Organschaft beginnt, wenn alle Eingliederungsvoraussetzungen erfüllt sind, wobei dies auch im Laufe eines Kalenderjahres erfolgen kann. Der Abschluss eines Ergebnisabführungsvertrags ist nicht erforderlich. Die Organschaft endet zu dem Zeitpunkt, zu dem mindestens eine der gesetzlichen Tatbestandsvoraussetzungen nicht mehr erfüllt ist, etwa durch Veräußerung der Mehrheitsbeteiligung an der Organgesellschaft.[131] 20.152

20.4.1 Organträger

Organträger kann jeder Unternehmer sein. Eine Holding kann Organträger sein, wenn sie selbst entgeltliche Leistungen erbringt. Eine sogenannte Führungs- oder Funktionsholding, die aktiv in die Verwaltung ihrer Beteiligungsgesellschaften eingreift, ist Unternehmer.[132] Aktive Eingriffe in die Verwaltung einer Gesellschaft liegen immer dann vor, wenn die Holding entgeltliche Leistungen (z.B. in Form administrativer, finanzieller, kaufmännischer oder technischer Dienstleistungen) an ihre Tochtergesellschaft erbringt. 20.153

20.4.2 Organgesellschaft

Als **Organgesellschaften** kommen in erster Linie **juristische Personen** des Zivil- und Handelsrechts sowie des öffentlichen Rechts in Betracht, wenn und soweit sie (die juristischen Personen des öffentlichen Rechts) unternehmerisch tätig sind. 20.154

---

[130] BFH, Beschl. v. 26.01.2023 – V R 20/22 (V R 40/19), BStBl II, 530; Anschluss an EuGH, Urt. v. 01.12.2022 – C-269/20, „S", MwStR 2022, 891.

[131] Zur Beendigung der umsatzsteuerlichen Organschaft, insbesondere in Fällen der Insolvenz, vgl. Abschn. 2.8 Abs. 12 UStAE sowie Verfügung der OFD Frankfurt v. 06.09.2023 – 7105 A - 00066 - 0357 - St1 - St 110.2, DB 2023, 2409.

[132] Vgl. EuGH, Urt. v. 16.07.2015 – C-108/14 und C-109/14, „Larentia + Minerva", BStBl II 2017, 604, Rdnr. 20 m.w.N.; Abschn. 2.3 Abs. 3 Satz 3 UStAE.

20.155 Über den Wortlaut des § 2 Abs. 2 Nr. 2 UStG hinaus können nach der Rechtsprechung des EuGH[133] sowie in der Folge des BFH[134] **auch Personengesellschaften** Organgesellschaften sein. Allerdings waren sich die beiden Umsatzsteuersenate in Detailfragen uneins.[135]

- Nach Ansicht des XI. BFH-Senats[136] ist § 2 Abs. 2 Nr. 2 UStG unionsrechtskonform in der Weise auszulegen, dass Gesellschaften in der Rechtsform der GmbH & Co. KG generell als juristische Personen einzustufen sind und daher Organgesellschaften sein können. Denn es handele sich bei dieser Gesellschaftsform um eine „kapitalistisch strukturierte" Personengesellschaft, die auch in anderen Rechtsbereichen wie eine GmbH und damit wie eine juristische Person behandelt werde.
- Der V. Senat war demgegenüber der Ansicht, dass nur Personengesellschaften als Organgesellschaften eingegliedert sein können, deren Gesellschafter neben dem Organträger ausschließlich Personen sind, die finanziell in das Unternehmen des Organträgers eingegliedert sind.[137] Daraus ergibt sich implizit, dass an der Personengesellschaft nur Kapitalgesellschaften beteiligt sein dürfen.

20.156 Die Finanzverwaltung hatte sich in Abschn. 2.8 Abs. 2 Satz 5 i.V.m. Abs. 5a UStAE der Auffassung des V. Senats angeschlossen. Danach können grundsätzlich alle Personengesellschaften Organgesellschaften sein. Voraussetzung ist jedoch, dass Gesellschafter dieser Personengesellschaft ggf. neben dem Organträger nur Personen (Gesellschaften) sind, die finanziell in das Unternehmen des Organträgers eingegliedert sind.

Hinweis

20.157 Das FG Berlin-Brandenburg[138] hatte dem EuGH aufgrund der divergierenden Rechtsprechung daher erneut die Frage vorgelegt, ob eine GmbH & Co. KG – wie der V. Senat des BFH entschieden hat – nur dann Organgesellschaft sein kann, wenn ihre

---

[133] Vgl. EuGH, Urt. v. 16.07.2015 – C-108/14 und C-109/14, „Larentia + Minerva", BStBl II 2017, 604, Rdnr. 37, 43 und 46.

[134] Vgl. BFH, Urt. v. 02.12.2015 – V R 25/13, BStBl II 2017, 547, Rdnr. 50 ff.; BFH, Urt. v. 19.01.2016 – XI R 38/12, BStBl II 2017, 567, Rdnr. 67 ff.; BFH, Urt. v. 03.12.2015 – V R 36/13, BStBl II 2017, 563, Rdnr. 29; BFH, Urt. v. 01.06.2016 – XI R 17/11, BStBl II 2017, 581, Rdnr. 58 ff.

[135] Vgl. hierzu Wäger, UR 2017, 664, „verbesserungsfähige Abstimmung der BFH-Senate"; Heidner, DB 2019, 626.

[136] BFH, Urt. v. 19.01.2016 – XI R 38/12, BStBl II 2017, 567; BFH, Urt. v. 01.06.2016 – XI R 17/11, BStBl II 2017, 581.

[137] BFH, Urt. v. 02.12.2015 – V R 25/13, BStBl II 2017, 547.

[138] FG Berlin-Brandenburg, Vorabentscheidungsersuchen v. 21.11.2019 – 5 K 5044/19, DStR 2020, 281.

Gesellschafter neben dem Organträger nur Personen sind, die in das Unternehmen des Organträgers finanziell eingegliedert sind.[139] Der EuGH[140] bestätigte insoweit seine Entscheidung aus 2015:[141] Eine nationale Regelung muss grundsätzlich auch Personengesellschaften die Möglichkeit einräumen, an einer Mehrwertsteuergruppe gem. Art. 11 MwStSystRL beteiligt zu sein. An die finanzielle Eingliederung von Personengesellschaften sind keine höheren Anforderungen als an die finanzielle Eingliederung von juristischen Personen zu stellen. Für die Annahme einer Mehrwertsteuergruppe ist kein Über- und Unterordnungsverhältnis notwendig. Zugleich steht nun fest, dass sich Steuerpflichtige nicht unmittelbar auf Art. 11 MwStSystRL berufen können.[142]

Bei einer **mittelbaren** Beteiligung über eine Kapitalgesellschaft reicht es aus, wenn der Organträger die Mehrheit der Anteile an der zwischengeschalteten Organgesellschaft hält. 20.158

Beispiel 1

A ist als Kommanditist zu 75 % an einer GmbH & Co. KG beteiligt. Die restlichen 25 % hält die Komplementär-GmbH. A hält 60 % der Anteile an der Komplementär-GmbH. 20.159

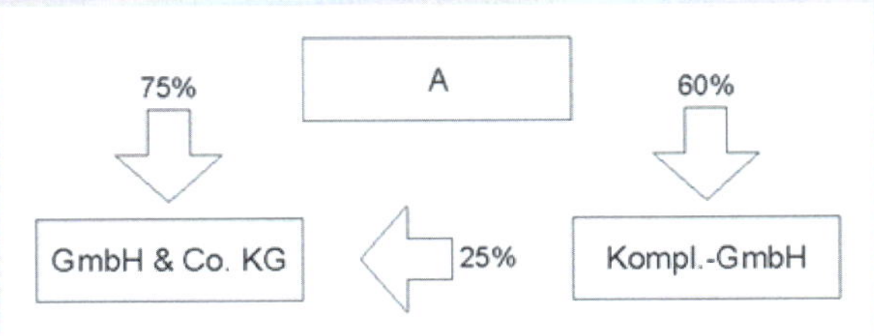

Lösung

A hält mittelbar 100 % der Anteile an der KG. Neben den direkt gehaltenen 75 % sind ihm auch die über die GmbH gehaltenen 25 % zuzurechnen, da A die Mehrheit der Anteile an der GmbH hält.

---

[139] Vgl. dazu HARTMANN, NWB 2020, 80; KÜFFNER/RUST, UStB 2020, 126.

[140] EuGH, Urt. v. 15.04.2021 – C-868/19, „M-GmbH", DStR 2021, 915.

[141] EuGH, Urt. v. 16.07.2015 – C-108/14 und C-109/14, „Larentia + Minerva", BStBl II 2017, 604.

[142] Vgl. TIEDE, StuB 2021, 389.

Beispiel 2

(vgl. Beispiel 1 in Abschn. 2.8 Abs. 5a UStAE).

Gesellschafter einer GmbH & Co. KG sind die Komplementär-GmbH und die X-GmbH als Kommanditistin. Die A-AG hält an beiden GmbHs jeweils einen Anteil von mehr als 50 %.

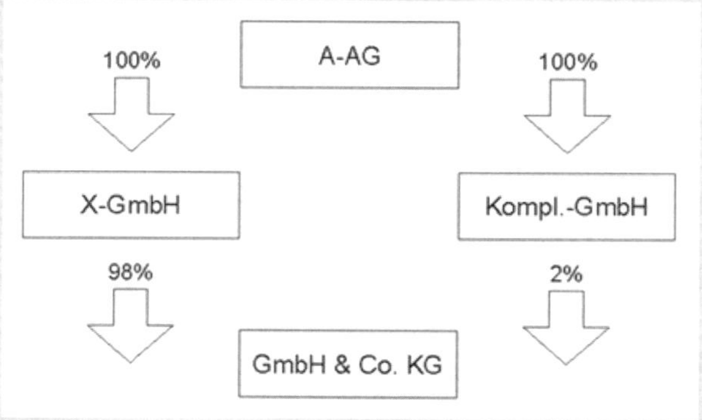

Lösung

Alle Gesellschafter der GmbH & Co. KG sind finanziell in das Unternehmen der A-AG eingegliedert. Damit ist auch die GmbH & Co. KG in das Unternehmen der A-AG finanziell eingegliedert.

20.160 Ist hingegen ein Dritter an der Personengesellschaft beteiligt, ist eine Organschaft mit der Personengesellschaft als Organgesellschaft nach bisheriger Auffassung der Finanzverwaltung **ausgeschlossen.**

Beispiel 3

(vgl. Beispiel 2 in Abschn. 2.8 Abs. 5a UStAE)

Gesellschafter einer GmbH & Co. KG sind die Komplementär-GmbH K1 sowie die GmbH K2 und eine weitere Person P (Beteiligungsquote 0,1 %) als Kommanditisten. Die A-AG hält an K1 und K2 jeweils einen Anteil von mehr als 50 %. An P ist die A-AG nicht beteiligt.

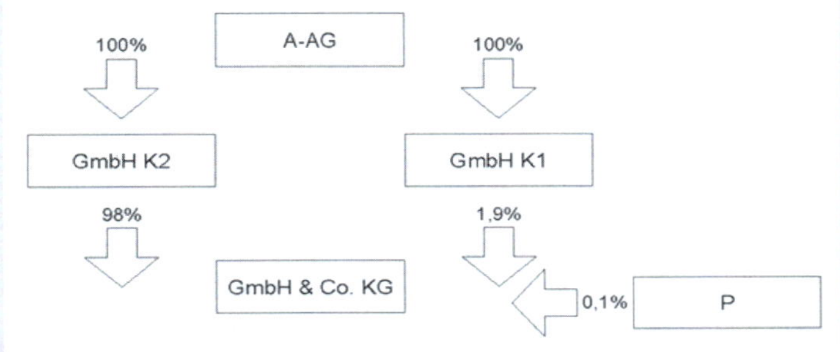

Lösung (alt)

Da nicht alle Gesellschafter der GmbH & Co. KG finanziell in das Unternehmen der A-AG eingegliedert sind, ist auch die GmbH & Co. KG nicht finanziell in das Unternehmen der A-AG eingegliedert.

Lösung (neu)

Das FG Baden-Württemberg war der Ansicht, dass alle Personengesellschaften (also nicht nur die GmbH & Co. KG) taugliche Organgesellschaften sind und deshalb nur geprüft werden muss, ob die Eingliederungsvoraussetzungen, insbesondere die Mehrheitsbeteiligung des Organträgers, bestehen.[143] Der Rechtsprechung des EuGH folgend, entschied der V. Senat des BFH in dem sich anschließenden Revisionsverfahren, dass eine Personenhandelsgesellschaft mit einer „kapitalistischen Struktur" auch dann Organgesellschaft sein kann, wenn neben dem Organträger Gesellschafter der Personenhandelsgesellschaft auch Personen sind, die in das Unternehmen des Organträgers nicht finanziell eingegliedert sind. Damit gab er seinen bisherigen Standpunkt auf.[144]

Die Finanzverwaltung hatte bei derartigen Konstellationen – der bisherigen Rechtsprechung des V. Senats des BFH folgend – keine Organschaft angenommen (siehe Rdnr. 20.160). Der BFH schützt den Fiskus in seiner Entscheidung[145] insoweit, als er die erforderliche Aufhebung des Umsatzsteuerbescheids gegen die KG nach dem Grundsatz von Treu und Glauben davon abhängig macht, dass ein Antrag auf Änderung der Umsatzsteuerfestsetzung beim Rechtsträger gestellt wird, der nach der geänderten Rechtsprechung nunmehr Organträger ist. Dies eröffnet dem Finanzamt die Möglichkeit, die Umsatzsteuerfestsetzung beim Organträger nach § 174 AO zu ändern. Es liegt nahe, dass die Finanzverwaltung die fortentwickelte Rechtsprechung zur Organfähigkeit von Personengesellschaften anwendet. Das Urteil wurde allerdings noch nicht im Bundessteuerblatt veröffentlicht, auch ein BMF-Schreiben dazu wurde nicht erlassen.

---

143 FG Baden-Württemberg, Urt. v. 07.11.2019 – 1 K 1952/18, EFG 2020, 943 m. Anm. KESSENS.

144 BFH, Urt. v. 16.03.2023 – V R 14/21 (V R 45/19), ZIP 2023, 1292; insoweit Aufgabe von BFH, Urt. v. 02.12.2015 – V R 25/13, BStBl II 2017, 547.

145 BFH, Urt. v. 16.03.2023 – V R 14/21 (V R 45/19), ZIP 2023, 1292.

Hinweis

20.161 Das Ergebnis kann im Einzelfall auch unerwünscht sein. Betroffen sind z.B. die in der Praxis nicht selten anzutreffenden Sonderbetriebsvermögensfälle, in denen ein mit für Gesellschafterbeschlüsse ausreichender Mehrheit beteiligter geschäftsführender Gesellschafter der Gesellschaft das Betriebsgrundstück zur Nutzung überlässt und damit alle Organschaftsmerkmale verwirklicht. Er wird dadurch zum Schuldner der Umsatzsteuer der Personengesellschaft. Aufgrund des zu erwartenden Vertrauensschutzes wird es jedoch als vertretbar angesehen, notwendige Umstrukturierungen zur Vermeidung der Organschaft noch zurückzustellen, bis sich die Finanzverwaltung zu der neuen BFH-Rechtsprechung äußert. Denkbar ist außerdem, dass die für erforderlich gehaltene grundsätzliche Änderung der nationalen gesetzlichen Organschaftsregelung neue Aspekte eröffnet (z.B. ein Wahlrecht).

Praxistipp

20.162 Die neue Sichtweise ist **für Umsätze nach dem 31.12.2018** zwingend anzuwenden. Entsprechend sollte bis zum Ablauf des Jahres 2018 geprüft werden, ob eine Personengesellschaft zukünftig als Teil eines Organkreises anzusehen ist. Soll eine Eingliederung vermieden werden, kann dies etwa über einen Fremdgesellschafter (Vermeidung der finanziellen Eingliederung) oder einen einzelvertretungsberechtigten Fremdgeschäftsführer (Vermeidung der organisatorischen Eingliederung) bewerkstelligt werden.

Hinweis

20.163 Für alle offenen Zeiträume sowie für **Zeiträume bis zum 31.12.2018** können Unternehmer einen Antrag auf Einbeziehung von Personengesellschaften in einen Organkreis stellen. Hierdurch können nicht zum Vorsteuerabzug berechtigte Umsätze als Innenumsätze umqualifiziert werden (Wahlrecht).[146] Eine lediglich umsatzbezogene Berufung ist nicht möglich. Für zurückliegende Zeiträume ist ein Antrag nur zulässig, wenn die Steuerfestsetzungen von Organträger und Personengesellschaft als potentielle Organgesellschaft noch änderbar sind. Aus bislang mit Steuerausweis gestellten Rechnungen entsteht bei nachträglicher Antragstellung keine Steuerschuld für die beteiligten Personen. Denn Rechnungen mit Steuerausweis innerhalb des Organkreises sind keine Rechnungen i.S.d. § 14c UStG, sondern stellen bloße Buchungsbelege oder Innenbelege dar (Abschn. 14.1 Abs. 4 Satz 2 und 3, Abs. 14c.2 Abs. 2a UStAE).

[146] BMF-Schreiben v. 26.05.2017 – III C 2 - S 7105/15/10002, BStBl I, 790.

20.4.3 Eingliederungsvoraussetzungen

Eine umsatzsteuerliche Organschaft erfordert eine nach dem Gesamtbild der tatsächlichen Verhältnisse vorliegende **Eingliederung** der Organgesellschaft in das Unternehmen des Organträgers. Dies wird an den nachfolgenden drei **Grundmerkmalen** festgemacht, die aber nicht allesamt gleich deutlich ausgeprägt vorliegen müssen. Ist ein Merkmal eher schwach ausgeprägt, kann dies durch ein stärker hervortretendes anderes Merkmal kompensiert werden. Fehlt jedoch ein Merkmal völlig, scheidet eine umsatzsteuerliche Organschaft aus. 20.164

20.4.3.1 Finanzielle Eingliederung

Unter der finanziellen Eingliederung in das Unternehmen des Organträgers ist der Besitz der entscheidenden **Anteilsmehrheit** des Organträgers an der Organgesellschaft zu verstehen, die es ermöglicht, Beschlüsse in der Organgesellschaft durchzusetzen. Entsprechen die Beteiligungsverhältnisse den Stimmrechtsverhältnissen, so ist die finanzielle Eingliederung gegeben, wenn die Beteiligung **mehr als 50 %** beträgt (Abschn. 2.8 Abs. 5 UStAE), sofern keine höhere qualifizierte Mehrheit für die Beschlussfassung in der Organgesellschaft erforderlich ist.[147] Stimmbindungsvereinbarungen und Stimmrechtsvollmachten sind nur zu berücksichtigen, wenn sie sich ausschließlich aus Regelungen der Satzung wie etwa bei einer Einräumung von Mehrfachstimmrechten („Geschäftsanteil mit Mehrstimmrecht") ergeben. Für die Annahme der finanziellen Eingliederung ist es ausreichend, wenn der Organträger **mittelbar** über eine unternehmerisch oder nicht unternehmerisch tätige Tochtergesellschaft an der Organgesellschaft mehrheitlich beteiligt ist. Eine nicht unternehmerisch tätige Tochtergesellschaft wird dadurch nicht Bestandteil des Organkreises. 20.165

Der BFH hat seine Rechtsprechung zur finanziellen Eingliederung der Organgesellschaft aufgrund der EuGH-Rechtsprechung geändert. Zuvor hatte er stets gefordert, dass eine Mehrheit der Stimmrechte vorliegen muss. Daran ist jetzt für den Fall nicht mehr festzuhalten, dass sich neben einem bloßen 50-%-Stimmenanteil eine Mehrheit am Kapital der Organgesellschaft feststellen lässt. Zwar erfordert die finanzielle Eingliederung i.S.d. § 2 Abs. 2 Nr. 2 UStG im Grundsatz, dass dem Organträger die Mehrheit der Stimmrechte an der Organgesellschaft zusteht. Eine finanzielle Eingliederung liegt aber nunmehr auch dann vor, wenn die erforderliche Willensdurchsetzung dadurch gesichert ist, dass der Gesellschafter zwar über nur 50 % der Stimmrechte verfügt, er aber eine Mehrheitsbeteiligung am Kapital 20.166

[147] Vgl. BFH, Urt. v. 01.12.2010 – XI R 43/08, BStBl II 2011, 600.

der Organgesellschaft hält und er den einzigen Geschäftsführer der Organgesellschaft stellt.[148]

20.167 Ist eine Kapital- oder Personengesellschaft jedoch nicht selbst – auch nicht mittelbar über die eigene Beteiligung an einer Tochtergesellschaft –, sondern nur die Mehrheit der Gesellschafter der Kapital- oder Personengesellschaft an der (vermeintlichen) Organgesellschaft beteiligt, scheidet eine finanzielle Eingliederung aus; es besteht **keine** Organschaft zwischen Schwestergesellschaften. Im Fall einer GmbH & KG kann die GmbH daher nicht in das Unternehmen der KG organschaftlich eingegliedert sein, wenn nur die Kommanditisten, nicht aber die KG als solche die Anteile an der GmbH halten.[149] Die KG muss also Mehrheitsgesellschafterin der GmbH sein (vgl. auch Abschn. 2.8 Abs. 2 Satz 8 UStAE zur sog. Einheits-GmbH & Co. KG).

20.4.3.2 Wirtschaftliche Eingliederung

20.168 Für die wirtschaftliche Eingliederung kommt es darauf an, dass zwischen der Organgesellschaft und dem Unternehmen des Organträgers ein vernünftiger wirtschaftlicher Zusammenhang im Sinne einer **wirtschaftlichen Einheit, Kooperation oder Verflechtung** – auch in verschiedenen Wirtschaftszweigen – besteht. Es muss eine das andere Unternehmen fördernde entgeltliche Tätigkeit im Rahmen des Unternehmens gegeben sein, die von einem gewissen wirtschaftlichen Gewicht und nicht nur von geringer Bedeutung ist. Diese Voraussetzung ist z.B. erfüllt, wenn eine Rechtsanwalts-GmbH Rechtsanwaltsdienstleistungen von ihrem Alleingesellschafter, einem Rechtsanwalt, bezieht.[150] Gleiches gilt für die Vermietung eines Betriebsgrundstücks mit einer Größe von 2.982 qm, dem für die Unternehmenstätigkeit „besonderes Gewicht" zukommt,[151] oder einer Halle mit 967 qm und einem Bürotrakt bestehend aus sieben Räumen mit 273 qm.[152] Eine wirtschaftliche Verflechtung liegt hingegen nicht vor, wenn der Organträger lediglich Verwaltungsaufgaben in den Bereichen Buchhaltung, Personalwesen, Lohn- und Gehaltsabrechnung sowie Steuerberatung übernimmt.[153] Auch die Vermietung von nicht eigens für die Unternehmenstätigkeit in besonderer Weise ausgestatteten und da-

---

[148] BFH, Urt. v. 18.01.2023 – XI R 29/22 (XI R 16/18), DRsp Nr. 2023/4151; Anschluss an EuGH, Urt. v. 01.12.2022 – C-141/20, „Norddeutsche Gesellschaft für Diakonie mbH", MwStR 2022, 880.

[149] BFH, Urt. v. 02.12.2015 – V R 12/14, BFH/NV 2016, 437.

[150] BFH, Urt. v. 18.09.2019 – XI R 39/17, BFH/NV 2020, 246.

[151] BFH, Urt. v. 16.08.2001 – V R 34/01, BFH/NV 2002, 223, unter II.2.).

[152] BFH, Urt. v. 29.01.2009 – V R 67/07, BStBl II, 1029.

[153] BFH, Urt. v. 20.08.2009 – V R 30/06, BStBl II 2010, 863.

her ohne weiteres austauschbaren Büroräumen begründet keine wirtschaftliche Verflechtung.[154]

Die Tätigkeiten von Organträger und Organgesellschaft müssen aufeinander abgestimmt sein und sich fördern und ergänzen (vgl. Abschn. 2.8 Abs. 6 UStAE). Es reicht aus, wenn die einzelnen Betriebe die Zwecke des Gesamtunternehmens fördern, wobei die gegenseitigen Verpflichtungen wirtschaftlicher und nicht nur kapitalistischer Art sein müssen. Erforderlich sind grundsätzlich entgeltliche Leistungen, soweit die wirtschaftliche Eingliederung auf Leistungen des Organträgers an die Organgesellschaft beruhen soll. Dabei kann die wirtschaftliche Eingliederung auch auf der Verflechtung zwischen den Unternehmensbereichen zweier Organgesellschaften beruhen (sog. mittelbare wirtschaftliche Eingliederung).[155] Es müssen aber mehr als nur unerhebliche Beziehungen zwischen den Unternehmensbereichen bestehen. Für die Frage der wirtschaftlichen Verflechtung kommt der Entstehungsgeschichte der Tochtergesellschaft eine wesentliche Bedeutung zu (Abschn. 2.8 Abs. 6a UStAE). 20.169

20.4.3.3 Organisatorische Eingliederung

Die organisatorische Eingliederung liegt vor, wenn der Organträger durch organisatorische Maßnahmen sicherstellt, dass sein Wille in der laufenden Geschäftsführung der Organgesellschaft auch tatsächlich ausgeführt wird (Beherrschung; Abschn. 2.8 Abs. 7 UStAE). Die organisatorische Eingliederung soll stets gegeben sein, wenn die Organgesellschaft gem. §§ 319–327 AktG in den Organträger **eingegliedert** ist oder die Organgesellschaft sich durch einen **Beherrschungsvertrag** gem. § 291 Abs. 1 AktG der Leitung des Organträgers unterstellt hat (Abschn. 2.8 Abs. 10 Satz 4 UStAE). Eine organisatorische Eingliederung liegt daneben nach Abschn. 2.8 Abs. 8–10 UStAE dann vor, wenn 20.170

- die Geschäftsführungen von Organträger und Organgesellschaft vollständig personenidentisch sind (Personalunion) oder
- sämtliche Geschäftsführer der Organgesellschaft auch Geschäftsführer des Organträgers sind oder
- nur ein Teil der Geschäftsführer der Organgesellschaft auch Geschäftsführer des Organträgers ist, wenn durch die Ausgestaltung der Geschäftsführungsbefugnis sichergestellt ist, dass die Geschäftsführer des Organträgers ihren Willen in der Organgesellschaft durchsetzen können (vgl. im Einzelnen die im UStAE genannten Gestaltungen), oder

[154] BFH, Urt. v. 01.02.2022 – V R 23/21, DStR 2022, 1952.
[155] BFH, Urt. v. 11.05.2023 – V R 28/20, BStBl II, 992; BFH, Urt. v. 01.02.2022 – V R 23/21, BStBl II 2023, 148; BFH, Urt. v. 20.08.2009 – V R 30/06, BStBl II 2010, 863.

– zwar kein Geschäftsführer, aber ein Mitarbeiter des Organträgers in der Geschäftsführung der Organgesellschaft vertreten ist.

20.171 Auch ohne personelle Verflechtung der Leitungsorgane kann eine organisatorische Eingliederung vorliegen, wenn die institutionell abgesicherte unmittelbare Eingriffsmöglichkeit in den Kernbereich der laufenden Geschäftsführung der (potentiellen) Organgesellschaft in anderer Weise gewährleistet ist (Abschn. 2.8 Abs. 10 UStAE).[156] In Abschn. 2.8 Abs. 11 UStAE wird unter Bezugnahme auf die Rechtsprechung des BFH im Sinn einer negativen Abgrenzung klargestellt, welche Maßnahmen nicht ausreichen, um eine organisatorische Eingliederung zu begründen, so etwa:

– die Pflicht der (potentiellen) Organgesellschaft zur regelmäßigen Berichterstattung,

– Zustimmungsvorbehalte der Gesellschafterversammlung bei Entscheidungen der Geschäftsführer,

– Einflussmöglichkeiten über einen von dem (potentiellen) Organträger dominierten Beirat,

– Erledigung des Rechnungswesens durch gemeinsames Personal.

Nicht ausreichend sind auch Umstände, die im Sinne einer wirtschaftlichen Eingliederung lediglich eine faktische Einflussmöglichkeit des potentiellen Organträgers auf die laufende Geschäftsführung und das Geschäftsleitungsgremium der potentiellen Organgesellschaft gewähren.[157] Auch das bloße Recht zur Bestellung oder Abberufung von Geschäftsführern genügt nicht für eine organisatorische Eingliederung.[158]

Hinweis

20.172 Für Umsätze ab dem 01.01.2019 reicht es nicht (mehr) aus, dass eine vom Organträger abweichende Willensbildung in der Organgesellschaft ausgeschlossen ist, z.B. über ein Vetorecht (Abschn. 2.8 Abs. 7 Satz 2–3 UStAE).

20.173 Ist der Organträger nur mittelbar über eine Tochtergesellschaft an der Organgesellschaft (Enkelgesellschaft) beteiligt (Beteiligungskette), so reicht es für die organisatorische Eingliederung der Enkelgesellschaft in die Muttergesellschaft aus, dass die Enkelgesellschaft nach den o.g. Voraussetzungen in die Tochtergesell-

[156] Vgl. hierzu auch BFH, Urt. v. 10.05.2017 – V R 7/16, BStBl II, 1261.
[157] Vgl. FG Münster, Urt. v. 18.06.2019 – 15 K 3739/16, EFG 2019, 1481.
[158] FG Nürnberg, Urt. v. 23.02.2021 – 2 K 309/16, MwStR 2021, 817.

schaft und diese wiederum in die Muttergesellschaft organisatorisch eingegliedert ist (vgl. Abschn. 2.8 Abs. 10a UStAE mit Beispielen). Ein unmittelbarer Zugriff des Organträgers auf die Enkelgesellschaft ist nicht erforderlich.

20.4.4 Rechtsfolge

Rechtswirkung der umsatzsteuerlichen Organschaft ist, dass alle Umsätze, die die Organgesellschaft mit Dritten tätigt, dem **Organträger** zuzurechnen sind. Es findet bei der umsatzsteuerlichen Organschaft eine Zusammenfassung mehrerer unternehmerisch tätiger Gebilde zu einem einheitlichen Unternehmen statt. Der Organträger ist für den gesamten Organkreis, der sich aus dem Organträger und den Organgesellschaften zusammensetzt, der Unternehmer. Der Organträger ist verpflichtet, für den gesamten Organkreis Umsatzsteuer-Voranmeldungen und Jahresanmeldungen abzugeben. Soweit ordnungsgemäße Rechnungen vorliegen, ist ein Vorsteuerabzug aus sämtlichen Eingangsleistungen an den Organkreis möglich. Den Vorsteuerabzug nimmt der Organträger wahr, wobei als Rechnungsempfänger sowohl der Organträger als auch die Organgesellschaft bezeichnet werden kann. 20.174

Steuerschuldner für alle Lieferungen und sonstigen Leistungen sowie gleichgestellte Wertabgaben i.S.v. § 3 Abs. 1b und § 9a UStG ist gem. § 13a UStG der Organträger für alle vom Organkreis getätigten Umsätze. Die Organgesellschaft haftet aber für die vom Organträger geschuldete Umsatzsteuer nach § 73 AO, somit auch für Steuern, die durch den Organträger oder eine andere Organgesellschaft verursacht wurden.[159] Dabei kommt es nicht auf den Zeitpunkt der Entstehung der Steuer, sondern darauf an, dass der Rechtsgrund der Steuer während der Organschaft gelegt wurde.[160] Die Finanzverwaltung sieht es als ermessensgerecht an, den Haftungsbetrag anhand der Außenumsätze der Organgesellschaft abzüglich der bei ihr angefallenen Vorsteuern zu begrenzen (AEAO zu § 73 Nr. 3.1 und 3.1.2.). 20.175

Die **Organgesellschaft** ist umsatzsteuerrechtlich kein Unternehmer, sondern hat die Stellung eines unselbständigen Betriebs im herrschenden Unternehmen. Die Organgesellschaften bleiben weiterhin zivilrechtlich eigenständige Rechtssubjekte. Sie können daher vertragliche Verpflichtungen eingehen und Rechnungen unter eigenem Namen schreiben und auch empfangen. Der Vorsteuerabzug bzw. die Verpflichtung zur Anmeldung der Umsätze fällt jedoch dem Organträger zu. In den Ausgangsrechnungen der Organgesellschaft muss nach § 14 Abs. 4 Nr. 2 UStG die Steuernummer des Organträgers oder die Umsatzsteuer-Identifikationsnummer (USt-IdNr.) der Organgesellschaft oder des Organträgers angegeben wer- 20.176

[159] FG Düsseldorf, Urt. v. 22.02.2018 – 9 K 280/15, EFG 2018, 721.
[160] BFH, Urt. v. 05.04.2022 – VII R 18/21, BStBl II 2023, 3; vgl. auch AEAO zu § 73 Nr. 3.2 Satz 3.

den (Abschn. 14.5 Abs. 7 UStAE). Organgesellschaften bleiben verpflichtet, eine **zusammenfassende Meldung** abzugeben (§ 18a Abs. 5 Satz 4 UStG, Abschn. 18a.1 Abs. 2 UStAE).

20.177 Umsätze zwischen den Organteilen sind **nicht steuerbare Innenumsätze**. Werden Rechnungen mit Umsatzsteuerausweis erteilt, so handelt es sich um innerbetriebliche Vorgänge. Sie stellen keine Rechnung i.S.d. UStG dar, die Steuer wird nicht nach § 14c UStG geschuldet (Abschn. 14.1 Abs. 4 Satz 2 und 3, Abs. 14c.2 Abs. 2a UStAE). Die Wirkungen der Organschaft sind nach § 2 Abs. 2 Satz 1 Nr. 2 Satz 2 UStG auf Innenleistungen zwischen den im **Inland** gelegenen Unternehmensteilen beschränkt.

20.5 Grunderwerbsteuerliche Organschaft

20.178 Anders als bei der umsatzsteuerlichen, körperschaftsteuerlichen oder gewerbesteuerlichen Organschaft werden durch das Begründen einer grunderwerbsteuerlichen Organschaft **keine** Steuervorteile erzielt. Die grunderwerbsteuerliche Organschaft dient vielmehr der Missbrauchsvermeidung. Die Unternehmen eines Organkreises bleiben **grunderwerbsteuerrechtlich selbständige** Rechtsträger. Grundstücksübertragungen zwischen Unternehmen des Organkreises unterliegen daher uneingeschränkt der Grunderwerbsteuer.[161] Anteilsgeschäfte unter diesen Rechtsträgern unterliegen nach § 1 Abs. 2a, Abs. 2b, Abs. 3 bzw. Abs. 3a GrEStG der Grunderwerbsteuer, als gäbe es die Verbindung zu einem Organkreis nicht. § 1 Abs. 3 Nr. 1 zweite und dritte Variante i.V.m. Abs. 4 Nr. 2 GrEStG stellt eine sich stets zuungunsten der Steuerpflichtigen auswirkende Erweiterung dar. Nachfolgend werden nur die Grundsätze der grunderwerbsteuerlichen Organschaft dargestellt.

20.179 Die Voraussetzungen der grunderwerbsteuerrechtlichen Organschaft und einer Anteilsvereinigung im Organkreis sind in § 1 Abs. 3 Nr. 1 bzw. Nr. 2 und Abs. 4 GrEStG geregelt. Kennzeichnend für die Organschaft sind herrschende Unternehmen und abhängige Unternehmen oder abhängige Personen. Das GrEStG enthält keine Verweisung auf die Vorschriften über die umsatzsteuerrechtliche Organschaft. Allerdings soll für die Frage, ob eine finanzielle, wirtschaftliche oder organisatorische Eingliederung vorliegt, auf die zu § 2 Abs. 2 UStG entwickelten Rechtsprechungsgrundsätze zurückgegriffen werden.[162]

20.180 In derartigen Fällen werden das herrschende Unternehmen (Organträger) und das oder die abhängigen Unternehmen (Organgesellschaften), die einen Organkreis

---

[161] Gleichlautende Erlasse der obersten Finanzbehörden der Länder v. 05.03.2024 – S 4501, BStBl I, 393; zuvor v. 19.09.2018 – S 4501, BStBl I, 1056.

[162] Gleichlautende Erlasse der obersten Finanzbehörden der Länder v. 05.03.2024 – S 4501, BStBl I, 393, Rdnr. 3.

bilden, als „eine" Hand i.S.d. § 1 Abs. 3 GrEStG behandelt. Durch die Regelung der grunderwerbsteuerlichen Organschaft wird der Tatbestand der **Anteilsvereinigung** erweitert, da nicht nur eine natürliche oder juristische Person durch mittelbare oder unmittelbare Vereinigung von mindestens 90 % der Anteile an einem Grundbesitz haltenden Unternehmen, sondern auch ein Organkreis einen grunderwerbsteuerlichen Vorgang hervorrufen kann.[163] Ein grunderwerbsteuerpflichtiger Anteilserwerb liegt auch dann vor, wenn **mindestens 90 %** der Anteile an einer Grundbesitz haltenden Gesellschaft

- in der Hand von herrschenden **und** abhängigen Unternehmen/Personen oder
- nur in der Hand von abhängigen Unternehmen/Personen

vereinigt werden.

Hinweis

Durch das Gesetz zur Änderung des Grunderwerbsteuergesetzes[164] wird für alle ab dem 01.07.2021 gem. § 1 Abs. 3 GrEStG verwirklichten Erwerbsvorgänge eine Grunderwerbsteuerpflicht bereits dann ausgelöst, wenn unmittelbar oder mittelbar mindestens 90 % der Anteile einer Gesellschaft in einer Hand vereinigt (bzw. in der Hand von herrschenden und abhängigen Unternehmen oder abhängigen Personen oder in der Hand von abhängigen Unternehmen oder abhängigen Personen allein) oder auf einen anderen Rechtsträger übertragen werden bzw. übergehen.[165] Für Rechtsvorgänge, die vor dem 01.07.2021 verwirklicht wurden, gilt eine Beteiligungsgrenze von 95 %. 20.181

Herrschendes Unternehmen muss nach dem Wortlaut des § 1 Abs. 3 Nr. 1, Abs. 4 Nr. 1 GrEStG ein Unternehmen sein. Auch für den Begriff des Unternehmens stellt die Finanzverwaltung auf § 2 UStG ab.[166] Das herrschende Unternehmen kann sowohl eine natürliche Person, eine Personengesellschaft oder eine juristische Person sein. Sofern eine natürliche Person die Beteiligungen an den nachgeordneten Unternehmen in ihrem Privatvermögen hält, kommt eine Organschaft nicht in Betracht. 20.182

---

[163] Vgl. ausführlich gleichlautende Erlasse der obersten Finanzbehörden der Länder v. 05.03.2024 – S 4501, BStBl I, 393.

[164] Gesetz zur Änderung des Grunderwerbsteuergesetzes v. 12.05.2021, BGBl I, 986.

[165] Zu den Übergangsregelungen vgl. gleichlautende Erlasse der obersten Finanzbehörden der Länder v. 29.06.2021 – S 4430, BStBl I, 1006.

[166] Gleichlautende Erlasse der obersten Finanzbehörden der Länder v. 05.03.2024 – S 4501, BStBl I, 393, Rdnr. 5.

Hinweis

20.183 Für die Anwendung des § 6a Satz 3 GrEStG, der ebenfalls auf herrschende und abhängige Unternehmen abstellt, ohne auf § 2 UStG zu verweisen, hat der BFH[167] den Begriff des herrschenden Unternehmens weit gefasst; ob dieser weite Begriff auch für § 1 Abs. 3 GrEStG gilt, ist noch nicht entschieden.[168] Nach Auffassung der Finanzverwaltung[169] gilt § 6a GrEStG für alle Rechtsträger i.S.d. GrEStG, die wirtschaftlich tätig sind; nicht erforderlich ist, dass der an der Umwandlung als herrschendes Unternehmen beteiligte Rechtsträger ein Unternehmer i.S.d. § 2 UStG ist.

20.184 Als **abhängige Unternehmen** kommen juristische Personen des Zivil- und Handelsrechts in Betracht (§ 1 Abs. 4 Nr. 2 GrEStG). Eine juristische Person gilt dann als abhängiges Unternehmen, wenn sie nach dem Gesamtbild der tatsächlichen Verhältnisse finanziell, wirtschaftlich und organisatorisch in ein Unternehmen eingegliedert ist. Finanzielle Eingliederung bedeutet das Innehaben der nach Gesetz und Satzung notwendigen Mehrheit der Anteile zur Durchsetzung der bedeutenden Entscheidungen der Gesellschaft (Stimmenrechtsmehrheit). Die erforderliche wirtschaftliche Eingliederung ist in der Verflechtung der geschäftlichen Tätigkeiten des Organträgers und des Organs erkennbar. Die organisatorische Eingliederung liegt vor, wenn gewährleistet ist, dass der Organträger seinen Willen in der Organgesellschaft durchsetzen kann, z.B. über einen Beherrschungsvertrag. In der Praxis wird dieses Merkmal durch personelle Verflechtungen in den Entscheidungsträgern der Gesellschaften (z.B. Geschäftsführung, Aufsichtsrat) sichergestellt. Abhängiges Unternehmen kann auch eine Personengesellschaft sein, wenn deren Gesellschafter entweder das herrschende Unternehmen und abhängige juristische Personen oder nur abhängige juristische Personen sind.[170]

20.185 Soweit § 1 Abs. 4 Nr. 1 GrEStG eine „Abhängigkeit" natürlicher Personen definiert, läuft diese Vorschrift leer.[171] Die natürliche Person ist von Rechts wegen verpflichtet, ihren Anteil „auf Weisung" an den Unternehmer als ihren Auftraggeber herauszugeben (§§ 667, 675 BGB); dann wird der Anteil aber ohnehin dem Unternehmer zugerechnet. Ist diese Voraussetzung nicht erfüllt, dann versagt die Zurechnung, weil die in abhängiger Tätigkeit befindliche natürliche Person insoweit Weisungen des Unternehmers gerade nicht unterworfen ist.

---

167 BFH, Beschl. v. 30.05.2017 – II R 62/14, BStBl 2017, 916, Rdnr. 29.

168 MEẞBACHER-HÖNSCH, in: VISKORF (vormals BORUTTAU), GrEStG, 20. Aufl. 2022, § 1 Rdnr. 1115.

169 Gleichlautende Erlasse der obersten Finanzbehörden der Länder v. 22.09.2020 – 3 - S450.1/73, BStBl I, 960, Rdnr. 3.1.

170 BFH, Urt. v. 08.08.2001 – II R 66/98, BStBl II 2002, 156.

171 MEẞBACHER-HÖNSCH, in: VISKORF (vormals BORUTTAU), GrEStG, 20. Aufl. 2022, § 1 Rdnr. 1122.

Das grunderwerbsteuerliche Organschaftsverhältnis ist nicht auf das Inland beschränkt, sofern nur die Grundstücke, deren Erwerb bei den Rechtsvorgängen des § 1 Abs. 3 GrEStG fingiert wird, im Inland belegen sind. 20.186

Die bloße **Begründung** eines Organschaftsverhältnisses oder dessen **Änderung**, z.B. eine Erweiterung des Organkreises, löst **keinen** Rechtsträgerwechsel an Grundstücken und damit keine Steuerpflicht gem. § 1 Abs. 3 GrEStG aus, wenn nicht **zugleich** ein auf den Erwerb von Anteilen gerichtetes Rechtsgeschäft (z.B. Anteilsübertragung) oder der Übergang von Anteilen (z.B. Verschmelzung) damit verknüpft ist.[172] 20.187

Anteilsverschiebungen im Organkreis, die dazu führen, dass vorher wie nachher bei **verschiedenen** Gesellschaften des Organkreises zusammengerechnet mindestens 90 % der Anteile einer grundstücksbesitzenden Gesellschaft gehalten werden, sind grunderwerbsteuerlich **unbeachtlich**, da die Anteile weiterhin im Organkreis vereinigt bleiben.[173] 20.188

Werden durch Anteilsverschiebungen im Organkreis erstmals in der Hand **einer Gesellschaft** des Organkreises mindestens 90 % der Anteile an einer grundstücksbesitzenden Gesellschaft vereinigt, wird der Tatbestand des § 1 Abs. 3 GrEStG 20.189

erfüllt. Dies gilt auch, wenn die Anteile zuvor bereits zu mindestens 90 % im Organkreis vereinigt waren, da der Organkreis und seine Mitglieder nicht identisch sind.[174]

Beispiel

Eine AG ist zu jeweils 75 % an vier GmbHs beteiligt, mit denen zusammen sie eine Organschaft bildet. Jede GmbH ist ihrerseits zu 25 % an einer grundbesitzenden X-GmbH außerhalb des Organkreises beteiligt. Drei GmbHs übertragen ihre Beteiligungen an der X-GmbH auf die vierte GmbH, die damit 100 % der Anteile an der grundbesitzenden X-GmbH hält. 20.190

Lösung

Obwohl für den Organkreis selbst keine Veränderungen mit grunderwerbsteuerrechtlicher Auswirkung vorliegen, wird bei der vierten GmbH der Tatbestand der Anteilsvereinigung i.S.d. § 1 Abs. 3 Nr. 1 GrEStG verwirklicht.

[172] Gleichlautende Erlasse der obersten Finanzbehörden der Länder v. 05.03.2024 – S 4501, BStBl I, 393, Rdnr. 9.

[173] Gleichlautende Erlasse der obersten Finanzbehörden der Länder v. 05.03.2024 – S 4501, BStBl I, 393, Rdnr. 50.

[174] Gleichlautende Erlasse der obersten Finanzbehörden der Länder v. 05.03.2024 – S 4501, BStBl I, 393, Rdnr. 53.

20.191 Bei Vorliegen einer Organschaft, bei der die Anteile der Organgesellschaften mit Grundbesitz in der Hand des Organkreises vereinigt sind, löst auch eine nachfolgende Anteilsvereinigung oder die Übertragung von mindestens 90 % der Anteile an einer grundbesitzenden Gesellschaft von einer Organgesellschaft auf eine andere (z.B. Schwestergesellschaft) erneut Grunderwerbsteuer aus. Grundstücksübertragungen zwischen Unternehmen des Organkreises unterliegen uneingeschränkt der Grunderwerbsteuer. Die zu einem Organkreis gehörenden Gesellschaften sind nicht als grunderwerbsteuerrechtliche Einheit in dem Sinn zu verstehen, dass die Übertragung von mindestens 90 % der Anteile von einer Gesellschaft auf eine andere Gesellschaft des Organkreises nicht mehr der Grunderwerbsteuer unterliegen soll.[175] Grunderwerbsteuerrechtlich maßgebend ist die zivilrechtliche Selbständigkeit von Beteiligungsgesellschaften.[176] Eine wirtschaftliche Betrachtungsweise etwa dergestalt, dass die Umstrukturierung eines Konzerns eine Einheit bilde und daher unabhängig von der rechtlichen Gestaltung nur einmal Grunderwerbsteuer auslösen könne, ist mit dem Charakter der Grunderwerbsteuer als Rechtsverkehrsteuer nicht vereinbar, der zu einer gesonderten steuerrechtlichen Beurteilung eines jeden für sich genommen der Grunderwerbsteuer unterliegenden Vorgangs führt.[177]

20.192 Anteilsverschiebungen innerhalb des Organkreises, die dazu führen, dass die Anteile an einer grundstücksbesitzenden Gesellschaft **nicht mehr** durch **eine einzelne Gesellschaft** des Organkreises, sondern nunmehr von **mehreren** Gesellschaften dieses Organkreises gehalten werden, erfüllen den Tatbestand des § 1 Abs. 3 Nr. 1 bzw. Nr. 2 i.V.m. Abs. 4 GrEStG, wenn dadurch erstmals mindestens 90 % der Anteile im Organkreis vereinigt werden.[178]

[175] BFH, Urt. v. 30.03.1988 – II R 81/85, BStBl II, 682.

[176] BFH, Urt. v. 15.01.2003 – II R 50/00, BStBl II 2003, 320.

[177] BFH, Urt. v. 15.12.2010 – II R 45/08, BStBl II 2012, 292.

[178] Gleichlautende Erlasse der obersten Finanzbehörden der Länder v. 05.03.2024 – S 4501, BStBl I, 393, Rdnr. 56; Zahlreiche Beispiele sind in den gleichlautenden Erlassen der obersten Finanzbehörde der Länder v. 05.03.2024 – S 4501, BStBl I, 393, enthalten. Die in der Verwaltungsanweisung enthaltenen Schaubilder erleichtern die Übersicht über den jeweiligen Sachverhalt.

21. Grunderwerbsteuer – Wichtiger Beratungspunkt bei der Änderung von Gesellschaftsanteilen

21.1 Höhe der Grunderwerbsteuer

21.1 Der Kauf einer Immobilie für das Vermögen einer Kapitalgesellschaft ist keine größere steuerliche Herausforderung. Dem Käufer ist regelmäßig bewusst, dass er auf die Anschaffungskosten Grunderwerbsteuer entrichten muss. Die Höhe des Steuersatzes hängt vom Belegenheitsort der Immobilie ab. Die Erhebung der Grunderwerbsteuer ist Sache der Bundesländer und daher von Bundesland zu Bundesland unterschiedlich.

21.2 Derzeit (Stand 2024) gelten folgende Grunderwerbsteuersätze in den einzelnen Bundesländern:

Bundesländer	**Steuersatz**
Bayern, Sachsen	3,5 %
Baden-Württemberg, Bremen, Niedersachsen, Rheinland-Pfalz	5 %
Hamburg, Sachsen-Anhalt	5,5 %
Berlin, Hessen, Mecklenburg-Vorpommern	6 %
Brandenburg, Nordrhein-Westfalen, Saarland, Schleswig-Holstein, Thüringen	6,5 %

21.2 Anfall der Grunderwerbsteuer

Die Besonderheit bei der Grunderwerbsteuer ist, dass sie nicht nur anfällt, wenn eine Immobilie ihren Eigentümer wechselt, sondern auch bei einer Veränderung der Gesellschaftsanteile an der Kapitalgesellschaft. Gerade die Grunderwerbsteuer im Zusammenhang mit Kapitalgesellschaften sorgt in der Praxis häufig für Unverständnis. Denn vielen Unternehmern ist nicht klar, warum der Anteilskauf einer Kapitalgesellschaft die Grunderwerbsteuer auslöst, obwohl das Eigentum an dem Grundstück doch gar nicht wechselt. Zivilrechtlich liegt nämlich tatsächlich kein Rechtsträgerwechsel vor. Steuerrechtlich wird aber ein solcher Rechtsträgerübergang fingiert. 21.3

Die Reform des Grundsteuergesetzes[1] im Jahr 2021 sorgte dafür, dass heute mehr oder weniger alle Fälle der Übertragung von Anteilen einer grundbesitzenden Kapitalgesellschaft grunderwerbsteuerpflichtig sind. Vor der Reform kam es im Zusammenhang nur bei der Übertragung von Anteilen einer grundbesitzenden Kapitalgesellschaft zur Grunderwerbsteuer, wenn durch die Übertragung 90 % der Anteile (bis zur Reform 95 %) in einer Hand vereinigt wurden (§ 1 Abs. 3 und 3a GrEStG). Somit konnte man sich die Grunderwerbsteuer sparen, wenn man die Anteile so verteilte, dass nur maximal 94,9 % in einer Hand vereinigt wurden. Die restlichen 5,1 % hielt man entweder zurück oder übertrug sie an eine andere Person. 21.4

Diese Lücke wird durch den § 1 Abs. 2b GrEStG heute geschlossen. In Anlehnung an die bereits für Personengesellschaften gültige Regelung des § 1 Abs. 2a GrEStG fällt die Grunderwerbsteuer auch dann an, wenn der Bestand der Anteilseigner an einer grundbesitzenden Kapitalgesellschaft innerhalb von zehn Jahren i.H.v. 90 % wechselt.[2] 21.5

Beispiel

Der Alleingesellschafter A der grundbesitzhaltenden A-GmbH überträgt im Jahr 2023 89,9 % seiner Anteile auf B und 10,1 % auf C. 21.6

[1] Gesetz zur Änderung des Grunderwerbsteuergesetzes v. 12.05.2021, BGBl I, 986.

[2] Gleichlautende Erlasse der obersten Finanzbehörden der Länder v. 10.05.2022 – FM3 - S 4430 - 1/30 (Anwendung des § 1 Abs. 2b GrEStG ab dem 01.07.2021), BStBl I, 821.

Lösung bis zum 30.06.2021

Bis zum 30.06.2021 wäre keine Grunderwerbsteuer entstanden. Nach § 1 Abs. 3 und 3a GrEStG hätten 90 % der Anteile in einer Hand vereinigt werden müssen. Weder B noch C haben mindestens 90 % in ihrer Hand vereinigt.

Lösung nach dem 30.06.2021

Seit dem 01.07.2021 ist der Vorgang jetzt durch den § 1 Abs. 2b GrEStG grunderwerbsteuerpflichtig. Der Alleingesellschafter überträgt innerhalb der Zehnjahresfrist mehr als 90 % der Anteile auf neue Gesellschafter. B erhält 89,9 % und C 10,1 %.

21.7 Neben dem § 1 Abs. 2b GrEStG ist mit dem § 1 Abs. 2c GrEStG eine sogenannte Börsenklausel eingeführt worden. Die Börsenklausel ermöglicht Kapitalgesellschaften, die unter diese Regelung fallen, dass sie nicht von § 1 Abs. 2b GrEStG erfasst werden. Diese Kapitalgesellschaften haben weiterhin die Möglichkeit des sogenannten Co-Erwerbs und somit zur steuerfreien Übertragung von Anteilen.[3]

21.3 Besonderheiten beim Share Deal

21.8 Für die Übertragungen von Anteilen an Kapitalgesellschaften (Share Deals) sind die folgenden Regelungen des GrEStG von Bedeutung.

[3] Gleichlautende Erlasse der obersten Finanzbehörden der Länder v. 04.10.2022 – FM3 – S 4501 - 1/4 (Anwendung des § 1 Abs. 2c GrEStG), BStBl I, 1451.

Schnellübersicht: Besteuerung von Anteilsübertragungen von Anteilen an einer Kapitalgesellschaft (Share Deals)

§ 1 Abs. 2b GrEStG	§ 1 Abs. 3, 3a GrEStG
Voraussetzungen	**Voraussetzungen**
Übergang von mindestens 90 % der Anteile auf neue Gesellschafter Innerhalb von zehn Jahren	Vereinigung von mindestens 90 % der Anteile in einer Hand (§ 1 Abs. 3 Nr. 1 und 2 GrEStG), oder Übertragung von mindestens 90 % der Anteile (§ 1 Abs. 3 Nr. 3 und 4 GrEStG)
Ziel	**Ziel**
Übertragung des Grundstücks auf eine fingierte neue Kapitalgesellschaft durch die alte Kapitalgesellschaft	Übertragung des Grundstücks auf den erwerbenden Gesellschafter der Gesellschaft (§ 1 Abs. 3 Nr. 1 und 2 GrEStG) von dem veräußernden Gesellschafter (§ 1 Abs. 3 Nr. 3 und 4 GrEStG)

Nach der Neuregelung des **§ 1 Abs. 2b GrEStG** sind auch die Anteilsübertragungen grunderwerbsteuerpflichtig, bei denen nicht 90 % der Anteile an der Gesellschaft in nur einer Hand eines Gesellschafters vereinigt werden. Hier reicht es aus, dass mindestens 90 % der Anteile auf neue Gesellschafter übergehen. 21.9

Beispiel

A ist Alleingesellschafter der grundbesitzenden A-GmbH. Im Jahr 01 überträgt er 45 % der Anteile auf B und 55 % der Anteile auf C. 21.10

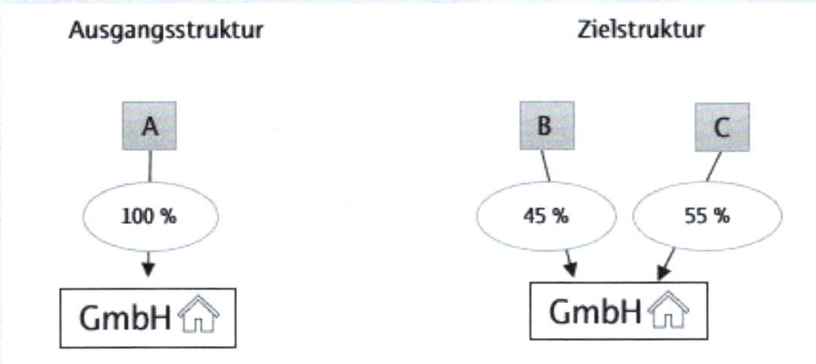

Lösung

Es liegt ein Vorgang des § 1 Abs. 2b GrEStG vor, da mindestens 90 % der Anteile an der A-GmbH auf die neuen Gesellschafter A und B übertragen werden.

21.11 Zusätzlich enthält § 1 Abs. 2b GrEStG noch eine zeitliche Grenze. So werden alle Übertragungen der Anteile betrachtet, die innerhalb eines Zeitraums von zehn Jahren vorgenommen werden. Durch die Zehnjahresfrist müssen nicht alle Anteile an der Kapitalgesellschaft in einem Zug übertragen werden. Zugunsten der Besteuerung können die Übertragungen sukzessiv erfolgen. Auch müssen die neuen Gesellschafter keine Mindestquote erfüllen.

21.12 Die Gesetzesformulierung, dass die Anteile auf neue Gesellschafter übergehen müssen, stellt klar, dass Verschiebungen von Anteilen zwischen Altgesellschaftern von § 1 Abs. 2b GrEStG nicht erfasst werden. Aber Achtung: Hier greift § 1 Abs. 3 GrEStG ein.

21.13 **§ 1 Abs. 3 GrEStG** ist sowohl auf Kapitalgesellschaften als auch auf Personengesellschaften anzuwenden. Das Finanzamt bezeichnet diesen Paragraphen auch als „**Schleppnetz**", weil er alle grunderwerbsteuerlichen Sachverhalte auffängt, die in § 1 GrEStG zuvor nicht berücksichtigt werden konnten. In der Prüfungsreihenfolge der Steuerbarkeit einer Übertragung ist § 1 Abs. 3 GrEStG gegenüber dem § 1 Abs. 2b GrEStG nachrangig.

21.14 **§ 1 Abs. 3 Nr. 1 und 2 GrEStG** erfasst alle Anteilsübertragungen von grundbesitzenden Kapitalgesellschaften, bei denen die Anteile an dem Gesellschafter zu mindestens 90 % in der Hand eines Gesellschafters vereinigt werden. Die Grunderwerbsteuer wird durch die Vereinigung ausgelöst, bei der die 90-%-Grenze erreicht wird.

Beispiel

21.15 A ist zu 40 % an einer grundbesitzenden GmbH beteiligt. Im Jahr 01 überträgt er 35 % der Anteile entgeltlich auf den Gesellschafter B, der bereits 60 % der Gesellschaftsanteile auf sich vereinigt.

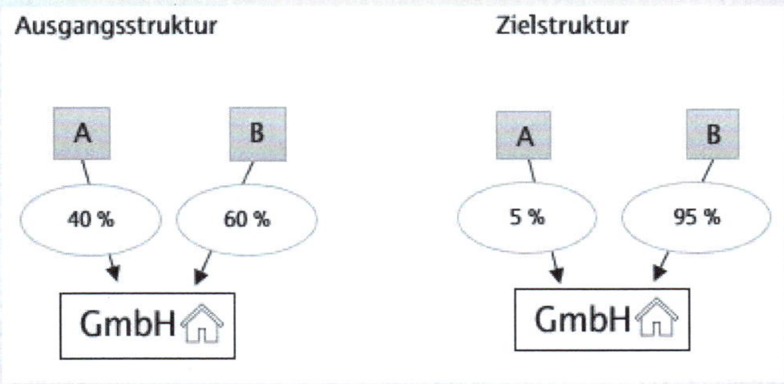

Lösung

§ 1 Abs. 2b GrEStG kommt hier nicht zur Anwendung, da Gesellschafter B kein neuer Gesellschafter ist. Die Versteuerung der Anteilsübertragung erfolgt daher nach § 1 Abs. 3 Nr. 1 und 2 GrEStG, da der Altgesellschafter B nach der Übertragung mindestens 90 % der Anteile an der grundbesitzenden GmbH in seiner Hand vereinigt.

§ 1 Abs. 3 Nr. 3 und 4 GrEStG erfasst alle Fälle, bei denen die Anteile sich bereits vor der Übertragung zu mindestens 90 % in der Hand eines Altgesellschafters vereinigen und diese dann auf einen anderen Gesellschafter übertragen werden. Der begünstigte Gesellschafter kann dabei auch ein Altgesellschafter sein. 21.16

Beispiel

Gesellschafter A besitzt 92 % der Anteile an einer grundbesitzenden GmbH. Diese Anteile überträgt er entgeltlich auf den Gesellschafter B, der bisher 8 % der Anteile an der GmbH innehat. 21.17

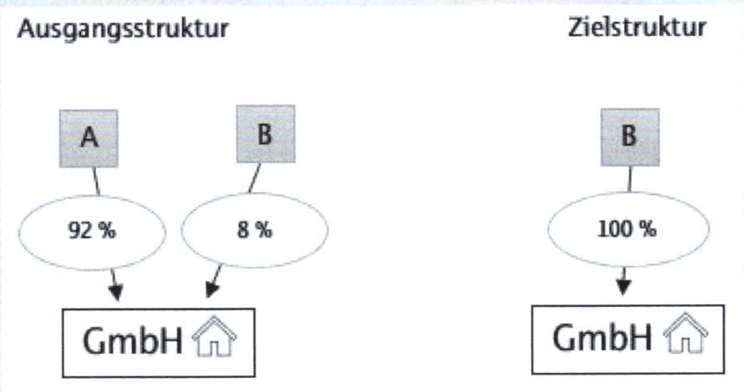

Lösung

§ 1 Abs. 2b GrEStG kommt hier nicht zur Anwendung, da Gesellschafter B kein neuer Gesellschafter ist. Die Versteuerung der Anteilsübertragung erfolgt daher nach § 1 Abs. 3 Nr. 3 und 4 GrEStG, da der Altgesellschafter A bereits vor der Übertragung der Anteile auf den Altgesellschafter B mindestens 90 % der Anteile in seiner Hand vereinigt hat. Nach der Übertragung hält nun der Altgesellschafter B mindestens 90 % der Anteile an der grundbesitzenden GmbH in seiner Hand vereinigt.

21.18 Neben diesen Übertragungen werden auch mittelbare Anteilsübertragungen berücksichtigt. Sind Personen- oder Kapitalgesellschaften zwischengeschaltet, ist das sogenannte **Stufenmodell** anzuwenden. Dabei gelten die Anteile der zwischengeschalteten Personen- oder Kapitalgesellschaften an der grundbesitzenden Kapitalgesellschaft als im vollen Umfang übertragen, wenn mindestens 90 % der Anteile auf neue Gesellschafter übergehen.

21.19 Kommt es aufgrund der Anwendung des zuvor genannten Stufenmodells nicht zu einer Grunderwerbsbesteuerung, weil an der zwischengeschalteten Gesellschaft weniger als 90 % der Anteile übertragen werden oder sich einer Hand vereinigen, gilt nach **§ 1 Abs. 3a GrEStG** der § 1 Abs. 3 GrEStG dennoch als erfüllt, wenn es bei der Durchrechnung der mittelbaren Beteiligungen zur Vereinigung von mindestens 90 % in der Hand eines Gesellschafters kommt.

21.4 Vorrang von Erbschaft- und Schenkungsteuer

21.20 Werden Anteile unentgeltlich übertragen, erfolgt die Versteuerung des Übertragungsvorgangs gem. § 3 Nr. 2 GrEStG nach dem ErbStG. Somit wird vermieden, dass es zu einer Doppelbesteuerung solcher Anteilsübertragungen kommt. In § 1 Abs. 2b Satz 6 GrEStG ist bereits geregelt, dass bei der Ermittlung des Prozentsatzes der Erwerb von Anteilen von Todes wegen außer Ansatz bleibt. Dies gilt auch für § 1 Abs. 3 GrEStG.[4] Seit dem 01.07.2021 sind auch Schenkungsvorgänge unter Lebenden nach § 3 Nr. 2 GewStG von der Grunderwerbsteuer befreit, soweit sich die Schenkung auf die Übertragung bezieht.

21.21 Das eigentliche Problem ergibt sich bei den Schenkungen von Anteilen an der grundbesitzenden Kapitalgesellschaft. Denn hier wird nicht ein Grundstück verschenkt, sondern ein Anteil an einer Kapitalgesellschaft. Der Wortlaut des § 3 Nr. 2 GrEStG befreit aber nur die Schenkung eines Grundstücks. Die Finanzver-

[4] Gleichlautende Erlasse v. 10.05.2022, BStBl I, 821, Rdnr. 8.

waltung nimmt aber auch bei der Schenkung von Anteilen an einer grundbesitzenden Kapitalgesellschaft eine Steuerbefreiung nach § 3 Nr. 2 GrEStG an.[5]

Beispiel

A und B sind beide Gesellschafter der grundbesitzenden AB-GmbH. A hält 5 % der Anteile, B 95 %. Da B sich zur Ruhe setzen möchte, überträgt er unentgeltlich 90 % seiner Anteile auf seinen Sohn C. 21.22

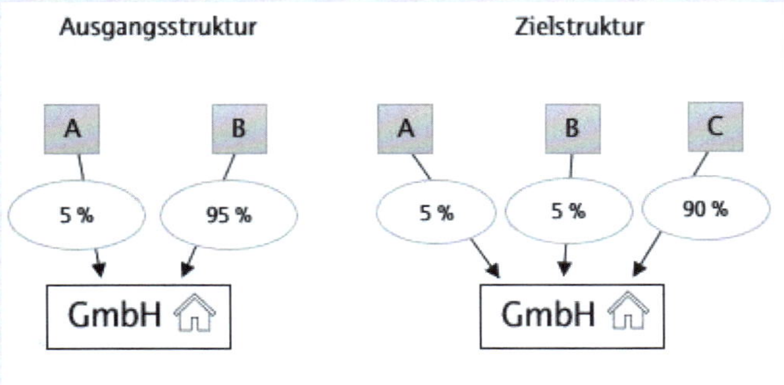

Lösung

Es liegt eine Übertragung von Anteilen an einer grundbesitzenden GmbH nach § 1 Abs. 2b GrEStG vor. C ist ein neuer Gesellschafter, der mindestens 90 % der Anteile an der AB-GmbH in seiner Hand vereinigt. Da die Übertragung unentgeltlich erfolgt, ist analog die Steuerbefreiung nach § 3 Nr. 2 GrEStG anzuwenden. Somit sind 90 % des Grundstückswerts von der Grunderwerbsteuer befreit. Die verbleibenden 10 % sind zu versteuern. Die 5-%-Regelung des § 6 Abs. 3 GrEStG für die 5 % der Anteile des A und B findet bei Übertragungen von Anteilen einer Kapitalgesellschaft keine Anwendung, da hier kein Gesamthandsvermögen vorliegt.

Sind die Besteuerungsvoraussetzungen nach § 1 Abs. 2b GrEStG nicht erfüllt, kann 21.23
die Steuerbefreiung nach § 3 Nr. 2 GrEStG auch angewandt werden, wenn die Übertragung der Anteile die Besteuerungsvoraussetzungen des § 1 Abs. 3 GrEStG erfüllt. Der BFH[6] hat hierzu entschieden, dass die Befreiung nach § 3 Nr. 2 GrEStG auch für folgende unentgeltliche Übertragungen von Anteilen anzuwenden ist:

- Anteilsvereinigung i.S.d. § 1 Abs. 1 Nr. 1 und 2 GrEStG,
- Übertragung vereinigter Anteile i.S.d. § 1 Abs. 3 Nr. 3 und 4 GrEStG.

---
[5] Gleichlautende Erlasse v. 10.05.2022, BStBl I, 821, Rdnr. 9.
[6] BFH, Urt. v. 23.05.2012 – II R 21/10, BStBl II, 793.

21.24 Handelt es sich um eine Anteilsvereinigung, so ist für die Ermittlung des Umfangs der Steuerbefreiung nicht nur die auslösende Anteilsübertragung zu berücksichtigen, die zum Erreichen des Schwellenwerts von 90 % geführt hat, sondern die Übertragung aller Anteile, die dem Begünstigten unentgeltlich zugewandt werden.[7]

Beispiel

21.25 A und sein Sohn B sind jeweils zu 50 % an einer grundbesitzenden GmbH beteiligt. Im Jahr 01 schenkt A seinem Sohn B 25 % seiner Anteile, im Jahr 02 nochmals 20 %.

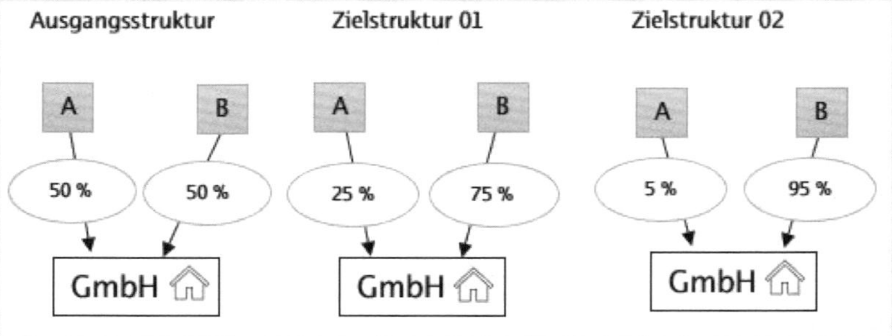

Lösung

Da nur 40 % der Anteile übertragen werden und B auch kein neuer Gesellschafter ist, kann § 1 Abs. 2b GrEStG hier nicht zu einer Besteuerung führen. Allerdings sind die Voraussetzungen nach § 1 Abs. 3 Nr. 1 und 2 GrEStG im Jahr 02 erfüllt, da B hier mehr als 90 % der Anteile an der grundbesitzenden GmbH in seiner Hand vereinigt. Bei der Bestimmung des steuerfreien Anteils nach § 3 Nr. 2 GrEStG sind die vorherigen Schenkungen zu berücksichtigen, in diesem Fall die Schenkung aus dem Jahr 01. Insgesamt ist demnach der Grundstückswert i.H.v. 45 % von der Grunderwerbsteuer nach § 3 Nr. 2 GrEStG befreit.

21.26 Sollen vorangegangene Schenkungen bei der Schenkung der Anteile an einer Kapitalgesellschaft berücksichtigt werden, setzt dies voraus, dass das Grundstück bereits bei der damaligen Schenkung der Kapitalgesellschaft zuzurechnen war.[8]

[7] Gleichlautende Erlasse der obersten Finanzbehörden der Länder v. 19.09.2018 – 3 - S 4501/31 (Anwendung der §§ 3 und 6 GrEStG in den Fällen des § 1 Abs. 3 GrEStG), BStBl I, 1069, Rdnr. 1 und 2.

[8] Gleichlautende Erlasse v. 10.05.2022, BStBl I, 821, Rdnr. 9.

Beispiel

Vater und Tochter sind Gesellschafter der V+T GmbH (kein Grundbesitz). Im Jahr 01 hält der Vater 80 % der Anteile an der GmbH, die Tochter 20 %. Im Jahr 02 überträgt der Vater der Tochter unentgeltlich 30 % seiner Anteile an der V+T GmbH. Im darauffolgenden Jahr 03 erwirbt die GmbH ein Betriebsgrundstück. Im Jahr 05 überträgt der Vater seiner Tochter nochmals 40 % seiner Anteile. 21.27

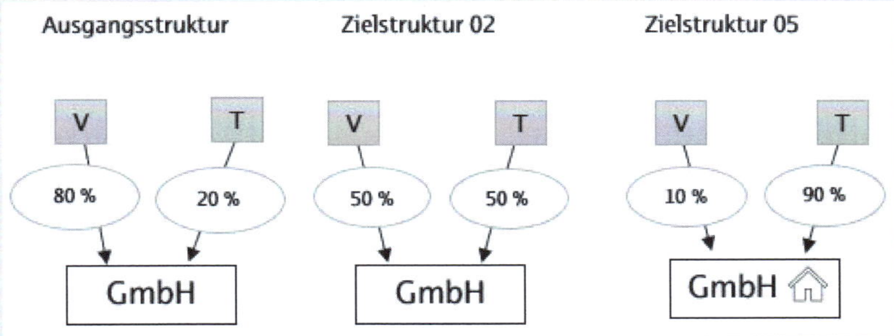

Lösung

Durch die Anteilsübertragung im Jahr 05 vereinigt die Tochter 90 % der Anteile an der V+T GmbH. Da die V+T GmbH aber zwischenzeitlich Grundbesitz erworben hat, ist eine Besteuerung nach § 1 Abs. 3 Nr. 1 und 2 GrEStG sowie die Steuerbefreiung nach § 3 Abs. 2 GrEStG zu prüfen. Obwohl die Tochter seit dem Jahr 01 insgesamt 90 % der Anteile unentgeltlich übertragen bekommen hat, beträgt die Steuerbefreiung nach § 3 Nr. 2 GrEStG nur 40 %, da im Jahr 01 und 02 der Grundbesitz noch nicht vorhanden war.

21.5 Anwendung der wesentlichen Inhalte des § 1 Abs. 2b GrEStG

Der neue § 1 Abs. 2b GrEStG für die Besteuerung von Übertragungen von Anteilen an grundbesitzenden Kapitalgesellschaften entspricht vom Grundsatz her § 1 Abs. 2a GrEStG für die Besteuerung des Wechsels des Gesellschafterbestands bei Personengesellschaften. § 1 Abs. 2b GrEStG entfaltet seine Wirkung, wenn die folgenden Voraussetzungen vorliegen: 21.28

- Es muss sich um eine Kapitalgesellschaft handeln (Rdnr. 21.29).
- Die Kapitalgesellschaft muss über Grundvermögen i.S.d. GrEStG verfügen (Rdnr. 21.30 ff.).
- 90 % der Anteile müssen auf Neugesellschafter übergehen (Rdnr. 21.33 ff.).
- Es muss sich um neue Gesellschafter handeln (Rdnr. 21.35 ff.).
- Innerhalb von zehn Jahren muss sich der Gesellschafterbestand unmittelbar oder mittelbar ändern (Rdnr. 21.65 ff.).

21.5.1 Kapitalgesellschaften i.S.d. § 1 Abs. 2b GrEStG

21.29 Als Kapitalgesellschaften i.S.d. § 1 Abs. 2b GrEStG gelten insbesondere folgende Rechtsformen:

- Gesellschaften mit beschränkter Haftung (GmbH),
- Unternehmergesellschaften (UG),
- Aktiengesellschaften (AG),
- Kommanditgesellschaften auf Aktien (KgAa),
- Europäische Gesellschaften (SE),
- ausländische Gesellschaften, die nach ihrer Rechtsform und Struktur einer inländischen Kapitalgesellschaft entsprechen.

21.5.2 Grundbesitz i.S.d. GrEStG

21.30 Steuergegenstand des § 1 Abs. 2b GrEStG ist das Grundstück i.S.d. § 2 GrEStG. Im Zusammenhang mit der Anteilsübertragung einer grundbesitzenden Kapitalgesellschaft werden die Grundstücke bei der Besteuerung berücksichtigt, die sich während des Wechsels des Gesellschafterbestands im Betriebsvermögen der Kapitalgesellschaft befinden. Entscheidend ist hier die grunderwerbsteuerliche Zurechnung des Grundstücks. Ein Grundstück gehört nicht mehr zum Vermögen der Kapitalgesellschaft, wenn es bereits vor der Anteilsübertragung veräußert wurde, aber aufgrund der Kürze der Zeit noch im Eigentum der Kapitalgesellschaft steht oder der Kapitalgesellschaft bewertungsrechtlich noch zuzurechnen ist.[9]

Beispiel

21.31 A ist zu 100 % an der A-GmbH beteiligt. Im Jahr 01 plant A seinen Ruhestand. Die A-GmbH ist Eigentümerin von zwei Betriebsgebäuden. Im Juni 01 wird eines der Betriebsgebäude mit notariellem Vertrag an B veräußert. Kurz darauf veräußert A seine Gesellschaftsanteile an den C, der nunmehr 100 % der Anteile in seiner Hand vereinigt. Die Eigentumsübertragung des Grundstückskaufs des B in Grundbuch ist im Zeitpunkt der Übertragung der Anteile noch nicht erfolgt.

Lösung

Durch den Erwerb der 100%igen Anteile an der A-GmbH durch den C erfolgt die Besteuerung des Grundstücks nach § 1 Abs. 2b GrEStG. C ist neuer Gesellschafter und vereinigt durch den Kauf der Anteile mindestens 90 % der Anteile. Die Besteuerung

---

9 BFH, Urt. v. 11.12.2014 – II R 26/12, BStBl II 2015, 402.

des Grundvermögens erfolgt aber nur auf das noch verbliebene Betriebsgrundstück. Das an B verkaufte Betriebsgrundstück ist nicht mehr zu berücksichtigen, weil es bereits zuvor Gegenstand eines Veräußerungsgeschäfts ist.

Hat ein anderer die Verwertungsbefugnis für ein Grundstück inne, das im Eigentum der Kapitalgesellschaft steht, wird dieses weiterhin dem Vermögen der Kapitalgesellschaft zugerechnet (§ 1 Abs. 2 GrEStG). 21.32

21.5.3 90 % der Anteile an der Kapitalgesellschaft

§ 1 Abs. 2b GrEStG setzt voraus, dass 90 % der Anteile an einer grundbesitzenden Kapitalgesellschaft auf neue Gesellschafter übergehen müssen, damit es nach dieser Vorschrift zu einer Grunderwerbsbesteuerung kommen kann. Maßgeblich für die Berechnung der Anteile der einzelnen Gesellschafter ist das Gesellschaftskapital. Bei einer GmbH bestimmt sich dieses nach den §§ 5 und 14 ff. GmbHG, bei einer Aktiengesellschaft nach §§ 8 ff. AktG. 21.33

Bei einer GmbH entspricht die Höhe des Anteils dem prozentualen Anteil am Stammkapital. Das Finanzamt orientiert sich hier regelmäßig am Gesellschaftsvertrag. Handelt es sich um eine AG, entspricht die Höhe des Anteils regelmäßig dem prozentualen Anteil am Grundkapital. Die Ermittlung der Anteilshöhe ist entsprechend auf ausländische Kapitalgesellschaften anzuwenden.[10] 21.34

21.5.4 Neue Gesellschafter i.S.d. § 1 Abs. 2b GrEStG

Die Formulierung „neue" Gesellschafter drückt aus, dass § 1 Abs. 2b GrEStG für die Übertragungen von Anteilen an einer grundbesitzenden Kapitalgesellschaft anzuwenden ist, bei denen der aufnehmende Gesellschafter bisher nicht an der Kapitalgesellschaft beteiligt war. Dabei können neue Gesellschafter unmittelbar oder mittelbar beteiligt werden. 21.35

21.5.4.1 Gesellschafterwechsel

Wenig Probleme bereitet der **unmittelbare** Gesellschafterwechsel. Hier erwirbt ein neuer Gesellschafter über einen zivilrechtlichen Vertrag die Anteile an einer grundbesitzenden Kapitalgesellschaft. 21.36

[10] Gleichlautende Erlasse v. 10.05.2022, BStBl I, 821, Rdnr. 4.

Beispiel

A ist Alleingesellschafter einer grundbesitzenden Kapitalgesellschaft. Im Jahr 01 veräußert er seine gesamten Anteile an B.

Lösung

Durch den unmittelbaren Verkauf der Gesellschaftsanteile an den B wird dieser nun Alleingesellschafter der grundbesitzenden Kapitalgesellschaft.

21.37 Mehr Probleme als der unmittelbare Gesellschafterwechsel machen die Fälle des **mittelbaren Gesellschafterwechsels.** Diese bleiben häufig von der Beraterschaft ungewürdigt und fallen oftmals erst im Rahmen von Betriebsprüfungen auf. Dies gilt im Besonderen dann, wenn ein Gesellschafter seinen Sitz im Ausland hat.

Beispiel

21.38 Im Zivilrecht ist keine mittelbare Änderung eines Gesellschafterbestands geregelt. Aus diesem Grund ergeben sich hier also keine Anknüpfungspunkte für den mittelbaren Gesellschafterwechsel. Im GrEStG ist dies anders. Hiernach ist es maßgeblich, wer hinter der grundbesitzenden Kapitalgesellschaft steht.

21.39 Nach § 1 Abs. 2b GrEStG liegt eine mittelbare Änderung des Gesellschafterbestands an einer grundbesitzenden Kapitalgesellschaft in folgenden vier Fällen vor:

21.40 **Fall 1:**

Die Mitunternehmerschaft an einer Personengesellschaft, die unmittelbar oder mittelbar allein oder über mehrere Personengesellschaften an der grundbesitzenden Kapitalgesellschaft beteiligt ist, geht auf einen anderen oder neuen Mitunternehmer über.

Beispiel

Die Mitunternehmer A und B sind an der AB-OHG zu jeweils 50 % beteiligt. Die AB-OHG wiederum ist zu 100 % an der grundbesitzenden AB-GmbH beteiligt. Im Jahr 01 veräußern A und B ihre Anteile an C und D. C und D sind nunmehr mit jeweils 50 % an der AB-OHG beteiligt. Die AB-OHG besitzt selbst kein Grundvermögen.

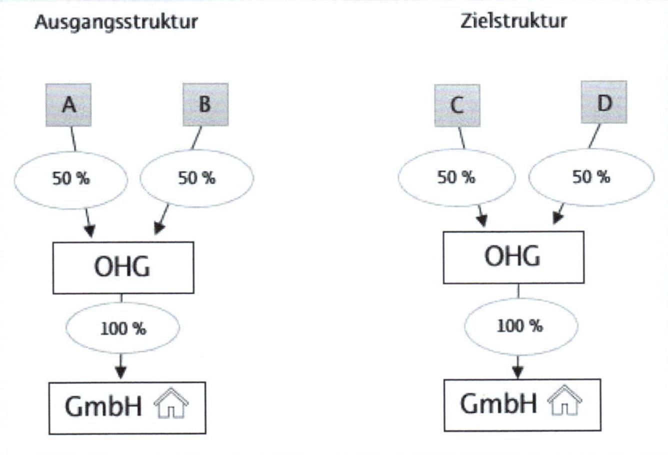

Lösung

Durch den Verkauf der Mitunternehmeranteile an der AB-OHG gehen mindestens 90 % der Anteile auf neue Mitunternehmer – hier C und D – über. Die Voraussetzungen des § 1 Abs. 2b Satz 2 GrEStG sind erfüllt.

Fall 2: 21.41

Eine unmittelbar an der grundbesitzenden Kapitalgesellschaft beteiligte Kapitalgesellschaft wird nach § 1 Abs. 2b Satz 3–5 GrEStG fiktive neue Gesellschafterin der grundbesitzenden Kapitalgesellschaft.

Beispiel

A ist Alleingesellschafter der grundbesitzenden A-GmbH. Die A-GmbH wiederum ist Alleingesellschafterin der grundbesitzenden B-GmbH. Im Jahr 01 veräußert A seine Gesellschaftsanteile an der A-GmbH. B wird nach der Übertragung Alleingesellschafter der A-GmbH.

Lösung

In diesem Fall liegt eine unmittelbare und mittelbare Übertragung von Grundstücken vor. Da B neuer Gesellschafter der grundbesitzenden A-GmbH wird, erfolgt eine unmittelbare Übertragung des Grundstücks der A-GmbH i.S.d. § 1 Abs. 2b Satz 1 GrEStG. Da die A-GmbH aber auch Alleingesellschafterin der grundbesitzenden B-GmbH ist, werden auch die Anteile mittelbar auf den Neugesellschafter B übertragen. Die Besteuerung des Grundstücks der B-GmbH erfolgt nach § 1 Abs. 2b Satz 5 GrEStG.

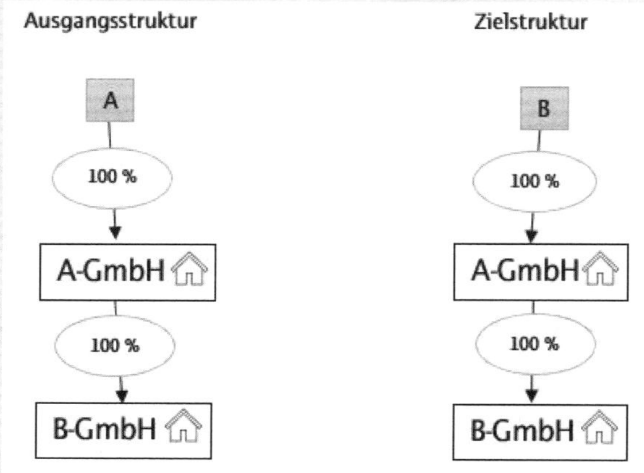

21.42 **Fall 3:**
Eine mittelbar über eine oder mehrere Personengesellschaften an der grundbesitzenden Kapitalgesellschaft beteiligte Kapitalgesellschaft wird nach § 1 Abs. 2b Satz 3–5 GrEStG fiktive neue Gesellschafterin der grundbesitzenden Kapitalgesellschaft.

Beispiel

A ist Alleingesellschafter der A-GmbH. Diese ist wiederum Kommanditistin der KG. Die KG ist Alleingesellschafterin der grundbesitzenden B-GmbH. Im Jahr 01 verkauft A seine Anteile an der A-GmbH vollumfänglich an den B.

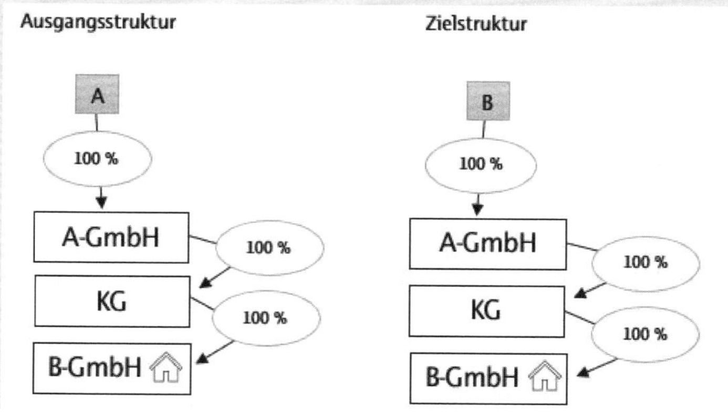

Lösung

B wird unmittelbar durch den Kauf der Gesellschaftsanteile an der A-GmbH Alleingesellschafter. Durch den Kauf werden mindestens 90 % der Anteil an der A-GmbH auf ihn übertragen. Da A-GmbH im Zeitpunkt der Übertragung der Anteile an der A-GmbH auch 100 % der Anteile an der KG und diese 100 % der Anteile an der grundbesitzenden B-GmbH innehat, fällt Grunderwerbsteuer nach § 1 Abs. 2b Satz 2–4 GrEStG an.

Fall 4: 21.43

Liegen lediglich schuldrechtliche Bedingungen vor (z.B. Kaufoption, Vereinbarungstreuhand), gilt:

Für die Betrachtung, ob ein grunderwerbsteuerlicher Vorgang vorliegt, kann auf die Grundsätze des § 39 Abs. 2 Nr. 1 AO zurückgegriffen werden.[11] Dieser Rückgriff erlaubt dem Finanzamt nämlich die entsprechende Anwendung des § 1 Abs. 2 GrEStG, wenn es um die Zurechnung von Anteilen an einer grundbesitzenden Kapitalgesellschaft geht. Demnach ist es von Bedeutung, dass über eine **schuldrechtliche Vereinbarung einem Dritten**, also einem anderen als dem an der grundbesitzenden Kapitalgesellschaft unmittelbar beteiligten Gesellschafter, eine Wertteilhabe an dem Grundstück der Kapitalgesellschaft vermittelt wird. Hierzu müssen die folgenden Kriterien erfüllt sein:

- Der mittelbar Beteiligte hat aufgrund eines Rechtsgeschäfts bereits eine rechtlich geschützte, auf den Erwerb des Rechts gerichtete Position erworben, die ihm gegen seinen Willen nicht mehr entzogen werden kann (z.B. Herausgabeanspruch aufgrund einer Kaufoption oder eines Treuhandverhältnisses).

- Die mit dem Anteil verbundenen wesentlichen Rechte (z.B. Innehaben des Gewinnstammrechts, Befugnis zur Ausübung der Stimmrechte, Widerspruchs- und Kontrollrechte) sind auf den mittelbar Beteiligten übergegangen oder i.S.d. mittelbar Beteiligten auszuüben.

- Das Risiko einer Wertminderung und die Chance einer Wertsteigerung (z.B. Beteiligung am Gesellschaftsvermögen, an einem etwaigen Auseinandersetzungsguthaben sowie dem Liquidationserlös) sind auf den mittelbar Beteiligten übergegangen.

[11] BFH, Urt. v. 09.07.2014 – II R 49/12, BStBl II 2016, 57; BFH, Urt. v. 25.11.2015 – II R 18/14, BStBl II 2018, 783.

Hinweis

21.44 Entscheidend ist immer das Gesamtbild der Verhältnisse bezogen auf den jeweiligen Einzelfall. Es kann hier durchaus zu Abweichungen zum Zivilrecht kommen, wenn die aufgeführten Kriterien unterschiedlich stark ausgeprägt sind.

21.45 Nicht ausreichend für die Annahme einer mittelbaren Änderung des Gesellschafterbestands sind[12]

- eine bloße Einräumung einer Vollmacht zur Ausübung der Rechte aus einem Gesellschaftsanteil oder
- die Veräußerung oder Abtretung des Gesellschaftsanteils (auch bei unwiderruflicher Erteilung).

21.5.4.2 Unterschied zwischen Alt- und Neugesellschafter

21.46 § 1 Abs. 2b GrEStG macht einen Unterschied zwischen einem Alt- und Neugesellschafter. Denn nur bei Eintritt von Neugesellschaftern kommt es zur Besteuerung nach § 1 Abs. 2b GrEStG. Zudem ist die Unterscheidung wichtig, da für die Ermittlung der 90-%-Grenze der Anteilsbestand der Altgesellschafter richtig ermittelt werden muss. Eine fehlerhafte Zuordnung könnte die Grunderwerbsteuer auslösen, obwohl tatsächlich der Schwellenwert nicht überschritten wurde.

21.47 Als **Altgesellschafter** i.S.d. § 1 Abs. 2b GrEStG gilt, wer:

- mit Ablauf des 30.06.2021 beteiligt war oder
- Gründungsgesellschafter ist (bei **unmittelbar beteiligten Gesellschaftern**)/im Zeitpunkt der Gründung der grundbesitzenden Kapitalgesellschaft beteiligt war (bei **mittelbar über eine Personengesellschaft beteiligten Gesellschaftern**) oder
- vor Beginn des Zehnjahreszeitraums des § 1 Abs. 2b Satz 1 GrEStG beteiligt war oder
- im Zeitpunkt des Erwerbs des jeweiligen Grundstücks beteiligt war oder
- bei einer früheren Verwirklichung des Tatbestands nach § 1 Abs. 2b GrEStG beteiligt war.

[12] BFH, Urt. v. 30.08.2017 – II R 39/15, BStBl II 2018, 786.

Scheidet der unmittelbare oder mittelbare Altgesellschafter aus, verliert er seine Eigenschaft als Altgesellschafter. Tritt er danach wieder in die Gesellschaft ein, ist er als Neugesellschafter i.S.d. § 1 Abs. 2b Satz 1 GrEStG zu behandeln.[13]

Als **Neugesellschafter** i.S.d. § 1 Abs. 2b GrEStG gilt, wer 21.48

- Anteile an einer grundbesitzenden Kapitalgesellschaft erwirbt (**unmittelbar beteiligte Gesellschafter**);
- einer Personengesellschaft, die unmittelbar oder mittelbar über eine oder mehrere Personengesellschaften am Gesellschaftskapital der grundbesitzenden Kapitalgesellschaft beteiligt ist (**mittelbar beteiligte Gesellschafter**), beitritt
- durch Eintritt oder
- Abtretung eines Mitgliedschaftsrechts oder
- einen Vorgang nach dem UmwG.

21.5.4.3 Besonderheiten bei beteiligten Kapitalgesellschaften

Bei der Anwendung des § 1 Abs. 2b GrEStG sind einige Besonderheiten in Bezug auf die Kapitalgesellschaften zu beachten:[14] 21.49

- **Besonderheit 1** 21.50
  Ist eine Kapitalgesellschaft unmittelbar oder mittelbar an einer grundbesitzenden Kapitalgesellschaft beteiligt, kann nur die beteiligte Kapitalgesellschaft unmittelbare oder mittelbare Alt- oder Neugesellschafterin sein. Die Gesellschafter der unmittelbar oder mittelbar grundbesitzenden Kapitalgesellschaft gelten nicht als Alt- oder Neugesellschafter.

- **Besonderheit 2** 21.51
  Eine Kapitalgesellschaft als Altgesellschafterin, die mittelbar oder unmittelbar an einer grundbesitzenden Kapitalgesellschaft beteiligt ist, wird in vollem Umfang Neugesellschafterin, wenn sich die Beteiligungsverhältnisse an ihr unmittelbar, mittelbar, teils unmittelbar oder teils mittelbar zu mindestens 90 % ändern (§ 1 Abs. 2b Satz 3–5 GrEStG). Dies gilt unabhängig davon, ob die Änderung der Beteiligungsverhältnisse bei der Kapitalgesellschaft den Tatbestand des § 1 Abs. 3 GrEStG erfüllen würde.

---

13 BFH, Urt. v. 16.05.2013 – II R 3/11, BStBl II, 963.

14 Gleichlautende Erlasse v. 10.05.2022, BStBl I, 821, Rdnr. 5.2.3

21.52 – **Besonderheit 3**

Liegt eine mehrstufige Beteiligung vor, ist es erforderlich, das Erreichen der 90-%-Grenze für die jeweilige Beteiligungsebene einzeln zu prüfen. Ist die 90-%-Grenze erreicht, so ist die mittelbare Beteiligung in voller Höhe zu berücksichtigen.

Beispiel

An der grundbesitzenden A-GmbH sind A zu 85 %, B zu 10 % und die C-GmbH zu 5 % beteiligt. Gesellschafter der C-GmbH sind D zu 85 %, E zu 10 % und F zu 5 %. Im Jahr 01 überträgt A seine Beteiligung an der A-GmbH auf X. Weiterhin übertragen im Jahr 01 D und F ihre Anteile an der C-GmbH auf Y und Z.

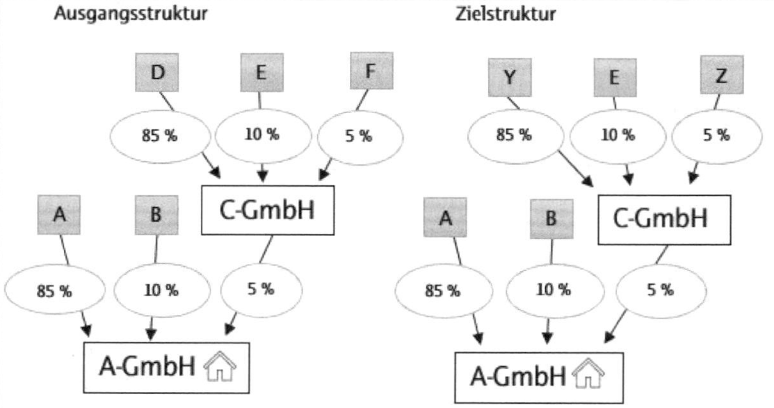

Lösung

Durch die Übertragung der Anteile des A and der grundbesitzenden A-GmbH auf den X liegt ein unmittelbarer Gesellschafterwechsel i.H.v. 85 % der Anteile vor. Aufgrund der Übertragung der Anteile des D auf Y und F auf Z wird die C-GmbH fiktive Neugesellschafterin der A-GmbH (§ 1 Abs. 2b Satz 4 GrEStG). Es gehen nämlich mindestens 90 % der Anteile an der C-GmbH (85 % des D + 5 % des F) auf neue Gesellschafter über. Die mittelbare Anteilsänderung ist nicht anteilig (90 % von 5 %), sondern voll mit 5 % zu berücksichtigen. Die Besteuerung nach § 1 Abs. 2b GewStG kann somit erfolgen.

21.53 Die Abwandlung vom Beispiel zuvor zeigt zum besseren Verständnis, wann es nicht zu einer Besteuerung nach § 1 Abs. 2b GrEStG in diesem Zusammenhang kommt.

Abwandlung
Neben dem A überträgt nur D seine Anteile an der C-GmbH auf Y.

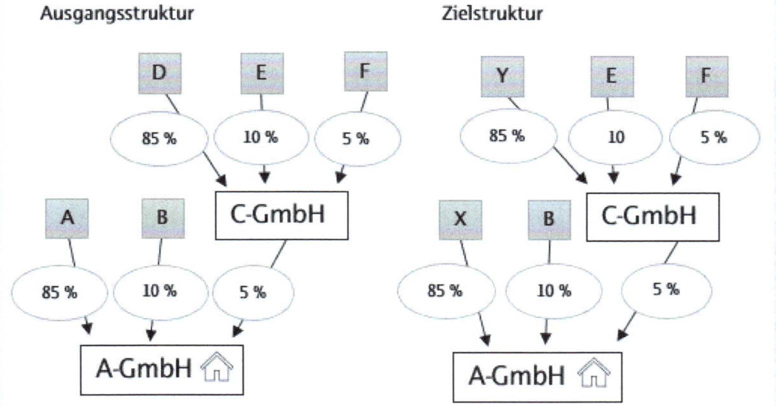

Durch die Übertragung der Anteile des A and der grundbesitzenden A-GmbH auf den X liegt ein unmittelbarer Gesellschafterwechsel i.H.v. 85 % der Anteile vor. Entgegen dem Beispiel zuvor wird die C-GmbH nicht fiktive Neugesellschafterin der grundbesitzenden A-GmbH. Da D nur 85 % der Anteile auf Y überträgt, werden nicht mindestens 90 % der Anteile an der C-GmbH auf neue Gesellschafter übertragen (§ 1 Abs. 2b Satz 4 GrEStG). Die C-GmbH bleibt in diesem Fall weiterhin Altgesellschafterin der grundbesitzenden A-GmbH. Eine Besteuerung nach § 1 Abs. 2b GrEStG erfolgt nicht.

– **Besonderheit 4** 21.54
Verkürzt sich lediglich die Beteiligungskette der unmittelbar oder mittelbar beteiligten Kapitalgesellschaften, bleiben die verbleibenden Gesellschaften im Status Altgesellschafter, wenn sie in jeder Stufe der Beteiligungskette mit einer Beteiligung von mindestens 90 % verbunden sind. Dies gilt auch, wenn sich in der Beteiligungskette sowohl Kapital- als auch Personengesellschaften befinden. Bei Personengesellschaften ist zudem noch zu beachten, dass die 90%ige Beteiligung auf jeder Stufe der Durchrechnung vorhanden sein muss. Verkürzt sich lediglich die Beteiligungskette der unmittelbar oder mittelbar beteiligten Kapitalgesellschaften, bleiben die verbleibenden Gesellschaften im Status Altgesellschafter, wenn sie in jeder Stufe der Beteiligungskette mit einer Beteiligung von mindestens 90 % verbunden sind. Dies gilt auch, wenn sich in der Beteiligungskette sowohl Kapital- als auch Personengesellschaften befinden. Bei Personengesellschaften ist zudem noch zu beachten, dass die 90%ige Beteiligung auf jeder Stufe der Durchrechnung vorhanden sein muss.

Hinweis

Bei der Verkürzung der Beteiligungskette muss die der grundbesitzenden Kapitalgesellschaft am nächsten stehende Kapitalgesellschaft erhalten bleiben.

Beispiel

Die C-GmbH ist Alleingesellschafterin der grundbesitzenden D-GmbH. An der C-GmbH ist die B-GmbH zu 100 % beteiligt. An der B-GmbH ist A-GmbH mit 60 % beteiligt. Im Jahr 01 überträgt die B-GmbH ihre Anteile an der C-GmbH auf die A-GmbH.

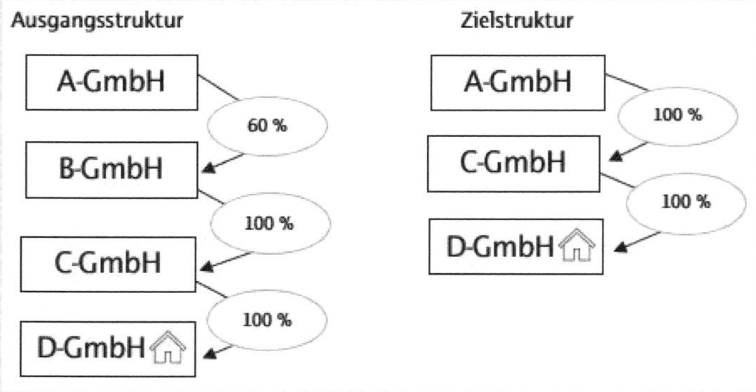

Durch den Verkauf der 100%igen Anteile an der C-GmbH von der B-GmbH an die A-GmbH wird die C-GmbH Neugesellschafterin der D-GmbH, obwohl die C-GmbH bereits zu 100 % an der grundbesitzenden D-GmbH beteiligt ist. Maßgeblich für die Besteuerung ist, dass die A-GmbH nur zu 60 % an der B-GmbH beteiligt war und durch den Verkauf der Anteile den Schwellenwert von 90 % erstmalig überschreitet (§ 1 Abs. 2b Satz 4 GrEStG). Zu einer Besteuerung nach § 1 Abs. 2b GrEStG wäre es nicht gekommen, wenn die A-GmbH mindestens mit 90 % an der B-GmbH beteiligt gewesen wäre.

21.5.4.4 Kapitalerhöhungen im Zuge einer Anteilsübertragung

21.55 Auch der Fall der Kapitalerhöhung im Zuge eine Anteilsübertragung ist in § 1 Abs. 2b GrEStG berücksichtigt. Kommt es im Zusammenhang mit dem Beitritt eines neuen Gesellschafters auch zu einer Kapitalerhöhung, kann dadurch die 90-%-Grenze des § 1 Abs. 2b GrEStG überschritten werden.

Beispiel

A ist zu 100 % an der grundbesitzenden A-GmbH beteiligt. Das Stammkapital der A-GmbH beträgt 25.000 €. Aufgrund von Zahlungsschwierigkeiten verkauft A im Jahr 01 60 % seiner Anteile an der A-GmbH an den Neugesellschafter B. Da im Jahr 02 noch keine Besserung eingetreten ist, nehmen A und B den C in die A-GmbH auf. C leistet eine Einlage ins Stammkapital von 75.000 €, so dass dieses auf 100.000 € erhöht wird. 21.56

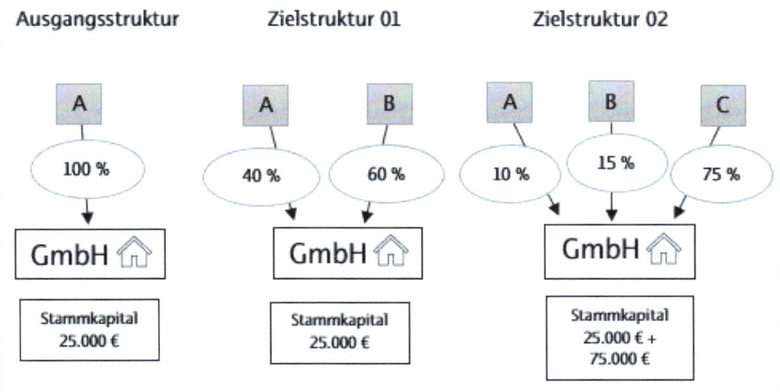

Lösung

Im Jahr 01 tritt B zwar als Neugesellschafter in die grundbesitzende A-GmbH ein, da aber nur 60 % der Anteile auf ihn übertragen werden, ist die Übertragung nicht grunderwerbsteuerpflichtig.

Im Jahr 02, innerhalb der Zehnjahresfrist, tritt der Neugesellschafter C in die A-GmbH ein. Durch die vorgenommene Kapitalerhöhung gehen auf den C 75 % der Anteile als Neugesellschafter über. Da innerhalb der Zehnjahresfrist auch B als Neugesellschafter in die A-GmbH eingetreten ist, muss sein erworbener Anteil bei der Prüfung der 90-%-Grenze berücksichtigt werden. Allerdings berechnet sich die Höhe des erworbenen Anteils nunmehr nach dem erhöhten Stammkapital. Dies entspricht 15 % (15.000 € von 100.000 €).

Aufgrund der Veräußerung im Jahr 01 (15 %) und der Veräußerung im Jahr 02 (75 %) wird im Jahr 02 der Schwellenwert von 90 % erreicht. Der Vorgang ist nach § 1 Abs. 2b GrEStG grunderwerbsteuerpflichtig.

21.5.4.5 Formwechsel im Verhältnis zum § 1 Abs. 2b GrEStG

Nicht immer muss ein Verkauf von Anteilen an einer grundbesitzenden Kapitalgesellschaft der Auslöser der Grunderwerbsteuer sein. In der Praxis kommen auch sehr häufig Formwechsel vor. Entweder wird eine Kapitalgesellschaft in eine Personengesellschaft oder eine Personengesellschaft in eine Kapitalgesellschaft umge- 21.57

wandelt. Die Frage ist nun, ob es bei diesen Umwandlungen zu Neugesellschaftern i.S.d. § 1 Abs. 2b GrEStG kommt und ob diese Neugesellschafter die Grunderwerbsteuer auslösen.

21.58 Zu einer Grunderwerbsbesteuerung kommt es nicht, wenn bei einer Umwandlung die Identität der Gesellschaft erhalten bleibt. Man spricht hier auch von einer **identitätswahrenden Umwandlung.** Dies gilt für die Umwandlung der grundbesitzhaltenden Kapitalgesellschaft sowie für eine Umwandlung, bei der eine Personen- oder Kapitalgesellschaft unmittelbar oder mittelbar an der grundbesitzenden Kapitalgesellschaft beteiligt ist.[15]

Formwechsel bei der grundbesitzenden Kapitalgesellschaft

21.59 Bei einem Formwechsel der grundbesitzenden Kapitalgesellschaft in eine andere Kapitalgesellschaft ändert sich bezüglich des Status der Gesellschafter nichts. Die bisherige Eigenschaft der Gesellschafter als Alt- oder Neugesellschafter wird fortgeführt. Dies gilt auch, wenn eine grundbesitzende Personengesellschaft in eine Kapitalgesellschaft umgewandelt wird.

Hinweis

21.60 Zu beachten ist, dass frühere Gesellschafterwechsel bei der grundbesitzenden Personengesellschaft auch bei der Kapitalgesellschaft als Gesellschafterwechsel zu erfassen sind, sofern diese Gesellschafterwechsel nach dem 30.06.2021 erfolgt sind. Ist der Gesellschafterwechsel vor dem 01.07.2021 erfolgt, ist dieser nicht zu berücksichtigen (§ 23 Abs. 23 GrEStG).

Beispiel

21.61 A ist im Jahr 01 an der von ihm gegründeten grundbesitzenden A-KG zu 100 % beteiligt. Im Jahr 02 veräußert er 50 % dieser Anteile an B, der dadurch Mitunternehmer an der A-KG wird. Im Jahr 03 wandeln die beiden Mitunternehmer die A-KG in die AB-GmbH um. Im Jahr 04 verkauft A 40 % seiner Anteile an der grundbesitzenden AB-GmbH an den C.

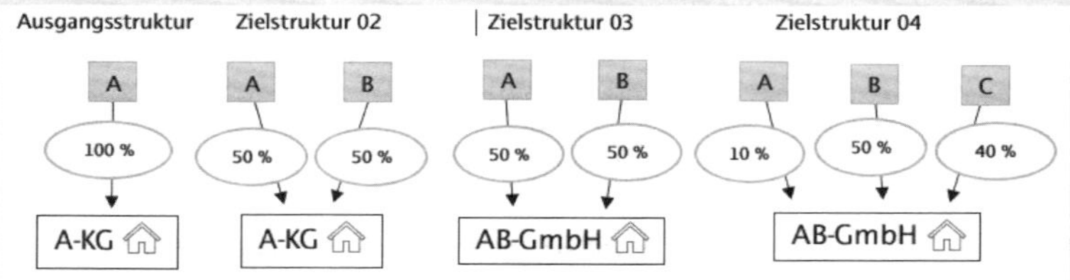

[15] Gleichlautende Erlasse v. 10.05.2022, BStBl I, 821, Rdnr. 5.2.5.

Lösung

A gilt beim Formwechsel auf die AB-GmbH als Altgesellschafter, da er als Gründungsgesellschafter der KG anzusehen ist. Dies gilt sowohl für die Sicht nach § 1 Abs. 2a GrEStG als auch nach § 1 Abs. 2b GrEStG.

B, der im Jahr 02 die Anteile an der KG erworben hat, gilt als Neugesellschafter, weil er Anteile an der Personengesellschaft erworben hat, ohne zuvor ihr Gesellschafter gewesen zu sein. Diesen Status als Neugesellschafter behält B auch nach der Umwandlung auf die Kapitalgesellschaft.

Im **Jahr 02** überträgt A an B 50 % seiner Mitunternehmeranteile an der A-KG. Zu einer Besteuerung nach § 1 Abs. 2a GrEStG kommt es nicht, da nicht mindestens 90 % der Mitunternehmeranteile auf neue Gesellschafter übergehen.

Im **Jahr 03** erfolgt der Formwechsel auf die Kapitalgesellschaft. A bleibt weiterhin Altgesellschafter, B bleibt Neugesellschafter.

Im **Jahr 04** tritt C als Neugesellschafter in die grundbesitzende AB-GmbH ein. Bei der Ermittlung des 90-%-Schwellenwerts des § 1 Abs. 2b GrEStG sind alle Neugesellschafter zu berücksichtigen, d.h. zum einen die erworbenen 50-%-Anteile aus dem Kauf der A-KG sowie die 40 % der Anteile, die C an der AB-GmbH erworben hat. Innerhalb des Zehnjahreszeitraums des § 1 Abs. 2b GrEStG sind somit mindestens 90 % der Anteile an der AB-GmbH auf Neugesellschafter übergegangen. Der Vorgang ist grunderwerbsteuerpflichtig.

Formwechsel bei der unmittelbar oder mittelbar beteiligten Gesellschaft

Wie bei einem Formwechsel bei der grundbesitzenden Kapitalgesellschaft (siehe Rdnr. 21.57) ist auch der Schwellenwert zu berechnen, wenn die unmittelbar oder mittelbar beteiligte Personen- oder Kapitalgesellschaft in eine neue Gesellschaftsform umgewandelt wird. Auch hier ändert sich bezüglich des Status der Gesellschafter nichts. Gründungsgesellschafter bzw. Gesellschafter, die vor dem 01.07.2021 in die unmittelbar oder mittelbar beteiligte Personen- oder Kapitalgesellschaft per Anteilserwerb eingetreten sind, gelten als Altgesellschafter. Alle nach dem Stichtag eingetretenen Gesellschafter gelten als Neugesellschafter. Auf diese Neugesellschafter ist die Zehnjahresfrist anzuwenden. 21.62

Beispiel

An der grundbesitzenden A-GmbH sind der Gesellschafter A mit 85 % und die B-GmbH mit 15 % beteiligt. An der B-GmbH sind die Gesellschafter B und C mit jeweils 50 % beteiligt. Im Jahr 01 wird die B-GmbH in die B-OHG umgewandelt. Im Folgejahr 02 erwirbt B vom A 84,9 % und C vom A 0,1 % der Anteile an der A-GmbH. Im Jahr 03 erwirbt der D von der B-OHG 5 % der Anteile an der A-GmbH. 21.63

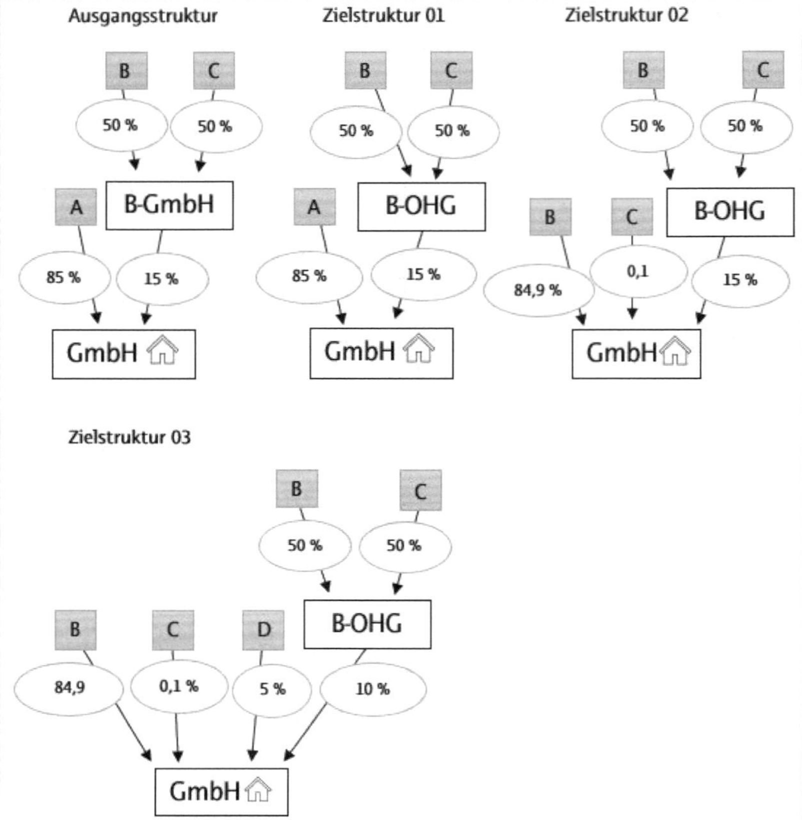

Lösung

Jahr 01: Der Formwechsel von der B-GmbH zur B-OHG löst keine Grunderwerbsteuer aus. Die Beteiligungsverhältnisse ändern sich nicht. So wird die B-OHG Altgesellschafterin im Verhältnis zur A-GmbH.

Jahr 02: Durch die Übertragung der Anteile des A an der A-GmbH auf die Gesellschafter B und C werden 85 % der Anteile auf Neugesellschafter übertragen, da B und C bisher nicht Gesellschafter der A-GmbH waren. Die Grunderwerbsteuer nach § 1 Abs. 2b GrEStG fällt nicht an. Allerdings erfolgt eine Grunderwerbsbesteuerung nach § 1 Abs. 3a GrEStG. Durch die Übertragung der Anteile auf den B verwirklicht dieser in der Beteiligungskette erstmals eine wirtschaftliche Beteiligung i.H.v. 92,4 %.

Diese Beteiligungshöhe ergibt sich aus den Anteilen an der A-GmbH mit 84,9 % und an der mittelbaren Beteiligung von 15 % an der A-GmbH über die B-OHG, an der er zu 50 % beteiligt ist = 7,5 % (15 % von 50 %).

Jahr 03: Da D 5 % der Anteile des A an der A-GmbH erworben hat, ist der Tatbestand des § 1 Abs. 2b GrEStG erfüllt. Denn mit dieser Übertragung sind innerhalb von zehn Jahren mindestens 90 % der Anteile der A-GmbH auf Neugesellschafter übertragen worden (im Jahr 02 = 85 % und im Jahr 03 = 5 %).

21.5.4.6 Treuhandverhältnisse

Auch bei sogenannten Treuhandverhältnissen kann es zu einem Neugesellschafter i.S.d. § 1 Abs. 2b GrEStG kommen. Hier sind folgende Gestaltungen unbedingt zu beachten:[16] 21.64

Sachverhalt	erfüllt	nicht erfüllt
Neugesellschafter ist derjenige, der aufgrund einer Vereinbarungstreuhand mit einem Gesellschafter der grundbesitzenden Kapitalgesellschaft nach deren Gründung bzw. nach einem Grundstückserwerb durch diese oder nach einer früheren Verwirklichung des Tatbestands des § 1 Abs. 2b GrEStG dessen Treugeber wird.	..	..
Aufgrund eines Treugeberwechsels wird eine neue Person Treugeber eines Gesellschafters.	..	..
Der Treuhändergesellschafter wechselt, und es kommt ein neuer Treuhänder hinzu.	..	..
Neugesellschafter ist der Treugeber, auf den die treuhänderisch gehaltenen Anteile vom Treuhänder übertragen oder rückübertragen werden (zur anteiligen Steuerbefreiung in Höhe der rückübertragenen Anteile auf den Treugeber vgl. § 3 Nr. 8 GrEStG analog).	..	..

[16] Gleichlautende Erlasse v. 10.05.2022, BStBl I, 821, Rdnr. 5.2.4.

21.5.5 Der Zehnjahreszeitraum des § 1 Abs. 2b GrEStG

21.65 Der Zehnjahreszeitraum ist für jedes Grundstück der Kapitalgesellschaft einzeln zu betrachten. Der Lauf des Zehnjahreszeitraums beginnt mit der ersten Übertragung auf einen Neugesellschafter. Allerdings ist es kein fester Zeitraum, sondern ein sogenannter rollender Zeitraum. Mit jeder Anteilsübertragung auf einen Neugesellschafter beginnt ein neuer Zeitraum. Es ist also zu prüfen, ob innerhalb des Laufs einer der Zehnjahreszeiträume der Schwellenwert von 90 % erreicht wird.

Hinweis

21.66 Mehrmalige Übertragungen derselben Gesellschaftsanteile werden nur einmal erfasst.[17]

Beispiel

Die grundbesitzende A-GmbH hat drei Gesellschafter mit folgenden Anteilsverhältnissen: A = 25 %, B = 25 %, C = 25 % und D = 25 %. Im Jahr 01 erwirbt die A-GmbH das Betriebsgrundstück I.

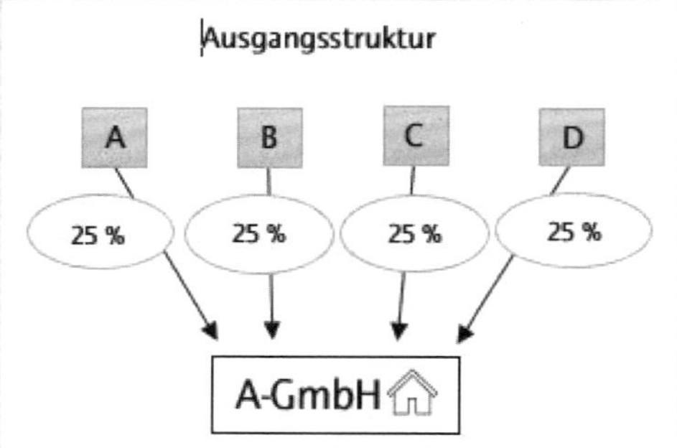

Im Jahr 01 überträgt der A seine Anteile an den Neugesellschafter W.

[17] Gleichlautende Erlasse der obersten Finanzbehörden der Länder v. 12.11.2018 – 3 - S 450.1/55 (Anwendung des § 1 Abs. 2a GrEStG), BStBl I, 1314, Rdnr. 6.3.

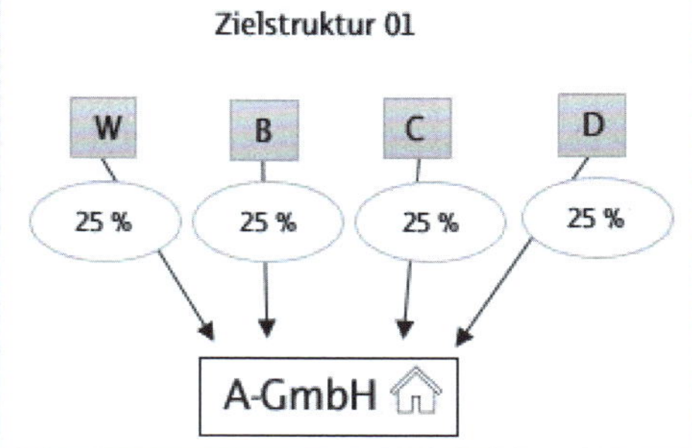

Zwischenlösung Jahr 01:

W wird durch den Ankauf der Anteile Neugesellschafter der grundbesitzenden A-GmbH. Zu einer Grunderwerbsbesteuerung nach § 1 Abs. 2b GrEStG kommt es nicht, da nur 25 % der Anteile übertragen werden und somit der Schwellenwert von 90 % nicht erreicht wird.

Fortsetzung: Im Jahr 03 kauft die A-GmbH ein zweites Betriebsgrundstück hinzu. Im Folgejahr 04 veräußern B und C ihre Anteile an den Neugesellschafter X.

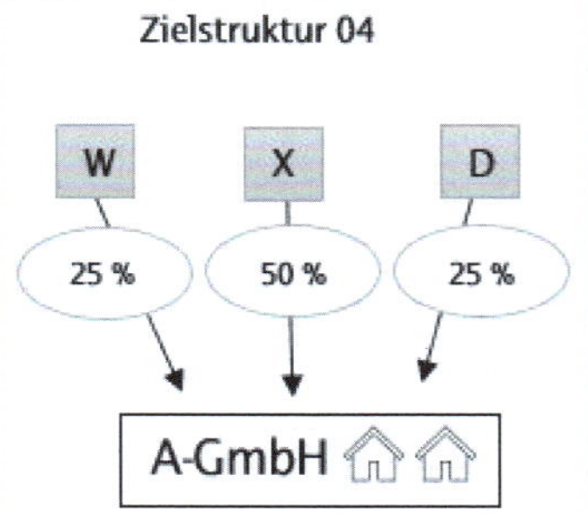

Zwischenlösung Jahr 04:

Durch den Kauf der Anteile von B und C durch den X wird dieser Neugesellschafter der A-GmbH, die zwischenzeitlich zwei Betriebsgrundstücke besitzt. Da für jedes Grundstück ein eigener Zehnjahreszeitraum zu berechnen ist, kommt es auch zu zwei Berechnungen hinsichtlich des Schwellenwerts von 90 %.

Grundstück 1 (aus 01): Die A-GmbH besitzt dieses Grundstück bereits vor der Anteilsübertragung auf den W im Jahr 01. Mit dieser Übertragung beginnt der Lauf der Zehnjahresfrist. Da im Jahr 04, also innerhalb dieser Frist, weitere 50 % der Anteile auf einen Neugesellschafter übertragen werden, sind die übertragenden Anteile aus dem Jahr 01 und 04 zu addieren. Dies ergibt eine maßgebliche Anteilsübertragung von 75 %. Es fällt im Jahr 04 keine Grunderwerbsteuer nach § 1 Abs. 2b GrEStG an.

Grundstück 2 (aus 03): Da dieses Grundstück erst nach dem Erwerb der Anteile durch den W von der A-GmbH angeschafft wurde, wird dieser Anteilserwerb bei der Ermittlung der Zehnjahresfrist nicht berücksichtigt. Der Lauf der Zehnjahresfrist für dieses Grundstück beginnt mit der Veräußerung der Anteile an den X im Jahr 04. Da hier nur 50 % der Anteile übertragen werden, kommt es auch für das Grundstück 2 nicht zu einer Grunderwerbsbesteuerung nach § 1 Abs. 2b GrEStG.

Fortsetzung: Im Jahr 06 verkauft der D seine 25%igen Anteile an den Neugesellschafter Y.

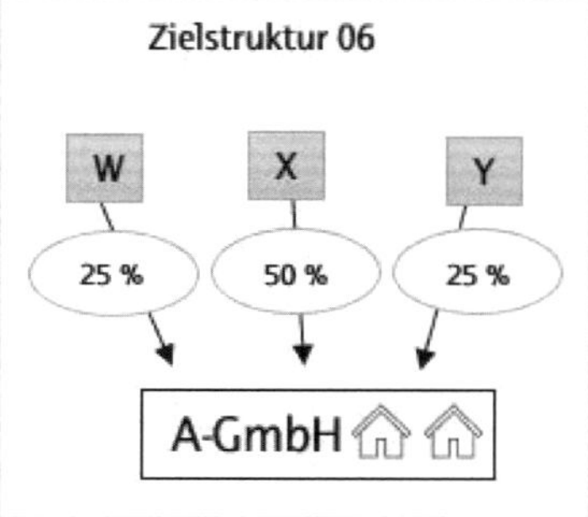

Lösung Jahr 06:

Durch den Kauf der Anteile des D durch den Y wird dieser Neugesellschafter der A-GmbH. Auch hier ist für jedes Grundstück ein eigener Zehnjahreszeitraum zu berechnen.

Grundstück 1 (aus 01): Für das Grundstück 1 fällt nunmehr gem. § 1 Abs. 2b GrEStG die Grunderwerbsteuer an. Wie zuvor beschrieben, beginnt der Lauf der Zehnjahresfrist mit der Veräußerung der Anteile an den W im Jahr 01. Insgesamt wurden schrittweise somit 100 % der Anteile bis ins Jahr 06 auf Neugesellschafter übertragen (W = 25 % (01), X = 50 % (04) und Y = 25 % (06)).

Grundstück 2 (aus 03): Wie zuvor beschrieben, beginnt der Lauf der Zehnjahresfrist für dieses Grundstück erst mit dem Verkauf der Anteile an den X im Jahr 04. Demzufolge werden aufgrund des Verkaufs an den D im Jahr 06 bezogen auf das Grundstück 2 nur 75 % der Anteile (X = 50 % und D = 25 %) auf Neugesellschafter übertragen. Das Grundstück bleibt somit von der Grunderwerbsbesteuerung nach § 1 Abs. 2b GrEStG verschont.

Sollte ein Neugesellschafter innerhalb des Zehnjahreszeitraums seine Anteile oder Teile seines Anteils an einen anderen Neugesellschafter veräußern, so ist diese Anteilsveräußerung nicht bei der Ermittlung des Schwellenwerts zu berücksichtigen.[18] 21.67

21.5.6 Weitere Besonderheiten des § 1 Abs. 2b GrEStG

21.5.6.1 Berechnung des Prozentsatzes

Folgende wichtige Hinweise zur Berechnung des Prozentsatzes nach § 1 Abs. 2b GrEStG sind zu berücksichtigen: 21.68

- Bei der Berechnung des Prozentsatzes sind nur die Anteilsübertagungen i.S.d. § 1 Abs. 2b GrEStG maßgeblich, die nach dem 30.06.2021 erfolgt sind.
- Erfolgt eine Aufstockung der Gesellschaftsanteile durch einen Neugesellschafter aufgrund eines weiteren Erwerbs, werden alle Erwerbe – Erst- und Zuerwerb – bei der Berechnung des Schwellenwerts nach § 1 Abs. 2b GrEStG berücksichtigt.
- Tritt der Neugesellschafter in die Kapitalgesellschaft ein, und kommt es daraufhin zu einer Kapitalerhöhung, sind die Kapitalanteile anhand des aufgrund der Kapitalerhöhung geänderten Kapitals zu ermitteln (siehe Rdnr. 21.55).
- Erfolgt eine Veränderung der Gesellschaftsanteile zwischen den Altgesellschaftern, ist hier nur § 1 Abs. 2b GrEStG anzuwenden.
- Eigene Anteile, die von der grundbesitzenden Kapitalgesellschaft selbst gehalten werden, bleiben bei der Berechnung des Prozentsatzes unberücksichtigt.

21.5.6.2 Bemessungsgrundlage für das übertragene Grundstück

Als Bemessungsgrundlage für das übertragene Grundstück in den Fällen des § 1 Abs. 2b GrEStG ist der Grundbesitzwert zu ermitteln (§ 8 Abs. 2 Satz 1 Nr. 3 GrEStG). Die Ermittlung erfolgt nach § 151 Abs. 1 Satz 1 Nr. 1 i.V.m. § 157 Abs. 1–3 BewG. Ist die Bemessungsgrundlage ermittelt, ist diese nicht auf die Anteile der Neugesellschafter und Altgesellschafter aufzuteilen. Dies gilt auch, wenn nicht 100 % der Anteile an der grundbesitzenden Kapitalgesellschaft übertragen wurden.[19] 21.69

---

[18] Gleichlautende Erlasse v. 10.05.2022, BStBl I, 821, Rdnr. 5.2.4.

[19] Gleichlautende Erlasse v. 10.05.2022, BStBl I, 821, Rdnr. 11.

Hinweis

21.70 Besitzt die grundbesitzende Kapitalgesellschaft ein unbebautes Grundstück, muss bezüglich der Bemessungsgrundlage diese Steuerfalle (**wird in der Praxis oft übersehen**) beachtet werden: Erfolgt die Änderung des Gesellschafterbestands an der grundbesitzenden Kapitalgesellschaft aufgrund des vorgefassten Plans zur Bebauung des unbebauten Grundstücks, ist bei der Ermittlung der Bemessungsgrundlage auf den Wert des Grundbesitzes zum Zeitpunkt der Fertigstellung des Gebäudes abzustellen (§ 8 Abs. 2 Satz 2 zweite Alternative abweichend von § 157 Abs. 1 Satz 1 BewG).

21.71 Die Finanzverwaltung sieht einen solchen vorgefassten Plan als gegeben an, wenn sich der Gesellschafter nur noch unter wirtschaftlichen Einbußen von dem Plan lösen kann und die Neugesellschafter die Anteile nur erwerben, um den vorgefassten Plan umzusetzen. Dabei reicht es aus, dass der Plan die Bebauung des Grundstücks vorsieht. Es ist nicht erforderlich, dass auch die Änderung des Gesellschafterbestands ein Teil des Plans ist.[20]

21.72 Je nach Plan kann aber geprüft werden, ob der Gesellschafterbestand tatsächlich durch Neugesellschafter verändert werden muss. Geht es beispielsweise nur um die Finanzierung, könnte man auch eine stille Beteiligung an der grundbesitzenden Kapitalgesellschaft wählen und die Grunderwerbsbesteuerung dadurch vermeiden.

21.5.6.3 Entstehung der Steuer und Steuerschuldner

21.73 Der Steuerschuldner der Grunderwerbsteuer ist in Fällen des § 1 Abs. 2b GrEStG die grundbesitzende Kapitalgesellschaft (§ 13 Nr. 7 GrEStG). Die Grunderwerbsteuer entsteht, wenn der Erwerbsvorgang des § 1 Abs. 2b GrEStG verwirklicht worden ist und der Anteilsbestand von Neugesellschaftern innerhalb des maßgeblichen Zehnjahreszeitraums den Schwellenwert von 90 % erreicht hat. Maßgeblich für die Entstehung der Steuer ist die zivilrechtlich wirksame Übertragung der Anteile (Closing). Eine Ausnahme bildet hier lediglich die Begründung einer Vereinbarungstreuhand auf den Gesellschaftsanteil. Hier ist das schuldrechtliche Rechtsgeschäft maßgeblich.[21]

[20] BFH, Urt. v. 16.09.2020 – II R 12/18, DB 2021, 1051.

[21] Gleichlautende Erlasse v. 10.05.2022, BStBl I, 821, Rdnr. 13.

21.5.6.4 Auflösung oder Rückgängigmachung der Anteilsübertragungen

Wird eine Anteilsübertragung i.S.d. § 1 Abs. 2b GrEStG derart rückgängig gemacht, dass der Schwellenwert von 90 % durch diese Rückgängigmachung nicht mehr erreicht wird, kann § 16 Abs. 2 GrEStG angewandt werden.[22] 21.74

Hinweis

Werden allerdings nicht oder nicht rechtzeitig alle Tatbestände bzw. Rechtsvorgänge bei einer schrittweisen Erfüllung des Schwellenwerts von 90 % beim Finanzamt angezeigt, kann § 16 Abs. 2 GrEStG nicht angewandt werden (§ 16 Abs. 5 GrEStG). Dies gilt auch, wenn es sich um eine Beteiligungsaufstockung handelt.[23]

21.5.6.5 Anzeigepflicht

Alle Vorgänge, die zur Änderung des Gesellschafterbestands der grundbesitzenden Kapitalgesellschaft führen und den Tatbestand des § 1 Abs. 2b GrEStG erfüllen, sind von der grundbesitzenden Kapitalgesellschaft beim Finanzamt anzuzeigen (§ 19 Abs. 1 Satz 1 Nr. 3b GrEStG). Erfolgt die Übertragung der Gesellschaftsanteile an der grundbesitzenden Kapitalgesellschaft schrittweise, so tritt dies Anzeigepflicht zwar erst mit Überschreiten der 90-%-Schwelle ein, jedoch sind alle vorherigen Anteilsübertragungen innerhalb des maßgeblichen Zeitraums mit anzuzeigen.[24] Für die Anzeige ist eine Frist von zwei Wochen vorgesehen (§ 19 Abs. 3 GrEStG). Der Inhalt der Anzeige ergibt sich aus § 20 GrEStG. 21.75

21.6 Anwendung der wesentlichen Inhalte des § 1 Abs. 3 GrEStG

§ 1 Abs. 3 GrEStG ist gegenüber § 1 Abs. 2b GrEStG nachrangig (subsidiär). In der Prüfungsreihenfolge ist also zunächst zu prüfen, ob eine Besteuerung nach § 1 Abs. 2b GrEStG vorzunehmen ist. Greift § 1 Nr. 2b GrEStG mangels der Erfüllung seiner Tatbestände nicht, ist eine Besteuerung nach § 1 Abs. 3 GrEStG zu prüfen. 21.76

Hinweis

A und B sind zu je 50 % Gründungsgesellschafter der grundbesitzenden AB-GmbH. 21.77
Im Jahr 01 überträgt A 40 % seiner Anteile an den B.

---

[22] BFH, Urt. v. 18.04.2012 – II R 51/11, BStBl II 2013, 830; gleichlautende Erlasse v. 10.05.2022, BStBl I, 821, Rdnr. 10.

[23] BFH, Urt. v. 17.05.2017 – II R 35/15, BStBl II, 966; gleichlautende Erlasse v. 10.05.2022, BStBl I, 821, Rdnr. 16.

[24] Gleichlautende Erlasse v. 10.05.2022, BStBl I, 821, Rdnr. 13.

Lösung

A und B haben als Gründungsgesellschafter den Status von Altgesellschaften (siehe Rdnr. 21.35). § 1 Abs. 2b GrEStG kann hier nicht angewandt werden, weil B kein Neugesellschafter der AB-GmbH ist. B vereinigt durch die Übertragung erstmals 90 % der Gesellschaftsanteile in einer Hand und erfüllt somit die Tatbestände des § 1 Abs. 3 Nr. 1 und 2 GrEStG.

21.78 Eine Unterscheidung zwischen Alt- und Neugesellschafter wie beim § 1 Abs. 2b EStG wird im § 1 Abs. 3 GrEStG nicht vorgenommen. Sie ist aber auch nicht notwendig, da diese Regelung nicht darauf abstellt, dass Neugesellschafter in die Gesellschaft eintreten.

21.6.1 Geltungsbereich

21.79 Anders als § 1 Abs. 2b GrEStG findet § 1 Abs. 3 GrEStG nicht nur auf Kapitalgesellschaften Anwendung. Er ist auch auf Personen- und Partnerschaftsgesellschaften anwendbar. Nicht von dieser Regelung betroffen sind Erbengemeinschaften und Vereine.

21.6.2 Anteilsbetrachtung

21.80 Die Anteilsbestimmung bei **Aktiengesellschaften** wird nach den Anteilen an den Aktien vorgenommen. Bei einer **GmbH** richtet sie sich nach der Höhe des Gesellschaftsanteils gemessen am Stammkapital.

21.81 Bei den **Personengesellschaften**, die unmittelbar oder auch mittelbar an der grundbesitzenden Kapitalgesellschaft beteiligt sind, sah § 1 Abs. 3 GrEStG a.F. eine sogenannte Pro-Kopf-Beteiligung vor. Diese ermöglichte bis 2014 eine sogenannte RETT-Blocker-Gestaltung (Zwischenschaltung von Personengesellschaften wegen der Pro-Kopf-Beteiligung). Um hier eine Steuereinsparung hinsichtlich der Grunderwerbsteuer zu verhindern, wurde mit dem Amtshilfe-Richtlinien-Umsetzungsgesetz der § 1 Abs. 3a GrEStG geschaffen.[25] Dieser berücksichtigt auch die prozentualen Anteile an der Gesamthand einer Personengesellschaft.[26]

[25] Gesetz zur Umsetzung der Amtshilferichtlinie sowie zur Änderung steuerlicher Vorschriften (Amtshilferichtlinie-Umsetzungsgesetz – AmtshilfeRLUmsG) v. 26.06.2013, BGBI, 1809.

[26] Hierzu BFH, Urt. v. 27.05.2020 – II R 45/17, BStBl II 2021, 315.

Hinweis

Die heutige Anteilsbetrachtung erfolgt demnach bei unmittelbaren und mittelbar beteiligten Personengesellschaft nur noch nach den prozentualen Anteilen an der Gesamthand. Selbst wenn der § 1 Abs. 3 GrEStG nicht greifen sollte, greift § 1 Abs. 3a GrEStG ein. 21.82

§ 1 Abs. 3 GrEStG unterscheidet zwei Fallgruppen. 21.83

<table>
<tr><th colspan="2">§ 1 Abs. 3 Nr. 1 und 2</th><th colspan="2">§ 1 Abs. 3 Nr. 3 und 4</th></tr>
<tr><td colspan="2">In Nr. 1 und 2 werden die Anteilsvereinigungen von mindestens 90 % in einer Hand steuerlich behandelt.</td><td colspan="2">Nr. 3 und 4 sind anzuwenden, wenn es sich um die Anteilsübertragung bereits zu mindestens 90 % vereinigter Anteile handelt.</td></tr>
<tr><td>Nr. 1</td><td>Nr. 2</td><td>Nr. 3</td><td>Nr. 4</td></tr>
<tr><td>Es besteht ein rechtsgeschäftlicher Anspruch auf eine Anteilsübertragung, bei dem durch die Übertragung mindestens 90 % der Anteile an der grundbesitzenden Gesellschaft mittelbar oder unmittelbar in einer Hand vereinigt werden.</td><td>Unmittelbare oder mittelbare Übertragung von mindestens 90 % der Anteile in einer Hand, obwohl kein schuldrechtliches Geschäft vorangegangen ist.
Nr. 2 ist gegenüber Nr. 1 subsidiär.</td><td>Durch ein Rechtsgeschäft begründet sich der Anspruch auf die mittelbare oder unmittelbare Übertragung von 90 % der Anteile an der grundbesitzenden Gesellschaft.</td><td>Unmittelbarer oder mittelbarer Übergang von mindestens 90 % der Anteile in einer Hand, obwohl kein schuldrechtliches Geschäft vorangegangen ist.
Nr. 4 ist gegenüber Nr. 3 subsidiär.</td></tr>
</table>

21.6.2.1 Anteilsvereinigung bei unmittelbarer Beteiligung an einer Kapitalgesellschaft

Keine großen Probleme bereitet die Anteilsübertragung zwischen den Altgesellschaftern einer grundbesitzenden Kapitalgesellschaft. Die Erfüllung des 90%igen Schwellenwerts sowie die Vereinigung der Anteile in einer Hand ist hier schnell zu erkennen. 21.84

Hinweis

21.85 An der grundbesitzenden A-GmbH sind die Gründungsgesellschafter A mit 70 % und B mit 25 % beteiligt. Im Jahr 01 veräußert B seinen Anteil an den A.

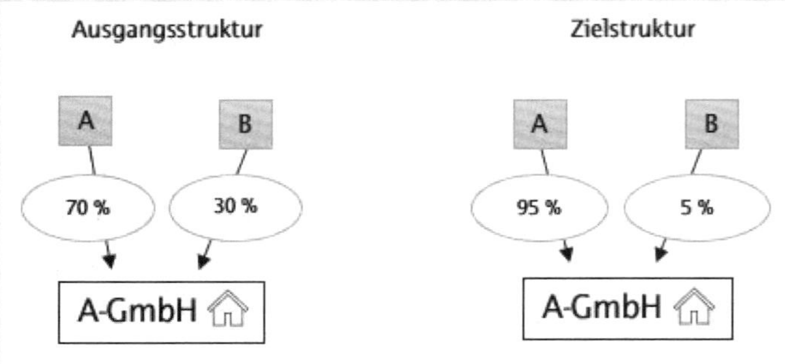

Lösung

§ 1 Abs. 2b GrEStG kommt nicht zur Anwendung, da kein Neugesellschafter in die A-GmbH eingetreten ist. Die Übertragung erfüllt aber die Tatbestandsvoraussetzungen des § 1 Abs. 3 Nr. 1 GrEStG, da der A nach dem Anteilserwerb erstmals mindestens 90 % der Anteile an der GmbH in seiner Hand vereinigt.

21.6.2.2 Anteilsvereinigung bei mittelbarer Beteiligung an einer Kapitalgesellschaft

21.86 Bei einer mittelbaren Anteilsübertragung ist etwas genauer zu prüfen, ob der 90%ige Schwellenwert überschritten wird. Wie auch bei der Anteilsübertragung nach § 1 Abs. 2b GrEStG bedeutet dies, dass die Anteile der mittelbaren und unmittelbaren Beteiligungen an der grundbesitzenden Kapitalgesellschaft durchgerechnet werden müssen.

Beispiel

21.87 An der grundbesitzenden A-GmbH ist seit der Gründung die B-GmbH beteiligt. Gesellschafter der B-GmbH ist die C-GmbH. Deren Gesellschafter sind D und E zu jeweils 50 %. Im Jahr 01 überträgt D dem E 45 % seiner Anteile an der C-GmbH. Alle Gesellschafter sind keine Neugesellschafter i.S.d. § 1 Abs. 2b GrEStG.

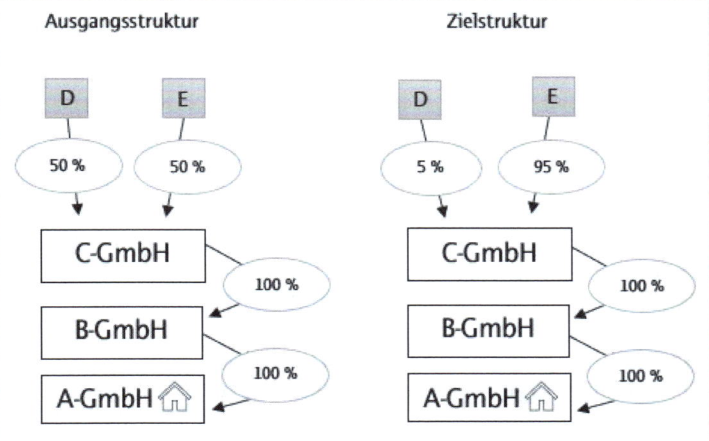

Lösung

§ 1 Abs. 2b GrEStG kommt nicht zur Anwendung, da kein Neugesellschafter in die C-GmbH eingetreten ist. Die mittelbare Übertragung der Anteile von D an E erfüllt den Tatbestand des § 1 Abs. 3 Nr. 1 GrEStG, da E nunmehr nach der Übertragung erstmals mindestens 90 % der Anteile in einer Hand vereint.

21.6.2.3 Anteilsvereinigung bei beteiligten Personengesellschaften

Da die Anteile einer Personengesellschaft an der Kapitalgesellschaft nach heutiger Rechtslage nicht mehr pro Kopf, sondern prozentual berechnet werden, fällt die Beantwortung der Frage, ob bei einer Anteilsübertragung i.S.d. § 1 Abs. 3 oder 3a GrEStG einschlägig ist, einfacher aus.[27] 21.88

Beispiel

An der grundbesitzenden A-GmbH ist die B-GmbH mit 85 % und die C-GmbH & Co. KG mit 15 % beteiligt. Gesellschafter der C-KG sind die D-GmbH und E-GmbH zu je 50 % (Kommanditisten), die F-GmbH ist als Komplementärin mit 0 % beteiligt. Im Jahr 01 überträgt die D-GmbH 45 % ihrer KG-Anteile auf die E-GmbH. 21.89

[27] Vgl. hierzu gleichlautende Erlasse der obersten Finanzbehörden der Länder v. 26.02.2003 – 3 - S 4501/6 (Anwendung des § 1 Abs. 2a GrEStG in der Fassung der Bekanntmachung des Steuerentlastungsgesetzes 1999/2000/2002 und des Steueränderungsgesetzes 2001), BStBl I, 271.

Lösung

§ 1 Abs. 2b GrEStG kommt nicht zur Anwendung, da kein Neugesellschafter in die C-KG eingetreten ist. Die Voraussetzungen des § 1 Abs. 3 Nr. 1 GrEStG liegen vor, da durch den Verkauf der Anteile der D-GmbH die E-GmbH erstmalig mindestens 90 % der Anteile an der C-KG in seiner Hand vereinigt.

21.90 Nach der bisherigen Pro-Kopf-Regelung wäre eine Versteuerung nach § 1 Abs. 3 GrEStG nicht möglich gewesen. Bei der Pro-Kopf-Regelung geht es um die Anzahl der Mitgesellschafter. Die Anzahl der Köpfe hat sich nicht geändert, die D-GmbH, F-GmbH und E-GmbH bleiben weiterhin als Mitgesellschafter gleichberechtigt.

21.6.2.4 Übertragung bereits vereinigter Anteile an einer grundbesitzenden Kapitalgesellschaft

21.91 Die Übertragung von bereits vereinigten Anteilen auf einen Gesellschafter (§ 1 Abs. 3 Nr. 3 und 4 GrEStG), der nicht neu in die grundbesitzende Kapitalgesellschaft eintritt, unterscheidet sich im Wesentlichen nur darin, dass der übertragende Gesellschafter vor der Übertragung der Anteile bereits mindestens 90 % dieser Anteile vereinigt. In den meisten Fällen kommen diese Art von Übertragungen in Erbschafts-, Schenkungs- oder Fällen der Übertragung an Angehörige in erster Linie vor. Deshalb kann es zur Steuerbefreiungen nach § 3 Nr. 2, 4 und 6 GrEStG kommen.

Beispiel

21.92 An der grundbesitzenden A-GmbH sind die Gesellschafter A zu 91 % und B zu 9 % beteiligt. Im Jahr 01 überträgt A seine gesamten Anteile an den B, der somit Alleingesellschafter wird.

Lösung

§ 1 Abs. 2b GrEStG kann auf diesen Sachverhalt nicht angewandt werden, da B kein Neugesellschafter i.S.v. § 1 Abs. 2b GrEStG ist. Da A bereits Anteile von mindestens 90 % in seiner Hand vereinigt und diese vollständig auf B überträgt, erfolgt die Versteuerung nach § 1 Abs. 3 Nr. 3 GrEStG.

Abwandlung 1

Überträgt der A dem B seine Anteile im Wege der Schenkung, ist eine Steuerbefreiung nach § 3 Nr. 2 GrEStG zu prüfen.

Abwandlung 2

Der B ist Abkömmling in gerader Linie. In diesem Fall ist die Steuerbefreiung nach § 3 Abs. 6 GrEStG zu prüfen.

21.6.2.5 Anteilsvereinigung aufgrund eines Treuhandverhältnisses

Auch ein sogenanntes Treuhandverhältnis hat für die Grunderwerbsbesteuerung Bedeutung, wenn es sich um die Übertragung von Anteilen an einer grundbesitzenden Kapitalgesellschaft handelt. Dabei ist zu beachten, dass der Treuhandvertrag als solcher im BGB nicht geregelt ist. Dies bedeutet, dass die Grunderwerbsteuerpflicht einer Treuhandabrede für jeden Einzelfall zu prüfen ist. Grundsätzlich wird zum Treuhänder (auch Treunehmer), wer von einem anderen (Treugeber) Gesellschaftsanteile zu eigenem Recht erworben hat und diese Rechte zwar in eigenem Namen, aber nicht oder nicht ausschließlich in eigenem Interesse ausübt.[28] Grob kann man zwischen einer Vereinbarungstreuhand und einem Auftragserwerb unterscheiden. 21.93

Bei einer **Vereinbarungstreuhand**[29] vereinbart der Gesellschafter mit einem Dritten, dass dieser die Anteile als Treuhänder halten will. Der Gesellschafter bleibt zwar Inhaber der Anteile, jedoch ist der Erwerb des Übergangsanspruchs durch den Treugeber nach § 1 Abs. 3 Nr. 3 GrEStG grunderwerbsteuerpflichtig, wenn der 90%ige Schwellenwert erreicht wird. 21.94

Ein **Auftragserwerb**[30] von Anteilen an der grundbesitzenden Kapitalgesellschaft liegt vor, wenn der Auftraggeber zugleich den Anspruch auf die Übertragung der Anteile gem. § 667 BGB erwirbt. In einem solchen Fall unterliegt der Anteilserwerb durch den Auftragnehmer der Grunderwerbsbesteuerung nach § 1 Abs. 3 Nr. 1 GrEStG, sofern der Schwellenwert von 90 % erreicht wird. In einem solchen Fall ist es aber so, dass sich der Herausgabeanspruch, der sich auf die mindestens 90 % bezieht, beim Auftraggeber gleichzeitig Grunderwerbsteuer nach § 1 Abs. 3 Nr. 3 GrEStG auslöst. Die Grunderwerbsteuer fällt somit zweifach an. 21.95

Beispiel

An der grundbesitzenden AB-GmbH sind die Gesellschafter A mit 45 % und B mit 55 % beteiligt. Im Jahr 01 veräußert der A 40 % seiner Anteile an den von B beauftragten Treuhänder C. C hält nunmehr die Anteile treuhänderisch für den Gesellschafter B. 21.96

[28] Gleichlautende Erlasse v. 19.09.2018 – 3 - S 4501/65 (Erwerbsvorgänge im Sinne des § 1 Abs. 3 GrEStG im Zusammenhang mit Treuhandgeschäften und Auftragserwerben bzw. Geschäftsbesorgungen), BStBl I, 1074.

[29] Gleichlautende Erlasse v. 19.09.2018, BStBl I, 1074, Rdnr. 2.

[30] Gleichlautende Erlasse v. 19.09.2018, BStBl I, 1074, Rdnr. 3.

Lösung

Durch die Übertragung der Anteile des A an den Treuhänder des C gelangt B mittelbar an mindestens 90 % der Anteile an der AB-GmbH. Aufgrund des Treuhandverhältnisses hat B gegenüber dem C einen Herausgabeanspruch (§ 667 BGB). Aus diesem Grund sind die Anteile des Treuhänders dem B zuzurechnen. Die Voraussetzungen für eine Versteuerung nach § 1 Abs. 3 Nr. 1 GrEStG liegen vor.

21.97 Wann nach dem gleichlautenden Ländererlass vom 19.08.2018[31] ein Treuhandverhältnis insbesondere zu einer Grunderwerbsbesteuerung führt, zeigt die nachfolgende Tabelle:

Sachverhalt	**Steuerpflicht**
Es werden mindestens 90 % der Anteile an der grundbesitzenden Kapitalgesellschaft übertragen, und der Treuhänder begründet durch das Rechtsgeschäft einen Anspruch auf die Übertragung der Anteile. Dies ist regelmäßig dann der Fall, wenn eine eigennützige Treuhand vorliegt (z.B. Sicherungstreuhand, eigennützige Verwaltungstreuhand im Interesse der Gläubiger des Treugebers). Bei einer uneigennützigen Treuhand liegt in aller Regel ein Auftrag oder Geschäftsbesorgungsvertrag (§§ 662, 675 Abs. 1 BGB) vor. Der Treuhänder hat nur die Pflicht, die Übertragung der Anteile anzunehmen. Er hat nicht das Recht, die Übertragung zu verlangen. Aufgrund des Fehlens des Übertragungsanspruchs des Treuhänders unterliegt diese Übertragung der Besteuerung nach § 1 Abs. 3 Nr. 4 GrEStG.[32]	§ 1 Abs. 3 Nr. 3 oder Nr. 4 GrEStG

[31] Gleichlautende Erlasse v. 19.09.2018, BStBl I, 1074, Rdnr. 1.1. ff.

[32] Gleichlautende Erlasse v. 19.09.2018, BStBl I, 1074, Rdnr. 1.1

Sachverhalt	**Steuerpflicht**
Ist bestimmt, dass dem Treugeber bei einem uneigennützigen Treuhandverhältnis gleichzeitig mit der Übertragung der Anteile an der grundbesitzenden Kapitalgesellschaft ein Rückübertragungsanspruch aus § 667 BGB entsteht, entsteht der Anspruch kraft Gesetzes. Dadurch ist der Anspruch nicht rechtsgeschäftlich begründet und sind die Voraussetzungen für eine Besteuerung nach § 1 Abs. 3 Nr. 3 GrEStG nicht erfüllt.[33]	Kein Fall des § 1 Abs. 3 Nr. 3 GrEStG
Begründet sich bei einem eigennützigen Treuhandverhältnis rechtsgeschäftlich eine aufschiebend bedingte Rückgabeverpflichtung, fällt die Grunderwerbsteuer bei Eintritt der Bedingung an.[34]	§ 1 Abs. 3 Nr. 3 GrEStG
Der Treugeber verzichtet auf seinen Herausgabeanspruch bzw. auf den rechtgeschäftlich begründeten Rückübertragungsanspruch.[35]	Keine Anwendung des § 1 Abs. 3 GrEStG
Der Treuhänder überträgt mindestens 90 % der ihm übertragenen Anteile an der grundbesitzenden Kapitalgesellschaft nicht an den Treugeber, sondern auf einen Dritten.[36]	§ 1 Abs. 3 Nr. 3 GrEStG; § 1 Abs. 3 Nr. 4 GrEStG, wenn kein hierauf gerichtetes Rechtsgeschäft vorliegt
Es liegt ein Treugeberwechsel vor, in dem mindestens 90 % der gehaltenen Anteile vom Treugeber auf einen anderen Treugeber übertragen werden.[37]	§ 1 Abs. 3 Nr. 3 GrEStG

[33] Gleichlautende Erlasse v. 19.09.2018, BStBl I, 1074, Rdnr. 1.2.

[34] Gleichlautende Erlasse v. 19.09.2018, BStBl I, 1074, Rdnr. 1.2.

[35] Gleichlautende Erlasse v. 19.09.2018, BStBl I, 1074, Rdnr. 1.3.2.

[36] Gleichlautende Erlasse v. 19.09.2018, BStBl I, 1074, Rdnr. 1.3.3.

[37] Gleichlautende Erlasse v. 19.09.2018, BStBl I, 1074, Rdnr. 1.3.4.

Sachverhalt	Steuerpflicht
Es liegt ein Treuhänderwechsel vor, in dem mindestens 90 % der gehaltenen Anteile vom Treuhänder auf einen anderen Treuhänder übertragen werden.[38]	§ 1 Abs. 3 Nr. 3 bzw. 4 GrEStG
Der Gesellschafter, der mindestens 90 % der Anteile an seiner grundbesitzenden Kapitalgesellschaft auf sich vereinigt, verschafft einem Treugeber einen auf diesen bezogenen Übertragungsanspruch.[39]	§ 1 Abs. 3 Nr. 3 GrEStG
Der Treuhänder überträgt dem Treugeber die Anteile. Die Übertragung ist nur für die Grundstücke steuerbar, die nach der Treuhandvereinbarung von der grundbesitzenden Kapitalgesellschaft hinzuerworben wurden.[40]	§ 1 Abs. 3 Nr. 3 oder Nr. 4 GrEStG

21.6.2.6 Verstärkung des bestehenden Anteils

21.98 Wird durch die Gesellschafter einer grundbesitzenden Kapitalgesellschaft nur eine Kapitalverstärkung an einer bestehenden Anteilsvereinigung vorgenommen, löst dies nicht nochmals den Tatbestand des § 1 Abs. 3 GrEStG aus, wenn sich der Gesellschafterbestand durch einen Neugesellschafter nicht verändert.

Beispiel

21.99 An der grundbesitzenden AB-GmbH sind die Gesellschafter A mit 70 % und B mit 30 % beteiligt. Im Jahr 01 erwirbt A 20 % der Anteile des B hinzu. Im Jahr 02 veräußert B dem A auch die restlichen Anteile (10 %) an der AB-GmbH.

[38] Gleichlautende Erlasse v. 19.09.2018, BStBl I, 1074, Rdnr. 1.3.5.
[39] Gleichlautende Erlasse v. 19.09.2018, BStBl I, 1074, Rdnr. 2.
[40] Gleichlautende Erlasse v. 19.09.2018, BStBl I, 1074, Rdnr. 2.2.2.

Lösung

§ 1 Abs. 2b GrEStG findet keine Anwendung, weil A kein neuer Gesellschafter ist. Im Jahr 01 vereinigt A durch den Kauf der 20%igen Anteile des B mindestens 90 % der Anteile in seiner Hand. Der Vorgang ist nach § 1 Abs. 3 Nr. 1 GrEStG steuerpflichtig. Der Kauf der restlichen 10 % vom B löst keine Grunderwerbsteuer mehr aus. Diese Übertragung wird als Aufstockung der bereits in einer Hand vereinigten Anteile des A angesehen.

21.6.2.7 Verkürzung der Beteiligungskette ohne neue Gesellschafter

Auch die Verkürzung der Beteiligungskette an der grundbesitzenden Kapitalgesellschaft löst keine Grunderwerbsteuer aus, wenn kein Neugesellschafter in die Beteiligungskette eintritt und das zivilrechtliche Eigentum am Grundstück nicht auf einen anderen Rechtsträger wechselt. 21.100

Beispiel

Gesellschafter der grundbesitzenden A-GmbH ist die C-GmbH, die 100 % der Anteile innehat. Gesellschafter der C-GmbH sind A zu 90 % und B zu 10 %. Im Jahr 01 erwirbt A sämtliche Anteile der C-GmbH an der A-GmbH. 29.101

Lösung

Nach der Übertragung der Anteile der C-GmbH auf den A sind dem A nun 100 % der Anteile an der grundbesitzenden A-GmbH zuzurechnen. Die bisherige mittelbare Beteiligung von 90 % über die C-GmbH wird lediglich durch die Übernahme der Anteile der C-GmbH verstärkt. Die Tatbestandsvoraussetzungen des § 1 Abs. 1 Nr. 3 oder Nr. 4 GrEStG sind nicht erfüllt.

21.6.3 Behandlung von Umwandlungsvorgängen

Neben den Anteilsvereinigungen kommen in der Praxis auch sehr häufig Umwandlungen von Kapitalgesellschaften in Form von Verschmelzungen, Spaltungen und Formwechseln vor. Auch hier kann, wenn es eine grundbesitzende Kapitalgesellschaft beteiligt ist, Grunderwerbsteuer anfallen. 21.102

Verschmelzungen 21.103

Bei der Verschmelzung einer grundbesitzenden Kapitalgesellschaft wird das Vermögen auf einen anderen Rechtsträger oder auf einen neu gegründeten Rechtsträger übertragen. Der empfangene Rechtsträger wird Gesamtrechtsnachfolger. Durch die Verschmelzung auf den anderen Rechtsträger geht die übertragende grundbesitzende Kapitalgesellschaft unter.

21.104 Das Besondere bei der Verschmelzung ist, dass für den Übergang des Eigentums an dem Grundstück der grundbesitzenden Kapitalgesellschaft kein Rechtsgeschäft i.S.d. § 1 Abs. 1 Nr. 1 GrEStG vorausgeht, sondern diese Übertragung im Wege der Gesamtrechtsnachfolge kraft Gesetzes erfolgt. Diese Gesamtrechtsnachfolge vollzieht sich durch die Eintragung der Verschmelzung ins Handelsregister. Mit der Eintragung ins Handelsregister entsteht auch die Grunderwerbsteuer. Steuerpflichtig ist der aufnehmende Rechtsträger.

21.105 Nach Auffassung der Finanzverwaltung sind Verschmelzungen von Schwestergesellschaften (Side-Stream) und Anteilsbewegungen nach oben oder unten (Up- und Down-Stream, Einbringung einer Tochtergesellschaft in eine Tochtergesellschaft) grunderwerbsteuerpflichtig.[41]

Hinweis

21.106 Es ist eine Steuerbefreiung nach § 6a GrEStG möglich, wenn die dort aufgeführten Voraussetzungen erfüllt sind.

Beispiel

An der grundbesitzende B-GmbH ist die A-GmbH zu 100 % beteiligt. Zudem ist die A-GmbH auch 100 % Gesellschafterin der C-GmbH. Im Jahr 01 wird die grundbesitzende B-GmbH auf die C-GmbH verschmolzen.

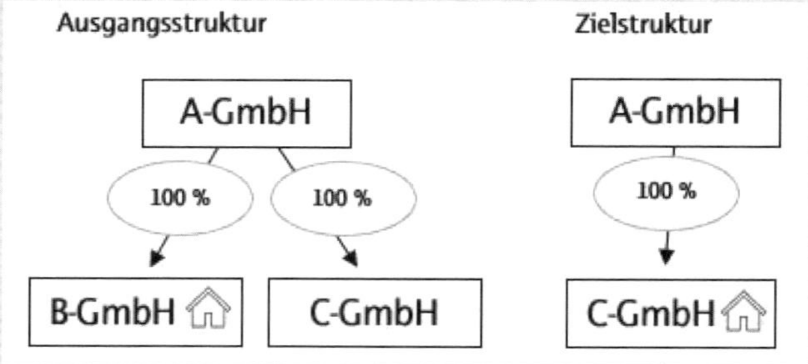

Lösung

Durch die Verschmelzung (Side-Stream) geht der Grundbesitz der B-GmbH auf die C-GmbH im Wege der Gesamtrechtsnachfolge über. Der Vorgang ist nach § 1 Abs. 3 Nr. 4 GrEStG mit der Eintragung der Verschmelzung ins Handelsregister steuerpflichtig. Steuerschuldner ist die C-GmbH. Die Steuerbefreiung nach § 6a GrEStG ist zu prüfen.

[41] Gleichlautende Erlasse v. 02.12.1999 – 3 - S 4500/43 (Anwendung des § 1 Abs. 3 GrEStG in der Fassung der Bekanntmachung des Steuerentlastungsgesetzes 1999/2000/2002), BStBl I, 991.

Spaltungsvorgänge 21.107

Nach dem UmwG sind drei Formen der Spaltung möglich:

- Aufspaltung nach § 123 Abs. 1 UmwG
- Abspaltung nach § 123 Abs. 2 UmwG
- Ausgliederung nach § 123 Abs. 3 UmwG

Bei allen drei Spaltungsvorgängen fällt die Grunderwerbsteuer gem. § 1 Abs. 3 Nr. 4 GrEStG an, und zwar zum Zeitpunkt der Eintragung der Spaltung in das Handelsregister.

Formwechsel 21.108

Auch bei einem Formwechsel fällt die Grunderwerbsteuer an, wenn eine grundbesitzende Gesellschaft beteiligt ist. Dies gilt sowohl für den sogenannten homogenen Formwechsel einer Kapitalgesellschaft in eine andere Kapitalgesellschaft als auch für den heterogenen Formwechsel einer Personengesellschaft in eine Kapitalgesellschaft oder umgekehrt.

21.6.4 Steuerbefreiungen im Zusammenhang mit § 1 Abs. 3 GrEStG

Bei der Anwendung der Steuerbefreiungen nach § 3 GrEStG ist zwischen der Anteilsvereinigung (§ 1 Abs. 3 Nr. 1 und 2 GrEStG) und Anteilsübertragung (§ 1 Abs. 3 Nr. 3 und 4 GrEStG) zu unterscheiden. 21.109

21.6.4.1 Steuerbefreiung bei Anteilsvereinigung

Bei einer Anteilsvereinigung erwirbt der erwerbende Gesellschafter das Grundstück von der grundbesitzenden Kapitalgesellschaft.[42] Der Schuldner der Grunderwerbsteuer ist der Erwerber der Gesellschaftsanteile (§ 13 Nr. 5 GrEStG). Soweit es sich um eine Anteilsvereinigung von Gesellschaftsanteilen handelt, sind nach h.M. die Steuerbefreiungstatbestände des § 3 Nr. 2–7 GrEStG nicht anzuwenden, sofern es sich um Anteilsvereinigungen nach § 1 Abs. 3 Nr. 1 oder 2 GrEStG handelt. Der Grund findet sich darin, dass in diesen Fällen der Erwerb des Grundstücks von der Gesellschaft fingiert wird. 21.110

Erfolgt die Anteilsvereinigung allerdings im Wege einer Schenkung, kommt die Steuerbefreiung nach § 3 Nr. 2 Satz 1 GrEStG zur Anwendung.[43] Hier soll nämlich eine Doppelbesteuerung durch die Schenkungsteuer und Grunderwerbsteuer verhindert werden. 21.111

---

[42] BFH, Urt. v. 05.11.2002 – II R 23/00, BFH/NV 2003, 505.

[43] BFH, Urt. v. 23.05.2012 – II R 21/10, BStBl II, 793.

Beispiel

21.112 A und sein Sohn S sind jeweils zu 50 % an einer grundbesitzenden Kapitalgesellschaft beteiligt. Im Jahr 01 überträgt der A 45 % seiner Anteile im Wege der vorweggenommenen Erbfolge auf seinen Sohn S. Dieser vereinigt danach 95 % seiner Anteile in einer Hand. S ist kein Neugesellschafter.

Lösung

§ 1 Abs. 2b GrEStG greift nicht, da der Sohn S kein Neugesellschafter ist. Es liegt aber eine Anteilsvereinigung nach § 1 Abs. 3 Nr. 1 GrEStG vor, da S nunmehr erstmals mindestens 90 % der Anteile an der grundbesitzenden Kapitalgesellschaft in seiner Hand vereinigt. Da bei Kapitalgesellschaften fingiert wird, dass S das Gesellschaftsgrundstück von der Kapitalgesellschaft erworben hat, kommt hier die personenbezogene Steuerbefreiung nach § 3 Abs. 6 GrEStG nicht zur Anwendung.

A hat seinem Sohn die Anteile im Wege der Schenkung übertragen. Für den geschenkten Anteil ist die Schenkungsteuer anzuwenden. Entsprechend kommt hier die Steuerbefreiung nach § 3 Nr. 2 GrEStG zur Anwendung.

Hinweis

21.113 Bei den teilweisen Schenkungen kommt es häufig zur fehlerhaften Anwendung. Oftmals wird nämlich übersehen, dass der Anteil an der grundbesitzenden Kapitalgesellschaft, der dem Beschenkten bereits gehört, nicht unter die Schenkungsteuer fällt. Hier kommt es sehr häufig zu Nachversteuerungen. Im Beispiel zuvor hatte der S bereits 50 % der Anteile inne. Diese sind nicht nach § 3 Nr. 2 GrEStG befreit.

21.6.4.2 Steuerbefreiung bei Anteilsübertragung

21.114 Werden vereinigte Anteile i.S.d. § 1 Abs. 3 Nr. 3 und 4 GrEStG übertragen, werden die Anteile nicht von der grundbesitzenden Kapitalgesellschaft erworben, sondern vom übertragenden Gesellschafter. Dieser Unterschied ist verantwortlich dafür, dass die Steuerbefreiungen nach § 3 Nr. 2–7 GrEStG für Personen- und Kapitalgesellschaften gelten.

Abwandlung

21.115 A hält 90 % und Sohn S 10 % an der grundbesitzenden Kapitalgesellschaft. Im Jahr 01 überträgt A seinem Sohn S seine gesamten Anteile an der Kapitalgesellschaft.

Lösung

§ 1 Abs. 2b GrEStG ist nicht anzuwenden, da S kein Neugesellschafter ist. Die Übertragung ist aber nach § 1 Abs. 3 Nr. 3 grunderwerbsteuerpflichtig, da S bereits vereinigte Anteile des A übertragen bekommt. Da hier die Übertragung des Grundstücks von A auf den Sohn S fingiert wird, ist der Vorgang nach § 3 Nr. 6 GrEStG befreit. Aufgrund der Befreiung erübrigt sich eine Prüfung dahin gehend, ob ein Befreiungstatbestand aufgrund einer Schenkung vorliegt.

21.6.4.3 Besonderheiten bei Organschaften

Bei verbundenen Unternehmen kommt es häufig vor, dass zwischen den einzelnen Unternehmen ein Organschaftsverhältnis begründet wird. Bei einem solchen Organschaftsverhältnis kommt es zu einer Anteilsvereinigung nach § 1 Abs. 3 Nr. 3 GrEStG, wenn mindestens 90 % der Anteile 21.116

- in der Hand von herrschenden und abhängigen Unternehmen oder
- in der Hand von abhängigen Unternehmen

vereinigt werden.

Das Finanzamt spricht in solchen Fällen von der mittelbaren Anteilsvereinigung.[44] 21.117 Das Besondere ist hier, dass die ansonsten erforderliche Beteiligung des Erwerbers von mindestens 90 % an der zwischengeschalteten Gesellschaft, durch das Abhängigkeitsverhältnis ersetzt wird.[45] Schuldner der Grunderwerbsteuer sind die Mitglieder des Organkreises, die zusammen mindestens 90 % der Anteile an der grundbesitzenden Gesellschaft halten (§ 13 Abs. 5b GrEStG).

Als abhängig i.S.d. § 1 Abs. 3 GrEStG gelten gem. § 1 Abs. 4 GrEStG: 21.118

- natürliche Personen, wenn diese einzeln oder auch zusammengeschlossen in einem Unternehmen eingegliedert und den Weisungen des herrschenden Unternehmens in Bezug auf die Anteile zu folgen verpflichtet sind;
- juristische Personen, die nach dem Gesamtbild der Verhältnisse finanziell, wirtschaftlich und organisatorisch in das Unternehmen eingegliedert sind.

Die Beantwortung der Frage, ob nun eine juristische Person finanziell, wirtschaftlich und organisatorisch in ein Unternehmen eingegliedert ist, erfolgt über die umsatzsteuerlichen Regelungen zur Organschaft (§ 2 UStG). Hier gelten dieselben Kriterien. 21.119

Die Unternehmen des Organkreises bleiben nach dem GrEStG weiterhin selbständige Rechtsträger, so dass die Grundstücksübertragungen zwischen den Unternehmen des Organkreises weiterhin der Grunderwerbsteuer unterliegen. Wird also nur ein Organschaftsverhältnis begründet, ohne dass Anteile von dem einem Unternehmen auf ein anderes Unternehmen übergehen, erfüllt dies nicht die Voraus- 21.120

[44] BFH, Urt. v. 16.01.1980 – II R 52/76, BStBl II, 360.
[45] BFH, Urt. v. 08.08.2001 – II R 66/98, BStBl II 2002, 156.

setzungen für eine Anteilsvereinigung i.S.d. § 1 Abs. 3 Nr. 2 oder 3 i.V.m. Abs. 4 Nr. 2 GrEStG.[46]

21.121 Der Tatbestand der Anteilsübertragung wird erst erfüllt, wenn durch die Übertragung der Gesellschaftsanteile mindestens 90 % der Anteile an der grundbesitzenden Kapitalgesellschaft in der Hand

- der Organmutter,
- und einer oder mehrerer ihrer Töchter, oder
- nur in der Hand einer oder mehrerer Töchter

vereinigt werden.

Hinweis

21.122 Liegt bereits eine Beteiligung der Organmutter an der Organtochter von mindestens 90 % vor, ist das Organschaftsverhältnis unbeachtlich. In einem solchen Fall handelt es sich nach Auffassung der Finanzverwaltung um eine steuerunschädliche Verstärkung einer mittelbaren oder unmittelbaren Beteiligung.

Beispiel

21.123 Die A-GmbH erwirbt 80 % der Anteile der grundbesitzenden B-GmbH. Gleichzeitig begründet die A-GmbH ein Organschaftsverhältnis mit der B-GmbH. Die A-GmbH selbst hält 90 % der Anteile an der grundbesitzenden C-GmbH.

Lösung

Da die A-GmbH nur 80 % der Anteile an der B-GmbH erwirbt, sind die Voraussetzungen des § 1 Abs. 3 Nr. 1 oder 2 GrEStG nicht erfüllt. Auch liegt bezüglich der C-GmbH keine mittelbare Anteilsvereinigung vor, da diese Anteile von der B-GmbH gehalten werden.

Abwandlung

Die A-GmbH ist mit 10 % und die B-GmbH mit 90 % an der grundbesitzenden C-GmbH beteiligt. Im Jahr 01 erwirbt die A-GmbH die 80 % der Anteile der B-GmbH und begründet gleichzeitig ein Organschaftsverhältnis mit der C-GmbH.

Lösung Abwandlung

In diesem Fall sind die Voraussetzungen des § 1 Abs. 3 Nr. 1 bzw. 2 i.V.m. § 4 Nr. 2 GrEStG erfüllt. Durch den Kauf der Anteile der A-GmbH von der B-GmbH und gleich-

[46] Gleichlautende Erlasse v. 19.09.2018 – 3 - S 4501/64 (Anwendung des § 1 Abs. 3 in Verbindung mit Abs. 4 GrEStG auf Organschaftsfälle), BStBl I, 1056, Rdnr. 2.1.2.

zeitiger Begründung der Organschaft werden erstmals die Anteile an der grundbesitzenden C-GmbH in der Hand eines beherrschenden und abhängigen Unternehmens vereinigt. Das Abhängigkeitsverhältnis ersetzt andernfalls den erforderlichen Erwerb von mindestens 90 % der Anteile.

21.6.5 Stellung des § 1 Abs. 3 zum § 1 Abs. 2b GrEStG

Die Besteuerungstatbestände des § 1 Abs. 3 GrEStG sind gegenüber § 1 Abs. 2b GrEStG nachrangig. In der Praxis bedeutet dies, dass bei einer Anteilsvereinigung im Zusammenhang mit einer grundbesitzenden Kapitalgesellschaft zunächst die Tatbestandsmerkmale des § 1 Abs. 2b GrEStG zu prüfen sind. Sind diese nicht erfüllt, ist § 1 Abs. 3 GrEStG zu prüfen. Kommt dieser nicht zur Anwendung, ist einen Besteuerung nach § 1 Abs. 3a GrEStG zu prüfen. § 1 Abs. 3a GrEStG ist gegenüber § 1 Abs. 3 GrEStG als nachrangig zu betrachten (siehe Abbildung). 21.124

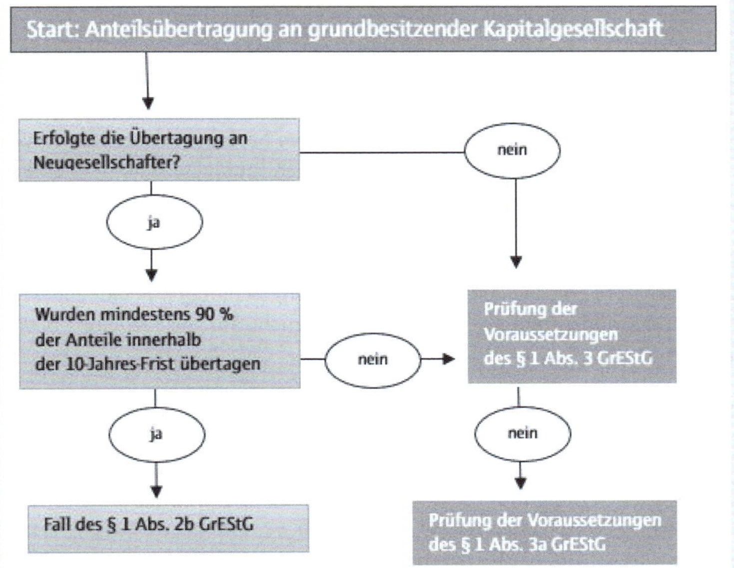

Abbildung: Prüfungsreihenfolge bei Anteilsübertragung

21.7 Anwendung der wesentlichen Inhalte des § 1 Abs. 3a GrEStG

21.125 § 1 Abs. 3a GrEStG stellt die letzte Möglichkeit dar, die vorgenommene Anteilsübertragung an einer grundbesitzenden Kapitalgesellschaft zu besteuern. § 1 Abs. 3a GrEStG ist § 1 Abs. 2b und 3 GrEStG nachrangig. Er kommt somit erst zur Anwendung, wenn eine Besteuerung nach den vorgenannten Regelungen nicht möglich ist (§ 1 Abs. 3a Satz 1 GrEStG).

21.126 § 1 Abs. 3a GrEStG verhindert die sogenannten **RETT-Blocker-Gestaltungen**. Bisher ging der BFH bei der Auslegung des § 1 Abs. 3 GrEStG davon aus, dass durch eine mittelbare oder unmittelbare Beteiligung einer Personengesellschaft an einer grundbesitzenden Kapitalgesellschaft der maßgebliche Schwellenwert von 90 % nicht erreicht werden konnte, weil die Anteile an einer Personengesellschaft pro Kopf gerechnet werden. Es käme demnach nicht zur Anwendung des § 1 Abs. 3 GrEStG. Hat die Personengesellschaft zwei Beteiligte, kann es aufgrund der Pro-Kopf-Regelung nicht zu einer Vereinigung in einer Hand kommen.

21.127 § 1 Abs. 3a GrEStG bestimmt hier als Berechnungsgrundlage die wirtschaftliche Beteiligung, also mit welchem Prozentanteil der Mitunternehmer an der Personengesellschaft beteiligt ist. Sind die Voraussetzungen nach § 1 Abs. 3a GrEStG erfüllt und die 90 % Anteile an der grundbesitzenden Kapitalgesellschaft in einer Hand vereint, gilt dies als Rechtsvorgang i.S.d. § 1 Abs. 3 GrEStG.

21.128 § 1 Abs. 3a GrEStG hat heute kaum noch eine praktische Bedeutung hat. Im Jahr 2017 hat der BFH entschieden, dass bei zwischengeschalteten Personengesellschaften auf die vermögensmäßige Beteiligung und nicht auf die Pro-Kopf-Beteiligung abzustellen ist.[47]

21.8 Grunderwerbsteuer – Wichtiger Beratungsaspekt bei der Änderung von Gesellschaftsanteilen

21.129 In den Begriffen Signing und Closing sieht die Finanzverwaltung zwei unterschiedliche Tatbestandsverwirklichungen, die dazu führen können, dass es zu einer doppelten Grunderwerbsteuerfestsetzung durch das Finanzamt kommen kann. Für das Finanzamt liegen hier nämlich zwei unterschiedliche Rechtsgeschäfte vor. Die folgende Tabelle macht den Unterschied deutlich:

[47] BFH, Urt. v. 27.09.2017 – II R 51/15, BStBl II 2020, 662.

Signing	**Closing**
Der Tatbestand wird verwirklicht, wenn Anteile i.S.d. § 1 Abs. 3, 3a GrEStG übertragen oder vereinigt werden.	Der Tatbestand wird verwirklicht, wenn durch einen Wechsel der Gesellschafter mindestens 90 % der Anteile auf neue Gesellschafter übergehen (§ 1 Abs. 2a, 2b GrEStG).
§ 1 Abs. 3, 3a GrEStG ist § 1 Abs. 2a, 2b GrEStG nachrangig. Dies gilt auch, wenn sich aufgrund einer Befreiungsvorschrift keine Besteuerung nach § 1 Abs. 2b GrEStG ergibt.	
Besteuerungszeitraum: Abschluss des schuldrechtlichen Verpflichtungsgeschäfts	Besteuerungszeitraum: Übergang des Anteils an der Kapitalgesellschaft
Steuerschuldner: die Gesellschafter (§ 13 Nr. 1 GrEStG)	Steuerschuldner: die grundbesitzende Gesellschaft (§ 13 Nr. 7 GrEStG)

Hinweis

Ändert sich der Gesellschafterbestand einer grundbesitzenden Kapitalgesellschaft im Nachgang an ein schuldrechtliches Verpflichtungsgeschäft (Signing), fallen die Besteuerungszeitpunkte von § 1 Abs. 2b und Abs. 3 Nr. 1 oder 3 GrEStG auseinander. Hier sollte man genau prüfen, ob das Finanzamt beide Vorgänge doppelt besteuert. 21.130

Die Finanzverwaltung sah jahrelang die Auffassung als richtig an, dass es sich 21.131 beim Signing und Closing um zwei Vorgänge handelt, die auch beide zu besteuern sind und nicht aufgehoben werden können. Erst durch das JStG 2022 wurde dieser Auffassung ein Ende gesetzt.[48] Mit dem JStG 2022 wurde die Berichtigungsvorschrift des § 16 Abs. 4a ins GrEStG eingefügt. Diese Regelung soll die doppelte Besteuerung von Signing oder Closing verhindern, wenn die maßgeblichen Steuerpflichtigen ihren Antrags- und Anzeigepflichten nachkommen. Demnach ist auf Antrag die grunderwerbsteuerliche Festsetzung des Signing aufzuheben oder zu ändern, wenn eine weitere Festsetzung in Bezug auf das Closing erfolgt.

48 Jahressteuergesetz 2022 (JStG 2022) v. 16.12.2022, BStBl I, 2294, 2319.

Hinweis

21.132 § 16 Abs. 4a GrEStG kann nicht angewandt werden, wenn einer der in § 1 Abs. 3 Nr. 1 oder 3 oder in Abs. 3a, 2a oder 2b GrEStG bezeichneten Erwerbsvorgänge nicht fristgerecht (14 Tage) und in allen Teilen vollständig angezeigt wurde (§§ 18–20 GrEStG).[49]

Beispiel

A ist zu 100 % Gesellschafter der A-GmbH. Im Jahr 01 verkauft er seine Anteile schuldrechtlich auf den B (Signing). Laut Vertrag gehen die Anteile im Jahr 02 auf den B über (Closing). Alle Anzeigen an das Finanzamt erfolgten fristgerecht und vollständig.

Lösung

Im Jahr 01 schließen A und B das schuldrechtliche Verpflichtungsgeschäft ab. Es liegt eine Anteilsübertragung i.S.d. § 1 Abs. 3 Nr. 3 GrEStG vor. A und B sind gem. § 13 Nr. 1 GrEStG die Schuldner der Steuer.

Im Jahr 02 erfolgt der eigentliche Gesellschafterwechsel auf den B. Aufgrund des Gesellschafterwechsels sind nunmehr die Voraussetzungen des § 1 Abs. 2b GrEStG erfüllt. Steuerschuldnerin ist die A-GmbH (§ 13 Nr. 7 GrEStG).

A und B können aufgrund der fristgerechten Abgabe der Anzeigen an das Finanzamt eine Aufhebung der Festsetzung der Grunderwerbsteuer nach § 1 Abs. 3 GrEStG beantragen.

Im Ergebnis kommt es nur zu einer Besteuerung nach § 1 Abs. 2b GrEStG.

Abwandlung

Sachverhalt wie vor, jedoch erfolgt die Anzeige des Closings verspätet.

Lösung Abwandlung

Die Aufhebung der Festsetzung nach § 1 Abs. 3 GrEStG erfolgt nicht, da das Closing nicht vollständig und fristgerecht beim Finanzamt angezeigt wurde (§ 16 Abs. 5 Satz 2 GrEStG).

---

[49] Vgl. BFH, Urt. v. 17.05.2017 – II R 35/15, BStBl II, 966.

Diese Voraussetzungen müssen erfüllt sein: 21.133

Sachverhalt	erfüllt	nicht erfüllt
Signing und Closing fallen zeitlich auseinander. Zunächst löst der Anteilskauf die Grunderwerbsteuer nach § 1 Abs. 3 Nr. 1, 3 oder Abs. 3a GrEStG aus. Im Anschluss löst die Übertragung der Anteile die Grunderwerbsteuer nach § 1 Abs. 2a oder 2b GrEStG aus.		
Signing und Closing wurden in allen Teilen vollständig innerhalb von 14 Tagen fristgerecht angezeigt (§ 16 Abs. 5 Satz 2 GrEStG).		
Ein Antrag auf die rückwirkende Aufhebung bzw. auf Änderung der Festsetzung wurde gestellt.		

21.9 Steuerschuldner bei Anteilsübertragungen (§ 13 GrEStG)

Kommt es nach § 1 Abs. 2b, 3 oder 3a GrEStG zu einer Grunderwerbsbesteuerung, ist nun fraglich, wer der eigentliche Steuerschuldner der Grunderwerbsteuer ist. Die nachfolgende Tabelle klärt diese Frage. 21.134

Anteilsübertragung nach …	Vorgang	Schuldner	Regelung
§ 1 Abs. 2b GrEStG	Änderung der Gesellschafterbestands um mindestens 90 % innerhalb von zehn Jahren	Kapitalgesellschaft, bei der sich der Bestand ändert	§ 13 Nr. 7 GrEStG
§ 1 Abs. 3 Nr. 1 und 2 GrEStG	Vereinigung von mindestens 90 % der Anteile in einer Hand	Erwerber	§ 13 Nr. 5a GrEStG

Anteilsübertragung nach …	**Vorgang**	**Schuldner**	**Regelung**
§ 1 Abs. 3 Nr. 1 und 2 GrEStG	Änderung der wirtschaftlichen Beteiligung von mindestens 90 %	Gesellschafter, der eine wirtschaftliche Beteiligung von mindestens 90 % innehat	§ 13 Nr. 8 GrEStG
§ 1 Abs. 3 Nr. 3 und 4 GrEStG	Übertragung bereits vereinigter Anteile von mindestens 90 % in eine andere Hand	Erwerber und bisheriger Inhaber	§ 13 Nr. 1 GrEStG
§ 1 Abs. 3 Nr. 1 i.V.m. § 1 Abs. 4 GrEStG	Anteilsübertragungen bei Organschaftsfällen	Die Mitglieder im Organkreis, die zusammen mindestens 90 % der Anteile auf sich vereinigen	§ 13 Nr. 5b GrEStG
§ 1 Abs. 3a GrEStG	Änderung der wirtschaftlichen Beteiligung von mindestens 90 %	Gesellschafter, der eine wirtschaftliche Beteiligung von mindestens 90 % innehat	§ 13 Nr. 8 GrEStG

21.10 Entstehung der Steuer bei Anteilsübertragungen (§ 14 GrEStG)

21.135 Die folgende Tabelle zeigt, wann die Grunderwerbsteuer bei den Übertragungsfällen von Anteilen an grundbesitzenden Kapitalgesellschaften entsteht.

Tatbestand	**Entstehung der Steuer**
§ 1 Abs. 2b GrEStG	im Zeitpunkt der dinglichen Rechtsänderung von mindestens 90 % der Anteile

Tatbestand	Entstehung der Steuer
§ 1 Abs. 3 Nr. 1 und 2 GrEStG	in dem Zeitpunkt, in dem der Erwerber die 90 % der Anteile in seiner Hand hat
§ 1 Abs. 3 Nr. 3 und 4 GrEStG	in dem Zeitpunkt, in dem der schuldrechtliche Vertrag über die Übertragung der vereinigten Anteile wirksam abgeschlossen wird

21.11 Anzeigepflicht der Beteiligten (§ 19 GrEStG)

Damit dem Finanzamt möglichst keine Übertragung von Anteilen an grundbesitzenden Kapitalgesellschaften entgeht, besteht eine Anzeigepflicht der Beteiligten. Die Anzeige hat von dem jeweiligen Steuerschuldner der Grunderwerbsteuer zu erfolgen (siehe Rdnr. 21.135). 21.136

In diesem Zusammenhang sind folgende Anteilsübertragungen unaufgefordert zu melden: 21.137

Anteilsübertragung nach …	Vorgang	Anzeigepflicht nach …
§ 1 Abs. 2b GrEStG	unmittelbare und mittelbare Änderungen des Gesellschafterbestands einer Kapitalgesellschaft, die innerhalb von zehn Jahren zum Übergang von 90 % der Anteile der Gesellschaft auf neue Gesellschafter geführt haben, wenn zum Vermögen der Kapitalgesellschaft ein inländisches Grundstück gehört	§ 19 Abs. 1 Nr. 3b GrEStG
§ 1 Abs. 3 Nr. 1 GrEStG	schuldrechtliche Geschäfte, die auf die Vereinigung von mindestens 90 % der Anteile einer Gesellschaft gerichtet sind, wenn zum Vermögen der Gesellschaft ein Grundstück gehört	§ 19 Abs. 1 Nr. 4 GrEStG

Anteilsübertragung nach …	Vorgang	Anzeigepflicht nach …
§ 1 Abs. 3 Nr. 2 GrEStG	die Vereinigung von mindestens 90 % der Anteile einer Gesellschaft, zu deren Vermögen ein Grundstück gehört	§ 19 Abs. 1 Nr. 5 GrEStG
§ 1 Abs. 3 Nr. 3 GrEStG	Rechtsgeschäfte, die den Anspruch auf Übertragung von mindestens 90 % der Anteile einer Gesellschaft begründen, wenn zum Vermögen der Gesellschaft ein Grundstück gehört	§ 19 Abs. 1 Nr. 6 GrEStG
§ 1 Abs. 3 Nr. 4 GrEStG	die Übertragung von mindestens 90 % der Anteile einer Gesellschaft auf einen anderen, wenn zum Vermögen der Gesellschaft ein Grundstück gehört	§ 19 Abs. 1 Nr. 7 GrEStG
§ 1 Abs. 3a GrEStG	Rechtsvorgänge, aufgrund derer ein Rechtsträger unmittelbar oder mittelbar oder teils unmittelbar, teils mittelbar eine wirtschaftliche Beteiligung i.H.v. mindestens 90 % an einer Gesellschaft, zu deren Vermögen ein inländisches Grundstück gehört, innehat	§ 19 Abs. 1 Nr. 7a GrEStG

21.12 Zuständiges Finanzamt (§ 17 GrEStG)

21.138 In den Übertragungsfällen des § 1 Abs. 2b, 3 und 3a GrEStG werden die Besteuerungsgrundlagen durch das Finanzamt festgestellt, in dessen Bezirk sich die Geschäftsleitung der grundbesitzenden Kapitalgesellschaft befindet, bei der sich der Gesellschafterwechsel vollzieht (§ 17 Abs. 3 Satz 1 Nr. 2 GrEStG).

22. Umsatzsteuer bei Kapitalgesellschaften

22.1 Einleitung

22.1 Nachfolgend werden praxisrelevante Sachverhalte im Bereich der Umsatzsteuer dargestellt, die ausschließlich oder schwerpunktmäßig bei Kapitalgesellschaften auftreten. Auf allgemeine Grundsätze der Umsatzsteuer sowie deren praxisrelevante Anwendung im Unternehmenssteuerrecht wird daher nur im Zusammenhang mit den nachfolgend ausgewählten Praxisthemen eingegangen.

22.2 Durch entsprechende Vertragsgestaltung (insbesondere **Steuerklauseln**) gilt es, umsatzsteuerliche **Risiken** bereits im Vorfeld zu vermeiden und gleichzeitig die **Chancen** von umsatzsteuerlich günstigen Rechtsfolgen zu heben (siehe hierzu z.B. den Vorschlag einer **Umsatzsteuerklausel im Rahmen einer Geschäftsveräußerung im Ganzen** unter Rdnr. 22.41).

22.2 Leistungen zwischen Gesellschaft und Gesellschafter

22.2.1 Geschäftsführungsleistungen

22.3 Sowohl nach der BFH-Rechtsprechung als auch nach Auffassung der Finanzverwaltung können Geschäftsführungsleistungen eines GmbH-Geschäftsführers als selbständig i.S.d. § 2 Abs. 2 Nr. 1 UStG zu beurteilen sein. Die Organstellung des GmbH-Geschäftsführers steht dem nicht entgegen.[1] Vor allem wenn der Geschäftsführer gleichzeitig auch Gesellschafter der GmbH ist (sog. **Gesellschafter-Geschäftsführer**), kann die Entfaltung einer wirtschaftlichen Tätigkeit zweifelhaft werden: Fraglich ist dann, ob es sich bei der von der GmbH an den Geschäftsführer gezahlten Vergütung tatsächlich um ein umsatzsteuerbares Entgelt im Sinne eines Leistungsaustauschs handelt oder vielmehr um einen Gewinnanteil, der als „Gesellschafterbeitrag“ nicht umsatzsteuerbar wäre.

22.4 Hinsichtlich des **Vorsteuerabzugs aus Gründungskosten** wäre selbstverständlich ein Vorsteuerabzug aus den Kosten dann am unproblematischsten, wenn diese erst **nach vollständiger Gründung** auf Ebene der Gesellschaft angefallen wären.[2] Wenn ein Gesellschafter im Zuge einer **entgeltlichen Veräußerung** selbst entgeltliche Leistungen an die Gesellschaft erbringt, kann dies den Vorsteuerabzug aus bezogenen Leistungen (§ 15 Abs. 1 Satz 1 Nr. 1 UStG) kraft eigener Unternehmereigenschaft (§ 2 UStG) sichern.[3] Falls hingegen eine Übertragung der empfangenen Leistungen an die Gesellschaft **außerhalb** einer **entgeltlichen** Leistung vorgesehen ist, steht nach Auffassung der Finanzverwaltung der Vorsteuerabzug unter den besonderen

---

[1] Abschn. 2.2. Abs. 2 Satz 4 UStAE unter Hinweis auf BFH, Urt. v. 10.03.2005 – V R 29/03, BStBl II, 730.

[2] So auch die Empfehlung bei HEROLD, PFB 2022, 250, sowie SPATSCHECK/SPILKER, UR 2022, 718 ff.

[3] HEROLD, PFB 2022, 248.

Bedingungen eines sogenannten **Investitionsumsatzes.** Bei bloßen **Beratungsleistungen** gegenüber würde folglich – nach der sehr umstrittenen Auffassung der Finanzverwaltung in Abschn. 15.2b Abs. 4 UStAE – **kein Vorsteuerabzugsrecht** bestehen, da diese Leistungen nicht in die später gegründete Gesellschaft eingebracht werden könnten. Diese Unterscheidung zwischen Investitionsumsätzen und sonstigen, nicht übertragbaren Leistungen (insbesondere Beratungsleistungen) ist indes nicht überzeugend, da sie keine Grundlage im Gesetz (weder in der MwStSystRL noch im UStG) findet.[4]

Hinsichtlich der **Weisungsbefugnis** von Gesellschaftern gegenüber der Unterneh- 22.5
mensleitung bestehen wiederum wesentliche Unterschiede zwischen der AG und der GmbH: Während die Gesellschafter einer GmbH gegenüber den Geschäftsführern direkt weisungsbefugt sind, fehlt eine solche enge Bindung im Fall einer AG gegenüber ihrem Vorstand. Hingegen stellt bereits der Wortlaut des § 2 Abs. 2 Nr. 1 UStG klar, dass die berufliche Tätigkeit einer natürlichen Person dann nicht selbständig ausgeübt wird, soweit diese einem Unternehmen so eingegliedert ist, dass sie den Weisungen des Unternehmers zu folgen verpflichtet sind.

Beispiel (entnommen aus Abschn. 2.2 Abs. 2, Beispiel 1 UStAE)

Der Aktionär einer AG erhält von dieser eine Tätigkeitsvergütung für seine Ge- 22.6
schäftsführungsleistung. Zwischen den Parteien ist ein Arbeitsvertrag geschlossen, der u.a. Urlaubsanspruch, feste Arbeitszeiten, Lohnfortzahlung im Krankheitsfall und Weisungsgebundenheit regelt und bei Anwendung der für das Ertrag- und Umsatzsteuerrecht einheitlichen Abgrenzungskriterien zu Einkünften aus nichtselbständiger Arbeit führt.

Lösung

Der Aktionär ist auch umsatzsteuerrechtlich nicht selbständig tätig.

Eine Komplementär-GmbH erbringt im Rahmen einer **GmbH & Co. KG** gegen- 22.7
über der KG umsatzsteuerpflichtige Geschäftsführungsleistungen.[5] Folglich ist auf die – häufig pauschaliert vereinbarte – Geschäftsführungs- und Haftungsvergütung Umsatzsteuer zu berechnen. Falls jedoch eine KG wiederum mehrheitlich an ihrer Komplementär-GmbH beteiligt ist, kann die Komplementär-GmbH ihre Tätigkeit nicht mehr selbständig ausüben (Abschn. 2.2 Abs. 6 UStAE).

4 So auch Spatscheck/Spilker, UR 2022, 720.

5 BFH, Urt. v. 06.06.2002 – V R 43/01, BStBl II 2003, 36.

Beispiel (entnommen aus Abschn. 2.2 Abs. 2, Beispiel 3 UStAE)

22.8 Ein bei einer Komplementär-GmbH angestellter Geschäftsführer, der gleichzeitig Kommanditist der GmbH & Co. KG ist, erbringt Geschäftsführungs- und Vertretungsleistungen gegenüber der GmbH.

Lösung

Aus ertragsteuerrechtlicher Sicht wird unterstellt, dass die Tätigkeit selbständig ausgeübt wird; die Vergütung für die Geschäftsführungs- und Vertretungsleistung gegenüber der Komplementär-GmbH gehört zu den Einkünften als (selbständiger) Mitunternehmer der KG und wird zu gewerblichen Einkünften i.S.d. § 15 Abs. 1 Satz 1 Nr. 2 EStG umqualifiziert. In umsatzsteuerrechtlicher Hinsicht ist die Frage der Selbständigkeit jedoch weiterhin unter Anwendung der allgemeinen Grundsätze zu klären.

Beispiel (entnommen aus Abschn. 2.2 Abs. 6 UStAE)

Die Komplementär-GmbH erbringt Geschäftsführungs- und Vertretungsleistungen gegen Sonderentgelt an die KG. Der Kommanditist dieser KG ist gleichzeitig Geschäftsführer der Komplementär-GmbH.

Lösung

Die Komplementär-GmbH ist mit ihren Geschäftsführungs- und Vertretungsleistungen selbständig tätig. Diese werden von der Komplementär-GmbH an die KG im Rahmen eines umsatzsteuerbaren Leistungsaustauschs erbracht, auch wenn z.B. die Vergütung unmittelbar an den Geschäftsführer der Komplementär-GmbH gezahlt wird.

22.2.2 Verdeckte Gewinnausschüttung

22.9 Falls ertragsteuerlich eine verdeckte Gewinnausschüttung (§ 8 Abs. 3 Satz 2 KStG) der Kapitalgesellschaft an den Gesellschafter vorliegt, bildet dennoch der **vollständige, überhöhte Entgeltbetrag die Bemessungsgrundlage** (Entgelt gem. § 10 Abs. 1 UStG) für den umsatzsteuerlichen Leistungsaustausch zwischen Gesellschaft und Gesellschafter.[6] Dieser Auffassung hat sich auch die Finanzverwaltung angeschlossen (Abschn. 10.1 Abs. 2 Satz 3 UStAE).

22.10 Dies ist jedoch nur dann der Fall, wenn es sich bei dem körperschaftsteuerlich als verdeckte Gewinnausschüttung qualifizierten Geschäftsvorfall überhaupt um eine **umsatzsteuerbare Leistung** handelt. Falls es sich jedoch um einen per se nicht umsatzsteuerbaren Vorgang handelt, können auch umsatzsteuerlich insofern keine weiteren Besteuerungsfolgen gezogen werden.[7]

---

6 BFH, Urt. v. 25.11.1987 – X R 12/87, BStBl II 1988, 210.

7 Sterzinger, Ubg 2018, 220 ff.

22.2.3 Forderungsverzicht gegenüber (Tochter-)Kapitalgesellschaft

Zur Stützung einer (Tochter-)Kapitalgesellschaft spricht ein Gesellschafter, der seiner Gesellschaft zuvor ein Darlehen ausgereicht hat, oftmals einen **Forderungsverzicht** aus. Falls die ehemalige Forderung aus einer Lieferantenverbindlichkeit der (Tochter-)Kapitalgesellschaft gegenüber ihrem Gesellschafter entstanden ist (Umwandlung der Lieferantenverbindlichkeit in Darlehen, sog. **Novation**), hatte der Gesellschafter Umsatzsteuer an sein Finanzamt abgeführt und die (Tochter-)Kapitalgesellschaft hat nach ihrem Vorsteuerschlüssel entsprechend die in Rechnung gestellte Umsatzsteuer sogleich als Vorsteuer bei ihrem Finanzamt geltend gemacht. 22.11

Zum Zeitpunkt des Forderungsverzichts muss nun für Zwecke der beabsichtigten Sanierung und Liquiditätssicherung der (Tochter-)Kapitalgesellschaft bedacht werden, dass § 17 Abs. 2 UStG eine **Pflicht zur Umsatzsteuerberichtigung** auf Ebene des Gesellschafters und eine Pflicht zur Vorsteuerberichtigung auf Ebene der (Tochter-)Kapitalgesellschaft vorsieht. Das Entgelt für die steuerpflichtige Lieferung ist im Fall eines Forderungsverzichts dann nämlich uneinbringlich geworden.[8] 22.12

Praxistipp

In der Finanzierungsfunktion eines Konzerns (**Treasury**) ist daher darauf zu achten, dass sich die (Tochter-)Kapitalgesellschaft einer neuen Forderung, nämlich der des Finanzamts auf Rückzahlung der zuvor beanspruchten Vorsteuer, gegenüberstehen kann. Idealerweise wird dieser Liquiditätsbedarf im Sinne einer technischen Stundung durch die vorige Beantragung der Umsatzsteuererstattung durch den Gesellschafter gedeckt. 22.13

22.2.4 Räuberische Aktionäre

Als „räuberische Aktionäre" werden gemeinhin Personen bezeichnet, die sich nur deshalb als Aktionäre an einer AG beteiligen, um Beschlüsse der Hauptversammlung anzufechten und sich anschließend die Beilegung der erzeugten Streitigkeit von der AG mit beachtlichen Summen „abkaufen" lassen. Zahlreiche AGs sind bereit, entsprechende Summen aufzuwenden, um empfindliche Verzögerungen im Geschäftsablauf von der AG abzuwenden. Da als umsatzsteuerpflichtige Dienstleistung (sog. sonstige Leistung gem. § 3 Abs. 9 Satz 2 UStG) auch ein Unterlassen einer Handlung (hier: Weiterverfolgen der Anfechtung) rechnet, stellen räuberische Aktionäre eine Rechnung (Zahlbetrag sowie aufgewendete Rechtsberatungskosten) an die AG aus. 22.14

Dass es sich bei der **Anfechtung** möglicherweise um ein **strafbares bzw. sittenwidriges Vorgehen** handelt, ändert nichts daran, dass auch ein solcher Tatbestand der 22.15

[8] BFH, Urt. v. 10.03.1983 – V B 46/80, BStBl II, 389.

Besteuerung unterworfen wird (§ 40 AO). Andernfalls ergäbe sich nämlich sogar eine Besserstellung gegenüber legalen Geschäftsvorfällen.

22.16 In dem Streitfall, den das FG Köln in seiner Entscheidung aus dem Jahr 2015[9] zu entscheiden hatte, konnte die **Umsatzsteuerbelastung der AG** noch dazu nicht als Vorsteuer geltend gemacht werden, da es sich um einen Versicherer handelte, der gem. § 4 Nr. 10 UStG steuerbefreite Ausgangsleistungen erbrachte und damit kein Recht auf Vorsteuerabzug hatte (§ 15 Abs. 2 Nr. 1 UStG). Der räuberische Aktionär hatte in seiner Abrechnung an die AG keine Umsatzsteuer offen ausgewiesen. Die AG hat daraufhin die Umsatzsteuer aus den Zahlungen herausgerechnet (§ 10 Abs. 1 Satz 2 UStG) und gerade nicht noch auf den in Rechnung gestellten Betrag aufgeschlagen. Im Ergebnis bejahte das FG Köln eine Umsatzsteuerpflicht der von der AG geleisteten Zahlung. Die Revision zum BFH wurde nicht zugelassen und der daraufhin eingelegten Nichtzulassungsbeschwerde wurde nicht stattgegeben.[10] In einem weiteren Beschluss schloss sich der BFH der Auffassung des FG Köln inhaltlich an und stellte fest, dass ein Aktionär, der gegen Entgelt auf die weitere Fortführung einer Anfechtungsklage verzichtet und einen **Vergleich** schließt, einen steuerbaren und steuerpflichtigen Umsatz gegenüber der AG erbringt.[11]

Hinweis

22.17 Entscheidend ist hier im Einzelfall, ob sich die Streitparteien darüber bewusst und einig waren, ob der Umsatzsteuerbetrag in der gezahlten Summe bereits enthalten sein soll (so wohl die Position einer zahlenden AG) oder noch zusätzlich aufgeschlagen werden sollte (so wohl die Position eines räuberischen Aktionärs).

22.18 Aktienrechtlich wurden die bislang verbreiteten Anfechtungsklagen durch das beschleunigte **Freigabeverfahren** (§ 246a AktG) zurückgedrängt. Vergleichbare Zahlungen werden dem Vernehmen nach jedoch beispielsweise zur Vermeidung von einem **Spruchverfahren** nach einem Squeeze-out (§ 243 Abs. 4 Satz 2 AktG) geleistet.

Hinweis

22.19 Im Fall von im Ausland ansässigen Aktionären würde die Aktiengesellschaft als Leistungsempfängerin einer „Vergleichsleistung" Schuldnerin der Umsatzsteuer („Reverse-Charge"-Verfahren gem. § 13b UStG). Soweit der Sachverhalt daher ausländische Aktionäre betrifft, könnte bei Zweifelsfragen proaktiv auf die Finanzverwal-

[9] FG Köln, Urt. v. 11.06.2015 – 13 K 3023/13, EFG 2015, 1540.

[10] BFH, Beschl. v. 06.11.2015 – IX B 83/15.

[11] BFH, Beschl. v. 23.03.2021 – XI B 69/20, BFH/NV 2021, 1108; weiterführend hierzu WOHLFART, UStB 2021, 287, sowie STERZINGER, Umsatzsteuer direkt digital 2021, Nr. 15, 2.

tung zugegangen und der Sachverhalt offengelegt werden. Bei entsprechendem Vergleichsschluss könnte eine solche Mitteilung im Rahmen der betreffenden Umsatzsteuer-Voranmeldung etwa wie folgt lauten:

„Mit Vereinbarung vom [...] hat die Gesellschaft mit mehreren Parteien einen Vergleich über die einvernehmliche Beendigung eines Spruchverfahrens geschlossen. Die Parteien des Vergleichs sind dabei übereinstimmend davon ausgegangen, dass der Vergleich als nicht umsatzsteuerbar zu behandeln ist."

22.3 Haftung, Tax-Compliance-Managementsystem sowie internes Kontrollsystem

22.3.1 Gesetzliche Pflichten im Bereich der Umsatzsteuer

Auch im Bereich der Umsatzsteuer trifft die Legalitätspflicht bei einer AG den **Vorstand** (§ 93 Abs. 1 AktG) bzw. bei einer GmbH den **Geschäftsführer** (§ 43 Abs. 1 GmbHG; zu den Fragen der Haftung des Geschäftsführers ausführlich Rdnr. 4.1 ff.). Neben dem Tatbestand der direkten Steuerhinterziehung (§ 370 AO) droht insbesondere auch der Vorwurf der Steuerhinterziehung durch Unterlassen bei Verstoß gegen die **Berichtigungspflicht** bei Erkennen einer Unrichtigkeit nach Abgabe einer Steuererklärung (**§ 153 AO**). Bei schuldhafter **Pflichtverletzung** droht den gesetzlichen Vertretern einer Kapitalgesellschaft eine persönliche Haftung gem. § 69 i.V.m. § 34 AO sowie ein Bußgeld gem. § 130 OWiG (Verletzung der Aufsichtspflicht, sog. gehörige Aufsicht). 22.20

Dass im Steuerrecht der Begriff „Haftung" das Einstehenmüssen für eine fremde Steuerschuld bedeutet, macht im Bereich der Umsatzsteuer mit seiner Prägung durch **Massentransaktionen** ein funktionierendes internes Risikomanagementsystem noch notwendiger. Unrichtige Einstellungen potenzieren sich rasch in Größenordnungen, welche die **Schwelle i.H.v. 50.000 €** für Fälle der **schweren Steuerhinterziehung** überschreiten. Dabei führt jedoch beispielsweise eine unzutreffende Eintragung in das „Feld 1" eines CMR-Frachtbriefs nur dann zu einer Haftung des GmbH-Geschäftsführers gem. § 69 AO, wenn diesem mindestens ein grob fahrlässiges Verhalten zur Last gelegt werden kann.[12] 22.21

Praxistipp

Eine **Enthaftung** der Kapitalgesellschaftsorgane (Vorstand und Geschäftsführung) durch ein steuerliches internes Kontrollsystem gemäß IDW PS 980 wird im Anwen– 22.22

[12] FG Nürnberg, Urt. v. 03.07.2019 – 5 K 827/16, DRsp Nr. 2020/1260.

dungserlass des BMF zu § 153 AO[13] keineswegs garantiert, aber für möglich gehalten:

„Hat der Steuerpflichtige ein innerbetriebliches Kontrollsystem eingerichtet, das der Erfüllung der steuerlichen Pflichten dient, kann dies ggf. ein Indiz darstellen, das gegen das Vorliegen des Vorsatzes oder der Leichtfertigkeit sprechen kann, jedoch befreit dies nicht von einer Prüfung des jeweiligen Einzelfalls." Auf die Notwendigkeit eines internen Kontrollsystems bzw. Compliance-Management-Systems weist auch die Richterschaft hin, gerade im Zusammenhang mit der Geschäftsführerhaftung (etwa der Haftung eines Geschäftsführers für zu Unrecht ausbezahlte Vorsteuerüberhänge bei Einbindung einer GmbH in ein Umsatzsteuerkarussell).[14]

22.3.2 Vorsteuerabzug aus Kosten der Strafverteidigung des Vorstands bzw. Geschäftsführers

22.23 Nach der BFH-Rechtsprechung kann eine Kapitalgesellschaft selbst bei einem unternehmerisch **veranlassten Strafverfahren** gegen ihren Vorstand/Geschäftsführer **keinen Vorsteuerabzug** aus den Rechtsberatungskosten zur Strafverteidigung geltend machen.[15] Ein Anspruch auf Vorsteuerabzug bestünde nur dann, wenn sich das Strafverfahren gleichzeitig auch gegen die Kapitalgesellschaft selbst richten würde. Der BFH hatte zuvor den EuGH angerufen.[16] Dieser entschied, dass ein **bloßer Kausalzusammenhang** zwischen der Geschäftstätigkeit der Kapitalgesellschaft und den Strafverteidigungskosten ihres Geschäftsführers noch **kein Recht auf Vorsteuerabzug** begründe.[17]

22.24 Dieser Auffassung hat sich nach dem BFH auch die **Finanzverwaltung** in Abschn. 15.2b Abs. 2 UStAE angeschlossen. Im vom BFH[18] entschiedenen Streitfall waren die in der Honorarvereinbarung mit dem Strafverteidiger benannten Auftraggeber sowohl die Kapitalgesellschaft als auch der Geschäftsführer der Kapitalgesellschaft selbst gewesen. Im Ergebnis versagten EuGH[19] und BFH[20] deshalb den Vorsteuerabzug, da es sich bei der Strafverteidigung um ein **Eigeninteresse des Geschäftsführers** gehandelt habe. Insofern seien die Leistungen nicht für das den Vorsteuerabzug begehrende Unternehmen bezogen worden.

---

13 BMF-Schreiben v. 23.05.2016 – IV A 3 - S 0324/15/10001 IV A 4, BStBl I, 490.
14 Anm. v. ZAPF, EFG 2021, 728 ff., zur Entscheidung des FG Münster, Urt. v. 04.02.2021 – 10 K 1672/19 U.
15 BFH, Urt. v. 11.04.2013 – V R 29/10, BStBl II, 840.
16 BFH, Beschl. v. 22.12.2011 – V R 29/10, BStBl II, 840.
17 EuGH, Urt. v. 21.02.2013 – C-104/12, „Becker", EuZW 2013, 353.
18 BFH, Urt. v. 11.04.2013 – V R 29/10, BStBl II, 840.
19 EuGH, Urt. v. 21.02.2013 – C-104/12, „Becker", EuZW 2013, 353.
20 BFH, Urt. v. 11.04.2013 – V R 29/10, BStBl II, 840.

Hinweis

Dass die **Honorarvereinbarung** im Streitfall auch mit der Kapitalgesellschaft geschlossen wurde, konnte den Vorsteuerabzug also allein nicht begründen. Allerdings sollte der Vorsteuerabzug in den Fällen gewahrt sein, in denen sich die Ermittlungen direkt gegen das Unternehmen wenden (z.B. bei **Geldbußen gegen juristische Personen gem. § 30 OWiG**). 22.25

22.4 Ausgabe und Übertragung von Anteilen an Kapitalgesellschaften

Hinsichtlich der Umsatzbesteuerung ist hier wie folgt zu differenzieren: 22.26

- Ausgabe von Anteilen

  Eine Kapitalgesellschaft erbringt bei der Aufnahme eines Gesellschafters durch erstmalige Ausgabe von Anteilen (bei Aktiengesellschaften: **Initial Public Offering, IPO**) an diesen **keinen steuerbaren Umsatz.**[21] Hinsichtlich des Vorsteuerabzugs eines Gesellschafters oder einer Vorgründungsgesellschaft in der Vorbereitungsphase einer Gesellschaftsgründung schloss sich das BMF mit Schreiben vom 12.04.2022[22] der Auffassung des BFH[23] an, wonach dann ein Recht auf Vorsteuerabzug besteht, wenn es sich bei den bezogenen Lieferungen oder sonstigen Leistungen aus Sicht der (zukünftigen) Gesellschaft um einen Investitionsumsatz handelt und die Gesellschaft grundsätzlich ein Recht auf Vorsteuerabzug hat. Aufgrund zahlreicher verbleibender Unsicherheiten,[24] insbesondere zur Frage eines „Verbrauchs" bezogener Leistungen, bleibt dennoch zu empfehlen, signifikante Investitionen erst nach Gründung der Gesellschaft durch diese selbst durchführen zu lassen.[25]

- Sacheinlagen 22.27

  Dagegen sind Sacheinlagen **umsatzsteuerbar**, wenn es sich um Lieferungen (z.B. Einlage eines Grundstücks) oder sonstige Leistungen (z.B. Einlage eines anderen Gesellschaftsanteils) handelt und keine Geschäftsveräußerung i.S.d. § 1 Abs. 1a UStG vorliegt (Abschn. 1.6 Abs. 2 Satz 4 UStAE).

---

21 EuGH, Urt. v. 26.05.2005 – C-465/03, „Kretztechnik", EuZW 2005, 441, sowie Abschn. 1.6 Abs. 2 Satz 2 UStAE.

22 BMF-Schreiben v. 12.04.2022 – III C 2 - S 7300/20/10001 :005 (2022/0384459), BStBl I, 650, sowie Abschn. 15.2b. Abs. 4 UStAE.

23 BFH, Urt. v. 11.11.2015 – V R 8/15, BStBl II 2022, 288.

24 Siehe hierzu auch Spatscheck/Spilker, UR 2022, 718 ff.

25 Ebenso Klink, UVR 2022, 278, 283.

22.28 – Anteilsübertragungen

Die Anteilsübertragung an Kapitalgesellschaften ist **als umsatzsteuerbare sonstige Leistung** einzuordnen.[26] Falls das übertragene Gesellschaftsrecht in einem Papier verbrieft ist, soll es nach der Auffassung der Finanzverwaltung nicht darauf ankommen, ob das Papier effektiv übertragen oder in einem **Sammeldepot** verwahrt wird (Abschn. 3.5 Abs. 8 Satz 3 UStAE).

22.29 – Einbringungen

Als Entgelt für die Einbringung von Wirtschaftsgütern in eine Gesellschaft kommt neben der Verschaffung der Beteiligung an der Gesellschaft auch die Übernahme von Schulden des Gesellschafters durch die Gesellschaft in Betracht, wenn der einbringende Gesellschafter dadurch wirtschaftlich entlastet wird.[27]

22.30 – Nutzung von Unternehmensholdings

Das bloße Erwerben, Halten und Veräußern von gesellschaftsrechtlichen Beteiligungen ist **keine unternehmerische Tätigkeit**.[28] Zwar übt der Anteilseigner an einer Kapitalgesellschaft unstreitig eine „Tätigkeit zur Erzielung von Einnahmen" i.S.d. § 2 UStG aus. Dennoch erfüllt er nicht sämtliche kumulativen Voraussetzungen des Unternehmerbegriffs i.S.d. § 2 UStG, da Dividenden und andere Gewinnbeteiligungen nicht als umsatzsteuerrechtliches Entgelt im Rahmen eines Leistungsaustauschs anzusehen sind.[29] Seit Februar 2023 enthält der UStAE die Auffassung der Finanzverwaltung, dass **Finanzinvestoren**, die (sanierungsreife) Gesellschaften erwerben, um sie nach erfolgter Sanierung gewinnbringend zu veräußern, insoweit Unternehmer seien. Der Erwerb und das Halten der gesellschaftsrechtlichen Beteiligung seien vielmehr unabdingbare Voraussetzungen für die Ausübung der unternehmerischen Tätigkeit. Die gesellschaftsrechtliche Beteiligung werde daher im unternehmerischen Bereich des Finanzinvestors gehalten.[30]

22.31 Der BFH[31] entschied jüngst in seiner Nachfolgeentscheidung zum EuGH-Urteil „Finanzamt R" (EuGH, Urt. v. 08.09.2022 – C-98/21, „Finanzamt R", DB 2022, 2256) zum Vorsteuerabzug einer geschäftsleitenden Holding, dass einer Holdinggesellschaft der Vorsteuerabzug für Eingangsleistungen dann zu versagen ist, wenn diese gleichzeitig

---

26 EuGH, Urt. v. 26.05.2005 – C-465/03, „Kretztechnik", EuZW 2005, 441.

27 Abschn. 1.6 Abs. 2 Satz 6 UStAE unter Hinweis auf BFH, Urt. v. 15.05.1997 – V R 67/94, BStBl II, 705.

28 Abschn. 2.3 Abs. 2 Satz 1 UStAE unter Verweis auf EuGH, Urt. v. 27.09.2001 – C-16/00, „Cibo Participation", DB 2001, 2482.

29 Abschn. 2.3 Abs. 2 Satz 3 UStAE unter Hinweis auf EuGH, Urt. v. 21.10.2004 – C-8/03, „BBL", DB 2004, 2458.

30 Abschn. 2.3 Abs. 4 Satz 5–7 UStAE, hinzugefügt durch BMF-Schreiben v. 07.02.2023 – III C 2 - S 7300/19/10004 :005, BStBl I, 322.

31 BFH, Urt. v. 15.02.2023 – XI R 24/22 (XI R 22/18), ZIP 2023, 1745.

1. nicht in einem direkten und unmittelbaren Zusammenhang mit von der Holding erbrachten steuerpflichtigen Dienstleistungen, sondern mit von ihr als Gesellschafterbeitrag geschuldeten unentgeltlichen Dienstleistungen stehen,

2. nicht in direktem und unmittelbarem Zusammenhang mit den eigenen Umsätzen der Holding, sondern mit den Umsätzen Dritter (der Tochtergesellschaften) stehen,

3. in den Preis der an die Tochtergesellschaften erbrachten steuerpflichtigen Umsätze keinen Eingang finden und

4. nicht zu den allgemeinen Kostenelementen der eigenen wirtschaftlichen Tätigkeit der Holding gehören. Ein solches sogenanntes **Holding-Vorschaltmodell** ist damit von der Rechtsprechung abgelehnt worden.

Falls die Gesellschaftsanteile jedoch nur treuhänderisch erworben und gegen Entgelt verwaltet werden, werden dadurch allerdings noch keine Gesellschaftsanteile verschafft (Abschn. 4.8.10 Abs. 2 Satz 1 UStAE). Die Tätigkeit ist daher steuerbar und steuerpflichtig. Eine **Umsatzsteuerbefreiung** gem. § 4 Nr. 8 Buchst. h) UStG steht nur Kapitalgesellschaften offen, die innerhalb der Regularien des KAGB tätig werden. 22.32

22.5 Share Deal als Geschäftsveräußerung im Ganzen (§ 1 Abs. 1a UStG)

Falls die Anteilsübertragung aus Sicht des Veräußerers zur unternehmerischen Tätigkeit rechnet, handelt es sich grundsätzlich um eine steuerbare Leistung, wenn ausnahmsweise keine nicht steuerbare Geschäftsveräußerung im Ganzen vorliegt. Gerade bei Holding-Kapitalgesellschaften rechnet jedoch das bloße Halten von Anteilen grundsätzlich nicht als unternehmerische Tätigkeit (Abschn. 2.3 Abs. 3 Satz 2 UStAE). 22.33

Fraglich ist dann oftmals, ob in einer Anteilsübertragung eine **nicht steuerbare Geschäftsveräußerung im Ganzen** gesehen werden kann. Folge hiervon wäre, dass es sich nicht um einen steuerbaren, aber gem. § 4 Nr. 8 Buchst. f) UStG („Umsätze von Anteilen an Gesellschaften") steuerbefreiten Vorgang handeln würde, der aufgrund der Steuerfreiheit der Ausgangsleistungen den Vorsteuerabzug auf der Eingangsseite – z.B. auf Beraterkosten anlässlich der Transaktion – einschränkt (§ 15 Abs. 2 UStG) bzw. sogar zu einer Vorsteuerberichtigung gem. § 15a UStG für in der Vergangenheit geltend gemachte Vorsteuern führt. 22.34

Nach derzeitiger BFH-Rechtsprechung soll eine bloße Veräußerung von Anteilen ohne gleichzeitige Übertragung von Vermögenswerten grundsätzlich nicht für die 22.35

Annahme einer Geschäftsveräußerung im Ganzen ausreichen. So hatte der BFH entschieden, dass eine Geschäftsveräußerung bei einer unternehmerischen Beteiligung im Ausnahmefall nur dann vorliege, wenn **100 % der Anteile** veräußert würden.[32] Wie unten (Rdnr. 22.37) noch gezeigt werden wird, könnte diese Wertung inzwischen jedoch nicht mehr mit dem **Europarecht** übereinstimmen.

22.36 Der **EuGH** hat indes entschieden, dass grundsätzlich auch der Verkauf der **Anteile einer zum Unternehmensvermögen gehörenden Beteiligung** (sog. **Share Deal**) eine Geschäftsveräußerung darstellen kann.[33] Hierfür muss allerdings neben dem Veräußerer auch der Erwerber entgeltliche Leistungen an die Gesellschaft ausführen. Nach Auffassung des EuGH[34] muss der übertragene Gesellschaftsanteil Teil einer eigenständigen Einheit sein, die eine selbständige wirtschaftliche Betätigung ermöglicht, und diese Tätigkeit muss vom Erwerber fortgeführt werden können.

22.37 Das **FG Nürnberg**[35] hatte jüngst entschieden, dass keine Geschäftsveräußerung im Ganzen vorliegt, wenn im Wege eines **Share Deals** bloß 100 % der Anteile an der immobilienbesitzenden Gesellschaft übertragen werden, und nicht „das Innehaben der Anteile gründende Unternehmen" des Veräußerers. Anders sah dies der **BFH.**[36] Danach galt: *„Die Übertragung von Gesellschaftsanteilen begründet eine Geschäftsveräußerung hinsichtlich des Unternehmensvermögens der Gesellschaft, an der die Anteile bestehen, wenn alle Anteile an der Gesellschaft übertragen werden."*[37] Das **FG Nürnberg**[38] bezweifelt in seiner Entscheidung aber, dass die BFH-Entscheidung so zu verstehen ist, dass die Veräußerung sämtlicher Anteile an einer Kapitalgesellschaft stets zu einer Geschäftsveräußerung im Ganzen führe. Nach Auffassung des FG hätte eine Geschäftsveräußerung im Ganzen auch nicht durch den Schluss eines neuen Organkreises mit dem Erwerber als neuem Organträger begründet werden können.[39] Erforderlich gewesen sei vielmehr die gleichzeitige Übertragung der bislang an die Organgesellschaft vermieteten Grundstücke.

22.38 Der **BFH**[40] brachte mit seiner Entscheidung nun mehr Rechtssicherheit für die Transaktionspraxis: Im Gegensatz zur Gestaltung als **Asset Deal** war zur Gestaltung als **Share Deal** bislang nur wenig BFH-Rechtsprechung ergangen. Bislang

[32] BFH, Urt. v. 27.01.2011 – V R 38/09, BStBl II 2012, 68.
[33] EuGH, Urt. v. 29.10.2009 – C-29/08, „AB SKF", UR 2010, 107.
[34] EuGH, Urt. v. 30.05.2013 – C-651/11, „X", UR 2013, 582.
[35] FG Nürnberg, Urt. v. 02.05.2018 – 2 K 309/16 mit Anm. EGGERS, MwStR 2019, 219, 223; aufgehoben durch BFH, Urt. v. 18.09.2019 – XI R 33/18, DStR 2020, 273; siehe hierzu auch SPATSCHECK/SPILKER, UStB 2022, 394, 397.
[36] BFH, Urt. v. 27.01.2011 – V R 38/09, BStBl II 2012, 68.
[37] BFH, Urt. v. 27.01.2011 – V R 38/09, BStBl II 2012, 68, zweiter Leitsatz.
[38] FG Nürnberg, Urt. v. 02.05.2018 – 2 K 309/16, EFG 2018, 1833.
[39] A.A. MEYER, in: OFFERHAUS/SÖHN/LANGE, UStG, § 1 Rdnr. 382 (03/2022).
[40] BFH, Urt. v. 18.09.2019 – XI R 33/18, DStR 2020, 273.

hatte der BFH[41] eine **Geschäftsveräußerung im Ganzen** im Fall eines Share Deals bei Übertragung von „nur" **99 % der Anteile abgelehnt.**

Im nun entschiedenen Streitfall wurde eine GmbH aus einem bestehenden Organkreis heraus veräußert und gleichzeitig das **Betriebsgrundstück**, welches im Rahmen einer ertragsteuerlichen **Betriebsaufspaltung** durch die Eigentümer überlassen wurde, in Form eines langfristigen Pachtvertrags der Käuferseite überlassen. Der BFH bejahte hier eine nicht steuerbare Geschäftsveräußerung im Ganzen, da mit der Übertragung von Gesellschaftsanteilen i.V.m. der Überlassung des Grundstücks ein begünstigtes „Teilvermögen" vorgelegen habe.[42] Die unternehmerische Tätigkeit der Verkäuferseite könne bei **Begründung eines neuen Organkreises auf Ebene der Käuferseite** fortgeführt werden. Dabei muss der Erwerber jedoch die auf Ebene des Veräußerers zu einer wirtschaftlichen Eingliederung führenden Dienstleistungen gerade nicht fortsetzen.[43] 22.39

Während der BFH damit auch für die Übertragung von Organgesellschaften eine Geschäftsveräußerung im Ganzen für grundsätzlich möglich hält, führt dies im Ergebnis dazu, dass der Vorsteuerabzug des Veräußerers aus seinen aufgewendeten Transaktionskosten davon abhängt, ob der Erwerber zukünftig tatsächlich Organträger der erworbenen Zielgesellschaft wird.[44] 22.40

Hinweis

Aufgrund der in der Praxis verbleibenden Unsicherheiten über tatsächliche Gegebenheiten sowie rechtliche Würdigungen empfiehlt es sich bei gleichzeitiger Übertragung von **Grundstücken** (etwa im Rahmen einer Veräußerung aus einer bestehenden **Betriebsaufspaltung**), schon im notariell zu beurkundenden Kaufvertrag (§ 9 Abs. 3 UStG) eine sogenannte **unbedingte Option zur Umsatzsteuerpflicht** aufzunehmen. 22.41

Eine solche Umsatzsteuerklausel könnte auszugsweise wie folgt lauten:

„Die Parteien gehen übereinstimmend von einer nicht umsatzsteuerbaren Geschäftsveräußerung im Ganzen i.S.d. § 1 Abs. 1a UStG aus. Der Kaufpreis enthält daher nicht die Umsatzsteuer. Für den Fall, dass sich die rechtliche Beurteilung der Parteien als nicht steuerbare Geschäftsveräußerung im Ganzen i.S.d. § 1 Abs. 1a UStG später als unzutreffend herausstellen sollte, optiert der Verkäufer bereits jetzt und unbedingt zur Umsatzsteuerpflicht der Grundstücksveräußerung gem. § 9 Abs. 1 und Abs. 3 Satz 2 UStG."

[41] BFH, Urt. v. 27.01.2011 – V R 38/09, BStBl II 2012, 68.
[42] BFH, Urt. v. 18.09.2019 – XI R 33/18, DStR 2020, 273.
[43] Jacobs, UR 2020, 190.
[44] Wäger, UR 2021, 50.

Gleichzeitig sollte der **Sachverhalt** den Finanzverwaltungen von Käufer- und Verkäuferseite proaktiv **offengelegt** werden, damit sich diese selbst eine Rechtsauffassung bilden kann. Falls die Finanzverwaltung entgegen der eigenen Auffassung in einer Anteilsübertragung keine nicht steuerbare Geschäftsveräußerung im Ganzen festzustellen vermag, schützt sich die Verkäuferseite damit vor einer definitiven (Zins-) Belastung aus einer Vorsteuerberichtigung. Auch die **Käuferseite** wird durch die Option wirtschaftlich nicht belastet, da sie die entstandene Umsatzsteuer gleichzeitig wieder als Vorsteuer geltend machen kann (§ 15 Abs. 1 Satz 1 Nr. 1 UStG).

Praxistipp

22.42 Die Vorsteuerabzugsberechtigung der Käuferseite ist jedoch abhängig vom Umfang und der Zusammensetzung der steuerpflichtigen Ausgangsumsätze des Erwerbers. Mitunter kann es in der Vertragsverhandlung daher auch empfehlenswert sein, auf die Umsatzsteueroption zu verzichten.

22.6 Organschaft

22.6.1 Hintergrund

22.43 Nachfolgend werden ausgewählte Aspekte der umsatzsteuerlichen Organschaft (§ 2 Abs. 2 Nr. 2 UStG; zu den Voraussetzungen ausführlich Rdnr. 20.148 ff.) speziell für Kapitalgesellschaftskonzernstrukturen beleuchtet. Der Schluss eines umsatzsteuerlichen Organkreises ist insbesondere dann für Kapitalgesellschaftskonzernstrukturen sinnvoll, wenn der **Vorsteuerschlüssel der Konzernmuttergesellschaft niedrig** ist (z.B. aufgrund der Erbringung hauptsächlich steuerbefreiter Ausgangsumsätze im Finanzdienstleistungssektor gem. § 4 Nr. 8 und Nr. 10 UStG).

22.44 Durch den Schluss eines Organkreises werden konzerninterne Umsätze wie etwa der Leistungsbezug von **konzerneigenen IT- und anderen Service-Gesellschaften** als nicht steuerbare Innenumsätze behandelt (Abschn. 2.9 Abs. 2 UStAE), so dass keine Umsatzsteuer in Rechnung gestellt werden muss, die auf Ebene der Muttergesellschaft nur eingeschränkt als Vorsteuer abziehbar wäre.

22.45 Die **Europarechtskonformität** der deutschen umsatzsteuerlichen Organschaft wurde vom EuGH in Bezug auf die Frage des Steuerschuldners bestätigt.[45] Durch dieselbe EuGH-Entscheidung wurde allerdings gleichzeitig die Frage aufgeworfen, ob es in einem Organkreis nicht auch steuerbare Innenumsätze geben kann. Derzeit werden im nationalen Recht Innenumsätze innerhalb eines Organkreises als

[45] EuGH, Urt. v. 01.12.2022 – C-269/20, „S/FA T", DStR 2022, 2488 mit Anm. KÖRNER, DStRK 2023, 37.

nicht steuerbar behandelt. So legte der V. BFH-Senat dem EuGH nochmals die Frage vor, ob bislang nicht steuerbare Innenleistungen ggf. doch umsatzsteuerbar sein könnten.[46]

22.6.2 Unternehmereigenschaft einer GmbH

Zur Unternehmereigenschaft einer GmbH äußert sich die Finanzverwaltung wie folgt: 22.46

Beispiel (entnommen aus Abschn. 2.8 Abs. 2 UStAE)

Eine GmbH, die an einer KG als persönlich haftende Gesellschafterin beteiligt ist, kann grundsätzlich nicht als Organgesellschaft in das Unternehmen dieser KG eingegliedert sein. Dies gilt auch in den Fällen, in denen die übrigen Kommanditisten der KG sämtliche Gesellschaftsanteile der GmbH halten. Ist jedoch die KG mehrheitlich an der Komplementär-GmbH beteiligt, kann die GmbH als Organgesellschaft in die KG eingegliedert sein, da die KG aufgrund ihrer Gesellschafterstellung sicherstellen kann, dass ihr Wille auch in der GmbH durchgesetzt wird.

So kann nach der BFH-Rechtsprechung eine Komplementär-GmbH im Falle einer **Einmann-GmbH & Co. KG** im entschiedenen Einzelfall mangels finanzieller, wirtschaftlicher und organisatorischer Eingliederung ggf. auch kein Teil des umsatzsteuerlichen Organkreises sein.[47] 22.47

22.6.3 Finanzielle Eingliederung

Zum Kriterium der finanziellen Eingliederung äußert sich die Finanzverwaltung wie folgt: 22.48

Beispiel (entnommen aus Abschn. 2.8 Abs. 5b UStAE)

Ist eine Kapital- oder Personengesellschaft nicht selbst an der Organgesellschaft beteiligt, reicht es für die finanzielle Eingliederung nicht aus, dass nur ein oder mehrere Gesellschafter auch mit Stimmenmehrheit an der Organgesellschaft beteiligt sind. In diesem Fall ist keine der beiden Gesellschaften in das Gefüge des anderen Unternehmens eingeordnet, sondern es handelt sich vielmehr um gleich geordnete Schwestergesellschaften. Dies gilt auch dann, wenn die Beteiligung eines Gesellschafters an einer Kapitalgesellschaft ertragsteuerlich zu dessen Sonderbetriebsvermögen bei einer Personengesellschaft gehört.

---

46 BFH, Urt. v. 26.01.2023 – V R 20/22, BStBl II, 530; vgl. hierzu ISMER/ENDRES-REICH/OELMAIER, MwStR 2023, 305 ff.

47 BFH, Urt. v. 01.02.2022 – V R 23/21, BStBl II 2023, 148.

22.49 Jüngst entschied der BFH jedoch in Änderung seiner ständigen Rechtsprechung, dass die finanzielle Eingliederung grundsätzlich zwar erfordere, dass dem Organträger die Mehrheit der Stimmrechte an der Organgesellschaft zustünde. Eine finanzielle Eingliederung liege allerdings auch dann vor, wenn die erforderliche Willensdurchsetzung dadurch gesichert sei, dass der Gesellschafter zwar über nur 50 % der Stimmrechte verfüge, er aber eine Mehrheitsbeteiligung am Kapital der Organgesellschaft halte und den einzigen Geschäftsführer der Organgesellschaft stelle.[48]

22.6.4 Wirtschaftliche Eingliederung

22.50 Zum Kriterium der wirtschaftlichen Eingliederung äußert sich die Finanzverwaltung wie folgt:

Beispiel (entnommen aus Abschn. 2.8 Abs. 6b UStAE)

Bei einer Betriebsaufspaltung in ein Besitzunternehmen (z.B. Personengesellschaft) und eine Betriebsgesellschaft (i.d.R. Kapitalgesellschaft) und Verpachtung des Betriebsvermögens durch das Besitzunternehmen an die Betriebsgesellschaft steht die durch die Betriebsaufspaltung entstandene Betriebsgesellschaft im Allgemeinen in einem Abhängigkeitsverhältnis zum Besitzunternehmen.

22.51 Mit Beschluss vom 13.11.2019[49] hatte der BFH entschieden, dass es zu einer wirtschaftlichen Eingliederung durch Darlehen nur kommen kann, wenn diese im Rahmen eines Unternehmens gewährt werden. Darlehen durch entgeltliches Stehenlassen von Ansprüchen würden demnach nicht ausreichen. Im Grundsatz setzt eine wirtschaftliche Eingliederung eine Verflechtung von Organträgerin und Organgesellschaft in der Weise voraus, dass Letztere unter ihrer Organträgerin wie ein Bestandteil von ihr erscheint.[50]

22.52 Im vom BFH entschiedenen Streitfall[51] war die Organgesellschaft ohne Zweifel finanziell und organisatorisch in ihre Muttergesellschaft, mit der ein Ergebnisabführungsvertrag geschlossen war, eingegliedert. Das **FG München**[52] als Vorinstanz hatte entschieden, dass das bloße Stehenlassen von Ansprüchen aus einem Ergebnisabführungsvertrag, aus anteiligen Umsatzsteuerschulden sowie aus Sale-and-lease-back-Transaktionen sowie unentgeltlichen Bürgschaften nicht ausreichend

---

48 BFH, Urt. v. 18.01.2023 – XI R 29/22 (XI R 16/18), DRsp Nr. 2023/4151; vgl. hierzu STERZINGER, MwStR 2023, 313 ff.

49 BFH, Beschl. v. 13.11.2019 – V R 30/18, GmbHR 2020, 276 mit Anm. BAUMGARTNER.

50 HARTMANN, in: OFFERHAUS/SÖHN/LANGE, UStG, § 2 Rdnr. 204 (12/2023).

51 BFH, Beschl. v. 13.11.2019 – V R 30/18, GmbHR 2020, 276 mit Anm. BAUMGARTNER.

52 FG München, Urt. v. 13.09.2018 – 3 K 949/16, EFG 2018, 2077 mit Anm. BAUMGARTNER, DB 2018, 153.

sei, um das Kriterium der wirtschaftlichen Eingliederung zu erfüllen. Das FG München begründete seine Entscheidung mit dem **geringen quantitativen Umfang der Leistungsbeziehungen** (im Streitfall: unter **0,5 % des Gesamtumsatzes** der Organgesellschaft).

Hinweis

22.53 Nach der ständigen BFH-Rechtsprechung[53] müssen die Leistungsbeziehungen zwischen Organträgerin und Organgesellschaft ein gewisses Maß an Erheblichkeit ausmachen, um eine wirtschaftliche Eingliederung wirksam begründen zu können.

22.54 Der BFH schloss sich der Entscheidung des FG München jedoch nur vom Ergebnis her, nicht aber von den Entscheidungsgründen her an. Er entschied, dass es neben dem quantitativen Umfang der Leistungsbeziehungen darauf ankomme, ob die entsprechenden Leistungen auch am freien Markt angeboten werden könnten.

Praxistipp

22.55 Die FG-Rechtsprechung hat bisher bereits für einen Katalog an Leistungsbeziehungen eine wirtschaftliche Eingliederung zwischen Organträgerin und Organgesellschaft bejaht: So hatte das FG Berlin-Brandenburg[54] für die **Weiterreichung von substantiellen Darlehen innerhalb eines Konzerns** das Kriterium ebenso bejaht wie das FG Hessen[55] für die Erbringung von **Management-Dienstleistungen**. Ganz allgemein wurde die Weiterbelastung von Leistungen im Konzern im Wege einer **Dienstleistungskommission** (§ 3 Abs. 11 UStG) durch das FG Berlin-Brandenburg[56] bejaht. Die Revisionsentscheidung des BFH[57] zum Urteil des FG Berlin-Brandenburg bestätigte zwar die Auffassung des FG Berlin-Brandenburg, wonach an Ausgangsleistungen an Tochtergesellschaften keine besonderen Anforderungen hinsichtlich der „Eingriffsqualität" zu stellen seien. Außerdem reiche die Beabsichtigung eines Leistungsbezugs in der Zukunft aus. Allerdings genügt eine bloße Weiterbelastung von Kosten (im Streitfall: angefallene Kosten für Beratungsleistungen, die sowohl der Mutter- als auch den Tochtergesellschaften zugutekamen) nicht, um im Verhältnis zu den Tochtergesellschaften eine Dienstleistungskommission (§ 3 Abs. 11 UStG) und damit eine Leistungsbeziehung zu etablieren. Die Weitergabe der Leistungen müsse stattdessen z.B. in Form von Unternehmensverträgen dokumentiert werden.[58]

---

[53] BFH, Beschl. v. 20.08.2009 – V R 30/06, BStBl II 2010, 863.
[54] FG Berlin-Brandenburg, Beschl. v. 11.11.2019 – 7 V 7180/19, DRsp Nr. 2020/223.
[55] Hessisches FG, Urt. v. 17.02.2003 – 6 K 493/99, EFG 2003, 1046.
[56] FG Berlin-Brandenburg, Urt. v. 13.06.2018 – 7 K 7227/15, EFG 2018, 1300.
[57] BFH, Urt. v. 12.02.2020 – XI R 24/18, DStR 2020, 1190.
[58] MÖLLER, DStRK 2020, 191, sowie TREIBER, DStR 2020, 1196 ff.

22.56 Bei der **Vermietung von Büroflächen** von der Organträgerin an die Organgesellschaft kommt es nach der Rechtsprechung des FG Baden-Württemberg[59] darauf an, ob die Flächen die räumliche und funktionale Grundlage der Geschäftstätigkeit der Organgesellschaft bilden (d.h. eine Art von „funktionaler Betrachtung").

22.57 Nach Auffassung des BFH[60] können **Schwestergesellschaften** zwar allein keinen Organkreis bilden, jedoch eine wirtschaftliche Eingliederung begründen. Für die erforderliche wirtschaftliche Eingliederung reicht demnach bei gegebener finanzieller und organisatorischer Eingliederung das Bestehen von mehr als nur unerheblichen Beziehungen zwischen Organträger und Organgesellschaft aus, ohne dass die Organgesellschaft wirtschaftlich vom Organträger abhängig zu sein braucht.

22.6.5 Organisatorische Eingliederung

22.58 Zum Kriterium der organisatorischen Eingliederung bei Kapitalgesellschaften entschied der BFH:

„Eine organisatorische Eingliederung ist auch ohne Personenidentität in den Leitungsgremien des Organträgers und der Organgesellschaft gegeben, wenn nach dem Anstellungsvertrag zwischen der Organgesellschaft und ihrem nominell bestellten Geschäftsführer dieser die Weisungen der Gesellschafterversammlung sowie eines angestellten Dritten zu befolgen hat, der auf die Willensbildung der Gesellschafterversammlung einwirken kann und der zudem alleinvertretungsberechtigter Geschäftsführer des Organträgers ist."[61]

22.6.6 Haftung der Organgesellschaft

22.59 Im Haftungstatbestand des § 73 AO ist das entscheidende Tatbestandsmerkmal – die Bedeutung der Organschaft für die Steuern des Organträgers – „konturlos".[62] Der BFH hat entschieden, dass sich die Haftung einer Organgesellschaft gem. § 73 AO auf die Steuern erstreckt, die die Organgesellschaft auch bei Nichtbestehen der Organschaft hätte wirtschaftlich tragen müssen.[63] Auf den umsatzsteuerrechtlichen Entstehungszeitpunkt der Umsatzsteuer kommt es daher gerade nicht an. Der BFH widerspricht damit der wohl vorherrschenden Auffassung im Schrifttum.[64] Dies hat auch Auswirkungen insbesondere auf die Formulierung von **Steuer-**

---

59 FG Baden-Württemberg, Urt. v. 07.05.2021 – 1 K 1803/19, DRsp Nr. 2021/10856.

60 BFH, Urt. v. 11.05.2023 – V R 28/20, ZIP 2023, 2087

61 BFH, Urt. v. 12.10.2016 – XI R 30/14, BStBl II 2017, 597.

62 Oppel, FR 2022, 1049, 1052.

63 BFH, Urt. v. 05.04.2022 – VII R 18/21, DStR 2022, 1863; vgl. hierzu Raab, MwStR 2022, 851, 855.

64 Siehe Knittel, AO-StB 2022, 343, 344.

klauseln von Unternehmenskaufverträgen, um Haftungslücken zu vermeiden.[65] Die Option nach § 48 AO, nach der ein Unternehmer Steuerschulden für einen Dritten begleichen kann, garantiert nämlich keinen Schutz vor Haftung, wie ihn etwa § 13c UStG nach einer Zahlung gem. § 48 AO ausdrücklich vorsieht.[66]

22.7 Umsatzsteuerbefreiung für die Verwaltung von Investmentvermögen

Als Investmentvermögen i.S.d. KAGB kommen neben Personengesellschaften und Sondervermögen auch Kapitalgesellschaften in Betracht: Investmentaktiengesellschaften mit veränderlichem Kapital gem. §§ 108 ff. KAGB sowie Investmentaktiengesellschaften mit fixem Kapital gem. §§ 140 ff. KAGB. 22.60

Der **Fonds** selbst bzw. seine Anleger (im Fall von Sondervermögen) sind im Regelfall **keine umsatzsteuerlichen Unternehmer** i.S.d. § 2 UStG oder sind nicht vorsteuerabzugsberechtigt. Im Fall eines Sondervermögens ist der Leistungsempfänger nicht einmal der Fonds selbst, sondern nur die nicht vorsteuerabzugsberechtigten Anleger. Falls die von der Kapitalverwaltungsgesellschaft (**KVG**) an die Fondsgesellschaft (sog. Investmentvermögen) in Rechnung gestellte Fondsverwaltungsgebühr (**Management Fee**) daher mangels Umsatzsteuerbefreiung umsatzsteuerpflichtig wäre, würde der Umsatzsteuerbetrag aus Sicht des Fonds eine definitive Kostenbelastung darstellen. Aus Sicht der KVG würde eine nicht umsatzsteuerbefreite Fondsverwaltungsgebühr ihr jedoch ggf. wieder ihr Recht auf Vorsteuerabzug aus ihrerseits bezogenen Eingangsleistungen (z.B. **Beratungskosten** oder zur Umsatzsteuerpflicht optierte Mieten) eröffnen. Umgekehrt würde eine Umsatzsteuerbefreiung die KVG für deren Vermieter z.B. zu einem vorsteuerschädlichen Mieter machen (§ 9 Abs. 2 UStG). 22.61

Fraglich ist daher, ob die **Management Fee** gem. § 4 Nr. 8 Buchst. h) UStG **umsatzsteuerbefreit** sein könnte. Bis zum 31.12.2017 erfasste die Steuerbefreiung nur die Verwaltung von Investmentfonds i.S.d. § 1 Abs. 1b InvStG a.F. (d.h. Publikumsfonds entsprechend der OGAW-Richtlinie sowie [offene] Investmentvermögen, vgl. Abschn. 4.813 Abs. 3 Satz 1 UStAE a.F.). Seit dem 01.01.2018 können nunmehr grundsätzlich auch Alternative Investment Fonds (AIF) unter die Steuerbefreiung fallen, soweit sie einem OGAW vergleichbar sind.[67] Damit können im Ergebnis nun grundsätzlich auch Private-Equity- und Venture-Capital-Fonds in den Anwendungsbereich der Steuerbefreiung fallen. Letztlich ist der jeweilige 22.62

65 Prätzler, StuB 2022, 826 ff., sowie Weppner/Schilawa, DStRK 2022, 276.

66 Prätzler, StuB 2022, 828 f.

67 Vgl. zur Prüfung anhand der in den Gesetzesmaterialien dargelegten Vergleichbarkeitskriterien Jacobs/Stabenow, UR 2018, 75 ff.

Fonds einer Einzelfallprüfung zu unterziehen. Die Prüfung erfolgt dabei in zwei Schritten:

22.63 – In einem **ersten Schritt** ist zu prüfen, ob der persönliche Anwendungsbereich der Umsatzsteuerbefreiung eröffnet ist: Dies ist nur der Fall, wenn auf Fondsebene begünstigtes Investmentvermögen verwaltet wird. Dies umfasst einerseits Organismen für gemeinsame Anlagen in Wertpapiere (**OGAW**) i.S.d. § 1 Abs. 1 KAGB sowie AIF, die einem OGAW vergleichbar sind. Diese Öffnung des Anwendungsbereichs stellt eine Reaktion des Gesetzgebers auf die **EuGH-Rechtsprechung**[68] dar.

22.64 Als **Vergleichbarkeitskriterien** nennt die Entwurfsbegründung:[69]

- vergleichbare staatliche Aufsicht,
- Ansprache desselben Anlegerkreises,
- gleiche Wettbewerbsbedingungen,
- Ausgabe von Anteilsrechten an mehrere Anleger,
- Abhängigkeit des Ertrags von den Anlageergebnissen,
- Recht der Anteilseigner auf Beteiligung an den Gewinnen und Tragen des Anlagerisikos,
- Anlage nach dem Grundsatz der Risikomischung zum Zweck der Risikostreuung.

Die **Finanzverwaltung** hat diese Vergleichbarkeitskriterien in einem Anwendungsschreiben jeweils näher konkretisiert.[70]

22.65 Auch die Umsatzsteuerbefreiung von **Spezial-AIF** gem. § 282 KAGB kann im Einzelfall strittig sein.[71] Hierbei steht aus Sicht der Finanzverwaltung ggf. die Beteiligung nur eines einzigen institutionellen Anlegers im Widerspruch zur veröffentlichten Verwaltungsauffassung zum Anlegerkreis (d.h. Kleinanleger) sowie der Anzahl von Anlegern (d.h. Mehrzahl von Anlegern).

---

68 EuGH, Urt. v. 09.12.2015 – C-595/13, „Fiscale Eenheid X", EuZW 2016, 309.

69 Begründung zum Regierungsentwurf eines Gesetzes zur Reform der Investmentbesteuerung, BT-Drucks. 18/8045, S. 141.

70 BMF-Schreiben v. 13.12.2017 – III C 3 - S 7160-h/16/10001, BStBl I 2018, 72.

71 STADLER/SOTTA, BB 2019, 2790 ff.

Der **BFH** hat inzwischen zu Art. 13 Teil B Buchst. d) Nr. 6 der 6. EG-RL[72] als Vorgängerregelung des fast wortgleichen Art. 135 Abs. 1 Buchst. g) MwStSystRL[73] entschieden, dass das Kriterium der Anlage nach dem Grundsatz der Risikomischung im Streitfall nicht erfüllt gewesen sei, da der Unternehmensgegenstand der klagenden AG zu unbestimmt mit der „Verwaltung eigenen und fremden Vermögens" beschrieben war.[74] Der BFH wandte sich damit ausdrücklich gegen die Vorinstanz, die der klagenden AG Recht gegeben hatte.[75] Auch die von der Klägerin gegründeten Fondsgesellschaften in der Rechtsform einer GbR waren nach Auffassung des BFH nicht als OGAW zu qualifizieren, da die Fondsgesellschaften im Streitfall keiner staatlichen Zulassung bzw. Aufsicht bedurft hatten. 22.66

– In einem **zweiten Schritt** wird geprüft, ob die konkret in Rechnung gestellte Leistung (**Management Fee**) in den sachlichen Anwendungsbereich der Norm als Verwaltung von Investmentvermögen fällt. 22.67

Die Problematik einer nur schwierig zu erreichenden Umsatzsteuerbefreiung für Management Fees ist aufgrund des Umsetzungsspielraums der nationalen Gesetzgeber im Hinblick auf die zugrundeliegende MwStSystRL keine isolierte deutsche Problematik. Der Kongressbericht der IFA zum Kongress 2019 in London[76] beschreibt die **europaweit uneinheitliche Umsetzung der Umsatzsteuerbefreiung** treffend wie folgt: 22.68

„*VAT is probably the most expensive tax for the fund industry, namely for fee invoices. Directive 2006/112/EU exempts management fees of investment funds from VAT. The exemption is subordinated to two conditions: the service must be qualified as a funds management and the service must be rendered to a special investment fund. However, this Directive allows EU Member States to enact legislation to charge VAT on exempt services.*"

---

[72] Richtlinie 77/388/EWG des Rates vom 17.05.1977 zur Harmonisierung der Rechtsvorschriften der Mitgliedstaaten über die Umsatzsteuern – Gemeinsames Mehrwertsteuersystem: einheitliche steuerpflichtige Bemessungsgrundlage, ABl Nr. L 145/1, zuletzt geändert durch die Richtlinie 2006/98/EG v. 20.11.2006, ABl Nr. L 221/9.

[73] Richtlinie 2006/112/EG des Rates vom 28.11.2006 über das gemeinsame Mehrwertsteuersystem, ABl Nr. L 347/1, zuletzt geändert durch die Richtlinie (EU) 2022/890 des Rates v. 03.06.2022 zur Änderung der Richtlinie 2006/112/EG im Hinblick auf die Verlängerung des Anwendungszeitraums der fakultativen Umkehrung der Steuerschuldnerschaft bei Lieferungen bestimmter betrugsanfälliger Gegenstände und Dienstleistungen und des Schnellreaktionsmechanismus gegen Mehrwertsteuerbetrug, ABl Nr. L155/1.

[74] BFH, Urt. v. 05.09.2019 – V R 2/16, NZG 2020, 160.

[75] FG Köln, Urt. v. 09.12.2015 – 3 K 1076/11, EFG 2016, 1296.

[76] Kongressbericht der IFA zum Kongress 2019 in London, S. 18.

22.69 Das **Fondsstandortgesetz**[77] hat sich indes die Stärkung des Fondsstandorts Deutschland zum Ziel gesetzt.[78] Die seit dem 01.01.2018 als mitunter im internationalen Vergleich konkurrenzfähig eingeschätzte Investmentbesteuerung durch das InvStG soll im Ergebnis nicht mehr durch die im europäischen Vergleich restriktive Umsatzsteuerbefreiung konterkariert werden. Dazu enthält § 4 Nr. 8 Buchst. h) UStG nun eine ausdrückliche Umsatzsteuerbefreiung der Management Fee auch bei Wagniskapitalfonds (**Venture-Capital-Fonds/VC-Fonds**). Der Regierungsentwurf[79] enthielt allerdings noch immer keine Legaldefinition des begünstigten „Wagniskapitalfonds“. Der Bundestag stimmte am 22.04.2021 der durch den Finanzausschuss geänderten Fassung[80] zu. Nach Auffassung der Bundesregierung sollen dies jedoch solche Fonds sein, die in Start-ups investieren und so zur Finanzierung beitragen.[81]

22.70 Das Anwendungsschreiben des BMF vom 24.06.2022[82] äußert sich hierzu wie folgt: Steuerbegünstigte Investmentvermögen gem. § 4 Nr. 8 Buchst. h) UStG sind Wagniskapitalfonds, wozu auch „qualifizierte Risikokapitalfonds“ i.S.d. EuVECA-Verordnung[83] rechnen, soweit sie folgende Voraussetzungen erfüllen: Die Begünstigung von Wagniskapitalfonds setzt voraus, dass sie zumindest den gleichen Wettbewerbsbedingungen unterliegen wie OGAW und sie einer besonderen staatlichen Aufsicht unterstehen. Wagniskapitalfonds seien dann begünstigt, wenn diese durch entsprechende Vorgaben in den Anlagebedingungen verpflichtet sind, ganz oder überwiegend (zu mehr als 50 % des aggregierten eingebrachten bzw. noch nicht eingeforderten, aber zugesagten Kapitals) zum Zeitpunkt der ersten Wagniskapitalbeteiligung in Wachstumsunternehmen (Zielunternehmen) zu investieren. Zielunternehmen i.S.v. Satz 2 sind Wachstumsunternehmen, die insgesamt die nachfolgenden Voraussetzungen erfüllen:

– Das Zielunternehmen ist zum Zeitpunkt der ersten Wagniskapitalbeteiligung nicht älter als zwölf Jahre seit Unternehmensgründung.

---

77 Gesetz zur Stärkung des Fondsstandorts Deutschland und zur Umsetzung der Richtlinie (EU) 2019/1160 zur Änderung der Richtlinien 2009/65/EG und 2011/61/EU im Hinblick auf den grenzüberschreitenden Vertrieb von Organismen für gemeinsame Anlagen (Fondsstandortgesetz – FoStG) v. 03.06.2021, BGBl I, 1498, stufenweise in Kraft im Wesentlichen ab dem 01.07.2021.

78 Walkenhorst, UStB 2022, 254, 255.

79 RegE FoStoG, BT-Drucks. 19/27631.

80 Finanzausschuss zum RegE FoStoG, BT-Drucks. 19/28868.

81 Antwort der Bundesregierung auf eine Kleine Anfrage der FDP-Bundestagsfraktion, BT-Drucks. 19/26418, S. 3.

82 BMF-Schreiben v. 24.06.2022 – III C 3 - S 7160-h/20/10003:026, BStBl I, 1006.

83 Verordnung (EU) 345/2013 des Europäischen Parlaments und des Rates vom 17.04.2013 über Europäische Risikokapitalfonds (sog. EuVECA-Verordnung, European Venture Capital – EuVECA-Funds), ABl Nr. L 115/1, zuletzt geändert durch Verordnung (EU) 2023/2869 v. 13.12.2023, ABl L, 2023/2869, 20.12.2023.

- Die Unternehmensgröße des Zielunternehmens entspricht zum Zeitpunkt der ersten Wagniskapitalfinanzierung einem qualifizierten Portfoliounternehmen nach Art. 3 Buchst. d) Unterbuchst. i) der EuVECA-Verordnung (d.h., große **Private-Equity-Fonds** sind **nicht begünstigt**).
- Das Zielunternehmen hat seinen Sitz in einem Gebiet nach Art. 3 Buchst. d) Unterbuchst. iv) der EuVECA-Verordnung.
- Das Zielunternehmen ist fortlaufend wirtschaftlich (mit Gewinnerzielungsabsicht) aktiv.

Das Vorliegen der Voraussetzungen habe der Unternehmer durch geeignete Belege (insbesondere anhand der vertraglichen **Anlagebedingungen**) nachzuweisen.

Die Grundsätze des Schreibens sind auf sämtliche Umsätze anzuwenden, die nach dem 30.06.2022 ausgeführt werden. Im Wege einer Nichtbeanstandungsregelung wird es für bis zum 30.06.2022 getätigte Umsätze, die als steuerpflichtig behandelt werden, nicht beanstandet, wenn diese von den Beteiligten übereinstimmend als steuerpflichtig behandelt werden. Unklar bleibt nach dem BMF-Schreiben leider weiterhin, ob auch „kleine" Kapitalverwaltungsgesellschaften mit Registrierung nach § 2 Abs. 4 KAGB, aber ohne **EuVECA-Registrierung** sicher von der Umsatzsteuerbefreiung Gebrauch machen können.[84] 22.71

Durch das vom Bundestag am 17.11.2023 verabschiedete Zukunftsfinanzierungsgesetz, dem der Bundesrat am 24.11.2023 zugestimmt hat,[85] wird in § 4 Nr. 8 Buchst. h) UStG geregelt, dass ab dem 01.01.2024 die Verwaltung faktisch aller **alternativen Investmentfonds i.S.d. § 1 Abs. 3 KAGB („AIF")** von der Umsatzsteuer befreit ist. Bislang war dies nur die Verwaltung von mit Organismen für gemeinsame Anlagen in Wertpapieren (OGAW) i.S.d. § 1 Abs. 2 KAGB vergleichbaren alternativen Investmentfonds. In § 4 Nr. 8 Buchst. h) UStG wurden mit Wirkung vom 01.01.2024 die Wörter „mit diesen vergleichbaren" und die Wörter „die Verwaltung von Wagniskapitalfonds" gestrichen. Die Wiederherstellung einer europaweiten Wettbewerbsfähigkeit des Fondsstandorts Deutschland (insbesondere mit Luxemburg und Frankreich) war ein bewusstes Ziel des Gesetzgebers gewesen, auch wenn in der Literatur geäußert wird, dass eine solche Ausweitung des Anwendungsbereichs der Steuerbefreiung europarechtlich ggf. nicht zwingend geboten gewesen wäre.[86] 22.72

---

[84] Weiterführend JACOBS, MwStR 2022, 762 ff., sowie RUST/KLEIN, RdF 2022, 284 ff.

[85] Gesetz zur Finanzierung von zukunftssichernden Investitionen (Zukunftsfinanzierungsgesetz – ZuFinG) v. 11.12.2023, BGBl I, Nr. 354.

[86] HUSCHENS, USt direkt digital 2023/Heft 24, S. 32 ff.

22.73 Als **Auswirkungen auf die Praxis** sind daher seit dem 01.01.2024 **Management-Fees** von AIF (d.h. insbesondere **Private-Equity-**, **Venture-Capital**, aber auch Immobilien-, Infrastruktur- und Krypto-Fonds) ohne Umsatzsteuerausweis abzurechnen (ansonsten wird die Umsatzsteuer dennoch gem. § 14c Abs. 1 UStG geschuldet und wird aufgrund des fehlenden Rechts auf Vorsteuerabzug zu einer finalen Belastung). Wichtig bleibt zu beachten, ob eine konkrete administrative Leistung tatsächlich eine solche steuerfreie Verwaltungsleistung darstellt oder zumindest als Nebenleistung zu den erbrachten Verwaltungstätigkeiten unter die Steuerbefreiung fällt. Zudem kann die Fondsverwaltung – als Reflex der Steuerbefreiung auf der Ausgangsseite – in Bezug auf ihre Eingangsleistungen keinen Vorsteuerabzug mehr geltend machen. Insofern sollten Fondsverwaltungen ihre **Mietverträge** daraufhin überprüfen, ob der Vermieter ggf. zur Umsatzsteuerpflicht der Miete optiert hat. Falls nun zumindest teilweise steuerfreie Ausgangsleistungen erbracht werden, zieht dies oftmals zivilrechtliche Informations- und Schadenersatzpflichten gegenüber dem Vermieter nach sich.[87]

22.74 In der Fachöffentlichkeit wurde zuvor wiederholt darauf hingewiesen, dass sich die Umsatzsteuerbefreiung des § 4 Nr. 8 Buchst. h) UStG bislang nur auf Investmentfonds i.S.d. OGAW-Richtlinie und auf die Verwaltung solcher alternativer Investmentfonds (AIF), die den gleichen Wettbewerbsbedingungen unterliegen, sowie auf die Verwaltung von Wagniskapitalfonds beschränkte.

22.75 Zur umsatzsteuerlichen Behandlung von sogenannten **Konzeptions-Fees** äußert sich die Finanzverwaltung wie folgt:

Beispiel (entnommen aus Abschn. 1.6 Beispiel 6 UStAE)

Eine GmbH betreut als alleinige Komplementärin einer Fonds-KG ohne eigenen Vermögensanteil die Geschäfte der Fonds-KG, deren Kommanditanteile von Investoren (Firmen und Privatpersonen) gehalten werden. Nach den Regelungen im Gesellschaftsvertrag zur Ergebnisverteilung, zum Gewinnvorab und zu den Entnahmen erhält die GmbH eine einmalige Gebühr (Konzeptions-Fee). Die Fonds-KG hat die Zahlung in der Ergebnisermittlung nicht als Aufwand verbucht. Die Gebühr wird neben dem Agio in dem Beteiligungsangebot zur Fonds-KG als Kosten für die Investoren ausgewiesen. Gebühr/Konzeptions-Fee sowie Aufwendungen und Kosten der Fonds-KG werden auf die zum letzten Zeichnungsschluss vorhandenen Gesellschafter umgelegt.

Lösung

Die Vergütungen sind jeweils **Sonderentgelt**; die GmbH führt die Leistungen im Rahmen eines **Leistungsaustauschs** aus.

87 Bender, USt direkt digital 2023/Heft 23, S. 19 f.

22.8 Aufsichtsratsvergütungen

22.8.1 Aktienrechtliche Vorgaben

In §§ 95 ff. AktG ist vorgeschrieben, dass AGs einen Aufsichtsrat als Überwachungsorgan zu bilden haben. Die Mitglieder des Aufsichtsrats erhalten für ihre Tätigkeit eine **Vergütung**, die sich meist zusammensetzt aus einem Fixum zuzüglich etwaiger erfolgsabhängiger Bestandteile, Sitzungsgeldern, Vergütungen für die Mitarbeit in bestimmten Ausschüssen (z.B. Prüfungsausschuss) sowie der Erstattung von Kosten und Auslagen. 22.76

Hinweis
Die einzelnen Vergütungsbestandteile sind aus dem „**Vergütungsbericht**" ersichtlich.

22.8.2 Zweifel in Bezug auf die Unternehmereigenschaft

Umsatzsteuerlich stellt sich die Frage, ob ein Aufsichtsratsmitglied umsatzsteuerlicher Unternehmer gem. § 2 UStG ist, d.h. ob die Person eine berufliche Tätigkeit selbständig und damit nachhaltig zur Erzielung von Einnahmen ausübt. Durch die BFH-Rechtsprechung schien lange Zeit geklärt, dass es sich bei der Tätigkeit als Aufsichtsratsmitglied um eine selbständige Tätigkeit handele.[88] Insoweit bestand ein Gleichlauf zum Ertragsteuerrecht, welches die Einkünfte als Aufsichtsratsmitglied als Einkünfte i.S.d. § 18 Abs. 1 Nr. 3 EStG legaldefiniert. Die Finanzverwaltung hat sich dieser Auffassung angeschlossen (Abschn. 2.2 Abs. 2 Satz 7 UStAE). 22.77

Die oben dargestellten langjährig unstrittigen Grundsätze sind nun durch jüngste EuGH-Rechtsprechung ins Wanken geraten: Der **EuGH** entschied mit Urteil vom 13.06.2019,[89] dass Aufsichtsräte in bestimmten Fällen bei vereinbarter **Fixvergütung** gerade **keine selbständigen Unternehmer** i.S.d. EU-weit harmonisierten Mehrwertsteuerrechts seien. Im Streitfall wurde zur Tätigkeit eines Aufsichtsratsmitglieds einer niederländischen Stiftung entschieden. 22.78

In einem ersten Schritt legte der EuGH dar, dass das niederländische Aufsichtsratsmitglied zwar eine **nachhaltige wirtschaftliche Tätigkeit gegen Entgelt** verrichte. Das Honorar habe sich im Streitfall nicht nach der eigenen Leistung des besagten Aufsichtsratsmitglieds bemessen und sei insofern nicht relevant gewesen. Ferner mache die Anzahl der insgesamt wahrgenommenen Mandate keinen Unterschied in der Beurteilung, denn für die nachhaltige Erzielung von Einnahmen müssten keine aktiven Schritte zur Erlangung weiterer Aufsichtsratsmandate unternommen werden. 22.79

[88] BFH, Urt. v. 27.07.1972 – V R 136/71, BStBl II, 810, sowie BFH, Urt. v. 20.08.2009 – V R 32/08, BStBl II 2010, 88.

[89] EuGH, Urt. v. 13.06.2019 – C-420/18, „IO", MwStR 2019, 663 mit Anm. de Weerth.

22.80 Im Anschluss hat der EuGH allerdings die **Selbständigkeit** der Tätigkeit, für die eine Fixvergütung vereinbart war, **verneint:** Das einzelne Aufsichtsratsmitglied werde weder im eigenen Namen noch auf eigene Rechnung tätig und sei stattdessen dem gesamten Aufsichtsrat als Organ an sich untergeordnet. Dementsprechend würde ein einzelnes Aufsichtsratsmitglied auch wirtschaftlich kein unternehmerisches Risiko tragen. Vielmehr war die Fixvergütung im Streitfall nicht einmal z.B. an die Teilnahme an Sitzungen geknüpft (sog. **Sitzungsgeld**). Im Streitfall war der Tätigkeitsumfang mit dem eines deutschen Aufsichtsrats zwar in etwa vergleichbar, da insbesondere die Geschäftsführung der Stiftung überwacht wurde. Darüber hinaus entschied das Aufsichtsratsplenum über die Zusammensetzung des Vorstands und des Aufsichtsrats und stellte den Jahresabschluss fest.

22.81 Ob sich aus der Entscheidung zum niederländischen Mehrwertsteuerrecht jedoch unmittelbare **Konsequenzen für das deutsche Umsatzsteuerrecht** ergeben, ist noch ungewiss. Es handelt sich bei der EuGH-Entscheidung über eine niederländische Stiftung, die Bedürftigen Wohnraum zur Verfügung stellt. Damit ist die Entscheidung zu einem Sonderfall ergangen, der nicht ohne weiteres auf die Lage von deutschen Aufsichtsräten übertragen werden kann.[90] Die Finanzverwaltung gab in der Folge ihre frühere Rechtsauffassung in Abschn. 2.2 Abs. 2 Satz 7 UStAE auf, wonach Aufsichtsratsmitglieder selbständige Unternehmer seien. Auch bei einer Änderung der Verwaltungsmeinung sollte für die Vergangenheit Vertrauensschutz (§ 176 AO) bestehen.[91] Dieser ist insbesondere für das Recht auf Vorsteuerabzug auf Seiten der AG entscheidend.

22.82 Die Finanzverwaltung übernahm wesentliche Grundsätze der geänderten EuGH-Rechtsprechung in ihr **BMF-Schreiben vom 08.07.2021.**[92] Für Leistungen, die ab dem 01.01.2022 ausgeführt werden, gelten demnach Leistungen eines Aufsichtsrats nur noch dann als unternehmerisch i.S.d. UStG, wenn dieser ein **Vergütungsrisiko** trägt. Dieses besteht dann, wenn **variable Vergütungsbestandteile mindestens 10 % der Gesamtvergütung** ausmachen.[93] Ein **weiteres BMF-Schreiben vom 29.03.2022**[94] ergänzt dabei das frühere BMF-Schreiben um weitere Details: Entscheidender Zeitpunkt für die Prüfung der 10-%-Grenze ist demnach der Beginn des Geschäftsjahres. Unterjährige Änderungen wie z.B. außerplanmäßige Auf-

---

90 Heidner, DB 2020, 470 f.

91 Ebenso Sterzinger, Umsatzsteuer direkt digital 06/2021, 8.

92 BMF-Schreiben v. 08.07.2021 – III C 2 - S 7104/19/10001 :003, BStBl I, 919.

93 Weiterführend hierzu Gerhards, DStZ 2022, 164 ff., sowie Kirchinger, UStB 2021, 290 ff.

94 BMF-Schreiben v. 29.03.2022 – III C 2 - S 7104/19/10001 :005, BStBl I, 567 ff.; vgl. hierzu auch Haßa/Baumgartner, BB 2022, 2071 ff.

sichtsratssitzungen, die zu einem Überschreiten der 10-%-Grenze führen, bleiben unberücksichtigt.[95]

Jüngst entschied **der EuGH**[96] zur umsatzsteuerlichen Unternehmereigenschaft eines **Verwaltungsrats** in Luxemburg, welcher **auch erfolgsabhängige Vergütungen** erhielt: In dem Verfahren hatte die deutsche Generalanwältin KOKOTT vorgeschlagen, dass nach dem Grundsatz der Rechtsformneutralität eine natürliche Person, die Mitglied eines gesetzlich zwingend vorgesehenen Organs einer Gesellschaft ist und für diese Tätigkeit als Mitglied des Organs eine Vergütung erhält, insoweit nicht als selbständig wirtschaftlich tätig angesehen werden soll.[97] Der EuGH folgte diesem Vorschlag und entschied, dass Verwaltungsräte auch bei variabler Vergütung nicht als umsatzsteuerliche Unternehmer einzuordnen seien. Der EuGH begründete dies damit, dass der Verwaltungsrat im entschiedenen Fall selbst mit der gewinnabhängigen Tantieme kein eigenes Gewinn- und Verlustrisiko tragen würde, da insbesondere keine Beteiligung an einem möglichen Verlust der Gesellschaft umfasst sei. Eine bloß deliktische Haftung nach dem nationalen Recht reiche hierfür jedoch nicht aus. Entsprechend wird auch die deutsche Finanzverwaltung auf die Entscheidung zum Luxemburger Recht reagieren müssen und die Gültigkeit der derzeitigen Verwaltungsauffassung (Abschn. 2.2 Abs. 3a UStAE) – insbesondere der 10-%-Grenze – bleibt laufend zu beobachten. 22.83

Hinweis

Sofern das EuGH-Urteil von Vorteil ist, weil kein Vorsteuerabzug begehrt wird, sollten Betroffene ihre Umsatzsteuerfestsetzungen anfechten.[98]

Das **FG Köln**[99] entschied für einen Aufsichtsratsvorsitzenden, der **Sitzungsgelder** erhalten hatte, die mehr als 10 % der Gesamtvergütung ausmachten, dass eine sitzungsabhängige Vergütung per se noch kein wirtschaftliches Risiko begründen könnte. Dass die Einberufung von Sitzungen und deren Anzahl weder gesetzlich noch satzungsmäßig zur beliebigen Disposition des Klägers als Aufsichtsratsvorsitzenden stand, sei hierbei unerheblich. 22.84

Das BMF vertritt die Auffassung, dass gleich zwei unterschiedliche Leistungszeitpunkte vorliegen können. Die Ausübung des Aufsichtsratsmandats wird also gerade nicht als einheitliche Leistung angesehen: Leistungszeitpunkt sei grundsätzlich der 22.85

[95] Abschn. 2.2 Abs. 3a Satz 11 UStAE; siehe zu den vormals geäußerten Bedenken z.B. GERHARDS, DStZ 2022, 164, 165; KIRCHINGER, UStB 2021, 290, 293; MASUCH/FETZER, DStR 2022, 385, 387, und SCHOLZ, GmbHR 2021, R 251.

[96] EuGH, Urt. v. 21.12.2023 – C-288/22, ECLI:EU:C:2023:1024.

[97] EuGH, GA v. 13.07.2023 – C-288/22, ECLI:EU:C:2023:590.

[98] So auch HEROLD, PFB 2024, 61, und DE WEERTH, MwStR 2024, 99.

[99] FG Köln, Urt. v. 15.11.2023 – 9 K 1068/22, UStB 2024, 47.

Ablauf eines Geschäftsjahres der AG (d.h. nicht das Kalenderjahr).[100] Auf den Zeitpunkt des Entlastungsbeschlusses der Hauptversammlung als Leistungszeitpunkt für die Aufsichtsratstätigkeit wird nicht mehr abgestellt.[101] Nach dem ersten BMF-Schreiben aus 2021 waren noch Zweifel verblieben, ob durch das Abstellen auf das Kalenderjahr die Übergangsregelung aus dem ersten BMF-Schreiben (Anwendung ab Leistungszeitpunkt 01.01.2022) ggf. ins Leere laufen könnte.[102] Bei Teilnahme an einer Aufsichtsratssitzung mit separatem Sitzungsgeld soll hingegen der jeweilige Tag der Sitzung der Leistungszeitpunkt sein (Abschn. 2.2 Abs. 3a Satz 9 UStAE).

Hinweis

Für die Hauptversammlungssaison im ersten und zweiten Quartal 2022, in der Entlastung für das Geschäftsjahr 2021 erteilt wird, findet die neue Verwaltungsauffassung, die für Leistungen ab dem 01.01.2022 anzuwenden ist, demnach auch für Vergütungen betreffend das Geschäftsjahr 2021 Anwendung.[103]

22.86 Die EuGH-Entscheidung eröffnet für die **Abwehrberatung** gewisse Verteidigungslinien, sofern das nationale Verfahrensrecht (d.h. Bestandskraft des Steuerbescheids) dies zulässt.[104] Eine solche Herangehensweise kann etwa aus Sicht eines Aufsichtsratsmitglieds geboten sein, wenn der Umsatzsteuerstatus nicht erkannt worden ist, oder aus Sicht der AG, wenn die Tätigkeitsvergütungen nicht oder nicht zum vollständigen Vorsteuerabzug berechtigen – etwa aufgrund nicht zum Vorsteuerabzug berechtigender Ausgangsleistungen (z.B. im Finanzdienstleistungssektor aufgrund der Steuerbefreiung gem. § 4 Nr. 8 UStG) oder einer Struktur als reine Finanzholding (Abschn. 15.22 UStAE).[105]

22.87 Der **BFH**[106] hatte die Gelegenheit, zur Steuerbarkeit der Aufsichtstätigkeit von Arbeitnehmern zu entscheiden, die im Rahmen ihres Arbeitsverhältnisses als Aufsichtsratsmitglied in den Aufsichtsrat bei einer Tochterkapitalgesellschaft entsandt

---

100 Abschn. 2.2 Abs. 3a Satz 8 UStAE; die Auffassung aus dem BMF-Schreiben v. 15.09.1980 – IV A 2 - S 7270-6/80, wonach der Tag der Hauptversammlung mit Entlastungsbeschluss der Leistungszeitpunkt bei einem Aufsichtsratsmandat sei, wird nicht mehr aufrechterhalten; siehe hierzu auch BIHLER, NWB 2022, 1770 ff.; GRIES/PICKELMANN/RÜTTLER, MwStR 2022, 417 ff.; HILLER, UR 2022, 521 ff., sowie VOBBE/STELZER, AG 2022, 519 ff.

101 Vgl. noch BMF-Schreiben v. 15.09.1980 – IV A 2 - S 7270-6/80; zuvor bereits aufgehoben durch BMF-Schreiben v. 29.03.2007 – IV C 6 - O 1000/07/0018, BStBl I, 369.

102 GERHARDS, DStZ 2022, 164, 165; MASUCH/FETZER, DStR 2022, 385, 389, sowie NÜCKEN, Der Aufsichtsrat 2022/1, 8, 10.

103 Ebenso GERHARDS, DStZ 2022, 164 ff.

104 VOBBE/STELZER, MwStR 2019, 932 ff.

105 Ebenso STERZINGER, Umsatzsteuer direkt digital 06/2021, 8.

106 BFH, Urt. v. 27.11.2019 – V R 23/19 (zuvor: V R 62/17), ZIP 2020, 363 mit Anm. VAN LÜCK, DStRK 2020, 108, sowie STREIT/SALEWSKI, DB 2019, 2770.

worden sind. Nach bisheriger Meinung der Finanzverwaltung besteht eine Umsatzsteuerpflicht auch dann, wenn der Arbeitnehmer das Aufsichtsratsmandat bloß auf Weisung des Arbeitgebers wahrnimmt und noch dazu arbeitsvertraglich auf Vergütung verzichten muss, bzw. die erhaltenen Vergütungen an den Arbeitgeber abführen bzw. sich auf sein reguläres Gehalt anrechnen lassen muss.

Der Rechtsprechung des EuGH folgend entschied auch der BFH im o.g. Urteil, dass in dem Fall eines in eine Tochtergesellschaft entsandten Aufsichtsratsmitglieds und fixer, an die Muttergesellschaft abzuführender Vergütung das Aufsichtsratsmitglied kein selbständiger Unternehmer sei. Im Fall einer gemischten Vergütung aus Fixum und variablen Vergütungsbestandteilen könnte eine Unternehmereigenschaft des Aufsichtsratsmitglieds aber weiterhin zu bejahen sein.[107] Entscheidend ist dabei der Hinweis des BFH, dass er sich nur unter der Einschränkung, dass das Aufsichtsratsmitglied kein wirtschaftliches Risiko trägt, der neuen EuGH-Rechtsprechung anschließt:[108] „Der Senat schließt sich dem unter Einschränkung seiner bisherigen Rechtsprechung für den Fall an, dass das Mitglied des Aufsichtsrats kein wirtschaftliches Risiko trägt.“[109] 22.88

In der Folge entschied das **FG Niedersachsen,**[110] dass der **Vorsitzende eines berufsständischen Versorgungswerks** mit seiner Tätigkeit dann nicht der Umsatzsteuer unterliegt, wenn er nicht im eigenen Namen nach außen tätig wird, sondern lediglich das Versorgungswerk vertritt sowie die getroffenen Entscheidungen nicht von ihm, sondern vom Verwaltungsrat im Kollektiv getroffen werden. Die Entscheidung erweitert die zuvor ergangene BFH-Rechtsprechung insoweit, als die Entscheidung nicht zu einem Mitglied eines Überwachungsorgans, sondern eines Leitungsorgans ergangen ist. Ferner vertrat das FG die Auffassung, dass bloße **Sitzungsgelder** neben einer Fixvergütung noch keine unternehmerische Tätigkeit begründen könnten.[111] 22.89

Hinweis

Anders soll dies nur im Fall von Ministern, Staatssekretären, Beamten und anderen Bediensteten einer Gebietskörperschaft sein, die zur Ausübung des Mandats beamtenrechtlich oder sonst dienstrechtlich verpflichtet sind. Hierbei soll auch dann keine Umsatzsteuerpflicht bestehen, wenn die Aufsichtsratsmitglieder die Bezüge für sich behalten dürfen. Begründet wird dies mit der fehlenden Selbständigkeit und damit 22.90

107 So auch ZAWATSON, DK 2020, 157 f.
108 BIHLER, NWB 2020, 704.
109 BFH, Urt. v. 27.11.2019 – V R 23/19, ZIP 2020, 363, Rdnr. 19.
110 Niedersächsisches FG, Urt. v. 19.11.2019 – 5 K 282/18, EFG 2020, 1012, mit Anm. ZAWATSON, DStRK 2020, 190.
111 Ebenso WÄGER, UR 2021, 47.

Unternehmereigenschaft i.S.d. § 2 UStG.[112] Eine derartige Unterscheidung von weisungsgebundenen Aufsichtsratsmitgliedern im Staatsdienst und Privatwirtschaft kann nach hier vertretener Auffassung sachlich nicht gerechtfertigt werden.

22.91 Falls im Rahmen einer vom Arbeitgeber angeordneten „**Entsendung**" in den Aufsichtsrat einer Tochtergesellschaft auf die Aufsichtsratsvergütung verzichtet wird, um die ansonsten vorgeschriebene Anrechnung auf das Gehalt zu vermeiden, stellt sich die Frage, ob dies zu einer unentgeltlichen, aber dennoch umsatzsteuerpflichtigen Erbringung einer anderen sonstigen Leistung durch den Unternehmer für Zwecke, die außerhalb des Unternehmens liegen (§ 3 Abs. 9a Nr. 2 UStG), führt.

22.92 Die **Finanzverwaltung** vertritt hierzu folgende Auffassung:

„Eine unentgeltliche Wertabgabe nach § 3 Abs. 9a Nr. 2 UStG liegt nicht vor. Den Aufsichtsratsmitgliedern steht weiterhin eine Vergütung zu. Die Aufsichtsratstätigkeit ist somit grundsätzlich auf die Erzielung von Einnahmen gerichtet, ein Leistungsaustausch ist damit gegeben. […] Als Entgelt ist die Gegenleistung, die der Empfänger einer sonstigen Leistung an den Unternehmer erbringt, anzusehen. […] Die Bemessungsgrundlage richtet sich somit nach der satzungsmäßigen Aufsichtsratsvergütung."[113]

22.8.3 Umsatzsteuerliche Kleinunternehmerregelung

22.93 Falls das Aufsichtsratsmitglied aufgrund der erzielten Einnahmen nicht unter die Kleinunternehmerregelung des § 19 UStG fällt (**Umsatzschwelle:** 22.000 € im vorangegangenen Kalenderjahr sowie 50.000 € im laufenden Kalenderjahr) oder trotz Unterschreitens der Umsatzgrenzen freiwillig zur Regelbesteuerung optiert hat (§ 19 Abs. 2 UStG), sind die Aufsichtsratsvergütungen der Umsatzsteuer zum Regelsatz von 19 % (§ 12 Abs. 1 UStG) zu unterwerfen. Die Umsatzsteuer fällt zusätzlich zur eigentlichen Vergütung an (§ 10 Abs. 1 Satz 2 UStG). Die Tätigkeit wird ggf. auch durch die AG als Leistungsempfängerin in Form einer sogenannten Gutschrift (§ 14 Abs. 2 Satz 2 UStG) abgerechnet.

Beispiel

22.94 Die Gutschrift einer AG an die Aufsichtsratsmitglieder könnte daher auszugsweise wie folgt lauten:

Honorar:	100.000 €
zzgl. USt (19 %)	+ 19.000 €
Gesamt	**119.000 €**

---

[112] OFD Frankfurt, Schreiben v. 04.04.2014 – S 7100 A - 287 - St 110.

[113] OFD Frankfurt, Schreiben v. 04.04.2014 – S 7100 A - 287 - St 110.

Die AG überweist den gesamten Rechnungsbetrag i.H.v. 119.000 €, wovon das Aufsichtsratsmitglied den Umsatzsteuerbetrag i.H.v. 19.000 € an das Finanzamt erklären und abführen muss.

Falls in der Vergangenheit **Gutschriften** – nach den Leitlinien der neuen BFH-Rechtsprechung und Verwaltungsauffassung – unrichtig unter Ausweis von Umsatzsteuer ausgestellt worden sind, wäre aus Gründen der Umsatzsteuerentstehung gem. § 14c Abs. 2 UStG keine Korrektur notwendig (da bei fehlendem Vergütungsrisiko gerade nicht über Leistungen „eines Unternehmers" abgerechnet worden ist).[114] 22.95

Hinsichtlich der Kleinunternehmerregelung muss beachtet werden, dass das umsatzsteuerpflichtige Unternehmen **sämtliche unternehmerischen Aktivitäten des Steuerpflichtigen**, d.h. auch außerhalb seiner Aufsichtsratstätigkeit, umfasst (§ 2 Abs. 1 Satz 2 UStG). 22.96

Beispiel (entnommen aus OFD Frankfurt, Vfg. v. 04.04.2014 – S 7100 A – 287 – St 110)

U ist seit Jahren Aufsichtsratsmitglied einer AG. Seine jährliche Aufsichtsratsvergütung beträgt 10.000 €. Zusätzlich erzielt U nach § 4 Nr. 12 Buchst. a) UStG steuerfreie Mieteinnahmen von jährlich 12.000 €. Da sein Gesamtumsatz 10.000 € beträgt, nimmt U die Kleinunternehmerregelung in Anspruch und stellt der AG für die Aufsichtsratstätigkeit keine Umsatzsteuer in Rechnung. Nach einem Mieterwechsel vermietet U ab dem Jahr 05 umsatzsteuerpflichtig. Gegenüber der AG weist U weiterhin keine Umsatzsteuer aus. 22.97

Lösung

Durch die Option in 05 ist der Gesamtumsatz des vorangegangenen Kalenderjahres – der für die Beurteilung herangezogen wird, ob die Inanspruchnahme der Kleinunternehmerregelung zulässig ist – bereits nach den Vorschriften des laufenden Kalenderjahres 05 zu beurteilen. Wegen der Option sind die steuerfreien Mietumsätze des Jahres 04 in die Ermittlung des Gesamtumsatzes einzubeziehen (vgl. Abschn. 19.3 Abs. 2 UStAE). Der Gesamtumsatz des Jahres 04 hat damit 22.000 € betragen, was zur Folge hat, dass der U im Jahr 05 mit seinen gesamten Umsätzen der Regelbesteuerung unterliegt.

22.8.4 Rechnungsstellung

Die Umsatzsteuer ist regelmäßig vierteljährlich, bei Überschreiten von 7.500 € monatlich (§ 18 Abs. 2 Satz 2 UStG) zu erklären und abzuführen (sog. **Voranmeldezeitraum**). Im Umsatzsteuer-Anwendungserlass bestimmt die Finanzverwaltung, 22.98

[114] BFH, Urt. v. 27.11.2019 – V R 23/19, ZIP 2020, 363.

dass das zuständige Finanzamt unabhängig von § 18 Abs. 2 Satz 3 UStG den Aufsichtsrat von der Abgabe der Voranmeldungen befreien kann, z.B. wenn und soweit in bestimmten Voranmeldungszeiträumen regelmäßig keine Umsatzsteuer entsteht.

Beispiel (entnommen aus Abschn. 18.6 Abs. 1 UStAE)

22.99 Ein Aufsichtsratsmitglied erhält im **Monat Mai** eines jeden Jahres vertragsgemäß eine Vergütung von 30.000 €. Das Finanzamt kann das Aufsichtsratsmitglied für die Monate, in denen es keine Entgelte erhält, von der Abgabe der Voranmeldungen befreien. Die Befreiung ist davon abhängig zu machen, dass in den betreffenden Voranmeldungszeiträumen tatsächlich keine Umsatzsteuer entstanden ist.

22.8.5 Umsatzsteuerbefreiung und Offenlegung

22.100 Eine Umsatzsteuerbefreiung für eine steuerbare Aufsichtsratstätigkeit käme nur gem. § 4 Nr. 26 Buchst. b) UStG in Betracht, wenn lediglich Auslagenersatz oder eine gedeckelte Verdienstausfallentschädigung (maximal 50 € pro Stunde, vgl. Abschn. 4.26.1 Abs. 4 UStAE) vergütet wird.[115] Nach Auffassung der Finanzverwaltung (Abschn. 4.26.1 Abs. 1 UStAE) darf ein eigennütziges Erwerbsstreben nicht vorliegen (z.B. Aufsichtsrat einer kommunalen Eigengesellschaft wie etwa Stadtwerke).

22.101 In jedem Fall sollte der **Sachverhalt** der Einnahmenerzielung durch ein Aufsichtsratsmandat dem veranlagenden Wohnsitzfinanzamt zur Prüfung **offengelegt** werden, um den verbliebenen Beurteilungsrisiken zu begegnen. So sichert z.B. die Abgabe einer Umsatzsteuervoranmeldung mit **Abführung des Umsatzsteuerbetrags bei gleichzeitigem Einspruch** gegen die eigene Voranmeldung, die gem. § 168 Satz 1 AO einem Steuerbescheid unter Vorbehalt der Nachprüfung gleichsteht, die Compliance mit dem rein nationalen Umsatzsteuerrecht bei gleichzeitiger Wahrung des Rechtsschutzes.

22.102 Bei nicht bzw. nicht vollständig zum Vorsteuerabzug berechtigten beaufsichtigten Unternehmen wie etwa Banken oder Versicherungen sollte geprüft werden, ob nicht unter direkter Berufung auf das Unionsrecht eine Behandlung der Vergütungen als nicht umsatzsteuerbar empfehlenswert ist.[116] Eine direkte Berufung auf das Unionsrecht ist auch deshalb notwendig, da der deutsche Gesetzgeber in § 3a Abs. 4 Satz 2 Nr. 3 UStG bislang von einer Steuerbarkeit der Tätigkeit als Aufsichtsratsmitglied ausgeht, da ansonsten eine Regelung zur Ortsbestimmung einer solchen Leistung obsolet wäre. Gleichzeitig ist auf Ebene des einzelnen Aufsichts-

---

[115] Vgl. hierzu weiterführend KÜFFNER/KIRCHINGER, UR 2020, 190 ff.

[116] So auch ZAWATSON, DK 2020, 157 f., und DE WEERTH, MwStR 2019, 663.

ratsmitglieds als Leistendem die in der Folge entfallende Entlastung aus dem Vorsteuerabzug auf bezogene Eingangsleistungen (z.B. für Reise- und Fortbildungskosten) meist verhältnismäßig gering.

Hinweis

Laut einer Verfügung der Finanzverwaltung nutzen die Veranlagungsbezirke der jeweiligen AG die Körperschaftsteuererklärung, um anhand des **hälftigen Betriebsausgabenabzugsverbots** gem. § 10 Nr. 4 KStG die Empfänger der Vergütungen zu ermitteln. Im Anschluss werden ggf. **Kontrollmitteilungen** an die Wohnsitzfinanzämter der Aufsichtsratsmitglieder versandt.[117] 22.103

22.9 Fernverkaufsregelung und One-Stop-Shop

Überblick: Mit dem **Mehrwertsteuer-Digitalpaket** der EU, das Deutschland bis 22.104
zum 01.07.2021 in nationales Recht[118] übertragen hat, ergeben sich ab diesem Zeitpunkt innerhalb der EU, aber auch im Handel mit Drittstaaten grundlegende Neuerungen im Umsatzsteuerrecht. Umfasst ist etwa die **Ablösung der bisherigen Versandhandelsregelung** und seiner jeweiligen nationalen Lieferschwellen **durch die neue Fernverkaufsregelung.** Enthalten ist zudem ein grundlegend neues Verfahren zur Abführung von ausländischer Mehrwertsteuer zentral beim Bundeszentralamt für Steuern (BZSt), die sogenannte einzige Anlaufstelle (**„One-Stop-Shop“**).

Frühere Versandhandelsregelungen bis zum 30.06.2021: Bei grenzüberschreiten- 22.105
dem Versand an Verbraucher („B2C“) innerhalb der EU kam bislang die sogenannte Versandhandelsregelung zum Einsatz. Diese sieht bei Überschreiten einer bestimmten Netto-Umsatzschwelle, der sogenannten **Lieferschwelle**, die je EU-Land **unterschiedlich hoch** ausfällt, keine deutsche Umsatzsteuerpflicht, sondern eine Mehrwertsteuerpflicht im Land des Verbrauchers (sog. Bestimmungsland) vor. Folge davon ist bisher, dass sich der Onlinehändler im jeweiligen Bestimmungsland umsatzsteuerlich registrieren lassen, dort Mehrwertsteuererklärungen abgeben und die lokale Mehrwertsteuer des Bestimmungslandes an die dortige Finanzbehörde abführen muss.

Neuregelung von Fernverkäufen sowie neues EU-weites Lieferschwellen-Konzept: 22.106
Das Mehrwertsteuer-Digitalpaket der EU ersetzt nun die einzelnen nationalen Lieferschwellen durch eine **EU-weit einheitliche**, sämtliche EU-Mitgliedstaaten umfassende einzige **Lieferschwelle i.H.v. 10.000 €**. Lieferungen an private Verbrau-

[117] OFD Frankfurt, Schreiben v. 04.04.2014 – S 7100 A - 287 - St 110.
[118] Jahressteuergesetz 2020 (JStG 2020) v. 21.12.2020, BGBl I, 3096.

cher oder andere Nicht-Unternehmer (B2C) im EU-Ausland werden zukünftig als „**Fernverkauf**" bezeichnet, wenn der Onlinehändler den Transport veranlasst.

22.107 **Onlinehändler mit Auslandsumsatz über 10.000 €**: Falls ein Onlinehändler mit Sitz in Deutschland einen Auslandsumsatz mit sämtlichen anderen EU-Staaten von netto über 10.000 € erzielt, wird die neue Lieferschwelle überschritten. Wie im bisherigen System ist daher die lokale Mehrwertsteuer des jeweiligen Bestimmungslandes zu entrichten – für Österreich beispielsweise 20 % (Regelsatz). Anders als bisher bietet jedoch die neue einzige Anlaufstelle („**One-Stop-Shop**") beim **BZSt** für den deutschen Onlinehändler die Möglichkeit, diese Zahlungspflichten zentral mit dem BZSt als einziger Anlaufstelle zu erfüllen. Die zuvor noch notwendigen zahlreichen umsatzsteuerlichen Registrierungen in den einzelnen Bestimmungsländern innerhalb der EU werden damit grundsätzlich überflüssig. Im Anschluss leitet das BZSt die vereinnahmten Mehrwertsteuerbeträge an die jeweiligen EU-Mitgliedstaaten weiter. Entscheidend ist jedoch, dass der Onlinehändler hierfür in nicht mehr als einem EU-Mitgliedstaat umsatzsteuerlich registriert ist. Das BMF-Schreiben vom 01.04.2021[119] enthält hierzu die Klarstellung, dass Onlinehändler **bestehende Registrierungen im EU-Ausland** allerdings nicht löschen lassen müssen. Es wird lediglich gefordert, dass alle Fernverkäufe innerhalb der EU auch einheitlich über den One-Stop-Shop gemeldet werden.

[119] BMF-Schreiben v. 01.04.2021 – III C 3 - S 7340/19/10003, BStBl I, 629.

23. Besteuerung der Anteilseigner – Anteile im Privatvermögen

23.1 Einführung

23.1 Anteile an einer Kapitalgesellschaft, die im Privatvermögen gehalten werden, sind für die Besteuerung des Anteilseigners von zweifachem Interesse. Zum einen stellt sich die Frage, wie Gewinnausschüttungen und Liquidationsraten beim Anteilseigner zu versteuern sind. Daneben ist von Bedeutung, wie Veräußerungsvorgänge zu behandeln sind. Zu unterscheiden sind dabei Anteile mit einer Beteiligungsquote unter 1 % sowie Anteile mit einer Beteiligungsquote von mindestens 1 %.

23.2 Besteuerung von Gewinnausschüttungen

23.2.1 Anwendung der Abgeltungsteuer

23.2 Offene und verdeckte Gewinnausschüttungen einer Kapitalgesellschaft stellen ebenso wie sonstige Bezüge aus Aktien oder Genussrechten, mit denen das Recht am Gewinn und Liquidationserlös einer Kapitalgesellschaft verbunden ist, nach § 20 Abs. 1 Nr. 1 EStG Einkünfte aus Kapitalvermögen dar. Nach § 20 Abs. 1 Nr. 2 EStG gehören zu den Einkünften aus Kapitalvermögen auch

- Bezüge, die nach der Auflösung einer Kapitalgesellschaft anfallen und die nicht in der Rückzahlung von Nennkapital bestehen, bzw.
- Bezüge, die aufgrund einer Kapitalherabsetzung oder nach der Auflösung der Kapitalgesellschaft anfallen und die als Gewinnausschüttung i.S.d. § 28 Abs. 2 Satz 2 und 4 KStG gelten.

23.3 Nach § 32d Abs. 1 EStG unterliegen die vorgenannten Einkünfte aus Kapitalvermögen – unabhängig von der Höhe der Beteiligung – bei Anteilen an Kapitalgesellschaften, die im Privatvermögen gehalten werden und nicht unter § 20 Abs. 8 EStG fallen, der Abgeltungsteuer mit einem Steuersatz von 25 % zuzüglich Solidaritätszuschlag sowie ggf. Kirchensteuer. Die Abgeltungsteuer, die persönliche Verhältnisse des Anteilseigners unberücksichtigt lässt, wird nach § 43 Abs. 1 Nr. 1 bzw. Nr. 1a EStG durch Steuerabzug an der Quelle (Kapitalertragsteuer) erhoben.[1] Da nach § 2 Abs. 2 Satz 2 EStG bei den Einkünften aus Kapitalvermögen § 20 Abs. 9 EStG an die Stelle der §§ 9 und 9a EStG tritt, können etwaige Werbungskosten im Zusammenhang mit den vorgenannten Einkünften aus Kapitalvermögen nur i.H.v. 801 € bzw. bei Zusammenveranlagung 1.602 € (Sparerpauschbetrag) abgezogen werden, während der Abzug der tatsächlichen Werbungskosten ausgeschlossen (Werbungskostenabzugsverbot) ist.

[1] Vgl. umfassend das neu veröffentlichte BMF-Schreiben v. 19.05.2022 – IV C 1 - S 2252/19/10003 :003, BStBl I, 742.

23.2.2 Antragsveranlagung und Günstigerprüfung

Bei Anwendung der Abgeltungsteuer besteht für Kapitaleinkünfte, die der Kapitalertragsteuer unterlegen haben, nach § 32d Abs. 4 EStG das **antragsabhängige Wahlrecht**, diese im Rahmen der Veranlagung geltend zu machen. Damit können ggf. die beim Kapitalertragsteuerabzug nicht berücksichtigten Umstände (z.B. Verlustvortrag nach § 20 Abs. 6 EStG) steuermindernd berücksichtigt werden.[2] Dennoch bleibt es aber insoweit bei der Anwendung der Abgeltungsteuer nach § 32d Abs. 1 EStG. 23.4

Nach § 32d Abs. 6 EStG hat der Steuerpflichtige im Übrigen das **antragsabhängige Wahlrecht**, seine Einkünfte aus Kapitalvermögen abweichend von § 32d Abs. 1 EStG den allgemeinen Regelungen zur Ermittlung der tariflichen Einkommensteuer zu unterwerfen. Auch im Rahmen dieser sogenannten Günstigerprüfung ist der Sparerpauschbetrag nach § 20 Abs. 9 EStG anzuwenden, so dass die tatsächlichen Werbungskosten nicht berücksichtigt werden können. Im Übrigen führt die Günstigerprüfung dazu, dass ggf. ein unter dem Abgeltungsteuersatz von 25 % liegender tariflicher Steuersatz zur Anwendung kommt.[3] 23.5

23.2.3 Option zum Teileinkünfteverfahren

23.2.3.1 Voraussetzungen

Durch § 32d Abs. 2 Nr. 3 EStG eröffnet das Gesetz bei Beteiligungen, deren Erwerb aus unternehmerischem Interesse erfolgt, die Möglichkeit, Kapitalerträge i.S.d. § 20 Abs. 1 Nr. 1 und 2 EStG auf Antrag abweichend von der Abgeltungssteuer der Regelbesteuerung nach dem Teileinkünfteverfahren zu unterwerfen. Beim Teileinkünfteverfahren werden gem. § 3 Nr. 40 Satz 1 Buchst. d) EStG die Bezüge nach § 20 Abs. 1 Nr. 1 EStG bzw. nach § 3 Nr. 40 Satz 1 Buchst. e) EStG die Bezüge nach § 20 Abs. 1 Nr. 2 EStG nur zu 60 % angesetzt (**Steuerbefreiung von 40 %**). Ergänzend dazu sieht § 3c Abs. 2 Satz 1 EStG ein Teilabzugsverbot vor, wonach Werbungskosten, die mit den vorgenannten Einnahmen in wirtschaftlichem Zusammenhang stehen, unabhängig davon, in welchem Veranlagungszeitraum diese anfallen, nur zu 60 % bei der Ermittlung der Einkünfte abgezogen werden dürfen. Nach § 3c Abs. 2 Satz 7 EStG ist für die Anwendung des § 3c Abs. 2 Satz 1 EStG die Absicht zur Erzielung von Einnahmen i.S.d. § 3 Nr. 40 EStG ausreichend. 23.6

Nach § 32d Abs. 2 Nr. 3 Satz 2 EStG findet bei der Option zur Regelbesteuerung weder die Verlustverrechnungsbeschränkung des § 20 Abs. 6 EStG noch das Werbungskostenabzugsverbot nach § 20 Abs. 9 EStG Anwendung. Die Option zum 23.7

[2] Vgl. BMF-Schreiben v. 19.05.2022 – IV C 1 - S 2252/19/10003 :003, BStBl I, 742, Rdnr. 149–151.
[3] Vgl. BMF-Schreiben v. 19.05.2022 – IV C 1 - S 2252/19/10003 :003, BStBl I, 742, Rdnr. 149–151.

Teileinkünfteverfahren nach § 32d Abs. 2 Nr. 3 EStG gilt **nur auf Antrag** und ist zudem an die seit dem Veranlagungszeitraum 2017[4] deutlich verschärften Voraussetzungen geknüpft, dass der Steuerpflichtige in dem Veranlagungszeitraum, für den der Antrag erstmals gestellt wird, **zu irgendeinem Zeitpunkt** unmittelbar oder mittelbar

- zu mindestens 25 % an der Kapitalgesellschaft beteiligt ist oder
- zu mindestens 1 % an der Kapitalgesellschaft beteiligt ist und durch eine berufliche Tätigkeit für diese maßgeblichen unternehmerischen Einfluss auf deren wirtschaftliche Tätigkeit nehmen kann.

23.8 Damit ist der Antrag nach § 32d Abs. 2 Nr. 3 EStG mit einer **qualitativen Anforderung** verbunden. Ein maßgeblicher unternehmerischer Einfluss auf die wirtschaftliche Tätigkeit setzt eine Führungsfunktion (z.B. Geschäftsführer) in der betreffenden Kapitalgesellschaft voraus, während eine einfache berufliche Tätigkeit (z.B. Sachbearbeiter) die Option nicht mehr ermöglicht.[5] Die Option zum Teileinkünfteverfahren sieht dagegen keine quantitativen Anforderungen vor und äußert sich nicht zu der Frage, ob die Tätigkeit entgeltlich erfolgen muss.

23.9 Erwirbt der Steuerpflichtige Anteile hinzu, findet die Option auf die gesamte Beteiligung Anwendung. Eine teilweise Anwendung des § 32d Abs. 2 Nr. 3 EStG ist nach der Verwaltungsauffassung nicht möglich.[6]

23.2.3.2 Ausschlussfrist und verspäteter Antrag

23.10 Nach § 32d Abs. 2 Nr. 3 Satz 4 EStG ist der Antrag spätestens zusammen mit **Abgabe der Einkommensteuererklärung** für den jeweiligen Veranlagungszeitraum zu stellen (Ausschlussfrist), wobei es auf die erstmalige Abgabe der Steuererklärung für das jeweilige Jahr ankommt.[7] Solange kein Widerruf erfolgt, gilt die Option auch für die folgenden vier Veranlagungszeiträume, ohne dass die Antragsvoraussetzungen erneut belegt werden müssen.

---

4 Zuvor hatte der BFH, Urt. v. 25.08.2015 – VIII R 3/14, BStBl II, 892, entschieden, dass sich aus dem Gesetzeswortlaut weder qualitative noch quantitative Anforderungen an die Tätigkeit des Anteilseigners für die Kapitalgesellschaft ergeben.

5 Vgl. WEISS, BB 2017, 2071; HOHEISEL/TIPPELHOFER, StuB 2016, 16; GRAVE/HERMES, DStR 2016, 946.

6 Vgl. BMF-Schreiben v. 19.05.2022 – IV C 1 - S 2252/19/10003 :003, BStBl I, 742, Rdnr. 140.

7 Vgl. BMF-Schreiben v. 19.05.2022 – IV C 1 - S 2252/19/10003 :003, BStBl I, 742; die Verwaltungsauffassung hat der BFH, Urt. v. 28.07.2015 – VIII R 50/14, BStBl II, 894, bestätigt; gegen das Urteil wurde Verfassungsbeschwerde eingelegt, die vom BVerfG, Beschl. v. 08.08.2019 – 2 BvR 2167/15, nicht zur Entscheidung angenommen wurde.

Nach dem BFH-Urteil vom 29.08.2017[8] kann im Ausnahmefall sowohl die Unkenntnis des Antragsrechts gem. § 32d Abs. 2 Nr. 3 EStG als auch die Unkenntnis, einen solchen Antrag neben einem Antrag auf Günstigerprüfung stellen zu können bzw. zu müssen, bei einem **nicht fachkundig beratenen Steuerpflichtigen** unverschuldet sein und damit zur **Wiedereinsetzung in die Antragfrist** gem. § 32d Abs. 2 Nr. 3 Satz 4 EStG berechtigen.[9] 23.11

Die Ausschlussfrist für die Option gilt nach dem BFH-Urteil vom 14.05.2019[10] auch dann, wenn sich das Vorliegen von Kapitalerträgen erst durch die Annahme einer verdeckten Gewinnausschüttung im Rahmen einer Außenprüfung ergibt. Hat der Steuerpflichtige keinen vorsorglichen Antrag auf die Besteuerung nach dem Teileinkünfteverfahren gestellt, besteht dann auch nicht die Möglichkeit einer Wiedereinsetzung gem. § 110 AO. Ein Antrag auf Günstigerprüfung kann jedenfalls nicht als fristgerechter konkludenter Antrag nach § 32d Abs. 2 Nr. 3 EStG angesehen werden. Eine Wiedereinsetzung in die versäumte Antragsfrist gem. § 110 AO hat der BFH abgelehnt, weil im entschiedenen Fall im Zeitpunkt der Antragstellung durch den Kläger die Jahresfrist des § 110 Abs. 3 AO bereits verstrichen und auch kein Fall höherer Gewalt anzunehmen war. Der BFH ist damit nicht dem Urteil des FG München vom 15.06.2016[11] gefolgt, das aufgrund teleologischer Reduktion des zu weit geratenen Wortlauts § 32d Abs. 2 Nr. 3 EStG einschränkend ausgelegt und eine Wiedereinsetzung nach § 110 AO gewährt hatte. 23.12

23.2.3.3 Mittelbar beteiligter Anteilseigner und mittelbare Tätigkeit

Nach dem Urteil des BFH vom 27.03.2018[12] setzt die erforderliche **berufliche Tätigkeit „für“ eine Kapitalgesellschaft** nach der bis Ende des Veranlagungszeitraums 2016 geltenden Fassung des § 32d Abs. 2 Nr. 3 Satz 1 Buchst. b) EStG nicht voraus, dass der Gesellschafter unmittelbar für diejenige Kapitalgesellschaft tätig wird, für deren Kapitalerträge er den Antrag stellt. Im Streitfall war der Kläger Geschäftsführer bei der A-GmbH, an der im Rahmen einer ertragsteuerlichen Organschaft zu 100 % die B-GmbH beteiligt war. An der B-GmbH war der Kläger zu 5,75 % beteiligt. 23.13

Nach Ansicht des BFH verlangt der Wortlaut des § 32d Abs. 2 Nr. 3 EStG keine berufliche Tätigkeit für die die Kapitalerträge erzielende Kapitalgesellschaft. Im Streitfall war der Erwerb der Anteile an der Organträgergesellschaft aus einem unternehmerischen Interesse und nicht als bloße Kapitalanlage erfolgt. Der BFH hat 23.14

---

8 Vgl. BFH, Urt. v. 29.08.2017 – VIII R 33/15, BStBl II 2018, 69.

9 So bereits LEVEDAG, GmbHR 2016, 261.

10 Vgl. BFH, Urt. v. 14.05.2019 – VIII R 20/16, BStBl II, 586.

11 Vgl. FG München, Urt. v. 15.06.2016 – 9 K 190/16, EFG 2016, 1503.

12 Vgl. BFH. Urt. v. 27.03.2018 – VIII R 1/15, BStBl II 2019, 56; so auch die Vorinstanz vgl. FG Rheinland-Pfalz, Urt. v. 09.12.2014 – 3 K 2697/12, DStRE 2016, 657.

auch bestätigt, dass dem Steuerpflichtigen das Antragsrecht nach § 32d Abs. 2 Nr. 3 EStG ungeachtet des Umstands zusteht, dass er im jeweiligen Veranlagungszeitraum aus der Beteiligung keine Kapitalerträge erzielt hat, sondern nur den Ansatz von Werbungskosten begehrte. Ausreichend ist nämlich die abstrakte Möglichkeit, Kapitalerträge aus der Beteiligung erzielen zu können.[13] Dagegen reicht eine nur **mittelbare Tätigkeit** für einen an der Kapitalgesellschaft beteiligten Gesellschafter für eine Option nicht aus.[14]

23.2.4 Einlagenrückgewähr

23.15 Nach § 20 Abs. 1 Nr. 1 Satz 3 EStG gehören Bezüge beim Empfänger nicht zu den steuerbaren Einnahmen, soweit sie aus Ausschüttungen einer Körperschaft stammen, für die Beträge aus dem steuerlichen Einlagekonto i.S.d. § 27 KStG als verwendet gelten (Einlagenrückgewähr). Soweit demnach **eine Einlagenrückgewähr** vorliegt, erzielt der Gesellschafter steuerfreie Einnahmen. Nach der Rechtsprechung des BFH[15] sowie nach h.M.[16] führt die Einlagenrückgewähr aber (zunächst) zu einer **erfolgsneutralen Kürzung der Anschaffungskosten der Anteile**. Übersteigt die Einlagenrückgewähr die Anschaffungskosten der Anteile, so ergibt sich insoweit bei Anteilen im Privatvermögen ein **veräußerungsähnlicher Gewinn** nach § 17 Abs. 4 EStG.

23.16 Hat der Gesellschafter Anteile an der ausschüttenden Kapitalgesellschaft zu verschiedenen Zeiten und mit unterschiedlichen Anschaffungskosten erworben, so wird eine Einlagenrückgewähr nach der Verfügung der OFD Frankfurt vom 30.10.2019 nach dem Verhältnis der einzelnen Anteile in Bezug zur Gesamtbeteiligung des Gesellschafters am Stammkapital der Kapitalgesellschaft (also nach dem Verhältnis der Nennwerte) aufgeteilt. Dies kann dazu führen, dass bei einzelnen Anteilen die Anschaffungskosten durch Leistungen aus dem steuerlichen Einlagekonto bereits verbraucht sind und ein steuerpflichtiger fiktiver Veräußerungsgewinn nach § 17 Abs. 4 EStG entsteht, während bei weiteren Anteilen an derselben Kapitalgesellschaft lediglich eine steuerneutrale Kürzung der Anschaffungskosten eintritt.[17]

---

13 So auch BMF-Schreiben v. 19.05.2022 – IV C 1 - S 2252/19/10003 :003, BStBl I, 742, Rdnr. 143.

14 Vgl. FG Düsseldorf, Urt. v. 14.03.2017 – 13 K 3081/15 E, EFG 2017, 990, für einen an der Kapitalgesellschaft beteiligten Steuerberater als Partner einer Steuerberatungsgesellschaft, die für die Kapitalgesellschaft tätig ist; vgl. auch FG Düsseldorf, Urt. v. 10.05.2017 – 7 K 3226/16 E, EFG 2017, 1275, mittelbare berufliche Tätigkeit im Rahmen einer Management-Beratungsleistung; vgl. zum Ganzen WEISS, BB 2017, 2071.

15 Vgl. BFH, Urt. v. 19.02.2013 – IX R 24/12, BStBl II, 484.

16 Vgl. nur SCHMIDT/LEVEDAG, EStG, 43. Aufl. 2024, § 17 Rdnr. 230; OTT, DStR 2014, 673.

17 Vgl. OFD Frankfurt, Vfg. v. 30.10.2019 – S 2244 A - 41 - St 519, DB 2019, 2548; zu anderen Aufteilungsmaßstäben vgl. OTT, DStR 2017, 1505; zu Zahlenbeispielen vgl. OTT, DStR 2021, 897; zur differenzierten Behandlung bei der Veräußerung von Aktien und Anteilen an einer GmbH vgl. ROGALL/LUCKHAUPT, DB 2011, 1362.

23.3 Besteuerung von Anteilsveräußerungen

Während bei der unentgeltlichen Übertragung von Anteilen an Kapitalgesellschaften regelmäßig beim Anteilseigener keine ertragsteuerlichen Folgen eintreten und für den Rechtsnachfolger nach § 17 Abs. 1 Satz 5 EStG die Anschaffungskosten des Rechtsvorgängers maßgebend sind, stellen sich die Besteuerungsfolgen bei der Veräußerung von Anteilen[18] an Kapitalgesellschaften,[19] die im Privatvermögen gehalten werden, in Abhängigkeit vom Beteiligungsumfang wie folgt dar: 23.17

Beteiligungsumfang	**Gewinn**	**Verlust**
Privatvermögen < 1 %	Bei Erwerb vor dem 01.01.2009: steuerfrei Bei Erwerb ab dem 01.01.2009: Abgeltungsteuer nach § 20 Abs. 2 Nr. 1 EStG, keine Option zum Teileinkünfteverfahren	Bei Erwerb vor dem 01.01.2009: unbeachtlich Bei Erwerb ab dem 01.01.2009: Verlust nach § 20 Abs. 2 Nr. 1 EStG, aber für Veräußerung von Aktien nur **eingeschränkte Verlustverrechnung** mit künftigen Einkünften aus Kapitalvermögen nach § 20 Abs. 6 Satz 4 EStG
Privatvermögen > 1 %	Ansatz zu 60 % nach Teileinkünfteverfahren	Ansatz zu 60 % nach Teileinkünfteverfahren; jedoch keine Berücksichtigung in den Fällen des § 17 Abs. 2 Satz 6 EStG

23.3.1 Anteile i.S.d. § 20 Abs. 2 EStG

Wie das vorstehende Schaubild zeigt, unterliegen Gewinne aus der Veräußerung von Anteilen im Umfang von weniger als 1 % bei einem Erwerb nach dem 31.12.2008 – unabhängig von der Haltedauer – der Abgeltungsteuer von 25 % zuzüglich Solidaritätszuschlag. Entsteht bei der Veräußerung ein Verlust, so ist 23.18

[18] Zum Begriff der Anteile an Kapitalgesellschaften vgl. nur SCHMIDT/LEVEDAG, EStG, 43. Aufl. 2024, § 17 Rdnr. 44 ff.

[19] Als Veräußerung gilt die Übertragung zumindest des wirtschaftlichen Eigentums an den Anteilen von einer Person auf eine andere gegen Entgelt. Erfasst wird z.B. neben dem Kauf oder Tausch auch die verdeckte Einlage in eine Kapitalgesellschaft sowie die Übertragung auf eine Personengesellschaft mit Betriebsvermögen gegen Gewährung von Gesellschaftsrechten, vgl. umfassend dazu nur SCHMIDT/LEVEDAG, EStG, 43. Aufl. 2024, § 17 Rdnr. 22 ff.

dieser grundsätzlich steuerlich zu erfassen, unterliegt aber der Verlustverrechnungsbeschränkung des § 20 Abs. 6 EStG. Danach dürfen Verluste aus Kapitalvermögen nicht mit Einkünften aus anderen Einkunftsarten ausgeglichen werden und auch nicht nach § 10d EStG abgezogen werden. Die Verluste mindern jedoch nach § 20 Abs. 6 Satz 2 EStG die Einkünfte, die der Steuerpflichtige in den folgenden Veranlagungszeiträumen aus Kapitalvermögen erzielt; nach § 20 Abs. 6 Satz 3 EStG ist § 10d Abs. 4 EStG sinngemäß anzuwenden.

23.19 Verluste, die bei der Veräußerung von Aktien entstehen, dürfen nach § 20 Abs. 6 Satz 4 EStG nur mit Gewinnen aus Kapitalvermögen i.S.d. § 20 Abs. 2 Satz 1 Nr. 1 Satz 1 EStG, die aus der Veräußerung von Aktien entstehen, ausgeglichen werden. Dabei gelten die Sätze 2 und 3 des § 20 Abs. 6 EStG sinngemäß.

23.20 Verluste aus einer entschädigungslosen Depotausbuchung von Aktien z.B. aufgrund einer Insolvenz oder Liquidation unterliegen dagegen – nach der Änderung durch das JStG 2020[20] – ab dem Veranlagungszeitraum 2020 der verschärften Verlustverrechnungsbeschränkung in § 20 Abs. 6 Satz 6 EStG. Danach dürfen solche Ausbuchungsverluste nur i.H.v. 20.000 € mit Einkünften aus Kapitalvermögen ausgeglichen werden; nicht verrechnete Verluste dürfen je Folgejahr auch nur bis 20.000 € mit Einkünften aus Kapitalvermögen verrechnet werden.[21]

Hinweis

23.21 Nach § 17 Abs. 6 EStG gelten als Anteile i.S.v. § 17 EStG solche Anteile an Kapitalgesellschaften, an denen der Veräußerer innerhalb der letzten fünf Jahre nicht unmittelbar oder mittelbar zu mindestens 1 % beteiligt war, wenn

- die Anteile aufgrund eines Einbringungsvorgangs i.S.d. UmwStG, bei dem nicht der gemeine Wert zum Ansatz kam, erworben wurden und
- zum Einbringungszeitpunkt für die eingebrachten Anteile die Mindestquote nach § 17 Abs. 1 Satz 1 EStG von 1 % erfüllt war oder die Anteile auf einer Sacheinlage i.S.d. § 20 Abs. 1 UmwStG beruhen.

23.3.2 Anteile i.S.v. § 17 EStG

23.3.2.1 Ermittlung des Veräußerungsgewinns

23.22 War der Veräußerer innerhalb der letzten fünf Jahre zu irgendeinem Zeitpunkt unmittelbar oder mittelbar zu mindestens 1 % an der Kapitalgesellschaft beteiligt, so wird ein Gewinn bzw. ein Verlust aus der Veräußerung von Anteilen an dieser Kapitalgesellschaft als Einkünfte aus Gewerbebetrieb nach § 17 EStG erfasst. Die

[20] Jahressteuergesetz 2020 (JStG 2020) v. 21.12.2020, BGBl I, 3096.
[21] Vgl. dazu SCHMIDT/LEVEDAG, EStG, 43. Aufl. 2024, § 20 Rdnr. 242 ff.

Besteuerung erfolgt nach § 3 Nr. 40 Satz 1 Buchst. b) i.V.m. § 3c Abs. 2 Satz 1 EStG stets nach dem Teileinkünfteverfahren. Nach § 34 Abs. 2 Nr. 1 EStG liegen keine außerordentlichen Einkünfte vor, so dass der nach Anwendung des Teileinkünfteverfahrens verbleibende Veräußerungsgewinn keine weiteren Vergünstigungen nach § 34 EStG erfährt.

Auch der Erwerb eigener Anteile durch die Kapitalgesellschaft[22] stellt aus der Sicht des Veräußerers nach dem BFH-Urteil vom 06.12.2017[23] ein **Veräußerungsgeschäft** i.S.d. § 17 EStG dar.[24] Schließlich gilt nach § 17 Abs. 4 EStG als Veräußerung i.S.d. § 17 Abs. 1 EStG auch die Auflösung einer Kapitalgesellschaft. Dabei tritt nach § 17 Abs. 4 Satz 2 EStG an die Stelle des Veräußerungspreises der gemeine Wert des dem Steuerpflichtigen zugeteilten oder zurückgezahlten Vermögens der Kapitalgesellschaft. Die bis zur Auflösung der Kapitalgesellschaft thesaurierten Gewinne werden als Bezüge nach § 20 Abs. 1 Nr. 2 EStG beim Anteilseigner erfasst. 23.23

Im Gegensatz zur Besteuerung nach Zuflussgrundsätzen in den Fällen des § 20 Abs. 2 EStG wird der Veräußerungsgewinn bzw. -verlust nach § 17 Abs. 2 EStG als Gewinnermittlungsvorschrift eigener Art[25] – bezogen auf den Stichtag der Veräußerung – wie folgt ermittelt: 23.24

Veräußerungspreis	zu 60 %
abzgl. Veräußerungskosten[26]	zu 60 %
abzgl. Anschaffungskosten einschließlich nachträglicher Anschaffungskosten i.S.v. § 17 Abs. 2a EStG	zu 60 %
= **Veräußerungsgewinn bzw. -verlust**	

Zur Verhinderung von missbräuchlichen Verlustnutzungen sieht § 17 Abs. 2 Satz 6 EStG für bestimmte Fälle des unentgeltlichen sowie des entgeltlichen Erwerbs ein Abzugsverbot vor, wonach Veräußerungsverluste endgültig nicht mehr nutzbar sind.

---

22 Vgl. dazu SCHMIDT/LEVEDAG, EStG, 43. Aufl. 2024, § 17 Rdnr. 29; OTT, Stbg 2017, 340 m.w.N.

23 Vgl. BFH, Urt. v. 06.12.2017 – IX R 7/17, BStBl II 2019, 213.

24 So auch BMF-Schreiben v. 27.11.2013 – IV C 2 - S 2742/07/10009, BStBl I, 1615, wonach der Erwerb eigener Anteile aus Sicht der Kapitalgesellschaft als Kapitalherabsetzung behandelt wird, während auf der Gesellschafterebene ein Veräußerungsgeschäft vorliegt; gegen die Annahme einer Kapitalmaßnahme vgl. FG Münster, Urt. v. 13.10.2016 – 9 K 1087/14, K,G,F, EFG 2017, 423 (rkr.).

25 So z.B. BFH, Urt. v. 02.10.1984 – VIII R 20/84, BStBl II 1985, 428.

26 Zum Begriff und zu Beispielen vgl. nur SCHMIDT/LEVEDAG, EStG, 43. Aufl. 2024, § 17 Rdnr. 132 f.

23.25 Wird ein variabler Kaufpreis im Rahmen einer „Earn-Out-Klausel“ vereinbart, so sollen bei rein umsatz- und/oder gewinnabhängigen Kaufpreisanteilen[27] **nachträgliche Einkünfte** nach § 24 Nr. 2 i.V.m. § 17 EStG (mit Anwendung des Teileinkünfteverfahrens) in den Zuflussjahren der variablen Kaufpreisanteile vorliegen.[28] Hängt das Entstehen eines zusätzlichen Kaufpreises dagegen von der Erreichung bestimmter Erfolgsindikatoren ab, so führt das nachträgliche Entstehen des Kaufpreisanspruchs zu einem **rückwirkenden Ereignis** i.S.d. § 175 Abs. 1 Satz 1 Nr. 2 AO, wenn der Rechtsgrund für die später zu leistenden Zahlungen bereits im ursprünglichen Rechtsgeschäft angelegt ist.[29] Ein weiterer Kaufpreisbetrag wird somit rückwirkend im Jahr der Veräußerung erfasst, erhöht den steuerpflichtigen Veräußerungsgewinn und unterliegt ebenfalls dem Teileinkünfteverfahren.

23.26 Bei einem etwaigen späteren Ausfall des vereinbarten Kaufpreises wird der Veräußerungsgewinn bzw. -verlust – ggf. bei bestandskräftigen Bescheiden nach § 175 Abs. 1 Satz 1 Nr. 2 AO – rückwirkend geändert.[30]

23.27 Die Mindestbeteiligungsquote in § 17 EStG von 1 % gilt nach dem Steuersenkungsgesetz[31] mit Wirkung ab dem 01.01.2002 und wurde bereits zuvor durch das StEntlG 1999/2000/2002[32] rückwirkend zum 01.01.1999 von mehr als 25 % auf mindestens 10 % abgesenkt. Nach dem Beschluss des BVerfG vom 07.07.2010[33] verstößt die zum 01.01.1999 erfolgte Absenkung der Beteiligungsquote gegen den verfassungsrechtlichen Vertrauensschutz und ist nichtig, soweit in einem Veräußerungsgewinn Wertsteigerungen erfasst werden, die bis zur Verkündung des StEntlG 1999/2000/2002 am 31.03.1999 entstanden sind und die bei einer Veräußerung nach Verkündung des Gesetzes sowohl zum Zeitpunkt der Verkündung als auch zum Zeitpunkt der Veräußerung nach der zuvor geltenden Rechtslage steuerfrei hätten realisiert werden können. Bis zur Höhe des gemeinen Werts der Anteile zum 31.03.1999 bleiben damit im Ergebnis die bis zur Absenkung der Beteili-

---

27 Vgl. BFH, Urt. v. 14.05.2002 – VIII R 8/01, BStBl II, 532; vgl. auch Ettinger/Schmitz, GmbHR 2016, 966; ausführlich zu Earn-out-Klauseln vgl. Demuth, in: Ott, Beratungsschwerpunkte Unternehmenskauf, 2. Aufl. 2024, Rdnr. 13.86 ff.

28 Vgl. BFH, Urt. v. 19.12.2018 – I R 71/16, BStBl II 2019, 493, zur Steuerfreistellung nach § 8b Abs. 2 KStG bei gewinn- und umsatzabhängigen Kaufpreisforderungen; vgl. auch Link, BB 2014, 554; Ettinger/Schmitz, GmbHR 2016, 966, jeweils unter Hinweis auf FG Münster, Urt. v. 29.08.2012 – 8 K 4732/10 E, StBW 2013, 56.

29 Vgl. BFH, Urt. v. 23.05.2012 – IX R 32/11, BStBl II, 675; Ettinger/Schmitz, GmbHR 2016, 966.

30 Vgl. BFH, Urt. v. 19.07.1993 – GrS 1/92, BStBl II, 894; BFH, Urt. v. 21.12.1993 – VIII R 69/88, BStBl II 1994, 648.

31 Steuersenkungsgesetz v. 23.10.2000, BGBl I, 1433, verkündet am 26.10.2000.

32 Steuerentlastungsgesetz 1999/2000/2002 v. 24.03.1999, BGBl I, 402, verkündet am 31.03.1999.

33 BVerfG, Beschl. v. 07.07.2010 – 2 BvR 748/05, 2 BvR 753/05, 2 BvR 1738/05, BStBl II 2011, 86.

gungsgrenze entstandenen stillen Reserven auch bei einer späteren Veräußerung steuerfrei.

Die Verwaltung wendet diese Grundsätze des BVerfG in allen noch offenen Fällen – auch auf die **weitere Absenkung der Beteiligungsgrenze auf 1 %** – an. Ist der gemeine Wert zum 31.03.1999 nicht bekannt, so sieht das hierzu ergangene BMF-Schreiben vom 20.12.2010[34] eine Vereinfachungsregelung zur Ermittlung des gemeinen Werts vor. Da Wertsteigerungen nach der Entscheidung des BVerfG nur steuerbar sind, soweit sie nach dem 31.03.1999 entstanden sind, handelt es sich bei dem Stichtagswert um einen steuerbegründenden Umstand, für den die Feststellungslast nach dem Urteil des BFH vom 25.11.2010[35] beim Finanzamt liegt. Die Wertermittlung kann alternativ auch nach dem **vereinfachten Ertragswertverfahren** gem. §§ 199 ff. BewG vorgenommen werden.[36] In den Fällen der Absenkung auf 1 % ist nach dem BFH-Urteil vom 24.10.2012[37] der gemeine Wert zum 26.10.2000 (Tag der Verkündung des Steuersenkungsgesetzes) maßgebend und nicht etwa der gemeine Wert am Tag des Inkrafttretens am 01.01.2002.[38] 23.28

23.3.2.2 Veränderungen von Anschaffungskosten

Bei der Ermittlung des Veräußerungsgewinns oder -verlusts werden sowohl etwaige Veräußerungskosten als auch die Anschaffungskosten berücksichtigt. Neben den historischen Anschaffungskosten (Kaufpreis beim entgeltlichen Erwerb, Kapitaleinzahlung bei Bargründung, Bewertungsansatz des eingebrachten Betriebsvermögens bzw. der eingebrachten Anteile bei Einbringungen nach den §§ 20 bzw. 21 UmwStG) können sich die Anschaffungskosten im Zeitablauf verändern. **Nachträgliche (erhöhte) Anschaffungskosten** ergeben sich z.B. durch[39] 23.29

– offene oder verdeckte Einlagen (z.B. Einzahlung von Barmitteln, Einlage von Wirtschaftsgütern); nach § 17 Abs. 2a Satz 5 EStG sind Einzahlungen in das Eigenkapital der Kapitalgesellschaft, die der Steuerpflichtige über den Nennbetrag seiner Anteile hinaus leistet, bei der Ermittlung der Anschaffungskosten gleichmäßig, d.h. im Verhältnis der Anteilsnennwerte, auf seine gesamten An-

[34] BMF-Schreiben v. 20.12.2010 – IV C 6 - S 2244/10/10001, BStBl I 2011, 16; zu den Auswirkungen auf Einlagen und Einbringungen vgl. BMF-Schreiben v. 21.12.2011 – IV C 6 – S 2178/11/10001, BStBl I 2012, 42.

[35] Vgl. BFH, Urt. v. 25.11.2010 – IX R 47/10, DStR 2010, 620.

[36] Vgl. BMF-Schreiben v. 22.09.2011 – IV C 6 - S 2170/10/10001, BStBl I, 859, i.V.m. den gleichlautenden Erlassen der obersten Finanzbehörden der Länder v. 17.05.2011 – S 3715, BStBl I, 606 zu den §§ 199–203 BewG.

[37] Vgl. BFH, Urt. v. 24.10.2012 – IX R 36/11, BStBl II 2013, 164.

[38] So die h.M. im Schrifttum vgl. z.B. KAMPS, Stbg 2010, 551; FÖRSTER, DB 2011, 259; HEUERMANN, DB 2011, 551; SÖFFING, BB 2011, 917; SCHMIDT/RENGER, DStR 2011, 693; MILATZ/HERBST, GmbHR 2011, 574.

[39] Vgl. nur SCHMIDT/LEVEDAG, EStG, 43. Aufl. 2024, § 17 Rdnr. 181.

teile einschließlich seiner im Rahmen von Kapitalerhöhungen erhaltenen neuen Anteile aufzuteilen;[40]

- disquotale Einlagen in die Kapitalrücklage;[41]
- Verzicht auf Forderungen in Höhe des werthaltigen Teils der Forderung[42] bzw. Verzicht auf werthaltige Pensionsansprüche;[43]
- den versteuerten „Wegzugswert“ im Ausland, höchstens den gemeinen Wert bei Zuzug nach Deutschland (§ 17 Abs. 2 Satz 3 EStG) oder den „Entnahmewert“ bei vorausgegangener Entnahme aus dem Betriebsvermögen;
- den versteuerten Einbringungsgewinn nach § 22 Abs. 1 Satz 4 bzw. Abs. 2 Satz 4 UmwStG.

23.3.2.3 Ausfall von Finanzierungshilfen des Anteilseigners

23.30 Nach dem BMF-Schreiben vom 21.10.2010[44] und den dort genannten vier Fallgruppen konnten unter bestimmten Voraussetzungen nachträgliche Anschaffungskosten auch beim Ausfall von Finanzierungshilfen (Ausfall von Gesellschafterdarlehen oder Inanspruchnahme des Anteilseigners aus Bürgschaften zugunsten der Kapitalgesellschaft) entstehen. Mit Urteil vom 11.07.2017[45] hat der BFH seine **Rechtsprechung geändert** und entschieden, dass ausgefallene Finanzierungshilfen für die Zeit nach dem Inkrafttreten des MoMiG am 01.11.2008[46] grundsätzlich nicht mehr zu nachträglichen Anschaffungskosten im Rahmen des § 17 EStG führen. **Aus Vertrauensschutzgründen** können jedoch die bisherigen Grundsätze weiter angewendet werden, wenn die Finanzierungshilfe bis zum 27.09.2017 geleistet wurde oder eigenkapitalersetzend geworden ist.

23.31 Zu den Auswirkungen der Rechtsprechungsänderung des BFH und zu dem vom BFH gewährten Vertrauensschutz hat die Finanzverwaltung mit dem BMF-Schreiben vom 05.04.2019[47] Stellung genommen und das BMF-Schreiben vom

---

[40] Zu diesem Verteilungsgebot vgl. OTT, DStZ 2023, 913, 919 ff.; PITZAL/THOR, DStR 2022, 1401.

[41] Vgl. dazu OTT, DStR 2021, 897.

[42] Vgl. grundlegend dazu BFH, Beschl. v. 09.06.1997 – GrS 1/94, BStBl II 1998, 307; BFH, Urt. v. 20.04.2005 – X R 2/03, BStBl II, 694.

[43] Vgl. BFH, Urt. v. 15.10.1997 – I R 23/93, BFH/NV 1998, 826; BMF-Schreiben v. 14.08.2012 – IV C 2 - S 2743/10/10001:001, BStBl I, 874, zum Verzicht auf den Future-Service; OTT, DStR 2015, 2262.

[44] Vgl. BMF-Schreiben v. 21.10.2010 – IV C 6 - S 2244/08/10001, BStBl I, 832; vor MoMiG vgl. BMF-Schreiben v. 08.06.1999 – IV C 2 - S 2244 – 12/99, BStBl I, 545.

[45] Vgl. BFH, Urt. v. 11.07.2017 – IX R 36/15, BStBl II 2019, 208.

[46] Gesetz zur Modernisierung des GmbH-Rechts und zur Bekämpfung von Missbräuchen (MoMiG) v. 23.10.2008, BGBl I, 2016.

[47] Vgl. BMF-Schreiben v. 05.04.2019 – IV C 6 - S 2244/17/10001, BStBl I, 257; vgl. dazu OTT, Stbg 2019, 310.

21.10.2010[48] zur Behandlung nachträglicher Anschaffungskosten im Rahmen des § 17 Abs. 2 EStG weiterhin in allen offenen Fällen für anwendbar erklärt, bei denen auf die Behandlung des Darlehens bzw. der Bürgschaft die Vorschriften des MoMiG anzuwenden sind.

Mit dem Gesetz zur weiteren steuerlichen Förderung der Elektromobilität und zur Änderung weiterer steuerlicher Vorschriften (JStG 2019)[49] wurde in einem neuen § 17 Abs. 2a EStG eine Definition nachträglicher Anschaffungskosten für Anteile an Kapitalgesellschaften i.S.d. § 17 EStG eingeführt. Die Regelung ist nach § 52 Abs. 25a EStG erstmals für Veräußerungen i.S.v. § 17 Abs. 1 EStG bzw. einer der Veräußerung gleichgestellten Vorgänge i.S.v. § 17 Abs. 4 oder 5 EStG (z.B. Auflösung der Kapitalgesellschaft) nach dem 31.07.2019 anzuwenden. Auf Antrag kann nach § 52 Abs. 25a EStG die Neuregelung des § 17 Abs. 2a EStG für Veräußerungen und gleichgestellte Fälle i.S.v. § 17 Abs. 1, 4 und 5 EStG auch **rückwirkend** vor dem 31.07.2019 zur Anwendung kommen. 23.32

Da der **Antrag auf rückwirkende Anwendung weder form- noch fristgebunden** ist, kann dieser bis zur Bestandskraft des entsprechenden Steuerbescheids z.B. während des finanzgerichtlichen Verfahrens nachgeholt oder umgekehrt auch wieder zurückgenommen werden. 23.33

Zwecks Ermittlung eines Veräußerungsgewinns bzw. -verlusts werden gem. § 17 Abs. 2a EStG (nachträgliche) Anschaffungskosten nunmehr wie folgt definiert:[50] 23.34

„(2a) Anschaffungskosten sind die Aufwendungen, die geleistet werden, um die Anteile im Sinne des Absatzes 1 zu erwerben. Zu den Anschaffungskosten gehören auch die Nebenkosten sowie die nachträglichen Anschaffungskosten. Zu den nachträglichen Anschaffungskosten im Sinne des Satzes 2 gehören insbesondere

1. *offene oder verdeckte Einlagen,*
2. *Darlehensverluste, soweit die Gewährung des Darlehens oder das Stehenlassen des Darlehens in der Krise der Gesellschaft gesellschaftsrechtlich veranlasst war, und*

[48] Vgl. BMF-Schreiben v. 21.10.2010 – IV C 6 - S 2244/08/10001, BStBl I, 832; vor MoMiG vgl. BMF-Schreiben v. 08.06.1999 – IV C 2 - S 2244 - 12/99, BStBl I, 545.

[49] Gesetz zur weiteren steuerlichen Förderung der Elektromobilität und zur Änderung weiterer steuerlicher Vorschriften (JStG 2019) v. 12.12.2019, BGBl I, 2451.

[50] Umfassend zur Neuregelung des § 17 Abs. 2a EStG vgl. Ott, DStR 2020, 313; ders., DStZ 2020, 189; Jachmann-Michel, BB 2020, 727; Werth, FR 2020, 530; Krumm, FR 2020, 197; Schmidt/Levedag, EStG, 43. Aufl. 2024, § 17 Rdnr. 181 ff.

3. *Ausfälle von Bürgschaftsregressforderungen und vergleichbaren Forderungen, soweit die Hingabe oder das Stehenlassen der betreffenden Sicherheit gesellschaftsrechtlich veranlasst war.*

Eine gesellschaftsrechtliche Veranlassung liegt regelmäßig vor, wenn ein fremder Dritter das Darlehen oder Sicherungsmittel im Sinne der Nummern 2 oder 3 bei sonst gleichen Umständen zurückgefordert oder nicht gewährt hätte. Leistet der Steuerpflichtige über den Nennbetrag seiner Anteile hinaus Einzahlungen in das Kapital der Gesellschaft, sind die Einzahlungen bei der Ermittlung der Anschaffungskosten gleichmäßig auf seine gesamten Anteile einschließlich seiner im Rahmen von Kapitalerhöhungen erhaltenen neuen Anteile aufzuteilen."

23.35 Nunmehr definiert § 17 Abs. 2a EStG in Anlehnung an § 255 HGB eigenständig für die Fälle des § 17 EStG den Begriff der Anschaffungskosten, soweit Anteile an Kapitalgesellschaften i.S.v. § 17 EStG betroffen sind. Zwar weicht die Aussage, dass zu den Anschaffungskosten auch Anschaffungsnebenkosten (wie z.B. Notargebühren und Beratungskosten) und nachträgliche Anschaffungskosten gehören, nicht von der bisherigen Auslegung des Anschaffungskostenbegriffs ab. Neu ist aber, dass § 17 Abs. 2a Satz 3 EStG nunmehr den Begriff der nachträglichen Anschaffungskosten beispielhaft und in einer nicht abschließenden Aufzählung definiert. Damit hat der Gesetzgeber versucht, zur steuerlichen Behandlung des Ausfalls von Gesellschafterdarlehen und zur Inanspruchnahme aus Gesellschafterbürgschaften vor der Änderung der Rechtsprechung mit dem Grundsatzurteil vom 11.07.2017 zurückzukehren.

23.3.2.4 BMF-Schreiben vom 07.06.2022

23.3.2.4.1 Regelungsinhalt

23.36 Zur ertragsteuerlichen Behandlung von Gesellschafterdarlehen sowie zu Bürgschaftsregress- und vergleichbaren Forderungen hat die Finanzverwaltung mit dem BMF-Schreiben vom 07.06.2022[51] Stellung genommen, das auch zu dem komplexen Zusammenspiel von § 17 Abs. 2a EStG einerseits und § 20 Abs. 2 und Abs. 6 EStG und dem inzwischen ebenfalls geänderten § 32d Abs. 2 Nr. 1 Satz 1 Buchst. b) EStG Stellung andererseits nimmt.

23.37 Die Ausführungen zum Umfang und zur Höhe der nachträglichen Anschaffungskosten i.S.d. § 17 Abs. 2a EStG nehmen im BMF-Schreiben vom 07.06.2022 mit den Rdnr. 1–19[52] im Abschnitt I einen breiten Raum ein. Zu den nachträglichen

---

[51] Vgl. BMF-Schreiben v. 07.06.2022 – IV C 6 - S 2244/20/10001 :001, BStBl I, 897; vgl. dazu OTT, DStZ 2022, 580; DERS., StuB 2022, 561; TROSSEN, GmbH-StB 2022, 283.

[52] Die im Folgenden angegebenen Randnummern beziehen sich jeweils auf das BMF-Schreiben v. 07.06.2022.

Anschaffungskosten i.S.v. § 17 Abs. 2a Satz 3 Nr. 1 EStG gehören offene und verdeckte Einlagen. Nach Rdnr. 4 zählen dazu z.B.

- Nachschüsse nach §§ 26 ff. GmbHG,
- Barzuschüsse und sonstige Zuzahlungen i.S.v. § 272 Abs. 2 Nr. 4 HGB wie
  - Einzahlungen in die Kapitalrücklage und
  - „**Einlagen in letzter Minute**“, die in zeitlicher Nähe zur Veräußerung der Beteiligung geleistet werden.

Im Einklang mit der Rechtsprechung des BFH führt nach Rdnr. 5 auch der Verzicht auf ein Gesellschafterdarlehen in Höhe des werthaltigen Teils zu einer verdeckten Einlage und damit zu nachträglichen Anschaffungskosten i.S.d. § 17 Abs. 2a Satz 3 EStG.[53] Einer verdeckten Einlage in das Gesellschaftsvermögen **wirtschaftlich vergleichbar** ist nach Rdnr. 6 auch ein Rangrücktritt i.S.d. § 5 Abs. 2a EStG, der nur eine Tilgung aus künftigen (Liquidations-)Gewinnen, nicht aber aus dem sonstigen freien Vermögen vorsieht, wenn und soweit der die Ausbuchung auslösende Rangrücktritt nicht betrieblich, sondern durch das Gesellschaftsverhältnis veranlasst war und die entsprechenden Forderungen des Gläubigers noch werthaltig waren.[54] 23.38

Zentraler Regelungsinhalt des § 17 Abs. 2a Satz 3 Nr. 2 und 3 EStG ist, dass unter bestimmten Voraussetzungen auch Darlehensverluste und Ausfälle von Bürgschaftsregressforderungen und vergleichbaren Forderungen ebenfalls (wieder) zu nachträglichen Anschaffungskosten der Beteiligung führen. Im Gegensatz zur früheren BFH-Rechtsprechung, die auf das Eigenkapitalersatzrecht abstellte, können nunmehr nachträgliche Anschaffungskosten im Anwendungsbereich von § 17 Abs. 2a EStG – abgesehen von der Mindestquote von 1 % und ansonsten unabhängig von einer Beteiligungsquote[55] – (nur) berücksichtigt werden, **soweit** die Gewährung oder das Stehenlassen des Darlehens gesellschaftsrechtlich veranlasst war. Im Gegensatz zum Gesetzeswortlaut wird in Rdnr. 7 ausgeführt, dass Verluste aus Gesellschafterdarlehen nur dann zu berücksichtigen sind, **wenn** die Gewährung oder das Stehenlassen des Darlehens gesellschaftsrechtlich, d.h. durch das Gesellschaftsverhältnis, veranlasst war. 23.39

[53] Vgl. BFH, Beschl. v. 09.06.1997 – GrS 1/94, BStBl II 1998, 307.

[54] Vgl. BFH, Urt. v. 11.07.2017 – IX R 6/15, BStBl II 2019, 208; BFH, Urt. v. 15.04.2015 – I R 44/14, BStBl II, 769; BFH, Urt. v. 30.11.2021 – I R 100/10, BStBl II 2022, 332.

[55] Erfasst werden auch Darlehensverluste, wenn die Gesellschafter unter das Kleinanlegerprivileg des § 39 Abs. 1 Satz 1 Nr. 5 i.V.m. Abs. 5 InsO fallen oder nach dem sog. Sanierungsprivileg gem. § 39 Abs. 1 Nr. 5 i.V.m. Abs. 4 InsO nicht dem Nachranggebot unterliegen.

23.40 Die **gesellschaftsrechtliche Veranlassung** i.S.d. § 17 Abs. 2a Satz 4 EStG ist nach Rdnr. 8 danach zu beurteilen, ob die Gesellschaft unter den bestehenden Verhältnissen von einem fremden Dritten noch ein Darlehen zu marktüblichen Bedingungen erhalten hätte. Dabei führen nicht marktüblich vereinbarte Bedingungen (wie z.B. Zinslosigkeit) für sich allein noch nicht zur Annahme einer gesellschaftsrechtlichen Veranlassung. Nach Rdnr. 9 ist ein Darlehen vielmehr dann gesellschaftsrechtlich veranlasst, wenn im Zeitpunkt seiner Gewährung (so z.B. bei einem Krisendarlehen) oder Weitergewährung (so z.B. bei einem sog. stehengelassenen Darlehen) die Rückzahlung des Darlehens angesichts der finanziellen Situation der Gesellschaft in dem Maß gefährdet ist, dass ein ordentlicher Kaufmann das Risiko einer Darlehensgewährung zu denselben Bedingungen wie der Gesellschafter nicht mehr eingegangen wäre (sog. Krise). Unabhängig von einer tatsächlichen Krise wird nach Rdnr. 9 bei einem in der Krise hingegebenen oder **krisenbestimmten Darlehen sowie bei einem Finanzplandarlehen stets eine gesellschaftsrechtliche Veranlassung** angenommen. Bei einem vor Eintritt der Krise gewährten Gesellschafterdarlehen tritt die gesellschaftsrechtliche Veranlassung erst ein, wenn der Darlehensgeber das Darlehen stehenlässt, obwohl er es hätte abziehen können, und es angesichts der finanziellen Situation der Gesellschaft absehbar war, dass die Rückzahlung gefährdet sein wird (sog. stehengelassenes Darlehen).

23.41 Bei fehlender gesellschaftsrechtlicher Veranlassung kommt nach Rdnr. 10 eine Berücksichtigung als nachträgliche Anschaffungskosten i.S.d. § 17 Abs. 2a EStG nicht in Betracht. Allerdings ist dann insoweit eine steuerliche **Berücksichtigung des Darlehensverlusts** im Rahmen der **Einkünfte aus Kapitalvermögen** unter den dortigen Voraussetzungen möglich. Davon ausgenommen sind nach Rdnr. 10 i.V.m. Rdnr. 5 und 6 der Verzicht auf ein Gesellschafterdarlehen und der Rangrückrücktritt i.S.d. § 5 Abs. 2a EStG, soweit diese als verdeckte Einlagen anzusehen sind.

23.3.2.4.2 Höhe der nachträglichen Anschaffungskosten

23.42 § 17 Abs. 2a EStG trifft keine Aussage zur **Höhe der nachträglichen Anschaffungskosten.** Für den Darlehensausfall und den Darlehensverzicht wird diese Lücke nun durch das BMF-Schreiben vom 07.06.2022 in den Rdnr. 11 ff. ausgefüllt. Im Anschluss an das frühere BMF-Schreiben vom 21.10.2010[56] werden die bereits in der Vergangenheit bekannten vier Fallgruppen der Krisendarlehen, krisenbestimmten Darlehen, Finanzplandarlehen und stehengelassenen Darlehen unterschieden:

23.43 Bei **Hingabe des Darlehens in der Krise** sowie bei einem Verzicht in der Krise ergeben sich nach Rdnr. 11 nachträgliche Anschaffungskosten i.S.d. § 17 Abs. 2a Satz 3 EStG **in Höhe des Nennwerts.** Entsprechendes gilt bei einem **krisenbestimmten Darlehen**, bei dem nach Rdnr. 12 der Gesellschafter schon **vor Eintritt der**

[56] Vgl. BMF-Schreiben v. 21.10.2010 – IV C 6 - S 2244/17/10001, BStBl I, 832.

Krise mit bindender Wirkung gegenüber der Gesellschaft oder den Gesellschaftsgläubigern (z.B. durch Rangrücktritt) erklärt, dass er das Darlehen auch im Fall einer Krise stehenlassen werde, sowie bei einem **Finanzplandarlehen.** Ein Finanzplandarlehen ist nach Rdnr. 14 ein Darlehen, dass von vornherein in die Finanzplanung der Gesellschaft in der Weise einbezogen wird, dass die zur Aufnahme der Geschäfte erforderliche Kapitalausstattung der Gesellschaft krisenunabhängig durch eine Kombination von Eigen- und Fremdfinanzierung erreicht werden soll.

Beispiel

A, der an der A-GmbH als Gründungsgesellschafter mit nominal 40.000 € beteiligt ist, hat dieser im Jahr 2015 ein Gesellschafterdarlehen i.H.v. 500.000 € gewährt, nachdem die A-GmbH in eine wirtschaftliche Krise geraten ist. Eine Tilgung des Darlehens erfolgt nicht. Im Jahr 2021 wird bei der A-GmbH das Insolvenzverfahren eröffnet, das im Jahr 2022 mit der Löschung der A-GmbH und ohne Auszahlung bzw. Darlehensrückzahlung an die Gesellschafter beendet wird.

Lösung

Neben der verlorenen Stammeinlage i.H.v. 40.000 € (= Anschaffungskosten) kann A sein ausgefallenes Gesellschafterdarlehen i.H.v. 500.000 € (= nachträgliche Anschaffungskosten i.S.d. § 17 Abs. 2a Satz 3 Nr. 2 EStG) im Rahmen des § 17 Abs. 4 EStG als Auflösungsverlust geltend machen. Der Auflösungsverlust i.H.v. 540.000 €, der dem Teileinkünfteverfahren unterliegt, kann steuerlich somit zu 60 % = 324.000 € berücksichtigt werden.

Die vollständige Berücksichtigung des Darlehensverlusts gem. § 17 Abs. 2a EStG 23.44
in den vorstehend genannten Fällen bewirkt gleichzeitig, dass nach der in § 20 Abs. 8 EStG normierten **Subsidiarität des § 20 EStG** die vorrangige Anwendung des § 17 EStG greift. Nach zutreffender Verwaltungsansicht in Rdnr. 11 und 15 ist eine Berücksichtigung des Darlehensverlusts im Rahmen der Einkünfte aus Kapitalvermögen daher nicht möglich.

23.3.2.4.3 Stehengelassene Darlehen – Ausfall und Verzicht

Eine **Sonderstellung** nimmt – wie vor der Rechtsprechungsänderung – ein **stehen-** 23.45
gelassenes Darlehen i.S.v. Rdnr. 16 ein. Der Verlust eines solchen Darlehens führt nach Rdnr. 17 zu nachträglichen Anschaffungskosten nur in Höhe des im Zeitpunkt des Eintritts der Krise noch werthaltigen Teils des Darlehens. Der zu diesem Zeitpunkt nicht mehr werthaltige Teil des stehengelassenen Darlehens kann nur im Rahmen der Einkünfte aus Kapitalvermögen unter den dortigen Voraussetzungen berücksichtigt werden. Ein solches stehengelassenes Darlehen liegt nach Rdnr. 16 dann vor, wenn der Gesellschafter ein vor der Krise gewährtes Darlehen bei Eintritt der Krise stehenlässt, obwohl er es hätte abziehen können, und es angesichts

der veränderten finanziellen Situation der Gesellschaft absehbar war, dass die Rückzahlung gefährdet sein wird.

Beispiel

A, der zu 100 % an der A-GmbH (Stammkapital 25.000 €) beteiligte Gründungsgesellschafter, hat dieser im Jahr 2015 ein fremdüblich vereinbartes Darlehen i.H.v. 500.000 € gewährt. Im Jahr 2021 gerät die A-GmbH in die Krise. A lässt das Darlehen, das bei Kriseneintritt nur noch zu 20 % (= 100.000 €) werthaltig ist, stehen. Die A-GmbH wird im Jahr 2022 insolvenzfrei liquidiert. Es erfolgt jedoch weder eine Rückzahlung des eingezahlten Stammkapitals noch des Darlehens.

Lösung

Das Stehenlassen in der Krise bewirkt, dass im Hinblick auf das Darlehen eine gesellschaftsrechtliche Veranlassung vorliegt. Nur der im Zeitpunkt des Kriseneintritts im Jahr 2021 noch werthaltige Teil der Darlehensforderung i.H.v. 100.000 € führt als Darlehensverlust zu nachträglichen Anschaffungskosten i.S.v. § 17 Abs. 2a Satz 3 Nr. 2 EStG und kann im Rahmen der Ermittlung des Auflösungsergebnisses gem. § 17 Abs. 4 EStG berücksichtigt werden. Dagegen kann der im Zeitpunkt des Kriseneintritts nicht mehr werthaltige Teil von 400.000 € zum Verlustzeitpunkt im Jahr 2022 bei den Einkünften aus Kapitalvermögen unter den dortigen Voraussetzungen berücksichtigt werden. Da die Darlehenshingabe vor dem 01.01.2021 erfolgt ist, kann der unter § 20 Abs. 2 Satz 2 Nr. 7 EStG fallende Verlust uneingeschränkt mit anderen positiven Einkünften verrechnet werden, weil A zu mindestens 10 % an der A-GmbH beteiligt ist. Die geänderte Fassung des § 32d Abs. 2 Nr. 1 Satz 1 Buchst. b) EStG und damit die Begrenzung der Verlustverrechnung nach § 20 Abs. 6 Satz 6 EStG greift nach § 52 Abs. 25a EStG für das Jahr 2022 (noch) nicht.
Im Rahmen der Liquidation im Jahr 2022 ergibt sich für A folgender Auflösungsverlust nach § 17 Abs. 4 EStG:

Rückzahlung Stammkapital	0 €
Anschaffungskosten	– 25.000 €
nachträgliche Anschaffungskosten	– 100.000 €
Verlust nach § 17 Abs. 4 EStG	**– 125.000 €**

Nach dem Teileinkünfteverfahren kann A diesen Verlust i.H.v. 60 % = 75.000 € mit anderen Einkünften verrechnen.

Die in Rdnr. 17 vertretene Verwaltungsansicht zur Höhe der nachträglichen Anschaffungskosten hat der BFH mit Urteil vom 18.07.2023 bestätigt.[57] Damit ist er der im Schrifttum vertretenen **Gegenansicht nicht gefolgt,** die auch bei einem stehengelassenen Darlehen als nachträgliche Anschaffungskosten einen Ansatz mit dem Nennwert befürwortet. Nach dieser Gegenansicht wird nämlich bei einem Stehenlassen ab dem Kriseneintritt die Verstrickung des Darlehens mit § 20 Abs. 2 Satz 1 Nr. 7 EStG gelöst, und das Darlehen wird in den Anwendungsbereich des § 17 EStG hineingezogen.[58] Im Übrigen wird beim Ausfall eines stehengelassenen Darlehens nur dann eine Gleichbehandlung von Eigen- und Fremdkapitalfinanzierung sichergestellt, wenn der Darlehensnennbetrag als nachträgliche Anschaffungskosten i.S.v. § 17 Abs. 2a EStG erfasst wird.[59] Zur weiteren Klärung hat das FG Berlin-Brandenburg die Revision beim BFH wegen grundsätzlicher Bedeutung zugelassen, so dass insoweit die weitere Entwicklung abzuwarten bleibt. 23.46

Verzichtet der Darlehensgeber auf ein stehengelassenes Darlehen, so verlangt Rdnr. 18 zu zwei unterschiedlichen Zeitpunkten – nämlich **zum Zeitpunkt des Kriseneintritts** und **zum Zeitpunkt des Verzichts** – eine Feststellung des gemeinen Werts der Darlehensforderung. Die Wertfeststellung **im Zeitpunkt des Kriseneintritts** hat folgende Auswirkungen: 23.47

- Der noch werthaltige Teil des stehengelassenen Darlehens führt zu nachträglichen Anschaffungskosten i.S.v. § 17 Abs. 2a Satz 3 Nr. 2 EStG.
- Dagegen kann der zu diesem Zeitpunkt nicht mehr werthaltige Teil des stehengelassenen Darlehens nur im Rahmen der Einkünfte aus Kapitalvermögen unter den dortigen Voraussetzungen berücksichtigt werden.[60]

Die **im Zeitpunkt des Kriseneintritts** vorzunehmende Wertfeststellung entscheidet darüber, welcher Teil des Darlehens unter § 17 Abs. 2a bzw. unter § 20 EStG fällt. Der unter § 20 EStG fallende Teil wird spätestens ab dem Veranlagungszeitraum 2024 von der „**Verlustverrechnungsfalle**" des § 20 Abs. 6 Satz 6 EStG erfasst und darf jährlich nur bis zu 20.000 € mit positiven Einkünften aus Kapitalvermögen verrechnet werden, während der unter § 17 Abs. 2a EStG fallende Teil nach dem 23.48

---

57 Vgl. BFH, Urt. v. 18.07.2023 – IX R 21/21 DStR 2023, 2483, mit Anm. TROSSEN; vgl. dazu auch DEMUTH, NWB 2023, 3112; LEVEDAG, GmbHR 2024, 41; zum Ausfall einer Regressforderung bei einer stehengelassenen Gesellschafterbürgschaft vgl. BFH, Urt. v. 20.06.2023 – IX R 2/22, BFH/NV 2023, 1257.

58 Vgl. SCHMIDT/LEVEDAG, EStG, 43. Aufl. 2024, § 17 Rdnr. 190 i.V.m. § 20 EStG Rdnr. 257; DERS., GmbHR 2021, 14, 19f, unter Hinweis auf BFH, Urt. v. 29.11.2017 – X R 8/16, BStBl II 2018, 426.

59 Vgl. SCHMIDT/LEVEDAG, EStG, 43. Aufl. 2024, § 17 Rdnr. 190 i.V.m. § 20 EStG Rdnr. 257; DERS., GmbHR 2021, 14, 20; DEMUTH, KÖSDI 2020, 21771, 21777; OTT, DStR 2020, 313, 317.

60 So auch FG Düsseldorf, Urt. v. 11.11.2021 – 14 K 2330/19 E, EFG 2022, 394.

Teileinkünfteverfahren zu 60 % berücksichtigt werden kann. Die weitere Wertfeststellung im **Zeitpunkt des Verzichts** dient dazu, den noch werthaltigen Teil des Darlehens als verdeckte Einlage den nachträglichen Anschaffungskosten i.S.v. § 17 Abs. 2a Satz 3 Nr. 1 EStG zuzuordnen, während der nicht mehr werthaltige Teil einen Darlehensverlust i.S.v. § 17 Abs. 2a Satz 3 Nr. 2 EStG darstellt. Vielfach wird der Wert des stehengelassenen Darlehens bereits zum Zeitpunkt des Kriseneintritts erheblich unter dem Nennwert bzw. im Einzelfall sogar bei 0 € liegen, so dass für nachträgliche Anschaffungskosten i.S.d. § 17 Abs. 2a EStG regelmäßig wenig Raum verbleibt.

Beispiel

A, der Alleingesellschafter der A-GmbH, hat dieser im Jahr 2015 ein fremdüblich vereinbartes Darlehen i.H.v. 500.000 € gewährt. Die A-GmbH gerät im Jahr 2021 in die Krise. A lässt das Darlehen, das bei Kriseneintritt nur noch zu 50 % (= 250.000 €) werthaltig ist, stehen. Im Jahr 2022 verzichtet A auf die gesamte Darlehensforderung, die zu diesem Zeitpunkt nur noch zu 20 % (= 100.000 €) werthaltig ist. A veräußert im Jahr 2024 seinen gesamten Anteil an der A-GmbH.

Lösung

Das Stehenlassen des Darlehens in der Krise bewirkt eine gesellschaftsrechtliche Veranlassung der Darlehensgewährung. Der zum Eintritt der Krise nicht mehr werthaltige Teil der Darlehensforderung i.H.v. 250.000 € kann im Verzichtszeitpunkt (also im Jahr 2022) grundsätzlich bei den Einkünften aus Kapitalvermögen unter den dortigen Voraussetzungen berücksichtigt werden. Der im Zeitpunkt des Verzichts im Jahr 2022 noch werthaltige Teil der Darlehensforderung i.H.v. 100.000 € ist (erst) im Zeitpunkt der Veräußerung des Geschäftsanteils im Jahr 2024 als verdeckte Einlage und damit als nachträgliche Anschaffungskosten nach § 17 Abs. 2a Satz 3 Nr. 1 EStG zu berücksichtigen. Der zum Verzichtszeitpunkt nicht mehr werthaltige Teil der Darlehensforderung i.H.v. 150.000 € (250.000 € abzgl. 100.000 €) ist ebenfalls erst im Veranlagungszeitraum 2024 als Darlehensverlust nach § 17 Abs. 2a Satz 3 Nr. 2 EStG zu berücksichtigen.

23.3.2.4.4 Veräußerung einer gesellschaftsrechtlich veranlassten Darlehensforderung

23.49 Ergibt sich bei der Veräußerung einer Darlehensforderung ein Verlust, ist wie folgt zu differenzieren: Während bei einer nicht **gesellschaftsrechtlich veranlassten Darlehensgewährung** nachträgliche Anschaffungskosten nach § 17 Abs. 2a EStG bereits tatbestandlich nicht berücksichtigt werden können, führt nach Rdnr. 19 die verlustbringende Veräußerung einer gesellschaftsrechtlich veranlassten Darlehensforderung an die Gesellschaft oder einen Dritten – ohne nähere Begründung – ebenfalls nicht zu nachträglichen Anschaffungskosten i.S.v. § 17 Abs. 2a EStG, soweit keine verdeckte Einlage vorliegt. Eine verdeckte Einlage kann sich indes nur bei der Veräußerung der Darlehensforderung an die Gesellschaft ergeben, nicht jedoch bei einer Veräußerung an einen Dritten. Die Frage, ob von § 17 Abs. 2a Satz 3 Nr. 2 EStG auch ein Verlust aus der Veräußerung der Darlehensforderung erfasst wird, ist derzeit von der Finanzrechtsprechung noch nicht geklärt.

Die Folge der Verwaltungsauffassung ist, dass der Verlust aus der Veräußerung einer Darlehensforderung nur im Rahmen der Einkünfte aus Kapitalvermögen nach § 20 Abs. 2 EStG berücksichtigt werden kann. Das führt spätestens ab dem Veranlagungszeitraum 2024 zur Anwendung der Verlustverrechnungsbeschränkung nach § 20 Abs. 6 Satz 6 EStG. Von § 20 Abs. 6 Satz 6 EStG werden u.a. Verluste aus der Übertragung von wertlosen Wirtschaftsgütern i.S.d. § 20 Abs. 1 EStG (wozu auch Kapitalforderungen gehören) erfasst. Vom Gesetzeswortlaut nicht erfasst werden dagegen Verluste aus der Veräußerung von noch teilweise werthaltigen Kapitalforderungen, so dass zumindest ein betragsmäßig nicht beschränkter Verlustausgleich mit anderen Einkünften aus Kapitalvermögen nach § 20 Abs. 6 Satz 1 EStG möglich wäre. 23.50

Beispiel

A, der Alleingesellschafter der A-GmbH, hat dieser im Jahr 2017 ein fremdüblich vereinbartes, aber krisenbestimmtes Darlehen i.H.v. 500.000 € gewährt. Die A-GmbH gerät im Jahr 2022 in die Krise und A veräußert im selben Jahr das Darlehen, das bei Kriseneintritt nur noch zu 40 % (= 200.000 €) werthaltig ist, zum Kaufpreis von a) 200.000 € an einen Dritten bzw. b) von 10.000 € an die A-GmbH.

Lösung zu a)

Der Verlust aus der Veräußerung der Darlehensforderung an den Dritten i.H.v. 300.000 € führt nicht zu nachträglichen Anschaffungskosten i.S.v. § 17 Abs. 2a Satz 3 Nr. 2 EStG, sondern kann im Jahr 2022 nur im Rahmen der Einkünfte aus Kapitalvermögen unter den dort genannten Voraussetzungen berücksichtigt werden.

Lösung zu b)

Die Veräußerung der Darlehensforderung an die A-GmbH führt zu einem Verlust i.H.v. 490.000 €. In Höhe der Differenz zwischen dem werthaltigen Teil der Forderung von 200.000 € und dem Kaufpreis von 10.000 € (= 190.000 €) liegt eine verdeckte Einlage vor, die als nachträgliche Anschaffungskosten nach § 17 Abs. 2a Satz 3 Nr. 1 EStG (erst) berücksichtigt werden kann, wenn ein Realisationstatbestand i.S.v. § 17 EStG verwirklicht wird. Der verbleibende Verlust i.H.v. 300.000 € kann dagegen bereits im Jahr 2022 nur im Rahmen der Einkünfte aus Kapitalvermögen unter den dort genannten Voraussetzungen berücksichtigt werden.

23.3.2.4.5 Ausfälle von Bürgschaftsregress- und vergleichbaren Forderungen

23.51 Das BMF-Schreiben vom 07.06.2022 äußert sich leider nur rudimentär zur Behandlung von ausgefallenen Bürgschaftsregressforderungen und vergleichbaren Forderungen und verweist in Rdnr. 20 diesbezüglich auf die sinngemäße Anwendung der Ausführungen zu den ausgefallenen Darlehensforderungen. Offen bleiben daher z.B. die Fragen, ob ggf. eine ausgefallene Bürgschaftsregressforderung bei einer stehengelassenen Bürgschaft als sonstige Kapitalforderung i.S.v. § 20 Abs. 2 Satz 1 Nr. 7 EStG angesehen werden kann und was unter einer vergleichbaren Forderung zu verstehen ist. Zu letzterer Frage wird im Schrifttum darauf hingewiesen, dass zu den vergleichbaren Forderungen z.B. Ansprüche aus Patronatsverpflichtungen oder aus Abtretungen infolge von Schuldbeitritten zählen.[61] Schließlich fehlen auch Ausführungen zu der Frage, zu welchem Zeitpunkt und nach welchen Kriterien in den vorgenannten Fällen die Einkunftserzielungsabsicht bei den vorstehend genannten Forderungen zu prüfen ist.

23.52 Zur Prüfung der Einkunftserzielungsabsicht hat der BFH im Urteil vom 20.06.2023[62] eine Gesamtbetrachtung von GmbH-Beteiligung und Bürgschaft vorgenommen, nach der neben möglichen Wertsteigerungen der Beteiligung auch künftige Gewinnausschüttungen zu berücksichtigen sind. Die fehlende Vereinbarung einer Bürgschaftsprovision allein steht nach Ansicht des BFH der Einkunftserzielungsabsicht nicht entgegen. Der BFH hat damit die gegenteilige Ansicht des FG Münster im Urteil vom 03.11.2021[63] abgelehnt.

23.3.2.4.6 Berücksichtigung von Darlehensverlusten bei den Einkünften aus Kapitalvermögen

23.53 Zur Berücksichtigung von Darlehensverlusten bei den Einkünften aus Kapitalvermögen nach § 20 Abs. 2 Satz 1 Nr. 7 und Satz 2 EStG[64] enthält das BMF-Schreiben vom 07.06.2022 in Abschnitt III folgende Klarstellungen:

- Nach Rdnr. 21 kommt § 20 Abs. 2 EStG gem. § 20 Abs. 8 EStG nur zur Anwendung, soweit der Darlehensverlust nicht nach dem **vorrangig anzuwendenden § 17 EStG** zu berücksichtigen ist.
- Nach Rdnr. 22 setzt die Berücksichtigung des Verlusts aus dem Ausfall einer Darlehensforderung nach § 20 Abs. 2 EStG eine **Einkunftserzielungsabsicht** voraus, d.h., das Darlehen muss in der Absicht gewährt werden, positive Einkünfte zu erzielen.

---

[61] Vgl. Trossen, GmbH-StB 2022, 283, 286; Graw, DB 2020, 690, 694.
[62] Vgl. BFH, Urt. v. 20.06.2023 – IX R 2/22, BFH/NV 2023, 1257; vgl. dazu Ott, DStR 2024, 73.
[63] Vgl. FG Münster, Urt. v. 03.11.2021 – 13 K 3187/18, EFG 2022, 325.
[64] Vgl. dazu das Grundsatzurteil des BFH v. 24.10.2017 – VIII R 13/15, BStBl II 2020, 831.

- Schließlich muss nach Rdnr. 26 die rechtliche Grundlage durch Darlehensgewährung oder durch Erwerb der Darlehensforderung nach **dem 31.12.2008** (also seit Einführung der Abgeltungsteuer) begründet worden sein.[65] Eine Darlehensgewährung vor dem 01.01.2009 führt nicht zu einem berücksichtigungsfähigen Kapitalverlust nach § 20 Abs. 2 EStG.

Ein zentraler Prüfungspunkt bei der Berücksichtigung von Darlehensverlusten nach § 20 Abs. 2 ESG wird künftig der Nachweis darüber sein, dass eine Einkunftserzielungsabsicht vorgelegen hat. Infolge des beschränkten und pauschalierten Werbungsabzugsverbots bei den Einkünften aus Kapitalvermögen ist regelmäßig von einer **(widerlegbaren) Einkunftserzielungsabsicht** auszugehen.[66] Wichtig ist der Hinweis in Rdnr. 22, dass allein die Unverzinslichkeit einer Darlehensforderung eines Gesellschafters nicht dazu führt, dass keine Einkunftserzielungsabsicht vorliegt, weil diese sich auch aus anderen Vorteilen (z.B. Wertsteigerung des Anteils an der Gesellschaft, Erzielung eines Geschäftsführergehalts) ergeben kann. Von einer **fehlenden Einkunftserzielungsabsicht** ist nur dann auszugehen, wenn die Erzielung von positiven Einkünften im Zusammenhang mit der Darlehensgewährung **insgesamt unmöglich** ist.[67] Das BMF-Schreiben vom 07.06.2022 äußert sich leider nicht zu der wichtigen Frage, wann eine solche Unmöglichkeit vorliegt. 23.54

Beispiel

A hat als Gesellschafter der A-GmbH dieser im Jahr 2019 ein in vier Jahren endfälliges Darlehen i.H.v. 100.000 € gewährt und hierfür in den Jahren 2019 und 2020 angemessene Zinsen erhalten. Aufgrund einer Krise erhöht A im Dezember 2020 sein Darlehen um weitere 200.000 €. Ab dem Jahr 2021 werden weder Zinsen noch Tilgungsleistungen erbracht. Seit dem Jahr 2020 weist die A-GmbH in ihren Bilanzen einen jährlich ansteigenden Eigenkapitalfehlbetrag aus (bilanzielle Überschuldung). A veräußert im Jahr 2022 das gesamte Darlehen im Nennwert von 300.000 € zum Preis von 3.000 € an seine Ehefrau.

Lösung

Während aufgrund der Zinszahlungen in den Jahren 2019 und 2020 die Einkunftserzielungsabsicht für das im Jahr 2019 gewährte Darlehen zu bejahen ist, könnte das Finanzamt die Einkunftserzielungsabsicht für das im Dezember 2020 aufgestockte Darlehen mit dem Argument verneinen, dass bereits zu diesem Zeitpunkt aufgrund der wirtschaftlichen Lage der Gesellschaft (bilanzielle Überschuldung) ungewiss

---

[65] Vgl. dazu BFH, Urt. v. 14.01.2020 – IX R 9/18, BStBl II, 490.

[66] Vgl. BFH, Urt. v. 14.07.2017 – VIII R 38/15, BStBl II, 1040.

[67] Zur Gesamtbetrachtung der Finanzierungshilfe des Gesellschafters und der Beteiligung vgl. BFH, Urt. v. 20.06.2023 – IX R 2/22, BFH/NV 2023, 1257; vgl. auch Ott, DStR 2024, 73.

ist, ob es zu einer vollständigen Rückzahlung des Darlehens oder gar zu einer Zinszahlung kommen wird. Eine Darlehensgewährung in einer solchen Krisensituation führt zu einer typischerweise gesellschaftsrechtlichen Veranlassung. In einem vergleichbaren Fall hat das FG Düsseldorf entschieden, dass die Einkunftserzielungsabsicht insoweit widerlegt ist.[68]

Die Folge der fehlenden Einkunftserzielungsabsicht wäre, dass der Verlust aus der Veräußerung des Darlehens im Jahr 2022 nur im Hinblick auf das im Jahr 2019 gewährte Darlehen von 100.000 € (anteiliger Kaufpreis von 1.000 € abzgl. Nennwert von 100.000 € = Verlust von 99.000 €) nach § 20 Abs. 2 EStG berücksichtigt werden kann. Dagegen kann der Verlust aus der Veräußerung des im Dezember 2020 aufgestockten Teils des Darlehens von 198.000 € (anteiliger Kaufpreis von 2.000 € abzgl. Nennwert von 200.000 €) wegen fehlender Einkunftserzielungsabsicht nicht berücksichtigt werden. Ob jedoch aus der bilanziellen Situation der Gesellschaft tatsächlich Rückschlüsse auf die Einkunftserzielungsabsicht beim Gesellschafter gezogen werden können, erscheint zumindest fraglich, weil grundsätzlich Zinszahlungen trotz einer bilanziellen Überschuldung geleistet werden können.

23.55 Im vorstehenden Beispiel ist die **Darlehensgewährung in der Krise gesellschaftsrechtlich veranlasst** und führt bei einer Beteiligung von mindestens 1 % zu nachträglichen Anschaffungskosten nach dem ohnehin vorrangig anzuwendenden § 17 Abs. 2a Satz 3 Nr. 2 EStG. Eine Berücksichtigung nach § 17 Abs. 2a EStG kommt aber erst dann in Betracht, wenn die Beteiligung an der A-GmbH veräußert wird oder die Anteile an der A-GmbH im Zuge einer Liquidation oder insolvenzbedingt untergehen. Die spätere Berücksichtigung nach § 17 Abs. 2a EStG hilft indes nicht in den Fällen, in denen die Darlehensforderung bereits in einem Jahr vor der Veräußerung bzw. dem Untergang der Gesellschaftsanteile erfolgt. Die Veräußerung einer (gesellschaftsrechtlich veranlassten) Darlehensforderung führt nämlich nach Rdnr. 19 nicht zu nachträglichen Anschaffungskosten i.S.d. § 17 Abs. 2a EStG, soweit nicht – ausnahmsweise – in einem solchen Fall eine (verdeckte) Einlage vorliegt.

23.56 Von besonderer Bedeutung für die Praxis ist die Aussage in Rdnr. 23, wonach eine erneute Prüfung der Einkunftserzielungsabsicht im **Zeitpunkt des Kriseneintritts** nicht mehr vorzunehmen ist, wenn diese **im Zeitpunkt der Darlehensgewährung** vorgelegen hat. Dies gilt insbesondere bei einem stehengelassenen Darlehen für den bei Eintritt der Krise wertlosen Teil eines ursprünglich fremdüblich gewährten Darlehens.

68 Vgl. FG Düsseldorf, Urt. v. 28.01.2020 – 10 K 2166/16, E, EFG 2020, 444; bestätigt durch BFH, Urt. v. 27.10.2020 – IX R 5/20, BStBl II 2021, 600.

Das BMF-Schreiben vom 07.06.2022 enthält leider keine Ausführungen zu der Frage, ob und ggf. zu welchem Zeitpunkt bzw. nach welchen Kriterien beim Ausfall einer Bürgschaftsregressforderung oder einer vergleichbaren Forderung die Einkunftserzielungsabsicht zu prüfen ist, soweit die Anwendung von § 17 Abs. 2a EStG mangels einer gesellschaftsrechtlichen Veranlassung ausgeschlossen ist. Der Ausfall der Bürgschaftsregressforderung kann bei vorhandener Einkunftserzielungsabsicht grundsätzlich nach § 20 Abs. 2 EStG berücksichtigt werden.[69] 23.57

Eine andere Frage ist, ob der Verlust aus dem endgültigen Ausfall einer Bürgschaftsregressforderung nach der geänderten Fassung des § 32d Abs. 2 Satz 1 Nr. 1 Buchst. b) EStG bei einem zu mindestens 10 % beteiligten Gesellschafter zu einem Ausschluss aus der Abgeltungsteuer führt und damit von der Verlustverrechnungsbeschränkung nach § 20 Abs. 6 Satz 6 EStG erfasst wird. Den Eintritt einer solchen Rechtsfolge hat der BFH mit dem Urteil vom 20.06.2023 bestätigt.[70] Sie hatte sich bereits im Urteil des FG Düsseldorf vom 11.11.2021[71] angedeutet. 23.58

Ein Darlehensverlust kann nach § 20 Abs. 2 Satz 1 Nr. 7 i.V.m. Satz 2 und Abs. 4 EStG nur berücksichtigt werden, wenn die **Darlehensforderung endgültig ausfällt** und der Steuerpflichtige für den nicht werthaltigen Teil Anschaffungskosten getragen hat. Während solche Anschaffungskosten bei einer Darlehensgewährung durch den Steuerpflichtigen stets vorliegen, ist dies nach Auffassung des BFH[72] bei einem teilentgeltlichen Forderungserwerb zu einem Preis unter dem Nennwert nicht unbedingt der Fall. Damit ein **endgültiger Forderungsausfall** vorliegt, muss nach Rdnr. 24 feststehen, dass keine Rückzahlung mehr stattfinden wird.[73] **Nicht ausreichend** hierfür ist i.d.R. die **Eröffnung des Insolvenzverfahrens** über das Vermögen des Schuldners. Ein endgültiger Forderungsausfall liegt aber dann vor, wenn die Eröffnung des Insolvenzverfahrens mangels Masse abgelehnt worden ist, aus anderen Gründen feststeht, dass keine Rückzahlung mehr stattfinden wird,[74] oder bei Insolvenzeröffnung über das Vermögen des Schuldners der Insolvenzverwalter gegenüber dem Insolvenzgericht die Masseunzulänglichkeit gem. § 208 Abs. 1 Satz 1 InsO angezeigt hat.[75] Der Verlust wird in dem Veranlagungszeitraum realisiert, in dem seine Höhe endgültig feststeht. 23.59

69 So auch BFH, Urt. v. 20.06.2023 – IX R 2/22, BFH/NV 2023, 1257.
70 BFH, Urt. v. 20.06.2023 – IX R 2/22, BFH/NV 2023, 1257.
71 Vgl. FG Düsseldorf, Urt. v. 11.11.2021 – 14 K 2330/19 E, EFG 2022, 394.
72 Vgl. BFH, Urt. v. 06.08.2019 – VIII R 18/16, BStBl II 2020, 833; vgl. dazu Levedag, GmbH 2021, 14, 20 f.; Ott, Stbg 2021, 103, 107; ders., DStR 2020, 2337, 2340 f. jeweils m.w.N.
73 Vgl. BFH, Urt. v. 27.10.2020 – IX R 5/20, BStBl II 2021, 600.
74 Vgl. BFH, Urt. v. 24.10.2017 – VIII R 13/15, BStBl II 2020, 831.
75 Vgl. BFH, Urt. v. 01.07.2021 – VIII R 28/18, BStBl II, 911.

23.60 Wird auf eine **nicht werthaltige Darlehensforderung** verzichtet, so steht dies nach Rdnr. 25 einem Forderungsausfall gleich und führt nach § 20 Abs. 2 EStG zu einem steuerlich anzuerkennenden Veräußerungsverlust, wenn der Steuerpflichtige für den nicht werthaltigen Teil der Forderung Anschaffungskosten getragen hat. **Ein freiwilliger Verzicht** steht der Anerkennung des Verlusts nicht entgegen, weil § 20 Abs. 2 EStG nicht danach differenziert, ob Verluste zwangsläufig eintreten oder willentlich herbeigeführt werden.[76] Von praktischer Bedeutung ist, dass der Steuerpflichtige den Zeitpunkt des Verzichts exakt bestimmen kann; im Übrigen macht er insoweit lediglich von seinen gesetzlich vorgesehenen Gestaltungsmöglichkeiten Gebrauch, ohne diese zu missbrauchen.[77]

23.3.2.4.7 Verlustverrechnungsbeschränkung nach § 20 Abs. 6 Satz 6 EStG

23.61 Die Verrechnung von Kapitalverlusten nach § 20 Abs. 2 EStG wird von der Verlustverrechnungsbeschränkung gem. § 20 Abs. 6 Satz 6 EStG erfasst. Danach dürfen Verluste aus Kapitalvermögen aus der ganzen oder teilweisen Uneinbringlichkeit einer Kapitalforderung, aus der Ausbuchung wertloser Wirtschaftsgüter i.S.d. § 20 Abs. 1 EStG, aus der Übertragung wertloser Wirtschaftsgüter i.S.d. § 20 Abs. 1 EStG auf einen Dritten oder einem sonstigen Ausfall von Wirtschaftsgütern i.S.d. § 20 Abs. 1 EStG nur i.H.v. 20.000 € mit Einnahmen aus Kapitalvermögen ausgeglichen werden. Nicht verrechnete Verluste werden vorgetragen und dürfen je Folgejahr nur i.H.v. 20.000 € mit Einkünften aus Kapitalvermögen verrechnet werden.[78] Von dieser „Verlustverrechnungsfalle" werden – dem Gesetzeswortlaut nach – Verluste aus der Veräußerung von teilweise noch werthaltigen Kapitalforderungen nicht erfasst, so dass insoweit eine unbeschränkte Verrechnung mit anderen Einkünften aus Kapitalvermögen nach § 20 Abs. 6 Satz 1 EStG möglich ist. Die Wirkungen einer solchen Verlustverrechnung halten sich indes in Grenzen.

23.62 Die Verlustverrechnungsbegrenzung nach § 20 Abs. 6 Satz 6 EStG steht in engem Zusammenhang mit § 32d Abs. 2 Nr. 1 Satz 1 Buchst. b) EStG. Danach werden Kapitalerträge i.S.d. § 20 Abs. 1 Nr. 4 und 7 sowie Abs. 2 Satz 1 Nr. 4 und 7 EStG aus dem Anwendungsbereich der Abgeltungsteuer ausgeschlossen und dem progressiven Einkommensteuertarif nach § 32a EStG unterworfen, wenn sie von einer GmbH an einen Anteilseigner gezahlt werden, der **zu mindestens 10 % an**

---

76 Vgl. BFH, Urt. v. 06.08.2019 – VIII R 18/16, BStBl II 2020, 833; a.A. FG Rheinland-Pfalz, Urt. v. 12.07.2016 – 3 K 1133/14, EFG 2016, 2073, zur Frage der Freiwilligkeit.

77 Vgl. BFH, Urt. v. 12.06.2018 – VIII R 32/16, BStBl II 2019, 221.

78 Zur Frage der Verfassungsmäßigkeit des § 20 Abs. 6 Satz 4–6 EStG vgl. BFH, Urt. v. 11.07.2020 – VIII R 11/18, BStBl II 2021, 562; vgl. auch Drüen, FR 2020, 663, 668.

der GmbH beteiligt ist. Dies gilt auch, wenn der Gläubiger der Kapitalerträge eine dem Anteilseigner nahestehende Person ist.[79]

Nach der Änderung des § 32d Abs. 2 Nr. 1 Satz 1 Buchst. b) EStG durch das Jahressteuergesetz 2020 gilt der **Ausschluss** aus der **Abgeltungsteuer** nur noch, „soweit die den Kapitalerträgen entsprechenden Aufwendungen beim Schuldner Betriebsausgaben oder Werbungskosten im Zusammenhang mit Einkünften sind, die der inländischen Besteuerung unterliegen, und § 20 Abs. 9 Satz 1 EStG zweiter Halbsatz keine Anwendung findet". Diese geänderte Fassung ist nach § 52 Abs. 33b Satz 1 EStG – unabhängig von der Beteiligungsquote – bereits auf Kapitalerträge anzuwenden, die **nach dem 31.12.2020** erzielt werden mit der Folge, dass § 20 Abs. 2 i.V.m. Abs. 6 Satz 6 EStG greift. Dagegen ist für Kapitalerträge aus Darlehen, deren rechtliche Grundlage **vor dem 01.01.2021** begründet wurde, die geänderte Regelung erst **ab dem Veranlagungszeitraum 2024** anwendbar. 23.63

Nach der Begründung des Regierungsentwurfs[80] sind von der Änderung insbesondere Verluste aus der Veräußerung oder dem Untergang von Darlehensforderungen des Gesellschafters gegenüber seiner Gesellschaft betroffen, so dass solche Darlehensverluste des zu mindestens 10 % beteiligten Anteilseigners nicht mehr aus der Abgeltungsteuer ausgeschlossen werden, sondern – bei vorhandener Einkunftserzielungsabsicht – bei den Einkünften aus Kapitalvermögen zu berücksichtigen sind. Soweit nicht vorrangig eine Erfassung nach § 17 Abs. 2a EStG greift, ergeben sich dann Verluste nach § 20 Abs. 2 EStG, die aber dann in der Verlustverrechnungsfalle nach § 20 Abs. 6 Satz 6 EStG eingesperrt sind. 23.64

In der Literatur wird mit guten Gründen vertreten, der geänderte § 32d Abs. 2 Nr. 1 Satz 1 Buchst. b) EStG setze ein **Korrespondenzverhältnis** zwischen dem Substanzverlust beim Gesellschafter und den entsprechenden Aufwendungen bei der Gesellschaft voraus und erfasse einen Substanzverlust bei Gesellschafterdarlehen nur dann, wenn die Kapitalgesellschaft für den Erwerb der Darlehensforderung einen Kaufpreis an den Gesellschafter zahlt. Fehlt ein solches Korrespondenzverhältnis, bleibe es im Hinblick auf Verluste aus dem Ausfall oder der Abtretung von Gesellschafterdarlehen dabei, dass diese bei einer Beteiligungsquote von mindestens 10 % aus der Abgeltungsbesteuerung ausgeschlossen bleiben.[81] Die Folge wäre, dass in diesen Fällen dann auch die Anwendung von § 20 Abs. 6 EStG insgesamt suspendiert bliebe. Ohne sich mit dieser Literaturmeinung auseinanderzu- 23.65

[79] Zum Begriff der nahestehenden Person vgl. BMF-Schreiben v. 19.05.2022 – IV C 1 - S 2252/19/10003 :009, BStBl I, 742, Rdnr. 136, und die dort zitierte Rechtsprechung; instruktiv dazu vgl. KAMINSKI, Stbg 2022, 257.

[80] Vgl. RegE JStG 2020, BT-Drucks. 19/22850, S. 87 f.

[81] Vgl. SCHMIDT/LEVEDAG, EStG, 43. Aufl. 2024, § 32d Rdnr. 11; DERS., GmbHR 2021, 14, 22; FÖRSTER, DStR 2023, 1041, 1047; FÖRSTER/VON CÖLLN, DB 2021, 525, 529 f.

setzen, wendet die Finanzverwaltung gemäß Rdnr. 26–31 die geänderte Fassung des § 32d Abs. 2 Nr. 1 Satz 1 Buchst. b) EStG restriktiv auf Verluste aus dem Ausfall oder dem Verzicht von Darlehen an. Diese werden künftig der tariflichen Besteuerung nach § 32d EStG entzogen und stattdessen dem Regime der Abgeltungsteuer unterworfen, weil solchen Verlusten regelmäßig keine Betriebsausgaben auf Seiten der Gesellschaft gegenüberstehen.

23.66 Für einen zu mindestens 10 % an der Kapitalgesellschaft beteiligten Anteilseigner führt die geänderte Fassung des § 32d Abs. 2 Nr. 1 Satz 1 Buchst. b) EStG somit zu **gravierenden Nachteilen,** weil Darlehensverluste nach § 20 Abs. 6 Satz 6 EStG jährlich nur noch i.H.v. 20.000 € mit etwaigen positiven Einkünften aus Kapitalvermögen verrechnet werden dürfen. Im Übrigen läuft die Verlustverrechnung oftmals leer bzw. wird über sehr lange Zeiträume gestreckt, soweit positive Kapitaleinkünfte nicht oder nicht in ausreichendem Umfang vorliegen.

23.67 Wurde das Darlehen nach dem 31.12.2008, aber vor dem 01.01.2021 begründet, haben Anteilseigner mit einer Mindestbeteiligung von 10 % noch bis zum Ablauf der „Anlaufhemmung" (also **bis zum Ende des Veranlagungszeitraums 2023**) die Möglichkeit, Darlehensverluste bei Ausfall oder Verzicht uneingeschränkt mit anderen positiven Einkünften jedweder Art vollständig zu verrechnen. Diese vollständige Verlustverrechnungsmöglichkeit ergibt sich vor allem bei Verlusten aus stehengelassenen Darlehen, da krisenbestimmte Darlehen ebenso wie Krisen- und Finanzplandarlehen vorrangig mit ihrem Nennwert als nachträgliche Anschaffungskosten i.S.v. § 17 Abs. 2a EStG zu berücksichtigen sind.

23.68 Als Gestaltung bietet sich an, durch einen rechtzeitigen Darlehensverzicht oder durch Veräußerung an die Gesellschaft oder an Dritte **bis zum Ablauf des Veranlagungszeitraums 2023** einen Darlehensverlust zu generieren, der dann noch gem. § 20 Abs. 2 EStG uneingeschränkt mit anderen positiven Einkünften verrechnet werden kann. Unabhängig von einer gesellschaftsrechtlichen Veranlassung des Darlehens werden solche Verluste nach Rdnr. 19 nicht von § 17 Abs. 2a Satz 3 Nr. 2 EStG erfasst, soweit beim Darlehensverzicht keine verdeckte Einlage vorliegt. Alternativ können bei stehengelassenen Darlehen – ohne zeitliche Restriktionen – mittels einer Gesellschaftereinlage in die Kapitalrücklage mit anschließender Darlehensrückzahlung (sog. Cash Circle)[82] zumindest nach § 17 Abs. 2a Satz 3 Nr. 1 EStG berücksichtigungsfähige nachträgliche Anschaffungskosten generiert

[82] Zu diesem sog. Cash Circle vgl. BFH, Urt. v. 20.07.2018 – IX R 5/15, BStBl II 2019, 194; vgl. dazu auch OTT, DStZ 2020, 412, 416 m.w.N.; vgl. auch FG Berlin-Brandenburg, Urt. v. 13.04.2010 – 6 K 53/06, EFG 2010, 1671; Niedersächsisches FG, Urt. v. 26.09.2012 – 2 K 13510/10, GmbHR 2013, 613; FG München, Urt. v. 27.10.2009 – 6 K 3941/06, EFG 2010, 462.

werden. Vorsicht ist unter dem Gesichtspunkt des § 42 AO geboten, wenn die Einlage und die anschließende Darlehensrückzahlung nur buchhalterisch über konzerninterne Verrechnungskonten abgebildet werden.[83]

23.3.2.4.8 Zeitliche Anwendung des BMF-Schreibens vom 07.06.2022

Nach Rdnr. 32 sind die Ausführungen in Abschnitt I und II des BMF-Schreibens vom 07.06.2022 zum Umfang und zur Höhe der nachträglichen Anschaffungskosten i.S.d. § 17 Abs. 2a EStG unter Hinweis auf § 52 Abs. 25a EStG **in allen offenen Fällen** anzuwenden, wenn die Veräußerung i.S.v. § 17 Abs. 1 EStG oder der einer Veräußerung gleichgestellte Vorgang i.S.v. § 17 Abs. 4 und 5 EStG entweder **nach dem 31.07.2019** stattgefunden hat oder **bis zum 31.07.2019** stattgefunden hat und der Steuerpflichtige die Anwendung von § 17 Abs. 2a EStG nach § 52 Abs. 25a Satz 2 EStG beantragt. Der Zeitpunkt der Darlehensgewährung oder des Darlehenserwerbs ist jeweils unmaßgeblich, weil es ausschließlich auf den Zeitpunkt des Übergangs des zivilrechtlichen/wirtschaftlichen Eigentums an den Anteilen an der Kapitalgesellschaft ankommt. 23.69

Soweit bei der Realisation eines Tatbestands nach § 17 Abs. 1, 4 oder 5 EStG **bis zum 31.07.2019** bereits **in Veranlagungszeiträumen vor 2019** der Verlust von gesellschaftsrechtlich veranlassten Darlehen im Rahmen der Einkünfte aus Kapitalvermögen berücksichtigt wurde, ist dies nach Rdnr. 32 nicht zu beanstanden. Eine Berücksichtigung des Darlehensverlusts in einem späteren Veranlagungszeitraum im Rahmen der nachträglichen Anschaffungskosten bei § 17 EStG ist in diesen Fällen nicht möglich. Wird ein **Antrag auf rückwirkende Anwendung von § 17 Abs. 2a EStG** gestellt, sind nach Rdnr. 34 Verluste aus Kapitalvermögen aufgrund eines Verlusts eines gesellschaftsrechtlich veranlassten Darlehens in Veranlagungszeiträumen vor der Veräußerung der Anteile an der Kapitalgesellschaft nicht zu berücksichtigen. Liegen für diese Veranlagungszeiträume bereits Steuerbescheide vor, sind diese nach § 174 Abs. 2 AO zu ändern, soweit diese Verluste im Rahmen der Einkünfte aus Kapitalvermögen berücksichtigt wurden. 23.70

Schließlich enthält Rdnr. 35 den Hinweis, dass die BMF-Schreiben vom 21.10.2010 zu nachträglichen Anschaffungskosten bei § 17 EStG[84] sowie vom 05.04.2019[85] zur Anwendung der vom BFH eingeräumten Vertrauensschutzregelung weiter anzuwenden sind, wenn kein Antrag nach § 52 Abs. 25a EStG gestellt wird. 23.71

---

[83] Zur Annahme eines Gestaltungsmissbrauchs vgl. FG Düsseldorf, Urt. v. 22.12.2021 – 7 K 101/18 K, G, F, EFG 2022, 721 mit Anm. von Florczak; die Revision ist anhängig beim BFH unter dem Az. I R 11/22; zur Kritik an diesem Urteil zum sog. Roundtrip of Cash vgl. Mihm, BB 2022, 1265.

[84] Vgl. BMF-Schreiben v. 21.10.2010 – IV C 6 - S 2244/17/10001, BStBl I, 832.

[85] Vgl. BMF-Schreiben v. 05.04.2019 – IV C 6 - S 2241/17/10001, BStBl I, 257.

23.3.2.5 Minderung von Anschaffungskosten

23.72 Spätere Minderungen der Anschaffungskosten können sich ergeben:

- durch Rückzahlungen von Beträgen **aus dem steuerlichen Einlagekonto** i.S.d. § 27 KStG im Rahmen einer Gewinnausschüttung oder einer Kapitalherabsetzung mit Auszahlung an die Gesellschafter;
- durch Gewährung sonstiger **Gegenleistungen bei Einbringung** in eine Kapitalgesellschaft, da diese nach § 20 Abs. 3 Satz 3 oder § 21 Abs. 2 Satz 6 UmwStG die Anschaffungskosten der erhaltenen Anteile kürzen;
- durch Eintritt des **Besserungsfalls** bei einem Forderungsverzicht mit Besserungsabrede[86];
- durch **Entnahmen im Rückwirkungszeitraum** bei einer Einbringung nach § 20 UmwStG, die den Buchwert des eingebrachten Betriebsvermögens übersteigen. Nach dem BFH-Urteil vom 07.03.2018[87] sind nämlich solche Entnahmen nach § 20 Abs. 5 Satz 3 UmwStG von den Anschaffungskosten der im Zuge der Einbringung gewährten Anteile abzuziehen, wobei die Anschaffungskosten hierdurch auch negativ werden können.[88] Damit ist der BFH der Auffassung der Finanzverwaltung in Rdnr. 20.19 UmwSt-Erlass sowie des FG Hessen[89] entgegengetreten, die in Höhe der negativen Anschaffungskosten von einer gewinnrealisierenden Aufstockung bei der Einbringung ausgegangen sind.
- Schließlich kann auch ein vollständiger Untergang von Anschaffungskosten eintreten, wenn eine Kapitalgesellschaft nach den §§ 3 ff. UmwStG in ein Personenunternehmen umgewandelt wird und ein Übernahmeverlust entsteht, der nach § 4 Abs. 6 UmwStG vollständig außer Ansatz bleibt, wenn der **Übernahmeverlust** die fiktiven Ausschüttungen der bei der Kapitalgesellschaft thesaurierten Gewinne nach § 7 UmwStG übersteigt oder die Anteile an der um-

---

86 Vgl. OTT, DStR 2023, 1569, FÖRSTER, 2023, 1041.

87 Vgl. BFH, Urt. v. 07.03.2018 – I R 12/16, BFH/NV 2018, 1063; vgl. dazu DEMUTH, DStR 2019, 1959.

88 So bereits RÖDDER, DStR 1996, 860; OTT, GmbHR 2015, 918; KROHN/SCHELL, Ubg 2015, 197; WIDMANN, in: WIDMANN/MAYER, Umwandlungsrecht, § 20 UmwStG Rdnr. R 320 (04/2007) und R 553 (08/2007); vgl. auch HERLINGHAUS, in: RÖDDER/HERLINGHAUS/VAN LISHAUT, UmwStG, 3. Aufl. 2019, § 20 Rdnr. 488; MENNER, in: HARITZ/MENNER/BILITEWSKI, UmwStG, 6. Aufl. 2024, § 20 Rdnr. 670; in dem vorliegenden Entwurf des überarbeiteten Anwendungsschreibens zum UmwStG ist die Aussage in Rdnr. 20.19 UmwSt-Erlass zu den Entnahmen im Rückwirkungszeitraum nicht mehr enthalten. Dem Vernehmen nach ist eine gesetzliche Regelung zur Verhinderung negativer Anschaffungskosten geplant, vgl. dazu HAGEBÖKE/STANGL, FR 2023, 1117, 1118 f.

89 Vgl. Hessisches FG, Urt. v. 01.12.2015 – 4 K 1355/13, EFG 2016, 687; so auch PATT/RASCHE, DStR 1995, 1529; PATT, in: DÖTSCH/PUNG/MÖHLENBROCK, Die Körperschaftsteuer, § 20 UmwStG Rdnr. 218a und b (01/2017).

zuwandelnden Kapitalgesellschaft innerhalb der letzten fünf Jahre vor dem steuerlichen Übertragungsstichtag entgeltlich erworben wurden.[90]

23.3.2.6 Freibetrag nach § 17 Abs. 3 EStG

Der Veräußerungsgewinn wird ggf. nach § 17 Abs. 3 EStG um einen Freibetrag i.H.v. maximal 9.060 € gekürzt, wobei die Kürzung nach h.M. erst **nach Anwendung des Teileinkünfteverfahrens** berücksichtigt wird.[91] Der volle Freibetrag von 9.060 € wird – unabhängig vom Lebensalter des Veräußerers – gewährt, wenn eine 100%ige Beteiligung veräußert wird. In anderen Fällen wird der Freibetrag nur anteilig gewährt (z.B. bei Veräußerung einer Beteiligung von 50 % beträgt der Freibetrag maximal 4.530 €). Der Freibeitrag wird um den Betrag gekürzt, um den der Veräußerungsgewinn den Teil von 36.100 € übersteigt, der dem veräußerten Anteil an der Kapitalgesellschaft entspricht. Bei der Veräußerung eines 100%igen Anteils mit einem Veräußerungsgewinn von 45.160 € oder mehr entfällt der Freibetrag (45.160 € abzgl. 36.100 € = 9.060 €). 23.73

23.3.3 Übertragung gegen wiederkehrende Bezüge

Bei der Übertragung von Anteilen an Kapitalgesellschaften gegen wiederkehrende Bezüge gilt Folgendes: 23.74

- Bei der Übertragung gegen eine **Leibrente** stellt der Barwert der Leibrenten den Veräußerungspreis i.S.d. § 17 EStG dar. Der Veräußerer hat nach R 17 Abs. 7 Satz 2 i.V.m. R 16 Abs. 11 EStR das Wahlrecht zwischen der sogenannten Sofort- und der Zuflussbesteuerung.[92] Erfolgt die Übertragung gegen Ratenzahlung, gilt das Wahlrecht nach R 17 Abs. 7 EStR i.V.m. H 16 Abs. 11 EStH nur, wenn die Raten während eines mehr als zehn Jahre dauernden Zeitraums zu zahlen sind und die Ratenvereinbarung sowie die sonstige Ausgestaltung des Vertrags eindeutig die Absicht des Veräußerers zum Ausdruck bringen, sich eine Versorgung zu verschaffen.[93]
- Bei der **Übertragung eines mindestens 50 % betragenden Anteils an einer GmbH** gegen Versorgungsleistungen liegt nach § 10 Abs. 1a Nr. 2 Buchst. c) EStG eine unentgeltliche Übertragung vor, wenn der Übergeber als Geschäftsführer tätig war und der Übernehmer diese Tätigkeit nach der Übertragung fortsetzt.[94]

---

90 Vgl. dazu BFH, Urt. v. 17.08.2023 – III R 37/20, DStR 2023, 2506, vgl. dazu OTT, StuB 2023, 945.

91 Vgl. SCHMIDT/LEVEDAG, EStG, 43. Aufl. 2024, § 17 Rdnr. 201.

92 Zur Aufteilung in einen Zins- und Tilgungsanteil vgl. BMF-Schreiben v. 03.08.2004 – IV A 6 - S 22454 - 17/04, BStBl I, 1187.

93 Vgl. BFH, Urt. v. 20.07.2010 – IX R 45/09, BStBl II, 969.

94 Vgl. Renten-Erlass IV, BMF-Schreiben v. 11.03.2010 – IV C 3 - S 2221/09/10004, BStBl I, 227, Rdnr. 15–20.

24. Besteuerung der Anteilseigner – Anteile im Betriebsvermögen (EU, Personengesellschaften)

24.1 Anwendungsbereich des § 3 Nr. 40 Satz 1 EStG

24.1 § 3 Nr. 40 EStG ist – ebenso wie § 8b KStG – Teil des **Teileinkünfteverfahrens.** Dieses hat im Jahr 2001 das bis dahin im Körperschaftsteuerrecht geltende Anrechnungsverfahren abgelöst und soll eine Doppelbelastung dadurch verhindern, dass auf der Ebene der Körperschaft eine Körperschaftsteuer von „nur" 15 % erhoben und beim Anteilseigner die ausgeschütteten Gewinne nach § 3 Nr. 40 Satz 1 Buchst. d) EStG nur zu 60 % besteuert werden. Die Steuerbefreiungsvorschrift des § 3 Nr. 40 EStG umfasst darüber hinaus insbesondere auch

- Liquidationsraten i.S.d. § 20 Abs. 1 Nr. 2 EStG (soweit keine Kapitalrückzahlung),
- Betriebsvermögensmehrungen aus der Veräußerung, Liquidation und Kapitalherabsetzung von Anteilen an Körperschaften,
- Veräußerung von Organbeteiligungen,
- Gewinne aus der Wertaufholung nach § 6 Abs. 1 Nr. 2 Satz 3 EStG sowie
- Gewinne aus der Entnahme von Anteilen an Körperschaften.

24.2 Die Vorschrift greift grundsätzlich nur in den Fällen ein, in denen die Anteile an der Körperschaft zum Betriebsvermögen einer **natürlichen Person** gehören (§ 3 Nr. 40 Satz 2 EStG; vgl. aber § 32d Abs. 2 Nr. 3 Satz 1 und 2 EStG). Gehören die Anteile zum Betriebsvermögen einer Kapitalgesellschaft, geht § 8b KStG – als lex specialis – § 3 Nr. 40 EStG vor. § 3 Nr. 40 EStG findet daher bei Kapitalgesellschaften keine Anwendung.[1] Bei Mitunternehmerschaften ist § 3 Nr. 40 EStG nur insoweit anwendbar, als natürliche Personen unmittelbar oder mittelbar über eine oder mehrere Personengesellschaften beteiligt sind; soweit Körperschaften unmittelbar oder mittelbar beteiligt sind, ist § 8b KStG einschlägig (**Transparenzprinzip**). § 3 Nr. 40 EStG gilt für alle unbeschränkt und beschränkt Steuerpflichtigen i.S.d. § 1 EStG (zur Abgeltungswirkung durch den Steuerabzug bei beschränkt Steuerpflichtigen siehe Rdnr. 24.13; zu den Auswirkungen des StAbwG[2] auf die Anwendung des § 3 Nr. 40 Satz 1 und 2 siehe Rdnr. 25.169).

24.2 Anwendungsbereich des § 3c Abs. 2 EStG

24.3 Das Pendant zu § 3 Nr. 40 EStG bildet § 3c Abs. 2 EStG. Er regelt ein **Teilabzugsverbot** (40 %) für die Betriebsvermögensminderungen, Betriebsausgaben und Ver-

---

1 Intemann, in: Herrmann/Heuer/Raupach, EStG/KStG, § 3 Nr. 40 EStG Rdnr. 25, 47 (01/2024).

2 Gesetz zur Abwehr von Steuervermeidung und unfairem Steuerwettbewerb und zur Änderung weiterer Gesetze v. 25.06.2021, BGBl I, 2056 (StAbwG).

äußerungskosten, die mit den dem § 3 Nr. 40 EStG zugrundeliegenden Betriebsvermögensmehrungen in wirtschaftlichem Zusammenhang stehen, und zwar unabhängig davon, in welchem Veranlagungszeitraum die Betriebsvermögensmehrungen oder Einnahmen anfallen. Mit Urteil vom 25.06.2009[3] hatte der BFH entschieden, dass der Abzug von Erwerbsaufwand (Betriebsvermögensminderungen, Anschaffungskosten oder Veräußerungskosten) dann nicht nach § 3c Abs. 2 Satz 1 EStG eingeschränkt werden sollte, wenn der Steuerpflichtige keinerlei durch seine Beteiligung vermittelten Einnahmen erzielt hat. Daraufhin hat der Gesetzgeber mit dem JStG 2010[4] in § 3c Abs. 2 Satz 7 EStG normiert, dass für die Anwendung des Teilabzugsverbotes die **Absicht** zur Erzielung von Betriebsvermögensmehrungen oder Einnahmen i.S.d. § 3 Nr. 40 EStG ausreichend ist. § 3c Abs. 2 Satz 7 EStG gilt nach § 52 Abs. 8a Satz 3 EStG seit dem Veranlagungszeitraum 2011.[5]

Maßgebend für die Auslegung des Begriffs des **wirtschaftlichen Zusammenhangs** 24.4
i.S.d. § 3c Abs. 2 Satz 1 EStG ist der objektivierte Wille des Gesetzgebers, so wie er sich aus dem Wortlaut der Norm und dem Sinnzusammenhang ergibt. Nach dem Wortlaut des § 3c Abs. 2 Satz 1 EStG ist ein rechtlicher Zusammenhang nicht erforderlich und – im Gegensatz zu § 3c Abs. 1 EStG – auch ein nur mittelbarer wirtschaftlicher Zusammenhang für das Eingreifen des Abzugsverbots ausreichend.[6] Maßgebend ist letztlich der **Veranlassungszusammenhang**. Veranlasst sind Aufwendungen, wenn sie mit der Erzielung bestimmter Einkünfte objektiv zusammenhängen. Dies hängt von den Gründen ab, aus denen der Steuerpflichtige die Aufwendungen vornimmt. Die Gründe bilden das „auslösende Moment“, das den Steuerpflichtigen bewogen hat, die Kosten zu tragen.[7] Daran gemessen stehen insbesondere

- **Finanzierungsaufwendungen** für den Anteil an der Körperschaft in einem wirtschaftlichen Zusammenhang mit (zukünftigen) gem. § 3 Nr. 40 EStG teilweise steuerfreien Einnahmen sowie
- **vergebliche Betriebsausgaben**, bei denen offen ist, ob überhaupt Einnahmen anfallen werden.[8]

---

[3] BFH, Urt. v. 25.06.2009 – IX R 42/08, BStBl II 2010, 220.
[4] Jahressteuergesetz 2010 (JStG 2010) v. 08.12.2010, BGBl I, 1768.
[5] Vgl. auch RegE JStG 2010, BT-Drucks. 17/2249, S. 73.
[6] Vgl. z.B. BFH, Urt. v. 18.04.2012 – X R 5/10, BStBl II 2013, 785.
[7] BFH, Urt. v. 28.02.2013 – IV R 49/11, BStBl II, 802.
[8] Vgl. FG Düsseldorf, Urt. v. 10.03.2003 – 13 K 5410/02 E, EFG 2003, 1070.

Hinweis

24.5 Die Steuerpflichtigen sind grundsätzlich frei in ihrer Entscheidung, welche Wirtschaftsgüter durch Eigen- oder Fremdkapital finanziert werden. Maßgeblich ist auch hier der Veranlassungszusammenhang, wobei es auf die tatsächliche Verwendung der Darlehensmittel ankommt. Wird **nachvollziehbar** dokumentiert, dass das betrieblich veranlasste Darlehen gerade nicht zur Finanzierung von Kapitalanteilen, sondern zur Finanzierung von anderen Wirtschaftsgütern verwendet wurde, bleiben die Schuldzinsen voll abziehbar.[9]

24.6 Wird ein **Mitunternehmeranteil** erworben und fremdfinanziert, so stellen die Schulden im Zusammenhang mit der Finanzierung der Beteiligung an der Personengesellschaft negatives Sonderbetriebsvermögen II dar.[10] Soweit die Mitunternehmerschaft im Betriebsvermögen auch Anteile an Kapitalgesellschaften hält, sind die darauf entfallenden Finanzierungsaufwendungen nach § 3c Abs. 2 Satz 1 EStG nur anteilig abziehbar. Die Aufteilung der Schuldzinsen hat dabei im Verhältnis des von den Parteien festgelegten (angemessenen) anteiligen Werts der Kapitalbeteiligung zum Wert des gesamten Mitunternehmeranteils zu erfolgen.[11]

24.7 Dem Teilabzugsverbot des § 3c Abs. 2 EStG unterfallen grundsätzlich auch Aufwendungen im Zusammenhang mit Wirtschaftsgütern, die der an einer **Kapitalgesellschaft** beteiligte Gesellschafter dieser zur Nutzung überlässt. Es findet jedoch keine Anwendung auf Aufwendungen, die vorrangig durch voll steuerpflichtige Einnahmen veranlasst und daher bei der Ermittlung der Einkünfte in voller Höhe als Betriebsausgaben (z.B. fremdübliche Vermietung eines Grundstücks im Rahmen einer Betriebsaufspaltung) zu berücksichtigen sind.[12]

24.8 Das Teilabzugsverbot nach § 3c Abs. 2 EStG findet indes im Wege teleologischer Reduktion in dem Umfang auf Betriebsausgaben einer mitunternehmerischen Gesamthand keine Anwendung, wie diese Sondervergütungen bei deren Mitunternehmern darstellen. Entsprechendes gilt für Sonderbetriebsausgaben des Mitunternehmers, die Gesamthandseinkünfte der Gesellschaft sind. Maßgebend ist insoweit eine auf den Gesamtgewinn der Mitunternehmerschaft bezogene Betrachtung.[13]

---

9 Vgl. hierzu STRAHL, KÖSDI 2002, 13346, 13353 f. mit Gestaltungshinweisen.

10 BFH, Urt. v. 20.09.2007 – IV R 68/05, BStBl II 2008, 483.

11 Ebenso DESENS, in: HERRMANN/HEUER/RAUPACH, EStG/KStG, § 3c EStG Rdnr. 58 (01/2024).

12 BFH, Urt. v. 28.02.2013 – IV R 49/11, BStBl II, 802; zu den Rechtsfolgen bei einer durch das Gesellschaftsverhältnis veranlassten unentgeltlichen/teilentgeltlichen Überlassung siehe Rdnr. 24.52 ff.

13 BFH, Urt. v. 16.11.2023 – IV R 26/20, BFH/NV 2024, 443.

Grund für die teleologische Reduktion ist, dass sich die Sondervergütungen bzw. Sonderbetriebsausgaben bezogen auf die Mitunternehmerschaft und deren Gesamtgewinn nicht aufwandswirksam auswirken; eine Doppelbegünstigung, die § 3c Abs. 2 EStG vermeiden will, kann in diesen Fällen nicht eintreten.

24.3 Beteiligungserträge i.S.d. § 3 Nr. 40 Satz 1 Buchst. d) EStG

Unter § 3 Nr. 40 Satz 1 Buchst. d) EStG fallen die Bezüge i.S.d. § 20 Abs. 1 Nr. 1 und die Einnahmen i.S.d. § 20 Abs. 1 Nr. 9 EStG. Die Vorschrift umfasst daher **insbesondere Dividenden und Gewinnausschüttungen**. Grundsätzlich fallen auch verdeckte Gewinnausschüttungen unter den Anwendungsbereich der Vorschrift (siehe hierzu Rdnr. 19.1 ff.). 24.9

Die Steuerbefreiungsvorschriften des § 3 EStG gelten gem. § 8 Abs. 1 KStG grundsätzlich auch für die Besteuerung von Kapitalgesellschaften, allerdings geht **§ 8b KStG als „lex specialis“** § 3 Nr. 40 EStG vor.[14] Es stellt sich allerdings die Frage, ob § 3 Nr. 40 Satz 1 Buchst. d) EStG im Sinne einer Rückfallklausel dann Anwendung findet, wenn § 8b Abs. 1 KStG durch § 8b Abs. 4 KStG (Mindestbeteiligungshöhe) suspendiert ist. Die h.M. verneint diese Frage zu Recht, weil der Gesetzgeber mit § 8b Abs. 4 KStG erkennbar die volle Steuerpflicht für Streubesitzdividenden anordnen wollte, um eine europarechtskonforme Besteuerung sicherzustellen. § 8b Abs. 4 KStG enthält daher eine abschließende Regelung, die auch die Anwendung von § 3 Nr. 40 Satz 1 Buchst. d) EStG ausschließt.[15] 24.10

Gemäß § 20 Abs. 1 Nr. 1 Satz 3 EStG gehört zu den Einnahmen i.S.d. Satzes 1 nicht die sogenannte **Einlagenrückgewähr**. Übersteigt die Einlagenrückgewähr (Ausschüttung aus dem steuerlichen Einlagekonto nach § 27 KStG) den Buchwert der Beteiligung, ist der überschießende Teil steuerbilanziell – wie in der Handelsbilanz – als Beteiligungsertrag zu erfassen.[16] Die Einlagenrückgewähr bzw. die Minderung des Beteiligungsbuchwerts unterliegt dann § 3 Nr. 40a und § 3c Abs. 2 EStG. § 20 Abs. 1 Nr. 1 Satz 3 EStG wirkt sich auch auf die Gewerbesteuer aus.[17] 24.11

[14] INTEMANN, in: HERRMANN/HEUER/RAUPACH, EStG/KStG, § 3 Nr. 40 EStG Rdnr. 47 (11/2023).

[15] Vgl. INTEMANN in: HERRMANN/HEUER/RAUPACH, EStG/KStG, § 3 Nr. 40 EStG Rdnr. 47 (11/2023) m.w.N.; a.A. RATHKE/RITTER, DStR 2014, 1207.

[16] BFH, Urt. v. 20.04.1999 – VIII R 38/96, BStBl II, 647; H 6.2 „Ausschüttungen aus dem steuerlichen Einlagekonto i.S.d. § 27 KStG“ EStH.

[17] BFH, Urt. v. 15.09.2004 – I R 16/04, BStBl II 2005, 297, zu § 9 Nr. 2a GewStG; dazu ausführlich Rdnr. 25.26.

Beispiel

24.12 M ist an der T-GmbH zu 90 % beteiligt. Der Anteil gehört zum Betriebsvermögen seines Einzelunternehmens. Die T-GmbH beschließt im Wj. 21 eine Gewinnausschüttung, davon entfallen 200.000 € auf M. Für die Ausschüttung gilt das steuerliche Einlagekonto i.H.v. 150.000 € (Anteil des M) als verwendet. M hat die Beteiligung an der T-GmbH in Handels- und Steuerbilanz zutreffend mit ihren ursprünglichen Anschaffungskosten i.H.v. 120.000 € aktiviert.

Lösung

Handelsrechtlich ist die Ausschüttung bei M in voller Höhe als Beteiligungsertrag zu erfassen. Da für die Ausschüttung das steuerliche Einlagekonto nach § 27 KStG i.H.v. 150.000 € als verwendet gilt, liegt **steuerrechtlich** insoweit kein Bezug nach § 20 Abs. 1 Nr. 1 EStG vor (vgl. § 20 Abs. 1 Nr. 1 Satz 3 EStG). Die Ausschüttung aus dem steuerlichen Einlagekonto führt vielmehr als Einlagenrückgewähr zur Minderung der Anschaffungskosten auf die Beteiligung an der T-GmbH. Der Beteiligungsbuchwert kann sich jedoch nur bis auf 0 € mindern, weshalb der übersteigende Teil der Einlagenrückgewähr – wie in der Handelsbilanz – auch als Beteiligungsertrag zu erfassen ist.

Steuerbilanz

Forderung gegen ...	200.000 €	an Erträge aus Beteiligung an KapG	80.000 €
		Beteiligung T-GmbH	120.000 €
Bank	184.750 €	an Forderung gegen ...	200.000 €
Privatentnahme	15.250 €		

Bemessungsgrundlage für die KapESt ist lediglich der Bezug i.S.d. § 20 Abs. 1 Nr. 1 EStG i.H.v. 50.000 € (vgl. § 43 Abs. 1 Nr. 1 EStG).

Bei der Ermittlung des steuerlichen Gewinns ist zu berücksichtigen, dass die Betriebsvermögensmehrung (Einlagenrückgewähr) der Steuerbefreiungsvorschrift des § 3 Nr. 40 Satz 1 Buchst. a) EStG, die Betriebsvermögensminderung (Minderung Buchwert) dem Abzugsverbot des § 3c Abs. 2 Satz 1 EStG unterliegt. Der Bezug i.S.d. § 20 Abs. 1 Nr. 1, Abs. 8 EStG i.H.v. 50.000 € fällt unter § 3 Nr. 40 Satz 1 Buchst. d) EStG.

Ermittlung des steuerlichen Gewinns

Gewinn lt. Steuerbilanz		80.000 €
Außerbilanzielle Hinzurechnungen/Kürzungen		
Bezug § 20 Abs. 1 Nr. 1, Abs. 8 EStG	50.000 €	
– steuerfrei nach § 3 Nr. 40 Buchst. d) EStG (40 %)		– 20.000 €

Summe Einlagenrückgewähr	150.000 €	
– steuerfrei nach § 3 Nr. 40 Buchst. a) EStG (40 %)		– 60.000 €
abzgl. Buchwert der Beteiligung	120.000 €	
– Abzugsverbot gem. § 3c Abs. 2 EStG (40 %)		48.000 €
Steuerlicher Gewinn		**48.000 €**

Dies entspricht im Ergebnis natürlich 60 % des Steuerbilanzgewinns i.H.v. 80.000 € = 48.000 €.

Der **Kapitalertragsteuerabzug** wird durch § 3 Nr. 40 Satz 1 Buchst. d) EStG nicht ausgeschlossen oder eingeschränkt (§ 43 Abs. 1 Satz 3 EStG). Dem Steuerabzug unterliegt damit die Bruttodividende ohne Abzüge. Sie ist aber grundsätzlich beim Anteilseigner im Rahmen der Einkommensteuerveranlagung in voller Höhe anzurechnen (§ 36 Abs. 2 Satz 2 Nr. 2 EStG). Bei nach § 49 Abs. 1 Nr. 5 EStG **beschränkt Steuerpflichtigen** ist die Einkommensteuer aber nach § 50d Abs. 2 Satz 1 EStG durch den Steuerabzug abgegolten, weshalb § 3 Nr. 40 Satz 1 Buchst. d) EStG im Ergebnis ins Leere läuft. 24.13

Bilanziell ist die einbehaltende Kapitalertragsteuer sowohl handels- als auch steuerrechtlich im Zeitpunkt der Auszahlung als Entnahme zu erfassen, wenn der Gesellschafter eine natürliche Person oder eine Personengesellschaft ist.[18] 24.14

Weitere zu berücksichtigende Aspekte sind das Verhältnis zur verdeckten Gewinnausschüttung (siehe dazu ausführlich Rdnr. 19.1 ff.) sowie zu hybriden Finanzierungen (siehe dazu Rdnr. 25.29), der Anwendungsbereich von § 3 Nr. 40 Satz 1 Buchst. d) EStG im Zusammenhang mit Organschaftsverhältnissen (siehe dazu ausführlich Rdnr. 20.1 ff.) sowie das Verhältnis zur Gewerbesteuer (siehe dazu ausführlich Rdnr. 25.55). 24.15

24.4 Steuerfreistellungen nach § 3 Nr. 40 Satz 1 Buchst. a), § 3c Abs. 2 EStG

24.4.1 Veräußerungsgewinne/Veräußerungsverluste

Während § 8b Abs. 2 KStG an den Veräußerungsgewinn als Nettogröße anknüpft, knüpft § 3 Nr. 40 Satz 1 Buchst. a) EStG an die Betriebsvermögensmehrung (Veräußerungspreis) an, und § 3c Abs. 2 Satz 1 EStG ordnet das Abzugsverbot für die damit im Zusammenhang stehenden Betriebsvermögensminderungen, Betriebsausgaben und Veräußerungskosten an. **Veräußerungskosten** sind alle durch eine Veräußerung der Anteile veranlassten Kosten, wobei eine „unmittelbare sachliche 24.16

[18] Vgl. IDW RS HFA 7 Tz. 31.

Beziehung" zur Veräußerung nicht erforderlich ist; entscheidend ist das „auslösende Moment" für die Entstehung der Aufwendungen und ihre (größere) Nähe zur Veräußerung anstatt zum laufenden Gewinn.[19] Veräußerungskosten sind insbesondere

- Beratungs- und Notarkosten,
- Registergerichts-, Reise- und Inseratskosten,
- Gutachter-, Makler- oder Vermittlungskosten,

die im Zusammenhang mit der Veräußerung der Anteile anfallen. Auch Vorfälligkeitsentschädigungen können im Einzelfall Veräußerungskosten sein, wenn durch die Veräußerung ein Kredit vorzeitig abgelöst wird.[20]

24.17 Werden die stillen Reserven im Rahmen einer **Betriebsveräußerung** (§ 16 Abs. 1 Nr. 1 EStG) oder einer Betriebsaufgabe (§ 16 Abs. 3 EStG) aufgedeckt, folgt die Steuerbefreiung aus § 3 Nr. 40 Satz 1 Buchst. b) EStG. Der verbleibende steuerpflichtige Gewinn ist **nicht** nach § 34 EStG tarifbegünstigt (vgl. § 34 Abs. 2 Nr. 1 zweiter Halbsatz EStG). In diesen Fällen ist der **Freibetrag nach § 16 Abs. 4 EStG** für Zwecke der Ermittlung der nach § 34 Abs. 1 und 3 EStG tarifermäßigt zu besteuernden Gewinne vorrangig mit dem (steuerpflichtigen) Veräußerungsgewinn zu verrechnen, auf den das Teileinkünfteverfahren (TEV) anzuwenden ist.[21]

Beispiel

24.18 A veräußert sein Einzelunternehmen. Der Veräußerungserlös beträgt 200.000 €, der Buchwert des Kapitalkontos 70.000 €. Im Betriebsvermögen befindet sich eine Beteiligung an einer GmbH, deren Buchwert 20.000 € beträgt. Der auf die GmbH-Beteiligung entfallende Anteil am Veräußerungserlös beträgt 50.000 €.

Lösung

Der aus der Veräußerung des GmbH-Anteils erzielte Gewinn ist nach § 3 Nr. 40 Satz 1 Buchst. b), § 3c Abs. 2 EStG i.H.v. (30.000 € – 12.000 € =) 18.000 € steuerpflichtig. Der übrige Veräußerungsgewinn beträgt (150.000 € – 50.000 € =) 100.000 €. Der Freibetrag ist vorrangig mit dem Veräußerungsgewinn zu verrechnen, auf den das Teileinkünfteverfahren anzuwenden ist.

	Gesamt	**§ 34 EStG**	**TEV**
Veräußerungsgewinn nach § 16 EStG	118.000 €	100.000 €	18.000 €
Freibetrag nach § 16 Abs. 4 EStG	45.000 €	27.000 €	18.000 €
Steuerpflichtig	**73.000 €**	**73.000 €**	

19 BFH, Urt. v. 25.01.2000 – VIII R 55/97, BStBl II, 458.
20 BFH, Urt. v. 25.01.2000 – VIII R 55/97, BStBl II, 458.
21 Vgl. BFH, Urt. v. 14.07.2010 – X R 61/08, BStBl II, 1011; H 16 Abs. 13 „Teileinkünfteverfahren" EStH.

Wegen der vorrangigen Verrechnung des Freibetrags mit dem Veräußerungsgewinn, der auf das Teileinkünfteverfahren entfällt, ist hier der gesamte Veräußerungsgewinn nach § 34 EStG tarifbegünstigt.

Eine **begünstige Teilbetriebsveräußerung** i.S.d. § 16 Abs. 1 Nr. 1 EStG liegt auch vor, wenn ein 100-%-Anteil an einer Kapitalgesellschaft veräußert wird; dieser gilt gem. § 16 Abs. 1 Nr. 1 Satz 2 EStG als Teilbetrieb. Eine Tarifbegünstigung nach § 34 EStG scheidet in diesem Fall aus (vgl. § 34 Abs. 2 Nr. 1 zweiter Halbsatz EStG). 24.19

24.4.2 Entnahme von Anteilen an Körperschaften

§ 3 Nr. 40 Satz 1 Buchst. a) EStG begünstigt folgerichtig auch die **Entnahme** von Anteilen an einer Körperschaft. Die Entnahme ist nach § 6 Abs. 1 Nr. 4 Satz 1 EStG mit dem Teilwert zu bewerten. Der Buchwertabgang fällt unter § 3c Abs. 2 Satz 1 EStG. § 3 Nr. 40 Satz 1 Buchst. a) EStG stellt zwar – anders als § 8b Abs. 2 Satz 6 KStG – die **verdeckte Einlage** nicht einer Veräußerung gleich. Dies ist aber auch nicht geboten, weil die Vorschrift dafür eben Betriebsvermögensmehrungen aus der Entnahme von Anteilen an Körperschaften erfasst. Denn der verdeckten Einlage von einzelnen Wirtschaftsgütern aus dem Betriebsvermögen des einlegenden Gesellschafters geht die vorherige Entnahme der nämlichen Wirtschaftsgüter aus dem Betriebsvermögen des Einlegenden voraus.[22] Aus Sicht des abgebenden Betriebs liegt ein außerbetrieblicher Vorgang vor, so dass eine Entnahme gegeben ist. Die verdeckte Einlage stellt daher einen begünstigten Entnahmetatbestand i.S.d. § 3 Nr. 40 Satz 1 Buchst. a) EStG dar.[23] 24.20

24.4.3 Betriebsvermögensmehrungen/-minderungen

Auch die Betriebsvermögensmehrung im Zusammenhang mit der **Veräußerung oder Entnahme des Anteils an einer Organgesellschaft** fällt unter § 3 Nr. 40 Satz 1 Buchst. a) EStG. Mit dem Unternehmenssteuerfortentwicklungsgesetz (UntStFG)[24] hat der Gesetzgeber dies in § 3 Nr. 40 Satz 1 Buchst. a) EStG – ebenso wie in § 8b Abs. 2 Satz 1 KStG – ausdrücklich klargestellt (siehe dazu Rdnr. 25.85). 24.21

Von § 3 Nr. 40 Satz 1 Buchst. a) EStG werden nur die Auskehrungen erfasst, die nicht bereits zu den von § 3 Nr. 40 Satz 1 Buchst. e) EStG erfassten Bezügen i.S.d. § 20 Abs. 1 Nr. 2 EStG gehören, mithin die **Rückzahlung** von nicht aus der Um- 24.22

[22] Vgl. BFH, Urt. v. 20.07.2005 – X R 22/02, BStBl II 2006, 457.

[23] Ebenso INTEMANN, in: HERRMANN/HEUER/RAUPACH, EStG/KStG, § 3 Nr. 40 EStG Rdnr. 56 (01/2024) m.w.N.; a.A. HÖTZEL, in: SCHAUMBURG/RÖDDER, Unternehmenssteuerreform 2001, 2000, S. 214.

[24] Gesetz zur Fortentwicklung des Unternehmenssteuerrechts (Unternehmenssteuerfortentwicklungsgesetz – UntStFG) v. 20.12.2001, BGBl I, 3858.

wandlung von sonstigen Rücklagen stammendem **Nennkapital** und von **Einlagen.**[25] Nach anderer Auffassung[26] sollen von § 3 Nr. 40 Satz 1 Buchst. a) EStG auch solche Bezüge erfasst sein, die nicht aus dem Nennkapital oder aus dem Einlagekonto gem. § 27 KStG stammen. § 3 Nr. 40 Satz 1 Buchst. a) EStG gehe als „lex specialis" § 3 Nr. 40 Satz 1 Buchst. e) EStG vor. Dieser Auffassung ist nicht zu folgen. Zum einen folgt aus der systematischen Stellung der Normen vielmehr eine vorrangige Anwendung von § 3 Nr. 40 Satz 1 Buchst. e) EStG, zum anderen hat der Gesetzgeber mit der Änderung des § 20 Abs. 1 Nr. 2 EStG durch das UntStFG ausdrücklich klargestellt, dass sowohl Liquidationsraten als auch Abschlusszahlungen zu den Einkünften aus Kapitalvermögen gehören;[27] damit soll die Liquidation gerade nicht gänzlich wie ein veräußerungsgleicher Vorgang besteuert werden.[28]

24.23 Diese Unterscheidung hat ggf. Bedeutung für die **Gewerbesteuer**. Zu den Kürzungsbeträgen i.S.d. § 9 Nr. 2a GewStG gehört auch die Liquidationsrate, mit der das nach Abschluss der Liquidation verbliebene Reinvermögen an die Anteilseigner ausgekehrt wird, soweit **nicht** Eigenkapital als verwendet gilt.[29] Entsprechendes gilt im Hinblick auf die Hinzurechnungsvorschrift des § 8 Nr. 5 GewStG.[30]

24.24 Hinsichtlich der Rechtsfolgen beim Gesellschafter (natürliche Person, Anteile im Betriebsvermögen) ist nach hier vertretener Auffassung wie folgt zwischen Kapitalrückzahlungen und Kapitalerträgen zu unterscheiden (siehe dazu auch Rdnr. 33.83):

Auflösung und Liquidation der Kapitalgesellschaft

Rechtsfolgen Gesellschafter = natürliche Person (Anteile im BV)	
Kapitalerträge (alle Bezüge, soweit keine Kapitalrückzahlung)	**Kapitalrückzahlungen** (Rückzahlung von Nennkapital, soweit kein Sonderausweis und Auskehrungen aus dem steuerlichen Einlagekonto), § 3 Nr. 40 Buchst. a) EStG

25 Ebenso Ross, in: Frotscher/Geurts, EStG, § 3 Nr. 40 EStG Rdnr. 18 (07/2021); sowie Hötzel, in: Schaumburg/Rödder, Unternehmenssteuerreform 2001, 2000, S. 216 und 234.

26 Vgl. Intemann, in: Herrmann/Heuer/Raupach, EStG/KStG, § 3 Nr. 40 EStG Rdnr. 66 (01/2024).

27 RegE UntStFG, BT-Drucks. 14/6882, S. 35, und Beschlussempfehlung des Finanzausschusses zum RegE UntStFG, 14/7344, S. 17.

28 RegE UntStFG, BT-Drucks. 14/6882, S. 35.

29 Vgl. Schnitter, in: Frotscher/Drüen, KStG/GewStG/UmwStG, § 9 GewStG Rdnr. 143 (05/2022), 143; BFH, Urt. v. 08.05.2003 – IV R 35/01, BStBl II 2004, 460.

30 Vgl. Schnitter, in: Frotscher/Drüen, KStG/GewStG/UmwStG, § 8 GewStG Rdnr. 343 (06/2022).

Betriebseinnahmen	**Minderung Beteiligungsbuchwert**
§ 20 Abs. 1 Nr. 2 Satz 1 EStG (Rücklagen)	§ 3c Abs. 2 EStG
§ 20 Abs. 1 Nr. 2 Satz 2 EStG i.V.m. § 28 Abs. 2 Satz 2 KStG (Nennkapital mit Sonderausweis), § 3 Nr. 40 Satz 1 Buchst. e) EStG	

Die Kapitalrückzahlungen führen in der **Steuerbilanz** zu einer Minderung der (betrieblichen) Anschaffungskosten und damit zur Minderung des Beteiligungsbuchwerts. Steuerlich unterliegt die Kapitalrückzahlung (Betriebsvermögensmehrung) der Steuerbefreiung nach § 3 Nr. 40 Buchst. a) EStG, die damit in Zusammenhang stehende Betriebsvermögensminderung (hier: Wegfall/Auflösung des Beteiligungsbuchwerts) dem Abzugsverbot des § 3c Abs. 2 EStG. Da sich die Betriebsvermögensmehrung/-minderung in vollem Umfang auf den Steuerbilanzgewinn des Anteilseigners ausgewirkt hat, ist der Steuerbilanzgewinn gem. § 3 Nr. 40 Buchst. a) EStG **außerhalb der Bilanz** um 40 % der Betriebsvermögensmehrung (hier: Kapitalrückzahlung) zu mindern und gem. § 3c Abs. 2 EStG um 40 % der Betriebsvermögensminderung (hier: Wegfall/Auflösung des Beteiligungsbuchwerts) zu erhöhen. 24.25

Beispiel

A ist an der AB-GmbH zu 22 % beteiligt. Die Anteile an der AB-GmbH gehören zum Betriebsvermögen seines Einzelunternehmens. Die AB-GmbH wird zum 01.07.20 aufgelöst. Mit Abschluss der Liquidation am 10.10.21 erhält A einen Liquidationserlös i.H.v. 136.000 €, der sich wie folgt zusammensetzt: 24.26

1.	Rückzahlung des Stammkapitals aus dem steuerl. Einlagekonto gem. § 28 Abs. 2 Satz 3 KStG	70.000 €
2.	Rückzahlungen von (weiteren) Beträgen, für die das steuerliche Einlagekonto i.S.d. § 27 KStG als verwendet gilt	+ 20.000 €
3.	Auszahlung von Gewinnrücklagen	+ 46.000 €
		136.000 €

Die ursprünglichen Anschaffungskosten des A für den Anteil an der AB-GmbH haben 70.000 € betragen. Mit diesem Wert steht die Beteiligung an der AB-GmbH auch noch in der Bilanz des A zu Buche.

Lösung

In der Steuerbilanz führen die Kapitalrückzahlungen (hier: Rückzahlung des Stammkapitals i.H.v. 70.000 € und der weiteren Zahlungen i.H.v. 20.000 €, für die das steuerliche Einlagekonto i.S.d. § 27 KStG als verwendet gilt) i.H.v. 70.000 € zu einer Minderung der (betrieblichen) Anschaffungskosten und damit zur Minderung des Beteiligungsbuchwerts. Soweit die Kapitalrückzahlungen den Beteiligungsbuchwert übersteigen (hier i.H.v. 20.000 €), kommt es zu einer Gewinnrealisierung. Die Kapitalerträge i.S.d. § 20 Abs. 1 Nr. 2 EStG sind bilanziell als Beteiligungsertrag zu erfassen; sie mindern also nicht die Anschaffungskosten der Beteiligung. Die/der einzubehaltende Kapitalertragsteuer/Solidaritätszuschlag ist als Entnahme zu erfassen. Buchung wie folgt:

Bank	90.000,00 €	an Beteiligung AB-GmbH	70.000,00 €
		an sonstiger betriebl. Ertrag	20.000,00 €
und			
Bank	33.867,50 €		
Entnahme	12.132,50 €	an Beteiligungsertrag	46.000,00 €

(Anmerkung: Entnahme = KapESt/SolZ: Ermittlung gem. § 43 Abs. 1 Nr. 1, § 43a Abs. 1 Nr. 1 EStG, 46.000 € x 25 % = 11.500 € KapESt; KapESt 11.500 € x 5,5 % = 632,50 € SolZ)

Im Hinblick auf § 3 Nr. 40 Buchst. a, § 3c Abs. 2 EStG ergeben sich folgende **außerbilanzielle Korrekturen**:

Summe der Kapitalrückzahlungen	90.000 €	
– steuerfrei nach § 3 Nr. 40 Buchst. a) EStG (40 %)	– 36.000 €	54.000 €
abzgl. Buchwert der Beteiligung	70.000 €	
– Abzugsverbot gem. § 3c Abs. 2 EStG (40 %)	– 28.000 €	– 42.000 €
Steuerpflichtiger Auflösungsgewinn (Kapitalrückzahlung)		**12.000 €**

Infolge dessen ist der diesbezügliche Anteil am Steuerbilanzgewinn i.H.v. 20.000 € **außerbilanziell** um 8.000 € (20.000 € x 40 %) zu mindern. Die **Auszahlung der Gewinnrücklagen** i.H.v. 46.000 € führt zu Kapitalerträgen i.S.d. § 20 Abs. 1 Nr. 2, Abs. 8 EStG. Diese Kapitalerträge unterliegen der Steuerbefreiung nach § 3 Nr. 40 Buchst. e) EStG.

Summe Kapitalerträge § 20 Abs. 1 Nr. 2 EStG	46.000 €	
– steuerfrei nach § 3 Nr. 40 Buchst. e) EStG (40 %)	– 18.400 €	27.600 €
Steuerpflichtige Beteiligungserträge		**27.600 €**

Der diesbezügliche Anteil am Steuerbilanzgewinn i.H.v. 46.000 € **außerbilanziell** um 18.400 € (46.000 € x 40 %) zu mindern. **Gewerbesteuerlich** ist die Summe des Gewinns und der Hinzurechnungen gem. § 9 Nr. 2a GewStG um 27.600 € zu kürzen, weil die Beteiligung zu Beginn des VZ mindestens 15 % des Stammkapitals betragen hat (hier: 22 %).

24.4.4 Teilwertabschreibung und Wertaufholung

Nach § 6 Abs. 1 Nr. 2 Satz 1 EStG sind Beteiligungen an Kapitalgesellschaften grundsätzlich mit den Anschaffungskosten anzusetzen. Ist der **Teilwert** aufgrund einer voraussichtlich dauernden Wertminderung niedriger, so kann dieser angesetzt werden (§ 6 Abs. 1 Nr. 1 Satz 2 EStG). Die daraus resultierende Gewinnminderung ist. gem. § 3c Abs. 2 Satz 1 EStG nur zu 60 % abzugsfähig. Dem entsprechend ist der Steuerbilanzgewinn außerbilanziell um 40 % zu erhöhen (zu den handelsbilanziellen Folgen und deren Bedeutung für die Steuerbilanz Rdnr. 25.120 ff.). 24.27

In entsprechender Anwendung des § 6 Abs. 1 Nr. 1 Satz 4 EStG ist die Beteiligung in den folgenden Wirtschaftsjahren grundsätzlich wieder mit den Anschaffungskosten anzusetzen, es sei denn, der Steuerpflichtige weist nach, dass ein niedrigerer Teilwert angesetzt werden kann (§ 6 Abs. 1 Nr. 2 Satz 3 EStG). Dieser **Wertaufholungsgewinn** ist gem. § 3 Nr. 40 Satz 1 Buchst. a) Satz 1 EStG zu 40 % steuerfrei. Der Steuerbilanzgewinn ist folglich außerbilanziell um 40 % zu mindern. Die Steuerbefreiung greift dann aber nicht ein, soweit die Teilwertabschreibung zu einer Minderung des steuerlichen Gewinns geführt hat und soweit diese Gewinnminderung nicht bereits durch eine Teilwertzuschreibung nach § 6 Abs. 1 Nr. 2 Satz 3 EStG wieder ausgeglichen worden ist (§ 3 Nr. 40 Satz 1 Buchst. a) Satz 2 EStG). Diese Ausnahme galt bereits für das Halbeinkünfteverfahren und wurde mit Übergang zum Teileinkünfteverfahren aufrechterhalten. Durch die Regelung soll sichergestellt werden, dass Wertaufholungen durch das Halb- bzw. Teileinkünfteverfahren nur teilweise steuerfrei gestellt werden, wenn sich die Teilwertabschreibungen ebenfalls nach den Grundsätzen des Halb- oder Teileinkünfteverfahrens nur teilweise (zu 50 % bzw. 60 %) ausgewirkt haben. 24.28

Beispiel

M hält 100 % der Anteile an der T-GmbH. Die Anteile wurden 1992 zu einem Kaufpreis von 150.000 € erworben und rechnen zum Betriebsvermögen seines Einzelunternehmens. In Zusammenhang mit der Beteiligung wurde 1997 zulässigerweise eine (steuerlich wirksame) Teilwertabschreibung vorgenommen (hier: Teilwertabschreibung = 90.000 €, Buchwert danach = 60.000 €). 2022 stieg der Wert der Beteiligung (T-GmbH) wegen eines neu entwickelten Patents auf 200.000 € an. 24.29

Lösung

Die Teilwertabschreibung war 1997 voll steuerwirksam (vor dem Geltungsbereich des § 3c Abs. 2 EStG). 2022 ist gem. § 6 Abs. 1 Nr. 2 Satz 3, Abs. 1 Nr. 1 Satz 4 EStG eine Wertaufholung bis max. auf die Anschaffungskosten (§ 6 Abs. 1 Nr. 2 Satz 1 EStG) vorzunehmen. Der bilanzielle Wertaufholungsgewinn i.H.v. 90.000 € ist steuerpflichtig, weil die Steuerbefreiung hier gem. § 3 Nr. 40 Satz 1 Buchst. a) Satz 2 EStG ausgeschlossen ist.

Abwandlung

Die Teilwertabschreibung wurde 2012 vorgenommen.

Lösung

Die Teilwertabschreibung i.H.v. 90.000 € unterlag 2012 dem Anwendungsbereich des § 3c Abs. 2 EStG und hat sich daher nur i.H.v. 54.000 € (60 % von 90.000 €) auf den steuerlichen Gewinn ausgewirkt (außerbilanzielle Hinzurechnung = 36.000 €).

2022 ist gem. § 6 Abs. 1 Nr. 2 Satz 3, Abs. 1 Nr. 1 Satz 4 EStG – unverändert – eine Wertaufholung bis max. auf die Anschaffungskosten (§ 6 Abs. 1 Nr. 2 Satz 1 EStG) vorzunehmen. Der bilanzielle Wertaufholungsgewinn i.H.v. 90.000 € ist hier jedoch i.H.v. 36.000 € (40 % von 90.000 €) gem. § 3 Nr. 40 Satz 1 Buchst. a) Satz 1 EStG steuerfrei. Der Steuerbilanzgewinn ist daher außerbilanziell um 36.000 € zu mindern. Damit sind 54.000 € steuerpflichtig; in dieser Höhe war auch die Teilwertabschreibung steuerwirksam.

24.30 Ist die Teilwertabschreibung unter Geltung des Halbeinkünfteverfahrens, die Wertaufholung indes unter Geltung des Teileinkünfteverfahrens (ab dem Veranlagungszeitraum 2009) vorgenommen worden, ist der Wertaufholungsgewinn gem. § 3 Nr. 40 Satz 1 Buchst. a) i.V.m. § 52a Abs. 3 EStG nicht zu 50 %, sondern nur zu 40 % steuerfrei.[31]

24.31 Wertaufholungen gem. § 6 Abs. 1 Nr. 2 Satz 3 EStG, denen in früheren Jahren sowohl (teilweise) steuerwirksame als auch steuerunwirksame Abschreibungen von Anteilen an Kapitalgesellschaften auf den niedrigeren Teilwert vorangegangen sind, sind entsprechend der zu § 8b Abs. 2 Satz 3 und 4 KStG ergangenen BFH-Rechtsprechung[32] zunächst mit den nicht steuerwirksamen und erst danach – mit der Folge der Steuerpflicht daraus resultierender Gewinne – mit den (teilweise) steuerwirksamen Teilwertabschreibungen zu verrechnen.

---

31 Vgl. FG Münster, Urt. v. 02.07.2014 – 12 K 948/12 F, EFG 2014, 1658–1659; ebenso Intemann, in: Herrmann/Heuer/Raupach, EStG/KStG, § 3 Nr. 40 EStG Rdnr. 70 (01/2024).

32 BFH, Urt. v. 19.08.2009 – I R 2/09, BStBl II 2010, 760.

24.4.5 Steuerwirksam vorgenommene Abzüge nach § 6b EStG und ähnliche Abzüge

Die Steuerfreiheit ist gem. § 3 Nr. 40 Satz 1 Buchst. a) Satz 3 EStG auch insoweit ausgeschlossen, als in früheren Jahren auf die Anschaffungskosten (von Anteilen an Kapitalgesellschaften) Rücklagen nach § 6b EStG oder ähnliche Abzüge übertragen worden sind und sich die Übertragung in der Gewinnermittlung voll steuerwirksam ausgewirkt hat. Dies trifft auf die Abzüge zu, die vor der Einführung des Halbeinkünfteverfahrens durchgeführt worden sind. Ziel ist es auch hier einmal mehr, zu verhindern, dass es nach dem Systemwechsel zum Halbeinkünfteverfahren zu einer steuerfreien Realisation der stillen Reserven kommt, die nach früherer Rechtslage steuerpflichtig gewesen wäre. Daher findet § 3 Nr. 40 Satz 1 Buchst. a) Satz 3 EStG auch keine Anwendung, wenn die Abzüge unter dem Regime des Halb-/Teileinkünfteverfahrens erfolgt sind; in diesen Fällen kann es nicht zu einer unberechtigten mehrfachen Begünstigung kommen.[33] 24.32

24.5 Gewinnminderungen im Zusammenhang mit Gesellschafterdarlehen (§ 3c Abs. 2 Satz 2–5 EStG)

24.5.1 Hintergrund/Überblick

Nach der bisherigen Rechtsprechung des Bundesfinanzhofs[34] unterlagen Wertminderungen von im Betriebsvermögen gewährten Gesellschafterdarlehen – entgegen der seinerzeitigen Auffassung der Finanzverwaltung[35] – auch dann nicht dem Abzugsverbot des § 3c Abs. 2 Satz 1 EStG, wenn die Darlehensüberlassung nicht fremdüblich und damit durch das Gesellschaftsverhältnis veranlasst war. Die Beteiligung an der Körperschaft einerseits und das Darlehen andererseits seien grundsätzlich selbständige Wirtschaftsgüter; das Abzugsverbot des § 3c Abs. 2 Satz 1 EStG beziehe sich nach dem Gesetzeswortlaut nur auf die Beteiligung an der Körperschaft selbst, nicht aber auf die Fälle von Substanzverlusten aufgrund der Hingabe von Darlehen an die Körperschaft. Da Substanzgewinne aus einer Wertsteigerung oder Veräußerung einer im Betriebsvermögen gehaltenen Darlehensforderung voll steuerpflichtig seien, könne umgekehrt das Teilabzugsverbot des § 3c Abs. 2 EStG auch nicht Substanzverluste von Darlehensforderungen erfassen. 24.33

Nach Auffassung des **Gesetzgebers** widerspricht die Auslegung des BFH den gesetzlichen Wertungen zum Teileinkünfteverfahren. Er hat daher mit dem Zoll- 24.34

[33] INTEMANN, in: HERRMANN/HEUER/RAUPACH, EStG/KStG, § 3 Nr. 40 EStG Rdnr. 76 (01/2024).

[34] Vgl. BFH, Urt. v. 18.04.2012 – X R 5/10, BStBl II 2013, 785, und BFH, Urt. v. 18.04.2012 – X R 7/10, BStBl II 2013, 791. Die Finanzverwaltung hat sich der Auffassung des BFH mit BMF-Schreiben v. 23.10.2013 – IV C 6 - S 2128/07/10001, BStBl I, 1269, Rdnr. 11 angeschlossen.

[35] Vgl. BMF-Schreiben v. 08.11.2010 – IV C 6 - S 2128/07/10001, BStBl I, 1292.

kodexAnpG[36] – für Wirtschaftsjahre, die **nach dem 31.12.2014 beginnen** (§ 52 Abs. 5 Satz 2 EStG) – als Nichtanwendungsgesetz den Anwendungsbereich des Teilabzugsverbots in dem neuen Satz 2 des § 3c Abs. 2 EStG auch auf Substanzverluste von im Betriebsvermögen gehaltenen Darlehensforderungen (wie Teilwertabschreibungen oder Forderungsverzichten) ausgedehnt. Danach gilt das Teilabzugsverbot

- auch für Betriebsvermögensminderungen oder Betriebsausgaben im Zusammenhang mit einer Darlehensforderung
- oder aus der Inanspruchnahme von Sicherheiten, die für ein Darlehen hingegeben wurden,
- **wenn** das Darlehen oder die Sicherheit von einem Steuerpflichtigen gewährt wird, der **zu mehr als 1/4** unmittelbar oder mittelbar am Grund- oder Stammkapital der Körperschaft, der das Darlehen gewährt wurde, beteiligt ist oder war.

24.35 § 3c Abs. 2 EStG wurde darüber hinaus durch die Sätze 3–5 ergänzt. Nach **Satz 3** greift das Teilabzugsverbot wiederum nicht ein, wenn nachgewiesen wird, dass auch ein fremder Dritter das Darlehen bei sonst gleichen Umständen gewährt oder noch nicht zurückgefordert hätte; dabei sind nur die eigenen Sicherungsmittel der Körperschaft zu berücksichtigen (Drittvergleich). Nach dem Willen des Gesetzgebers[37] soll der Anwendungsbereich also auf nicht fremdübliche und damit durch das Gesellschaftsverhältnis veranlasste Substanzverluste beschränkt werden. Es wird aber zunächst im Sinne einer Gesetzesfiktion unterstellt, dass das Darlehen immer dann als gesellschaftsrechtlich veranlasst anzusehen ist, wenn der Darlehensgeber zu mehr als 1/4 an der darlehensaufnehmenden Körperschaft beteiligt ist. Nach **Satz 4** soll das Teilabzugsverbot entsprechend für Forderungen aus Rechtshandlungen gelten, die einer Darlehensgewährung wirtschaftlich vergleichbar sind. **Satz 5** bestimmt, dass spätere Wertaufholungsgewinne (§ 6 Abs. 1 Nr. 2 Satz 3 EStG) bei der Ermittlung der Einkünfte außer Ansatz bleiben, soweit auf die vorangegangene Teilwertabschreibung § 3c Abs. 2 Satz 2 EStG angewendet worden ist.

24.36 Mit den Regelungen in den neuen Sätzen 2–5 des § 3c Abs. 2 EStG schreibt der Gesetzgeber die bereits im BMF-Schreiben vom 08.11.2010 vertretene – und von der Rechtsprechung des BFH abweichende – Auffassung der Finanzverwaltung für ab 2015 beginnende Wirtschaftsjahre gesetzlich fest. Diese Sätze sind § 8b Abs. 3

---

[36] Gesetz zur Anpassung der Abgabenordnung an den Zollkodex der Union und zur Änderung weiterer steuerlicher Vorschriften v. 22.12.2014, BGBl II, 2417 (ZollkodexAnpG).

[37] RegE ZollkodexAnpG, BT-Drucks. 18/3017, S. 38.

Satz 4–8 KStG nachempfunden, die Tatbestandsvoraussetzungen sind aber nicht vollständig deckungsgleich.

24.5.2 Beteiligungshöhe und Zeitpunkt der Beteiligung

24.5.2.1 Voraussetzungen

§ 3c Abs. 2 Satz 2 EStG ist nur dann anwendbar, wenn das Darlehen oder die Sicherheit von einem Steuerpflichtigen gewährt wird, der zu **mehr als 1/4** unmittelbar oder mittelbar am Grund- oder Stammkapital der Körperschaft, der das Darlehen gewährt wurde, beteiligt **ist oder war.** 24.37

Hinweis

Das in § 3c Abs. 2 Satz 2 EStG angeordnete Abzugsverbot erfordert nur, dass der Steuerpflichtige, der das Darlehen oder die Sicherheit gewährt, zu **irgendeinem Zeitpunkt** während der Darlehenslaufzeit zu mehr als 1/4 am Grund- oder Stammkapital der Körperschaft beteiligt ist oder war. Auf den Zeitpunkt (nur) der Darlehensbegebung oder den Eintritt (nur) der Gewinnminderung kommt es nicht an. Insoweit kann auf die Rechtsprechung des BFH[38] zu § 8b Abs. 3 Satz 4 KStG zurückgegriffen werden. 24.38

Im vorstehenden Sinne äußert sich auch Desens,[39] nach dessen Auffassung aber zumindest zu fordern ist, dass der Steuerpflichtige zum Zeitpunkt der Gewährung oder des Stehenlassens des Darlehens (bzw. der Sicherheit) überhaupt unmittelbar oder mittelbar an der Kapitalgesellschaft beteiligt war. Folgt man dem nicht, dürfte zumindest die Entlastung durch den Drittvergleich nach § 3c Abs. 2 Satz 3 EStG unproblematisch gelingen, denn der Steuerpflichtige war dann zum Zeitpunkt der Gewährung oder des Stehenlassens des Darlehens selbst ein fremder Dritter i.S.d. Vorschrift. 24.39

§ 3c Abs. 2. Satz 2 EStG erfasst – anders als § 8b Abs. 3 Satz 5 KStG – nicht die Darlehens- oder Sicherheitenhingabe durch dem Steuerpflichtigen nahestehende Personen. 24.40

Beispiel

Im Rahmen einer Betriebsaufspaltung ist der Ehemann EM mit 80 % und die Ehefrau EF mit 20 % an einer Besitz-GbR beteiligt. Die Anteile an der Betriebs-GmbH (Sonderbetriebsvermögen) werden ebenfalls zu 80 % (EM) bzw. 20 % (EF) von den Eheleuten gehalten. EF gibt der Betriebs-GmbH ein durch das Gesellschaftsverhältnis veranlasstes fremdunübliches Darlehen.

[38] Vgl. hierzu BFH, Urt. v. 12.03.2014 – I R 87/12, BStBl II, 859.
[39] Siehe Desens, in: Herrmann/Heuer/Raupach, EStG/KStG, § 3c EStG Rdnr. 71 (01/2024).

Lösung

Die Darlehensforderung rechnet zum Sonderbetriebsvermögen der EF. § 3c Abs. 2 Satz 2 EStG ist auf einen etwaigen Aufwand aus dem Ausfall des Darlehens nicht anwendbar, weil EF nicht wesentlich an der Betriebs-GmbH beteiligt ist. Dass EM wesentlich beteiligt ist, ändert daran nichts, weil die Vorschrift nicht auch die „nahestehende Person" des Steuerpflichtigen in Bezug nimmt.

Abgrenzung

Gibt indes die Besitz-GbR selbst das Darlehen, fällt zwar weiterhin nicht EF, wohl aber EM unter den Anwendungsbereich der Vorschrift (siehe dazu unten Rdnr. 24.43). Hierdurch eröffnen sich **weitreichende Gestaltungsmöglichkeiten**.

24.41 Maßgebend für die Höhe der Beteiligung ist die **nominelle Beteiligung** am Grund- oder Stammkapital; abweichende Stimmrechtsvereinbarungen sind hier unmaßgeblich. Für die Frage, ob eine wesentliche Beteiligung i.S.d. § 3c Abs. 2 Satz 2 EStG besteht, sind neben einer unmittelbaren Beteiligung auch mittelbare Beteiligungen an der darlehensnehmenden Gesellschaft zu berücksichtigen. Vermittelnde Gesellschaften können dabei sowohl Personen- als auch Kapitalgesellschaften sein.

24.5.2.2 Mittelbare Beteiligung über Kapitalgesellschaften

24.42 Besteht neben einer unmittelbaren auch eine mittelbare Beteiligung (über eine Kapitalgesellschaft), ist eine wesentliche Beteiligung gegeben, wenn sich durch die Zusammenrechnung der Beteiligungen eine Quote von mehr als 25 % ergibt. Die mittelbar gehaltenen Anteile werden dabei mit der auf den Gesellschafter entfallenden rechnerischen Quote berücksichtigt; dabei werden alle von dem Gesellschafter unmittelbar und mittelbar gehaltenen Anteile zusammengerechnet. Dies gilt auch dann, wenn der Steuerpflichtige ausschließlich mittelbar über eine oder mehrere Kapitalgesellschaften beteiligt ist.[40]

Beispiel

24.43 M ist zu 7 % unmittelbar an der A-GmbH beteiligt. Daneben ist M zu 40 % an B-GmbH beteiligt, die ihrerseits mit 50 % an der A-GmbH beteiligt ist. M gewährt der A-GmbH ein durch das Gesellschaftsverhältnis veranlasstes Darlehen. Die Beteiligungen sowie die Darlehensforderungen gehören zum Betriebsvermögen des Einzelunternehmens des M.

---

40 DESENS, in: HERRMANN/HEUER/RAUPACH, EStG/KStG, § 3c EStG Rdnr. 71 (01/2024); LEVEDAG, GmbHR 2016, 261, 263.

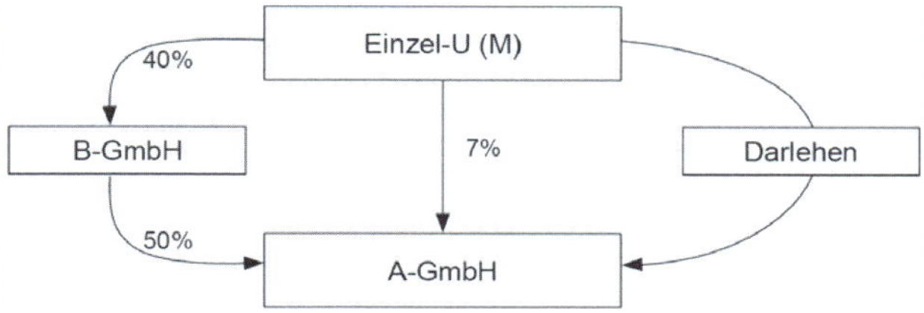

Lösung

M ist insgesamt zu 27 % an der A-GmbH und damit wesentlich beteiligt i.S.d. § 3c Abs. 2 Satz 2 KStG. Dies ergibt sich aus der Zusammenrechnung der unmittelbaren Beteiligung (7 %) und der mittelbaren Beteiligung (40 % × 50 %).

24.5.2.3 Mittelbare Beteiligung über Personengesellschaften

24.44 Anders als § 8b Abs. 3 Satz 4 KStG nimmt § 3c Abs. 2 Satz 2 EStG nicht den Gesellschafter, sondern den **Steuerpflichtigen** in Bezug. Daher ist § 3c Abs. 2 Satz 2 EStG bei Mitunternehmerschaften nach der h.M.[41] **gesellschafterbezogen** anzuwenden. Es ist also nicht auf die Beteiligungshöhe der Personen- an der Kapitalgesellschaft, sondern vielmehr auf die durchgerechnete Beteiligungsquote des Gesellschafters abzustellen. Dem gegenüber vertritt die herrschende Kommentarliteratur[42] zur Anwendung des § 8b Abs. 3 Satz 4 i.V.m. Abs. 6 Satz 1 KStG die Meinung, dass – wegen der Bezugnahme auf den „Gesellschafter" – auf die (unmittelbare oder mittelbare) Beteiligung der Personengesellschaft selbst an der darlehensnehmenden Kapitalgesellschaft abzustellen ist.

24.45 Hält eine **vermögensverwaltende** Personengesellschaft den Anteil an der darlehensnehmenden Kapitalgesellschaft, so ist die Beteiligung dem Gesellschafter bereits gem. § 39 Abs. 2 Nr. 2 AO **unmittelbar** zuzurechnen.

Beispiel

Die M-GmbH ist zu 20 % an der gewerblich tätigen MBC-GmbH & Co. KG beteiligt. Die übrigen Anteile halten B (60 %) und C (20 %). Die MBC-GmbH & Co. KG hält ihrerseits eine 50%ige Beteiligung an der Y-GmbH. Die MBC-GmbH & Co. KG gibt der Y-GmbH 2020 ein (nicht fremdübliches) Darlehen von 100.000 €. Die Y-GmbH gerät

[41] Desens, in: Herrmann/Heuer/Raupach, EStG/KStG, § 3c EStG Rdnr. 71 (01/2024); Levedag, GmbHR 2016, 261, 263; Ott, DStZ 2016, 14.

[42] Pung, in: Dötsch/Pung/Möhlenbrock, Die Körperschaftsteuer, § 8b KStG Rdnr. 227 (12/2023) m.w.N.; Prinz, in: FS Schaumburg, 2009, S. 473; Lang, NWB 2010, 3798, 3804.

2022 in wirtschaftliche Schwierigkeiten, weshalb die MBC-GmbH & Co. KG (zutreffend) zum 31.12.2022 eine Teilwertabschreibung (dauernde Wertminderung) auf 0 € vornimmt. Der Steuerbilanzgewinn der MBC-GmbH & Co. KG beträgt danach 500.000 €.

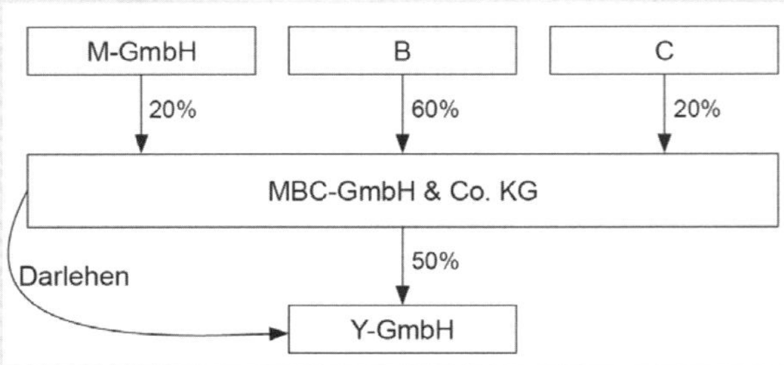

Lösung

Wegen des Transparenzprinzips findet auf die natürlichen Personen B und C § 3c Abs. 2 EStG und auf die M-GmbH § 8b Abs. 3 Satz 4, Abs. 6 Satz 1 KStG Anwendung.

M-GmbH: Der auf die M-GmbH entfallende Teil der Teilwertabschreibung i.H.v. 20.000 € unterliegt gem. § 8b Abs. 6 KStG dem Anwendungsbereich des § 8b Abs. 3 Satz 4 KStG, da der Darlehensgeber (hier: MBC-GmbH & Co. KG) zu mehr als 25 % an der Y-GmbH beteiligt ist. Unmaßgeblich soll insoweit sein, dass die M-GmbH selbst nur mittelbar zu 10 % (20 % von 50 %) an der Y-GmbH beteiligt ist.

B und C: Anders als bei § 8b KStG ist im Anwendungsbereich des § 3c Abs. 2 Satz 2 EStG auf die durchgerechnete Beteiligungsquote des Gesellschafters abzustellen. Danach ist B mittelbar zu 30 % (60 % von 50 %) und C zu 10 % (20 % von 50 %) beteiligt. § 3c Abs. 2 Satz 2 EStG findet daher nur auf B Anwendung. Von der Teilwertabschreibung entfallen auf B 60.000 €, davon sind 40 % (= 24.000 €) nicht abziehbar und bei der Ermittlung des steuerlichen Gewinns hinzuzurechnen.

Hiervon ausgehend ermitteln sich die steuerpflichtigen Gewinnanteile der Gesellschafter wie folgt:

	M-GmbH (20 %)	B (60 %)	C (20 %)	gesamt
Steuerbilanzgewinn	100.000 €	300.000 €	100.000 €	500.000 €
Hinzurechnung (§ 8b Abs. 3 Satz 3, 4 KStG)	20.000 €			20.000 €
Hinzurechnung (§ 3c Abs. 2 Satz 2 EStG)		24.000 €		24.000 €
Gewinnanteile (§ 15 Abs. 1 Nr. 2 EStG)	**120.000 €**	**324.000 €**	**100.000 €**	**544.000 €**

Der steuerliche Gesamtgewinn der Mitunternehmerschaft i.H.v. 544.000 € ist Ausgangsgröße für die Ermittlung des Gewerbeertrags (vgl. § 7 Satz 1 und 4 GewStG).

Praxistipp

Gibt die Mitunternehmerschaft selbst das Darlehen, ließe sich bei einer rein am Wortlaut der Vorschrift orientierten Auslegung auch die Auffassung vertreten, dass § 3c Abs. 2 Satz 2 EStG nicht zur Anwendung kommt, weil eine Mitunternehmerschaft – jedenfalls einkommensteuerrechtlich – kein Steuersubjekt und damit auch kein „Steuerpflichtiger" i.S.d. Vorschrift sein kann.[43] Diese Auffassung ließe sich jedenfalls im Rahmen einer Abwehrberatung vertreten. 24.46

24.5.3 Betriebsvermögensminderung im Zusammenhang mit der Darlehensforderung

Unter den Begriff der Betriebsvermögensminderung fallen zunächst (unstreitig) alle substanzbezogenen Gewinnminderungen im Zusammenhang mit dem Darlehen bzw. der Sicherheit, insbesondere: 24.47

- Teilwertabschreibung auf ein Darlehen,
- Ausfall der Darlehensforderung,
- Abtretung des Darlehens mit Verlust,
- Forderungsverzicht,
- Aufwendungen des Gesellschafters aus der Inanspruchnahme aus Sicherheiten oder Bürgschaften.

Umstritten ist, ob § 3c Abs. 2 Satz 2 EStG neben den Substanzverlusten auch die mit den Gesellschafterdarlehen und -sicherheiten im Zusammenhang stehenden laufenden Betriebsausgaben (insbes. Refinanzierungszinsen) erfasst. Geht man – mit dem Wortlaut der Vorschrift – davon aus, dass die Norm auch die **laufenden Betriebsausgaben** einschließt, verdrängt Satz 2 als „lex specialis" Satz 1 der Regelung mit der Folge, dass bei fremdunüblicher Darlehensgewährung durch einen nicht wesentlich beteiligten Steuerpflichtigen das Abzugsverbot nicht eingreift.[44] Es muss damit gerechnet werden, dass die Finanzverwaltung die Vorschrift fiskalisch auslegt und den Anwendungsbereich von Satz 1 für vorzugswürdig erachtet; hierfür spricht durchaus die Entstehungsgeschichte der Vorschrift (Nichtanwendungsgesetz gegen BFH-Rechtsprechung zu den Substanzverlusten aus Darlehensforderungen). 24.48

---

[43] OTT, DStZ 2016, 14–27.

[44] In diesem Sinne u.a. DESENS, in: HERRMANN/HEUER/RAUPACH, EStG/KStG, § 3c EStG Rdnr. 72 (01/2024); RÄTKE, BBK 2015, 312, 318; sowie BOLIK/ZÖLLER/KINDLER, BB 2014, 2974, 2976.

24.5.4 Wirtschaftlich vergleichbare Rechtshandlungen

24.49 Nach § 3c Abs. 2 Satz 4 EStG gelten § 3c Abs. 2 Satz 2 und 3 EStG entsprechend für Forderungen aus Rechtshandlungen, die einer Darlehensgewährung wirtschaftlich vergleichbar sind. Die Vorschrift entspricht § 8b Abs. 3 Satz 7 KStG (siehe dazu ausführlich Rdnr. 25.144).

24.5.5 Gegenbeweis durch Drittvergleich (§ 3c Abs. 2 Satz 3 EStG)

24.50 Der Steuerpflichtige hat gem. § 3c Abs. 2 Satz 3 EStG über den Drittvergleich die Möglichkeit, die gesellschaftsrechtliche Veranlassung insoweit zu widerlegen, als er den **Nachweis** erbringt, dass die Gesellschaft das Darlehen auch von einem Dritten zu unveränderten Konditionen erhalten hätte bzw. im Krisenfall das Darlehen auch nicht abgezogen hätte. Hierbei sind nur eigene Sicherheiten der Kapitalgesellschaft zu berücksichtigen (§ 3c Abs. 2 Satz 3 letzter Halbsatz EStG).

24.51 Die Vorschrift ist identisch mit der in § 8b Abs. 3 Satz 6 KStG.[45] Die dort genannten Kriterien (u.a. Unverzinslichkeit, Darlehenshingabe ohne Sicherheit) sind zwar für die Steuerpflichtigen nicht bindend, dem Grunde nach aber zutreffend. Sie sollten daher in der Gestaltungsberatung als Orientierungshilfe herangezogen werden.

24.5.6 Wertaufholungen (§ 3c Abs. 2 Satz 5 EStG)

24.52 Wertaufholungen nach § 6 Abs. 1 Nr. 2 Satz 3 EStG, denen eine unter den Anwendungsbereich des § 3c Abs. 2 Satz 2 EStG fallende Teilwertabschreibung vorausgegangen ist, bleiben bei der Ermittlung der Einkünfte außer Ansatz. Da die Wertaufholung den bilanziellen Gewinn erhöht hat, ist zur Ermittlung des steuerlichen Gewinns eine außerbilanzielle Kürzung vorzunehmen. Wie bei § 8b Abs. 3 Satz 8 KStG kann sich ein Reihenfolgeproblem ergeben, wenn die Gewinnminderungen nur zum Teil dem Teilabzugsverbot unterlegen haben. In diesen Fällen ist vorrangig die zuletzt vorgenommene Wertminderung rückgängig zu machen.[46]

24.6 Unentgeltliche/verbilligte Überlassung von Wirtschaftsgütern (§ 3c Abs. 2 Satz 6 EStG)

24.6.1 Entwicklung des Anwendungsbereichs

24.53 Hintergrund des Halb- bzw. Teilabzugsverbots gem. § 3c Abs. 2 EStG ist, dass alle mit den gem. § 3 Nr. 40 EStG nur teilweise besteuerten Bruttoeinnahmen zusammenhängenden Ausgaben ebenfalls nur teilweise steuerlich berücksichtigt werden

---

[45] Im Einzelnen dazu Rdnr. 25.149 ff.; zu der Frage, ob die Darlehenshingabe fremdunüblich erfolgt, vgl. BMF-Schreiben v. 08.11.2010 – IV C 6 - S 2128/07/10001, BStBl I, 1292.

[46] PUNG, in: DÖTSCH/PUNG/MÖHLENBROCK, Die Körperschaftsteuer, § 8b KStG Rdnr. 241 (12/2023).

sollen. Dabei lässt § 3c Abs. 2 Satz 1 erster Halbsatz EStG nach seinem Wortlaut einen mittelbaren Zusammenhang zu den genannten Bruttoeinnahmen genügen, da der Gesetzeswortlaut im Gegensatz zu § 3c Abs. 1 EStG keinen „unmittelbaren" Zusammenhang verlangt. Jeder wirtschaftliche Zusammenhang in Form einer objektiven kausalen oder finalen Verknüpfung genügt. Hiervon ausgehend stellt sich die Frage, ob die mit einer Nutzungsüberlassung im Zusammenhang stehenden Aufwendungen dem (Teil)Abzugsverbot des § 3c Abs. 2 EStG unterliegen, wenn (im Rahmen einer Betriebsaufspaltung) Wirtschaftsgüter (regelmäßig Grundstücke) von einer **natürlichen Person** an die (Betriebs-)Kapitalgesellschaft verbilligt oder unentgeltlich zur Nutzung überlassen werden.

Finanzverwaltung[47] und BFH[48] haben den Anwendungsbereich des § 3c Abs. 2 EStG auch schon vor Einführung des § 3c Abs. 2 Satz 6 EStG bejaht und unter § 3c Abs. 2 Satz 1 EStG subsumiert, wenn die Nutzungsüberlassung zu Konditionen erfolgt, die einem Fremdvergleich nicht standhalten und damit durch das Gesellschaftsverhältnis veranlasst ist. Dies beruht auf der Überlegung, dass der von dem Gesellschafter gewährte Nutzungsvorteil i.d.R. den Gewinn der Kapitalgesellschaft erhöht, an dem der Gesellschafter nach Maßgabe der Gewinnausschüttung teilnehmen und – je nach Zuordnung der Beteiligung zum Betriebs- oder Privatvermögen – entsprechende betriebliche oder private Beteiligungserträge erzielen kann. Die Einkünfteerzielungsabsicht ergibt sich in diesem Fall aus dem Streben, Erträge aus der Beteiligung an der Kapitalgesellschaft oder Gewinne aus einer zukünftigen Veräußerung oder Entnahme der Beteiligung zu erzielen, die dem Teileinkünfteverfahren unterliegen. Dem gegenüber war und ist § 3c Abs. 2 EStG nicht anwendbar, wenn die Überlassung der Wirtschaftsgüter an die Kapitalgesellschaft zu fremdüblichen Konditionen (und damit i.d.R. vollentgeltlich) erfolgt. Denn in diesem Fall stehen die Aufwendungen in erster Linie mit voll steuerpflichtigen und nicht mit den erwarteten Beteiligungserträgen (Gewinnausschüttungen/Dividenden und Gewinnen aus einer zukünftigen Veräußerung oder Entnahme des Anteils) in Zusammenhang. 24.54

Der BFH[49] hat aber – entgegen der ursprünglichen Auffassung der Finanzverwaltung – den Anwendungsbereich des § 3c Abs. 2 EStG für sogenannte **substanzbezogene** Aufwendungen (z.B. AfA, Erhaltungsaufwendungen) auch für den Fall verneint, in dem die Nutzungsüberlassung fremdunüblich und damit vorrangig erfolgte, um Beteiligungserträge zu erzielen. Da Substanzgewinne aus einer Wert- 24.55

47 Vgl. BMF-Schreiben v. 08.11.2010 – IV C 6 - S 2128/07/10001, BStBl I, 1292, aufgehoben und ersetzt durch das BMF-Schreiben v. 23.10.2013 – IV C 6 - S 2128/07/10001, BStBl I, 1269.

48 Vgl. BFH, Urt. v. 28.02.2013 – IV R 49/11, BStBl II, 802, und BFH, Urt. v. 17.07.2013 – X R 17/11, BStBl II, 17.

49 Vgl. BFH, Urt. v. 28.02.2013 – IV R 49/11, BStBl II, 802, und BFH, Urt. v. 18.04.2012 – X R 5/10, BStBl II 2013, 785.

steigerung (Teilwertaufholung) oder Veräußerung eines im Betriebsvermögen gehaltenen Wirtschaftsguts (z.B. Grundstück) voll steuerpflichtig seien, könne umgekehrt das Teilabzugsverbot des § 3c Abs. 2 Satz 1 EStG nicht Substanzverluste erfassen. Mit dem BMF-Schreiben vom 23.10.2013[50] hat sich die Finanzverwaltung der Auffassung des BFH angeschlossen. Die Urteilsgrundsätze sind demnach in allen noch offenen Fällen (bis zum Veranlagungszeitraum 2014) anzuwenden.

24.56 Mit dem ZollkodexAnpG hat der Gesetzgeber sodann **für Wirtschaftsjahre, die nach dem 31.12.2014 beginnen** (§ 52 Abs. 5 Satz 2 EStG), den **Anwendungsbereich** des Teilabzugsverbots in § 3c Abs. 2 Satz 6 EStG auch auf die Fälle substanzbezogener Gewinnminderungen („... ungeachtet eines wirtschaftlichen Zusammenhangs mit den dem § 3 Nr. 40 EStG zugrunde liegenden Einnahmen“) erweitert. Auch hier hat der Gesetzgeber die ursprüngliche (und vom BFH teilweise verworfene) Verwaltungsauffassung gesetzlich verankert; dies gilt allerdings nur für Steuerpflichtige, die zu **mehr als 1/4** unmittelbar oder mittelbar am Grund- oder Stammkapital der betreffenden Körperschaft beteiligt **sind oder waren**.

24.6.2 Beteiligungshöhe und Zeitpunkt der Beteiligung

24.57 Unmittelbar und mittelbar gehaltene Anteile (über Kapital- und Personengesellschaften) sind zusammenzurechnen. Die mittelbar gehaltenen Anteile werden dabei mit der auf den Gesellschafter entfallenden rechnerischen Quote berücksichtigt. Hinsichtlich der Beteiligungshöhe und des Zeitpunkts des Innehabens der Beteiligung kann – da die Vorschriften vergleichbar sind –[51] im Weiteren auf die Ausführungen zu § 3c Abs. 2 Satz 2 EStG (siehe Rdnr. 24.37 ff.) verwiesen werden.

Praxistipp

24.58 Nach der einschränkenden Auffassung von Desens[52] ist Adressat des § 3c Abs. 2 Satz 6 EStG– anders als bei Satz 2 der Vorschrift – der „Gesellschafter“. Vorausgesetzt werde eine **unmittelbare Beteiligung** des Überlassenen an der Körperschaft. Eine ausschließlich mittelbare Beteiligung des Überlassenen – sei es über eine Kapital- oder eine Personengesellschaft – soll danach bei Satz 6 nicht ausreichen, um den Anwendungsbereich zu eröffnen. Dem kann zwar nach Sinn und Zweck sowie der Entstehungsgeschichte der Vorschrift nicht gefolgt werden, im Rahmen einer Abwehrberatung ließe sich diese Auffassung aber jedenfalls vertreten.

---

50 BMF-Schreiben v. 23.10.2013 – IV C 6 - S 2128/07/10001, BStBl I, 1269.

51 Ebenso Levedag, GmbHR 2016, 261.

52 Desens, in: Herrmann/Heuer/Raupach, EStG/KStG, § 3c EStG Rdnr. 78 (01/20224).

24.6.3 Betriebsvermögensminderung, Veräußerungskosten

Der Begriff der „Betriebsvermögensminderung“ umfasst neben den laufenden Aufwendungen (z.B. Strom, Gas, Wasser, Heizkosten) auch die **substanzbezogenen Aufwendungen**[53] (AfA, Erhaltungsaufwand). 24.59

Vom Teilabzugsverbot werden nach § 3c Abs. 2 Satz 6 EStG auch Veräußerungskosten erfasst. Weitere Voraussetzung ist aber, dass die Veräußerungskosten auch mit einer – im Gesellschaftsverhältnis veranlassten un-/teilentgeltlichen – **Überlassung von Wirtschaftsgütern** an die Körperschaft **in Zusammenhang** stehen. Dies wird im Schrifttum zu Recht bezweifelt, weil Veräußerungskosten gerade durch die Veräußerung selbst veranlasst und damit mit dem Veräußerungsvorgang im Zusammenhang stehen. Insoweit läuft das Tatbestandsmerkmal ins Leere.[54] Ebenso ist fraglich, ob im Rahmen einer Veräußerung der Buchwertabgang (eines Grundstücks) als Betriebsvermögensminderung dem Abzugsverbot des § 3c Abs. 2 Satz 6 EStG unterliegt, obwohl der Veräußerungspreis voll steuerpflichtig ist.[55] 24.60

24.6.4 Gesellschaftsrechtliche Veranlassung – Fremdvergleich

Voraussetzung für das Eingreifen des Teilabzugsverbots des § 3c Abs. 2 Satz 6 EStG ist weiter, dass die un- bzw. teilentgeltliche Nutzungsüberlassung durch das Gesellschaftsverhältnis veranlasst ist. Ist die verbilligte Nutzungsüberlassung auf eine betriebliche Veranlassung zurückzuführen, greift das Teilabzugsverbot nicht ein. Eine durch das **Gesellschaftsverhältnis veranlasste** Überlassung liegt immer dann vor, wenn ein fremder Dritter das Wirtschaftsgut nicht bzw. nicht mehr zu den zugrundeliegenden Konditionen (Höhe der Gegenleistung, Laufzeit) überlassen hätte.[56] Hiervon ist regelmäßig bei einer **dauerhaften** unentgeltlichen/teilentgeltlichen Überlassung auszugehen. Ferner sprechen für eine gesellschaftsrechtliche Veranlassung eine nicht unwesentliche Beteiligung an der Kapitalgesellschaft sowie fehlende gleichgerichtete (Sanierungs-)Maßnahmen gesellschaftsfremder Personen. 24.61

Der für den Abzug der Betriebsausgaben erforderliche **Veranlassungszusammenhang** zu einer Einkunftsart bzw. zu einer bestimmten Art von Einnahmen kann sich **ändern**. Nach dem Grundsatz der Abschnittsbesteuerung ist für jeden Veranlagungszeitraum zu prüfen, ob und ggf. durch welche Einkunftsart bzw. Einnahmen die geltend gemachten Aufwendungen (vorrangig) veranlasst sind. Wurde das 24.62

---

[53] OTT, DStZ 2016, 14; a.A. DESENS, in: HERRMANN/HEUER/RAUPACH, EStG/KStG, § 3c EStG Rdnr. 81 (01/2024).

[54] Ebenso DESENS, in: HERRMANN/HEUER/RAUPACH, EStG/KStG, § 3c EStG Rdnr. 81 (01/2024); LEVEDAG, GmbHR 2016, 261, 265; krit. auch OTT, DStZ 2016, 14, 19.

[55] Zu Recht verneinend LEVEDAG, GmbHR 2016, 261, 265.

[56] BFH, Urt. v. 17.03.2013 – X R 17/11, BStBl II, 817, und BFH, Urt. v. 17.03.2013 – X R 6/12, BFH/NV 2014, 21.

Pachtentgelt z.B. ursprünglich zu fremdüblichen Bedingungen vereinbart und hat der Verpächter zu einem späteren Zeitpunkt auf die (noch nicht entstandenen) Pachtforderungen ganz oder teilweise verzichtet, kommt es für die Frage, ob die geltend gemachten Aufwendungen weiterhin in vollem Umfang oder nach § 3c Abs. 2 EStG nur noch eingeschränkt abgezogen werden können, darauf an, aus welchen Gründen der Verpächter auf Pachteinnahmen verzichtet hat, d.h., ob der Verzicht durch das Pachtverhältnis veranlasst ist oder auf dem Gesellschaftsverhältnis beruht.

24.63 Es ist davon auszugehen, dass die Finanzverwaltung hinsichtlich dieser Frage weiterhin die Grundsätze des BMF-Schreibens vom 23.10.2013[57] anwendet. Danach ist eine **betriebliche Veranlassung** insbesondere anzunehmen, wenn

- die vergleichbaren marktüblichen Pachtentgelte generell gesunken sind und fremde Dritte eine Pachtanpassung vereinbart hätten oder
- wenn der Verzicht im Rahmen von Sanierungsmaßnahmen, an denen auch gesellschaftsfremde Personen teilnehmen, zeitlich befristet ausgesprochen wird.[58]

24.64 Die Gründe des Verpächters sind anhand der gesamten Umstände des jeweiligen Einzelfalls zu ermitteln und unter dem Gesichtspunkt eines Fremdvergleichs zu würdigen.

24.6.5 Unentgeltliche/teilentgeltliche Überlassung

24.65 Ist die Nutzungsüberlassung durch das Gesellschaftsverhältnis veranlasst, so ist hinsichtlich der Rechtsfolgen weiter danach zu unterscheiden, ob die Nutzungsüberlassung un- oder teilentgeltlich erfolgt. Bei einer unentgeltlichen Überlassung unterliegen die gesamten Aufwendungen zu 100 % dem Anwendungsbereich des § 3c Abs. 2 EStG.

Beispiel

24.66 Der Alleingesellschafter A der A-GmbH überlässt der GmbH im Rahmen einer Betriebsaufspaltung[59] ab dem 01.01.2022 ein in seinem Alleineigentum stehendes

---

57 BMF-Schreiben v. 23.10.2013 – IV C 6 - S 2128/07/10001, BStBl I, 1269.

58 Vgl. dazu auch BFH, Urt. v. 28.02.2013 – IV R 49/11, BStBl II, 802.

59 Trotz unentgeltlicher Nutzungsüberlassung ist hier eine Betriebsaufspaltung anzunehmen. Die Gewinnerzielungsabsicht des Besitzunternehmens folgt aus dem Bestreben, (teilweise steuerfreie) Beteiligungserträge zu erzielen. Unerheblich ist dabei, ob die Betriebsgesellschaft Gewinnausschüttungen an das Besitzunternehmen vorgenommen oder sie die Gewinne ganz oder teilweise thesauriert hat; denn unterbliebene Ausschüttungen können nachgeholt werden und erhöhen im Übrigen den Wert der Beteiligung; vgl. hierzu BFH, Urt. v. 12.04.2018 – IV R 5/15, BStBl II 2020, 118, sowie BFH, Urt. v. 02.09.2009 – I R 20/09, BFH/NV 2010, 391; s. hierzu auch KORN, BeSt 2018, 37.

bebautes Grundstück (wesentliche Betriebsgrundlage) unentgeltlich zur Nutzung (Veranlassung durch das Gesellschaftsverhältnis). Der angemessene Pachtzins beläuft sich p.a. auf 50.000 €. A sind im Zusammenhang mit dem Grundstück AfA i.H.v. 5.000 € sowie laufende Grundstücksaufwendungen i.H.v. 5.000 € entstanden.

Lösung

Da die unentgeltliche Grundstücksüberlassung (= Nutzungsüberlassung) durch das Gesellschaftsverhältnis veranlasst ist, unterliegen die Betriebsausgaben, einschließlich der substanzbezogenen Aufwendungen (hier AfA), insgesamt dem Teilabzugsverbot des § 3c Abs. 2 Satz 6 EStG. Demnach sind dem Steuerbilanzgewinn 4.000 € (40 % von 10.000 €) außerbilanziell hinzuzurechnen.

Hinweis

Bis zum Veranlagungszeitraum 2015 unterliegen nur die laufenden Aufwendungen i.H.v. 5.000 € dem Anwendungsbereich des § 3c Abs. 2 **Satz 1** EStG. 24.67

Werden Wirtschaftsgüter **teilentgeltlich** überlassen, ist für die Anwendung des § 3c Abs. 2 Satz 6 EStG eine Aufteilung in eine voll entgeltliche und eine unentgeltliche Überlassung vorzunehmen. Die Aufteilung muss dabei im Verhältnis der vereinbarten zu den fremdüblichen Konditionen unter ansonsten gleichen Verhältnissen vorgenommen werden. Als Aufteilungsmaßstab ist in diesen Fällen grundsätzlich das Verhältnis des tatsächlich gezahlten Pachtentgelts zum fremdüblichen Pachtentgelt heranzuziehen.[60] 24.68

Beispiel

Sachverhalt wie Beispiel 1, nur wird das Grundstück zu einem Pachtzins von 20.000 € zur Nutzung überlassen. Der angemessene Pachtzins beläuft sich unverändert p.a. auf 50.000 €. 24.69

Lösung

Danach stehen 3/5 der Aufwendungen i.H.v. 10.000 € = 6.000 € mit zukünftigen – dem Teileinkünfteverfahren unterliegenden (§ 3 Nr. 40 EStG) – Beteiligungserträgen in Form von Gewinnausschüttungen und den Gewinnen aus einer zukünftigen Veräußerung oder Entnahme des Anteils im Zusammenhang. Diese Aufwendungen unterliegen dem Abzugsverbot des § 3c Abs. 2 Satz 6 EStG; mithin sind von den Aufwendungen i.H.v. 6.000 € nur 60 % = 3.600 € abziehbar bzw. 40 % = 2.400 € nicht abziehbar.

---

[60] Vgl. BFH, Urt. v. 28.02.2013 – IV R 49/11, BStBl II, 802, und BFH, Urt. v. 17.07.2013 – X R 17/11, BStBl II, 817.

Der Gewinn (aus Gewerbebetrieb) des Besitzunternehmens des A ermittelt sich wie folgt:

Pachteinnahmen	20.000 €
abzgl. Betriebsausgaben	– 10.000 €
Steuerbilanzgewinn	10.000 €
außerbilanzielle Hinzurechnung (§ 3c Abs. 2 Satz 6 EStG)	+ 2.400 €
Steuerlicher Gewinn	**12.400 €**

Im Ergebnis haben sich also 2/5 (= entgeltliche Überlassung) der Betriebsausgaben = 4.000 € (2/5 von 10.000 €) voll und 3/5 der Betriebsausgaben nur i.H.v. 60 % = 3.600 € (3/5 von 10.000 € = 6.000 € x 60 %) auf den zu versteuernden Gewinn ausgewirkt.

24.6.6 Verhältnis zu § 3c Abs. 2 Satz 1 EStG

24.70 Ist das qualifizierte Beteiligungserfordernis nicht erfüllt, kommt zwar § 3c Abs. 2 Satz 6 EStG nicht zur Anwendung. Nach h.M. sollen in diesen Fällen aber § 3c Abs. 2 Satz 1 EStG und die diesbezügliche Rechtsprechung des BFH weiter anzuwenden sein.[61] Danach greift das Teilabzugsverbot des § 3c Abs. 2 Satz 1 EStG ebenso ein, wenn die Nutzungsüberlassung zu Konditionen erfolgt, die einem Fremdvergleich nicht standhalten und damit durch das Gesellschaftsverhältnis veranlasst ist. **Nicht** unter das Abzugsverbot fallen aber die **substanzbezogenen** Aufwendungen (z.B. AfA, Erhaltungsaufwendungen).[62]

[61] Vgl. Levedag, GmbHR 2016, 261; Ott, StuB 2015, 203, 207.

[62] Vgl. BFH, Urt. v. 28.02.2013 – IV R 49/11, BStBl II, 802, und BFH, Urt. v. 18.04.2012 – X R 5/10, BStBl II 2013, 785.

25. Besteuerung der Anteilseigner – Anteile im Betriebsvermögen der Kapitalgesellschaft (§ 8b KStG)

25.1 Einführung

§ 8b KStG ist Teil des **Teileinkünfteverfahrens**, das eine Doppelbelastung durch Körperschaftsteuer auf Ebene der Körperschaft einerseits und durch Einkommensteuer beim Gesellschafter andererseits in pauschaler Form durch eine Entlastung sowohl auf der Körperschafts- als auch auf der Anteilseignerebene vermeiden will. Dies geschieht dadurch, dass Gewinne auf der Ebene der Körperschaft einem im Vergleich zum Einkommensteuertarif ermäßigten Steuersatz unterliegen und die Dividendeneinkünfte beim Gesellschafter nur zum Teil (60 %) oder im Rahmen der Abgeltungsteuer (§ 32d Abs. 1, § 43 Abs. 5 EStG) erfasst werden. Die Gewinne der Körperschaft werden auf der Ebene der Gesellschaft definitiv, d.h. ohne Anrechnung beim Gesellschafter, mit einem einheitlichen Körperschaftsteuersatz von 15 % belastet. 25.1

§ 8b KStG als allgemeine **Freistellung von Dividendenerträgen und Veräußerungsgewinnen** hat in diesem Zusammenhang zum Ziel, dass es in Beteiligungsketten bei einer einmaligen Körperschaftsteuerbelastung in Höhe des jeweiligen Körperschaftsteuersatzes bleibt, bis der Gewinn die Ebene der Körperschaft verlässt und an eine natürliche Person ausgeschüttet wird. Die Vorschrift wirkt über § 7 GewStG auch in das Gewerbesteuerrecht hinein. Die Steuerfreistellungen des § 8b KStG gelten daher auch im Rahmen der Ermittlung des Gewerbeertrags. 25.2

Nach § 8b Abs. 1 KStG sind die **Erträge aus Beteiligungen** an Kapitalgesellschaften – vorbehaltlich des § 8b Abs. 4 KStG – bei der Einkommensermittlung der empfangenden Gesellschaft außer Ansatz zu lassen. Hierdurch wird zur Vermeidung von wirtschaftlichen Doppelbelastungen die Steuerfreiheit von Gewinnausschüttungen sichergestellt, solange die Erträge im Bereich von Kapitalgesellschaften verbleiben. § 8b Abs. 1 KStG stellt zu diesem Zweck sämtliche Bezüge bei der empfangenden Kapitalgesellschaft steuerfrei, die diese von einer anderen Kapitalgesellschaft erhalten hat. Ein Abzug der mit der Beteiligung zusammenhängenden Betriebsausgaben bleibt möglich. Von den steuerfreien Beteiligungserträgen werden allerdings **5 %** fiktiv als **nicht abzugsfähige** Betriebsausgaben behandelt (§ 8b Abs. 5 Satz 1 KStG). Im Ergebnis kommt es daher wegen des § 8b Abs. 5 KStG (auch) innerhalb des Körperschaftsteuersystems i.H.v. 5 % der Bezüge zu einer 25.3

Doppel- bzw. Mehrfachbesteuerung. Diese Pauschalierungsregelung ist im Grundsatz verfassungsgemäß.[1]

25.4 Neben Bezügen stellt § 8b Abs. 2 KStG auch Gewinne aus der Veräußerung von Anteilen an Kapitalgesellschaften steuerfrei; Gleiches gilt für andere Gewinne im Zusammenhang mit dem Anteil an einer Kapitalgesellschaft (z.B. Teilwertzuschreibung). Auch hier erfolgt eine pauschale Hinzurechnung von 5 % des jeweiligen Veräußerungsgewinns als nicht abziehbare Betriebsausgaben (§ 8b Abs. 3 Satz 1 KStG). Ein Abzug der mit der Veräußerung zusammenhängenden Veräußerungskosten bleibt ebenfalls möglich. Damit soll die Realisierung der bei der Körperschaft vorhandenen stillen Reserven gleich hoch besteuert werden, unabhängig davon, ob diese Reserven dem Anteilseigner über eine Gewinnausschüttung (§ 8b Abs. 1 KStG) oder über die Veräußerung der Beteiligung an der Kapitalgesellschaft (§ 8b Abs. 2 KStG) zufließen. Soweit allerdings in der Vergangenheit steuerwirksame Teilwertabschreibungen vorgenommen wurden, sind Wertaufholungen und Veräußerungsgewinne steuerpflichtig.

25.5 Die Kehrseite der Steuerbefreiung ist, dass gem. § 8b Abs. 3 Satz 3 KStG Gewinnminderungen im Zusammenhang mit dem Gesellschaftsanteil (z.B. Veräußerungsverluste und Teilwertabschreibungen) steuerlich auch nicht zu berücksichtigen sind.[2] § 8b Abs. 3 Satz 4 KStG erweitert diesen Anwendungsbereich auf Gewinnminderungen im Zusammenhang mit bestimmten Darlehensforderungen.

25.6 Die Absätze 7–9 in § 8b KStG enthalten Sonderregelungen zum Wertpapierhandel bei Kreditinstituten und Finanzdienstleistungsinstituten sowie für Lebens- und Krankenversicherungsunternehmen, Absatz 10 für sogenannte Wertpapierleihgeschäfte. Absatz 11 ordnet an, dass die Absätze 1–10 nicht bei Anteilen an Unterstützungskassen anzuwenden sind.

25.2 Beteiligungserträge i.S.d. § 8b Abs. 1 und 4 KStG

25.2.1 Anspruch auf Gewinnausschüttung – Gesellschaftsrechtliche Voraussetzungen

25.7 Grundsätzlich haben die Gesellschafter einer GmbH Anspruch auf den Jahresüberschuss zuzüglich eines Gewinnvortrags und abzüglich eines Verlustvortrags, soweit der Betrag nicht von der Verteilung ausgeschlossen ist (§ 29 Abs. 1 Satz 1 GmbHG). Wird die Bilanz unter Berücksichtigung der teilweisen Ergebnisverwendung aufgestellt oder werden Rücklagen aufgelöst, so haben die Gesellschafter

[1] BVerfG, Beschl. v. 12.10.2010 – 1 BvL 12/07, DStR 2010, 2393.

[2] Vgl. Fraktionsentwurf eines Gesetzes zur Senkung der Steuersätze und zur Reform der Unternehmensbesteuerung (Steuersenkungsgesetz – StSenkG), BT-Drucks. 14/2683, S. 96, 120.

Anspruch auf den Bilanzgewinn (§ 29 Abs. 1 Satz 2 GmbHG). Maßgebend für die Ermittlung der Gewinnbeteiligung der Gesellschafter ist damit der vom zuständigen Organ festgestellte Jahresabschluss. Dieser Gewinnanspruch folgt aus dem Gewinnstammrecht und entsteht nach h.M. mit Fassung eines wirksamen Ergebnisverwendungsbeschlusses (Ausschüttungsbeschlusses).[3] Über die Ergebnisverwendung haben die Gesellschafter spätestens bis zum Ablauf der ersten acht Monate oder, wenn es sich um eine kleine Kapitalgesellschaft handelt (§ 267 Abs. 1 HGB), bis zum Ablauf der ersten elf Monate des Geschäftsjahres zu beschließen (§ 42a Abs. 2 Satz 1 GmbHG). Der Gesellschaftsvertrag kann die Frist nicht verlängern (§ 42a Abs. 2 Satz 2 GmbHG). Materiell setzt die Fassung eines Ergebnisverwendungsbeschlusses einen wirksam festgestellten Jahresabschluss sowie ein sich aus diesem ergebendes verwendbares Ergebnis voraus.[4]

Kommt es zur Gewinnausschüttung, hat die Verteilung grundsätzlich – dem gesellschaftsrechtlichen Gleichbehandlungsgrundsatz Rechnung tragend – nach dem Verhältnis der Geschäftsanteile zu erfolgen (§ 29 Abs. 3 Satz 1 GmbHG). Im **Gesellschaftsvertrag** kann aber auch ein anderer Maßstab der Verteilung festgesetzt werden (§ 29 Abs. 3 Satz 2 GmbHG); in diesem Fall spricht man von einer **inkongruenten** oder **disquotalen Gewinnausschüttung**. Für eine nachträgliche Satzungsänderung zur Regelung einer ungleichen Gewinnverteilung ist gem. § 53 Abs. 3 GmbHG die Zustimmung aller beteiligten Gesellschafter erforderlich. 25.8

Praxistipp

Alternativ kann in der Satzung auch eine Öffnungsklausel aufgenommen werden, nach der alljährlich mit Zustimmung der beeinträchtigten Gesellschafter oder einstimmig über eine von der satzungsmäßigen Regelung abweichende Gewinnverteilung beschlossen werden kann. Voraussetzung ist, dass der Beschluss mit der in der Satzung bestimmten Mehrheit gefasst worden ist. 25.9

Steuervorteil: Inkongruente Gewinnausschüttungen können steuerlich das Progressionsgefälle zwischen den Gesellschaftern ausnutzen und insbesondere bei natürlichen Personen als Gesellschafter die Verlustnutzung optimieren (z.B. bei einem noch nicht verbrauchten Verlustabzug).

Bei der Aktiengesellschaft ist eine inkongruente Gewinnausschüttung nur zulässig, wenn dies in der Satzung vorgesehen ist.[5] Enthält die Satzung lediglich eine Öff- 25.10

---

[3] SCHATZ/BRAUN, in: HACHMEISTER/KAHLE/MOCK/SCHÜPPEN, Bilanzrecht, 3. Aufl. 2022, § 29 GmbHG Rdnr. 7.

[4] SCHATZ/BRAUN, in: HACHMEISTER/KAHLE/MOCK/SCHÜPPEN, Bilanzrecht, 3. Aufl. 2022, § 29 GmbHG Rdnr. 13.

[5] LEHMANN, in: FROTSCHER/DRÜEN, KStG/GewStG/UmwStG, § 8 KStG Rdnr. 353 (02/2024) m.w.N.

nungsklausel für eine von der gesetzlichen Gewinnverteilung abweichende Verteilung, ist diese für die Wirksamkeit einer inkongruenten Gewinnausschüttung nicht ausreichend.[6]

25.11 Der **BFH**[7] hat entschieden, dass von den Beteiligungsverhältnissen abweichende inkongruente Gewinnausschüttungen (und inkongruente Wiedereinlagen) steuerrechtlich anzuerkennen sind und grundsätzlich auch dann keinen Gestaltungsmissbrauch i.S.d. § 42 AO darstellen, wenn andere als steuerliche Gründe für solche Maßnahmen nicht erkennbar sind.

25.12 Nach **Auffassung der Finanzverwaltung**[8] soll die steuerliche Anerkennung einer inkongruenten Gewinnausschüttung jedoch voraussetzen, dass eine vom Anteil am Grund- oder Stammkapital abweichende Gewinnverteilung zivilrechtlich wirksam bestimmt ist[9] und darüber hinaus – entgegen der Rechtsprechung des BFH – hierfür beachtliche wirtschaftlich vernünftige außersteuerliche Gründe nachgewiesen werden. Danach sollen insbesondere keine wirtschaftlich beachtlichen Gründe vorliegen, wenn eine inkongruente Gewinnausschüttung mit einer inkongruenten Einlage verbunden wird.

25.13 Dieser Auffassung ist nicht zu folgen. Wie bereits der BFH festgestellt hat, stellt nahezu jede Gewinnausschüttung, die verdeckt erfolgt (§ 8 Abs. 3 Satz 2 KStG), zugleich eine inkongruente Gewinnausschüttung dar.[10] Es gibt daher keinen Grund, offene inkongruente Gewinnausschüttungen, die mit dem Gesellschaftsrecht im Einklang stehen, steuerlich hiervon abweichend zu behandeln. Daher kann es auch nicht entscheidend sein, ob die Gewinnausschüttung zivilrechtlich wirksam ist oder außersteuerliche Gründe für die inkongruente Gewinnausschüttung maßgebend waren.[11] Dies gilt grundsätzlich auch dann, wenn sich die Anteilseigner verpflichtet haben, die ausgeschütteten Beträge anschließend – gleichermaßen inkongruent – wieder dem Kapital der Gesellschaft zuzuführen. Aus-

---

6 BMF-Schreiben v. 17.12.2013 – IV C 2 - S 2750-a/11/10001, BStBl I 2014, 63.

7 BFH, Urt. v. 19.08.1999 – I R 77/96, BStBl II 2001, 43.

8 BMF-Schreiben v. 17.12.2013 – IV C 2 - S 2750-a/11/10001, BStBl I 2014, 63. Das BMF-Schreiben – Nichtanwendungserlass zu BFH, Urt. v. 19.08.1999 – I R 77/96, BStBl II 2001, 43 – v. 07.12.2000 – IV A 2 - S 2810 - 4/00 u.a. BStBl I 2001, 47, wurde durch das BMF-Schreiben v. 17.12.2013, a.a.O., ersetzt.

9 Nach Auffassung des BFH, Urt. v. 28.09.2022 – VIII R 20/20, BFH/NV 2023, 196, soll selbst ein **punktuell** satzungsdurchbrechender Beschluss über eine inkongruente Vorabausschüttung, der von der Gesellschafterversammlung einstimmig gefasst worden ist und von keinem Gesellschafter angefochten werden kann, als zivilrechtlich wirksamer Ausschüttungsbeschluss der Besteuerung zugrunde zu legen sein, entgegen BMF-Schreiben vom 17.12.2013 – IV C 2 - S 2750-a/11/10001, BStBl I 2014, 63.

10 BFH, Urt. v. 19.08.1999 – I R 77/96, BStBl II 2001, 43.

11 Ebenso LEHMANN, in: FROTSCHER/DRÜEN, KStG/GewStG/UmwStG, § 8 KStG Rdnr. 356 (02/2024) m.w.N.

schlaggebend ist, dass es sich bei der Verwendung der ausgeschütteten Gewinne um eine Einkommensverwendung der Anteilseigner handelt, bei der vorherigen Ausschüttung der Gewinne aber um die Einkommensverwendung der Kapitalgesellschaft. Beide Vorgänge sind deshalb steuerlich gesehen im Ergebnis losgelöst voneinander zu betrachten. Ein Rechtsmissbrauch kann daher nur bei Vorliegen besonderer Umstände angenommen werden.[12]

25.2.2 Persönlicher Anwendungsbereich

§ 8b Abs. 1 KStG gilt für alle Körperschaften, Personenvereinigungen und Vermögensmassen i.S.d. §§ 1 und 2 KStG als Empfänger. Sie gilt damit sowohl für inländische unbeschränkt steuerpflichtige Kapitalgesellschaften (insbes. AG, GmbH), für Betriebe gewerblicher Art von Personen des öffentlichen Rechts als auch für im Ausland ansässige beschränkt steuerpflichtige Kapitalgesellschaften. Der Gesetzgeber[13] hat die Steuerfreiheit jedoch an eine Mindestbeteiligungsquote von 10 % geknüpft (siehe dazu im Einzelnen Rdnr. 25.39 ff.). 25.14

25.2.3 Sachlicher Anwendungsbereich

§ 8b Abs. 1 KStG gilt sachlich für Beteiligungserträge aus dem In- und Ausland. Die Ansässigkeit der ausschüttenden Gesellschaft ist hierfür unmaßgeblich. Die Regelung enthält eine abschließende Aufzählung der Tatbestände, die unter die Beteiligungsertragsbefreiung fallen. Dies sind insbesondere 25.15

- Bezüge aus **offenen Gewinnausschüttungen**;
- Bezüge aus **verdeckten Gewinnausschüttungen** (§ 20 Abs. 1 Nr. 1 Satz 2 EStG); dies gilt aber nur insoweit, als die verdeckten Gewinnausschüttungen das Einkommen der leistenden Körperschaft nicht gemindert haben (§ 8b Abs. 1 Satz 2 KStG, siehe dazu im Einzelnen Rdnr. 25.27);
- Einnahmen aus der Veräußerung von **Dividendenansprüchen**;
- Einnahmen aus der Veräußerung von **Dividendenscheinen** und sonstigen Ansprüchen i.S.v. § 20 Abs. 2 Satz 1 Nr. 2a EStG (§ 8b Abs. 1 Satz 5 KStG); insoweit existieren im Bereich des Teileinkünfteverfahrens in § 3 Nr. 40 Satz 1 Buchst. g) und h) EStG entsprechende Regelungen;
- Einnahmen aus Leistungen einer Körperschaft i.S.d. § 1 Abs. 1 Nr. 3–6 KStG, die Gewinnausschüttungen i.S.d. § 20 Abs. 1 Nr. 1 EStG **vergleichbar** sind (Leistungen i.S.d. § 20 Abs. 1 Nr. 9 und 10 Buchst. a) EStG);

---

[12] Vgl. hierzu im Weiteren LEHMANN, in: FROTSCHER/DRÜEN, KStG/GewStG/UmwStG, § 8 KStG Rdnr. 357 (02/2024).

[13] Gesetz zur Umsetzung des EuGH-Urteils v. 20.10.2011 in der Rechtssache C-284/09 v. 21.03.2013, BGBl I, 561.

- **Liquidationsraten**, die nicht in der Rückzahlung von Nennkapital mit Ausnahme des Nennkapitals i.S.d. § 28 Abs. 2 Satz 2 KStG bestehen und nicht aus dem Bestand des steuerlichen Einlagekontos i.S.d. § 27 KStG stammen (vgl. § 20 Abs. 1 Nr. 2 EStG).

25.2.4 Bilanzielle Behandlung von Gewinnausschüttungen

25.16 Nach gefestigter BFH-Rechtsprechung[14] ist der Anspruch auf Gewinnausschüttung (erst) in der **Steuerbilanz** des Jahres zu aktivieren, in dem ein entsprechender Ausschüttungsbeschluss gefasst worden ist. Diese Rechtsgrundsätze gelten auch für Bilanzstichtage nach Inkrafttreten des BiRiLiG.[15] Der Zeitpunkt der Auszahlung der Gewinnausschüttung ist für die Gewinnrealisierung demgegenüber unerheblich. Eine **phasengleiche Aktivierung** von Gewinnansprüchen bei der Beteiligung an einer anderen Kapitalgesellschaft kommt regelmäßig in der Steuerbilanz nicht in Betracht. Eine Ausnahme gilt nur für den Fall, dass am Bilanzstichtag der ausschüttungsfähige Gewinn den Gesellschaftern bekannt ist und für diesen Zeitpunkt anhand objektiver Umstände nachgewiesen ist, dass die Gesellschafter endgültig entschlossen sind, eine bestimmte Gewinnverwendung künftig zu beschließen.[16]

Praxistipp

25.17 Die Ablehnung der phasengleichen Aktivierung durch den BFH führt zwar zu einem Steueraufschub und ist daher regelmäßig im steuerlichen Interesse des Gesellschafters. Gilt es indes, einen Verlustvortrag des Gesellschafters noch rechtzeitig durch eine Dividende/Ausschüttung der Tochtergesellschaft auszugleichen, kann die Muttergesellschaft eine phasengleiche Aktivierung dennoch durch eine Vorabausschüttung erreichen. Im Anwendungsbereich des § 8b Abs. 1 und 5 KStG minimiert sich dieser Effekt wegen der Steuerfreiheit der Bezüge auf 5 %.

25.18 Demgegenüber besteht **handelsrechtlich** bei einer Mehrheitsbeteiligung an einer Kapitalgesellschaft für die Muttergesellschaft eine Pflicht zur phasengleichen Erfassung, wenn

- sie zur Durchsetzung einer bestimmten Gewinnausschüttung in der Lage ist,
- das Geschäftsjahr der Tochtergesellschaft nicht nach dem der Muttergesellschaft endet,
- der Jahresabschluss der Tochtergesellschaft bereits vor Beendigung der Abschlussprüfung festgestellt ist,

---

[14] BFH, Beschl. v. 07.08.2000 – GrS 2/99, BStBl II, 632.

[15] BFH, Urt. v. 31.10.2000 – VIII R 85/94, BStBl II 2001, 185.

[16] Vgl. H 4.2 Abs. 1 „Dividendenansprüche" EStH mit Hinweis auf BFH, Beschl. v. 07.08.2000 – GrS 2/99, BStBl II, 632.

- der Jahresabschluss der Tochtergesellschaft einen Gewinn ausweist und
- der **Gewinnverwendungsvorschlag** bereits vorliegt.[17]

Der Ansatz von Forderungen aus Dividendenansprüchen/Gewinnausschüttungen führt im Fall der phasengleichen Aktivierung daher zu einer temporären Differenz zwischen Handels- und Steuerbilanz, die bei der Ermittlung des **Steuerabgrenzungspostens nach § 274 HGB** zu berücksichtigen ist.[18] Der Aufwand aus der Bildung passivischer Steuerabgrenzungsposten ist in der Handelsbilanz unter der GuV-Position „Steuern vom Einkommen und Ertrag" (§ 275 Abs. 2 Nr. 14 HGB) auszuweisen. Die passiven latenten Steuern sind in der Handelsbilanz unter der gleichnamigen Position auszuweisen (§ 266 Abs. 3 E. HGB). 25.19

Die Beteiligungserträge (§ 275 Abs. 2 Nr. 9 HGB) sind sowohl in Handels- und Steuerbilanz brutto zu erfassen; eine Saldierung der Erträge aus Beteiligungen mit Verlusten und Abschreibungen auf Finanzanlagen ist untersagt (§ 246 Abs. 2 HGB). Die einbehaltene Kapitalertragsteuer und der darauf entfallende Solidaritätszuschlag sind bei Auszahlung der Gewinnausschüttung als Steueraufwand unter dem GuV-Posten „Steuern vom Einkommen und vom Ertrag" (§ 275 Abs. 2 Nr. 14 HGB) auszuweisen (**Nettomethode**). Ist der Gesellschafter eine natürliche Person oder eine Personengesellschaft, so ist die einbehaltende Kapitalertragsteuer auf Ebene des Einzelunternehmens bzw. der Personengesellschaft im Zeitpunkt der Auszahlung als Entnahme zu erfassen, und zwar auch dann, wenn der Gesellschafter der Personengesellschaft eine Kapitalgesellschaft ist.[19] Die dem Beteiligungsertrag zugrundeliegende Forderung ist in der Handelsbilanz entweder unter dem Posten „Forderungen gegen verbundene Unternehmen" (§ 266 Abs. 2 B. II. 2. HGB) oder unter dem Posten „Forderungen gegen Unternehmen, mit denen ein Beteiligungsverhältnis besteht" (§ 266 Abs. 2 B. II. 3. HGB) zu erfassen. Nach § 271 Abs. 2 HGB gelten als verbunden insbesondere Unternehmen, die als Mutter- oder Tochterunternehmen in den Konzernabschluss eines Mutterunternehmens nach den handelsrechtlichen Vorschriften über die Vollkonsolidierung einzubeziehen sind. 25.20

25.2.5 Ausschüttungen aus dem steuerlichen Einlagekonto

25.2.5.1 Bilanz- und körperschaftsteuerrechtliche Folgen

Handelsrechtlich ist die Ausschüttung einer Kapitalgesellschaft nach den Grundsätzen ordnungsmäßiger Buchführung als Beteiligungsertrag zu erfassen, und zwar unabhängig davon, ob die Ausschüttung ganz oder teilweise aus dem steuerlichen 25.21

---

[17] WOBBE, in: BERTRAM/BRINKMANN/KESSLER/MÜLLER, Haufe HGB Bilanz-Kommentar, § 275 Rdnr. 154 (11/2020); BGH, Urt. v. 12.01.1998 – II ZR 82/93, BGHZ 137, 378.

[18] REINKE, in: BERTRAM/BRINKMANN/KESSLER/MÜLLER, Haufe HGB Bilanz-Kommentar, § 298 Rdnr. 71 (10/2023).

[19] Vgl. IDW RS HFA 7 Rdnr. 31.

Einlagekonto (siehe dazu auch Rdnr. 12.1 ff.) nach § 27 KStG erfolgt. Demgegenüber ordnet § 20 Abs. 1 Nr. 1 Satz 3 EStG an, dass zu den Bezügen i.S.d. § 20 Abs. 1 Nr. 1 EStG nicht solche Einnahmen gehören, soweit sie aus Ausschüttungen einer Körperschaft stammen, für die Beträge aus dem steuerlichen Einlagekonto i.S.d. § 27 KStG als verwendet gelten. Denn insoweit handelt es sich um die Rückgewähr einer Einlage, die beim Gesellschafter nicht zu steuerpflichtigen Erträgen führen darf. Da steuerrechtlich gesehen jede Einlage in das Vermögen einer Kapitalgesellschaft (ggf. nachträgliche) Anschaffungskosten des Gesellschafters auf den Kapitalanteil auslöst, führt die Einlagerückgewähr zu einer Minderung der Anschaffungskosten; diese Rechtsfolge tritt auch unabhängig davon ein, ob die geminderten Anschaffungskosten unterhalb des Teilwerts liegen.[20] Damit modifiziert § 20 Abs. 1 Nr. 1 Satz 3 EStG den steuerlichen Begriff der Anschaffungskosten auf Kapitalanteile und führt zur Durchbrechung des in § 5 Abs. 1 Satz 1 erster Halbsatz EStG normierten Maßgeblichkeitsgrundsatzes.

25.22 Übersteigt die Ausschüttung aus dem steuerlichen Einlagekonto nach § 27 KStG den Buchwert der Beteiligung, so kann der den Buchwert der Beteiligung übersteigende Betrag der Ausschüttung nicht als Wertberichtigungsposten zu den Anschaffungskosten (negative Anschaffungskosten) passiviert werden. Vielmehr soll hier wieder – soweit der Anschaffungskostenbegriff nicht durch § 20 Abs. 1 Nr. 1 Satz 3 EStG eingeschränkt wird – der Maßgeblichkeitsgrundsatz durchgreifen mit der Folge, dass der überschießende Teil – wie in der Handelsbilanz – als Beteiligungsertrag zu erfassen ist.[21]

25.23 Der den Buchwert der Beteiligung übersteigende „Beteiligungsertrag" fällt nicht unter die Steuerbefreiungsvorschrift des § 8b Abs. 1 KStG, weil die Ausschüttung aus dem steuerlichen Einlagekonto keine Einnahme i.S.d. § 20 Abs. 1 Nr. 1 EStG darstellt.[22] Im Wortlaut des § 8b Abs. 2 KStG findet sich die Einlagenrückgewähr auch nicht wieder, weshalb nach Auffassung von GOSCH[23] der den Buchwert der Beteiligung übersteigende Betrag steuerpflichtig sein soll. Nach **Auffassung der Finanzverwaltung**[24] soll jedoch die Vorschrift des § 8b Abs. 2 KStG greifen. Dies überzeugt, weil unter die Vorschrift des § 8b Abs. 2 KStG auch Gewinne aus der Auflösung oder der Herabsetzung des Nennkapitals fallen (§ 8b Abs. 2 Satz 3 KStG), hierbei handelt es sich ebenfalls um eine Einlagenrückgewähr. Nichts anderes kann dann für den Teil der Ausschüttung aus dem steuerlichen Einlagekonto gelten, der

---

20 BFH, Urt. v. 16.03.1994 – I R 70/92, BStBl II, 527.

21 BFH, Urt. v. 20.04.1999 – VIII R 38/96, BStBl II, 647; H 6.2 „Ausschüttungen aus dem steuerlichen Einlagekonto i.S.d. § 27 KStG" EStH.

22 BFH, Urt. v. 28.10.2009 – I R 116/08, BStBl II 2011, 898.

23 Vgl. GOSCH, in: GOSCH, KStG, 4. Aufl. 2020, § 8b Rdnr. 106.

24 BMF-Schreiben v. 28.04.2003 – IV A 2 - S 2750a - 7/03, BStBl I, 292, Rdnr. 6; H 8b „Ausschüttungen aus dem steuerlichen Einlagenkonto" KStH 2015.

den Buchwert der Beteiligung übersteigt; auch insoweit handelt es sich um eine Einlagenrückgewähr. Es handelt sich offensichtlich um eine Gesetzeslücke.[25]

Praxistipp – Bilanzierung latenter Steuern

Die unterschiedlichen Wertansätze (hier: Beteiligungsbuchwert an der Tochtergesellschaft) in Handels- und Steuerbilanz führen zu einer „quasi-permanenten Differenz" i.S.d. § 274 HGB und damit auf Ebene der Muttergesellschaft zu einer passivierenden Steuerlatenz (Ansatz HB > Ansatz StB). Zur Berechnung der latenten Steuern ist die Differenz zwischen den jeweiligen handels- und steuerrechtlichen Bilanzposten zu ermitteln und mit dem unternehmensindividuellen Steuersatz im Zeitpunkt des Abbaus der Differenz zu bewerten. Bei der Ermittlung der zukünftigen Belastung ist auch die Steuerbefreiungsvorschrift des § 8b Abs. 1 und 5 KStG zu berücksichtigen.[26] Die passiven latenten Steuern sind in der Handelsbilanz unter der gleichnamigen Position auszuweisen (§ 266 Abs. 3 E. HGB). 25.24

25.25 In der Steuerbilanz ist der Posten „Passive latente Steuern" unzulässig (siehe auch E-Bilanz-Taxonomie), weil der Passivposten lediglich Ausfluss der abweichenden Ansätze zwischen Handels- und Steuerbilanz ist und damit auch für diesen Posten – ebenso wie für die ihn auslösenden Posten – der Maßgeblichkeitsgrundsatz (§ 5 Abs. 1 Satz 1 erster Halbsatz EStG) durchbrochen wird.[27] Nach zum Teil im Schrifttum vertretener Auffassung[28] sollen die handelsrechtlichen Eigenkapitalpositionen (§ 266 Abs. 3 A. HGB) nicht nur dem Grunde, sondern auch der Höhe nach maßgeblich für die Steuerbilanz sein; hiervon ausgehend sollen die Abweichungen zwischen Handels- und Steuerbilanz in einem steuerlichen Ausgleichsposten (Eigenkapital) zu erfassen sein (siehe dazu auch Rdnr. 9.21 sowie Rdnr. 10.18 ff.).

25.2.5.2 Exkurs

25.26 § 20 Abs. 1 Nr. 1 Satz 3 EStG schlägt auch auf die Gewerbesteuer durch, und zwar auch dann, wenn die Einlagenrückgewähr den Buchwert der Beteiligung übersteigt.[29] Dieser „Beteiligungsertrag" kann daher weder unter die Hinzurechnungsvorschrift des § 8 Nr. 5 GewStG noch unter die Kürzungsvorschrift des § 9 Nr. 2a GewStG fallen. Denn diese Vorschriften umfassen weder die Tatbestände nach § 3 Nr. 40 Satz 1 Buchst. a)–c) und i) EStG noch den Tatbestand des § 8b

25 Im Ergebnis ebenso FROTSCHER, in: FROTSCHER/DRÜEN, KStG/GewStG/UmwStG, § 8b Rdnr. 62 (05/2022), allerdings offenlassend, ob § 8b Abs. 1 oder Abs. 2 KStG eingreifen soll.

26 Vgl. auch WESSEL/PAPENROTH, FR 2012, 563.

27 Im Ergebnis ebenso BOLK, Bilanzierung und Besteuerung der Personengesellschaft und ihrer Gesellschafter, 5. Aufl. 2023, Rdnr. 2.65.

28 Vgl. FALTERBAUM/BOLK/REIß/KIRCHNER, Buchführung und Bilanz, 23. Aufl. 2020, Kap. 34.4.8.1.

29 BFH, Urt. v. 15.09.2004 – I R 16/04, BStBl II 2005, 297 zu § 9 Nr. 2a GewStG.

Abs. 2 KStG.[30] Insoweit bleibt es über § 7 Satz 1 GewStG auch dann bei der teilweisen Freistellung für gewerbesteuerliche Zwecke, wenn die Voraussetzungen des § 9 Nr. 2a GewStG nicht erfüllt sind.

25.2.6 Verhältnis zu verdeckten Gewinnausschüttungen

25.2.6.1 Verdeckte Gewinnausschüttungen

25.27 Da auch die verdeckte Gewinnausschüttung einen Bezug i.S.d. § 20 Abs. 1 Nr. 1 EStG darstellt (vgl. § 20 Abs. 1 Nr. 1 Satz 2 EStG) fällt diese grundsätzlich auch unter den Anwendungsbereich des § 8b Abs. 1 KStG. Dies ist auch folgerichtig, denn die verdeckte Gewinnausschüttung soll ja gerade nicht anders behandelt werden als die offene Gewinnausschüttung (siehe ausführlich dazu Rdnr. 19.1 ff.).

25.28 Mit dem JStG 2007[31] hatte der Gesetzgeber den Anwendungsbereich des § 8b Abs. 1 KStG (sowie des § 3 Nr. 40d EStG) – zunächst nur – für verdeckte Gewinnausschüttungen eingeschränkt. Danach greift die Steuerfreistellung beim Empfänger nur dann ein, wenn die verdeckte Gewinnausschüttung bei der Gesellschaft gem. § 8 Abs. 3 Satz 2 KStG dem Einkommen hinzugerechnet worden ist (§ 8b Abs. 1 Satz 2 KStG, § 3 Nr. 40d Satz 2 EStG). Durch das AmtshilfeRLUmsG[32] ist das sogenannte materielle Korrespondenzprinzip in § 8b Abs. 1 Satz 2 KStG und § 3 Nr. 40d Satz 2 EStG sowie § 32d Abs. 2 Nr. 4 EStG dann auf **alle Bezüge** i.S.d. § 8b Abs. 1 Satz 1 KStG ausgedehnt worden. Damit greift die Regelung nicht mehr nur bei verdeckten Gewinnausschüttungen ein, sondern insbesondere auch bei sogenannten „hybriden Finanzierungen“; einem Gestaltungsmodell zur Erlangung sogenannter „weißer Einkünfte“.

25.29 Bei einer sogenannten hybriden Finanzierung handelt es sich um die Hingabe von Kapital, das wegen der Konditionen der Kapitalhingabe in einem Staat als Fremdkapital, im anderen Staat als Eigenkapital qualifiziert wird. Die unterschiedliche Einordnung führt dazu, dass die Vergütungen für die Kapitalüberlassung im Quellenstaat als Betriebsausgaben (Fremdkapitalzinsen) abgezogen und im Empfängerstaat als Dividenden ermäßigt oder gar nicht besteuert werden. Qualifikationskonflikte dieser Art werden häufig zur Schaffung unbesteuerter sogenannter „weißer Einkünfte“ genutzt. Diese sollen durch die gesetzliche Neuregelung vermieden werden.[33] In solchen Fällen kann sich eine Anwendungskonkurrenz zu

---

30 SCHNITTER, in: FROTSCHER/DRÜEN, KStG/GewStG/UmwStG, § 8 GewStG Rdnr. 343 (06/2022).

31 Jahressteuergesetz 2007 (JStG 2007) v. 13.12.2006, BGBl I, 2878.

32 Vgl. Gesetz zur Umsetzung der Amtshilferichtlinie sowie zur Änderung steuerlicher Vorschriften (Amtshilferichtlinie-Umsetzungsgesetz – AmtshilfeRLUmsG) v. 26.06.2013, BGBl I, 1809; zur Anwendung vgl. § 34 Abs. 7 Satz 8 und 9 KStG, anzuwenden ab 01.01.2014.

33 Vgl. Stellungnahme des Bundesrates und Gegenäußerung der Bundesregierung zum RegE JStG 2013, BT-Drucks. 17/10604, S. 3.

§ 50d Abs. 9 EStG ergeben; hierbei soll § 8b Abs. 1 Satz 2 KStG dem § 50d Abs. 9 EStG vorgehen.[34]

Hat die verdeckte Gewinnausschüttung das Einkommen der leistenden Körperschaft gemindert (z.B. weil sie bei der leistenden Körperschaft nicht erkannt und deshalb nicht hinzugerechnet worden ist), so sind die Steuerbefreiungen nach § 8b Abs. 1 KStG bzw. § 3 Nr. 40d EStG nicht zu gewähren, d.h., die Bezüge sind in voller Höhe steuerpflichtig. Dadurch wird letztlich die Einkommensminderung beim Anteilseigner „nachversteuert". 25.30

25.2.6.2 Anti-Hybrid-Regelung

Mit dem Gesetz zur Umsetzung der Anti-Steuervermeidungsrichtlinie (ATADUmsG)[35] ist in § 8b Abs. 1 Satz 3 KStG und § 3 Nr. 40 Satz 1 Buchst. d) Satz 3 EStG eine Neuregelung kodifiziert worden, die anordnet, dass Erträge aus einer hybriden Übertragung steuerlich berücksichtigt – also nicht steuerfrei gestellt – werden, soweit die Besteuerungsinkongruenz nicht oder nur teilweise – z.B. durch die Anwendung einer dem § 4k Abs. 1 EStG entsprechenden Regelung – im anderen Staat beseitigt wurde.[36] Bei einer hybriden Übertragung handelt es sich gem. Art. 2 Abs. 9 Unterabs. 3 Buchst. l) ATAD um eine Gestaltung zur Übertragung eines Finanzinstruments, wenn der zugrunde liegende Ertrag des übertragenen Instruments für Steuerzwecke so behandelt wird, als sei er zugleich mehr als einer der an der Gestaltung beteiligten Parteien zugeflossen. 25.31

Die Vorschrift gilt erstmals für nach dem 31.12.2019 zufließende Bezüge (§ 34 Abs. 5 Satz 1 KStG); auf den Zeitpunkt der bilanziellen Erfassung kommt es mithin nicht an.[37] 25.32

25.2.7 Organschaft und § 8b Abs. 1 KStG

Die Gewinnabführung im Rahmen eines Organschaftsverhältnisses stellt keine Gewinnausschüttung dar; folglich ist § 8b Abs. 1 KStG beim Organträger nicht auf die Gewinnabführung anzuwenden. Zur Anwendung des § 8b Abs. 1 KStG kann es aber dann kommen, wenn die Organgesellschaft vorvertragliche Rücklagen auflöst und den entsprechenden Gewinn außerhalb des Gewinnabführungsvertrags an ihre Anteilseigner ausschüttet (R 14.5 Abs. 4 Satz 4 KStR 2015). Fer- 25.33

[34] Vgl. FROTSCHER, in: FROTSCHER/DRÜEN, KStG/GewStG/UmwStG, § 8b KStG Rdnr. 114 (05/2022); KOLLRUSS, BB 2007, 467, 472.

[35] Gesetz zur Umsetzung der Anti-Steuervermeidungsrichtlinie (ATAD-Umsetzungsgesetz – ATADUmsG) v. 25.06.2021, BGBl I, 2035.

[36] Vgl. RegE ATADUmsG, BT-Drucks. 19/28652.

[37] Vgl. auch PUNG, in: DÖTSCH/PUNG/MÖHLENBROCK, Die Körperschaftsteuer, § 8b KStG Rdnr. 111–114 (12/2023).

ner kommt es beim Organträger als Kapitalgesellschaft dann zur Anwendung des § 8b Abs. 1 KStG, wenn die Organgesellschaft Gewinnausschüttungen erzielt. Denn in diesen Fällen kommt es erst auf Ebene des Organträgers zur Anwendung der Steuerbefreiung nach § 8b Abs. 1 KStG (§ 15 Satz 1 Nr. 2 Satz 1 und 2 KStG; siehe ausführlich dazu Rdnr. 20.6 ff.).[38]

25.2.8 Verhältnis zur Kapitalertragsteuer und anderen Vorschriften

25.34 Der Kapitalertragsteuerabzug wird durch § 8b Abs. 1 KStG nicht ausgeschlossen (§ 43 Abs. 1 Satz 3 EStG). Damit kann die auf diese Erträge einbehaltene Kapitalertragsteuer beim Anteilseigner im Rahmen der Körperschaftsteuerveranlagung in voller Höhe angerechnet werden (§ 31 Abs. 1 KStG, § 36 Abs. 2 Satz 2 Nr. 2 EStG).

25.35 Bei **beschränkt steuerpflichtigen** Kapitalgesellschaften hat der Kapitalertragsteuereinbehalt abgeltende Wirkung, wenn die Einkünfte nicht in einem inländischen gewerblichen oder land- oder forstwirtschaftlichen Betrieb angefallen sind (§ 32 Abs. 1 Nr. 2 KStG). Dies führt grundsätzlich zu einer 25%igen Steuerbelastung. Um auch in diesen Fällen eine Definitivbelastung von 15 % (reguläre Tarifsteuer) zu erreichen, ordnet § 44a Abs. 9 Satz 1 EStG an, dass beschränkt steuerpflichtigen Körperschaften i.S.d. § 2 Nr. 1 KStG 2/5 der einbehaltenen und abgeführten Kapitalertragsteuer erstattet wird. Die Regelung sorgt damit für eine Gleichbehandlung inländischer und ausländischer Körperschaften.

Hinweis

25.36 Die **verfahrensrechtliche Umsetzung** der (Teil-)Erstattung der Kapitalertragsteuer erfolgt gem. § 44a Abs. 9 Satz 2 EStG nach § 50d Abs. 1 Satz 3–12 sowie Abs. 3 und 4 EStG. Danach ist die Erstattung von der Vorlage einer Ansässigkeitsbescheinigung gem. § 50d Abs. 4 abhängig. Ferner kann die (Teil-)Erstattung unter den Voraussetzungen der Missbrauchsvorschrift des § 50d Abs. 4 (Aktivitätsvorbehalt) ausgeschlossen sein.[39]

25.2.9 Anwendung § 8b Abs. 5 KStG

25.37 Von den Bezügen i.S.d. § 8b Abs. 1 KStG werden 5 % als Ausgaben behandelt, die nicht als Betriebsausgaben abgezogen werden dürfen. Die Korrektur hat außerhalb der Bilanz zu erfolgen. Hierbei gelten die folgenden Grundsätze:

– Die nicht abziehbaren Betriebsausgaben bemessen sich nach den steuerfreien Einnahmen i.S.d. § 8b Abs. 1 KStG. Hierbei dürfen einbehaltene Steuern (Kapi-

---

[38] Vgl. auch BMF-Schreiben v. 26.08.2003 – IV A 2 - S 2770 - 18/03, BStBl I, 437, Rdnr. 22.
[39] INTEMANN, in: HERRMANN/HEUER/RAUPACH, EStG/KStG, § 44a EStG Rdnr. 21 (01/2024).

talertragsteuer, Solidaritätszuschlag, ausländische Quellensteuer) nicht in Abzug gebracht werden. Maßgeblich sind also die Bruttoeinnahmen.

- Die Hinzurechnung der nicht abziehbaren Betriebsausgaben hat unabhängig davon zu erfolgen, ob überhaupt mit der Beteiligung im Zusammenhang stehende Aufwendungen (i.d.R. Fremdfinanzierungsaufwendungen) angefallen sind.

- Umgekehrt sind die tatsächlichen und mit der Beteiligung im Zusammenhang stehenden Aufwendungen vollständig abziehbar (nur in Höhe der Betriebsausgabenpauschalierung liegen nicht abziehbare Betriebsausgaben vor). § 3c Abs. 1 EStG ist also nicht anwendbar (§ 8b Abs. 5 Satz 2 KStG).

Im Ergebnis kommt es daher wegen § 8b Abs. 5 KStG (auch) innerhalb des Kör- 25.38
perschaftsteuersystems i.H.v. 5 % der Bezüge zu einer Doppel- bzw. Mehrfachbesteuerung. Diese Pauschalierungsregelung ist im Grundsatz verfassungsgemäß.[40] Allerdings hat das BVerfG ausdrücklich offengelassen, ob der in der Literatur[41] der Pauschalierung des Ausgabenabzugsverbots in mehrfach gestaffelten Beteiligungsstrukturen entgegengehaltene mögliche „Kaskadeneffekt" im Extremfall eine abweichende verfassungsrechtliche Bewertung verlangen kann.

25.2.10 Mindestbeteiligungshöhe gem. § 8b Abs. 4 KStG

25.2.10.1 Inhalt der Regelung

Mit § 8b Abs. 4 KStG wurde – zwecks Beseitigung der durch den EuGH festge- 25.39
stellten EU-Rechtswidrigkeit[42] der Dividendenbesteuerung – eine volle **Körperschaftsteuerpflicht für Streubesitzdividenden** eingeführt.[43] Die Vorschrift ordnet daher nur die Steuerpflicht der Bezüge i.S.d. § 8b Abs. 1 KStG an. Nicht erfasst werden (Veräußerungs-)Gewinne i.S.d. § 8b Abs. 2 KStG; diese bleiben auch dann steuerfrei, wenn die Beteiligung weniger als 10 % des Grund- oder Stammkapitals beträgt. Die Regelung ist **erstmals** für Bezüge anzuwenden, die **nach dem 28.02.2013** zugeflossen sind (vgl. § 34 Abs. 7a Satz 2 KStG). § 8b Abs. 4 Satz 7 KStG stellt ausdrücklich klar, dass die i.H.v. 5 % pauschalierten, nicht abzugsfähigen Betriebsausgaben nach § 8b Abs. 5 KStG (sog. **Schachtelstrafe**) im Fall der Steuerpflicht nach § 8b Abs. 4 KStG nicht anzusetzen sind.[44]

---

40 BVerfG, Beschl. v. 12.10.2010 – 1 BvL 12/07, DStR 2010, 2393.

41 Vgl. dazu u.a. ROGALL, DB 2003, 2185; SCHIFFERS, GmbHR 2004, 69.

42 Vgl. dazu EuGH, Urt. v. 20.10.2011 – C-284/09, DStR 2011, 2038.

43 Gesetz zur Umsetzung des EuGH-Urteils v. 20.10.2011 in der Rechtssache C-284/09 v. 21.03.2013, BGBl I, 561.

44 Die Besteuerung von Streubesitzdividenden gem. § 8b Abs. 4 KStG i.d.F. des Gesetzes zur Umsetzung des EuGH-Urteils vom 20.10.2011 in der Rechtssache C-284/09 vom 21.03.2013, BGBl I, 561, begegnet keinen verfassungsrechtlichen Bedenken; BFH, Urt. v. 18.12.2019 – I R 29/17, DStR 2020, 1910.

25.2.10.2 Zeitpunkt und Höhe der Beteiligung

25.40 Nach § 8b Abs. 4 KStG sind Bezüge i.S.d. § 20 Abs. 1 Nr. 1, 2, 9 und 10 Buchst. a) EStG – abweichend von § 8b Abs. 1 KStG – bei der Ermittlung des Einkommens zu berücksichtigen, wenn die Beteiligung zu **Beginn** des **Kalenderjahres** unmittelbar weniger als 10 % des Grund- oder Stammkapitals betragen hat. § 8b Abs. 4 Satz 1 KStG stellt stichtagsbezogen auf den Beginn des Kalenderjahres ab; maßgebend ist mithin immer die am 01.01. eines Kalenderjahres bestehende Beteiligungsquote. Unmaßgeblich sind damit die Beteiligungsverhältnisse im Zeitpunkt des Gewinnverwendungsbeschlusses. Die Zurechnung der Anteile erfolgt nicht allein unter zivilrechtlichen Gesichtspunkten; maßgeblich ist vielmehr die steuerrechtliche Zurechnung der Kapitalanteile nach § 39 Abs. 2 Nr. 1 AO (wirtschaftliches Eigentum).[45]

25.41 Bei der Ermittlung der **Beteiligungshöhe** sind nur **unmittelbare** Beteiligungen zu berücksichtigen. Mittelbare Beteiligungen, die dazu führen könnten, dass durch Überschreiten der 10-%-Grenze eine Steuerfreiheit eintreten könnte, sind ausdrücklich nicht zu berücksichtigen. Allerdings gelten über eine Mitunternehmerschaft gehaltene Anteile anteilig als eine unmittelbare Beteiligung des Mitunternehmers (§ 8b Abs. 4 Satz 4 und 5 KStG). Dies gilt auch für Beteiligungen, die über mehrstöckige Mitunternehmerschaften gehalten werden, da § 15 Abs. 1 Satz 1 Nr. 2 Satz 2 EStG entsprechend anzuwenden ist.

25.42 Das Gesetz setzt das Vorliegen einer Mitunternehmerschaft voraus; das sind neben gewerblich tätigen auch gewerblich infizierte/geprägte Personengesellschaften i.S.d. § 15 Abs. 3 Nr. 1 und 2 EStG. Vom Gesetzeswortlaut ausgenommen sind zwar Beteiligungen über vermögensverwaltende Personengesellschaften. Mittelbare Beteiligungen über eine **vermögensverwaltende Personengesellschaft** sind dem Gesellschafter steuerlich aber bereits ohnehin nach § 39 Abs. 2 Nr. 2 AO unmittelbar zuzurechnen und auch in der Steuerbilanz des Gesellschafters zu bilanzieren.[46] Es bedarf daher keiner besonderen Regelung.

Beispiel

25.43 Die A-GmbH ist an der B-GmbH zu 8 % beteiligt. Im Weiteren hält die A-GmbH 90 % der Anteile an der Z-GmbH, welche wiederum zu 70 % an der B-GmbH beteiligt ist. Im Wj. 22 beschließt die B-GmbH eine Gewinnausschüttung i.H.v. 1 Mio. €;

---

[45] Vgl. BFH, Urt. v. 07.06.2023 – I R 50/19, BFH/NV 2023, 2286 m.w.N.

[46] Vgl. auch FROTSCHER, in: FROTSCHER/DRÜEN, KStG/GewStG/UmwStG, § 8b KStG Rdnr. 409 (05/2022) m.w.N.; BMF-Schreiben v. 29.04.1994 – IV B 2 - S 2241 - 9/94/IV A 4 - S 0361 - 11/94, BStBl I, 282, sowie BFH, Beschl. v. 25.06.1984 – GrS 4/82, BStBl II, 751, 763. Handelsrechtlich ist dagegen auch die Beteiligung an einer vermögensverwaltenden Personengesellschaft als selbständiger Vermögensgegenstand auszuweisen.

davon entfallen 80.000 € auf die A-GmbH. Die A-GmbH hat den Anteil an der B-GmbH fremdfinanziert. Im Wj./VZ 22 hat die A-GmbH Schuldzinsen i.H.v. 10.000 € als Betriebsausgaben erfasst.

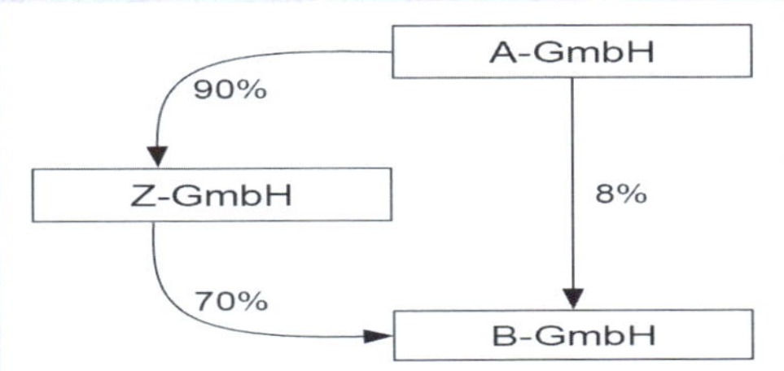

Lösung

Die A-GmbH hält an der B-GmbH 8 % der Anteile unmittelbar und 63 % (90 % von 70 %) mittelbar (insgesamt 71 %). Bei der Prüfung der Mindestbeteiligungsquote ist nur die unmittelbare Beteiligung i.H.v. 8 % zu berücksichtigten (§ 8b Abs. 4 Satz 1 EStG). Demzufolge greift die Steuerbefreiung nach § 8b Abs. 1 KStG nicht ein (§ 8b Abs. 4 Satz 1 KStG). Die Dividende ist daher voll steuerpflichtig. Folgerichtig ist auch keine Hinzurechnung nach § 8b Abs. 5 KStG vorzunehmen (§ 8b Abs. 4 Satz 7 KStG). Die A-GmbH hat den Vorgang **bilanziell** wie folgt zu erfassen:

Bank	58.900 €	an Beteiligungsertrag	80.000 €
Steuern vom Einkommen:			
– KapESt	20.000 €		
– Solz	1.100 €		

Außerbilanziell ist der Steueraufwand (KSt, SolZ) gem. § 10 Nr. 2 KStG i.H.v. 21.100 € wieder hinzuzurechnen. Demzufolge ergibt sich ein zu versteuerndes Einkommen i.H.v. 70.000 € (Jahresüberschuss 48.900 € (vor GewSt- und KSt-Rückstellung) zzgl. außerbilanzielle Hinzurechnung i.H.v. 21.100 €).

Jahresüberschuss (vor GewSt/KSt)	48.900 €
Außerbilanzielle Korrekturen	
Hinzurechnung gem. § 10 Nr. 2 KStG	+ 21.100 €
Zu versteuerndes Einkommen	**70.000 €**

Gewerbesteuer: Für die Ermittlung des Gewerbeertrags bildet das zu versteuernde Einkommen die Ausgangsgröße (§ 7 Satz 1 GewStG). Hierbei ist die Kürzungsvorschrift des § 9 Nr. 2a GewStG zu beachten, weil diese bei der Prüfung der Mindestbeteiligungsquote auch mittelbare Beteiligungen einschließt (vgl. R 9.3 GewStR). Demzufolge ist die Summe des Gewinns gem. § 9 Nr. 2a Satz 1 GewStG grundsätzlich um den Gewinnanteil i.H.v. 80.000 € zu mindern; allerdings mindern gem. § 9

Nr. 2a Satz 3 GewStG im unmittelbaren Zusammenhang mit dem Gewinnanteil stehende Aufwendungen (hier: Finanzierungsaufwendungen i.H.v. 10.000 €) den Kürzungsbetrag. Der Kürzungsbetrag beträgt daher 70.000 €; insoweit findet § 8 Nr. 1 GewStG keine Anwendung (vgl. § 9 Nr. 2a Satz 3 zweiter Halbsatz GewStG). Damit beläuft sich der Gewerbeertrag im Ergebnis auf 0 €.

Ausgangsgröße § 7 Satz 1 GewStG (= z.V.E.)		70.000 €
Kürzung § 9 Nr. 2a GewStG		
Beteiligungsertrag (Satz 1)	– 80.000 €	
Finanzierungsaufwendungen (Satz 3)	+ 10.000 €	– 70.000 €
Gewerbeertrag		**0 €**

Abwandlung

Wie vor, nur ist die Z-GmbH jetzt eine gewerbliche GmbH & Co. KG.

Lösung

Die A-GmbH hält an der B-GmbH 8 % der Anteile unmittelbar und 63 % (90 % von 70 %) mittelbar (insgesamt 71 %). Bei der Prüfung der Mindestbeteiligungsquote ist nun jedoch auch die mittelbare Beteiligung i.H.v. 63 % zu berücksichtigen, weil die vermittelnde Gesellschaft eine Mitunternehmerschaft ist (§ 8b Abs. 4 Satz 4, 5 KStG). Demnach greift die Steuerbefreiung nach § 8b Abs. 1 i.V.m. Abs. 5 KStG ein. Das zu versteuernde Einkommen ermittelt sich wie folgt:

Jahresüberschuss (vor GewSt/KSt)	48.900 €
Außerbilanzielle Korrekturen	
Hinzurechnung gem. § 10 Nr. 2 KStG	21.100 €
Kürzung gem. § 8b Abs. 1 KStG	– 80.000 €
Hinzurechnung gem. § 8b Abs. 5 KStG	+ 4.000 €
Zu versteuerndes Einkommen	**– 6.000 €**

Das zu versteuernde Einkommen setzt sich letztlich aus den Finanzierungsaufwendungen i.H.v. 10.000 € und der Hinzurechnung nach § 8b Abs. 5 KStG i.H.v. 4.000 € zusammen.

Gewerbesteuer: Da in dem zu versteuernden Einkommen (wegen der Steuerbefreiung nach § 8b Abs. 1 KStG) als Ausgangsgröße für die Ermittlung des Gewerbeertrags (§ 7 Satz 1 GewStG) kein Gewinnanteil mehr enthalten ist, entfällt auch eine Kürzung nach § 9 Nr. 2a GewStG. Eine Hinzurechnung nach § 8 Nr. 5 GewStG ist ebenso nicht vorzunehmen, weil keine Streubesitzdividende vorliegt. Hier fallen die Schuldzinsen i.H.v. 10.000 € jedoch grundsätzlich unter § 8 Nr. 1 GewStG.

Im Fall der **Verschmelzung** von Kapitalgesellschaften sieht § 13 Abs. 2 Satz 2 UmwStG zwar grundsätzlich vor, dass die dem Anteilseigner der untergehenden Gesellschaft gewährten Anteile an der aufnehmenden Gesellschaft vollumfänglich, also auch hinsichtlich der Beteiligungsquote, an die Stelle der Anteile der untergehenden Gesellschaft treten. Für Zwecke der Quotenermittlung des § 8b Abs. 4 KStG ist diese „Gesamtrechtsnachfolge" in § 8b Abs. 4 Satz 2 KStG jedoch ausdrücklich ausgeschlossen worden.[47] 25.44

In **Organschaftsfällen** findet nach § 15 Satz 1 Nr. 2 KStG § 8b KStG grundsätzlich erst auf der Ebene des Organträgers Anwendung (sog. Bruttomethode). Für Fälle des § 8b Abs. 4 KStG regelt § 15 Satz 1 Nr. 2 KStG, dass für die Anwendung der Beteiligungsgrenze i.S.d. § 8b Abs. 4 KStG Beteiligungen der Organgesellschaft und Beteiligungen des Organträgers getrennt betrachtet werden. Die Beteiligungshöhe wird danach auch innerhalb einer steuerlichen Organschaft für jede Gesellschaft getrennt betrachtet. Halten Organträger und Organgesellschaften zusammen mindestens 10 %, ist die einzelne Dividende dennoch steuerpflichtig, wenn die einzelne Beteiligung unterhalb der 10-%-Grenze liegt. 25.45

Unterjährige Erwerbe/Veräußerungen: Beträgt die Beteiligung am 01.01. des Jahres weniger als 10 % des Grund- oder Stammkapitals, so sind empfangene Dividenden körperschaftsteuerpflichtig, auch wenn die Beteiligungsquote im Laufe des Jahres auf mindestens 10 % ansteigt. Andersherum bleibt es aber bei der Steuerfreiheit, auch wenn die Beteiligung im Laufe des Jahres unter 10 % sinkt. 25.46

Hinweis

Dieses strenge Stichtagsprinzip ist nur im Fall des **unterjährigen Erwerbs** einer Beteiligung von mindestens 10 % ausgenommen. Dieser Erwerb gilt nach § 8b Abs. 4 Satz 6 KStG kraft gesetzlicher Fiktion als zu Beginn des Kalenderjahres erfolgt. 25.47

Nach Auffassung der Finanzverwaltung[48] soll die Rückbeziehung nach § 8b Abs. 4 Satz 6 KStG nur dann greifen, wenn der Kauf des Anteilspakets von mindestens 10 % durch einen einzelnen Erwerbsvorgang erfolgt. Danach soll auch eine Zusammenrechnung von zeitgleichen Erwerben verschiedener Veräußerer (auch in einer Notarurkunde) ebenso wie der mehrfache Erwerb von Beteiligungen unter 10 %, die in der Summe 10 % übersteigen, nicht den Anwendungsbereich der 25.48

[47] Kusch, NWB 2013, 1068.

[48] Vgl. bundeseinheitlich abgestimmte Verfügung der OFD Frankfurt v. 02.12.2013 – S 2750a A – 19 – St 52, DB 2014, 329; ebenso Pung, in: Dötsch/Pung/Möhlenbrock, Die Körperschaftsteuer, § 8b KStG Rdnr. 288 (12/2023).

Vorschrift eröffnen.[49] Dagegen soll nach Auffassung des BFH[50] „ein" begünstigter Erwerbsvorgang jedenfalls dann vorliegen, wenn an dem Vorgang mehrere Veräußerer beteiligt sind und die Erwerbe – wie im Streitfall – in **einer** notariellen Urkunde zusammengefasst sind und damit in einem einheitlichen und sachlichen Zusammenhang stehen (sog. **Blockerwerb**). Die Frage, ob die Rechtsfolge des § 8b Abs. 4 Satz 6 KStG bereits dann eintritt, wenn zu irgendeinem Zeitpunkt im Laufe des Kalenderjahres eine Beteiligungshöhe von mindestens 10 % erreicht wird,[51] hat der BFH ausdrücklich offengelassen.

Praxistipp

25.49 Um der restriktiven Sichtweise der Finanzverwaltung zu entgehen, wird empfohlen, die unter „10-%-Beteiligungen" verschiedener Gesellschafter in einer gemeinsamen Holdinggesellschaft zu bündeln.[52] Bei dieser „Holding" sollte es sich jedoch nicht nur um eine rein vermögensverwaltende Personengesellschaft handeln, weil dann unverändert die Gefahr besteht, dass die Finanzverwaltung im Hinblick auf § 39 Abs. 2 Nr. 2 AO von mehreren Anteilserwerben ausgeht.

25.50 Im Weiteren vertritt die Finanzverwaltung[53] zu den nachstehenden Fallkonstellationen die folgende Auffassung:

– **Beteiligungshöhe zu Beginn des Jahres 4 %, Hinzuerwerb im Laufe des Jahres 11 %**

  Zu Beginn des Kalenderjahres besteht eine Beteiligung von weniger als 10 %. Nach dem Hinzuerwerb ist der Steuerpflichtige zu insgesamt 15 % beteiligt. § 8b Abs. 4 Satz 6 KStG soll nur für den hinzuerworbenen Anteil von 11 % anzuwenden sein. Erzielt der Steuerpflichtige in diesem Jahr Erträge aus der Beteiligung, sollen diese insoweit steuerfrei sein, als sie auf den hinzuerworbenen 11%igen Anteil entfallen und steuerpflichtig, soweit sie auf den Anteil von 4 % entfallen.

[49] A.A. z.B. Binnewies, GmbH-StB 2014, 242; Watermeyer, in: Herrmann/Heuer/Raupach, § 8b KStG Rdnr. 137 (01/2024); Herkens, GmbH-StB 2016, 277, 280; Behrens/Renner/Faller, DStZ 2014, 336, 342.

[50] BFH, Urt. v. 06.09.2023 – I R 16/21, DRsp Nr. 2024/369 (für BFHE vorgesehen).

[51] So die Vorinstanz, Hessisches FG v. 15.03.2021 – 6 K 1163/17, EFG 2021, 1225.

[52] So etwa Watermeyer, in: Herrmann/Heuer/Raupach, EStG/KStG, § 8b KStG Rdnr. 132 (01/2024).

[53] OFD Frankfurt, Vfg. v. 02.12.2013 – S 2750a A – 19 – St 52, DB 2014, 329.

– **Keine Beteiligung zu Beginn des Jahres, Erwerb einer Beteiligung von 20 % am 01.04. und einer Beteiligung von 7 % am 01.06. und einer Beteiligung von 4 % am 01.09.**

  § 8b Abs. 4 Satz 6 KStG soll nur für den Erwerb der Beteiligung i.H.v. 20 % am 01.04. anzuwenden sein. Erzielt der Steuerpflichtige in diesem Jahr Erträge aus der Beteiligung, sollen diese nur insoweit steuerfrei sein, als sie auf den am 01.04. erworbenen 20%igen Anteil entfallen, und steuerpflichtig sein, soweit sie auf die Anteile von 7 % und 4 % entfallen.

Mit Recht lehnt die h.M. unter Hinweis auf Wortlaut und Zweck des Gesetzes diese Auffassung ab.[54] Danach sind die Gewinnausschüttungen insgesamt steuerfrei. Folgt man der hier vertretenen Auffassung fallen die Gewinnausschüttungen gewerbesteuerrechtlich insgesamt unter die Hinzurechnungsvorschrift des § 8 Nr. 5 GewStG, weil § 9 Nr. 2a GewStG keine dem § 8b Abs. 4 Satz 6 KStG entsprechende Fiktion kennt. Folgt man der Auffassung der Finanzverwaltung, so ist § 8 Nr. 5 GewStG nur auf den hinzuerworbenen Anteil anzuwenden, der unter § 8b Abs. 1, 4 Satz 6 KStG fällt. 25.51

Bei **unterjähriger Gründung** einer (Tochter-)Gesellschaft ist § 8b Abs. 4 Satz 6 KStG nach überwiegender Kommentarmeinung[55] mit der Maßgabe anzuwenden, dass – bei Vorliegen einer Beteiligung von mindestens 10 % – von einem qualifizierten Erwerb zu Beginn des Kalenderjahres auszugehen ist. Eine andere Auslegung würde zu dem sinnwidrigen Ergebnis führen, dass bei allen Neugründungen Gewinnausschüttungen im Gründungsjahr – auch bei qualifiziert beteiligten Anteilseignern – steuerpflichtig wären. Ein solches Ergebnis wäre mit dem Gesetzeszweck nicht vereinbar. 25.52

Nach § 8b Abs. 4 Satz 3 KStG werden in den Fällen der sogenannten **Wertpapierleihe** die Anteile „für die Anwendung des § 8b Abs. 4 KStG" nicht dem Entleiher als rechtlichem und wirtschaftlichen Eigentümer, sondern dem Verleiher (= überlassende Körperschaft) zugerechnet, wenn es sich bei dem Verleiher um eine Körperschaft handelt. Dadurch soll – offensichtlich mit Blick auf etwaige Missbräuche (etwa durch kurzfristige Überlassung zu Beginn des Kalenderjahres) – sichergestellt werden, dass sich Anteilsüberlassungen dann nicht auswirken, wenn die Anteile oder ihnen gleichartige andere Anteile zurückzugewähren sind. Die Regelung ordnet nach ihrem eindeutigen Wortlaut an, dass die Anteile „nur" für Zwecke der Ermittlung der Beteiligungsquote dem Verleiher, nicht dem Entleiher zugerechnet 25.53

---

[54] Vgl. PUNG, in: DÖTSCH/PUNG/MÖHLENBROCK, Die Körperschaftsteuer, § 8b KStG Rdnr. 288e, f m.w.N. (12/2023); wie die Finanzverwaltung aber GOSCH, in: GOSCH, KStG, 4. Aufl. 2020, § 8b Rdnr. 289d.

[55] Vgl. z.B. HAISCH/HELIOS/NIEDLING, DB 2012, 2060, 2062, und INTEMANN, BB 2013, 1239, 1241.

werden. An der zivilrechtlichen und wirtschaftlichen Zurechnung der Anteile zum Entleiher ändert sie nichts. Die Bezüge selbst sind ebenfalls dem Entleiher zuzurechnen. Sie sind nur dann steuerfrei, wenn der Entleiher auch ohne die entliehenen Anteile zu Beginn des Kalenderjahres eine Mindestbeteiligung von 10 % hält.[56] Hält der Entleiher nur die entliehenen Anteile, sind die daraus erzielten Erträge unabhängig von der Beteiligungshöhe voll steuerpflichtig.

Praxistipp

25.54 Nach überwiegend im Schrifttum[57] vertretener Auffassung kann die Steuerfreistellung bei Beteiligungen an **ausländischen** Kapitalgesellschaften – ungeachtet des § 8b Abs. 4 KStG – aber ggf. aus einem DBA[58] oder der Mutter-Tochter-Richtlinie hergeleitet werden, weil das DBA neben § 8b KStG anwendbar ist und § 8b Abs. 4 KStG – anders als § 8b Abs. 1 Satz 3 KStG – kein „treaty-overriding" enthält.

In **Konzernstrukturen**, in denen beide Anteilseigner dieselbe Muttergesellschaft haben, kann eine Änderung der Beteiligungsstruktur den § 8b Abs. 4 KStG aushebeln.

Da § 8b Abs. 4 KStG nur die Steuerfreiheit von Gewinnausschüttungen, nicht aber die von Veräußerungsvorgängen einschränkt, können im Einzelfall die Gewinne zunächst thesauriert – und soweit gesellschaftsrechtlich durchsetzbar – später der Anteil nach § 8b Abs. 2 KStG steuerfrei veräußert werden (**sog. Ballooning**).

Auch der Erwerb eigener Anteile durch die GmbH, der auf Ebene des Gesellschafters als Veräußerungsgeschäft zu qualifizieren ist,[59] kommt als Alternative zur Gewinnausschüttung und Umgehung des § 8b Abs. 4 KStG in Betracht.[60]

25.2.11 Verhältnis zur Gewerbesteuer

25.55 Ausgangsbetrag für die Ermittlung des Gewerbeertrags ist gem. § 7 Satz 1 GewStG der nach den Vorschriften des EStG oder des KStG zu ermittelnde Gewinn aus dem Gewerbebetrieb. Daher sind § 8b Abs. 1 und 5 KStG (Steuerbefreiung von Dividenden), § 3 Nr. 40d EStG (Steuerfreistellung von Dividenden bei natürlichen Personen als Anteilseigner zu 40 %) und § 3c Abs. 2 EStG (nicht

---

56 WATERMEYER, in: HERRMANN/HEUER/RAUPACH, EStG/KStG, § 8b KStG Rdnr. 134 (01/2024).

57 Vgl. PUNG, in: DÖTSCH/PUNG/MÖHLENBROCK, Die Körperschaftsteuer, § 8b KStG Rdnr. 271 m.w.N. (12/2023).

58 Die DBA stellen anders als § 8b Abs. 4 KStG für die Beteiligungsquote nicht auf den Beginn des Kalenderjahrs, sondern auf den Ausschüttungszeitpunkt ab. In der Mutter-Tochter-Richtlinie – Richtlinie 2011/96/EU des Rates vom 30.11.2011 über das gemeinsame Steuersystem der Mutter- und Tochtergesellschaften verschiedener Mitgliedstaaten, ABl Nr. L 345/8 – ist der Zeitpunkt, zu dem die Beteiligung bestehen muss, nicht ausdrücklich geregelt. Unter Hinweis auf § 43b EStG, der die Mutter-Tochter-Richtlinie in nationales Recht umsetzt, wird gefolgert, dass auf den Ausschüttungszeitpunkt abzustellen ist, vgl. z.B. FROTSCHER, in: FROTSCHER/DRÜEN, KStG/GewStG/UmwStG, § 8b KStG Rdnr. 466 (05/2022).

59 Vgl. BMF-Schreiben v. 27.11.2013 – IV C 2 - S 2742/07/10009, BStBl I, 1615, Rdnr. 20.

60 Vgl. hierzu z.B. WIESE/LUKAS, GmbHR 2014, 238, und MAYER/WAGNER, DStR 2014, 571.

abziehbare Ausgaben) bei der Ermittlung des Gewerbeertrags anzuwenden. Dies gilt gem. § 7 Satz 4 GewStG auch für Mitunternehmerschaften, wobei § 3 Nr. 40 Satz 1 Buchst. d) und § 3c Abs. 2 EStG anzuwenden sind, soweit an der Mitunternehmerschaft natürliche Personen beteiligt sind; im Übrigen ist § 8b KStG anzuwenden. Da das gewerbe- und körperschaftsteuerliche Schachtelprivileg (insb. hinsichtlich der Mindestbeteiligungsquote) voneinander abweichen, sehen die gewerbesteuerlichen Hinzurechnungs- und Kürzungsvorschriften (§ 8 Nr. 5, § 9 Nr. 2a, 7 und 8 GewStG) Korrekturen vor.

25.2.11.1 Streubesitzdividenden – Hinzurechnung nach § 8 Nr. 5 GewStG

Bei steuerfreien Dividenden, die infolge des § 3 Nr. 40 Satz 1 Buchst. d) EStG bzw. 25.56 § 8b Abs. 1 KStG bereits im Gewerbeertrag nach § 7 GewStG nicht mehr enthalten sind und die nicht die Voraussetzungen des § 9 Nr. 2a bzw. Nr. 7 GewStG (vgl. R 9.3 und 9.5 GewStR) erfüllen, ist die Hinzurechnungsvorschrift des § 8 Nr. 5 GewStG zu beachten, wonach die steuerfreien Einkünfte dem Gewerbeertrag wieder hinzuzurechnen sind. Betroffen von dieser Regelung sind mithin die Streubesitzanteile (**Beteiligungen von weniger als 15 %**). Die Dividenden sind zwar körperschaftsteuerfrei, unterliegen aber gleichwohl bei der empfangenden Gesellschaft der Gewerbesteuer.

Liegen also die Tatbestandsvoraussetzungen des § 8 Nr. 5 GewStG vor, so sind 25.57 dem (vorläufigen) Gewerbeertrag bei Kapitalgesellschaften im Ergebnis 95 % der Dividende wieder hinzuzurechnen. Auf die Höhe der mit diesen Einnahmen tatsächlich in wirtschaftlichem Zusammenhang stehenden Betriebsausgaben kommt es insoweit nicht an. Regelmäßig werden aber mit der Gewinnausschüttung im wirtschaftlichen Zusammenhang stehende Schuldzinsen von § 8 Nr. 1a GewStG erfasst.

Beispiel

Die M-GmbH hält an der T-GmbH 12 % der Anteile und erhält im Wirtschaftsjahr 21 25.58 eine Dividende i.H.v. 100.000 €. Die M-GmbH hat die Beteiligung an der T-GmbH fremdfinanziert; der M-GmbH sind insoweit Schuldzinsen i.H.v. 20.000 € entstanden.

Lösung

Der nach den körperschaftsteuerlichen Vorschriften maßgebliche Gewerbeertrag (Ausgangsbetrag i.S.d. § 7 Satz 1 GewStG) sowie die Summe der Hinzurechnungen ermitteln sich wie folgt:

Jahresüberschuss/Steuerbilanzergebnis (vor GewSt/KSt)	53.625 €
Hinzurechnung § 10 Nr. 2 KStG	+ 26.375 €
Kürzung nach § 8b Abs. 1 KStG	– 100.000 €
Hinzurechnung nach § 8b Abs. 5 KStG	+ 5.000 €
Ausgangsbetrag § 7 Satz 1 GewStG	**– 15.000 €**
Hinzurechnung nach § 8 Nr. 1 GewStG (Schuldzinsen < 100.000 €)	0 €
Hinzurechnung nach § 8 Nr. 5 GewStG	+ 95.000 €
Gewerbeertrag	**80.000 €**

Im Ergebnis wird die körperschaftsteuerliche Freistellung durch das GewStG wieder verworfen.

25.2.11.2 Schachteldividende

25.2.11.2.1 Inländische Beteiligung (§ 9 Nr. 2a GewStG)

25.59 Gemäß § 9 Nr. 2a GewStG wird die Summe des Gewinns und der Hinzurechnungen gekürzt um die Gewinne aus Anteilen (Dividenden) an einer (nicht steuerbefreiten) inländischen Kapitalgesellschaft, wenn die Beteiligung (**stichtagsbezogen**) **zu Beginn des Erhebungszeitraums mindestens 15 %** beträgt und die Gewinnanteile bei Ermittlung des Gewinns angesetzt worden sind. Im unmittelbaren Zusammenhang mit Gewinnanteilen stehende Aufwendungen mindern den Kürzungsbetrag, soweit entsprechende Beteiligungserträge zu berücksichtigen sind; insoweit findet § 8 Nr. 1 GewStG keine Anwendung. Nach § 8b Abs. 5 KStG nicht abziehbare Betriebsausgaben sind keine Gewinne aus Anteilen im Sinne dieser Vorschrift.

25.60 Im Ergebnis läuft § 9 Nr. 2a GewStG in den Fällen des Regelungsbereichs des § 8b Abs. 1 KStG ins Leere, weil bereits in der Ausgangsgröße nach § 7 Satz 1 GewStG die Auswirkungen des § 8b Abs. 1 und 5 KStG Berücksichtigung gefunden haben. Die Fiktion des § 8b Abs. 5 Satz 1 KStG (fiktive Hinzurechnung) stellt ausweislich des § 9 Nr. 2a Satz 4 GewStG in diesem Zusammenhang keine Gewinnausschüttung dar; insoweit verbleibt es also auch für Zwecke der Gewerbesteuer bei der Hinzurechnung.

Beispiel

25.61 Wie vorhergehendes Beispiel, nur beträgt der Anteil der M-GmbH an der T-GmbH 22 %.

Lösung

Jahresüberschuss/Steuerbilanzergebnis (vor GewSt/KSt)		53.625 €
Hinzurechnung § 10 Nr. 2 KStG	+	26.375 €
Kürzung nach § 8b Abs. 1 KStG	–	100.000 €
Hinzurechnung nach § 8b Abs. 5 KStG	+	5.000 €
Ausgangsbetrag § 7 Satz 1 GewStG	**–**	**15.000 €**
Hinzurechnung nach § 8 Nr. 1 GewStG (Schuldzinsen < 100.000 €)		0 €
Hinzurechnung nach § 8 Nr. 5 GewStG		0 €
Kürzung nach § 9 Nr. 2a GewStG		0 €
Gewerbeertrag	**–**	**15.000 €**

Da sowohl die Voraussetzungen für das körperschaft- als auch das gewerbesteuerliche Schachtelprivileg vorliegen, bedarf es gewerbesteuerlich keiner Korrektur.

25.62 Eine Anwendung des § 9 Nr. 2a GewStG kommt bei Kapitalgesellschaften nur dann in Betracht, wenn § 8b Abs. 1 KStG suspendiert ist. Dies ist insbesondere der Fall, wenn die (verdeckte) Gewinnausschüttung

- wegen des (materiellen) Korrespondenzprinzips in § 8b Abs. 1 Satz 2 KStG (die Vorschrift über die materielle Korrespondenz schlägt daher nicht auf das GewStG durch) oder
- aufgrund von § 8b Abs. 7 und 8 KStG

steuerpflichtig ist.

25.63 § 9 Nr. 2a GewStG kann aber auch dann zur Anwendung gelangen, wenn die Steuerbefreiung nach § 8b Abs. 1 KStG wegen der Mindestbeteiligungshöhe nach § 8b Abs. 4 Satz 1 KStG ausgeschlossen ist, weil die Beteiligung zu Beginn des Kalenderjahres unmittelbar weniger als 10 % des Grund- oder Stammkapitals betragen hat, gleichwohl aber die Voraussetzungen des § 9 Nr. 2a GewStG (Beteiligung zu Beginn des Erhebungszeitraums von mindestens 15 % des Grund- oder Stammkapitals) vorliegen. Dies kann der Fall sein, weil gewerbesteuerrechtlich – anders als körperschaftsteuerrechtlich (§ 8b Abs. 4 Satz 1 KStG) – auch mittelbare Beteiligungen über Kapitalgesellschaften bei der Berechnung der Beteiligungshöhe einzubeziehen sind (R 9.3 Satz 1 GewStR; siehe ausführlich hierzu Rdnr. 25.43 mit Beispiel).

25.64 Befinden sich die Anteile im Betriebsvermögen einer **natürlichen Person** oder einer **Personengesellschaft**, an der die natürliche Person beteiligt ist, kommt § 9 Nr. 2a

GewStG bei Vorliegen einer Schachtelbeteiligung insoweit zum Tragen, als sich die § 3 Nr. 40 Satz 1 Buchst. d) und § 3c Abs. 2 EStG auf den Ausgangsbetrag i.S.d. § 7 GewStG ausgewirkt haben.

Beispiel

25.65 Die gewerblich tätige M-KG hält 100 % der Anteile an der T-GmbH. An der M-KG sind die M-GmbH und M zu je 50 % am Vermögen und am Gewinn beteiligt. Im Wirtschaftsjahr 21 erhält die M-KG von der T-GmbH eine Gewinnausschüttung i.H.v. 200.000 €. Die M-KG hat die Beteiligung an der T-GmbH fremdfinanziert; der M-KG sind insoweit Schuldzinsen i.H.v. 40.000 € entstanden. Der Freibetrag gem. § 8 Nr. 1 GewStG soll bereits voll ausgeschöpft sein.

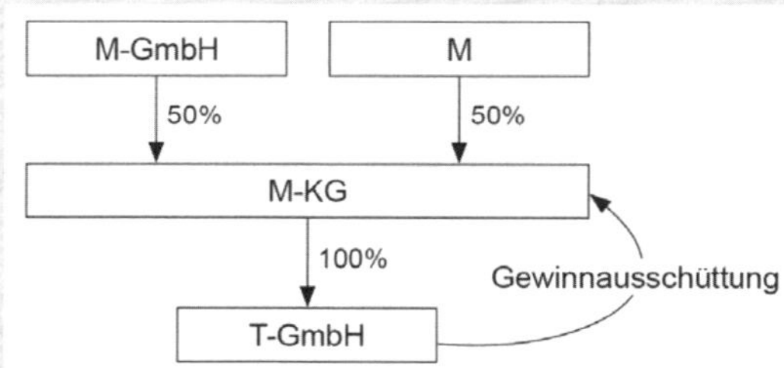

Lösung

Der nach den Vorschriften des EStG und KStG maßgebliche Gewerbeertrag (Ausgangsbetrag i.S.d. § 7 Satz 1 GewStG) ermittelt sich wie folgt:

	M	**M-GmbH**	**Gesamt**
Steuerbilanzergebnis	80.000 €	80.000 €	160.000 €
Kürzung gem. § 8b Abs. 1 KStG		– 100.000 €	– 100.000 €
Hinzurechnung gem. § 8b Abs. 5 Satz 1 KStG		+ 5.000 €	+ 5.000 €
Kürzung § 3 Nr. 40 Satz 1 Buchst. d) EStG	– 40.000 €		– 40.000 €
Hinzurechnung § 3c Abs. 2 EStG	+ 8.000 €		+ 8.000 €
Ausgangsbetrag § 7 Satz 1 GewStG	**48.000 €**	**– 15.000 €**	**33.000 €**
Hinzurechnung nach § 8 Nr. 1 GewStG		+ 5.000 €	+ 5.000 €
Kürzung § 9 Nr. 2a Satz 1 GewStG			
– Gewinnanteil (soweit in Ausgangsgröße enthalten)	– 60.000 €		– 60.000 €
– Minderung Kürzungsbetrag § 9 Nr. 2a Satz 3 GewStG	12.000 €		12.000 €
Gewerbeertrag	**0 €**	**– 10.000 €**	**10.000 €**

Ist der Gesellschafter der Kapitalgesellschaft eine natürliche Person oder – wie vorliegend – eine Personengesellschaft, ist die einbehaltende Kapitalertragsteuer im Zeitpunkt der Auszahlung als Entnahme zu erfassen, und zwar auch dann, wenn der Gesellschafter der Personengesellschaft eine Kapitalgesellschaft ist.[61] Gemäß § 7 Satz 4 GewStG sind § 3 Nr. 40 Satz 1 Buchst. d) und § 3c Abs. 2 EStG anzuwenden, soweit an der Mitunternehmerschaft natürliche Personen beteiligt sind; im Übrigen ist § 8b KStG anzuwenden. § 9 Nr. 2a GewStG läuft hinsichtlich des auf die M-GmbH entfallenden Gewinnanteils ins Leere. Hinsichtlich des auf M entfallenden Gewinnanteils kommt eine Kürzung nur i.H.v. 60 % in Betracht (i.H.v. 40 % ist die Gewinnausschüttung schon nach § 3 Nr. 40 Satz 1 Buchst. d) EStG gekürzt worden). Die damit im unmittelbaren Zusammenhang stehenden Finanzierungsaufwendungen (Schuldzinsen i.H.v. 12.000 €) mindern den Kürzungsbetrag gem. § 9 Nr. 2a Satz 3 GewStG; die Schuldzinsen fallen daher nicht mehr unter § 8 Nr. 1 GewStG.

25.2.11.2.2 Ausländische Beteiligung

§ 9 Nr. 7 GewStG enthält eine (spezielle) Kürzungsregelung für Beteiligungen an ausländischen Kapitalgesellschaften. Mit dem JStG 2019[62] wurde die Vorschrift grundlegend geändert und unionrechtskonform ausgestaltet. Die Neuregelung gilt erstmals ab dem Erhebungszeitraum 2020 (§ 36 Abs. 1 GewStG). Die Norm knüpfte bisher in Satz 1 erster Halbsatz – ebenso wie § 9 Nr. 2a GewStG – an eine Mindestbeteiligung von 15 % an; anders als dort musste die Beteiligung aber während des Erhebungszeitraums ununterbrochen bestanden haben. Darüber hinaus war Voraussetzung, dass die ausländische Tochtergesellschaft ihre Erträge ausschließlich oder fast ausschließlich aus sogenannten aktiven Tätigkeiten i.S.d. § 8 Abs. 1 Nr. 1–6 AStG und/oder aus den in § 9 Nr. 7 Satz 1 GewStG benannten Beteiligungen bezogen hatte. Bei Anteilen an einer **EU-Tochtergesellschaft** sollte das Vorliegen einer Beteiligung i.H.v. **mindestens 10 %** zu Beginn des Erhebungszeitraums (§ 9 Nr. 7 Satz 1 zweiter Halbsatz GewStG) genügen; diese Regelung sollte der Schaffung eines EU-weiten Wirtschaftsraums dienen. 25.66

In diesen einschränkenden Tatbestandsvoraussetzungen hat der EuGH[63] allerdings einen Verstoß gegen die Kapitalverkehrsfreiheit des AEUV gesehen. Die im Vergleich zu § 9 Nr. 2a GewStG einschränkenden Tatbestandsvoraussetzungen des § 9 Nr. 7 GewStG sind damit im Lichte der unionsrechtskonformen Anwendung nationalen Rechts bereits nach Veröffentlichung des EuGH-Urteils nicht mehr anzuwenden.[64] Die Änderung des § 9 Nr. 7 GewStG trägt nunmehr den Vorgaben des EuGH-Urteils Rechnung. Die einschränkenden Tatbestandsvoraussetzungen 25.67

---

[61] Vgl. IDW RS HFA 7 Rdnr. 31.

[62] Gesetz zur weiteren steuerlichen Förderung der Elektromobilität und zur Änderung weiterer steuerlicher Vorschriften (JStG 2019) v. 12.12.2019, BGBl I, 2451.

[63] EuGH, Urt. v. 20.09.2018 – C-685/16, NZG 2018, 1271.

[64] Vgl. im Einzelnen dazu gleichlautende Ländererlasse v. 25.01.2019 – 3 - G 142.5/44, BStBl I, 91.

für ausländische Kapitalgesellschaften des bisherigen § 9 Nr. 7 Satz 1 erster Halbsatz GewStG wurden gestrichen. Gleichzeitig wurde die bisherige Sonderregelung für EU-Gesellschaften des § 9 Nr. 7 Satz 1 letzter Halbsatz GewStG aufgehoben. § 9 Nr. 7 GewStG i.d.F. des JStG 2019 unterscheidet künftig nicht mehr danach, ob es sich um eine Gesellschaft mit Geschäftsleitung und Sitz im EU-Ausland oder übrigem Ausland handelt. Ein Zwang, die Vorgaben der Mutter-Tochter-Richtlinie auch für gewerbesteuerliche Zwecke zu beachten, besteht nicht. Die bisherigen Regelungen des § 9 Nr. 7 Satz 2 GewStG (Minderung des Kürzungsbetrags um unmittelbar mit den Gewinnanteilen im Zusammenhang stehenden Aufwand), § 9 Nr. 7 Satz 3 GewStG (Klarstellung, dass nach § 8b Abs. 5 KStG nicht abziehbare Betriebsausgaben keine Gewinnanteile sind) und § 9 Nr. 7 Satz 8 GewStG (Nichtanwendung der Kürzung auf Lebens- und Krankenversicherungsunternehmen und Pensionsfonds) bleiben bestehen (künftig § 9 Nr. 7 Satz 2 GewStG).

25.68 In § 9 Nr. 8 GewStG ist das **gewerbesteuerliche DBA-Schachtelprivileg** normiert. Die Vorschrift soll verhindern, dass grenzüberschreitende Ausschüttungen zwischen verbundenen Unternehmen bei Bestehen eines DBA gewerbesteuerlich ungünstiger behandelt werden als bei Nichtbestehen eines DBA.[65] Daher regelt § 9 Nr. 8 Satz 1 erster Halbsatz GewStG, dass das Schachtelprivileg auch dann zu gewähren ist, wenn das DBA eine höhere Schachtelbeteiligung als 15 % vorsieht. Bei einer im DBA verankerten niedrigeren Beteiligungsquote als 15 % gilt nach § 9 Nr. 8 Satz 1 zweiter Halbsatz GewStG die niedrigere Grenze. Die gewerbesteuerrechtliche Schachtelvergünstigung nach einem DBA kann weitere oder engere Voraussetzungen als § 9 Nr. 7 GewStG haben. Anzuwenden ist jeweils die für den Steuerpflichtigen günstigere Regelung (R 9.5 Satz 6 und 7 GewStR).

25.2.11.3 Vergleich der gewerbesteuerlichen und der körperschaftsteuerlichen Streubesitzregelung

25.69 Neben der unterschiedlichen „Streubesitzgrenze“ liegt ein weiterer Unterschied in der Berücksichtigung mittelbarer Beteiligungen bei der Ermittlung der Beteiligungshöhe. Im Gewerbesteuerrecht werden alle mittelbaren Beteiligungen (auch über Kapitalgesellschaften) berücksichtigt (R 9.3 GewStR), im neuen § 8b Abs. 4 KStG jedoch nicht. Die Begünstigung von im Laufe des Jahres erworbenen Schachtelbeteiligungen in § 8b Abs. 4 Satz 6 KStG kennt wiederum das GewStG nicht. Die Ausnahme in § 8b Abs. 4 Satz 2 KStG von der umwandlungssteuerlichen Zurechnung der Besitzzeit nach § 13 Abs. 2 Satz 2 UmwStG gilt nicht für die Gewerbesteuer.[66]

[65] Vgl. SCHNITTER, in: FROTSCHER/DRÜEN, KStG/GewStG/UmwStG, § 9 GewStG Rdnr. 231a (05/2022).

[66] Vgl. BMF-Schreiben v. 11.11.2011 – IV C 2 - S 1978 - b/08/10001, BStBl I, 1314, Rdnr. 13.11 (UmwSt-Erlass); KUSCH, NWB 2013, 1068; zum Verhältnis des Teileinkünfteverfahrens (§ 8b KStG, § 3 Nr. 40 Satz 1 Buchst. d) EStG) zur Gewerbesteuer siehe auch die folgenden Übersichten.

Vergleich der gewerbesteuerlichen und der körperschaftsteuerlichen Streubesitzregelung

	§ 8 Abs. 4 KStG n.F.	**§ 8 Nr. 5 GewStG § 9 Nr. 2a GewStG**
Streubesitzanteil	< 10 %	< 15 %
Maßgeblicher Stichtag	Beginn des Kalenderjahres (= 1. Januar)	Beginn des Erhebungszeitraums (= 1. Januar)
Berücksichtigung mittelbarer Beteiligungen über KapGes	nein	ja
Berücksichtigung mittelbarer Beteiligungen über PersGes	ja	ja
Steuerpflicht für Dividenden von im Laufe des Jahres erworbenen Schachtelbeteiligungen	nein	ja
Steuerpflicht der Veräußerung einer Streubesitzbeteiligung	nein	nein

Gewerbesteuerliche Hinzurechnungen und Kürzungen bei Sachverhalten, die unter das Teileinkünfteverfahren fallen und auf die die Vergünstigungen des § 3 Nr. 40 EStG bzw. des § 8b Abs. 1 KStG anzuwenden sind

I.	II.	III.	IV.
Sachverhalt und Korrekturnorm	**Einzelunternehmen**	**Mitunternehmerschaft**	**Körperschaft (nicht Organgesellschaft)**
Ausgangslage	Gewerbeertrag ist um Beträge i.S.d. § 3 Nr. 40 EStG gemindert und um Beträge i.S.d. § 3c Abs. 2 EStG erhöht.	Gewerbeertrag ist um Beträge i.S.d. § 8b KStG, § 3 Nr. 40d und § 3c EStG erhöht oder gemindert, vgl. § 7 Satz 1 und 4 GewStG.	Gewerbeertrag ist um Beträge i.S.d. § 8b KStG gemindert oder erhöht.

I.	II.	III.	IV.
Sachverhalt und Korrekturnorm	**Einzelunternehmen**	**Mitunternehmerschaft**	**Körperschaft (nicht Organgesellschaft)**
Inländisch Schachteldividende i.S.d. § 9 Nr. 2a GewStG Beteiligung zu Beginn des EZ mind. 15 % **Ausländischer Gewinnanteil i.S.d. § 9 Nr. 7 oder 8 GewStG** Beteiligung seit Beginn des EZ mind. 15 % (Nr. 7)[67] bzw. im EZ mind. 15 % (Nr. 8).	3/5 Dividende abzgl. 3/5 der Aufwendungen i.S.d. § 9 Nr. 2a Satz 3, Nr. 7 Satz 2, Nr. 8 Satz 2 GewStG	3/5 Dividende abzgl. 3/5 der Aufwendungen i.S.d. § 9 Nr. 2a Satz 3, Nr. 7 Satz 2, Nr. 8 Satz 2 GewStG, soweit Dividende unmittelbar oder mittelbar auf beteiligte **natürliche Personen** entfällt. Keine Kürzung, soweit Dividende unmittelbar oder mittelbar auf beteiligte **Körperschaft** entfällt und § 8b Abs. 1 Satz 1, Abs. 5 KStG Anwendung findet.[68]	Keine Kürzung (auch nicht der nicht abziehbaren Betriebsausgaben nach § 8b Abs. 5 KStG i.H.v. 5 % – vgl. § 9 Nr. 2a Satz 4 GewStG), wenn § 8b Abs. 1 Satz 1, Abs. 5 KStG Anwendung findet.[68]
Kürzung nach § 9 Nr. 2a, 7 oder 8 GewStG	**Kürzung**	**(Keine) Kürzung**	**(Keine) Kürzung**

67 Bei Anteilen an einer Gesellschaft, die die Voraussetzungen der Mutter-Tochter-Richtlinie erfüllt: Beteiligung zu Beginn des EZ mind. 10 %. Mit dem JStG 2019 ist die Begünstigung (Schachtelbeteiligung i.H.v. 10 %) für Anteile an EU-Tochtergesellschaften aufgehoben worden; die Neuregelung gilt erstmals ab dem Erhebungszeitraum 2020 (§ 36 Abs. 1 GewStG).

68 Eine Kürzung findet aber dann statt, wenn zwar gewerbesteuerrechtlich, aber wegen § 8b Abs. 4 KStG körperschaftsteuerrechtlich keine Schachtelbeteiligung vorliegt. Dies kann der Fall sein, weil gewerbesteuerrechtlich – anders als körperschaftsteuerrechtlich (§ 8b Abs. 4 Satz 1 KStG) – auch mittelbare Beteiligungen über Kapitalgesellschaften bei der Berechnung der Beteiligungshöhe einzubeziehen sind (vgl. R 9.3 Satz 1 GewStR).

I.	II.	III.	IV.
Sachverhalt und Korrekturnorm	**Einzelunternehmen**	**Mitunternehmerschaft**	**Körperschaft (nicht Organgesellschaft)**
Inländische Streubesitzdividende i.S.d. § 9 Nr. 2a GewStG Keine Beteiligung zu Beginn des EZ und/oder Beteiligung unter 15 %	2/5 Dividende abzgl. 2/5 der Aufwendungen i.S.d. § 3c Abs. 2 EStG	2/5 Dividende abzgl. 2/5 der Aufwendungen i.S.d. § 3c Abs. 2 EStG, soweit Dividende unmittelbar oder mittelbar auf beteiligte **natürliche** Personen entfällt.	1/1 Dividende abzgl. Betrag nach § 8b Abs. 5 KStG (5 %)
Ausländischer Gewinnanteil, der nicht unter § 9 Nr. 7 oder 8 GewStG fällt Keine (ununterbrochene[69]) Beteiligung seit Beginn des EZ (Nr. 7)[70] bzw. im EZ (Nr. 8) und/oder Beteiligung unter 15 %		1/1 Dividende abzgl. Betrag nach § 8b Abs. 5 KStG (5 %), soweit die Dividende unmittelbar oder mittelbar auf beteiligte **Körperschaft** entfällt	
Hinzurechnung nach § 8 Nr. 5 GewStG	**Hinzurechnung**	**Hinzurechnung**	**Hinzurechnung**
Gewinn aus der Veräußerung einer Beteiligung an einer KapGes oder Gewinnminderung i.S.d. § 8b Abs. 3 KStG	Keine Kürzung/ Hinzurechnung	Keine Kürzung/ Hinzurechnung	Keine Kürzung/ Hinzurechnung

[69] Zur unionrechtskonformen Auslegung (bis EZ 2019) Hinweis auf die gleichlautenden Ländererlasse v. 25.01.2019 – 3 – G 142.5/44, BStBl I, 91; zur Rechtslage ab EZ 2020 vgl. oben Rdnr. 21.67.

[70] Bei Anteilen an einer Gesellschaft, die die Voraussetzungen der Mutter-Tochter-Richtlinie erfüllt: Beteiligung zu Beginn des EZ mind. 10 %. Mit dem JStG 2019 ist die Begünstigung (Schachtelbeteiligung i.H.v. 10 %) für Anteile an EU-Tochtergesellschaften aufgehoben worden; die Neuregelung gilt erstmals ab dem Erhebungszeitraum 2020 (§ 36 Abs. 1 GewStG).

Übersicht: Auswirkungen des Teileinkünfteverfahrens auf die Gewerbesteuer

Zur Verdeutlichung der gewerbesteuerlichen Folgewirkungen des Teileinkünfteverfahrens nachfolgende Übersicht der in der Praxis häufig vorkommenden Fallkonstellationen. Diese basiert auf der ab dem Erhebungszeitraum 2009 geltenden Rechtslage und zeigt anhand eines nach Rechtsform des zu besteuernden Unternehmens differenzierenden Zahlenbeispiels auf, ob und inwieweit eine gewerbesteuerliche Hinzurechnung oder Kürzung vorzunehmen ist (in Anlehnung an die durch das Teileinkünfteverfahren überholte Verfügung der OFD Münster 04.09.2006, G 1421-138-St 12-33, FMNR405430006 zu den Auswirkungen des Halbeinkünfteverfahrens auf die Gewerbesteuer).

Beispiel

Die Dividende beträgt jeweils 100, die damit im unmittelbaren wirtschaftlichen Zusammenhang stehenden Finanzierungskosten betragen 40 (Freibetrag i.S.d. § 8 Nr. 1 GewStG soll nicht überschritten sein).

Sachverhalt	**I. Einzelunternehmen**		**II. Mitunternehmerschaft Natürliche Person unmittelbar/mittelbar beteiligt**		**III. Mitunternehmerschaft KapGes unmittelbar/mittelbar beteiligt**	
Inländische Schachteldividende	Bilanzieller Gewinn	60	Bilanzieller Gewinn	60	Bilanzieller Gewinn	60
	§ 3 Nr., 40d EStG	– 40				
– Beteiligung seit Beginn des Erhebungszeitraums	§ 3c Abs. 2 EStG	+ 16				
	Gewinn aus Gewerbebetrieb	36	Gewinn aus Gewerbebetrieb	60	Gewinn aus Gewerbebetrieb	60
– mindestens 15 % des Grund- bzw. Stammkapitals	**Ausgangsbetrag GewSt**	**36**	**Ausgangsbetrag GewSt**	**60**	**Ausgangsbetrag GewSt**	**60**
	§ 7 Satz 1 GewStG		§ 7 Sätze 1, 4 GewStG		§ 7 Sätze 1, 4 GewStG	
			§ 3 Nr. 40d EStG	– 40	§ 8b Abs. 1 KStG	– 100
			§ 3c Abs. 2 EStG	+ 16	§ 8b Abs. 5 KStG	+ 5
	Kürzung nach § 9 Nr. 2a GewStG[71] (60–24)	– 36	Kürzung nach § 9 Nr. 2a GewStG[71] (60–24)	– 36	Keine Kürzung nach § 9 Nr. 2a GewStG	
	Maßgebender Gewerbeertrag	**0**	**Maßgebender Gewerbeertrag**	**0**	**Maßgebender Gewerbeertrag**	**– 35**
Bei ausländischen Gewinnanteilen richten sich die Kürzungen nach § 9 Nr. 7 bzw. 8 GewStG.						

[71] Kürzungsbetrag gem. § 9 Nr. 2a Satz 1 GewStG = 60; Minderung des Kürzungsbetrags gem. § 9 Nr. 2a Satz 2 GewStG = 24.

Sachverhalt	I. Einzelunternehmen		II. Mitunternehmerschaft Natürliche Person unmittelbar/mittelbar beteiligt		III. Mitunternehmerschaft KapGes unmittelbar/mittelbar beteiligt	
Inländische Streubesitzdividende **– Beteiligung seit Beginn des Erhebungszeitraums** **und/oder** **– < 10 % des Grund- bzw. Stammkapitals** **– Kein Fall von § 8b Abs. 4 KStG**	Bilanzieller Gewinn	60	Bilanzieller Gewinn	60	Bilanzieller Gewinn	60
	§ 3 Nr. 40d EStG	– 40				
	§ 3c Abs. 2 EStG	+ 16				
	Gewinn aus Gewerbebetrieb	36	Gewinn aus Gewerbebetrieb	60	Gewinn aus Gewerbebetrieb	60
	Ausgangswert GewSt	**36**	**Ausgangsbetrag GewSt**	**60**	**Ausgangsbetrag GewSt**	**60**
	§ 7 Satz 1 GewStG		§ 7 Sätze 1, 4 GewStG		§ 7 Sätze 1, 4 GewStG	
			§ 3 Nr. 40d EStG	– 40	§ 8b Abs. 1 KStG	– 100
			§ 3c Abs. 2 EStG	+ 16	§ 8b Abs. 5 KStG	+ 5
	Hinzurechnung nach § 8 Nr. 5 GewStG[72] (40–16)	24	Hinzurechnung nach § 8 Nr. 5 GewStG[72] (40–16)	24	Hinzurechnung nach § 8 Nr. 5 GewStG[72] (100–5)	95
	Maßgebender Gewerbeertrag	**60**	**Maßgebender Gewerbeertrag**	**60**	**Maßgebender Gewerbeertrag**	**60**
Bei ausländischen Gewinnanteilen richten sich die Kürzungen nach § 9 Nr. 7 bzw. 8 GewStG.						

[72] Nach § 3 Nr. 40 Satz 1 Buchst. d) EStG bzw. § 8b Abs. 1 KStG außer Ansatz bleibende Dividende (= 40 bzw. 100) nach Abzug der mit diesen Einnahmen in wirtschaftlichem Zusammenhang stehenden Betriebsausgaben, soweit sie nach § 3c Abs. 2 EStG (Finanzierungskosten i.H.v. 40 x 40 %= 16) und § 8b Abs. 5 KStG (5 % von 100 = 5) unberücksichtigt bleiben.

Isolierte Betrachtung KapG

Sachverhalt	III. Körperschaft	Sachverhalt	III. Körperschaft
Inländische Schachteldividende **– Beteiligung seit Beginn des Erhebungszeitraums** **– mindestens 15 % des Grund- bzw. Stammkapitals**	Bilanzieller Gewinn[73] 33,625 Hinzurechnung § 10 Nr. 2 KStG 26,375 Zw.-Summe 60 § 8b Abs. 1 KStG – 100 § 8b Abs. 5 KStG + 5 Einkommen – 35 **Ausgangswert GewSt – 35** § 7 Satz 1 GewStG Keine Kürzung nach § 9 Nr. 2a GewStG **Maßgebender Gewerbeertrag – 35**	**Inländische Streubesitzdividende** **– keine Beteiligung seit Beginn des Erhebungszeitraums** **– < 10 % des Grund- bzw. Stammkapitals** **– Kein Fall von § 8b Abs. 4 KStG**	Bilanzieller Gewinn[73] 33,625 Hinzurechnung § 10 Nr. 2 KStG 26,375 Zw.-Summe 60 § 8b Abs. 1 KStG – 100 § 8b Abs. 5 KStG + 5 Einkommen – 35 **Ausgangswert GewSt – 35** § 7 Satz 1 GewStG Hinzurechnung nach § 8 Nr. 5 GewStG 95 **Maßgebender Gewerbeertrag 60**
Inländische Schachteldividende **– Beteiligung seit Beginn des Erhebungszeitraums** **– mindestens 15 % des Grund- bzw. Stammkapitals** **– Fall von § 8b Abs. 4 KStG**	Bilanzieller Gewinn[73] 33,625 Hinzurechnung § 10 Nr. 2 KStG 26,375 Zw.-Summe 60 § 8b Abs. 1 KStG § 8b Abs. 5 KStG Einkommen 60 **Ausgangswert GewSt 60** § 7 Satz 1 GewStG Kürzung nach § 9 Nr. 2a GewStG[74] (100–40) **– 60** **Maßgebender Gewerbeertrag 0**	**Inländische Streubesitzdividende** **– keine Beteiligung seit Beginn des Erhebungszeitraums und/oder** **– < 10 % des Grund- bzw. Stammkapitals** **– Fall von § 8b Abs. 4 KStG**	Bilanzieller Gewinn[73] 33,625 Hinzurechnung § 10 Nr. 2 KStG 26,375 Zw.-Summe 60 § 8b Abs. 1 KStG § 8b Abs. 5 KStG Einkommen 60 **Ausgangswert GewSt 60** § 7 Satz 1 GewStG **Maßgebender Gewerbeertrag 60**

73 Bei KapG ist die einbehaltene KapESt/Solz regelmäßig als „Steueraufwand" erfasst.

74 Kürzungsbetrag gem. § 9 Nr. 2a Satz 1 GewStG = 100; Minderung des Kürzungsbetrags gem. § 9 Nr. 2a Satz 2 GewStG = 40.

25.3 Steuerfreistellungen nach § 8b Abs. 2 KStG

25.3.1 Anwendungsbereich

Auch § 8b Abs. 2 KStG gilt persönlich für alle Körperschaften (z.B. beschränkt steuerpflichtige Körperschaft ohne inländisches Betriebsvermögen,[75] steuerpflichtiger Verein). Sachlich wird durch § 8b Abs. 2 KStG der Gewinn aus der Veräußerung einer Beteiligung an einer anderen Körperschaft steuerfrei gestellt. Das gilt sowohl für Beteiligungen an **inländischen** als auch an **ausländischen** Körperschaften. 25.70

Ferner greift die Befreiungsvorschrift des § 8b Abs. 2 KStG **unabhängig** von der **Beteiligungshöhe** und einer **Mindesthaltedauer.** Es kommt auch nicht darauf an, ob die Anteile unmittelbar oder nur mittelbar gehalten werden. Unter § 8b Abs. 2 KStG fallen im Weiteren die nachfolgenden Vorgänge: 25.71

- Gewinne aus der Veräußerung, Liquidation, Kapitalherabsetzung und -rückzahlung,
- Veräußerung von Organbeteiligungen,
- Aufdeckungstatbestände bei einbringungsgeborenen Anteilen,
- Gewinne aus der Wertaufholung nach § 6 Abs. 1 Nr. 2 Satz 3 EStG sowie
- Gewinne aus einer verdeckten Einlage.

25.3.2 Veräußerungsgewinn i.S.d. § 8b Abs. 2 Satz 2 KStG

25.3.2.1 Ermittlung des Veräußerungsgewinns

Gemäß § 8b Abs. 2 Satz 2 KStG ist Veräußerungsgewinn der Betrag, um den der Veräußerungspreis nach Abzug der Veräußerungskosten den Wert übersteigt, der sich nach den Vorschriften über die steuerliche Gewinnermittlung im Zeitpunkt der Veräußerung ergibt (= Buchwert). Die Steuerbefreiung knüpft also an den Veräußerungsgewinn und nicht an den Veräußerungspreis an. Damit mindern die Veräußerungskosten den nach § 8b Abs. 2 KStG steuerfreien (Veräußerungs-)Gewinn und nicht den laufenden (steuerpflichtigen) Gewinn. Der Veräußerungsgewinn i.S.d. § 8b Abs. 2 Satz 2 KStG ermittelt sich demnach wie folgt: 25.72

Veräußerungspreis (bzw. anderer Wert, z.B. gemeiner Wert)

– Veräußerungskosten

– Buchwert bei Veräußerung

= Veräußerungsgewinn (§ 8b Abs. 2 Satz 2 KStG).

---

[75] Vgl. PUNG, in: DÖTSCH/PUNG/MÖHLENBROCK, Die Körperschaftsteuer, § 8b KStG Rdnr. 102 (12/2023).

Beispiel

25.73 Die M-GmbH veräußert im Wj. 21 eine 20%ige Beteiligung an der T-GmbH. Der Veräußerungspreis beträgt 500.000 € (Buchwert: 200.000 €). Der M-GmbH sind Veräußerungskosten i.H.v. 20.000 € entstanden.

Lösung

Der Veräußerungsgewinn i.S.d. § 8b Abs. 2 Satz 2 KStG beträgt 280.000 €. Dieser Betrag entspricht dem Ergebnis lt. GuV. Ermittlung wie folgt:

Veräußerungspreis	500.000 €
Veräußerungskosten	– 20.000 €
Buchwert bei Veräußerung	– 200.000 €
Veräußerungsgewinn (§ 8b Abs. 2 Satz 2 KStG)	**280.000 €**

Gemäß § 8b Abs. 3 Satz 1 KStG gelten 5 % vom jeweiligen Gewinn i.S.d. § 8b Abs. 2 KStG als nicht abziehbare Betriebsausgaben; insoweit (hier: i.H.v. 5 % von 280.000 € = 14.000 €) hat dann eine außerbilanzielle Hinzurechnung zu erfolgen. Gemäß § 8b Abs. 3 Satz 2 KStG ist § 3c Abs. 1 EStG nicht anzuwenden, d.h., die tatsächlichen Ausgaben dürfen (auf den ersten Blick), soweit sie mit den steuerfreien Einnahmen in unmittelbarem wirtschaftlichen Zusammenhang stehen, als Betriebsausgaben abgezogen werden.

Damit ermittelt sich das Einkommen wie folgt:

Jahresüberschuss	280.000 €
Steuerfreistellung gem. § 8b Abs. 2 Satz 1 KStG	– 280.000 €
Hinzurechnung gem. § 8b Abs. 3 Satz 1 KStG	+ 14.000 €
Einkommen	**14.000 €**

25.74 Wie das Beispiel zeigt, führt das pauschale Abzugsverbot fiktiver Betriebsausgaben nach § 8b Abs. 3 Satz 1 KStG einerseits und der Abzug der tatsächlichen Veräußerungskosten bei Ermittlung des steuerfreien Veräußerungsgewinns (§ 8b Abs. 2 Satz 2 KStG) andererseits zu einer „doppelten" (Nicht-)Berücksichtigung ein und derselben Kosten, die vom Regelungszweck der Vorschrift nicht getragen ist. Dies erkennt zwar auch der BFH an, die Ausgestaltung verhält sich aber nach Meinung des BFH noch im Rahmen der hinnehmbaren gesetzgeberischen Gestaltungsfreiheit, weshalb das objektive Nettoprinzip als Ausdruck des Leistungsfähigkeitsprinzips dadurch nicht in unverhältnismäßiger Weise verletzt werde.[76]

[76] Vgl. zuletzt BFH, Urt. v. 15.06.2016 – I R 64/14, BStBl II 2017, 182 m.w.N.

Hinweis

Die Abgrenzung und Qualifizierung der Veräußerungskosten nach § 8b Abs. 2 Satz 2 KStG von den laufenden Betriebsausgaben ist von großer Bedeutung, da die Veräußerungskosten „nur" den steuerfreien Veräußerungsgewinn mindern, während die laufenden Betriebsausgaben den steuerpflichtigen Gewinn mindern. 25.75

25.3.2.2 Veräußerungskosten

Nach zwischenzeitlich ständiger Rechtsprechung des BFH werden die Veräußerungskosten von den laufenden Betriebsausgaben nicht (mehr) danach abgegrenzt, ob sie „in unmittelbarer sachlicher Beziehung" zu dem Veräußerungsgeschäft stehen, sondern danach, ob ein Veranlassungszusammenhang zu der Veräußerung besteht. Abzustellen ist auf das „auslösende Moment" für die Entstehung der Aufwendungen und ihre größere Nähe zur Veräußerung oder zum laufenden Gewinn. Danach können nach jüngerer Rechtsprechung des BFH auch sogenannte Gemeinkosten, z.B. allgemeine Verwaltungs-, Raum- oder Personalkosten, als Veräußerungskosten zu qualifizieren sein, soweit sie bei der gebotenen wertenden Zuordnung eine größere Nähe zu einzelnen Veräußerungsvorgängen als zum allgemeinen Geschäftsbetrieb aufweisen.[77] 25.76

Dies setzt regelmäßig Feststellungen darüber voraus, in welchem Umfang der Veräußerer Aufgaben (konkret) in Bezug auf die Veräußerung von Kapitalgesellschaftsanteilen wahrgenommen hat. Hinzu kommt, dass die Prüfung des Veranlassungszusammenhangs im Einzelfall häufig schwierige Wertungsentscheidungen erfordert, in denen verschiedene Rechtsanwender zu unterschiedlichen Ergebnissen kommen können, die nur selten als eindeutig „richtig" oder „falsch" zu klassifizieren sind. Besteht der Geschäftsbetrieb – wie im Urteilsfall – jedoch ausschließlich darin, Kapitalgesellschaftsanteile zu gründen und die hierbei erlangten Anteile zu veräußern, handelt es sich bei den Gemeinkosten des Geschäftsbetriebs zugleich um Kosten, die den einzelnen Veräußerungsvorgängen (in ihrer Gesamtheit) zuzuordnen sind.[78] Dass Gemeinkosten auch dann anfallen, wenn keine Beteiligungen veräußert werden, steht nach Ansicht des BFH der Qualifizierung als Veräußerungskosten nicht entgegen. 25.77

Hinweis

Diese jüngere Rechtsprechung des BFH bedeutet nicht, dass bei der Veranlassungsprüfung die Gemeinkosten nunmehr stets den Veräußerungskosten hinzuzurechnen sind. Die (anteilige) Zuordnung von Gemeinkosten zu den Veräußerungskosten i.S.d. 25.78

---

77 Vgl. BFH, Urt. v. 15.06.2016 – I R 64/14, BStBl II 2017, 182 m.w.N.

78 A.A. Riedel, Ubg 2015, 76.

§ 8b Abs. 2 Satz 2 KStG ist in sonstigen Fällen – wie das FG Köln in der Vorinstanz[79] zu Recht betont hat – eher unüblich.[80] Betreibt die Gesellschaft hingegen mehrere Geschäftsfelder, gilt die bisherige Rechtsprechung des BFH[81] unverändert fort, dass den Veräußerungskosten nur jene Aufwendungen zugeordnet werden können, die eine größere Nähe zu einzelnen Veräußerungsvorgängen (z.B. Übertragungskosten) als zu dem allgemeinen Geschäftsbetrieb aufweisen.[82]

25.3.2.3 Veräußerungskosten vor oder nach dem Jahr der Anteilsveräußerung und nachträgliche Kaufpreisänderungen

25.79 Nach früherer Auffassung der Finanzverwaltung[83] waren zwar die in einem anderen Wirtschaftsjahr entstandenen Veräußerungskosten oder nachträglichen Kaufpreisänderungen bei der Ermittlung des Veräußerungsgewinns oder Veräußerungsverlusts i.S.d. § 8b Abs. 2 Satz 2 KStG im Wirtschaftsjahr der Veräußerung der Beteiligung zu berücksichtigen. Dies sollte sich jedoch nach Auffassung der Finanzverwaltung auf den Anwendungsbereich des § 8b Abs. 2 KStG beschränken.

Beispiel

25.80 Die X-GmbH veräußert im Wj. 22 ihre Beteiligung an der AB-GmbH für 500.000 € (Buchwert: 250.000 €). Bereits im Wj. 21 musste sie Veräußerungskosten (Notar, Beratung) von 25.000 € aufwenden, die in 21 (zutreffend) als Betriebsausgaben verbucht wurden.

Lösung (früher)

Die Veräußerungskosten waren im Wj. 21 in voller Höhe als Betriebsausgaben abziehbar. Sie minderten daher das Einkommen des VZ 21 in voller Höhe. § 8b Abs. 2 KStG und daher auch die einschränkende Abziehbarkeit der Veräußerungskosten gilt erst im VZ 22. Zwar beläuft sich der bilanzielle Gewinn auf 250.000 €, für Zwecke des § 8b Abs. 2 KStG ist aber der Gewinn unter Berücksichtigung der Veräußerungskosten maßgebend (= 225.000 €). Dieser Gewinn bildet auch die Bemessungsgrundlage der Betriebsausgabenpauschalierung (§ 8b Abs. 3 Satz 1 KStG), so dass dadurch nicht abziehbare Betriebsausgaben von 11.250 € hinzuzurechnen sind (5 % von 225.000 €). Die Einkommen in den beteiligten VZ ermitteln sich daher wie folgt:

---

[79] FG Köln, Urt. v. 01.10.2014 – 10 K 3593/12, EFG 2015, 151.

[80] Ebenso SCHOLZ/RIEDEL, FR 2016, 1040.

[81] Vgl. BFH, Urt. v. 12.03.2014 – I R 45/13, BStBl II, 719, und BFH, Urt. v. 09.04.2014 – I R 52/12, BStBl II, 861.

[82] Vgl. auch PUNG, in: DÖTSCH/PUNG/MÖHLENBROCK, Die Körperschaftsteuer, § 8b KStG Rdnr. 109b m.w.N. (12/2023).

[83] BMF-Schreiben v. 13.03.2008 – IV B 7 - S 2750 a/07/0002, BStBl I, 506.

VZ 21		– 25.000 €
VZ 22		
Jahresüberschuss	250.000 €	
§ 8b Abs. 2 KStG	– 225.000 €	
§ 8b Abs. 3 Satz 1 KStG	11.250 €	+ 36.250 €
Auswirkung gesamt (VZ 21 und 22) (= Betriebsausgabenpauschalierung)		**11.250 €**

Im Ergebnis wirkt sich daher über die Besteuerungszeiträume 21 und 22 nur die Betriebsausgabenpauschalierung nach § 8b Abs. 3 Satz 1 KStG auf das Einkommen aus.

Nach Auffassung des BFH,[84] der sich die Finanzverwaltung[85] inzwischen ange- 25.81
schlossen hat, erfolgt hingegen nicht nur die Anwendung des § 8b Abs. 2 KStG stichtagsbezogen auf den Veräußerungszeitpunkt (zurück). Auch ein sich aus der nachträglichen Wertveränderung der Kaufpreisforderung ergebender Aufwand (= Forderungsausfall) soll gewinnmindernd auf den Veräußerungszeitpunkt zurückwirken; dies gilt nach Auffassung des BFH[86] auch für vor oder nach dem Veräußerungszeitpunkt anfallende Veräußerungskosten. Dies macht es erforderlich, auch den steuerbilanziellen Gewinn sowohl des Wirtschaftsjahres der Veräußerung als auch des anderen Wirtschaftsjahres **außerbilanziell** anzupassen.[87]

Danach ergibt sich im vorstehenden Beispielsfall folgende Lösung:

Lösung (nach BFH und BMF-Schreiben vom 25.07.2015): 25.82

VZ 21 Steuerbilanz		– 25.000 €
außerbilanzielle Korrektur		25.000 €
		0 €
VZ 22 Steuerbilanz		
Jahresüberschuss	250.000 €	
außerbilanzielle Korrektur		
Veräußerungskosten	– 25.000 €	

[84] Vgl. BFH, Urt. v. 22.12.2010 – I R 58/10, BStBl II 2015, 668.

[85] Vgl. BMF-Schreiben v. 24.07.2015 – IV C 2 - S 2750-a/07/10002 :002, BStBl I, 612.

[86] Vgl. BFH, Urt. v. 12.03.2014 – I R 55/13, BStBl II 2015, 658.

[87] Vgl. Gosch, BFH-PR 2011, 181, und BMF-Schreiben v. 24.07.2015 – IV C 2 - S 2750-a/07/10002 :002, BStBl I, 612.

§ 8b Abs. 2 KStG	– 225.000 €	
§ 8b Abs. 3 Satz 1 KStG	1.250 €	**11.250 €**
Auswirkung gesamt (VZ 21 und 22) (= Betriebsausgabenpauschalierung)		**11.250 €**

25.83 Nach dem BMF-Schreiben vom 24.07.2015[88] sind die vor dem Wirtschaftsjahr der Anteilsveräußerung entstandenen Veräußerungskosten aber zunächst bei der Veranlagung für den Veranlagungszeitraum, in dem das Wirtschaftsjahr endet, in dem sie angefallen sind, zu berücksichtigen. Die **außerbilanzielle Korrektur** der vor dem Wirtschaftsjahr der Anteilsveräußerung angefallenen Veräußerungskosten ist **erst mit Wirksamkeit der Veräußerung** vorzunehmen. Die Änderungen der entsprechenden Veranlagungen sind nach Maßgabe der Korrekturvorschriften (insbesondere § 175 Abs. 1 Satz 1 Nr. 2 AO) vorzunehmen.

25.3.3 Verhältnis zu verdeckten Gewinnausschüttungen

25.84 Gemäß § 8b Abs. 2 Satz 2 KStG ist Veräußerungsgewinn der Betrag, um den der Veräußerungspreis nach Abzug der Veräußerungskosten den Buchwert übersteigt. Nach dem Wortlaut der Vorschrift würden daher Einkommenserhöhungen durch verdeckte Gewinnausschüttungen im Zusammenhang mit der Übertragung von Anteilen nicht unter die Steuerbefreiung des § 8b Abs. 2 KStG fallen. Allerdings ist die Vorschrift nach h.M.[89] und auch nach Auffassung der Finanzverwaltung[90] zu Recht über den Wortlaut hinaus auszulegen (siehe im Einzelnen Rdnr. 19.1 ff.).

25.3.4 Gewinne aus der Veräußerung des Anteils an einer Organgesellschaft

25.85 Mit dem Unternehmenssteuerfortentwicklungsgesetz (UntStFG)[91] hat der Gesetzgeber in § 8b Abs. 2 Satz 1 KStG ausdrücklich klargestellt, dass auch Gewinne aus der Veräußerung eines Anteils an einer Organgesellschaft bei der Einkommensermittlung außer Ansatz bleiben. Die Klarstellung erfolgte, weil § 8b Abs. 2 KStG Bezug auf § 20 Abs. 1 Nr. 1, 2, 9 und 10 Buchst. a) EStG nimmt, eine Organgesellschaft aber regelmäßig keine Gewinnausschüttungen vornimmt; vielmehr handelt es sich handelsrechtlich um eine Gewinnabführung, steuerrechtlich um eine

[88] Vgl. BMF-Schreiben v. 24.07.2015 – IV C 2 - S 2750-a/07/10002 :002, BStBl I, 612.

[89] Vgl. Pung, in: Dötsch/Pung/Möhlenbrock, Die Körperschaftsteuer, § 8b KStG Rdnr. 133 m.w.N. (12/2023); BFH, Beschl. v. 06.07.2000 – I B 34/00, BStBl II 2002, 490.

[90] Vgl. BMF-Schreiben v. 28.04.2003 – IV A 2 - S 2750a - 7/03, BStBl I, 292, Rdnr. 21.

[91] Gesetz zur Fortentwicklung des Unternehmenssteuerrechts (Unternehmenssteuerfortentwicklungsgesetz – UntStFG) v. 20.12.2001, BGBl I, 3858.

Einkommenszurechnung, die beide nicht von § 20 Abs. 1 Nr. 1, 2, 9 und 10 Buchst. a) EStG erfasst werden (siehe dazu auch Rdnr. 20.4).

25.3.5 Gewinne aus der Auflösung oder der Herabsetzung des Nennkapitals

25.86 Gemäß § 8b Abs. 2 Satz 3 KStG fällt auch der Gewinn aus der Auflösung oder der Herabsetzung des Nennkapitals einer Tochterkapitalgesellschaft auf Ebene der Mutter(kapital)gesellschaft unter den Anwendungsbereich des § 8b KStG. Hierbei fallen allerdings nur die Auskehrungen unter § 8b Abs. 2 Satz 3 KStG, die nicht bereits zu den von § 8b Abs. 1 KStG erfassten Bezügen i.S.d. § 20 Abs. 1 Nr. 2 EStG gehören, mithin die Rückzahlung von nicht aus der Umwandlung von sonstigen Rücklagen stammendem Nennkapital und von Einlagen.[92]

25.87 Des Weiteren entsteht ein nach § 8b Abs. 2 Satz 3 KStG steuerfreier Gewinn nur insoweit, als die Kapitalrückzahlung den Buchwert der Beteiligung übersteigt.[93] Unterschreitet die Auskehrung den Buchwert der Beteiligung, ist dieser Vorgang bei einer bloßen Kapitalherabsetzung (mit Rückzahlung) einkommensneutral (Minderung der Anschaffungskosten), bei Auflösung der Gesellschaft kommt es zu einem Verlust, der dem Abzugsverbot des § 8b Abs. 3 Satz 3 KStG unterliegt. Bei Auflösung und Liquidation der Tochterkapitalgesellschaft ist also hinsichtlich der Rechtsfolgen beim Gesellschafter (hier Kapitalgesellschaft) wie folgt zwischen Kapitalrückzahlungen und Kapitalerträgen zu unterscheiden:

Auflösung und Liquidation der Tochterkapitalgesellschaft

Rechtsfolgen beim Gesellschafter (= Kapitalgesellschaft)	
Kapitalerträge (alle Bezüge, soweit keine Kapitalrückzahlung)	**Kapitalrückzahlungen** (Rückzahlung von Nennkapital, soweit kein Sonderausweis und Auskehrungen aus dem steuerlichen Einlagekonto vorliegen)
Betriebseinnahmen § 20 Abs. 1 Nr. 2 Satz 1 EStG (Rücklagen) § 20 Abs. 1 Nr. 2 Satz 2 EStG i.V.m. § 28 Abs. 2 Satz 2 KStG (Nennkapital mit Sonderausweis)	**Minderung Beteiligungsbuchwert** Gewinn – § 8b Abs. 2 Satz 3 KStG Verlust – § 8b Abs. 3 Satz 3 KStG

---

92 Vgl. auch BMF-Schreiben vom 28.04.2003 – IV A 2 - S 2750a - 7/03, BStBl I, 292, Rdnr. 6 und 7.

93 Vgl. PUNG, in: DÖTSCH/PUNG/MÖHLENBROCK, Die Körperschaftsteuer, § 8b KStG Rdnr. 153 (12/2023), und HERLINGHAUS, in: RÖDDER/HERLINGHAUS/NEUMANN, KStG, 2. Aufl. 2023, § 8b Rdnr. 252.

25.88 Die Trennung der Vermögensteile in Kapitalrückzahlungen einerseits und Kapitalerträge nach § 20 Abs. 1 Nr. 2 EStG andererseits ist auch im Hinblick auf die **gewerbesteuerliche Hinzurechnungsvorschrift** des § 8 Nr. 5 GewStG, **respektive die Kürzungsvorschrift** des § 9 Nr. 2a GewStG vorzunehmen. Denn der Begriff des Gewinnanteils i.S.d. § 8 Nr. 5 GewStG umfasst zwar die Bezüge i.S.d. § 8b Abs. 1 KStG, mithin Kapitalerträge i.S.d. § 20 Abs. 1 Nr. 2 EStG, nicht aber die nach § 8b Abs. 2 KStG freigestellten Bezüge (hier: Kapitalrückzahlungen).[94] Entsprechendes gilt für den Begriff des Gewinnanteils i.S.d. § 9 Nr. 2a GewStG.[95]

Beispiel

25.89 Die A-GmbH ist an der AB-GmbH zu 22 % beteiligt. Die AB-GmbH wird zum 01.07.20 aufgelöst. Mit Abschluss der Liquidation am 10.10.21 erhält die A-GmbH einen Liquidationserlös i.H.v. 136.000 €, der sich wie folgt zusammensetzt:

1.	Rückzahlung des Stammkapitals aus dem steuerlichen Einlagekonto gem. § 28 Abs. 2 Satz 3 KStG	70.000 €
2.	Rückzahlungen von (weiteren) Beträgen, für die das steuerliche Einlagekonto i.S.d. § 27 KStG als verwendet gilt	20.000 €
3.	Auszahlung von Gewinnrücklagen	46.000 €
		136.000 €

Die ursprünglichen Anschaffungskosten der A-GmbH für den Anteil an der AB-GmbH haben 70.000 € betragen. Mit diesem Wert steht die Beteiligung an der AB-GmbH auch noch in der Bilanz der A-GmbH zu Buche.

Lösung

In der Steuerbilanz führen die Kapitalrückzahlungen (hier: Rückzahlung des Stammkapitals i.H.v. 70.000 € und der weiteren Zahlungen i.H.v. 20.000 €, für die das steuerliche Einlagekonto i.S.d. § 27 KStG als verwendet gilt) i.H.v. 70.000 € zu einer Minderung der (betrieblichen) Anschaffungskosten und damit zur Minderung des Beteiligungsbuchwerts. Soweit die Kapitalrückzahlungen den Beteiligungsbuchwert übersteigen (hier i.H.v. 20.000 €), kommt es zu einer Gewinnrealisierung. Die Kapitalerträge i.S.d. § 20 Abs. 1 Nr. 2 EStG sind bilanziell als Beteiligungsertrag zu erfassen; sie mindern also nicht die Anschaffungskosten der Beteiligung. In der Steuerbilanz ist wie folgt zu buchen:

Bank	90.000 €	an Beteiligung AB-GmbH	70.000 €
		an sonstiger betriebl. Ertrag	20.000 €

---

[94] Vgl. SCHNITTER, in: FROTSCHER/DRÜEN, KStG/GewStG/UmwStG, § 8 GewStG Rdnr. 343 (06/2022); BERGMANN, in: WENDT/SUCHANEK/MÖLLMANN/HEINEMANN, GewStG, 2. Aufl. 2022, § 8 Rdnr. 19–21.

[95] Vgl. SCHNITTER, in: FROTSCHER/DRÜEN, KStG/GewStG/UmwStG, § 9 GewStG Rdnr. 142, 143 (05/2022).

und

Bank	33.867,50 €	an Beteiligungsertrag	46.000,00 €
Steuern vom Einkommen			
– KapESt	11.500,00 €		
– SolZ	632,50 €		

(KapESt/SolZ: Ermittlung gem. § 43 Abs. 1 Nr. 1, § 43a Abs. 1 Nr. 1 EStG, 46.000 € x 25 % = 11.500 € KapESt; KapESt 11.500 € x 5,5 % = 632,50 € SolZ).

Hiervon ausgehend ermittelt sich ein Steuerbilanzgewinn (ohne Berücksichtigung von KSt-Forderung und GewSt) i.H.v. 53.867,50 €. Im Hinblick auf § 8b Abs. 1 und 2 KStG ergeben sich folgende **außerbilanzielle Korrekturen**:

	StB	**außer-bilanziell**
Kapitalrückzahlungen		
Summe der Kapitalrückzahlungen	90.000,00 €	
abzgl. Buchwert der Beteiligung	– 70.000,00 €	
Auflösungsgewinn (Kapitalrückzahlung)	20.000,00 €	
Kürzung § 8b Abs. 2 Satz 3 KStG		– 20.000,00 €
Hinzurechnung gem. § 8b Abs. 3 Satz 1 KStG		+ 1.000,00 €
Gewinnrücklagen	46.000,00 €	
Hinzurechnung Steueraufwand § 10 Nr. 2 KStG		12.132,50 €
Kürzung gem. § 8b Abs. 1 Satz 1 KStG		– 46.000,00 €
Hinzurechnung gem. § 8b Abs. 5 Satz 1 KStG		+ 2.300,00 €
Summe		**– 50.567,50 €**

Demnach ermittelt sich das Einkommen der A-GmbH wie folgt:

Steuerbilanzgewinn	53.867,50 €
außerbilanzielle Hinzurechnungen/Kürzungen	– 50.567,50 €
Einkommen	**3.300,00 €**

Im Ergebnis wirken sich nur die „nicht abziehbaren Betriebsausgaben" nach § 8b Abs. 3 Satz 1 und Abs. 5 Satz 1 KStG auf das Einkommen der A-GmbH aus.

25.3.6 Wertaufholungen nach § 6 Abs. 1 Nr. 2 Satz 3 EStG

25.90 Unter die Veräußerungsgewinnbefreiung des § 8b Abs. 2 KStG fallen auch die Gewinne aus Wertaufholungen i.S.d. § 6 Abs. 1 Nr. 2 Satz 3 EStG (§ 8b Abs. 2 Satz 3 KStG). Damit sind natürlich nur Wertaufholungsgewinne im Zusammenhang mit Anteilen an Kapitalgesellschaften gemeint. Voraussetzung ist jedoch, dass diesen Wertaufholungen eine nach § 8b Abs. 3 Satz 3 KStG steuerlich nicht zu berücksichtigende Teilwertabschreibung vorausgegangen ist (§ 8b Abs. 3 Satz 4 KStG; siehe im Einzelnen Rdnr. 25.92 ff.).

Hinweis

25.91 Da Teilwertabschreibungen auf Anteile an Kapitalgesellschaften gem. § 8b Abs. 3 Satz 3 KStG vollständig nicht steuerwirksam sind, Wertaufholungen jedoch wegen des § 8b Abs. 3 Satz 1 KStG zu 5 % steuerpflichtig sind, ist eine Teilwertabschreibung in der Steuerbilanz regelmäßig nicht zu empfehlen. Wegen des mit dem BilMoG eingeführten Wahlrechtsvorbehalts in § 5 Abs. 1 Satz 1 zweiter Halbsatz EStG besteht insoweit (zumindest nach Auffassung der Finanzverwaltung[96]) auch keine Bindungswirkung an § 253 Abs. 3 Satz 5 HGB. Steuerrechtlich besteht für die Teilwertabschreibung ein Wahlrecht (§ 6 Abs. 1 Nr. 2 Satz 2 EStG).

25.3.7 Umfang der Steuerfreistellung

25.3.7.1 Teilwertabschreibungen

25.92 Die Steuerbefreiung nach § 8b Abs. 2 Satz 1–3 KStG gilt nicht, soweit der Anteil in früheren Jahren steuerwirksam auf den niedrigen Teilwert abgeschrieben und die Gewinnminderung nicht durch den Ansatz eines höheren Werts ausgeglichen worden ist (§ 8b Abs. 3 Satz 4 KStG). Die Vorschrift steht damit in einer Wechselbeziehung zu § 8b Abs. 3 Satz 3 KStG; danach sind Gewinnminderungen (mithin auch Teilwertabschreibungen) im Zusammenhang mit dem Anteil an einer Kapitalgesellschaft steuerlich nicht zu berücksichtigen. § 8b Abs. 2 Satz 4 KStG erfasst daher grundsätzlich Altfälle, in denen die Teilwertabschreibung nicht dem Abzugsverbot des § 8b Abs. 3 Satz 3 KStG unterlag. Eine entsprechende Regelung ist in § 3 Nr. 40a Satz 2 EStG für natürliche Personen (Anteile BV) normiert.

25.93 § 8b Abs. 2 Satz 4 KStG verfolgt den Zweck, dass außerhalb des zeitlichen Anwendungsbereichs von § 8b Abs. 3 KStG steuerwirksame Teilwertabschreibungen bei einer Wertaufholung der Wirtschaftsgüter systemkonsequent von der Steuerbefreiung des § 8b Abs. 2 KStG ausgeschlossen werden. Ziel ist es daher, zu verhindern, dass es nach dem Systemwechsel zum (Halb-/)Teileinkünfteverfahren zu

[96] Vgl. BMF-Schreiben v. 12.03.2010 – IV C 6 - S 2133/09/10001, BStBl I, 239, Rdnr. 13; zum Meinungsstand im Schrifttum vgl. Richter/Anzinger/Tiedchen, in: Herrmann/Heuer/Raupach, EStG/KStG, § 5 EStG Rdnr. 272, 280 (01/2024).

einer steuerfreien Realisation der stillen Reserven kommt, die nach früherer Rechtslage steuerpflichtig gewesen wäre.[97]

Beispiel

Die M-GmbH hält 100 % der Anteile an der T-GmbH. Die Anteile wurden 1992 zu einem Kaufpreis von 150.000 € erworben. In Zusammenhang mit der Beteiligung wurde 1997 zulässigerweise eine (steuerlich wirksame) Teilwertabschreibung vorgenommen (hier: Teilwertabschreibung = 90.000 €, Buchwert danach = 60.000 €). 2022 stieg der Wert der Beteiligung (T-GmbH) wegen eines neu entwickelten Patents auf 200.000 € an. Die M-GmbH veräußerte daraufhin die Beteiligung noch im Wj. 2022 für 200.000 €. Betriebsausgaben sind nicht angefallen. 25.94

Lösung

Der Veräußerungsgewinn beträgt 140.000 €. Hiervon sind 90.000 € (= seinerzeitige Teilwertabschreibung) steuerpflichtig (vgl. § 8b Abs. 2 Satz 4 KStG); der Restbetrag i.H.v. 50.000 € ist nach § 8b Abs. 2 Satz 1 KStG) steuerfrei. Vom Gewinn i.H.v. 50.000 € gelten jedoch 5 % (= 2.500 €) als Ausgaben, die nicht als Betriebsausgaben abgezogen werden dürfen.

Jahresüberschuss	140.000 €
abzgl. § 8b Abs. 2 Satz 1 KStG	– 50.000 €
zzgl. § 8b Abs. 3 Satz 1 KStG	+ 2.500 €
Einkommen	**92.500 €**

Das Einkommen i.H.v. 92.500 € setzt sich hier aus dem steuerpflichtigen Teil der Veräußerung des GmbH-Anteils (90.000 €) und der Hinzurechnung nach § 8b Abs. 3 Satz 1 KStG (2.500 €) zusammen.

Abwandlung

Zum 31.12.1999 wurde bereits eine Zuschreibung i.H.v. 60.000 € vorgenommen (neuer Buchwert = 120.000 €).

Lösung

Der Veräußerungsgewinn beträgt nunmehr 80.000 €. Hiervon sind nur noch 30.000 € (= Restbetrag der Teilwertabschreibung) steuerpflichtig; der Restbetrag i.H.v. 50.000 € ist nach § 8b Abs. 2 Satz 1 KStG) steuerfrei. Vom Gewinn i.H.v. 50.000 € gelten jedoch 5 % (= 2.500 €) als Ausgaben, die nicht als Betriebsausgaben abgezogen werden dürfen.

Jahresüberschuss	80.000 €
abzgl. § 8b Abs. 2 Satz 1 KStG	– 50.000 €
zzgl. § 8b Abs. 3 Satz 1 KStG	+ 2.500 €
zu versteuerndes Einkommen	**32.500 €**

[97] BFH, Urt. v. 21.09.2016 – I R 65/14, BFH/NV 2017, 267.

Das Einkommen i.H.v. 32.500 € setzt sich hier aus dem steuerpflichtigen Teil der Veräußerung des GmbH-Anteils (30.000 €) und der Hinzurechnung nach § 8b Abs. 3 Satz 1 KStG (2.500 €) zusammen.

25.95 Nach **Auffassung des BFH**[98] soll § 8b Abs. 2 Satz 4 KStG auch dann einschlägig sein, wenn die vorangegangene Teilwertabschreibung zu Unrecht, d.h. entgegen § 8b Abs. 3 Satz 3 KStG, steuermindernd berücksichtigt worden ist. Durch § 8b Abs. 2 Satz 4 KStG bestehe eine ausdrückliche gesetzliche Regelung, die die Versagung der Steuerfreiheit der Teilwertzuschreibung allein von der tatsächlichen Steuerwirksamkeit der früheren Teilwertabschreibung abhängig mache. Die Vorschrift knüpfe an bilanzielle Vorgänge an, für derartige Vorgänge sei der Grundsatz der Abschnittsbesteuerung aber durch den Grundsatz des Bilanzenzusammenhangs überlagert. Die Begründung ist nicht überzeugend, weil die fehlerhafte (Nicht-)Anwendung des § 8b Abs. 3 Satz 3 KStG gerade kein bilanzieller Fehler ist und daher auch nicht über den Bilanzenzusammenhang ausgeglichen werden kann; der Bilanzansatz ist vielmehr richtig. Es kommt damit im Ergebnis zu einer ungerechtfertigten Durchbrechung der Bestandskraft, weshalb eine teleologische Reduktion der Vorschrift geboten erscheint.

25.3.7.2 Steuerwirksam vorgenommene Abzüge nach § 6b EStG und ähnliche Abzüge

25.96 Die Steuerbefreiung nach § 8b Abs. 2 Satz 1 KStG greift gem. § 8b Abs. 2 Satz 5 KStG auch dann nicht ein, soweit der niedrigere Buchwert auf steuerwirksam vorgenommene Abzügen nach § 6b EStG oder ähnliche Abzüge zurückzuführen ist. Bei den Rücklagen nach § 6b EStG muss es sich also – ebenso wie in den Fällen der Teilwertabschreibung – um Altfälle handeln, weil § 6b Abs. 10 EStG Körperschaften insoweit nicht „begünstigt". Als Beispiel für „ähnliche Abzüge" nennt der Gesetzgeber[99] den seltenen Spezialfall von Begünstigungen nach § 30 BergbauRatG. Die Ausdehnung der Vorschrift ist folgerichtig, denn andernfalls würden die nach § 6b EStG begünstigten Gewinne nicht nur – wie vom Gesetz beabsichtigt – gestundet, sondern endgültig steuerfreigestellt. Eine entsprechende Regelung ist in § 3 Nr. 40a Satz 3 EStG für natürliche Personen (Anteile am Betriebsvermögen) normiert.

---

98 Vgl. BFH, Urt. v. 13.02.2019 – I R 21/17, BFHE 264, 135 zu § 8b Abs. 8 Satz 2 KStG; FG Münster, Urt. v. 17.03.2009 – 9 K 1105/08, EFG 2009, 1051; ebenso HERLINGHAUS, in: RÖDDER/HERLINGHAUS/NEUMANN, KStG, 2. Aufl. 2023, § 8b Rdnr. 259, und PUNG, in: DÖTSCH/PUNG/MÖHLENBROCK, Die Körperschaftsteuer, § 8b KStG Rdnr. 157, 161 (12/2023).

99 Regierungsentwurf eines Gesetzes über steuerliche Begleitmaßnahmen zur Einführung der Europäischen Gesellschaft und zur Änderung weiterer steuerrechtlicher Vorschriften (SEStEG), BT-Drucks. 16/2710, S. 30.

Beispiel

Die M-GmbH veräußerte 1997 ein nach § 6b EStG begünstigtes Wirtschaftsgut (hier: Anteil an inländischer Kapitalgesellschaft), woraus sie einen Gewinn von 750.000 € realisierte. Diesen Gewinn übertrug sie (zulässigerweise) im Rahmen des § 6b EStG auf den Buchwert der Beteiligung an der T-GmbH. Der Buchwert der Beteiligung der T-GmbH beträgt nach der Übertragung noch 300.000 €. Im VZ 2022 wird die Beteiligung an der T-GmbH für 1.200.000 € veräußert. 25.97

Lösung

Die M-GmbH erzielt aus der Veräußerung des Anteils an der T-GmbH einen Veräußerungsgewinn i.H.v. 900.000 €. Dieser ist gem. § 8b Abs. 2 Satz 5 KStG in Höhe des steuerwirksam vorgenommenen Abzugsbetrags nach § 6b EStG i.H.v. 750.000 € steuerpflichtig; der darüber hinausgehende Veräußerungsgewinn i.H.v. 150.000 € unterliegt der Steuerbefreiung nach § 8b Abs. 2 Satz 1 KStG. Gemäß § 8b Abs. 3 Satz 1 KStG gelten 5 % vom begünstigten Gewinn i.S.d. § 8b Abs. 2 KStG (hier i.H.v. 5 % von 150.000 € = 7.500 €) als nicht abziehbare Betriebsausgaben.

25.3.7.3 Reihenfolge von Wertaufholungen

Wurden sowohl einkommensmindernde Teilwertabschreibungen (regelmäßig während des Anrechnungsverfahrens vor 2002) als auch steuerneutrale Teilwertabschreibungen (i.d.R. ab dem Veranlagungszeitraum 2002) vorgenommen, stellt sich die Frage, welche Teilwertabschreibung vorrangig rückgängig zu machen ist. Die Finanzverwaltung[100] ging früher davon aus, dass die Wertaufholungen so lange steuerpflichtig waren, bis die steuerwirksam vorgenommenen Teilwertabschreibungen in vollem Umfang ausgeglichen waren. Im Ergebnis wurde danach also eine Verrechnungsreihenfolge des „First in – First out" vertreten. Die Wertaufstockungen sollten mithin zunächst mit den früheren (ersten) Abschreibungen verrechnet werden, erst danach sollte die Steuerfreistellung greifen. Nach Ansicht des BFH[101] und neuerlicher Auffassung der Finanzverwaltung[102] ist vorrangig die letzte, nicht steuerwirksame Teilwertabschreibung rückgängig zu machen. Im Ergebnis entspricht dieses Vorgehen einem „Last in – First out" der Verrechnungsreihenfolge. Damit ist die Wertaufholung vorrangig steuerfrei. 25.98

[100] OFD Münster, Vfg. v. 23.02.2005, DB 2005, 470; OFD Koblenz, Vfg. v. 18.09.2006 – S 2324 - St 33 2 S 2750 a A - St 33 2, DStR 2006, 2033.

[101] BFH, Urt. v. 19.08.2009 – I R 2/09, BStBl II 2010, 760.

[102] Da das BFH-Urt. v. 19.08.2009 – I R 2/09 im Bundessteuerblatt veröffentlicht wurde, ist es damit auch über den entschiedenen Einzelfall hinaus anzuwenden.

Beispiel

25.99 Im Betriebsvermögen der M-GmbH wird eine Beteiligung an der T-GmbH gehalten. Der Buchwert dieser Beteiligung hat sich wie folgt entwickelt:

Anschaffungskosten 1990	900.000 €
Teilwertabschreibung in 1996 (steuerwirksam)	– 200.000 €
Buchwert zum 31.12.1996–31.12.2015	700.000 €
Teilwertabschreibung 2016 (nicht steuerwirksam)	– 300.000 €
Buchwert zum 31.12.2016	400.000 €
Wertaufholung 2022	+ 150.000 €
Buchwert zum 31.12.2022	**550.000 €**

Lösung

Die Wertaufholung ist in vollem Umfang steuerfrei, weil zunächst die zuletzt vorgenommenen Teilwertabschreibungen rückgängig zu machen sind. Die 2016 vorgenommene Teilwertabschreibung i.H.v. 300.000 € reicht für die Wertaufholung 2022 aus. Der bilanzielle Gewinn durch die Wertaufholung ist deshalb außerbilanziell nach § 8b Abs. 2 Satz 1 KStG um 150.000 € zu kürzen und gem. § 8b Abs. 3 Satz 1 KStG um 7.500 € (5 % von 150.000 €) zu erhöhen.

25.100 Mit Urteil vom 13.02.2019 hat der BFH[103] zwar entschieden, dass Wertaufholungen nach § 6 Abs. 1 Nr. 2 Satz 3 EStG i.V.m. § 8 Abs. 1 und § 8b Abs. 8 Satz 1 KStG, denen in früheren Jahren sowohl steuerwirksame als auch steuerunwirksame Anteilsabschreibungen auf den niedrigeren Teilwert vorangegangen waren, nach § 8b Abs. 8 Satz 2 KStG vorrangig mit dem Gesamtvolumen früherer steuerunwirksamer Teilwertabschreibungen zu verrechnen sind. Ob sich hieraus auch Auswirkungen auf das Verständnis von § 8b Abs. 2 Satz 4 KStG sowie des hierzu ergangenen BFH-Urteils vom 19.08.2009[104] ergeben, hat der BFH ausdrücklich offengelassen. Die Finanzverwaltung[105] wendet das BFH-Urteil vom 13.02.2019 lediglich auf insoweit vergleichbare Konstellationen bei Lebens- und Krankenversicherungsunternehmen sowie bei Pensionsfonds an, für die die sektorspezifische Sonderregelung des § 8b Abs. 8 KStG gilt. Für Wertaufholungen i.S.v. § 8b Abs. 2 Satz 4 KStG hält sie weiterhin am BFH-Urteil vom 19.08.2009 (Last in – First out) fest, wenn diese nicht einer konkreten vorangegangenen Teilwertabschreibung zugeordnet werden können.

103 BFH, Urt. v. 13.02.2019 – I R 21/17, BStBl II, 567.
104 BFH, Urt. v. 19.08.2009 – I R 2/09, BStBl II 2010, 760.
105 Finanzministerium des Landes Schleswig-Holstein, Vfg. v. 05.11.2020 – VI 313-S 2750a-039, FMNR543550020, juris.

25.3.8 Verdeckte Einlage

Gemäß § 8b Abs. 2 Satz 6 KStG ist Veräußerung i.S.d. § 8b Abs. 2 KStG auch die verdeckte Einlage; diese führt in aller Regel zu einer Gewinnrealisierung, da die verdeckte Einlage **steuerrechtlich** auf Ebene des Gesellschafters in Höhe des Teilwerts des eingelegten Wirtschaftsguts zu **nachträglichen Anschaffungskosten** auf die Beteiligung führt. Dies regelt ausdrücklich § 6 Abs. 6 Satz 2 EStG.[106] 25.101

25.3.9 Pauschaliertes Betriebsausgabenabzugsverbot – § 8b Abs. 3 Satz 1 und 2 KStG

Das (pauschale) Abzugsverbot des § 8b Abs. 3 Satz 1 KStG umfasst alle Gewinne i.S.d. § 8b Abs. 2 Satz 1, 3 und 6 KStG, mithin: 25.102

- Gewinne aus der Veräußerung, Liquidation, Kapitalherabsetzung und Rückzahlung,
- Veräußerung von Organbeteiligungen,
- Gewinne aus der Wertaufholung nach § 6 Abs. 1 Nr. 2 Satz 3 EStG,
- Gewinne aus einer verdeckten Einlage.

Bei Zusammenfallen von Gewinnen i.S.d. § 8b Abs. 2 KStG und Verlusten i.S.d. § 8b Abs. 3 KStG **ist eine Saldierung von Gewinnen und Verlusten** zum Zwecke der Ermittlung der nach § 8b Abs. 3 Satz 1 KStG nicht abziehbaren Betriebsausgaben **unzulässig.** 25.103

Bei **natürlichen Personen** als Anteilseigner, bei denen die Anteile zum Betriebsvermögen gehören, greift in o.a. Fällen die Abzugsbeschränkung des § 3c Abs. 2 Satz 1 EStG ein. Anders als bei § 8b Abs. 2 und Abs. 3 Satz 1 KStG kommt es dort nicht zur doppelten Nichtberücksichtigung der Veräußerungskosten, weil § 3 Nr. 40 Satz 1 Buchst. a) EStG nicht den Gewinn als Nettogröße, sondern vielmehr die Betriebsvermögensmehrung (Betriebseinnahme) steuerfrei stellt, während § 3c Abs. 2 Satz 1 EStG ein entsprechendes Abzugsverbot für Betriebsvermögensminderungen, Betriebsausgaben und Veräußerungskosten normiert. 25.104

25.3.10 Geschäfte in Fremdwährung/Währungssicherungsgeschäfte

Bei der Ermittlung des Veräußerungsergebnisses nach § 8b Abs. 2 Satz 2 KStG sind im Fall von Fremdwährungsgeschäften zur Bestimmung der Anschaffungskosten und des Veräußerungspreises die erhaltenen und die gezahlten Fremdwährungsbeträge nach dem zu den jeweiligen Realisierungszeitpunkten geltenden Um- 25.105

[106] H 8.9 (Behandlung beim Gesellschafter) KStH 2022; BFH, Urt. v. 12.02.1980 – VIII R 114/77, BStBl II, 494, und BFH, Urt. v. 29.07.1997, BStBl II 1998, 652; siehe im Einzelnen Rdnr. 18.52.

rechnungskurs in Euro umzurechnen. Wechselkursänderungen im Zeitraum zwischen Anschaffung und Veräußerung erhöhen oder vermindern daher den nach § 8b Abs. 2 Satz 1 KStG steuerfreien Veräußerungsgewinn sowie die außer Ansatz bleibende Gewinnminderung nach § 8b Abs. 3 Satz 3 KStG.[107]

25.106 Bei der Bemessung des nach § 8b Abs. 2 Satz 1 KStG steuerfreien Veräußerungsgewinns aus einem in Fremdwährung abgewickelten Anteilsverkauf ist auch der **Ertrag aus einem Devisentermingeschäft,** das der Veräußerer vor der Veräußerung zum Zweck der Minimierung des Währungskursrisikos in Bezug auf den Veräußerungserlös abgeschlossen hat, als Bestandteil des Veräußerungspreises i.S.d. § 8b Abs. 2 Satz 2 KStG gewinnerhöhend zu berücksichtigen. Spiegelbildlich mindern **Verluste aus Devisentermingeschäften**, die ausschließlich zum Ausschluss bzw. zur Minderung des Währungskursrisikos einer konkret geplanten, in Fremdwährung abzuwickelnden Anteilsveräußerung abgeschlossen worden sind, als Bestandteil der Veräußerungskosten i.S.v. § 8b Abs. 2 Satz 2 KStG den Veräußerungsgewinn.[108]

25.107 In Konstellationen eines „antizipativen" Sicherungsgeschäfts ist der erforderliche Veranlassungszusammenhang allerdings nur dann gegeben, wenn das Sicherungsgeschäft aus Sicht des späteren Veräußerers ausschließlich auf Minimierung des Währungskursrisikos in Bezug auf die konkret erwarteten Veräußerungserlöse ausgerichtet ist („**Micro Hedges**"). Unspezifische globale Absicherungen für Währungskursrisiken einer Vielzahl von Grundgeschäften („Macro"- oder „Portfolio Hedges") sind nicht zu berücksichtigen.[109]

25.108 Welchen Einfluss eine steuerbilanziell anzuerkennende **Bewertungseinheit** bei ihrer Beendigung durch Erfüllung des Grund- und des Sicherungsgeschäfts (hier: durch Veräußerung der Aktien und Ausführung der Devisentermingeschäfte) auf die steuerliche Gewinn- bzw. Einkommensermittlung hat, wird unterschiedlich beurteilt. Nach (zutreffender) Auffassung der Finanzverwaltung[110] und weiten Teilen im Schrifttum[111] hat die bilanzielle Bewertungseinheit lediglich Bedeutung für die Bewertung der Wirtschaftsgüter. Vom Regelungsbereich der Bewertungseinheiten sind die Gewinnermittlung, die Einkommensermittlung und die Verlustverrechnung und damit insbesondere auch § 8b KStG, strikt zu trennen, da diese Regelungen auf tatsächliche Betriebsvermögensmehrungen und -minderungen abstel-

---

107 Vgl. BFH, Urt. v. 10.04.2019 – I R 20/16, BStBl II 2020, 674, mit Hinweis auf BFH, Urt. v. 21.06.2016 – I R 63/15, BStBl II 2017, 357.

108 Vgl. BFH, Urt. v. 10.04.2019 – I R 20/16, BStBl II 2020, 674.

109 BMF-Schreiben v. 05.10.2020 – IV C 2 - S 2750-a/19/10005 :002, FMNR4d9000020, BStBl I, 1033.

110 Vgl. BMF-Schreiben v. 25.08.2010 – IV C 6 - S 2133/07/10001, DB 2010, 2024; OFD Frankfurt, Vfg. v. 22.03.2012, DStR 2012, 1389.

111 Z.B. Meinert, DStR 2017, 1447, 1451; Herzig/Briesemeister, Ubg, 2009, 157, 160.

len. Andere[112] halten es demgegenüber für sachgerecht und geboten, § 8b Abs. 2 KStG nicht auf die einzelnen Elemente der Bewertungseinheit, sondern auf deren Ergebnis im Ganzen anzuwenden. Der BFH[113] hält – jedenfalls für die Zeit vor Geltung des § 5 Abs. 1a EStG – die erstgenannte Auffassung für zutreffend.

Auch bei Fremdwährungsdarlehen kann eine Gewinnminderung i.S.d. § 8b Abs. 3 25.109
Satz 4 KStG infolge von Wechselkursänderungen eintreten (ausführlich hierzu Rdnr. 25.146–25.148).

25.4 Gewinnminderungen (§ 8b Abs. 3 KStG Satz 3–8 KStG)

25.4.1 Gewinnminderungen im Zusammenhang mit dem Anteil an einer Kapitalgesellschaft (§ 8b Abs. 3 Satz 3 KStG)

25.4.1.1 Regelungsgehalt

§ 8b Abs. 3 Satz 3 KStG ist das Gegenstück zu § 8b Abs. 2 KStG. Während § 8b 25.110
Abs. 2 KStG die Gewinne i.S.d. § 8b Abs. 2 KStG steuerfrei stellt, ordnet § 8b Abs. 3 Satz 3 KStG ein Abzugsverbot (zu 100 %) für im Zusammenhang mit dem in § 8b Abs. 2 KStG genannten Anteil stehenden Gewinnminderungen an. Die Vorschrift erfasst mithin nur Gewinnminderungen, die im Zusammenhang mit einem konkret vorhandenen Anteil i.S.v. § 8b Abs. 2 KStG stehen. Allein dieses Ergebnis deckt sich mit Sinn und Zweck des Abzugsausschlusses, nämlich für die Ausgabenseite eine Korrespondenz zu der in § 8b Abs. 2 KStG für Veräußerungsgewinne statuierten Steuerbefreiung herzustellen. Dabei handelt es sich insbesondere um Gewinnminderungen

- durch Ansatz des niedrigeren Teilwerts,
- durch Veräußerung des Anteils (Veräußerungsverlust),
- bei Auflösung der Gesellschaft,
- bei Herabsetzung des Nennkapitals der Kapitalgesellschaft,
- bei Anwendung des § 21 Abs. 2 UmwStG a.F.,
- im Zusammenhang mit der verdeckten Ausschüttung eines Anteils,
- bei Sachdividenden.

---

[112] Z.B. HAHNE, StuB 2008, 181, 184 ff.; GLASER/KAHLE, Ubg 2015, 113, 117; TEICHE, DStR 2014, 1737, 1739.

[113] BFH, Urt. v. 10.04.2019 – I R 20/16, BStBl II 2020, 674.

25.111 Es ist nach Auffassung des BFH weder aus rechtssystematischer noch aus verfassungsrechtlicher Sicht zu beanstanden, dass § 8b Abs. 3 Satz 3 KStG auch den Abzug von Veräußerungsverlusten und Teilwertabschreibungen ausschließt.[114]

25.112 Die Abzugsbeschränkung umfasst ausschließlich **substanzbezogene Wertminderungen**, die sich aus der ertragsteuerlichen Behandlung des Anteils selbst ergeben, und nicht jegliche mit dem Anteil wirtschaftlich zusammenhängende Aufwendungen.[115] Der betreffende Zusammenhang zu solchen Anteilen bestimmt sich „objektbezogen", nicht jedoch „veranlassungsbezogen".[116] Demnach fallen folgende Aufwendungen **nicht** unter das Abzugsverbot des § 8b Abs. 3 Satz 3 KStG:

- laufende Aufwendungen des Anteilseigners im Zusammenhang mit den von ihm gehaltenen Anteilen und deren Veräußerung (Refinanzierungskosten, Veräußerungskosten, Verwaltungskosten);[117]
- vergeblicher Transaktions- und Akquisitionsaufwand (sog. Due-Diligence-Aufwendungen) aus einem gescheiterten Beteiligungserwerb; denn in diesem Fall fehlt der erforderliche Zusammenhang mit einem Anteil i.S.d. § 8b Abs. 2 KStG. Dies gilt auch dann, wenn die Aufwendungen – im Fall eines Erwerbs – als Anschaffungsnebenkosten zu qualifizieren gewesen wären.[118]

25.113 Nach Auffassung des FG München[119] sollen Veräußerungskosten jedoch nicht zu den abzugsfähigen laufenden Betriebsausgaben gehören. Dies folge daraus, dass nach § 8b Abs. 2 Satz 2 KStG die Veräußerungskosten bei der Ermittlung des Veräußerungsgewinns vom Veräußerungspreis abzuziehen seien. Damit gehörten sie dem nach Maßgabe von § 8b Abs. 2 Satz 1 KStG steuerbefreiten Bereich an und können nicht zusätzlich als laufende Betriebsausgaben abgezogen werden. Entsprechendes soll für Kosten gelten, die im Zusammenhang mit einem nach § 8b Abs. 2 Satz 3 KStG nicht der Besteuerung unterliegenden Auflösungsgewinn entstehen.

25.4.1.2 Verluste aus der Veräußerung des Anteils

25.114 Nach h.M. fallen Verluste aus der Veräußerung des Anteils an einer Kapitalgesellschaft zwar nicht unter § 8b Abs. 2 KStG, sondern unter § 8b Abs. 3 Satz 3 KStG,

---

[114] BFH, Urt. v. 12.03.2014 – I R 87/12, BStBl II, 859.
[115] BFH, Urt. v. 14.01.2009 – I R 52/08, BStBl II, 674.
[116] BFH, Urt. v. 09.01.2013 – I R 72/11, BStBl II, 343.
[117] Vgl. z.B. HERLINGHAUS, in: RÖDDER/HERLINGHAUS/NEUMANN, KStG, 2. Aufl. 2023, § 8b Rdnr. 294; vgl. auch BFH, Urt. v. 13.10.2010 – I R 79/09, BStBl II 2014, 943.
[118] Vgl. BFH, Urt. v. 09.01.2013 – I R 72/11, BStBl II, 343. Hierbei hat der BFH aber offengelassen, ob und ggf. in welchem Umfang die Due-Diligence-Aufwendungen als Anschaffungsnebenkosten zu qualifizieren sind.
[119] FG München, Urt. v. 28.09.2009 – 7 K 558/08, EFG 2010, 257.

ungeachtet dessen soll der Veräußerungsverlust aber gleichwohl nach § 8b Abs. 2 Satz 2 KStG zu ermitteln sein.[120] Im Ergebnis ebenso entschied das FG München,[121] ließ aber offen, ob der Veräußerungsverlust als negativer Veräußerungsgewinn i.S.d. § 8b Abs. 2 Satz 1 KStG oder als Gewinnminderung nach § 8b Abs. 3 Satz 3 KStG anzusehen ist. Die Folge dieser Betrachtungsweise ist, dass die Veräußerungskosten – wie im Anwendungsbereich des § 8b Abs. 2 Satz 2 KStG – nicht abziehbar sind.

Diese Sichtweise ist wenig überzeugend. Geht man mit der h.M. davon aus, dass 25.115 § 8b Abs. 3 Satz 3 KStG die „lex specialis" zu § 8b Abs. 2 KStG darstellt, so ist nicht ersichtlich, aus welchen Gründen dann die Ermittlung des „Veräußerungsverlusts" nach § 8b Abs. 2 Satz 2 KStG erfolgen soll; ein entsprechender Verweis findet sich in § 8b Abs. 3 Satz 3 KStG nicht. Dagegen spricht weiter, dass der Gesetzgeber in § 8b Abs. 2 Satz 1 KStG zum einen nur den „Gewinn" anspricht und zum anderen mit dem Begriff der „Gewinnminderung" i.S.d. § 8b Abs. 3 Satz 3 KStG einen eigenständigen „Terminus" geschaffen hat, der nach der Rechtsprechung des BFH nur „substanzbezogene" Gewinnminderungen umfasst, also solche, die den Anteil selbst betreffen. Dies trifft auf Veräußerungskosten aber gerade nicht zu (siehe hierzu Rdnr. 25.110 ff.). Eine Ermittlung des Veräußerungsverlusts nach § 8b Abs. 2 Satz 2 KStG steht also im Widerspruch zu § 8b Abs. 3 Satz 3 KStG.

Beispiel

Die M-GmbH veräußert 2022 einen 20%igen Anteil an der T-GmbH für 160.000 € 25.116 (Anschaffungskosten: 210.000 €). Es sind Veräußerungskosten i.H.v. 5.000 € angefallen. Der Jahresüberschuss der M-GmbH beträgt insgesamt 0 €.

Lösung

Nach h.M. fällt der Veräußerungsverlust zwar unter § 8b Abs. 3 Satz 3 KStG, die Ermittlung desselbigen soll sich indes nach § 8b Abs. 2 Satz 2 KStG richten. Demnach ermittelt sich der Veräußerungsverlust i.S.d. § 8b Abs. 3 Satz 3 KStG folgt:

Veräußerungspreis	160.000 €
Veräußerungskosten	– 5.000 €
Buchwert bei Veräußerung	– 210.000 €
Veräußerungsverlust (§ 8b Abs. 3 Satz 3 KStG)	**– 55.000 €**

[120] Pung, in: Dötsch/Pung/Möhlenbrock, Die Körperschaftsteuer, § 8b KStG Rdnr. 190 m.w.N. (12/2023); BMF-Schreiben v. 28.04.2003 – IV A 2 - S 2750a - 7/03, BStBl I 292, Rdnr. 26. Bedeutung erlangt diese Frage im Hinblick auf § 8b Abs. 4 Satz 3 KStG a.F., der nur die Anwendung von § 8b Abs. 2 KStG, nicht jedoch diejenige von Absatz 3 suspendierte.

[121] FG München, Urt. v. 28.09.2009 – 7 K 558/08, EFG 2010, 257.

Der Veräußerungsverlust von 55.000 € ist bei der Einkommensermittlung nicht zu berücksichtigen. Das Einkommen ist daher gem. § 8b Abs. 3 Satz 3 KStG **außerbilanziell** um 55.000 € zu erhöhen. Das Einkommen ermittelt sich dann wie folgt:

Jahresüberschuss	0 €
Hinzurechnung nach § 8b Abs. 3 Satz 3 KStG	+ 55.000 €
Einkommen	**55.000 €**

Wie das Beispiel zeigt, führt die Einbeziehung der Veräußerungskosten in die Ermittlung des maßgebenden Veräußerungsverlusts zur Nichtabziehbarkeit der Kosten. Nach hier vertretener Auffassung beträgt der Veräußerungsverlust und damit auch das Einkommen 50.000 €; in diesem Fall bleiben die Veräußerungskosten abzugsfähig.

25.4.1.3 Gewinnminderungen im Zusammenhang mit verdeckten Gewinnausschüttungen

25.117 Liegt der Veräußerungspreis unter dem Buchwert und unter dem gemeinen Wert der Anteile, kommt es zu einer verdeckten Gewinnausschüttung, die das Einkommen gem. § 8 Abs. 3 Satz 2 KStG nicht mindern darf. Verbleibt es nach der Hinzurechnung nach § 8 Abs. 3 Satz 2 KStG bei einem Veräußerungsverlust, unterliegt dieser (verbleibende) Veräußerungsverlust dem Abzugsverbot des § 8b Abs. 3 Satz 3 KStG.[122]

Beispiel

25.118 Die M-GmbH veräußert Anteile an der T-GmbH für 200.000 € an ihren Anteilseigner. Die Anteile an der T-GmbH haben Anschaffungskosten (= Buchwert) von 500.000 € und einen Teilwert (gemeinen Wert) von 300.000 €.

Lösung

Bilanziell entsteht ein Verlust i.H.v. 300.000 €. Im Rahmen der Einkommensermittlung der M-GmbH sowie für Zwecke der Anwendung des § 8b Abs. 3 KStG ist jedoch die verdeckte Gewinnausschüttung nach § 8 Abs. 3 Satz 2 KStG hinzuzurechnen. Demnach ermittelt sich das Einkommen der M-GmbH wie folgt:

Veräußerungserlös	200.000 €
Buchwert	– 500.000 €
Jahresüberschuss (ohne Rückstellungen)	**– 300.000 €**
verdeckte Gewinnausschüttung (§ 8 Abs. 3 Satz 2 KStG):	

[122] Vgl. BMF-Schreiben v. 28.04.2003 – IV A 2 - S 2750a - 7/03, BStBl I, 292, Rdnr. 26; ebenso PUNG, in: DÖTSCH/PUNG/MÖHLENBROCK, Die Körperschaftsteuer, § 8b KStG Rdnr. 190 (12/2023).

Wert der Anteile	300.000 €	
Gegenleistung	– 200.000 €	100.000 €
Verlust i.S.d. § 8b Abs. 3 Satz 3 KStG		**– 200.000 €**
Hinzurechnung gem. § 8b Abs. 3 Satz 3 KStG		+ 200.000 €
Einkommen		**0 €**

Dieses Ergebnis wäre auch eingetreten, wenn der Anteil zu einem fremdüblichen Veräußerungspreis übertragen worden wäre. Hieran knüpfen nach Sinn und Zweck auch § 8 Abs. 3 Satz 2 und § 8b Abs. 3 KStG an.

Nach **anderer Auffassung**[123] soll die verdeckte Gewinnausschüttung nicht in die Ermittlung des maßgebenden Veräußerungsverlusts einzubeziehen sein, weil die Vorschrift nur substanzbezogene Wertminderungen erfasst. Dies ist zwar grundsätzlich zutreffend, nach Sinn und Zweck des § 8 Abs. 3 Satz 2 KStG ist aber für Besteuerungszwecke von einem angemessenen Veräußerungserlös auszugehen. Daran muss dann folgerichtig auch § 8b Abs. 3 KStG anknüpfen. Andernfalls käme es zu einer überschießenden Wirkung (im vorstehenden Beispiel betrüge das Einkommen dann 100.000 €) und dem sinnwidrigen Ergebnis, dass das Einkommen höher ist als bei fremdüblicher Ausgestaltung des Veräußerungsgeschäfts. 25.119

25.4.1.4 Teilwertabschreibungen

Anteile an Kapitalgesellschaften (insb. GmbH-Anteile, Aktien) sind handelsrechtlich unter den **Finanzanlagen** im Anlagevermögen (§ 266 Abs. 2 A. III. HGB) entweder als Anteile an verbundenen Unternehmen oder als Beteiligung auszuweisen, wenn sie dazu bestimmt sind, dem Geschäftsbetrieb dauernd zu dienen. **Handelsrechtlich** besteht gem. § 253 Abs. 3 Satz 5 HGB bei Vermögensgegenständen des Anlagevermögens bei voraussichtlich dauernder Wertminderung ein Zwang zur außerplanmäßigen Abschreibung auf den niedrigeren beizulegenden Wert (gemildertes Niederstwertprinzip). Bei Finanzanlagen besteht gem. § 253 Abs. 3 Satz 6 HGB bei voraussichtlich nicht dauernder Wertminderung ein Wahlrecht zur außerplanmäßigen Abschreibung. Die Ausübung des Wahlrechts (Inanspruchnahme des Abwertungswahlrechts oder Verzicht auf eine Abschreibung) unterliegt aber dem Stetigkeitsgebot gem. § 252 Abs. 1 Nr. 6 HGB. Gehören die Anteile zum Umlaufvermögen, besteht auch bei voraussichtlich nur vorübergehender Wertminderung ein Zwang zur außerplanmäßigen Abschreibung auf den niedrigeren Wert, der sich üblicherweise aus ihrem Börsenkurs ableitet (strenges Niederstwertprinzip).[124] 25.120

---

[123] WATERMEYER, in: HERRMANN/HEUER/RAUPACH, EStG/KStG, § 8b KStG Rdnr. 105 m.w.N. (01/2024).

[124] BERTRAM/HEUSINGER-LANGE/KESSLER, in: BERTRAM/BRINKMANN/KESSLER/MÜLLER, Haufe HGB Bilanz-Kommentar, § 253 Rdnr. 319 (10/2023).

§ 253 Abs. 5 Satz 1 HGB normiert ein Wertaufholungsgebot, wenn die Gründe für den niedrigeren Wertansatz nicht mehr bestehen.

25.121 Dem gegenüber besteht **steuerrechtlich** bei voraussichtlich dauernder Wertminderung ein Wahlrecht zur Teilwertabschreibung (§ 6 Abs. 1 Nr. 2 Satz 2, § 5 Abs. 1 Satz 1 zweiter Halbsatz EStG), bei voraussichtlich nicht dauernder Wertminderung ein Abschreibungsverbot (§ 5 Abs. 6, § 6 Abs. 1 Nr. 2 Satz 2 EStG). Nach (zutreffender) Auffassung der Finanzverwaltung können Wahlrechte, die nur steuerrechtlich bestehen, unabhängig vom handelsrechtlichen Wertansatz ausgeübt werden, dies folgt ausdrücklich aus § 5 Abs. 1 Satz 1 zweiter Halbsatz EStG.[125] § 6 Abs. 1 Nr. 2 Satz 3 i.V.m. Nr. 1 Satz 4 EStG normiert wiederum ein Wertaufholungsgebot, wenn ein niedrigerer Teilwert in den folgenden Wirtschaftsjahren nicht nachgewiesen werden kann.

25.122 Von einer **voraussichtlich dauernden Wertminderung** i.S.d. § 6 Abs. 1 Nr. 2 Satz 2 EStG ist bei **börsennotierten Aktien**, die als Finanzanlage gehalten werden, auszugehen, wenn der Börsenwert zum Bilanzstichtag unter denjenigen im Zeitpunkt des Aktienerwerbs gesunken ist und der Kursverlust die Bagatellgrenze von 5 % der Notierung bei Erwerb überschreitet. Auf die Kursentwicklung nach dem Bilanzstichtag kommt es hierbei nicht an.[126] Nach wenig überzeugender Auffassung[127] der Finanzverwaltung soll bei einer vorangegangenen Teilwertabschreibung für die Bestimmung der Bagatellgrenze der Bilanzansatz am vorangegangenen Bilanzstichtag maßgeblich sein. In Fällen der Wertaufholung nach erfolgter Inanspruchnahme einer Teilwertabschreibung soll die Bagatellgrenze von 5 % nicht zur Anwendung gelangen; damit ist gemeint, dass im Fall einer Kurserhöhung eine Wertaufholung nicht bis zu den Anschaffungskosten, sondern nur bis zum gestiegenen Teilwert vorzunehmen ist, und zwar auch dann, wenn der (gestiegene) Teilwert im Verhältnis zu den ursprünglichen Anschaffungskosten die Bagatellgrenze von 5 % unterschreitet (siehe dazu Beispiel Rdnr. 25.123).

25.123 § 8b Abs. 3 Satz 3, Abs. 2 Satz 3 KStG knüpft an die steuerlichen Wertansätze an. § 8b Abs. 3 Satz 3 KStG kann damit nur zur Anwendung gelangen, wenn das Wahlrecht zur Teilwertabschreibung nach § 6 Abs. 1 Nr. 2 Satz 2 EStG wirksam ausgeübt wurde.

---

[125] Vgl. BMF-Schreiben v. 12.03.2010 – IV C 6 - S 2133/09/10001, BStBl I, 239, Rdnr. 13; zum vielschichtigen Meinungsstand im Schrifttum vgl. RICHTER/ANZINGER/TIEDCHEN, in: HERRMANN/HEUER/RAUPACH, EStG/KStG, § 5 EStG Rdnr. 272, 280 (01/2024).

[126] Vgl. hierzu BFH, Urt. v. 21.09.2011 – I R 89/10, BStBl II 2014, 612, und BFH, Urt. v. 26.09.2007 – I R 58/06, BStBl II 2009, 294; BMF-Schreiben v. 02.09.2016 – IV C 6 - S 2171-b/09/10002 :002, BStBl I, 995, Rdnr. 17.

[127] § 6 Abs. 1 Nr. 2 EStG vergleicht die Anschaffungskosten mit dem Teilwert. Dies muss dann konsequenterweise auch für die Frage der voraussichtlich dauerhaften Wertminderung (an nachfolgenden Bilanzstichtagen) gelten.

Beispiel

Zum Betriebsvermögen der M-GmbH gehören börsennotierte Aktien (Anschaffungskosten 100.000 €), auf die die M-GmbH zum 31.12.2020 eine nicht zu beanstandende Teilwertabschreibung auf 94.000 € vorgenommen hat. Anschaffungsnebenkosten bleiben aus Vereinfachungsgründen außer Betracht. Der Börsenwert der Aktien beträgt zum 31.12.2021 90.000 € und zum 31.12.2022 98.000 €.

Lösung

m VZ 2020 ist die bilanzielle Gewinnminderung gem. § 8b Abs. 3 Satz 3 KStG außerbilanziell zu neutralisieren. Die Teilwertabschreibung wirkt sich daher zu 100 % nicht auf das Einkommen der M-GmbH aus.

Zum 31.12.2021 kommt eine weitere Teilwertabschreibung nach Auffassung der Finanzverwaltung nicht in Betracht, weil für die Bestimmung der Bagatellgrenze der Bilanzansatz am vorangegangenen Bilanzstichtag maßgeblich sein soll (94.000 x 5 % = 4.700 €).

Zum 31.12.2022 ist gem. § 6 Abs. 1 Nr. 2 Satz 3 i.V.m. Nr. 1 Satz 4 EStG zwingend eine Wertaufholung vorzunehmen. Nach Auffassung der Finanzverwaltung ist eine Wertaufholung nur bis auf 98.000 € zwingend; dass der (gestiegene) Teilwert nunmehr die Bagatellgrenze zu den ursprünglichen Anschaffungskosten von 100.000 € nur um 2 % unterschreitet, soll nicht zu einer weiteren Wertaufholung bis auf die Anschaffungskosten führen. Die bilanziell eintretende Gewinnerhöhung ist zwar gem. § 8b Abs. 2 Satz 3, 1 KStG steuerfrei, unterliegt aber der „Schachtelstrafe" nach § 8b Abs. 3 Satz 1 KStG. Demnach ergeben sich im VZ 2022 folgende Auswirkungen auf das Einkommen:

Einkommensermittlung 2022

Steuerbilanzgewinn (Wertaufholung)	4.000 €
abzgl. § 8b Abs. 2 Satz 1, 3 KStG	– 4.000 €
zzgl. § 8b Abs. 3 Satz 1 KStG	+ 200 €
Einkommen	**200 €**

Nach Meinung des IDW[128] findet die Rechtsprechung des BFH (5-%-Bagatellgrenze) auf die handelsrechtliche Rechnungslegung keine Anwendung, weil § 6 Abs. 1 Nr. 2 Satz 2 EStG – auch nach Ansicht des BFH – losgelöst vom Handelsrecht auszulegen ist. Bei Wertpapieren des Anlagevermögens ist nach IDW[129] von einer voraussichtlich dauernden Wertminderung auszugehen, wenn 25.124

[128] IDW FN 2012, 321.

[129] IDW-FN 2012, 322; vgl. hierzu auch BERTRAM/HEUSINGER-LANGE/KESSLER, in: BERTRAM/BRINKMANN/KESSLER/MÜLLER, Haufe HGB Bilanz-Kommentar, § 253 Rdnr. 271 (10/2023).

- der beizulegende Zeitwert (Börsenpreis zzgl. Erwerbsnebenkosten) am Abschlussstichtag und in den sechs vorangegangenen Monaten permanent um mehr als 20 % unter dem Buchwert lag oder
- der Durchschnittswert der täglichen Börsenkurse des Wertpapiers am Abschlussstichtag und in den letzten zwölf Monaten um mehr als 10 % unter dem Buchwert lag.

Hinweis

25.125 Da Teilwertabschreibungen auf Anteile an Kapitalgesellschaften gem. § 8b Abs. 3 Satz 3 KStG vollständig nicht steuerwirksam sind, Wertaufholungen jedoch wegen des § 8b Abs. 3 Satz 1 KStG zu 5 % steuerpflichtig sind, ist eine Teilwertabschreibung in der Steuerbilanz regelmäßig nicht zu empfehlen. Soll aus diesen Gründen auf eine Teilwertabschreibung verzichtet werden und weicht der Wertansatz von der Handelsbilanz ab, so sollten die Wirtschaftsgüter – zwecks Vermeidung jeglichen Risikos[130] – in das besondere, laufend zu führende Verzeichnis nach § 5 Abs. 1 Satz 2 EStG, das materiellrechtliche Voraussetzung für die Wahlrechtsausübung ist, aufgenommen werden.

25.4.2 Gewinnminderungen im Zusammenhang mit Gesellschafterdarlehen (§ 8b Abs. 3 Satz 4 ff. KStG)

25.4.2.1 Regelungsgehalt

25.126 Nach § 8b Abs. 3 Satz 4–9 KStG[131] gehören zu den Gewinnminderungen i.S.d. § 8b Abs. 3 Satz 3 KStG auch solche im Zusammenhang mit einer

- Darlehensforderung (§ 8b Abs. 3 Satz 4 KStG) oder
- aus der Inanspruchnahme einer Sicherheit, die für Darlehen hingegeben wurden (§ 8b Abs. 3 Satz 4 KStG), oder
- für Forderungen aus Rechtshandlungen, die einer Darlehensgewährung wirtschaftlich vergleichbar sind (§ 8b Abs. 3 Satz 8 KStG),

wenn das Darlehen oder die Sicherheit von einem Gesellschafter gewährt wurde, der zu **mehr als 1/4** unmittelbar oder mittelbar am Grund- oder Stammkapital der Körperschaft, der das Darlehen gewährt wurde, beteiligt ist oder war (§ 8b Abs. 3 Satz 4 KStG). Dies gilt auch

- für diesem Gesellschafter nahestehende Personen i.S.d. § 1 Abs. 2 AStG oder

[130] Siehe hierzu auch SCHMIDT/KULOSA, EStG, 43. Aufl. 2024, § 6 Rdnr. 361.
[131] Eingeführt durch das Jahressteuergesetz 2008 (JStG 2008) v. 20.12.2007, BGBl I, 3150.

- für Gewinnminderungen aus dem Rückgriff eines Dritten auf den zu mehr als 1/4 am Grund- oder Stammkapital beteiligten Gesellschafter oder
- für eine diesem nahestehende Person aufgrund eines der Gesellschaft gewährten Darlehens (§ 8b Abs. 3 Satz 5 KStG).

Das Abzugsverbot tritt nur dann nicht ein, wenn **nachgewiesen** wird, dass auch ein fremder Dritter das Darlehen bei sonst gleichen Umständen gewährt oder noch nicht zurückgefordert hätte (§ 8b Abs. 3 Satz 7 KStG). Der Steuerpflichtige hat mithin über den Drittvergleich die Möglichkeit, die gesellschaftsrechtliche Veranlassung derart zu widerlegen, als er den Nachweis erbringt, dass die Gesellschaft das Darlehen auch von einem Dritten zu unveränderten Konditionen erhalten hätte, respektive im Krisenfall das Darlehen auch nicht abgezogen hätte. In den diesen Fällen wird also zunächst im Sinne einer Gesetzesfiktion unterstellt, dass das Darlehen immer dann als gesellschaftsrechtlich veranlasst anzusehen ist, wenn der Darlehensgeber zu mehr als 1/4 an der darlehensaufnehmenden Körperschaft beteiligt ist. 25.127

Zweck von § 8b Abs. 4 Satz 3–9 KStG ist die Gleichbehandlung einer Gesellschafterfinanzierung durch Eigenkapital sowie durch nicht fremdübliche Gesellschafterdarlehen hinsichtlich eventueller Gewinnminderungen.[132] Die Zuführung von Eigenkapital führt auf Gesellschafterebene (steuerrechtlich) zu (nachträglichen) Anschaffungskosten auf die Beteiligung; eine spätere Teilwertabschreibung oder ein Veräußerungsverlust sind daher gem. § 8b Abs. 3 Satz 3 KStG nicht steuerwirksam. Daraus folgt, dass Gestaltungen, bei denen (zuvor) versucht wurde, durch die Hingabe von Gesellschafterdarlehen das Abzugsverbot des § 8b Abs. 3 Satz 3 KStG zu umgehen, unter dem Geltungsbereich von § 8b Abs. 4 Satz 3–9 KStG nicht mehr möglich sind. 25.128

25.4.2.2 Beteiligungshöhe und Zeitpunkt der Beteiligung

§ 8b Abs. 3 Satz 4–9 KStG sind nur dann anwendbar, wenn das Darlehen oder die Sicherheit von einem Gesellschafter gewährt wird, der zu **mehr als 1/4** unmittelbar oder mittelbar am Grund- oder Stammkapital der Körperschaft, der das Darlehen gewährt wurde, beteiligt **ist oder war**. 25.129

Hinweis

Das in § 8b Abs. 3 Satz 4 KStG angeordnete Abzugsverbot für Gewinnminderungen im Zusammenhang mit einer Darlehensforderung oder aus der Inanspruchnahme von Darlehenssicherheiten erfordert nur, dass der Gesellschafter, der das Darlehen

[132] Vgl. Regierungsentwurf eines JStG 2008, BT-Drucks. 16/6290, S. 73.

oder die Sicherheit gewährt, zu **irgendeinem Zeitpunkt** während der Darlehenslaufzeit zu mehr als 1/4 am Grund- oder Stammkapital der Körperschaft beteiligt ist oder war. Auf den Zeitpunkt (nur) der Darlehensbegebung oder den Eintritt (nur) der Gewinnminderung kommt es nicht an.[133]

25.130 Das heißt, im Extremfall ist § 8b Abs. 3 Satz 4 KStG auch dann anzuwenden, wenn die Beteiligung an der darlehensnehmenden Kapitalgesellschaft zwischenzeitlich veräußert worden ist.[134]

Beispiel

Die M-GmbH ist seit Jahren zu 40 % an der T-GmbH beteiligt. 2019 gibt sie der T-GmbH ein niedrig verzinslich und ungesichertes Darlehen über 100.000 €. 2021 sinkt die Beteiligungsquote wegen eines Anteilsverkaufs auf 10 %. Die T-GmbH gerät 2022 in wirtschaftliche Schwierigkeiten, weshalb die M-GmbH (zutreffend) zum 31.12.2022 eine Teilwertabschreibung (dauernde Wertminderung) auf 0 € vornimmt.

Lösung

Die Teilwertabschreibung unterliegt 2022 dem Anwendungsbereich des § 8b Abs. 3 Satz 4, 3 KStG, da die M-GmbH im Zeitpunkt der Darlehensgewährung qualifiziert an der T-GmbH beteiligt war. Dabei ist es unerheblich, dass im Zeitpunkt der Gewinnminderung keine qualifizierte Beteiligung mehr vorgelegen hat.

25.131 § 8b Abs. 3 Satz 4 KStG umfasst nur „**wesentlich**" beteiligte Gesellschafter. Insoweit ist die Vorschrift enger als § 8b Abs. 3 Satz 3 KStG. Maßgebend für die Höhe der Beteiligung ist die **nominelle Beteiligung** am Grund- oder Stammkapital; abweichende Stimmrechtsvereinbarungen sind hier unmaßgeblich.

25.132 Für die Frage, ob eine wesentliche Beteiligung i.S.d. § 8b Abs. 3 Satz 4 KStG besteht, sind neben einer unmittelbaren Beteiligung auch **mittelbare** Beteiligungen an der darlehensnehmenden Gesellschaft zu berücksichtigen. Auch wenn § 8b Abs. 3 Satz 4 KStG die mittelbare Beteiligung über eine Personengesellschaft nicht ausdrücklich erwähnt, sind auch solche Beteiligungen bei der Ermittlung der Quote anzusetzen.[135] Die Wesentlichkeit kann sich auch über eine ausschließlich mittelbare Beteiligung ergeben; nicht erforderlich ist, dass der Darlehensgeber auch unmittelbar an der darlehensnehmenden Gesellschaft beteiligt ist.

---

[133] BFH, Urt. v. 12.03.2014 – I R 87/12, BStBl II, 859; H 8b „Abzugsverbot von Gewinnminderungen im Zusammenhang mit Gesellschafterdarlehen" KStH 2015.

[134] PUNG, in: DÖTSCH/PUNG/MÖHLENBROCK, Die Körperschaftsteuer, § 8b KStG Rdnr. 227a (12/2023).

[135] Vgl. z.B. WATERMEYER, Ubg 2008, 748, 752; NEUMANN, Ubg 2008, 748, 752; PRINZ, in: FS Schaumburg, 2009, S. 459, 473.

Besteht neben einer unmittelbaren auch eine mittelbare Beteiligung des Gesellschafters, ist eine wesentliche Beteiligung gegeben, wenn sich durch die Zusammenrechnung der Beteiligungen eine Quote von mehr als 25 % ergibt. Die mittelbar gehaltenen Anteile werden dabei mit der auf den Gesellschafter entfallenden rechnerischen Quote berücksichtigt; dabei werden alle von dem Gesellschafter unmittelbar und mittelbar gehaltenen Anteile zusammengerechnet. 25.133

Beispiel

Die M-GmbH ist zu 10 % unmittelbar an der A-GmbH beteiligt. Daneben ist die M-GmbH zu 50 % an B-GmbH beteiligt, die ihrerseits mit 90 % an der A-GmbH beteiligt ist. Die M-GmbH gewährt der A-GmbH ein Darlehen.

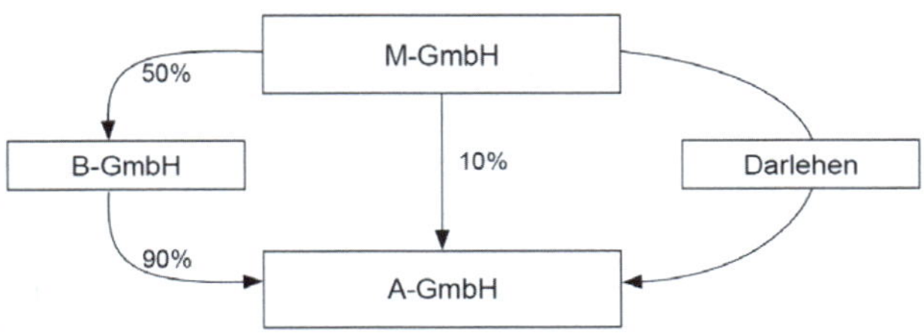

Lösung

Die M-GmbH ist zu 55 % an der A-GmbH und damit wesentlich beteiligt i.S.d. § 8b Abs 3 Satz 4 KStG. Dies ergibt sich aus der Zusammenrechnung der unmittelbaren Beteiligung (10 %) und der mittelbaren Beteiligung (90 % × 50 % = 45 %).

Da für die Höhe der Beteiligung nur die **nominelle Beteiligung** am Grund- oder Stammkapital maßgebend ist, wird die mittelbare Beteiligung auch in den Fällen quotal berücksichtigt, in denen der Darlehensgeber die Gesellschaft, die die mittelbare Beteiligung verschafft, nicht beherrscht. 25.134

Beispiel

Die M-GmbH ist zu 40 % an der C-GmbH beteiligt und darüber hinaus auch zu 15 % an der D-GmbH. Die C-GmbH ist wiederum zu 30 % an der D-GmbH beteiligt. Die M-GmbH gibt der D-GmbH ein Darlehen über 500.000 €.

Lösung

Die mittelbare Beteiligung beträgt 27 % (15 % + 40 % von 30 %), da der durchgerechnete Wert maßgebend ist. § 8b Abs. 3 Satz 4 KStG stellt ausschließlich auf die Beteiligung am Grund- oder Stammkapital der darlehensnehmenden Gesellschaft ab. Nicht erforderlich ist, dass die M-GmbH die vermittelnde Gesellschaft (hier: C-GmbH) beherrscht.

25.4.2.3 Gewinnminderung im Zusammenhang mit einer Darlehensforderung/Sicherheitsleistung

25.135 In **sachlicher Hinsicht** ist Voraussetzung, dass der Gesellschafter ein Darlehen gegeben oder Sicherheiten geleistet hat (§ 8b Abs. 3 Satz 4 KStG). Eine Gewinnminderung i.S.d. § 8b Abs. 3 Satz 4 ff. KStG liegt bei der Hingabe eines Darlehens insbesondere in folgenden Fällen vor:

- Teilwertabschreibung auf ein Darlehen,
- Ausfall der Darlehensforderung,
- Forderungsverzicht,
- Aufwendungen des Gesellschafters aus der Inanspruchnahme aus Sicherheiten oder Bürgschaften.

§ 8b Abs. 3 Satz 4–9 KStG umfasst ausschließlich Substanzminderungen (Teilwertabschreibungen, usw.), nicht jedoch die laufenden Aufwendungen (z.B. die Refinanzierungskosten).

25.136 § 8b Abs. 3 Satz 4 KStG erfasst nur die Ebene des Darlehensgebers, nicht die des Darlehensnehmers. Dies ergibt sich daraus, dass § 8b Abs. 3 Satz 4 KStG sich ausdrücklich auf die **Darlehensforderung** beschränkt.

Beispiel

Die M-GmbH gibt ihrer Tochtergesellschaft, der T-GmbH, im Wj. 21 ein Darlehen von 200.000 €. Das Darlehen wird zwar fremdüblich verzinst, zum Zeitpunkt der Darlehenshingabe hätte ein fremder Dritter der T-GmbH aber kein Fremdkapital mehr zur Verfügung gestellt. Zum 31.12.22 schreibt die M-GmbH ihre Darlehensforderung auf den Teilwert von 0 € ab.

Lösung

Die Teilwertabschreibung von 200.000 € ist gem. § 8b Abs. 3 Satz 4 KStG außerbilanziell zu neutralisieren.

25.137 Der Anwendungsbereich des § 8b Abs. 3 Satz 4 KStG beschränkt sich beim **Forderungsverzicht** auf den nicht werthaltigen Teil der Darlehensforderung. In Höhe des werthaltigen Teils der Forderung liegt eine verdeckte Einlage i.S.d. § 8 Abs. 3 Satz 3 KStG vor, die (steuerlich) zu nachträglichen Anschaffungskosten auf die Beteiligung führt und im Fall einer Gewinnminderung von § 8b Abs. 3 Satz 3 KStG erfasst wird.

Beispiel

Die M-GmbH (Mutter) hält 100 % der Anteile an der T-GmbH (Tochter). Das Stammkapital der T-GmbH beträgt 1.000.000 €. Die Anschaffungskosten der M-GmbH an der T-GmbH betragen ebenfalls 1.000.000 €.

Im Wj. 21 hat die M-GmbH ihrer Tochter ein niedrig verzinsliches und in einer Summe rückzahlbares Darlehen i.H.v. 300.000 € gewährt. Sicherheiten wurden seitens der T-GmbH nicht gewährt. Am 01.12.22 (Eintritt der Krise der T-GmbH) verzichtet die M-GmbH aus gesellschaftsrechtlichen Gründen auf ihren Darlehensanspruch. Der Teilwert des Darlehens beträgt zu diesem Zeitpunkt nur noch 100.000 €.

Rechtsfolgen für die T-GmbH

Die Verbindlichkeit ist innerhalb der Bilanz gewinnerhöhend aufzulösen (Buchungssatz: Verbindlichkeit an s.b.E. 300.000 €). In Höhe des werthaltigen Teils (= 100.000 €) liegt eine verdeckte Einlage vor. Da die verdeckte Einlage das Einkommen gem. § 8 Abs. 3 Satz 3 KStG nicht erhöhen darf, ist der Gewinn i.H.v. 100.000 € außerbilanziell zu mindern. Gleichzeitig führt die verdeckte Einlage i.H.v. 100.000 € zur Erhöhung des steuerlichen Einlagekontos (§ 27 KStG). Letztlich erhöht sich das Einkommen der T-GmbH i.H.v. 200.000 €.

Rechtsfolgen für die M-GmbH

In Höhe der verdeckten Einlage von 100.000 € erhöhen sich die (steuerlichen) Anschaffungskosten der M-GmbH an der T-GmbH (§ 6 Abs. 6 Satz 2 EStG). Der nicht mehr werthaltige Teil der (Darlehens-)Forderung führt nicht zu nachträglichen Anschaffungskosten auf die Beteiligung; denn der für den Bereich des § 17 EStG entwickelte Anschaffungskostenbegriff ist nicht auf den betrieblichen Bereich übertragbar. Danach sind (eigenkapitalersetzende) Darlehen und Beteiligung getrennt zu beurteilende Wirtschaftsgüter mit der Folge, dass sich die Wertminderung des Darlehens ergebniswirksam niederschlägt. Der Vorgang ist bei der M-GmbH wie folgt zu verbuchen:

Beteiligung T-GmbH	100.000 €		
s.b. Aufwand	200.000 €	an Darlehensforderung	300.000 €

Die (bilanzielle) Gewinnminderung i.H.v. 200.000 € unterliegt hier jedoch dem Abzugsverbot des § 8b Abs. 3 Satz 4 KStG; das Einkommen ist daher außerbilanziell um 200.000 € zu erhöhen.

Quintessenz: Durch den Verzicht erhöht sich das Einkommen der T-GmbH um 200.000 €. Der dem gegenüberstehende (bilanzielle) Aufwand auf Ebene der M-GmbH ist indes nicht abzugsfähig. Dies führt im Ergebnis zu einer Doppelbelastung. Diese „überschießende" Wirkung ist nach Auffassung des BFH[136] aber durch den (weiten) gestalterischen Entscheidungsfreiraumes des Gesetzgebers gedeckt; u.U. ist dem aber mittels **Billigkeitserweis** im Einzelfall abzuhelfen.[137]

---

136 BFH, Urt. v. 12.03.2014 – I R 87/12, BStBl II, 859.

137 So auch explizit die Begründung zum RegE JStG, BT-Drucks 16/6290, S. 74.

25.138 In **Abgrenzung** zu den o.g. Fallgestaltungen ist hingegen § 8b Abs. 3 Satz 3 KStG anzuwenden, wenn eine Rückzahlungsverpflichtung von Anfang an nicht bestand und daher bereits die Darlehenshingabe als verdeckte Einlage zu qualifizieren ist.[138]

25.139 Das Abzugsverbot des § 8b Abs. 3 Satz 4 KStG gilt ebenso bei der **Inanspruchnahme aus hingegebenen Sicherheiten** (z.B. Bürgschaft). Hier entsteht in dem Zeitpunkt der Inanspruchnahme aus der Sicherheit zunächst eine aus § 774 BGB folgende Rückgriffsforderung gegen die darlehensnehmende Körperschaft (gesetzlicher Forderungsübergang). Damit im Zusammenhang stehende Gewinnminderungen (i.d.R. Teilwertabschreibung) unterliegen dann dem Abzugsverbot des § 8b Abs. 3 Satz 4 KStG.

Beispiel

Die X-Bank gibt der T-GmbH ein Darlehen i.H.v. 500.000 €. Die Alleingesellschafterin der T-GmbH, die M-GmbH, hat das Darlehen durch eine Bürgschaft abgesichert.

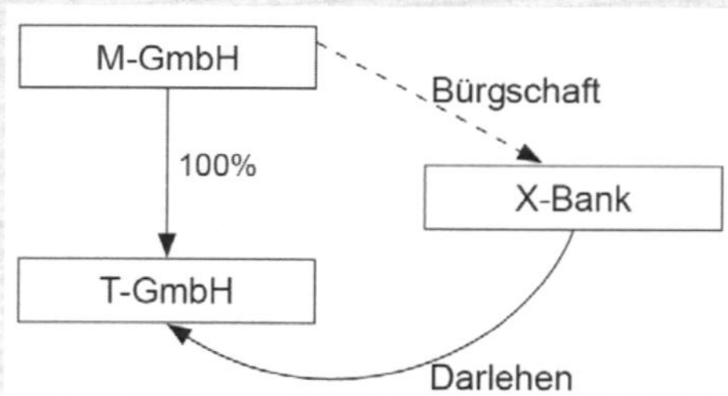

Im VZ 22 nimmt die X-Bank die M-GmbH in Anspruch, weil die T-GmbH zahlungsunfähig geworden ist. Der aus § 774 BGB folgende Anspruch der M-GmbH gegen die T-GmbH aus der Bürgschaftsinanspruchnahme von 500.000 € ist wertlos und bei der M-GmbH auf 0 € abgeschrieben worden.

Lösung

Die Gewinnminderung i.H.v. 500.000 € unterliegt bei der M-GmbH dem Abzugsverbot des § 8b Abs. 3 Satz 4 KStG, da die Sicherheit von einem Gesellschafter gewährt wird, der an der darlehensnehmenden Körperschaft zu mehr als einem Viertel unmittelbar beteiligt ist (§ 8b Abs. 3 Satz 4 KStG).

[138] Vgl. BFH, Urt. v. 12.12.2000 – VIII R 62/93, BStBl II 2001, 234, und BFH v. 20.04.2005 – X R 2/03, BStBl II, 694; ebenso NEUMANN, Ubg 2008, 748, 758.

25.4.2.4 Darlehens- oder Sicherheitengewährung durch eine nahestehende Person oder einen rückgriffsberechtigten Dritten (§ 8b Abs. 3 Satz 5 KStG)

§ 8b Abs. 3 Satz 5 KStG umfasst auch Gewinnminderungen von dem wesentlich 25.140
beteiligten Gesellschafter **nahestehenden Personen** i.S.d. § 1 Abs. 2 AStG. Nach § 1 Abs. 2 AStG ist dem Steuerpflichtigen eine Person nahestehend, wenn

- die Person an dem Steuerpflichtigen mindestens zu 1/4 unmittelbar oder mittelbar beteiligt (wesentlich beteiligt) ist oder auf den Steuerpflichtigen unmittelbar oder mittelbar einen beherrschenden Einfluss ausüben kann oder umgekehrt der Steuerpflichtige an der Person wesentlich beteiligt ist oder auf diese Person unmittelbar oder mittelbar einen beherrschenden Einfluss ausüben kann oder
- eine dritte Person sowohl an der Person als auch an dem Steuerpflichtigen wesentlich beteiligt ist oder auf beide unmittelbar oder mittelbar einen beherrschenden Einfluss ausüben kann oder
- die Person oder der Steuerpflichtige imstande ist, bei der Vereinbarung der Bedingungen einer Geschäftsbeziehung auf den Steuerpflichtigen oder die Person einen außerhalb dieser Geschäftsb1.121eziehung begründeten Einfluss auszuüben oder wenn einer von ihnen ein eigenes Interesse an der Erzielung der Einkünfte des anderen hat.

Die Verweisung in § 8b Abs. 3 Satz 5 KStG auf § 1 Abs 2 AStG ist problematisch. 25.141
Während § 1 Abs. 2 AStG die nahestehende Person im Verhältnis zum Steuerpflichtigen definiert, kommt es bei § 8b Abs. 3 Satz 5 KStG auf das Nahestehen im Verhältnis zum Anteilseigner an. Bei der sinngemäßen Anwendung des § 1 Abs. 2 AStG im Bereich des § 8b Abs 3 Satz 5 KStG ist folglich der in § 1 Abs 2 AStG verwendete Begriff „Steuerpflichtige" durch „Anteilseigner" zu ersetzen.[139]

Unter den Anwendungsbereich des § 8b Abs. 3 Satz 5 KStG i.V.m. § 1 Abs. 2 25.142
Nr. 1 AStG fallen grundsätzlich auch Darlehensgewährungen zwischen **Schwestergesellschaften.** Ein Anwendungsfall des § 1 Abs. 2 Nr. 2 AStG liegt vor, wenn der Darlehensgläubiger eine Schwestergesellschaft des Anteilseigners ist, welche mehr als 25 % der Anteile an der darlehensnehmenden Gesellschaft hält und die „dritte Person" mindestens zu 25 % (mittelbar oder unmittelbar) an der darlehensgebenden Gesellschaft und der Anteilseigner-Kapitalgesellschaft beteiligt ist.

[139] Wegen des Begriffs der „nahestehenden Person" vgl. PUNG, in: DÖTSCH/PUNG/MÖHLENBROCK, Die Körperschaftsteuer, § 8b KStG Rdnr. 229 (12/2023), mit Verweis auf Rdnr. 110 zu § 8a KStG a.F. (03/2018).

25.143 Nach § 8b Abs. 3 Satz 5 zweiter Halbsatz KStG sind auch Gewinnminderungen aus dem **Rückgriff eines Dritten** auf den wesentlichen beteiligten Gesellschafter oder auf eine diesem nahestehende Person nicht als Betriebsausgaben abziehbar. Vorrangig ist hier jedoch § 8b Abs. 3 Satz 4 KStG (Inanspruchnahme von Sicherheiten), d.h., die Regelung ist nur insoweit anzuwenden, als nicht bereits ein Anwendungsfall des § 8b Abs. 3 Satz 4 KStG vorliegt.

25.4.2.5 Wirtschaftlich vergleichbare Rechtshandlungen

25.144 Nach § 8b Abs. 3 Satz 8 KStG gilt § 8b Abs. 3 Satz 4–7 KStG entsprechend für Forderungen aus Rechtshandlungen, die einer Darlehensgewährung wirtschaftlich vergleichbar sind. Hierunter fallen u.a. Forderungen aus Lieferungen und Leistungen sowie Mietforderungen.[140] Der Umfang bzw. die Reichweite der Regelung ist umstritten.[141]

25.145 Forderungen sind regelmäßig einer Darlehensgewährung wirtschaftlich vergleichbar, wenn sie über einen längeren Zeitraum nicht erfüllt werden und sie wirtschaftlich daher als Darlehensgewährung einzustufen sind. Die Rechtshandlungen müssen demnach nach Auffassung des FG Münster[142] als **Dauerrechtsverhältnis** ausgestaltet und deswegen auch auf eine **gewisse Mindestlaufzeit** angelegt sein. Das FG Münster lehnt aber eine feste zeitliche Grenze – von mindestens drei Monaten – ab.[143] Ob Forderungen aus Lieferungen und Leistungen mit einer Darlehensgewährung wirtschaftlich vergleichbar sind, ist letztlich anhand der jeweiligen Umstände des Einzelfalls zu bestimmen.

25.4.2.6 Währungskursverluste im Zusammenhang mit Darlehensforderungen

25.146 Die bisher bestehende Regelung des § 8b Abs. 3 Satz 4 und 5 KStG erfasst auch Währungskursverluste im Zusammenhang mit Darlehensforderungen eines Gesellschafters.[144] Dem gegenüber sind Währungskursgewinne eines Gesellschafters, die dieser aus der Rückzahlung eines Fremdwährungsdarlehens realisiert, außer-

---

140 RegE JStG 2008, BT-Drucks. 16/6290, S. 73.

141 Zum Meinungsstand vgl. PUNG, in: DÖTSCH/PUNG/MÖHLENBROCK, Die Körperschaftsteuer, § 8b KStG Rdnr. 234 m.w.N. (12/2023).

142 FG Münster, Urt. v. 17.08.2016 – 10 K 2301/13 K, EFG 2016, 1810.

143 FUHRMANN/STRAHL, DStR 2008, 125, gehen demgegenüber davon aus, dass nur solche Forderungen von der Regelung erfasst werden, denen ein Zahlungsaufschub von mindestens drei Monaten zugrunde liegt.

144 In diesem Sinne FG Baden-Württemberg, Urt. v. 24.09.2020 – 3 K 1486/19, DStRE 2021, 850, Revision anhängig beim BFH unter dem Az. I R 41/20. Nach Auffassung des 6. Senats des FG Baden-Württemberg, Urt. v. 27.09.2022 – 6 K 1917/20, EFG 2023, 1166, Revision anhängig beim BFH unter dem Az. I R 11/23, ist die Vorschrift indes im Wege einer teleologischen Reduktion dahin gehend auszulegen, dass Währungskursverluste nicht unter die dort genannten Gewinnminderungen fallen.

halb des § 8b Abs. 3 Satz 8 KStG grundsätzlich steuerpflichtig, da das Fremdwährungsdarlehen nicht unter die Steuerbefreiung für Anteilsveräußerungsgewinne nach § 8b Abs. 2 KStG fällt und § 8b Abs. 3 Satz 3 KStG nur auf Gewinnminderungen, nicht aber auf Gewinnerhöhungen Anwendung findet. Entsprechendes gilt für Währungskursverluste im Zusammenhang mit der Inanspruchnahme von Sicherheiten für Darlehensforderungen sowie für Währungskursverluste im Zusammenhang mit Forderungen aus wirtschaftlich vergleichbaren Rechtshandlungen.[145]

Zur Beseitigung dieser Imparität hat der Gesetzgeber mit dem Gesetz zur Modernisierung des Körperschaftsteuerrechts (KöMoG)[146] in § 8b Abs. 3 Satz 6 KStG normiert, dass Währungskursverluste von dem Abzugsverbot des § 8b Abs. 3 Satz 4 und 5 KStG nunmehr ausgenommen sind. Dadurch wirken sich zukünftig Gewinne und Verluste aufgrund von Währungskursschwankungen im Zusammenhang mit Gesellschafterdarlehen bzw. Inanspruchnahmen von Sicherheiten für Darlehensforderungen gleichermaßen bei der Ermittlung des steuerlichen Einkommens aus. 25.147

Die Regelung ist erstmals auf Gewinnminderungen anzuwenden, die nach dem 31.12.2021 eintreten (§ 34 Abs. 5 Satz 2 KStG). 25.148

25.4.2.7 Gegenbeweis durch Drittvergleich (§ 8b Abs. 3 Satz 6 KStG)

Die Rechtsfolgen des § 8b Abs. 3 Satz 4 KStG lassen sich durch einen Gegenbeweis (durch Drittvergleich) abwenden (§ 8b Abs. 3 Satz 7 KStG). Der Steuerpflichtige hat mithin über den Drittvergleich die Möglichkeit, die gesellschaftsrechtliche Veranlassung derart zu widerlegen, als er den **Nachweis** erbringt, dass die Gesellschaft das Darlehen auch von einem Dritten zu unveränderten Konditionen erhalten hätte, respektive im Krisenfall das Darlehen auch nicht abgezogen hätte. Hierbei sind nur eigene Sicherheiten der Kapitalgesellschaft zu berücksichtigen (§ 8b Abs. 3 Satz 7 letzter Halbsatz KStG). 25.149

Hierbei geht der Gesetzgeber[147] davon aus, dass eine Darlehensgewährung **stets als nicht fremdüblich** einzustufen ist, wenn sie unverzinslich oder ohne Sicher- 25.150

---

[145] Vgl. PUNG, in: DÖTSCH/PUNG/MÖHLENBROCK, Die Körperschaftsteuer, § 8b KStG Rdnr. 245 m.w.N. (12/2023).

[146] Gesetz zur Modernisierung des Körperschaftsteuerrechts v. 25.06.2021, BGBl I, 2050 (KöMoG).

[147] RegE JStG 2008, BT-Drucks. 16/6290, S. 74.

heit[148] erfolgt ist bzw. ein fremdübliches Darlehen bei Eintritt der Krise nicht zurückgefordert wurde. Damit ist auch der Zeitpunkt definiert, auf den der Drittvergleich anzustellen ist:

- Soweit es darauf ankommt, ob der Dritte das Darlehen gegeben hätte, ist auf den Zeitpunkt der **rechtlich bindenden Vereinbarung** über die Darlehensgewährung abzustellen.
- Bei einem **in der Krise stehengelassenen Darlehen** ist auf den Zeitpunkt abzustellen, zu dem sich die Verhältnisse der darlehensnehmenden Kapitalgesellschaft so verschlechtert haben, dass ein Dritter das Darlehen gekündigt hätte.[149] Hierbei ist auch zu berücksichtigen, ob in diesem Zeitpunkt unter den gegebenen und marktüblichen Verhältnissen eine Kündigungsmöglichkeit bestanden hat.

25.151 Die Kapitalgesellschaft trägt die **Feststellungslast**. Sie kann den Beweis grundsätzlich durch alle sachdienlichen Beweismittel führen (z.B. spezifizierte Kreditangebote von Banken, Ergebnisse von Kreditwürdigkeitsanalysen, aus denen sich zumindest der Darlehensbetrag, die Laufzeit, der Zinssatz und eventuelle Sicherheiten ergeben).[150] Regelmäßig dürfte der gesetzliche Drittvergleichsnachweis demnach als erfüllt angesehen werden, wenn zusätzlich zu einer (positiven) abstrakten Kreditwürdigkeitsanalyse ein Bankenschreiben vorliegt, das die entscheidenden Prüfkriterien (gleich hohes Fremdkapital, gleiche Sicherheiten, gleicher Zinssatz) enthält.[151] Hierbei ist jedoch zu beachten, dass der Gegenbeweis bereits **im Zeitpunkt der rechtlich bindenden Vereinbarung** erbracht wird; nachträgliche erstellte Bescheinigungen werden diesem Erfordernis nicht gerecht.

25.152 Bei einem **in der Krise stehengelassenen Darlehen** stellt sich die Frage, ob zumindest der Wertverlust des Darlehens steuerwirksam bleibt, der auch bei einer rechtzeitigen Kündigung des Darlehens eingetreten wäre. Dies ist zu bejahen, weil dieser Verlust auch bei einem fremden/dritten Darlehensgeber eingetreten wäre und

[148] Ablehnend z.B. NEUMANN/STIMPEL, GmbHR 2008, 57, 63, die zu Recht darauf hinweisen, dass es nach der BFH-Rechtsprechung für die Fremdüblichkeit einer Darlehensgewährung im Konzern nicht auf eine Besicherung ankommt. Darüber hinaus ist es auch im Geschäftsverkehr mit Banken durchaus üblich, die Darlehensgewährung auf eine Kreditwürdigkeitsanalyse zu stützen und das Darlehen bei positivem Ausgang ohne Sicherheit zu gewähren; FROTSCHER, in: FROTSCHER/DRÜEN, KStG/GewStG/UmwStG, § 8b KStG Rdnr. 428 (05/2022).

[149] FG Münster, Urt. v. 17.08.2016 – 10 K 2301/13 K, EFG 2016, 1810; FROTSCHER, in: FROTSCHER/DRÜEN, KStG/GewStG/UmwStG, § 8b KStG Rdnr. 430 (05/2022).

[150] Vgl. BMF-Schreiben zu § 8a KStG v. 17.11.1994 – IV B 7 - S 2742 a - 63/94, BStBl I 1995, 25.

[151] Vgl. WIDMANN/FÜGER/RIEGER, Gesellschafter-Fremdfinanzierung, 2004, Rdnr. 217 f.; nach Auffassung des BFH, Urt. v. 07.09.2016 – I R 11/14, BFH/NV 2017, 165, füllt aber eine abstrakte Kreditwürdigkeitsanalyse allein den gesetzlichen Maßstab des Drittvergleichs („unter sonst gleichen Umständen“) noch nicht aus, sie könnte allenfalls als Indiz im Rahmen einer umfassenderen Gesamtwürdigung angesehen werden.

es somit an einer gesellschaftsrechtlichen Veranlassung mangelt.[152] Die Gegenmeinung,[153] die davon ausgeht, dass eine vorliegende Fremdunüblichkeit in vollem Umfang auf die Abzugsfähigkeit durchschlägt, weil nur ein einheitliches Wirtschaftsgut vorliegt, verkennt, dass auch ein einheitliches Wirtschaftsgut unterschiedlichen Rechtsfolgen zugeführt werden kann.

Für Zwecke des Gegenbeweises sind nur **eigene Sicherheiten der Kapitalgesellschaft** zu berücksichtigen (§ 8b Abs. 3 Satz 7 letzter Halbsatz KStG). Mithin darf die mögliche Darlehensgewährung eines Dritten nicht von Sicherheiten der Anteilseigner abhängen. Danach dürfte der Gegenbeweis nur schwer möglich sein, wenn das „Darlehen in der Krise" hingegeben wurde. 25.153

Prüfungsschema Drittvergleich – § 8b Abs. 3 Satz 7 KStG 25.154

1.	**Im Zeitpunkt der Darlehnshingabe** – Ist das Darlehen fremdüblich verzinst? – Wurden Sicherheiten durch die darlehensnehmende KapG **selbst** gestellt? – Liegt eine Kreditwürdigkeitsanalyse und ein Bankenschreiben vor, das die entscheidenden Prüfkriterien (gleich hohes Fremdkapital, gleiche Sicherheiten, gleicher Zinssatz) enthält? – Sind die Kündigungsmöglichkeiten/Kündigungsfristen marktüblich (auch bei Eintritt einer Krise von Bedeutung)
2.	**In der Krise stehen gelassenes Darlehen** – Zu welchem Zeitpunkt haben sich die Verhältnisse der darlehensnehmenden Kapitalgesellschaft so verschlechtert, dass ein Dritter das Darlehen gekündigt hätte? – Zu diesem Zwecke sollte (zumindest) einmal jährlich eine Kreditwürdigkeitsprüfung erfolgen. – Zu welchem Zeitpunkt besteht eine Kündigungsmöglichkeit und ist die Ausgestaltung des Kündigungsrechts marktüblich? – Ist das Darlehen zum nächstmöglichen Zeitpunkt gekündigt worden?

Ausweislich des Gesetzeswortlauts greift die Exkulpationsmöglichkeit des § 8b Abs. 3 Satz 7 KStG bei der **Inanspruchnahme von Sicherheiten** nicht ein. Im Übrigen könnte der Drittvergleich wegen der Beschränkung auf eigene Sicherungsmittel der Gesellschaft auch nicht erfolgreich geführt werden, weil die Sicherheit des 25.155

---

152 Ebenso NEUMANN/STIMPEL, GmbHR 2008, 57, 63; WATERMEYER, Ubg 2008, 748, 755, und FROTSCHER, in: FROTSCHER/DRÜEN, KStG/GewStG/UmwStG, § 8b KStG Rdnr. 430 (05/2022).

153 Vgl. z.B. PUNG, in: DÖTSCH/PUNG/MÖHLENBROCK, Die Körperschaftsteuer, § 8b KStG Rdnr. 231 (12/2023) m.w.N.

Gesellschafters gerade das Sicherungsmittel ist, über das die darlehensnehmende Gesellschaft selbst nicht verfügt.[154]

25.4.2.8 Wertaufholungen (§ 8b Abs. 3 Satz 8 KStG)

25.156 Nach § 8b Abs. 3 Satz 9 KStG bleiben Gewinne aus der Wertaufholung der Darlehensforderung nach § 6 Abs. 1 Nr. 2 Satz 3 EStG ebenso bei der Ermittlung des Einkommens außer Ansatz, **soweit** auf die vorangegangene Teilwertabschreibung § 8b Abs. 3 Satz 3 KStG angewendet worden ist, mithin die Teilwertabschreibung steuerlich nicht wirksam war. Der (vom Wortlaut nicht eindeutige) § 8b Abs. 3 Satz 9 KStG soll wohl auch Gewinne einschließen, denen eine Gewinnminderung i.S.d. § 8b Abs. 3 Satz 4, 5 und 8 KStG vorausgegangen ist; dieser Wertaufholungsgewinn ist zu 100 % steuerfrei, weil sich § 8b Abs. 3 Satz 1 KStG nur auf Gewinne i.S.d. § 8b Abs. 2 KStG bezieht.[155] Wie bei § 8b Abs. 2 Satz 4 KStG kann sich ein Reihenfolgeproblem ergeben, wenn sich die Gewinnminderungen teilweise steuerlich ausgewirkt bzw. nicht ausgewirkt haben. In diesen Fällen ist vorrangig die zuletzt vorgenommene Wertminderung rückgängig zu machen.[156]

25.5 Beteiligung über eine Mitunternehmerschaft (§ 8b Abs. 6 KStG)

25.5.1 Regelungsgehalt

25.157 Gemäß § 8b Abs. 6 Satz 1 KStG gelten die Absätze 1–5 auch für die dort genannten Bezüge, Gewinne und Gewinnminderungen, die dem Steuerpflichtigen im Rahmen des Gewinnanteils aus einer Mitunternehmerschaft zugerechnet werden, sowie für Gewinne und Verluste, soweit sie bei der Veräußerung oder Aufgabe eines Mitunternehmeranteils auf Anteile i.S.d. § 8b Abs. 2 KStG entfallen. Danach gelten sämtliche (Steuerbefreiungs-)Tatbestände des § 8b KStG auch für im Gewinnanteil nach § 15 Abs. 1 Nr. 2 EStG enthaltene

- Gewinnausschüttungen (§ 8b Abs. 1 KStG),
- Veräußerungsgewinne i.S.d. § 8b Abs. 2 KStG und
- Gewinnminderungen i.S.d. § 8b Abs. 3 Satz 3 ff. KStG.

Die **Nichtabziehbarkeit von Betriebsausgaben** bestimmt sich ferner nach § 8b Abs. 3 Satz 1 und Abs. 5 Satz 1 KStG.

[154] Vgl. Pung, in: Dötsch/Pung/Möhlenbrock, Die Körperschaftsteuer, § 8b KStG Rdnr. 240 (12/2023) m.w.N.; FG Münster, Urt. v. 17.08.2016 – 10 K 2301/13 K, EFG 2016, 1810.

[155] Vgl. z.B. Pung, in: Dötsch/Pung/Möhlenbrock, Die Körperschaftsteuer, § 8b KStG Rdnr. 240 (12/2023).

[156] Pung, in: Dötsch/Pung/Möhlenbrock, Die Körperschaftsteuer, § 8b KStG Rdnr. 241 (12/2023).

Die Anwendung des § 8b Abs 6 KStG setzt nach h.M.[157] eine **vermögensmäßige Beteiligung** der Kapitalgesellschaft an der Personengesellschaft voraus, mit der Folge, dass auf eine nicht am Vermögen einer Personengesellschaft beteiligte GmbH § 8b Abs. 6 Satz 1 KStG nicht anzuwenden ist. Die an die vermögensmäßig nicht beteiligte Kapitalgesellschaft gezahlten Haftungs- und Geschäftsführungsvergütungen sind danach – unabhängig davon, ob es sich um Vorabgewinnanteile oder um Sondervergütungen handelt – nicht von § 8b Abs. 6 Satz 1 KStG erfasst. Dieses Ergebnis ist auch zutreffend, da der Kapitalgesellschaft die Beteiligung an der im Gesamthandsvermögen der Personengesellschaft gehaltenen Körperschaft – auch nicht quotal – zuzurechnen ist. 25.158

Bei einer **vermögensmäßigen Beteiligung** der Kapitalgesellschaft richtet sich die Zurechnung der Beträge nach § 8b Abs. 6 Satz 1 KStG nach dem allgemeinen Gewinnverteilungsschlüssel ohne Berücksichtigung von Vorabgewinnanteilen, soweit die Beteiligung in der Gesamthandsbilanz erfasst ist.[158] Eine vermögensmäßige Beteiligung der Kapitalgesellschaft an der Personengesellschaft ist dann aber nicht erforderlich, wenn der Anteil an der (Unter-)Kapitalgesellschaft nicht zum Gesamthandsvermögen der Personengesellschaft, sondern – wegen eines etwaigen Bilanzierungsvorrangs nach § 15 Abs. 1 Nr. 2 Satz 1 zweiter Halbsatz EStG – zum Sonderbetriebsvermögen der (Ober-)Kapitalgesellschaft bei der Personengesellschaft gehört. In diesen Fällen ist nämlich die (Ober-)Kapitalgesellschaft selbst (unmittelbar) Gesellschafterin der (Unter-)Kapitalgesellschaft. In diesem Fall erfolgt eine Zurechnung der Bezüge, Gewinne und Gewinnminderungen i.S.d. des § 8b Abs. 1–5 KStG allein gegenüber dem Mitunternehmer (Kapitalgesellschaft), in dessen Sonderbetriebsvermögen sich die Beteiligung befindet.[159] 25.159

§ 8b Abs. 6 KStG gilt – entgegen seinem Wortlaut – nicht nur für gewerbliche (= Mitunternehmerschaften), sondern ebenso für **vermögensverwaltende Personengesellschaften.** Dies folgt bereits aus der – aus § 39 Abs. 2 Nr. 2 AO folgenden – Bruchteilsbetrachtung (anteilige Zurechnung der Wirtschaftsgüter auf die Beteiligten).[160] 25.160

---

[157] Vgl. auch PUNG, in: DÖTSCH/PUNG/MÖHLENBROCK, Die Körperschaftsteuer, § 8b KStG Rdnr. 411 (12/2023) m.w.N.; a.A. FROTSCHER, in: FROTSCHER/DRÜEN, KStG/GewStG/UmwStG, § 8b KStG Rdnr. 564 (05/2022).

[158] PUNG, in: DÖTSCH/PUNG/MÖHLENBROCK, Die Körperschaftsteuer, § 8b KStG Rdnr. 411 (12/2023).

[159] PUNG, in: DÖTSCH/PUNG/MÖHLENBROCK, Die Körperschaftsteuer, § 8b KStG Rdnr. 411 (12/2023).

[160] Vgl. auch BMF-Schreiben v. 28.04.2003 – IV A 2 - S 2750a - 7/03, BStBl I, 292, Rdnr. 56; CREZELIUS, DB 2001, 221, 225.

25.5.2 Bilanzierung des Anteils an einer gewerblichen Personengesellschaft

25.161 **Handelsrechtlich** stellt die Beteiligung an einer Personengesellschaft einen bilanzierungsfähigen Vermögensgegenstand (§§ 246, 253 HGB) dar. Die Beteiligung an einer Personengesellschaft ist mithin eigenständig bewertbar. Für die **Steuerbilanz** hat der handelsrechtliche Posten „Beteiligung an einer Personengesellschaft" indes keine selbständige Bedeutung,[161] weil sie steuerrechtlich kein Wirtschaftsgut darstellt.[162]

25.5.3 Freistellung von Beteiligungserträgen nach § 8b Abs. 1, 4 KStG

25.162 Beteiligungen, die eine Kapitalgesellschaft über eine Mitunternehmerschaft hält, werden der Kapitalgesellschaft nach § 8b Abs. 4 Satz 4 KStG anteilig zugerechnet (Transparenzprinzip) und **gelten** für Zwecke des § 8b Abs. 4 KStG als **unmittelbare** Beteiligung (§ 8b Abs. 4 Satz 5 KStG). Im Rahmen der Einkommensermittlung der Kapitalgesellschaft ist weiter zu beachten, dass der Gewinnanteil an der Mitunternehmerschaft i.S.d. § 15 Abs. 1 Nr. 2 EStG bilanziell nach der **Spiegelbildmethode** zu erfassen ist. Hierbei ist wiederum zu berücksichtigen, dass die von der ausschüttenden Kapitalgesellschaft einzubehaltende und abzuführende Kapitalertragsteuer **auf Ebene der Mitunternehmerschaft** als Privatentnahme des jeweiligen Gesellschafters zu erfassen ist; dies gilt auch dann, wenn der Gesellschafter der Mitunternehmerschaft eine Kapitalgesellschaft ist.[163] Bei mehrstöckigen **Mitunternehmerschaften** wird für die Anwendung des § 8b Abs. 4 KStG die Beteiligungsquote durchgerechnet und als unmittelbare Beteiligung behandelt (siehe § 8b Abs. 4 Satz 4 zweiter Halbsatz und Satz 5 KStG).

Beispiel

25.163 Die A-GmbH ist an der ABC-GmbH & Co. KG zu 60 % beteiligt, die übrigen Anteile halten B und C zu je 20 %. Die ABC-GmbH & Co. KG ist wiederum zu 70 % an der E-GmbH beteiligt ist. Nach dem Gesellschaftsvertrag der ABC-GmbH & Co. KG ist der Gewinnanteil dem Kapitalkonto II (welches auch Verluste aufnimmt) des jeweiligen Gesellschafters gutzuschreiben. Die A-GmbH hat ihre Einlage voll erbracht. Die E-GmbH beschließt im Wj. 22 eine Ausschüttung i.H.v. 142.857 €, wovon 100.000 € (= Bruttodividende) auf die A-GmbH & Co. KG entfallen; die Auszahlung erfolgt noch im Wj. 22. Aus Vereinfachungsgründen soll dies der einzige Geschäftsvorfall des Wj. sein.

---

[161] BFH, Urt. v. 06.11.1985 – I R 242/81, BStBl II 1986, 333.

[162] BFH, Urt. v. 30.04.2003, BStBl II 2004, 804 m.w.N.; siehe hierzu im Einzelnen Rdnr. 28.31 ff.; zur Bilanzierung des Anteils an einer gewerblichen Personengesellschaft siehe ausführlich Rdnr. 28.1 ff.

[163] Vgl. IDW RS HFA 7 v. 30.01.2018, IDW-Life 2018, 258.

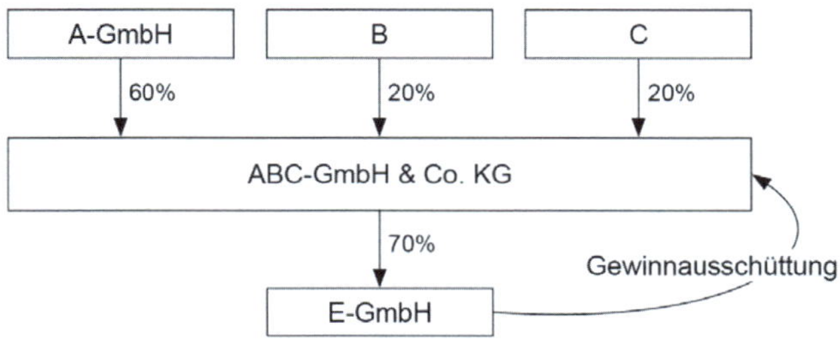

Lösung

Das mittelbare Beteiligungsverhältnis beträgt gem. § 8b Abs. 4 Satz 5 KStG 42 % (60 % von 70), d.h., die Vorschrift des § 8b Abs. 4 KStG findet vorliegend keine Anwendung, d.h., es greift § 8b Abs. 1 und 5 KStG.

Im Rahmen der Einkommensermittlung **auf Ebene der A-GmbH** ist zu beachten, dass der Gewinnanteil an der ABC-GmbH & Co. KG i.S.d. § 15 Abs. 1 Nr. 2 EStG steuerbilanziell nach der Spiegelbildmethode zu erfassen ist. Hierbei ist wiederum zu berücksichtigen, dass die von der E-GmbH einzubehaltende und abzuführende KapESt/SolZ auf Ebene der PersGes (hier: ABC-GmbH & Co. KG) als Privatentnahme des jeweiligen Gesellschafters zu erfassen ist. Demnach ist der Vorgang auf **Ebene der ABC-GmbH & Co. KG** wie folgt zu buchen:

Bank	73.625 €	an Beteiligungsertrag	100.000 €
Privatentnahme A-GmbH	15.825 €		
Privatentnahme übrige Gesellschafter	10.550 €		

Von dem Beteiligungsertrag entfallen 60.000 € auf die A-GmbH (60 % von 100.000 € oder 42 % von 142.857 €). Dem entsprechend entwickelt sich das Kapitalkonto II der A-GmbH auf **Ebene der ABC-GmbH & Co. KG** wie folgt:

	KapK II
Stand 01.01.	...
Gewinnanteil	60.000 €
abzgl. Entnahme	– 15.825 €
Stand 31.12.	**44.175 €**

Hiervon ausgehend erhöht sich der steuerbilanzielle Gewinn der A-GmbH nach der sogenannten „Spiegelbildmethode" zunächst i.H.v. 44.175 €. Ferner ist nach hier vertretener Auffassung – im Hinblick auf das Vollständigkeitsprinzip und das Saldierungsverbot – ebenso der Anrechnungsanspruch (KapESt/SolZ) der A-GmbH i.H.v. 15.825 € bilanziell abzubilden (Steueraufwand an Beteiligungsertrag). Demnach ergeben sich in der Steuerbilanz der A-GmbH folgende Buchungen:

Beteiligung ABC-KG	44.175 €	an Beteiligungsertrag	60.000 €
Steuern vom Einkommen ...			
– KapESt	15.000 €		
– Solz	825 €		

Der Steuerbilanzgewinn beträgt danach 44.175 € und ist außerbilanziell gem. § 10 Nr. 2 KStG um die nicht abziehbaren Steuern i.H.v. 15.825 € zu erhöhen. Dieser Zwischenbetrag i.H.v. 60.000 € entspricht dem nach §§ 179,180 AO gesondert und einheitlich festgestellten Gewinnanteil. Zum gleichen (vertretbaren) Ergebnis gelangt man, wenn man außerbilanziell im Rahmen der Einkommensermittlung den „gebuchten Gewinnanteil" i.H.v. insgesamt 44.175 € abzieht und den nach §§ 179,180 AO gesondert und einheitlich festgestellten Gewinnanteil i.H.v. 60.000 € hinzurechnet. Die Einkommensermittlung auf Ebene der A-GmbH stellt sich dann wie folgt dar:

Steuerbilanzgewinn A-GmbH	44.175 €
Hinzurechnung – § 10 Nr. 2 KStG	+ 15.825 €
Zwischensumme	60.000 €
abzgl. § 8b Abs. 1 Satz 1 KStG	– 60.000 €
zzgl. § 8b Abs. 5 Satz 1 KStG	+ 3.000 €
zu versteuerndes Einkommen	**3.000 €**

Im Ergebnis wirken sich also nur die „nicht abziehbaren Betriebsausgaben" i.S.d. § 8b Abs. 5 Satz 1 KStG auf das z.v.E. aus.

Bei mehrstöckigen **Mitunternehmerschaften** wird für die Anwendung des § 8b Abs. 4 KStG die Beteiligungsquote durchgerechnet und als unmittelbare Beteiligung behandelt (siehe § 8b Abs. 4 Satz 4 zweiter Halbsatz und Satz 5 KStG).

25.5.4 Freistellung nach § 8b Abs. 2 KStG

25.164 Über § 8b Abs. 6 Satz 1 KStG gilt auch die Steuerbefreiung nach § 8b Abs. 2 KStG sowie die damit einhergehende Regelung über die nicht abziehbaren Betriebsausgaben in § 8b Abs. 3 Satz 1 KStG.

Beispiel

Die A-GmbH ist zu 50 % an der ABC-KG beteiligt. Zum Betriebsvermögen der ABC-KG gehört eine 60%ige Beteiligung an der E-GmbH (Buchwert: 200.000 €). Im Wj. 22 veräußert die ABC-KG die Beteiligung an der E-GmbH für 1 Mio. €.

Lösung

Die ABC-KG erzielt einen (laufenden) Veräußerungsgewinn i.H.v. 800.000 €. Davon entfallen auf die A-GmbH 400.000 € (50 % von 800.000 €). Dieser Betrag erhöht auch den Steuerbilanzgewinn der A-GmbH (Buchung nach der Spiegelbildmethode in der Steuerbilanz: Beteiligung ABC-KG an Beteiligungsertrag 400.000 €). Im Rahmen der Einkommensermittlung sind § 8b Abs. 2 Satz 1, Abs. 3 Satz 1 i.V.m. Abs. 6 Satz 1 KStG anzuwenden. Demnach ermittelt sich das Einkommen der A-GmbH wie folgt:

Steuerbilanzgewinn A-GmbH	400.000 €
abzgl. § 8b Abs. 1 Satz 1 KStG	– 400.000 €
zzgl. § 8b Abs. 5 Satz 1 KStG	+ 20.000 €
zu versteuerndes Einkommen	**20.000 €**

Des Weiteren sind über § 8b Abs. 6 Satz 1 KStG auch die Sätze 2–6 anzuwenden, namentlich: 25.165

- Ermittlung des maßgeblichen Veräußerungsgewinns (Satz 2),
- Steuerfreiheit einer Teilwertaufholung (Satz 3),
- Steuerfreiheit der Gewinne aus der Auflösung oder Herabsetzung des Nennkapitals (Satz 3),
- Einschränkung der Steuerfreiheit, soweit in früheren Jahren steuerwirksam eine Teilwertabschreibung auf den Anteil an der Kapitalgesellschaft vorgenommen wurde (Satz 4),
- Einschränkung der Steuerfreiheit bei steuerwirksam vorgenommenen Abzügen nach § 6b EStG (Satz 5),
- Steuerfreiheit bei verdeckten Einlagen eines Anteils an einer Kapitalgesellschaft (Satz 6).

§ 8b Abs. 1–5 KStG gilt auch für Gewinne und Verluste aus der **Veräußerung oder Aufgabe des Mitunternehmeranteils** selbst. In diesen Fällen ist der Kaufpreis regelmäßig im Verhältnis der Verkehrswerte aufzuteilen.

25.5.5 Gewinnminderungen i.S.d. § 8b Abs. 3 Satz 3 ff. KStG

Auch § 8b Abs. 3 Satz 3 ff. KStG findet über § 8b Abs. 6 Satz 1 KStG bei **mittelbaren Beteiligungsverhältnissen über eine Personengesellschaft** Anwendung. Demnach sind auch auf Ebene der Personengesellschaft vorgenommene Teilwertab- 25.166

schreibungen auf den Anteil einer zum Betriebsvermögen der Personengesellschaft gehörenden Beteiligung an einer Kapitalgesellschaft auf Ebene der (Ober-)Kapitalgesellschaft (= Gesellschafterin der Personengesellschaft) gem. § 8b Abs. 3 Satz 3 KStG außerbilanziell zu neutralisieren. Entsprechendes gilt, wenn die Personengesellschaft den zu ihrem Betriebsvermögen gehörenden Anteil an einer Kapitalgesellschaft mit Verlust veräußert. Ferner findet § 8b Abs. 3 Satz 4–8 KStG (Gewinnminderungen im Zusammenhang mit **Gesellschafterdarlehen** etc.) auch dann Anwendung, wenn das Darlehen von der Personengesellschaft an eine andere Kapitalgesellschaft hingegeben wurde und eine qualifizierte Beteiligung an der (Unter-)Kapitalgesellschaft besteht. Da die Personengesellschaft selbst Darlehensgeber ist, soll für die Bestimmung der qualifizierten Beteiligungsquote nur auf die unmittelbare oder mittelbare Beteiligung der Personengesellschaft an der darlehensnehmenden Kapitalgesellschaft abzustellen sein; dem Gesetzeswortlaut ist[164] nicht zu entnehmen, dass der Darlehensgeber und Anteilseigner rechtsformbestimmt nur eine Kapitalgesellschaft sein kann. Eine quotenbezogene Umrechnung auf die an der Personengesellschaft beteiligte Kapitalgesellschaft soll daher nicht erfolgen. Der Gegenbeweis i.S.d. § 8b Abs. 3 Satz 6 KStG muss in diesen Fällen dann von der Personengesellschaft geführt werden, da diese Darlehensgeber ist.

Beispiel

25.167 Die M-GmbH ist zu 30 % an der gewerblich tätigen MBC-GmbH & Co. KG beteiligt. Die übrigen Anteile halten B und C zu je 35 %. Die MBC-GmbH & Co. KG hält ihrerseits eine 30%ige Beteiligung an der Y-GmbH. Die MBC-GmbH & Co. KG gibt der Y-GmbH im Wj. 20 ein (nicht fremdübliches) Darlehen von 100.000 €. Die Y-GmbH gerät im Wj. 22 in wirtschaftliche Schwierigkeiten, weshalb die MBC-GmbH & Co. KG (zutreffend) zum 31.12.22 eine Teilwertabschreibung (dauernde Wertminderung) auf 0 € vornimmt.

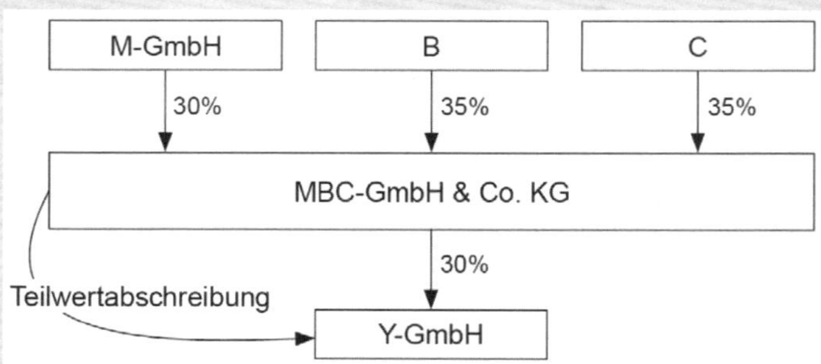

[164] Herlinghaus, in: Rödder/Herlinghaus/Neumann, KStG, 2. Aufl. 2023, § 8b Rdnr. 330; Pung, in: Dötsch/Pung/Möhlenbrock, Die Körperschaftsteuer, § 8b KStG Rdnr. 227 (12/2023).

Lösung

Die Teilwertabschreibung unterliegt gem. § 8b Abs. 6 KStG dem Anwendungsbereich des § 8b Abs. 3 Satz 4 KStG, da der Darlehensgeber (hier: MBC-GmbH & Co. KG) zu mehr als 25 % an der Y-GmbH beteiligt ist. Unmaßgeblich soll insoweit sein, dass die M-GmbH selbst nur mittelbar zu 9 % (30 % von 30 %) an der Y-GmbH beteiligt ist. Dem folgend ist der der M-GmbH zuzuweisende Gewinnanteil außerbilanziell um 30.000 € (30 % von 100.000) zu erhöhen.

25.6 Sonstige Tatbestände des § 8b KStG

Im Übrigen regelt § 8b KStG weitere Sonderfälle: 25.168

- § 8b Abs. 7 KStG nimmt Anteile, die für den kurzfristigen Eigenhandel bei Kreditinstituten und Finanzdienstleistungsinstituten (**Wertpapierhandel**) vorgesehen sind, aus dem Anwendungsbereich der allgemeinen Regelungen zur Dividendenfreistellung und zur Veräußerungsgewinnbefreiung aus. Entsprechend bleiben mit diesen Anteilen im Zusammenhang stehende Betriebsausgaben zum Abzug zugelassen.[165]
- Seit dem 01.01.2004 gilt für **Lebens- und Krankenversicherungsunternehmen** die Sonderregelung des § 8b Abs. 8 KStG, wonach die allgemeinen Regelungen des § 8b Abs. 1–7 KStG nicht anwendbar sind, mithin Erträge und Aufwendungen im Zusammenhang mit Anteilen an Kapitalgesellschaften regelmäßig steuerlich berücksichtigt werden.
- § 8b Abs. 9 KStG enthält im Sinne einer **Rückausnahme** die Anordnung, dass § 8b Abs. 7 und 8 KStG nicht für Bezüge i.S.d. § 8b Abs. 1 KStG gelten, auf welche die EU-Mitgliedstaaten Art. 4 Abs. 1 der Mutter-Tochter-Richtlinie anzuwenden haben. Diese Vorschrift dient der europarechtskonformen Umsetzung des Art. 4 Abs. 1 Mutter-Tochter-Richtlinie, die unter den dort näher beschriebenen Voraussetzungen Ausschüttungsgewinne von EU-Tochtergesellschaften von der Besteuerung ausnimmt.
- Mit § 8b Abs. 10 KStG will der Gesetzgeber von ihm als missbräuchlich bewertete Gestaltungen zur Minderung der Körperschaftsteuerbelastung bekämpfen.[166] Der Steuervorteil, den es aus Sicht des Gesetzgebers zu entziehen gilt, kann typischerweise im Rahmen eines **Sachdarlehens über Wertpapiere** entstehen, bei dem der Verleiher dem körperschaftsteuerpflichtigen Entleiher börsenfähige Wertpapiere (z.B. Aktien) gegen Entgelt (sog. Leihgebühr) mit der Bedingung überlässt, ihm später Wertpapiere gleicher Art und Menge zurück zu

---

[165] Vgl. auch BMF-Schreiben v. 25.07.2002 – IV A 2 - S 2750 a - 6/02, BStBl I, 712.

[166] Fraktionsentwurf eines Unternehmensteuerreformgesetzes 2008, BT-Drucks. 16/4841, S. 75 und 78.

übereignen. Der Entleiher vereinnahmt die Erträge der ihm zu zivilrechtlichem/wirtschaftlichen Eigentum übertragenen Wertpapiere, im Gegenzug hat er dem Verleiher eine betragsgleiche Kompensation zu gewähren. Diese Kompensationszahlungen und die Leihgebühr führen auf Seiten des Entleihers trotz Steuerfreiheit der korrespondierenden Wertpapiererträge (§ 8b Abs. 1 KStG) zu abziehbaren Betriebsausgaben, weil der von § 3c Abs. 1 EStG für diesen Fall regelmäßig vorgesehene Abzugsausschluss im Anwendungsbereich des § 8b KStG gerade nicht gilt (§ 8b Abs. 5 Satz 2 KStG). Die Folge davon ist ein „Überhang“ abziehbarer Betriebsausgaben, den der Entleiher zur Verrechnung mit steuerpflichtigen Betriebseinnahmen anderer Quellen nutzen kann.[167]

– Gemäß § 8b Abs. 11 KStG sind die Absätze 1–10 nicht anzuwenden bei Anteilen an **Unterstützungskassen.** Die Vorschrift ist durch das JStG 2015 eingeführt worden und gilt gem. § 34 Abs. 1 KStG i.d.F. des StÄndG 2015 erstmals für den Veranlagungszeitraum 2016.

25.7 Auswirkungen des StAbwG auf die Anwendung des § 8b KStG

25.169 Mit dem Gesetz zur Abwehr von Steuervermeidung und unfairem Steuerwettbewerb und zur Änderung weiterer Gesetze (StAbwG)[168] hat der Gesetzgeber Regelungen geschaffen, die den Anwendungsbereich der Steuerbefreiungsvorschriften nach § 8b Abs. 1 und 2 KStG sowie § 3 Nr. 40 Satz 1 und 2 EStG einschränken. Das Gesetz löst damit die Steuerhinterziehungsbekämpfungsverordnung[169] ab, die neben den Verordnungsermächtigungen in § 51 Abs. 1 Nr. 1 Buchst. f) EStG und § 33 Abs. 1 Nr. 2 Buchst. e) KStG aufgehoben wird und faktisch ins Leere lief.[170] § 7 i.V.m. § 11 StAbwG kodifizieren, dass auf Gewinnausschüttungen und Anteilsveräußerungen § 8b Abs. 1 und 2 KStG respektive § 3 Nr. 40 Satz 1 und 2 EStG keine Anwendung finden, wenn die Gewinnausschüttung von einer Körperschaft geleistet bzw. der Anteil an einer Körperschaft veräußert wird, die in einem nicht kooperativen Steuerhoheitsgebiet ansässig ist.

25.170 Die Steuerbefreiung wird nach § 11 Abs. 1 Satz 3 StAbwG auch in sogenannten Durchschüttungsfällen versagt, um Umgehungsgestaltungen – unter Zwischenschaltung **nahestehender Personen** i.S.d. § 1 Abs. 2 AStG – entgegenzuwirken.[171]

[167] Vgl. auch BFH, Urt. v. 18.08.2015 – I R 88/13, BStBl II 2016, 961 mit Hinweis auf HÄUSELMANN, DStR 2007, 1379; SCHNITGER/BILDSTEIN, IStR 2008, 202.

[168] Gesetz zur Abwehr von Steuervermeidung und unfairem Steuerwettbewerb und zur Änderung weiterer Gesetze v. 25.06.2021, BGBl I, 2056 (StAbwG).

[169] Steuerhinterziehungsbekämpfungsverordnung (SteuerHBekV) v. 18.09.2009, BGBl I, 3046.

[170] Vgl. dazu im Einzelnen PUNG, in: DÖTSCH/PUNG/MÖHLENBROCK, Die Körperschaftsteuer, § 8b KStG Rdnr. 3 (12/2023).

[171] RegE StAbwG, BT-Drucks. 19/28901, S. 27.

§ 11 Abs. 1 Satz 3 zweiter Halbsatz StAbwG enthält jedoch eine Rückausnahme; sind bereits auf der Ebene der nahestehenden Person § 11 Abs. 1 Satz 1 und 2 StAbwG oder vergleichbare Vorschriften angewendet worden mit der Folge, dass die Gewinnausschüttung bzw. die Veräußerung des Anteils auf der Ebene der nahestehenden Person schon steuerpflichtig war, greifen die Steuerbefreiungsvorschriften gem. § 8b Abs. 1 und 2 KStG, § 3 Nr. 40 EStG wiederum ein.

Die Versagung der Steuerbefreiung bei Gewinnausschüttungen und Anteilsveräußerungen findet nach § 11 StAbwG indes keine Anwendung, soweit der Steuerpflichtige nachweist, dass die Ausschüttungen aus Beträgen resultieren, die bei der ausschüttenden Gesellschaft bereits der inländischen Quellenbesteuerung nach § 10 StAbwG unterlegen haben. Entsprechendes gilt, wenn für die Beträge bereits das Abzugsverbot nach § 8 StAbwG angewendet wurde. 25.171

Die vorstehenden Regelungen gelten seit dem 01.01.2022 (§ 13 Abs. 1 StAbwG). 25.172

26. Brennpunkte bei der Betriebsaufspaltung

26.1 Thematische Einführung

Unter einer **Betriebsaufspaltung** wird die Aufteilung eines wirtschaftlich betrachtet einheitlichen Betriebs in zwei oder mehrere rechtlich selbständige Unternehmen verstanden. Bei der klassischen Form der Betriebsaufspaltung sind ein Einzelunternehmen als Besitzgesellschaft und eine Kapitalgesellschaft (meist eine GmbH) als Betriebsgesellschaft miteinander verflochten. 26.1

26.2 Die Betriebsaufspaltung existiert als **Rechtsinstitut** nur im Steuerrecht und ist weder zivil- noch steuergesetzlich normiert. Vielmehr wurde die Betriebsaufspaltung durch die Finanzverwaltung in den 1930er Jahren begründet und durch die (zwischenzeitlich gefestigte) Rechtsprechung des BFH und des BVerfG bestätigt.[1] Nach dieser Rechtsprechung kennzeichnet eine Betriebsaufspaltung, dass eine grundsätzlich nicht gewerbliche Tätigkeit, z.B. die rein vermögensverwaltende Betätigung durch Vermietung und Verpachtung von Wirtschaftsgütern an eine Kapitalgesellschaft, aufgrund einer besonderen Verbindung beider Unternehmen (personelle und sachliche Verflechtung) in eine gewerbliche Betätigung umqualifiziert wird.

26.2 Der praktische Fall

26.3 A verpachtet seit Jahren ein unbebautes Grundstück an die A-GmbH, deren Alleingesellschafter und Geschäftsführer er ist. Die A-GmbH nutzte das betriebsnotwendige Grundstück zunächst eigenbetrieblich.

26.4 Nach einer betrieblichen Neuausrichtung errichtete die A-GmbH auf dem Pachtgrundstück sowie auf einem in ihrem Eigentum stehenden Nachbargrundstück einen zusammenhängenden Gebäudekomplex aus Büro- und Verwaltungsgebäuden. Diese neu errichteten Gebäude verpachtete die A-GmbH nach Fertigstellung an Dritte zur gewerblichen Nutzung. Weitere Tätigkeiten neben der Verpachtung übte die A-GmbH nicht mehr aus. Die Gebäude auf fremdem Grund und Boden stehen im wirtschaftlichen Eigentum der A-GmbH und werden dieser auch bewertungsrechtlich zugerechnet. Die A-GmbH nimmt die erweiterte Kürzung nach § 9 Nr. 1 Satz 2 GewStG in Anspruch.

[1] Zur Historie vgl. D. Carlé, in: Carlé, Die Betriebsaufspaltung, 2. Aufl. 2014, Rdnr. 1–15.

Beispiel

Die Verpachtung des Grundstücks des A wurde vom Finanzamt als Betriebsaufspaltung eingestuft. Die Gewinnausschüttungen der A-GmbH, deren Anteile dem Betriebsvermögen des Besitzunternehmens des A zugeordnet waren, wurden bei der Ermittlung des Gewerbeertrags nach § 9 Nr. 2a GewStG gekürzt. A möchte auch für die erzielten Pachtzinsen in seinem Besitzunternehmen die erweiterte Kürzung nach § 9 Nr. 1 Satz 2 GewStG in Anspruch nehmen und damit den gesamten Gewerbeertrag steuerfrei stellen. 26.5

Lösung

Zwischen dem A und der A-GmbH liegen die Voraussetzungen der Betriebsaufspaltung vor. Die erforderliche personelle Verflechtung ist gegeben, da der A Alleingesellschafter der A-GmbH ist. Die Überlassung des Grundstücks erfüllte die Voraussetzung der sachlichen Verflechtung, da nach mittlerweile ständiger Rechtsprechung des BFH die Eigenschaft der wesentlichen Betriebsgrundlage auch bei einem unbebauten Grundstück vorliegen kann, wenn dieses Grundstück vom Betriebsunternehmen nach dessen betrieblichen Bedürfnissen bebaut oder anderweitig gestaltet worden ist[2] bzw. künftig bebaut werden soll.[3] Unbebaute Grundstücke sind darüber hinaus als wesentliche Betriebsgrundlage anzusehen, wenn sie im Funktionszusammenhang mit Betriebsgebäuden stehen (z.B. Kundenparkplätze, Lagerflächen) oder wegen ihrer besonderen Lage betriebsnotwendig sind.[4]

Trotz der rein vermögensverwaltenden Tätigkeit der Verpachtung erzielte die A-GmbH gem. § 8 Abs. 2 KStG gewerbliche Einkünfte kraft Rechtsform. Dies steht der Annahme einer Betriebsaufspaltung nicht entgegen.[5]

Nach ständiger Rechtsprechung des BFH sind die Voraussetzungen einer erweiterten Kürzung gem. § 9 Abs. 1 Satz 2 GewStG im Fall einer Betriebsaufspaltung nicht erfüllt, da die tatsächlichen Umstände, die eine personelle und sachliche Verflechtung begründen, den Rahmen der bloßen Vermögensverwaltung überschreiten.[6] Eine Übertragung gewerbesteuerlich günstiger Merkmale der Betriebskapitalgesellschaft – selbst wenn diese wie vorliegend die Voraussetzungen des § 9 Nr. 1 Satz 2 GewStG erfüllt – auf die Besitzgesellschaft kommt bei der erweiterten Kürzung nicht in Betracht.

---

2 BFH, Urt. v. 24.08.1989 – IV R 135/86, BStBl II, 1014.

3 BFH, Urt. v. 15.01.1998 – IV R 8/97, BStBl II, 478.

4 Vgl. BFH, Urt. v. 24.08.1989 – IV R 135/86, BStBl II, 1014; BFH, Urt. v. 19.03.2002 – VIII R 57/99, BStBl II, 662; BFH, Urt. v. 18.08.2005 – IV R 59/04, BStBl II, 830; BFH, Urt. v. 15.01.1998 – IV R 8/97, BStBl II, 478.

5 BFH, Urt. v. 22.02.2005 – VIII R 53/02, BFH/NV 2005, 1624.

6 BFH, Urt. v. 22.02.2005 – VIII R 53/02, BFH/NV 2005, 1624; zuletzt BFH, Urt. v. 22.06.2016 – X R 54/14, BStBl II 2017, 529.

Abwandlung

A führt sein Besitzunternehmen auch in der Rechtsform einer GmbH, wobei er selbst die Anteile an den beiden Kapitalgesellschaften hält.

Lösung

Die erweiterte Kürzung auf der Ebene des Besitzunternehmens kann dann in Anspruch genommen werden, wenn das Besitzunternehmen selbst in der Rechtsform einer Kapitalgesellschaft organisiert ist und die Anteile an der Betriebskapitalgesellschaft nicht der Besitzkapitalgesellschaft, sondern deren Gesellschafter zuzurechnen sind.[7]

In diesem Fall liegt keine (kapitalistische) Betriebsaufspaltung vor, da ein Durchgriff durch die Kapitalgesellschaft grundsätzlich nicht zulässig ist (Trennungsprinzip) und damit eine personelle Verflechtung im Fall einer Gleichordnungsstruktur bei Schwestergesellschaften nicht gegeben ist.[8]

26.6 Eine Betriebsaufspaltung zwischen zwei Kapitalgesellschaften kann daher nur in der Form einer Über-/Unterordnungsstruktur vorliegen, in der die Besitzkapitalgesellschaft selbst die Betriebskapitalgesellschaft beherrscht.[9] Für diesen Fall der kapitalistischen Betriebsaufspaltung kommt eine erweiterte Kürzung nach § 9 Nr. 1 Satz 2 GewStG wiederum nicht zur Anwendung.[10]

26.7 Für die Beurteilung der personellen Verflechtung ist grundsätzlich entscheidend, welche Personengruppe hinter den Personengesellschaften steht. Im Besitzunternehmen muss der Geschäfts- und Betätigungswille derjenigen Personen durchgesetzt werden können, welche auch hinter dem Betriebsunternehmen stehen. Dies ist auch dann der Fall, wenn die Gesellschafter der Betriebsgesellschaft nur mittelbar über eine Kapitalgesellschaft an der Besitzpersonengesellschaft beteiligt sind. Die Grundsätze der Betriebsaufspaltung finden Anwendung.

---

7 Vgl. BFH, Urt. v. 01.08.1979 – I R 111/78, BStBl II 1980, 77.

8 Abschirmwirkung der Kapitalgesellschaft, vgl. BFH, Urt. v. 27.08.1992 – IV R 13/91, BStBl II 1993, 134.

9 Vgl. SCHMIDT, EStG, 43. Aufl. 2024, § 15 Rdnr. 803.

10 BFH, Urt. v. 28.01.2015 – I R 20/14, BFH/NV 2015, 1109.

Mit seiner Rechtsprechung im Urteil vom 16.09.2021[11] änderte der BFH seine vorherige Sichtweise. In Bezug auf das Betriebsunternehmen ist eine „mittelbare Beherrschung“ bereits lange anerkannt. Bezüglich des Besitzunternehmens ging der BFH in der Konstellation einer zwischengeschalteten Kapitalgesellschaft von einem „Durchgriffsverbot“ aus, wonach eine personelle Verflechtung mangels Mitunternehmerstellung der mittelbaren Beteiligten ausschied. Diese ständige Rechtsprechung hat der IV. Senat des BFH nun aufgegeben. Er begründet dies mit einem Mangel an sachlichen Gründen für die bisherige Unterscheidung zwischen einer mittelbaren Beteiligung über eine Kapitalgesellschaft am Betriebs- oder am Besitzunternehmen. Aus Vertrauensschutzgesichtspunkten veranlasste das BMF mit einem Schreiben vom 21.11.2022,[12] diese Rechtsprechung erst ab dem Veranlagungszeitpunkt 2024 zu berücksichtigen. 26.8

Hinweis

Für die Praxis hat die Rechtsprechungsänderung des BFH zur Folge, dass eine erweiterte Kürzung nach § 9 Nr. 1 Satz 2 GewStG auch für die Fälle der zwischengeschalteten Kapitalgesellschaft nicht mehr zur Anwendung kommt. 26.9

Die Rechtsprechung des BFH zur fehlenden personellen Verflechtung zwischen Schwesterkapitalgesellschaften (vgl. oben BFH, Urt. v. 01.08.1979 – I R 111/78, BStBl II 1980, 77.) ist weiterhin anzuwenden. 26.10

26.3 Rechtliche Hinweise

Die Rechtsgrundlagen der Betriebsaufspaltung werden heute aus § 15 Abs. 2, Abs. 1 Nr. 1 und 2 EStG sowie aus der entsprechenden BFH-Rechtsprechung und der umfangreichen Verwaltungsanweisung in H 15.7 Abs. 4–8 EStH gefolgert. Grundlage der sachlichen und personellen Verflechtung sind jeweils die zivilrechtlichen Vertragsbeziehungen, die sich aus dem Miet- oder Pachtvertrag und aus den gesellschaftsrechtlichen Vereinbarungen, insbesondere den Gesellschaftsverträgen, ergeben. 26.11

26.3.1 Formen der Betriebsaufspaltung

Die Betriebsaufspaltung kommt heute in den verschiedensten Formen und Ausprägungen vor.[13] Die typischen Formen sind die Folgenden: 26.12

11 BFH, Urt. v. 16.09.2021 – IV R 7/18, BStBl II 2022, 767.

12 BMF-Schreiben v. 21.11.2022 – IV C 6 - S 2240/20/100006 :002, BStBl I, 1515.

13 Vgl. SCHMIDT/WACKER, EStG, 43. Aufl. 2024, § 15 Rdnr. 802 f. m.w.N.

26.3.1.1 Echte Betriebsaufspaltung

26.13 Der Begriff der echten Betriebsaufspaltung betrifft den Entstehungsakt der Betriebsaufspaltung und bezeichnet den Vorgang, bei dem ein zunächst bereits bestehender einheitlicher Betrieb in zwei selbständige Unternehmen aufgeteilt wird.

Beispiel

26.14 Einzelunternehmer B betreibt seit Jahren eine Brauerei auf eigenem Betriebsgelände. Aufgrund erschwerter Wettbewerbsbedingungen gründet er als Alleingesellschafter eine GmbH, die den Brauereibetrieb fortführt. Das Eigentum an dem Betriebsgrundstück behält B zurück und vermietet es fortan an die GmbH.

26.3.1.2 Unechte Betriebsaufspaltung

26.15 Im Gegensatz zur echten Betriebsaufspaltung entstehen bei der unechten Betriebsaufspaltung die beiden Unternehmen nicht durch einen Aufteilungsvorgang, sondern waren bereits vor der Verflechtung als rechtlich und wirtschaftlich selbständige Einheiten errichtet und sind nunmehr in Beziehungen zueinander getreten, die eine Betriebsaufspaltung auslösen. Es lag zuvor aber gerade kein einheitlicher Betrieb vor.

26.3.1.3 Mitunternehmerische Betriebsaufspaltung

26.16 Im Rahmen der mitunternehmerischen Betriebsaufspaltung besitzen beide Unternehmen – das Besitz- sowie das Betriebsunternehmen – jeweils die Rechtsform einer Personen(handels)gesellschaft. Das operativ tätige Betriebsunternehmen wird meist in der Rechtsform der GmbH & Co. KG geführt. Die Gesellschafter der Besitzgesellschaft sind in diesem Fall regelmäßig mit den Kommanditisten der Betriebs-GmbH & Co. KG und der Komplementär-GmbH personen- und beteiligungsidentisch. Die Besonderheiten der mitunternehmerischen Betriebsaufspaltung, insbesondere die Bilanzierungskonkurrenzen, werden aufgrund der inhaltlichen Ausrichtung dieses Werks auf Kapitalgesellschaften an dieser Stelle nicht weiter thematisiert.

26.3.1.4 Kapitalistische Betriebsaufspaltung

26.17 Wenn das Besitzunternehmen in der Rechtsform einer Kapitalgesellschaft geführt wird und das Betriebsunternehmen beherrscht, liegt eine kapitalistische Betriebsaufspaltung vor. Zu unterscheiden ist die kapitalistische Betriebsaufspaltung von einer Gleichordnungsstruktur bei Schwesterkapitalgesellschaften. Denn wenn die Anteile an einer Betriebskapitalgesellschaft nicht durch die Besitzkapitalgesellschaft, sondern im Privatvermögen eines Anteilseigners gehalten werden, liegt aufgrund des Durchgriffsverbots keine Beherrschung der Betriebsgesellschaft durch die Besitzkapitalgesellschaft vor. Ein einheitlicher geschäftlicher Betätigungswille und damit eine personelle Verflechtung bestehen dann nicht.

26.3.2 Begründung der Betriebsaufspaltung

26.3.2.1 Voraussetzungen der Betriebsaufspaltung (sachliche und personelle Verflechtung)

Voraussetzung für die Annahme einer Betriebsaufspaltung ist das Vorliegen einer sachlichen und personellen Verflechtung zwischen dem Besitz- und dem Betriebsunternehmen.[14] Eine **sachliche Verflechtung** besteht, wenn das zur Nutzung überlassene Wirtschaftsgut aus Sicht des Betriebsunternehmens eine funktional wesentliche Betriebsgrundlage darstellt.[15] Die Höhe der stillen Reserven des Wirtschaftsguts ist für die Frage, ob eine wesentliche Betriebsgrundlage im Rahmen einer Betriebsaufspaltung vorliegt, unerheblich.[16] Hierbei reicht es aus, wenn die überlassenen (materiellen oder immateriellen) Wirtschaftsgüter bei dem operativ tätigen Betriebsunternehmen nur eine von mehreren wesentlichen Betriebsgrundlagen darstellen.[17] Ausschlaggebend ist allein die tatsächliche Überlassung des Wirtschaftsguts. Unerheblich ist, ob die Überlassung entgeltlich, unentgeltlich oder teilentgeltlich erfolgt oder auf welcher (zivil-)rechtlichen Grundlage sie beruht. 26.18

Sonderfall: Untervermietung

Die für das Betriebsunternehmen funktional wesentlichen Betriebsgrundlagen müssen nicht im zivilrechtlichen Eigentum des Besitzunternehmens stehen. Ausreichend ist insoweit auch ein aus einem Überlassungsvertrag abgeleitetes Besitzrecht und die Weiterverpachtung bzw. Untervermietung an das Betriebsunternehmen.[18] In diesem Fall ist das überlassene Wirtschaftsgut selbst nicht dem Betriebsvermögen des Besitzunternehmens zuzuordnen (§ 39 AO), obwohl hieraus Einkünfte aus Gewerbebetrieb erzielt werden. Gleichwohl werden alle anderen Wirtschaftsgüter als Betriebsvermögen qualifiziert. 26.19

Sonderfall: Arbeitszimmer als wesentliche Betriebsgrundlage

Auch das in einem Einfamilienhaus von den Gesellschaftern des Betriebsunternehmens als einziges Büro (Sitz der Geschäftsleitung) genutzte Arbeitszimmer kann eine wesentliche Betriebsgrundlage darstellen und eine sachliche Verflechtung begründen. Dies gilt auch dann, wenn das Arbeitszimmer nicht für Zwecke des Betriebsunternehmens besonders hergerichtet und gestaltet ist, sofern der Gebäudeteil nicht die in § 8 EStDV genannten Grenzen unterschreitet.[19] 26.20

---

14 Vgl. dazu die Verwaltungsanweisung in H 15.7 Abs. 4–6 EStH.

15 H 15.7 Abs. 5 „Wesentliche Betriebsgrundlage des Betriebsunternehmens" EStH; zu zahlreichen in der Rechtsprechung entschiedenen Fällen der Überlassung von Wirtschaftsgütern zur Begründung einer sachlichen Verflechtung vgl. SCHMIDT/WACKER, EStG, 43. Aufl. 2024, § 15 Rdnr. 808 ff.

16 Keine quantitative Betrachtungsweise, vgl. H 15.7 Abs. 5 „Wesentliche Betriebsgrundlage – Stille Reserven" EStH.

17 BFH, Urt. v. 21.05.1974 – VIII R 57/70, BStBl II, 613.

18 BFH, Urt. v. 12.10.1988 – X R 5/86, BStBl II 1989, 152; BFH, Urt. v. 24.08.1989 – IV R 135/86, BStBl II, 1014; H 15.7 Abs. 5 „Eigentum des Besitzunternehmens" EStH.

19 BFH, Urt. v. 13.07.2006 – IV R 25/05, BStBl II, 804.

Praxistipp

26.21 Grundstücke stellen in der Praxis regelmäßig wesentliche Betriebsgrundlagen dar und sollten daher stets besonders beachtet werden. Dies gilt für bebaute ebenso wie für unbebaute Grundstücke. Nach der Rechtsprechung des BFH sind selbst reine Büro- und Verwaltungsgebäude als wesentliche Betriebsgrundlagen im Rahmen der Betriebsaufspaltung anzusehen.[20]

26.22 Das FG München hat in seinem Urteil vom 17.04.2023[21] Stellung zur Zulässigkeit der erweiterten Grundbesitzkürzung nach § 9 Nr. 1 Satz 2 GewStG bei Vorliegen einer **sogenannten umgekehrten Betriebsaufspaltung** genommen. Als umgekehrte Betriebsaufspaltung wird die Konstellation bezeichnet, in der das Besitzunternehmen in der Rechtsform einer Kapitalgesellschaft und das Betriebsunternehmen in der Rechtsform einer Personengesellschaft geführt werden.

26.23 Das Gericht gewährte der Klägerin im streitigen Verfahren die erweiterte Grundbesitzkürzung aus dem Grund, dass eine mittelbare Beteiligung an der Besitzgesellschaft nicht ausreichend für eine personelle Verflechtung sei. Gegen dieses Urteil wurde Revision eingelegt.[22] Der BFH hat sich nun mit der Frage zu beschäftigen, ob im streitgegenständlichen Fall eine umgekehrte Betriebsaufspaltung vorliegt und ob mit dieser zwingend eine personelle Verflechtung einhergeht. Das Urteil kann vor dem Hintergrund der jüngsten Rechtsprechungsänderung bezüglich des Durchgriffsverbots bei Kapitalgesellschaften mit Spannung erwartet werden.

26.24 Eine **personelle Verflechtung** liegt vor, wenn die das Besitzunternehmen tatsächlich beherrschende Person oder Personengruppe in der Lage ist, auch im Betriebsunternehmen ihren geschäftlichen Betätigungswillen durchzusetzen (Beherrschungsidentität). In diesem Fall besteht ein einheitlicher geschäftlicher Betätigungswillen bezogen auf beide Unternehmen.[23] Maßgebend ist die Verteilung der Stimmrechte, nicht die Beteiligung am Vermögen (keine Beteiligungsidentität, aber Beherrschungsidentität erforderlich).

---

20 BFH, Urt. v. 23.05.2000 – VIII R 11/99, BStBl II, 621. Zuletzt auch BFH v. 29.11.2017 – I R 7/16, BFHE 260, 334, zur notwendigen Betriebsvermögenseigenschaft eines Miteigentumsanteils an einem Grundstück.

21 FG München, Urt. v. 17.04.2023 – 7 K 434/19.

22 Anhängig beim BFH unter dem Az. II R 13/23.

23 H 15.7 Abs. 6 EStH; zu den zahlreich in der Rechtsprechung entschiedenen Konstellationen der Beherrschungsidentität vgl. SCHMIDT/WACKER, EStG, 43. Aufl. 2024, § 15 Rdnr. 820 ff.

Im Gesellschaftsrecht ist die Beherrschung durch Ausübung von Stimmrechten grundsätzlich im Gesetz geregelt (HGB, GmbHG, AktG etc.). Allerdings sind diese Regelungen überwiegend dispositiv, d.h., die Gesellschafter können im Gesellschaftsvertrag abweichende Regelungen treffen. Dies ist insbesondere vor dem Hintergrund zahlreicher gesetzlicher Einstimmigkeitsvorgaben bei Personengesellschaften aus Beratersicht dringend empfohlen. 26.25

Gesetzliche Vorgaben des Personengesellschaftsrechts zur Einstimmigkeit von Gesellschafterbeschlüssen: 26.26

Gesellschaft bürgerlichen Rechts (GbR):	In der GbR steht die Führung der Geschäfte den Gesellschaftern nur gemeinschaftlich zu. Für jedes Geschäft ist die Zustimmung aller Gesellschafter erforderlich (§ 709 Abs. 1 BGB).
Offene Handelsgesellschaft (oHG):	Bei der OHG bedarf es nur für die über den gewöhnlichen Betrieb hinausgehenden Handlungen des Beschlusses aller Gesellschafter (§ 116 Abs. 2 HGB). Dieser Beschluss ist einstimmig zu fassen (§ 119 Abs. 1 HGB).
Kommanditgesellschaft (KG):	Das Einstimmigkeitsprinzip gilt auch für die KG, soweit es z.B. um die Änderung oder Aufhebung des Miet- oder Pachtvertrags mit der Betriebsgesellschaft geht, da es sich hierbei um ein sogenanntes außergewöhnliches Geschäft handelt, das der Zustimmung aller Gesellschafter bedarf (§ 164 HGB). Für die laufenden Geschäfte des täglichen Lebens ist die Zustimmung der Kommanditisten dagegen nicht erforderlich.

Liegen die Voraussetzungen der sachlichen und personellen Verflechtung vor, ist der steuerliche Tatbestand der Betriebsaufspaltung erfüllt. 26.27

26.3.2.2 Motive zur planmäßigen Begründung einer Betriebsaufspaltung

26.28 Die **Motive** zur planmäßigen Begründung einer Betriebsaufspaltung können sich aus unterschiedlichen rechtlichen und steuerlichen Vorteilen ergeben. Hierzu gehören u.a.:

Vorteile einer Betriebsaufspaltung	
Zivilrecht	▪ Möglichkeit der Haftungsabschottung der operativen Tätigkeit von den Vermögenswerten (z.B. Grundstücken) hinsichtlich der Risiken aus Vertrags-, Produkt-, Vertriebs- und Betriebshaftung oder wegen Umweltschutzbestimmungen ▪ Schaffung von haftungsfreiem Vermögen ▪ Bestandsschutz und Unternehmenskontinuität durch die Trennung von Eigentum an Betriebsgrundlagen und Management ▪ Schaffung der Voraussetzungen der Unternehmens- und Vermögensnachfolge ▪ Vorbereitung der vorweggenommenen Erbfolge durch Beteiligung der Nachkommen nur an der Betriebsgesellschaft oder der Ehefrau nur an der Besitzgesellschaft ▪ Aufnahme von Mitarbeitern als Gesellschafter der Betriebsgesellschaft ▪ Vorbereitung einer Verschmelzung oder eines Verkaufs der Betriebsgesellschaft unter Zurückbehaltung der Immobilien
Steuerrecht	▪ Niedrige Steuerbelastung der GmbH im Thesaurierungsfall ▪ Gehalt des GGF der GmbH mindert die steuerliche BMG der Betriebsgesellschaft ▪ Möglichkeit der Bildung einer Pensionsrückstellung für GGF in der GmbH ▪ (Zusätzlicher) GewSt-Freibetrag beim Besitzpersonenunternehmen ▪ Anrechnung der Gewerbesteuer des Besitzpersonenunternehmens

Der Betriebsaufspaltung als Gestaltungsmodell stehen aber auch **Nachteile** gegenüber. So z.B.:

Nachteile einer Betriebsaufspaltung	
Zivilrecht	▪ Publizitäts- und ggf. Prüfungspflichten nach HGB für den Jahresabschluss der neu errichteten Betriebskapitalgesellschaft ▪ Höhere Verwaltungskosten durch zusätzliche Jahresabschlüsse, Buchführungen, Steuererklärungen und Veröffentlichungen im Handelsregister ▪ Haftungsgefahren bei Gründung der Betriebskapitalgesellschaft oder aus dem Pachtvertrag ▪ „Lock-in-Effekt" in der Kapitalgesellschaft sowohl hinsichtlich des ausschüttbaren Einkommens als auch bei Verlusten, die außerhalb der Kapitalgesellschaft grds. nicht nutzbar sind ▪ Höhere Insolvenzanfälligkeit der Betriebsgesellschaft wegen Auslagerung wesentlicher Vermögensbestandteile (z.B. Immobilien)
Steuerrecht	▪ Besitzunternehmen als neuer Steuer- und Haftungsschuldner für das Finanzamt, ggf. persönliche Inanspruchnahme des Einzelunternehmers/Gesellschafters ▪ Risiko einer verdeckten Gewinnausschüttung im Zusammenhang mit dem Miet- oder Pachtvertrag

Bei der Betriebsaufspaltung mit der miet- oder pachtweisen Überlassung einer wesentlichen Betriebsgrundlage an eine Betriebskapitalgesellschaft bergen folgende Sachverhalte das Risiko der Annahme einer **verdeckten Gewinnausschüttung:**

- Kein Miet-/Pachtvertrag vorhanden.
- Miet-/Pachtvertrag erst nachträglich abgeschlossen.
- Tatsächliche Durchführung (z.B. Zahlung oder Fälligkeit der Miet- oder Pachtzinsen) entspricht nicht den vertraglichen Vereinbarungen. Unbestimmtheit der Höhe der Miete oder Pacht (z.B. variable Miete oder Pacht, keine Regelung zu Nebenleistungen oder Vertragsbeginn und/oder -laufzeit).
- Vertragsanpassungen (z.B. Miet- oder Pachtzinserhöhung) nicht, zu spät oder nicht formgerecht vereinbart.

26.3.2.3 Beginn der Betriebsaufspaltung

26.29 Ein zunächst einheitlich geführter Betrieb wird bei der **echten Betriebsaufspaltung** aktiv in zwei Unternehmen aufgeteilt. Die dazu erforderliche Übertragung von Wirtschaftsgütern auf die Betriebsgesellschaft kann nicht steuerneutral ohne Gewinnrealisierung erfolgen, da eine Übertragung nach § 6 Abs. 3 EStG oder eine Einbringung nach §§ 20, 24 UmwStG einen qualifizierten Übertragungsgegenstand (Betrieb, Teilbetrieb, Mitunternehmeranteil) erfordert. Zur Begründung der Betriebsaufspaltung müssen aber gerade wesentliche Betriebsgrundlagen des Betriebs im Besitzunternehmen zurückbehalten werden. Es liegen laufende Gewinne vor, die der Gewerbesteuer unterliegen und nicht nach §§ 16, 34 EStG begünstigungsfähig sind. Hinsichtlich eines **Geschäfts- oder Firmenwerts** hängt die künftige Zuordnung davon ab, in welches der beiden Unternehmen die geschäftswertbildenden Faktoren (z.B. Einzelwirtschaftsgüter) gelangen.

26.30 Die **unechte Betriebsaufspaltung** wird durch die Überlassung der wesentlichen Betriebsgrundlage an das Betriebsunternehmen begründet. Bisher im Privatvermögen befindliche Wirtschaftsgüter gelten bei Begründung der Betriebsaufspaltung als in das Betriebsvermögen des Besitzunternehmens eingelegt (§ 4 Abs. 1 Satz 8 EStG). Die Bewertung der Einlage erfolgt gem. § 6 Abs. 1 Nr. 6 i.V.m. Nr. 5 EStG entweder mit dem Teilwert oder den fortgeführten Anschaffungs- oder Herstellungskosten. Die Einlage der Beteiligung an der Betriebskapitalgesellschaft erfolgt gem. § 6 Abs. 1 Nr. 5 Satz 1 Buchst. b) EStG mit den Anschaffungskosten.

26.31 Als Beginn der gewerblichen Tätigkeit des Besitzunternehmens gelten nach den allgemeinen Grundsätzen des Einkommensteuerrechts alle eindeutig und objektiv erkennbaren Vorbereitungshandlungen, die mit der künftigen gewerblichen Betätigung in unmittelbarem wirtschaftlichen Zusammenhang stehen.[24] Gewerbesteuerlich beginnt die Betriebsaufspaltung hingegen erst mit der Teilnahme am allgemeinen wirtschaftlichen Verkehr (werbende Tätigkeit),[25] also mit der tatsächlichen Nutzungsüberlassung.[26] Nicht entscheidend ist der Wille der Beteiligten, eine Betriebsaufspaltung tatsächlich errichten zu wollen. Eine Betriebsaufspaltung kann mithin ungeplant und sogar gegen den Willen der Beteiligten entstehen.[27]

26.3.3 Beendigung der Betriebsaufspaltung

26.32 Die Betriebsaufspaltung endet, sobald die Voraussetzungen der sachlichen oder personellen Verflechtung wegfallen.

---

24 Vgl. SCHMIDT/WACKER, EStG, 43. Aufl. 2024, § 15 Rdnr. 129.
25 Vgl. R/H 2.5 GewStR; SCHMIDT/WACKER, EStG, 43. Aufl. 2024, § 15 Rdnr. 130.
26 BFH, Urt. v. 15.01.1998 – IV R 8/97, BStBl II, 478.
27 FG Hamburg, Urt. v. 23.05.2023 – 6 K 95/21, EFG 2023, 1784.

Beispiele für das Ende der personellen Verflechtung
- Änderung der Beherrschungsverhältnisse (z.B. durch Anteilsübertragung) in der Betriebskapitalgesellschaft
- Änderung der Eigentumsverhältnisse am überlassenen Betriebsgrundstück
- Änderung der Stimmrechtsverteilung im Gesellschaftsvertrag
- Interessenkollisionen innerhalb der beherrschenden Personengruppe
- Eröffnung des Insolvenzverfahrens über das Vermögen der Betriebsgesellschaft

Beispiele für das Ende der sachlichen Verflechtung
- Beendigung des Miet-/Pachtvertrags über die wesentliche Betriebsgrundlage durch Kündigung oder Zeitablauf
- Auflösung oder Liquidation der Betriebskapitalgesellschaft
- Nutzungsänderung des überlassenen Wirtschaftsguts und damit Verlust der Eigenschaft als funktional wesentliche Betriebsgrundlage

26.4 Auswirkungen beim Besitzunternehmen

26.4.1 Steuerbilanzielle Konsequenzen

Das Bestehen handels- und steuerrechtlicher Buchführungspflichten ist für das Besitz- und das Betriebsunternehmen unabhängig voneinander zu bestimmen. Auch das Besitzunternehmen kann handels- und steuerrechtlich zur Buchführung verpflichtet ein, es sei denn, dass ein in kaufmännischer Weise eingerichteter Geschäftsbetrieb nicht erforderlich ist (§ 1 Abs. 2 und § 105 Abs. 1 HGB). Darüber hinaus kann sich die steuerliche Buchführungspflicht aus § 141 AO ergeben. Beide Unternehmen sind als rechtlich und wirtschaftlich selbständige Unternehmen eigenständig zur steuerlichen Gewinnermittlung verpflichtet. Diese richtet sich nach den allgemeinen Gewinnermittlungsvorschriften, also entweder nach § 4 Abs. 1 (i.V.m. § 5) oder § 4 Abs. 3 EStG. 26.33

Die zur Nutzung überlassenen Wirtschaftsgüter ebenso wie die Anteile an der Betriebskapitalgesellschaft gehören zum notwendigen (Gesamthands-)Betriebsvermögen des Besitzpersonenunternehmens bzw. zum notwendigen Sonderbetriebsvermögen eines Gesellschafters der Besitzpersonengesellschaft. Auch Wirtschaftsgüter, die keine wesentlichen Betriebsgrundlagen des Betriebsunternehmens darstellen, können notwendiges Betriebsvermögen des Besitzunternehmens sein (z.B. Patente oder Erfindungen). Dies gilt dann, wenn ihre Überlassung an das Betriebsunternehmen in unmittelbarem Zusammenhang mit der Überlassung wesentlicher Betriebsgrundlagen steht.[28] 26.34

[28] H 15.7 Abs. 4 „Notwendiges Betriebsvermögen“ EStH.

26.4.2 Steuerliche Hinweise

26.35 Die bedeutsamste Rechtsfolge der Betriebsaufspaltung ist die Umqualifizierung der eigentlich vermögensverwaltenden Tätigkeit der Nutzungs- und Gebrauchsüberlassung durch das Besitzunternehmen in gewerbliche Einkünfte. Nach neuer Rechtsprechung des BFH[29] erfolgt die Umqualifizierung indes nicht aufgrund einer Fiktion, sondern durch das Vorliegen einer originär gewerblichen Tätigkeit des Besitzunternehmens. Diese Tätigkeit unterliegt damit auch der Gewerbesteuer. Daraus ergibt sich gleichzeitig eine Steuerverhaftung aller Wirtschaftsgüter des Besitzunternehmens als Betriebsvermögen. Die Einnahmen aus der Nutzungsüberlassung (z.B. Grundstücksverpachtung) und die Gewinnausschüttungen des Betriebsunternehmens werden beim Besitzunternehmen Einkünfte aus Gewerbebetrieb gem. § 15 EStG. Die Gewinnausschüttungen der Betriebskapitalgesellschaft unterliegen beim Besitzpersonenunternehmen nach § 3 Nr. 40 Satz 1 Buchst. d) i.V.m. Satz 2 und § 3c Abs. 2 EStG dem Teileinkünfteverfahren. Im Fall der kapitalistischen Betriebsaufspaltung unterliegen diese Ausschüttungen bei der Besitzkapitalgesellschaft der Steuerbefreiung gem. § 8b Abs. 1 und 5 KStG.

26.36 Für Zwecke der Ermittlung des Gewerbeertrags des Besitzunternehmens sind die Gewinnausschüttungen der Betriebskapitalgesellschaft nach § 9 Abs. 2a GewStG zu kürzen.

Hinweis

26.37 Umsatzsteuerlich kann das Vorliegen einer Betriebsaufspaltung zu einer Organschaft nach § 2 Abs. 2 Nr. 2 UStG führen, in der das Besitzunternehmen als Organträger und das Betriebsunternehmen als Organgesellschaft besteht (vgl. Abschn. 2.8 Abs. 6b UStAE). Umsatzsteuer-Voranmeldung und Jahreserklärung sind dann nur einheitlich für den Organkreis abzugeben. Der Leistungsaustausch zwischen Besitz- und Betriebsunternehmen (z.B. durch die Vermietung eines Betriebsgrundstücks) führt zu nicht steuerbaren Innenumsätzen.

26.38 **Besondere Vorsicht** ist bei der Veränderung der Strukturen der Betriebsaufspaltung (Beteiligungs- und Eigentumsverhältnisse) geboten. Denn der Wegfall der personellen oder sachlichen Verflechtung zieht grundsätzlich eine Betriebsaufgabe des Besitzunternehmens i.S.d. § 16 Abs. 3 EStG und damit die Aufdeckung der stillen Reserven im Betriebsvermögen des Besitzunternehmens nach sich. Gegebenenfalls können der Freibetrag nach § 16 Abs. 4 EStG und die Tarifbegünstigung nach § 34 EStG in Anspruch genommen werden. Das verbliebene Betriebsvermögen des Besitzunternehmens, einschließlich der Anteile an der Betriebskapitalgesellschaft, wird zu Privatvermögen.

[29] BFH, Urt. v. 17.11.2020 – I R 72/16, BStBl II 2021, 484, Rdnr. 17.

Praxistipp

Im Fall der unbeabsichtigten Beendigung der Betriebsaufspaltung ist stets das Vorliegen der Voraussetzungen einer Betriebsverpachtung im Ganzen zu prüfen, um durch eine entsprechende Ausübung des Verpächterwahlrechts die zwangsweise Betriebsaufgabe zu verhindern[30] Die Einkünfte aus der Betriebsverpachtung unterliegen nicht der Gewerbesteuer.[31] 26.39

Hinweis

Handelt es sich bei der den Grundbesitz überlassenden Personengesellschaft um eine gewerblich geprägte Personengesellschaft i.S.d. § 15 Abs. 3 Nr. 2 EStG, führt eine Beendigung der Betriebsaufspaltung nicht zu einer Beendigung der Gewerbesteuerpflichtig. Die originär gewerbliche Tätigkeit in Form der Betriebsaufspaltung überlagert die gewerbliche Prägung der Besitzpersonengesellschaft lediglich. Bei einer Beendigung der Betriebsaufspaltung lebt die gewerbliche Prägung wieder auf, so dass die Einkünfte aus der Betriebsverpachtung weiterhin der Gewerbesteuer unterliegen.[32] 26.40

26.5 Auswirkungen beim Betriebsunternehmen

Die Entgelte für die Nutzungsüberlassung (z.B. Miete) mindern als Betriebsausgaben das körperschaftsteuerliche Einkommen der Betriebskapitalgesellschaft und werden bei der Gewerbesteuer nach § 8 Nr. 1 GewStG dem Gewinn teilweise wieder hinzugerechnet. 26.41

Sofern die Betriebsgesellschaft in der Rechtsform einer Kapitalgesellschaft im Inland geführt wird, erzielt diese auch nach Beendigung der Betriebsaufspaltung kraft Rechtsform gewerbliche Einkünfte gem. § 8 Abs. 2 KStG. Eine Betriebsaufgabe liegt hier nicht vor. 26.42

26.6 Gestaltungsansätze zur Vermeidung steuerlicher Risiken der Betriebsaufspaltung bei der Unternehmensnachfolge

26.6.1 Gefahren der Umstrukturierung

Bei der Umstrukturierung einer Betriebsaufspaltung ist wegen der oben (siehe Rdnr. 26.38) genannten Gefahren besondere Vorsicht geboten. Durch eine **Veränderung der Eigentumsverhältnisse an dem Betriebsgrundstück** oder der **Beteiligungsverhältnisse an der Betriebs-GmbH** kann es zur ungewollten Beendigung der Betriebsaufspaltung kommen: Die sachlichen Voraussetzungen der Betriebsauf- 26.43

---

[30] Vgl. H 16 Abs. 2 „Beendigung der Betriebsaufspaltung“ EStH.

[31] R 2.2 Satz 1 GewStR.

[32] Vgl. BFH, Urt. v. 19.12.2023 – IV R 5/21, DStR 2024, 662.

spaltung entfallen, wenn das Besitzunternehmen dem Betriebsunternehmen keine wesentliche Betriebsgrundlage (z.B. das Betriebsgrundstück) mehr zur Nutzung überlässt (Wegfall der sachlichen Verflechtung).

26.44 Die Voraussetzungen der Betriebsaufspaltung entfallen aber auch dann, wenn die sogenannte personelle Verflechtung entfällt. Das wäre dann der Fall, wenn sich durch die Veränderung der Beteiligungs- oder Eigentumsverhältnisse die Stimmrechtsverteilung im Besitzunternehmen oder dem Betriebsunternehmen derart ändert, dass keine Person oder Personengruppe in beiden Unternehmen ihren geschäftlichen Betätigungswillen durchsetzen kann. Bei einer Übertragung ist daher darauf zu achten, dass sich diese Mehrheitsverhältnisse nicht, auch nicht unfreiwillig, so verändern, dass die personelle Verflechtung entfällt.

26.6.2 Gestaltungsvarianten

26.45 Zur Vermeidung einer Gewinnrealisation sind verschiedene Gestaltungsmöglichkeiten denkbar:

26.6.2.1 Isolierter Eintritt der Nachfolger in die GmbH ohne Übertragung eines Miteigentumsanteils am Grundstück

26.46 Diese Gestaltungsalternative führt nicht zu einer zwangsweisen Beendigung der Betriebsaufspaltung mit Gewinnrealisation – ist also im Grundsatz umsetzbar –, solange der Grundstückseigentümer noch über die Mehrheit der Stimmrechte in der Betriebs-GmbH (i.d.R. mehr als 50 % der Geschäftsanteile) verfügt und über diese Mehrheit die Geschicke der Betriebs-GmbH lenken kann. Nur so lange bleibt die personelle Verflechtung zwischen Besitzunternehmen und Betriebsunternehmen erhalten. Für eine Unternehmensnachfolge empfiehlt sich diese Gestaltungsvariante nicht.

26.6.2.2 Gleichzeitiger Eintritt der Nachfolger in die GmbH und in das Besitzunternehmen

26.47 Durch den Eintritt der Nachfolger in das Besitzeinzelunternehmen entsteht rechtlich eine Gesellschaft bürgerlichen Rechts (GbR). Auch diese GbR gilt steuerrechtlich als Gewerbebetrieb. Der Eintritt der Nachkommen in das Einzelunternehmen lässt sich nach § 24 UmwStG steuerneutral gestalten.

26.48 Auch der Bestand der Betriebsaufspaltung ist nicht gefährdet: Die geforderte personelle Verflechtung zwischen dem Besitzunternehmen (dann eine GbR) und der Betriebs-GmbH ist so lange gegeben, wie dieselbe Personengruppe, die in der GbR „das Sagen“ hat, auch die Geschicke der GmbH bestimmt. Die steuerlich geforderte Personenidentität in beiden Gesellschaften besteht in diesem Fall selbst dann noch, wenn die Beteiligungsverhältnisse in der Besitz-GbR und der Betriebs-GmbH unterschiedlich ausfallen.

Gleichwohl hat diese Gestaltung Nachteile: 26.49

- Ein erster Nachteil dieser Gestaltungsvariante ist die **fehlende Haftungsabschottung** der Besitz-GbR. Da eine Beschränkung der Haftung in einer GbR ohne Individualabsprache mit den Gläubigern nicht möglich ist, führt die Aufnahme von Verbindlichkeiten oder jede sonstige Haftung stets auch zu einer Haftung der Gesellschafter mit deren Privatvermögen. Daran ändert sich auch durch das zum 01.01.2024 in Kraft getretene MoPeG[33] nichts.
- Außerdem ist bei dieser Variante eine **unbeabsichtigte Beendigung** der Betriebsaufspaltung durch Veränderung der Besitz- und Beteiligungsverhältnisse leichter möglich.

26.6.2.3 Einbringung des Besitzunternehmens in eine neue Besitz-GmbH

Das Besitzunternehmen könnte in eine Gesellschaft in der Rechtsform der GmbH eingebracht werden, um sodann die Nachfolger an dieser neuen Besitz-GmbH und an der operativen Betriebskapitalgesellschaft als Gesellschafter zu beteiligen. 26.50

Die Einbringung des Besitzunternehmens in die neue Besitz-GmbH kann nach **§ 20 UmwStG** steuerneutral erfolgen. Die neue GmbH hat qua Rechtsform eigenes Betriebsvermögen, so dass das eingebrachte Betriebsvermögen automatisch steuerverhaftet bleibt (siehe zur Einbringung Rdnr. 29.12 ff.). 26.51

Nachteilig an dieser Gestaltung ist allerdings die Belastung mit **Grunderwerbsteuer,** da die Übertragung eines Grundstücks auf die neue Besitz-GmbH einen Rechtsträgerwechsel darstellt, der zu einem steuerbaren und steuerpflichtigen Vorgang bei der Grunderwerbsteuer führt. Zudem würde jede weitere Anteilsübertragung im Wege der vorweggenommenen Erbfolge notariell beurkundet werden müssen. Das ist, insbesondere, wenn die Nachfolge schrittweise geschehen soll, unter Kostengesichtspunkten nicht optimal. 26.52

26.6.2.4 Einbringung des Besitzunternehmens in eine GmbH & Co. KG

Das Besitzunternehmen könnte schließlich in eine neu zu errichtende GmbH & Co. KG eingebracht werden, deren Anteile im Anschluss auf die Nachfolger übertragen werden. Aus der Umstrukturierung ergeben sich die folgenden steuerlichen Konsequenzen: 26.53

[33] Gesetz zur Modernisierung des Personengesellschaftsrechts (Personengesellschaftsrechtsmodernisierungsgesetz – MoPeG) v. 10.08.2021, BGBl I, 3436.

26.54 Die **Einbringung** des Besitzunternehmens in die neue GmbH & Co. KG (Besitzgesellschaft) kann nach § 24 UmwStG **steuerneutral** gegen Gewährung von Gesellschaftsrechten an der Besitzgesellschaft erfolgen. Die notwendige Vorfrage, ob bei einer Betriebsaufspaltung die zum notwendigen Betriebsvermögen des Besitzunternehmens gehörenden Wirtschaftsgüter auch als wesentliche Betriebsgrundlagen im Rahmen des § 24 UmwStG anzusehen sind, ist zu bejahen. In Rechtsprechung und Literatur ist anerkannt, dass im Rahmen einer Betriebsaufspaltung der Verpachtungsbetrieb (Besitzunternehmen), der aufgrund des Vorliegens der sachlichen und personellen Verflechtung als Gewerbebetrieb i.S.d. § 15 Abs. 2 EStG gilt, grundsätzlich Gegenstand einer Betriebseinbringung i.S.d. §§ 20, 24 UmwStG sein kann.[34]

26.55 Zu beachten ist allerdings, dass in Betriebsaufspaltungsfällen zu den wesentlichen Betriebsgrundlagen, die übertragen werden müssen, sämtliche Wirtschaftsgüter gehören, die die Grundlage der vorgenannten Verflechtung bilden.[35] Das ist zum einen das Betriebsgrundstück, zum anderen aber auch die Beteiligung, die unmittelbar oder mittelbar die personelle Verflechtung zur Betriebskapitalgesellschaft begründet.[36] Die Übertragung des zivilrechtlichen Eigentums an der Betriebsimmobilie und den GmbH-Geschäftsanteilen hätte eine steuerbilanzielle Zuordnung zum Gesamthandsvermögen der neuen Besitzgesellschaft zur Folge. Möglich wäre es also, in die neue GmbH & Co. KG sowohl das Betriebsgrundstück als auch die Beteiligung an der Betriebs-GmbH einzubringen.

26.56 Alternativ bestünde auch die Möglichkeit, z.B. nur das Grundstück auf die Besitz-GmbH & Co. KG zu übertragen. Dann bliebe der bisherige Mehrheitsgesellschafter weiterhin Inhaber der Mehrheitsanteile an der Betriebsgesellschaft. Diese Anteile würden dann steuerbilanziell als **Sonderbetriebsvermögen** bei der Besitz-GmbH & Co. KG anzusetzen sein (H 15.7 Abs. 4 „Sonderbetriebsvermögen" EStH). Auch für den Fall dieser Zuordnungsalternative wäre eine Steuerneutralität sichergestellt. Denn eine Einbringung nach § 24 Abs. 1 UmwStG liegt nicht nur dann vor, wenn der Einbringungsgegenstand nach der Einbringung dem (Gesamthands-)Betriebsvermögen der übernehmenden Personengesellschaft zuzuordnen ist, sondern auch dann, wenn die zum Einbringungsgegenstand gehörenden Wirtschaftsgüter nach der Einbringung teilweise dem Sonderbetriebsvermögen des Einbringenden bei der

---

[34] Vgl. BFH, Urt. v. 24.10.2000 – VIII R 25/98, BStBl II 2001, 321; BFH, Urt. v. 01.04.2010 – IV B 84/09, BFH/NV 2010, 1450; PATT, in: DÖTSCH/PATT/PUNG/MÖHLENBROCK, Umwandlungssteuerrecht, 7. Aufl. 2012, § 20 UmwStG Rdnr. 26 und 69 m.w.N.; HERLINGHAUS, in: RÖDDER/HERLINGHAUS/VAN LISHAUT, UmwStG, 3. Aufl. 2019, § 20 Rdnr. 66.

[35] BFH, Urt. v. 24.10.2000 – VIII R 25/98, BStBl II 2001, 321.

[36] Vgl. PATT, in: DÖTSCH/PATT/PUNG/MÖHLENBROCK, Umwandlungssteuerrecht, 7. Aufl. 2012, § 20 UmwStG Rdnr. 70.

übernehmenden Personengesellschaft zuzuordnen sind.[37] Wird der Betrieb allerdings ausschließlich in das Sonderbetriebsvermögen einer Personengesellschaft eingebracht, so liegt keine Einbringung i.S.d. § 24 UmwStG vor.[38]

Nicht jede Personengesellschaft kommt als übernehmender Rechtsträger in Betracht. Vielmehr muss es sich bei der übernehmenden Personengesellschaft um eine **Mitunternehmerschaft** handeln. Dies ergibt sich daraus, dass der Einbringende nach § 24 Abs. 1 UmwStG Mitunternehmer der übernehmenden Personengesellschaft werden muss.[39] Die Personengesellschaft ist grundsätzlich dann als Mitunternehmerschaft anzusehen, wenn sie einen Gewerbebetrieb gem. § 15 Abs. 1 Nr. 1 EStG zum Gegenstand hat. Aber auch die sogenannten gewerblich geprägten Gesellschaften stellen Mitunternehmerschaften dar.[40] Das sind solche Personengesellschaften, die zwar nicht selbst originär gewerblich tätig sind, bei denen aber ausschließlich eine oder mehrere Kapitalgesellschaften persönlich haftende Gesellschafter sind (§ 15 Abs. 3 Nr. 2 EStG). Und auch die sogenannten Besitzpersonengesellschaften im Rahmen einer Betriebsaufspaltung werden als Mitunternehmerschaften angesehen. Bei entsprechender Gestaltung der Gesellschaftsverträge kann die gewerbliche Prägung gem. § 15 Abs. 3 Nr. 2 Satz 1 EStG für die neue Besitzgesellschaft erreicht werden. 26.57

Der Tatbestand des § 24 Abs. 1 UmwStG setzt schließlich zwingend voraus, dass der Einbringende Mitunternehmer der übernehmenden Personengesellschaft wird. Die Einräumung der Stellung als Mitunternehmer bzw. die Gewährung des Mitunternehmeranteils an der übernehmenden Personengesellschaft ist die Gegenleistung für den eingebrachten Betrieb, Teilbetrieb oder Mitunternehmeranteil. 26.58

Keine Probleme bereitet dieses Tatbestandmerkmal, wenn die neue Gesellschaft im Wege der **Sachgründung** errichtet wird und der einbringende Gesellschafter als „Gegenleistung“ für die Einbringung Gesellschafterrechte erhält. Aber auch dann, wenn in einem ersten Schritt die GmbH & Co. KG im Wege der **Bargründung** errichtet wird und erst in einem zweiten Schritt die Übertragung des Grundstücks (und ggf. der Beteiligung) erfolgt, kann das Tatbestandsmerkmal erreicht werden. Denn in Fällen, in denen der Einbringende zum Zeitpunkt der Einbringung bereits 26.59

---

[37] Vgl. BMF-Schreiben v. 11.11.2011 – IV C 2 - S 1978-b/08/10001, BStBl I, 1314, Rdnr. 24.05 (Umwandlungsteuer-Erlass), im Folgenden als UmwSt-Erlass zitiert.

[38] Rdnr. 24.05 UmwSt-Erlass; FUHRMANN, in: WIDMANN/MAYER, Umwandlungsrecht, § 24 UmwStG Rdnr. 291 (Stand 04/2022); SCHMITT, in: SCHMITT/HÖRTNAGL, UmwG/UmwStG, 10. Aufl. 2024, § 24 UmwStG Rdnr. 114.

[39] Vgl. SCHMITT, in: SCHMITT/HÖRTNAGL, UmwG/UmwStG, 10. Aufl. 2024, § 24 UmwStG Rdnr. 112.

[40] Vgl. SCHMITT, in: SCHMITT/HÖRTNAGL, UmwG/UmwStG, 10. Aufl. 2024, § 24 UmwStG Rdnr. 129; HERLINGHAUS, in: RÖDDER/HERLINGHAUS/VAN LISHAUT, UmwStG, 3. Aufl. 2019, § 20 UmwStG, Rdnr. 31.

Mitunternehmer der übernehmenden Personengesellschaft war, ist § 24 Abs. 1 UmwStG gleichwohl anwendbar, wenn als Gegenleistung für die Einbringung des Betriebs, Teilbetriebs oder Mitunternehmeranteils die Mitunternehmerstellung des Einbringenden in der übernehmenden Personengesellschaft erweitert wird.

26.60 Eine Einbringung gegen Gewährung von Gesellschaftsrechten nach § 24 UmwStG ist selbst dann möglich, wenn der Einbringende vor der Einbringung (bei einer Einpersonen-GmbH & Co. KG) bereits zu 100 % am Vermögen der übernehmenden Personengesellschaft beteiligt war.[41] Erforderlich ist auch in diesem Fall, dass die Mitunternehmerstellung des Einbringenden als Gegenleistung für die Einbringung des Betriebs, Teilbetriebs oder Mitunternehmeranteils durch Erhöhung des Kapitalkontos erweitert wird (Rdnr. 24.07 UmwSt-Erlass).

26.61 In dem durch das Steueränderungsgesetz 2015[42] neu in das Gesetz eingefügten § 24 Abs. 2 Satz 4 UmwStG ist ausdrücklich von „neuen Gesellschaftsanteilen" die Rede. Dies ist gesellschaftsrechtlich nicht exakt, da bei der Personengesellschaft der Grundsatz der Einheitlichkeit des Gesellschaftsanteils gilt und sich dadurch ein „neuer" Gesellschaftsanteil nach dessen Hinzuerwerb mit einem „alten" Gesellschaftsanteil zu einem einheitlichen Gesellschaftsanteil vereinigt, was aber steuerrechtlich ohne Relevanz ist. Für die Zwecke des § 24 UmwStG folgt daraus, dass als Gegenleistung für die Einbringung nicht zwingend die Gewährung einer erstmaligen Mitunternehmerstellung in der übernehmenden Personengesellschaft erforderlich ist, sondern dass es ausreicht, wenn eine bestehende Mitunternehmerstellung („alte" Gesellschaftsanteile) durch die Gewährung weiterer Gesellschaftsrechte („neue" Gesellschaftsanteile) erweitert wird.[43]

26.62 Für die Umsetzung der Umstrukturierung bedeutet dies, dass sowohl der Weg der Sachgründung der GmbH & Co. KG durch gleichzeitige Einbringung des Besitzunternehmens (und ggf. der GmbH-Beteiligung) als auch der Weg eines gestuften Einbringungsvorgangs durch vorrangige Gesellschaftsgründung und eine zeitlich nachfolgende Einbringung möglich sind.

26.63 Die Gewährung eines Mitunternehmeranteils erfolgt **„buchungstechnisch"** dadurch, dass die Gegenbuchung für den eingebrachten Betrieb auf einem die Beteiligung des Einbringenden an der übernehmenden Personengesellschaft widerspiegelnden Kapitalkonto (i.d.R. Kapitalkonto I) erfolgt (Rdnr. 24.07 UmwSt-Erlass). Die Voraussetzung der Gewährung eines Mitunternehmeranteils wird auch dann

---

41 BFH, Urt. v. 29.07.2015 – IV R 15/14, BStBl II 2016, 593.

42 Steueränderungsgesetz v. 02.11.2015, BGBl I, 1834; BStBl I, 846.

43 Vgl. FUHRMANN, in: WIDMANN/MAYER, UmwR, § 24 UmwStG Rdnr. 396 (Stand 04/2022).

erfüllt, wenn die Gegenbuchung nur teilweise auf dem Kapitalkonto I und im Übrigen auf einem gesamthänderisch gebundenen Rücklagenkonto erfolgt.

Grunderwerbsteuerlich stellt die Übertragung des zivilrechtlichen Eigentums an dem Grundstück auf die neue Besitzgesellschaft einen Rechtsträgerwechsel und damit einen steuerbaren Vorgang nach dem GrEStG dar. Dieser wird allerdings gem. § 5 Abs. 2 GrEStG in der Höhe von der Steuer befreit, in der der ursprüngliche Grundstückseigentümer an der neuen Besitzgesellschaft beteiligt ist. Dies kann zu einer Grunderwerbsteuerbefreiung des Einbringungsvorgangs von 100 % führen. 26.64

Umsatzsteuerlich liegt bei der Einbringung des Besitzunternehmens in die neue Besitzgesellschaft gegen Gewährung von Gesellschaftsrechten eine nicht steuerbare Geschäftsveräußerung im Ganzen gem. § 1 Abs. 1a UStG vor.[44] Umsatzsteuerliche Folgen ergeben sich damit nicht. 26.65

Nach Umsetzung der dargestellten Umstrukturierung der Betriebsaufspaltung kann sich die Unternehmensnachfolge anschließen. 26.66

[44] Vgl. NIESKENS, in: RAU/DÜRRWÄCHTER, UStG, § 1 Rdnr. 1253 (Stand 08/2023).

27. Vereinbarungen mit nahen Angehörigen

27.1 Kapitalgesellschaft als nahe Angehörige

Im Steuerrecht stehen Vereinbarungen mit nahen Angehörigen unter besonderer Beobachtung, da es i.d.R. innerhalb eines Familienverbunds typischerweise an einem natürlichen Interessengegensatz mangelt. Zivilrechtliche Gestaltungsmöglichkeiten könnten so steuerrechtlich missbraucht werden.[1] In solchen Fällen wird die Vereinbarung oftmals steuerrechtlich nicht anerkannt, und es wird von einem **Missbrauch** rechtlicher Gestaltungsmöglichkeiten (§ 42 AO) ausgegangen. 27.1

Auch die Kapitalgesellschaft kann „nahe Angehörige" einer anderen Person sein oder eine andere Person „nahe Angehörige" der Kapitalgesellschaft. Vereinbarungen zwischen der Kapitalgesellschaft und dieser Person können dann ggf. steuerrechtlich nicht anzuerkennen sein. Als Folge kann sich zum Beispiel eine **verdeckte Einlage** (siehe dazu Rdnr. 18.2 ff.) oder eine **verdeckte Gewinnausschüttung** (vGA) (siehe dazu Rdnr. 19.1 ff.) ergeben. 27.2

Darüber hinaus kann eine Leistung an eine nahestehende Person des Gesellschafters zu einer vGA oder eine Leistung einer nahestehenden Person des Gesellschafters zu einer verdeckten Einlage in die Gesellschaft führen. 27.3

[1] BFH, Urt. v. 31.07.2007 – IX R 8/07, BFH/NV 2008, 350; BVerfG, Beschl. v. 07.11.1995 – 2 BvR 802/90, BStBl II 1996, 34.

Praxistipp

27.4 Um Vereinbarungen mit nahen Angehörigen bereits einer erhöhten internen Kontrolle zu unterziehen, sehen viele Gesellschaftsverträge vor, dass z.B. Verträge mit Gesellschaftern, mit Geschäftsführern oder denen nahestehenden Personen der Zustimmung der Gesellschafterversammlung bedürfen. Insoweit wird die Handlungsmacht des Geschäftsführers eingeschränkt.

27.2 Begriffe „Angehörige", „nahe Angehörige" und „nahestehende Person"

27.5 Der Begriff der **„Angehörigen"** ist in § 15 AO geregelt. Danach gehören zu den Angehörigen:

- der Verlobte, auch i.S.d. Lebenspartnerschaftsgesetzes
- der Ehegatte oder Lebenspartner[2]
- Verwandte und Verschwägerte in gerader Linie
- Geschwister
- Kinder der Geschwister
- Ehegatten oder Lebenspartner der Geschwister und Geschwister der Ehegatten oder Lebenspartner
- Geschwister der Eltern
- Pflegeeltern und Pflegekinder

27.6 Nicht eindeutig ist definiert, wer **„naher Angehöriger"** eines Steuerpflichtigen ist. Der Personenkreis ist enger auszulegen als der des Angehörigen i.S.d. § 15 AO. In der Regel werden folgende Personen als nahe Angehörige angesehen:

- Ehegatten
- Eltern und Kinder sowie deren Lebensgefährten
- Großeltern und Enkelkinder
- Schwiegereltern und Schwiegerkinder
- Geschwister und Verschwägerte

[2] Mit Gesetz zur Anpassung steuerlicher Regelungen an die Rechtsprechung des Bundesverfassungsgerichts v. 18.07.2014, BGBl I, 1042, wurde der Lebenspartner dem Ehegatten im Steuerrecht nahezu gleichgestellt, so dass auch dieser als Angehöriger in § 15 AO aufgenommen wurde.

Darüber hinaus werden regelmäßig Gesellschafter von Personen- oder Kapitalgesellschaften als nahe Angehörige der Gesellschaft angesehen.

Der Begriff der **„nahestehenden Person“** wiederum ist ebenfalls nicht gesetzlich definiert und wird überwiegend zur Beurteilung von Leistungsbeziehungen mit Kapitalgesellschaften benutzt. Zur Begründung des „Nahestehens“ reicht jede Beziehung eines Gesellschafters zu einer anderen Person aus, die den Schluss zulässt, sie habe die Vorteilszuwendung der Kapitalgesellschaft an die andere Person beeinflusst (H 8.5 Abs, 3 „nahestehende Person“ KStH 2022). Derartige Beziehungen können insbesondere familienrechtlicher (z.B. Ehegatte oder Kinder) und gesellschaftsrechtlicher (z.B. Schwestergesellschaft),[3] aber auch schuldrechtlicher oder rein tatsächlicher Art sein.[4] Zu den nahestehenden Personen können sowohl natürliche Personen als auch juristische Personen zählen.[5] 27.7

Aus Sicht der Kapitalgesellschaft können somit Vereinbarungen mit insbesondere folgenden Personengruppen (**Fallgruppen**) problematisch sein und stehen unter einer besonderen Beobachtung: 27.8

- Gesellschafter
- Nahestehende Personen der Gesellschafter
- Schwestergesellschaften
- Tochtergesellschaften

27.3 Steuerrechtliche Anerkennung von Vereinbarungen mit nahen Angehörigen

Verträge oder Vereinbarungen zwischen nahen Angehörigen werden nur dann steuerlich anerkannt, wenn sie[6] 27.9

- der Erzielung von Einkünften dienen,
- klare und eindeutige Vereinbarungen enthalten und
- den Vereinbarungen entsprechend tatsächlich durchgeführt werden.

---

3 Der BFH hat mit Urteil v. 01.10.1986 – I R 54/83, BStBl II 1987, 459, eine Personenhandelsgesellschaft als nahestehende Person gewertet.

4 Vgl. BFH, Urt. v. 18.12.1996 – I R 139/94, BStBl II 1997, 301.

5 Vgl. zu nahestehender Person bei vGA: BFH, Urt. v. 01.10.1986 – I R 54/83, BStBl II 1987, 459.

6 Vgl. BFH, Urt. v. 25.01.1994 – IX R 139/92, BFH/NV 1995, 11.

Zusätzlich müssen sie[7]

- zivilrechtlich wirksam sein,
- einem Fremdvergleich standhalten und
- keinen Missbrauch von Gestaltungsmöglichkeiten (§ 42 AO) darstellen.

27.10 Einzelnen Beweisanzeichen der Vertragsgestaltung kann durchaus unterschiedliche Bedeutung zukommen. Nicht jede Abweichung „vom Üblichen" schließt zwingend die steuerrechtliche Anerkennung des gesamten Vertragsverhältnisses aus.

Hinweis

27.11 Eine Vereinbarung ist zivilrechtlich nicht wirksam, wenn vorgeschriebene Formerfordernisse (z.B. notarielle Beurkundung bei einem Grundstückskauf) nicht beachtet werden und auch keine spätere Heilung des Formfehlers erfolgt oder gar möglich ist.

Viele Vereinbarungen sehen keinen Formzwang vor. So kann z.B. ein Darlehensvertrag grundsätzlich mündlich geschlossen werden. Schriftlichkeit ist dennoch zweckmäßig, denn bei einem Streit mit dem Finanzamt bezüglich des Vertragsinhalts trägt der Steuerpflichtige die objektive Beweislast.[8]

27.4 Auswirkungen bei der Kapitalgesellschaft

27.12 Sind einzelne Vereinbarungen zwischen der Kapitalgesellschaft und der ihr nahestehenden Person nicht anzuerkennen, weil sie z.B. einem **Fremdvergleich** nicht standhalten, können sich die Konsequenzen einer vGA (§ 8 Abs. 3 Satz 2 KStG; ausführlich dazu Rdnr. 19.1 ff.) oder einer verdeckten Einlage (§ 8 Abs. 3 Satz 3 KStG; ausführlich dazu Rdnr. 18.2 ff.) ergeben.

27.13 Ist Vertragspartner der Gesellschafter der Kapitalgesellschaft eine dem Gesellschafter nahestehende Person oder eine Schwesterkapitalgesellschaft, so ist aus Sicht der Gesellschaft das Einkommen zu erhöhen (verdeckte Gewinnausschüttung) oder zu mindern (verdeckte Einlage). Ist dagegen Vertragspartner eine Tochterkapitalgesellschaft, so sind die Auswirkungen einer etwaigen verdeckten Einlage oder vGA aus Sicht des Gesellschafters, wie die nachfolgenden Beispiele zeigen, zu beurteilen.

Beispiel

27.14 Die M-GmbH ist zu 100 % an der T1-GmbH beteiligt. Für eine Leistung der M-GmbH an die T1-GmbH wird ein unangemessen hohes Entgelt entrichtet.

---

[7] Vgl. BFH, Urt. v. 15.05.1996 – X R 99/92, BFH/NV 1996, 891.

[8] Vgl. BFH, Beschl. v. 30.12.2011 – IX B 66/11, BFH/NV 2012, 738.

Lösung

Aus Sicht der M-GmbH empfängt diese eine vGA und einen Bezug nach § 20 Abs. 1 Nr. 1 Satz 2 EStG. Dieser Ertrag ist nach § 8b Abs. 1 KStG außerhalb der Steuerbilanz wieder abzuziehen. Nach § 8b Abs. 5 KStG gelten 5 % des Bezugs als nicht abzugsfähige Betriebsausgaben.

Beispiel

Die M-GmbH ist zu 100 % an der T1-GmbH beteiligt. Für eine Leistung der T1-GmbH an die M-GmbH wird ein unangemessen hohes Entgelt entrichtet.

Lösung

Aus Sicht der M-GmbH liegt in Höhe des unangemessenen Entgelts kein Betriebsaufwand vor. Vielmehr wird in der Steuerbilanz der M-GmbH der Beteiligungsansatz an der T1-GmbH aufgestockt (§ 6 Abs. 6 Satz 2 EStG i.V.m. § 8 Abs. 1 KStG).

27.5 Einzelfälle

27.5.1 Darlehensverträge

Zur Anerkennung von Darlehensverträgen zwischen nahen Angehörigen hat das BMF mit Schreiben vom 23.12.2010[9] aufgrund verschiedener Urteile des BFH Stellung genommen. Insbesondere die Aussagen zur Beurteilung des Fremdvergleichs sind auch im Verhältnis Kapitalgesellschaft zu „nahem Angehörigen“ zu beachten. Danach ist **Vergleichsmaßstab** grundsätzlich die Vertragsgestaltung, die zwischen Darlehensnehmern und Kreditinstituten üblich sind. Hierzu hat der BFH[10] ergänzend ausgeführt, dass, wenn die Darlehensverträge auch dem Interesse des Gläubigers an einer gut verzinslichen Geldanlage dienen, ergänzend auch Vereinbarungen aus dem Bereich der Geldanlage zu berücksichtigen sind. Dies kann sich insbesondere in der zu vereinbarenden Höhe des Zinssatzes auswirken. Dieser Auffassung hat sich das BMF angeschlossen.[11] 27.15

Beispiel

Die A-GmbH möchte 1.000.000 € als Geldanlage platzieren. Bei ihrer Hausbank erhält sie für eine Festgeldanlage i.H.v. 500.000 € (Laufzeit 5 Jahre) einen Zinssatz von 0,8 %. Der Gesellschafter A benötigt für einen Hauskauf 500.000 €. Bei seiner Hausbank würde er für einen Hypothekenkredit (Laufzeit 5 Jahre) einen Zinssatz von 1,3 % entrichten. 27.16

---

9 BMF-Schreiben v. 23.12.2010 – IV C 6 - S 2144/07/10004, BStBl I 2011, 37; geändert durch BMF-Schreiben v. 29.04.2014, BStBl I, 809.

10 BFH, Urt. v. 22.10.2013 – X R 26/11, BStBl II 2014, 374.

11 BMF-Schreiben v. 29.04.2014 – IV C 6 - S 2144/07/10004, BStBl I, 809.

Lösung

Die A-GmbH gewährt nunmehr dem Gesellschafter einen Kredit (Laufzeit 5 Jahre) i.H.v. 500.000 €. Eine Zinssatzvereinbarung zwischen 0,8 % (aus Sicht des Gläubigers) und 1,3 % (aus Sicht des Schuldners) dürfte als fremdüblich anerkannt werden.

27.17 Insbesondere sind nach Auffassung des BMF[12]

- Vereinbarungen über die Laufzeit und über Art und Zeit der Rückzahlung des Darlehens zu treffen,
- die Höhe der Zinsen fremdüblich zu bestimmen und zum Fälligkeitszeitpunkt zu entrichten und
- der Rückzahlungsanspruch ggf. ausreichend zu besichern,

wobei das Erfordernis der ausreichenden Besicherung ggf. durch einen konkreten Fremdvergleich im jeweiligen Einzelfall überlagert werden kann und damit nicht in jedem Einzelfall erforderlich sein dürfte.

27.18 Ist ein Darlehensverhältnis als fremdunüblich anzusehen, weil bereits bei Hingabe des Darlehens mit einer Rückzahlung nicht zu rechnen war, so ist in der gesamten Wertberichtigung der Darlehensforderung durch die GmbH eine verdeckte Gewinnausschüttung an den Gesellschafter anzunehmen.[13]

Beispiel

27.19 A ist mit B verheiratet und alleinige Gesellschafterin der X-GmbH. Die GmbH vergibt ein Darlehen an eine gewerbliche KG des B zu einem Zeitpunkt, zu dem die KG bereits erhebliche Liquiditätsengpässe hat. Bei der KG und dem B wird ein Insolvenzverfahren eröffnet und nach Schlussverteilung wieder aufgehoben. Die GmbH schreibt die offengebliebene Forderung in der Steuerbilanz aufwandswirksam ab.

Lösung

Vorliegend ist von einer verdeckten Gewinnausschüttung auszugehen, da das Darlehensverhältnis nicht fremdüblich ist. Aufgrund der Liquiditätsengpässe hätte ein Darlehen ohne Sicherheiten nicht hingegeben werden dürfen. Es ist davon auszugehen, dass das Näheverhältnis zwischen A und B zur Darlehenshingabe führte und somit gesellschaftsrechtlich veranlasst ist. Mit dem Ausfall der Forderung liegt eine Vermögensminderung vor, die Auswirkung auf den Unterschiedsbetrag hat, so dass der steuerbilanzielle Aufwand in dem Jahr der Wertberichtigung außerbilanziell wieder hinzuzurechnen ist.

---

[12] BMF-Schreiben v. 23.12.2010 – IV C 6 - S 2144/07/10004, BStBl I 2011, 37, geändert durch BMF-Schreiben v. 29.04.2014, BStBl I, 809.

[13] FG München, Urt. v. 05.06.2018 – 2 K 345/16, NZG 2018, 1320; BFH, Urt. v. 21.10.2014 – VIII R 32/12, NV, FR 2015, 607–609.

27.5.2 Miet- und Pachtverträge

Miet- und Pachtverträge sind auch unter nahen Angehörigen steuerlich anzuerkennen, wenn sie rechtswirksam vereinbart wurden, ernstlich gewollt sind und wenn der Inhalt und die Durchführung der Verträge dem entsprechen, was unter Fremden üblich ist. Hierzu zählt auch, dass eine Vereinbarung über die Behandlung der **Nebenkosten** getroffen wird. Dies gilt insbesondere auch, wenn eine Kapitalgesellschaft Eigentümerin einer Immobilie ist und diese an den Gesellschafter oder eine andere nahestehende Person überlässt. 27.20

Nachdem der erste Senat des BFH im Jahr 2013[14] entschieden hat, dass auch eine **unentgeltliche Nutzung einer Ferienimmobilie** einer spanischen Kapitalgesellschaft durch deutsche Anteilseigner zu einer vGA führen kann, gehen die Entscheidungen des BFH im Jahr 2016[15] noch weiter. Danach soll auch die Vermietung einer Immobilie zu einem marktüblichen Preis an einen Gesellschafter zu einer vGA führen können, wenn der vereinbarte Mietzins nicht kostendeckend (zuzüglich eines Gewinnaufschlags) ist. 27.21

Praxistipp

Bei der Vermietung einer im Eigentum der Kapitalgesellschaft stehenden Immobilie ist somit in Zukunft, um die Diskussion über eine vGA zu vermeiden, darauf zu achten, dass der vereinbarte Mietzins nicht nur marktüblich, sondern auch kostendeckend (zuzüglich eines Gewinnaufschlags) ist. 27.22

Auch soll nach dem Urteil des Hessischen Finanzgerichts[16] bereits die jederzeitige Möglichkeit der unentgeltlichen Nutzung einer Immobilie in einer (hier spanischen) Kapitalgesellschaft durch deren (hier in Deutschland ansässigen) Gesellschafter zu einer vGA führen. Auf den Umfang der tatsächlichen Nutzung solle es nicht ankommen. Gegen diese Entscheidung ist Revision vor dem BFH anhängig.[17] 27.23

27.5.3 Vereinbarungen mit Minderjährigen

Bei Vereinbarungen mit minderjährigen nahen Angehörigen (z.B. Kinder) werden keine erhöhten Anforderungen gestellt. Zu beachten ist aber, dass die zivilrechtlichen Wirksamkeitsvoraussetzungen, die an Verträge mit Minderjährigen gestellt werden, eingehalten werden. So ist für Angelegenheiten, an deren Besorgung die 27.24

---

[14] BFH, Urt. v. 12.06.2013 – I R 109-111/10, BStBl II, 1024.

[15] BFH, Urt. v. 27.07.2016 – I R 8/15, BStBl II 2017, 214; BFH, Urt. v. 27.07.2016 – I R 12/15, BStBl II 2017, 217; BFH, Urt. v. 27.07.2016 – I R 71/15, BStBl II 2017, 60.

[16] Hessisches FG, Urt. v. 14.12.2020 – 9 K 1266/17, EFG 2021, 377.

[17] Revision anhängig beim BFH unter dem Az. VIII R 4/21.

Eltern verhindert sind, nach § 1909 BGB ein **Ergänzungspfleger** zu bestellen (z.B. für Verträge, an denen beide Elternteile beteiligt sind).

27.5.4 Inkongruente Gewinnausschüttung

27.25 Der BFH[18] hat bereits 1999 die Auffassung vertreten, dass eine von den Beteiligungsverhältnissen abweichende („inkongruente") Gewinnausschüttung kein Missbrauch von Gestaltungsmöglichkeiten darstellen kann, wenn die Anteilseigner einer Kapitalgesellschaft zueinander als **fremde Dritte** gegenüberstehen. Die Finanzverwaltung[19] hat sich dieser Rechtsauffassung angeschlossen, aber konkretisiert, dass wirtschaftlich vernünftige außersteuerliche Gründe für die inkongruente Gewinnausschüttung nachzuweisen sind. Zudem solle als Voraussetzung der Anerkennung bereits im Gesellschaftsvertrag ein anderer Maßstab der Verteilung als das Verhältnis der Geschäftsanteile vereinbart oder eine entsprechende Öffnungsklausel zur abweichenden jährlichen Verteilung verankert sein.

27.26 Nunmehr hat das FG Köln[20] auch eine inkongruente Gewinnausschüttung einer GmbH, an der untereinander **nahe Angehörige** beteiligt sind, zugelassen. Das FG begründet seine Entscheidung insbesondere damit, dass nahezu jede vGA (i.S.d. § 8 Abs. 3 Satz 2 KStG) eine inkongruente Gewinnausschüttung darstellt und es keinen Grund gibt, offene inkongruente Gewinnausschüttungen, die mit dem Gesellschaftsrecht im Einklang stehen, steuerlich hiervon abweichend zu behandeln. Das Urteil wurde rechtskräftig, nachdem der Kläger die Revision gegen das Urteil zurückgenommen hat. Auch das FG Münster[21] hat entschieden, dass inkongruente Gewinnausschüttungen nicht zwangsläufig einen Missbrauch von Gestaltungsmöglichkeiten (i.S.d. § 42 Abs. 1 Satz 1 AO) darstellen.

Praxistipp

27.27 Bei der Vermietung einer im Eigentum der Kapitalgesellschaft stehenden Immobilie ist somit in Zukunft, um die Diskussion über eine vGA zu vermeiden, darauf zu achten, dass der vereinbarte Mietzins nicht nur marktüblich, sondern auch kostendeckend (zuzüglich eines Gewinnaufschlags) ist.

---

18 BFH, Urt. v. 19.08.1999 – I R 77/96, BStBl II 2001, 43; siehe auch Rdnr. 25.11 ff.

19 BMF-Schreiben v. 17.12.2013 – IV C 2 - S 2750-a/11/10001, BStBl I 2014, 63.

20 FG Köln, Urt. v. 14.09.2016 – 9 K 1560/14, EFG 2016, 1875.

21 FG Münster, Urt. v. 30.06.2021 – 13 K 272/19 (rkr.).

28. Bilanzierung der Beteiligung an einer GmbH & Co. KG

28.1 Anteilseignerin

28.1.1 Beteiligung als Komplementärin

28.1 Kapitalgesellschaften (AG, GmbH, KGaA) können ebenso wie **natürliche** Personen und **Personenhandelsgesellschaften** (OHG, KG) sowie GbR[1] Gesellschafter und damit auch **Mitunternehmer** einer **Personengesellschaft**, insbesondere einer GmbH & Co. KG sein.[2] Vorrangig geht es um die Stellung einer Komplementärin, wobei es sich typischerweise um eine GmbH, in einigen Fällen auch um eine UG (haftungsbeschränkt) handelt. Regelmäßig sind diese Kapitalgesellschaften am Vermögen und Ergebnis der Personengesellschaft nicht beteiligt, so dass eine Bilanzierung der Beteiligung weder in der Handelsbilanz mangels Anschaffungskosten noch in der Steuerbilanz mangels Kapitalanteils bei der GmbH & Co. KG in Betracht kommt. Keine Rolle spielt dabei, ob die Anteile an der Komplementär-GmbH von den Kommanditisten der GmbH & Co. KG gehalten werden und deshalb grundsätzlich zum Sonderbetriebsvermögen II bei dieser Gesellschaft gehören[3] oder ob

---

[1] BFH, Beschl. v. 25.02.1991 – GrS 7/89, BStBl II, 691; BFH, Urt. v. 06.10.2004 – IX R 53/01, BStBl II 2005, 383.

[2] Vgl. zum Ganzen auch KAHLE/MOCK, DStZ 2022, 232.

[3] BFH, Urt. v. 16.04.2015 – IV R 1/12, BStBl II, 705; BFH, Urt. v. 17.11.2011 – IV R 51/08, BFH/NV 2012, 723; BFH, Urt. v. 23.02.2012 – IV R 13/08, BFH/NV 2012, 1112, zur Beteiligung an mehreren Kapitalgesellschaften; BFH, Urt. v. 21.12.2021 – IV R 15/19, BStBl II 2022, 651, zur Bedeutung der eigenwirtschaftlichen Tätigkeit der GmbH; zur Frage, unter welcher Voraussetzung eine Beteiligung an einer Komplementär-GmbH im Rahmen einer Betriebsaufspaltung zum notwendigen Betriebsvermögen eines Einzelunternehmens gehören kann, vgl. BFH, Urt. v. 12.06.2013 – X R 2/10, BStBl II, 907 = FR 2014, 64 m. Anm. BODE; vgl. zu allem auch OFD Frankfurt, Vfg. v. 12.12.2022 – S 2134 - A-014 - St 517, DStR 2023, 151.

die Anteile nach Abtretung zum Gesellschaftsvermögen der GmbH & Co. KG gehören (sog. Einheits-GmbH & Co. KG).[4]

Soweit der Komplementär-GmbH ein Gewinnanteil und hier insbesondere eine Haftungsvergütung zugewiesen wird, die am Bilanzstichtag als Verbindlichkeit in der Bilanz der GmbH & Co. KG passiviert (§ 264c Abs. 1 HGB) und korrespondierend in der Sonderbilanz (zwingend) als Forderung aktiviert ist, sind die nachstehend (siehe unten Rdnr. 28.55) beschriebenen Grundsätze zum Einfluss des Sonderbetriebsvermögens auf die Bilanzierung der Beteiligung in der Steuerbilanz ebenfalls maßgebend. 28.2

28.1.2 Beteiligung als Kommanditistin

Eine Kapitalgesellschaft, insbesondere eine GmbH, die als Kommanditistin an einer GmbH & Co. KG beteiligt ist, verfügt regelmäßig über eine Vermögensbeteiligung. Sie ist Mitunternehmerin, soweit sie über die wesentlichen Mitwirkungsrechte, insbesondere die Stimmrechte und schließlich auch die Widerspruchs- und Kontrollrechte (§§ 164, 166 HGB a.F.) bzw. Informations- und Mitwirkungsrechte (§§ 166, 164 i.V.m. § 116 Abs. 2 Satz 1 HGB n.F.) und damit über die erforderliche **Mitunternehmerinitiative** verfügt und außerdem das der Stellung eines Kommanditisten eigene **Mitunternehmerrisiko** durch Beteiligung an Gewinn und Verlust und den stillen Reserven trägt.[5] 28.3

Sollte an der GmbH ein atypisch stiller Gesellschafter beteiligt sein, ist nicht die GmbH Mitunternehmerin der GmbH & Co. KG, sondern die atypisch stille Gesellschaft als Innengesellschaft, die ihrerseits eine Mitunternehmerschaft ist. Es handelt sich in diesem Fall um eine doppelstöckige Personengesellschaft i.S.d. § 15 Abs. 1 Nr. 2 Satz 2 EStG.[6] Die GmbH als zivilrechtlich maßgebende Kommanditistin handelt für alle Gesellschafter der Innengesellschaft. Steuerrechtlich betrachtet ist die GmbH Mitunternehmerin der atypisch stillen Gesellschaft (Obergesellschaft) und zugleich mittelbar beteiligte (Sonder-)Mitunternehmerin der GmbH & Co. KG als Untergesellschaft. 28.4

---

[4] Vgl. dazu aus Sicht der GmbH & Co. KG ausführlich BOLK, Bilanzierung und Besteuerung der Personengesellschaft und ihrer Gesellschafter, 5. Aufl. 2023, Rdnr. 3.80 ff. zum Sonderbetriebsvermögen II und 9.1 ff. zur Einheits-GmbH & Co. KG.

[5] BFH, Urt. v. 15.06.2023 – IV R 30/19, BStBl II, 1050, Rdnr. 71 ff.

[6] BFH, Urt. v. 02.10.1997 – IV R 75/96, BStBl II 1998, 137; SCHMIDT/WACKER, EStG, 43. Aufl. 2024, § 15 Rdnr. 613.

28.2 Ansatz und Bewertung in der Handelsbilanz

28.2.1 Ansatz

28.5 Ist eine GmbH an einer GmbH & Co. KG als Komplementärin mit Vermögenseinlage oder als Kommanditistin beteiligt, gehört der Gesellschaftsanteil als Vermögensgegenstand regelmäßig zu den Finanzanlagen und ist in der Handelsbilanz in der Position „**Beteiligungen**" auszuweisen (§ 271 Abs. 1, § 266 Abs. 2 A. III. 3 HGB).[7] Abweichend davon kommt auch ein Ausweis als „Anteile an verbundenen Unternehmen" in Betracht, wenn eine Einbeziehung in einen Konzernabschluss geboten ist (§ 271 Abs. 2 i.V.m. §§ 290, 266 Abs. 3 A. III. 1 HGB).

28.2.2 Bewertung

28.6 Die Beteiligung an der GmbH & Co. KG ist mit den **Anschaffungskosten** (§ 253 Abs. 1 HGB) oder ggf. dem **niedrigeren beizulegenden Wert** (§ 253 Abs. 3 Satz 5 und 6 HGB) zu bewerten. Die für die Steuerbilanz maßgebliche Spiegelbildmethode ist insoweit unbeachtlich.[8]

28.7 1. Der Ermittlung der Anschaffungskosten sind die allgemeinen Grundsätze des § 255 Abs. 1 HGB zugrunde zu legen. Danach sind die für den Erwerb geleisteten Aufwendungen zuzüglich der Anschaffungsnebenkosten und möglicherweise nachträglichen Anschaffungskosten maßgebend. Dies gilt sowohl für den Fall, dass die Beteiligung durch Erfüllung der Einlageverpflichtung übernommen wurde, als auch für den entgeltlichen Erwerb durch Abtretung von Dritten (Gesellschafterwechsel) oder eine Vermögensmehrung durch Anwachsung gegen Abfindung. Dabei ist es handelsrechtlich unbeachtlich, ob auf Seiten der Personengesellschaft aus Anlass des Erwerbs von einem Dritten für die über den Kapitalanteil hinaus bezahlten stillen Reserven eine **Ergänzungsbilanz** aufzustellen ist.[9]

28.8 Bei der Bestimmung der Anschaffungskosten ist die im Handelsregister eingetragene **Haftsumme** (§ 162 Abs. 1 HGB n.F.) ohne Bedeutung. Maßgebend ist für den Fall der Erlangung der Beteiligung durch Erfüllung der Einlageverpflichtung allein die zu leistende (bedungene) Pflichteinlage. Wurde diese noch nicht geleistet, ist die Einzahlungsverpflichtung zu passivieren, soweit sie eingefordert ist. Noch nicht eingeforderte ausstehende Einlagen dürfen weder als Teil der Anschaffungskosten aktiviert noch als Verpflichtung passiviert wer-

---

7 IDW RS HFA 18 v. 04.06.2014, FN-IDW 7/2014, 417, zur Bilanzierung der Beteiligung an einer Personengesellschaft in der Handelsbilanz. IDW RS HFA 7 v. 30.01.2018, IDW Life 2018, 258, zur Bilanzierung des Gesellschaftsvermögens der Personengesellschaft nach Handelsrecht.

8 IDW RS HFA 18 v. 26.06.2014, FN-IDW 7/2014, 417, Rdnr. 6.

9 Vgl. zur Ergänzungsbilanz Rdnr. 28.57 ff.

den. Stattdessen ist die (Rest-)Einzahlungsverpflichtung in den Gesamtbetrag der sonstigen finanziellen Verpflichtungen einzubeziehen und im Anhang anzugeben (§ 285 Nr. 3a HGB).

Soweit der Gesellschaftsanteil von einem Dritten erworben wurde, ist der Kaufpreis zuzüglich angefallener Erwerbsnebenkosten anzusetzen. Auch in diesem Fall ist eine übernommene Verpflichtung, die eingeforderten, aber noch ausstehenden Einlagen zu leisten, in der Handelsbilanz zu passivieren. 28.9

2. Die Bewertung mit dem niedrigeren der Beteiligung am Abschlussstichtag beizulegenden Wert ist bei **voraussichtlich dauernder Wertminderung** geboten (§ 253 Abs. 3 Satz 5 HGB). Für den Fall einer lediglich vorübergehenden Wertminderung regelt § 253 Abs. 3 Satz 6 HGB ein **Abschreibungswahlrecht**. Die Voraussetzungen für eine außerplanmäßige Abschreibung sind allein nach Handelsrecht zu beurteilen.[10] Dabei kommt eine Berücksichtigung von Verlustanteilen als Abschreibung nicht in Betracht. Anhaltende Verluste und Ergebnisverschlechterungen bei der GmbH & Co. KG können allerdings Indiz für eine Wertminderung sein.[11] Abweichend davon kann die Zuweisung von Verlustanteilen Anlass für eine Passivierung von Verbindlichkeiten gegenüber der GmbH & Co. KG sein, soweit eine Nachschusspflicht bestehen sollte. 28.10

Verlustanteile oder Mindergewinne, die ihre Ursache allein in steuerrechtlich zulässigen über den Rahmen des § 253 Abs. 3 HGB hinausgehenden Abschreibungen der GmbH & Co. KG haben (z.B. nach §§ 7g, 6b EStG etc.), dürfen als außerplanmäßige Wertminderung in der Handelsbilanz mangels entsprechender Regelung im HGB nicht berücksichtigt werden. Diese Abschreibungen mindern nur das Betriebsvermögen in der Steuerbilanz der GmbH & Co. KG und führen bei Inanspruchnahme eines Wahlrechts zur Vornahme entsprechender Abschreibungen zu einer Abweichung der Steuerbilanz von der Handelsbilanz mit Aufzeichnungspflichten gem. § 5 Abs. 1 Satz 1 zweiter Halbsatz und Satz 2–3 EStG. 28.11

3. Soweit die Gründe für eine in einem vorangehenden Geschäftsjahr zulässige außerplanmäßige Abschreibung zum Abschlussstichtag nicht mehr vorliegen, ist im Umfang der Werterhöhung, höchstens bis zu den Anschaffungskosten, eine **Wertaufholung** im Wege der Zuschreibung geboten (§ 253 Abs. 5 HGB). Die Wertaufholung ist in der Entwicklung des Anlagevermögens (**Anlagenspiegel**)[12] als Zuschreibung des Geschäftsjahres darzustellen (§ 284 Abs. 3, 28.12

[10] Maßgebend sind die Bewertungsgrundsätze entsprechend IDW RS HFA 10 v. 29.11.2012, IDW-FN 1/2013, 62 ff.

[11] IDW RS HFA 18 v. 04.06.2014, FN-IDW 7/2014, 417, Rdnr. 32.

[12] Der Begriff „Anlagenspiegel" ist in der Praxis üblich, obwohl diese Bezeichnung von § 284 Abs. 3 HGB als solche nicht vorgegeben ist.

§ 288 Abs. 1 Nr. 1 HGB). Die damit verbundene Erhöhung des Jahresüberschusses gehört zu den sonstigen betrieblichen Erträgen (§ 275 Abs. 2 Nr. 4 HGB).

28.3 Zurechnung und Aktivierung von Gewinnanteilen

28.3.1 Gewinnanteile der Komplementärin

28.13 Der einem **persönlich haftenden Gesellschafter** gebührende Gewinnanteil wird beim Jahresabschluss der GmbH & Co. KG – vorbehaltlich gesellschaftsvertraglich abweichender Regelungen – seinem Kapitalanteil zugeschrieben (§ 120 Abs. 2, § 161 Abs. 2 HGB) und nicht als Verbindlichkeit gegenüber Gesellschaftern passiviert. Grundsätzlich war deshalb nach **bis zum 31.12.2023** geltenden Grundsätzen eine Forderung in der Handelsbilanz des persönlich haftenden Gesellschafters phasengleich noch nicht zu aktivieren. Forderungen waren nur dann zu aktivieren, wenn die GmbH über § 122 HGB a.F. hinaus nach dem Gesellschaftsvertrag berechtigt war, die Auszahlung bereits mit Ablauf des Geschäftsjahres zu verlangen, soweit dies nicht zum Schaden der Gesellschaft gereichte.[13] Davon war jedenfalls dann auszugehen, wenn in diesem Sinne keine Auszahlungshindernisse bestehen oder sich solche auch nicht aus dem Gesellschaftsvertrag ergaben. Auf einen Ergebnisverwendungsbeschluss kommt es bei fehlender gesellschaftsvertraglicher Regelung nicht an. Ist allerdings ausdrücklich im Gesellschaftsvertrag geregelt, dass die Ergebnisverwendung dem Beschluss der Gesellschafterversammlung der KG obliegt, war eine Forderung der GmbH noch nicht realisiert.[14]

28.14 Mit Wirkung zum **01.01.2024**[15] ist nunmehr ausdrücklich geregelt, dass der Gewinnanteil eines persönlich haftenden Gesellschafters (in einem ersten Schritt) seinem Kapitalanteil zuzuschreiben und ein Verlustanteil abzuschreiben ist (§ 120 Abs. 2 HGB n.F.). Aufgrund des festgestellten Jahresabschlusses hat der Gesellschafter Anspruch auf Auszahlung seines Gewinnanteils (§ 122 Satz 1 HGB n.F.). Das gilt unbegrenzt, soweit keine gesellschaftsvertraglichen Beschränkungen greifen (§ 708 BGB n.F. i.V.m. § 105 Abs. 3 HGB) oder die Auszahlung zum offenbaren Schaden der Gesellschaft gereicht (§ 122 Satz 2 erster Halbsatz HGB n.F.). Weitergehend besteht eine Auszahlungssperre, soweit der Gesellschafter seinen vereinbarten Beitrag (Pflichteinlage) trotz Fälligkeit noch nicht geleistet hat (§ 122 Satz 2 zweiter Halbsatz HGB n.F.). Anders als für Kommanditisten besteht keine Verpflichtung zur Zuschreibung von Gewinnanteilen nach einer Minderung in vorangegangenen Geschäftsjahren durch Verlustanteile von Gesetzes wegen. Kann

---

[13] IDW RS HFA 7 v. 30.01.2018, IDW Life 2018, 258, Rdnr. 47.

[14] IDW RS HFA 7 v. 30.01.2018, IDW Life 2018, 258, Rdnr. 48.

[15] Gesetz zur Modernisierung des Personengesellschaftsrechts (Personengesellschaftsrechtsmodernisierungsgesetz – MoPeG) v. 10.08.2021, BGBl I, 3436.

der Gesellschafter unter Beachtung dieser Grundsätze die Auszahlung seines Gewinnanteils fordern, sind bereits (in einem zweiten Schritt) bei der Aufstellung des Jahresabschlusses für die KG Verbindlichkeiten gegenüber Gesellschaftern in Höhe der Verpflichtung zur Auszahlung zu Lasten des Kapitalanteils im Wege der Entnahme zu passivieren.

Auf Seiten der Kapitalgesellschaft als Komplementärin der KG sind demgemäß in 28.15
deren Handelsbilanz phasengleich Forderungen zu aktivieren, solange vertraglich keine Abhängigkeit von einem Gewinnverwendungsbeschluss geregelt ist. Damit entsprechen die Rechtsfolgen nunmehr im Prinzip denjenigen, die bisher in der Praxis regelmäßig vereinbart wurden. Wie bisher sind diese Forderungen in der Steuerbilanz der GmbH als solche nicht auszuweisen, denn sie gehören steuerrechtlich betrachtet zum Sonderbetriebsvermögen I und sind deshalb korrespondierend dem Grunde und der Höhe nach in einer Sonderbilanz für die Komplementär-GmbH erfolgsneutral im Wege der Einlage zu aktivieren (zur Bilanzierung der Beteiligung unter Berücksichtigung der Gewinnauszahlungsansprüche siehe unten Rdnr. 28.26 ff.).

28.3.1.1 Vorweggewinn oder (Sonder-)Vergütung für die Komplementär-GmbH

Ist die Komplementär-GmbH nicht am Vermögen der KG beteiligt, besteht die 28.16
Teilhabe am Gewinn der KG bei entsprechender gesellschaftsvertraglicher Vereinbarung nur in einem Vorweggewinnanteil für die Vertretung und Geschäftsführung der KG und die Übernahme des Haftungsrisikos. In diesem Fall handelt es sich um Beteiligungserträge, die als solche in der Gewinn- und Verlustrechnung der GmbH auszuweisen sind. Üblich ist stattdessen die Vereinbarung eines Entgelts (Sondervergütung) für Tätigkeit und Haftung (zzgl. Umsatzsteuer).[16] Auf Ebene der KG erfolgt insoweit eine gewinnmindernde Buchung unter Berücksichtigung des Vorsteuerabzugs nach den Grundsätzen des § 15 Abs. 1 UStG. Dem steht auf Seiten der GmbH die Aktivierung des Anspruchs spätestens zum Schluss des Geschäftsjahres nebst Passivierung der Umsatzsteuerschuld in der Bilanz und der Ausweis der Vergütung unter den Umsatzerlösen in der Gewinn- und Verlustrechnung gegenüber (§ 275 Abs. 2 Nr. 1 HGB).

Auf Ebene der GmbH ist es bei der Erstellung des Jahresabschlusses **handelsrechtlich** ohne Bedeutung, ob die Zuweisung des Vorweggewinnanteils nach steuer- 28.17
rechtlichen Grundsätzen als unangemessen zu beurteilen ist. Dies gilt auch dann, wenn Aufwendungen aufgrund der geschäftsführenden Tätigkeit tatsächlich nicht

[16] Vorbehaltlich Kleinunternehmerregelung entsprechend § 19 Abs. 1 UStG; vgl. zur Umsatzsteuerpflicht der Komplementär-GmbH ausführlich BOLK, Bilanzierung und Besteuerung der Personengesellschaft und ihrer Gesellschafter, 5. Aufl. 2023, Rdnr. 5.55 ff.

entstehen, weil die zur Geschäftsführung der GmbH berufenen Gesellschafter keinen Anspruch auf eine Vergütung – weder nach Gesellschaftsvertrag noch nach einem besonderen Anstellungsvertrag – haben. Dafür spielt es keine Rolle, ob die Gesellschafter der GmbH zugleich Kommanditisten der nämlichen KG sind, soweit sie nicht neben der GmbH abweichend vom Regelstatut zur Geschäftsführung der KG nach Erteilung von Prokura berechtigt sind (§§ 163, 164 HGB).

28.3.1.2 Fehlende Angemessenheit der Bezüge

28.18 Der Vorweggewinnanteil ist mindestens so zu bemessen, dass der GmbH auf Dauer der Ersatz ihrer Aufwendungen (Auslagenersatz) sowie eine angemessene Beteiligung am Gewinn für das übernommene Haftungsrisiko und einen (ausnahmsweise) bestehenden Kapitaleinsatz zusteht.[17] **Unterschreitet** der vereinbarte Vorweggewinnanteil den im Vergleich mit einer fremdüblichen Vereinbarung angemessenen Gewinnanteil, handelt es sich hinsichtlich der Differenz um eine **verdeckte Gewinnausschüttung** (§ 8 Abs. 3 Satz 2 KStG) an die Gesellschafter der Komplementär-GmbH.

28.19 Der Komplementär-GmbH ist der angemessene Gewinnanteil zu Lasten der Gewinnteile der Kommanditisten zuzurechnen. Da die Anteile an der Komplementär-GmbH grundsätzlich zum Sonderbetriebsvermögen II gehören, ist der Betrag der verdeckten Gewinnausschüttung den Kommanditisten als Sonderbetriebseinnahme zuzurechnen (§ 20 Abs. 1 Nr. 1 und Abs. 8 EStG) und nach Maßgabe des Teileinkünfteverfahrens (§ 3 Nr. 40 EStG, ggf. § 8b Abs. 1 KStG) gesondert und einheitlich festzustellen.

28.20 **Übersteigt** der vereinbarte Vorweggewinnteil die Aufwendungen für die geschäftsführende Tätigkeit und das übernommene Haftungsrisiko, liegt auf Seiten der GmbH steuerrechtlich betrachtet kein Beteiligungsertrag, sondern eine (verdeckte) Einlage vor (§ 4 Abs. 1 Satz 8 EStG, § 8 Abs. 3 Satz 3 KStG). Dies kommt insbesondere dann in Betracht, wenn Aufwendungen aufgrund der geschäftsführenden Tätigkeit tatsächlich nicht entstehen, weil die zur Geschäftsführung der GmbH berufenen Gesellschafter, die zugleich Kommanditisten sind, keinen Anspruch auf eine Vergütung – weder nach Gesellschaftsvertrag noch nach besonderem Anstellungsvertrag – haben.[18]

---

17 SCHMIDT/WACKER, EStG, 43. Aufl. 2024, § 15 Rdnr. 722, 723 m.w.N.

18 BFH, Urt. v. 28.05.2020 – IV R 11/18, BStBl II, 641, gegen FG Münster, Urt. v. 23.02.2018 – 1 K 2201/17, EFG 2018, 1099.

Dies hat zur Folge, dass der GmbH steuerrechtlich betrachtet nur ein (angemessener[19]) Gewinnanteil für die Übernahme des Haftungsrisikos mit Wirkung für deren Körperschaftsteuerveranlagung im Rahmen der gesonderten und einheitlichen Feststellung auf Ebene der KG zugerechnet wird (§ 180 Abs. 1 Nr. 2a, § 182 AO). Angesichts der tatsächlichen Verhältnisse rechnet der BFH den Vorweggewinnanteil den Kommanditisten, die die geschäftsführende Tätigkeit ausgeübt haben, nach § 15 Abs. 1 Nr. 2 Satz 1 **erster Halbsatz** EStG zu.[20] Die Beteiligungsquote ist insoweit unbeachtlich. Ist nur ein Kommanditist von mehreren geschäftsführend tätig, wird der Vorweggewinnanteil auch nur diesem Kommanditisten zugerechnet.[21] Diese Rechtsfolge beruht auf der besonderen Position, die der Gesellschafter der Komplementär-GmbH einnimmt, der – anders als ein Fremdgeschäftsführer – zugleich Kommanditist und Mitunternehmer der KG ist und für diese Gesellschaft tätig geworden ist (§ 15 Abs. 1 Nr. 2 Satz 1 EStG). Damit wird verhindert, dass die der GmbH gesellschaftsvertraglich zugewiesenen Gewinnanteile mangels gegenwärtiger Ausschüttung nur einer gegenüber der Einkommensteuerbelastung der Kommanditisten niedrigeren Körperschaftsteuerbelastung unterliegen. 28.21

28.3.2 Gewinnanteile der Kommanditistin

Der Anspruch auf Auszahlung des Gewinnanteils, der einem **Kommanditisten** in der Rechtsform einer Kapitalgesellschaft zusteht, ist gewinnerhöhend als Forderung im Jahresabschluss zu aktivieren, soweit über den Anspruch individuell und losgelöst von seinem Gesellschaftsanteil verfügt werden kann. Dies war nach bisher maßgebenden Grundsätzen der Fall, wenn die Einlage vollständig geleistet war (§ 167 Abs. 2 HGB a.F.). Gleiches war anzunehmen, solange der Kapitalanteil des Kommanditisten nicht durch Vorjahresverluste derart gemindert wurde, dass die bedungene Einlage unterschritten wurde oder durch die Auszahlung unterschritten wird (§ 169 Abs. 1 Satz 2 HGB a.F.). 28.22

Mit Wirkung vom **01.01.2024** regelt § 120 Abs. 2 i.V.m. § 161 Abs. 2 HGB n.F. auch für den Kommanditisten, dass der Gewinnanteil (in einem ersten Schritt) seinem Kapitalanteil zuzuschreiben und ein Verlustanteil abzuschreiben ist. Für den Verlustanteil gilt dies nunmehr unbeschränkt, so dass weiterhin die Entstehung eines negativen Kapitalanteils in Betracht kommt. Die bisher durch § 167 Abs. 3 HGB a.F. geregelte Pflicht, für Verluste sowie einen Fehlbetrag bei Auflösung der Gesellschaft einzustehen, ist nunmehr in den §§ 130 ff. HGB n.F. zum Ausscheiden bzw. §§ 138 ff. HGB n.F. zur Auflösung der KG geregelt. Danach kommt eine Inanspruchnahme nicht mehr in Betracht, wenn die vereinbarte Ein- 28.23

19 Eine Entscheidung zur Angemessenheit ist nicht ergangen; insoweit erfolgte eine Zurückverweisung an das FG, vgl. dazu BFH, Urt. v. 28.05.2020 – IV R 11/18, BStBl II, 641, Rdnr. 31.

20 BFH, Urt. v. 28.05.2020 – IV R 11/18, BStBl II, 641, Rdnr. 26.

21 Wendt, BFH/PR 2020, 326.

lage (Pflichteinlage) geleistet ist. Entsprechendes gilt für die Haftung des Kommanditisten nach Ausscheiden oder Auflösung der KG (§ 167 HGB n.F.).

28.24 Nach § 169 Abs. 1 Satz 1 HGB n.F. kann der Kommanditist die Auszahlung seines Gewinnanteils fordern. Das gilt nicht, soweit der Kapitalanteil durch die Zurechnung von Verlustanteilen unter den auf die vereinbarte Einlage (Pflichteinlage) geleisteten Betrag herabgemindert wurde oder durch die Auszahlung herabgemindert werden würde. Weitergehend besteht (natürlich) kein Auszahlungsanspruch, wenn gesellschaftsvertraglich eine Thesaurierung zugunsten einer gemeinsamen Rücklage (§ 264c Abs. 2 Satz 8 HGB) oder einer Gutschrift auf einem zu diesem Zweck geführten (zusätzlichen) variablen Eigenkapitalkonto des Kommanditisten erfolgt. Kann nach diesen Grundsätzen ein Gewinnanteil zur Auszahlung gefordert werden, folgt der Zuschreibung zum Kapitalanteil (§ 120 Abs. 2 HGB n.F.) bei der Bilanzaufstellung für die KG die Minderung (Entnahme) und Passivierung von Verbindlichkeiten gegenüber Gesellschaftern unmittelbar nach. Auf Seiten der Kommanditistin ist nur in diesen Fällen eine Forderung phasengleich in deren Handelsbilanz zu aktivieren (§ 264c Abs. 1 HGB).

28.25 Die Forderung des Kommanditisten entsteht grundsätzlich bereits am Abschlussstichtag der GmbH & Co. KG (Realisationsprinzip, § 252 Abs. 1 Nr. 4 HGB).[22] Der Höhe nach entspricht sie dem Gewinnanteil, der sich aus dem Jahresabschluss der GmbH & Co. KG ergibt (§ 709 Abs. 3 BGB n.F. i.V.m. § 120 Abs. 1 Satz 2 HGB n.F.). Dies ist jedenfalls stets der Fall, wenn der Jahresabschluss der KG innerhalb des für den Gesellschafter und seinen Jahresabschluss maßgeblichen Wertaufhellungszeitraums festgestellt wurde. Fehlt es noch an der Feststellung, ist der Gewinnanteil maßgebend, der sich aus dem aufgestellten Jahresabschluss ergibt. Sollte es in diesen Fällen bei der Feststellung des Jahresabschlusses der GmbH & Co. KG noch zu Änderungen gegenüber der Aufstellung kommen, sind diese Änderungen nur zu berücksichtigen, wenn sie vor Ende des Wertaufhellungszeitraums beschlossen wurden.

28.26 Nach allem darf eine Forderung in der Handelsbilanz des **Kommanditisten** bezogen auf die Beteiligung an der GmbH & Co. KG nicht aktiviert werden,

- soweit die vereinbarte Einlage trotz Fälligkeit noch nicht geleistet wurde (§ 122 Abs. 2 HGB n.F.) oder
- soweit der Kapitalanteil durch Verlustanteile in vorangegangenen Geschäftsjahren unter die vereinbarte Einlage herabgemindert wurde oder durch die Auszahlung herabgemindert wird (§ 169 Abs. 1 Satz 1 HGB n.F.) oder

[22] IDW RS HFA 18 v. 26.06.2014, FN-IDW 7/2014, 417, Rdnr. 12.

- soweit gesellschaftsvertraglich eine Thesaurierung etwa durch Dotierung von Rücklagen vereinbart ist (§§ 163, 264c Abs. 2 Satz 8 HGB) oder
- soweit der Höhe nach bestimmte Teile der Gewinnanteile dem Gesellschaftsvertrag zufolge auf variablen (Eigen-)Kapitalkonten der Gesellschafter gutgeschrieben werden sollen.

Ist im Gesellschaftsvertrag eine Beschlussfassung der Gesellschafterversammlung über die Gewinnverwendung nach Feststellung des Jahresabschlusses geregelt, kann die Forderung nicht vor Beschlussfassung aktiviert werden (§ 252 Abs. 1 Nr. 4 HGB).[23] Dem entspricht sodann der Jahresabschluss der GmbH & Co. KG, denn dort wird in einem solchen Fall anstelle von Verbindlichkeiten gegenüber Gesellschaftern (§ 264c Abs. 1 HGB) der unverteilte Jahresüberschuss ausgewiesen (§ 264c Abs. 2 HGB). Daneben ist der Gewinnvortrag aufgrund Beschlusses zur Verwendung des Ergebnisses des Vorjahres zu zeigen, soweit Beträge auf neue Rechnung vorgetragen wurden. 28.27

Trotz Abhängigkeit der Gewinnverwendung von einem Beschluss der Gesellschafterversammlung ist der Anspruch auf den Gewinnanteil bereits zu aktivieren, wenn der Gesellschafter (Anteilseigner) über die notwendige Mehrheit der Stimmrechte verfügt und die Grundsätze der zeitkongruenten – phasengleichen – Bilanzierung in der Handelsbilanz unter Beachtung der Rechtsprechung des BGH[24] zu beachten sind. 28.28

Aufgrund von Gewinnteilen, deren Auszahlung der Gesellschafter fordern kann, ist ein **Zugang beim Posten Beteiligung** nur zu erfassen, wenn aufgrund gesellschaftsvertraglicher Regelung oder Beschluss der Gesellschafterversammlung grundsätzlich bestehende Forderungen auf Auszahlung von Gewinnanteilen durch Einstellung in die Rücklage oder Zuführung in ein zu diesem Zweck geführtes personenbezogenes Eigenkapital (Kapitalkonto II)[25] umgewidmet werden. Voraussetzung dafür ist, dass der Gesellschafter zunächst individuell über seinen Gewinnanteil hat verfügen können. Deshalb ist die Forderung zunächst gewinnerhöhend zu erfassen (Forderungen an Beteiligungserträge) und anschließend erfolgsneutral zugunsten der Bilanzposition Beteiligungen umzubuchen (Beteiligungen an Forderungen). In der Folge sind **nachträgliche Anschaffungskosten** auf die Beteiligung entstanden,[26] was dazu führt, dass sich die Bewertungsobergrenze i.S.d. § 253 Abs. 1 HGB er- 28.29

23 IDW RS HFA 18 v. 26.06.2014, FN-IDW 7/2014, 417, Rdnr. 20, 21.

24 BGH, Urt. v. 12.01.1998 – II ZR 82/93, BGHZ 137, 378 = DB 1998, 567.

25 Zur Qualität der Kapitalkonten einer GmbH & Co. KG und der Bedeutung der sog. Kapitalkontenmodelle vgl. ausführlich BOLK, Bilanzierung und Besteuerung der Personengesellschaft und ihrer Gesellschafter, 5. Aufl. 2023, Rdnr. 2.18 ff.

26 IDW RS HFA 18 v. 26.06.2014, FN-IDW 7/2014, 417, Rdnr. 18.

höht und sich folglich auch die Obergrenze für eine Wertaufholung geändert hat (zur von der gesellschaftsvertraglichen Zurechnung von Gewinnanteilen abweichenden steuerrechtlichen Beurteilung in Fällen unangemessener Gewinnverteilung oder überhöhter Vorweggewinnanteile für die Komplementär-GmbH siehe Rdnr. 28.20 ff.).

28.4 Verlustanteile

28.30 Verlustanteile werden auf Ebene der GmbH & Co. KG dem Kapitalanteil belastet. Das gilt sowohl für persönlich haftende Gesellschafter, hier der Komplementär-GmbH, als auch für Kommanditisten (§ 120 Abs. 2 i.V.m. § 161 Abs. 2 HGB n.F.). Im Rahmen der Rechnungslegung bzw. Buchführung der Anteilseignerin liegt insoweit kein Geschäftsvorfall vor. Die Passivierung einer Verbindlichkeit, ggf. Rückstellung bei Ungewissheit der Höhe nach, kann allerdings dann in Betracht kommen, wenn eine Nachschusspflicht vereinbart wurde oder eine Verpflichtung zur Verlustübernahme besteht. Ein gesonderter Bilanzausweis ist insoweit nach § 266 Abs. 3 C. Nr. 6 oder 7 HGB zwingend.

28.5 Steuerbilanz – Spiegelbildmethode

28.31 Die Bilanzierung nach Handelsrecht ist nicht maßgeblich für die Steuerbilanz. Dem Bilanzausweis in der Handelsbilanz kommt keine Bedeutung zu, weil die Beteiligung an einer Personengesellschaft kein Wirtschaftsgut ist.[27] Unabhängig davon, dass demzufolge der Grundsatz der **Maßgeblichkeit der Handelsbilanz der Kapitalgesellschaft** insoweit **nicht** zu beachten ist, ist die Beteiligung an einer Personengesellschaft dennoch in der Steuerbilanz der Kapitalgesellschaft als Anteilseignerin auszuweisen. Der Bilanzposten repräsentiert dabei allerdings kein selbständiges (immaterielles) Wirtschaftsgut, sondern entspricht dem Anteil des Gesellschafters am Betriebsvermögen der Personengesellschaft nach Maßgabe einer quotalen Beteiligung an den zum Gesellschaftsvermögen gehörenden Wirtschaftsgütern der GmbH & Co. KG.[28] Es handelt sich daher um einen Ansatz in der Steuerbilanz, für den der Begriff Beteiligung verwendet werden sollte, dessen Bewertung sich aber nur nach den Anteilen am Wert der Wirtschaftsgüter der Personengesellschaft rich-

---

[27] BFH, Beschl. v. 25.02.1991 – GrS 7/89, BStBl II, 691, 700; BFH, Urt. v. 06.11.1985 – I R 242/81, BStBl II 1986, 333; BFH, Urt. v. 30.04.2003 – I R 102/01, BStBl II 2004, 804 m.w.N.; BFH, Urt. v. 25.02.2010 – IV R 49/08, BStBl II, 726, Rdnr. 19, und BFH, Urt. v. 26.04.2012 – IV R 44/09, BStBl II 2013, 142, Rdnr. 18; BFH, Urt. v. 20.11.2014 – IV R 1/11, BStBl II 2017, 34.

[28] BFH, Urt. v. 12.05.2016 – IV R 1/13, BStBl II 2017, 498, Rdnr. 42; BFH, Urt. v. 08.12.2016 – IV R 14/13, BStBl II 2017, 494, Rdnr. 16; BFH, Urt. v. 22.06.2017 – IV R 42/13, BFH/NV 2018, 265, Rdnr. 33; BFH, Urt. v. 16.12.2021 – IV R 7/19, BStBl II 2023, 378, Rdnr. 40, zu § 6b EStG; BFH, Urt. v. 03.05.2022 – IX R 22/19, BStBl II 2023, 186, Rdnr. 21; BFH, Urt. v. 28.11.2019 – IV R 54/16, BStBl II 2023, 447, Rdnr. 40 zur atypisch stillen Gesellschaft; BFH, Urt. v. 01.02.2024 – IV R 26/21, BFH/NV 2024, 592, Rdnr. 41.

tet, die dem Mitunternehmeranteil entsprechen.[29] Maßgebend dafür ist allein die Steuerbilanz der GmbH & Co. KG[30] in der Form der (virtuellen) **Gesamtbilanz der Mitunternehmerschaft** auf der Grundlage der **additiven Gewinnermittlung.** Der Höhe nach entspricht der Bilanzansatz für die Beteiligung an der GmbH & Co. KG in der Steuerbilanz der beteiligten Kapitalgesellschaft deshalb letztlich den Kapitalkonten dieser Gesellschaft in der Steuerbilanz der GmbH & Co. KG, einer eventuellen Ergänzungsbilanz sowie ggf. einer Sonderbilanz[31] (**Spiegelbildmethode**).

An diesen Grundsätzen, die Beteiligung an einer Personengesellschaft in der Steuerbilanz des Anteilseigners nach Maßgabe der Spiegelbildmethode auszuweisen, hat sich nichts dadurch geändert, dass mit dem MoPeG[32] das Gesamthandsprinzip nach §§ 718, 719 BGB a.F. aufgegeben wurde. Unverändert ist nach ertragsteuerrechtlichen Grundsätzen weiterhin davon auszugehen, dass die Beteiligung auf der Grundlage des Transparenzprinzips in der quotalen Teilhabe an den zum Gesellschaftsvermögen der Personengesellschaft (§ 712 BGB n.F.) gehörenden Wirtschaftsgütern und Schulden besteht. Dies erfährt auch durch die Neufassung des § 39 Abs. 2 Nr. 2 AO i.d.F. des Kreditzweitmarktförderungsgesetzes[33] eine Klarstellung. Danach **gelten** nunmehr rechtsfähige Personengesellschaften für Zwecke der Ertragsbesteuerung als **Gesamthand** und deren Gesellschaftsvermögen als **Gesamthandsvermögen.** 28.32

Die Veränderung dieses Ansatzes durch Gewinn- oder Verlustanteile sowie durch Entnahmen und Einlagen folgt ausschließlich der steuerrechtlich gebotenen Gewinnermittlung auf Ebene der GmbH & Co. KG und dem dort durchzuführenden Betriebsvermögensvergleich (§ 4 Abs. 1 Satz 1 EStG). Dieser liegt der **gesonderten und einheitlichen Feststellung** des Gewinns der GmbH & Co. KG zugrunde und ist daher für die Gewinnermittlung auf Ebene der Kapitalgesellschaft bindend (§§ 179 Abs. 2, 180 Abs. 1 Nr. 2a und 182 Abs. 1 AO i.V.m. § 15 Abs. 1 Nr. 2 EStG).[34] 28.33

Die Bindung betrifft auch die Gewährung im Einzelfall zulässiger Steuerbefreiungen. Das gilt hier insbesondere für die Befreiung nach § 8b KStG, wenn die Mit- 28.34

---

29 BFH, Urt. v. 25.06.2014 – I R 29/13, BFH/NV 2015, 27, Rdnr. 24; SCHMIDT/WACKER, EStG, 43. Aufl. 2024, § 15 Rdnr. 690, vertritt zu Recht nicht mehr die Auffassung, es handele sich um einen „Merkposten“.

30 BFH, Urt. v. 30.04.2003 – I R 102/01, BStBl II 2004, 804 m.w.N.

31 BFH, Urt. v. 24.03.1999 – I R 92/86, BStBl II 2000, 399; vgl. dazu auch IDW RS HFA 18 v. 04.06.2014, FN-IDW 7/2014, 417, Rdnr. 43.

32 Gesetz zur Modernisierung des Personengesellschaftsrechts (MoPeG) v. 10.08.2021, BGBl I, 3436.

33 Art. 23 Nr. 6 des Gesetzes zur Förderung geordneter Kreditzweitmärkte und zur Umsetzung der Richtlinie (EU) 2021/2167 über Kreditdienstleister und Kreditkäufer sowie zur Änderung weiterer finanzrechtlicher Bestimmungen (Kreditzweitmarktförderungsgesetz) v. 22.12.2023, BGBl I Nr. 411.

34 BFH, Urt. v. 30.06.2022 – IV R 42/19, BStBl II 2023, 118, Rdnr. 13 m.w.N.

unternehmerschaft ihrerseits Beteiligungen an Kapitalgesellschaften hält oder wenn Beteiligungen an Kapitalgesellschaften der Mitunternehmerin dem Sonderbetriebsvermögen II bei der Mitunternehmerschaft zuzuordnen sind.[35] Dem Feststellungsbescheid muss deshalb die Höhe der Beteiligungserträge sowie die nach § 8b KStG gebotenen Hinzurechnungen (z.B. Teilwertabschreibungen) ausdrücklich zu entnehmen sein. Eine sogenannte Bruttofeststellung der Einkünfte vor Anwendung der Befreiungsvorschriften ist unzulässig, es sei denn, aus den weiteren Angaben im Feststellungsbescheid ist für einen verständigen Empfänger erkennbar, dass zur Ermittlung der steuerpflichtigen Einkünfte ein weiterer Rechenschritt erforderlich ist.[36]

28.35 Nach diesen Grundsätzen gilt für den **Bilanzposten „Beteiligung"**:

1. Ein **Gewinnanteil** erhöht den Ansatz „Beteiligungen", weil sich das Eigenkapital der Personengesellschaft erhöht hat. Dafür ist nicht von Bedeutung, ob es sich um nicht entnahmefähige (thesaurierte) Gewinnanteile handelt oder ob deren Auszahlung als sogenannte entnahmefähige Gewinnanteile gefordert werden können (§ 169 Abs. 1 Satz 2 HGB). Soweit ein Auszahlungsanspruch besteht, erhöht sich zwar nicht das Kapitalkonto in der Bilanz, weil stattdessen **Verbindlichkeiten gegenüber Gesellschaftern** (§ 264c Abs. 1 HGB) zu passivieren sind. Bei zutreffender Bilanzierung ist in Höhe des Auszahlungsanspruchs jedoch eine Forderung nach den Grundsätzen der korrespondierenden Bilanzierung in der **Sonderbilanz für die Kapitalgesellschaft** auf Ebene der GmbH & Co. KG zu aktivieren. Die damit verbundene Erhöhung des Sonderkapitals beeinflusst den spiegelbildlich anzusetzenden Bilanzposten, weil das Spiegelbild nicht nur durch die Steuerbilanz der KG bestimmt wird, sondern auch durch Ergänzungs- und Sonderbilanzen (Gesamtbilanz der Mitunternehmerschaft).

28.36 2. Sind der Kapitalgesellschaft **Verlustanteile** aufgrund der Ergebnisverteilung auf Ebene der Steuerbilanz der GmbH & Co. KG, aus einer Sonderbilanz oder/und einer Ergänzungsbilanz zuzurechnen, mindert sich der Bilanzposten „Beteiligung". Das gilt nicht nur für die **ausgleichsfähigen** Verluste, sondern auch für lediglich **verrechenbare Verluste** i.S.d. § 15a EStG, soweit in der Bilanz der GmbH & Co. KG ein negatives Kapitalkonto auszuweisen ist. Deshalb kann der Bilanzposten „Beteiligung" in der **Steuerbilanz** der Kapitalgesellschaft durchaus auch **negativ** sein.[37]

---

35 Vgl. dazu ausführlich BOLK, Bilanzierung und Besteuerung der Personengesellschaften und ihrer Gesellschafter, 5. Aufl. 2023, Rdnr. 3.80 ff.

36 BFH, Urt. v. 25.07.2019 – IV R 47/16, BFH/NV 2019, 1367.

37 Ebenso LEY, KÖSDI 2010, 17148, 17162.

Das FG Köln[38] hält es auch für zulässig, den Beteiligungsbuchwert bei 0 € anzuhalten und den übersteigenden Verlustanteil außerhalb der Bilanz als „Merkposten“ fortzuführen. Diese Sachbehandlung lässt Vorteile nicht erkennen, denn der Bilanzposten wird insoweit nicht vom Bilanzenzusammenhang erfasst und muss deshalb außerhalb der Steuerbilanz durch besondere Aufzeichnungen fortentwickelt werden. Da für die Steuerbilanz der Kapitalgesellschaft mangels Maßgeblichkeit der Handelsbilanz ohnehin eine abweichende Bilanzierung geboten ist, erscheint es offenkundig überflüssig, neben einer abweichenden Steuerbilanz auch noch einen „Merkposten“ zu verwalten. Im Zusammenhang mit der Einreichung einer E-Bilanz nach § 5b Abs. 1 Satz 3 EStG zeigen sich dabei zusätzliche Erschwernisse, weil die Taxonomie einen solchen Merkposten nicht vorsieht.[39] Abgesehen davon, dass ein solcher „Merkposten“ ohnehin rechtsgrundlos ist, bleibt festzuhalten, dass die steuerrechtlichen Folgen im Hinblick auf Gewinnermittlung und Gewerbeertrag ausschließlich auf Ebene der Personengesellschaft bindend gesondert festgestellt werden (§ 180 Abs. 1 Nr. 2a AO).[40] 28.37

Im Hinblick auf § 15a EStG ist in jedem Fall eine **selbständige Berechnung** und Entwicklung des **beschränkt verrechenbaren Verlusts** geboten, der für die Kapitalgesellschaft aus ihrer Beteiligung an der GmbH & Co. KG aufgrund eines dort bestehenden negativen Kapitalkontos als Kommanditistin festgestellt wird (§ 15a Abs. 4 EStG).[41] 28.38

3. In der Steuerbilanz der Kapitalgesellschaft ist eine **Teilwertabschreibung** zulasten der Position „Beteiligung“ mangels Bewertung nach § 6 EStG **unzulässig.**[42] Unbeachtlich dafür ist, ob eine außerplanmäßige Abschreibung in der Handelsbilanz nach § 253 Abs. 3 Satz 5 oder 6 HGB erfolgt. 28.39

4. **Hinzurechnungen und Kürzungen**, die außerhalb der Steuerbilanz im Rahmen der Gewinnermittlung für die GmbH & Co. KG vorzunehmen sind, beeinflussen den Bilanzposten „Beteiligung“ nicht. Ursächlich hierfür ist, dass diese außerbilanziellen Maßnahmen keinen Einfluss auf das Kapitalkonto bzw. bei Kapitalkontentrennung insbesondere auf das variable Kapitalkonto II der Kapitalgesellschaft in der Steuerbilanz der GmbH & Co. KG nehmen. Dies gilt insbesondere für die Hinzurechnung des Gewerbesteueraufwands und andere nicht abziehbare Betriebsausgaben, aber auch für den Investitionsabzugsbetrag 28.40

---

[38] Vgl. zu den verschiedenen Auffassungen FG Köln, Urt. v. 16.04.2008 – 13 K 3868/06, EFG 2008, 1230 (rkr.).

[39] BMF-Schreiben v. 27.05.2024 – IV C 6 - S 2733-b/24/10001 :002, BStBl I, 928, zur Taxonomie 6.8 mit Nachweisen zu den vorangehenden Versionen.

[40] BFH, Urt. v. 23.03.2023 – IV R 27/19, BStBl II, 1112, Rdnr. 19.

[41] Schmidt/Wacker, EStG, 43. Aufl. 2024, § 15a Rdnr. 56 ff.

[42] BFH, Urt. v. 06.11.1985 – I R 242/81, BStBl II 1986, 333; BFH, Urt. v. 01.07.2010 – IV R 100/06, BFH/NV 2010, 2056.

und steuerfreie Erträge. Die Grundsätze, die für die Bilanzierung der Beteiligung einer GmbH an einer GmbH & Co. KG gelten, sind im Prinzip ebenfalls für den Fall maßgebend, dass sich an der GmbH ein **atypisch stiller Gesellschafter** beteiligt (siehe dazu ausführlich Rdnr. 9.52 ff.).

28.6 Steuerbilanz oder Überleitungsrechnung

28.41 Die unterschiedlichen Bilanzierungsgrundsätze für die Bilanzierung von Beteiligungen an Personengesellschaften führen zwangsläufig zu einer von der Handelsbilanz abweichenden Steuerbilanz der an einer GmbH & Co. KG beteiligten Kapitalgesellschaft. Der Praxis stehen zwei Wege zur Verfügung, die Abweichungen darzustellen.

28.42 1. § 5b Abs. 1 Satz 2 i.V.m. § 60 Abs. 2 Satz 1 EStDV erlaubt anstelle einer abweichenden Steuerbilanz die Einreichung der Handelsbilanz beim zuständigen Finanzamt, die durch Erläuterungen bzw. Anmerkungen nach Maßgabe der steuerlichen Vorschriften zu ergänzen ist (sog. Überleitungsrechnung). Was der gesetzlichen Regelung folgend wie eine Erleichterung aussieht, ist in der Praxis mit erheblichen zusätzlichen Aufzeichnungspflichten verbunden. Es ist nämlich nicht nur der **Mehr- oder Mindergewinn** zu erläutern, sondern es ist auch die jeweilige **Bilanzposition** zu beschreiben, die steuerrechtlich angesetzt oder bewertet wurde. Dabei sind auch Vorjahreswerte anzugeben. Außerdem ist für Wirtschaftsjahre, die nach dem 31.12.2014 beginnen, eine von der Handelsbilanz abweichende **Kapitalkontenentwicklung** elektronisch zu übermitteln.[43]

Beispiel

28.43 Die X-GmbH ist als Kommanditistin an der A-GmbH & Co. KG beteiligt. Den Gesellschaftsanteil mit einem Kapitalanteil von 1.080.000 € hat die X-GmbH von einem ausgeschiedenen Kommanditisten für 1.600.000 € erworben. Für 01 beträgt der Gewinnanteil der X-GmbH laut Gewinnverteilung auf der Grundlage der Gewinn- und Verlustrechnung zur Handelsbilanz der A-GmbH & Co. KG 360.000 €.

Aus Anlass des Erwerbs des Anteils hat die Geschäftsführung der KG eine positive Ergänzungsbilanz hinsichtlich der über den Kapitalanteil hinausgehenden bezahlten stillen Reserven i.H.v. 520.000 € für die X-GmbH aufgestellt. Das Mehrkapital beträgt zum 31.12.01 450.000 €. Die Auflösung dieser Ergänzungsbilanz[44] weist einen Verlust laut Ergänzungs-GuV für 01 i.H.v. 70.000 € aus.

---

[43] BMF-Schreiben v. 02.07.2019 – IV C 6 - S 2133-b/19/10001, zur Taxonomie 6.3, BStBl I, 887; zur Taxonomie 6.4, die für Wirtschaftsjahre maßgebend ist, die nach dem 31.12.2020 beginnen, vgl. BMF-Schreiben v. 23.07.2020 – IV C 6 - S 2133-b/20/10002 :003, BStBl I, 639.

[44] Vgl. dazu BFH, Urt. v. 20.11.2014 – IV R 1/11, BStBl II 2017, 34, mit missverständlichem Leitsatz; BMF-Schreiben v. 19.12.2016 – IV C 6 - S 2241/15/10005, BStBl I 2017, 34; Bolk, Bilanzierung und Besteuerung der Personengesellschaft und ihrer Gesellschafter, 5. Aufl. 2023, Rdnr. 4.14 ff. sowie Rdnr. 14.149 ff.

Die X-GmbH hat der A-GmbH & Co. KG ein Darlehen gewährt. Die Darlehensforderung ist in der Sonderbilanz für die GmbH zum 31.12.01 i.H.v. 500.000 € zutreffend aktiviert. Die GmbH hat von der KG für die Gewährung eines Darlehens in 01 Zinsen i.H.v. 30.000 € bezogen. Tilgungs- und Zinszahlungen sind erst Anfang 02 erfolgt.

Bei der Ermittlung des Jahresüberschusses der X-GmbH i.H.v. 800.000 € für 01 wurden Beteiligungserträge i.H.v. 360.000 € und die Zinserträge i.H.v. 30.000 € gewinnerhöhend berücksichtigt.

Aufgrund der gesonderten und einheitlichen Feststellung wird der X-GmbH als Mitunternehmerin der A-GmbH & Co. KG ein Gewinnanteil von 400.000 € zugewiesen, der wie folgt ermittelt wurde:

Gewinnanteil lt. Gewinnverteilung	360.000 €
Mehrgewinnanteil wegen Abweichung Handels- von Steuerbilanz	+ 20.000 €
Ergebnis Ergänzungsbilanz	– 70.000 €
Ergebnis Sonderbilanz	+ 30.000 €
Hinzurechnungen außerhalb der Steuerbilanz	+ 60.000 €
Gewinnanteil (§ 15 Abs. 1 Nr. 2 EStG)	**400.000 €**

Der Mehrgewinnanteil beruht darauf, dass in der Handelsbilanz der KG eine Rückstellung für drohende Verluste aus schwebenden Geschäften ausgewiesen ist, die in der Steuerbilanz der KG nach § 5 Abs. 4a EStG nicht passiviert werden darf.

Lösung

1. Ermittlung des Gewinns aus Gewerbebetrieb (bezogen auf den Sachverhalt):

Jahresüberschuss der X-GmbH	800.000 €
– Beteiligungserträge	– 360.000 €
– Zinserträge	– 30.000 €
+ Gewinnanteil aufgrund Feststellung	+ 400.000 €
Gewinn aus Gewerbebetrieb GmbH	**810.000 €**

2. Entwicklung des Bilanzpostens „Beteiligung"

Zugang bei Erwerb (Gesamthandsbilanz)	1.080.000 €	
Zugang bei Erwerb (Ergänzungsbilanz	+ 520.000 €	1.600.000 €
Zugang Darlehensforderung (Sonderbilanz)		+ 500.000 €
Gewinnanteil (Gesamthandsbilanz)		+ 360.000 €
Mehrgewinnanteil (Gesamthandsbilanz)		+ 20.000 €
Verlust lt. GuV zur Ergänzungsbilanz		– 70.000 €
Gewinn lt. GuV zur Sonderbilanz		+ 30.000 €
Bilanzposten „Beteiligung" zum 31.12.01		**2.440.000 €**

3. Kontrolle nach Maßgabe der Spiegelbildmethode

Kapitalanteil lt. Gesamthandsbilanz (HB)	1.080.000 €
Mehrkapital wegen Abweichung HB/StB	+ 20.000 €
Mehrkapital lt. Ergänzungskapital	+ 450.000 €
Sonderkapital	+ 890.000 €
Bilanzposten „Beteiligung" zum 31.12.01	**2.440.000 €**

4. Kapitalkontenentwicklung für Zwecke der StB der X-GmbH

Neben dem Eigenkapital lt. Handelsbilanz und dem dort auszuweisenden Jahresüberschuss i.H.v. 800.000 € ist ein steuerlicher Ausgleichsposten (StAP) zu bilden, der wie folgt zu ermitteln ist:

Abweichung Handels- zur Steuerbilanz	+ 20.000 €
Ergebnis lt. Ergänzungsbilanz	– 70.000 €
Steuerlicher Ausgleichsposten 31.12.01	**– 50.000 €**

28.44 2. Nach § 5b Abs. 1 Satz 3 EStG i.V.m. § 60 Abs. 2 Satz 2 EStDV **kann** auch eine von der Handelsbilanz **abweichende Steuerbilanz** aufgestellt werden. Das der Norm entsprechende Wahlrecht sollte in der Praxis zugunsten dieser abweichenden Steuerbilanz ausgeübt werden, weil die Differenzen zwischen den Bilanzpositionen regelmäßig über einen langen Zeitraum bestehen und sich auch abweichend voneinander entwickeln. Dieses Vorgehen erleichtert auch die Vorbereitung zur Einreichung der E-Bilanz. In dieser abweichenden Steuerbilanz entspricht der Posten „Beteiligung" der Höhe nach dem **Kapitalkonto** der Kapitalgesellschaft in der **Steuerbilanz der GmbH & Co. KG** zuzüglich aufzustellender Sonder- und/oder Ergänzungsbilanzen für die Kapitalgesellschaft (Spiegelbildmethode).

Soweit praxisgerecht für die Mitunternehmer einer GmbH & Co. KG dem Gesellschaftsvertrag zufolge mehrere Kapitalkonten zu führen sind (Festkapital – Kapital I, variables Kapital – Kapital II, Verlustvortragskonto), ist die Summe bzw. der Saldo dieser Konten maßgebend. Ist auch eine gesamthänderisch gebundene Rücklage passiviert, ist der der Beteiligung entsprechende quotale Anteil in das Spiegelbild einzubeziehen. 28.45

Beispiel

Sachverhalt entsprechend Rdnr. 28.43. Die X-GmbH hat die nachstehend abgebildete Bilanz nach Handelsrecht aufgestellt – hier aus Vereinfachungsgründen verkürzt und nur auf den Sachverhalt bezogen dargestellt. 28.46

Handelsbilanz der X-GmbH 31.12.01

Beteiligungen	1.600.000 €	Gezeichnetes Kapital	500.000 €
Darlehensforderungen	500.000 €	Gewinnrücklagen	1.700.000 €
Forderungen ggü. KG	390.000 €	Jahresüberschuss	800.000 €
Sonstige Aktiva	2.510.000 €	Rückstellungen	300.000 €
		Verbindlichkeiten	1.700.000 €
	5.000.000 €		5.000.000 €

Lösung

Steuerbilanz der X-GmbH zum 31.12.01

Beteiligungen	2.440.000 €	Gezeichnetes Kapital	500.000 €
Sonstige Aktiva	2.510.000 €	Gewinnrücklagen	1.700.000 €
		Jahresüberschuss	800.000 €
		StAP	**– 50.000 €**
		Rückstellungen	300.000 €
		Verbindlichkeiten	1.700.000 €
	4.950.000 €		4.950.000 €

Der Bilanzposten „Beteiligung" in der **Steuerbilanz der Kapitalgesellschaft** weicht nicht nur von der handelsrechtlich auszuweisenden Bilanzposition ab, sondern dessen Veränderung durch Gewinn- bzw. Verlustanteile im Rahmen der Spiegelbildmethode entspricht regelmäßig auch nicht dem Gewinn- bzw. Verlustanteil, der der Kapitalgesellschaft aufgrund gesonderter und einheitlicher Gewinnfeststellung zugewiesen wird. Der Grund hierfür besteht in Hinzurechnungen/Kürzungen **außerhalb der Steuerbilanz auf Ebene der GmbH & Co. KG.** Vor allem hinsichtlich der Hinzurechnung des Gewerbesteueraufwands nach § 4 Abs. 5b EStG ist 28.47

dies regelmäßig der Fall (siehe Rdnr. 9.7 ff. zum umfangreichen Katalog möglicher Hinzurechnungen bzw. Kürzungen außerhalb der Steuerbilanz).

28.48 Daraus folgt:

- Gewinnauswirkungen, die sich aus der Steuerbilanz der GmbH & Co. KG sowie einer Ergänzungs- und Sonderbilanz ergeben, erhöhen bzw. vermindern **spiegelbildlich** den Beteiligungsbuchwert in der Steuerbilanz der Kapitalgesellschaft.
- Hinzu- und Abrechnungen **außerhalb der Steuerbilanz** beeinflussen spiegelbildlich nicht den Beteiligungsbuchwert des Anteils der Kapitalgesellschaft in deren Steuerbilanz, sondern sind (auch) auf der Ebene der Obergesellschaft erst **außerhalb der Steuerbilanz** in die Ermittlung des zu versteuernden Einkommens einzubeziehen.

Beispiel

Die O-GmbH ist an der U-GmbH & Co. KG beteiligt. Die Anschaffungskosten der Beteiligung haben 800.000 € am 01.04.01 betragen. Die Summe der Kapitalkonten der O-GmbH in der Steuerbilanz der U-GmbH & Co. KG beträgt zum 31.12.01 einschließlich der Sonder- und Ergänzungsbilanz zutreffend 1.250.000 €.

Der Gewinnanteil für 02 beträgt laut Gewinnfeststellung 400.000 €. Darin sind Hinzurechnungen nach § 4 Abs. 5 und 5b EStG von 80.000 € enthalten. Außerdem wurde ein Verlust aufgrund Auflösung der Ergänzungsbilanz i.H.v. 50.000 € berücksichtigt. Abgezogen wurden auch Sonderbetriebsausgaben i.H.v. 20.000 €, die im Lauf des Jahres 02 von der O-GmbH bezahlt und deshalb bei der Bestimmung des Sonderkapitals als Einlagen erfasst wurden.

Lösung

Der Bilanzposten „Beteiligung an der U-KG" ist in der Steuerbilanz der O-GmbH zum 31.12.02 mit 1.600.000 € auszuweisen. Bezogen auf die Sonderbetriebsausgaben erfolgt keine Änderung, weil zugleich Einlagen vorliegen, die das Sonderkapital nach Minderung durch die Sonderbetriebsausgaben wieder erhöht haben.

28.49 Ist die Kapitalgesellschaft an einer gewerblich tätigen Personengesellschaft (Mitunternehmerschaft) beteiligt, die als **Gesellschaft bürgerlichen Rechts (GbR)** mangels Buchführungs- und Bilanzierungspflicht (§§ 238 ff. HGB; §§ 140, 141 AO) zu Recht ihren Gewinn durch Überschussrechnung nach § 4 Abs. 3 EStG ermittelt, so ist der Bilanzposten „Beteiligung" in der Steuerbilanz der Kapitalgesellschaft dennoch nach Maßgabe der Spiegelbildmethode in ihrer elektronisch einzureichenden Steuerbilanz (E-Bilanz) auszuweisen (zur Beteiligung an einer nur vermögensverwaltenden Personengesellschaft vgl. Rdnr. 28.124 ff.). Dafür ist unmaßgeblich, ob für die Gesellschafter auf Ebene der GbR Kapitalkonten geführt werden, denn die quotale Teilhabe am Betriebsvermögen der GbR besteht unabhängig von der Art der Gewinnermittlung. Der Bilanzposten „Beteiligung“ kann in diesen Fällen freilich nicht (vereinfacht) der Höhe nach mit einem bilanzierten Kapitalanteil übereinstimmen. Vielmehr muss sich das „Spiegelbild“ nach der Bewertung der Wirtschaftsgüter und Schulden der GbR auf Grundlage einer quotalen Zurechnung richten. Dieser Betrag sollte periodenübergreifend der geleisteten Einlage bei Gründung oder bei Eintritt in die Gesellschaft, vermehrt um die Gewinnanteile sowie weiterer Einlagen und vermindert um zugerechnete Verlustanteile sowie der Entnahmen entsprechen. Im Fall des Erwerbs des Anteils an der GbR tritt an die Stelle der geleisteten Einlage der geschuldete Kaufpreis.

28.7 Sonderbetriebsvermögen

28.7.1 Vorrang des Sonderbetriebsvermögens

Wirtschaftsgüter, die einem Mitunternehmer einer Personengesellschaft zuzurechnen sind (§ 39 AO) und diesem zur Nutzung entgeltlich oder unentgeltlich überlassen werden (**Sonderbetriebsvermögen I**) sind stets **vorrangig** in die Gewinnermittlung der Personengesellschaft einzubeziehen.[45] Entsprechendes gilt für Forderungen des Mitunternehmers gegenüber der Personengesellschaft, unabhängig davon, ob es sich um Darlehensforderungen, um Forderungen aufgrund noch nicht getilgter Vergütungsansprüche i.S.d. § 15 Abs. 1 Nr. 2 EStG oder auch um Forderungen auf Auszahlung des Gewinnanteils der Kommanditisten (§ 169 Abs. 1 Satz 1 HGB n.F.) handelt. Auch solche Wirtschaftsgüter eines Mitunternehmers, die seine Stellung als Mitunternehmer in der Personengesellschaft begründen oder stärken (**Sonderbetriebsvermögen II**), gehören zum Betriebsvermögen der Mitunternehmerschaft. 28.50

Gehören Wirtschaftsgüter danach zum Sonderbetriebsvermögen, ist die Bilanzierung auf Ebene der Personengesellschaft zwingend.[46] Zur Aufstellung der **Sonderbilanz** ist die **Personengesellschaft** verpflichtet, der das Sonderbetriebsvermögen zuzuordnen ist.[47] Die damit verbundene Bilanzierungskonkurrenz zwischen dem Betriebsvermögen der Kapitalgesellschaft und dem Betriebsvermögen der Mitunternehmerschaft ist folglich zugunsten der Bilanzierung bei der Mitunternehmerschaft aufzulösen. Dies hat zur Folge, dass die fraglichen Wirtschaftsgüter (Grundstücke, Forderungen etc.) zwar in der Handelsbilanz, nicht jedoch in der Steuer- 28.51

---

[45] BFH, Urt. v. 24.03.1999 – I R 114/97, BStBl II 2000, 399; BFH, Urt. v. 06.03.2002 – XI R 9/01, BStBl II, 737.

[46] BFH, Urt. v. 10.05.2012 – IV R 34/09, BStBl II 2013, 471.

[47] BFH, Urt. v. 25.01.2006 – IV R 14/04, BStBl II, 418; BFH, Urt. v. 26.04.2012 – IV R 44/09, BStBl II 2013, 142, Rdnr. 24; BFH, Urt. v. 10.09.2020 – IV R 14/18, BStBl II 2021, 367.

bilanz der Kapitalgesellschaft bilanziert werden.[48] An deren Stelle tritt die Einbeziehung in die spiegelbildliche Fortführung des Bilanzpostens „Beteiligung".

28.52 Die vorrangige Zuordnung ist auch **verfahrensrechtlich** zu beachten. Sowohl die Gewinnauswirkungen wie auch die Betriebsausgaben, die mit den Wirtschaftsgütern oder Schulden im Sonderbetriebsvermögen im Zusammenhang stehen, können nur im Rahmen der Gewinnfeststellung für die Personengesellschaft wirksam werden (§ 180 Abs. 1 Nr. 2a AO).

Beispiel

Die X-GmbH ist an der A-GmbH & Co. KG als Kommanditistin beteiligt. Sie hat an die KG ein Grundstück zur Nutzung vermietet.

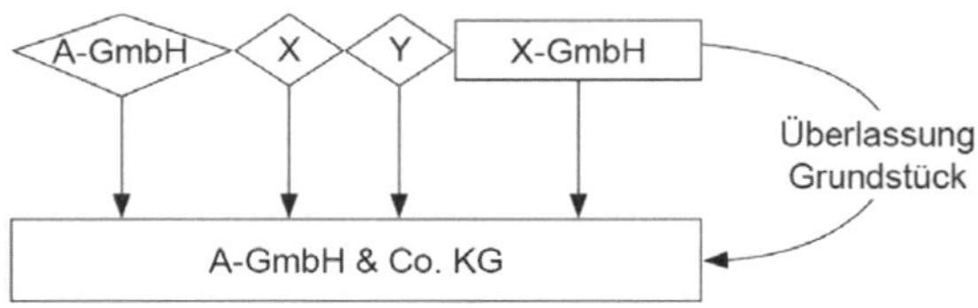

Aus der Herstellung des Gebäudes resultiert ein durch Grundschuld gesichertes Darlehen, das in der Handelsbilanz passiviert ist.

Lösung

Das Grundstück ist in einer Sonderbilanz auf Ebene der A-GmbH & Co. KG zu aktivieren. Die Darlehensschuld ist in der Sonderbilanz zu passivieren. In der Sonder-GuV sind Abschreibungen, Grundbesitzabgaben, Zinsaufwendungen und andere Ausgaben als Sonderbetriebsausgaben und die Miterträge als Sonderbetriebseinnahmen (Vergütungen) darzustellen. Sonderbilanz und Sonder-GuV sowie die Entwicklung des Sonderkapitals (Anfangskapital, Entnahmen, Einlagen und Gewinnauswirkungen, Schlusskapital) sind elektronisch dem Finanzamt einzureichen.

28.53 **Gewerbesteuerrechtlich** ist zu berücksichtigen, dass

- die **Kürzung** nach § 9 Nr. 1 GewStG im Fall der Überlassung von Grundstücken beim Gewerbeertrag der Personengesellschaft erfolgt,
- eine **Hinzurechnung** nach § 8 Nr. 1 Buchst. a), d) oder e) GewStG hinsichtlich Zins-, Miet- bzw. Pachtzahlungen **nicht** erfolgt, weil der Gewerbeertrag der Personengesellschaft im Hinblick auf die Hinzurechnung nach § 15 Abs. 1 Nr. 2 zweiter Halbsatz EStG **nicht** gemindert wird.

---

[48] BFH, Urt. v. 24.03.1999 – I R 114/97, BStBl II 2000, 399; BFH, Urt. v. 06.03.2002 – XI R 9/01, BStBl II, 737.

Hinweise

Wirtschaftsgüter und Schulden, die zum **Gesellschaftsvermögen** der Kapitalgesellschaft gehören, die jedoch zum **Sonderbetriebsvermögen** bei der Personengesellschaft gehören, an der die Kapitalgesellschaft als Mitunternehmerin beteiligt ist, dürfen in der **Steuerbilanz** der Kapitalgesellschaft als solche **nicht** ausgewiesen werden. Diese Bilanzansätze sind deshalb zugunsten oder zu Lasten des Postens Beteiligung zu **korrigieren**. In besonderer Weise sind die folgenden Fälle hervorzuheben: 28.54

1. Die Kapitalgesellschaft vermietet an die Personengesellschaft ein Gebäude. Grundstück und Gebäude sind in der Sonderbilanz zu aktivieren.
2. Schulden der Kapitalgesellschaft stehen im Zusammenhang mit Wirtschaftsgütern, die an die Personengesellschaft zur Nutzung überlassen werden.
3. Die Kapitalgesellschaft gewährt der Personengesellschaft ein Darlehen. Die Darlehensforderung ist in der Sonderbilanz nach den Grundsätzen der korrespondierenden Bilanzierung zu aktivieren.[49]
4. Die Kapitalgesellschaft hat als Kommanditistin der Personengesellschaft Anspruch auf Auszahlung auf den zum Schluss des Geschäftsjahres zugewiesenen Gewinnanteil (§ 122, § 169 Abs. 1 Satz 1 HGB n.F.). Es handelt sich nicht um „entnahmefähige Gewinnanteile", sondern um Forderungen, die im Fall der Zahlung getilgt werden. Das hat mit „Entnahme" zu Lasten des Kapitalanteils nichts zu tun. In der Sonderbilanz ist eine Forderung zu aktivieren, die der Höhe nach mit der Verbindlichkeit in der Handels- und Steuerbilanz der GmbH & Co. KG (§ 264c Abs. 1 HGB) korrespondiert.
5. Die Kapitalgesellschaft hat den Erwerb des Anteils an der Personengesellschaft durch Kreditaufnahme finanziert. Während Darlehensschuld und Zinszahlungsverpflichtung in der Handelsbilanz der Kapitalgesellschaft auszuweisen sind, erfolgt eine entsprechende Passivierung in deren Steuerbilanz nicht. Vielmehr ist die Verpflichtung als passives Sonderbetriebsvermögen II in einer Sonderbilanz für die Kapitalgesellschaft auf der Ebene Personengesellschaft zu passivieren. Soweit ein Disagio vereinbart wurde, ist in dieser Sonderbilanz eine aktuelle Rechnungsabgrenzung geboten. Der Zinsaufwand gehört zu den Sonderbetriebsausgaben und ist dem Gewerbeertrag der Personengesellschaft nach Maßgabe des § 8 Nr. 1a GewStG hinzuzurechnen.
6. Die Beteiligung an der Personengesellschaft ist kein Wirtschaftsgut. Eine Bilanzierung dieser Beteiligung ist auch dann in einer Sonderbilanz nicht zulässig, wenn zwischen der Kapitalgesellschaft als Besitzgesellschaft und einer Personengesellschaft als Betriebsgesellschaft eine (umgekehrte) Betriebsaufspaltung bestehen sollte.

[49] BFH, Urt. v. 05.06.2003 – IV R 36/02, BStBl II, 871; BFH, Urt. v. 09.12.2009 – IV B 129/08, BFH/NV 2010, 640.

28.7.2 Sonderbilanz und Spiegelbildmethode

28.55 Die Auflösung der **Bilanzierungskonkurrenz** zugunsten der Sonderbilanz[50] wirkt sich auf den Posten „Beteiligung" nach der Spiegelbildmethode in der Weise aus, dass in der Steuerbilanz des Anteilseigners die Posten Darlehensforderung, Grundstück und Forderungen etc. zu mindern sind und der Posten „Beteiligung" im gleichen Umfang zu erhöhen ist. Darlehensschulden der Kapitalgesellschaft, die in der Sonderbilanz zu passivieren sind, führen zu einer Minderung des Postens „Beteiligung".

Beispiel

28.56 Die X-GmbH ist als Kommanditistin an der A-GmbH & Co. KG mit einer Pflichteinlage i.H.v. 750.000 € beteiligt (Schaubild siehe Rdnr. 28.52). Zum Gesellschaftsvermögen der X-GmbH gehört ein Grundstück (Buchwert 800.000 €), das die X-GmbH zu 25 % selbst nutzt und zu 75 % an die A-GmbH & Co. KG für deren betriebliche Zwecke vermietet hat. Mit dem Grundstück steht ein Darlehen i.H.v. 440.000 € im Zusammenhang.

Lösung

Das Grundstück und die Darlehensverpflichtung sind vollständig in der Handelsbilanz der X-GmbH auszuweisen (§ 246 Abs. 1 HGB). In der Steuerbilanz der X-GmbH ist das Grundstück nur zu 25 % als Betriebsvermögen zu aktivieren. Aus gleichem Grund ist die Schuld nur im Umfang von 25 % zu passivieren.

Im Umfang von 75 % gehören Grundstück und Darlehensschuld zum Sonderbetriebsvermögen der X-GmbH bei der A-GmbH & Co. KG und sind insoweit in einer Sonderbilanz auf Ebene dieser KG auszuweisen.

Handelsbilanz der X-GmbH

Beteiligungen	750.000 €	Eigenkapital	560.000 €
Grundstück	800.000 €	Darlehensschuld	440.000 €
Andere Aktiva	450.000 €	Andere Passiva	1.000.000 €
	2.000.000 €		2.000.000 €

Steuerbilanz der X-GmbH

Beteiligungen*	1.020.000 €	Eigenkapital	560.000 €
Grundstück (25 %)	200.000 €	Darlehensschuld (25 %)	110.000 €
Andere Aktiva	450.000 €	Andere Passiva	1.000.000 €
	1.670.000 €		1.670.000 €

* Geleistete Einlage 750.000 € + Buchwertanteil Grundstück (75 % = 600.000 €) – Buchwertanteil Grundschuld (25 % = 330.000 €).

[50] BFH, Urt. v. 24.03.1999 – I R 114/97, BStBl II 2000, 399; BFH, Urt. v. 07.12.2000 – III R 35/98, BStBl II 2001, 316; BFH, Urt. v. 06.03.2002 – XI R 9/01, BStBl II, 737.

Sonderbilanz der O-GmbH & Co. KG bei der U-KG

Grundstück (75 %)	600.000 €	Sonderkapital	270.000 €
		Darlehensschuld (75 %)	330.000 €
	600.000 €		600.000 €

Grundstückskosten einschließlich AfA und die Zinsaufwendungen sind aufzuteilen. Es handelt sich zu 25 % um Betriebsausgaben der X-GmbH, die bei der Ermittlung des Steuerbilanzgewinns und infolge des zu versteuernden Einkommens bei der X-GmbH unmittelbar zu berücksichtigen sind. 75 % dieser Aufwendungen sind Sonderbetriebsausgaben, die der X-GmbH nur im Wege der gesonderten und einheitlichen Feststellung auf Ebene der A-GmbH & Co. KG mit Bindung nach § 182 AO zugerechnet werden können.

Soweit die Wirtschaftsgüter wegen einer Nutzung zu eigenbetrieblichen Zwecken zunächst zum Betriebsvermögen der Kapitalgesellschaft gehört haben, erfolgt die **Überführung** in das Sonderbetriebsvermögen bei der Personengesellschaft zum **Buchwert** (§ 6 Abs. 5 Satz 2 EStG).

28.8 Ergänzungsbilanz und Spiegelbildmethode

28.8.1 Ursachen für Ergänzungsbilanzen und deren Einfluss auf den Bilanzposten Beteiligung

Ergänzungsbilanzen sind Bestandteil der Bilanzierung und Gewinnermittlung von Personengesellschaften. Ergänzungsbilanzen sind aufzustellen, wenn **Korrekturwerte** für Bilanzpositionen, die zum **Gesellschaftsvermögen** gehören, aufgrund abweichender Bewertung nach steuerrechtlichen Vorschriften auszuweisen sind, die nur einen oder mehrere Mitunternehmer betreffen.[51] Ergänzungsbilanzen sind streng mitunternehmerbezogen aufzustellen, im Bilanzenzusammenhang fortzuführen und der Finanzbehörde nach § 5b Abs. 1 EStG für das jeweilige Wirtschaftsjahr elektronisch einzureichen. In besonderer Weise kommt dies in Betracht bei Sachverhalten, die von § 24 UmwStG erfasst werden,[52] beim Gesellschafterwechsel gegen Entgelt und bei Inanspruchnahme personenbezogener Steuerbegünstigungen, etwa nach § 6b EStG.[53] 28.57

51 BFH, Urt. v. 20.11.2014 – IV R 1/11, BStBl II 2017, 34, Rdnr. 15; BFH, Urt. v. 25.04.2006 – VIII R 52/04, BStBl II, 847 m.w.N.; BMF-Schreiben v. 19.12.2016 – IV C 6 - S 2241/15/10005, BStBl I 2017, 34, Reaktion auf die Entscheidung des BFH, Urt. v. 20.11.2014 – IV R 1/11, BStBl II 2017, 34.

52 BFH, Urt. v. 23.03.2023 – IV R 27/19, BStBl II, 1112

53 Zu den Ursachen und Folgen vgl. ausführlich BOLK, DStZ 2015, 472, DStR 2018, 424, und DStR 2020, 584 m.w.N.; DERS., Bilanzierung und Besteuerung der Personengesellschaft und ihrer Gesellschafter, 5. Aufl. 2023, Rdnr. 4.14 ff. sowie Rdnr. 14.149 ff.

28.58 Abweichend davon ist kein Raum für Ergänzungsbilanzen, wenn der Gesellschaftsanteil nach dem Ausscheiden eines Gesellschafters im Wege der Anwachsung auf die verbleibenden Gesellschafter übergeht (§ 712 Abs. 1 BGB n.F.). Die bilanziellen Folgen der Anwachsung einschließlich Passivierung der Abfindungsverpflichtung sind nur in der Handels- und Steuerbilanz der Personengesellschaft darzustellen. Die Aufstellung von Ergänzungsbilanzen in diesem Zusammenhang ist dagegen rechtsfehlerhaft.[54]

28.59 Soweit eine Kapitalgesellschaft an einer Personengesellschaft, insbesondere als Kommanditistin an einer GmbH & Co. KG, beteiligt ist, sind Ergänzungsbilanzen von der Geschäftsführung der GmbH & Co. KG für die Kapitalgesellschaft aufzustellen, wenn in deren Person entsprechende Ursachen verwirklicht wurden. Neben dem Eintritt als Gesellschafterin in eine bestehende GmbH & Co. KG auf Antrag zu Buchwerten nach § 24 UmwStG ist vor allem der **entgeltliche Gesellschafterwechsel** oftmals Grund für die Aufstellung einer Ergänzungsbilanz.[55]

28.60 Zahlt die Kapitalgesellschaft dem ehemaligen Gesellschafter einer GmbH & Co. KG für die Abtretung des Kommanditanteils (§§ 398, 413 BGB) zur Abgeltung des Werts stiller Reserven ein Entgelt, das den Buchwert des übernommenen Kapitalanteils übersteigt, so ist von der Geschäftsführung der Personengesellschaft für die Kapitalgesellschaft eine **positive Ergänzungsbilanz** aufzustellen.[56] In dieser Ergänzungsbilanz werden die bezahlten stillen Reserven bezogen auf die jeweiligen Wirtschaftsgüter einschließlich des Firmenwerts als zusätzlich entstandene Anschaffungskosten als **Korrekturposten** zum Bilanzansatz in der Steuerbilanz der Personengesellschaft ausgewiesen. Soweit der Kaufpreis fremdüblich vereinbart unter dem Buchwert des Kapitalanteils liegen sollte, wird eine Abstockung in einer **negativen Ergänzungsbilanz** erforderlich.[57]

28.61 Das Mehr- oder Minderkapital, das in einer Ergänzungsbilanz für die Kapitalgesellschaft als Mitunternehmerin einer GmbH & Co. KG auszuweisen ist, bildet zusammen mit dem Kapitalanteil laut Steuerbilanz und dem Sonderkapital einer eventuell außerdem aufzustellenden Sonderbilanz das steuerliche Kapitalkonto des

---

[54] BFH, Urt. v. 23.03.2023 – IV R 27/19, BStBl II, 1112, Rdnr. 45 ff.; vgl. dazu mit Beispiel zur Handels- und Steuerbilanz BOLK, Bilanzierung und Besteuerung der Personengesellschaft und ihrer Gesellschafter, 5. Aufl. 2023, Rdnr. 15.41 ff.

[55] BFH, Urt. v. 20.11.2014 – IV R 1/11, BStBl II 2017, 34; BFH, Urt. v. 08.08.2005 – IV R 52/03, BStBl II 2006, 128.

[56] BFH, Urt. v. 20.11.2014 – IV R 1/11, BStBl II 2017, 34, Rdnr. 15; BFH, Urt. v. 23.03.2023 – IV R 27/19, BStBl II, 1112, Rdnr. 33.

[57] BOLK, DStZ 2015, 472, zu III., Unterpreis; LEY, KÖSDI 2017, 20278; DIES., in: SCHULZE-OSTERLOH/HENNRICHS/WÜSTEMANN, Handbuch des Jahresabschlusses, VII/5, Rdnr. 1 ff. (10/2019); zur Vereinbarung eines Kaufpreises, der den gemeinen Wert des Mitunternehmeranteils unterschreitet, siehe Rdnr. 28.55a.

Mitunternehmeranteils in einer (virtuellen) Gesamtbilanz der Mitunternehmerschaft.[58] Dies zwingt dazu, auch das Ergänzungskapital als Teil der **spiegelbildlichen Bilanzierung** der Beteiligung in der Steuerbilanz der Kapitalgesellschaft als Anteilseignerin einer GmbH & Co. KG einzubeziehen.[59]

In der Folge weicht der Bilanzposten „Beteiligung" im handelsrechtlichen Jahresabschluss (Handelsbilanz) regelmäßig vom Ansatz in der Steuerbilanz der Kapitalgesellschaft ab. Bei positiven Ergänzungsbilanzen beruht die Abweichung auf den dort notwendigen Abschreibungen.[60] In der **Steuerbilanz** der Kapitalgesellschaft ist daher der Abweichung auf der Aktivseite entsprechend eine Passivierung eines **steuerlichen Ausgleichspostens** (StAP) als zusätzliche Position im Eigenkapital geboten. Dieser StAP nimmt auch am Betriebsvermögensvergleich teil und ist im Rahmen der elektronischen Einreichung der E-Bilanz zu berichten.[61] 28.62

Beispiel

Die X-GmbH hat mit Wirkung vom 01.01.02 einen Kommanditanteil an der A-GmbH & Co. KG vom bisherigen Gesellschafter Z für 3.000.000 € erworben. Der dafür übernommene Kapitalanteil ist in der Handels- und Steuerbilanz der KG mit 1.700.000 € passiviert. Der Mehrbetrag entfällt ausschließlich auf stille Reserven in Grundstücken (400.000 €) und den Firmenwert der A-GmbH & Co. KG (900.000 €) 28.63

Zum 31.12.02 wird der X-GmbH ein Gewinnanteil i.H.v. 400.000 € zugewiesen, der in der Handels- und Steuerbilanz der KG als Verbindlichkeit und in der Sonderbilanz für die X-GmbH bei der A-GmbH & Co. KG als Forderung ausgewiesen ist. Aus der Fortführung und Auflösung der Ergänzungsbilanz aufgrund von Abschreibungen resultiert für 02 zutreffend ein Verlust i.H.v. 60.000 €.

Lösung

Bilanz der A-GmbH & Co. KG 31.12.02

Aktiva	xxx	Kapital andere	xxx
		Kapital X-GmbH	1.700.000 €
		Verbindlichk. ggü. X-GmbH	400.000 €
	xxx		xxx

58 BFH, Urt. v. 23.03.2023 – IV R 27/19, BStBl II, 2023, Rdnr. 19.

59 Bolk, Bilanzierung und Besteuerung der Personengesellschaft und ihrer Gesellschafter, 5. Aufl. 2023, Rdnr. 16.58 ff.

60 Vgl. dazu BMF-Schreiben v. 19.12.2016 – IV C 6 - S 2241/15/10005, BStBl I 2017, 34, mit zutreffender Umsetzung der Entscheidung des BFH, Urt. v. 20.11.2014 – IV R 1/11, BStBl II 2017, 34.

61 Vgl. insoweit ausdrücklich BMF-Schreiben v. 23.07.2020 – IV C 6 - S 2133-b/20/10002 :003, BStBl I, 639, zur Taxonomie 6.4.

Ergänzungsbilanz für die X-GmbH

Grundstücke		400.000 €	Mehrkapital 01.01.	1.300.000 €	
Firmenwert	900.000 €		Verlust	– 60.000 €	1.240.000 €
– AfA	60.000 €	840.000 €			
		1.240.000 €			1.240.000 €

Sonderbilanz für die X-GmbH

Forderungen	400.000 €	Sonderkapital	400.000 €

HB der X-GmbH

Beteiligungen	3.000.000 €	Gezeichnetes Kapital	100.000 €	
Forderungen	400.000 €	Gewinnrücklagen	4.500.000 €	
Andere Aktiva	3.600.000 €	Jahresüberschuss	400.000 €	5.000.000 €
		Andere Passiva		2.000.000 €
	7.000.000 €			7.000.000 €

StB der X-GmbH

Beteiligungen*	**3.340.000 €**	Gezeichnetes Kapital	100.000 €	
Forderungen	0 €	Gewinnrücklagen	4.500.000 €	
Andere Aktiva	3.600.000 €	Jahresüberschuss	400.000 €	5.000.000 €
		StAP		**– 60.000 €**
		Andere Passiva		2.000.000 €
	6.940.000 €			6.940.000 €

* Anschaffungskosten	3.000.000 €
Gewinnanteil	+ 400.000 €
Ergänzungsbilanzverlust	– 60.000 €

Das Ergebnis der Ergänzungsbilanz ist mitunternehmerbezogen Teil der gesonderten und einheitlichen Feststellung des Gewinns der A-GmbH & Co. KG und ist bindend für die Körperschaftsteuerfestsetzung im Rahmen der Veranlagung der X-GmbH (§ 180 Abs. 1 Nr. 2 Buchst. a), § 182 AO).[62]

28.8.2 Ergänzungsbilanz nach einer verdeckten Einlage

Erwirbt eine Kapitalgesellschaft einen Kommanditanteil an einer GmbH & Co. KG, und liegt der Kaufpreis veranlasst durch das Gesellschaftsverhältnis des Übertragenden oder einer nahestehenden Person zur Kapitalgesellschaft unter dem Verkehrswert des Anteils, liegt eine **verdeckte Einlage** vor (§ 8 Abs. 3 Satz 3 KStG). Wird dieser Sachverhalt dem Grunde und der Höhe nach unstreitig festgestellt, ist im Rahmen der notwendigen Berichtigungen der Steuerbilanz der Kapitalgesellschaft (§ 4 Abs. 2 Satz 1 EStG) auch der Bilanzposten „Beteiligung an der KG" hinsichtlich des Betrags der verdeckten Einlage nach den Grundsätzen der Spiegelbildmethode zu korrigieren. Dabei ist das Folgende zu berücksichtigen: 28.64

- Für die steuerrechtliche Würdigung des Sachverhalts ist es unbeachtlich, ob die Kaufpreisdifferenz im handelsrechtlichen Jahresabschluss als Zugang zur Kapitalrücklage nach § 272 Abs. 2 Nr. 4 HGB erfasst wurde oder ob die erworbene Beteiligung als Vermögensgegenstand nur mit den tatsächlichen Anschaffungskosten aktiviert wurde (§ 255 Abs. 1, § 253 Abs. 1 HGB). 28.65

- Steuerrechtlich betrachtet ist die Beteiligung an einer Personengesellschaft als solche kein Wirtschaftsgut.[63] Der Grundsatz der Maßgeblichkeit nach § 5 Abs. 1 Satz 1 EStG findet deshalb hier keine Anwendung. Vielmehr verkörpert die Beteiligung in Summe die quotale Berechtigung des Gesellschafters am Gesellschaftsvermögen der KG, das steuerrechtlich als Gesamthandsvermögen gilt (§ 39 Abs. 2 Nr. 2 Satz 2 AO n.F.).[64] Folglich werden die Anteile an den Wirtschaftsgütern der KG nach Maßgabe der Bruchteilsbetrachtung hier einerseits entgeltlich gegen Zahlung und andererseits mit Blick auf die Kaufpreisdifferenz unentgeltlich im Wege der verdeckten Einlage erworben. Ist Gegenstand dieser verdeckten Einlage (praxisgerecht) der **Firmen- bzw. Geschäftswert**, erfolgt die Aktivierung und Bewertung auf Ebene der KG nach Einlagegrundsätzen mit dem Teilwert (§ 4 Abs. 1 Satz 8, § 6 Abs. 1 Nr. 5 Satz 1 EStG). Das Aktivierungsverbot für immaterielle Wirtschaftsgüter gem. § 5 Abs. 2 EStG greift nicht (R 5.5 Abs. 3 Satz 3 EStR). Diese Bewertung erfolgt mit Bindung 28.66

---

[62] BFH, Urt. v. 16.12.2021 – IV R 7/19, BStBl II 2023, 378, Rdnr. 24.

[63] BFH, Urt. v. 03.05.2022 – IX R 22/19, BStBl II 2023, 186, Rdnr. 21.

[64] BFH, Urt. v. 01.03.2018 – IV R 15/15, BStBl II, 539, Rdnr. 32 m.w.N.; BFH, Urt. v. 20.11.2014 – IV R 1/11, BStBl II 2017, 34, Rdnr. 14 m.w.N.

für die Gewinnermittlung und folglich für die Steuerbilanz der erwerbenden Kapitalgesellschaft (§ 180 Abs. 1 Nr. 2a, § 182 Abs. 1 Satz 1 AO).[65]

28.67 – In der Handels – und Steuerbilanz bzw. der diesen Bilanzen zugrundeliegenden Buchführung der KG wird der Gesellschafterwechsel nur als Umbuchung des Kapitalanteils (Kapitalkonten) vom veräußernden Gesellschafter auf die GmbH als Neugesellschafterin sichtbar.

28.68 – Übersteigt die Summe aus Anschaffungskosten und dem Wert der verdeckten Einlage den Kapitalanteil und damit den Buchwert der erworbenen Anteile an den Wirtschaftsgütern im Gesellschaftsvermögen der KG, ist der Mehrbetrag als Korrekturposten in einer Ergänzungsbilanz für die Kapitalgesellschaft zu aktivieren. Sind stille Reserven in Bezug auf mehrere Wirtschaftsgüter vergütet worden, sind Korrekturposten jeweils den durch Anschaffung oder Einlage erworbenen Wirtschaftsgütern des Gesellschaftsvermögens zuzuordnen und nach Maßgabe der für diese Wirtschaftsgüter geltenden Grundsätze abzuschreiben. Der Korrekturposten, der als Folge der verdeckten Einlage auf den Firmen- bzw. Geschäftswert entfällt, ist nach § 7 Abs. 1 Satz 3 EStG über 15 Jahre gewinnmindernd aufzulösen.

28.69 – Nach allem ist der spiegelbildlich auszuweisende Bilanzposten „Beteiligung an der KG“ in der Steuerbilanz der Kapitalgesellschaft abweichend von der Handelsbilanz[66] mit dem Betrag anzusetzen, der im Ergebnis dem Kapitalanteil der GmbH in der Steuerbilanz der KG zzgl. Kapitalkonto in der Ergänzungsbilanz nach gewinnmindernder Auflösung der jeweiligen Korrekturposten entspricht. Im Ergebnis verringert sich daher der Bilanzposten „Beteiligung an der KG“ nicht aufgrund einer eigenständigen, im Grundsatz unzulässigen Abschreibung, sondern als Folge der gewinnmindernden Auflösung der Ergänzungsbilanz für die GmbH auf Ebene der KG. Diese Sachbehandlung ist zwingend und folgt dem Ergebnis der gesonderten und einheitlichen Feststellung des Gewinns der KG (§ 180 Abs. 1 Nr. 2a AO). Dafür ist es ohne Bedeutung, ob der Bilanzposten in der Praxis verschiedentlich als Merkposten oder ähnlich bezeichnet wird.

28.8.3 Ergänzungsbilanzen und Veräußerung des Mitunternehmeranteils

28.70 Der Mitunternehmeranteil ist als quotale Teilhabe an den Wirtschaftsgütern des Gesellschaftsvermögens zu verstehen. Dazu gehören auch die Korrekturposten in Ergänzungsbilanzen.[67] Veräußert die Kapitalgesellschaft ihren Mitunternehmeran-

---

65 BFH, Urt. v. 16.12.2021 – IV R 7/19, BStBl II 2023, 378, Rdnr. 24 ff.

66 IDW RS HFA 18 v. 04.06.2014, IDW-FN 7/2014, Rdnr. 2, 32.

67 Vgl. BFH, Urt. v. 01.03.2018 – IV R 16/15, BStBl II, 527.

teil, so ist deshalb eine positive oder negative **Ergänzungsbilanz**, die für sie aufzustellen war, erfolgswirksam mit dem Betrag aufzulösen, der nach notweniger Fortschreibung der in diesen Bilanzen ausgewiesenen Korrekturposten zum Zeitpunkt der Veräußerung verblieben ist.[68] Dies hat zur Folge, dass sich der **Veräußerungsgewinn** gem. § 16 Abs. 2 EStG bei positiver Ergänzungsbilanz mindert und bei negativer Ergänzungsbilanz erhöht.[69]

Veräußert ein **anderer** Gesellschafter seinen Mitunternehmeranteil, und wird in diesem Zusammenhang eine für ihn aufgestellte positive Ergänzungsbilanz gewinnmindernd aufgelöst, so berührt dies nicht eine Ergänzungsbilanz, die etwa auf Grundlage des § 24 UmwStG für die Kapitalgesellschaft als Beteiligte derselben Personengesellschaft aufgestellt wurde.[70] Diese Ergänzungsbilanz wird nach dem Rechtsgrund, der für die Aktivierung oder Passivierung von Korrekturposten seinerzeit ursächlich war, fortgeführt. Die korrespondierende Bilanzierung bei der sukzessiven Auflösung der Ergänzungsbilanzen, die aus demselben Anlass aufgestellt wurden, endet mit der Veräußerung eines Mitunternehmeranteils. 28.71

28.9 Transfer nach § 6b EStG von einer Personengesellschaft in eine GmbH

28.9.1 Zulässigkeit der Übertragung stiller Reserven auf eine GmbH

Die Begünstigung der durch Veräußerung bestimmter Wirtschaftsgüter aufgedeckten stillen Reserven nach § 6b EStG bezieht sich nicht auf den Betrieb, sondern auf den Steuerpflichtigen mit einer inländischen Betriebsstätte.[71] Dies erfordert eine **personenbezogene** Beurteilung, die insbesondere für die Gesellschafter einer Mitunternehmerschaft von Bedeutung ist. Der Gewinn, der aufgrund einer nach § 6b EStG begünstigten Veräußerung eines Wirtschaftsguts des **Gesellschaftsvermögens** realisiert wird, kann deshalb von jedem Mitunternehmer der Personengesellschaft nach Maßgabe seiner **Beteiligungsquote** durch Abzug von den Anschaffungs- oder Herstellungskosten begünstigter eigener Investitionen im ggf. vorhandenen eigenen Betrieb oder Sonderbetriebsvermögen nach § 6b Abs. 1 Satz 2 und 4 Nr. 3 28.72

---

68 BFH, Urt. v. 20.11.2014 – IV R 1/11, BStBl II 2019, 34; BMF-Schreiben v. 19.12.2016 – IV C 6 - S 2241/15/10005, BStBl I 2017, 34. Das Ergebnis der Fortführung der Ergänzungsbilanz ist nach BFH, Urt. v. 16.12.2021 – IV R 7/19, BStBl II 2023, 378, Rdnr. 26, eine selbständig anfechtbare Besteuerungsgrundlage, die als solche gesondert festzustellen ist.

69 Der Gewinn aus der Auflösung der Ergänzungsbilanz im Zusammenhang mit einer Veräußerung des Mitunternehmeranteils ist nach BFH, Urt. v. 03.09.2020 – IV R 29/19, BFH/NV 2021, 438, Rdnr. 36, und BFH, Urt. v. 16.12.2021 – IV R 7/19, BStBl II 2023, 378, Rdnr. 25, verfahrensrechtlich als unselbständiger Teil in die gesonderte Feststellung des Veräußerungsgewinns einzubeziehen.

70 BFH, Urt. v. 23.03.2023 – IV R 27/19, BStBl II, 1112; vgl. dazu bereits BOLK, DStR 2020, 584.

71 Während dies 1999–2000 gesetzlich ausgeschlossen war, vgl. dazu auch BFH, Urt. v. 09.02.2006 – IV R 23/04, BStBl II, 538, erfolgt seit 2001 wieder eine personenbezogene Beurteilung.

EStG **erfolgsneutral** übertragen werden (R 6b.2 Abs. 7 Nr. 1 EStR; vgl. R 6b.2 Abs. 8 EStR zur Buchung und zum Zeitpunkt der Übertragung).

28.73 Nach diesen Grundsätzen kann auch eine Kapitalgesellschaft, die als Mitunternehmerin am Gesellschaftsvermögen beteiligt ist, die aufgrund einer Veräußerung auf Ebene der Mitunternehmerschaft aufgedeckten stillen Reserven nach § 6b EStG von den Investitionskosten im eigenen Betrieb abziehen.[72] Insbesondere greifen keine Verbote vergleichbar etwa der Regelung des § 6 Abs. 5 Satz 5 EStG. Voraussetzung für den Transfer der stillen Reserven ist allerdings, dass eine begünstigte Investition innerhalb der nach § 6b Abs. 3 Satz 2 und 3 EStG maßgebenden Fristen durchgeführt worden ist.

28.74 **Unzulässig** ist dagegen der Vorratstransfer durch „Übertragung der Rücklage" in den anderen Betrieb.[73] Fehlt es an einer Reinvestition vor Fristablauf, muss die Rücklage in dem Betrieb gewinnerhöhend mit Gewinnzuschlag (§ 6b Abs. 3 Satz 5 und Abs. 7 bzw. § 6b Abs. 10 Satz 9 EStG) aufgelöst werden, in dem seinerzeit auch erstmals die Passivierung der Rücklage aufgrund einer Veräußerung gewinnmindernd erfolgt ist. Das gilt auch für den Gewerbeertrag.

28.75 Der Transfer der stillen Reserven stellt aus bilanzieller Sicht eine Herausforderung dar. Dies beruht darauf, dass die Begünstigung und Übertragung der stillen Reserven auf Grundlage des Wahlrechts nach § 6b EStG nur in den **Steuerbilanzen** der beteiligten Gesellschaften ausgeübt wird (§ 5 Abs. 1 Satz 1 letzter Halbsatz EStG). In den **Handelsbilanzen** der beteiligten Gesellschaften ist eine entsprechende Sachbehandlung dagegen unzulässig. Hier sind allerdings **passive latente Steuern** nach § 274 HGB bzw. **Steuerrückstellungen** nach § 249 Abs. 1 HGB[74] auszuweisen.

28.76 Schließlich ist einerseits der **spiegelbildliche Ausweis des Postens KG-Beteiligung** in der Steuerbilanz der GmbH sicherzustellen und fortzuführen sowie andererseits die Passivierung eines **steuerlichen Ausgleichspostens** (StAP) im Hinblick auf die Abweichung des Eigenkapitals nach Steuerrecht gegenüber dem Eigenkapital nach Handelsrecht auch bei Aufstellung und Einreichung der sogenannten E-Bilanz

---

[72] Zum Transfer stiller Reserven **umgekehrt** von einer GmbH durch Abzug von den Investitionskosten einer GmbH & Co. KG, an der die GmbH als Mitunternehmerin vermögensmäßig beteiligt ist, vgl. BOLK, Bilanzierung und Besteuerung der Personengesellschaft und ihrer Gesellschafter, 5. Aufl. 2023, Rdnr. 20.73 ff.

[73] BOLK, DStR 2017, 976; BFH, Urt. v. 22.11.2018 – VI R 50/16, BStBl II 2019, 313; KANZLER, FR 2019, 270.

[74] Dies gilt nach IDW RS HFA 7 v. 30.01.2018, IDW Life 2018, 258, für kleine Kapitalgesellschaften und GmbH & Co. KGs, die nach § 274a Nr. 4 HGB von der Anwendung des § 274 HGB befreit sind, sowie andere Kaufleute (Einzelunternehmen, OHG, KG). Der Verlautbarung der BStBK v. 18.09.2012, DStR 2012, 2296, ist insoweit nicht zu folgen, weil diese auf rechtlich unzutreffenden Annahmen beruht; siehe dazu bereits Rdnr. 10.31.

nach § 5b Abs. 1 EStG geboten. Aufgrund der regelmäßig langfristigen Abweichungen zwischen Handels- und Steuerbilanz in diesen Fällen ist die Bewältigung der notwendigen elektronisch zu erfüllenden Verpflichtungen durch eine sogenannte Überleitungsrechnung grundsätzlich nicht zu empfehlen.

28.9.2 Bilanzierung bei der veräußernden GmbH & Co. KG

Die **Passivierung der Rücklage** und deren Auflösung ist entsprechend § 6b Abs. 4 Nr. 5 EStG in der (für steuerrechtliche Zwecke ergänzenden) **Buchführung** der veräußernden GmbH & Co. KG darzustellen. Soweit auf dieser Grundlage eine von der Handelsbilanz abweichende (selbständige) Steuerbilanz entsprechend § 60 Abs. 2 Satz 2 EStDV aufgestellt und nach § 5b Abs. 1 Satz 3 EStG elektronisch an die Finanzbehörde übermittelt wird, ist neben den abweichenden Bilanzposten auch die Abweichung des steuerlichen Gewinns durch Gutschrift oder Lastschrift auf zusätzlichen **personenbezogenen Kapitalkonten nur für Zwecke der Steuerbilanz** erforderlich (steuerliche Ausgleichsposten). Diese Kapitalpositionen sind im Bilanzenzusammenhang fortzuentwickeln und auch in den Folgejahren bis zur Beendigung der Abweichung zwischen Handels- und Steuerbilanz in der Steuerbilanz auszuweisen. Dies bereitet zugleich die ebenfalls elektronisch einzureichende **Kapitalkontenentwicklung** für jeden Mitunternehmer vor. Eine Umbuchung auf „Gewinnvortrag" im Folgejahr ist ein schwerer Verstoß gegen die Grundsätze ordnungsmäßiger Buchführung. 28.77

Der **Steuerbilanzgewinn**[75] entspricht nach Passivierung der §-6b-Rücklage in der **Steuerbilanz** und der **Passivierung der latenten Steuern** in der **Handelsbilanz nicht** (mehr) dem **Jahresüberschuss** nach Handelsrecht des veräußernden Betriebs, hier der GmbH & Co. KG. Dennoch hat dies nicht zur Folge, dass die Verbindlichkeiten gegenüber den Gesellschaftern (§ 264c Abs. 1 HGB) in der Steuerbilanz von dem entsprechenden Passivposten in der Handelsbilanz abweichen. Die Kommanditisten haben nach Maßgabe des § 169 Abs. 1 Satz 1 HGB n.F. nur Anspruch auf den Gewinn nach Handelsrecht (Jahresüberschuss). Ein steuerlicher Mehrgewinn erhöht diesen Anspruch nicht, ein Mindergewinn verringert andererseits den Anspruch auch nicht.[76] Allein dieser Umstand erfordert bereits ein zusätzliches steuerliches Eigenkapitalkonto für Zwecke der Steuerbilanz. Dabei ist weitergehend auch zu berücksichtigen, dass latente Steuern gem. § 274 HGB[77] in der Steuerbilanz nicht ausgewiesen werden dürfen, denn es handelt sich weder um Wirtschaftsgüter noch um Schuldposten und vor allem nicht um Rechnungsabgrenzungsposten. 28.78

---

[75] Leider unzutreffend oftmals – auch von DATEV und der Taxonomie – als Jahresüberschuss bezeichnet.

[76] Verfehlt insoweit RIEPOLT, BBK 2019, 959 zu 3.

[77] Zu Rückstellungen für latente Steuern nach § 249 Abs. 1 HGB siehe ausführlich Rdnr. 10.21.

Beispiel

28.79 Die X-GmbH ist als Kommanditistin zu 40 % an der Y-GmbH & Co. KG am Ergebnis und den stillen Reserven aufgrund einer Einlage i.H.v. 2.000.000 € beteiligt. Nach Veräußerung eines unbebauten Grundstücks an einen fremden Erwerber hat die Y-GmbH & Co. KG zu Recht eine Rücklage nach § 6b EStG i.H.v. 1.000.000 € in ihrer von der Handelsbilanz abweichenden Steuerbilanz erstmals zum 31.12.06 passiviert. In der Handelsbilanz wurden deshalb passive latente Steuern i.H.v. 150.000 € (gemessen am Hebesatz für Zwecke der Gewerbesteuer 15 %) ausgewiesen. Der Jahresüberschuss 06 beträgt (fallbezogen) 850.000 €.

Die X-GmbH hat ein bebautes Betriebsgrundstück mit Anschaffungskosten i.H.v. 1.500.000 € in 08 erworben. Mangels eigener Investition der KG soll die Rücklage nach Abzug der stillen Reserven von den Reinvestitionskosten der X-GmbH in 08 aufgelöst werden.

Beide Gesellschaften sind mittelgroß i.S.d. § 267 Abs. 2 HGB. Auf Ebene der KG werden Gewinnanteile mangels Verlusts in den Vorjahren als Verbindlichkeiten gegenüber den Gesellschaftern passiviert (§ 169 Abs. 1 Satz 1 HGB n.F.).

Lösung

Handelsbilanz Y-GmbH & Co. KG zum 31.12.06

Anlagevermögen	12.000.000 €	Kapital andere	3.000.000 €
Umlaufvermögen	8.000.000 €	Kapital X-GmbH	2.000.000 €
		Verb. ggü. Ges'tern	850.000 €
		Verbindlichkeiten	14.000.000 €
		Latente Steuern	150.000 €
	20.000.000 €		20.000.000 €

Lösung

Steuerbilanz Y-GmbH & Co. KG zum 31.12.06

Anlagevermögen	12.000.000 €	Kapital andere	3.000.000 €	
Umlaufvermögen	8.000.000 €	Minderkapital	– 510.000 €	2.490.000 €
		Kapital X-GmbH	2.000.000 €	
		Minderkapital	– 340.000 €	1.660.000 €
		Rücklage nach § 6b EStG		1.000.000 €
		Verbindl. ggü. Ges'tern		850.000 €
		Verbindlichkeiten		14.000.000 €
	20.000.000 €			20.000.000 €

Das Minderkapital ergibt sich aufgrund Passivierung der §-6b-Rücklage (– 1.000.000 €) und dem fehlenden Ausweis latenter Steuern in der Steuerbilanz (+ 150.000 €). Im Ergebnis also – 850.000 €, verteilt nach Maßgabe der Beteiligung mit 60 % = – 510.000 € und 40 % = –340.000 €.

Soll der Sachverhalt dem Finanzamt nur durch **Überleitungsrechnung** (§ 60 Abs. 2 Satz 1 EStDV, § 5b Abs. 1 Satz 2 EStG) erklärt werden, ist neben der umfangreichen elektronischen Übermittlung der **abweichenden Bilanzpositionen** einschließlich Kapitalkontenentwicklung auch eine steuerliche Gewinnermittlung elektronisch einzureichen:

Jahresüberschuss	850.000 €
Aufwand aufgrund Passivierung nach § 6b EStG	– 1.000.000 €
Minderaufwand aufgrund passiver latenter Steuern	+ 150.000 €
Gewinn der KG (fallbezogen)	**0 €**

Angesichts der langjährigen Abweichungen ist dies allerdings nicht zu empfehlen.

Neben der Bilanz für die KG ist für die Mitunternehmer jeweils eine **Sonderbilanz** aufzustellen, in der die **Forderungen** gegenüber der KG korrespondierend dem Grunde und der Höhe nach auszuweisen sind. Das gilt auch für die Ansprüche der Kommanditisten auf Auszahlung der Gewinnanteile (§ 169 Abs. 1 Satz 1 HGB n.F.), die in der **Praxis** regelmäßig auf sogenannten Verrechnungskonten, Gesellschafterdarlehenskonten oder auch Privatkonten von der Geschäftsführung der GmbH & Co. KG gebucht werden.

Sonderbilanz „Andere" zum 31.12.06

Forderungen	510.000 €	Sonderkapital	510.000 €
	510.000 €		510.000 €

Sonderbilanz „X-GmbH" zum 31.12.06

Forderungen	340.000 €	Sonderkapital	340.000 €
	340.000 €		340.000 €

28.9.3 Bilanzen der GmbH nach Passivierung der Rücklage bei KG

Die **Beteiligung** an der GmbH & Co. KG ist in der Handelsbilanz der GmbH als **Vermögensgegenstand** des Finanzanlagevermögens auszuweisen (§ 246 Abs. 1, § 247 Abs. 2, § 266 Abs. 2 A. III. 1. HGB) und mit den **Anschaffungskosten** zu bewerten wird (§ 253 Abs. 1 Satz 1 HGB). Ansprüche gegenüber der KG (hier 340.000 €) sind als **Forderungen gegen verbundene Unternehmen** (§ 266 Abs. 2 B. II. 2 HGB) zu aktivieren. 28.80

28.81 Steuerrechtlich betrachtet ist die Beteiligung an einer Personengesellschaft demgegenüber **kein Wirtschaftsgut**, das als solches in der Steuerbilanz auszuweisen und zu bewerten wäre. Die Bewertung erfolgt mit Bindung (§ 180 Abs. 1 Nr. 2a, § 182 AO) ausschließlich auf Ebene der GmbH & Co. KG.[78] Deshalb erfolgt die Bilanzierung nur nach Maßgabe der sogenannten **Spiegelbildmethode**, indem der Posten Beteiligung in der Steuerbilanz der GmbH in Höhe der Summe der Kapitalkonten des Mitunternehmers in der **Gesamtbilanz der Mitunternehmerschaft** (Steuerbilanz der Gesellschaft, Ergänzungsbilanz, Sonderbilanz) angesetzt wird.

28.82 Weil die Passivierung der Rücklage in der Steuerbilanz der KG zu einer Kapitalminderung geführt hat, ist auch der spiegelbildlich auszuweisende Bilanzposten „Beteiligung“ in der Steuerbilanz der GmbH zu verringern. Der Unterschied gegenüber dem handelsrechtlich auszuweisenden Kapital ist als **„Steuerlicher Ausgleichsposten“** zu bilanzieren. Die dazu erforderliche Buchung geschieht wie auch bei anderen Abweichungen zwischen Handels- und Steuerbilanz in einer die Finanzbuchführung ergänzenden (erweiternden) nur steuerlichen Zwecken dienenden Buchführung und erfüllt damit zugleich die Voraussetzungen für die Inanspruchnahme der Begünstigung entsprechend § 6b Abs. 4 Nr. 5 EStG. Die Buchung lautet insoweit: „Steuerlicher Ausgleichsposten an KG-Beteiligung“.

28.83 Schließlich dürfen Wirtschaftsgüter, die steuerrechtlich betrachtet zum Sonderbetriebsvermögen des Mitunternehmers gehören, in der Steuerbilanz des Mitunternehmers (hier GmbH) nicht ausgewiesen werden. Das gilt auch für die Forderungen auf Auszahlung des Gewinnanteils.[79]

Fortsetzung Beispiel

28.84 Der spiegelbildlich auszuweisende Bilanzposten „Beteiligung“ ist für Zwecke der Steuerbilanz der GmbH nach allem wie folgt zu entwickeln:

Einlage	2.000.000 €
Verringerung nach Passivierung der Rücklage (40 %)	– 400.000 €
Forderungen im Sonder-BV	+ 340.000 €
Anteil an den passivierten latenten Steuern	+ 60.000 €
Bilanzansatz	**2.000.000 €**

[78] BFH, Urt. v. 30.04.2003 – I R 102/01, BStBl II 2004, 804.

[79] So zu Recht zur E-Bilanz auch BMF-Schreiben v. 02.07.2019 – IV C 6 - S 2133-b/19/10001, BStBl I, 887; zur Taxonomie 6.8 vgl. BMF-Schreiben v. 27.05.2024 – IV C 6 - S 2733-b/24/10001 :002, BStBl I, 928, mit Nachweisen zu den vorangehenden Versionen.

Handelsbilanz X-GmbH zum 31.12.06

Sachanlagen	16.000.000 €	Gez. Kapital	9000.000 €	
Beteiligung Y-KG	2.000.000 €	Gewinnrücklagen	7.000.000 €	
Vorräte	10.000.000 €	Gewinnvortrag	100.000 €	
Forderungen	340.000 €	Jahresüberschuss	340.000 €	8.340.000 €
		Verbindlichkeiten		20.000.000 €
	28.340.000 €			28.340.000 €

Steuerbilanz X-GmbH zum 31.12.06

Sachanlagen	16.000.000 €	Gez. Kapital	900.000 €	
Beteiligung Y-KG	2.000.000 €	Gewinnrücklagen	7.000.000 €	
Vorräte	10.000.000 €	Gewinnvortrag	100.000 €	
		Jahresüberschuss	340.000 €	8.340.000 €
		StAP		– 340.000 €
		Verbindlichkeiten		20.000.000 €
	28.000.000 €			28.000.000 €

Der Steuerbilanzgewinn beträgt (fallbezogen) 0 € (Jahresüberschuss – StAP). Der steuerliche Ausgleichsposten ist so lange fortzuführen, bis der Unterschied gegenüber dem Eigenkapital wieder wegfällt. Latente Steuern sind wegen dieses Unterschieds nicht auszuweisen, weil die mit der Rücklage verbundene latente Steuerbelastung (noch) bei der GmbH & Co. KG liegt.

28.9.4 Bilanzierung aus Anlass des Transfers der stillen Reserven

Hinsichtlich der Bilanzierung aus Anlass des Transfers der stillen Reserven ist für Handels- und Steuerbilanz wie folgt zu differenzieren: 28.85

- Mit dem Transfer des auf die X-GmbH entfallenden Teils der stillen Reserven ist die latente Steuerbelastung in der **Handelsbilanz** der GmbH & Co. KG insoweit (hier 40 %) **gewinnerhöhend** aufzulösen.
- In der **Steuerbilanz** der GmbH & Co. KG desselben Jahres ist die Rücklage nach § 6b EStG **erfolgsneutral** aufzulösen, soweit die Rücklage der GmbH zuzurechnen ist, die von dem Transfer der stillen Reserven auf eine „eigene" Reinvestition Gebrauch macht. Dies entspricht auch R 6b Abs. 8 EStR, denn danach ist dem (steuerlich maßgeblichen) Kapitalkonto in der (Steuer-)Bilanz für den veräußernden Betrieb ein Betrag in der Höhe hinzuzurechnen, der mit dem Abzug von den Investitionskosten im investierenden Betrieb übereinstimmt. Die Kapitalerhöhung beeinflusst auch die Berechnung des steuerlichen

Kapitalkontos im Rahmen der Verlustausgleichsbeschränkung gem. § 15a Abs. 1 EStG. Das gilt unabhängig davon, ob dafür ein besonderes Konto (Sonderkonto Rücklage etc.) eingerichtet wird.[80]

28.86 Weil **nicht alle** Mitunternehmer an der Übertragung der stillen Reserven personenbezogen beteiligt sind, können **zwei** verschiedene, aber bilanziell gleichwertige Wege in Betracht kommen, die §-6b-Rücklage bis zum Fristablauf oder einem begünstigten Abzug der stillen Reserven fortzuführen:

a) In der **Steuerbilanz** der GmbH & Co. KG wird die Rücklage nach § 6b EStG weiterhin fortgeführt. Für den Mitunternehmer, der von dem Transfer der stillen Reserven Gebrauch macht (hier die GmbH), wird eine **Ergänzungsbilanz** durch Ausweis eines aktiven Korrekturpostens zur Neutralisation des auf ihn entfallenden Anteils an der Rücklage bis zu deren Auflösung aufgestellt und dem Finanzamt elektronisch eingereicht.

Fortsetzung Beispiel mit Übertragung in 08

28.87 Zur Veranschaulichung der Auswirkungen wird eine unveränderte Fortführung der Aktiva und der Verbindlichkeiten unterstellt. Die partielle Auflösung der passiven latenten Steuern erhöht den Jahresüberschuss um 60.000 € (150.000 € x 40 % – Anteil des X-GmbH), so dass sich die Verbindlichkeiten gegenüber Gesellschaftern auf 910.000 € erhöhen.

Handelsbilanz Y-GmbH & Co. KG zum 31.12.08

Anlagevermögen	12.000.000 €	Kapital andere	3.000.000 €
Umlaufvermögen	8.000.000 €	Kapital X-GmbH	2.000.000 €
		Verb. ggü. Ges'tern	910.000 €
		Verbindlichkeiten	14.000.000 €
		Passive latente Steuern	90.000 €
	20.000.000 €		20.000.000 €

Die Fortführung der Rücklage in der Steuerbilanz führt auch zur Fortführung des Minderkapitals, das sich allerdings um die partielle Auflösung der passiven latenten Steuern anteilig erhöht.

[80] Zum Transfer stiller Reserven nach § 6b EStG im Rahmen doppelstöckiger Personengesellschaften vgl. BFH, Urt. v. 27.09.2023 – IV R 8/21, DStR 2023, 2768.

Steuerbilanz Y-GmbH & Co. KG zum 31.12.08

Anlagevermögen	12.000.000 €	Kapital andere	3.000.000 €	
Umlaufvermögen	8.000.000 €	Minderkapital	– 546.000 €	2.454.000 €
		Kapital X-GmbH	2.000.000 €	
		Minderkapital	– 364.000 €	1.636.000 €
		Rücklage nach § 6b EStG		1.000.000 €
		Verbindl. ggü. Ges'tern		910.000 €
		Verbindlichkeiten		14.000.000 €
	20.000.000 €			20.000.000 €

Ergänzungsbilanz für X-GmbH zum 31.12.08

Rücklage § 6b EStG	400.000 €	Mehrkapital	400.000 €

b) Als Folge des Transfers eines Teils der stillen Reserven kann auch der Passivposten in der **Steuerbilanz** der GmbH & Co. KG vollständig aufgelöst werden. Dies geschieht durch Erhöhung der (seit Passivierung der Rücklage) in der Steuerbilanz geführten Mehr-/Minderkapitalkonten, die danach nur noch in Höhe der fortgesetzt zu passivierenden latenten Steuern von 90.000 € vom Kapital lt. Handelsbilanz abweichen. 28.88

Für die Mitunternehmer, die vom Transfer keinen Gebrauch gemacht haben, wird in einer Ergänzungsbilanz ein passiver Korrekturposten in Höhe des noch nicht verbrauchten Anteils an der Rücklage angesetzt. Diese Ergänzungsbilanz wird bis zum Fristende oder einer vorangehenden begünstigten Übertragung der stillen Reserven fortgeführt. 28.89

Fortsetzung Beispiel

Handelsbilanz Y-GmbH & Co. KG zum 31.12.08 28.90

Anlagevermögen	12.000.000 €	Kapital andere	3.000.000 €
Umlaufvermögen	8.000.000 €	Kapital X-GmbH	2.000.000 €
		Verbindl. ggü. Ges'ter	910.000 €
		Verbindlichkeiten	14.000.000 €
		Passive latente Steuern	90.000 €
	20.000.000 €		20.000.000 €

Steuerbilanz Y-GmbH & Co. KG zum 31.12.08

Anlagevermögen	12.000.000 €	Kapital andere	3.000.000 €	
Umlaufvermögen	8.000.000 €	Mehrkapital 01.01.	– 510.000 €	
		Auflösung § 6b EStG	+ 600.000 €	
		Auflösung § 274 HGB	– 36.000 €	
		Mehrkapital 31.12.		3.054.000 €
		Kapital X-GmbH	2.000.000 €	
		Mehrkapital 01.01.	– 340.000 €	
		Auflösung § 6b EStG	+ 400.000 €	
		Auflösung § 274 HGB	– 24.000 €	
		Mehrkapital 31.12.		2.036.000 €
		Verbindl. ggü. Ges'ter		910.000 €
		Verbindlichkeiten		14.000.000 €
	20.000.000 €			20.000.000 €

Ergänzungsbilanz für „Andere" zum 31.12.08

Minderkapital	600.000 €	Rücklage § 6b EStG	600.000 €

28.9.5 Bilanzierung bei der investierenden GmbH

28.91 Der Transfer der stillen Reserven erhöht im veräußernden Betrieb der GmbH & Co. KG erfolgsneutral **den Kapitalanteil (Kapitalkonto) der GmbH** in der Steuerbilanz der KG oder je nach Darstellung in der Ergänzungsbilanz (R 6b.2 Abs. 8 Satz 1 EStR). Daher ist mit dem Transfer eines Betrags in Höhe des auf die GmbH entfallenden Anteils an der §-6b-Rücklage nach den Grundsätzen der **Spiegelbildmethode** in gleicher Weise in der Steuerbilanz der GmbH – abweichend von deren Handelsbilanz – der Aktivposten „Beteiligung an Y-KG" und damit der StAP zu erhöhen. Vor der Investition ist ein Transfer der stillen Reserven durch Fortführung der Rücklage im (beabsichtigt) investierenden Betrieb unzulässig.[81]

[81] BFH, Urt. v. 19.12.2012 – IV R 41/09, BStBl II 2013, 313; BFH, Urt. v. 22.11.2018 – VI R 50/16, BStBl II 2019, 313, Rdnr. 27 m.w.N.

Anschließend erfolgt der **Abzug**[82] von den Anschaffungs- oder Herstellungskosten des nach § 6b Abs. 1 und 3 EStG begünstigt investierten Wirtschaftsguts unter Beachtung der **Aufzeichnungspflichten** gem. § 5 Abs. 1 Satz 2 und 3 EStG (mit von der Handelsbilanz abweichendem Anlageverzeichnis). Während die Auflösung der Rücklage im veräußernden Betrieb zu erfolgen hat, ist im investierenden Betrieb des Mitunternehmers der **Abzug** von den Investitionskosten nur für steuerliche Zwecke ergänzend zu buchen, um den Aufzeichnungspflichten in der Buchführung (§ 6b Abs. 4 Nr. 5 EStG) Genüge zu tun. Der Buchung des Abzugs steht dabei **erfolgsneutral** eine Minderung des StAP gegenüber. Dies entspricht auch R 6b Abs. 8 Satz 2 EStR, wonach der Abzug „zu Lasten des Kapitalkontos" zu erfolgen hat. 28.92

Schließlich ist die AfA aufgrund der verringerten AfA-Bemessungsgrundlage anzupassen. Die daraus zu entwickelnde von der Handelsbilanz **abweichende Steuerbilanz** (§ 60 Abs. 2 Satz 2 EStDV) betrifft die **Bilanzposten** der investierten Wirtschaftsgüter sowie aufgrund der Gewinnauswirkung auch den **StAP**. 28.93

Fortsetzung Beispiel

Die Anschaffungskosten des begünstigt investierten Wirtschaftsguts betragen 1.500.000 €. Davon sollen auf den Grund und Boden 300.000 € und auf das Gebäude 1.200.000 € entfallen. Dabei erfolgt vorteilhaft zunächst ein Abzug i.H.v. 300.000 € von den Anschaffungskosten für Grund und Boden (§ 6b Abs. 1 Satz 2 Nr. 1 EStG). Der danach verbleibende Betrag i.H.v. 100.000 € wird von den Anschaffungskosten des Gebäudes abgezogen und mindert die AfA-Bemessungsgrundlage (§ 6b Abs. 6 EStG). Mit Wirkung für die Steuerbilanz ist der Abzug der stillen Reserven gewinnmindernd zu erfassen (§ 6b Abs. 3 Satz 2 und 4 EStG). Daraus folgt eine Minderung der AfA-Bemessungsgrundlage auf 1.100.000 €, so dass die AfA noch 33.000 € beträgt. Dies erfordert eine Anpassung i.H.v. 3.000 €. 28.94

Unterstellt, der Jahresüberschuss beruht nur auf den fallbezogenen Auswirkungen, dann ergibt sich folgende Berechnung:

Jahresüberschuss bisher	0 €
Abschreibung (AfA)	– 36.000 €
Latente Steuern	– 119.100 € (30 %[83] von 397.000 €)[84]
Beteiligungserträge	24.000 €
Jahresfehlbetrag	**– 131.100 €**

[82] Oftmals und entgegen dem Wortlaut des § 6b EStG auch in R 6b.2 Abs. 8 Satz 3 EStR als „Übertragung der Rücklage" bezeichnet. Die Rücklage selbst ist indes kein Wirtschaftsgut und kann folglich als solche auch nicht übertragen werden; vgl. dazu bereits BOLK, DStR 2017, 976, zu 3; so jetzt auch BFH, Urt. v. 22.11.2018 – VI R 50/16; BStBl II 2019, 313, Rdnr. 21.

[83] Der Prozentsatz schließt GewSt, KSt und SolZ ein und wird hier vereinfacht mit 30 % angesetzt.

[84] Unterschiedsbetrag aufgrund Abzugs nach § 6b EStG 400.000 € und der Minder-AfA von 3.000 €.

Jahresüberschuss bisher	0 €
Abschreibung (AfA)	– 36.000 €
Latente Steuern	– 119.100 €
	(30 %[85] von 397.000 €)[86]
Beteiligungserträge	24.000 €
Jahresfehlbetrag	**– 131.100 €**

Handelsbilanz X-GmbH zum 31.12.08

Grund und Boden	300.000 €	Gez. Kapital	900.000 €	
Gebäude	1.164.000 €	Gewinnrücklagen	7.000.000 €	
Sachanlagen	16.000.000 €	Gewinnvortrag	440.000 €	
Beteiligung Y-KG	2.000.000 €	Jahresfehlbetrag	– 131.100 €	8.208.900 €
Vorräte	10.000.000 €	Verbindlichkeiten		21.500.000 €
Forderungen	364.000 €	Passive latente Steuern		119.100 €
	29.828.000 €			29.828.000 €

Unter Einbeziehung des Ansatzverbots für latente Steuern sind nach allem die folgenden (ergänzenden) Buchungen in einer für steuerliche Zwecke ergänzenden Buchführung erforderlich:

Beteiligungen	24.000 €	an Forderungen	24.000 €
Beteiligungen	400.000 €	an Grund und Boden	300.000 €
		an Gebäude	100.000 €
Gebäude	3.000 €	an Abschreibungen	3.000 €
Latente Steuern	119.100 €	an Steueraufwand	119.100 €

Der steuerliche Mehrgewinn gegenüber dem Jahresüberschuss lt. Handelsbilanz beträgt im Ergebnis 122.100 € und verändert in der Steuerbilanz der X-GmbH zum 31.12.08 den StAP.

[85] Der Prozentsatz schließt GewSt, KSt und SolZ ein und wird hier vereinfacht mit 30 % angesetzt.

[86] Unterschiedsbetrag aufgrund Abzugs nach § 6b EStG 400.000 € und der Minder-AfA von 3.000 €.

Steuerbilanz X-GmbH zum 31.12.08

Grund und Boden	0 €	Gez. Kapital	900.000 €	
Gebäude	1.067.000 €	Gewinnrücklagen	7.000.000 €	
Sachanlagen	16.000.000 €	Gewinnvortrag	440.000 €	
Beteiligung Y-KG	2.424.000 €	Jahresfehlbetrag	– 131.100 €	8.208.900 €
Vorräte	10.000.000 €	StAP 01.01.	– 340.000 €	
		Mehrgewinn	+ 122.100 €	– 217.900 €
		Verbindlichkeiten		21.500.000 €
	29.491.000 €			29.491.000 €

28.9.6 Verfahrensrechtliche Fragen beim Transfer der stillen Reserven

Mangels entsprechender Rechtsgrundlage ist zu berücksichtigen, dass der Gewinnfeststellungsbescheid für den investierenden Betrieb kein Grundlagenbescheid mit Bindung für den Gewinnfeststellungsbescheid ggf. Steuerbescheid für den veräußernden Betrieb ist.[87] Entsprechendes gilt auch umgekehrt, denn es fehlt an einer gesetzlich geregelten Verknüpfung zwischen einem Grundlagen- und einem Folgebescheid nach Maßgabe eines abgestuften Verwaltungsverfahrens mit Bindung nach § 182 Abs. 1 AO.[88] 28.95

Aufgrund des Gesetzesvorbehalts (Art. 20 Abs. 3 GG) sind von Seiten der zuständigen Finanzämter oder übergeordneten Behörden in dieser Sache geregelte Anweisungen ohne rechtliche Bedeutung. Sowohl für den veräußernden Betrieb als auch für den investierenden Betrieb ist deshalb von dem jeweils zuständigen Finanzamt zu prüfen, ob und in welchem Umfang die Voraussetzungen für die Begünstigung nach § 6b EStG erfüllt sind. Bei einem Rechtsstreit ist aus Beratersicht dafür Sorge zu tragen, den anzufechtenden Bescheid zutreffend zu bezeichnen. 28.96

Der erfolgreiche Transfer der stillen Reserven setzt die Auflösung der Rücklage in der Steuerbilanz oder Sonderbilanz der Mitunternehmerschaft, an der die investierende Kapitalgesellschaft beteiligt ist, voraus. Ist diese **Auflösung unterblieben** und die Steuerbilanz oder Sonderbilanz trotz Investition im Betrieb der Kapitalgesellschaft unter Ausweis der Rücklage nach § 6b EStG dem Finanzamt elektronisch eingereicht worden, kommt eine **Bilanzberichtigung** nach § 4 Abs. 2 Satz 1 EStG **nicht** mehr in Betracht! Die eingereichte Bilanz ist nicht fehlerhaft im Sinne dieser 28.97

87 BFH, Urt. v. 16.12.2021 – IV R 7/19, BStBl II 2023, 378, vierter Leitsatz.
88 BFH, Urt. v. 16.12.2021 – IV R 7/19, BStBl II 2023, 378, Rdnr. 53.

Vorschrift.[89] Bei Fristablauf ohne andere geeignete Reinvestition ist die gewinnerhöhende Auflösung der Rücklage nach § 6b Abs. 3 Satz 5 EStG mit Gewinnzuschlag (§ 6b Abs. 7 EStG) nicht mehr zu vermeiden. Der **Abzug** der stillen Reserven von den Investitionskosten im „investierenden Betrieb" ist in diesem Fall **unzulässig**.

28.9.7 Veräußerung des Mitunternehmeranteils und § 6b EStG

28.9.7.1 Passivierung der Rücklage

28.98 Scheidet eine GmbH aus einer Personengesellschaft aufgrund Abtretung ihres Gesellschaftsanteils an einen Neugesellschafter (§§ 398, 413 BGB) oder mit Anwachsung bei den verbleibenden Gesellschaftern (§ 712 Abs. 2 BGB) gegen Abfindung aus, ist eine Rücklage nach § 6b EStG, die im Zeitpunkt des Ausscheidens in der **Steuerbilanz** der Personengesellschaft passiviert ist, nach Maßgabe der Beteiligungsquote der GmbH **gewinnerhöhend** zugunsten des Veräußerungsgewinns aufzulösen. Gleiches gilt, wenn die Rücklage nach einer Veräußerung von Sonderbetriebsvermögen in einer Sonderbilanz für die GmbH ausgewiesen sein sollte. Der **Gewinnzuschlag** nach § 6b Abs. 7 EStG gehört bei unterjährigem Ausscheiden ohne zeitanteilige Berechnung zum Veräußerungsgewinn.[90]

28.99 Beabsichtigt die GmbH, nach § 6b Abs. 1 Satz 2 EStG begünstigte Wirtschaftsgüter im eigenen Betrieb zu investieren, oder sollen solche Investitionen von anderen Personengesellschaften verwirklicht werden, an der diese GmbH ebenfalls beteiligt ist, kann die Auflösung der Rücklage unter Beachtung der Fristen nach § 6b Abs. 3 EStG bis zur Durchführung der fraglichen Investition im anderen Betrieb unterbleiben. Das gilt auch dann, wenn noch keine entsprechenden Planungen vorliegen, denn eine Reinvestitionsabsicht ist nicht Voraussetzung. Diese Grundsätze gelten auch für den Fall, dass die GmbH erst aus Anlass des Ausscheidens aus der Gesellschaft die Begünstigung nach § 6b EStG im Hinblick auf den Teil des **Veräußerungsgewinns** in Anspruch nimmt, der entsprechend der Beteiligungsquote der GmbH auf die Anteile an den veräußerten und nach § 6b Abs. 1 Satz 1 EStG begünstigten Wirtschaftsgütern entfällt (R 6b.2 Abs. 10 EStR).

28.100 Das Wahlrecht, den Gewinn aufgrund einer Veräußerung nach § 6b Abs. 3 EStG in eine Rücklage einzustellen, ist in der Steuerbilanz des veräußernden Betriebs für das Jahr der Veräußerung auszuüben.[91] Für einen ehemaligen Mitunternehmer

---

[89] BFH, Urt. v. 19.12.2012 – IV R 41/09, BStBl II 2013, 313.

[90] BFH, Urt. v. 26.02.2008 – VIII R 82/05, BStBl II 2008, 481.

[91] BFH, Urt. v. 19.12.2012 – IV R 41/09, BStBl II 2013, 313; BFH, Urt. v. 22.11.2018 – VI R 50/16, BStBl II 2019, 313, Rdnr. 27; BFH, Urt. v. 16.12.2021 – IV R 7/19, BStBl II 2023, 378, Rdnr. 54 ff.

muss die Passivierung in der Sonderbilanz erfolgen.[92] Das gilt für die Veräußerung eines Wirtschaftsguts des Sonderbetriebsvermögens schon dem Grunde nach.[93]

Beispiel

In der Steuerbilanz der XY-GmbH & Co. KG, an der die Y-GmbH bis zu ihrem Ausscheiden zu 20 % als Kommanditistin beteiligt war, ist eine Rücklage i.H.v. 1.500.000 € passiviert. Die in anderen Wirtschaftsgütern des Betriebsvermögens einschl. Firmenwert ruhenden stillen Reserven betragen 2.500.000 €. Die Y-GmbH erhält eine Abfindung von 1.000.000 € nach § 728 BGB n.F. bei einem Kapitalanteil i.H.v. 200.000 €. 28.101

Lösung

Buchung der XY-GmbH & Co. KG aus Anlass des Ausscheidens*

Verschiedene Aktiva	500.000 €		
Rücklage § 6b EStG	300.000 €		
Kapitalanteil Y-GmbH	200.000 €	an Abfindungsschuld	1.000.000 €

Sonderbilanz Y (nach dem Ausscheiden)

Sonderkapital	300.000 €	§ 6b EStG-Rücklage	300.000 €

* Diese Sachbehandlung ist für Zwecke der Steuerbilanz zwingend und kann auch für den handelsrechtlichen Jahresabschluss auf diese Weise umgesetzt werden. Anstelle einer Aktivierung (Aufstockung) soll die Abfindung im handelsrechtlichen Jahresabschluss vorzugsweise mit den Eigenkapitalanteilen der verbleibenden Gesellschafter verrechnet werden.[94]

Ungeklärt ist das Schicksal der Rücklage in den Jahren nach dem Ausscheiden und im Jahr der Reinvestition. Weil ein ehemaliger Gesellschafter nicht mehr Feststellungsbeteiligter nach § 180 Abs. 1 Nr. 2a AO sein könne, müsse die Nachverfolgbarkeit der Rücklage in der Buchführung des veräußernden Betriebs nach § 6b Abs. 4 Satz 1 Nr. 5 EStG nach Auffassung des BFH[95] in Ausübung seiner Kompetenz zur Rechtsfortbildung unberücksichtigt bleiben. Ausgehend davon, dass der Transfer der Rücklage in die Steuerbilanz der GmbH vor Durchführung der 28.102

92 BFH, Urt. v. 25.01.2006 – IV R 14/04, BStBl II, 418; BFH, Urt. v. 12.07.2023 – X R 14/21, BStBl II 2024, 48.

93 BFH, Urt. v. 19.12.2012 – IV R 41/09, BStBl II 2013, 313, Rdnr. 30.

94 IDW RS HFA v. 30.01.2018, IDW-Life 2018, 258, Rdnr. 58a, 59; vgl. dazu mit Beispiel Bolk, Bilanzierung und Besteuerung der Personengesellschaft und ihrer Gesellschafter, 5. Aufl. 2023, Rdnr. 15.51 ff.

95 BFH, Urt. v. 12.07.2023 – X R 14/21, BStBl II 2024, 48, Rdnr. 36, 44.

Reinvestition rechtlich unzulässig ist (R 6b.2 Abs. 8 Satz 3 EStR),[96] überlässt der BFH der Finanzbehörde in bedenklicher Weise letztlich die verfahrensrechtliche Beurteilung und die Sicherstellung der notwendigen Informationen für eine zutreffende Besteuerung bei der Auflösung der Rücklage und dem Abzug von den Reinvestitionskosten.

28.103 Es folgt daher nach dem Ausscheiden aus der Mitunternehmerschaft eine verfahrensrechtliche Pause, in der der Informationsfluss zwischen veräußerndem und reinvestierendem Betrieb außerhalb des Feststellungsverfahrens gem. § 180 Abs. 1 Nr. 2a AO und ohne Rücksicht auf die Verpflichtung zur Einreichung einer E-Bilanz, die auch für Sonderbilanzen gilt, von den zuständigen Finanzämtern organisiert werden soll. Die Auflösung zugunsten des Sonderkapitals nach R 6b.2 Abs. 8 Satz 1 EStR im Jahr der Reinvestition ist dann nicht mehr möglich.

28.9.7.2 Auflösung der Rücklage ohne fristgerechte Reinvestition

28.104 Wurde die Rücklage zutreffend in einer Sonderbilanz passiviert, und erfolgt nach dem Ausscheiden der GmbH aus der Personengesellschaft fristgerecht keine begünstigte Investition in ihrem Betrieb oder im Rahmen anderer in R 6b.2 Abs. 7 EStR genannten Übertragungsmöglichkeiten, ist der Betrag der Rücklage nach § 6 Abs. 3 Satz 5 EStG bei Fristende nebst **Gewinnzuschlag** nach § 6 Abs. 7 EStG gewinnerhöhend aufzulösen. Wird dieser Gewinn bei einem Fristende nach Ablauf des Jahres des Ausscheidens aus der Mitunternehmerschaft realisiert, ist darüber nach Auffassung des X. Senats des BFH[97] nicht (mehr) im Gewinnfeststellungsverfahren nach § 180 Abs. 1 Nr. 2a AO der Mitunternehmerschaft zu entscheiden, weil der ehemalige Gesellschafter nicht mehr Feststellungsbeteiligter sei. Bei einer natürlichen Person gehöre der Gewinn eines ehemaligen Gesellschafters deshalb im Rahmen der Einkommensteuerveranlagung zu den nachträglichen Einkünften aus Gewerbebetrieb (§ 24 Nr. 2 EStG).

28.105 Zur Sachbehandlung bei einer GmbH liegt soweit ersichtlich keine Entscheidung des BFH vor. Überträgt man indes die Überlegungen zur Zurechnung bei natürlichen Personen auf eine GmbH, kommt nur eine unmittelbare Einbeziehung des Gewinns in die Ermittlung des Einkommens der GmbH nach § 8 Abs. 2 KStG in Betracht. Weil die §-6b-Rücklage in der Steuerbilanz der GmbH aber nicht passiviert war und auch nicht passiviert werden durfte, war im Zeitpunkt der Veräußerung des Mitunternehmeranteils im Hinblick auf die Einstellung eines Teils des Veräußerungsgewinns in die §-6b-Rücklage aufgrund Abweichung von der Handelsbilanz ein **StAP** zu passivieren (siehe dazu Rdnr. 9.18 ff.). Die nun bei Fristab-

[96] BFH, Urt. v. 22.11.2018 – VI R 50/16, BStBl II 2019, Rdnr. 21, 26; BFH, Urt. v. 16.12.2021 – IV R 7/19, BStBl II 2023, 378.

[97] BFH, Urt. 12.07.2023 – X R 14/21, BStBl II 2024, 48.

lauf erforderliche Gewinnerhöhung ist **innerhalb der Steuerbilanz** durch Auflösung dieses StAP zu erfassen. Der Gewinnzuschlag nach § 6b Abs. 7 EStG erhöht den Gewinn außerhalb der Steuerbilanz (Rdnr. 9.58 ff.).

Der X. Senat stützt seine Begründung auf § 180 Abs. 1 Nr. 2a AO und entscheidet, dass ein ehemaliger Gesellschafter nach Ablauf des Jahres seines Ausscheidens aus der Personengesellschaft nicht mehr Feststellungsbeteiligter sein könne. Dies überzeugt nicht, denn die nachträglich gezahlten Vergütungen an ehemalige Gesellschafter (Mitunternehmer) i.S.d. § 15 Abs. 1 Satz 2 EStG und bei Wohnsitz im Ausland i.S.d. § 50d Abs. 10 Satz 4 EStG sind zwingend in die Gewinnfeststellung nach § 180 Abs. 1 Nr. 2a AO einzubeziehen, obwohl der Vergütungsempfänger kein Gesellschafter mehr ist.[98] Auch der Obergesellschafter im Rahmen einer doppel- oder sogar mehrstöckigen Personengesellschaft ist Feststellungsbeteiligter der Untergesellschaft mit seinen Sonderbetriebseinnahmen und -ausgaben, obwohl er kein Gesellschafter ist. Es erscheint vor diesem Hintergrund nicht zwingend, den Gewinn des ehemaligen Gesellschafters aufgrund der Auflösung einer Rücklage nach § 6b Abs. 3 Satz 5 EStG, die nach der Rechtsprechung des BFH „immer" im veräußernden Betrieb zu erfolgen hat und dort nach § 6b Abs. 4 Satz 1 Nr. 5 EStG zu dokumentieren ist, vom Feststellungsverfahren auszuschließen und der Finanzbehörde die Sicherstellung der ordnungsgemäßen Versteuerung ohne verfahrensrechtliche Grundlage zuzuweisen. 28.106

28.9.7.3 Auflösung der Rücklage bei fristgerechter Reinvestition

Die Rücklage ist auch dann in der Sonderbilanz als Teil der „Gesamtbilanz der Mitunternehmerschaft" für den **veräußernden Betrieb** zum Schluss des Wirtschaftsjahres des Ausscheidens zu passivieren, wenn beabsichtigt ist, die in der Rücklage gebundenen stillen Reserven von den Reinvestitionskosten eines Wirtschaftsguts im eigenen Betrieb der ehemaligen Mitunternehmerin nach § 6b Abs. 3 Satz 2–4 EStG abzuziehen. Der vorsorgliche Transfer der **Rücklage** und deren Ausweis in der Steuerbilanz eines künftig investierenden Betriebs ist **unzulässig.** Die Rücklage ist kein Wirtschaftsgut, das Gegenstand einer „Übertragung" oder „Überführung" sein kann.[99] Das gilt auch hier, obwohl die GmbH über einen Gewerbebetrieb verfügt, in dem die Reinvestition erfolgen soll. 28.107

In der Steuerbilanz des „reinvestierenden" Betriebs wirkt sich erst der Abzug von den Anschaffungskosten oder Herstellungskosten nach fristgerecht **erfolgter Anschaffung oder Herstellung** eines nach § 6b Abs. 1 Satz 2 EStG begünstigten Wirtschaftsguts aus. Sollte diese Reinvestition im Betrieb der GmbH selbst verwirklicht 28.108

[98] Für viele SCHMIDT/WACKER, EStG, 43. Aufl. 2024, § 15 Rdnr. 572.

[99] BFH, Urt. v. 22.11.2018 – VI R 50/16, BStBl II 2019, 313, Rdnr. 21, 26; vgl. dazu bereits BOLK, DStR 2018, 976, sowie KANZLER, FR 2019, 270.

werden, ist der erfolgsneutrale Abzug von den Anschaffungs- oder Herstellungskosten mit Aufzeichnungspflicht nach § 5 Abs. 1 Satz 2 EStG in der Steuerbilanz abweichend von der Handelsbilanz vorzunehmen (R 6b.2 Abs. 8 Satz 2 EStR). Dieser Minderung steht als Kapitalminderung die Auflösung des steuerlichen Ausgleichspostens erfolgsneutral gegenüber, der aus Anlass der Veräußerung des Mitunternehmeranteils aufgrund der Inanspruchnahme der Begünstigung nach § 6b EStG als Teil des steuerlichen Eigenkapitals seinerzeit passiviert werden musste.

28.109 Nach Auffassung des FG Köln[100] sollen die Entscheidungen über die Zulässigkeit des Abzugs nach § 6b Abs. 3 Satz 2–4 EStG und die Dokumentation nach § 6b Abs. 4 Satz 1 Nr. 5 EStG abweichend von der bisherigen Rechtsprechung des BFH[101] (in diesem Fall) im reinvestierenden Betrieb erfolgen. Ob dem der IV. Senat im Revisionsverfahren[102] folgen wird, ist zumindest zweifelhaft, weil die Vorschrift offensichtlich die Dokumentation in der Buchführung des veräußernden Betriebs regelt. Der reinvestierende Betrieb entscheidet (nur) darüber, ob und in welchem Umfang ein Gewinn von den Investitionskosten abgezogen wird.[103]

27.10 Beteiligung an einer Optionsgesellschaft i.S.d. § 1a KStG

28.10.1 Handelsbilanz

28.110 Handelsrechtlich betrachtet ist es ohne Bedeutung, ob steuerrechtlich von der Option, wie eine Kapitalgesellschaft besteuert zu werden, Gebrauch gemacht wird. Im Jahresabschluss eines Gesellschafters einer Optionsgesellschaft, dessen Beteiligung zum Betriebsvermögen gehört, ist unverändert von einem **Vermögensgegenstand** auszugehen, der nach den Grundsätzen der Bilanzierung und Bewertung eines Anteils an einer Personenhandelsgesellschaft zu würdigen ist (§ 246 Abs. 1, § 253 Abs. 1 und Abs. 3 Satz 5 und 6 HGB). Ein Gleichklang mit der Sachbehandlung in der Steuerbilanz ist ausgeschlossen (siehe zu Ansatz und Bewertung in der Handelsbilanz im Einzelnen Rdnr. 28.5 ff.). Als Besonderheit ist allerdings zur Kenntnis zu nehmen, dass die optierende Gesellschaft der Besteuerung wie eine Kapitalgesellschaft unterliegt (§ 1a Abs. 1 KStG) und deshalb Körperschaftsteuer und Solidaritätszuschlag auf Grundlage des erzielten zu versteuernden Einkommens (§§ 7 ff. KStG) schuldet. Diese Steuerbelastung ist im **Jahresabschluss** der zivil- und handelsrechtlich in der Rechtsform der Personengesellschaft nach außen auftretenden Gesellschaft unter den Steuerrückstellungen auszuweisen. Damit unterscheidet sich die optierende Gesellschaft von anderen Personen-

---

[100] FG Köln, Urt. v. 13.07.2023 – 1 K 1783/18, BB 2014, 112.

[101] BFH, Urt. v. 22.11.2018 – VI R 50/16, BStBl II 2019, 313, Rdnr. 27; BFH, Urt. v. 16.12.2021 – IV R 7/19, BStBl II 2023, 378.

[102] Die Revision gegen das Urteil des FG Köln ist beim BFH unter dem Az. IV R 21/23 anhängig.

[103] BFH, Urt. v. 16.12.2021 – IV R 7/19, BStBl II 2023, 378, Rdnr. 54.

gesellschaften, in deren Jahresabschluss die Einkommensteuerbelastung der Gesellschafter mangels betrieblicher Veranlassung nicht dargestellt werden darf.

28.10.2 Steuerbilanz

Die Beteiligung an einer Optionsgesellschaft gilt steuerrechtlich betrachtet abweichend vom Zivilrecht als Anteil an einer Kapitalgesellschaft (§ 1a Abs. 3 Satz 1 KStG).[104] Für das Beteiligungsverhältnis ist grundsätzlich das Verhältnis der festen Kapitalkonten (Kapital I) bei der zivilrechtlich fortbestehenden Personenhandelsgesellschaft maßgebend, soweit solche nach dem Gesellschaftsvertrag zu führen sind.[105] Ist die Führung von Kapitalkonten nicht geregelt, sollte dies Anlass für eine Anpassung der Gesellschaftsverträge sein, um eine permanente Verschiebung der Beteiligungsverhältnisse auf Grundlage variabler Kapitalanteile zu vermeiden. 28.111

Nach dem Übergang zur Besteuerung wie eine Kapitalgesellschaft wird die Beteiligung in der Steuerbilanz des Anteilseigners, zu dessen Betriebsvermögen der Anteil gehört, als selbständiges **Wirtschaftsgut** aktiviert und nach § 6 Abs. 1 Nr. 2 EStG grundsätzlich mit den Anschaffungskosten bewertet. Dies schließt aus, die Beteiligung an der Optionsgesellschaft in der Steuerbilanz nach den Grundsätzen der Spiegelbildmethode (siehe dazu Rdnr. 28.31 ff.) auszuweisen, denn es fehlt nach der Option an einer Bindung an eine gesonderte und einheitliche Feststellung (§ 180 Abs. 1 Nr. 2a AO). 28.112

Ist der Übergang zur Besteuerung wie eine Kapitalgesellschaft, der als **Formwechsel** gilt, nach §§ 25, 20 ff. UmwStG auf Antrag mit Buchwertfortführung verwirklicht worden, entsprechen die **Anschaffungskosten** dem Wert, mit dem die Optionsgesellschaft den eingebrachten Mitunternehmeranteil ansetzt (§ 20 Abs. 3 Satz 1 UmwStG). Dem Betrag nach handelt es sich um die Summe der (Eigen-)Kapitalkonten dieses Gesellschafters, die für ihn in der (letzten) Steuerbilanz der Personenhandelsgesellschaft auszuweisen waren. Soweit für diesen Gesellschafter eine Ergänzungsbilanz aufgestellt war, erhöhen oder verringern sich diese Anschaffungskosten um ein Mehr- oder Minderkapital aufgrund der Korrekturposten in dieser Ergänzungsbilanz. 28.113

Wird kein Antrag auf Buchwertfortführung nach §§ 25, 20 ff. UmwStG gestellt, oder liegen die Voraussetzungen für die Buchwertfortführung etwa wegen Zurück- 28.114

[104] BMF-Schreiben v. 10.11.2021 – IV C 2 - S 2707/21/10001 :004, BStBl I, 2212. Erbschaft- und schenkungsteuerrechtlich ist die Optionsgesellschaft weiterhin als Mitunternehmerschaft anzusehen. Zu den umfangreichen Rechtsfragen mit Blick auf § 97 Abs. 1 Nr. 5 BewG sowie § 13a Abs. 6 Satz 1 Nr. 1 und Nr. 3 und § 13b Abs. 1 Nr. 2 und Abs. 4 Nr. 5 ErbStG hat die Finanzverwaltung mit gleichlautenden Erlassen der obersten Finanzbehörden der Länder v. 05.10.2022 – FM 3 - S 3812-b - 1/35, BStBl I, 1494, aus ihrer Sicht Stellung genommen.

[105] BMF-Schreiben v. 10.11.2021 – IV C 2 - S 2707/21/10001 :004, BStBl I, 2212, Rdnr. 61.

behaltung funktional wesentlicher Betriebsgrundlagen nicht vor, entsprechen die Anschaffungskosten dem **gemeinen Wert** des jeweils eingebrachten Mitunternehmeranteils (§ 20 Abs. 2 Satz 1 i.V.m. Abs. 3 Satz 2 UmwStG). Auf Seiten der Personengesellschaft handelt es sich in diesem Fall unter erfolgswirksamer Auflösung der Ergänzungsbilanzen um die **Veräußerung der Mitunternehmeranteile** mit den entsprechenden Folgen einer Versteuerung (§ 20 Abs. 4 UmwStG, § 16 Abs. 1 Nr. 2 und § 34 Abs. 2 Nr. 1 EStG). Entsprechendes gilt für die Option vermögensverwaltender Personengesellschaften, weil diese zur Buchwertfortführung nach § 20 UmwStG mangels mitunternehmerschaftlicher Tätigkeit nicht berechtigt sind.

Hinweis

28.115 Die Zurückbehaltung der Beteiligung an der Komplementär-GmH verhindert nicht die Buchwertfortführung nach §§ 20, 25 UmwStG, und zwar auch dann nicht, wenn es sich um eine wesentliche Betriebsgrundlage handeln sollte.[106]

28.116 Erstmals in der Steuerbilanz zum Ende des Wirtschaftsjahres nach Wirksamwerden der Option kann eine Abschreibung auf den niedrigeren Teilwert in Betracht kommen, soweit der niedrigere Teilwert auf einer voraussichtlich dauernden Wertminderung beruht. Diese kann auch auf Ausschüttungen beruhen.[107] Die Gewinnminderung ist außerhalb der Steuerbilanz durch Hinzurechnung nach § 3c Abs. 2 EStG im Umfang von 40 % rückgängig zu machen. Gleiches gilt mit umgekehrten Vorzeichen für eine nachfolgende Wertaufholung (§ 6 Abs. 1 Nr. 2 Satz 3, Nr. 1 Satz 4 EStG).

28.10.3 Anteilsveräußerung

28.117 Weil die Beteiligung an einer Optionsgesellschaft als Anteil an einer Kapitalgesellschaft gilt (§ 1a Abs. 3 Satz 1 KStG), sind entsprechende Konsequenzen bei einer Veräußerung des Anteils zu ziehen. Gehört der Gesellschaftsanteil zum **Privatvermögen**, gehört der Veräußerungsgewinn grundsätzlich zu den Einkünften i.S.d. § 20 Abs. 2 Satz 1 Nr. 1 EStG.

28.118 Soweit die unmittelbare oder mittelbare Beteiligung mindestens 1 % beträgt, erfolgt die Besteuerung des Gewinns nach § 17 Abs. 1 und 3 EStG. Dies ist auch bei einer verdeckten Einlage der Beteiligung in das Vermögen einer Kapitalgesellschaft gegeben (§ 17 Abs. 1 Satz 2 EStG). Ist die Beteiligung an der Optionsgesellschaft dem **Betriebsvermögen** oder **Sonderbetriebsvermögen** des Gesellschafters zuzuord-

---

106 § 1a Abs. 2 Satz 2 KStG i.d.F. des Art. 18 des Wachstumschancengesetzes v. 27.03.2024, BGBl I, Nr. 108.

107 BFH, Beschl. v. 22.12.1999 – I B 158/98, BFH/NV 2000, 710.

nen, ist der Veräußerungsgewinn betrieblich veranlasst und gehört zu den gewerblichen Einkünften (§ 20 Abs. 8 EStG).[108] Das Teileinkünfteverfahren ist anzuwenden (§ 3 Nr. 40 Satz Buchst. c) und § 3c Abs. 2 EStG).

Soweit bei dem fiktiven Formwechsel in die Optionsgesellschaft nach § 20 Abs. 2 UmwStG ein Antrag auf Fortführung von Buch- oder Zwischenwerten beantragt worden ist, sind die Anteile nach § 22 UmwStG **sperrfristbehaftet.** Die Gesellschaft ist zum Nachweis entsprechend § 22 Abs. 3 UmwStG verpflichtet. Erfolgt die Veräußerung der Anteile innerhalb der Sperrfrist von sieben Jahren nach dem Formwechsel, muss der Gewinn aus der Einbringung rückwirkend nach Maßgabe des § 22 UmwStG i.V.m. § 175 Abs. 1 Satz 1 Nr. 2 AO versteuert werden. 28.119

28.10.4 Ausschüttungen

Ausschüttungen des Gewinns einer Optionsgesellschaft gehören grundsätzlich zu den Einnahmen aus Kapitalvermögen (§ 20 Abs. 1 Nr. 1 KStG). Das gilt auch für verdeckte Gewinnausschüttungen. Soweit die Anteile an der Optionsgesellschaft zum **Betriebsvermögen oder Sonderbetriebsvermögen** des Gesellschafters gehören, handelt es sich um Betriebseinnahmen (§ 20 Abs. 8 EStG). Alle Rechtsfolgen, die im Normalfall der Beteiligung an einer Kapitalgesellschaft Anwendung finden, sind bis hin zum Abzug der Kapitalertragsteuer (§ 43 Abs. 1 EStG) einerseits und zur Abgeltungsteuer auf Anteilseignerseite andererseits auch bei Ausschüttungen der Optionsgesellschaft maßgebend. 28.120

Gewinnanteile gelten als ausgeschüttet, wenn die Auszahlung (Entnahme) tatsächlich erfolgt. Besteht bereits vorher ein Gewinnauszahlungsanspruch der Gesellschafter, weil die Auszahlung verlangt werden kann, liegt eine Ausschüttung schon im Zeitpunkt der Entstehung dieses Anspruchs vor (§ 1a Abs. 3 Satz 5 KStG). Letzteres ist der Fall, wenn der Gesellschaftsvertrag nichts Abweichendes regelt, denn dann können die Gesellschafter die Auszahlung ihrer Gewinnanteile vorbehaltlich Verlustverrechnung mit Ablauf des Geschäftsjahres verlangen (§ 122 Abs. 1, § 169 Abs. 1 Satz 2 HGB). Das gilt auch für einen Vorweggewinnanteil (Gewinnvorab). Die Auszahlungsverpflichtungen sind übereinstimmend in Handels- und Steuerbilanz als **Verbindlichkeiten gegenüber den Gesellschaftern** zum Schluss des Geschäftsjahres zu passivieren (§ 264c Abs. 1 HGB). Ohne Bedeutung ist dagegen in diesem Fall, ob und wann eine Auszahlung der Gewinnanteile an die Gesellschafter tatsächlich bewirkt wird. 28.121

Erfolgt eine Auszahlung (Entnahme) von Gewinnanteilen ohne Auszahlungsanspruch, handelt es sich in diesem Zeitpunkt gleichwohl um eine Ausschüttung mit 28.122

[108] Zu weiteren Einzelheiten vgl. BMF-Schreiben v. 10.11.2021 – IV C 2 - S 2707/21/10001 :004, BStBl I, 2212, Rdnr. 62 ff.

den entsprechenden Steuerfolgen. Das gilt auch für Vorauszahlungen auf den zu erwartenden Gewinnanteil. Dagegen sind Entnahmen, die nicht gewinnabhängig bzw. auf die Auszahlung von Gewinnanteilen gerichtet sind, keine Ausschüttungen i.S.d. § 1a Abs. 3 Satz 5 KStG.

28.123 Sieht der Gesellschaftsvertrag ausdrücklich einen Beschluss der Gesellschafterversammlung für die Entstehung des Gewinnauszahlungsanspruchs vor, erfolgt die (fiktive) Ausschüttung auch erst in diesem Zeitpunkt. Der Jahresabschluss ist ohne **Ergebnisverwendung** i.S.d. § 268 Abs. 1 HGB aufzustellen. In der Bilanz ist neben einem Gewinnvortrag (Verlustvortrag) der Jahresüberschuss als Posten im Eigenkapital auszuweisen (§ 264c Abs. 2 Satz 1 HGB).

27.11 Beteiligung an einer vermögensverwaltenden Personengesellschaft (Zebragesellschaft)

28.11.1 Handelsbilanz

28.124 Die Beteiligung einer Kapitalgesellschaft an einer vermögensverwaltenden Personengesellschaft (GbR oder insbesondere auch GmbH & Co. KG) ist als **Vermögensgegenstand** des **Finanzanlagevermögens** zu aktivieren (§ 246 Abs. 1 HGB). Die Zugangsbewertung erfolgt mit den Anschaffungskosten (§ 253 Abs. 1 HGB). Im Rahmen der Folgebewertung sind außerplanmäßige **Abschreibungen** bei voraussichtlich dauernder Wertminderung zwingend und im Übrigen im Wahlrecht zulässig (§ 253 Abs. 3 Satz 5 und 6 HGB). Bestehen die Gründe für eine außerplanmäßige Abschreibung an einem folgenden Abschlussstichtag nicht mehr, ist eine **Zuschreibung** geboten (§ 253 Abs. 5 HGB).

28.125 Der Anspruch auf Auszahlung des **Gewinnanteils** entsteht regelmäßig bereits mit **Ablauf des Geschäftsjahres**, in dem der Gewinnanteil entstanden ist. Dies gilt insbesondere für den Gewinnanteil als Kommanditistin, soweit keine vorrangige Verrechnung von Verlustanteilen geboten ist (§ 169 Abs. 1 Satz 2 HGB). Die Aktivierung erfolgt nach § 266 Abs. 2 B. II. 3. HGB als Forderung gegen Unternehmen, mit denen ein Beteiligungsverhältnis besteht.

28.126 Sollte der Gesellschaftsvertrag der vermögensverwaltenden Personengesellschaft in der Rechtsform einer GmbH & Co. KG abweichend vom gesetzlichen Regelstatut eine **Beschlussfassung** der Gesellschafterversammlung zur Gewinnverwendung und -verteilung vorsehen, ist die Forderung auf Auszahlung des Gewinnanteils erst mit dem Beschluss realisiert. Im Jahresabschluss der GmbH & Co. KG ist in diesen Fällen (noch) der unverteilte Jahresüberschuss als Bestandteil des Eigenkapitals ausgewiesen (§ 264c Abs. 2 Satz 1 HGB). Auf die Feststellung und Zurechnung der Gewinnanteile nach § 180 Abs. 2 Nr. 1a AO für Zwecke der Besteuerung der

Kapitalgesellschaft als Gesellschafterin hat diese Phasenverschiebung allerdings **keinen** Einfluss.

Verlustanteile, die auf Ebene der vermögensverwaltenden Personengesellschaft zur Verringerung des Kapitalanteils geführt haben, bilden auf Ebene der beteiligten Kapitalgesellschaft keinen Geschäftsvorfall, der Anlass für eine Buchung sein könnte. Das gilt selbst dann, wenn ein negatives Kapitalkonto entstanden sein sollte und keine Nachschusspflicht besteht. Die nachhaltige Entstehung von Verlusten könnte indes Anlass für eine außerplanmäßige Abschreibung auf die Beteiligung sein (§ 253 Abs. 3 Satz 5 und 6 HGB). 28.127

Werden **Leistungen** zwischen den beiden Gesellschaftern aufgrund schuldrechtlicher Vereinbarungen gegen Entgelt ausgetauscht, sind erfolgswirksam Forderungen bzw. Verbindlichkeiten bis zum Zahlungseingang zu bilanzieren. Diese Vereinbarungen sind auch **umsatzsteuerrechtlich** bezogen auf Steuerpflicht, Rechnungserteilung und Vorsteuerabzug zu würdigen. 28.128

28.11.2 Steuerbilanz

Abweichend von der Handelsbilanz ist in der Steuerbilanz der Kapitalgesellschaft keine Beteiligung an einem verbundenen Unternehmen im engeren Sinn auszuweisen. Stattdessen sind die Anteile an den Wirtschaftsgütern, die zum Gesellschaftsvermögen der vermögensverwaltenden Personengesellschaft (**Zebragesellschaft**) gehören, als Betriebsvermögen der Kapitalgesellschaft in deren Steuerbilanz als Anlage- und/oder Umlaufvermögen zu aktivieren oder zu passivieren, soweit es sich um Rückstellungen und Verbindlichkeiten handelt. Diese Vorgaben beruhen auf der Bruchteilsbetrachtung, die eine unmittelbare Zurechnung bei der beteiligten Gesellschaft verlangt (§ 39 Abs. 2 Nr. 2 AO).[109] 28.129

Dem geht **verfahrensrechtlich** voran, dass die von der vermögensverwaltenden Personengesellschaft erzielten Einkünfte nach § 180 Abs. 1 Nr. 2a AO gesondert und einheitlich festzustellen und auf Ebene der beteiligten Kapitalgesellschaft in (eigene) gewerbliche Einkünfte **umzuqualifizieren** sind (§ 8 Abs. 2 KStG).[110] Insoweit erfolgt keine Bindung an den Feststellungsbescheid für die vermögensverwaltende Personengesellschaft.[111] Dies gilt auch mit Blick auf § 8b Abs. 1 KStG, wenn die vermögensverwaltende Personengesellschaft ihrerseits an einer Kapitalgesell- 28.130

---

[109] BFH, Urt. v. 03.05.2022 – IX R 22/19, BStBl II 2023, 186, Rdnr. 27; BFH, Urt. v. 29.10.2019 – IX R 38/17, BStBl II 2021, 202, Rdnr. 34.

[110] BFH, Urt. v. 25.09.2018 – IX R 35/17, BStBl II 2019, 167 m.w.N.

[111] BFH, Beschl. v. 11.04.2005 – GrS 2/02, BStBl II, 679; BFH, Beschl. v. 25.09.2018 – GrS 2/16, BStBl II 2019, 262, Rdnr. 82.

schaft beteiligt sein sollte und **Gewinnausschüttungen** bezogen hat.[112] Die Anrechnung der **Kapitalertragsteuer** nach § 43b Abs. 2 Satz 1 EStG folgt dem.[113]

28.131 Anders als bei einer Beteiligung an einer gewerblich tätigen oder geprägten Mitunternehmerschaft ist die **Beteiligung** an der Zebragesellschaft mangels vorangehender und bindender Bewertung auf Ebene der Personengesellschaft nicht nach den Grundsätzen der **Spiegelbildmethode**[114] anzusetzen. Vielmehr sind die Anteile an den Wirtschaftsgütern der Zebragesellschaft als Betriebsvermögen der beteiligten Kapitalgesellschaft in deren Steuerbilanz nach § 5 Abs. 1 EStG unmittelbar anzusetzen und nach § 6 Abs. 1 EStG zu bewerten. Dies erfordert für Zwecke der Aufstellung dieser Steuerbilanz eine die handelsrechtliche Buchführung ergänzende (erweiternde) **Buchführung** nebst **Anlagenverzeichnis.** Im Rahmen dieser Buchführung sind alle zwingenden oder im Wahlrecht zulässigen Bilanzierungs- und Bewertungsgrundsätze anzuwenden (z.B. Teilwertabschreibung, Sonderabschreibungen und erhöhte Absetzungen mit Einschränkung nach § 7a Abs. 7 EStG, Begünstigung nach § 6b EStG, Rücklage für Ersatzbeschaffung nach R 6.6 EStR).

28.132 Die von der Handelsbilanz abweichende Bilanzierung und Bewertung kann in der Steuerbilanz der Kapitalgesellschaft auch zu einem **Unterschiedsbetrag** beim **Eigenkapital** führen. Dies kann auf der periodengerechten Gewinnermittlung auf Ebene der GmbH im Unterschied zum Zufluss-/Abflussprinzip bei der vermögensverwaltenden Personengesellschaft beruhen. Aber auch die Passivierung von Rückstellungen und steuerrechtlich zulässigen Rücklagen sind dafür oftmals Ursache.

28.133 In diesen Fällen darf die handelsrechtlich vorgegebene Gliederung des Eigenkapitals freilich weder dem Grund noch dem Betrag nach in der Steuerbilanz geändert werden. Das gilt insbesondere auch für den Gewinnvortrag und den Jahresüberschuss. Stattdessen ist der Unterschiedsbetrag gesondert als Bestandteil des steuerlich maßgebenden Eigenkapitals (§ 4 Abs. 1 Satz 1 EStG) darzustellen und als **steuerlicher Ausgleichsposten (StAP)** zu bezeichnen (siehe dazu ausführlich Rdnr. 9.15 ff.). Diese Sachbehandlung hat sich trotz fehlender gesetzlicher Regelung in der Praxis bewährt und wird auch von der Taxonomie zur E-Bilanz[115] unterstützt.

---

[112] FG Münster, Urt. v. 06.04.2022 – 13 K 3550/19, EFG 2022, 1221; die Revision ist unter dem Az. I R 21/22 beim BFH anhängig.

[113] BFH, Urt. v. 18.05.2021 – I R 77/17, BStBl II 2022, 114.

[114] BFH, Urt. v. 26.04.2012 – IV R 44/09, BStBl II 2013, 143; BFH, Beschl. v. 10.06.2008 – IV B 52/07, BFH/NV 2008, 1443; BFH, Urt. v. 02.04.2008 – IX R 18/06, BStBl II, 679.

[115] BMF-Schreiben v. 27.05.2024 – IV C 6 - S 2733-b/24/10001 :002, BStBl I, 928, zur Taxonomie 6.8.

Beispiel

Die Z-GmbH ist an der vermögensverwaltenden und nicht gewerblich geprägten Immobilien-GmbH & Co. KG (I-KG) seit dem 01.01.05 als Kommanditistin mit einer Pflichteinlage i.H.v. 400.000 €, die zugleich der Haftsumme entspricht, am Gesellschaftsvermögen und am Ergebnis mit 40 % beteiligt. Die übrigen Anteile hält X. 28.134

Die Gewinnanteile der Gesellschafter der I-KG werden mit Ablauf des Geschäftsjahres als Verbindlichkeiten gegenüber Gesellschaftern passiviert und jeweils zum 30.09. im Folgejahr ausgezahlt. Für 05 beträgt der Gewinnanteil der Z-GmbH nach Handelsrecht 200.000 €.

Der auf die Z-GmbH entfallende, aus der Beteiligung an der I-KG resultierende Steuerbilanzgewinn beträgt nach Umqualifizierung wegen einer nach R 6.6 EStR zulässigen Rücklage für Ersatzbeschaffung i.H.v. 20.000 € nur 180.000 €. Aufgrund von Hinzurechnungen außerhalb der Steuerbilanz der I-KG beträgt der Gewinnanteil der Z-GmbH nach Maßgabe des § 15 Abs. 1 Satz 1 EStG i.V.m. § 8 Abs. 2 KStG schließlich 230.000 €.

Handelsbilanz X-GmbH zum 31.12.08

Beteiligungen	400.000 €	Eigenkapital	3.000.000 €
andere Aktiva	6.400.000 €	Rückstellungen	300.000 €
Forderungen ggü. I-KG	200.000 €	Verbindlichkeiten	3.700.000 €
	7.000.000 €		7.000.000 €

Der Gewinnanteil aus der Beteiligung an der I-KG ist als Beteiligungsertrag mit 200.000 € im Jahresüberschuss der Z-GmbH enthalten.

Handelsbilanz der I-KG zum 31.12.05

Grundstücke	4.500.000 €	Kapital X	600.000 €
Bankguthaben	1.000.000 €	Kapital Z-GmbH	400.000 €
		Rückstellungen	200.000 €
		Verbindlichkeiten	3.800.000 €
		Verbindlichkeiten	
		ggü. Gesellschafter X	300.000 €
		ggü. Gesellschafter Z-GmbH	200.000 €
	5.500.000 €		5.500.000 €

Lösung

Die zum Gesellschaftsvermögen gehörenden Wirtschaftsgüter, Verbindlichkeiten und Rückstellungen der I-KG sind steuerrechtlich betrachtet abweichend von der Handelsbilanz im Umfang von 40 % Betriebsvermögen der Z-GmbH.

Der Gewinnanteil der Z-GmbH erhöht deren Steuerbilanzgewinn (§ 4 Abs. 1 Satz 1 EStG). Der gegenüber dem Handelsrecht niedrigere Gewinnanteil beruht auf der gewinnmindernden Passivierung der Rücklage nach R 6.6 EStR und führt insoweit zur Passivierung eines negativen steuerlichen Ausgleichspostens (StAP).

Die Hinzurechnungen außerhalb der Steuerbilanz sind auch auf Ebene der Z-GmbH erst außerhalb der Steuerbilanz dem zu versteuernden Einkommen hinzuzurechnen.

Steuerbilanz der Z-GmbH zum 31.12.05

Grundstücke (I-KG)*	1.800.000 €	Eigenkapital	3.000.000 €
Bankguthaben (I-KG)*	400.000 €	**StAP**	**– 20.000 €**
andere Aktiva	6.400.000 €	**Rücklage nach R 6.6 EStR**	**20.000 €**
		Rückstellungen	300.000 €
		Verbindlichkeiten	3.700.000 €
		Rückstellungen (I-KG)*	**80.000 €**
		Verbindlichkeiten (I-KG)*	**1.520.000 €**
	8.600.000 €		8.600.000 €

* 40 % der Wirtschaftsgüter, Verbindlichkeiten und Rückstellungen der I-KG, die der Z-GmbH anteilig zuzurechnen sind.

Die Forderung auf Auszahlung des Gewinnanteils (200.000 €) entspricht den anteilig der Z-GmbH nach § 39 Abs. 2 Nr. 2 AO zuzurechnenden Verbindlichkeiten gegenüber Gesellschaftern. Ein Ansatz kommt deshalb in der Steuerbilanz jedenfalls verpflichtend nicht in Betracht.

Die Verbindlichkeiten gegenüber X (300.000 €) sind ebenfalls nicht in der Steuerbilanz der Z-GmbH zu passivieren, denn insoweit liegt nach § 39 Abs. 2 Nr. 2 AO keine Schuld vor, die der Z-GmbH anteilig zuzurechnen wäre.

23.135 Im Zeitpunkt der Auszahlung des Gewinnanteils sind bezogen auf die Steuerbilanz und die ihr zugrundeliegende (ergänzende) Buchführung der GmbH als Gesellschafterin der vermögensverwaltenden Personengesellschaft Konsequenzen aus der gebotenen Bruchteilsbetrachtung nach § 39 Abs. 2 Nr. 2 AO zu ziehen. Demzufolge steht dem Zugang beim Bankguthaben (im Beispiel 200.000 €) zugleich abweichend von der Handelsbilanz eine Minderung des Bankguthabens der Zebragesellschaft gegenüber, die steuerrechtlich betrachtet anteilig (200.000 €) der beteiligten GmbH zuzurechnen ist.

Beispiel (Fortsetzung)

Buchung für Zwecke der Aufstellung der Handelsbilanz

Bank (Z-GmbH)	200.000 €	an Forderungen ggü. I-KG	200.000 €

Buchung für Zwecke der Aufstellung der Steuerbilanz

Bank (Z-GmbH)	200.000 €	an Bankguthaben (I-KG)	200.000 €

Sollten bisher Forderungen und anteilige Verbindlichkeiten in der Steuerbilanz trotz Korrespondenz ausgewiesen worden sein, ist spätestens jetzt eine Ausbuchung beider Positionen geboten.

Darlehensschulden, die nicht durch die vermietende Tätigkeit der Zebragesell- 28.136
schaft veranlasst sind, sind der beteiligten Kapitalgesellschaft nicht aufgrund der Bruchteilsbetrachtung anteilig zuzurechnen. Folgerichtig können die anteiligen Zinsen auch nicht als Aufwand gewinnmindernd berücksichtigt werden. Dieser Fall kann vorliegen, wenn die Darlehensaufnahme durch die Zebragesellschaft nicht der Vermögensverwaltung, sondern dem Zweck dient, Ausschüttungen aus den Gewinnrücklagen finanzieren zu können.

Anstelle einer (eigenständigen) und von der Handelsbilanz abweichenden Steuer- 28.137
bilanz kann dem Finanzamt auch eine **Überleitungsrechnung** zur Handelsbilanz elektronisch eingereicht werden (§ 5b Abs. 1 Satz 2 EStG, § 60 Abs. 2 Satz 1 EStDV). Angesichts der regelmäßig langfristigen Abweichungen verbunden mit einer eigenständigen Buchwertfortführung im Bilanzenzusammenhang zur Sicherstellung einer zutreffenden Besteuerung künftiger Veräußerungen oder Entnahmen sollte die Praxis allerdings die von der Handelsbilanz abweichende Steuerbilanz bevorzugen (§ 5b Abs. 1 Satz 3 EStG, § 60 Abs. 2 Satz 2 EStDV).

28.11.3 Anschaffungskosten bei Anteilserwerb

Erwirbt eine Kapitalgesellschaft den Anteil an einer vermögensverwaltenden Perso- 28.138
nengesellschaft von einem Dritten im Wege der Abtretung des Gesellschaftsanteils, liegt eine Anschaffung der Anteile an den Wirtschaftsgütern des Gesellschaftsvermögens dieser Gesellschaft vor (§ 39 Abs. 2 Nr. 2 AO). Die Anschaffungskosten sowie die Anschaffungsnebenkosten (§ 255 Abs. 1 HGB) sind den einzelnen Wirtschaftsgütern nach der Beteiligungsquote zuzurechnen und in der Steuerbilanz der Kapitalgesellschaft zu aktivieren. Das gilt nicht nur im Hinblick auf die Bilanzpos-

ten, die auf Ebene der Zebragesellschaft in deren Jahresabschluss unmittelbar ausgewiesen sind, sondern auch für die (Mehr-)Anschaffungskosten, die in einer „Ergänzungsrechnung" für die Kapitalgesellschaft als Korrekturposten erfasst und fortgeschrieben werden.[116]

28.139 Verbindlichkeiten und Rückstellungen, die zum Gesellschaftsvermögen der Zebragesellschaft gehören, sind anteilig in der Steuerbilanz der Erwerberin zu passivieren. Schulden, die aus Anlass des Erwerbs des Anteils von der Kapitalgesellschaft aufgenommen werden, sind ebenso wie Kaufpreisschulden gegenüber dem Veräußerer selbständig in der Handels- und Steuerbilanz der Kapitalgesellschaft zu passivieren.

28.11.4 Veräußerung auf Ebene der Zebragesellschaft

28.140 Veräußert eine vermögensverwaltende Zebragesellschaft Wirtschaftsgüter, realisiert die an ihr beteiligte Kapitalgesellschaft nach Maßgabe der Bruchteilsbetrachtung gem. § 39 Abs. 2 Nr. 2 AO einen **Veräußerungsgewinn** in Höhe der **anteilig** aufgedeckten stillen Reserven, ggf. einen Veräußerungsverlust. Soweit die Voraussetzungen im Einzelfall vorliegen, kann die Kapitalgesellschaft die Begünstigung nach § 6b Abs. 1 EStG für einen Gewinn aufgrund der Veräußerung eines Grundstücks in Anspruch nehmen. Wird in diesem Zusammenhang wegen späterer Reinvestition eine Rücklage nach § 6b Abs. 3 EStG gewinnmindernd passiviert, geschieht dies ausschließlich in der Steuerbilanz der Kapitalgesellschaft mit entsprechenden Buchungen nach § 6b Abs. 4 Nr. 5 EStG in einer die Finanzbuchführung für steuerrechtliche Zwecke ergänzenden (erweiterten) Buchführung und der Passivierung eines steuerlichen Ausgleichspostens (StAP). In der Handelsbilanz sind Konsequenzen im Hinblick auf latente Steuern gem. § 274 oder ggf. nach § 249 Abs. 1 HGB zu ziehen (siehe dazu Rdnr. 10.1 ff.).

28.141 Vollzieht sich das Veräußerungsgeschäft zwischen der Zebragesellschaft und der beteiligten Kapitalgesellschaft selbst, greifen die folgenden Grundsätze:

- Veräußert die Zebragesellschaft ein Wirtschaftsgut an die Kapitalgesellschaft, liegt im Umfang der Beteiligung kein Anschaffungsgeschäft vor, denn das Wirtschaftsgut gehörte insoweit bereits vorher anteilig zum Betriebsvermögen der Kapitalgesellschaft.

[116] BFH, Urt. v. 29.10.2019 – IX R 38/17, BStBl II 2021, 202, Rdnr. 32 letzter Satz; BFH, Urt. v. 03.05.2022 – IX R 22/19, BStBl II 2023, 186, Rdnr. 27; Bolk, DStZ 2015, 472, 474; BMF-Schreiben v. 19.12.2016 – IV C 6 - S 2241/15/10005, BStBl I 2017, 34, zur Entscheidung des BFH, Urt. v. 20.11.2014 – IV R 1/11, BStBl II 2017, 34; Krumm, in: Kirchhof/Seer, EStG, 23. Aufl. 2024, § 15 Rdnr. 251.

- Veräußert die Kapitalgesellschaft ein Wirtschaftsgut an die Zebragesellschaft, liegt ein Veräußerungsgeschäft vor, soweit andere Gesellschafter an der Zebragesellschaft vermögensmäßig quotal beteiligt sind. Nur in diesem Umfang sind stille Reserven vorbehaltlich der Inanspruchnahme einer zulässigen Begünstigung nach § 6b EStG aufzudecken. Das veräußerte Wirtschaftsgut, das der Zebragesellschaft nach der Veräußerung zivilrechtlich zuzurechnen ist, ist aufgrund der Bruchteilsbetrachtung bezogen auf den der Kapitalgesellschaft gehörenden Anteil unverändert und unter Fortführung des Buchwerts weiterhin in der Steuerbilanz der Kapitalgesellschaft zu bilanzieren.[117]

[117] BFH, Urt. v. 26.04.2012 – IV R 44/09, BStBl II 2013, 143.

29. Umwandlung und Einbringung

29.1 Umwandlung eines Personenunternehmens in eine Kapitalgesellschaft

29.1.1 Zivilrechtliche Behandlung

29.1 Kapitalgesellschaften sind in der Praxis vielfach als übertragender oder übernehmender Rechtsträger im Rahmen von Umwandlungen beteiligt. Neben den Fällen der Verschmelzung oder Spaltung einer Kapitalgesellschaft auf eine andere Kapitalgesellschaft tritt die Kapitalgesellschaft in der Praxis vor allem als übernehmender Rechtsträger bei der Umwandlung eines Personenunternehmens auf. Diese Umstrukturierungen, die zivilrechtlich als Verschmelzung einer Personenhandelsgesellschaft auf eine Kapitalgesellschaft, als Ausgliederung auf bzw. Formwechsel in eine Kapitalgesellschaft oder als Sachgründung oder Sachkapitalerhöhung einer Kapitalgesellschaft erfolgen, werden steuerlich als Einbringung nach den §§ 20–23 bzw. § 25 UmwStG behandelt.

29.2 Nach Rdnr. 01.44 UmwSt-Erlass[1] fällt auch die **Anwachsung** unter § 20 UmwStG, bei der z.B. die Kommanditisten einer GmbH & Co. KG ihre Kommanditanteile (Mitunternehmeranteile) **gegen Gewährung von neuen Gesellschaftsrechten** nach

[1] Vgl. BMF-Schreiben v. 11.11.2011 – IV C 2 - S 1978-b/08/10001, BStBl I, 1314 (im Folgenden UmwSt-Erlass).

§ 20 UmwStG in die bisherige Komplementär-GmbH einbringen. Das Vermögen der GmbH & Co. KG wächst anschließend der (früheren) Komplementär-GmbH unter Fortführung der Buchwerte als dem einzig verbliebenen Gesellschafter an.

Beispiel

Am 11.10.2023 hat das Bundesfinanzministerium den Entwurf eines aktualisierten BMF-Schreibens zur Anwendung des Umwandlungssteuergesetzes (im Folgenden: UmwStE 2024) veröffentlicht und den Verbänden sowie der interessierten Fachöffentlichkeit die Gelegenheit zur Stellungnahme gegeben. Mit der finalen Fassung ist etwa bis zur Mitte des Jahres 2024 zu rechnen. Soweit dies relevant ist, wird in den nachfolgenden Ausführungen auf die vorgesehenen Änderungen hingewiesen.[2] 29.3

29.1.2 Steuerrechtliche Behandlung als Einbringung nach § 20 UmwStG

Unabhängig von der zivilrechtlichen Behandlung wird steuerrechtlich die Umwandlung eines Personenunternehmens in eine GmbH – bei Vorliegen bestimmter Voraussetzungen – als **Einbringung nach den §§ 20 ff. UmwStG** behandelt. Auch für den Formwechsel wird in § 25 UmwStG durch Rechtsgrundverweisung die entsprechende Anwendung der §§ 20–23 UmwStG angeordnet. Nach § 20 Abs. 2 UmwStG können **auf Antrag** und unter folgenden Voraussetzungen die Buchwerte fortgeführt oder ein Ansatz von Zwischenwerten gewählt werden: 29.4

- **Einbringungsgegenstand** muss ein Betrieb, ein Teilbetrieb, ein Mitunternehmeranteil oder nach Rdnr. 20.11 UmwSt-Erlass auch der Teil eines Mitunternehmeranteils sein. Nach Rdnr. 20.05 UmwStE 2024 sind beim Formwechsel jeweils die Anteile der Mitunternehmer an der formwechselnden Personengesellschaft Einbringungsgegenstand. Erfolgt die Übertragung des Gesamthandsvermögens und des Sonderbetriebsvermögens im zeitlichen und wirtschaftlichen Zusammenhang, liegt ein einheitlicher Vorgang vor, der insgesamt unter § 20 UmwStG fallen kann. 29.5
- Die Einbringung muss in eine unbeschränkt steuerpflichtige Kapitalgesellschaft oder eine EU-/EWR-Kapitalgesellschaft erfolgen (vgl. dazu Rdnr. 01.54 UmwSt-Erlass). Zusätzlich muss sichergestellt sein, dass das eingebrachte Betriebsvermögen später bei der übernehmenden Kapitalgesellschaft der Besteuerung mit Körperschaftsteuer unterliegt und das Recht der Bundesrepublik Deutschland hinsichtlich der Besteuerung des Gewinns aus der Veräußerung des eingebrachten Betriebsvermögens bei der übernehmenden Gesellschaft nicht ausgeschlossen oder beschränkt wird. 29.6

[2] Zum vorliegenden Entwurf vgl. HAGEBÖKE/STANGL, FR 2023, 1117; OPPEL/SOLOWJEFF/TRAPPMANN, BB 2023, 2647 und 2711; LINK, GmbHR 2023, 1177.

29.7 – Als Gegenleistung für die Sacheinlage muss der Einbringende **neue Anteile an der übernehmenden Kapitalgesellschaft** erhalten. Solche neuen Anteile entstehen nach Rdnr. E 20.10 UmwSt-Erlass nur im Fall der **Gesellschaftsgründung oder Kapitalerhöhung**, während die verdeckte Einlage, die verschleierte Sachgründung oder verschleierte Sachkapitalerhöhung[3] sowie die Anwachsung ohne Kapitalerhöhung nicht in den Anwendungsbereich des § 20 UmwStG fallen. Neben den neuen Anteilen können gem. § 20 Abs. 2 Satz 4 UmwStG – in eingeschränkten Umfang – auch **sonstige Gegenleistungen** gewährt werden. Soweit neben den neuen Anteilen andere Wirtschaftsgüter gewährt werden, ist deren gemeiner Wert nach § 20 Abs. 3 Satz 3 UmwStG von den Anschaffungskosten der im Zuge der Einbringung erhaltenen Anteile abzuziehen. Die Anschaffungskosten der erhaltenen Anteile bemessen sich nach dem Wert, mit dem die übernehmende Gesellschaft das eingebrachte Betriebsvermögen ansetzt, so dass bei einer Einbringung unter Fortführung der Buchwerte regelmäßig kein Einbringungsgewinn entsteht.

29.8 – Nach Rdnr. E 20.09 i.V.m. Rdnr. 01.44 UmwSt-Erlass ist es unter Hinweis auf das BFH-Urteil vom 07.04.2010[4] ausreichend, wenn die **Sacheinlage gleichzeitig mit einer Bareinlage** und verpflichtenden Einbringung einer Sacheinlage als Aufgeld erbracht wird.[5] Eine solche kombinierte Bareinlage mit einer Sacheinlage als Aufgeld, die in der Kapitalrücklage zu erfassen ist, wird in der Praxis oftmals deshalb gewählt, weil damit die bei einer reinen Sacheinlage regelmäßig vom Registergericht angeforderte **Werthaltigkeitsbescheinigung** obsolet wird. Nachzuweisen ist nämlich lediglich, dass die Sacheinlage tatsächlich erbracht worden ist und keinen negativen Wert hat.

29.1.3 Kapitalerhöhungsverbot und -verzicht nach § 54 Abs. 1 UmwG

29.9 Nach Rdnr. E 20.10 UmwSt-Erlass liegt eine **Gewährung neuer Anteile i.S.v. § 20 UmwStG nicht vor**, wenn z.B. bei einer übernehmenden Kapitalgesellschaft das Kapitalerhöhungsverbot nach § 54 Abs. 1 Satz 1 UmwG zu beachten ist oder die übernehmende Gesellschaft durch notariell beurkundete Verzichtserklärung wahlweise auf eine Kapitalerhöhung verzichtet. Während eine Ausgliederung nach § 123 Abs. 3 UmwG sowie eine Sachkapitalerhöhung zivilrechtlich stets mit der Gewährung neuer Gesellschaftsrechte verbunden ist, kann z.B. bei der **Seitwärtsverschmelzung einer Personengesellschaft auf eine Schwesterkapitalgesellschaft** nach § 54 Abs. 1 Satz 2 und 3 UmwG auf eine Kapitalerhöhung verzichtet werden. In diesem Fall ist die Anwendung von § 20 UmwStG jedoch ausgeschlossen.

---

[3] Vgl. BFH, Urt. v. 01.07.1992 – I R 5/92, BStBl II 1993, 131.

[4] Vgl. BFH, Urt. v. 07.04.2010 – I R 55/09, BStBl II 2010, 1094.

[5] Fehlt hinsichtlich des Aufgeldes die Einbringungsverpflichtung, ist § 20 UmwStG nicht anwendbar; vgl. FG Baden-Württemberg, Urt. v. 19.04.2011 – 11 K 4386/08, EFG 2011, 1933, Nichtzulassungsbeschwerde abgelehnt durch BFH, Beschl. v. 01.12.2011 – I B 127/11, GmbHR 2012, 654.

Auch bei der Verschmelzung einer 100%igen Tochter-GmbH & Co. KG auf ihre Mutterkapitalgesellschaft greift das **Kapitalerhöhungsverbot** nach § 54 Abs. 1 Satz 1 UmwG, so dass eine unmittelbare erfolgsneutrale Umwandlung nach § 20 UmwStG ausscheidet. 29.10

Die Erfolgsneutralität lässt sich aber z.B. durch eine Verschmelzung der bisherigen Komplementär-GmbH auf die Mutterkapitalgesellschaft erreichen. Nach § 11 Abs. 2 i.V.m. § 12 UmwStG kann nämlich die übertragende Kapitalgesellschaft auf Antrag in ihrer steuerlichen Schlussbilanz die Buchwerte ansetzen, da § 11 Abs. 2 UmwStG bei der Verschmelzung von Kapitalgesellschaften die Gewährung von Gesellschaftsrechten nicht verlangt. Nach der Verschmelzung bleibt die vormalige Mutterkapitalgesellschaft als einzige Gesellschafterin der Tochter-GmbH & Co. KG übrig, und es kommt zu einer Anwachsung des Vermögens der Tochter-GmbH & Co. KG auf die Mutterkapitalgesellschaft mit Buchwertfortführung. 29.11

29.1.4 Gegenstand der Einbringung

29.1.4.1 Qualifizierte Einbringungsgegenstände

Als qualifizierte Einbringungsgegenstände gem. § 20 UmwStG kommen neben einem Betrieb auch Teilbetriebe und Mitunternehmeranteile in Betracht. Dabei setzt gem. Rdnr. 20.06 UmwSt-Erlass die Einbringung nach § 20 UmwStG voraus, dass sämtliche Wirtschaftsgüter, die **funktional wesentliche Betriebsgrundlagen** des Betriebs oder Teilbetriebs darstellen, in die übernehmende Gesellschaft mit eingebracht werden. Es genügt nicht, der Kapitalgesellschaft diese Wirtschaftsgüter nur zur Nutzung zu überlassen. Dies gilt auch für solche dem Betrieb oder Teilbetrieb dienenden Wirtschaftsgüter, die nur einem Gesellschafter der umzuwandelnden Personengesellschaft gehören und die Sonderbetriebsvermögen darstellen. 29.12

Hinweis

Werden Gebäudeteile als wesentliche Betriebsgrundlage vom einzubringenden Betrieb genutzt, so müssen diese mit in die übernehmende Kapitalgesellschaft eingebracht werden, wenn § 20 UmwStG zur Anwendung kommen soll. Sofern nicht eine Aufteilung des bebauten Grundstücks in Teileigentum vorliegt oder herbeigeführt wird, ist das gesamte Gebäude in die Kapitalgesellschaft einzubringen, selbst wenn einzelne Teile zu nicht betrieblichen Zwecken genutzt werden. Abgesehen von der anfallenden Grunderwerbsteuerbelastung können Gebäude damit oftmals ein 29.13

Einbringungshindernis darstellen. Wie im Übrigen das BFH-Urteil vom 29.11.2017[6] eindrucksvoll belegt, ist **§ 20 UmwStG auch dann nicht anwendbar**, wenn ein Miteigentumsanteil an einem bebauten Grundstück wesentliche Betriebsgrundlage des eingebrachten Betriebs ist und dieser Miteigentumsanteil nicht auf die Kapitalgesellschaft übertragen wird.

29.14 Bezüglich der Einbringung eines **Teilbetriebs** verweisen Rdnr. 15.02 sowie Rdnr. 20.06 UmwSt-Erlass auf Art. 2 Buchst. j) der EU-Fusionsrichtlinie.[7] Danach gehören zu einem Teilbetrieb alle **funktional wesentlichen Betriebsgrundlagen** sowie diesem Teilbetrieb **nach wirtschaftlichen Zusammenhängen zuordenbaren Wirtschaftsgüter.**[8] Nach der wirtschaftlichen Zuordnung werden auch Verbindlichkeiten erfasst (z.B. Investitionsdarlehen), wobei dies bei nicht zweckgebundenen Verbindlichkeiten wie z.B. bei einem Cash Pool oder einer allgemeinen Kreditlinie kaum lösbare Zuordnungsprobleme bereiten kann.

Hinweis

29.15 Die Übertragung der wirtschaftlich zuordenbaren Wirtschaftsgüter wird bei der Einbringung eines Betriebs – anders als beim Teilbetrieb – nicht verlangt. Dies ist dem Umstand geschuldet, dass es keine europäische Definition des Betriebsbegriffs gibt, die eine von den allgemeinen Grundsätzen des deutschen Steuerrechts abweichende Beurteilung erfordert.

29.1.4.2 Sonderbetriebsvermögen bei Umwandlungen

29.1.4.2.1 Zugehörigkeit zum Mitunternehmeranteil und Miteinbringung

29.16 Begünstigt ist nach § 20 UmwStG auch die Einbringung eines Mitunternehmeranteils oder eines Teils eines Mitunternehmeranteils einschließlich etwa vorhandener wesentlicher Betriebsgrundlagen im Sonderbetriebsvermögen (SBV).

---

6 Vgl. BFH, Urt. v. 29.11.2017 – I R 7/16, BStBl II 2019, 738; zuvor ebenso FG Baden-Württemberg, Urt. v. 10.12.2015 – 1 K 3485/13, EFG 2016, 423, vgl. die Anmerkungen von WACKER, DStR 2018, 1019; WENDT, FR 2018, 508; MICKER, Ubg 2018, 354; TROSSEN, Ubg 2018, 358; BERGMANN, Ubg 2018, 359; BRÜHL/WEISS, GmbHR 2018, 649; STRAHL, NWB 2018, 2172; OTT, Ubg 2019, 129.

7 Vgl. Richtlinie 2009/133/EG des Rates v. 19.10.2009 über das gemeinsame Steuersystem für Fusionen, Spaltungen, Abspaltungen, die Einbringung von Unternehmensteilen und den Austausch von Anteilen, die Gesellschaften verschiedener Mitgliedstaaten betreffen, sowie für die Verlegung des Sitzes einer Europäischen Gesellschaft oder einer Europäischen Genossenschaft von einem Mitgliedstaat in einen anderen Mitgliedstaat, ABl Nr. L 10/34 (Fusionsrichtlinie).

8 Vgl. EuGH, Urt. v. 15.01.2002 – C-43/00, EuGHE I, 379; BFH, Urt. v. 07.04.2010 – I R 96/08, BStBl II 2011, 467.

Da nach h.M. § 15 Abs. 1 Nr. 2 EStG **nicht nur als Qualifikationsnorm, sondern auch als Zurechnungsnorm** verstanden wird,[9] werden Wirtschaftsgüter auch dann zum Sonderbetriebsvermögen gerechnet werden, wenn sie bereits zum Betriebsvermögen eines anderen Betriebs des Mitunternehmers gehören. Der **Vorrang des Sonderbetriebsvermögens** (siehe dazu ausführlich Rdnr. 28.50 ff.) macht es in der Praxis erforderlich, dieses zunächst richtig zu verorten. Insbesondere beim Formwechsel einer Personen- in eine Kapitalgesellschaft, der zivilrechtlich nur das Gesamthandsvermögen der Personengesellschaft umfasst, müssen wesentliche Betriebsgrundlagen im Sonderbetriebsvermögen eines Gesellschafters im Wege der Einzelrechtsnachfolge – schuldrechtlich mit aufschiebender Bedingung auf den Zeitpunkt der Eintragung des Formwechsels im Handelsregister – auf die übernehmende Kapitalgesellschaft übertragen werden, um in den Anwendungsbereich des § 20 UmwStG zu gelangen.[10] Im Schrifttum wird vertreten, dass die Übertragung des Sonderbetriebsvermögens auf die Kapitalgesellschaft keine Gewährung von Gesellschaftsrechten voraussetzt.[11] 29.17

Praxistipp

Der Antrag auf Eigentumsumschreibung sollte allerdings erst beim Grundbuchamt gestellt werden, wenn der Formwechsel im Handelsregister eingetragen worden ist, da anderenfalls die Übertragung auf eine Personengesellschaft vorliegt. Empfehlenswert ist es, die Miteinbringung des Sonderbetriebsvermögens rein vorsorglich in die Präambel zum Beschluss über den Formwechsel und zusammen mit diesem in derselben notariellen Urkunde aufzunehmen, um die steuerliche Konnexität zum Formwechsel zu dokumentieren.[12] 29.18

Zu den funktional wesentlichen Betriebsgrundlagen eines Mitunternehmeranteils können z.B. auch die dem Sonderbetriebsvermögen II zuzuordnenden Anteile an der Komplementär-GmbH bei einer GmbH & Co. KG gehören, wenn sich die 29.19

---

9 Vgl. erstmals BFH, Urt. v. 18.07.1979 – I R 199/75, BStBl II, 750; vgl. auch SCHMIDT/WACKER, EStG, 43. Aufl. 2024, § 15 Rdnr. 534; ausführlich dazu BOLK, Bilanzierung und Besteuerung der Personengesellschaft und ihrer Gesellschafter, 5. Aufl. 2023, Rdnr. 3.144 ff.

10 Vgl. BILITEWSKI, in: HARITZ/MENNER/BILITEWSKI, UmwStG, 6. Aufl. 2024, § 25 Rdnr. 60; PATT, in: DÖTSCH/PUNG/MÖHLENBROCK, Die Körperschaftsteuer, § 25 UmwStG Rdnr. 35 (09/2022); SCHMITT, in: SCHMITT/HÖRTNAGL, UmwG/UmwStG, 10. Aufl. 2024, § 25 UmwStG Rdnr. 20.

11 Vgl. z.B. RABBACK, in: RÖDDER/HERLINGHAUS/VAN LISHAUT, UmwStG, 3. Aufl. 2019, § 25 Rdnr. 51.

12 WIDMANN, in: WIDMANN/MAYER, Umwandlungsrecht, § 25 UmwStG Rdnr. 6.13 (06/2008).

Tätigkeit der GmbH auf die Geschäftsführung für die KG beschränkt oder ihr daneben bestehender Geschäftsbetrieb von ganz untergeordneter Bedeutung ist.[13]

29.20 Nach dem BFH-Urteil vom 01.02.2024[14] bedeutet das Vorliegen von Sonderbetriebsvermögen nicht zugleich, dass die Anteile an der Komplementär-GmbH wesentliche Betriebsgrundlagen sind. Eine Minderheitsbeteiligung des Kommanditisten von weniger als 10 % an der Komplementär-GmbH ist regelmäßig nicht dem notwendigen Sonderbetriebsvermögen II zuzuordnen, wenn – ausgehend vom gesetzlich normierten Regelfall – in den Angelegenheiten der Gesellschaft die Abstimmung nach der Mehrheit der abgegebenen Stimmen erfolgt. Dies gilt auch, wenn die Komplementär-GmbH außergewöhnlich hoch (im Streitfall zu 99 %) am Gewinn der KG beteiligt ist. Vielmehr sind Wirtschaftsgüter des Sonderbetriebsvermögens II nur anzunehmen, wenn diese geeignet und dazu bestimmt sind, die Stellung als Mitunternehmer zu begründen oder zu stärken.

29.21 Der Anteil an einer Komplementär-GmbH einer mehrgliedrigen GmbH & Co. KG kann die Stellung des Kommanditisten in der KG stärken, wenn sie ihm mittelbar Einfluss auf die Geschäftsführung der KG verschafft. Wer allerdings auf die Komplementär-GmbH keinen Einfluss nehmen kann, hat auch keinen mittelbaren Einfluss auf die Führung der Geschäfte der KG. Dies gilt für einen mit weniger als 10 % am Stammkapital einer GmbH beteiligten Gesellschafter. Etwas anderes gilt nur, wenn eine Beschlussfassung nur unter Mitwirkung des Minderheitsgesellschafters (z.B. bei Einstimmigkeit) möglich ist.

29.22 Zu der Frage, ob Anteile an einer Komplementär-GmbH nach § 20 UmwStG mit einzubringen sind, nimmt die Verfügung der OFD Frankfurt/M. vom 12.12.2022[15] Stellung, wonach verschiedene Fallgruppen unterschieden werden.

29.23 Nach der **Billigkeitsregelung** in Rdnr. 20.09 UmwSt-Erlass können bei der Einbringung in eine Kapitalgesellschaft die Anteile an der übernehmenden Kapitalgesellschaft (z.B. die Anteile an der Komplementär-GmbH) zurückbehalten werden, wenn diese Anteile bei Miteinbringung zu eigenen Anteilen der aufnehmenden Kapitalgesellschaft werden. Voraussetzung für die Anwendung von § 20 UmwStG

---

13 Vgl. BFH, Urt. v. 11.12.1990 – VIII R 14/87, BStBl II 1991, 510; BFH, Urt. v. 23.01.2001 – VIII R 12/99, BStBl II 2001, 825; zu Ausnahmen vgl. SCHMIDT/WACKER, EStG, 43. Aufl. 2024, § 15 Rdnr. 517 und 714; zur Ausnahme bei einer Beteiligung des Kommanditisten an der Komplementär-GmbH von weniger als 10 % vgl. BFH, Urt. v. 16.04.2015 – IV R 1/12, BStBl II, 705; zu einer weiteren Ausnahme vgl. auch FG Hessen, Urt. v. 05.12.2018 – 8 K 1236/15, EFG 2020, 1517 mit Anm. TIEDCHEN, zu einer Beteiligung des Kommanditisten an der Komplementär-GmbH von 44 %.

14 BFH, Urt. v. 01.02.2024 – IV R 9/20, NJW 2024, 1216; Vorinstanz FG Hessen, Urt. v. 05.12.2018 – 8 K 1236/15, EFG 2020, 1517.

15 Vgl. OFD Frankfurt/M., Vfg. v. 12.12.2022 – S 2134 A-014-St 517, DStR 2023, 151.

ist aber nach Rdnr. 20.09 UmwStE 2024, dass der Einbringende neben den zurückbehaltenen Anteilen auch neue Anteile der übernehmenden Kapitalgesellschaft erhält. Durch die Zurückbehaltung wird ggf. auch ein Untergang von Verlustvorträgen nach § 8c KStG verhindert. Erforderlich ist ein **unwiderruflicher Antrag** des Einbringenden beim Finanzamt der übernehmenden Kapitalgesellschaft. In diesem Antrag muss sich der Einbringende damit einverstanden erklären, dass die zurückbehaltenen Anteile an der übernehmenden Gesellschaft künftig in vollem Umfang als (fiktiv sperrfristbehaftete) Anteile[16] i.S.d. § 22 Abs. 1 UmwStG zu behandeln sind. Bei einer Veräußerung der Anteile innerhalb eines Zeitraums von sieben Jahren nach der Einbringung oder bei Realisation eines Ersatztatbestands gem. § 22 Abs. 1 Satz 6 UmwStG erfolgt insoweit eine **rückwirkende Besteuerung des Einbringungsvorgangs** nach § 22 Abs. 1 UmwStG. Dem Beispiel in Rdnr. 20.09 UmwSt-Erlass ist zu entnehmen, dass die zurückbehaltenen Anteile erfolgsneutral aus dem bisherigen Betriebsvermögen entnommen werden und als Anteile i.S.d. § 17 EStG anzusehen sind.[17]

29.1.4.2.2 Auslagerung wesentlicher Betriebsgrundlagen vor der Einbringung

Werden wesentliche Betriebsgrundlagen im Vorfeld einer Einbringung unter Buch- 29.24
wertfortführung nach § 6 Abs. 5 EStG zu Buchwerten in ein anderes Betriebsvermögen überführt oder übertragen, ist nach Rdnr. 20.07 UmwSt-Erlass nach einer zeitraumbezogenen Betrachtungsweise die **Anwendung der Gesamtplanrechtsprechung** zu prüfen.[18] Dagegen ist nach dem BFH-Urteil vom 25.11.2009[19] bei einer dauerhaften Vorabauslagerung wesentlicher Betriebsgrundlagen **kein schädlicher Gesamtplan** erkennbar; eine solche Auslagerung ist auch nicht missbräuchlich i.S.d. § 42 AO, wenn sie auf Dauer erfolgt und nicht alsbald wieder rückgängig gemacht wird. Entsprechendes gilt nach dem BFH-Urteil vom 09.11.2011[20] bei der Vorab-Veräußerung einer wesentlichen Betriebsgrundlage vor einer Einbringung. Nach der **zeitpunktbezogenen Betrachtung** im BFH-Urteil vom 29.11.2017[21] ist für die Beurteilung, ob ein Wirtschaftsgut eine wesentliche Betriebsgrundlage des einzubringenden Betriebs darstellt, der **Einbringungszeitpunkt maßgebend**.

---

16 Zu diesen sog. fiktiv sperrfristbehafteten Anteilen vgl. OTT, DStZ 2020, 561.

17 So auch PATT, in: DÖTSCH/PUNG/MÖHLENBROCK, Die Körperschaftsteuer, § 20 UmwStG Rdnr. 71 (09/2023); SCHMITT, in: SCHMITT/HÖRTNAGL, UmwG/UmwStG, 10. Aufl. 2024, § 20 UmwStG Rdnr. 35, Stichwort: Beteiligungen.

18 Zur berechtigten Kritik vgl. HAGEBÖKE/STANGL, FR 2023, 1117 f., 1135 sowie zur geplanten gesetzlichen Kodifizierung des Gesamtplans; OPPEL/SOLOWJEFF/TRAPPMANN, BB 2023 2711, 2713.

19 Vgl. BFH, Urt. v. 25.11.2009 – I R 72/08, BStBl II 2010, 471.

20 Vgl. BFH, Urt. v. 09.11.2011 – X R 60/09, BStBl II 2012, 638.

21 Vgl. BFH, Urt. v. 29.11.2017 – I R 7/16, DStR 2018, 1019 mit Anm. WACKER; WENDT, FR 2018, 508; STRAHL, NWB 2018, 2172; OTT, Ubg 2019, 129,132.

29.25 Eine steuerneutrale Vorabübertragung von inländischem Grundbesitz lässt sich im Ergebnis auch durch die Anwendung von 6b EStG[22] erreichen, wenn die erforderlichen Voraussetzungen hierfür (z.B. die sechsjährige Vorbesitzzeit) erfüllt sind. Nach den in R 6b.2. Abs. 6 und 7 EStR genannten **Übertragungsmöglichkeiten** wird dabei z.B. der Grundbesitz zunächst an eine personenidentische Schwesterpersonengesellschaft veräußert. Der Veräußerungsgewinn wird anschließend gewinnmindernd in eine Rücklage nach § 6b EStG eingestellt, die bei der erwerbenden Personengesellschaft auf den erworbenen (nämlichen) Grundbesitz übertragen wird.[23] Die Übertragung lediglich gegen Minderung bzw. Erhöhung der Gesellschaftsrechte wird von der Finanzverwaltung nicht anerkannt.[24]

29.26 Soll eine wesentliche Betriebsgrundlage vorab aus dem Gesamthandsvermögen einer Personengesellschaft in das Gesamthandsvermögen einer beteiligungsidentischen Schwesterpersonengesellschaft übertragen werden, so kann dies – vorbehaltlich der gesetzlichen Kodifizierung eines Gesamtplans – nach dem Beschluss des BVerfG vom 28.11.2023[25] nunmehr auch unter Anwendung von § 6 Abs. 5 Satz 3 EStG zu Buchwerten erfolgen. Nach Ansicht des BVerfG ist nämlich § 6 Abs. 5 Satz 3 EStG nicht mit dem Grundgesetz vereinbar, und die Vorschrift gilt bis zum Inkrafttreten der vom Gericht angeordneten gesetzlichen Neuregelung auch für den Transfer eines Wirtschaftsguts zwischen beteiligungsidentischen Personengesellschaften nach dem 31.12.2000.

29.1.5 Steuerliche Rückbeziehung

29.27 Bei der Einbringung in eine Kapitalgesellschaft sieht § 20 Abs. 5 bzw. Abs. 6 UmwStG das **antragsabhängige Wahlrecht** vor, sowohl das Einkommen als auch das Vermögen des Einbringenden und der übernehmenden Gesellschaft so zu ermitteln, als ob das eingebrachte Betriebsvermögen mit Ablauf des steuerlichen Übertragungsstichtags auf die Übernehmerin übergegangen wäre. Dabei ist nach § 20 Abs. 6 UmwStG grundsätzlich eine steuerliche Rückbeziehung von **maximal acht Monaten** vorgesehen.

29.28 Wird z.B. bei einer Ausgliederung als handelsrechtlicher Ausgliederungsstichtag i.S.d. § 124 i.V.m. § 5 Abs. 1 Nr. 6 UmwG der 01.01.2024 festgelegt, und erfolgt die Anmeldung zum Handelsregister bis spätestens zum 31.08.2024, so ist der steuerliche Übertragungsstichtag (Einbringungszeitpunkt) der 31.12.2023. Der

[22] Zur Zulässigkeit vgl. BMF-Schreiben v. 08.12.2011 – IV C 6 - S 2241/10/10002, BStBl I, 1279, Rdnr. 20; zur steuerlichen Anerkennung vgl. BFH, Urt. v. 09.11.2017 – IV R 19/14, DStR 2018, 292; zu den verbleibenden Problemen vgl. STRAHL, NWB 2018, 1290.

[23] Zur bilanziellen Behandlung vgl. instruktiv BOLK, Bilanzierung und Besteuerung der Personengesellschaft und ihrer Gesellschafter, 5. Aufl. 2023, Rdnr. 20.49 ff.

[24] Vgl. OFD Frankfurt, Vfg. v. 11.10.2013 – S 2241 A - 117 - St 213, DStR 2013, 2570.

[25] Vgl. BVerfG, Beschl. v. 28.11.2013 – 2 BvL 8/13, DStR 2024, 155.

formfreie (ggf. konkludente) und unbefristete Antrag auf Rückbeziehung ist nach dem BFH-Urteil vom 19.12.2018[26] von der übernehmenden Kapitalgesellschaft bei dem für sie zuständigen Finanzamt zu stellen. Der Antrag kann noch bis zur Beendigung der letzten Tatsacheninstanz gestellt werden, in der über die Besteuerung des Vermögens entschieden wird. Obwohl der Gesetzeswortlaut keinen Hinweis auf eine Unwiderruflichkeit des Antrags enthält, ist nach Auffassung des BFH im o.a. Urteil vom 19.12.2018 eine nachträgliche Änderung des einmal gestellten Antrags nicht möglich.[27] Nach Rdnr. 20.14 UmwStE 2024 ist der Antrag unwiderruflich.

Bezüglich des steuerlichen Übertragungsstichtags unterscheidet § 20 Abs. 6 UmwStG einerseits nach den vom UmwG erfassten Fällen der **Sacheinlage durch Verschmelzung** i.S.d. § 2 UmwG sowie durch **Aufspaltung, Abspaltung oder Ausgliederung** nach § 123 UmwG und andererseits nach **anderen Fällen der Sacheinlage** (also nicht vom UmwG erfasste Fälle wie z.B. bei Sachgründung oder Sachkapitalerhöhung). 29.29

In den vom UmwG erfassten Fällen darf nach § 20 Abs. 6 Satz 1 und 2 UmwStG als steuerlicher Übertragungsstichtag der Stichtag angesehen werden, für den die Schlussbilanz des übertragenden Unternehmens i.S.d. § 17 Abs. 2 UmwG aufgestellt wird; dieser Stichtag darf höchstens acht Monate vor der Anmeldung der Verschmelzung zur Eintragung in das Handelsregister liegen. In den nicht vom UmwG erfassten Fällen darf nach § 20 Abs. 6 Satz 3 UmwStG die Einbringung auf einen Tag zurückbezogen werden, der höchstens acht Monate vor dem Tag des Abschlusses des Einbringungsvertrags und höchstens acht Monate vor dem Zeitpunkt liegt, an dem das eingebrachte Betriebsvermögen auf die übernehmende Gesellschaft übergeht. 29.30

Beim **Formwechsel** besteht eine **eigenständige Rückbeziehung**, da § 25 Satz 2 UmwStG auf die entsprechende Anwendung von § 9 Satz 2 und 3 UmwStG verweist. Der Einbringende hat für steuerliche Zwecke auf den Zeitpunkt, in dem der Formwechsel wirksam wird, eine Übertragungsbilanz, die übernehmende Kapitalgesellschaft eine Eröffnungsbilanz aufzustellen. Diese Bilanzen können aber auch auf einen Stichtag aufgestellt werden, der **höchstens acht Monate** vor der Anmeldung des Formwechsels in ein öffentliches Register liegt. Das Einkommen und das Vermögen der Kapitalgesellschaft bzw. des Einbringenden sind nach Rdnr. 02.06 UmwSt-Erlass so zu ermitteln, als ob das Vermögen mit Ablauf dieses Stichtags 29.31

[26] Vgl. BFH, Urt. v. 19.12.2018 – I R 1/17, BStBl II 2019, 709; so auch die h.M.; vgl. dazu nur Patt, in: Dötsch/Pung/Möhlenbrock, Die Körperschaftsteuer, § 20 UmwStG Rdnr. 307 ff. (06/2020); Schmitt, in: Schmitt/Hörtnagl, UmwG/UmwStG, 10. Aufl. 2024, § 20 UmwStG Rdnr. 258.

[27] Zur Kritk vgl. Stenert/Pohl/Intemann, Ubg 2019, 409.

(der zugleich der steuerliche Übertragungsstichtag ist) auf die Kapitalgesellschaft übergegangen wäre.

29.32 Die Rückbeziehung nach § 20 Abs. 5 und 6 UmwStG hat im Übrigen zur Folge, dass auch die als Gegenleistung für das eingebrachte Vermögen gewährten Gesellschaftsanteile mit Ablauf des steuerlichen Übertragungsstichtags dem Einbringenden zuzurechnen sind. Nach Rdnr. 20.16 UmwSt-Erlass führt die Rückbeziehung aber nicht dazu, dass auch **Verträge**, die z.B. die übernehmende Kapitalgesellschaft mit dem Einbringenden schließt (z.B. Dienst-, Miet- oder Pachtverträge, Darlehensverträge), als bereits zum Zeitpunkt der Einbringung abgeschlossen gelten.[28] So können z.B. bei der Einbringung in eine neu gegründete Kapitalgesellschaft Anstellungsverträge mit dem Gesellschafter-Geschäftsführer erst ab dem Zeitpunkt der notariellen Beurkundung der Einbringung abgeschlossen werden.

29.33 Etwas anderes gilt indes nach Rdnr. 20.16 UmwSt-Erlass bei der Einbringung von Anteilen an einer Personengesellschaft. Sind nämlich Vergütungen an den Gesellschafter (z.B. auf vertraglicher Basis) bislang gem. § 15 Abs. 1 Satz 1 Nr. 2 EStG als Sonderbetriebseinnahmen dem Gewinnanteil hinzugerechnet worden, so führt die steuerliche Rückbeziehung der Einbringung dazu, dass § 15 Abs. 1 Satz 1 Nr. 2 EStG **bereits im Rückwirkungszeitraum** auf diese Vergütungen nicht mehr anwendbar ist. Vielmehr sind diese – soweit angemessen – als Betriebsausgaben der übernehmenden Kapitalgesellschaft anzusehen.[29] Unangemessene Entgelte stellen nach § 20 Abs. 5 Satz 2 UmwStG keine verdeckte Gewinnausschüttung dar, sondern sind Entnahmen, die nach § 20 Abs. 5 Satz 3 UmwStG zu einer Minderung der Anschaffungskosten der erhaltenen Anteile führen.

29.1.6 Antragsabhängiges Bewertungswahlrecht der Kapitalgesellschaft

29.1.6.1 Antragstellung

29.34 Sind die Voraussetzungen des § 20 Abs. 1 UmwStG erfüllt, hat die übernehmende Kapitalgesellschaft nach § 20 Abs. 2 Satz 2 UmwStG – (abweichend vom Regelansatz mit dem gemeinen Wert) das Wahlrecht, das eingebrachte Betriebsvermögen – mit Ausnahme von Pensionsrückstellungen, die nach § 6a EStG zu bewerten sind – entweder mit dem Buchwert oder mit einem Zwischenwert anzusetzen. Da das steuerliche Bewertungswahlrecht nach Rdnr. 20.20 UmwSt-Erlass unabhängig vom Wertansatz in der Handelsbilanz ausgeübt werden kann, ist es z.B. möglich, in der Handelsbilanz die Zeitwerte anzusetzen, während in der Steuerbilanz die

---

[28] Ausführlich dazu PATT, in: DÖTSCH/PUNG/MÖHLENBROCK, Die Körperschaftsteuer, § 20 UmwStG Rdnr. 313 ff. (06/2020).

[29] Zu der – zu bejahenden – Frage, ob das SBV bei der Einbringung auch dann an der steuerlichen Rückwirkung teilnimmt, wenn dieses erst im steuerlichen Rückwirkungszeitraum begründet wurde, vgl. GRASHOFF/SCHWETLIK, GmbHR 2018, 680.

Buchwerte fortgeführt werden. Hierdurch eröffnet sich die Möglichkeit, steuerneutral stille Reserven in der Handelsbilanz zu „heben“.

Der Ansatz zum Buchwert oder Zwischenwert setzt einen **Antrag** voraus, der nach Rdnr. 20.21 UmwSt-Erlass von der übernehmenden Kapitalgesellschaft spätestens bis zur erstmaligen Abgabe ihrer steuerlichen Schlussbilanz bei dem für ihre Besteuerung zuständigen Finanzamt zu stellen ist. Wird der Antrag **nicht oder verspätet gestellt**, so ist die Sacheinlage zwingend mit dem gemeinen Wert anzusetzen. Über § 21 Abs. 1 Satz 3 i.V.m. § 20 Abs. 2 Satz 3 UmwStG gilt Entsprechendes beim qualifizierten Anteilstausch. Nach dem BFH-Urteil vom 15.06.2016[30] ist **unter normspezifischer Auslegung** „mit der steuerlichen Schlussbilanz die nächste auf den Einbringungszeitpunkt folgende steuerliche Jahresschlussbilanz der übernehmenden Gesellschaft gemeint, in der der Einbringungsgegenstand erstmals anzusetzen ist“.[31] 29.35

Abweichend von § 3 Abs. 1 UmwStG i.V.m. Rdnr. 03.01 UmwSt-Erlass ist die steuerliche Schlussbilanz somit **keine eigenständige Bilanz**, die von der Gewinnermittlung nach den § 4 Abs. 1, § 5 EStG zu unterscheiden ist, sondern die **reguläre Steuerbilanz.**[32] Als steuerliche Schlussbilanz gelten nach Auffassung des BFH sowohl die reine Handelsbilanz mit der Erklärung, diese sei auch der steuerlichen Beurteilung zugrunde zu legen, eine Handelsbilanz mit steuerrechtlichen Zusätzen bzw. Anmerkungen als auch eine eigenständige Steuerbilanz. Jede dieser drei Varianten der steuerlichen Rechnungslegung löst damit das **Fristende für die Antragsrechte** nach § 20 Abs. 2 Satz 2 UmwStG aus. Für den Ablauf der Frist kommt es nicht darauf an, ob die eingereichte Bilanz den Grundsätzen ordnungsmäßiger Buchführung oder den steuerbilanzrechtlichen Sonderregelungen entspricht. Der Fristablauf wird somit durch Fehler bei der Bilanzierung oder der Bewertung nicht aufgehalten. 29.36

Beispiel

Am 15.07.2024 wird rückwirkend die Umwandlung einer Personengesellschaft in die bestehende A-GmbH mit einem dem Kalenderjahr entsprechenden Wirtschaftsjahr unter Fortführung der Buchwerte beschlossen. Als steuerlicher Übertragungsstichtag nach § 20 Abs. 5 und 6 UmwStG wird a) der 31.12.2023 bzw. b) der 01.01.2024 gewählt. Der Jahresabschluss zum 31.12.2023 einschließlich der Steuererklärungen der A-GmbH wurde bereits im Mai 2024 beim Finanzamt eingereicht. 29.37

---

[30] Vgl. BFH, Urt. v. 15.06.2016 – I R 69/15, BStBl II 2017, 75, für einen qualifizierten Anteilstausch i.S.d. § 21 Abs. 1 UmwStG.

[31] BFH, Urt. v. 15.06.2016 – I R 69/15, BStBl II 2017, 75, Rdnr. 17, 18.

[32] So auch Rdnr. 20.21 UmwSt-Erlass sowie BayLfSt, Vfg. v. 11.11.2014 – S 1978d.2.1 - 17/10 St 32, DB 2014, 2681.

Lösung zu a)

Im Fall a) steht der Antragstellung die bereits abgegebene Bilanz zum 31.12.2023 nicht entgegen, da in dieser Bilanz das übernommene Betriebsvermögen – naturgemäß – noch nicht angesetzt worden ist. Als für den Antrag maßgebende steuerliche Schlussbilanz ist daher die noch auf den steuerlichen Übertragungsstichtag zu erstellende Bilanz zum 31.12.2023 anzusehen.

Lösung zu b)

Wird dagegen der 01.01.2024 als steuerlicher Übertragungsstichtag gewählt, muss der Antrag auf Buchwertfortführung spätestens bis zur Abgabe der Steuerbilanz auf den 31.12.20241 gestellt werden. Entsprechendes gilt, wenn die A-GmbH durch die rückwirkende Einbringung zum 01.01.2024 neu gegründet worden ist.

29.38 Nach Rdnr. 20.21 i.V.m. Rdnr. 03.29 f. UmwSt-Erlass bedarf der **Antrag keiner besonderen Form**, ist bedingungsfeindlich und kann nachträglich nicht widerrufen oder geändert werden.[33] Aus dem Antrag muss sich ausdrücklich ergeben, ob die eingebrachten Wirtschaftsgüter mit dem Buchwert oder zu einem Zwischenwert anzusetzen sind. Mangels besonderer Formvorschriften kann der Antrag nach h.M. auch **konkludent** (z.B. durch Einreichung der Schlussbilanz zu Buchwerten) gestellt werden.[34] Um ein Besteuerungsrisiko zu vermeiden, ist ein ausdrücklicher **schriftlicher Antrag** empfehlenswert.

29.39 Der von der übernehmenden Kapitalgesellschaft gewählte Wertansatz hat nach § 20 Abs. 3 Satz 1 UmwStG unmittelbare Auswirkungen auf die Besteuerung des Einbringenden. Daher ist durch entsprechende Regelungen im Einbringungsvertrag sicherzustellen, dass z.B. der Ansatz von Buchwerten bei der Übernehmerin auch tatsächlich erfolgt. Nach dem BFH-Urteil vom 08.06.2011[35] steht allerdings dem Einbringenden das Drittanfechtungsrecht gegen die Steuerfestsetzung bei der Kapitalgesellschaft zu, wenn das Finanzamt einen höheren als den von der Kapitalgesellschaft gewählten Wertansatz verfolgt. Nach Rdnr. 20.25 UmwStE 2024 ist § 166 AO zu beachten.

---

33 Vgl. BFH, Urt. v. 28.05.2008 – I R 98/06, BStBl II, 916; BayLfSt, Vfg. v. 11.11.2014 – S 1978d.2.1 - 17/10 St 32, DB 2014, 2681.

34 Vgl. PATT, in: DÖTSCH/PUNG/MÖHLENBROCK, Die Körperschaftsteuer, § 20 UmwStG Rdnr. 211a (04/2015); wohl auch BFH, Urt. v. 15.06.2016 – I R 69/15, BStBl II 2017, 75, Rdnr. 23 a.E; BayLfSt, Vfg. v. 11.11.2014 – S 1978d.2.1 - 17/10 St 32, DB 2015, 2681.

35 Vgl. BFH, Urt. v. 08.06.2011 – I R 79/10, BStBl II 2012, 421; BFH, Urt. v. 15.06.2016 – I R 69/15, BStBl II 2017, 75; zur Drittanfechtungsklage vgl. auch BRÜHL, FR 2018, 448.

29.1.6.2 Einschränkungen des Bewertungswahlrechts

Bei der Gewährung **sonstiger Gegenleistungen** sind nach § 20 Abs. 2 Satz 2 Nr. 4 UmwStG betragsmäßige Beschränkungen zu beachten. Danach ist bei der Einbringung in eine Kapitalgesellschaft eine Buchwertfortführung nur möglich, soweit der gemeine Wert von neben den neuen Gesellschaftsrechten gewährten sonstigen Gegenleistungen 29.40

a) 25 % des Buchwerts des eingebrachten Betriebsvermögens oder

b) 500.000 €, höchstens jedoch den Buchwert des eingebrachten Betriebsvermögens

nicht übersteigt. Erhält der Einbringende neben den neuen Gesellschaftsanteilen auch sonstige Gegenleistungen, ist nach § 20 Abs. 2 Satz 4 UmwStG das eingebrachte Betriebsvermögen abweichend von § 20 Abs. 2 Satz 2 UmwStG mindestens mit dem gemeinen Wert der sonstigen Gegenleistungen anzusetzen, wenn dieser den sich nach § 20 Abs. 2 Satz 2 UmwStG ergebenden Wert übersteigt. In Rdnr. 20.19a UmwStE 2024 sind nunmehr zur Behandlung von sonstigen Gegenleistungen zwei Zahlenbeispiele dargestellt.

Beispiel

Die Bilanz des einzubringenden Betriebs weist vor der Einbringung in eine GmbH folgende Werte auf:

Bilanz des Betriebs

	Buchwert	**gemeiner Wert**		
Aktiva	2.000.000 €	5.000.000 €	Eigenkapital	2.000.000 €
	2.000.000 €	5.000.000 €		2.000.000 €

Bei Buchwertfortführung zeigt die Eröffnungsbilanz der GmbH folgendes Bild, wenn diese mit einem Stammkapital von 2.000.000 € ausgestattet wird:

Bilanz der GmbH

Aktiva	2.000.000 €	Gezeichnetes Kapital	2.000.000 €
	2.000.000 €		2.000.000 €

Wird die GmbH z.B. nur mit einem Stammkapital von 1.000.000 € ausgestattet, kann der übersteigende Betrag als Kapitalrücklage nach § 272 Abs. 2 Nr. 1 HGB ausgewiesen werden. Die Eröffnungsbilanz der GmbH zeigt dann folgendes Bild:

Bilanz der GmbH

Aktiva	2.000.000 €	Gezeichnetes Kapital	1.000.000 €
		Kapitalrücklage	1.000.000 €
	2.000.000 €		2.000.000 €

Der Ausweis als Kapitalrücklage, der nicht als Gewährung einer sonstigen Gegenleistung i.S.d. § 20 Abs. 2 UmwStG gilt, führt zu einem **Zugang im steuerlichen Einlagekonto** i.H.v. 1.000.000 €.[36] Der Wert, mit dem die GmbH das eingebrachte Vermögen ansetzt (hier: 2.000.000 €), gilt als Veräußerungspreis für den Einbringenden, so dass bei der – hier gewählten – Buchwertfortführung kein **Einbringungsgewinn** entsteht. Derselbe Wert (= 2.000.000 €) gilt gleichzeitig als Anschaffungskosten der sperrfristbehafteten GmbH-Anteile.

Soll in der Bilanz eine Darlehensverbindlichkeit gegenüber dem einbringenden Gesellschafter ausgewiesen werden, so ist dies im vorliegenden Beispiel steuerunschädlich nur bis zu einer Höhe von 500.000 € möglich. Bei einem Stammkapital von 1.000.000 € und einer Kapitalrücklage von 500.000 € ergibt sich dann die folgende Eröffnungsbilanz der GmbH:

Bilanz der GmbH

Aktiva	2.000.000 €	Gezeichnetes Kapital	1.000.000 €
		Kapitalrücklage	500.000 €
		Verbindlichkeit gegenüber dem Einbringenden	500.000 €
	2.000.000 €		2.000.000 €

Dabei wird bei der Gewährung **anderer Wirtschaftsgüter** deren gemeiner Wert nach § 20 Abs. 3 Satz 3 UmwStG von den Anschaffungskosten der sperrfristbehafteten Anteile wie folgt abgezogen:

Buchwert des übertragenen Vermögens:	2.000.000 €
Von der GmbH gewährtes Darlehen	– 500.000 €
Anschaffungskosten der GmbH-Anteile	**1.500.000 €**

Wird in der Bilanz der GmbH – ohne Berücksichtigung der o.a. Beschränkungen – eine Darlehensverbindlichkeit i.H.v. 1.000.000 € ausgewiesen, so ergäbe sich im vorliegenden Fall nach dem Berechnungsschema in den Gesetzesmaterialien[37] ein steuerpflichtiger Einbringungsgewinn von 300.000 €, während sich die Anschaffungskosten der im Gegenzug erhaltenen Anteile auf 1.300.000 € beliefen.

---

36 Vgl. BMF-Schreiben v. 16.12.2003 – IV A 2 - S 1978 16/03, BStBl I, 786, Rdnr. 20 i.V.m. BMF-Schreiben v. 04.06.2003 – IV A 2 - S 2836 - 2/03, BStBl I, 366, Rdnr. 6.

37 Vgl. RegE ZollkodexAnpG, BT-Drucks. 18/4902, S. 49.

Auch die **Ersatzrealisationstatbestände für sperrfristbehaftete Anteile** in § 22 Abs. 1 Satz 6 Nr. 3, 4 und 5 UmwStG bzw. die dort vorgesehenen Ausnahmen von der rückwirkenden Einbringungsgewinnbesteuerung sind an die betragsmäßigen Einschränkungen bei der Gewährung von sonstigen Gegenleistungen angepasst worden. Danach tritt eine rückwirkende Besteuerung ein, wenn sperrfristbehaftete Anteile entweder entgeltlich (§ 22 Abs. 1 Satz 6 Nr. 2 UmwStG) oder im Wege einer Ketteneinbringung (§ 22 Abs. 1 Satz 6 Nr. 4 und Nr. 5 UmwStG) zu Buchwerten weiterübertragen werden und die sonstigen Gegenleistungen die neuen Betragsgrenzen übersteigen. 29.41

Da der **Begriff der sonstigen Gegenleistungen** gesetzlich nicht definiert wird und bisher auch eine offizielle Verlautbarung der Finanzverwaltung hierzu fehlt,[38] bestehen derzeit gewisse Unsicherheiten über den Begriffsinhalt und die Reichweite sonstiger Gegenleistungen.[39] Nach h.M. liegt eine sonstige Gegenleistung vor, wenn der Einbringende 29.42

- für das eingebrachte Betriebsvermögen aktive Wirtschaftsgüter erhält, die ihm zuvor nicht oder nur zu einem geringeren Umfang zuzurechnen waren,[40] oder
- von passiven Wirtschaftsgütern entlastet wird, die nicht Bestandteil der eingebrachten Sachgesamtheit sind.[41]

Da § 20 Abs. 2 Satz 2 Nr. 4 UmwStG insoweit keine Einschränkungen enthält, können sonstige Gegenleistungen auch **durch Dritte** erbracht werden.[42] Umstritten ist derzeit, ob sonstige Gegenleistungen nur bei einem **engen zeitlichen Zusammenhang** vorliegen oder auch von einem Dritten zu einem späteren Zeitpunkt erbracht werden können.[43] Ebenfalls ungeklärt ist, ob bei der Umwandlung einer Personengesellschaft in eine Kapitalgesellschaft etwaige **Gesellschafterdarlehen,** die von der Kapitalgesellschaft übernommen werden, zu einer schädlichen sonstigen Gegenleistung i.S.d. § 20 Abs. 2 Satz 2 Nr. 4 UmwStG führen, wenn die vor der Einbringung bereits existierende Forderung im Sonderbetriebsvermögen nicht mit in die Kapitalgesellschaft eingebracht wird, sondern anlässlich der Umwand- 29.43

---

38 Auch der überarbeitete UmwSt-Erlass enthält keine Begriffserläuterung.

39 Vgl. HERLINGHAUS, in: RÖDDER/HERLINGHAUS/VAN LISHAUT, UmwStG, 3. Aufl. 2019, § 20 Rdnr. 317 ff.; MENNER, in: HARITZ/MENNER/BILITEWSKI, UmwStG, 6. Aufl. 2024, § 20 Rdnr. 187; SCHMITT, in: SCHMITT/HÖRTNAGL, UmwG/UmwStG, 10. Aufl. 2024, § 20 UmwStG Rdnr. 212 ff. und Rdnr. 353 ff.

40 Vgl. ROGALL/DREẞLER, DB 2015, 1985; RICHTER, DStR 2016, 841.

41 Vgl. ETTINGER/MÖRZ, GmbHR 2016, 156; RICHTER, DStR 2016, 841.

42 Vgl. BILITEWSKI/HEINEMANN, Ubg 2015, 513; PATT, in: DÖTSCH/PUNG/MÖHLENBROCK, Die Körperschaftsteuer, § 20 UmwStG Rdnr. 187f (06/2020); a.A. BÜNNING, BB 2017, 171, 174 f.

43 Z.B. als Entschädigung für einen Verstoß gegen die siebenjährige Sperrfrist des § 22 UmwStG; für eine weite Auslegung vgl. BILITEWSKI/HEINEMANN, Ubg 2015, 513; OTT, Stbg 2017, 105.

lung in das Privatvermögen entnommen wird. Hierzu werden **folgende Auffassungen** vertreten:

29.44 – Teilweise wird in der Darlehensgewährung der Kapitalgesellschaft eine schädliche sonstige Gegenleistung gesehen.[44] Dies soll zumindest für eine **im Rückwirkungszeitraum gewährte bzw. durch Umbuchung entstandene Darlehensforderung** gelten, während vor dem steuerlichen Übertragungsstichtag eingeräumte Darlehensansprüche nicht als sonstige Gegenleistungen zu qualifizieren sind.[45]

29.45 – Nach **anderer Ansicht** liegt keine sonstige Gegenleistung vor.[46] In einer steuerlichen Gesamtbetrachtung, die sowohl die Gesamthands- als auch die Sonderbilanz umfasst, liegt zwar sogenanntes funktionales Eigenkapital vor. Im Zuge der Umwandlung wird aber gerade kein funktionales Eigenkapital übertragen, sondern ein Mitunternehmeranteil bei gleichzeitiger Entnahme der Forderung in das Privatvermögen. Die Entnahme kann aber keine Gegenleistung darstellen. Da die bisher dem Betriebsvermögen der Personengesellschaft zuzuordnende Verbindlichkeit von der Kapitalgesellschaft übernommen wird, erhält der Einbringende keine Wirtschaftsgüter, die ihm zuvor noch nicht zuzurechnen waren und wird auch nicht von einer Verbindlichkeit entlastet. Für den vergleichbaren Fall einer bei der Personengesellschaft bestehenden Pensionsverpflichtung vertritt die Finanzverwaltung in Rdnr. 20.29 UmwSt-Erlass die Auffassung, dass die **Übernahme der Pensionsverpflichtung** durch die übernehmende Kapitalgesellschaft **keine zusätzliche Gegenleistung** darstellt.

29.46 Da sich die **absoluten oder relativen Höchstgrenzen** sonstiger Gegenleistungen auf den einzelnen Sacheinlagegegenstand beziehen, kommen diese **mehrfach zur Anwendung**, wenn mehrere begünstigte Objekte (z.B. Teilbetriebe, Mitunternehmeranteile), ggf. durch vorherige Aufteilung eines Einbringungsobjekts, zeitgleich eingebracht werden.[47] Sollen sonstige Gegenleistungen von vornherein vermieden werden, kann es empfehlenswert sein, entweder vor der Einbringung dem Betrieb Liquidität zu entziehen (bei einem Anteilstausch nach § 21 Abs. 1 UmwStG scheidet diese Gestaltung allerdings aus) und anschließend der übernehmenden Kapitalgesellschaft ggf. als Gesellschafterdarlehen zur Verfügung zu stellen[48] oder das ge-

---

44 So Schmitt, in: Schmitt/Hörtnagl, UmwG/UmwStG, 10. Aufl. 2024, § 25 UmwStG Rdnr. 27; Rabback, in: Rödder/Herlinghaus/van Lishaut, UmwStG, 3. Aufl. 2019, § 35 Rdnr. 64.

45 Vgl. dazu Rapp, DStR 2017, 580.

46 Vgl. Rapp, DStR 2017, 580; Schaaf/Hannweber, DStZ 2016, 155; Ott, Stbg 2017, 105, 110; Bilitewski, in: Haritz/Menner/Bilitewski, UmwStG, 6. Aufl. 2024, § 25 Rdnr. 95, unschädlich zumindest in den Grenzen des § 20 Abs. 2 Satz 2 Nr. 4 UmwStG.

47 Vgl. Bilitewski/Heinemann, Ubg 2015, 513; Ott, Stbg 2016, 111; Strahl, KÖSDI 2016, 19687.

48 Vgl. dazu Strahl, KÖSDI 2015, 19329.

samte eingebrachte Betriebsvermögen zunächst als Eigenkapital abzubilden (entweder im gezeichneten Kapital oder teilweise als Kapitalrücklage nach § 272 Abs. 2 Nr. 1 HGB) und später ggf. im Wege einer Kapitalherabsetzung bzw. Rückzahlung der Kapitalrücklage wieder auszukehren (Equity Debt Swap).[49] Nach einer im Schrifttum vertretenen Einzelmeinung wird sowohl die Umfinanzierung vor der Einbringung als auch die nachgelagerte Einlagenrückgewähr als sonstige Gegenleistung angesehen.[50]

Der Ansatz eines Werts unterhalb des gemeinen Werts ist nach § 20 Abs. 2 Satz 2 UmwStG nur zulässig, soweit die Passivposten des eingebrachten Betriebsvermögens die Aktivposten nicht übersteigen, wobei das Eigenkapital nicht zu berücksichtigen ist. Daraus folgt, dass bei der **Einbringung von negativem Betriebsvermögen** ein Ausgleich erforderlich wird, der zu einem Ansatz von Zwischenwerten oder sogar zu einem Ansatz von gemeinen Werten führt. Die Einbringung in eine Kapitalgesellschaft ist dann insoweit nicht mehr steuerneutral nach § 20 UmwStG. 29.47

Die bisher in Rdnr. 20.19 UmwSt-Erlass enthaltene Aussage, das eingebrachte Betriebsvermögen dürfe auch durch **Entnahmen während des Rückwirkungszeitraums** (Zeitraum zwischen der Eintragung der Sacheinlage im Handelsregister bzw. der Übertragung des wirtschaftlichen Eigentums auf die Kapitalgesellschaft und dem zurückbezogenen Einbringungszeitpunkt) nicht negativ werden, ist im überarbeiteten UmwStE 2024 nicht mehr enthalten. Bisher sollte nach Ansicht der Finanzverwaltung eine Aufstockung nach § 20 Abs. 5 i.V.m. Abs. 2 Satz 2 Nr. 2 UmwStG vorgenommen werden, soweit die Entnahmen – saldiert mit Einlagen – das Eigenkapital zum steuerlichen Übertragungsstichtag überstiegen und dadurch das eingebrachte Betriebsvermögen ohne eine solche Aufstockung während des Rückwirkungszeitraums negativ würde. Nur ergänzend ist darauf hinzuweisen, dass nach der Verwaltungsauffassung Einlagen im Rückwirkungszeitraum zu einer entsprechenden Erhöhung der Anschaffungskosten führen. 29.48

Die Verwaltungsansicht in Rdnr. 20.19 UmwSt-Erlass, der sich auch das FG Hessen mit Urteil vom 01.12.2015[51] angeschlossen hat, führt zu einer in der Praxis **oft übersehenen Steuerfalle** und soll offenbar verhindern, dass negative Anschaffungs- 29.49

---

[49] Vgl. OTT, Stbg 2017, 105; ETTINGER/MÖRZ, GmbHR 2016, 154.

[50] Vgl. BENECKE, in: BENECKE/MÖLLMANN, FR 2016, 741, 747 f.

[51] Vgl. Hessisches FG, Urt. v. 01.12.2015 – 4 K 1355/13, EFG 2016, 687 mit Anm. von SCHMITZ-HERSCHEIDT.

kosten bezüglich der erhaltenen Anteile entstehen.[52] Mit Urteil vom 07.03.2018[53] ist der BFH der im Schrifttum[54] kritisierten **Verwaltungsauffassung entgegengetreten** und hat entschieden, dass bei einem durch Entnahmen bedingten negativen Buchwert des eingebrachten Betriebsvermögens **keine Aufstockung** vorzunehmen ist. Etwaige Entnahmen im Rückwirkungszeitraum nach § 20 Abs. 5 Satz 3 UmwStG sind vielmehr von den Anschaffungskosten der im Zuge der Einbringung erhaltenen Anteile zu kürzen und führen ggf. zu negativen Anschaffungskosten.[55] Dem Vernehmen nach ist im Jahr 2024 eine gesetzliche Änderung geplant, die das Entstehen negativer Anschaffungskosten verhindern soll.

29.1.6.3 Ergänzungsbilanzen bei Umwandlungen

29.50 Verfügen die Gesellschafter einer umzuwandelnden Personengesellschaft über positive und/oder negative Ergänzungsbilanzen,[56] so stellt sich die Frage nach dem Verbleib der in den Ergänzungsbilanzen ausgewiesenen Werte.[57] Aufgrund ihrer Funktion als **Korrekturrechnung**[58] sind bei der Einbringung in eine Kapitalgesellschaft nach h.M. die **Werte der Ergänzungsbilanzen** bei der Kapitalgesellschaft **in der Steuerbilanz durch Auf- oder Abstockung zu berücksichtigen.**[59] Im Schrifttum wird zutreffend darauf hingewiesen, dass die Erhöhung des Abschreibungsvolumens infolge der Übernahme der Wertansätze in der Ergänzungsbilanz dem Gesellschafter, für den eine positive Ergänzungsbilanz aufgestellt ist, entsprechend zu vergüten ist, was z.B. durch disquotale Gewinnausschüttungen erfolgen kann.[60]

---

[52] Vgl. grundlegend PATT/RASCHE, DStR 1995, 1529; auch PATT, in: DÖTSCH/PUNG/MÖHLENBROCK, Die Körperschaftsteuer, § 20 UmwStG Rdnr. 218a (01/2017).

[53] Vgl. BFH, Urt. v. 07.03.2018 – I R 12/16, DStR 2018, 1560; vgl. dazu DEMUTH, DStR 2019, 1959; KROHN, Stbg 2019, 304; zu den Auswirkungen von Entnahmen und Einlagen im Rückwirkungszeitraum auf das steuerliche Einlagekonto vgl. BRÜHL/HERKENS, Ubg 2019, 516.

[54] Vgl. RÖDDER, DStR 1996, 860; OTT, GmbHR 2015, 918; DERS., Stbg 2016, 111; KROHN/SCHELL, Ubg 2015, 197; WIDMANN, in: WIDMANN/MAYER, Umwandlungsrecht, § 20 UmwStG R 320 und R 553 (04/2007); HERLINGHAUS, in: RÖDDER/HERLINGHAUS/VAN LISHAUT, UmwStG, 3. Aufl. 2019, § 20 Rdnr. 488; MENNER, in: HARITZ/MENNER/BILITEWSKI, UmwStG, 6. Aufl. 2024, § 20 Rdnr. 670.

[55] Der BFH hat bereits vor Einführung der Regelung in § 17 Abs. 4 EStG das Entstehen negativer Anschaffungskosten befürwortet; vgl. BFH, Urt. v. 20.04.1999 – VIII R 44/96, BStBl II, 698.

[56] Ausführlich zum Einsatz von Ergänzungsbilanzen vgl. BOLK, Bilanzierung und Besteuerung der Personengesellschaft und ihrer Gesellschafter, 5. Aufl. 2023, Rdnr. 4.14 ff.

[57] Vgl. dazu OTT, BB 2017, 495, zu den steuerlichen Folgen von Ergänzungsbilanzen bei der Option nach § 1a KStG vgl. OTT, DStR 2022, 2121.

[58] Zur Funktion von Ergänzungsbilanzen vgl. SCHMIDT/WACKER, EStG, 43. Aufl. 2024, § 15 Rdnr. 460.

[59] Vgl. z.B. SCHMITT, in: SCHMITT/HÖRTNAGL, UmwG/UmwStG, 10. Aufl. 2024, § 20 UmwStG Rdnr. 269; PATT, in: DÖTSCH/PUNG/MÖHLENBROCK, Die Körperschaftsteuer, § 20 UmwStG Rdnr. 195 (06/2020).

[60] Vgl. OTT, DStR 2022, 2121; zu anderen Möglichkeiten vgl. FISCHER/OLKUS, DB 1998, 2191.

Die Abweichung der Handelsbilanz gegenüber der Steuerbilanz führt zur Bildung eines passiven bzw. aktiven Ausgleichspostens nach Rdnr. 20.20 UmwSt-Erlass. Ein **passiver Ausgleichsposten** ist wirtschaftlich einem **Ausgabeaufgeld vergleichbar** und führt zu einem Zugang zum steuerlichen Einlagekonto i.S.d. § 27 KStG. Im Fall einer positiven Ergänzungsbilanz führen die aufgestockten Buchwerte in der Steuerbilanz in der Folgezeit zu **Mehrabschreibungen gegenüber der Handelsbilanz.** Je nach Höhe des ausschüttbaren Gewinns kann es nach § 27 Abs. 1 Satz 3 KStG damit im Rahmen einer Gewinnausschüttung zu einer (vorgezogenen) steuerfreien Ausschüttung aus dem steuerlichen Einlagekonto kommen. Die Einlagenrückgewähr führt nach der ständigen BFH-Rechtsprechung zu einer **Kürzung der Anschaffungskosten bzw. der Buchwerte der Beteiligung** an der ausschüttenden Kapitalgesellschaft[61] und löst bei Überschreiten der Anschaffungskosten einen veräußerungsähnlichen Gewinn nach § 17 Abs. 4 EStG bzw. bei Anteilen im Betriebsvermögen einen Veräußerungsgewinn aus, der dem Teileinkünfteverfahren unterliegt. Bei einer Kapitalgesellschaft als Anteilseigner liegt nach Ansicht der Verwaltung ein steuerfreier Veräußerungsgewinn nach § 8b Abs. 2 KStG vor.[62] 29.51

Bei **sperrfristbehafteten Anteilen** löst die Einlagenrückgewähr grundsätzlich den Ersatztatbestand gem. § 22 Abs. 1 Satz 6 Nr. 3 UmwStG aus, womit es zu einer Sperrfristverletzung und zu einer rückwirkenden Besteuerung des Einbringungsgewinns kommt. Nach Rdnr. 22.24 UmwSt-Erlass liegt eine solche Sperrfristverletzung indes nur vor, soweit der tatsächlich aus dem steuerlichen Einlagekonto i.S.v. § 27 KStG ausgekehrte Betrag den Buchwert bzw. die Anschaffungskosten der sperrfristbehafteten Anteile im Zeitpunkt der Einlagenrückgewähr übersteigt.[63] 29.52

29.1.6.4 Rechtsnachfolge durch die übernehmende Kapitalgesellschaft

Nach § 23 Abs. 1 UmwStG sind § 4 Abs. 2 Satz 3 und § 12 Abs. 3 erster Halbsatz UmwStG entsprechend anzuwenden, wenn die übernehmende Kapitalgesellschaft das eingebrachte Betriebsvermögen mit einem unter dem gemeinen Wert liegenden Wert ansetzt. Durch diese steuerliche Rechtsnachfolge tritt die übernehmende Kapitalgesellschaft in die Rechtsstellung des Einbringenden ein, so dass z.B. steuerlich relevante Besitzzeiten des Rechtsvorgängers bei der übernehmenden Kapitalgesellschaft angerechnet werden. Eine solche Vorbesitzzeit (von sechs Jahren) ist z.B. nach § 6b Abs. 4 Satz 1 Nr. 2 EStG relevant für die Anwendung des § 6b EStG. Die beim Einbringenden gebildete **Rücklage nach § 6b EStG** kann die über- 29.53

---

61 Vgl. z.B. BFH, Urt. v. 19.02.2013 – IX R 24/12, BStBl II, 484; BFH, Urt. v. 28.10.2009 – I R 116/08, BStBl II 2011, 898; vgl. auch Ott, DStZ 2016, 227.

62 Vgl. BMF-Schreiben v. 28.04.2003 – IV C A 2 - S 2750a - 7/03, BStBl II, 292, Rdnr. 6; a.A. Gosch, KStG, 4. Aufl. 2020, § 8b Rdnr. 106; vgl. auch Herlinghaus, in: Rödder/Herlinghaus/Neumann, KStG, 2. Aufl. 2023, § 8b Rdnr. 105.

63 Vgl. ausführlich dazu Patt, in: Dötsch/Pung/Möhlenbrock, Die Körperschaftsteuer, § 22 UmwStG Rdnr. 48 ff. (06/2023).

nehmende Kapitalgesellschaft als Rechtsnachfolgerin nach § 23 Abs. 1 i.V.m. § 12 Abs. 3 UmwStG innerhalb der zulässigen Fristen nach § 6b Abs. 3 EStG fortführen. Erfolgt keine Übertragung auf ein Reinvestitionsgut innerhalb der relevanten Fristen, ist die Rücklage nach § 6b EStG von der übernehmenden Kapitalgesellschaft aufzulösen.

29.54 Hat der Einbringende außerbilanziell einen **Investitionsabzugsbetrag nach § 7g Abs. 1 EStG** gebildet, so kann dieser bei der Einbringung nach der Verwaltungsauffassung nicht von der übernehmenden Kapitalgesellschaft fortgeführt werden. Sind nämlich zum Zeitpunkt einer Betriebsveräußerung, Betriebsaufgabe oder Buchwerteinbringung nach § 20 UmwStG noch Abzugsbeträge für nicht mehr realisierbare Investitionen vorhanden, so sind diese nach Auffassung der Finanzverwaltung[64] nach § 7g Abs. 3 EStG rückgängig zu machen.[65] Eine Ausnahme besteht lediglich für den Fall, dass noch ein „Restbetrieb" bestehen bleibt und die Investitionsfristen noch nicht abgelaufen sind.

29.55 Während die Betriebsveräußerung oder -aufgabe während des Verbleibenszeitraums schädlich ist, sieht Rdnr. 39 des BMF-Schreibens vom 15.06.2022 vor, dass die Veräußerung, der Erbfall, der Vermögensübergang i.S.d. UmwStG oder die unentgeltliche Übertragung des Betriebs, Teilbetriebs oder Mitunternehmeranteils nach § 6 Abs. 3 EStG für die Nutzungs- und Verbleibensvoraussetzungen nach § 7g Abs. 4 EStG unschädlich sind, wenn der begünstigte Betrieb, Teilbetrieb oder Mitunternehmeranteil bis zum Ende des Verbleibenszeitraums in der Hand des neuen Eigentümers bestehen bleibt und gleichzeitig die Nutzungs- und Verbleibensvoraussetzungen für das begünstigte Wirtschaftsgut erfüllt werden. Wird der Betrieb nach Vornahme der begünstigten Investition innerhalb des Verbleibenszeitraums in eine Kapitalgesellschaft eingebracht und dort fortgeführt, so löst die Einbringung nach § 20 UmwStG als Vermögensübergang nach dem UmwStG keine Rückgängigmachung des Investitionsabzugsbetrags aus.

29.1.7 Sperrfristbehaftete Anteile und rückwirkende Besteuerung des Einbringungsvorgangs

29.1.7.1 Rechtsfolgen bei Veräußerung innerhalb der Sperrfrist

29.56 In § 22 UmwStG ist für die im Zuge der Einbringung entstandenen sperrfristbehafteten Anteile eine **Sperrfrist von sieben Jahren** vorgesehen. Die Veräußerung der **sperrfristbehafteten Anteile** oder die **Realisation eines Ersatztatbestands** innerhalb der Sperrfrist führt nach § 22 Abs. 1 UmwStG zu einer rückwirkenden, über sieben Jahre abschmelzenden Versteuerung der zum Zeitpunkt der Einbringung

---

64 Vgl. BMF-Schreiben v. 15.06.2022 – IV C 6 - S 2139-b/21/10001-01, BStBl I, 945, Rdnr. 31.

65 A.A. Ritzer, in: Rödder/Herlinghaus/van Lishaut, UmwStG, 3. Aufl. 2019, § 23 Rdnr. 74 m.w.N.

vorhandenen stillen Reserven des eingebrachten Betriebsvermögens. Für sperrfristbehaftete Anteile sieht § 22 UmwStG folgende **Überwachungs- und Behaltefristen** vor:

29.57

Sachverhalt	**Siebenjährige Überwachung und Nachweispflicht nach § 22 Abs. 3 UmwStG bezüglich der**	**Schädliche Veräußerung oder Realisation eines schädlichen Ersatztatbestands nach § 22 Abs. 1 Satz 6, Abs. 2 Satz 6 UmwStG der**	**Rechtsfolge**
Sacheinlage nach § 20 UmwStG	erhaltenen Anteile	erhaltenen Anteile	Einbringungsgewinn I
Qualifizierter Anteilstausch nach § 21 UmwStG	eingebrachten Anteile	eingebrachten Anteile, soweit der Gewinn nicht beim Einbringenden steuerfrei nach § 8b Abs. 2 KStG gewesen wäre	Einbringungsgewinn II

Werden sperrfristbehaftete Anteile während der Sperrfrist veräußert, kommt es nach § 22 Abs. 1 UmwStG zur **rückwirkenden Besteuerung** der im Einbringungszeitpunkt vorhandenen stillen Reserven. Im Wirtschaftsjahr der Einbringung ist rückwirkend ein **Einbringungsgewinn I** zu versteuern, während der Gewinn im Jahr der Veräußerung dem Teileinkünfteverfahren bzw. bei Körperschaften der 95%igen Steuerbefreiung nach § 8b Abs. 2 und 3 KStG unterliegt. Der Einbringungsgewinn I vermindert sich um jeweils 1/7 für jedes seit dem Einbringungszeitpunkt abgelaufene Zeitjahr (Siebtelregelung). Die Veräußerung der sperrfristbehafteten Anteile gilt als rückwirkendes Ereignis i.S.v. § 175 Abs. 1 Satz 1 Nr. 2 AO, so dass eine rückwirkende Verzinsung gem. § 233 Abs. 2a AO vermieden wird. Werden sperrfristbehaftete Anteile erst nach Ablauf von sieben Jahren veräußert, wird kein Einbringungsgewinn I mehr versteuert. Vielmehr gelten dann für die Veräußerung die allgemeinen Grundsätze (z.B. Versteuerung nach § 17 EStG). 29.58

Nach dem Berechnungsschema in Rdnr. 22.08 UmwSt-Erlass wird der zu versteuernde Einbringungsgewinn I wie folgt ermittelt: 29.59

	Gemeiner Wert des eingebrachten Vermögens im Einbringungszeitpunkt (ohne mit eingebrachte Anteile an Kapitalgesellschaften und Genossenschaften)
–	Kosten des Vermögensübergangs (= Einbringungskosten)
–	Wertansatz bei der übernehmenden Kapitalgesellschaft
=	Einbringungsgewinn I vor Siebtelregelung
–	Verringerung um je 1/7 pro abgelaufenes Zeitjahr seit Einbringung
=	**zu versteuernder Einbringungsgewinn I**

29.60 Der Einbringungsgewinn I gilt als Gewinn i.S.v. § 16 EStG, wobei nach § 22 Abs. 1 Satz 1 UmwStG § 16 Abs. 4 und § 34 EStG nicht anzuwenden sind. Nach Rdnr. 22.07 UmwSt-Erlass gilt dies auch, wenn das schädliche Ereignis innerhalb des ersten Zeitjahres nach der Einbringung eintritt. Bei einem **nur teilweisen Verkauf der Anteile** ergeben sich die **Rechtsfolgen** des § 22 UmwStG **nur anteilig.** Nach § 22 Abs. 1 Satz 1 UmwStG kommen jedoch für den Einbringungsgewinn I weder der Freibetrag nach § 16 Abs. 4 EStG noch die Steuervergünstigungen gem. § 34 EStG zur Anwendung. Ein entsprechendes Zahlenbeispiel enthält Rdnr. 22.04 UmwSt-Erlass.

29.61 In Höhe des Einbringungsgewinns I entstehen **nachträgliche Anschaffungskosten** für die sperrfristbehafteten Anteile. Daraus folgt, dass sich der im Rahmen der allgemeinen Vorschriften ergebende Gewinn aus der Veräußerung der Anteile entsprechend mindert bzw. ein Verlust sich um den Einbringungsgewinn I erhöht. Sofern in dem eingebrachten Betrieb, Teilbetrieb oder Mitunternehmeranteil auch Anteile an Kapitalgesellschaften enthalten sind, werden die entsprechenden Werte bei der Ermittlung des Einbringungsgewinns I herausgerechnet, da insoweit vorrangig die Regelungen zum Anteilstausch nach § 22 Abs. 2 UmwStG anzuwenden sind.

Beispiel

29.62 A hat zum 01.01.2022 sein bisheriges Einzelunternehmen mit einem Buchwert von 100.000 € (gemeiner Wert: 800.000 €, wobei die stillen Reserven ausschließlich auf den Geschäfts- oder Firmenwert entfallen) unter Fortführung der Buchwerte nach § 20 UmwStG in die neu gegründete X-GmbH eingebracht. Kosten für die Vermögensübertragung sind aus Vereinfachungsgründen nicht entstanden. Die X-GmbH hat ein Stammkapital von 100.000 €. Zum 01.07.2024 veräußert A sämtliche Anteile an der X-GmbH zum Preis von 800.000 € an K.

Lösung

Die Veräußerung der sperrfristbehafteten Anteile an der X-GmbH im Jahr 2024 (also nach Ablauf von zwei Zeitjahren innerhalb der siebenjährigen Sperrfrist) löst nach § 22 Abs. 1 UmwStG die rückwirkende Versteuerung des Einbringungsgewinns I im Jahr 2022 aus, der sich wie folgt ergibt.

Gemeiner Wert zum 01.01.2022	800.000 €
Buchwert zum 01.01.2022	– 100.000 €
Einbringungsgewinn I vor Siebtelregelung	700.000 €
abzgl. 2/7 von 700.000 €	– 200.000 €
zu versteuernder Einbringungsgewinn I	**500.000 €**

Der von A im Jahr 2022 zu versteuernde Einbringungsgewinn I beträgt 500.000 € und wird ohne Vergünstigungen versteuert. Des Weiteren muss A im Jahr 2024 nach § 17 EStG einen Gewinn aus der Veräußerung der Anteile an der X-GmbH versteuern. Unter Berücksichtigung der ursprünglichen sowie der gem. § 22 Abs. 1 Satz 4 UmwStG nachträglichen Anschaffungskosten ergibt sich der folgende, nach dem Teileinkünfteverfahren steuerpflichtige Veräußerungsgewinn nach § 17 EStG i.V.m. § 3 Nr. 40 Satz 1 Buchst. c) und § 3c Abs. 2 Satz 1 EStG:

Veräußerungspreis zum 01.07.2024	800.000 €
Anschaffungskosten nach § 20 Abs. 3 Satz 1 UmwStG bei Buchwertansatz	– 100.000 €
Einbringungsgewinn I als nachträgliche Anschaffungskosten nach § 22 Abs. 1 Satz 4 UmwStG	– 500.000 €
Veräußerungsgewinn nach § 17 EStG	**200.000 €**
steuerpflichtig davon 60 % (§ 3 Nr. 40 Satz 1 Buchst. c) und § 3c Abs. 2 Satz 1 EStG)	**120.000 €**

A versteuert somit rückwirkend im Jahr 2022 einen nicht begünstigten Einbringungsgewinn I i.H.v. 500.000 € sowie im Jahr 2024 einen dem Teileinkünfteverfahren unterliegenden Gewinn i.H.v. 120.000 € aus der Veräußerung der Anteile an der X-GmbH. Da die Veräußerung der sperrfristbehafteten Anteile nach § 22 Abs. 1 Satz 2 UmwStG als rückwirkendes Ereignis i.S.d. § 175 Abs. 1 Satz 2 Nr. 2 AO gilt, beginnt der Zinslauf für die Steuer auf den Einbringungsgewinn nach § 233a Abs. 2 AO erst am 01.04.2026.

29.1.7.2 Erhalt eines Erhöhungsbetrags

Soweit der Einbringende die auf den Einbringungsgewinn I entfallende Steuer entrichtet hat und dies durch Vorlage einer Bescheinigung des für den Einbringenden zuständigen Finanzamts nachgewiesen wurde, kann die übernehmende Kapitalgesellschaft nach § 23 Abs. 2 UmwStG **auf Antrag** den Einbringungsgewinn I als 29.63

Erhöhungsbetrag wirtschaftsgutbezogen und erfolgsneutral ansetzen, soweit das eingebrachte Betriebsvermögen zum Zeitpunkt der Veräußerung der erhaltenen Anteile noch zum Betriebsvermögen der übernehmenden Gesellschaft gehört oder zum gemeinen Wert übertragen wurde. Die **Aufstockung erfolgt nicht rückwirkend**, sondern nach § 23 Abs. 3 Satz 2 UmwStG zu Beginn des Wirtschaftsjahres, in welches das die Besteuerung des Einbringungsgewinns auslösende Ereignis fällt.

29.64 Ist das eingebrachte Betriebsvermögen aufgrund einer Übertragung zum gemeinen Wert (z.B. Veräußerung, Einbringung oder Umwandlung mit Ansatz des gemeinen Werts) nicht mehr vorhanden, stellt der darauf entfallende Erhöhungsbetrag zum Zeitpunkt der Anteilsveräußerung nach Rdnr. 23.09 UmwSt-Erlass eine **sofort abziehbare Betriebsausgabe** dar. Entsprechendes dürfte gelten, wenn das noch vorhandene Wirtschaftsgut bereits vollständig abgeschrieben ist.[66] Soweit das eingebrachte Betriebsvermögen zwischenzeitlich zu einem unter dem gemeinen Wert (z.B. durch weitere Einbringung zum Buchwert) weiter übertragen wurde, sind weder eine Buchwertaufstockung noch der Abzug als Aufwand zulässig.

29.1.7.3 Gewerbesteuer beim Einbringungsgewinn I

29.65 Bezüglich der Gewerbesteuer beschränkt sich der Hinweis in Rdnr. 22.07 UmwSt-Erlass darauf, dass für die Zugehörigkeit des Einbringungsgewinns zum Gewerbeertrag die **allgemeinen Grundsätze** gelten. Daher ist zu prüfen, wie die Einbringung zu behandeln gewesen wäre, wenn diese ursprünglich unter Ansatz der gemeinen Werte erfolgt wäre. Daraus folgt:

- Bei einer **Kapitalgesellschaft** als Einbringende ist nach § 7 Satz 2 GewStG auch der rückwirkende Einbringungsgewinn I gewerbesteuerpflichtig.
- Bei einer **Personengesellschaft** ist entscheidend, wer nach Rdnr. 20.03 UmwSt-Erlass als Einbringender anzusehen ist. Soweit die Personengesellschaft selbst Einbringende ist, unterliegt der Einbringungsgewinn I nach § 7 Satz 2 GewStG der Gewerbesteuer. Sind dagegen die **Mitunternehmer als Einbringende** anzusehen, unterliegt der Einbringungsgewinn I nach § 7 Satz 2 GewStG nur dann der Gewerbesteuer, soweit er nicht auf eine natürliche Person als unmittelbar beteiligte Mitunternehmerin entfällt.
- Wird ein Betrieb, Teilbetrieb oder ein Mitunternehmeranteil durch eine **natürliche Person** eingebracht, ist die Einbringung nach § 7 Satz 2 GewStG grundsätzlich nicht gewerbesteuerpflichtig, so dass auf den Einbringungsgewinn I keine Gewerbesteuer anfällt.[67]

[66] So auch HAGEBÖKE/STANGL, FR 2023, 1117, 1138; SCHMITT, in: SCHMITT/HÖRTNAGL, UmwG/UmwStG, 10. Aufl. 2024, § 23 UmwStG Rdnr. 82.

[67] Vgl. nur PATT, in: DÖTSCH/PUNG/MÖHLENBROCK, Die Körperschaftsteuer, § 22 UmwStG Rdnr. 67 (12/2022).

Hinweis

Mit Urteil vom 11.07.2019 hat der BFH[68] entschieden, dass bei einer Teilveräußerung der erhaltenen Anteile innerhalb der Sperrfrist nach § 22 Abs. 1 UmwStG der entstehende **Einbringungsgewinn I** nicht der Gewerbesteuer unterliegt, wenn eine natürliche Person zuvor ihren gesamten Anteil an einer gewerblichen Mitunternehmerschaft in eine Kapitalgesellschaft zum Buchwert nach § 20 UmwStG eingebracht hat. Voraussetzung ist, dass auch die Einbringung zum gemeinen Wert nicht gewerbesteuerpflichtig gewesen wäre. 29.66

Beispiel

Die AB-OHG, an der A und B zu je 50 % beteiligt waren, wurde zum 01.01.2022 per Formwechsel in die X-GmbH umgewandelt. Nach § 25 i.V.m. § 20 UmwStG wurden die Buchwerte von 100.000 € (Kapitalkonto von A und B jeweils 50.000 €) angesetzt. Die gemeinen Werte zum 01.01.2022 betrugen 800.000 €. A veräußert im Jahr 2024 die Hälfte seiner Anteile an der X-GmbH zum Preis von 250.000 €. 29.67

Lösung

Wenn A im Jahr 2024 (also nach Ablauf von zwei Zeitjahren) die Hälfte seiner Anteile an der X-GmbH veräußert, tritt für A nach § 22 Abs. 1 UmwStG eine rückwirkende Besteuerung des Einbringungsgewinns I wie folgt ein:

Gemeiner Wert zum 01.01.2022(anteilig)	200.000 €
Buchwert zum 01.01.2022	– 25.000 €
Einbringungsgewinn I vor Siebtelregelung	175.000 €
abzgl. 2/7 von 175.000 €	– 50.000 €
zu versteuernder Einbringungsgewinn I	**125.000 €**

Der Einbringungsgewinn I wird als laufender Gewinn besteuert und unterliegt nach Auffassung des BFH im Urteil vom 11.07.2019[69] sowie nach Rdnr. 22.07 UmwStE 2024 nicht der Gewerbesteuer, weil auch die Einbringung zum gemeinen Wert nicht gewerbesteuerpflichtig gewesen wäre.

29.1.7.4 Ersatzrealisationstatbestände und unentgeltliche Übertragung

Zur Verhinderung von Umgehungsgestaltungen werden der Veräußerung der sperrfristbehafteten Anteile durch § 22 Abs. 1 Satz 6 Nr. 1–6 UmwStG weitere Vorgänge gleichgestellt.[70] Damit wird sichergestellt, dass die Versteuerung des Einbringungsgewinns I auch dann erfolgt, wenn anstelle einer Veräußerung ein **ver-** 29.68

68 Vgl. BFH, Urt. v. 11.07.2019 – I R 26/18, BStBl II 2022, 93; vgl. dazu KERSTEDT/EISENACH, DStR 2020, 1281; BREIER, StuB 2020, 384; WEGENER/KRÜGER, FR 2020, 465.

69 Vgl. BFH, Urt. v. 11.07.2019 – I R 26/18, BStBl II 2022, 93.

70 Vgl. dazu die Beispiele und die Billigkeitsregelung in Rdnr. 22.21–22.26 UmwSt-Erlass.

äußerungsgleicher Vorgang realisiert wird. Da zu den Ersatztatbeständen auch solche gehören, die nicht von dem ursprünglich Einbringenden verwirklicht werden, sondern von einem Rechtsnachfolger, sind umfangreiche vertragliche Absicherungen erforderlich.

29.69 Werden **sperrfristbehaftete Anteile** i.S.d. § 22 Abs. 1 UmwStG durch Erbfall oder durch Schenkung unentgeltlich übertragen, löst dies zunächst nach § 22 Abs. 6 UmwStG i.V.m. Rdnr. 22.41 UmwSt-Erlass keine ertragsteuerlichen Konsequenzen während der siebenjährigen Sperrfrist aus. Der Erbe bzw. Beschenkte tritt aber in die Sperrfristverhaftung ein. Erfüllt der Erbe bzw. Beschenkte jedoch die Voraussetzungen des § 1 Abs. 4 UmwStG nicht (mehr), wird ein schädlicher Ersatztatbestand nach § 22 Abs. 1 Satz 6 Nr. 6 UmwStG realisiert, und es tritt eine **rückwirkende Besteuerung des Einbringungsgewinns** ein, der regelmäßig vom originär Einbringenden zu versteuern ist. Eine Besteuerung des Einbringungsgewinns durch den originären Einbringenden tritt auch ein, wenn der Rechtsnachfolger während der siebenjährigen Sperrfrist die Anteile veräußert oder einen der anderen Ersatztatbestände realisiert. Die rückwirkende Besteuerung eines Einbringungsgewinns wird u.a. dann ausgelöst, wenn der Erbe oder Beschenkte weder Wohnsitz noch gewöhnlichen Aufenthalt in einem EU-/EWR-Staat hat und das deutsche Besteuerungsrecht somit ausgeschlossen oder beschränkt wird. Die speziell für sperrfristbehaftete Anteile geltende Regelung in § 22 Abs. 1 Satz 6 Nr. 6 UmwStG geht der Regelung in § 6 Abs. 1 Satz 2 Nr. 1 AStG vor.[71]

29.1.7.5 Nachweiserfordernisse

29.70 Nach § 22 Abs. 3 UmwStG hat der Einbringende in den auf den steuerlichen Übertragungsstichtag folgenden **sieben Jahren jährlich spätestens bis zum 31.05.** eines jeden Jahres den Nachweis darüber zu erbringen, wem mit Ablauf des Tags, der dem steuerlichen Übertragungsstichtag entspricht, in den Fällen der Einbringung nach § 20 UmwStG zu Buch- oder Zwischenwerten die erhaltenen Anteile und die auf diesen Anteilen beruhenden Anteile zuzurechnen sind. Wird der Nachweis nicht erbracht, gelten die Anteile als am Tag nach dem steuerlichen Übertragungsstichtag oder als an dem entsprechenden Tag eines Folgejahres veräußert.

29.71 Die Finanzverwaltung hat in Rdnr. 22.28–22.33 UmwSt-Erlass umfassend zu den Nachweispflichten Stellung genommen. Danach beginnen im Anschluss an den steuerlichen Übertragungsstichtag insgesamt **sieben Überwachungszeiträume** von jeweils einem Jahr Dauer. Der Steuerpflichtige bzw. in Fällen der unentgeltlichen

[71] Zur Sperrfristverletzung und den Rechtsfolgen bei unentgeltlicher Übertragung vgl. Ott, DStZ 2023, 76.

Rechtsnachfolge der Rechtsnachfolger hat zum Ende jeden Überwachungszeitraums den Nachweis zu erbringen. Nach Rdnr. 22.29 UmwSt-Erlass ist der Nachweis durch den Einbringenden bzw. den Rechtsnachfolger bei dem für ihn sachlich und örtlich zuständigen Finanzamt zu führen.

Beispiel

M bringt zum steuerlichen Übertragungsstichtag 31.12.2020 einen Teilbetrieb in die T-GmbH gegen Gewährung neuer Gesellschaftsrechte zum Buchwert von 200.000 € ein. Der gemeine Wert des Teilbetriebs am 31.12.2020 beträgt 480.000 €. 29.72

Lösung

Im Anschluss an den steuerlichen Übertragungsstichtag, also am 31.12.2020, beginnt der erste Überwachungszeitraum, der vom 01.01.2021 bis zum 31.12.2021 läuft. Erstmals zum 31.05.2022 hat M nachzuweisen, wem der Anteil an der T-GmbH mit Ablauf des 31.12.2021 zuzurechnen ist. Der letzte der insgesamt sieben Überwachungszeiträume von jeweils einem Jahr endet am 31.12.2027, so dass M letztmals spätestens bis zum 31.05.2028 nachzuweisen hat, wem der Anteil an der T-GmbH mit Ablauf des 31.12.2027 zuzurechnen ist. Wird der Nachweis über die Zurechnung der Anteile zum Ende eines Überwachungszeitraums nicht erbracht, so gelten die Anteile als zu Beginn des betreffenden Überwachungszeitraums veräußert. Nach Rdnr. 22.28 UmwSt-Erlass ist darüber hinaus ein Gewinn aus der fiktiven Veräußerung des Anteils an der T-GmbH zu versteuern.

Nach Rdnr. 22.30 UmwSt-Erlass hat der Steuerpflichtige **in den Fällen der Sacheinlage** eine **schriftliche Erklärung** darüber abzugeben, wem seit der Einbringung die erhaltenen Anteile als wirtschaftlichem Eigentümer zuzurechnen sind. Sind die Anteile zum maßgebenden Zeitpunkt dem Einbringenden zuzurechnen, hat er darüber hinaus eine **Bestätigung der übernehmenden Gesellschaft über seine Gesellschafterstellung** vorzulegen. In allen anderen Fällen hat er nachzuweisen, an wen und auf welche Weise die Anteile übertragen worden sind. Der Nachweis kann auch anderweitig, z.B. durch Vorlage eines Auszugs aus dem Aktienregister (§ 67 AktG) oder einer Gesellschafterliste (§ 40 GmbHG), erbracht werden. 29.73

Nach Rdnr. 22.33 UmwSt-Erlass kann die **Nachweisfrist nicht verlängert werden.** Jedoch lässt die Finanzverwaltung auch einen **verspäteten Nachweis** zu, wenn eine Änderung der betroffenen Bescheide verfahrensrechtlich noch möglich ist. Im Fall eines Rechtsbehelfsverfahrens kann der Nachweis somit noch bis zum Abschluss des Klageverfahrens erbracht werden. 29.74

29.2 Qualifizierter Anteilstausch i.S.d. § 21 UmwStG

29.2.1 Grundlagen

29.75 Gegenstand der Einbringung in eine Kapitalgesellschaft können auch Anteile an einer anderen Kapitalgesellschaft sein, womit die Möglichkeit besteht, eine Holdingstruktur zu schaffen.[72] Nach § 21 UmwStG kann eine solche Einbringung von Anteilen an Kapitalgesellschaften gegen Gewährung neuer Anteile an der aufnehmenden Gesellschaft als qualifizierter Anteilstausch steuerneutral gestaltet werden. Werden dagegen Anteile an einer Kapitalgesellschaft, die zum Betriebsvermögen eines Betriebs, Teilbetriebs oder Mitunternehmeranteils gehören, mit den Wirtschaftsgütern dieses Unternehmensteils in eine Kapitalgesellschaft eingebracht, geht § 20 UmwStG nach Rdnr. 21.01 UmwSt-Erlass dem § 21 UmwStG vor. Während die übernehmende Gesellschaft beim einfachen Anteilstausch zwingend den gemeinen Wert anzusetzen hat, besteht beim qualifizierten Anteilstausch nach § 21 Abs. 1 Satz 2 UmwStG unter bestimmten Voraussetzungen und auf entsprechenden Antrag ein **Bewertungswahlrecht.**

29.76 Im Einzelnen gilt Folgendes:

- Im Hinblick auf die **Person des Einbringenden** sieht § 21 UmwStG **keine Beschränkungen** vor. Somit kann Einbringender jede natürliche oder juristische Person sein, die im Inland, in einem EU-/EWR-Staat oder in einem Drittstaat ansässig ist. Auch eine Personengesellschaft kann Einbringender sein.

- Als **Einbringungsgegenstand** kommen Anteile an einer in- oder ausländischen Kapitalgesellschaft in Betracht (sog. erworbene Gesellschaft). Eine Mindestbeteiligung ist nicht erforderlich. Von § 21 UmwStG erfasst werden Anteile im Betriebsvermögen, Anteile im Privatvermögen i.S.d. § 17 EStG sowie einbringungsgeborene Anteile i.S.d. § 21 Abs. 1 UmwStG 1996, während für alle übrigen Anteile § 20 Abs. 4a Satz 1 und 2 EStG gilt.

- Als **übernehmende Kapitalgesellschaft** kommen nach § 1 Abs. 4 Nr. 1 i.V.m. Abs. 2 Satz 1 Nr. 1 UmwStG nur solche in Betracht, die nach den Rechtsvorschriften eines Mitgliedstaates der EU/EWR gegründet wurden und deren Sitz und Ort der Geschäftsleitung sich innerhalb eines Hoheitsgebiets eines dieser Staaten befindet.

29.77 Beim qualifizierten Anteilstausch i.S.d. § 21 UmwStG kann die übernehmende Gesellschaft für die eingebrachten Anteile neben neuen Anteilen – im Rahmen der betraglichen Höchstgrenzen nach § 21 Abs. 1 Satz 2 Nr. 4 UmwStG – auch eine sonstige Gegenleistung (z.B. einen Darlehensanspruch) gewähren. In diesem Fall

[72] Vgl. dazu OTT, DStZ 2023, 334.

werden gem. § 21 Abs. 2 Satz 6 i.V.m. § 20 Abs. 3 Satz 3 und 4 UmwStG die Anschaffungskosten der erhaltenen Anteile um den gemeinen Wert der gewährten anderen Wirtschaftsgüter gekürzt. Zu einer Versteuerung der stillen Reserven in den eingebrachten Anteilen kommt es gem. § 21 Abs. 1 Satz 4 UmwStG dann, wenn der Einbringende neben neuen Gesellschaftsanteilen auch andere Wirtschaftsgüter erhält, deren gemeiner Wert den Buchwert der eingebrachten Anteile übersteigt. In diesem Fall hat die aufnehmende Gesellschaft die eingebrachten Anteile mindestens mit dem gemeinen Wert der anderen Wirtschaftsgüter anzusetzen.

Nach § 21 UmwStG besteht **nicht die Möglichkeit**, den **Einbringungszeitpunkt zurückzubeziehen**. Der Zeitpunkt des Anteilstauschs bestimmt sich daher nach Rdnr. 21.17 UmwSt-Erlass nach dem Zeitpunkt der Übertragung des wirtschaftlichen Eigentums der Anteile auf die übernehmende Gesellschaft. Eine steuerliche Rückbeziehungsmöglichkeit nach § 20 Abs. 5 und 6 UmwStG besteht aber dann, wenn z.B. die qualifizierte Beteiligung zu einem Betrieb, Teilbetrieb oder Mitunternehmeranteil gehört, der nach § 20 UmwStG in eine Kapitalgesellschaft eingebracht wird. 29.78

29.2.2 Mehrheitsvermittelnde oder mehrheitsverstärkende Beteiligung

Ein qualifizierter Anteilstausch liegt nach Rdnr. 21.09 UmwSt-Erlass vor, wenn die übernehmende Gesellschaft nach der Einbringung **nachweisbar unmittelbar die Mehrheit der Stimmrechte** an der erworbenen Gesellschaft hat. Danach ist sowohl der Fall begünstigt, dass eine mehrheitsvermittelnde Beteiligung erst durch den Einbringungsvorgang entsteht, als auch der Fall, dass eine zum Übertragungsstichtag bereits bestehende mehrheitsvermittelnde Beteiligung weiter aufgestockt wird (Einbringung einer mehrheitsverstärkenden Beteiligung).[73] Bei der Einbringung mehrheitsvermittelnder oder mehrheitsverstärkender Beteiligungen genügt es nach Rdnr. 21.09 UmwSt-Erlass, wenn mehrere Personen Anteile einbringen, die nicht einzeln, sondern nur insgesamt die Voraussetzungen des § 21 Abs. 1 Satz 2 UmwStG erfüllen, sofern die Einbringungen auf einem einheitlichen Vorgang (Gründung oder Kapitalerhöhung) beruhen. Dabei sollte ein einheitlicher Übertragungsstichtag gewählt werden. 29.79

29.2.3 Bilanzierung beim qualifizierten Anteilstausch

Da in Umwandlungsfällen der Maßgeblichkeitsgrundsatz nicht gilt, kann die übernehmende Gesellschaft nach Rdnr. 21.11 UmwSt-Erlass in der Steuerbilanz den Buchwert ansetzen, während in der Handelsbilanz die eingebrachten Anteile mit einem höheren Wert zum Ansatz kommen. Damit kann der Anteilstausch – ebenso wie die Betriebseinbringung nach § 20 UmwStG – dazu genutzt werden, **stille Reserven in der Handelsbilanz** zu „heben“, ohne dass zugleich eine Steuer- 29.80

[73] Vgl. auch die Beispiele in Rdnr. 21.09 UmwSt-Erlass.

belastung eintritt. Oftmals ist ein höherer Wertansatz in der Handelsbilanz auch erforderlich, um – unter Berücksichtigung des Werts der eingebrachten Beteiligung – die neuen Beteiligungsverhältnisse an der übernehmenden Kapitalgesellschaft richtig darzustellen. In Höhe des Unterschieds zwischen dem Ansatz in der Handels- und in der Steuerbilanz ist nach Rdnr. 21.11 i.V.m. Rdnr. 20.20 UmwSt-Erlass in der Steuerbilanz ein Ausgleichsposten anzusetzen, der am Betriebsvermögensvergleich nicht teilnimmt und der somit auch nicht erfolgswirksam aufgelöst oder abgeschrieben wird.

29.2.4 Versteuerung des Einbringungsgewinns II

29.81 Die **Veräußerung der erhaltenen Anteile** oder die **Realisation eines Ersatztatbestands** nach § 22 Abs. 2 Satz 6 i.V.m. Abs. 1 Nr. 1–5 UmwStG durch die aufnehmende Kapitalgesellschaft innerhalb von sieben Jahren nach der Einbringung führt zu einer rückwirkenden Besteuerung eines Einbringungsgewinns II beim Einbringenden, die allerdings nur erfolgt, wenn dieser keine durch § 8b Abs. 2 KStG begünstigte Person ist. Ein Einbringungsgewinn II wird daher nur versteuert, soweit der Einbringende eine natürliche Person oder eine Mitunternehmerschaft mit natürlichen Personen als Gesellschafter ist. Entscheidend ist somit, ob durch den qualifizierten Anteilstausch eine steuerliche Statusverbesserung eintritt, d.h. bei einer Veräußerung der Anteile die Versteuerung von § 17 EStG in eine Besteuerung nach § 8b Abs. 2 KStG wechselt. Werden die Anteile vor einem qualifizierten Anteilstausch von einer anderen Kapitalgesellschaft gehalten, kann eine solche Statusverbesserung bezüglich der fraglichen Anteile nicht eintreten.

29.82 Die Versteuerung eines Einbringungsgewinns II unterbleibt nach § 22 Abs. 2 Satz 5 UmwStG auch dann, soweit eine natürliche Person als Einbringender die im Zuge des qualifizierten Anteilstauschs erhaltenen Anteile veräußert (vgl. auch Rdnr. 22.17 UmwSt-Erlass). Heftig umstritten ist derzeit die von der Finanzrechtsprechung noch nicht entschiedene Frage, ob auch durch eine Weitereinbringung der im Zuge eines Anteilstauschs erhaltenen Anteile zum Buchwert die Sperrfrist der eingebrachten Anteile vorzeitig beendet werden kann. In Rdnr. 22.17 UmwStE 2024 vertritt die Finanzverwaltung nunmehr die Ansicht, nach Sinn und Zweck des § 22 Abs. 2 Satz 5 UmwStG liege eine Veräußerung durch den Einbringenden nur vor, wenn hierbei eine vollständige Aufdeckung der stillen Reserven erfolgt ist.[74] Die rückwirkende Besteuerung des Einbringungsgewinns II unterbleibt nach Rdnr. 22.17 UmwStE 2024 auch, soweit aufgrund eines Vorgangs i.S.v. § 6 AStG die erhaltenen Anteile der Wegzugsbesteuerung zu unterwerfen sind, wenn und soweit die Steuer nicht gestundet wird (§ 22 Abs. 2 Satz 5 zweiter Halbsatz UmwStG).

---

[74] So auch Stimpel/Bernhagen, GmbHR 2020, 301, 305; Kowanda, DStR 2023, 1681; a.A. Ott, DStZ 2023, 334, 338; zur grundlegenden Kritik vgl. Hageböke/Stangl, FR 2023, 1117, 1137; Oppel/Solowjeff/Trappmann, BB 2023, 2711, 2714.

Praxistipp

Die Besteuerung des Einbringungsgewinns II nach § 22 Abs. 2 UmwStG trifft regelmäßig den Einbringenden, obwohl diesem aus der Weiterveräußerung der übernehmenden Kapitalgesellschaft unmittelbar keine Mittel zufließen. Ein Einbringungsgewinn II ist auch dann nach § 22 Abs. 2 Satz 6 UmwStG zu versteuern, wenn einer der in § 22 Abs. 1 Satz 6 UmwStG aufgeführten Ersatztatbestände (z.B. verdeckte Einlage, Auflösung und Abwicklung, Einlagenrückgewähr) realisiert wird. Empfehlenswert ist daher, mit der übernehmenden Gesellschaft im Rahmen einer Steuerklausel vertraglich zu regeln, dass diese innerhalb von sieben Jahren nach der Einbringung die Anteile nicht veräußert und auch keinen Ersatztatbestand i.S.d. § 22 Abs. 1 Satz 6 UmwStG realisiert. Bei einem Verstoß gegen diese Vereinbarung hat die übernehmende Gesellschaft die hieraus für den Einbringenden resultierenden Steuerbelastungen zu tragen.[75] 29.83

Beispiel

A hält sämtliche Anteile an der A-GmbH mit Anschaffungskosten von 100.000 €. Die Anteile haben zum 01.01.2024 einen gemeinen Wert i.H.v. 7,5 Mio. €. A überträgt die Anteile an der A-GmbH zum 01.01.2024 auf die B-GmbH, an der B als Alleingesellschafter beteiligt ist. Die Anteile an der B-GmbH haben zum 01.01.2024 einen gemeinen Wert von 2,5 Mio. €. Die Einbringung der Anteile des A an der A-GmbH erfolgt gegen Gewährung von neuen Gesellschaftsanteilen. Zu diesem Zweck erhöht die B-GmbH ihr Stammkapital von bisher 100.000 € auf 400.000 €. 29.84

Lösung

Die Einbringung der Anteile an der A-GmbH in die B-GmbH stellt nach § 21 Abs. 1 Satz 2 UmwStG einen qualifizierten Anteilstausch dar, da die Anteile an der A-GmbH mehrheitsvermittelnd sind. Die A-GmbH wird durch den Anteilstausch zur 100%igen Tochter der B-GmbH. Die Kapitalerhöhung bei der B-GmbH um 300.000 € ist erforderlich, damit nach der Einbringung der Anteile an der A-GmbH die Beteiligungen von A und B an der B-GmbH im richtigen Wertverhältnis zueinander stehen. Denn B ist nach der Einbringung zu 25 % an der B-GmbH beteiligt und hält wertmäßig unverändert 2,5 Mio. €, während A eine Beteiligung von 75 % hält, die einem Wert von unverändert 7,5 Mio. € entspricht.

Die B-GmbH kann nach § 21 Abs. 1 Satz 2 UmwStG die eingebrachte Beteiligung an der A-GmbH auf Antrag mit den Anschaffungskosten des A i.H.v. 100.000 € ansetzen. Um die richtige Höhe der Beteiligung des A an der B-GmbH bilanziell darzustellen, ist aber in der Handelsbilanz ein Wertansatz der Beteiligung an der A-GmbH in Höhe der Kapitalerhöhung von 300.000 € erforderlich. Nach Rdnr. 21.11 UmwSt-Erlass steht der Ansatz von 300.000 € in der Handelsbilanz dem Ansatz der bisherigen An-

[75] Zu diesen Vertragsvereinbarungen vgl. Stümper/Walter, GmbHR 2008, 31; Carlé/Demuth, KÖSDI 2008, 15979; Ott, DStZ 2009, 90; Ritzer/Rogall/Stangl, WPg 2006, 1210.

schaffungskosten der Anteile an der A-GmbH in der Steuerbilanz nicht entgegen. In Höhe von 200.000 € wird nach Rdnr. 21.11 i.V.m. Rdnr. 20.20 UmwSt-Erlass ein aktiver Ausgleichsposten in der Steuerbilanz angesetzt.

Aufgrund des bei der B-GmbH erfolgten Ansatzes mit den Anschaffungskosten der Beteiligung an der A-GmbH ist der Vorgang für A insgesamt erfolgsneutral. Für die eingebrachten Anteile gilt die siebenjährige Sperrfrist nach § 22 Abs. 2 UmwStG sowie die siebenjährige Nachweisverpflichtung nach § 22 Abs. 3 Satz 1 Nr. 2 UmwStG. Ein Einbringungsgewinn II ist zu versteuern, soweit innerhalb der nächsten sieben Jahre

- die B-GmbH die Anteile an der A-GmbH veräußert oder im Hinblick auf diese Anteile einen Ersatzbestand i.S.v. § 22 Abs. 2 Satz 6 i.V.m. § 21 Abs. 1 Satz 6 UmwStG realisiert oder
- A als Einbringender – vorbehaltlich Rdnr. 20.33 UmwSt-Erlass – den Nachweis nach § 22 Abs. 3 Satz 1 Nr. 2 UmwStG nicht erbringt, wem die eingebrachten Anteile an der A-GmbH zuzurechnen sind.

29.85 Der in Höhe der jeweiligen Beteiligungsquote zu ermittelnde Einbringungsgewinn II ist nach allgemeinen Grundsätzen zu versteuern. Daraus folgt, dass bei natürlichen Personen ein Gewinn i.S.v. § 17 EStG entsteht, der dem Teileinkünfteverfahren unterliegt. Der Einbringungsgewinn II führt zu folgenden Konsequenzen:

- Nach § 22 Abs. 2 Satz 4 UmwStG gilt der Einbringungsgewinn II als **nachträgliche Anschaffungskosten** der im Zuge des Anteilstauschs erhaltenen Anteile.
- Die übernehmende Kapitalgesellschaft kann nach § 23 Abs. 2 Satz 3 UmwStG auf Antrag den versteuerten Einbringungsgewinn II im Wirtschaftsjahr der Veräußerung der Anteile oder des Eintritts eines gleichgestellten Ereignisses als Erhöhungsbetrag bei den sperrfristverhafteten Anteilen ansetzen (womit sich der Gewinn aus der Veräußerung vermindert), soweit der Einbringende die auf den Einbringungsgewinn entfallende Steuer entrichtet hat und dies durch Vorlage einer Bescheinigung des für den Einbringenden zuständigen Finanzamts i.S.v. § 22 Abs. 5 UmwStG nachgewiesen wurde.

29.86 Erzielt die übernehmende Gesellschaft aus der Veräußerung der eingebrachten Anteile einen Gewinn, so unterliegt dieser der 95%igen Steuerbefreiung nach § 8b Abs. 2 i.V.m. Abs. 3 KStG. Bei einem Veräußerungsverlust ist dieser nach § 8b Abs. 3 KStG unbeachtlich.

29.87 Für Zwecke der Gewerbesteuer unterliegt der Einbringungsgewinn II nach der Verwaltungsauffassung in Rdnr. 22.13 UmwStE 2024 bei Anteilen im Betriebsvermögen unter Hinweis auf das BFH-Urteil vom 11.07.2019[76] nicht der Gewerbesteuer, wenn auch die Einbringung zum gemeinen Wert nicht gewerbesteuerpflichtig gewesen wäre. Nach Rdnr. 22.13 UmwStE 2024 findet jedoch § 6b EStG auf den Einbringungsgewinn II keine Anwendung.

Sofern im Rahmen einer Sacheinlage nach § 20 UmwStG auch Anteile an Kapitalgesellschaften enthalten sind, werden die entsprechenden Werte nach § 22 Abs. 1 Satz 5 UmwStG aus der Ermittlung des Einbringungsgewinns I herausgerechnet. Insoweit sind dann die Regelungen zum Anteilstausch gem. § 22 Abs. 2 UmwStG anzuwenden, wenn diese Anteile durch die übernehmende Kapitalgesellschaft innerhalb der siebenjährigen Sperrfrist veräußert werden. Ein Einbringungsgewinn II ist zu ermitteln, soweit beim Einbringenden der Veräußerungsgewinn im Einbringungszeitpunkt nicht nach § 8b Abs. 2 KStG steuerfrei gewesen wäre. 29.88

29.3 Umwandlung einer Kapitalgesellschaft in ein Personenunternehmen

29.3.1 Zivilrechtliche Behandlung

Die Umwandlung einer Kapitalgesellschaft in eine Personenhandelsgesellschaft kann zivilrechtlich nach § 2 i.V.m. § 3 UmwG als Verschmelzung zur Aufnahme oder als Verschmelzung zur Neugründung erfolgen. Bei der **Verschmelzung zur Aufnahme** gem. § 2 Satz 1 Nr. 1 UmwG geht das Vermögen der umgewandelten Kapitalgesellschaft (ggf. zusammen mit dem Vermögen eines anderen Rechtsträgers) unter Auflösung ohne Abwicklung im Wege der Gesamtrechtsnachfolge auf die bereits bestehende Personenhandelsgesellschaft über. Daneben kommt auch die **Verschmelzung zur Neugründung** nach § 2 Satz 1 Nr. 2 UmwG in Betracht, bei der das Vermögen der Kapitalgesellschaft zusammen mit dem Vermögen eines anderen Rechtsträgers auf eine neu gegründete Personenhandelsgesellschaft übertragen wird. 29.89

Als Alternative zur Verschmelzung kommt auch der **Formwechsel** in Betracht. Beim Formwechsel erfolgt zivilrechtlich gem. §§ 190 ff. UmwG kein Vermögensübergang. Vielmehr ändert die Kapitalgesellschaft nur ihr Rechtskleid und besteht in veränderter Rechtsform fort (z.B. als Personenhandelsgesellschaft). Beim Formwechsel kommen auch Gesellschaften des bürgerlichen Rechts als Rechtsträger neuer Rechtsform in Betracht. Damit ist der Formwechsel einer Kapitalgesellschaft in eine Gesellschaft bürgerlichen Rechts möglich, während der umgekehrte Formwechsel einer eingetragenen Gesellschaft bürgerlichen Rechts – ebenso wie eine andere Umwandlung (z.B. Verschmelzung) – erst seit dem 01.01.2024 zulässig ist. Für einen Formwechsel spricht, dass er unter Kostengesichtspunkten günstiger 29.90

[76] Vgl. BFH, Urt. v. 11.07.2019 – I R 13/18, BStBl II 2022, 91.

ist als eine Verschmelzung und wegen der Kontinuität des Rechtsträgers – im Gegensatz zur Verschmelzung – auch keine Grunderwerbsteuer auslöst, wenn die übertragende Kapitalgesellschaft über inländischen Grundbesitz verfügt.[77] Zu beachten ist allerdings, dass nach dem Formwechsel die Begünstigung nach § 6 Abs. 1 bis 3 GrEStG für zehn Jahre ausgeschlossen ist, sofern ein Grundstück der ehemaligen Kapitalgesellschaft weiter übertragen wird.[78] Die Frist endet zehn Jahre nach der Eintragung des Formwechsels in das Handelsregister.

29.91 Soll eine Kapitalgesellschaft **auf ihren Alleingesellschafter umgewandelt** werden, so kann dies gem. § 1 Abs. 1 Nr. 1 i.V.m. §§ 2 und 3 Abs. 2 Nr. 2 und §§ 120–122 UmwG **nur im Wege der Verschmelzung zur Aufnahme** vorgenommen werden, während ein Formwechsel nach den §§ 190 ff. UmwG nicht in Betracht kommt. Nach § 122 Abs. 1 UmwG ist der übernehmende Alleingesellschafter nach den Vorschriften des HGB in das Handelsregister einzutragen. Dabei bleibt § 18 Abs. 1 UmwG unberührt, wonach der übernehmende Rechtsträger die Firma des übertragenden Rechtsträgers, dessen Handelsgeschäft er durch die Verschmelzung erwirbt, mit oder ohne Beifügung eines das Nachfolgeverhältnis andeutenden Zusatzes fortführen darf. Eine Verschmelzung ist somit auch zulässig, wenn die Eintragung des Alleingesellschafters mit dem von der Kapitalgesellschaft übernommenen Vermögen in das Handelsregister nicht in Betracht kommt. In diesem Fall reicht nach § 122 Abs. 2 UmwG die Eintragung der Verschmelzung in das Register des Sitzes der übertragenden Kapitalgesellschaft aus. Somit existiert keine Registersperre, wenn z.B. eine Freiberufler-GmbH auf den Alleingesellschafter verschmolzen wird.

29.3.2 Steuerrechtliche Behandlung

29.92 Die steuerrechtliche Behandlung der Verschmelzung ist den §§ 3–8 und 18 UmwStG geregelt. Auch für den Formwechsel verweist § 9 UmwStG auf die entsprechende Anwendung der §§ 3–8 und 10 UmwStG.

29.3.2.1 Steuerliche Schlussbilanz und Übertragungsgewinn

29.93 Bei der Verschmelzung hat die umzuwandelnde Kapitalgesellschaft gem. § 17 Abs. 2 UmwG auf den zivilrechtlichen Verschmelzungsstichtag eine **handelsrechtliche Schlussbilanz** aufzustellen. Für diese Bilanz gelten die Vorschriften über die Jahresbilanz und deren Prüfung entsprechend, so dass in der Schlussbilanz keine stillen Reserven aufzudecken sind. Das Registergericht darf die Verschmelzung nur eintragen, wenn die Bilanz auf einen **Stichtag aufgestellt ist, der höchstens acht**

[77] Vgl. BFH, Urt. v. 04.12.1996 – II B 116/96, BStBl II 1997, 661; BFH, Urt. v. 04.04.2001 – II R 57/98, BStBl II, 587; FinMin Baden-Württemberg, Erlass v. 19.12.1997 – S 4520/2, DStR 1998, 82, i.d.F. v. 31.01.2000, DStR 2000, 284.

[78] Vgl. BFH, Urt. v. 04.04.2001 – II R 57/98, BStBl II, 587.

Monate (in den Jahren 2020 und 2021: zwölf Monate) vor der Anmeldung der Verschmelzung zum Handelsregister liegt. Mit der Eintragung der Verschmelzung im Handelsregister wird gem. § 20 Abs. 1 UmwG die Verschmelzung zivilrechtlich wirksam. Der übertragende Rechtsträger erlischt, ohne dass es einer besonderen Löschung bedarf. Das Vermögen und die Verbindlichkeiten gehen auf den übernehmenden Rechtsträger über.

Beim Formwechsel besteht nach § 9 Satz 2 und 3 UmwStG eine eigenständige Rückbeziehung. Danach hat die Kapitalgesellschaft für steuerliche Zwecke auf den Zeitpunkt, in dem der Formwechsel wirksam wird, eine Übertragungsbilanz, die Personengesellschaft eine Eröffnungsbilanz aufzustellen. Die vorgenannten Bilanzen können auch für einen Stichtag aufgestellt werden, der höchstens acht Monate (in den Jahren 2020 und 2021: zwölf Monate) vor der Anmeldung des Formwechsels zur Eintragung in ein öffentliches Register liegt (Übertragungsstichtag). 29.94

In der steuerlichen Bilanz sind nach § 3 Abs. 1 UmwStG grundsätzlich die übergehenden Wirtschaftsgüter **mit dem gemeinen Wert** anzusetzen. Dazu gehören auch nicht entgeltlich erworbene und selbst geschaffene immaterielle Wirtschaftsgüter, während die Bewertung von Pensionsrückstellungen nach § 6a EStG erfolgt. Nach Rdnr. 03.01 UmwSt-Erlass ist die steuerliche Schlussbilanz i.S.d. § 3 Abs. 1 Satz 1 UmwStG eine **eigenständige Bilanz**, die von der Gewinnermittlung i.S.d. § 4 Abs. 1, § 5 EStG zu unterscheiden ist. 29.95

Unter den Voraussetzungen des § 3 Abs. 2 UmwStG können aber **auf Antrag** des übertragenden Rechtsträgers in der steuerlichen Schlussbilanz die übergehenden Wirtschaftsgüter einheitlich mit dem Buchwert oder einem Zwischenwert angesetzt werden. Der Antrag ist **spätestens bis zur erstmaligen Abgabe der steuerlichen Schlussbilanz** bei dem für die **Besteuerung der übertragenden Kapitalgesellschaft zuständigen Finanzamt** zu stellen. Aus Nachweisgründen ist die Schriftform für den Antrag empfehlenswert. Nach Rdnr. 03.01. UmwSt-Erlass gilt als Abgabe der steuerlichen Schlussbilanz auch die **ausdrückliche und unwiderrufliche Erklärung**, dass die Steuerbilanz i.S.d. § 4 Abs. 1, § 5 EStG gleichzeitig die steuerliche Schlussbilanz sein soll, wenn diese Bilanz der steuerlichen Schlussbilanz entspricht. In dieser Erklärung ist nach Rdnr. 03.29 UmwSt-Erlass zugleich ein konkludent gestellter Antrag auf Ansatz des Buchwerts zu sehen. Ein solcher Antrag kann auch durch die Übermittlung einer elektronischen Bilanz i.S.d. § 5b EStG als Bilanzart „Umwandlungsbilanz, zugleich Jahresabschluss“ gestellt werden. 29.96

29.3.2.2 Aufstockung beim übertragenden Rechtsträger

29.97 Im Rahmen einer Umwandlung (z.B. Verschmelzung) gehen Verluste bzw. Verlustvorträge des übertragenden Rechtsträgers nicht auf den übernehmenden Rechtsträger über. Daher verbleibt entweder die Möglichkeit, vor bzw. im Rahmen einer Umwandlung durch Veräußerung von Wirtschaftsgütern oder durch Ausübung der Bewertungswahlrechte nach § 3 Abs. 2 UmwStG (z.B. durch Ansatz der gemeinen Werte) **stille Reserven zu „heben"** und dadurch Verluste beim übertragenden Rechtsträger zu nutzen.

29.98 Schließlich kann durch eine Verschmelzung nach den §§ 11–13 UmwStG auch Vermögen auf die Verlustgesellschaft übertragen werden. In diesem Zusammenhang ist § 8c KStG zu beachten, der immer dann relevant wird, wenn es umwandlungsbedingt zu einer **schädlichen Verschiebung der Beteiligungsquoten** auf einen Erwerber (oder eine Erwerbergruppe) im Umfang von mehr als 25 % bzw. 50 % der Beteiligungsquoten kommt und die rückwirkend für Beteiligungserwerbe nach dem 31.12.2009 geänderte Konzernausnahme nach § 8c Abs. 1 Satz 5 KStG, die Stille-Reserven-Regelung nach § 8c Abs. 1 Satz 6 ff., die Sanierungsklausel nach § 8c Abs. 1a KStG oder § 8d KStG nicht zur Anwendung kommen.[79] Auch das Verlustabzugsverbot für positive Einkünfte des übertragenden Rechtsträgers im Rückwirkungszeitraum mit Verlustpositionen des übernehmenden Rechtsträgers nach § 2 Abs. 4 Satz 3 ff. UmwStG ist zu beachten.[80]

29.99 Die Bewertung mit dem gemeinen Wert oder mit dem Zwischenwert erfolgt nach Rdnr. 03.07 UmwSt-Erlass nicht bezogen auf jedes einzelne übergehende Wirtschaftsgut, sondern bezogen auf die Gesamtheit der übergehenden aktiven und passiven Wirtschaftsgüter (**Bewertung als Sachgesamtheit**). Sofern der gemeine Wert oder der Zwischenwert nicht aus Verkäufen abgeleitet werden kann, ist er aus der Sicht eines gedachten Erwerbers anhand eines allgemein anerkannten ertragswert- oder zahlungsstromorientierten Verfahrens zu ermitteln. Dabei ist jedoch der Bewertungsvorbehalt für Pensionsrückstellungen nach § 3 Abs. 1 Satz 2 bzw. § 11 Abs. 1 Satz 2 UmwStG zu beachten. Nach Rdnr. 03.07 i.V.m. Rdnr. 11.04 UmwSt-Erlass kann die Bewertung auch nach dem vereinfachten Bewertungsverfahren gem. §§ 199 ff. BewG erfolgen.

---

[79] Zur Verlustnutzung durch Verschmelzung vgl. OTT, DStZ 2021, 801.

[80] Vgl. dazu auch BFH, Urt. v.12.04.2023 – I R 48/20, BStBl II, 888; vgl. dazu OTT, StuB 2023, 698; DERS., Stbg 2023 176 und 302; DÖTSCH/WERNER, in: DÖTSCH/PUNG/MÖHLENBROCK, Die Körperschaftsteuer, § 2 UmwStG Rdnr. 116 (09/2021.

Hinweis

Da § 3 UmwStG eine eigenständige steuerliche Ansatz- und Bewertungsvorschrift ist, sind nach Rdnr. 03.04 i.V.m. 03.06 UmwSt-Erlass wegen der Eigenständigkeit der steuerlichen Schlussbilanz beim übertragenden Rechtsträger die steuerlichen Ansatzverbote des § 5 EStG nicht zu beachten. Daraus folgt, dass auch bisher nicht bilanzierte Wirtschaftsgüter (originärer Geschäfts- oder Firmenwert) oder Rückstellungen (z.B. Drohverlustrückstellungen nach § 5 Abs. 4a EStG) in der steuerlichen Schlussbilanz anzusetzen sind. 29.100

Nach Rdnr. 04.16 UmwSt-Erlass sollen **beim übernehmenden Rechtsträger** zu den folgenden Bilanzstichtagen **wieder die allgemeinen Grundsätze gelten.** Daraus folgt, dass z.B. eine Rückstellung für drohende Verluste aus schwebenden Geschäften in der steuerlichen Schlussbilanz i.S.d. § 3 UmwStG aufwandswirksam anzusetzen und beim übernehmenden Rechtsträger am nächstfolgenden Bilanzstichtag wieder in voller Höhe ertragswirksam aufzulösen ist. Damit kommt es zu einem **umwandlungsbedingten Anschaffungsgewinn**, den der BFH in seiner Rechtsprechung aufgrund der Erfolgsneutralität von Anschaffungsvorgängen abgelehnt hat.[81] Dagegen soll ein originärer Geschäfts- oder Firmenwert der übertragenden Körperschaft vom übernehmenden Rechtsträger aufgrund der Umwandlung als angeschafft gelten und planmäßig über 15 Jahre abzuschreiben sein. 29.101

Werden die übergehenden Wirtschaftsgüter mit dem gemeinen Wert oder einem Zwischenwert angesetzt, entsteht beim übertragenden Rechtsträger ein **Übertragungsgewinn.** Dieser Übertragungsgewinn kann zunächst mit vorhandenen Verlustvorträgen – unter Berücksichtigung der Mindestbesteuerung nach § 10d Abs. 2 und § 10a GewStG – verrechnet werden, unterliegt im Übrigen in voller Höhe der Körperschaftsteuer zzgl. Solidaritätszuschlag und der Gewerbesteuer, soweit die aufgedeckten stillen Reserven nicht im Einzelfall z.B. aufgrund von § 8b Abs. 2 KStG oder aufgrund eines Doppelbesteuerungsabkommens bei ausländischem Betriebsstättenvermögen steuerbefreit sind. Bei der Verlustnutzung ist zu beachten, dass der körperschaftsteuerliche und der gewerbesteuerliche Verlustvortrag regelmäßig nicht deckungsgleich sind. 29.102

Beispiel

Die V-GmbH soll auf die G-GmbH verschmolzen werden. Die V-GmbH verfügt über einen körperschaftsteuerlichen Verlustvortrag von 600.000 € und einen gewerbesteuerlichen Verlustvortrag von 400.000 €. In der Schlussbilanz der V-GmbH werden stille Reserven i.H.v. 600.000 € aufgelöst. 29.103

[81] Vgl. BFH, Urt. v. 14.12.2011 – I R 72/10, BStBl II 2012, 1226; BFH, Urt. v. 12.12.2012 – I R 28/11, BStBl II 2017, 1265.

Lösung

Werden stille Reserven i.H.v. 600.000 € aufgelöst, können die körperschaftsteuerlichen Verlustvorträge vollständig genutzt werden, während bei der Gewerbesteuer ein steuerpflichtiger Gewerbeertrag i.H.v. 200.000 € verbleibt. Werden dagegen nur stille Reserven i.H.v. 400.000 € aufgelöst, wird der körperschaftsteuerliche und gewerbesteuerliche Verlustvortrag bis zu einer Höhe von 400.000 € vollständig genutzt. Allerdings geht ein körperschaftsteuerlicher Verlustvortrag i.H.v. 200.000 € ungenutzt unter.

29.104 Im Gegensatz zur Einbringung in eine Kapitalgesellschaft nach § 20 UmwStG, bei der die Bewertungswahlrechte dem übernehmenden Rechtsträger zustehen, kann bei der Umwandlung einer Kapitalgesellschaft in ein Personenunternehmen die **übertragende Kapitalgesellschaft die Bewertungswahlrechte ausüben.** Die jeweils erfolgswirksam aufgestockten Werte erhöhen die Bemessungsgrundlage für Abschreibungen und führen künftig bei abnutzbaren Wirtschaftsgütern sukzessive zu neuem Aufwand bei der übernehmenden Personengesellschaft oder beim übernehmenden Einzelunternehmen.

29.3.2.3 Stille Lasten bei Umwandlungsvorgängen

29.105 Nach Rdnr. 03.05 UmwStE 2024 scheidet bei einer Bewertung in der steuerlichen Schlussbilanz zum Zwischenwert oder zum gemeinen Wert eine Aufwandsverteilung über 15 Jahre für im Zuge der Verschmelzung übertragene und bisher beim übertragenden Rechtsträger einer Passivierungsbeschränkung unterliegende Verpflichtungen (z.B. eine Rückstellung für drohende Verluste aus schwebenden Geschäften) nach § 4f EStG aus.[82] Nach Rdnr. 04.16 UmwStE 2024 wird auf das BMF-Schreiben vom 30.11.2017 verwiesen.[83] Weiterhin wird dort ausgeführt, dass der übernehmende Rechtsträger eine vor der Umwandlung begründete Aufwandsverteilung nach § 4f EStG als Rechtsnachfolger entsprechend § 4f Abs. 1 Satz 7 EStG fortzuführen hat, und Entsprechendes auch gilt für eventuell vorhandene Rücklagen nach § 5 Abs. 7 Satz 5 EStG im Zusammenhang mit vom übertragenden Rechtsträger übernommenen Verpflichtungen.

29.3.3 Steuerliche Behandlung bei der Übernehmerin

29.3.3.1 Eintritt in die steuerrechtliche Rechtsstellung

29.106 Die Übernehmerin hat gem. § 4 Abs. 1 Satz 1 UmwStG die auf sie übergegangenen Wirtschaftsgüter mit den in der steuerlichen Schlussbilanz der übertragenden

---

82 Für eine Aufwandsverteilung dagegen MÖHLENBROCK/WERNER, in: DÖTSCH/PUNG/MÖHLENBROCK, Die Körperschaftsteuer, § 3 UmwStG, Rdnr. 40 (12/2021) m.w.N.; MELAN/WECKE, Ubg 2017, 253, FUHRMANN, DB 2014, 9, 13.

83 Vgl. BMF-Schreiben v. 30.11.2017 – IV C 6 – S 2133/14/10001, BStBl I, 1619.

GmbH enthaltenen Werten zu übernehmen. Nach § 4 Abs. 2 Satz 1 UmwStG tritt die Übernehmerin z.B. bezüglich der Bewertung der übernommenen Wirtschaftsgüter, der AfA und der den steuerlichen Gewinn mindernden Rücklagen in die steuerrechtliche Rechtsstellung der übertragenden GmbH ein. Verbleibensfristen und Besitzzeiten werden nach § 4 Abs. 2 Satz 3 UmwStG beim übernehmenden Rechtsträger angerechnet.

29.3.3.2 Anschaffungs- und Einlagefiktionen bei Anteilen nach § 5 UmwStG

Nach der in § 4 Abs. 4 und 5 UmwStG enthaltenen Grundkonzeption geht der Gesetzgeber bei der Ermittlung des Übernahmeergebnisses davon aus, dass die Anteile an der übertragenden GmbH am steuerlichen Übertragungsstichtag bereits zum Betriebsvermögen des übernehmenden Personenunternehmens gehören. Anderenfalls bestehen nach § 5 UmwStG i.V.m. Rdnr. 05.05–05.12 UmwSt-Erlass sogenannte Anschaffungs- und Einlagefiktionen in Bezug auf die Anteile an der übertragenden GmbH. Nach Rdnr. 05.05 UmwStE 2024 gilt die Einlagefiktion nach § 5 Abs. 2 UmwStG auch für Anteile i.S.d. § 17 EStG, die erst nach dem steuerlichen Übertragungsstichtag entgeltlich oder unentgeltlich erworben werden.[84] 29.107

29.3.3.3 Aufspaltung des Übernahmeergebnisses

Die Umwandlung einer GmbH in eine Personengesellschaft stellt eine **Kombination aus einer Anteilsveräußerung und fiktiver Vollausschüttung** der thesaurierten Gewinne dar. Gemäß § 4 Abs. 4–6 UmwStG sowie § 7 UmwStG wird dieses Konzept durch die entsprechende Aufspaltung des Übernahmeergebnisses umgesetzt. 29.108

29.3.3.3.1 Ausschüttungsfiktion der offenen Rücklagen

Den Anteilseignern werden nach § 7 UmwStG anteilig die offenen Rücklagen der übertragenden Kapitalgesellschaft als Bezüge i.S.v. § 20 Abs. 1 Nr. 1 EStG zugerechnet, soweit diese nicht aus Einlagen stammen. Dieser Betrag entspricht im Regelfall dem bilanziellen Eigenkapital abzüglich Nennkapital und abzüglich des Bestands des steuerlichen Einlagekontos. Die Berechnung ergibt sich aus Rdnr. 07.04 UmwSt-Erlass. 29.109

In § 7 UmwStG wird der zuzurechnende Betrag definiert als der Teil des in der Steuerbilanz ausgewiesenen Eigenkapitals abzüglich des Bestands des steuerlichen Einlagekontos, der sich nach Anwendung des § 29 Abs. 1 KStG ergibt. Nach § 29 Abs. 1 KStG gilt in Umwandlungsfällen das Nennkapital der übertragenden Kapitalgesellschaft als in vollem Umfang nach § 28 Abs. 2 Satz 1 KStG herabgesetzt. 29.110

[84] Für den entgeltlichen Erwerb bestätigt durch BFH, Urt. v. 17.08.2023 – III R 37/20, DStR 2023, 2506, vgl. dazu OTT, StuB 2023, 945.

Diese **fiktive Nullstellung des Nennkapitals** nach § 28 Abs. 2 Satz 1 KStG führt dazu, dass – bei Nichtvorhandsein eines Sonderausweises – der Betrag des Nennkapitals in das steuerliche Einlagekonto eingestellt wird.

	Eigenkapital lt. Steuerbilanz (Nennkapital zzgl. offene Rücklagen)
–	steuerliches Einlagekonto nach Erhöhung um Nennkapital (§ 29 Abs. 1 KStG)
=	Bezüge i.S.v. § 7 UmwStG i.V.m. § 20 Abs. 1 Nr. 1 EStG

Beispiel

29.111 Die M-GmbH weist in ihrer steuerlichen Schlussbilanz zum 31.12.2023 ein gezeichnetes Kapital i.H.v. 50.000 € sowie Gewinnrücklagen i.H.v. 500.000 € aus. Die M-GmbH, die zum 31.12.2023 – vor Nullstellung des Nennkapitals – keinen Bestand im steuerlichen Einlagekonto i.S.d. § 27 KStG ausweist, wird rückwirkend zum steuerlichen Übertragungsstichtag 31.12.2023 in eine Personengesellschaft umgewandelt.

Die Bezüge nach § 7 UmwStG ergeben sich wie folgt:

Eigenkapital lt. Steuerbilanz	550.000 €
steuerliches Einlagekonto nach Erhöhung um Nennkapital	– 50.000 €
Bezüge nach § 7 UmwStG	**500.000 €**

Lösung

Die M-GmbH hat gem. § 43 Abs. 1 Nr. 1 EStG Kapitalertragsteuer i.H.v. 25 % auf die fiktive Gewinnausschüttung zzgl. 5,5 % Solidaritätszuschlag einzubehalten. Die Kapitalertragsteuer beträgt 500.000 € x 25 % = 125.000 € zzgl. 6.875 € SolZ und entsteht nach Rdnr. 07.08 UmwSt-Erlass mit dem zivilrechtlichen Wirksamwerden der Umwandlung (Registereintragung). Die fiktiven Gewinnausschüttungen an die Gesellschafter der übernehmenden Personengesellschaft werden gesellschafterbzogen ermittelt und fließen diesen unter Berücksichtigung der steuerlichen Rückwirkung gem. Rdnr. 07.07 UmwSt-Erlass bereits mit Ablauf des steuerlichen Übertragungsstichtags (31.12.2023), also noch im VZ 2023, zu und werden bei der übernehmenden Personengesellschaft im Rahmen der einheitlichen und gesonderten Gewinnfeststellung als gewerbliche Einkünfte erfasst.

Mit Urteil vom 11.04.2019[85] hat der BFH die Verwaltungsauffassung in Rdnr. 04.23, 05.07 und 07.07 UmwSt-Erlass zur Anwendung der sogenannten erweiterten Einlagefiktion bestätigt. Danach gelten Anteile i.S.d. § 17 EStG an der umzuwandelnden Kapitalgesellschaft nicht nur zur Ermittlung des Übernahmeergebnisses nach § 4 Abs. 4–6 UmwStG, sondern auch für Zwecke der fiktiven Gewinnausschüttung nach § 7 UmwStG als in das Betriebsvermögen der übernehmenden Personengesellschaft eingelegt. Somit erstreckt sich § 5 Abs. 2 bzw. 3 UmwStG auch auf die Einnahmen i.S.d. § 7 UmwStG, so dass bei den Anteilseignern, die an der Ermittlung des Übernahmeergebnisses nach § 4 Abs. 4–6 UmwStG teilnehmen, die Einnahmen als betriebliche Einkünfte im Gesamthandsvermögen und nicht etwa im Sonderbetriebsvermögen zu erfassen sind und dem Teileinkünfteverfahren unterliegen.[86] 29.112

Die Bezüge i.S.d. § 7 UmwStG bleiben nur dann gewerbesteuerfrei, wenn die Voraussetzungen des **gewerbesteuerlichen Schachtelprivilegs** nach § 9 Nr. 2a oder Nr. 7 GewStG (Mindestbeteiligung von 15 %) vorliegen.[87] Eine Ausnahme von der Gewerbesteuerpflicht besteht bei Anteilen im Privatvermögen i.S.d. § 17 EStG, da nach § 18 Abs. 2 Satz 2 UmwStG trotz der Einlagefiktion nach § 5 Abs. 2 UmwStG ein Gewinn[88] nach § 7 UmwStG bei der Gewerbesteuer nicht zu erfassen ist. Soweit an der übertragenden Kapitalgesellschaft natürliche Personen beteiligt sind, die ihre Anteile vor der Umwandlung in einem Betriebsvermögen gehalten haben, unterliegen die Einkünfte i.S.d. § 7 UmwStG dem Teileinkünfteverfahren zu 60 % der Einkommensteuer und grundsätzlich auch der Gewerbesteuer. Die Gewerbesteuer wird allerdings nach § 35 EStG auf die Einkommensteuer angerechnet. 29.113

Mit dem Urteil vom 11.04.2019[89] hat der BFH im Wege einer teleologisch einschränkenden Auslegung des § 7 UmwStG auch entschieden, dass für Zwecke der Ermittlung der fiktiven Gewinnausschüttung das maßgebende Eigenkapital laut 29.114

---

[85] Vgl. BFH, Urt. v. 11.04.2019 – IV R 1/17, BStBl II, 501; zur erweiterten Einlagefiktion vgl. PUNG/WERNER, in: DÖTSCH/PUNG/MÖHLENBROCK, Die Körperschaftsteuer, § 4 UmwStG Rdnr. 5e (12/2021); VAN LISHAUT/HEINEMANN, in: RÖDDER/HERLINGHAUS/VAN LISHAUT, UmwStG, 3. Aufl. 2019, § 5 Rdnr. 41.

[86] Zur Zurechnung auf die betreffenden Gesellschafter unter Einsatz von negativen Ergänzungsbilanzen vgl. MAYER, DStR 2019, 1789.

[87] Vgl. TROSSEN, in: RÖDDER/HERLINGHAUS/VAN LISHAUT, UmwStG, 3. Aufl. 2019, § 18 Rdnr. 31 ff.

[88] Obwohl in § 18 Abs. 2 Satz 2 UmwStG von „Gewinn" die Rede ist, sind die fiktiven Ausschüttungen nach § 7 UmwStG gemeint. Nach BERNHAGEN/PUNG, in: DÖTSCH/PUNG/MÖHLENBROCK, Die Körperschaftsteuer, § 18 UmwStG Rdnr. 32 (06/2022), folgt aus dem Begriff „Gewinn", dass auch die damit verbundenen Betriebsausgaben gewerbesteuerlich nicht zu berücksichtigen sind.

[89] Vgl. BFH, Urt. v. 11.04.2019 – IV R 1/17, BStBl II, 501; der BFH geht offenbar davon aus, dass ein Investitionsabzugsbetrag bei der Umwandlung einer Kapitalgesellschaft in eine Personengesellschaft auf diese übergeht, während bei der Einbringung in eine Kapitalgesellschaft nach der Verwaltungsauffassung ein Investitionsabzugsbetrag aufzulösen ist; siehe dazu Rdnr. 28.40.

Steuerbilanz um etwaige in Anspruch genommene und noch nicht durch Übertragung oder in anderer Weise aufgelöste Investitionsabzugsbeträge i.S.d. § 7g EStG **zu mindern** ist. Da nach § 7g EStG in jedem Fall eine Versteuerung des in Anspruch genommenen Investitionsabzugsbetrags sichergestellt ist, würde ohne eine solche Minderung des Eigenkapitals der Gewinn nach § 7 UmwStG einer **doppelten Besteuerung** unterliegen.

Hinweis

29.115 Nach § 8b Abs. 4 KStG sind Dividenden aus sogenannten **Streubesitzbeteiligungen** bei einer unmittelbaren Beteiligung zu Beginn des Kalenderjahres von weniger als 10 % nicht mehr steuerfrei, wenn diese nach dem 28.02.2013 zufließen.[90] Für Bezüge i.S.d. § 8b Abs. 1 KStG, zu denen auch die fiktiven Gewinnausschüttungen gem. § 7 UmwStG gehören, war § 8b Abs. 4 KStG bereits erstmals vor dem 01.03.2013 anzuwenden, wenn die Anmeldung zur Eintragung in das für die Wirksamkeit des jeweiligen Vorgangs maßgebende öffentliche Register nach dem 28.02.2013 erfolgte.

Beispiel

29.116 An der Z-GmbH, die über Rücklagen i.H.v. 100.000 €, aber kein steuerliches Einlagekonto verfügt, sind die A-GmbH zu 50 %, die B-GmbH zu 5 % und die natürliche Person X zu 45 % beteiligt. Die Z-GmbH wird mit Handelsregisteranmeldung vom 01.07.2024 im Wege des Formwechsels rückwirkend zum 31.12.2023 in eine KG umgewandelt.

Lösung

Die Behandlung der fiktiven Ausschüttung nach § 7 UmwStG ergibt sich wie folgt:

	A-GmbH (50 %)	**B-GmbH (5 %)**	**X (45 %)**
Einnahmen i.S.d. § 7 UmwStG i.V.m. § 20 Abs. 1 Nr. 1 EStG	50.000 €	5.000 €	45.000 €
KSt/ESt: § 8b Abs. 1 i.V.m. Abs. 5 KStG § 8b Abs. 4 i.V.m. Abs. 6 KStG i.V.m. § 27 Abs. 11 UmwStG	– 47.500 €	Keine Kürzung	27.000 € § 3 Nr. 40d EStG (TEV)

[90] Nach BFH, Urt. v. 18.12.2019 – I R 29/17, DStR 2020, 1910, sind § 8b Abs. 4 KStG und § 9 Nr. 2a GewStG verfassungsgemäß und mit Art. 3 Abs. 1 GG vereinbar.

	A-GmbH (50 %)	B-GmbH (5 %)	X (45 %)
KSt/ESt: Steuerpflichtig	2.500 €	5.000 €	27.000 €
GewSt: § 9 Nr. 2a GewStG Kein § 9 Nr. 2a GewStG	2.500 €	5.000 €	0 € § 18 Abs. 2 Satz 2 UmwStG

29.3.3.3.2 Ermittlung des Übernahmeergebnisses

Neben der Erfassung der Bezüge i.S.d. § 7 UmwStG ist nach § 4 Abs. 4 und 5 UmwStG der Übernahmegewinn bzw. Übernahmeverlust für die Anteile an der Kapitalgesellschaft zu ermitteln. Dabei werden vom Wert der übernommenen Wirtschaftsgüter des übertragenden Rechtsträgers – ggf. erhöht um einen **Zuschlag für neutrales Vermögen**[91] – die Kosten für den Vermögensübergang und die Anschaffungskosten bzw. der Buchwert der Anteile an dem übertragenden Rechtsträger abgezogen. Die Ermittlung des Übernahmeergebnisses erfolgt nach Rdnr. 04.19 UmwSt-Erlass **personenbezogen**, so dass die individuellen Anschaffungskosten bzw. Buchwerte der Beteiligungen berücksichtigt werden können. Nach Rdnr. 04.27 UmwSt-Erlass ergibt sich das Übernahmeergebnis danach wie folgt: 29.117

	(Anteiliger) Wert, mit dem die übergegangenen Wirtschaftsgüter i.S.d. § 4 Abs. 1 Satz 1 UmwStG zu übernehmen sind
+	Zuschlag für neutrales Vermögen (§ 4 Abs. 4 Satz 2 UmwStG)
–	Wert der Anteile an der übertragenden Körperschaft (ggf. nach Korrektur gem. § 4 Abs. 1 Satz 2 und Abs. 2 Satz 5 UmwStG)
–	Kosten des Vermögensübergangs
=	**Übernahmeergebnis 1. Stufe (§ 4 Abs. 4 Satz 1 und 2 UmwStG)**

[91] Erfasst werden stille Reserven einer ausländischen Betriebsstätte, die nach dem maßgeblichen DBA der Freistellung im Inland unterliegen, oder Vermögen einer im Inland nicht oder nur beschränkt steuerpflichtigen Körperschaft.

+	(Sperrbetrag nach § 50c EStG (§ 4 Abs. 5 Satz 1 UmwStG) – inzwischen nicht mehr relevant
–	Bezüge, die nach § 7 UmwStG zu den Einkünften aus Kapitalvermögen i.S.d. § 20 Abs. 1 Nr. 1 EStG gehören (§ 4 Abs. 5 Satz 2 UmwStG) – Vermeidung einer Doppelerfassung
=	**Übernahmeergebnis 2. Stufe (§ 4 Abs. 4 und 5 UmwStG)**

29.118 Durch die Einbeziehung der **Kosten für den Vermögensübergang** in die Ermittlung des Übernahmeergebnisses wirken sich diese **nur zu 60 %** aus, soweit das Übernahmeergebnis auf eine natürliche Person entfällt, bzw. überhaupt nicht aus, soweit das Übernahmeergebnis auf eine juristische Person entfällt, die an der übernehmenden Personengesellschaft beteiligt sind.[92]

29.119 Die Kosten des Vermögensübergangs sind zunächst nach dem **Veranlassungsprinzip** dem übertragenden und dem übernehmenden Rechtsträger zuzuordnen. Abzustellen ist dabei nach Rdnr. 04.34 UmwStE 2024 auf das „auslösende Moment" für die Entstehung der Aufwendungen und ihre größere Nähe zur Veräußerung oder zum laufenden Gewinn.[93] Für die Zuordnung besteht kein Wahlrecht.[94] In einem zweiten Schritt sind die Kosten des Vermögensübergangs in **objektbezogene** Kosten (z.B. Grunderwerbsteuer) und **nicht objektbezogene Kosten** aufzuteilen.

29.120 Nach Rdnr. 04.35 UmwSt-Erlass ist eine verhältnismäßige Zuordnung der Kosten zur Ermittlung des Übernahmeergebnisses nach § 4 Abs. 4 UmwStG und zur fiktiven Gewinnausschüttung i.S.d. § 7 UmwStG nicht vorzunehmen.

29.121 Die Kosten für den Vermögensübergang, die **nach dem steuerlichen Übertragungsstichtag** entstanden sind (auch solche, die auf den übertragenden Rechtsträger entfallen), werden nach Rdnr. 04.34 UmwSt-Erlass – unabhängig vom Zeitpunkt ihres Entstehens – dem übernehmenden Rechtsträger zugeordnet und sind, soweit diese als Aufwand gebucht worden sind, außerbilanziell zu korrigieren.

29.122 Vor dem Hintergrund des Veranlassungsprinzips bestehen derzeit erhebliche Unsicherheiten im Hinblick auf den sachlichen und zeitlichen Umfang der Kosten für

---

92 Zur Problematik der Kosten für den Vermögensübergang vgl. KROHN, DB 2018, 1755.

93 Vgl. BFH, Urt. v. 23.11.2022 – I R 25/20, BStBl II 2023, 612; krit. dazu und für eine normspezifische Konkretisierung im Hinblick auf Veräußerungskosten unter einfachgesetzlichen und verfassungsrechtlichen Vorgaben PARIS/SCHÖNFELD/SENDKE, DStR 2023, 2305.

94 Vgl. BFH, Urt. v. 30.05.2018 – I R 35/16, BFH/NV 2019, 46.

den Vermögensübergang. Einerseits wird hierzu eine weite Auffassung vertreten, wonach sowohl die (internen wie auch externen) Kosten in der Vorbereitungs-, Durchführungs- und Nachbereitungsphase (hier insbesondere sog. Migrationskosten für z.B. die Integration von Arbeitnehmern und IT-Systemen) erfasst werden.[95] Andererseits wird zu Recht vertreten, dass die Kosten für den Vermögensübergang in einem engen Sinne zu verstehen sind.[96]

Beim übernehmenden Rechtsträger stellt sich die **steuerliche Behandlung des Übernahmeergebnisses** nach § 4 Abs. 6 und 7 UmwStG wie folgt dar: 29.123

- **Ein Übernahmegewinn** ist nach § 4 Abs. 7 Satz 2 UmwStG i.V.m. § 3 Nr. 40, § 3c Abs. 2 EStG nach dem Teileinkünfteverfahren **mit 60 % anzusetzen**. Nach § 18 Abs. 2 Satz 1 UmwStG unterliegt der Übernahmegewinn nicht der Gewerbesteuer. Soweit der Übernahmegewinn auf eine Körperschaft entfällt, ist § 8b KStG anzuwenden.
- Soweit ein **Übernahmeverlust** auf eine Körperschaft entfällt, bleibt er **vollständig außer Ansatz**. Im Übrigen wird ein Übernahmeverlust grundsätzlich nach § 4 Abs. 6 Satz 4 UmwStG **zu 60 %** berücksichtigt, höchstens aber i.H.v. 60 % der Bezüge i.S.d. § 7 UmwStG. Nach § 18 Abs. 2 Satz 1 UmwStG wird der Übernahmegewinn bei der Gewerbesteuer nicht erfasst.

Ein Übernahmeverlust **bleibt vollständig außer Ansatz**, soweit 29.124

- bei Veräußerung der Anteile an der übertragenden Körperschaft ein Veräußerungsverlust nach § 17 Abs. 2 Satz 6 EStG nicht zu berücksichtigen wäre oder
- die Anteile an der übertragenden Körperschaft **innerhalb der letzten fünf Jahre** vor dem steuerlichen Übertragungsstichtag entgeltlich erworben wurden.

Bezogen auf die im Rahmen der Umwandlung untergegangenen Anteile an der übertragenden Kapitalgesellschaft wird das Übernahmeergebnis behandelt wie ein Veräußerungsgewinn bzw. ein Veräußerungsverlust. Es unterliegt dem Teileinkünfteverfahren nach § 3 Nr. 40 sowie § 3c EStG und ist nach § 18 Abs. 2 Satz 1 UmwStG gewerbesteuerlich unbeachtlich. Die umwandlungsbedingten Kosten sind ebenfalls nur zu 60 % abzugsfähig. 29.125

Die Fünfjahresfrist nach § 4 Abs. 6 Satz 6 UmwStG hat zur Folge, dass die Berücksichtigung eines Übernahmeverlusts generell für alle in den letzten fünf Jahren vor 29.126

[95] Vgl. dazu z.B. STIMPEL, GmbHR 2012, 199, 200; KROHN, DB 2018, 1755.

[96] Vgl. HOLLE/WEISS, DStR 2018, 1755; SCHEIFELE, Ubg 2018, 129; ERGENZINGER/SOLOWJEFF, DStR 2020, 2844; KUHR, Ubg 2016, 729, 737, unter Hinweis auf BFH, Urt. v. 22.04.1998 – I R 83/96, BStBl II, 698.

dem steuerlichen Übertragungsstichtag entgeltlich erworbenen Anteile im Privat- und Betriebsvermögen ausgeschlossen wird. Damit wirkt die Regelung nach einem Anteilserwerb vor allem im mittelständischen Bereich fünf Jahre lang als **Umwandlungssperre.**

29.3.3.3.3 Vernichtung von Anschaffungskosten bei Übernahmeverlusten

29.127 Da in der Praxis bei der Umwandlung einer Kapitalgesellschaft auf ein Personenunternehmen regelmäßig ein Übernahmeverlust entsteht, der zum Teil überhaupt keine steuerliche Berücksichtigung findet, gehen auch die für die Anteile an der Kapitalgesellschaft aufgewendeten Anschaffungskosten ersatzlos unter. Bei einer späteren Veräußerung des aus der Umwandlung entstandenen Personenunternehmens (oder von Mitunternehmeranteilen an der entstandenen Personengesellschaft) kann somit der ursprüngliche Erwerbsaufwand nicht mehr berücksichtigt werden. Die **dramatischen Folgen** des umwandlungsbedingten Verlusts der Anschaffungskosten zeigt das folgende, dem BFH-Urteil vom 22.10.2015[97] nachgebildete Beispiel:

Beispiel

29.128 A und B haben jeweils eine 50%ige Beteiligung an der Z-GmbH mit einem Buchkapital von insgesamt 100.000 € (keine thesaurierten Gewinne) zum Preis von jeweils 1,0 Mio. € erworben. Drei Jahre nach dem Erwerb der Anteile wird die GmbH unter Buchwertfortführung nach § 9 i.V.m. §§ 3 ff. UmwStG im Wege des Formwechsels nach §§ 190 ff. UmwG in eine Personengesellschaft umgewandelt, bei der jeder Gesellschafter ein Kapitalkonto i.H.v. 50.000 € erhält.

Lösung

Für A und B entsteht jeweils ein Übernahmeverlust i.H.v. 950.000 €, der steuerlich nach § 4 Abs. 6 Satz 6 UmwStG nicht berücksichtigt werden kann.

Werden die Anteile an der Personengesellschaft zum gleichen Preis von jeweils 1,0 Mio. € weiterveräußert, entsteht für A und B ein Veräußerungsgewinn i.H.v. jeweils 950.000 €. Wäre dagegen die Rechtsform der GmbH beibehalten worden, hätte sich – bei ansonsten gleichen Werten – kein Veräußerungsgewinn ergeben.

29.129 **Übernahmeverluste** entstehen regelmäßig, wenn beim Erwerb der Anteile am übertragenden Rechtsträger die vorhandenen stillen Reserven mitbezahlt worden sind. Werden aber nach der Umwandlung unter Fortführung der Buchwerte die Anteile an der Personengesellschaft veräußert, finden die früheren Anschaffungskosten für die Anteile der Kapitalgesellschaft unter keinem denkbaren Gesichtspunkt Eingang in das Kapitalkonto (oder eine Ergänzungsbilanz) des betreffenden

[97] Vgl. BFH, Urt. v. 22.10.2015 – IV R 37/13, BStBl II 2016, 919.

Gesellschafters und können auch bei Gewinnermittlung nach § 16 Abs. 2 und 3 EStG im Rahmen einer späteren Veräußerung oder Aufgabe des Mitunternehmeranteils oder Einzelunternehmens nicht steuermindernd abgezogen werden.[98]

Der IV. Senat des BFH hat im Urteil vom 22.10.2015[99] **weder eine teleologische Reduktion** des § 4 Abs. 6 UmwStG durch Abzug des Übernahmeverlusts **noch die Erfassung** erhöhter Anschaffungskosten der umgewandelten Kapitalgesellschaft in **einer Ergänzungsbilanz** bzw. bei der Umwandlung auf den Alleingesellschafter **in einem Merkposten** zugelassen.[100] § 4 Abs. 6 UmwStG, der in Inlandsfällen zu einer Überbesteuerung[101] führt, verstößt nach Auffassung des BFH auch nicht gegen den Gleichheitssatz des Art. 3 Abs. 1 GG. Obgleich die Nichtberücksichtigung des Übernahmeverlusts das objektive Nettoprinzip verletzt,[102] muss dies hingenommen werden, um eine mindestens einmalige Besteuerung stiller Reserven sicherzustellen.[103] Auch nach Auffassung des III. Senats des BFH im Urteil vom 05.11.2015[104] ist das Verlustabzugsverbot verfassungsrechtlich nicht zu beanstanden. 29.130

Vor dem Hintergrund der vorstehenden BFH-Rechtsprechung können die ursprünglichen Anschaffungskosten bei einer Umwandlung nicht in vollem Umfang berücksichtigt werden. Sofern die latente Steuerbelastung auf die stillen Reserven nicht **bereits beim Anteilserwerb kaufpreismindernd berücksichtigt** worden ist,[105] können z.B. im Rahmen der Umwandlung beim übertragenden Rechtsträger nach § 3 Abs. 1 bzw. 2 UmwStG die gemeinen Werte oder Zwischenwerte angesetzt werden. Der hieraus resultierende Übertragungsgewinn unterliegt dann aber sowohl der Körperschaftsteuer als auch der Gewerbesteuer. Die eintretende Steuerbelastung kann erst im Zeitablauf beim übernehmenden Personenunternehmen durch die Abschreibung auf die aufgestockten und fortgeführten Werte beim übernehmenden Personenunternehmen amortisiert werden. 29.131

Alternativ zur Umwandlung könnte eine Kapitalgesellschaft auch unter Auflösung der stillen Reserven liquidiert und der Geschäftsbetrieb zu einem fremdüblichen 29.132

98 Vgl. dazu auch Levedag, GmbHR 2016, 261, 268; Ott, DStZ 2016, 769, 775 ff.

99 Vgl. BFH, Urt. v. 22.10.2015 – IV R 37/13, BStBl II 2016, 919; so auch BFH, Urt. v. 17.08.2023 – III R 37/20, DStR 2506.

100 Vgl. Strahl, Stbg 2015, 441, 455.

101 Zum Teil tritt eine Eineinhalbfachbesteuerung ein, vgl. Förster/van Lishaut, FR 2000, 1189; Stegner/Heinz, GmbHR 2001, 54.

102 Vgl. dazu Strahl, KÖSDI 2003, 13839; Kessler/Schmidt, DB 2000, 2088; Hey, GmbHR 2001, 993; Stegner/Heinz, GmbHR 2001, 54; Ott, StuB 2005, 737.

103 Vgl. dazu Wendt, Kommentar zu BFH, Urt. v. 22.10.2015 – IV R 37/13, FR 2016, 722 ff.

104 Vgl. BFH, Urt. v. 05.11.2015 – III R 13/13, BStBl II 2016, 468; zu einer evtl. abweichenden Steuerfestsetzung wegen sachlicher Unbilligkeit nach §§ 163, 227 AO vgl. BFH, Urt. v. 24.06.2014 – VIII R 35/10, BStBl II 2016, 916.

105 Vgl. Kessler/Schmidt, DB 2000, 2088; Förster/van Lishaut, FR 2000, 1180.

Kaufpreis an eine neu gegründete oder bereits bestehende Personengesellschaft oder an den Gesellschafter übertragen werden. Bei einer Liquidation werden die Anschaffungskosten der Anteile in vollem Umfang berücksichtigt und ein etwaiger Verlust fällt nach § 17 Abs. 4 EStG unter das Teileinkünfteverfahren. Im Rahmen der Liquidation kann das Betriebsvermögen der Kapitalgesellschaft z.B. im Rahmen einer Sachauskehrung auf eine neu gegründete oder bereits bestehende Personengesellschaft übertragen werden.[106]

29.3.4 Gewerbesteuerfalle nach § 18 Abs. 3 UmwStG

29.133 Neben der Fünfjahresfrist in § 4 Abs. 6 UmwStG, die entgeltliche Anteilserwerbe vor einer Umwandlung betrifft, sieht § 18 Abs. 3 UmwStG eine **weitere Fünfjahresfrist** vor, die nach einer Umwandlung relevant werden kann. Wird nämlich das aus der Umwandlung einer Kapitalgesellschaft hervorgegangene Personenunternehmen bzw. die Anteile an der entstandenen Personengesellschaft innerhalb von fünf Jahren nach der Umwandlung veräußert oder aufgegeben, unterliegt nach der **typisierenden Missbrauchsvorschrift** des § 18 Abs. 3 UmwStG ein Veräußerungs- oder Aufgabegewinn der Gewerbesteuer.[107] Die dabei anfallende Gewerbesteuer darf nach § 4 Abs. 5b EStG zwar nach dem BFH-Urteil vom 07.03.2019[108] der Personengesellschaft als Steuerschuldnerin nicht als Betriebsausgabe abgezogen werden. Es ist allerdings zu prüfen, ob eine ggf. an die Personengesellschaft erstattete Gewerbesteuer zu einer Erhöhung des Kapitalkontos des Veräußerers und damit zu einer Minderung des Veräußerungsgewinns führt. Bei im Anteilskaufvertrag vereinbarter unmittelbarer Zahlung an den Erwerber liegen Veräußerungskosten vor.[109]

29.134 Nach § 18 Abs. 3 Satz 3 UmwStG ist die Gewerbesteuer auch **von der Anrechnung auf die Einkommensteuer** nach § 35 EStG in Höhe des vierfachen Gewerbesteuermessbetrags **ausgeschlossen.**[110] Unerheblich ist dabei, ob der Veräußerungs- oder Aufgabegewinn nach allgemeinen Vorschriften der Gewerbesteuer unterlegen hatte.[111] Während der Veräußerungs- oder Aufgabegewinn im Rahmen des § 10a GewStG mit etwaig vorhandenen Verlustvorträgen des Veräußerers verrechnet werden kann,[112] ist ein aus der Veräußerung oder Aufgabe resultierender Verlust

---

[106] Vgl. dazu OTT, StuB 2023, 945, 950 ff.
[107] Ausführlich dazu vgl. FÖRSTER, DB 2016, 789; OTT, DStZ 2016, 769.
[108] Vgl. BFH, Urt. v. 07.03.2019 – IV R 18/17, BStBl II, 696.
[109] Vgl. dazu SCHLÜCKE/MICKER/TROSSEN, Ubg 2019, 357; NÖCKER, Anmerkung zum BFH-Urteil v. 07.03.2019 – IV R 18/17, FR 2019, 617.
[110] Vgl. BMF-Schreiben v. 03.11.2016 – IV C 6 – S 2296-a/07/10002:003, BStBl I, 1187, Rdnr. 13; vgl. dazu U. FÖRSTER, DB 2016, 2866.
[111] Zur Ermittlung der nicht anrechenbaren Gewerbesteuer vgl. FÖRSTER, DB 2016, 789, 791.
[112] Vgl. BERNHAGEN/PUNG, in: DÖTSCH/PUNG/MÖHLENBROCK, Die Körperschaftsteuer, § 18 UmwStG Rdnr. 53 (06/2022).

nach Rdnr. 18.10 UmwSt-Erlass gewerbesteuerlich nicht zu berücksichtigen. Die nicht anrechenbare Gewerbesteuer führt zu einer beträchtlichen Zusatzbelastung, die sich z.B. bei einem Hebesatz von 500 % auf 17,5 % des Veräußerungs- oder Aufgabegewinns beläuft. Daher kann es im Einzelfall vorteilhaft sein, einen Veräußerungs- oder Aufgabegewinn zugunsten von laufenden Gewinnen (z.B. durch Veräußerung einzelner Wirtschaftsgüter) zu vermeiden.

Die Gewerbesteuerpflicht nach § 18 Abs. 3 UmwStG erfasst nur Gewinne aus der Veräußerung oder Aufgabe von Sachgesamtheiten, die sich **innerhalb von fünf Zeitjahren** nach der Umwandlung ergeben. Die Fünfjahresfrist beginnt nach Rdnr. 18.05 i.V.m. Rdnr. 06.10 UmwSt-Erlass mit Ablauf des steuerlichen Übertragungsstichtags und endet fünf Jahre danach. Nicht von § 18 Abs. 3 UmwStG erfasst werden laufende Gewinne des übernehmenden Personenunternehmens sowie Veräußerungs- und Aufgabegewinne, die erst nach Ablauf der Fünfjahresfrist realisiert werden. 29.135

Wird ein Betrieb, Teilbetrieb oder Mitunternehmeranteil innerhalb des Fünfjahreszeitraums unentgeltlich nach § 6 Abs. 3 EStG übertragen, tritt der Rechtsnachfolger nach Rdnr. 18.08 UmwSt-Erlass in die laufende Fünfjahresfrist ein.[113] Nach Rdnr. 18.07 UmwSt-Erlass gilt Entsprechendes, wenn eine der vorstehend genannten Sachgesamtheiten nach den §§ 20 und 24 UmwStG zu Buch- oder Zwischenwerten **in eine Kapital- oder Personengesellschaft eingebracht** wird. Die Fünfjahresfrist wird nach Rdnr. 18.07 UmwSt-Erlass selbst bei einem Ansatz der gemeinen Werte fortgesetzt, wenn die Einbringung im Wege der Gesamtrechtsnachfolge vorgenommen wird, nicht jedoch bei Einbringung im Wege durch Einzelrechtsnachfolge. Sowohl bei der Einbringung zum Zwischenwert als auch zum gemeinen Wert wird der Einbringungsgewinn zusätzlich von § 18 Abs. 3 UmwStG erfasst. Bei einem Ansatz von gemeinen Werten dürfte die gewerbesteuerliche Fortführung der Sperrfrist indes fraglich sein, da alle stillen Reserven bereits der Gewerbesteuer unterlegen haben. Zu Recht wird daher gefordert, in diesen Fällen die Regelung einschränkend dahingehend auszulegen, dass sich die Sperrfrist nicht mehr auf den Rechtsnachfolger erstreckt.[114] 29.136

[113] Vgl. BFH, Urt. v. 28.04.2016 – IV R 6/13, BStBl II, 725.

[114] Vgl. dazu FÖRSTER, DB 2016, 789, 793; BOHNHARDT, in: HARITZ/MENNER/BILITEWSKI, UmwStG, 6. Aufl. 2024, § 18 Rdnr. 179; NEU/HAMACHER, GmbH 2012, 290.

Praxistipp

29.137 Nach h.M.[115] ist § 18 Abs. 3 UmwStG nur auf die unmittelbare Veräußerung eines Mitunternehmeranteils der im Zuge der Umwandlung entstandenen Personengesellschaft anzuwenden. Daher kann die **Gewerbesteuerfalle vermieden** werden, wenn z.B. die Anteile an der umzuwandelnden A-GmbH zuvor nach § 6 Abs. 5 Satz 3 EStG (bei Anteilen im Betriebsvermögen) oder durch Einlage nach § 6 Abs. 1 Nr. 5 EStG (bei Anteilen im Privatvermögen) in das Gesamthandsvermögen einer M-GmbH & Co. KG übertragen werden. Nach dem Formwechsel der A-GmbH in die A-GmbH & Co. KG entsteht dann eine doppelstöckige Personengesellschaft mit der M-GmbH & Co. KG als Obergesellschaft und der A-GmbH & Co. KG als Untergesellschaft. Werden die Anteile an der Obergesellschaft (M-GmbH & Co. KG) veräußert, ist § 18 Abs. 3 UmwStG nicht einschlägig.[116]

29.138 Schließlich werden nach § 18 Abs. 3 UmwStG sowohl die stillen Reserven erfasst, die im Zeitpunkt der Veräußerung oder Aufgabe bereits vorhanden waren, als auch solche, die erst nach der Umwandlung neu gebildet wurden.[117] Aufgrund der **gewerbesteuerlichen Infektion** des übernehmenden Personenunternehmens unterliegt die Veräußerung bzw. die Aufgabe des Betriebs, eines zugehörigen Teilbetriebs oder eines Mitunternehmeranteils an der übernehmenden Personengesellschaft innerhalb der fünfjährigen Sperrfrist vollständig der Gewerbesteuer.[118] Nach Rdnr. 18.11 UmwSt-Erlass fällt Gewerbesteuer nach § 18 Abs. 3 UmwStG auch an, wenn der aus der Umwandlung der Kapitalgesellschaft hervorgegangene Betrieb der natürlichen Person oder der Personengesellschaft als solcher nicht Gegenstand der Gewerbesteuer ist, sondern z.B. Einkünfte aus selbständiger Arbeit gem. § 18 EStG oder aus Land- oder Forstwirtschaft gem. § 13 EStG erwirtschaftet.[119]

29.139 Der in den Gewerbeertrag einzubeziehende Veräußerungsgewinn wird auch dann nicht um den Freibetrag nach § 16 Abs. 4 Satz 1 EStG gekürzt, wenn der Veräußerer die persönlichen Voraussetzungen des § 16 Abs. 4 EStG erfüllt.[120] Der Ausschluss von der Anrechnung nach § 35 EStG tritt jedoch nicht ein, wenn das Per-

[115] Vgl. OFD Koblenz, Kurzinformation v. 27.12.2004, DB 2005, 78, Rdnr. 2; vgl. auch SCHMITT, in: SCHMITT/HÖRTNAGL, UmwG/UmwStG, 10. Aufl. 2024, § 18 UmwStG Rdnr. 41.

[116] Zu diesem Doppelstockmodell vgl. auch OTT, in: OTT, Beratungsschwerpunkte Unternehmenskauf, 2. Aufl. 2024, Rdnr. 6.43; vgl. auch BERNHAGEN/PUNG, in: DÖTSCH/PUNG/MÖHLENBROCK, Die Körperschaftsteuer, § 18 UmwStG Rdnr. 67 (06/2022), mit dem Hinweis auf die Annahme eines Gesamtplans, wenn die doppelstöckige Struktur erst geschaffen wird.

[117] Vgl. BFH, Urt. v. 26.06.2007 – IV R 58/06, BStBl II 2008, 73.

[118] Vgl. FÖRSTER, DB 2016, 789; OTT, DStZ 2016, 769.

[119] Vgl. BFH, Urt. v. 17.07.2013 – X R 40/10, BStBl II, 883.

[120] Vgl. BFH, Urt. v. 26.03.2015 – IV R 3/12, BStBl II 2016, 553.

sonenunternehmen aus einer umgewandelten Organkapitalgesellschaft entstanden ist und ein von dieser erzielter und dem Organträger zuzurechnender Veräußerungs- oder Aufgabegewinn aufgrund der gewerbesteuerlichen Organschaft zu einer Anrechnung beim Mitunternehmer nach § 35 EStG geführt hätte.[121]

29.3.5 Pensionsrückstellungen

Eine bei der umzuwandelnden GmbH vorhandene Pensionsrückstellung aus einer Direktzusage zugunsten eines Gesellschafter-Geschäftsführers wird bei der Umwandlung in eine Personengesellschaft nicht aufgelöst.[122] Vielmehr wird das **Dienstverhältnis fortgesetzt**, so dass die zugunsten des (Gesellschafter-)Geschäftsführers gebildete Rückstellung von der übernehmenden Personengesellschaft fortzuführen und mit dem Teilwert nach § 6a Abs. 3 Satz 2 Nr. 1 EStG zu bewerten ist. Zuführungen zur Pensionsrückstellung nach dem steuerlichen Übertragungsstichtag, die durch die Stellung als Mitunternehmer veranlasst sind, stellen nach Rdnr. 06.06 UmwSt-Erlass Sondervergütungen der Personengesellschaft nach § 15 Abs. 1 Satz 1 Nr. 2 EStG dar. Diese Zuführungen mindern zwar den steuerlichen Gewinn der Personengesellschaft in der Gesamthandsbilanz der Personengesellschaft, **in der Sonderbilanz** ist aber beim (ehemaligen) Gesellschafter-Geschäftsführer ein korrespondierender **Korrekturbetrag** anzusetzen. Beim **Eintritt des Versorgungsfalls** erfolgt nach Rdnr. 06.06 UmwSt-Erlass eine Aufteilung der Versorgungsbezüge in Einkünfte nach § 19 i.V.m. § 24 Nr. 2 EStG (soweit auf die GmbH-Zeit entfallend) und – soweit auf das Dienstverhältnis bei der Personengesellschaft entfallend – in Einkünfte nach § 15 i.V.m. § 24 Nr. 2 EStG.[123] 29.140

Beim **Vermögensübergang auf eine natürliche Person** wird die Pensionsrückstellung nach Rdnr. 06.07 UmwSt-Erlass in vollem Umfang ertragswirksam aufgelöst.[124] In Höhe des Auflösungsgewinns kann nach § 6 Abs. 1 UmwStG in der Steuerbilanz eine den steuerlichen Gewinn mindernde Rücklage gebildet werden, die in den auf ihre Bildung folgenden drei Wirtschaftsjahren mit mindestens je einem Drittel erfolgswirksam aufzulösen ist.[125] 29.141

---

[121] Vgl. BFH, Urt. v. 28.05.2015 – IV R 27/12, BStBl II, 837; so jetzt auch BMF-Schreiben v. 03.11.2016 – IV C 6 – S 2296-a/07/10002:003, BStBl I, 1187, Rdnr. 14.

[122] Vgl. FG Baden-Württemberg, Urt. v. 16.12.2019 – 8 K 892/16, EFG 2020, 1140, Revision anhängig beim BFH unter Az. VIII R 17/20; vgl. auch PUNG/WERNER, in: DÖTSCH/PUNG/MÖHLENBROCK, Die Körperschaftsteuer, § 4 UmwStG Rdnr. 72 ff. (12/2015); FUHRMANN, DStZ 2015, 425.

[123] Vgl. BMF-Schreiben v. 29.01.2008 – IV B 2 - S 2176/07/0001, BStBl I, 317.

[124] Vgl. BFH, Urt. v. 17.08.2023 – III R 37/20, DStR 2023, 2506; zu Gestaltungsmöglichkeiten vgl. OTT, StuB 2023, 945, 950 ff.

[125] Vgl. BFH, Urt. v. 25.02.2004 – I R 54/02, BStBl II, 654.

29.3.6 Steuerliche Rückwirkung und Geschäftsführervergütungen

29.142 Werden bis zur Handelsregistereintragung der Umwandlung z.B. noch Gehaltszahlungen an einen Gesellschafter-Geschäftsführer der übertragenden GmbH geleistet, so stellen diese bei der übernehmenden Personenuntergesellschaft ab dem steuerlichen Übertragungsstichtag Tätigkeitsvergütungen nach § 15 Abs. 1 Nr. 2 EStG dar. Wurden diese bei der übertragenden GmbH noch als Gehaltsaufwand berücksichtigt, sind die Vergütungen nach Rdnr. 02.36 UmwSt-Erlass bei der Personengesellschaft als Sonderbetriebseinnahmen dem steuerlichen Gesamtgewinn wieder hinzuzurechnen. Eine Aufteilung der Vergütung entsprechend Rdnr. 02.29 UmwSt-Erlass (wie z.B. bei Gewinnausschüttungen bei nur teilweiser Veräußerung der Anteile) findet dagegen nicht statt. Die noch von der GmbH einbehaltene Lohnsteuer wird auf die Einkommensteuer des Gesellschafter-Geschäftsführers angerechnet.

29.3.7 Gewinnausschüttungen im Rückwirkungszeitraum

29.143 Erfolgen im steuerlichen Rückwirkungszeitraum (d.h. in der Zeit zwischen dem steuerlichen Übertragungsstichtag und dem Tag der Eintragung der Umwandlung im Handelsregister) noch Gewinnausschüttungen für das abgelaufene Wirtschaftsjahr, so stellt sich die Frage, ob diese Gewinnausschüttungen ggf. noch der umzuwandelnden GmbH zugerechnet werden. In den Rdnr. 02.25–02.35 enthält der UmwSt-Erlass hierzu ausführliche Regelungen. Nach dem BFH-Urteil vom 12.04.2022[126] werden im Rückwirkungszeitraum beschlossene und vollzogene Gewinnausschüttungen von § 20 Abs. 5 Satz 2 und 3 UmwStG erfasst und sind als Entnahmen aus dem einzubringenden Personenunternehmen und nicht als verdeckte Gewinnausschüttungen zu besteuern. Diese Gewinnausschüttungen unterliegen daher bei dem Personenunternehmen auch nicht ein weiteres Mal der Kapitalertragsteuer.

[126] Vgl. BFH, Urt. v. 12.04.2022 – VIII R 35/19, BStBl II, 394.

30. Gesellschafterfremdfinanzierung

30.1 Rechtsentwicklung

Betrieblich veranlasste Vergütungen für die Fremdkapitalüberlassung sind grundsätzlich steuerlich abziehbar (§ 4 Abs. 4 EStG). Gesetzgeber und Finanzverwaltung bemühen sich dennoch seit Langem, diese steuerliche Absetzbarkeit von Finanzierungsaufwand einzudämmen. Denn die Fremdfinanzierung und insbesondere die Gesellschafterfremdfinanzierung haben sich als ein effektives und weit verbreitetes Instrument zur Senkung der inländischen Steuerbelastung etabliert. Dies gilt nicht nur für die Steuerplanung von Unternehmen mit inländischen Gesellschaftern, sondern auch für ausländische Gesellschafter mit inländischen Beteiligungen. Steuerlich abzugsfähige Zinsen, die auf der Ebene des Empfängers, d.h. im Regelfall des Darlehensgebers, niedriger besteuert werden als im Inland erzielte Unternehmensgewinne, bieten erhebliche Gestaltungsanreize und Steuervorteile gegenüber Gewinnentnahmen oder Dividendenerträgen, die aus versteuertem Einkommen zu leisten sind. 30.1

Dieses Gestaltungs- und Konfliktpotential besteht insbesondere dann, wenn der Gesellschafter Darlehensgeber ist, und zwar sowohl im Hinblick auf die absolute Höhe der jeweiligen Fremdkapitalausstattung des Unternehmens als auch im Hinblick auf die jeweilige Höhe der geschuldeten Vergütung für diese Fremdkapitalausstattung. Eine „überhöhte" Fremdkapitalausstattung eines Unternehmens kommt nahezu ausschließlich bei Finanzierungen vor, die mittelbar oder unmittelbar durch den Gesellschafter erfolgen. Eine steuerlich nicht anzuerkennende – weil nicht marktgerechte – Vergütung für Fremdkapital ist ebenfalls häufig durch eine 30.2

Gesellschafterfremdfinanzierung initiiert. Hier ist aber der allgemeine Beurteilungsmaßstab des Fremdvergleichs anzuwenden, der nicht nur für Gesellschafterfremdfinanzierungen gilt (siehe hierzu Rdnr. 19.10 ff.).

30.3 Mit der **Zinsschranke gem. § 4h EStG, § 8a KStG** wurde mit Wirkung ab dem Veranlagungszeitraum 2008 ein grundlegend neues steuerliches Zinsabzugsverfahren eingeführt. Die bisherigen Regelungen zur Gesellschafterfremdfinanzierung wurden damit durch eine weitreichende allgemeine Abzugsbeschränkung betrieblich veranlasster Finanzierungsaufwendungen ersetzt. Wesentliche Ziele der Neuregelung waren die Bekämpfung von missbräuchlichen Finanzierungsgestaltungen, die Stärkung der Eigenkapitalausstattung deutscher Unternehmen und die Gegenfinanzierung im Rahmen der Unternehmensteuerreform 2008.[1]

30.4 Die Neuregelung löste bei Körperschaften die **Regelungen zur Gesellschafterfremdfinanzierung nach § 8a KStG a.F.**[2] ab. Die bisherige Regelung des § 8a KStG a.F. hatte ihr Ziel, eine übermäßige Minderung des steuerpflichtigen Einkommens einer Körperschaft durch Vergütungen an ihre Anteilseigner für die Überlassung von Fremdkapital zu verhindern, nicht erreicht. Die Regelungen zur Gesellschafterfremdfinanzierung wurden zuletzt im Jahr 2003 infolge des Lankhorst-Hohorst-Urteils des EuGH[3] angepasst. Hierbei wurde § 8a KStG a.F. durch das sogenannte Korb-II-Gesetz[4] geändert und erstreckte sich seitdem einheitlich auf alle Inlands- und Auslandsfälle der Gesellschafterfremdfinanzierung.[5] Die Norm entwickelte sich zur zentralen Vorschrift der Unternehmensbesteuerung. Allerdings mangelte es vor allem in Abgrenzungsfällen an einer überzeugenden und systematischen Umsetzung im Gesetz. Insbesondere die Rückgriffsfälle auf den Gesellschafter hatten sich als kaum justiziabel erwiesen.[6] Der Versuch des Gesetzgebers, den auf die grenzüberschreitende Gesellschafterfremdfinanzierung zugeschnittenen § 8a KStG a.F. mit so wenigen Änderungen wie möglich europatauglich zu machen, hatte zu einer erheblichen Rechtsunsicherheit geführt.[7] Der alte § 8a KStG scheiterte nach

---

[1] Begründung zum Fraktionsentwurf eines Unternehmensteuerreformgesetzes 2008, BT-Drucks. 16/4841, S. 31, 48.

[2] Nach Ansicht in der Literatur sei diese Regelung aufgrund bestehender Rechtsunsicherheit gescheitert, vgl. z.B. FROTSCHER, DStR 2004, 377, 385 („Desaster"); HERZIG/BOHN, DB 2007, 1; THIEL, FR 2007, 729.

[3] EuGH, Urt. v. 12.12.2002 – C-324/00, DB 2002, 2690. Der EuGH hatte im Rahmen dieser Entscheidung die Regelung der Fremdfinanzierung von Kapitalgesellschaften durch ausländische Anteilseigner i.S.d. § 8a KStG a.F. als Verstoß gegen die Kapitalverkehrsfreiheit angesehen.

[4] Gesetz zur Umsetzung der Protokollerklärung der Bundesregierung zur Vermittlungsempfehlung zum Steuervergünstigungsabbaugesetz v. 22.12.2003, BGBl I, 2840.

[5] Zur Entwicklung des § 8a KStG a.F. WELLING, FR 2007, 735, 736, sowie PRINZ, in: PILTZ/SCHAUMBURG, Internationale Unternehmensfinanzierung, 2006, S. 21 ff. m.w.N. in Fn. 1.

[6] Vgl. HERZIG/BOHN, DB 2007, 1; THIEL, FR 2007, 729.

[7] Dazu im Einzelnen FROTSCHER, DStR 2004, 377, der die Änderungen als „Desaster" bezeichnet.

seiner Ausdehnung auf das Inland an seinen praktischen Anwendungsproblemen. Die überaus komplexe Regelung, die das BMF durch umfangreiche Verwaltungsanweisungen[8] zu konkretisieren versuchte, hat auch deshalb versagt, weil die Unternehmen immer wieder Ausweggestaltungen zur Vermeidung der steuerlichen Sanktionen fanden.

Diese Anwendungsprobleme haben den Gesetzgeber dazu veranlasst, im Rahmen der Unternehmensteuerreform 2008 ein völlig neues Konzept zur steuerlichen Berücksichtigung von Schuldzinsen einzuführen. Mit dem Institut der Zinsschranke betrat der Steuergesetzgeber in mehrfacher Hinsicht „steuerliches Neuland".[9] Während § 8a KStG a.F. den Zinsabzug für Kapitalgesellschaften nur in Bezug auf Darlehen von wesentlich beteiligten Gesellschaftern begrenzte,[10] werden nun sämtliche Zinsaufwendungen eines Betriebs unabhängig von der Rechtsform des finanzierten Unternehmens, der Person des Kapitalgebers und der Art oder Laufzeit der Fremdfinanzierung erfasst. Zudem findet eine korrespondierende Umqualifizierung der Zinserträge auf Ebene des Zinsempfängers nicht mehr statt. 30.5

Schließlich öffnete sich das deutsche Ertragsteuerrecht mit der Zinsschranke für die internationale Rechnungslegung, indem es die Nichtanwendbarkeit der Regelung teilweise von Parametern abhängig macht, die auf Basis internationaler Rechnungslegungsstandards zu ermitteln sind, so bei den Ausnahmetatbeständen der Konzernklausel und des Eigenkapitalvergleichs. Der Wortlaut des Gesetzes ist durch ein Nebeneinander von steuerlichen Bezugsgrößen (maßgeblicher Gewinn, steuerpflichtiger Gewinn, maßgebliches Einkommen) und handels- bzw. gesellschaftsrechtlichen Begrifflichkeiten (Konzernabschluss, Konsolidierung, Eigenkapitalquote) geprägt.[11] Damit werden die unterschiedlichen Regelungskreise der steuerlichen Gewinnermittlung und der handelsrechtlichen Konzernrechnungslegung miteinander verknüpft. Erst das Zusammenspiel dieser Regelungsbereiche ergibt den Tatbestand des Steuergesetzes. 30.6

---

[8] Vgl. BMF-Schreiben v. 15.12.1994 – IV B 7 - S 2742a - 63/94, BStBl I 1995, 25, und BMF-Schreiben v. 15.07.2004 – IV A 2 - S 2742a - 20/04, BStBl I, 593.

[9] KUßMAUL/PFIRMANN/MEYERING/SCHÄFER, BB 2008, 135, 141.

[10] Nach § 8a KStG a.F. wurde eine Abzugsfähigkeit von Fremdkapitalzinsen untersagt, wenn die Freigrenze i.H.v. 250.000 € überschritten wurde, wobei diese sich auf die Zinszahlungen und nicht auf das Fremdkapital bezog, wenn der Anteilseigner zu mehr als 25 % an der Gesellschaft beteiligt war, wenn das Fremdkapital nicht kurzfristig überlassen wurde und wenn der safe haven i.H.v. 1,5 des Fremdkapital-Eigenkapitalverhältnisses überschritten wurde. Letzterer bezog sich dabei allein auf festverzinsliches Fremdkapital, da für gewinn- bzw. umsatzabhängiges Kapital kein safe haven gewährt wurde.

[11] Vgl. KÖHLER, in: ERNST&YOUNG/BUNDESVERBAND DER DEUTSCHEN INDUSTRIE, Die Unternehmensteuerreform 2008, 2007, S. 112.

30.7 Eine vergleichbare Regelung fand sich bei der Gesetzesverabschiedung allenfalls in den US-amerikanischen *Earnings Stripping Rules* gem. Section 163(j) IRC. Diese US-Regelungen betreffen allerdings, wie im Übrigen auch vergleichbare Unterkapitalisierungsregelungen in Frankreich und den Niederlanden, nur bestimmte Finanzierungen von Gesellschaftern oder rückgriffsberechtigten Dritten, nicht jedoch jede übliche Bankfinanzierung.[12] Das Institut der Zinsschranke war mithin auch im Vergleich zu ähnlichen Regelungen anderer Länder ein absolutes Novum[13] und veränderte die steuerlichen Rahmenbedingungen für die Unternehmensfinanzierung grundlegend.[14] Die Pläne der Bundesregierung zur Einführung der Zinsschranke hatten daher im Rahmen der Reformvorbereitungen bereits früh heftige Kritik und umfangreiche Diskussionen ausgelöst.

30.8 Zehn Jahre nach ihrer Einführung muss die Zinsschrankenregelung heute sogar als „Exportschlager" bezeichnet werden und hat mit Art. 4 der ATAD[15] auch bereits Eingang in europäisches Recht gefunden. Gleichzeitig liegt die deutsche Zinsschrankenregelung wegen verfassungsrechtlicher Bedenken des BFH bereits seit Februar 2016 dem BVerfG zur Prüfung vor.[16]

30.9 Aufgrund von Art. 4 i.V.m. Art. 11 Abs. 6 der ATAD war die Zinsabzugsbeschränkung nach § 4h EStG und § 8a KStG bis spätestens zum 31.12.2023 an die ATAD anzupassen. Nach einer ursprünglich geplanten Regelung im Rahmen des Wachstumschancengesetzes, das sich allerdings zum Jahresende 2023 noch im Vermittlungsausschuss befand, kam der Gesetzgeber seiner Pflicht zur Umsetzung im am 15.12.2023 verabschiedeten Kreditzweitmarktförderungsgesetz[17] nach. Dieses trat zum 01.01.2024 in Kraft und ist nach § 52 Abs. 8b EStG erstmals für Wirtschaftsjahre anzuwenden, die nach dem Tag des Gesetzesbeschlusses des Bundestags am 14.12.2023 beginnen und nicht vor dem 01.01.2024 enden. Die bisherige Fassung der § 4h EStG und § 8a KStG bleibt letztlich bis 2023 anwendbar.

---

12 Vgl. Homburg, FR 2007, 717, 720; Thiel, FR 2007, 729; Töben, FR 2007, 739, 743; Welling, FR 2007, 735, 738; Schön, Öffentliche Anhörung des Finanzausschusses des Bundestages am 25.04.2007, Wortprotokoll Nr. 16/65, S. 47.

13 Dörr/Geibel/Fehling, NWB Fach 4, S. 5199; Homburg, FR 2007, 717, 720.

14 In diesem Sinne treffend Rödder, Beihefter DStR 40/2007, 6: Durch die Zinsschranke wurden „die steuerlichen Rahmenbedingungen der Unternehmensfinanzierung in ihren Grundfesten" erschüttert.

15 Richtlinie (EU) 2016/1164 des Rates vom 12.07.2016 mit Vorschriften zur Bekämpfung von Steuervermeidungspraktiken mit unmittelbaren Auswirkungen auf das Funktionieren des Binnenmarkts, ABl Nr. L 93/1 (Anti Tax Avoidance Directive).

16 Vgl. BFH, Urt. v. 14.10.2015 – I R 20/15, DStR 2016, 301. Beim BVerfG ist das Verfahren unter dem Az. 2 BvL 1/16 anhängig.

17 Gesetz zur Förderung geordneter Kreditzweitmärkte und zur Umsetzung der Richtlinie (EU) 2021/2167 über Kreditdienstleister und Kreditkäufer sowie zur Änderung weiterer finanzrechtlicher Bestimmungen (Kreditzweitmarktförderungsgesetz) v. 22.12.2023, BGBl I, Nr. 411.

30.2 Der praktische Fall

Die Z-GmbH hat im Jahr 2012 Vergütungen für Fremdkapital i.H.v. 6 Mio. € bezahlt. Im selben Jahr erzielt sie Zinserträge von 1 Mio. €. Das auf der Grundlage des Einkommens 2012 ermittelte EBITDA beträgt 4 Mio. €. Die Z-GmbH ist nicht in einen Konzern eingebunden und hat nur einen Gesellschafter, den Z, der der Gesellschaft auch Darlehen zur Verfügung gestellt hat. Für diese Gesellschafterdarlehen hat die Z-GmbH im Jahr 2012 800.000 € Zinsen bezahlt. 30.10

Der negative Zinssaldo liegt bei 5 Mio. € und überschreitet damit die Freigrenze gem. § 4h Abs. 2 Satz 1 Buchst. a) EStG. Allerdings ist die Z-GmbH keine konzernangehörige Gesellschaft, so dass grundsätzlich die Ausnahmeregelung des § 4h Abs. 2 Satz 1 Buchst. b) EStG eingreifen könnte. Dies galt nach alter Rechtslage gem. § 8a Abs. 2 KStG indes nur, soweit keine schädliche Gesellschafterfremdfinanzierung vorlag. Nach Neuregelung des § 4h Abs. 2 Satz 1 Buchst. b) EStG wird der Begriff der Konzernzugehörigkeit allerdings enger gefasst. Die Konzernklausel ist nur erfüllt, wenn der Steuerpflichtige keiner Person i.S.d. § 1 Abs. 2 AStG nahesteht und über keine Betriebsstätte außerhalb des (Wohn-)Sitzstaates, des Staates des gewöhnlichen Aufenthalts oder der Geschäftsleitung verfügt. Der Regelung des § 8a Abs. 2 KStG bedarf es dementsprechend nicht mehr, so dass diese Bestimmung mit dem Kreditzweitmarktförderungsgesetz aufgehoben wurde. 30.11

Dem Steuerpflichtigen ist eine Person nahestehend, wenn die Person mittelbar oder unmittelbar zu 25 % an der Gesellschaft beteiligt ist (vgl. § 1 Abs. 2 Nr. 1 Buchst. a) AStG). Die Regelungen der Zinsschranke greifen daher im vorliegenden Fall nach neuer Rechtslage durch die 100%ige Beteiligung des Z ein. 30.12

Die Zinsaufwendungen für 2012 können zunächst in Höhe der Zinserträge des Jahres 2012 abgezogen werden, d.h. hier i.H.v. 1 Mio. €. Der negative Zinssaldo von 5 Mio. € kann im Weiteren nur eingeschränkt i.H.v. 30 % von 4 Mio. € = 1,2 Mio. € berücksichtigt werden. Im Ergebnis können mithin nur 2,2 Mio. € im Jahr 2012 als Zinsaufwand berücksichtigt werden. Der nicht abziehbare Teil der 30.13

Zinsaufwendungen i.H.v. 3,8 Mio. € wird in die folgenden Wirtschaftsjahre vorgetragen (Zinsvortrag). Im Rahmen der Einkommensermittlung der Z-GmbH für 2012 ist das Einkommen außerbilanziell um 3,8 Mio. € zu erhöhen.

30.3 Rechtliche Hinweise

30.14 Aus dem **Zivilrecht** sind zunächst die allgemeinen Voraussetzungen für den wirksamen Abschluss von Verträgen zu beachten. Darüber hinaus gelten die jeweiligen zivilrechtlichen Sonderregeln für den konkret gewählten Vertragstyp. Dabei sind i.d.R. aber nur die vertragstypischen Pflichten zwingend. Für einen Darlehensvertrag zwischen einem Gesellschafter und einer Kapitalgesellschaft sieht das Zivilrecht grundsätzlich kein Formerfordernis vor, so dass er auch mündlich geschlossen werden kann.

Praxistipp

30.15 Es ist jedoch im Interesse der Rechtssicherheit und Beweisbarkeit zu empfehlen, den Darlehensvertrag schriftlich abzufassen und auch für spätere Änderungen des Vertrags die Schriftform zu vereinbaren.

30.16 Die Höhe der Verzinsung, die Vertragslaufzeit und die Fälligkeit stehen ebenso wie der Zeitpunkt und die Modalitäten der Rückzahlung grundsätzlich zur Disposition der Vertragsparteien.

30.17 Gesetzliche **gesellschaftsrechtliche Anforderungen** ergeben sich zunächst aus dem GmbHG bzw. dem AktG, ergänzend auch aus dem HGB und den §§ 705 ff. BGB sowie aus den allgemeinen gesellschaftsrechtlichen Prinzipien. Darüber hinaus sind insbesondere die speziellen Regeln des Gesellschaftsvertrags (bzw. der Satzung) der Gesellschaft sowie, sofern vorhanden, aus den Geschäftsordnungen der Gesellschaftsorgane zu beachten.

30.18 Die Fremdkapitalfinanzierung durch den Gesellschafter unterliegt nur wenigen gesellschaftsrechtlichen Restriktionen. Die Finanzierung der Gesellschaft zählt regelmäßig zum Bereich der Geschäftsführung der Gesellschaft, deren Regelung im Innenverhältnis der Gesetzgeber weitgehend den Gesellschaftern und Gesellschaftsorganen überlassen hat. Insbesondere bedarf es kraft Gesetzes regelmäßig keiner Zustimmung der Gesellschafterversammlung oder anderer Gesellschaftsorgane, wenn die Gesellschafterfremdfinanzierung eine Maßnahme darstellt, die zur Verfolgung des satzungsmäßig festgelegten Gesellschaftszwecks erforderlich ist. Während gesetzliche Zustimmungsvorbehalte für die Fremdkapitalfinanzierung durch

Gesellschafter eine Ausnahme darstellen, finden sich insbesondere in Gesellschaftsverträgen und Satzungen von Kapitalgesellschaften sowie in den Geschäftsordnungen ihrer verschiedenen Organe häufig umfangreiche Kataloge von zustimmungspflichtigen Geschäftsführungsmaßnahmen.

30.4 Auswirkungen bei der Gesellschaft

Die steuerlichen Wirkungen des Abzugsverbots gem. § 8a KStG, § 4h EStG beschränken sich allein auf die darlehensnehmende Kapitalgesellschaft. 30.19

30.4.1 Anwendungsbereich der Zinsschranke

Die Zinsschranke ist auf sämtliche betrieblichen Einkünfte natürlicher und juristischer Personen anwendbar, soweit der Betrieb im Inland steuerpflichtig ist.[18] Sie ist objektbezogen auf die steuerliche Einheit „**Betrieb**“ und nicht subjektbezogen auf den Steuerpflichtigen ausgerichtet.[19] Die Zinsschranke ist als reines Betriebsausgabenverbot ausgestaltet, berührt also nicht den Werbungskostenabzug.[20] 30.20

Eine **rein vermögensverwaltend tätige Personengesellschaft** kann ihre Zinsaufwendungen folglich uneingeschränkt als Werbungskosten abziehen, während eine gewerblich tätige (§ 15 Abs. 1 Satz 1 Nr. 2 und Abs. 3 Nr. 1 EStG) oder gewerblich geprägte Personengesellschaft (§ 15 Abs. 3 Nr. 2 EStG) der Abzugsbeschränkung unterliegt. 30.21

Die Regelungen zur Zinsschranke gelten nach § 4h Abs. 1 Satz 1 EStG für „Zinsaufwendungen eines Betriebs“. Obwohl der **Betriebsbegriff** zentrale Bedeutung für die Anwendung der Vorschrift hat, findet sich weder im Gesetz noch in den Materialien eine Definition dieser Bezugseinheit. Der Begriff des „Betriebs“ deckt sich weder mit den Begrifflichkeiten des deutschen Handelsrechts noch mit denen der IFRS, die beide auf das „Unternehmen“ als maßgebliches Bezugsobjekt abstellen. Auch der zivilrechtliche Begriff des Rechtsträgers ist an dieser Stelle nicht kongruent. Bei einem Betrieb i.S.d. Zinsschranke handelt es sich damit um eine inländische, steuerliche Einheit, die nicht zwingend mit einem handelsrechtlichen Unternehmen oder einer juristischen Einheit gleichzusetzen ist.[21] 30.22

Aus diesem Grund soll nach einer Ansicht in der Literatur grundsätzlich der kodifizierte Betriebsbegriff des Einkommensteuerrechts für Gewerbebetriebe gelten 30.23

---

18 Vgl. Begründung zum Fraktionsentwurf eines Unternehmensteuerreformgesetzes 2008, BT-Drucks. 16/4841, S. 48.

19 Vgl. SCHMIDT/LOSCHELDER, EStG, 43. Aufl. 2024, § 4h Rdnr. 8.

20 DÖRR/GEIBEL/FEHLING, NWB Fach 4, S. 5199, 5200; KORN, KÖSDI 2008, 15866, 15867.

21 So auch HEINTGES/KAMPHAUS/LOITZ, DB 2007, 1261.

(**enger Betriebsbegriff**).[22] Der Zinsschranke unterliegen nach dieser Auffassung nur gewerbliche Unternehmen unabhängig von Rechtsform und Bilanzierungsart. Darüber hinaus wird teilweise auf die Begrifflichkeiten der §§ 14, 15 Abs. 2, §§ 16, 18 Abs. 3 EStG und § 20 UmwStG verwiesen (**funktionaler Betriebsbegriff**).[23]

30.24 Nach einer **vermittelnden Ansicht** sind alle Betriebe i.S.d. ertragsteuerlichen Gewinneinkünfte nach § 2 Abs. 2 Nr. 1 EStG, also Gewerbebetriebe, Betriebe der Land- und Forstwirtschaft sowie freiberufliche Betriebe, in den Anwendungsbereich der Zinsschranke einzubeziehen.[24] Für diese Betriebe gelten die Regelungen der einkommensteuerlichen Gewinnermittlung nach §§ 4 ff. EStG und damit auch die Abzugsbeschränkung des § 4h EStG. Die Betriebseigenschaft kann daher auch gegeben sein, wenn der Steuerpflichtige den Gewinn als Überschuss der Betriebseinnahmen über die Betriebsausgaben ansetzt (§ 4 Abs. 3 EStG).[25] Dem stünde jedoch entgegen, dass eine Befreiung von der Zinsschranke durch den Eigenkapitalvergleich gem. § 4h Abs. 2 Satz 1 Buchst. c) EStG eine Gewinnermittlung durch Betriebsvermögensvergleich (Bilanz) erfordert. Andererseits wird bei Betrieben, die nicht buchführungspflichtig sind, regelmäßig die Freigrenze eingreifen.

30.25 Aus der systematischen Stellung des § 4h EStG ergibt sich, dass es sich hierbei um eine Gewinnermittlungsvorschrift handelt. Innerhalb der einkommensteuerrechtlichen Gewinnermittlungsregelungen ist der Betriebsbegriff einheitlich zu verstehen, so dass auf die §§ 4–6 EStG zurückzugreifen ist. Der Betrieb ist damit jene steuerliche Einheit, deren Gewinn nach diesen Normen ermittelt wird. Der Betriebsbegriff ist normspezifisch auszulegen.[26] Dieser normspezifischen Auslegung ist zuzustimmen, weil damit ein klar abgegrenzter Anwendungsbereich geschaffen wird.

30.26 Unter einem „Betrieb" kann nur ein rechtlich selbständiges Unternehmen verstanden werden, das für sich eine wirtschaftliche Einheit bildet und nicht ein nur un-

---

22 Siehe Antwort der Bundesregierung auf eine kleine parlamentarische Anfrage zur Zinsschranke im Rahmen der Unternehmensteuerreform, BT-Drucks. 16/4835, S. 1 f. (zu 3.); KORN, KÖSDI 2008, 15866, 15870.

23 DÖRR/GEIBEL/FEHLING, NWB 2007, Fach 4, S. 5199, 5201; HEINTGES/KAMPHAUS/LOITZ, DB 2007, 1261; KÖHLER, DStR 2007, 597, 598; MUSIL/VOLMERING, DB 2008, 12; krit. KRAFT/MAYER-THEOBALD, DB 2008, 2325, 2326, wonach diese Normen entsprechend ihrer Zielrichtung erhebliche Unterschiede im Verständnis des Betriebsbegriffs erkennen lassen, so dass eine einheitliche Begriffsbestimmung auf dieser Grundlage nicht möglich sei.

24 Vgl. BMF-Schreiben v. 04.07.2008 – IV C 7 - S 2742-a/07/10001, BStBl I, 718, Rdnr. 2; HICK, in: HERRMANN/HEUER/RAUPACH, EStG/KStG, § 4h EStG Rdnr. 22 (12/2022); BLUMENBERG/LECHNER, in: BLUMENBERG/BENZ, Die Unternehmensteuerreform 2008, 2007, S. 114; SCHADEN/KÄSHAMMER, BB 2007, 2317, 2319.

25 Diese Auffassung vertritt auch die Finanzverwaltung, vgl. BMF-Schreiben v. 04.07.2008 – IV C 7 - S 2742-a/07/10001, BStBl I, 718, Rdnr. 4.

26 In diesem Sinne PRINZ, DB 2008, 368; KÖSTER-BÖCKENFÖRDE/CLAUSS, DB 2008, 2213, 2214 f.; SCHMIDT/LOSCHELDER, EStG, 43. Aufl. 2024, § 4h Rdnr. 8, § 4 Rdnr. 26.

selbständiger Teil eines anderen Betriebes oder eines Unternehmens ist (Abschn. 11 Abs. 2 GewStR). Demgegenüber handelt es sich bei einem **Konzern** um einen Verbund von rechtlich selbständigen Unternehmen. Erforderlich ist daher eine Gesamtbetrachtung der steuerlichen Einheit. Auch einzelne Betriebsstätten eines Unternehmens sollen für sich betrachtet keinen Betrieb i.S.d. § 4h EStG darstellen.[27] So ist die Zinsschranke im Verhältnis zwischen einer inländischen Betriebsstätte und dem ausländischen Stammhaus nicht anzuwenden.[28] Dies folgt aus der rechtlichen Einheit von Stammhaus und Betriebsstätte, bei der schuldrechtliche Vereinbarungen zwischen rechtlich unselbständigen Teilen eines Unternehmens nicht möglich sind. „Betrieb" i.S.d. Zinsschranke ist daher die Gesamtheit der den Betrieb bildenden Betriebstätten. Nach der Entwurfsbegründung fallen nur inländische Betriebe in den Anwendungsbereich der Zinsschranke.[29] Die inländische, beschränkt steuerpflichtige Betriebsstätte selbst ist aber als Betrieb i.S.d. Zinsschranke anzusehen.

Körperschaften und Mitunternehmerschaften besitzen regelmäßig nur einen Betrieb. 30.27
„Betrieb" i.S.d. Zinsschranke ist auch die nach § 15 Abs. 3 Nr. 2 EStG gewerblich geprägte Personengesellschaft, insbesondere die GmbH & Co. KG. Gleiches gilt für die „gewerblich infizierte" Personengesellschaft i.S.d. § 15 Abs. 3 Nr. 1 EStG. § 4h EStG ist damit auch auf das gesamte Ergebnis einer solchen Personengesellschaft anwendbar, deren Einkünfte nur teilweise originär gewerblich sind und im Übrigen als gewerbliche Einkünfte umqualifiziert werden. Dies gilt auch für vermögensverwaltende Personengesellschaften, die ihrerseits an einer gewerblich tätigen Personengesellschaft beteiligt sind. Außerhalb des Anwendungsbereichs von § 15 Abs. 3 EStG sind rein vermögensverwaltende Personengesellschaften nicht selbst „Betrieb" i.S.d. Zinsschranke. Für ihre Wirtschaftsgüter gilt allerdings die Bruchteilsbetrachtung des § 39 Abs. 2 Nr. 2 AO, d.h., sie sind steuerlich (anteilig) den Gesellschaftern zuzuordnen. Wenn ein Gesellschafter seine Beteiligung an einer solchen Personengesellschaft in einem (inländischen) Betriebsvermögen hält (sog. Zebragesellschaft), sind die auf Ebene der Personengesellschaft gegebenen Merkmale, insbesondere die Zinsaufwendungen, bei ihm entsprechend seiner Beteiligung zu berücksichtigen.[30]

---

27 Vgl. BMF-Schreiben v. 04.07.2008 – IV C 7 - S 2742-a/07/10001, BStBl I, 718, Rdnr. 9.

28 H.M., vgl. Grotherr, IWB Gr. 3 Fach 3, S. 1489, 1496; Blumenberg/Lechner, in: Blumenberg/Benz, Die Unternehmensteuerreform 2008, 2007, S. 115.

29 Vgl. Begründung zum Fraktionsentwurf eines Unternehmensteuerreformgesetzes 2008, BT-Drucks. 16/4841, S. 48.

30 Vgl. BMF-Schreiben v. 04.07.2008 – IV C 7 - S 2742-a/07/10001, BStBl I, 718, Rdnr. 43.

30.28 Demgegenüber können **Einzelunternehmer** gleichzeitig mehrere Betriebe unterhalten, die dann auch für Zwecke der Zinsschranke getrennt zu behandeln sind.[31]

30.4.2 Abzugsverbot

30.29 Mit Einführung der Zinsschranke vollzog der Gesetzgeber einen Systemwechsel bei der steuerlichen Berücksichtigung von betrieblichem Fremdfinanzierungsaufwand. Er verfolgt dabei einen typisierenden Ansatz in Form eines partiellen oder sogar vollständigen Abzugsverbots. Anders als nach bisheriger Verwaltungsauffassung zu § 8a KStG a.F.[32] findet eine korrespondierende Umqualifizierung auf Ebene des Zinsempfängers nicht mehr statt. Während nach § 8a KStG a.F. nicht abzugsfähige Zinsen als teilweise steuerbefreiter Dividendenbezug des Gesellschafters umqualifiziert wurden, bewirkt die neue Zinsschrankenregelung eine (temporäre) Doppelbesteuerung.[33] Denn die Zinsaufwendungen oberhalb der Abzugsgrenze unterliegen einem – zumindest formal temporären – Abzugsverbot.

30.30 Die Zinsschranke sieht in ihrem Grundtatbestand zunächst einen unbegrenzten Abzug von Zinsaufwendungen in Höhe der im selben Wirtschaftsjahr erzielten Zinserträge vor. Hinsichtlich eines darüber hinausgehenden Zinsaufwands (negativer Zinssaldo oder Nettozinsaufwand) erfolgt eine jährliche Abzugsbegrenzung auf 30 % des um die Zinserträge und Zinsaufwendungen sowie Abschreibungen bereinigten Gewinns.

30.31 Referenzgröße für die Berechnung ist das sogenannte **steuerliche EBITDA** (*earnings before interest, taxes, depreciation and amortization*), d.h. der um (alle) Zinsaufwendungen und Abschreibungen auf Wirtschaftsgüter des Anlagevermögens erhöhte sowie um die Zinserträge verminderte maßgebliche Gewinn (§ 4h Abs. 1 Satz 2 EStG). Nur die im Gesetz ausdrücklich genannten Beträge modifizieren das steuerliche EBITDA. Das sind neben der Abschreibung für geringwertige Wirtschaftsgüter und der Poolabschreibung nach § 6 Abs. 2 und 2a EStG nur die linearen und degressiven Abschreibungen für abnutzbare materielle und immaterielle Wirtschaftsgüter des Anlagevermögens nach § 7 EStG. Dieses steuerliche EBITDA ist nicht identisch mit dem betriebswirtschaftlichen Begriff des EBIT. Es handelt sich hierbei lediglich um eine vergleichende Beschreibung. Beide Werte können u.U. gravierend voneinander abweichen.[34]

---

31 Vgl. R 2.4 Abs. 1 GewStR; Köhler, DStR 2007, 597, 598; Blumenberg/Lechner, in: Blumenberg/Benz, Die Unternehmensteuerreform 2008, 2007, S. 114.

32 BMF-Schreiben v. 15.07.2004 – IV A 2 - S 2742a - 20/04, BStBl I, 593, Rdnr. 11.

33 Vgl. Köhler, DStR 2007, 597, 603; Müller-Gatermann, Stbg 2007, 145, 152; Winkeljohann/Fuhrmann, in: PricewaterhouseCoopers AG, Unternehmensteuerreform 2008, 2007, Rdnr. 1005; Hey, BB 2007, 1303, 1305.

34 Vgl. dazu Rödder/Stangl, DB 2007, 479 f.

Der maßgebliche Gewinn ist gem. § 4h Abs. 3 Satz 1 EStG der nach den Vorschriften des EStG ermittelte steuerpflichtige Gewinn. Bei Personengesellschaften sind die Ergebnisse aus Ergänzungs- und Sonderbilanzen Bestandteile des maßgeblichen steuerpflichtigen Gewinns. Obwohl die Personengesellschaft nicht selbst das der Einkommensteuer unterliegende Steuerrechtssubjekt ist, verkörpert sie dennoch einen Betrieb i.S.d. Zinsschranke. Auf diese Weise können die Gewinne von Tochtergesellschaften in mehrstöckigen Personengesellschaftsstrukturen mehrfach EBITDA-erhöhend genutzt werden.[35] Bei Kapitalgesellschaften tritt an die Stelle des Gewinns das bereinigte körperschaftsteuerliche Einkommen, das ohne die Anwendung von § 4h EStG (Zinsschranke) und § 10d EStG (Verlustabzug) sowie § 9 Abs. 1 Nr. 2 KStG (Spendenabzug) zu ermitteln ist (§ 8a Abs. 1 KStG). Auf Kapitalgesellschaften, die ihre Einkünfte nach § 2 Abs. 2 Nr. 2 EStG als Überschuss der Einnahmen über die Werbungskosten ermitteln (z.B. beschränkt steuerpflichtige Immobilien-Objektgesellschaften), ist § 4h EStG sinngemäß anzuwenden (§ 8a Abs. 1 Satz 4 KStG). 30.32

Der bisherige Begriff der Zinsaufwendungen nach § 4h Abs. 3 Satz 2 EStG a.F. umfasste lediglich Vergütungen für Fremdkapital, die den Gewinn gemindert haben, unabhängig von der Person des Kreditgebers. Dies schloss jede Bankfinanzierung mit ein. Auch die Aufwendungen für Disagio, Provisionen, Gebühren und eine Vorfälligkeitsentschädigung im Rahmen einer üblichen Bankfinanzierung führten zu Zinsaufwand i.S.d. Zinsschranke.[36] 30.33

Durch die Anpassung an die ATAD durch den Gesetzgeber werden von nun an auch wirtschaftlich mit Zinsen vergleichbare Aufwendungen sowie sonstige Aufwendungen im Zusammenhang mit der Beschaffung von Fremdkapital dem Abzugsverbot unterworfen. Darunter fallen beispielsweise Provisionen und Gebühren, die im Zusammenhang mit der Darlehensvergabe stehen.[37] Zur Vermeidung von Rechtsunsicherheiten wird in § 4h Abs. 3 Satz 2 EStG auf die in Art. 2 ATAD aufgeführten Regelbeispiele verwiesen, die ebenfalls vom Begriff der Zinsaufwendungen erfasst werden. 30.34

Es werden jedoch nur abzugsfähige Zinsen i.S.d. EStG für die Zinsschranke relevant, die den maßgeblichen Gewinn als Aufwand gemindert haben. Ein tatsäch- 30.35

[35] Vgl. Hahne, DStR 2007, 1947, 1950.

[36] Vgl. BMF-Schreiben v. 04.07.2008 – IV C 7 - S 2742-a/07/10001, BStBl I, 718, Rdnr. 15 Satz 3; ferner Dörr/Geibel/Fehling, NWB Fach 4, S. 5199, 5202; Scheunemann/Socher, BB 2007, 1144, 1147 f.

[37] Beschlussempfehlung des Finanzausschusses zum Regierungsentwurf eines Kreditzweitmarktförderungsgesetzes, BT-Drucks. 20/9782, S. 193.

licher Mittelabfluss ist hingegen nicht erforderlich.[38] Auch Zinsaufwendungen, die zugleich Sondervergütungen nach § 15 Abs. 1 Satz 2 EStG oder verdeckte Gewinnausschüttungen nach § 8 Abs. 3 Satz 2 KStG darstellen, mindern den maßgeblichen Gewinn bzw. das maßgebliche Einkommen nicht. Damit verdrängen diese steuerlichen Sonderregelungen die Anwendung der Zinsschranke, auch wenn dem Grunde nach Zinsen vorliegen.[39] Neben tatsächlich angefallenen Finanzierungsaufwendungen bzw. -erträgen werden auch gesetzlich fingierte Zinsen in den Anwendungsbereich der Zinsschranke einbezogen. Auch Abzinsungs- und Aufzinsungsbeträge aus Forderungen und Verbindlichkeiten führen danach zu Zinserträgen oder Zinsaufwendungen.

30.36 Eine entsprechende Regelung in § 4h Abs. 3 Satz 4 EStG a.F. wurde in Folge des Kreditzweitmarktförderungsgesetzes aufgehoben. Allerdings wird die Auf- und Abzinsung durch den von der ATAD zugrunde gelegten weiten Zinsbegriff bereits erfasst. Indem im Rahmen der Umsetzung der Richtlinie nun auch im deutschen Recht dieser weite Zinsbegriff Anwendung findet, ermangelte es der ursprünglichen Sonderregelung an einer Grundlage.[40]

30.37 **Zinserträge** sind gem. § 4h Abs. 3 Satz 3 EStG alle Erträge aus Kapitalforderungen jeder Art, die den Gewinn erhöht haben. Dazu rechnen auch die Gewinnanteile des stillen Gesellschafters oder partiarischen Darlehensgebers (vgl. Abschn. 46 Abs. 1 GewStR). Ferner werden im Hinblick auf die Umsetzung der ATAD nun auch wirtschaftlich gleichwertige Erträge im Zusammenhang mit Kapitalforderungen als Zinserträge ausdrücklich erfasst. Erträge aus der Überlassung von Sachkapital (z.B. Anleihen, Metalle, Energieprodukte, landwirtschaftliche Erzeugnisse oder entsprechende synthetische Produkte) unterliegen nicht der Zinsschranke.[41]

30.38 Nach der Neuregelung des § 4h Abs. 6 EStG sind Zinsaufwendungen und -erträge, die aus Darlehen, welche im Zusammenhang mit langfristigen öffentlichen Infrastrukturprojekten stehen, unter gewissen Voraussetzungen keine Zinsaufwendungen und -erträge i.S.d. § 4h Abs. 3 Satz 2 EStG und bleiben bei der Ermittlung des verrechenbaren EBITDA außer Ansatz. Die Regelung sieht eine Förderung von langfristigen öffentlichen Infrastrukturprojekten nach Art. 4 Abs. 4 Unterabs. 1 Buchst. b), Unterabs. 2 und 3 ATAD vor. Darunter sind Projekte zur Bereitstellung, zum Ausbau, zum Betrieb und/oder zur Erhaltung eines umfangreichen

[38] MÖHLENBROCK/PUNG, in: DÖTSCH/JOST/PUNG/WITT, Körperschaftsteuer, § 8a KStG (URefG 2008) Rdnr. 218, 220; KÖHLER, DStR 2007, 597, 598.

[39] Vgl. SCHMIDT/LOSCHELDER, EStG, 43. Aufl. 2024, § 4h Rdnr. 23.

[40] Beschlussempfehlung des Finanzausschusses zum Regierungsentwurf eines Kreditzweitmarktförderungsgesetzes, BT-Drucks. 20/9782, S. 193.

[41] Vgl. WINKELJOHANN/FUHRMANN, in: PricewaterhouseCoopers AG, Unternehmensteuerreform 2008, 2007, Rdnr. 1029.

Vermögenswerts, der von einem Mitgliedstaat der Europäischen Union als im allgemeinen Interesse stehend betrachtet wird, zu verstehen. Voraussetzung ist, dass der Projektbetreiber, die Fremdkapitalkosten, die Vermögenswerte und die Einkünfte alle in der EU ansässig/belegen sind/erzielt werden.[42]

30.4.3 Zins- und EBITDA-Vortrag

Die in einem Veranlagungszeitraum nicht sofort abziehbaren Zinsaufwendungen sind gem. § 4h Abs. 1 Satz 5 EStG in die folgenden Wirtschaftsjahre vorzutragen (**Zinsvortrag**). Eine zeitliche Begrenzung des Zinsvortrags ist nicht vorgesehen. In den Folgejahren erhöht der Vortrag den Zinsaufwand, nicht jedoch den maßgeblichen Gewinn (§ 4h Abs. 1 Satz 6 EStG). Der um den Zinsvortrag erhöhte Zinsaufwand ist in den Folgejahren wiederum nur unter den pauschalisierten Grenzen der Zinsschranke abziehbar.[43] Für bestimmte Fälle wird der Untergang des Zinsvortrags ausdrücklich angeordnet. Gemäß § 4h Abs. 5 Satz 1 EStG geht der Zinsvortrag z.B. bei Aufgabe oder Übertragung des Betriebs unter.[44] § 4h Abs. 5 EStG regelt zudem den Fall der Aufgabe oder Übertragung eines Teilbetriebs. Ein nicht verbrauchter Zins- oder EBITDA-Vortrag geht dabei anteilig unter. § 15 Abs. 3 UmwStG gilt entsprechend, so dass eine Aufteilung anhand des Verhältnisses des gemeinen Werts der Teilbetriebe vorzunehmen ist. Als Teilbetriebsaufgabe gilt auch das Ausscheiden einer Organgesellschaft aus dem Organkreis.[45] 30.39

Soweit in einem Veranlagungszeitraum ein höheres EBITDA zur Verfügung steht, als es durch Zinsaufwendungen nutzbar gemacht werden kann, ist dieses vorzutragen (**EBITDA-Vortrag**). Das bedeutet, dass in den Jahren, in denen der Betrieb mit seinen Zinsaufwendungen den Abzugsrahmen der Zinsschranke nicht ausschöpft, der nicht ausgeschöpfte Teil dieses Abzugsrahmens in künftige Wirtschaftsjahre vorgetragen wird. Der Vortrag erfolgt allerdings maximal in die folgenden fünf Wirtschaftsjahre, ein danach nicht verbrauchter EBITDA-Vortrag verfällt. Der EBITDA-Vortrag bewirkt, dass Zinsaufwendungen, die nach Berücksichtigung des Zinsertrags und des verrechenbaren EBITDA eigentlich nicht abgezogen werden können, bis zur Höhe der EBITDA-Vorträge in den Folgejahren abziehbar sind. Sind hiernach Zinsaufwendungen durch Verwendung des EBITDA-Vortrags abziehbar, wird der EBITDA-Vortrag in gleicher Höhe verbraucht, wobei 30.40

---

[42] Beschlussempfehlung des Finanzausschusses zum Regierungsentwurf eines Kreditzweitmarktförderungsgesetzes, BT-Drucks. 20/9782, S. 194.

[43] Zum Zinsvortrag in Organschaftsfällen vgl. HERZIG/LIEKENBROCK, DB 2007, 2387, 2390 f.; DIES., DB 2009, 1949.

[44] Einen ausführlichen Überblick zum Untergang des Zinsvortrags geben SCHADEN/KÄSHAMMER, in: ERNST&YOUNG/BUNDESVERBAND DER DEUTSCHEN INDUSTRIE, Die Unternehmensteuerreform 2008, 2007, S. 130 ff.

[45] Beschlussempfehlung des Finanzausschusses zum Regierungsentwurf eines Kreditzweitmarktförderungsgesetzes, BT-Drucks. 20/9782, S. 194.

der jeweils älteste EBITDA-Vortrag als zuerst verbraucht gilt (§ 4h Abs. 1 Satz 4 EStG). Ein EBITDA-Vortrag entsteht bzw. erhöht sich allerdings nur dann, wenn der Betrieb in dem jeweiligen Wirtschaftsjahr nicht aufgrund eines Ausnahmetatbestands nach § 4h Abs. 2 EStG von der Anwendung der Zinsschranke ausgenommen ist (§ 4h Abs. 1 Satz 3 zweiter Halbsatz EStG). Der EBITDA-Vortrag ist zudem – wie der Zinsvortrag – gesondert festzustellen (§ 4h Abs. 4 Satz 1 EStG).

30.4.4 Ausnahmetatbestände

30.41 Durch den ausgedehnten persönlichen und sachlichen Anwendungsbereich des Grundtatbestands werden weit mehr Fallkonstellationen erfasst, als vom Gesetzeszweck gedeckt sind. Die restriktive Höhe der Abzugsobergrenze bedingt begleitende Maßnahmen zur Steigerung der Zielgenauigkeit der Regelung.[46] Diese Maßnahmen sollen den Anwendungsbereich dahingehend begrenzen, dass offenkundig nicht missbräuchliche und gerechtfertigte Fälle oder Finanzierungsstrukturen ausgenommen werden. Die Zinsschranke greift nicht ein, wenn einer der drei persönlichen Steuerbefreiungstatbestände (Freigrenze, Konzernklausel oder Eigenkapitalvergleich) des § 4h Abs. 2 Satz 1 EStG erfüllt ist. Im Fall des Eingreifens einer Ausnahmeregelung sind die Zinsaufwendungen wieder in vollem Umfang abziehbar.

30.42 Der neu eingeführte § 4h Abs. 1 Satz 7 EStG regelt ferner, dass die Ausnahmen vom begrenzten Zinsabzug keine Anwendung finden, soweit Zinsaufwendungen aufgrund eines Zinsvortrags erhöht wurden. Laut Gesetzesmaterialien wird dadurch sichergestellt, dass Zinsvorträge nicht allein deshalb uneingeschränkt verrechnet werden können, weil in einem späteren Wirtschaftsjahr eine der drei Ausnahmen erfüllt ist. Ein Abzug von Zinsvorträgen ist daher nur möglich, soweit ausreichendes EBITDA vorhanden ist.[47]

30.4.4.1 Freigrenze (§ 4h Abs. 2 Satz 1 Buchst. a) EStG)

30.43 Die Zinsschranke kommt gem. § 4h Abs. 2 Satz 1 Buchst. a) EStG nicht zur Anwendung, wenn der Nettozinsaufwand, d.h. sämtliche Zinsaufwendungen abzüglich der im Wirtschaftsjahr erzielten Zinserträge, weniger als 3 Mio. € beträgt. Durch die Einführung dieser Freigrenze sollen kleine und mittlere Betriebe von den Wirkungen der Zinsschranke verschont werden.[48] Nettozinsaufwendungen werden

---

[46] Zu sog. „Ausgrenzungs"-Befreiungen im Steuertatbestand SEER, in: TIPKE/LANG, Steuerrecht, 24. Aufl. 2021, § 6 Rdnr. 6.28.

[47] Beschlussempfehlung des Finanzausschusses zum Regierungsentwurf eines Kreditzweitmarktförderungsgesetzes, BT-Drucks. 20/9782, S. 192.

[48] Vgl. Begründung zum Fraktionsentwurf eines Unternehmensteuerreformgesetzes 2008, BT-Drucks. 16/4841, S. 48.

in der neuen Fassung des § 4h Abs. 2 Satz 1 Buchst. a) EStG erstmals als die um die Zinserträge geminderten Zinsaufwendungen legaldefiniert.

Praxistipp

Zu beachten ist allerdings der Charakter einer Freigrenze: Denn ab einem nur geringfügig höheren Nettozinsaufwand greift die Ausnahmeregelung nicht mehr und die Zinsschranke gelangt voll zur Anwendung. Die Freigrenze wirkt daher wie ein Fallbeil, eine ausgleichende Gleitklausel hat der Gesetzgeber nicht vorgesehen. Schon das Überschreiten der Freigrenze um nur 1 € kann also dazu führen, dass ein erheblicher Teil des Zinsaufwands nicht als Betriebsausgaben abgezogen werden darf. 30.44

Es wird in diesen Fällen allerdings i.d.R. möglich sein, den maßgeblichen Zinsaufwand durch rechtzeitige bilanzielle und finanzierungstechnische Maßnahmen unter die kritische Grenze von 3 Mio. € zu reduzieren. Durch die Aufspaltung von Betrieben und die Bildung mehrerer neuer Einzelbetriebe i.S.d. § 4h EStG kann eine mehrfache Inanspruchnahme der Freigrenze erreicht werden.

Die Freigrenze ist betriebsbezogen ausgestaltet. Dies bewirkt bei Personengesellschaften, dass sämtliche Zinsaufwendungen, die im steuerlichen Gewinn der Mitunternehmerschaft enthalten sind, also etwa auch Zinsaufwendungen aus dem Sonderbereich der Mitunternehmer zur Finanzierung der Beteiligung (sog. Sonderbetriebsvermögen II), den Zinssaldo der Mitunternehmerschaft erhöhen und zu einem Überschreiten der Freigrenze führen können.[49] Keine Auswirkungen haben indes Darlehensbeziehungen zwischen Personengesellschaft und Gesellschafter (sog. Sonderbetriebsvermögen I), da in diesem Fall jedem Aufwandsposten auch ein Ertrag in entsprechender Höhe gegenübersteht, der bei der Ermittlung des Gewinns der Mitunternehmerschaft saldiert wird. Im Rahmen einer Organschaft ist die Freigrenze wegen ihrer Betriebsbezogenheit nur einmal anwendbar. Um dem Umstand gerecht zu werden, dass Körperschaften mehrere Betriebe haben können, wird die Spezialvorschrift des § 8a Abs. 1 Satz 4 KStG durch das Kreditzweitmarktförderungsgesetz dahin gehend angepasst, dass alle Einkünfte zum Zwecke der Zinsschranke als in einem Betrieb erzielt gelten. 30.45

30.4.4.2 Konzernklausel (§ 4h Abs. 2 Satz 1 Buchst. b) EStG)

Die Zinsschranke soll in ihrer Wirkung nur Betriebe betreffen, die zu einem Konzern gehören. Dadurch wird die Zielsetzung der Zinsschranke als Regelung zur Missbrauchsbekämpfung deutlich. Die aus fiskalischer Sicht unerwünschten Gewinnverlagerungen bei Fremdfinanzierung treten nach Meinung des Gesetzgebers typischerweise bei konzernmäßiger Verbundenheit auf. Die Ausnahmeregelung 30.46

[49] Vgl. WINKELJOHANN/FUHRMANN, in: PricewaterhouseCoopers AG, Unternehmensteuerreform 2008, Rdnr. 1060.

des § 4h Abs. 2 Satz 1 Buchst. b) EStG greift daher ein, wenn der Steuerpflichtige keiner Person i.S.d. § 1 Abs. 2 AStG nahesteht und über keine Betriebsstätte außerhalb des (Wohn-)Sitzstaates, des Staates des gewöhnlichen Aufenthalts oder Geschäftsleitung verfügt. Vor Umsetzung der ATAD wurde die Konzernzugehörigkeit in § 4h Abs. 2 Satz 1 Buchs. b) EStG a.F. in der Form definiert, dass der Betrieb nicht oder nur anteilsmäßig zu einem Konzern gehört. Die Neuregelung der Konzernzugehörigkeit führt in der Konsequenz dazu, dass die bisherige Regelung des § 8a Abs. 2 KStG a.F., die eine Einschränkung der Anwendung der Konzernklausel in den Fällen der steuerschädlichen Gesellschafterfremdfinanzierung vorsah, überflüssig ist und mithin aufgehoben wurde.

30.47 Eine schädliche Gesellschafterfremdfinanzierung liegt vor, wenn die Vergütungen für Fremdkapital an einen zu mehr als 25 % beteiligten Anteilseigner, eine diesem nahestehende Person oder einen rückgriffsberechtigten Dritten mindestens 10 % des Nettozinsaufwands betragen.[50] Diese Fälle werden nunmehr bereits nicht von der Ausnahmeregelung des § 4h Abs. 2 Satz 1 Buchst. b) EStG erfasst, so dass das vorher geltende komplizierte Regel-Ausnahme-Rückausnahme-Verhältnis mithin obsolet ist. Die Beweislast für die fehlende Konzernzugehörigkeit trägt der Steuerpflichtige.

Hinweis

30.48 Zu beachten ist, dass der Begriff der nahestehenden Personen i.S.d. § 1 Abs. 2 AStG durch das ATAD-Umsetzungsgesetz modifiziert wurde.

30.49 Die Notwendigkeit einer Konzernklausel ergibt sich aufgrund der Ausdehnung des Anwendungsbereichs – im Gegensatz zu § 8a KStG a.F. – für jedwede Form der Fremdfinanzierung unabhängig von der Person des Fremdkapitalgebers und der Rechtsform des Fremdkapitalnehmers.

30.4.4.3 Eigenkapitalvergleich (§ 4h Abs. 2 Satz 1 Buchst. c) EStG)

30.50 Die dritte Ausnahme erfasst konzernangehörige Betriebe. Nach § 4h Abs. 2 Satz 1 Buchst. c) EStG greift die Zinsabzugsbeschränkung auch dann nicht, wenn die Eigenkapitalquote eines konzernzugehörigen inländischen Betriebs nicht oder nicht mehr als zwei Prozentpunkte (Toleranzgrenze) hinter derjenigen des Konzerns zurückbleibt. Im Rahmen des Eigenkapitalvergleichs sind die Eigenkapitalquoten von Betrieb und Konzern, zu welchem der Betrieb gehört, zu ermitteln und gegen-

[50] Siehe im Einzelnen SCHADEN, BB 2007, 2259, 2260 ff.; GOEBEL/EILINGHOFF, DStZ 2010, 515.

überzustellen. Maßgebend ist jeweils die Eigenkapitalquote des vorangegangenen Abschlussstichtags.[51]

Zweck dieses Kapitalstrukturtests ist es, Betrieben den Nachweis zu ermöglichen, dass die Verschuldung der deutschen Konzerngesellschaft nicht von der Verschuldung des Gesamtkonzerns abweicht. Diesen Nachweis kann der Betrieb dadurch erbringen, dass er sowohl Konzern- als auch Einzelabschluss in deutscher Sprache oder einer beglaubigten Übersetzung vorlegt. Während beim Konzernabschluss zwingend ein Testat eines Abschlussprüfers erforderlich ist, ist dies beim Einzelabschluss nur auf Verlangen der Finanzbehörde notwendig.[52] Konzerngesellschaften mit einer für ihren Konzern typischen Finanzierungsstruktur sollen dadurch verschont werden.[53] Insofern wird auch bei der Zinsschranke gewissermaßen ein entlastender „Fremdvergleich" zugestanden.[54] 30.51

Auch im Rahmen des Eigenkapitalvergleichs ist die **Rückausnahme der schädlichen Gesellschafterfremdfinanzierung** zu beachten. Der Eigenkapital-Escape kommt nur zur Anwendung, wenn die Vergütungen für Fremdfinanzierung von mindestens zu 25 % unmittelbar oder mittelbar beteiligten Gesellschaftern, diesen nahestehenden Personen oder rückgriffsberechtigten Dritten nicht mehr als 10 % der Nettozinsaufwendungen betragen. Die maßgebliche Beteiligungsgrenze wurde an die des § 1 Abs. 2 AStG sowie Art. 2 Abs. 4 ATAD i.H.v. mindestens 25 % statt der zuvor erforderlichen „mehr als 25 %" angeglichen. Bei Körperschaftsteuersubjekten ist der Eigenkapitalvergleich nach § 8a Abs. 3 KStG in den Fällen einer konzernexternen Gesellschafterfremdfinanzierung ausgeschlossen. Konzerninterne Verbindlichkeiten, die aufgrund der Schuldenkonsolidierung nicht mehr 30.52

---

[51] Um eine Vergleichbarkeit zu gewährleisten, sollte für steuerliche Zwecke der Einzelabschluss des Betriebs auf den Stichtag des Konzernabschlusses ermittelt werden, vgl. STANGL/HAGEBÖKE, in: SCHAUMBURG/RÖDDER, Unternehmensteuerreform 2008, 2007, S. 478. Nach dem BMF-Schreiben v. 04.07.2008 – IV C 7 - S 2742-a/07/10001, BStBl I, 718, Rdnr. 70, ist im Fall der Neugründung auf die Eröffnungsbilanz des Betriebs abzustellen, wobei der relevante Konzernabschluss nicht um den neuen Betrieb zu erweitern ist.

[52] Vgl. Begründung zum Fraktionsentwurf eines Unternehmensteuerreformgesetzes 2008, BT-Drucks. 16/4841, S. 49.

[53] Vgl. SCHREIBER/OVERESCH, DB 2007, 813, 817; VOLB, Unternehmensteuerreform 2008, 2007, S. 54; ebenso PAWELZIK, DB 2008, 2439, 2440: „Der zu testende Betrieb muss in jeder Hinsicht ein Ausschnitt des Gesamtkonzerns sein".

[54] Unter einem Fremdvergleich versteht man richtigerweise nur den Außenvergleich. Im Hinblick auf eine Konzernstruktur können zu diesem Zweck also nur außerhalb des Verbunds stehende (fremde) Unternehmen herangezogen werden.

im Konzernabschluss abgebildet werden, bleiben bei Ermittlung der 10-%-Grenze unberücksichtigt.[55]

30.53 Für das Vorliegen einer schädlichen Gesellschafterfremdfinanzierung muss es sich dabei um Verbindlichkeiten handeln, die in einem voll konsolidierten Konzernabschluss nach § 4h Abs. 2 Satz 1 Buchst. c) EStG ausgewiesen sind oder einen schädlichen Rückgriff auslösen. Durch die nunmehr enger gefasste Konzernzugehörigkeit aufgrund der Anpassung an die ATAD erfordert die Konzernzugehörigkeit die tatsächliche Konsolidierung des Betriebs; die bloße Möglichkeit dessen reicht nicht mehr aus. Das Fehlen einer schädlichen Gesellschafterfremdfinanzierung ist dabei für alle Betriebe des Zinsschrankenkonzerns nachzuweisen.

30.54 Mit Urteil vom 11.11.2015 entschied der BFH,[56] dass die Vergütungen für Fremdkapital der einzelnen qualifiziert beteiligten Gesellschafter bei der Prüfung der 10-%-Grenze zur schädlichen Gesellschafterfremdfinanzierung nach § 8a Abs. 3 Satz 1 KStG nicht zusammenzurechnen sind. Der Gesetzgeber hat sich im Rahmen des Kreditzweitmarktförderungsgesetzes mit dieser Sichtweise beschäftigt und diese vor dem Hintergrund der dadurch eröffneten Gestaltungsspielräume für nicht sachgerecht erklärt. Mit der Änderung des § 8a Abs. 3 Satz 1 KStG erteilt der Gesetzgeber der Ansicht des BFH eine Absage und stellt die bisherige Verwaltungsauffassung[57] wieder her. Demnach sind die Vergütungen für Fremdkapital der einzelnen qualifiziert beteiligten Gesellschafter bei der Prüfung der 10-%-Grenze nunmehr zusammenzurechnen.[58]

30.55 Nach dieser Vorschrift könnte bereits eine schädliche Finanzierung durch einen ausländischen Minderheitsgesellschafter einer ausländischen konzernangehörigen Gesellschaft dazu führen, dass allen Konzerngesellschaften des Gesamtkonzerns der Eigenkapitalvergleich verwehrt bleibt.[59] Dadurch wurde eine Art „Gruppenhaftung“[60] statuiert. Der Gesetzeswortlaut bleibt diesbezüglich ungenau. Allerdings sollen nach der Entwurfsbegründung nur Zinsaufwendungen, die Teil einer inländischen Gewinnermittlung sind, für Zwecke der Zinsschranke einbezogen

[55] Vgl. MIDDENDORF/STEGEMANN, INF 2007, 305, 311. Nach § 4h Abs. 2 Satz 2 EStG ist die vorgenannte Rückausnahme auch entsprechend für konzernzugehörige mitunternehmerische Personengesellschaften anzuwenden.

[56] BFH, Urt. v. 11.11.2015 – I R 57/13, BStBl II 2017, 319.

[57] BMF-Schreiben v. 04.07.2008 – IV C 7 - S 2742 a/07/10001, BStBl I, 718, Rdnr. 82.

[58] Beschlussempfehlung des Finanzausschusses zum Regierungsentwurf eines Kreditzweitmarktförderungsgesetzes, BT-Drucks. 20/9782, S. 197.

[59] Vgl. KÖHLER, DStR 2007, 597, 600; RÖDDER, Beihefter DStR 40/2007, 10; REICHE/KROSCHEWSKI, DStR 2007, 1330, 1333; TÖBEN/FISCHER, BB 2007, 974, 978; HEY, BB 2007, 1303, 1306; ferner EILERS, in: Festschrift Schaumburg, 2009, S. 283 „Dominoeffekt“.

[60] Treffend RÖDDER, Beihefter DStR 40/2007, 10.

werden.[61] Im Schrifttum wird daher gefordert, § 8a Abs. 3 KStG teleologisch zu reduzieren, so dass eine schädliche Gesellschafterfremdfinanzierung nur vorliegt, wenn der Zinsaufwand in eine inländische Gewinnermittlung einbezogen wird. Zinsaufwand, der sich nur im Ausland auswirkt, kann demnach nicht zu einer „Infizierung" der gesamten Gruppe im Rahmen des Eigenkapitalvergleichs führen.[62]

Die Darlegungs- und Beweislast für das Nichtvorliegen einer schädlichen Gesellschafterfremdfinanzierung trägt im Übrigen wieder die durch den Eigenkapitalvergleich belastete inländische Körperschaft (§ 8a Abs. 3 Satz 1 a.E. KStG).[63] 30.56

Ermittlung der Eigenkapitalquote 30.57

	EK laut Einzelabschluss nach IFRS/HGB/US-GAAP
+	Firmenwert, soweit im Konzernabschluss enthalten
+	50 % des Sonderpostens (§ 273 HGB)
–	Buchwert der Beteiligungen an anderen Konzerngesellschaften
–	stimmrechtsloses Eigenkapital (außer Vorzugsaktien)
–	Einlagen innerhalb von sechs Monaten vor Bilanzstichtag (bis zur Höhe der Entnahmen innerhalb von sechs Monaten nach Bilanzstichtag)
=	**Maßgebliches Eigenkapital**
	Bilanzsumme laut Einzelabschluss nach IFRS/HGB/US-GAAP
–	im Konzern nicht ausgewiesene Kapitalforderungen (bis zur Höhe entsprechender Verbindlichkeiten)
=	**Maßgebliche Bilanzsumme laut Einzelabschluss**

Eigenkapitalquote = Maßgebliches Eigenkapital x 100 / Bilanzsumme

61 Vgl. Begründung zum Fraktionsentwurf eines Unternehmensteuerreformgesetzes 2008, BT-Drucks. 16/4841, S. 48.

62 So Dörr/Geibel/Fehling, NWB Fach 4, S. 5199, 5210.

63 Kritisch zu dieser Beweislastverteilung Thiel, FR 2007, 729, 732.

30.5 Auswirkungen beim Gesellschafter

30.58 Auf Ebene des darlehensgebenden Gesellschafters erfolgt keine steuerliche Freistellung der korrespondierenden Erträge aus der Kapitalüberlassung. Obwohl die Zinsaufwendungen beim Darlehensnehmer nicht (in voller Höhe) steuermindernd berücksichtigt werden, muss der Darlehensgeber die Erträge (auch) in voller Höhe versteuern.[64]

[64] Vgl. WINKELJOHANN/FUHRMANN, in: PricewaterhouseCoopers AG, Unternehmensteuerreform 2008, 2007, Rdnr. 1007; G. FÖRSTER, in: BREITHECKER/FÖRSTER/FÖRSTER/KLAPDOR, Unternehmensteuerreformgesetz 2008, 2007, § 4h EStG Rdnr. 45.

31. Bilanzielle Fragen in Sanierungssituationen

31.1 Gestaltungsoptionen zur Sanierung der Passivseite

Gerät eine Gesellschaft in die Krise, stellen sich viele Herausforderungen, die das Unternehmen zusammen mit dem steuerlichen Berater in den Griff bekommen muss. Ausgangspunkt sollte stets die Frage sein, ob das Unternehmen ein tragfähiges Geschäftsmodell hat und somit langfristig eine angemessene Rendite (über den reinen Kapitaldienst hinaus) erzielen kann. Im Rahmen eines Sanierungsgutachtens nach IDW S 6[1] ist nachzuweisen, dass die Fortführungsfähigkeit (IDW S 11[2]) 31.1

[1] IDW Standard S 6: Anforderungen an Sanierungskonzepte (Stand: 22.06.2023), IDW Life 2023, 1159, ergänzt durch IDW, Fragen und Antworten: Zur Erstellung und Beurteilung von Sanierungskonzepten nach IDW S 6 (Stand: 16.05.2018), IDW Life 2018, 826.

[2] IDW Standard S 11: Beurteilung des Vorliegens von Insolvenzeröffnungsgründen (Stand: 23.08.2021), IDW Life 2022, 107.

auch nachhaltig ist (Sanierungsfähigkeit).[3] Wird diese Frage positiv beantwortet, lohnt sich eine finanzielle Sanierung. Sie verfolgt folgende Ziele:

- Vermeidung der Insolvenzreife (§§ 17 ff. InsO) und damit einer Insolvenzantragspflicht (§ 15a InsO),
- Vermeidung von Strafbarkeits- und Haftungsvorwürfen (insbesondere § 15b InsO) gegen handelnde Personen, unter dem Aspekt der Beihilfe zur Insolvenzverschleppung (§ 15a Abs. 4 InsO) ggf. auch gegen den Steuerberater,
- langfristige Neustrukturierung und Stabilisierung der Finanzierungsseite mit geordneten Fälligkeiten, einem leistbaren Kapitaldienst und der Möglichkeit, erforderliche Investitionen zu finanzieren (Renditefähigkeit).

Praxistipp

31.2 Auch wenn ein Sanierungsgutachten von dritter Seite noch nicht verlangt wird, ist es wichtig, eine Gesamtstrategie zu verfolgen. Der Unternehmer sollte sich stets fragen, ob sich durch Nachschüsse langfristige Verbesserungen erreichen lassen und ob mögliche Kostensenkungen ausreichen, um wieder wettbewerbsfähig zu werden. Ein fehlender Gesamtüberblick kann gerade in kleineren, familiengeführten Unternehmen fatale Folgen haben. So ist es grundsätzlich völlig legitim, wenn sich der Gesellschafter-Geschäftsführer sein Gehalt auszahlt, für das er meist auch überobligatorischen Einsatz zeigt. Gleichzeitig werden jedoch Finanzlöcher im Unternehmen oft mit Gesellschafterdarlehen geschlossen. Denkt man sich diesen Kreislauf einmal durch, so erkennt man, dass das Unternehmen für eine Lohnzahlung von 100 mit Lohnnebenkosten eine Liquidität von 120 aufwenden musste. Dem Unternehmer stehen netto rund 50 zur Verfügung. Legt er diese als Gesellschafterdarlehen wieder ein, ist ihm privat nichts verblieben. Das Unternehmen hat jedoch 120 aufgewendet, um 50 zu erhalten.

31.3 Verschiedene Maßnahmen zur Sanierung der Passivseite haben sich in der Praxis bewährt, sind teilweise aber auch Gegenstand aktueller Rechtsänderungen. Sie betreffen die Kapitalausstattung der Gesellschaft („Mittelherkunft"), insbesondere mit dem Ziel die Verschuldung zu reduzieren. Ergänzt werden diese Sanierungsmaßnahmen in der Praxis um Maßnahmen der Innenfinanzierung, die durch Umschichtung der Aktivseite Liquidität verfügbar machen. Diese **Liquiditätssicherung** ist vorrangiges Gestaltungsziel jeglicher Sanierung. Nur so lässt sich der operative Geschäftsbetrieb aufrechterhalten und eine Zahlungsunfähigkeit (mit der Folge

[3] Der BGH, Urt. v. 21.11.2005 – II ZR 277/03, NJW 2006, 1283, fordert eine „durchgreifende", also nachhaltige Sanierung.

einer Insolvenzantragspflicht) vermeiden.[4] Liquiditätsstärkend wirkt auch die Gewährung von **Gesellschafterdarlehen**, sinnvollerweise ergänzt um einen vertraglichen Rangrücktritt (siehe dazu unten Rdnr. 31.42 ff.). Banken werden **Sanierungskredite** nur bei Vorlage eines aussagekräftigen Sanierungsgutachtens gewähren, um den Vorwurf der „Scheinsanierung" und der Beihilfe zur Insolvenzverschleppung zu vermeiden.[5] Diese können zu Schadenersatzansprüchen (§§ 826, 823 Abs. 2 BGB i.V.m. § 15a Abs. 1, 4 InsO) gegen die Bank oder zur Nichtigkeit bestellter Sicherheiten (§ 138 Abs. 1 BGB) führen.[6] Die Gewährung eines **Überbrückungskredits**, der lediglich die Betriebsfortführung bis zur Vorlage eines schon beauftragten Sanierungsgutachtens sichert, kann unter leichteren Voraussetzungen erfolgen.[7]

Um die Passivseite zu sanieren, sind **Eigenkapitalmaßnahmen** naheliegend. Denn in der Krise der Gesellschaft führt der „ehrbare" Kaufmann „echtes" Eigenkapital zu. Die dazu erforderliche Stammkapitalerhöhung bedarf jedoch aufgrund Satzungsänderung der notariellen Form und Eintragung (siehe dazu Rdnr. 13.1 ff.). Jederzeit und formfrei möglich sind hingegen Einlagen in die freie Kapitalrücklage (§ 272 Abs. 2 Nr. 4 HGB). 31.4

Im Mittelpunkt dieses Kapitels stehen Sanierungsmaßnahmen, die den **Fremdkapitalbereich** betreffen: Forderungsverzichte (ggf. mit Besserungsschein) und der Umgang mit daraus entstehenden Sanierungsgewinnen sowie Rangrücktritte. Die Umwandlung von Fremd- in Eigenkapital („Debt-Equity-Swap") ist ebenfalls ein bewährtes Sanierungsinstrument, welches in fast jeder großen Restrukturierung anzutreffen ist. Aufgrund seiner Komplexität kommt es jedoch in der Sanierung kleinerer, mittelständischer Unternehmen nur selten zur Anwendung. Denkbar 31.5

---

4 Zu Innenfinanzierungsmaßnahmen, die hier nicht näher diskutiert werden, siehe ausführlich CRONE/KREIDE, in: CRONE/WERNER, Modernes Sanierungsmanagement, 6. Aufl. 2021, S. 217 ff.; zu Finanzierungsmaßnahmen in der Krise und Erstellung eines darauf aufbauenden Sanierungskonzepts siehe ausführlich auch HERMANNS, in: IDW, Sanierung und Insolvenz (WPH Edition), 2022, Kap. B Rdnr. 348 ff.

5 Damit die Bank solche Vorwürfe zurückweisen kann, muss ein „schlüssiges, von den tatsächlichen Gegebenheiten ausgehendes Sanierungskonzept vorliegen, das mindestens in den Anfängen schon in die Tat umgesetzt worden ist und beim Schuldner die ernsthafte und begründete Aussicht auf Erfolg rechtfertigt", BGH, Urt. v. 08.12.2011 – IX ZR 156/09, NZI 2012, 142; zuletzt BGH, Urt. v. 28.03.2019 – IX ZR 7/18, NZI 2019, 594; vgl. auch BTO 1.2.5 Ziffer 3 des BaFin-Rundschreibens 09/2017 – Mindestanforderungen an das Risikomanagement – MaRisk: „Zieht ein Institut die Begleitung einer Sanierung in Betracht, hat es sich ein Sanierungskonzept zur Beurteilung der Sanierungsfähigkeit des Kreditnehmers vorlegen zu lassen." (verfügbar unter https://www.bafin.de/SharedDocs/Veroeffentlichungen/DE/Rundschreiben/2017/rs_1709_marisk_ba.html); vgl. § 18 KWG.

6 Zu den Risiken aus Bankensicht ausführlich OSWALD, NZI 2018, 825.

7 BGH, Beschl. v. 07.03.2017 – XI ZR 571/15, NZI 2017, 507 mit Anm. HUBER; vgl. HERMANNS, in: IDW, Sanierung und Insolvenz (WPH Edition), 2022, Kap. B Rdnr. 362.

sind ebenfalls mezzanine Finanzierungsbeiträge, etwa durch Genussscheine oder stille Beteiligungen.[8]

Ausgangsbeispiel

31.6 Die notleidende A-GmbH befindet sich in der Krise. Da das Mahnwesen vernachlässigt wurde, hat sich ein hoher Forderungsbestand aufgebaut.

Bilanz zum 31.12.01 (in Tausend €)

Anlagevermögen	200 €	Eigenkapital		
– stille Reserven: 80				
		– gezeichnetes Kapital	1.200 €	
Umlaufvermögen	1.000 €	– Kapitalrücklage	0 €	
– davon Forderungen älter als 60 Tage: 500		– Verlustvortrag	– 900 €	
– davon Bank: 0		– Jahresverlust	– 700 €	
Nicht durch Eigenkapital gedeckter Fehlbetrag	400 €	Darlehen		1.600 €
		– davon gegenüber Gesellschaftern: 600		
	1.600 €			1.600 €

31.1.1 Stundung

31.7 Bei einer Stundung vereinbaren Gläubiger und Schuldner die **spätere Fälligkeit** einer Forderung. Die nun nicht mehr fällige Forderung bleibt somit bei der Prüfung der aktuellen Zahlungsfähigkeit außer Betracht. An ihrem rechtlichen Bestand ändert sich hingegen nichts. Steuerlich kann die Stundung oder eine weitergehende Zinsbefreiung ggf. dazu führen, dass die Verbindlichkeit in der Steuerbilanz abzuzinsen ist (§ 6 Abs. 1 Nr. 3 EStG).

Praxistipp

31.8 Sind Finanzierungsbeiträge der Banken erforderlich, so sieht man regelmäßig die Hausbanken mit dem größten Engagement und Zugriff auf Sicherheiten in der Pflicht, sich mit frischem Geld zu beteiligen, während von Instituten mit kleineren Engagements lediglich verlangt wird, eine Kreditlinie offenzulassen oder auf eine Kündigung zu verzichten. Damit die Durchfinanzierung nachgewiesen werden kann, fordert man von den „**stillhaltenden**" Banken eine sogenannte „**Belassenserklärung**".

[8] Zur Abgrenzung von Eigen- und Fremdkapital vgl. IDW, HFA 1/1994, Wpg 1994, 419.

Stundungen können formlos oder stillschweigend erklärt werden. Dies führt in der Praxis häufig zu unangenehmen Diskussionen, wenn eine Stundung im Nachhinein in Frage gestellt wird. Denn Insolvenzverwalter und Staatsanwalt erheben dann ggf. den Vorwurf einer verspäteten Insolvenzantragstellung mit straf- und haftungsrechtlichen Folgen für den Geschäftsführer. Daher ist stets auf eine **schriftliche Dokumentation** von Stundungsabreden zu achten. War dem Gläubiger die Insolvenzreife des Schuldners bekannt, sollte er, um mögliche Beihilfevorwürfe zu entkräften, auch bei einer bloßen Stundung den Nachweis verlangen, dass dadurch (ggf. weil daneben weitere Maßnahmen erreicht werden konnten) die Insolvenzreife mindestens für den Zeitraum der Stundung beseitigt ist. Diese Informationen werden auf Schuldnerseite aber regelmäßig vorliegen, da der Geschäftsführer aus eigenem Interesse sicherstellen muss, dass keine Insolvenzantragspflicht besteht. 31.9

Praxistipp

Auch der Hinweis, eine Forderung sei „nie **ernstlich eingefordert** worden" und daher bei der Insolvenzreifeprüfung nicht zu berücksichtigen, steht regelmäßig auf dünnem Eis. Hier genügt schon das Übersenden einer Rechnung, um diese Wertung zu entkräften;[9] bei Darlehen reicht der Ablauf der Vertragslaufzeit, ohne dass der Gläubiger zur Rückzahlung auffordern muss.[10] Aus dem gleichen Grund sollte man vermeiden, dass Gläubiger lediglich erklären, eine fällige Forderung nicht vollstrecken zu wollen.[11] 31.10

31.1.2 Forderungsverzicht

Ein Forderungsverzicht eines Gläubigers stellt zunächst eine einfache Möglichkeit dar, die Passivseite durch einen **Erlassvertrag** (§ 397 BGB) zu sanieren. Denn dadurch erlischt die Verbindlichkeit endgültig und wird ausgebucht. Abgesehen von der Entlastung um künftige Zins- und Tilgungszahlungen führt ein Forderungsverzicht nicht zur Verbesserung der aktuellen Liquiditätssituation. Es handelt sich um eine rein vermögensmäßige und bilanzielle Entlastung. Allerdings kann die so verbesserte Finanzierungsstruktur dazu führen, dass andere Kapitalgeber in der Folge zu Finanzierungsbeiträgen bereit sind. 31.11

---

9 Vgl. BGH, Beschl. v. 19.07.2007 – IX ZB 36/07, BGHZ 173, 286.

10 Vgl. BGH, Beschl. v. 19.07.2007 – IX ZB 36/07, BGHZ 173, 286; BGH, Urt. v. 22.11.2012 – IX ZR 62/10, ZIP 2013, 79.

11 Vgl. K. SCHMIDT/HERCHEN, in: K. Schmidt, InsO, 20. Aufl. 2023, § 17 Rdnr. 11: „Bloße Apathie einzelner Gläubiger (Absehen von aussichtslosen Vollstreckungsversuchen) reicht allerdings nicht aus".

Praxistipp

31.12 Akzessorische Sicherheiten wie Bürgschaft und Hypothek erlöschen automatisch; bei nicht akzessorischen Sicherheiten wie einer Grundschuld kann die Freigabe verlangt werden. Damit könnte man neue Finanzierungsbeiträge absichern. Allerdings scheuen Gläubiger in der Krise zu Recht die Gefahr, dass die Einräumung einer Sicherheit später angefochten wird. Bei der Verhandlung eines Gesamtpakets mit Beiträgen aller Stakeholder („Sanierungskonzept") kann aber versucht werden, einen Gläubiger mit zweitrangiger Sicherheit zu einem neuen (unbesicherten) Finanzierungsbeitrag zu bewegen, wenn dessen anfechtungsfest bestehende Altsicherheit durch den Forderungsverzicht des erstrangig besicherten Gläubigers wirtschaftlich aufgewertet wird.

31.13 Auf Ebene des Darlehensgebers führt der Forderungsverzicht zu einem Untergang des Anspruchs und damit grundsätzlich zu einer Betriebsvermögensminderung. Bei einem Gesellschafter entsteht ein Aufwand in Höhe des nicht werthaltigen Teils. Wenn der Gesellschafter aber mit mehr als 25 % beteiligt ist, greift die Abzugsbeschränkung des § 3c Abs. 2 Satz 2 EStG. Damit sind nur 60 % der Verluste abzugsfähig.[12]

31.1.3 Besserungsschein

31.14 Gläubiger stellen zu Recht die Frage, warum sie im Rahmen der Sanierung endgültig verzichten sollen, wenn der Unternehmer doch ein Sanierungskonzept vorlegt, aus dem sich künftig wieder eine nachhaltige und branchenübliche Renditefähigkeit ergibt. Dieses Missverhältnis kann mit einem Besserungsschein aufgefangen werden. Dabei handelt es sich um vertragliche Vereinbarungen, durch die eine Forderung des Gläubigers neu entsteht, wenn **bestimmte Bedingungen** eintreten. Welche das sind, kann frei vereinbart werden. Allerdings sollte darauf geachtet werden, dass der Eintritt später nicht manipulierbar und ohne weitere Diskussionen feststellbar ist. Handels- und steuerbilanziell ist die Verbindlichkeit trotz Besserungsschein auszubuchen.[13] Tritt der Besserungsfall ein, entsteht die Forderung rechtlich neu und ist wieder als Verbindlichkeit zu passivieren.[14] Soweit beim Darlehensgeber nur 60 % des ursprünglichen Aufwands abzugsfähig waren (siehe Rdnr. 31.13), ist auch die Neuentstehung nur zu 60 % steuerpflichtig (§ 3c Abs. 2 Satz 5 EStG).

---

[12] SCHMIDT/LEVEDAG, EStG, 43. Aufl. 2024, § 3c Rdnr. 14 ff.; BFH, Beschl. v. 09.06.1997 – GrS 1/94, BStBl II 1998, 307.

[13] Vgl. auch BMF -Schreiben v. 27.03.2003 – IV A 6 - S 2140 - 8/03, BStBl I, 240, Rdnr. 5; BMF-Schreiben v. 02.12.2003 – IV A 2 - S 2743 - 5/03, BStBl I, 648; kritisch und zu weiteren Einzelheiten siehe aber BRIESE, DStR 2017, 799.

[14] BFH, Beschl. v. 09.06.1997 – GrS 1/94, BStBl II 1998, 307; BMF-Schreiben v. 04.06.2003 – IV A 2 - S 2836 - 2/03, BStBl I, 366, Rdnr. 29; BMF-Schreiben v. 02.12.2003 – IV A 2 - S 2743 - 5/03, BStBl I, 648.

Praxistipp

Unter Umständen kann der Forderungsverzicht mit Besserungsschein genutzt werden, um **Verlustvorträge in die Nachsanierungszeit zu retten**. Dies kommt in Betracht, wenn Verlustvorträge durch Anteilseignerwechsel ohnehin untergehen. Der vorherige Forderungsverzicht löst einen Gewinn aus, der mit den (ohnehin untergehenden) Verlustvorträgen verrechnet wird. Entsteht die Verbindlichkeit nach dem Anteilseignerwechsel aufgrund des Besserungsscheins neu, ist ein Verlust einzubuchen, der ggf. neue Verlustvorträge generiert.[15] 31.15

31.1.4 Debt-Equity-Swap

In Betracht kommt auch die **Umwandlung von Verbindlichkeiten in Eigenkapital.** 31.16
Gerade großvolumige Sanierungsfälle rufen oftmals internationale Investoren auf den Plan. Diese versuchen, die nicht werthaltigen Kredite weit unter Nennwert zu erwerben und anschließend in Anteile zu tauschen („Loan-to-own-Strategie"). Mit dem Argument, dass die Gesellschaft mit Fälligstellung des Darlehens insolvenzreif würde und die Gesellschafter in der Insolvenz leer ausgingen, wird der Unternehmenswert so gering angesetzt, dass selbst die nur teilweise werthaltigen Darlehen über den Umweg eines Kapitalschnitts eine extrem hohe Beteiligung ermöglichen, regelmäßig über 90 %.

Praxistipp

Steuerlich kann ein Debt-Mezzanine-Swap attraktiv sein, z.B. die Umwandlung eines Darlehens in einen Genussschein. Dadurch kann bei entsprechender Gestaltung erreicht werden, dass der Genussschein handelsrechtlich als Eigenkapital qualifiziert wird, steuerlich aber weiterhin Fremdkapitalcharakter hat.[16] 31.17

Im **Mittelstand** sind diese Konstruktionen ebenfalls möglich, aber oftmals zu aufwendig. Die Grundidee, Verbindlichkeiten in Eigenkapital zu wandeln, kann aber auch hier sinnvoll sein. Die Finanzierungsseite des Unternehmens wird saniert. Der Gläubiger, der an die Sanierung glaubt, tauscht seinen Rückzahlungsanspruch gegen eine Kapitalposition, die ihm im Erfolgsfall auch eine risikoangemessene Beteiligung am Sanierungserfolg ermöglicht. 31.18

---

[15] Vgl. CREZELIUS, in: K. SCHMIDT/UHLENBRUCK, Die GmbH in Krise, Sanierung und Insolvenz, 6. Aufl. 2023, Rdnr. 2.664 f.; BFH, Urt. v. 12.07.2012 – I R 23/11, BFH/NV 2012, 1901; BFH, Urt. v. 20.07.2018 – IX R 31/17, BFH/NV 2019, 13, sowie PAUS, EStB 2019, 105.

[16] FinMin NRW, Erlass v. 18.07.2018 – S 2133-000036-V B 1, DB 2018, 1762; ANZINGER, RdF 2018, 64.

Praxistipp

31.19 Einvernehmlich kann das Ergebnis eines Debt-Equity-Swaps auch in zwei Schritten erreicht werden: Der Gläubiger verzichtet auf sein Darlehen (die Konsequenzen eines möglichen Sanierungsgewinns sind allerdings zu beachten). Im Gegenzug verkauft der Gesellschafter einen bestimmten Anteil am Unternehmen zum Nominalwert (oder auch für den berühmten Euro) an den Gläubiger. Der niedrige Kaufpreis rechtfertigt sich dadurch, dass das Unternehmen ansonsten Insolvenz anmelden müsste und die letztrangigen Gesellschafter dann keine Zahlung erwarten könnten. Das gewünschte Endergebnis wird also erreicht, indem zwei Maßnahmen mit einseitiger Wirkung miteinander kombiniert werden. Solche Gestaltungen sollten aber, insbesondere aufgrund der Gewinnthematik, immer abgesichert durch verbindliche Auskünfte strukturiert werden.

31.1.5 Sanierungsgewinn

31.20 Als „Sanierungsgewinn" bezeichnet man die **rechnerische Vermögensmehrung**, die durch bestimmte Restrukturierungsmaßnahmen ausgelöst wird, insbesondere durch Forderungsverzichte. Wird die Gesellschaft von einer Verbindlichkeit befreit, liegt in der Tat eine Vermögensmehrung (bzw. Minderung eines negativen Unternehmenswerts) vor. Im Grundsatz handelt es sich daher zu Recht um einen Vorgang, der sowohl handels- als auch steuerrechtlich zu einem Gewinn führt. Der Streit entzündet sich aber an der Frage, ob dieser Gewinn besteuert werden soll. Denn die Steuerbelastung führt zu einem unmittelbaren Liquiditätsverzehr, und zwar genau in einer Situation, in der der Forderungsverzicht die Grundlage für weitere Liquiditätszuführungen darstellen sollte. Einen Verzicht, der in der Folge allein der Finanzverwaltung zugutekommt, wird aber kein Gläubiger unterstützen.

Beispiel 31.21

a) Der Gesellschafter verzichtet auf die Hälfte des Darlehens i.H.v. 600 €, also auf 300 €. Das Darlehen ist nicht werthaltig.

b) Die Bank verzichtet ebenfalls auf die Hälfte des Darlehens i.H.v. 1.000 €, also auch 500 €.

Handelsbilanz (in Tausend €)

Anlagevermögen	200 €	Eigenkapital		**400**
– stille Reserven: 80 €				
		– gezeichnetes Kapital	1.200 €	
Umlaufvermögen	1.000 €	– Kapitalrücklage	0 €	
– davon Forderungen älter als 60 Tage: 500 €		– Verlustvortrag	– 900 €	
– davon Bank: 0 €		– Jahresverlust zzgl. Sanierungsgewinn (**800 €**)	**+ 100 €**	
		Darlehen		**800 €**
		– davon gegenüber Gesellschaftern: 300 €		
	1.200 €			1.200 €

Lösung zu a)

Der Gesellschafter verzichtet auf die Hälfte seines Gesellschafterdarlehens i.H.v. 600 €. Damit wird das Darlehen i.H.v. 300 € ausgebucht. Handelsbilanziell führt dies zu einem Gewinn. Die Liquiditätssituation („Bankkonto") ändert sich nicht. Steuerlich ist nun zu prüfen, inwieweit das Darlehen werthaltig war. Der Verzicht führt in Höhe des werthaltigen Teils zur Erhöhung des steuerlichen Einlagekontos (§ 27 KStG) sowie zu nachträglichen Anschaffungskosten beim Gesellschafter (verdeckte Einlage). Allerdings muss der Verzicht durch das Gesellschaftsverhältnis und nicht betrieblich veranlasst sein.[17] In Höhe des nicht werthaltigen Teils entsteht ein steuerpflichtiger Gewinn. Dies ist in Sanierungssituationen regelmäßig der Fall, da Gesellschafterdarlehen meist unbesichert oder nachrangig sind (im Insolvenzfall schon nach § 39 Abs. 1 Nr. 5 InsO) und damit nicht von einer Werthaltigkeit ausgegangen werden kann.

Lösung zu b)

Die Bank verzichtet ebenfalls auf die Hälfte ihres Darlehens i.H.v. 1.000 €, wodurch weitere Verbindlichkeiten i.H.v. 500 € ausgebucht werden. Dies stellt unabhängig von der Werthaltigkeit immer einen steuerpflichtigen Gewinn dar.

---

[17] So für den „Verzicht mit Blick auf die finanzielle Krise" der Gesellschaft BFH, Urt. v. 12.07.2012 – I R 23/11, BFH/NV 2012, 1901; vgl. auch die noch heute maßgebliche Grundsatzentscheidung BFH, Beschl. v. 09.06.1997 – GrS 1/94, BStBl II 1998, 307; ausführlich CREZELIUS, in: K. SCHMIDT/UHLENBRUCK, Die GmbH in Krise, Sanierung und Insolvenz, 6. Aufl. 2023, Rdnr. 2.650 ff.

31.22 Historisch wurden solche Sanierungsgewinne steuerfrei gestellt, um sinnvolle Sanierungen und damit einhergehend den Erhalt von Unternehmen und Arbeitsplätzen nicht durch Steuern zu gefährden. Zunächst vom Reichsfinanzhof anerkannt, wurde die Steuerfreiheit mit § 3 Nr. 66 EStG a.F. Gesetz. Allerdings wurde diese Steuerfreiheit zur Gegenfinanzierung der Unternehmenssteuerreform 1997 wieder abgeschafft. Die Finanzverwaltung hatte jedoch Verständnis für das Bedürfnis der Sanierungspraxis und schuf den berühmten „Sanierungserlass", auf dessen Grundlage die Finanzverwaltung aus Billigkeitsgründen auf die Besteuerung von Sanierungsgewinnen verzichtete.[18]

Hinweis

31.23 Oftmals bestehen zwar Verlustvorträge in ausreichender Höhe. Diese können jedoch aufgrund der sogenannten „Mindestbesteuerung" (§ 10d Abs. 2 EStG) nicht vollständig genutzt werden, so dass ab einer Höhe von 1 Mio. € immer ein steuerpflichtiger Gewinn verbleibt.[19]

31.1.5.1 Wegfall des Sanierungserlasses

31.24 Völlig überraschend veröffentlichte der Große Senat des BFH am 07.02.2017 auf seiner Internetseite eine wegweisende Entscheidung: Dem Sanierungserlass fehle die verfassungsrechtliche Grundlage, da es sich um eine Verwaltungsanweisung handele. Einen Verzicht auf Steuern dürfe nur der Gesetzgeber regeln. Damit sei der Sanierungserlass nicht mehr anwendbar.[20] Im Vorfeld der Bundestagswahl wollte der Gesetzgeber jedoch den Vorwurf vermeiden, Arbeitsplätze zu gefährden. So konnte bereits am 27.04.2017 ein Gesetz zur Steuerfreiheit von Sanierungsgewinnen verabschiedet werden, dem der Bundesrat am 02.06.2017 zustimmte.[21]

31.25 Fraglich war jedoch, ob es sich bei der Steuerfreiheit von Sanierungsgewinnen um eine (unzulässige) **Beihilfe** (Art. 107 Abs. 1 AEUV) handelt, da Unternehmen in der Krise eine staatliche Vergünstigung erhalten, die anderen Unternehmen (ohne Krise) nicht offensteht. Dementsprechend wurde das Gesetz der EU-Kommission zur Freigabe vorgelegt. Es konnte nach seinem Art. 6 Abs. 2 erst in Kraft treten, wenn diese Freigabe erteilt war. Im August 2018 teilte die EU-Kommission nach langer Prüfung mit, dass sie die Regelungen keiner beihilferechtlichen Prüfung unterziehen werde. Es handele sich um eine sogenannte „Alt-Beihilfe". Solche Bei-

---

18 BMF-Schreiben v. 27.03.2003 – IV A 6 - S 2140 - 8/03, BStBl I, 240.

19 Nach Vorlage des BFH, Urt. v. 26.02.2014 – I R 59/12, BStBl II, 1016, ist beim BVerfG (Az. 2 BvL 19/14) die Frage anhängig, ob die Mindestbesteuerung verfassungswidrig ist, weil sie in bestimmten Fällen zu einer zweckwidrigen Definitivbesteuerung führt.

20 BFH, Beschl. v. 28.11.2016 – GrS 1/15, BStBl II 2017, 393.

21 Gesetz gegen schädliche Steuerpraktiken im Zusammenhang mit Rechteüberlassungen v. 27.06.2017, BGBl I, 2071.

hilfen, die schon vor Gründung der Europäischen Gemeinschaft bestanden, sind zulässig, bis die Kommission eine Prüfung vornimmt. Ihre Sichtweise teilte die Kommission allerdings nur in Form eines informellen „Comfort Letters" mit. Der Gesetzgeber hielt dies allerdings für ausreichend und setzte das Gesetz in Kraft. Es gilt nunmehr rückwirkend für alle Sanierungsmaßnahmen ab dem 08.02.2017 (§ 52 Abs. 4a Satz 1 EStG). Auf Antrag kann die neue Gesetzeslage auch auf Fälle vor dem 08.02.2017 angewendet werden (§ 52 Abs. 4a Satz 3 EStG). Voraussetzung ist allerdings, dass sämtliche Schulden erlassen werden.[22] Zum Parallelproblem der Sanierungsklausel zum Erhalt von Verlustvorträgen (§ 8c Abs. 1a KStG) hat der EuGH ebenfalls entschieden, dass dies keine verbotene Beihilfe darstellt.[23] Dort ging es wie bei Sanierungsgewinnen um die Frage, welche Gruppe von Unternehmen als „Regelfall" und welche als „Ausnahmefall" definiert wird. Die Ablehnung erfolgte jedoch allein aus formellen Gründen.

31.1.5.2 Die gesetzliche Neuregelung

Die Neuregelung findet sich in § 3a EStG und § 7b GewStG. Aufgrund des großen Zeitdrucks im Gesetzgebungsverfahren konnte die Finanzverwaltung fast alle Wünsche einbringen, die sie schon immer durchsetzen wollte. Zudem wird die Steuerfreiheit durch weitgehende „Gegenfinanzierungsmaßnahmen" erkauft. Die Finanzverwaltung will vermeiden (im Grundsatz auch durchaus berechtigt), dass der Steuerpflichtige Gewinne steuerfrei realisieren kann, während in der Bilanz noch Steuersparpotentiale vorhanden sind. Auf der Hand liegt dies bei Verlustvorträgen: Soweit Sanierungsgewinne steuerfrei sind, gehen Verlustvorträge unter. Der vollständige Vortragsuntergang unabhängig von der Höhe der Sanierungsgewinne konnte im Gesetzgebungsverfahren abgewendet werden. Übersteigen die Sanierungsgewinne aber vorhandene Verlustvorträge, beginnt ein komplexer Verrechnungsmechanismus, der sämtliche Steuersparpotentiale aus der Bilanz „quetscht" (von der gewinnmindernden Ausübung steuerlicher Wahlrechte bis hin zur „Verrechnung" mit Zins- und EBITDA-Vorträgen aus der Zinsschrankenregelung). Denn bleibt es aufgrund des Konzepts der generellen Steuerfreiheit dabei: Werden die Voraussetzungen des Gesetzes erfüllt, sind die Sanierungsgewinne in voller Höhe steuerfrei, unabhängig davon, in welchem Umfang Kompensationsmaßnahmen greifen. 31.26

[22] Schmidt/Levedag, EStG, 43. Aufl. 2024, § 3a Rdnr. 3, nach dem auch eine Bestandskraft durchbrochen werden könne (§ 175 Abs. 1 Satz 1 Nr. 2 AO); anders FG Münster, Urt. v. 15.05.2019 – 13 K 2520/16 AO, EFG 2019, 1401 (rkr.); ebenso FG Baden-Württemberg, Urt. v. 16.11.2021 – 8 K 1362/20, EFG 2022, 545, Revision anhängig beim BFH unter dem Az. IV R 1/22. Dort scheiterte die Anwendung bei OHG-Gesellschaftern an der zwischenzeitlichen Bestandskraft der Feststellungsbescheide auf OHG-Ebene. Vgl. zur Gewerbesteuer OVG Sachsen-Anhalt, Urt. v. 19.11.2019 – 4 L 103/18, DRsp Nr. 2020/1102.

[23] EuGH, Urt. v. 28.06.2018 – C-203/16 P „Heitkamp Bauholding", IStR 2018, 552.

31.27 Anders als in einem zwischenzeitlichen Entwurf noch vorgesehen, haben Unternehmen kein Antragsrecht. Liegen die gesetzlichen Voraussetzungen vor, tritt die Steuerfreiheit einschließlich der Verrechnungsfolgen automatisch ein. Eine möglicherweise bevorzugte Nichtinanspruchnahme muss daher auf Tatbestandsebene ansetzen. Denn im Grundsatz gelten die bisherigen Voraussetzungen des Sanierungserlasses auch weiterhin: Eine **unternehmensbezogene** und damit privilegierte Sanierung liegt vor, „wenn der Steuerpflichtige für den Zeitpunkt des Schuldenerlasses die **Sanierungsbedürftigkeit** und die **Sanierungsfähigkeit** des Unternehmens, die **Sanierungseignung** des **betrieblich begründeten** Schuldenerlasses und die **Sanierungsabsicht** der Gläubiger nachweist" (§ 3a Abs. 2 EStG).[24] Es handelt sich also um eine Prognoseentscheidung. Ohne diese gesetzliche Regelung wäre Unternehmen in Gerichtsverfahren der Schutz versagt worden, wenn die Krise zum Zeitpunkt der letzten mündlichen Verhandlung überwunden worden wäre. In der Praxis wird man dies nach wie vor über ein Gutachten nach IDW S 6 belegen.[25] Zur Auslegung der Tatbestandsmerkmale einer unternehmensbezogenen Sanierung kann dabei auf die zu § 3 Nr. 66 EStG a.F. ergangene Rechtsprechung zurückgegriffen werden.[26] Handelt es sich um einen Schuldenerlass eines Gesellschafters, spricht eine Vermutung für eine nicht privilegierte gesellschaftsrechtliche Veranlassung.[27] Die erforderliche betriebliche Begründung wird man i.d.R. nur erreichen, wenn auch Drittgläubiger entsprechende Beiträge leisten. In jedem Fall sollte darauf geachtet werden, den Willen des Gläubigers zu dokumentieren, mit einem Verzicht zumindest auch die Sanierung des Unternehmens fördern zu wollen. Verfolgt er ausschließlich eigennützige Motive, so ist dies nicht ausreichend und führt zur Versagung der Steuerfreiheit.[28]

31.28 Im Ergebnis kann man mit der Neuregelung arbeiten, vor allem da sie im Grundsatz Rechtssicherheit bietet.[29] Ein wesentlicher Vorteil der Neuregelung besteht darin, dass die **Gewerbesteuer** nun mitgeregelt ist (§ 7b GewStG). Damit entfallen die bisherigen Diskussionen mit den Gemeindekämmerern sämtlicher Betriebs-

---

24 Ausführlich KAHLERT, in: KÜBLER, HRI II, 4. Aufl. 2023, § 57 Rdnr. 107 ff.; vgl. auch HÖLZLE, ZIP 2020, 301.

25 Vgl. GEIWITZ, in: IDW, Sanierung und Insolvenz (WPH Edition), 2022, Kap. F Rdnr. 189.

26 BFH, Beschl. v. 27.11.2020 – X B 63/20, ZinsO 2021, 725; hierzu auch RiBFH REDDIG, HFR 2021, 437.

27 BFH, Urt. v. 29.07.1997 – VIII R 57/94, BStBl II 1998, 652; zum konsequenten Ausschluss der Privilegierung in Fällen einer verdeckten Einlage KAHLERT, in: KÜBLER, HRI II, 4. Aufl. 2023, § 57 Rdnr. 127 ff.

28 BFH, Beschl. v. 27.11.2020 – X B 63/20, ZInsO 2021, 725.

29 Störfeuer sandte allerdings das VG Dresden, Urt. v. 26.02.2019 – 2 K 1719/18, mit erheblichen verfassungsrechtlichen Bedenken hinsichtlich der Gesetzgebungskompetenz des Bundes für § 7b GewStG sowie zur Rückwirkung. Daneben deuten KÖLBL/NEUMANN, Ubg 2018, 324, an, dass die Steuerfreiheit des Sanierungsertrags außerhalb eines gesetzlichen Verfahrens durch Inkrafttreten der Restrukturierungsrichtlinie (EU) 2019/1023 doch wieder als Beihilfe zu werten sein könnte. Beide Sichtweisen sind jedoch abzulehnen.

stättengemeinden. Im Detail zeigt sich jedoch bereits eine enorme Komplexität.[30] Mit Spannung wird nun ein schon lange angekündigtes BMF-Schreiben erwartet, in dem die Finanzverwaltung erstmalig ihre Auslegung des Gesetzes mitteilen wird. Für zahlreiche Praxiskonstellationen werden aber wohl erst Gerichte eine abschließende Antwort finden. Durch die gesetzliche Regelung steigt deren Bedeutung erheblich: Während Entscheidungen auf Grundlage des Sanierungserlasses nur auf Ermessensfehler überprüft werden konnten, unterliegt nunmehr der gesamte Gesetzestext einschließlich seiner Grundsätze und Definitionen einer vollen richterlichen Kontrolle.

Hinweis

Besteht eine körperschaftsteuerliche Organschaft, werden zunächst vororganschaftliche Verluste auf Ebene der Organgesellschaft gemindert. Danach erfolgt eine Minderung auf Ebene des Organträgers (§ 15 Satz 1 Nr. 1a KStG). Diese greift bis fünf Jahre nach Beendigung der Organschaft, selbst wenn die Organgesellschaft zwischenzeitlich veräußert wurde.[31] Gerät also z.B. eine Gesellschaft drei Jahre nach Verkauf in Insolvenz und löst Sanierungsgewinne aus, wird der ehemalige Organträger seine aktuellen Verlustvorträge verlieren. Dieses Risiko ist beim Kauf von Organgesellschaften in der Due Diligence zu prüfen und im Kaufvertrag abzubilden. 31.29

31.1.5.3 Anwendungsfragen

Die gesetzliche Neuregelung gilt rückwirkend für alle nach dem 08.02.2017 entstandenen und entstehenden Sanierungsgewinne. Zu beachten ist allerdings, dass es sich um einen Ertrag aus einem betrieblich veranlassten Schuldenerlass (vor allem Forderungsverzicht) handeln muss. Die Begünstigung setzt immer voraus, dass es um den Erhalt und nicht um die Liquidation des Unternehmens (und damit aus politischer Sicht der Arbeitsplätze) geht.[32] 31.30

Für Altfälle (Schuldenerlasse, die bis zum 08.02.2017 erfolgt sind) wurde im Gesetzgebungsverfahren in letzter Sekunde ein Wahlrecht eingeführt: Der Steuerpflichtige kann noch nicht bestandskräftige Altfälle dazu optieren, diese ebenfalls nach der Neuregelung zu behandeln (§ 52 Abs. 4a Satz 3 EStG).[33] Das Wahlrecht ist nach der Entwurfsbegründung und einer ersten Stellungnahme der Finanzver- 31.31

---

30 Beispielhaft für eine verbindliche Auskunft zu § 3a EStG Lampe/Breuer/Hotze, DStR 2018, 173.

31 Kahlert, in: Kübler, HRI II, 4. Aufl. 2023, § 57 Rdnr. 145 ff.; mit verfassungsrechtlichen Bedenken Sistermann/Beutel, DStR 2017, 1065; vgl. auch Hasbach/Oesterwinter, DB 2020, 1249.

32 Siehe Beschlussempfehlung des Finanzausschusses zum RegE eines Gesetzes gegen schädliche Steuerpraktiken im Zusammenhang mit Rechteüberlassungen, BT-Drucks. 18/12128, S. 31.

33 Weiterführend zu Verfahrensfragen Hasbach, DB 2019, 871.

waltung für die Ertragsteuern und Gewerbesteuern getrennt ausübbar.[34] Dies könnte interessant sein, wenn die Finanzverwaltung aus Vertrauensschutzgründen noch den Sanierungserlass anwendet, die in Altfällen noch für die Gewerbesteuer zuständige Kommune aber keine gleichlautende Entscheidung mehr treffen will. In der Praxis müsste dies jedoch dazu führen, dass neben der Handelsbilanz eine Ertragsteuer- und eine weitere Gewerbesteuerbilanz zu erstellen wäre. Unter diesen und anderen Gesichtspunkten wird sich das Wahlrecht in der Praxis noch bewähren müssen.

31.32 Macht der Steuerpflichtige von dem Wahlrecht keinen Gebrauch, so gilt weiterhin, dass die Finanzverwaltung diese Fälle nicht angreifen will; der Sanierungserlass soll hier aus Vertrauensschutzgründen weitergelten. Gleiches soll gelten, wenn vor dem 08.02.2017 eine verbindliche Auskunft vorlag. Diese könnte zwar grundsätzlich aufgehoben werden (§ 2 Abs. 3 StAuskV). Allerdings will die Finanzverwaltung von dieser Möglichkeit keinen Gebrauch machen, wenn die gewinnauslösende Maßnahme im Wesentlichen schon vollzogen ist, bevor die verbindliche Auskunft aufgehoben wird.[35] Diese Regelung qualifizierte jedoch sowohl der I. als auch der X. Senat des BFH als verfassungswidrig – aus den gleichen Gründen wie zuvor: Übergangsregelungen hätte der Gesetzgeber erlassen müssen.[36] Dieser hatte jedoch gerade im Hinblick auf das BMF-Schreiben auf eine gesetzliche Regelung verzichtet.[37] Daher reagierte die Finanzverwaltung mit einem Nichtanwendungserlass auf die beiden BFH-Urteile: Die Finanzverwaltung sieht sich weiterhin an die mit dem BMF-Schreiben vom 27.04.2017 veröffentlichte Vertrauensschutzregelung gebunden.[38] Prompt folgte die Reaktion des BFH: Der Sanierungserlass sei auf Altfälle nicht anwendbar: *„Die Wiederholung der Verwaltungsauffassung durch das BMF-Schreiben vom 29. März 2018 ändert daran nichts“*.[39]

---

[34] Nach der Beschlussempfehlung des Finanzausschusses zum RegE eines Gesetzes zur Vermeidung von Umsatzsteuerausfällen beim Handel mit Waren im Internet und zur Änderung weiterer steuerlicher Vorschriften, BT-Drucks. 19/5595, S. 79, handelt es sich um ein „eigenständiges gewerbesteuerliches Antragsrecht“; ebenso LfSt Bayern, Vfg. v. 11.02.2019 – G 1413.1.1-2/8 St32, DStR 2019, 627.

[35] Zu allem siehe BMF-Schreiben v. 27.04.2017 – IV C 6 – S 2140/13/10003, BStBl I, 741.

[36] BFH, Urt. v. 23.08.2017 – I R 52/14, BStBl II 2018, 232; BFH, Urt. v. 23.08.2017 – X R 38/15, BStBl II 2018, 236.

[37] Vgl. Begründung der Beschlussempfehlung des Finanzausschusses zum Regierungsentwurf eines Gesetzes gegen schädliche Steuerpraktiken im Zusammenhang mit Rechteüberlassungen, BT-Drucks. 18/12128, S. 33.

[38] BMF-Schreiben v. 29.03.2018 – IV C 6 – S 2140/13/10003, BStBl I, 588.

[39] BFH, Urt. v. 16.04.2018 – X B 13/18, ZIP 2018, 1360; zuletzt auch BFH, Beschl. v. 08.05.2018 – VIII B 124/17, BFH/NV 2018, 822.

31.1.5.4 Vermeidung steuerpflichtiger Sanierungsgewinne

Eine Möglichkeit zur Vermeidung von Sanierungsgewinnen ist der so genannte **Debt-push-up**. Der Gesellschafter kann mit dem Gläubiger vereinbaren, dass er die Schuld übernimmt (§ 414 BGB), ohne die Gesellschaft in Regress nehmen zu können (vorweggenommener Regressverzicht). Dadurch erlangt die Gesellschaft einen Freistellungsanspruch gegen ihren Gesellschafter (in Höhe des Nennwerts der übernommenen Schuld). Anschließend zahlt der Gesellschafter an den Gläubiger. Hierdurch erlischt zum einen die Verbindlichkeit des Gläubigers, zum anderen aber auch der (nun erfüllte) Freistellungsanspruch der Gesellschaft. Die Ausbuchung beider Ansprüche ist steuerlich neutral (Aktiv-Passiv-Minderung). Der Kniff liegt darin, dass der entstehende Freistellungsanspruch als steuerneutrale Einlage des Gesellschafters angesehen wird. Auf die Werthaltigkeit der Forderung kommt es nicht an.[40] Dies ist jedoch – wie eine offene **Einlage** des Gesellschafters, mit deren zugeführter Liquidität das Darlehen (an den Gesellschafter) zurückbezahlt wird – dennoch unter dem Blickwinkel des § 42 AO zu betrachten. In der Praxis sollte daher dem BFH[41] zufolge nicht im Vorfeld eine Abstimmung mit der Finanzverwaltung gesucht und die Maßnahme durch eine verbindliche Auskunft abgesichert werden. 31.33

Ein gewinnauslösender Verzicht findet auch nicht statt, wenn ein entsprechend ausgestalteter **Rangrücktritt** erklärt wird.[42] Elegant ist auch die Übernahme von Forderungen durch Investoren, die sich ohnehin beteiligen wollen. Der Kauf der Darlehen bietet ihnen künftig die Möglichkeit, entsprechende Rückzahlungen steuerfrei zu vereinnahmen. Um dies zu ermöglichen, sollte die Forderungsübernahme aber nicht für den berühmten einen Euro erfolgen, sondern der hierfür gezahlte Preis im Gesamtkontext verrechnet werden. 31.34

Besonders problematisch war die bisherige Rechtsunsicherheit in Insolvenzverfahren, in denen über einen Insolvenzplan eine Sanierungslösung angestrebt wird. Gläubiger werden Sanierungsbeiträgen nicht zustimmen, wenn sie befürchten müssen, dass statt einer Sanierung nur eine Zahlungsverpflichtung an den Fiskus erreicht wird. Daher wurde in vielen Fällen vom Insolvenzplan (mit Forderungsverzichten) Abstand genommen und stattdessen der Geschäftsbetrieb im Wege des 31.35

[40] BFH, Beschl. v. 20.12.2001 – I B 74/01, BFH/NV 2002, 678; abgrenzend aber BFH, Beschl. v. 31.05.2005 – X R 36/02, BStBl II 2006, 707. Auf die Regresspflicht war von vornherein verzichtet worden. Dies ist bei entsprechenden Gestaltungen zu berücksichtigen; vgl. auch STADLER, NZI 2018, 49.

[41] BFH, Urt. v. 20.07.2018 – IX R 5/15, BStBl II 2019, 194. BFH, Urt. v. 06.12.2017 – IX R 7/17, BStBl II 2019, 313. Vgl. dazu BMF-Schreiben v. 05.04.2019 – IV C 6 - S 2244/17/10001, BStBl I, 257 und BMF-Schreiben v. 07.06.2022 – IV C 6 - S 2244/20/10001 :001, BStBl I, 897. OFD Frankfurt, Vfg. v. 10.04.2019 – S 2244 A - 61 - St 215, DStR 2019, 1820 und OFD Frankfurt, Vfg. v. 26.07.2021 – S 2743 A - 12 - St 523.

[42] Siehe unten Rdnr. 31.42.

Asset Deals verkauft. Dabei bleibt der Rechtsträger mit den Darlehensverbindlichkeiten und ansonsten als „leere Hülle" zurück und wird anschließend liquidiert und gelöscht, ohne Steuern auszulösen (§ 394 Abs. 1 FamFG).[43]

Praxistipp

31.36 Die Herausforderung bei einem Asset Deal ist, dass Zulassungen, Zertifizierungen und Genehmigungen mit dem Rechtsträger verbunden sind und nicht so einfach übertragen werden können. Durch vorherige **Ausgliederung des wunschgemäß zugeschnittenen Geschäftsbetriebs** („Carve Out") in eine Tochtergesellschaft und deren anschließenden Verkauf lässt sich die Übertragung jedoch trotzdem erreichen. Solche komplexe Strukturierungen müssen jedoch im Vorfeld genau geplant und mit verbindlichen Auskünften abgesichert werden.

31.1.6 Schenkungsteuerpflicht als Sanierungshindernis

31.37 Im Rahmen der privaten Vermögensnachfolge war früher eine (schenkungs-)steuerfreie Übertragung möglich, indem sich der Nachfolger an einer GmbH des Übergebers beteiligte und der Übergeber anschließend eine freiwillige Leistung in die gemeinsame Kapitalrücklage leistete. Der BFH beurteilte diese Vermögensverschiebung als „Reflex aus dem Gesellschaftsrecht".[44] Dies veranlasste den Gesetzgeber zu einem „Missbrauchsverhinderungsgesetz", was er in der Entwurfsbegründung überraschend deutlich zum Ausdruck brachte: „Die bisherige Besteuerungslücke ist in der Steuersparbranche bekannt und wird auf Fachveranstaltungen regelmäßig als Gestaltungstipp vorgetragen".[45] Der damit eingeführte § 7 Abs. 8 ErbStG lautet: *„Als Schenkung gilt auch die Werterhöhung von Anteilen an einer Kapitalgesellschaft, die eine an der Gesellschaft unmittelbar oder mittelbar beteiligte natürliche Person oder Stiftung (Bedachte) durch die Leistung einer anderen Person (Zuwendender) an die Gesellschaft erlangt"*. Dadurch wurde die Gestaltungsmöglichkeit beseitigt. Problematisch ist jedoch, dass die Vorschrift auch im Sanierungskontext anzuwenden ist. Dies kann zu dramatischen und eigentlich ungewollten Steuerfolgen führen.

---

43 Die umstrittene Frage, ob in der Beantragung der Liquidation ein konkludenter Forderungsverzicht (der Sanierungsgewinne auslöst) zu sehen ist, wurde von der Finanzverwaltung bundeseinheitlich verneint mit OFD Frankfurt, Vfg. v. 03.08.2018 – S 2743 A - 12 - St 525, DStR 2019, 560.

44 Vgl. BFH, Urt. v. 09.12.2009 – II R 28/08, BStBl II 2010, 566; BFH, Urt. v. 07.11.2007 – II R 28/06, BStBl II 2008, 258.

45 Regierungsentwurf eines Gesetzes zur Umsetzung der Beitreibungsrichtlinie sowie zur Änderung steuerlicher Vorschriften (Beitreibungsrichtlinie-Umsetzungsgesetz – BeitrRLUmsG), BT-Drucks. 17/6263, S. 82; Beschlussempfehlung des Finanzausschusses zum RegE BeitrRLUmsG, BT-Drucks. 17/7469, S. 57.

Beispiel

Ein Gläubiger ist im Rahmen der Sanierung bereit, auf sein Darlehen zu verzichten. 31.38

Lösung

Nach § 7 Abs. 8 ErbStG kann ein Forderungsverzicht durchaus zu einer Werterhöhung der Gesellschaft und damit mittelbar der Anteile führen. Der Verzicht stellt eine Leistung an die Gesellschaft dar. Der Gesetzestext fordert gerade nicht, dass eine natürliche Person handeln muss. Der Forderungsverzicht des Gläubigers führt also zu einer Werterhöhung der Anteile bei den Gesellschaftern. Nach der Lesart des § 7 Abs. 8 ErbStG hat der Gläubiger die Gesellschafter beschenkt. Dass eine Schenkung nicht gewollt war, spielt keine Rolle. Der Vorgang wird fiktiv als Schenkung behandelt („gilt").

Die Literatur und auch Äußerungen einiger Richter des BFH stellen klar, dass der Wortlaut der Vorschrift zu weit gefasst ist und auf den eigentlichen Gesetzeszweck reduziert werden müsste.[46] Die Finanzverwaltung hat jedoch zu erkennen gegeben, dass sie an der weiten Lesart, auch für Sanierungsfälle, festhalten will.[47] Weitergehender Prüfung bedarf im Einzelfall, ob bei Veranlassung durch eine Kapitalgesellschaft § 7 Abs. 8 Satz 2 ErbStG nutzbar gemacht und auf eine fehlende Bereicherungsabsicht abgestellt werden kann.[48] Da derzeit noch keine Urteile ergangen sind, auf die man sich zur Reduzierung des Tatbestands berufen könnte, muss die Sanierungspraxis mögliche Schenkungsteuerfolgen immer im Auge behalten und ggf. auf alternative Gestaltungen ausweichen. 31.39

Eine **Lösungsmöglichkeit** hat die Finanzverwaltung im Erlass dargelegt. Statt des Verzichts könnte der Gläubiger die Forderung zum Verkehrswert (in der Krise ist dieser regelmäßig sehr gering) an die Gesellschafter verkaufen. Diese erwerben die Forderung entsprechend proportional zu ihrer Beteiligung. Wenn die Gesellschafter anschließend auf die Forderung verzichten, kommt es nicht zu einer Vermögensverschiebung und damit nicht zur Steuerbarkeit.[49] Dies, und damit auch die grundsätzliche Steuerbarkeit, wurde aktuell in den Erbschaftsteuerrichtlinien 2019 bestätigt: *„Wenn Gesellschafter, z.B. zu Sanierungszwecken, auf Forderungen ge-* 31.40

---

[46] Vgl. Viskorf/Haag, DStR 2012, 1166; Loose, GmbHR 2013, 561; Kahlert/Schmidt, DStR 2012, 1208; Holthusen, ZEV 2016, 311; ausführlich Sonnleitner/Witfeld, Insolvenz- und Sanierungssteuerrecht, 2. Aufl. 2022, Kap. 10 Rdnr. 133 ff.

[47] Gleichlautende Erlasse der obersten Finanzbehörden der Länder v. 14.03.2012 – B/5 - S 3806 - 2001 u.a., BStBl I, 331 sowie Erlass v. 20.04.2018 – S 3806 - 16 - VAG, GmbHR 2018, 763; vgl. auch R E 7.5 Abs. 11 Satz 9 ErbStR 2019; vgl. Hannes/Holtz, in: Meincke/Hannes/Holtz, ErbStG, 18. Aufl. 2021, § 7 Rdnr. 174.

[48] Vgl. Gebel, in: Troll/Gebel/Jülicher/Gottschalk, ErbStG, § 7 Rdnr. 416 (11/2023).

[49] Gleichlautende Erlasse der obersten Finanzbehörden der Länder v. 14.03.2012 – B/5 - S 3806 - 2001 u.a., BStBl I, 331, Rdnr. 3.3.6.

gen die Gesellschaft verzichten wollen, das Verhältnis der Nennbeträge der Forderungen aber von den Beteiligungsquoten abweicht, bestehen keine Bedenken gegen einen vorgeschalteten Forderungsverkauf, bei dem der verzichtende Gläubiger (Gesellschafter oder Dritter) in einem ersten Schritt einen Teil seiner Forderung zum Verkehrswert an die (Mit-)Gesellschafter verkauft und die Gesellschafter dann in einem zweiten Schritt beteiligungsproportional auf ihre Forderungen verzichten.“ (R E7.5 Abs. 11 Satz 9 ErbStR 2019)

31.41 Denkbar ist auch, bei der erforderlichen Werterhöhung anzusetzen und (ggf. mit Gutachten abgesichert) zu dokumentieren, dass die Gesellschaftsanteile (für die im Insolvenzverfahren nachrangigen) Gesellschafter auch nach dem Verzicht noch wertlos waren. Erfolgt der Forderungsverzicht gegen Besserungsschein, so gibt der Gesellschafter nach übereinstimmender Auffassung von Finanzverwaltung und Literatur aus seinem Vermögen nichts her, sondern schichtet lediglich uneinbringbare Werte gegen spätere Erwerbsaussichten um.[50] Zu beachten ist allerdings, dass die Finanzverwaltung von wertlosen Forderungen spricht. Auch dies ist zu dokumentieren. Insgesamt empfiehlt sich aber auch in diesem Fall, die Inanspruchnahme der von der Finanzverwaltung vorgeschlagenen Lösungsmöglichkeiten mit dieser zu diskutieren und durch eine verbindliche Auskunft abzusichern.

31.1.7 Rangrücktritt

31.42 Beim Rangrücktritt handelt es sich um eine Sanierungsmaßnahme, die auf die Vermeidung der insolvenzrechtlichen **Überschuldung** (§ 19 InsO) und **Zahlungsunfähigkeit** (§ 17 InsO) abzielt. Dadurch kann die ansonsten erforderliche Insolvenzantragstellung (§ 15a InsO) vermieden und ein Zeitfenster zur außergerichtlichen Sanierung erhalten werden. Erklärt ein Gläubiger einen Rangrücktritt, so muss das Unternehmen die Verbindlichkeit (und bei entsprechender Gestaltung) Zinszahlungen im Überschuldungsstatus nicht mehr berücksichtigen (vgl. § 19 Abs. 2 Satz 2 InsO).

31.43 Zivilrechtlich bleibt die Forderung jedoch bestehen. Es handelt sich gerade nicht um einen Verzicht. Damit ändert sich handelsbilanziell nichts (zur aktuell geführten Diskussion siehe jedoch unten Rdnr. 31.48). Rührt die Verbindlichkeit aus einem umsatzsteuerpflichtigen Vorgang, so wird regelmäßig eine Berichtigung nach § 17 UStG erforderlich werden, da die Forderung als uneinbringlich eingestuft wird. Es

---

[50] Gleichlautende Erlasse der obersten Finanzbehörden der Länder v. 14.03.2012 – B/5 - S 3806 - 2001 u.a., BStBl I, 331, Rdnr. 3.3.7; R E 7.5 Abs. 11 Satz 11 ErbStR 2019; ebenso („praktikable Lösung“): HANNES/HOLTZ, in: MEINCKE/HANNES/HOLTZ, ErbStG, 18. Aufl. 2021, § 7 Rdnr. 174; SONNLEITNER/WITFELD, Insolvenz- und Sanierungssteuerrecht, 2. Aufl. 2022, Kap. 10 Rdnr. 146.

wird dabei auch nicht helfen, die Forderung kurz vor dem Rangrücktritt in ein Darlehen umzuwandeln (Novation).[51]

Praxistipp

Ein Rangrücktritt bietet sich vor allem im Hinblick auf **Gesellschafterdarlehen** an. 31.44
Diese sind nach § 39 Abs. 1 Nr. 5 InsO ohnehin gesetzlich nachrangig. Ein Rangrücktritt führt daher für den Gesellschafter als Gläubiger bis auf sehr spezielle Konstellationen nicht zu einer Verschlechterung seiner Befriedigungsmöglichkeiten. Der Vorteil, die Nichtberücksichtigung im Überschuldungsstatus zu erreichen, erfordert jedoch zwingend eine vertragliche Rangrücktrittsabrede. Der gesetzliche Nachrang reicht hierzu nicht aus.

31.1.7.1 Das Grundsatzurteil des BGH vom 05.03.2015

In einer Grundsatzentscheidung hat der BGH am 05.03.2015[52] einige Punkte zu 31.45
Rangrücktrittsvereinbarungen klargestellt und somit für zusätzliche Rechtssicherheit gesorgt (siehe die Anmerkungen zur Musterformulierung, Rdnr. 31.50). Das Urteil wird jedoch in der Literatur intensiv diskutiert und teilweise auch kritisiert. Denn der BGH hatte sich auch zu den dogmatischen Fundamenten des Rangrücktritts geäußert. In der Praxis dürften die Grundaussagen jedoch mittlerweile als anerkannt gelten.

31.1.7.2 Begrifflichkeiten und ihre Steuerfolgen nach § 5 Abs. 2a EStG

Aufgrund des Maßgeblichkeitsgrundsatzes bleibt die Verbindlichkeit grundsätzlich 31.46
auch in der Steuerbilanz bestehen. Allerdings gilt hier die Sondervorschrift des § 5 Abs. 2a EStG: *„Für Verpflichtungen, die nur zu erfüllen sind, soweit künftig Einnahmen oder Gewinne anfallen, sind Verbindlichkeiten oder Rückstellungen erst anzusetzen, wenn die Einnahmen oder Gewinne angefallen sind“*. Es muss somit sichergestellt bleiben, dass die Verbindlichkeit trotz Rangrücktritt aktuell eine wirtschaftliche Belastung darstellt.[53] Daher ist zu regeln, dass die Verbindlichkeit auch „aus zukünftigen Gewinnen, aus einem Liquidationsüberschuss oder aus anderem – freien – Vermögen“ zu tilgen ist.[54] Entscheidend ist dabei, dass eine rechtliche Verpflichtung besteht (der Gläubiger muss sein Geld noch haben wollen). Darauf, ob der Schuldner realistischerweise überhaupt in der Lage sein wird, die

---

[51] Sonnleitner/Witfeld, Insolvenz- und Sanierungssteuerrecht, 2. Aufl. 2022, Kap. 10 Rdnr. 75 ff.; Wübbelsmann, DStR 2016, 1723.

[52] BGH, Urt. v. 05.03.2015 – IX ZR 133/14, BGHZ 204, 231.

[53] Vgl. hierzu FG Münster, Urt. v. 23.07.2020 – 10 K 2222/19 K G, BB 2020, 2481 (rkr.).

[54] Eindeutig entschieden nun durch BFH, Urt. v. 19.08.2020 – XI R 32/18, www.bundesfinanzhof.de/de/entscheidung/entscheidungen-online/detail/STRE202010266/; BStBl II 2021, 279; vgl. BFH, Urt. v. 10.08.2016 – I R 25/15, BStBl II 2017, 670.

Schuld zu bedienen, etwa weil der Geschäftsbetrieb schon eingestellt ist, kommt es nicht an. Tritt aufgrund des § 5 Abs. 2a EStG ein Passivierungsverbot ein, führt dies in der Steuerbilanz zu einem „Wegfallgewinn". Dieser kann, soweit er auf dem Gesellschaftsverhältnis beruht, durch den Ansatz einer Einlage in Höhe des werthaltigen Teils der betroffenen Forderung neutralisiert werden.[55] In Krisensituationen wird die Werthaltigkeit jedoch nicht gegeben sein, insbesondere da es sich um Nachrangforderungen handelt.

31.47 Gefährliche Verwirrung besteht, da die Finanzverwaltung ihren Erlass zur ertragsteuerlichen Behandlung von Rangrücktritten noch immer nicht aktualisiert hat. Dort findet sich (zur alten Rechtslage) folgende Aussage: *„Bei einer Vereinbarung im Sinne der Rdnr. 2 (qualifizierter Rangrücktritt) liegen die Voraussetzungen des § 5 Abs. 2 a EStG nicht vor, weil eine Abhängigkeit zwischen Verbindlichkeit und Einnahmen oder Gewinnen nicht besteht, sondern die Begleichung der Verbindlichkeit zeitlich aufschiebend bedingt – bis zur Abwendung der Krise – verweigert werden kann"*.[56] Dem widerspricht jedoch der BFH, der § 5 Abs. 2a EStG auch auf „qualifizierte" (genauer: spezifizierte) Rangrücktrittsvereinbarungen anwendet.[57] Sowohl der Begriff des „spezifizierten" als auch des (heute nicht mehr erforderlichen) „qualifizierten" Rangrücktritts alter Prägung sorgen heute für Unsicherheiten. Der frühere „qualifizierte" Rangrücktritt, der nach der vom BGH geprägten Formel den Rücktritt auf die Stufe der Eigenkapitalgeber vorsah, kann heute immer noch vereinbart werden. Erforderlich ist diese Rangtiefe aber nicht mehr.

31.1.7.3 Nachrangforderungen in der Handelsbilanz

31.48 Mit den ersten zu prüfenden Abschlüssen nach dem Urteil kamen unter Wirtschaftsprüfern einige Stimmen auf, die vertreten, dass eine Verbindlichkeit, die mit einem Rangrücktritt belegt ist, u.U. in der Handelsbilanz nicht mehr bilanziert werden dürfe.[58] Dies wäre eine fatale Konsequenz. Über die Maßgeblichkeit der Handelsbilanz für die Steuerbilanz würde eine Ausbuchung zu unerwünschten Sanierungsgewinnen führen. Ein Rangrücktritt wäre dann unattraktiv.

---

[55] Vgl. etwa BFH, Urt. v. 10.08.2016 – I R 25/15, BStBl II 2017, 670; BFH, Urt. v. 30.11.2011 – I R 100/10, BStBl II 2012, 332.

[56] BMF-Schreiben v. 08.09.2006 – IV B 2 - S 2133 - 10/06, BStBl I, 497, Rdnr. 7; weiterhin anwendbar lt. BMF-Schreiben v. 19.03.2018 – IV A 2 - O 2000/17/10001, BStBl I, 322. Während das BMF-Schreiben für Altfälle uneingeschränkt Anwendung finden kann, ist die vorbehaltslose Übertragung auf Rangrücktritte nach der neuen Grundkonzeption des BGH kritisch.

[57] BFH, Urt. v. 28.09.2016 – II R 64/14, BStBl II 2017, 104; BFH, Urt. v. 15.04.2015 – I R 44/14, BStBl II 2015, 769, Rdnr. 10.

[58] HENNRICHS, NZG 2016, 1255; MÜLLER, BB 2016, 491; HOFFMAN, StuB 2016, 286; OSER, EWiR 2021, 163.

Der BGH hat dies nicht thematisiert; er sah vielmehr eine klare Abgrenzung zu einem gerade nicht gewollten Forderungsverzicht. Der Hauptfachausschuss des Instituts der Wirtschaftsprüfer (IDW) hat ebenfalls bestätigt, dass das BGH-Urteil nichts daran ändert, *„dass die Verpflichtung des Schuldners zivilrechtlich fortbesteht. Vor diesem Hintergrund verbietet das handelsrechtliche Vorsichtsprinzip nach zutreffender Auffassung des IDW auch weiterhin die Ausbuchung der Verbindlichkeit in der Handelsbilanz“.*[59] 31.49

31.1.7.4 Musterformulierung einer Rangrücktrittsvereinbarung

Bei dem nachfolgenden Muster handelt es sich um eine Rangrücktrittsvereinbarung zur Vermeidung einer Insolvenzreife. Nicht ohne Grund hat KARSTEN SCHMIDT die richtige Formulierung von Rangrücktrittsvereinbarungen als ein „Spiel mit dem Feuer“ bezeichnet.[60] Zahlreiche Beiträge in der Fachliteratur werfen regelmäßig neue Fragestellungen auf. Ein Muster kann daher nicht auf einen bestimmten Sachverhalt zugeschnitten sein und auch nicht jede Gestaltungsvariante abbilden. Aufgrund der Dynamik der Diskussion ist die Formulierung stets im Lichte der jüngsten Entwicklungen zu hinterfragen. Zumindest hat der BGH aber in seinem Grundsatzurteil anerkannt, dass es „die eine“ richtige Formulierung nicht gibt und eine Rangrücktrittserklärung daher ausgelegt werden kann, wenn ihre Zielrichtung deutlich wird. 31.50

Rangrücktrittsvereinbarung 31.51

zwischen ... [Schuldner] und ... [Gläubiger] **(1)**

Zur Vermeidung einer insolvenzrechtlichen [Zahlungsunfähigkeit (§ 17 InsO in der jeweils geltenden Fassung) und] Überschuldung (§ 19 InsO in der jeweils geltenden Fassung) tritt der Gläubiger hiermit, insbesondere für den Fall der Insolvenz oder der außerinsolvenzlichen Liquidation, aber auch schon zuvor **(2)**, mit seinem Anspruch auf Tilgung des [Darlehens] **(3)** [(einschließlich Zinsen und sonstiger Nebenforderungen)] mit folgender Maßgabe hinter sämtliche Forderungen anderer gegenwärtiger und künftiger Gläubiger im Sinne der §§ 38, 39 Abs. 1 Nr. 1 bis 5 InsO [nicht jedoch hinter die Forderungen anderer Rangrücktrittsgläubiger im Rang des § 39 Abs. 2 InsO] zurück (§ 19 Abs. 2 Satz 2 InsO):

---

[59] IDW-HFA, IDW Life 11/2016, 1001; bestätigt durch IDW, Hinweis zu Auswirkungen der Ausbreitung des Coronavirus auf die Rechnungslegung und deren Prüfung (Teil 2) v. 25.03.2020, S. 7, verfügbar unter https://www.idw.de/idw/themen-und-branchen/coronavirus; ausdrücklich auch BFH, Urt. v. 19.08.2020 – XI R 32/18, DStR 2020, 2716; vgl. auch KAHLERT, BB 2016, 878; KAHLERT, in: KÜBLER, HRI II, 4. Aufl. 2023, § 57 Rdnr. 179 ff.; vgl. auch OFD Frankfurt, Vfg. v. 03.08.2018 – S 2743 A - 12 - St 525, DStR 2019, 560.

[60] K. SCHMIDT, DB 2015, 600.

1. Zahlungen können[, insbesondere] in einem Insolvenzverfahren, nur nachrangig nach allen anderen Gläubigern im Sinne der §§ 38, 39 Abs. 1 Nr. 1 bis 5 InsO verlangt werden, jedoch im Verhältnis [Alt. 1: vorrangig] zu anderen Rangrücktrittsgläubigern [Alt. 2: mit diesen im Verhältnis ihrer Forderungen] [und vorrangig vor den Einlagerückgewähransprüchen der Gesellschafter **(4)**]. [ggf. Klarstellung über eine unveränderte Tilgungsreihenfolge außerhalb der Insolvenz]
2. Zahlungen dürfen außerhalb eines Insolvenzverfahrens nicht erfolgen, wenn die Gesellschaft zahlungsunfähig oder überschuldet ist oder wenn [und soweit **(5)**] die Zahlungen zu einer [drohenden] Zahlungsunfähigkeit oder Überschuldung **(6)** führen würden.
3. Soweit (1) und (2) nicht entgegenstehen sind Zahlungen jedoch insbesondere aus zukünftigen Gewinnen (insbesondere Jahresüberschüssen und Bilanzgewinnen), einem Liquidationsüberschuss oder sonstigem, insbesondere die Verbindlichkeiten des Schuldners übersteigenden, freien Vermögen zu leisten. **(7)**
4. Der vorstehende Rangrücktritt stellt weder eine Stundung, noch einen Verzicht oder Erlass auf den erfassten Anspruch dar. [ggf. Regelung zu Sicherheiten erforderlich **(8)**]
5. Diese Vereinbarung gilt unbefristet. Sie kann und darf nur außerhalb einer Unternehmenskrise wieder aufgehoben oder gekündigt werden, nämlich soweit die Verbindlichkeit erfüllt werden kann, ohne dass Überschuldung oder Zahlungsunfähigkeit eintreten oder drohen. **(9)**

[Schlussbestimmungen: Gerichtsstand, Rechtswahl, Schriftformklausel, salvatorische Klausel]

Anmerkungen

(1) Es handelt sich um einen Vertrag zwischen Gläubiger und Schuldner. Eine einseitige Erklärung genügt nicht. Bei (beabsichtigter) mehrfacher Verwendung muss sich eine Nachrangabrede an den Vorschriften zur Zulässigkeit allgemeiner Geschäftsbedingungen messen lassen (§§ 305 ff. BGB). Eine Inhaltskontrolle (§ 307 Abs. 1 Satz 1 BGB) findet dabei nicht statt, die Klausel muss jedoch in ihren Rechtsfolgen klar und verständlich sein (§ 307 Abs. 1 Satz 2 BGB).[61]

[61] BGH, Urt. v. 06.12.2018 – IX ZR 143/17, DB 2019, 719; a.A. zuvor OLG München, Urt. v. 25.04.2018 – 13 U 2823/17, ZInsO 2018, 2480; OLG Düsseldorf, Urt. v. 20.12.2017 – I-12 U16/17, NZI 2018, 317; ausführlich zur AGB-rechtlichen Thematik auch RIETHMÜLLER, in: MÖSLEIN/OMLOR, Fintech-Handbuch, 2019, § 10 Rdnr. 24 ff.

(2) Um die insolvenzrechtliche Privilegierung zu erreichen, muss der Nachrang bereits vorinsolvenzlich gelten, wenn und soweit ansonsten eine Insolvenzreife gegeben wäre. Er darf auch nicht befristet sein.

(3) Die Darlehensforderung ist genau zu bezeichnen.

(4) Ein Rücktritt auf die Stufe der Eigenkapitalgeber ist im Gegensatz zum früheren „qualifizierten Rangrücktritt" nicht mehr erforderlich. Ferner kann vereinbart werden, dass der Gläubiger zwar hinter sämtliche nicht nachrangigen Gläubiger (entscheidend ist die Formulierung „§ 39 Abs. 1 Nr. 1–5 InsO") zurücktritt, jedoch vorrangig vor Gläubigern bleibt, die bereits im Nachrang sind. Dies sind z.B. Mezzanine-Kapitalgeber, die für den anfänglich vereinbarten Nachrang auch einen entsprechenden Risikoaufschlag erhalten haben.

(5) Der Rangrücktritt kann mit dynamischem Umfang erklärt werden, so dass er nur „so weit" greift, wie es zur Beseitigung der Insolvenzreife erforderlich ist. Bestehen mehrere Rangrücktrittsvereinbarungen, sollte klargestellt werden, in welchem Verhältnis diese dynamischen Rangrücktritte stehen.

(6) Ob auch eine drohende Zahlungsunfähigkeit sowie eine (keinen Insolvenzantragsgrund darstellende) drohende Überschuldung zur Durchsetzungssperre führen sollte, ist in der Literatur umstritten;[62] nach der BGH-Rechtsprechung ist dies aber der sicherste Weg.

(7) Hintergrund ist, dass die Verbindlichkeit steuerwirksam auszubuchen wäre, wenn sie wirtschaftlich nie mehr erfüllt werden müsste (§ 5 Abs. 2a EStG).[63] Die in der Literatur umstrittene Frage, ob ein Verweis auf „sonstiges freies Vermögen" erforderlich ist, hat der BFH jüngst bejaht.[64] Dabei ist unerheblich, ob der Schuldner überhaupt Chancen hat, diese Verbindlichkeit jemals zu erfüllen, beispielsweise weil er den Geschäftsbetrieb bereits eingestellt hat. Entscheidend ist jedoch, dass weiterhin eine rechtliche Verpflichtung besteht, die der Gläubiger auch durchsetzen kann (natürlich nur soweit der Rangrücktritt keine Sperrwirkung entfaltet). Die vorliegende Formulierung wählt den Weg, die Tilgungsbestimmung nur deklaratorisch aufzuführen, indem verschiedene Rückzahlungsfälle beschrieben werden oder eine Rückzahlungspflicht dadurch zu beschränken.

(8) Sofern die Darlehen besichert sind, sind je nach Art der Sicherheit weitere Maßnahmen erforderlich. Die insolvenzrechtliche Privilegierung lässt sich nicht erreichen, wenn sich der Gläubiger aus der Sicherheit befriedigen könnte. Auch unter dem Aspekt, durch den Rangrücktritt ein erlaubnispflichtiges Einlagengeschäft

---

62 Gegen das Erfordernis einer Erstreckung auf drohende Insolvenzreife WESTPHAL/KESSLER, DB 2016, 33.

63 Ausführlich dazu SONNLEITNER, Insolvenzsteuerrecht, 2017, Kap. 9 Rdnr. 68 ff.; KAHLERT, in: KÜBLER, HRI, 3. Aufl. 2019, § 57 Rdnr. 175 ff.

64 BFH, Urt. v. 19.08.2020 – XI R 32/18, BStBl II 2021, 279.

(§ 32 KWG) zu vermeiden,[65] verlangt die BaFin, dass der Rangrücktritt nicht durch eine Besicherung der Forderung konterkariert wird.[66]

)9) Ein Rangrücktritt führt dazu, dass die Insolvenzreife eines Unternehmens beseitigt wird oder nicht/später eintritt. Dadurch erhält das Unternehmen die Möglichkeit, sich außerhalb eines Insolvenzverfahrens zu sanieren. Sollte absehbar werden, dass die Sanierung nicht gelingt, kann der Gläubigerbeitrag nicht durch Aufhebung oder Kündigung revidiert werden. Dies ist zugunsten der übrigen Gläubiger die Kompensation der späteren Insolvenzantragstellung. Dogmatisch hat der BGH dies begründet, indem er in einer Rangrücktrittsvereinbarung einen Vertrag zugunsten sämtlicher anderer Gläubiger sieht, ohne deren Zustimmung eine Aufhebung nicht möglich ist.[67]

(10) Aufgrund der weiter bestehenden Unsicherheiten, insbesondere im Hinblick auf das zu § 5a Abs. 2 EStG anhängige Verfahren BFH – XI R 32/18, ist nach wie vor eine enge Abstimmung mit der Finanzverwaltung, bestenfalls über eine Verbindliche Auskunft, anzustreben.

Hinweis

31.52 Selbstverständlich können Parteien eine Nachrangabrede auch ohne Beachtung der insolvenzrechtlichen Vorgaben abschließen, wenn der Rangrücktritt nur die Rangstellung verschiedener Finanzierungspartner regeln soll und nicht zur Vermeidung einer Insolvenzreife benötigt wird. Umgekehrt müssen Gläubiger einen Rangrücktritt im Verhältnis zu den anderen Gläubigern auch gegen sich gelten lassen, wenn er aufgrund fehlerhafter Formulierung die insolvenzrechtliche Privilegierung nicht herbeiführen konnte.

31.1.8 Verzicht auf Pensionsrückstellungen

31.53 Pensionsrückstellungen (vgl. § 6a EStG) sind zu Recht Gegenstand der Sanierung der Passivseite. Viele Gesellschafter-Geschäftsführer[68] haben ihre Altersvorsorge aus steuerlichen Gründen in Pensionsrückstellungen verlagert. Die Zusage einer Pension beinhaltet stets, dass die zugesagte Höhe erst noch erdient werden muss. Allerdings sind die zur Finanzierung abgeschlossenen Rückdeckungsversicherungen sehr oft untergedeckt. Somit reichen deren Erträge nicht aus, um die Pensions-

[65] Vgl. BaFin, „Merkblatt – Hinweise zum Tatbestand des Einlagengeschäfts" v. 11.03.2014, I. 5. A) aa), verfügbar unter www.bafin.de/SharedDocs/Veroeffentlichungen/DE/Merkblatt/mb_140311_tatbestand_einlagengeschaeft.html.

[66] RIETHMÜLLER, in: MÖSLEIN/OMLOR, Fintech-Handbuch, 2019, § 10 Rdnr. 22 f.

[67] BGH, Urt. v. 05.03.2015 – IX ZR 133/14, BGHZ 204, 231, Rdnr. 35 ff.

[68] Pensionszusagen können auch Arbeitnehmern gewährt werden. Hier gelten andere Regelungen, da der Verzicht stets betrieblich veranlasst ist. Vor allem aber ist der Verzicht nach § 3 BetrAVG nur eingeschränkt möglich.

verpflichtung zu bedienen. Dies führt nicht nur zu existenziellen Liquiditätsschwierigkeiten, sondern auch zu großen Hindernissen beim Verkauf, bei der Investorensuche oder der Übergabe des Unternehmens an die nächste Generation.

Es stellt sich nun die Frage, ob auch die Pensionsrückstellung mit einem **Rangrücktritt** aus der insolvenzrechtlichen Überschuldungsprüfung herausgenommen werden kann. Dies ist allerdings nicht der Fall, da ein Rangrücktritt nur hinsichtlich Forderungen (vgl. § 19 Abs. 2 Satz 2 InsO) erklärt werden kann. Pensionszahlungen werden jedoch erst mit der künftigen Fälligkeit zu einer Forderung gegen die Gesellschaft. Ein Rangrücktritt kann jedoch auch für künftige Forderungen erklärt werden. Wenn die künftig entstehenden Pensionsauszahlungsansprüche einem Rangrücktritt unterliegen, muss während der Krise nicht mehr mit einer Inanspruchnahme gerechnet werden. Damit ist die Pensionsrückstellung im Überschuldungsstatus nicht mehr zu berücksichtigen.[69] 31.54

Wie beim Forderungsverzicht ist es möglich, dass auf Pensionsansprüche verzichtet wird. Hierbei ist jedoch eine sorgfältige Prüfung erforderlich, um unerwünschte Steuerfolgen zu vermeiden. Ein unbedachter (gesellschaftsrechtlich veranlasster) **Verzicht des Gesellschafter-Geschäftsführers** kann als fiktiver Lohnzufluss mit anschließender verdeckter Einlage gewertet werden.[70] Im Ergebnis würde der Verzicht damit eine volle Einkommensbesteuerung auf Ebene des verzichtenden Gesellschafter-Geschäftsführers auslösen.[71] Die Finanzverwaltung bietet hier bei entsprechender Gestaltung einen Ausweg: Steuern werden dann nicht ausgelöst, wenn auf den nicht werthaltigen Teil der Pensionszusage verzichtet wird. Dies sollte durch eine verbindliche Auskunft abgesichert, mindestens aber dokumentiert werden. Ebenfalls ohne Steuerbelastung kann der Gesellschafter-Geschäftsführer auf die noch nicht erdienten „future services" verzichten.[72] 31.55

Praxistipp

Die gleiche Steuerfalle lauert, wenn sich ein Gesellschafter-Geschäftsführer Vergütungsansprüche zunächst nicht auszahlt und später darauf verzichtet. 31.56

[69] SCHUBERT/HARGARTEN, in: Beck'scher Bilanzkommentar, 14. Aufl. 2024, § 247 Rdnr. 205; zur weiteren Bilanzierung in der Handelsbilanz und weiteren Details siehe OTTO, in: BLOMEYER/ROLFS/OTTO, BetrAVG, 8. Aufl. 2022, Teil 4 A. Rdnr. 374 ff.

[70] BFH, Beschl. v. 09.06.1997 – GrS 1/94, BStBl II 1998, 307.

[71] Vgl. BFH, Urt. v. 23.08.2017 – VI R 4/16, BStBl II 2018, 208; weiterführend auch ETTINGER, in: Beck'sches Handbuch Unternehmenskauf im Mittelstand, 3. Aufl. 2021, B1 Rdnr. 352 ff.

[72] Vgl. BMF-Schreiben v. 14.08.2012 – IV C 2 - S 2743/10/10001 :001, BStBl I, 874; BFH, Urt. v. 08.06.2011 – I R 62/10, BFH/NV 2011, 2117.

31.2 Bilanzerstellung in der Krise

31.57 Gerät der Mandant in eine wirtschaftliche Krise, stellt dies auch die Steuerberater vor besondere Herausforderungen.[73] Dabei geht es nicht nur um die Sicherung der eigenen Honoraransprüche.

Praxistipp

31.58 In der insolvenznahen Situation besteht ein hohes Risiko einer späteren **Insolvenzanfechtung gezahlter Honorare**. Solange der Steuerberater ein unlauteres Handeln des Mandanten nicht erkennen muss, kann er sich durch die Vereinbarung von **Bargeschäften** (§ 142 InsO) absichern. Entscheidend ist dabei, dass zwischen Leistungserbringung und Zahlungseingang maximal 30 Tage liegen; dabei sind neben Barzahlung alle üblichen Zahlungswege zulässig. Um sicherzustellen, dass die Zahlung rechtzeitig erfolgt, bietet sich das Einfordern von Vorauszahlungen („Vorkasse") an. Auch dann sind Leistungen innerhalb von 30 Tagen zu verrechnen. Vorauszahlungen, für die innerhalb von vier Wochen keine abgerechnete Leistung erfolgt ist, müssen zurückgezahlt und neu eingefordert werden. Zudem sollte der eingeforderte Betrag grob dem erwarteten Beratungsaufwand entsprechen, damit es sich um eine gleichwertige Gegenleistung handelt. Die geforderte Gleichwertigkeit erfordert zudem, dass Beratungsleistungen im Hinblick auf Sanierungsmaßnahmen einen Sanierungsversuch darstellen, der ernsthaft und nicht von vornherein aussichtslos ist.[74] Unproblematisch gleichwertig ist hingegen die Leistungserbringung hinsichtlich der laufenden Erklärungspflichten.

31.2.1 Ansatz von Fortführungswerten

31.59 Der Steuerberater muss stets im Auge behalten, ob die Bilanzierung zu Fortführungswerten noch gerechtfertigt ist. Davon ist nach der **„Going-concern-Prämisse"** (§ 252 Abs. 1 Nr. 2 HGB) zunächst auszugehen.[75] In der Krise ist dies jedoch kritisch zu hinterfragen. Insbesondere die Coronapandemie der Jahre 2020/2021 wies zahlreiche Zweifelsfragen zum Umgang mit den hohen Prognoseunsicherheiten auf.

---

[73] Zur handelsrechtlichen Bilanzierung von Corona-Finanzhilfen siehe instruktiv ZWIRNER/VORDERMEIER/KRAUß, DStR 2021, 933.

[74] BARTELS, in: KÜBLER/PRÜTTING/BORK, InsO, § 142 Rdnr. 94 (12/2023); MüKo-InsO/PIEKENBROCK, 4. Aufl. 2019, § 142 Rdnr. 25.

[75] Vertiefend: HERMANNS, in: BUTH/HERMANNS, Restrukturierung, Sanierung, Insolvenz, 5. Aufl. 2022, § 44 Rdnr. 1 ff.

Der BGH hat seine Rechtsprechung in diesem Punkt deutlich verschärft.[76] Eine Bilanz, die zu Unrecht Fortführungswerte ansetzt, ist mangelhaft.

Seitdem sind Steuerberater hohen **Haftungsgefahren** ausgesetzt, wenn sie hier nicht vorsichtig genug agieren. Den Jahresabschluss sollte der Steuerberater erst fertigstellen, wenn die Geschäftsführung des Mandanten die Fortführungsfähigkeit belegt hat. Prognosen der Geschäftsführung müssen dabei ausreichend belegt sein und mit internen Budgetplanungen sowie gesamtwirtschaftlichen Einschätzungen konsistent sein.[77] Mit der Jahresabschlusserstellung sollte der Steuerberater warten, bis die Geschäftsführung des Mandanten die Fortführungsfähigkeit belegt hat. Mit einer bloßen Behauptung ohne substantielle Unterlegung darf sich der Steuerberater nicht zufriedengeben. **Abzuraten** ist auch davon, Fortführungswerte aufgrund einer **Anweisung** des Geschäftsführers anzusetzen, auch wenn die Bilanz dann auftragsgemäß und damit zivilrechtlich mangelfrei erstellt wäre. Da der Steuerberater in den Erläuterungen ausdrücklich darauf hinweisen müsste, entgegen der zu benennenden Indizien auf Anweisung ungeprüfte Fortführungswerte angesetzt zu haben, wird der Geschäftsführer mit der Vorlage einer solchen Bilanz bei Banken und anderen Gläubigern eher Misstrauen wecken, als dass diese akzeptiert würde. Entscheidend ist aber, dass sich der Steuerberater ggf. Haftungsansprüchen gegenüber Banken aussetzt, wenn die Bilanz dazu dienen sollte, neue Darlehensmittel zu erlangen (Vertrag mit Schutzwirkung zugunsten der Bank). Die Bundessteuerberaterkammer selbst fordert eine Mandatsniederlegung, wenn der Steuerberater ansonsten an der Erstellung unrichtiger Bilanzen mitwirken würde.[78] 31.60

31.2.2 Hinweispflichten

Ebenfalls seit 2017 verlangt der BGH vom Steuerberater, dass dieser auf die Pflicht zur insolvenzrechtlichen Prüfung hinweist. Sind entsprechende Anhaltspunkte gegeben, muss der Steuerberater darüber hinaus auf die Möglichkeit hinweisen, dass ein Insolvenzgrund vorliegt und der Geschäftsführer dann zur Stel- 31.61

---

[76] BGH, Urt. v. 26.01.2017 – IX ZR 285/14, DStR 2017, 942; siehe auch Rdnr. 32.11; einschränkend aber OLG Koblenz, Hinweisbeschl. v. 27.05.2020 – 3 U 47/20, BeckRS 2020, 16755. Vgl. zu Haftungsgefahren im Rahmen der Coronakrise MATZ/HÖMIG, DStR 2020, 1642; PAPE, NZI 2020, 542.

[77] Siehe auch IDW, Zweifelsfragen zu den Auswirkungen der Ausbreitung des Coronavirus auf die Rechnungslegung und deren Prüfung, Teil 3, 5. Update, 06.04.2021, S. 51, m.w.H. verfügbar unter https://www.idw.de/idw/themen-und-branchen/coronavirus.

[78] BStBK, Berufsrechtliches Handbuch, Hinweise zur Verlautbarung der Bundessteuerberaterkammer zu den Grundsätzen für die Erstellung von Jahresabschlüssen in Bezug auf Gegebenheiten, die der Annahme der Unternehmensfortführung entgegenstehen, Beschl. v.13./14.03.2018 (im Folgenden als „Hinweise" bezeichnet); erläuternd dazu KISCHEL-LEIBRECHT/METZING, DStR 2018, 1448.

lung eines Insolvenzantrags verpflichtet wäre.[79] Im Übrigen haben auch Sanierungsberater ihren Auftraggeber auf eine Insolvenzreife hinzuweisen. Dies gilt auch dann, wenn sie kein Sanierungskonzept mit IDW-S6-Standard oder lediglich eines in Anlehnung an dieses schulden.[80]

31.62 Der am 01.01.2021 in Kraft getretene § 102 StaRUG[81] kodifiziert diese Rechtsprechung. Nach dieser Vorschrift haben Steuerberater, Steuerbevollmächtigte, Wirtschaftsprüfer, vereidigte Buchprüfer und Rechtsanwälte den Mandanten bei der Erstellung eines Jahresabschlusses auf das Vorliegen eines möglichen Insolvenzgrundes nach den §§ 17–19 InsO und die sich daran anknüpfenden Pflichten der Geschäftsleiter und Mitglieder der Überwachungsorgane hinzuweisen, wenn entsprechende Anhaltspunkte offenkundig sind und sie annehmen müssen, dass dem Mandanten die mögliche Insolvenzreife nicht bewusst ist.

31.63 Den Geschäftsführer treffen gleichwohl Mitwirkungspflichten. So bestätigte das FG München etwa die Haftungsinanspruchnahme eines Geschäftsführers für Umsatzsteuern nach § 69 AO. Hintergrund ist, dass offene Eingangsrechnungen bei Stellung eines Insolvenzantrags uneinbringlich werden (§ 17 Abs. 2 Nr. 1 UStG); damit hätte die Vorsteuer nicht mehr gezogen werden dürfen. Der Geschäftsführer verteidigte sich mit dem Argument, dass er sich auf die Erstellung der Umsatzsteuer-Voranmeldung durch seinen Steuerberater verlassen habe. Dieses Argument ließ das FG München jedoch nicht zu, weil es der Geschäftsführer pflichtwidrig versäumt hatte, den Steuerberater auf den gestellten Insolvenzantrag hinzuweisen.[82] Für Steuerberater ist das Urteil ein wichtiges Signal, dass die Geschäftsführer nicht alle Sorgfaltspflichten auf den Steuerberater abwälzen können und somit in Krisensituationen ihre Pflichten im eigenen Interesse aufmerksam und gewissenhaft prüfen müssen.

---

[79] BGH, Urt. v. 26.01.2017 – IX ZR 285/14, DStR 2017, 956; Abkehr von BGH, Beschl. v. 07.03.2013 – IX ZR 64/12, DStR 2013, 1152; siehe auch Rdnr. 33.11 ff.; das OLG Koblenz, Hinweisbeschl. v. 27.05.2020 – 3 U 47/20, BeckRS 2020, 16755, sieht aber für Altfälle aus der Zeit vor der Rechtsprechungsänderung „ein Verschulden fraglich, weil der Bundesgerichtshof nach der im Zeitpunkt der Erstellung des Jahresabschlusses 2012 maßgebenden Rechtsprechung eine Pflicht zur Erteilung insolvenzrechtlicher Hinweise im Rahmen eines allgemeinen steuerlichen Mandats noch ausdrücklich verneint hat". Es lässt die Frage jedoch offen; vgl. auch OLG Koblenz, Hinweisbeschl. v. 12.05.2020 – 8 U 2071/19, BeckRS 2020, 16630. Zur Einschränkung der Hinweispflicht vgl. OLG Schleswig, Urt. v. 29.11.2019 – 17 U 80/19, NZI 2020, 539; das OLG Köln, Urt. v. 14.12.2022 – 16 U 179/21, NZI 2023, 1025, bekräftigte, dass die Hinweispflicht auch dann besteht, wenn dem Steuerberater kein Mandat zur Insolvenzberatung erteilt wurde.

[80] OLG Köln, Beschl. v. 13.10.2021 – 2 U 23/21, ZIP 2022, 384; zuletzt OLG Bamberg, Urt. v. 31.07.2023 – 2 U 38/22, NZI 2023, 785 mit Anm. Harder.

[81] Gesetz über den Stabilisierungs- und Restrukturierungsrahmen für Unternehmen (Unternehmensstabilisierungs- und -restrukturierungsgesetz – StaRUG) v. 22.12.202, BGBl I, 3256, zuletzt geändert durch Art. 34 Abs. 14 des Gesetzes v. 22.12.2023, BGBl I, Nr. 411.

[82] FG München, Urt. v. 10.03.2021 – 3 K 1123/19, NZI 2021, 698.

Hinweis

Wie bislang bleibt es dabei, dass der Steuerberater nicht verpflichtet ist, von sich aus eine Fortführungsprognose zu erstellen. Äußert sich der Steuerberater jedoch, so muss die Auskunft richtig sein. Kraft seines überlegenen Wissens trifft ihn allerdings die Nebenpflicht, seinen Mandanten auf eine drohende Insolvenz und damit erforderliche Prüfungen hinzuweisen.[83] Ansonsten haftet er der Gesellschaft für Schäden aus einer dadurch bedingten verspäteten Insolvenzantragstellung.[84] 31.64

Musterschreiben: Zahlungsunfähigkeit oder Überschuldung 31.65

persönlich/vertraulich

A GmbH

Herrn Geschäftsführer B

[im Zweifel an sämtliche Geschäftsführer zu richten]

Fortführungsfähigkeit / Insolvenzantragspflichten

Sehr geehrte(r) ...,

im Rahmen der [monatlichen Finanzbuchhaltung/Bilanzerstellung] haben wir festgestellt, dass das Eigenkapital Ihres Unternehmens negativ ist (sog. Unterbilanz), [siehe auch die BWA vom ...]

> *ggf. weitere Indizien wie wirtschaftliche Schwierigkeiten, Erwirtschaften erheblicher Verluste, Liquiditätsschwierigkeiten, erhebliche Ausweitung der Kreditoren und/oder Debitoren, Vorliegen von Insolvenzgründen; zu analysieren sind die zur Verfügung stehenden Unterlagen und sonst bekannte Umstände*

Wir müssen Sie darauf hinweisen, dass dadurch die Frage aufgeworfen wird, ob in der Bilanz noch Fortführungswerte angesetzt werden können. Dies setzt voraus, dass der sogenannte Going concern (§ 252 Abs. 1 HGB), d.h. die Betriebsfortführung, weiterhin gewährleistet ist. Hierzu bitten wir Sie als Geschäftsführer, uns eine sogenannte **handelsrechtliche Fortführungsprognose** zu überlassen. Dies bedeutet, dass Sie anhand aktueller, hinreichend detaillierter und konkretisierter interner Planungsunterlagen prüfen müssen, ob die Fortsetzung der Unternehmenstätigkeit für das laufende und nächste Geschäftsjahr sichergestellt ist. Als Steuerberater sind wir verpflichtet, diesen Nachweis von Ihnen zu verlangen, wenn es Indizien gibt, die gegen eine Fortführung sprechen. Denn mit Unterschrift unter den Jahresabschluss müssen wir bestätigen, dass uns keine Umstände bekannt sind, die der Fortführungsvermutung entgegenstehen.

[83] Schleswig-Holsteinisches OLG, Urt. v. 29.11.2019 – 17 U 80/19, NZI 2020, 539.

[84] BGH, Urt. v. 06.06.2013 – IX ZR 204/12, DStR 2013, 2081.

Im Übrigen möchten wir Sie darauf hinweisen, dass sich Ihr Unternehmen möglicherweise in einer Krise befindet, in der Sie als Geschäftsführer besondere Pflichten erfüllen müssen. Insbesondere ist eine möglicherweise bestehende Insolvenzantragspflicht (§ 15a InsO) zu prüfen und in der Folge zu beobachten. Hierzu ist eine Prüfung einer möglicherweise bestehenden Zahlungsunfähigkeit oder Überschuldung vorzunehmen (§§ 15 ff. InsO).

Bitte nehmen Sie diese Pflicht ernst, da eine zu spät angemeldete Insolvenz für Sie als Geschäftsführer zu zivil- und strafrechtlichen Haftungsfolgen führen kann. Eine Insolvenzantragstellung muss unverzüglich erfolgen, wenn eine Zahlungsunfähigkeit oder Überschuldung vorliegt. Bis zu drei Wochen darf der Geschäftsführer nur dann warten, wenn bereits Sanierungsmaßnahmen ergriffen wurden und davon auszugehen ist, dass die Insolvenzreife innerhalb der drei Wochen beseitigt werden kann.

Wir weisen darauf hin, dass unser Mandat und Auftrag keine insolvenzrechtliche Beratung umfasst. Mangels eigener Prüfung können wir Ihre Situation auch nicht mit der erforderlichen Sicherheit beurteilen. Aufgrund der Komplexität der Fragestellungen und der unverzüglichen gesetzlichen Handlungspflichten raten wir Ihnen dringend, umgehend einen im Insolvenzrecht versierten Rechtsanwalt oder Unternehmensberater einzuschalten.

Der guten Ordnung halber bitten wir Sie, dieses Schreiben gegenzuzeichnen und an uns zurückzusenden.

C
Steuerberater

Erhalten und zur Kenntnis genommen (bitte Rücksendung per Fax an: XXX):

____

B, Geschäftsführer
A GmbH

Hinweis

31.66 Das Muster ist relativ kurz gehalten. Je nach Kenntnisstand der Geschäftsführung können weitergehende Hinweise geboten sein. Das Muster ist daher stets auf den konkreten Einzelfall anzupassen. Ohne expliziten Auftrag und genaue Prüfung muss aber in jedem Fall vermieden werden, eine eigene insolvenzrechtliche Wertung („Sie sind überschuldet") vorzunehmen. Eine wertende Formulierung kann sehr weitreichende Pflichten und Haftungsrisiken für den Steuerberater begründen. Um die Erteilung des Hinweises auch ohne Rücksendung nachweisen zu können, bietet sich ein Telefax an, bei dem die erste Seite im Sendebericht mitabgedruckt wird. Die Hinweise sollten auf dieser ersten Seite stehen.

31.2.3 Beihilfe und Mitwirkung an Insolvenzstraftaten

Nach § 15a InsO sind Geschäftsführer verpflichtet, bei Insolvenzreife rechtzeitig einen Insolvenzantrag zu stellen. Dabei spielt es keine Rolle, ob die noch durchgeführten Geschäfte für die Gesellschaft lohnend waren.[85] Führt der Geschäftsführer die Geschäfte vorsätzlich weiter, stellt dies zugleich eine Bankrottstraftat nach § 283 Abs. 1 Nr. 8 StGB dar.[86] 31.67

Praxistipp

Entgegen eines weitverbreiteten Irrglaubens gibt es keine **Dreiwochenfrist**, um einen fälligen Insolvenzantrag zu stellen. Dies muss unverzüglich erfolgen. Bis zu drei Wochen darf der Geschäftsführer nur dann abwarten, wenn er bereits Maßnahmen ergriffen hat, durch die er bis längstens drei Wochen eine Beseitigung der Insolvenzreife erwartet.[87] 31.68

Unbedingt vermieden werden sollte, als Berater an einer strafbaren Insolvenzverschleppung des Geschäftsführers (§ 15a Abs. 3 und 4 InsO) oder noch schlimmer am Wegschaffen noch vorhandener Vermögenswerte (Bankrott) mitzuwirken. Der Berater läuft in der Krise seines Mandanten immer Gefahr, sich der Anstiftung (§ 26 StGB) oder Beihilfe (§ 27 StGB) zu Insolvenzstraftaten, ggf. auch zu Vermögensstraftaten wie Betrug und Untreue, strafbar zu machen. In der Praxis hört man immer wieder von Fällen, in denen die Ehefrau des Geschäftsführers später vor Gericht aussagt, ihr Mann wollte ja zum Insolvenzgericht gehen, aber der Berater habe damals gesagt, „man werde das schon hinbekommen“, und ihrem Mann ermunternd auf die Schulter geklopft (die Rechtsprechung spricht hier von der Solidarisierung mit dem Täter).[88] Trotz des verständlichen Bedürfnisses, dem langjährigen Mandanten in der Krise neuen Mut zu geben, sollte der Berater mit solchen Aussagen extrem vorsichtig sein. Denn das „Bestärken“ stellt bereits eine **strafbare psychische Beihilfe** dar. Dies gilt auch dann, wenn er hilft, die insolvenzreife Gesellschaft weiter aufrechtzuerhalten, weil der Geschäftsführer noch ferne 31.69

---

85 UHLENBRUCK, in: K. SCHMIDT/UHLENBRUCK, Die GmbH in Krise, Sanierung und Insolvenz, 6. Aufl. 2023, Rdnr. 11.81.

86 HK-InsO/RANSIEK, 11. Aufl. 2023, § 15a Rdnr. 41.

87 Seit dem 01.01.2021 gilt für die Überschuldung eine Frist von sechs Wochen, für Zahlungsunfähigkeit eine Frist von drei Wochen (§ 15a Abs. 1 Satz 2 InsO).

88 Vgl. OLG Köln, Beschl. v. 03.12.2010 – III-1 Ws 146/10 (128), DStR 2011, 1195, mit dem für die tägliche Beratungspraxis wichtigen Hinweis, es sei zugunsten des Beraters „nicht zu übersehen, dass die Beschuldigte mehrfach auf die schlechte finanzielle Situation des Unternehmens und die Konsequenzen einer möglichen Insolvenzverschleppung hingewiesen und ihm pflichtgemäßes Handeln eindringlich nahegelegt hat. Die Annahme, sie habe sich hier mit dem Firmeninhaber zu einer strafbaren Handlung solidarisiert (...), liegt fern.“

Rettungsmöglichkeiten eruieren will.[89] Dabei entlastet es ihn nicht, wenn er seine Unterstützung mit schriftlichen Warnungen oder Belehrungen versieht.[90] Dennoch gibt es einen straffreien Bereich berufstypischer „neutraler" Handlungen, die nicht auf das Fördern einer Insolvenzverschleppung abzielen, etwa weil sie auch ohne das strafbare Handeln des Täters sinnvoll bleiben.[91] Dem Steuerberater kann zudem drohen, für die Bankrottdelikte „unterlassene Buchführung in der Krise" (§ 283 Abs. 1 Nr. 5 StGB) und „falsche Bilanzerstellung in der Krise" (§ 283 Abs. 1 Nr. 7a StGB) verantwortlich gemacht zu werden. Auch eine verspätete Bilanzaufstellung kann als Bankrott strafbar werden (§ 283 Abs. 1 Nr. 7a StGB). Allerdings erfordert die Bankrottstrafbarkeit immer, dass der Täter seine Zahlungen eingestellt hat oder es später zu einer Insolvenzeröffnung (oder Abweisung mangels Masse) kommt (§ 283 Abs. 6 StGB).

Hinweis

31.70 Zudem droht ein Schadenersatzanspruch für Haftungsansprüche, die der Geschäftsführer nach § 15b InsO (früher § 64 GmbHG)[92] begründet hat, weil er trotz Insolvenzreife weiter Zahlungen geleistet hat. Denn der Auftrag, den Jahresabschluss für die GmbH zu erstellen, gilt als Vertrag mit Schutzwirkung zugunsten des Geschäftsführers.[93]

31.71 In Extremfällen kann ein Steuerberater auch in Gefahr geraten, als **faktischer Geschäftsführer** den gleichen Pflichten originär ausgesetzt zu sein wie ein organschaftlich bestellter Geschäftsführer. Wer, ohne Geschäftsführer zu sein, die „Geschicke der Gesellschaft wie ein solcher maßgeblich in die Hand nimmt", muss sich

---

89 Zur Beihilfestrafbarkeit eines Beraters zuletzt BGH, Beschl. v. 09.06.2022 – 5 StR 407/21, ZInsO 2022, 1796: „Danach wusste der Angeklagte positiv, dass das Handeln der mitangeklagten Haupttäter auf die Begehung von Insolvenzstraftaten abzielte. Auch an sich berufstypische‚neutrale' Beratungshandlungen verlieren dann ihren – einen Gehilfenvorsatz ausschließenden – ‚Alltagscharakter'".

90 Uhlenbruck, in: K. Schmidt/Uhlenbruck, Die GmbH in Krise, Sanierung und Insolvenz, 6. Aufl. 2023, Rdnr. 11.103 ff. m.w.H. Zum Rettungsanker berufstypischen, neutralen Handelns, durch das sich der Steuerberater noch nicht mit strafbaren Handlungen solidarisiert siehe OLG Köln, Beschl. v. 03.12.2010 – III-1 Ws 146/10(128) m. Anm. Eichborn, DStR 2011, 1195; BGH, Urt. v. 19.12.2017 – 1 StR 56/17, NStZ 2018, 328.

91 Vgl. BGH, Urt. v. 22.01.2014 – 5 StR 468/12, NStZ-RR 2016, 134; schwieriger dürfte für Berater hingegen zu argumentieren sein, man habe nicht gewusst, wie der Täter den vom Berater geleisteten Beitrag (z.B. Planungen für einen Kreditantrag) verwenden wollte, vgl. BGH, Beschl. v. 21.12.2016 – I StR 112/16, NStZ 2017, 337.

92 Die Haftungsnormen aus GmbHG, AktG, HGB und GenG wurden durch das Gesetz zur Fortentwicklung des Sanierungs- und Insolvenzrechts (Sanierungs- und Insolvenzrechtsfortentwicklungsgesetz – SanInsFoG) v. 22.12.2020, BGBl I, 3256, zentral in § 15b InsO überführt; ausführlich hierzu Bitter, GmbHR 2021, R 16; ders., in: Scholz, GmbHG, 12. Aufl. 2020, § 64 Rdnr. 1.

93 BGH, Urt. v. 14.06.2012 – IX ZR 145/11, NZG 2012, 866; vgl. auch Haas, in: Noack/Servatius/Haas, GmbHG, 23. Aufl. 2022, § 64 Rdnr. 316.

auch wie ein Geschäftsführer behandeln lassen. Im Extremfall haftet der Steuerberater dann sogar für die Steuerschulden der Gesellschaft (§§ 69, 35, 71 AO). Die Hürden hierzu sind relativ hoch, aber im Detail ungeklärt. Die Praxis orientiert sich immer noch an einem Kriterienkatalog, den das BayObLG vor längerem aufgestellt hat und fragt, ob sechs von acht Merkmalen erfüllt sind.[94] Darauf darf man sich jedoch nicht verlassen. Entscheidend ist das Gesamterscheinungsbild. Als Steuerberater kann man in dieses Fahrwasser geraten, wenn in bester Absicht versucht wird, seinen langjährigen Mandanten zu unterstützen, indem man gegenüber Banken oder anderen Gläubigern eigene Ideen entwickelt, vorstellt und deren Umsetzung verspricht.

31.2.4 Gefährdung des eigenen Versicherungsschutzes

Aufgrund ihrer Berufshaftpflichtversicherung werden Steuerberater gerne von Insolvenzverwaltern in Anspruch genommen. Diese Fälle nehmen in letzter Zeit sehr stark zu. Aufgrund der verschärften Rechtsprechung ist aber nicht nur die Inanspruchnahme durch Insolvenzverwalter zu befürchten. Es droht auch die Versagung der Deckung durch die Haftpflichtversicherung. Diese kann sich darauf berufen, dass Schäden nicht gedeckt sind, wenn der Steuerberater wissentlich vom Gesetz abgewichen ist. Dies ist in Krisensituationen auch deshalb problematisch, da die Bundessteuerberaterkammer ausdrücklich auf die Belehrungspflichten und die Pflicht, sich die Fortführungsfähigkeit nachweisen zu lassen, hinweist und im Zweifel sogar die Mandatsniederlegung empfiehlt. Der Steuerberater darf im Rahmen der Erstellung von Jahresabschlüssen nicht an erkannten unzulässigen Wertansätzen und Darstellungen mitwirken. Durch diese berufsrechtliche Wertung wird den Haftpflichtversicherern ein Ablehnen der Deckung sehr leicht gemacht. 31.72

[94] BayObLG, Urt. v. 20.02.1997 – 5 St RR 159/96, DB 1997, 923; vgl. auch BGH, Urt. v. 10.07.1996 – 3 StR 50/96, NJW 1997, 66.

32. Insolvenzrechtliche Fragestellungen in der Steuerberatung

Inhalt — Rdnr.

32.1 Pflichten und Verantwortlichkeiten des Steuerberaters insbesondere bei Dauermandaten

32.1.1 Die Bedeutung des steuerlichen Beraters bei KMU

32.1 Der steuerliche Berater kleiner und mittlerer Unternehmen (KMU) ist hinsichtlich Bedarf, Inhalt und Umfang der Beantwortung insolvenzrechtlicher Fragestellungen besonders eingebunden. Diese Steuerberater erstellen regelmäßig die turnusmäßigen Finanzbuchhaltungen und Umsatzsteuer-Voranmeldungen, den handelsrechtlichen Jahresabschluss, die Steuerdeklarationen und Lohn- und Gehaltsabrechnungen. Entsprechend muss bei steuerlichen Dauermandaten und im Fall der Auslagerung kaufmännischer Tätigkeiten sichergestellt werden, dass der Steuerberater alle Belege, Verträge oder sonstigen Informationen erhält, um die beauftragten Tätigkeiten entsprechend seinen berufsrechtlichen Pflichten auszuüben.

32.2 Die kaufmännische, unternehmerische, auch die steuerliche und insolvenzrechtliche Verantwortlichkeit sowie die Notwendigkeit der Prüfung und Überwachung der Dienstleistungserbringung durch externe Berater bleibt zwar (auch) bei den gesetzlichen Vertretern eines Unternehmens. Gleichwohl treffen den steuerlichen Berater nicht erst seit der BGH-Entscheidung vom Januar 2017[1] und § 102 StaRUG[2] weitgehende **Aufklärungs- und Vorwarnpflichten**, deren Verletzung nicht nur im Insolvenzfall finanzielle und ggf. auch strafrechtliche Haftungsfolgen für den Steuerberater nach sich ziehen.

32.3 So hat z.B. das OLG Düsseldorf 2003[3] entschieden:

„Ein Steuerberater, der über die Höhe des negativen Eigenkapitals einer GmbH zu einem bestimmten Stichtag gefragt wird, verletzt seine Pflichten aus dem Steuerberatervertrag, wenn er nach grober Schätzung Auskunft erteilt und nicht zugleich darauf hinweist, dass ihm eine verlässliche Auskunft nicht möglich sei, weil ihm die für den Stichtag maßgeblichen Geschäftsvorfälle seines Mandanten nicht bekannt seien."

Letztlich nichts anderes ist es, wenn ein Steuerberater eine Bilanz oder einen Jahresabschluss erstellt, ohne über die zugrundeliegenden Zahlen Gewissheit zu haben (sind Fortführungswerte realistisch?). Die Folge:

„Er haftet dem Mandanten auf Schadenersatz, wenn dieser – anstatt Insolvenz anzumelden – seine Geschäftsanteile unter Zusicherung des vom Steuerberater genannten negativen Eigenkapitals veräußert und er aufgrund seiner Zusicherung vom Käufer auf Nachzahlung in Anspruch genommen wird."

---

1 BGH, Urt. v. 26.01.2017 – IX ZR 285/14, DStR 2017, 942 und 956.

2 Gesetz über den Stabilisierungs- und Restrukturierungsrahmen für Unternehmen (Unternehmensstabilisierungs- und -restrukturierungsgesetz – StaRUG) v. 22.12.2020, BGBl I, 3256; ausführlich unter Rdnr. 32.22.

3 OLG Düsseldorf, Urt. v. 09.09.2003 – 23 U 191/02, DStRE 2004, 664.

32.1.2 Aufgaben und mögliche Auftragsverhältnisse

Das mögliche Aufgabenspektrum eines Steuerberaters ergibt sich u.a. aus § 33 StBerG. Die Rolle des Steuerberaters orientiert sich dabei nicht an einem gesetzlichen Leitbild, vielmehr wird der Vertragsinhalt durch den Umfang des erteilten Mandats bestimmt. Mit Blick etwa auf das Leistungsstörungs- und Kündigungsrecht, aber vor allem im Hinblick auch auf die insolvenzrechtliche Haftung des Steuerberaters ist es erforderlich, den Leistungsumfang möglichst genau zu definieren, schriftlich zu **dokumentieren** und die Mandatsbearbeitung auch strikt daran auszurichten. Außerdem besteht die Möglichkeit einer Haftungsbeschränkung durch allgemeine Auftragsbedingungen des Steuerberaters auf den gesetzlich zulässigen Betrag von 1 Mio. € (§ 67a Abs. 1 Nr. 2 StBerG), sofern in dieser Höhe Versicherungsdeckung besteht. 32.4

Praxistipp

Wer als Steuerberater eine Einschätzung zur Lage des Mandanten oder zu konkreten Insolvenzrisiken äußert, haftet für deren Richtigkeit und Vollständigkeit, auch wenn das Mandat in dieser Form gar nicht darauf gerichtet war. Weist der Steuerberater andererseits nicht auf Insolvenzrisiken hin, die sich konkret manifestieren, haftet er bei typischen Dauermandaten ebenfalls, und zwar unabhängig davon, ob er eine Insolvenzberatung schuldet. Dieses Dilemma löst sich nur auf, indem Mandate in Krisennähe bewusst mit Blick auf insolvenzrechtliche Fragestellungen bearbeitet werden, der Steuerberater dann aber in seinen Äußerungen klar unterscheidet zwischen (geschuldetem) Hinweis auf mögliche Probleme, denen der Unternehmer nachzugehen habe, und (verbotener) eigener Beurteilung der Lage. 32.5

Der Steuerberater muss dafür „Sorge tragen", dass die Mandantschaft eine „explizite Fortführungsprognose" erstellt (oder von einem Dritten erstellen lässt), und er muss dazu eindeutige Hinweise auf konkrete Zweifel an der Fortführungsfähigkeit des Unternehmens geben und die Erforderlichkeit oder Zweckmäßigkeit der Überprüfung „genau und im Einzelfall aufzeigen".

32.1.3 Die Verantwortlichkeit des Steuerberaters

Der Steuerberater haftet nicht nur für Fehler in der Mandatsbearbeitung (z.B. „falsche" Steuererklärungen oder -anmeldungen, Fristversäumnisse). Er schuldet vielmehr die Interessenwahrnehmung in allen mit dem Auftrag im Zusammenhang stehenden Belangen des Mandanten, soweit ihm Risiken bekannt werden oder er auch nur damit rechnen musste. In diesem Rahmen haftet der Steuerberater für nicht erfüllte Hinweis- bzw. Warnpflichten, so seit 01.01.2021 ausdrücklich gem. § 102 StaRUG. So hatte der BGH in seiner Entscheidung vom Januar 2017[4] erstmals im Rahmen der Insolvenzverschleppung eben diese Pflichten 32.6

4 BGH, Urt. v. 26.01.2017 – IX ZR 285/14, DStR 2017, 942 und 956.

des Steuerberaters beschrieben. Der entschiedene Fall ist ein aktuelles Rechtsprechungsbeispiel für eine Steuerberaterhaftung:

32.1.3.1 Steuerberaterhaftung am Beispiel der Insolvenzverschleppung

32.7 Wie in jedem Fall eines Werkvertrags haftet der Werkunternehmer dem Besteller und eventuell in den Schutzbereich einbezogenen Dritten für alle Schäden aufgrund von Mängeln des von ihm erstellten Werks (§§ 633, 634 BGB). Ein erstellter Jahresabschluss ist mangelhaft, wenn er den für seine Erstellung maßgeblichen Vorschriften nicht entspricht. So ist eine Bilanzierung nach Fortführungswerten unzulässig, wenn der Fortführung der Unternehmenstätigkeit objektiv aus der Sicht ex ante, also zum Zeitpunkt der Bilanzaufstellung, tatsächliche oder rechtliche Gegebenheiten entgegenstanden (§ 252 Abs. 1 Nr. 2 HGB). Der Steuerberater ist daraus dann nach § 634 Nr. 4, § 280 Abs. 1 BGB zum Schadenersatz verpflichtet, wenn er nicht darlegen kann (es handelt sich um eine Verschuldensvermutung, die eine Umkehr der Beweislast zur Folge hat), dass ihm diese Gegebenheiten unbekannt waren und er überdies auch keinerlei entsprechende Anhaltspunkte (Krisensignale) erkennen konnte. Seine Haftung besteht auch unabhängig davon, ob der Auftrag z.B. ganz ohne eine Beurteilung hinsichtlich der betriebswirtschaftlichen Lage oder nur mit Plausibilitätsbeurteilungen ausgestaltet ist.[5]

32.8 Umgekehrt stellt der BGH klar, dass eine Fortführungsprognose ohne besondere Beauftragung gerade **nicht** Bestandteil der Bilanzerstellung ist. Eine Nachforschungspflicht des Steuerberaters über die Auswertung der notwendigen, ihm übergebenen Unterlagen hinaus besteht daher nur dann, wenn der Auftrag auf umfassende Beurteilung der wirtschaftlichen Lage erteilt wurde, also die Erstellung einer sogenannten Fortführungsprognose gesondert beauftragt wurde. Eine ebenfalls neue Forderung ist in der BGH-Rechtsprechung aber die **insolvenzrechtliche Prüfung im Rahmen der Fortführungsprämisse**, wenn diese der Bilanzierung zugrunde gelegt werden soll. So weist der BGH darauf hin, dass bei der Erstellung des Jahresabschlusses nach § 252 Abs. 1 Nr. 2 HGB inzident eine Prüfung von Insolvenzgründen gem. §§ 17 ff. InsO zu erfolgen habe.

32.9 Das Urteil des BGH vom 26.01.2017 erweitert sodann diese Haftung für eine mangelhafte Erstellung des Jahresabschlusses um eine **zeitlich vorgelagerte Haftung** aufgrund der Verletzung von Hinweis- und Warnpflichten. Sind bei einer Kapitalgesellschaft die Gründe gem. §§ 17 ff. InsO zur Eröffnung eines Insolvenzverfahrens gegeben – Zahlungsunfähigkeit, drohende Zahlungsunfähigkeit oder Überschuldung –, so ist regelmäßig die Vermutung einer Fortführung der Unternehmenstätigkeit i.S.d. § 252 Abs. 1 Nr. 2 HGB widerlegt. Es ist demnach maß-

[5] Verlautbarung der BStBK zu den Grundsätzen für die Erstellung von Jahresabschlüssen, Stand 02/2011, Rdnr. 32 ff.

geblich, ob anzunehmen ist, dass die Unternehmenstätigkeit auch nach Eröffnung des Insolvenzverfahrens fortgeführt werden kann oder ob davon auszugehen ist, dass bereits während des Eröffnungsverfahrens oder unmittelbar nach Eröffnung der Insolvenz mit einer Stilllegung des Betriebs gerechnet werden muss.

Es bedarf also einer substantiellen Begründung, wenn trotz Vorliegens von Insolvenzgründen eine Bilanzierung mit Fortführungswerten erfolgt. Dazu ist, worauf der Steuerberater den Geschäftsführer unmissverständlich hinzuweisen hat, für den jeweiligen Einzelfall zunächst eine insolvenzrechtliche Fortführungsprognose (als Bestandteil der handelsrechtlichen Fortbestehensprognose nach § 252 HGB) zu erstellen. Im Folgenden ist dieses Ergebnis dann in die bilanzielle **Going-Concern-Prognose** einzubeziehen. 32.10

Aufgrund dieses Zusammenhangs hält der BGH eine Erwartungshaltung des Mandanten für naheliegend und gerechtfertigt, anhand konkreter Warnungen durch den Steuerberater auf die Notwendigkeit einer solchen Fortführungsprüfung hingewiesen zu werden. Da das steuerberaterliche Mandat, sei es Dauermandat oder nur auf Abschlussarbeiten beschränkt, zugleich Geschäftsbesorgungscharakter hat und den steuerlichen Berater zum Sachwalter der Interessen seines Auftraggebers macht, erwächst ihm aus der berechtigten Erwartung des Mandanten eine **Warn- und Hinweispflicht.** Deshalb macht ihn auch eine letztlich dann eher zufällig und nur im Ergebnis richtige Bilanzierung nach Fortführungswerten schadenersatzpflichtig, wenn der Steuerberater es trotz Krisensignalen unterlassen hat, vom Mandanten abklären zu lassen, ob gleichwohl noch Fortführungswerte zugrunde gelegt werden können. 32.11

Im zugrundeliegenden Streitfall waren ernsthafte Indizien erkennbar, die auf eine Überschuldung der (späteren) Insolvenzschuldnerin hingedeutet haben. Auch wies sie wiederholt Verluste aus, die zu einem Verlust des Eigenkapitals und zu einem ständig steigenden, nicht durch Eigenkapital gedeckten Fehlbetrag (§ 268 Abs. 3 HGB) führten, während der Steuerberater um fehlende stille Reserven wusste. Für die **Regresshaftung des Steuerberaters** auf den Schaden aus einer darauf beruhenden Insolvenzverschleppung war deshalb nicht relevant, ob zugleich auch die Bilanz zu Unrecht nach Fortführungswerten aufgestellt worden war. Jedenfalls hätte er den Mandanten entsprechend warnen und auf die Problematik hinweisen müssen. Einer solchen Vertragspflicht konnte dann nicht durch allgemeine Erläuterungen zu Geschäftsleiterpflichten genügt werden. Erforderlich wäre es laut BGH gewesen, dass „der Steuerberater die maßgeblichen Umstände gegenüber 32.12

seinem Mandanten im Einzelnen bezeichnet und ihn konkret darauf hinweist, dass diese Umstände Anlass zu einer Prüfung einer möglichen Insolvenzreife geben".[6]

32.13 Entgegen früheren Stimmen sind die Hinweis- und Warnpflichten des Beraters jedenfalls durch die Normierung in § 102 StaRUG nicht mehr abdingbar. Bedenklich war eine solche vermeintliche Haftungsfreizeichnung für den Steuerberater bereits zuvor, weil sie keine Gewähr dafür bietet, in den Bilanzansätzen zu Recht von einer Fortführungsprämisse auszugehen. Der Haftung für eine mangelhafte Bilanz konnte der Steuerberater damit nämlich von vornherein nicht entgehen, zumal die Haftung für fehlerhaft erstellte Jahresabschlüsse nach BGH zwingend besteht. Es empfiehlt sich daher unter Geltung von § 102 StaRUG umso dringlicher folgende Vorgehensweise:[7]

Praxistipp

32.14 Auch wenn stets konkrete und individuelle Angaben erforderlich sind, insbesondere die Angabe der Höhe des Fehlbetrags, empfiehlt es sich für den Steuerberater, ein Musterschreiben vorzuhalten, das dann an den Einzelfall angepasst werden kann. So sollte der Mandantschaft mitgeteilt werden, dass konkret z.B. ein nicht durch Eigenkapital gedeckter Fehlbetrag als „Indiz" für eine insolvenzrechtliche Überschuldung angesehen wird, woraus sich Prüfungs- und Handlungspflichten ergeben „können"; § 252 Abs. 1 Nr. 2 HGB und §§ 15a, 19 Abs. 2 InsO sollten dann inhaltlich ausgeführt und erläutert werden, nicht zuletzt, damit man annehmen darf, der Mandant habe die Anforderungen zur Kenntnis genommen und verstanden.

Außerdem sollten ausdrücklich Erwähnung finden:

- „explizite Fortführungsprognose" als vom Geschäftsführer geforderte Aufgabe unter Hinweis auf die konkreten Gründe für die Zweifel an der Fortführungsfähigkeit des Unternehmens,
- dass die verbindliche Klärung einer Insolvenzreife nur erreicht werden kann, indem ein Fachmann mit der Prüfung beauftragt wird.

32.15 Bei ausländischen Geschäftsführern empfiehlt sich eine Übersetzung, zumindest ins Englische. Der Steuerberater wird außerdem auf beweissichere Dokumentation achten, etwa in Form einer von allen Geschäftsführern gegengezeichneten Abschrift des Hinweisschreibens, mit dem ausdrücklichen Vermerk, dass diese mit ihrer Unterschrift bestätigten, den Inhalt zur Kenntnis genommen und verstanden zu haben.

---

6 BGH, Urt. v. 26.01.2017 – IX ZR 285/14, DStR 2017, 942 und 956.

7 Nach MADER/SEITZ, DStR-Beih 2018, 1.

Musterschreiben: Mandantenkrise

Betreff: Bilanzierung zu Fortführungswerten

hier: Notwendige Erstellung einer Fortführungsprognose

Sehr geehrter Herr <...>,
die Erstellung des Jahresabschlusses für das Geschäftsjahr <.../der betriebswirtschaftlichen Auswertung für den Zeitraum <...> wirft wichtige Fragen in Bezug auf die wirtschaftliche Lage Ihrer Gesellschaft auf. Als Ihr Steuerberater darf ich einem von mir zu erstellenden Jahresabschluss/einer BWA keine Fortführungswerte zugrunde legen, wenn auf der Grundlage der mir zur Verfügung stehenden Informationen an der Vermutung der Unternehmensfortführung i.S.d. § 252 Abs. 1 Nr. 2 HGB ernsthafte Zweifel bestehen, die nicht ausgeräumt werden.

1. Aus den mir zur Verfügung gestellten Unterlagen und den mir bekannten Umständen folgen tatsächliche oder rechtliche Gegebenheiten, die einer Bilanzierung nach Fortführungswerten entgegenstehen können. Ich bin daher gesetzlich verpflichtet, von Ihnen als Mandanten abklären zu lassen, ob trotz dieser Umstände noch Fortführungswerte zugrunde gelegt und entsprechende Zweifel damit ausgeräumt werden können. Insbesondere ist dabei auf Anzeichen zu achten, die einen Insolvenzgrund darstellen können, vor allem solche, die die Zahlungsfähigkeit des Unternehmens gefährden können.

Folgende Gegebenheiten könnten in Ihrem Fall die Unternehmensfortführung gefährden:

- es wurden erhebliche Verluste erwirtschaftet, nämlich <...>
- das Unternehmen weist eine zu geringe Eigenkapitalausstattung auf, nämlich <...>
- das Unternehmen könnte demnächst in Liquiditätsschwierigkeiten geraten, weil <...>
- die Handelsbilanz/BWA weist ein negatives Eigenkapital aus, dem möglicherweise keine ausreichenden stillen Reserven gegenüberstehen könnten, nämlich <...>
- <...>

Aufgrund der geschilderten Umstände muss ich dafür Sorge tragen, dass die Gesellschaft eine explizite Fortführungsprognose erstellt und dazu einen geeigneten Fachmann (z.B. einen Wirtschaftsprüfer) beauftragt (vgl. BGH, Urt. v. 26.01.2017 – IX ZR 285/14).

Erst nach Vorlage einer entsprechenden positiven Fortführungsprognose kann ich daher die Jahresabschlussarbeiten für Ihre Gesellschaft fertigstellen.

2. Dazu folgende Erläuterungen zu BGH, Urteil vom 26.01.2017 – IX ZR 285/14:

Der mit der Erstellung des Jahresabschlusses beauftragte Steuerberater schuldet grundsätzlich einen den handelsrechtlichen Vorschriften entsprechenden, die Grenzen der zulässigen Gestaltungsmöglichkeiten nicht überschreitenden und in diesem Sinne richtigen Jahresabschluss. Gemäß § 252 Abs. 1 Nr. 2 HGB ist in einer Handelsbilanz bei der Bewertung von der Fortführung der Unternehmenstätigkeit auszugehen, sofern dem nicht tatsächliche oder rechtliche Gegebenheiten entgegenstehen. Von diesen Grundsätzen darf gem. § 252 Abs. 2 HGB nur in begründeten Ausnahmefällen abgewichen werden. § 264 Abs. 2 Satz 1 HGB bestimmt schließlich, dass der Jahresabschluss der Kapitalgesellschaft unter Beachtung der Grundsätze ordnungsgemäßer Buchführung ein den tatsächlichen Verhältnissen entsprechendes Bild der Vermögens-, Finanz- und Ertragslage der Kapitalgesellschaft zu vermitteln hat.

Die Fortführung der Unternehmenstätigkeit ist nach dem Gesetz der zunächst zu unterstellende Regelfall; es spricht so lange eine Vermutung dafür, wie nicht Umstände sichtbar werden, welche die Fortführung unwahrscheinlich erscheinen lassen. Daher ist selbst bei Zweifeln an der Überlebensfähigkeit des Unternehmens unter Fortführungsgesichtspunkten zu bilanzieren. Tatsächliche oder rechtliche Gegebenheiten müssen sich erst derart konkretisieren, dass die Unternehmenstätigkeit jedenfalls innerhalb des Prognosezeitraums eingestellt werden wird, um von einer zwingenden Betriebseinstellung (break-up) oder einer Pflicht zur Insolvenzantragstellung auszugehen. Handelt es sich nach den Umständen des Falls allerdings um ernsthafte Indizien, die eine Unternehmensfortführung zweifelhaft erscheinen lassen, darf ein Jahresabschluss nur dann unbesehen auf der Grundlage der Fortführungswerte erstellt werden, wenn anhand konkreter Umstände feststeht, dass diese belastenden Indizien einer Fortführung der Unternehmenstätigkeit jedenfalls nicht entgegenstehen. Andernfalls haben die gesetzlichen Vertreter der Gesellschaft eingehende Untersuchungen durchzuführen und dabei anhand aktueller, hinreichend detaillierter und konkretisierter interner Planungsunterlagen zu analysieren, ob weiterhin von der Fortführung der Unternehmenstätigkeit auszugehen ist (explizite Fortführungsprognose).

Rein vorsorglich ist darauf hinzuweisen, dass es nicht ausreichend ist, wenn die geschilderten Probleme der Geschäftsführung bekannt sind und dort etwa Kapitalerhöhungen überlegt werden, soweit es sich dabei lediglich um vage Ankündigungen ohne konkreten sachlichen Gehalt handelt; bloße Ankündigungen vermögen die Probleme für eine handelsrechtliche Fortführungsprognose nicht zu beseitigen.

3. Mit diesem Schreiben komme ich außerdem meiner Pflicht als Steuerberater nach, Sie als Mandanten auf Insolvenzgefahren hinzuweisen, welche sich mir bei ordnungsgemäßer Bearbeitung aufdrängen. So bestimmen §§ 17 ff. InsO Handlungspflichten für den Unternehmensträger, die an vergleichbare Umstände anknüpfen, wie sie im Hinblick auf § 252 Abs. 1 Nr. 2 HGB zu prüfen sind. Danach schreibt die Insolvenzordnung einen unverzüglichen Antrag auf Insolvenzeröffnung vor, wenn entweder Zahlungsunfähigkeit besteht oder Überschuldung eingetreten ist und solche Insolvenzgründe nicht mit Sicherheit kurzfristig beseitigt werden. Ob aktuell eine Pflicht zur Insolvenzantragstellung besteht oder nicht, kann dabei erst das Ergebnis der Fortführungsprognose beantworten.

Ich darf Sie abschließend bitten, mit Ihrer Unterschrift auf der beigefügten Kopie dieses Schreibens zu bestätigen, dass Sie diesen Hinweis erhalten haben.

Mit freundlichen Grüßen

Zur Kenntnis genommen und verstanden

(Datum, Unterschrift des Geschäftsführers,
Firmenstempel)

32.1.3.2 Notwendige Mandanteninformationen

In der Praxis sollte darauf geachtet werden, keine Auskünfte oder auch Tätigkeiten 32.16 aus Gefälligkeit zu geben bzw. auszuführen, die den vorab genau definierten Gegenstand des Mandats überschreiten. Eine unbedachte Betreuung des Mandanten über den vereinbarten Umfang hinaus kann dazu führen, dass in der Auskunft bzw. Maßnahme ein gesonderter Vertrag gesehen werden muss, der weitergehende Haftungsrisiken, Aufklärungspflichten und Quellen der Pflichtverletzung erzeugt.

Vor dem Hintergrund von § 102 StaRUG und der BGH-Rechtsprechung vom 32.17 Januar 2017 sollte der Steuerberater im objektiven Mandanteninteresse erkannte Krisensignale dem Mandanten konkret – warnend und hinweisend – mitteilen, dabei jedoch jede insolvenzrechtliche Bewertung strikt vermeiden. Die insolvenzrechtliche Überschuldungsprüfung ist nicht Aufgabe des nur mit der Erledigung steuerlicher oder handelsrechtlicher Pflichten befassten Steuerberaters, sondern – ggf. auf Hinweis des steuerlichen Beraters – allein des Geschäftsleiters einer Gesellschaft.[8] Erweckt der Steuerberater dennoch den Eindruck, insoweit tätig geworden zu sein, und verlässt sich der Mandant darauf, haftet der Steuerberater für eventuelle Fehler in seiner Aussage. Hier sollten zum Selbstschutz auch Begriff-

8 Instruktiv ECKARDT/MAYER/ARENS, Der Geschäftsführer der GmbH, 3. Aufl. 2021, passim, zu Haftungsfragen in der Insolvenz, insbesondere Kap. D Punkt III.

lichkeiten sorgsam verwendet werden: „**Überschuldung**" stellt einen Insolvenzgrund dar und ist gem. § 19 Abs. 2 Satz 1 InsO ein rein juristischer Begriff. Einen Terminus der bilanziellen Überschuldung gibt es nicht (vgl. § 268 Abs. 3 HGB), die korrekte Darstellung wäre der Ausweis eines Bilanzpostens „Nicht durch Eigenkapital gedeckter Fehlbetrag" auf der Aktivseite der Bilanz (nur davon sollte der Steuerberater – zumindest jedenfalls im Schriftverkehr – sprechen).

32.1.3.3 Betriebswirtschaftliche Auswertungen

32.18 Besteht ein berechtigtes Mandanteninteresse an aussagekräftigen Hinweisen auf erkannte bzw. erkennbare Risiken aus den zur Erfüllung des konkreten Auftrags zur Verfügung zu stellenden Unterlagen, entscheidet wiederum die konkrete Mandatsverbindung über die geschuldete Häufigkeit und zeitliche Dichte von Warn- und Hinweispflichten. Regelmäßige auch unterjährige, ggf. monatliche betriebswirtschaftliche Auswertungen (BWA) entsprechen jedenfalls bei steuerlichen Dauermandaten dem unternehmerischen Interesse, über die Ertragslage und den Kapitalaufbau des Unternehmens aktuell informiert zu werden und stellen bei kleineren Mandanten häufig zugleich die einzigen Steuerungsauswertungen dar. Gegenüber Gläubigern wie Kreditinstituten oder wichtigen Lieferanten haben sie zugleich eine gewisse Publizitätswirkung.

32.19 Zwar gibt eine BWA nur einen vorläufigen Stand der Buchführung wieder, der durch verschiedene Abschlussbuchungen erst zu einem Jahresabschluss entwickelt werden muss. Gleichwohl bilden die Ergebnisse der BWA unter der Annahme der vollständigen Erfassung aller Geschäftsvorfälle aber eine entscheidende Grundlage für die weitere finanzielle Planung und Entwicklung einer Gesellschaft. Deshalb sollten zur Erhöhung der Aussagekraft alle in der Gewinn- und Verlustrechnung bedeutsamen Bestandsveränderungen, etwa unterjährige Abgrenzungen, monatliche Abschreibungen und die Ermittlung der Warenbestände in der BWA erfolgen.

32.20 Für die Erstellung einer BWA gilt im Übrigen wie für die Erstellung eines Jahresabschlusses, dass eine bloße Fortführung von Werten der Vorperiode jedenfalls dann ausgeschlossen ist, wenn dem Steuerberater objektiv Krisensignale erkennbar sind. Es ist daher unzulässig, die BWA als rein automatisierte Auswertung eines EDV-Programms zu behandeln. Der solch einer Auswertung zugrundeliegende Datenbestand muss – manuell – auf seine Validität hin überprüft werden, notwendige Anpassungen im Rechnungswesen (siehe unten Rdnr. 32.59) müssen bei Krisensymptomen auch in der BWA berücksichtigt werden.

Praxistipp

Vor Fertigstellung des Jahresabschlusses und jeder BWA sollte deshalb auch immer eine **schriftliche Vollständigkeitserklärung** über die Erfassung aller Geschäftsvorfälle eingeholt werden. Denn (siehe oben Rdnr. 32.17) der Steuerberater haftet für falsche wie für unvollständige Aussagen. 32.21

32.1.3.4 Aufklärungspflichten nach StaRUG

Am 22.12.2020 wurde das Gesetz zur Fortentwicklung des Sanierungs- und Insolvenzrechts (SanInsFoG) vom Bundestag beschlossen und am 29.12.2020 im Bundesgesetzblatt veröffentlicht. Das Gesetz trat in weiten Teilen schon am 01.01.2021 in Kraft. In einem Rekordtempo hat der Gesetzgeber damit das Unternehmensstabilisierungs- und -restrukturierungsgesetz (StaRUG) eingeführt (Art. 1) und zudem umfassende Änderungen in 23 Gesetzen vorgenommen. 32.22

§ 102 StaRUG sieht Aufklärungspflichten für Steuerberater, Steuerbevollmächtigte, Wirtschaftsprüfer, vereidigte Buchprüfer und Rechtsanwälte „bei der Erstellung eines Jahresabschlusses für einen Mandanten" vor. Diese Berufsgruppen haben auf „das Vorliegen eines möglichen Insolvenzgrundes [...] und die sich daran anknüpfenden Pflichten der Geschäftsleiter und Mitglieder der Überwachungsorgane hinzuweisen, wenn entsprechende Anhaltspunkte offenkundig sind und sie annehmen müssen, dass dem Mandanten die mögliche Insolvenzreife nicht bewusst ist". 32.23

Das Gesetz nimmt insofern die Rechtsprechung des BGH zu den Hinweispflichten des Steuerberaters auf.[9] Danach kann ein Steuerberater für einen Insolvenzverschleppungsschaden gegenüber der Gesellschaft auch dann haften, wenn er „nur" für die Erstellung des Jahresabschlusses zuständig war. Diese Haftung soll den Berater vor allem dann treffen, wenn er eine Bilanz nach Fortführungswerten aufstellt, obwohl dies auf Grundlage der ihm vorliegenden Informationen nicht mehr zulässig ist. Bei der Erstellung des Jahresabschlusses kommt dem Steuerberater die Pflicht zu, die Gesellschaft auf einen möglichen Insolvenzgrund hinzuweisen, wenn er davon ausgehen muss, dass dieser Insolvenzgrund den Beteiligten nicht bekannt ist. Verletzt der Steuerberater diese Pflichten, haftet er. Unabhängig davon besteht die unterjährige Pflicht, z.B. bei der Erstellung der Buchführung. Erkennt der Steuerberater dabei Krisenwarnsignale, muss er seinen Mandanten auf diese hinweisen und ferner darauf, dass die Geschäftsführung die Verpflichtung hat, vorliegende insolvenzrechtliche Tatbestände zu prüfen (ausführlich unter Rdnr. 32.16). 32.24

9 BGH, Urt. v. 26.01.2017 – IX ZR 285/14, DStR 2017, 942 und 956.

32.25 Insgesamt hat die Vorschrift daher vor allem klarstellende Wirkung. Neu ist aber, dass die Aufklärungspflicht auf alle relevanten Berufsstände ausgedehnt wird und zudem die Pflichten der Geschäftsleitung ergänzen soll. Die **Tatbestände der Beraterhaftung** stellen sich wie folgt dar:

- Vertragliche Ansprüche (§ 280 Abs. 1 BGB)
- Vertrag mit Schutzwirkung zugunsten Dritter i.V.m. Organhaftung (z.B. § 15b InsO, früher § 64 GmbHG)
- Deliktische Ansprüche aus § 15a Abs. 1 InsO i.V.m. § 823 Abs. 2, § 830 Abs. 2, § 840 Abs. 1 BGB, §§ 26, 27 StGB (Anstiftung/Beihilfe zur Insolvenzverschleppung)

32.1.3.5 Der Steuerberater als nahestehende Person i.S.d. § 138 Abs. 2 Nr. 2 InsO

32.26 Mit Urteil vom 03.03.2022[10] hat der BGH seine Rechtsprechung aus 2012[11] bestätigt und wiederholt, dass der Steuerberater zum Kreis der nahestehenden Personen i.S.d. § 138 Abs. 2 Nr. 2 InsO gehören kann. Daher ist von einer Abkehr von der früheren Rechtsprechung auszugehen, wonach die Beziehung des Steuerberaters zum Schuldner grundsätzlich in ihrer Intensität nicht mit der Stellung als Vertretungs- oder Aufsichtsorgan zu vergleichen ist. Bei der Beratung eines Schuldnerunternehmens sollte der Steuerberater seine Beratung folglich stets mit dem Bewusstsein durchführen, dass er als nahestehende Person betrachtet wird, wenn ihm alle über die wirtschaftliche Lage des Auftraggebers erheblichen Daten üblicherweise im normalen Geschäftsgang zufließen. Handelt es sich bei dem Mandat um einen Fall der sogenannten ausgelagerten Buchhaltung, und verfügt der Steuerberater aus diesem Grund über den gleichen Wissensvorsprung wie ein sonst mit der Aufgabe befasster leitender Angestellter des Schuldnerunternehmens,[12] ist er als nahestehende Person zu beurteilen.[13]

32.2 Insolvenzgründe

32.2.1 Zahlungsunfähigkeit nach § 17 InsO

32.27 Nach § 17 Abs. 2 Satz 1 InsO ist ein Schuldner zahlungsunfähig, wenn er nicht in der Lage ist, in einem **Dreiwochenzeitraum** alle seine fälligen Zahlungspflichten zu erfüllen, wobei die Zahlungseinstellung als äußeres Anzeichen der Zahlungs-

---

10 BGH, Urt. v. 03.03.2022 – IX ZR 78/20, BGHZ 233, 70 = NZI 2022, 385.

11 BGH, Urt. v. 15.11.2012 – IX ZR 205/11, BGHZ 195, 358 = NZI 2013, 39

12 Zu diesen Kriterien vgl. BGH, Urt. v. 15.11.2012 – IX ZR 205/11, Leitsatz, BGHZ 195, 358 = NZI 2013, 39.

13 Zum Steuerberater als nahestehende Person: GANTER in: SCHMIDT, InsO, 20. Aufl. 2023, § 138 Rdnr. 31.

unfähigkeit zu werten ist. Geringfügige Liquiditätslücken bleiben außer Betracht.[14] Es ist auf alle fälligen Zahlungsverpflichtungen abzustellen, ohne Rücksicht darauf, ob die Gläubiger ihre Forderungen ernsthaft eingefordert haben bzw. bereits Mahnungen, Mahnbescheide oder Klagen vorliegen. Dazu rechnen auch alle innerhalb von drei Wochen nach dem Stichtag fällig werdenden Verbindlichkeiten des Schuldners.[15] In der betriebswirtschaftlichen Literatur sind zahlreiche Verfahren zur Ermittlung der Zahlungsunfähigkeit entwickelt worden (z.B. Erstellung einer Liquiditätsstatistik über mehrere Zeiträume, Liquiditätsplan oder kurzfristiger Liquiditätsplan).

Die Feststellung der Zahlungsunfähigkeit gem. § 17 Abs. 2 InsO kann durch die betriebswirtschaftliche Methode erfolgen. Sie setzt eine stichtagsbezogene Gegenüberstellung der fälligen Verbindlichkeiten einerseits und der zu ihrer Tilgung vorhandenen oder kurzfristig herbeizuschaffenden Mittel andererseits voraus. Dazu muss die Darstellung der Liquiditätslage zu ausgewählten Stichtagen so aussagekräftig sein, dass eine Kontrolle möglich ist, ob von zutreffenden Voraussetzungen ausgegangen und ein nachvollziehbarer Rechenweg gewählt wurde. Gestundete Forderungen sind bei der Berechnung der Liquiditätslücke nicht zu berücksichtigen. 32.28

Nach Auffassung des BGH[16] ist die betriebswirtschaftliche Methode der Feststellung der Zahlungsunfähigkeit zur Abgrenzung von der bloßen Zahlungsstockung um eine **Prognose** darüber zu ergänzen, ob innerhalb von drei Wochen mit der Wiederherstellung der Zahlungsfähigkeit hinreichend sicher zu rechnen ist, etwa durch Kredite, Zuführung von Eigenkapital, Einnahmen aus dem normalen Geschäftsbetrieb oder der Veräußerung von Vermögensgegenständen. Das hat durch eine Finanzplanrechnung, aus der sich die hinreichend konkret zu erwartenden Einnahmen und Ausgaben der nächsten 21 Tage ergeben, zu geschehen.[17] Die Dauer einer etwaigen Liquidationslücke ist zu berücksichtigen, um die Zahlungsunfähigkeit von einer nur vorübergehenden **Zahlungsstockung abzugrenzen.**[18] Eine Zahlungseinstellung begründet dabei die Vermutung der Zahlungsunfähigkeit.[19] 32.29

---

[14] Grundsatzentscheidung des BGH, Urt. v. 12.10.2006 – IX ZR 228/03, ZInsO 2006, 1210 = ZIP 2006, 2222 = NZI 2006, 36.

[15] BGH, Urt. v. 19.12.2017 – II ZR 88/16, DStR 2018, 478 = ZIP 2018, 9 und 283 (Ablehnung der sog. „Bugwellentheorie").

[16] BGH, Beschl. v. 04.12.2018 – 4 StR 319/18, NZI 2019, 247.

[17] Vgl. bereits BGH, Beschl. v. 21.08.2013 – 1 StR 665/12, NZI 2014, 19.

[18] Vgl. hierzu BGH, Urt. v. 19.12.2017 – II ZR 88/16, NJW 2018, 1089.

[19] Vgl. BGH, Beschl. v. 15.11.2018 – IX ZR 81/18, MDR 2019, 90; weitere Indizien vgl. OLG Düsseldorf, Beschl. v. 13.09.2018 – 12 W 7/18, NZI 2018, 897.

Hinweis

32.30 Im Rahmen der normalen Mandatsbetreuung wird der Steuerberater das Vorliegen von Zahlungsunfähigkeit kaum zuverlässig feststellen können. Ohne besonderen, darauf gerichteten Auftrag sollte der Steuerberater daher – positive wie negative – Aussagen in diese Richtung tunlichst unterlassen.

32.2.2 Drohende Zahlungsunfähigkeit nach § 18 InsO

32.31 Die bloß drohende Zahlungsunfähigkeit ist ein freiwilliger Antragsgrund (keine Antragspflicht) für den Schuldner auf Eröffnung eines Insolvenzverfahrens. Die dahinter stehende gesetzgeberische Absicht ist es, die Sanierungsmöglichkeit des Unternehmens zu fördern durch die Möglichkeit einer „geordneten Sanierung" im Rahmen eines Insolvenzplanverfahrens. So setzt § 270d Abs. 1 Satz 1 InsO voraus, dass der Schuldner Insolvenzantrag wegen drohender Zahlungsunfähigkeit stellt, also noch keine Zahlungsunfähigkeit eingetreten ist. In der Praxis besteht die Bedeutung dieses Insolvenzgrunds nahezu ausschließlich im Hinblick auf das **Schutzschirmverfahren**, sieht man einmal davon ab, dass auch längst zahlungsunfähige Schuldner einen Insolvenzantrag gerne mit angeblich bloß drohender Zahlungsunfähigkeit begründen.

32.32 Unter drohender Zahlungsunfähigkeit wird nach § 18 Abs. 2 InsO das voraussichtliche Unvermögen verstanden, bestehende Zahlungspflichten zum Zeitpunkt der Fälligkeit zu erfüllen. Zahlungsunfähigkeit i.S.d. § 17 InsO liegt also noch nicht vor, wird aber mit großer Wahrscheinlichkeit in absehbarer Zukunft eintreten. Für diese „Prognose" der drohenden Zahlungsunfähigkeit sind zukunftsgerichtete periodenbezogene Planungsunterlagen erforderlich.

Praxistipp

32.33 Bei der Feststellung, ob beim Mandanten eine drohende Zahlungsunfähigkeit vorliegt, ist größte Vorsicht geboten. Die Entscheidung kann weitreichende wirtschaftliche Folgen für den Mandanten und auch für Dritte haben (so besteht z.B. die Missbrauchsgefahr, sich mit ihrer Hilfe „lästiger Gläubiger" zu entledigen). Das Haftungspotential ist enorm, wenn sich die Voraussetzungen nachträglich als nicht gegeben herausstellen. Der Steuerberater sollte daher bei einem solchen Auftrag vorab mit dem zuständigen Vermögensschadenversicherer die Haftungssituation und die Haftungsdeckung abklären.[20]

[20] Zum (unzulässigen) „Druckantrag" vgl. Brzoza, NJW 2019, 335.

32.2.3 Überschuldung nach § 19 InsO

Der Insolvenzgrund der Überschuldung gilt nur für juristische Personen, die GmbH & Co. KG, für Personengesellschaften, bei denen keine natürliche Person Vollhafter ist und für die Nachlassinsolvenz. Um eine Überschuldung zu ermitteln, müssen folgende Begriffe unterschieden werden: 32.34

- **Verschuldung**

  Die Verschuldung eines Unternehmens wird gemessen am Verschuldungsgrad als dem Quotienten aus Fremdkapital und Eigenkapital. Je größer diese Kennzahl wird, desto mehr nähert man sich der Überschuldung. Bei der Ermittlung des Verschuldungsgrads wird üblicherweise von den Bilanzzahlen des Unternehmens ausgegangen. 32.35

- **Unterbilanz**

  Eine Unterbilanz liegt nach allgemeinem Verständnis bei einer Kapitalgesellschaft vor, wenn das Vermögen zwar noch größer ist als das Fremdkapital, die Differenz jedoch nicht mehr der Höhe des Grund- bzw. Stammkapitals entspricht. Auch bei der Ermittlung der Unterbilanz ist von den Handelsbilanzwerten auszugehen. 32.36

- **Überschuldung**

  Die Überschuldung i.S.v. § 19 Abs. 2 InsO liegt dann vor, wenn das Vermögen des Schuldners die bestehenden Verbindlichkeiten nicht mehr deckt (Fall 1: Grundfall), es sei denn, dass die Fortführung des Unternehmens (Going Concern) nach den Umständen überwiegend wahrscheinlich ist (Fall 2: zumindest nach der Gesetzessystematik der Ausnahmefall). Nach der Rechtsprechung des BGH ist eine Überschuldung grundsätzlich anzunehmen, wenn das Vermögen der Gesellschaft bei Ansatz von Liquidationswerten die bestehenden Verbindlichkeiten nicht mehr decken würde („rechnerische Überschuldung") und die Finanzkraft der Gesellschaft nach überwiegender Wahrscheinlichkeit mittelfristig nicht zur Fortführung ausreicht („insolvenzrechtliche Fortbestehensprognose").[21] Die Problempunkte: 32.37

  1. Für die Feststellung der Überschuldung reicht die Darstellung der Zahlen der Handelsbilanz schon deshalb nicht aus, weil von Liquidationswerten auszugehen ist und insbesondere das Sachanlagevermögen dann mit Liquidationswerten unter Berücksichtigung eines fortbestehenden Unternehmens anzusetzen ist, wenn dafür eine positive Prognose vorliegt. 32.38

---

[21] Ausführlich bei MüKo-InsO/Drukarczyk/Schüler, 4. Aufl. 2019, § 19 Rdnr. 21 ff.

32.39 2. Des Weiteren sind aufgrund der BGH-Rechtsprechung erhebliche Korrekturen möglich, die sowohl die Vermögenswerte als auch die Schulden betreffen. So können bei den Vermögenswerten z.B. nicht bilanzierbare immaterielle Vermögenswerte (Patente, Lizenzen, Firmenwert, Nutzungsrechte etc.) angesetzt werden bzw. Schulden unberücksichtigt bleiben, für die Rangrücktrittserklärungen der Gläubiger (Gesellschafter oder Dritte) vorliegen oder für die werthaltige Absicherungen (z.B. Bürgschaften, harte Patronatserklärungen, Sicherungsabtretungen oder sonstige Sicherheiten) von außerhalb des Gesellschaftsvermögens bestehen.[22]

32.2.3.1 Ansatz und Bewertung in der Überschuldungsbilanz

32.40 Nach h.M. und IDW S 11 prognostiziert die Fortbestehensprognose allein die Zahlungsfähigkeit der Gesellschaft und berücksichtigt nicht die künftige Ertragskraft. Von diesem Standpunkt ausgehend wird der Gesetzeswortlaut in § 19 Abs. 2 InsO dahin verstanden, dass im Fall positiver Fortbestehensprognose weder die Wiederherstellung der Ertragskraft des Unternehmens noch die Beseitigung der rechnerischen Überschuldung (gleich mit welchen Wertansätzen) relevant seien. Diese h.M. ist betriebswirtschaftlich kurzsichtig (eine Ertragskrise zieht die Liquiditätskrise regelmäßig nach) und deshalb für die Beteiligten haftungsrechtlich sehr schnell auch gefährlich. Für die Pflicht zur Insolvenzantragstellung nach § 15a InsO und damit zur Abgrenzung einer Insolvenzverschleppung hat die h.M. dessen unbeschadet Bestand und Berechtigung.[23]

32.41 Eine der handelsrechtlichen Bilanzierung (und damit auch der Steuerbilanz) nach Going-Concern-Grundsätzen zugrunde zu legende **Überschuldungsprüfung** („handelsrechtliche Fortführungsprognose") sollte hingegen (im Unterschied zur insolvenzrechtlichen Fortbestehensprognose) immer **zweistufig** durchgeführt werden, und zwar beginnend mit der Fortbestehensprognose (also – gesetzessystematisch gesehen – mit dem Ausnahmefall). Eine positive Prognose allein schließt dann aber jedenfalls perspektivisch eine Überschuldung der Kapitalgesellschaft oder GmbH & Co. KG jedoch noch nicht aus. Sie berechtigt insoweit lediglich bei der Bewertung der Aktivwerte dazu, diese zu Liquidationswerten anzusetzen und zu Going-Concern-Werten zu bilanzieren, statt zu Zerschlagungswerten.

32.42 Eine Überschuldungsprüfung zu Liquidationswerten ist deshalb zumindest aus Vorsichtsgründen ergänzend erforderlich, um zur handelsrechtlichen Fortfüh-

[22] IDW S 11, Rdnr. 55 und 65 f.

[23] Etwa Haarmeyer, in: Mayer/Haarmeyer/Hillebrand/Kleinert, Wirtschaftsrecht Bd. 2 (Reihe HdB Wirtschaftsprüfungsexamen), 2. Aufl. 2020, Rdnr. 2811; ebenso Weller, DStR 2010, 1046, aus staatsanwaltschaftlicher Sicht.

rungsprognose zu gelangen.[24] Dementsprechend sollte im Ergebnis auch bei positiver Fortbestehensprognose die rechnerische Überschuldung immer auch beseitigt werden (es besteht mit höchster Wahrscheinlichkeit eine drohende Zahlungsunfähigkeit, § 18 InsO); bei negativer Fortbestehensprognose ist die Prüfung der rechnerischen Überschuldung (dann aber zu Zerschlagungswerten) und – im Fall ihrer Nichtbeseitigbarkeit – die Insolvenzantragstellung von vornherein zwingend, und zwar insolvenzrechtlich wie auch betriebswirtschaftlich-unternehmerisch.

Im Einzelnen sollten folgende Punkte beachtet werden: 32.43

1. Bei dem Ansatz und der Bewertung in der Überschuldungsbilanz sind die §§ 246 ff., §§ 252 ff. HGB nicht anzuwenden. Bei der Bewertung ist das Vorsichtsprinzip zu berücksichtigen.

2. Für die Erstellung einer Überschuldungsbilanz gilt das Prinzip der Verwertbarkeit der Vermögensgegenstände. Bei konkreter Aussicht des Verkaufs des Unternehmens kann es gerechtfertigt sein, von den Grundsätzen der Unternehmensbewertung auszugehen.

3. Die Fortbestehensprognose beeinflusst danach die Bewertung und im Einzelfall auch den Ansatz von Aktiv- und Passivposten. Bei negativer Fortbestehensprognose sind Vermögen und Schulden unter Liquidationsgesichtspunkten mit ihren Nettoveräußerungswerten unter Berücksichtigung der Liquidationskosten anzusetzen.

4. Bei den Passivposten sind alle Verbindlichkeiten zu berücksichtigen, die von den Gläubigern im Fall der Eröffnung des Insolvenzverfahrens über das Vermögen der GmbH als vor- oder nachrangige Forderungen geltend gemacht werden können. Bei negativer Fortbestehensprognose sind auch die Kosten der Abwicklung durch eine entsprechende Bildung einer Rückstellung zu berücksichtigen.[25]

5. Ein Freistellungsanspruch gegen einen sicherungsgebenden Gesellschafter ist in der Liquidationsbilanz zu aktivieren, wenn ein solcher vereinbart worden und wirtschaftlich durchsetzbar ist. Hierfür ist eine vertragliche Freistellungsvereinbarung dahingehend erforderlich, dass der Gesellschafter die Gesellschaft durch seine persönliche Haftung bzw. durch die dingliche Haftung des Sicherungsguts ausdrücklich auch vor Eröffnung des Insolvenzverfahrens von der gesicherten Verbindlichkeit in Gänze freihalten, also in Vorlage treten wird.[26]

---

[24] Diskussion der Meinungen und Darstellung der Folgen bei MüKo-InsO/Drukarczyk/Schüler, 4. Aufl. 2019, § 19 Rdnr. 56 und 95 ff.; ebenso IDW S 6 Rdnr. 86 ff.

[25] Einzelheiten siehe IDW S 11, Rdnr. 70–72.

[26] Vgl. OLG Hamburg, Urt. v. 13.04.2018 – 11 U 127/17, NZI 2019, 83.

32.2.3.2 Fortbestehensprognose

32.44 Unter der Fortbestehensprognose ist die begründete Aussage verstehen, dass das Unternehmen seine Aktivitäten unter Einhaltung der Zahlungsverpflichtungen nachhaltig fortführen kann. Damit stellt sie eine Zahlungsfähigkeitsprognose dar: Ausschlaggebend ist nicht die Rentabilität, sondern die Liquidität. Eine Fortbestehensprognose sollte erstellt werden, wenn sich für die Fortführung des Unternehmens aus eigener Kraft Zweifel ergeben. Damit wird nicht automatisch festgestellt, ob Insolvenz vorliegt oder nicht, weil trotz negativer Prognose Zahlungsunfähigkeit und/oder Überschuldung nicht zwingend gegeben sein müssen. Eine Verbindung der Fortbestehensprognose mit den Insolvenzgründen Zahlungsunfähigkeit, drohende Zahlungsunfähigkeit und Überschuldung lässt sich allerdings nicht leugnen.

32.2.3.2.1 Inhalt der Fortbestehensprognose

32.45 Die Fortbestehensprognose muss von der Geschäftsführung mit gesetzlich vorgegebener Sorgfalt unter Anwendung anerkannter Kenntnisse und Erfahrungsgrundsätze aufgestellt werden, anderenfalls tritt eine **Insolvenzverschleppungshaftung** der Geschäftsführung ein. Bei der Prognose geht es nicht nur um eine rein rechnerisch richtige Zusammenstellung von Tabellen mit Zukunftsdaten in Form von Rentabilitäts- und Liquiditätsplänen, sondern um ein mit den Realitäten abgestimmtes schlüssiges Unternehmenskonzept. Es ist nicht ausreichend, dass sich die Geschäftsführung auf nicht durch Fakten begründete Hoffnungen beruft und annimmt, es werde sich schon in naher Zukunft bessern. Vielmehr muss die Fortbestehensprognose auf systematischer Grundlage nach sachgerechten Kriterien basieren und für sachverständige Dritte nachvollziehbar sein. Inhaltlich ähnelt diese Prognose im Wesentlichen einem Sanierungskonzept.[27]

32.46 Eine Fortbestehensprognose sollte sich idealerweise daher mit folgenden Punkten auseinandersetzen, um einer späteren gerichtlichen Überprüfung ohne weiteres standhalten zu können:

[27] WINNEFELD, Bilanz-Handbuch, 5. Aufl. 2015, Kapitel N Rdnr. 821 ff.; weiterführend zur Fortbestehensprognose: FISCHER, Fortbestehensprognose und Sanierung, NZI 2016, 665.

Checkliste: Fortbestehensprognose

(Die Kriterien sind exemplarisch zu verstehen und weder zwingend noch vollständig)

I.	Auftrag und Auftragsdurchführung (wenn von externem Dritten erstellt)	
	1. Vertragsparteien	☐
	2. Ausgangssituation	☐
	3. Auftrag, Aufgabe und Zweck (z.B. als Sanierungsgutachten)	☐
II.	Grundlagen des Unternehmens	
	1. Beschreibung des Unternehmens (Unternehmens-/Konzernstruktur)	☐
	2. Unternehmensentwicklung	☐
	3. Rechtliche Verhältnisse	☐
	4. Finanzwirtschaftliche/steuerliche Verhältnisse	☐
III.	Marktanalyse	
	1. Analyse der wirtschaftlichen Rahmenbedingungen	☐
	2. Darstellung der Marktstruktur	☐
	3. Darstellung der Wettbewerbssituation	☐
	4. Analyse der Entwicklungstendenzen	☐
IV.	Analyse des Unternehmens	
	1. Darstellung der Produkte bzw. des Leistungsprogramms	☐
	2. Allgemeine organisatorische Grundlagen	☐
	3. Analyse der leistungswirtschaftlichen Bereiche	☐
	4. Analyse der finanzwirtschaftlichen Entwicklung	☐
	5. Übersicht Fremdfinanzierung	☐
	6. Haftungsverhältnisse/sonstige finanzielle Verpflichtungen	☐
	7. Relevante Rechtsstreitigkeiten	☐
V.	Zusammenfassung der Analyseergebnisse	
	1. Krisenstadium und -ursachen	☐
	2. Lagebeurteilung/SWOT-Profil[28]	☐

[28] Die SWOT-Analyse (engl. Akronym für Strengths (Stärken), Weaknesses (Schwächen), Opportunities (Chancen) und Threats (Bedrohungen)) ist ein Instrument der strategischen Planung.

VI.	Sanierungs-/Unternehmenskonzept	
	1. Ziel des Sanierungskonzepts/Leitbild des sanierten Unternehmens	☐
	2. Maßnahmen zur Sanierung des Unternehmens	☐
	3. Integrierte Unternehmensplanung (Ergebnis-, Finanz- und Vermögensplan)	☐
VII.	Beurteilung der nachhaltigen Sanierungsfähigkeit	
	1. Beurteilung des Sanierungskonzepts	☐
	2. Beurteilung des Durchsetzungsmanagements	☐
	3. Beurteilung des Umsetzungsmanagements	☐
	4. Beurteilung des Koordinationsmanagements	☐
VIII.	Kritische Prämissen	
IX.	Prognoseergebnis	

32.2.3.2.2 Beurteilung und Prüfung der Fortbestehensprognose

32.47 Es ist ratsam, die Fortbestehensprognose von einem unabhängigen Dritten, häufig einem Wirtschaftsprüfer bzw. Steuerberater, von vornherein von ihm erstellen, zumindest aber von ihm prüfen zu lassen. Der Wirtschaftsprüfer muss dabei die berufsständischen Vorschriften, insbesondere die folgenden Stellungnahmen berücksichtigen, die sich auch im Fall der Erstellung oder Prüfung durch andere Berufsträger, etwa Steuerberater, empfehlen:

- IDW S 2 „Anforderungen an Insolvenzpläne“,
- IDW S 6 „Anforderungen an Sanierungskonzepte“,
- IDW S 11 „Beurteilung des Vorliegens von Insolvenzeröffnungsgründen“,
- IDW PS 270 „Die Beurteilung der Fortführung der Unternehmenstätigkeit“,
- IDW RS HFA 17 „Auswirkungen einer Abkehr von der Going-Concern-Prämisse auf den handelsrechtlichen Jahresabschluss“,
- IDW Positionspapier zum Zusammenwirken von handelsrechtlicher Fortführungsannahme und insolvenzrechtlicher Fortbestehensprognose.[29]

[29] Vgl. IDW Positionspapier zum Zusammenwirken von handelsrechtlicher Fortführungsannahme und insolvenzrechtlicher Fortbestehensprognose, FN-IDW 9/2012, S. 463 ff.

Schwerpunktmäßig ist die Nachvollziehbarkeit, Sachgerechtigkeit und Folgerichtigkeit der Prognoseaussagen zu überprüfen. Darüber hinaus soll er zur Tragfähigkeit und Sicherheit der zukünftigen Gesamtfinanzierung unter Berücksichtigung aller Interessen der Stakeholder (Eigentümer, Kreditgeber, Arbeitnehmer) Stellung beziehen. Besonderheiten bei der externen Rechnungslegung in Krise und Insolvenz hinsichtlich Ansatz und Bewertung ergeben sich abhängig davon, ob sich die Verantwortlichen für ein Going Concern oder Break-up entscheiden.[30] 32.48

32.2.4 Going Concern oder Break-up

Der Begriff „Going Concern"[31] bedeutet Fortführung des Unternehmens. Das Rechnungswesen und die ihm zugrundeliegenden Prinzipien sind vom Grundsatz des Going Concern geprägt. Davon werden die Ansatzvorschriften in der Buchhaltung und in der Bilanz beeinflusst. Entscheidend ist, ob weiterhin von einer Fortführung des Unternehmens ausgegangen werden kann. 32.49

Folgendes Beispiel verdeutlicht den Einfluss des Going Concern auf den Ansatz von Vermögen und Schulden in der Bilanz: Wird das Unternehmen fortgeführt, brauchen Rückstellungen für zukünftige Sozialplanverpflichtungen an Arbeitnehmer nicht in der Bilanz ausgewiesen zu werden. Ist dagegen eine Fortführung ausgeschlossen, spricht man von „Break-up". Sodann ist ein Bilanzausweis verpflichtend. 32.50

Going Concern hat aber nicht nur Einfluss auf den Ansatz, sondern auch auf die **Bewertung** einzelner Vermögensgegenstände. So ergeben sich (deutliche) Wertveränderungen, wenn von der Fortführung der Unternehmenstätigkeit nicht mehr ausgegangen werden kann: Ein Warenbestand, der der Produktion des Unternehmens diente, wird anders bewertet, wenn die Produktion zukünftig eingestellt wird. Eine Betriebsimmobilie hat einen ganz anderen (Ertrags-)Wert, abhängig davon, ob sie dem Unternehmen als Produktionsstätte dient, vermietet ist oder an einen Investor verkauft wird. 32.51

Gemäß § 252 Abs. 1 Nr. 2 HGB ist bei der Bewertung von der Fortführung der Unternehmenstätigkeit auszugehen, wenn dem nicht tatsächliche oder rechtliche Gegebenheiten entgegenstehen. Eine Ausnahme gilt, wenn entweder eine abweichende Beschlussfassung der Unternehmensorgane vorliegt oder die wirtschaftlichen Verhältnisse eine Fortführung des Unternehmens nicht gewährleisten. Ver- 32.52

[30] HILLEBRAND, in: MAYER/HAARMEYER/HILLEBRAND/KLEINERT, Wirtschaftsrecht Band 2 (Reihe HdB Wirtschaftsprüfungsexamen), 2. Aufl. 2020, Rdnr. 3026 ff., 3045 ff.

[31] Weiterführende Literatur: ZWIRNER/HEYD/KRAUß, in: PELKA/PETERSEN, Beck'sches Steuerberater-Handbuch 2023/2024, 19. Aufl. 2023, Kapitel A Rdnr. 74 ff.; HERMANNS, in: BUTH/HERMANNS, Restrukturierung, Sanierung, Insolvenz, 5. Aufl. 2022, § 44; DEPRÉ/DOBLER, in: BECK/DEPRÉ/AMPFERL, Praxis der Sanierung und Insolvenz, 4. Aufl. 2023, § 34 Rdnr. 4.

antwortlich für die Beurteilung der Fortführungsfähigkeit sind die gesetzlichen Vertreter. Die Fortführung kann angenommen werden, wenn das Unternehmen in der Vergangenheit profitabel war und das Unternehmen leicht auf finanzielle Mittel zurückgreifen kann.

32.53 Die Fortführung der Unternehmenstätigkeit kann insbesondere aus finanziellen, betrieblichen und/oder sonstigen Umständen zweifelhaft sein:[32]

Checkliste: Anzeichen für mangelnde Fortführungsfähigkeit

(1) Finanzielle Anzeichen können folgende sein:	
• angespannte finanzielle Situation im Konzernverbund oder bei Unternehmen desselben Cash-Pools	☐
• Anzeichen für den Entzug finanzieller Unterstützung durch Lieferanten oder andere Gläubiger	☐
• Ausschüttungsrückstände oder Aussetzen der Ausschüttung	☐
• die Schulden sind höher als das Vermögen oder die kurzfristigen Schulden übersteigen das Umlaufvermögen	☐
• Einsatz von Finanzinstrumenten außerhalb der gewöhnlichen Geschäftstätigkeit	☐
• erhebliche Betriebsverluste oder erhebliche Wertminderungen bei betriebsnotwendigem Vermögen	☐
• in der Vergangenheit eingetretene oder für die Zukunft erwartete negative Zahlungssalden aus der laufenden Geschäftstätigkeit	☐
• Kredite mit festen Laufzeiten, die sich dem Fälligkeitsdatum nähern, ohne realistische Aussichten auf Verlängerung oder Rückzahlung	☐
• Lieferantenkredite stehen nicht mehr zur Verfügung	☐
• übermäßige kurzfristige Finanzierung langfristiger Vermögenswerte	☐
• Unfähigkeit, Darlehenskonditionen einzuhalten	☐
• Unfähigkeit, Kredite ohne Sicherheitenstellung von außerhalb zu beschaffen	☐
• Unfähigkeit, Zahlungen an Gläubiger bei Fälligkeit zu leisten	☐

32 IDW Positionspapier zum Zusammenwirken von handelsrechtlicher Fortführungsannahme und insolvenzrechtlicher Fortbestehensprognose, FN-IDW 9/2012, Rdnr. 8.

• ungünstige finanzielle Schlüsselkennzahlen	☐
• Unmöglichkeit, Finanzmittel für wichtige neue Produktentwicklungen oder andere wichtige Investitionen zu beschaffen	☐
(2) Betriebliche Anzeichen können folgende sein:	
• der Abgang von Schlüsselpersonal ohne adäquaten Ersatz	☐
• Engpässe bei der Beschaffung wichtiger Vorräte	☐
• gravierende Personalprobleme	☐
• Kündigung von bedeutenden Franchiseverträgen	☐
• nicht ausreichend kontrollierter Einsatz von Finanzinstrumenten	☐
• Verlust eines Hauptabsatzmarkts, von wichtigen Patenten	☐
• Verlust von Hauptlieferanten oder wesentlichen Kunden	☐
(3) Sonstige Anzeichen können Folgende sein:	
• Änderungen in der Gesetzgebung oder Regierungspolitik, von denen negative Folgen für das Unternehmen erwartet werden	☐
• betrieblich verursachte Streiks	☐
• Eigenkapitalunterdeckung, Verstoß gegen Eigenkapitalvorschriften	☐
• Rechtsstreitigkeiten mit hohen Ansprüchen gegen das Unternehmen	☐

Diese Anzeichen bedeuten nicht automatisch eine Abkehr vom Going-Concern-Grundsatz. Vielmehr muss sorgfältig geprüft werden, ob Gegenmaßnahmen kurzfristig Abhilfe schaffen. Es lassen sich etwa zu hohe Steuerfestsetzungen oder die Zahlungsschwierigkeiten eines wichtigen Schuldners mit Einzelmaßnahmen schnell unter Kontrolle bringen.[33] 32.54

Daneben bestehen aufgrund rechtlicher Verpflichtungen folgende **spezielle Anlässe** zur Erstellung einer Fortführungsprognose: 32.55

1. Die Geschäftsführung muss sich im Rahmen der Finanzbuchhaltung spätestens bei der Jahresabschlusserstellung damit befassen, ob nach § 252 Abs. 1 Nr. 2 HGB die Bewertung des Aktivvermögens unter Going-Concern-Prämissen erfolgen kann.

---

[33] IDW Positionspapier zum Zusammenwirken von handelsrechtlicher Fortführungsannahme und insolvenzrechtlicher Fortbestehensprognose, FN-IDW 9/2012, Rdnr. 9 f.

2. Gemäß § 90 Abs. 1 Satz 1 Nr. 1 AktG hat der Vorstand an den Aufsichtsrat über grundsätzliche Fragen der Unternehmensplanung zu berichten. Hierzu gehören laut h.M. auch die künftige Liquiditätsentwicklung und die Maßnahmen zur Wahrung des finanziellen Gleichgewichts. Schließlich fordert § 91 Abs. 2 AktG den Vorstand auf, ein Überwachungssystem einzurichten, damit den gesellschaftsgefährdenden Liquiditätsentwicklungen frühzeitig und noch mit geeigneten Maßnahmen gegengesteuert werden kann.
3. Der Abschlussprüfer ist gem. § 321 Abs. 1 HGB verpflichtet, im Prüfungsbericht darauf einzugehen, ob bei der Prüfung Tatsachen festgestellt worden sind, die den Bestand des geprüften Unternehmens gefährden oder seine Entwicklung wesentlich beeinträchtigen können. Hierbei muss er gem. § 322 Abs. 3 HGB im Bestätigungsvermerk auf Risiken, die den Fortbestand des Unternehmens gefährden können, gesondert hinweisen. Kurzum besteht eine sogenannte Redepflicht des Abschlussprüfers.

32.2.5 Pflichten des Steuerberaters

32.56 Sofern aus Sicht des Verantwortlichen die Fortführung der Unternehmenstätigkeit gefährdet ist, hat sich der Unternehmer bzw. die Unternehmensführung (die gesetzlichen Vertreter) mit den Insolvenzgründen auseinanderzusetzen. Dabei ist der Nachweis, dass kurzfristig keine Zahlungsunfähigkeit besteht, verpflichtend. Bei juristischen Personen muss zusätzlich eine insolvenzrechtliche Fortbestehensprognose aufgestellt werden.[34] Die insolvenzrechtliche Fortbestehensprognose befasst sich damit, ob durch die festgestellten Annahmen und deren Auswirkung auf die Ertrags- und Liquiditätslage ausreichend Finanzkraft vorhanden ist, um die jeweils fälligen Verbindlichkeiten bedienen zu können.[35]

32.57 Für den **Steuerberater**, der einen Jahresabschluss für seinen Mandanten erstellt, gelten nunmehr vergleichbare Pflichten wie für den Wirtschaftsprüfer bzw. Abschlussprüfer: Er **muss sich** daher im Rahmen der Durchführung der gesetzlichen Jahresabschlusserstellung **vom Grundsatz der Fortführung der Unternehmenstätigkeit überzeugen**. Ein Wirtschafts- bzw. Abschlussprüfer hat ggf. von seiner Redepflicht gem. § 322 Abs. 2 Satz 2 HGB Gebrauch zu machen. Besteht ein Dissens, wird er sein Prüfungsurteil einschränken bzw. versagen. Hilfestellung bei der Beurteilung bieten IDW PS 270 und IDW S 11. Damit kann aber ebenso der Steuerberater beurteilen, ob der für die Rechnungslegung zentrale Grundsatz des Going Concern unterstellt werden darf.

---

[34] IDW Positionspapier zum Zusammenwirken von handelsrechtlicher Fortführungsannahme und insolvenzrechtlicher Fortbestehensprognose, FN-IDW 9/2012, Rdnr. 17.

[35] IDW Positionspapier zum Zusammenwirken von handelsrechtlicher Fortführungsannahme und insolvenzrechtlicher Fortbestehensprognose, FN-IDW 9/2012, Rdnr. 25.

Diese handelsrechtliche Fortführungsprognose als Grundlage des Going Concern sollte aus Gründen der eventuell **später notwendigen (haftungsrechtlichen) Rechtfertigung** bereits dann durchführt werden, wenn die Fortführungsfähigkeit des Unternehmens nur leicht zweifelhaft ist. Aber: Ebenso wenig wie dem Wirtschafts- bzw. Abschlussprüfer obliegt es dabei dem Steuerberater, diese handelsrechtliche Fortführungsprognose und noch weniger die insolvenzrechtliche Fortbestehensprognose selbst zu erstellen. Vielmehr muss er den Mandanten auf die entsprechende Notwendigkeit hinweisen und darauf drängen, dass eine solche Begutachtung fachkundig erfolge. Im Zweifel müsste er die Bilanzerstellung nach Going-Concern-Grundsätzen mangels Beibringung notwendiger Unterlagen als unmöglich ablehnen. 32.58

32.2.6 Bilanzielle Auswirkungen

Je nachdem, ob man zu dem Ergebnis Going Concern oder Break-up kommt, beeinflusst es die einzelnen Vermögensgegenstände und Schulden einer Unternehmung ganz unterschiedlich. Im Folgenden werden die Einflüsse auf wesentliche Positionen der Aktiv- und Passivseite dargestellt: 32.59

Going Concern	**Break-up**
Weiterentwicklung des Werts nach dem Anschaffungskosten-, Einzelbewertungs-, Imparitäts- und Realisationsprinzip	Keine Wirkung, stattdessen:
dito	Für **Vermögensgegenstände** der Aktivseite gilt der Liquidations- bzw. der Zerschlagungswert, oft auch als Zeitwert bezeichnet, der unter oder über dem Buchwert liegen kann.
dito	Verwertbare **Kostenvorteile für Dritte**, z.B. ein günstiger langfristiger Mietvertrag, geschaffene immaterielle Werte (Patente, Markenrechte, Gebrauchsmuster, Lizenzen und Konzessionen) oder ein Firmenwert, können, sofern sich ein nachvollziehbarer Wertansatz ergibt, erfasst werden.
dito	Für **unfertige und fertige Erzeugnisse** richtet sich die Bewertung nach den zukünftig realisierbaren Werten, i.d.R. dem vereinbarten Verkaufspreis.

dito	Bis zum BilMoG 2008 waren sogenannte **eigenkapitalersetzende Darlehen** grundsätzlich Verbindlichkeiten, bekommen jedoch bei Vorlage einer qualifizierten Rangrücktrittserklärung Eigenkapitalcharakter.
dito	Für **stille Einlagen** besteht grundsätzlich Passivierungspflicht als Verbindlichkeiten, es sei denn, dass eine qualifizierte Rangrücktrittserklärung vorliegt.
dito	Passivierung der **Sozialplan- und Auslaufaufwendungen/Liquidationskosten**.
dito	Passivierung von **Eventualverbindlichkeiten**, wenn mit ihrer Inanspruchnahme nach dem Unternehmenskonzept im Beurteilungszeitraum zu rechnen ist.

32.60 Die hier dargestellten Ansatz- und Bewertungsgrundsätze[36] sind nicht identisch mit denen im Überschuldungsstatus. Es ist ratsam, die verschiedenen Werte in einer mehrspaltigen Übersicht gegenüberzustellen, damit das Mengengerüst plausibel ist.

32.3 Ausgewählte Beratungsschwerpunkte in der Unternehmenskrise auf Ebene des Gesellschafters

32.3.1 Drohender Verlust von Gesellschafterdarlehen

32.61 Hat ein Gesellschafter „seiner" GmbH ein Darlehen gewährt, das nun ganz oder teilweise auszufallen droht, führt der Forderungsausfall grundsätzlich nicht mehr zu nachträglichen Anschaffungskosten auf die Beteiligung.[37] Bislang wurde der Begriff der Anschaffungskosten einer Beteiligung i.S.d. § 17 EStG vor dem Hintergrund der §§ 32a, 32b GmbHG a.F. normspezifisch ausgelegt. Aufwendungen bzw. Verluste aus eigenkapitalersetzenden Finanzierungshilfen führten daher regelmäßig zu nachträglichen Anschaffungskosten. Der BFH kam nun aber zu dem Ergebnis, dass mit Inkrafttreten des MoMiG[38] zum 01.11.2008 die gesetzliche Grund-

[36] Weiterführende Literatur zu den Ansatz- und Bewertungsgrundsätzen bei negativer Fortbestehensprognose: Winnefeld, Bilanz-Handbuch, 5. Aufl. 2015, Kapitel N Rdnr. 845; MüKo-InsO/Drukarczyk/Schüler, 4. Aufl. 2019, § 19 Rdnr. 112 ff.

[37] BFH, Urt. v. 11.07.2017 – IX R 36/15, DStR 2017, 2098 = BFH/NV 2017, 1501.

[38] Gesetz zur Modernisierung des GmbH-Rechts und zur Bekämpfung von Missbräuchen (MoMiG) v. 23.10.2008, BGBl I, 2026.

lage für diese normspezifische Auslegung entfallen sei. Nachträgliche Anschaffungskosten seien daher nur nach Maßgabe des Anschaffungskostenbegriffs in § 255 HGB anzuerkennen.

Danach führen Aufwendungen aus Fremdkapitalhilfen grundsätzlich nicht mehr zu Anschaffungskosten der Beteiligung. Grundsätzlich sollen nur noch offene oder verdeckte Einlagen (siehe Rdnr. 16.35 ff.) und ihnen gleichzustellende Kapitalmaßnahmen nachträgliche Anschaffungskosten begründen. Zu den von der Rechtsprechungsänderung betroffenen Aufwendungen zählt z.B. der Ausfall eines zuvor im Hinblick auf eine Krise gegebenen oder in der Krise stehen gelassenen Darlehens oder der Ausfall mit einer Bürgschaftsregressforderung.[39] Aus Gründen des Vertrauensschutzes sind die zuvor geltenden Grundsätze weiter anzuwenden, wenn der Gesellschafter (nach seinem Vortrag) eine eigenkapitalersetzende Finanzierungshilfe bis zum 27.09.2017 (Veröffentlichungstag des Urteils) geleistet hat oder wenn eine Finanzierungshilfe des Gesellschafters (nach seinem Vortrag) bis zu diesem Tag eigenkapitalersetzend geworden ist. Das „alte Recht" wirkt also durchaus noch nach. 32.62

Ausnahmen gegenüber der Verneinung nachträglicher Anschaffungskosten könnten sich laut BFH ergeben, wenn die vom Gesellschafter gewährte Fremdkapitalhilfe aufgrund vertraglicher Abreden mit der Zuführung einer Einlage in das Gesellschaftsvermögen wirtschaftlich vergleichbar sei. Dies könne bei einem Gesellschafterdarlehen der Fall sein, dessen Rückzahlung aufgrund getroffener Vereinbarungen im Wesentlichen denselben Voraussetzungen unterliege wie die Rückzahlung von Eigenkapital. Dies sei bei der Vereinbarung eines Rangrücktritts i.S.d. § 5 Abs. 2a EStG anzunehmen. Hier käme dem Darlehen auch bilanzsteuerrechtlich die Funktion von zusätzlichem Eigenkapital zu.[40] 32.63

32.3.2 Rangrücktrittsvereinbarung wirksam gestalten

Nach Auffassung des BFH[41] sind Verbindlichkeiten, für die ein Rangrücktritt vereinbart worden ist, grundsätzlich auszubuchen (gegen Einlagenkonto), wenn eine Tilgung der Schulden aus freiem Vermögen nicht vereinbart worden ist. Eine Verbindlichkeit, die nur aus künftigen Gewinnen oder einem etwaigen Liquidationsüberschuss erfüllt zu werden braucht, kann mangels gegenwärtiger wirtschaftlicher Belastung nicht ausgewiesen werden. Zugrunde liegt dem ein in diesem Sinne „qualifizierter" (genauer: spezifizierter) Rangrücktritt, nach dem der Gläubiger die 32.64

39 Zu Gestaltungsmöglichkeiten vgl. OTT, StuB Nr. 1/2018, 15.

40 BFH, Urt. v. 11.07.2017 – IX R 36/15, DStR 2017, 2098 = BFH/NV 2017, 1501; vgl. BRIESE, DStR 2017, 799, der einen Ausweis in der Steuerbilanz als Fremdkapital nur verneint, wenn sich der Rangrücktritt ausschließlich auf künftige Einnahmen oder Gewinne bezieht.

41 BFH, Urt. v. 15.04.2015 – I R 44/14, BFHE 249, 493 = BStBl II, 769.

Befriedigung der Gesamtforderung nur aus künftigen Jahresüberschüssen, soweit sie bestehende Verlustvorträge übersteigen, oder ggf. aus einem Liquidationsüberschuss verlangen kann.

32.65 Es handelt sich dann um einen **Einlagetatbestand** durch die Zuführung eines Wirtschaftsguts (§ 4 Abs. 1 Satz 5 EStG), der nach ständiger Rechtsprechung nicht nur durch den Ansatz oder die Erhöhung eines Aktivpostens gekennzeichnet ist, sondern wozu auch der Wegfall oder die Verminderung eines Passivpostens zu rechnen ist.

32.66 Auch bestehende Rangrücktrittsvereinbarungen sollten daraufhin überprüft werden, ob sie den Anforderungen der BFH-Rechtsprechung genügen, wenn eine gewinnerhöhende Ausbuchung der Verbindlichkeit unterbleiben soll. Eine rückwirkende bzw. nachträgliche Anpassung einer Rangrücktrittsvereinbarung ist zulässig, soweit dadurch nicht andere Gläubiger benachteiligt werden. Steuerlich gibt es zu dieser Frage – soweit ersichtlich – keine höchstrichterliche Entscheidung. Der BGH[42] hat lediglich die Aufhebung einer Rangrücktrittsvereinbarung unter bestimmten Umständen als unwirksam erachtet. Eine „Verschärfung" ist davon unberührt jederzeit zivilrechtlich möglich und damit auch steuerlich anzuerkennen.

32.3.3 Ende einer Betriebsaufspaltung mit Insolvenz der Betriebsgesellschaft

32.67 Die Unternehmenskrise zwingt den steuerlichen Berater auch zur Risikovorsorge in Fällen der Betriebsaufspaltung. Die Betriebsaufspaltung endet, wenn die sachliche oder personelle Verflechtung von Besitz- und Betriebsunternehmen entfällt (siehe Rdnr. 26.32). Die personelle Verflechtung endet u.a., wenn über das Vermögen der Betriebs-GmbH das Insolvenzverfahren eröffnet wird.

32.68 Liegen die Voraussetzungen für eine Betriebsaufspaltung nicht mehr vor, ob gewollt oder ungewollt, hat das Besitzunternehmen keinen Gewerbebetrieb mehr; es bezieht i.d.R. fortan Einkünfte aus Vermietung und Verpachtung sowie aus Kapitalvermögen. Das Ende der Betriebsaufspaltung ist nach der Rechtsprechung des BFH[43] regelmäßig als Betriebsaufgabe (§ 16 Abs. 3 EStG) zu werten mit der Folge, dass die im Betriebsvermögen des Besitzunternehmens enthaltenen stillen Reserven gewinnerhöhend aufzulösen sind. Dies gilt auch für stille Reserven in den zum Betriebsvermögen gehörenden Anteilen an der Betriebs-GmbH und im sonstigen Sonderbetriebsvermögen.[44] Da bei einer solchen Entnahmebesteuerung kein Veräußerungspreis realisiert wird, wirkt diese Besteuerung regelmäßig sehr belastend.

---

42 BGH, Urt. v. 05.03.2015 – IX ZR 133/14, BGHZ 204, 231 = NJW 2015, 1672.

43 BFH, Beschl. v. 22.09.1999 – X B 47/99, BFH/NV 2000, 559.

44 Vgl. BFH, Urt. v. 24.10.2000 – VIII R 25/98, BStBl II 2001, 321 m.w.N.

32.3.4 Feststellung der Krise bei der Betriebsgesellschaft im Fall einer Betriebsaufspaltung

Zu den Einkünften aus Gewerbebetrieb gehört auch der Gewinn oder Verlust aus der Auflösung einer Kapitalgesellschaft, wenn der Gesellschafter innerhalb der letzten fünf Jahre am Kapital der Gesellschaft zu mindestens 1 % beteiligt war (§ 17 Abs. 1 Satz 1 i.V.m. Abs. 4 Satz 1 EStG). Der Gewinn oder Verlust ist stichtagsbezogen auf den Zeitpunkt zu ermitteln, in dem er entstanden ist. Ein Verlust aus der Auflösung einer Kapitalgesellschaft ist entstanden, wenn der gemeine Wert des dem Steuerpflichtigen zugeteilten oder zurückgezahlten Vermögens einerseits (§ 17 Abs. 4 Satz 2 EStG) und die Liquidations- und Anschaffungskosten des Gesellschafters andererseits (§ 17 Abs. 2 Satz 1 EStG) feststehen. 32.69

Auflösungsgewinn i.S.d. § 17 Abs. 1, 2 und 4 EStG ist der Betrag, um den der gemeine Wert des dem Steuerpflichtigen zugeteilten oder zurückgezahlten Vermögens der Kapitalgesellschaft die im Zusammenhang mit der Auflösung der Gesellschaft vom Steuerpflichtigen persönlich getragenen Kosten sowie seine Anschaffungskosten übersteigt. Auflösungsverlust ist der Betrag, um den die vom Gesellschafter getragenen Anschaffungs- und Auflösungskosten den gemeinen Wert des dem Gesellschafter zugeteilten oder zurückgezahlten Vermögens übersteigen. 32.70

Zwar ist mit der Aufhebung des Eigenkapitalersatzrechts durch das MoMiG die gesetzliche Grundlage für die bisherige Rechtsprechung zur Berücksichtigung von Aufwendungen des Gesellschafters aus eigenkapitalersetzenden Finanzierungshilfen entfallen. Das alte Recht wirkt jedoch nach.[45] 32.71

Zu dem nach früherem Recht maßgeblichen funktionellen Eigenkapital rechnen Finanzierungshilfen oder Finanzierungsmaßnahmen, wenn der Gesellschafter der Gesellschaft in der Krise der Gesellschaft ein Darlehen gewährt und dieses eigenkapitalersetzenden Charakter hat. Davon ist auszugehen, wenn die Gesellschaft im Zeitpunkt der Gewährung des Darlehens entweder insolvenzreif ist oder, sofern Insolvenzreife noch nicht eingetreten ist, wenn die Rückzahlung des Darlehens angesichts der finanziellen Situation der Gesellschaft in einem Maß gefährdet erscheint, dass ein ordentlicher Kaufmann das Risiko der Kreditgewährung nicht mehr eingegangen wäre, d.h., wenn die Gesellschaft unter den bestehenden Verhältnissen von einem Dritten einen Kredit zu marktüblichen Bedingungen nicht mehr erhalten hätte. Fällt der Gesellschafter bei Auflösung der Gesellschaft mit einem in der Krise gewährten Darlehen aus, führt das zu nachträglichen Anschaffungskosten auf die Beteiligung in Höhe des Nennwerts des Darlehens. Es erfolgt insoweit eine Einheitsbetrachtung von Besitz- und Betriebsunternehmen. 32.72

---

[45] Zu den neu formulierten Grundsätzen vgl. BFH, Urt. v. 11.07.2017 – IX R 36/15, DStR 2017, 2098 = BFH/NV 2017, 1501; zur Nachwirkung des alten Rechts siehe oben Rdnr. 32.62.

32.73 *„Ergibt sich dabei die buchmäßige Überschuldung der Betriebskapitalgesellschaft vor allem aus der Aufspaltung des Betriebs in zwei rechtlich selbständige Unternehmen, so ist es nicht zu beanstanden, wenn eine Krise des Betriebsunternehmens verneint wird, solange das Besitzunternehmen noch kreditwürdig ist und seinen Kredit vereinbarungsgemäß und nach Bedarf dem Betriebsunternehmen zur Verfügung stellt.“*[46] Eigenkapitalersatz ist dann nicht gegeben. Beim späteren Eintritt der Krise sind solche Darlehen vielmehr mit dem gemeinen Wert zu bewerten, der tendenziell wohl mit 0 € angenommen werden kann und daher nicht zu Auflösungsverlusten führt.

32.3.5 Keine anteilsbezogene Betrachtung bei Veräußerung eines GmbH-Anteils

32.74 In einem vom BFH[47] entschiedenen Fall war es nach Schaffung eines zusätzlichen GmbH-Anteils zu einer Veräußerung dieses Anteils gekommen, wobei der Kaufpreis unter der Summe aus Nennbetrag und Aufgeld lag. Hierdurch kam es nach Anwendung des Teileinkünfteverfahrens gem. § 3 Nr. 40 Buchst. c) Satz 1, § 3c Abs. 2 Satz 1 EStG zu einem Veräußerungsverlust bei der Gesellschafterin. Bei der Beurteilung, ob derartige Veräußerungsverluste berücksichtigungsfähig sind, kommt es nach Auffassung des BFH darauf an, ob bezogen auf die gesamte Beteiligung Gewinnerzielungsabsicht vorliegt. Eine anteilsbezogene Betrachtung findet nicht statt.

32.75 Bei dieser beteiligungsbezogenen Betrachtung wird für die Gewinnermittlungsabsicht darauf abgestellt, ob ein Totalgewinn als Gesamtergebnis der Tätigkeit über verschiedene Gewinnermittlungsperioden hinweg gegeben ist. Das Aufgeld wird gem. § 17 Abs. 2a Satz 5 EStG gleichmäßig auf die gesamten Anteile des Gesellschafters einschließlich seiner im Rahmen von Kapitalerhöhungen erhaltenen neuen Anteile aufgeteilt. Laut dem Urteil des IX. Senats kann diese gezielte Herbeiführung eines Veräußerungsverlusts gestaltungsmissbräuchlich sein, das ist aber nicht zwingend der Fall.[48]

Hinweis

32.76 Um in derart gelagerten Fällen den Vorwurf des Gestaltungsmissbrauchs nach § 42 AO zu vermeiden, sind jedoch folgende Begleitumstände bei der Beratung zu beachten: Es darf sich weder um einen Fall der sogenannten Anteilsrotation[49] handeln, noch darf die Veräußerung im Übrigen zu nicht fremdüblichen Konditionen erfolgen.

---

[46] BFH, Urt. v. 11.10.2017 – IX R 51/15, BFH/NV 2018, 329 = GmbHR 2018, 334, Leitsatz.

[47] BFH, Urt. v. 03.05.2023 – IX R 12/22, BFH/NV 2023, 1243; weiterführend: WITFELD, NZI 2023, 813.

[48] BFH, Urt. v. 03.05.2023 – IX R 12/22, BStBl II 2023, 964, Leitsatz.

[49] In dieser Konstellation einen Gestaltungsmissbrauch bejahend: BFH, Urt. v. 20.09.2022 – IX R 18/21, BStBl II 2023, 315 = DStR 2023, 139.

Ferner ist die Argumentation des BFH darauf gestützt, dass bei einem anteilserwerbenden Gesellschafter, der Alleingesellschafter ist, die Art und Weise der Kapitalzuführung der Finanzierungsfreiheit des Gesellschafters unterliegt. Insofern stellt die Zahlung eines Aufgeldes eine Zuführung von Kapital dar. 32.77

33. Die Liquidation einer GmbH

33.1 Vorfragen

33.1 Vor der Entscheidung, ob eine Gesellschaft im Liquidationsverfahren oder auf anderem Weg beendet wird, sollte der Berater mit seinem Mandanten die folgenden Vorfragen diskutieren.

33.1.1 Unliebsame Verbindlichkeiten

33.2 Vielfach besteht die irrige Annahme, dass sich eine GmbH mit der Liquidation **„unliebsamer Verbindlichkeiten"** entziehen könne. Dies scheitert aber bereits daran, dass eine Liquidation ein gestrecktes öffentliches Verfahren ist. Gläubiger werden im Rahmen der Liquidation zumindest über den Bundesanzeiger über die Liquidation informiert, und die Liquidation einer Kapitalgesellschaft ist nur dann möglich, wenn die Gesellschaft ihre fälligen Verbindlichkeiten gegenüber Dritten vollständig ausgeglichen hat.

33.1.2 Ausschluss der Liquidation wegen Insolvenzreife

33.3 Die Liquidation einer insolvenzreifen Gesellschaft (zu den Insolvenzgründen siehe Rdnr. 32.27 ff.) scheidet aus. Vielmehr muss der Geschäftsführer der Gesellschaft zwingend einen Antrag auf Eröffnung eines Insolvenzverfahrens stellen. Verletzt er diese Pflicht, macht er sich gem. § 64 Satz 1 GmbHG persönlich schadenersatzpflichtig und kann ggf. strafrechtlich belangt werden.

Hinweis

33.4 Auch nach der Einleitung der Liquidation gilt der Vorrang des Insolvenzverfahrens: Wenn die Gesellschaft wirtschaftlich nicht in der Lage ist, ihre bestehenden fälligen Verbindlichkeiten auszugleichen, kann die Liquidation nicht fortgeführt werden. Es muss dann unverzüglich ein Antrag auf Eröffnung des Insolvenzverfahrens gestellt werden. Der Eintritt in die freiwillige Liquidation aufgrund Beschlusses der Gesellschafterversammlung der GmbH ändert lediglich den Gesellschaftszweck (von dem werbenden in den der Abwicklung), befreit aber nicht von der Insolvenzantragspflicht bei Eintritt eines Insolvenzgrunds während der Liquidation.

33.1.3 Wegverkauf

Statt durch eine Liquidation können sich die Gesellschafter von ihren Anteilen auch trennen, indem sie die Geschäftsanteile der GmbH vollständig an Dritte veräußern. Die Veräußerer können so grundsätzlich Haftungsgefahren[1] minimieren, der Erwerber kann Gründungskosten sparen. Zu beachten ist dabei aber, dass Verlustvorträge i.d.R. nach § 8c KStG untergehen.[2] Dem Erwerb von GmbH-Anteilen sollte eine ausführliche Due-Dilligence-Prüfung vorangehen, um die Risiken, die aus dem Erwerb der Geschäftsanteile resultieren, abschätzen zu können. So kann z.B. eine Gesellschaft mit höheren Verbindlichkeiten (z.B. aus Gewährleistungsverpflichtungen) belastet sein, als sie sich aus den Abschlüssen und der Buchhaltung ergeben. 33.5

Hinweis

Unbedingt abzuraten ist von der sogenannten gewerbsmäßigen Firmenbestattung. 33.6

Dabei werden sämtliche Geschäftsanteile auf Dritte – häufig zeitgleich mit einer Sitzverlegung – übertragen, die dann die Gesellschaft für den ehemaligen Geschäftsführer und Gesellschafter beenden. Ziel der Altgesellschafter ist es, sich der (in aller Regel insolvenzreifen) Gesellschaft ohne Liquidations- oder Insolvenzverfahren zu entledigen. In diesen Fällen begeben sich die Beteiligten (einschließlich deren Berater) in sehr große Haftungsgefahren, und es droht die Verwirklichung verschiedener Straftatbestände (z.B. Insolvenzverschleppung und Bankrottdelikte). Sogar der beurkundende Notar hat bei Anhaltspunkten einer Firmenbestattung seine Amtstätigkeit zu versagen, da er andernfalls bei Handlungen mitwirkt, mit denen erkennbar unerlaubte oder unredliche Ziele verfolgt werden.[3]

33.1.4 Wirtschaftliche Neugründung

Bei der Veräußerung der Geschäftsanteile – statt einer Liquidation – an einen redlichen Erwerber stellt sich oftmals die Frage, ob sich eine sogenannte wirtschaftliche Neugründung (wie bei dem Erwerb einer Vorratsgesellschaft oder einem Mantelkauf, siehe dazu im Einzelnen Rdnr. 1.70 ff.) verwirklicht hat. Hieraus können sich insbesondere diese – meist unliebsamen – Folgen ergeben: 33.7

1 Sofern der Erwerber die Gesellschaft neu kapitalisiert, können z.B. Gefahren einer Anfechtung nach § 135 InsO gegenüber den Gesellschaftern verringert oder die Gefahren einer persönlichen Inanspruchnahme der Geschäftsführer nach § 64 Satz 1 GmbHG eingeschränkt werden.

2 Nach dem Beschluss des BVerfG v. 29.03.2017 – 2 BvL 6/11, NJW 2017, 2267, war die Regelung in § 8c Satz 1 KStG mit dem allgemeinen Gleichheitssatz (Art. 3 Abs. 1 GG) unvereinbar. Gleiches galt für die wortlautidentische Regelung in § 8c Abs. 1 Satz 1 KStG in ihrer bis 31.12.2015 geltenden Fassung. Der Gesetzgeber musste bis 31.12.2018 rückwirkend für die Zeit vom 01.01.2008–31.12.2015 eine Neuregelung treffen. Dies ist mit dem Gesetz zur Vermeidung von Umsatzsteuerausfällen beim Handel mit Waren im Internet und zur Änderung weiterer steuerlicher Vorschriften (ursprünglicher Name: JStG 2018) v. 11.12.2018, BGBl I, 2338, geschehen.

3 BGH, Beschl. v. 08.04.2019 – NotSt (Brfg) 5/18, ZIP 2019, 1534–1536.

- Die Vorschriften über die Gründung einer GmbH sind entsprechend anzuwenden.
- Liegt eine wirtschaftliche Neugründung vor, ist diese dem Registergericht gegenüber offenzulegen. Der anmeldende Geschäftsführer hat zu versichern, dass das ursprünglich vereinbarte Stammkapital vollständig einbezahlt wurde und sich der Gegenstand der Leistungen weiterhin endgültig in der freien Verfügung der/des Geschäftsführer/s befindet. Das Vermögen der Gesellschaft – abgesehen von den Gründungskosten – darf nicht durch Verbindlichkeiten angetastet sein.
- Unterbleibt die Offenlegung der wirtschaftlichen Neugründung, und/oder befindet sich das Stammkapital – mit der Ausnahme der Gründungskosten – nicht mehr zur freien Verfügung der Geschäftsführung, sind die Gesellschafter gesamtschuldnerisch verpflichtet, den gesamten zum satzungsmäßigen Stammkapital bestehenden Fehlbetrag nachzuschießen. Ferner ist eine zum Zeitpunkt der Anmeldung bestehende Unterbilanz auszugleichen. Im Zweifel macht ein Insolvenzverwalter einen derartigen Anspruch im Fall einer späteren Insolvenz der Gesellschaft geltend. Die Neugesellschafter nehmen ggf. die Altgesellschafter in Regress.

33.8 Der BGH erstreckt die Grundsätze der wirtschaftlichen Neugründung auch auf das Liquidationsstadium einer Gesellschaft.[4] Werden nämlich keine nennenswerten Liquidationsaufgaben i.S.d. § 70 GmbHG mehr wahrgenommen, und wird die Abwicklung über längere Zeit nicht mehr betrieben, kann ein leerer Gesellschaftsmantel ohne Geschäftsbetrieb vorliegen, der bei Veräußerung in eine wirtschaftliche Neugründung mündet.

33.1.5 Auflösung wegen Vermögenslosigkeit der Gesellschaft

33.9 In Einzelfällen wird vertreten, dass die Löschung einer GmbH auch ohne ein Liquidationsverfahren erfolgen kann. Ohne vorherigen Gläubigeraufruf soll dann mit der Auflösung die Löschung der Gesellschaft wegen einer Vermögenslosigkeit zum Handelsregister angemeldet werden.[5] Das soll statthaft sein, sofern keine Ausschüttungen an die Gesellschafter erfolgen.[6] Um eine Löschung ohne Liquidation zu erlangen, soll der Liquidator gegenüber dem Handelsregister versichern,

---

4 BGH, Urt. v. 10.12.2013 – II ZR 53/12.

5 So OLG Hamm, Beschl. v. 30.08.2016 – 27 W 63/16, GmbHR 2017, 930; OLG Düsseldorf, Beschl. v. 27.03.2014 – I-3 Wx 48/14, ZIP 2014, 879.

6 Auch Ausschüttungen vor der Beschlussfassung zur Auflösung sind insoweit schädlich, denn Ansprüche nach §§ 30, 31 GmbHG gegen die Gesellschafter schließen die Vermögenslosigkeit der Gesellschaft per Definition aus.

- dass eine Liquidation nicht erforderlich ist, da das Gesellschaftsvermögen nach Befriedigung der Gläubiger aufgebraucht ist,
- keine Verteilung des Vermögens an die Gesellschafter erfolgt ist und erfolgen muss,
- aktuell kein Insolvenzantragsgrund vorliegt,
- ein zu verteilendes Gesellschaftsvermögen nicht mehr vorhanden ist und keine weiteren Abwicklungsmaßnahmen mehr erforderlich sind,
- weder Aktiv- noch Passivprozesse anhängig sind und
- damit die Liquidation schon beendet ist.[7]

Nach Ansicht des OLG Celle[8] sollen der Liquidator und der anmeldende Notar aber nicht durchsetzen können, dass die Gesellschaft nach der Abgabe der zuvor genannten Versicherungen und ohne das Durchlaufen einer ordentlichen Liquidation aus dem Handelsregister gelöscht werden kann. 33.10

Sofern noch ein Besteuerungsverfahren der Gesellschaft läuft, soll die Liquidation noch nicht beendet sein. Die Eintragung des Erlöschens der Firma nach § 74 Abs. 1 GmbHG setze grundsätzlich die Eintragung der Auflösung der Gesellschaft nach § 65 Abs. 1 GmbHG und den Ablauf des Sperrjahres nach § 73 Abs. 1 GmbHG voraus. Eine sofortige Eintragung der Auflösung und des Erlöschens kommt nur dann in Betracht, wenn sicher feststeht, dass keine weiteren Abwicklungsmaßnahmen erforderlich sind.[9] 33.11

Praxistipp

Diese kostengünstige und schnelle Variante einer Löschung der Gesellschaft sollte aber mit sehr hoher Zurückhaltung wegen der möglicherweise drohenden persönlichen Haftungsinanspruchnahme[10] der Beteiligten begegnet werden. Es bietet sich an, vor dem Ingangsetzen des Verfahrens mit dem zuständigen Handelsregister Kontakt aufzunehmen, um zu erfahren, welche Rechtsansicht dort in Bezug auf die uneinheitliche Rechtsprechung vertreten wird. Nur wenn ein Liquidationsverfahren unter Einhaltung des Sperrjahres vollkommen sinnlos erscheint, sollte der Versuch unternommen werden, dass Verfahren wie beschrieben abzukürzen. Weitere Möglichkeiten zur Löschung einer GmbH werden in den Gesetzgebungsgremien derzeit noch diskutiert. 33.12

---

7 Vgl. WÄLZHOLZ, in: FUHRMANN/WÄLZHOLZ, Formularbuch Gesellschaftsrecht, 4. Aufl. 2023, Kap. 18, S. 1718.

8 OLG Celle, Beschl. v. 17.10.2018 – 9 W 80/18, NZG 2018, 1425.

9 KG, Beschl. v. 23.07.2019 – 22 W 29/18, NZG 2019, 1294; KG, Beschl. v. 12.09.2019 – 22 W 29/18, ZIP 2020, 520.

10 Vgl. WÄLZHOLZ, GmbH-StB 2010, 300; LOHR, GmbH-StB 2017, 292.

33.2 Schritt für Schritt durch die Liquidation

33.13 Die Beendigung einer GmbH erfolgt in drei aufeinander aufbauenden Stufen:

- Auflösung,
- Liquidation (Abwicklung),
- Vollbeendigung.

Die Liquidation der Gesellschaft ist ein gestrecktes Verfahren, das vor allem dem Schutz der Gläubiger und der Gesellschafter dient und sie folgt nachfolgenden Schritten:

Schritt für Schritt durch die Liquidation durch Beschluss

1.	**Auflösungsbeschluss**: Vorbehaltlich einer anderen Satzungsregelung der Gesellschaft bedarf die Auflösung der Gesellschaft einer Dreiviertelmehrheit der in der Gesellschafterversammlung vertretenen Stimmen. Grundsätzlich bedarf diese Beschlussfassung **nicht** der notariellen Beurkundung.[11] Gegenüber dem Handelsregister bedarf der Beschluss über die Auflösung der Gesellschaft aber im Ergebnis zumindest der Schriftform. Der Beschluss beinhaltet i.d.R. zudem die Bestellung eines Liquidators. Ferner sollte der Beschluss eine Bestellung der Person, die die Verwahrung der Bücher und Schriften der Gesellschaft vornimmt, enthalten. Die Verwahrungsfrist beträgt zehn Jahre. Die Verwahrung der Bücher und Schriften kann durch einen Gesellschafter oder durch einen Nichtgesellschafter (einen Dienstleister) erfolgen. Wird keine Person bestimmt, so erfolgt durch das Handelsregister eine Festlegung der Person. Beachte die Einhaltung aller Formalien zur wirksamen Einladung einer Gesellschafterversammlung. Gegebenenfalls sind Stimmrechtsvollmachten einzuräumen. Beachte ferner, dass Auflösungsbeschluss und Liquidation nur dann sinnvoll sind, wenn kein Insolvenzgrund verwirklicht worden ist, da dem Geschäftsführer sonst empfindliche strafrechtliche (§ 15a Abs. 4 InsO) und zivilrechtliche Konsequenzen (§ 15b Abs. 4 InsO) drohen.

[11] Regelt die Satzung aber eine feste Mindestzeitdauer oder sonstige feste Dauer der Gesellschaft, kann eine Satzungsänderung vorliegen, die der Beurkundung bedarf.

	Praxistipp *Ein rückwirkender Gesellschafterbeschluss (auf den letzten vorangegangenen Bilanzstichtag) ist handels- und gesellschaftsrechtlich nicht möglich. Die Erstellung eines Zwischenabschlusses als Liquidationseröffnungsbilanz kann so nicht vermieden werden. Gegebenenfalls ist es aber sinnvoll, den Beschluss aufschiebend bedingt auf den nächsten Bilanzstichtag zu fassen (aufschiebend befristete Beschlussfassung auf den Zeitpunkt des nächsten Bilanzstichtags). Steuerrechtlich ist dies nicht erforderlich, weil nach der Finanzverwaltung das Wahlrecht besteht, den Auflösungsbeschluss auf den letzten Bilanzstichtag zurückzubeziehen.*
2	**Liquidator:** Mit dem Auflösungsbeschluss endet die Vertretungsbefugnis des Geschäftsführers. Es muss daher zwingend ein Liquidator (oder mehrere Liquidatoren) bestellt werden, der die Gesellschaft nach außen vertritt. Er ist ab dem Auflösungsbeschluss das Vertretungsorgan der aufgelösten Gesellschaft. Mehrere Liquidatoren sind gem. § 68 Satz 2 GmbHG regelmäßig nur gemeinschaftlich vertretungsbefugt, es kann aber jedem Liquidator Einzelvertretungsberechtigung eingeräumt werden. Aufgabe des Liquidators ist insbesondere, das Vermögen der Gesellschaft in Geld umzusetzen, damit die Gläubiger der Gesellschaft möglichst vollständig befriedigt werden. Er muss zudem dafür Sorge tragen, dass die Verbindlichkeiten der Gesellschaft möglichst vollständig ausgeglichen werden und schließlich ein verbleibender Überschuss an die Gesellschafter ausgekehrt wird. Als Liquidator der Gesellschaft kann – und wird in der Praxis häufig – der bisherige Geschäftsführer bestellt werden.[12] Gegenüber Mandanten sollte immer wieder verdeutlicht werden, dass die Person des Liquidators nichts mit der des Insolvenzverwalters zu tun hat.
3	**Schlussbilanz und Liquidationseröffnungsbilanz:** Es ist gem. § 71 Abs. 1 GmbHG zwingend eine Liquidationseröffnungsbilanz aufzustellen. Die Aufstellung der Liquidationseröffnungsbilanz erfolgt auf den Stichtag der Wirksamkeit des gefassten Auflösungsbeschlusses. Für die Aufstellung einer Schlussbilanz der werbenden Gesellschaft besteht handelsrechtlich zwar keine ausdrückliche gesetzliche Verpflichtung, dennoch ist die Aufstellung dieser Bilanz auch bei einem Rumpfwirtschaftsjahr obligatorisch.
4	**Registeranmeldung:** Die Auflösung und die Bestellung des Liquidators sind zur Eintragung in das Handelsregister anzumelden. Insoweit muss zwingend auch ein Notar einbezogen werden. Die übrigen Form- und Fristbestimmungen für die Einberufung und Abhaltung einer Gesellschafterversammlung müssen unbedingt eingehalten werden, es sei denn, die Gesellschafter be-

12 Eine Bestellung des Liquidators durch das Gericht selbst stellt den absoluten Ausnahmefall dar und kann nur unter sehr qualifizierten Voraussetzungen erfolgen, siehe OLG Düsseldorf, Beschl. v. 22.02.2019 – 3 Wx 167/18, ZIP 2019, 659–661.

	schließen unter Abbedingung der gesetzlichen oder satzungsmäßigen Form- und Fristerfordernisse in einer sogenannten Vollversammlung. Mit diesem Beschluss geht die vorher noch werbende Gesellschaft in eine Gesellschaft über, deren Ziel es ist, liquidiert und voll beendet zu werden. Wird kein besonderes Datum für den Auflösungszeitpunkt in dem Beschluss genannt, ist die Gesellschaft mit dem Zeitpunkt der Beschlussfassung aufgelöst. Die Eintragung der Auflösung in das Handelsregister ist dabei rein deklaratorisch.
5	**Kenntlichmachung der Liquidation:** Die Liquidation muss im Rechtsverkehr ausreichend kenntlich gemacht werden. Dies erfolgt i.d.R. durch einen Zusatz wie „i.L." oder „i.Abw.". Die GmbH bleibt voll handlungsfähig. **Hinweis** *Das Unterlassen eines derartigen Zusatzes führt nicht dazu, dass die Willenserklärung des Liquidators unwirksam ist. Es können sich aber zivilrechtliche Ansprüche hieraus ergeben: Der Empfänger einer Erklärung, bei der der entsprechende Zusatz fehlt, könnte seine Erklärung nach § 119 Abs. 2 BGB anfechten bzw. macht sich der Liquidator wegen eines Vertrauensschadens schadenersatzpflichtig.*
6	**Gläubigeraufruf:** Gemäß § 65 Abs. 2 GmbHG muss die Auflösung der Gesellschaft von dem Liquidator in den Gesellschaftsblättern bekanntgemacht werden. Die Veröffentlichung erfolgt im Bundesanzeiger[13] und ggf. in dem weiteren, in der Satzung bestimmten Veröffentlichungsorgan. Durch die Bekanntmachung werden die Gläubiger der Gesellschaft aufgefordert, sich bei der Gesellschaft zu melden. Die Bekanntmachung enthält ferner die Information, dass die Gesellschaft aufgelöst ist. Gemäß § 73 GmbHG[14] wird durch den Gläubigeraufruf das liquidationsrechtliche Sperrjahr, nach dem die Vermögensverteilung überhaupt erst beginnen darf, ausgelöst. Es bedarf nur noch eines einmaligen Gläubigeraufrufs.

[13] Seit dem Inkrafttreten des Gesetzes zur Änderung von Vorschriften über Verkündung und Bekanntmachungen sowie der Zivilprozessordnung, des Gesetzes betreffend die Einführung der Zivilprozessordnung und der Abgabenordnung v. 22.12.2011, BGBl I, 3044 am 01.04.2012 gibt es den Bundesanzeiger nur noch in elektronischer Form (vorher eBanz). Nach h.M. sollen, wenn Altsatzungen noch eine Veröffentlichung im „Bundesanzeiger" vorsahen, diese noch in elektronischer Form ausreichen.

[14] In der Fassung seit dem Gesetz zur Umsetzung der Aktionärsrechterichtlinie (ARUG) v. 30.07.2009, BGBl I, 2479.

	Hinweis *Der Aufbewahrung der Nachweise für die Veröffentlichung zum Gläubigeraufruf kommt sehr hohe Bedeutung zu, da diese Nachweise für die Anmeldung der Beendigung der Liquidation und Löschung der Gesellschaft bei dem Handelsregister vorgelegt werden müssen. Können diese nicht vorgelegt werden, erfolgt durch das Handelsregister keine Löschung der Gesellschaft. Im Zweifel muss dann noch einmal der Gläubigeraufruf erfolgen, da erst mit einem nachweisbaren Aufruf das liquidationsrechtliche Sperrjahr nach § 73 GmbHG zu laufen beginnt.*
7	**Sperrjahr:** Die Liquidation einer GmbH erstreckt sich auf einen Mindestzeitraum von einem Jahr (§ 73 Abs. 1 i.V.m. § 65 Abs. 2 GmbHG). Bevor die vollständige Löschung der GmbH beim Handelsregister angemeldet werden kann, muss mindestens ein volles Sperrjahr, gerechnet ab Gläubigeraufruf, eingehalten werden. Das Sperrjahr dient dem Schutz der Gläubiger der Gesellschaft, denn der Rechtsverkehr ist darauf angewiesen, dass sich vertraglich gebundene Geschäftspartner nicht einfach durch eine Liquidation ihrer geschäftlichen Verpflichtungen entledigen können, ohne dass die Gläubiger Kenntnis von der Liquidation erlangen und eine Möglichkeit haben, sich gegen eine Löschung der Gesellschaft zur Wehr zu setzen. Das Sperrjahr beginnt mit dem Gläubigeraufruf.
8	**Abwicklung:** Gemäß § 69 GmbHG kommen bis zur Beendigung der Liquidation ungeachtet der Auflösung der Gesellschaft in Bezug auf die Rechtsverhältnisse derselben und der Gesellschafter grundsätzlich dieselben Vorschriften zur Anwendung, wie zu Zeiten der werbenden Gesellschaft, soweit sich aus den Bestimmungen des Abschnitts zur Liquidation nichts anderes ergibt. Die Grundstruktur der Gesellschaft bleibt damit unangetastet. Gemäß § 70 GmbHG haben die Liquidatoren zunächst • die laufenden Geschäfte zu beendigen, • die Verpflichtungen der aufgelösten Gesellschaft zu erfüllen, • die Forderungen der Gesellschaft einzuziehen, • das Vermögen der Gesellschaft in Geld umzusetzen und • sie haben die Gesellschaft gerichtlich und außergerichtlich zu vertreten. § 73 GmbHG unterscheidet zwischen bekannten und unbekannten Gläubigern. Diese Unterscheidung ist unter dem Gesichtspunkt des Gläubigerschutzes materiell wichtig. Denn die Verteilung des Liquidationserlöses unter den Gesellschaftern nach Ablauf des Sperrjahres hängt nur von der Befriedigung oder Sicherstellung **der bekannten Gläubiger** ab. Dem unbekannten Gläubiger droht mit Ablauf des Sperrjahres der Verlust seiner Forderung. Dieser muss damit rechnen, dass zum Zeitpunkt der Geltendmachung seiner Forderung die Liquidationsmasse bereits verteilt ist.

Hinweis

Inhaber latenter Mängel(gewährleistungs)ansprüche o.Ä., für die konkrete Anhaltspunkte bestehen, sind als bekannte Gläubiger i.S.d. § 73 GmbHG anzusehen. Zur Beendigung schwebender Geschäfte können die Liquidatoren dann auch neue Geschäfte eingehen. Das heißt, sie haben die Abwicklung der Gesellschaft mit dem Ziel zu betreiben, die Verbindlichkeiten der Gesellschaft vollständig zu erfüllen und anschließend das danach verbleibende Vermögen an die Gesellschafter auszukehren. Daneben haben sie sonstige Pflichten, wie die Erfüllung aller steuerlichen Pflichten der Gesellschaft, auch soweit sie aus der Zeit vor der Auflösung stammen, vollständig zu erfüllen. Meldet sich ein bekannter Gläubiger nicht,[15] ist nach § 73 Abs. 2 GmbHG der geschuldete Betrag, wenn die Berechtigung zur Hinterlegung vorhanden ist, für den Gläubiger zu hinterlegen. Ist die Berichtigung einer Verbindlichkeit zzt. nicht ausführbar oder ist eine Verbindlichkeit streitig, darf die Verteilung des Vermögens nur erfolgen, wenn dem Gläubiger Sicherheit geleistet worden ist. Liquidatoren, welche dem zuwiderhandeln, sind gem. § 73 Abs. 3 GmbHG zum Ersatz der verteilten Beträge solidarisch verpflichtet.

Sollte sich im Rahmen der Auflösung der Gesellschaft und der Anmeldung zum Handelsregister herausstellen, dass die aufgelöste Gesellschaft insolvenzantragspflichtig ist, muss der Liquidator unverzüglich einen Antrag auf Eröffnung des Insolvenzverfahrens stellen. Eine Zubilligung einer Dreiwochenüberlegungsfrist (die sonst dem Geschäftsführer der werbenden Gesellschaft zugesprochen wird) besteht nicht, da eine Sanierung der Gesellschaft aufgrund des schon erfolgten Auflösungsbeschlusses ausscheidet.

Besonderes Augenmerk muss auf nachrangige (Gesellschafter-)Darlehensforderungen gelegt werden. Das heißt, Rangrücktrittserklärungen müssen weiter beachtet werden. Andernfalls würde u.U. der zur Vermeidung einer insolvenzrechtlichen Überschuldung oder Zahlungsunfähigkeit geheilte Insolvenzantragsgrund wieder aufleben und die Gesellschaft wäre damit insolvenzantragspflichtig. Es stellt sich dann auch gleichzeitig die Frage, ob ein steuerpflichtiger Gewinn entsteht, wenn im Zuge der Liquidation ein mit einem Rangrücktritt versehenes Darlehen gegenüber der Gesellschaft mangels ausreichendem Vermögen nicht zurückgeführt werden kann.

15 Die Forderung des Gläubigers ist bekannt, wenn sie dem Grunde nach und der Höhe nach dem Liquidator aus den Unterlagen der Gesellschaft oder aufgrund eigener Nachforschungen im Wesentlichen bekannt ist; Haas, in: Noack/Servatius Haas (vormals Baumbach/Hueck), GmbHG, 23. Aufl. 2022, § 73 Rdnr. 6 m.w.N.

9	**Vermögensverteilung, Liquidationsschlussbilanz, Schlussrechnung:** Nach Beendigung der laufenden Geschäfte, der Einziehung aller Forderungen, der Befriedigung aller Verbindlichkeiten oder deren Sicherstellung (Hinterlegung oder Sicherheitsleistung) sowie nach Ablauf des Sperrjahres haben die Liquidatoren eine Liquidationsschlussbilanz aufzustellen, aus der sich das zur Verteilung bestimmte Gesellschaftsvermögen unter Berücksichtigung der restlichen Aufwendungen ergibt. Das Sperrjahr beginnt mit dem Gläubigeraufruf. **Hinweis** *Nach § 73 Abs. 3 Satz 1 GmbHG haften die Liquidatoren gesamtschuldnerisch für unter Verstoß gegen § 73 GmbHG verteilte Beträge. Die beschriebenen Schritte sollten daher sklavisch eingehalten werden, um eine Haftung sicher auszuschließen. In den Fällen der Liquidation mit Liquidationsüberschüssen, bei denen der Liquidator Gläubiger bei der Vermögensverteilung entgegen § 73 GmbHG (§§ 272, 93 AktG) unberücksichtigt lässt und die Gesellschaft anschließend zur Löschung im Handelsregister bringt, ist der Liquidator zudem einer Haftungsverschärfung ausgesetzt. Im Wege einer Analogie können nach dem BGH nun die Gläubiger durch einen Direktanspruch unmittelbar gegen den Liquidator vorgehen und Zahlung an sich selbst verlangen.*[16] Die Liquidationsschlussbilanz stellt die externe Rechnungslegung der liquidierten Gesellschaft dar. Die Schlussrechnung ist das rein zu internen Zwecken der Gesellschaft aufgestellte Zahlenwerk. § 74 GmbHG verlangt die Erstellung einer Schlussrechnung nach der Verteilung des Restvermögens durch die Liquidatoren.
10	**Anmeldung des Erlöschens zum Handelsregister:** Die Beendigung der Liquidation und das Erlöschen der Firma sind im Handelsregister anzumelden. Anmeldeberechtigt und -verpflichtet sind nach § 74 Abs. 1 GmbHG die Liquidatoren in ihrem vertretungsberechtigten Umfang, § 78 GmbHG. Mit der Löschung der Gesellschaft erlischt auch automatisch das Amt als Liquidator, so dass dies nicht zwingend in die Handelsregisteranmeldung aufgenommen werden muss. Die Anmeldung kann aber erst erfolgen, wenn die Liquidation vollständig abgeschlossen ist und die Gesellschaft keinerlei Vermögen mehr hat. Dies beinhaltet auch, dass alle steuerlichen Pflichten erfüllt wurden sind. In der Regel wird dies vom Handelsregister durch eine Abfrage beim Finanzamt überprüft. Das heißt, erst nach Ablauf des Sperrjahres und vollständiger Beendigung der Liquidation kann nach § 74 Abs. 1 GmbHG die Beendigung der Gesellschaft angemeldet und die Gesellschaft im Handelsregister tatsächlich gelöscht werden.

[16] BGH, Urt. v. 13.03.2018 – II ZR 158/16, BGHZ 218, 80–96

11	**Nachtragsliquidation:** Sofern sich nach Löschung der Gesellschaft herausstellt, dass im Zeitpunkt der Löschung noch Gesellschaftsvermögen vorhanden war oder noch andere Abwicklungsmaßnahmen nötig sind, muss eine sogenannte Nachtragsliquidation durchgeführt werden. Solange noch Vermögen vorhanden ist, existiert die Gesellschaft noch, sie ist dann nur aufgelöst, aber noch nicht erloschen. Wenn daher die Gesellschaft im Handelsregister gelöscht worden ist und – wie nicht selten – neues Vermögen der Gesellschaft bekannt wird, ist eine Nachtragsliquidation durchzuführen. Dabei muss das nun aufgefundene Vermögen der Gesellschaft jedoch die Kosten der Nachtragsliquidation übersteigen und bereits im Zeitpunkt der erfolgten Löschung vorhanden gewesen sein.[17] Jeder Gesellschafter, Rechtsnachfolger eines Gesellschafters oder nicht befriedigter Gläubiger der GmbH kann die Nachtragsliquidation beantragen. Soweit eine Nachtragsliquidation zum Handelsregister angemeldet wird, muss ein neuer Liquidator bestellt werden, da es sich um einen eigenständigen Verfahrensabschnitt handelt. Die Nachtragsliquidation ist die Fortsetzung der schon begonnenen Abwicklung, ein neuer Gläubigeraufruf nach § 65 Abs. 2 GmbHG und der erneute Lauf eines Sperrjahres nach § 73 Abs. 1 GmbHG setzen nicht ein.[18]
12	**Fortsetzung der Gesellschaft:** Die Gesellschafter können trotz Liquidationsbeschlusses und Anmeldung zum Handelsregister darüber befinden, die Gesellschaft nicht zu liquidieren, sondern stattdessen fortzusetzen. Eine derartige Fortsetzung der Gesellschaft bedarf zwingend eines Gesellschafterbeschlusses. Es gelten die Regelungen, wie bei der Beschlussfassung zur Liquidation. Die Zulässigkeit der Fassung eines Fortsetzungsbeschlusses ist in § 60 Abs. 1 Nr. 4 GmbHG geregelt, aber nicht auf diese Fälle allein beschränkt. Eine Fortsetzung kann nach der h.M.[19] jedoch dann nicht mehr beschlossen werden, wenn bereits mit der Verteilung des Vermögens an die Gesellschafter begonnen worden ist.[20] Selbstverständlich darf die Gesellschaft nicht insolvenzantragspflichtig sein. Ob darüber hinaus das Stammkapital nach den Maßstäben der wirtschaftlichen Neugründung vorhanden sein muss, ist umstritten. Im Fall des Vorliegens der Voraussetzungen für eine wirtschaftliche Neugründung wird die Auffüllung des satzungsmäßigen Stammkapitals notwendig sein.

17 Haas, in: NOACK/SERVATIUS HAAS (vormals Baumbach/Hueck) GmbHG, 23. Aufl. 2022, § 60 Rdnr. 104.

18 Vgl. HAAS, in: NOACK/SERVATIUS HAAS (vormals BAUMBACH/HUECK), GmbHG, 23. Aufl. 2022, , § 60 Rdnr. 109 m.w.N.).

19 OLG Düsseldorf, Beschl. v. 13.07.1979 – 3 W 139/7, GmbHR 1979, 228; SCHOLZ, GmbHG, 12. Aufl. 2020, § 60 Rdnr. 82 m.w.N.

20 Bei der notwendigen Anmeldung zum Handelsregister prüft das Registergericht, ob eine rechtmäßige Fortsetzung der Gesellschaft vorliegt. Dabei haben die Geschäftsführer bei der Anmeldung zu versichern, dass mit der Verteilung des Gesellschaftsvermögens an die Gesellschafter noch nicht begonnen wurde.

Im Fall einer Auflösung der Gesellschaft wegen der Ablehnung des Insolvenzverfahrens mangels Masse ist ein Fortsetzungsbeschluss nach h.M.[21] nicht möglich. In der Regel werden sich die Handelsregister weigern, die Auflösung der Gesellschaft zu korrigieren und die werbende Gesellschaft zur Eintragung zu bringen. Ebenso verhält es sich, wenn ein Insolvenzverfahren abgeschlossen worden ist und ein Restvermögen durch den Insolvenzverwalter freigegeben worden ist (z.B. nicht verwertbares Grundstück zugunsten eines Gesellschafters). Bei einer Beschlussfassung über die Fortsetzung der Gesellschaft ist ein neuer Geschäftsführer zu bestellen, da das Liquidatorenamt sich nicht automatisch als Geschäftsführeramt fortsetzt.

33.3 Rechnungslegung

33.3.1 Jährliche Rechnungslegung während der Liquidation

Auf den Zeitpunkt des Beschlusses über die Auflösung der GmbH (Auflösungsstichtag) ist nach § 71 Abs. 1 GmbHG eine **Liquidationseröffnungsbilanz** mit erläuterndem Bericht aufzustellen. Hierdurch entsteht handelsrechtlich grundsätzlich ein Rumpfwirtschaftsjahr für den Zeitraum zwischen dem letzten Bilanzstichtag und dem Auflösungsstichtag. Gleichzeitig entsteht damit ein neues Geschäftsjahr. Nach h.M. wird aber die Beibehaltung des bisherigen Geschäftsjahres für zulässig erachtet, sofern dies im Gesellschaftsvertrag vorgesehen ist oder durch Beschluss der Gesellschafterversammlung (bei der GmbH mit einfacher Mehrheit) bestätigt wird.[22] 33.14

Nach § 71 Abs. 2 GmbHG gelten für die Liquidationseröffnungsbilanz die Vorschriften über den Jahresabschluss entsprechend. Auch während der Liquidation sind für den Schluss eines jeden Geschäftsjahres weiterhin ein Jahresabschluss und ggf. ein Lagebericht aufzustellen (§ 71 Abs. 1 GmbHG). Danach gilt dies auch für eine **kleine GmbH**. 33.15

Hinweis

Nach h.M. handelt es sich bei § 71 Abs. 1 GmbHG allerdings um ein redaktionelles Versehen des Gesetzgebers, so dass die Erstellung von Lageberichten bei einer kleinen GmbH i.S.d. § 267 HGB als nicht erforderlich angesehen wird.

---

21 OLG Köln, Beschl. v. 22.02.2010 – 2 Wx 18/10, GmbHR 2010, 710; HAAS, in: NOACK/SERVATIUS/HAAS (vormals BAUMBACH/HUECK), GmbHG, 23. Aufl. 2022, , § 60 Rdnr. 67.

22 Vgl. DEUBERT, in: DEUBERT/FÖRSCHLE/STÖRK, Sonderbilanzen, 6. Aufl. 2021, Teil T, Rdnr. 202; DIẞARS/KAHL-HINSCH, StuB 2015, 449; KOCH, Aktiengesetz, 18. Aufl. 2024, § 270 Rdnr. 14.

33.16 Bei Beendigung der Liquidation ist eine **Liquidationsschlussbilanz** nebst Gewinn-und-Verlust-Rechnung, Anhang und ggf. Lagebericht aufzustellen. Die Liquidationsschlussbilanz wird auch regelmäßig vom Bundesanzeiger angefordert.

33.17 Von der Liquidationsschlussbilanz ist die im Rahmen der internen Rechnungslegung zu erstellende **Liquidationsschlussrechnung** zu unterscheiden, die gem. § 74 Abs. 1 GmbHG nach der Verteilung des Gesellschaftsvermögens zwingend zu erstellen ist. Sie dient als Abrechnung der Liquidatoren gegenüber den Gesellschaftern sowie als Nachweis für das Registergericht. Im Regelfall wird diese mit der externen Liquidationsschlussbilanz übereinstimmen. In beiden Fällen wird als Stichtag der Tag unmittelbar vor einer etwaigen Verteilung des Restvermögens an die Gesellschafter in Betracht kommen.

33.3.2 Aufzustellende Bilanzen im Liquidationszeitraum

33.18 Da der Auflösungsstichtag regelmäßig nicht mit dem Bilanzstichtag übereinstimmt, ist umstritten, ob für das Rumpfwirtschaftsjahr die Aufstellung eines Abschlusses (handelsrechtliche Schlussbilanz) der werbenden Gesellschaft nebst Gewinn-und-Verlust-Rechnung, Anhang und ggf. Lagebericht erforderlich ist. Dies wird nach h.M. bejaht.[23] Auch der elektronische Bundesanzeiger weist Gesellschaften in der Liquidation darauf hin, dass der letzte Jahresabschluss (handelsrechtliche Schlussbilanz) der werbenden Gesellschaft offenzulegen ist.[24]

33.19 Geht man davon aus, dass bei einer GmbH bisher das Wirtschaftsjahr dem Kalenderjahr entsprach und wird z.B. zum 15.09.2018 die Liquidation der GmbH durch die Gesellschafter beschlossen, so hat die GmbH ganz regulär den Jahresabschluss zum 31.12.2017 aufzustellen und auch im elektronischen Bundesanzeiger zu veröffentlichen. Für die Zeit vom 01.01.2018 bis zum 14.09.2018 ergibt sich ein Rumpfwirtschaftsjahr für die noch werbende Gesellschaft. Zum 14.09.2018 kann daher ein Abschluss der werbenden Gesellschaft für diesen verkürzten Zeitraum erstellt werden. Unumstritten ist aber, dass zum 15.09.2018 eine **Liquidationseröffnungsbilanz** aufzustellen ist.

33.20 Bei Verstößen gegen die Rechnungslegungspflichten machen sich die Liquidatoren gegenüber der GmbH schadenersatzpflichtig, außerdem drohen ggf. zivil- und strafrechtliche Konsequenzen[25] (§§ 283, 283b StGB).

---

[23] Deubert, in: Deubert/Förschle/Störk, Sonderbilanzen, 6. Aufl. 2021, Teil T, Rdnr. 46; zur Kritik vgl. ebenda, Rdnr. 50; Dißars/Kahl-Hinsch, StuB 2015, 449.

[24] Dißars/Kahl-Hinsch, StuB 2015, 449.

[25] OLG Frankfurt, Urt. v. 06.10.1976 – 2 Ss 461/76, BB 1977, 312; BayObLG, Urt. v. 31.01.1990 – BReg. 3 St 166/89, GmbHR 1990, 299.

Schließlich müssen im Rahmen der Liquidation weiterhin reguläre Jahresabschlüsse aufgestellt werden, so dass ab dem Tag der Liquidationseröffnungsbilanz ein neues Geschäftsjahr von zwölf Monaten beginnt (Folge im obigen Beispiel: nächster Jahresabschluss zum 14.09.2019), sofern nicht durch Gesellschafterbeschluss das bisherige Geschäftsjahr beibehalten wird (Folge: nächster Jahresabschluss zum 31.12.2018). Empfehlenswert ist daher, die Liquidation auf einen Stichtag zu beschließen, auf den ohnehin ein Jahresabschluss zu erstellen ist. 33.21

Die letzte öffentlich-rechtliche Rechnungslegung der GmbH vor Verteilung des Reinvermögens an die Gesellschafter umfasst die **Liquidationsschlussbilanz** nebst Gewinn-und-Verlust-Rechnung und Anhang. Diese Verpflichtung ergibt sich nicht unmittelbar aus dem Gesetz, allerdings müssen die Liquidatoren laufend Rechnung legen, so dass dies auch für das letzte (Rumpf-)Wirtschaftsjahr der Fall ist. Da die Gesellschaft nicht mehr fortgeführt wird, kann auf einen Lagebericht verzichtet werden. 33.22

Die Liquidationsschlussbilanz wird auf den Tag aufgestellt, ab dem die Voraussetzungen für die Verteilung des Gesellschaftsvermögens an die Gesellschafter vorliegen, d.h., die Aufstellung der Liquidationsschlussbilanz erfolgt zum Zeitpunkt der Beendigung der Liquidation, es muss kein extra Rumpfgeschäftsjahr im Handelsregister gesondert eingetragen werden. 33.23

Die Liquidationsschlussbilanz soll Auskunft über den Geschäftsgang seit dem letzten Liquidationsjahresabschluss geben und die Höhe des zu verteilenden Vermögens abbilden. Voraussetzung für die Aufstellung der Liquidationsschlussbilanz ist, dass Geschäftsvorfälle in nennenswertem Umfang nicht mehr zu erwarten sind.

Die Liquidationsschlussbilanz ist damit die letzte externe Rechnungslegung der aufgelösten Gesellschaft und gibt den Liquidatoren die Gelegenheit, Vorschläge über die Verwendung des Vermögens zu machen, z.B. über eine Ausschüttung des Restvermögens oder die Rückgabe von Sacheinlagen an die Gesellschafter.

Die Liquidationsschlussbilanz unterliegt den Rechnungslegungs-, Prüfungs- und Offenlegungsvorschriften des HGB und ist durch die Gesellschafter gem. § 46 Nr. 1 GmbHG festzustellen.

Davon zu unterscheiden ist die **Liquidationsschlussrechnung**, die gem. § 74 Abs. 1 GmbHG vor Verteilung des Gesellschaftsvermögens zu erstellen ist. Sie dient als interne Abrechnung der Liquidatoren gegenüber den Gesellschaftern und wird nicht veröffentlicht.

Die Schlussrechnung wird nach § 74 Abs. 1 GmbHG als Voraussetzung der Anmeldung des Schlusses der Liquidation zum Handelsregister gefordert und ist neben der Liquidationsschlussbilanz zu erstellen.

Daraus ergibt sich außerdem, dass die Schlussrechnung nach Verteilung des Vermögens zu erstellen ist und im Gegensatz zur Liquidationsschlussbilanz die Vermögensverteilung dokumentiert. In ihr ist demnach kein Vorschlag zur Vermögensverteilung enthalten. Sie bildet die interne Rechnungslegung der Liquidatoren gegenüber den Gesellschaftern ab und hat damit auch die Funktion für die Liquidatoren, Rechenschaft über ihre Tätigkeit von Anfang bis Ende der Liquidation ablegen zu können. Die Schlussrechnung dient den Liquidatoren also zu ihrer Entlastung. Sie ist eine Überschussrechnung i.S.d. § 259 Abs. 1 BGB und sollte sinnvollerweise als Einnahmen-/Ausgabenrechnung gestaltet werden.

33.3.3 Offenlegung während der Liquidation

33.24 Die §§ 325–329 HGB über die Offenlegung des Jahresabschlusses und ggf. des Lageberichts gelten auch während der Liquidation entsprechend.[26] Daraus folgt, dass die Liquidatoren als gesetzliche Vertreter der Kapitalgesellschaft die Liquidationseröffnungsbilanz nebst Erläuterungsbericht, die folgenden Jahresabschlüsse sowie die Liquidationsschlussbilanz nebst Gewinn-und-Verlust-Rechnung und Anhang beim Betreiber des elektronischen Bundesanzeigers einreichen und dort bekanntmachen lassen müssen.

Die Schlussrechnung wird nicht im Bundesanzeiger veröffentlicht.

33.25 Kommen die Liquidatoren diesen Offenlegungspflichten nicht, nicht vollständig, nicht in der vorgeschriebenen Weise oder nicht rechtzeitig nach, so kann gegen sie gem. § 334 Abs. 1a HGB vom Bundesamt für Justiz ein Ordnungsgeld festgesetzt werden.

33.4 Liquidationsbesteuerung

33.26 Die Liquidation einer GmbH führt zur **Auflösung und Abwicklung** der Gesellschaft und damit zur Beendigung der unternehmerischen Aktivitäten. Als Alternative zur Liquidation kommt die **Umwandlung der GmbH** in eine andere Rechtsform in Betracht. Nach den §§ 3 ff. UmwG zur Verschmelzung kann eine GmbH unter Auflösung, jedoch **ohne Abwicklung** auch mit einem anderen Rechtsträger (Kapitalgesellschaft oder Personenhandelsgesellschaft) verschmolzen oder gem. §§ 123 ff. UmwG durch Aufspaltung auf mindestens zwei andere Rechtsträger aufgeteilt werden (siehe Rdnr. 30.1 ff.).

[26] Vgl. LG Berlin, Urt. v. 25.10.1991 – 98 T 70/91, GmbHR 1992, 539.

Hinweis

Wird die Liquidation bei einer GmbH durchgeführt, in die innerhalb der letzten sieben Jahre gem. § 20 UmwStG ein Betrieb, Teilbetrieb oder ein Mitunternehmeranteil unter Buchwertfortführung oder durch Ansatz eines Zwischenwerts eingebracht worden ist, liegt in Bezug auf die **sperrfristbehafteten Anteile** ein **schädlicher Vorgang** i.S.d. § 22 Abs. 1 Satz 6 Nr. 3 UmwStG (Auflösung und Abwicklung der Kapitalgesellschaft, siehe dazu Rdnr. 29.23) vor, der zur rückwirkenden Einbringungsgewinnbesteuerung führt. 33.27

33.4.1 Besteuerung auf der Ebene der GmbH

33.4.1.1 Grundlagen

Die Besteuerungsfolgen der Liquidation auf der Ebene der GmbH sind in § 11 KStG geregelt, der in zweifacher Hinsicht Sonderregelungen enthält: 33.28

- In § 11 Abs. 1 KStG ist ein eigenständiger Besteuerungszeitraum vorgesehen, der drei Zeitjahre nicht überschreiten soll. Mit dieser Regelung soll das Ergebnis des Abwicklungszeitraums in einem bestimmten Besteuerungszeitraum zusammengefasst werden. Auf der Grundlage einer Ermessensentscheidung kann dennoch vom Finanzamt eine jährliche Veranlagung gefordert werden.[27]
- Darüber hinaus enthält § 11 KStG eine eigenständige Gewinnermittlung, die insbesondere eine Gegenüberstellung des Abwicklungsendvermögens und des Abwicklungsanfangsvermögens vorsieht.

Im Rahmen der Besteuerung tritt mit der Dreijahresfrist der sogenannte „Abwicklungszeitraum" an die Stelle des Wirtschaftsjahres. Erstreckt sich die Abwicklung über einen Zeitraum von mehr als drei Jahren, liegt es grundsätzlich im Ermessen der Finanzbehörde, ob der Besteuerungszeitraum verlängert wird oder ob wieder zur jährlichen Veranlagung überzugehen ist.[28] 33.29

Mit der zeitlichen Begrenzung des Liquidationszeitraums wird das Ziel verfolgt, im Rahmen der Liquidationsbesteuerung das Prinzip der jahresbezogenen Abschnittsbesteuerung nicht endlos zu durchbrechen. Aus diesem Grund ist der Abwicklungszeitraum in (mindestens) zwei eigenständige Veranlagungszeiträume aufzuteilen, wenn der Dreijahreszeitraum überschritten wird. 33.30

---

[27] Zum einheitlichen Besteuerungszeitraum und zu Zwischenveranlagungen in Liquidation und Insolvenz vgl. Bergmann, GmbHR 2012, 943; zu dem Ermessen des Finanzamts vgl. ausführlich Stalbold, in: Gosch, KStG, 4. Aufl. 2020, § 11 Rdnr. 50 ff.

[28] FG Brandenburg, Urt. v. 23.01.2002 – 2 K 2272/98 K, U, F, EFG 2002, 433.

33.31 Die **subjektive und objektive Steuerpflicht** für die aufgelöste GmbH endet erst, wenn die Liquidation rechtsgültig abgeschlossen ist.[29] Dazu gehört bei der Liquidation auch der Ablauf des Sperrjahres. Auch wenn eine GmbH vor Ablauf des Sperrjahres ihr Gesellschaftsvermögen vollständig ausgeschüttet hat, ist sie nach R 11 Abs. 2 KStR 2015 noch nicht erloschen. Die **Löschung im Handelsregister** ist für sich allein nach R 11 Abs. 2 Satz 4 KStR 2015 **ohne Bedeutung.**

33.32 Für den rechtlichen Fortbestand genügt es nach Ansicht des BFH, dass die GmbH noch rechtliche Pflichten zu erfüllen hat.[30] Auch ist nach der Löschung im Handelsregister durchaus noch die Zustellung von Steuerbescheiden möglich.[31] Sollte es nach der Löschung einer GmbH noch zu einer Steuererstattung kommen, verlangt die Finanzverwaltung, dass ein Nachtragsliquidator zu bestellen ist.[32]

33.33 Nach dem Beschluss des OLG Hamm vom 01.07.2015 ist die Liquidation i.S.v. § 74 Abs. 1 GmbHG noch nicht beendet, wenn ein die Gesellschaft betreffendes Steuerverfahren noch nicht abgeschlossen und der Gesellschaft noch ein Steuerbescheid zuzustellen ist.[33] Nach einem Beschluss des OLG Düsseldorf[34] ist eine Liquidation trotz fehlenden Einverständnisses des Finanzamts auch möglich, wenn der Geschäftsbetrieb endgültig eingestellt ist, die Gesellschaft über kein Vermögen mehr verfügt und lediglich Steuernachforderungen in Rede stehen.

33.34 § 11 KStG verlangt (kumulativ) neben der Auflösung auch die Abwicklung der Gesellschaft. Daher fällt die sogenannte **stille Abwicklung** oder stille Liquidation i.d.R. nicht unter die Liquidation.[35] Eine stille Abwicklung liegt vor, wenn eine GmbH ihr Vermögen auf ihren einzigen Gesellschafter überträgt und anschließend wegen Vermögenslosigkeit gelöscht wird. Auf die Löschung wegen Vermögenslosigkeit findet § 11 KStG keine Anwendung.[36]

33.35 Der Besteuerungszeitraum beginnt grundsätzlich zum Zeitpunkt der Auflösung. Bei einem vom Jahresende abweichenden Zeitpunkt ist nach der Rechtsprechung

---

[29] Vgl. RFH, Urt. v. 08.08.1928 – I A 463/27, RStBl 1928, 314.

[30] Vgl. BFH, Urt. v. 26.03.1980 – I R 111/79, BStBl II, 587; so auch MÜNCH, in: DÖTSCH/PUNG/MÖHLENBROCK, Die Körperschaftsteuer, § 11 KStG Rdnr. 23 (03/2018).

[31] Vgl. BFH, Urt. v. 06.05.1977 – III R 19/75, BStBl II, 783.

[32] Vgl. DIßARS/KAHL-HINSCH, StuB 2015, 449.

[33] OLG Hamm, Beschl. v. 01.07.2015 – I-27 W 71/15, GmbHR 2015, 939.

[34] OLG Düsseldorf, Beschl. v. 01.02.2017 – I-3Wx 300/16, rkr., BeckRS 2017, 103040, DStR 12/2017, XIV.

[35] MÜNCH, in: DÖTSCH/PUNG/MÖHLENBROCK, Die Körperschaftsteuer, § 11 KStG Rdnr. 16 (03/2018); HAGEBÖKE, in: RÖDDER/HERLINGHAUS/NEUMANN, KStG, 2. Aufl. 2023, § 11 Rdnr. 31.

[36] BFH, Urt. v. 27.03.2007 – VIII R 60/05, BStBl II 2008, 303.

des BFH zwingend ein **Rumpfwirtschaftsjahr** zu bilden.[37] Die Umstellung des Wirtschaftsjahres ist nicht zustimmungsbedürftig gem. § 7 Abs. 4 KStG. Nach R 11 Abs. 1 Satz 3 KStR 2022 gewährt die Finanzverwaltung billigkeitshalber ein **Wahlrecht:**

- Die GmbH kann ein Rumpfwirtschaftsjahr bilden, das vom Schluss des vorangegangenen Wirtschaftsjahres bis zur Auflösung reicht. Dieses Rumpfwirtschaftsjahr ist nach R 11 Abs. 1 Satz 6 KStG nicht in den Abwicklungszeitraum einzubeziehen.
- Die GmbH kann auf die Bildung eines Rumpfwirtschaftsjahres verzichten, so dass für das für das Rumpfwirtschaftsjahr keine gesonderte Steuererklärung abgegeben werden muss. Damit tritt im Gewinnfall ein Steuerstundungseffekt ein.

33.4.1.2 Ermittlung des Abwicklungseinkommens

Für den gesamten Liquidationszeitraum ist das Abwicklungseinkommen zu ermitteln, das sich aus der Differenz zwischen dem Abwicklungsend- und -anfangsvermögen ergibt. Beide Vergleichswerte sind anschließend noch nach § 11 Abs. 3 und Abs. 4 Satz 3 KStG zu berichtigen. Nach der gesetzlichen Definition in § 11 Abs. 4 KStG entspricht das Abwicklungsanfangsvermögen dem Betriebsvermögen, das zum Schluss des der Auflösung vorangegangenen Wirtschaftsjahres bei der Körperschaftsteuerveranlagung zugrunde gelegt worden ist. Es besteht demnach ein Bilanzzusammenhang zwischen der letzten Schlussbilanz und der steuerlichen Liquidationseröffnungsbilanz. 33.36

Neben den realisierten stillen Reserven kann das im Abwicklungszeitraum erzielte Einkommen auch noch laufende Erträge enthalten. Im Übrigen sind nach § 11 Abs. 6 KStG die allgemeinen Vorschriften zur Gewinnermittlung zu beachten. Daraus folgt, dass nicht abziehbare Aufwendungen das Liquidationseinkommen nicht mindern dürfen und etwaige steuerfreie Vermögensmehrungen nach § 11 Abs. 3 KStG gekürzt werden. 33.37

Dem Abwicklungsendvermögen, das zur Verteilung an die Anteilseigner kommt, sind etwaige Liquidationsraten und andere (auch verdeckte) Zuwendungen, die den Anteilseignern bereits im Laufe der Abwicklung zugeflossen sind, wieder hinzuzurechnen. Einlagen der Gesellschafter innerhalb des Abwicklungszeitraums werden vom Endvermögen wieder abgezogen. Das Endvermögen ist analog zu § 16 Abs. 3 EStG mit dem gemeinen Wert anzusetzen, auch wenn der Gesellschafter dafür an die Körperschaft einen niedrigeren Preis gezahlt hat. 33.38

[37] BFH, Urt. v. 17.07.1974 – I R 233/71, BStBl II, 693.

33.39 Gewinnausschüttungen, die im Abwicklungszeitraum für vorangegangene Wirtschaftsjahre erfolgen, dürfen den Abwicklungsgewinn nicht mindern und werden vom Abwicklungsanfangsvermögen abgesetzt. Solche Ausschüttungen basieren nach Verwaltungsauffassung[38] auf einem den gesellschaftsrechtlichen Vorschriften entsprechenden Gewinnverteilungsbeschluss für ein abgelaufenes Wirtschaftsjahr, wenn bei der Körperschaft nach Beginn der Liquidation der Beschluss gefasst wird, Gewinne für vor dem Abwicklungszeitraum endende Wirtschaftsjahre auszuschütten. Offene Gewinnausschüttungen für den Abwicklungszeitraum selbst sind dagegen nicht mehr zulässig. Bei den im Abwicklungszeitraum geleisteten Zuwendungen handelt es sich vielmehr um Liquidationsraten.

33.40 Der nach § 11 KStG ermittelte Gewinn im Abwicklungszeitraum unterliegt der tariflichen Körperschaftsteuer gem. § 23 KStG von derzeit 15 % zuzüglich Solidaritätszuschlag sowie der Gewerbesteuer.

33.41 Während bei der Körperschaftsteuer lediglich eine Besteuerungsperiode zugrunde gelegt wird, wird der **Gewerbeertrag** des Liquidationszeitraums nach § 16 GewStDV i.V.m. R 7.1 Abs. 8 GewStR auf die Jahre des Abwicklungszeitraums (nach Monaten) **verteilt.** Da im GewStG keine Sonderregelungen enthalten sind, erfolgt nach § 14 GewStG auch bei einer Liquidation eine **jährliche Veranlagung der Gewerbesteuer,** wobei als Erhebungszeitraum nach § 14 Satz 2 GewStG ausdrücklich das Kalenderjahr anzunehmen ist.

33.42 Für den **Verlustabzug** gilt der gesamte Abwicklungszeitraum als ein (ggf. verlängerter) Veranlagungszeitraum, in den Verluste aus einem früheren Veranlagungszeitraum vorgetragen werden können. Ein im Abwicklungszeitraum entstandener Verlust nach § 10d EStG kann bis zu einer Höhe von 1.000.000 € auf den vorhergehenden Veranlagungszeitraum zurückgetragen werden.

Hinweis

33.43 Nach dem Urteil des BFH vom 23.01.2013[39] wird der Sockelbetrag der Mindestbesteuerung von 1 Mio. € gem. § 10d Abs. 2 Satz 1 EStG i.V.m. § 11 Abs. 6 KStG für den Besteuerungszeitraum, auch wenn dieser bis zu drei Jahre dauert, nur einmal gewährt.

[38] Vgl. BMF-Schreiben v. 26.08.2003 – IV A 2 - S 2760 - 4/03, BStBl I, 434, Rdnr. 10.
[39] Vgl. BFH, Urt. v. 23.01.2013 – I R 35/12, BStBl II, 508.

Mit Beschluss vom 26.02.2014[40] hat der I. Senat des BFH dem BVerfG die Frage vorgelegt, ob die Mindestbesteuerung nach § 10d Abs. 2 EStG und § 10a Satz 2 GewStG gegen das Leistungsfähigkeitsprinzip und das Folgerichtigkeitsprinzip nach Art. 3 Abs. 1 GG bei Definitiveffekten (endgültiger Wegfall des Verlustvortrags wie z.B. bei Liquidation oder Insolvenz) verstößt. 33.44

Kontrovers diskutiert wird derzeit die Frage, ob im Rahmen einer Liquidation nicht getilgte Darlehensverbindlichkeiten (ggf. mit erklärtem Rangrücktritt) oder nicht erfüllte Rückstellungen (z.B. Pensionsverpflichtungen) in der Liquidationsschlussbilanz einer Kapitalgesellschaft gewinnerhöhend aufzulösen sind. 33.45

Für eine Auflösung könnte sprechen, dass der Gläubiger die Forderung mit dem Erlöschen der Gesellschaft nicht mehr durchsetzen kann, so dass mit an Sicherheit grenzender Wahrscheinlichkeit feststeht, dass die Gesellschaft die Verbindlichkeit nicht mehr erfüllen muss. Damit stellt die Verbindlichkeit keine wirtschaftliche Belastung mehr dar, so dass ein bilanzieller Ausweis nicht mehr möglich ist.[41] Im Übrigen könnte auch nach § 12 Abs. 1 BewG eine vom Nennwert abweichende Bewertung in Betracht kommen, wenn besondere Umstände einen geringeren Wert begründen.[42] 33.46

Die Finanzverwaltung hat für die Insolvenz die Auflösung von Verbindlichkeiten in der Schlussbilanz verneint,[43] während für die Liquidation eine **Einzelfallprüfung** verlangt wird.[44] Im Schrifttum wird dagegen überwiegend die Auffassung vertreten, dass eine im Rahmen der Liquidation nicht befriedigte Verbindlichkeit auch in der Liquidationsschlussbilanz unverändert mit ihrem Nennwert anzusetzen und nicht aufzulösen ist.[45] Im Übrigen tritt durch die Ausbuchung einer Verbindlichkeit auch keine Erhöhung der Leistungsfähigkeit ein, so dass kein „wirklicher Gewinn" vorliegen kann und auch keine Besteuerung eintreten kann.[46] 33.47

---

40 Vgl. BFH, Urt. v. 26.02.2014 – I R 59/12, BStBl II, 1016; das Verfahren ist weiterhin anhängig, BVerfG – 2 BvL 19/14.

41 NEUMANN, in: NEUMANN/BLUMENBERG, Ubg 2016, 256, 257 f.; **dagegen** aber BLUMENBERG, ebenda, Fn. 12; NEUMANN, in: RÖDDER/HERLINGHAUS/NEUMANN, KStG, 2. Aufl. 2023, § 8 Rdnr. 1425; vgl. auch STALBOLD, in: GOSCH, KStG, 4. Aufl. 2020, § 11 Rdnr. 72.

42 NEUMANN, in: NEUMANN/BLUMENBERG, Ubg 2016, 257.

43 OFD Münster v. 21.10.2005, Kurzinformation ESt Nr. 27/2005, DB 2005, 2382.

44 OFD NRW, Kurzinformation ESt Nr. 46/2014 v. 21.11.2014, DB 2014, 2741.

45 HAGEBÖKE, in: RÖDDER/HERLINGHAUS/NEUMANN, KStG, 2. Aufl. 2023, § 11 Rdnr. 78; KAHLERT, DStR 2016, 2262; ROGGE, DB 2015, 2837; MAYER/BETZINGER, DStR 2014, 1573; THIEME, DStR 2014, 1093; HIERSTETTER, BB 2014, 1320; RÖDDING/SCHOLZ, DStR 2013, 993; FREY/MÜCKL, GmbHR 2012, 977; FARLE, DStR 2012, 1590; SEPPELT, BB 2012, 1405, HAASE/DORN, BB 2011, 2907.

46 Vgl. dazu BERGMANN, Liquidationsbesteuerung von Kapitalgesellschaften, Köln 2012, 147 ff.

33.48 Auch das FG Köln[47] hat – im Zusammenhang mit einer verbindlichen Auskunft – gegen die Auffassung des beklagten Finanzamts entschieden, dass ein durch den Wegfall einer Verbindlichkeit entstehender Gewinn mangels Steuersubjekt nicht mehr körperschaftsteuerpflichtig ist. Es kann bei der Liquidation auch kein konkludenter Verzicht auf die Forderungen unterstellt werden. Das FG Köln hat unter Hinweis auf die Rechtsprechung des BFH[48] ausgeführt, dass Verbindlichkeiten (auch bei einem Rangrücktritt) vielmehr in der Handels- und Steuerbilanz auszuweisen sind, solange nicht der Gläubiger dem Schuldner die Schuld gem. § 397 BGB erlässt oder sich ergibt, dass die Schuld aus sonstigen Gründen mit an Sicherheit grenzender Wahrscheinlichkeit nicht erfüllt zu werden braucht.[49]

33.49 In der hierzu ergangenen Revisionsentscheidung[50] hat der BFH festgestellt, dass eine verbindliche Auskunft gerichtlich nur daraufhin überprüft werden kann, ob die Behörde den zu beurteilenden Sachverhalt zutreffend erfasst hat und ob dessen rechtliche Einordnung in sich schlüssig und nicht evident rechtsfehlerhaft ist. Zur Frage, ob eine Verbindlichkeit in der Liquidationsschlussbilanz auszubuchen oder weiterhin auszuweisen ist, hat sich der BFH jedoch nicht geäußert.

33.50 Nach der Verfügung der OFD Frankfurt vom 26.07.2021[51] wurde auf Bund-Länder-Ebene erörtert, welche ertragsteuerlichen Konsequenzen sich ergeben, wenn

- eine Mutterkapitalgesellschaft die Auflösung und Liquidation ihrer Tochterkapitalgesellschaft beschließt bzw. dieser zustimmt,
- sich im Abwicklungsendvermögen der Tochter eine Darlehensverbindlichkeit gegenüber ihrer Mutter befindet,
- die Mutter aber ausdrücklich keinen Forderungsverzicht hinsichtlich ihrer Darlehensforderung erklärt hat.

33.51 Es stellt sich dann die Frage, ob die Beantragung der Liquidation oder die Zustimmung zu dieser als konkludenter Forderungsverzicht der Muttergesellschaft anzusehen ist und ob bei der Tochtergesellschaft aufgrund eines eventuellen Weg-

---

47 FG Köln, Urt. v. 06.03.2012 – 13 K 3006/11, EFG 2012, 1421.

48 BFH, Urt. v. 20.11.2011 – I R 100/10, BStBl II 2012, 332; BFH, Urt.v. 20.10.2004 – I R 11/03, BStBl II 2005, 581; vgl. auch Haase/Dorn, BB 2011, 2907.

49 BFH, Urt. v. 20.10.2004 – I R 11/03, BStBl II 2005, 581; BFH, Urt. v. 22.11.1998 – VIII R 62/85, BStBl II 1989, 359; vgl. auch Schmidt/Weber-Grellet, EStG, 43. Aufl. 2024, § 5 Rdnr. 313.

50 BFH, Urt. v. 05.02.2014 – I R 34/12, DStR 2014, 1601; dazu Mayer/Betzinger, DStR 2014, 1573.

51 OFD Frankfurt v. 26.07.2021 – S 2743 A - 12 - St 523, DStR 2021, 2973; FG Münster, Urt. v. 23.07.2020 – 10 K 2222/19 K, G, BB 2020, 2480; vgl. auch Dietrich/Weber, DStR 2019, 966; Rutemöller, DStZ 2019, 832; Mayer/Wagner, DStR 2017, 2025; vgl. auch Schmidt, DB 2017, 1998.

falls der wirtschaftlichen Belastung durch die Darlehensverbindlichkeit ein steuerpflichtiger Ertrag entsteht. Nach Auffassung der obersten Finanzbehörden des Bundes und der Länder gilt in solchen Fällen Folgendes:

Allein in der Beantragung oder Zustimmung des Gläubigers zur Liquidation einer Tochterkapitalgesellschaft ist **kein konkludenter Forderungsverzicht** zu sehen. Es ist unverändert von einer wirtschaftlichen Belastung durch die Verbindlichkeiten beim Schuldner auszugehen. Diese entfällt erst, wenn bei objektiver Würdigung der Verhältnisse angenommen werden kann, dass der Gläubiger seine Forderung nicht mehr geltend machen wird. 33.52

Ergänzend ist darauf hinzuweisen, dass eine allein aus der Liquidationsschlussbilanz ersichtliche Vermögenslosigkeit des Schuldners keinen Einfluss auf die Pflicht zur Passivierung der Verbindlichkeit in Handels- und Steuerbilanz hat. Zudem liegt hierin kein besonderer Umstand, der einen unterhalb des Nennwerts liegenden geringeren Wert der Verbindlichkeit begründet. Es ist erst dann von keiner wirtschaftlichen Belastung des Schuldners mehr auszugehen, wenn bei objektiver Würdigung der Verhältnisse angenommen werden kann, dass der Gläubiger seine Forderung nicht mehr geltend machen wird. 33.53

Mit der klaren Aussage, dass im erörterten Fall kein konkludenter Forderungsverzicht vorliegt, liegt die OFD Frankfurt auf der Linie des BFH im Zusammenhang mit Bewertung eines Forderungsverzichts als Einlage. Denn ein Forderungsverzicht setzt die „einverständliche Entlastung der Gesellschaft von der passivierten Verpflichtung" voraus.[52] Hierzu enthält ein Auflösungsbeschluss jedoch keinerlei Aussage, sondern setzt nur das Liquidationsverfahren in Gang. Auch ein Rangrücktritt stellt keinen Forderungsverzicht dar.[53] 33.54

Mit dem Hinweis, dass unverändert von einer wirtschaftlichen Belastung durch die Verbindlichkeit beim Schuldner auszugehen ist, die erst entfalle, wenn bei objektiver Würdigung der Verhältnisse angenommen werden kann, dass der Gläubiger seine Forderung nicht mehr geltend machen wird, folgt die Finanzverwaltung der BFH-Rechtsprechung zur Passivierung von Verbindlichkeiten in der Handels- und Steuerbilanz. Eine Verbindlichkeit ist danach nur dann zu passivieren, wenn sie eine wirtschaftliche Belastung darstellt. Eine solche wirtschaftliche Belastung ist aus der Sicht des Gläubigers zu beurteilen, wobei selbst die Vermögenslosigkeit des Schuldners für die fortdauernde wirtschaftliche Belastung irrelevant ist.[54] 33.55

[52] BFH, Beschl. v. 09.06.1997 – GrS 1/94, BStBl II 1980, 307.

[53] BGH, Urt. v. 05.03.2015 – IX ZR 133/14, DB 2015, 732.

[54] BFH, Urt. v. 08.09.2016 – II R 64/16, BStBl II 2017, 104; BFH, Urt. v. 10.08.2016 – I R 25/15, BStBl II 2017, 670; vgl. auch KAHLERT, DStR 2016, 2263, 2263 f.

Wenngleich die Finanzverwaltung keine Beispiele zum Wegfall der wirtschaftlichen Belastung nennt, lässt sich aber im Umkehrschluss ableiten, dass selbst der vollständige Abschluss des Liquidationsverfahrens mit anschließender Löschung der Schuldnergesellschaft im Handelsregister nicht zu einem Wegfall der wirtschaftlichen Belastung führt. Denn die Löschung lässt keine Rückschlüsse darauf zu, ob der Gläubiger – ggf. im Wege der Nachtragsliquidation gem. § 66 Abs. 5 GmbHG – noch geltend machen wird.[55]

33.56 Das Liquidationseinkommen kann zusammenfassend nach folgendem Schema ermittelt werden:[56]

	Abwicklungsanfangsvermögen (bewertet zum Buchwert i.S.d. § 6 EStG)
–	Gewinnausschüttungen für Wirtschaftsjahre vor der Auflösung
–	Buchwert eigener Anteile (sofern vorhanden)
=	**steuerliches Abwicklungsanfangsvermögen i.S.d. § 11 Abs. 2 KStG**
	Abwicklungsendvermögen (bewertet zum gemeinen Wert)
–	nicht der Körperschaftsteuer unterliegende Vermögensmehrungen (z.B. steuerfreie Einnahmen, verdeckte Einlagen)
+	verdeckte Gewinnausschüttungen
+	nicht abzugsfähige Betriebsausgaben
+	geleistete Spenden i.S.v. § 9 Abs. 1 Nr. 2 KStG
=	**steuerliches Abwicklungsendvermögen i.S.d. § 11 Abs. 3 KStG**
Einkommensermittlung	
	Steuerliches Abwicklungsendvermögen
–	steuerliches Abwicklungsanfangsvermögen
=	**steuerlicher Abwicklungsgewinn**
–	höchstens abzugsfähige Spenden nach § 9 Abs. 1 Nr. 2 KStG
–	Verlustabzug nach § 10d EStG
=	**zu versteuerndes Liquidationseinkommen**

55 Vgl. Schmidt, DB 2017, 1998.

56 Vgl. dazu Münch, in: Dötsch/Pung/Möhlenbrock, Die Körperschaftsteuer, § 11 KStG Rdnr. 59 (03/2018).

Praxistipp

Hat die GmbH vor dem Auflösungsbeschluss einen Investitionsabzugsbetrag nach § 7g Abs. 1 EStG in Anspruch genommen und ist dieser zum Zeitpunkt der Liquidation für eine nun nicht mehr realisierbare Investition noch vorhanden, ist der Investitionsabzugsbetrag im Wirtschaftsjahr des Abzugs gem. § 7g Abs. 3 EStG **rückgängig zu machen**.[57] Innerhalb des Investitionszeitraums kann im Übrigen auf Antrag des Steuerpflichtigen der Investitionsabzugsbetrag jederzeit ganz oder teilweise rückgängig gemacht werden. Wird nach erfolgter Investition die in § 7g Abs. 4 EStG vorgesehene **Behaltefrist verletzt** (bis zum Ende des der Anschaffung oder Herstellung folgenden Wirtschaftsjahres), weil das begünstigte Wirtschaftsgut veräußert wird, so ist ebenfalls der Investitionsabzugsbetrag rückgängig zu machen. 33.57

33.4.1.3 Übertragung einer Pensionsverpflichtung bei Liquidation

Eine Pensionszusage kann im Rahmen der Liquidation der Kapitalgesellschaft in den Fällen des § 4 Abs. 4 BetrAVG (Betriebsrentengesetz) gem. § 3 Nr. 65 Buchst. b) EStG auf ein Lebensversicherungsunternehmen oder eine Pensionskasse begünstigt übertragen werden, ohne dass es zu einer Besteuerung beim pensionsberechtigten (beherrschenden) Gesellschafter-Geschäftsführer kommt (vgl. R 3.65 Abs. 1 Satz 3 LStR 2015/2021). Die Begünstigung besteht in der **Steuerbefreiung der Leistungen für die Übernahme der Pensionsanwartschaften** oder der bereits laufenden Renten, die anderenfalls beim Versorgungsberechtigten zu steuerpflichtigen Einkünften führen.[58] Nach § 3 Nr. 65 Buchst. b) EStG sind Leistungen zur Übernahme von Versorgungsleistungen oder von unverfallbaren Versorgungsanwartschaften durch eine Pensionskasse oder durch ein Unternehmen der Lebensversicherung in den in § 4 Abs. 4 BetrAVG bezeichneten Fällen steuerfrei. 33.58

Gemäß § 4 Abs. 4 BetrAVG kann eine Zusage von einer Pensionskasse oder einem Unternehmen der Lebensversicherung ohne Zustimmung des Arbeitnehmers oder Versorgungsempfängers übernommen werden, wenn sichergestellt ist, dass die Überschussanteile ab Rentenbeginn entsprechend § 16 Abs. 3 Nr. 2 BetrAVG verwendet werden. 33.59

Bei einer **Betriebsveräußerung** ist § 3 Nr. 65 EStG jedoch nicht anwendbar, wenn das Unternehmen vom Erwerber fortgeführt wird (vgl. R 3.65 Abs. 1 Satz 4 LStR 2015/2021). Da eine endgültige Einstellung der betrieblichen Betätigung erforderlich ist, kommt daher eine begünstigte Übertragung nicht in Betracht, wenn der pensionsberechtigte Gesellschafter-Geschäftsführer seine Anteile veräußert. 33.60

---

57 Vgl. BMF-Schreiben v. 20.03.2017 – IV C 6 - S 2139 - b/07/10002-02, BStBl I, 423, Rdnr. 35 ff.

58 Vgl. Schmidt/Levedag, EStG, 43. Aufl. 2024, § 3 Nr. 65, Rdnr. 220.

33.4.1.4 Übertragung der Pensionsanwartschaft auf eine andere Gesellschaft

33.61 Vor dem Verkauf von GmbH-Anteilen oder vor einer Liquidation wird in der Praxis oftmals die Übertragung der Pensionsansprüche mit dem Übertragungswert nach § 4 Abs. 5 BetrAVG auf eine andere Gesellschaft im Rahmen eines sogenannten echten Arbeitgeberwechsels diskutiert. Bei einem solchen Wechsel zwischen internen Durchführungswegen nach § 4 Abs. 2 Nr. 2 und Abs. 3 BetrAVG i.V.m. § 3 Nr. 55 Satz 2 EStG werden unverfallbare Pensionsverpflichtungen für aktive Arbeitnehmer einschließlich liquider Mittel oder sonstiger Aktiva auf eine andere (ggf. neu gegründete) GmbH unter Anwendung der Steuerbefreiung des § 3 Nr. 55 EStG übertragen.[59]

33.62 Die **späteren Pensionsleistungen** gehören nach § 3 Nr. 55 Satz 3 EStG zu denjenigen Einkünften, zu denen die Leistungen gehören würden, wenn die Übertragung nach § 4 Abs. 2 Nr. 2 BetrAVG nicht stattgefunden hätte.

33.63 Nach Rdnr. 58 des BMF-Schreibens vom 06.12.2017[60] findet § 3 Nr. 55 EStG grundsätzlich auch auf einen beherrschenden Gesellschafter-Geschäftsführer Anwendung. Ein echter Arbeitgeberwechsel verlangt aber nicht nur eine Organstellung als Geschäftsführer, sondern den Abschluss eines Anstellungsvertrags.[61] Vor dem Hintergrund des BFH-Urteils vom 12.04.2007 – VI R 6/02[62] war jedoch zweifelhaft, ob die Übertragung von Pensionsverpflichtungen gegen Ausgleichszahlung zu einem steuerpflichtigen Lohnzufluss führt, wenn die Pensionszusage ein Wahlrecht enthält, wonach auf Verlangen des Gesellschafter-Geschäftsführers der Ablösungsbetrag entweder an sich selber oder an einen Dritten (z.B. eine von ihm beherrschte GmbH) gezahlt wird.

Praxistipp

33.64 Vor diesem Hintergrund ist es zu begrüßen, dass der BFH[63] entschieden hat, dass die Auslagerung von Pensionsverpflichtungen zusammen mit entsprechenden finanziellen Mitteln auf eine neu gegründete „Rentner-GmbH"[64] oder eine bereits bestehende GmbH im Wege der befreienden Schuldübernahme beim Arbeitnehmer nur

---

[59] Zu Einzelheiten vgl. nur SCHMIDT/LEVEDAG, EStG, 43. Aufl. 2024, § 3 Nr. 55 Rdnr. 180.

[60] BMF-Schreiben v. 06.12.2017 – IV C 5 - S 2333/17/10002, BStBl I 2018, 147.

[61] FG Köln, Urt. v. 10.04.2013 – 9 K 2247/10, EFG 2013, 1498.

[62] BFH, Urt. v. 12.04.2007 – VI R 6/02, BStBl II, 581.

[63] BFH, Urt. v. 18.08.2016 – VI 18/13, BFH/NV 2017, 91 und IV R 46/13, BFH/NV 2017, 16; vgl. dazu JANSSEN, NWB 50/2016, 3776; OENINGS/ALTENBURG, DStR 2017, 538; OTT, DStZ 2017, 435.

[64] Die Rentner-GmbH hat dabei den alleinigen Zweck, das übertragene Kapital zu verwalten und die Pensionszahlungen zu erfüllen.

dann zu einem Zufluss von Arbeitslohn führt, wenn der Ablösungsbetrag auf Verlangen des Arbeitnehmers (nach der Ausübung eines zuvor eingeräumten Wahlrechts) zur Übernahme der Pensionsverpflichtung an einen Dritten gezahlt wird. Hat der Arbeitnehmer jedoch kein Wahlrecht, den Ablösungsbetrag alternativ an sich auszahlen zu lassen, so wird mit der Zahlung des Ablösungsbetrags an den die Pensionsverpflichtung übernehmenden Dritten der Anspruch des Arbeitnehmers auf die künftigen Pensionszahlungen (noch) nicht wirtschaftlich erfüllt. Ein Zufluss von Arbeitslohn liegt mangels Verfügungsmacht noch nicht vor.

Die Finanzverwaltung[65] hat sich der Rechtsprechung des BFH angeschlossen und nimmt in den Fällen, in denen der Arbeitnehmer kein Wahlrecht hat, keinen Zufluss von Arbeitslohn an.[66] Im Fall der Übertragung der Pensionsansprüche auf eine andere Gesellschaft muss die Ausgleichszahlung für die übertragene Pensionsverpflichtung auch tatsächlich wertgleich sein, da ansonsten ein Teilverzicht (verdeckte Einlage) mit fiktivem Zufluss beim Versorgungsberechtigten vorliegt. Im Übrigen muss bei der übernehmenden Gesellschaft die Pensionszusage dem § 6a EStG genügen (z.B. Schriftform, Klarheit und Eindeutigkeit der Vereinbarung), und sie darf auch nicht gegen die Ernsthaftigkeit, Erdienbarkeit und Angemessenheit verstoßen. Die Einholung einer verbindlichen Auskunft ist daher unbedingt empfehlenswert. 33.65

Bei der Übertragung auf eine andere Gesellschaft sind auch § 4f und § 5 Abs. 7 EStG zu beachten.[67] Hiernach ist der Aufwand aus der Übertragung passivierungsbeschränkter Verpflichtungen beim Übertragenden grundsätzlich auf 15 Jahre zu verteilen. Beim Erwerber kann der eintretende Erwerbsgewinn aufgrund der Anwendung der allgemeinen Regelungen in der nächsten Jahresbilanz durch Bildung einer gewinnmindernden Rücklage ebenfalls auf 15 Jahre verteilt werden. Für die Übertragung von Pensionsverpflichtungen im Fall des echten Arbeitgeberwechsels enthält § 4f Abs. 1 Satz 3 EStG eine **Sonderregelung**, wonach die **Aufwandsverteilung** auf 15 Jahre nicht stattfindet und eine sofortige Aufwandsberücksichtigung möglich ist.[68] 33.66

[65] Vgl. BMF-Schreiben v. 04.07.2017 – IV C 5 - S 2333/16/10002, BStBl I, 883.

[66] Zu weiteren Aspekten der Übertragung auf eine Rentner-GmbH vgl. Ott, Stbg 2017, 435; ders., StuB 2017, 795; Mirbach, in: Ott, Beratungsschwerpunkte Unternehmenskauf, 2. Aufl. 2024, Rdnr. 2.1 ff.

[67] Vgl. Benz/Placke, DStR 2013, 2653; vgl. BMF-Schreiben v. 30.11.2017 – IV C 6 - S 2133/14/10001, BStBl I, 1619; auch OFD Magdeburg, Vfg. v. 02.06.2014 – S 2133-27-St 21, DStR 2014, 1546.

[68] Zur Bedeutung der §§ 4f und 5 Abs. 7 EStG bei der Übertragung von Pensionsverpflichtungen vgl. Huth/Wittenstein, DStR 2015, 1089 und 1153; vgl. auch Ott, DStZ 2017, 435.

33.67 Beim neuen Arbeitgeber ist nach § 5 Abs. 7 Satz 4 EStG bei der Ermittlung des Teilwerts der Pensionsverpflichtung der Jahresbetrag so zu bemessen, dass zu Beginn des Wirtschaftsjahres der Übernahme der Barwert der Jahresbeträge zusammen mit den übernommenen Vermögenswerten gleich dem Barwert der künftigen Pensionsleistungen ist; dabei darf sich kein negativer Jahresbetrag ergeben. Daraus folgt, dass die **Pensionsrückstellung** mit dem Wert des übernommenen Vermögens in Ansatz gebracht wird, sofern der Anwartschaftsbarwert mindestens so hoch ist wie der Wert des übernommenen Vermögens. Nach § 5 Abs. 7 Satz 4 EStG kann sich – der bisherigen Billigkeitsregelung in R 6a Abs. 13 EStR entsprechend – ein Erwerbsgewinn nicht ergeben.[69]

33.4.1.5 Auskehrung des Vermögens im Rahmen der Schlussverteilung

33.68 Bei der Schlussverteilung im Rahmen der Liquidation kommt es steuerlich zu einer Aufspaltung der Liquidationsraten, und zwar in

- die Rückzahlung des Nennkapitals,
- die Rückzahlung von Beträgen aus dem steuerlichen Einlagekonto nach § 27 KStG (siehe dazu auch Rdnr. 12.22) und
- die Ausschüttung der bisher thesaurierten Gewinne im Rahmen der Schlussauskehrung.

Bei der Vermögensverteilung gelten die **thesaurierten Gewinne** nach der Verwaltungsauffassung als **vor dem Nennkapital** zuzüglich Einlagekonto ausgezahlt.[70] Im Einzelnen gilt:

33.69 – Soweit die Vermögensverteilung als **Ausschüttung** zu beurteilen ist, stellt sie eine Leistung i.S.d. § 27 Abs. 1 Satz 3 KStG dar. Die Leistungen unterliegen der Kapitalertragsteuer, soweit das steuerliche Einlagekonto nicht gemindert wird und die Leistungen den – auf den Schluss des vorangegangenen Wirtschaftsjahres ermittelten – ausschüttbaren Gewinn übersteigen. Beim Gesellschafter liegen insoweit steuerpflichtige Einnahmen aus Kapitalvermögen i.S.d. § 20 Abs. 1 Nr. 2 EStG vor.

  Bei **Abschlagszahlungen** auf den Liquidationserlös wird auf den ausschüttbaren Gewinn zum Schluss des der Leistung vorangegangenen Besteuerungszeitraums bzw. Wirtschaftsjahres abgestellt. Bei der **Schlussauskehrung** ist dagegen der ausschüttbare Gewinn maßgeblich, der sich auf den Zeitpunkt vor dieser

---

[69] Vgl. BENZ/PLACKE, DStR 2013, 2653; FÖRSTER/STAADEN, Ubg 2014, 1; FUHRMANN, DB 2014, 9; VEIT/HAINZ, BB 2014, 1323; SCHINDLER, GmbHR 2014, 561 und 786; FELDGEN, StuB 2015, 416.

[70] Vgl. BMF-Schreiben v. 26.08.2003 – IV A 2 - S 2760 - 4/03, BStBl I, 434, Rdnr. 12.

Auskehrung ergibt. Nach der Verwaltungsauffassung ist dies grundsätzlich der Zeitpunkt, auf den die Liquidationsschlussbilanz erstellt wird.

- Soweit die Vermögensverteilung als **Nennkapitalrückzahlung** zu behandeln ist, 33.70
wird gem. § 28 Abs. 2 Satz 1 KStG in Höhe dieses Betrags zunächst ein etwaiger Sonderausweis verringert. Soweit der Sonderausweis gemindert wird, stellt die Rückzahlung des Nennkapitals eine kapitalertragsteuerpflichtige Gewinnausschüttung dar, die gem. § 28 Abs. 2 Satz 2 KStG bei den Anteilseignern zu Bezügen i.S.d. § 20 Abs. 1 Nr. 2 EStG führt. Diese unterliegen bei natürlichen Personen dem Teileinkünfteverfahren nach § 3 Nr. 40 Buchst. e) EStG oder der Abgeltungsteuer (zu den Einzelheiten der Besteuerung siehe auch Rdnr. 24.1 ff.) bzw. sind bei Kapitalgesellschaften zu 95 % steuerfrei nach § 8b Abs. 1 i.V.m. Abs. 5 KStG (zu den Einzelheiten der Besteuerung siehe auch Rdnr. 25.70 ff.).

Hinweis

Ein **Sonderausweis** kommt in der Praxis relativ selten vor. Auf der Ebene der Kapi- 33.71
talgesellschaft ist in § 28 KStG die Bildung eines Sonderausweises für die Beträge angeordnet, die aus einer durchgeführten Kapitalerhöhung aus Gesellschaftsmitteln resultieren (Umwandlung von Rücklagen in Nennkapital) und nicht aus dem steuerlichen Einlagekonto i.S.d. § 27 KStG stammen. Im Fall der Auflösung der Kapitalgesellschaft wird zunächst der Sonderausweis gemindert und gilt insoweit als Gewinnausschüttung.

Soweit eine **Rückzahlung des Nennkapitals** vorliegt, wird das steuerliche Einlage- 13.72
konto durch den Rückzahlungsbetrag gem. § 28 Abs. 2 Satz 1 zweiter Halbsatz und Satz 2 zweiter Halbsatz KStG in gleicher Höhe zunächst erhöht und dann wieder verringert. Eine **Steuerbescheinigung** i.S.d. § 27 Abs. 3 KStG ist den Anteilseignern insoweit nicht auszustellen. Beim Anteilseigner liegt eine Rückzahlung des Eigenkapitals vor, die im Rahmen des § 17 EStG zu erfassen ist und nach dem BFH-Urteil vom 06.05.2014 – auch im Verlustfall – dem Teileinkünfteverfahren unterliegt.[71]

Soweit die Rückzahlung des Gesellschaftsvermögens das steuerliche Einlagekonto 33.73
mindert, wird auf der Gesellschaftsebene ebenfalls keine Kapitalertragsteuer erhoben. Auf der Gesellschafterebene liegen insoweit keine steuerbaren Einnahmen vor (§ 20 Abs. 1 Nr. 2 Satz 1 i.V.m. Abs. 1 Nr. 1 Satz 3 EStG). Die **Rückzahlung mindert** aber bei Anteilen i.S.d. § 17 EStG nach dessen Absatz 4 **die Anschaffungskosten** der Beteiligung. Bei Überschreiten der Anschaffungskosten liegt ein Gewinn nach § 17 Abs. 4 EStG vor.[72]

[71] Vgl. BFH, Urt. v. 06.05.2014 – IX R 19/13, BStBl II, 682.

[72] Vgl. BFH, Urt. v. 19.02.2013 – IX R 24/12, BStBl II, 484; OTT, DStR 2021, 897; DERS., DStR 2014, 673; SCHMIDT/LEVEDAG, EStG, 43. Aufl. 2024, § 17 Rdnr. 209 ff.

Hinweis

33.74 Mit Urteil vom 28.10.2009[73] hat der BFH entschieden, dass Ausschüttungen (im Streitfall: verdeckte Gewinnausschüttungen) einer unbeschränkt steuerpflichtigen Körperschaft, die aus dem steuerlichen Einlagekonto i.S.d. § 27 KStG erbracht werden (sog. Einlagenrückgewähr), bei einer Kapitalgesellschaft als Empfänger **nicht** in die Steuerfreistellung für Kapitaleinkünfte nach § 8b Abs. 1 Satz 1 KStG einzubeziehen sind. Damit ist der BFH insoweit der Verwaltungsauffassung gefolgt.[74] Unter Hinweis auf die Einschränkung im Wortlaut des § 20 Abs. 1 Nr. 1 Satz 3 EStG, auf den § 8b Abs. 1 KStG ausdrücklich verweist, stellt der BFH fest, dass **Leistungen aus dem steuerlichen Einlagekonto** nicht als sonstige Bezüge zu den Einnahmen und als solche somit auch nicht zu den Einnahmen aus Kapitalvermögen gehören. Fehlt es nämlich an Einnahmen, scheiden damit letztlich auch Bezüge im vorgenannten Sinne aus. Die **Einlagenrückgewähr** stellt vielmehr eine **Kapitalrückzahlung** dar. Zu den Einzelheiten zur Einlagenrückgewähr siehe Rdnr. 12.93 und Rdnr. 25.23.

33.75 Gemäß § 8 Nr. 5 GewStG ist eine Hinzurechnung der nach § 3 Nr. 40 EStG steuerfreien Bezüge, Betriebsvermögensmehrungen und Einnahmen vorgesehen. Die Hinzurechnung gilt nur für Bezüge aus solchen Anteilen, die nicht unter das gewerbesteuerliche Schachtelprivileg nach § 9 Nr. 2a bzw. Nr. 7 GewStG fallen (Mindestbeteiligung von 15 % zu Beginn des Erhebungszeitraums).

33.76 Im Rahmen der Liquidationsbesteuerung ist zu beachten, dass **Auskehrungen von bereits versteuerten Rücklagen** unter das Schachtelprivileg nach § 9 Nr. 2a GewStG fallen (siehe dazu bereits Rdnr. 25.55 und Rdnr. 29.105), während Auskehrungen aus dem Nennkapital bzw. dem steuerlichen Einlagekonto, die den Buchwert der Anteile übersteigen, bei gewerbesteuerpflichtigen Personenunternehmen als Veräußerungsgewinn nicht vom Schachtelprivileg erfasst werden und somit gewerbesteuerpflichtig sind (sofern diese Bezüge nicht im Rahmen einer Betriebsaufgabe des Besitzunternehmens anfallen).

33.77 Wird eine **100%ige Beteiligung** an einer Kapitalgesellschaft im Betriebsvermögen gehalten, gilt diese nach § 16 Abs. 1 Nr. 1 Satz 2 EStG **als Teilbetrieb.** Für den Auflösungsgewinn im Rahmen der Liquidation kann ggf. der Freibetrag nach § 16 Abs. 4 EStG beansprucht werden. Jedoch ist der in § 16 Abs. 1 Nr. 1 EStG enthaltene Vorbehalt zu beachten, wonach § 17 Abs. 4 EStG hinsichtlich der Liquidationsraten i.S.d. § 20 Abs. 1 Nr. 2 EStG sinngemäß anzuwenden ist.

33.78 Verbleibt ein Gewinn i.S.d. § 16 EStG aus der Rückzahlung von Nennkapital, kann der ermäßigte Steuersatz nach § 34 Abs. 3 EStG nicht beansprucht werden,

[73] Vgl. BFH, Urt. v. 28.10.2009 – I R 116/08, BStBl II 2011, 898.

[74] Vgl. BMF-Schreiben v. 28.04.2003 – IV A 2 - S 2750a - 7/03, BStBl I, 292, Rdnr. 6.

da der Aufgabegewinn nach § 3 Nr. 40 Buchst. b) EStG dem Teileinkünfteverfahren unterliegt. Der Aufgabegewinn bei einer 100%igen Beteiligung an einer Kapitalgesellschaft unterliegt auch der Gewerbesteuer (sofern diese Bezüge nicht im Rahmen einer Betriebsaufgabe des Besitzunternehmens anfallen).

Beispiel

Im Rahmen der Liquidation erhält der Alleingesellschafter A der X-GmbH als Schlussauskehrung einen Betrag i.H.v. 100.000 €. Laut Steuerbescheinigung liegt eine Gewinnausschüttung i.H.v. 25.000 € vor, für die Kapitalertragsteuer einbehalten wurde. Die Anschaffungskosten der Beteiligung an der X-GmbH betragen 25.000 €. 33.79

Lösung

Soweit eine Gewinnausschüttung vorliegt, führt diese zu Einnahmen i.S.d. § 20 Abs. 1 Nr. 2 EStG, die grundsätzlich der Abgeltungsteuer nach § 32d EStG unterliegen. Alternativ kommt die Option zum Teileinkünfteverfahren gem. § 32d Abs. 2 Nr. 3 EStG in Betracht.

Der restliche Betrag der Schlussauskehrung i.H.v. 75.000 € wird aus dem steuerlichen Einlagekonto i.S.d. § 27 KStG gespeist und daher im Rahmen des § 17 Abs. 4 EStG den Anschaffungskosten gegenübergestellt. Es ergibt sich unter Berücksichtigung des Teileinkünfteverfahrens (§ 3 Nr. 40 Buchst. e) i.V.m. § 3c Abs. 2 EStG) folgender Auflösungsgewinn i.S.d. § 17 EStG:

Rückzahlung aus steuerlichem Einlagekonto:	75.000 € zu 60 %	45.000 €
Anschaffungskosten der GmbH-Anteile:	25.000 € zu 60 %	– 15.000 €
Auflösungsgewinn i.S.d. § 17 EStG		**30.000 €**

Der Gesellschafter A hat somit einen Betrag i.H.v. 25.000 € nach § 20 Abs. 1 Nr. 2 EStG als Einkünfte aus Kapitalvermögen zu versteuern, während der sich unter Berücksichtigung des Teileinkünfteverfahrens ergebende steuerpflichtige Auflösungsgewinn i.H.v. 30.000 € als Einkünfte aus Gewerbebetrieb i.S.v. § 17 EStG zu versteuern ist.

Bei einer Kapitalgesellschaft als Anteilseigner der X-GmbH ist nach der Verwaltungsauffassung der Auflösungsgewinn steuerfrei nach § 8b Abs. 2 i.V.m. Abs. 3 KStG, so dass lediglich ein Betrag i.H.v. 5 % des Gewinns (5 % von 50.000 € = 2.500 €) steuerpflichtig wird.

33.4.2 Sonderfall: Liquidation oder Umwandlung einer Unternehmergesellschaft

Eine Unternehmergesellschaft (haftungsbeschränkt) muss nach § 5 Abs. 3 GmbHG eine gesetzliche Rücklage bilden, in die jährlich 25 % des um einen Verlustvortrag aus dem Vorjahr geminderten Jahresüberschusses einzustellen ist. Die Rücklage darf u.a. zur Kapitalerhöhung aus Gesellschaftsmitteln gem. § 57c GmbHG verwandt werden. 33.80

33.81 Erfolgt dann später eine Kapitalerhöhung aus Gesellschaftsmitteln, kann diese nach § 57c Abs. 2 GmbHG erst beschlossen werden, nachdem der Jahresabschluss für das letzte vor der Beschlussfassung über die Kapitalerhöhung abgelaufene Geschäftsjahr festgestellt und über die Ergebnisverwendung Beschluss gefasst worden ist. Die letzte Jahresbilanz muss nach § 57e GmbHG mit dem uneingeschränkten Bestätigungsvermerk der Abschlussprüfer versehen sein, und der Stichtag der Bilanz darf höchstens acht Monate vor der Anmeldung des Kapitalerhöhungsbeschlusses zur Eintragung in das Handelsregister liegen.

33.82 Erfolgt eine solche Kapitalerhöhung und werden hierfür bisher versteuerte Gewinne verwendet (z.B. Gewinnrücklagen, Gewinnvortrag), so entsteht nach § 28 Abs. 1 KStG ein sogenannter **Sonderausweis**, sofern nicht vorrangig ein Bestand des steuerlichen Einlagekontos (nach Maßgabe des Bestands zum Ende des Wirtschaftsjahres der Rücklagenumwandlung) für die Kapitalerhöhung verwendet wird. Durch § 28 Abs. 2 KStG wird sichergestellt, dass die im Stammkapital enthaltenen Beträge später bei einer Kapitalherabsetzung oder bei der Liquidation auch wieder als Gewinnausschüttungen beim Anteilseigner erfasst werden. § 28 Abs. 2 KStG und damit der Sonderausweis erlangen durch den in § 7 UmwStG enthaltenen entsprechenden Verweis auf § 29 Abs. 1 KStG auch Bedeutung, wenn eine Unternehmergesellschaft in ein Personenunternehmen umgewandelt wird und bisher thesaurierte Gewinne als fiktiv ausgeschüttet gelten.

33.4.3 Besteuerung der Gesellschafter

33.4.3.1 Aufspaltung der Liquidationsraten

33.83 Ebenso wie bei der Kapitalgesellschaft erfolgt auch auf der Ebene der Gesellschafter eine Aufspaltung der Liquidationsraten:

- Die Rückzahlung von Beträgen aus dem steuerlichen Einlagekonto i.S.d. § 27 KStG (Einlagenrückgewähr) sowie die Rückzahlung von Nennkapital (gezeichnetes Kapital), weil dieses nach § 28 Abs. 2 KStG Satz 1 als dem steuerlichen Einlagekonto gutgeschrieben gilt.

  § 28 Abs. 2 Satz 1 KStG lautet: „*Im Fall der Herabsetzung des Nennkapitals oder der Auflösung der Körperschaft wird zunächst der Sonderausweis zum Schluss des vorangegangenen Wirtschaftsjahrs gemindert; ein übersteigender Betrag ist dem steuerlichen Einlagekonto gutzuschreiben, soweit die Einlage in das Nennkapital erbracht ist*".

- Sonstige Leistungen sowie solche nach § 28 Abs. 2 Satz 2 KStG (im Fall eines etwa vorhandenen Sonderausweises) gelten als Gewinnausschüttung (im Folgenden: Auskehrung von thesaurierten Gewinnen).

Nur die zuletzt genannten Liquidationsraten (Auskehrung von thesaurierten Gewinnen) gehören nach § 20 Abs. 1 Nr. 2 EStG bei natürlichen Personen zu den Einnahmen aus Kapitalvermögen. Dagegen werden die übrigen Teile der Liquidationsraten als Kapitalrückzahlungen erfasst. Jedoch ist nach Rdnr. 63 des BMF-Schreibens vom 19.05.2022[75] die Liquidation einer Kapitalgesellschaft keine Veräußerung der Anteile, so dass die Kapitalrückzahlung – außerhalb der Fälle des § 17 ESG und der Beteiligungen im Betriebsvermögen – keine steuerlichen Folgen auslöst. 33.84

Eine besondere Ausnahme besteht für Rückzahlungen aus dem Nennkapital, für die ein Sonderausweis nach § 28 KStG besteht. Während Liquidationsraten, die sonstige Leistungen darstellen, regelmäßig zu steuerpflichtigen Einnahmen führen, sind Kapitalrückzahlungen z.B. bei Anteilen im Betriebsvermögen sowie bei Anteilen i.S.d. § 17 EStG von Bedeutung und werden wie ein Veräußerungserlös behandelt, der zur Bestimmung des Liquidationsgewinns oder Liquidationsverlusts den Anschaffungskosten bzw. dem Buchwert der Anteile an der aufgelösten Kapitalgesellschaft gegenübergestellt wird. Einen Überblick über die steuerliche Behandlung auf der Ebene der Anteilseigner gibt die nachstehende Zusammenstellung, die im Einzelnen nachfolgend erläutert wird: 33.85

33.86

Qualität der Anteile	**Auskehrung von Nennkapital und steuerl. Einlagekonto**	**Auskehrung von thesaurierten Gewinnen**
Beteiligung < 1 %	**Erwerb vor 2009:** unbeachtlich **Erwerb ab 2009:** nicht steuerbar nach § 20 Abs. 2 EStG, da keine Veräußerung	Abgeltungsteuer nach § 20 Abs. 1 Nr. 2 EStG
Beteiligung > 1 % (§ 17 EStG)	Auflösungsgewinn bzw. Auflösungsverlust nach § 17 Abs. 4 EStG: TEV	Abgeltungsteuer nach § 20 Abs. 1 Nr. 2 EStG; aber: ggf. Option zum TEV nach § 32d Abs. 2 Nr. 3 EStG

[75] Vgl. BMF-Schreiben v. 19.05.2022 – IV C 1 - S 2252/19/10003 :003, BStBl I, 742.

Qualität der Anteile	**Auskehrung von Nennkapital und steuerl. Einlagekonto**	**Auskehrung von thesaurierten Gewinnen**
einbringungsgeborene Anteile im Privatvermögen	steuerpflichtiger Auflösungsgewinn oder Auflösungsverlust nach a) § 21 Abs. 2 Nr. 3 UmwStG a.F.: TEV, beachte: 7 Jahre Sperrfrist b) § 22 Abs. 1 Satz 6 Nr. 3 UmwStG: TEV mit Abschmelzung über 7 Jahre	Abgeltungsteuer nach § 20 Abs. 1 Nr. 2 EStG aber: Option zum TEV möglich nach § 32d Abs. 2 Nr. 3 EStG
Betriebsvermögen von Personenunternehmen	Auflösungsgewinn oder Auflösungsverlust steuerpflichtig nach § 16 i.V.m. § 3 Nr. 40 und § 3c Abs. 2 EStG: TEV	steuerpflichtige Einnahmen nach § 3 Nr. 40 i.V.m. § 20 Abs. 1 Nr. 2 EStG i.V.m. § 15 EStG: TEV
Betriebsvermögen von Kapitalgesellschaften	steuerfrei nach § 8b Abs. 2 KStG, soweit Auskehrung > Buchwert der Beteiligung (str.)	steuerfrei nach § 8b Abs. 1 i.V.m. Abs. 5 KStG
einbringungsgeborene Anteile im Betriebsvermögen	Auflösungsgewinn oder Auflösungsverlust a) § 21 Abs. 2 Nr. 3 UmwStG a.F: TEV, beachte: 7 Jahre Sperrfrist Personenunternehmen: TEV Kapitalgesellschaft: steuerfrei nach § 8b Abs. 2 i.V.m. § 3 KStG (str.); beachte: 7 Jahre Sperrfrist nach § 8b Abs. 4 KStG a.F. b) § 22 Abs. 1 Satz 6 Nr. 3 UmwStG mit Abschmelzung über 7 Jahre: TEV	laufende steuerpflichtige Einnahmen nach § 20 Abs. 1 Nr. 2 i.V.m. § 15 EStG Personenunternehmen: TEV Kapitalgesellschaften: steuerfrei nach § 8b Abs. 1 i.V.m. Abs. 5 KStG

33.4.3.2 Anteile im Privatvermögen

33.4.3.2.1 Nicht unter § 17 EStG fallende Anteile

Bei einer Beteiligung, die nicht unter § 17 EStG fällt (Beteiligungsquote unter 1 %), erzielen die Anteilseigner aus den erhaltenen Liquidationsraten (ohne Rückzahlung von Nennkapital und Rückzahlungen aus dem steuerlichen Einlagekonto) Einkünfte aus Kapitalvermögen nach § 20 Abs. 1 Nr. 2 EStG. Diese Einkünfte unterliegen nach § 20 EStG der Abgeltungsteuer. Die Rückzahlung von Nennkapital einschließlich der Einlagenrückgewähr ist steuerlich unbeachtlich. Nach der Verwaltungsauffassung[76] ist auch die Liquidation eine Veräußerung der Anteile, so dass ein Gewinn oder Verlust im Rahmen der Liquidation nach § 20 Abs. 2 EStG relevant ist. Die Verlustverrechnungsbeschränkung gem. § 20 Abs. 6 Satz 6 EStG ist zu berücksichtigen. 33.87

33.4.3.2.2 Anteile i.S.d. § 17 EStG

Auch für Anteilseigner mit Beteiligungen i.S.d. § 17 EStG gilt die oben skizzierte Aufspaltung der Liquidationsraten. Sie erzielen in den Fällen der Auflösung und Abwicklung der Kapitalgesellschaft einerseits Einkünfte aus Kapitalvermögen nach § 20 Abs. 1 Nr. 2 EStG (Auskehrung von thesaurierten Gewinnen) und andererseits Einkünfte i.S.d. § 17 Abs. 4 EStG (Auskehrung von Nennkapital und Einlagenrückgewähr). Die unter § 20 EStG fallenden Einkünfte unterliegen ab 2009 der Abgeltungsteuer. Es besteht die Möglichkeit, unter den Voraussetzungen des § 32d Abs. 2 Nr. 3 EStG zur Anwendung des Teileinkünfteverfahrens zu optieren. 33.88

Diese Voraussetzungen sehen vor, dass der Gesellschafter im Veranlagungszeitraum, für den der Antrag erstmals gestellt wird, unmittelbar oder mittelbar entweder 33.89

- zu mindestens 25 % an der Kapitalgesellschaft beteiligt oder
- zu mindestens 1 % an der Kapitalgesellschaft beteiligt ist und durch eine berufliche Tätigkeit für diese maßgeblichen unternehmerischen Einfluss auf deren wirtschaftliche Tätigkeit nehmen kann.[77]

Die unter § 17 Abs. 4 EStG fallenden Veräußerungsgewinne werden dem Teileinkünfteverfahren unterworfen und von natürlichen Personen ebenso wie Dividendeneinnahmen gem. § 3 Nr. 40 Buchst. c) i.V.m. § 3c Abs. 2 EStG nur zu 60 % angesetzt. Umgekehrt werden Veräußerungsverluste grundsätzlich nur noch zu 60 % berücksichtigt. 33.90

---

[76] Vgl. BFH, Urt. v. 17.11.2020 – VIII R 20/18, BStBl II 2021, 378; so auch BMF-Schreiben v. 19.05.2022 – IV C 1 - S 2252/19/10003 :003, BStBl I, 742, Rdnr. 63.

[77] Vgl. dazu SCHMIDT/LEVEDAG, EStG, 40. Aufl. 2021, § 32d Rdnr. 18 ff.

33.4.3.2.3 Einbringungsgeborene Anteile nach § 21 UmwStG a.F.

33.91 Die steuerliche Behandlung einbringungsgeborener Anteile nach § 21 UmwStG a.F. entspricht weitgehend der Behandlung von Beteiligungen i.S.d. § 17 EStG. Die Veräußerung solcher Anteile ist – unabhängig von der Höhe der Beteiligung – stets steuerpflichtig. Die Besteuerung im Rahmen der Liquidation einer Kapitalgesellschaft richtet sich nach § 21 Abs. 2 Nr. 3 UmwStG a.F. und entspricht der Behandlung nach § 17 Abs. 4 EStG. Auflösungsgewinne aus der Auskehrung von Nennkapital bzw. steuerlichem Einlagekonto gem. § 27 KStG sind nach § 21 Abs. 1 UmwStG a.F. als Gewinne i.S.d. § 16 EStG zu behandeln. Die Auflösungsgewinne fallen unter das Teileinkünfteverfahren gem. § 3 Nr. 40 Buchst. b) EStG.

33.4.3.2.4 Sperrfristbehaftete Anteile

33.92 Für sperrfristbehaftete Anteile, die durch eine Einbringung nach dem 12.12.2006 entstehen, ist § 22 Abs. 1 Satz 6 Nr. 3 UmwStG zu beachten. Danach stellt die Liquidation einen veräußerungsgleichen Tatbestand dar. Erfolgt die Liquidation innerhalb der Sperrfrist von sieben Jahren, wird der Einbringungsvorgang rückwirkend unter Auflösung der stillen Reserven versteuert. Der steuerpflichtige Einbringungsgewinn nach § 22 UmwStG unterliegt innerhalb der siebenjährigen Sperrfrist einer ratierlichen Abschmelzung, denn für jedes Jahr, das seit der Einbringung verstrichen ist, wird der steuerpflichtige Einbringungsgewinn I um 1/7 gekürzt.

33.93 Die Liquidation führt daneben zur Versteuerung eines Auflösungsgewinns. Bei der Ermittlung des Auflösungsgewinns werden der Rückzahlung des Nennkapitals einschließlich der Rückzahlung aus dem steuerlichen Einlagekonto die Anschaffungskosten der sperrfristbehafteten Anteile gegenübergestellt. Zur Vermeidung einer Mehrfachversteuerung erhöhen sich die Anschaffungskosten noch um den versteuerten Einbringungsgewinn I. Das Teileinkünfteverfahren ist anzuwenden.

33.4.3.3 Anteile im Betriebsvermögen

33.4.3.3.1 Betriebsvermögen bei Personenunternehmen

33.94 Bei Anteilen im Betriebsvermögen von Personenunternehmen kommt es wie in den Fällen der Beteiligung nach § 17 EStG zur lückenlosen Besteuerung beim Anteilseigner. Die Rückzahlung von Rücklagen führt zwar zu Einkünften aus Gewerbebetrieb, sie bleiben aber ihrem Wesen nach **Bezüge** i.S.d. § 20 Abs. 1 Nr. 2 EStG. Auch hier greift somit das Teileinkünfteverfahren gem. § 3 Nr. 40 Buchst. a) i.V.m. § 20 Abs. 8 EStG.

33.95 Der Teil der Liquidationsauszahlung, der aus Nennkapital bzw. aus dem steuerlichen Einlagekonto i.S.d. § 27 KStG stammt, wird mit dem Buchwert der Beteiligung verrechnet und führt zu einem – auch **gewerbesteuerpflichtigen – Auflösungsgewinn oder -verlust**. Das Teileinkünfteverfahren ist zu beachten. Eine Ausnahme besteht, wenn eine Teilwertabschreibung, die in vollem Umfang zu einer Gewinnminderung geführt hat, noch nicht durch eine Wertaufholung nach § 6 Abs. 1 Nr. 2 Satz 3 EStG ausgeglichen worden ist. In einem solchen Fall ist der Auflösungsgewinn in vollem Umfang steuerpflichtig.

Sowohl § 3 Nr. 40 als auch § 3c Abs. 2 EStG sind bei der Ermittlung des Gewerbeertrags eines gewerblichen Einzelunternehmens oder einer Mitunternehmerschaft anzuwenden. Bei einer Mitunternehmerschaft gilt dies, soweit an der Mitunternehmerschaft natürliche Personen unmittelbar oder mittelbar über eine oder mehrere Personengesellschaften beteiligt sind; im Übrigen ist § 8b KStG anzuwenden. 33.96

In § 8 Nr. 5 GewStG ist eine Hinzurechnung der nach § 3 Nr. 40 EStG steuerfreien Bezüge, Betriebsvermögensmehrungen und Einnahmen bzw. eine Hinzurechnung der nach § 8b Abs. 1 i.V.m. Abs. 5 KStG außer Ansatz bleibenden Bezüge enthalten. Die Hinzurechnung gilt nur für Bezüge aus solchen Anteilen, die nicht unter das gewerbesteuerliche Schachtelprivileg nach § 9 Nr. 2a bzw. Nr. 7 GewStG fallen (seit 2008: Mindestbeteiligung von 15 % zu Beginn des jeweiligen Erhebungszeitraums). 33.97

Im Rahmen der Liquidationsbesteuerung ist zu beachten, dass nach H 9.3 GewStH 2016 (Stichwort: Liquidation einer Kapitalgesellschaft): 33.98

- Auskehrungen von versteuerten Rücklagen ebenfalls unter das Schachtelprivileg nach § 9 Nr. 2a GewStG fallen, während
- dagegen eine Einlagenrückgewähr i.S.d. § 27 KStG, die den Buchwert der Anteile übersteigt, bei gewerbesteuerpflichtigen Personenunternehmen als Veräußerungsgewinn nicht vom Schachtelprivileg erfasst wird und somit gewerbesteuerpflichtig ist.

Soweit im Rahmen der Gewinnermittlung die Anteile an der Untergesellschaft infolge des Untergangs des Wirtschaftsguts „Beteiligung“ aus der Bilanz eines Anteilseigners auszubuchen sind, mindert dies nach Auffassung des BFH nicht den Kürzungsbetrag i.S.d. § 9 Nr. 2a GewStG.[78] 33.99

Liegt eine 100%ige Beteiligung an einer Kapitalgesellschaft vor, ist zu beachten, dass diese nach § 16 Abs. 1 Nr. 1 Satz 2 EStG **als Teilbetrieb** gilt. Für den Auflösungsgewinn kann ggf. der Freibetrag nach § 16 Abs. 4 EStG beansprucht werden. Jedoch ist der in § 16 Abs. 1 Nr. 1 EStG enthaltene Vorbehalt zu beachten, 33.100

[78] Vgl. BFH, Urt. v. 02.04.1997 – X R 6/95, BStBl II 1998, 25, und BFH, Urt. v. 08.05.2003 – IV R 35/01, BStBl II 2004, 460.

wonach § 17 Abs. 4 EStG hinsichtlich der Liquidationsraten i.S.d. § 20 Abs. 1 Nr. 2 EStG sinngemäß anzuwenden ist. Verbleibt ein Gewinn i.S.d. § 16 EStG aus der Rückzahlung von Nennkapital, kann der ermäßigte Steuersatz nach § 34 Abs. 3 EStG nicht beansprucht werden, da der Aufgabegewinn nach § 3 Nr. 40 Buchst. b) EStG dem Teileinkünfteverfahren unterliegt. Der Aufgabegewinn bei einer 100%igen Beteiligung an einer Kapitalgesellschaft unterliegt – wie ein Veräußerungsgewinn – nach H 7.1 (3) GewStH 2009 auch der Gewerbesteuer.

33.4.3.3.2 Betriebsvermögen bei Kapitalgesellschaften

33.101 Bei Anteilen, die im Betriebsvermögen einer Kapitalgesellschaft gehalten werden, ist die Auskehrung von versteuerten Rücklagen (Verwendung von ausschüttbarem Gewinn) nach § 8b Abs. 1 i.V.m. Abs. 5 KStG im Ergebnis zu 95 % von der Körperschaftsteuer befreit. Die Steuerbefreiung greift dagegen nach § 8b Abs. 4 KStG nicht für sogenannte Streubesitzdividenden, die nach dem 28.02.2013 zufließen.[79] Daher sind Bezüge i.S.d. § 8b Abs. 1 KStG, die eine inländische Körperschaft von einer in- oder ausländischen Tochter-Kapitalgesellschaft erhält, steuerpflichtig, sofern die Beteiligung an der Tochterkapitalgesellschaft zu Beginn des Kalenderjahres unmittelbar weniger als 10 % des Grund- oder Stammkapitals (sog. Streubesitzbeteiligung) betragen hat.

33.102 Anders als beim gewerbesteuerlichen Schachtelprivileg nach § 9 Nr. 2a GewStG erfolgt für die Ermittlung der 10-%-Quote nach § 8b Abs. 4 KStG keine Zusammenrechnung unmittelbar gehaltener Beteiligungen mit z.B. lediglich mittelbar über Tochtergesellschaften gehaltenen Beteiligungen. In § 15 Abs. 1 Satz 1 Nr. 2 Satz 4 KStG wurde – unter Anpassung der organschaftlichen Bruttomethode – klargestellt, dass für die Anwendung der 10-%-Grenze i.S.d. § 8b Abs. 4 KStG Beteiligungen einer Organgesellschaft und Beteiligungen des Organträgers getrennt betrachtet werden.

33.103 Nach § 8b Abs. 4 Satz 6 KStG gilt eine im Laufe eines Kalenderjahres hinzu erworbene Beteiligung von mindestens 10 % als zu Beginn des Kalenderjahres erworben. Somit bleibt eine erhaltene Ausschüttung nach einem Ersterwerb oder nach einem Hinzuerwerb einer Beteiligung von mindestens 10 % im Erwerbsjahr nach § 8b Abs. 1 KStG ebenso körperschaftsteuerfrei wie bei einer unterjährigen vollständigen oder teilweisen Veräußerung der Beteiligung. Zu einzelnen Fallge-

---

79 Nach BFH, Urt. v. 18.12.2019 – I R 29/17, BStBl II 2020, 690, sind § 8b Abs. 4 KStG und § 9 Nr. 2a GewStG verfassungsgemäß und mit Art. 3 Abs. 1 GG vereinbar.

staltungen beim unterjährigen Erwerb nimmt die Verfügung der OFD Frankfurt vom 02.12.2013[80] Stellung, die von einer anteilsbezogenen Betrachtung ausgeht.[81]

Nach der Verwaltungsauffassung[82] fällt sowohl die Rückzahlung von Nennkapital als auch die Einlagenrückgewähr der 95%igen Steuerbefreiung nach § 8b Abs. 2 i.V.m. Abs. 3 KStG, soweit der Buchwert der Beteiligung überschritten wird. Eine Ausnahme besteht für den Fall, in dem eine Teilwertabschreibung, die in vollem Umfang zu einer Gewinnminderung geführt hat, noch nicht durch eine steuerpflichtige Wertaufholung nach § 6 Abs. 1 Nr. 2 Satz 3 EStG ausgeglichen worden ist. 33.104

Die Behandlung bei der Gewerbesteuer führt dazu, dass die Auskehrung von Rücklagen nicht der Gewerbesteuer unterliegt, wenn die Voraussetzungen des gewerbesteuerlichen Schachtelprivilegs nach § 9 Nr. 2a GewStG erfüllt sind. Nur soweit die Auskehrungen aus dem Nennkapital und dem steuerlichen Einlagekonto den Buchwert der Beteiligung übersteigen, kommt es zu einem Auflösungsgewinn, der gem. § 8b Abs. 2 und Abs. 3 KStG nur zu 5 % steuerpflichtig ist, aber vom Schachtelprivileg nicht erfasst wird. 33.105

33.4.4 Nachweis der Anschaffungskosten

Bei der Berechnung der Veräußerungsgewinne oder -verluste stellt sich der Nachweis ursprünglichen Anschaffungskosten immer wieder als praktisches Problem dar. Mit Urteil vom 08.02.2011[83] hat der BFH entschieden, dass der Nachweis der Einzahlung der Stammeinlage im Hinblick auf die daraus resultierenden Anschaffungskosten i.S.v. § 17 EStG 20 Jahre nach der Eintragung der GmbH nicht zwingend allein durch den entsprechenden Zahlungsbeleg geführt werden kann. Vielmehr hat das Finanzgericht alle Indizien im Rahmen einer Gesamtwürdigung zu prüfen. 33.106

Im Streitfall waren die Stammeinlagen von 50.000 DM laut Gründungsurkunde im Jahr 1986 nur zur Hälfte einzuzahlen, während die restliche Stammeinlage durch den Geschäftsführer angefordert werden konnte. Die restlichen Einlagen wurden auch später erbracht. Im Jahr 2006 wurde das Insolvenzverfahren über das Vermögen der GmbH mangels Masse abgelehnt. Die GmbH wurde im Sep- 33.107

---

[80] Vgl. OFD Frankfurt v. 02.12.2013 – S 2750a A - 19 - St 52, DStR 2014, 427; vgl. auch GOSCH, in: GOSCH, KStG, 4. Aufl. 2020, § 8b Rdnr. 289b ff.; zur Kritik vgl. BEHRENS/RENNER/FALLER, DStZ 2014, 336; BOLIK/ZÖLLER, DStR 2014, 782; ERNST, DB 2014, 449; ADRIAN, GmbH 2014, 407.

[81] Ähnlich dazu auch OTT, StuB 2013, 279; BENZ/JETTER, DStR 2013, 489; HECHTNER/SCHNITGER, Ubg 2013, 269; zu weiteren Fällen vgl. BEHRENS/RENNER/FALLER, DStZ 2014, 336.

[82] Vgl. BMF-Schreiben v. 28.04.2003 – IV A 2 - S 2750a - 7/03, BStBl I, 292, Rdnr. 6.

[83] Vgl. BFH, Urt. v. 08.02.2011 – IX R 44/10, BStBl II, 718.

tember 2006 im Handelsregister gelöscht. Bei der Geltendmachung des Auflösungsverlusts i.S.d. § 17 EStG hatte das Finanzamt und dem folgend das Finanzgericht die eingezahlte Stammeinlage nicht berücksichtigt, weil der Zahlungsbeleg über die Einzahlung nicht vorgelegt werden konnte. Nicht ausreichend sei die Vorlage der Jahresbilanzen, in der ausstehende Einlagen von 0 DM/€ ausgewiesen wurden. Auch eine Prüferbilanz, in der die eingezahlte Stammeinlage enthalten war, sei nicht ausreichend.

33.108 Dem ist der BFH nicht gefolgt. Vielmehr habe das Finanzgericht **vorhandene Hilfstatsachen (Indizien)** zu würdigen, die mittelbar – auch über Erfahrungssätze – einen Schluss auf die entscheidungserhebliche Haupttatsache ermöglichten.

33.109 Ein ergiebiges Indiz sieht der BFH im **bilanziellen Ausweis** einer ausstehenden Einlage von 0 DM/€ und dessen Übernahme in die Prüferbilanz. Der Prüferbilanz verleiht der Umstand besonderes Gewicht, dass der Prüfer bei Nichtverzinsung einer nicht erbrachten Stammeinlage ggf. eine verdeckte Gewinnausschüttung zu veranschlagen gehabt hätte. In die Gesamtwürdigung hat auch einzufließen, dass es unverhältnismäßig wäre, die Berücksichtigung der Stammeinlage als Anschaffungskosten nach 20 Jahren von der Vorlage des entsprechenden Einzahlungsbelegs abhängig zu machen, wenngleich eine Aufbewahrungspflicht vergleichbar der in § 147 AO nicht besteht. Der BFH hat daher die Anschaffungskosten in vollem Umfang anerkannt.

33.5 Fallstudie zur Liquidation einer Kapitalgesellschaft

33.5.1 Sachverhalt

33.110 An der im Jahr 2000 gegründeten X-GmbH mit Sitz in Köln (GewSt-Hebesatz: 450 %) und einem Stammkapital von 50.000 € ist neben den natürlichen Personen A (Beteiligung 49,5 %) und B (0,5 %) die Z-GmbH mit 50 % beteiligt. Die Anschaffungskosten der Beteiligungen betragen:

für A:	24.750 €
für B:	250 €
für die Z-GmbH:	55.000 €

Während A und B die GmbH im Wege der Bareinlage im Jahr 2000 gegründet haben, ist die Z-GmbH im Jahr 2014 im Zuge einer Kapitalerhöhung von 25.000 € auf 50.000 € als neuer Gesellschafter beigetreten und hat neben der Kapitaleinzahlung ein Aufgeld i.H.v. 30.000 € gezahlt. Das Aufgeld wurde in der Handelsbilanz in die Kapitalrücklage eingestellt und steuerlich dem steuerlichen

Einlagekonto nach § 27 KStG zugeführt. Zum 01.07.2019 wird die GmbH durch Gesellschafterbeschluss aufgelöst. Die Gesellschafter beschließen, das bisherige, mit dem Kalenderjahr übereinstimmende Wirtschaftsjahr beizubehalten.

Die zum 30.06.2019 aufgestellte Handels- und Steuerbilanz (Schlussbilanz) für das Rumpfwirtschaftsjahr 01.01.2019 bis 30.06.2019 weist folgendes Bild auf:

Schlussbilanz zum 30.06.2019

Grundstück	150.000 €	gezeichnetes Kapital	50.000 €
Forderungen	80.000 €	Kapitalrücklage	30.000 €
Bank	20.000 €	Gewinnvortrag	60.000 €
		Jahresüberschuss	60.000 €
		KSt-Rückstellung	9.500 €
		GewSt-Rückstellung	10.500 €
		Verbindlichkeiten	30.000 €
	250.000 €		250.000 €

Das Grundstück wird im Liquidationszeitraum zum Preis von 280.000 € veräußert. Sämtliche Forderungen werden eingezogen und die Verbindlichkeiten bzw. Rückstellungen getilgt. Die Abwicklung wird zum 31.03.2021 beendet. Die GmbH hat ein mit dem Kalenderjahr übereinstimmendes Wirtschaftsjahr. Zum 31.12.2019 und zum 31.12.2020 wird jeweils ein regulärer Jahresabschluss, zum 31.03.2021 die Liquidationsschlussbilanz aufgestellt. Die Gesellschafter der X-GmbH haben im Rahmen der Liquidation beschlossen, das Kalenderjahr als Geschäftsjahr beizubehalten. Für die (Rumpf-)Wirtschaftsjahre werden anteilig folgende Ergebnisse erzielt, die den Gewerbeertrag, der im Zeitraum der Abwicklung entstanden ist und nach § 16 GewStDV auf die Jahre des Abwicklungszeitraums verteilt wird, berücksichtigen:

vom 01.07.2019 bis zum 31.12.2019	37.300 €
vom 01.01.2020 bis zum 31.12.2020	73.800 €
vom 01.01.2021 bis zum 31.03.2021	18.900 €
insgesamt	**130.000 €**

Die zum 01.07.2019 erstellte Liquidationseröffnungsbilanz der X-GmbH entspricht der Schlussbilanz des Rumpfwirtschaftsjahres zum 30.06.2019. Von dem ausgewiesenen Jahresüberschuss i.H.v. 60.000 € für die Zeit vom 01.01.2019 bis zum 30.06.2019 werden (nach Ablauf des Sperrjahres) am 10.08.2020 aufgrund eines ordnungsgemäßen Gewinnverteilungsbeschlusses 30.000 € ausgeschüttet. Zum 31.03.2021 ergibt sich folgende vorläufige Liquidationsschlussbilanz, in der etwaige Steuerschulden bzw. Steuerrückforderungen noch nicht enthalten sind:

Vorläufige Liquidationsschlussbilanz zum 31.03.2021

Bank	300.000 €	gezeichnetes Kapital	50.000 €
		Kapitalrücklage	30.000 €
		Gewinnvortrag	90.000 €
		Liquidationsüberschuss	130.000 €
	300.000 €		300.000 €

Die Auszahlung des Abwicklungsendvermögens (Schlussauskehrung), die sich nach den Beteiligungsquoten richtet, erfolgt im April 2021.

33.5.2 Lösung

33.5.2.1 Ermittlung des steuerlichen Abwicklungsgewinns

33.111 Der Abwicklungszeitraum der X-GmbH umfasst den Zeitraum vom 01.07.2019 bis zum 31.03.2021 und übersteigt drei Jahre nicht. Das Sperrjahr wurde ebenfalls eingehalten. Der Zeitraum vom 01.01.2019 bis zum 30.06.2019 wird nicht in den Abwicklungszeitraum einbezogen, da die GmbH – dem Wahlrecht nach R 11 Abs. 1 KStR 2022 entsprechend – ein Rumpfwirtschaftsjahr gebildet hat.

Der im Zeitraum der Abwicklung entstandene Gewerbeertrag wird nach § 16 GewStDV auf die Jahre des Abwicklungszeitraums verteilt. Seit dem Jahr 2008 beträgt die Steuermesszahl 3,5 %, und § 4 Abs. 5b EStG (Gewerbesteuer ist keine Betriebsausgabe) kommt zur Anwendung. Bei der Berechnung der Gewerbesteuer wird der während des Abwicklungszeitraums unverändert gebliebene Hebesatz von 450 % berücksichtigt.

Die Gewerbesteuer im Liquidationszeitraum beträgt:

Gewerbeertrag 2019 bis 2021	130.000 €
GewSt 2019 bis 2021 130.000 € × 3,5 % × 450 %	20.475 €

Die Körperschaftsteuer im Liquidationszeitraum beträgt:	
zu versteuerndes Einkommen	130.000 €
KSt 2019 bis 2021 130.000 € × 15 %	19.500 €
Der SolZ im Liquidationszeitraum beträgt:	
19.500 € × 5,5 %	1.073 €
Daraus ergibt sich als endgültiger Liquidationsüberschuss	
vorläufiger Jahresüberschuss	130.000 €
GewSt	– 20.475 €
KSt	– 19.500 €
SolZ	– 1.073 €
endgültiger Jahresüberschuss	**88.952 €**

Unter Berücksichtigung des endgültigen Jahresüberschusses ergibt sich die folgende endgültige Liquidationsschlussbilanz:

Endgültige Liquidationsschlussbilanz zum 31.03.2021

Bank	300.000 €	gezeichnetes Kapital	50.000 €
		Kapitalrücklage	30.000 €
		Gewinnvortrag	90.000 €
		Jahresüberschuss	88.952 €
		Rückstellung für KSt	19.500 €
		Rückstellung für SolZ	1.073 €
		Rückstellung für GewSt	20.475 €
	300.000 €		300.000 €

Der steuerliche Abwicklungsgewinn nach § 11 KStG ergibt sich wie folgt:

Abwicklungsendvermögen	258.952 €
zzgl. nicht abziehbare KSt	+ 19.500 €
zzgl. nicht abziehbarer SolZ	+ 1.073 €
zzgl. nicht abziehbare GewSt	+ 20.475 €
abzgl. Abwicklungsanfangsvermögen	– 200.000 €
zzgl. Gewinnausschüttung für Rumpfwirtschaftsjahr	+ 30.000 €
steuerlicher Abwicklungsgewinn	**130.000 €**

Der steuerliche Abwicklungsgewinn wird aus § 11 Abs. 6 KStG hergeleitet. Danach sind auch bei der Ermittlung des steuerlichen Abwicklungsgewinns die allgemeinen Gewinnermittlungsvorschriften der §§ 8 ff. KStG sowie der §§ 4 ff. EStG zu berücksichtigen. Im Rahmen der Liquidationsbesteuerung wird diesem Umstand dadurch Rechnung getragen, dass das Abwicklungsendvermögen um nicht abziehbare Ausgaben (§ 10 KStG, § 4 Abs. 5 EStG) zu erhöhen und um steuerfreie Erträge zu kürzen ist. Das zur Verteilung kommende Abwicklungsendvermögen i.H.v. 258.952 € wird nach § 72 GmbHG nach dem Verhältnis der Gesellschaftsanteile auf die Gesellschafter aufgeteilt.

Rückzahlung der thesaurierten Gewinne

	A (49,5 %)	**B (0,5 %)**	**Z-GmbH (50 %)**	**Summe**
Endvermögen	128.181 €	1.295 €	129.476 €	258.952 €
Nennkapital + Einlagekonto	– 24.750 € – 14.850 €	– 250 € – 150 €	– 25.000 € – 15.000 €	– 50.000 € – 30.000 €
bisher nicht ausgeschüttete Gewinne = Einkünfte aus Kapitalvermögen	88.581 €	895 €	89.476 €	178.952 €
Besteuerung	Abgeltungsteuer, aber: Option zum TEV möglich	Abgeltungsteuer	steuerfrei zu 95 %, § 8b Abs. 1 i.V.m. Abs. 5 KStG	

Rückzahlung von Nennkapital und steuerlichem Einlagekonto

	A (49,5 %)	B (0,5 %)	Z-GmbH (50 %)	Summe
Nennkapital + Einlagekonto	24.750 € + 14.850 €	250 € + 150 €	25.000 € 15.000 €	50.000 € + 30.000 €
AK bzw. BW	– 24.750 €	– 250 €	– 55.000 €	– 80.000 €
Gewinn bzw. Verlust	14.850 €	150 €	– 15.000 €	
steuerliche Behandlung	TEV gem. § 17 Abs. 4 EStG (60 %) steuerpflichtig: 8.910 €	steuerlich nicht relevant	Verlust unbeachtlich nach § 8b Abs. 3 KStG	

33.5.2.2 Behandlung bei den Gesellschaftern

33.5.2.2.1 Gesellschafter A

In Höhe von 88.581 € erhält A Vermögen zugeteilt, das aus bisher thesaurierten Gewinnen besteht. Insoweit handelt es sich um Einkünfte aus Kapitalvermögen gem. § 20 Abs. 1 Nr. 2 EStG, die grundsätzlich der Abgeltungsteuer unterliegen. Macht A von der Option nach § 32d Abs. 2 Nr. 3 EStG Gebrauch, kann er die Einkünfte dem Teileinkünfteverfahren nach § 3 Nr. 40 Buchst. e) EStG unterwerfen. 33.112

Da der Gesellschafter A mit 49,5 % an der Kapitalgesellschaft beteiligt ist, unterliegen Liquidationsraten, die aus dem Nennkapital bzw. Einlagekonto gespeist werden, der Besteuerung nach § 17 EStG. Nach § 17 Abs. 4 Satz 1 EStG gilt nämlich als Veräußerung auch die Auflösung einer Kapitalgesellschaft. Der durch die Rückzahlung von Nennkapital erzielte Gewinn, der für A im vorliegenden Fall 14.850 € ausmacht, ist grundsätzlich gem. § 17 Abs. 4 EStG steuerpflichtig.

Bei der Ermittlung des Veräußerungsgewinns nach § 17 Abs. 4 EStG gilt der gemeine Wert des dem Gesellschafter zugeteilten Vermögens der Kapitalgesellschaft als Veräußerungspreis, der den Anschaffungskosten der Anteile gegenübergestellt wird. Ein Gewinn nach § 17 Abs. 4 EStG unterliegt grundsätzlich dem Teileinkünfteverfahren nach § 3 Nr. 40 Buchst. c) EStG, so dass A 60 % von 14.850 € = 8.910 € zu versteuern hat.

33.5.2.2.2 Gesellschafter B

33.113 B erzielt als Gesellschafter mit einer Beteiligungsquote unter 1 % lediglich Einnahmen aus Kapitalvermögen nach § 20 Abs. 1 Nr. 2 EStG i.H.v. 895 €, soweit er Vermögen erhält, das aus bisher nicht ausgeschütteten Gewinnen resultiert. Diese unterliegen der Abgeltungsteuer. Gegebenenfalls kommt der Sparer-Pauschbetrag nach § 20 Abs. 9 EStG i.H.v. 801 € zur Anwendung. Die Rückzahlung von Nennkapital und von Beträgen aus dem steuerlichen Einlagekonto ist auch steuerlich relevant, da nach der Verwaltungsauffassung[84] die Liquidation eine Veräußerung der Anteile i.S.d. § 20 Abs. 2 Nr. 1 EStG ist.

33.5.2.2.3 Gesellschafter Z-GmbH

33.114 Soweit bisher nicht ausgeschüttete Gewinne im Rahmen der Liquidation ausgekehrt werden, sind diese bei der Z-GmbH nach § 8b Abs. 1 i.V.m. Abs. 5 KStG i.V.m. § 20 Abs. 1 Nr. 2 EStG zu 95 % steuerfrei. Im vorliegenden Fall sind dies 89.476 €, von denen 5 % = 4.474 € als nicht abziehbare Betriebsausgabe gelten. Aufgrund der Anwendung des **gewerbesteuerlichen Schachtelprivilegs** nach § 9 Nr. 2a GewStG (Beteiligung von mindestens 15 % zu Beginn des Erhebungszeitraums) unterliegt der Gewerbesteuer ebenfalls nur der Betrag der nicht abziehbaren Betriebsausgaben von 4.474 €.

Zu den § 8b Abs. 2 i.V.m. Abs. 3 KStG unterliegenden Bezügen gehören nach Verwaltungsauffassung[85] die Rückzahlungen des Nennkapitals sowie Auskehrungen aus dem steuerlichen Einlagekonto i.S.d. § 27 KStG i.H.v. 40.000 €. Die Einlagenrückgewähr wird dem Buchwert der Beteiligung von 55.000 € gegenübergestellt und führt grundsätzlich zu einem zu 95 % steuerfreien Gewinn nach § 8b Abs. 2 i.V.m. Abs. 3 KStG. Soweit – wie im vorliegenden Fall – jedoch ein Verlust i.H.v. 15.000 € entsteht, ist dieser nach § 8b Abs. 3 KStG steuerlich nicht zu berücksichtigen.

---

[84] Vgl. BFH v. 17.11.2020 – VIII R 20/18, BStBl II 2021, 378; so auch BMF-Schreiben v. 19.05.2022 – IV C 1 - S 2252/19/10003 :009, BStBl I, 742, Rdnr. 63.

[85] Vgl. BMF-Schreiben v. 28.04.2003 – IV A 2 - S 2750a - 7/03, BStBl I, 292, Rdnr. 6.

34. Wichtige Reformen

Inhalt Rdnr.

34.1 KöMoG: Optionsmodell für Personenhandels- und Partnerschaftsgesellschaften sowie weitere Änderungen des KStG und des UmwStG

34.1.1 Die wesentlichen Regelungsbereiche der Novelle

34.1 Zwar wurde der Referentenentwurf des BMF eines Gesetzes zur Modernisierung des Körperschaftsteuerrechts (nachfolgend „KöMoG“) erst am 19.03.2021 vorgelegt. Das Gesetzgebungsverfahren wurde jedoch im Eiltempo vorangetrieben,[1] so dass das Gesetz bereits am 21.05.2021 durch den Bundestag – entsprechend der Beschlussempfehlung des Finanzausschusses – beschlossen werden konnte. Auch der Bundesrat hat dem Gesetz am 25.06.2021 zugestimmt, so dass die Neuregelungen mit der Verkündung am 30.06.2021 zum 01.01.2022 in Kraft getreten sind.[2]

---

1 Regierungsentwurf eines Gesetzes zur Modernisierung des Körperschaftsteuerrechts (KöMoG), BT-Drucks. 19/28656; Stellungnahme des Bundesrates und Gegenäußerung der Bundesregierung zum RegE KöMoG, BT-Drucks. 19/29642; Beschlussempfehlung des Finanzausschusses zum RegE KöMoG, BT-Drucks. 19/29843.

2 Gesetz zur Modernisierung des Körperschaftsteuerrechts v. 25.06.2021, BGBl I, 2050 ff.

Das KöMoG enthält vier wesentliche Regelungsbereiche: 34.2

- die Option zur Körperschaftsbesteuerung für Personenhandelsgesellschaften und Partnerschaftsgesellschaften,
- die Globalisierung des UmwStG für Körperschaften,
- den Ersatz des Ausgleichspostens für innerorganschaftlich verursachte Mehr- und Minderabführungen durch die sogenannte Einlagelösung und
- die Streichung des Abzugsverbots für Gewinnminderungen aus Währungsschwankungen im Zusammenhang mit Gesellschafterdarlehen nach § 8b Abs. 3 KStG.

Von der größten praktischen Relevanz ist dabei das Optionsmodell für Personenhandels- und Partnerschaftsgesellschaften. 34.3

34.1.1.1 Optionsmodell für Personenhandels- und Partnerschaftsgesellschaften

34.1.1.1.1 Behandlung wie Kapitalgesellschaft

Die Option zur Körperschaftsbesteuerung wurde als neuer § 1a in das KStG eingefügt. Nach § 1a KStG kann eine Personenhandels- oder eine Partnerschaftsgesellschaft für Zwecke der Besteuerung nach dem Einkommen auf Antrag wie eine Kapitalgesellschaft behandelt werden. 34.4

Praxistipp

Die GbR und die stille Gesellschaft werden bisher vom Gesetzeswortlaut nicht erfasst. Es besteht folglich nach aktuellem Rechtsstand nicht für alle Personengesellschaften eine Optionsmöglichkeit. Das Wachstumschancengesetz,[3] welches sich derzeit im Vermittlungsverfahren zwischen Bundestag und Bundestag befindet, sieht in der Beschlussfassug des Finanzausschusses eine Änderung des § 1a KStG vor, die unter anderem zur Folge hätte, dass bei Inkrafttreten des Gesetzes auch eine eingetragene Gesellschaft bürgerlichen Rechts einen Antrag auf Körperschaftsbesteuerung stellen kann.[4] 34.5

Die Behandlung als Kapitalgesellschaft gilt nur für die Steuern vom Einkommen. Für Zwecke anderer Steuern wie der Umsatzsteuer, der Grunderwerbsteuer und der Erbschaftsteuer wird die optierende Gesellschaft daher weiterhin als Personengesellschaft behandelt.

---

3 RegE eines Gesetzes zur Stärkung von Wachstumschancen, Investitionen und Innovation sowie Steuervereinfachung und Steuerfairness (Wachstumschancengesetz), BT-Drucks. 20/8628.

4 Beschlussfassung des Finanzausschusses zum RegE Wachstumschancengesetz, BT-Drucks. 20/9341, S. 98.

34.6 Der Antrag zur Körperschaftsbesteuerung ist grundsätzlich bei dem Feststellungsfinanzamt zu stellen, und zwar spätestens einen Monat vor Beginn des Wirtschaftsjahres, ab dem zur Körperschaftsteuer optiert werden soll. Da das Gesetz erst zum 01.01.2022 in Kraft getreten ist, wäre nach dem Gesetzentwurf fraglich gewesen, ob eine Antragstellung für 2022 bereits möglich gewesen wäre. Bei einem kalenderjahrgleichen Wirtschaftsjahr hätte die Antragstellung bereits im laufenden Jahr 2021 und damit bereits vor Inkrafttreten der Regelung erfolgen müssen. Im Schrifttum wurde diese Möglichkeit teilweise abgelehnt[5] und teilweise befürwortet.[6] Diese Problematik wurde folgendermaßen gelöst: Nach § 34 Abs. 1a KStG ist § 1a KStG zwar erstmals für den Veranlagungszeitraum 2021 anwendbar; ein Antrag i.S.d. § 1a KStG kann jedoch erstmals für nach dem 31.12.2021 beginnende Wirtschaftsjahre gestellt werden.

34.7 Der Regierungsentwurf eines Wachstumschancengesetzes,[7] das aktuell Teil eines Vermittlungsverfahrens ist, sieht die Möglichkeit vor, dass der Antrag auf Formwechsel im Falle einer Neugründung bis zum Ablauf eines Monats nach Abschluss des Gesellschaftsvertrags und im Falle eines Formwechsels einer Körperschaft in eine Personengesellschaft bis zum Ablauf eines Monats nach Anmeldung des Formwechsels beim zuständigen Register von der Körperschaft oder der Personengesellschaft gestellt werden kann, jeweils mit Wirkung für das bereits laufende Wirtschaftsjahr.

34.8 Der Bundesrat[8] forderte in seiner Stellungnahme, zusätzlich eine Antragsfrist von einem Monat vor dem Beginn des Wirtschaftsjahres vorzusehen, um die erforderliche administrative Umsetzung sicherzustellen. Außerdem sollte eine Option erstmals für Wirtschaftsjahre möglich sein, die nach dem 31.12.2022 beginnen.[9] Die erste Forderung nach der einmonatigen Antragsfrist wurde in § 1a Abs. 1 Satz 2 KStG umgesetzt. Die zweite Forderung fand jedoch keine Berücksichtigung im Gesetz. Mithin ist ein Antrag bereits für Wirtschaftsjahre möglich, die nach dem 31.12.2021 beginnen.

34.1.1.1.2 Übergang als fiktiver Formwechsel

34.9 Stellt eine berechtigte Personengesellschaft einen Antrag auf Behandlung wie eine Körperschaft, wird nach § 1a Abs. 2 KStG ein Formwechsel i.S.d. § 1 Abs. 3 Nr. 3

---

[5] Vgl. etwa SCHIFFERS/JACOBSEN, DStZ 2021, 348.

[6] Vgl. etwa ADRIAN/FEY, StuB 2021, 309, 312.

[7] RegE Wachstumschancengesetz, BT-Drucks. 20/8628, S. 54.

[8] Stellungnahme des Bundesrates und Gegenäußerung der Bundesregierung zum RegE KöMoG, BT-Drucks. 19/29642, S. 2.

[9] Stellungnahme des Bundesrates und Gegenäußerung der Bundesregierung zum RegE KöMoG, BT-Drucks. 19/29642, S. 18.

UmwStG fingiert. Als Einbringungszeitpunkt gilt – wie bereits erwähnt – das Ende des Wirtschaftsjahres, das dem Wirtschaftsjahr vorangeht, für das der Antrag gestellt wurde.

Beispiel

Das Wirtschaftsjahr der ABC-KG entspricht dem Kalenderjahr. Die ABC-KG stellt im Jahr 2023 einen Antrag zur Besteuerung wie eine Kapitalgesellschaft für das Jahr 2024.

Lösung

Zum 31.12.2023 wird für steuerliche Zwecke ein Formwechsel der ABC-KG in eine Kapitalgesellschaft fingiert.

Der Formwechsel einer Personengesellschaft in eine Kapitalgesellschaft ist nach § 25 i.V.m. § 20 Abs. 2 UmwStG unter bestimmten Voraussetzungen zum Buchwert möglich. Diese Voraussetzungen gelten auch für den fingierten Formwechsel nach § 1a Abs. 2 KStG. Die Buchwertfortführung ist daher nur möglich, wenn auch im Sonderbetriebsvermögen befindliche funktional wesentliche Betriebsgrundlagen auf die optierende Personengesellschaft übertragen werden.[10] Eine Nutzungsüberlassung reicht indes für Zwecke der Buchwertfortführung nicht aus.[11] 34.10

Das im Einbringungszeitpunkt in der Steuerbilanz auszuweisende Eigenkapital wird nach § 1a Abs. 2 Satz 4 KStG im steuerlichen Einlagekonto erfasst. Insoweit ergibt sich kein Unterschied zum regulären Formwechsel, bei dem ebenfalls die der Kapitalrücklage zugeführten Beträge im steuerlichen Einlagekonto zu erfassen sind. Ein Stammkapital existiert bei einer optierenden Personengesellschaft nicht, denn gesellschaftsrechtlich bleibt die Personengesellschaft auch nach Ausübung der Option eine Personengesellschaft. 34.11

Hinweis

Durch die Erfassung im steuerlichen Einlagekonto ist sichergestellt, dass die von den Gesellschaftern zugeführten Beträge bei der Rückzahlung an die Gesellschafter nicht erneut besteuert werden.

---

10 RegE KöMoG, BT-Drucks. 19/28656, S. 21.

11 BMF-Schreiben v. 11.11.2011 – IV C 2 - S 1978-b/08/10001, BStBl I, 1314, Rdnr. 20.06 (UmwSt-Erlass).

34.12 Wie mit **Ergänzungsbilanzen** zu verfahren ist, die im Zeitpunkt des fiktiven Formwechsels bestehen, regelt das Gesetz nicht ausdrücklich. Der Bundesrat[12] warf daher die Frage auf, wie im Fall einer späteren Rückoption (dazu sogleich) zu verfahren ist. Denn während Ergänzungsbilanzen gesellschafterbezogen geführt würden, kenne das steuerliche Einlagekonto keine gesellschafterbezogene Betrachtung. Der Bundesrat[13] forderte deshalb die Prüfung einer Ergänzung des Gesetzentwurfs. Die Bundesregierung[14] lehnte diese Forderung jedoch unter Hinweis auf die zum echten Formwechsel geltenden Regelungen in ihrer Gegenäußerung ab.

34.13 Wurde der fiktive Formwechsel zu einem unter dem gemeinen Wert liegenden Wert durchgeführt, ist die siebenjährige Sperrfrist des § 22 UmwStG zu beachten. Anteilsveräußerungen innerhalb dieser siebenjährigen Sperrfrist führen daher zu einer abschmelzenden Nachversteuerung.

Beispiel

Die Gesellschafter A, B und C sind an der ABC-OHG zu gleichen Teilen beteiligt. Die ABC-OHG stellt für das kalenderjahrgleiche Wirtschaftsjahr 2024 einen Antrag nach § 1a Abs. 1 KStG. Die Voraussetzungen eines steuerneutralen fiktiven Formwechsels liegen vor. Am 30.06.2025 veräußert A seine Beteiligung.

Lösung

Durch die Veräußerung im Jahr 2025 entsteht für A rückwirkend ein Einbringungsgewinn I nach § 1a Abs. 2 KStG i.V.m. § 25 i.V.m. § 22 Abs. 1 Satz 1 UmwStG i.H.v. 6/7 der auf seinen Mitunternehmeranteil im Einbringungszeitpunkt entfallenden stillen Reserven.

34.1.1.1.3 Rückoption

34.14 Nach § 1a Abs. 4 KStG besteht für eine Gesellschaft, die zur Körperschaftsbesteuerung optiert hat, die Möglichkeit, zurück zur Besteuerung als Personengesellschaft zu optieren (Rückoption). Wird die Rückoption ausgeübt, wird wiederum ein Formwechsel fingiert (§ 1a Abs. 4 Satz 2 KStG).

34.15 Der Bundesrat[15] forderte zwar, einen Mindestzeitraum von sieben Jahren im Gesetz zu verankern, innerhalb dessen eine Rückkehr zur Besteuerung als Personen-

[12] Stellungnahme des Bundesrates und Gegenäußerung der Bundesregierung zum RegE KöMoG, BT-Drucks. 19/29642, S. 8.

[13] Stellungnahme des Bundesrates und Gegenäußerung der Bundesregierung zum RegE KöMoG, BT-Drucks. 19/29642, S. 8.

[14] Stellungnahme des Bundesrates und Gegenäußerung der Bundesregierung zum RegE KöMoG, BT-Drucks. 19/29642, S. 26.

[15] Stellungnahme des Bundesrates und Gegenäußerung der Bundesregierung zum RegE KöMoG, BT-Drucks. 19/29642, S. 4.

gesellschaft nicht möglich sein sollte. Dieselbe Frist sollte auch nach Ausübung der Rückoption für eine erneute Ausübung der Option gelten. § 1a Abs. 4 KStG sieht jedoch keinen Mindestzeitraum vor, innerhalb dessen die Rückoption nicht ausgeübt werden könnte.

Die Forderung nach einer gewissen zeitlichen Bindung ist zwar angesichts des entstehenden Verwaltungsaufwands verständlich. Anders als bei dem Formwechsel oder der Einbringung in eine Kapitalgesellschaft geht mit dem Formwechsel in eine Personengesellschaft jedoch keine Verbesserung des Steuerstatus einher. Daher erscheint fraglich, ob ein Mindestzeitraum tatsächlich erforderlich ist. 34.16

Für eine Frist von sieben Jahren könnte die insoweit erreichte Übereinstimmung mit der siebenjährigen Sperrfrist nach § 22 UmwStG angeführt werden. Dieses Argument verfängt jedoch aus zwei Gründen nicht: Erstens ist bereits fraglich, ob ein „Rückformwechsel" überhaupt als Verstoß gegen die Sperrfrist zu werten ist,[16] und zweitens steht es dem Gesellschafter frei, ob er den Ablauf der siebenjährigen Sperrfrist abwarten möchte oder ob er die rückwirkende Besteuerung eines anteiligen Einbringungsgewinns I in Kauf nimmt. Im Ergebnis sollte daher ein Mindestzeitraum nicht erforderlich sein. 34.17

Hinweis

In ihrer Gegenäußerung zur Stellungnahme des Bundesrats vom 12.05.2021 lehnte die Bundesregierung[17] einen Mindestzeitraum unter Verweis auf eine ebenfalls nicht bestehende Mindestdauer im Rahmen des tatsächlichen Formwechsels ab. 34.18

Im Gegensatz zum Formwechsel einer Personengesellschaft in eine Kapitalgesellschaft ist der Formwechsel einer Körperschaft in eine Personengesellschaft regelmäßig nicht steuerneutral möglich. Denn § 7 UmwStG sieht für den Fall einer Umwandlung in eine Personengesellschaft eine fiktive Vollausschüttung vor. Zwar wird schon lange diskutiert, die offenen Rücklagen – soweit auf natürliche Personen entfallend – als Thesaurierungsbetrag i.S.d. § 34a EStG zu erfassen,[18] bislang mangelt es jedoch an einer gesetzgeberischen Umsetzung. Daran ändert auch das KöMoG nichts. 34.19

---

16 Stangl, in: Rödder/Herlinghaus/van Lishaut, UmwStG, 3. Aufl. 2019, § 22 Rdnr. 228.

17 Stellungnahme des Bundesrates und Gegenäußerung der Bundesregierung zum RegE KöMoG, BT-Drucks. 19/29642, S. 25.

18 Vgl. etwa Niehus/Wilke, DStZ 2009, 14, 27.

Praxistipp

34.20 Die Entscheidung für eine Ausübung der Option zur Körperschaftsbesteuerung sollte daher wohl überlegt sein. In der Regel wird gerade die Thesaurierungsmöglichkeit einer der ausschlaggebenden Vorteile der Körperschaftsbesteuerung sein. Bei hohen thesaurierten Beträgen ist eine Rückkehr zur Besteuerung als Personengesellschaft jedoch besonders problematisch.

34.1.1.1.4 Gesellschafterebene

34.21 Die Gesellschafter einer antragstellenden Gesellschaft werden bei Ausübung der Option wie die nicht persönlich haftenden Gesellschafter einer Kapitalgesellschaft behandelt (§ 1a Abs. 1 Satz 1 KStG). Die Formulierung mag zunächst Verwirrung stiften, da Gesellschafter einer Kapitalgesellschaft grundsätzlich nicht persönlich haften. Der Hinweis auf die „nicht persönlich haftenden" Gesellschafter ist jedoch angesichts hybrider Rechtsformen wie der KGaA[19] erforderlich. Diese hybriden Rechtsformen sind zwar als Kapitalgesellschaften einzuordnen, die Gesellschafter haften aber teilweise unbeschränkt.

34.22 Die Beteiligung an der optierenden Gesellschaft gilt nach § 1a Abs. 3 KStG für Zwecke der Besteuerung nach dem Einkommen als Beteiligung eines nicht persönlich haftenden Gesellschafters an einer Kapitalgesellschaft. Folglich erzielen die Gesellschafter im Anschluss an die Ausübung der Option Einkünfte aus § 20 Abs. 1 Nr. 1 EStG, soweit sie Gewinne entnehmen oder soweit die Auszahlung von Gewinnen verlangt werden kann (§ 1a Abs. 3 Satz 5 KStG). Vergütungen in Form von Geschäftsführergehältern, Zinsen für die Hingabe von Darlehen und Entgelten für die Überlassung von Wirtschaftsgütern zählen ab dem Zeitpunkt des fiktiven Formwechsels nicht mehr zu den gewerblichen Einkünften, sondern zu den Einkünften aus § 19 Abs. 1 Satz 1 Nr. 1, § 20 Abs. 1 Nr. 7 und § 21 Abs. 1 Satz 1 Nr. 1 EStG.

Beispiel

34.23 B überlässt der ABC-KG ein Gemälde für das Foyer gegen ein monatliches Entgelt. Das Gemälde hat B seinem Sonderbetriebsvermögen zugeordnet. Ab dem 01.01.2024 wird die ABC-KG aufgrund eines Antrags nach § 1a Abs. 1 KStG für Zwecke der Besteuerung nach dem Einkommen wie eine Kapitalgesellschaft behandelt.

---

[19] Bei der KGaA handelt es sich um eine Kapitalgesellschaft, die jedoch teilweise wie eine Personengesellschaft behandelt und auch so besteuert wird. Die Komplementäre einer Kapitalgesellschaft haften unbeschränkt. Ausführlich zur KGaA Fett/Stütz, NZG 2017, 1121; speziell zur Besteuerung Märtens, in: Gosch, KStG, 4. Aufl. 2020, § 9 Rdnr. 12 ff.

Lösung

Im Zeitpunkt des Formwechsels liegt eine Entnahme (§ 4 Abs. 1 Satz 2 EStG) des Gemäldes zum Teilwert (§ 6 Abs. 1 Satz 1 Nr. 4 Satz 1 erster Halbsatz EStG) aus dem gewillkürten Sonderbetriebsvermögen in das Privatvermögen vor. Ab dem 01.01.2024 zählen die Einkünfte aus der Vermietung des Gemäldes nicht mehr zu den gewerblichen Einkünften (§ 15 Abs. 1 Satz 1 Nr. 2 Satz 1 zweiter Halbsatz EStG), sondern zu den sonstigen Einkünften (§ 22 Nr. 3 EStG).

34.1.1.2 Globalisierung des UmwStG für Körperschaften

Der zweite bis fünfte Teil des UmwStG, der die Umwandlung von Körperschaften behandelt, fand vor dem KöMoG grundsätzlich nur auf EU-/EWR-Gesellschaften Anwendung. Von diesem Grundsatz war nur eine Ausnahme für Drittstaatenverschmelzungen mit Inlandsbezug nach § 12 Abs. 2 KStG vorgesehen. Angesichts der weitreichenden Globalisierung des Wirtschaftslebens hielt der Gesetzgeber diese Beschränkung für nicht mehr zeitgemäß.[20] Durch das KöMoG wurde daher eine Ausweitung der Umwandlungsmöglichkeiten für Körperschaften vorgenommen, die durch die vollständige Aufhebung des § 1 Abs. 2 UmwStG erreicht werden sollte, der bislang die Beschränkung auf EU-/EWR-Gesellschaften enthielt. 34.24

In der Folge war die Regelung des § 12 Abs. 2 KStG über Drittstaatenverschmelzungen nicht mehr notwendig und wurde daher aufgehoben. Daneben wurde auch § 12 Abs. 3 KStG gestrichen, der die Liquidationsbesteuerung einer Körperschaft für Fälle der Verlagerung des Sitzes bzw. des Orts der Geschäftsleitung in Drittstaaten vorsah. 34.25

Die Voraussetzungen der Buchwertfortführung sind jedoch unverändert geblieben, so dass eine steuerneutrale Um-wandlung weiterhin grundsätzlich nur möglich ist, wenn weder ein Ausschluss noch eine Beschränkung des deutschen Besteuerungsrechts eintritt. 34.26

34.1.1.3 Einlagelösung statt Ausgleichsposten

Mehr- bzw. Minderabführungen liegen vor, wenn das handelsrechtliche Ergebnis der Organgesellschaft ihren Steuerbilanzgewinn übersteigt (Mehrabführung) oder unterschreitet (Minderabführung). Angesichts unterschiedlicher Ansatz- und Bewertungsvorschriften für die Handels- und Steuerbilanz sind Mehr- bzw. Minderabführungen die Regel. Mehr- und Minderabführungen werden hinsichtlich ihrer Verursachung in vororganschaftlich und innerorganschaftlich verursachte Mehr- bzw. Minderabführungen unterschieden. Vororganschaftlich verursachte Mehrabführungen gelten nach § 14 Abs. 3 Satz 2 KStG als Gewinnausschüttungen 34.27

[20] RegE KöMoG, BT-Drucks. 19/28656, S. 21.

anden Organträger. Korrespondierend gelten vororganschaftlich verursachte Minderabführungen nach § 14 Abs. 3 Satz 2 KStG als Einlagen in die Organgesellschaft. An dieser Behandlung soll sich durch das KöMoG nichts ändern.

34.28 Innerorganschaftlich verursachte Mehr- bzw. Minderabführungen führten nach § 14 Abs. 4 Satz 1 KStG a.F. zu einem passiven bzw. aktiven Ausgleichsposten. Die Regelung war notwendig, um im Veräußerungsfall die Einmalbesteuerung des Organschaftseinkommens sicherzustellen.[21] Als Organschaftseinkommen wird dabei die Summe aus zugerechnetem Einkommen und Veräußerungsgewinn verstanden.

34.29 Der Gesetzgeber wollte dieser „komplizierten bisherigen Behandlung" mit einer Neuregelung begegnen. Nach § 14 Abs. 4 Satz 1 KStG n.F. sind innerorganschaftlich verursachte Minderabführungen nunmehr als Einlage durch den Organträger zu behandeln. Korrespondierend gelten innerorganschaftlich verursachte Mehrabführungen nach § 14 Abs. 4 Satz 2 KStG n.F. als Einlagerückgewähr. Minder- und Mehrabführungen gelten nach § 14 Abs. 4 Satz 7 KStG n.F. in dem Zeitpunkt als erfolgt, in dem das Wirtschaftsjahr endet. Der Direktzugriff auf das steuerliche Einlagekonto wird durch eine entsprechende Änderung in § 27 Abs. 1 Satz 3 und Abs. 6 KStG ermöglicht.

Hinweis

34.30 Hinsichtlich der bisherigen Regelung war streitig, ob der Ausgleichsposten eine Bilanzierungshilfe oder eine Korrekturgröße zum Beteiligungsbuchwert darstellt.[22] Außerdem war ungeklärt, ob für jede Mehr- bzw. Minderabführung ein separater Ausgleichsposten, für jeden Sachverhalt ein separater Ausgleichsposten oder insgesamt nur ein einziger Ausgleichsposten zu bilden ist.[23] Durch die Neuregelung dürften diese Diskussionen entfallen.

34.31 Nach § 34 Abs. 6e KStG n.F. ist § 14 KStG n.F. erstmals auf Mehr- und Minderabführungen anzuwenden, die nach dem 31.12.2021 erfolgen. Erfasst werden somit erstmals Mehr- und Minderabführungen für Wirtschaftsjahre, die ab dem 01.01.2022 enden. Bei abweichendem Wirtschaftsjahr führen daher Unterschiede zwischen Handels- und Steuerbilanz bereits in Wirtschaftsjahren, die im Kalenderjahr 2021 begonnen haben, zu einer Einlage bzw. Einlagenrückgewähr im Jahr 2022.

---

21 Dazu ausführlich RÖDDER/JOISTEN, in: RÖDDER/HERLINGHAUS/NEUMANN, KStG, 2. Aufl. 2023, § 14 Rdnr. 723.

22 Dazu ausführlich RÖDDER/JOISTEN, in: RÖDDER/HERLINGHAUS/NEUMANN, KStG, 2. Aufl. 2023, § 14 Rdnr. 720 ff.

23 Dazu ausführlich RÖDDER/JOISTEN, in: RÖDDER/HERLINGHAUS/NEUMANN, KStG, 2. Aufl. 2023, § 14 Rdnr. 725 ff.

Bestehende Ausgleichsposten sind nach § 34 Abs. 6e Satz 7 KStG n.F. in dem Wirtschaftsjahr aufzulösen, das nach dem 31.12.2021 endet. Dabei erhöhen aktive Ausgleichsposten und vermindern passive Ausgleichsposten den Buchwert der Beteiligung (§ 34 Abs. 6e Satz 8 KStG n.F.). Übersteigt ein passiver Ausgleichsposten die Summe aus einem etwaigen aktiven Ausgleichsposten und dem Buchwert der Beteiligung an der Organgesellschaft, entsteht ein Beteiligungsertrag (§ 34 Abs. 6e Satz 13 KStG n.F.). Abhängig von der Qualität des Anteilseigners ist auf diesen Beteiligungsertrag entweder das Teileinkünfteverfahren (§ 3 Nr. 40 Buchst.c), § 3c Abs. 2 EStG oder § 8b Abs. 2, 3, 6, 7 und 8 KStG anzuwenden (§ 34 Abs. 6e Satz 14 KStG n.F.). 34.32

Hinweis

Der Steuerpflichtige hat nach § 34 Abs. 6e Satz 15 ff. KStG n.F. die Möglichkeit, in Höhe eines entstehenden Gewinns eine gewinnmindernde Rücklage zu bilden. Diese Rücklage ist beginnend mit dem Jahr der Bildung in zehn gleichen Jahresbeträgen gewinnerhöhend aufzulösen. Eine vollständige Auflösung hat im Veräußerungsfall zu erfolgen. 34.33

34.1.1.4 Streichung des Abzugsverbots für Gewinnminderungen aus Währungsschwankungen

Nach § 8b Abs. 3 Satz 3 KStG dürfen Gewinnminderungen im Zusammenhang mit einem nach § 8b Abs. 2 KStG begünstigten Anteil nicht berücksichtigt werden. Zu diesen Gewinnminderungen zählen gem. § 8b Abs. 3 Satz 4 KStG auch Gewinnminderungen im Zusammenhang mit Darlehensforderungen. Nach Auffassung der Finanzverwaltung fallen darunter auch Gewinnminderungen aus Wechselkursschwankungen. In der Literatur wird die Subsumtion von Gewinnminderungen aus Wechselkursschwankungen unter § 8b Abs. 3 Satz 4 KStG teilweise befürwortet und teilweise abgelehnt.[24] Rechtsprechung zu dieser Fragestellung liegt bislang nur in Form der Entscheidung des FG Baden-Württemberg vom 24.09.2020[25] vor. Das FG Baden-Württemberg sieht angesichts des klaren Wortlauts der Norm keinen Raum für eine teleologische Reduktion. Nach Auffassung des FG dürfen Gewinnminderungen aus Wechselkursschwankungen daher nicht abgezogen werden. Ob der BFH dieser Sichtweise folgt, bleibt abzuwarten. 34.34

Durch das KöMoG wurde ein neuer § 8b Abs. 3 Satz 6 KStG eingefügt, nach dem Währungskursverluste nicht als Gewinnminderungen i.S.d. § 8b Abs. 3 Satz 4 und 5 34.35

---

24 Zum Meinungsstand GOSCH, in: GOSCH, KStG, 4. Aufl. 2020, § 8b Rdnr. 279i.

25 FG Baden-Württemberg, Urt. v. 24.09.2020 – 3 K 1486/19, EFG 2021, 402; Revision anhängig beim BFH unter dem Az. I R 41/20.

KStG gelten. Dies ist sehr zu begrüßen, da Währungskursverluste nicht durch ein gesellschaftsrechtliches Näheverhältnis veranlasst sind und daher ein sachlich einleuchtender Grund für die Versagung der Abzugsfähigkeit fehlt.[26]

34.1.2 Fazit

34.36 Das KöMoG enthält sowohl grundlegende Neuerungen als auch gezielte Anpassungen im Bereich des KStG und des UmwStG. Von besonderer Bedeutung ist dabei das Optionsmodell für Personenhandels- und Partnerschaftsgesellschaften. Zwar ist die Optionsmöglichkeit grundsätzlich zu begrüßen, es bestehen jedoch noch zahlreiche Zweifelsfragen[27] und Kritikpunkte. So ist etwa keine gesonderte Regelung für eine Überführung von nach § 34a EStG thesaurierten Beträgen implementiert worden. Eine Fortführung des Thesaurierungsbetrags ist daher nicht möglich (§ 34a Abs. 6 Nr. 2 EStG). In der Folge ist das Optionsmodell in vielen Fällen gerade für die Gesellschaften unattraktiv, die vermeintlich Adressat der egelung sind.

34.2 Grundsteuerreform: Die wichtigsten Änderungen im Überblick

34.2.1 Gesetzlicher Rahmen und Relevanz für die Kapitalgesellschaft

34.37 Grundstückseigentümer müssen sich ab 2025 darauf einstellen, dass die Grundsteuer anders berechnet wird als bisher. Soweit eine Kapitalgesellschaft Grundvermögen besitzt, ist sie grundsteuerpflichtig – und damit auch von der Grundsteuerreform betroffen.

34.38 Gesetzliche Grundlage für das sogenannte **Bundesmodell** ist das Grundsteuer-Reformgesetz vom 26.11.2019.[28] Dieses wurde geändert und ergänzt durch das Grundsteuerreform-Umsetzungsgesetz vom 16.07.2021.[29] Kleinere Anpassungen in Form von textlichen Änderungen erfolgten durch Art. 20 und 21 des JStG 2022 vom 16.12.2022.[30]

34.39 Die Bundesländer Baden-Württemberg, Bayern, Hamburg, Hessen, Niedersachsen, Saarland und Sachsen haben eigene Grundsteuermodelle entwickelt, die sich teils

---

26 Dazu ausführlich RÖDDER/SCHUMACHER, DStR 2018, 705, 709.

27 Vgl. dazu etwa CORDES/KRAFT, FR 2021, 401.

28 Gesetz zur Reform des Grundsteuer- und Bewertungsrechts (Grundsteuer-Reformgesetz – GrStRefG) v. 26.11.2019, BGBl I, 1794.

29 Gesetz zur erleichterten Umsetzung der Reform der Grundsteuer und Änderung weiterer steuerrechtlicher Vorschriften (Grundsteuerreform-Umsetzungsgesetz – GrStRefUG) v. 16.07.2021, BGBl I, 2931.

30 Jahressteuergesetz 2022 (JStG 2022) v. 16.12.2022, BGBl I, 2294.

erheblich vom Bundesmodell unterscheiden. Die gesetzlichen Grundlagen für die einzelnen **Landesmodelle** finden sich in eigenen Landesgesetzen:

- Baden-Württemberg: Gesetz zur Regelung einer Landesgrundsteuer (Landesgrundsteuergesetz – LGrStG) vom 04.11.2020[31]
- Bayern: Bayerisches Grundsteuergesetz (BayGrStG) vom 10.12.2021[32]
- Hamburg: Hamburgisches Grundsteuergesetz (HmbGrStG) vom 24.08.2021[33]
- Hessen: Hessisches Grundsteuergesetz (HGrStG) vom 15.12.2021[34]
- Niedersachsen: Niedersächsisches Grundsteuergesetz (NGrStG) vom 07.07.2021[35]
- Saarland: Gesetz zur Einführung einer Landesgrundsteuer (Saarländisches Grundsteuergesetz, GrStG-Saar) vom 15.09.2021[36]
- Sachsen: Sächsisches Gesetz über die Festsetzung der Steuermesszahlen bei der Grundsteuer (Sächsisches Grundsteuermesszahlengesetz – SächsGrStMG) vom 21.12.2021[37]

Obwohl die Grundsteuerreform aufkommensneutral ausfallen soll, wird es im Einzelnen zu Belastungsverschiebungen kommen, sodass einige Grundstücksbesitzer in Zukunft weniger bezahlen müssen als bisher, andere dagegen künftig mehr. 34.40

Wie hoch die tatsächlich zu zahlende Grundsteuer ab 2025 ausfallen wird, hängt vor allem davon ab, welche Hebesätze die Gemeinden festlegen werden. 34.41

Wie bei jeder Reform gab es auch bei der Grundsteuerreform im Vorfeld Kritik an den Regelungen. Folgerichtig sind bereits einige **Gerichtsverfahren** anhängig, teilweise sind auch schon Verfahren von den Finanzgerichten entschieden worden – mit teils divergierenden Ergebnissen: 34.42

---

31 Gesetz zur Regelung einer Landesgrundsteuer (Landesgrundsteuergesetz – LGrStG) v. 04.11.2020, GBl (BW) 2020, 974; zuletzt geändert durch Gesetz v.om 13.06.2023, GBl 2023, 170.

32 Bayerisches Grundsteuergesetz (BayGrStG) v. 10.12.2021, GVBl 2021, 638, BayRS 611-7-2-F; zuletzt geändert durch Art. 9 des Gesetzes v. 21.04.2023, GVBl 2023, 128.

33 Hamburgisches Grundsteuergesetz (HmbGrStG) vom 24.08.2021, HmbGVBl 2021, 600; zuletzt geändert durch Art. 2 des Gesetzes v. 24.01.2023, HmbGVBl 2023, 66.

34 Hessisches Grundsteuergesetz (HGrStG) v. 15.12.2021, GVBl 2021, 906.

35 Niedersächsisches Grundsteuergesetz (NGrStG) v. 07.07.2021, Nds. GVBl 2021, 502; zuletzt geändert durch Art. 5 des Gesetzes zur Änderung des SpielbankenG, der Allgemeinen GebührenO und des GrundsteuerG v. 17.05.2022, Nds. GVBl 2022, 304.

36 Gesetz Nr. 2040 zur Einführung einer Landesgrundsteuer (Saarländisches Grundsteuergesetz – GrStG-Saar) v. 15.09.2021, Amtsbl I, 2372.

37 Sächsisches Gesetz über die Festsetzung der Steuermesszahlen bei der Grundsteuer (Sächsisches Grundsteuermesszahlengesetz – SächsGrStMG) v. 21.12.2021, SächsGVBl 2022, 9.

- Das **Sächsische FG** hat entschieden, dass bezüglich der Sächsischen Sonderregelungen zur Feststellung der Grundsteuerwerte auf den 01.01.2022 und zur Festsetzung des Grundsteuermessbetrags auf den 01.01.2025 keine verfassungsrechtlichen Bedenken bestehen. Das Gericht hält die Reformgesetze für rechtmäßig.[38] Die Revision zum BFH wurde zugelassen.

- Das **FG Nürnberg** (in Bayern gilt das reine Flächenmodell) hat einen Antrag auf Aussetzung der Vollziehung von Grundsteuerwertbescheiden auf den 01.01.2022 abgelehnt.[39] Die Beschwerde zum BFH wurde zugelassen.

- Das **FG Berlin-Brandenburg** (in Berlin und Brandenburg gilt jeweils das Bundesmodell) hat ebenfalls einen Antrag auf Aussetzung der Vollziehung von Grundsteuerwertbescheiden auf den 01.01.2022 abgelehnt.[40] Die Beschwerde zum BFH wurde zugelassen.

- Das **FG Rheinland-Pfalz** äußerte dagegen in zwei Verfahren ernstliche Zweifel an der Rechtmäßigkeit bezüglich der Feststellung des Grundsteuerwertes im sogenannten Bundesmodell.[41] In beiden Verfahren wurde die Revision zum BFH zugelassen.

- Beim **FG Rheinland-Pfalz** sind weitere Klagen zum neuen Grundsteuer- und Bewertungsrecht anhängig, in denen insbesondere die Verfassungswidrigkeit der neuen Regelungen gerügt wird.[42]

- Beim **FG Baden-Württemberg** sind zwei Musterklagen gegen das Landesgrundsteuergesetz, das das sogenannte modifizierte Bodenwertmodell regelt, anhängig.[43]

34.2.2 Wichtige Termine und Stichtage der Grundsteuerreform

34.43 Der 01.01.2022 ist der Stichtag für die erste Hauptfeststellung und die Neubewertung aller Grundstücke. Damit die Finanzämter diese erste Bewertung durchführen können, müssen die Grundstückseigentümer bzw. Steuerpflichtigen eine „Erklärung zur Feststellung des Grundsteuerwertes" abgeben. In Hessen ist es eine „Erklärung zum Grundsteuermessbetrag". Die Aufforderung zur Abgabe erfolgte im Frühjahr 2022 i.d.R. durch öffentliche Bekanntmachung; auf Einzelaufforderungen wird weitestgehend verzichtet.

---

[38] Sächsisches FG, Urt. v. 24.10.2023 – 2 K 574/23, BB 2023, 2646.
[39] FG Nürnberg, Beschl. v. 08.08.2023 – 8 V 300/23, EFG 2023, 1405.
[40] FG Berlin-Brandenburg, Beschl. v. 01.09.2023 – 3 V 3080/23, DRsp Nr. 2023/12835.
[41] FG Rheinland-Pfalz, Beschl. v. 23.11.2023 – 4 V 1295/23, BB 2023, 2837, und FG Rheinland-Pfalz, Beschl. v. 23.11.2023 – 4 V 1429/23.
[42] Az. 4 K 1189/23, 4 K 1190/23, 4 K 1217/23, 4 K 1205/23.
[43] Az. 8 K 2491/22 und 8 K 2368/22.

Anschließend an die öffentliche Bekanntmachung erging in den meisten Bundesländern ein individuelles Informationsschreiben an den Grundstückseigentümer, in dem nochmals auf die Erklärungsabgabe hingewiesen wurde. Auch enthielt das Schreiben weitere wichtige Informationen, insbesondere das Aktenzeichen, das für die Feststellungserklärung benötigt wurde. 34.44

Ab dem 01.07.2022 konnte die Erklärung zur Feststellung der Grundsteuerwerte (bzw. in Hessen die Erklärung zum Grundsteuermessbetrag) abgegeben werden. Die elektronische Übermittlung per ELSTER ist grundsätzlich Pflicht. Die Abgabefrist lief zunächst bis zum 31.10.2022, wurde aber länderübergreifend bis zum 31.01.2023 verlängert, in Bayern sogar bis zum 30.04.2023. Dieser Stichtag galt auch für steuerlich beratene Mandanten. 34.45

Die Finanzämter erlassen die Feststellungsbescheide bezüglich der Grundsteuerwerte und der Steuermessbeträge bis 2024. Die Gemeinden legen ihre Hebesätze neu fest und erlassen die Grundsteuerbescheide. Ab dem 01.01.2025 ist die Grundsteuer auf Grundlage der Neubewertungen zu zahlen. 34.46

34.2.3 Rückblick: Darum musste die Grundsteuer reformiert werden

Die Einheitswerte, die bis einschließlich 2024 für die Bewertung der Grundstücke und die Berechnung der Grundsteuer herangezogen werden, stammen teilweise aus dem Jahr 1964. In den östlichen Bundesländern basieren sie sogar noch auf Feststellungen aus dem Jahr 1935. Eigentlich hatte der Gesetzgeber Hauptfeststellungen im sechsjährigen Rhythmus vorgesehen, bei denen der Grund und Boden bewertet werden sollte. Diese Hauptfeststellungen fanden jedoch nach 1964 bzw. 1935 nicht mehr statt. Die Einheitswerte wurden im Laufe der Zeit nur vereinzelt angepasst, z.B. bei wesentlichen Wertveränderungen oder bei der Errichtung neuer Gebäude. Wechselte der Eigentümer, nahmen die Finanzämter jedoch meist keine Anpassungen vor, sondern verwendeten weiterhin den bisherigen Einheitswert der Vorbesitzer. 34.47

So kam es schließlich zu teils erheblichen Wertverzerrungen – und für gleichartige Grundstücke fielen unterschiedliche Grundsteuern an. Da das einen klaren Verstoß gegen das im Grundgesetz verankerte Gebot der Gleichbehandlung darstellte, erklärte das Bundesverfassungsgericht die Vorschriften zur Einheitsbewertung für die Bemessung der Grundsteuer mit Urteil vom 10.04.2018 für verfassungswidrig.[44] Gleichzeitig sprach es eine Verpflichtung des Gesetzgebers aus, die Grundsteuer bis Ende 2019 neu zu regeln. Dies ist mit dem Grundsteuer-Reformgesetz vom 26.11.2019 auch geschehen. Die neuen Bewertungsregeln für die Grundsteuer tre- 34.48

---

[44] BVerfG, Urt. v. 10.04.2018 – 1 BvL 11/14 u.a., BGBl I, 531.

ten am 01.01.2025 in Kraft. Bis dahin darf die Grundsteuer übergangsweise weiterhin nach den bisherigen Regelungen erhoben werden.

34.2.4 Überblick: Was ändert sich im Vergleich zur bisherigen Rechtslage?

34.49 Die neue Berechnung der Grundsteuer wird wie bisher auch in einem dreistufigen Verfahren erfolgen. Gerechnet wird mit dem Grundstückswert, der Steuermesszahl und dem Hebesatz. Maßgebend für die Ermittlung des Grundstückswerts ist nicht mehr der Einheitswert, sondern der sogenannte **Grundsteuerwert.**

34.50 Im Rahmen des **Bundesmodells** orientiert sich dieser Grundsteuerwert z.B. am Bodenrichtwert, an der Grundstücksfläche, an der Wohn- bzw. Nutzfläche, am Alter des Gebäudes sowie daran, ob das Gebäude privat oder betrieblich genutzt wird. Die **Landesmodelle** rechnen teils nur mit der Grundstücksfläche, teils zusätzlich mit der Wohn- bzw. Nutzfläche, und teils spielt auch der Bodenrichtwert eine Rolle. Details zu den einzelnen Länderregelungen finden sich in der Arbeitshilfe am Ende dieses Kapitels.

34.51 Eine wichtige Änderung gibt es bei unbebauten Grundstücken zu beachten. Gebäude von untergeordneter Bedeutung stellen nämlich ab 2025 eine Bebauung dar. Gebäude von untergeordneter Bedeutung sind z.B. Gartenhäuser, Geräte- und Werkschuppen, Carports oder Garagen für landwirtschaftliche Maschinen usw. Im Rahmen der Neubewertung kann es deshalb passieren, dass ein Grundstück, das bisher als unbebaut galt, nunmehr als bebautes Grundstück bewertet wird. Die Bebauung fließt in die Berechnung des neuen Grundsteuerwerts mit ein, und dementsprechend höher fällt dieser dann aus.

34.2.5 Die Berechnung der Grundsteuer nach dem Bundesmodell

34.2.5.1 Das dreistufige Berechnungsverfahren

34.52 Beim Bundesmodell wird die Grundsteuer mithilfe des dreistufigen Verfahrens ermittelt, das auch bisher schon zur Anwendung kam. Einziger Unterschied: Statt mit dem Einheitswert wird nun mit dem Grundsteuerwert gerechnet. So funktioniert die Berechnung der Grundsteuer:

- Stufe 1: Ermittlung des Grundsteuerwerts
- Stufe 2: Anwendung der Steuermesszahl und Berechnung des Steuermessbetrags
- Stufe 3: Anwendung des Hebesatzes

Die kurze Berechnungsformel für die Grundsteuer lautet:

Grundsteuerwert × Steuermesszahl × Hebesatz = Grundsteuer

34.2.5.2 Grundsteuerwert: Es gilt das Ertragswertverfahren oder das Sachwertverfahren

Das BewG sieht für die Berechnung des Grundsteuerwerts bei bebauten Grundstücken zwei Verfahren vor: 34.53

- das Ertragswertverfahren und
- das Sachwertverfahren.

Welches Verfahren zur Anwendung kommt, hängt von der Art der Bebauung und der Nutzung des Gebäudes ab. Auch fließen beim Ertragswertverfahren andere Faktoren in die Berechnung des Grundsteuerwerts mit ein als beim Sachwertverfahren. Für unbebaute Grundstücke hat der Gesetzgeber ein eigenes Bewertungsverfahren vorgesehen.

Die obersten Finanzbehörden der Länder haben koordinierte Erlasse zur Bewertung des Grundbesitzes für die Grundsteuer veröffentlicht.[45] Der Erlass zum allgemeinen Teil und zum Grundvermögen gilt nur in den Bundesländern, die das Bundesmodell umgesetzt haben – und auch im Saarland bzw. in Sachsen, da diese beiden Länder vom Bundesmodell nur bezüglich der Steuermesszahl abweichen. Der Erlass zum land- und forstwirtschaftlichen Vermögen dürfte dagegen in allen Bundesländern zur Anwendung kommen, in denen die land- und forstwirtschaftlichen Bewertungsregelungen des Bundesmodells Anwendung finden. Das ist z.B. in Bayern der Fall. 34.54

34.2.5.2.1 So funktioniert das Ertragswertverfahren

Das Ertragswertverfahren ist für Wohngebäude vorgesehen und gilt deshalb für 34.55

- Einfamilienhäuser,
- Zweifamilienhäuser,
- Mietwohngrundstücke,
- Wohnungseigentum.

Einfamilienhäuser sind Wohngrundstücke, die eine Wohnung enthalten und kein Wohnungseigentum sind. Ein Grundstück gilt auch dann als Einfamilienhaus, wenn es zu weniger als 50 % der Wohn- und Nutzfläche zu anderen als Wohnzwecken mitbenutzt und dadurch die Eigenart als Einfamilienhaus nicht wesentlich beeinträchtigt wird (§ 249 Abs. 2 BewG). 34.56

---

45 Koordinierte Erlasse der obersten Finanzbehörden der Länder v. 09.11.2021 – S 3017, BStBl I, 2334 und 2369.

34.57 **Zweifamilienhäuser** sind Wohngrundstücke, die zwei Wohnungen enthalten und kein Wohnungseigentum sind. Ein Grundstück gilt auch dann als Zweifamilienhaus, wenn es zu weniger als 50 % der Wohn- und Nutzfläche zu anderen als Wohnzwecken mitbenutzt und dadurch die Eigenart als Zweifamilienhaus nicht wesentlich beeinträchtigt wird (§ 249 Abs. 3 BewG).

34.58 **Mietwohngrundstücke** sind Grundstücke, die zu mehr als 80 % der Wohn- und Nutzfläche Wohnzwecken dienen und nicht Ein- und Zweifamilienhäuser oder Wohnungseigentum sind (§ 249 Abs. 4 BewG).

34.59 **Wohnungseigentum** ist das Sondereigentum an einer Wohnung i.V.m. dem Miteigentumsanteil an dem gemeinschaftlichen Eigentum, zu dem es gehört (§ 249 Abs. 5 BewG).

34.60 Beim Ertragswertverfahren wird insbesondere mit diesen Faktoren gerechnet (§§ 252 ff. BewG):

- monatliche Nettokaltmiete
- Wohnfläche
- Alter des Gebäudes
- Mietniveaustufe
- Grundstücksfläche
- Bodenrichtwert

34.61 So sieht die Berechnung nach dem Ertragswertverfahren aus:

Berechnungsschema für ein Wohngebäude im Ertragswertverfahren

	monatliche Nettokaltmiete je qm Wohnfläche[46]	
+/–	Zuschlag/Abschlag, abhängig von der Mietniveaustufe[47]	
x	12	
=	jährlicher Rohertrag	jährlicher Rohertrag
		– Bewirtschaftungskosten, abhängig vom Alter des Gebäudes[48]
		= jährlicher Reinertrag

---

46 Anlage 39 Teil I zum BewG.

47 Anlage 39 Teil II zum BewG; Mietniveau-Einstufungsverordnung v. 18.08.2021, BGBl I, 3738.

48 Anlage 40 zum BewG.

× Vervielfältiger, abhängig vom Alter des Gebäudes[49]

= Barwert des Reinertrags

Grundstücksfläche

× Bodenrichtwert

× Umrechnungskoeffizient (nur bei Ein- und Zweifamilienhäusern)[50]

= Bodenwert

× Abzinsungsfaktor[51]

= abgezinster Bodenwert

+ abgezinster Bodenwert

= Grundsteuerwert

Die ermittelten Grundsteuerwerte werden jeweils auf volle 100 € nach unten abgerundet (§ 230 BewG).

34.2.5.2.2 So funktioniert das Sachwertverfahren

Das Sachwertverfahren ist für betrieblich genutzte Immobilien vorgesehen und 34.62
findet daher Anwendung bei

- Teileigentum,
- Geschäftsgrundstücken,
- gemischt genutzten Grundstücken,
- sonstigen bebauten Grundstücken.

Teileigentum ist das Sondereigentum an nicht zu Wohnzwecken dienenden Räumen 34.63
eines Gebäudes i.V.m. dem Miteigentum an dem gemeinschaftlichen Eigentum, zu dem es gehört (§ 249 Abs. 6 BewG).

Geschäftsgrundstücke sind Grundstücke, die zu mehr als 80 % der Wohn- und 34.64
Nutzfläche eigenen oder fremden betrieblichen oder öffentlichen Zwecken dienen und nicht Teileigentum sind (§ 249 Abs. 7 BewG).

49 Anlagen 37 und 38 zum BewG.
50 Anlage 36 zum BewG.
51 § 257 Abs. 2 i.V.m. Liegenschaftszinssätzen nach § 256 und Anlage 41 zum BewG.

34.65 **Gemischt genutzte Grundstücke** sind Grundstücke, die teils Wohnzwecken, teils eigenen oder fremden betrieblichen oder öffentlichen Zwecken dienen und nicht Ein- und Zweifamilienhäuser, Mietwohngrundstücke, Wohnungseigentum, Teileigentum oder Geschäftsgrundstücke sind (§ 249 Abs. 8 BewG).

34.66 **Sonstige bebaute Grundstücke** sind alle anderen Grundstücke, die keiner der genannten Grundstücksarten zugerechnet werden können (§ 249 Abs. 9 BewG).

34.67 Bestimmende Werte bei der Berechnung nach dem Sachwertverfahren sind insbesondere (§§ 258 ff. BewG):

- Herstellungskosten des Gebäudes,
- Bruttogrundfläche des Gebäudes,
- Alter des Gebäudes,
- Grundstücksfläche,
- Bodenrichtwert.

34.68 So sieht die Berechnung nach dem Sachwertverfahren aus:

Berechnungsschema für eine betrieblich genutzte oder sonstige Immobilie im Sachwertverfahren

Normalherstellungskosten in €/qm	
× Baupreisindex	
× Bruttogrundfläche des Gebäudes	
= Gebäudenormalherstellungswert	
– Alterswertminderung, abhängig vom Alter des Gebäudes	
= Gebäudesachwert	Gebäudesachwert
Grundstücksfläche	
× Bodenrichtwert	
= Bodenwert	+ Bodenwert
	= vorläufiger Sachwert
	× Wertzahl[52]
	= Grundsteuerwert

52 Anlage 43 zum BewG.

Auch hier gilt: Die ermittelten Grundsteuerwerte werden jeweils auf volle 100 € nach unten abgerundet (§ 230 BewG).

34.2.5.2.3 Unbebaute Grundstücke

Unbebaute Grundstücke sind Grundstücke, auf denen sich keine benutzbaren Gebäude befinden (§ 246 BewG). Die Benutzbarkeit beginnt zum Zeitpunkt der Bezugsfertigkeit. Ein Gebäude ist bezugsfertig, wenn den zukünftigen Bewohnern oder Benutzern die bestimmungsgemäße Gebäudenutzung zugemutet werden kann. Gebäude, die auf Dauer nicht genutzt werden können, zählen nicht als Bebauung. Als unbebaut gilt auch ein Grundstück, wenn die darauf befindlichen Gebäude aufgrund von Zerstörung oder Verfall auf Dauer nicht mehr genutzt werden können. 34.69

Bei unbebauten Grundstücken errechnet sich der Grundsteuerwert ganz einfach aus Bodenrichtwert und Grundstücksfläche: 34.70

Bodenrichtwert × Grundstücksfläche = Grundsteuerwert.

34.2.6 Steuermesszahl und Steuermessbetrag

Nachdem der Grundsteuerwert für das zu bewertende Grundstück ermittelt wurde, kommt in der zweiten Stufe des Berechnungsverfahrens die Steuermesszahl zur Anwendung. Als Ergebnis erhält man den **Steuermessbetrag**, der für die weitere Berechnung der Grundsteuer benötigt wird. 34.71

Gerechnet wird:

Grundsteuerwert × Steuermesszahl = Steuermessbetrag

Je nach Art der Bebauung bzw. der Nutzung fällt die Steuermesszahl unterschiedlich hoch aus. 34.72

Art der Bebauung	**Steuermesszahl**
Geschäftsgrundstücke	0,34 ‰
gemischt genutzte Grundstücke	0,34 ‰
Teileigentum	0,34 ‰
sonstige bebaute Grundstücke	0,34 ‰
Einfamilienhaus	0,31 ‰
Zweifamilienhaus	0,31 ‰
Mietwohngrundstücke	0,31 ‰

Wohnungseigentum	0,31 ‰
unbebaute Grundstücke	0,34 ‰
Grundstücke der Land- und Forstwirtschaft	0,55 ‰

34.73 Wird eine Immobilie zu Wohnzwecken genutzt, gilt eine reduzierte Steuermesszahl von 0,31 ‰. Sozialer Wohnungsbau und nach dem Wohnraumförderungsgesetz oder dem Ersten bzw. Zweiten Wohnungsbaugesetz geförderte Wohnungen profitieren von einer weiteren Ermäßigung der Steuermesszahl um 25 %. Bei Denkmälern reduziert sich die Steuer-messzahl um 10 %. Liegen die Voraussetzungen für die Ermäßigung der Steuermesszahl nur für einen Teil der Gebäude oder für Teile eines Gebäudes vor, ist die Ermäßigung der Steuermesszahl entsprechend anteilig zu gewähren (§ 15 Abs. 2 Satz 2 GrStG).

Beispiel

34.74
- Ein gewerblich genutztes Grundstück mit Lagerhalle hat einen Grundsteuerwert von 750.000 €. Der Steuermessbetrag beträgt 255 € (= 750.000 € × 0,34 ‰).
- Ein Zweifamilienhaus hat einen Grundsteuerwert von 630.000 €. Der Steuermessbetrag beträgt 195,30 € (= 630.000 € × 0,31 ‰).
- Ein Einfamilienhaus hat einen Grundsteuerwert von 250.000 €. Es liegt ein Förderbescheid nach dem Wohnraumförderungsgesetz vor. Die Steuermesszahl von 0,31 ‰ reduziert sich um 25 % auf 0,2325 ‰. Der Steuermessbetrag beträgt 58,13 € (= 250.000 € × 0,2325 ‰).

34.2.7 Hebesatz

34.75 Mit dem Steuermessbetrag und dem Hebesatz kann im dritten Schritt des Berechnungsverfahrens schließlich die **Grundsteuer** ermittelt werden.

Gerechnet wird:

Steuermessbetrag × Hebesatz = Grundsteuer

Beispiel

34.76 In der Gemeinde A beträgt der Hebesatz für die Grundsteuer 420 %. In der Nachbargemeinde B gilt ein Hebesatz von 450 %. Bei einem Steuermessbetrag von 60 € ergibt sich folgende Grundsteuer:

1. Gemeinde A: 60 € × 420 % = 252 €
2. Gemeinde B: 60 € × 450 % = 270 €

Der Hebesatz wird von der jeweiligen Gemeinde, in der sich das Grundstück befindet, festgelegt. Es gibt drei unterschiedliche Hebesätze: 34.77

- Grundsteuer A: Diese gilt für Grundstücke der Land- und Forstwirtschaft.
- Grundsteuer B: Diese gilt für alle anderen bebauten und unbebauten Grundstücke.
- Grundsteuer C: Diese kann ab 2025 für unbebaute, „baureife“ Grundstücke erhoben werden.

Während die Hebesätze für die Grundsteuer A und B von den Gemeinden festgelegt werden müssen, liegt es im Ermessen der Gemeinde, ob sie die Grundsteuer C erhebt. 34.78

Voraussetzung für die Grundsteuer C ist, dass

- es sich um „baureife“ Grundstücke handelt und
- „städtebauliche Gründe“ für deren Erhebung sprechen.

Baureife Grundstücke sind unbebaute Grundstücke, die nach Lage, Form und Größe und ihrem sonstigen tatsächlichen Zustand sowie nach öffentlich-rechtlichen Vorschriften sofort bebaut werden könnten. 34.79

Als **städtebauliche Gründe** kommen insbesondere in Betracht: 34.80

- die Deckung eines erhöhten Bedarfs an Wohn- und Arbeitsstätten,
- die Nachverdichtung bestehender Siedlungsstrukturen oder
- die Stärkung der Innenentwicklung.

Diese städtebaulichen Gründe muss die Gemeinde nachvollziehbar darlegen. Darüber hinaus muss sie die baureifen Grundstücke genau bezeichnen und das Gemeindegebiet, für das die Grundsteuer C gelten soll, in einer Karte nachweisen.

Beispiel

Mit der Grundsteuer C will der Gesetzgeber die Eigentümer unbebauter und baureifer Grundstücke dazu bringen, dort Wohnraum zu schaffen. Je höher der Hebesatz, desto höher die Grundsteuer. Dadurch verteuert sich die Spekulation mit Bauland und macht das Abwarten von Wertsteigerungen unattraktiver. Damit möchte man vor allem in Ballungsgebieten dem Wohnungsmangel entgegenwirken. Ob dieses Ziel erreicht werden kann, wird jedoch ganz entscheidend davon abhängen, wie hoch der Hebesatz der Grundsteuer C sein wird. 34.81

34.2.8 Beispiele zur Berechnung der Grundsteuer

34.82 Neben dem Grundvermögen der Gesellschaft ist häufig auch solches der Anteilseigner zu betrachten, also insbesondere das selbst genutzte Eigenheim oder eine vermietete Eigentumswohnung. So kann es sein, dass sich der steuerliche Berater sowohl mit dem Sachwertverfahren (betrieblich genutztes Grundstück) als auch mit dem Ertragswertverfahren (Wohngebäude) auseinandersetzen muss.

Beispiel für ein Geschäftsgrundstück (Bewertung im Sachwertverfahren)

34.83 Die Kapitalgesellschaft hat ihren Sitz in einem Bürogebäude, das ihr gehört. Es wurde im Jahr 2010 erbaut und hat eine Bruttogrundfläche von 2.200 qm. Das Grundstück ist 2.000 qm groß. Der Bodenrichtwert liegt bei 230 €/qm. Es wird unterstellt, dass die Gemeinde den Hebesatz auf 480 % festgelegt hat.

Zunächst ermittelt man den Grundsteuerwert im Sachwertverfahren (Bewertung zum Stichtag 01.01.2022).

Berechnungsschema für das Bürogebäude im Sachwertverfahren

Normalherstellungskosten in €/qm	1.736 €/qm		
× Baupreisindex	× 100 %		
× Bruttogrundfläche des Gebäudes	× 2.200 qm		
= Gebäudenormalherstellungswert	3.819.200 €		
– Alterswertminderung (12/60)	– 763.840 €		
= Gebäudesachwert	3.055.360 €	Gebäudesachwert	3.055.360 €
Grundstücksfläche	2.000 qm		
× Bodenrichtwert	× 230 €/qm		
= Bodenwert	460.000 €	+ Bodenwert	+ 460.000 €
		= vorläufiger Sachwert	3.515.360 €
		× Wertzahl[53]	× 0,60
		= Grundsteuerwert[54]	**2.109.200 €**

53 Anlage 43 zum BewG.

54 Abgerundet auf volle 100 €.

Anschließend kann man die Grundsteuer mithilfe der bereits oben vorgestellten Formel errechnen:

Grundsteuerwert × Steuermesszahl × Hebesatz = Grundsteuer

2.109.200 € × 0,34 ‰ × 480 % = **3.442,24 €**

Ergebnis: Die Grundsteuer für das Bürogebäude beträgt jährlich 3.442,24 €.

Hinweis

Da das Grundstück nicht zu Wohnzwecken, sondern betrieblich genutzt wird, gilt die normale Steuermesszahl von 0,34 ‰. 34.84

Beispiel für ein Wohngebäude (Bewertung im Ertragswertverfahren)

Ein Einfamilienhaus in Schleswig-Holstein, Baujahr 1996, hat eine Wohnfläche von 180 qm. Die monatliche Nettokaltmiete beträgt 1.153,80 €. Es gilt die Mietniveaustufe 3. Die Grundstücksfläche beträgt 800 qm. Der Bodenrichtwert liegt bei 370 €/qm. Es wird unterstellt, dass die Gemeinde ab 01.01.2025 einen Hebesatz von 420 % festgelegt hat. 34.85

Zunächst ermittelt man den Grundsteuerwert im Ertragswertverfahren (Bewertung zum Stichtag 01.01.2022).

Berechnungsschema für das Einfamilienhaus im Ertragswertverfahren

	monatliche Nettokaltmiete[55]	1.153,80 €			
+/–	Zuschlag/Abschlag abhängig von der Mietniveaustufe	+ 0 %			
×	12	× 12			
=	jährlicher Rohertrag	13.845,60 €		jährlicher Rohertrag	13.845,60 €
			–	Bewirtschaftungskosten[56]	– 21 %
			=	jährlicher Reinertrag	10.938,02 €
			×	Vervielfältiger[57]	× 29,46
			=	Barwert des Reinertrags	322.234,07 €

[55] Anlage 39 zum BewG.

[56] Anlage 40 zum BewG.

[57] Anlagen 37 und 38 zum BewG.

	Grundstücksfläche	800 qm			
×	Bodenrichtwert	370 €/qm			
×	Umrechnungskoeffizient bei Ein- und Zweifamilienhäusern[58]	0,89			
=	Bodenwert	263.440 €			
×	Abzinsungsfaktor[59]	0,2636			
=	abgezinster Bodenwert	69.442,78 €	+	abgezinster Bodenwert	69.442,78 €
			=	**Grundsteuerwert**[60]	**391.600 €**

Anschließend kann man die Grundsteuer mithilfe dieser Formel errechnen:

Grundsteuerwert × Steuermesszahl × Hebesatz = Grundsteuer

391.600 € × 0,31 ‰ × 420 % = **509,86 €**

Ergebnis: Die Grundsteuer für das Einfamilienhaus beträgt jährlich 509,86 €.

Hinweis

34.86 Da es sich um ein Einfamilienhaus handelt, wird bei der Ermittlung des abgezinsten Bodenwerts der Umrechnungskoeffizient nach Anlage 36 zum BewG angewendet. Es gilt die reduzierte Steuermesszahl für Wohngebäude von 0,31 ‰.

34.2.9 Feststellungserklärung: Abgabepflicht und Verfahrensfragen

34.2.9.1 Abgabepflicht

34.87 Jeder Steuerpflichtige ist verpflichtet, eine Erklärung zur Feststellung des Grundsteuerwerts (bzw. in Hessen die Erklärung zum Grundsteuermessbetrag) abzugeben (§ 228 Abs. 1 BewG). Steuerpflichtiger ist in den meisten Fällen der Grundstückseigentümer. Bei der GmbH obliegt die Abgabe der Feststellungserklärung dem Geschäftsführer (§ 34 AO).

34.88 Für die Abgabepflicht zählen allein die Eigentumsverhältnisse zum Stichtag 01.01.2022. Wer also am 01.01.2022 Eigentümer war, ist zur Abgabe der Erklärung verpflichtet. Ein Verkauf der Immobilie und damit verbundene Änderungen der Eigentumsverhältnisse nach dem Stichtag entbinden nicht von der Abgabever-

[58] Anlage 36 zum BewG.

[59] § 257 Abs. 2 i.V.m. Liegenschaftszinssätzen nach § 256 und Anlage 41 zum BewG.

[60] Abgerundet auf volle 100 €.

pflichtung. Bezüglich des neuen Eigentümers nimmt das Finanzamt eine Neuveranlagung bzw. eine Zurechnungsfortschreibung (§ 222 Abs. 2 BewG) vor.

34.2.9.2 Wenn keine Feststellungserklärung abgegeben wird: Folgen?

Die Feststellungserklärung nach § 228 Abs. 1 BewG ist eine Steuererklärung. Das bedeutet: Bei Nichtabgabe droht ein Zwangsmittel oder eine Schätzung der Besteuerungsgrundlagen. 34.89

34.2.9.2.1 Zwangsmittel

Bei Nichtabgabe der Erklärung zur Feststellung des Grundsteuerwerts (bzw. in Hessen die Erklärung zum Grundsteuermessbetrag) kommt als Zwangsmittel lediglich ein Zwangsgeld gem. § 329 AO in Betracht, nicht dagegen die Ersatzvornahme oder der unmittelbare Zwang. Sowohl Ersatzvornahme als auch unmittelbarer Zwang erfordern nämlich eine sogenannte vertretbare Handlung. Diese liegt hier jedoch nicht vor. Denn die Abgabe von Steuererklärungen stellt eine unvertretbare Handlung dar, die nur vom Steuerpflichtigen selbst, nicht aber von einem Dritten vorgenommen werden kann – auch nicht vom Finanzamt. 34.90

Das Zwangsgeld beträgt maximal 25.000 €. 34.91

34.2.9.2.2 Schätzung

Wird keine Feststellungserklärung abgegeben, darf das Finanzamt die Besteuerungsgrundlagen schätzen (§ 162 AO). Die meisten Daten, die für die Ermittlung des Grundsteuerwerts benötigt werden, kennt das Finanzamt ohnehin. Das sind z.B. das Aktenzeichen bzw. die Steuernummer, Gemarkung, Flur und Flurstücksnummer, Lage, Grundstücksfläche, Bodenrichtwerte und die Art der Nutzung. 34.92

Eine Schätzung erfolgt dann nur bezüglich der Angaben, die der Steuerpflichtige erklären müsste. Das sind z.B. Wohn- und Nutzfläche, Garagenplätze und das Baujahr. Für die Schätzung spielt es keine Rolle, ob das Finanzamt bereits ein Zwangsgeld festgesetzt hat oder nicht. 34.93

34.2.9.2.3 Verspätungszuschlag

Das Finanzamt muss grundsätzlich bei Nichtabgabe oder verspäteter Abgabe einer Steuererklärung einen Verspätungszuschlag festsetzen (§ 152 Abs. 2 AO). Im Rahmen der ersten Hauptfeststellung, die zum Stichtag 01.01.2022 erfolgt ist, entfällt zwar ausnahmsweise die verpflichtende Festsetzung eines Verspätungszuschlags. Kommt jedoch der Grundstückseigentümer seiner Abgabepflicht nicht nach, darf das Finanzamt nach eigenem Ermessen einen Verspätungszuschlag festsetzen. Die Höhe des Verspätungszuschlags bemisst sich dann insbesondere nach der Dauer der Fristüberschreitung. 34.94

Übersicht: Die Berechnung der Grundsteuer nach den Ländermodellen

Die Mehrheit der Bundesländer setzt das Bundesmodell um. Sieben Bundesländer haben sich für ein eigenes Landesmodell entschieden: Baden-Württemberg, Bayern, Hamburg, Hessen und Niedersachsen, Saarland und Sachsen. Möglich machte dies eine Öffnungsklausel, Art. 72 Abs. 3 Nr. 7 GG.

Baden-Württemberg

In Baden-Württemberg gilt das sogenannte „modifizierte Bodenwertmodell". Gerechnet wird mit der Grundstücksfläche und dem Bodenrichtwert. Die Steuermesszahl beträgt für Grundvermögen einheitlich 1,3 ‰ (Land- und Forstwirtschaft 0,55 ‰). Eigentümer von Wohngebäuden profitieren von einem 30-prozentigen Abschlag auf die Steuermesszahl, so dass diese nur noch 0,91 ‰ beträgt.

Beispiel

Ein Einfamilienhaus in Baden-Württemberg steht auf einem 600 qm großen Grundstück. Der Bodenrichtwert beträgt 360 €/qm. So wird gerechnet:

600 qm (Grundstücksfläche) × 360 €/qm (Bodenrichtwert)
= 216.000 € (Grundsteuerwert)

216,0 x 0,91 ‰ = 196,56 €

Bayern

Bayern hat sich für ein „reines Flächenmodell" entschieden. Der Wert von Grundstück und Gebäude spielt keine Rolle.

Für das Grundstück werden einheitlich 0,04 €/qm angesetzt, für ein Gebäude grundsätzlich 0,50 €/qm. Das sind die sogenannten Äquivalenzzahlen. Handelt es sich um ein Wohngebäude, gibt es einen Abschlag von 30 % auf die Grundsteuermesszahl. Für sozialen Wohnungsbau und denkmalgeschützte Gebäude sind ebenfalls Abschläge vorgesehen.

Beispiel

Ein Einfamilienhaus in Bayern hat eine Wohnfläche von 160 qm.

Das Grundstück ist 600 qm groß. So wird gerechnet:

600 qm (Grundstücksfläche) × 0,04 €/qm (Äquivalenzzahl Grundstück)
= 24 € (Äquivalenzbetrag des Grundstücks)

160 qm (Fläche des Gebäudes) × 0,50 €/qm (Äquivalenzzahl Gebäude)
= 80 € (Äquivalenzbetrag des Gebäudes)

24 € (Äquivalenzbetrag des Grundstücks) × 100 % (Grundsteuermesszahl) = 24 €

80 € (Äquivalenzbetrag des Gebäudes) × 70 % (Grundsteuermesszahl) = 56 €

24 € + 56 € = 80 € (Grundsteuermessbetrag)

Hamburg

In Hamburg wird es das sogenannte Wohnlagenmodell geben. Für die Berechnung der Grundsteuer spielen sowohl die Fläche des Grundstücks als auch die Fläche des Gebäudes eine Rolle, aber auch die Wohnlage der Immobilie.

Unabhängig von der Nutzung wird für ein Grundstück eine Äquivalenzzahl von 0,04 €/qm angesetzt, für Gebäudeflächen 0,50 €/qm.

Die Grundsteuermesszahl liegt grundsätzlich bei 100 %. Handelt es sich um Wohnflächen in guten Wohnlagen, beträgt die Grundsteuermesszahl 70 %. In normalen Wohnlagen wird eine Lageermäßigung von weiteren 25 % berücksichtigt.

Beispiel

Ein Einfamilienhaus in Hamburg hat eine Wohnfläche von 130 qm und befindet sich in guter Wohnlage. Das Grundstück ist 500 qm groß. So wird gerechnet:

500 qm (Grundstücksfläche) × 0,04 €/qm (Äquivalenzzahl Grundstück)
= 20 € (Äquivalenzbetrag des Grundstücks)

130 qm (Fläche des Gebäudes) × 0,50 €/qm (Äquivalenzzahl Gebäude)
= 65 € (Äquivalenzbetrag des Gebäudes)

20 € (Äquivalenzbetrag des Grundstücks) × 100 % (Grundsteuermesszahl) = 20 €

65 € (Äquivalenzbetrag des Gebäudes) × 70 % (Grundsteuermesszahl) = 45,50 €

20 € + 45,50 € = 65,50 € (Grundsteuermessbetrag)

Hessen

Hessen hat das sogenannte Flächen-Faktor-Modell auf den Weg gebracht. Neben der Größe des Grundstücks wird auch dessen Lage berücksichtigt.

Das hessische Modell ähnelt dem bayerischen Flächenmodell, ergänzt dieses aber noch durch einen lagebezogenen Faktor.

Zunächst kommen auch hier feste Berechnungsgrößen zur Anwendung, die sogenannten Flächenzahlen. Sie betragen für das Grundstück 0,04 €/qm und für Gebäude 0,50 €/qm. Der Faktor ermittelt sich aus dem Bodenrichtwert des jeweiligen Grundstücks und dem durchschnittlichen Bodenrichtwert der Gemeinde.

Beispiel

Ein Einfamilienhaus in Hessen hat eine Wohnfläche von 200 qm. Das Grundstück ist 1.000 qm groß. Der Bodenrichtwert für das Grundstück beträgt 630 €/qm, der durchschnittliche Bodenrichtwert der Gemeinde liegt bei 656 €/qm. So wird gerechnet:

1.000 qm (Fläche Grundstück) × 0,04 €/qm (Flächenzahl)
= 40 € (Flächenbetrag des Grundstücks)

200 qm (Fläche des Gebäudes) × 0,50 €/qm (Flächenzahl)
= 100 € (Flächenbetrag des Gebäudes)

40 € (Flächenbetrag des Grundstücks) × 100 % (Steuermesszahl) = 40 €

100 € (Flächenbetrag des Gebäudes) × 70 % (Steuermesszahl) = 70 €

40 € + 70 € = 110 € (Ausgangsbetrag)

(630 €/qm Bodenrichtwert des Grundstücks / 656 €/qm durchschnittlicher Bodenwert der Gemeinde)^{0,3} = 0,98 (Faktor)

110 € (Ausgangsbetrag) × 0,98 (Faktor) = 107,80 € (Steuermessbetrag)

Niedersachsen

Niedersachsens Grundsteuermodell ist das sogenannte Fläche-Lage-Modell. Die Berechnung der Grundsteuer erfolgt grundsätzlich anhand der Fläche, ergänzt um wertbildende „innerkommunale Lagefaktoren". Damit ist das niedersächsische Modell nahezu identisch mit dem hessischen Modell.

Gerechnet wird ebenfalls mit festen Berechnungsgrößen, hier heißen sie wieder Äquivalenzzahlen. Diese betragen für das Grundstück 0,04 €/qm und für Gebäude 0,50 €/qm. Der Faktor ermittelt sich aus dem Bodenrichtwert des jeweiligen Grundstücks und dem durchschnittlichen Bodenrichtwert der Gemeinde.

Beispiel

Ein Einfamilienhaus in Niedersachsen hat eine Wohnfläche von 170 qm. Das Grundstück ist 900 qm groß. Der Bodenrichtwert für das Grundstück beträgt 250 €/qm, der durchschnittliche Bodenrichtwert der Gemeinde liegt bei 221 €/qm. So wird gerechnet:

(250 €/qm Bodenrichtwert des Grundstücks / 221 €/qm durchschnittlicher Bodenwert der Gemeinde)^{0,3} = 1,03 (Lagefaktor)

900 qm (Fläche Grundstück) × 0,04 €/qm (Äquivalenzzahl) × 1,03 (Lagefaktor) = 37,08 € (Äquivalenzbetrag des Grundstücks)

170 qm (Fläche des Gebäudes) × 0,50 €/qm (Äquivalenzzahl) × 1,03 (Lagefaktor) = 87,55 € (Äquivalenzbetrag des Gebäudes)

37,08 € (Äquivalenzbetrag des Grundstücks) × 100 % (Grundsteuermesszahl) = 37,08 €

87,55 € (Äquivalenzbetrag des Gebäudes) × 70 % (Grundsteuermesszahl) = 61,29 €

37,08 € + 61,29 € = 98,37 (Grundsteuermessbetrag)

Saarland

Das Saarland wendet grundsätzlich das Bundesmodell an, hat es jedoch hinsichtlich der Steuermesszahl modifiziert.

Für Einfamilienhäuser, Zweifamilienhäuser, Mietwohngrundstücke und Wohnungseigentum beträgt die Steuermesszahl 0,34 ‰. Für unbebaute Grundstücke, Teileigentum, Geschäftsgrundstücke, gemischt genutzte Grundstücke und sonstige bebaute Grundstücke liegt die Steuermesszahl bei 0,64 ‰.

Sachsen
Das sächsische Nutzungsart-Modell entspricht grundsätzlich dem Bundesmodell, hat jedoch je nach Nutzungsart eigene Steuermesszahlen festgelegt. Für die Nutzungsart Wohnen beträgt die Steuermesszahl 0,36 ‰, für gewerbliche Grundstücke 0,72 ‰ und für unbebaute Grundstücke 0,36 ‰.

34.3 Gestaltungsmöglichkeiten durch inkongruente und gespaltene Gewinnverteilung

34.3.1 Einführung

In der Praxis besteht bei einer GmbH mit mehreren Gesellschaftern oftmals das Bedürfnis, Gewinnausschüttungen abweichend von den Beteiligungsverhältnissen vorzunehmen. Solchen inkongruenten Gewinnausschüttungen steht die Finanzverwaltung regelmäßig kritisch gegenüber und verlangt, dass eine entsprechende Satzungsregelung oder zumindest eine Öffnungsklausel vorliegt und zur Vermeidung eines Missbrauchs i.S.d. § 42 AO beachtliche wirtschaftlich vernünftige außersteuerliche Gründe nachgewiesen werden.[61] Mit Urteil vom 28.09.2022[62] hat sich der BFH sowohl mit den **gesellschaftsrechtlichen Voraussetzungen** einer inkongruenten Gewinnausschüttung als auch mit der **Annahme eines Gestaltungsmissbrauchs** auseinandergesetzt. Nach einer kurzen Übersicht über die vielfältigen Anlässe für inkongruente Gewinnausschüttungen wird die Finanzrechtsprechung zur inkongruenten und gespaltenen Gewinnverteilung sowie die daraus resultierenden Gestaltungsmöglichkeiten dargestellt. 34.95

34.3.2 Motive für inkongruente Gewinnausschüttungen

Inkongruente Gewinnausschüttungen werden oftmals vereinbart, um damit besondere Umstände zu berücksichtigen oder bestimmte Sonderleistungen einzelner Gesellschafter abzugelten. In bestimmten Fällen wird für die „leer ausgehenden“ Gesellschafter ein Nachteilsausgleich vereinbart. Als **Motive für (zeitweise) inkongruente Gewinnausschüttungen** lassen sich z.B. feststellen:[63] 34.96

- Die Deckung eines persönlichen Finanzierungsbedarfs des Gesellschafters oder einer nahestehenden Gesellschaft;
- die Nutzung von steuerlichen Verlusten bei einzelnen Gesellschaftern, weil bei Ausschüttungen an natürliche Personen auf Antrag im Rahmen der Günstigerprüfung nach § 32d Abs. 6 EStG eine Verlustverrechnung mit anderen Ein-

[61] Vgl. BMF-Schreiben v. 17.12.2013 – IV C 2 - S 2750-a/11/10001, BStBl I 2014, 63.
[62] Vgl. BFH, Urt. v. 28.09.2022 – VIII R 20/20, BFH/NV 2023, 196; vgl. dazu Ott, StuB 2022. 163.
[63] Vgl. dazu Doege/Weeg, StuB 2022, 256, 259 f.; Lauer/Weustenfeld, DB 2022, 985; Hermes, DB 2020, 1302; Pörschke, DB 2017, 1165; Förster, DB 2015, 331; Birnbaum/Escher, DStR 2014, 1413; Schmidtmann, Ubg 2014, 506; Erhard/Riedel, BB 2008, 2266.

künften möglich ist. Dagegen ist bei körperschaftsteuerpflichtigen Gesellschaftern eine Verlustverrechnung mit den nach § 8b Abs. 1 i.V.m. Abs. 5 KStG zu 95 % steuerbefreiten Ausschüttungen grundsätzlich nicht möglich. Etwas anderes gilt nach der sogenannten Streubesitzregelung des § 8b Abs. 4 KStG, wenn der Gesellschafter zu Beginn des Kalenderjahres unmittelbar zu weniger als 10 % an der ausschüttenden GmbH beteiligt war und daher die erhaltene steuerpflichtige Ausschüttung in vollem Umfang zur Verlustverrechnung zur Verfügung steht;

- der Ausgleich für erbrachte Mehrleistungen einzelner Gesellschafter (z.B. ein Gesellschafter der GmbH überlässt Wirtschaftsgüter unentgeltlich zur Nutzung oder übernimmt unentgeltlich die Geschäftsführung der Kapitalgesellschaft) oder der Wertausgleich für einzelne Gesellschafter, die bei der steuerneutralen Einbringung in eine GmbH nach § 20 UmwStG mehr Vermögen bzw. stille Reserven in die GmbH einbringen als andere Gesellschafter (z.B. Sonderbetriebsvermögen oder positive Ergänzungsbilanzen bei eingebrachten Mitunternehmeranteilen);[64]

- die Entsperrung des steuerlichen Einlagekontos, nachdem ein Gesellschafter disquotale Einlagen in die GmbH geleistet hat, die in eine gesellschafterbezogene Kapitalrücklage eingestellt worden sind und damit eine Erhöhung des steuerlichen Einlagekontos bewirkt haben,[65] sowie

- die Ausschüttung thesaurierter Gewinne im Vorfeld einer Anteilsveräußerung zugunsten des veräußernden Gesellschafters zur Reduzierung des Kaufpreises für die Anteile. Nach dem BFH-Urteil vom 04.12.2014[66] ist hierin weder ein Scheingeschäft noch ein Missbrauch von rechtlichen Gestaltungsmöglichkeiten nach § 42 AO zu sehen, und der überquotale Teil der Gewinnausschüttung ist auch nicht als Kaufpreis umzuqualifizieren. Ausreichend ist es nach dem BFH-Urteil vom 13.03.2018,[67] die (Vorabgewinn-)Ausschüttung im notariellen Geschäftsanteilsübertragungsvertrag zu vereinbaren.

34.97 Oftmals können die Gesellschafter einer GmbH wegen unterschiedlicher Interessen über die Vornahme von Gewinnausschüttungen keine Einigkeit erzielen, weil z.B. ein Gesellschafter bzw. eine Gesellschaftergruppe sich für eine Gewinnthesaurierung ausspricht, während andere Gesellschafter eine Gewinnausschüttung benötigen, um damit persönliche Verluste auszugleichen bzw. den persönlichen Finanzierungsbedarf oder den einer nahestehenden Gesellschaft zu decken. In solchen Fällen

---

[64] Zur Problematik bei Ergänzungsbilanzen vgl. OTT, DStR 2022, 2121; DERS., BB 2017, 495.

[65] Ausführlich dazu vgl. OTT, DStR 2017, 1505, 1508 f.

[66] Vgl. BFH, Urt. v. 04.12.2014 – IV R 28/11, BFH/NV 2015, 495.

[67] Vgl. BFH, Urt. v. 13.03.2018 – IX R 35/16, BFH/NV 2018, 936; vgl. auch LAUER/WEUSTENFELD, DB 2022, 985, 990; BIRNBAUM/ESCHER, DStR 2014, 1413, 1415.

ist die Vornahme einer inkongruenten Gewinnausschüttung nur an bestimmte Gesellschafter ein probates Mittel. Regelmäßig wird dann für die „leer ausgehenden" Gesellschafter ein Nachteilsausgleich vereinbart.

Beispiel

Die Gesellschafter A und B sind zu je 50 % an der X-GmbH beteiligt, die im Jahr 2022 einen Jahresüberschuss i.H.v. 500.000 € erwirtschaftet hat. Gesellschafter A hat im Jahr 2023 einen steuerlich abzugsfähigen Verlust aus der Beteiligung an der gewerblich tätigen V-KG i.H.v. 500.000 € erzielt, während B im selben Jahr erhebliche positive Einkünfte erwirtschaftet hat. Die Gesellschafter beschließen daher im Jahr 2023, eine inkongruente Gewinnausschüttung dergestalt vorzunehmen, dass der gesamte Jahresüberschuss i.H.v. 500.000 € (d.h. auch der auf B entfallende Anteil von 250.000 €) nur an A ausgeschüttet wird. Gleichzeitig wird als Nachteilsausgleich vereinbart, dass B spätestens bei der Liquidation der X-GmbH vorab und beschränkt auf den Liquidationserlös einen Betrag von 250.000 € erhält. 34.98

Lösung

A kann die sogenannte Günstigerprüfung nach § 32d Abs. 6 EStG beantragen, bei der an die Stelle der Abgeltungsteuer von 25 % zzgl. Solidaritätszuschlag auf die Gewinnausschüttung eine individuelle Besteuerung unter Einbeziehung sämtlicher anderen Einkünfte und sämtlicher Kapitalerträge (hier annahmegemäß: 0 €) und unter Anwendung des mit dem JStG 2022 ab dem Veranlagungszeitraum 2023 auf 1.000 € bzw. bei Zusammenveranlagung auf 2.000 € erhöhten Sparerpauschbetrags gem. § 20 Abs. 9 EStG tritt. Die Gewinnausschüttung führt bei A im Jahr 2023 aufgrund des Verlusts aus der V-KG von 500.000 € zu einer Steuerfestsetzung von 0 €. Die bei der Ausschüttung einbehaltene Kapitalertragsteuer wird an A erstattet. A kann über den ausgeschütteten Betrag von 500.000 € vollständig verfügen und damit z.B. den Liquiditätsbedarf bei der V-KG ausgleichen.

Alternativ kann A auch den bei ihm unversteuert gebliebenen Betrag von 500.000 € wieder – ebenso inkongruent – in die Gesellschaft einlegen. Bei der X-GmbH führt dies zu einem Zugang zum steuerlichen Einlagekonto i.S.d. § 27 KStG und bei A zu einer entsprechenden Erhöhung seiner Anschaffungskosten der Anteile an der X-GmbH.

Hinweis

Bei körperschaftsteuerpflichtigen Gesellschaftern scheidet die Verlustverrechnung mit den nach § 8b Abs 1 i.V.m. Abs. 5 KStG zu 95 % steuerbefreiten Ausschüttungen weitgehend aus. Etwas anderes gilt, wenn ein solcher Gesellschafter zu Beginn des Kalenderjahres unmittelbar zu weniger als 10 % an der ausschüttenden GmbH beteiligt war und nach der sogenannten Streubesitzregelung des § 8b Abs. 4 KStG die erhaltene steuerpflichtige Ausschüttung in vollem Umfang zur Verlustverrechnung zur Verfügung steht. 34.99

34.3.3 Ergebnisverwendung und Ergebnisverteilung bei der GmbH im Gesellschaftsrecht

34.100 Nach § 29 Abs. 1 GmbHG haben die Gesellschafter Anspruch auf den Jahresüberschuss zuzüglich eines Gewinnvortrags und abzüglich eines Verlustvortrags, soweit der sich ergebende Betrag nicht nach Gesetz oder Gesellschaftsvertrag, durch Beschluss der Gesellschafter oder als zusätzlicher Aufwand aufgrund des Beschlusses über die Verwendung des Ergebnisses von der Verteilung an die Gesellschafter ausgeschlossen. Wird die Bilanz unter Berücksichtigung der teilweisen Ergebnisverwendung i.S.v. § 268 Abs. 1 Satz HGB aufgestellt, oder werden Rücklagen aufgelöst, so haben die Gesellschafter nach § 29 Abs. 1 Satz 2 GmbHG Anspruch auf den Bilanzgewinn. Diese Regelungen verdeutlichen, dass Grundlage der Gewinn- bzw. Ergebnisverwendung der festgestellte Jahresabschluss der GmbH ist und die Gesellschafter grundsätzlich durch Beschluss mit einfacher Mehrheit über die Gewinn- bzw. Ergebnisverwendung entscheiden.

34.101 Sofern der Gesellschaftsvertrag nichts anderes bestimmt, bestehen dabei **folgende Möglichkeiten der Gewinnverwendung:**

– Nach § 29 Abs. 2 i.V.m. § 46 Nr. 1 GmbHG können die Gesellschafter das Jahresergebnis ganz oder teilweise in die Gewinnrücklagen einstellen oder als Gewinn vortragen. Über den Gewinnvortrag wird dann im Rahmen der Gewinnverwendung im Folgejahr entschieden. Der Vortrag des Gewinns ist gegenüber der Bildung einer Gewinnrücklage regelmäßig empfehlenswert, weil über die spätere Auflösung der Rücklage ein Beschluss – ggf. mit abweichenden Mehrheitserfordernissen – im Rahmen der Abschlussfeststellung erforderlich ist.

  Für die UG (haftungsbeschränkt) ist vorrangig nach § 5a Abs. 3 Satz 1 GmbHG eine gesetzliche Rücklage i.H.v. 25 % des um einen Verlustvortrag aus dem Vorjahr geminderten Jahresüberschusses zu bilden.

– Soweit weder eine Einstellung in die Gewinnrücklage noch ein Gewinnvortrag vorgenommen wird, steht der Gewinn für eine Ausschüttung an die Gesellschafter zur Verfügung.

34.102 Von der Gewinn- bzw. Ergebnisverwendung ist die nachgelagerte Gewinn- bzw. Ergebnisverteilung zu unterscheiden, die nach § 29 Abs. 3 Satz 1 GmbHG regelmäßig nach dem Verhältnis der Geschäftsanteile erfolgt. Im Gesellschaftsvertrag kann jedoch nach § 29 Abs. 3 Satz 2 GmbHG auch ein anderer Maßstab zur Ergebnisverteilung vereinbart werden. Dies eröffnet die Möglichkeit, z.B. eine inkongruente Gewinnausschüttung zu vereinbaren.[68]

[68] Vgl. auch BFH, Urt. v. 28.09.2021 – VIII R 25/19, BFH/NV 2022, 267.

34.3.4 Steuerliche Anerkennung inkongruenter Gewinnausschüttungen

In der Rechtsprechung des BFH werden inkongruente Gewinnausschüttungen grundsätzlich anerkannt.[69] So hat der BFH bereits mit Urteil vom 19.08.1999[70] seine ständige Rechtsprechung bestätigt und entschieden, dass inkongruente Gewinnausschüttungen und inkongruente Wiedereinlagen steuerrechtlich anzuerkennen sind und grundsätzlich auch keinen Gestaltungsmissbrauch i.S.d. § 42 AO darstellen, wenn andere als steuerliche Gründe für solche Maßnahmen nicht erkennbar sind.[71] 34.103

Mit dem BMF-Schreiben vom 17.12.2013[72] folgt auch die Finanzverwaltung weitestgehend der BFH-Rechtsprechung. Die **steuerliche Anerkennung einer inkongruenten Gewinnausschüttung** setzt aber voraus, dass diese zivilrechtlich wirksam bestimmt ist. Dies ist der Fall ist, wenn 34.104

- **im Gesellschaftsvertrag** gem. § 29 Abs. 3 Satz 2 GmbHG **ein anderer Maßstab** der Verteilung als das Verhältnis der Geschäftsanteile festgesetzt wurde. Für eine nachträgliche Satzungsänderung zur Regelung einer ungleichen Gewinnverteilung ist gem. § 53 Abs. 3 GmbHG die Zustimmung aller beteiligten Gesellschafter erforderlich;
- **alternativ** die Satzung anstelle eines konkreten Verteilungsmaßstabs auch eine **Öffnungsklausel** enthält, nach der alljährlich mit Zustimmung der beeinträchtigten Gesellschafter oder einstimmig über eine von der satzungsmäßigen Regelung abweichende Gewinnverteilung beschlossen werden kann, und der Beschluss mit der in der Satzung bestimmten Mehrheit gefasst worden ist.

Bisher war ungeklärt, ob eine inkongruente Gewinnausschüttung auch ohne entsprechende Satzungsregelung bzw. ohne Öffnungsklausel steuerlich anzuerkennen ist. In dem rechtskräftigen Urteil vom 30.06.2021[73] hatte das FG Münster dies noch ausdrücklich offengelassen, hat aber im Streitfall den entsprechenden Ausschüttungsbeschluss nicht beanstandet, weil die Ausschüttung – nach Aufnahme einer Öffnungsklausel in der Satzung – aufschiebend bedingt auf die Eintragung der Satzungsänderung im Handelsregister erfolgen sollte. Eine endgültige Klärung 34.105

---

[69] Vgl. z.B. BFH, Urt. v. 28.09.2021 – VIII R 25/19, BFH/NV 2022, 267; vgl. auch BFH, Beschl. v. 27.05.2010 – VIII B 146/08, BFH/NV 2010, 1865; BFH, Urt. v. 28.06.2006 – I R 97/05, BFH/NV 2006, 2207; BFH, Urt. v. 13.03.2018 – IX R 35/16, BFH/NV 2018, 936.

[70] Vgl. BFH, Urt. v. 19.08.1999 – I R 77/96, BStBl II 2001, 43.

[71] So auch BFH, Urt. v. 04.12.2014 – IV R 28/11, BFH/NV 2015, 495.

[72] Vgl. BMF-Schreiben v. 17.12.2013 – IV C 2 - S 2750-a/11/10001, BStBl I 2014, 63.

[73] Vgl. FG Münster, Urt. v. 30.06.2021 – 13 K 272/19 G, F, EFG 2021, 1615 (rkr.) mit Anm. SCHMITZ-HERSCHEID.

hat der BFH mit dem Urteil vom 28.09.2022[74] zur inkongruenten Vorabausschüttung herbeigeführt.

34.3.5 Inkongruente Vorabgewinnausschüttung nach dem BFH

34.3.5.1 Sachverhalt

34.106 Mit dem Urteil vom 28.09.2022[75] hat der BFH entschieden, dass die von der Gesellschafterversammlung in mehreren aufeinanderfolgenden Jahren jeweils einstimmig gefassten Beschlüsse über inkongruente Vorabausschüttungen als zivilrechtlich wirksame Ausschüttungsbeschlüsse der Besteuerung zugrunde gelegt werden können. Eine derart inkongruente Vorabgewinnausschüttung stellt auch **keinen Gestaltungsmissbrauch i.S.d. § 42 AO** dar und führt bei dem Gesellschafter, an den kein Gewinn verteilt wird, nicht zu steuerpflichtigen Einkünften i.S.v. § 20 Abs. 1 Nr. 1 Satz 1 EStG. Der BFH hat damit die Revision des Finanzamts gegen das Urteil des FG Münster vom 06.05.2020[76] zurückgewiesen und dessen Ansicht bestätigt.

34.107 Im Streitfall war an der K-GmbH in den Streitjahren 2012–2015 der Kläger als Gesellschafter-Geschäftsführer zu 50 % beteiligt. Die restlichen 50 % an der K-GmbH hielt die T-GmbH, bei welcher der Kläger als alleiniger Gesellschafter-Geschäftsführer beteiligt war. Obwohl der Gesellschaftsvertrag der K-GmbH weder Regelungen zur abweichenden Gewinnverteilung noch eine Öffnungsklausel für inkongruente Ausschüttungen enthielt, konnten die Gesellschafter über die Gewährung und Entnahme von Vorschüssen auf die voraussichtlichen Jahresgewinnansprüche während eines laufenden Geschäftsjahres durch Beschluss mit einfacher Mehrheit entscheiden. Etwaige Zahlungen an die Gesellschafter durften nicht das Gebot der Kapitalerhaltung nach § 30 GmbHG verletzen. In den Jahren 2012–2015 fasste die Gesellschafterversammlung jeweils einstimmige Beschlüsse, wonach inkongruente Vorabgewinnausschüttungen ausschließlich an die T-GmbH erfolgten.

34.108 Im Rahmen einer Betriebsprüfung wurden die Ausschüttungsbeschlüsse als zivilrechtlich nichtig qualifiziert und die inkongruenten Gewinnausschüttungen zu jeweils 50 % der T-GmbH und dem Kläger zugerechnet. Die dem Kläger zuzurechnenden und bei diesem nach § 20 Abs. 1 Nr. 1 Satz 1 EStG steuerpflichtigen Beträge habe dieser sodann im Wege des abgekürzten Zahlungswegs der T-GmbH als Einlagen zugewendet mit der Folge, dass sich die Anschaffungskosten der An-

[74] Vgl. BFH, Urt. v. 28.09.2022 – VIII R 20/20, BFH/NV 2023, 196.
[75] Vgl. BFH, Urt. v. 28.09.2020 – VIII R 20/20, BFH/NV 2023, 196; vgl. auch SCHMIDT/LEVEDAG, EStG, 43. Aufl. 2024, § 20 Rdnr. 31 und Rdnr. 233.
[76] Vgl. FG Münster, Urt. v. 06.05.2020 – 9 K 3359/18 E, AO, EFG 2020, 1603 mit Anm. OELLERICH.

teile an der T-GmbH entsprechend erhöhten. Für den Fall, dass die Vorabgewinnausschüttungsbeschlüsse zivilrechtlich doch wirksam sein sollten, seien die Vorabgewinnausschüttungen als Gestaltungsmissbrauch i.S.v. § 42 AO zu behandeln.

Das Finanzamt folgte dieser Ansicht und erließ unter Hinweis auf § 32a Abs. 1 KStG entsprechende Bescheide, in denen die dem Kläger zustehenden hälftigen Ausschüttungsbeträge als der Abgeltungsteuer unterliegende verdeckte Gewinnausschüttung gem. § 20 Abs. 1. Nr. 1 Satz 2 EStG behandelt wurden. Mit Urteil vom 06.05.2020[77] hat das FG Münster die Einkommensteuerbescheide 2012–2015 aufgehoben, weil dem Kläger keine Kapitaleinkünfte zuzurechnen seien. 34.109

34.3.5.2 Satzungsdurchbrechende Gewinnausschüttungsbeschlüsse

Der BFH hat mit Urteil vom 28.09.2022 die Ansicht des FG Münster bestätigt, wonach die zivilrechtliche Wirksamkeit eines inkongruenten Vorabgewinnausschüttungsbeschlusses – entgegen der Verwaltungsauffassung im o.a. BMF-Schreiben vom 17.12.2013 – nicht von einer Satzungsregelung abhängt, wenn ein einstimmiger Gesellschafterbeschluss vorliegt, der von keinem Gesellschafter mehr angefochten werden kann. Ein von der Satzung abweichender Gewinnverteilungsbeschluss stellt auch keine Satzungsänderung dar, die zu ihrer Wirksamkeit einer notariellen Beurkundung bedarf und in das Handelsregister eingetragen werden müsste. Das FG Münster hat sich damit der Ansicht des rechtskräftigen Urteils des FG Köln vom 14.09.2016[78] angeschlossen. 34.110

Bei der Prüfung, ob die inkongruenten Gewinnausschüttungen zivilrechtlich wirksam beschlossen worden waren, grenzt der BFH **zustandsbegründende Beschlüsse mit Dauerwirkung** von lediglich **punktuell satzungsdurchbrechenden Beschlüssen** unter Hinweis auf die einschlägige Zivilrechtsprechung[79] wie folgt ab: 34.111

– Gesellschafterbeschlüsse, die einen vom Regelungsinhalt der Satzung abweichenden rechtlichen Zustand mit Dauerwirkung begründen (**zustandsbegründende Beschlüsse**), sind nichtig, wenn insbesondere die notarielle Beurkundung und die Eintragung des Beschlusses in das Handelsregister gem. § 53 Abs. 2 Satz 1 erster Halbsatz und § 54 Abs. 1 GmbHG fehlen.

---

[77] Vgl. FG Münster, Urt. v. 06.05.2020 – 9 K 3359/18 E, AO, EFG 2020, 1603 mit Anm. OELLERICH.

[78] Vgl. FG Köln, Urt. v. 14.09.2016 – 9 K 1560/14, EFG 2016, 1875 mit Anm. KAMRADT. Das Verfahren wurde eingestellt, nachdem der Beklagte mit Einwilligung der Kläger die Revision zurückgenommen hatte; vgl. dazu den nicht veröffentlichten Beschluss des BFH v. 25.03.2021 – VIII R 28/16.

[79] Vgl. z.B. BGH, Urt. v. 07.06.1993 – II ZR 81/92, DB 1993, 1713; BGH, Urt. v. 25.11.2002 – II ZR 69/01, DB 2003, 88; zum Zivilrecht vgl. auch LAUER/WEUSTENFELD, DB 2022, 985, 987 ff. m.w.N.

- Dagegen sind lediglich **punktuell satzungsdurchbrechende Beschlüsse**, deren Wirkung sich in der betreffenden Maßnahme als Einzelakt erschöpft und zu denen auch ein Vorabausschüttungsbeschluss gehört, nicht nichtig, sondern bei der GmbH in entsprechender Anwendung von § 243 Abs. 1 AktG anfechtbar. Diese Würdigung durch das FG Münster im Urteil vom 06.05.2020 ist nach Ansicht des BFH revisionsrechtlich nicht zu beanstanden und daher für den Senat bindend.

34.112 Danach sind Vorabgewinnausschüttungsbeschlüsse, die nicht aufgrund einer Anfechtung für nichtig erklärt werden und auch von keinem Gesellschafter angefochten werden können, wirksame Gewinnverteilungsbeschlüsse. Hierauf beruhende Gewinnausschüttungen werden von § 20 Abs. 1 Nr. 1 Satz 1 EStG erfasst.

34.113 Nach Ansicht des BFH verlangt auch der Schutz des Rechtsverkehrs nicht, dass Vorabgewinnausschüttungsbeschlüsse als zustandsbegründende Beschlüsse mit Dauerwirkung in das Handelsregister einzutragen sind.[80] Eine Vorabausschüttung, die nach ganz herrschender Meinung[81] nicht unter Satzungsvorbehalt steht, ist nämlich an den Vorbehalt geknüpft, dass nach Ablauf des Wirtschaftsjahres tatsächlich ein entsprechender ausschüttungsfähiger Gewinn auch vorhanden ist. Ein potentieller Erwerber eines Geschäftsanteils muss daher stets damit rechnen, dass die GmbH solche Ausschüttungen vorgenommen hat und muss sich ggf. über frühere Vorabgewinnausschüttungen informieren. Schließlich dient das Handelsregister nicht dazu, über die gesellschaftsinterne Willensbildung der Gesellschafter bei früheren Vorabgewinnausschüttungen zu unterrichten.[82]

34.114 Zu der Frage, ob die Wirksamkeit von Vorabgewinnausschüttungsbeschlüssen von einer notariellen Beurkundung und der Eintragung im Handelsregister abhängig sind,[83] brauchte der BFH nicht Stellung zu nehmen. Zwar sind die Beschlüsse analog § 243 Abs. 1 AktG anfechtbar. Im Streitfall hatten die Gesellschafter aber aufgrund der einstimmig gefassten Beschlüsse ihre Anfechtungsberechtigung ver-

---

[80] Der Beschluss des OLG Dresden v. 09.11.2011 – 12 W 10002/11, GmbHR 2012, 213, hat den BFH nicht zu einer anderen Behandlung veranlasst. Diesem Beschluss lag der Sachverhalt zugrunde, dass die Gesellschafterversammlung einer GmbH frühere Gewinnverwendungsbeschlüsse bestätigte, mit denen die gesellschaftsvertraglich vorgeschriebene Rücklagenbildung wiederholt missachtet worden waren. Nach Ansicht des OLG Dresden lag deshalb ein satzungsdurchbrechender Beschluss mit Dauerwirkung vor; vgl. dazu BIRKENMAIER/OBSER, GmbHR 2022, 850, 851 f.; LAUER/WEUSTENFELD, DB 2022, 985, 991 f.

[81] Vgl. z.B. HOMMELHOFF, in: LUTTER/HOMMELHOFF, GmbHG, 21. Aufl. 2023, § 29 Rdnr. 45.

[82] Vgl. LAUER/WEUSTENFELD, DB 2022, 985, 991 f.; PÖSCHKE, DStR 2012, 1089, 1092.

[83] Für eine Eintragung im Handelsregister wohl BFH, Urt. v. 13.03.2018 – IX R 35/16, BFH/NV 2018, 936; BENDER/BRACKSIEK, DStR 2014, 121, 124 f.; wohl auch PÖRSCHKE, DB 2017, 1165, 1166; a.A. LAUER/WEUSTENFELD, DB 2022, 985, 988; BIRKENMAIER/OBSER, GmbHR 2022, 850, 853; wohl auch GREVER, RNotZ 2019, 1, 8.

loren, so dass diese zivilrechtlich wirksam und bindend waren. Der Kläger hat auch keinen Einkünfteerzielungstatbestand des § 20 Abs. 1 Nr. 1 Satz 1 EStG verwirklicht, da aufgrund der inkongruenten Ausschüttung eben kein Gewinn an ihn ausgeschüttet wurde und offene Gewinnausschüttungen nur von dem Anteilseigner zu versteuern sind, dem sie in dieser Eigenschaft als Anteilseigner zufließen.[84]

Schließlich hat der BFH auch keine Veranlassung gesehen, dem Kläger auf der Grundlage der vom BMF, das dem Revisionsverfahren beigetreten war, geforderten Fremdüblichkeitsprüfung aus den inkongruenten Vorabausschüttungen an die T-GmbH Einkünfte gem. § 20 Abs. 1 Nr. 1 Satz 1 EStG zuzurechnen. Denn tatbestandlich verlangt § 20 Abs. 1 Nr. 1 Satz 1 EStG nur den Bezug von Gewinnanteilen durch den Gesellschafter (der im Streitfall nur bei der T-GmbH vorlag), die Vorschrift enthält aber keinen Vorbehalt dahingehend, dass der Bezug fremdüblich oder angemessen sein muss. Eine allgemeine steuerliche Angemessenheitskontrolle zivilrechtlich wirksam beschlossener inkongruenter Gewinnausschüttungen hat der BFH ebenso abgelehnt wie die Beurteilung, dass die inkongruenten Vorabgewinnausschüttungen als verdeckte Gewinnausschüttung an die dem Kläger nahestehende Person (T-GmbH) zu qualifizieren sind. 34.115

Die Begründung des BFH im Urteil vom 28.09.2022 dürfte nicht nur auf inkongruente Vorabgewinnverteilungsbeschlüsse anwendbar sein, sondern generell auch auf einstimmig bzw. mit qualifizierter Dreiviertelmehrheit gefasste punktuell satzungsdurchbrechende inkongruente Gewinnverteilungsbeschlüsse.[85] Um Auseinandersetzungen mit der Finanzverwaltung zu vermeiden, ist es in der Praxis dennoch empfehlenswert, zumindest eine entsprechende Öffnungsklausel generell in der Satzung vorzusehen.[86] 34.116

Ein solche Klausel könnte z.B. lauten:[87] 34.117

Formulierungsvorschlag

Der zur Ausschüttung bestimmte Gewinn steht den Gesellschaftern im Verhältnis ihrer Beteiligung am Stammkapital der Gesellschaft zu, soweit nicht mit Zustimmung der betroffenen Gesellschafter (oder alternativ: aller Gesellschafter) eine andere Gewinnverteilung beschlossen wird.

---

84 Vgl. BFH, Urt. v. 19.08.1999 – I R 77/96, BStBl II 2001, 43.

85 Vgl. Strecker, KÖSDI 2022, 22657, 22662; Lauer/Weustenfeld, DB 2022, 985, 987 ff.

86 So auch Strecker, KÖSDI 2022, 22657, 22665; Birkenmaier/Obser, GmbHR 2022, 850, 857 f. mit Musterformulierungen.

87 So Birkenmaier/Obser, GmbHR 2022, 850, 857 f.

34.3.5.3 Gestaltungsmissbrauch nach § 42 AO

34.118 Die Finanzverwaltung sieht inkongruente Gewinnausschüttungen vielfach als Missbrauch rechtlicher Gestaltungsmöglichkeiten an. Dies gilt jedenfalls dann, wenn hierfür keine beachtlichen wirtschaftlich vernünftige außersteuerliche Gründe nachgewiesen werden oder Gewinnverteilungsabreden kurzfristig oder wiederholt geändert werden.[88]

34.119 Eine Analyse der Finanzrechtsprechung zeigt jedoch, dass die Annahme eines Gestaltungsmissbrauchs i.S.d. § 42 AO bisher regelmäßig abgelehnt wurde. So hat der BFH mit dem o.a. Urteil vom 28.09.2022 unter Hinweis auf die gefestigte Rechtsprechung[89] die vom FG Münster als Vorinstanz im Urteil vom 06.05.2020 vertretene Ansicht bejaht, wonach die Vorabausschüttungen an die T-GmbH nicht als Missbrauch rechtlicher Gestaltungsmöglichkeiten gem. § 42 AO anzusehen sind. Schließlich stellt auch nahezu jede verdeckte Gewinnausschüttung zugleich eine inkongruente Ausschüttung an den empfangenden Gesellschafter dar und wird der Besteuerung zugrunde gelegt, so dass kein Grund ersichtlich ist, offene inkongruente Gewinnausschüttungen, die mit dem Gesellschaftsrecht in Einklang stehen, hiervon steuerlich abweichend zu behandeln.[90]

34.120 Im Übrigen sei – so der BFH im Urteil vom 28.09.2022 – durch die Verlagerung des Ausschüttungspotentials auf die T-GmbH auch kein steuerlicher Vorteil i.S.d. § 42 AO beim Kläger eingetreten. Denn er musste vielmehr davon ausgehen, mit der späteren Ausschüttung der T-GmbH an ihn denselben Besteuerungsregeln zu unterliegen, so dass seine Besteuerung nur einstweilen aufgeschoben war. Der BFH hat auch – ebenso wie das FG Münster – die Einbeziehung schenkungsteuerlicher Gestaltungsmöglichkeiten des Klägers in die steuerliche Vorteilsbetrachtung abgelehnt, weil es insoweit um (vermeintliche) steuerliche Vorteile des Klägers außer-

---

88 Vgl. BMF-Schreiben v. 17.12.2013 – IV C 2 - S 2750-a/11/10001, BStBl I 2014, 63; kritisch zum Gestaltungsmissbrauch vgl. z.B. LAUER/WEUSTENFELD, DB 2022, 985, 989 f.; STRECKER, KÖSDI 2022, 22657, 22664; PÖRSCHKE, DB 2017, 1165, 1167; FÖRSTER, DB 2015, 331; SCHMIDTMANN, Ubg 2014, 502, 504 f.; BENDER/BRACKSIEK, DStR 2014, 121, 123.

89 Vgl. BFH, Urt. v. 19.08.1999 – I R 77/96, BStBl II 2001, 43, zum Schütt-aus-Hol-zurück-Verfahren; BFH, Urt. v. 08.08.2001 – I R 25/00, BStBl II 2003, 923, zum Leg-ein-Hol-zurück-Verfahren; BFH, Urt. v. 28.06.2006 – I R 97/05, BFH/NV 2006, 2207, zum Rücklagenmanagement zur Mobilisierung von Körperschaftsteuerguthaben; BFH, Beschl. v. 27.05.2010 – VIII B 146/08, BFH/NV 2010, 1865; BFH, Beschl. v. 04.05.2012 – VIII B 174/11, BFH/NV 2012, 1330; zur inkongruenten Vorab-Gewinnausschüttung vor einer Anteilsveräußerung vgl. BFH, Urt. v. 04.12.2014 – IV R 28/11, BFH/NV 2015, 495; BFH, Urt. v. 13.03.2018 – IX R 35/16, BFH/NV 2018, 936; zur inkongruenten (gespaltenen) Gewinnverwendung vgl. BFH, Urt. v. 28.09.2021 – VIII R 25/19, BFH/NV 2022, 267; vgl. auch FG Münster, Urt. v. 30.06.2021 – 13 K 272/19,G,F, EFG 2021, 1615 (rkr.).

90 Vgl. BFH, Urt. v. 28.09.2022 – VIII R 20/20, BFH/NV 2023, 196, unter Hinweis auf BFH, Urt. v. 19.08.1999 – I R 77/96, BStBl II 2001, 43; vgl. auch SCHMIDT/LEVEDAG, EStG, 43. Aufl. 2024, § 20 Rdnr. 31.

halb der hier allein zu beurteilenden Einkommensteueransprüche geht. In Ermangelung eines steuerlichen Vorteils des Klägers brauchte der BFH auch nicht zu prüfen, ob die Ausschüttungen an die T-GmbH der Verminderung von Haftungsmasse der K-GmbH dienten und darin ein beachtlicher außersteuerlicher Grund i.S.v. § 42 Abs. 2 Satz 2 AO liegen könnte.

Mit dem rechtskräftigen Urteil vom 30.06.2021[91] hat das FG Münster erneut die Anwendung des § 42 AO im Zusammenhang mit einer inkongruenten Gewinnausschüttung verneint. Im Streitfall hatten die Gesellschafter einer GmbH eine Ausschüttung i.H.v. ca. 9,7 Mio. € an eine nur zu 2,33 % beteiligte GmbH beschlossen, um deren Kreditwürdigkeit zu verbessern. Für die restlichen Gesellschafter (u.a. eine zu 91 % beteiligte GmbH & Co. KG), die keine Ausschüttung erhalten hatten, wurde gleichzeitig ein entsprechender Nachteilsausgleich vereinbart, wonach diese bei der Liquidation der ausschüttenden GmbH vorab einen auf den Liquidationserlös beschränkten Betrag bzw. eine bestimmte Quote erhalten sollten. Nach einer Betriebsprüfung vertrat die Finanzverwaltung die Auffassung, die inkongruente Gewinnausschüttung sei als Gestaltungsmissbrauch anzusehen und daher nach § 42 AO nicht anzuerkennen. Der Steueranspruch entstehe so, wie er sich bei einer kongruenten Ausschüttung ergeben hätte. 34.121

Das FG Münster hat im Urteil vom 30.06.2021 die Gewinnausschüttung in voller Höhe allein der zu 2,33 % beteiligten GmbH zugerechnet. Es hat auch keinen Gestaltungsmissbrauch nach § 42 Abs. 2 Satz 2 AO angenommen, weil es erkennbar notwendig war, der Ausschüttungsempfängerin Kapital zuzuführen. Damit lagen für die gewählte Gestaltung nach dem Gesamtbild der Verhältnisse beachtliche außersteuerliche Gründe vor. Eine Anwendung von § 42 AO hat das FG Münster auch deshalb abgelehnt, weil das Finanzamt den anderen Gesellschaftern fiktive Gewinnausschüttungen zugerechnet hat, obwohl diese tatsächlich keine Zahlungen oder Ansprüche erhalten hatten. Nach § 42 AO könne zwar ein missbräuchlicher Vorgang neutralisiert werden; die Vorschrift darf aber nicht aufgrund des fiktiven Zuflusses bei einem anderen Anteilseigner zu einem „überschießenden“ Ergebnis führen.[92] 34.122

Schließlich existiert nach Ansicht des FG Münster auch kein Rechtssatz, wonach inkongruente Gewinnausschüttungen grundsätzlich einen Missbrauch i.S.d. § 42 AO darstellen. Vielmehr ist eine zivilrechtlich wirksam vereinbarte inkongruente Gewinnausschüttung zulässig, wenn in der Satzung eine quotenabweichende Gewinnverteilung vorgesehen ist oder eine entsprechende Öffnungsklausel besteht 34.123

---

91 Vgl. FG Münster, Urt. v. 30.06.2021 – 13 K 272/19G, F, EFG 2021, 1615 (rkr.) mit Anm. SCHMITZ-HERSCHEID.

92 So bereits BFH, Urt. v. 19.08.1999 – I R 77/96, BStBl II 2001, 43.

bzw. nach dem oben skizzierten BFH-Urteil vom 28.09.2022 ein einstimmig gefasster punktuell satzungsdurchbrechender Gewinnausschüttungsbeschluss vorliegt.

Hinweis

34.124 In der Praxis ist es stets hilfreich, bei Vornahme von inkongruenten Gewinnausschüttungen zu dokumentieren, welche wirtschaftlichen Motive hierfür maßgebend sind, um für spätere Rückfragen seitens der Finanzverwaltung entsprechend gerüstet zu sein.

34.3.6 Gespaltene bzw. zeitlich inkongruente Gewinnverteilung

34.125 Mit dem Urteil vom 28.09.2021[93] hat der BFH auch eine **gespaltene und zeitlich inkongruente Gewinnverteilung** grundsätzlich steuerlich anerkannt. Im Streitfall war der Kläger Mehrheitsgesellschafter von insgesamt 23 zu einer Firmengruppe gehörenden GmbHs mit identischen Satzungsregelungen zur Gewinnverteilung. Diese sahen jeweils vor, dass Gewinne grundsätzlich nach dem Verhältnis der Geschäftsanteile zu verteilen waren. Jedoch konnte die Gesellschafterversammlung mit einfacher Mehrheit eine abweichende Gewinnausschüttung beschließen, wobei der nicht an die Gesellschafter ausgeschüttete Gewinn in eine gesellschafterbezogene Gewinnrücklage eingestellt werden sollte. Der betroffene Gesellschafter musste dieser Regelung zustimmen. Die auf dem gesellschafterbezogenen Rücklagenkonto thesaurierten Gewinne konnten dann zu einem späteren Zeitpunkt auf der Basis eines erneuten Gesellschafterbeschlusses zeitlich inkongruent ausgeschüttet werden.

34.126 Das Niedersächsische Finanzgericht hatte zuvor mit Urteil vom 04.07.2019[94] zunächst die Auffassung des beklagten Finanzamts bestätigt, wonach die auf dem gesellschafterbezogenen Gewinnrücklagenkonto erfassten Gewinne dem Kläger als beherrschendem Gesellschafter bereits mit dem jeweiligen Einstellungsbeschluss zugeflossen seien, weil der Gesellschafter über die fraglichen Beträge hätte verfügen können. Dem ist der BFH im Urteil vom 28.09.2021 nicht gefolgt. Vielmehr sei eine **gespaltene Gewinnverwendung** mit einer in zeitlicher Hinsicht inkongruenten Gewinnausschüttung **gesellschaftsrechtlich zulässig**, wenn sie in der Satzung vorgesehen ist und von den Gesellschaftern wirksam ein entsprechender Beschluss gefasst wird.

---

[93] Vgl. BFH, Urt. v. 28.09.2021 – VIII R 25/19, BFH/NV 2022, 267; vgl. dazu DOEGE/WEEG, StuB 2022, 256; SCHMIDT/LEVEDAG, EStG, 43. Aufl. 2024, § 20 Rdnr. 31.

[94] Vgl. Niedersächsisches FG, Urt. v. 04.07.2019 – 10 K 181/17, EFG 2019, 1583 mit Anm. SCHOBER; vgl. dazu auch Hermes, DB 2020, 1302, 1309.

Eine solche **Einstellung in die gesellschafterbezogene Gewinnrücklage** – die Buchung erfolgt auf einem gesellschafterbezogenen Unterkonto der Gewinnrücklage – führt auch bei einem beherrschenden Gesellschafter nicht zu einem Zufluss von Kapitalerträgen gem. § 20 Abs. 1 Nr. 1 Satz 1 i.V.m. § 11 Abs. 1 Satz 1 EStG. Mit der Zuweisung in die gesellschafterbezogene Rücklage ist nämlich (noch) kein konkreter, auszahlbarer Gewinnanspruch entstanden, weil ein solcher erst durch den auf Ausschüttung gerichteten Gewinnverwendungsbeschluss entsteht. Solange aber ein solcher Beschluss nicht gefasst ist, hat der Gesellschafter gegenüber der Gesellschaft keine Forderung. Demzufolge ist der thesaurierte Gewinn bilanziell auch im Rahmen des Eigenkapitals[95] und nicht etwa als Fremdkapital (Verbindlichkeit) auszuweisen. Ein Zufluss beim Gesellschafter liegt somit erst vor, wenn später erneut ein Gesellschafterbeschluss gefasst wird, wonach der Gewinn an denjenigen Gesellschafter ausgeschüttet wird, dem die betreffende Rücklage zuzurechnen ist. 34.127

Mit der gespaltenen Gewinnverwendung ist es somit möglich, den Gewinnanteil eines einzelnen Gesellschafters in der GmbH zu belassen und erst in späteren Jahren an diesen Gesellschafter auszuschütten. Allerdings besteht das Risiko, dass aufgrund eingetretener Verluste der GmbH eine spätere Ausschüttung unmöglich wird.[96] 34.128

Die inkongruente Gewinnausschüttung mit Einstellung in eine gesellschafterbezogene Gewinnrücklage ist nach Ansicht des BFH auch **nicht als Missbrauch von Gestaltungsmöglichkeiten nach § 42 AO** anzusehen, weil es weder untypisch noch unangemessen ist, dass Gesellschafter unterschiedliche Interessen an der Ausschüttung von Gewinnen haben. Darüber hinaus dienen die partiellen Gewinnthesaurierungen der Innen- bzw. Selbstfinanzierung und beruhen damit auf anzuerkennenden wirtschaftlichen Gründen. 34.129

Vor dem Hintergrund der o.a. BFH-Urteile vom 28.09.2021 sowie vom 28.09.2022 dürfte wohl die Finanzverwaltung nicht umhinkommen, das BMF-Schreiben vom 17.12.2013 zu überarbeiten. 34.130

---

95 Die gesellschafterbezogene Gewinnrücklage ist zu unterscheiden von der schuldrechtlich gebundenen Kapitalrücklage, die nach R E 7.5 Abs. 11 Satz 13 und 14 ErbStR 2019 zur Vermeidung einer steuerbaren Werterhöhung der Anteile von Mitgesellschaftern i.S.v. § 7 Abs. 8 Satz 1 ErbStG bei der disquotalen Einlage zugunsten des leistenden Gesellschafters gebildet wird; ausführlich dazu Ott, DStR 2021, 897.

96 So auch Blumers/Beinert/Witt, DStR 2022, 616, 618; Erhart/Riedel, BB 2008, 2266, 2268; Hermes, DB 2020, 1302, 1309 f., jeweils m.w.N.

34.3.7 Inkongruente Gewinnausschüttung vor Anteilsübertragung

34.131 Inkongruente Gewinnausschüttungen können auch im Vorfeld der Übertragung von Anteilen an einer GmbH eingesetzt werden, um noch zustehende Altgewinne an den veräußernden Gesellschafter auszuschütten. Die bei einem Anteilsverkauf regelmäßig im notariellen Kaufvertrag vorzufindende Regelung des § 101 BGB, wonach dem ausscheidenden Gesellschafter noch die Gewinne bis zum Tag des Ausscheidens zustehen, die aber regelmäßig im Zeitpunkt des Verkaufs noch nicht bekannt sind, kann in der Praxis zu einem Problem führen, da sich die anteiligen Gewinne erst mit Feststellung des Jahresabschlusses ergeben. Zu diesem Zeitpunkt ist der Verkäufer der Anteile jedoch regelmäßig nicht mehr als Gesellschafter beteiligt. Nach § 20 Abs. 5 EStG erzielt aber der Anteilseigner Einkünfte aus Kapitalvermögen i.S.d. § 20 Abs. 1 Satz 1 Nr. 1 EStG. Das ist derjenige, dem nach § 39 AO die Anteile an dem Kapitalvermögen i.S.d. § 20 Abs. 1 Nr. 1 EStG im Zeitpunkt des Gewinnverteilungsbeschlusses zuzurechnen sind. Die Folge ist, dass etwaige Gewinnausschüttungen dann zum Zeitpunkt des Gewinnverteilungsbeschlusses den aktuell beteiligten Gesellschaften zugerechnet werden, die dann zivilrechtlich nach § 101 BGB den anteiligen Gewinn an den ausgeschiedenen Gesellschafter weiterleiten müssen.

Hinweis

34.132 In diesem Zusammenhang stellt sich auch die nicht geklärte Frage, ob die erhaltene Gewinnausschüttung vor oder nach Steuern weiterzuleiten ist und ob der Veräußerer hierdurch ein (zusätzliches) Entgelt für die Anteilsübertragung erhält.[97]

34.133 Der BFH hatte mit Urteil vom 04.12.2014[98] entschieden, dass die Vereinbarung einer inkongruenten Gewinnausschüttung an einen ausscheidenden Gesellschafter in Höhe des dem ausscheidenden Gesellschafter zustehenden Anteils an den thesaurierten Gewinnen ohne weitere Anhaltspunkte weder als Scheingeschäft noch als Missbrauch von rechtlichen Gestaltungsmöglichkeiten beurteilt werden könne und der überquotale Teil der Gewinnausschüttung auch nicht als Kaufpreis umzuqualifizieren sei.

34.134 Auch das FG Köln hatte mit Urteil vom 14.09.2016[99] entschieden, dass die im Vorfeld einer Anteilsveräußerung einstimmig beschlossene inkongruente Gewinnverteilung zugunsten des veräußernden Gesellschafters als punktuell satzungsdurchbrechender Beschluss gesellschaftsrechtlich wirksam und auch die Annahme

---

[97] Vgl. dazu WEBER, GmbHR 1995, 494; WICHMANN, GmbHR 1995, 426.

[98] Vgl. BFH, Urt. v. 04.12.2014 – IV R 28/11, BFH/NV 2015, 495; SCHMIDT/LEVEDAG, EStG, 43. Aufl. 2024, § 20 Rdnr. 31.

[99] Vgl. FG Köln, Urt. v. 14.09.2016 – 9 K 1569/14, EFG 2016, 1875.

eines Gestaltungsmissbrauchs i.S.d. § 42 AO zu verneinen sei. Das anhängige Revisionsverfahren wurde mit Beschluss des BFH[100] eingestellt, nachdem der Beklagte mit Einwilligung der Kläger die Revision zurückgenommen hatte.

In einem anderen Fall hat das FG Köln mit Urteil vom 21.09.2016[101] die im nota- 34.135
riellen Geschäftsanteilsübertragungsvertrag vereinbarte Regelung steuerlich anerkannt, wonach sich der Erwerber des GmbH-Anteils verpflichtete, thesaurierte und dem Veräußerer zustehende Gewinne und Gewinnvorträge inkongruent noch an den Veräußerer auszuschütten bzw. entsprechende Gesellschafterbeschlüsse zu fassen. Das FG Köln hat diese Regelung dahin gehend ausgelegt, dass es sich um einen einstimmig gefassten Vorabgewinnverteilungsbeschluss handelte. Da zum Zeitpunkt des Beschlusses der Veräußerer noch Gesellschafter war, konnten ihm auch die Ausschüttungen nach § 20 Abs. 5 EStG zugerechnet werden.

Hinweis

Im Streitfall waren bei Abschluss des Geschäftsanteilsübertragungsvertrags alle 34.136
Gesellschafter anwesend. Fehlt es aber an einem einstimmigen Gewinnverteilungsbeschluss, so ist dieser Beschluss ggf. anfechtbar, so dass dessen zivilrechtliche Wirksamkeit fraglich ist.

Nach Ansicht des FG Köln steht dem Gewinnverteilungsbeschluss nicht entgegen, 34.137
dass dieser noch das laufende Geschäftsjahr betraf und folglich der Jahresgewinn noch gar nicht festgestellt war. Die handelsrechtliche Bedeutung des Gewinnverteilungsbeschlusses besteht nämlich darin, dass er darüber entscheidet, welcher Teil des festgestellten oder noch festzustellenden Bilanzgewinns weiterhin im Gesellschaftsvermögen gebunden bleibt und welcher Teil an die Gesellschafter ausgeschüttet werden soll. Es sei auch nicht notwendig, dass der Gewinnverteilungsbeschluss erst nach der Feststellung des Jahresgewinns gefasst werden muss. Eine bestimmte Reihenfolge ist nämlich § 46 Nr. 1 GmbHG nicht zu entnehmen.

Der BFH hat mit Urteil vom 13.03.2018[102] die o.a. Entscheidung des FG Köln 34.138
vom 21.09.2016 bestätigt und entschieden, dass die zugeflossenen Erträge nicht etwa Teil des Veräußerungspreises für die Anteile sind, sondern dem ausgeschiedenen Gesellschafter als Einkünfte aus Kapitalvermögen zuzurechnen sind. Der Gewinnverteilungsbeschluss war nämlich wirksam gefasst, denn die Verteilung des Ergebnisses einer GmbH, welche grundsätzlich im Verhältnis der Geschäftsanteile vorzunehmen ist, kann mit Zustimmung der Gesellschafter auch abweichend und

[100] BFH, Beschl. v. 25.03.2021 – VIII R 28/16, BFH/NV 2021, 932.
[101] Vgl. FG Köln, Urt. v. 21.09.2014 – 14 K 3263/13, EFG 2016, 1949.
[102] Vgl. BFH, Urt. v. 13.03.2018 – IX R 35/16, BFH/NV 2018, 936.

– im Fall notarieller Beurkundung – auch abweichend von eventuell anderslautenden Satzungsbestimmungen erfolgen. Eine von allen Gesellschaftern einstimmig beschlossene Gewinnverteilung kann gesellschaftsrechtlich daher auch schon vor Ablauf des Geschäftsjahres und Feststellung des Jahresabschlusses vorgenommen werden und ist auch steuerrechtlich anzuerkennen.

34.3.8 Inkongruente Gewinnausschüttungen und Schenkungsteuer

34.139 Nach der Rechtsprechung des BFH lösen inkongruente Gewinnausschüttungen im Verhältnis zwischen der GmbH und dem Gesellschafter **grundsätzlich keine schenkungsteuerlichen Konsequenzen** aus, da keine freigebige Zuwendung vorliegt.[103] Im Einzelfall kann jedoch eine solche freigebige Zuwendung i.S.v. § 7 Abs. 1 Nr. 1 ErbStG im Verhältnis der Gesellschafter zueinander vorliegen, wenn damit dem eine inkongruente Ausschüttung empfangenden Gesellschafter – ohne beachtliche wirtschaftliche Motive – ein Vermögensvorteil zugewandt werden soll.[104] Abgesehen von den Fällen, in denen nahe Angehörige Mitgesellschafter sind, dürfte es bei nicht nahestehenden Gesellschaftern wegen der eigenwirtschaftlichen Interessen regelmäßig schwierig sein, einen Zuwendungswillen anzunehmen.[105] Vorsorglich ist jedoch die Vereinbarung eines Ausgleichs zugunsten der benachteiligten Gesellschafter empfehlenswert.[106]

34.140 Nach umstrittener Ansicht der Finanzverwaltung in R E 7.5. Abs. 7 Satz 10 und 11 ErbStR liegt aber regelmäßig eine freigebige Zuwendung i.S.d. § 7 Abs. 1 Nr. 1 ErbStG vor, wenn ein Gesellschafter zugunsten eines Mitgesellschafters auf einen bereits entstandenen Gewinnanspruch verzichtet oder in den Fällen einer nicht leistungsbezogen bestimmten inkongruenten Gewinnausschüttung.[107]

34.3.9 Zusammenfassung

34.141 Für den Einsatz inkongruenter Gewinnausschüttungen als flexibles Gestaltungsinstrument gibt es in der Praxis vielfältige Motive. Auch die Finanzrechtsprechung erkennt inkongruente Ausschüttungen an, wenn diese gesellschaftsrechtlich wirksam vereinbart sind oder zumindest ein nicht anfechtbarer, punktuell satzungsdurchbrechender Gesellschafterbeschluss vorliegt.

---

[103] Vgl. z.B. BFH, Urt. v. 13.09.2017 – II ZR 32/16, BStBl II 2018, 296; BFH, Urt. v. 30.01.2013 – II R 6/12, BStBl II, 930, jeweils zur verdeckten Gewinnausschüttung; vgl. auch PÖRSCHKE, DB 2017, 1165, 1168.

[104] Vgl. z.B. STRECKER, KÖSDI 2022, 22657, 22664 f.; FUHRMANN, KÖSDI 2017, 20550, 20567 f.; FÖRSTER, DB 2015, 331, 334 m.w.N.

[105] Vgl. LAUER/WEUSTENFELD, DB 2022, 985, 990 f.

[106] Vgl. BIRKENMAIER/OBSER, GmbHR 2022, 850, 856.

[107] Zur Kritik vgl. PÖRSCHKE, DB 2017, 1165, 1168.

Die Finanzverwaltung vermutet zwar vielfach einen Missbrauch rechtlicher Gestaltungsmöglichkeiten, sofern für eine inkongruente Gewinnausschüttung keine wirtschaftlich vernünftigen außersteuerlichen Gründe dargelegt werden können. Allerdings existiert kein Rechtssatz, wonach inkongruente Gewinnausschüttungen grundsätzlich einen Missbrauch i.S.d. § 42 AO darstellen. Bei Vorliegen wirtschaftlich vernünftiger außersteuerlicher Gründe sieht auch die Finanzrechtsprechung keinen Anlass, einen Anwendungsfall des § 42 AO anzunehmen. Vor dem Hintergrund der skizzierten Rechtsprechung dürfte wohl die Finanzverwaltung nicht umhinkommen, das BMF-Schreiben vom 17.12.2013 zu überarbeiten. 34.142

Stichwortverzeichnis

G

H

W